Gouvernance et gestion des aires protégées

Edité par Graeme L. Worboys, Michael Lockwood, Ashish Kothari, Sue Feary et Ian Pulsford

IUCN (International Union for Conservation of Nature)

L'UICN est une union de Membres composée de gouvernements et d'organisations de la société civile. Elle offre aux organisations publiques, privées et non-gouvernementales les connaissances et les outils nécessaires pour que le progrès humain, le développement économique et la conservation de la nature se réalisent en harmonie.

Créée en 1948, l'UICN s'est agrandie au fil des ans pour devenir le réseau environnemental le plus important et le plus diversifié au monde. Elle compte avec l'expérience, les ressources et le poids de ses plus de 1400 organisations Membres et les compétences de ses plus de 15 000 experts. Elle est l'un des principaux fournisseurs de données, d'évaluations et d'analyses sur la conservation. Sa taille lui permet de jouer le rôle d'incubateur et de référentiel fiable de bonnes pratiques, d'outils et de normes internationales.

L'UICN offre un espace neutre où diverses parties prenantes – gouvernements, ONG, scientifiques, entreprises, communautés locales, groupes de populations autochtones, organisations caritatives et autres – peuvent travailler ensemble pour élaborer et mettre en œuvre des solutions pour lutter contre les défis environnementaux et obtenir un développement durable.

Travaillant de concert avec de nombreux partenaires et soutiens, l'UICN met en œuvre un portefeuille vaste et divers de projets liés à la conservation dans le monde. Associant les connaissances scientifiques les plus pointues et le savoir traditionnel des communautés locales, ces projets visent à mettre un terme à la disparition des habitats, à restaurer les écosystèmes et à améliorer le bien-être des populations.

www.iucn.org

BIOPAMA

Le Programme pour la biodiversité et la gestion des aires protégées (BIOPAMA) vise à améliorer la conservation à long terme et l'utilisation durable des ressources naturelles dans les pays d'Afrique, Caraïbes et Pacifique (ACP), dans les aires protégées et les communautés avoisinantes. Il s'agit d'une initiative du Groupe de pays ACP financée par le 11e Fonds européen de développement de l'Union européenne, mise en œuvre conjointement par l'Union internationale pour la conservation de la nature (UICN) et le Centre commun de recherche de la Commission européenne (CCR-CE). S'appuyant sur les cinq premières années d'activités financées par le 10e Fonds européen de développement, la seconde phase du BIOPAMA offre des outils pour la gestion des données et de l'information, des services pour l'amélioration des connaissances et des capacités en faveur de la planification et de la prise de décision des aires protégées, et des opportunités de financement pour des actions spécifiques locales.

www.biopama.org/fr

Convention sur la diversité biologique

La Convention sur la diversité biologique

La Convention sur la diversité biologique (CDB), entrée en vigueur en décembre 1993, est un traité international ayant pour objectif la conservation de la diversité biologique, l'utilisation durable de la diversité biologique et le partage équitable des bénéfices liés aux ressources génétiques. Elle compte aujourd'hui 193 parties, soit une ratification presque universelle. La Convention vise à lutter contre toutes les menaces à la biodiversité et aux services écosystémiques par le biais d'évaluations scientifiques, du développement d'outils, d'incitations et de processus, du transfert de technologies et de bonnes pratiques, et l'implication totale et active des parties prenantes concernées, y compris les communautés locales et autochtones, les jeunes, les ONG, les femmes et le monde des affaires. La 10e réunion de la Conférence des Parties à la CDB, qui s'est tenue en 2010, a adopté la révision et la mise à jour d'un Plan stratégique pour la biodiversité pour 2011- 2020, qui comprend 5 objectifs stratégiques et 20 Objectifs d'Aichi pour la biodiversité. Ce Plan est le cadre global sur la biodiversité, non seulement pour les conventions en rapport avec la biodiversité, mais aussi pour l'ensemble du système des Nations unies.

www.cbd.int

NATIONAL PARK SERVICE

US National Park Service

Le service des parcs nationaux (US National Park Service) du ministère de l'intérieur américain protège les ressources et valeurs naturelles et culturelles du système des parcs nationaux américains afin de permettre aux futures générations d'en profiter et d'en être inspirées et éduquées. La coopération entre le service et ses partenaires permet d'étendre les bénéfices de la conservation des ressources naturelles et culturelles et des activités récréatives extérieures au sein des États-Unis et dans le monde.

www.nps.gov

UNEP WCMC

PNUE-WCMC

Le Centre mondial de surveillance de la conservation de la nature du Programme des Nations unies pour l'environnement (PNUE-WCMC) est le centre spécialisé d'évaluation de la biodiversité du Programme des Nations unies pour l'environnement (PNUE), la première organisation intergouvernementale environnementale au monde. Le Centre existe depuis plus de 30 ans et allie recherche scientifique et conseils pratiques en matière de politique.

www.unep-wcmc.org

UNIVERSITY *of* TASMANIA

Université de Tasmanie

L'Université de Tasmanie fait partie des meilleures universités du monde et jouit d'une réputation croissante en tant qu'une des principales institutions d'apprentissage et de recherche en Australie. L'Université offre des programmes d'études internationaux et un large accès à un vaste éventail de diplômes, d'échanges d'étudiants et d'expériences d'apprentissage. L'Université de Tasmanie est engagée dans la création et la diffusion de connaissances, avec une activité de recherche et une expertise reconnues mondialement. L'Université joue un rôle de premier plan dans l'enseignement sur les aires protégées et la collaboration pour la recherche qui participent à l'excellence de la gouvernance et de la gestion des aires protégées dans les régions Asie-Pacifique et de l'Océanie.

www.utas.edu.au

ANU Press

L'ANU Press, initialement connue sous le nom d'ANU E Press, a été créée en 2003 afin d'explorer et de développer de nouveaux modes de publication. Tirant parti des nouvelles technologies de l'information et de la communication pour mettre à disposition la production intellectuelle de la communauté universitaire de l'ANU, l'ANU Press fut le premier éditeur universitaire australien principalement électronique. L'institution existe depuis plus de 10 ans et joue un rôle de premier plan dans la production scientifique des universités australiennes. L'objectif principal d'ANU Press est la production électronique de publications scientifiques.

press.anu.edu.au

Great Eastern Ranges Initiative, Australie

L'initiative Great Eastern Ranges est un projet de conservation de la connectivité qui rassemble des personnes et des organisations pour protéger, relier et restaurer des habitats sains sur plus de 3 600 kilomètres dans l'est de l'Australie, depuis l'ouest de Victoria en passant par la Nouvelle-Galles du Sud et le territoire de la capitale australienne jusqu'à l'extrême nord du Queensland. C'est une initiative visionnaire pour aider à conserver la biodiversité australienne et à atténuer les effets potentiels des espèces envahissantes, du défrichement, des changements climatiques et d'autres changements environnementaux. L'initiative se concentre sur les Great Eastern Ranges, qui comprennent une riche diversité de plantes et d'animaux et aident à protéger les bassins versants dont dépend l'approvisionnement en eau de 11 millions de personnes. Il s'agit d'un projet de conservation de la connectivité d'importance mondiale qui implique des centaines d'organisations, communautés locales et propriétaires fonciers privés.

www.greateasternranges.org.au

École ANU Fenner

L'école de sciences environnementales et sociales Fenner de l'Université nationale australienne, est un centre de premier plan pour la recherche, la formation à la recherche et l'éducation à l'environnement et à la durabilité en Australie. Avec du personnel, des doctorants et des programmes d'enseignement couvrant un large éventail de disciplines des sciences naturelles et sociales, l'école dispose d'importants programmes dans des domaines tels que l'écologie de la conservation de la biodiversité, la gestion des ressources en eau, la politique environnementale, la gestion des terres et l'adaptation au climat.

fennerschool.anu.edu.au

La Commission mondiale des aires protégées (CMAP) de l'UICN

La CMAP est le principal réseau mondial d'experts sur les aires protégées. Elle est soutenue par le Programme sur les aires protégées de l'UICN et comprend plus de 2 500 membres, répartis dans 140 pays. La CMAP de l'UICN cherche à aider les gouvernements et autres acteurs à planifier des aires protégées et à les intégrer dans tous les secteurs ; à offrir des conseils stratégiques aux décideurs politiques ; à renforcer les capacités et les investissements dans les aires protégées ; et à réunir les diverses institutions des parties prenantes des aires protégées pour répondre aux principaux défis. Depuis plus de 50 ans, l'UICN et la CMAP sont en première ligne de l'action mondiale sur les aires protégées.

www.iucn.org/wcpa

Partenariat France-UICN et Agence française de développement

Le partenariat entre la France et l'UICN vise à contribuer aux Objectifs de développement durable et à mettre en œuvre l'Accord de Paris sur le changement climatique. Il soutient des projets dans des pays ayant un intérêt particulier pour la France, dans les territoires de l'outre-mer européen et à l'échelle mondiale. Il offre une expertise technique, en mobilisant des organisations et des experts français et en secondant le personnel senior à l'UICN. Le partenariat inclut les ministères de l'Europe et des Affaires étrangères, de l'Écologie et de la transition écologique, de l Agriculture et de l'alimentation, et des territoires d'outre-mer, ainsi que l'Agence française de développement (AFD). Créé en 2005, le partenariat s'appuie sur les résultats atteints au fil du temps.

www.iucn.org/fr/partenariat-france-uicn

MAVA

La MAVA est née de la passion, de la vision et de l'aventure d'un seul homme, le Dr. Luc Hoffmann. Créée en 1994 pour soutenir la conservation de sites emblématiques comme la Camargue et Doñana (Espagne), la MAVA est peu à peu devenue une fondation professionnelle et un bailleur majeur pour la conservation dans le monde. La fondation est aujourd'hui pilotée par les enfants du Dr. Luc Hoffmann (son fils André en est le Président) et dispose d'un budget annuel d'environ CHF 70 millions alloué à des projets portés par divers partenaires de mise en œuvre.

La mission de la MAVA est de conserver la biodiversité au bénéfice de l'être humain et de la nature en finançant, en mobilisant et en renforçant ses partenaires et la communauté de la conservation. Les activités de la Fondation sont réparties au travers de 4 programmes thématiques en Méditerranée, en Afrique de l'Ouest, en Suisse et en Economie Durable.

https://mava-foundation.org/fr/

UICN-Papaco

Le Programme de l'UICN sur les aires protégées d'Afrique & conservation (UICN-Papaco) vise à améliorer la gestion et la gouvernance des aires protégées en Afrique pour augmenter leurs impacts positifs en termes de conservation de la biodiversité.

Le Papaco a facilité la traduction de cet ouvrage grâce à l'appui financier du partenariat UICN-France via l'AFD et la fondation MAVA.

www.papaco.org

ANU PRESS

Publication par ANU Press
The Australian National University
Canberra ACT 2601, Australie
Courriel : anupress@anu.edu.au

Ce document est également disponible en ligne sur press.anu.edu.au

ISBN (print): 9781760461096
ISBN (online): 9781760461102

WorldCat (print): 1184001446
WorldCat (online): 1184001349

DOI: 10.22459/GGAP

Cette publication a bénéficié d'un appui des 10e et 11e FED. Le contenu de la publication relève de la seule responsabilité des auteurs et ne reflète pas forcément le point de vue de l'UICN, du secrétariat de la CDB, de BIOPAMA, du service des parcs nationaux américains, du PNUE-WCMC, de l'ANU, de l'Université de Tasmanie et de l'initiative Great Eastern Ranges.

Le présent ouvrage a pu être publié grâce au soutien de l'Union européenne et l'Organisation des États d'Afrique, des Caraïbes et du Pacifique par le programme BIOPAMA, ANU, le partenariat France-UICN et l'Agence française de développement, la MAVA et UICN-Papaco ainsi que des contributions notables du service des parcs nationaux américains, du PNUE-WCMC, de l'ANU de l'Université de Tasmanie.

Conception de la couverture et mise en page par Teresa Prowse, Imre Sebestyén jr (Unit Graphics) et UICN-Papaco

Illustrations par Ian Charles.

Cartographie par PNUE-WCMC et service des parcs nationaux américains.

Indexation par Jan Borrie.

Traduction et relecture par INTUITiV slu, Marike Michel et UICN-Papaco.

Citation : Worboys, G. L., Lockwood, M., Kothari, A., Feary S. et Pulsford I. (éd.). *Gouvernance et gestion des aires protégées*. Canberra : ANU Press, 2020.

Photo de couverture : Les pics de Thamserku et Kangtega au-dessus du village de Khumjung, parc national de Sagarmatha, au Népal. Le parc est un bien du patrimoine mondial naturel et culturel et cette aire fait partie du paysage sacré de l'Himalaya et est un territoire traditionnellement gouverné et conservé par le peuple Sherpa.

Source: Ian Pulsford.

Note spéciale : le chorten bouddhiste montré a été construit et dédié à l'éminent défenseur Sherpa de l'environnement Mingma Norbu après sa mort en 2006. Mingma est né et a grandi dans le parc national et a été le premier Sherpa à servir comme son directeur. L'inscription se traduit ainsi : « Dédié à la mémoire de MINGMA NORBU SHERPA. Il était un leader de la conservation dans l'Himalaya et dans le monde ».

Contenu

Figures

Tableaux

Remerciements

Gouvernance et gestion des aires protégées est une ressource gratuite disponible en ligne pour les étudiants et les praticiens. Le livre a été réalisé grâce aux énormes efforts collectifs bénévoles et professionnels de nombreuses personnes dans le monde entier : membres de la Commission mondiale des aires protégées (CMAP) de l'Union internationale pour la conservation de la nature (UICN), membres d'autres commissions de l'UICN, personnel du Programme mondial de l'UICN sur les aires protégées, scientifiques et chercheurs, praticiens et experts des aires protégées, experts en cartographie et de graphisme, éditeurs et concepteurs de l'équipe de production d'ANU Press. Ici, nous, les cinq éditeurs du livre, exprimons notre appréciation particulière pour ces contributions.

Soutien institutionnel

Commission mondiale des aires protégées

Le concept du projet de livre a été soutenu en juin 2010 par le président de la CMAP, Nik Lopoukhine, lors de la réunion de la CMAP à Jasper, au Canada. Il a ensuite été approuvé en tant que projet officiel de la CMAP lors de la réunion complète du comité directeur de la CMAP en avril 2011 à Gland, en Suisse. Des améliorations relatives à la structure, au contenu et aux niveaux de compétence à cibler ont été développées par la CMAP au Costa Rica en mai 2012. À ce stade en particulier, les contributions d'Eduard Müller et David Reynolds ont aidé au développement du livre. Un plan de développement du livre a été finalisé en juillet 2012 à la suite de nombreux commentaires et le processus de production (volontaire) complet du livre a commencé. De nombreux membres du comité directeur de la CMAP ont assumé les rôles d'auteurs principaux. Les progrès ont été examinés lors de la réunion de la CMAP au Monténégro en avril 2013 et de nouveaux ajustements ont été apportés à la structure du livre. Ceux-ci ont été approuvées par le président de la CMAP, Ernesto Enkerlin, et la vice-présidente, Kathy MacKinnon. Nous remercions le Comité directeur de la CMAP et les autres membres de la CMAP pour leur contribution et leur soutien au concept du livre au cours de cette période de développement de quatre ans.

Programme mondial sur les aires protégées

Le Programme mondial de l'UICN sur les aires protégées (GPAP) et l'équipe du Programme pour la biodiversité et la gestion des aires protégées (BIOPAMA) ont été particulièrement favorable à ce concept de livre depuis sa création. Les éditeurs tiennent à remercier Trevor Sandwith et les équipes GPAP et BIOPAMA pour leur aide et leur soutien. Nous remercions en particulier Roxana Bucioaca, Nick Cox, Delwyn Dupuis, Deborah Murith, David Reynolds, Pedro Rosabal et Zsuzsa Toros.

Sponsors

Nous remercions nos sponsors pour leur engagement et leur soutien financier et en nature à l'égard de ce projet. Nous avons reconnu chaque organisation aux pages ii – v.

Consortium des aires du patrimoine autochtone et communautaire

Les membres du Consortium des aires du patrimoine autochtone et communautaire ont aidé à localiser les sources d'information et les personnes qui pourraient apporter des contributions à la publication, nous remercions l'ensemble du Consortium.

Contribution de production

Comité de pilotage de la publication

Le développement de la publication a été guidé par un comité directeur de la CMAP comprenant Kathy MacKinnon (présidente), David Reynolds, Eduard Müller, Dan Laffoley et Nigel Dudley. Leur aide a été particulièrement importante pour façonner la structure et le contenu du livre. Les commentaires de Kathy sur le livre au fil de son évolution ont été particulièrement appréciés.

Auteurs de chapitres, d'études de cas et d'encadrés spéciaux

Cette publication est fondée sur l'expertise particulière de nos auteurs, et nous exprimons notre appréciation pour leurs contributions essentielles. Les auteurs des encadrés ont fourni des informations techniques sur des sujets spéciaux, et les auteurs d'études de cas ont contribué à donner vie à la publication avec leurs exemples illustrant des situations du monde entier. Les auteurs ainsi que les personnes ayant aidé à l'élaboration du chapitre sont remerciés en début de chaque chapitre.

Photographes

Les photographies publiées dans ce livre complètent le texte et visent à fournir un message éducatif lié aux aires protégées. Nous remercions sincèrement les photographes qui ont fourni des images pour la publication.

Illustrateur

Nous remercions sincèrement Ian Charles de *Nature Tourism Services* pour son engagement, son soutien et son travail considérable dans la production de la plupart des figures présentées dans cette publication.

Cartes - US National Park Service

Le directeur de l'US National Park Service (NPS), M. Jon Jarvis, s'est engagé à soutenir l'élaboration de cette publication et en particulier à parrainer l'élaboration de nombreuses cartes. Cette assistance a été grandement appréciée. Les éditeurs ont particulièrement apprécié la facilitation fournie par David Reynolds tout au long du développement du livre. De nombreux autres membres du personnel du NPS ont aidé au processus de production du livre. En particulier, les éditeurs tiennent à remercier Don Kodak, Stephen Morris, Thomas Patterson (cartographe principal) et Lori Simmons (cartographe).

Cartes et données - Centre mondial de surveillance de la conservation de la nature du Programme des Nations unies pour l'environnement

Le Centre mondial de surveillance de la conservation de la nature du Programme des Nations unies pour l'environnement (PNUE-WCMC) basé à Cambridge, au Royaume-Uni, a élaboré des cartes relatives à la gestion des aires protégées, analysé des données de la base de données mondiale sur les aires protégées et développé des figures pour le livre. Ce travail, dirigé par Naomi Kingston, a été grandement apprécié. Nous tenons à remercier Naomi et son équipe pour leur travail acharné et leur assistance bienvenue et en particulier Diego Juffe-Bignoli, Brian MacSharry et Yichuan Shi.

Autres travaux de cartographie

Nos remerciements vont à Clinton Jenkins pour la carte de richesse animale (chapitre 3) et pour le travail accompli par Bastian Bertzky pour avoir vérifié et affiné les cartes préparées pour le chapitre 3.

Site Internet

Notre site Web <protectedareabook.org> a été développé et maintenu à titre de contribution bénévole par Linda McMillan, vice-présidente adjointe de la CMAP (Conservation de la connectivité et montagnes). Cet outil de communication a été extrêmement utile aux parties prenantes du livre et aux éditeurs tout au long du processus de production du livre. Nous avons grandement apprécié la créativité de Linda dans le développement du site et son travail de constante mise à jour.

Publication et production ANU Press

Nos remerciements particuliers s'adressent à Lorena Kanellopoulos ainsi qu'au personnel et aux entrepreneurs de l'ANU Press pour leur professionnalisme, leur dévouement et leur persévérance. Nous remercions sincèrement David Gardiner, rédacteur en chef de l'information, Beth Battrick, assistante éditoriale, Jan Borrie, rédacteur en chef, et Teresa Prowse, graphiste.

École ANU Fenner

L'école d'études sociales et environnementales Fenner de l'Université nationale australienne a accueilli le chef de projet pendant la production du livre. Nous remercions particulièrement le professeur Stephen Dovers et Kevin Mahoney.

Relecture par les pairs

Chaque chapitre de ce livre a été révisé par au moins une personne ayant une expertise pertinente sur le sujet du chapitre. En outre, l'intégralité du manuscrit a fait l'objet d'un examen en double aveugle mis en œuvre par le professeur Brian Kennett et le professeur Mike Smithson de l'Université nationale australienne. Les auteurs ont reçu et répondu aux commentaires et retours constructifs fournis par ces critiques au cours d'un processus supervisé par les éditeurs. Nous remercions sincèrement ces examinateurs pour leur temps précieux et leur expertise : Harry Biggs, Tom Brooks de l'UICN, Guy Castley de l'Université Griffith, Jose Corrau de l'UICN, Don Driscoll de l'Université nationale australienne, Michael Dunlop de l'Organisation de recherche scientifique et industrielle du Commonwealth, Stephen Dovers de l'Université nationale australienne, Penny Figgis AM, Vice-présidente de la CMAP de l'UICN en Océanie, James Fitzsimons de The Nature Conservancy, Ghana Gurung du WWF Népal, Dave Harmon du Forum George Wright, Graham Kelleher, Robyn Kruk, Nik Lopoukhine, Gregor Manson du gouvernement australien, Karen Markwort de l'Administration du parc marin de la Grande barrière de corail, Geoffroy Mauvais de l'UICN, Sue Moore de l'Université Murdoch, Catherine Pickering de l'Université Griffith, David Salt de l'Université nationale australienne, Peter Shadie de l'UICN, Dermot Smyth, André Sovinj de l'Université de Klagenfurt, Andy Spate, Sharon Sullivan de l'Université James Cook, Martin Taylor du WWF et Peter Valentine de l'Université James Cook.

Les éditeurs

GRAEME L. WORBOYS a 42 ans d'expérience en gestion des aires protégées, est vice-président de la Commission mondiale des aires protégées de l'Union internationale pour la conservation de la nature (UICN) sur la connectivité et les montagnes, directeur de Jagumba Consulting Pty Ltd et chercheur associé à la Fenner School de l'Université nationale australienne.

MICHAEL LOCKWOOD enseigne et travaille sur l'environnement depuis 36 ans et professeur agrégé de géographie et sciences spatiales à l'École des terres et de l'alimentation, Université de Tasmanie, Australie.

ASHISH KOTHARI travaille et publie sur des sujets de conservation depuis 36 ans et est membre fondateur du groupe environnemental indien Kalpavriksh, a enseigné à l'Institut indien d'administration publique, a coprésidé le Groupe thématique et orientation stratégique de l'UICN sur la gouvernance, les moyens de subsistance et l'équité en relation avec les aires protégées, et a contribué à la fondation du Consortium mondial pour les APAC.

SUE FEARY est archéologue et gestionnaire de parcs nationaux. Elle travaille depuis 25 ans sur la gestion du patrimoine naturel et culturel et les relations avec les aborigènes australiens.

IAN PULSFORD a 36 ans d'expérience en gestion des aires protégées, est consultant indépendant et membre du thème sur la connectivité, la conservation et les montagnes de la CMAP de l'UICN en Australie.

Auteurs et éditeurs du livre (de gauche à droite) : Graeme L. Worboys, Michael Lockwood, Sue Feary, Ashish Kothari et Ian Pulsford

Source : Lorena Kanellopoulos

PRÉFACE

Auteur principal :
Trevor Sandwith

Collaborateurs :
Kathy MacKinnon et Ernesto Enkerlin Hoeflich

UICN CMAP COMMISSION MONDIALE DES AIRES PROTÉGÉES Convention sur la diversité biologique

AUTEUR PRINCIPAL

TREVOR SANDWITH est directeur du Programme mondial sur les aires protégées de l'Union internationale pour la conservation de nature (UICN) et directeur du Congrès mondial des parcs de 2014.

COLLABORATEURS

KATHY MACKINNON est vice-présidente de la Commission mondiale des aires protégées de l'UICN.

ERNESTO ENKERLIN HOEFLICH est président de la Commission mondiale des aires protégées de l'UICN.

REMERCIEMENTS

Les auteurs tiennent à remercier Pedro Rosabal pour sa relecture de la première version de ce chapitre.

CITATION

Sandwith, T. S., MacKinnon, K. et Enkerlin Hoeflich, E. Préface. In Worboys, G. L., Lockwood, M., Kothari, A., Feary, S. et Pulsford, I. (éd.). *Gouvernance et gestion des aires protégées.* Canberra : ANU Press, 2020. doi.org/10.22459/GGAP.00

PHOTO DE LA PAGE DE TITRE

Les Dolomites, un bien du patrimoine mondial et une aire protégée, Italie
Source : Graeme L. Worboys

Préface

Il existe, dans le monde, plus de 200 000 aires protégées, terrestres et marines, réparties dans tous les pays et adoptant des formes très variées (Bertzky et al., 2012). Ce sont des espaces créés par les hommes afin d'assurer la conservation du patrimoine naturel et culturel et de maintenir les avantages que tire la société de ce patrimoine. Mais les aires protégées ont aussi d'autres intérêts : elles créent un lien entre l'homme et la nature en lui apportant inspiration, éducation, bien-être et loisirs. Si elles protègent les écosystèmes essentiels à la vie, elles sont également une source importante de moyens de subsistance et d'aspirations humaines, et offrent des solutions fondées sur la nature qui pourraient aider à faire face aux défis complexes du monde d'aujourd'hui. Les systèmes actuels d'aires protégées se composent d'une grande variété d'aires établies au fil des générations par des acteurs aux objectifs divers ; mais elles ont des caractéristiques communes très importantes, quels que soient leurs origines et leurs objectifs. En définissant ce que sont les aires protégées, l'Union internationale pour la conservation de la nature (UICN) identifie le cœur commun de ces sites aux divers régimes de gouvernance et de gestion : une aire protégée est « un espace géographique clairement défini, reconnu, consacré et géré, par tout moyen efficace, juridique ou autre, afin d'assurer à long terme la conservation de la nature ainsi que les services écosystémiques et les valeurs culturelles qui lui sont associés » (Dudley, 2008:8).

Les aires protégées sont la pierre angulaire de la conservation de la biodiversité. Reconnaissant le rôle qu'elles jouent, la Convention sur la diversité biologique (CDB) a adopté un Programme de travail sur les aires protégées (PTAP) incluant les recommandations du Congrès mondial des parcs de 2003 (CBD, 2004 ; IUCN, 2005). Par la suite, la CDB a adopté un Plan stratégique pour la diversité biologique 2011-2020, constitué des 20 objectifs d'Aichi (CBD, 2011), dont beaucoup sont liés au succès de la création d'aires protégées et de systèmes d'aires protégées. L'objectif 11, en particulier, fait référence aux aires protégées :

> D'ici à 2020, au moins 17 % des zones terrestres et d'eaux intérieures et 10 % des zones marines et côtières, y compris les zones qui sont particulièrement importantes pour la diversité biologique et les services fournis par les écosystèmes, sont conservées au moyen de réseaux écologiquement représentatifs et bien reliés d'aires protégées gérées efficacement et équitablement et d'autres mesures de conservation efficaces par zone, et intégrées dans l'ensemble du paysage terrestre et marin (CBD, 2012).

Iguane marin (*Amblyrhynchus cristatus*), parc national des Galápagos, bien du patrimoine mondial

Source : Graeme L. Worboys

La réalisation de l'objectif 11 contribuera également à progresser vers de nombreux autres objectifs d'Aichi. Pour cela, il est essentiel d'investir dans le développement de capacités de mise en œuvre, car les objectifs d'Aichi portent davantage sur la qualité que sur la quantité, et promeuvent l'intégration de la planification des aspects de conservation et de développement. Les décisions de la CDB appellent l'UICN, sa Commission mondiale des aires protégées (CMAP) et d'autres organisations à fournir des orientations spécifiques sur les actions à mettre en œuvre pour atteindre ces objectifs, dont beaucoup d'aspects restent encore mal compris. Ce livre permettra aux professionnels de la conservation de développer leurs capacités en matière de planification, de gestion et de gouvernance des aires protégées et systèmes d'aires protégées. Il s'appuie sur les nombreuses publications de l'UICN destinées à améliorer la gestion des aires protégées (MacKinnon et al., 1986 ; IUCN, 2005 ; Lockwood et al., 2006), y compris les lignes directrices sur les meilleures pratiques pour les aires protégées de la CMAP. Ce livre cherche également à promouvoir la bonne gouvernance des aires protégées afin d'améliorer l'efficacité de leur gestion et d'atteindre les résultats souhaités. Dans certains pays, tous les territoires correspondant à la définition des aires protégées de l'UICN sont intégrés dans le système national d'aires protégées. Dans d'autres, certaines formes d'aires protégées ou conservées, et en particulier les aires créées par des acteurs non étatiques,

Dave Whitfield, garde dans le parc national de Namadgi, Territoire de la capitale australienne, Alpes australiennes

Source : Graeme L. Worboys

ne sont pas encore pleinement reconnues (Borrini-Feyerabend et al., 2013). L'UICN a cependant adopté une définition large et inclusive des aires protégées et encourage la reconnaissance de toutes les aires, quelles que soient les circonstances de leur établissement et leur modèle de gouvernance et de gestion, ce qui permet la reconnaissance d'une variété d'« autres mesures de conservation efficaces par zone ». Pour s'assurer que la gestion de ces espaces est efficace et équitable, il est essentiel que les personnes impliquées soient formées. Ce livre, à la fois accessible et utile, peut contribuer aux futurs efforts de développement des capacités.

Le développement des capacités est une entreprise complexe qui doit s'adresser à la fois aux individus et aux institutions pour améliorer la mise en œuvre et la performance de leurs projets. L'apprentissage, l'éducation et la formation en sont des éléments clés et se déclinent en un ensemble complexe d'approches favorisant le développement de compétences individuelles et institutionnelles. Que ce soit pour l'éducation formelle ou informelle, il est nécessaire de déterminer les niveaux de compétence, de compréhension et d'aptitudes requises par les institutions et les individus pour gouverner et gérer les aires protégées. Les cadres supérieurs responsables de réseaux d'aires protégées et les gestionnaires d'aires protégées évoluent dans un cadre plutôt formel tandis que les gardes, le personnel de terrain et les communautés sont chargés de la gestion quotidienne des aires protégées. Pour que la gestion soit efficace, il faut que tous ces acteurs bénéficient de l'appui des communautés ou institutions publiques dont les membres sont issus de divers milieux et qui, ensemble, peuvent gérer des opérations complexes de conservation et de développement durable.

Il y a deux conditions à remplir pour mettre en œuvre un projet responsable de développement de capacités. D'abord, il faut établir quelles compétences et qualifications doivent acquérir les professionnels des aires protégées. Une fois les compétences définies, il faut mettre en place un vaste ensemble de méthodes d'apprentissage, formelles et informelles, afin de préparer les professionnels concernés. Ces méthodes comprennent des formations en présentiel ou à distance ou encore des programmes universitaires menant à l'obtention de diplômes ou de certificats et peuvent également intégrer des aspects pratiques de formation à travers des stages, missions et expériences de terrain. Les approches informelles de formation sont encore plus diverses : formation continue, apprentissage encadré ou autonome, échanges entre pairs ou tout simplement apprentissage par la pratique.

Les méthodes d'apprentissage adoptées varient en fonction des compétences recherchées. Par exemple, apprendre à capturer et prendre soin d'animaux sauvages ne requiert pas le même environnement d'apprentissage que les formations à la conception de plans d'affaires. Pourtant ces deux compétences sont nécessaires à la mise en place de projets de translocation visant à maintenir la diversité génétique de la faune. La complexité des compétences interdisciplinaires nécessaires aux professionnels des aires protégées exige beaucoup plus qu'un programme de formation moyen, et les formations doivent être assurées par des personnes qui n'ont pas seulement des compétences techniques, mais qui sont surtout capables de dispenser un enseignement et une formation à des adultes, un métier délicat et très exigeant.

Enfin, au-delà de la disponibilité, de la volonté et de la motivation des personnes impliquées dans les programmes de développement des capacités, se pose la question des ressources disponibles pour encourager les processus évoqués. Ces ressources peuvent être physiques : disponibilité des espaces et des installations, temps nécessaire à l'apprentissage, disponibilité de formateurs et mentors qualifiés, existence d'institutions prêtes à investir dans le développement des capacités, ressources financières ; elles sont aussi immatérielles : l'apprentissage dépend également des ressources liées à l'apprentissage intellectuel. Heureusement, les personnes travaillant dans les aires protégées et sur ce domaine sont prêtes à partager leurs expériences afin de créer de telles ressources.

L'UICN et la CMAP œuvrent depuis longtemps pour le renforcement de la gestion et de la gouvernance des aires protégées et mettent à disposition des personnes qui travaillent dans ces aires diverses ressources documentaires, des lignes directrices sur les meilleures pratiques et des formations. Ces travaux impliquent de nombreux professionnels membres de la CMAP et se basent sur la solide expérience de terrain de ces derniers afin de mettre en avant des solutions pratiques. Les groupes d'étude et de spécialistes volontaires de la CMAP ont contribué grandement à l'accès des professionnels d'aires protégées à diverses ressources, compétences et réseaux partout dans le monde. Beaucoup ont également participé à la rédaction de ce livre. La valeur de telles initiatives a été reconnue par les parties à la CDB, qui ont encouragé l'UICN, en particulier la CMAP, et d'autres organisations internationales, à fournir davantage d'orientations sur les éléments susceptibles d'affecter la gestion des aires protégées.

En plus des importants défis qui persistent en matière de gestion et de gouvernance, les professionnels des aires protégées doivent répondre à de nouvelles exigences et faire face à de nouveaux défis qui rendent leur travail encore plus complexe. Une des raisons de la création d'aires protégées est le maintien des fonctions et de la valeur des écosystèmes naturels afin, entre autres, de satisfaire les besoins de nos sociétés. Plus que des réserves mises hors de la portée des hommes, les aires protégées constituent une utilisation légitime et rationnelle des terres et des ressources aquatiques dont les sociétés actuelles bénéficient et dont les futures continueront de tirer parti. Ces fonctions de soutien de la vie et de services écosystémiques deviennent de plus en plus importantes à mesure que progressent la surexploitation des ressources, et la perte et la dégradation des habitats. Il est aujourd'hui de plus en plus clair que de nombreuses aires protégées fournissent non seulement des services écosystémiques essentiels, mais peuvent aussi apporter des solutions naturelles à des défis environnementaux critiques (Lopoukhine et al., 2012).

Cette situation nous confronte à deux grandes lacunes en matière de connaissances, de compréhension et de pratique. Les gestionnaires de parcs doivent faire face aux pressions croissantes pesant sur les systèmes d'aires protégées. Par exemple, à l'échelle des systèmes et des sites, ils doivent faire face aux impacts des changements climatiques tels que l'évolution de la distribution et de la viabilité de la faune et de la flore sauvages, et le risque que constituent les espèces exotiques envahissantes pour l'intégrité des écosystèmes naturels conservés. En outre, les systèmes d'aires protégées font également partie de la solution aux défis auxquels la société fait face tels que l'élévation du niveau de la mer, les violentes tempêtes affectant les côtes et les îles, ou l'augmentation de l'incidence et la gravité des incendies en raison des changements climatiques saisonniers. Les personnes impliquées dans la gestion et la gouvernance des aires protégées doivent acquérir les connaissances et compétences qui leur permettront de faire face à ces phénomènes et de collaborer avec les autres secteurs de la société également concernés par les questions de changements climatiques, de santé et de bien-être de l'homme, de sécurité alimentaire et de l'eau et de réduction des risques de catastrophe.

Pour ce faire, il est essentiel de travailler sur les compétences des praticiens des aires protégées en matière de gouvernance, de planification et de gestion dans un contexte regroupant différentes agences et différents acteurs. Diverses compétences et ressources sont nécessaires pour assurer la mise en œuvre de systèmes de gouvernance et de gestion tenant compte des plans d'action et stratégies nationales de biodiversité ainsi que

Dans le parc national du Grand Himalaya, des cours d'eau limpides alimentés par la fonte des glaciers fournissent l'eau douce essentielle aux communautés vivant en aval, Himachal Pradesh, Inde
Source : Graeme L. Worboys

les intérêts des organismes chargés de l'agriculture et de l'eau, de la santé et des loisirs, ou encore les secteurs de l'humanitaire et de l'assurance, concernés en cas de sinistre. Ainsi, bien que ce livre réponde en partie aux défis auxquels la communauté des aires protégées fait face, pour répondre à ces nouvelles exigences, il reste de nombreuses compétences à identifier ainsi que des programmes, des processus d'apprentissage et des ressources à développer.

Ce livre a été rédigé à titre de contribution au Congrès mondial des parcs qui s'est tenu à Sydney en 2014. La communauté internationale doit assurer un certain équilibre : il est non seulement important que les aires protégées soient bien gérées et gouvernées, mais il faut également que les réseaux d'aires protégées gérés efficacement et gouvernés équitablement permettent de subvenir aux besoins présents et futurs de la société. Les ressources dédiées au développement des capacités sont particulièrement importantes, car elles permettent à des professionnels compétents et des institutions efficaces d'obtenir des résultats probants. Nous espérons que l'excellente ressource qu'est ce livre servira de base à une vaste entreprise de développement des capacités, un des principaux résultats du Congrès mondial des parcs de l'UICN qui contribuera à la « Promesse de Sydney ».

Références

Bertzky, B., Corrigan, C., Kemsey, J., Kenney, S., Ravilious, C., Besançon, C. and Burgess, N. (2012) *Protected Planet Report 2012: Tracking progress towards global targets for protected areas,* IUCN, Gland, and UNEP-WCMC, Cambridge.

Borrini-Feyerabend, G., Dudley, N., Jaeger, T., Lassen, B., Pathak Broome, N., Phillips, A. and Sandwith, T. (2013) *Governance of Protected Areas: From understanding to action,* Best Practice Protected Area Guidelines Series No. 20, IUCN, Gland.

Convention on Biological Diversity (CBD) (2004) *Conference of the Parties Decision VII/28,* para. 8. <www.cbd.int/convention/results/?id=7765&l0=PA>

Convention on Biological Diversity (CBD) (2011) *Strategic Plan for Biodiversity 2011–2020 and the Aichi Targets,* Secretariat of the Convention on Biological Diversity, Montreal. <www.cbd.int/doc/strategic-plan/2011-2020/Aichi-Targets-EN.pdf>

Convention on Biological Diversity (CBD) (2012) *Conference of the Parties Decision XI/24,* para. 7. <www.cbd.int/doc/decisions/cop-11/cop-11-dec-24-en.pdf>

Dudley, N. (ed.) (2008) *Guidelines for Applying Protected Area Management Categories,* IUCN, Gland.

International Union for Conservation of Nature (IUCN) (2005) *Benefits beyond Boundaries: Proceedings of the Vth IUCN World Parks Congress,* IUCN, Gland.

Lockwood, M., Worboys, G. L. and Kothari, A. (eds) (2006) *Managing Protected Areas: A global guide,* Earthscan, London.

Lopoukhine, N., Crawhall, N., Dudley, N., Figgis, P., Karibuhoye, C., Laffoley, D., Miranda Londoño, J., MacKinnon, K. and Sandwith, T. (2012) 'Protected areas: providing natural solutions to 21st century challenges', *S.A.P.I.EN.S* 5(2). <sapiens.revues.org/1254>

MacKinnon, J., MacKinnon, K., Child, G. and Thorsell, J. (1986) *Managing Protected Areas in the Tropics,* IUCN, Gland.

CHAPITRE 1

INTRODUCTION

Auteur principal :
Graeme L. Worboys

UICN CMAP COMMISSION MONDIALE DES AIRES PROTÉGÉES Convention sur la diversité biologique

AUTEUR PRINCIPAL

GRAEME L. WORBOYS est vice-président de la Commission mondiale des aires protégées de l'Union internationale pour la conservation de la nature sur la connectivité et les montagnes et chercheur associé à la Fenner School de l'Université nationale australienne.

REMERCIEMENTS

L'auteur tient à remercier Sue Feary, Ian Pulsford, Ashish Kothari et Michael Lockwood pour leur relecture de la première version de ce chapitre.

CITATION

Worboys, G. L. Introduction. In Worboys, G. L., Lockwood, M., Kothari, A., Feary, S. et Pulsford, I. (éd.). *Gouvernance et gestion des aires protégées.* Canberra : ANU Press, 2020. doi.org/10.22459/GGAP.01

PHOTO DE LA PAGE DE TITRE

Littoral du Dorset et de l'est du Devon, bien du patrimoine mondial, Royaume-Uni. Les falaises et le littoral de ce bien du patrimoine mondial possèdent des caractéristiques géologiques et géomorphologiques qui en font un site unique au monde, avec notamment des affleurements riches en fossiles témoignant de 185 millions d'années d'histoire terrestre, du Trias au Crétacé

Source : Graeme L. Worboys

Introduction

Les aires protégées constituent une utilisation des espaces terrestres et marins très importante pour la vie et la qualité de l'environnement de notre planète, pour la protection du patrimoine et pour les avantages directs et indirects qu'elles fournissent à de très nombreux peuples. Ce sont des destinations qui inspirent et transforment des millions de personnes dans le monde chaque année. Elles recouvrent plus de 15,4 % de la surface terrestre (hors Antarctique) et plus de 3,4 % de la surface marine (IUCN et UNEP-WCMC, 2014), et sont reconnues par les 193 Parties (États) à la Convention sur la diversité biologique (CDB), ainsi que par d'autres États. Lorsqu'elles sont bien gérées, les aires protégées jouent un rôle essentiel dans la conservation de la nature sauvage et de la biodiversité, aident à maintenir les services écosystémiques tels que l'accès à l'eau non polluée et à l'air pur, et sont une réponse naturelle aux changements climatiques. En outre, elles ont une grande importance sociale et culturelle et aident à préserver les riches patrimoines culturels et historiques de nombreux peuples. Cet ouvrage s'intéresse à l'efficacité de la gouvernance et de la gestion de ces espaces de grande valeur.

La conservation du patrimoine naturel et culturel des aires protégées est une responsabilité intergénérationnelle. Les terres et les mers protégées sont gérées de façon à garantir leur caractère naturel sur le long terme et chaque nouvelle génération doit assumer la responsabilité de transmettre des aires protégées conservant ce caractère naturel. Dans ces espaces, l'évolution naturelle et le dynamisme de la nature font face à un minimum d'interférences humaines, les valeurs naturelles sont conservées et les menaces non naturelles sont contenues. Ceci s'inscrit dans le contexte du changement climatique, un contexte social dans lequel la société a des besoins croissants en matière de bien-être et de qualité de son environnement, alors que la protection de l'héritage culturel souvent riche des aires protégées fait l'objet d'une responsabilité semblable et primordiale.

La gouvernance et la gestion des aires protégées doivent être efficaces. Les personnes chargées de la gestion de ces aires, qu'elles soient issues des communautés autochtones, d'organisations privées ou gouvernementales, doivent être compétentes. Elles sont responsables de ces terres et de ces mers au nom des générations futures et en sont les gardiennes, car leurs décisions en matière de gouvernance et de gestion détermineront l'avenir des habitats et des espèces qui occupent et peuplent ces aires protégées. La vie sur Terre est précieuse. Une espèce menacée peut avoir existé des millions d'années et avoir cohabité avec l'homme pendant 100 000 ans. Certaines décisions cruciales pour les aires protégées peuvent ne laisser aucune marge d'erreur, et les gestionnaires de ces aires, issus des communautés, du secteur privé ou d'agences publiques, qu'ils travaillent sur le terrain ou soient directeurs, doivent savoir ce qu'ils font, être informés et être compétents.

Garde patrouillant dans une aire protégée, Altaï, Russie

Source : Graeme L. Worboys

L'objectif de ce manuel de l'Union internationale pour la conservation de la nature (UICN) sur la gouvernance et la gestion des aires protégées est de fournir des informations pertinentes et facilement accessibles visant à étayer des décisions fondées sur une gestion des aires protégées professionnelle, efficace et faisant appel à des compétences qualifiées (voir encadré 1.1). Il aidera également les nombreuses personnes concernées par la gestion des aires protégées, les chercheurs et toutes les personnes intéressées, mais il constitue surtout un investissement pour le développement professionnel des gestionnaires actuels et futurs d'aires protégées. Il est important de comprendre, lorsque nous parlons de « gestionnaires d'aires protégées », que nous parlons des personnes qui travaillent activement dans des aires protégées régies par des systèmes de gouvernance variés,

Encadré 1.1 Note de la rédaction

Ce livre porte sur la gouvernance et la gestion des aires protégées. Il regroupe divers textes originaux, des études de cas et des exemples du monde entier issus de publications, et des connaissances et de l'expérience des personnes impliquées dans les aires protégées. Il peut être utilisé comme texte de référence par les acteurs de terrain des aires protégées (y compris les communautés locales) et par les professionnels. Il peut être un outil d'apprentissage pour les étudiants, un outil d'information pour les décideurs et un outil de sensibilisation du public. C'est un investissement dans la formation des acteurs des aires protégées et, par conséquent, dans la gouvernance et la gestion de ces espaces dont ils sont responsables, maintenant et dans le futur.

Gouvernance et gestion des aires protégées synthétise les connaissances actuelles, les idées innovantes et les pratiques et méthodes d'apprentissage relatives à la gouvernance et à la gestion des aires protégées. Chacun des 27 chapitres du livre explore une composante spécifique de la gouvernance ou de la gestion des aires protégées, allant de la gestion pratique des opérations aux subtilités du rôle que jouent les aires protégées dans la lutte contre la pauvreté et pour l'équité sociale. Bien que les chapitres soient indépendants, chaque élément de la gestion d'une aire protégée affecte les autres ; comme pour les écosystèmes que les aires protégées visent à conserver, tout est lié.

Le succès mondial de la notion d'aire protégée réside dans la dualité de son rôle : c'est un outil de protection du patrimoine naturel, mais aussi du patrimoine culturel, et des organisations comme l'Union internationale pour la conservation de la nature ont un rôle unificateur important à cet égard. Cependant, les aires protégées sont un concept sociopolitique et la manière dont les États les perçoivent, les gouvernent et les gèrent peut toujours être contestée et débattue. Il existe différentes perceptions des aires protégées et de leur rôle dans la protection et la conservation des valeurs naturelles et culturelles. Cette diversité de points de vue est saine et assure l'évolution du concept d'aire protégée et la constante amélioration de la gouvernance et de la gestion de ces espaces.

Ce livre ne cherche pas à lancer un débat pour déterminer si les aires protégées sont une bonne chose ou non, mais repose plutôt sur l'hypothèse qu'elles le sont. De plus, nous n'avons pas voulu harmoniser l'ensemble des informations fournies dans les chapitres ni présenter une position intellectuelle unique. En effet, certains extraits ne reflètent pas les vues de tous les éditeurs ni de l'UICN, mais ont été inclus, car ils constituent des points de vue légitimes qui aideront certainement les lecteurs à comprendre des sujets clés.

Cette absence volontaire d'harmonisation implique également des variations dans l'emploi de certains termes, tels que « paysage ». Les lecteurs noteront aussi des nuances entre les chapitres sur des sujets génériques comme la gouvernance ; ces différences reflètent l'expérience et l'expertise des auteurs des chapitres. À titre d'exemple, plusieurs chapitres ont été écrits en tenant compte d'entités de grande taille, notamment les autorités publiques, les ONG et les organismes privés. Certains ont une approche scientifique occidentale tandis que d'autres ont des approches communautaires basées sur les connaissances et structures de gouvernance traditionnelles et locales. Cela participe à la richesse de ce livre et permet que les informations qu'il contient soient appliquées et utilisées dans le cadre de diverses formes de gouvernance et de gestion des aires protégées.

Cet ouvrage vise à fournir des éléments d'appréciation aux lecteurs, à les sensibiliser et surtout à les inciter à réfléchir au passé, au présent et à l'avenir des aires protégées. Nous espérons que les lecteurs apprécieront la diversité des informations et des expériences partagées et y trouveront un intérêt. Nous espérons également que cela leur donnera envie de contribuer au futur de ces investissements intergénérationnels primordiaux pour les hommes que sont les aires protégées.

notamment les « aires du patrimoine autochtone et communautaire » (APAC), les aires protégées privées (APP), les aires protégées gérées par les autorités publiques ou d'autres types de gouvernance (Stolton et Dudley, 2010).

Ce livre a été écrit par les professionnels des aires protégées les plus expérimentés et par des experts du monde entier. Il compile divers thèmes et chapitres qui constituent un véritable parcours d'apprentissage. Ce parcours commence par un texte d'introduction « Aires protégées : concept, objectifs et défis » et se termine par un chapitre sur l' « Évaluation de l'efficacité de la gestion » (figure 1.1). Toutes les étapes qui le composent sont importantes, bien que ses 29 chapitres peuvent être lus séparément ou comme des parties essentielles et intégrées formant un ensemble. Cette séparation en chapitres indépendants est destinée à répondre au besoin des universités et autres organismes de formation à la gestion des aires protégées de choisir des sujets spécifiques pour leurs programmes d'enseignement. Elle leur permet de sélectionner les chapitres répondant au mieux aux besoins et niveaux de formation de leur public. Le fait que chaque chapitre soit à la fois indépendant et une partie d'un tout influe sur la présentation du livre. Un chapitre fait ainsi souvent référence à des thèmes abordés dans d'autres

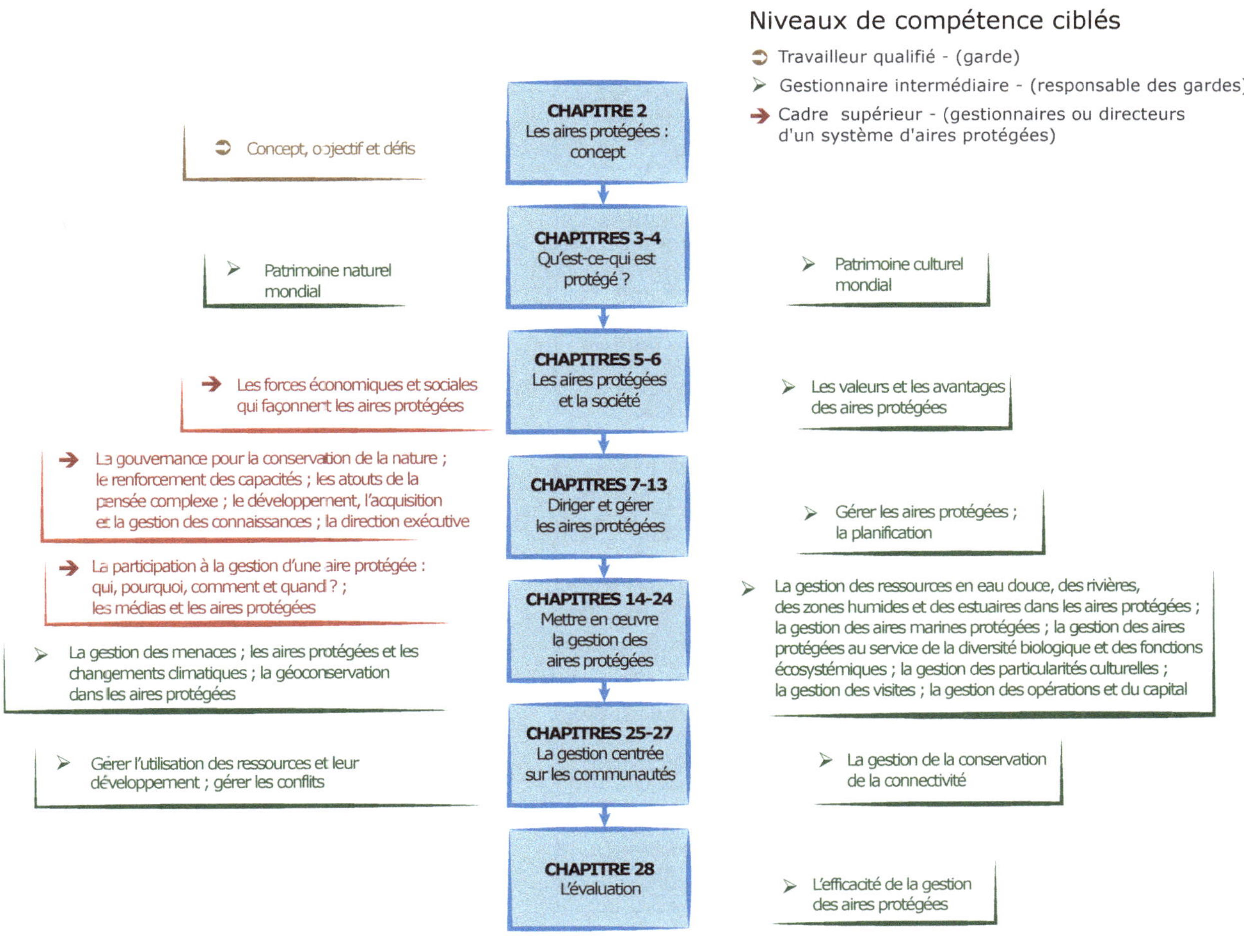

Figure 1.1 Structure et contenu du livre Gouvernance et gestion des aires protégées

chapitres et certaines informations sont délibérément répétées dans plusieurs chapitres, bien qu'un seul d'entre eux traite le sujet central.

Les lecteurs de cet ouvrage auront certainement différents niveaux de formation et différents centres d'intérêt, mais ce livre offre plus d'une option d'apprentissage. La plupart des chapitres s'adressent à des gestionnaires d'aires protégées de niveaux intermédiaire et supérieur (figure 1.1) et incluent de nombreuses références, études de cas et encadrés proposant des informations supplémentaires. Les lecteurs choisiront sans doute de cibler un ensemble de chapitres de différents niveaux de complexité. Les gestionnaires de niveau intermédiaire, par exemple, pourraient se focaliser sur des sujets « pratiques » (figure 1.2). Les gestionnaires d'un niveau de responsabilité élevé pourraient, quant à eux, vouloir en apprendre davantage sur des sujets théoriques, des concepts précis et profiter de la riche expérience des leaders mondiaux des aires protégées (figure 1.3). Ce livre offre justement une large gamme de parcours d'apprentissage que chacun peut adapter à ses besoins.

Quelle que soit la manière d'aborder ce livre, le parcours d'apprentissage sur la gouvernance et la gestion des aires protégées commence par le chapitre 2, qui présente une introduction et définit le contexte (figure 1.1). Ce chapitre décrit le concept et l'objectif des aires protégées et propose une définition de ces espaces. Il recense et décrit les six catégories de gestion de l'UICN, et détaille également les lignes directrices de la Commission mondiale sur les aires protégées de l'UICN publiées entre 1976 et 2014, qui seront utiles aux lecteurs à la recherche d'informations et de conseils sur la gestion des aires protégées.

Les chapitres 3 et 4 s'attachent à décrire ce qu'une aire protégée « protège » et donnent un aperçu de ce que sont les valeurs patrimoniales naturelles et culturelles de la Terre. Cette information devrait aider les gestionnaires d'aires protégées à apprécier la contribution de leurs propres aires

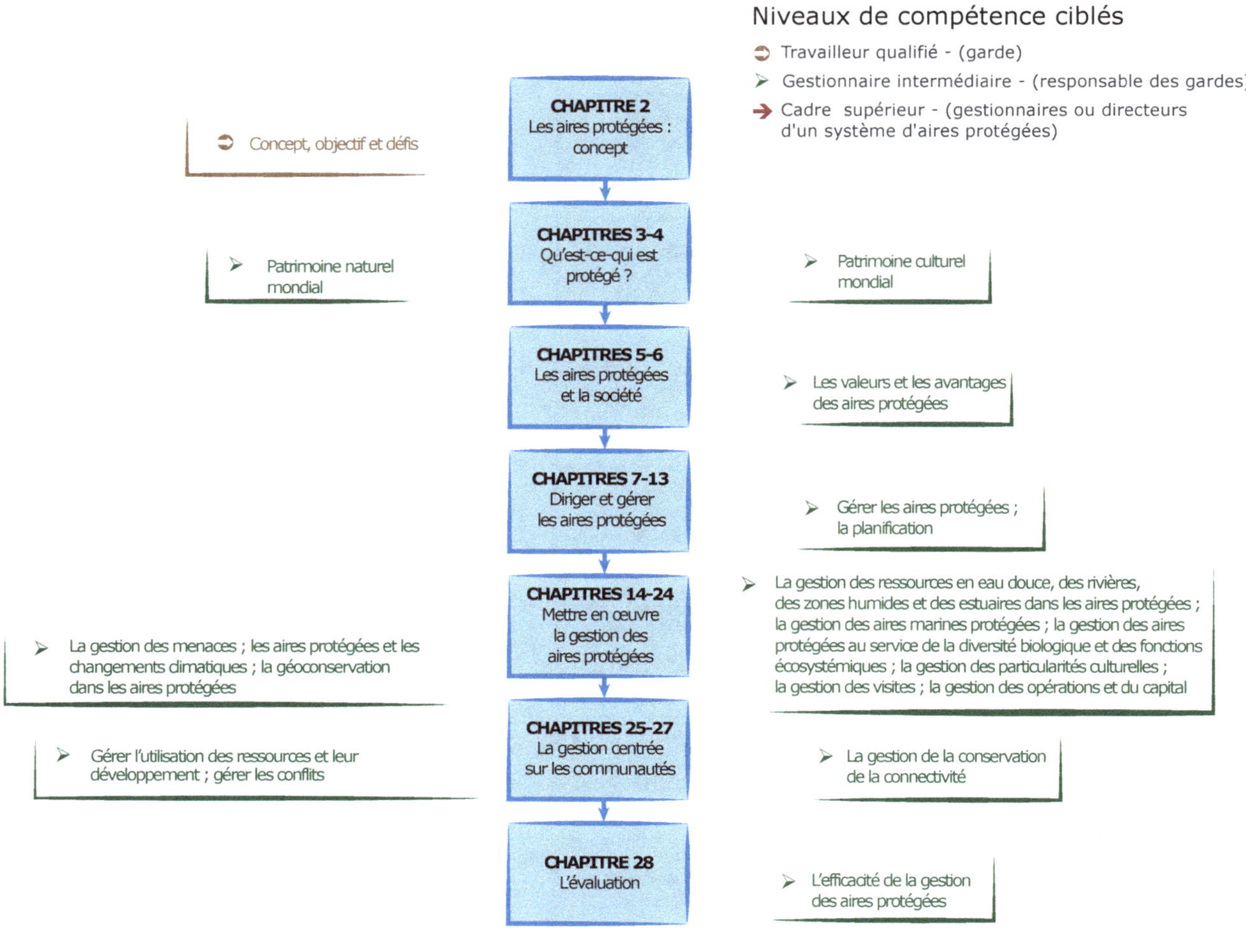

Figure 1.2 Exemple de parcours d'apprentissage destiné à un gestionnaire de niveau intermédiaire cherchant des informations sur des aspects pratiques et opérationnels de la gestion des aires protégées

protégées à la conservation du patrimoine mondial. Le chapitre sur le patrimoine naturel présente les écorégions, les points chauds de la biodiversité, l'Alliance pour l'extinction zéro et d'autres zones d'intérêt particulier. Pour les gestionnaires ayant des responsabilités au niveau national ou international, tels que les gestionnaires de réseaux d'aires protégées ou de projets de conservation de la connectivité, les informations fournies dans ce chapitre sont particulièrement importantes.

Les aires protégées sont un concept humain ; elles sont gérées par la société, et leurs statut et gestion sont guidés et définis par des influences sociétales. Comprendre ces influences constitue une partie importante de toute formation sur les aires protégées (chapitre 5). Il est essentiel que les gestionnaires d'aires protégées comprennent ce contexte afin d'être efficaces dans leur travail de gestion. Les avantages fournis par les aires protégées sont importants et font partie intégrante de la façon dont ces zones sont perçues par la société (chapitre 6). Comprendre et expliquer ces avantages est essentiel pour que les communautés soient fières de leurs aires et de leur rôle intergénérationnel de conservation.

Les chapitres suivants (7 à 13) portent sur l'organisation, la direction, la planification et la préparation d'une gestion solidement étayée des aires protégées. Cette gestion doit également être assurée par un personnel qualifié. La création d'une aire protégée doit être associée à une direction et à une gestion actives et efficaces, au risque que l'aire devienne un « parc de papier » exploité pour ces plantes, ces animaux et autres valeurs patrimoniales. Cette partie du livre évoque la façon dont les aires protégées sont dirigées (chapitre 7) et gérées (chapitre 8) et les moyens par lesquels on s'assure que leur personnel possède les aptitudes et les compétences nécessaires (chapitre 9). Souvent, les problèmes rencontrés par les dirigeants et les gestionnaires des aires protégées sont complexes. Ce livre décrit les approches mises en œuvre pour faire face à cette complexité (chapitre 10) et explique la nécessité de collecter des informations

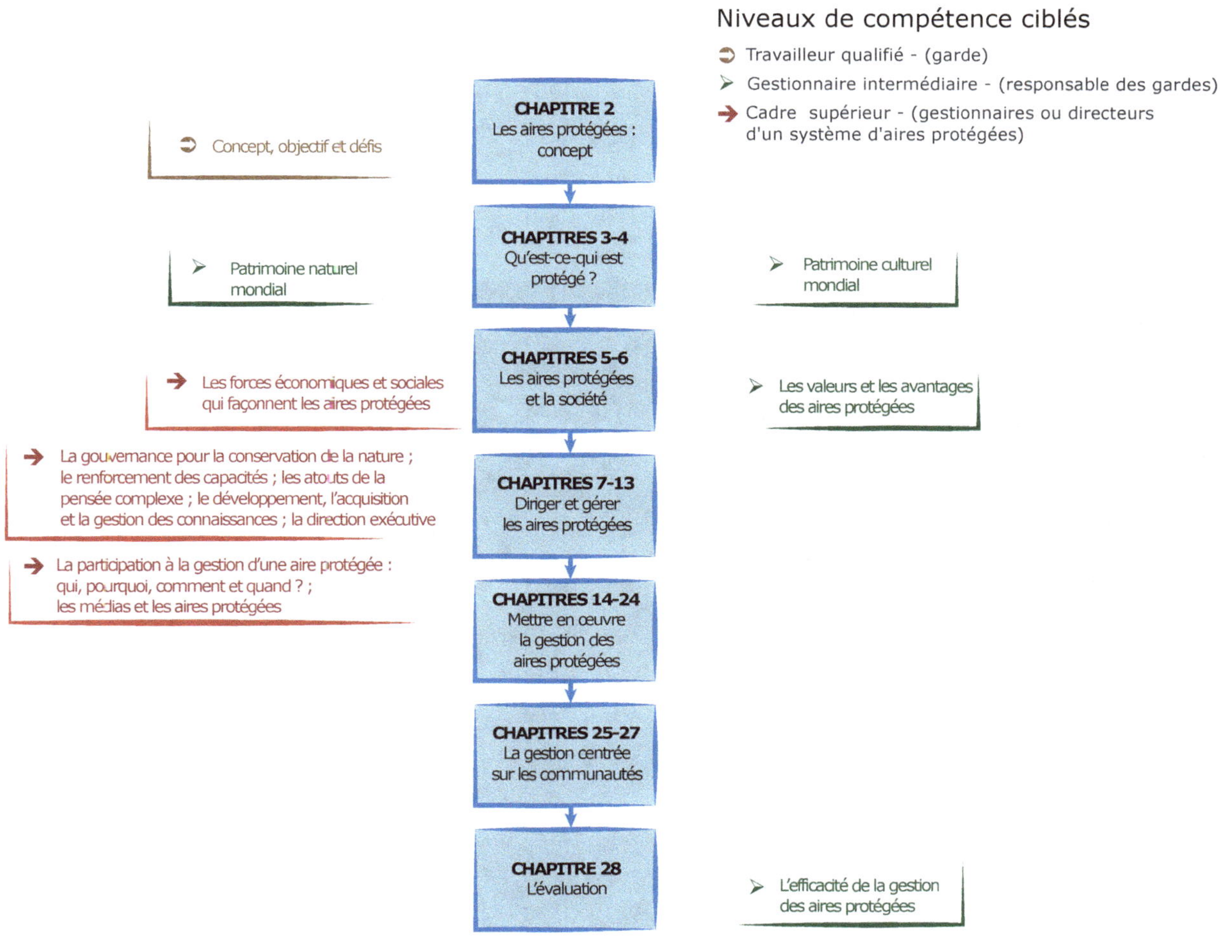

Figure 1.3 Exemple de parcours d'apprentissage destiné à un cadre supérieur cherchant des informations sur les concepts et pratiques à la base de la gestion des systèmes d'aires protégées

actuelles, pertinentes et fondées sur des données fiables (chapitre 11). Des conseils supplémentaires sont fournis aux futurs responsables d'aires protégées dans le chapitre traitant de la responsabilité et de la direction des aires (chapitre 12). Enfin, l'élaboration de la planification pour atteindre de meilleurs résultats est également abordée (chapitre 13).

Les chapitres relatifs à la mise en œuvre (chapitres 14 à 24) se concentrent sur la gestion pratique des aires protégées. Des conseils sont fournis aux gestionnaires travaillant avec les communautés et les principales parties prenantes, compte tenu du fait que les aires protégées sont une partie intégrante de la société et des communautés locales (chapitre 14). Une partie importante de cette gestion pratique consiste à gérer la communication de certains messages ainsi que les relations avec les médias (chapitre 15). Il est essentiel d'accorder une priorité élevée à la compréhension des menaces pesant sur les aires protégées et à l'élaboration de mesures pour y faire face (chapitre 16), en particulier les menaces liées aux changements climatiques (chapitre 17). Il faut étudier de manière détaillée différents éléments du patrimoine naturel tels que le patrimoine géologique (chapitre 18), les ressources en eau douce et les zones humides (chapitre 19), les aires marines protégées, y compris celles situées en haute mer (chapitre 20), les services écosystémiques et la biodiversité (chapitre 21). Pour ce qui est du patrimoine culturel, nous avons mis l'accent sur les particularités culturelles (chapitre 22). Le sujet des visites d'aires protégées et de leur gestion, y compris les aspects touristiques, est traité (chapitre 23), tout comme la protection de leur capital et la gestion de grands travaux qui y sont entrepris (chapitre 24).

Travailler avec les communautés est un élément essentiel de la gouvernance et de la gestion des aires protégées ; cela peut concerner des communautés vivant à l'intérieur des aires protégées. Ainsi, cet ouvrage traite de sujets tels que l'utilisation et la mise en valeur des ressources au sein de certaines zones protégées (chapitre 25), le traitement des incidents affectant les moyens de subsistance des populations, à l'intérieur et à l'extérieur des réserves (chapitre 26) et la gestion des aires de conservation assurant la connectivité qui pourrait interconnecter et intégrer les aires protégées (chapitre 27).

Notre parcours d'apprentissage se termine par un chapitre sur l'évaluation de l'efficacité de la gestion (chapitre 28). Cette efficacité contribue à garantir le caractère intergénérationnel des aires protégées. Enfin, la conclusion de ce recueil regroupe des réflexions importantes menées pendant les plus de deux années qu'a nécessitées son élaboration (chapitre 29).

Visiteurs de la réserve de la forêt de brouillard de Monteverde, Costa Rica
Source : Graeme L. Worboys

Références

International Union for Conservation of Nature (IUCN) and United Nations Environment Programme World Conservation Monitoring Centre (UNEP-WCMC) (2014) *The World Database on Protected Areas: August 2014,* UNEP-WCMC, Cambridge.

Stolton, S. and Dudley, N. (2010) *Arguments for Protected Areas: Multiple benefits for conservation and use,* Earthscan, London.

CHAPITRE 2

CONCEPT, OBJECTIFS ET DÉFIS

Auteur principal :
Graeme L. Worboys

CONTENU

UICN CMAP COMMISSION MONDIALE DES AIRES PROTÉGÉES Convention sur la diversité biologique

AUTEUR PRINCIPAL

GRAEME L. WORBOYS est vice-président de la Commission mondiale des aires protégées de l'Union internationale pour la conservation de la nature sur la connectivité et les montagnes et chercheur associé à la Fenner School de l'Université nationale australienne.

REMERCIEMENTS

Nos remerciements vont à Sue Feary, Penny Figgis, le professeur émérite Larry Hamilton, Ashish Kothari, Michael Lockwood et le professeur émérite Adrian Phillips qui ont grandement contribué à l'écriture de ce chapitre et de ses versions précédentes. Nous tenons aussi à remercier Ashish Kothari pour sa contribution à la partie sur les APAC.

CITATION

Worboys, G. L. Concept, objectifs et défis. In Worboys, G. L., Lockwood, M., Kothari, A., Feary, S., et Pulsford, I. (éd.). *Gouvernance et gestion des aires protégées.* Canberra : ANU Press, 2020. doi.org/10.22459/GGAP.02

PHOTO DE LA PAGE DE TITRE

Glacier Grey, parc national Torres del Paine, Chili

Source : Eduard Müller

Chutes d'Iguazú, parc national d'Iguazú, Brésil
Source : Eduard Müller

Introduction

Les aires protégées sont des espaces dédiés à la conservation de l'extraordinaire beauté et richesse de la Terre et à tous les avantages que cela procure à l'humanité – un patrimoine de plus de quatre milliards d'années qui, pour autant qu'on le sache, est unique dans notre univers. Ce patrimoine comprend des paysages grandioses, des animaux et plantes remarquables, des montagnes escarpées, des grottes spectaculaires, de vastes forêts, d'imposantes cascades, d'immenses lacs et zones humides, d'infinis déserts, des côtes vierges et d'impressionnants fonds marins. Il comprend aussi des paysages façonnés par des pratiques et traditions humaines ayant une grande valeur esthétique et culturelle.

Les aires protégées sont des fiertés nationales et sont appréciées par des visiteurs du monde entier. Elles sont essentielles au maintien d'écosystèmes et d'environnements sains, jouent un rôle clé dans la conservation de la biodiversité, fournissent de l'eau non polluée et de l'air pur, assurent la durabilité des cultures et des moyens de subsistance des communautés traditionnelles et autochtones, participent au développement durable via des activités de tourisme axées sur la nature et sont une barrière naturelle contre les changements climatiques. Elles jouent aussi un rôle important de conservation du patrimoine historique et culturel et protègent de nombreux sites historiques, particularités culturelles, sites d'importance spirituelle, sociale et historique. Elles sont généralement protégées, pour l'éternité, par les lois les plus élevées des nations qui les abritent.

Ce chapitre introduit le concept d'aire protégée : il le définit, ainsi que les différentes catégories dans lesquelles les aires protégées peuvent être classées, et explique les notions de gouvernance et de gestion. Il présente aussi d'autres espaces de conservation de la nature qui ne sont pas des aires protégées. La plupart des documents destinés à des formations sur les aires protégées élaborés par l'UICN depuis 1947 ont été recensés et sont listés dans une annexe de ce chapitre. Cette liste constitue une source importante pour les lecteurs et les chercheurs.

Concept et objectifs

La création et la gestion professionnelle des aires protégées constituent un phénomène récent qui s'est particulièrement développé au XXe et XXIe siècle, mais le concept d'aire protégée existe depuis des dizaines de milliers d'années. Il existe de très anciennes aires protégées qui assurent encore aujourd'hui leur rôle de conservation des milieux naturels, notamment grâce à leur caractère religieux. Par exemple, l'île d'Itsukushima près d'Hiroshima, au Japon, est un sanctuaire shintoïste depuis le VIe siècle. Sur cette île, les forêts sont sacrées et ont été protégées à la fois pour leur valeur intrinsèque et pour fournir du bois pour la fabrication des structures du sanctuaire (Stolton, 2010). Le mont Kailas au Tibet est considéré comme une montagne sacrée depuis le IVe siècle av. J.-C. et est vénéré et protégé par des bouddhistes, hindous, jaïns et bönpos, ce qui en fait la montagne « la plus sacrée au monde » (Bernbaum, 1990). À de nombreux autres endroits, les communautés ont géré leurs activités de façon à protéger les écosystèmes dans lesquelles elles évoluent.

Temple de Ta Promh, Angkor, Cambodge
Source : Graeme L. Worboys

Valeurs

Les valeurs sont essentielles pour définir le concept d'aires protégées. Ce sont ces valeurs qui mènent à la création de nouvelles aires protégées, qui aident à définir leurs priorités de gestion, et servent à évaluer leur état et leur évolution en réponse à des changements, des menaces et des évolutions de gestion (Lockwood, 2006). Les nombreuses valeurs des aires protégées, telles que leurs valeurs intrinsèques, matérielles et immatérielles sont décrites en détail dans le chapitre 6.

Concept

Les concepts actuels de conservation et d'aire protégée sont apparus à la fin du XIXe siècle en réponse aux changements rapides qui s'opéraient dans les anciennes colonies européennes et à la crainte de voir la nature, les espèces et les paysages de ces colonies disparaître (Stolton et Dudley, 2010).

Le mouvement conversationniste qui apparait en Europe et en Amérique du Nord au XIXe siècle semble avoir trois origines (Holdgate, 1999:1) : 1) la redécouverte de la nature par le mouvement romantique ; 2) l'exploration scientifique du monde naturel ; et 3) l'effroi face à la disparition de certaines espèces sauvages, notamment les oiseaux. Selon Jean-Jacques Rousseau, la nature est bonne et plus les gens en sont proches plus ils sont libres, heureux et honnêtes (Holdgate, 1999:3). Cette approche philosophique a contribué à créer une nouvelle vision de la relation de l'homme avec la nature en Europe occidentale. Cette vision fût reprise plus tard en Amérique du Nord par Ralph Waldo Emerson (Holdgate, 1999).

En 1810, le poète anglais William Wordsworth dit voir la région de Lake District, dans le nord-ouest de l'Angleterre comme « une sorte de propriété nationale que chaque homme qui a des yeux pour la voir et un cœur pour l'apprécier possède » (Holdgate, 1999:4), mots qui auraient plus tard inspiré les premiers défenseurs de l'environnement aux États-Unis (p. ex., John Muir) et en Grande-Bretagne. La vision de Wordsworth s'inscrit dans le contexte de la révolution industrielle, déjà bien avancée en Angleterre à l'époque. Dès les années 1830, l'idée selon laquelle la nature devait être protégée contre les ravages de l'industrie, de l'exploitation inconsidérée des ressources, de la pollution et de la croissance rapide des villes se développa en Europe. En 1858, lorsque Alexander von Humboldt publie « De l'origine des espèces », il est vu par beaucoup comme le principal instigateur de la conservation de la nature. Mais le succès croissant des idéologies de conservation est aussi dû à l'exploitation destructrice de la nature (massacre des bisons en Amérique du Nord, des éléphants en Afrique, des aigrettes et des mouettes pour l'industrie de la mode). Beaucoup de sociétés de protection des oiseaux et des animaux ont ainsi été créées à cette époque (Holdgate, 1999).

Au-delà de l'Europe, l'impact écologique de la conquête de l'Ouest et de la colonisation de l'Afrique, des Amériques, de l'Asie et de l'Australie a également conduit à la création d'aires protégées (Grove, 1995 ; Chape et al., 2008). Le continent américain fut un défenseur précurseur du concept d'aire protégée. En 1833, l'explorateur et artiste George Catlin vanta les vertus de l'Amérique « sauvage » (Brockman, 1959). Après avoir visité une contrée amérindienne en amont de la rivière Missouri, il écrivit :

> « Et quelle somptueuse vision, aussi, que de (...) se les imaginer dans le futur, leur beauté et leur nature immaculées protégées par un superbe parc. (...) Le parc d'une nation, protégeant l'homme et la bête dans l'état sauvage et la fraîcheur de leur beauté naturelle. » (Catlin, 1844)

Dans une autre colonie britannique, à l'autre bout du monde, en Australie, la pensée conservationniste émerge à la même époque. En 1842, le gouverneur de

Flamants, parc national de Celestún, Mexique
Source : Eduard Müller

Bien du patrimoine mondial de la région des montagnes Bleues, Australie
Source : Graeme L. Worboys

la Nouvelle-Galles-du-Sud reconnut l'importance du bunya-bunya (*Araucaria bidwillii*) pour les peuples autochtones et publia un décret spécial interdisant la délivrance de permis de coupe pour toutes les forêts tropicales au nord de Brisbane où l'on trouvait cette espèce (Worboys et al., 2005). Il s'agit là d'un décret de conservation respectant les valeurs et les besoins des autochtones australiens. En 1866, la réserve des grottes de Jenolan fut créée, en Nouvelle-Galles-du-Sud, afin de protéger ces incroyables grottes calcaires d'éventuels actes de vandalisme (Finlayson et Hamilton-Smith, 2003). En 2014, cette même réserve fut incluse dans le site du patrimoine mondial de la région des montagnes Bleues.

Deux grandes visions de la conservation émergent en Californie entre 1908 et 1913, pendant la controverse sur la construction de barrages dans la vallée d'Hetch Hetchy : la vision « préservationniste » de John Muir, basée sur un respect religieux de la nature et sur l'idée selon laquelle cette dernière est un antidote au développement, et la vision « utilitariste » de la conservation proposée par Gifford Pinchot suggérant d'exploiter la nature raisonnablement et d'y « investir » pour une éventuelle utilisation future. Ce débat a influencé la création d'un mouvement international de conservation : « Barrage de Hetch Hetchy ! Tant que vous y êtes, construisez des barrages sur les cathédrales et les églises, car il n'existe pas de temple plus sacré aux yeux des hommes » (Muir, 1912).

Le concept d'aire protégée se propage petit à petit au XXe siècle et de nouvelles aires se créent au XXIe siècle. Les événements historiques importants relatifs aux aires protégées après la Seconde Guerre mondiale sont référencés dans le tableau 2.1.

Tableau 2.1 Quelques événements importants dans l'histoire des aires protégées

Date	Événement
1948	Création de l'Union internationale pour la protection de la nature (UIPN), première organisation mondiale de protection de la nature. Elle est alors basée à Bruxelles.
1956	L'UIPN change de nom et devient l'Union internationale pour la conservation de la nature (UICN).
1958	Création de la Commission internationale des parcs nationaux de l'UICN
1962	La première liste d'aires protégées des Nations Unies est préparée par l'UICN.
1962	Première conférence mondiale sur les parcs nationaux, à Seattle, aux États-Unis
1969	La notion de parc national est officiellement définie lors de l'assemblée générale de l'UICN à New Delhi.
1970	Création du Programme de l'Homme et la biosphère de l'UNESCO
1971	Adoption de la Convention de Ramsar sur les zones humides à Ramsar, en Iran
1972	Adoption de la Convention du patrimoine mondial
1972	Deuxième Conférence mondiale sur les parcs nationaux, dans le Parc national de Yellowstone, aux États-Unis
1973	Adoption de la Convention sur le commerce international des espèces de faune et de flore sauvages menacées d'extinction (CITES)
1975	La Commission internationale des parcs nationaux de l'UICN devient la Commission des parcs nationaux et des aires protégées (CPNAP).
1980	Préparation de la « Stratégie mondiale de la conservation » par l'UICN, le Fonds mondial pour la nature (WWF) et le Programme des Nations Unies pour l'environnement (PNUE)
1981	Le Centre mondial de surveillance de la conservation de la nature du PNUE (CMSC-PNUE), basé à Cambridge, s'engage à collecter et classer des données sur les aires protégées, en partenariat avec l'UICN.
1982	Troisième Congrès mondial sur les parcs nationaux, à Bali, en Indonésie
1987	Publication du rapport de la Commission mondiale pour l'environnement et le développement *(Notre avenir à tous)* sur le développement durable
1988	L'UICN définit ce qu'est une aire marine protégée.
1990	Publication du premier rapport du groupe d'experts intergouvernemental sur l'évolution du climat (GIEC)
1991	Préparation du document *Sauver la Planète – Stratégie pour l'Avenir de la Vie* par l'UICN, le WWF et le PNUE
1992	Préparation d'une étude en quatre volumes sur les systèmes d'aires protégées du monde par le CMSC-PNUE, en collaboration avec le CPNAP-UICN
1992	Quatrième Congrès mondial sur les parcs nationaux et les aires protégées à Caracas, au Venezuela
1992	Adoption de la Convention sur la diversité biologique, symbole de la reconnaissance de la nécessité de conserver la biodiversité et du rôle essentiel des aires protégées à cet égard
1992	La Convention-cadre des Nations Unies sur les changements climatiques est finalisée.
1994	Publication des lignes directrices de l'UICN sur les catégories de gestion
1996	Le CPNAP devient la Commission mondiale des aires protégées (CMAP).
2000	Publication des objectifs du Millénaire pour le développement dans lesquels est mentionnée l'importance du développement durable.
2000	Conservation International identifie ses points chauds de biodiversité.
2001	Le WWF identifie les écorégions du monde.
2003	Cinquième Congrès mondial sur les parcs de l'UICN à Durban, en Afrique du Sud
2004	Accord sur le Programme de travail sur les aires protégées lors de la Conférence des Parties de la Convention sur la diversité biologique
2008	Accord sur une nouvelle définition des aires protégées, des catégories de gestion de l'UICN et des types de gouvernance lors du Congrès mondial de la nature de Barcelone
2008	Une version améliorée de la Base de données mondiale sur les aires protégées (WDPA) est mise en ligne
2010	Lancement du Plan stratégique de la CDB pour 2011-2020 et appel à la création de plus d'aires protégées accompagnées d'une meilleure connectivité, d'un système de gestion efficace et prenant en compte les besoins des hommes
2010	La CMAP-UICN travaille sur des « solutions naturelles » insistant sur l'importance des aires protégées pour la lutte contre les changements climatiques
2011	Préparation, par le Centre du droit de l'environnement de l'UICN et la CMAP, de lignes directrices pour la législation des aires protégées
2014	Le Programme pour la biodiversité et la gestion des aires protégées (BIOPAMA) est entrepris par l'UICN pour répondre aux menaces contre la biodiversité dans les pays d'Afrique, des caraïbes et du Pacifiques tout en réduisant la pauvreté des communautés dans et autour des aires protégées

Source : adapté de Worboys (2014)

Les lecteurs particulièrement intéressés par l'histoire de la conservation, des aires protégées et de l'UICN pourront lire le très bon livre de Martin Holdgate, *The Green Web* (1999).

Le concept d'aire protégée a grandement profité de l'évolution de la réflexion et des débats après 1945, période au cours de laquelle ces espaces gagnent en importance. Les aires protégées actuelles sont des terres et des mers dont les hommes reconnaissent les valeurs naturelles, écologiques, sociales et culturelles, et pour lesquelles ils prennent des mesures de protection sur le long terme. Ce concept a une valeur intergénérationnelle et repose sur le soutien des communautés, sur les règles coutumières et/ou la loi et sur une gestion active du territoire de l'aire protégée. Il peut s'appliquer à de très petites ou à de très grandes aires, à des espaces fragiles qu'il faut gérer avec grande précaution, à des zones qui assurent la pérennité des communautés et à des lieux qui sont visités pour leur beauté naturelle exceptionnelle.

Parc national d'Uluru-Kata Tjuta, bien du patrimoine mondial de l'UNESCO, Australie
Source : Graeme L. Worboys

Objectifs

Les aires protégées sont le principal outil de conservation de la biodiversité sur Terre (ainsi que de son patrimoine naturel et culturel). Ce rôle de conservation de la biodiversité est officiellement reconnu par 168 États-nations depuis 1992, date à laquelle il est inscrit dans l'article 8 de la Convention sur la diversité biologique (CDB). Au XXIe siècle, presque tous les États ont reconnu le concept d'aire protégée qui fait maintenant partie intégrante de presque toutes les stratégies nationales et internationales de conservation d'aires terrestres et marines reconnues comme des espaces cruciaux pour la protection des écosystèmes naturels, pour servir de refuges à certaines espèces et pour maintenir des processus écologiques qui ne pourraient pas exister dans des zones gérées de manière intensive telles que les zones agricoles ou urbaines (Dudley, 2008). Les aires protégées aident à protéger la nature, ce qui inclut la biodiversité au niveau génétique, et au niveau des espèces et des écosystèmes, ainsi que la géodiversité composée du patrimoine géologique de l'espace concerné, de ses reliefs, paysages, sols et ressources en eau. Le patrimoine culturel des aires protégées peut également être une cible de conservation, car son statut et sa gestion ne sont pas incompatibles avec l'objectif premier de l'aire qu'est la conservation de la biodiversité (Dudley, 2008).Dans un souci de concision, lorsque nous emploierons le terme « conservation de la biodiversité » dans ce livre, il faudra comprendre que les services écosystémiques, la géodiversité et le patrimoine culturel sont inclus. La définition de cet objectif plus large permet maintenant de définir le terme « aire protégée ».

Définition

Une aire protégée est définie par l'UICN comme « un espace géographique clairement défini, reconnu, consacré et géré, par tout moyen efficace, juridique ou autre, afin d'assurer à long terme la conservation de la nature ainsi que les services écosystémiques et les valeurs culturelles qui lui sont associés » (Dudley, 2008:8).

Chaque mot et chaque expression de cette définition a son importance et a un sens très précis. Une explication de chacun de ses termes est fournie ici par Nigel Dudley, de l'UICN (Dudley, 2008:8-9) (tableau 2.2).

Tableau 2.2 Détails de la définition d'aire protégée

Mot ou expression	Explication
Espace géographique clairement défini	*Espace géographique :* inclut les aires terrestres, marines et côtières, les aires d'eau douce ou une combinaison des deux ou plusieurs d'entre elles. *Espace :* ceci implique trois dimensions et peut inclure l'espace aérien au-dessus d'une aire protégée, une certaine profondeur d'eau sous terre ou au-dessus du fond de l'espace aquatique et des zones situées sous la surface terrestre (telles que les grottes). *Clairement défini :* implique une aire définie dans l'espace avec des limites reconnues et marquées.
Reconnu	La protection peut inclure toute une gamme de types de gouvernance déclarés par la population ou définis par l'État, mais de tels sites doivent être reconnus d'une certaine façon (en particulier en étant inscrit sur la liste de la Base de données mondiale sur les aires protégées – WDPA).
Consacré	Implique un certain engagement contraignant pour la conservation à long terme passant, par exemple, par des conventions et accords internationaux, des lois nationales, provinciales et locales, le droit coutumier, l'engagement d'ONG, des fiducies privées et des politiques des sociétés, des programmes de certification.
Géré	Ceci suppose certaines démarches actives pour conserver les valeurs naturelles (et éventuellement autres) pour lesquelles l'aire protégée a été créée ; notons que « géré » peut inclure la décision de laisser l'aire intacte s'il s'agit de la meilleure stratégie de conservation.
Par tout moyen efficace, juridique ou autre	Les aires protégées doivent faire l'objet d'une publication dans un journal officiel, être reconnues par une convention ou un accord international, ou encore être gérées par d'autres moyens efficaces, mais non inscrits dans la loi écrite, comme les réglementations traditionnelles reconnues selon lesquelles fonctionnent les aires du patrimoine communautaire ou les politiques d'organisations non gouvernementales établies.
Afin d'assurer	Ceci implique une certaine efficacité de la gestion.
À long terme	Les aires protégées doivent être gérées dans la durée et non selon une stratégie de gestion temporaire.
La conservation	Dans le contexte de cette définition, la conservation fait référence au maintien in situ d'écosystèmes et d'habitats naturels et semi-naturels et de populations viables d'espèces dans leurs environnements naturels et, dans le cas d'espèces domestiquées ou cultivées, dans l'environnement où elles ont développé leurs propriétés distinctives.
De la nature	Dans ce contexte, le terme « nature » fait toujours référence à la biodiversité aux niveaux génétique, de l'espèce et de l'écosystème et aussi, souvent, à la géodiversité, au modelé et à d'autres valeurs naturelles plus générales.
Et les services écosystémiques qui lui sont associés	Ceci signifie les services de l'écosystème qui sont liés, mais n'interfèrent pas avec les objectifs de la conservation de la nature. Ils peuvent comprendre des services d'approvisionnement (eau, nourriture, etc.) ; des services de régulation (des inondations, des sécheresses, de la dégradation des sols, des maladies, etc.) ; des services de soutien (formation des sols, le cycle des nutriments, etc.) ; et des services culturels (avantages récréatifs, spirituels, religieux et autres avantages non matériels).
Valeurs culturelles	Ceci inclut les valeurs qui n'interfèrent pas avec la conservation.

Source : Dudley (2008:8-9)

Les catégories UICN de gestion des aires protégées

L'UICN a développé un système internationalement accepté qui comprend six catégories d'aires protégées (Dudley, 2008). Chaque aire protégée est associée à une catégorie en fonction de son principal objectif de gestion. Cette catégorisation constitue un langage commun permettant de distinguer les grands types de gestion des aires protégées, de les décrire et de les utiliser dans le cadre de travaux. Elle est bien sûr critiquée, car de nombreux États ont défini leurs propres catégories d'aires protégées telles que les « parcs de conservation », « réserves de conservation », « zones de protection », « réserves de flore », « réserves forestières », « terres autochtones », « réserves de conservation du karst », « parcs nationaux », « parcs naturels », « réserves naturelles » et de nombreuses autres.

Les six catégories de l'UICN sont basées sur les principaux objectifs de gestion, clairement définis, des aires protégées. Le langage commun qu'elles créent assure la cohérence, à l'échelle internationale, de la collecte des données et rend possible l'analyse comparative des aires protégées du monde entier. Pour mieux cerner

Khatunsky Zapovednik, une aire protégée de catégorie Ia, près de Ust Koksa, République de l'Altaï, Russie

Source : Graeme L. Worboys

ces six catégories, il est nécessaire de les définir et de les différencier. Mais avant cela, notons qu'il existe un certain nombre de principes et objectifs fondamentaux qui sont communs à toutes les aires protégées.

Principes

Analyser les principes de base des catégories d'aires protégées aide à comprendre exactement ce que l'UICN entend par « aires protégées » et à renforcer le sens de ses catégories. En cohérence avec la définition de l'UICN d'une aire protégée, les principes clés des catégories de l'UICN sont :

- seuls les espaces dont l'objectif principal est la conservation de la nature sont considérés comme des aires protégées ;
- les aires protégées doivent prévenir l'apparition de toute exploitation ou pratique de gestion qui serait préjudiciable à leurs objectifs ou y mettre fin, si nécessaire ;
- le choix de la catégorie d'une aire protégée doit être basé sur son principal objectif de gestion ;
- la catégorisation des aires protégées n'a aucune valeur hiérarchique ;
- une catégorie de gestion peut être associée à tout type de gouvernance et vice versa ;
- les aires protégées doivent en général chercher à préserver ou, idéalement, à accroitre le caractère naturel des écosystèmes qu'elles protègent ;
- la définition et les catégories d'aires protégées ne doivent pas être utilisées pour justifier la dépossession des terres des habitants (Dudley, 2008:10).

Objectifs

Les objectifs de gestion communs à toutes les catégories d'aires protégées sont les suivants :

- conserver la composition, la structure, la fonction et le potentiel évolutif de la biodiversité ;
- contribuer aux stratégies régionales de conservation ;
- préserver la diversité du paysage ou de l'habitat, et des espèces et écosystèmes associés ;
- être suffisamment grandes pour garantir l'intégrité et le maintien à long terme des objectifs de conservation spécifiés ;
- préserver à jamais les valeurs pour lesquelles elles ont été créées ;
- suivre un plan de gestion et un programme de suivi et d'évaluation afin de faire évoluer leur gestion si nécessaire ;
- posséder un système de gouvernance clair et équitable (Dudley, 2008:12).

Les catégories d'aires protégées de l'UICN

Les six catégories de l'UICN sont présentées et définies individuellement ci-dessous. L'objectif principal de chaque catégorie est également détaillé. Elles sont essentielles à l'efficacité de la gestion des aires protégées et doivent être utilisées le plus souvent possibles, quelles que soient les caractéristiques des aires protégées concernées et le contexte dans lequel elles évoluent.

Catégorie Ia : réserve naturelle intégrale

Les réserves naturelles intégrales sont des outils de conservation des écosystèmes, des espèces et de la géodiversité et peuvent être des sites importants pour la recherche scientifique, la surveillance continue de l'environnement et l'éducation. Elles peuvent également être des espaces importants pour la conservation de valeurs culturelles et spirituelles associées à la nature. Les réserves de catégorie Ia sont essentielles au XXIe siècle, époque à laquelle les zones vierges d'activités humaines sont de plus en plus rares. Elles aident à protéger un

Parc national des lacs de Plitvice, bien du patrimoine mondial de l'UNESCO, Croatie
Source : Graeme L. Worboys

patrimoine naturel rare qui serait autrement perdu et elles fournissent une base de référence pour la surveillance continue de l'environnement à long terme ainsi que pour la protection de ressources naturelles et de services écosystémiques.

Définition

La catégorie Ia contient des aires protégées qui sont mises en réserve pour protéger la biodiversité et aussi, éventuellement, des caractéristiques géologiques/ géomorphologiques, où les visites, l'utilisation et les impacts humains sont strictement contrôlés et limités pour garantir la protection des valeurs de conservation. Ces aires protégées peuvent servir d'aires de référence indispensables pour la recherche scientifique et la surveillance continue (Dudley, 2008:13).

Objectif premier

L'objectif premier des aires protégées de catégorie Ia est de conserver les écosystèmes exceptionnels au niveau régional, national ou mondial, les espèces (individuelles ou en groupes) et/ou les caractéristiques de la géodiversité. Ces caractères distinctifs auront été formés principalement ou entièrement par des forces non humaines et seraient dégradés ou détruits par tout impact humain, sauf très léger. (Dudley, 2008:13).

Catégorie Ib : zone de nature sauvage

Les zones de nature sauvage aident à protéger des écosystèmes intacts ou légèrement altérés et permettent donc à l'évolution de continuer à opérer de manière aussi naturelle que possible. Les visites y sont autorisées en nombre limité et les peuples nomades peuvent y faire paître leur bétail.

Définition

Les aires protégées de la catégorie Ib sont généralement de vastes aires intactes ou légèrement modifiées, qui ont conservé leur caractère et leur influence naturels, sans habitations humaines permanentes ou significatives, qui sont protégées et gérées afin de préserver leur état naturel (Dudley, 2008:14).

Objectif premier

Leur objectif premier est de protéger à long terme l'intégrité écologique d'aires naturelles qui n'ont pas été modifiées par des activités humaines importantes, dépourvues d'infrastructures modernes, et où les forces et les processus naturels prédominent, pour que les générations actuelles et futures aient la possibilité de connaître de tels espaces (Dudley, 2008:14).

Catégorie II : parc national

Les parcs nationaux sont des espaces très étendus au sein desquels les processus écologiques, incluant l'évolution naturelle, peuvent perpétuer sans interférence humaine. Ils contribuent à la préservation de phénomènes naturels remarquables, de divers paysages, d'un riche héritage géologique, d'une biodiversité comprenant des espèces particulièrement importantes, des services écosystémiques et d'un important héritage culturel. Ils peuvent parfois constituer le cœur d'un plus large espace dédié à la conservation. Ils peuvent être connus au niveau international pour la beauté de leurs paysages, leurs remarquables phénomènes naturels et la singularité des espèces qui les peuplent ; on y trouve généralement des infrastructures et services d'accueil pour les visiteurs.

Définition

Les aires protégées de la catégorie II sont de vastes aires naturelles ou quasi naturelles mises en réserve pour protéger des processus écologiques de grande échelle, ainsi que les espèces et les caractéristiques des écosystèmes de la région, qui fournissent également une base pour des opportunités de visites de nature spirituelle, scientifique, éducative et récréative, dans le respect de l'environnement et de la culture des communautés locales (Dudley, 2008:16).

Objectif premier

L'objectif premier des aires protégées de catégorie II est de protéger la biodiversité naturelle ainsi que la structure écologique et les processus environnementaux sous-jacents, et de promouvoir l'éducation et les loisirs (Dudley, 2008:16).

Catégorie III : monument ou élément naturel

Les monuments ou éléments naturels sont généralement des aires de taille réduite centrées sur un ou plusieurs élément(s) naturel(s) et les écosystèmes qui y sont associés. Elles peuvent inclure des éléments tels que des falaises, des chutes d'eau, des grottes, des zones boisées et peuvent aussi être des sites culturels importants tels que des sites sacrés. Les visites de ces aires protégées peuvent être encouragées.

Définition

Les aires protégées de la catégorie III sont mises en réserve pour protéger un monument naturel spécifique, qui peut être un élément topographique, une montagne ou une caverne sous-marine, une caractéristique géologique telle qu'une grotte ou même un élément vivant comme un îlot boisé ancien. Ce sont généralement des aires protégées assez petites et elles ont souvent beaucoup d'importance pour les visiteurs (Dudley, 2008:17).

Objectif premier

Les aires protégées de catégorie III cherchent à protéger des éléments naturels exceptionnels spécifiques ainsi que la biodiversité et les habitats associés (Dudley, 2008:17).

Catégorie IV : aire de gestion des habitats ou des espèces

Les aires de gestion des habitats ou des espèces aident à protéger des espèces animales ou végétales d'importance internationale, nationale ou locale ainsi que des habitats clés. Elles peuvent être petites, mais leur taille varie. Elles comprennent parfois des fragments d'un écosystème seulement et peuvent donc requérir une gestion plus active et régulière que celle des catégories I et II.

Définition

Les aires protégées de la catégorie IV visent à protéger des espèces ou des habitats particuliers, et leur gestion reflète cette priorité. De nombreuses aires protégées de la catégorie IV ont besoin d'interventions régulières et actives pour répondre aux exigences d'espèces particulières ou pour maintenir des habitats, mais cela n'est pas forcément le cas de toutes les aires de cette catégorie (Dudley, 2008:19).

Objectif premier

L'objectif premier des aires protégées de catégorie IV est de maintenir, conserver et restaurer des espèces et des habitats (Dudley, 2008:19).

Catégorie V : paysage terrestre ou marin protégé

Les aires protégées de catégorie V sont des paysages terrestres ou marins d'une beauté exceptionnelle et qui comprennent des zones importantes pour la faune et la flore, ainsi que des éléments culturels. En principe, elles se caractérisent par une relation équilibrée entre les hommes et la nature et offrent la possibilité de restaurer la nature et de maintenir des activités culturelles liées à un espace donné. Elles jouent un rôle important à l'échelle du paysage et peuvent aussi s'inscrire dans un plus large projet de conservation qui inclut d'autres aires protégées et aires de conservation assurant la connectivité.

Définition

Une aire protégée de catégorie V est un espace où l'interaction des hommes et de la nature a produit, au fil du temps, une aire qui possède un caractère distinct, avec des valeurs écologiques, biologiques, culturelles et panoramiques considérables, et où la sauvegarde de l'intégrité de cette interaction est vitale pour protéger et maintenir l'aire, la conservation de la nature associée ainsi que d'autres valeurs (Dudley, 2008:20).

Objectif premier

L'objectif premier des aires protégées de catégorie V est de protéger et maintenir d'importants paysages terrestres ou marins, la conservation de la nature qui y est associée, ainsi que d'autres valeurs créées par les interactions avec les hommes et leurs pratiques de gestion traditionnelles (Dudley, 2008:20).

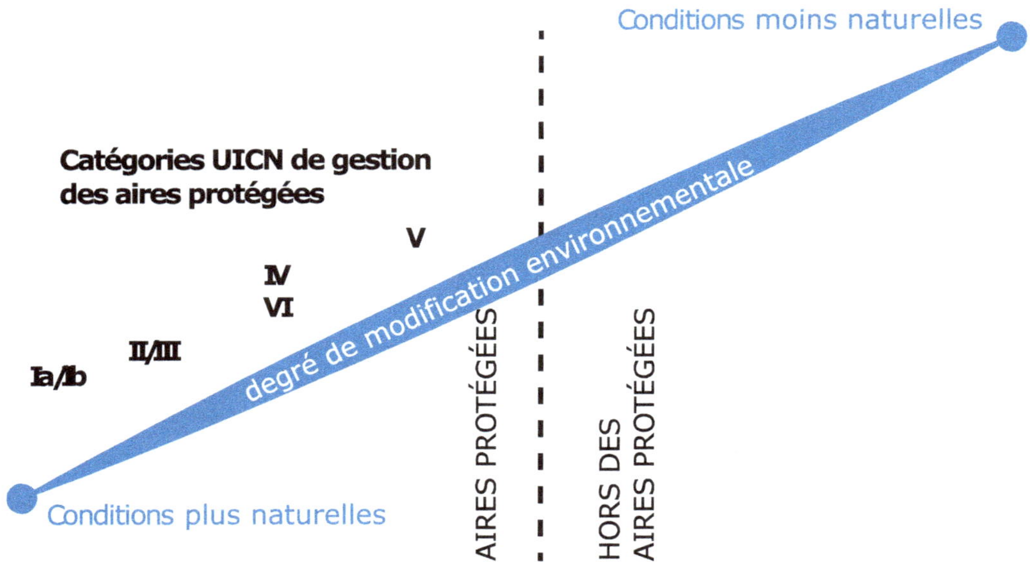

Figure 2.1 Caractère naturel et catégories d'aires protégées de l'UICN
Source : adapté de Dudley (2008:24)

Catégorie VI : aire protégée avec utilisation durable des ressources naturelles

Les aires protégées de catégorie VI peuvent être des aires protégées étendues et faisant partie d'initiatives plus larges de conservation telles que les aires de conservation assurant la connectivité. Ce sont des espaces où l'utilisation durable des ressources naturelles est un outil au service de la conservation de la nature. Les ressources des aires protégées de cette catégorie ne peuvent être exploitées de manière industrielle et l'UICN recommande qu'une large portion de sa superficie (66 % par exemple) soit maintenue dans son état naturel.

Définition

Les aires protégées de la catégorie VI préservent des écosystèmes et des habitats, ainsi que les valeurs culturelles et les systèmes de gestion des ressources naturelles traditionnelles qui y sont associés. Elles sont généralement vastes et la plus grande partie de leur superficie présente des conditions naturelles ; une certaine proportion y est soumise à une gestion durable des ressources naturelles ; et une utilisation modérée des ressources naturelles, non industrielle et compatible avec la conservation de la nature, y est considérée comme l'un des objectifs principaux de l'aire (Dudley, 2008:22).

Objectif premier

L'objectif premier des aires protégées de catégorie VI est de protéger des écosystèmes naturels et d'utiliser les ressources naturelles de façon durable, lorsque conservation et utilisation durable peuvent être mutuellement bénéfiques (Dudley, 2008:22).

Les six catégories

Ces six catégories ne sont pas conçues comme une suite hiérarchique au sein de laquelle elles seraient classées en fonction de leur qualité, de leur importance ou de leur caractère naturel. Au contraire, elles sont chacune adaptées à des situations particulières et permettront d'optimiser la conservation de la nature dans des contextes différents (Dudley, 2008:24). La relation entre les catégories de l'UICN et le caractère « naturel » d'une aire protégée est illustrée à la figure 2.1.

Les systèmes d'aires protégées

On trouve des systèmes d'aires protégées dans les endroits où un certain nombre d'aires protégées ont été créées par des États, des collectivités locales, des ONG ou autres organisations privées. Dans les systèmes nationaux d'aires protégées, la diversité des paysages géographiques, des écosystèmes, de la faune et de la flore qui existent au sein du pays est idéalement conservée grâce à un certain nombre d'aires protégées sélectionnées pour protéger un échantillonnage de ces différents éléments. Ces systèmes

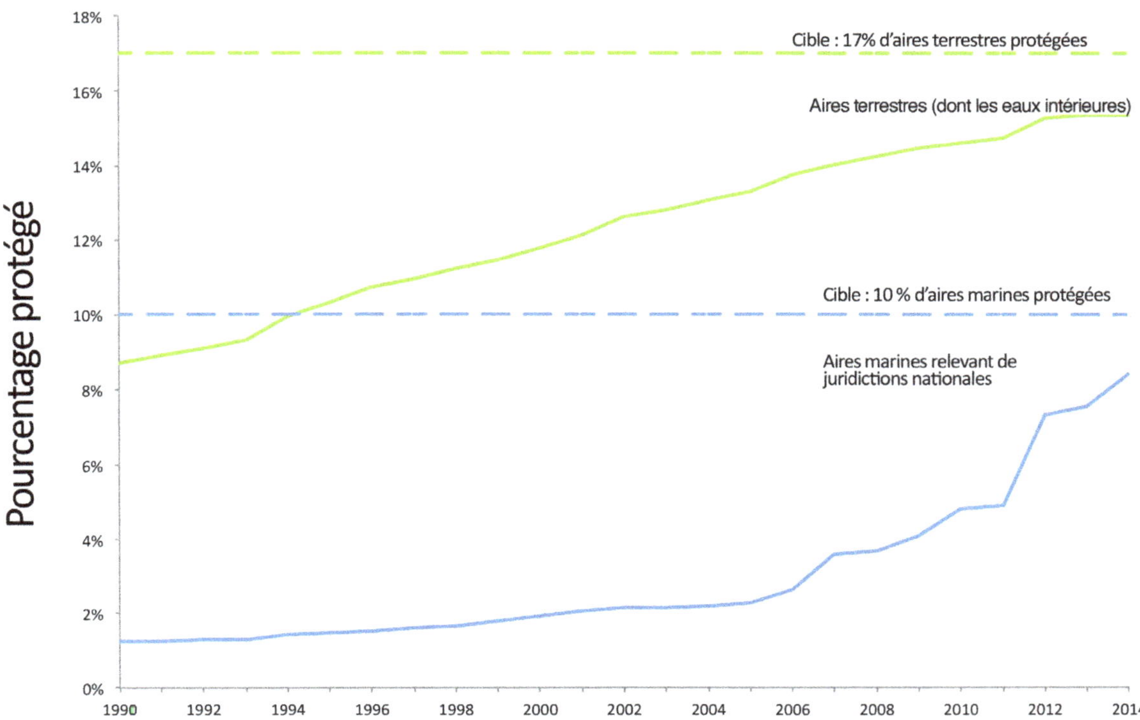

Figure 2.2 Progression en pourcentage de la surface des aires terrestres et marines protégées (1990-2014). Les données par année sont celles reportées dans la Base de données mondiale sur les aires protégées. Les aires protégées dont la date de création n'est pas indiquée ont été intégrées dans l'année 1990. Statistiques mondiales de la WDPA, août 2014

Source : UNEP-WCMC Cambridge

d'aires protégées visent à optimiser la conservation in situ du patrimoine naturel d'une nation et sont idéalement caractérisés par cinq éléments clés (Davey, 1998 ; Dudley, 2008). Les aires protégées faisant partie d'un système doivent également respecter des principes de bonne gouvernance (chapitre 7) et un système lui-même peut inclure divers types de gouvernance : gouvernance par le gouvernement, gouvernance partagée, gouvernance privée, gouvernance par les populations autochtones et par les communautés locales. Les cinq éléments clés qui caractérisent un système d'aires protégées sont énumérés ci-dessous (Davey, 1998).

1. Représentativité, globalité et équilibre : on trouve au sein de chaque pays des exemples de qualité qui sont représentatifs de la variété de l'environnement national. Les aires protégées d'un système doivent présenter un échantillonnage équilibré de ces différents « types » environnementaux.
2. Pertinence : l'intégrité, l'étendue spatiale et la disposition des unités constituantes de chaque aire protégée sont suffisantes pour assurer la viabilité des espèces et des processus écologiques.
3. Cohésion et complémentarité : contribution positive de chaque aire protégée au système au service des objectifs de conservation et de développement durable d'une nation.
4. Cohérence : il existe une approche cohérente, au sein de l'ensemble du système, visant la réalisation des objectifs de gestion du pays.
5. Rentabilité, efficience et équité : le rapport entre les coûts et le bénéfice est équilibré, la distribution des ressources financières au sein du système est équitable et le système est efficient (le nombre et la superficie minimum des aires protégées nécessaires pour atteindre les objectifs du système sont atteints).

Situation de la couverture des aires protégées

En 1962, lors de la première conférence mondiale sur les parcs nationaux à Seattle, Washington, seules 9 214 aires protégées avaient été identifiées dans le monde (Chape et al., 2003) alors que, à peine 52 ans plus tard, en 2014, il en existait plus de 209 000 (IUCN et UNEP-WCMC, 2014). Cette transformation, opérée au XXe et XXIe siècle, a permis que, en 2014, 15,4 % des eaux terrestres et intérieures, 3,4 % de la superficie

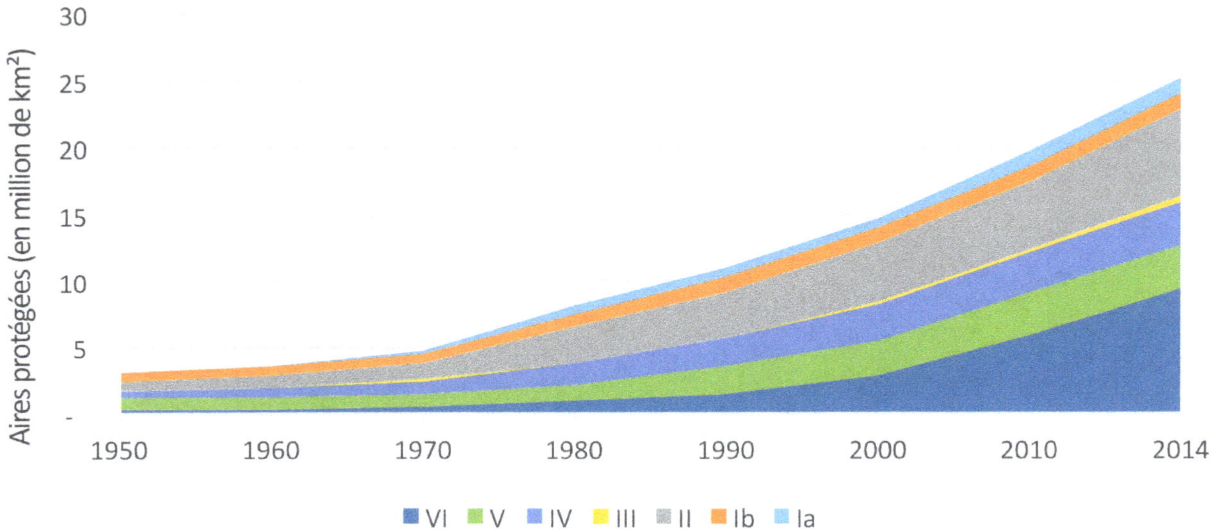

Figure 2.3 Superficie totale (en million de km2) des aires protégées de chaque catégorie UICN de gestion inscrites dans la WDPA entre 1950 et 2014. La superficie totale des aires protégées est surestimée en raison de l'inscription de certaines aires dans plusieurs catégories. Le graphique inclut les aires protégées dont on connait la catégorie, mais pas la date de création et exclut les aires protégées dont la catégorie est inconnue

Source : WDPA, août 2014

marine totale (y compris 8,4 % des zones marines sous juridiction nationale) et 8 % des zones économiques exclusives nationales soient protégées (IUCN et UNEP-WCMC, 2014). Ceci représente une progression remarquable et, bien qu'elle soit encore inachevée, cette transformation de l'usage des terres et des mers est l'une des plus importantes et pacifiques de l'histoire humaine (figure 2.2).

Des données et des statistiques sur les aires protégées reconnues sont compilées au sein de la Base de données mondiale sur les aires protégées (World Database on Protected Areas, WDPA) gérée par le Centre de surveillance de la conservation de la nature du PNUE, à Cambridge, et qui comprend des données sur des aires protégées de tous les types de gouvernance reconnus par l'UICN. Outre les aires protégées gouvernées par le gouvernement, y sont référencées des centaines d'aires protégées de gouvernance partagée, privée et celles gouvernées par les populations autochtones et par les communautés locales (y compris de vastes aires au Brésil et en Australie). Cependant, cette base n'est malheureusement pas complète, et la majorité de ces aires protégées qui ne sont pas gouvernées par le gouvernement ne sont pas officiellement reconnues et/ou déclarées par les gouvernements pour des raisons diverses. Malgré cela, une estimation de l'étendue des aires du patrimoine autochtone et communautaire (APAC) indique que ces dernières pourraient avoir égalé ou dépassé le nombre et l'étendue des aires protégées reconnues par la CMSC (Kothari et al., 2012).

Les aires protégées sont reconnues comme étant un outil efficace pour la conservation de la biodiversité et en particulier pour de nombreuses espèces menacées à une époque de changement global (Butchart et al., 2012) où l'activité humaine mène vers une sixième grande extinction (UNEP, 2007). Le plan stratégique 2011-2020 de la Convention sur la diversité biologique (CDB, 2011) a établi un objectif ambitieux pour les aires protégées d'ici à 2020 visant à couvrir 17 % de la superficie terrestre et 10 % de la superficie marine. Ces aires protégées devront en particulier cibler des espaces importants pour la conservation de la biodiversité, tels que les zones clés pour la biodiversité (voir chapitre 3). Toutes les catégories d'aires protégées de l'UICN sont importantes pour la conservation de la biodiversité, mais certaines zones clés peuvent nécessiter une gestion particulière pour assurer la conservation de certaines espèces. Cette gestion peut parfois être mieux mise en place dans les catégories I à IV (figure 2.3), bien que les catégories V et VI jouent également un rôle important dans la conservation de la biodiversité.

Parc national de Banff, bien du patrimoine mondial de l'UNESCO, Canada
Source : Graeme L. Worboys

Autres types d'aires protégées et d'espaces de conservation

Les biens du patrimoine mondial

En 1972, l'adoption de la Convention du patrimoine mondial (UNESCO, 2013a) par les Nations Unies a mené à l'établissement d'une Liste du patrimoine mondial identifiant les endroits les plus exceptionnels du patrimoine naturel et culturel de la Terre. Cette liste est prestigieuse et, en 2012, 190 parties avaient ratifié la convention (UNESCO, 2013b), qui est ainsi presque universellement reconnue.

La convention reconnaît que les biens inscrits sur la liste du patrimoine mondial pour leur valeur naturelle ou culturelle sont des biens irremplaçables de valeur exceptionnelle non seulement pour les nations qui les abritent, mais aussi pour l'humanité tout entière (UNESCO, 2011). Elle vise à assurer l'identification, la protection, la conservation, la mise en valeur et la transmission aux générations futures de ce patrimoine culturel et naturel de « valeur universelle exceptionnelle » (VUE) (UNESCO, 2011). La convention reconnaît en tant que « patrimoine culturel » des monuments, des ensembles de bâtiments et des sites présentant des œuvres de l'homme ou des œuvres conjuguées de l'homme et de la nature et en tant que « patrimoine naturel » des caractéristiques naturelles esthétiques du paysage, des formations géologiques et physiographiques, des écosystèmes et processus écosystémiques importants, les sites naturels et les zones naturelles strictement délimitées qui ont une VUE (UNESCO, 2011). La convention reconnaît également des « paysages culturels » et des « biens mixtes » (culturels et naturels).

Les sites souhaitant être inscrits sur la liste du patrimoine mondial doivent suivre un processus rigoureux qui comprend des évaluations de leurs potentielles VUE, de leur intégrité et/ou authenticité et de la protection et la gestion du site. Si un site se voit attribuer le statut de patrimoine mondial, il s'engage alors, selon la convention, à maintenir la VUE du patrimoine mondial et à fournir des rapports périodiques sur l'état et les évolutions de cette VUE. Les sites du patrimoine mondial peuvent être établis sur des espaces relevant de tous les régimes fonciers tant que leur VUE est conservée. Cependant, cet espace devant avoir un régime de gestion efficace, coïncide souvent avec des aires protégées. Les biens du patrimoine mondial sont donc particuliers et représentent idéalement les perles du patrimoine naturel et culturel de la Terre. Le chapitre 3 fournit plus d'informations sur les biens naturels reconnus par la Convention du patrimoine mondial.

Les zones humides Ramsar

Les zones humides importantes peuvent être officiellement reconnues par la Convention de Ramsar, un traité adopté en 1971 dans la ville de Ramsar, en Iran. En 2013, la convention comptait 168 parties contractantes et reconnaissait 2 168 sites à travers le monde (Ramsar, 2013). La définition de « zones humides » reconnue par la convention est très large et inclut les lacs et les cours d'eau, les marécages et les marais, les prairies humides, les tourbières, les oasis, les estuaires, les deltas et les étendues intertidales, les mangroves et autres zones côtières, les récifs coralliens et les sites artificiels tels que les étangs de pisciculture, les rizières, les retenues et les marais salés. La mission de la convention est « la conservation et l'utilisation rationnelle des zones humides par des actions locales, régionales et nationales et par la coopération internationale, en tant que contribution à la réalisation du développement durable dans le monde entier » (Ramsar, 2013:1). Les parties à la convention s'engagent à entreprendre un inventaire de leurs zones humides et à préparer un cadre stratégique pour la liste Ramsar. Ceci comprend l'identification systématique, au niveau national, de différents types de zones humides et la mise en place d'un système de gestion de ces zones. Il n'est pas obligatoire pour les sites Ramsar d'être légalement protégés, bien que leur inscription sur la liste Ramsar tend à renforcer leur protection (Dudley, 2008). Le chapitre 19 de ce livre traite plus en détail des zones humides reconnues par la Convention de Ramsar.

Le programme sur l'Homme et la biosphère de l'UNESCO (réserves de biosphère)

Les réserves de biosphère s'inscrivent dans le cadre du Programme sur l'Homme et la biosphère (« Man and the Biosphere » ou MAB). Ce programme a été lancé par l'Organisation des Nations Unies pour l'éducation, la science et la culture (UNESCO) en 1971 en tant que programme scientifique intergouvernemental visant à utiliser la science pour améliorer les relations entre les hommes et leur environnement à l'échelle mondiale (UNESCO, 2013c). En 2013, le réseau mondial des réserves de biosphère comptait 621 réserves dans 117 pays (UNESCO, 2013c). Le programme MAB intègre la science, l'économie et l'éducation afin d'améliorer les conditions de vie des hommes et de préserver les écosystèmes naturels, et vise donc à promouvoir des approches novatrices de développement économique qui sont à la fois bénéfiques socialement et culturellement et qui sont écologiquement durables.

Les réserves de biosphère visent à assurer la gestion intégrée des terres, des ressources en eaux douce et salée et des ressources vivantes en établissant des plans (et zones) d'aménagement bio-régionaux afin de promouvoir le développement durable. La mise en œuvre des zones relève de la responsabilité des États. Ces espaces comprennent des zones centrales (idéalement des aires protégées) entourées par des zones tampons (où la conservation a une place importante) et des zones de transition (des espaces de coopération favorisant le développement durable) (UNESCO, 2002). Les réserves de biosphère sont décrites dans le formulaire de proposition de réserve de biosphère de l'UNESCO (2013b:1) :

> les réserves de biosphère sont des zones recouvrant un écosystème ou une combinaison d'écosystèmes terrestres et côtiers/marins, reconnues au niveau international dans le cadre du programme de l'UNESCO sur L'Homme et la biosphère (MAB). Leur but est de promouvoir une relation équilibrée entre les êtres humains et la biosphère et d'en offrir la démonstration. Elles sont désignées par le Conseil international de coordination du programme MAB, à la demande des États concernés. Chacune continue de relever de la seule autorité de l'État sur le territoire duquel elle est située.

Les réserves de biosphère forment ensemble un réseau mondial, auquel les États participent à titre volontaire.

Le Réseau mondial de réserves de biosphère est régi par un cadre adopté en 1998 par la Conférence générale de l'UNESCO, lequel précise la définition, les objectifs, les critères et les modalités de désignation des réserves de biosphère. Les mesures à prendre lors de la création de réserves de biosphère sont indiquées dans la « Stratégie de Séville » et plus amplement développées dans le « Plan d'action de Madrid » (2008-13) (UNESCO, 2013d). Les critères que doivent remplir les aires candidates pour être reconnues comme des réserves de biosphère sont détaillés dans l'encadré 2.1.

Les Géoparcs de l'UNESCO

Les Géoparcs cherchent à protéger des zones aux caractéristiques géologiques particulières. Ce concept a été créé par l'UNESCO en 2001 et est défini ainsi :

> Un Géoparc mondial est un espace territorial présentant un héritage géologique d'importance internationale. Cet héritage permet aux populations de prendre conscience et de trouver les clés pour répondre au contexte géodynamique de la planète sur laquelle nous vivons tous. Un grand nombre de Géoparcs aident à prendre conscience des risques géologiques encourus tels que les risques volcaniques, séismes et tsunamis et dans ce cadre élaborent des stratégies d'atténuation de ces risques au sein des communautés locales. Les Géoparcs conservent les dossiers relatifs aux changements climatiques survenus ces dernières années. Ils sont de véritables éducateurs pour les changements qui surviennent actuellement et permettent d'adopter de bonnes pratiques environnementales en favorisant l'utilisation des énergies renouvelables et du « tourisme vert » (UNESCO, 2014:1).

Les Géoparcs sont des sources d'informations sur l'utilisation durable des ressources naturelles exploitées ou extraites de leur environnement et favorisent dans le même temps le respect de l'environnement et l'intégrité

Encadré 2.1 Critères de désignation d'une zone comme réserve de biosphère

L'article 4 du Cadre statutaire énonce les sept critères généraux à remplir par une aire en vue de sa désignation comme réserve de biosphère.

1. Englober une mosaïque de systèmes écologiques représentatifs de grandes régions biogéographiques, incluant une série graduée de formes d'interventions humaines.
2. Être importante pour la conservation de la diversité biologique.
3. Offrir la possibilité d'étudier et de démontrer des approches du développement durable au niveau régional.
4. Avoir une taille appropriée pour remplir les trois fonctions des réserves de biosphère.
5. Grâce à un zonage approprié, avoir :
   a. une (ou plusieurs) aire(s) centrale(s) constituée(s) aux termes de dispositions légales, consacrée(s) à la protection à long terme conformément aux objectifs de conservation de la réserve de biosphère et d'une taille suffisante pour remplir ces objectifs ;
   b. une (ou plusieurs) zone(s) tampon(s) clairement identifiée(s) entourant l'aire (ou les aires) centrale(s) ou contiguë(s) à celles-ci, où seules des activités compatibles avec les objectifs de conservation peuvent avoir lieu ;
   c. une aire de transition extérieure ou des pratiques d'exploitation durable des ressources sont favorisées et développées.
6. Des dispositions devraient être prises pour intéresser et associer un éventail approprié, notamment, de pouvoirs publics, communautés locales et intérêts privés, à la conception et à la mise en œuvre des fonctions de la réserve de biosphère.
7. Inclure certains mécanismes de mise en œuvre :
   a. des mécanismes de gestion de l'utilisation des ressources et des activités humaines dans la (ou les) zone(s) tampon(s) ;
   b. un plan ou une politique de gestion pour l'ensemble de l'aire comme réserve de biosphère ;
   c. une autorité ou un mécanisme désigné pour mettre en œuvre cette politique ou ce plan ;
   d. des programmes de recherche, de surveillance continue, d'éducation et de formation.

Source : UNESCO (2013b)

du paysage. Les Géoparcs ne sont pas des entités juridiques propres, mais il est important que les sites clés du patrimoine géologique soient protégés par une législation adéquate (UNESCO, 2013e).

Le Réseau mondial des Géoparcs est un réseau de Géoparcs basé sur le volontariat et soutenu par l'UNESCO. Ses membres s'engagent à travailler ensemble, à échanger leurs idées et à participer à des projets communs (UNESCO, 2013e). Le chapitre 18 de ce livre traite plus en détail des Géoparcs.

Les aires protégées non étatiques

On considère souvent que les aires protégées « classiques » sont établies et gérées par les États nationaux, notamment en raison de l'engagement pris par ces États de mettre en œuvre le plan stratégique 2011-2020 de la Convention sur la diversité biologique. Les pouvoirs publics locaux peuvent eux aussi créer des aires protégées. Mais au-delà du rôle des États, on assiste au XXIe siècle, dans le monde entier, à une reconnaissance progressive du rôle des peuples autochtones et des communautés locales ainsi que des individus, des organisations de la société civile et du secteur privé dans la conservation de nombreux espaces, et notamment dans la gouvernance et la gestion des aires protégées.

À une époque où de nombreuses menaces pèsent sur la biodiversité – pression anthropique accrue, destruction des habitats, braconnage, pollution, changements climatiques, phénomènes météorologiques violents, incendies, et espèces envahissantes –, il peut sembler nécessaire de faire évoluer les approches de conservation, de protection et de gestion (Figgis, 2012). Deux types d'aires protégées non étatiques sont communément reconnus, y compris par l'UICN et par les États dans le cadre du Programme de travail sur les aires protégées de la CDB : les aires du patrimoine autochtone et communautaire (APAC) et les aires protégées privées (APP). Un troisième type, la gouvernance partagée, caractérise des sites gérés par deux ou plusieurs de ces organismes et groupes. Avec la gouvernance étatique, ceux-ci constituent les quatre types de gouvernance reconnus mondialement (voir chapitre 7).

Réserve de la biosphère Río Plátano, Honduras
Source : Eduard Müller

Les aires du patrimoine autochtone et communautaire

Outre les gouvernements tribaux formels tels que ceux qui existent aux États-Unis, les peuples autochtones et les communautés locales et nomades peuvent créer, diriger et gérer des APAC (Borrini-Feyerabend et al., 2004). Ces APAC contribuent grandement à la conservation de la biodiversité dans de nombreuses régions du monde et sont définies comme des « écosystèmes naturels et/ou modifiés, porteurs de valeurs significatives de biodiversité, de bénéfices écologiques et de valeurs culturelles, volontairement conservés par les peuples autochtones et les communautés locales, tant sédentaires que nomades, par l'intermédiaire du droit coutumier ou tout autre moyen efficace » (Kothari et al., 2012:16).

Cette définition intègre trois caractéristiques essentielles (Kothari et al., 2012:17) :

1. Un peuple ou une communauté bien défini(e) ayant une relation étroite et profonde avec un site également bien défini (un territoire, une zone ou un habitat, bien que leurs limites puissent être flexibles) et/ou avec certaines espèces ; cette relation est enracinée dans la culture, l'identité et/ou dans une relation de dépendance (bien-être et subsistance).
2. Le peuple ou la communauté sont les principaux acteurs de la prise de décision et de la mise en œuvre liées à la gouvernance et à la gestion du site et/ou des espèces, ce qui implique que les institutions locales peuvent de facto et/ou de jure développer et mettre en œuvre des décisions. D'autres ayants droit et parties prenantes peuvent participer en tant que partenaires – en particulier quand la terre est la propriété de l'État –, mais les décisions et les efforts de gestion sont principalement locaux.
3. Les décisions de gestion prises par le peuple ou la communauté et les efforts engagés mènent à la conservation des habitats, des espèces, de la diversité génétique, des fonctions et avantages écologiques et des valeurs culturelles qui y sont associées, même lorsque les objectifs de gestion ne visent pas la conservation en particulier.

Il existe de nombreux types d'APAC (encadré 2.2). Elles ne sont pas toutes nécessairement des aires protégées, mais participent toutes à la conservation de la biodiversité et présentent de nombreux avantages et valeurs (encadré 2.3). Elles peuvent s'étendre sur des espaces très limités ou au contraire couvrir plusieurs millions d'hectares, et on en trouve dans de nombreux

Étude de cas 2.1 Les aires de conservation communautaire en Inde

Lorsque Neema Pathak évoque les aires de conservation communautaire en Inde, elle fait état des importants défis auxquels ces dernières font face dans son pays. Elle définit ces aires ainsi : « des écosystèmes naturels (forêts / zones humides / zones marines / prairies / autres), qui intègrent des espaces peu influencés par l'activité humaine ou modifiés de manière notable, qui abritent une faune et des valeurs de biodiversité importantes et qui sont conservées par les communautés pour des raisons culturelles, religieuses, de subsistance ou à des fins politiques, en utilisant le droit coutumier ou d'autres moyens efficaces » (Pathak, 2009:49).

Elle identifie six critères permettant de reconnaître les aires de conservation communautaire en Inde.

1. Il est possible d'identifier un groupe de personnes constituant une communauté et s'impliquant dans l'effort de conservation.
2. Les communautés concernées ont des liens éthiques, culturels, économiques, spirituels ou des liens de subsistance avec l'aire de conservation.
3. Les communautés concernées sont les acteurs principaux ou l'un des acteurs principaux de la prise de décision et de l'application de ces décisions.
4. Les communautés concernées ont mis en place des systèmes (institutions, règlements, processus) pour les aider à atteindre leurs objectifs.
5. Quel que soit l'objectif de l'initiative lancée, les actions conduites mènent au maintien ou au renforcement d'un ou plusieurs écosystèmes naturels ou d'une ou plusieurs espèces.
6. Les efforts menés visent un espace géographique défini (Pathak, 2009:50-1).

Source : Pathak (2009)

Encadré 2.2 Les différents types d'APAC

Il existe plusieurs types d'APAC, énumérés ci-dessous. Même si toutes ces APAC ne sont pas des aires protégées, elles participent à la conservation de la biodiversité (voir chapitre 7).

- Les aires gérées et gouvernées par les populations autochtones dans le respect de leur histoire et mode de vie, intégrant exploitation durable, valeurs culturelles et/ou, plus récemment, des objectifs explicites de conservation. Font notamment partie de ce groupe : des territoires autochtones composés de plusieurs villages au Suriname, des aires protégées autochtones en Australie, des réserves autochtones au Costa Rica et des « Comarcas » autochtones au Panama.
- Les territoires (terrestres ou marins) que les communautés mobiles ou nomades parcouraient traditionnellement, et dont elles géraient les ressources selon des pratiques et règlements coutumiers. Font notamment partie de ce groupe des terres de parcours traversées par les confédérations tribales en Iran ainsi que certaines pâtures au Kenya et en Éthiopie.
- Les sites ou lieux naturels sacrés ou des espaces, allant de bosquets et zones humides minuscules à des paysages terrestres et marins entiers, souvent (mais pas systématiquement) complètement ou en grande partie intacts. Font notamment partie de ce groupe des bosquets et paysages sacrés en Asie du Sud, des lacs sacrés, des sites d'inhumation marins dans les Philippines et des forêts sacrées du Kenya.
- Les zones de captage des ressources, d'où les communautés tirent leurs moyens de subsistance et dont l'écosystème produit des services essentiels. Ces espaces sont gérés durablement, de manière à ce que ces avantages soient maintenus dans le temps. Font notamment partie de ce groupe des aires marines gérées localement dans le Pacifique et à Madagascar, des aires marines autonomes, des paysages marins à Satoumi au Japon, des aires marines de pêche responsable au Costa Rica et des forêts communautaires en Tanzanie.
- Les aires conservées afin d'optimiser la productivité de certains écosystèmes. Font notamment partie de ce groupe des « forêts de pêcheurs » ou « forêts d'élevage de poissons » au Japon.
- Les espaces et les populations d'espèces gérées de manière durable afin d'en tirer des avantages financiers. Font notamment partie de ce groupe des sites gérés pour l'écotourisme au Suriname et au Kenya et des zones de chasse durable et d'écotourisme tels que les « Conservancies » communautaires en Namibie.
- Les sites de repos et de nidification, divers habitats critiques pour les plantes et animaux sauvages et les populations d'espèces sauvages réparties sur de vastes territoires qui sont conservés, pour des raisons éthiques ou autres, afin de protéger ces plantes et ces animaux. C'est par exemple le cas de sites de repos et de nidification des oiseaux en Inde, des étangs de crocodiles sacrés en Gambie et au Mali, de certaines espèces d'arbres telles que Tabebuia serratifolia au Suriname et des sites de nidification des tortues marines au Chili, au Costa Rica et au Suriname.

Source : Kothari et al. (2012)

Encadré 2.3 Valeurs et objectifs des APAC

Les APAC, dont beaucoup sont des aires protégées formellement reconnues, ont des valeurs importantes et apportent de nombreux avantages. Ces avantages sont les suivants :

- permettre le développement du bien-être culturel, économique, politique, spirituel, physique et socio-économique de milliers de peuples autochtones et des communautés locales, incluant des centaines de millions d'individus ;
- contribuer à conserver les écosystèmes critiques et les espèces menacées au sein d'un large éventail de régions biogéographiques dans le monde ;
- maintenir les fonctions essentielles des écosystèmes telles que la sécurité de l'eau, la conservation des sols et du patrimoine génétique ;
- participer à la conservation de la connectivité en constituant des corridors de conservation et en permettant le déplacement des espèces, y compris, souvent, entre deux aires protégées ou plus ;
- fournir des moyens de subsistance, à la fois destinés à un usage personnel et à un usage lucratif, sûrs et durables (même si pas nécessairement adaptés à toutes les situations) à divers secteurs tels que la sylviculture, la pêche, le pastoralisme, l'artisanat, la santé, le tourisme et autres secteurs ;
- aider à conserver une diversité d'écosystèmes, d'espèces et de pratiques agricoles ainsi que les liens qui existent entre la biodiversité agricole et la faune et la flore sauvage, et participer à l'intégration des paysages dans la conservation ;
- présenter des exemples et enseignements importants en matière de gouvernance participative afin d'orienter les autres formes de gouvernance, y compris d'autres formes de gouvernance des aires protégées ;
- utiliser et valoriser les connaissances locales en matière de systèmes écologiques et promouvoir une plus large utilisation de ces connaissances ;
- aider les communautés à résister au développement d'activités destructrices et à sauver des territoires et habitats de l'exploitation minière, de la construction de barrages, de l'exploitation forestière, du tourisme, de la pêche, de l'expansion agricole, etc. ;
- encourager l'autonomisation des communautés, en particulier pour qu'elles se réapproprient des territoires ou qu'elles en déterminent le régime et le droit afin de contrôler les ressources de ce territoire auquel elles sont attachées et dont elles dépendent ;
- aider les collectivités à mieux définir leurs territoires, grâce à la cartographie notamment ;
- aider à créer un sentiment d'appartenance à une communauté et un sentiment de cohésion, ranimer le sentiment de fierté des cultures locales, y compris parmi les jeunes, qui pourrait sinon être aliénés par des influences modernes ;
- créer des conditions de développement d'autres revenus destinés aux communautés tels que des fonds pour les écoles, les dispensaires, les raccordements en eau et pour des activités de subsistance ;
- promouvoir l'équité au sein d'une communauté (notamment entre classes, genres et groupes ethniques) et entre les collectivités et les organismes extérieurs (dans la prise de décision, par exemple) ;
- conserver la biodiversité à des coûts relativement faibles (alors que le travail investi est généralement élevé) avec des frais de gestion couverts dans le cadre d'activités culturelles et de subsistance, grâce à des systèmes et des structures existants ;
- mettre en avant des exemples d'administration et de structures de prise de décision relativement simples et efficaces et évitant les complexités bureaucratiques.

Les valeurs et objectifs des aires protégées sont évoqués plus en détail dans le chapitre 6 de ce livre.

Source : Kothari et al. (2012)

pays. Neema Pathak (étude de cas 2.1) a étudié les caractéristiques de ces APAC en Inde. Le chapitre 7 de ce livre traite des APAC plus en détail.

Les aires protégées autochtones en Australie

Depuis 1997, l'État australien soutient le développement d'aires protégées autochtones définies comme des « terres et mers appartenant à des autochtones qui ont conclu un accord avec le gouvernement australien afin de promouvoir la conservation de la biodiversité et de ses valeurs culturelles » (Gouvernment of Australia, 2013:1).

Les aires protégées autochtones n'ont pas de cadre juridique global et reposent plutôt sur la volonté des communautés autochtones de consacrer leurs terres à des fins de conservation. Elles sont officiellement reconnues comme des aires protégées par le système des réserves d'Australie et sont gérées par des « moyens légaux ou autres » comme indiqué dans la définition

Comité de femmes chargé de la protection de la forêt, village de Dangejheri, Odisha, Inde
Source : Ashish Kothari

Encadré 2.4 Gouvernance et gestion

La gouvernance des aires protégées est un élément essentiel qui identifie la manière dont les organisations dirigent les aires protégées et qui s'intéresse à l'organisation du pouvoir et aux modalités de prise de décision. S'interroger sur la gouvernance c'est se demander qui prend les décisions pour les aires protégées et comment ces décisions sont prises. La gouvernance diffère donc de la notion de gestion qui s'intéresse aux réponses qu'il faut apporter à une situation précise et dans un lieu donné. Étudier la gouvernance c'est analyser la façon dont le pouvoir est exercé, comment les décisions sur des questions d'intérêt général sont prises et comment les citoyens et autres parties prenantes sont impliqués (Graham et al., 2003). Globalement, les politiques de conservation reconnaissent l'importance de la qualité de la gouvernance et prennent en considération le fait que les aires protégées ou les systèmes d'aires protégées respectent certains principes tels que la responsabilité, l'équité, l'égalité, la participation, la subsidiarité, l'efficacité, etc. afin d'assurer la conservation de la biodiversité. Le chapitre 7 traite de la gouvernance des aires protégées plus en détail.

La gestion concerne la coordination des personnes, des ressources et des activités visant à atteindre des objectifs déterminés pour une aire protégée (Hitt et al., 2011) et est articulée autour de quatre fonctions de base : la planification, l'organisation, la direction et l'évaluation. Il faut activement gérer les aires protégées pour conserver leur biodiversité et leur patrimoine naturel et culturel. Sans une véritable gestion, une aire protégée risque de devenir un « parc de papier » et de perdre ses valeurs patrimoniales. Le chapitre 8 de ce livre décrit plus en détail comment les aires protégées sont créées et gérées et le chapitre 28 traite de l'évaluation de l'efficacité de la gestion.

des aires protégées de l'UICN (Rose, 2013). En 2013, on recensait près de 60 aires protégées autochtones couvrant un peu plus de 48 millions d'hectares à travers l'Australie, représentant ainsi plus d'un tiers du système des réserves d'Australie (Gouvernement d'Australie, 2013). Ces aires protégées ne sont pas seulement bénéfiques à l'environnement, elles fournissent aussi aux communautés d'importants bénéfices en matière de santé, d'éducation, d'économie et participent à la protection de leurs importantes valeurs culturelles.

Les aires protégées privées

Les aires protégées privées existent depuis des siècles (les réserves de chasse privées en Mongolie et en Europe en sont un exemple) (Langholz, 2005). La création de telles aires est maintenant encouragée dans certains pays, car elles sont perçues comme un bon complément aux aires protégées étatiques et communautaires pour la conservation de la biodiversité. En 2003, lors du Congrès mondial sur les parcs, l'UICN a défini l'aire protégée privée comme « un espace, de toute taille 1) géré à des fins de conservation de la biodiversité principalement, 2) protégé, avec ou sans la reconnaissance officielle du gouvernement, et 3) détenu par des individus, des communautés, des sociétés ou des organisations non gouvernementales » (Chape et al., 2008:102).

Des aires protégées privées ont été créées, par exemple, au Chili (parc de Pumalín), en Afrique australe et orientale (réserves de chasse jouxtant le parc national Kruger), en Namibie (la réserve du Namib Rand), aux États-Unis (Gray Ranch) et au Royaume-Uni (où les 150 réserves de la Société royale pour la protection des oiseaux couvrent plus de 240 000 hectares) (Langholz, 2005). En Australie, plusieurs ONG (par exemple, Bush

Heritage Australia, Australian Wildlife Conservancy et Tasmanian Land Conservancy) ont acheté de grandes propriétés afin de protéger leur biodiversité. De manière similaire, The Nature Conservancy protège actuellement près de 6,1 millions d'hectares de terres aux États-Unis (TNC, 2013).

Autres initiatives de conservation

Il existe de nombreuses utilisations des terres favorables à la conservation même si elles ne correspondent pas à la définition d'une aire protégée ou ne cherchent pas à être reconnues comme telles. Ces espaces peuvent être des sanctuaires de faune, des voies vertes, des forêts riveraines conservées au sein de forêts de production, des espaces conservés au sein de forêts appartenant à l'État, des zones humides ou boisées situées sur des terres agricoles, des zones touristiques, des espaces dédiés à l'écotourisme privé, des APAC n'ayant pas le statut d'aires protégées, des zones militaires et même des campus universitaires. Restaurer d'anciennes zones agricoles, des parcs urbains, des jardins publics, des propriétés privées et des jardins (en particulier ceux abritant des espèces indigènes) peut contribuer à la conservation de la biodiversité naturelle d'un espace.

Dans l'Objectif d'Aichi 11, il est reconnu que la conservation de 17 % des zones terrestres et de 10 % des zones marines devra être atteinte grâce à une combinaison d'aires protégées et d'« autres mesures de conservation efficaces par zone », telles que les exemples mentionnés ci-dessus.

Les défis des aires protégées

Les autorités de direction et les gestionnaires d'aires protégées (encadré 2.4) font face à des défis importants au XXIe siècle. Les hommes laissent leur empreinte et perturbent l'environnement sur tous les continents, y compris en Antarctique, et la transformation des milieux naturels a pris de l'ampleur au cours de ce siècle. Les défis auxquels font face les aires protégées, évalués par Charles Barber et ses collègues en 2004, sont essentiellement restés les mêmes (Barber et al., 2004), si ce n'est qu'ils sont peut-être plus clairs en 2014 où l'on en sait plus sur les effets des changements climatiques (IPCC, 2013) et de la croissance de la population, qui pourrait atteindre 9,2 milliards d'habitants d'ici à 2050 (UNEP, 2013). Dans ce livre, nous étudions les causes sous-jacentes des menaces qui pèsent sur les aires protégées (chapitre 16) et cherchons à fournir des réponses aux défis qui en découlent pour les organes de gouvernance et les gestionnaires d'aires protégées. Notre objectif est de fournir aux acteurs liés aux aires protégées les informations dont ils ont besoin pour assurer la gestion efficace de leurs aires dans le but de garantir la conservation des espèces, des écosystèmes et du patrimoine naturel de la planète et de permettre aux hommes de vivre en bonne santé dans un environnement sain. Nous listons ici certains des défis importants et présentons les chapitres qui évoquent plus amplement le sujet. Les paragraphes ci-dessous présentent les faits, les observations de nombreuses personnes et quelques réflexions personnelles de l'auteur basées sur ses 40 ans d'expérience.

Le changement global

Le changement global est un défi majeur pour les organes de gouvernance et les gestionnaires d'aires protégées. Au XXIe siècle, ils doivent faire face aux effets des changements climatiques et notamment à la détérioration des conditions météorologiques et à l'augmentation de la fréquence et de la violence des tempêtes, à l'élévation du niveau de la mer et à la disparition de certaines îles, basses terres et zones estuariennes, à la fonte de nombreux glaciers et à la disparition de cours d'eau (chapitre 17). Ces changements augmentent les risques liés aux sécheresses, aux pluies diluviennes, aux feux de forêt et aux tempêtes, car ces événements seront plus violents et fréquents et nécessiteront l'acquisition de nouvelles compétences et une réponse adaptée des professionnels des aires protégées (chapitre 26). Les changements climatiques provoqueront également une évolution spatiale des habitats adaptés à certains types de végétation et il faudra apporter des solutions en matière de gestion plus fréquemment et plus stratégiquement face aux changements de ces habitats et à leur invasion par des espèces exotiques (chapitre 16).

Le monde de demain sera celui d'une population humaine croissante, associée à une demande également croissante en ressources naturelles limitées, d'une industrialisation accrue, d'échanges globalisés et de moyens de communication instantanés. Ces évolutions s'accompagneront de la transformation et de la réduction de la superficie des habitats naturels et du nombre d'espèces qui constituent notre monde actuel (Barber et al., 2004). Il résultera sans doute de ces changements des tensions et des conflits accrus, car la demande, des hommes et des industries, en ressources concernera en partie les aires protégées.

Ces pressions extérieures pourraient avoir un impact sur les limites des aires protégées ainsi que sur la santé des écosystèmes et des espèces. La pollution de l'atmosphère, des cours d'eau, des estuaires et des

Parc national du Grand Himalaya, Inde
Source : Graeme L. Worboys

océans devrait augmenter, tout comme la destruction des habitats et le braconnage liés à l'augmentation de la population mondiale (Barber et al., 2004). Des réponses internationales peuvent parfois être apportées à des problèmes globaux tels que ce fût le cas avec l'interdiction internationale de l'exploitation minière au sein des aires protégées (catégories I-V), en conformité avec la position de l'UICN au XXIe siècle. D'autres problèmes peuvent être résolus à l'échelle d'un système d'aires protégées où des gouvernements, des organisations ou des communautés cherchent activement à atteindre les objectifs de gestion des aires protégées tels que définis par leurs catégories. Il reste cependant beaucoup de problèmes localisés auxquels il faut apporter des réponses à l'échelle d'une seule aire.

Les pressions exercées par certains commerces, secteurs d'activité et par le milieu agricole sur la société afin de promouvoir l'utilisation des ressources et le développement plutôt que la protection et la conservation vont augmenter de manière importante. Les pressions en faveur du retour en arrière des aires protégées et de leur utilisation à des fins personnelles vont se développer alors que la population augmente et que les ressources se raréfient. Dans différentes régions du monde, l'équivalent du débat du barrage de Hetch Hetchy « utilisation ou conservation » qui s'était tenu en 1913 dans le parc national de Yosemite aux États-Unis pourrait se reproduire. En 1912, John Muir écrivait à ce sujet :

> Hetch Hetchy est un grand jardin paysager, l'un des temples montagneux les plus rares et précieux de la nature. Comme dans le Yosemite, les superbes rochers de ses murs semblent animés d'une vie propre (...) tandis que les oiseaux, abeilles et papillons, avec la rivière et les cascades, font vibrer l'air de leur musique (...). Ces destructeurs de temples, adeptes du mercantilisme ravageur, témoignent d'un mépris total pour la Nature, et, au lieu de se tourner vers le Dieu des montagnes, ils se soumettent au tout-puissant dollar. (Muir, 1912)

Heureusement, au XXIe siècle, des gens comme Muir continuent de chercher à préserver les aires protégées pour les générations futures. Leur intention est sans doute basée sur le fait que si ces espaces sont exploités et dépouillés, il ne restera que peu (ou pas du tout) de milieux équivalents sur Terre. Ce que les gens apprécient le plus est leur statut d'héritage intergénérationnel, leur contribution importante et à long terme, aux services écosystémiques, leur rôle de protection des espèces d'une nation, de maintien d'environnements sains et leur beauté naturelle (chapitre 6).

La capacité d'organisation, ainsi qu'une gouvernance et une gestion efficaces des aires protégées, devront permettre d'anticiper les pressions exercées par les défenseurs de « l'utilisation » et d'y faire face (chapitres 7, 8 et 12). L'ensemble des sociétés devra comprendre le caractère éternel des aires protégées et leur valeur intergénérationnelle, qui devront être constamment défendus. Les dirigeants d'aires protégées (chapitre 12) devront communiquer efficacement sur la protection des espaces dont ils ont la responsabilité (chapitre 15), travailler judicieusement avec tous les acteurs impliqués et avec les décideurs (chapitre 14) et veiller à ce que les informations sur l'importance et les avantages fournis par les aires protégées soient facilement accessibles (chapitre 11). Traiter la question plus vaste de l'utilisation durable des ressources limitées de la Terre sera un élément essentiel de la protection des valeurs naturelles des aires protégées sur le long terme (chapitre 8).

Créer de nouvelles aires protégées

Les dirigeants et les gestionnaires d'aires protégées savent que ces dernières, si elles sont bien gérées, sont à même de protéger espèces, services écosystémiques, biodiversité ainsi que d'autres éléments du patrimoine naturel et culturel. Cependant, en 2014, les aires protégées couvraient une surface insuffisante. Seuls 15,4 % de la surface terrestre de la planète (hors Antarctique) et 3,4 % de sa surface marine sont couverts par des aires protégées officiellement reconnues (IUCN et UNEP-WCMC, 2014), et cela ne suffit pas à conserver les espèces de la Terre comme il se doit. Ce défi est présenté dans le Plan stratégique 2011-2020 de la Convention sur la diversité biologique, en particulier par l'objectif 11 :

> D'ici à 2020, au moins 17 % des zones terrestres et d'eaux intérieures et 10 % des zones marines et côtières, y compris les zones qui sont particulièrement importantes pour la diversité biologique et les services fournis par les écosystèmes, sont conservées au moyen de réseaux écologiquement représentatifs et bien reliés d'aires protégées gérées efficacement et équitablement et d'autres mesures de conservation efficaces par zone, et intégrées dans l'ensemble du paysage terrestre et marin (CDB, 2011:3).

Ainsi, des nations du monde entier se sont accordées sur la nécessité de créer des aires protégées supplémentaires et de reconnaître certaines initiatives de conservation, souvent non reconnues, menées par des communautés et par le secteur privé. Il est essentiel de déterminer le lieu exact où de nouvelles aires protégées sont nécessaires et pour ce faire, on a souvent recours à une analyse des lacunes soutenue par des approches de planification systématique de la conservation (chapitre 13). En 2014, certaines approches plus complexes d'agrégation de données étaient également utilisées pour identifier les zones clés pour la biodiversité (chapitre 21).

Il est important de comprendre les principaux types d'environnement terrestre (chapitre 3) afin de pouvoir identifier plus en détail les zones importantes pour la biodiversité ainsi que les lacunes potentielles de conservation de ces zones (chapitres 3 et 21 ; Butchart et al., 2012). Prendre en considération le patrimoine culturel (chapitre 4), le patrimoine géologique (chapitre 18), l'environnement estuarien et des zones d'eau douce (chapitre 19) et l'environnement marin (chapitre 20) permet de comprendre l'importance de la conservation du patrimoine naturel et culturel. Définir les espaces et les objectifs ciblés par la gestion est un élément important du processus de création d'une aire protégée et les six catégories de l'UICN, universellement acceptées et décrites précédemment, fournissent des indications essentielles à cet égard. Le leadership visionnaire est également un élément important de la création de nouvelles aires protégées (chapitre 12), tout comme la bonne compréhension des contextes sociaux et politiques, des influences sociales et des changements mondiaux (chapitre 5).

Efficacité de la gouvernance et de la gestion

La mise en place d'une bonne gouvernance et d'une gestion efficace des aires protégées contribue grandement à la préservation de la vie sur Terre et à un environnement sain. Idéalement, les professionnels s'y consacrant doivent avoir suivi une formation de l'enseignement supérieur sur la gouvernance et la gestion des aires protégées (chapitre 9), ce qui représente un défi mondial. Les connaissances traditionnelles locales, détenues par les communautés autochtones, apportent aussi une contribution critique à la gestion de la conservation (chapitres 7 et 25).

La mise en place d'une gouvernance efficace des aires protégées est vitale (chapitre 7). Les organisations et les communautés devront savoir s'adapter et répondre aux changements, et les gestionnaires locaux devront pouvoir gérer librement les aires protégées dont ils ont la responsabilité (chapitre 8), tout en respectant les orientations établies par la réglementation et par les entreprises, ainsi que les informations et les conseils fournis par les communautés. L'imposition de directives par un pouvoir centralisé qui, par exemple, empêcherait les gestionnaires de « gérer » et ainsi de protéger la nature, est un cas de mauvaise gouvernance et une menace pour la conservation de la nature.

En plus d'un personnel ayant de bonnes compétences et une formation adéquate, l'efficacité de la gestion est basée sur une bonne planification (chapitre 13), sur une gestion économique adaptée et une bonne connaissance des besoins en matière de gestion de la conservation (chapitre 21), sur la capacité à s'adapter aux particularités de la gestion du patrimoine culturel (chapitre 22), sur l'utilisation des ressources (chapitre 25), sur la gestion des opérations (chapitre 24) ainsi que sur les réponses apportées aux besoins des visiteurs (chapitre 23). Ces éléments doivent aussi être pris en considération dans la gestion des biens du patrimoine mondial (chapitre 3) ou en dehors des réserves ou espaces de conservation afin de développer des aires de conservation de la connectivité (chapitre 27). Évaluer l'efficacité de la gestion et garder la trace des bonnes pratiques est fondamental pour le futur des aires protégées (chapitre 28). Afin d'optimiser l'apport des aires protégées à la conservation, il est important de chercher à atteindre un niveau professionnel minimum de gouvernance et de gestion. Il s'agit là d'un défi majeur du XXIe siècle auquel ce livre cherche à apporter une réponse.

L'avenir des aires protégées

Les aires protégées constituent un élément de réponse essentiel à de nombreux enjeux environnementaux auxquels le monde fera face dans les décennies à venir, en particulier le changement climatique, le risque de stress hydrique, la sécurité alimentaire, la production d'énergie et la perte de biodiversité (MacKinnon et al., 2011). Les aires protégées assument une lourde responsabilité, car elles sont les principaux outils de conservation de la diversité de la vie sur Terre et de protection de la richesse du patrimoine naturel et culturel. Le concept d'aire protégée est utilisé par les États et par d'autres acteurs depuis le XXe siècle, et la science a confirmé que des aires protégées gérées efficacement pouvaient réussir à conserver la biodiversité. À mesure que nous avançons dans le XXIe siècle, l'augmentation de la population, le développement et la consommation, les effets des changements climatiques, les changements postérieurs au pic pétrolier, la pénurie de certaines ressources naturelles et les troubles sociaux potentiels engendrent des défis croissants pour les aires protégées et leurs gestionnaires. Les actions menées aux XXe et au début du XXIe siècle pour maintenir et créer des aires protégées, aussi difficiles à mener qu'elles puissent sembler, seront rétrospectivement considérées comme la partie la plus facile (bien qu'essentielle) de l'histoire de la gouvernance et de la gestion des aires protégées.

À l'avenir, les aires protégées pourraient bien faire partie des derniers espaces naturels. Si tel est le cas, elles seront au centre de l'attention, car elles constitueront les seuls endroits où certaines ressources seront disponibles et où certaines espèces existeront à l'état sauvage. Les hommes cèderont sans doute malheureusement aux forces, apparemment irrésistibles, qui les poussent à utiliser (légalement ou non) jusqu'à la dernière de ces ressources, malgré les conséquences. En 2013, le braconnage des rhinocéros dans le Parc national Kruger (Afrique du Sud) en réponse à la demande des marchés asiatiques et malgré la baisse des populations de rhinocéros, en est une illustration. L'exploitation minière est une autre menace redoutable. Elle constitue actuellement l'une des menaces les plus graves pour les aires protégées, même pour les sites du patrimoine mondial, car il est difficile, en particulier pour les économies en développement, de résister aux revenus très élevés que dégagent les exploitations minières.

Il est important de rester optimiste quant à l'avenir de la Terre et d'espérer que jamais les gains à court terme ne l'emporteront sur la protection des terres et des mers qui auront des valeurs exceptionnelles pour les générations à venir. Nous devons investir dans la santé d'une planète où la diversité de la vie peut perdurer, et où le patrimoine naturel des générations futures peut être conservé et géré efficacement. Il n'y a cependant aucun doute sur le fait que les gestionnaires d'aires protégées feront face à de plus en plus de défis à l'avenir. Ces défis prendront la forme de nombreuses menaces environnementales, mais aussi de changements des contextes sociaux et politiques dans lesquels s'inscrivent les aires protégées. Ce livre cherche à équiper les gestionnaires d'aires protégées du XXIe siècle pour les aider à faire face à ces défis et pour que ces espaces protègent, sur le long terme, des valeurs trop précieuses pour être perdues.

Conclusion

On assiste au XXe et au début du XXIe siècle à une transformation très importante et pacifiste de l'usage des terres et des mers sur lesquelles des aires protégées furent créées (et sont encore créées de nos jours) partout dans le monde. En 2014, les aires protégées couvrent 15,4 % des zones terrestres, 3,4 % des zones marines et 8,4 % des zones marines sous juridictions nationales (IUCN et UNEP-WCMC, 2014). Il est urgent de créer des aires protégées en réponse aux défis d'aujourd'hui et à ceux de demain, notamment face aux menaces liées à la perte d'habitats et au changement climatique.

Le Plan stratégique pour la biodiversité 2011-2020 de la Convention sur la diversité biologique (CBD, 2011) met les nations au défi en fixant des cibles à atteindre pour les aires protégées (et d'autres mesures de conservation efficaces par zone) : 17 % pour les zones terrestres et 10 % pour les zones marines d'ici à 2020. Cela reflète la confiance accordée aux aires protégées pour conserver la nature. Cette confiance est basée sur l'expérience et sur des résultats réels en matière de conservation. Elle est aussi basée sur la clarté de l'objectif de ces aires.

Les aires protégées sont clairement définies ; leurs différentes catégories de gestion sont officiellement reconnues, y compris les six catégories de gestion de l'UICN ; leurs différents types de gouvernance sont décrits ; et les principes de leur gestion sont clairement articulés. Les aires protégées gagnent également en efficacité grâce à une bonne planification et à une gestion active et compétente mise en œuvre par des gestionnaires formés. Elles aident à conserver la biodiversité et d'autres éléments du patrimoine naturel et culturel et constituent un investissement de toutes les générations dans un monde meilleur.

Lectures complémentaires

L'UICN a publié un certain nombre de lignes directrices et d'autres documents importants sur la gouvernance et la gestion des aires protégées, dont beaucoup sont répertoriés dans l'annexe 2.1.

Cape Point, au Cap de Bonne-Espérance, parc national de la Montagne de la Table, Afrique du Sud : le parc abrite une partie de la végétation unique du Cap, une des flores d'espaces tempérés les plus riches au monde et qui comprend des fynbos (formation végétale dominée par des buissons). Le parc fait partie de la Région florale du Cap, bien du patrimoine mondial de l'UNESCO

Source : Graeme L. Worboys

Dans la réserve de la biosphère de Celestún une promenade en bois permet aux visiteurs de visiter la riche mangrove : les « cenotes » (cavernes d'eau douce), mangroves et estuaires de la réserve aident à protéger des groupes de flamants (Phoenicopterus sp.) et de hérons ; c'est un site important de repos et de reproduction des oiseaux et un lieu de ponte des tortues

Source : Graeme L. Worboys

Références

Lectures recommandées

Ali, S. (ed.) (2007) *Peace Parks, Conservation and Conflict Resolution*, MIT Press, Cambridge, Mass.

Amend, T., Brown, J., Kothari, A., Phillips, A. and Stolton, S. (eds) (2008) *Protected Landscapes and Agrobiodiversity Values*. Volume 1, Values of Protected Landscapes and Seascapes Series, IUCN WCPA Specialist Group on Protected Landscapes and GTZ on behalf of the Federal Ministry of Economic Cooperation and Development of Germany, Heidelberg.

Barber, C. V., Miller, K. R. and Boness, M. (eds) (2004) *Securing Protected Areas in the Face of Global Change: Issues and strategies*, IUCN WCPA, Gland.

Beltrán, J. (ed.) (2000) *Indigenous and Traditional Peoples and Protected Areas: Principles, guidelines and case studies*, IUCN, Gland.

Bennett, A. F. (2003) *Linkages in the Landscape: The role of corridors and connectivity in wildlife conservation*, 2nd edn, IUCN Forests Program, Gland.

Bennett, G. (2004) *Integrating Biodiversity Conservation and Sustainable Use: Lessons learned from ecological networks*, IUCN, Gland.

Bernbaum, E. (1990) *Sacred Mountains of the World*, Sierra Club and University of California Press, Berkeley.

Bertzky, B., Corrigan, C., Kemsey, J., Kenney, S., Ravilious, C., Besançon, C. and Burgess, N. (2012) *Protected Planet Report 2012: Tracking progress towards global targets for protected areas*, UNEP-WCMC, Cambridge.

Bertzky, B., Shi, Y., Hughes, A., Engels, B., Ali, M. K. and Badman, T. (2013) *Terrestrial Biodiversity and the World Heritage List: Identifying broad gaps, and potential candidate sites for inclusion in the Natural World Heritage network*, IUCN, Gland, and UNEP-WCMC, Cambridge.

Bishop, K., Dudley, N., Phillips, A. and Stolton, S. (2004) *Speaking a Common Language: The uses and performance of management categories for protected areas*, IUCN, Gland.

Borrini-Feyerabend, G., Dudley, N., Jaeger, T., Lassen, B., Pathak Broome, N., Phillips, A. and Sandwith, T. (2013) *Governance of Protected Areas: From understanding to action*, Best Practice Series No. 20, IUCN, Gland.

Borrini-Feyerabend, G., Kothari, A. and Oviedo, G. (2004) *Indigenous and Local Communities and Protected Areas: Towards equity and enhanced conservation*, IUCN, Gland.

Braack, L., Sandwith, T., Peddle, D. and Petermann, T. (2006) *Security Considerations in the Planning and Management of Transboundary Conservation Areas*, WCPA Task Force on Transboundary Conservation, IUCN, Gland.

Brockman, C. F. (1959) *Recreational Use of Wild Lands*, McGraw Hill, New York.

Brown, J., Mitchell, N. and Beresford, M. (eds) (2005) *The Protected Landscape Approach: Linking nature, culture and community*, IUCN WCPA, Gland.

Butchart, S. H. M., Scharlemann, J. P. W., Evans, M. I., Quader, S., Aricò, S., Arinaitwe, J., Balman, M., Bennun, L. A., Bertzky, B., Besançon, C., Boucher, T., Brooks, T. M., Burfield, I. J., Burgess, N. D., Chan, S., Clay, R. P., Crosby, M. J., Davidson, N. C., de Silva, N., Devenish, C., Dutson, G. C. L., Fernández, D. F. D. z., Fishpool, L. D. C., Fitzgerald, C., Foster, M., Heath, M. F., Hockings, M., Hoffmann, M., Knox, D., Larson, F. W., Lamoreux, J. F., Loucks, C., May, I., Millett, J., Molloy, D., Morling, P., Parr, M., Ricketts, T. H., Seddon, N., Skolnik, B., Stuart, S. M., Upgren, A. and Woodley, S. (2012) 'Protecting important sites for biodiversity contributes to meeting global conservation targets', *PLoS ONE* 7(3): e32529.

Campbell, C. (ed.) (2011) *A Century of Parks Canada, 1911–2011*, University of Calgary Press, Calgary.

Catlin, G. (1844) 'Letter No. 31', *Letters and Notes on the Manners, Customs and Condition of the North American Indians*, Wiley & Putnam, New York. <user.xmission.com/~drudy/mtman/html/catlin/>

Ceballos-Lascuráin, H. (1996) *Tourism, Ecotourism and Protected Areas*, Protected Areas Programme, IUCN, Gland.

Chape, S., Blyth, L., Fish, P. and Spalding, M. (2003) *2003 United Nations List of Protected Areas*, IUCN, Gland, and UNEP-WCMC, Cambridge.

Chape, S., Spalding, M. and Jenkins, M. (2008) *The World's Protected Areas: Status, values and prospects in the 21st century*, University of California, Berkeley.

Commission on National Parks and Protected Areas (CNPPA) (1994) *Guidelines for Protected Area Management Categories*, IUCN, Gland.

Convention on Biological Diversity (CBD) (2011) *Strategic Plan for Biodiversity 2011–2020 and the Aichi Targets*, Secretariat of the Convention on Biological Diversity, Montreal. <www.cbd.int/sp/targets/default.shtml>

Davey, A. G. (1998) *National System Planning for Protected Areas*, IUCN, Gland.

Dudley, N. (2008) *Guidelines for Applying Protected Area Management Categories*, IUCN, Gland.

Dudley, N. and Phillips, A. (2006) *Forests and Protected Areas: Guidance on the use of the IUCN protected area management categories*, IUCN WCPA, Gland.

Dudley, N. and Stolton, S. (eds) (2012) *Protected Landscapes and Wild Biodiversity. Volume 3*, Values of Protected Landscapes and Seascapes Series, IUCN WCPA Specialist Group on Protected Landscapes, Gland.

Dudley, N., Stolton, S., Belokurov, A., Krueger, L., Lopoukhine, N., MacKinnon, K., Sandwith, T. and Sekran, N. (eds) (2010) *Natural Solutions: Protected areas helping people cope with climate change*, IUCN WCPA, The Nature Conservancy and Wildlife Conservation Society, Gland; The World Bank, Washington, DC; UNDP and WWF, New York.

Eagles, P. F. J., McCool, S. F. and Haynes, C. D. (2002) *Sustainable Tourism in Protected Areas: Guidelines for planning and management*, IUCN, Gland.

Emerton, L., Bishop, J. and Thomas. L. (2006) *Sustainable Financing of Protected Areas: A global review of challenges and options*, IUCN WCPA, Gland.

Figgis, P. (2012) 'Innovation in conservation', in P. Figgis, J. Fitzsimons and J. Irving (eds) *Innovation for 21st Century Conservation*, pp. 10–15, Australian Committee for IUCN, Sydney.

Figgis, P. and Koss R. (eds) (2012) *Conserving Australia's Marine Environment: Key directions statement*, Australian Committee for IUCN, Sydney.

Figgis, P., Leverington, A., Mackay, R., Maclean, A. and Valentine, P. (2013) *Keeping the Outstanding Exceptional: The future of world heritage in Australia*, Australian Committee for IUCN, Sydney.

Finlayson, B. and Hamilton-Smith, E. (2003) *Beneath the Surface: A natural history of Australian caves*, UNSW Press, Sydney.

Government of Australia (2013) *Indigenous Protected Areas*, Australian Government, Canberra. <www.environment.gov.au/indigenous/ipa/>

Graham, J., Amos, B. and Plumptre, T. (2003) Governance principles for protected areas in the 21st century, Paper prepared for the Fifth World Parks Congress, Durban, South Africa, Institute of Governance, Ottawa.

Grove, R. (1995) *Green Imperialism: Colonial expansion, tropical island Edens and the origins of environmentalism, 1600–1860*, Cambridge University Press, Cambridge.

Hamilton, L. and McMillan, L. (2004) *Guidelines for Planning and Managing Mountain Protected Areas*, IUCN WCPA, Gland.

Hamilton, L. S., Bauer, D. and Takeuchi, H. F. (1993) *Parks, Peaks and People: A collection of papers arising from an international consultation on protected areas in mountain environments held in Hawaii Volcanoes National Park 26 October – 2 November 1991*, East West Centre Program on Environment, IUCN Commission on National Parks and Protected Areas, Woodlands Mountain Institute and US National Parks Service, Honolulu.

Hamilton, L. S., Mackay, J. C., Worboys, G. L., Jones, R. A. and Manson, G. B. (1996) *Transborder Protected Area Cooperation*, Australian Alps Liaison Committee, Canberra.

Harmon, D. and Putney, A. D. (2003) *The Full Value of Parks: From economics to the intangible*, Rowman & Littlefield, New York.

Harmon, D. and Worboys, G. L. (eds) (2004) *Managing Mountain Protected Areas: Challenges and responses for the 21st century*, IUCN WCPA, Andromeda Editrice, Colledara, Italy.

Hitt, M. A., Black, S. and Porter, L. W. (2011) 'The nature of management', in A. Jayawardana (ed.) *Management and Organisations*, pp. 4–28, Pearson Australia, Sydney.

Hockings, M., Stolton, S. and Dudley, N. (2000) *Evaluating Effectiveness: A framework for assessing the management of protected areas*, No. 6, IUCN, Gland.

Hockings, M., Stolton, S., Leverington, F., Dudley, N. and Courrau, J. (2006) *Evaluating Effectiveness: A framework for assessing management effectiveness of protected areas*, 2nd edn, No. 14, IUCN WCPA, Gland.

Holdgate, M. (1999) *The Green Web: A union for world conservation*, Taylor & Francis, London.

Hornback, K. E. and Eagles, P. F. J. (1999) *Guidelines for Public Use Measurement and Reporting at Parks and Protected Areas*, IUCN, Gland.

Intergovernmental Panel on Climate Change (IPCC) (2013) *Climate Change 2013: The physical science basis—Headline statements for policy makers*, Intergovernmental Panel on Climate Change, Geneva. <www.ipcc.ch/>

International Union for Conservation of Nature (IUCN) (1992) *Protected Areas of the World: A review of national systems. Volume 1: Indomalaya, Oceania, Australia and Antarctic*, IUCN, Gland and Cambridge.

International Union for Conservation of Nature (IUCN) (1994a) *Guidelines for Protected Area Management Categories*, IUCN, Gland and Cambridge.

International Union for Conservation of Nature (IUCN) (1994b) *Parks for Life: Action for protected areas in Europe*, IUCN, Gland.

International Union for Conservation of Nature (IUCN) (1995) *African Heritage 2000: The future of protected areas in Africa*, IUCN, Gland.

International Union for Conservation of Nature (IUCN) (2005) *Benefits beyond Boundaries: Proceedings of the Vth IUCN World Park's Congress*, IUCN, Gland.

International Union for Conservation of Nature (IUCN) (2010) *50 Years of Working for Protected Areas: A brief history of the IUCN World Commission on Protected Areas*, IUCN, Gland.

International Union for Conservation of Nature, United Nations Environment Programme and World Wildlife Fund (IUCN/UNEP/WWF) (1980) *World Conservation Strategy: Living resource conservation for sustainable development*, IUCN, UNEP and WWF, Gland.

International Union for Conservation of Nature, United Nations Environment Programme and World Wide Fund for Nature (IUCN/UNEP/WWF) (1991) *Caring for the Earth: A strategy for sustainable living*, IUCN, UNEP and WWF, Gland.

International Union for Conservation of Nature (IUCN) and United Nations Environment Programme World Conservation Monitoring Centre (UNEP-WCMC) (2014) *The World Database on Protected Areas: August 2014*, UNEP-WCMC, Cambridge.

Keenleyside, K., Dudley, N., Cairns, S., Hall, C. and Stolton, S. (2012) *Ecological Restoration for Protected Areas: Principles, guidelines and best practices*, No. 18, IUCN WCPA Ecological Task Force, Gland.

Kelleher, G. (1999) *Guidelines for Marine Protected Areas*, No. 3, IUCN, Gland.

Kelleher, G. and Kenchington, R. (1992) *Guidelines for Establishing Marine Protected Areas*, IUCN, Gland.

Kopylova, S. L. and Danilina, N. R. (eds) (2011) *Protected Area Staff Training: Guidelines for planning and management*, No. 17, IUCN WCPA, Gland.

Kothari, A. (2006) 'Community conserved areas: towards ecological and livelihood security', *Parks* 16(1): 3–13.

Kothari, A., Corrigan, C., Jonas, H., Neumann, A. and Shrumm, H. (eds) (2012) *Recognising and Supporting Territories and Areas Conserved by Indigenous Peoples and Local Communities: Global overview and national case studies*, Secretariat of the Convention on Biological Diversity, CBD Technical Series No. 64, ICCA Consortium, Kalpavriksh and Natural Justice, Montreal.

Langhammer, P. F., Bakarr, M. I., Bennun, L. A., Brooks, T. M., Clay, R. P., Darwall, W., de Silva, N., Edgar, G. J., Eken, G., Fishpool, L. D. C., da Fonseca, G. A. B., Foster, M. N., Knox, H. D., Matiku, P., Radford, E. A., Rodriques, A. S. L., Salaman, P., Sechrest, W. and Tordoff, A. W. (2007) *Identification and Gap Analysis of Key Biodiversity Areas: Targets for comprehensive protected area systems*, No. 15, IUCN WCPA, Gland.

Langholz, J. (2005) 'Seven myths about private protected areas', *Parks* 15(2): 14–16.

Lausche, B. (2011) *Guidelines for Protected Area Legislation*, IUCN, Gland.

Lausche, B., Farrier, D., Verschuuren, J., La Vina, A. G. M., Trouwborst, A., Born, C.-H. and Aug, L. (2013) *The Legal Aspects of Connectivity Conservation: A concept paper*, IUCN, Gland.

Lockwood, M. (2006) 'Values and benefits', in M. Lockwood, G. L. Worboys and A. Kothari (eds) *Managing Protected Areas: A global guide*, pp. 101–15, Earthscan, London.

Lockwood, M., Worboys, G. L. and Kothari, A. (2006) *Managing Protected Areas: A global guide*, Earthscan, London.

MacKinnon, K., Dudley, N. and Sandwith, T. (2011) 'Natural solutions: protected areas helping people to cope with climate change', *Oryx* 45(4): 461–2.

Mackinnon, K., Mackinnon, J., Child, G. and Thorsell, J. (1986) *Managing Protected Areas in the Tropics*, IUCN, Gland and Cambridge.

Mallarach, J.-M. (ed.) (2008) *Protected Landscapes and Cultural and Spiritual Values. Volume 2*, Values of Protected Landscapes and Seascapes Series, IUCN WCPA Specialist Group on Protected Landscapes, GTZ and Obra Social de Caixa Catalunya, Kasparek Verlag, Heidelberg.

Mallarach, J.-M. and Papayannis, T. (eds) (2007) *Protected Areas and Spirituality: Proceedings of the first workshop of the Delos Initiative*, IUCN WCPA Task Force on Cultural and Spiritual Values of Protected Areas, Gland, and Publicacions de l'Abadia de Montserrat, Montserrat.

Muir, J. (1912) 'Hetch Hetchy Valley', in *The Yosemite*, Century, New York. <www.sierraclub.org/john_muir_exhibit/writings/the_yosemite/>

Pathak, N. (2009) *Community Conserved Areas in India—A directory*, Kalpavriksh, Pune, India.

Phillips, A. (2002) *Management Guidelines for Category V Protected Areas: Protected landscapes/seascapes*, No. 9, IUCN WCPA, Gland.

Poore, D. (ed.) (1992) *Guidelines for Mountain Protected Areas*, IUCN Protected Area Programme Series No. 2, Gland.

Ramsar (2013) *Introduction to Ramsar*. <www.ramsar.org/cda/en/ramsar-home/main/ramsar/1_4000_0>

Rose, B. (2013) 'Indigenous protected areas—innovation beyond the boundaries', in P. Figgis, J. Fitzsimons and J. Irving (eds) *Innovation for 21st Century Conservation*, pp. 50–55, Australian Committee for IUCN, Sydney.

Sandwith, T., Shine, C., Hamilton, L. and Sheppard, D. (2001) *Transboundary Protected Areas for Peace and Co-Operation*, No. 7, IUCN, Gland.

Stolton, S. (2010) 'Protected areas: linking environment and well-being', in S. Stolton and N. Dudley (eds) *Arguments for Protected Areas: Multiple benefits for conservation and use*, pp. 1–12, Earthscan, London.

Stolton, S. and Dudley, N. (2010) *Arguments for Protected Areas: Multiple benefits for conservation and use*, Earthscan, London.

Taylor, M. and Figgis, P. (2007) *Protected Areas: Buffering nature against climate change. Proceedings of a WWF and IUCN World Commission on Protected Areas Symposium, 18–19 June 2007*, Canberra, WWF Australia, Sydney.

Thomas, L. and Middleton, L. (2003) *Guidelines for Management Planning of Protected Areas*, No. 10, IUCN, Gland.

Thorsell, J. (ed.) (1990) *Parks on the Borderline: Experience in transfrontier conservation*, IUCN, Gland.

Theme on Indigenous and Local Communities Equity and Protected Areas and Theme on Governance, Equity and Rights (TILCEPA and TGER) (2008) *Recognising and supporting indigenous and community conservation: ideas and experiences from the grassroots*, CEESP Briefing Note 9, Commission on Environmental, Economic and Social Policy, IUCN, Gland.

The Nature Conservancy (TNC) (2013) *Vision and Mission*, The Nature Conservancy, Arlington, VA. <www.nature.org/about-us/vision-mission/index.htm>

Trzyna, T. (ed.) (2005) *The Urban Imperative: Urban outreach strategies for protected area agencies*, IUCN WCPA, Santa Monica Mountains Conservancy and InterEnvironment California Institute of Public Affairs, Sacramento.

Trzyna, T. (2014) *Urban Protected Areas: Profiles and best practice guidelines*, IUCN WCPA Best Practice Guideline No. 22, IUCN, Gland.

United Nations Environment Programme (UNEP) (2013) GEO-5: *Environment for the future we want*, Progress Press, Malta.

United Nations Environment Programme World Conservation Monitoring Centre (UNEP-WCMC) (1992) *Protected Areas of the World: A review of national systems*, (4 vols), IUCN, Gland.

United Nations Environment Programme (UNEP) (2007) Global Environmental Outlook Geo-5: *Environment for development*, UNEP, Nairobi.

United Nations Educational, Scientific and Cultural Organisation (UNESCO) (2002) *Biosphere Reserves: On-ground testing for sustainable development*, UNESCO Man and the Biosphere Program, GTOZ Print Investments, t/a Capture Press, South Africa.

United Nations Educational, Scientific and Cultural Organisation (UNESCO) (2010) *Global Geoparks Network: Guidelines and criteria for national geoparks seeking UNESCO's assistance to join the Global Geoparks Network*, UNESCO, Paris.

United Nations Educational, Scientific and Cultural Organisation (UNESCO) (2011) *Operational Guidelines for the Implementation of the World Heritage Convention*, UNESCO World Heritage Centre, Paris.

United Nations Educational, Scientific and Cultural Organisation (UNESCO) (2013a) *World Heritage History*, UNESCO, Paris. <whc.unesco.org/en/convention/>

United Nations Educational, Scientific and Cultural Organisation (UNESCO) (2013b) *Parties to the World Heritage Convention*, UNESCO, Paris. <whc.unesco.org/en/statesparties/>

United Nations Educational, Scientific and Cultural Organisation (UNESCO) (2013c) *Man and the Biosphere Program*, UNESCO, Paris. <www.unesco.org/new/en/natural-sciences/environment/ecological-sciences/man-and-biosphere-programme/>

United Nations Educational, Scientific and Cultural Organisation (UNESCO) (2013d) *Biosphere Reserve Designation Criteria*, UNESCO, Paris. <www.unesco.org/new/en/natural-sciences/environment/ecological-sciences/biosphere-reserves/designation-process/>

United Nations Educational, Scientific and Cultural Organisation (UNESCO) (2013e) *About Geoparks*, UNESCO, Paris. <www.unesco.org/new/en/natural-sciences/environment/earth-sciences/global-geoparks/some-questions-about-geoparks/what-is-a-global-geopark/>

United Nations Educational, Scientific and Cultural Organisation (UNESCO) (2014) *What is the Global Geoparks Network?*, UNESCO, Paris. <www.unesco.org/new/en/natural-sciences/environment/earth-sciences/global-geoparks/some-questions-about-geoparks/what-is-a-global-geopark/>

Vershuuren, B., Wild, R., McNeely, J. A. and Oviedo, G. (2010) *Sacred Natural Sites: Conserving nature and culture*, Earthscan, London.

Watson, J., Hamilton-Smith, E., Gillieson, D. and Kiernan, K. (1997) *Guidelines for Cave and Karst Protection*, WCPA Working Group on Cave and Karst Protection, IUCN, Gland.

Wild, R. and McLeod, C. (2008) *Sacred Natural Sites: Guidelines for protected area managers*, No. 16, IUCN WCPA, Gland.

Worboys, G. L. (2014) Research completed for the preparation of the protected area governance and management book, Unpublished Protected Area Historical Research Paper, The Australian National University, Canberra.

Worboys, G. L., Francis, W. and Lockwood, M. (2010) *Connectivity Conservation Management: A global guide*, Earthscan, London.

Worboys, G. L., Lockwood, M. and de Lacy, T. (2001) *Protected Area Management: Principles and practice*, Oxford University Press, Melbourne.

Worboys, G. L., Lockwood, M. and de Lacy, T. (2005) *Protected Area Management: Principles and practice*, 2nd edn, Oxford University Press, Melbourne.

World Commission on Protected Areas (WCPA) (1998) *Economic Values of Protected Areas: Guidelines for protected area managers*, No. 2, Task Force on Economic Benefits of Protected Areas for the IUCN WCPA in collaboration with the Economic Service Unit of IUCN, Gland.

World Commission on Protected Areas (WCPA) (2000) *Financing Protected Areas: Guidelines for protected area managers,* No. 5, Financing Protected Areas Task Force, IUCN WCPA in collaboration with the Economics Unit of IUCN, Gland.

World Resources Institute, International Union for Conservation of Nature and United Nations Environment Programme (WRI/IUCN/UNEP) (1992) *Global Biodiversity Strategy: Guidelines for action to save, study and use Earth's biotic wealth sustainably and equitably*, IUCN, Gland.

Annexe 2.1

Publications clés de la CMAP-UICN et autres

Notez que, malgré des efforts fournis pour identifier un maximum de publications clés, cette liste n'est pas exhaustive.

Année	Titre	Référence
1973–1982		
1976	Création de Parks Magazine (est ensuite publié pour un certain temps)	Diverses
1980	World Conservation Strategy: Living resource conservation for sustainable development	IUCN et al. (1980)
1983–1992		
1986	Managing Protected Areas in the Tropics	Mackinnon et al. (1986)
1990	Parks on the Borderline: Experience in transfrontier conservation	Thorsell (1990)
1991	Le journal Parks reprend (est publié jusqu'en 2008 et reprend en 2012)	Diverses
1991	Caring for the Earth	IUCN et al. (1991)
1992	Global Biodiversity Strategy	WRI et al. (1992)
1992	Protected Areas of the World: A review of national systems (quatre volumes)	UNEP-WCMC and IUCN (1991)
1992	Guidelines for Establishing Marine Protected Areas	Kelleher and Kenchington (1992)
1992	Guidelines for Mountain Protected Areas	Poore (1992)
1992–2003		
1993	Parks, Peaks and People: A collection of papers arising from an international consultation on protected areas in mountain environments held in Hawaii Volcanoes National Park 26 October – 2 November 1991	Hamilton et al. (1993)
1994	Guidelines for Protected Area Management Categories	IUCN (1994a)
1994	Parks for Life: Action for protected areas in Europe	IUCN (1994b)
1995	African Heritage 2000	IUCN (1995)
1996	Transborder Protected Area Co-Operation	Hamilton, et al. (1996)
1996	Tourism, Ecotourism and Protected Areas	Ceballos-Lascuráin (1996)
1997	Guidelines for Cave and Karst Protection	Watson et al. (1997)
1998	National System Planning for Protected Areas: Best practice guideline (No. 1)	Davey (1998)
1998	Economic Values of Protected Areas: Guidelines for protected area managers (No. 2)	WCPA (1998)
1999	The Green Web: A union for world conservation	Holdgate (1999)
1999	Guidelines for Marine Protected Areas (No. 3)	Kelleher (1999)
1999	Guidelines for Public Use Measurement and Reporting at Parks and Protected Areas	Hornback and Eagles (1999)
1999	Linkages in the Landscape: The role of corridors and connectivity in wildlife conservation	Bennett (2003)
2000	Indigenous and Traditional Peoples and Protected Areas: Principles, guidelines and case studies (No. 4)	Beltrán (2000)
2000	Financing Protected Areas: Guidelines for protected area managers (No. 5)	WCPA (2000)
2000	Evaluating Effectiveness: A framework for assessing the management of protected areas (No. 6)	Hockings et al. (2000)
2001	Protected Area Management: Principles and practice	Worboys et al. (2001)
2001	Transboundary Protected Areas for Peace and Co-Operation (No. 7)	Sandwith et al. (2001)

Année	Titre	Référence
2002	Sustainable Tourism in Protected Areas: Guidelines for planning and management (No. 8)	Eagles et al. (2002)
2002	Management Guidelines for Category V Protected Areas: Protected landscapes/seascapes (No. 9)	Phillips (2002)
2003	Guidelines for Management Planning of Protected Areas (No. 10)	Thomas and Middleton (2003)
2003	The Full Value of Parks: From economics to the intangible	Harmon and Putney (2003)
2003–2014		
2004	Integrating Biodiversity Conservation and Sustainable Use: Lessons learned from ecological networks	Bennett (2004)
2004	Indigenous and Local Communities and Protected Areas: Towards equity and enhanced conservation (No. 11)	Borrini-Feyerabend et al. (2004)
2004	Speaking a Common Language: The uses and performance of management categories for protected areas	Bishop et al. (2004)
2004	Guidelines for Planning and Managing Mountain Protected Areas	Hamilton and McMillan (2004)
2004	Managing Mountain Protected Areas: Challenges and responses for the 21st century	Harmon and Worboys (2004)
2004	Securing Protected Areas in the Face of Global Change: Issues and strategies	Barber et al. (2004)
2005	Protected Area Management: Principles and practice (2e édition)	Worboys et al. (2005)
2005	The Urban Imperative: Urban outreach strategies for protected area agencies	Trzyna (2005)
2005	The Protected Landscape Approach: Linking nature, culture and community	Brown et al. (2005)
2005	Benefits beyond Boundaries: Proceedings of the Vth IUCN World Parks Congress, Durban South Africa, 8–17 September 2003	IUCN (2005)
2006	Security Considerations in the Planning and Management of Transboundary Conservation Areas	Braack et al. (2006)
2006	Managing Protected Areas: A global guide	Lockwood et al. (2006)
2006	Forests and Protected Areas: Guidance on the use of the IUCN protected area management categories (No. 12)	Dudley and Phillips (2006)
2006	Sustainable Financing of Protected Areas: A global review of challenges and options (No. 13)	Emerton et al. (2006)
2006	Evaluating Effectiveness: A framework for assessing management effectiveness of protected areas (2e édition) (No. 14)	Hockings et al. (2006)
2007	Peace Parks	Ali (2007)
2007	Protected Areas and Spirituality: Proceedings of the First Workshop of the Delos Initiative	Mallarach and Papayannis (2007)
2007	Identification and Gap Analysis of Key Biodiversity Areas: Targets for comprehensive protected area systems (No. 15)	Langhammer et al. (2007)
2007	Protected Areas: Buffering nature against climate change	Taylor and Figgis (2007)
2008	Sacred Natural Sites: Guidelines for protected area managers (No. 16)	Wild and McLeod (2008)
2008	Protected Landscapes and Agrobiodiversity Values. Volume 1 dans Values of Protected Landscapes and Seascapes	Amend et al. (2008)
2008	Protected Landscapes and Cultural and Spiritual Values. Volume 2 dans Values of Protected Landscapes and Seascapes	Mallarach (2008)
2008	Guidelines for Applying Protected Area Management Categories	Dudley (2008)
2010	Connectivity Conservation Management: A global guide	Worboys et al. (2010)
2010	Natural Solutions: Protected areas helping people cope with climate change	Dudley et al. (2010)
2010	Sacred Natural Sites: Conserving nature and culture	Verschuuren et al. (2010)
2010	Arguments for Protected Areas: Multiple benefits for conservation and use	Stolton and Dudley (2010)
2010	50 Years of Working for Protected Areas: A brief history of the IUCN World Commission on Protected Areas	IUCN (2010)
2011	IUCN Guidelines for Protected Area Legislation	Lausche (2011)

Année	Titre	Référence
2011	Protected Area Staff Training: Guidelines for planning and management (No. 17)	Kopylova and Danilina (2011)
2012	Ecological Restoration for Protected Areas: Principles, guidelines and best practices (No. 18)	Keenleyside et al. (2012)
2012	Protected Landscapes and Wild Biodiversity. Volume 3 dans Values of Protected Landscapes and Seascapes	Dudley and Stolton (2012)
2012	Innovation for 21st Century Conservation	Figgis et al. (2012)
2012	Conserving Australia's Marine Environment: Key directions statement	Figgis and Koss (2012)
2012	Le journal Parks est publié en ligne (la publication était interrompue depuis 2008)	Diverses
2013	Terrestrial Biodiversity and the World Heritage List	Bertzky et al. (2013)
2013	Keeping the Outstanding Exceptional: The future of world heritage in Australia	Figgis et al. (2013)
2013	The Legal Aspects of Connectivity Conservation	Lausche et al. (2013)
2013	Governance of Protected Areas: From understanding to action	Borrini-Feyerabend et al. (2013)
2014	Urban Protected Areas - Profiles and Best Practice Guidelines	Trzyna (2014)
2015	Protected Area Governance and Management	Worboys et al. (2015)

CHAPITRE 3

LE PATRIMOINE NATUREL DE LA TERRE

Auteurs principaux :
Bastian Bertzky, Monika Bertzky and Graeme L. Worboys

Collaborateurs :
Lawrence S. Hamilton

CONTENU

UICN CMAP COMMISSION MONDIALE DES AIRES PROTÉGÉES Convention sur la diversité biologique

AUTEURS PRINCIPAUX

BASTIAN BERTZKY est chercheur postdoctoral au Centre commun de recherche de la Commission européenne, en Italie, et membre de la Commission mondiale des aires protégées (CMAP) de l'UICN.

MONIKA BERTZKY est une consultante indépendante basée en Italie et membre de la CMAP de l'UICN.

GRAEME L. WORBOYS est vice-président de la CMAP de l'UICN, Conservation de la connectivité et montagnes, et chercheur associé à la Fenner School de l'Université nationale australienne.

COLLABORATEURS

LAWRENCE S. HAMILTON est membre honoraire de l'UICN, conseiller principal de la CMAP et membre du Groupe de spécialistes de la CMAP sur la conservation de la connectivité et les montagnes.

REMERCIEMENTS

Les auteurs tiennent à remercier Guy Castley ainsi que deux relecteurs anonymes pour leurs précieux commentaires. Leurs remerciements s'adressent également aux personnes et organisations suivantes : Clinton Jenkins de l'Escola Superior de Conservação Ambiental e Sustentabilidade et de l'Instituto de Pesquisas Ecológicas (Brésil), Naomi Kingston et Diego Juffe-Bignoli du Centre mondial de surveillance continue de la conservation de la nature du Programme des Nations Unies pour l'environnement (PNUE-WCMC), Christelle Perruchoud de l'UICN, Yichuan Shi de l'UICN et du PNUE-WCMC et Javier Martinez-López du Centre commun de recherche de la Commission européenne.

CITATION

Bertzky, B., Bertzky, M., Worboys, G. L. et Hamilton, L. S. Le patrimoine naturel de la Terre. In Worboys, G. L., Lockwood, M., Kothari, A., Feary, S. et Pulsford, I. (éd.). *Gouvernance et gestion des aires protégées*. Canberra : ANU Press, 2020. doi.org/10.22459/GGAP.03

PHOTO DE LA PAGE DE TITRE

Girafe *(Giraffa camelopardis)* dans le parc national du Kruger, en Afrique du Sud. La girafe est le plus grand animal terrestre, et atteint entre 5 et 6 mètres de hauteur. Elle se caractérise par un long cou et de longues jambes. On la trouve généralement dans des savanes africaines sèches et ouvertes où elle broute à une hauteur inaccessible aux autres animaux. C'est une espèce remarquable qui fait partie du riche patrimoine naturel de la Terre.

Source : Graeme L. Worboys

Introduction

Lieu unique en son genre, la Terre peut paraître vaste, voire infinie, mais lorsque l'on voit les photos prises par les robots envoyés sur Mars au début du XXIe siècle, on s'aperçoit que la Terre n'est finalement qu'un point lumineux perdu dans la vaste étendue de l'espace. Vue de Mars, la Terre se perd dans l'immensité de la Voie lactée et de l'univers. De telles images nous rappellent, que la Terre porte la vie, mais que ses ressources restent extrêmement limitées. La planète recèle des merveilles naturelles extraordinaires, façonnées par plus de 4,5 milliards d'années de changements géologiques et d'évolution. C'est un monde dynamique qui est le théâtre d'événements géologiques stupéfiants, de turbulences et d'agitations océaniques et atmosphériques, de phénomènes météorologiques incessants, et d'érosion et de création de nouveaux reliefs. Enfin, bien sûr, notre planète abrite un ensemble très riche de formes de vies ayant chacune leur propre dynamique d'adaptation, d'évolution et contribuant toutes à la santé et à la viabilité de la Terre.

Pour toutes ces raisons, la Terre est une planète unique. Il est donc dans l'intérêt des humains et de toutes les autres espèces que ses valeurs intrinsèques soient comprises, respectées, et que les systèmes entretenant la vie soient protégés et durables. La protection du patrimoine naturel de la Terre met l'accent sur le rôle et l'importance des aires protégées et des pratiques de conservation à grande échelle. Ces aires protégées et les mesures de conservation prises à l'échelle mondiale aident à préserver le patrimoine naturel ainsi que les processus écosystémiques, les habitats et les espèces qui favorisent la vie. La protection et la conservation de la nature ont un effet modérateur, essentiel pour freiner la voracité d'une population humaine grandissante et prête à consommer les ressources naturelles à un rythme qui menace désormais les systèmes entretenant la vie partout dans le monde (MEA, 2005).

Il est impératif que les professionnels chargés de la gestion des aires protégées comprennent les valeurs intrinsèques de la planète. Dans ce chapitre, nous donnons un aperçu de ces valeurs : nous décrivons certains des processus naturels de la Terre ainsi que sa géodiversité et sa biodiversité exceptionnelles ; puis nous évoquons brièvement l'impact global des hommes sur le patrimoine naturel de la planète depuis le début du xxie siècle. Ceci nous aide à comprendre l'importance de toutes les aires protégées, qu'elles soient gouvernées par l'État, par des acteurs privés, ou qu'il s'agisse d'Aires et territoires du patrimoine autochtone et communautaire (APAC), ainsi que l'intérêt du travail de chaque gestionnaire et garde au niveau d'une aire protégée ou d'un réseau d'aires protégées. C'est la somme de ces individus et des efforts de conservation déployés au niveau local qui permet le maintien de la vie sur Terre.

Ce chapitre décrit également les contextes écorégionaux dans lesquels s'inscrivent ces contributions individuelles à la conservation. Il étayera la manière dont les efforts fournis par les professionnels de la conservation à l'échelle des aires protégées, par les agences chargées de la gestion d'aires protégées et par les pays, s'inscrivent dans un cadre global de conservation de la biodiversité sur Terre. Les gestionnaires et gardes d'aires protégées du monde entier luttent pour sauver des espèces emblématiques et menacées tout en renforçant la viabilité des populations protégées. En Australie, par exemple, les gestionnaires d'aires protégées aident à protéger le koala (*Phascolarctos cinereus*) et le kangourou (*Macropus* spp.) ; en Inde et au Népal, ils protègent le tigre (*Panthera tigris*) et le rhinocéros (*Rhinoceros unicornis*) ; en Afrique, l'éléphant (*Loxodonta africana*) et le lion (*Panthera leo*) ; en Amérique du Nord, l'ours brun (*Ursus arctos*) et le bison (*Bison bison*). Ce qu'il faut bien comprendre c'est que la Terre est une entité finie et que la conservation de sa biodiversité doit beaucoup au travail des professionnels des aires protégées. De nombreuses personnes et organisations collaborent également au-delà des frontières nationales pour conserver les habitats des espèces migratrices.

Ce chapitre décrit brièvement 12 biens du patrimoine mondial afin d'illustrer l'exceptionnalité du patrimoine naturel de la Terre. Ces études de cas présentent des phénomènes naturels majeurs et des écosystèmes particuliers, qu'ils soient terrestres, d'eau douce ou marins (figure 3.1). La Convention du patrimoine mondial, adoptée en 1972, cherche à encourager l'identification et la protection des « valeurs universelles exceptionnelles », culturelles ou naturelles, de notre patrimoine. Cette convention a été adoptée au début du XXIe siècle par la quasi-totalité des nations du monde et l'on comptait, en 2014, 222 aires protégées, parmi les plus belles du monde, sur la prestigieuse liste des Sites du patrimoine mondial. Ces 222 sites naturels et mixtes (naturels et culturels) représentent 7 % des aires protégées terrestres connues et 19 % des aires marines protégées (IUCN, 2013a) et se caractérisent par la diversité de leurs catégories de gestion et de leurs systèmes de gouvernance.

Les processus naturels de la Terre

Les aires protégées contribuent à la conservation de la nature, mais, inversement, la nature a une influence sur leur environnement et sur leur gestion. On pense souvent

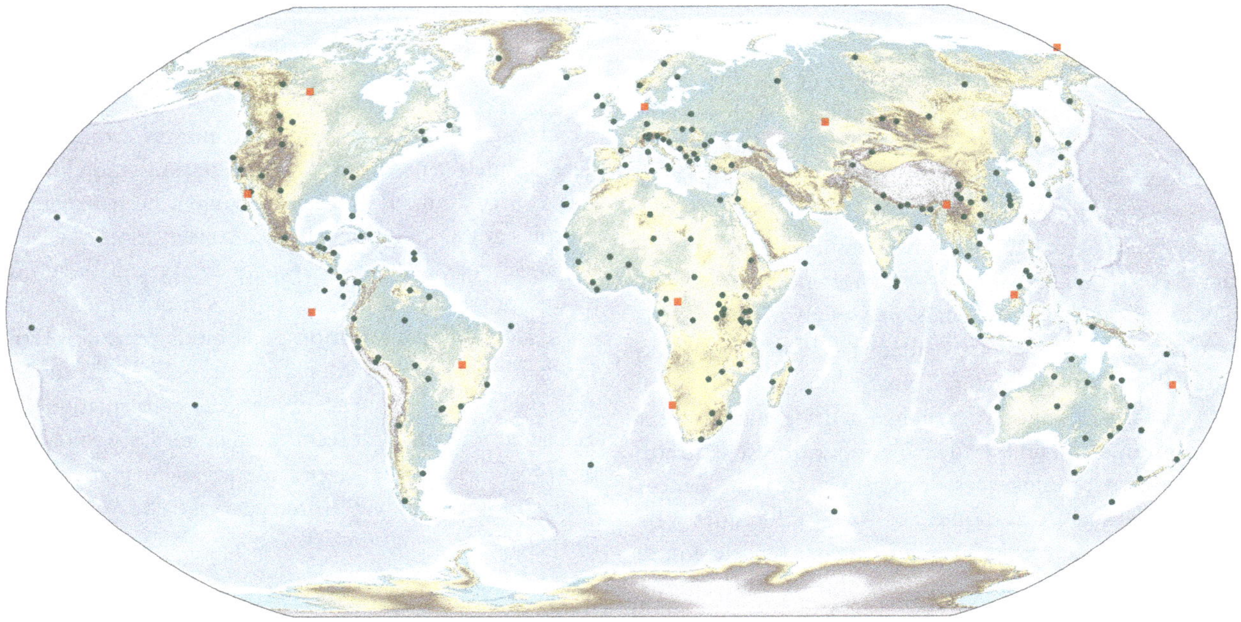

Figure 3.1 Répartition des 222 sites naturels et mixtes du patrimoine mondial et localisation des études de cas (points rouges)

Source : IUCN et UNEP-WCMC (2014)

que les gestionnaires des aires protégées connaissent bien tous les mécanismes naturels et les éléments pouvant avoir un impact sur la zone dont ils sont responsables. Comprendre et être capable de détecter si un phénomène est naturel ou non permet aux gestionnaires de prendre de meilleures décisions et d'intervenir en cas de besoin.

Les processus géologiques

La croûte terrestre est la couche externe froide et instable de la Terre qui comprend la croûte océanique et la croûte continentale et que l'on nomme communément lithosphère. Sept plaques tectoniques en mouvement constant couvrent la majorité de la lithosphère. Leurs mouvements sont peu perceptibles à l'échelle d'une année, mais ont un impact visible à une échelle de temps géologique et sont responsables de la répartition des continents telle que nous la connaissons aujourd'hui. On peut également observer des effets localisés de mouvements de la lithosphère à divers endroits dans le monde. Voici quelques exemples de phénomènes géologiques affectant la croûte terrestre : l'extension des fonds sous-marins, les mouvements de la plaque océanique – notamment lorsqu'elle passe en dessous des continents (subduction), la création de chaînes de montagnes, l'activité volcanique, les tremblements de terre, l'érosion, l'altération et le dépôt. Bien que ces évènements se déroulent sur des périodes de temps géologiques, ils impactent parfois directement les aires protégées, en particulier les tremblements de terre, l'activité volcanique, l'altération et l'érosion. Il est très important que les gestionnaires d'aires protégées soient préparés à ces évènements géologiques et comprennent les causes qui les sous-tendent.

Parc national de Sagarmatha (Mont Everest), bien du patrimoine mondial, paysage et site de pratiques de conservation anciennes

Source : Ashish Kothari

De nombreuses aires protégées sont connues pour conserver des empreintes géologiques de la dynamique de la croûte terrestre (voir chapitre 18). Les montagnes telles que le Mont Everest et les Dolomites, l'immense caverne karstique du parc national de Phong Nha-Ke Bang au Vietnam, les hautes cascades comme celles du Yosemite aux États-Unis et les volcans actifs comme ceux de la péninsule de Kamtchatka en Russie sont des exemples remarquables des conséquences de ces évènements géologiques.

Étude de cas 3.1 Les îles Galápagos, Équateur : bien du patrimoine mondial depuis 1978

Domaine biogéographique : néo-tropique ; biome : déserts et terres arbustives xériques

Archipel de 127 îles, îlots et rochers situés à environ 1 000 kilomètres des côtes équatoriennes, dans l'océan Pacifique, les îles Galápagos couvrent plus de 140 000 km2 de terres et de mers. La différence d'âge entre l'île la plus jeune, à l'ouest de l'archipel, et les îles plus anciennes à l'est, a révélé l'influence fondamentale des processus géologiques et volcaniques de la zone. Les îles Galápagos sont le point de rencontre de trois plaques tectoniques majeures et sont soumises à une activité sismique continue. De fait, les deux îles les plus jeunes, Isabella et Fernandina, sont toujours en cours de formation.

L'extraordinaire biodiversité des îles Galápagos fut révélée au monde par Charles Darwin. Le phénomène d'évolution par radiation adaptive est non seulement visible en comparant l'ensemble de l'archipel au continent, mais aussi en comparant les îles les unes aux autres. Les pinsons de Darwin en sont probablement l'exemple le plus connu au monde, mais ne sont pas les seuls. Les moqueurs, les iguanes marins, les escargots terrestres, les cormorans aptères, les tortues géantes et plusieurs groupes de plantes et d'insectes sont également le fruit de spécialisations évolutives similaires, et les taux d'endémisme sur ces îles sont donc extrêmement élevés.

La mer entourant les îles est bien protégée ; elle fait partie de la réserve marine des Galápagos dont les eaux renferment une biodiversité tout aussi impressionnante que celle de la terre ferme. Trois courants océaniques se rencontrent à cet endroit dont l'écosystème est considéré comme le plus riche du monde. À ce jour, plus de 2 900 espèces marines ont été recensées et plus de 18 % d'entre elles sont endémiques. Compte tenu de toutes ces caractéristiques, les îles Galápagos sont aussi considérées comme un véritable musée vivant sur l'évolution.

Source : adapté de UNESCO (2014)

Pour les gestionnaires de nombreuses aires protégées, le risque de tels évènements géologiques est faible, mais pour d'autres ils représentent un risque permanent. Par exemple, le bien du patrimoine mondial des îles Galápagos en Équateur (étude de cas 3.1) repose sur la plaque terrestre la plus active de la planète : la plaque tectonique de Nazca. Cette plaque bouge vers l'Est et le Sud en direction de l'Amérique du Sud et se situe au-dessus d'un panache thermique volcanique stationnaire provoquant de fréquentes éruptions volcaniques (Constant, 2004). Ces dernières (qui eurent lieu sur une période relativement longue) ont formé un archipel dont les îles les plus jeunes se trouvent près du volcan, tandis que les plus anciennes ont été rapprochées du continent sud-américain par les mouvements de la plaque tectonique. Les différents âges des îles, leur l'isolation et l'adaptation dont ont dû faire preuve les espèces qu'on y trouve sont autant d'éléments qui inspirèrent Darwin lorsqu'il formula sa théorie selon laquelle la sélection naturelle est au cœur de l'évolution.

Île Bartolomé, bien du patrimoine mondial des îles Galápagos, Équateur

Source : photothèque de l'UICN © Imène Meliane

Climat

On considère souvent notre atmosphère comme stable et on présuppose qu'elle l'a toujours été et qu'elle le restera. C'est une hypothèse risquée puisque l'atmosphère est un espace fini, dynamique, qui a indéniablement changé de manière substantielle au cours des dernières 4,5 milliards d'années. Il est essentiel que l'humanité prenne conscience que c'est la vie sur Terre qui a permis la création de conditions nécessaires à l'apparition d'autres formes de vie consommant de l'oxygène. En effet, l'oxygène de notre atmosphère, celui que nous respirons, était initialement produit par des organismes vivants et c'est cet oxygène qui continue à être produit aujourd'hui par certaines formes de vie.

Composition atmosphérique

Aujourd'hui, au XXIe siècle, notre atmosphère est composée principalement d'azote (environ 78 %), d'oxygène (21 %), d'argon (1 %) et d'un certain nombre d'autres gaz comme le dioxyde de carbone et la vapeur d'eau, ainsi que de poussières et particules de pollution. Il n'y avait pourtant pas d'oxygène à l'origine sur

Terre. L'atmosphère originelle de la planète a été créée il y a environ 3,8 milliards d'années par une intense activité volcanique émettant de grandes quantités de gaz composé notamment de nitrogène, de dioxyde de carbone, de vapeur d'eau, d'ammoniac, de méthane et d'autres gaz en plus faible quantité. Il n'y avait alors pas d'oxygène atmosphérique, mais l'eau issue des rejets de vapeurs volcaniques a participé à la formation des premiers océans (Palmer, 2009).

À cette période de l'évolution, des organismes vivants tels que les algues bleu-vert utilisaient la lumière du soleil, le dioxyde de carbone et l'eau pour produire des hydrates de carbone et, surtout, rejetaient de l'oxygène (Biello, 2009). Le taux d'oxygène dans l'atmosphère augmenta petit à petit et varia au cours du temps, mais constitua toujours la base de l'évolution de la vie. Il est arrivé, à certaines périodes critiques, qu'il n'y ait pas assez d'oxygène dans l'atmosphère. Par exemple, pendant le Permien et le Trias, il y a environ 252 millions d'années, des changements soudains de la composition de l'atmosphère terrestre eurent lieu et provoquèrent une extinction massive. Au cours de cette période, une importante activité volcanique, ainsi que les émanations de dioxyde de soufre et la forte évaporation d'eau qui en ont résulté, eurent lieu dans les trapps de Sibérie ; les océans s'appauvrirent en oxygène, conduisant à l'extinction de la plupart des espèces marines et de nombreuses plantes et animaux terrestres (Mc Namara, 2009).

Dans son livre *The Emerald Planet* (2007:44), David Beerling décrit ainsi le rôle de l'oxygène à une époque plus récente (le Phanérozoïque) : « le taux d'oxygène de l'atmosphère terrestre est intimement lié à l'évolution de la vie des plantes (...) l'oxygène est créé par la photosynthèse lors de laquelle les plantes transforment la biomasse et rejette de l'oxygène dans l'atmosphère. »

Il affirme que lorsque les plantes (marines ou terrestres) meurent elles sont « des mets de choix pour les animaux, bactéries et champignons qui consomment leurs restes et utilisent de l'oxygène en ce faisant » (Beerling, 2007:44). Beerling (2007:44) note également que toute la matière organique n'est pas forcément décomposée et que

> l'enfouissement progressif et continuel des restes de plantes dans le sol et dans la mer implique qu'une fraction de l'oxygène produit lors de sa synthèse ne peut être récupérée par des procédés chimiques ou biologiques. Ainsi, il s'accumule et est rejeté dans notre atmosphère en petites quantités, année après année.

Système naturel de la réserve de l'île de Wrangel, Fédération de Russie

Source : © Gabrielle et Michelle Therin-Weise

Plus tard, des processus géologiques de soulèvement tectonique, d'altération et d'érosion exposèrent et brisèrent ces roches, utilisant ainsi de l'oxygène (Beerling, 2007). Grâce à cette oxydation, le niveau d'oxygène dans l'atmosphère se rééquilibra. Ce processus contrôle la teneur en oxygène de l'atmosphère au cours des temps géologiques, mais « la teneur en oxygène de l'air que nous respirons aujourd'hui n'est en réalité pas fixée à 21 % » (Beerling, 2007:59), elle continue à varier.

La composition de l'atmosphère est dynamique, et les niveaux d'oxygène sont maintenus grâce à la vie sur Terre, mais les activités humaines destructives des habitats naturels affectent cet équilibre et ces processus. Les aires protégées aident à maintenir des écosystèmes sains qui contribuent directement à maintenir les niveaux d'oxygène dans l'atmosphère, les processus écologiques et la vie qui, ensemble, garantissent la qualité de notre atmosphère.

Le dioxyde de carbone, puissant gaz à effet de serre, est un autre gaz dont la concentration dans l'atmosphère varie, en particulier à notre époque, en raison du développement des activités humaines. Cette concentration évolue en fonction de la pollution émise par l'homme et a de graves conséquences sur le climat (voir chapitre 17). Face à cette menace, l'une des solutions envisagées par l'homme est la gestion des stocks et puits de carbone naturels. Les aires protégées peuvent notamment aider à conserver les forêts naturelles, qui sont le plus grand puits de carbone terrestre (voir chapitre 20), afin qu'elles continuent à séquestrer le carbone. La protection des forêts naturelles est l'une des « solutions naturelles » essentielles face au défi des changements climatiques (Dudley et al., 2010) (voir chapitre 17). Certains environnements marins importants, tels que les herbiers sont aussi d'importants puits de carbone (voir chapitre 20). Les aires protégées peuvent grandement contribuer à nos efforts de réduction de la pollution au dioxyde de carbone et des effets négatifs du réchauffement climatique. Elles permettent également de réduire la concentration des contaminants aériens et des poussières, assainissant ainsi l'atmosphère.

Circulation atmosphérique

L'air est constamment en mouvement, et la circulation atmosphérique pourrait être décrite de manière simpliste comme étant constituée de mouvements d'air chaud allant vers les hautes latitudes et des mouvements d'air froid se déplaçant vers les tropiques, même si bien sûr, cela est complexifié par l'effet de Coriolis et du courant-jet. Autrefois, pour naviguer, les marins utilisaient les vents dominants dont les variations saisonnières annonçaient l'arrivée de la mousson et des pluies nécessaires à la vie et à l'agriculture. De tels changements de conditions des vents saisonniers peuvent également annoncer le début d'une saison sèche.

La circulation atmosphérique globale détermine les conditions climatiques de chaque aire protégée. Elle influence les saisons, la météo, ainsi que la situation et les modifications des conditions de vie des espèces et de leurs habitats. Des températures plus élevées causées par les changements climatiques peuvent entraîner une évaporation accrue, un plus fort taux d'humidité dans l'atmosphère, des niveaux d'énergie plus élevés et une augmentation de la fréquence et de la violence des orages dans certaines régions. Dans d'autres régions, ce sont les sécheresses qui se sont aggravées. En ce xxie siècle marqué par des changements climatiques mondiaux, la nature de la circulation atmosphérique évolue, et il importe que les gestionnaires d'aires protégées comprennent les implications de ces changements en matière de phénomènes météorologiques et leurs effets sur les milieux naturels des aires protégées qu'ils gèrent.

Climats du monde

Le climat est l'état moyen du temps sur une très longue période et se mesure par la température, les précipitations, le vent et la pression atmosphérique. Le climat d'une aire protégée dépend de la latitude, de l'altitude, du terrain, de la proximité des montagnes et de la proximité de grandes étendues d'eau. Les grands climats du monde ont été cartographiés en utilisant le système de classification de Köppen-Geiger identifiants 12 climats différents sur la planète (tableau 3.1).

Les climats de la planète évoluent et il est possible d'anticiper leurs changements grâce à une analyse de l'augmentation des concentrations de dioxyde de carbone. Ainsi, les météorologues prévoient que les températures augmenteront, les précipitations seront plus ou moins importantes suivant les endroits, les sécheresses plus graves et les tempêtes violentes plus fréquentes. Ces effets des changements climatiques seront un défi pour les gestionnaires d'aires protégées et pour la conservation de la biodiversité, car ils devraient s'accompagner de modifications de la répartition des espèces alors que les aires protégées, elles, sont statiques (voir chapitre 17).

Océans

Les cinq grands océans couvrent plus de 70 % de la surface de la planète et représentent une part importante de la dynamique de la Terre. Ils sont perpétuellement en mouvement, que ce soit sous l'action des marées, de la circulation de l'eau en surface, des effets du vent et des vagues, des courants locaux, des courants de profondeurs, des remontées d'eau profonde, etc. À cela s'ajoutent de violentes tempêtes et leurs répercussions, ainsi que les séismes et les tsunamis qui peuvent y être associés. Le niveau relatif de la mer a également changé au fil des temps géologiques et ces fluctuations ont contribué à façonner nos milieux côtiers. Les bas niveaux de la mer du Pléistocène et de l'Holocène, par exemple, ont influé sur les mouvements humains, et notamment la colonisation d'autres continents depuis l'Afrique (voir le chapitre 4). À cause des changements climatiques causés par l'homme, on assiste aujourd'hui à une élévation du niveau de la mer liée à la dilatation thermique de l'eau de mer et de la fonte des glaciers, en particulier des calottes glaciaires du Groenland et de l'Antarctique (IPCC, 2013).

Les niveaux élevés de dioxyde de carbone dans l'atmosphère et l'élévation des températures que cela engendre affectent à la fois les températures moyennes des océans de la planète et leur acidité (causée par de plus grandes quantités de dioxyde de carbone dissous et par la formation d'acides doux). Ces changements ont ensuite des effets sur la vie dans les océans, provoquant entre autres le blanchiment des systèmes de récifs coralliens et affectant le taux de calcification ou de dissolution d'organismes marins comme les coraux, les crustacés et les mollusques (voir chapitres 17 et 20).

Les changements atmosphériques induits par l'homme ont mené à une intensification de certains phénomènes naturels. L'augmentation du niveau de la mer et la violence accrue des tempêtes devraient transformer des reliefs côtiers qui sont stables depuis au moins 8 000 ans et créer de nouveaux reliefs. On peut notamment s'attendre à une érosion des gisements de sable côtiers tels que les plages, bancs de sable, avant-dunes et structures dunaires situées à la limite de l'océan, à des inondations de marais salants, marécages, basses vallées et deltas, et

Tableau 3.1 Douze différents climats de la planète

Climats tropicaux humides	
Les climats tropicaux humides se caractérisent par des moyennes annuelles de températures se situant au-dessus de 18°C, par l'absence de saison hivernale et par des précipitations annuelles abondantes et dépassant l'évaporation annuelle. Ils comprennent :	
	Les climats chauds avec de la pluie toute l'année (les précipitations du mois le plus sec sont > 6 cm)
	Les climats chauds avec des pluies de mousson (les précipitations du mois le plus sec sont < 6 cm)
	Les climats chauds avec des pluies saisonnières – les climats de savanes tropicales (les précipitations du mois le plus sec sont < 6 m et la saison sèche est très marquée)
Climats secs	
Les climats secs se caractérisent par une évaporation dépassant en moyenne les précipitations tout au long de l'année. Ces climats comprennent :	
	Les climats de steppe – caractérisés par la présence de prairies (ce sont des climats intermédiaires entre les climats désertiques et les climats plus humides)
	Les climats désertiques (ce sont des zones arides où les précipitations annuelles sont < 40 cm)
Climats humides tempérés	
Les climats humides tempérés sont marqués par la présence d'un été et d'un hiver ; pendant le mois le plus froid, la température descend en dessous de 18°C, mais reste au-dessus de -3°C et il fait plus de 10°C pendant au moins un mois. Ces climats comprennent :	
	Les climats humides tempérés sans saison sèche (les précipitations du mois le plus sec sont > 3 cm)
	Les climats humides tempérés avec un hiver sec (où 70 % des précipitations tombent durant les 6 mois les plus chauds)
	Les climats humides tempérés avec un été sec (où 70 % des précipitations tombent durant les 6 mois d'hiver)
Climats de forêts enneigées	
La température moyenne du mois le plus froid est de moins de -3°C et la température moyenne du mois le plus chaud est de plus de 10°C. Ces climats comprennent :	
	Le climat de forêts enneigées avec un hiver humide (pas de saison sèche)
	Le climat de forêts enneigées avec un hiver sec
Climats polaires	
La température moyenne du mois le plus chaud est de moins de 10°C et il n'y a pas vraiment d'été. Ces climats comprennent :	
	Le climat de toundra (la température moyenne du mois le plus chaud est au-dessus de 0°C, mais en dessous de 10°C)
	Le climat de gel perpétuel (les températures mensuelles de tous les mois de l'année sont de moins de 0°C)

Source : Strahler (2011:260-2)

à une érosion plus active des récifs-barrière et des caps en raison de l'augmentation de la fréquence de tempêtes violentes (Short et Woodroffe, 2009).

Il est important que les gestionnaires d'aires protégées comprennent les dynamiques de ces processus marins ainsi que les besoins actuels de la conservation de la biodiversité marine et côtière. Dans le futur, de nombreuses aires côtières et marines protégées devront faire face aux violents impacts de ces phénomènes naturels modifiés et amplifiés par les effets des changements climatiques. Afin d'être prêts à se confronter à ces changements, il est nécessaire que les gestionnaires connaissent à la fois les aspects scientifiques de ces dynamiques naturels et les particularités locales de leur environnement. Les stratégies qui seront adoptées face aux changements climatiques seront aussi, sans aucun doute, influencées par divers régimes sociopolitiques et diverses tendances mondiales.

Les gestionnaires doivent aussi anticiper la forte probabilité qu'il y ait des réponses politiques en réaction aux enjeux liés aux aires protégées lorsque la totalité des effets des changements climatiques sera finalement reconnue. Un des défis auxquels les gestionnaires vont être confrontés est la réponse politique « rapide », avec ses conséquences potentiellement nuisibles aux aires protégées. Les gestionnaires devront anticiper les problèmes inévitables et présenter, bien à l'avance, des solutions soigneusement étudiées basées sur une science rigoureuse. Les gestionnaires doivent constamment et clairement mettre en avant de telles solutions de réponses adaptatives (voir chapitre 17).

Géodiversité

La géodiversité décrit la composante géologique de la nature abiotique (non vivante) et est définie par Gray (2004:8) comme étant « la gamme (diversité) naturelle des éléments géologiques (roches, minéraux, fossiles), géomorphologiques (formes de reliefs) et pédologiques. Cela inclut leurs compositions, leurs relations, leurs propriétés, les interprétations qui y sont attachées et les systèmes qu'ils forment. »

Maîtriser les bases de la géodiversité et de quelques concepts plus spécifiques, tels que le patrimoine géologique et la géoconservation, fait partie intégrante du travail des gestionnaires d'aires protégées. Tous ces concepts sont définis dans ce livre (voir chapitre 18), qui souligne l'importance de la géodiversité, un des fondements de la vie et un déterminant clé de la biodiversité des aires protégées.

La géodiversité de la planète est un état dynamique. De nouvelles roches sont formées sous la surface terrestre (roches plutoniques) et au-dessus (roches volcaniques), via des processus de dépôt et compactage sédimentaire, de métamorphisme et de métasomatose. Ces roches, lorsqu'elles sont exposées à la surface, sont modifiées par les altérations physiques, chimiques et biologiques ainsi que par l'érosion. L'érosion peut être causée par l'eau, le vent ou la glace (glaciation) et les matériaux érodés peuvent ainsi former des dépôts transportés par ces trois éléments. Les éruptions volcaniques produisent des cendres et des nuées ardentes (des flux de cendres volcaniques extrêmement chaudes et retombant rapidement), et émettent des aérosols. Les impacts de météorites, plus rares, créent des cratères uniques ayant parfois une structure à couronnes.

Les déplacements de matières sur les pentes raides peuvent générer des avalanches de débris rocheux, des effondrements de sols meubles et de lahars (coulées de boue et de roche saturées d'eau). Les glissements de terrain, les effondrements de falaise, la solifluxion (mouvement provoqué par le gel et le dégel) et les effondrements sur les pentes abruptes sont tous des processus d'érosion dynamiques qui génèrent de nouvelles formes de relief. L'activité tectonique aussi peut donner vie à de nouvelles structures, montagnes ou bassins, créer des glissements de terrain, obstruer des rivières et provoquer des tsunamis dans les milieux marins. De nouveaux volcans peuvent se former, les zones géothermiques et leurs geysers produisent des dépôts, les rivières chargées de carbonate forment du travertin et du tuf, les chutes d'eau et les systèmes fluviaux déplaçant des sédiments peuvent créer des digues, des îles et des deltas. La géodiversité est en effet riche en processus naturels dynamiques que les gestionnaires d'aires protégées doivent prendre en considération lors de la planification et de la gestion du patrimoine géologique de leur région (Gray, 2004). Les gestionnaires peuvent avoir besoin de maîtriser certains détails techniques, par exemple :

- Le type de roche : la serpentinite et d'autres roches ultramafiques contiennent souvent des concentrations élevées de chrome et de nickel qui sont toxiques pour certaines plantes et ont une influence sur la composition de la végétation.
- La pertinence de l'utilisation de certaines roches comme matériau pour la construction de pistes et de routes : la composition chimique des différentes roches volcaniques et plutoniques, et en particulier le(s) feldspath(s) (minéral constituant la roche) qu'elles renferment, influence le choix de la roche utilisée pour la construction de pistes, et peut déterminer si une piste ou une route doit être construite ou non avec les matériaux considérés. Cet aspect a également un impact sur le coût de la construction.
- Les karsts de calcaire et de dolomite : ils doivent être pris en considération dans le cadre de la gestion des flux souterrains d'eau et des animaux troglobies ainsi que dans le cadre de la conservation et de la protection des grottes, des spéléothèmes, de dépôts subfossiles et des valeurs culturelles des grottes pour les hommes. Ceci est illustré dans le cas du site du patrimoine mondial du Parc national du Gunung Mulu en Malaisie (étude de cas 3.2).
- Les zones géothermiques : il est nécessaire d'assurer la sécurité des visiteurs dans des environnements contenant de l'eau et de la boue à très haute température ainsi qu'une faune et une flore extrêmophiles rares.

- Les zones de montagnes et de falaises : il faut accorder une attention particulière à la sécurité des personnes en raison du risque potentiel d'effondrement et de glissements de terrain.

Les équipes chargées de la gestion des aires protégées comprennent parfois des géologues et des géophysiciens, mais peuvent aussi faire appel à une expertise externe pour les aider à prendre des décisions en lien avec les processus dynamiques de la terre.

Biodiversité

La vie sur terre est précieuse. Elle reflète le chemin parcouru depuis l'apparition des formes de vie les plus primaires, il y a des milliards d'années, et témoigne des processus évolutifs extraordinaires qui ont eu lieu au cours des 600 derniers millions d'années. La vie est déjà passée par cinq événements d'extinction massive et est peut-être sur le point de faire face à un sixième, qui, pour la première fois, sera causé par l'homme lui-même (encadré 3.1). Les formes de vie varient énormément des pôles à l'équateur et d'un continent à l'autre. La distribution des plantes, des animaux et autres organismes est influencée par des processus géologiques dynamiques, par les climats de la planète, par sa géodiversité ainsi que par des processus évolutifs localisés. Dans cette section, nous abordons la richesse de la biodiversité, en particulier la diversité des espèces et de leurs habitats.

Pour créer des aires protégées et les gérer efficacement, il est essentiel d'avoir au moins une compréhension de base des caractéristiques de la biodiversité d'une région, y compris de ses espèces et de ses écosystèmes clés, de leur état de conservation et des mesures de conservation requises pour maintenir ou améliorer leur statut. Lorsqu'elles sont disponibles, des informations sur le caractère irremplaçable, à l'échelle mondiale ou nationale, d'éléments spécifiques de la biodiversité peuvent également guider la création et la gestion d'aires protégées capables d'assurer la conservation de ces éléments (Ricketts et al., 2005 ; Langhammer et al., 2007 ; Le Saout et al., 2013).

Définition de la biodiversité

Alors, qu'est-ce que la biodiversité ? La « diversité biologique », ou « biodiversité », désigne la variété des formes de vie sur Terre. Cela comprend les plantes, les animaux, les champignons, les micro-organismes, l'information génétique qu'ils contiennent, les écosystèmes qu'ils forment et les processus écologiques qui les lient à de multiples échelles. La biodiversité a été définie à l'article 2 de la Convention des Nations Unies sur la diversité biologique (CDB) comme la « variabilité des organismes vivants de toute origine y compris, entre autres, les écosystèmes terrestres, marins et autres écosystèmes aquatiques et les complexes écologiques

Encadré 3.1 Le sixième phénomène d'extinction est-il causé par l'homme ?

Les espèces vivantes n'ont probablement jamais été aussi nombreuses qu'aujourd'hui, même si pas moins de 99 % de toutes les espèces ayant existé ont déjà disparu. L'extinction est un processus naturel qui se produit habituellement lentement et qui affecte seulement un petit nombre d'espèces sur de longues périodes (Barnosky et al., 2011). Pourtant, du fait des activités humaines, les populations de nombreuses espèces sont susceptibles de disparaître dans un avenir proche, ou ont déjà disparu (Barnosky et al., 2011 ; Dullinger et al., 2013 ; Duncan et al., 2013).

Dans le passé, la terre a connu cinq événements d'extinctions de masse résultant de diverses causes naturelles. Chacune de ces crises a entrainé la disparition de 75 % de toutes les espèces en l'espace d'une période géologiquement courte (de plusieurs centaines de milliers d'années à plusieurs millions d'années) (Barnosky et al., 2011). Le plus célèbre de ces événements s'est produit au cours du Crétacé, il y a environ 65 millions d'années, et a probablement été déclenché par l'impact de météorites et le refroidissement rapide de la planète qui a suivi. Il marque la fin de « l'âge des dinosaures ».

Sur la base des taux récents d'extinction, qui sont déjà sensiblement plus élevés qu'à l'époque où l'Homme n'existait pas encore (Pimm et al., 1995), et compte tenu du risque d'extinction des espèces répertoriées dans la Liste rouge des espèces menacées de l'UICN (IUCN, 2013b), on estime que 75 % de l'ensemble des espèces pourraient disparaître en l'espace de trois siècles seulement (Barnosky et al., 2011). Cela suggère que la sixième extinction de masse est en cours et serait pour la première fois causée par une seule espèce : l'Homme.

Face à cette crise, les sociétés humaines commencent à réagir en engageant des actions de conservation (incluant des mesures de conservation dans des zones telles que les aires protégées) afin de prévenir d'autres extinctions, ou du moins réduire le risque d›extinction de certaines espèces et populations (par exemple, Butchart et al., 2006, 2012). À titre d'exemple, l'Alliance pour l'extinction zéro (Alliance for Zero Extinction – AZE), cherche à identifier et à protéger les lieux d'extinction imminente où des espèces très menacées sont confinées à des sites particuliers (Ricketts et al., 2005 ; figure 3.10).

Étude de cas 3.2 Parc national du Gunung Mulu, Malaisie : bien du patrimoine mondial depuis 2000

Domaine biogéographique : indo-malais ; biome : forêts décidues humides tropicales et subtropicales

Situé sur l'île de Bornéo, le parc national du Gunung Mulu couvre près de 530 km2 de terres et constitue la région karstique tropicale la plus étudiée au monde. Avec ses profonds canyons, ses rivières sauvages, ses cascades et ses montagnes couvertes de forêts tropicales, dont la plus haute atteint presque 2 380 mètres d'altitude, le paysage de Gunung Mulu est d'une beauté naturelle spectaculaire. En outre, on trouve dans le sous-sol de ce site certaines des plus grandes grottes au monde. La Salle du Sarawak, avec ses 600 mètres de long, 415 de large de 80 de hauteur, est considérée comme la plus grande cavité souterraine au monde. On y trouve également le plus large de tous les corridors souterrains connus à ce jour dans le monde et la grotte la plus longue d'Asie. Le parc illustre également remarquablement les changements majeurs qui ont marqué l'histoire de la Terre. On y trouve trois grandes formations rocheuses en schiste, grès et calcaire. Les dépôts alluviaux terrestres, la géomorphologie et l'hydrologie souterraine fournissent des informations importantes concernant l'évolution tectonique et climatique de Bornéo.

La biodiversité du Gunung Mulu est également exceptionnelle. On trouve, parmi les 17 zones de végétation, environ 3 500 espèces de plantes vasculaires, dont 109 espèces de palmiers, ce qui fait du parc un des sites abritant le plus grand nombre d'espèces de palmiers au monde. Plus de 200 espèces de faune cavernicole ont été identifiées et la Grotte du cerf concentre le plus grand nombre d'espèces de chauves-souris différentes qu'on puisse trouver au sein d'une même grotte. Elle abrite également l'une des plus grandes colonies au monde de chauves-souris à queue libre (Chaerephon plicata), soit environ 3 millions. Une autre cavité accueille la plus grande colonie au monde de salanganes (Aerodramus sp.). Beaucoup d'espèces de la faune locale sont endémiques et 41 espèces figurent sur la Liste des espèces menacées.

Source : adapté de UNESCO (2014)

dont ils font partie ; cela comprend la diversité au sein des espèces, et entre espèces ainsi que celle des écosystèmes. » (CBD 1992:3).

Une espèce est globalement définie comme un groupe d'organismes partageant un patrimoine génétique spécifique (par exemple, le panda géant, *Ailuropoda melanoleuca*, est une espèce), bien que la spéciation puisse également se produire sans isolement génétique. Les gènes contiennent l'information qui permet de développer et maintenir les cellules d'un organisme et de transmettre cette information à sa descendance. Un habitat est l'environnement naturel dans lequel un organisme particulier vit (par exemple, en Chine, les forêts de montagne tempérées contenant de denses forêts de bambous sont l'habitat du panda géant), et un écosystème est l'ensemble constitué d'une communauté d'organismes vivants et de son environnement abiotique (par exemple, une forêt avec ses sols, un lac ou le lit d'une rivière, ou un écosystème corallien avec les eaux environnantes).

Les grands groupes d'espèces

Presque toutes les espèces sont directement ou indirectement dépendantes de la production primaire s'effectuant par photosynthèse ou chimiosynthèse. Les plantes sont des organismes multicellulaires appartenant au règne végétal et incluent notamment, toutes les plantes à fleurs (angiospermes), les conifères et autres gymnospermes, les fougères et les mousses. Grâce à l'énergie de la lumière (photosynthèse), la plupart des plantes produisent de l'oxygène et des composés organiques, tels que les glucides, à partir de molécules inorganiques comme le dioxyde de carbone et l'eau. Les plantes sont les producteurs primaires de la plupart des écosystèmes terrestres et forment la base de la chaîne alimentaire de ces écosystèmes. Les algues et le phytoplancton remplissent la même fonction dans les écosystèmes marins et aquatiques. Certains micro-organismes, tels que les bactéries, peuvent aussi utiliser l'énergie libérée par des réactions chimiques (chimiosynthèse) pour produire de la matière organique.

Les animaux sont des organismes multicellulaires appartenant au règne animal et comprennent notamment les mammifères, les oiseaux, les reptiles, les amphibiens, les poissons, les insectes, les coraux et les éponges. Les animaux sont des consommateurs dans les réseaux trophiques terrestres, marins et d'eau douce et ils consomment le carbone organique des producteurs primaires ou d'autres animaux dont ils se nourrissent. Contrairement aux plantes, la plupart des animaux sont capables de se déplacer spontanément et activement pour poursuivre un objectif précis, au moins à un certain stade de leur vie.

Les Fungi forment leur propre règne, car ils ne sont ni des plantes ni des animaux, et peuvent être à la fois unicellulaires (par exemple, les levures) et multicellulaires (par exemple, les moisissures et les champignons). Ils jouent un rôle essentiel dans la décomposition de la matière organique et, avec tous les autres organismes, ils jouent un rôle important dans le cycle nutritif, le recyclage des nutriments et le fonctionnement des écosystèmes.

Tableau 3.2 Espèces eucaryotes décrites et nombre total d'espèces possibles

Royaume	Estimation du nombre d'espèces décrites	Estimation du nombre total d'espèces
Animalia (animaux)	1 424 153	6 836 330
Plantae (plantes)	310 129	390 800
Fungi	98 998	1 500 000
Autres eucaryotes (ex : algues)	53 915	> 1 200 500
Total	1 887 195	9 927 630

Source : adapté de Chapman (2009)

Mesurer la biodiversité

La biodiversité peut être mesurée de différentes façons (Gaston, 2000 ; Purvis et Hector, 2000 ; Groombridge et Jenkins, 2002 ; Hoekstra et al., 2010). Pour ce qui est de sa « composition », l'une des questions les plus fréquemment posées est : combien d'espèces existe-t-il sur Terre ? Les estimations mondiales sur les espèces varient considérablement et, dans le passé, elles ont varié de trois millions à plus de 100 millions d'espèces. Une estimation récente indique qu'il y aurait 9,9 millions d'espèces eucaryotes (qui sont des « formes de vie évoluées » possédant un noyau cellulaire entouré d'une membrane) dont 19 % ont été décrites (Chapman, 2009 ; tableau 3.2). Une autre étude récente estime qu'il y a 8,7 millions (± 1,3 million) d'espèces eucaryotes dans le monde, dont environ 14 % ont été décrites (Mora et al., 2011). Il est difficile d'estimer le nombre d'espèces procaryotes qui ne disposent pas de noyau cellulaire entouré d'une membrane (par exemple, les bactéries), et les estimations récentes varient entre 10 000 et plus d'un million (Chapman, 2009 ; Mora et al., 2011).

Bon nombre des espèces identifiées à ce jour sont considérées comme menacées. Elles sont confrontées à un risque plus élevé d'extinction due aux impacts de phénomènes d'origine humaine ou naturelle. La Liste rouge des espèces menacées de l'UICN constitue une norme mondiale pour évaluer l'état de la conservation des espèces, des menaces qui les touchent et des mesures de conservation en place ou nécessaires pour les protéger, et pour les répertorier (Rodrigues et al., 2006 ; Mace et al., 2008 ; Salafsky et al., 2008). Au début du XXIe siècle, 41 % des amphibiens, 25 % des mammifères et 13 % des oiseaux dans le monde étaient considérés comme étant « en danger critique », « en danger » ou « vulnérables » (IUCN, 2013b). Les groupes de plantes comprennent aussi une forte proportion de ces espèces menacées telles que les cycadophytes (63 %), les conifères (34 %) et les cactus (31 %) (IUCN, 2013b). On estime que les taux d'extinction actuels sont de 100 à 1000 fois plus élevés qu'avant l'apparition des premiers hommes (Pimm et al., 1995), laissant supposer que le sixième événement majeur d'extinction dans l'histoire de la Terre pourrait être en train de se produire (Leakey et Lewin, 1992 ; encadré 3.1).

Les grands groupes d'écosystèmes

Un écosystème est défini comme une communauté biotique (un ensemble de populations d'espèces en interaction) et de son environnement abiotique (par exemple, le climat, l'eau, le sol et la lumière du soleil). Ces écosystèmes peuvent se situer à différentes échelles, les écosystèmes de plus grande échelle étant les paysages terrestres ou marins (Sinclair et al., 2006). La classification la plus fondamentale des écosystèmes distingue les écosystèmes terrestres, marins et d'eau douce. Dans chacune de ces grandes catégories, un certain nombre de grands types d'écosystèmes peuvent être distingués, chacun caractérisé par des conditions climatiques semblables et des communautés écologiques assez similaires (par exemple, les forêts tropicales et tempérées, les montagnes, les lacs, les rivières et les écosystèmes de récifs coralliens). Ces grands types d'écosystèmes (ou biomes) sont décrits dans la section suivante. Comme les espèces, les écosystèmes peuvent également être menacés, et une liste rouge de l'UICN des écosystèmes menacés est en cours d'élaboration (Rodríguez et al., 2011).

L'ensemble des écosystèmes constitue la biosphère de la planète (du sommet de l'atmosphère au fond des océans, y compris les roches et les sols de la Terre qui sont habités par des organismes vivants). La biosphère est un système complexe interconnecté et déterminant les règles de la survie des espèces de toutes sortes, y compris les humains (White, 2003). La biosphère a évolué au fil de milliards d'années en interagissant avec l'environnement non

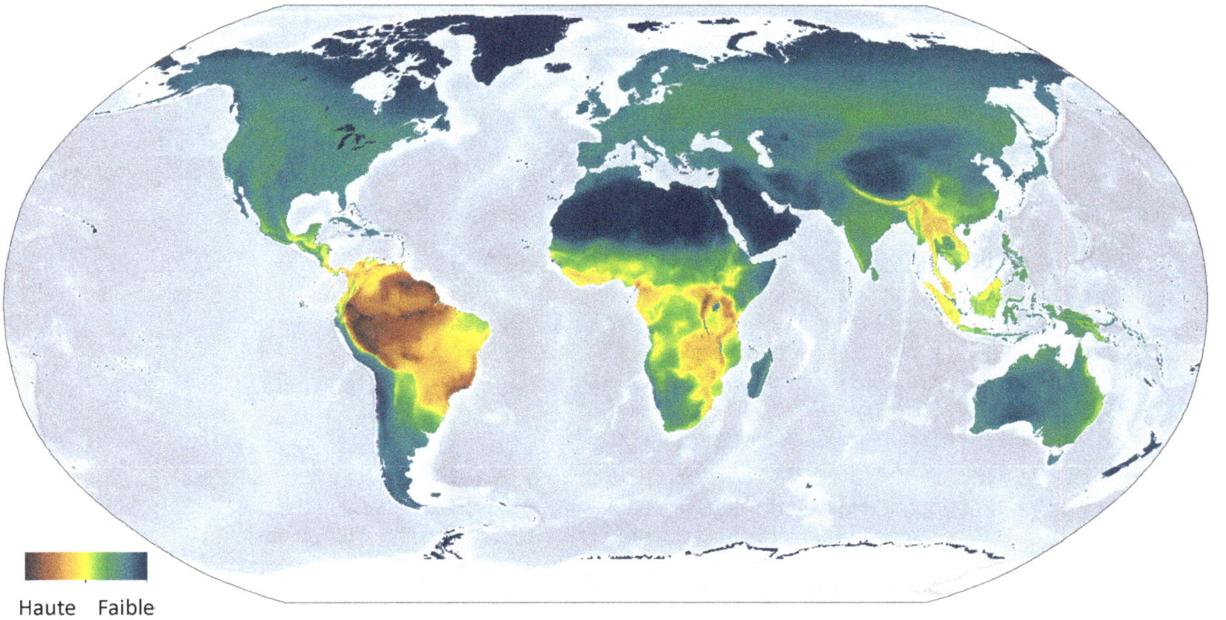

Figure 3.2 Diversité mondiale des espèces de mammifères, oiseaux et amphibiens
Source : modifié à partir de SavingSpecies et Gloabaïa (2012), et de données fournies par l'UICN, Birdlife International et NatureServe

vivant (atmosphère, hydrosphère et lithosphère) et a ainsi déterminé la répartition naturelle de la biodiversité sur la Terre.

Distribution de la biodiversité

La biodiversité n'est pas distribuée uniformément sur la planète. Le nombre et le type d'espèces et d'écosystèmes changent en fonction de facteurs tels que le climat, l'altitude, la latitude, ainsi que l'espace, le temps et l'énergie disponibles (Gaston, 2000). La richesse globale des espèces, par exemple, augmente lorsqu'on se déplace des pôles vers les régions tempérées, puis vers les tropiques (figure 3.2). Cela s'applique également à la plupart des groupes taxonomiques (par exemple, il y a plus d'espèces d'oiseaux dans les régions tropicales que dans les régions tempérées) et au sein de la plupart des écosystèmes similaires (par exemple, il y a plus d'espèces dans les forêts tropicales que dans les forêts tempérées) (Gaston, 2000).

La biogéographie est l'étude de la répartition des espèces et des écosystèmes dans l'espace et dans le temps. Les systèmes de classification biogéographique cherchent à délimiter des zones écologiques distinctes en fonction de leurs caractéristiques biotiques et abiotiques, y compris les grandes zones climatiques de la planète. Ils aident à comprendre le patrimoine naturel de la terre, et sont largement considérés comme des outils essentiels pour la science, les politiques publiques, la planification et la gestion de la conservation de la biodiversité. Ces systèmes de classification mondiaux sont utilisés par les conventions relatives à la biodiversité telles que la CDB, la Convention de Ramsar et la Convention du patrimoine mondial, afin de guider l'identification, la classification et la conservation des sites importants pour la biodiversité, et d'établir et gérer des réseaux d'aires protégées écologiquement représentatifs. La CDB a également plusieurs programmes thématiques qui traitent de « biomes » spécifiques, tels que les écosystèmes marins et côtiers, les eaux continentales, les montagnes, les îles, les forêts et les terres arides. Outre ces systèmes de classification mondiaux, il existe aussi de nombreux systèmes de classification nationaux et régionaux, intégrés dans les politiques et les pratiques de conservation.

Différentes approches de classification biogéographique des écosystèmes terrestres, marins et d'eau douce ont été élaborées et affinées au fil du temps, chacune servant des fins différentes, et ayant ses propres limites (Ladle et Whittaker, 2011 ; Whittaker et al., 2013). Pour délimiter les régions biogéographiques, certaines approches récentes se basent sur notre connaissance croissante, quoiqu'encore imparfaite, de la répartition des espèces et des relations phylogénétiques qui existent entre elles (Kreft et Jetz, 2010 ; Holt et al., 2013). D'autres approches divisent le monde en grands biomes et écorégions basés sur la répartition des communautés écologiques.

Plusieurs de ces approches ont été conçues spécifiquement pour le domaine de la conservation de la biodiversité, dans lequel elles ont trouvé de nombreuses applications. C'est le

Tableau 3.3 Systèmes de classification biogéographique pour les zones terrestres, marines et d'eau douce

Système	Description	Unités	Références
Ecorégions terrestres du monde (ETDM)	Fournit une classification des écosystèmes terrestres de la planète, basée sur la compilation des informations existantes et des connaissances d'expert. Ces espaces peuvent coïncider avec les écorégions d'eau douce.	Système imbriqué de 8 domaines, 14 biomes et 827 écorégions terrestres	Olson et al. (2001)
Ecorégions d'eau douce du monde (EEDDM)	Fournit une classification des écosystèmes d'eau douce, basée sur la distribution et la composition des espèces majeures de poissons d'eau douce et sur les grandes tendances évolutives et écologiques. Ces espaces peuvent coïncider avec les écorégions terrestres.	426 écoregions d'eau douce	Abell et al. (2008)
Ecorégions marines du monde (EMDM)	Fournit une classification des eaux côtières et du plateau continental (< 200 m de profondeur), basée sur une compilation des informations existantes et des connaissances d'experts sur les biotopes pélagiques et benthiques. Cette classification concorde avec les provinces pélagiques.	Système imbriqué de 12 domaines, 62 provinces et 232 écorégions marines	Spalding et al. (2007)
Régions pélagiques	Fournit une classification des eaux ne se trouvant pas sur le plateau continental (< 200 m de profondeur), basée sur la compilation des informations existantes et des connaissances d'experts sur les biotopes pélagiques. Cette classification concorde avec les écorégions marines de la planète.	Système imbriqué de 4 domaines, 7 biomes et 37 provinces pélagiques.	Spalding et al. (2012)
Régions benthiques d'eau profonde	Propose des provinces biogéographiques pour les milieux bathyaux et abyssaux (> 800 m de profondeur), basé sur des variables océanographiques représentatives et sur des données de localisation de certaines espèces marines benthiques.	Le système proposé comprend 14 provinces bathyales (800–3500 m) et 14 provinces abyssales (3500–6500 m)	Watling et al. (2013)

cas, par exemple, des provinces biogéographiques définies par Udvardy (1975) sous l'égide de l'UICN, ainsi que le système mondial des écorégions terrestres, marines et d'eau douce développé plus récemment (tableau 3.3 ; Olson et al., 2001 ; Spalding et al., 2007 ; Abell et al., 2008). Ces systèmes ont été utilisés, par exemple, dans le cadre des analyses de lacunes écologiques du réseau mondial d'aires protégées afin de mesurer la progression de ce réseau vers les objectifs de la CDB relatifs aux aires protégées (Brooks et al., 2004 ; Chape et al., 2005 ; Spalding et al., 2008 ; Jenkins et Joppé, 2009 ; CBD, 2010a ; Bertzky et al., 2012). Des systèmes supplémentaires ont récemment été mis au point pour couvrir les hautes mers (tableau 3.3 ; Spalding et al., 2012 ; Watling et al., 2013). Ils peuvent être utilisés pour la science, la politique, la planification et la gestion de la conservation (Hoekstra et al., 2010).

Biomes terrestres

Le système des « écorégions terrestres du monde » d'Olson et al. (2001) est utilisé ici pour décrire plus en détail la répartition naturelle des écosystèmes terrestres de la planète. Il comprend huit grands domaines biogéographiques (zones dans lesquelles les organismes ont évolué dans un isolement relatif sur de longues périodes) et 14 biomes de végétation (figure 3.3). Alors que les domaines biogéographiques se caractérisent par l'histoire évolutive connexe des organismes qu'ils contiennent, les biomes représentent, eux, de grands types d'écosystèmes, caractérisés par des conditions climatiques et des communautés écologiques relativement similaires. Les principaux biomes tels que les forêts, les prairies et les déserts sont facilement reconnaissables, y compris de l'espace, et influencent la répartition des espèces sur Terre.

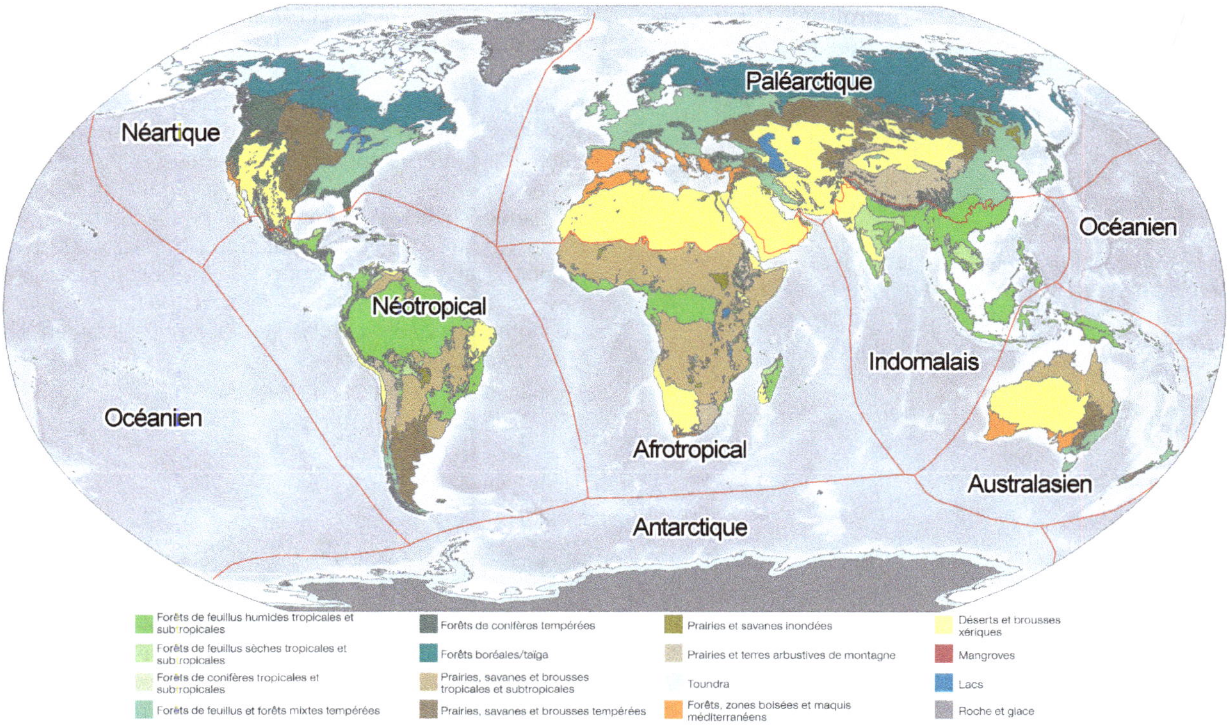

Figure 3.3 Les huit domaines biogéographiques et 14 biomes du monde

Source : modifié à partir d'Olson et al. (2001)

Les principales caractéristiques de chacun des 14 biomes d'Olson et al. (2000) sont résumées ci-dessous. Les montagnes sont brièvement décrites comme un biome distinct reconnu par Udvardy (1975). Tout au long de cette section, nous utiliserons des études de cas du patrimoine mondial, afin de présenter une gamme des biomes les plus répandus dans le monde.

Forêts de feuillus humides tropicales et subtropicales

Ce biome se retrouve partout dans le monde, principalement le long de la ceinture équatoriale et entre les tropiques du Cancer et du Capricorne, sur de vastes zones discontinues de forêts sempervirentes ou semi-sempervirentes. Les formations forestières les plus grandes se trouvent dans le bassin amazonien, dans le bassin du Congo (étude de cas 3.3) et dans l'archipel indo-malais. La faible variabilité de la température annuelle combinée à des niveaux élevés de précipitations (>2000 mm par an) est caractéristique de ce biome. Les forêts de feuillus humides tropicales et subtropicales est le biome terrestre le plus riche : on estime qu'il abrite jusqu'à la moitié des espèces connues dans le monde (figure 3.2). La richesse en espèces est plus élevée au niveau des canopées forestières, tandis que le manque de lumière rend la vie moins variée au niveau du sol. Pourtant, un kilomètre carré de ces forêts peut accueillir jusqu'à 1 000 espèces différentes d'arbres. Avec un total de 50 écorégions, les forêts de feuillus humides tropicales et subtropicales comprennent plus d'écorégions que tous les autres biomes, ce qui montre leur diversité et leur complexité.

Aires protégées des trois fleuves parallèles au Yunnan, Chine

Source : photothèque de l'UICN © Jim Thorsell

Étude de cas 3.3 Trinational de la Sangha, Cameroun, République centrafricaine et République du Congo : bien du patrimoine mondial depuis 2012

Domaine biogéographique : afrotropical ; biome : forêts de feuillus humides tropicales et subtropicales

Regroupant trois parcs nationaux dans le bassin du Congo (le parc national de Lobéké au Cameroun, le parc national de Dzanga-Ndoki en République centrafricaine et le parc national de Nouabalé-Ndoki en République du Congo), ce site transfrontalier du patrimoine mondial couvre environ 7 500 km2 de terres. Ce complexe abrite divers écosystèmes comprenant des forêts tropicales persistantes, des forêts marécageuses et des forêts périodiquement inondées et de nombreux types de clairières forestières, tous connectées au sein d'un même paysage.

Ce patrimoine est remarquable en raison de sa capacité à maintenir des processus écologiques et évolutifs à grande échelle au sein d'un paysage forestier quasiment intact. La vaste zone tampon qui entoure le site au niveau des trois pays aide à conserver ce statut. Le site contient des populations viables de nombreuses espèces forestières, comme les arbres mukulungu *(Autranella congolensis)*, en danger critique d'extinction, les gorilles *(Gorilla gorilla)*, en danger critique d'extinction, les chimpanzés *(Pan troglodytes)*, en danger, les sitatungas *(Tragelaphus spekii)*, espèce d'antilope en danger, les bongos *(Tragelaphus eurycerus)*, et éléphants de forêt *(Loxodonta cyclotis)*. Les nombreux types de clairières abritent également des espèces de plantes uniques.

Source : adapté de UNESCO (2014)

Forêts sèches tropicales et subtropicales

Tout comme dans les forêts tropicales, la température varie peu dans ce biome, et les précipitations sont suffisamment importantes pour permettre à la forêt de croître. Il y a cependant une saison sèche qui dure plusieurs mois, permettant aux espèces d'arbres à feuilles caduques, plutôt qu'aux arbres à feuilles persistantes, de dominer la forêt. Lorsque les arbres perdent leurs feuilles pour économiser l'eau pendant la saison sèche, la lumière du soleil atteint le sol de la forêt et permet le développement d'une dense végétation de sous-étage. Les forêts sèches tropicales et subtropicales constituent un habitat important pour la faune, y compris les singes, les grands félins, les perroquets et les oiseaux vivant au sol. Dans l'ensemble, la biodiversité est cependant moins importante que dans les forêts de feuillus humides tropicales et subtropicales. On retrouve ce biome dans le sud du Mexique, dans les vallées du nord des Andes, sur les côtes de l'Équateur et du Pérou, en Bolivie orientale, dans la partie centrale du Brésil, dans les Caraïbes, en Afrique du Sud-Est, à Madagascar, au centre de l'Inde, en Indochine, dans les Petites îles de la Sonde et en Nouvelle-Calédonie.

Forêts de conifères tropicales et subtropicales

Caractérisées par différentes espèces de conifères, ces forêts se trouvent dans les régions tropicales et subtropicales de climat semi-humide. Ce sont des zones à pluviométrie limitée où la variabilité de la température annuelle est modérée. Le couvert de ces forêts de conifères tropicales et subtropicales est dense, ne permettant qu'à peu de lumière d'atteindre le sol de la forêt. Les champignons et les fougères dominent le sous-étage, ainsi que quelques arbustes et petits arbres. Les forêts de conifères tropicales et subtropicales sont importantes pour la biodiversité, car elles sont souvent utilisées comme refuges hivernaux pour les oiseaux ou les papillons migrateurs. L'endémisme local peut être élevé, en particulier dans les zones les plus humides de la forêt ou les zones dans lesquelles la constitution du sol est inhabituelle. Les forêts les plus diverses de cette catégorie se trouvent au Mexique. Ce biome se retrouve principalement en Amérique du Nord et en Amérique centrale, mais on le trouve également dans certaines parties d'Asie.

Bison des bois (*Bison bison athabascae*), parc national de Wood Buffalo, Canada

Source : © Jim Thorsell

Forêts de feuillus et forêts mixtes tempérées

Ce sont des forêts de climats tempérés, où la variation des précipitations et de la température sur l'année est beaucoup plus importante que dans les régions tropicales et subtropicales. Dans les forêts où la pluviométrie est équitablement répartie, on peut trouver à la fois des feuillus et des espèces à feuilles persistantes. Le chêne (*Quercus* spp.), le hêtre (*Fagus* spp.), le bouleau (*Betula* spp.) et l'érable (*Acer* spp.) se trouvent généralement dans les forêts tempérées du Nord et le hêtre du sud (*Nothofagus* spp.) dans l'hémisphère sud. Contrairement aux forêts tropicales humides, la biodiversité dans ces

Étude de cas 3.4 Les aires protégées des trois fleuves parallèles au Yunnan en Chine : bien du patrimoine mondial depuis 2003

Domaine biogéographique : paléarctique ; biome : forêts de conifères tempérées

Couvrant une superficie de 17 000 kilomètres carrés dans la province du Yunnan, en Chine méridionale, les aires protégées des trois fleuves parallèles au Yunnan rassemblent 15 aires protégées regroupées en huit groupes géographiques. Comme son nom l'indique, cet ensemble de sites (séparée en plusieurs parties) comprend des secteurs du cours supérieur de trois des grands fleuves d'Asie, le Yangtze, le Mékong et le Salouen, qui coulent pratiquement en parallèle, du nord au sud, et traversent le parc national des trois fleuves parallèles. Ce paysage, avec ses fleuves passant à travers des gorges vertigineuses pouvant atteindre 3 000 mètres de profondeur et encadrées par des pics glacés dépassant les 6 000 mètres, est magnifique. Ces montagnes présentent divers types de roches et formations rocheuses différentes, y compris le karst alpin, le monolithe granitique et le grès Danxia, reflétant la riche histoire géologique de ce site. De denses forêts, des lacs et des prairies s'étendent entre les fleuves.

La diversité topographique et climatique du bien, associée à son emplacement à la jonction de trois grands domaines biogéographiques (Asie de l'Est, Asie du Sud-Est et plateau tibétain) explique l'importance de sa biodiversité. C'est dans cette région du Nord-Ouest du Yunnan que l'on trouve la plus riche biodiversité de Chine et ce bien pourrait être celui renfermant la plus grande diversité biologique des régions tempérées. Environ 6 000 espèces de plantes ont été identifiées à ce jour, cet ensemble abriterait jusqu'à 25 % des animaux de Chine, et de nombreuses espèces que l'on y trouve sont endémiques, reliques ou en danger. Parmi les exemples bien connus, on trouve le panda roux *(Ailurus fulgens)*, la gélinotte de Severtov *(Bonasa sewerzowi)* et le dhole *(Cuon alpinus)*.

Source : adapté de UNESCO (2014)

forêts est beaucoup plus élevée au niveau du sol que de la canopée. Les zones importantes de forêts de feuillus et forêts mixtes tempérées sont l'Est de l'Amérique du Nord, le Sud-Ouest de l'Amérique du Sud, l'Europe, la Russie, le Caucase, l'Himalaya, l'Asie orientale, l'Australie et la Nouvelle-Zélande.

Forêts de conifères tempérées

Ce type de forêts sempervirentes est façonné par des étés chauds et des hivers frais. On le trouve généralement sur les zones côtières, caractérisées par des hivers doux et des pluies abondantes, à l'intérieur des terres quand les climats sont plus secs, ainsi que dans les zones montagneuses. Ces forêts sont généralement composées de pins (*Pinus* spp.), cèdres (*Cedrus* spp.), sapins (*Abies* spp.), genévriers (*Juniperus* spp.), épicéas (*Picea* spp.), Podocarpus (*Podocarpus* spp.) et séquoias (*Sequoia, Sequoiadendron* et *Metasequoia* spp.). Les conifères ne sont pas toujours dominants dans ce biome ; parfois la forêt est composée d'espèces à feuilles persistantes ou d'un mélange de celles-ci et de conifères. Les forêts de conifères tempérées stockent une quantité de biomasse plus importante que tous les autres écosystèmes terrestres ; les arbres peuvent y atteindre une hauteur moyenne de 50 à 85 mètres (*Sequoiadendron giganteum*). On trouve notamment de telles forêts dans l'Ouest et le Sud-Est de l'Amérique du Nord et dans plusieurs chaînes de montagnes de la zone paléarctique (étude de cas 3.4).

Forêts boréales et taïga

Ce biome se situe dans les zones où les températures annuelles sont faibles et où les précipitations, tombant sous forme de neige, varient entre 400 et 1 000 millimètres par an. Les sols y sont régulièrement touchés par le permafrost, entraînant un drainage insuffisant, et par conséquent de faibles niveaux nutritifs. De nombreuses espèces d'arbres ne poussent pas sur de tels sols, à quelques exceptions près, notamment des espèces de conifères et de feuillus comme les sapins (*Abies* spp.), épicéas (*Picea* spp.), mélèzes (*Larix* spp.), pins (*Pinus* spp.), bouleaux (*Betula* spp.) et peupliers (*Populus* spp.). Au niveau du sol, les mousses et lichens dominent généralement. Bien que moins riche en termes de nombre d'espèces et d'endémisme, ce biome est important pour les migrations à grande échelle du Caribou (*Rangifer tarandus*). En outre, certains espaces abritent encore des groupes intacts de prédateurs évoluant sur de vastes territoires. La survie de ces espèces est liée à la persistance de grandes étendues de forêt boréale et de taïga, ou du

Aires protégées du Cerrado : parcs nationaux de Chapada dos Veadeiros et d'Emas, Brésil

Source : © Bruno Poppe

Étude de cas 3.5 Parc national de Wood Buffalo, Canada : bien du patrimoine mondial depuis 1983

Domaine biogéographique : néarctique ; biome : forêts boréales et taïga

Situés dans la région centre-nord du Canada, les 44 807 km^2 du parc national de Wood Buffalo comprennent de vastes étendues de forêt boréale, ainsi que la plus grande partie de l'écosystème des grandes plaines de prairies boréales d'Amérique du Nord. On peut aussi y admirer le plus grand delta intérieur du monde, formé par les rivières Paix, Athabasca et la rivière des Esclaves, et ses écosystèmes associés tels que les plaines inondables et ses vasières.

La plus grande population nord-américaine de bisons des bois *(Bison bison athabascae)*, une espèce menacée, évolue dans les plaines du parc national de Wood Buffalo, qui est aussi l'un des rares endroits au monde où les relations entre prédateurs et proies, ici le loup (*Canis lupus*) et le bison respectivement, sont maintenues. C'est également un endroit unique au monde, car il constitue un habitat important pour la reproduction de la grue blanche *(Grus americana)*. Le delta intérieur du fleuve est un point de rassemblement bien connu pour les oiseaux d'eau migrateurs. Au total, 46 espèces de mammifères et 227 espèces d'oiseaux y ont été répertoriées, y compris le renard polaire *(Vulpes lagopus)*, l'élan (*Alces alces*), l'ours noir *(Ursus americanus)*, le harfang des neiges *(Bubo scandiacus)* et la mésange à tête brune *(Parus hudsonicus)*.

Source : adapté de UNESCO (2014)

moins de la connectivité entre zones d'habitat naturel à grande échelle leur permettant de se déplacer pour faire face aux perturbations naturelles. Ce vaste biome se limite à la partie nord du Paléarctique et du Néarctique, et ses forêts les plus vastes se situent en Russie centrale et orientale, ainsi qu'au Canada (étude de cas 3.5).

Prairies, savanes et brousses tropicales et subtropicales

Ce biome est caractérisé par une faible variation annuelle de température, par des précipitations variant entre 900 et 1 500 millimètres, et par des saisons humides et sèches très marquées. Les sécheresses et les incendies naturels y sont fréquents pendant la saison sèche, et contribuent à la création d'un paysage dominé par des graminées et des arbres épars. Les prairies, les savanes (prairies boisées) et les brousses forment généralement un biome de transition entre les forêts et les déserts. Les graminées y sont dominantes, et les arbres et arbustes qui les composent sont souvent résistants à la sécheresse, au feu ou aux herbivores. Ces espaces se caractérisent aussi par les grands herbivores qui y évoluent, parfois en très grand nombre. C'est dans ce biome que l'on trouve le nombre le plus élevé et la plus grande densité d'ongulés, ce qui en retour, contribue à maintenir des populations de grands prédateurs.

Les plus vastes et riches de ces écosystèmes se situent en Afrique, où les compositions les plus intactes en termes de variété d'espèces se retrouvent dans les savanes d'acacia d'Afrique de l'Est (*Acacia* spp.) et dans les savanes zambéziennes. Les Llanos en Colombie et au Vénézuéla sont l'un des meilleurs exemples de l'expression de ce biome en Amérique du Sud en raison de sa diversité floristique et d'habitats. Les plus grandes étendues se trouvent cependant au Brésil (étude de cas 3.6). Ce biome est également largement présent dans le Nord de l'Australie et dans le Sud de la Papouasie-Nouvelle-Guinée. Les savanes australiennes, elles, sont dominées par les termites, qui jouent le rôle d'herbivores, et hébergent diverses communautés de marsupiaux.

Les lagons de Nouvelle-Calédonie : diversité récifale et écosystèmes associés, France

Source : photothèque de l'UICN © Dan Laffoley

Prairies, savanes et brousses tempérées

Le niveau des précipitations dans ce biome tempéré est généralement trop faible pour que les arbres poussent en abondance, et la variation de température annuelle est beaucoup plus élevée que dans les régions tropicales et subtropicales, en raison des étés chauds et des hivers froids. En outre, de forts vents soufflent souvent sur ces zones, exacerbant l'évapotranspiration et par conséquent, les phénomènes de sécheresse. La composition des espèces des prairies tempérées, des savanes et des zones arbustives est donc très différente de celle de leurs homologues tropicaux et subtropicaux. Les arbres sont presque totalement absents, à l'exception des forêts ou galeries riveraines qui se trouvent le long des ruisseaux et des rivières. Certains grands mammifères herbivores en sont caractéristiques, tout autant que leurs prédateurs associés, ainsi que de nombreuses espèces d'oiseaux et

Étude de cas 3.6 Aires protégées du Cerrado – Parcs nationaux Chapada dos Veadeiros et Emas, Brésil : bien du patrimoine mondial depuis 2001

Domaine biogéographique : néotropical ; biome : prairies, savanes et brousses tropicales et subtropicales

Les aires protégées du Cerrado couvrent environ 3 670 km^2 et présentent des exemples exceptionnels d'écosystèmes, parmi les plus vieux et les plus divers de la planète. Le bien englobe deux parcs nationaux, Chapada dos Veadeiros et Emas. Le premier se trouve dans les hautes plaines du centre du Brésil et comprend de vastes plateaux, des cascades et des sources ainsi que de profonds canyons et vallées. Quant au parc national d'Emas, il se trouve sur le plateau de Serra dos Caiapos, une plaine légèrement vallonnée à la limite entre La Plata et les rivières de l'Amazone.

Le Cerrado a servi de refuge à des espèces clés lors des périodes de changements climatiques et la diversité du site en matière d'altitudes et ses vastes espaces aux habitats intacts font qu'il restera indispensable à diverses espèces pour faire face aux changements actuels. Plus de 60 % des espèces de plantes du Cerrado et près de 80 % des vertébrés sont représentés au sein de ce bien du patrimoine mondial, y compris la plupart des mammifères menacés, comme le tatou géant *(Priodontes maximus)* et le cerf des marais *(Blastocerus dichotomus)*. Le parc national d'Emas héberge également de nombreuses espèces d'oiseaux, parfois endémiques, adaptées à la vie dans ces prairies, comme l'engoulevent à ailes blanches *(Eleothreptus candicans)* et le sporophile des marais *(Sporophila palustris)*.

Source : adapté de UNESCO (2014)

Étude de cas 3.7 Saryarka – Steppe et lacs du Kazakhstan septentrional, Kazakhstan : bien du patrimoine mondial depuis 2008

Domaine biogéographique : paléarctique ; biome : prairies, savanes et brousses tempérées

Saryarka comprend deux aires protégées : la réserve naturelle d'État de Naurzum et la réserve naturelle d'État de Korgalzhyn, situées à quelque 350 km l'une de l'autre, dans les hautes terres kazakhes. À elles deux, elles couvrent une superficie d'environ 4 500 km^2, dont 44 % sont des steppes d'Asie centrale, le reste étant constitué principalement de lacs d'eaux douces et d'eaux salées associés à des écosystèmes de zones humides.

La steppe de Saryarka offre un refuge à plus de la moitié de la flore de steppe de la région. Chaque année, lorsque l'herbe commence à pousser, de grands troupeaux d'antilopes saïga, espèce en danger critique d'extinction *(Saiga tatarica)*, migrent à travers la steppe, du Sud vers le Nord. Cette espèce se trouve uniquement dans les steppes d'Asie centrale et Saryarka joue un rôle important pour leur survie. Les zones humides et les lacs situés le long des voies de migration d'oiseaux d'Asie centrale ont une importance mondiale pour les oiseaux. Des espèces venues d'Afrique, d'Asie et d'Europe visitent les lacs du Saryarka au cours de leur voyage vers leurs sites de reproduction en Sibérie orientale et occidentale. Ensemble, les lacs du site accueillent jusqu'à 850 000 nidifications d'oiseaux d'eau. De nombreuses espèces mondialement menacées se trouvent parmi les migrateurs, y compris la grue de Sibérie *(Grus leucogeranus)*, en danger critique d'extinction, ainsi que le pélican frisé *(Pelecanus crispus)*, vulnérable, et l'aigle de Pallas *(Haliaeetus leucoryphus)*.

Source : adapté de UNESCO (2014)

d'insectes. Les régimes de feux naturels sont importants pour le maintien de ce biome, et de vastes étendues sont nécessaires pour permettre aux espèces d'échapper à ces perturbations ou de se déplacer dans un environnement où les ressources sont limitées ou fluctuent en fonction de la saison. Ce biome est répandu et connu sous des noms différents d'un continent à l'autre : prairies en Amérique du Nord, pampas en Amérique du Sud et steppes en Asie (étude de cas 3.7).

Prairies et savanes inondées

Habituellement situées dans des zones au climat chaud, tempéré à tropical, ces prairies et savanes sont inondées de façon saisonnière ou tout au long de l'année, dessinant des mosaïques de zones humides dans le paysage. Elles sont souvent désignées sous le nom de marécages. Le sol y est très humide, voire saturé en eau, et généralement riche en éléments nutritifs. On y trouve une grande variété de plantes et d'animaux adaptés uniquement à ces habitats, qui abritent de nombreuses espèces d'oiseaux, y compris de nombreux migrateurs. On trouve ce biome sur quatre continents : en Amérique du Nord, en Amérique du Sud, en Afrique et en Asie. Les Everglades en Amérique du Nord sont l'une de ses expressions les plus connues. D'autres exemples bien connus sont le Pantanal en Amérique du Sud, ainsi que les savanes inondées de la zone sahélienne et zambézienne, comprenant le delta de l'Okavango, en Afrique.

Prairies et terres arbustives de montagne

Localisé dans les zones de haute altitude des régions tropicales, subtropicales et tempérées des cinq continents, ce biome est caractérisé par des conditions fraîches, souvent humides et un fort ensoleillement. Ses écosystèmes ont souvent évolué comme des îles virtuelles, séparées des écosystèmes montagneux similaires par des zones de basse altitude au climat plus chaud. En conséquence, leur flore et leur faune ne sont pas seulement bien adaptées aux conditions climatiques particulières (par exemple, grâce à des surfaces externes cireuses ou des feuilles veloutées), mais elles incluent également des espèces endémiques locales ou régionales. Les plantes géantes à rosettes de différentes familles, telles que la Lobelia en Afrique et la Puya en Amérique du Sud, sont typiques des prairies et des terres arbustives tropicales de montagne et peuvent se développer à des altitudes allant jusqu'à 4 600 mètres. On trouve des prairies et des zones arbustives de montagne tropicales et subtropicales dans le Nord des Andes, où cet écosystème est appelé Páramo, dans les montagnes et les hauts plateaux de l'Afrique orientale et australe, sur le mont Kinabalu à Bornéo, et dans les zones de montagne en Papouasie-Nouvelle-Guinée. On trouve des prairies et zones arbustives de montagne tempérées plus sèches, par exemple, sur le plateau tibétain et dans la chaîne de montagnes de l'Altaï.

Toundra

Ce biome est caractérisé par de longs hivers secs s'accompagnant de mois entiers d'obscurité et de températures très basses, ce qui est typique des régions polaires situées au nord de la taïga. Les niveaux de précipitations y sont très faibles et la pluie tombe principalement pendant les mois d'été, alors que le vent souffle toute l'année. Les sols, s'ils ne sont pas gelés en permanence, sont saturés en eau et sont acides. Pendant les mois d'été, lorsque le permafrost fond, la toundra est recouverte de marécages, de lacs, de tourbières et de ruisseaux.

En général, le paysage est aride et recouvert de roches et diverses formations végétales basses, comme les bruyères, les carex et arbustes nains, les mousses et les lichens. On ne trouve des arbres épars qu'à certains endroits. La biodiversité dans ces zones est généralement faible, cependant, des millions d'oiseaux migrateurs visitent la toundra chaque année pour se reproduire dans les marais. En outre, la toundra est un habitat important pour la migration du Caribou (Rangifer tarandus). Elle se rencontre principalement en Alaska, au Canada, en Russie (étude de cas 3.8), au Groenland, en Islande et en Scandinavie, ainsi qu'en Antarctique et dans plusieurs îles subantarctiques.

Saryarka - Steppe et lacs du Kazakhstan septentrional

Source : photothèque de l'UICN © Jim Thorsell

Forêts, zones boisées et maquis méditerranéens

Ce biome se caractérise par des étés longs, chauds et secs et des hivers doux et pluvieux, donnant lieu à des types de végétation divers, allant des forêts et zones boisées, aux savanes, maquis et prairies. Très souvent, plusieurs types de végétation se retrouvent dans une mosaïque hétérogène, en fonction des caractéristiques du sol, de la topographie, et de l'exposition au soleil, au vent, à la pluie, et au régime des feux. La faune et la flore sont bien adaptées à la rareté de l'eau et de nombreuses espèces sont résistantes aux feux. Pour certaines, leur persistance dépend des régimes de feux naturels. La biodiversité est généralement très riche, et on observe souvent un endémisme local et régional. Les Fynbos de la région floristique du Cap, en Afrique du Sud, sont un exemple typique de ce biome. Là, 68 % des 8 600 espèces de plantes vasculaires connues, situées dans une zone de seulement 90 000 kilomètres carrés, sont endémiques. Ce biome est relativement rare à l'échelle mondiale. Il se limite à seulement cinq régions où les conditions climatiques très particulières de la Méditerranée se retrouvent : la Méditerranée, le centre-Sud et le Sud-Ouest de l'Australie, les Fynbos d'Afrique australe, le Matorral chilien et les écosystèmes méditerranéens de la Californie.

Déserts et brousses xériques

Les déserts et les brousses xériques sont situés dans les régions tropicales, subtropicales et tempérées qui reçoivent au maximum 250 millimètres de pluie par an. L'évaporation dépasse généralement les précipitations, parfois de loin. L'extrême variation de température entre le jour et la nuit est caractéristique, et les températures diurnes élevées chutent drastiquement pendant la nuit en raison du manque d'isolation, normalement assurée par l'humidité et la couverture nuageuse. Les sols sont souvent sableux ou rocheux et la matière organique généralement rare. Lorsqu'il y a de la végétation, elle se compose d'arbustes ligneux et de plantes dont

Étude de cas 3.8 Système naturel de la réserve de l'Île Wrangel, Fédération de Russie : bien du patrimoine mondial depuis 2004

Domaine biogéographique : paléarctique ; biome : toundra

Située au-dessus du cercle arctique, la réserve de l›île Wrangel comprend l'île Wrangel, l'île Gerald et une zone maritime. L'ensemble couvre environ 9 160 km2 de terre et d'eau.

La réserve de l'île Wrangel a évolué de façon autonome et ininterrompue depuis la glaciation du Quaternaire. Son histoire naturelle fascinante est visible à de nombreux endroits. La découverte de défenses et de crânes de mammouths très récents (certains vieux seulement de 3 700 ans) semble indiquer que l'île Wrangel est le dernier endroit au monde où ont vécu les mammouths. La gamme de types de terrain et de formations géologiques, et la succession rapide et les mosaïques de types de toundra, créent une variété d'habitats pour la faune et la flore. Cela se traduit par un taux remarquable de biodiversité et d'endémisme. Par exemple, on y dénombre deux fois plus d'espèces de plantes vasculaires que dans les autres toundras de taille similaire des écosystèmes arctiques, et on y trouve 23 espèces endémiques. Environ 100 espèces d'oiseaux migrateurs, dont beaucoup sont menacés, nichent sur les îles. L'île Wrangel abrite la plus vaste population au monde de morses du Pacifique *(Odobenus de divergens rosmarus)*, est le seul site de reproduction de la population asiatique d'oies des neiges *(Chen caerulescens)* et est le lieu où l'on trouve la plus forte densité d'anciennes tanières d'ours polaires. Les eaux autour des îles sont pauvres en sel, mais riches en oxygène et constituent un important lieu de nourrissage pour les baleines grises en migration *(Eschrichtius robustus).*

Source : adapté de UNESCO (2014)

Étude de cas 3.9 L'Erg du Namib, Namibie : bien du patrimoine mondial depuis 2013

Domaine biogéographique : afrotropical ; biome : déserts et brousses xériques

L'Erg du Namib est un désert hyperaride couvrant 30 000 km^2 de terres s'étendant le long de la côte namibienne au sein du parc de Namib-Naukluft. Ce site comprend des plaines de gravier, des collines rocheuses, une cuvette côtière et des cours d'eau éphémères, mais il est surtout composé de différents types de dunes de sable pour lesquelles la seule source d'eau est le brouillard. C'est le seul désert côtier au monde dans ce cas. Alors que la plupart des autres dunes sont le produit de l'érosion du substrat rocheux in situ, l'Erg du Namib est composé de sable provenant de l'intérieur des terres. Il est transporté vers la côte sur des milliers de kilomètres par les cours d'eau, les courants océaniques et le vent. Les processus de transport éoliens du sable ont façonné la géomorphologie et l'écologie du site, créant ainsi un paysage de « mer de dunes de sable ».

La faune et la flore sont remarquablement bien adaptées aux conditions climatiques, comme en témoigne le comportement, la morphologie et la physiologie des espèces, dont un grand nombre est endémique. Plus de 50 % des espèces de plantes et d'insectes de la mer de sable sont endémiques, et ce chiffre dépasse 80 % pour les arachnides (araignées, scorpions et tiques). Certaines adaptations sont fascinantes, comme celles qui permettent aux espèces de filtrer l'humidité de l'air afin de minimiser leur dépendance à d'autres sources d'eau.

Source : adapté de UNESCO (2014)

l'organisme minimise les pertes en eau. Les animaux sont bien adaptés à ces conditions climatiques difficiles et beaucoup d'entre eux sont nocturnes afin d'éviter la perte d›eau. La diversité des plantes et des animaux peut être très élevée, en particulier chez les reptiles, et l'endémisme local est parfois important. Les déserts et les brousses xériques représentent le plus grand de tous les biomes, couvrant environ 19 % de la superficie terrestre de la planète. Du point de vue floristique, l'écosystème le plus diversifié de ce biome est le Namib-Karoo en Afrique du Sud-Ouest (étude de cas 3.9), suivi de près par le désert de Chihuahua et les déserts du centre du Mexique dans les néotropiques.

Mangroves

La mangrove est un type de végétation dominé par des essences tolérantes au sel et poussant entre la zone intertidale et le niveau de la marée haute des côtes tropicales et subtropicales. La communauté d'espèces de la « mangrove » est constituée d'environ 60 espèces d'arbres appartenant à 12 genres différents. Les sols sont gorgés en eau salée, pauvres en oxygène, et les mangroves sont souvent exposées à des mouvements de marée et des fluctuations climatiques saisonnières. Un certain nombre d'adaptations leur permet de faire face à ces conditions particulières : un système racinaire massif les aide à s'ancrer dans la terre molle, leurs racines aériennes absorbent l'oxygène de l'air et leurs feuilles peuvent excréter l'excès de sel. Avec les autres plantes aquatiques et

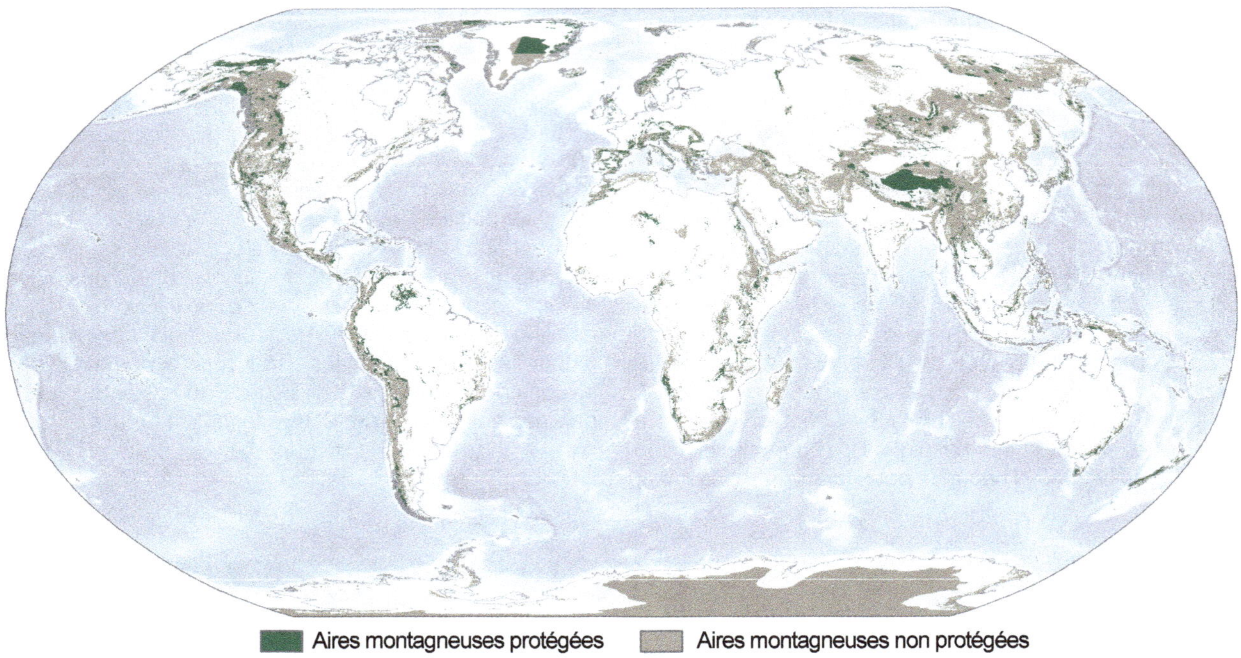

Figure 3.4 Les aires montagneuses protégées et non protégées dans le monde
Sources : UNEP-WCMC (2002) ; IUCN et UNEP-WCMC (2014)

Tableau 3.4 Exemples des principaux types d'écosystème dans les milieux marins et d'eau douce

Marin	Eaux douces
Océan	Lacs
Mer profonde	Mares
Plancher océanique	Rivières
Barrières de corail	Cours d'eau
Herbiers marins	Sources
Marais salants	Zones humides
Forêts de mangrove	

salines qui leur sont associées, les mangroves constituent un habitat important. Elles jouent également un rôle important en tant que zones de reproduction pour de nombreuses espèces animales marines, comme les huîtres et diverses espèces de crustacés. La biodiversité des mangroves est particulièrement élevée en Asie du Sud, et les mangroves des Sundarbans, entre le Bangladesh et l'Inde, constituent la plus grande étendue au monde de ce type de végétation.

Montagnes

Les montagnes sont parfois considérées comme un biome distinct (Udvardy, 1975) en raison de leurs caractéristiques particulières, bien qu'elles englobent un large éventail d'écosystèmes, y compris des déserts, des prairies, des forêts et des toundras alpines. Les montagnes sont une caractéristique majeure de la planète, présentes sur tous les continents (Hamilton et McMillan, 2004) et dans 197 des 237 pays du monde (Rodríguez-Rodríguez et al., 2011). Elles ne sont pas définies précisément, mais de nombreux spécialistes de la montagne utilisent la définition élaborée par le PNUE-WCMC (UNEP-WCMC, 2002), qui tient compte des paramètres d'altitude, de pente et de niveau d'élévation locale, ce qui place dans cette catégorie certaines montagnes de faible altitude (figure 3.4). Selon cette définition, les montagnes couvrent 27 % de la surface de la Terre (UNEP-WCMC, 2002). Nous explorerons les valeurs spécifiques des montagnes plus loin, dans l'encadré 3.2.

Biomes marins et d'eau douce

Contrairement au système d'écorégions terrestres, les systèmes équivalents relatifs aux écorégions marines et d'eau douce (Spalding et al., 2007 ; Abell et al., 2008) ne sont pas déclinés en grands groupes d'écosystèmes tels que le montrent les exemples présentés dans le tableau 3.4. Le

Encadré 3.2 Les valeurs spécifiques aux montagnes et aux aires protégées montagneuses

Les montagnes sont essentielles à la biodiversité, aux services écosystémiques et au bien-être humain. Une grande partie de la biodiversité originelle de la planète se trouve en montagne. La richesse en espèces et en écosystèmes de milieux montagneux est due en grande partie à l'extrême hétérogénéité de leurs environnements (climats et sols), résultant de changements altitudinaux rapides, de leurs orientations variables (expositions) et de leurs nombreux micro-habitats à la topographie accidentée. En outre, une grande partie des espèces endémiques de la planète se trouve dans les montagnes, car les massifs montagneux constituent des îlots de nature isolés et sont souvent les derniers bastions de nature sauvage.

Par ailleurs, les montagnes hébergent 12 % de la population humaine et 26 % des hommes vivent dans les montagnes ou à proximité de celles-ci (Price, 2004). Plus de la moitié de l'humanité dépend de l'eau douce qui émerge de montagnes (Linniger et al., 1998), et les aires protégées montagneuses jouent un rôle crucial dans l'approvisionnement en eau douce de nombreuses villes et collectivités. Beaucoup de montagnes sont aussi particulières de par leur profonde valeur spirituelle et culturelle (par exemple, le mont Fuji au Japon). Pour certains peuples traditionnels, les montagnes sont source d'émerveillement, de crainte ou de peur, ou sont des sites sacrés où sont organisées des cérémonies religieuses. D'autre part, les chaînes de montagnes forment souvent des frontières nationales, et les conflits aux frontières, parfois directs, étaient fréquents par le passé.

Les écosystèmes de montagne sont souvent fragiles et font face à de multiples menaces affectant leurs valeurs naturelles et culturelles (Hamilton, 2002). La moitié des points chauds de biodiversité du monde se trouvent dans les montagnes (Kohler et Maselli, 2009) et, parmi les 587 sites identifiés par l'Alliance pour l'extinction zéro (AZE) comme abritant des espèces menacées d'extinction imminente, 81 % sont montagneux (Rodríguez Rodríguez et al., 2011).

Les aires protégées montagneuses fournissent également des refuges pour la biodiversité. Près de 17 % de la superficie mondiale de montagnes en dehors de l'Antarctique est couverte par des aires protégées (qui ne sont pas toujours bien gérées), mais de nombreuses zones de montagne, prioritaires pour la conservation de la biodiversité, ne sont pas protégées. C'est le cas de 45 % des montagnes identifiées par l'AZE (Rodríguez Rodríguez et al., 2011). Pour conserver efficacement la biodiversité, les aires protégées de montagne doivent être étendues jusqu'au pied des montagnes et entourées de zones tampons constituées des terres environnantes gérées de façon durable. Les aires protégées de montagne isolées doivent être connectées aux plaines adjacentes pour faciliter la migration des espèces des zones de faible altitude vers de plus hautes altitudes en réponse aux changements climatiques ou aux changements d'utilisation des terres. Elles doivent également être connectées, si possible, à d'autres aires protégées de montagne. Heureusement, de nombreuses chaînes de montagnes créent une connectivité naturelle et des corridors de conservation (voir le chapitre 27).

En raison de leurs valeurs naturelles et/ou culturelles exceptionnelles, de nombreuses zones de montagnes ont été inscrites sur la liste du patrimoine mondial : on en trouve dans 159 des 222 sites naturels et mixtes (naturels et culturels) du patrimoine mondial (UNEP-WCMC, 2002 ; IUCN et UNEP-WCMC, 2014) (figure 3.1). Cela inclut de nombreux sites bien connus tels que les montagnes Rocheuses canadiennes, les volcans d'Hawaï, l'Huascarán, le Kilimandjaro, le Kinabalu et le Sagarmatha (Everest), le site des Alpes suisses Jungfrau-Aletsch, le mont Tongariro et les volcans du Kamtchatka.

système des zones pélagiques de la planète (Spalding et al., 2012) distingue les sept principaux biomes suivants pour caractériser les eaux de surface non continentales de la planète :

- les eaux polaires ;
- les tourbillons ;
- les courants de bord est ;
- les courants de bord ouest ;
- les eaux équatoriales ;
- les eaux de transition ; et
- les mers semi-fermées.

Les études de cas 3.10, 3.11 et 3.12 illustrent la diversité des écosystèmes marins et côtiers.

L'impact humain sur la répartition de la biodiversité

L'empreinte humaine sur l'environnement mondial a provoqué des changements considérables de la distribution naturelle de la biodiversité (Chapin et al., 2000 ; Ellis et Ramankutty, 2008 ; Ellis et al., 2010 ; Barnosky et al., 2012). L'impact humain sur la biosphère peut être évalué de plusieurs façons. Des estimations récentes du taux d'appropriation de la production primaire nette par l'homme suggèrent, par exemple, que 24 % de la productivité primaire nette potentielle des écosystèmes terrestres du monde est consommée par les hommes (Haberl et al., 2007).

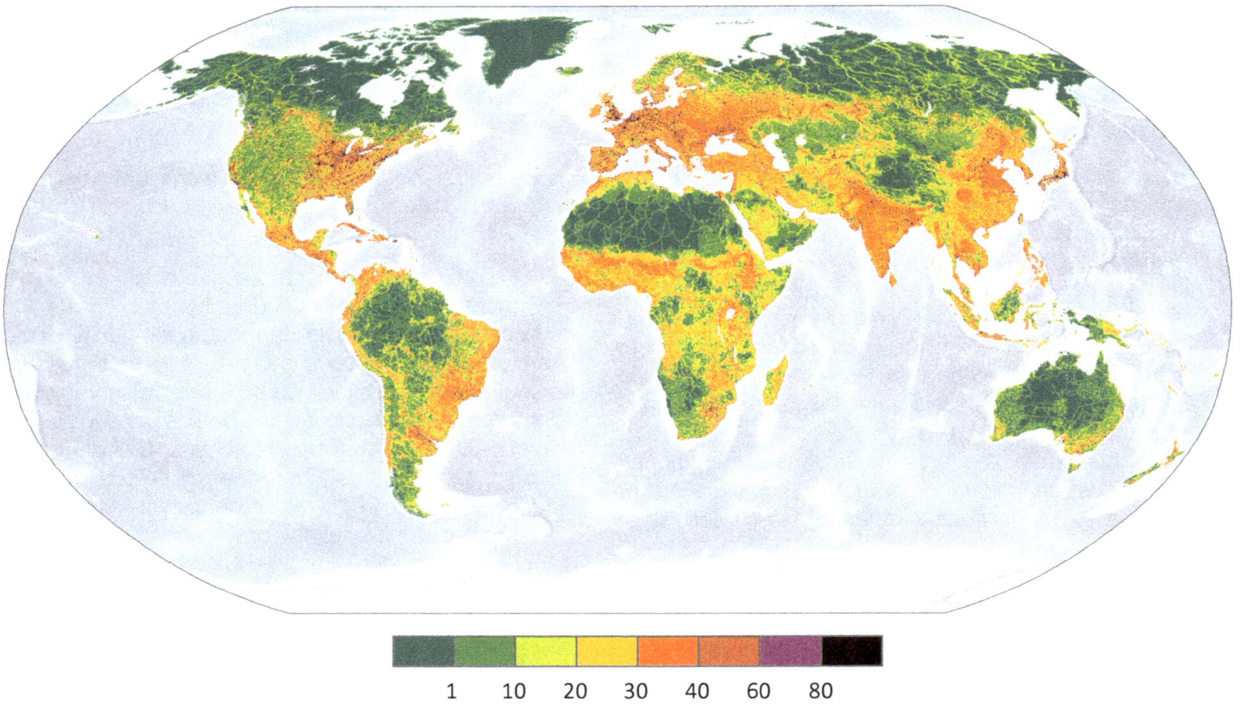

Figure 3.5 L'empreinte des hommes sur la Terre
Source : modifié à partir de Sanderson et al. (2002)

Le niveau de l'influence humaine sur la biosphère terrestre peut aussi être mesuré et cartographié grâce à l'indice de l'empreinte humaine (figure 3.5 ; Sanderson et al., 2002). Cet indice combine des informations sur la densité de la population humaine, sur la conversion des terres (par exemple, pour l'agriculture ou pour des zones constructibles), sur l'accessibilité pour l'homme (par exemple, le long des routes, des principales rivières et des côtes) et sur les infrastructures électriques (évaluées avec l'utilisation de la lumière pendant la nuit). Cet indice mesure l'influence humaine relative dans chaque biome terrestre. La valeur zéro correspond à la partie du biome la moins influencée, et la valeur 100 à la partie la plus perturbée par les activités humaines. Ainsi, un score de 10 dans les forêts tropicales humides du domaine afrotropical indiquera que cette forêt fait partie des 10 % de zones les moins influencées de ce biome. Il en sera de même pour un score de 10 dans la toundra du domaine paléarctique, bien que les quantités absolues d'influence humaine dans ces deux endroits puissent être très différentes (Sanderson et al., 2002).

Des aires protégées garantes du patrimoine naturel de la Terre

Lorsqu'elles sont gérées efficacement, les aires protégées jouent un rôle essentiel pour la conservation du patrimoine naturel de la planète. Grâce aux services écosystémiques qui leur sont associés, les aires protégées garantissent également les moyens de subsistance de plus d'un milliard de personnes dans le monde (UN Millenium Project, 2005), et contribuent, à échelle de milliards de dollars, aux économies locales, nationales et mondiales (Kettunen et al., 2011).

Cependant, pour être efficaces, les aires protégées doivent être bien situées, bien gouvernées, correctement gérées, et adéquatement planifiées et financées (Lockwood et al., 2006). Cela est reconnu depuis longtemps dans un certain nombre d'accords multilatéraux sur l'environnement tels que la CDB, la Convention de Ramsar et la Convention du patrimoine mondial. En 2010, les 193 parties à la CDB ont adopté le plan stratégique pour la biodiversité 2011-2020, comprenant 20 grands objectifs collectivement appelés les Objectifs d'Aichi pour la biodiversité (CBD, 2010b). L'objectif 11, notamment, concerne les aires protégées et annonce un programme ambitieux pour les années à venir :

Étude de cas 3.10 Les îles et aires protégées du Golfe de Californie, Mexique : bien du patrimoine mondial depuis 2005

Situées dans la mer de Cortez, dans le Nord-Est du Mexique, les îles et aires protégées du golfe de Californie se composent de 244 îles, îlots et zones côtières couvrant près de 6 900 km². Les contrastes des hautes falaises et des plages de sable de ces îles arides montagneuses ou volcaniques baignées d'eaux turquoise confèrent à ce bien une beauté naturelle exceptionnelle.

Presque tous les grands processus océanographiques, tels que les courants de remontée, les courants créés par les vents et le mélange dû aux marées peuvent être observés dans ces eaux et contribuent à l'extraordinaire productivité marine et à la biodiversité qui caractérisent le golfe de Californie. On trouve, dans ce milieu, près de 900 espèces de poissons, dont 90 sont endémiques, ainsi que 39 % des espèces de mammifères marins de la planète. La biodiversité terrestre est également élevée : les îles océaniques ont été peuplées par voie aérienne et marine, mais aussi terrestre grâce à des « îles ponts » formées au cours des dernières glaciations lorsque le niveau des océans était au plus bas. La flore rappelle celle du désert de Sonora et se compose de près de 700 espèces de plantes vasculaires. Parmi les espèces typiques on trouve l'arbre éléphant (*Bursera microphylla*), le *palo fierro* (*Olneya tesota*), les ambrosia (*Ambrosia* spp.) et des cactus tels que *Pachycereus pringlei, Mammillaria capensis* et les espèces *d'Opuntia*.

Source : adapté de UNESCO (2014)

Cas d'étude 3.11 La mer des Wadden, Allemagne et Pays-Bas : bien du patrimoine mondial depuis 2009

Le bien du patrimoine mondial de la mer des Wadden comprend l'aire de conservation de la mer des Wadden néerlandaise et les parcs nationaux allemands de la mer des Wadden de Basse-Saxe et Schleswig-Holstein, et couvre au total 9 820 km² de côtes. Le site est l'un des derniers écosystèmes intertidaux tempérés où les processus naturels, tels que la création d'îles-barrières, de chenaux, d'étendues de terre et de rigoles se poursuivent de manière naturelle à si grande échelle. C'est également le plus grand système ininterrompu d'étendues sableuses intertidales et de vasières au monde.

La diversité des habitats de la mer des Wadden est remarquable. On y trouve des chenaux à marée, bancs de sable, prairies d'herbe marines, moulières, barres de sable, vasières, marais salants, estuaires, plages et dunes. La mer des Wadden se démarque des zones humides côtières qui n'ont généralement pas une faune très diverse. Les marais salés hébergent environ 2 300 espèces végétales et animales, et 2 700 autres espèces résident dans les zones marines et saumâtres. L'abondance de nourriture attire de nombreux oiseaux d'eau. La mer de Wadden est parmi les endroits les plus importants de la planète pour les oiseaux migrateurs, car elle joue un rôle crucial pour les espèces empruntant la voie de migration de l'Atlantique ainsi que pour les oiseaux d'eau migrateurs d'Afrique-Eurasie. Plus de 6 millions d'oiseaux peuvent être présents en même temps, et on estime que 10 à 12 millions d'entre eux la traversent chaque année.

Source : adapté de UNESCO (2014)

Étude de cas 3.12 Les lagons de Nouvelle-Calédonie : diversité récifale et écosystèmes associés, France : bien du patrimoine mondial depuis 2008

Les lagons de Nouvelle-Calédonie sont vastes : ils couvrent plus de 15 700 km² de paysages principalement marins dans l'archipel français de Nouvelle-Calédonie, dans le Pacifique. On y retrouve tous les principaux types de récifs et écosystèmes associés, comme les lagons tropicaux, les îlots coralliens, les récifs frangeants, les récifs barrière consécutifs, les atolls, ainsi que les herbiers et les mangroves. Ce complexe récifal est d'autant plus particulier qu'il est « autostable », et encercle l'île de Nouvelle-Calédonie offrant ainsi des courants chauds et froids.

Ces barrières de coraux et atolls constituent l'un des trois systèmes récifaux les plus vastes du monde, et abritent une diversité de coraux et de poissons au moins aussi élevée, sinon plus, que celle de la Grande Barrière australienne. On trouve dans le récif de ce superbe monde sous-marin des fissures, arches et grottes ainsi qu'une diversité impressionnante de structures coralliennes. Ses écosystèmes intacts hébergent une population vaste et saine de poissons menacés, y compris des grands prédateurs, mais aussi des tortues marines et la troisième plus grande population mondiale de dugongs *(Dugong dugon)*, une espèce vulnérable.

Source : adapté de UNESCO (2014)

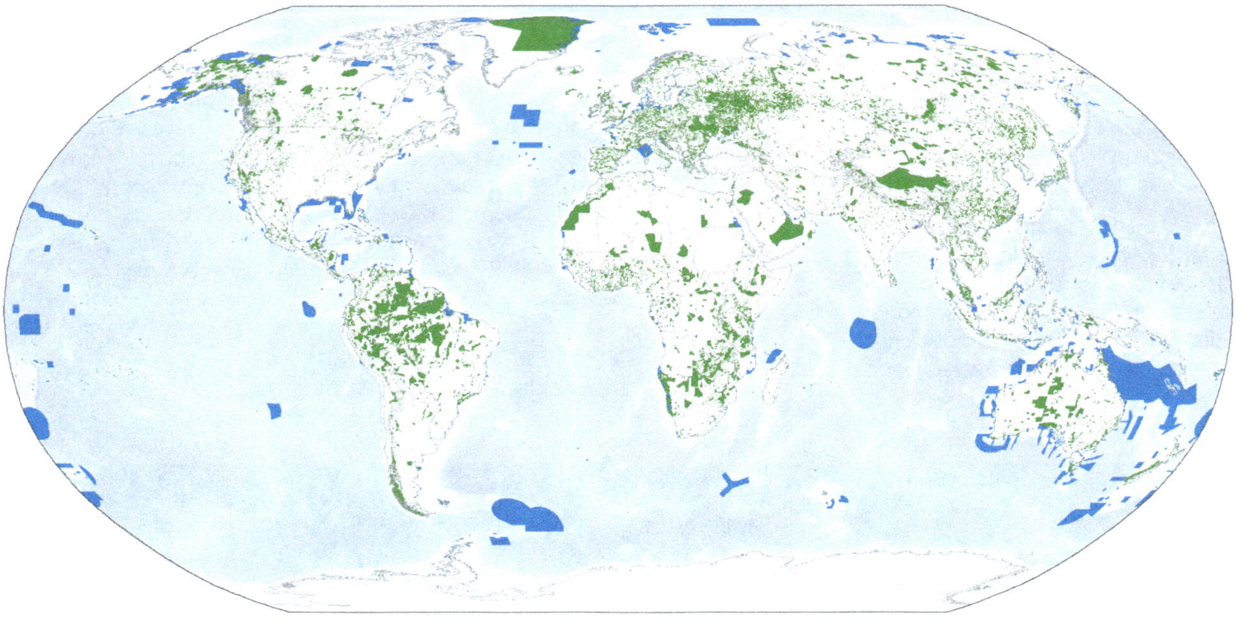

Figure 3.6 Les aires protégées dans le monde
Source : IUCN et UNEP-WCMC (2014)

Tableau 3.5 Couverture des domaines terrestres par les aires protégées

Domaines terrestres	Surface totale (km²)	Surface couverte par les aires protégées	Pourcentage de la surface couverte par des AP
Afrotropicale	21 630 400	3 558 059	16,4
Australasien	9 268 092	1 375 024	14,8
Indomalais	8 543 097	829 286	9,7
Néarctique	20 472 280	2 534 229	12,4
Néotropical	19 386 026	4 633 935	23,9
Océanien	49 199	4 552	9,3
Paléarctique	52 859 883	6 918 957	13,1

La couverture a été calculée sur la base de toutes les aires représentées sur la figure 3.6, en éliminant les recouvrements géographiques entre différentes aires protégées.

Sources : Olsen et al. (2001) ; IUCN et UNEP-WCMC (2014)

« D'ici à 2020, au moins 17 % des zones terrestres et d'eaux intérieures et 10 % des zones marines et côtières, y compris les zones qui sont particulièrement importantes pour la diversité biologique et les services fournis par les écosystèmes, sont conservées au moyen de réseaux écologiquement représentatifs et bien reliés d'aires protégées gérées efficacement et équitablement et d'autres mesures de conservation efficaces par zone, et intégrées dans l'ensemble du paysage terrestre et marin. » (CBD, 2010b:9).

Répartition des aires protégées à l'échelle mondiale

Au milieu de l'année 2014, les aires protégées, incluant l'ensemble des aires protégées nationales et internationales, de toutes catégories de gestion de l'UICN et de tous types de gouvernance (y compris « inconnu »), à l'exception des réserves de biosphère de l'UNESCO enregistrées dans la base de données mondiale sur les aires protégées (WDPA), couvraient 15,4 % de la superficie mondiale des terres (en dehors de l'Antarctique) et 3,4 % de la superficie mondiale des océans (figure 3.6 ; IUCN et UNEP-WCMC, 2014).

Tableau 3.6 Couverture des biomes terrestres par les aires protégées

Biomes terrestres	Surface totale (km²)	Aires protégées (km²)	Aires protégées (%)
Forêts de feuillus humides tropicales et subtropicales	19 896 257	4 712 331	23,7
Forêts de feuillus sèches tropicales et subtropicales	3 025 997	290 896	9,6
Forêts de conifères tropicales et subtropicales	712 617	83 513	11,7
Forêts de feuillus et forêts mixtes tempérées	12 835 688	1 540 766	12,0
Forêts de conifères tempérées	4 087 094	687 694	16,8
Forêts boréales et taïga	15 077 946	1 570 569	10,4
Prairies, savanes et brousses tropicales et subtropicales	20 295 446	2 973 704	14,7
Prairies, savanes et brousses tempérées	10 104 108	456 517	4,5
Prairies et savanes inondées	1 096 130	339 170	30,9
Prairies et terres arbustives de montagne	5 203 411	1 393 007	26,8
Toundra (excluant 4 écorégions antarctiques)	8 313 849	1 812 734	21,8
Forêts, zones boisées et maquis méditerranéens	3 227 268	512 190	15,9
Déserts et brousses xériques	27 984 645	3 382 967	12,1
Mangroves	348 519	97 983	28,1

La couverture a été calculée sur la base de toutes les aires protégées représentées sur la figure 3.6, en éliminant les recouvrements géographiques entre différentes aires protégées.

Sources : Olsen et al. (2001) ; IUCN et UNEP-WCMC (2014)

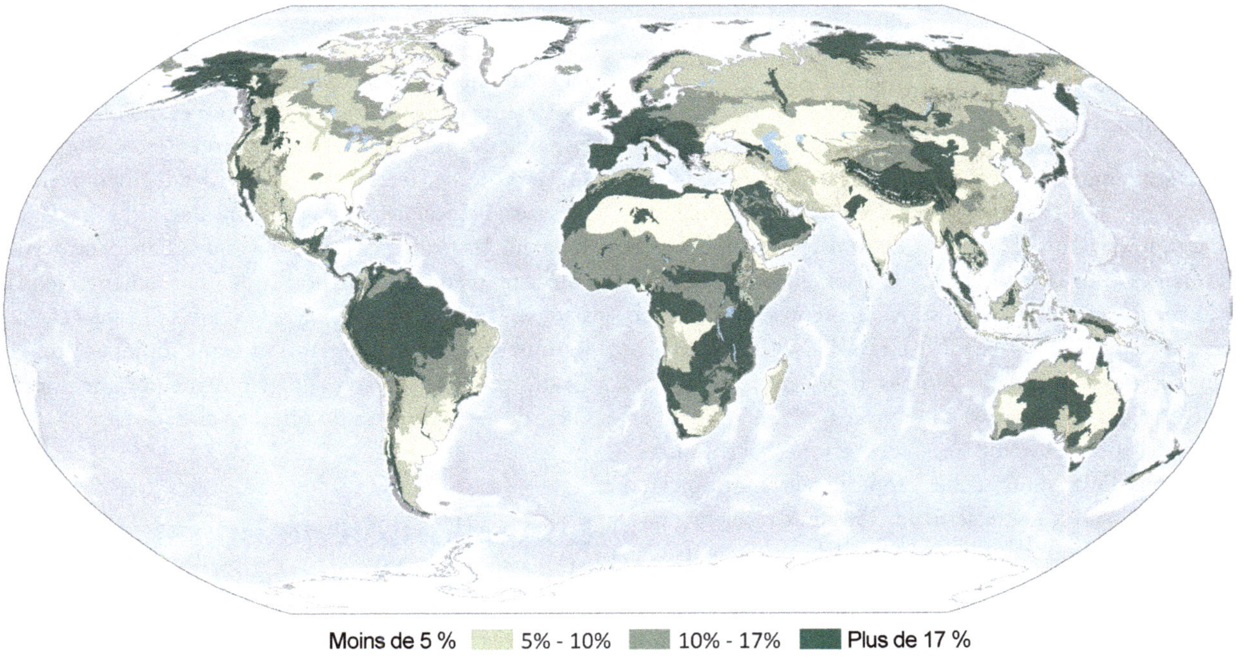

Figure 3.7 Part de la surface de chaque écorégion terrestre couverte par les aires protégées

Sources : Olsen et al. (2001) ; IUCN et UNEP-WCMC (2014)

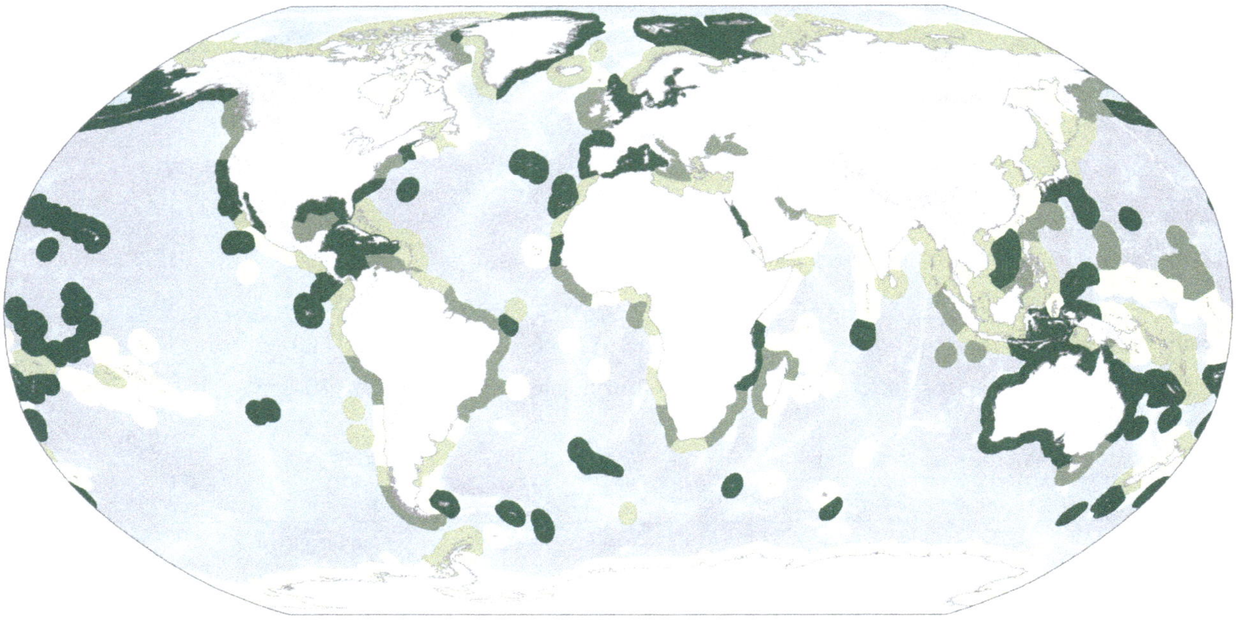

Figure 3.8 Part de la surface de chaque écorégion marine (de plus de 200 m de profondeur) couverte par les aires protégées

Sources : Spalding et al. (2007) ; IUCN et UNEP-WCMC (2014)

Cela comprend 8,4 % des aires marines sous juridiction nationale, définies ici comme celles de la zone s'étendant de la côte à la limite extérieure de la zone économique exclusive (ZEE) située à 200 milles nautiques (370 km), ou 10,9 % si on ne prend en compte que les aires marines proches du littoral (situées entre 0 et 12 miles marins ou 0 et 22 km de la côte).

Le réseau mondial des aires protégées ne satisfait pas encore à l'exigence de représentativité écologique mentionnée dans l'objectif 11 d'Aichi, et plusieurs domaines biogéographiques, en particulier les régions océanienne et indomalaise, sont sous-représentés dans ce réseau (tableau 3.5 ; IUCN et UNEP-WCMC, 2014). Un certain nombre de biomes devraient être mieux couverts par le réseau d'aires protégées, en particulier ceux des prairies tempérées, des savanes et brousses, des forêts de feuillus sèches tropicales et subtropicales (tableau 3.6). À l'heure actuelle, 350 des 823 écorégions terrestres du monde (43 %), en dehors de la partie continentale de l'Antarctique, ont atteint la cible des 17 % (figure 3.7 ; IUCN et UNEP-WCMC, 2014). Enfin, 78 des 232 écorégions marines (34 %) ont atteint la cible des 10 % (figure 3.8 ; Spalding et al., 2013).

De nombreuses études ont également montré que les réseaux d'aires protégées existants, que ce soit à l'échelle nationale ou mondiale, n'offrent pas encore une couverture adéquate pour les espèces menacées (Rodrigues et al., 2004 ; Watson et al., 2011) et les sites clés qui les abritent (Butchart et al., 2012). Il convient cependant de noter qu'un grand nombre d'espèces n'existent que dans les aires protégées et parfois même dans une seule aire protégée.

La répartition des aires protégées est l'un des nombreux indicateurs pouvant être utilisés pour évaluer les forces et les faiblesses des réseaux d'aires protégées. Les chapitres suivants de ce livre explorent en détail les moyens de mesurer l'efficacité de la gestion des aires protégées, ainsi que les principes de bonne gouvernance, de gestion compétente, de planification et de financement adéquats associés aux différents types d'aires protégées. Les ressources pour la conservation étant toujours limitées, les efforts de conservation doivent demeurer une priorité. C'est de ceci que nous discuterons ci-dessous.

Les priorités de conservation de la biodiversité à l'échelle mondiale

Il est impératif de prioriser les actions de conservation, car les ressources disponibles sont limitées. En outre, la biodiversité et les menaces auxquelles elle fait face ne sont pas uniformément réparties (Brooks et al., 2006, 2010). De fait, la priorisation permet de décider où, quand et comment agir. Les aires protégées efficaces demeurent l'un des outils clés de la conservation.

Tableau 3.7 Quelques méthodes de priorisation de la conservation de la biodiversité

Modèle	Définition	Échelle	Nombre d'aires ou de sites	Surface totale (million km2)	Pourcentage de la surface couverte (%)	Références
Points chauds de biodiversité	Agrégations d'écorégions biogéographiquement similaires abritant ≥ 0.5 % des plantes endémiques du monde et ayant déjà perdu ≥ 70 % de leur habitat primaire	Groupe d'écorégions	35	23,6	15,9 %	Myers et al. (2000) ; Mittermeier et al. (2004) ; Williams et al., (2011)
Zones de nature sauvage à forte biodiversité	Agrégations d'écorégions biogéographiquement similaires abritant ≥ 0.5 % des plantes endémiques du monde, conservant ≥ 70 % de leur habitat où la densité de population est ≤ 5 pers au km²	Groupe d'écorégions	5	11,8	7,9 %	Mittermeier et al., (2002, 2003)
Ecorégions prioritaires Global 200	Agrégations d'écorégions au sein de biomes caractérisés par leur haute diversité en espèces, leur taux d'endémisme, la présence de taxons uniques, des phénomènes peu communs ou la rareté globale d'écosystèmes majeurs	Groupe d'écorégions	142 terrestres (plus 53 d'eaux douces et 43 marins)	55,1	37 %	Olson et al. (2000) ; Olson et Dinerstein (2002)
Zones d'endémisme de l'avifaune	Zones incluant ≥ 2 espèces d'oiseaux ayant des sites de reproduction répartis sur < 50 000 km² à l'échelle mondiale	Région ou site	218	14,2	9,5 %	Stattersfield et al. (1998)
Sites de l'Alliance pour l'extinction zéro	Site abritant des espèces en danger (EN) ou en danger critique d'extinction (CR) (ou bien contenant > 95 % de la population globale des espèces EN ou CR sur au moins un cycle de vie)	Site	588	0,6	0,4 %	Ricketts et al. (2005) ; AZE (2012)
Zones importantes pour la conservation des oiseaux	Sites contenant un nombre significatif d'espèces d'oiseaux menacées ; sites faisant partie d'un groupe de sites contenant une espèce d'oiseau à aire de répartition restreinte ; et/ou site accueillant un nombre exceptionnel d'espèces d'oiseaux migrateurs ou qui se regroupent en colonies.	Site	10 993	8,8	5,9 %	Evans (1994) ; BirdLife International et al. (2012)

Sources : Brooks et al., 2006, 2010 ; Schmitt, 2011 ; Bertzky et al., 2013

Plusieurs modèles majeurs ont été élaborés en vue de déterminer les domaines prioritaires pour la conservation de la biodiversité à l'échelle mondiale, afin de guider l'allocation des ressources et la priorisation des actions (Brooks et al., 2006, 2010). Cependant, toutes ces approches ont leurs forces et leurs faiblesses, notamment pour ce qui est de leur couverture taxonomique ou géographique, des critères et des seuils utilisés pour chacune d'elles, ainsi que des valeurs pratiques à utiliser dans le cadre de la conception de réseaux d'aires protégées efficaces et efficients.

Tous les modèles utilisent l'un ou plusieurs des concepts suivants pour prioriser des sites, des (éco)régions ou des groupes d'écorégions pour la conservation (Margules et Pressey, 2000 ; Brooks et al., 2006, 2010 ; Schmitt, 2011) :

Îles et aires protégées du golfe de Californie, Mexique

Source : photothèque de l'UICN © David Sheppard

- l'irremplaçabilité ;
- la vulnérabilité ; et
- la représentativité.

Le critère d'irremplaçabilité est lié aux options spatiales disponibles pour la conservation, c'est-à-dire l'importance d'une zone pour la conservation d'éléments spécifiques de la biodiversité comme des espèces ou des écosystèmes. L'irremplaçabilité a souvent été mesurée en fonction du nombre d'espèces endémiques présentes dans une zone, mais il existe d'autres types de mesures possibles (Brooks et al., 2006). La vulnérabilité, quant à elle, renseigne sur les options de conservation temporelles, ou sur l'urgence qu'il existe à prendre certaines mesures de conservation. Elle peut être évaluée, par exemple, sur la base de la présence d'espèces menacées, de la perte d'habitat dans le passé ou le présent, de la pression foncière et démographique (Brooks et al., 2006). Enfin, la représentativité se réfère à la nécessité d'avoir une image juste de la variété complète des caractéristiques de la biodiversité, qu'elles soient totales ou échantillonnées, y compris leurs différentes formes et processus, au sein d'un réseau d'aires protégées ou d'aires prioritaires (Margules et Pressey, 2000).

La plupart des grands modèles priorisent les critères de haute irremplaçabilité, mais quelques autres mettent l'accent sur la forte vulnérabilité, ou même la faible vulnérabilité (Brooks et al., 2006). La représentativité est le principal caractère pris en compte, par exemple, lors de l'identification des écorégions prioritaires Global 200 (Olson et al., 2000 ; Olson et Dinerstein, 2002 ; Schmitt, 2011).

Le tableau 3.7 fournit un aperçu de six modèles de priorisation de la conservation de la biodiversité. À l'exception des écorégions prioritaires Global 200, qui comprennent 43 écorégions marines prioritaires, la plupart des modèles connus ne couvrent que des milieux terrestres et d'eau douce. Toutefois, au cours des dernières années, un nombre croissant d'études a également identifié des domaines prioritaires pour le milieu marin au niveau mondial (Tittensor et al., 2010 ; Selig et al., 2014), et quelques modèles existants sont également en train d'être élargis pour inclure davantage de sites marins (BirdLife International, 2010).

La publication de Brooks et al. (2006, 2010) fournit un résumé des méthodes utilisées à grande échelle, tandis que les approches par sites, communément connues sous le nom de zones clés pour la biodiversité (Key Biodiversity Areas – KBA), sont décrites dans la publication de Langhammer et al. (2007). Au cours des prochains paragraphes, nous évoquerons les points chauds de biodiversité et les zones de nature sauvage à forte biodiversité, qui constituent deux approches à grande échelle. Puis, nous prendrons l'exemple des sites de l'Alliance pour l'extinction zéro (AZE) pour illustrer les approches à l'échelle de sites. Nous terminerons cette section en évoquant l'élargissement des standards des KBA afin de prendre en compte les sites AZE.

Points chauds de biodiversité et zones de nature sauvage à forte biodiversité

Les points chauds de biodiversité et les zones de nature sauvage à forte biodiversité (high-biodiversity wilderness areas – HBWA) abritent des concentrations exceptionnelles d'espèces endémiques (tableau 3.7). Chacun de ces domaines prioritaires abrite au moins 1 500 espèces endémiques de plantes vasculaires à grande échelle (ce qui représente plus que 0,5 % des quelque 300 000 espèces de plantes vasculaires du monde (Myers et al., 2000 ; Mittermeier et al., 2002, 2004). Alors que les points chauds et les HBWA sont comparables de par leur caractère irremplaçable, ces sites diffèrent sur leur critère de vulnérabilité : alors que les points chauds sont des sites ayant déjà perdu au moins 70 % de leur végétation primaire, les HBWA ont conservé plus de 70 % de leur végétation primaire et sont peu peuplées (moins de cinq personnes par km^2).

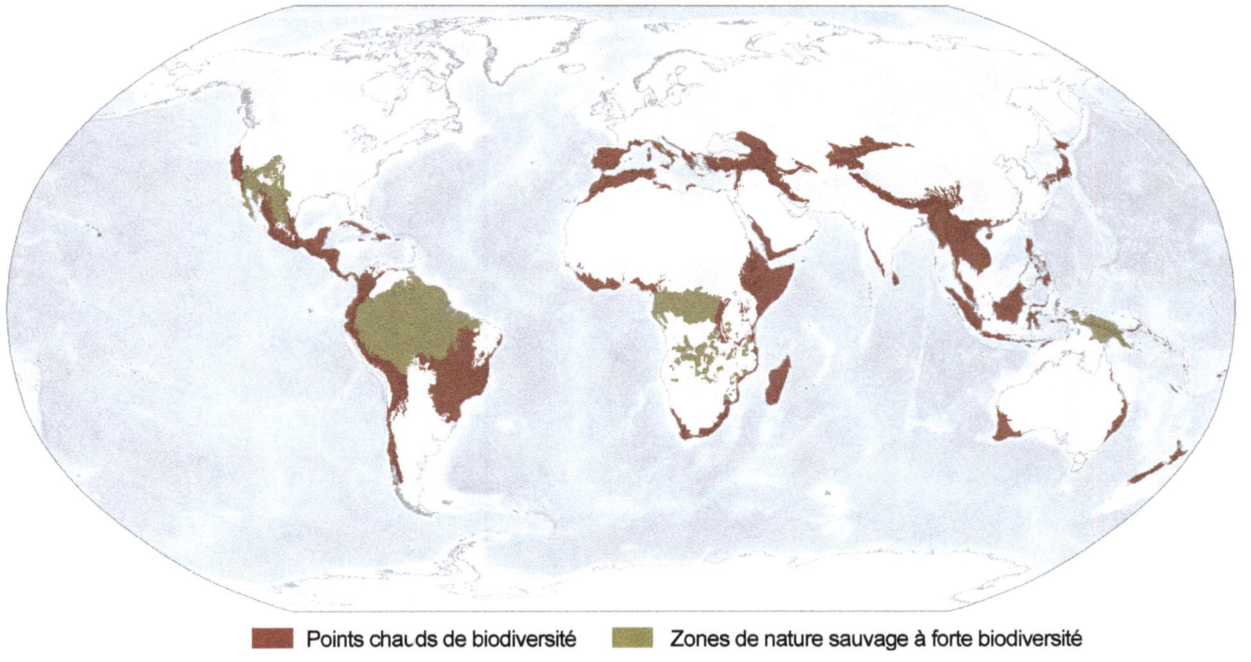

Figure 3.9 Répartition mondiale des points chauds de biodiversité et zones de nature sauvage à forte biodiversité

Sources : modifié à partir de Mittermeier et al. (2002, 2004) ; Williams et al. (2011)

À ce jour, 35 points chauds de biodiversité et 5 HBWA ont été identifiés à l'échelle mondiale (figure 3.9). Ensemble, les points chauds de biodiversité et les HBWA couvrent 23,8 % de la superficie mondiale des terres et on estime qu'ils renferment plus de 50 % des espèces de plantes vasculaires et des espèces de vertébrés terrestres (mammifères, oiseaux, reptiles et amphibiens) de la planète, ainsi que d'innombrables autres espèces, y compris des invertébrés et des champignons (Stork et Habel, 2013). Bien que ces zones soient évidemment d'une importance critique pour le maintien de la diversité de la vie sur Terre, il convient de noter qu'elles ne couvrent pas tous les domaines prioritaires connus, même pour les vertébrés (Jenkins et al., 2013), et d'autres groupes taxonomiques.

Sites de l'Alliance pour l'extinction zéro

Les sites AZE, en revanche, sont un exemple de zones prioritaires à l'échelle de sites. Ces derniers sont caractérisés par une vulnérabilité et une irremplaçabilité très fortes, car ils représentent des « centres d'extinction imminente où des espèces hautement menacées sont confinées à des sites uniques » (Ricketts et al., 2005:18497). Les 588 sites de l'AZE identifiés à ce jour (figure 3.10 ; tableau 3.7) ne couvrent que 0,4 % de la superficie terrestre mondiale, mais ils sont essentiels à la survie de 919 espèces de vertébrés et de conifères en danger ou en danger critique d'extinction (Butchart et al., 2012). Il est possible qu'il existe davantage de sites pour d'autres taxons, mais ils n'ont pas encore été formellement identifiés comme sites de l'AZE.

La protection des sites de l'AZE demeure insuffisante bien que la situation soit meilleure dans les sites AZE situés dans des aires protégées. Butchart et al. (2012) ont montré que l'augmentation du risque d'extinction au cours des deux dernières décennies était inférieure d'un tiers pour les mammifères, oiseaux et amphibiens se trouvant dans des sites AZE totalement intégrés à des aires protégées que pour ceux que l'on trouve en dehors des aires protégées ou qui sont partiellement situés dans des aires protégées. Ces mêmes auteurs ont également mis en avant que, en 2008, seuls 22 % des 588 sites AZE identifiés étaient inclus dans des aires protégées et que 51 % étaient entièrement situés en dehors d'aires protégées (figure 3.10). Les points verts sur la figure 3.10 indiquent les sites entièrement intégrés dans des aires protégées, les points jaunes les sites partiellement couverts, et les points rouges, les sites non protégés.

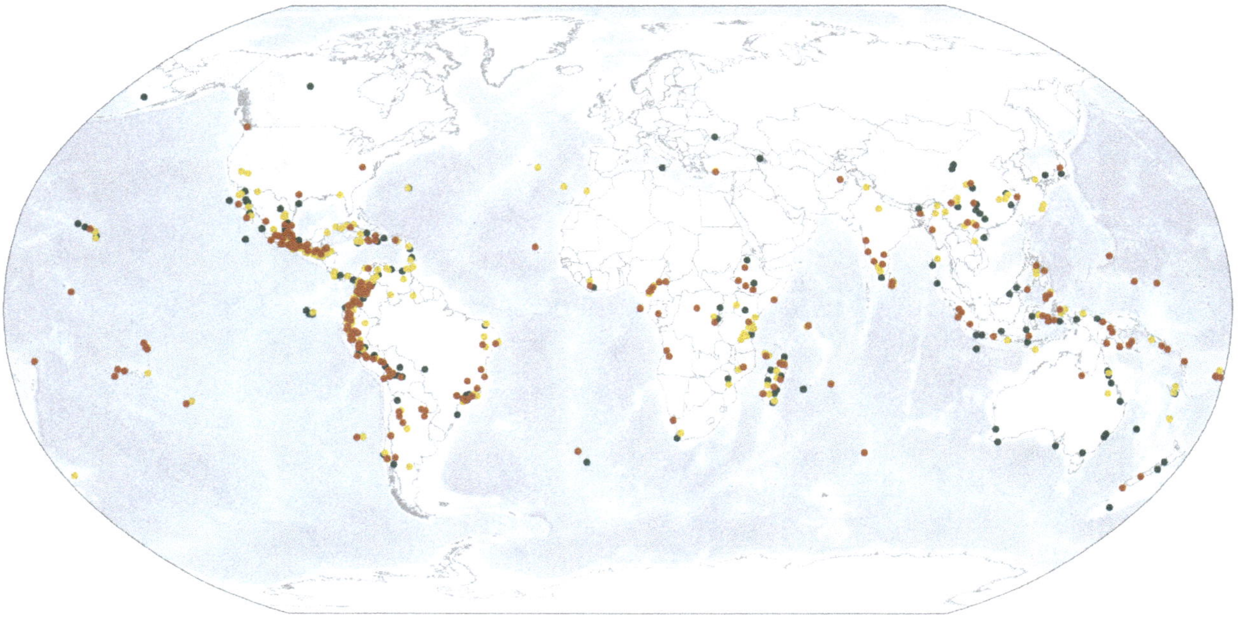

Figure 3.10 Protection des sites de l'Alliance pour l'extinction zéro

Sources : modifié à partir de Mittermeier et al., (2002, 2004) ; Williams et al. (2011)

Les zones clés pour la biodiversité

Les sites de l'AZE sont en réalité des zones clés pour la biodiversité (ZCB) particulièrement importantes ; ils contribuent de manière significative à la persistance de la biodiversité mondiale selon des critères normalisés à l'échelle mondiale (Langhammer et al., 2007). D'autres sous-ensembles bien connus des ZCB comprennent notamment les zones importantes pour la conservation des oiseaux (ZICO) (tableau 3.7) et les zones importantes pour les plantes (ZIP). Ces deux sous-ensembles sont des aires définies comme prioritaires pour des groupes taxonomiques spécifiques. L'approche ZCB peut également être appliquée dans les milieux marins et d'eau douce (BirdLife International, 2010 ; Holland et al., 2012) et, à travers la CDB, le concept des zones marines d'importance écologique ou biologique (ZIEB) a été développé au cours des dernières années.

Les inventaires des ZCB « ont permis de guider la sélection des sites à protéger en vertu des législations nationales et internationales, sont pris en compte dans les standards de performance en matière de durabilité internationale, et sont de plus inclus dans les accords environnementaux multilatéraux » (IUCN 2012:2). Ce dernier point est illustré par l'utilisation des sites AZE et ZICO pour atteindre et mesurer les progrès vers les objectifs d'Aichi dans le cadre de la CDB (par exemple, lorsque la priorité est donnée à ces sites lors de la création et la gestion d'aires protégées, afin de limiter la perte des espèces et des habitats).

L'UICN mène actuellement un processus de consultation à l'échelle mondiale, afin de consolider les critères et les seuils existants des ZCB et de créer un nouveau standard. Ce nouveau standard devrait être lancé en 2015, et devrait être largement utilisé dans le cadre des processus de planification et de prise de décisions relatives à la conservation :

> L'objectif final de ce processus est de fournir une méthodologie objective, scientifiquement rigoureuse, et facile à appliquer, pour identifier des ZCB au sein des biomes terrestres, marins et d'eaux douces. Ces nouveaux standards de l'UICN guideront les décideurs vers les zones qui ont besoin d'une attention particulière et aideront toute une gamme d'utilisateurs à définir leurs priorités en matière de conservation, à atteindre leurs engagements internationaux, et à se conformer à leurs politiques environnementales (IUCN, 2012:2).

La planification systématique de la conservation

La connaissance des ZCB et autres zones prioritaires peut aussi guider le processus essentiel de planification systématique de la conservation. Ce processus vise à aider à concevoir des aires protégées efficaces et efficientes, ainsi que des réseaux d'aires protégées qui répondent aux objectifs mondiaux de représentativité et de persistance de la biodiversité, et ceci, avec le meilleur rapport coût-efficacité possible (Margules et Pressey, 2000). Pour atteindre cet objectif, la planification systématique de la conservation utilise les meilleures données disponibles sur les formes et les processus caractéristiques de la biodiversité, sur son irremplaçabilité et sa vulnérabilité, sur les aires protégées existantes, sur les coûts liés à la création et à la gestion de nouvelles aires protégées, ainsi que sur les coûts d'opportunité de différentes utilisations des terres. Selon Margules et Pressey (2000:243), la force de la planification systématique de la conservation vient de son « efficacité dans l'utilisation de ressources limitées pour atteindre des objectifs de conservation, de sa solidité et de sa flexibilité face à des utilisations concurrentes des terres, et de l'obligation à rendre des comptes, car toute décision peut être soumise à un examen critique. » Le chapitre 13 fournit de plus amples informations sur la planification systématique de la conservation.

Introduction à la gestion des écosystèmes

Dans ce chapitre, nous avons brièvement présenté le patrimoine naturel biotique et abiotique de la Terre. Les gestionnaires des aires protégées sont les premiers concernés par la gestion de la protection et de la conservation des grands écosystèmes qui contribuent à maintenir la vie sur la planète. Une fois les zones importantes pour la biodiversité identifiées et formellement protégées, il faut ensuite s'assurer qu'elles soient efficacement gérées.

Cette gestion peut inclure des réponses à des menaces telles que la destruction de l'habitat et sa fragmentation, la surexploitation des ressources naturelles, la dissémination d'espèces exotiques invasives, les maladies, les perturbations affectant la faune, la pollution et le changement climatique (Sinclair et al., 2006) (voir le chapitre 16).

En revanche, les problèmes des aires protégées sont généralement plus complexes que ces menaces prises une à une. Cette complexité doit être prise en compte par les gestionnaires, car elle caractérise la gestion d'un monde dynamique (voir chapitre 10). Les causes profondes des menaces pesant sur la biodiversité doivent être évaluées et combattues de façon stratégique plutôt que de manière réactive afin de traiter leur cause plutôt que leurs symptômes (voir chapitre 16). L'un de ces délicats défis est celui du changement climatique. C'est une menace majeure pour toutes les espèces (voir le chapitre 17). Face à ces défis, les aires protégées peuvent se reporter à des orientations stratégiques divisées selon six principes directeurs :

1. Maintenir des écosystèmes qui fonctionnent : « Le maintien ou l'amélioration de la résilience des écosystèmes sont cruciaux pour assurer leur bon fonctionnement ; mais à quel moment, sous l'effet du changement climatique, cela devient-il contre-productif au point où l'accompagnement de nouveaux écosystèmes devient plus important ? » (Steffen et al., 2009:150). Alors que les effets des changements climatiques devraient s'amplifier au cours de ce siècle, il est essentiel de suivre le fonctionnement de ces nouveaux écosystèmes et leur capacité à fournir les services dont la société dépend (voir les chapitres 11 et 21).
2. Protéger une palette représentative de systèmes écologiques : « Tous les types d'environnements devraient être représentés dans les systèmes de réserves régionaux, et une diversité d'architectures de paysages en termes d'agencements de portions et de connectivité entre habitats devraient être représentés dans les paysages régionaux à l'intérieur et à l'extérieur des réserves » (Steffen et al., 2009:150) (voir les chapitres 13 et 27).
3. Supprimer ou minimiser les facteurs de stress existants : « avec une attention particulière sur ceux qui pourraient être amplifiés par le changement climatique » (Steffen et al., 2009:150) (voir le chapitre 16).
4. 4. Arriver à un niveau approprié de connectivité des espèces, des paysages terrestres et marins et des processus écosystémiques : « Ce principe implique la nécessité d'inverser la tendance allant vers plus de simplicité et d'efficacité (relative à la perte de la diversité) des paysages et des zones côtières, et de créer ainsi des paysages et des écosystèmes plus complets, plus résilients et contenant plus d'espèces redondantes » (Steffen et al., 2009:151) (voir le chapitre 27).
5. L'ingénierie écologique peut être nécessaire pour faciliter la transformation de certaines communautés en fonction des changements climatiques : « Il y aura des cas où une approche passive visant à

"laisser la nature s'adapter" pourra être complétée par des mesures plus volontaristes pour conserver la biodiversité et devra l'être » (Steffen et al., 2009:151).

6. Dans certains cas, il faut tenir compte de la préservation génétique : « En dernier ressort, il est possible que certaines espèces doivent être préservées en dehors du contexte d'un écosystème, que ce soit un écosystème naturel existant ou transformé ou même un écosystème conçu par l'homme » (Steffen et al., 2009:151) (voir le chapitre 17).

Conclusion

Dans ce chapitre, nous avons fourni un aperçu global des connaissances essentielles aux gestionnaires d'aires protégées en matière de gestion du patrimoine naturel. Nous avons mis l'accent sur le fait que la Terre est une merveille de la nature, mais qu'elle est de taille finie. La lithosphère que nous occupons, l'atmosphère que nous respirons, la biosphère et les formes de vie avec qui nous partageons cette planète sont toutes des ressources limitées. Nous avons souligné que la Terre est aussi un lieu dynamique, avec des processus géologiques faisant évoluer constamment la nature de la géodiversité de notre planète. Nous avons vu comment les origines de la vie sur Terre ont contribué à créer les conditions atmosphériques adéquates pour la survie des organismes existant aujourd'hui. Nous avons décrit comment ceux-ci, à leur tour, au travers de réponses évolutives, ont permis la création d'un monde naturel riche en biodiversité. Nous avons brièvement décrit cette diversité et les principaux types d'écosystèmes de notre planète.

Nous avons également expliqué comment les systèmes essentiels à la vie sur Terre ont été affectés par l'activité humaine et le changement climatique provoqué par cette dernière. Nous nous sommes demandé ce que cela signifiait pour les gestionnaires d'aires protégées du XXIe siècle et quels étaient les défis que cela représentait de travailler dans un monde naturel dynamique qui a été impacté par l'homme. Nous avons décrit la nature, la portée, la complexité et l'ampleur du défi auquel font face les gestionnaires d'aires protégées chargés de la préservation de la vie et des autres trésors naturels de la planète. Enfin, ce chapitre a également fourni une base de connaissance indispensable à la lecture d'autres chapitres de ce livre qui examineront plus en détail des aspects particuliers de la profession de gestionnaire d'aires protégées.

Le méliphage de Nouvelle-Hollande (Phylidonyris novaehollandiae) est un visiteur fréquent de nombreuses maisons et jardins du sud de l'Australie, dans lesquels il est le bienvenu. C'est l'une des 898 espèces d'oiseaux recensées en Australie et on ne la trouve que dans des habitats incluant des forêts et des terres boisées, des ruisseaux, des buissons et des landes côtières. On le voit ici posé sur une de ses sources de nectar préférées, une fleur du genre Grevillea, une relique des espèces de Proteaceae du Gondwana (le Gondwana était un supercontinent comprenant l'Antarctique, l'Australie, l'Afrique, l'Inde et l'Amérique du Sud). L'évolution de certains oiseaux australiens a convergé avec celle d'autres espèces se trouvant dans d'autres parties du monde comme cela est illustré par la ressemblance des méliphages et des souimangas des hémisphères Nord et Sud

Source : Graeme L. Worboys

Références

Lectures recommandées

Abell, R., Thieme, M. L., Revenga, C., Bryer, M., Kottelat, M., Bogutskaya, N., Coad, B., Mandrak, N., Balderas, S. C., Bussing, W., Stiassny, M. L. J., Skelton, P., Allen, G. R., Unmack, P., Naseka, A., Ng, R., Sindorf, N., Robertson, J., Armijo, E., Higgins, J. V., Heibel, T. J., Wikramanayake, E., Olson, D., López, H. L., Reis, R. E., Lundberg, J. G., Pérez, M. H. S. and Petry, P. (2008) 'Freshwater ecoregions of the world: a new map of biogeographic units for freshwater biodiversity conservation', *BioScience* 58: 403–14.

Alliance for Zero Extinction (AZE) (2012) 2010 *AZE Update: March 2012*, Alliance for Zero Extinction, Washington, DC. <www.zeroextinction.org>

Barnosky, A. D., Hadly, E. A., Bascompte, J., Berlow, E. L., Brown, J. H., Fortelius, M., Getz, W. M., Harte, J., Hastings, A., Marquet, P. A., Martinez, N. D., Mooers, A., Roopnarine, P., Vermeij, G., Williams, J. W., Gillespie, R., Kitzes, J., Marshall, C., Matzke, N., Mindell, D. P., Revilla, E. and Smith, A. B. (2012) 'Approaching a state shift in Earth's biosphere', *Nature* 486: 52–8.

Barnosky, A. D., Matzke, N., Tomiya, S., Wogan, G. O. U., Swartz, B., Quental, T. B., Marshall, C., McGuire, J. L., Lindsey, E. L., Maguire, K. C., Mersey, B. and Ferrer, E. A. (2011) 'Has the Earth's sixth mass extinction already arrived?', *Nature* 471: 51–7.

Beerling, D. (2007) *The Emerald Planet*, Oxford University Press, Oxford.

Bertzky, B., Corrigan, C., Kemsey, J., Kenney, S., Ravilious, C., Besançon, C. and Burgess, N. D. (2012) *Protected Planet Report 2012: Tracking progress towards global targets for protected areas*, IUCN, Gland, and UNEP-WCMC, Cambridge.

Bertzky, B., Shi, Y., Hughes, A., Engels, B., Ali, M. K. and Badman, T. (2013) *Terrestrial Biodiversity and the World Heritage List: Identifying broad gaps and potential candidate sites for inclusion in the natural World Heritage network*, IUCN, Gland, and UNEP-WCMC, Cambridge.

Biello, D. (2009) 'The origin of oxygen in Earth's atmosphere', *Scientific American*, 19 August. <www.scientificamerican.com/article/origin-of-oxygen-in-atmosphere/>

BirdLife International (2010) *Marine Important Bird Areas: Priority sites for the conservation of biodiversity*, BirdLife International, Cambridge.

BirdLife International, Conservation International and Partners (2012) *Global Key Biodiversity Areas Dataset: March 2012*, BirdLife International, Cambridge. <www.birdlife.org/datazone/site>

Brooks, T. M., Bakarr, M. I., Boucher, T., da Fonseca, G. A. B., Hilton-Taylor, C., Hoekstra, J. M., Moritz, T., Olivier, S., Parrish, J., Pressey, R. L., Rodrigues, A. S. L., Sechrest, W., Stattersfield, A., Strahm, W. and Stuart, S. N. (2004) 'Coverage provided by the global protected-area system: is it enough?', *BioScience* 54: 1081–91.

Brooks, T. M., Mittermeier, R. A., da Fonseca, G. A. B., Gerlach, J., Hoffmann, M., Lamoreux, J. F., Mittermeier, C. G., Pilgrim, J. D. and Rodrigues, A. S. L. (2006) 'Global biodiversity conservation priorities', *Science* 313: 58–61.

Brooks, T. M., Mittermeier, R. A., da Fonseca, G. A. B., Gerlach, J., Hoffmann, M., Lamoreux, J. F., Mittermeier, C. G., Pilgrim, J. D. and Rodrigues, A. S. L. (2010) 'Global biodiversity conservation priorities: an expanded review', in J. C. Lovett and D. G. Ockwell (eds) *A Handbook of Environmental Management*, pp. 8–29, Edward Elgar, Cheltenham, UK.

Butchart, S. H. M., Scharlemann, J. P. W., Evans, M. I., Quader, S., Arico, S., Arinaitwe, J., Balman, M., Bennun, L. A., Bertzky, B., Besançon, C., Boucher, T. M., Brooks, T. M., Burfield, I. J., Burgess, N. D., Chan, S., Clay, R. P., Crosby, M. J., Davidson, N. C., de Silva, N., Devenish, C., Dutson, G. C. L., Fernandez, D., Fishpool, L. D. C., Fitzgerald, C., Foster, M., Heath, M. F., Hockings, M., Hoffmann, M., Knox, D., Larsen, F. W., Lamoreux, J. F., Loucks, C., May, I., Millett, J., Molloy, D., Morling, P., Parr, M., Ricketts, T. H., Seddon, N., Skolnik, B. and Stuart, S. (2012) 'Protecting important sites for biodiversity contributes to meeting global conservation targets', *PLoS ONE* 7(3): e32529.

Butchart, S. H. M., Stattersfield, A. J. and Collar, N. J. (2006) 'How many bird extinctions have we prevented?', *Oryx* 40(3): 266–78.

Chape, S., Harrison, J., Spalding, M. and Lysenko, I. (2005) 'Measuring the extent and effectiveness of protected areas as an indicator for meeting global biodiversity targets', *Philosophical Transactions of the Royal Society B* 360: 443–55.

Chapin, F. S. III, Zavaleta, E. S., Eviner, V. T., Naylor, R. L., Vitousek, P. M., Reynolds, H. L., Hooper, D. U., Lavorel, S., Sala, O. E., Hobbie, S. E., Mack, M. C. and Diaz, S. (2000) 'Consequences of changing biodiversity', *Nature* 405: 234–42.

Chapman, A. D. (2009) *Number of Living Species in Australia and the World*, 2nd edn, Australian Biological Resources Study, Canberra.

Constant, P. (2004) *Galapagos: A natural history guide*, 6th edn, Odyssey, Hong Kong.

Convention on Biological Diversity (CBD) (1992) *Convention on Biological Diversity*, Secretariat of the Convention on Biological Diversity, Montreal.

Convention on Biological Diversity (CBD) (2010a) *Global Biodiversity Outlook 3*, Secretariat of the Convention on Biological Diversity, Montreal.

Convention on Biological Diversity (CBD) (2010b) *Decision X/2 of the Conference of the Parties to the Convention on Biological Diversity*, Secretariat of the Convention on Biological Diversity, Montreal.

Dudley, N., Stolton, S., Belokurov, A., Krueger, L., Lopoukhine, N., MacKinnon, K., Sandwith, T. and Sekran, N. (eds) (2010) *Natural Solutions: Protected areas helping people cope with climate change*, IUCN WCPA and WWF, Gland, The Nature Conservancy, Arlington, UNDP and Wildlife Conservation Society, New York, and The World Bank, Washington, DC.

Dullinger, S., Essl, F., Rabitsch, W., Erb, K. H., Gingrich, S., Haberl, H., Hülber, K., Jarošik, V., Krausmann, F., Kühn, I., Pergl, J., Pyšek, P. and Hulme, P. E. (2013) 'Europe's other debt crisis caused by the long legacy of future extinctions', *Proceedings of the National Academy of Sciences* 110: 7342–7.

Duncan, R. P., Boyer, A. G. and Blackburn, T. M. (2013) 'Magnitude and variation of prehistoric bird extinctions in the Pacific', *Proceedings of the National Academy of Sciences* 110: 6436–41.

Ellis, E. C. and Ramankutty, N. (2008) 'Putting people in the map: anthropogenic biomes of the world', *Frontiers in Ecology and the Environment* 6: 439–47.

Ellis, E. C., Goldewijk, K. K., Siebert, S., Lightman, D. and Ramankutty, N. (2010) 'Anthropogenic transformation of the biomes, 1700 to 2000', *Global Ecology and Biogeography* 19: 589–606.

Evans, M. I. (1994) *Important Bird Areas in the Middle East*, BirdLife International, Cambridge.

Gaston, K. J. (2000) 'Global patterns in biodiversity', *Nature* 405: 220–7.

Gray, M. (2004) *Geodiversity: Valuing and conserving abiotic nature*, Wiley & Sons, Chichester, UK.

Groombridge, B. and Jenkins, M. D. (2002) *World Atlas of Biodiversity: Earth's living resources in the 21st century*, University of California Press, Berkeley, and UNEP-WCMC, Cambridge.

Haberl, H., Erb, K. H., Krausmann, F., Gaube, V., Bondeau, A., Plutzar, C., Gingrich, S., Lucht, W. and Fischer-Kowalski, M. (2007) 'Quantifying and mapping the human appropriation of net primary production in earth's terrestrial ecosystems', *Proceedings of the National Academy of Sciences* 104: 12 942–7.

Hamilton, L. S. (2002) 'Why mountains matter', *IUCN World Conservation Bulletin* 1: 4–5.

Hamilton, L. S. and McMillan, L. (2004) *Guidelines for Planning and Managing Mountain Protected Areas*, IUCN, Gland.

Hoekstra, J., Molnar, J. L., Jennings, M., Revenga, C., Spalding, M. D., Boucher, T. M., Robertson, J. C., Heibel, T. J. and Ellison, K. (2010) *The Atlas of Global Conservation: Changes, challenges, and opportunities to make a difference*, University of California Press, Berkeley.

Holland, R. A., Darwall, W. R. T. and Smith, K. G. (2012) 'Conservation priorities for freshwater biodiversity: the key biodiversity area approach refined and tested for continental Africa', *Biological Conservation* 148: 167–79.

Holt, B. G., Lessard, J. P., Borregaard, M. K., Fritz, S. A., Araújo, M. B., Dimitrov, D., Fabre, P. H., Graham, C. H., Graves, G. R., Jønsson, K. A., Nogués-Bravo, D., Wang, Z., Whittaker, R. J., Fjeldså, J. and Rahbek, C. (2013) 'An update of Wallace's zoogeographic regions of the world', *Science* 339: 74–8.

Intergovernmental Panel on Climate Change (IPCC) (2013) *Climate Change 2013: The physical science basis—Headline statements for policy makers*, Intergovernmental Panel on Climate Change, Geneva. <www.ipcc.ch/>

International Union for Conservation of Nature (IUCN) (2012) *Consolidating the Criteria for Identifying Sites of Significance for Biodiversity: A global consultation process—Progress update*, IUCN, Gland.

International Union for Conservation of Nature (IUCN) (2013a) *Natural World Heritage Facts and Figures 2013*, IUCN, Gland. <www.iucn.org/about/work/programmes/wcpa_worldheritage/about/wcpa_whfacts/>

International Union for Conservation of Nature (IUCN) (2013b) *The IUCN Red List of Threatened Species: Version 2013.2*, IUCN, Gland. <www.iucnredlist.org>

International Union for Conservation of Nature (IUCN) and United Nations Environment Programme World Conservation Monitoring Centre (UNEP-WCMC) (2014) Global Statistics from *The World Database on Protected Areas (WDPA): August 2014*, UNEP-WCMC, Cambridge.

Jenkins, C. N. and Joppa, L. (2009) 'Expansion of the global terrestrial protected area system', *Biological Conservation* 142: 2166–74.

Jenkins, C. N., Pimm, S. L. and Joppa, L. (2013) 'Global patterns of terrestrial vertebrate diversity and conservation', *Proceedings of the National Academy of Sciences* 110: 2602–10.

Kettunen, M., Dudley, N., Bruner, A., Pabon, L., Conner, N., Berghöfer, A., Vakrou, A., Mulongoy, K. J., Ervin, J. and Gidda, S. B. (2011) 'Recognising the value of protected areas', in P. ten Brink (ed.) *The Economics of Ecosystems and Biodiversity in National and International Policy Making*, pp. 345–400, Earthscan, London.

Kohler, T. and Maselli, D. (eds) (2009) *Mountains and Climate Change: From understanding to action*, Geographica Bernensia, Bern.

Kreft, H. and Jetz, W. (2010) 'A framework for delineating biogeographical regions based on species distributions', *Journal of Biogeography* 37: 2029–53.

Ladle, R. J. and Whittaker, R. J. (eds) (2011) *Conservation Biogeography*, Wiley-Blackwell, Oxford.

Langhammer, P. F., Bakarr, M. I., Bennun, L. A., Brooks, T. M., Clay, R. P., Darwall, W., de Silva, N., Edgar, G. J., Eken, G., Fishpool, L. D. C., da Fonseca, G. A. B., Foster, M. N., Knox, D. H., Matiku, P., Radford, E. A., Rodrigues, A. S. L., Salaman, P., Sechrest, W. and Tordoff, A. W. (2007) *Identification and Gap Analysis of Key Biodiversity Areas: Targets for comprehensive protected area systems*, IUCN, Gland.

Leakey, R. and Lewin, R. (1992) *The Sixth Extinction: Patterns of life and the future of humankind*, Doubleday, New York.

Le Saout, S., Hoffmann, M., Shi, Y., Hughes, A., Bernard, C., Brooks, T. M., Bertzky, B., Butchart, S. H. M., Stuart, S. N., Badman, T. and Rodrigues, A. S. L. (2013) 'Protected areas and effective biodiversity conservation', *Science* 342: 803–5.

Linniger, H., Weingartner, R. and Grossjean, M. (1998) *Mountains of the World: Water towers for the 21st century*, Mountain Agenda, University of Bern, Bern.

Lockwood, M., Worboys, G. L. and Kothari, A. (2006) *Managing Protected Areas: A global guide*, Earthscan, London.

Mace, G. M., Collar, N. J., Gaston, K. J., Hilton-Taylor, C., Akçakaya, H. R., Leader-Williams, N., Milner-Gulland, E. J. and Stuart, S. M. (2008) 'Quantification of extinction risk: IUCN's system for classifying threatened species', *Conservation Biology* 22: 1424–42.

Margules, C. R. and Pressey, R. L. (2000) 'Systematic conservation planning', *Nature* 405: 243–53.

McNamara, K. (2009) *Prehistoric Life: The definitive visual history of life on Earth*, Permian, Dorling Kindersley, London.

Millennium Ecosystem Assessment (MEA) (2005) *Ecosystems and Human Well-Being. Volume 1: Current State and Trends, Findings of the Condition and Trends Working Group*, Island Press, Washington, DC.

Mittermeier, R. A., Gil, P. R., Hoffman, M., Pilgrim, J., Brooks, T., Mittermeier, C. G., Lamoreux, J. and da Fonseca, G. A. B. (2004) *Hotspots Revisited: Earth's biologically richest and most endangered terrestrial ecoregions*, CEMEX, Mexico City.

Mittermeier, R. A., Mittermeier, C. G., Brooks, T. M., Pilgrim, J. D., Konstant, W. R., da Fonseca, G. A. B. and Kormos, C. (2003) 'Wilderness and biodiversity conservation', *Proceedings of the National Academy of Sciences* 100: 10 309–13.

Mittermeier, R. A., Mittermeier, C. G., Gil, P. R., Pilgrim, J., da Fonseca, G. A. B., Konstant, W. R. and Brooks, T. (2002) *Wilderness: Earth's last wild places*, CEMEX, Mexico City.

Mora, C., Tittensor, D. P., Adl, S., Simpson, A. G. B. and Worm, B. (2011) 'How many species are there on Earth and in the ocean?', *PLoS Biology* 9(8): e1001127.

Myers, N., Mittermeier, R. A., Mittermeier, C. G., da Fonseca, G. A. B. and Kent, J. (2000) 'Biodiversity hotspots for conservation priorities', *Nature* 403: 853–8.

Olson, D. M. and Dinerstein, E. (2002) 'The Global 200: priority ecoregions for global conservation', *Annals of the Missouri Botanical Garden* 89: 199–224.

Olson, D. M., Dinerstein, E., Abell, R., Allnutt, T., Carpenter, C., McClenachan, L., d'Amico, J., Hurley, P., Kassem, K., Strand, H., Taye, M. and Thieme, M. (2000) *The Global 200: A representation approach to conserving the Earth's distinctive ecoregions*, WWF-US, Washington, DC.

Olson, D. M., Dinerstein, E., Wikramanayake, E. D., Burgess, N. D., Powell, G. V. N., Underwood, E. C., d'Amico, J. A., Itoua, I., Strand, H. E., Morrison, J. C., Loucks, C. J., Allnutt, T. F., Ricketts, T. H., Kura, Y., Lamoreux, J. F., Wettengel, W. W., Hedao, P. and Kassem, K. R. (2001) 'Terrestrial ecoregions of the world: a new map of life on Earth', *BioScience* 51: 933–8.

Palmer, D. (2009) *Prehistoric Life: The definitive visual history of life on Earth*, Young Earth, Dorling Kindersley, London.

Pimm, S. L., Russell, G. J., Gittleman, J. L. and Brooks, T. M. (1995) 'The future of biodiversity', *Science* 269: 347–50.

Price, M. F. (ed.) (2004) *Conservation and Sustainable Development in Mountain Areas*, IUCN, Gland.

Purvis, A. and Hector, A. (2000) 'Getting the measure of biodiversity', *Nature* 405: 212–19.

Ricketts, T. H., Dinerstein, E., Boucher, T., Brooks, T. M., Butchart, S. H. M., Hoffmann, M., Lamoreux, J. F., Morrison, J., Parr, M., Pilgrim, J. D., Rodrigues, A. S. L., Sechrest, W., Wallace, G. E., Berlin, K., Bielby, J., Burgess, N. D., Church, D. R., Cox, N., Knox, D., Loucks, C., Luck, G. W., Master, L. L., Moore, R., Naidoo, R., Ridgely, R., Schatz, G. E., Shire, G., Strand, H., Wettengel, W. and Wikramanayake, E. (2005) 'Pinpointing and preventing imminent extinctions', *Proceedings of the National Academy of Sciences* 102: 18 497–501.

Rodrigues, A. S. L., Andelman, S. J., Bakarr, M. I., Boitani, L., Brooks, T. M., Cowling, R. M., Fishpool, L. D. C., da Fonseca, G. A. B., Gaston, K. J., Hoffmann, M., Long, J. S., Marquet, P. A., Pilgrim, J. D., Pressey, R. L., Schipper, J., Sechrest, W., Stuart, S. N., Underhill, L. G., Waller, R. W., Watts, M. E. J. and Yan, X. (2004) 'Effectiveness of the global protected area network in representing species diversity', *Nature* 428: 640–3.

Rodrigues, A. S. L., Pilgrim, J. D., Lamoreux, J. F., Hoffmann, M. and Brooks, T. M. (2006) 'The value of the IUCN Red List for conservation', *Trends in Ecology and Evolution* 21: 71–6.

Rodríguez, J. P., Rodríguez-Clark, K. M., Baillie, J. E. M., Ash, N., Benson, J., Boucher, T., Brown, C., Burgess, N. D., Collen, B., Jennings, M., Keith, D. A., Nicholson, E., Revenga, C., Reyers, B., Rouget, M., Smith, T., Spalding, M., Taber, A., Walpole, M., Zager, I. and Zamin, T. (2011) 'Establishing IUCN Red List criteria for threatened ecosystems', *Conservation Biology* 25: 21–9.

Rodríguez-Rodríguez, D., Bomhard, B., Butchart, S. H. M. and Foster, M. (2011) 'Progress towards targets for protected area coverage in mountains: a multi-scale assessment', *Biological Conservation* 144: 2978–83.

Salafsky, N., Salzer, D., Stattersfield, A. J., Hilton-Taylor, C., Neugarten, R., Butchart, S. H. M., Collen, B., Cox, N., Master, L. L., O'Connor, S. and Wilkie, D. (2008) 'A standard lexicon for biodiversity conservation: unified classifications of threats and actions', *Conservation Biology* 22: 897–911.

Sanderson, E. W., Jaiteh, M., Levy, M. A., Redford, K. H., Wannebo, A. V. and Woolmer, G. (2002) 'The human footprint and the last of the wild', *BioScience* 52: 891–904.

SavingSpecies and Globaïa (2012) *Global Diversity of Mammal, Bird and Amphibian Species*. <savingspecies.org/2012/stunning-new-biodiversity-maps-show-where-to-prioritize-conservation/>

Schmitt, C. B. (2011) 'A tough choice: approaches towards the setting of global conservation priorities', in F. E. Zachos and J. C. Habel (eds) *Biodiversity Hotspots: Distribution and protection of conservation priority areas*, pp. 23–42, Springer, Berlin.

Selig, E. R., Turner, W. R., Troëng, S., Wallace, B. P., Halpern, B. S., Kaschner, K., Lascelles, B. G., Carpenter, K. E. and Mittermeier, R. A. (2014) 'Global priorities for marine biodiversity conservation', *PLoS ONE* 9(1): e82898.

Short, A. D. and Woodroffe, C. D. (2009) *The Coast of Australia*, Cambridge University Press, New York.

Sinclair, A. R. E., Fryxell, J. M. and Caughley, G. (2006) *Wildlife Ecology, Conservation and Management*, 2nd edn, Blackwell, Oxford.

Spalding, M. D., Agostini, V. N., Rice, J. and Grant, S. M. (2012) 'Pelagic provinces of the world: a biogeographic classification of the world's surface pelagic waters', *Ocean and Coastal Management* 60: 19–30.

Spalding, M. D., Fish, L. and Wood, L. J. (2008) 'Toward representative protection of the world's coasts and oceans—progress, gaps, and opportunities', *Conservation Letters* 1: 217–26.

Spalding, M. D., Fox, H. E., Allen, G. R., Davidson, N., Ferdaña, Z. A., Finlayson, M., Halpern, B. S., Jorge, M. A., Lombana, A., Lourie, S. A., Martin, K. D., McManus, E., Molnar, J., Recchia, C. A. and Robertson, J. (2007) 'Marine ecoregions of the world: a bioregionalization of coast and shelf areas', *BioScience* 57: 573–83.

Spalding, M. D., Meliane, I., Milam, A., Fitzgerald, C. and Hale, L. Z. (2013) 'Protecting marine spaces: global targets and changing approaches', in A. Chircop, S. Coffen-Smout and M. McConnell (eds) *Ocean Yearbook 27*, pp. 213–48, Brill/Nijhoff, Leiden.

Stattersfield, A. J., Crosby, M. J., Long, A. J. and Wege, D. C. (1998) *Endemic Bird Areas of the World: Priorities for biodiversity conservation*, BirdLife International, Cambridge.

Steffen, W., Burbidge, A. A., Hughes, L., Kitching, R., Lindenmayer, D., Musgrave, W., Stafford Smith, M. and Werner, P. (2009) *Australia's Biodiversity and Climate Change*, CSIRO Publishing, Melbourne.

Stork, N. E. and Habel, C. (2013) 'Can biodiversity hotspots protect more than tropical forest plants and vertebrates?', *Journal of Biogeography* 41: 421–8.

Strahler, A. N. (2011) *Introducing Physical Geography*, 5th edn, John Wiley & Sons, Hoboken, NJ.

Tittensor, D. P., Mora, C., Jetz, W., Lotze, H. K., Ricard, D., Berghe, E. V. and Worm, B. (2010) 'Global patterns and predictors of marine biodiversity across taxa', *Nature* 466: 1098–101.

Udvardy, M. D. F. (1975) *A Classification of the Biogeographical Provinces of the World*, IUCN, Morges.

United Nations (UN) Millennium Project (2005) *Environment and Human Well-Being: A practical strategy*, Report of the Task Force on Environmental Sustainability, Earthscan, London.

United Nations Environment Programme World Conservation Monitoring Centre (UNEP-WCMC) (2002) *Mountain Watch: Environmental change and sustainable development in mountains*, UNEP-WCMC, Cambridge.

United Nations Educational, Scientific and Cultural Organisation (UNESCO) (2014) *World Heritage List*, UNESCO, Paris. <whc.unesco.org/en/list/>

Watling, L., Guinotte, J., Clark, M. R. and Smith, C. R. (2013) 'A proposed biogeography of the deep ocean floor', *Progress in Oceanography* 111: 91–112.

Watson, J. E. M., Evans, M. C., Carwardine, J., Fuller, R. A., Joseph, L. N., Segan, D. B., Taylor, M. F. J., Fensham, R. J. and Possingham, H. P. (2011) 'The capacity of Australia's protected area system to represent threatened species', *Conservation Biology* 25: 324–32.

White, M. E. (2003) *Earth Alive: From microbes to a living planet*, Rosenburg Publishing, Sydney.

Whittaker, R. J., Riddle, B. R., Hawkins, B. A. and Ladle, R. J. (2013) 'The geographical distribution of life and the problem of regionalization: 100 years after Alfred Russel Wallace', *Journal of Biogeography* 40: 2209–14.

Williams, K. J., Ford, A., Rosauer, D. F., de Silva, N., Mittermeier, R., Bruce, C., Larsen, F. W. and Margules, C. (2011) 'Forests of east Australia: the 35th biodiversity hotspot', in F. E. Zachos and J. C. Habel (eds) *Biodiversity Hotspots: Distribution and protection of conservation priority areas*, pp. 295–310, Springer, Berlin.

CHAPITRE 4

LE PATRIMOINE CULTUREL DE LA TERRE

Author principal :
Sue Feary

Collaborateurs :
Steve Brown, Duncan Marshall, Ian Lilley, Robert McKinncn, Bas Verschuuren and Robert Wild

CONTENU

UICN CMAP COMMISSION MONDIALE DES AIRES PROTÉGÉES Convention sur la diversité biologique

AUTEUR PRINCIPAL

SUE FEARY est archéologue et gestionnaire de parcs nationaux. Elle travaille depuis 25 ans sur la gestion du patrimoine naturel et culturel et les relations avec les aborigènes australiens.

COLLABORATEURS

STEVE BROWN est doctorant à l'Université de Sydney, en Australie.

DUNCAN MARSHALL est consultant en patrimoine, en Australie.

IAN LILLEY est professeur au département des aborigènes et insulaires du détroit de Torres à l'Université du Queensland, en Australie.

ROBERT MCKINNON est chargé de programme au National Parks and Wildlife Service de Nouvelle-Galles-du-Sud, en Australie.

BAS VERSCHUUREN est chercheur au département de sociologie et des changements liés au développement à l'Université de Wageningen, aux Pays-Bas.

ROBERT WILD est un consultant indépendant spécialisé en ressources naturelles et en développement communautaire. Il est basé au Royaume-Uni.

REMERCIEMENTS

Les auteurs tiennent à remercier Sharon Sullivan pour ses commentaires sur la première version de ce chapitre ainsi qu'un relecteur anonyme.

CITATION

Feary, S., Brown, S., Marshall, D., Lilley, I., McKinnon, R., Verschuuren, B. et Wild, R. Le patrimoine culturel de la Terre. In Worboys, G. L., Lockwood, M., Kothari, A., Feary, S. et Pulsford, I. (éd). *Gouvernance et gestion des aires protégées*. Canberra : ANU Press, 2020. doi.org/10.22459/GGAP.04

PHOTO DE LA PAGE DE TITRE

La protection de la nature fait partie du Patrimoine culturel de l'humanité. Lac Peyto, Parc national de Banff, bien du Patrimoine mondial, Canada
Source : Graeme L. Worboys

Introduction

Les sept milliards d'habitants de la planète et leurs ancêtres ont laissé, et continuent de laisser, des traces de leurs riches activités culturelles, de leurs valeurs et de leurs croyances. Ce patrimoine culturel collectif remonte à des centaines de milliers d'années et prend de nombreuses formes, allant d'anciens éclats de pierre à des ruines de villes entières en passant par de simples chants. Ces éléments ont une résonance à toutes les échelles : ils peuvent avoir une symbolique intensément personnelle, être un symbole d'identité nationale ou encore une icône internationale.

L'existence des aires protégées est un héritage culturel en soi. La publication au Journal officiel de la création du Parc national de Yellowstone aux États-Unis en 1872 constitue certes une reconnaissance officielle des aires protégées, mais, pendant des milliers d'années avant cela, les hommes ont protégé des lieux naturels de grande valeur culturelle. Bien qu'ils n'aient pas été consciemment reconnus pour leur biodiversité telle que la science occidentale la définit, ces lieux démontrent que les aires protégées ne sont pas l'apanage de la société moderne et de complexes programmes gouvernementaux.

Les aires protégées comprennent souvent une part de patrimoine culturel, qu'il s'agisse d'une preuve matérielle d'activité humaine passée, d'un patrimoine immatériel intégré dans le paysage naturel ou des pratiques culturelles des personnes vivant dans les aires protégées. Cela n'est guère surprenant quand on connaît les relations étroites et diverses qui lient l'homme moderne et son environnement naturel et qui va de liens spirituels profonds à une relation terriblement destructrice. Il est presque impossible de ne trouver aucun élément culturel au sein d'une aire protégée.

L'histoire de la relation entre les aires protégées, le patrimoine culturel qu'elles abritent et les peuples auxquels ce patrimoine appartient est longue et souvent mouvementée. Elle débute avec des régimes de gestion accordant peu d'importance au patrimoine culturel à une époque à laquelle les communautés locales se voyaient dépossédées des moyens de conserver la nature ou découragées de le faire. Les mouvements mondiaux de défense des droits et de la justice sociale pour les populations autochtones et les communautés locales ont étendu la signification du patrimoine culturel en soulignant l'existence de liens culturels, qui ne sont pas toujours évidents, entre les hommes et la nature.

Ce chapitre cherche à guider et à aider les gestionnaires faisant face à des manifestations de patrimoine culturel au sein des aires protégées dont ils sont responsables. Il commence par décrire brièvement l'évolution humaine et l'histoire des interactions de l'homme avec le paysage. Puis il traite de l'histoire des idées relatives au patrimoine culturel et décrit la diversité du patrimoine culturel que l'on trouve dans les aires protégées. Le contenu de la section « La nature comme patrimoine culturel » s'interroge sur les complexités du patrimoine immatériel qui se rapporte à un espace donné. Le concept de « paysages bioculturels/culturels » est présenté comme un moyen d'appréhender l'intégration du patrimoine naturel et du patrimoine culturel et comme une base de gestion globale. Une fois le concept et les pratiques de la gestion du patrimoine culturel présentés, la dernière section s'interroge sur la capacité des systèmes d'aires protégées à maintenir le patrimoine culturel.

Une brève histoire de l'Homme sur Terre : le changement culturel et la diversité à long terme

Sans l'homme, la culture et donc le patrimoine culturel n'existeraient pas. Nous commencerons donc ce chapitre par un bref aperçu de l'histoire de l'homme moderne. Les éléments présentés ici se basent sur des recherches scientifiques qui analysent l'origine et l'évolution de l'homme. Nous reconnaissons et respectons cependant la diversité des interprétations par lesquelles les différentes cultures et religions, y compris les religions traditionnelles et les cosmologies autochtones, expliquent la formation du monde biophysique et la présence des hommes qui le peuplent.

Out of Africa

D'un point de vue scientifique, l'environnement naturel de la planète a évolué pendant près de cinq milliards d'années, créant des écosystèmes vierges d'activité humaine pour la plus grande partie de leur existence. Les premiers hominini apparurent il y a seulement six millions d'années et les indices paléoanthropologiques, archéologiques et génétiques indiquent qu'ils venaient d'Afrique, bien que les nouvelles technologies et découvertes fassent constamment évoluer les théories sur les origines humaines. Diverses espèces d'hominidés se mélangèrent et se succédèrent jusqu'à ce que l'homme anatomiquement moderne émerge et commence à quitter l'Afrique de l'Est il y a 45 000 à 60 000 ans (Henn et al., 2012).

De l'Afrique, les populations humaines se propagèrent rapidement, colonisant l'Eurasie, puis l'Australasie et franchissant finalement le détroit de Béring pour atteindre

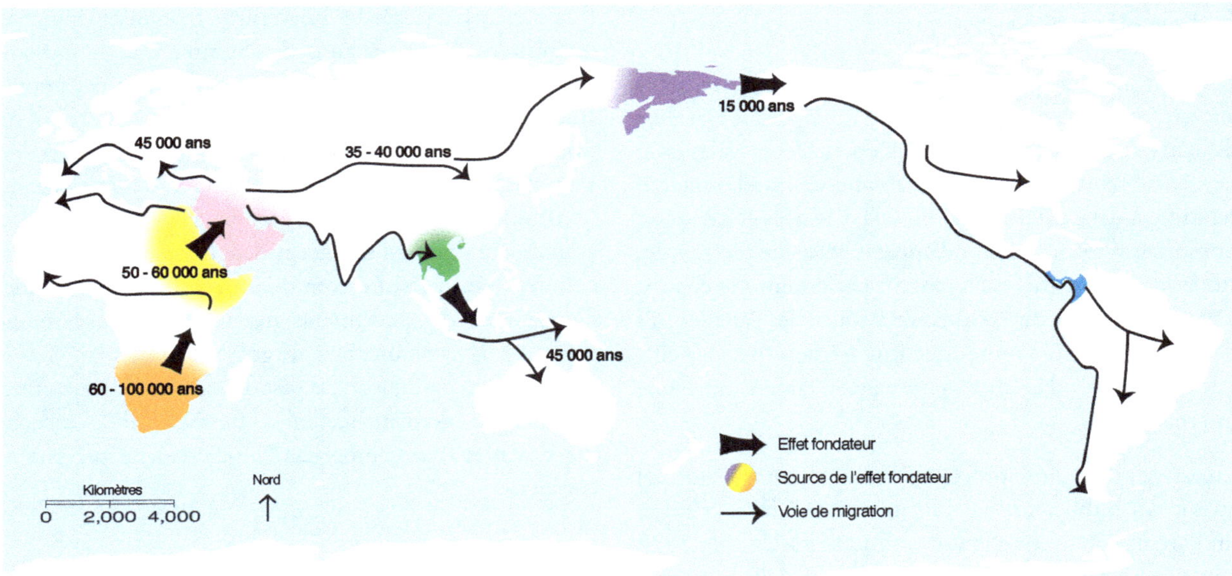

Figure 4.1 Origine et dispersion de l'homme moderne
Source : adapté de Henn et al. (2012)

les Amériques (figure 4.1). Derniers espaces touchés par les hommes, les îles du Pacifique furent colonisées lors des grandes traversées des peuples de langue austronésienne, commençant il y a près de 4 000 ans et se terminant avec l'installation des Polynésiens en Nouvelle-Zélande et sur la lointaine et énigmatique Rapa Nui (île de Pâques) (Bellwood, 1978 ; Fischer, 2005).

Des origines anciennes

L'histoire humaine s'est en grande partie organisée autour de la question de la nourriture : sa production, son acquisition, son stockage, son traitement et sa distribution (Heiser, 1973). Durant la plus grande partie de leur histoire, les hommes furent des chasseurs-cueilleurs, dépendant directement de la nature comme source de tous leurs aliments. Les économies des chasseurs-cueilleurs se fondaient sur la disponibilité saisonnière des ressources animales et végétales constituant la base de leurs médicaments, nourriture, abris, activités cérémoniales et outils. Ils vivaient dans de vastes groupes familiaux nomades, souvent selon des systèmes complexes de propriété foncière et de relations de parenté, mais possédaient peu de biens matériels. Ils avaient une relation étroite avec la nature, une relation fondée sur des croyances spirituelles et animistes. Leur survie dépendait de leur connaissance intime du monde naturel, perçu selon un spectre cosmologique, et de leur capacité à l'utiliser. Les diverses adaptations des hommes à leur environnement ont mené à la création de différents types morphologiques, technologies, traditions et langues, et on trouvait, il y a environ 11 000 ans, des populations de chasseurs-cueilleurs répandues un peu partout dans le monde. Cette ère, la plus longue de l'histoire humaine, est connue comme l'âge de pierre ou le paléolithique et nous a laissé un riche patrimoine archéologique.

Les débuts de l'agriculture

La création et la propagation de l'agriculture furent un événement majeur de l'histoire humaine, souvent appelé « révolution néolithique », même si, en réalité, il s'agissait d'un processus graduel, les humains modifiant activement les écosystèmes et manipulant les communautés biotiques bien avant que l'on puisse parler de domestication végétale et animale (Zeder, 2011). Les premières traces de domestication des cultures se trouvent au Proche-Orient et ont environ 11 500 ans (Zeder, 2011). Les systèmes agricoles ont ensuite émergé indépendamment dans la plupart des continents et se sont propagés aux régions adjacentes (Ellis et al., 2013). Les raisons qui ont poussé les humains à évoluer de la chasse et de la cueillette à l'agriculture sont encore un sujet de débats, mais il est probable que cela soit lié à une augmentation de la population ou à un changement climatique. Le contrôle de l'eau et la découverte de l'irrigation furent également des changements importants, en particulier pour les cultures de la région aride des montagnes des vallées du Tigre et de l'Euphrate au Moyen-Orient (Heiser, 1973).

Le développement de l'agriculture eut pour conséquence une augmentation des densités et une sédentarisation des populations. Les excédents alimentaires produits pouvaient être stockés en prévision de périodes moins fécondes, mais servaient aussi à nourrir des personnes qui

Étude de cas 4.1 Les marais de Mésopotamie : le premier parc national irakien

Les marais de Mésopotamie, au sud de l'Irak, s'étendaient à l'origine sur une surface comprise entre 12 000 et 15 000 km2 et furent un temps la troisième plus grande zone humide du monde. Ils étaient une source essentielle de poissons, de roseaux et d'autres ressources naturelles et étaient la résidence des Maadans, un peuple directement lié à l'ancien pays de Sumer. Ces marais jouent un rôle important pour de nombreux oiseaux hivernants et migrateurs et abritent également des oiseaux endémiques et d'autres espèces importantes d'animaux sauvages.

La subsistance des Maadans fut menacée par la construction de barrages et l'assèchement des marais durant le régime de Saddam Hussein, mais depuis 2006, des efforts concertés ont permis de rétablir les flux d'eau du marais et en 2013, la zone fut déclarée premier parc national d'Irak.

Les marais sont sur la Liste indicative du patrimoine mondial depuis 2003 pour leurs valeurs naturelles et culturelles. La création du parc national vise non seulement à conserver les valeurs naturelles du site, mais aussi à démontrer le rôle essentiel des marais et du mode de vie de ses habitants, les Maadans, dans le développement de la civilisation (UNESCO, 2014a).

n'étaient pas directement impliquées dans la production alimentaire, leur permettant de développer d'autres compétences et participant ainsi à la diversification sociale. Au fil du temps, les communautés grossirent et des chefferies et une stratification sociale s'y développèrent. Des systèmes plus sophistiqués de stockage de la nourriture, d'élevage et de manipulation génétique ainsi que des réseaux de commerce et de change firent leur apparition, favorisant encore davantage l'élargissement des communautés et leur sédentarisation.

Quelques villages s'élargirent et formèrent des villes ; les premières apparurent en Mésopotamie dans les vallées du Tigre et de l'Euphrate (Assyrie, Sumer, Babylone) et furent des centres culturels, politiques et religieux importants. D'autres se développèrent plus tard, le long d'autres grands fleuves tels que le Nil, le Yangtsé et l'Indus. La valeur culturelle de nombre de ces premiers centres de civilisation a été reconnue lors leur nomination au patrimoine mondial (voir étude de cas 4.1).

Les grandes civilisations du monde émergèrent progressivement. Les empires romains et chinois et les débuts de l'Empire britannique laissèrent de nombreuses traces physiques de leur existence et eurent un impact important sur l'environnement et sur les populations humaines d'un espace géographique très vaste ; citons par exemple, l'intensification des cultures en Chine et en Asie du Sud-Est, l'importante empreinte de l'Empire romain en Afrique, la colonisation du Nouveau Monde par les Européens, etc.

Mécanisation et révolution industrielle

Les bouleversements sociaux et économiques liés à la révolution industrielle en Grande-Bretagne, à la fin du xviiie siècle, entrainèrent une croissance rapide de la population. La mécanisation, qui constituait un progrès important de la technologie agricole et permit d'augmenter la production alimentaire, se propagea à travers l'Europe et en Amérique du Nord (Szirmai, 2009). En 1850, la population mondiale atteint ainsi 1,2 milliard de personnes.

Au début du xxie siècle, la majorité de la population est toujours agricultrice, il existe encore quelques chasseurs-cueilleurs et éleveurs, mais ils constituent généralement des minorités nationales et l'urbanisation progresse rapidement. Il existe des pays riches et des pays désespérément pauvres, mais les citoyens de ces deux groupes ont créé et continuent de créer un patrimoine culturel. La reconnaissance, valorisation et protection de ce patrimoine culturel à l'échelle de chaque nation dépend cependant de facteurs politiques, sociaux et économiques divers. Sept milliards d'êtres humains occupent maintenant la vaste majorité du globe, à l'exception de l'Antarctique et des parties les plus septentrionales de l'Arctique. La population continue de croître, à des taux variables selon les régions, et devrait plafonner à 9,1 milliards en 2050.

Hommes, culture et nature

L'influence des hommes sur la nature

Les hommes ont transformé la majorité des écosystèmes de la biosphère terrestre, provoquant d'importants changements mondiaux en matière de biodiversité, de biogéochimie et de processus géomorphologiques et climatiques (Ellis et al., 2013). Les changements environnementaux sont une conséquence inévitable de l'histoire humaine ; des études paléoécologiques et archéologiques montrent une augmentation de l'impact humain sur l'environnement au fil du temps, augmentation qui a même accéléré au cours des derniers millénaires (Head, 2000).

De l'utilisation du feu par les chasseurs-cueilleurs il y a des milliers d'années dans l'Australie préhistorique à la construction du barrage des Trois-Gorges sur le fleuve Yangtzé en Chine, l'héritage humain entraîne une modification de l'environnement. D'ailleurs, un environnement visiblement modifié est souvent considéré comme une marque de culture. Quand les premiers explorateurs et colons blancs arrivèrent en Australie, ils jugèrent les aborigènes barbares et les considérèrent comme des sauvages incultes, car ils ne trouvèrent pas de trace de culture du sol ou d'autres signes de modification de l'environnement (Mulvaney et Kamminga, 1999). Nous savons cependant maintenant que l'utilisation du feu a eu un important impact sur certains écosystèmes australiens.

L'impact environnemental des sociétés de chasseurs-cueilleurs fut infime par rapport au développement agricole qui commença il y a environ 11 500 ans. Comme le géographe Carl Sauer (1952) le constate, les peuples prospérèrent en perturbant l'ordre naturel des choses. Une étude de la déforestation des îles du Pacifique avant l'arrivée des Européens souligne que l'agriculture sur brûlis est responsable de l'évolution des forêts, des savanes herbeuses, de la dégradation des terres et de l'érosion majeure de nombreuses îles (Thaman et Clarke, 1993). Le terme « biohistory » (bio-histoire), inventé par Boyden en 2004, présente la culture comme une force s'exerçant sur la nature et décrit le fait que la culture, à travers le comportement des hommes, influence les sociétés humaines ainsi que le reste du monde vivant. Documenter et comprendre la nature de ces changements environnementaux est une étude très importante en soi (Head, 2000).

La protection de la nature par les hommes

Les perturbations environnementales sont sans doute la preuve qu'une société se développe, mais c'est aussi le cas de la mise en réserve de zones visant à protéger la nature de ces perturbations. Pendant des milliers d'années, les communautés indigènes et tribales de l'époque préindustrielle ont interdit l'utilisation de certains espaces et espèces de manière temporaire ou permanente. Profondément ancrée dans leurs cosmologies et dans leurs visions du monde, ces mécanismes d'interdiction incluaient les totems, les tabous et les bois sacrés et leur protection était souvent basée sur la notion de sacralité.

Le totémisme des populations autochtones en Australie et en Amérique du Nord s'inscrit dans un plus vaste projet de préservation de leurs territoires afin de protéger certaines espèces et certains habitats, pour des raisons à la fois religieuses et utilitaires. Le terme « totémisme » est utilisé pour décrire la relation triangulaire entre les peuples, les espèces et la terre ou la mer (Rose, 1996). Les totems peuvent représenter un aspect particulier du monde naturel et ainsi créer un lien entre les personnes qui se reconnaissent dans des totems et le monde naturel.

Certaines espèces de rapaces jouent un rôle culturel important dans de nombreuses sociétés autochtones, peut-être en raison de leur position de prédateurs, de leur grande taille et de leurs superbes attitudes. Le pygargue à tête blanche en Amérique du Nord (*Haliaeetus leucocephalus*) est sacré pour certaines tribus amérindiennes et le pygargue blagre (*H. leucogaster*) est un totem pour quelques communautés autochtones australiennes et pour certains individus (Baldwin, 2010).

Les systèmes de protection de la nature des sociétés préindustrielles existent encore, mais l'on réalisa, dès la fin des années 1800, la nécessité de mettre en place des efforts nationaux concertés pour sauver la nature. Un mouvement de conservation naquit en Grande-Bretagne et aux États-Unis et se propagea en occident. Ce processus fut, et reste, une composante fondamentale de la culture et du patrimoine de la société moderne, tant à l'échelle mondiale, qu'aux niveaux national et local.

La longue et complexe histoire de l'homme a créé un riche patrimoine de phénomènes concrets et abstraits couramment appelés « patrimoine culturel ». Mais, pour diverses raisons (héritage historique, ignorance, situation géopolitique) ce patrimoine est inégalement reconnu.

Par exemple, l'héritage d'une période de génocide est parfois caché, de même que le patrimoine d'un groupe ethnique marginalisé est souvent ignoré. La définition de ce qui fait partie et ne fait pas partie du patrimoine culturel a une histoire particulière et a été le sujet de débats intenses pendant des décennies.

La section suivante s'intéresse au sens de l'expression « patrimoine culturel » et évoque sa construction en tant que concept et en tant que réalité.

Définir et comprendre le patrimoine culturel : une courte histoire des idées

Alors que la plupart d'entre nous ont une idée de ce patrimoine culturel, ce concept reste difficile à cerner pleinement. En préparant l'écriture du présent chapitre, nous avons eu affaire à différentes opinions : dans un livre on lira ainsi que « le patrimoine est partout » (Harrison, 2013:3), tandis qu'un autre avancera que « le patrimoine n'existe pas » (Smith, 2006:11) ; un troisième nous dira cependant que le patrimoine est « tout ce qu'on veut y voir » (Davison, 2008:33). Par ailleurs, beaucoup de langues autochtones n'ont pas de mot pour le patrimoine en tant que tel. Une telle diversité de compréhension est un défi pour les gestionnaires d'aires protégées. Le patrimoine culturel est composé des deux concepts que sont la « culture » et le « patrimoine », même si les termes sont souvent considérés comme équivalents.

La culture

La culture désigne une unité, un ensemble de symboles, valeurs et représentations partagés par une société ou par un groupe au sein d'une société. Cela suggère l'existence d'une unité structurant la pensée et le comportement des hommes et qui fait régner un certain ordre au sein de la société (Helliwell et Hindess, 1999). Le géographe Carl Sauer (1952) décrivit la culture en des termes simples : comme un mode de vie. Déjà en 1871, dans sa fameuse publication « Primitive Culture » (culture primitive), l'anthropologue anglais Ed Tylor définissait la culture comme « ce tout complexe qui comprend la connaissance, les croyances, l'art, la morale, le droit, les coutumes et les autres capacités et habitudes acquises par l'homme en tant que membre d'une société » (Seymour-Smith, 1986:60).

Le patrimoine

Comme pour la « culture », le terme « patrimoine » est complexe et multidimensionnel (Davis, 2007). Il est né de l'inquiétude de voir disparaître des bâtiments et des monuments lors de guerres et de catastrophes naturelles (Smith, 2006). Le sens original du patrimoine est fondé sur l'idée d'héritage, la transmission d'une propriété d'une génération à la suivante (Davison, 2008), mais inclut aussi la notion de mémoire, de réflexion et de transmission de la culture (Davis, 2007). Ainsi, le patrimoine est empreint de « passé », mais, parce qu'il est préservé pour la postérité, il s'inscrit dans le passé autant que dans l'avenir (Davison, 2008). Lowenthal (2005) fait valoir que chaque génération d'hommes est influencée par un héritage communautaire double issu de l'environnement naturel et de l'environnement anthropique. Beaucoup de discours de conservation du patrimoine portent sur « les choses que nous voulons conserver », ce qui inclut à la fois le patrimoine naturel et culturel.

Cependant, le terme « patrimoine » est souvent utilisé pour parler de patrimoine culturel seulement, le patrimoine naturel existant dans un paradigme différent, comme en témoigne le format de ce livre. Plus loin dans ce chapitre, nous explorons comment le terme « paysage culturel » unit les concepts de patrimoine naturel et culturel, passant outre le besoin de les opposer.

Le patrimoine culturel

Qu'est-ce donc que le patrimoine culturel ? Bien que le concept soit né en Europe au XIXe siècle (Smith, 2006), l'utilisation du passé pour construire une identité individuelle ou de groupe est une pratique humaine beaucoup plus ancienne. Harvey (2010) note ainsi que le patrimoine a toujours fait partie des sociétés et que chacune d'entre elles a une relation avec son passé, même celles qui décident de l'ignorer.

Une définition universelle du patrimoine culturel émergea après la seconde guerre mondiale dans un contexte où l'on commençait à reconnaître le besoin de protéger les monuments faisant partie de l'identité nationale (Lennon, 2006). Depuis, l'Organisation des Nations Unies pour l'éducation, la science et la culture (Unesco) et le Conseil international des monuments et des sites (Icomos) dont la création se base sur la charte de Venise de 1964 (Ahmad, 2006) s'efforcent de faire reconnaître une définition commune du patrimoine mondial et de définir sa portée.

Les premières définitions du patrimoine culturel étaient eurocentriques et, en raison de l'influence des architectes, mettaient l'accent sur l'environnement bâti (Ahmad, 2006). Lors de l'importante évolution sociale des années 1960 et 1970, des peuples indigènes et tribaux demandèrent à se voir reconnaître des droits sur leurs terres et sur leur patrimoine et l'on réalisa que ces définitions excluaient et privaient de leurs droits des groupes entiers de la communauté mondiale. En 1992, la définition de l'Unesco fut élargie afin d'inclure les paysages culturels, reconnaissant ainsi la longue histoire de la modification du paysage par l'homme. Puis, en 2003, elle fut à nouveau amendée pour inclure le patrimoine immatériel, ce dernier concernant en particulier les sociétés dont le patrimoine ne réside pas seulement dans des bâtiments, mais dans les liens de cette société avec le paysage naturel, à travers des traditions orales transmises au fil des générations. Parce que les symboles et les valeurs liées au patrimoine culturel sont intégrés dans ces contextes sociaux dynamiques et changeants, l'on pourrait dire que le patrimoine culturel est lui-même un processus (Smith, 2006).

Voici quelques définitions du patrimoine culturel :

> Il se compose de monuments, de bâtiments, de paysages, d'artéfacts et d'objets, mais aussi de traditions culturelles, de musique, de théâtre et

Encadré 4.1 Comprendre l'archéologie

L'archéologie est l'étude des vestiges matériels de l'histoire humaine, de l'époque de nos premiers ancêtres à nos jours. L'archéologie se confond parfois avec la paléontologie pour s'intéresser aux fossiles des premiers humains. Lorsque son objet d'étude est moins éloigné dans le temps, elle se mêle à des domaines tels que l'histoire, la géographie et l'anthropologie. C'est une discipline qui a une approche très scientifique et ceux qui la pratiquent sont amenés à travailler avec un grand nombre d'autres disciplines des sciences naturelles, physiques et sociales ainsi que des sciences humaines afin d'analyser au mieux les données dont ils disposent. L'archéologie peut nous renseigner sur l'ensemble de l'histoire humaine et fournir des informations détaillées sur les changements à long terme des environnements physiques et biologiques de la planète, mais également sur les changements humains.

La recherche archéologique implique souvent la fouille systématique et contrôlée d'éléments se trouvant sous terre, comme le montre l'équipe de la BBC dans la série Time Team.

> de dialecte. Il peut être esthétiquement agréable et il peut être laid, dangereux et ingrat ; il peut être matériel ou immatériel, vieux ou récent. Il a parfois une valeur pour la société, pour des groupes spécifiques au sein de la société ou pour des individus (Schofield, 2008:19).

> Le patrimoine culturel est la façon dont nous comprenons le monde et la manière dont nous le façonnons. Il est ancré dans nos identités culturelles et est source de sagesse et de connaissances qui peuvent appuyer la mise en place de politiques et de pratiques de développement durable. (Bokova, 2012:ix).

> Le concept moderne du patrimoine culturel comprend toutes les traces laissées par les activités humaines au fil du temps. Il se rapporte à l'environnement bâti dans un contexte écologique et doit être lu selon des « couches » de données présentes dans l'environnement. Il comprend également le patrimoine culturel immatériel tel que la langue, la danse, la musique, le folklore et l'artisanat. Le patrimoine immatériel est souvent associé à des localités particulières, accordant une symbolique particulière à ces lieux (Lennon, 2006:448).

L'intégration des paysages culturels et du patrimoine immatériel dans la définition du patrimoine culturel a un impact important sur le mode de gestion des aires protégées. Le patrimoine culturel n'évoque pas uniquement un passé révolu, il est maintenant également inscrit dans le présent et est lié à la société contemporaine qui souhaite s'assurer que son patrimoine est bien géré et qui est en possession des informations qui donnent de la valeur à ce patrimoine, encouragent ainsi des processus participatifs inclusifs et une plus grande implication de la communauté.

Maintenant que nous avons retracé l'évolution de la signification du patrimoine culturel, au début assez restreinte (monuments), mais s'élargissant peu à peu (matériel et immatériel), nous pouvons explorer les diverses expressions du patrimoine culturel et en particulier le patrimoine culturel des aires protégées.

Un patrimoine culturel divers

Dans cette section, des experts présentent une image globale du patrimoine culturel. Nous y définissons différentes catégories de patrimoine, bien que nous soyons conscients que ces dernières peuvent être quelque peu artificielles et s'entrecoupent parfois (par exemple, un paysage culturel peut aussi être un site archéologique). Les différents « types » de patrimoine culturel sont décrits dans les sections suivantes.

Le patrimoine matériel

Le patrimoine matériel peut être vu et il peut être touché. Il peut être mobile ou immobile, en surface, sous terrain ou subaquatique. Il comprend l'environnement bâti, comme les temples et les monuments, les sites archéologiques, les biens mobiles et le patrimoine subaquatique, mais aussi des éléments de l'environnement naturel tels que les panoramas, les cascades, les affleurements rocheux, les montagnes ou les lieux d'expression culturelle, associés au patrimoine immatériel. Les paysages culturels constituent un patrimoine matériel, car on y trouve des modifications visibles découlant de l'activité humaine.

Le patrimoine archéologique

Les sites archéologiques sont les preuves physiques de l'existence d'une activité humaine passée et se trouvent un peu partout dans le monde, sur terre et sous l'eau. En un sens, tous les paysages terrestres et de nombreux paysages sous-marins sont des paysages archéologiques,

Étude de cas 4.2 Le patrimoine archéologique des aires protégées sud-africaines

En Afrique du Sud, de nombreuses aires protégées abritent des sites archéologiques de très grande importance. On trouve parmi eux des biens du patrimoine mondial tels que le site de l'uKhahlamba-Drakensberg dans le parc du Drakensberg, à l'est du pays, dont les surplombs rocheux abritent environ 35 000 peintures des San (Bochimans) (Wolfgang Verlag GmbH & Co. Kunth, 2010).

Dans le parc national de Mapungubwe (anciennement parc national de Vhembe-Dongola), on peut admirer le paysage culturel de Mapungubwe, siège d'un puissant royaume de l'an 900 et objet de fouilles archéologiques depuis 1933 (Kuman et al., 2005). Parmi les découvertes archéologiques les plus importantes, on compte les ruines de centres urbains et les restes d'une riche culture matérielle basée sur l'or. Ces découvertes attestent des débuts de la forge de l'or en Afrique australe et de la richesse et du statut social qui distinguaient les gens de Mapungubwe. La plus spectaculaire des trouvailles faites sur ce site est sans doute le rhinocéros en feuille d'or moulé autour de ce qui devait être un cœur de bois tendre sculpté (UNESCO, 2014b).

On trouve dans le parc national des Chutes d'Augrabies de nombreux cairns et des tombes datant de 22 000 ans et la gestion du parc met de plus en plus l'accent sur le patrimoine culturel du peuple Nama (Department of Environmental Affairs and Tourism, 2003).

des paysages qui contiennent des preuves, et qui ont été façonnés par une action humaine passée. L'archéologie est l'étude de ces vestiges (encadré 4.1).

Quelques exemples de biens du patrimoine archéologique

Il existe une grande diversité de biens du patrimoine archéologique donc certains sont situés dans des aires protégées, et sont même parfois la raison d'être de ces aires protégées. Voici quelques exemples de ces sites archéologiques :

- les anciens camps de chasseurs, outils en pierre et restes d'aliments, tels que ceux trouvés dans le parc national d'Uluru-Kata Tjuta en Australie ou dans le parc national de Manú Parc dans la jungle péruvienne, mais aussi ceux que l'on trouve, non protégés, sous l'autoroute M25 près de Londres et parmi les rizières du nord du Japon ;
- des villages entiers composés de bâtiments enfouis sous terre, tels que Çatal Hüyük (Turquie), un village agricole de 8 000 ans inscrit au patrimoine mondial ;
- divers paysages agricoles inscrits au patrimoine mondial tels que le site primitif agricole de Kuk dans les hauts plateaux de la Papouasie-Nouvelle-Guinée datant de la fin de la dernière ère glaciaire ainsi que des domaines viticoles médiévaux en Hongrie ;
- des sites d'art rupestre inscrits au patrimoine mondial, tels que les peintures de temples bouddhistes dans les grottes de la route de la soie en Asie centrale, les peintures rupestres de Tsodilo Hills, dans le désert du Kalahari au Botswana ou encore l'art autochtone du parc national de Kakadu en Australie ;
- des sites industriels de diverses époques, allant des mines d'or romaines de Las Médulas en Espagne, à des mines du XXe siècle comme dans la ville de Sewell au Chili ou encore les « villes sous les villes » que l'on découvre régulièrement en creusant de nouveaux tunnels ferroviaires ou égouts en milieu urbain ;

Une équipe internationale d'archéologues procède à des fouilles à Çatal Höyük, en Turquie, en 2012

Source : S. Feary

- des paysages culturels en terrasses tels que les vastes cultures préhistoriques de taro et d'igname en Nouvelle-Calédonie, mais aussi des biens du patrimoine mondial tels que les rizières en terrasses des Philippines et les canaux de Venise et Amsterdam ; ou
- les vestiges de radeaux, canoës, bateaux et sous-marins ayant coulé.

Étude de cas 4.3 Le patrimoine archéologique des aires protégées australiennes

En Australie, de nombreuses aires protégées contiennent des sites archéologiques datant d'avant l'arrivée des Européens sur l'île ainsi que des sites historiques plus récents. Certains de ces sites, comme les sites autochtones de l'île Fraser, inscrite sur la liste du patrimoine mondial, ou la Grande Barrière de corail, se trouvent dans des aires protégées créées sur la base de leurs valeurs « naturelles », tandis que pour d'autres sites, comme les biens du patrimoine mondial du sud-ouest de la Tasmanie et de Kakadu, sont inscrits principalement en raison du patrimoine culturel autochtone qu'ils renferment.

Le parc national des lacs Willandra, dans le sud-ouest de la Nouvelle-Galles-du-Sud, est protégé sur la base de son statut de site mixte du patrimoine mondial reconnaissant l'importance des sites archéologiques et les valeurs géologiques naturelles du parc. Dans le parc, au sein du spectaculaire lac Mungo, depuis longtemps asséché, on peut admirer les « murailles de Chine », une très grande dune qui contient des sépultures humaines âgées de 40 000-50 000 ans, ainsi que d'autres traces d'activités humaines passées (Bowler et al., 1970). Une série d'empreintes de pas humains datant de 20 000 ans y a été trouvée (Webb et al., 2006). La région des lacs Willandra comprend également de nombreux sites du patrimoine archéologique datant de la période historique suivant la colonisation européenne.

Gopura (bâtiment d'entrée) vu de profil, paroi extérieure du mur d'enceinte de Ta Prohm, Angkor, Cambodge

Source : S. Palu

Le patrimoine archéologique comprend tous les vestiges physiques de l'histoire humaine. Alors que cela évoque souvent des images des pyramides d'Égypte, du Machu Picchu au Pérou ou des tombes impériales chinoises remplies de soldats en terre cuite, il comprend également les fossiles d'espèces présentes en Afrique et en Asie à d'autres époques, l'art, les sépultures, les ruines de maisons et d'autres structures, les foyers, les restes de nourriture (par exemple, les os et arrêtes, les écailles, les graines, les coquillages), l'artisanat et les vestiges industriels (par exemple des os, des coquilles, des pierres, des outils en bois et en métal, des armes, des articles ménagers, des poteries décoratives et fonctionnelles, du verre et du plastique ainsi que les débris créés lors de la fabrication de tous ces objets) découverts dans les maisons et autour d'elles, sites sacrés, lieux de travail et de loisirs de toutes les personnes y ayant évolué (études de cas 4.2 et 4.3).

La reconnaissance du patrimoine archéologique

La reconnaissance et la protection du patrimoine archéologique – en tant qu'héritage du passé de l'humanité – ont parfois été difficiles en raison de la difficulté des hommes à appréhender l'étendue temporelle de leur histoire et à percevoir l'histoire humaine sur le très long terme. La « ville sous la ville » qui existe dans presque tous les centres urbains modernes en est un exemple typique. D'importantes sommes d'argent et beaucoup d'efforts sont investis dans la protection du patrimoine architectural hors-sol tandis que les restes des villes et villages qui se trouvent sous ces monuments architecturaux et témoignent de leur histoire plus ancienne reçoivent souvent moins d'attention. Il est important de comprendre et de préserver ces vestiges, car ils peuvent nous dire comment, quand et pourquoi les villes modernes ont été construites et ainsi nous aider à comprendre pourquoi les choses sont telles qu'on les trouve de nos jours.

« L'archéologie en milieu sauvage » est un autre aspect important du patrimoine archéologique. La plupart des données archéologiques sont discrètes et les monuments importants sont en fait rares, bien qu'ils focalisent plus facilement l'attention. De vastes étendues peuvent paraître vierges d'activités humaines pour une majorité des gens, mais un œil averti et entrainé pourra y déceler des preuves physiques d'activités humaines passées. Par exemple, des étendues végétales peuvent être modifiées à long terme par l'utilisation volontaire du feu tout comme les régimes hydrologiques peuvent évoluer suite à certaines pratiques de gestion de l'eau. Le manque

Ferme des Mummarley, parc national de Kakadu, Australie
Source : Duncan Marshall

L'Old Faithful Inn, parc national de Yellowstone
Source : Jim Peaco, Wikimedia Commons

de reconnaissance de ces éléments archéologiques discrets a pendant longtemps été une justification d'approches de conservation se basant sur l'idée selon laquelle les aires protégées servaient à préserver des territoires que l'on croyait vierges de traces d'activité humaine.

Les organismes internationaux, tels que l'Icomos, disposent de groupes de travail spécialisés, comme le Comité international de la gestion du patrimoine archéologique (Icahm), chargés de promouvoir la reconnaissance de tous les aspects du patrimoine archéologique. Ces groupes commencent à travailler en étroite collaboration avec l'UICN afin de développer des approches intégrant davantage le patrimoine culturel et naturel. Ceci est particulièrement pertinent dans les cas où le patrimoine est difficilement visible sur certains sites et risquerait de ne pas être repéré par les décideurs.

Il arrive que les restes de monuments impressionnants monopolisent l'attention dans une région. Le site archéologique d'Angkor, un bien du patrimoine mondial très connu, en est un bon exemple. Sur de tels sites, il peut être difficile de limiter à la fois la dégradation de la nature et l'impact d'une activité touristique intense, ce qui est rendu plus difficile encore par les découvertes qui sont régulièrement faites dans les zones environnantes. Il est compréhensible que, dans de tels cas, moins d'attention soit accordée au patrimoine (archéologique) non monumental situé entre ces espaces et en leur sein. Il arrive que les liens entre les populations locales et les principaux sites soient niés, même lorsque le patrimoine non monumental du site indique que les populations en question ont probablement toujours vécu dans la région et contribué à la construction du monument en tant que bâtisseurs, ouvriers ou en fournissant à ceux-ci des produits alimentaires et d'autres biens et services. Le déni de ce lien entre les populations modernes et le bien archéologique local peut créer des tensions et peut mener les communautés locales à s'opposer aux efforts de gestion du patrimoine archéologique.

Le patrimoine bâti

Le patrimoine culturel le plus manifeste dans les aires protégées est sans doute celui constitué de bâtiments ou d'autres structures témoignant d'activités humaines anciennes ou récentes. On trouve des bâtiments extrêmement divers dans les aires protégées et ils peuvent être liés à diverses activités :

- les activités résidentielles : abris, maisons, lodges et hôtels ;
- les activités religieuses : sanctuaires, temples et églises ;
- les activités commémoratives : cimetières et diverses structures commémoratives ;
- les activités militaires : fortifications ;
- l'exploitation minière et autres activités extractives : chevalements, hangars, moulins, ateliers, bureaux, barrages, canaux, réservoirs, routes et chemins de fer ;
- diverses industries, allant de l'automobile au cinéma ;
- les activités agricoles : hangars, cours, clôtures et granges ;
- les activités forestières : hangars, moulins, ateliers, bureaux, canaux, équipement de débardage et chemins de fer ;
- les activités scientifiques : observatoires, télescopes, antennes, bureaux et ateliers ;
- les activités de reconnaissance : postes de triangulation ou cairns ;
- les activités de transport : routes, voies ferrées, canaux d'écoulement, murs de soutènement et ponts ;
- les activités touristiques : lodges et hôtels ; ou
- les pratiques anciennes de gestion des aires protégées.

Étude de cas 4.4 Le Parc national de Tikal au Guatemala

Le Parc national de Tikal est l'une des aires protégées les plus importantes du Guatemala en raison de son intérêt bioécologique et archéologique. Ses rivières, lacs, marécages et savanes inondées sont importants pour la biodiversité et pour les oiseaux migrateurs. On y trouve la plus grande zone de forêt tropicale du Guatemala et d'Amérique centrale et un large éventail d'habitats naturels préservés. Une grande partie de la réserve comprend encore de denses forêts de feuillus abritant plus de 300 essences d'arbres ayant une certaine valeur commerciale.

Au cœur de la jungle se trouve un site majeur de la civilisation maya. Son centre cérémoniel comporte de superbes temples et palais et des places publiques auxquelles on accède par des rampes. Des vestiges d'habitations sont disséminés dans la campagne avoisinante. Les ruines de la ville reflètent l'évolution culturelle de la société maya, de la chasse et de la cueillette jusqu'à l'agriculture. La culture religieuse, artistique et scientifique avancée qui la caractérisait s'est effondrée à la fin du IXe siècle, mais, à son apogée, entre l'an 700 et 800, la ville abritait une population de 90 000 Mayas et, entre 600 av. J.-C. et l'an 900, plus de 3 000 bâtiments y furent construits, y compris des temples, résidences et monuments religieux souvent décorés d'inscriptions hiéroglyphiques, ainsi que des tombes. Les fouilles archéologiques menées sur le site ont permis la découverte de coton, tabac, haricots, courges, poivrons et beaucoup de fruits d'origine précolombienne, mettant ainsi en évidence l'importance de la domestication des plantes dans la culture maya (UNESCO, 2014c).

Bâtiments mayas, parc national de Tikal
Source : Magnus Manske, Wikimedia Commons

Ces activités peuvent être très anciennes, telles que les cérémonies organisées au VIe siècle av. J.-C. par la civilisation maya dans les temples, les palais et les places publiques maintenant situés dans le parc national de Tikal au Guatemala (étude de cas 4.4). Mais elles peuvent également être relativement récentes. Par exemple, le Parc national de Lushan, en Chine, abrite un patrimoine naturel d'une grande richesse comprenant des villas construites par les visiteurs chinois et étrangers à la fin des XIXe et XXe siècles, lorsque la zone devint une station balnéaire populaire puis, dans les années 1930 et 1940, la capitale d'été officielle de la République de Chine. Les activités qui avaient mené à la création de ces bâtiments ou y avaient été associées ont, pour une partie d'entre elles, pris fin tandis que d'autres perdurent.

Les bâtiments et les structures peuvent être des éléments isolés ou faire partie d'un ensemble. Par exemple, on trouve dans le parc national de Hortobágy, en Hongrie, une structure isolée, le Pont des neuf arcs, qui est le plus long pont en pierre du pays. Dans d'autres cas on trouve plusieurs éléments formant un complexe, tels que certains villages se trouvant dans des aires protégées, où des constructions faisant partie d'un paysage culturel ou étant fortement liées à des éléments naturels particuliers tels que le bien du patrimoine mondial naturel et culturel que sont les falaises de Bandiagara, au Mali. Ces falaises, sur lesquelles 289 villages sont implantés, constituent un vaste paysage culturel où les communautés locales ont développé, au cours des siècles, une relation étroite avec les caractéristiques géologiques et environnementales exceptionnelles de leur environnement incluant des falaises et des plateaux de grès.

Les bâtiments et structures s'intègrent dans les aires protégées

Les bâtiments et les structures font parfois partie intégrante d'un paysage géré traditionnellement depuis des siècles, s'inscrivant ainsi dans un environnement évolutif dont la gestion intègre à la fois les valeurs des patrimoines naturel et culturel. En Grèce, les monastères des Météores, construits au XIe siècle sur des pics rocheux spectaculaires en est un bon exemple. Dans ce bien du patrimoine mondial, les monastères semblent avoir poussé au sommet de ces grands et hauts pinacles, qui avaient une certaine importance religieuse, et fournissaient un espace de retraite, méditation et protection.

Parfois, au contraire, des bâtiments ou des structures ne sont pas intégrés dans leur environnement et sont plutôt un accessoire de l'environnement naturel dans lequel ils se trouvent. Le parc national de Kakadu en Australie contient un certain nombre de sites du patrimoine culturel liés à l'activité pastorale qui s'y pratiquait avant la création du parc, tels que la ferme des Mummarley.

Ce patrimoine culturel n'est pas lié au statut de bien du patrimoine mondial naturel du parc, mais ne constitue cependant pas une contrainte.

La gestion des aires protégées peut elle-même être à l'origine de la construction de bâtiments ou de structures ayant une valeur patrimoniale. L'Old Faithful Inn en est un bon exemple. Datant de 1904, cet hôtel a été construit pour héberger les visiteurs du parc du Yellowstone, créé en 1872 aux États-Unis.

La reconnaissance du patrimoine bâti

L'objectif initial de la création d'une aire protégée est souvent en relation avec le patrimoine naturel du territoire et il peut donc être difficile de reconnaître et comprendre la valeur patrimoniale des bâtiments ou des structures dans les aires protégées. L'identification et la protection du patrimoine culturel ne sont alors pas toujours des priorités, mais peuvent accompagner le développement d'une gestion intégrée du patrimoine ou émerger à la suite de demandes des communautés.

Dans d'autres cas, le patrimoine culturel est reconnu comme faisant partie de l'aire protégée et est identifié et préservé au même titre que les valeurs du patrimoine naturel dans le cadre d'une gestion intégrée du patrimoine de l'aire protégée. Le parc national des Sundarbans, en Inde, abrite la plus grande forêt de mangroves du monde, mais aussi un important patrimoine bâti comprenant les ruines d'une ville construite par la communauté marchande de Chaand Sandagar autour des IIIe et IVe siècles. Au XVIe siècle, dans l'Empire moghol, le Raja Basand Rai et son neveu, alors qu'ils faisaient face à la progression des armées de l'empereur Akbar, trouvèrent refuge dans la ville. Ils y construisirent des bâtiments qui tombèrent par la suite sous l'emprise de pirates portugais, de faux-sauniers et des dacoïts au cours du XVIIe siècle (UNESCO, 2014d).

Pourquoi les bâtiments et les structures sont-ils importants ?

Comme toute forme de patrimoine culturel, les bâtiments ou les structures peuvent avoir une valeur importante, car ils représentent des épisodes de l'histoire humaine qui doivent être compris, respectés et appréciés. Il arrive que des bâtiments ou des structures s'inscrivent dans des traditions culturelles encore existantes et que la protection de ce patrimoine soit aussi un moyen de préserver le bien-être culturel de la communauté associée. Mentionnées précédemment, la falaise de Bandiagara et ses centaines de villages en sont un bon exemple. Dans d'autres cas, le patrimoine culturel est un important vestige du passé constituant un témoignage concret d'activités humaines anciennes. C'est notamment le cas des traces physiques

Encadré 4.2 Définir le patrimoine mobilier

Le patrimoine mobilier fut reconnu comme une catégorie distincte de bien culturel/patrimoine culturel lors de l'adoption de la définition suivante par l'UNESCO en 1978 :

« [O]n entend par [...] "[b]iens culturels mobiliers", tous les biens meubles qui sont l'expression ou le témoignage de la création humaine ou de l'évolution de la nature et qui ont une valeur ou un intérêt archéologique, historique, artistique, scientifique ou technique, notamment ceux relevant des catégories suivantes :

- Le produit des explorations et des fouilles archéologiques, terrestres et subaquatiques ;
- Les objets d'antiquité tels qu'outils, poteries, inscriptions, monnaies, sceaux, bijoux, armes et restes funéraires, notamment les momies ;
- Les éléments provenant du démembrement de monuments historiques ;
- Le matériel anthropologique et ethnologique ;
- Les biens concernant l'histoire, y compris l'histoire des sciences et des techniques, l'histoire militaire et sociale, ainsi que la vie des peuples et des dirigeants, penseurs, savants et artistes nationaux et les événements d'importance nationale ;
- Les biens d'intérêt artistique tels que Peintures et dessins, faits entièrement à la main sur tout support et en toutes matières (à l'exclusion des dessins industriels et des articles manufacturés décorés à la main) ; Estampes originales, affiches et photographies en tant que moyens de création originale ; Assemblages et montages artistiques originaux, en toutes matières ; Productions de l'art statuaire et de la sculpture, en toutes matières ; objets d'art appliqué dans des matières telles que le verre, la céramique, le métal, le bois, etc. ;
- Les manuscrits et incunables, codex, livres, documents ou publications d'intérêt spécial ;
- Les objets d'intérêt numismatique (médailles et monnaies) ou philatélique ;
- Les documents d'archives, y compris les enregistrements de textes, les cartes et autre matériel cartographique, les photographies, les films cinématographiques, les enregistrements sonores et les documents lisibles par machine ;
- Les objets d'ameublement, les tapisseries, les tapis, les costumes et les instruments de musique ;
- Les spécimens de zoologie, de botanique et de géologie. »

Source : Jokilehto (2005:27)

Étude de cas 4.5 Protéger les pratiques traditionnelles de transhumance

La région de Laponie, site suédois du patrimoine mondial, est un vaste paysage de l'Arctique qui englobe quatre parcs nationaux et deux réserves naturelles et où vivent des Sames, ou Lapons, le seul peuple autochtone officiellement reconnu en Scandinavie. Il s'agit de la plus grande région du monde (et l'une des dernières) où perdure un mode de vie ancestral fondé sur la transhumance. Chaque été, après avoir passé l'hiver dans les forêts de conifères de l'Est, les Sames conduisent leurs immenses troupeaux de rennes vers les montagnes. La région a une valeur universelle exceptionnelle pour son patrimoine naturel et les Sames y vivent depuis 7 000 ans.

Collier en dents de kangourou, pièce rare trouvée sur un site aborigène, Nouvelle-Galles du Sud, Australie

Source : NSW Office of Environment and Heritage

laissées par la civilisation maya dans le parc national de Tikal. Enfin, les bâtiments et structures peuvent également être importants pour beaucoup d'autres raisons, y compris pour leur rôle dans certaines activités économiques et sociales telles que l'agriculture, les transports ou le tourisme, mais ils n'ont alors pas nécessairement de valeur patrimoniale.

Le lien entre les bâtiments et structures et les aires protégées

Cette brève section présente plusieurs manières dont les bâtiments et les structures peuvent être liés aux aires protégées. Ces liens peuvent être très récents ou très anciens, ils peuvent être limités ou étendus géographiquement, ils peuvent avoir évolué sur une longue période et être profonds ou ils peuvent être accidentels et avoir été créés en raison du statut de l'aire protégée.

Selon leur importance historique, l'état de leur structure (aspect important pour la sécurité du public) et parfois la catégorie de l'aire protégée dans laquelle ils se trouvent, les bâtiments et les structures peuvent être reconnus et acceptés comme un élément du patrimoine culturel de l'aire protégée. Inversement, ces éléments peuvent être considérés comme ayant peu de signification culturelle, voire aucune, comme présentant un danger pour la sécurité ou, dans certains cas, leur présence peut être perçue comme incompatible avec des objectifs de conservation de la nature notamment dans certains espaces sauvages. Par exemple, dans les premières décennies suivant la création du *National Parks and Wildlife Service* de Nouvelle-Galles-du-Sud, en Australie, la présence de cabanes d'éleveurs construites entre le début et le milieu du xxe siècle dans les régions sauvages du parc national de Kosciuszko posait un problème de gestion en raison des difficultés logistiques liées à l'entretien de bâtiments situés dans un endroit si reculé. Il fut pendant un temps décidé de les gérer « comme des ruines » c'est-à-dire de n'entreprendre aucune activité d'entretien des bâtiments, ce qui les amena à se dégrader progressivement, puis à être détruits en raison du risque que leur état posait sur la sécurité publique.

Bien qu'il soit acceptable de « ne rien faire » selon plusieurs recommandations internationales comme celles de l'Icomos, ceci est en réalité inacceptable pour les défenseurs du patrimoine historique et, plus important encore, les descendants des personnes dans les vies desquelles ces cabanes et le paysage environnant jouaient un rôle important. Des recherches sur l'histoire de ces bâtiments menées conjointement avec les familles concernées pourraient révéler l'importance culturelle de ces lieux pour leur valeur historique sociale et pourraient prouver qu'elle s'étend au-delà de celle de simples ruines. Teddy's Hut (« la cabane de Teddy ») dans le parc national de Kosciuszko en est un bon exemple (Higgins, 1988).

Le patrimoine mobilier

Le patrimoine mobilier est un élément essentiel du patrimoine culturel à l'échelle locale, nationale et mondiale. Le patrimoine mobilier se réfère à des objets culturels qui peuvent être extraits de leur contexte d'origine et que l'on trouve donc souvent dans des collections, à la fois dans des musées et chez des particuliers (encadré 4.2). Le patrimoine mobilier est souvent de nature archéologique. En 1992, en Nouvelle-Galles-du-Sud, des fouilles menèrent à une double découverte : une sépulture humaine de près de 7 000 ans fut trouvée dans une tombe, ainsi que divers objets, dont un collier constitué de plus de 300 dents de kangourou dans chacune desquelles un trou percé permettait sans doute de les relier avec un fil (Feary, 1993). Ces objets sont inestimables à tous égards.

Étude de cas 4.6 La récupération de la Mary Rose

La Mary Rose, prestigieux navire de Henry VIII, fut construite à Portsmouth, en Angleterre, en 1509. Elle sombra dans le Solent le 19 juillet 1545, lors d'une bataille contre les forces françaises. Les circonstances de la catastrophe ne sont pas claires, mais l'on sait que le navire a chaviré de manière inattendue et coulé rapidement. Sur les 700 hommes à bord, moins de 40 survécurent (McKee, 1982) L'épave du navire s'enfonça rapidement dans le sol mou du Solent et la vase s'y accumula. La coque en partie intacte de la Mary Rose et son précieux contenu étaient relativement intacts lorsque, en 1971, commença la plus grande excavation archéologique sous-marine ayant eu lieu jusqu'alors en Grande-Bretagne. La vase humide qui les enveloppait protégeait la plupart des objets en matières organiques qui sont habituellement les premiers à disparaître. On fit des milliers de découvertes et les divers éléments indépendants en bois et les structures internes furent soigneusement étudiés, démontés et stockés afin d'être remontés plus tard. Le 11 octobre 1982, la coque vide fut soulevée ; on y pulvérisa une cire hydrosoluble, du polyéthylène glycol, afin de la préserver et un musée fut construit pour abriter les objets trouvés à bord (Throckmorton, 1987).

Étude de cas 4.7 Le port de Césarée, parc national de Césarée, Israël

Le port antique de Césarée, construit par le roi Hérode en l'honneur de César Auguste en l'an 10 av. J.-C. fut le plus grand port de l'Empire romain. Il fut le premier grand port artificiel et l'un des plus impressionnants de son temps. Des milliers d'hommes furent recrutés pour sa construction, qui dura plus de 12 ans. Certains d'entre eux plongeaient en apnée ou parfois sous une cloche de plongée. Pour construire le port, les ingénieurs romains inventèrent un type de ciment connu sous le nom de pouzzolane, constitué de poudre volcanique déposée autour du Vésuve mélangée à de la chaux et des gravats. Ce béton hydraulique fut apporté à Césarée et utilisé pour remplir des coffrages en bois qui étaient ensuite posés sous l'eau afin de fonder les bases du port. Le port, cependant, commença à s'affaisser peu de temps après son achèvement et devint inutilisable au VIe siècle.

Au cours des trois dernières décennies, le site a été fouillé par une équipe de l'université de Haïfa et est devenu l'un des premiers musées sous-marins du monde. Le port submergé fut déclaré parc national en 1952 et est une destination populaire pour les plongeurs. Ces derniers peuvent maintenant visiter les ruines balisées de ce magnifique site qui comporte une épave romaine, un phare en ruines, un ancien brise-lames, les fondations initiales du port et des ancres. Avant de plonger, les visiteurs reçoivent une carte imperméable décrivant en détail chacun des sites numérotés le long de leur trajet. Un des itinéraires indiqués est accessible aux plongeurs avec tuba (Old Caesarea Diving Centre, 2014).

Les menaces qui pèsent sur le patrimoine mobilier

En raison de sa transportabilité, le patrimoine mobilier est particulièrement vulnérable au trafic national et international et au risque de vol pendant les périodes de guerre (figure 4.2). Depuis l'adoption, en 1970, de la Convention concernant les mesures à prendre pour interdire et empêcher l'importation, l'exportation et le transfert de propriété illicites des biens culturels, l'Unesco a réussi à rendre à de nombreux pays les biens du patrimoine mobilier qui leur revenaient. Le Conseil international des musées (International Council of Museums – Icom) tient une liste rouge des pays et régions dont les très importants objets archéologiques ou œuvres d'art se trouvent dans des zones vulnérables afin d'éviter qu'ils ne soient vendus ou exportés illégalement.

Le patrimoine mobilier peut inclure des ossements humains récoltés sur des lieux de sépulture et envoyés à des musées situés dans leurs pays ou pas, ainsi que des os d'animaux d'importance culturelle.

Rapatriement d'ossements humains

À la fin du XIXe siècle et au début du XXe, en Australie, les anthropologues et les fonctionnaires coloniaux récoltèrent de nombreux ossements anciens d'Aborigènes australiens destinés à l'étude des différentes cultures et servant de base aux recherches sur la notion de supériorité raciale que le darwinisme social alimentait. Des milliers d'ossements se retrouvèrent ainsi dans des collections privées, des musées et des institutions scientifiques à travers le monde ainsi que dans les principaux musées d'histoire naturelle d'Australie. Dès les années 1960, les aborigènes demandèrent que les restes de leurs ancêtres leurs soient restitués afin qu'ils puissent être inhumés dans leur pays ; le retour de ces restes est un élément important du processus de réconciliation en Australie.

1500 paintings seized by Nazis found

A private stash of 1500 paintings seized by the Nazis, including works by Pablo Picasso and Henri Matisse, has been found in Germany. Customs investigators found the missing art more than two years ago in the dusty, rubbish-filled Munich apartment of an 80-year-old man, but this was not disclosed at the time, news magazine *Focus* reported. The Nazis seized vast hoards of fine art during their 12 years in power and some of it remains missing. While some items were destroyed in bombing raids, it has always been suspected many items are in private hands. Focus estimated the stash was worth €1 billion ($1.45 billion). The art once belonged to Jewish collectors, who were forced to sell it for a pittance before the Holocaust, or it was confiscated by Nazi censors from galleries because it was allegedly "degenerate". Under German law, most art acquisitions made under Nazi duress have to be reversed and the heirs of the original owners can reclaim the art.

« 1 500 tableaux saisis par les nazis retrouvés

Une collection privée de 1 500 tableaux saisis par les nazis, comprenant des œuvres de Pablo Picasso et Henri Matisse, a été retrouvée en Allemagne. Selon le magazine Focus, les enquêteurs des services douaniers auraient trouvé ces peintures il y a plus de deux ans dans l'appartement poussiéreux et encombré d'un homme de 80 ans, mais cela avait été gardé confidentiel à l'époque. Pendant les 12 années qu'ils ont passées au pouvoir, les nazis saisirent de nombreuses œuvres d'art et certaines n'ont toujours pas été retrouvées. Alors que certaines ont sans doute été détruites lors des bombardements, d'autres objets sont probablement entre les mains de propriétaires privées. Focus estime la valeur de la saisie à un milliard d'euros (1,45 milliard de dollars). Les tableaux appartenaient à des collectionneurs juifs qui furent obligés de les vendre pour une somme dérisoire avant l'Holocauste ou furent retirés de galeries par la censure nazie qui jugeait les œuvres « dégénérées ». Selon la loi allemande, la plupart des ventes d'œuvres d'art datant de l'époque nazie sont annulées et les héritiers des propriétaires originels des œuvres peuvent réclamer ces dernières. »

Figure 4.2 Restituer le patrimoine mobilier volé (et traduction de l'article)

Source : Sydney Morning Herald, 5 novembre 2013

Parce que les Aborigènes sont largement impliqués dans la gestion des parcs nationaux en Australie, il n'est pas rare que ces ossements soient rapatriés dans un parc. Par exemple, en septembre 2005, le gouvernement de la Nouvelle-Galles-du-Sud annonça la création, dans divers parcs et réserves, de sept nouveaux sites de ré-inhumation de restes aborigènes, leur accordant à cette occasion un statut de protection supplémentaire avec le « New South Wales *National Parks and Wildlife Act 1974* » (Truscott, 2006).

L'élevage et la transhumance

La transhumance est une pratique ancienne décrivant les déplacements saisonniers d'éleveurs et de leurs animaux afin de trouver de l'eau et des pâturages. L'accès aux terres et à l'eau des endroits vers lesquels les hommes et les bêtes se déplacent est essentiel au maintien des traditions culturelles des éleveurs. On peut citer en exemple les Massaï et leur bétail au Kenya et le peuple same et ses troupeaux de rennes dans la région arctique (étude de cas 4.5). Certaines aires protégées, telles que le bien du patrimoine mondial de la région de Laponie dans le nord de la Suède, aident à maintenir les traditions culturelles de la transhumance (Verlag Wolfgang Kunth GmbH & Co., 2010:15). Les plantes et animaux d'importance culturelle sont abordés plus loin dans ce chapitre.

Le patrimoine subaquatique

La convention de l'Unesco sur la protection du patrimoine culturel subaquatique définit ainsi ce patrimoine : « toutes les traces d'existence humaine présentant un caractère culturel, historique ou archéologique, qui sont immergées, partiellement ou totalement, périodiquement ou en permanence, depuis 100 ans au moins » (Unesco, 2001). La convention a été ratifiée par 20 pays.

Les hommes ont évolué en relation étroite avec l'environnement marin et ont longtemps vécu sur les littoraux. Ainsi, une importante part de l'histoire du développement de l'humanité s'est déroulée dans des zones désormais submergées en raison de l'augmentation du niveau de la mer depuis la fin de la dernière ère glaciaire. La richesse du patrimoine culturel subaquatique est souvent sous-estimée, car elle est difficilement visible et sa description et son évaluation nécessitent des techniques spécialisées. L'océan offre d'excellentes conditions de conservation et de nombreuses épaves et ruines de villes et de bâtiments sont mieux préservées sous l'eau que des sites similaires sur terre. L'eau protège le patrimoine subaquatique depuis des siècles, mais notre capacité à comprendre et à étudier ce patrimoine est relativement récente. Elle est liée à l'évolution des techniques de plongée. L'amélioration de ces techniques a rendu le patrimoine culturel subaquatique plus accessible, mais aussi de plus en plus vulnérable face aux détériorations et au pillage.

Le patrimoine culturel subaquatique est extrêmement riche et varié. On estime que plus de trois millions d'épaves reposent sur les fonds océaniques de la planète. Elles incluent notamment les remarquables navires de l'Armada espagnole, le Titanic et les vaisseaux de Christophe Colomb, la flotte de Kublai Khan et des épaves de navires néerlandais, y compris le Batavia, au large de la côte ouest de l'Australie. Les épaves peuvent fournir des informations historiques précieuses. Figées hors du temps, elles nous offrent un aperçu de la vie à bord au moment du naufrage et fournissent également des indications sur le commerce et les échanges culturels qui existaient entre les peuples (UNESCO, 2001). On trouve toutes sortes de sites sous-marins, y compris les ruines du phare d'Alexandrie et du palais de Cléopâtre (Égypte), une partie de l'ancienne Carthage (Tunisie) et les vestiges de Port-Royal en Jamaïque, détruit par un tremblement de terre en 1692. Le patrimoine culturel subaquatique inclut aussi des paysages entiers et des grottes ornées de peintures rupestres se trouvant maintenant au fond de la mer (Intergovernmental Oceanographic Commission, 2014).

Femmes de l'île de Tikopia située dans l'océan Pacifique, 11e festival des Arts du Pacifique, Honiara, îles Salomon

Source : S. Feary

Le patrimoine subaquatique concerne également les aires protégées, y compris les aires marines protégées et les aires terrestres protégées ayant une composante marine, telles que les aires côtières et insulaires protégées. Cependant, dans de nombreux pays, l'inventaire complet de l'héritage culturel des aires marines protégées reste encore à faire.

Les sites préhistoriques immergés

En plus de ceux liés à des naufrages, on trouve de nombreux objets archéologiques très divers sous l'eau. L'importance des données issues de ces sites recouverts suite à la montée du niveau de la mer n'est cependant clairement reconnue que depuis une décennie. Ce paysage noyé conserve des archives sédimentaires précieuses gardant la trace des changements environnementaux et climatiques de long terme, mais aussi des vestiges archéologiques dont la découverte permet d'étudier la réponse adaptative des hommes face à l'évolution rapide de leur environnement.

Avec l'intensification des activités commerciales menées dans les grands fonds et les avancées des techniques de recherche, le nombre d'éléments archéologiques collectés augmente rapidement (étude de cas 4.6). Mais en parallèle les risques de destruction augmentent aussi. En réponse à cela, la Commission européenne a lancé et financé le programme Spalshcos (Submerged Prehistoric Archaeology and Landscapes of the Continental Shelf), un programme de recherche quadriennal (2009-2013). Il a pour objectif de réunir des archéologues, des géoscientifiques marins, des organismes en charge de la gestion du patrimoine et des organisations industrielles et commerciales intéressées par la recherche, la gestion et la préservation des informations archéologique et paléoclimatique que contiennent les paysages préhistoriques immergés du plateau continental européen et de partager ces informations avec un public élargi (Splashcos, 2014).

La conservation in situ

Le patrimoine culturel subaquatique et son histoire sont fascinants en raison du mystère qui les entoure. Des initiatives récentes permettent aux visiteurs de voir ce patrimoine *in situ* tout en assurant la protection du site original (étude de cas 4.7).

Le patrimoine immatériel

Le fait que le patrimoine culturel ne soit pas seulement matériel, mais puisse également être immatériel a été reconnu relativement tard dans le monde de la protection

Étude de cas 4.8 Le mont Kailash : une montagne sacrée

Le mont Kailash, situé au Tibet, est la montagne « la plus sacrée du monde » pour près d'un milliard de personnes en Asie. Ce célèbre pic enneigé, situé au nord de la chaîne himalayenne à l'ouest du Tibet, est l'un des lieux de pèlerinage les plus importants pour les hindous, les bouddhistes, les jaïns et les bönpos (pré-bouddhistes) et attire des pèlerins d'Inde, du Népal, de Mongolie, du Tibet, du Japon, de Chine, d'Asie du Sud-Est et d'autres régions du monde. On dit que l'eau qui court sur les pentes du mont Kailas forme ensuite le lac Manasarovar d'où partent quatre grands fleuves d'Asie : l'Indus, le Brahmapoutre, le Karnali et le Sutlej. C'est le lac le plus sacré du monde pour la plupart des hindous.

Mont Kailash, Tibet

Source : © Edwin Bernbaum

du patrimoine. Cependant, depuis son adoption en 2003, la Convention pour la sauvegarde du patrimoine culturel immatériel a été ratifiée rapidement et moins de dix ans plus tard elle comptait plus de 150 États parties. Elle est désormais le principal cadre international de gestion du patrimoine immatériel.

La convention définit le patrimoine culturel immatériel ainsi :

> « les pratiques, représentations, expressions, connaissances et savoir-faire - ainsi que les instruments, objets, artéfacts et espaces culturels qui leur sont associés - que les communautés, les groupes et, le cas échéant, les individus reconnaissent comme faisant partie de leur patrimoine culturel. Ce patrimoine culturel immatériel, transmis de génération en génération, est recréé en permanence par les communautés et groupes en fonction de leur milieu, de leur interaction avec la nature et de leur histoire, et leur procure un sentiment d'identité et de continuité, contribuant ainsi à promouvoir le respect de la diversité culturelle et la créativité humaine » (UNESCO, 2003:2).

Le patrimoine culturel immatériel se manifeste sous plusieurs formes :

- les traditions et expressions orales, y compris la langue ;
- les arts du spectacle ;
- les pratiques sociales, les rituels et les événements festifs ;
- les connaissances et pratiques relatives à la nature et à l'univers (y compris les connaissances ethnobotaniques) ; et
- les savoir-faire liés à l'artisanat traditionnel (UNESCO, 2003).

L'Unesco a récemment ajouté à sa liste de « patrimoine culturel immatériel » la tradition culinaire japonaise *washoku*, la préparation du *kimchi* coréen et l'utilisation de l'abaque en Chine.

Une grande partie de ce patrimoine immatériel est liée à des lieux ; par exemple, les endroits où les ressources ont été collectées pour l'artisanat traditionnel ou pour la nourriture, les lieux de rituels ou d'activité sociale ou cérémonielle et les routes et lieux d'activité particuliers. Avoir des liens continus avec ces lieux peut être important dans la culture de groupes très divers allant des peuples autochtones aux pique-niqueurs.

Il peut s'avérer difficile d'identifier et de protéger le patrimoine immatériel existant dans des aires protégées. Le patrimoine immatériel est un bien intellectuel partagé par un groupe social et contribuant souvent à lier ce groupe ; il est presque toujours partagé par voie orale, au niveau communautaire, familial et individuel. Des processus efficaces de consultation avec les détenteurs du savoir traditionnel sont donc essentiels pour que le patrimoine immatériel puisse être pris en considération dans les méthodes de gestion des aires protégées, lors de la préparation d'un plan de gestion

Étude de cas 4.9 L'importance des aires protégées pour les nouveaux migrants

Alors que la mondialisation et le transport aérien offrent aux gens la possibilité de se déplacer partout dans le monde, les citoyens de régions en proie à la guerre n'ont parfois pas d'autre choix que de fuir vers des pays qui acceptent les réfugiés. Une récente étude sur les nouveaux migrants de Sydney, la plus grande ville d'Australie, met en évidence le rôle important que jouent les aires protégées pour stabiliser la vie des peuples déplacés et traumatisés.

Byrne et Goodall (2013) ont montré que la pratique du « place-making » consistant à rendre des espaces vivables en y transférant ses propres modes de vie est particulièrement importante pour les migrants. En interviewant et en observant les migrants récemment arrivés du Vietnam et du Moyen-Orient se rendant dans le Georges River National Park, à Sydney, les chercheurs constatèrent que les pique-niques dans le parc national situé à proximité des banlieues où ils vivaient permettaient aux migrants de maintenir et d'étendre leurs liens sociaux tout en se familiarisant avec l'environnement naturel australien. Les pique-niques avaient généralement lieu à des endroits précis du parc et ces espaces devinrent un point d'ancrage pour les nouveaux migrants. Ces rencontres ne sont pas tant une affaire d'origine ethnique, mais plutôt de mal du pays, d'identité commune et un moyen de partager son expérience d'étranger dans une nouvelle ville (Byrne et Goodall, 2013).

Les parcs nationaux attirent les nouveaux migrants notamment parce qu'ils constituent un espace qui n'est pas « fixe » ou « contraint » de la même manière que l'espace urbain. Les aires protégées comme les parcs nationaux sont des espaces relativement peu structurés et surveillés et sont beaucoup plus ouverts et moins contraignants que la plupart des espaces publics construits dans les villes. Lors de ces pique-niques, des associations sont nouées entre un lieu et les expériences sociales qui y sont vécues. Une activité à un endroit donné, surtout si elle est répétée régulièrement au fil du temps, crée un lieu culturel à partir d'un espace naturel. Ces liens formés avec l'environnement naturel jouent un rôle dans la décision des migrants de s'installer sur des terres inconnues. Ils évoquent aussi des souvenirs d'activités que ces migrants avaient dans leurs pays d'origine et créent une connectivité sociale transfrontalière appelée « transnationalisme ». Ainsi, certains villages dans des pays tels que le Liban et la Chine sont maintenant plus intimement liés aux banlieues de Sydney qu'ils ne le sont à d'autres centres de population au Liban ou en Chine.

Il faut qu'un sentiment d'appropriation de l'aire protégée se crée, via le « place-making », afin que se développe un sentiment de responsabilité envers cet espace. La reconnaissance de ce processus par les gestionnaires des aires protégées est essentielle afin de promouvoir le sens des responsabilités de ces visiteurs, qui représentent une proportion croissante de la population sur laquelle les parcs nationaux comptent pour obtenir du soutien.

par exemple (voir chapitre 13). Protéger le patrimoine culturel immatériel passe souvent par la transformation d'informations orales en documents écrits. Lors de la transcription de ces informations, il est important de maintenir la confidentialité de certaines informations ne pouvant pas être divulguées au grand public pour des raisons culturelles et de protéger les droits de propriété intellectuelle.

Dans la section ci-dessous, nous identifions et discutons d'aspects naturels associés au patrimoine immatériel ou découlant de celui-ci. Le patrimoine immatériel est souvent lié à un lieu tangible, un rocher, une montagne, une vue ou un emplacement particulier, mais les relations humaines avec ces éléments sont intangibles : une croyance, une coutume, une histoire ou une émotion profonde. Alors que ce lien entre le matériel et l'immatériel peut être conceptuellement complexe, son application est souvent très simple. Cette section identifie plusieurs catégories de patrimoine matériel et immatériel liés. Ces catégories se recoupent parfois, mais restent un outil utile pour la reconnaissance du patrimoine immatériel.

La nature comme patrimoine culturel

« Pour les San du sud du Kalahari, chaque arbre et de nombreux autres sites physiques font partie de leur patrimoine immatériel, car leur histoire est associée à ces sites à travers des noms, des récits et des chansons » (South African San Institute, 2014).

Les sites sacrés

L'expression « site sacré » peut faire référence à des environnements naturels et bâtis ; dans cette section cependant nous nous focaliserons sur les sites naturels sacrés. Un site naturel sacré est un emplacement naturel identifié par une caractéristique particulière ou une grande superficie de terres ou d'eau ayant une signification spirituelle ou religieuse propre à certains peuples ou communautés (Oviedo et Jeanrenaud, 2007 ; Wild et McLeod, 2008) (étude de cas 4.8).

Presque tous les éléments naturels et toutes les combinaisons d'éléments naturels peuvent avoir une valeur sacrée, y compris :

- les marqueurs géologiques : rochers, grottes, falaises, tertres, collines et montagnes ;
- les sites liés à l'eau : sources, puits, étangs, lacs, ruisseaux, rivières, eaux côtières et glaciers ;

Encadré 4.3 La nature sauvage, un lieu de haute importance culturelle

Les zones de nature sauvage (catégorie Ib de l'UICN) sont des espaces moins modifiés par l'homme que les aires protégées appartenant aux autres catégories de l'UICN (voir chapitres 2 et 8). On pourrait dire qu'il s'agit des aires protégées les plus « socialement construites » et elles ont été, ces dernières années, la cible de nombreuses controverses. Beaucoup ont critiqué le fait qu'elles excluaient l'homme de la nature et méprisent ainsi les cultures dont les religions et visions du monde sont profondément liées à l'environnement naturel. Cela est d'autant plus étrange que les zones de nature sauvage couvrent souvent des terres qui portent la trace, discrète ou évidente, de la présence de l'homme, allant de peintures rupestres à des sites historiques d'exploitation minière, traces d'anciens sentiers, huttes et sites de récolte du bois.

Les États-Unis furent le premier pays à définir juridiquement et désigner des zones de nature sauvage, ce qui témoigne du changement de perception des Américains à l'égard des zones naturelles : d'un lieu qu'il fallait craindre elles sont devenues un lieu à vénérer. Un colon déclara, dans les années 1600 « la nature sauvage est un endroit sombre et lugubre où errent toutes sortes de bêtes sauvages vives » (Wilderness.net, 2014). Dans les sociétés de colons, comme en Australie et en Amérique du Nord, la lutte pour défricher et cultiver les terres naturelles était une manière de civiliser les endroits sauvages. En contraste avec cet idéal utilitaire, trois siècles plus tard, un auteur américain déclara que la nature sauvage était « l'ultime source de bien-être, terrestre et humain » (Wilderness.net, 2014). Par la suite, les pays du monde entier créèrent des aires protégées selon le modèle du Wilderness Act américain de 1964.

L'expression « nature sauvage » peut avoir des significations différentes selon les personnes qui l'emploient. L'écrivain et critique littéraire Samuel Johnson définit, au xviiie siècle, la nature sauvage comme « un espace de solitude et de sauvagerie » (Ransom, 1991:19). Elle peut également être décrite par rapport à l'identité nationale :

> « [Un] espace constitué de terres sauvages s'étendant au-delà des frontières (...), qui a participé au développement de notre nation et façonné le caractère de ses habitants. La nature sauvage est rare et est un lieu sauvage où l'on peut s'isoler de la civilisation, renouer avec la Terre, trouver de l'apaisement et comprendre le vrai sens et l'importance des choses. » (Wilderness.net, 2014)

Il existe aussi des équivalents urbains « domptés » de nature sauvage tels que les parcs des grandes villes et quelques éléments naturels isolés (Ransom, 1991:18).

Cheminée de la mine de cuivre abandonnée de Tolwong, zone de nature sauvage d'Ettrema, parc national de Morton, Australie

Source : S. Feary

Quel que soit le degré de leur caractère « sauvage », les zones de nature sauvage contribuent au bien-être social et à l'équilibre de l'homme, au moins dans le monde occidental. Les avantages qu'offrent ces espaces, aussi divers que les zones elles-mêmes, sont très importants. Le concept reste contesté lors des débats portant sur la fracture nature-culture, mais on ne peut nier que ces espaces sont devenus des lieux profondément spirituels pour les randonneurs extrêmes, les artistes et les poètes aux prises avec un monde occidental urbanisé.

Étude de cas 4.10 Les interactions entre les hommes et les dauphins

Les dauphins sont des mammifères marins sauvages auxquels de nombreuses personnes se sentent émotionnellement attachées. Il existe de nombreux livres et sites Internet prônant l'existence d'une affinité très forte, quasi spirituelle, entre les humains et les dauphins. Cela inclut des histoires de dauphins sauvant des gens de la noyade ou les protégeant des dangers de la mer ; par exemple, un internaute raconte qu'il a été sauvé d'une attaque de requin par des dauphins dans la baie de Monterey, en Californie. Certains croient que les dauphins sont nos guides et protecteurs, des guérisseurs et qu'ils créent un sentiment de paix, d'harmonie, d'acceptation générale et de bien-être (Psychic Universe, 2014). À l'ouest de l'Australie, des milliers de personnes se rendent en masse dans l'aire de Shark Bay, classée au Patrimoine mondial, pour visiter Monkey Mia, l'un des rares endroits où il est possible d'interagir avec des dauphins quasiment apprivoisés dans leur environnement naturel.

Étude de cas 4.11 Protéger les races traditionnelles de bétail

Dans le parc national d'Hortobágy, à l'est de la Hongrie, les formes traditionnelles d'utilisation des terres perdurent. Le paysage actuel de ce parc a été façonné par une culture pastorale qui a évolué au fil des siècles, créant des styles uniques de vêtements, d'architecture et de soins apportés aux animaux. Parmi les animaux qui paissent sur cette plaine herbeuse, qui est la plus grande d'Europe, on trouve une race bovine historique : le bœuf gris de Hongrie (Bos primigenius taurus Hungaricus), qui fut un temps menacé d'extinction. Race la plus imposante de la Hongrie, le bœuf gris a joué un rôle important dans l'agriculture hongroise du Moyen Âge au début du xxe siècle. On l'élevait pour les marchés des pays occidentaux, mais aussi pour servir d'animal de trait. Les individus présents dans le parc national de Hortobágy préservent le paysage culturel, constituent une banque de gènes et assurent la protection des connaissances traditionnelles associées à leur élevage (Puszta.com, 2014). En 1993, la Puszta hongroise fut inscrite au patrimoine mondial en tant que paysage culturel façonné par une société pastorale qui maintient intactes et visibles les traces de l'utilisation traditionnelle de l'environnement depuis plus de deux millénaires et qui est un exemple d'interaction harmonieuse entre l'homme et la nature (UNESCO, 2014e).

- les arbres : arbres et plantes individuels, parties d'arbres, bosquets et forêts ;
- les prairies : prés ; ou
- les paysages : paysages entiers ou éléments de paysages (vallées, montagnes).

On trouve parfois dans les sites naturels sacrés des éléments d'origine humaine menaçant de prendre le dessus sur le caractère naturel des sites. Cela peut même arriver dans les cas où la nature fait partie de la tradition et de l'éthique religieuse d'un peuple. Cette tendance est notamment illustrée par l'« hindouisation » ou « bouddhisation » de certains sites naturels sacrés de religions autochtones où un élément naturel est remplacé par un temple dédié à un dieu comme si la divinité autochtone était « apprivoisée » (Studley, 2010).

Pour de nombreux peuples autochtones et pour certaines religions, l'intégralité de la nature et même de la planète sont considérées comme sacrées. La nature est perçue dans un sens général, comme le berceau d'un lieu sacré et la conservation n'a donc pas nécessairement un motif scientifique, bien que l'étude récente de plus de 100 sites en Afrique et en Asie tend à montrer que de nombreux sites naturels sacrés ont une grande importance pour la conservation de la biodiversité (Dudley et al., 2010).

Les sites naturels sacrés existent dans presque tous les pays et peuvent être considérés comme un phénomène universel. Dans certains pays, ils sont très fréquents et leurs caractéristiques varient largement. Beaucoup sont anciens et peuvent être considérés comme des « aires protégées ancestrales », tandis que d'autres ont des origines plus récentes. Comme tout phénomène culturel, ils ne sont pas figés et certains sont encore en train de se créer. Beaucoup sont, cependant, en train de disparaître, très rapidement dans certaines zones. Dans la province du Yunnan en Chine du Sud-ouest, les collines saintes de la préfecture autonome dai de Xishuangbanna ont perdu 90 % de leurs forêts sacrées en raison de l'exploitation forestière (Shengii, 2010).

Les valeurs des sites naturels sacrés et leurs significations culturelles sont invisibles et inconnues tant que les récits et les croyances associées à ces lieux ne sont pas racontés. Ainsi, les sites naturels sacrés sont indissociables des connaissances traditionnelles et donc des peuples qui détiennent ces connaissances. Au cours des deux dernières

Étude de cas 4.12 Protéger la diversité des pommes de terre

Sur les hauts plateaux péruviens, six communautés du peuple Quechua ont créé le « Parque de la Papa » (« Parc de la pomme de terre ») afin de protéger 1 200 variétés de pommes de terre poussant sur plus de 8 500 hectares de terres municipales et se trouvant également naturellement dans les Andes. Il s'agit du projet pilote du réseau des paysages protégés de la Ruta Sagrada del Condor-Wiracocha qui cherche à préserver l'agriculture traditionnelle dans sept pays de la région andine préhispanique allant du Venezuela au Chili (Sarmiento et al., 2005).

Femmes vendant des pommes de terre au marché, Pérou
Source : S. Feary

décennies, les mouvements de conservation ont davantage engagé le dialogue avec les gardiens de sites naturels sacrés. Parmi ces gardiens, certains souhaitent même acquérir de plus amples connaissances des sciences naturelles qui sont à la base de la gestion du site.

Les lieux sociaux

Par souci de clarté, on distingue dans ce livre les lieux sociaux des sites sacrés, bien que la limite entre les deux soit floue. Alors que la connaissance des sites sacrés est souvent un privilège transmis à certaines personnes selon des rites spécifiques, les lieux sociaux, eux, ont une signification pour l'ensemble d'une communauté (étude de cas 4.9) ou même d'une nation. Cette valeur collective résulte d'un fort attachement émotionnel lié à une utilisation historique ou religieuse, à un événement particulier ou encore à une caractéristique naturelle. Partout dans le monde, les gens créent, mentalement ou physiquement, leurs propres lieux sociaux. Cela ne concerne pas uniquement les communautés autochtones, mais aussi les sociétés de colons, les groupes ethniques minoritaires et les groupes transnationaux tels que les réfugiés qui arrivent en Australie après avoir fui certains pays du Moyen-Orient déchirés par la guerre.

Les aires protégées sont des lieux sociaux, parfois dans leur intégralité ou d'autres fois en raison de certains lieux ou caractéristiques spécifiques que l'on y trouve. Les aires protégées elles-mêmes ainsi que l'utilisation de la science pour déterminer leurs emplacements, leurs tailles et leurs types de gestion font tout autant partie du patrimoine culturel de la société contemporaine que les bois sacrés et sites tabous des sociétés indigènes et tribales ; ils le font simplement de manières différentes. Les systèmes d'aires protégées, en plus de constituer une réponse politique à l'impact croissant des activités humaines sur l'environnement, reflètent donc l'attachement émotionnel des sociétés à leur environnement naturel (encadré 4.3).

Le fait que certains lieux soient importants aux yeux d'une communauté pour des raisons sociales (par opposition à des raisons utilitaires) fut un argument important des débats qui eurent lieu dans les années 1980 sur le développement durable. Ces discussions menèrent à la création d'une approche basée sur trois piliers et considérant que la dimension sociale du développement devait avoir la même importance que les dimensions environnementale et économique (WCED, 1987). Les discours de développement durable émergèrent avec les violentes animosités liées aux conséquences de

Étude de cas 4.13 La réserve de biosphère du papillon monarque

En 2008, la réserve de biosphère du papillon monarque, au Mexique, fut inscrite sur la Liste du patrimoine mondial selon le critère (vii) (valeur esthétique). Cette aire protégée et site du patrimoine mondial accueille pour la période d'hivernage les nombreux papillons monarques qui migrent de l'est des Rocheuses jusqu'au centre du Mexique, 4 000 kilomètres plus au sud. L'évaluation du site par l'UICN conclut que la concentration de papillons monarques *(Danaus plexippus)* est un phénomène naturel exceptionnel correspondant au critère (vii). La migration du papillon monarque est un très bon exemple de migration aller et retour d'insectes et les millions de papillons qui y participent parcourent une distance aussi longue, voire plus longue que la distance parcourue par toute autre migration d'insectes. De toutes les migrations d'insectes, aucune n'est comparable à celle du papillon monarque quant à sa durée, sa régularité, sa singularité et sa visibilité (Mitchell, 2013).

l'exploitation forestière sur les populations pauvres des pays en développement ; ils eurent ensuite des conséquences profondes sur la participation des communautés à la gestion des ressources naturelles et notamment la gestion des aires protégées.

Johnston (1992) définit plusieurs attributs propres aux lieux sociaux. Ce sont des espaces :

- de connexions spirituelles et traditionnelles passées et présentes (sites sacrés) ;
- qui créent un certain attachement entre le passé et le présent, mais peuvent faire abstraction d'événements pour lesquels nous n'avons pas d'affection – par exemple : l'Holocauste, le génocide au cours de l'histoire coloniale, l'esclavage ;
- qui servent d'ancrage à l'identité et à la conscience d'une communauté, bien que cela n'inclue pas nécessairement toute la communauté ;
- qui, en temps normal, sont visibles quotidiennement par la communauté, mais peuvent aussi englober des lieux sans caractéristique visible ;
- pour lesquels la communauté perçoit initialement une fonctionnalité puis développe un profond attachement qui va au-delà de l'utilité, qui peut être physique ou associé à un lieu ;
- qui déterminent les comportements et attitudes de la communauté ;
- accessibles au public, utilisables plusieurs fois et avec lesquels certains ont une connexion permanente ;
- où les gens se rencontrent et se réunissent en tant que communauté.

L'attachement des hommes au monde naturel est source de nombreux conflits et débats sur la gestion des aires protégées, en particulier en ce qui concerne l'accès et l'utilisation des ressources. Lorsque l'on promeut le développement d'activités de loisirs au sein des aires protégées, il est important de prévoir des réponses adaptées en matière de gestion afin de protéger ces espaces contre la dégradation environnementale qui pourrait en découler et, dans certains cas, cela signifie l'exclusion de certaines activités humaines (chapitre 23).

Malgré les justifications solides sur lesquelles se fonde une telle exclusion, lorsque les visiteurs ne sont plus en mesure de camper là où ils campent depuis des générations, lorsque les pasteurs ne peuvent plus faire paître leur bétail ou lorsque les gens ne peuvent plus ramasser du bois ou pêcher des poissons, la peine et la colère qui s'ensuivent sont le reflet de leur attachement social aux lieux et aux objets qui leur sont chers.

Les animaux et plantes d'importance culturelle

L'histoire des hommes se caractérise par la nature de leurs relations avec les plantes et avec les animaux. En ce sens, toutes les plantes et tous les animaux ont une importance culturelle (Willow, 2011). De nombreuses espèces de plantes et d'animaux et leurs signatures génétiques ont une signification particulière pour différentes cultures à travers le monde, dans le cadre des cérémonies par exemple. La relation entre les humains et les plantes et animaux est particulièrement importante dans les religions animistes ou indigènes, dans lesquelles les plantes et les animaux peuvent être vus comme des « esprits » imprégnés de significations spirituelles liant les hommes avec la nature ; cette relation forme la base de la vision du monde de nombreuses cultures autochtones.

Une espèce culturelle est une espèce à laquelle sont associées de profondes valeurs culturelles. Certains animaux sont sacrés et jamais consommés, tels que les vaches dans l'hindouisme. D'autres ont à la fois une fonction rituelle et utilitaire, tels que le porc en Mélanésie et le bétail des Masaï au Kenya, tandis que d'autres encore ont un statut particulier aux yeux des hommes tels que le montre l'attachement quasi-spirituel que la société occidentale a développé pour les cétacés grâce au mouvement « New Age » (étude de cas 4.10). De tels attachements sont positifs, car ils permettent d'obtenir le soutien du public pour la protection des espèces concernées, mais ne touche malheureusement pas les créatures moins « charismatiques », telles que les geckos sans pattes d'Australie (*Aprasia* sp.) ou le thon rouge du Sud (*Thunnus* sp.), qui ont pourtant tout autant besoin d'être protégées.

De nombreuses espèces végétales sont aussi importantes culturellement. L'igname (*Dioscorea* sp.) sauvage et cultivée est l'un des produits les plus importants pour les peuples du Pacifique et a une grande valeur utilitaire et symbolique. Il est largement utilisé dans les cérémonies religieuses et l'on prête à certaines variétés des propriétés magiques. Les événements liés au cycle agricole de l'igname sont largement célébrés (Alexander et Coursey, 1969).

Les aires protégées, en particulier celles habitées par l'homme, ont un rôle très important à jouer dans la conservation de la biodiversité agricole (Amend et al., 2008). Les aires protégées peuvent préserver la faune et la flore domestiques d'intérêt culturel de plusieurs manières, notamment :

- en protégeant les éléments archéologiques et historiques illustrant l'importance de certaines espèces. Par exemple, des peintures, sculptures et figurines représentant les relations entre les hommes et les animaux ;
- en protégeant une espèce et sa formule génétique, et notamment les races domestiques anciennes menacées d'extinction (études de cas 4.11 et 4.12) ; ou
- en protégeant les savoirs traditionnels (patrimoine immatériel) qui accordent une valeur culturelle à l'espèce. Pendant des générations, les bergers et les nomades ont utilisé leur savoir culturel et technique pour faire évoluer certaines espèces afin d'augmenter leur production, mais cela est reconnu depuis peu seulement. Les savoirs autochtones en matière d'élevage sont constitués de divers concepts et pratiques utilisés par les éleveurs afin d'influencer la composition génétique de leurs troupeaux (Köhler-Rollefson, 2014).

Les beaux sites

Le lien entre la beauté ou l'attrait esthétique et les aires protégées est très affirmé : « l'expérience esthétique de la nature a été et est encore un facteur extrêmement important dans la protection et la préservation des milieux naturels [et] cette relation entre l'appréciation esthétique et l'environnementalisme jouit d'une longue et intéressante histoire » (Carlson, 2010:290).

La beauté est une combinaison de qualités qui flatte les sens esthétiques des êtres humains, en particulier la vue. La création des premiers parcs nationaux fut motivée par la volonté d'offrir au public la possibilité de découvrir des endroits pittoresques et de beaux paysages. De même, la protection de la vallée de Yosemite au milieu du XIXe siècle (puis d'autres cas similaires dans le monde) fut principalement fondée sur la valeur pittoresque du site (Mitchell, 2013). Protéger la qualité esthétique d'un site est souvent un des objectifs d'une aire protégée ; en Chine, par exemple, c'est l'objectif premier de nombreux parcs nationaux (Wang et al., 2012).

La destruction et la dégradation de la beauté des paysages est une préoccupation qui augmente rapidement dans de nombreux pays depuis le milieu du XXe siècle (Selman et Swanwick, 2010). Reconnaissant la relation étroite qui existe entre l'attrait esthétique et les caractéristiques d'un paysage, la Convention du patrimoine mondial de 1972 définit le « patrimoine naturel » ainsi :

- les monuments naturels constitués par des formations physiques et biologiques ou par des groupes de telles formations qui ont une valeur universelle exceptionnelle du point de vue esthétique ou scientifique ;
- les sites naturels ou les zones naturelles strictement délimitées qui ont une valeur universelle exceptionnelle du point de vue de la science, de la conservation ou de la beauté naturelle (UNESCO, 1972).

Selon le critère naturel (vii), dans les *Orientations devant guider la mise en œuvre de la Convention du patrimoine mondial*, les beaux sites doivent présenter « des phénomènes naturels remarquables ou des aires d'une beauté naturelle et d'une importance esthétique exceptionnelles » (UNESCO, 2013:21). Ainsi, la convention et le critère (vii) présentent tous deux la valeur esthétique et la beauté d'un site comme des qualités intrinsèques ou inhérentes au monde naturel. Ceci contraste avec le point de vue de chercheurs en sciences sociales qui considèrent l'attrait esthétique des paysages comme une expérience sensorielle humaine subjective (Mitchell, 2013). On adopte généralement une position intermédiaire considérant les concepts de beauté et d'esthétique comme une combinaison de caractéristiques naturelles et de perception humaine (étude de cas 4.13).

Les qualités ou les valeurs esthétiques ne se limitent pas au sens visuel. Le comité national australien de l'Icomos définit la valeur esthétique comme un ensemble de réponses sensorielles humaines à des caractéristiques telles que la forme, la couleur, l'étendue, la texture et la matière, ainsi que les odeurs et les sons associés à un endroit et à son utilisation (Australia Icomos, 2000). Cette interprétation s'applique à la fois à l'environnement bâti et aux espaces naturels. Les hommes ont souvent une réaction viscérale (c'est-à-dire qui donne un sens) quand ils se trouvent dans des endroits d'une beauté exceptionnelle et revêtant un fort attrait esthétique, ce qui démontre l'importance du facteur psychologique en matière d'esthétique.

Une étude récente de l'UICN sur l'application du critère (vii) relève qu'il existe actuellement 133 biens inscrits sur la liste du patrimoine mondial sur la base de ce critère, et qu'une majorité d'entre eux se situe dans des aires protégées (Mitchell, 2013). L'étude révèle également des incohérences temporelles dans l'application du critère et évoque la difficulté à trouver des méthodes objectives d'évaluation d'une « beauté naturelle et importance esthétique exceptionnelles ».

Dans son évaluation du Parc national du mont Sanqingshan, en Chine, l'UICN estime que ce dernier répond au critère (vii) parce que : « les remarquables formations rocheuses granitiques du mont Sanqingshan, associées à des forêts diverses, à des panoramas distants et rapprochés et à des effets météorologiques étonnants créent un paysage d'une qualité esthétique exceptionnelle [et que] l'aspect le plus remarquable est la concentration de colonnes et de pics aux formes fantastiques » (Mitchell, 2013:20).

L'esthétique est un sujet délicat et nous abordons ici certains de ses aspects les plus pertinents, y compris l'habitude, l'accessibilité, la connaissance et le bien-être. L'habitude fait référence à l'attachement et aux connexions que les hommes développent envers les paysages et le sentiment de perte qui peut découler de modifications de paysages familiers (Itami, 1993). Par exemple, la nouvelle passerelle suspendue au-dessus d'un glacier dans le parc national de Jasper est une merveille architecturale, mais également une source de controverse, car elle dérange ceux qui aspirent à la préservation du caractère naturel des parcs.

L'habitude acquise vis-à-vis d'un lieu peut mener certains à en affectionner les paysages (Itami, 1993). Accroître les connaissances du public sur ces paysages grâce à l'éducation peut alors augmenter la valeur qu'ils accordent à ces paysages. On comprend ainsi l'importance et la popularité des films documentaires sur la nature et des programmes éducatifs organisés dans les aires protégées pendant les vacances scolaires.

Une abondante littérature démontre les avantages, pour les hommes, du contact avec la nature, comme cherche à le montrer l'approche « Healthy Parks, Healthy People » (« Des parcs sains, des hommes sains ») adoptée par de nombreux organismes de gestion d'aires protégées dans le monde. Le sentiment de bien-être peut être interprété dans le sens esthétique. Par exemple, emmener des jeunes connaissant diverses difficultés « en brousse » est une technique thérapeutique qui a prouvé son efficacité. En Australie, la Commission royale d'enquête sur les décès d'aborigènes en détention de 1991 encourage les programmes de promotion du retour des aborigènes vers leurs terres par leur implication dans la gestion du territoire afin d'améliorer les conditions de santé et le bien-être de la communauté (Government of Australia et Johnston, 1991). Ceci fut un facteur important du développement des accords de co-gestion des parcs nationaux dans de nombreux états et territoires australiens.

Les paysages où se mêlent nature et culture (paysages bioculturels/culturels)

Quand la nature et la culture co-évoluent

Nous avons précédemment évoqué la manière dont la notion de patrimoine est apparue dans le mode de pensée occidental dont la longue histoire est marquée par la séparation entre nature et culture, vus comme deux éléments distincts du même paysage. Cette séparation est inscrite, par exemple, dans les *Orientations devant guider la mise en œuvre de la Convention du patrimoine mondial* (UNESCO, 2013), qui reconnaissent l'existence de sites naturels, culturels ou mixtes. L'histoire des aires protégées, qui est aussi un concept né en occident, a longtemps étudié la nature et la culture séparément. Or cette séparation est difficile à maintenir lorsqu'on examine de près la réalité de la vie des gens et leur relation avec l'environnement.

La séparation entre nature et culture est une caractéristique propre à la pensée occidentale et non la manière dont toutes les autres cultures voient le monde. Par exemple, de nos jours, pour les aborigènes australiens le concept de « Caring for country » (« prendre soin de son pays ») est une notion complexe qui fait appel à chacun en tant qu'individu et élément d'un groupe pour maintenir le bien-être écologique et spirituel de la terre et de soi-même. De même, la tradition chinoise met l'accent sur l'harmonie et l'union avec la nature, vision dans laquelle la nature et les hommes forment un ensemble cosmologique (Han, 2012:92-3). En plus de

Étude de cas 4.14 La forêt en tant qu'artéfact historique : le paysage culturel du parc national Washpool, en Australie

On trouve dans le parc national Washpool, sur la Cordillère australienne (Great Dividing Range), à l'est de l'Australie, un paysage de divers types de forêts. En 2007, une étude chercha à montrer dans quelle mesure les forêts, en tant que paysage culturel, évoluent en fonction des transformations liées à la pratique du pâturage saisonnier et à l'exploitation forestière. Cette étude, « Forest as historic artefact », cherchait à intégrer des informations à la fois historiques et écologiques. Pour récolter les informations historiques, les chercheurs passèrent en revue la littérature sur l'histoire du paysage, étudièrent le terrain et se rendirent sur place pour discuter avec les occupants actuels et passés des terres. Ces occupants leur fournirent des données primordiales sur les pratiques de gestion des terres passées et présentes. Pour ce qui est des données écologiques, l'équipe examina la littérature sur l'écologie du paysage et procéda à une étude sur le terrain. L'étude s'est concentrée sur 12 zones, et deux exemples illustrent le processus sur le terrain et les résultats.

La première zone étudiée se situait dans l'ancienne forêt d'État de Curramore, une zone qui n'a jamais été exploitée pour son bois, mais fut louée par la famille Sloman pour y faire paître son bétail, entre le début du XXe siècle et les années 1990. Le pâturage saisonnier (en hiver) dans cette forêt sèche ouverte impliquait l'utilisation régulière de feux de faible intensité (au printemps) afin de favoriser la repousse. L'utilisation fréquente du feu associée à l'impact des animaux paissant dans la forêt est responsable de deux caractéristiques de la structure de la végétation. D'abord, l'utilisation du feu et le pâturage saisonnier ont changé la structure du sous-bois et les espèces qui s'y trouvent et ont augmenté la densité des espèces de graminées d'origine naturelle. De plus, ces pratiques ont réduit la capacité de régénération des arbres de la canopée impliquant ainsi des changements à long terme dans la structure de la végétation.

La deuxième zone (Coombadja Creek) est située dans une forêt sclérophylle sèche qui fut en partie exploitée pour son bois à la fin des années 1960. Les traces de cette exploitation forestière sont nettement perceptibles : multiples souches d'arbres, chemins envahis de grumes, rampe de chargement, zone de chargement et dommages causés par les engins forestiers sur les arbres. Cette végétation locale se caractérise, sans surprise, par une réduction de la densité des vieux arbres, qui sont coupés pour leur bois.

Analyser les traces de perturbation des écosystèmes par des activités passées et présentes est une tâche délicate. Le concept de paysage culturel peut cependant permettre de conceptualiser ces paysages de forêts comme des paysages qui évoluent en permanence en réponse aux interactions complexes des processus écologiques et des activités humaines. Chaque activité historique apporte de nouveaux éléments et influe sur le processus de régénération de la forêt et sur ses transformations ultérieures.

La gestion forestière ne cherche pas forcément à « figer » les paysages forestiers afin de conserver les marqueurs de l'activité historique mais cherche plutôt à rassembler des informations et à comprendre les écosystèmes et l'utilisation présente et passée des terres par les hommes, ce qui est un aspect essentiel de la conservation. Cette approche ne remet pas en cause les objectifs de santé et de résilience optimaux de la biodiversité et des écosystèmes, mais requière que les gestionnaires du parc définissent clairement ce qui doit être conservé et facilitent la gestion des systèmes complexes (voir chapitre 10).

Sources : adapté de Dean-Jones et Brown (2012) et Brown (2012)

la forte influence des visions autochtones et orientales, une notion vient rompre la dichotomie occidentale entre culture et nature : celle de « paysage culturel ».

Qu'est-ce qu'un paysage culturel ?

Le terme « paysage culturel » tire ses origines du système occidental. Un paysage, dans ce contexte, désigne une terre façonnée par ses habitants, leurs institutions et leurs coutumes (Tuan, 2002) tandis que le terme culture évoque le mode de vie des hommes. Ainsi, un paysage culturel désigne « ces espaces qui présentent ou reflètent clairement les tendances de peuplement ou d'utilisation du paysage sur une longue période, ainsi que l'évolution des valeurs culturelles, des normes et les attitudes envers la terre » (Context et al., 2002:9).

La notion de paysage culturel, terme issu du domaine de la géographie à la fin du XIXe siècle, est définie par l'Unesco comme une œuvre conjuguée de l'homme et de la nature. Le concept de paysage culturel donne toute sa place à l'espace dans les processus historiques, ainsi que les relations entre les hommes et les lieux. Elle reconnaît que les paysages actuels sont le produit d'échanges complexes et de long terme entre les hommes et l'environnement, et remet en question la dichotomie nature-culture. La figure 4.3 illustre une des manières de représenter cette idée de paysage culturel.

Exemples de paysages culturels

Le concept de paysage culturel souligne la coévolution et les liens profonds qui existent entre espaces géographiques, processus biophysiques et présence humaine. En un sens, donc, la planète dans son ensemble est un paysage culturel soit parce que les hommes sont présents soit parce que leur présence a affecté les écosystèmes. Certains paysages n'ont été touchés que légèrement – une partie du bassin amazonien, les forêts boréales canadiennes, l'Antarctique ou les fonds marins – tandis que certains lieux historiques sont marqués par la présence d'imposantes constructions (par exemple, les pyramides d'Égypte) ou sont célébrés

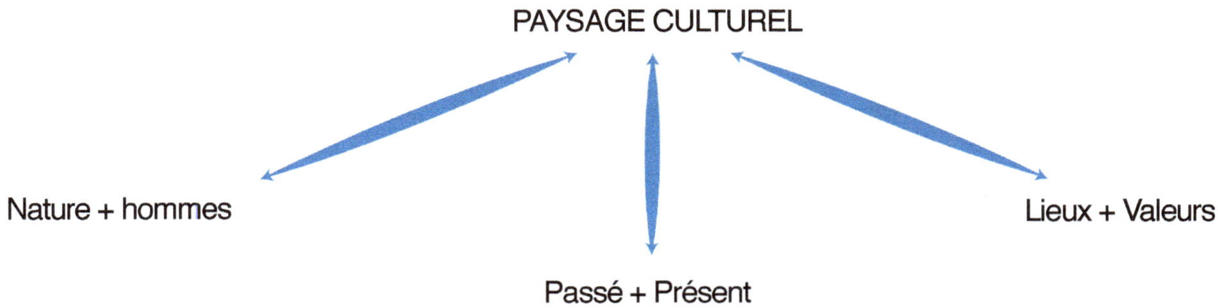

Figure 4.3 Éléments d'un paysage culturel
Source : Phillips (2002)

pour leur lien avec des événements ou des gens importants (par exemple, l'île sud-africaine de Robben Island est associée à Nelson Mandela).

En pratique, toutefois, le terme de paysage culturel désigne certains espaces seulement et cherche à identifier, évaluer, gérer et célébrer des valeurs patrimoniales importantes. Il existe actuellement 82 paysages culturels inscrits sur la liste des biens du patrimoine mondial. Les trois exemples suivants montrent la diversité des paysages culturels.

- Le parc national de Tongariro (Nouvelle-Zélande) fut le premier paysage culturel classé au patrimoine mondial. Le volcan Tongariro joue un rôle fondamental dans la tradition orale et est à la base de l'identité culturelle de l'*iwi* (tribu māorie) Ngati Tuwharetoa. La beauté naturelle du parc de Tongariro est le centre spirituel et historique de la culture Māori (Lennon, 2006).
- Le domaine du chef Roi Mata (Vanuatu) constitué de paysages terrestres et marins associés à la vie et à la mort du dernier détenteur du titre de chef du Vanuatu au début du XVIIe siècle (Galla, 2012).
- Le paysage d'agaves et les anciennes installations industrielles de Tequila, au Mexique, font partie de vastes paysages d'agaves bleus, façonnés par la culture de cette plante qui est utilisée depuis le XVIe siècle pour produire la tequila et depuis au moins 2 000 ans pour fabriquer des boissons fermentées et des textiles. On y trouve également des terrasses pour l'agriculture, des habitations, des temples, des tertres cérémoniels et des terrains de jeux de balle liés à la culture Teuchitlan (UNESCO, 2014f).

En intégrant la notion de paysage culturel dans le patrimoine mondial, l'Unesco définit trois catégories : les paysages clairement définis, conçus et créés intentionnellement par l'homme, comme les jardins et les parcs, les paysages essentiellement évolutifs qui résultent d'une exigence à l'origine sociale, économique, administrative ou religieuse (y compris les paysages agricoles) et les paysages qui résultent d'un processus d'association d'ordre religieux, artistique ou culturel (UNESCO World Heritage Centre, 2011 : annexe 3).

Aux États-Unis, les très vastes paysages régionaux d'importance nationale sont considérés comme des lieux patrimoniaux nationaux (Mitchell et Melnick, 2012). Ce sont des paysages culturels où l'histoire et le patrimoine sont visibles dans des lieux où les gens vivent et travaillent tous les jours. Ils peuvent être décrits comme des « paysages habités » et incluent les paysages industriels. C'est par exemple le cas du corridor de vallée de la rivière Blackstone et du canal Augusta.

Les paysages culturels et la gestion des aires protégées

Le paysage culturel est un outil conceptuel qui peut être adapté à la gestion des aires protégées afin d'intégrer les patrimoines naturels et culturels, matériel et immatériel et la diversité biologique et culturelle. Pour intégrer ces éléments, il est nécessaire que le personnel des aires protégées formé aux sciences de l'environnement, sciences sociales et humanités selon la tradition occidentale prenne ses distances avec les restrictions de ces disciplines et reconnaisse la construction socio-naturelle du paysage. Ceci peut être difficile, mais l'on voit pourtant qu'au cours des dernières décennies la notion de paysage culturel a été largement utilisée dans le domaine de la gestion des aires protégées (Buggey, 1999 ; Lennon, 2006 ; Brown, 2010). Avant cela, les sites du patrimoine culturel étaient souvent considérés comme des points ou zones de passage isolés au sein d'un paysage naturel et faisaient parfois l'objet d'approches isolées. Ils dépendent parfois de législations et de réglementations distinctes de celles de l'environnement naturel.

L'approche de paysage culturel permet d'intégrer la conservation du patrimoine naturel et du patrimoine culturel à travers la vision de la culture et de la nature en tant que dimensions étroitement liées du même espace.

Comme évoqué plus haut, cela s'explique par le fait que le « point de vue culturel du paysage reconnaît explicitement l'histoire d'un lieu et de ses traditions culturelles en plus de sa valeur écologique. (…) Une perspective centrée sur les paysages reconnaît également la continuité liant le passé et les gens qui vivent et travaillent sur une terre aujourd'hui » (Mitchell et Buggey, 2001:19).

L'application de quelques principes généraux peut mener à la reconnaissance de paysages culturels dans les aires protégées. Par exemple, en Nouvelle-Galles-du-Sud, en Australie, l'approche de paysage culturel dans le cadre de la gestion des aires protégées est basée sur un certain nombre de principes généraux :

- un paysage est une entité vivante et est le produit de changements, de dynamiques et d'évolution des relations entre les écosystèmes passés, l'histoire et les cultures ;
- les interactions entre les hommes et le paysage sont complexes, multidimensionnelles et diffèrent selon l'époque et l'endroit où elles ont lieu ;
- la gestion des paysages culturels doit être caractérisée par de nombreux échanges et dialogues lors desquels les valeurs de toutes les personnes impliquées sont prises en compte et respectées ;
- tous les éléments du paysage australien ont un lien avec la communauté et ont des valeurs et significations associées à ces liens ;
- la continuité entre le passé et le présent est un élément clé des paysages culturels (Brown, 2010, 2012).

Un élément clé de cette approche de paysage culturel est la nécessité de continuellement intégrer les histoires, les souvenirs et les aspirations des gens dans le processus de gestion. Cela implique de reconnaître que les valeurs culturelles des paysages sont inextricablement liées aux expériences, aux identités et aux connexions des hommes et communautés du passé et du présent ainsi qu'à l'écologie, l'hydrologie et la géodiversité. Les programmes de gestion active doivent prendre en compte les significations spirituelles et symboliques que les gens attribuent aux paysages des aires protégées au même titre que l'histoire écrite et les preuves matérielles. En outre, les gestionnaires d'aires protégées doivent comprendre l'importance de ces significations pour l'identité des communautés, pour leur bien-être et pour les droits humains. En comprenant, en respectant et en reconnaissant l'attachement et les autres sentiments des hommes à l'égard des paysages, les gestionnaires de parcs peuvent entretenir le soutien à long terme de la communauté aux aires protégées.

Il peut être utile, pour des raisons de gestion, de désigner certaines zones d'aires protégées comme des paysages culturels. Les objectifs de gestion de ces aires permettent de déterminer où cela peut être une approche de conservation efficace (étude de cas 4.14).

Gérer le patrimoine culturel

Les précédentes sections de ce chapitre ont décrit ce qu'est le patrimoine culturel (les traces matérielles et immatérielles de la présence humaine sur terre) et la nature de son lien avec les aires protégées. Cette section examine quant à elle la valeur qu'une société accorde à son patrimoine et la manière dont cette valeur influe sur la gestion et la conservation du patrimoine culturel.

Parmi les organisations internationales en charge de la gestion et la protection du patrimoine culturel, on compte l'Unesco, le Conseil international des monuments et des sites (Icomos), le Centre international d'études pour la conservation et la restauration des biens culturels (Iccrom) et le Conseil international des musées (Icom).

La charte de Venise de 1964 sur la conservation et la restauration des monuments et des sites fut la première à créer un ensemble de normes professionnelles qui constitue encore aujourd'hui un cadre international pour la préservation et la restauration des bâtiments anciens. De nombreuses conventions de l'Unesco ont depuis reconnu que le patrimoine immatériel et les paysages culturels font partie du patrimoine culturel. Les processus, les pratiques et les politiques établis par les divers organismes de gestion et de protection du patrimoine culturel ont été façonnés par les transformations de la signification du patrimoine culturel qui a évolué en fonction des changements sociaux opérant à travers le monde, en particulier la reconnaissance des valeurs sociales.

De nos jours, la gestion du patrimoine culturel est un processus multidimensionnel et pluraliste et un sujet traité par une littérature abondante. La gestion du patrimoine culturel est un processus rationnel qui détermine si et pourquoi un phénomène culturel mérite d'être protégé et comment il peut l'être. Ce processus est présenté dans l'encadré 4.4.

La valeur à la base de la gestion

Les étapes mentionnées dans l'encadré 4.4 indiquent clairement que la « valeur » est ce qui motive la protection du patrimoine culturel et la direction que prend sa gestion (comme pour le patrimoine naturel). Dans ce contexte, la valeur renvoie à la qualité et la nature d'un phénomène (Mason, 2008). Il semble évident qu'aucune société ne chercherait à conserver un objet dénué de valeur à ses yeux (Mason, 2008).

La valeur est socialement construite et est déterminée par un ensemble de facteurs sociaux et culturels. Ce à quoi une partie de la société accorde de la valeur peut n'en avoir aucune pour d'autres, peut être apprécié pour une raison différente ou encore avoir de la valeur pour une génération, mais pas pour la suivante (Lockwood, 2006 ; chapitre 6). La valeur est un élément dynamique et souvent contesté et il est donc nécessaire que tout processus d'estimation soit rigoureux, transparent et objectif. Il existe de nombreux critères d'évaluation des valeurs du patrimoine culturel. En Australie, la Charte de Burra, une adaptation australienne de l'Icomos, identifie cinq valeurs culturelles indiquées dans le tableau 4.1. Ce tableau propose également une classification des valeurs des aires protégées.

Le tableau 4.2 illustre les connexions qui existent entre les valeurs culturelles et les valeurs des aires protégées (en surbrillance). La valeur individuelle (aires protégées) peut être assimilée aux valeurs esthétiques et spirituelles (valeurs culturelles) dans le sens large du terme, car elles se rapportent toutes à des expériences sensorielles personnelles et la valeur communautaire (aires protégées) et la valeur sociale (culturelle) sont également à peu près équivalentes. Dans une aire protégée, les biens et services sur site incluent des valeurs historiques et scientifiques et en quelque sorte les valeurs sociales (éducation et loisirs). Ces biens et services ont une valeur culturelle pour les gens qui en dépendent. Parmi les biens et services hors site (aires protégées) on trouve la protection des installations humaines, ce qui est une valeur sociale, et les services écosystémiques qui sont une valeur culturelle dans la mesure où ils sont essentiels aux hommes.

La valeur restante de l'aire protégée, la valeur intrinsèque, attribue une valeur à l'environnement naturel pour ce qu'il est, indépendamment des perceptions humaines, lui donnant ainsi le droit d'exister pour lui-même (Nash, 1989). Que le patrimoine culturel ait également une valeur intrinsèque ou non continue d'être une source de débats académiques. Certains estiment que le patrimoine s'inscrit dans le contexte de la montée de la gestion du patrimoine culturel dans le monde occidental à la fin du xxe siècle. Il est défini en référence à l'action sociale qui attribue une valeur marchande à des sites en particulier et insiste sur l'importance de certains d'entre eux (Harrison et al., 2008).

Randell Mason (2008) présente un autre point de vue et argue que les typologies de valeurs patrimoniales devraient intégrer la notion d'authenticité, qui implique que la valeur historique est inhérente à un objet réellement ancien et donc authentique (dans la mesure où il est un témoin de l'histoire et porte l'autorité de ce témoin). De même, Jane Lennon (2006) attribue des valeurs inhérentes/intrinsèques au caractère historique et aux caractéristiques matérielles d'un patrimoine historique, car ces éléments sont des témoins de l'histoire et des valeurs culturelles qui lui sont associées. Byrne (2008) souligne également que la plupart des débats sur les valeurs intrinsèques du patrimoine accordent trop peu d'attention au fait qu'une grande partie des gens considèrent de nombreux sites comme intrinsèquement sacrés. On pourrait donc dire que le patrimoine immatériel a une valeur intrinsèque, car il n'y a pas d'autre façon de l'évaluer. Si, par exemple, une personne déclare qu'un lieu est sacré, peut-on clairement et sûrement vérifier cette affirmation sans remettre en cause le fondement même de l'identité de cette personne ? Cela peut être difficile pour un gestionnaire d'aire protégée, en particulier lorsqu'il manque d'informations sur un patrimoine immatériel.

Qui peut estimer la valeur ?

Qui est le mieux placé pour évaluer l'importance du patrimoine culturel et estimer sa valeur ? Cette question souligne les différences qui existent entre patrimoine matériel et immatériel. L'identification et l'évaluation du patrimoine matériel (sites archéologiques, historiques, maritimes et patrimoine mobilier) sont en grande partie basées sur les témoignages d'experts de diverses professions et disciplines, telles que l'archéologie, l'archéologie maritime, l'architecture, la géographie (humaine et physique), l'histoire et la muséologie. La gestion du patrimoine culturel est ainsi, depuis de longues décennies, la « propriété » d'une industrie mondiale du patrimoine et des professionnels qui la constituent.

Pourtant, reconnaître et comprendre le patrimoine immatériel exige la participation des détenteurs des connaissances culturelles : les communautés locales qui vivent dans ou autour des parcs et les visiteurs et utilisateurs de ce même parc. Les processus participatifs pour l'implication de ces détenteurs des connaissances, souvent des communautés autochtones ou tribales locales, sont un élément important de la gestion des aires protégées pour le respect du patrimoine immatériel et la protection de ses manifestations physiques (voir chapitre 22).

Tableau 4.1 Valeurs culturelles et valeurs des aires protégées

Valeurs culturelles	Description
Valeur esthétique	Perceptions sensorielles telles que la forme, l'échelle, la couleur, la texture et la matière d'un matériel ou les odeurs et les sons associés à un lieu et à son utilisation.
Valeur historique	Un endroit a influencé un personnage historique, un événement, une période, une activité ou a été influencé par celui-ci ou celle-ci ; lieu d'un événement historique important.
Valeur scientifique / valeur pour la recherche	Importance des données ; rareté ; représentativité ; capacité du lieu à fournir plus d'informations importantes.
Valeur sociale	Qualités pour lesquelles un lieu devient un centre spirituel, politique, national ou possède une autre valeur culturelle pour un groupe majoritaire ou minoritaire.
Valeur spirituelle	Évalue l'attachement des hommes à l'environnement / au lieu naturel plus précisément que les valeurs sociales ou esthétiques.
Valeurs des aires protégées	**Description**
Valeurs intrinsèques	Faune, flore, écosystèmes, paysages marins et terrestres.
Biens et services hors site	Éléments essentiels à la vie ; qualité de l'eau et de l'air ; protection de la pêche et de l'agriculture ; protection des milieux de vie des hommes.
Biens et services sur site	Produits animaux et végétaux ; activités de loisirs et tourisme ; sites et objets historiques ; savoir, éducation et recherche scientifique ; représentations.
Valeur communautaire (valeur non matérielle)	Culture, identité, valeur spirituelle, bien-être social ; legs aux futures générations.
Valeur individuelle/ empirique (valeurs non matérielles)	Satisfaction (existence et expérience), santé physique et mentale, bien-être spirituel.

Sources : Australia ICOMOS (2000) et Lockwood (2006)

Encadré 4.4 Les étapes de l'évaluation de l'importance culturelle

1. Reconnaître l'existence du phénomène culturel.

   Note : tout le personnel travaillant dans des aires protégées n'est pas nécessairement formé à reconnaître le patrimoine culturel matériel ou immatériel.

2. Récolter et décrire les éléments physiques, écrits et oraux.

   Note : ceci mène souvent à la création d'un inventaire ou d'une base de données. Cette étape peut entraîner des discussions autour de la question de la « propriété » de ces bases de données et du contrôle de leur utilisation.

3. Déterminer les éléments importants du lieu ou de l'objet concerné et les affecter à une ou plusieurs catégories. Ces catégories sont parfois appelées « valeurs ». Un objet, un lieu ou une pratique culturelle a généralement une ou plusieurs valeurs définies. Pour être reconnues dans le cadre de la gestion des aires protégées, ces valeurs doivent avoir un lien avec un lieu, que ce soit l'aire protégée en entier, un emplacement spécifique en son sein, ou encore, un trajet.

   Note : ces valeurs peuvent être en conflit, être interdépendantes ou se recouper. Les valeurs sont parfois assimilées à la signification. Dans ce livre, l'importance décrit la mesure dans laquelle un élément du patrimoine possède les valeurs définies (Lennon, 2006:450).

4. Évaluer l'importance de l'élément de patrimoine culturel selon un ensemble de critères déterminés par la législation et autres indications officielles ; ceci permet de déterminer le degré d'expression de cette valeur. L'évaluation de l'importance culturelle est souvent réalisée à plusieurs échelles : internationale, nationale, régionale et locale.

   Note : l'évaluation finale prend en compte les niveaux de signification selon divers critères, mais il est possible d'accorder plus d'importance à certains critères qu'à d'autres ; par exemple, on peut estimer que l'importance sociale a plus de valeur que l'importance historique.

5. Déterminer l'approche de gestion la plus appropriée, en fonction de l'importance culturelle, mais prenant également en compte d'autres facteurs tels que les besoins financiers, des impératifs politiques et plus largement les orientations et les priorités des aires protégées.

   Note : ceci peut inclure la préparation d'un plan de conservation ou de gestion du patrimoine culturel.

6. Développer et mettre en œuvre un programme de gestion/protection de la valeur et/ou du lieu comprenant des aspects de suivi et d'évaluation.

Tableau 4.2 Comparer les valeurs culturelles aux valeurs des aires protégées

	Valeurs des aires protégées					
		Intrinsèque	Sur site	Hors site	Communautaire	Individuelle
Cultural values	Esthétique					
	Historique					
	Scientifique					
	Sociale					
	Spirituelle					

Les liens entre culture, patrimoine et aires protégées

La mesure dans laquelle la culture et le patrimoine bénéficient de l'existence d'aires protégées dépend de la similarité ou de la compatibilité des objectifs de gestion du patrimoine culturel et des aires protégées. Le tableau 4.2 montre qu'il existe un certain niveau de synergie entre les valeurs des deux systèmes, ce qui peut aider les unités administratives et opérationnelles à atteindre les objectifs de gestion du patrimoine culturel dans une aire protégée.

Par ailleurs, les aires protégées peuvent protéger le patrimoine culturel. Elles ont pour la plupart été créées en tant que refuge de la biodiversité et du patrimoine qu'elles protègent des ravages du développement ou de l'exploitation des ressources à grande échelle. Ce qu'il reste des paysages du passé s'accompagne d'éléments culturels (patrimoine culturel matériel et immatériel) relativement intacts. Le fait que ce patrimoine culturel soit prioritaire ou pas pour les gestionnaires dépend de quatre facteurs importants.

Les catégories d'aires protégées

Les catégories d'aires protégées de l'UICN, allant de la catégorie I à la catégorie VI (voir chapitres 2 et 8), reflètent une gradation de l'intervention humaine dans les aires protégées, par leur nature ou leur gestion (voir figure 2.1) (Dudley, 2008). Les actions de l'homme ont moins d'impact sur les aires protégées de catégorie I (y compris les zones de nature sauvage) que sur celles de catégorie V (paysage terrestre ou marin protégé) et de catégorie VI (aire protégée avec utilisation durable des ressources naturelles) dans lesquelles les actions des hommes modifient la nature du paysage ou la vie des communautés vivant dans les aires protégées.

Toutes les catégories reconnaissent l'existence du patrimoine culturel, surtout lorsqu'elles intègrent le concept de paysages culturels. Les aires protégées de catégorie VI, en particulier, peuvent accorder beaucoup d'importance au patrimoine culturel immatériel parce que des communautés y perpétuent souvent leurs traditions et sont responsables de leur gestion, comme c'est le cas dans les Aires du patrimoine autochtone et communautaire (Apac).

D'autres types de gestion, tels que la gestion partagée d'un parc national, peuvent également favoriser l'appréciation du patrimoine culturel (voir chapitre 7). En Australie, les 55 aires protégées (2014) appartenant à des autochtones et placées sous leur gestion appartiennent à diverses catégories de l'UICN (Hill et al., 2011).

La législation des aires protégées tend à limiter le patrimoine culturel au patrimoine matériel

Cette affirmation, particulièrement pertinente dans le monde occidental, fait écho aux vestiges des premières définitions du patrimoine culturel. Pourtant, de nombreux éléments montrent que les aires protégées ne peuvent atteindre leur objectif de protection de la nature qu'avec le soutien des citoyens ; soutien qui ne s'acquiert parfois qu'en reconnaissant le patrimoine culturel immatériel des aires protégées. Par exemple, des recherches sur la gestion durable des ressources au Mont Elgon, région écologiquement riche du Kenya, ont démontré que l'augmentation des troubles sociaux, des dommages environnementaux et du braconnage a cessé lorsque le gouvernement central a reconnu la très haute importance du parc national pour la subsistance de la population locale et a admis que ces populations avaient géré les ressources du parc de manière durable pendant des milliers d'années avant la colonisation britannique (Gatunda, 2002).

Comme dans beaucoup d'autres pays, en Chine, le réseau des parcs nationaux a deux objectifs : l'un social et l'autre écologique. La progression vers ces deux objectifs est mesurée par la capacité des parcs à réduire la pauvreté, promouvoir la restauration des habitats à long terme et protéger la culture chinoise et la biodiversité (Wang et al., 2012).

Le personnel peut avoir besoin d'être formé à la gestion du patrimoine culturel

Les personnes travaillant dans les aires protégées (et plus généralement sur la gestion des ressources) ont parfois des formations, compétences ou qualifications limitées en matière de gestion du patrimoine culturel ou de sciences sociales ou comprennent mal ce en quoi cela consiste :

> Les jeunes professionnels en charge de la gestion des ressources naturelles ou de l'environnement sont généralement attirés par le travail en extérieur, loin de la foule et de ses problèmes socio-politiques et veulent travailler sur les ressources physiques et biologiques. Pourtant, ces nouveaux forestiers, biologistes ou écologistes sont souvent confrontés à des problématiques de valeur sociale moins concrètes et plus ambiguës que les questions de ressources naturelles auxquelles ils sont préparés (par exemple gérer le conflit entre la protection des hiboux, de l'emploi ou de la diversité biologique). Cela est particulièrement vrai pour les professionnels employés par des organismes publics. Beaucoup de jeunes diplômés en gestion des ressources naturelles sont déçus et frustrés de découvrir que leur travail comprend une importante part sociale (Kennedy et Thomas, 1995:311).

Pour gérer le patrimoine culturel efficacement, un gestionnaire d'aire protégée doit savoir construire une équipe capable de reconnaître et de protéger un site archéologique, de stabiliser un bâtiment historique, d'étudier un paysage culturel, de recueillir des faits de tradition orale et de comprendre ce qui lie les communautés aux sites.

La gestion du patrimoine culturel peut être perçue comme trop difficile et moins importante que celle du patrimoine naturel voire comme un obstacle à la conservation de la biodiversité

Un personnel qui n'est pas formé à la gestion du patrimoine culturel ou ne disposant d'aucune expérience dans ce milieu peut vite se sentir débordé. Ceux qui n'y accordent pas d'intérêt peuvent penser que c'est sans importance ou même que ce n'est pas la responsabilité des gestionnaires d'aires protégées. Cette manière de penser est plus fréquente au sein du personnel formé selon des principes occidentaux, comme indiqué par ce commentaire sur le *National Parks and Wildlife Service* de Nouvelle-Galles-du-Sud, en Australie : « Le service est passé par plusieurs phases d'adhésion ou d'acceptation à contrecœur de son rôle de gestionnaire de site historique, un rôle qui ne lui semble pas en parfaite adéquation avec son objectif de conservation de la nature » (Pearson et Sullivan, 1995:60).

Pour conclure, nous tenons à souligner que les valeurs sociales communautaires ne sont pas toujours en adéquation avec la conservation de la nature. Le patrimoine culturel peut comprendre des pratiques et des traditions incompatibles avec la protection de la biodiversité, telles que l'abatage d'animaux pour la médecine traditionnelle, l'utilisation excessive du brûlage dirigé, la chasse d'espèces menacées ou l'utilisation excessive de l'environnement à des fins récréatives.

Conclusion

Ce chapitre s'est intéressé au patrimoine culturel au travers de l'évolution de la relation des hommes entre eux et avec l'environnement naturel dans l'espace et dans le temps. De cette relation, l'humanité a hérité d'éléments divers et intéressants qui peuvent être matériels ou immatériels. Le patrimoine culturel s'inscrit dans le passé, mais constitue également un lien vers le présent et le futur. Il est au cœur de la notion d'identité et il peut être difficile à gérer, être contesté et créer des divisions, mais ne doit pas pour autant être ignoré par les gestionnaires d'aires protégées.

Le concept et l'application de la gestion des aires protégées font eux-mêmes partie du patrimoine culturel, car ce sont des expressions tangibles de valeurs sociales et de croyances millénaires portant sur le monde naturel. Les liens spirituels des peuples autochtones avec le monde naturel furent à la base des premières initiatives de protection de l'environnement et gardent une certaine importance dans de nombreuses régions. La gestion moderne des aires protégées est guidée par un système mondial et s'exprime à travers la législation des États. La reconnaissance du patrimoine culturel, et en particulier du patrimoine culturel immatériel et des valeurs sociales, fut un vecteur important des changements de fond de la philosophie et de la pratique de la gestion des aires protégées, inscrivant cette dernière dans le respect des droits et de la justice sociale. Les premières définitions du patrimoine culturel se limitaient aux monuments et sites, privilégiant ainsi les pays riches et certaines professions. Inclure le patrimoine immatériel et les paysages culturels a permis une meilleure compréhension des valeurs spirituelles et sociales des aires protégées et redonne de l'importance aux détenteurs de ce patrimoine.

Nous avons montré que, partout dans le monde, les aires protégées ont de profondes valeurs culturelles, et sont même souvent la fierté des nations et la pierre angulaire de leurs industries touristiques. Les aires protégées et le patrimoine culturel ne sont pas uniquement compatibles, ils sont inexorablement liés. Si l'on ne comprend pas l'importance du patrimoine culturel pour les hommes, nous courons le risque d'être incapables de protéger la biodiversité en raison du manque de soutien des communautés. Tout comme le patrimoine culturel ne peut pas être dissocié des gens qui définissent sa valeur, les aires protégées ne peuvent exister indépendamment d'une vaste communauté et sans son soutien.

Comment les aires protégées peuvent-elles protéger le patrimoine culturel ? Elles ont pour fonction de préserver la nature et les processus naturels dans un monde où le développement et les aires protégées ne couvrent que 15,4 % de la surface terrestre. Elles ont une grande valeur pour les hommes, non seulement pour leur biodiversité, mais aussi pour le patrimoine culturel matériel et immatériel qu'elles contiennent ou qui s'y crée encore. Il vaut mieux laisser le patrimoine culturel matériel dans les aires protégées que de le déplacer, tout comme il est préférable de préserver les vastes paysages et lieux de valeur culturelle et spirituelle. Cela ne peut se faire nulle part ailleurs, car les aires protégées sont essentielles à la conservation du patrimoine culturel.

Références

Lectures recommandées

Ahmad, Y. (2006) 'The scope and definitions of heritage: from tangible to intangible', *International Journal of Heritage Studies* 12(3): 292–300.

Alexander, J. and Coursey, D. (1969) 'The origins of yam cultivation', in P. Ucko and G. Dimbleby (eds) *The Domestication and Exploitation of Plants and Animals,* pp. 405–26, Duckworth, London.

Amend, T., Brown, J., Kothari, A., Phillips, A. and Stolton, S. (eds) (2008) *Protected Landscapes and Agrobiodiversity Values. Volume 1*, Protected Landscapes and Seascapes Series, IUCN and GTZ, Kasparek Verlag, Heidelberg.

Australian National Committee of International Council of Monuments and Sites (Australia ICOMOS) (2000) *The Burra Charter 1999,* Australia ICOMOS, Melbourne.

Baldwin, A. (2010) The white-bellied sea eagle in the Jervis Bay region: an exploration of the cultural, ecological and conservation significance, MSc thesis, University of Wollongong, Wollongong, NSW.

Bellwood, P. (1978) *Man's Conquest of the Pacific,* Collins, Auckland.

Bokova, I. (2012) 'Preface', in UNESCO, *World Heritage: Benefits beyond borders,* UNESCO and Cambridge University Press, Cambridge.

Bowler, J., Jones, R., Allen, H. and Thorne, A. (1970) 'Pleistocene human remains from Australia: a living site and human cremation from Lake Mungo, western New South Wales', *World Archaeology 2*: 39–60.

Boyden, S. (2004) *The Biology of Civilisation,* UNSW Press, Sydney.

Brown, S. (2010) *Cultural Landscapes: A practical guide for park management,* Department of Environment, Climate Change and Water, Sydney.

Brown, S. (2012) 'Applying a cultural landscape approach in park management: an Australian scheme', *Parks* 18(1): 99–110.

Buggey, S. (1999) *An Approach to Aboriginal Cultural Landscapes,* Historic Sites and Monument Board of Canada, Government of Canada, Ottawa.

Byrne, D. (2008) 'Heritage as social action', in G. Fairclough, R. Harrison, J. Jameson Jr. and J. Schofield (eds) *The Heritage Reader,* pp. 149–74, Routledge, London and New York.

Byrne, D. and Goodall, H. (2013) 'Place-making and transnationalism: recent migrants and a national park in Sydney, Australia', *Parks* 19(1): 63–72.

Carlson, A. (2010) 'Contemporary environmental aesthetics and the requirements of environmentalism', *Environmental Values* 19: 289–314.

Context, Urban Initiatives and Doyle, H. (2002) *Port Arthur Historic Site Landscape Management Plan,* Port Arthur Historic Site Management Authority, Hobart.

Davis, M. (2007) *Writing Heritage,* Australian Scholarly Publishing, Melbourne.

Davison, G. (2008) 'Heritage: from patrimony to pastiche', in G. Fairclough, R., Harrison, J., Jameson, Jr. and J. Schofield (eds) *The Heritage Reader,* pp. 31–41, Routledge, London and New York.

Dean-Jones, P. and Brown, S. (2012) 'Forest as historic artefact: understanding cumulative landscape transformation in grazed and logged forests in north east NSW', in B. J. Stubbs, J. Lennon, A. Specht and J. Taylor (eds) *Australia's Ever-Changing Forests VI: Proceedings of the Eighth National Conference on Australian Forest History, Australian Forest History Society, Lismore,* pp. 57–82, Australian Forest History Society Inc., Canberra.

Department of Environmental Affairs and Tourism (2003) *People, Parks and Transformation in South Africa: A century of conservation, a decade of democracy,* Department of Environmental Affairs and Tourism, Pretoria.

Dudley, N. (2008) *Guidelines for Applying Protected Area Management Categories,* IUCN, Gland.

Dudley, N., Bhagwat, S., Higgins-Zogib, L., Lassen, B., Verschuuren, B. and Wild, R. (2010) 'Conservation of biodiversity in sacred natural sites in Asia and Africa: a review of the scientific literature', in B. Verschuuren, R. Wild, J. McNeely and G. Oviedo (eds) *Sacred Natural Sites, Conserving Culture and Nature,* pp. 19–32, Earthscan, London.

Ellis, E., Kaplan, J., Fuller, D., Vavrus, S. and Goldewijk, P. (2013) 'Used planet: a global history', *Proceedings of the National Academy of Science* 20: 7978–85.

Fairclough, G., Harrison, R., Jameson, J., Jr, and Schofield, J. (eds) (2008) *The Heritage Reader*, Routledge, London and New York.

Feary, S. (1993) 'An Aboriginal burial with grave goods near Cooma, New South Wales', *Australian Archaeology* 43: 40–2.

Fischer, S. (2005) *Island at the End of the World*, Reaktion Press, London.

Galla, A. (2012) 'Legacy of a chief: Chief Roi Mata's domain, Vanuatu', in UNESCO, *World Heritage: Benefits beyond borders*, pp. 169–77, UNESCO and Cambridge University Press, Cambridge.

Gatunda, C. (2002) Strengthening a community-based approach for resource management: opportunities for achieving sustainability in the Mt. Elgon ecosystem, Kenya, Masters of Environmental Science thesis, The Australian National University, Canberra.

Government of Australia and Johnston, E. (1991) Royal *Commission into Aboriginal Deaths in Custody*, Australian Government Publishing Service, Canberra.

Han, F. (2012) 'Cultural landscape: a Chinese way of seeing nature', in K. Taylor and J. Lennon (eds) *Managing Cultural Landscapes*, pp. 90–108, Routledge, London and New York.

Harrison, R. (2013) *Heritage: Critical approaches*, Routledge, London and New York.

Harrison, R., Fairclough, G., Jameson, J. Jr. and Schofield, J. (2008) 'Heritage, memory and modernity', in G. Fairclough, R. Harrison, J. Jameson, Jr, and J. Schofield (eds) *The Heritage Reader*, pp. 1–12, Routledge, London and New York.

Harvey, D. (2010) 'Heritage pasts and heritage presents: temporality, meaning and the scope of heritage studies', *International Journal of Heritage Studies* 7(4): 319–38.

Head, L. (2000) *Cultural Landscapes and Environmental Change*, Arnold, London.

Heiser, C. (1973) *Seed to Civilisation: The story of man's food*, W. H. Freeman & Company, San Francisco.

Helliwell, C. and Hindess, B. (1999) '"Culture", "society" and the figure of man', *History of the Human Sciences* 12(4): 1–20.

Henn, B., Cavalli-Sforza, L. and Feldman, M. (2012) 'The great human expansion', *Proceedings of the National Academy of Sciences* 109(44): 17 758–64.

Higgins, M. (1988) *Teddy's Hut: A history*, Kosciusko Huts Association Inc., Canberra.

Hill, R., Walsh, F., Davies, J. and Sandford, M. (2011) *Our Country Our Way: Guidelines for Australian Indigenous Protected Area management plans*, CSIRO and Government of Australia, Cairns, Queensland.

Intergovernmental Oceanographic Commission (2014) *Underwater Cultural Heritage*, UNESCO, Paris. <www.ioc-unesco.org/index.php?option=com_content&view=article&id=83:underwater-cultural-heritage&catid=14&Itemid=100063>

Itami, R. (1993) 'Characteristics of landscape aesthetic value and implications for assessment methodology', *More than Meets the Eye*, Technical Workshop Series 7, pp. 13–22, Australian Heritage Commission, Canberra.

Johnston, C. (1992) *What is Social Value?*, Australian Heritage Commission, Canberra.

Jokilehto, J. (2005) *Definition of Cultural Heritage*, ICCROM Working Group Heritage and Society, Rome.

Kennedy, J. and Thomas, J. (1995) 'Managing natural resource value', in L. Knight and S. Bates (eds) *A New Century for Natural Resource Management*, pp. 311–21, Island Press, Washington, DC.

Köhler-Rollefson, I. (2014) *Indigenous knowledge of animal breeding and breeds*, GTZ Issues Paper, German Technical Cooperation, Eschborn. <www2.gtz.de/dokumente/bib/04-5104a2.pdf>

Kuman, K., Baron, J. and Gibbon, R. (2005) 'Earlier stone age archaeology of the Vhembe-Dongala National Park (South Africa) and vicinity', *Quaternary International* (2005) 129: 23–32.

Lennon, J. (2006) 'Cultural heritage management', in M. Lockwood, G. L. Worboys and A. Kothari (eds) *Managing Protected Areas: A global guide*, pp. 448–73, Earthscan, London.

119

Lockwood, M. (2006) 'Values and benefits', in M. Lockwood, G. L. Worboys and A. Kothari (eds) *Managing Protected Areas: A global guide,* pp. 101–15, Earthscan, London.

Lowenthal, D. (2005) 'Natural and cultural heritage', *International Journal of Heritage Studies* 11(1): 81–92.

McKee, A. (1982) *How We Found the Mary Rose,* Souvenir Press, London.

Mason, R. (2008) 'Assessing values in conservation planning', in G. Fairclough, R. Harrison, J. Jameson, Jr, and J. Schofield (eds) *The Heritage Reader,* pp. 99–124, Routledge, London and New York.

Mitchell, N. (2013) *Study on the Application of Criterion (vii): Considering superlative natural phenomena and exceptional natural beauty,* IUCN, Gland.

Mitchell, N. and Buggey, S. (2001) *Category V protected landscapes in relation to World Heritage-cultural landscapes: taking advantages of diverse approaches,* Conservation Study Institute Landscape Conservation: An international working session on the stewardship of protected landscapes, conservation and stewardship Publication No. 1, IUCN and QLF/Atlantic Centre for the Environment, Woodstock, VT.

Mitchell, N. and Melnick, R. (2012) 'Shifting paradigms: new dimensions in cultural landscape conservation for twenty-first-century America', in K. Taylor and J. Lennon (eds) *Managing Cultural Landscapes,* pp. 232–52, Routledge, London and New York.

Mulvaney, J. and Kamminga, J. (1999) *Prehistory of Australia,* Allen & Unwin, Sydney.

Nash, R. (1989) *The Rights of Nature,* Primavera Press, Sydney.

Old Ceasera Diving Centre (2014) *Dive Sites.* <www.caesarea-diving.com>

Oviedo, G. and Jeanrenaud, S. (2007) 'Protecting sacred natural sites of indigenous and traditional peoples', in J. Mallarach and T. Papayannis (eds) *Protected Areas and Spirituality: Proceedings of the First Workshop of the Delos Initiative, Montserrat, 23–26 November 2006,* pp. 77–100, IUCN, Gland, and Publicaciones de l'Abadia de Montserrat, Montserrat.

Pearson, M. and Sullivan, S. (1995) *Looking after Heritage Places,* Melbourne University Press, Melbourne.

Phillips, A. (2002) *Management Guidelines for IUCN Category V Protected Areas: Protected landscapes/seascapes,* IUCN, Gland and Cambridge.

Psychic Universe (2014) Dolphins: Spiritual messengers from the sea. <www.psychicsuniverse.com/articles/spirituality/living-spiritual-life/dolphins-spiritual>

Puszta.com (2014) *Hungarian Grey Cattle.* <www.puszta.com/eng/hungary/cikk/szurkemarha.>

Ransom, D. (1991) 'Wasteland to wilderness: changing perceptions of the environment', in J. Mulvaney (ed.) *The Humanities and the Australian Environment,* pp. 5–20, Highland Press, Canberra.

Rose, D. (1996) *Nourishing Terrains: Australian Aboriginal views of landscape and wilderness,* Australian Heritage Commission, Canberra.

Sarmiento, F., Rodriguez, G. and Argumedo, A. (2005) 'Cultural landscapes of the Andes: indigenous and colono culture, traditional knowledge and ethno- ecological heritage', in J. Brown, N. Mitchell and M. Beresford (eds) *The Protected Landscape Approach: Linking nature, culture and community,* pp. 147–62, IUCN, Gland.

Sauer, C. (1952) *Agricultural Origins and Dispersals,* American Geographical Society, New York.

Schofield, J. (2008) 'Heritage management, theory and practice', in G. Fairclough, R. Harrison, J., Jameson, Jr, and J. Schofield (eds) *The Heritage Reader,* pp. 15–30, Routledge, London and New York.

Selman, P. and Swanwick, C. (2010) 'On the meaning of natural beauty in landscape legislation', *Landscape Research* 35(1): 3–26.

Seymour-Smith, C. (1986) *Macmillan Dictionary of Anthropology,* Macmillan, London.

Shengii, P. (2010) 'The road to the future? The biocultural values of the Holy Hill forests of Yunnan Province, China', in B. Verschuuren, R. Wild, J. McNeely and G. Oviedo (eds) *Sacred Natural Sites,* pp. 98–106, Earthscan, London.

Smith, L. (2006) *Uses of Heritage,* Routledge, London and New York.

South African San Institute (2014) *CRAM.* <www.san.org.za/cram.php>

Studley, J. (2010) 'Uncovering the intangible values of earth care: using cognition to reveal the eco-spiritual domains and sacred values of the peoples of eastern Kham', in B. Verschuuren, R. Wild, J. McNeely and G. Oviedo (eds) *Sacred Natural Sites, Conserving Culture and Nature,* pp. 107–18, Earthscan, London.

Submerged Prehistoric Archaeology and Landscapes of the Continental Shelf (Splashcos) (2014) *About Splaschos.* <www.splashcos.org/about>

Szirmai, A. (2009) *Industrialisation as an engine of growth in developing countries,* 1950–2005, UNU-MERIT Working Paper, United Nations University–Maastricht Economic and Social Research Institute on Innovation and Technology, Maastricht. <www.merit.unu.edu/publications/working-papers/?year_id=2009>

Thaman, R. and Clarke, W. (1993) 'Introduction', in W. Clarke and R. Thaman (eds) *Agroforestry in the Pacific Islands: Systems for sustainability,* pp. 1–16, United Nations University Press, Tokyo.

Throckmorton, P. (1987) *History from the Sea,* Michael Beazley Publishers, London.

Truscott, M. (2006) Repatriation of Indigenous cultural property, Paper prepared for the 2006 Australian State of the Environment Committee, Department of Environment and Heritage, Canberra.

Tuan, Y.-F. (2002) 'Foreword', in K. Olwig (ed.) *Landscape, Nature and the Body Politic: From Britain's Renaissance to America's New World,* University of Wisconsin Press, Madison.

United Nations Educational, Scientific and Cultural Organisation (UNESCO) (1972) *Convention Concerning Protection of the World Natural and Cultural Heritage,* UNESCO, Paris.

United Nations Educational, Scientific and Cultural Organisation (UNESCO) (2001) *Convention on the Protection of the Underwater Cultural Heritage,* UNESCO, Paris. <unesdoc.unesco.org/images/0012/001260/126065e.pdf>

United Nations Educational, Scientific and Cultural Organisation (UNESCO) (2003) *Convention for the Safeguarding of the Intangible Cultural Heritage,* UNESCO, Paris.

United Nations Educational, Scientific and Cultural Organisation (UNESCO) (2012) *World Heritage: Benefits beyond borders,* UNESCO and Cambridge University Press, Cambridge.

United Nations Educational, Scientific and Cultural Organisation (UNESCO) (2013) *Operational Guidelines for the Implementation of the World Heritage Convention,* UNESCO, Paris.

United Nations Educational, Scientific and Cultural Organisation (UNESCO) (2014a) *The Marshlands of Mesopotamia,* UNESCO, Paris. <whc.unesco.org/en/tentativelists/1838/>

United Nations Educational, Scientific and Cultural Organisation (UNESCO) (2014b) *Mapungubwe Cultural Landscape,* UNESCO, Paris. <whc.unesco.org/en/list/1099>

United Nations Educational, Scientific and Cultural Organisation (UNESCO) (2014c) *Tikal National Park,* UNESCO, Paris. http://whc.unesco.org/en/list/64

United Nations Educational, Scientific and Cultural Organisation (UNESCO) (2014d) *Sundarbans National Park,* UNESCO, Paris. <whc.unesco.org/en/list/452>

United Nations Educational, Scientific and Cultural Organisation (UNESCO) (2014e) *Hortobágy National Park–the Puszta,* UNESCO, Paris. <whc.unesco.org/en/list/474>

United Nations Educational, Scientific and Cultural Organisation (UNESCO) (2014f) *Agave Landscape and Ancient Industrial Facilities of Tequila,* UNESCO, Paris. <whc.unesco.org/en/list/1209>

United Nations Educational, Scientific and Cultural Organisation (UNESCO) World Heritage Centre (2011) *Operational Guidelines for the Implementation of the World Heritage Convention,* UNESCO, Paris.

Verlag Wolfgang Kunth GmbH & Co. (2010) *World Heritage,* Monaco Books, Munich.

Vershuuren, B., Wild, R., McNeely, J. A. and Oviedo, G. (eds) (2010) *Sacred Natural Sites, Conserving Nature and Culture,* Earthscan, London.

Wang, G., Innes, J., Wu, S., Krzyzanowski, J., Yin, Y., Dai, S., Zhang, X. and Liuet, S. (2012) 'National park development in China: conservation or commercialisation', AMBIO 41: 247–61.

Webb, S., Cupper, M. and Robins, R. (2006) 'Pleistocene human footprints from the Willandra Lakes, southeastern Australia', *Journal of Human Evolution* 50(4): 405–13.

Wild, R. and McLeod, C. (2008) *Sacred Natural Sites: Guidelines for protected area managers,* IUCN, Gland.

Wilderness.net (2014) *The Idea of Wilderness.* <www.wilderness.net/NWPS/WhatIsWilderness>

Willow, A. (2011) 'Culturally significant natural resources—where nature and culture meet', in T. King (ed.) *A Companion to Cultural Resource Management,* Blackwell, Chichester, UK.

World Commission on Environment and Development (WCED) (1987) *Our Common Future,* Oxford University Press, London.

Zeder, M. (2011) 'The origins of agriculture in the Near East', *Current Anthropology* 52(Supplement 4): S221–35.

CHAPITRE 5

LES INFLUENCES ÉCONOMIQUES ET SOCIALES S'EXERÇANT SUR LES AIRES PROTÉGÉES

Auteur principal :
Nigel Crawhall

CONTENU

UICN CMAP Commission mondiale des aires protégées Convention sur la diversité biologique

AUTEUR PRINCIPAL

NIGEL CRAWHALL est directeur du Comité de coordination des peuples autochtones d'Afrique (IPACC) et co-président du thème de l'UICN sur les peuples autochtones, les communautés locales, l'équité et les aires protégées.

REMERCIEMENTS

L'auteur tient à remercier, pour leurs contributions à ce chapitre, Trisha Kehāulani Sproat-Watson (culture hawaïenne et Elinor Ostrom), Alejandro Nadal (macro-économie et conservation) et Stephen Dovers (instruments multilatéraux relatifs à l'environnement et soutien rédactionnel).

CITATION

Crawhall, N. Les influences sociales et économiques s'exerçant sur les aires protégées. In Worboys, G. L., Lockwood, M., Kothari, A., Feary, S. et Pulsford, I. (éd.). *Gouvernance et gestion des aires protégées*. Canberra : ANU Press, 2020. doi.org/10.22459/GGAP.05

PHOTO DE LA PAGE DE TITRE

Parc marin de la Grande Barrière de corail, Queensland, Australie. Un bien du patrimoine mondial de l'UNESCO et une des grandes aires protégées du monde

Source : © Great Barrier Reef Marine Park Authority

Extrait, chapitre 5 (p. 24) « *...en Australie, en 2014, le gouvernement australien et l'Autorité du parc marin de la Grande Barrière de corail ont pris des décisions relatives aux boues de dragage qui menacent la Grande Barrière de corail, un autre site emblématique du patrimoine mondial. La Grande Barrière de corail est menacée par plusieurs industries extractives, par la pollution liée à l'exploitation d'énergies fossiles, par la navigation maritime intense liée à l'activité de prospection et par des projets d'exportation de charbon depuis Abbot Point. Ces menaces sont examinées à l'échelon mondial. Les racines du problème nous ramènent aux tensions concernant les valeurs, la responsabilité, et aussi dans les changements éventuels de la nature et des intérêts de l'État lui-même.* »

Introduction

Ce chapitre examine les tendances en matière de valeurs sociétales, de droits de l'homme et d'économie, qui ont façonné la manière dont on comprend, valorise, gère et gouverne les aires protégées. Il souligne quelques-unes des tendances sociales et économiques contradictoires qui définissent le probable avenir des processus d'élaboration des politiques en matière d'aires protégées, de leur gouvernance et de leur intégrité.

Le but de ce chapitre est de situer les aires protégées dans un contexte sociétal et politique plus large et de montrer que la perception, les valeurs, les normes et l'engagement du public assurent la prise en compte des objectifs de conservation, y compris en matière d'efficacité des aires protégées, étayés par des processus sociaux, économiques et politiques qui ne semblent initialement pas pertinents pour élaborer des politiques de conservation. Dans les différentes sphères de la politique et tendances sociales, il est possible d'anticiper les problèmes croissants de certains systèmes économiques pouvant nuire à l'efficacité des aires protégées si on n'intervient pas. Pourtant, il est également important de s'engager intentionnellement en ce qui concerne l'opinion publique, la cohésion sociale, la solidarité et l'engagement politique pour assurer que les aires protégées sont intégrées dans les normes sociales sur le long terme.

L'analyse des tendances historiques peut éclairer sur ce à quoi les décideurs, les gestionnaires, les écologistes, les responsables locaux et les propriétaires traditionnels des aires protégées ainsi que la société civile peuvent s'attendre dans les années à venir. Comprendre le passé et les interactions des hommes avec la nature nous donne un aperçu des problématiques à examiner et à anticiper pour atteindre les objectifs futurs de conservation, de connectivité des paysages terrestres et marins, de défense des droits de l'homme afin de créer un engagement commun à sauver la planète pour les générations à venir.

Ce chapitre se termine par quelques considérations clés sur les menaces et opportunités, et invite à réfléchir à la question fondamentale de notre responsabilité en tant qu'êtres humains et à notre devoir envers le reste du monde vivant, qui est à la base de notre santé et notre bien-être. Alors que nous entrons dans un monde toujours plus rapide pour ce qui est de l'évolution des technologies, de l'intégration économique mondiale et du changement de l'utilisation des terres, nous devrions peut-être également envisager la création d'un contrat social pour conserver la biodiversité, améliorer la connectivité au-delà des frontières politiques et prendre en compte les nouvelles variables de ce monde, telles que l'instabilité climatique, la modification génétique dans le domaine de l'agriculture, les nouvelles technologies de l'énergie et l'évolution du rôle de l'État.

Tendances et prévisions

Une grande partie de ce livre traite d'aspects techniques et de gestion nécessaires aux bons résultats de la conservation dans les aires protégées et au-delà. Cependant, les priorités récentes de l'humanité, de ses cultures, de l'économie et de la politique ont créé des conditions bénéfiques à la multiplication des aires protégées, et ces dernières vont encore davantage se développer dans les décennies à venir. Comprendre et agir en relation avec ces tendances va au-delà des compétences professionnelles et des sciences biologiques. Les sciences sociales sont dorénavant nécessaires pour mieux cerner les contextes et les tendances qui ont un impact sur les aires protégées.

Ce chapitre nous aide à déterminer comment situer la gestion, la politique et la gouvernance des aires protégées dans le contexte plus large du comportement humain, des valeurs et des principes économiques qui façonnent le futur. La tendance actuelle est favorable au développement des aires protégées dont le nombre a augmenté de façon spectaculaire. Peu à peu nous prenons conscience que si nous ne réagissons pas rapidement et efficacement face aux menaces, les conséquences seront terribles pour la vie sur Terre, y compris pour notre propre espèce.

Ce chapitre porte sur un sujet très large et vise donc à donner un aperçu de quelques questions clés. Chaque incursion dans la théorie économique, politique et sociale s'accompagne d'hypothèses et se situe dans des modèles épistémologiques et théoriques sujets à débat et à la critique. Nous essayons ici d'examiner certaines questions dans les grandes lignes, plutôt que de présenter un cadre spécifique matérialiste ou positiviste. Pour les spécialistes, cela peut être insuffisant, mais l'objectif est de présenter aux non-spécialistes des considérations socio-économiques et politiques et d'engager le débat dans des milieux plus spécialisés.

Le chapitre commence en faisant le postulat que la société humaine et l'économie politique ne sont jamais statiques. Étant donné que nous sommes actuellement dans l'ère anthropocène, les objectifs de conservation que l'on se fixe, quels qu'ils soient, dépendent de l'intérêt des hommes et de leurs institutions sociales, politiques et économiques pour la préservation de la biodiversité et des écosystèmes. Certains systèmes humains, tels que la mondialisation des marchés des produits de base et les cadres macroéconomiques capitalistes des politiques nationales, peuvent paraître lointains et indépendants du sujet, mais ils n'apparaissent que dans la culture, l'imagination et les systèmes de valeur humains. L'évolution des systèmes de valeurs et les changements de fonctions et d'échelles de la gouvernance et de la responsabilité des aires protégées, et des autres espaces de conservation, ont un impact à la fois sur l'efficacité et sur la disponibilité des ressources, et sur le soutien social et politique des aires protégées

Un concept clé du débat est celui de la « garde », ou de « l'intendances » : une forte croyance selon laquelle les sentiments d'un individu ou d'un groupe d'individus sont liés avec un territoire particulier, et en conséquence le/les poussent à conserver, protéger et/ou utiliser durablement ce territoire marin ou terrestre. Dans ce chapitre, nous suggérons que de nos jours, la « garde » traditionnelle est soumise à des changements rapides, des contestations, un changement d'échelle et une certaine ambiguïté ; autant de facteurs qui finissent par avoir une influence sur l'efficacité des aires protégées.

Nous examinerons le changement historique global de la « garde » locale vers une autorité accrue de l'État, puis la nature changeante de l'État au sein d'une économie, d'échanges commerciaux et d'extraction de ressources naturelles mondialisés. Ces derniers temps, le devoir légal de « garde » de l'État a parfois été réorienté, voire même dévié, pour faciliter la dégradation de l'environnement, le braconnage et autres dommages à l'intégrité des écosystèmes. Ces actes étaient principalement motivés par des idéologies économiques et l'influence d'intérêts privés transnationaux qui n'ont pas de système de valeurs basé sur la nature ou la responsabilité envers des « gardiens » d'une autre échelle.

Deux tendances notables ne sont pas abordées dans ce chapitre : l'évolution de la démographie et le changement climatique anthropique (voir chapitre 17). Ces deux éléments peuvent aussi être considérés comme des conditions-cadres, car ceux qui travaillent sur les aires protégées ont peu de prise sur les taux de reproduction des hommes et les émissions de gaz à effet de serre. Ces tendances ont pourtant un impact complexe sur la politique et l'efficacité des aires protégées.

Avant de se pencher sur la question de la « garde », il est utile de donner quelques éléments de réflexion sur comment et pourquoi les hommes accordent de la valeur à la nature, et comment l'évolution des conditions matérielles et sociales influence ces systèmes de valeurs, qui à leur tour déterminent où nous investissons notre attention, notre énergie et nos ressources. Nous sommes arrivés à un point ou la société humaine a un impact plus fort que les variables naturelles sur l'évolution de la biodiversité, les écosystèmes et même les systèmes climatiques. Nos actions futures déterminent l'avenir de la planète, de notre espèce et de nombreuses autres espèces.

L'Anthropocène : quand l'homme prend les commandes

En 2000, le biologiste Eugene Stoermer et le lauréat du prix Nobel Paul Crutzen utilisèrent le terme « Anthropocene » (« anthropocène » en français) dans un bulletin d'information du programme international géosphère-biosphère. Ce terme fut ensuite formellement adopté par la Geological Society of London en 2008. Il reconnaît que la situation géologique et climatique est maintenant davantage déterminée par le comportement des hommes et les changements opérés par ces derniers sur Terre (perte de sol, pollution, extraction avec l'exploitation minière et l'exploration) et dans l'atmosphère (l'impact le plus notable étant l'émission de gaz à effet de serre conduisant au réchauffement climatique et à l'instabilité du climat et ayant un impact sur l'acidification des océans et la fonte des glaciers) que par les tendances naturelles.

Faire le bilan des activités humaines sur Terre au cours du dernier siècle peut s'avérer inquiétant et angoissant pour certains. Comme ce chapitre, et même ce livre, le suggère, les menaces qui pèsent sur la biodiversité, les écosystèmes, la souveraineté alimentaire et la stabilité climatique trouvent leur origine dans le comportement et la culture des hommes (Boyden, 1987) ; il semble donc logique de penser que nous sommes en mesure d'atténuer ces tendances dangereuses et, grâce à nos intentions et actions réfléchies, que nous sommes capables d'ajuster le cours des choses et de trouver un équilibre durable pour la planète.

Un bon point de départ consiste à examiner les conclusions de la 3e édition des Perspectives mondiales de la biodiversité (PMB 3) (voir Secretariat of the CDB, 2010). Ce document, édité par l'ONU et soumis à l'Organe subsidiaire chargé de fournir des avis scientifiques, techniques et technologiques de la Convention sur la diversité biologique, fait un bilan des connaissances scientifiques disponibles sur la biodiversité et les écosystèmes. Il s'agit d'un des nombreux documents importants sur la biodiversité. Ce qui ressort des PMB3, est que la biodiversité est en baisse dans toutes les régions du monde, que cette diminution s'accélère et que de nouveaux problèmes, tels que la dispersion des espèces

Terre de Feu, parc national Alberto de Agostini, réserve de biosphère du Cabo de Hornos, Chili
Source : Eduard Müller

exotiques, augmentent alors que la seule tendance apparemment positive est l'augmentation des créations d'aires protégées.

Alors que certains disent que l'augmentation du nombre d'aires protégées n'a pas ralenti la perte de biodiversité, et remettent ainsi en question la capacité des aires protégées à répondre aux facteurs de cette perte de biodiversité, nous postulons ici que les aires protégées sont de plus en plus considérées par les États parties (signataires de la Convention sur la diversité biologique) comme un rempart important contre les impacts de ces facteurs (voir chapitre 21). En s'appuyant sur le rapport PMB 3 et sur le succès du Programme de travail sur les aires protégées (PoWPA) de la CDB, y compris l'objectif 11, relatif aux aires protégées, du plan stratégique pour la biodiversité 2011-2020 et les objectifs d'Aichi (CBD, 2011), ce chapitre part de l'hypothèse que les aires protégées sont, à l'heure actuelle, considérées comme une solution à d'autres menaces et risques. De plus, il semble que le système des traités multilatéraux ait un impact plus positif en matière d'aménagement de l'environnement au niveau national que dans de nombreux autres domaines, comme cela s'illustre par l'échec des négociations sur le changement climatique.

Si les États parties voient les aires protégées comme une solution à certains défis environnementaux, il va de soi que cette perception est partagée par de nombreux citoyens et électeurs, au moins dans les régimes démocratiques fonctionnels. Bien que les personnes travaillant dans les aires protégées fassent parfois face à de grands défis et à un manque de reconnaissance politique, on note toutefois des progrès à ce niveau. Non seulement les parcs terrestres sont la cible d'une attention croissante, mais on perçoit aussi l'intérêt grandissant pour la transposition et l'adaptation de ce modèle de gestion des aires protégées terrestres aux milieux côtiers et marins. La dixième Conférence des Parties (COP) de la CDB, qui s'est tenue à Nagoya, au Japon, a fixé de nouveaux objectifs à la fois pour la protection marine et terrestre à travers l'objectif 11 des Objectifs d'Aichi qui s'inscrivent dans le plan stratégique 2011-2020 de la CDB.

Valeurs, normes et devoirs

Les humains font partie de l'ordre des primates ; de tout temps on a essayé de comprendre ce qui motivait notre comportement de primate et/ou d'humain qui est généralement de nature sociale et implique des éléments de coopération, d'intérêt personnel et d'altruisme (pour une discussion poussée sur le rôle du langage comme instrument de gestion de ces tensions, voir Dunbar, 1996). Plutôt que de simplement suivre notre instinct, notre comportement est façonné par les systèmes sociaux, les systèmes affectifs et de solidarité, mais également notre capacité à comprendre et à agir en fonction de l'éthique, tel que le montrent nos cultures, langues et systèmes de croyance.

Nos sociétés se complexifiant, nous avons développé des systèmes hiérarchiques dans nos relations de pouvoir et des systèmes de classe ont émergé, ce qui signifie qu'il existe différents systèmes de propriété des ressources et de contrôle des terres et divers niveaux d'influence. Nous nous retrouvons ainsi à vivre dans des sociétés où nous pouvons avoir une réflexion éthique, dans des systèmes encadrés par des règles, et nous naissons dans des systèmes de pouvoir socialement construit, mais que nous n'avons pas créés nous-mêmes et qui produisent des résultats différents pour ceux qui ont accès au pouvoir et ceux qui n'y ont pas accès.

Le caractère social inhérent de la société humaine et notre capacité à partager des systèmes de croyances sont à la base des systèmes de valeurs individuelles et collectives, qui à leur tour déterminent ce que nous protégeons, conservons, promouvons, étudions et défendons. Quand les inégalités ou les contestations à l'égard de l'utilisation des ressources sont grandes, il est probable que les valeurs soient aussi contestées et cela perturbe le consensus social sur ce que sont ces valeurs, y compris ce qui doit être conservé et protégé.

Lors du Sommet pour le développement durable en Afrique (24-25 mai 2012), le responsable de la thématique Communautés autochtones et locales, équité et aires protégées (TILCEPA) a demandé à Pavan Sukhdev, auteur principal de L'économie des écosystèmes et de la biodiversité (TEEB, 2010), si évaluer la nature ne risquait pas d'accélérer sa marchandisation et, de ce fait, de favoriser une utilisation non renouvelable de ses ressources afin de s'engager sur les marchés financiers. La réponse de Sukhdev a été que l'évaluation ne devait pas être confondue avec la marchandisation ou même l'évaluation du capital. Il a expliqué qu'il était amené à travailler, en Inde, avec des villageois peu alphabétisés, voire analphabètes, et sans expérience des marchés financiers, mais qui étaient très dépendants des ressources naturelles et avaient leur propre système d'évaluation pour les guider dans leurs activités de conservation. Selon Sukhdev, le problème n'est pas de savoir si la nature a une valeur, mais plutôt de déterminer comment cette valeur (et son évaluation) est prise en compte dans l'élaboration des politiques nationales.

Dans cette section, notre réflexion se porte sur la manière dont les hommes évaluent la nature, les raisons pour lesquelles nous lui accordons de la valeur et l'influence que cela exerce sur nos décisions et les priorités que nous établissons pour nous-mêmes et nos systèmes politiques et sociaux. Pour commencer, on peut établir une dichotomie entre les choses auxquelles nous accordons une valeur « intrinsèque » et celles auxquelles nous accordons une valeur « extrinsèque » (pour de plus amples réflexions sur l'évaluation et la valeur intrinsèque de la nature, voir Phillips, 2003, chapitre 6). A une valeur intrinsèque ce qui a une valeur en soi. Le fait que la nature ait une valeur intrinsèque ou pas, ou au moins que la société humaine adhère à cette idée, est un élément central pour déterminer la place de nos devoirs en matière de conservation au sein de nos systèmes sociaux, politiques et économiques.

Les spécialistes actuels de l'éthique environnementale soulignent le fait que les humains ont tendance à voir la nature comme ayant une valeur intrinsèque. Sandler (2012) cite Soulé (1985), selon qui, « la diversité biotique a une valeur intrinsèque ». Ce point de vue est également celui d'éthiciens influents tels que Rolston (1986) et Callicott (1989). Enfin, la valeur intrinsèque de la nature est inscrite dans de récents instruments des Nations Unies et notamment la Charte mondiale de la nature de 1982 et la Charte de la Terre de 2000.

Les sites naturels sacrés, les mesures législatives et exécutives pour la conservation d'espèces, d'écosystèmes aquatiques et de paysages pour leurs caractéristiques esthétiques, et les correspondances spirituelles ou la valeur propre de la vie (pour des exemples, se référer aux chapitres 3 et 4) sont quelques-unes des expressions typiques de la valorisation des valeurs intrinsèques de la nature ou des ressources naturelles (espèces, paysages, écosystèmes) par les hommes. Les aires protégées modernes sont en partie l'expression d'un système de valeurs intrinsèques appliqué à des paysages marins et terrestres, des écosystèmes, des formations géologiques ou des territoires nécessaires à la conservation d'espèces.

Dans son livre *Tread Lightly on the Earth*, Sri Lankabhimanya Christopher Weeramantry, vice-président de la Cour internationale de Justice, défend l'idée que toutes les grandes religions du monde comprennent des obligations scripturaires spécifiques indiquant que les adeptes de ces religions doivent estimer, respecter et protéger la nature. Il fait valoir que, avant l'époque moderne, la valeur intrinsèque de la nature était à la base des systèmes religieux et juridiques (Weeramantry, 2009). Ces obligations scripturaires sont diverses et vont de la conservation d'espèces particulières et des paysages à des approches plus générales de compréhension des devoirs des hommes envers un monde naturel riche, mais fragile.

Weeramantry suggère que toutes les sociétés considéraient, dans le passé, avoir des obligations envers la Terre, mais que cette pensée est devenue marginale au cours de la période d'industrialisation et de développement économique moderne coloniale. La loi naturelle, qui incluait alors des règles relatives aux valeurs intrinsèques (et les devoirs associés à ces valeurs) de la nature fut déformée pour faciliter une transition vers une loi basée sur la valeur extrinsèque pour laquelle la nature est soumise à d'autres priorités et favorise notamment la surexploitation des ressources par les puissants au détriment des pauvres. De plus, la dimension sacrée de la nature forme un lien entre les approches intrinsèques et instrumentales de la nature, et constitue un point de référence externe important qui va au-delà des intérêts à court terme (Weeramantry, 2009).

La notion de valeur extrinsèque présuppose que la valeur d'une chose est relationnelle. Pour les besoins de notre analyse, nous admettons ici que la nature, les écosystèmes ou les espèces ont une valeur parce qu'ils ont une fonction appréciée par les hommes. Généralement, pour la société humaine la nature a une valeur instrumentale. L'eau est essentielle à la vie humaine, et la conservation des sources d'eau et des bassins versants, y compris les forêts ou autres éléments importants des bassins versants, a une valeur instrumentale. La plupart des sociétés semblent avoir des règles claires en matière de conservation et d'accès à l'eau voire parfois en matière de contrôle et de droits de propriété.

Les Principes et directives d'Addis-Abeba (2004) pour l'utilisation durable de la diversité biologique (PDAA), adoptés lors de la 7e Conférence des Parties à la CDB, se réfèrent directement au principe selon lequel, quand une communauté dépend d'une ressource naturelle ou d'un paysage abritant cette ressource, il est entendu que cette communauté est la garante naturelle de la ressource. Les PDAA forment un principe multilatéral basé sur une logique de valeur instrumentale et portent sur la notion de « garde ». Ce principe fut en grande partie développé par Elinor Ostrom, lauréate du prix Nobel d'économie (1990 ; Ostrom et al., 1994, 2010).

L'idée selon laquelle nous avons besoin des aires protégées est un jugement de valeur en soi. Bien que ce livre fournisse de nombreux exemples de différents paysages terrestres et marins conservés à différentes époques et au sein de différentes cultures, ce sont nos problèmes actuels qui définissent le contexte dans lequel les aires protégées sont créées, conçues, dirigées et évaluées. À la base de ce patrimoine moderne, on trouve un étrange mélange d'altruisme et de jeu de pouvoir, et un intérêt pour la conservation de la nature, bien que dans certains cas les lois relatives à la conservation soient aussi utilisées pour diminuer les droits et responsabilités d'un groupe de personnes en faveur d'un groupe dominant.

Bogd Khan Uul, en Mongolie, est une réserve naturelle établie en 1778 et peut être considérée comme la première aire protégée « moderne », c'est-à-dire créée par l'État et ayant comme objectif principal la conservation de la nature. Le Parc national de Yellowstone fut déclaré premier parc national en 1872 et est généralement considéré comme le premier territoire dédié à la conservation de la nature sauvage.

Certains des parcs nationaux les plus emblématiques furent créés dans le cadre de la colonisation, de la conquête et de déplacements des populations autochtones après de violents conflits (Colchester, 2004a, 2004b). Le parc national de Yellowstone fut établi sur des terres Arapaho, appelées Héetíhco'oo par les peuples autochtones. Dans le cadre de l'établissement et de la conquête de cette aire protégée, les Arapahos furent déplacés. Le parc national Kruger fut établi en 1898, en Afrique du Sud, par les autorités coloniales, créant ainsi la première aire protégée moderne africaine. Dans le parc national Kruger, comme dans celui de Yellowstone, les populations locales qui occupaient le territoire depuis des siècles furent déplacées. Cette forme de protection coloniale fut souvent associée à des luttes de pouvoir et des conflits ethniques entre les peuples autochtones et les colons. On le justifia en évoquant la baisse soudaine de la biodiversité liée à l'occupation coloniale et notamment au défrichage des terres pour l'agriculture et le pastoralisme, l'important impact de la chasse non réglementée et la nécessité de « civiliser » les paysages tout en en préservant d'autres considérés comme des paysages « vierges » (voir, par exemple, Crosby, 1986 ; Beinart Coates, 1995 ; MacKenzie, 1997).

Contrairement à ce que croyaient certains colons, ce ne sont pas eux qui ont inventé la conservation. Limiter l'utilisation des ressources par les hommes dans des territoires définis spécifiquement pour protéger la biodiversité et les services écosystémiques, de façon permanente ou temporaire, semble être une pratique ancienne et commune à la plupart des cultures et les civilisations. C'est le cas entre autres du système polynésien de *tapu* (tabou) contrôlant l'accès aux ressources marines.

À Hawaii, le système de gestion des droits d'accès à l'eau douce et aux autres ressources naturelles découle directement du système traditionnel de propriété

Encadré 5.1 Systèmes de gouvernance des ressources naturelles en Finlande

La Finlande a au moins trois grands systèmes de réglementation qui sont antérieurs à la création de l'État et qui fonctionnent parallèlement au système étatique finlandais actuel. Ces institutions basées sur un système de garde ont force de loi et sont parfois renforcées par la législation nationale. Elles comprennent le *kalastuskunta* (organe administratif réglementant les droits de pêche et autres questions de gouvernance des eaux au niveau local), les *paliskunta* (organes administratifs de régulation de l'élevage des rennes au nord) et le *yhteismetsä* (organe administratif privé et moderne de régulation des forêts collectives ; il a permis de regrouper plusieurs petites forêts privées en un grand territoire commun géré par un organisme de réglementation non étatique). Ces organismes existent en parallèle des municipalités et sont l'héritage des anciens systèmes d'exploitation finlandais. Leur influence est telle que lorsque le secteur privé se lança dans la construction de barrages dans les années 1960, il fut obligé, sous la pression morale locale, de s'assurer que la reproduction du saumon pourrait se poursuivre et de lancer des programmes de reproduction afin de maintenir les systèmes de pêche.

Une décision de justice de 1642 fait spécifiquement référence à la loi coutumière, au *kalastuskunta* et à la délimitation de terrains mis en commun. En 1902, plusieurs années avant l'indépendance de la Finlande, le *Vesioikeuslaki* (loi sur les droits relatifs à l'eau) formalise la reconnaissance par l'État de ces organismes traditionnels de réglementation de l'usage de l'eau.

Les empires de Suède et de Russie ont eu une grande influence sur leur voisin finlandais. Grâce à administration autonome, la Finlande a réussi à maintenir ses institutions coutumières de gestion des ressources naturelles. En 1917, quand l'État finlandais moderne a été proclamé, ces systèmes de réglementation non étatiques ont perduré, gérés par les communautés locales. Les lois administratives et la reconnaissance de ces systèmes ont naturellement émergé, sans que l'État n'ait à intervenir trop durement. En parallèle, ce dernier a développé un réseau d'aires protégées, géré par le Metsähallitus (littéralement « gouvernement de la forêt »).

Source : échanges privés avec Jorma Leinonen de Paltamo, Kainuu. Propos traduits par son fils, Tuomo Leinonen. Voir aussi Vesitalous (2010).

Installations destinées aux visiteurs, parc national de Linnansaari, Finlande, géré par le *Metsähallitus*

Source : Graeme L. Worboys

foncière hawaiien, qui est un système unique de gestion des ressources aux États-Unis. Initialement développé dans les années 1400 par le grand chef de l'île Mā'ilikūkahi, le système de l'*ahupua'a* divisait le territoire en écosystèmes durables allant du sommet d'un bassin versant jusqu'aux récifs frangeants. Les ressources étaient gérées par un système strict de *kapu*, semblable au système de *tapu* polynésien. Après leur contact avec les étrangers au XVIIIe siècle, les *mō'ī* hawaiiens (souverains) fondèrent un État-nation souverain afin de s'adapter à la mondialisation émergente du monde. Conscients de l'importance de la gestion des ressources naturelles pour le bien-être de leurs peuples, les *mō'ī* inscrivirent dans la législation, et donc dans le droit foncier, leurs pratiques datant d'avant leur contact avec les étrangers. Ces pratiques, profondément ancrées dans la loi, le régime foncier et la coutume, ont survécu aux changements socio-économiques et continuent d'exister aujourd'hui.

En Inde, on trouve de nombreux bois et forêts sacrés, ainsi que d'autres sites naturels jouant un rôle au sein des systèmes de croyances des populations autochtones et locales et des coutumes religieuses hindoues. De même, en Afrique, il existe des forêts, sources, lacs, montagnes et autres sites sacrés gérés localement. Certains peuples nomades, tels que les M'bororo en Afrique de l'Ouest, utilisent des termes spécifiques pour parler des aires protégées ; ainsi, le terme « haddaade » décrivait originellement les territoires mis en réserves pour la conservation par des chefs locaux et fait maintenant référence aux parcs nationaux (IPACC, 2012).

Ces systèmes traditionnels de conservation de la biodiversité et des écosystèmes ne sont pas propres aux peuples autochtones. La plupart des sociétés qui dépendent des ressources naturelles mettent en place diverses formes de conservation communautaire. On trouve encore, dans les lieux où le colonialisme et la « modernisation » accompagnant ce dernier n'ont pas perturbé la relation entre les systèmes traditionnels de gouvernance et les régimes d'accès, des exemples intéressants de systèmes étatiques construits autour d'un système de garde locale. En Finlande, certaines formes synergiques de gouvernance et de conservation des paysages et zones riveraines et lacustres découlent d'anciens systèmes de garde locale (encadré 5.1).

Au XVIe siècle, l'Europe devint une puissance colonisatrice. Puis, durant la révolution industrielle, le système économique mercantiliste européen s'étendit largement. Ces deux éléments ont mené le monde occidental à se distancier drastiquement des valeurs intrinsèques et spirituelles de la conservation de la nature. Avec ce changement, un nouveau modèle, au sein duquel la valeur de la nature est extrinsèque et dépend des richesses qui peuvent être extraites des ressources naturelles, fit son apparition. Cette évolution économique et culturelle fut le premier déclencheur d'un cycle de perte de la diversité biologique, de pollution extrême et de troubles sociaux qui se sont propagés au-delà de l'Europe, dans un réseau colonial mondial d'extraction des ressources.

Alors que l'Europe était quasiment au sommet de sa phase d'industrialisation, des changements technologiques rapides et des évolutions démographiques et de densité humaine ont bouleversé ses systèmes de valeurs. Elle, qui avait été le siège de puissantes doctrines religieuses et des pouvoirs associés, commença à s'éloigner de ses convictions religieuses et développa un intérêt pour la science. Ses États et sociétés se sécularisèrent. Cette transition n'a pas eu lieu du jour au lendemain, et des écrivains tels que B. Alan Wallace (Wallace et Hodel, 2008) suggèrent même que la science occidentale ne s'est jamais complètement séparée de ses références judéo-chrétiennes.

En 1967, le professeur Lynn Townsend White Jr, a publié un article scientifique majeur dans lequel il suggère que certains éléments de la doctrine médiévale chrétienne avaient jeté les bases de l'anthropocentrisme des sociétés judéo-chrétiennes. Il tient ces éléments, ainsi que la révolution industrielle, responsables de la crise écologique moderne. Au cœur de l'argument de White, on trouve l'idée selon laquelle les chrétiens ont été encouragés à se voir non pas comme les gardiens de la création de Dieu, mais comme les dépositaires de son pouvoir sur la nature (White, 1967). Cette mentalité a provoqué un changement de perception : d'une chrétienté obligeant ses partisans à respecter la valeur intrinsèque de la nature créée par Dieu, on a évolué vers un système de pensée basé sur le droit d'exploiter.

Dans les années 1960, les écrits de White ont été vivement critiqués. À l'époque, l'existence d'une crise environnementale globale s'affirmait de plus en plus clairement et avait déclenché un débat, dans les milieux religieux, sur la présence dans les Écritures, de mentions relatives à la valeur de la nature et aux obligations religieuses à son égard. Certains philosophes religieux, tels que Thomas Berry (1999, 2006), offraient une interprétation différente des Écritures chrétiennes, insistant sur le caractère sacré de la création de Dieu et sur la responsabilité des hommes à veiller sur cette création. Ils mettaient aussi en avant les questions de l'équité, de la compassion et de l'équilibre de la gouvernance des ressources naturelles. Les critiques de White ont fait plus que simplement remettre en question le rôle des églises chrétiennes dans la conservation et la préservation de la nature, elles s'adressaient aussi aux valeurs occidentales séculières et scientifiques. La théorie chrétienne médiévale de la domination, appuyée par celle de la suprématie et de la conquête coloniale, émergeait alors comme une économie politique capitaliste et séculière, et a servi de justification éthique aux traitements infligés par les sociétés « modernes », d'un point de vue technologique, à la nature, la biodiversité et les écosystèmes, ainsi qu'à leurs gardiens traditionnels.

Weeramantry (2009) conclut que, pour rétablir un cadre juridique mondial pour la conservation de la nature, il est essentiel que les juristes et les défenseurs de l'environnement créent un nouveau cadre universel de respect de la nature à travers la loi et la religion. D'abord, en renforçant la présence de la « nature » dans le droit naturel, puis en intégrant ce concept dans l'évolution de la jurisprudence. Il émet une hypothèse intéressante selon laquelle la création d'un nouveau paradigme de garde de la Terre requiert une convergence entre le spirituel (c'est-à-dire, ce qui est intrinsèque), les valeurs et normes juridiques et les interprétations de la loi naturelle, qui touchent aussi à la valeur extrinsèque de durabilité.

Pour ce qui est de la prise en compte des aires protégées sur le long terme, la valeur que la société accorde à la nature, telle qu'elle s'exprime à travers la religion, l'identité nationale, le leadership politique, les médias, etc., détermine systématiquement la place de la conservation de la nature dans les priorités nationales. Si les citoyens se sentent responsables de la nature il est plus aisé pour les conservationnistes d'obtenir les moyens dont ils ont besoin. En revanche, s'ils ne se sentent pas responsables des dommages causés à la nature, aux espèces ou aux écosystèmes, alors faire reconnaître les aires protégées comme une priorité nationale devient un combat permanent.

Contestation du système de garde et responsabilités de l'État

Qui est chargé de la conservation ? La réponse à cette question a évolué au fil du temps et la réponse que l'on y apportera à l'avenir déterminera notre capacité à enrayer la perte de la biodiversité et la déstabilisation du climat. Ceci implique d'estimer la mesure de nos devoir, engagement, potentiel et capacité à coopérer. Dans une étude mondiale réalisée par l'Université du Queensland sur l'efficacité de la gestion des aires protégées, Hockings note que trois des sept variables principales influençant la gestion des aires protégées ont trait à la politique sociale et à la cohésion des gestionnaires des aires protégées et de la société (IUCN TILCEPA, 2010:9).

Dans cette section, nous nous penchons sur l'évolution de la garde au gré des changements de contextes économiques et politiques. Cette réflexion nous emmène ensuite à évoquer la reconnaissance de nouveaux droits et la réaffirmation de la garde des groupes sous-nationaux, ainsi que la nécessité de repenser le contrat social qui unit les hommes et qui est essentiel à l'efficacité des aires protégées et de la conservation dans le contexte actuel.

Ce chapitre ne vise pas à traiter l'intégralité de l'histoire de la gestion des ressources, de la conservation et de la garde des aires protégées dans le monde. Il évoque des sujets très divers et passe de thèmes tels que les premiers systèmes autochtones de dépendance directe envers les ressources naturelles et les systèmes culturels de garde à des considérations sur la montée d'entités de pouvoir plus importantes, notamment l'État moderne, qui se sont en quelque sorte approprié le rôle de gardien de la faune, des terres et des ressources naturelles.

Cette approche heuristique cherche à suivre un flux historique ; nous commencerons par évoquer la garde locale des systèmes culturels de connaissance et de gouvernance, et le régime foncier qui l'accompagne. Ces systèmes bioculturels ont évolué au cours du dernier siècle en raison de l'émergence de nouveaux systèmes organisés autour de l'autorité des États-nations et du principe multilatéral de la souveraineté étatique. Certains chapitres nous donneront de plus amples détails sur les modèles de gouvernance des aires protégées et des ressources naturelles au niveau supra-communautaires à des époques reculées - par exemple, le cadre législatif de l'Empire Maurya en Inde, 300 ans avant notre ère. Bien sûr, nous ne sommes pas directement passés de systèmes autonomes de gestion des ressources par des chasseurs-cueilleurs au système moderne de l'État-nation. On peut cependant affirmer que l'expansion européenne durant la colonisation a créé une dynamique qui a détruit les systèmes de gestion traditionnels des peuples autochtones et locaux et les a remplacés, dans la plupart des cas, par un système dirigé par un État centralisé dont la fonction principale était l'exportation de la richesse vers l'Europe (pendant le colonialisme) et, plus tard, au profit des élites nationales et des partenaires mondiaux (dans un contexte postcolonial). De nombreux ouvrages traitent des économies postcoloniales dans le système mondial (voir, par exemple, Ralston Saul, 2005 ; Shivji, 2009 ; Amin Khan, 2012).

Du XVIIIe à la fin du XXe siècle, les systèmes de garde locale ont subi l'influence croissante des États coloniaux et des métropoles. En Europe et dans les territoires occupés par l'Europe, on imposa une nouvelle administration publique centralisée qui devint ensuite une norme mondiale. Cette tendance était plus marquée dans les pays complètement soumis à la colonisation européenne, où elle a eu un impact sur de nombreux systèmes de gouvernance des ressources naturelles, usages coutumiers et systèmes politiques précédemment autonomes. On observe finalement des situations assez similaires dans les sociétés sur lesquelles les puissances colonisatrices avaient une plus faible emprise et qui avaient gardé leur autonomie. Le fait que l'on retrouve cette tendance dans les pays colonisés et non colonisés semble indiquer l'existence d'un lien entre l'importante augmentation du nombre d'aires protégées modernes au XIXe et XXe siècles et le renforcement de l'autorité de l'État et de son rôle de garant de la conservation de la nature. D'autres facteurs, tels que la perte notable de biodiversité et l'augmentation de la population humaine, ont aussi joué un rôle important, mais nous nous intéresserons plutôt, dans ce chapitre, à la répartition du pouvoir en termes de garde territoriale et à ce que nous pouvons apprendre des tendances actuelles.

Pour analyser ces tendances, il est important de prendre en considération le rôle et la nature de l'État lui-même. L'État est un produit de l'organisation très particulière de la société humaine. Il naît dans des contextes historiques, économiques, géographiques et culturels divers. Il est formé par des forces internes, mais est aussi influencé par un contexte externe. Dans ce chapitre, nous chercherons à montrer que l'essor de la souveraineté de l'État moderne, en particulier dans les contextes coloniaux et postcoloniaux, a mené à la disparition des systèmes de garde locale et à l'apparition de systèmes de prise de décision centralisés. Bien qu'ils aient probablement contribué à l'uniformisation des aires protégées et facilité l'élaboration de politiques pour leur gestion, ces changements ont aussi créé de nouveaux défis en matière de responsabilité, en particulier en raison du lien qui existe entre les États, la mondialisation économique et la demande mondiale en ressources naturelles.

Même s'il existe une tendance historique visible en matière d'autorité de la garde, l'histoire du pouvoir et de la responsabilité n'est ni linéaire ni unidirectionnelle. Elle est régulièrement ponctuée d'interventions d'acteurs non étatiques et de détenteurs de droits, et animée par divers différends économico-politiques. Alors que le rôle, les devoirs et la nature de l'État moderne évoluent, la répartition des pouvoirs et des responsabilités en matière de garde reste contestée.

Lorsque la colonisation et l'industrialisation ont été associées pour créer une hégémonie économique et politique mondiale, une nouvelle éthique est également apparue. Redéfinissant la nature comme une ressource à exploiter, elle était centrée sur le profit économique et n'accordait aucune considération à la durabilité ou à l'impact de cette exploitation sur les hommes et les écosystèmes. L'émergence de cette nouvelle éthique marque le passage d'un paradigme localisé basé sur des valeurs intrinsèques et instrumentales à un paradigme extrinsèque et ouvertement consumériste pour lequel la nature, maîtrisée par l'homme, n'est plus sacrée et doit être exploitée pour sa valeur.

Ce paradigme de la domination de la nature par l'homme est sans doute le mode de pensée dominant dans le monde d'aujourd'hui, en particulier dans le monde occidental. Il existe d'autres visions importantes de la relation entre l'humanité et la nature, telles que les concepts japonais de Satoyama et Satoumi, selon lesquels l'harmonie est atteinte grâce à la relation entre la nature et les activités humaines. En 2013, les participants au Congrès des parcs d'Asie se sont penchés sur la question de l'existence d'une particularité asiatique en matière de relation entre l'homme, la nature et les paysages (APC, 2013). Ce même congrès a également entraîné à une autre réflexion portant sur la distinction entre les paysages vierges et romantiques, préservés par leur statut d'aires protégées, et l'approche, plus courante, de gestion non durable des ressources naturelles et des écosystèmes. L'époque coloniale associait l'extraction des ressources naturelles et du travail à une augmentation du pouvoir ainsi qu'à un sentiment de fierté nationale et à une croissance économique sans considération pour la nature et pour les hommes. Ce mode de pensée a eu un impact sur les pays colonisateurs mais aussi sur des terres lointaines gouvernées par des hommes qui n'y avaient même jamais posé les yeux. Le décalage entre ce mode d'utilisation et d'exploitation des ressources naturelles et le système d'utilisation et de garde locale a également marqué une évolution idéologique majeure de la relation des hommes avec la nature.

L'utilisation des terres à l'époque coloniale marque une rupture entre deux modes de gestion des ressources naturelles. Alors que la gestion était initialement fondée sur les écosystèmes, à l'époque coloniale, les autorités centrales créent des réserves à usage exclusif qui ne prennent en considération ni les caractéristiques de l'écosystème ni les modèles de gouvernance préexistants. Ce modèle est aussi celui du contexte postcolonial : les élites de l'État voient les aires protégées comme des espaces importants pour le tourisme et pour l'obtention de financements internationaux. Des modèles mixtes, à la fois coloniaux et postcoloniaux, ont créé de nouveaux schémas d'aires protégées, notamment en Afrique, où la relation de ces aires avec les gardiens et les détenteurs de droits locaux est souvent délicate (voir Anderson et Grove, 1995 ; Nelson et Hossack, 2003).

Étudier la conservation et les aires protégées à travers le prisme de l'économie politique coloniale peut donner l'impression que les premières aires protégées ont été créées dans un esprit d'altruisme et de conquête. Comme cela est mentionné dans d'autres chapitres de ce livre, la gravité de la crise de la biodiversité des XIX et XXe siècles a mené à la création de mouvements de conservation dans le monde occidental, puis dans le monde entier. Après avoir pris conscience de l'impact qu'ils avaient sur le monde, les hommes ont souhaité mettre en réserve certains territoires pour la conservation, ce qui s'est traduit par la création d'aires protégées dans le sens moderne du terme. La relation globale existant entre le pouvoir d'exploiter de manière non durable et la réaffirmation de la valeur intrinsèque de la nature et de son importance psycho-sociale pour l'humanité est passée d'une situation très conflictuelle à une certaine harmonie entre différentes perspectives culturelles sur la conservation des paysages terrestres et marins dans le cadre d'une approche de la gouvernance fondée sur les droits.

Déterminer qui est qualifié pour conserver et qui est en est chargé est, encore aujourd'hui, très délicat dans de nombreux pays. Les sociétés de ces pays sont agitées par de nombreux débats portant sur la cogestion, la gestion privée, la gestion autochtone et les autres formes de coopération avec les gardiens traditionnels et plus récents. Les travaux de recherche sur la gestion durable des terres et des ressources naturelles incitent à associer conservation professionnelle et bonne gouvernance et à faciliter l'implication des peuples autochtones et autres gardiens locaux. L'opposition à cette thèse ne se base pas tant sur une argumentation scientifique, mais trouve plutôt ses origines dans les luttes de pouvoir, le racisme, la corruption et/ou la centralisation bureaucratique du pouvoir. L'État et la société civile, ensemble, forment un cadre qui peut faciliter ou, au contraire, être un frein aux initiatives de conservation qui opèrent avec succès dans les paysages humains, les économies et les systèmes de gouvernance.

Elinor Ostrom est l'une des plus grandes théoriciennes et chercheuses empiriques sur la question de la garde des ressources naturelles. Après avoir étudié différents systèmes autochtones et locaux de gouvernance durable des ressources naturelles, elle a mis en avant le fait que la durabilité exige de mettre en place un système de gouvernance permettant d'exclure les tiers de l'utilisation des ressources, qui doit être appuyé par un système local de surveillance et de prise de décision destiné à maintenir des niveaux de biodiversité et des fonctions écosystémiques durables. Généralement, les systèmes de gouvernance locale sont régis par un ensemble de règles, mais sont en même temps assez souples pour faire face à des changements saisonniers ou les fluctuations de la biodiversité et de besoins humains (Ostrom et Hess, 2007 ; Ostrom et al., 1994, 2010).

Ostrom a ainsi montré qu'une communauté pouvait efficacement gérer des ressources communes à condition que certaines variables soient en place. Contrairement à d'autres chercheurs persuadés que les actions collectives étaient inévitablement vouées à l'échec, Ostrom a mis en avant le succès de certaines communautés à gérer des ressources communes sur le long terme. Lors de la conférence « Partage du pouvoir » qui s'est tenue en 2011 à Whakatane, en Nouvelle-Zélande, elle évoqua le cas de trois communautés de pêcheurs vivant sur le littoral de la Basse-Californie qui participaient, à divers degrés, à la conservation marine grâce à leur gestion et leur contrôle des ressources communes. Grâce à son intérêt pour l'ethnographie et parce qu'elle avait conscience de l'importance des valeurs culturelles dans le développement de régimes locaux de gestion coopérative, Ostrom a remis en question l'idée largement répandue selon laquelle les ressources communes ne pourraient pas être gérées par les citoyens d'une localité et devraient être gérées par l'État ou être privatisées.

Le travail d'Ostrom a des implications importantes pour les aires protégées et appelle à reconsidérer ce qui fait l'efficacité de la conservation à long terme. Même si une agence de l'État a le pouvoir d'interdire aux hommes l'accès aux ressources naturelles d'un territoire donné, l'usage de ce pouvoir ne mène pas toujours aux résultats escomptés. Certains paysages doivent en partie leur équilibre à l'intervention des hommes et aux systèmes traditionnels d'utilisation des ressources, par exemple, l'élevage traditionnel du bétail, qui peut stimuler la biodiversité. Les célèbres exemples du programme *Campfire* au Zimbabwe et des *conservancies* communautaires en Namibie sont la preuve que des accords planifiés avec soin, prévoyant le partage équitable des bénéfices et renforçant la responsabilité des communautés, peuvent fournir de très bons résultats dans des paysages qui seraient autrement surexploités.

L'idée selon laquelle on ne peut conserver la nature qu'en faisant abstraction des droits traditionnels ou coutumiers des gardiens autochtones et locaux contribue sans doute davantage à la perte de la biodiversité qu'à sa conservation. L'ignorance de la gestion coutumière des biens communs et des systèmes complexes de connaissances, de réciprocité, d'obligations morales et de sanctions coutumières qui appuient cette gestion, y compris le droit d'exclure les utilisateurs qui n'ont pas de droit dans la zone concernée, explique sans doute en partie l'échec d'initiatives de conservation des paysages terrestres et marins. D'un autre côté, se contenter d'affirmer qu'une communauté a des droits traditionnels sur un territoire, sans prendre en considération l'influence des changements démographiques, de partage des pouvoirs, de densité des populations humaines et animales et d'utilisation du sol serait naïf et pourrait être un frein au développement durable de la région en question. Il n'existe pas de formule préétablie, mais il est essentiel de bien comprendre que les aires protégées peuvent intégrer les normes de gouvernance, la garde et les systèmes culturels préexistants, ce que les autorités nationales chargées des aires protégées ne comprennent pas toujours.

À ce stade de notre réflexion, on peut déjà conclure en disant que le concept d'aires protégées est inhérent à la plupart des cultures (voir chapitre 4), mais que la manière dont ces espaces s'inscrivent dans les systèmes culturels, sociaux et politiques varie très largement. Ce patrimoine culturel, spirituel et religieux que sont les paysages terrestres et marins conservés fournit un cadre permettant de comprendre le concept moderne des aires protégées et de créer des systèmes de valeurs partagées pour promouvoir leur efficacité et leur durabilité. Parallèlement, on peut distinguer des tensions entre les peuples autochtones et communautés locales, gardiens traditionnels des terres, et l'État exerçant une autorité de plus en plus forte sur ces terres. Cette tendance s'inscrit parfois dans un cadre colonial ou postcolonial, parfois dans le cadre d'institutions non démocratiques ou non représentatives, et crée un risque de conflit entre droits de l'homme et les objectifs de conservation.

Alors que nous nous engageons dans le XXIe siècle, les spécialistes semblent prendre peu à peu leurs distances avec l'approche exclusive des aires protégées et s'engagent en faveur d'une garde locale soutenue par les institutions de l'État chargées de la conservation. Tel est le message qu'a envoyé la CDB en 1992, le Congrès mondial sur les parcs de 2003 et le Programme de travail sur les aires protégées (voir chapitre 8). Cette tendance a été renforcée par la réaffirmation, par les gardiens locaux, de leurs droits sur la nature et de leur rôle dans la conservation. C'est aussi clairement ce qu'a exprimé, en 2007, la Déclaration des Nations Unies sur les droits des peuples autochtones (DDPA). La prochaine section de ce chapitre explore ces diverses tendances et analyse l'influence de l'évolution des politiques internationales de droits de l'homme sur les aires protégées.

Droits de l'homme, droits des peuples autochtones et systèmes de garde au XXIe siècle

L'Organisation des Nations Unies a été créée, à la fin de la Seconde Guerre mondiale, afin de gérer les conflits entre les États, et ainsi assurer la paix et la durabilité dans le monde. Sa création intervient après deux guerres mondiales dévastatrices et l'échec de la Société des Nations, alors que l'époque coloniale prend fin et qu'un vent de changement souffle sur les pays du Sud. De nombreux nouveaux États ont intégré ce système multilatéral avec une nouvelle vision des droits de l'homme, des libertés fondamentales, de l'égalité et des normes de gouvernance mondiales.

L'Organisation des Nations Unies a été créée autour d'une dichotomie importante, encore pertinente à ce jour. Elle est basée sur le principe de la souveraineté étatique et, en théorie, tous les États sont égaux aux Nations Unies : ils sont souverains et peuvent choisir s'ils veulent adhérer à des traités, des accords et des actions spécifiques. En décembre 1948, l'ONU a adopté la Déclaration universelle des droits de l'homme. Cette déclaration a été adoptée à l'encontre du principe de souveraineté étatique, car elle établit que les droits de l'homme sont universels et outrepassent la souveraineté des États membres de l'organisation. Ainsi, en principe, aucun État ne peut violer les droits fondamentaux des citoyens et non-citoyens qui sont sous sa responsabilité. Si une telle situation se présentait, divers mécanismes et principes sont à disposition des autres États qui peuvent alors prendre des mesures pour protéger les droits des personnes concernées, ou du moins exercer une importante pression morale sur l'État qui viole leurs droits afin que ce dernier se conforme aux normes et standards internationaux.

Lors des décennies suivantes, on a accordé une attention particulière à ceux qui luttaient pour que leurs droits soient reconnus au titre de l'universalité des droits de

Encadré 5.2 Instruments des Nations Unies relatifs aux droits de l'homme

Les Nations Unies disposent de plusieurs instruments caractérisés par différents degrés d'obligations de mise en œuvre et d'adaptation de la législation nationale.

Une déclaration est un instrument normatif et ne nécessite pas de ratification ou d'ajustement des législations nationales. Une convention est un instrument contraignant, qui, une fois ratifié, exige des États qu'ils ajustent leur législation et justifie les avancées de sa mise en œuvre auprès des Nations Unies.

Bien qu'un instrument non contraignant puisse paraître plus faible, ce n'est pas toujours le cas : même si elle n'exige pas de ratification, la Déclaration universelle des droits de l'homme est l'un des instruments normatifs les plus influents et est régulièrement utilisée dans les procédures judiciaires nationales et dans le droit international.

On trouve parmi les principaux instruments des Nations Unies relatifs aux droits de l'homme :

- la Déclaration universelle des droits de l'homme ;
- la Convention internationale sur l'élimination de toutes les formes de discrimination raciale ;
- le Pacte international relatif aux droits civils et politiques ;
- le Pacte international relatif aux droits économiques, sociaux et culturels ;
- la Convention sur l'élimination de toutes les formes de discrimination à l'égard des femmes ;
- la Convention contre la torture et autres peines ou traitements cruels, inhumains ou dégradants ;
- la Convention relative aux droits de l'enfant ;
- la Convention internationale sur la protection des droits de tous les travailleurs migrants et des membres de leur famille ;
- la Convention internationale pour la protection de toutes les personnes contre les disparitions forcées ;
- la Convention relative aux droits des personnes handicapées ;
- la Déclaration sur les droits des peuples autochtones.

l'homme (encadré 5.2). Dans les années 1960, deux documents importants ont été publiés par l'Organisation des Nations Unies : le Pacte international relatif aux droits civils et politiques et le Pacte international relatif aux droits économiques, sociaux et culturels, auxquels on se réfère généralement comme droits de première génération et de droits de deuxième génération, respectivement.

On dit parfois que les droits de première génération limitent le pouvoir de l'État sur les individus. Ils affirment les droits des personnes à la liberté de réunion, à la liberté politique, à ne pas être maltraitées, torturées ou voir leur qualité de vie injustement ou indûment affectée par l'État et ses représentants. Les droits de première génération comprennent également un ensemble de droits liés à l'accès à la justice, au fonctionnement du système judiciaire, de la police et des services de sécurité. Les États ne doivent pas priver les hommes de ces droits de première génération.

Les droits de deuxième génération sont considérés comme des droits positifs. Ils mettent en avant les responsabilités de l'État, y compris en matière de reconnaissance du droit à la diversité linguistique et culturelle, à un moyen de subsistance, à la santé, à un logement, à un certain niveau de vie, et du droit de participation à la vie économique du pays. Les droits de la deuxième génération insistent sur l'égalité des citoyens entre eux, sur l'accès aux services de l'État et sur les responsabilités de ce dernier.

Dans les années 1970, une troisième génération de droits, généralement associés à l'environnement et au développement, est apparue (Harris, 2013). Ces droits sont notamment évoqués dans la Déclaration de Stockholm de 1972 et ont été définis plus en détail grâce à un processus multilatéral mis en place en 1992, lors de la Conférence des Nations Unies sur l'environnement et le développement (CNUED, ou Sommet de la Terre) à Rio de Janeiro, au Brésil. Lors de la CNUED, la société civile, des scientifiques, Églises, peuples autochtones et autres ont poussé les États à adopter trois textes législatifs importants pour l'environnement, connus sous le nom de « Déclaration de Rio » : la Convention-cadre des Nations Unies sur les changements climatiques, la Convention sur la diversité biologique (CDB) et la Convention des Nations Unies sur la lutte contre la désertification.

Bien que les droits de troisième génération aient bénéficié de moins d'engagements et d'appui aux Nations Unies que ceux de première et de deuxième génération, ils ont peu à peu été acceptés et sont maintenant utilisés en tant que normes nationales et multilatérales. Les trois générations de droits sont généralement prises en considération, comme le montre la Déclaration des Nations Unies sur les droits des peuples autochtones (DDPA), adoptée en 2007. L'Afrique est l'une des régions les plus progressistes en la matière et a intégré des droits de la première et de la deuxième génération à son traité régional, et les a traduits en un droit collectif à l'autodétermination dans la Charte africaine des droits de l'homme et des peuples.

Parallèlement, des peuples autochtones ont engagé des discussions avec les Nations Unies pour faire valoir leurs droits, afin de définir un cadre de droits qui prendrait en considération leur dépendance envers les ressources naturelles, l'impact de la colonisation par des États d'une autre culture que les leurs et, enfin, pour affirmer leur droit collectif à la survie au moyen de l'autodétermination.

Il y a beaucoup à dire sur la longue lutte pour la reconnaissance des droits des peuples autochtones. Un des points importants à souligner est que ces peuples ont non seulement affirmé leur spécificité culturelle, mais ont aussi remis en question la légitimité de l'État à représenter leurs intérêts. Ils ont ainsi montré qu'ils avaient développé leurs propres formes de gouvernance, étroitement associées à la garde des paysages terrestres et marins, et que ces formes de gouvernance devaient davantage être prises en compte.

Les revendications des populations autochtones se basent sur un ensemble d'instruments que nous avons déjà cités : la Déclaration universelle des droits de l'homme, les deux pactes relatifs aux droits civils et politiques et les droits économiques, sociaux et culturels, et les droits de troisième génération relatifs à l'environnement et au développement. Leurs arguments touchent directement à la dichotomie onusienne entre souveraineté de l'État et droits des personnes vivant dans des territoires régis par l'État. Les Nations Unies étant constituées d'États parties uniquement, c'est sans surprise que l'adoption du premier instrument international majeur de reconnaissance des droits des peuples autochtones a nécessité de longues négociations qui n'aboutirent qu'après 25 ans (Charters et Stavenhagen, 2009). Deux articles de l'UNDRIP sont particulièrement importants pour les aires protégées :

> Article 3
>
> Les peuples autochtones ont le droit à l'autodétermination. En vertu de ce droit, ils déterminent librement leur statut politique et assurent librement leur développement économique, social et culturel. (UN, 2007:4)

Nelson Mandela, Durban, Congrès mondial des parcs de 2003

Source : Gary Tabor

> Article 29
>
> Les peuples autochtones ont droit à la préservation et à la protection de leur environnement et de la capacité de production de leurs terres ou territoires et ressources. À ces fins, les États établissent et mettent en œuvre des programmes d'assistance à l'intention des peuples autochtones, sans discrimination d'aucune sorte. (UN, 2007:11)

Ces deux articles rappellent l'importance de la garde et appellent à son renforcement. Les droits des populations autochtones, à la différence de ceux des minorités, sont basés sur l'idée selon laquelle l'identité et la survie d'un peuple sont liées au territoire de ce peuple. Ceci s'inscrit dans le mode de pensée contemporain pour lequel les langues et les cultures sont très étroitement liées aux paysages et écosystèmes où elles sont nées et se sont développées (Nettle et Romaine, 2000).

Les peuples autochtones ont non seulement réussi à faire adopter le DDPA aux Nations Unies en 2007, mais ils ont aussi transformé le fonctionnement de l'ONU en affirmant le droit des acteurs non étatiques à participer aux négociations afin de faire valoir leurs revendications tant au niveau juridique que moral, et à fournir informations, conseils et évaluations sur les normes et standards multilatéraux. Ce dernier élément est une tendance qui, nous allons le voir, devrait se poursuivre au cours des décennies à venir. Le droit des États à prendre des décisions entre eux, sans consulter les acteurs concernés par ces décisions, est de plus en plus remis en question.

Le processus de négociation de la convention s'est accompagné d'une importante mobilisation des peuples autochtones au sein de différentes institutions multilatérales et mécanismes conventionnels, y compris la CDB et l'UICN. Organisé par l'UICN, le Ve Congrès mondial sur les parcs (World Parks Congress en anglais, WCP 5) s'est tenu en 2003. Il s'agit d'un forum stratégique et professionnel ayant une influence notable, qui se tient tous les dix ans.

Le WPC 5 s'est distingué par son engagement en faveur des détenteurs de droits et pour l'attention qu'il a accordée aux questions de gouvernance, au rôle des aires protégées comme partie intégrante des paysages humains et à la pertinence culturelle de ces aires, ainsi que leurs cadres économique et politique. La Ve édition du Congrès a contribué à la contextualisation des aires protégées, d'une manière qui a parfois été rejetée ou détournée, mais qui reflétait bien l'intérêt croissant du monde pour l'état de la planète et le besoin de réconciliation entre droits de l'homme et conservation.

Le WPC 5 a eu lieu à Durban, en Afrique du Sud. Son parrain n'était autre que Nelson Mandela, symbole d'émancipation et des droits de l'homme. À l'époque, le *South African National Parks* s'interrogeait sur l'héritage colonial de son patrimoine et le gouvernement travaillait avec de nombreuses circonscriptions afin de protéger la biodiversité sud-africaine tout en luttant contre les violations des droits de l'homme et la pauvreté systémique. À de nombreux égards, l'Afrique du Sud était un point de repère pour le WPC 5 : situé entre l'Est et l'Ouest, le Nord et le Sud, entre l'occident industrialisé et le Tiers Monde postcolonial, ce pays représente une nouvelle génération d'économies dites « émergentes ».

Au cours de la première décennie du XXIe siècle, une série d'événements a mené au renforcement et à la reconnaissance des droits des peuples autochtones et des communautés locales en tant qu'acteurs et dépositaires de droits et de savoirs relatifs aux aires protégées. L'évolution progressive de ce nouveau modèle commence avec le WPC 5 en 2003 et les fameux accords de Durban, et se poursuivent en 2004 à la CDB avec la traduction des résultats du WPC 5 en Programme de travail sur les aires protégées, en 2007 avec l'adoption de la Déclaration sur les droits des peuples autochtones, et, enfin, avec l'adoption de cette déclaration comme modèle de référence par le Congrès mondial de la nature, organisé par l'UICN en 2008, à Barcelone. Alors que certains voyaient un antagonisme entre protection des droits et protection de la nature, d'autres ont insisté sur la complémentarité de la reconnaissance de la diversité culturelle humaine et de la diversité biologique naturelle. On assiste dès lors à une multiplication des réflexions sur le concept de « résilience » socio-écologique et sur l'interface entre la diversité culturelle humaine et la diversité biologique naturelle (Kassam, 2009 ; Maafi et Woodley, 2010).

D'autres instruments ont été adoptés dans des systèmes multilatéraux et des décisions complémentaires ont été prises, notamment les articles 8(j) et 10(c) de la CDB, qui affirment l'importance des droits relatifs aux connaissances traditionnelles et pratiques des communautés autochtones. Lors de la COP 7, les Principes et directives d'Addis-Abeba pour l'utilisation durable de la biodiversité ont été adoptés (CBD Secretariat, 2004) ; ils soulignent l'importance de l'utilisation durable des ressources et du rôle des gardiens locaux et des dépositaires de connaissances traditionnelles. L'Organisation des Nations Unies pour l'éducation, la science et la culture (UNESCO) a travaillé sur le patrimoine immatériel et les systèmes de savoirs autochtones et a établi un lien entre ces deux concepts et l'adaptation aux changements climatiques, ainsi que leur atténuation.

On peut observer un certain effort de conciliation d'intérêts divergents au sein du système multilatéral. On cherche ainsi à répondre à des problématiques de droits des gardiens locaux, de rôle de l'État, d'efficacité de la conservation, de pauvreté et de changements d'utilisation des terres, tout en considérant l'explosion démographique et l'urbanisation rapide en cours.

Cette tendance affirmant la complémentarité des droits de l'homme, de la gestion des aires protégées et des objectifs de conservation n'est pas apparue du jour au lendemain. Elle a évolué depuis la création de l'ONU, a été renforcée par les discussions menées au sein de l'UICN, gagnant du terrain à chaque changement de répartition du pouvoir et de gestion des impacts de la colonisation, à la fois sur l'environnement et sur les populations autochtones et les communautés locales.

Il est probable que cette approche de la conservation fondée sur les droits ne s'estompe pas, mais au contraire qu'elle prospère et devienne, dans les années à venir, une caractéristique permanente de la gestion des aires protégées, de la conservation, de la planification et de la pratique. Ceci ne veut pas dire que les tensions entre droits de l'homme et conservation de la nature ont disparu : on entend encore parler tous les jours de conflits et de violence dans ce domaine. Toutefois, on observe une participation croissante (voir chapitre 14) et un intérêt grandissant pour la gouvernance dans le but de s'assurer que les peuples autochtones et les communautés locales soient soutenues, qu'elles deviennent les principales actrices de la conservation du territoire, des partenaires actifs des aires protégées, ou au moins qu'elles soient impliquées dans le processus, afin que les différents acteurs partagent leurs visions de la conservation et de la gestion du paysage terrestre et marin.

L'UICN est une plateforme majeure de discussion, de débat et d'innovation dans ce domaine. Le Thème Communautés autochtones et locales, équité et aires protégées (TILCEPA), une initiative conjointe de la Commission mondiale des aires protégées (CMAP) et la Commission des politiques environnementales, économiques et sociales (CPEES), a joué le rôle d'organe consultatif et d'agent facilitateur à l'UICN.

Le TILCEPA a souligné le besoin d'associer une série d'outils et d'approches, y compris d'efficacité des aires protégées, à l'évaluation sociale des aires protégées et à l'élaboration de pratiques en matière de gouvernance, non seulement pour les aires protégées, mais aussi pour les paysages terrestres et marins à plus grande échelle (IUCN TILCEPA, 2010). Le TILCEPA encourageait les synergies entre gardiens locaux des terres et des mers, et les systèmes d'aires protégées gérés par l'État.

Le TILCEPA, la CPEES, la CMAP et leurs partenaires ont publié divers rapports et ouvrages abordant les thèmes essentiels des droits, de la gouvernance et de l'évaluation sociale, ainsi que des lignes directrices sur la gestion des aires protégées et sur les différents types de gouvernance.

En 2011, la CPEES a organisé la conférence « Partage du pouvoir », un événement phare sur le partage du pouvoir dans le milieu de la conservation. L'hôte de cette conférence internationale était la *iwi* (tribu) Ngāti Awa à Whakatane en Nouvelle-Zélande/Aotearoa. L'autorité tribale maorie offre elle-même un exemple des effets de la colonisation, de la dépossession, de traités, de revendications territoriales, du redressement et de la restauration. Le regain de droits et d'autorité de l'*iwi* sur leur territoire a souligné le besoin de trouver un équilibre entre activités humaines et conservation de l'environnement. En matière de conservation, les membres de l'*iwi* ont des qualifications officielles et non officielles, et sont notamment officiellement chargés de la conservation du territoire côtier et marin d'un ensemble d'îles : les réserves non peuplées de Rurima, Moutoki et Tokata. Jusqu'en 2011, la conservation de ces sites était sous l'autorité de l'État, mais le processus de restitution du territoire a fait de l'*iwi* Ngāti Awa le gestionnaire des réserves naturelles que constituent ces îles. L'*iwi* est responsable d'éliminer les espèces allogènes, en se basant à la fois sur la connaissance maorie et sur des principes scientifiques (Wikipedia, 2014).

La conférence « Partage du pouvoir » a mis l'accent sur les droits, devoirs et systèmes de valeurs des populations autochtones et communautés locales en tant que gardiennes de la nature et défenseuses compétentes de l'environnement. Il a également insisté sur l'importance des discussions sur le pouvoir dans le secteur de la conservation, et sur la relation entre les initiatives étatiques de conservation, et les droits et rôle des populations autochtones et communautés locales.

La tendance observée en lien avec la politique sociale et le rôle des responsables locaux comporte deux éléments distincts : une plus grande affirmation et reconnaissance des droits de l'homme en termes de conservation, et l'assurance grandissante que la durabilité et la réussite de la conservation requièrent une coopération entre professionnels de la conservation et responsables locaux. Ces deux tendances interagissent autour des questions de propriété, d'autorité et de cogestion, ainsi que sur le défi posé par la science et d'autres systèmes de connaissance (traditionnel, local, autochtone, spirituel) acceptés au sein d'un processus de prise de décision.

La question de la multiplicité des sources de connaissance et du lien entre les différentes formes de connaissances, les données et les méthodes ayant fait leurs preuves en matière de gestion et de suivi de la conservation, attire de plus en plus l'attention de la CDB et de la Plateforme intergouvernementale sur la biodiversité et les services écosystémiques (IPBES). On peut faire le même constat face à la montée de la « science citoyenne », c'est-à-dire, la participation de volontaires non qualifiés à des projets scientifiques, et l'utilisation de connaissances autochtones pour la conservation. Les autorités gouvernementales semblent aussi reconnaître l'importance de différents systèmes de connaissance et des compétences associées, tels que le suivi traditionnel et les aptitudes d'observation. La « conservation de la connectivité » quant à elle, accroît le besoin de reconnaissance de la diversité des savoirs en tant que partie intégrante de la négociation de nouveaux programmes sociaux pour la connectivité des paysages terrestres et marins, où les systèmes de propriété sont multiples et où des alliances et cohésions sociales plus importantes sont requises.

En ce qui concerne la compréhension de la nature, tout le monde n'apprécie pas la diversité des points de vue. Des difficultés surviennent toujours lors de l'harmonisation d'approches très différentes des connaissances et valeurs associées à la biodiversité, et en ce qui concerne la gestion de paysages terrestres et marins. Une approche scientifique peut être centrée sur des variables et des modèles différents de ceux d'une approche fondée sur un sens du devoir, une culture spirituelle et ancestrale de gestion de la terre, de l'eau et des espèces. Le problème n'est pas simplement de comprendre qu'il existe différents systèmes de connaissance et de valeurs possibles, mais qu'il existe aussi une dynamique de pouvoir qui détermine comment les détenteurs de ladite connaissance sont respectés et traités dans leur engagement interculturel.

> *Les peuples autochtones doivent avant tout gérer leurs propres informations. Au fil des ans, il est aussi devenu évident que la base de connaissances des populations autochtones est essentielle, dynamique et évolutive. Se contenter de « prélever » et de « documenter » la connaissance environnementale de ces populations est en réalité contre-productif. Ces systèmes de connaissance sont menacés depuis des siècles, et les systèmes sociaux qui les soutiennent ont été fortement affaiblis… Il n'est pas question de récupérer et d'enregistrer les connaissances autochtones, mais de les respecter et de les réactiver* (Brooke et Kemp, 2005:27).

Les gardiens de territoires locaux affirment leur rôle dans la conservation et dans la gouvernance, en concordance avec les mécanismes multilatéraux défendant les droits de l'homme, les procédures établies et les libertés fondamentales. En tant que responsables ou partenaires de la conservation, les gardiens ne travaillant pas pour la fonction publique représentent différentes circonscriptions et apportent différentes valeurs, connaissances et compétences. Chaque affirmation et partenariat de ce genre exige un processus de médiation interactif et interculturel (Rambaldi et al., 2007 ; Crawhall, 2008).

L'ajout conceptuel le plus récent aux accords multilatéraux sur les aires protégées est celui des Aires et territoires du patrimoine autochtone et communautaire (APAC). Ce sujet a suscité beaucoup d'intérêt au cours des dix dernières années, intérêt qui a été formalisé en 2010 avec le Programme de travail sur les aires protégées (PoWPA) de la CDB, lors de la COP 10 de Nagoya (voir chapitre 8). Ceci en fait une politique multilatérale récente, mais c'est surtout une pratique humaine ancestrale : il s'agit d'une gestion des paysages terrestres et marins fondée sur des responsabilités intergénérationnelles et des systèmes de croyances, en fonction de systèmes de gouvernance spécifiques et de droits et devoirs concomitants. La reconnaissance des

APAC et l'introduction de l'Objectif 11 concernant « d'autres mesures de conservation effectives par zone », suggèrent l'existence d'une tendance importante pour la synergie entre aires protégées étatiques, mesures de conservation coutumières (comprenant les sites naturels sacrés et les sites conservés par les populations autochtones et les communautés locales) et les domaines privés de conservation.

Tendances économiques : répercussions sur l'État, les communautés et les aires protégées

Il n'est pas possible de penser à l'avenir des aires protégées sans s'intéresser aux tendances économiques. Depuis plusieurs décennies, le secteur de l'environnement et de la conservation fait face à la fois aux pressions politiques en faveur de la croissance et à la nécessité de conserver le patrimoine naturel et les écosystèmes.

Le principal argument que nous présentons ici est que nous ne parvenons pas à atteindre un équilibre entre économie et durabilité. Comme indiqué précédemment, nous ne sommes pas confrontés à une force immuable de l'univers, mais à un problème de valeurs et de priorités. À ce titre, la communication sur les sujets liés à l'économie et à la conservation demeure un élément critique pour la génération actuelle.

Il existe plusieurs interprétations des facteurs ayant conduit à la perte de la biodiversité et au rôle que les modèles économiques actuels y ont joué. Selon certains auteurs, la macro-économie est le principal instrument national utilisé pour la planification et pour mesurer l'état de l'économie. Quand des instruments productivistes et axés sur la croissance orientent la politique macro-économique, cela peut déformer les perceptions de la vulnérabilité et de l'inégalité. Le manque d'impartialité dans ces instruments de politique économique peut, en effet, encourager le développement des industries extractives aux dépens des paysages terrestres et marins et des écosystèmes.

Quelques projets récents ont examiné en détail la relation entre nature et économie. Les principaux sont : l'Économie des écosystèmes et de la biodiversité (TEEB), l'Initiative d'économie verte du Programme des Nations Unies pour l'environnement (PNUE-IEV) et la structure internationale du Système de comptabilité économique-environnementale.

Malgré des critiques concernant sa logique et sa conception (voir IPACC, 2011), le PNUE-IEV a réussi à faire valoir que les gouvernements ne comprennent, n'évaluent et ne travaillent pas avec la valeur réelle de la nature, des services écosystémiques et des ressources naturelles en termes de bien-être de l'homme, de santé et de nutrition. Il est impossible de calculer la valeur de la nature pour la vie des hommes et cela accélère la dégradation des capacités de l'écosystème, et contribue à l'augmentation de la pauvreté et à la désintégration sociale. Selon les Perspectives mondiales de la diversité biologique 3 (GBO-3), les aires protégées sont le principal instrument de politique globale pour la conservation. Pourtant, dans la pratique, les aires protégées sont sujettes aux mêmes tendances macroéconomiques que les autres paysages, d'où l'augmentation de l'activité minière et des industries extractives autorisées dans les aires protégées, y compris dans des sites phares classés au patrimoine mondial de l'UNESCO (voir IUCN 2011, 2013). Bien que le réseau des aires protégées soit en pleine expansion, au vu des tendances actuelles, on peut s'attendre à une baisse continue de leur efficacité.

Les avis divergent quant à la réponse que l'on devrait apporter au problème d'une politique macro-économique excluant la conservation, la durabilité et la planification efficace de paysages terrestres et marins. Une réponse actuelle consiste à se concentrer sur comment « évaluer »l'environnement, les écosystèmes et la nature. Selon le TEEB et l'IEV, l'argument est que la nature possède des valeurs pouvant être comprises par les décideurs politiques de l'économie nationale. Ces valeurs peuvent être déterminées en fonction de la valeur marchande et de la longévité, peuvent reposer sur l'estimation de la valeur d'un service écosystémique telle que la disponibilité de l'eau potable et sa valeur de remplacement en cas de détérioration ou de destruction, peuvent aussi prendre en considération la façon dont une alternative industrielle et les filières énergétiques pourraient générer de nouvelles formes de richesse qui soient moins néfastes pour l'environnement naturel, comme l'utilisation de l'énergie solaire.

Les critiques de cette approche « d'évaluation » soulignent le fait qu'attribuer une valeur marchande à la nature ne fait qu'encourager le secteur privé et les macro-économistes à accélérer l'extraction de ce bien (c'est-à-dire, faire une transition d'état naturel à marchandise ayant une valeur en capital), ou que cela pourrait conduire à sa privatisation. Le premier cas pourrait conduire à une dégradation accélérée de la nature, et par conséquent à l'augmentation de la pauvreté et de la vulnérabilité. Dans le deuxième cas, certaines personnes se verraient fortement enrichies, mais globalement,

Encadré 5.3 Macro-économie et décisions environnementales

La macro-économie étudie la conception et la performance d'une économie à l'échelle nationale, régionale, voire mondiale. Ses analyses portent sur une agrégation d'informations caractérisant l'ensemble de l'économie et influencent les politiques nationales. Les politiques macro-économiques se basent sur des indicateurs agrégés tels que le PIB ou la somme des échanges nationaux de biens et de services. On porte également un intérêt grandissant aux indicateurs de croissance dans les économies nationales, ainsi qu'aux mesures du commerce, de la consommation et de l'investissement.

Les politiques macro-économiques sont un puissant instrument de changement. Elles se composent de politiques budgétaires, monétaires et financières et de politiques portant sur les revenus, le commerce et la balance des paiements. Sont également concernées les politiques affectant des produits dont les variations de prix ont de larges implications (denrées alimentaires de base, énergie, etc.).

Les politiques macro-économiques ont une influence sur l'activité économique, la dynamique des investissements, l'utilisation des ressources naturelles, les relations entre la sphère réelle et le secteur financier, la composition des portefeuilles de placement, la distribution des revenus et l'intégration d'un pays dans l'économie internationale. Les politiques macro-économiques jouent un rôle essentiel dans les transformations structurelles de l'économie, mais aussi en matière d'environnement et de durabilité, car elles déterminent le montant total des ressources allouées à la conservation et à la gestion de l'environnement. En résumé, elles affectent la stratégie de production et la gestion des ressources de tous les agents économiques, des plus grandes sociétés à la plus petite agriculture de subsistance.

Le développement durable ne se limite pas à quelques secteurs économiques, il concerne l'ensemble de la macro-économie. Il est affecté par les nombreuses dynamiques des économies modernes en matière de revenu, d'épargne, d'investissement et d'emploi. L'égalité des chances, la préservation des moyens de subsistance et la répartition équitable des revenus sont autant de composantes essentielles du développement durable, et il est impossible de créer un monde meilleur sans intégrer la macroéconomie au débat sur la durabilité.

Alejandro Nadal, spécialiste de la macro-économie et membre de la CPEES, s'est intéressé à la manière dont les politiques macro-économiques influencent les décisions sectorielles. Selon lui, les gouvernements basent toutes leurs décisions sectorielles, notamment concernant l'agriculture, l'énergie et la conservation sur des indicateurs généraux. Or, ces indicateurs ne tiennent pas compte de la durabilité des ressources, mais seulement de leur potentiel d'extraction, de production et de vente. Les dangers pour l'environnement sont évidents. Ce système encourage l'exploitation et l'exportation des ressources minières aux dépens des écosystèmes et de la biodiversité et nuit notamment à la sécurité de l'eau.

Il est primordial que les conservationnistes, et en particulier ceux qui s'intéressent à la garde communautaire et aux avantages de l'utilisation durable, soient mieux informés sur les politiques macro-économiques et sur les facteurs qui les influencent. Aujourd'hui, les priorités des politiques macro-économiques, telles que la stabilité des prix et l'équilibre des budgets, dictent les politiques sectorielles et environnementales. Cette situation explique les faibles budgets alloués aux aires protégées (qu'elles soient ou non gérées par les communautés) et nous aide à comprendre pourquoi l'agriculture à petite échelle n'est pas encouragée. En effet, ces priorités macro-économiques mènent généralement à la mise en place de politiques agricoles compromettant l'existence à long terme des aires protégées alors qu'elles devraient plutôt être définies en fonction des priorités que sont le développement durable, l'intégrité de l'environnement, l'équité et la justice économique.

Source : Nadal (2011)

cette situation appauvrirait les non-propriétaires, qui, en retour, devront extraire davantage d'une plus petite réserve de ressources naturelles, ce qui risquerait de générer des problèmes écologiques et humains encore plus graves.

Le modèle capitaliste d'organisation économique est devenu le système dominant du XXIe siècle. L'écart de richesse et de pouvoir entre anciens pays colonisateurs et pays colonisés a changé : bien que les inégalités à l'échelle globale soient plus probantes, de plus en plus de pays du Sud émergent en tant que puissances politiques et économiques. Des pays tels que la Chine, le Brésil, l'Inde et l'Afrique du Sud sont devenus des pays à revenus moyens grâce à leurs propres activités de production industrielle, et à leur capacité à exploiter les ressources naturelles et les marchés du travail sur leurs propres territoires et à l'étranger. Ces tendances ont transformé les relations de pouvoir, la consommation d'énergie, les émissions de gaz à effet de serre et la demande en matières premières pour le commerce et la production. Des pays africains plus pauvres ont estimé qu'il était dans leur intérêt de traiter à la fois avec l'Asie et l'Occident en tant que partenaires économiques et marchés de matières premières. L'Afrique choisit de plus en plus de vendre aux économies asiatiques émergentes, de qui elle obtient aussi des prêts avantageux et une coopération pour la construction d'infrastructures, tout en maintenant ses liens économiques avec l'Occident, que ce soit avec les anciens pays colonisateurs d'Europe, ou avec l'Amérique du Nord et l'Australie. La crise actuelle de l'ivoire et du braconnage de corne de rhinocéros, induite par les consommateurs asiatiques qui font des prélèvements non durables depuis des États clients africains, pose la question de la place de la nature dans les relations économiques entre pays du Sud. Le besoin d'extraction de combustibles fossiles et les compétences et techniques grandissantes en la matière ont ouvert de nouvelles possibilités pour la mondialisation de l'extraction et de la marchandisation de nouvelles sources de combustibles, y compris dans les milieux marins sensibles.

Le XXe siècle a été marqué par des désaccords profonds au sujet de théories économiques et politiques. La principale divergence portait sur le marché libre capitaliste des pays occidentaux, et l'alliance des pays socialistes du Second monde, notamment l'Union soviétique et la République populaire de Chine. L'Afrique, l'Asie et l'Amérique latine ont toutes dû se situer entre ces deux perspectives diamétralement opposées de l'organisation de l'économie politique, et du rôle de l'État en ce qui concerne l'octroi de confort, de richesse et de justice.

Ce qui est intéressant en termes de conservation de l'environnement et de durabilité, c'est que malgré leur opposition franche et parfois violente, ces deux perspectives d'économie politique avaient la même perception instrumentaliste et utilitaire de l'environnement. Les capitalistes et les communistes considéraient généralement que tout élément prélevé dans la nature pouvant contribuer à la production aiderait au développement d'une société d'abondance. Les économies socialistes, en particulier, sont souvent pointées du doigt pour leur atteinte aux initiatives de conservation locales dans le but de soumettre les ressources naturelles au contrôle de l'économie centralisée et planifiée (pour une discussion sur le communisme et la cohérence de l'économie paysanne en Tanzanie, voir Hyden, 1980).

Dans le langage capitaliste, la production et la croissance étaient associées à l'initiative privée, à la rétribution et généralement à une société plus abondante à tous les niveaux. La perspective socialiste et communiste quant à elle, présentait la croissance de la production nationale comme une opportunité de bien-être pour le prolétariat, qui était alors propriétaire de la production. La production dans l'économie socialiste ne devait pas mener au profit personnel, mais était censée forger une société plus juste et plus équilibrée. Dans les deux cas, l'environnement n'était pas particulièrement une priorité, et les deux superpuissances socialistes n'ont pas utilisé leur modèle révolutionnaire pour protéger la biodiversité et les écosystèmes. L'exemple du lac Baïkal est peut-être la meilleure représentation de la catastrophe écologique provoquée par les communistes (pour un aperçu de problèmes environnementaux soviétiques, voir Josephson et al., 2013). Le seul résultat positif découlant de cet événement est que les pays s'étant libérés de l'occupation et du contrôle soviétique ont accordé une plus grande importance à l'écologie. La protection de l'environnement local et le rôle du mouvement environnemental cherchant à unir les populations des États baltiques ont tous deux été des éléments de transformation et de fierté nationale dans la période d'indépendance postsoviétique (voir par exemple Högselius, 2008).

À la fin du XXe siècle, les tensions entre ces deux orientations politiques et économiques ont pris fin. L'Union soviétique s'est effondrée, et, en retour, s'est lancée dans une forme agressive d'accumulation de capital privé. Quant à la République populaire de Chine, bien que nominalement toujours communiste et dirigée par le Parti communiste chinois, elle a, dans la pratique, embrassé l'enrichissement personnel et le secteur privé.

Capitalisme, modèles de croissance et durabilité

Afin de mieux comprendre la théorie économique occidentale et la ténacité d'une approche de l'économie menaçant la planète qui garantit notre survie, nous nous tournons vers un classique traitant des hypothèses et principes du capitalisme aux États-Unis. Dans son ouvrage de référence sur le capitalisme, *L'Ère de l'opulence*, John Kenneth Galbraith résume les promesses et les prémisses du capitalisme visant à atteindre le confort universel en Occident. Non seulement Galbraith y décrit l'accumulation des richesses et examine l'héritage idéologique du monde occidental, mais il remet aussi en question la croyance dominante selon laquelle le capitalisme serait une loi universelle que les gouvernements doivent absolument reconnaître, promouvoir et ne surtout pas freiner par des mesures réglementaires.

Le principal argument avancé par Galbraith est que la civilisation occidentale a adopté le postulat selon lequel la mesure de réussite d'une société est basée sur la production de biens, permettant à la fois de générer des revenus et de pousser la consommation. On pensait que le cycle de production, de revenus, de consommation et de production supplémentaire créait un cercle vertueux à l'origine d'une société d'abondance dans laquelle la pauvreté universelle transhistorique laissait place à l'accumulation des richesses. C'est cette croyance que Galbraith remet en question en demandant si un point de vue si réducteur du bonheur et du bien-être est bel et bien adapté à l'individu et à la société. L'auteur est néanmoins d'avis que le capitalisme a permis (du moins dans le monde occidental) d'accéder à un certain niveau de sécurité économique et d'effectuer une large distribution des ressources, et qu'il a pourvu un modèle attractif de politique économique en dépit des contre-idéologies. Galbraith note cependant que la pauvreté n'a pas été éradiquée, et contrairement aux systèmes antérieurs, celle-ci est considérée comme un problème. Ceci est devenu un aspect central de la pensée politique et économique occidentale (Galbraith, 1998:238-41).

Selon les capitalistes les plus orthodoxes, la croissance de la production était infinie et guidée par la « main invisible » de l'intérêt personnel. En poursuivant leurs activités économiques, les individus lutteraient ainsi contre la menace des pénuries. Le mariage de l'intérêt personnel et des dynamiques de l'offre et de la demande devait, en théorie, créer un modèle toujours plus grand de croissance économique et de distribution des richesses. Galbraith revient également sur l'influence d'Adam Smith, un philosophe écossais du XVIIIe siècle, pionnier de la théorie politique économique, qui se concentre sur la richesse agrégée dérivée d'un modèle classique et libéral d'économie capitaliste (Galbraith, 1998:21).

> Chaque individu [...] en général, n'est pas en cela de servir l'intérêt public, et il ne sait même pas jusqu'à quel point il peut être utile à la société. En préférant le succès de l'industrie nationale à celui de l'industrie étrangère, il ne pense qu'à se donner personnellement une plus grande sûreté ; et en dirigeant cette industrie de manière à ce que son produit ait le plus de valeur possible, il ne pense qu'à son propre gain ; en cela, comme dans beaucoup d'autres cas, il est conduit par une main invisible à remplir une fin qui n'entre nullement dans ses intentions (Smith, 1904:265).

Dans l'ouvrage de Smith, le cumul d'intérêts particuliers générant un modèle pour l'économie était une idée novatrice. Aux États-Unis en particulier, la théorie de la « main invisible » a vite atteint des proportions mythiques et continue aujourd'hui de nourrir l'idéologie macroéconomique mondiale. Cependant, Smith n'a jamais dit pas que l'État n'avait aucun rôle à jouer face à la vulnérabilité sociale ou aux atteintes aux droits et la conservation de la nature – ceci fut une extrapolation ultérieure.

L'idéologie de la main invisible attribue au capitalisme une dimension logique allant au-delà du domaine de l'intervention humaine, et par conséquent, incite à la facilitation de son action. Cette idée a un impact très direct sur les décisions contemporaines, sur la question de soumettre ou non les aires protégées à ce même genre de « forces » économiques (voir aussi encadré 5.3).

L'interprétation moderne de la main invisible d'Adam Smith et la théorie selon laquelle les seuls indicateurs économiques méritant d'être connus sont ceux démontrant une hausse de la production, ou plus généralement, une hausse du produit intérieur brut (PIB), peuvent être vues en opposition directe avec les études d'Ostrom sur la gestion efficace des ressources naturelles à travers des systèmes de gestion des ressources communes. Ostrom a montré que la durabilité et l'efficacité de la gestion de ces ressources étaient déterminées par la coopération sociale et l'attention portée à la capacité de l'écosystème, aux règles négociées et aux systèmes de partage de savoirs. Les principes fondamentaux du capitalisme n'intègrent pas ce concept de durabilité, et la seule valeur attribuée aux ressources naturelles est celle de marchandise ou de capital. Les implications pour les décisions politiques et l'avenir des aires protégées sont lourdes et déterminent notamment la perception des décisionnaires qui peuvent voir la conservation des paysages terrestres et marins comme des actions coopératives ou comme des éléments incorporés à des modèles de domination, d'extraction et de marchandisation. L'histoire des aires protégées suggère que nous sommes ici confrontés à un dilemme.

Une autre tendance s'est développée au cours des dernières décennies : le soutien à la privatisation de la propriété.

« Dans toute société civilisée, les droits de propriété doivent être protégés avec soin. D'ordinaire et dans la grande majorité des situations, les droits de l'homme et de propriété sont fondamentalement et sur le long terme, égaux. » (Roosevelt, 1910).

Les systèmes traditionnels de gestion des terres et des mers reposaient sur une combinaison de droits et responsabilités familiales sur un territoire ou sur une ressource donnée, et de diverses formes de contrôle collectif, de responsabilité et de systèmes de gouvernance. Ces systèmes étaient généralement finement adaptés aux tendances écologiques et à l'abondance des ressources. Le degré d'exclusion d'un système de gouvernance (qui qualifie les droits exclusifs d'un groupe défini de personnes, ou bien les conditions d'un accès partagé) était lié à l'abondance des ressources, à la capacité de l'écosystème à se régénérer, et aux pressions des populations humaines sur le territoire. Cela se constate dans les sociétés pastorales nomades, où l'accès aux prairies était soumis à des règles permettant d'assurer la durabilité des interactions entre biodiversité végétale, ressources en eau, bétail et populations humaines.

Alors que le capitalisme s'ancrait fermement dans le monde occidental, la privatisation des terrains et des ressources et le droit d'exclure d'autres utilisateurs s'est normalisé et est devenu un thème dominant du droit constitutionnel occidental – la tendance s'est ensuite propagée aux quatre coins du monde (pour une perspective unique et controversée de la propriété, voir Hernando de Soto, 2000). La chute du bloc soviétique et l'influence américaine dans la reconstruction de l'Europe de l'Est ont permis de stimuler la promotion de la privatisation à l'échelle mondiale. La privatisation est idéologiquement directement associée à plusieurs principes économiques capitalistes selon lesquels la richesse et le bien-être doivent être mesurés en fonction de la production, de la croissance de la consommation et du commerce. Elle est aussi liée à la limitation de certaines règles visant à protéger d'autres valeurs humaines, et dans certains cas, le bien-être de la nature et les services écosystémiques.

La privatisation aura des incidences sur l'avenir des aires protégées. En premier lieu, la privatisation des terres pour la production industrielle et l'extraction de ressources représente une menace majeure pour l'environnement, et les industries minières empiètent plus que jamais sur les aires protégées. Cette tendance a même son propre acronyme : PADDD (de l'anglais *Protected Areas Downgraded, Downsized or Degazetted* – aires protégées dévalorisées, rétrécies, abolies, WWF, 2014). La logique des PADDD est conduite par une perspective macroéconomique considérant toute activité impliquant la production et la marchandisation comme ayant une valeur intrinsèque supérieure à toute autre forme d'intérêt public et de ressource qui ne générera pas les mêmes indicateurs.

La deuxième répercussion de la privatisation est la hausse concomitante d'aires protégées privées créées dans un objectif de conservation, ou afin d'y développer une activité touristique liée à la conservation (efficace ou non). Par le biais de coentreprises, des personnes fortunées ont soutenu l'acquisition d'aires protégées privées dans des pays tiers, particulièrement sous la forme de partenariat « Nord-Sud ». Certaines organisations non gouvernementales, ainsi que des fondations privées et des philanthropes, soutiennent des projets de privatisation des terres et encouragent la gestion privée.

La privatisation des terres et des ressources peut également représenter une menace pour les aires protégées existantes et pour les autres espaces de conservation. L'Afrique a été confrontée à un processus soudain et dramatique de privatisation et d'aliénation des terres, laissant les populations autochtones, les communautés locales et les conservationnistes avec des paysages de plus en plus fragmentés ; les systèmes traditionnels de transhumance et de migrations saisonnières y ont été interrompus, aggravant ainsi la pression démographique sur des zones plus petites des terres communales disponibles.

Le mouvement de privatisation ne s'est pas fait sans difficulté : les populations autochtones de certaines régions du monde l'ont lourdement critiqué et ont montré qu'il allait à l'encontre des besoins de la nature. Elles appellent à une entente socialement juste au sein de l'humanité, entre les peuples, les êtres humains et les autres espèces. En 2010, un rassemblement mondial de la société civile a eu lieu à Cochabamba en Bolivie, lors de la Conférence mondiale des peuples contre le changement climatique et la Déclaration universelle des droits de la Terre nourricière. La déclaration de Cochabamba, à l'instar d'autres efforts de la société civile, affirme que le modèle économique actuel n'est pas durable, qu'il mène à une instabilité climatique catastrophique, et que nous devons nous créer un modèle plus équitable de « vivre bien », ensemble et avec la nature. La Fondation Gaia et ses alliances de peuples autochtones à travers le monde ont promu la « Jurisprudence de la terre » et des droits de la Terre nourricière, soutenant qu'il existe des systèmes traditionnels et légaux qui reconnaissent la Terre comme une entité vivante et que la privatisation et l'exploitation des ressources naturelles doivent être équilibrées avec les droits de la Terre elle-même – des droits qui devraient restreindre *nos* droits et *nos* actions.

Le mouvement de privatisation est accompagné d'un processus parallèle de renforcement des lois multilatérales et des accords s'appliquant aux droits de propriété intellectuelle privée. Le brevetage du vivant et du matériel génétique naturel, notamment les graines, est devenu un domaine majeur de contestation juridique. L'un des traités internationaux fournissant un cadre juridique les plus importants des dernières années est le Protocole de Nagoya sur l'accès aux ressources génétique et le partage juste et équitable des avantages découlant de leur utilisation (Protocole APA), adopté lors de la dixième Conférence des parties de la CDB à Nagoya, au Japon. La pertinence du protocole APA pour les aires protégées doit encore être comprise et étudiée.

La société civile indienne a réagi avec force face aux menaces du brevetage des graines, de la promotion des organismes génétiquement modifiés et de la privatisation des savoirs traditionnels. Vandana Shiva est devenue la porte-parole mondiale de la lutte contre ce que l'on appelle la « biopiraterie », les organismes génétiquement modifiés, la privatisation des formes de vies et les efforts de ceux qui tentent de déposséder les pauvres de leur héritage bioculturel. L'Association internationale pour l'étude des biens communs a tenu une série de conférences mondiales afin de rassembler les différents groupes impliqués dans la défense des régimes de propriété commune des ressources naturelles et des stratégies de résilience.

Dans sa synthèse sur les menaces pesant sur les écosystèmes et les aires protégées d'Afrique, Leo Niskanen, expert régional de l'UICN pour l'Afrique de l'Est et l'Afrique australe, a souligné que les évolutions en matière de biotechnologies, d'organismes génétiquement modifiés (OGM) dans les semences et la promotion de biocarburants, rendent possible la conversion de biomes et d'écosystèmes qui étaient auparavant jugés hostiles à l'agriculture (IUCN, 2014).

L'indice du Bonheur national brut (BNB) du Bhoutan suscite un intérêt général. Le concept a été inventé en 1972 par l'ancien roi du Bhoutan, Jigme Singye Wangchuck et sert à mesurer le bonheur des citoyens plutôt que de mesurer le succès relatif d'une politique économique nationale grâce à divers indicateurs économiques. Dès ses débuts, le BNB a appelé à la réflexion sur la relation entre la nature et le bien-être de l'homme et à un engagement fort en faveur de la conservation, clé du bonheur de l'homme et de la durabilité.

Le BNB a été porté par le Bhoutan pendant que l'ONU élaborait les objectifs du Millénaire pour le développement. À l'époque, les économistes occidentaux peinaient à intégrer cette notion subjective de bonheur et s'intéressaient davantage à mesurer des revenus en dollars et à développer d'autres indicateurs de développement. Des psychologues ont estimé que le BNB était un concept utile et pertinent, de sorte que cette mesure est restée dans le discours populaire mondial, particulièrement dans les pays où la croissance des richesses matérielles ne rime pas avec satisfaction et durabilité.

La littérature traitant des tendances économiques et de la relation entre capitalisme, mondialisation et utilisation ou conservation des ressources naturelles ne manque pas. Dans ce cadre, un problème en particulier nécessite la mise en place d'un mécanisme de suivi : la réglementation des industries extractives, et en particulier l'exploitation minière et l'extraction d'énergies fossiles. Non seulement ces industries sont une menace directe pour la biodiversité et les écosystèmes, mais elles empiètent de plus en plus sur le territoire des aires protégées et des sites classés au patrimoine mondial. Au-delà des problèmes de politique réglementaire, cela appelle à un débat politique et conceptuel plus large sur ce qui importe aux êtres humains, ce dont nous avons besoin pour bien vivre et comment intégrer ces éléments aux politiques macroéconomiques et aux processus décisionnels.

Industries extractives et efficacité des aires protégées

La première partie de ce chapitre ainsi que plusieurs autres chapitres de ce livre évoquent le soutien grandissant dont bénéficient les politiques de gestion des aires protégées s'appuyant sur des accords multilatéraux, des normes et cibles, un professionnalisme croissant, et une meilleure compréhension des contrats sociaux nécessaires pour une conservation réussie, ainsi que l'affirmation des droits de l'homme et de la responsabilité des gardiens dans l'atteinte des objectifs de conservation. Dans la partie traitant de l'économie capitaliste, nous avons observé une profonde tension concernant la valeur de la nature dans la planification économique nationale. Il existe des tendances économiques constituant un défi important pour les aires protégées. Par exemple, l'essor d'industries extractives mondialisées et l'incapacité ou le manque de volonté des États-nations de limiter les activités destructrices à l'intérieur et autour des aires protégées, et autres paysages terrestres et marins fragiles.

Il paraît évident que la politique et l'économie ont un impact complexe et particulier l'un sur l'autre. L'industrie extractive ne dépend plus de facteurs nationaux uniquement, elle a atteint un certain degré d'autonomie que le système multilatéral a du mal à réguler. L'État est la principale entité capable de réguler les actions des multinationales sur son territoire national. Certains États semblent limiter leur propre souveraineté pour faciliter l'accès aux ressources, l'exploitation minière et l'extraction d'énergies fossiles aux industries extractives. Cela présente une menace directe pour l'environnement en général, et les aires protégées en particulier.

Cette menace s'illustre par la capacité grandissante des multinationales de l'industrie extractive à infiltrer des écosystèmes fragiles et des territoires toujours plus isolés, sans prendre en compte les politiques environnementales nationales. L'État, qui a un niveau élevé d'autorité sur les aires protégées, se retrouve divisé entre, d'un côté, des réclamations de droits de garde et d'usage coutumier par les communautés locales et les populations autochtones, et de l'autre, l'influence grandissante de la privatisation des terres et des ressources, l'évolution des menaces pesant sur l'utilisation des terres et le pouvoir des industries extractives internationales.

Ce chapitre n'étudie pas les conséquences biophysiques ou sociales des industries extractives, sujet déjà traité par de nombreuses études. La tendance à laquelle nous nous intéressons ici est la volonté surprenante d'un nombre croissant de pays de reconnaître des aires protégées, de voir des sites être classés patrimoine mondial de l'UNESCO, et d'ouvrir ensuite ces sites ou écosystèmes aux industries extractives, à l'exploitation minière et à l'extraction d'énergies fossiles.

Traiter les causes principales de cette menace substantielle pesant sur les aires protégées implique de trouver des liens entre les différents instruments politiques. Ce chapitre tente de montrer que les mesures réglementaires protégeant les paysages terrestres et marins se basent sur l'affirmation des droits de l'homme et des acteurs des aires protégées locales, l'engagement des politiques économiques et de valorisation, et l'utilisation du système multilatéral pour créer des normes et standards qui façonnent les politiques nationales et les comportements.

En octobre 2013, au congrès WILD 10 à Salamanque, en Espagne, une large coalition d'intérêts s'est réunie afin de produire une résolution sur l'exploitation minière et les industries extractives, relative aux aires conservées et protégées. Cette résolution intitulée « Résolution 12 : Établir une alliance globale pour revendiquer les 'zones interdites' à l'exploitation minière et autres industries extractives et destructrices menaçant le patrimoine mondial, les aires protégées et les populations autochtones » ainsi que les Aires et territoires du patrimoine autochtone et communautaire (APAC) ont été soutenus par le Comité de coordination des peuples autochtones d'Afrique (IPACC), le Réseau africain pour la biodiversité , la Fondation Gaia, la CMAP et le CPEES. Cette résolution a appelé à un arrêt de l'exploitation minière et de l'extraction industrielle destructrice dans les aires protégées, dans les sites classés au patrimoine mondial, dans les territoires appartenant aux populations autochtones et les sites sacrés naturels. Cette résolution n'a aucune valeur légale ou contraignante, et a été adoptée lors d'un forum externe aux systèmes de l'ONU et de l'UICN. Toutefois, elle montre la préoccupation des gardiens et conservationnistes face à l'impact de l'exploitation minière et des industries extractives.

Certains peuples autochtones ont exprimé leurs inquiétudes quant à la progression des industries extractives et exploitations minières dans les zones rurales reculées. Sans sécurisation foncière, les populations autochtones risquent l'expulsion et autres conséquences désastreuses. Au cours du forum sur les espaces terrestres et maritimes communautaires et autochtones du congrès WILD 10, Aboubacar Albachir, vice-sultan de l'Aïr au nord du Niger, a décrit les traumatismes causés par la pollution radioactive liée à l'exploitation de l'uranium dans les communautés désertiques de son pays, et le manque d'investissement des bénéfices colossaux de l'exploitation minière dans les infrastructures ou les services du territoire autochtone. Wayne Bergman, délégué australien de l'association des peuples aborigènes du Kimberley en Australie, a expliqué qu'ils n'avaient pas d'autre choix que de négocier directement avec les mines ; s'ils ne négociaient pas, les terres seraient retirées des mains des populations aborigènes sans consentement, et sans qu'ils ne soient capables d'en influencer les impacts. Ces circonscriptions peuvent être considérées négligeables comparées aux corporations minières internationales, et pourtant, nous savons que les droits de l'homme, en particulier la capacité des peuples autochtones à se représenter, à faire appel au droit national et international, et à affirmer leur responsabilité connaît une augmentation sans précédent.

Compte tenu de la prolifération des accords environnementaux multilatéraux depuis 1992, il peut être surprenant d'en compter si peu relatifs à l'industrie extractive, à son lien avec les aires protégées et autres territoires conservés.

L'UICN a établi, au cours de ses divers congrès, un certain nombre de recommandations relatives à l'exploitation minière et aux industries extractives. La résolution globale clé concernant l'exploitation minière et les aires protégées a été prise lors du deuxième Congrès mondial de la nature de l'UICN qui s'est tenu en 2000 à Amman, en Cisjordanie. La Recommandation 2.82, « Protection et conservation de la diversité biologique dans les aires protégées contre les effets dommageables des activités de prospection et d'exploitation minière », a appelé l'UICN et ses membres à soutenir l'interdiction de l'exploitation minière dans les aires protégées de catégories I à IV. La recommandation demande aux États membres d'utiliser leurs systèmes législatifs et politiques pour protéger et conserver la diversité biologique de ces aires protégées des impacts négatifs de la prospection et de l'exploitation minière.

Depuis Amman en 2000, le problème a empiré, avec de nouvelles formes de prospection plus destructrices, particulièrement dans l'industrie des énergies fossiles, et des explorations dans des écosystèmes plus reculés et sensibles, dans des sites du patrimoine mondial emblématiques et dans des aires protégées.

En tant que conseiller expert du comité du patrimoine mondial de l'UNESCO, l'UICN doit faire face au défi de la propagation soudaine de contrats miniers et de permis attribués à l'industrie extractive pour une activité au sein de propriétés classées au patrimoine mondial. Par exemple, la République-Unie de Tanzanie a autorisé l'extraction de l'uranium dans la Réserve de gibier de Sélous, un site classé au patrimoine mondial. Autre exemple, alors que l'UICN préparait son sixième Congrès mondial des parcs en Australie, en 2014, le gouvernement australien et l'Autorité du parc marin de la Grande Barrière de corail ont pris des décisions relatives aux boues de dragage qui menacent la Grande Barrière de corail, un autre site emblématique du patrimoine mondial. La Grande Barrière de corail est menacée par plusieurs industries extractives, par la pollution liée à l'exploitation d'énergies fossiles, par la navigation maritime intense liée à l'activité de prospection et par des projets d'exportation de charbon depuis Abbot Point. Ces menaces sont examinées à l'échelon mondial. Les racines du problème nous ramènent aux tensions concernant les valeurs, la responsabilité, et aussi dans les changements éventuels de la nature et des intérêts de l'État lui-même.

Au cours du sixième Congrès mondial des parcs, en Australie, et des réunions multilatérales qui ont suivi, ces menaces grandissantes auxquelles font face l'environnement et les aires protégées ont été débattues par un large éventail d'acteurs et de détenteurs de droits. Il est moins évident que des coalitions efficaces puissent être formées entre des groupes ayant une compréhension différente de l'économie, de la garde et de la place de la nature dans la culture humaine et la politique économique.

Conclusion

Le message que ce chapitre cherche à faire passer est que rien n'est sûr, et qu'en même temps, nous faisons face à un flux d'événements ayant un rapport de cause à effet et façonnant notre intérêt pour les aires protégées, leur utilisation en tant qu'instruments de conservation et les menaces auxquelles elles font face. L'économie, la politique et la société sont des produits aux dynamiques complexes, mais elles sont toutes issues de l'esprit humain. Si nous cherchons à conserver la vie de manière efficace, et que les aires protégées sont la base de cette stratégie, il est essentiel de bien comprendre et influencer les valeurs humaines, les priorités et les prises de décision.

Certaines tendances vont se poursuivre, et d'autres changements de valeurs, d'économie, de politique, de démographie et de climat vont façonner l'avenir des aires protégées. Ignorer la politique économique n'aidera pas à défendre les aires protégées ; prévoir les tendances et les changements de valeurs est essentiel pour limiter leur impact. Ignorer le corps social et ses alliés potentiels est tout aussi malavisé. Une approche trop protectionniste de la conservation ne pose pas seulement des problèmes moraux. Ce chapitre suggère qu'elle crée aussi des faiblesses stratégiques et affaiblit le sens des responsabilités des acteurs des aires protégées.

On a assisté, au cours des derniers siècles et décennies, à un changement d'échelle de la garde et de la responsabilité de la conservation des paysages et des écosystèmes. Il est fort probable que la question du pouvoir et de la garde reste un problème crucial. Les écosystèmes s'étendent à différentes échelles et il est donc important d'optimiser la garde et la gouvernance des écosystèmes, dans un contexte anthropocène, afin de créer une synergie positive. Les droits, les responsabilités et la capacité des différents acteurs de la gouvernance de l'écosystème doivent être correctement suivis, et ne doivent pas s'opposer.

En 2013, lors de la conférence *World Indigenous Network* (la conférence du réseau mondial des organisations autochtones) à Darwin, en Australie, Ashley Iserfoff, le grand chef adjoint du Grand conseil des Cris (Eeyou Istchee), a présenté la difficulté de l'autorité tribale des Cris, au nord du Québec, à trouver un cadre législatif provincial adapté afin de créer une aire protégée connectant terre et mer. La législation existante ne facilitait pas cette initiative des Cris visant à améliorer la connectivité terre-mer. Poussés par leur sens du devoir, les Cris ont finalement créé eux même un cadre légal innovant. De telles approches holistiques de la gouvernance des paysages terrestres et marins sont exceptionnelles, mais l'intérêt grandissant que l'on porte à la connectivité sociale et écologique pourrait en faire une nouvelle norme.

Ce chapitre a expliqué que les États coloniaux et centralisés ont, intentionnellement ou non, réduit l'autorité et les pouvoirs des gardiens locaux de la nature, ainsi que leur capacité à gouverner et à répondre aux changements climatiques. Progressivement, l'environnement est devenu la responsabilité d'un État centralisé avec de nouvelles échelles de planification, une nouvelle vision de la conservation des paysages marins et terrestres, et divers degrés de conflits et de convergence avec des systèmes plus anciens. Plus récemment, les systèmes nationaux se sont intégrés dans les marchés mondialisés des biens où la protection nationale est moins certaine, et où les échanges de matières premières et la quête de profit par des acteurs étrangers constituent de nouvelles menaces, provenant parfois d'entreprises à l'autre bout du monde. Ainsi, la garde des paysages marins et terrestres fait partie d'un scénario parfois complexe mélangeant *de facto* la garde locale à l'autorité légale nationale *de jure* de l'État, et la relation ambiguë entre intérêts transnationaux et élites nationales. Dans la perspective de cette politique économique changeante, nous constatons également un certain degré d'ambiguïté en ce qui concerne la valeur de la nature (intrinsèque contre la dépendance de l'usage local durable, contre la dépendance, contre l'utilitaire et la marchandisation) et le devoir des hommes envers la nature et l'intégrité des écosystèmes.

La plupart des cultures et religions semblent attribuer une valeur à la nature ; l'aberration que constitue l'oubli de ce détail par la conscience humaine ne devrait être que temporaire. Peut-être que le soudain passage à l'industrialisation et au capitalisme a conditionné notre état psychologique et économique et a fini par nous éloigner de notre perspicacité spirituelle et du rôle que joue la nature dans notre bien-être, santé et survie. Les conséquences de la crise que nous vivons aujourd'hui, de la perte de la biodiversité, de la croissance démographique et la chute de l'intégrité écosystémique, ainsi que la rapide déstabilisation du climat, pourraient pousser l'humanité à reconsidérer ses obligations envers le monde vivant. Dans le système traditionnel, l'usage équitable et durable de la nature était guidé par des droits, des responsabilités, des mœurs sociales et des normes. Ces éléments étaient soumis à des règles, mais restaient tout de même flexibles, et continuent d'exister dans de nombreuses régions du monde. Il va sans dire qu'à ce jour, plusieurs territoires ayant une gouvernance autochtone, locale ou spirituelle, appliquent leur forme traditionnelle de gouvernance, en plus des innovations et des transformations associées. Ces groupes humains sont devenus plus engagés dans le débat concernant les aires protégées, la gouvernance, la gestion et l'élaboration de politiques.

Alors que le monde continue de changer, toute perspective de durabilité future exigera une réconciliation entre une bonne gestion de la nature et les autres intérêts tels que l'accumulation des richesses, la macro-économie, la politique internationale et la nature changeante de l'État. Il est impossible de remonter le temps, il ne reste donc plus qu'à s'adapter continuellement au contexte changeant et de trouver la volonté suffisante d'ajuster l'impact que nous avons sur la planète, l'eau et l'atmosphère.

L'attention internationale croissante portée à la connectivité et aux échelles plus grandes de gestion et de conservation de paysages terrestres et marins n'a pas seulement un intérêt scientifique, mais aussi d'importantes implications sociales, politiques et économiques. La conservation de la connectivité des paysages terrestres et marins, par définition, nous fait sortir du cadre des territoires sous contrôle de l'État, et nous place dans un contexte de paysages appartenant à plusieurs entités où la gouvernance est négociée entre différents types de propriétaires et utilisateurs des terres, de l'eau et des ressources naturelles (voir chapitre 27). Comme Worboys et al. (2010) le souligne, la connectivité n'est pas un nouveau processus technique de conservation, mais chaque cas implique un engagement substantiel avec la société et des groupes d'intérêt, menant vers une nouvelle forme d'impact social alliant divers intérêts, cultures et valeurs au sein d'un paradigme général de coopération.

Un autre message pertinent dans ce chapitre est que bien qu'en tant qu'être humain nous soyons les causes principales du changement climatique et de la perte en biodiversité, nous sommes tout aussi capables d'en être de bons gardiens. La politique économique et les stratégies qui façonnent à la fois l'économie et la conservation de la nature émergent du cœur et de l'esprit humain. Même si elles sont façonnées par des systèmes dans lesquels nous sommes nés, des systèmes culturels, économiques, sociaux, politiques et environnementaux qui façonnent la base de nos actions, elles ne sont pas séparées de la volonté humaine. La conservation et la durabilité relèvent des valeurs humaines, de la volonté humaine et d'un environnement politique favorable.

Se contenter d'augmenter le nombre d'aires protégées ou leur couverture territoriale ne permettra pas d'atteindre les objectifs cités de conservation. Ceci est d'autant plus plausible lorsque les tendances économiques qui sapent l'efficacité des aires protégées continuent d'accélérer en même temps que nous augmentons leur champ d'action. Si nous construisons un pont de durabilité d'un côté de la rivière, tout en procédant à une destruction rapide de l'autre, il est fort probable que tout s'effondre soudainement sous nos pieds, ce qui conduira à la chute dans un contexte substantiellement différent.

La synchronisation des échelles de gouvernance et d'écosystèmes résonne dans l'entendement humain en termes scientifiques et de valeurs humaines. Le succès s'articule autour des questions de devoirs partagés, liés à la responsabilité, l'équilibre des pouvoirs, la reddition des comptes, l'autorité et la responsabilité.

Pour le personnel des aires protégées, ceci peut paraître intimidant ou hors de portée. Avec tous les autres défis de professionnalisation et d'amélioration des capacités de conservation, ce chapitre suggère que les aires protégées viables, dans le sens global du terme, nécessitent aussi une interaction avec ceux qui comprennent et sont compétents dans d'autres disciplines et zones d'expertise pouvant au premier abord paraître isolées de la gestion de la faune. Parmi ces compétences, une des plus importantes est la capacité de développer des alliances et une solidarité avec des communautés, des mouvements sociaux, des économistes, des influenceurs, les industriels et les personnes engagées dans la législation et les systèmes de traités multilatéraux.

Le sixième Congrès mondial des parcs de l'UICN de 2014 a exploré l'idée d'un nouveau pacte social : une redéfinition de notre manière de travailler ensemble dans les contextes économique, politique, culturel et social pour garantir les droits de garde. La durabilité et une structure reposant sur la garde pour soutenir les aires protégées et autres régimes de conservation et d'utilisation durable, requièrent la solidarité et la coopération, les droits et le partage des bénéfices, des coûts et des responsabilités. Un nouveau pacte social pour protéger la fragilité de la Terre et le réservoir des ressources naturelles impliquerait une évolution radicale vers un cadre où les aires protégées et la connectivité des paysages terrestres et marins joueraient un rôle primordial.

Maîtres de cérémonies lors de l'ouverture du sixième Congrès mondial des parcs, Sydney, Australie, novembre 2014. L'idée des nouveaux programme sociaux a été examinée lors du congrès

Source : Graeme L. Worboys

Références

Lectures recommandées

Amin-Khan, T. (2012) *The Post-Colonial State in the Era of Capitalist Globalization: Historical, political and theoretical approaches to state formation*, Routledge, New York.

Anderson, D and Grove, R. (eds) (1995 [1987]) *Conservation in Africa: Peoples, policies and practice*, Cambridge University Press, Cambridge.

Asia Parks Congress (APC) (2013) First Asia Parks Congress, Sendai, Japan. <asia-parks.org/>

Beinart, W. and Coates, P. (1995) *Environment and History: The taming of nature in the USA and South Africa*, Routledge, London.

Berry, T. (1999) *The Great Work: Our way into the future*, Bell Tower/Random House, New York.

Berry, T. (2006) *Evening Thoughts: Reflecting on Earth as sacred community*, ed. M. E. Tucker, Sierra Club with University of California Press, Berkeley.

Borrini-Feyerabend, G., Pimbert, M., Farvar, M. T., Kothari, A. and Renard, Y. (2004) *Sharing Power: Learning by doing in co-management of natural resources throughout the world*, IIED and IUCN/CEESP/CMWG, Cenesta, Tehran.

Boyden, S. V. (1987) *Western Civilization in Biological Perspective: Patterns in biohistory*, Clarendon Press, Oxford.

Brooke, L. and Kemp, W. (1995) 'Towards information self-sufficiency: the Nunavik Inuit gather information on ecology and land use', *Cultural Survival Quarterly Special Issue: Geomatics: Who needs it?* 18(4). <www.culturalsurvival.org/publications/cultural-survival-quarterly/canada/towards-information-self-sufficiency-nunavik-inuit-g>

Callicott, J. B. (1989) *In Defense of the Land Ethic: Essays in environmental philosophy*, State University of New York Press, Albany.

Campese, J., Sunderland, T., Greiber, T. and Oviedo, G. (eds) (2009) *Rights-Based Approaches: Exploring issues and opportunities for conservation*, Center for International Forestry Research and IUCN, Bogor, Indonesia.

Charters, C. and Stavenhagen, R. (eds) (2009) *Making the Declaration Work: The United Nations Declaration on the Rights of Indigenous Peoples*, IWGIA, Copenhagen.

Chatty, D. and Colchester, M. (eds) (2002) *Conservation and Mobile Indigenous Peoples: Displacement, forced settlement and sustainable development*, Studies in Forced Migration Volume 10, Berghahn Books, New York and Oxford.

Colchester, M. (2004a) 'Conservation policy and indigenous peoples', *Environmental Science and Policy* 7: 145–53.

Colchester, M. (2004b) 'Indigenous lands or national park?', *Cultural Survival Quarterly Issue: Conservation Policy and Indigenous Peoples* 28(1) (Spring). <www.culturalsurvival.org/publications/cultural-survival-quarterly/none/indigenous-lands-or-national-parks>

Convention on Biological Diversity (CBD) (2011) *Strategic Plan for Biodiversity 2011–2020 and the Aichi Biodiversity Targets*, Secretariat of the Convention on Biological Diversity, Montreal. <www.cbd.int/sp/default.shtml>

Crawhall, N. (2008) *Heritage Education for Sustainable Development: Dialogue with indigenous communities in Africa*, IPACC and UNESCO, Paris. <www.ipacc.org.za/uploads/docs/090505b_ESD_composite_report_Africa08_final.pdf>

Crosby, A. W. (1986) *Ecological Imperialism: The biological expansion of Europe, 900–1900*, Cambridge University Press, Cambridge.

Crutzen, P. J., and Stoermer, E. F. (2000) 'The "Anthropocene"', *Global Change Newsletter* 41: 17–18.

de Soto, H. (2000) *The Mystery of Capital: Why capitalism triumphs in the West and fails everywhere else*, Basic Books, New York.

Dunbar, R. (1996) *Grooming, Gossip and the Evolution of Language*, Harvard University Press, Cambridge, Mass.

Galbraith, J. K. (1998 [1958]) *The Affluent Society*, Houghton Mifflin Company, Boston and New York.

Harris, P. (ed.) (2013) *The Routledge Handbook of Global Environmental Politics*, Routledge, London.

Högselius, P. (2008) *The Country of Mountains of Black Ash*. <balticworlds.com/environment-the-country-of-mountains-of-black-ash/>

Hyden, G. (1980) *Beyond Ujamaa in Tanzania: Underdevelopment and an uncaptured peasantry*, Heinemann, London.

Indigenous Peoples of Africa Coordinating Committee (IPACC) (ed.) (2008) *African Indigenous Peoples' Workshop on Effective Use of Information Communication Technology in Environmental Advocacy*, IPACC, Cape Town.

Indigenous Peoples of Africa Coordinating Committee (IPACC) (2011) *African Indigenous Peoples and the UNEP Green Economy Initiative: ||Hui!gaeb report on green economy, equity & green governance*, IPACC, Cape Town.

Indigenous Peoples of Africa Coordinating Committee (IPACC) (2012) *Influencing Regional Policy Processes in Climate Change Adaptation through the Interaction of African Pastoralist Traditional Knowledge and Meteorological Science*, IPACC, Cape Town.

International Union for Conservation of Nature (IUCN) (2011) *Mining Threats on the Rise in World Heritage Sites*, IUCN, Gland. <www.iucn.org/?7742/Mining-threats-on-the-rise-in-World-Heritage-sites>

International Union for Conservation of Nature (IUCN) (2013) *IUCN World Heritage Advice Note: Mining and oil/gas projects*, IUCN, Gland. <cmsdata.iucn.org/downloads/iucn_advice_note_on_mining_in_wh_sites_final_060512__2_.pdf>

International Union for Conservation of Nature (IUCN) (2014) Improving Protected Area Governance for Livelihood Security and Biodiversity in Southern Africa: A High Level Dialogue, Windhoek, 21–22 May 2014.

International Union for Conservation of Nature Commission on Environmental, Economic and Social Policy (IUCN CEESP) (2004) *Policy Matters: History culture and conservation*, IUCN, Gland.

International Union for Conservation of Nature Commission on Environmental, Economic and Social Policy (IUCN CEESP) (2006) *Policy Matters: Poverty, wealth and conservation*, IUCN, Gland.

International Union for Conservation of Nature Theme on Indigenous and Local Communities, Equity, and Protected Areas (IUCN TILCEPA) (2010) *Protected Areas: Joint PAEL-TILCEPA workshop on protected areas management evaluation and social assessment of protected areas*, IUCN, Gland.

Josephson, P., Dronin, N., Mnatsakanian, R., Cherp, A., Efremenko, D. and Larin, V. (2013) *An Environmental History of Russia*, Studies in Environment and History, Cambridge University Press, Cambridge.

Kassam, K. A. S. (2009) *Biocultural Diversity and Indigenous Ways of Knowing: Human ecology in the Arctic*, University of Calgary Press, Calgary.

MacKenzie, J. (1997) 'Empire and the ecological apocalypse: the historiography of the imperial environment', in T. Griffiths and L. Robin (eds) *Ecology and Empire: Environmental history of settler societies*, pp. 215–28, Keele University Press, Edinburgh.

Maffi, L. and Woodley, E. (2010) *Biocultural Diversity Conservation: A global sourcebook*, Earthscan, New York.

Nadal, A. (2011) *Rethinking Macroeconomics for Sustainability*, Zed Books, London.

Nelson, J. and Hossack, L. (2003) *From Principles to Practice: Indigenous peoples and protected areas in Africa*, Forest Peoples Programme, UK.

Nettle, D. and Romaine, S. (2000) *Vanishing Voices: The extinction of the world's languages*, Oxford University Press, Oxford.

Ostrom, E. (1990) *Governing the Commons: The evolution of institutions for collective action*, Cambridge University Press, New York.

Ostrom, E. (2012) *The Future of the Commons: Beyond market failure and government regulation*, The Institute of Economic Affairs, London.

Ostrom, E. and Hess, C. (eds) (2007) *Understanding Knowledge as a Commons: From theory to practice*, MIT Press, Cambridge, Mass.

Ostrom, E., Dietz, T., Dolšak, N., Stern, P. C., Stonich, S. and Weber, E. (eds) (2002) *The Drama of the Commons*, Committee on the Human Dimensions of Global Change, National Research Council, National Academies Press, Washington, DC.

Ostrom, E., Gardner, R. and Walker, J. (1994) *Rules, Games, and Common-Pool Resources*, University of Michigan Press, Ann Arbor, MI.

Ostrom, E., Poteete, A. R. and Janssen, M. A. (2010) *Working Together: Collective action, the commons, and multiple methods in practice*, Princeton University Press, Princeton, NJ.

Phillips, A. (2003) 'Turning ideas on their head: the new paradigm for protected areas', *George Wright Forum* 20(2): 8–32.

Ralston Saul, J. (2005) *The Collapse of Globalism*, Atlantic Books, London.

Rambaldi, G., Muchemi, J., Crawhall, N. and Monaci, L. (2007) 'Through the eyes of hunter-gatherers: participatory 3D modelling among Ogiek indigenous peoples in Kenya', *Information Development* 23(2–3): 113–28.

Rolston, H. III (1986) *Philosophy Gone Wild: Essays in environmental ethics*, Prometheus Press, Buffalo, NY.

Roosevelt, T. (1910) Citizenship in a republic, Address at the Sorbonne, Paris, 23 April 1910. <www.theodore-roosevelt.com/images/research/speeches/maninthearena.pdf>

Sandler, R. (2012) 'Intrinsic value, ecology, and conservation', *Nature Education Knowledge* 3(10): 4. <www.nature.com/scitable/knowledge/library/intrinsic-value-ecology-and-conservation-25815400>

Secretariat of the Convention on Biological Diversity (CBD Secretariat) (2004) *Addis Ababa Principles and Guidelines for the Sustainable Use of Biodiversity*, Montreal.

Secretariat of the Convention on Biological Diversity (CBD Secretariat) (2010) *Global Biodiversity Outlook-3*, Montreal.

Shivji, I. (2009) *Accumulation in an African Periphery: A theoretical framework*, Mkuki Na Nyota Publishers, Dar es Salaam.

Smith, A. (1904 [1776]) *An Inquiry into the Nature and Causes of the Wealth of Nations*, 5th edn, Methuen & Co., London.

Soulé, M. E. (1985) 'What is conservation biology?', *BioScience* 35(11): 727–34.

The Economics of Ecosystems and Biodiversity (TEEB) (2010) *The Economics of Ecosystems and Biodiversity: Mainstreaming the economics of nature—A synthesis of the approach, conclusions and recommendations of TEEB*, Geneva.

United Nations (UN) (2007) *United Nations Declaration on the Rights of Indigenous Peoples*, United Nations, New York and Geneva. <www.un.org/esa/socdev/unpfii/documents/DRIPS_en.pdf>

Vesitalous (2010) Document dealing with Finland's resource governance, [in Finnish]. <www.vesitalous.fi/wp-content/uploads/2010/02/5_2002.pdf>

Wallace, B. A. and Hodel, B. (2008) *Embracing Mind: The common ground of science and spirituality*, Shambhala Publications, Boston and London.

Weeramantry, C. G. (2009) *Tread Lightly on the Earth: Religion, the environment and the human future*, Stamford Lake, Sri Lanka.

White, L. T., Jr (1967) 'The historical roots of our ecological crisis', *Science* (NS) 155(3767) (10 March): 1205.

Wikipedia (2014) *Rurima Island*. <en.wikipedia.org/wiki/Rurima_Island>

Worboys, G. L., Francis, W. and Lockwood, M. (eds) (2010) *Connectivity Conservation Management: A global guide*, Earthscan, London.

World Wide Fund for Nature (WWF) (2014) *Protected Area Downgrading, Downsizing and Degazettement (PADDD)*, WWF, Gland. <www.padddtracker.org/>

CHAPITRE 6

VALEURS ET AVANTAGES DES AIRES PROTÉGÉES

Auteurs principaux :
Sue Stolton et Nigel Dudley

Collaborateurs :
Başak Avcıoğlu Çokçalışkan, Danny Hunter, Kasandra-Zorica Ivanić, Erustus Kanga, Marianne Kettunen, Yoshitaka Kumagai, Nigel Maxted, John Senior, Mike Wong, Karen Keenleyside, Dan Mulrooney et John Waithaka

CONTENU

UICN CMAP Commission mondiale des aires protégées Convention sur la diversité biologique

AUTEURS PRINCIPAUX

SUE STOLTON est associée chez Equilibrium Research et membre de la Commission mondiale des aires protégées (CMAP) de l'Union internationale pour la conservation de la nature (UICN) et de la Commission des politiques environnementales, économiques et sociales de l'UICN (CEESP).

NIGEL DUDLEY est associé chez Equilibrium Research et membre de la CMAP et de la CEESP de l'UICN.

COLLABORATEURS

BAŞAK AVCIOĞLU ÇOKÇALIŞKAN est architecte paysagiste et membre de la CMAP de l'UICN.

DANNY HUNTER travaille en tant que scientifique chez Bioversity International et est membre de la CMAP de l'UICN.

KASANDRA-ZORICA IVANIĆ travaille pour WWF Med PO, en Croatie.

ERUSTUS KANGA travaille pour Kenya Wildlife Service.

MARIANNE KETTUNEN est analyste politique à l'Institute for European Environmental Policy, à Londres et membre de la CMAP de l'UICN.

YOSHITAKA KUMAGAI est professeur à l'Université internationale d'Akita, au Japon, et vice-président régional pour l'Asie orientale à la CMAP de l'UICN.

NIGEL MAXTED est professeur à l'Université de Birmingham, co-président du groupe de spécialistes des plantes sauvages apparentées aux plantes cultivées (Commission de la sauvegarde des espèces de l'UICN), président du comité du Groupe des ressources phytogénétiques du Royaume-Uni et conseiller scientifique principal pour le GEF et la Banque mondiale sur les ressources phytogénétiques.

JOHN SENIOR était jusque récemment gestionnaire des partenariats des parcs à Parks Victoria (Australie) et est chargé de la préparation des lignes directrices de *Healthy Parks Healthy People* pour l'UICN.

MIKE WONG est directeur exécutif - Conservation des ressources naturelles à Parcs Canada.

KAREN KEENLEYSIDE est conseillère scientifique au Bureau du scientifique en chef des écosystèmes à Parcs Canada.

DAN MULROONEY est socio-économiste à Parcs Canada.

JOHN WAITHAKA est biologiste de la conservation, Conservation des ressources naturelles, à Parcs Canada.

REMERCIEMENTS

L'équipe en charge de la traduction française de ce livre tient à remercier les volontaires qui ont aidé à la relecture de ce chapitre : Max Dimitrov Mviri Bwily, Aminata Ndoye et Hervé Lethier.

CITATION

Stolton, S., Dudley, N., Avcıoğlu Çokçalışkan, B., Hunter, D., Ivanić, K.-Z., Kanga, E., Kettunen, M., Kumagai, Y., Maxted, N., Senior, J., Wong, M., Keenleyside, K., Mulrooney, D. et Waithaka, J. Valeurs et avantages des aires protégées. In Worboys, G. L., Lockwood, M., Kothari, A., Feary, S. et Pulsford, I. (éd.). *Gouvernance et gestion des aires protégées*. Canberra : ANU Press, 2020. doi.org/10.22459/GGAP.06

PHOTO DE LA PAGE DE TITRE

Chutes Fitzroy, Parc national de Morton, NSW, Australie
Source : Graeme L. Worboys

Introduction

La protection des espèces sauvages et des écosystèmes des aires protégées nécessite des efforts constants. Dans certaines parties du monde, quand les paysages sont déjà largement transformés par l'agriculture ou l'industrie, les aires protégées sont parfois les seuls écosystèmes naturels ou semi-naturels s'étendant sur de vastes surfaces. Les valeurs socio-économiques et culturelles plus larges de ces écosystèmes naturels sont de plus en plus reconnues, tout comme les services écosystémiques importants qu'ils fournissent (voir encadré 6.1). Jusqu'à récemment, ces services étaient souvent considérés comme acquis et leur valeur était sous-estimée, oubliée ou tout simplement jamais prise en compte. La reconnaissance des services écosystémiques est en partie due à un article fondateur de Robert Costanza (1997), dans lequel l'auteur met l'accent sur le fait que les biens des écosystèmes (tels que la nourriture) et les services (tels que l'assimilation des déchets) sont des avantages que les hommes tirent, directement ou indirectement, des fonctions de l'écosystème. En 2003, l'Évaluation des écosystèmes pour le millénaire a proposé une typologie simple résumant les différents services des écosystèmes naturels (MEA, 2003). Cette typologie a été élargie et adaptée à différentes fins, y compris pour les aires protégées (Kettunen et ten Brink, 2013). La figure 6.1 présente les différents services écosystémiques que peuvent fournir les aires protégées et répertorie les avantages associés à ces services (ces avantages sont évoqués plus en détail dans la section suivante).

Il ne faut pas oublier que la conservation de la nature reste l'objectif principal des aires protégées. La conservation de la biodiversité, c'est-à-dire des espèces, de la diversité génétique au sein des espèces et des habitats et des écosystèmes, est essentielle au fonctionnement des écosystèmes (Cardinale et al., 2012) et a de nombreuses valeurs utilitaires et pratiques, décrites ci-dessous.

Il est en outre communément admis que nous avons l'obligation morale de conserver la diversité de la vie sur Terre, c'est-à-dire de ne pas accélérer le rythme d'extinction au-delà de ce qui serait attendu dans des circonstances naturelles. Nous échouons manifestement à cette tâche à l'heure actuelle comme le montrent le déclin et la disparition fréquente d'espèces, souvent même pas encore reconnues et décrites par les scientifiques. Néanmoins, les recherches basées sur de multiples ensembles de données montrent que les aires protégées sont l'un des outils les plus efficaces pour ralentir le taux de perte de biodiversité et que de nombreuses espèces existent encore aujourd'hui uniquement grâce à la protection que leur offrent les parcs nationaux, réserves naturelles et autres aires protégées (voir chapitre 21). Le fondement éthique de la conservation de la biodiversité est reconnu par les signataires de la Convention sur la diversité biologique, par les institutions nationales via la législation relative à la conservation de la faune et des aires protégées, par les cadres supérieurs des grandes religions du monde (Palmer et Finlay, 2003) et par une partie du grand public.

SERVICES DE SOUTIEN
(services nécessaires à la production des autres services écosystémiques)

- Maintien des processus des écosystèmes (formation des sols, cycle des nutriments, production primaire, etc.)
- Maintien du cycle de vie (zones de reproduction, dispersion des graines, interactions continues d'espèces, etc.)
- Protection et conservation de la biodiversité (diversité des gènes, des espèces et des habitats)

SERVICES D'APPROVISIONNEMENT
(capacité des écosystèmes à fournir des ressources)

- Approvisionnement en nourriture
- Approvisionnement en eau
- Approvisionnement en matières premières (bois, carburants, fibres)
- Approvisionnement en ressources médicinales / biochimiques (médecine naturelle, cosmétiques, produits pharmaceutiques, etc.)
- Approvisionnement en ressources ornementales
- Approvisionnement en ressources génétiques

SERVICES DE RÉGULATION
(processus de régulation des écosystèmes)

- Régulation du climat
- Régulation des risques naturels
- Purification et détoxication de l'eau, de l'air et du sol
- Régulation de l'écoulement de l'eau
- Régulation de l'érosion et de la fertilité des sols
- Pollinisation
- Lutte contre les ravageurs et maladies

SERVICES CULTURELS
(bénéfices immatériels des écosystèmes)

- Loisirs et tourisme
- Valeurs esthétiques
- Sources d'inspiration artistique
- Source d'information pour l'éducation et la recherche
- Valeurs spirituelles et religieuses
- Identité et héritage culturels
- Bien-être mental et physique
- Paix et stabilité

Figure 6.1 Services écosystémiques des aires protégées et biens associés

Sources : Kettunen et ten Brink (2013) ; adapté de MEA (2003), de Groot et al. (2010) et UK NEA (2011)

Encadré 6.1 Que se passe-t-il lorsqu'un écosystème est détérioré et que les services écosystémiques disparaissent ?

Nigel Dudley

Les services écosystémiques sont une de ces choses que nous apprécions vraiment une fois que nous les avons perdues. Nous souffrons presque toujours des conséquences de la dégradation et de la perte des écosystèmes naturels et de leurs principales caractéristiques écologiques. En revanche, si les fonctions et les services écosystémiques ont depuis longtemps disparu ou s'ils disparaissent si lentement que personne ne le remarque, les gens ne voient souvent pas de lien entre les problèmes qui résultent de cette disparition et l'écologie. La disparition de la végétation naturelle dans les zones arides est responsable de l'avancée des déserts et de la multiplication des tempêtes de poussière et des maladies respiratoires dans des villes comme Koweït. À cause de la surpêche, les populations de poissons de nombreux océans ont considérablement diminué, mais il faut se pencher sur les archives pour se rendre vraiment compte de ce que nous avons perdu. La destruction des mangroves a rendu les communautés côtières vulnérables aux tempêtes et raz de marée en Asie du Sud-Est et ailleurs. De nombreuses villes africaines sont confrontées à un problème de contamination de l'eau et de diarrhée des nourrissons dû à la disparition des forêts de montagne. Dans certaines régions de Chine, les agriculteurs en viennent à polliniser leurs récoltes avec des pinceaux, car les populations d'insectes pollinisateurs ont diminué de façon spectaculaire. Ainsi, dans de nombreuses régions du monde, parler de ressources « irremplaçables » des aires protégées n'est en aucun cas une exagération, et il est de plus en plus difficile de s'adapter à la perte de ces ressources.

Toucanet émeraude (*Aulacorhynchus prasinus*), forêt nuageuse de Monteverde, Costa Rica

Source : Charles Besançon

La transformation de ces services écosystémiques reconnus en avantages socio-économiques mesurables pour les communautés comporte trois aspects : 1) quantifier et évaluer (souvent qualitativement) la valeur des divers avantages ; 2) les comprendre et être capable de les comparer à d'autres avantages, y compris les avantages perdus en conservant l'écosystème ; et 3) comprendre qui bénéficie des divers avantages. Aucun de ces aspects n'est simple.

Nous résumons ci-après quelques informations sur plusieurs techniques permettant de quantifier et d'évaluer les avantages économiques, entre autres. Cependant, il est aussi important de comprendre ces avantages dans le contexte de prestations concurrentes (ce que l'on appelle des compromis). Par exemple, conserver une forêt pour protéger l'eau signifie également que le bois de la forêt ne peut être vendu, que la terre ne peut être utilisée à des fins agricoles ou de développement, et que ces avantages et leurs valeurs reviennent à des personnes différentes. L'un des défis persistants de la sécurisation des services écosystémiques est que de nombreux services fournis par la gestion ou la protection des écosystèmes durables sont diffus par nature ; ils fournissent à un grand nombre de personnes des avantages assez faibles et difficiles à mesurer (par exemple, non monétisés et sans droits de propriété clairs), tandis que l'utilisation non durable offre à une ou quelques personnes de nombreux avantages (par exemple, des avantages bien monétisés et avec des droits de propriété clairement établis).

Ainsi, le propriétaire qui rase une forêt dans un bassin versant et vend le bois gagnera une somme d'argent importante, alors que la ville située en aval de la rivière verra la qualité de l'eau se dégrader et devra payer des coûts supplémentaires pour la purification ou supporter les effets de la qualité de l'eau sur leur santé. La valeur nette des bassins versants pour la société dans son ensemble peut être beaucoup plus élevée que la valeur nette du bois, mais pas pour la personne qui a des droits de propriété clairs sur le bois. Les habitants de la ville en aval de la rivière, eux, n'ont aucun droit de propriété clair sur l'eau potable produite par la forêt.

Cela signifie que la perception et les décisions prises en fonction des avantages découlant des aires protégées varieront selon les acteurs qui profitent de ces avantages. Peut-être que certains, les peuples qui souffrent de la pauvreté et de l'inégalité et qui ont été déplacés de leurs terres traditionnelles pour permettre la création d'une aire protégée, éprouveront du ressentiment et ignoreront les valeurs régionales ou mondiales de ces terres. Mais d'autres, les personnes qui bénéficient des aires protégées culturellement, spirituellement, grâce aux emplois créés directement ou indirectement et par le biais des services écosystémiques reconnus, auront probablement une perspective très différente. Par ailleurs, la façon dont les hommes perçoivent les aires protégées peut évoluer à mesure que les avantages sont plus largement appréciés, qu'un accès équitable des avantages est assuré et que les gestionnaires apprennent à répondre de manière plus sensible aux besoins d'un large éventail d'acteurs.

Récompenser ceux qui assurent le maintien des services écosystémiques est l'une des étapes critiques du calcul de la valeur socio-économique des avantages des aires protégées. Cela peut aussi permettre de conserver ou d'obtenir le soutien d'un maximum de parties prenantes en faveur des politiques mises en place dans les aires protégées. Pour bien gérer une aire protégée, les gestionnaires doivent idéalement connaître à la fois l'ensemble des avantages des aires protégées et la diversité des parties prenantes concernées. Dans ce chapitre, nous présentons un aperçu des avantages issus des aires protégées et montrons comment ils peuvent être mesurés, utilisés et gérés.

Les avantages des aires protégées : le maintien des systèmes entretenant la vie

Qu'entend-on exactement par « avantages des aires protégées » ? Nous vous proposons ici un très court résumé ; pour plus de détails, diverses sources peuvent être consultées (Stolton et Dudley, 2010a ; Kettunen et ten Brink, 2013). Bien que la plupart de ces avantages puissent découler de tout écosystème naturel, les aires protégées ont cela de particulier qu'elles sont généralement considérées comme des outils efficaces et économiques de gestion durable de l'écosystème, et s'accompagnent de lois et politiques adaptées, d'institutions de gestion et de gouvernance et d'un ensemble cohérent de connaissances, personnel et formations. Ainsi, elles maintiennent souvent un plus large éventail de services que d'autres zones de l'écosystème et apportent plus de stabilité que les espaces non réglementés et non gérés qui sont plus sensibles à la dégradation et aux changements rapides. Nous n'affirmons pas, cependant, que seules les aires protégées comptent : d'autres terres et mers bien gérées et dirigées par des communautés, autorités publiques et entreprises peuvent avoir des fonctions similaires.

Zone de captage d'eau des paramos de haute altitude de la réserve écologique Cayambe-Coca, Équateur, qui fournit des services écologiques (eau) à la capitale du pays, Quito

Source : Graeme L. Worboys

Services de soutien

À une époque où de nombreux systèmes agricoles sont de plus en plus tributaires de l'apport d'engrais et de pesticides, ainsi que des énergies fossiles, les écosystèmes naturels autorégulés et alimentés uniquement par le soleil sont plus rares. « Les fonctions et processus de soutien » font référence au fonctionnement de base

Mangroves, Pelican Cayes, Belize
Source : Eduard Müller

d'un écosystème : la formation des sols et le cycle des nutriments ; le maintien du cycle de vie des espèces par la fourniture de services tels que les habitats de reproduction, les moyens de dispersion des graines et les interactions continues d'espèces ; et la conservation de l'ensemble de la biodiversité. En protégeant les écosystèmes, les aires protégées bénéficient également aux écosystèmes environnants, tant par l'impact direct sur le renouvellement des sols et des nutriments que par l'énergie solaire interceptée. Elles peuvent également servir de base de données et de matières premières pour la restauration du reste du paysage.

Par exemple, beaucoup d'informations sont collectées sur la possibilité de restaurer les terres grâce à la protection des zones arides et incitent les autorités à lutter contre les problèmes de désertification dans la péninsule Arabique. La réduction de la désertification et des tempêtes de poussière sont deux résultats concrets que l'on peut s'attendre à voir dans quelques années. Toutefois, le fait qu'une génération ou plus ait grandi en pensant que les écosystèmes fortement dégradés couvrant les parties les plus peuplées de la péninsule sont « naturels » est un défi majeur. Les changements de politique reposent non seulement sur la preuve que la protection et la restauration donnent de bons résultats, mais aussi sur un effort à long terme pour favoriser la compréhension de l'écologie dans les pays concernés.

Services d'approvisionnement

Les différentes ressources matérielles que fournissent les aires protégées de manière directe ou indirecte répondent aux intérêts plus immédiats des hommes.

Nourriture

Les écosystèmes naturels bien gérés jouent un rôle clé dans la sécurité alimentaire, en particulier pour les plus pauvres de la société dont le mode de vie repose sur la subsistance et qui dépendent de divers produits comestibles issus des aires protégées. Par exemple, les aires protégées d'eau douce, les aires marines et les zones côtières de mangroves constituent des aires de reproduction précieuses pour les poissons, assurant ainsi la survie de leurs populations et leur propagation dans les eaux environnantes (Roberts et Hawkins, 2000). Dans de nombreuses aires marines protégées, la population locale est autorisée à pratiquer une pêche durable et s'adapte aux calendriers traditionnels de fermetures saisonnières. Les aires protégées terrestres jouent elles aussi un rôle important dans la sécurité alimentaire, car elles peuvent être une source de pâturage d'urgence lors des périodes de sécheresse dans les zones arides, de fourrage récolté de façon durable et de nourriture quand l'extraction contrôlée de certaines espèces y est autorisée. Inversement, la chasse excessive et illégale dans les aires protégées est un problème majeur. Des aires protégées sont utilisées comme source d'approvisionnement « d'urgence », par exemple, dans certaines régions du nord et de l'est de l'Afrique (Dudley et al., 2008).

Eau

Certains écosystèmes peuvent également augmenter la quantité d'eau disponible. C'est le cas des bassins abritant des forêts de nuages où les feuilles « extraient » l'eau du brouillard et des nuages en la condensant grâce à une évolution particulière, puis en amenant l'eau ainsi récupérée vers les branches et les troncs. Au Honduras, la ville de Tegucigalpa est l'une des grandes villes d'Amérique latine qui protègent les forêts de nuages qui les entourent afin d'assurer leur approvisionnement en eau. Dans le cas de Tegucigalpa, il s'agit du parc national La Tigra (Hamilton, 2008). Dans certains écosystèmes, les bassins de forêts peuvent retenir plus de précipitations que les terres défrichées, réduisant ainsi les pertes en eaux et, si la géologie s'y prête, augmentant les réserves de l'aquifère (Siriwardena et al., 2006).

Les bassins de haute montagne du parc national du Kosciuszko, qui font partie des parcs nationaux des Alpes australiennes, génèrent environ 9 600 gigalitres d'eau de haute qualité par an, d'une valeur estimée à 9 milliards de dollars par an (Worboys et Good, 2011)

Source : Graeme L. Worboys

Matières premières

De nombreuses aires protégées ont été créées pour conserver des ressources naturelles telles que le bois et les plantes de valeur. Elles sont aussi de plus en plus nombreuses à autoriser un certain niveau de collecte, généralement par les communautés locales, de produits tels que le bois pour la construction, les clôtures et le chauffage, les herbes pour les toitures, des essences plus précieuses pour la sculpture, la construction navale et divers autres produits forestiers non ligneux (PFNL). Certaines réserves extractives (de la catégorie VI de l'UICN) ont été spécialement créées pour promouvoir l'exploitation durable de produits clés des écosystèmes naturels, faisant ainsi rimer protection et production. La collecte de caoutchouc dans les réserves extractives d'Amazonie en est le parfait exemple. La Réserve de développement durable de Mamirauá, au Brésil, fait partie d'un grand complexe de conservation de plus de 6 millions d'hectares au sein duquel la conservation de la biodiversité et les besoins du développement durable semblent avoir trouvé un équilibre. Aujourd'hui, cette approche est mise en application dans des aires protégées terrestres et marines du monde entier et fait de la catégorie VI la catégorie de gestion progressant le plus vite (Bertzky et al., 2012).

Ressources médicinales

Les aires protégées sont également importantes pour la santé publique : elles constituent une source durable de plantes médicinales, qui sont les premiers médicaments consommés dans la majorité des pays pauvres du monde, et elles fournissent des ressources génétiques aux sociétés pharmaceutiques, dont certaines payent des droits de prospection aux aires protégées concernées. Les études ethnobotaniques menées dans de nombreuses aires protégées montrent non seulement que ces sites abritent une grande variété de valeurs, mais aussi que, dans de nombreuses régions du monde, certaines espèces (et parfois aussi les connaissances liées à l'utilisation de ces espèces) sont de plus en plus restreintes aux aires protégées. Au Népal, par exemple, l'accès aux plantes médicinales est devenu si compliqué que des accords de gestion autorisant la collecte de petites quantités de plantes dans les parcs nationaux sont maintenant la seule option envisageable (Stolton et Dudley, 2010b).

Ressources génétiques

Comme mentionné ci-dessus, la valeur de la biodiversité est plus que simplement esthétiques ou éthiques : elle fournit aussi de nombreuses matières premières à divers usages, y compris pharmaceutiques, ainsi que des espèces sauvages apparentées à des plantes cultivées (ESPC) qui peuvent être croisées avec des plantes domestiques pour améliorer la tolérance à la sécheresse ou la résistance aux maladies de ces dernières (Stolton et al., 2006 ; Hunter et Heywood, 2011). Les ESPC sont déjà essentielles au secteur des semences, qui vaut plusieurs milliards de dollars, et leur importance augmente alors que les conditions environnementales se dégradent, sous l'effet des changements climatiques, et affectent l'agriculture. En Arménie, où la diversité des cultures est très élevée, plusieurs micro-réserves ont été créées afin de protéger d'importants ESPC (voir encadrés 6.2 et 6.6).

Services de régulation

Les écosystèmes naturels bien gérés entretiennent également un ensemble de processus et de fonctions liés au bien-être humain. Le terme « services de régulation » se réfère principalement au rôle que jouent les écosystèmes naturels dans la régulation du climat, de l'hydrologie et du cycle de l'eau, des phénomènes météorologiques

Encadré 6.2 Les espèces sauvages apparentées aux plantes cultivées

Danny Hunter et Nigel Maxted

Les espèces sauvages apparentées aux plantes cultivées possèdent de nombreuses caractéristiques génétiques importantes en raison de la diversité des habitats auxquels elles sont adaptées et parce qu'elles ne sont pas passées par le tamis génétique de la domestication. Face à des menaces grandissantes, augmenter, ou même maintenir, le rendement et la qualité des cultures, nécessitera une utilisation accrue de la diversité naturelle des taxons d'ESPC et des caractéristiques génétiques qu'elles possèdent. On estime la valeur globale de l'introduction de nouveaux gènes d'ESPC dans les cultures à 115 milliards de dollars par an (Pimental et al., 1997). Les taxons ne peuvent cependant pas continuer à être utilisés pour maintenir la sécurité alimentaire s'ils ne sont pas conservés et disponibles. Malheureusement, la conservation des ESPC est grandement négligée, même dans les aires protégées (Hunter et Heywood, 2011, Maxted et al., 2012). Dans ces sites, les ESPC sont souvent conservées de manière passive et peuvent à tout moment faire face à de nouvelles menaces ou disparaître.

Bien qu'il existe encore peu de sites où les ESPC sont activement conservées in situ, la situation s'est sensiblement améliorée au cours des dernières années en raison des menaces croissantes qui pèsent sur la sécurité alimentaire mondiale et de la prise de conscience que les ESPC peuvent offrir une solution au moins partielle. Les ESPC sont grandement menacées. Une évaluation récente de la Liste rouge révèle que parmi 572 espèces européennes provenant de 25 groupes de cultures économiquement importantes, 11,5 % (66) des espèces sont menacées, parmi lesquelles 3,3 % (19) sont en danger critique d'extinction (Kell et al., 2012). L'objectif 13 du Plan stratégique de la Convention sur la diversité biologique prévoit que « [d]'ici à 2020, la diversité génétique des plantes cultivées, des animaux d'élevage et domestiques et des parents pauvres [...] est préservée ». Les ESPC sont actuellement menacées et mal conservées, il est urgent, pour le bien de l'humanité, de les conserver plus activement au sein des aires protégées (Hunter et al., 2012).

et des systèmes naturels clés qui ont un impact sur l'agriculture, comme la pollinisation. Nous comprenons chaque jour davantage la valeur de ces systèmes.

Stockage et piégeage du carbone

Bien que reconnu relativement récemment, le rôle des écosystèmes naturels en matière de stockage et de piégeage du carbone, et donc d'atténuation des changements climatiques, est devenu, pour beaucoup, un argument majeur en faveur de la conservation. Les écosystèmes naturels forment des stocks de carbone critiques. Cela comprend les zones de végétation telles que les forêts, les prairies et les zones humides, les zones de végétation marine comme les herbiers et lits de varech, et le stockage souterrain dans les sols riches en humus, les tourbières en particulier. Inversement, la destruction de ces milieux et la libération de carbone qui l'accompagne sont des facteurs favorisant les changements climatiques. Ainsi, la présence d'aires protégées prévient de nouvelles émissions de carbone dans l'atmosphère et, dans les écosystèmes sains, séquestrent le carbone (Dudley et al., 2009). Selon le Centre mondial de surveillance continue de la conservation de la nature du Programme des Nations Unies pour l'environnement (UNEP-WCMC, 2008), 15 % du carbone stocké dans le monde l'est dans les aires protégées. Si l'on ajoute à cela la séquestration, la restauration des aires protégées devient encore plus importante (Keenleyside et al., 2012). Le Canada est l'un des pays ayant estimé les avantages du stockage de carbone de son système de parc national. En 2000, on estimait que les 39 parcs nationaux du pays stockaient 4 432 milliards de tonnes de carbone (Kulshreshtha et al., 2000). La gestion du carbone incite fortement les gouvernements à conserver les écosystèmes naturels, et ce, malgré le fait que les régimes d'indemnisation actuels mis en place dans le cadre du REDD + (Réduction des émissions issues de la déforestation et de la dégradation des forêts) ne sont généralement, à eux seuls, pas suffisants pour compenser la valeur du développement. Le financement lié au carbone élargit également les possibilités d'expansion des aires protégées sur des terres dégradées ou déboisées qui seraient reboisées et restaurées afin de protéger les écosystèmes, les espèces ou les habitats menacés. Cela inclut les couloirs de conservation, qui participent également à l'adaptation aux changements climatiques.

Atténuation des effets des catastrophes naturelles

Les écosystèmes naturels constituent également un outil économique d'atténuation de divers phénomènes météorologiques extrêmes et effets de mouvements telluriques majeurs, dont beaucoup sont rendus de plus en plus fréquents et plus intenses par les changements climatiques. Les écosystèmes naturels des aires protégées peuvent atténuer un large éventail de risques : 1) la végétation naturelle, en particulier les forêts, peut limiter

Coraux et mangroves, site du patrimoine mondial de Pelican Caye, Belize
Source : Eduard Müller

les risques de glissements de terrain dus aux chutes de neige et avalanches, à l'érosion des sols en pente ou aux mouvements telluriques ; 2) les mangroves, les récifs et les dunes de sable agissent comme des barrières contre les tempêtes, typhons, l'élévation du niveau de la mer et les mouvements de l'océan après un tsunami ; 3) la protection des forêts situées au bord de rivières et des plaines inondables naturelles aide à absorber les eaux de crue ; 4) la végétation naturelle des zones arides peut empêcher la désertification, prévenir les tempêtes de poussière et limiter les mouvements des dunes ; et 5) plusieurs écosystèmes forestiers, en particulier dans les régions tropicales, sont beaucoup plus résistants au feu en étant intacts que dégradés ou fragmentés (Stolton et al., 2008). Le concept d'atténuation doit être clairement défini. Nous ne disons pas que la végétation naturelle peut prévenir tous les dommages causés par les événements météorologiques extrêmes, pas plus que les solutions offertes par l'ingénierie telles que les levées, digues et pare-feu. Mais l'expérience montre que les écosystèmes bien gérés peuvent prévenir ou réduire les dommages causés par un grand nombre, souvent la plupart, de ces événements, sauvant ainsi de l'argent et des vies (Stolton et al., 2008).

Purification et détoxication de l'eau, de l'air et du sol

Dans un monde de plus en plus pollué, il devient urgent de trouver des moyens de réduire la charge de polluants. Les écosystèmes naturels peuvent aider à réduire de nombreuses formes de pollution. Les forêts et la végétation, tels que les paramos en Amérique latine, purifient naturellement l'eau, et certaines plantes d'eau douce jouent un rôle actif dans la détoxication de certains polluants. Par exemple, dans les marais de cyprès, en Floride, 98 % de l'azote et 97 % du phosphore des eaux usées déversées dans les zones humides sont éliminés avant que cette eau n'intègre les réservoirs d'eau souterraine (Ramsar Convention Bureau, 2008). Les recherches ont également montré qu'un tiers des 100 plus grandes villes du monde tirent une part importante de leur eau potable d'aires protégées forestières (Dudley et Stolton, 2003). De même, des forêts et d'autres types de végétation peuvent absorber une certaine quantité de pollution atmosphérique et fournir un ombrage précieux. La capacité d'un écosystème à neutraliser les polluants est importante, mais en aucun cas infinie. Par ailleurs, un niveau de pollution élevé est une menace majeure pour certaines aires protégées, le cas le plus spectaculaire étant l'acidification des océans due à la hausse des niveaux de dioxyde de carbone dans l'atmosphère. Enfin, notons les

Visiteurs, promenade et cascades spectaculaires dans le site du patrimoine mondial du parc national Plitvice, Croatie

Source : Graeme L. Worboys

services rendus par les zones humides protégées pour le stockage de l'eau, et des zones tampons situées autour des lacs et des rivières afin de protéger ces derniers de la pollution.

Pollinisation

Outre son rôle crucial dans le maintien de la diversité des espèces et du couvert végétal, la pollinisation a des rôles utilitaires directs pour l'homme. Elle est profondément liée à l'agriculture et à la culture des fruits ainsi qu'à production du miel. Alors que les pesticides, la pollution industrielle et la perte d'habitat ont un impact catastrophique sur le nombre d'insectes, les aires protégées sont considérées comme un outil essentiel au maintien des services de pollinisation. De nombreux gestionnaires autorisent les apiculteurs locaux à placer des ruches d'abeilles indigènes dans les aires protégées dont ils sont chargés. Les agriculteurs voient ainsi que les services de pollinisation maintenus dans l'aire protégée bénéficient aux terres agricoles et vergers voisins. Et, inversement, les gestionnaires des aires protégées réalisent qu'il est important d'intégrer la conservation ou la restauration des systèmes de pollinisation dans la planification de la conservation.

Lutte contre les ravageurs et les maladies

La lutte contre les ravageurs et les maladies est essentielle au moment où les espèces exotiques envahissantes se propagent et que le changement climatique favorise la contamination d'écosystèmes par divers ravageurs et maladies. Les aires protégées peuvent aider à limiter ces problèmes, notamment en bloquant l'avancée d'espèces indésirables, car de nombreuses plantes envahissantes sont des espèces pionnières et ne peuvent pénétrer la végétation mature. Il en va de même pour certains insectes nuisibles comme la mouche tsé-tsé et les moustiques porteurs du paludisme qui avanceraient bien plus lentement à travers les forêts denses.

Services culturels

Évidemment, tous les avantages que nous tirons des écosystèmes naturels ne sont pas utilitaires. En tant qu'humains, nous entretenons des liens culturels, psychologiques et spirituels riches et complexes avec le monde naturel. Les aires protégées étant souvent créées dans des régions où la nature est vierge et particulièrement belle, elles offrent de nombreux services culturels (voir chapitre 4).

Loisirs et tourisme

L'utilisation quotidienne de la nature pour la relaxation, l'exercice physique et le bien-être psychologique date d'une époque immémoriale et a souvent été la raison de la création d'aires protégées. La plupart des visiteurs se regroupent sur les bords des grandes réserves et se limitent aux sentiers où ils se promènent, sortent en famille, pique-niquent et observent la nature. D'autres, une minorité, aiment s'engager plus profondément dans des parcs plus grands pour y pratiquer la marche, l'équitation ou le canoë. Pour ces personnes, ce qui compte c'est le sentiment d'isolement dans une nature sauvage. Le tourisme est sans doute, de nos jours, la plus grande industrie du monde et le potentiel de l'écotourisme dans les aires protégées augmente rapidement. Il est déjà la première source de devises dans certains pays, comme la Tanzanie (voir chapitre 23).

Bien-être physique et mental (et rôle de la nature)

En plus des avantages de l'utilisation récréative des aires protégées, la recherche et la pratique ont montré qu'il peut être bon pour les personnes ayant des problèmes physiques et mentaux ou des addictions (drogues et alcool) d'évoluer dans de beaux paysages. Au Royaume-Uni, les autorités sanitaires encouragent l'utilisation des réserves naturelles locales, qui sont des lieux sûrs et aux paysages magnifiques, comme lieux d'exercice pour lutter contre le problème d'obésité national. Le mouvement « *Healthy Parks, Healthy People* » (« Des parcs sains, des hommes sains ») lancé à Melbourne, en Australie, s'efforce de créer un lien entre les aires protégées et les organismes de santé, et promeut l'utilisation des parcs comme lieu de détente pour les personnes ayant des problèmes de santé mentale et/ou de toxicomanie. Les résultats sont très encourageants et il semble qu'un environnement agréable constitue une bonne thérapie psychologique et physique (Stolton et Dudley, 2010b).

Valeur esthétique, sentiment d'appartenance et source d'inspiration pour les arts, la science et la technologie

La perception de la beauté est un phénomène culturel. Le courant artistique romantique a insufflé un véritable dynamisme au développement des parcs nationaux en Europe (voir encadré 6.3). Des parcs nationaux emblématiques tels que Yellowstone aux États-Unis, les montagnes Bleues, près de Sydney, en Australie, Lake District au Royaume-Uni et les Alpes japonaises inspirent artistes et écrivains depuis des générations. À l'échelle locale également, les aires protégées sont une source d'idées et d'inspiration riche pour les poètes, peintres, musiciens et autres artistes. Le concept du « sentiment d'appartenance » est aussi utile pour décrire et comprendre l'attachement de certains aux aires protégées (Lin et Lockwood, 2013). Cet attachement peut être émotionnel (notamment lié à des aspects identitaires) et fonctionnel, et peut même être ressenti par des communautés ayant des liens récents avec les aires protégées (Byrne et Goodall, 2013).

Esthétique du bleu translucide d'une piscine d'eau bouillante géothermique, parc national de Yellowstone, États-Unis

Source : Graeme L. Worboys

Éducation et recherche

Les aires protégées sont des espaces idéaux pour la recherche écologique, car la nature y est souvent vierge, le personnel sympathique et des installations y sont parfois construites pour accueillir les scientifiques de passage. Certaines réserves sont créées spécifiquement pour la recherche et sont strictement protégées, en termes d'accès et de perturbation, afin que les processus et les interactions écologiques puissent être étudiés dans les meilleures conditions possibles. Dans d'autres aires protégées, de nombreux programmes éducatifs sont mis en place. Souvent développés en coopération avec les écoles et les collèges locaux, ces programmes donnent aux enfants la possibilité, de plus en plus rare, d'interagir directement avec la nature.

Encadré 6.3 L'esthétique et le parc national de Snowdonia, Pays de Galles

Nigel Dudley

La perception de nombreux parcs nationaux du Royaume-Uni est influencée par le mouvement romantique. Ce mouvement représenté par des poètes tels que William Wordsworth a remis en question le dédain millénaire des hommes à l'égard des paysages sauvages et accidentés, et a fait de ces sites des lieux d'une grande importance. Comme tous les parcs nationaux britanniques, Snowdonia, au Pays de Galles, a d'abord été reconnu pour la beauté de ses paysages montagneux, de ses vallées escarpées et de ses landes. Richard Wilson fut l'un des premiers artistes à populariser ces scènes sauvages de montagne, malgré les objections de certains des critiques culturels de l'époque. Mais ces régions n'étaient pas sauvages dans le sens commun du terme : la plupart des hautes terres étaient alors des lieux de pâturage et d'exploitation forestière, activités qui se développaient sur les traces d'une dense histoire préhistorique et sur des restes de mines et carrières, témoins d'une histoire plus récente. L'ensemble du paysage était transformé, marqué. La reconnaissance du parc n'était pas non plus le fruit d'une préoccupation locale, mais d'une décision prise au parlement à Londres, poussée principalement par des Anglais de la classe moyenne, sensibles au concept de l'esthétique romantique. Transformer ces sensibilités externes en un mouvement de conservation de la biodiversité et des services écosystémiques soutenu par les communautés qui y vivent reste aujourd'hui un défi (Hourahane et al., 2008).

Valeur spirituelle et religieuse

De nombreuses aires protégées comprennent des sites d'importance spirituelle (voir chapitres 4 et 23). Les gestionnaires d'aires protégées peuvent, s'ils y sont sensibles, prendre ces valeurs en compte afin de les protéger et de créer un environnement accueillant pour la méditation et le culte. Dans le parc national de la Montagne d'Ambre, au nord de Madagascar, les populations locales peuvent entrer dans le parc pour se rendre à une cascade sacrée et, au sud de l'Espagne, des pèlerins se rendent chaque année dans le parc national de Doñana. Les groupes confessionnels résidents dans les aires protégées s'engagent de plus en plus en faveur de la conservation. C'est le cas dans le parc national de Rila, en Bulgarie, où les moines du monastère de Rila gèrent leurs propres terres comme une réserve naturelle, conformément aux enseignements sur le caractère sacré de la nature (Mallarach et Torcal, 2009).

Identité culturelle et patrimoine

Les valeurs culturelles et historiques des aires protégées sont souvent très importantes, bien que parfois difficiles à définir. Tout comme les emblèmes tels que les bâtiments, écrivains, musiciens et équipes de football, les panoramas, paysages et espèces sauvages peuvent incarner le cœur d'une nation ou d'une région. Ainsi, de nombreux Slovènes entreprennent, au moins une fois dans leur vie l'ascension du mont Triglav situé dans le parc national du même nom. Plus à l'est, en Géorgie, le mont Kazbek a une grande valeur culturelle et spirituelle pour les nombreuses personnes qui visitent l'ancienne église construite à son pied. Ce sujet est abordé plus en détail dans le chapitre 23.

Paix et stabilité

De nombreux conflits entre États se concentrent aux frontières. En 1932, la création du Parc international de la paix Waterton-Glacier situé entre les États-Unis et le Canada a constitué la première initiative de conservation transfrontalière dans le sens moderne du terme et commémore la paix qui règne le long de la plus longue frontière non défendue du monde. Plusieurs autres aires protégées transfrontalières ont su montrer leur efficacité en matière de promotion de la paix entre pays frontaliers. Par exemple, la création d'aires protégées dans les Carpates en Europe centrale et orientale entre 1949 et 1967 a aidé à dissiper certains différends frontaliers, et l'aire protégée transfrontière de la Cordillera del Cóndor entre l'Équateur et le Pérou a été créée dans le cadre de la résolution d'un différend frontalier entre les deux pays (Stolton et Dudley, 2010b).

Comprendre et gérer les avantages

Reconnaître les avantages socio-économiques des aires protégées est seulement la première étape, il est ensuite nécessaire de comprendre leur valeur connexe (y compris en estimant leur valeur relativement à d'autres utilisations des ressources naturelles) et de déterminer un plan pour leur gestion. Au cours des dernières années, divers outils ont été développés pour mesurer et évaluer la valeur des ressources naturelles, y compris les ressources des aires protégées. Ces outils vont des techniques d'évaluation économique et sociale précises et coûteuses à des approches fondées sur des questionnaires simples, qui sont plus rapides à utiliser, mais plus vagues. Bien qu'importante, l'évaluation économique n'est pas la seule méthode d'évaluation des ressources du monde naturel et il est dangereux de se limiter à l'évaluation

Frontière internationale entre le Canada (à gauche) et les États-Unis (à droite) et les parcs transfrontaliers de Waterton (Canada) et de Glacier (États-Unis)

Source : Graeme L. Worboys

économique, au risque de ne pas tenir compte des avantages en matière de bien-être et des valeurs connexes mentionnées plus haut.

Catégoriser et illustrer les valeurs

« Valeur » est un terme assez vague, bien que plusieurs typologies aient été développées pour donner à ce mot un sens plus détaillé (Harmon et Putney, 2003 ; Pagiola et al., 2004 ; Van Beukering et al., 2007).

Les travaux d'évaluation font souvent la distinction entre la « valeur intrinsèque » et la « valeur pour l'homme » (ou « valeur instrumentale »). Le sens de cette dernière expression, largement évoquée dans ce chapitre, est assez clair. La valeur intrinsèque, quant à elle, s'intéresse aux aspects qui n'ont pas nécessairement d'intérêt pour les hommes. Définir une telle valeur est très délicat, car cela implique que les hommes définissent des valeurs non humaines, mais il est important que cela soit au moins tenté. La valeur intrinsèque des espèces est liée à leur place dans le processus d'évolution, qui est responsable de la pérennité de la vie sur la Terre ; qu'elles soient utilisées ou pas, directement ou indirectement, par les

hommes, et même si elles vont à l'encontre de l'intérêt de la population, toutes les espèces ont une valeur. L'apparition de théories sur la valeur intrinsèque peut être vue comme un événement important, en particulier dans le monde occidental où la nature n'avait d'autre valeur que celle liée à son utilisation et n'avait pas de « droits » indépendants des hommes. Ces principes (rejetés par la plupart des philosophies orientales) sont de plus en plus contestés.

La valeur globale du monde naturel pour l'homme se compose de la valeur économique et de valeurs culturelles et autres valeurs non économiques. Ces valeurs peuvent être classées selon la typologie ci-dessous. Bien que plus facile à définir que les valeurs intrinsèques, il peut être difficile de distinguer les nuances des diverses valeurs pour les hommes et il convient de noter que les catégories définies ci-dessous ne sont pas toujours précises.

Valeurs d'usage direct

Les valeurs d'usage direct se rapportent à l'utilisation immédiate des services écosystémiques. C'est le cas, par exemple, de la pêche de poissons protégés au sein d'aires marines, ou de la création d'emplois liée à la présence d'aires protégées. Ces valeurs sont souvent liées à des activités d'extraction ou de capture et aux services d'approvisionnement. En règle générale, il est relativement facile d'appréhender les valeurs d'usage direct et de leur attribuer des valeurs socio-économiques.

Les valeurs d'usage indirect

Les valeurs d'usage indirect ont une forme plus diffuse et affectent souvent un grand nombre de personnes, y compris des populations vivant loin de l'origine de la valeur. Ce sont plutôt des valeurs « sans consommation » qui s'accompagnent de services de régulation et d'avantages tels que la provision en eau venant de bassins forestiers et la réduction des risques de catastrophe grâce à la protection du littoral et la stabilisation des sols. Bien que les valeurs d'usage indirect aient un fort impact économique et social, il est difficile de leur attribuer une valeur économique et de définir leurs bénéficiaires.

Valeurs de non-usage et utilisations futures

Ces valeurs qualifient le maintien d'une espèce ou un écosystème naturel ne produisant pas d'avantages immédiats pour les hommes. Elles se subdivisent en plusieurs catégories, et notamment : les valeurs d'option, quand une zone est conservée, car ses ressources pourraient s'avérer utiles dans le futur ; les valeurs de legs, quand des ressources sont sauvegardées pour les générations futures ; et les valeurs d'existence, quand

Pêcheurs, Réserve de biosphère de Rio Platano, Honduras
Source : Eduard Müller

on considère un bien important, même sans pouvoir en tirer des avantages. Les valeurs d'option et de legs sont clairement des valeurs d'usage, alors que les valeurs d'existence peuvent être considérées comme des valeurs intrinsèques. Certains ont tenté d'attribuer des valeurs économiques et sociales aux valeurs de non-usage, mais la pertinence de cette approche est contestée.

Évaluer les avantages socio-économiques

On attend de plus en plus des gestionnaires d'aires protégées (qu'ils travaillent pour l'État, des organismes caritatifs privés ou des communautés) qu'ils mettent en avant les avantages des sites qu'ils gèrent en matière de réduction de la pauvreté et de développement. Les spécialistes des aires protégées sont divisés sur la question de la représentation de ces avantages. Certains croient que l'évaluation, en particulier en termes économiques, est essentielle pour que les écologistes puissent parler avec les gouvernements et le secteur industriel dans une langue que ces derniers comprennent. L'approche de l'Économie des écosystèmes et de la biodiversité (The Economics of Ecosystems and Biodiversity – TEEB) (TEEB, 2011) a mis en évidence le rôle de l'évaluation économique, bien que la TEEB prenne le soin de noter qu'il ne s'agit que d'une forme particulière d'évaluation. D'autres s'inquiètent des risques de l'évaluation économique, notamment parce que certains économistes font souvent valoir que l'utilisation présente d'une ressource produit plus de valeur que de sauvegarder cette ressource pour le futur, mais aussi en raison de l'argument philosophique selon lequel nous n'avons pas le droit de réduire la nature à quelques chiffres sur un bilan. Tout en étant conscients de ces risques, nous croyons que l'utilisation prudente de l'évaluation économique peut être utile.

Évaluer les nombreux avantages pour de multiples parties prenantes

Lors de l'évaluation des aires protégées, il est important de considérer toutes les valeurs et tous les acteurs concernés sur le long terme. Nous avons souligné que l'utilisation individuelle, non durable et extractive (comme l'abattage du bois) des ressources est souvent immédiatement très rentable pour le propriétaire de la ressource, alors que les coûts (tels que l'érosion des sols, la dégradation de la qualité de l'eau et la libération de carbone dans l'atmosphère) sont supportés par de nombreuses personnes sur une période beaucoup plus longue. Finalement, tous ces « petits » coûts cachés de la dégradation de l'environnement s'accumulent et constituent un coût important pour la société dans son ensemble. De même, une évaluation qui ne s'intéresse, par exemple, qu'aux bénéfices de l'écotourisme, mais ne tient pas compte de ses impacts sur les communautés locales ne fournit pas une image complète de la situation. Il est donc important que l'évaluation prenne en compte autant que possible les points de vue et les intérêts de toutes les parties prenantes (voir encadré 6.4). En outre, l'évaluation ne doit pas se contenter d'étudier une période courte, mais doit avoir une vision à long terme. En effet, certaines valeurs sont temporaires, tandis que d'autres durent des années, des décennies, voire des siècles. Cela rend l'évaluation complexe, car notre compréhension des avantages et de leurs valeurs change au fil du temps. Ainsi, il y a dix ans on parlait peu du rôle des aires protégées en termes de séquestration du carbone, alors qu'aujourd'hui c'est l'élément principal de nombreuses études d'évaluation.

Il est également important de reconnaître que les avantages fournis par les aires protégées s'accompagnent de coûts liés à la gestion. Tout comme les avantages, les coûts peuvent être portés par différentes parties prenantes à différents niveaux : du niveau mondial au niveau local, des donateurs internationaux aux communautés locales. Ainsi, lorsque l'on évalue la valeur globale des avantages fournis par les aires protégées, il est nécessaire de penser aux coûts associés. Cela permet de considérer les avantages nets réels (pour aller plus loin, voir Kettunen et ten Brink, 2013). Compléter l'évaluation des avantages

Encadré 6.4 Le PA-BAT dans les Balkans et en Turquie

Sue Stolton, Başak Avcıoğlu Çokçalışkan et Kasandra-Zorica Ivanić

L'outil d'évaluation des avantages d'une aire protégée (Protected Area Benefit Assessment Tool, PA-BAT) offre un format standard de documentation et d'évaluation des multiples avantages que les aires protégées offrent aux différentes parties prenantes (Stolton et Dudley, 2009). Le PA-BAT est un ensemble de fiches compilant des données et informations de base sur les types d'avantages (c'est-à-dire, les activités acceptables selon l'utilisation des ressources et les services écosystémiques), sur les personnes concernées par ces avantages, sur leur importance qualitative, leur lien avec l'aire protégée et les périodes de l'année où elles sont importantes. Cet outil traite de l'évaluation des valeurs de la biodiversité, la gestion des aires protégées (emplois), les avantages en termes d'accès à la nourriture et à l'eau (services d'approvisionnement et de régulation), les bienfaits et valeurs culturels et spirituels, les valeurs, les connaissances et les services environnementaux.

Le parc national des montagnes Küre (Küre Dağları Milli Parkı, KDMP) en Turquie a été créé en juillet 2000. On ne trouve pratiquement aucune installation humaine dans la zone centrale du KDMP, mais quelque 20 000 villageois vivent dans les 123 villages de la zone tampon. Le PA-BAT a été utilisé dans le KDMP en mars 2009. À l'époque, le KDMP n'avait pas de plan de gestion, mais la direction tenait à impliquer les populations locales dans les initiatives de planification du parc national et de la zone tampon.

Trois réunions ont été organisées afin d'évaluer les valeurs et les avantages de l'aire protégée dans deux provinces (Bartın et Kastamonu). Les participants à la première réunion publique étaient principalement des mukhtars locaux (dirigeants des villages). Cette réunion a été l'occasion de présenter une version simplifiée du PA-BAT et d'évaluer les valeurs (de subsistance, économiques et potentielles) importantes pour les populations locales vivant à l'intérieur et à proximité de l'aire protégée. La deuxième réunion s'adressait quant à elle aux responsables de la gestion des parcs (parcs nationaux et forêts) et des départements des universités locales. Divisés en deux groupes de travail, les participants ont complété, ensemble, toutes les fiches PA-BAT pertinentes pour le parc. Enfin, la troisième réunion, publique également, regroupait principalement des représentants locaux des secteurs de la forêt, de l'eau et des parcs.

L'évaluation des valeurs et les échanges à leur propos ont révélé des différences de perception notables entre populations locales, gestionnaires et des prestataires de services. Par exemple, alors que la communauté locale accordait une importance majeure aux sources sacrées de la région, les gestionnaires, chercheurs et prestataires de services y accordaient peu de valeur. L'importance de l'agriculture traditionnelle, des plantes sauvages comestibles et des herbes médicinales de la zone tampon a également été évaluée différemment selon les groupes, les gestionnaires estimant l'agriculture traditionnelle plus importante qu'elle ne l'était pour la population locale. Inversement, ces mêmes gestionnaires pensaient que la collecte des herbes médicinales était sans importance alors que la population locale y accordait une importance majeure.

Le PA-BAT étant l'une des premières évaluations des services écosystémiques et de leurs avantages dans les aires protégées en Turquie, il a servi de base à l'élaboration d'un plan d'activités pour le KDMP durant le processus de planification de la gestion. L'outil a également permis d'accroître la sensibilité et la capacité technique des gestionnaires de parc et des experts afin d'intégrer les avantages dans la planification et la gestion des aires protégées.

Le PA-BAT a été mis en œuvre en 2013 et 2014 dans tous les parcs nationaux des huit pays de la région de l'Arc dinarique, en Europe. C'est la première fois qu'un tel outil est utilisé dans une région entière. Dans de nombreuses aires protégées de la région, les ateliers PA-BAT étaient la première occasion qu'avaient les intervenants de participer activement à la gestion des parcs et de donner leur avis. Les ateliers ont également donné aux gestionnaires et autres parties prenantes un aperçu des cultures et des traditions locales, et les ont sensibilisés à l'ensemble des avantages fournis par le parc (par exemple, les services écosystémiques sont un concept que certains participants ont découverts lors des ateliers). Des modèles de promotion de la conservation, de protection de la culture locale et de développement durable émergent dans les aires protégées de la région. Il est par exemple possible de valoriser les produits locaux et régionaux issus d'aires protégées (miel, champignons, plantes médicinales, fromage) en soulignant la qualité de ces produits « sains et durables ». Les aires protégées de la région montagneuse de l'Arc dinarique (une région karstique) ont également un rôle essentiel d'approvisionnement en eau des populations de toute la région. En théorie, le développement de systèmes de paiement pour services écosystémiques (PSE) pourrait aider à la conservation de ces zones. Cependant, ces ressources ont été considérées comme acquises pendant très longtemps et il faut maintenant sensibiliser les décideurs et les citoyens à l'importance des aires protégées pour espérer développer un système de PSE.

Accès à cheval aux aires protégées reculées des montagnes de l'Altaï-Sayan, en Russie
Source : Graeme L. Worboys

avec des informations sur les coûts permet aux résultats d'évaluation d'être pris en compte dans la pratique (comme expliqué dans la section suivante).

Utiliser différents indicateurs de valeur

La valeur des avantages peut être évaluée à trois niveaux : qualitatif, quantitatif et monétaire (Kettunen et ten Brink, 2013). L'évaluation qualitative se base sur des indications non numériques de valeur, par exemple, en décrivant le rôle d'une aire protégée pour la culture et l'identité locale. Les indicateurs quantitatifs, quant à eux, se basent sur des données numériques tels que le nombre de visiteurs d'une aire ou la quantité de carbone stocké par une aire protégée. Enfin, l'évaluation monétaire cherche à traduire ou refléter les différentes valeurs en termes monétaires, par exemple, en calculant les revenus générés par le tourisme ou en définissant la valeur de stockage du carbone. Les indicateurs monétaires ne peuvent mesurer qu'un nombre limité d'avantages. Ainsi, pour être complète, l'évaluation des avantages des aires protégées doit souvent se baser que des indicateurs qualitatifs, quantitatifs et monétaires de la valeur.

Il existe actuellement de nombreuses méthodes pour estimer la valeur des avantages des aires protégées. Kettunen et ten Brink (2013) fournissent un bon aperçu des méthodes disponibles et de leur application. En règle générale, les valeurs et les prix de marché sont utiles pour évaluer la valeur des avantages liés à l'accès aux ressources, au loisir et au tourisme. D'autres avantages sont actuellement ignorés par les marchés, mais peuvent être évalués en termes monétaires. C'est le cas, par exemple, de la valeur du rôle des aires protégées en matière de purification de l'eau, rôle qui permet notamment d'éviter de forts coûts de pré-traitement. Par ailleurs, plusieurs méthodes fondées sur des enquêtes permettent d'évaluer des valeurs de marché indicatives ou « hypothétiques » de différents avantages. En revanche, la valeur (non économique) du bien-être est difficile à saisir en termes monétaires. Par exemple, il est difficile de trouver des indicateurs monétaires reflétant l'impact des aires protégées sur la santé mentale et l'identité culturelle. Dans ces cas, les méthodes qualitatives et quantitatives sont souvent les meilleures approches d'évaluation.

L'objectif de l'évaluation

Identifier l'objectif d'une activité est l'une des clés du succès de cette dernière.Il est donc essentiel d'évaluer les avantages afin de guider la prise de décision (Kettunen et ten Brink, 2013 ; TEEB, 2013). À titre d'exemple, l'évaluation socio-économique des avantages, principalement basée sur des méthodes qualitatives et quantitatives (voir plus haut), est souvent efficace pour sensibiliser les parties prenantes aux avantages d'une activité. Ces évaluations peuvent être réalisées dans le cadre d'études préliminaires visant à la fois à recueillir des informations et à engager le dialogue avec les parties prenantes concernées (par exemple, Stolton et Dudley, 2009 ; Kettunen et ten Brink, 2013). Ces évaluations constituent également un bon point de départ pour la suite de l'évaluation, car elles permettent de donner une image équilibrée des avantages en mettant l'accent sur ceux ayant une valeur monétaire et en ignorant les avantages dont la valeur est moins claire.

Une évaluation économique précise, y compris monétaire, peut aider à compléter et détailler la liste de tous les bénéfices d'un bien ou d'une activité (voir encadré 6.5). Par exemple, l'évaluation économique peut être utile pour montrer les avantages des aires protégées par rapport à d'autres utilisations des terres. De même, le développement de mécanismes concrets de gestion, tels que le paiement des services écosystémiques ou la création de nouveaux marchés pour les biens produits de manière durable, nécessite une évaluation économique détaillée.

Encadré 6.5 Parcs Canada : les services écosystémiques du parc national des Mille-Îles

Dan Mulrooney et Karen Keenleyside

Le parc national des Mille-Îles (PNMI) fait partie de l'écosystème des Mille-Îles à l'est de l'Ontario, au Canada. Le parc a été créé en 1904 et est l'un des plus petits parcs nationaux du Canada. Sa superficie totale est de 22,3 km2 alors que l'ensemble de l'écosystème s'étend sur une superficie de 3 000 km2 à cheval entre le Canada et les États-Unis.

Mille-Îles a toujours été une zone riche fournissant de nombreux services écosystémiques (nourriture, eau, loisirs) aux peuples des Premières nations, aux colons, mais aussi aux résidents et visiteurs modernes. Le parc a été créé principalement pour promouvoir les activités récréatives, telles que le pique-nique, le camping et la navigation de plaisance. Il est maintenant également reconnu comme un outil de protection d'un écosystème transfrontalier unique situé entre le Canada et les États-Unis, et faisant partie d'une extension du Bouclier canadien reliant la forêt appalachienne du sud-est des États-Unis à la forêt boréale septentrionale. Le parc constitue un habitat essentiel pour l'importante faune et flore qu'il abrite et qui inclut plus de 30 espèces en danger.

La population de l'Est de l'Ontario a considérablement augmenté ces dernières années. Par exemple, en 2011, environ 2 millions de personnes vivaient à moins de 100 km de l'écosystème des Mille-Îles, soit une augmentation de 47 % depuis 1981. Aujourd'hui, l'écosystème du PNMI fait face à une fragmentation de son habitat et aux effets de la pollution et des autres activités liées à l'augmentation rapide de la population dans la région. Cette croissance démographique et les pressions qui l'accompagnent créent des défis pour le parc, mais ont également servi à souligner l'importance et la valeur des services écosystémiques que protège le parc. Parcs Canada travaille beaucoup avec les Premières nations, les communautés adjacentes aux parcs, les organisations et les bénévoles afin de protéger le parc et de créer un lien entre les visiteurs et cet endroit spécial tout en assurant le maintien des services écosystémiques qu'il génère.

La valeur des services écosystémiques du parc a été estimée à partir d'images satellites du couvert terrestre. Dans l'écosystème des Mille-Îles, les trois principaux types de couverts étaient la forêt (31 %), les terres cultivées (24 %) et l'eau (22 %), tandis que les zones humides et les zones urbaines couvraient respectivement 7 % et 6 % de la surface. On trouve, dans le PNMI, plus de forêts (82 %) et de zones humides (10 %) et moins de terres cultivées (2 %) et de zones bâties (2 %) que dans l'ensemble de l'écosystème.

Estimer la valeur monétaire des services écosystémiques du PNMI renforce la gestion du parc ainsi que les politiques publiques et les initiatives éducatives. Deux méthodes ont été utilisées pour estimer les valeurs monétaires des services écosystémiques. La première méthode consistait à reproduire les résultats de l'étude « Estimating Ecosystem Services in Southern Ontario » (« Estimer la valeur des services dans le sud de l'Ontario ») par Troy et Bagstad (2009) pour la zone étudiée. La deuxième estimait la valeur de certains services écosystémiques selon le type de couvert terrestre en se basant sur les valeurs estimées, par d'autres études, pour des zones similaires. Avec la première approche, la valeur annuelle des services écosystémiques du PNMI a été estimée à entre 12,5 millions et 14,7 millions de dollars canadiens (valeur du dollar en 2012). En utilisant la deuxième méthode, on a produit la valeur des services récréatifs du parc ainsi que les options, les legs et les valeurs d'existence associées aux zones humides du parc. Les services récréatifs annuels pour tous les types de couvertures terrestres dans le parc ont été évalués à 3,9 millions de dollars canadiens (valeur du dollar en 2012). Enfin, les options, le legs et les valeurs d'existence des zones humides du parc variaient de 434 000 à 531 000 dollars canadiens par an (valeur du dollar en 2012).

Ces valeurs monétaires sont des estimations prudentes basées sur une expérience menée par les ministères et organismes gouvernementaux canadiens. Selon l'approche adoptée et les données utilisées dans l'analyse, des estimations très différentes peuvent être établies. Il est important de bien choisir les méthodes d'évaluation, les données et l'ensemble des services écosystémiques mesurés et notifiés. Comme le montre l'étude de cas du PNMI, même en sélectionnant une petite zone sur laquelle on possède beaucoup de données, l'analyse ne permet pas de cerner la valeur totale du parc national.

Pour plus d'informations concernant l'étude de cas et les expériences d'évaluations monétaires du PNMI, consultez Statistics Canada (2013).

Encadré 6.6 La gestion des espèces sauvages apparentées à des plantes cultivées

Nigel Maxted et Danny Hunter

La plupart des réserves génétiques (aires dont l'objectif est de conserver la diversité génétique des espèces d'ESPC) sont créées au sein d'aires protégées préexistantes afin de limiter les coûts de création de nouveaux sites (Maxted, 2003). Leur création se déroule selon les cinq étapes suivantes.

1. Le potentiel de la « réalité du terrain » dans les sites de conservation *in situ*. Après avoir établi les objectifs de la conservation *in situ*, les sites potentiels de conservation doivent être classés. La liste des sites potentiels peut être établie à distance, en utilisant les techniques de systèmes d'information géographique ou biogéographique, puis les sites potentiels doivent être visités afin de vérifier si les hypothèses faites à distance correspondent à la réalité du site et si la population de l'ESPC est viable.
2. Reformuler les objectifs de gestion des aires protégées. La première étape de reformulation du plan de gestion est l'étude de la dynamique biotique et abiotique du site pour les ESPC et les autres espèces. Une étude sur les espèces présentes sur le site doit être menée afin de comprendre les interactions écologiques de la réserve. Il s'agit ensuite d'établir un objectif de conservation clair et de déterminer les interventions de gestion devant être mises en place dans le site et la façon dont les ESPC doivent être suivies pour s'assurer que la gestion du parc leur est bénéfique.
3. S'assurer que les sites de conservation *in situ* respectent (au moins) les normes minimales de qualité. Ces normes de qualité assurent le fonctionnement de la réserve génétique et l'atteinte de ses objectifs de conservation (Iriondo et al., 2012). Elles comprennent notamment les éléments suivants : les sites sont identifiés selon un processus scientifique rigoureux ; le site est de taille suffisante pour conserver les populations du taxon cible, son habitat naturel et les processus naturels ; un plan de gestion utilisant des critères participatifs et fondés sur des preuves a été développé ; le site a une base juridique assurant sa stabilité à long terme.
4. Intégrer les priorités de conservation *in situ* aux programmes agro-environnementaux nationaux / internationaux. Les aires protégées sélectionnées, qui contiennent des réserves génétiques, constituent un réseau national, et doivent être intégrées aux systèmes agro-environnementaux.
5. S'assurer que les communautés locales apprécient et utilisent la diversité locale de leurs ESPC. Promouvoir la participation des communautés locales à la conservation et à la gestion *in situ* des ESPC est souvent cruciale pour l'efficacité de la conservation. Il est parfois nécessaire de sensibiliser les différents acteurs à la valeur des ESPC.

Enfin, il convient de souligner que la mise en œuvre d'actions spécifiques de conservation *in situ* des ESPC dans les aires protégées est une réaction pragmatique dictée par les ressources disponibles ainsi que par les pouvoirs publics nationaux et régionaux, les ONG et les communautés locales (Hunter et al., 2012).

Gérer des aires protégées fournissant de nombreux avantages

Identifier et évaluer la valeur des avantages et comprendre la dynamique des relations entre acteurs dans le maintien et l'utilisation de ces avantages sont des étapes clés de la gestion (voir encadré 6.6). Une fois ces informations obtenues, il est possible de trouver un consensus sur le partage, la gestion et le maintien durables et équitables des avantages des aires protégées.

Comprendre les conflits entre différents avantages, bénéficiaires et utilisations

Comprendre les synergies et les conflits entre les envies et les besoins des différents utilisateurs, savoir arbitrer ces conflits et saisir les opportunités qui en découlent sont des aspects essentiels de la gestion des aires protégées.

Il est important de savoir répondre à des demandes différentes, parfois contradictoires, vis-à-vis des services écosystémiques, tout en gardant à l'esprit les implications pour la conservation de la biodiversité. Les conflits homme-faune constituent un bon exemple de conflit et de compromis. La croissance des populations d'éléphants, de grands félins ou de singes peut être une victoire pour une aire protégée, tant en termes de conservation et d'intérêt pour le tourisme, mais peut aussi être un problème pour les villageois dont les cultures sont endommagées et les enfants menacés. De même, la construction d'un complexe touristique peut augmenter le nombre de visiteurs d'une aire protégée et donc ses revenus, mais peut rejeter d'importantes quantités de déchets risquant de polluer l'eau de mer voisine et de porter atteinte aux fonctions naturelles de l'écosystème marin, menaçant ainsi les moyens de subsistance des communautés locales de pêcheurs. Interdire aux populations locales de passer à cheval dans les aires protégées peut certes aider

Paysage de Cairngorms, Écosse

Source : Michael Lockwood

Encadré 6.7 « Healthy Parks, Healthy People » : des parcs sains pour des hommes sains

John Senior

Au Royaume-Uni, le projet « Cairngorms Walking to Health » (Cairngorms, marche vers la santé) a débuté en 2004 en tant qu'initiative de santé et d'apprentissage communautaire. Initialement inspiré par une marche organisée dans le cadre d'un salon sur la santé, le projet s'est depuis développé, s'étendant chaque année à de nouveaux domaines et impliquant de plus en plus de personnes. En 2009, le projet initial, axé sur Deeside et Donside, en Écosse, a été étendu à l'ensemble du parc national de Cairngorms et de ses environs, ainsi qu'à des programmes de marche axés sur des problèmes de santé spécifiques.

Le projet est dirigé par Cairngorms Outdoor Access Trust (COAT), qui emploie un chef de projet indépendant à temps partiel et deux employés à temps partiel qui soutiennent les accompagnateurs bénévoles. Le projet a établi 37 groupes de marche différents, dirigés par 60 volontaires formés et actifs. Ces marches attirent 215 marcheurs chaque semaine en moyenne et le nombre de participants augmente.

Les promenades hebdomadaires, d'une durée variant de 30 à 60 minutes, visent à encourager l'exercice en plein air d'une manière sûre et agréable. Les marches ciblent les personnes pour qui une activité physique accrue serait bénéfique, telles des personnes qui luttent pour perdre du poids ou celles qui souffrent de cancer ou de diabète. Beaucoup de temps et d'efforts ont été consacrés au développement de liens étroits avec les médecins, mais la participation des patients et de leurs soignants est entièrement volontaire. Environ 95 % des participantes sont des femmes, principalement âgées de plus de 55 ans, mais des marches ont également été organisées pour les plus jeunes.

À Aviemore, les « défis du podomètre » ont encouragé les nouvelles mères et les adultes vulnérables à augmenter la distance parcourue chaque jour, tandis qu'à Deeside, des preuves académiques des avantages de la marche pour retarder les symptômes de l'apparition précoce d'Alzheimer sont utilisées pour encourager les patients diagnostiqués à prendre part à des promenades santé. Les randonnées en groupe font également partie de la gamme de services offerts pour aider les gens qui ont arrêté de fumer.

Pour démontrer les avantages de *Cairngorms Walking to Health*, COAT a collaboré avec *Paths for All*, le *Center for Rural Health* (département de l'*University of the Highlands and Islands*) et le *Scottish Agricultural College* afin de mener une évaluation complète utilisant six méthodes de recherche différentes. Des questionnaires ont été remplis par les nouveaux membres, ainsi que par les anciens, afin de mesurer les améliorations de leur santé ; des groupes de discussion ont été créés, des entrevues organisées, les avis des participants ont été enregistrés, des études de cas et des études longitudinales ont été menées avec les participants et les dirigeants. L'évaluation a clairement démontré que le projet avait un impact positif significatif en matière d'amélioration de la santé, de développement, de santé à long terme, de stratégies personnelles de maintien en bonne santé, de développement communautaire et d'engagement et d'accès à l'environnement local.

Cairngorms Walking to Health coûte environ 30 000 livres sterling par an et est financé par le service du parc national de Cairngorms, le Programme LEADER, *Scottish Natural Heritage et Paths for All* avec un soutien supplémentaire de NHS Grampian et NHS Highland. Par habitant, le coût de fonctionnement du projet s'élève à environ 140 livres sterling par marcheur par an, ce qui représente un excellent rapport qualité-prix en termes de santé et d'avantages plus larges tirés par la collectivité.

Encadré 6.8 Restauration écologique dans et autour des parcs nationaux au Kenya

John Waithaka, Karen Keenleyside et Erustus Kanga

Le développement social et économique du Kenya, pays célèbre pour ses beaux parcs nationaux, sa grande diversité faunique et ses paysages panoramiques, dépend fortement des ressources biologiques. L'agriculture, l'élevage, la foresterie, le tourisme axé sur la nature et la pêche représentent la quasi-totalité du marché de l'emploi, de la production économique et des recettes d'exportation. Pour sauvegarder ses riches ressources en biodiversité, le Kenya a créé un vaste réseau d'aires protégées. Le tourisme faunique, qui repose principalement sur les aires protégées, est l'une des principales sources de revenus du Kenya, représentant 21 % du total des devises et 12 % du produit intérieur brut (PIB), et soutenant les moyens de subsistance de plusieurs millions de personnes (WRI, 2007).

Outre le tourisme, les aires protégées du Kenya soutiennent d'autres secteurs de l'économie tels que l'énergie, l'eau, l'agriculture, la sécurité, la foresterie et l'horticulture. Dans le parc national de Tsavo Ouest, par exemple, les sources de Mzima, qui constituent l'élément naturel le plus important du parc, fournissent un habitat à la faune, attirent des milliers de visiteurs et fournissent quotidiennement 360 millions de litres d'eau à environ 2,5 millions de personnes, y compris dans la deuxième plus grande ville du pays, Mombasa (NWCPC, 1998). Dans le parc national de Tsavo Est, le plus grand parc national du pays, la rivière Voi est une source d'eau importante pour la faune et pour les communautés qui bordent le parc. De même, les marécages qui sont principalement situés dans le parc national d'Amboseli sont essentiels à la faune et aux habitants de l'écosystème local. Dans les montagnes du centre du Kenya, le parc national du Mont Kenya (qui est également un site du patrimoine mondial de l'UNESCO) et le parc national Aberdare approvisionnent en eau près de la moitié de la population kényane et produisent près de 60 % de l'énergie hydroélectrique du Kenya (PNUE, 2009).

Bon nombre des avantages que les parcs nationaux du Kenya apportent au peuple kényan et à son économie sont encore plus importants dans le contexte du changement climatique. Les sécheresses deviennent de plus en plus fréquentes, prolongées et sévères dans le sud et des conditions météorologiques inhabituelles semblent contribuer à l'imprévisibilité des crues et des fluctuations du niveau des lacs dans les hauts plateaux du centre et dans la vallée du Rift. Ces changements peuvent mener à une pression accrue sur les ressources naturelles et les avantages qui en découlent. La conservation des écosystèmes dans des parcs sains est reconnue comme une stratégie importante pour aider la faune kényane et les communautés humaines à s'adapter au changement climatique. Toutefois, les pressions supplémentaires qui s'exercent sur les écosystèmes du parc, comme le surpâturage par la faune et le bétail, et la propagation d'espèces envahissantes, parfois aggravées par les changements climatiques, obligent les gestionnaires de parcs à gérer activement ces systèmes pour qu'ils résistent aux changements climatiques et continuent à fournir des avantages importants à l'avenir. Le *Kenya Wildlife Service* prend des mesures pour réduire les pressions qui s'exercent sur les écosystèmes des parcs nationaux et pour restaurer les zones déjà endommagées afin de renforcer la résilience des écosystèmes et des communautés qui dépendent d'eux en vue de faire face aux changements climatiques et autres facteurs de perturbation. Par exemple, dans le parc national de Tsavo Ouest, les zones riveraines des sources de Mzima qui ont été dégradées par le surpâturage ont été clôturées et remises en végétation pour réduire l'érosion et l'envasement. De plus, des abreuvoirs alternatifs ont été installés pour la faune à l'intérieur du parc, contribuant ainsi à protéger la pureté de l'eau pour les utilisateurs en aval et réduisant les risques de conflits hommes-faune pouvant résulter des mouvements d'animaux cherchant des sources d'eau alternatives en dehors du parc. Des travaux similaires ont été menés pour restaurer l'habitat terrestre et les marécages dans le parc national d'Amboseli. Les points d'eau installés pour les communautés et pour le bétail à l'extérieur du parc ont également été améliorés pour réduire la pression du pâturage sur l'écosystème du parc tout en aidant à maintenir le mode de vie traditionnel de la population locale. Le reboisement des parcs nationaux du Mont Kenya et d'Aberdare constitue une part importante des efforts de restauration fournis pour retenir l'eau dans les importants bassins versants que ces parcs protègent. Ce travail a également généré des avantages pour les populations locales, notamment la formation des membres des associations forestières locales aux techniques modernes de propagation et de reboisement et la modernisation des pépinières communautaires. Aux côtés des communautés, les visiteurs du parc ont participé directement aux efforts de restauration en plantant des arbres. En plus de l'expérience mémorable des activités de reboisement, ils ont participé aux efforts de restauration de l'aire protégée et de sensibilisation du public aux avantages importants fournis par ces aires protégées.

Comme dans de nombreux parcs, les espèces envahissantes constituent un problème de gestion pour les aires protégées du Kenya, ainsi que pour les communautés locales qui pratiquent l'agriculture de subsistance. Dans les parcs nationaux d'Amboseli, de Tsavo Est et du lac Nakuru, les populations locales ont été formées à l'identification des espèces envahissantes et ont été recrutées par le *Kenya Wildlife Service* pour contribuer à leur éradication. L'élimination des espèces envahissantes a non seulement amélioré l'habitat faunique des parcs, mais a également fait progresser les possibilités d'observation de la faune pour les visiteurs. Les emplois créés par les parcs pour les communautés locales ont été nombreux, et peut-être plus important encore, les populations locales ont acquis, grâce à leur participation à ce travail, d'importantes connaissances et compétences transférables à d'autres aspects de leur vie quotidienne. Que les avantages des aires protégées soient associés au tourisme, à l'approvisionnement en eau, à la régulation ou à l'adaptation au changement climatique, au transfert de connaissances ou au soutien des modes de vie traditionnels, des stratégies de gestion active sont souvent nécessaires. Le cas kényan décrit ci-dessus n'est qu'un exemple de la façon dont de multiples bénéfices peuvent être maintenus ou restaurés grâce à des actions qui abordent simultanément les questions écologiques associées à la structure et à la fonction des écosystèmes tout en prenant en compte l'expérience des visiteurs et des populations locales.

Encadré 6.9 Parc national Kenozersky, Russie : les avantages de la gestion conjointe

John Senior

Le parc national Kenozersky, situé dans le nord de la partie européenne de la Russie, a été créé en 1991. Le parc est l'un des plus beaux sites de Russie, recréant une atmosphère d'harmonie entre l'homme et la nature en gestion conjointe.

Les résidents actifs du parc s'intéressaient au développement de l'économie locale et voulaient « prendre leur vie en main ». L'établissement et la mise en œuvre d'un gouvernement territorial autonome, appelé localement « étincelle d'espoir », leur a permis d'atteindre cet objectif.

Au cours de la dernière décennie, un programme de développement touristique a aidé la population locale à être plus ouverte à la coopération avec la direction du parc. Il intègre un certain nombre d'éléments : production alimentaire, tourisme axé sur les activités, restauration du patrimoine et éducation. La production alimentaire inclut la production d'aliments biologiques et des restaurants traditionnels proposant de la cuisine pomore (les Pomors sont un groupe ethnique du nord de la Russie).

Un fond de microcrédit a été créé pour soutenir les populations locales dans le développement et le maintien de petites entreprises respectueuses de la nature et proposant des services aux visiteurs. Depuis 2001, le parc a activement développé le tourisme rural, qui attire les touristes russes et étrangers. Dans le parc, plus de 30 familles ont converti leurs foyers en maisons d'hôtes offrant diverses activités (bateau, pêche, tourisme, vélo et randonnée), des logements relativement bon marché pour une nuit, un week-end ou des vacances dans des fermes accueillantes. Les hôtes sont toujours prêts à montrer les attractions des environs à leurs invités et à les initier à la cuisine traditionnelle locale, la pêche, la cueillette des champignons et des baies, et l'équitation. Les visiteurs peuvent également prendre part à quelques travaux agricoles simples, tels que la fenaison, le nourrissage des animaux et la récolte des légumes.

Le parc national Kenozersky est maintenant renommé en Russie non seulement pour ses forêts et lacs naturels pittoresques, mais aussi pour ses nombreux bâtiments en bois restaurés (en particulier les chapelles et les fermes) qui se fondent dans les paysages nordiques. Une fois ces structures restaurées grâce à des savoir-faire traditionnels et aux financements de l'État, les dirigeants communautaires deviennent des employés permanents du parc ,et donc les gardiens du patrimoine que représentent ces bâtiments. L'expérience spirituelle particulière créée par la présence d'objets culturels « vivants » et la renaissance des traditions de la population locale est l'un des principaux facteurs d'attractivité de la région pour les touristes.

L'éducation des enfants grâce à leur participation annuelle à des camps environnementaux est devenue une caractéristique majeure du parc. Les camps sont fréquentés par des étudiants de la région d'Arkhangelsk et de Moscou, et même de la Finlande voisine. Ces camps accueillent également des enfants des villages situés dans le parc ainsi que des orphelinats et des familles socialement défavorisées. Le camping principal est situé dans un cadre pittoresque près du village de Maselga. C'est une petite « ville » de cabanes en rondins dans un décor très différent de ce à quoi les enfants de la ville sont habitués. Les enfants étudient activement de nombreux sujets, y compris la météorologie, la géobotanique, l'hydrobiologie, ainsi que l'histoire du village et du patrimoine culturel de la région. En plus de l'exploration en plein air, chaque enfant prend part à des cours d'artisanat traditionnel, y compris le tissage de l'écorce de bouleau, le modelage de jouets et l'apprentissage de chants traditionnels. Ces matières sont principalement enseignées par les anciens et les artisans locaux.

Ensemble, ces quatre éléments ont permis de relancer l'économie locale, de renforcer la fierté des habitants et de faire du parc national Kenozero une attraction touristique dynamique.

à maintenir un environnement plus vierge (bénéfique à la biodiversité et aux visiteurs) et renforcer la capacité de régénération naturelle du sol, mais entraîne la perte d'un soutien essentiel de ces populations. La gestion de ces conflits est un aspect important du travail de la plupart des gestionnaires des aires protégées, et veiller à ce que les activités d'une personne ne compromettent pas substantiellement le bien-être d'autres personnes est une priorité. Cependant, le développement d'activités de valorisation des aires protégées ne doit pas prendre le dessus sur la conservation de la nature qui est l'objectif premier de ces espaces. L'évaluation et, le cas échéant, la valorisation des services écosystémiques peuvent aider à résoudre ces conflits, notamment grâce au rôle des synergies et des opportunités. Par exemple, comprendre les liens existants entre les aires protégées et le paysage environnant peut permettre de gagner le soutien des apiculteurs locaux afin de conserver les plantes à fleurs essentielles à la production de miel de haute qualité, mais aussi celui des agriculteurs locaux qui dépendent des pollinisateurs, prospérant grâce à la flore des aires protégées, pour polliniser les cultures ou les vergers.

Accès et partage des avantages

L'idée selon laquelle les coûts et les avantages doivent être répartis équitablement a gagné beaucoup de soutien depuis l'intégration d'accords sur « l'accès et le partage des avantages » (APA) dans plusieurs traités et instruments internationaux, notamment la Convention sur la diversité biologique (voir chapitre 26). Cela est particulièrement visible dans le « Protocole de Nagoya sur l'accès aux ressources génétiques et le partage juste et équitable des avantages découlant de leur utilisation » adopté par la Conférence des Parties à la Convention sur la diversité biologique lors de sa dixième rencontre, le 29 octobre 2010 à Nagoya, au Japon. Cet accord international vise à assurer le partage des avantages découlant de l'utilisation des ressources génétiques de manière juste et équitable. Cela inclut un accès satisfaisant aux ressources génétiques et un transfert de techniques pertinentes.

La mise en œuvre du protocole sur l'APA dépend de beaucoup de discussions à venir : pour les aires protégées, les considérations importantes qu'il faudra prendre en compte sont liées aux droits des propriétaires traditionnels, des communautés locales et des gestionnaires des parcs, selon l'histoire de la région. Le protocole sur l'APA ne traite pas de tous les avantages découlant des aires protégées, mais il reste nécessaire de veiller à ce que les avantages et les coûts liés aux aires protégées soient répartis équitablement.

S'assurer que les avantages sont compris par un large public

Un des aspects clés d'une bonne gestion est de faire en sorte que les gens comprennent et apprécient les nombreux avantages des aires protégées. L'accès à de nombreuses valeurs, surtout indirectes, a longtemps été considéré comme allant de soi et c'est la disparition de ces valeurs, avec, par exemple, la pollution de l'eau, l'érosion des sols et les dommages côtiers, qui ont souligné l'importance d'une bonne gestion.

La communication est donc essentielle. Les aires protégées peuvent toucher une grande variété de visiteurs et, en plus des informations sur la faune et les sentiers à suivre, un nombre croissant d'entre elles renseignent sur les autres valeurs qu'elles abritent (voir chapitre 15). Il est peut-être encore plus important de travailler avec les communautés locales afin que toutes ces valeurs soient bien comprises. Cela passe, entre autres, par des évaluations (voir encadré 6.5) et des réunions communautaires, ainsi que des interventions à la radio communautaire et des articles dans les journaux locaux. Enfin, il est tout aussi important pour les aires protégées que les utilisateurs situés en aval comprennent les avantages dont ils bénéficient et, le cas échéant, versent une contribution pour leur maintien comme, par exemple, à travers des initiatives de paiements pour des services écosystémiques (voir chapitre 8).

S'inspirer des meilleures pratiques

De plus en plus d'études de cas présentent des aires protégées au sein desquelles les populations locales, les détenteurs de droits et autres parties prenantes travaillent en étroite collaboration afin d'assurer la conservation de tous les avantages socio-économiques fournis par l'aire. Les encadrés 6.7 à 6.9 présentent trois exemples et bien d'autres peuvent être consultés dans diverses publications (voir, par exemple, Stolton et Dudley, 2010b ; Kettunen et ten Brink, 2013).

Références

Lectures recommandées

Bertzky, B., Corrigan, C., Kemsey, J., Kenney, S. and Ravilous, C. (2012) *Protected Planet Report 2012,* UNEP-WCMC, Cambridge.

Byrne, D. and Goodall, H. (2013) 'Placemaking and transnationalism: recent migrants and a national park in Sydney, Australia', *PARKS: The International Journal of Protected Areas and Conservation* 19(1): 63–72.

Cardinale, B. J., Duffy, J. E., Gonzalez, A., Hooper, D. U., Perrings, C., Venail, P., Narwani, A., Mace, G. M., Tilman, D., Wardle, D. A., Kinzig, A. P., Daily, G. C., Loreau, M., Grace, J. B., Larigauderie, A., Srivastava, D. S. and Naeem, S. (2012) 'Biodiversity loss and its impact on humanity', *Nature* 486: 59–67.

Costanza, R. (1997) 'The value of the world's ecosystem services and natural capital', *Nature* 387: 253–60.

de Groot, R., Fisher, B., Christie, M., Aronson, J., Braat, L., Gowdy, J., Haines-Young, R., Maltby, E., Neuville, A., Polasky, S., Portela, R. and Ring, I. (2010) 'Integrating the ecological and economic dimensions in biodiversity and ecosystem services valuation', in P. Kumar (ed.) *The Economics of Ecosystems and Biodiversity (TEEB) Ecological and Economic Foundations*, pp. 9–40, Earthscan, London.

Dudley, N. and Stolton, S. (eds) (2003) *Running Pure: The importance of forest protected areas to drinking water,* WWF International, Gland, and The World Bank, Washington, DC.

Dudley, N., Mansourian, S., Stolton, S. and Suksuwan, S. (2008) *Safety Net: Protected areas and poverty reduction*, WWF International, Gland.

Dudley, N., Stolton, S., Belokurov, A., Krueger, L., Lopoukhine, N., MacKinnon, K., Sandwith T. and Sekhran, N. (eds) (2009) *Natural Solutions: Protected areas helping people cope with climate change, IUCN WCPA*, The Nature Conservancy and Wildlife Conservation Society, Gland; The World Bank, Washington, DC; United Nations Development Programme and WWF, New York.

Hamilton, L. (2008) *Forests and Water*, FAO Forestry Paper 155, FAO, Rome.

Harmon, D. and Putney, A. D. (2003) *The Full Value of Parks: From economics to the intangible*, Rowman & Littlefield, Lanham, MD.

Hunter, D. and Heywood, V. H. (eds) (2011) *Crop Wild Relatives: A manual of in situ conservation,* Issues in Agricultural Biodiversity, Earthscan, London.

Hunter, D., Maxted, N., Heywood, V., Kell, S. and Borelli, T. (2012) 'Protected areas and the challenge of conserving crop wild relatives', *PARKS: The International Journal of Protected Areas and Conservation* 18(1): 87–97.

Iriondo, J. M., Maxted, N., Kell, S. P., Ford-Lloyd, B. V., Lara-Romero, C., Labokas, J. and Magos Brehm, J. (2012) 'Quality standards for genetic reserve conservation of crop wild relatives', in N. Maxted, M. E. Dulloo, B. V. Ford-Lloyd, L. Frese, J. M. Iriondo and M. A. A. Pinheiro de Carvalho (eds) *Agrobiodiversity Conservation: Securing the diversity of crop wild relatives and landraces*, pp. 72–7, CAB International, Wallingford, UK.

Keenleyside, K., Dudley, N., Cairns, S., Hall, C. and Stolton, S. (eds) (2012) *Ecological Restoration for Protected Areas: Principles, guidelines and best practice*, Best Practice Protected Area Guidelines No. 18, IUCN, Gland.

Kell, S. P., Maxted, N. and Bilz, M. (2012) 'European crop wild relative threat assessment: knowledge gained and lessons learnt', in N. Maxted, M. E. Dulloo, B. V. Ford-Lloyd, L. Frese, J. M. Iriondo and M. A. A. Pinheiro de Carvalho (eds) *Agrobiodiversity Conservation: Securing the diversity of crop wild relatives and landraces,* pp. 218–42, CAB International, Wallingford, UK.

Kettunen, M and ten Brink, P. (eds) (2013) *Social and Economic Benefits of Protected Areas: An assessment guide*, Routledge, Adbingdon, UK.

Kulshreshtha, S. N., Lac, S., Johnston, M. and Kinar, C. (2000) *Carbon sequestration in protected areas of Canada: An economic valuation*, Economic Framework Project Report 549, Canadian Parks Council, Warsaw, Ontario.

Lin, C.-C. and Lockwood, M. (2013) 'Assessing sense of place in natural settings: a mixed-method approach', *Journal of Environmental Planning and Management:* 1–24. <dx.doi.org/10.1080/09640568.2013.811401>

Mallarach, J. M. and Torcal, L. M. (2009), 'Rila Monastery Natural Park, Bulgaria', in T. Papayannis and J. M. Mallarach (eds) *The Sacred Dimension of Protected Areas: Proceedings of the Second Workshop of the Delos Initiative—Ouranoupolis, Greece, 24–27* October 2007, pp. 173–6, IUCN, Gland, and Med-INA, Athens.

Maxted, N. (2003) 'Conserving the genetic resources of crop wild relatives in European protected areas', *Biological Conservation* 113(3): 411–17.

Maxted, N., Kell, S. P., Ford-Lloyd, B. V., Dulloo, M. E. and Toledo, A. (2012) 'Toward the systematic conservation of global crop wild relative diversity', *Crop Sciences* 52(2): 774–85.

Millennium Ecosystem Assessment (MEA) (2003) *Ecosystems and Human Wellbeing: A framework for assessment,* Millennium Ecosystem Assessment, Island Press, New York.

National Water and Conservation Pipeline Corporation (NWCPC) (1998) *National Water and Conservation Pipeline Corporation, Ministry of Water Resources, Annual Report 1997,* National Water and Conservation Pipeline Corporation, Republic of Kenya, Government Printer, Nairobi.

Pagiola, S., von Ritter, K. and Bishop, J. (2004) *Assessing the economic value of ecosystem conservation,* Paper No. 101, The World Bank Environment Department in collaboration with The Nature Conservancy and IUCN, Washington, DC. <www.biodiversityeconomics.org/library/basics/index.html>

Palmer, M. and Finlay, V. (2003) *Faith in Conservation: New approaches to religions and the environment,* The World Bank, Washington, DC.

Pimentel, D., Wilson, C., McCullum, C., Huang, R., Dwen, P., Flack, J., Tran, Q., Saltman, T. and Cliff, B. (1997) 'Economic and environmental benefits of biodiversity', *BioScience* 47: 747–57.

Ramsar Convention Bureau (2008) *Water Purification: Wetland values and functions,* Leaflet, Ramsar Bureau, Gland.

Roberts, C. M. and Hawkins, J. P. (2000) *Fully-Protected Marine Reserves: A guide,* WWF Endangered Seas Campaign, Washington, DC, and Environment Department, University of York, Heslington, UK.

Siriwardena, L., Finlayson, B. L. and McMahon, T. A. (2006) 'The impact of land use change on catchment hydrology in large catchments: the Comet River, Central Queensland, Australia', *Journal of Hydrology* 326(1): 199–214.

Statistics Canada (2013) *Human Activity and the Environment—Measuring ecosystem goods and services in Canada,* December 2013, Environment Accounts and Statistics Division, Catalogue No. 16-201-X, ISSN 1923-6751, Statistics Canada, Ottawa.

Stolton, S. and Dudley, N. (2009) *The Protected Areas Benefits Assessment Tool,* WWF, Gland.

Stolton, S. and Dudley, N. (2010a) *Vital Sites: The contribution of protected areas to human health.* WWF, Gland.

Stolton, S. and Dudley, N. (eds) (2010b) *Arguments for Protected Areas,* Earthscan, London.

Stolton, S., Hourahane, S., Falzon, C. and Dudley, N. with Phillips, A. and Lee, G. (2008) 'Landscape, aesthetics and changing cultural values in the British national parks', in J.-M. Mallarach (ed.) *Protected Landscapes and Cultural and Spiritual Values. Volume 2,* Values of Protected Landscapes and Seascapes Series, pp. 177–89, IUCN, GTZ and Obra Social de Caixa Catalunya, Kasparek Verlag, Heidelberg.

Stolton, S., Dudley, N. and Randall, J. (2008) *Natural Security: Protected areas and hazard mitigation,* WWF, Gland.

Stolton, S., Maxted, N., Ford-Lloyd, B., Kell, S. and Dudley, N. (2006) *Food Stores: Using protected areas to secure crop genetic diversity,* WWF, Gland.

United Nations Environment Programme World Conservation Monitoring Centre (UNEP-WCMC) (2008) *State of the World's Protected Areas: An annual review of global conservation progress,* UNEP-WCMC, Cambridge.

The Economics of Ecosystems and Biodiversity (TEEB) (2011) *The Economics of Ecosystems and Biodiversity in National and International Policy Making,* Earthscan, London.

The Economics of Ecosystems and Biodiversity (TEEB) (2013) *Guidance Manual for TEEB Country Studies. Version 1.0,* Geneva. <www.teebweb.org/media/2013/10/TEEB_GuidanceManual_2013_1.0.pdf>

Troy, A. and Bagstad, K. (2009) *Estimating Ecosystem Services in Southern Ontario,* Ontario Ministry of Natural Resources, Peterborough. <www.mnr.gov.on.ca/stdprodconsume/groups/lr/@mnr/@lueps/documents/document/279512.pdf>

United Kingdom National Ecosystem Assessment (UK NEA) (2011) *The UK National Ecosystem Assessment: Synthesis of the key findings,* National Ecosystem Assessment, UNEP-WCMC, Cambridge. <uknea.unep-wcmc.org>

United Nations Environment Programme (UNEP) (2009) *Kenya: Atlas of our changing environment,* Division of Early Warning and Assessment, UNEP, Nairobi.

van Beukering, P., Brander, L., Tompkins, E. and McKenzie, E. (2007) *Valuing the Environment in Small Islands: An environmental economics toolkit,* Joint Nature Conservation Committee, Peterborough, UK. <www.jncc.gov.uk/page-4065>

Worboys, G. L. and Good, R. B. (2011) *Caring for Our Australian Alps Catchments: Summary report for policy makers,* Department of Climate Change and Energy Efficiency, Canberra.

World Resources Institute (WRI) (2007) *Nature's Benefits in Kenya: An atlas of ecosystems and human well-being,* World Resources Institute, Washington, DC.

CHAPITRE 7

LA GOUVERNANCE POUR LA CONSERVATION DE LA NATURE

Auteurs principaux :
Grazia Borrini-Feyerabend et Rosemary Hill

CONTENU

UICN CMAP Commission mondiale des aires protégées
Convention sur la diversité biologique

AUTEURS PRINCIPAUX

GRAZIA BORRINI-FEYERABEND, coordinatrice générale du Consortium APAC, membre du conseil de direction des Parcs nationaux de France et présidente de la Fondation Paul K. Feyerabend.

ROSEMARY (RO) HILL, chercheuse scientifique principale au *Commonwealth Scientific and Industrial Research Organisation* (CSIRO, Organisation fédérale pour la recherche scientifique et industrielle) en Australie, elle fait partie du groupe d'experts des systèmes de savoirs des populations locales et autochtones de la Plateforme intergouvernementale sur la biodiversité et les services écosystémiques (IPBES).

REMERCIEMENTS

Les auteures tiennent à remercier Dermot Smyth, Trevor Sandwith, Jackie Sunde, Mike Jones et deux autres relecteurs anonymes pour leurs remarques judicieuses. Mme Borrini-Feverabend souhaite saluer le soutien moral et l'enseignement précieux des membres du Consortium APAC, essentiels à l'élaboration de ce chapitre. Mme Hill souhaite remercier les entités qui ont rendu possible sa contribution à ce chapitre : le Pôle des écosystèmes tropicaux du Programme de recherche environnemental national d'Australie, le service Terre et eau de la CSIRO et le département Environnements et sociétés tropicales de l'Université James Cook en Australie.

Citation

Borrini-Feyerabend G., et Hill, R. La gouvernance pour la conservation de la nature. In Worboys, G. L., Lockwood, M., Kothari, A., Feary, S. et Pulsford, I. (éd). *Gouvernance et gestion des aires protégées*. Canberra : ANU Press, 2020. doi.org/10.22459/GGAP.07

PHOTO DE LA PAGE TITRE

Des rencontres pour discuter des questions relatives à la conservation de la nature sont courantes au sein des communautés engagées dans la gouvernance de leurs territoires et des ressources naturelles, comme c'est le cas ici dans l'APAC emblématique de l'île de Coron dans la province de Palawan aux Philippines.

Source : Grazia Borrini-Feyerabend

Introduction

De nombreuses cultures considèrent les hommes capables de prendre des décisions cohérentes en matière de gestion de la nature, et de les mettre en place au moyen de solutions techniques et technologiques. D'autres cultures considèrent que ces décisions appartiennent aux êtres spirituels et ancestraux qui font partie de la nature et nous affectent beaucoup plus que nous sommes capables de les affecter. Pour certains, la nature est bienveillante et sacrée, et doit être traitée avec révérence et retenue. D'autres la considèrent comme une condition à la vie devant être dominée et contrôlée, ou encore comme étant un phénomène énigmatique qui nous contrôle de l'intérieur ; tenter de faire plier la nature à la volonté des hommes est, pour ces derniers, une forme d'arrogance. Que nous croyions exercer un pouvoir sur la nature ou estimions que la nature nous contrôle, que nous recherchions de la force en elle ou que nous nous sentions simplement en paix avec elle, nous vivons tous *avec* la nature, et tentons de comprendre cette interaction pour survivre et donner du sens à notre vie.

Au sens large, la gouvernance est considérée comme la détermination réfléchie du plan d'action par le biais de différentes formes de pouvoir. Il s'agit d'un phénomène intemporel que les hommes vivent à travers leur interaction avec la nature. Aujourd'hui, dans l'ère anthropocène, le phénomène atteint des proportions extrêmes avec des conséquences désastreuses, où les hommes modifient les conditions de toute la planète (Crutzen, 2006). L'impact de l'homme sur la planète est le résultat d'innombrables décisions affectant la nature, ou, dans un sens plus institutionnel, d'incalculables actes d'exercice de pouvoir, d'autorité et de responsabilité ayant un rapport direct avec la nature.

La gouvernance est donc liée à la *politique* (des intentions déclarées et soutenues par une autorité) et à la *pratique* (les actions directes de l'homme affectant la nature). À mi-chemin, elle se trouve prise entre les mailles d'un réseau complexe de conditions (comprendre, communiquer et confier le pouvoir et les ressources) créant des correspondances et des disparités entre les deux concepts.

La gouvernance pour la conservation de la nature cherche à trouver un équilibre entre les exigences du développement économique et humain, et celles requises pour la conservation de la diversité biologique. En termes de politique internationale, cette idée est formulée dans la Convention sur la diversité biologique (CDB) et la Convention-cadre des Nations unies sur les changements climatiques. Dans ce chapitre, nous ferons référence à ces deux accords internationaux exhaustifs, mais nous nous concentrerons sur les niveaux national et local, et sur des mesures appliquées à des zones spécifiques.

Nous aborderons le sujet de la gouvernance pour la conservation de la nature en nous intéressant à ses racines culturelles et historiques, et nous chercherons à préciser comment elle peut être affectée et potentiellement améliorée.

Histoire, pouvoir, culture et nature

Gestion et gouvernance, bien qu'étroitement liées, sont des phénomènes distincts (cf. tableau 7.1). Toutefois, jusqu'au début du millénaire, seul le terme « gestion » était employé pour décrire les décisions et les actions relatives à la conservation de la nature. Cela suppose une tendance à se concentrer sur l'aspect technique plutôt que politique (c'est-à-dire ce qui est lié à la stratégie et au pouvoir) de la conservation.

Tableau 7.1 Quelle est la différence entre gestion et gouvernance ?

La gestion	concerne…	Ce qui est fait pour atteindre des objectifs donnés Les moyens et actions pour atteindre ces objectifs
La gouvernance	concerne…	Qui décide des objectifs, ce qu'il faut faire pour les atteindre et avec quels moyens Comment ces décisions sont prises Qui détient le pouvoir, l'autorité et la responsabilité Qui est (ou devrait être) tenu responsable

En réalité, la politique et la pratique de la conservation ont toujours été associées aux luttes de « pouvoir sur la nature » menées à travers l'histoire. Les structures de gouvernance, c'est-à-dire *qui* détient le pouvoir, l'autorité et la responsabilité *de facto* de prendre et d'appliquer des décisions, sont cruciales pour la conservation de la nature. Mais de quelles décisions parlons-nous ici ?

Dans un passé lointain, les interactions entre les hommes et l'environnement étaient davantage déterminées par des modèles de nécessité et d'adaptation que par des « décisions ». Dans un estuaire tropical, la pêche et le ramassage de coquillages sont des moyens de survie naturels pour les hommes, tout comme le pastoralisme nomade dans les plaines arides, le pastoralisme transhumant dans des conditions alpines, la culture du riz dans des zones souvent inondées ou encore un mode de vie de chasseur-cueilleur dans les forêts tropicales. Souvent, ces interactions ou la « vocation apparente » d'un environnement donné ont permis la subsistance des populations avec des répercussions limitées sur les fonctions de l'écosystème.

Les paysages terrestres et marins et leurs « unités »

Dans le temps, les paysages terrestres et marins étaient définis comme des « unités » ou comme les territoires de différentes populations, souvent sur la base de vocations apparentes différentes et modèles d'interaction entre la population et la nature. Alors que les sociétés se complexifient, que la communication et le commerce se développent, et que l'accès aux connaissances environnementales et aux technologies permet de mieux exploiter les richesses, ces deux formes d'interaction et unités évoluent, parfois de manière significative. Aujourd'hui, nous faisons donc référence à une aire donnée comme le « grenier du pays », un carrefour de communication, une aire nationale de loisirs ou une zone industrielle. La vocation apparente d'un environnement donné est toujours le résultat de conditions intrinsèques, telles que l'accessibilité, le climat ou la présence de ressources naturelles, mais elle est de plus en plus aussi le résultat de décisions prises par les populations et autorités concernées. Pareillement, les unités (un territoire villageois, un pays, une région administrative, la propriété d'une famille) sont de plus en plus déterminées politiquement plutôt que sur la base de propriétés intrinsèques aux écosystèmes.

Contrairement à nous, les générations passées faisaient peu appel à des bases de données d'informations, mais elles avaient une incroyable capacité à apprendre et accumuler des observations et des expériences, en particulier celles liées à des endroits précis. À travers le temps, leurs interactions avec la nature ont mené à une accumulation de savoirs et de compétences locales, à la sélection de variétés de graines et de races et à l'attribution d'usages différents aux unités dans les paysages terrestres et marins, le tout basé sur une connaissance et une compréhension plus poussée de leur potentiel. Beaucoup de populations autochtones et de communautés locales continuent de gouverner et de gérer leurs territoires en puisant dans cette base de données d'observations et d'expériences accumulées.

Cependant, à travers l'histoire, les hommes ont été sensibles et capables de s'adapter à l'environnement et aux écosystèmes, mais ils les ont aussi considérablement affectés. Ceci a commencé avec l'usage du feu, le déplacement des graines par les chasseurs-cueilleurs et les changements des sols et de l'eau par les agronomes (Goudie, 1990). Au cours des derniers siècles, c'est par la découverte d'énergies fossiles et l'usage de technologies de plus en plus puissantes que nous avons commencé à avoir un impact irréversible sur la nature, dépassant sa capacité à retrouver son état originel (régénération) : nous recouvrons les terres les plus fertiles du pays de ciment et y construisons des villages, nous asséchons les aquifères et ajoutons des fertilisants chimiques à la terre pour faire pousser des tomates et des cannes à sucre sur des sols inadaptés. Nous construisons des maisons au milieu des forêts qui, naturellement, ont besoin de brûler pour se régénérer, et nous investissons ensuite des ressources pour prévenir les incendies. Nous avons la possibilité de comprendre le fonctionnement des écosystèmes grâce à la recherche, aux instruments et des analyses sophistiquées, mais choisissons souvent de les transformer irréversiblement.

Nos paysages terrestres et marins sont découpés en unités administratives pour être gouvernés par des politiciens (élus ou désignés) avec l'appui technique d'experts. Les décisions relatives à ces unités sont principalement liées à la question du développement des paysages marins et terrestres et à l'importance donnée aux exigences de durabilité et à la conservation de valeurs écologiques et culturelles. En d'autres termes : les pressions de l'urbanisation, du commerce, des infrastructures, de l'industrie, de l'agriculture, de l'aquaculture, de l'exploitation minière et forestière et le commerce à grande échelle seront-elles contrôlées ? Les décideurs défendent-ils les valeurs écologiques et culturelles locales en déclarant qu'une aire est « protégée », qu'un bassin versant ne doit pas être altéré ou qu'une espèce menacée doit être protégée ? Les compromis conclus par les politiciens au sujet de ces questions sont au cœur de la gouvernance de la conservation de la nature actuelle. Dans de nombreuses situations similaires, la décision finale revient à découper le paysage terrestre ou marin en sous-unités de gouvernance, certaines dédiées au développement et les autres à la conservation, généralement sous l'égide de différents organes de gouvernance.

Étude de cas 7.1 Prendre des décisions au niveau de l'écosystème

La chaîne de montagnes des Ghats occidentaux est un atout écologique majeur de la péninsule indienne. Une étude récente ayant pris en considération l'importance écologique des Ghats pour la péninsule a recommandé que soit mise en place une autorité de gouvernance à l'échelle de l'écosystème (Western Ghats Ecology Expert Panel 2011 [Comité d'experts écologiques des Ghats occidentaux]). La juridiction de cette autorité transcenderait les limites administratives et s'étendrait à l'ensemble de la chaîne de montagnes. Elle présiderait sur la législation environnementale, elle approuverait les développements industriels et autres infrastructures majeures, elle coordonnerait l'aménagement du territoire et garantirait les droits des communautés les moins puissantes. Toute activité proposée pouvant avoir un impact négatif sur l'écologie et la société devrait être soumise à son approbation, et cette dernière aurait à charge de considérer la question à l'échelle de l'écosystème entier, qui représente par ailleurs un espace plus grand que toutes les aires protégées se trouvant dans les Ghats. La proposition prévoit que l'autorité écologique des Ghats occidentaux exercerait ses pouvoirs au nom de la loi sur la protection de l'environnement. Elle se concentrerait sur les questions environnementales (par exemple, la protection de la partie supérieure des bassins versants, la conservation de germoplasmes de plantes sauvages apparentées aux plantes cultivées, la prévention contre la pollution des nappes phréatiques) et organiserait des enquêtes sur le terrain, elle rassemblerait les faits et prendrait les mesures nécessaires. L'autorité ferait partie d'un système de gouvernance impliquant plusieurs niveaux et acteurs (étatiques et non étatiques) représentant divers domaines de connaissances, relations sociales et intérêts opposés. À ce jour, la proposition est fortement contestée et n'est pas encore acceptée en théorie, et encore moins en pratique.

Fleurs sauvages sur le Kaas Plateau, Ghats occidentaux, Inde

Source : Ashish Kothari

Cohérence socioécologique des « unités » de gouvernance

Le degré de cohérence écologique et social des unités de gouvernance est une question fondamentale dans la gouvernance des paysages terrestres et marins pour la conservation. L'organe de direction prend-il des décisions ayant un sens écologique (formant un écosystème) ? Peut-il prendre des décisions ayant un sens économique, par exemple, en apportant des retours sur investissement ? Cet organe est-il légitime ? Est-il soutenu par un corps social cohérent (voir étude de cas 7.1) ?

L'exemple du bassin versant est clair : les organes de décision locaux sont parfois incapables d'avoir un impact sur l'état d'une rivière entière lorsqu'ils ne sont responsables que d'une partie de son cours. À cause de cela, les investissements économiques sont moins sûrs (par exemple, pouvons-nous être certains que l'inondation ne détruira pas les récoltes ?) et la volonté d'investir dans la conservation s'estompe (par exemple, pourquoi investir dans la protection d'un bassin versant si cela bénéficie à d'autres ?). Pourtant, il peut être politiquement difficile d'établir un organe de gouvernance pour la rivière dans son ensemble, étant donné que le bassin versant peut ne pas avoir suffisamment de « cohérence sociale » : les parties du bassin situées en amont et en aval sont peut-être habitées par différentes populations, et c'est seulement au sein de petites unités le long du bassin versant que l'on peut rencontrer la cohésion, la légitimité, la coopération et la conformité nécessaires pour convenir de règles et pour assurer leur respect. De plus, en raison de la mobilité croissante des hommes, les communautés deviennent de plus en plus variées et sont moins solidaires.

Comme l'a relevé Murphree en 2000, alors que les exigences écologiques et économiques requièrent des régimes à grande échelle, la topographie sociale suggère souvent l'inverse — une tension présente dans presque

Étude de cas 7.2 Une atteinte à un symbole national ?

La région du Menabé abrite le symbole national malgache : le spectaculaire baobab (Adansonia grandidieri) de l'Allée des baobabs de Bamanonga. À la surprise générale, même en saison sèche, les pieds des arbres se trouvent dans l'eau, une situation récente qui conduira à la rupture de leur cycle reproductif et qui finira par les éliminer du paysage. Malheureusement, en autorisant la production intensive de canne à sucre dont l'irrigation provient des aquifères profonds, la région est allée à l'encontre de sa « vocation pastorale », moyen de subsistance de choix pour la population autochtone vivant dans cet environnement semi-aride. Cette production a été rendue possible par le capital, les technologies, les récoltes et les personnes provenant d'autres régions. Aujourd'hui, l'eau débordant des aires de production massives transforme lentement mais sûrement l'environnement naturel. Avec cela, les options touristiques locales peuvent diminuer, et Madagascar peut même perdre son symbole national. De nombreux facteurs entrent en jeu ici, mais investir massivement dans la production de canne à sucre dans un environnement aride est un exemple clair d'initiative contraire à l'essence de la nature.

Baobab à Bamanonga, région du Menabé, Madagascar

Source : Grazia Borrini-Feyerabend

tous les environnements et sociétés. Cette disparité apparente peut être harmonisée par des régimes de gouvernance performants et par le renforcement de liens entre les acteurs, les niveaux et les partenaires. La gouvernance s'intéresse seulement partiellement au découpage des paysages terrestres et marins et aux autorités qui régissent ces paysages ; elle concerne également la cohérence, l'intégrité et la robustesse des unités sociales, et la manière dont ces dernières interagissent, s'interconnectent et s'adaptent à d'autres unités sociales et autorités de gouvernance (voir étude de cas 7.2).

Certaines décisions affectant la nature s'appliquent au paysage marin ou terrestre dans sa totalité, mais pas de manière spécifique (par exemple, l'interdiction d'allumer des feux ou de tuer certaines espèces) alors que d'autres s'appliquent spécifiquement à une sous-unité déterminée et sont appelées des « mesures par zone ». Ces mesures, qu'elles soient par zone ou non, interagissent avec n'importe quel système de gouvernance et leur cohérence est essentielle pour la conservation de la nature.

Mesures de conservation par zone, actes et processus constitutifs

Une mesure par zone s'applique à une zone définie d'un territoire, aux eaux intérieures et intertidales et/ou à la mer. Elle peut être ancienne ou récente, explicite ou implicite. Elle peut exiger une gestion active des ressources, telle que l'élimination d'espèces envahissantes, ou de simples interventions passives, comme une interdiction ou limitation d'accès par exemple. L'aire en question peut posséder ou non une démarcation terrestre visible. L'aire peut même être instable en termes de positionnement ou d'extension ; c'est le cas de certaines unités écologiques tel que le lit d'une rivière, qui sont dynamiques et créent leur propre forme à travers le temps. Plus généralement, les mesures par zone sont le résultat d'une combinaison d'interprétations, de pratiques, de contraintes et de pressions à différents niveaux.

Pour une aire naturelle donnée (un lac par exemple), l'acte constitutif d'une mesure de conservation par zone existe lorsqu'une autorité concernée lui attribue une vision (par exemple, maintenir son autorité écologique afin que la zone continue à fournir de l'eau potable) et des objectifs clairs pour réaliser cette vision (par exemple, maintenir le cours et la qualité de l'eau, et empêcher la pollution et la propagation des espèces envahissantes). Un décret déclarant que le bassin versant d'une rivière est une aire protégée est un bon exemple d'acte constitutif, élément clé en matière de gouvernance (voir étude de cas 7.3). Le décret peut être signé par le ministre de l'Environnement et peut établir un comité de gestion et assigner des ressources humaines et financières aux tâches de gestion. Il peut aussi être écrit par un conseil d'anciens, réaffirmant et reproduisant un schéma traditionnel de garde du lac et de ses affluents, et des règles strictes relatives à l'île s'y trouvant. Ou bien encore, il peut résulter du rachat par une corporation des droits de mise en bouteille de l'eau du lac, et exiger un bassin de conservation fermé

Étude de cas 7.3 L'île Meares : la résistance autochtone comme « acte constitutif »

Les parcs tribaux de Tla-o-quiaht en Colombie-Britannique, au Canada, sont basés sur une longue histoire de relations entre les personnes et les bassins versants, les zones côtières et les îles se trouvant sur leurs anciens territoires, dans ce qui constitue maintenant l'île de Vancouver en Colombie-Britannique. En 1984, une partie du territoire traditionnel de Tla-o-qui-aht, l'île Meares, a été déclarée Parc tribal par les chefs héréditaires Hawiih. Initialement, les chefs avaient mis en place un blocus pacifique pour empêcher une entreprise forestière d'abattre des arbres séculaires se trouvant sur leur île. S'en est suivie une action en justice, et le tribunal a accordé l'injonction pour l'arrêt des abattages, sur la base de la revendication non résolue des chefs héréditaires sur leur territoire traditionnel. En 2007, la première nation Tla-o-qui-aht a fait quelques pas de plus et a officialisé le statut de Parc tribal de l'île Meares et de quelques bassins versants adjacents, maintenant reconnus par la Réserve du parc national Pacific Rim ainsi que par diverses municipalités et ministères.

— Eli Enns

Meares Island, British Columbia, Canada

Source : Eli Enns Tla-o-qui-aht Tribal Parks

dans son contrat de concession. Dans certains cas, des décrets parallèles peuvent opérer au même endroit et au même moment. C'est le cas, par exemple, des parcs nationaux établis à la fois sous la tutelle du ministère de l'Environnement et d'un conseil des anciens, réaffirmant le schéma traditionnel de garde. Il est toujours nécessaire de préciser qui sont les personnes chargées de l'application des décisions (gestionnaires responsables), comment les ressources nécessaires seront obtenues et allouées, quelles règles locales, nationales et internationales sont applicables (concernant les sanctions, le respect de règles préexistantes, et les procédures de gestion de conflit par exemple), et comment les groupes ayant différents niveaux de pouvoir décisionnel interagiront. De même, il ne devrait exister aucune forme d'ambiguïté quant à l'organe de gouvernance détenant l'autorité d'examiner, de maintenir, de renforcer et de révoquer le ou les actes constitutifs.

Au sein de l'aire elle-même, une fois la vision et les objectifs définis, les décisions de gestion portent souvent sur la démarcation de l'aire et les règles et procédures d'accès aux ressources naturelles, parfois via un plan de gestion avec ou sans un système de zonage établissant différentes règles pour différentes zones. Ces décisions sont importantes et doivent impliquer les acteurs locaux conscients des problèmes en jeu. Les lieux et périodes d'interdiction d'accès, le budget d'éradication des espèces envahissantes et l'assouplissement potentiel des de la réglementation en matière d'utilisation en cas de tensions sociales sont autant de sujets qui peuvent être débattus. À ce niveau, l'apprentissage par la pratique est la meilleure manière de prendre des décisions affectant les moyens de subsistance, le développement et le partage local des coûts et bénéfices de la mesure.

Les acteurs clés participant à l'acte constitutif sont essentiels à l'existence et au fonctionnement d'une aire de conservation. À travers de tels actes, ces acteurs s'engagent à exercer les pouvoirs de gouvernance, prennent la responsabilité de l'aire ou du territoire et rendent compte des activités menées. Une mesure par zone tire en grande partie son efficacité et sa force de la cohérence entre ses actes constitutifs et objectifs, et de ceux prévalant dans les paysages terrestres ou marins environnants. L'aire peut donc être explicitement dédiée au développement industriel, à la protection de la biodiversité ou la migration de populations autochtones, mais d'autres objectifs en possible opposition peuvent interagir ou coexister avec cela, les résultats étant déterminés par l'interaction entre les différentes forces et valeurs. En d'autres termes, l'acte de gouvernance qui établit une mesure par zone est toujours lié à d'autres décisions et niveaux de gouvernance, et des conditions critiques incluant la faisabilité politique, les ressources humaines et financières disponibles et les perceptions et valeurs dominantes. D'ailleurs, tout acte constitutif est ancré dans un moment précis dans le temps, et les mesures sont destinées à évoluer en réponse aux changements de contexte et de besoins.

Un acte constitutif, tel que la signature d'un décret ou l'achat d'une parcelle de terrain, est souvent fondamental, mais les décisions mises en place avec efficacité et ayant un impact fort et durable sont des processus complexes qui surviennent et évoluent dans l'espace et dans le

Étude de cas 7.4 Les Mapuche Pewenche : habitants de l'*Araucaria*

Lors d'une cérémonie ancestrale (ngillatun), les peuples autochtones du sud du Chili demandent aux esprits d'aider à la reproduction de l'arbre pewen (Araucaria araucana) qui joue un rôle central dans leurs vies sociale, économique et spirituelle. Ces peuples sont tellement connectés au pewen qu'ils se sont autoproclamés Mapuche-Pewenche (« le peuple de l'arbre Araucaria »). Dans ce cas, le peuple se sent en communion avec la terre et les arbres, et dédier le territoire à la conservation est un euphémisme décrivant un phénomène déjà ancré dans l'identité du peuple et dans des siècles d'expérience. Pourtant, pour ces mêmes individus, la conservation n'est pas l'objectif principal de leur relation avec la nature.

Les Mapuche-Pewenche avec les arbres araucaria, au sud du Chili

Source : © Asociación Mapuche-Pewenche Markan Kura

temps. De ce fait, alors qu'il est vrai qu'une seule décision prise à un moment inapproprié peut faire une différence fondamentale pour la vie des gens et pour la nature, les systèmes de gouvernance doivent également apprendre, changer et évoluer, en un mot, avoir un degré de « vitalité ». Analyser la gouvernance devrait donc vouloir dire analyser les modalités de prise de décision, mais aussi identifier comment les acteurs et décisions s'articulent avec d'autres acteurs et décisions au sein de la société, et comment ceux-ci apprennent et évoluent dans le temps, façonnent l'histoire écologique et sociale du territoire ou de l'aire concernée.

Alors que la gouvernance de la conservation de la nature est un phénomène politique, elle est aussi et toujours une expression culturelle, reflétant les concepts, les valeurs et les perspectives de différentes sociétés. Décider du sort d'un territoire (appelé patrie, foyer ou pays selon les cultures), relève de plusieurs questions : la subsistance, l'identité, l'autonomie et la liberté. Le territoire est un lien entre les générations, il préserve les souvenirs du passé et les connecte avec le futur souhaité. Il est le sol sur lequel les communautés apprennent, identifient des valeurs et développent une richesse matérielle et spirituelle. Pour beaucoup, le territoire est aussi la connexion entre les réalités visibles et invisibles, elle est source de dignité, de règles et de l'autodétermination des peuples.

Aires protégées et conservées

Bien que l'étude de la culture et de l'histoire puisse définir le concept de la gouvernance, de nombreux lecteurs de ce volume seront vraisemblablement et avant tout confrontés au sujet comme étant un vaste corpus de politiques et de dispositions réglementaires nationales, le tout entremêlé des pressions des lobbies, de conflits non résolus, d'une potentielle pénurie de ressources et d'une variété de relations humaines.

Pour réglementer la conservation, le système juridique d'un État est généralement constitué d'une hiérarchie de textes législatifs et d'outils opérationnels. Un élément législatif (une loi ou un autre texte législatif) établit généralement les exigences principales. Les détails concernant l'application sont décrits dans les différents codes, décrets, politiques, normes, règles et ordres subsidiaires. En présence de plus d'un ensemble de lois applicables (droit réglementaire et droit coutumier par exemple), la relation entre eux peut être soit clairement articulée soit difficile à distinguer, ou encore un mélange des deux. En général, des instruments juridiques importants se rapportent aux mesures par zones, et plusieurs organisations sont impliquées : des ministères et organismes nationaux, des comités de conseil, des comités scientifiques et des organismes de mise en œuvre officiels et officieux locaux.

Les législations nationales et les politiques relatives aux aires protégées stipulent généralement, implicitement ou non, les modes de gouvernance pouvant officiellement être reconnus. Les pratiques volontaires de conservation peuvent être reconnues, promues et régulées (Lausche et Burhenne, 2011). Des mesures incitatives et dissuasives peuvent encourager de telles pratiques essentielles à la connectivité, à la restauration de la biodiversité et au maintien de processus écologiques en dehors des aires protégées (Lausche et al., 2013).

Aires protégées

Les contextes juridiques et politiques de gouvernance des aires protégées sont intégrés à des cadres juridiques internationaux (conventions, plans de travail, déclarations et bonnes pratiques largement reconnues) qui associent ces aires à un ensemble évolutif de connaissances et de travaux – aspect prometteur et passionnant des sociétés modernes. Lorsqu'on essaye de comprendre le sens de la gouvernance dans le contexte de la conservation de la nature, il est essentiel de maîtriser d'abord la définition au sens large d'une aire protégée adoptée par l'Union internationale pour la conservation de la nature (UICN) (Dudley, 2008:9) : un « espace géographique clairement défini, reconnu, consacré et géré, par tout moyen efficace, juridique ou autres, afin d'assurer à long terme la conservation de la nature ainsi que les services écosystémiques et les valeurs culturelles qui lui sont associés. » Cette définition s'accompagne entre autres du principe directeur suivant : « Seules les aires ayant pour objectif principal la conservation de la nature peuvent être considérées comme étant des aires protégées ... en cas de conflit, la conservation de la nature demeure la priorité » (Dudley, 2008:10). Il s'agit là de points de départ instructifs pour lancer notre discussion relative au sens pratique de la gouvernance des aires protégées.

Tableau 7.2 Comprendre la gouvernance dans la définition UICN des aires protégées

Termes	Enjeux de gouvernance
Espace géographique clairement défini	Qui définit l'espace géographique devant être « protégé » ? Qui trace et délimite les frontières ? Qui peut les modifier ? Comment ?
Dédié	Qui « dédie » le territoire et les ressources à la conservation ? Comment ? À travers des moyens légaux ? À travers des lois et des règles coutumières ? La décision est-elle imposée par la loi ? Est-elle volontaire ? Qui résout les conflits lorsque les objectifs et priorités s'opposent ?
Reconnu	Comment est reconnue une aire protégée ? Par qui ? Il faut considérer les modalités et les différents niveaux de reconnaissance informelle et formelle, par exemple une reconnaissance : par des populations locales et des communautés ; par la société en général ; par des autorités coutumières et/ou des autorités juridiques ; par des autorités nationales ; par des instances intergouvernementales.
Géré	Qui élabore et approuve les règles et plans de gestion relatifs aux ressources naturelles, là où ils existent ? Qui nomme les gestionnaires chargés de la mise en œuvre des règles et/ou du plan ? Quelle est la liberté de décision des gestionnaires dans l'interprétation des règles et/ou du plan ?
Tout moyen efficace, juridique ou autres	Est-ce que l'autorité, la responsabilité et la responsabilité de rendre compte en vigueur sur le site sont codifiées par la législation ? Sont-elles régulées par des accords spécifiques ou des processus, institutions et moyens coutumiers ? Comment sont élaborées et appliquées les règles ?
Afin d'assurer	Qui décide de la façon de mettre en œuvre le plan de gestion ou la réglementation ? Qui décide de ce qui est « efficace » ? Qui définit les indicateurs ? Qui est chargé du suivi et de l'évaluation des résultats ? Qui décide des éventuels changements nécessaires au plan ou aux pratiques de gestion ?
Conservation	Qui décide de ce qui doit être conservé en priorité et de la façon de procéder ?
À long terme	Qui construit la vision de ce à quoi devrait ressembler l'aire protégée à « long terme » ? Que signifie réellement « long terme » ? Quelles garanties sont mises en place pour s'assurer que les aires protégées existeront encore sur le long terme ? Qui devra rendre des comptes ?
Nature	Quelle définition de la « nature » applique-t-on ? Qui interprète la définition pour l'appliquer aux politiques, mandats ou sites spécifiques ?
Services écosystémiques qui y sont liés	À qui profitent ces services écosystémiques ? Qui porte la responsabilité de les maintenir, y compris par des coûts d'opportunité associés ?
Valeurs culturelles	La culture de qui ? À qui bénéficie la conservation des « valeurs culturelles » ? De quelle façon sont prises les décisions pour conserver ou promouvoir certaines valeurs culturelles plutôt que d'autres ?

Les questions du tableau 7.2 peuvent être utilisées pour décomposer la définition d'une aire protégée et étudier les détails relatifs à la désignation officielle et à l'autorité en place pour ainsi révéler à quel point les décisions relatives à la conservation sont influencées par l'histoire et par la culture, mais aussi par l'interaction entre institutions officielles, coutumières et celles relatives à un contexte spécifique. En matière de gouvernance, il n'est pas simplement question de qui détient l'autorité *de jure*, mais aussi de qui prend les décisions *de facto*, et comment ces décisions sont prises. Il est utile de porter une attention particulière aux questions clés introduites par la définition de l'UICN.

Conservation

La Stratégie mondiale de la conservation (PNUE et al., 1980:1) stipule que la conservation prend en compte la « préservation, l'entretien, l'utilisation durable, la restauration et l'amélioration du milieu naturel ». La préservation ou la protection désigne un effort conscient pour éviter ou limiter les dommages à la capacité de la nature à s'autorégénérer. L'utilisation durable implique de maintenir les ressources naturelles tout en les utilisant au profit des générations présentes et futures. La restauration et l'amélioration, quant à elles, tentent de rétablir les écosystèmes dégradés et de les amener à des conditions plus saines et durables, par exemple, reboiser des espaces en utilisant des espèces locales indigènes ou améliorer des habitats pour une meilleure résilience et authenticité. Dans chaque site, la conservation comprend généralement un ensemble d'activités visant à protéger, utiliser durablement ou restaurer la nature à des niveaux divers selon la situation, les perceptions et les objectifs de la direction. L'ordre des priorités de ces diverses activités est à débattre, et la manière de conduire et régler ce débat caractérise la qualité du régime de gouvernance.

Consacré

Dans la définition de l'UICN, le terme « consacré » est important : la conservation de la nature doit non seulement être un objectif voulu, et même être l'objectif principal de toute aire protégée – elle doit en effet prévaloir en cas de conflit avec d'autres objectifs tout aussi légitimes. Cette exigence de la définition des aires protégées exclut les zones qui participent à la conservation, mais dont cela n'est pas l'objectif principal. Par exemple, les zones interdites réservées à la sécurité nationale, les paysages gérés pour attirer des touristes, ou encore les forêts préservées sur des terres ancestrales sacrées ou des lieux de rituels. À terme, certains de ces espaces peuvent explicitement ou principalement être dédiés à la conservation, et donc être considérés comme des aires protégées selon la définition de l'UICN. Mais cela ne sera pas le cas de tous et il est important que la contribution de ces espaces qui ne sont pas des aires protégées – si on peut raisonnablement les considérer comme durables – soit reconnue et encouragée (étude de cas 7.4). L'expression « conservation volontaire » traduit l'idée selon laquelle la conservation peut être un résultat souhaité de la gouvernance en tant qu'objectif principal, mais aussi le résultat d'un objectif secondaire, implicite ou non consciemment recherché. Dans d'autres cas, lorsque la conservation est une conséquence pleinement involontaire de la gestion de la nature, l'expression « conservation secondaire » est plus appropriée.

Reconnu

La reconnaissance des aires protégées se fait à plusieurs niveaux : international, national et local. La définition officielle de l'UICN et les catégories de gestion et formes de gouvernance associées sont internationalement reconnues et constituent des points de repère pour la reconnaissance et la comparaison. Selon l'article 2 de la CDB, une zone protégée est une « zone géographiquement délimitée qui est désignée, ou réglementée, et gérée en vue d'atteindre des objectifs spécifiques de conservation » (CDB, 1992:2). La définition de l'UICN, qui n'est certes pas identique, mais est compatible avec celle de la CDB (Dudley, 2008), spécifie que la reconnaissance peut être obtenue par des moyens légaux « ou autres ». Ceci sous-entend surtout qu'une mesure par aire ou territoire qui n'est pas reconnue officiellement, mais qui l'est dans les faits (par coutume ou par la volonté du propriétaire par exemple), peut être « reconnue au niveau international » comme une aire protégée, même si elle n'est pas reconnue ou listée comme telle dans son pays. En revanche, au niveau national, la législation et la politique sont généralement les seuls moyens de reconnaissance acceptés. De plus, il existe différentes définitions, ressources et règles s'appliquant aux aires protégées dans chaque pays, et une partie seulement de ces définitions est compatible avec celles de l'UICN et de la CDB. Ainsi, une mesure par zone reconnue par un pays donné et listé comme « aire protégée » n'est pas forcement reconnue comme telle au niveau international. Ces niveaux de complexité sont illustrés conjointement avec le concept « d'aire conservée » dans le tableau 7.3.

Aires conservées

Comme évoqué précédemment, selon l'UICN, des mesures par zone dans un paysage terrestre ou marin sont considérées comme des aires protégées uniquement si elles sont reconnues et dédiées à la conservation de la nature à long terme. Mais, au niveau local, un autre aspect est à prendre en compte : la conservation *de facto*.

Que pouvons-nous observer au niveau du terrain, de l'eau et de la ressource naturelle ? Peut-on parler de conservation ? Peut-on percevoir une tendance favorable à la conservation ? Nous utilisons ici le terme « d'aire conservée » pour décrire des mesures par zone qui, indépendamment de la reconnaissance et de la consécration, et parfois même des pratiques de gestion explicites et délibérées, mènent à la conservation *de facto* et/ou à une tendance favorable à la conservation viable à long terme. Selon cette définition, les aires conservées et les aires protégées (telles qu'elles sont définies par l'UICN, mais aussi par les gouvernements à travers le monde) ont des points communs, mais elles ne sont pas identiques. Par exemple, certaines mesures par zone sont définies nationalement comme des aires protégées, mais elles ne parviennent pas à atteindre leurs objectifs de conservation de la nature (il s'agit d'aires protégées, mais pas d'aires conservées, et pour les décrire, certains emploient le terme péjoratif de « parcs de papier », *paper parks* en anglais). D'autres sont des aires conservées, mais pas protégées (elles ne répondent pas à la définition UICN, ou à celle du pays concerné, ou les deux), ou encore, même si elles répondent à une telle définition, les populations concernées ne souhaitent simplement pas qu'elles soient reconnues comme des aires protégées.

Les aires conservées qui ne sont pas des aires protégées selon un pays en particulier (pas reconnues selon la législation ou la politique en vigueur) peuvent être reconnues localement par la loi coutumière (c'est-à-dire, par des peuples autochtones et des communautés locales) ou par la volonté de leurs propriétaires. La chasse commerciale conçue pour être durable, des systèmes agricoles et des bassins bien gérés, des mangroves communautaires restaurées, ou encore des zones militaires interdites d'accès sont quelques exemples d'aires où la biodiversité peut être florissante, et ce indépendamment de leur reconnaissance ou de leur consécration juridique et politique au niveau national. Parmi les pratiques évoquées ci-dessus, celles qui sont décrites comme étant des initiatives de conservation volontaire pourraient correspondre à la définition UICN des aires protégées. Mais pour d'autres, en particulier lorsqu'il s'agit de conservation secondaire ou de négligence passive, cela ne sera évidemment pas le cas. Avec cela à l'esprit, il est possible de dresser un bilan approximatif de la situation, comme dans la figure 7.1, où les aires conservées couvrent une surface terrestre, d'eau douce et de mer plus étendue que les aires protégées (selon les définitions nationales et internationales). La figure montre également les similitudes importantes, mais pas totales, entre les deux types d'aires.

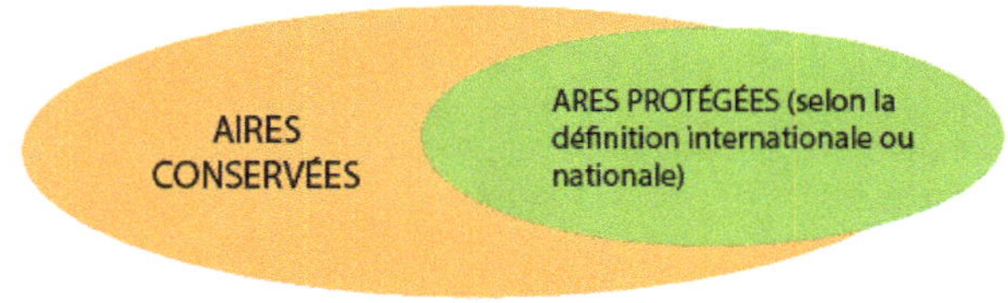

Figure 7.1 Superposition incomplète entre aires conservées et aires protégées

« Autres mesures de conservation efficaces par zone » et l'objectif 11 d'Aichi fixé par la CDB

Le concept d'aire conservée ou de conservation *de facto* a gagné en importance depuis que les parties prenantes de la CDB utilisent l'expression « autres mesures de conservation efficaces par zone » (AMCEZ). Le Plan stratégique pour la diversité biologique 2011-2020 (CBD, 2011) a défini 20 objectifs à atteindre par l'ensemble des 193 pays parties d'ici 2020. L'objectif 11 concerne les mesures de conservation par zone et stipule que d'ici 2020, 17 % des aires terrestres et eaux intérieures, et 10 % des zones côtières et maritimes seront conservées au moyen de systèmes « d'aires protégées et d'autres mesures de conservation efficaces par zone » (CBD, 2011:3).

Alors que le terme « autres » indique que ces mesures ne sont pas des aires protégées (pour l'UICN et/ou pour le pays en question), les termes « efficace » et « par zone » nous rappellent les aires conservées définies précédemment. Dans l'interprétation la plus simple et la plus directe, les AMCEZ sont donc un « espace géographique clairement défini afin de favoriser la conservation *de facto* et à long terme de la nature, des services écosystémiques et des valeurs culturelles, indépendamment d'une reconnaissance ou d'un engagement spécifique ». En ce sens, les AMCEZ prennent tout d'abord en compte les aires bien conservées à ce jour et qui pourraient raisonnablement le rester à long terme, et qui ne sont pas reconnues, au niveau national ou international, comme des aires protégées (tableau 7.3). Quant à la définition UICN, en particulier, les aires conservées prendraient en compte les mesures par zones de conservation volontaire secondaire et de conservation auxiliaire avec l'attente raisonnable que ces tendances soient maintenues sur le long terme.

Tableau 7.3 Combinaisons possibles de reconnaissance nationale et internationale d'aires conservées (conservation de facto)

Aires conservées (aires conservées *de facto*, avec un espoir raisonnable que la conservation soit maintenue sur le long terme)	Reconnue comme aire protégée selon la définition internationale (UICN/CDB)	Non reconnue comme aire protégée selon la définition internationale (UICN/CDB)
Reconnue comme aire protégée par la législation nationale et/ou la politique en vigueur	La zone est une aire protégée dans le pays en question et au niveau international	La zone est une aire protégée dans le pays en question, mais pas au niveau international où elle *pourrait* être considérée une mesure de conservation efficace par zone
Non reconnue comme une aire protégée par la législation nationale et/ou la politique en vigueur	La zone est une aire protégée au niveau international, mais pas dans le pays en question, où elle pourrait être considérée comme une mesure de conservation efficace par zone	La zone n'est pas considérée comme une aire protégée, elle *pourrait* être considérée comme une mesure de conservation efficace par zone

Lorsque d'un pays réexamine son système d'aires protégées afin de présenter à la CDB ses progrès vers l'objectif 11, il serait important de procéder à des études de cas spécifiques incluant l'analyse de leur contexte, de leur histoire et des progrès réalisés. Il faut également aborder, avec l'esprit ouvert, les espaces qui ne sont pas considérés comme des aires protégées, mais dont la gouvernance favorise la conservation de la nature. Les règles générales suivantes peuvent être proposées :

- les dispositifs répondant à la définition de l'UICN d'une aire protégée, mais qui ne sont pas reconnus comme faisant partie intégrante du système national, sont considérés comme des AMCEZ (et une discussion peut être ouverte afin de déterminer si le label aire protégée peut être applicable, s'il est approprié et souhaité) ;
- en ce qui concerne les dispositifs ne répondant pas à la définition de l'UICN d'une aire protégée, des discussions peuvent être ouvertes pour déterminer s'ils peuvent assurer des objectifs de conservation à long terme, et s'ils souhaitent être inclus aux rapports nationaux en tant qu'AMCEZ ; ils seront considérés comme tels à condition de faire preuve d'assurance et de détermination. Dans le cas contraire, ils ne seront pas considérés comme tels.

Le point important à prendre en compte ici est que les contributions à la conservation par des dispositifs de gouvernance jugés inhabituels par certains ne devraient pas être ignorées, mais devraient au contraire être reconnues et protégées. Et si un État comptabilise un ensemble d'AMCEZ dans le cadre de ses rapports sur l'objectif 11 d'Aichi, quelles sont ses obligations morales et légales (selon la CDB) pour soutenir, renforcer, respecter et défendre ces espaces ? Ceci devrait être précisé avant qu'un pays n'obtienne le droit d'inclure ses AMCEZ dans l'objectif 11 d'Aichi.

Gouvernance des aires protégées et conservées

N'étant pas officiellement considérées comme des aires protégées, les aires conservées disposent généralement d'un plus faible niveau de protection légale et de soutien de la part des programmes gouvernementaux, et font face à des menaces plus importantes que les aires protégées – leurs terrains sont en effet plus à même d'être réappropriés et destinés à de nouvelles utilisations. Pour certains, les aires conservées sont des terres inexploitées et non-gérées, soit le lieu idéal pour développer des industries extractives, des monocultures à grande échelle ou des infrastructures majeures. Plus encore que pour les milieux terrestres, certains pensent qu'il n'y a pas de forme de gestion en place dans les zones côtières et marines conservées par une gouvernance coutumière, ce qui les rend donc vulnérables à des exploitations non durables par des personnes extérieures. Comment ces aires conservées peuvent-elles être mieux reconnues et respectées ? La « gouvernance » peut-elle aider ? En effet, la gouvernance peut aider, et pour comprendre comment, nous allons maintenant expliquer comment la gouvernance des aires protégées a été définie et introduite dans le domaine de la conservation au début des années 2000.

En 2003, l'Institut sur la gouvernance du Canada a proposé la définition suivante de gouvernance des aires protégées : « les interactions entre structures, processus et traditions qui déterminent qui détient le pouvoir et les responsabilités, qui prend les décisions et comment les citoyens et autres parties prenantes se font entendre » (Graham et al., 2003:2). Cette définition est élégante, certes, mais elle donne très peu de paramètres et d'indicateurs permettant d'analyser et d'évaluer le phénomène, des paramètres qui seraient pourtant utiles.

Encadré 7.1 Détenteurs de droits et parties prenantes

Dans le contexte des aires protégées et aires conservées, les détenteurs de droits sont les acteurs socialement pourvus de droits légaux et coutumiers en relation avec le territoire, l'eau et les ressources naturelles. Les parties prenantes ont des intérêts directs ou indirects et des préoccupations à l'égard de ces éléments, mais n'ont pas nécessairement de droits légalement ou socialement reconnus sur ces éléments.

Encadré 7.2 Instruments et pouvoirs

Les acteurs clés utilisent divers instruments et pouvoirs pour exercer leur autorité sur les aires protégées et leur responsabilité envers elles. Pour les aires protégées officielles, les instruments essentiels sont les lois et les accords, souvent soutenus par les conventions et accords internationaux, les normes de bonnes pratiques et le soutien financier de la part de ministères nationaux et éventuellement d'organismes internationaux. Des mesures incitatives financières peuvent intervenir, ainsi que des initiatives à long terme, notamment l'éducation, la recherche et les programmes de formation, le conseil technique, le personnel et les agents déployés sur le terrain et les processus de conformité. Les aires protégées officielles sont souvent démarquées et surveillées, et elles ont un plan de gestion, un personnel dédié, un budget, un système d'information géographique fonctionnel et un protocole de suivi et d'évaluation. Mais dans les aires conservées, les lois coutumières et les normes sociales entrent souvent en jeu, tout comme les mécanismes financiers et les pouvoirs lorsque des organisations non gouvernementales (ONG), des individus, des communautés ou des corporations achètent des territoires et des ressources dans le but de les conserver, ou lorsqu'ils les conservent effectivement pour en tirer des moyens de subsistance, des avantages économiques ou de la visibilité dans un secteur donné. Des barrières physiques et une surveillance active sont également utilisées, ainsi que des règles intériorisées par des convictions spirituelles et culturelles ou des pressions sociales auxquelles il faut se conformer. Les aires protégées et conservées sont généralement gouvernées par une combinaison de différents instruments et pouvoirs, stratégiquement appliqués à différents niveaux par différents acteurs et organismes.

Une base pratique permettant d'aborder la question de la gouvernance est de considérer les acteurs clés impliqués dans la prise de décision, qu'ils soient gouvernementaux ou non. Les acteurs importants sont ceux dotés d'un mandat national (par exemple, une agence dont la responsabilité découle d'un décret ministériel), ceux disposant de droits juridiques (par exemple de propriété, de location ou de concession), ou encore ceux disposant de droits coutumiers (tels que l'usage traditionnel, la communion ancestrale, la résidence continue) se rapportant au territoire, à l'eau et aux ressources naturelles. D'autres acteurs peuvent également avoir un intérêt et des préoccupations légitimes (par exemple, ils souhaitent mettre en œuvre une entreprise touristique, ou bien ils sont impliqués dans la recherche scientifique) et semblent être disposés à prendre soin de la nature. Dans ce chapitre, nous nous referons à eux respectivement par les termes de « détenteurs de droits » et « parties prenantes » (encadré 7.1).

Une classification plus détaillée distingue les différents types d'instruments et de pouvoirs (régulateurs, financiers ou liés à la connaissance ou à la contrainte par exemple – encadré 7.2) exercés par les acteurs clés lorsque ceux-ci prennent des décisions et les mettent en œuvre. Enfin, il est important de prendre en compte le niveau de prise de décision et de mise en œuvre (par exemple au niveau local, au niveau de l'écosystème, au niveau national, transfrontalier ou international).

Par souci de simplicité, l'UICN a d'abord choisi d'aborder le concept de gouvernance relatif aux aires protégées, en se concentrant sur deux paramètres principaux : la diversité et la qualité de la gouvernance. Actuellement, l'UICN en explore un troisième : la vitalité de la gouvernance que nous décrirons plus tard. Alors que les deux premiers paramètres étaient initialement définis et traités en lien avec les aires protégées uniquement, nous élargissons ici la réflexion et nous intéressons aux trois paramètres dans le cadre des aires protégées, mais aussi des aires conservées.

En outre, en ce qui concerne la diversité de gouvernance des aires protégées, l'UICN opère une stricte distinction sur la base des acteurs clés impliqués dans le ou les actes constitutifs primaires ou principaux. Décriée dans la littérature spécialisée (Eagles, 2009 ; Paterson, 2010, 2011), cette distinction ne serait pas représentative de la réalité bien plus complexe. Alors que cette critique mérite d'être prise en compte, un nombre bien plus important et complexe de formes de gouvernances rendrait la classification plus lourde, et il n'est pas certain que ceci permettrait de mieux appréhender le phénomène.

Étude de cas 7.5 Gestion déléguée d'aires protégées sous gouvernance par le gouvernement : le parc national de Retezat

La Roumanie a adopté une approche déléguée pour toutes ses aires protégées. Le ministère de l'Environnement établit en effet des contrats de gestion pour chacune d'entre elles avec l'Administration nationale des forêts, des ONG, des universités, des conseils municipaux et même avec des particuliers. La délégation ne s'accompagne pas de ressources, et il n'existe pas de coordination et de suivi formels, ce qui rend cette approche moins efficace qu'elle pourrait l'être. Pour le Parc national Retezat, la gestion est déléguée à l'Administration nationale des forêts, mais ce parc est aussi pionnier dans la mise en place de conseils consultatifs, c'est-à-dire, de plateformes pour les parties prenantes clés servant à coordonner et discuter de toutes les décisions de gestion importantes.

Source : Stanciu and Ioniţă (2013)

Parc national Retezat, Roumanie

Source : Andreas Beckmann

Encadré 7.3 Gouvernance transfrontalière pour la conservation

La conservation transfrontalière offre des possibilités de promouvoir la conservation de la nature, les services écosystémiques et les valeurs culturelles, tout en encourageant la paix et la coopération entre nations. Les aires transfrontières de conservation sont très diverses et leur gouvernance est généralement complexe, allant d'accords officiels entre gouvernements à des initiatives populaires informelles dans la société civile. Les parties peuvent inclure des instances gouvernementales, des propriétaires privés, des ONG, des populations autochtones et des communautés locales. La gouvernance est toujours « partagée », mais peut impliquer différents niveaux de coopération, allant d'une intervention étatique minimale à une intervention formelle dans les prises de décision. Les approches informelles sont souvent efficaces, étant donné qu'elles tirent profit des connaissances locales, et qu'elles ont une légitimité locale et sont mises en œuvre plus simplement.

L'efficacité de la gouvernance transfrontalière peut faire face à de nombreux obstacles. L'indifférence politique est l'obstacle le plus répandu, et conduit à un engagement étatique inapproprié ou peu fiable. D'autres obstacles incluent l'absence de ressources financières adéquates : une faible compatibilité entre les systèmes législatifs et politiques dans les pays en question, un manque de précision concernant l'autorité et la responsabilité entre les différentes institutions, l'insuffisance des capacités entre différents partenaires, les barrières linguistiques, les différences culturelles menant à des quiproquos et des tensions politiques entre pays.

Il n'existe pas de modèle unique pour la gouvernance de la conservation transfrontalière – chaque dispositif doit être conçu et administré de manière à répondre aux besoins et intérêts uniques de la région en question. Les paramètres sont généralement dynamiques, évoluant sur la base de la négociation et de l'adaptabilité. Les dispositifs de gouvernance les plus efficaces sont vraiment collaboratifs, nichés à différents niveaux et adaptatifs. Sans collaboration en matière de gouvernance et de gestion, l'aire transfrontalière de conservation ne peut être fonctionnelle. Et sans processus de gestion et d'évaluation continues, la gestion ne peut être adaptative. Une gouvernance appropriée doit être adaptée à son contexte et peut inclure des dispositions formelles ou informelles, des réseaux, des partenariats ou des institutions dédiées (IUCN WCPA, 2013).

— Adapté de Maja Vasilijevic
(Communication personnelle, 2014)

Différentes formes de gouvernance

Pour l'UICN, la diversité de gouvernance des aires protégées est caractérisée par les acteurs clés chargés de prendre les principales décisions affectant les aires en question. Mais avec tant de décisions à prendre, comment déterminer celle étant la plus importante ? Par exemple, est-ce que le fait de « formellement établir l'aire protégée » est aussi important que « d'approuver le plan de répartition en zones » ? En règle générale, nous nous referons aux acteurs responsables de l'acte constitutif de l'aire protégée ou conservée, et/ou à la meilleure réponse à la question suivante : qui pourrait décider, aujourd'hui,

Étude de cas 7.6 Élaborer des décisions complexes pour la Réserve marine des Galápagos

Une loi promulguée par le gouvernement de l'Équateur en 1998 a convenu de la création d'un Conseil de gestion participatif (CGP) constitué de cinq membres. Le conseil n'a pas été doté d'un pouvoir décisionnel, mais les propositions techniques acceptées par consensus dans le CGP avaient un poids social important au niveau supérieur de l'autorité ministérielle, où les propositions devraient être approuvées et étaient pratiquement toujours approuvées sans modification. Curieusement, un conseil participatif a permis la négociation d'accords difficiles, et résolu des questions qui semblaient impossibles à résoudre dans des discussions en tête à tête avec les parties individuelles, telles que les questions relatives aux zones de pêche interdites s'étendant sur 30 % des aires côtières de l'archipel, ou encore celles relatives aux calendriers de pêche.

Source : Bravo and Heylings (2002)

Prise de décision dans la Réserve marine des Galápagos, Équateur

Source : Grazia Borrini-Feyerabend

d'annuler le régime de protection ou de conservation (c'est-à-dire, le déclassement ou la délégitimisation des pratiques de conservation) de l'aire concernée ? La réponse nous oriente vers l'une des quatre principales formes de gouvernance :

1. La gouvernance par le gouvernement (à différents niveaux) ;
2. La gouvernance par différents détenteurs de droits et de parties prenantes (gouvernance partagée) ;
3. La gouvernance par des particuliers ou des organisations ;
4. La gouvernance par des peuples autochtones et/ou des communautés locales.

Avec la catégorie de gestion, le type de gouvernance est une caractéristique clé des aires protégées. Cette diversité est représentée graphiquement dans la matrice UICN des aires protégées (encadré 7.5) éditée par Borrini-Feyerabend et al. (2013) sur la base du travail de Dudley (2008). Évidemment, les questions relatives au régime foncier et coutumier (qui détient les droits légaux et coutumiers sur la terre et les ressources ?) sont importantes pour déterminer le type de gouvernance, mais elles ne sont pas les uniques facteurs à prendre en considération. Au contraire, on observe différents régimes fonciers sous toutes les formes de gouvernance, à travers une variété d'instruments tels que la délégation officielle, le bail et l'entente. Comme indiqué dans les Lignes directrices pour la législation des aires protégées : « Le régime foncier est distinct de la gouvernance, mais il est important d'en tenir compte lorsqu' il s'agit d'envisager les approches de gouvernance les mieux adaptées à un site en particulier » (Lausche et Burhenne, 2001:126).

Type A. Gouvernance par le gouvernement

Dans ce type de gouvernance, un ou plusieurs organes gouvernementaux (un ministère, une agence de gestion d'aire protégée rendant directement compte au gouvernement ou un organisme régional ou municipal, par exemple) détiennent l'autorité et la responsabilité de la gestion de l'aire protégée en déterminant les objectifs de conservation (comme ceux permettant de distinguer les catégories de l'UICN) et en développant et en appliquant le plan de gestion. Souvent, l'État ou le gouvernement fédéral est propriétaire des terres, de l'eau et des ressources naturelles, mais cela n'est pas toujours le cas et l'aire protégée peut inclure des terres, des eaux et des ressources qui sont la propriété par droit civil ou coutumier de particuliers ou d'entreprises, de communautés locales ou de populations autochtones, ou encore, qui tombent sous des régimes de droits multiples.

Les États peuvent également être responsables d'aires conservées comme des réserves militaires où la conservation est *de facto* secondaire. Avec la décentralisation administrative, les gouvernements sous-nationaux et municipaux ont pris une place prédominante dans la déclaration et la gestion des aires protégées. Dans certains cas, le gouvernement compétent détient le contrôle général et prend les décisions importantes, mais délègue la planification et/ou la gestion quotidienne de l'aire protégée à d'autres acteurs tels que des ONG, des opérateurs privés ou des communautés (étude de cas 7.5). Dans un cadre légal et un système de gouvernance national, il peut y avoir ou non une obligation légale d'informer ou de consulter les détenteurs de droits et acteurs locaux avant d'établir une

Étude de cas 7.7 Réserve de rhinocéros du Zululand

La Réserve de rhinocéros du Zululand a été créée en 2004 par un partenariat de 17 propriétaires. Ces derniers ont ôté les barrières se trouvant sur leurs terrains respectifs pour créer une réserve à destination de cette espèce en voie de disparition. Située dans le nord du Zululand dans la province du KwaZulu-Natal, en Afrique du Sud, l'aire inclut une savane arbustive, une savane épineuse ainsi que des forêts le long des cours d'eau. La réserve compte plus de 70 mammifères et abrite une diversité exceptionnelle d'oiseaux. Le projet du Fonds mondial pour la nature (WWF) visant à étendre l'aire de répartition du rhinocéros noir (Black Rhino Range Expansion Project) a conduit à la formation de cette réserve, qui a été choisie pour la mise en liberté du mammifère provenant d'autres aires protégées sud-africaines. La réserve a mobilisé des ressources considérables dans le suivi et la protection des rhinocéros, et cette nouvelle population se reproduit bien. En avril 2009, la réserve a obtenu le statut de Réserve naturelle en vertu de la loi relative aux aires protégées datant de 2003 (*Protected Areas Act 57*), ce qui signifie qu'elle contribue officiellement aux objectifs d'aires protégées provinciales.

— Sue Stolton

Encadré 7.4 Que sont les « communautés locales » et les « populations autochtones » ?

Une communauté locale est un groupe d'individus partageant un territoire, et impliqué dans différents aspects liés à des moyens de subsistance, comme la gestion des ressources naturelles considérées comme un « bien commun », le développement de technologies et de pratiques productives, et la production de savoirs et de culture. Nous parlons de communauté locale lorsque les membres sont susceptibles de se rencontrer en tête à tête et/ou de s'influencer mutuellement dans leur vie quotidienne, qu'ils soient établis de façon permanente ou qu'ils soient mobiles. L'identité d'une communauté et ses caractéristiques culturelles sont souvent partagées, bien que différents groupes ethniques puissent vivre dans la même communauté. Une communauté locale ne peut être identifiée comme telle que par ses membres. Alors que la plupart des individus ont une compréhension intuitive du sens de communauté locale, l'expression « population autochtone » est souvent incomprise. La Convention 169 de l'Organisation internationale du travail (OIT) définit les populations autochtones comme étant des « peuples tribaux dans les pays indépendants qui se distinguent des autres secteurs de la communauté nationale par leurs conditions sociales, culturelles et économiques et qui sont régis totalement ou partiellement par des coutumes ou des traditions qui leur sont propres ou par une législation spéciale » et ceux qui sont « considérés comme indigènes du fait qu'ils descendent des populations qui habitaient le pays, ou une région géographique à laquelle appartient le pays, à l'époque de la conquête ou de la colonisation ou de l'établissement des frontières actuelles de l'État, et qui, quel que soit leur statut juridique, conservent leurs institutions sociales, économiques, culturelles et politiques propres ou certaines d'entre elles. » (ILO 1989) L'identification comme peuple autochtone ou tribal est un critère fondamental pour déterminer les groupes auxquels les dispositions de la convention s'appliquent. Sur la base de la Convention 169 de l'OIT, un grand pas a été fait en 2007 avec la Déclaration des Nations unies sur les droits des peuples autochtones.

Population autochtone nomade Qasqai en Iran

Source : CENESTA

Étude de cas 7.8 Des APAC marines et côtières nombreuses et bien gérées

Au Japon, le gouvernement a assigné l'accès exclusif aux ressources de la pêche côtière aux associations coopératives de pêcheurs. Les associations obtiennent la licence appropriée, et établissent des règles collectives pour l'exploitation des ressources, y compris des quotas et des zones interdites à la pêche. Cela a permis la création de plus de 1 000 zones réglementées pour la pêche, soumises à des règles convenues localement et possédant tous les attributs d'APAC ; ces zones sont localement appelées sato-umi. Beaucoup d'entre elles incluent des zones où l'interdiction de la pêche est bien respectée, parfois limitées en fonction des saisons, et les deux tiers bénéficient d'une certaine forme de reconnaissance gouvernementale.

En partant de l'expérience japonaise, il semble que les règles que s'imposent les pêcheurs sont efficaces en termes de surveillance, d'application et de respect, et cela est vrai même lorsque les règles ne sont appliquées qu'à des délais prescrits. Des scientifiques et des États soutiennent les APAC marines locales en apportant des données scientifiques et en aidant à obtenir un consensus entre pêcheurs concernant les règles collectives les plus appropriées. – Scinichiro Kakuma et Nobuyuki Yagi

— Shinichiro Kakuma and Nobuyuki Yagi

Restauration de l'habitat côtier à Mikayo, Préfecture d'Iwate, Japon

Source : Satoshi Yoshinaga

aire protégée et/ou prendre et appliquer les décisions de gestion. Les mesures de responsabilité publique varient aussi d'un pays à un autre.

Type B. Gouvernance partagée

La gouvernance partagée se base sur des mécanismes institutionnels et des processus par lesquels l'autorité et la responsabilité sont partagées entre deux ou plusieurs acteurs. Ce modèle est largement utilisé et de nombreux pays l'ont mis en place en adoptant des lois spécifiques, des politiques et des dispositifs administratifs. Dans le cas des aires conservées, des institutions coutumières ont élaboré des modèles et des processus spécifiques à travers le monde. Différentes nuances ou sous-types de gouvernance partagée peuvent être identifiées (Borrini-Feyerabend et al., 2004). Dans le cas de la « gouvernance collaborative », le pouvoir décisionnel officiel, la responsabilité et la redevabilité restent entre les mains d'un seul et même organisme (par exemple, un organe national gouvernemental), mais il est requis par la loi ou la politique en vigueur que l'organisme collabore avec les autres acteurs. Cette collaboration peut aller de la simple consultation avec les autres parties à la création d'un organisme comprenant des représentants de différentes parties, qui développe et approuve les propositions techniques qui seront ultérieurement débattues. Dans une « gouvernance commune », l'autorité décisionnelle, la responsabilité et la redevabilité sont officiellement partagées, et les différents acteurs ont droit à un ou plusieurs sièges au sein du conseil d'administration. Cela peut aussi être stipulé dans un accord exposant comment les différentes autorités interagissent. Plusieurs acteurs devant être impliqués, une certaine forme de gouvernance partagée convient particulièrement à la conservation transfrontalière (Sandwith et al. 2001 ; voir aussi encadré 7.3).

La gouvernance partagée reflète la diversité des droits interconnectés qui sont détenus et acceptés dans les sociétés démocratiques, sur la base desquels les différents acteurs reconnaissent leur légitimité mutuelle et leur capacité à représenter leurs circonscriptions (étude de cas 7.6). Les représentants sont généralement des experts de confiance, des leaders d'opinion, des responsables opérationnels ou encore des politiciens élus. Il peut être spécifié que le processus décisionnel doit être entièrement transparent, auquel cas les débats doivent être ouverts à l'examen public, ce qui implique que la responsabilisation aura tendance à s'améliorer. L'inconvénient est que les débats ouverts ont tendance à polariser les prises de position et à favoriser le populisme. Les modalités de prises de décision sont un élément essentiel au bon fonctionnement de ce type de gouvernance.

Étude de cas 7.9 Reconnaître et renforcer les formes traditionnelles de respect et de soin

L'archipel Bijagos en Guinée-Bissau est conservé *de facto* par ses habitants depuis de très nombreuses années. Certaines îles en particulier sont maintenues dans un état vierge, étant donné qu'elles ne pouvaient être visitées qu'une fois par an pour des pratiques rituelles. Dans les années 1990, certaines de ces îles ont été reconnues comme étant les zones de nidification les plus importantes pour la tortue verte marine (*Chelonia mydas*) et autres espèces de tortues marines du côté atlantique du continent africain. Cela a permis la reconnaissance des îles comme formant le Parc national João Vieira–Poilão, offert comme un « présent à la Terre » en 2001. Le respect local a été renforcé par cette déclaration, tout aurait donc bien dû se passer. Cependant, les pêcheurs locaux sont contrariés par le fait qu'ils ne sont plus autorisés à pêcher dans une vaste zone autour du parc, où la pêche sportive est autorisée grâce un permis délivré par l'État. En théorie, la légitimité sociale et les mesures légales vont dans le même sens, mais en pratique, il existe des conflits en raison des différentes interprétations de ce que cela implique. La relation entre fonctionnaires, résidents locaux et étrangers aisés n'est pas toujours simple.

Pêcheurs à João Vieira–Poilão en Guinée-Bissau
Source : Hellio & Van Ingen

Type C. Gouvernance par des acteurs privés

La gouvernance privée remonte relativement loin dans l'histoire. En effet, les monarques et les aristocrates à travers le monde préservaient des terrains pour leur usage personnel ou pour le simple privilège de pouvoir chasser des animaux sauvages. De telles réserves privées présentaient des avantages de conservation secondaires importants. Aujourd'hui, la propriété privée est toujours une force extrêmement puissante en termes de conservation. Par exemple, de nombreuses ONG de conservation achètent, louent ou gèrent des territoires spécifiquement pour la conservation. Parfois, des philanthropes leur offrent ces territoires à cette même fin. Des propriétaires terriens poursuivent les objectifs de conservation poussés par un sentiment de respect envers le territoire ou par leur désir de maintenir sa beauté et sa valeur écologique. Des personnes morales sont aussi impliquées à travers des politiques de responsabilité sociale ou encore des initiatives de compensation pour la biodiversité. Les fonctions utilitaires, par exemple, tirer des bénéfices de l'écotourisme ou réduire les prélèvements et les taxes, peuvent être des incitations supplémentaires, voire l'objectif principal. Dans tous les cas, sous la gouvernance privée, l'autorité de gestion du territoire et des ressources naturelles reste entre les mains du propriétaire, qui détermine les objectifs de conservation et les règles à suivre.

Une aire conservée de manière privée est une parcelle de terrain détenue par des individus, des corporations ou des ONG, et elle est conservée *de facto*. Lorsque le terrain et les ressources sont aussi dédiés à la conservation et reconnus comme tels, par exemple, par un gouvernement national ou un organisme international, on peut parler d'aire protégée privée selon la définition de l'UICN. Dans les aires protégées privées, la conservation peut être peu visible et la responsabilité envers la société peut être limitée. La reconnaissance officielle de la valeur du

Le paysage bioculturel et site du patrimoine mondial comprend des APAC et un parc national
Source : Ashish Kothari

domaine de conservation peut, cependant, être convenue avec les gouvernements nationaux sous nombre de procédures législatives ou politiques nationales. Dans de tels cas, la visibilité et la responsabilité peuvent être négociées comme faisant partie de la reconnaissance nationale « d'aires protégées privées » ou d'autres formes d'accords de conservation (Mitchell et Brown, 1998). Ces accords peuvent restreindre la liberté des propriétaires de terrain, qui acceptent volontairement certaines obligations en échange de reconnaissance sociale et/ou économique spécifique. À de rares occasions, une aire protégée privée est établie par l'abandon volontaire de droits de gestion à cause de restrictions légales (Dudley, 2008). La figure 7.2 représente graphiquement des aires conservées privées comme un sous-ensemble de toutes les aires de conservation, et avec une superposition partielle sur les aires protégées (reconnue par l'UICN et à un niveau national). Un cas qui n'est pas illustré, mais tout aussi probable est celui des aires protégées privées qui ne conservent pas la nature *de facto*, et ne rentrent donc pas dans le cadre « d'aires conservées ».

Un intérêt grandissant pour la conservation à l'échelle du paysage a poussé de nombreux groupes privés de propriétaires à créer des aires de conservations collaboratives, gérant ainsi ensemble de larges unités de conservation (étude de cas 7.7). Alors que la propriété individuelle est maintenue, dans les faits, les propriétés privées sont gérées comme une entité unique ; les propriétaires sont tous redevables les uns envers les autres et appliquent les mêmes plans de gestion pour atteindre des objectifs communs de conservation. Les aires de conservation ou aires protégées privées peuvent également aborder le problème de la responsabilité/redevabilité en formant des alliances et des associations dont les membres doivent adhérer à des directives de bonnes pratiques. Ces associations sont reconnues pour leur implication dans une variété de programmes en matière d'éducation, de suivi, et de surveillance, pour n'en citer que quelques-uns.

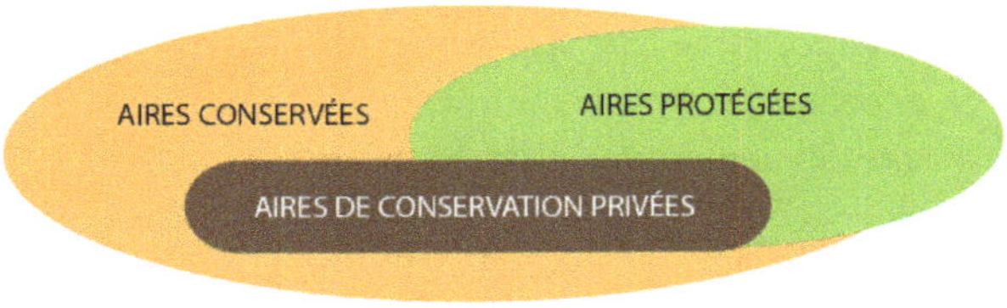

Figure 7.2 Superposition incomplète entre aires conservées, aires protégées et aires conservées privées

Type D. Gouvernance par les peuples autochtones et les communautés locales

La gouvernance par les peuples autochtones et les communautés locales (encadré 7.4) est la forme la plus ancienne de gouvernance des territoires et des ressources naturelles, et est une pratique courante encore aujourd'hui. Elle s'applique à toutes les formes de « biens communs », c'est-à-dire le territoire, l'eau et les ressources naturelles gouvernées et gérées collectivement par une communauté de personnes établies ou nomades.

À travers le monde et pendant des milliers d'années, les communautés humaines ont développé une stratégie de subsistance, répondant aux opportunités et enjeux présents dans leurs environnements respectifs. Souvent, cela signifiait de s'adapter aux conditions écologiques locales, c'est-à-dire d'essayer d'utiliser, de gérer, de conserver et d'enrichir la nature, plutôt que de considérablement altérer ces conditions. De nombreuses cultures humaines ont d'ailleurs été créées autour de ce processus « d'ajustement », générant ainsi une précieuse diversité bioculturelle (Posey, 1999). La conservation intentionnelle de la biodiversité n'était probablement pas l'objectif principal de ces cultures, mais en poursuivant d'autres objectifs (la survie, la sécurité, la spiritualité ou la beauté, par exemple), elles ont réussi à conserver des écosystèmes, des espèces, et des valeurs relatives à l'écosystème.

La plupart des populations autochtones et de nombreuses communautés traditionnelles sont caractérisées par une relation très proche avec leurs territoires et leurs ressources naturelles, ce qui leur confère des avantages et des limitations uniques en tant qu'organe gouvernant des aires conservées et protégées. Généralement, elles défendent le droit collectif plutôt qu'individuel de leur territoire, de l'eau et des ressources naturelles. Une telle approche collective a tendance à maintenir l'intégrité d'un territoire, à prévenir la fragmentation écologique et à favoriser l'atteinte des objectifs à long terme – des éléments clés pour la conservation de la biodiversité. Les relations collectives sont davantage liées à l'identité qu'à la propriété et aux valeurs monétaires. Les droits collectifs établissent aussi une importante base pour le fonctionnement d'institutions communautaires, indispensables à la gouvernance saine et à la gestion durable dans le temps. Par ricochet, reconnaître le rôle de la conservation et la capacité des populations autochtones et des communautés locales peut aider à promouvoir la reconnaissance formelle de leurs droits coutumiers collectifs.

Un régime de gouvernance efficace doit comprendre un accord institutionnel pour la prise de décisions, et le développement de règles pour le territoire, l'eau et les ressources naturelles. Pour les populations autochtones et les communautés locales, les organisations coutumières et locales et les règles sont aussi diverses et complexes que les cultures. Le territoire par exemple, peut être possédé et géré de manière collective, mais des ressources particulières telles qu'un type d'arbre peuvent être possédées ou gérées individuellement ou par un clan. Différentes populations ou communautés autochtones peuvent être responsables d'une même aire à différentes périodes de l'année, ou de différentes ressources au sein de cette aire. Des procédures spécifiques et/ou des rituels doivent parfois être respectés pour que les activités soient autorisées.

Au sens générique, et en respectant leur unicité et leur variabilité unique, les territoires et aires conservées par les populations autochtones et communautés locales sont aujourd'hui généralement désignés par l'acronyme « APAC » (Aires du patrimoine autochtone et communautaire, Dudley, 2008 ; Kothari et al., 2012). La conservation peut impliquer la protection ou l'entretien d'une aire dans son état naturel, la préservation d'un aspect naturel spécifique, l'usage restrictif d'espèces ou d'habitats, la formation et l'entretien de paysages terrestres et marins précieux, et l'utilisation durable et favorable à la biodiversité des ressources naturelles (Borrini-Feyerabend et al., 2010 ; étude de cas 7.8). Les APAC partagent trois caractéristiques essentielles :

- une population autochtone ou une communauté locale a une relation proche et profonde avec un site donné (territoire, aire ou habitat) ;
- la population ou la communauté sont des acteurs majeurs dans la prise de décision liée au site et possèdent *de facto* et/ou de jure la capacité de développer et de faire appliquer des règles ;
- les décisions et efforts de la population ou de la communauté mènent à la conservation de la biodiversité, des fonctions écologiques et valeurs culturelles associées, indépendamment des motivations primaires ou d'origine.

Parce qu'elles sont par définition des « aires conservées », les APAC ne représentent qu'une sous-partie de tous les territoires et aires gouvernées par des populations autochtones et communautés locales. Lorsque leurs institutions gouvernantes décident de se dédier explicitement à la conservation, et assurent une forme de continuité dans la gestion, l'UICN reconnaît que de telles APAC possèdent aussi les caractéristiques d'aires protégées. Pourtant, la plupart des APAC dans le monde ne sont pas reconnues pour leur valeur de conservation dans leurs propres pays, autrement dit, elles ne sont pas reconnues comme faisant partie d'un système national d'aires protégées (ce qui peut être souhaitable ou non), et ne sont pas non plus reconnues ni aidées pour les bénéfices qu'elles ont à offrir à toute la société. La figure 7.3 montre la superposition incomplète entre les APAC et les aires protégées, qui diffère si on considère les aires protégées reconnues par l'UICN ou par les gouvernements nationaux.

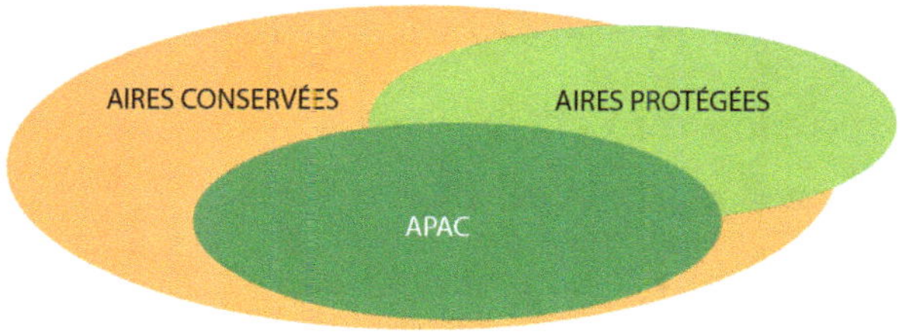

Figure 7.3 Superposition incomplète entre aires conservées, aires protégées et APAC

Types de gouvernance imbriquée et superposée

Dans certains cas, une aire protégée ou conservée caractérisée par un type de gouvernance donné peut être imbriquée dans un autre type, ou partiellement se superposer à lui. On peut citer comme exemple une grande aire protégée gouvernée par l'État contenant une réserve privée comme le Parc national de Repvosi en Finlande, ou encore une vallée considérée sacrée par une population autochtone, tel que le parc national de Sagarmatha (mont Everest) au Népal. Un autre exemple serait celui d'un territoire conservé par une population autochtone qui inclurait une zone humide d'importance internationale, tel que le site Ramsar de Kushk-e Zar (Namdan), cœur du territoire migratoire de la tribu Kuhi en Iran. Dans le premier cas, l'État n'a sûrement pas laissé d'autre choix à une communauté ou à un propriétaire privé que d'accepter l'imposition d'une aire protégée sur leur territoire. Trop souvent, cette stratégie s'est vue accompagnée de l'expulsion des habitants et gardiens du territoire, créant ainsi des situations tragiques de perte et de rancœur. Dans d'autres cas, les populations autochtones, les communautés locales et les propriétaires continuent de vivre au sein de l'aire protégée et d'apporter leurs contributions à la conservation en maintenant leurs propres pratiques de gouvernance et de gestion.

Le cas des APAC au sein d'aires protégées gouvernées par l'État est très répandu. Si l'APAC est maintenue sous gouvernance communautaire sans reconnaissance ou coordination de la part du gouvernement, le risque est que la gouvernance et les pratiques de gestion soient involontairement sapées ou délibérément supprimées et remplacées, générant ainsi des conflits entre gouvernements et communautés. Les tentatives du gouvernement de garantir son autorité peuvent être perçues comme une menace à l'intégrité de l'APAC, et les résidents locaux peuvent craindre la violation de leurs droits et de leur capacité à exercer leur responsabilité collective. Cependant, on observe par moment une reconnaissance mutuelle et une collaboration positive entre les organes de gouvernance d'aires protégées et les APAC, au profit de toutes les personnes impliquées. Un gouvernement peut même adhérer à long terme à la vision d'un parc national gouverné en totalité par la communauté autochtone légitime (Farrier et Adams, 2011). Sur la base de l'examen de différents cas de superposition, il est recommandé que les autorités d'aires protégées reconnaissent et apprécient les APAC, qu'elles évitent d'interférer avec elles et qu'elles les soutiennent comme convenu mutuellement (Stevens et Pathak-Broome, 2014).

APAC ou non, une grande partie des aires protégées mondiales sont habitées par des populations autochtones et des communautés locales, ou du moins demeurent cruciales pour ces populations en raison des moyens de subsistance qui s'y trouvent et/ou des relations culturelles ou spirituelles qu'elles ont avec eux. Ces personnes et communautés sont parmi les plus concernées et mieux équipées pour conserver les territoires et ressources en question, pourvu que l'opportunité et les moyens nécessaires leur soient donnés (Ostrom et Nagendra, 2006 ; étude de cas 7.9). Le défi pour les organismes de conservation est de surmonter les pratiques passées et d'engager les populations dans la gouvernance au profit de leurs propres moyens de subsistance et de la conservation. Dans ce cadre, le Programme de travail sur les aires protégées de la CDB et l'UICN recommandent d'adopter et de soutenir une variété de formes de gouvernance dans les aires protégées et conservées (Borrini-Feyerabend et al., 2013). En ce sens, les imbrications et superpositions de différents types de gouvernance sont une opportunité pour la conservation, où les gouvernements et les sociétés dans leur ensemble peuvent plus simplement partager les contraintes et les bénéfices de la conservation.

Qualité de la gouvernance

Le Programme de travail sur les aires protégées de la CDB souligne le besoin de reconnaître et de soutenir différentes formes de gouvernance d'aires protégées, mais encourage aussi les parties prenantes à améliorer la qualité de la gouvernance de leurs aires protégées, indépendamment de leur forme. Établir des critères, des principes et des valeurs peut aider à orienter l'action. On peut s'inspirer d'un nombre de principes abordés par les Nations unies dans le cadre d'un travail sur les droits de l'homme et la promotion de l'implication publique dans la gouvernance environnementale lancée depuis la Conférence de l'ONU sur l'environnement et le développement en 1992 (CNUED, 1997, 1999, 2002).

Sur la base de ce travail, l'UICN a récemment publié un volume de directives pour les pays prêts à prendre part à l'évaluation de la gouvernance et des processus pour les systèmes d'aires protégées ou des sites individuels

Encadré 7.5 Systèmes d'aires protégées et matrice de l'UICN

Les catégories de gestion et types de gouvernance saisissent les caractéristiques importantes de n'importe quelle aire protégée et, comme elles sont indépendantes, elles peuvent être juxtaposées dans une matrice, créant ainsi un « espace d'options » permettant de visualiser leurs combinaisons possibles. La matrice UICN telle qu'elle a été éditée par l'auteur (figure 7.4) est particulièrement utile pour visualiser les combinaisons de catégories de gestion et de types de gouvernance existant dans le système d'aires protégées d'un État, et celles qui pourraient exister.

Par exemple, la matrice de l'UICN a permis de montrer qu'un système national pouvait inclure bien plus que les aires protégées par des instances gouvernementales seules, et pouvait être à l'origine de réformes pratiques dans les systèmes de conservation nationaux (Borrini-Feyerabend et Dudley, 2005). Curieusement, la matrice de l'UICN peut s'appliquer non seulement aux aires protégées, mais aussi aux aires conservées et autres zones qui entreraient, en pratique, dans le cadre des catégories de gestion de l'UICN.

Type de gouvernance / Catégorie de gestion	A. Gouvernance par le gouvernement			B. Gouvernance partagée			C. Gouvernance privée			D. Gouvernance par les peuples autochtones et les communautés locales	
	Ministère national ou fédéral ou organisme responsable	Ministère ou organisme sous-national responsable	Gestion déléguée par le gouvernement (par ex. ONG)	Gouvernance transfrontalière	Gouvernance collaborative (différentes formes d'influence pluralistes)	Gouvernance conjointe (instance dirigeante multipartenaire)	Aires conservées établies et gérées par des propriétaires privés	…par des organisations à but non lucratif (par ex. des entreprises propriétaires)	…par des organisations à but lucratif (par ex. des entreprises propriétaires)	Aires protégées et conservées appartenant à des populations autochtones, établies et gérées par ces populations	Aires et territoires de conservation communautaires, établis et gérés par ces populations
I a. Réserve naturelle intégrale											
Ib. Zone de nature sauvage											
II. Parc national											
III. Monument naturel											
IV. Aire de gestion des habitats/espèces											
V. Paysage terrestre/marin protégé											
VI. Zone de gestion de ressources protégées											

Figure 7.4 Matrice UICN des aires protégées à jour (éditée par les auteurs) : un système de classification comprenant à la fois les catégories de gestion et types de gouvernance

Source : Borrini-Feyerabend et al. (2013)

(Borrini-Feyerabend et al., 2013). Le tableau 7.4, extrait de ce travail, propose un grand nombre de considérations relatives aux cinq principes majeurs de bonne gouvernance reconnus par l'UICN et applicables aux aires protégées.

Les principes encouragent les populations et les institutions responsables de la gouvernance d'aires protégées et conservées à combiner leur souci d'efficacité (vision, performance, responsabilité) et leur souci d'équité (justice, respect de droits procéduraux et substantiels). Toutefois, contrairement à la forme de gouvernance, la qualité de la gouvernance ne se rapporte pas à une classification ou à une échelle en particulier. En fait, la qualité de la gouvernance peut seulement être comprise en rapport avec un contexte particulier, étant donné que la culture et les valeurs affectent fortement les critères de ce qui est considéré comme convenable. De plus, en fonction des situations, il peut être important de souligner les différents principes, ou composantes de principes, tels que le partage d'information (par exemple, les personnes connaissent-elles et discutent-elles de la vision et de l'objectif de l'aire protégée ?), la légitimité (par exemple, les décisions reflètent-elles les vraies priorités de la société ?) ou encore l'équité (par exemple, un groupe est-il particulièrement désavantagé par la décision prise ?).

Généralement, les États sont responsables du système d'aires protégées se trouvant sur leur territoire, et doivent être responsables à la fois de l'efficacité de leur gestion (voir chapitre 28) et de la qualité de leur gouvernance. Pour ce premier élément, les gouvernements doivent développer et favoriser les capacités pertinentes et promouvoir les conditions générales (y compris le soutien budgétaire et les autorités efficaces et perçues comme légitimes). Quant à la qualité de la gouvernance, les gouvernements doivent assurer que la législation et la réglementation soient justes et qu'elles soient bien appliquées, offrant ainsi à la société civile la possibilité d'organiser et de prendre en charge des rôles autonomes et collaboratifs. En ce sens, la bonne gouvernance d'aires protégées et conservées est en grande partie dépendante des relations générales et des engagements mutuels entre gouvernements, propriétaires privés et organisationnels, ONG, communautés autochtones et locales, et la société civile en général.

Au XXIe siècle, les préoccupations, les capacités et les institutions d'acteurs non gouvernementaux (populations autochtones, communautés locales, ONG, propriétaires privés et organisationnels et même la société civile dans son ensemble) ont renforcé le poids et la visibilité de ces acteurs dans le milieu de la conservation en général et des mesures par zone en particulier.

Des jeunes du village Nayakheda en Inde occidentale dans une forêt communautaire récemment reconnue
Source : Ashish Kothari

Malgré tout, les organismes gouvernementaux nationaux continuent de remplir un rôle essentiel dans le processus de gouvernance. D'une part, ces organismes gouvernementaux constituent un recours lorsque les autres acteurs accordent peu d'intérêt à la conservation. D'autre part, ils ont l'obligation morale de donner une voix à la « nature muette », de protéger la valeur intrinsèque des plantes, des animaux et des systèmes naturels, et de les conserver pour les générations humaines futures. Dans certains pays comme l'Équateur, cette obligation est même intégrée aux principes constitutionnels.

Pour apporter une dimension plus concrète au sujet, nous allons maintenant aborder quelques questions relatives à la « qualité de la gouvernance » qui constituent des préoccupations particulières pour les différents acteurs de la conservation.

Qualité de la gouvernance pour les organismes gouvernementaux nationaux et sous-nationaux

La plupart des aires et systèmes d'aires protégées officiels dans le monde sont sous gouvernance étatique, soit des systèmes complexes de ministères, d'agences, de niveaux d'administration et d'acteurs travaillant en coordination, et parfois sous tension les uns avec les autres. Souvent, de telles agences ont des desseins et des capacités différents, et des missions imprécises. Bien que les conflits entre des organismes qui cherchent à gagner en influence sont monnaie courante, sous l'impulsion du Programme de travail sur les aires protégées, un pas a été fait vers une prise de décision plus collaborative (Dearden et al., 2005). Ce revirement est de plus en plus fréquemment inclus dans la législation.

Un aspect essentiel de la gouvernance des aires protégées par les organismes publics est le devoir de rendre des comptes au public, autrement dit, mettre en place des mécanismes pour montrer que les tâches sont effectuées et les objectifs atteints en temps voulu, et que les fonds publics sont dépensés aux fins prévues. Il est évident que la tendance actuelle est à l'emploi accru de tels mécanismes et de meilleurs efforts de communication. L'état des rapports d'aires protégées, les rapports annuels et les audits externes sont plus fréquemment disponibles, et les comités consultatifs nationaux, les tables rondes d'acteurs et les débats parlementaires sont des initiatives ayant lieu beaucoup plus souvent. De même, la part des financements consacrés aux aires protégées par les organismes publics et les donateurs privés diminue, alors que la part liée aux financements des ONG et aux bénéfices liés à l'utilisation des parcs augmente (Dearden et al., 2005).

Au cours des dernières décennies, il est devenu courant d'établir et de gérer des aires protégées aux niveaux provinciaux, régionaux et locaux où les dispositions semblent être plus simples, plus flexibles et mieux connectées avec les acteurs locaux. Cela passe aussi par des dispositions de gouvernance innovantes impliquant directement la société civile. Au niveau national, les organismes publics continuent à jouer un rôle unique de concepteurs de politiques publiques, coordinateurs de systèmes d'aires protégées, évaluateurs de performance, d'organisations pour la formation et la distribution des ressources. Il est conseillé aux organismes nationaux de renforcer leurs capacités pour pourvoir ces services plutôt que de se concentrer uniquement sur la gestion directe d'aires protégées.

Tableau 7.4 Des considérations utiles pour évaluer la « qualité de la gouvernance » dans différentes situations dans tous les types de gouvernance

Principes	Considérations liées aux principes
Légitimité et parole	Établir et maintenir les institutions de gouvernance qui bénéficient d'une large acceptation et reconnaissance par la société. S'assurer que tous les détenteurs de droits et autres parties prenantes concernées reçoivent des informations pertinentes et en quantité suffisante, qu'ils peuvent être représentés, et qu'ils ont voix au chapitre lors des consultations et/ou des prises de décision. Encourager l'engagement actif des acteurs sociaux pour appuyer les aires protégées, tout en faisant respecter la diversité et l'équité entre les genres. Fournir un appui spécial aux groupes les plus vulnérables, tels que les peuples autochtones, les femmes et les jeunes, et prévenir toute forme de discrimination basée sur l'ethnie, le sexe, la classe sociale, les biens financiers, etc. Maintenir un dialogue actif et chercher à atteindre le consensus sur des solutions qui répondent, au moins en partie, aux préoccupations et à l'intérêt de tous. Promouvoir le respect mutuel entre l'ensemble des détenteurs de droits et des autres parties prenantes. Honorer les règles convenues, qui sont respectées parce qu'elles sont les règles de la population elle-même, et pas uniquement dans la crainte d'une punition ou de la répression. Autant que possible, attribuer l'autorité et la responsabilité de la gestion aux institutions compétentes les plus proches des ressources naturelles (subsidiarité).

Principes	Considérations liées aux principes
Direction	Développer et suivre, pour les aires protégées et leurs objectifs de conservation, une vision stratégique qui soit attrayante et cohérente (perspective générale à long terme) fondée sur des valeurs convenues et une appréciation des complexités écologiques, historiques, sociales et culturelles propres à chaque contexte. S'assurer que les pratiques de gouvernance et de gestion pour chaque aire protégée soient conformes aux valeurs convenues. S'assurer que les pratiques de gouvernance et de gestion soient compatibles et bien coordonnées avec les plans et les politiques d'autres secteurs et échelons au sein du paysage terrestre/marin au sens large, et qu'elles soient respectueuses des obligations nationales et internationales (y compris du Programme de travail sur les aires protégées de la CDB). Donner des orientations politiques claires pour les enjeux principaux qui concernent l'aire protégée et, en particulier, pour les questions sensibles (par exemple les priorités de conservation, les relations avec les intérêts commerciaux et les industries extractives) et s'assurer que ces orientations soient cohérentes avec les allocations budgétaires ainsi qu'avec les pratiques de gestion. Évaluer et diriger les progrès en se basant sur les résultats du suivi régulier et d'une approche consciencieuse de gestion adaptative. Favoriser l'émergence de champions, qui génèrent de nouvelles idées en permettant/promouvant prudemment des tentatives d'innovations, parmi lesquelles des innovations en matière de gouvernance et de gestion des aires protégées.
Performance	Atteindre les objectifs de conservation et d'autres objectifs tels qu'ils ont été planifiés et suivis, notamment par une évaluation continue de l'efficacité de la gestion. Promouvoir une culture d'apprentissage des politiques des aires protégées et de la pratique de gouvernance en se basant sur des mécanismes, des outils et des partenariats qui promeuvent l'apprentissage collaboratif continu et l'entrecroisement des expériences. S'engager dans le plaidoyer et la sensibilisation en faveur des aires protégées. Répondre aux besoins des détenteurs de droits et des autres parties prenantes, en particulier en fournissant en temps et en heure des réponses efficaces à leurs questions et demandes raisonnables au sujet des changements de pratiques de gouvernance et de gestion. S'assurer que le personnel des aires protégées, les détenteurs de droits et les autres parties prenantes, selon les cas, possèdent les capacités nécessaires pour assumer leurs responsabilités et leurs rôles dans la gestion, et que ces capacités soient effectivement mises à profit. Utiliser efficacement les ressources financières et promouvoir la durabilité financière. Promouvoir la durabilité et la résilience sociale, c'est-à-dire l'aptitude à gérer les risques, à surmonter les crises inévitables et à sortir renforcés de ces expériences.
Responsabilité et devoir de rendre des comptes	Affirmer l'intégrité et l'engagement de tous ceux qui sont chargés de responsabilités spécifiques pour les aires protégées. Assurer la transparence, en fournissant aux détenteurs de droits et aux autres parties prenantes l'accès, au moment opportun, aux informations concernant : ce qui est en jeu lors de la prise de décision ; les processus et institutions qui peuvent exercer une influence ; qui est responsable de quoi ; et comment ces personnes peuvent rendre des comptes. Assurer un partage clair et approprié des rôles dans les aires protégées, ainsi que les lignes de responsabilités et de réalisation des rapports/réponses. S'assurer que les ressources financières et humaines allouées à la gestion des aires protégées soient ciblées convenablement, en fonction des objectifs et plans définis. Évaluer la performance de l'aire protégée, de ses décideurs et de son personnel, et associer la qualité des résultats avec des récompenses et des sanctions concrètes et appropriées. Établir des moyens de communication (par exemple des sites internet) où les rapports et les données qui illustrent les résultats des aires protégées sont mis à disposition. Encourager les groupes de la société civile et les médias à faire part de leurs réactions sur ces résultats. S'assurer qu'une institution publique indépendante ou plus (par exemple un médiateur, la commission des droits de l'homme, une organisation de vérification des comptes) possède l'autorité et la capacité de superviser et de remettre en question les actions des comités de gouvernance et du personnel des aires protégées.

Principes	Considérations liées aux principes
Justice et droits	S'efforcer de réaliser un partage équitable des coûts et des bénéfices issus de l'établissement et de la gestion d'une aire protégée, et de prendre toutes les décisions pertinentes de façon juste. S'assurer que les moyens de subsistance des populations les plus vulnérables ne soient pas affectés de façon négative par les aires protégées ; que celles-ci ne créent pas ou n'aggravent pas la pauvreté, ou les phénomènes migratoires socialement déstabilisants ; et que les coûts des aires protégées – notamment ceux engendrés pour les populations les plus vulnérables – soient accompagnés de compensations appropriées. S'assurer que la conservation est entreprise avec décence et dignité, sans humilier ni blesser personne. Travailler équitablement avec le personnel et les employés temporaires des aires protégées. Mettre en application les lois et les régulations de façons impartiales, en restant cohérent dans le temps, sans faire aucune discrimination et en assurant le droit de faire appel (État de droit). Prendre des mesures concrètes pour respecter les droits substantiels (légaux ou coutumiers, collectifs ou individuels) sur la terre, l'eau et les ressources naturelles liées aux aires protégées, afin, de plus, de réparer les infractions passées de ces droits. Prendre des mesures concrètes pour respecter les droits procéduraux liés aux aires protégées, parmi lesquels : une information et consultation appropriée des détenteurs de droits et des autres parties prenantes ; des méthodes justes de gestion des conflits ; un recours à la justice non discriminatoire. Respecter les droits humains, y compris les droits individuels et collectifs et l'équité entre les genres. Respecter les droits des peuples autochtones, comme cela est décrit dans la Déclaration des Nations unies des droits des peuples autochtones. Garantir le consentement libre, préalable et informé des peuples autochtones pour tous types de relocalisation en lien avec les aires protégées. Promouvoir l'engagement actif des détenteurs de droits et autres parties prenantes pour la création et la gouvernance des aires protégées.

Qualité de la gouvernance pour les ONG

Le nombre et l'influence des ONG internationales, nationales et locales travaillant sur les questions environnementales et les aires protégées, quel que soit le type de gouvernance, a nettement augmenté ces 30 dernières années. Pour des aires protégées à gouvernance étatique, elles peuvent agir en tant que gestionnaires délégués (c'est le cas de la société Audubon à Belize) ou pourvoyeuses d'assistance technique. De nombreuses ONG donnent des conseils politiques aux gouvernements, et peuvent également avoir une influence sur l'offre ou le maintien de services ou de fonds d'aide, et/ou affecter l'opinion de donateurs. Elles défendent généralement l'inclusion d'accords internationaux aux dispositions nationales, comme les dispositions de la CDB, la Convention du patrimoine mondial ou la Convention de Ramsar. Les ONG jouent un rôle essentiel dans l'établissement d'accords et d'initiatives sur les aires protégées supranationales.

Dans les aires protégées sous gouvernance partagée, les ONG peuvent être des partenaires à part entière, avec un rôle parfois inscrit dans la législation nationale, ou bien agir en tant que facilitateurs, formateurs, coordonnateurs, médiateurs, gestionnaires de conflits et fournisseurs d'assistance juridique, technique et administrative. De nombreuses ONG de conservation sont aussi les gestionnaires d'aires protégées privées situées sur des terrains qu'elles ont achetés ou reçus de donateurs privés et qu'elles conservent à des fins explicites de conservation. Cette situation est particulièrement courante aux États-Unis, au Royaume-Uni et en Australie, où, en qualité d'organisation à but non lucrative, les ONG jouissent de la confiance du public ce qui leur permet d'obtenir des exonérations fiscales et autres avantages. D'autres ONG jouent un rôle important en tant que promoteurs de coalitions de propriétaires privés pour mettre en place leurs propres aires protégées par le biais de fonds fiduciaires fonciers. Un nombre de plus en plus important d'ONG ont entrepris d'aider les populations autochtones et les communautés locales à faire valoir, défendre, établir et gérer leurs propres aires conservées et/ou protégées, et en établissant des coalitions nationales et des fédérations ayant ces mêmes objectifs.

Les ONG sont particulièrement bien placées pour encourager l'amélioration de la qualité de la gouvernance. Elles diffusent des informations ainsi que des idées novatrices, elles aident la société civile à mobiliser et elles facilitent le dialogue et les processus de négociation. Elles apportent un soutien technique et offrent des formations aux communautés ou aux ONG plus petites

Figure 7.5 Résumé schématique des caractéristiques de la gouvernance (reproduit avec l'autorisation du CSIRO)

et plus récentes, elles assurent l'application de la loi et des politiques environnementales, elles jouent le rôle de défenseurs de politiques et suggèrent des pratiques novatrices (par exemple, en créant une demande pour des biens certifiés ou en aidant des individus à se présenter au tribunal). Toutefois, les ONG ont aussi leurs limites, et peuvent involontairement avoir des impacts négatifs. Parfois, elles dépassent leurs rôles, absorbent toutes les ressources disponibles ou monopolisent la gestion des problèmes techniques, et font perdre aux acteurs locaux leur influence. Elles peuvent également se trouver excessivement impliquées dans la politique locale, créant ainsi de nouveaux conflits ou allant à l'encontre des actions et priorités locales. Les ONG étrangères, en particulier, doivent mettre en œuvre des programmes uniquement après s'être assurées qu'elles comprennent l'histoire de la communauté et ses dynamiques (Alcorn et al., 2005).

Qualité de la gouvernance pour les propriétaires privés

De nombreux propriétaires privés gèrent une partie ou la totalité de leurs terres avec des résultats importants pour la conservation. Certaines de ces terres ont obtenu une forme de reconnaissance en intégrant le patrimoine protégé de différents pays (Langholz et Krug, 2004). Dans des pays comme le Costa Rica, le Brésil, le Chili et l'Afrique du Sud, la surface de terres protégées sous gouvernance privée est estimée supérieure à celle tombant sous la juridiction d'instances gouvernementales (Anderson, 2003). En Afrique du Sud et en Namibie, les propriétaires privés mettent souvent leurs terrains en commun pour former des réserves, et ainsi créer de grands habitats pour la faune sauvage et mettre en place des structures touristiques, souvent en partenariat avec les organismes publics qui gèrent les parcs avoisinants. Les entreprises propriétaires sont également de plus en plus disposées à consacrer une partie de leurs terres à la conservation, ce qui est parfois une manière de compenser les atteintes à la nature qu'elles ont pu causer ailleurs.

Pour les propriétaires privés, l'un des avantages de la gouvernance est les pouvoirs que confère la propriété privée. L'affectation des terres à la conservation peut facilement être établie, voire inscrite dans l'acte de propriété, obligeant ainsi les futurs propriétaires à respecter ces modalités. Alors que cela implique souvent des avantages sociaux et économiques, certains expriment leurs inquiétudes concernant les parcs privés qui contribueraient à la concentration de la propriété entre les mains des plus aisés. En effet, ces parcs privés peuvent devenir des îlots exclusifs, c'est-à-dire des lieux où les propriétaires aisés accueillent des touristes fortunés, ce qui représente un écueil social majeur (Langholz et Krug, 2004). La popularité et la profitabilité croissantes de l'écotourisme et des réserves de chasse privées s'accompagnent d'une augmentation de la valeur des territoires à la base de ces entreprises. En fonction des contextes juridiques et politiques, les communautés vivant sur ou à proximité de ces territoires peuvent être contraintes à partir, par la menace, par la force ou encore par besoin économique. Ces communautés peuvent aussi rester, mais perdre leur droit d'accès au gibier, aux plantes médicinales et à d'autres ressources présentes sur un terrain ayant un statut de réserve. Les problèmes d'équité deviennent encore plus inquiétants dans les cas de propriété étrangère. Les gouvernements doivent jouer un rôle actif dans le suivi et l'évaluation de l'efficacité et de l'équité des efforts privés de conservation, en particulier lorsque les mesures incitatives pour la conservation sont en jeu.

Qualité de la gouvernance pour les populations autochtones et communautés locales

De nombreuses communautés locales et populations autochtones sont dotées d'organisations coutumières jouant un rôle dans la gouvernance de la nature et des ressources naturelles. Certaines ont des siècles d'expérience, et d'autres sont relativement récentes ou ont été adaptées à la situation présente. La plupart ont en commun le fait de représenter les détenteurs de droits locaux, soit les individus qui, les premiers, payent le prix de mauvaises décisions de gestion et possédant les connaissances, les compétences et l'expérience locales traditionnelles nécessaires pour protéger et restaurer des sites spécifiques et/ou utiliser les ressources naturelles durablement. Malgré leur diversité et leur complexité, et probablement à cause de cela, les institutions coutumières et locales semblent fonctionner efficacement et contribuent grandement à la conservation des écosystèmes naturels et modifiés (Kothari, 2006). Elles agissent ainsi volontairement, à travers le monde, à travers les droits coutumiers ou d'autres moyens efficaces (CBD, 2010).

En plus d'être les dépositaires de savoirs et de compétences ancestraux, taillés selon les spécificités de territoires et de ressources donnés, les institutions de gouvernance communautaire sont généralement flexibles, réactives et capables de s'adapter à de nombreux facteurs, et elles répondent au changement de manière rapide et efficace. De plus, elles sont souvent indépendantes et autofinancées, la gouvernance d'une aire conservée ou protégée localement étant essentielle pour les individus dont les moyens de subsistance et l'identité culturelle sont intimement liés aux ressources naturelles. Elles ont aussi leurs limites. D'un côté, les institutions coutumières sont propres à leurs cultures et certaines ne reflètent pas les acquis que représentent les valeurs universelles des droits de l'Homme et les principes libérateurs tels que le droit à l'information, la participation à la prise de décision et la responsabilité. D'autre part, on constate souvent des problèmes dans leur relation avec les gouvernements, en particulier dans l'interface entre institutions traditionnelles et institutions modernes.

Souvent, l'État n'offre aucune reconnaissance formelle aux organisations ethniques et locales gouvernant les aires conservées, ni même aux populations autochtones ou communautés locales elles-mêmes. Celles-ci n'existent pas forcément en tant qu'entité juridique collective, mais sont seulement considérées comme une agglomération d'individus. C'est le cas dans de nombreux endroits en Afrique, en Asie et en Europe. Dans d'autres pays, en Afrique du Sud par exemple, le droit coutumier est reconnu par la constitution comme un ensemble de lois indépendant. Dans ces pays, les populations autochtones et les communautés locales détiennent légalement un droit de propriété d'au moins une partie de leurs territoires, ainsi que le droit de les gouverner collectivement. La mise en œuvre varie largement, mais cette stratégie est en place dans des pays aussi divers et variés que la Colombie, les Philippines, l'Australie, le Brésil, la Bolivie, l'Italie, les États-Unis, le Canada, l'Inde, l'Iran, Madagascar, la Tanzanie et l'Indonésie, permettant ainsi aux gouvernements de reconnaître la contribution de ces populations à la conservation. Les territoires de conservation autochtones, les parcs tribaux, les forêts conservées dans des villages de montagne, les aires protégées autochtones et les domaines ancestraux conservés sont dorénavant officiellement reconnus par différents accords négociés, qui parfois requièrent des garanties d'efficacité de la gestion et de la qualité de la gouvernance.

La qualité de la gouvernance pour l'ensemble de la société civile

La société civile fait référence à une variété d'initiatives et d'acteurs collectifs (distincts de la famille, de l'État et du marché) maintenant un certain degré d'autonomie, s'assurant de la place et de l'entretien du pluralisme, et s'impliquant dans une relation constructive avec la politique et les débats d'intérêt public. Toutes les associations volontaires tentant d'influencer la prise de décision dans les aires protégées ou conservées appartiennent à la société civile et représentent un potentiel formidable pour la conservation. Parfois, cependant, elles sont aussi une source d'instabilité et de problèmes. Les associations créées spécifiquement pour développer et exercer une influence sur une aire protégée particulière peuvent s'avérer très influentes. Elles peuvent défier les menaces externes, mais aussi combattre des décisions qui sacrifient une partie des intérêts locaux au profit de l'intérêt général.

Les acteurs non professionnels et la société civile peuvent influencer les décisions de conservation par leur position de force ou leur savoir unique, par influence personnelle, familiale ou du groupe et par leur pouvoir économique, à travers leur influence politique et leur expertise légale, et même à travers une forme de coercition violente ou de désobéissance civile pacifique. Ces pouvoirs peuvent avoir une incidence plus ou moins ouverte sur les décisionnaires. Les parcs nationaux et les parcs naturels régionaux français sont un modèle d'aires protégées qui appellent ouvertement à l'implication de la société civile. La loi y prévoit le recours généralisé à des ateliers, de vastes consultations et délibérations publiques pour

Étude de cas 7.10 Évaluer la gouvernance dans un environnement forestier tropical

Les populations autochtones des forêts tropicales australiennes sont impliquées dans la gouvernance de leurs territoires traditionnels situés dans la région forestière tropicale d'Australie, en collaboration avec de nombreux autres acteurs, y compris les gouvernements national, provincial et local, les ONG environnementales, des propriétaires locaux et des entreprises privées. Un projet de recherche réalisé par des professionnels des sciences sociales, des analystes spatiaux et autres spécialistes, a permis de développer un outil de diagnostic pour mesurer les forces et faiblesses de tels partenariats. Les populations autochtones des forêts tropicales ont défini la gouvernance partagée comme « un processus continu de recherche de solutions et non un état fixe, impliquant de longues discussions, des négociations et un apprentissage commun, pour une amélioration dans le temps » (Hill et al., 2013a:1). L'outil de diagnostic contient de nombreux éléments, dont l'un consiste à déterminer la santé des institutions pour garantir le maintien d'une participation forte. Ils ont reconnu que leur participation dépend de leur propre prospérité, et leur capacité à maintenir leurs systèmes de savoirs en vie. L'outil de diagnostic évalue donc aussi les facteurs qui « garantissent la résistance des populations autochtones dans les forêts tropicales. » Leur évaluation a déterminé que les aires protégées des populations autochtones, qui sont des aires protégées définies par les populations autochtones sous leur propre autorité culturelle (Rose, 2013), rassemblaient les individus dans une relation flexible, continue et qui évolue dans le temps, alors que les négociations de droits et d'accords à eux seuls (comme les accords d'utilisation des terres des populations autochtones qui ont placé l'État et ces populations dans une situation tendue), ont mené à la production d'un document statique. La reconnaissance des droits étant la base de beaucoup de progrès et les accords d'utilisation des terres pouvant contribuer à la gestion collaborative, il est essentiel de maintenir les processus de recherche de solutions.

Atelier de l'Alliance des populations autochtones des forêts tropicales, Queensland septentrional, Australie

Source : © Michelle Esparon. Reproduit avec la permission des personnes photographiées

discuter et développer des idées qui seront compilées en une charte d'aire protégée incluant les objectifs clés et les priorités de gestion.

Il existe aussi des voies d'influence moins justes. Par exemple, certains tentent de contourner la chaîne décisionnelle en passant un appel téléphonique convaincant aux autorités supérieures. Ceci peut fonctionner ou non, mais montre pourquoi certains considèrent l'engagement de la société civile comme étant antidémocratique. En effet, il dépend de l'action et l'opinion d'un petit nombre, et non des voix exprimées par la majorité disposant de droits légitimes (par contre, un représentant élu ne discutera pas souvent avec ses électeurs des décisions spécifiques relatives à l'aire protégée).

Vitalité de la gouvernance

La communauté conservationniste s'habitue progressivement à utiliser deux paramètres principaux pour comprendre la gouvernance : le type (qui détient l'autorité, la responsabilité et la responsabilité des principales décisions, la « loi constitutive » de la mesure par aire ou territoire ?) et la qualité (les décisions sont-elles prises en respectant les principes de « bonne gouvernance » ?). Bien que ces paramètres soient utiles et informatifs, ils n'indiquent pas la capacité d'un dispositif de gouvernance à apprendre, à évoluer et remplir son rôle et ses responsabilités dans un délai convenable, de manière intelligente, appropriée et satisfaisante pour toutes les personnes concernées. C'est cette propriété qui est appelée « vitalité de la gouvernance », et nous décrirons ici quelques considérations initiales et idées à ce sujet. Le sujet n'est pas traité de manière exhaustive, et dans les mois et années à venir, nous espérons que la communauté conservationniste pourra définir cette propriété de la gouvernance de manière plus précise et complète. Mais nul besoin de précision pour comprendre l'utilité du concept et/ou pour saisir plus largement ce qui peut être fait pour l'améliorer au bénéfice de la nature et des populations.

Comme point de départ, nous soutenons que la vitalité du dispositif de gouvernance (voir figure 7.5) est liée à :

- une bonne intégration et une connectivité fonctionnelle, c'est-à-dire interagir abondamment, et de façon pertinente et systématique avec les différents acteurs, secteurs et niveaux (y compris ces acteurs qui rendent les décisions efficaces par leur soutien politique, social et financier) ;

- l'adaptabilité, c'est-à-dire être flexible, réfléchi, ouvert à l'échange de savoirs, au dialogue et au débat, capable d'apprendre sur la base de l'expérience, d'évaluer ses options et de prendre des décisions rapides et cohérentes, même dans des circonstances difficiles ;
- la sagesse, autrement dit accepter de prendre des décisions adaptées à l'échelle (par exemple, à la taille et à la cohérence des unités de gestion, au nombre d'acteurs à impliquer), être motivé par l'intérêt général et la solidarité plutôt que par l'appât du gain (par exemple, en évitant l'accumulation et le gaspillage, en encourageant le respect, la bienveillance, la convivialité et la générosité), et ne pas seulement autoriser, mais aussi encourager l'engagement du plus grand nombre possible d'acteurs au sein de la société ;
- l'innovation et la créativité, c'est-à-dire être ouvert à des idées nouvelles, savoir se réinventer et se renouveler comme un système vivant peut le faire, apporter de nouvelles solutions, soutenir l'émergence de nouvelles règles et normes, réagir positivement au changement et continuer à se développer ;
- autonomie, c'est-à-dire être conscient de soi et être autonome, capable de faire preuve de *leadership* et de répondre aux nouvelles conditions environnementales, aux problèmes et aux nouvelles opportunités, mais aussi être discipliné et faire preuve d'autocritique, être capable de prendre des responsabilités de façon efficace et fiable.

Une gouvernance bien intégrée et fonctionnellement connectée

Les aires protégées sont souvent conçues comme des « îlots » de conservation dans une « mer » de développement. Aujourd'hui, il est de plus en plus reconnu que la conservation au sein des aires protégées dépend essentiellement de leurs liens physiques et biologiques avec la nature à travers les paysages terrestres et marins, avec l'atmosphère, et avec les sols et aquifères. Nous avons aussi commencé à comprendre les liens sociaux moins visibles entre les acteurs d'une société : les agriculteurs qui décident quelles cultures semer et à quels endroits, les ONG faisant campagne pour des changements politiques, et les instances nationales qui définissent des objectifs nationaux de conservation ainsi que les stratégies pour les atteindre. La gouvernance efficace pour la conservation de la nature implique la construction de liens positifs et cohérents entre les populations, les secteurs et les niveaux de prise de décision qui déterminent les nombreux facteurs et conditions contribuant ou empêchant la conservation. Cette compréhension n'est pas nouvelle, et rejoint ce que les cultures traditionnelles savent depuis des siècles.

Un jardin, une exploitation agricole, une unité administrative locale, une province, une nation, un continent, la planète entière, tous sont des exemples de différentes échelles spatiales, de l'échelle locale à l'échelle mondiale. Les acteurs clés et les institutions impliqués dans la gouvernance de la nature agissent à ces différentes échelles à la fois dans l'espace et dans le temps. Le principe de subsidiarité, autrement dit, l'idée selon laquelle la gouvernance doit incomber aux communautés les plus proches des ressources naturelles et ayant la capacité d'en prendre soin a gagné en importance au début du siècle jusqu'à être reconnue comme une manière de garantir le droit de propriété communautaire et la responsabilisation des institutions locales qui contribuent à la durabilité et à la justice sociale (Berkes, 2004). Cependant, l'expérience montre que ce principe peut avoir des résultats mitigés, il renforce en effet l'élite locale, qui, elle, impose la conformité et marginalise les minorités.

Parce qu'il est préférable que certaines décisions soient prises à des échelles spécifiques, certaines personnes soulignent l'importance de réseaux qui favorisent la collaboration entre acteurs de la gouvernance opérant à différentes échelles spatiales et temporelles (Cash et Moser, 2000). Par exemple, la famille est la mieux placée pour décider de ce qui peut pousser dans son jardin pour en prendre soin, mais le conseil municipal peut aider à assurer que les oiseaux indigènes et la faune sauvage continuent de s'épanouir dans les villes en fournissant des conseils sur les plantations favorables à la faune, ou en interdisant l'abattage d'arbres dans des habitats qui sont des lieux essentiels pour la nidification des oiseaux et pour les mammifères. Sur la base de Hill et al. (2010), nous nous référons à ce phénomène comme étant un avantage comparatif dépendant de l'échelle. Au sein de tous les réseaux, les individus qui supportent directement les conséquences de décisions doivent pouvoir s'exprimer dans la prise de ces décisions et utiliser leurs connaissances, compétences et avantages comparatifs.

Pour obtenir des résultats efficaces, il est essentiel d'établir des liens à toutes les échelles, et ce par différents flux d'informations et par l'apprentissage social. Cela peut par exemple se faire grâce à des collaborations entre organisations pour la planification d'un scénario, pour l'élaboration d'une vision et à travers des discussions ouvertes sur les alternatives possibles. Le flux d'informations et la collaboration peuvent lier des groupes de cultures, d'intérêts et de niveaux de pouvoir différents, en les orientant vers des objectifs positifs pour la nature et pour les personnes (Lebel et al., 2006). Des expressions comme multiniveaux, polycentrique et gouvernance collaborative environnementale sont employées pour décrire à la fois le système de gouvernance et les processus consistant à activement lier la gouvernance à différentes échelles.

Une gouvernance adaptative

Notre monde change à un rythme et à une échelle sans précédent. Dans le monde entier, le nombre d'habitants augmente, ceux-ci se déplacent vers les villes et les transforment en mégalopoles, modifiant ainsi les tendances démographiques, leurs forces et leurs vulnérabilités. On estime que le monde devra doubler sa production alimentaire au cours de ce siècle, et investir considérablement pour transporter cette nourriture vers les mégalopoles. En effet, la demande en nourriture et les modes de consommation changent, et tendent à augmenter (Tilman et al., 2011). À terme, des perturbations du système de transport alimentaire causées par des problèmes climatiques ou le manque de réserves de carburant pourraient mener à des pénuries sévères en l'espace de quelques jours seulement. La consommation grandissante de ressources minérales et de carburants fossiles accroît le nombre et le risque des désastres environnementaux tels que les marées noires, accélère les changements climatiques induits par l'homme, et provoque une perte continue de la biodiversité. Cette combinaison de facteurs menace la vie telle qu'elle existe sur notre planète (Hansen et al., 2013). Les économies, les technologies, les sociétés et les cultures changent toutes très rapidement, sous l'influence de la révolution des technologies d'information (Young et al., 2006). Comment répondre aux nombreux défis que ces transformations intrusives et rapides posent pour la gouvernance de la nature ?

La gouvernance adaptative peut être la solution. Le concept de gouvernance adaptative se base sur la gestion adaptative (Holling, 1978 ; Walters, 1986), qui revient simplement à « apprendre en faisant » (voir chapitre 8). La gouvernance adaptative est le fait d'adopter un comportement ouvert à l'apprentissage au sein des organisations (Borrini-Feyeraben et al., 2004), où l'évolution de fonctions et d'accords peut servir à modeler l'organisation des processus décisionnels, plutôt que de se voir imposer des formes organisationnelles enfermées dans un carcan. Par le dialogue, la négociation, la bonne volonté et une expérimentation minutieuse, les institutions décisionnelles peuvent évoluer de manière satisfaisante et prendre des décisions mieux respectées. Dans la gouvernance adaptative, une grande part de l'apprentissage se fait dans la prise de décision et leur application, ainsi que dans leur continuelle révision. De cette manière, les crises et les restructurations verticales des organisations, qui sont une expérience traumatisante pour beaucoup, peuvent être remplacées par des ajustements et un apprentissage délibéré et continu.

Adopter une approche de gouvernance adaptative signifie permettre aux institutions d'évoluer dans le temps. Par exemple, après avoir mis l'accent sur la légalité et l'expertise technique, une organisation de gouvernance peut évoluer vers une meilleure légitimité, des responsabilités davantage partagées ou soutenir le développement de nouvelles associations parmi les détenteurs de droits. L'expérience empirique et la théorie suggèrent que la « culture organisationnelle », c'est-à-dire la combinaison des opinions individuelles, les savoirs partagés, les valeurs et les normes des personnes appartenant à l'organisation, est le niveau le plus fondamental auquel la transformation doit avoir lieu. Pour les professionnels et le personnel d'aires protégées, des perspectives sur les interactions individus/environnement sont l'élément central d'une telle culture organisationnelle. Par exemple, mettre l'accent sur des écosystèmes relativement stables alimente le développement de politiques et de pratiques scientifiques pour la conservation, le tout contrôlé par des professionnels et des organisations plus distantes. Inversement, les notions d'incertitude, de variabilité spatiale et de dynamiques allant à l'encontre de l'équilibre écologique mettent l'emphase sur la flexibilité, la mobilité et la gestion adaptative des ressources pour lesquelles les individus sont les acteurs centraux.

Les politiques et interventions environnementales sont souvent accompagnées de perspectives simplifiées et non historiques perpétuées par les plus puissants. Les populations locales (souvent décrites comme destructrices, non éduquées, arriérées et non innovantes) sont vues comme les responsables de la dégradation environnementale, et des interventions sont imposées pour « éviter davantage de détérioration ». De tels récits et pratiques de crise sont tenaces, difficiles à contrer et lents à transformer. Ils forment les opinions, définissent les informations pertinentes et excluent d'autres points de vue au sein des bureaucraties et des cercles professionnels. Pourtant, la recherche a souvent réfuté les points de vue orthodoxes sur les interactions homme-environnement (Borrini-Feyerabend et al., 2004 ; Fairhead et al., 2012), et peu à peu, les analyses historiques, l'anthropologie sociale, les méthodes participatives et les idées émanant de l'écologie sans équilibre présentent des récits différents (l'emphase sur la gouvernance étant un élément principal) et des cultures organisationnelles plus centrées sur les individus.

Un comportement ouvert à l'apprentissage peut être encouragé consciemment et de manière constructive par :

- l'analyse et la planification participatives (par exemple, en élaborant une vision, des scénarios, par l'analyse des tendances et une cartographie participative) ;
- la coproduction et le partage des savoirs (par le dialogue et le partage entre scientifiques et personnes ayant une forme de connaissance empirique et traditionnelle, en utilisant des cartes et des modèles qui explicitent les hypothèses et les valeurs, en adoptant de nouvelles variables et plateformes médiatiques telles que les mesures ethnobiologiques et de diversité bioculturelle) ;
- le développement d'accords dans le temps (par exemple, en prévoyant des processus, des mécanismes et des outils de partage de l'information, en communiquant entre les différentes formes de savoirs, de valeurs et de perspectives du monde, en adoptant des manières réfléchies et intelligentes de résolution de conflits, en suivant les fonctions, les résultats, l'acceptation sociale des décisions et les impacts sur la société, y compris en termes de collaboration et d'équité).

Encore plus important, un comportement ouvert à l'apprentissage peut être encouragé par des politiques organisationnelles qui favorisent la communication latérale, une forme d'autorité collégiale et des rôles et des procédures plus flexibles. Des petites équipes autogérées au sein d'une organisation donnée peuvent se voir attribuer la liberté d'expérimenter, de motiver et d'apprendre de leurs erreurs. Les professionnels peuvent être encouragés à travailler comme des « intrapreneurs » (entrepreneurs au sein d'organisations) pour gérer une partie du budget et directement piloter les innovations. Des incitations spécifiques et des récompenses peuvent promouvoir la collaboration, l'intégrité, la confiance mutuelle, la continuité des initiatives, l'échange de savoirs, le dialogue, le débat, l'amélioration continue des performances et l'émergence de « champions » ayant un comportement et des valeurs facilitatrices.

Avec de telles politiques, la gouvernance a une chance de devenir plus flexible et intelligente, capable d'apprendre par l'expérience, de peser les options et de prendre des décisions rapides et importantes même dans des conditions difficiles. Mais la gouvernance adaptative est confrontée à ses propres défis (étude de cas 7.10). Faire face à des incertitudes relatives peut être un problème pour ces parties qui réalisent que les modèles de gouvernance changent, et les mesures incitatives pour le respect des systèmes de gouvernance actuels diminuent, semant ainsi le doute sur les bénéfices de l'investissement à long terme. Les processus participatifs et la négociation de différentes valeurs, réclamations et responsabilités évolutives prennent du temps, et peuvent épuiser la motivation, les capacités et les ressources des acteurs impliqués. Il est nécessaire de financer les coûts de transaction (consultations, réunions) pour guider et adapter les régimes de gouvernance adaptatifs, mais cela peut s'avérer coûteux et peut peser trop lourd sur les ressources existantes.

Une gouvernance sage

Une personne sage est généralement quelqu'un d'honnête et de bon, mais quelqu'un d'honnête et de bon n'est pas nécessairement sage. De la même manière, une gouvernance sage va bien au-delà d'une « bonne gouvernance ». Nous proposons ici que la gouvernance sage corresponde à un cadre où les décisions prises ont une portée significative, contribuent à l'intérêt général et à la solidarité, et permettent et encouragent l'implication de tous les acteurs concernés de la société.

Qu'est-ce qu'une portée significative ? Comme noté précédemment, les unités de gouvernance doivent avoir une cohérence socioécologique, et ne doivent de ce fait pas être ingérables, ni petites au point de manquer de pertinence. Le nombre d'acteurs à impliquer ne doit pas être trop élevé, mais doit être gérable, afin que ces acteurs puissent travailler ensemble de manière harmonieuse et efficace. De plus, on parle de sagesse lorsque les décisions sont motivées par l'intérêt général et la solidarité. Par exemple, les décisionnaires peuvent tenter d'éviter l'accumulation et le gaspillage, encourager le respect, la bienveillance et la convivialité, et lutter contre l'égoïsme et la cupidité. En ce sens, une gouvernance sage requiert des qualités humaines : un sens de l'appréciation et de la compréhension, une attitude positive, de la curiosité, de l'attention, du soin, de la générosité, de la patience, de l'humilité, mais aussi de la persévérance, de la détermination et souvent, du courage. Sur la base de toutes ces qualités, certaines « décisions » peuvent aider les individus à tirer le meilleur d'eux-mêmes.

Toutefois, les structures décisionnelles sont également très importantes. Si la démocratie équivaut à la gouvernance par le peuple, dans une démocratie représentative, le pouvoir appartenant au peuple est exercé à travers l'élection de certains représentants qui gouvernent au nom du peuple. Parallèlement, dans une démocratie participative ou forte, le pouvoir du peuple est exercé directement, à travers des processus qui renforcent les liens des citoyens entre eux, et qui, par le biais d'associations, contrôlent les actions des gouvernements et permettent l'émergence de la sagesse innée des peuples et des nations, sur la base de la capacité de tous. Pour beaucoup d'APAC dans des sociétés traditionnelles, une démocratie forte est le modèle de base des prises de décision. Elle prend généralement la forme d'assemblée générale villageoise, et se trouve parfois renforcée par l'exigence du consensus dans la prise de décision. Les systèmes de connaissances qui soutiennent le droit à la terre et à la culture et qui passent par le lien avec les proches se voient renforcés par de telles formes de gouvernance autochtone ou communautaire (Hill et al., 2012). À partir du moment où les personnes se sentent libres de s'exprimer et aptes à le faire, une démocratie forte leur permet de former les voies de la gouvernance et de créer des opportunités. De grands débats publics et des « délibérations » permettent aux individus de se convaincre les uns les autres de la valeur de leurs affirmations respectives, et en même temps de voir leurs propres opinions et interprétations évoluer au cours du processus. Par exemple, pour développer leurs plans de vie (« planes de vida »), beaucoup de populations autochtones et communautés locales d'Amérique latine s'engagent dans une démocratie forte fondée sur leur espace de vie partagé ; il s'agit d'une pratique aux racines anciennes, mais qui a récemment regagné en popularité en s'opposant aux plans de développement imposés par des acteurs externes (Aparicio, 2002).

Une gouvernance innovante et dynamique

Les nombreux défis, en apparence insurmontables, auxquels le monde se trouve confronté (changements climatiques, perte de biodiversité, augmentation des besoins alimentaires et d'accès à l'eau potable et aux services sociaux pour de nombreuses personnes) mettent en exergue la nécessité de trouver de nouvelles solutions et d'identifier de nouvelles valeurs, règles et normes. Un mode de pensée ayant récemment vu le jour se concentre sur les « systèmes complexes », les dynamiques non linéaires, les seuils, l'incertitude, la surprise et les interactions à différentes échelles temporelles et spatiales (Folke, 2006). Dans ce contexte, les innovations émergent grâce à des changements progressifs ou soudains, dans des cycles adaptatifs incluant des périodes de changement rapide (exploitation), des périodes de rigidité (conservation), des périodes de réajustement et de changement brutal (relâchement), et enfin des phases de réorganisations (renouvellement). Certaines formes de perturbation déclenchent le passage d'une période de changement progressif à une période de changement rapide, possiblement en conjonction avec des cercles plus importants. Considérer le monde comme un système adaptatif complexe peut nous permettre de comprendre l'influence des différentes parties les unes sur les autres, et comment nous pouvons intervenir pour rendre le système plus à même d'innover dans l'optique d'obtenir les résultats souhaités d'un point de vue social, environnemental, économique et culturel (Hill et al., 2013b ; Simonsen et al., 2014).

La capacité à se réinventer et à se renouveler est une caractéristique de tous les systèmes vivants et sains, et semble se rattacher à un comportement propice à l'apprentissage, c'est-à-dire l'ouverture à de nouvelles idées, la volonté d'expérimenter et la curiosité motivant les individus à conduire une recherche active et à ne pas se contenter d'explications simplistes, de platitudes et de boucs émissaires. La fusion judicieuse de connaissances et de compétences locales et non locales peut être un élément déclencheur important – celles qui sont fondées sur les traditions et expériences cumulées de populations autochtones et communautés locales, sur celles qui sont extraites par des scientifiques grâce à une analyse précise de différents cas et contextes, ou celles basées sur l'expérience de personnes provenant de milieux différents. Certains appellent cela des solutions syncrétiques, c'est-à-dire la fusion de parties semblant de nature incompatible, une stratégie pouvant se montrer étonnamment novatrice et efficace. En fait, il s'agit peut-être là de l'essence de la gouvernance adaptative : l'existence d'institutions vivantes, capables de répondre au fil du temps aux conditions changeantes qui intègrent à la fois la conservation et les moyens de subsistance et les cultures humaines.

Une gouvernance autonome

Par gouvernance autonome, nous entendons un système décisionnel conscient de lui-même et autogéré, capable d'organiser ses propres réponses aux conditions environnementales changeantes et de faire appliquer ses décisions. Cette affirmation peut sembler anodine. Par définition, la gouvernance est l'exercice de l'autorité et de la responsabilité, mais la prise de responsabilité réelle est rare. La véritable autonomie est avant tout une question de capacités, ainsi que de reconnaissance et prise réelle de responsabilité. La capacité, comprenant les connaissances, les moyens et qualités de *leadership*, est nécessaire pour rendre l'autorité bien réelle. Détenir l'autorité sur la faune d'un territoire donné n'a pas grand intérêt sans avoir à disposition des données fiables démontrant la présence de faune dans l'habitat, des informations sur ses conditions de reproduction et les moyens nécessaires pour contrôler le territoire et repousser les braconniers. Cela aura encore moins de sens sans la volonté de faire preuve de *leadership*. Prendre la responsabilité signifie faire preuve de suffisamment de maturité pour réduire certains de ses propres privilèges et reconnaître ceux des autres ; ceux des futures générations, des dépossédés, des autres espèces de la planète, tous supportant les coûts des actions des puissants de ce monde.

La véritable prise de responsabilité n'est pas seulement une question de respect d'autrui, mais de soi-même. Même des cadres de gouvernance légalement autonomes (par exemple, un conseil de gestion légalement en charge d'une aire protégée ou une autorité coutumière gouvernant un territoire autochtone) incluent des acteurs légitimes tenus à l'écart des décisions pour différentes raisons, allant d'un faible accès à la communication à l'absence de reconnaissance sociale. Ces personnes sont souvent les femmes, les personnes ne possédant pas de terres, les jeunes, les minorités autochtones, ethniques ou religieuses, les éleveurs itinérants et les personnes déplacées au cours de conflits violents ou après des catastrophes naturelles comme cela peut être le cas lors d'inondations ou de sécheresse, les foyers affectés par le SIDA etc. (Katz, 2010) Pour que la gouvernance soit vraiment « autonome », il est indispensable d'égaliser le terrain pour que les personnes en position de pouvoir expriment justement les préoccupations de leurs circonscriptions, y compris celles des moins puissants. Enfin, la prise de responsabilité implique la capacité à faire preuve d'autodiscipline et d'autocritique, des facultés nécessaires à une gouvernance efficace et fiable.

Les limites de la gouvernance

Malgré la tendance positive que suit la couverture en aires protégées, d'autres espaces importants doivent toujours être soumis à une gouvernance et gestion promouvant la conservation afin de protéger des écosystèmes et des espèces spécifiques (CBD, 2010). De plus, même les mesures de conservation par aires doivent être mieux connectées, et doivent radicalement améliorer leurs pratiques de gestion (Leverington et al., 2010). Globalement, la société doit prendre davantage conscience des problèmes environnementaux, elle doit soutenir les activités adéquates et être capable de fournir des limites raisonnables aux forces de développement économique. Travailler sur la gouvernance implique de croire qu'il est toujours possible de réduire la redistribution excessive et inéquitable des résultats de la croissance économique, du consumérisme et de la destruction environnementale, d'arrêter les spéculations financières destructrices et de trouver des défis plus durables, équitables et satisfaisants pour l'évolution de la société humaine et des cultures.

Les bienfaits de la prise de conscience et d'action en matière de gouvernance sont déjà visibles.

L'attention portée à la gouvernance permet d'augmenter la couverture en aires protégées dans les systèmes nationaux. De nombreuses parties de la CDB ont revu leurs systèmes d'aires protégées et compris que seul un traitement novateur de la gouvernance leur permettra d'étendre leur couverture comme prévu par l'objectif 11 du Plan stratégique 2011-2020 pour la diversité biologique, incluant les Objectifs d'Aichi pour la biodiversité. En 2006, la France a instauré une nouvelle loi sur les aires protégées qui requiert l'instauration d'un système de gouvernance partagée de tous les parcs nationaux. C'est uniquement grâce à cette loi qu'il a été possible de créer trois nouveaux parcs nationaux depuis 2006, protégeant plus de deux millions d'hectares. En Australie, une nouvelle approche de la gouvernance avec les *Indigenous Protected Areas* (Aires protégées autochtones, en français) a permis de créer plus de 60 nouvelles aires protégées ces 15 dernières années, pour un total de plus de 48 millions d'hectares, ce qui représente environ 40 % du patrimoine d'aires protégées australien. En Namibie, la couverture en réserves communautaires et autres dispositions similaires a augmenté pour atteindre environ un quart de la surface du pays, générant des avantages financiers considérables pour leurs résidents et pour le pays dans son ensemble (NACSO, 2013). L'Équateur et Madagascar ont aussi adopté la gamme complète des types de gouvernance UICN pour leurs systèmes d'aires protégées (Ministry of Environment of Ecuador, 2006 ; Madagascar Protected Area System, 2009) permettant non seulement leur expansion, mais aussi leur consolidation et un meilleur partage des responsabilités.

L'attention portée à la gouvernance améliore l'efficacité et l'efficience de la gestion. En dehors des analyses globales qui confirment la relation entre gouvernance et efficacité de gestion (Leverington et al., 2010), des pays comme la Finlande et le Canada (Väisänen, cité dans Borrini-Feyerabend et al., 2013 ; Johnston, 2006) prouvent qu'investir dans la responsabilité et l'engagement public rend le travail des organismes nationaux d'aires protégées plus efficace et mieux apprécié par la société. De l'Australie à la Colombie, en passant par le Canada et la Namibie, les gouvernements, les organismes de financement et de réglementation et les parties prenantes en général prennent bien conscience que les territoires sous gouvernance partagée ou directement conservés par les populations autochtones, les communautés locales et les propriétaires privés apportent des bénéfices de conservation à un faible coût pour la société ; il s'agit d'une forte recommandation pour soutenir leurs efforts.

L'attention portée à la gouvernance améliore la pertinence et l'équité des décisions. Les aires protégées nécessitent de nombreux types de décisions, répondant aux opportunités et aux menaces pesant sur leur intégrité écologique et leur importance sociale et culturelle. Leurs faibles résultats sont souvent dus à l'échec de la législation, des politiques et des processus de prise de décision pour comprendre et s'adapter à la situation ainsi qu'à l'absence d'orientations utiles et d'incitations efficaces pour les responsables (reconnaissance sociale, soutien financier, par exemple). Comme en témoigne l'exemple Philippin (Lim, 2012), lorsque les agences gouvernementales soutiennent des cadres de gouvernance légitimes et réactifs, elles peuvent résoudre des dilemmes socio-écologiques, y compris des conflits avec les peuples autochtones. La diversité de la gouvernance peut également maximiser les avantages écologiques, sociaux et culturels découlant des mesures de conservation fondées sur la superficie. Par exemple, les zones de conservation de la faune sauvage en Tanzanie et les ranchs collectifs au Kenya génèrent des avantages importants pour les communautés engagées, qui ne supportaient auparavant que les coûts liés à la présence d'animaux sauvages sur leurs territoires.

L'attention portée à la gouvernance permet d'établir un meilleur rapport entre mesures de conservation par zone et les paysages terrestres et marins environnants. Des dispositifs de gouvernance adaptés à leur contexte sont liés aux paysages terrestres et marins plus larges, et aident à établir un lien avec le pouvoir décisionnel. Des processus de gouvernance appropriés et réactifs permettent d'impliquer les détenteurs de droits et les acteurs vivant et travaillant avec la terre et la mer, et peuvent directement aborder les problèmes environnementaux se trouvant au-delà des limites des mesures de conservation par zone. En Australie par exemple, les groupes autochtones Wilinggin, Dambimangari, Uunguu et Balanggarra collaborent avec le projet de lutte contre les incendies de Kimberley du Nord, visant à développer des entreprises pour « brûler le pays correctement », et ainsi réduire les émissions de gaz à effet de serre sous la *Carbon Farming Initiative* (KLC, 2014) du gouvernement australien à l'intérieur et en dehors de leurs aires protégées autochtones.

L'attention portée à la gouvernance apporte une aide précieuse face aux défis constants et aux changements climatiques. Loin d'être inaltérables, les mesures de conservation par zone en particulier peuvent être des processus dynamiques et adaptatifs, capables de répondre aux défis existants et aux changements climatiques. Il y a dix ans, qui aurait pu prévoir qu'en l'espace de quelques années seulement, dans une des régions les plus pauvres et négligées du Sénégal, une initiative de conservation communautaire restaurerait la biodiversité des espèces de mangroves et de poissons, qu'elle quadruplerait les prises de poisson, inspirerait des communautés et convaincrait les autorités régionales et nationales, et attirerait l'attention internationale (ICCA Registry, 2012) ? De nouvelles mesures de conservation par zone comme celles-ci, ouvrant la voie à la fusion des caractéristiques traditionnelles et modernes et basées sur la gouvernance par des institutions locales devraient être acceptées avec précaution, sur la base d'une analyse minutieuse. Mais si la conservation se veut visionnaire et souhaite alimenter de nouvelles énergies et perspectives, elle doit y être ouverte.

Améliorer la gouvernance pour des conditions de vie durables

L'attention portée à la gouvernance des aires protégées, qui a commencé à Durban en 2003, a permis d'élargir la gamme d'acteurs légitimes et de mesures par zone en matière de conservation. Elle souligne aussi la prise en considération de principes et de valeurs produisant des bienfaits concrets pour la conservation. Nous sommes maintenant prêts à mettre en place ces solutions, au-delà des paramètres établis et des zones de confort, dans le but d'améliorer la gouvernance pour la conservation de la nature – la base des conditions de vie durables sur notre planète.

Mais comment la gouvernance s'améliore-t-elle ? Dans certains cas, le changement provient de l'intérieur, et dans d'autres il est porté par les récriminations et les conflits externes. Une autre voie possible est l'analyse et la planification conscientes et collectives. De nombreuses décisions de la CDB ainsi que des résolutions et recommandations de l'UICN semblent encourager cette dernière option, et une étude récente, réalisée avec l'aide de l'UICN et de la CDB, propose une méthodologie pour évaluer la gouvernance et pour travailler à son amélioration au sein des systèmes d'aires protégées ou sites individuels (Borrini-Feyerabend et al., 2013).

Une nouveauté centrale de la méthodologie de l'UICN et de la CDB est qu'elle se concentre clairement sur des paysages terrestres et marins, et des territoires et aires conservées, y compris, mais sans se limiter aux aires protégées. Qu'est-ce qui fonctionne, en pratique, pour conserver la nature ? Qui peut prendre les décisions clés de gouvernance ? Qu'avons-nous appris pour rendre ces décisions aussi informées, légitimes, justes, appropriées, rapides et judicieuses que possible ? La méthodologie suggère que les acteurs concernés doivent aborder ces questions à partir d'une compréhension profonde de l'histoire naturelle et sociale locale. Quelles espèces semblent grandir et bien vivre dans ce contexte ? Quel phénomène naturel majeur (migrations animales, cours d'eau, procédés de régénération) caractérise-t-il ? Comment les individus y ont-ils vécu pendant des générations ? Comment se sont-ils adaptés aux saisons ? Où construisaient-ils ? Que mangeaient-ils ? Quelles sont les caractéristiques fondamentales de leur culture, celles qui ne se sont pas développées par imitation d'autres cultures distantes, mais strictement par adaptation à leur environnement local unique ? Sur la base d'une compréhension de l'histoire écologique et sociale et de l'identité du lieu, nous pouvons tirer des leçons utiles au sujet de la conservation et du développement. Sommes-nous en train de soutenir et d'encourager la nature, ou sommes-nous en train de la perturber ? Sommes-nous en train d'essayer de faire pousser du maïs sur une terre sèche favorable au pastoralisme mobile ? Élevons-nous du bétail sur un sol tropical trop mince ? Plantons-nous des eucalyptus ou des pins à des endroits où les châtaigniers ou les Araucarias auraient pu prospérer ? Sommes-nous en train d'assécher les cours d'eau, d'éroder les flancs de collines, d'épuiser les aquifères ? Que pouvons-nous faire pour vivre en harmonie avec la nature et ne pas gaspiller les ressources naturelles, allant à l'encontre de la nature ?

De nombreux paysages terrestres et marins culturels dans le monde sont esthétiquement plaisants et culturellement riches, car ils expriment la capacité des hommes à comprendre la nature et à prospérer en suivant cette compréhension. Parfois, cela implique de laisser la nature suivre son cours, comme protéger une forêt en utilisant ses ressources de manière prudente et limitée. Parfois, les hommes travaillent avec ardeur pour construire des terrasses, des voies de communication, des escaliers et des chemins, des vergers et des jardins, des pâturages et des puits. Lorsqu'ils agissent ainsi avec respect, intelligence et soin, le paysage ainsi que les êtres humains en tirent profit, et les résultats sont visibles immédiatement. Ceux-ci expriment une forme de connexion profonde entre les hommes et la nature, un mode d'interaction maintenant l'essence de la nature vivante, aussi bien dans qu'en dehors des aires protégées.

Mais une telle connectivité, est-elle liée à la gouvernance ? Il semblerait que oui. L'hypothèse venant immédiatement à l'esprit est que seuls des cadres de gouvernance appropriés et ancrés dans l'histoire socioécologique du milieu peuvent nourrir ce type de lien ; seul l'apprentissage à travers le temps peut alimenter cette banque de savoirs, de compétences, de décisions et d'institutions locales. Il s'agit là d'un domaine nécessitant plus d'analyse et de recherche, les paramètres mesurables décrivant la connectivité profonde auraient besoin d'être développés et étudiés en relation avec la diversité, la qualité et la vitalité de la gouvernance.

Entre temps, différents chemins novateurs vers la gouvernance de la nature pour des conditions de vie durables, associant le bien-être humain à la conservation de la nature, progressent et sont testés par des populations, des communautés, des organismes gouvernementaux, des chercheurs, des entreprises, des anciens, des leaders spirituels et des citoyens informés, intéressés et prêts à s'engager. Parmi ces possibilités on peut citer :

- repenser et réorganiser les paysages terrestres et marins en unités socioécologiques plus cohérentes ;
- attribuer la responsabilité des questions de développement à des autorités travaillant sur des écosystèmes entiers, responsables de la conservation des fonctions des écosystèmes et promouvant la paix sociale, l'équité économique et le bien-être ;
- assurer la reconnaissance et inciter à la multiplication des modèles de conservation, tels que les aires protégées sous divers types de gouvernance, les aires conservées, les modèles de conservation volontaires et auxiliaires ;
- réhabiliter les biens communs en garantissant le respect des droits collectifs sur la terre et les ressources naturelles pour les populations autochtones et les communautés locales qui sont intimement liées à ces territoires et ressources ;
- promouvoir des méthodes délibératives et inclusives de prise de décisions relatives à l'environnement (par exemple, des discussions ouvertes sur des alternatives de jurys citoyens, recherches futures, conférences de consensus, enquêtes, référendums, comparaisons ouvertes de connaissances scientifiques et traditionnelles sur l'écologie, des modèles d'entreprises et des économies solidaires) ;
- la promotion d'un modèle d'entreprise sain pour le secteur de l'environnement (par exemple, utiliser les mesures d'incitations financières et de dissuasion pour réguler le comportement, comme celui du principe de « pollueur-payeur » pour le changement climatique ;
- centrer le débat sur la justice sociale et éradiquer les inégalités basées sur le sexe, la classe sociale, la caste, l'ethnicité, la race, etc. ;
- renforcer les liens avec les responsables de différents secteurs et à différents niveaux et accroître les échanges entre eux par le biais d'investissements importants dans l'information et la communication ;
- appliquer au domaine de la conservation les leçons tirées de mouvements politiques novateurs à travers l'histoire et les leçons concernant la résilience dans de nombreux secteurs (par exemple, l'éducation et la santé) ;
- promouvoir la démocratie économique avec des mécanismes tels que la planification financière participative, le revenu citoyen (libération de la

pauvreté abjecte et des conditions dégradées), des épargnes et des emprunts communautaires (économie solidaire), des taxes élevées sur la spéculation financière, une production réellement verte, et le contrôle du producteur et du consommateur sur le marché ;

- promouvoir la démocratie de l'information en réformant le secteur de l'éducation (éducation pour la pensée critique et une prise de décisions informée) et le secteur de la communication (journalisme d'investigation, pluralisme et régulation des médias) ;
- développer des plans communautaires promouvant le bien-être, y compris au sujet de la production de nourriture et de la satisfaction des besoins de base, et en échangeant, en comparant et en intégrant ces éléments à différents niveaux ;
- améliorer l'élaboration des politiques par le biais de la recherche et de la planification participatives, l'action affirmative de redistribution de l'autorité et des responsabilités (par exemple, mettre en place des mesures de compensation de la discrimination sexuelle), et des mécanismes clairs pour la responsabilité ;
- inciter les organismes environnementaux à promouvoir une culture d'apprentissage interne dans le but de devenir des organisations horizontales et réactives, offrant des mesures incitatives pour l'engagement et l'innovation ;
- assurer l'existence de mesures de démocratie directe par lesquelles les populations ont toujours une chance d'être impliquées en prenant des décisions clés dont les conséquences sont principalement ressenties par elles-mêmes, mais aussi leur permettant d'assumer leurs responsabilités envers la société en général et les principes constitutifs sur lesquels la société est fondée.

Conclusion

Les questions relatives à la gouvernance des aires protégées à travers le monde ont commencé à être plus largement examinées la veille du Congrès mondial sur les parcs de Durban en 2003. Sur la base de ces premières réflexions, les dix années suivantes ont vu se développer un système avec des types de gouvernance et des principes de bonne gouvernance dont le respect est recommandé. Ce système est lentement mais sûrement en train d'être mis en place par les États signataires de la CDB. On observe aujourd'hui, une diversité et une qualité de gouvernance améliorées au profit de la conservation de la nature, visibles à travers l'émergence de nouveaux acteurs et collaborations, de nouvelles politiques en phase d'approbation, et de nouvelles pratiques mises en œuvre sur le terrain. En l'espace de quelques années, ceci a contribué à l'extension de la couverture en aires protégées, et amélioré l'efficacité et l'efficience de la gestion et de l'équité des décisions. Cela a également renforcé les liens avec les paysages terrestres et marins environnants, et apporté une aide précieuse face aux défis constants des changements planétaires. Pléthore d'idées et de chemins, à utiliser individuellement ou ensemble, émergent aussi pour promouvoir la vitalité de la gouvernance et de l'apprentissage par la pratique de la conservation de la nature.

Nous devons cependant demeurer vigilants. Tous les acteurs ne peuvent pas participer sur un pied d'égalité à la prise de décisions liées aux questions cruciales des moyens de subsistance et de la conservation. Équité ne veut pas dire égalité, et il faut maintenir les droits existants, la quantité et la qualité de l'engagement, et une juste compensation. De la même manière, il est nécessaire de conserver la stabilité de la gouvernance. La gouvernance adaptative est importante, mais le changement constant, l'instabilité des règles, et l'absence de sécurité des investissements génèrent le chaos. La subsidiarité et l'attention portée aux contextes et au respect des cultures locales et des valeurs sont importantes, tout comme l'intérêt général, la viabilité des écosystèmes et la stabilité du climat, les valeurs humaines universelles comme celles mettant un frein à la cupidité, à l'égoïsme ou encore aux comportements violents et destructeurs. Les individus ayant des valeurs, visions du monde et intérêts divergents doivent être écoutés et impliqués dans les discussions, mais des valeurs et des visions de l'avenir opposées ne peuvent être poursuivies ensemble. Les décisions doivent être prises et maintenues dans le temps pour que la gouvernance obtienne un résultat cohérent.

Comment trouver un équilibre entre équité et droits acquis, stabilité et innovation, intérêt et valeurs locaux et principes libérateurs plus larges ? Nous suggérons une « approche basée sur les droits de l'homme », à travers laquelle une multitude de droits procéduraux et substantifs sont respectés. Mais nous encourageons aussi au respect de l'efficacité de la prise de décision et souhaitons que la primauté du droit soit assurée, et que les droits des individus soient toujours contrebalancés avec des responsabilités, notamment envers les droits des générations futures et de la nature. Il n'existe pas de recette pour garantir cela, mais partout dans le monde, des leçons et des analyses s'accumulent grâce à l'apprentissage par la pratique. Dans un effort conscient et participatif pour promouvoir sa propre diversité, qualité et vitalité, la gouvernance peut se déployer au mieux pour la conservation de la nature.

Références

Lectures recommandées

Alcorn, J., Luque, A. and Weisman, W. (2005) 'Non-governmental organisations and protected area governance', in D. Pansky (ed.) *Governance Stream of the Vth World Parks Congress*, Parks Canada and IUCN WCPA, Ottawa.

Anderson, P. (2003) The contributions made by private game reserves and landowners to conservation in South Africa, Presentation in the governance stream to Benefits beyond Boundaries, Fifth World Parks Conference, 8–17 September, Durban.

Aparicio, M. (2002) *Los Pueblos Indigenas y el Estado [Indigenous Peoples and the State]*, Cedes Editorial, Barcelona.

Berkes, F. (2004) 'Rethinking community-based conservation', *Conservation Biology* 18(3): 621–30.

Borrini-Feyerabend, G. and Dudley, N. (2005) *Les Aires Protégées à Madagascar: bâtir le système à partir de la base [Protected areas in Madagascar: building the system from the ground up]*, Report for IUCN and SAPM Commission, IUCN WCPA/CEESP, Gland.

Borrini-Feyerabend, G., Dudley, N., Jaeger, T., Lassen, B., Broome, N. P., Phillips, A. and Sandwith, T. (2013) *Governance of Protected Areas: From understanding to action*, IUCN, Gland.

Borrini-Feyerabend, G., Pimbert, M., Farvar, M. T., Kothari, A. and Renard, Y. (2004) *Sharing Power: Learning by doing in co-management of natural resources throughout the world*, IIED and IUCN CEESP/CMWG, Cenesta, Tehran.

Borrini-Feyerabend, G., Lassen, B., Stevens, S., Martin, G., Riasco de la Pena, J. C., Raez-Luna, E. F. and Farvar, T. (2010) *Biocultural Diversity Conserved by Indigenous Peoples and Local Communities*, ICCA Consortium and Cenesta for GEF SGP, GTZ, IIED and IUCN CEESP, Tehran.

Bravo, M. and Heylings, P. (2002) 'Sistema de manejo participativo de la Reserve Marina de Galapagos—actividades en 2001 y resultados de la primera evaluacion participativa [Shared governance system of Galapagos Marine Reserve—activities in 2001 and results of the first participatory evaluation]', *Policy Matters* 10: 115–20.

Cash, D. W. and Moser, S. C. (2000) 'Linking global and local scales: designing dynamic assessment and management processes', *Global Environmental Change* 10(2): 109–20.

Convention on Biological Diversity (CBD) (1992) *Convention on Biological Diversity*, United Nations New York.

Convention on Biological Diversity (CBD) (2010) *Global Biodiversity Outlook 3*, Secretariat of the Convention on Biological Diversity, Montreal.

Convention on Biological Diversity (CBD) (2011) *Strategic Plan for Biodiversity 2011–2020 and the Aichi Targets*, Secretariat of the Convention on Biological Diversity, Montreal.

Crutzen, P. J. (2006) 'The "anthropocene"', in E. Ehlers and T. Krafft (eds) *Earth System Science in the Anthropocene*, pp. 13–18, Springer, Berlin and Heidelberg.

Dearden, P., Bennett, M. and Johnston, J. (2005) 'Trends in global protected area governance, 1992–2002', *Environmental Management* 36(1): 89–100.

Diegues, A. C. (n.d.) *The Myth of Wilderness in the Brazilian Rainforest*. <www.iccaconsortium.org/wp-content/uploads/images/stories/Database/myth%20final.pdf>

Dudley, N. (2008) *Guidelines for Applying Protected Area Management Categories*, IUCN, Gland.

Eagles, P. F. J. (2009) 'Governance of recreation and tourism partnerships in parks and protected areas', *Journal of Sustainable Tourism* 17(2): 231–48.

Estifania, E., de Vera, P., Lucero-Diola, F. and Silang, P. (eds) (2012) *Nature Conservation in the Footsteps of Our Ancestors. Proceedings of the First National Conference on Indigenous Community Conserved Areas (ICCAs) in the Philippines*, University of the Philippines National College of Public Administration and Governance and Protected Areas and Wildlife Bureau in partnership with New-CAPP Project, UNDP-GEF, Manila. <www.google.com/url?sa=t&rct=j&q=&esrc=s&frm=1&source=web&cd=6&cad=rja&uact=8&ved=0CEAQFjAF&url=http%3A%2F%2Fwww.newcapp.org%2Fimages%2Fwhatsnew%2Fdownload%2F10082012032949ICCA%2520Conference.pdf&ei=pTInU62fGofn4QSorYCgBA&usg=AFQjCNFh85567UHG0UFxuOT-ZCsdlQxNBQ&bvm=bv.62922401,d.bGE>

Fairhead, J., Leach, M. and Scoones, I. (2012) 'Green grabbing: a new appropriation of nature?', *Journal of Peasant Studies* 39(2): 237–61.

Farrier, D. and Adams, M. (2011) 'Indigenous–government co-management of protected areas: Booderee National Park and the national framework in Australia', in B. Lausche and F. Burhenne (eds) *Guidelines for Protected Area Legislation*, IUCN, Gland.

Folke, C. (2006) 'Resilience: the emergence of a perspective for social-ecological systems analyses', *Global Environmental Change* 16(3): 253–67.

Goudie, A. (1990) *The Human Impact on the Natural Environment*, Basil Blackwell, Oxford.

Graham, J., Amos, B. and Plumptre, T. (2003) *Governance principles for protected areas in the 21st century*, Discussion Paper, Institute on Governance in collaboration with Parks Canada and Canadian International Development Agency, Ottawa.

Hansen, J., Kharecha, P., Sato, M., Masson-Delmotte, V., Ackerman, F., Beerling, D. J., Hearty, P. J., Hoegh-Guldberg, O., Hsu, S.-L., Parmesan, C., Rockstrom, J., Rohling, E. J., Sachs, J., Smith, P., Steffen, K., van Susteren, L., von Schuckmann, K. and Zachos, J. C. (2013) 'Assessing "dangerous climate change": required reduction of carbon emissions to protect young people, future generations and nature', *Plos One* 8(2).

Hill, R., Williams, K. J., Pert, P. L., Robinson, C. J., Dale, A. P., Westcott, D. A., Grace, R. A. and O'Malley, T. (2010) 'Adaptive community-based biodiversity conservation in Australia's tropical rainforests', *Environmental Conservation* 37(1): 73–82.

Hill, R., Grant, C., George, M., Robinson, C. J., Jackson, S. and Abel, N. (2012) 'A typology of Indigenous engagement in Australian environmental management: implications for knowledge integration and social-ecological system sustainability', *Ecology and Society* 17(1): 23. <dx.doi.org/10.5751/ES-04587-170123>

Hill, R., Maclean, K., Pert, P. L., Rist, P., Joyce, A., Schmider, J. and Tawake, L. (2013a) *Participatory evaluation of co-management in wet tropics country. Interim report*, Report to the National Environmental Research Program, Reef and Rainforest Research Centre Limited, Cairns, Queensland.

Hill, R., Halamish, E., Gordon, I. J. and Clark, M. (2013b) 'The maturation of biodiversity as a global social-ecological issue and implications for future biodiversity science and policy', *Futures* 46(1): 41–9.

Holling, C. S. (ed.) (1978) *Adaptive Environmental Assessment and Management*, John Wiley & Sons, New York.

ICCA Registry (2012) 'Association Kawawana', *ICCA Registry 2012*, UNEP-WCMC, Cambridge. <www.iccaregistry.org/en/sites/26>

International Labour Organisation (ILO) (1989) *Convention No. 169*, International Labour Organisation, Geneva. <www.ilo.org/indigenous/Conventions/no169/lang--en/index.htm>

International Union for Conservation of Nature World Commission on Protected Areas (IUCN WCPA) (2013) *Global Transboundary Conservation Network*, [Online], IUCN, Gland. <www.tbpa.net/page.php?ndx=83>

Johnston, J. (2006) Information for G. Borrini-Feyerabend, J. Johnston and D. Pansky, 'Governance of protected areas', in M. Lockwood, A. Kothari and G. L. Worboys (eds) *Managing Protected Areas: A global guide*, p. 139, Earthscan, London.

Katz, E. (2010) *Land Tenure, Property Rights, and Natural Resource Management: Land tenure and property rights reform in the developing world—who is vulnerable*, United States Agency for International Development, Burlington, VT.

Kimberley Land Council (KLC) (2014) *North Kimberley Ranger Groups and Aboriginal Corporations Discuss Carbon Business*, Kimberley Land Council, Broome, WA. <klc.org.au/2013/01/23/north-kimberley-ranger-groups-and-aboriginal-corporations-discuss-carbon-business/>

Kothari, A. (2006) 'Community conserved areas: towards ecological and livelihood security', *PARKS* 16(1): 3–13.

Kothari, A., Corrigan, C., Jonas, H., Neumann, A. and Shrumm, H. (eds) (2012) *Recognising and Supporting Territories and Areas Conserved by Indigenous Peoples and Local Communities: Global overview and national case studies*, Technical Series No. 64, Secretariat of the Convention on Biological Diversity, ICCA Consortium, Kalpavriksh and Natural Justice, Montreal.

Langholz, J. A. and Krug, W. (2004) 'New forms of biodiversity governance: non-state actors and the private protected area action plan', *Journal of International Wildlife Law and Policy* 7(1–2): 9–29.

Lausche, B. and Burhenne, F. (2011) *Guidelines for Protected Area Legislation*, IUCN, Gland.

Lausche, B., Farrier, D., Verchuuren, J., La Vina, A. G. M., Trouwborst, A., Born, C. H. and Aug, L. (2013) *The legal aspects of connectivity conservation: a concept paper*, IUCN, Gland.

Lebel, L., Anderies, J. M., Campbell, B., Folke, C., Hatfield-Dodds, S., Hughes, T. P. and Wilson, J. (2006) 'Governance and the capacity to manage resilience in regional social-ecological systems', *Ecology and Society* 11(1): 21.

Leverington, F., Costa, K. L., Pavese, H., Lisle, A. and Hockings, M. (2010) 'A global analysis of protected area management effectiveness', *Environmental Management* 46(5): 685–98.

Lim, T. M. (2012) ICCA recognition in the Philippines and its role in the achievement of Aichi Targets, Presentation delivered at the CBD Colloquium on ICCAs, CBD COP 11, Hyderabad, India, 13 October.

Madagascar Protected Area System (SAPM) (2009) *Capitalisation des expériences et des acquis en matière de gouvernance des aires protégées en cogestion et des aires protégées communautaires à Madagascar* [*Learning from Experience and Advances about Governance of Co-Managed Protected Areas and ICCAs in Madagascar*], Ministry of Environment, Forests and Tourism of Madagascar, Antananarivo.

Ministry of Environment of Ecuador (2006) *Políticas y Plan Estratégico del Sistema Nacional de Áreas Protegidas 2007–2016* [*Policy and Strategic Plan for the National System of Protected Areas 2007–2016*], Proyecto Sistema Nacional de Áreas Protegidas (SNAP-GEF), Quito.

Mitchell, B. A. and Brown, J. L. (1998) 'Stewardship: a working definition', *Environments* 26(1): 8–17.

Murphree, M. (2000) Boundaries and borders: the question of scale in the theory and practice of common property management, Paper presented to the Eighth IASCP Conference, Bloomington, Indiana, 31 May – 4 June.

Namibian Association of CBNRM Support Organisations (NACSO) (2013) *The State of Community Conservation in Namibia*, NACSO, Windhoek.

Nelson, R., Howden, M. and Smith, M. S. (2008) 'Using adaptive governance to rethink the way science supports Australian drought policy', *Environmental Science and Policy* 11(7): 588–601.

Ostrom, E. and Nagendra, H. (2006) 'Insights on linking forests, trees, and people from the air, on the ground, and in the laboratory', *Proceedings of the National Academy of Sciences of the United States of America* 103(5): 19 224–31.

Paterson, A. R. (2010) 'Clearing or clouding the discourse—a South African perspective on the utility of the IUCN protected areas governance typology', *South African Law Journal* 127(3): 490–514.

Paterson, A. R. (2011) Bridging the gap between conservation and land reform: communally-conserved areas as a tool for managing South Africa's natural commons, Thesis, Department of Public Law, University of Cape Town, South Africa.

Posey, D. A. (ed.) (1999) *Cultural and Spiritual Values of Biodiversity*, UNEP, Nairobi, and Intermediate Technology Publications, London.

Rose, D. B. (1996) *Nourishing Terrains: Australian Aboriginal views of landscapes and wilderness*, Australian Heritage Commission, Canberra.

Rose, D. B. (2013) 'Indigenous Protected Areas – innovation beyond the boundaries'. <www.nature.org/cs/groups/webcontent/@web/@australia/documents/document/prd_062372.pdf>

Sandwith, T., Shine, C., Hamilton, L. and Sheppard, D. (2001) *Transboundary Protected Areas for Peace and Cooperation*, IUCN, Gland.

Simonsen, S. H., Biggs, R., Schlüter, M., Schoon, M., Bohensky, E. L., Cundill, G., Dakos, V., Dayw, T., Kotschy, K., Leitch, A. M., Qunilan, A., Peterson, G. and Moberg, F. (2014) *Applying Resilience Thinking. Seven principles for building resilience in social-ecological systems*, Stockholm Resilience Centre, Stockholm.

Stanciu, E. and Ioniţă, A. (2013) *Governance of Protected Areas in Eastern Europe. Overview on different governance types, case studies and lessons learned*, Study commissioned to ProPark, Romania, by the German Federal Agency for Nature Conservation BfN, Skripten Braşov, Romania.

Stevens, S. and Pathak-Broome, N. (2014) Appropriate recognition and respect for indigenous peoples' and community conserved territories and areas which overlap protected areas, Draft manuscript for the ICCA Consortium.

Tilman, D., Balzer, C., Hill, J. and Befort, B. L. (2011) 'Global food demand and the sustainable intensification of agriculture', *Proceedings of the National Academy of Sciences of the United States of America* 108(50): 20 260–4.

United Nations Development Programme (UNDP) (1997) *Governance for Sustainable Human Development: A UNDP policy document*, United Nations Development Programme, New York.

United Nations Development Programme (UNDP) (1999) *Human Development Report 1999: Globalisation with a human face*, United Nations Development Programme, New York.

United Nations Development Programme (UNDP) (2002) *Human Development Report 2002: Deepening democracy in a fragmented world*, United Nations Development Programme, New York.

United Nations Environment Program (UNEP), International Union for Conservation of Nature (IUCN) and World Wildlife Fund (WWF) (1980) *World Conservation Strategy*, IUCN Online, Gland. <data.iucn.org/dbtw-wpd/edocs/WCS-004.pdf>

Walters, C. (1986) *Adaptive Management of Renewable Resources*, Macmillan, New York.

Western Ghats Ecology Expert Panel (2011) *Report of the Western Ghats Ecology Expert Panel. Part I*, Submitted to the Ministry of Environment and Forests of India. <moef.nic.in/downloads/public-information/wg-23052012.pdf>

Woodley, S., Bertzky, B., Crawhall, N., Dudley, N., Miranda Londoño, J., MacKinnon, K., Redford, K. and Sandwith, T. (2012) 'Meeting Aichi Target 11: what does success look like for protected area systems?', *PARKS* 18(1): 24–34.

Wyborn, C. and Bixler, R. P. (2013) 'Collaboration and nested environmental governance: scale dependency, scale framing, and cross-scale interactions in collaborative conservation', *Journal of Environmental Management* 123(1): 58–67.

Young, I. M. (2001) 'Activist challenges to deliberative democracy', *Political Theory* 29(5): 670–90.

Young, O. R., Berkhout, F., Gallopin, G. C., Janssen, M. A., Ostrom, E. and Leeuw, S. V. D. (2006) 'The globalization of socio-ecological systems: an agenda for scientific research', *Global Environmental Change—Human and Policy Dimensions* 16(3): 304–16.

CHAPTER 8

GESTION DES AIRES PROTÉGÉES

Auteur principal :
Graeme L. Worboys

Collaborateur :
Ted Trzyna

CONTENU

UICN CMAP COMMISSION MONDIALE DES AIRES PROTÉGÉES Convention sur la diversité biologique

AUTEUR PRINCIPAL

GRAEME L. WORBOYS est vice-président de la Commission mondiale des aires protégées de l'Union internationale pour la conservation de la nature sur la connectivité et les montagnes et chercheur associé à la Fenner School de l'Université nationale australienne.

COLLABORATEUR

TED TRZYNA est président du groupe des spécialistes des questions urbaines de la CMAP de l'UICN et président de l'InterEnvironment Institute, un institut affilié à Claremont Graduate University en Californie, aux États-Unis.

REMERCIEMENTS

Les auteurs tiennent à remercier Michael Lockwood et Ashish Kothari pour leur relecture de la première version de ce chapitre. Leurs remerciements vont aussi à Nitin D. Rai, Ankila J. Hiremath, Siddappa Setty et Michael Treanor pour leurs contributions.

CITATION

Worboys, G. L. et Trzyna, T. Gestion des aires protégées. In Worboys, G. L., Lockwood, M., Kothari, A., Feary, S. et Pulsford, I. (éd). *Gouvernance et gestion des aires protégées*. Canberra : ANU Press, 2020. doi.org/10.22459/GGAP.08

PHOTO DE LA PAGE DE TITRE

Entrée du lac Kayangan, île de Coron, Philippines, officiellement « territoire ancestral » du peuple Tagbanwa, un des groupes ethniques les plus anciens des Philippines. L'aire protégée est également reconnue comme une réserve nationale et une réserve marine. Source : Ashish Kothari

Introduction

Le chapitre « Gestion des aires protégées » est essentiel pour les professionnels des aires protégées et les décideurs politiques. Comme pour la gouvernance dans le chapitre 7, ce chapitre constitue une base d'informations fondamentales à la gestion professionnelle des aires protégées. Il porte principalement sur les grandes organisations de gestion des aires protégées, notamment les organismes publics, les organisations non gouvernementales (ONG) et les organismes privés. En adoptant cette approche, nous reconnaissons que pour de nombreuses Aires du patrimoine autochtone et communautaire (APAC), la gestion est moins formelle, la planification n'est pas documentée, et une partie des décisions quotidiennes prises par les communautés est évolutive, informelle et intuitive (Kothari, comm. pers.). Néanmoins, les principes et pratiques décrits dans ce chapitre sont généralement importants pour toutes les aires protégées, et nous y évoquons des aspects particuliers qui concernent les APAC, les gestionnaires individuels d'aires protégées et les représentants de petites structures. Ce chapitre met également l'accent sur l'importance de la gestion active des aires protégées pour atteindre les objectifs de conservation, et ce, pour tous les types de gouvernance.

Le chapitre aborde la théorie de la gestion pour fournir une définition du concept de gestion comprenant ses quatre fonctions centrales. Il présente également des éléments de gestion stratégique, de cadre de planification ainsi que de nombreux systèmes et outils pour aider les professionnels à améliorer l'efficacité de la gestion et à développer d'autres solutions innovantes. La gestion des systèmes nationaux d'aires protégées est prise en compte. Ces systèmes peuvent comprendre des aires protégées étatiques et privées, ainsi que des APAC. En ce qui concerne les aires protégées individuelles, des directives de gestion ont été fournies pour chacune des six catégories de gestion de l'Union internationale pour la conservation de la nature (UICN). Les considérations de gestion concernant le travail avec des représentants du gouvernement et autres individus vivant, travaillant et utilisant les aires protégées sont aussi présentées. Différents dispositifs de gouvernance nécessitent différentes formes de gestion et nous décrivons ici les modalités de gestion associée aux quatre types de gouvernance reconnus par l'UICN, notamment le travail et le fonctionnement d'un système d'aires protégées étatiques, les dispositions liées à la gouvernance partagée et à la gouvernance d'aires protégées privées et d'APAC. Les aires protégées évoluent dans des contextes spécifiques et nous évoquons également ici les cas particuliers des réserves établies dans ou près de zones urbaines ainsi que des aires protégées de catégorie II.

La gestion : une nécessité

En 2014, quelque 15,4 % de la surface terrestre et 3,4 % de la surface mondiale des océans, y compris 8,4 % des zones marines sous juridiction nationale, étaient officiellement reconnus comme des aires protégées (UNEP-WCMC, 2014). Pour remédier aux nombreux problèmes et aux responsabilités liés à la gestion terrestre et maritime, ces aires protégées doivent fait l'objet d'une gestion permanente et efficace. Cette gestion est un investissement pour un environnement sain, la conservation de la diversité biologique, la conservation du patrimoine naturel et culturel, et la santé des hommes.

La gestion active

Les aires protégées sont constamment confrontées à des menaces : effets des changements climatiques, espèces introduites, impacts des visiteurs, vandalismes, braconnages, effets de la pollution, activités de développement et d'extraction, instabilité sociale, incidents tels que les tempêtes extrêmes ou les feux de forêt, etc. Il est donc crucial d'être réactif, et ce de manière planifiée et efficace. Les professionnels des aires protégées sont responsables de nombreuses tâches : la gestion des espèces, les patrouilles anti-braconnage, les services aux visiteurs, l'intervention dans des situations d'urgence, la recherche, le suivi, ainsi que le travail de réhabilitation. Quant aux politiques gouvernementales, elles doivent répondre aux menaces incarnées par le développement qui pèsent sur les aires protégées. Une gestion active et réactive a des impacts sociaux, économiques et environnementaux qui profitent aux visiteurs, aux riverains, aux chercheurs, aux communautés locales, aux entreprises, aux organisations privées, aux gouvernements et aux générations futures.

Changements dans l'utilisation des terres

L'augmentation du nombre d'aires protégées et les recommandations de la Convention sur la diversité biologique (CDB) pour poursuivre cette progression s'accompagnent généralement de questions sociales et politiques associées aux changements dans l'utilisation des terres. Les aires protégées sont un concept relativement récent (chapitre 2) et dans les années 2010 plusieurs individus, riverains et communautés ont pour la première fois été confrontés à cette forme d'utilisation des terres. Il s'agit d'un changement pour les hommes, et assimiler cette nouvelle consécration du territoire en aire protégée prendra du temps. L'acceptation peut être immédiate pour certains, mais peut aussi prendre du temps pour d'autres. Elle s'accompagnera alors d'une gestion active sur le terrain, et il sera crucial d'assurer un travail continu avec les communautés et les riverains, et de garantir leur participation à la gestion. Pour d'autres aires comme les APAC, obtenir le statut d'aire protégée impliquerait probablement la préservation des pratiques de conservation ancestrales relatives à l'utilisation des terres. La protection supplémentaire prévue par le statut d'aire protégée aidera les membres de la communauté à empêcher les exploitations non souhaitées.

L'histoire nous apporte quelques enseignements sur les changements d'utilisations des terres : dans le parc national Royal en Australie, le parc national Banff au Canada et le parc national de Yosemite aux États-Unis, tous vieux de plus de cent ans, un énorme sentiment de gratitude est éprouvé à l'égard des individus ayant eu la clairvoyance de protéger des zones si exceptionnelles. De même, les efforts des générations de gestionnaires ayant maintenu l'intégrité de ces terres (quoiqu'en faisant évoluer la gestion) par une gestion active de la conservation sont aussi appréciés et la beauté naturelle de ces parcs est la même aujourd'hui que dans les années 1870.

Le Banff Springs Hotel, parc national Banff, Canada : le parc national, le plus ancien du Canada, a été créé en 1885 et l'hôtel privé a été ouvert au public en 1888

Source : Graeme L. Worboys

Direction de la gestion

Il y a une prise de conscience grandissante, parmi les professionnels d'aires protégées, de la nécessité de mettre en place des systèmes de gestion active, efficace et réactive. L'indécision, l'incompétence, ou pire, l'inaction en matière de gestion risquent de créer des « parcs de papier » et peut, malheureusement, mener à l'exploitation et à la dégradation des réserves. La direction d'une aire protégée du XXIe siècle doit être solide et sa gestion efficace grâce à l'appui des outils et expériences disponibles ainsi que des experts en gestion. Dans ce chapitre, nous présentons des informations utiles pour mettre en place une telle gestion professionnelle et commençons par introduire certaines informations théoriques importantes relatives au concept de gestion.

Gestion : définitions et fonctions

Qu'est-ce que la gestion ? Elle a été décrite comme étant le « processus visant à rassembler et utiliser des ensembles de ressources, dans un effort centré sur l'objectif d'accomplir les tâches de l'organisation » (Hitt et al., 2011:4). Cette définition paraît pleine de sens dans le contexte des aires protégées. Chaque mot clé et expression de cette définition sont importants (Worboys et Winkler, 2006a ; HItt et al., 2011).

- **Processus :** se réfère à l'action de remplir les quatre fonctions de la gestion et les activités et opérations associées. Les quatre fonctions sont : la planification, l'organisation, la conduite (mise en œuvre) et le contrôle (évaluation). Chacune sera développée plus loin dans le chapitre.
- **Rassembler et utiliser des ressources :** ces ressources comprennent les personnes et leurs compétences, aptitudes et expériences individuelles, les ressources financières, le matériel et l'équipement, et enfin, une information pertinente et de qualité en provenance de diverses sources. La tâche consistant à rassembler des ressources pour la gestion se base sur la manière d'organiser l'aire protégée, sa gouvernance (chapitre 7) et sa structure.
- **Effort centré sur l'objectif :** reconnaît que les organisations de gestion d'aires protégées ont des orientations claires. L'activité est gérée et a un objectif et une direction ; elle s'inscrit dans un contexte de gestion stratégique et cherche à atteindre un certain niveau de résultats.
- **De l'organisation :** identifie la gestion telle qu'elle est assumée par les individus ayant des fonctions différentes au sein de l'organisation de l'aire protégée. Elle est structurée et coordonnée pour atteindre les objectifs communs préalablement fixés. La forme

Encadré 8.1 Compétences mondiales en aires protégées

L'UICN a lancé un Partenariat mondial pour la professionnalisation du développement de la gestion des aires protégées dont le travail a consisté, entre autres, à élaborer des normes de compétences internationales pour cinq niveaux de professionnels des aires protégées (voir chapitre 9).

Niveau 5 Cadre

Les compétences de ce niveau se rapportent principalement à des activités qui impliquent l'élaboration de stratégies, la gestion d'un système entier d'aires protégées et la promotion et le maintien du système à l'échelle nationale et internationale. Ces compétences impliquent des processus plus que des compétences individuelles. Les responsabilités peuvent inclure l'élaboration de politiques nationales et régionales, et la planification spatiale et stratégique. Les personnes concernées peuvent être responsables de la direction de programmes et de plans complexes.

Niveau 4 Manager supérieur

Les compétences de ce niveau se rapportent principalement aux activités de planification, de gestion et de prise de décisions. Le personnel de niveau 4 peut diriger et gérer des organisations de taille moyenne. Leur travail peut inclure la planification et la gestion de projets et de programmes dans des cadres stratégiques et ils peuvent mener et mettre en œuvre des tâches spécifiques et techniques sur la base de spécialités acquises grâce à une combinaison de formations techniques et théoriques, et l'application de ces apprentissages dans le milieu professionnel au cours d'un cycle de gestion.

Niveau 3 Cadre intermédiaire

Les compétences de ce niveau se rapportent à des groupes de compétences techniques et de tâches qui nécessitent une organisation, une supervision et une prise de décisions. Les personnes concernées doivent organiser et mener des sections techniques et gérer des équipes chargées de la mise en œuvre des plans et des projets. Elles peuvent effectuer des tâches spécifiques et techniques nécessitant des compétences et des responsabilités techniques, ce qui nécessitera une formation technique et théorique suivie de possibilités de mettre en pratique ces connaissances et d'acquérir de l'expérience sur le lieu de travail.

Niveau 2 Travailleur qualifié avec certaines responsabilités de supervision

Les compétences de ce niveau sont constituées d'ensembles de compétences pratiques uniques ou relativement limitées qui pourraient être enseignées ou apprises sur le lieu de travail ou sur de courtes périodes. Les travailleurs accomplissent principalement des tâches pratiques et des tâches nécessitant des compétences et des responsabilités techniques.

Niveau 1 Ouvrier non qualifié

Les ouvriers non qualifiés accomplissent des tâches pratiques sous surveillance continue.

Source : Appleton (2013)

d'organisation reflète aussi que le fait de conserver la diversité biologique à l'échelle des aires protégées et des systèmes d'aires protégées est un effort collectif. Les groupes de gestion des APAC et de nombreuses autres aires protégées privées seront très différents des organismes publics et des grandes ONG en termes de taille, structure et processus.

Entreprendre un « processus de gestion » comprend l'action de remplir les quatre fonctions de gestion de manière ouverte ou intuitive. Ces fonctions soutiennent les cadres de gestion des aires protégées décrits dans ce chapitre. Les quatre fonctions sont décrites du point de vue d'organisations plutôt grandes de gestion d'aires protégées.

La fonction « planification »

La planification est la fonction clé de la gestion. Elle se base sur les meilleures informations disponibles sur le contexte environnemental, social, culturel, historique, managérial et politique. De plus, en faisant appel à la modélisation et à l'analyse des données, la planification peut identifier à la fois les perspectives souhaitées, ainsi que les circonstances et les conditions nécessaires pour les rendre possibles. Trois niveaux de planification sont reconnus dans le cas des grandes organisations de gestion des aires protégées.

1. **La planification stratégique :** généralement, ces plans s'appliquent aux organisations de gestion des aires protégées dans leur globalité, et définissent les objectifs recherchés à long terme.
2. **Les plans tactiques :** permettent de mettre en œuvre un plan stratégique. Ils définissent l'ordre et les priorités de mise en œuvre des objectifs organisationnels pour une aire fonctionnelle ou pour partie géographique d'un système d'aires protégées.
3. **Les plans opérationnels :** ces documents sont plutôt spécifiques. Ils peuvent être préparés en

vue de la mise en œuvre de projets individuels ou d'actions de l'unité organisationnelle d'une aire protégée, en conformité avec les objectifs et priorités de l'organisation.

Le processus de planification est généralement entrepris pour la plupart des activités de gestion d'aires protégées. Le sujet est plus amplement abordé au chapitre 13, ainsi qu'aux chapitres faisant mention de la planification pour les visiteurs (chapitre 23), les opérations (chapitre 24) et les incidents (chapitre 26).

La fonction « organisation »

Une action de gestion doit être planifiée avec soin, mais c'est bien la fonction « organisation » qui rassemble et permet de coordonner de manière efficiente et efficace les connaissances techniques, les ressources matérielles, l'équipement et les services de soutien comme le transport, le logement et la sécurité, éléments essentiels à la prise d'action. Les gestionnaires d'aires protégées sont régulièrement amenés à gérer des questions de services aux visiteurs, de coopération avec les riverains et les communautés, des tâches policières ainsi des accidents et situations d'urgence. Ils doivent pour cela être soutenus par les modalités de gouvernance, particulièrement les structures organisationnelles.

L'UICN reconnaît cinq niveaux de compétence pour les organisations gérant des systèmes nationaux d'aires protégées (encadré 8.1). L'appréciation de ces cinq niveaux est particulièrement importante en matière d'organisation du personnel dans le cadre de la gestion. Dans ce chapitre, le personnel clé des aires protégées est appelé « personnel de première ligne » (du personnel de terrain de niveau 2 au minimum). Le « personnel de niveau intermédiaire » désigne le personnel expérimenté ayant des responsabilités de surveillance ou des compétences techniques spécialisées, généralement de niveau 3. Enfin, les niveaux 4 et 5 correspondent au personnel de haut-niveau responsable de certaines parties ou de la totalité d'une organisation (encadré 8.1). Il convient également de noter que cet ouvrage fournit principalement des informations destinées aux professionnels d'aires protégées de niveaux 2 à 5 (voir chapitre 1). Le personnel peut opérer dans différents contextes de gouvernance, mais l'information fournie vise particulièrement les organisations officielles d'aires protégées. Le développement des capacités pratiques et professionnelles ainsi que les approches adoptées par des communautés en matière de gestion des APAC pourraient compléter l'information présentée dans cet ouvrage.

Personnel de l'aire protégée et site du patrimoine mondial du parc national de Phong Nha-Ke Bang, au Vietnam : ces praticiens des aires protégées jouent un rôle clé dans la protection de la forêt contre l'exploitation illégale ainsi que dans la réalisation d'autres tâches

Source : Graeme L. Worboys

La fonction de direction

La fonction de direction implique que certaines personnes influencent d'autres personnes pour favoriser l'accomplissement de certaines tâches et actions permettant à l'organisation d'atteindre ses objectifs. Cette fonction est aussi appelée fonction de chef de file (Hitt et al., 2011). Dans un rapport de personne à personne, la fonction dirigeante peut se manifester de différentes façons, et ce en fonction de la nature de l'action de gestion, de son contexte situationnel, et de l'environnement d'origine, l'expérience et les compétences des personnes concernées (chapitre 12). Un dirigeant peut utiliser un éventail d'approches comprenant la motivation, la communication, et le travail en groupe ou en équipe. Au niveau de l'organisation, la fonction de direction peut être guidée par une variété de considérations comme le jugement dans la prise de décisions, et les caractéristiques inhérentes aux institutions pour faciliter la capacité adaptative de la société et le potentiel d'amélioration de la conception institutionnelle (Gupta et al., 2010).

Quelle que soit l'action menée, le personnel de gestion de l'aire protégée apprécie d'être tenu informé du contexte stratégique organisationnel de l'action proposée, de la raison de son importance, de son rôle et des résultats escomptés. Cet échange est généralement une source de motivation, étant donné que le personnel apprécie d'avoir été informé, de savoir que son travail apporte une valeur ajoutée à la mission de l'organisation. Même dans le cas de certaines cultures ayant traditionnellement un respect plus marqué pour la hiérarchie organisationnelle, cette forme de communication verticale dans les aires protégées allant dans les deux sens est judicieuse. En effet, les remarques du personnel expérimenté responsable de certaines tâches contribuent presque toujours à améliorer la mise en œuvre de ces tâches. Au sein de la direction d'aires protégées, il est courant que l'accent soit mis sur l'interaction et le travail d'équipe – éléments favorisant la créativité et l'innovation sur le lieu de travail. Tout cela reflète aussi grandement la nécessité du travail d'équipe au sein d'une aire protégée confrontée à des menaces (chapitre 16), incidents (chapitre 26), opérations dans les parcs (chapitre 24) et enjeux liés aux visiteurs (chapitre 23).

Cette forme d'encadrement passe aussi par le personnel de niveaux hiérarchiques supérieurs et intermédiaires s'intéressant à l'avancée des opérations, notamment lorsqu'ils s'adressent au personnel de première ligne qui leur adresse directement des commentaires, et éventuellement lorsqu'ils trouvent des solutions immédiates aux problèmes moins importants, mais pas moins gênants dans un projet fonctionnant par ailleurs sans difficulté.

La fonction évaluation

La planification d'interventions de gestion devrait inclure un processus évaluant l'avancement de la mise en œuvre sur la base d'objectifs et de normes préalablement établis. C'est à cette exigence que répond la fonction évaluation. Cette dernière permet de déterminer si des étapes ont été franchies dans le processus, ou si un certain résultat a été atteint. Ces étapes peuvent, par exemple, correspondre à des cibles de gestion financière, au déroulement des opérations, aux normes de sécurité, de construction et de qualité, à l'efficacité et à l'efficience du processus de gestion, et à des indicateurs de durabilité environnementale. Ce processus d'évaluation devrait être planifié en amont du projet, et les données issues de l'évaluation collectées au cours de la mise en œuvre de l'action de gestion. La révision constante, voire programmée, de la performance sur la base de standards ou objectifs prédéterminés pose les fondements nécessaires à la mise en œuvre d'éventuelles mesures correctives.

La fonction évaluation est importante, que l'action soit entreprise dans le cadre du programme d'une grande organisation d'aires protégées, ou qu'elle concerne une aire protégée privée ou une APAC. La manière de procéder variera selon ces différents cadres de gouvernance.

La gestion stratégique

Dans le cas d'une grande organisation d'aires protégées, la gestion stratégique est généralement guidée par une vision inspirée de l'avenir souhaité pour l'organisation, les terres, les eaux et le patrimoine naturel et culturel dont l'organisation est responsable. Elle est aussi guidée par une finalité claire et précise du travail (ou de la mission) à effectuer, par un ensemble distinct d'objectifs de gestion exprimant brièvement comment les résultats opérationnels souhaités de l'organisation seront atteints, et par une série d'actions hiérarchisées (stratégiques) et holistiques conçues pour atteindre les objectifs souhaités. Une fois établie, cette direction doit faire l'objet d'un contrôle continu et, si besoin est, d'améliorations ou d'ajustements.

Le positionnement de la gestion stratégique se base sur un travail de réflexion et de recherche approfondi, ainsi que sur un effort considérable de planification. Dans le cas d'une grande organisation d'aires protégées, en plus de la vision et de la mission, il peut aussi s'agir de l'élaboration de plans stratégiques comme une stratégie institutionnelle, un plan opérationnel et des stratégies fonctionnelles. Nous aborderons plus tard le sujet de l'investissement dans la gestion stratégique.

Comprendre l'environnement opérationnel

Comprendre le cadre opérationnel d'une organisation d'aires protégées implique :

- la compréhension des contextes historique, socioculturel, économique et politique ;
- l'identification des exigences liées au droit commun, les besoins de l'administration publique, les décisions du conseil de gestion et les besoins des communautés locales ;
- l'identification des valeurs du patrimoine naturel et culturel à protéger, ainsi que leur importance ;

- l'évaluation des menaces et des conditions des ressources du patrimoine naturel et culturel à gérer, ainsi que l'évolution de ces conditions ;
- le contrôle de l'environnement opérationnel interne et la capacité de l'organisation de l'aire protégée à la gérer en prenant en considération les quatre fonctions de gestion ;
- la recherche et l'analyse des tendances dans l'environnement opérationnel ;
- la réponse aux évaluations de l'efficacité de gestion des aires protégées telles que les rapports relatifs à l'état des parcs, les audits indépendants, les requêtes du gouvernement et du parlement, et les conclusions des audiences du tribunal ;
- le besoin de travailler aux niveaux national et international et de partager et mondialiser les efforts de conservation pour atteindre les objectifs de conservation de la diversité biologique.

Énoncé de vision stratégique

Un énoncé de vision stratégique répond à la question : « Que voulons-nous devenir ? » (Lockwood, 2006). L'énoncé de vision communique de façon claire au personnel et à d'autres la direction idéale que doit prendre l'organisation. En Nouvelle-Zélande par exemple, le Department of Conservation (DOC) qui administre le système d'aires protégées du pays et remplit d'autres responsabilités liées à l'environnement et à la conservation, présente son énoncé de vision stratégique de manière positive et prospective. Plus important encore, des informations complémentaires s'articulent avec l'interprétation souhaitée de l'énoncé de vision stratégique :

> La Nouvelle-Zélande est le plus extraordinaire espace de vie sur Terre
>
> *Kāore he wāhi i tua atu i a Aotearoa, hei wahi noho i te ao*
>
> Par « espace de vie », nous entendons notre environnement physique ainsi que les personnes, plantes et animaux que cet environnement soutient.
>
> Par « le plus extraordinaire », il faut entendre que la Nouvelle-Zélande tente d'être la meilleure version d'elle-même possible, soit un pays qui prospère socialement, économiquement et environnementalement. (DDC, 2013:1)

Énoncé de mission

Un énoncé de mission consiste à définir un objectif qui se veut immuable (Lockwood, 2006). Il se distingue de l'énoncé de vision par le fait qu'il se concentre exclusivement sur l'organisation. Cet énoncé apporte des précisions au personnel et autres, relatives à ce qu'une organisation d'aires protégées tente d'accomplir, ainsi qu'à l'ampleur des produits et services de ladite organisation. Elle apporte ordre, direction et priorités organisationnelles. Toujours dans le cas de la Nouvelle-Zélande, le DDC présente son énoncé d'objectif (mission), suivi d'une explication de l'interprétation de cet énoncé :

> L'encadrement de la conservation pour une Nouvelle-Zélande prospère.
>
> Par « Nouvelle-Zélande prospère » nous entendons un pays florissant dans les domaines social, économique et environnemental. (DDC, 2013: 1)

Planification stratégique

La planification stratégique met en évidence la gestion stratégique d'une organisation et permet de définir les objectifs organisationnels en fonction de la vision et de la mission. Le développement de plans stratégiques requière la participation des cadres supérieurs d'aires protégées et le processus de planification peut utiliser une analyse SWOT (Strengths, Weaknesses, Opportunities, Threats, en français : forces, faiblesses, opportunités, menaces). Particulièrement utile, l'analyse SWOT est décrite dans la figure 8.1.

Trois types de documents de planification stratégique peuvent être développés par des organisations utilisant l'analyse SWOT : une stratégie institutionnelle, une stratégie opérationnelle et des stratégies fonctionnelles (Robbins et al., 2012).

Stratégie institutionnelle

La stratégie institutionnelle détermine la nature des objectifs prioritaires d'une organisation d'aires protégées en fonction de sa mission, de sa vision et de ses objectifs, ainsi que des objectifs gouvernementaux plus larges. Elle définit ce que l'organisation souhaite faire, ainsi que les rôles que les différentes parties de l'organisation vont jouer. Toujours dans le cas de la Nouvelle-Zélande, le principal objectif du DOC est « que les Néo-Zélandais tirent des avantages environnementaux, sociaux et économiques provenant d'écosystèmes ayant un fonctionnement sain, d'activités récréatives et de notre histoire » (DOC, 2013:1).

	bénéfique	néfaste
interne	**FORCES** Les *forces* internes d'une organisation, telles que les activités qui sont particulièrement bien mises en œuvre ou ses ressources uniques qui fournissent un avantage, sont évaluées au même titre que les faiblesses.	**FAIBLESSES** Les *faiblesses* peuvent inclure des activités qu'une organisation ne fait pas bien ou les ressources dont elle a besoin pour terminer son travail. Cette analyse interne peut inclure des aspects tels que les actifs financiers, les actifs physiques, les compétences et profil démographique du personnel, les connaissances, les bases de données, la capacité informatique, la culture du personnel et bien d'autres considérations de gestion des aires protégées.
externe	**OPPORTUNITÉS** Les *opportunités* sont des tendances positives extérieures et sont identifiées à la suite d'un examen très approfondi de l'environnement opérationnel d'une organisation d'aire protégée. Cela peut inclure de nouvelles politiques publiques, des technologies émergentes au profit des aires protégées et de nouveaux partenariats.	**MENACES** Les *menaces* sont des tendances négatives de l'environnement externe et peuvent inclure des éléments tels que les impacts des changements climatiques sur la biodiversité, les changements d'utilisation du feu, le développement de conflits et l'introduction de nouvelles espèces.

Figure 8.1 Analyse des forces, faiblesses, opportunités et menaces

Source : Adapté de Robbins et al. (2012)

La stratégie institutionnelle peut servir de guide à l'expansion, au renouveau et aux stratégies de revitalisation, mais elle peut aussi être un document important favorisant le maintien du statu quo ou la réduction des services (Robbins et al., 2012). Un plan institutionnel peut, par exemple, servir de guide à une organisation d'aires protégées sollicitée par le gouvernement pour établir et gérer de nouvelles aires protégées intégrées à un système élargi de réserves.

Plan opérationnel

Une organisation nationale d'aires protégées fonctionne généralement comme une grande entreprise. Des millions de personnes peuvent visiter les aires protégées, des services commerciaux y sont proposés et les économies locales, voire nationales, comptent sur elles pour être à la fois bien gérées et accessibles. La gestion opérationnelle fait partie intégrante de nombreuses aires protégées modernes, et le plan opérationnel, développé dans le cadre du plan stratégique d'une aire protégée, est un outil important. Les principales raisons poussant à l'élaboration d'un plan opérationnel sont les suivantes :

- mettre à disposition un plan d'action clair et opérationnel du développement futur de l'organisation ;
- permettre à toutes les personnes de l'organisation de convenir d'objectifs communs et de les partager ;
- assurer la participation d'acteurs clés ;
- s'assurer que les objectifs de l'organisation seront atteints avec les ressources disponibles ;
- identifier les principaux risques et mettre en place des plans pour les atténuer ;
- parvenir à une transition harmonieuse en cas de changement de personnel (UNESCO, 2008).

Un plan opérationnel permet aussi :

- d'étayer les demandes de soutien financier ;
- de guider des stratégies dans le cadre d'initiatives particulières touchant au capital ou aux revenus ;
- de revoir la structure organisationnelle, les manières d'aborder la formation et la gestion du personnel, les ressources technologiques et les procédures de suivi (UNESCO, 2008).

Au niveau d'une aire protégée individuelle, un plan opérationnel est différent d'un plan de gestion, mais les deux sont complémentaires. Le plan de gestion expose les objectifs de gestion et les actions nécessaires pour répondre à l'objectif de l'aire protégée, et le plan opérationnel se concentre sur les dimensions financières et organisationnelles. Il documente les ressources à déployer pour que le plan de gestion soit mené à bien (UNESCO, 2008). La planification des opérations au niveau d'une aire protégée individuelle est développée dans l'encadré 8.2.

Stratégies fonctionnelles

Réussir la mise en œuvre d'une stratégie institutionnelle et d'un plan opérationnel dans l'ensemble d'une organisation requiert parfois une série de ce que certains appellent des « stratégies fonctionnelles » (Robbins et al., 2012). Celles-ci mènent à l'uniformisation institutionnelle des dimensions opérationnelles de l'aire protégée, et incluent, par exemple, des questions relatives à un manuel de gestion des ressources humaines, à un standard de la conception signalétique, à un manuel des standards des infrastructures, à des lignes directrices pour la mise en place et la gestion d'installations, et à un manuel de gestion de la flotte de véhicules.

Gestion du changement

La mise en place d'un système de gestion nouveau, innovant et stratégique exige parfois des changements dans la structure de l'organisation afin que celle-ci atteigne ses objectifs de gestion. Il est essentiel pour une organisation de mettre en œuvre le changement de façon respectueuse, transparente et avec un objectif clair relatif à sa vision et à sa mission, mais aussi de gérer ce processus de changement de façon professionnelle. Normalement, le changement organisationnel est dicté par un « plan de gestion du changement » et par le personnel pourvu d'une expertise technique en matière de gestion des ressources humaines. Les organisations doivent parfois ajuster leurs priorités, recadrer les investissements et s'adapter à des situations sociales, politiques et environnementales nouvelles et évolutives.

Encadré 8.2 Planification des opérations

Une planification rigoureuse des activités aidera à garantir que chaque élément d'une aire protégée – du personnel et des programmes internes aux partenaires et aux opérateurs de services commerciaux – travaille sur la même mission et selon les mêmes modalités.

Plans opérationnels et plan de gestion

Les plans opérationnels peuvent prendre différentes formes selon la taille et la complexité de l'aire protégée, mais ils doivent reposer sur un plan de gestion à long terme (10 ans ou plus) qui définit la mission et l'état souhaité (chapitre 13). Le plan d'orientation de la gestion doit contenir une évaluation des principales caractéristiques de l'aire protégée, y compris les habitats critiques, les ressources culturelles et historiques et les écosystèmes sensibles ; il doit être développé avec la participation de la communauté et doit être basé sur des données scientifiques objectives. Le plan ainsi créé déterminera les conditions de développement dans l'aire protégée : soit une absence totale d'activité de développement, soit quelques activités de développement et d'exploitation choisies avec soin et limitées à des zones données.

Le plan opérationnel

Le plan opérationnel s'inscrit lui-même dans le plan de gestion à long terme, en mettant l'accent sur les opérations à court et moyen terme. Il est suffisamment précis et détaillé pour guider la planification annuelle du travail dans l'aire protégée. Pour être efficace, il doit être :

- axé sur un horizon temporel réaliste – idéalement de deux à cinq ans ;
- rigoureux et basé sur des données ;
- assez concis pour être utile ;
- réaliste et fondé sur des hypothèses et des projections budgétaires saines.

Selon le modèle de prestation des services commerciaux (entreprises à but lucratif, organismes à but non lucratif ou services gouvernementaux), les composantes d'un plan opérationnel peuvent varier. En général, ce dernier doit inclure les éléments suivants :

- une définition de la mission et de la base légale de l'aire protégée ;
- le contexte opérationnel actuel, y compris la structure organisationnelle, le budget actuel, les sources de financement, les tendances historiques et l'allocation des ressources (budget et heures de travail) ;
- le partage des responsabilités du programme, les objectifs et les priorités à court terme ;
- des indicateurs financiers et programmatiques liés aux priorités des aires protégées et pouvant être suivis dans le temps pour contribuer au suivi des activités de gestion ;
- des projections de recettes qui comprennent à la fois des hypothèses réalistes de la situation budgétaire à court terme et une évaluation de la stabilité relative / du risque lié à chaque source de revenus ;
- des scénarios de coûts basés sur les priorités, les besoins en personnel et les investissements potentiels ;
- des stratégies qui lient les priorités d'allocation des ressources et aident l'aire protégée à combler les écarts entre les financements et les coûts prévus.

— Jason Gibson, gestionnaire de programme, US National Park Service Business Management Group

Groupe de baleines à bosse (*Megaptera novaeangliae*) au large du parc national Ben Boyd en Nouvelle-Galles du Sud (Australie) migrant vers le sud et les eaux antarctiques pour l'été. En Nouvelle-Galles du Sud, le personnel du Service des parcs nationaux et de la vie sauvage est responsable de la sécurité et du bien-être de cette espèce protégée

Source : Graeme L. Worboys

La gestion efficace du changement est nécessaire pour que la diversité biologique et d'autres actions de conservation du patrimoine donnent des résultats probants.

Priorités de conservation de la biodiversité

Les organisations de gestion des aires protégées aident à conserver les espèces et la diversité biologique dans des systèmes d'aires protégées. Il s'agit là d'un fait particulièrement important compte tenu de la diminution marquante du nombre d'espèces à travers le monde (chapitre 3). Des actions de mise en œuvre stratégiques et déterminantes doivent être menées à bien, en plus de la mise en œuvre quotidienne et des processus, qui peuvent parfois sembler interminables, de gouvernance et d'administration des organisations d'aires protégées. Les solutions de conservation doivent être apportées en tenant compte des exigences des processus écosystémiques, des besoins de l'habitat et des exigences spécifiques liées aux espèces animales et végétales (chapitre 21). Cela peut inclure la conservation et la restauration d'habitats, la protection de voies de migration animale, les besoins de conservation liés aux saisons de reproduction, la protection contre les vulnérabilités des espèces, et la gestion des menaces. En ce qui concerne la gestion stratégique des aires protégées, ces actions sont une priorité absolue. Sur la base de telles priorités, le potentiel de mise en œuvre d'autres programmes organisationnels peut alors être évalué.

Évaluation

Les investissements de gestion stratégique doivent être évalués. Cet examen couvrant l'ensemble de l'organisation doit de préférence être effectué sur la base des résultats liés à la diversité biologique et à la conservation du patrimoine culturel, ainsi que sur la base d'autres mesures d'évaluation. Par exemple, les gestionnaires doivent chercher à être à même de répondre à des questions basiques de suivi telles que : quelles espèces locales sont présentes dans l'aire protégée ? Quelle est leur situation ? Comme évolue cette situation ? Quelles sont les menaces ? Quel est le degré de gravité de ces menaces ? Comment évolue la gravité des menaces ?

Ces questions sont fondamentales, et la recherche de solutions appropriées est une mission légitime pour les gestionnaires, étant donné que ces solutions aident à mettre en évidence la gestion stratégique à venir des systèmes d'aires protégées. Cette approche organisationnelle a été adoptée par Parcs Canada dans la mise en œuvre de leur programme d'intégrité écologique (chapitre 21), ainsi que par SANParks (Parcs

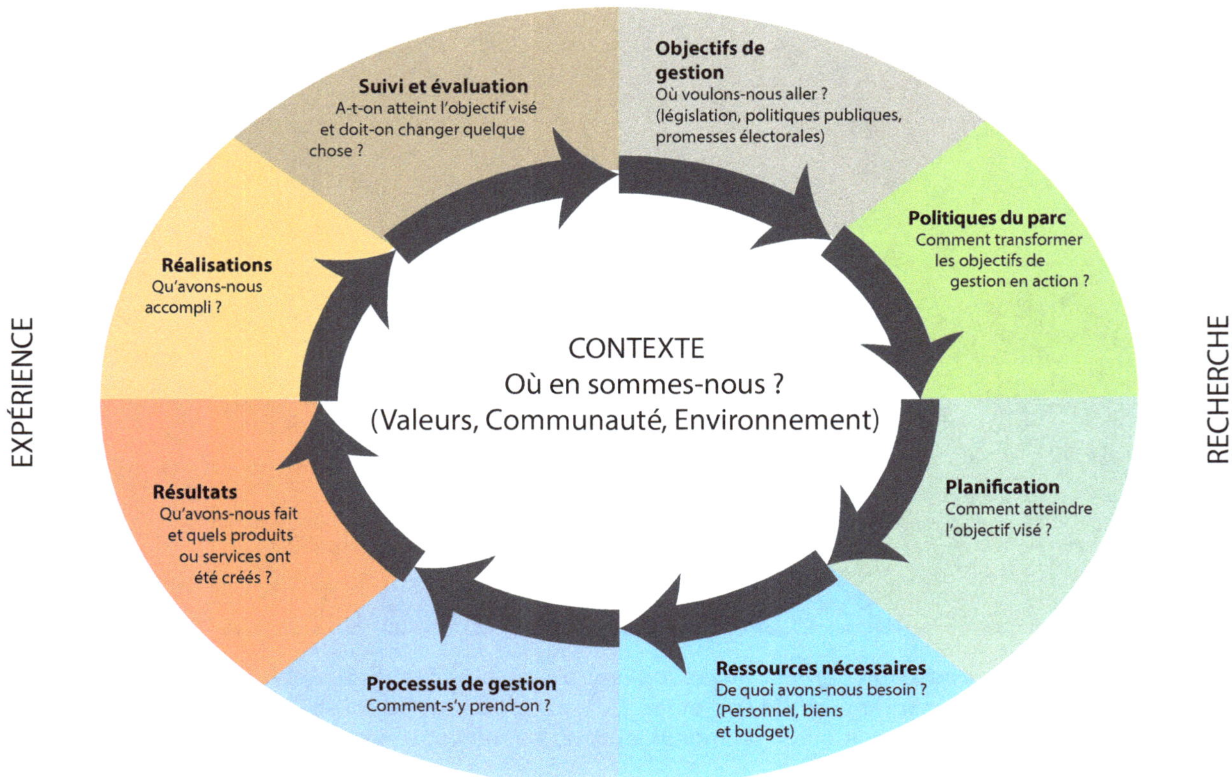

Figure 8.2 Cadre de gestion du parc utilisé par NSW NPWS

Source : Adapted de DEC (2005)

nationaux sud-africains) dans leur travail sur le « seuil de préoccupation potentiel » lancé dans un premier temps au parc national Kruger (du Toit et al., 2003).

Cadres et outils

Un certain nombre de cadres de gestion et d'outils existent pour aider les organisations d'aires protégées à mener à bien leurs opérations. Ces cadres et outils permettent d'apporter une approche organisée et systématique à la gestion couvrant ce qui peut être un système d'aires protégées vaste, diversifié et décentralisé, de niveau national ou infranational. Le tableau 8.1 présente différents cadres de gestion et outils pratiques à disposition des gestionnaires d'aires protégées de divers types de gouvernance. Par exemple, le cadre de gestion des parcs apporte une méthode utile à l'encadrement de la gestion. Le cadre a été développé par le Service des parcs nationaux et de la vie sauvage (NPWS) de la Nouvelle-Galles du Sud en Australie, afin de dicter une approche organisée de sa gestion (DEC, 2005) (figure 8.2). Il se base sur le cadre d'évaluation de la gestion des aires protégées de l'UICN (Hockings et al., 2006), et comprend les fonctions essentielles de gestion. L'organisation du processus de gestion sur la base du cadre de gestion des parcs a été très avantageuse pour le NPWS, grâce à sa structure logique, son organisation et sa clarté aux yeux de l'ensemble du personnel de gestion. En outre, le NPWS organise le processus d'évaluation de l'efficacité de sa gestion de manière à être conforme au cadre de l'UICN (chapitre 28). Les principales questions posées au titre du cadre de gestion du parc favorisent la création d'une approche méthodique de la gestion (figure 8.2).

Tableau 8.1 Cadres de gestion et outils d'aide à la gestion des aires protégées (organisés par fonction de gestion)

Outil ou cadre de gestion	Notes d'information et référence	Renvoi au chapitre (le cas échéant)
Planification		
Charte du patrimoine naturel	Créée en Australie, la Charte du patrimoine naturel décrit un processus en dix étapes de conservation du patrimoine naturel. Elle présente un processus de planification détaillé et des informations pour guider chaque étape. C'est un outil très précieux d'aide à la planification de la conservation d'un site du patrimoine naturel (CoA, 2003).	
Charte du Conseil international des monuments et sites (ICOMOS) sur l'héritage culturel	L'ICOMOS fournit des conseils de planification aux professionnels de la conservation du patrimoine. Ces conseils figurent entre autres dans la Charte pour la protection et la gestion du patrimoine culturel. Des directives plus spécifiques de l'ICOMOS existent, telles que la Charte australienne de Burra (Marquis-Kyle et Walker, 1992).	Chapitre 22
Conservation action planning (planification des actions de conservation)	La méthode de planification des actions de conservation (CAP) de The Nature Conservancy vise à aider les praticiens à axer leurs stratégies de conservation sur les éléments de la biodiversité ou les objectifs de conservation et les menaces associées ainsi qu'à mesurer le succès de ces mesures afin de les adapter et de tirer les enseignements requis (TNC, 2007).	Chapitre 13
Cadre de conservation de la connectivité par l'UICN	La CMAP de l'UICN a élaboré un système d'approche systématique de la gestion de la conservation de la connectivité qui prend en compte les cas de propriété foncière partagée, l'utilisation multisectorielle des terres, les différentes échelles spatiales d'exploitation et l'environnement opérationnel dynamique d'une aire de conservation de la connectivité (corridor) (Worboys et al., 2010).	Chapitre 27
Outil de planification du *Wildlife Institute of India*	Le *Wildlife Institute of India* a édité un guide pour la planification de la gestion de la faune dans les aires protégées et les paysages aménagés. Toutes les aires protégées doivent suivre ces directives (Sawarkar, 2002).	
Outils d'appui à la conservation par les populations autochtones et les communautés locales	Un guide de renforcement des capacités et de partage des connaissances pour les Aires du patrimoine autochtone et communautaire (APAC). Ce guide évoque la planification de la gestion, le suivi et l'évaluation, la communication, les aspects financiers et les valeurs (Corrigan et Hay-Edie, 2013).	Chapitre 7
Systèmes de gestion de l'environnement	Les systèmes de gestion de l'environnement tels que l'ISO 14001 établissent un processus par lequel les organisations peuvent minimiser leurs impacts environnementaux. L'Organisation internationale de normalisation (ISO) est située à Genève. La norme ISO 14001, par exemple, repose sur un système d'amélioration continue comprenant un « plan » (objectifs fixés), ce qu'il y a à « faire » (mettre en œuvre l'activité), à « vérifier » (surveiller les performances) et quand il convient d'« agir » (améliorer les performances) (EPA, 2013).	Chapitre 24
Évaluation d'impact sur l'environnement	L'évaluation d'impact sur l'environnement est un moyen de protéger et de préserver l'environnement. Il s'agit d'une procédure qui évalue les effets des activités sur l'environnement, les résultats de l'évaluation influant sur les décisions à prendre pour déterminer si une activité doit être développée comme prévu, si les conditions doivent être maintenues ou non (Thomas, 2001). Son application dans les aires protégées peut être guidée par la législation.	Chapitre 24

Outil ou cadre de gestion	Notes d'information et référence	Renvoi au chapitre (le cas échéant)
Recreation opportunity spectrum planning tool (Outil de planification d'une gamme d'activités de loisirs)	L'outil *Recreation opportunity spectrum* a été créé par le US Forest Service pour gérer les loisirs dans les zones naturelles. Cet outil de planification aide les gestionnaires d'aires protégées en identifiant une gamme de cadres récréatifs qui offrent aux visiteurs diverses opportunités de loisirs. Il fournit des lignes directrices strictes sur la nature et les limites des services et des installations afin que les cadres garantissant des types de loisirs donnés soient maintenus (Clarke et Stankey, 1979).	Chapitre 23
Système à usage public de mesure et de rapport	Élaboré par Kenneth Hornback et Paul Eagles pour la CMAP de l'UICN, cet outil offre une approche globale de la collecte d'informations, l'analyse et l'élaboration de rapports sur l'utilisation publique des aires protégées (Hornback et Eagles, 1999).	
Outils de standards de conception	De nombreuses organisations d'aires protégées établissent des standards de conception pour leurs logos, le mobilier du parc, les bâtiments et autres actifs. Il est également fréquent qu'ils utilisent des standards de conception approuvés pour l'accès des personnes handicapées et la sécurité des structures telles que les plateformes d'observation et les bâtiments. Des symboles internationaux peuvent être utilisés pour aider les visiteurs parlant différentes langues. Les organisations peuvent développer une boîte à outils standard de conception.	
Organisation Administration et personnel		
Systèmes de gestion financière	Les systèmes de gestion financière du XXIe siècle sont presque toujours informatisés, avec des applications standards telles que les applications SAP™ Enterprise, couramment utilisées. Les systèmes sont utiles pour : 1) suivre les intrants, les extrants et les résultats, et 2) suivre les besoins en matière de maintenance des actifs et de prestation de services. Le système financier de certaines organisations d'aires protégées peut faire partie de systèmes publics beaucoup plus vastes, auquel cas ces systèmes devraient être adaptés à la réalité des opérations de terrain qui sont ininterrompues au sein des aires protégées.	
Systèmes de gestion du personnel	Les systèmes de gestion du personnel et des salaires sont informatisés (et généralement liés aux systèmes de gestion financière) et utilisent des produits standard tels que SAP™. Les rapports institutionnels sur les données démographiques, les compétences, la formation et les niveaux de forme physique du personnel peuvent être importants pour les organisations dont le personnel est impliqué dans des opérations physiques exigeantes, telles que le travail dans des zones reculées, dans des conditions climatiques extrêmes et dans le cadre d'opérations d'intervention en cas d'incident.	
Systèmes d'intégration du personnel	L'intégration du personnel est un investissement important et les systèmes peuvent inclure des présentations individuelles et des formations professionnelles relatives à l'équipement, aux véhicules, à la faune, aux incidents, à l'application de la loi, aux droits, aux logiciels et autres processus et systèmes de l'organisation.	
Service de conseil pour le personnel	Ces services peuvent être sous-traités, mais ils jouent un rôle important dans la gestion des pressions quotidiennes liées à la gestion des aires protégées. Les incidents impliquant des personnes telles que les conflits avec la faune, les opérations de lutte contre les incendies et autres conflits peuvent avoir un impact sur le personnel et un service de conseil peut s'avérer nécessaire.	

Outil ou cadre de gestion	Notes d'information et référence	Renvoi au chapitre (le cas échéant)
Systèmes de santé et de sécurité du travail	Les systèmes de santé et de sécurité du travail contribuent à garantir un environnement de travail sûr pour le personnel. Les organisations ayant de tels systèmes en place et maintenant un environnement sécurisé paient souvent des primes d'assurance moins élevées.	
Systèmes d'assurance	On trouve de nombreux actifs au sein des aires protégées : centres de visiteurs, bureaux, ateliers, logements et installations de formation pour l'utilisation des équipements. Les systèmes d'assurance qui couvrent la perte ou l'endommagement de ces biens, ainsi que les personnes, sont essentiels.	
Systèmes de gestion des actifs	On trouve de nombreux actifs physiques fournissant des services récréatifs ou de gestion dans les aires protégées. Ces actifs comprennent généralement des voies d'accès et des routes, des belvédères, des toilettes, des bâtiments, des installations et des équipements, ces véhicules et d'autres équipements. Les systèmes de gestion des actifs sont généralement informatisés et enregistrent les informations détaillées relatives à l'actif, son historique de vie et ses exigences en matière de maintenance.	Chapitre 25
Information		
Systèmes de logiciels informatiques	Les logiciels et leurs applications évoluent rapidement. Les meilleurs systèmes de gestion sont ceux qui sont adaptatifs et permettent aux individus et aux organisations d'être à la pointe de leur travail et d'être soutenus (si possible) par une équipe informatique.	
Systèmes d'information géographique	L'information spatiale est essentielle pour la gestion des aires protégées. Les données du système d'information géographique des aires protégées individuelles et de leur système national associé peuvent faciliter les inventaires du patrimoine, l'analyse spatiale de l'information et la présentation immédiate des données entrantes provenant de diverses sources, y compris des données instantanées sur des incidents et des données satellites.	Chapitre 11
Outils internet et intranet pour accéder aux informations et les diffuser	Les moteurs de recherche modernes permettent d'avoir immédiatement accès aux informations nécessaires à la gestion des aires protégées. Pour les aires protégées individuelles, cela peut inclure leur histoire et tous les aspects de leur gestion. La mise en œuvre de tels systèmes permet de réaliser des économies par la suite. Des systèmes de gestion de contenu Web sont également disponibles.	Chapitre 11
Systèmes d'information de gestion intégrée	Le *Tasmanian Parks and Wildlife Service* a mis au point un système de gestion des visiteurs qui intègre la planification de l'ensemble des possibilités de loisirs, la détermination des niveaux de service, des informations sur les actifs, l'évaluation de la gestion des risques et les informations budgétaires afin de faciliter les décisions d'établissement des priorités (Poll, 2006).	Chapitre 25
Aide à la décision		
Logiciel Marxan	Le logiciel de hiérarchisation des priorités spatiales Marxan comprend une suite d'outils facilitant la planification de la conservation. Il prend en compte les considérations économiques et aide les responsables à hiérarchiser les tâches et à utiliser des intrants financiers (coûts).	Chapitre 8
The Investment Framework for Environmental Resources (INFFER)	La méthode INFFER™ aide les responsables à hiérarchiser un éventail de projets concurrents de gestion de la conservation.	
Prise de décision structurée	Il s'agit d'un processus de prise de décision impliquant des experts et des praticiens, qui traite de questions complexes, établit des objectifs clairs et fournit une justification transparente pour la décision de gestion privilégiée.	

Outil ou cadre de gestion	Notes d'information et référence	Renvoi au chapitre (le cas échéant)
Direction (mise en œuvre) Opérations dans les aires protégées		
Outils de gestion de projets	Le système Conservation action planning (planification des actions de conservation) (TNC, 2007) et le logiciel Open Standards Miradi (CMP, 2013) sont deux outils qui permettent d'assurer l'efficacité de la gestion de projet dans les aires protégées.	Chapitre 13
Systèmes de gestion des risques	Les systèmes de gestion des risques repèrent les risques pour la gestion. Ces risques sont analysés en fonction des critères d'évaluation des risques organisationnels et traités lorsqu'une menace est inacceptable. De tels systèmes surveillent constamment les risques (Worboys et Winkler, 2006b).	
Systèmes de gestion des incidents	Le système national interinstitutionnel de gestion des incidents mis au point aux États-Unis a été modifié et adopté par de nombreux pays et organisations. Ce « système de contrôle des incidents » détermine les fonctions liées au contrôle des incidents, à la planification, aux opérations et à la logistique, ainsi que des concepts tels que l'étendue des contrôles et les changements de quarts de travail sur 12 heures. Cette méthode est très efficace quand plusieurs organisations travaillent ensemble.	Chapitre 26
Systèmes de gestion des organisations durables	Les systèmes de gestion des organisations durables, tels que l'outil commercial Earthcheck (Earthcheck, 2013), permettent aux organisations d'évaluer leurs performances environnementales quantifiées en matière de consommation d'énergie, d'utilisation de l'eau et de production de déchets liquides et solides et de comparer ces données aux normes de référence. Il est également possible d'évaluer des considérations de conception environnementale.	
Guide d'opération du réseau des aires marines protégées de Fidji	Lignes directrices ou objectifs, y compris l'établissement des protocoles et priorités de recherche pour les communautés et réseaux, qui régissent les collaborations de chercheurs, les approches de surveillance minimale, les questions de communication et de propriété intellectuelle et les critères d'adhésion (Govan et Meo, 2011).	Chapitre 20
Systèmes de gestion des médias	Certaines organisations d'aires protégées utilisent des systèmes commerciaux de suivi des médias afin de suivre les commentaires et de rester connectées aux systèmes internes où les problèmes (et les réponses) d'aires protégées locales sont communiqués régulièrement au bureau central avec ou sans couverture médiatique associée.	Chapitre 15
Évaluation Évaluation et suivi de l'efficacité de la gestion des aires protégées		
Système de suivi de l'intégrité écologique	Le programme de surveillance de l'intégrité écologique (IE) de Parcs Canada est un système de mesure de la préservation ou de la restauration de l'intégrité écologique des aires protégées qui permet de notifier les informations s'y rapportant. Le système effectue une évaluation quantifiée de la condition et du changement de condition de la biodiversité et permet de mesurer les résultats par rapport aux objectifs établis (PC, 2007).	Chapitre 21
Rapports sur l'état du parc	Les organisations d'aire protégées d'un certain nombre de pays (comme le Canada, la Corée du Sud et la Finlande) et d'états (tels que la Nouvelle-Galles du Sud et Victoria en Australie) établissent des rapports sur l'état des parcs des systèmes d'aires protégées. Ces rapports peuvent porter sur l'intégrité écologique (condition de la biodiversité), les menaces et l'efficacité de la gestion des aires protégées.	Chapitre 28

Outil ou cadre de gestion	Notes d'information et référence	Renvoi au chapitre (le cas échéant)
Cadre pour l'évaluation de l'efficacité de la gestion	Le cadre pour l'évaluation de l'efficacité de la gestion des aires protégées (EGAP) repose sur un cycle de gestion des organisations d'aires protégées comprenant six éléments clés : contexte, planification, intrants, processus, extrants et résultats (Hockings et al., 2000, 2006). Le cadre EGAP de l'UICN a été adopté par la Banque mondiale et de nombreuses organisations d'aires protégées comme principal outil d'évaluation.	Chapitre 28
Instrument de suivi Banque mondiale/ WWF	Cet outil d'évaluation est très synthétique ; il est basé sur les six éléments du cadre EGAP de l'UICN et est très efficace (Worboys, 2007). Il se concentre sur l'évaluation des aires protégées individuelles et évalue l'efficacité de leur gestion par rapport aux cibles fixées.	Chapitre 28
Liste verte des aires protégées bien gérées de l'UICN	La Liste verte est une initiative de l'UICN visant à encourager, mesurer et célébrer la mise en place de bonnes normes de gestion dans les aires protégées (Hockings, 2012). Elle repose sur l'adoption généralisée de l'évaluation EGAP (Hockings et al., 2000, 2006) et identifie les bonnes pratiques de gestion.	
Patrimoine mondial : mise en valeur de notre patrimoine	L'UNESCO et l'UICN ont mis au point ce cadre d'évaluation basé sur la méthode EGAP et l'utilisent pour évaluer les sites du patrimoine mondial et leurs activités en cours afin d'identifier les problèmes, enjeux et réponses (Hockings et al., 2008).	Chapitre 28
Visites des aires protégées : limites des modifications acceptables	Cette méthode estime les limites des modifications acceptables pour l'utilisation des aires naturelles par les visiteurs et est étroitement liée à l'outil *Recreation opportunity spectrum planning tool* (Outil de planification d'une gamme d'activités de loisirs. Elle a été développée par George Stankey et d'autres chercheurs de l'US Forest Service (Stankey et al., 1985).	Chapitre 23
Autres systèmes d'évaluation de l'efficacité de la gestion	Il existe d'autres outils d'évaluation qui ont été développés dans le passé et qui s'appliquent aux aires protégées, notamment l'évaluation du renforcement des sites de *Parks in Peril* et le processus de gestion de projet *Enhanced 5S* mis au point par The Nature Conservancy (Worboys, 2007).	

La gestion adaptative

La gestion adaptative est un processus de gestion des aires protégées pouvant être utilisé par des professionnels et des décideurs politiques (chapitre 13). Cette approche semble intuitive, mais elle est en réalité basée sur de la recherche, un aspect qui n'est pas toujours compris. Cette gestion a été définie comme « une approche systématique pour améliorer la gestion des ressources, en ayant tiré des leçons des résultats de la gestion » (Williams et al., 2009:1). La gestion adaptative comprend six étapes clés.

1. Définir des objectifs de gestion clairs.
2. Spécifier les différentes options de gestion.
3. Formuler des hypothèses quant à la réaction du système aux interventions de gestion.
4. Mettre en œuvre des actions de gestion.
5. Suivre les réponses du système pour voir si elles corroborent l'hypothèse ou non.
6. Sur la base de l'analyse des résultats, affiner et ajuster les pratiques de gestion (Williams et al., 2009).

George Stankey, chercheur du Service des forêts aux États-Unis, et ses collègues ont revu l'aspect théorique de la gestion adaptative, et sont arrivés aux conclusions suivantes :

- bien que largement plébiscitée comme modèle de gestion des ressources dans des conditions de risque et d'incertitude, la gestion adaptative est avant tout un idéal ;
- il en existe de nombreuses définitions, mais celles-ci ne prennent pas forcément en compte des caractéristiques centrales de l'approche adaptative, notamment la vérification explicite d'hypothèses, le suivi et l'évaluation ;
- l'expérimentation est au cœur de la gestion adaptative et implique la formulation d'hypothèses, le contrôle et la réplication ;

- elle comprend des plans explicites de recherche (dont des processus de définition et de résolution des problèmes, de la documentation sur les protocoles de suivi et des mesures d'évaluation) ;
- elle est sans conteste de nature sociopolitique ;
- elle est ancrée dans la reconnaissance et l'acceptation du risque et de l'incertitude ;
- l'apprentissage est un résultat clé (Stankey et al., 2005).

Des normes ouvertes pour la pratique de la conservation

La gestion adaptative fait partie des Normes ouvertes pour les pratiques de conservation (CMP, 2013). Ces normes ont été définies par un groupe connu sous le nom de Partenariat de l'UICN pour les mesures de conservation (CMP), un consortium d'organisations de conservation ayant pour mission de « faire avancer les pratiques de conservation en développant, en testant et en faisant la promotion de principes et d'outils dans le but d'évaluer et d'améliorer de façon réalisable l'efficacité des actions de conservation » (CMP, 2013:i). Pour créer les normes ouvertes, le CMP a intégré des principes et de bonnes pratiques à la gestion adaptative, ainsi qu'à la gestion axée sur les résultats. Les normes ouvertes sont un processus visant une bonne conception du projet, une bonne gestion et un bon suivi. Ce processus est organisé en un cycle de gestion de projet en cinq étapes.

1. Conceptualisation de la vision du projet et de son contexte.
2. Planification des actions et du suivi.
3. Mise en œuvre des actions et du suivi.
4. Analyse des données, utilisation des résultats et adaptation.
5. Recueil et partage des leçons tirées (CMP, 2013).

Ces étapes décrivent le processus général nécessaire à la mise en œuvre réussie des projets de conservation. Plus importants encore, le processus entier et son analyse incluent les contributions du bien-être humain, et les considérations du changement climatique. Le processus développe des chaînes de résultats, classe les stratégies par ordre de priorité, développe un plan de suivi avec des méthodes et des indicateurs de suivi, définit un plan opérationnel associé à des plans de travail à court terme, prépare un budget, entreprend la mise en œuvre et analyse les performances.

Gérer des systèmes d'aires protégées

Un système national d'aires protégées bien conçu apporte une approche stratégique à la conservation de la diversité biologique d'une nation (Davey, 1998). Idéalement, de tels systèmes sont développés en utilisant ou en s'inspirant des techniques de planification systématique de la conservation. La mise en place d'aires protégées et de systèmes d'aires protégées est examinée plus en détail dans le chapitre 13.

Systèmes d'aires protégées : cibles stratégiques

Après de longues négociations et discussions entre pays signataires de la CDB, un plan stratégique ainsi que des orientations mondiales concernant la superficie minimale idéale à réserver aux systèmes de réserves nationales ont été définis. En 2010, à Nagoya, au Japon, le *Plan stratégique pour la diversité biologique 2011-2020 et les Objectifs d'Aichi* ont été adoptés par les membres de la CDB avec pour objectif d'inspirer tous les États et parties prenantes à mettre en œuvre un vaste plan d'action au service de la conservation de la diversité biologique sur les dix prochaines années (CBD, 2011). Cette stratégie donne une justification, une vision, une mission, des cibles et des orientations à la conservation de la diversité biologique, et les « Objectifs d'Aichi » favorisent la mise en œuvre d'un système d'aires protégées optimisé. Cette intervention de gestion est importante pour les gouvernements et les organisations d'aires protégées, mais aussi pour les groupes qu'ils soient publics, privés, ou qu'il s'agisse de populations autochtones ou de communautés locales. La cible 11 du plan stratégique identifie spécifiquement les cibles spatiales pour la définition de systèmes de réserves nationales marines et terrestres.

La stratégie 2011-2020 définit un contexte de planification identifiant l'importance de la diversité biologique terrestre :

> La diversité biologique soutient le fonctionnement des écosystèmes et fournit des services écosystémiques essentiels au bien-être humain. Elle assure la sécurité alimentaire, la santé humaine, ainsi que l'approvisionnement en air pur et en eau potable ; elle contribue aux moyens locaux de subsistance, au développement économique, et elle est essentielle à la réalisation des objectifs du Millénaire pour le développement,

> incluant la réduction de la pauvreté. De plus, elle représente une composante centrale de plusieurs systèmes de croyances, de visions du monde et d'identités. Mais malgré son importance fondamentale, la biodiversité continue de s'appauvrir. (CBD, 2011:4)

La vision de la stratégie montre clairement qu'une direction à long terme est nécessaire, et que davantage doit être fait pour assurer la conservation de la diversité biologique : « D'ici à 2050, la diversité biologique est valorisée, conservée, restaurée et utilisée avec sagesse, en assurant le maintien des services fournis par les écosystèmes, en maintenant la planète en bonne santé et en procurant des avantages essentiels à tous les peuples » (CBD, 2011:2).

Avec l'emploi de termes comme « urgentes », « mesures efficaces » et « mettre un terme à », l'énoncé de la mission de la stratégie met en évidence un besoin irrépressible et immédiat d'agir pour atteindre les objectifs de conservation de la diversité biologique :

> Prendre des mesures efficaces et urgentes en vue de mettre un terme à l'appauvrissement de la diversité biologique, afin de s'assurer que, d'ici à 2020, les écosystèmes soient résilients et continuent de fournir des services essentiels, préservant ainsi la diversité de la vie sur Terre, et contribuant au bien-être humain et à l'élimination de la pauvreté. Pour garantir ceci, les pressions exercées sur la diversité biologique sont réduites, les écosystèmes sont restaurés, les ressources biologiques sont utilisées d'une manière durable et les avantages découlant de l'utilisation des ressources génétiques sont partagés d'une manière juste et équitable ; des ressources financières suffisantes sont fournies, les capacités sont renforcées, les considérations relatives à la diversité biologique et la valeur de la diversité biologique sont intégrées, des politiques appropriées sont appliquées de manière efficace, et les processus décisionnels s'appuient sur des bases scientifiques solides et l'approche de précaution. (CBD, 2011:3)

Le plan stratégique identifie 20 cibles, dont plusieurs font référence aux aires protégées. La cible 11 reconnaît l'efficacité des aires protégées pour la conservation de la diversité biologique (chapitre 2), et la stratégie définit des objectifs améliorés pour la zone, et des attributs qualitatifs pour les systèmes d'aires protégées :

> D'ici à 2020, au moins 17 % des zones terrestres et d'eaux intérieures et 10 % des zones marines et côtières, y compris les zones qui sont particulièrement importantes pour la diversité biologique et les services fournis par les écosystèmes, sont conservées au moyen de réseaux écologiquement représentatifs et bien reliés d'aires protégées gérées efficacement et équitablement et d'autres mesures de conservation efficaces par zone, et intégrées dans l'ensemble du paysage terrestre et marin. (CBD, 2011:2)

Ces cibles concernent les gouvernements et d'autres organisations et communautés, puisque le système d'aires protégées d'un État peut correspondre à un mélange d'aires protégées étatiques, privées, autochtones et communautaires. Les cibles stratégiques 2020 de la CDB pour la conservation de la diversité biologique sont un défi pour les nations et pour les systèmes nationaux d'aires protégées, étant donné qu'en 2014, de nombreux États n'ont pas atteint les cibles mondiales suivantes. Les progrès effectués pour atteindre la cible 11 (d'une perspective spatiale) sont présentés à la figure 8.3.

Gouvernements et systèmes d'aires protégées

Les États prennent de nombreuses mesures de gestion essentielles pour favoriser les systèmes d'aires protégées. Il s'agit notamment de rendre possible l'extension du système d'aires protégées ; de permettre la conservation de la diversité biologique au niveau pangouvernemental ; de mettre en place une gestion respectueuse des conventions et traités internationaux ; de rendre possible la coopération transfrontalière ; de fournir des données concernant les aires protégées nationales ; et d'ouvrir la voie aux corridors écologiques assurant la connectivité. Chaque État est lui-même responsable d'assurer la collecte et la mise à disposition de données spatiales relatives aux aires protégées, ainsi que des données concernant les catégories UICN d'aires protégées pour le système national d'aires protégées (chapitre 11).

Nouvelles aires protégées

Grâce à l'amélioration du système d'aires protégées, les États ont la possibilité de créer des aires protégées indépendantes ; d'encourager leur création en facilitant des dispositifs permettant aux ONG et au secteur privé de mettre de côté et de gérer des terrains ; et d'aider les populations autochtones et les communautés locales à

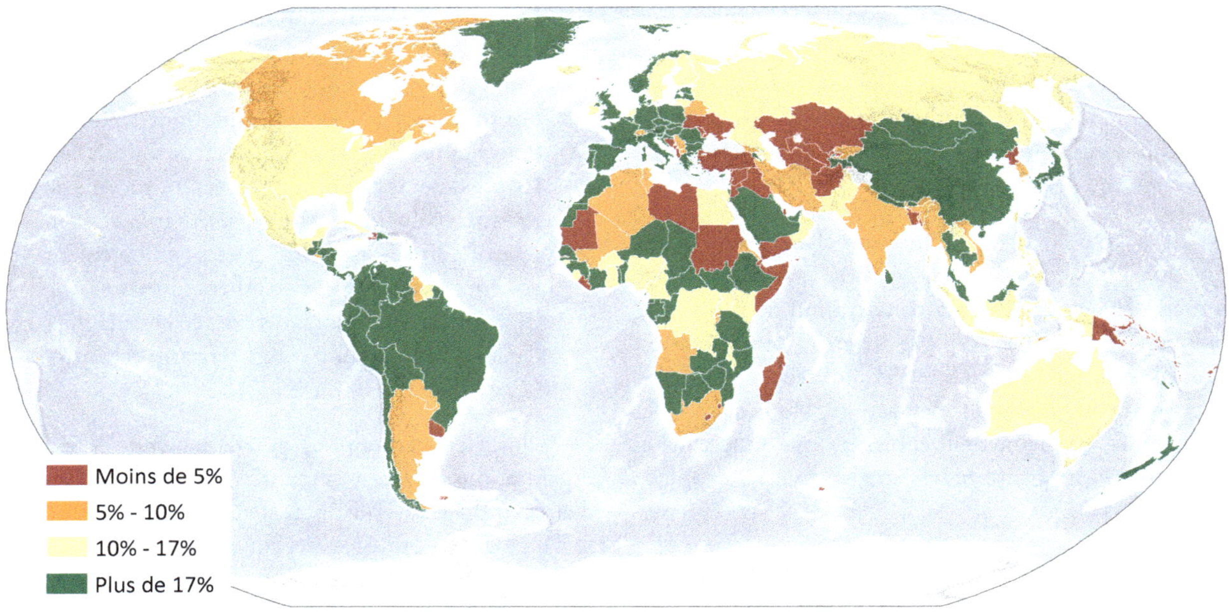

Figure 8.3 Pourcentage de terres protégées par pays en 2014

Note : Les pays qui ont atteint l'objectif 11 de la CDB (objectif spatial seulement) en 2014 pour les aires protégées sont représentés en vert. Les zones conservées par d'autres moyens efficaces ne sont pas représentées.

Avertissements : Les territoires contestés n'ont pas été pris en compte et n'ont aucune couleur sur la carte. Les frontières des nations identifiées ne reflètent pas le point de vue du PNUE-WCMC.

Source : IUCN et UNEP-WCMC (2014)

établir des aires protégées, ou de reconnaître des APAC déjà existantes comme des aires protégées, avec l'accord des individus ou des communautés concernés.

Conservation de la diversité biologique et des aires protégées

L'État peut faciliter la conservation de la diversité biologique dans les aires protégées et au-delà :

- en mettant en œuvre les dispositions de la stratégie de la CDB (CBD, 2011) dans leur totalité et dans tous les secteurs pertinents de l'État et de la société ;
- en élaborant une stratégie nationale pour la conservation de la diversité biologique qui reconnaît et répond aux failles pouvant exister dans les aires protégées ;
- en préparant un plan national pour les aires de conservation importantes et de grande échelle raccordant les aires protégées et le paysage naturel ;
- en permettant au secteur privé et aux populations autochtones et communautés locales de participer à l'établissement d'aires protégées par le biais de mesures incitatives.

Considérations internationales

Une organisation gérant un système d'aires protégées doit prendre en considération plusieurs questions internationales. Elle doit :

- respecter et donner suite aux conventions internationales (tableau 8.3) ;
- participer à une gestion des aires protégées coopérative et transfrontalière (chapitre 7) ;
- respecter et faciliter les accords internationaux concernant les espèces migratoires (chapitre 21) ;
- travailler sur des corridors écologiques assurant la connectivité entre écosystèmes, et ce, à grande échelle (chapitre 27) ;
- partager des données concernant les aires protégées nationales avec la Base de données mondiale sur les aires protégées (WDPA) de l'UNEP-WCMC (chapitre 11) ;
- respecter les normes de gestion du Patrimoine mondial et les exigences liées à l'établissement de rapports (chapitre 2) ;
- répondre aux exigences des réserves de biosphère et des sites Ramsar (chapitre 2) ;
- prendre en considération les traités internationaux et les déclarations telles que la Déclaration des droits des peuples autochtones de l'ONU.

Tableau 8.2 Exemples de conventions internationales pertinentes pour la gestion des aires protégées

Année	Convention internationale	Référence
1946	Convention pour la réglementation de la chasse à la baleine La Convention internationale pour la réglementation de la chasse à la baleine a été établie pour assurer la bonne conservation des populations de baleines et faciliter le développement ordonné de l'industrie baleinière. Sont également établies par la convention la Commission baleinière internationale et une disposition sur la délimitation de sanctuaires.	UN (2014a)
1971	Convention de Ramsar La Convention de Ramsar relative aux zones humides d'importance internationale principalement pour les oiseaux aquatiques a été adoptée à Ramsar (Iran) en 1971. La convention est un traité intergouvernemental qui fournit un cadre d'action nationale et de coopération internationale pour la conservation et l'utilisation rationnelle des zones humides et de leurs ressources.	Ramsar (2013)
1972	Convention du patrimoine mondial En 1972, la Convention pour la protection du patrimoine mondial, culturel et naturel, est née de la fusion de deux initiatives : la première portant sur la préservation des sites culturels et la seconde sur la conservation de la nature. La Convention du patrimoine mondial protège le patrimoine naturel et culturel mondial considéré comme étant de valeur universelle exceptionnelle.	UNESCO (2013)
1973	Convention CITES La Convention sur le commerce international des espèces de faune et de flore sauvages menacées d'extinction (CITES) a été adoptée en 1973 par de nombreux pays. La convention aide à protéger les espèces très prisées sur le marché illégal, par exemple pour les remèdes traditionnels et les peaux. Ces denrées animales peuvent, par exemple, provenir de panthères des neiges (*Panthera uncia*) (peaux), de tigres (*Panthera tigris*) (médicaments), de cerfs porte-musc (*Moschus* spp.) (médicament), d'éléphants d'Afrique (*Loxodonta* spp.) (ivoire) et de rhinocéros (*Ceratothirium simum et Diceros bicornis*) (médicament).	CITES (2013)
1979	Convention sur les espèces migratrices La Convention sur la conservation des espèces migratrices appartenant à la faune sauvage (également appelée CMS ou Convention de Bonn) vise à assurer la conservation des espèces migratrices terrestres, maritimes et aviaires dans l'ensemble de leur aire de répartition. Il s'agit d'un traité intergouvernemental, conclu sous l'égide du Programme des Nations Unies pour l'environnement, portant sur la conservation de la faune et des habitats à l'échelle mondiale.	CMS (2013)
1982	Convention sur le droit de la mer Les Nations Unies ont adopté la Convention sur le droit de la mer (UNCLOS) en 1982. Cette convention confère, entre autres, aux États côtiers des droits souverains sur une zone économique exclusive de 200 milles marins en ce qui concerne les ressources naturelles, certaines activités économiques, la juridiction sur la recherche en sciences marines et la possibilité de protéger l'environnement dans cette zone. Elle n'est entrée en vigueur qu'en 1994.	UN (2013)
1992	Convention sur la diversité biologique La CDB a été fondamentale dans la reconnaissance de la nécessité de conserver la biodiversité et du rôle et de l'importance des aires protégées dans ce cadre. Les parties reconnaissent les aires protégées comme une réponse clé pour endiguer la perte de biodiversité, et l'article 8 de la convention impose à chaque partie contractante, dans la mesure du possible et selon qu'il conviendra, d'établir un système de zones protégées ou des zones ou des mesures spéciales doivent être prises pour conserver la diversité biologique.	CBD (1992)
1992	Convention-cadre des Nations unies sur les changements climatiques La Convention-cadre des Nations unies sur les changements climatiques de 1992 (CCNUCC) fournit un cadre pour la négociation de traités internationaux spécifiques (appelés « protocoles ») susceptibles de fixer des limites contraignantes à l'émission de gaz à effet de serre. C'était le début d'une réponse internationale à la pollution de l'atmosphère par des gaz à effet de serre.	UNFCCC (2014)

Année	Convention internationale	Référence
1994	La Convention des Nations Unies sur le droit de la mer La Convention des Nations Unies sur le droit de la mer (UNCLOS) a joué un rôle crucial dans les efforts mondiaux visant à créer des aires marines protégées. Elle définit les droits et les responsabilités des nations dans leur utilisation des océans du monde en établissant des directives pour les entreprises, l'environnement et la gestion des ressources naturelles marines.	UN (2014b)

Encadré 8.3 Programme de travail sur les aires protégées de la Convention sur la diversité biologique

Le Programme de travail sur les aires protégées (PoWPA) est l'une des réflexions les plus poussées sur les politiques de l'UICN et de ses membres. Il a été accepté par la CDB en février 2004, et le PoWPA s'inspire largement du Plan d'action de Durban paru six mois plus tôt à la fin du cinquième Congrès mondial des parcs de l'UICN. À travers le PoWPA, les pays s'engagent à développer des systèmes d'aires protégées nationaux et régionaux participatifs, écologiquement représentatifs et gérés efficacement, s'étendant le cas échéant au-delà des frontières nationales, intégrés aux autres méthodes d'utilisation des terres et contribuant au bien-être humain. Le PoWPA comprend quatre éléments de programme, 16 objectifs (chacun avec une cible plus spécifique) et 92 activités pour les parties, dont beaucoup avec des calendriers indiquant les délais suggérés de mise en œuvre. Les quatre thèmes principaux et les éléments associés sont les suivants :

1. Actions directes pour la planification, le choix, l'établissement, le renforcement et la gestion de sites et systèmes d'aires protégées.
    - Établir des réseaux d'aires protégées et une approche écosystémique.
    - Planification et de la gestion à l'échelle des sites.
    - Prévention des menaces pesant sur les aires protégées.
2. Gouvernance, participation, équité et partage des avantages.
    - Augmenter les avantages offerts par les aires protégées.
3. Activités habilitantes.
    - Création d'un environnement favorable à la mise en œuvre de politiques.
    - Renforcement des capacités.
    - Assurance de la viabilité financière.
4. Normes, évaluations et surveillance.
    - Normes de gestion et efficacité de la gestion.
    - Utilisation de la science.

Source : Stolton et al. (2008)

À ce jour, le Programme de travail sur les aires protégées (PoWPA) de la CDB est l'engagement le plus important de la part de la communauté internationale envers les aires protégées. Il fournit un cadre pour la coopération entre gouvernements, donateurs, ONG et communautés locales, dans l'objectif de développer un système d'aires protégées nationales et régionales participatif, écologiquement représentatif et géré avec efficacité (encadré 8.3) (CBD, 2004).

Orientations de gestion pour les catégories d'aires protégées de l'UICN

Cette partie consiste à présenter les principes de gestion et les lignes directrices pour chaque catégorie de gestion de l'UICN. Les aspects de conservation de chaque catégorie sont également abordés. Ces informations sont particulièrement pertinentes au cours de la phase de planification, dans la mesure où elles permettent de contribuer à l'élaboration des objectifs de gestion. La question de la gestion des « populations officielles » résidant au sein de réserves associées à différentes catégories UICN d'aires protégées est également abordée.

La conservation de la diversité biologique ou encore du patrimoine naturel et culturel fait partie intégrante des six catégories de gestion d'aires protégées de l'UICN (I à VI), bien qu'il y ait des approches différentes à cet égard. Les encadrés 8.4 à 8.11 présentent des principes directeurs pour chaque catégorie UICN. Ils viennent d'Australie, mais sont applicables au monde entier. Ces principes ont été tirés de la loi australienne intitulée *Environment Protection and Biodiversity Conservation Act (1999)* et de documents connexes (encadré 8.4).

Gestion des catégories I à IV de l'UICN

Toutes les catégories de gestion de l'UICN sont importantes pour la conservation de la diversité biologique, mais les catégories I à IV mettent particulièrement l'accent sur la protection de la diversité biologique et autre patrimoine naturel et culturel (Dudley, 2008). Cette protection

Encadré 8.4 Principes généraux de gestion des réserves pour les catégories d'aires protégées de l'UICN

Les principes suivants de gestion des aires protégées australiennes ont été élaborés pour les six catégories d'aires protégées de l'UICN par le gouvernement australien. Ils ont une pertinence internationale.

Participation communautaire

Les modalités de gestion doivent, dans la mesure du possible, permettre une participation large et significative de la communauté, des organisations publiques et des organisations privées à la conception et à l'exécution des fonctions de la réserve ou de l'aire.

Gestion efficace et adaptative

Les modalités de gestion doivent être efficaces et adaptées aux objectifs de conservation de la biodiversité et au contexte socio-économique de la réserve ou de l'aire. Elles doivent être adaptatives afin de répondre aux incertitudes et aux changements.

Principe de précaution

Un manque de certitude scientifique absolue ne devrait pas être invoqué pour retarder les mesures visant à prévenir la dégradation du patrimoine naturel et culturel d'une réserve ou d'une aire où il existe une menace de dommages graves ou irréversibles.

Impact minimum

L'intégrité d'une réserve ou d'une aire est mieux conservée si la zone en question est protégée contre les perturbations et les menaces. Les impacts négatifs potentiels sur les environnements naturels, culturels et sociaux et les communautés environnantes doivent être minimisés autant que possible.

Utilisation écologiquement durable

Si l'utilisation des ressources est conforme aux principes de gestion qui s appliquent à une réserve ou à une aire, elle doit (quand il y a effectivement utilisation) être fondée sur le principe de l'utilisation écologiquement durable, à savoir :

- l'utilisation des ressources naturelles ne doit pas être dommageable à la capacité de ces ressources à soutenir les processus naturels tout en maintenant les systèmes naturels de soutien à la vie ;
- le bénéfice de l'utilisation par la génération actuelle ne doit pas diminuer la capacité potentielle de la réserve ou de l'aire à répondre aux besoins et aux aspirations des générations futures.

Transparence de la prise de décision

Le cadre et les processus de prise de décision pour la gestion de la réserve ou de l'aire doivent être transparents. Les justifications de toutes les décisions doivent être rendues publiques, sauf dans les cas où les informations, entre autres celles qui sont culturellement sensibles ou qui ne sont pas commerciales, doivent être gardées confidentielles.

Gestion conjointe

Si la réserve ou l'aire appartient en totalité ou en partie aux peuples autochtones, l'utilisation traditionnelle continue de la réserve ou de l'aire par les populations autochtones résidentes, y compris la protection et l'entretien du patrimoine culturel, doit être reconnue.

Note : Dans le texte fourni, « réserve » ou « aire » fait référence à un contexte de gestion par le gouvernement australien où les principes peuvent être appliqués à une aire protégée entière ou à une partie géographique de cette aire protégée (généralement identifiée comme une aire par un plan de gestion).

Source : CoA (1999)

et gestion contribuent directement à la conservation d'espèces et de la diversité biologique dans un contexte de déclin accéléré des espèces et de dégradation continue d'habitats. Ces réserves constituent un apport clé à la conservation des espèces les plus rares et les plus menacées au monde. Elles contribuent aussi fortement à la préservation des espèces communes.

Gestion des « Réserves naturelles intégrales » (Catégorie Ia de l'UICN)

Les Réserves naturelles intégrales font partie des quelques endroits sur Terre où les interventions humaines sont strictement limitées ; elles sont essentielles à l'effort de conservation du patrimoine terrestre (Dudley, 2008). Sans cette catégorie, de nombreuses espèces n'existeraient plus. La gestion de ces aires est souvent compliquée, et devrait tenir compte des principes directeurs d'aires protégées de catégorie Ia (encadré 8.5). Leur gestion doit prendre en considération :

- la régulation stricte de l'accès des visiteurs officiels ou non par la délivrance de permis la présence de patrouilles sur le terrain et la prise de mesures réglementaires face aux tentatives d'accès illégales et au braconnage. À cet égard, une attention particulière peut être portée aux exigences de gestion de la vie sauvage telles que les saisons de reproduction et de mise bas, les besoins d'hibernation (chauves-souris dans les caves), les mouvements d'espèces migratrices et la présence d'animaux dangereux ;

Encadré 8.5 Principes de gestion des réserves pour les aires protégées de catégorie Ia de l'UICN (Réserve naturelle intégrale) – Australie

La réserve ou aire doit être gérée principalement pour la recherche scientifique ou la surveillance de l'environnement selon les principes suivants :

- Les habitats, les écosystèmes et les espèces indigènes doivent être conservés dans l'état le plus préservé possible.
- Les ressources génétiques doivent être maintenues dans un état dynamique et évolutif.
- Les processus écologiques établis doivent être maintenus.
- Les caractéristiques du paysage structurel ou des roches affleurantes doivent être sauvegardées.
- Des exemples d'environnement naturel doivent être conservés pour des études scientifiques, le suivi de l'environnement et l'éducation, y compris des zones de référence dont l'accès est interdit dans la mesure du possible.
- Les perturbations doivent être minimisées par une planification et une exécution soignées de la recherche et autres activités autorisées.
- L'accès au public ne peut être autorisé que dans la mesure où il est compatible avec ces principes.

Source : CoA (1999)

- la mise en application des meilleures pratiques préventives face aux espèces envahissantes – elles sont liées à la gestion des accès et des mesures de mise en quarantaine. Les lignes directrices de l'UICN rédigées par Wittenberg et Cock (2001) sont utiles à ce travail ;
- la mise en œuvre de programmes d'éradication d'espèces introduites comme ceux mis en œuvre sur l'île tasmanienne de Macquarie en Australie (TPWS 2014) ;
- l'encouragement et la facilitation de la recherche scientifique, notamment par la mise en place de sites de référence permettant de mesurer l'état initial de l'environnement et son évolution à long terme ;
- le respect et la reconnaissance des valeurs et des règles des communautés gouvernant des sites considérés sacrés ou culturellement importants, de sorte que l'utilisation d'aucune ressource ne soit autorisée ;
- l'importance d'une communication continue avec les scientifiques concernant la responsabilité particulière pesant sur eux lorsqu'ils accèdent aux aires protégées et surtout aux réserves naturelles intégrales ; il s'agit de fournir des directives concernant l'accès et l'utilisation (ainsi que l'octroi de permission d'accès) définies dans la charte UICN de 2013, Code de bonne pratique pour la recherche (encadré 8.6).

Puffin fouquet (*Puffinus pacificus*), côte sud de la Nouvelle-Galles du Sud, Australie : cette espèce migre sur de longues distances entre les deux hémisphères et niche durant l'été austral sur de nombreuses îles du sud de l'Australie. Cette espèce et beaucoup d'autres bénéficient de conventions visant à protéger les espèces migratrices

Source : Graeme L. Worboys

Gestion d'une « Zone de nature sauvage » (Catégorie Ib de l'UICN)

Les Zones de nature sauvage sont officiellement reconnues par l'UICN comme une catégorie d'aire protégée. Il s'agit généralement de vastes zones naturelles, et la survie de nombreuses espèces dépend de telles aires inaltérées par l'homme, n'abritant de manière permanente qu'une faible densité d'êtres humains. Souvent, ces aires sont les seuls endroits où cela reste une possibilité. Les zones de nature sauvage sont gérées dans le but de protéger l'intégrité écologique à long terme des forces et des processus naturels qui prédominent. Elles sont aussi gérées pour être en grande partie exemptes d'activité humaine et d'infrastructures (Dudley, 2008). Il faut aussi comprendre que certains n'acceptent pas

Encadré 8.6 Projet de code de bonnes pratiques pour une recherche et un suivi responsable dans les aires protégées

1. Tout projet de recherche doit faire l'objet de l'obtention d'approbation et de permis requis par les autorités nationales, étatiques ou territoriales, et locales, du paiement de frais, et d'un respect strict des lois, règlements, normes sociales et protocoles relatifs à la recherche dans les aires protégées, y compris en matière d'accès et de partage des avantages dans le cadre de la CDB.
2. Tout projet de recherche doit obtenir l'approbation éthique des organismes de recherche, des institutions de financement et des organes chargés de la gestion des aires protégées en ce qui concerne la recherche sur les animaux et la recherche sociale.
3. Les chercheurs travaillant sur le terrain doivent adopter des normes de précaution très strictes afin d'éviter l'introduction accidentelle et la propagation d'organismes envahissants et pathogènes.
4. Les perturbations créées par la recherche sur le terrain doivent être minimisées, à la fois pour les organismes étudiés et pour les autres espèces et écosystèmes.
5. La mise à mort d'un organisme pour collecter des données ne doit avoir lieu que lorsque cela est absolument nécessaire à la recherche et que le processus est accepté par les gestionnaires et suit les règles nationales.
6. Les projets de recherches impliquant des altérations significatives des écosystèmes, y compris par la destruction d'organismes, ne doivent normalement pas être menés dans les aires protégées de catégorie I à IV de l'UICN sauf s'il n'y a pas d'autre lieu adapté à cette recherche ou si ce projet est susceptible d'aider l'aire protégée à atteindre ses objectifs de conservation. Dans ce cas, une analyse d'impact détaillée et une analyse coûts-avantages doivent être entreprises avant que le projet ne soit approuvé, et les activités de recherche doivent être menées en priorité dans les zones moins strictement protégées de l'aire. Une attention particulière doit être accordée à la question de la sacralité ou de l'importance culturelle des zones et espèces pour les peuples autochtones ou les communautés locales ainsi qu'au degré de menace auquel les espèces font face (en s'inspirant des catégories de la Liste rouge de l'UICN).
7. Lorsque la recherche nécessite un travail de terrain dans des zones habitées ou affecte des espèces ou des écosystèmes sur lesquels des personnes ont des droits fonciers ou culturels *de facto ou de jure*, les chercheurs doivent obtenir le consentement libre et préalable de ces détenteurs de droits et les activités de recherche doivent être menées dans le respect des croyances locales, des intérêts économiques et culturels, et des droits.
8. Les gestionnaires d'aires protégées devraient chercher à s'associer avec des organismes de recherche afin de développer des projets collaboratifs qui éclaireront la gestion et répondront aux besoins de la communauté de la recherche de pointe en science. Les chercheurs, eux aussi, devraient essayer de collaborer avec les gestionnaires lorsque les résultats de leurs recherches sont susceptibles d'éclairer la gestion du parc ou de la conservation, et de renforcer les capacités de son personnel.
9. Les chercheurs devraient prendre en compte les valeurs esthétiques des aires protégées, et l'impact de ces valeurs sur l'expérience des visiteurs, lorsqu'ils choisissent leurs méthodes de collecte des données, lorsqu'ils utilisent des colliers émetteurs, qu'ils délimitent des placettes de recherche, des bases ou autres, et aussi quand ils retirent leurs matériels et équipements à la fin de leur projet de recherche.
10. Les chercheurs employés par des organisations de gestion des aires protégées ou des organes publics associés devraient être soumis aux mêmes règles et au même code de conduite, le cas échéant, que les chercheurs externes.
11. Les gestionnaires d'aires protégées devraient considérer la recherche comme une valeur importante des aires protégées. Ils devraient créer des conditions favorables à la recherche et encourager les projets de recherche pertinents pour leurs aires protégées, idéalement par le biais d'un processus (tel qu'un groupe de travail) qui identifie les priorités de recherche.

Source : Hockings et al. (2013)

l'expression « nature sauvage », et de nombreuses cultures à travers le monde n'ont pas de terme équivalent à ce qui dans de nombreux pays occidentaux est considéré une dichotomie claire entre « sauvage » et « domestiqué ». Ces différences culturelles et de points de vue ont permis de façonner le concept de nature sauvage préparé par l'UICN à Barcelone en 2008 (Dudley 2008), et d'autres discussions sont à venir.

La gestion d'une Zone de nature sauvage de catégorie Ib doit :

- tenir compte des guides élaborés pour ces réserves (encadré 8.7) ;
- garantir une faible fréquentation du public, et assurer le maintien de la condition sauvage (naturelle) de l'aire en question – cela peut être effectué par le biais de politiques mettant l'accent sur les loisirs autonomes

Encadré 8.7 Principes de gestion des réserves pour les aires protégées de catégorie Ib de l'UICN (zones de nature sauvage) - Australie

La réserve ou l'aire doit être protégée et gérée de manière à conserver sa condition non modifiée par l'homme en fonction des principes suivants :

- Les générations futures doivent avoir la possibilité de connaître, de comprendre et de profiter de réserves ou d'aires qui n'ont pas été perturbées par l'activité humaine pendant une longue période.
- Les attributs et qualités essentiels de l'environnement doivent être maintenus à long terme.
- Le niveau et le type d'accès au public doivent être déterminés afin de servir au mieux le bien-être physique et spirituel des visiteurs et de maintenir les qualités sauvages de la réserve ou de l'aire pour les générations présentes et futures.
- Les communautés autochtones vivant en faible densité et en équilibre avec les ressources disponibles doivent être en mesure de maintenir leur mode de vie.

Source : CoA (1999)

et l'interdiction d'animaux de bât (chevaux par exemple), de véhicules motorisés (motos, 4x4) et d'avions (à voilure fixe ou tournante) ;

- tenir compte des directives issues du *Manuel de droit et de politiques relatives aux zones de nature sauvage dans le monde* (*A Handbook on International Wilderness Law and Policy*), élaboré par la Fondation WILD. Il y est indiqué que « la législation concernant les zones de nature sauvage cherche à protéger de vastes aires naturelles dans un état aussi sauvage (naturel) que possible et à maintenir l'intégrité biologique de ces aires dans une perspective d'avenir » (Kormos, 2008:355), et aussi que la nature sauvage ne cherche pas à exclure des personnes, « au contraire, la clé repose sur l'idée que la législation de la zone de nature sauvage régule l'accès humain à certaines zones pour préserver certaines valeurs sauvages, et autorise les utilisations qui ne compromettraient pas la conservation de ces valeurs » (p. 356) ;
- permettre aux communautés autochtones de maintenir leur mode de vie traditionnel dans les zones de nature sauvage afin qu'il soit compatible avec les objectifs de conservation des aires protégées ;
- protéger les valeurs culturelles et spirituelles des Zones de nature sauvage propres aux populations autochtones ou aux autres populations ;
- faciliter la recherche à faible impact et les activités éducatives ;
- restaurer les zones perturbées ;
- intégrer une gestion active des menaces telles que les espèces de plantes ou d'animaux introduites, le braconnage, et autres menaces induites par l'homme (chapitre 16).

Gestion des « Parcs nationaux » (Catégorie II de l'UICN)

Les parcs nationaux sont la catégorie d'aires protégées la mieux comprise et certainement la plus visitée par les individus et communautés à travers le monde. Leur gestion vise principalement à protéger la diversité biologique naturelle et sa structure écologique sous-jacente, à soutenir les mécanismes environnementaux, mais surtout, à créer des opportunités éducatives et récréatives dans les plus beaux sites naturels du monde (Dudley, 2008).

Les parcs nationaux sont essentiels à la conservation et à la protection d'espèces. Ils peuvent contribuer à la conservation d'espèces ayant une distribution étendue, des processus écologiques régionaux et des voies migratoires, et souvent, ils forment des zones clés constituées de grandes aires de conservation assurant la connectivité (chapitre 27 ; Dudley, 2008). Ces parcs sont gérés de manière à ce que les visiteurs les fréquentent pour y trouver des sources d'inspiration et à des fins éducatives, culturelles ou récréatives, et la gestion des parcs nationaux de tourisme vert contribue grandement à l'économie locale (voir chapitre 23). La politique globale actuelle des parcs nationaux prend en considération les besoins des populations autochtones et des communautés locales de manière responsable et équitable, en cohérence avec les objectifs de gestion des réserves, bien que dans la pratique et dans certains pays, beaucoup reste à faire. Les parcs nationaux offrent d'importantes possibilités de recherche, notamment par le biais de nombreux sites de recherche chargés de surveiller les changements dans les milieux naturels comme ceux induits par les changements climatiques.

La gestion de parcs nationaux de catégorie II de l'UICN doit tenir compte :

- des guides élaborés pour la gestion des parcs nationaux (encadré 8.8) ;
- des plans de gestion et du découpage du territoire pour assurer la protection des processus écologiques à grande échelle, l'existence de possibilités de

Encadré 8.8 Principes de gestion des réserves pour les aires protégées de catégorie II de l'UICN (parc national) – Australie

The reserve or zone should be protected and managed to conserve its natural condition according to the following principles.

- La réserve ou l'aire doit être protégée et gérée de façon à conserver son état naturel selon les principes suivants :
- Les zones naturelles et panoramiques d'importance nationale et internationale doivent être protégées à des fins spirituelles, scientifiques, éducatives, récréatives ou touristiques.
- Des exemples représentatifs de régions physiographiques, de communautés biotiques, de ressources génétiques et d'espèces indigènes doivent être maintenus dans un état aussi naturel que possible afin d'assurer la stabilité et la diversité écologiques.
- L'accès aux visiteurs, axé sur des aspects suscitant l'inspiration, sur l'éducation, la culture ou les activités de récréation, doit être limité à un niveau qui maintiendra la réserve ou l'aire dans un état naturel ou quasi naturel.
- Les gestionnaires doivent s'assurer de l'absence d'activité d'exploitation ou d'occupation incompatible avec ces principes.
- Les attributs écologiques, géomorphologiques, sacrés et esthétiques pour lesquels la réserve ou l'aire a été assignée à cette catégorie de gestion doivent être respectés
- Les besoins des peuples autochtones doivent être pris en compte, y compris l'utilisation des ressources pour leur subsistance, dans la mesure où ces besoins n'entrent pas en contradiction avec ces principes de gestion.
- Quand ils sont conformes à ces principes, les aspirations des propriétaires traditionnels de terres situées dans la réserve ou l'aire, leurs pratiques de gestion des terres, la protection et l'entretien du patrimoine culturel et le bénéfice que les propriétaires traditionnels tirent des initiatives menées dans la réserve ou l'aire doivent être reconnus et pris en compte.

Source : CoA (1999)

La grotte de Hang Sung Sot, bien du patrimoine mondial de la baie d'Ha-Long, Vietnam : la gestion active de cette grotte calcaire karstique contribue à conserver ses valeurs géologiques et géomorphologiques face à son grand nombre de visiteurs

Source : Graeme L. Worboys

conservation de la nature sauvage, le maintien des aires de connectivité pour la faune sauvage, et l'existence de diverses possibilités récréatives pour le divertissement des visiteurs ;

- de la coopération avec les riverains et communautés locales ;
- de la restauration des zones perturbées ;
- de la gestion active des menaces et incidents ;
- de la facilitation de la recherche et des opportunités de recherche ;
- de la gestion active des installations et des services aux visiteurs, et des cas d'urgences pouvant surgir dans le parc.

Gestion des « Monuments ou éléments naturels » (Catégorie III de l'UICN)

L'objectif de gestion des aires protégées de catégorie III est la protection d'éléments naturels exceptionnels ainsi que la biodiversité et habitats associés (Dudley, 2008). Parmi ces éléments, plusieurs correspondent à des phénomènes géologiques tels que des sites karstiques ou des éléments

Encadré 8.9 Principes de gestion des réserves pour la catégorie III de l'UICN (monument naturel) – Australie

La réserve ou l'aire doit être protégée et gérée de façon à conserver ses caractéristiques naturelles ou culturelles en fonction des principes suivants :

- Les éléments naturels exceptionnels spécifiques doivent être protégés ou conservés à vie en raison de leur importance naturelle, de leur qualité unique ou représentative ou de leurs connotations spirituelles.
- Des possibilités de recherche, d'éducation, d'interprétation et d'appréciation du public doivent être offertes dans une mesure compatible avec ces principes.
- Les gestionnaires doivent s'assurer de l'absence d'activité d'exploitation ou d'occupation incompatible avec ces principes.
- Les personnes ayant des droits ou des intérêts dans la réserve ou l'aire doivent pouvoir bénéficier des avantages découlant des activités mises en place dans la réserve ou l'aire et qui sont conformes à ces principes.

Source : CoA (1999)

correspondants aux paysages volcaniques (chapitre 18). Parmi ces aires protégées, plusieurs ont une importance culturelle et peuvent être gérées pour leurs valeurs correspondant au patrimoine naturel et culturel. Pour gérer un « monument ou élément naturel » de catégorie III de l'UICN, il faut tenir compte :

- des guides élaborés pour les aires protégées de catégorie III (encadré 8.9) ;
- des lignes directrices spécialisées de l'UICN concernant la protection des grottes et des zones karstiques élaborées par Watson et al. (1997) ;
- d'une gestion active des menaces, du travail de conservation et de l'action de restauration ciblant la conservation d'espèces spécifiques exclusivement trouvées à l'endroit du monument – cela peut inclure des colonies de chauves-souris à l'intérieur des grottes, et des espèces de plantes qui se trouvent exclusivement à proximité des cascades ;
- de la facilitation de la recherche sur l'aire protégée et ses phénomènes naturels ;
- de la gestion active pour une fréquentation convenable de l'aire protégée de la part des visiteurs.

Gestion des « Aires de gestion des habitats ou des espèces » (catégorie IV de l'UICN)

De nombreuses aires sont protégées spécifiquement pour conserver les espèces de faune et de flore ainsi que leurs habitats. Souvent, ces aires sont très petites, mais sont essentielles à la nature sauvage. C'est le cas, par exemple, des îles isolées fréquentées par les oiseaux qui se reposent en période migratoire ou de nidification. Contrairement aux catégories I à III d'aires protégées, la catégorie IV peut exiger une intervention de gestion régulière pour faire face aux menaces, pour restaurer et conserver des espèces et leur habitat (Dudley, 2008).

La gestion d'une aire de gestion des habitats/espèces de catégorie IV doit tenir compte :

- des guides élaborés par l'UICN pour les aires protégées de catégorie IV (encadré 8.10) ;
- des exigences de gestion saisonnières (centrées sur la faune sauvage) de ces aires protégées et le rôle qu'elles peuvent jouer dans la protection de toute la route migratoire d'une espèce migratrice transhémisphérique ;
- du rôle qu'elle peut jouer en tant que partie intégrante d'une aire protégée clé au sein d'une aire de conservation plus large assurant la connectivité (corridor) ;
- du besoin possible pour une restauration active et une gestion continue des menaces ;
- des opportunités existantes pour éduquer le public et pour façonner une appréciation des espèces de faune et de flore sauvage.

Gestion des aires protégées de catégorie V et VI de l'UICN

Dans les aires protégées de catégorie V de l'UICN, les valeurs à l'origine d'un paysage particulier reposent sur le changement continuel apporté par l'homme aux paysages terrestres et marins. Dans le cas des aires protégées de catégories VI, ces valeurs sont basées sur l'utilisation des ressources. Comme dans toutes les catégories d'aires protégées de l'UICN, la conservation de la diversité biologique fait partie des principaux objectifs, mais ici, la gestion implique aussi d'équilibrer l'utilisation humaine et naturelle, et la gestion des caractéristiques liées aux paysages culturels humains.

Encadré 8.10 Principes de gestion des réserves pour la catégorie IV de l'UICN (aire de gestion des habitats et des espèces) – Australie

La réserve ou l'aire doit être gérée principalement, y compris, si nécessaire, à travers une intervention active, pour assurer le maintien des habitats ou pour répondre aux exigences d'ensembles d'espèces ou d'espèces précises sur la base des principes suivants :

- Les conditions d'habitat nécessaires à la protection des espèces, des groupes ou des collections d'espèces importantes, des communautés biotiques ou des caractéristiques physiques de l'environnement doivent être garanties et maintenues, si nécessaire par le biais d'interventions humaines spécifiques.
- La recherche scientifique et le suivi environnemental contribuant à la gestion des réserves, activités primaires associées à la gestion durable des ressources, doivent être facilités.
- La réserve ou l'aire peut être aménagée pour l'éducation du public et l'appréciation des caractéristiques des habitats, des espèces ou des collections, et du travail de gestion de la faune.
- Les gestionnaires doivent s'assurer de l'absence d'activité d'exploitation ou d'occupation incompatible avec ces principes.
- Les personnes ayant des droits ou des intérêts dans la réserve ou l'aire doivent pouvoir bénéficier des avantages découlant des activités mises en place dans la réserve ou l'aire et qui sont conformes à ces principes.
- Si la réserve ou l'aire est déclarée jardin botanique, elle doit également être gérée pour accroître les connaissances et l'appréciation du patrimoine végétal d'un pays en établissant, comme ressource intégrée, une collection de spécimens vivants et d'herbiers de plantes indigènes et apparentées destinées à l'étude, l'interprétation, la conservation et l'exposition.

Source : CoA (1999)

Gestion des « Paysages terrestres/marins protégés » (catégorie V de l'UICN)

La gestion d'une aire protégée de catégorie V est axée sur la protection et le maintien de paysages terrestres et marins importants (ainsi que de leurs valeurs associées à la conservation de la nature et autre) créés par les hommes par le biais de pratiques de gestion traditionnelles (Dudley, 2008). La gestion des paysages terrestres/marins protégés doit tenir compte :

- des guides élaborés par l'UICN pour les aires protégées de catégorie V (encadré 8.11) ;
- des guides élaborés par Phillips (2002), et d'autres documents rédigés par l'UICN-CMAP (Brown et al., 2005 ; Amend et al., 2008 ; Mallarach, 2008 ; Dudley et Stolton, 2012) ;
- de l'équilibre des interactions entre nature et culture par la protection active de la nature et en travaillant avec les communautés locales et les populations autochtones pour favoriser la préservation des pratiques traditionnelles ;
- de la reconnaissance des communautés locales et des populations autochtones, et du travail fait avec celles-ci pour favoriser la préservation des pratiques traditionnelles, y compris la gouvernance durable de leurs paysages terrestres et marins bioculturels (chapitre 7).
- de la gestion des espèces natives ayant évolué au rythme des associations avec les systèmes de gestion culturels ;
- des paysages terrestres comme des zones tampons d'aires protégées majeures ;
- des paysages terrestres/marins comme faisant partie intégrante d'une zone de conservation assurant la connectivité/corridor.

Gestion des « Aire protégée avec utilisation durable des ressources naturelles » (Catégorie VI de l'UICN)

Certaines grandes aires, naturelles pour la plupart, peuvent être gérées pour des objectifs de conservation et d'utilisation durables qui sont mutuellement bénéfiques et ont été reconnues comme des aires de catégorie VI (Dudley, 2008). La gestion de ces aires doit prendre en considération :

- les guides élaborés pour les aires protégées de catégorie VI (encadré 8.12) ;
- l'utilisation durable des ressources naturelles d'une perspective écologique, économique et sociale comme moyen de garantir la conservation de la nature (chapitre 25) ;
- le travail avec les communautés locales pour maintenir les avantages sociaux et pour conserver les écosystèmes et les habitats ;
- la reconnaissance des APAC et la promotion de leur création via, par exemple, l'exploitation forestière communautaire durable, les aires marines gérées localement et d'autres approches similaires (chapitre 7) ;
- le travail pour garantir la gestion active des menaces, notamment la possibilité de prélèvements industriels à grande échelle des ressources naturelles ;

Encadré 8.11 Principes de gestion des réserves pour les aires protégées de la catégorie V de l'UICN (paysage terrestre ou marin protégé) – Australie

La réserve ou l'aire doit être gérée de manière à préserver l'intégrité des interactions traditionnelles entre les personnes et la nature, en fonction des principes suivants :

- L'interaction harmonieuse de la nature et de la culture doit être maintenue à travers la protection du paysage terrestre ou marin et la poursuite des usages traditionnels, des pratiques de construction, et des manifestations sociales et culturelles.
- Les modes de vie et activités économiques qui sont en harmonie avec la nature et la conservation du tissu social et culturel des communautés de la réserve ou de l'aire concernée doivent être soutenus.
- La diversité du paysage et de l'habitat, ainsi que des espèces et des écosystèmes associés, doit être maintenue.
- Les pratiques d'utilisation des terres et des mers ainsi que les activités dont l'échelle ou la nature sont inappropriées ne doivent pas avoir lieu.
- Des activités de divertissement public peuvent être offertes par le biais de loisirs et d'activités touristiques tant que leur nature et leur échelle sont adaptées aux qualités essentielles de la réserve ou de l'aire.
- Les activités scientifiques et éducatives qui contribuent au bien-être à long terme des populations résidentes et au développement du soutien public à la protection de l'environnement dans des zones similaires doivent être encouragées.
- Les avantages pour la communauté locale et les contributions à son bien-être, à travers la fourniture de produits et de services naturels, doivent être recherchés et promus s'ils sont compatibles avec ces principes.

Source : CoA (1999)

Encadré 8.12 Principes de gestion des réserves pour les aires protégées de la catégorie VI de l'UICN (aire protégée avec utilisation durable des ressources naturelles) - Australie

La réserve ou l'aire doit être gérée principalement pour l'utilisation écologiquement durable des écosystèmes naturels sur la base des principes suivants.

- La diversité biologique et les autres valeurs naturelles de la réserve ou de la zone doivent être protégées et maintenues à long terme.
- Les pratiques de gestion doivent assurer une utilisation écologiquement durable de la réserve ou de l'aire.
- La gestion de la réserve ou de l'aire doit contribuer au développement régional et national dans la mesure où cela est compatible avec ces principes.

Source : CoA (1999)

- l'interdiction des prélèvements dans une grande partie des aires protégées de catégorie VI (dans certains pays, les deux tiers de l'aire sont utilisés comme indicateur) (Dudley, 2008).

La gestion au service des personnes officiellement présentes dans les aires protégées

Les aires protégées d'un État sont généralement imbriquées dans des paysages culturels et des sociétés multisectorielles riches et diversifiées (chapitre 5). En plus des visiteurs (chapitre 23), certaines personnes vivent à l'intérieur des aires protégées parce qu'elles sont membres d'une APAC, parce qu'elles possèdent l'aire protégée en totalité ou en copropriété, ou pour d'autres raisons officielles. Au quotidien, elles vivent et travaillent dans ces aires protégées et les utilisent. Certaines activités importantes pour la gestion des aires protégées sont décrites ici. Ces populations et ces communautés sont officiellement présentes dans les aires protégées, elles font partie intégrante de ces zones et les gestionnaires d'aires protégées doivent inclure ce facteur à leur gestion.

Les personnes vivant dans les aires protégées pour des raisons officielles

De nombreuses personnes vivent dans des aires protégées pour des raisons officielles, notamment :

- les rangers et le personnel chargé de l'application des lois dans l'aire protégée ;
- les agents de terrain de l'aire protégée responsables des travaux et des services ;

La maison du directeur, Mammoth, parc national de Yellowstone : cette structure historique a été construite vers 1910 dans le cadre de la présence de l'armée américaine dans le parc et fait partie de la présence officielle du personnel dans le parc

Source : Graeme L. Worboys

- le personnel se trouvant à l'entrée, au centre d'accueil et celui chargé de la sécurité ;
- le personnel de recherche et les scientifiques participant à des projets de recherche à long terme dans le parc ;
- le personnel de gestion de mise en quarantaine et le personnel de sécurité des frontières ;
- le personnel de police, les secouristes, les docteurs et les pompiers ;
- le personnel d'entretien général et de gestion des routes (pour les missions de déneigement ou la gestion des routes verglacées) ;
- le personnel militaire au sein de l'aire protégée qui aide à la protection de la réserve et qui, potentiellement, règle des conflits ;
- le personnel externe responsable de certains services comme l'approvisionnement en eau, l'enlèvement des déchets, l'épuration des eaux, les chantiers ;
- le personnel chargé de l'assistance aux visiteurs dans les points de vente, des logements, des restaurants, des tours et expéditions, de l'aide au transport et autres services ;
- les personnes qui vivaient dans l'aire protégée avant sa création ;
- les communautés vivant dans des aires protégées sous différentes formes de gouvernance avec différents droits comme la propriété, l'utilisation des ressources ou le statut de résident.

Il est attendu des gestionnaires qu'ils assistent les individus dans les questions liées à la gestion des aires protégées, y compris pour :

- les questions opérationnelles comme les systèmes de permis pour les résidents officiels, faire face aux urgences comme conflits homme/faune, les évacuations médicales d'urgence et répondre aux urgences comme des accidents de la route ou des déversements de polluants ;
- les problèmes logistiques comme l'alimentation en électricité, en eau, l'enlèvement des déchets solides et les systèmes d'égouts, l'équipement de télécommunications et le logement, et enfin, les services de soutien pour un ensemble d'organisations officielles ;
- des problèmes locaux plus délicats comme le soutien en cas de confrontation à un traumatisme ou à la mort – certaines agences comme le Service des parcs nationaux (National Park Service, NPS) ont des protocoles pour gérer ces situations.

De temps à autre, il peut être nécessaire de fait appel à la minorité de « personnes officielles » pour assurer la protection de la réserve. L'intervention de ces personnes peut inclure une réponse aux activités illégales telles que le braconnage, le vol de ressources protégées et les intrusions illégales.

Les personnes travaillant dans les aires protégées

Au quotidien, de nombreuses personnes font le trajet vers et depuis les aires protégées pour leur travail. Souvent, elles apportent avec elles l'équipement et le matériel nécessaire à leur activité. Cet accès concerne tous les aspects de la gestion y compris les services d'accès des visiteurs, les services touristiques et ceux renforçant les opérations et le travail au sein de l'aire protégée. Les considérations de gestion peuvent inclure :

- les systèmes pratiques de permis d'accès assistant les résidents ;
- les systèmes pratiques de permis facilitant l'accès à un travail temporaire comme des tournages vidéo ou des événements spéciaux ;
- le danger relatif aux interactions entre véhicules et faune, et d'autres préoccupations sécuritaires ;
- les questions de mise en quarantaine, l'introduction de matériaux et d'organismes pouvant être nocifs à l'aire protégée ;
- les activités illégales comme le braconnage.

Les personnes qui utilisent les aires protégées et y contribuent positivement

De nombreuses personnes utilisent et apportent une contribution positive aux aires protégées, et profitent de ces sites de différentes façons. Il importe que leur visite soit une expérience sûre et positive. Selon les catégories spécifiques de l'UICN, les considérations concernant l'accès à l'aire par les gestionnaires et les services de supports fournis peuvent inclure :

- pour les visiteurs récréatifs, une variété d'activités récréatives et d'installations qui correspondent, si possible, aux segments de marché touristiques cherchant à utiliser l'aire protégée (chapitre 23) ;
- pour les visiteurs culturels et spirituels, la fourniture de services facilitant l'accès, ainsi qu'un service de soutien respectueux, particulièrement lors d'événements clés et de cérémonies ;
- pour les volontaires, la mise à disposition de supports de formation, d'accès au transport, d'équipement et de matériel si nécessaire ;
- pour les visiteurs d'endroits reculés et autres, la mise à disposition d'équipements de premiers secours et, si nécessaire, des mesures d'évacuation d'urgence ;
- pour les résidents, contribuer à l'organisation de la commémoration d'événements historiques spéciaux et d'événements traditionnels.

La gestion selon le type de gouvernance de l'aire protégée

Il existe différents types de gouvernance des aires protégées (chapitre 7), quatre principales catégories étant reconnues (figure 8.4). La gestion des aires protégées varie en fonction du type de gouvernance, et certains aspects de la gestion d'aire de gouvernance étatique, partagée, privée et d'APAC sont décrits ici. Plusieurs considérations de gestion présentées s'appliquent à tous les types de gouvernance.

Aires protégées gérées par l'État

À travers le monde, de nombreuses aires protégées de catégories I à VI sont gérées par l'État en tant que réserve nationale ou infranationale, ou comme élément d'un système national de réserves. Nous décrivons ici certaines exigences de gestion relatives au travail dans un système gouvernemental. Nous avons déjà expliqué l'importance de la gouvernance des aires protégées, de l'allocation et de l'utilisation du pouvoir dans les différentes organisations, ainsi que des structures organisationnelles (chapitre 7). Ici, pour ce qui est de la gestion, nous nous intéresserons en particulier aux caractéristiques des processus de gestion, des systèmes et des actions qui peuvent être nécessaires au sein d'une organisation d'aires protégées gouvernementales. Certains processus et systèmes parallèles peuvent également exister pour les ONG et pour les institutions du secteur privé.

Processus pangouvernementaux

Il est fréquent qu'une organisation d'aires protégées gouvernementale soit intégrée à un environnement gouvernemental plus large, et doive donc s'adapter à ce contexte. En fonction de la constitution du pays, des structures de gouvernance et des lois, ce contexte peut inclure des requêtes de gestion de la part du gouvernement, du parlement, des cadres gouvernementaux et du pouvoir judiciaire. Le directeur d'un organe de gestion d'aires protégées devra répondre à de telles exigences.

Exigences législatives

Dans de nombreux pays, en tant que gestionnaire d'un territoire, de réserves d'eau douce et d'environnements marins, une organisation d'aires protégées est soumise à la législation de l'aire protégée, ainsi que (potentiellement) à nombre d'autres exigences législatives (ou exécutives). Des responsabilités spécifiques peuvent aussi être prescrites, notamment en matière de planification environnementale du territoire, d'administration du

Types de gouvernance / Catégories d'aires protégées	A. Gouvernance par gouvernement			B. Gouvernance partagée			C. Gouvernance partagée			D. Gouvernance par peuples autochtones et communautés locales	
	Ministère fédéral ou national ou organisme responsable	Ministère sous-national ou organisme responsable	Gestion déléguée par le gouvernement (par exemple à une ONG)	Gestion transfrontalière	Gestion collaborative (diverses formules d'influence pluraliste)	Gestion conjointe (comité de gestion pluraliste)	Institué et géré par un propriétaire individuel	… par une organisation sans but lucratif (par exemple des ONG, universités)	… par des organisations commerciales (par exemple des sociétés, des coopératives)	Aires et territoires protégés par des peuples autochtones, créés et gérés par eux	Aires conservées par la communauté – déclarées et gérées par la communauté locale
Ia. Réserve naturelle intégrale											
Ib. Zone de nature sauvage											
II. Parc national											
III. Monument naturel											
IV. Aire de gestion des habitats ou des espèces											
V. Paysage terrestre ou marin protégé											
VI. Aire protégée avec utilisation durable des ressources naturelles											

Figure 8.4 The IUCN Protected Area Matrix: A classification system for protected areas comprising both IUCN management category and governance type

Source : Dudley (2008)

gouvernement local, des codes et normes applicables aux bâtiments, de gestion des urgences, des incidents criminels, des mesures de quarantaine dans le domaine de l'agriculture, des actions contre la pollution (eau, air, déchets solides), des droits miniers, du contrôle de la pêche, de la protection des mammifères marins, de l'utilisation des armes à feu, de la construction de route, de l'utilisation d'explosifs, des standards de conception, des lois concernant la gestion du lieu de travail, et des exigences en matière de santé et de sécurité au travail. Les gestionnaires doivent s'assurer de connaître toutes les responsabilités légales auxquelles ils sont soumis lorsqu'ils gèrent une aire protégée.

Exigences du parlement

Le parlement (ou institution équivalente) peut ordonner que certaines mesures soient prises par une organisation d'aires protégées. Étonnamment, ces mesures peuvent correspondre à une législation approuvée par le parlement, mais qui n'est pas celle du gouvernement au pouvoir. Une telle situation est survenue dans un parlement démocratique où le gouvernement élu ne détenait pas la majorité, et dépendait de partis indépendants pour exercer son pouvoir. La législation du gouvernement non élu a été promulguée, elle est devenue loi et il a été demandé au directeur de l'aire protégée d'appliquer cette loi, bien qu'elle ne corresponde pas à la politique du gouvernement élu (de son point de vue), ni à une priorité. Le parlement peut aussi demander à ce que les experts d'aires protégées et cadres supérieurs fournissent des preuves formelles dans le cadre des enquêtes ; les enquêtes parlementaires et les délégations peuvent exiger l'aide de ces personnes au cours des inspections sur le terrain dans les aires protégées.

Exigences du gouvernement

Dans une démocratie, les politiques électorales ainsi que les engagements et promesses de gouvernements entrants déterminent les priorités des organisations d'aires protégées. La priorité ultime de telles organisations est de répondre aux engagements fixés par le gouvernement, ce qui pourrait exiger une importante réorganisation des priorités, notamment l'arrêt de certaines actions et le lancement de nouvelles activités. Une fois cette réorganisation terminée, il est important que l'organisation d'aires protégées mette en place les politiques de manière efficiente et efficace. Cela doit s'accompagner d'une gestion du changement, et correspond à un aspect normal et essentiel des opérations d'une organisation. Les organisations d'aires protégées fonctionnent indépendamment des partis politiques et doivent fournir des informations au gouvernement en réponse aux problèmes qui se présentent. De tels processus doivent être gérés efficacement. Il est aussi attendu des organisations qu'elles fournissent systématiquement des informations sur le statut de la conservation et la gestion des aires protégées, notamment par le biais de retours sur l'état des parcs, de rapports annuels, et éventuellement à l'avenir, par le biais du processus de la Liste verte de l'UICN.

Exigences ministérielles

Un ministre chargé d'un portefeuille d'aires protégées devra gérer de nombreuses questions logistiques. Il est essentiel que tout soit géré avec une précision exemplaire, de l'organisation des réunions d'information à l'élaboration des politiques, du flux des documents administratifs pour approbation et signature à l'organisation de réunions avec des personnes très importantes, en passant par l'organisation d'événements de lancement et la préparation de discours et d'inspections sur le terrain. Généralement, les organisations ont des systèmes et processus de vérification internes pour garantir, par exemple, la précision, la justesse et la concision des notes d'information du ministre. À l'arrivée d'un nouveau ministre, les organisations lui préparent généralement un portefeuille d'informations et lui donnent la possibilité, le plus tôt possible dans son mandat, de rencontrer le personnel et de visiter les aires protégées clés. (La plupart des ministres responsables de parcs nationaux croient avoir le meilleur portefeuille du gouvernement.) Les demandes spécifiques d'intervention ministérielle doivent être comptabilisées, et des processus doivent être mis en place pour répondre à ces demandes. Ceci pourrait aussi exiger des changements organisationnels internes pour l'organisme de gestion des aires protégées.

Exigences des juges

Étant donné que les tribunaux d'un pays sont indépendants du pouvoir législatif et de la police, il est possible que les directives relatives à la gestion des aires envoyées par les tribunaux aux organisations d'aires protégées soient en conflit avec d'autres directives reçues. Les enquêtes menées par les coroners et les juges se terminent généralement par une série de recommandations de mise en œuvre, plusieurs (ou toutes) étant confirmées par le gouvernement comme étant des directives pour les gestionnaires. Exceptionnellement, les gestionnaires d'aires protégées peuvent devoir répondre aux exigences du gouvernement, aux recommandations du tribunal et aux directives du parlement – le tout en relation au même problème.

Exigences d'autres autorités

Différentes législations peuvent être applicables à la géographie d'une aire protégée et, en fonction des circonstances, la gestion peut répondre à des responsabilités diverses et autrement prioritaires en matière de gouvernance. En situation d'urgence comme de recherche et de sauvetage, la police peut prendre la conduite des opérations au sein d'une aire protégée. Dans le cas d'un incendie de forêt, les pompiers deviennent responsables, et dans une situation de mise en quarantaine, la responsabilité de la gestion revient au département d'agriculture. Les gestionnaires doivent s'assurer que chaque cadre supérieur chargé (et son personnel) de ces différents champs de responsabilité a reçu l'information nécessaire relative à l'objectif et à la gestion de l'aire protégée, ainsi qu'à sa protection spéciale et à ses besoins de conservation.

Gestion des aires protégées par un directeur général au service de la conservation de la biodiversité

En plus de diriger une organisation d'aires protégées avec efficience et efficacité, un directeur général peut être appelé à conseiller un ministère et un gouvernement sur des questions clés liées à la conservation de la biodiversité. Les aires protégées sont parfois le dernier site de localisation de certaines espèces, et le directeur général devra non seulement aider le gouvernement à atteindre les objectifs de ses politiques, mais aussi protéger les espèces natives du pays. Parfois, malheureusement, les exigences de certaines politiques proposées par le gouvernement sont en conflit avec les besoins de l'espèce, et certaines décisions peuvent mener à la disparition localisée ou totale de l'espèce en question. Dans leur travail avec un ministre ou un gouvernement pour la résolution de tels problèmes, les directeurs généraux doivent évidemment être respectueux et courtois ; ils font appel à leurs talents de négociateur, leurs connaissances spécifiques relatives aux besoins de l'espèce, leur compréhension du problème en question et aux pratiques alternatives pré-élaborées pour favoriser l'obtention d'un résultat en faveur de la conservation de l'espèce. Une direction dynamique et courageuse de la sorte peut parfois être nécessaire si l'objectif est d'enrayer la perte d'espèces sur Terre. Il est également important de souligner que les attributs d'un directeur général décrits ici sont considérés essentiels au XXIe siècle, et sont plus amplement développés au chapitre 12.

Changement organisationnel

Le changement organisationnel est normal pour une organisation d'aires protégées. Il doit être conduit pour des raisons légitimes et doit surtout être abordé comme un investissement visant à atteindre les objectifs de manière plus efficace, notamment les résultats de conservation de la diversité biologique. Idéalement, le changement organisationnel doit être apporté en collaboration avec le personnel. Il peut impliquer des restructurations à cause d'éventuelles coupes budgétaires, mais aussi l'expansion de l'organisation suite à l'ajout de nouvelles aires protégées. Des changements organisationnels importants s'accompagnent généralement d'une stratégie institutionnelle, d'une stratégie de gestion des ressources humaines, et d'une stratégie de changement organisationnel. Une stratégie de gestion des ressources humaines prend en compte tous les aspects du travail avec des personnes dans une organisation visée par le changement, y compris, le cas échéant, le flux d'information et les réunions d'information, le développement des capacités, la satisfaction des exigences liées aux subventions attribuées au secteur, les opportunités d'emploi, les possibilités de licenciement, les nouvelles structures organisationnelles, les descriptions de postes et les exigences liées aux entretiens d'embauche. L'ampleur des changements proposés et la manière dont ces changements sont menés sont des facteurs importants du développement de la stratégie de ressources humaines (Dunphy et Stace, 1991). Il est essentiel de correctement gérer ces approches, et les spécialistes de la gestion du changement jouent normalement un rôle clé dans ce processus.

Contributions budgétaires et financières

La gestion des finances est un aspect fondamental, quotidien et essentiel des responsabilités du gestionnaire d'aires protégées au sein du gouvernement (et autres organisations). Les organisations de gestion des aires protégées élaborent un budget, comme le font les gestionnaires d'aires protégées individuelles et de projets individuels. Les mêmes principes s'appliquent à chacun de ces niveaux, bien que la complexité varie clairement. Le plan budgétaire est au cœur de la gestion financière. Au niveau des systèmes d'aires protégées, ce plan sera développé sur la base des priorités de planification institutionnelle (stratégiques), d'estimations financières routinières des coûts opérationnels annuels et d'apports issus d'un processus d'appel d'offres auquel sont soumis des propositions budgétaires réalistes et suivant la même ligne institutionnelle. Les caractéristiques du budget annuel d'une organisation de gestion d'aires protégées comprennent :

- les détails concernant le montant du budget général disponible ;
- les sources de revenus incluant les fonds de capital-risque, les financements récurrents, les fonds tirés du revenu et d'autres sources telles que les donations ;
- les dépenses opérationnelles comme les salaires des employés, la taxe sur les salaires, le fonds de retraite, l'assurance et autres coûts ;
- les actifs et les passifs ;
- les programmes de dépenses budgétaires prioritaires (liés aux priorités du gouvernement et par conséquent aux priorités de la planification institutionnelle et stratégique).

Les gestionnaires sur le terrain chargés de projets sont responsables du suivi et de la gestion de leurs dépenses et engagements financiers, des dépenses excessives et insuffisantes représentant toutes deux un problème pour l'organisation à la fin de l'exercice. Un contrôle financier réalisé au moyen d'une simple feuille de calcul (ou logiciels en ligne équivalents) suffit à détailler les revenus, les dépenses et les dépenses prévues, à permettre des rapprochements budgétaires ordinaires, et à identifier les échéances importantes du budget du projet. En fonction du type d'organisation et de l'endroit, celles-ci peuvent être obtenues en utilisant les traditionnels et simples livres comptables, un logiciel de tableur ou un système de gestion financière informatique pour toute l'organisation.

Étude de cas 8.1 Le feu comme outil de gestion des forêts autochtones : les Soliga du sanctuaire du temple de Biligiri Rangaswamy

La réserve de tigres du temple de Biligiri Rangaswamy en Inde abrite une communauté autochtone Soliga et est une zone de grande diversité biologique. La zone forestière a été déclarée réserve faunique en 1974, entraînant le déplacement des Soliga de leurs colonies traditionnelles ; ils étaient installés en colonies le long des routes ou à la périphérie de la réserve. Les pratiques coutumières, y compris la culture itinérante, la chasse et l'utilisation des feux en début de saison sèche, ont été interdites. La création de la réserve naturelle a modifié les pratiques sociales, agricoles et écologiques des Soliga. Les résultats de l'arrêt des pratiques coutumières sont maintenant évidents. Aujourd'hui, la forêt est envahie de lantana (Lantana camara). La surveillance à long terme des 540 kilomètres carrés de la forêt du temple a démontré le taux et l'étendue de la propagation du lantana : entre 1997 et 2008, la présence de lantana dans les parcelles d'échantillonnage a doublé et sa densité a été multipliée par 6 (Sundaram et Hiremath, 2011). On observe en parallèle un déclin de la présence d'espèces végétales indigènes, avec moins d'individus adultes de produits forestiers non ligneux importants tels que l'amla (Phyllanthus emblica) et le terminalia (Terminalia chebula) ainsi que d'autres essences comme Anogeissus latifolia et Kydia calycina.

Les Soliga ont une compréhension nuancée du rôle des feux et de leur interaction avec le lantana. Ils affirment que l'arrêt de l'utilisation du feu a causé les problèmes évoqués ci-dessus en augmentant la mortalité due au manque de lumière essentielle à la régénération des plantes, et la disponibilité des zones de pâturage a considérablement diminué. Ils soutiennent aussi que l'utilisation de feux de faible intensité au début de la saison sèche (*taragu benki* ou « litter fire » en anglais) aide à contrôler les mauvaises herbes, à encourager la régénération des espèces indigènes et à produire de l'herbe fraîche pour la faune. Cependant, leur point de vue n'a pas été pris en compte par les gestionnaires, ce qui a entraîné une accumulation de biomasse causant des feux de canopée pendant la saison sèche, affectant de nombreuses espèces sauvages. Des études écologiques exposent maintenant de nombreuses preuves soutenant la théorie des Soliga, y compris sur le fait que le feu tue les graines de lantana dans le sol.

Les Soliga ont également mis en évidence les interactions entre le feu, le gui et la mortalité des arbres hôtes. Le gui est un hémiparasite qui, à terme, réduit le rendement des arbres en fruits et tue les arbres qu'ils infestent. Les observations montrent que l'infestation de l'amla par le gui augmente, entraînant une mortalité de plus de 50 %. Les Soliga ont longtemps soutenu que les incendies tuaient le gui. Il ressort clairement des connaissances des Soliga et des études à long terme que la suspension des pratiques de gestion coutumières dans les années 1970 a eu des conséquences inattendues et indésirables. Cela montre que des connaissances locales et des études scientifiques peuvent faciliter notre compréhension de la dynamique des impacts humains sur les paysages naturels. Les politiques de gestion des aires protégées doivent rapidement intégrer des pratiques de gestion adaptatives si nous voulons empêcher l'érosion des valeurs écologiques et des systèmes de connaissances.

— Nitin D. Rai, Ankila J. Hiremath et Siddappa Setty

Les gestionnaires de niveau intermédiaire ont souvent la responsabilité d'assurer la gestion efficace et efficiente de plusieurs budgets de projets. Les cadres supérieurs sont tenus responsables de tout le budget de l'organisation. Généralement, un rapport annuel de fin d'exercice rendant compte de tous les aspects relatifs à la performance budgétaire de l'organisation est rédigé, et un audit financier ordinaire (annuel) a également lieu. De façon plus ponctuelle, des organisations gouvernementales externes, telles que le service d'un vérificateur général des comptes, peuvent mener un contrôle indépendant de la gestion financière de l'organisation.

Dans la gestion des finances, la corruption est toujours un risque, et tous les gestionnaires doivent être attentifs à cette possibilité. Espérons que cela n'ait jamais lieu ; toutefois, vigilance, contrôles fréquents et « plan anti-corruption » pour prévenir tout agissement malhonnête font partie des meilleures pratiques recommandées. Les procédures d'appels d'offres, l'octroi de permis, la perception de revenus et le traitement des dépenses sont des domaines de gestion financière particulièrement sensibles à la corruption. Les organisations peuvent être amenées à mettre en place une formation spéciale sur l'éthique pour les employés, et pourraient devoir mettre en œuvre des mesures spéciales de protection pour les lanceurs d'alertes.

Contributions des ressources humaines

La gestion efficace des ressources humaines permet de s'assurer que les bonnes personnes sont assignées aux bons postes au bon moment. Elle assure aussi que le personnel dispose des bons systèmes pour mener à bien leurs travaux. Un processus de gestion des ressources humaines gouvernemental peut inclure :

- la planification des ressources humaines (notamment les effectifs suffisants et les exigences requises pour la gestion) ;
- la conduite de processus de recrutement officiels ;
- la sélection (peut comprendre des mesures organisationnelles de discrimination positive pour certains membres du personnel) ;
- le recrutement ;
- la formation et le développement ;
- la gestion des performances ;

- le reversement d'indemnités (pour des services fournis, notamment en fonction de considérations contractuelles) ;
- les promotions, les rétrogradations les licenciements ou déplacements latéraux ;
- la protection sociale des employés, les services, le logement, l'aide aux transports ainsi que la santé et la sécurité au travail (Worboys et Winkler, 2006c).

Chacun de ces sujets doit être soigneusement géré. La sécurité et la santé dans le milieu du travail sont aussi particulièrement importantes pour la gestion des aires protégées. Le personnel peut être opérationnel au sein des aires protégées dans des environnements ou des conditions météorologiques extrêmes ; il peut être confronté à des circonstances dangereuses telles que les incendies, et la présence d'animaux sauvages ou de braconniers armés ; il peut être amené à manipuler des produits chimiques puissants tels que les herbicides et les pesticides ; et il peut devoir opérer à bord d'avions, de bateaux, de véhicules à quatre roues et devoir utiliser des équipements comme des tronçonneuses. Leur sécurité et leur bien-être sont essentiels, et les réflexions autour de leur formation, des équipements de sécurité nécessaires ainsi que des assurances et un soutien médical supplémentaire (si besoin est) sont cruciaux (chapitre 24). La sécurité peut aller au-delà du simple fait d'éviter des accidents. Aux États-Unis, par exemple, les gardes chargés de l'application des lois dans les aires protégées peuvent être blessés ou tués dans l'exercice de leurs fonctions par des contrevenants. En Afrique et ailleurs, des gardes d'aires protégées ont été tués dans l'exercice de leurs fonctions, les estimations tournant autour des 1 000 gardes tués entre 2004 et 2014, principalement par des braconniers ou des milices armées (TGL, 2014). Les organisations peuvent avoir à gérer et anticiper de tels dangers potentiels auxquels leur personnel peut être confronté.

Savoir local

Les connaissances et l'expérience locales sont des avantages importants pour la gestion des aires protégées. Associées à une expertise professionnelle en matière de gestion et à d'autres contributions scientifiques (chapitre 21), elles peuvent être d'une grande aide pour la conservation de la biodiversité. Un exemple de connaissances locales et de leur application à la gestion des aires protégées est présenté dans l'étude de cas 8.1.

Encadré 8.13 Gouvernance partagée

Des mécanismes et des processus institutionnels complexes sont utilisés pour partager l'autorité et les responsabilités de la gestion entre une pluralité d'acteurs gouvernementaux et non gouvernementaux (formellement et informellement) habilités. La gouvernance partagée, appelée aussi cogouvernance, se présente sous diverses formes. Dans la gestion « collaborative », l'autorité décisionnelle et la responsabilité sont confiées à un organisme, mais celui-ci est tenu, par la loi ou par décision politique, d'informer ou de consulter les autres parties prenantes. La participation à la gestion collaborative peut être renforcée en confiant à des organes composés de plusieurs parties prenantes la responsabilité de développer des propositions techniques pour la réglementation et la gestion de l'aire protégée, qui seront ensuite soumises à l'approbation finale de l'autorité décisionnelle. Dans une gestion « conjointe », divers acteurs siègent dans un organe de gestion qui possède l'autorité et la responsabilité décisionnelles. Les décisions peuvent, ou pas, exiger un consensus. Dans chacun de ces cas, une fois que les décisions concernant la gestion sont prises, leur mise en œuvre doit être déléguée à des organismes ou à des particuliers agréés.

Source : Dudley (2008)

Gouvernance partagée des aires protégées

La gouvernance partagée est une approche importante de la gestion des aires protégées qui implique des exigences de gestion particulières. Le concept de gouvernance partagée est expliqué dans l'encadré 8.13.

La gouvernance partagée peut inclure diverses méthodes de gestion, notamment :

- le renforcement des capacités des professionnels des aires protégées en matière de sensibilisation aux spécificités culturelles ;
- le renforcement des capacités opérationnelles des professionnels des aires protégées, en particulier la formation à l'utilisation d'installations et d'équipements spécialisés ;
- l'amélioration des processus de consultation et de réunion ;
- l'accord sur des processus de règlement des différends ;
- les différents délais de la prise de décision.

Par exemple, les expériences récentes de gestion d'aires protégées autochtones australiennes (Australian Indigenous Protected Area – IPA) incluaient certaines exigences de gestion telles que :

Kingsmill Creek et l'ancien récif calcaire Arkaroola (Précambrien), zone de protection d'Arkaroola, une aire protégée privée du nord des monts Flinders, en Australie méridionale
Source : Graeme L. Worboys

- le renforcement de la collaboration et l'engagement des populations autochtones pour améliorer les accords de coopération ou de gestion conjointe de diverses aires protégées gouvernementales ;
- la reconnaissance des aspirations culturelles des peuples autochtones ainsi que des objectifs de gestion des aires protégées ;
- la révision des plans de gestion des aires protégées et l'étude des possibilités de cession-bail pour la gestion (Rose, 2012).

Initiatives transfrontalières

Les aires protégées transfrontalières sont une forme de gouvernance partagée impliquant au moins deux gouvernements et éventuellement d'autres acteurs locaux (Dudley, 2008). Les accords de coopération transfrontalière entre nations peuvent aider à conserver, entre autres, des habitats importants pour les espèces migratrices. Dans la région de l'Altaï-Sayan en Russie, par exemple, un accord transfrontalier établi en 2009 entre le Kazakhstan et la Russie (pour deux aires protégées adjacentes) a fortement contribué à la protection d'espèces menacées (Badenkov et al., 2012). Les accords transfrontaliers sont examinés plus en détail dans les chapitres 7 et 27.

Aires protégées privées

Les réserves de chasse exclusives établies par les monarques et les aristocraties d'Europe et d'ailleurs reflètent l'ancienneté du concept d'aire protégée privée. La gouvernance privée concerne les aires protégées qui sont la propriété et/ou sont sous le contrôle d'individus, de coopérations, d'ONG ou d'entreprises et sont gérées dans le cadre de régimes à but lucratif ou non lucratif (Dudley, 2008). Les systèmes de réserves privées se développent rapidement au niveau mondial (Mitchell, 2005) et, s'ils sont intégrés dans un système de réserves nationales, ils pourraient contribuer de manière significative à la conservation de la biodiversité (Figgis et al., 2005). Il y a de nombreuses aires protégées privées dans le monde, et Brent Mitchell, de la CMAP de l'UICN, décrit leur situation actuelle ainsi :

> Les origines de l'approche privée des aires protégées peuvent être attribuées à des initiatives privées visant à créer des aires protégées publiques conventionnelles et, dans la plupart des cas, sont inextricablement liées aux régimes de conservation du gouvernement. (Les exemples de création d'aires protégées par des particuliers et de dons au domaine public pour que les gouvernements les gèrent sont nombreux et communs. Certains de ces sites sont des éléments centraux des systèmes nationaux d'aires protégées.) Ce qui distingue les aires protégées privées, c'est que la propriété

> foncière n'est pas abandonnée, ou du moins pas complètement. Le mot « privé » vient du latin « privatus », signifiant « retiré de la vie publique » et dérivé de « privus » traduit par les termes « unique », « individuel ». Mais, curieusement, aucun de ces termes ne s'applique nécessairement aux aires protégées privées. Bien que la propriété privée soit conservée, lorsqu'elles sont véritablement gérées en tant qu'aires protégées, les réserves privées ont des avantages publics directs (par exemple l'accès au public) ou indirects (conservation de la biodiversité ou des services écologiques). Et le terme « privus » ne s'applique pas non plus : de fait, la majorité des aires protégées privées ne sont pas la propriété d'un seul individu (Mitchell 2005:1).

Le concept d'aire protégée privée a été défini en 2003 au Congrès mondial des parcs de Durban comme suit : « un terrain de toute taille 1) géré en priorité pour la conservation de la biodiversité, 2) protégé avec ou sans reconnaissance officielle du gouvernement, et 3) qui est la propriété de personnes, de communautés, de sociétés ou d'organisations non gouvernementales, ou est autrement détenu par ces acteurs » (Mitchell, 2013:1).

La définition signifie que la « propriété » peut être détenue par divers individus, groupes ou organisations.

L'objectif des aires protégées privées

Les propriétaires fonciers peuvent chercher à conserver la nature en raison de leur engagement personnel. Ils peuvent être motivés par les bénéfices liés aux retombées financières de l'écotourisme, à la valorisation des terres et à l'allégement fiscal ou encore à la création de relations publiques intéressantes. Leurs motivations peuvent aussi être liées à plusieurs de ces raisons. Dans les limites de la loi, les propriétaires sont libres d'exercer leur gestion sur ces terres.

La croissance récente des aires protégées privées est liée à l'hypothèse selon laquelle la gestion est plus efficace lorsque les gestionnaires ont un intérêt à conserver un terrain – un intérêt juridique ou économique, un intérêt en tant qu'individu, groupe ou société. Mais il ne faut pas être naïfs : même s'ils ne cherchent pas la confrontation et, dans la plupart des cas, sont apolitiques et travaillent sur une base volontaire, les propriétaires fonciers ne sont pas toujours motivés par des intentions altruistes (Mitchell, 2005:2).

Mitchell (2005) invite également à poursuivre les travaux sur la question des normes de gestion pour les aires protégées privées.

Le conseil d'administration

Certaines aires protégées privées sont gérées par un conseil d'administration. Un conseil créatif et visionnaire (et libéré des contraintes qui pourraient autrement limiter les gouvernements) ciblant des résultats donnés de conservation de la biodiversité pourrait permettre d'investir dans des pratiques novatrices de gestion des aires protégées. Là où il y a un plus grand intérêt lié au commerce et aux affaires, la priorité de gestion peut-être le profit ou la rentabilité financière pour continuer le travail. Cela peut impliquer que les investissements destinés à faire face aux menaces pesant sur la biodiversité n'ont pas toujours la priorité.

Les aires protégées et la gouvernance par les populations autochtones et les communautés locales

Ce type de gouvernance inclut deux sous-ensembles principaux : premièrement les aires et les territoires des populations autochtones établis et gérés par des populations autochtones et deuxièmement les zones de conservation communautaire, créées et gérées par les communautés. Ces sous-ensembles, qui peuvent ne pas être nettement distincts, s'appliquent tant à des populations qu'à des communautés sédentaires et nomades. Le concept et le rôle des APAC en tant que contributeurs importants à la conservation du patrimoine et en particulier à la conservation de la biodiversité ont été défendus par un certain nombre d'organisations et de particuliers, notamment le Thème sur les peuples autochtones, les communautés locales, l'équité et les aires protégées de l'UICN (TILCEPA) et le Consortium APAC. Kothari (2006:1) voit l'émergence des APAC sur la scène mondiale de la conservation comme « le développement le plus prometteur depuis que le concept d'aire protégée s'est répandu, il y a plus d'un siècle ». Bien que le terme générique « APAC » soit de plus en plus utilisé, d'autres termes tels qu' « aires protégées autochtones », « sites du patrimoine bioculturel » et « réserves communautaires » sont également utilisés (Kothari et al., 2012). « La conservation des sites et des espèces par les peuples autochtones et les communautés locales est très ancienne. Mais le fait que ces sites soient comparables à bien des égards aux « aires protégées » conventionnelles gérées par le gouvernement n'a été reconnu que récemment. » (Kothari, 2006:1).

Les APAC dans le paysage

Les APAC peuvent être très petites ou très grandes et sont la source de multiples valeurs pour la conservation : elles peuvent abriter une biodiversité importante, être liées à d'autres aires protégées ou faire partie d'initiatives de conservation du paysage telles que les aires de conservation de la connectivité. De nombreuses APAC font partie des systèmes de réserves nationaux, mais la plupart ne sont pas encore formellement reconnues comme des sites d'importance pour la conservation.

Vision stratégique de l'APAC

Pour de nombreux peuples autochtones et communautés locales, la vision stratégique d'une aire protégée n'est souvent pas écrite ; elle est transmise oralement de génération en génération et s'inscrit dans une compréhension plus large, de telle sorte qu'elle ne peut même pas être clairement distinguée des autres aspects de la vie.

Gestion des APAC

Les APAC ont été présentées et définies dans le chapitre 2, leur gouvernance a été décrite dans le chapitre 7 et d'autres aspects de leur gestion sont présentés dans le chapitre 25. Les initiatives de gestion peuvent inclure :

- cartographier clairement les limites des APAC ;
- obtenir la reconnaissance officielle des APAC par le(s) gouvernement(s) ;
- élaborer un protocole communautaire pour la conservation de la zone ;
- mener des consultations avec des groupes extérieurs susceptibles de menacer la zone avec des exploitations non souhaitées ;
- préparer et mettre en œuvre un plan de surveillance des ressources naturelles pour suivre l'état des espèces rares ;
- préparer et mettre en œuvre un plan de gestion pour la zone ;
- mettre en place un plan de sensibilisation et de réponses aux changements climatiques ;
- gérer les ressources financières pour maintenir les traditions et les moyens de subsistance locaux tout en protégeant l'APAC (UNEP-WCMC, 2013).

Des villageois de Munsiari, Himalaya occidental, Inde, suivent une formation à l'identification des oiseaux

Source : Ashish Kothari

Gérer les aires protégées dans des contextes particuliers

De nombreuses aires protégées ont été établies ou existent dans des contextes sociaux, politiques et environnementaux très différents. Dans ce livre, par exemple, nous avons en particulier évoqué la gestion des aires protégées dans des sites au patrimoine géologique important (chapitre 18), dans des zones d'eau douce (chapitre 19), dans l'environnement marin (chapitre 20) et dans des zones particulièrement riches en biodiversité (chapitre 21). Dans ce chapitre, nous nous intéresserons aux aires protégées situées dans ou à la périphérie de grands centres de population, les « aires protégées urbaines ».

Gestion des aires protégées urbaines

Les aires protégées urbaines peuvent techniquement appartenir à toutes les catégories de gestion de l'UICN, de la Ia à la VI, mais appartiennent le plus souvent aux aires protégées de catégories II et V. Elles peuvent techniquement correspondre aux quatre types de gouvernance, même si la plupart des aires sont sous la responsabilité des gouvernements locaux, régionaux, fédéraux ou nationaux. D'autres sont administrées par des ONG ou des entreprises. Leur gestion est parfois le fruit d'efforts collaboratifs ou communautaires. Les parcs urbains classiques, avec pelouses, parterres de fleurs et terrains de sport, ne font pas partie des aires protégées urbaines. Elles nécessitent souvent une gestion particulière. Les aires protégées urbaines se distinguent de plusieurs façons :

- l'accueil de nombreux visiteurs, venant fréquemment, voire quotidiennement. Nombre de ces visiteurs n'ont jamais été en contact avec une nature plus sauvage. Ils sont souvent plus divers, au niveau ethnique et économique, que les visiteurs des aires protégées plus éloignées ;
- les relations avec les acteurs du secteur urbain, dont les décideurs des gouvernements, les médias, les chefs d'opinion, et les principales institutions éducatives et culturelles ;
- la menace encourue du fait de l'étalement et de l'intensification du développement urbain ;
- la fréquence de crimes et de vandalisme, les problèmes de détritus, le déversement de produits dangereux, sans oublier la pollution sonore et lumineuse ;
- les conséquences de leur situation en périphérie des villes : incendies plus fréquents et graves, pollution de l'eau et de l'air, introduction d'espèces exotiques envahissantes (Trzyna, 2014).

Pourquoi sont-elles importantes ?

Les aires protégées urbaines sont importantes pour les mêmes raisons que les autres aires protégées : elles offrent des services écosystémiques, protègent des espèces et soutiennent l'économie locale grâce aux revenus du tourisme. Mais un rôle crucial les distingue des autres aires protégées. Elles permettent aux citadins de faire l'expérience de la nature, y compris ceux, nombreux, qui ne peuvent pas visiter d'autres aires protégées plus lointaines (encadré 8.14). Ce rôle est important pour deux raisons :

1. Un contact régulier avec la nature a des effets bénéfiques sur les individus. Outre les bienfaits de l'exercice en plein air, les scientifiques ont prouvé combien passer du temps dans la nature améliore la santé mentale et physique et le concept de « Healthy Parks, Healthy People » (« Des parcs sains, des hommes sains ») a émergé (chapitre 6).
2. Les populations urbaines jouent un rôle essentiel dans la protection de la nature. Plus de la moitié de l'humanité vit dans les zones urbaines et cette proportion augmente de façon spectaculaire. La richesse est concentrée dans les villes, tout comme les moyens de communication. Dans le monde entier, il existe une tendance générale à s'orienter vers des systèmes politiques plus démocratiques au sein desquels les électeurs détiennent le pouvoir ultime. La protection de la nature dépend ainsi du soutien des électeurs urbains, des donateurs et des communicants. Mais, les citadins ont de moins en moins de contact avec la nature. Il faut recréer ce lien si nous voulons qu'ils incitent leurs dirigeants à faire de la conservation de la nature une priorité.

Douze enjeux et opportunités particulièrement pertinents pour les aires protégées urbaines

Les enjeux et opportunités de gestion énumérés ci-dessous sont pertinents pour certaines aires protégées des catégories de l'UICN, sont applicables à toutes les aires protégées, mais tout particulièrement à celles de catégorie II situées à l'intérieur des centres urbains importants ou à proximité :

1. **Permettre l'accès à tous, atteindre des groupes ethniques divers et les personnes défavorisées.** Cela comprend l'accueil des personnes handicapées, le choix des mots et des symboles à inscrire sur les panneaux d'interdiction, et l'utilisation de plusieurs langues sur les panneaux et publications s'il y a lieu. Cela implique aussi d'encourager les options de transport public direct, la fourniture de moyens de transport si nécessaire, l'accès à des sentiers bien balisés et la mise à disposition de pistes cyclables et de bicyclettes de location dans la mesure du possible.
2. **Susciter un sentiment local d'appartenance.** Afin que les résidents locaux apprécient leur aire protégée, les gestionnaires peuvent faire appel à des écrivains, des artistes et d'autres personnes créatives ainsi qu'à leurs œuvres et idées. Ils devraient promouvoir l'appréciation des atouts culturels et naturels de leur région. Mettre à disposition des installations pour les manifestations des organes gouvernementaux, des ONG et des entreprises aide à construire de bonnes relations avec ces organisations.

Encadré 8.14 Les aires protégées urbaines dans le monde

Les exemples suivants d'aires protégées urbaines sont tirés de différentes régions du monde, et d'une pluralité de situations socio-économiques, environnements naturels, tailles et modes de gestion.

- L'interaction harmonieuse de la nature et de la culture : Parc national de la montagne de la Table, Cape Town, Afrique du Sud (population métropolitaine : 3,9 millions, catégorie II, 25 000 hectares de terres, 100 000 hectares de parc marin dans l'océan Atlantique). Le parc comprend l'emblématique montagne de la Table, le cap de Bonne-Espérance et une diversité florale inégalée. Il est géré par l'organisme South African National Parks et fait partie d'un bien naturel du Patrimoine mondial.
- Parcs nationaux de Hong Kong, Hong Kong (population métropolitaine : 7 millions d'habitants, catégorie V, 44 000 hectares de terres, 1 430 hectares de parc marin). Ces parcs montagneux couvrent 40 % du territoire par ailleurs très développé de Hong Kong. Ils sont administrés par le gouvernement de la Région administrative spéciale chinoise de Hong Kong.
- Parc national des Montagnes Bleues et monts John Crow, Kingston, Jamaïque (population métropolitaine : 580 000 habitants, catégorie II, 580 000 hectares). Ce parc national protège des forêts tropicales humides qui constituent un habitat pour la faune diverse de la région et une source d'eau importante pour les villes et l'agriculture. Il est géré par l'ONG Jamaica Conservation and Development Trust, sous contrat avec le gouvernement national.
- London Wetland Centre, Londres, Royaume-Uni (population métropolitaine : 8,3 millions, catégorie IV, 42 hectares). Le centre est une « re-création » de zones humides le long de la Tamise. Il a été créé et géré par une ONG, Wildfowl and Wetlands Trust.
- Le Parc national de loisirs des montagnes de Santa Monica, Los Angeles, Californie, États-Unis (population métropolitaine : 18 millions d'habitants, catégorie V, 62 300 hectares). Cette zone de loisirs s'étend du cœur de la ville à l'océan Pacifique et abrite des pumas (*Felix concolour*). La gestion de la zone de loisirs est le fruit d'un effort de coopération entre l'US National Park Service et deux agences de gestion des aires protégées de l'État de Californie.
- Parc National des Calanques, Marseille, France (population métropolitaine : 1,5 million d'habitants, catégorie II, 8 500 hectares de terres et 43 500 hectares de parc marin dans la Méditerranée, plus des zones tampons). Ce parc comprend des calanques, des promontoires rocheux et des îles qui ont été fortement influencés par l'activité humaine au cours des millénaires. Le parc est géré par un conseil administratif composé de représentants d'agences nationales et régionales et des gouvernements locaux, de divers groupes d'intérêt, de résidents du parc et du personnel du parc.
- Parc national de Nairobi, Nairobi, Kenya (population métropolitaine : 3 millions d'habitants, catégorie II, 11 700 hectares). Ce parc protège une partie d'un vaste écosystème de savane, et abrite un nombre impressionnant d'espèces sauvages, y compris des rhinocéros noirs (*Diceros bicornis*) (en danger critique d'extinction), lions (*Panthera leo*), léopards (*Panthera pardus*), buffles (*Syncerus cafer*) et hippopotames (*Hippopotamus amphibus*). Le parc est géré par le Kenya Wildlife Service.
- Parc national de Tijuca, Rio de Janeiro, Brésil (population métropolitaine : 12,8 millions d'habitants, catégorie II, 4 000 hectares). Ce parc national montagneux est presque entièrement couvert par une forêt tropicale restaurée. Il fait partie d'un bien culturel du patrimoine mondial et est géré conjointement par la municipalité et l'agence nationale pour les aires protégées, l'Instituto Chico Mendes de Conservação da Biodiversidade (Institut Chico Mendes pour la conservation de la biodiversité).
- Parc national de Bukhansan, Séoul, République de Corée (population métropolitaine : 25 millions d'habitants, catégorie V, 8 000 hectares). Le parc est dominé par ses pentes de granit et vallées boisées et reçoit plus de 10 millions de visiteurs par an. Il est géré par le Service coréen des parcs nationaux.
- Royal National Park, Sydney, Australie (population métropolitaine : 4,7 millions d'habitants, catégorie II, 16 000 hectares). Ce parc national établi en 1879 est le deuxième plus ancien du monde. Anciennement à la périphérie de Sydney, il se trouve maintenant à l'est de vastes banlieues urbaines. Le parc comprend des landes naturelles, des zones boisées, des forêts, des forêts tropicales, des ruisseaux et des zones humides. Il est bordé par l'océan Pacifique, une anse estuarienne, des banlieues et un couloir de transport. Il est géré par le NSW National Parks and Wildlife Service.

3. **Démontrer, faciliter et promouvoir les comportements responsables pour l'environnement.** Les aires protégées urbaines peuvent permettre d'atteindre un grand nombre de personnes pour les informer sur les causes et les conséquences des changements climatiques et leur présenter des exemples d'efficacité énergétique, de conservation de l'énergie et de l'eau et de réduction, réutilisation et recyclage des matériaux.

4. **Démontrer, faciliter et promouvoir les bienfaits pour la santé du contact avec la nature et des bonnes habitudes alimentaires.** Les aires protégées urbaines ont un rôle important à jouer pour encourager un mode de vie sain. Passer du

temps dans un environnement sain naturel améliore à la fois la santé physique et mentale. Dans les parcs qui ont des points de vente d'aliments, il peut être intéressant de proposer aux visiteurs des produits frais, nutritifs, locaux et issus de l'agriculture durables comme alternative à la restauration rapide conventionnelle.

5. **Lutter contre les détritus.** L'abandon de détritus est un problème dans de nombreuses aires protégées urbaines fréquentées par un grand nombre de visiteurs, dont beaucoup considèrent ces lieux comme des extensions de l'environnement bâti. Les gestionnaires peuvent puiser des idées dans les résultats des recherches locales sur le sujet. Cependant, certaines mesures s'appliquent partout : faire fréquemment ramasser les déchets, fournir de nombreux conteneurs pour les ordures et les mégots de cigarettes, et informer les visiteurs de l'importance de la propreté et des raisons de ne pas jeter les déchets.

6. **Réduire les interactions et conflits homme-faune.** Bien que les conflits entre les hommes et les animaux existent partout, la densité de la population près des aires protégées urbaines augmente la probabilité de telles rencontres. La présence de prédateurs est particulièrement préoccupante. Les gestionnaires doivent aider les visiteurs à se protéger des prédateurs et chercher à maintenir un équilibre avec leurs proies sauvages. L'éducation publique a un rôle clé. Maintenir un habitat dans un état aussi naturel que possible aide à contrôler les maladies zoonotiques émergentes (maladies transmises entre les autres animaux et les humains).

7. **Contrôler les espèces envahissantes.** Les espèces envahissantes se propagent principalement via les territoires urbains : ports maritimes, ports fluviaux, aéroports, gares ferroviaires et routières, pépinières et jardins, notamment. Les aires protégées urbaines peuvent être à la fois des facilitatrices et des victimes de ces différents types de trafic. Les gestionnaires doivent surveiller régulièrement les territoires terrestres et marins dont ils sont chargés pour détecter l'apparition de nouvelles espèces envahissantes et participer à des partenariats locaux et nationaux pour la quarantaine, la prévention, la détection précoce, l'éradication et le contrôle (chapitre 16).

8. **Promouvoir les liens avec d'autres zones naturelles.** Les gestionnaires doivent coopérer avec d'autres organes publics et ONG pour éviter que leurs aires ne deviennent des îlots de verdure, notamment en confinant ou en guidant l'étalement urbain, en entretenant et en créant des zones tampons et des corridors vers d'autres zones naturelles et rurales. Les sentiers reliant entre elles les zones naturelles urbaines sont des liens physiques et psychologiques avec l'environnement naturel.

9. **Contribuer à intégrer la nature dans l'environnement bâti.** Les gestionnaires des aires protégées urbaines et les défenseurs de ces aires doivent participer aux coalitions régionales de conservation de la nature, aux projets visant à développer des stratégies locales globales de biodiversité et aux efforts pour protéger, restaurer et intégrer les éléments naturels dans l'environnement bâti.

10. **Limiter l'empiétement.** L'empiétement des aires protégées urbaines peut être le fait de populations pauvres ou riches ainsi que des personnes politiquement connectées. Les gestionnaires doivent prévenir et contrôler tout empiétement en restant vigilants, en appliquant la loi, en demandant l'aide des autorités locales et en appelant les populations locales à coopérer.

11. **Réduire l'impact du bruit et des lumières nocturnes artificielles.** Le bruit, défini comme un son indésirable, et la lumière nocturne sont un problème dans toutes les aires protégées, et particulièrement dans les aires urbaines. Les hommes et la faune sont perturbés par le bruit des visiteurs, le trafic routier et ferroviaire, les avions et autres. La lumière nocturne artificielle gêne les fonctions des organismes et des écosystèmes, dérange les amateurs de ciel nocturne, notamment les astronomes et peut empêcher d'apprécier l'authenticité des sites du patrimoine culturel. Certaines aires protégées urbaines cherchent à protéger les paysages sonores naturels et le ciel nocturne en développant des indicateurs et des normes, en éduquant les visiteurs, en appliquant des réglementations et en travaillant avec les autorités locales et les entreprises des communautés voisines.

12. **Coopérer avec des institutions qui ont des missions complémentaires.** Éduquer les jeunes sur la nature à travers des visites destinées à des groupes scolaires et de jeunes est une mission essentielle de presque toutes les aires protégées urbaines. Mais ces aires peuvent créer d'autres liens, parfois moins évidents. Il existe de nombreux musées et institutions similaires dans les zones métropolitaines qui cherchent à éduquer et à sensibiliser les gens au monde naturel, mais ces institutions travaillent rarement ensemble. Les gestionnaires des aires protégées urbaines peuvent encourager les musées

Étude de cas 8.2 La gestion du parc national du port de Sydney : un défi unique

Niché dans le port de Sydney, ce parc national est un ensemble unique de réserves naturelles. Il s'étend sur moins de 400 hectares et est constitué d'îles, de promontoires massifs de grès et de vestiges d'espaces naturels isolés par la zone urbaine de Sydney. La brousse naturelle et les falaises du parc forment le décor de l'un des plus beaux et célèbres ports du monde. Ces pierres naturelles ont été sauvées en raison de leur importance passée pour des projets militaires et de quarantaine, ou elles ont été conservées par les communautés locales qui les utilisent et les apprécient. Le gouvernement fédéral et le gouvernement de la Nouvelle-Galles du Sud ont établi le parc en avril 1975, concrétisant une vision stratégique qui avait commencé à la fin des années 1800.

Le parc a protégé de nombreux sites aborigènes importants et, par chance, après plus de 200 ans, la communauté Koori a survécu et prospéré et réaffirme aujourd'hui son héritage, ses traditions et ses liens avec la terre autour du port. Le parc est géré par une petite équipe professionnelle soutenue par des sections spécialisées du service national des parcs et de la faune sauvage (National Parks and Wildlife Service – NPWS) de Nouvelle-Galles du Sud. Son budget annuel d'environ 3 millions de dollars australiens en 2014 est complété par des programmes ministériels tels que des travaux d'équipement, des subventions publiques et externes ciblées et des revenus provenant des nombreuses entreprises touristiques, événements, tournages et opérateurs commerciaux qui utilisent le parc.

Le personnel gère le parc en cherchant un équilibre entre un ensemble de valeurs, d'utilisations et d'actifs parfois conflictuels. Cela nécessite une approche de gestion robuste et adaptative, fortement axée sur la communication et la consultation. La clé est le plan de gestion (2012), qui décrit les principes directeurs, les valeurs clés, les menaces et les résultats souhaités.

La nature variée du parc signifie que les différentes zones doivent être gérées de plusieurs manières en utilisant une série de stratégies pour aborder les valeurs de conservation, les utilisations récréatives et les besoins de la communauté locale. North Head, par exemple, est géré principalement pour protéger les communautés menacées de manchots pygmées (*Eudyptula minor*), de bandicoot à nez long (*Perameles nasuta*) et d'arbustes de l'espèce banksia à l'est de Sydney (il en reste moins de 3 % en Nouvelle-Galles du Sud). Par ailleurs, Nielsen Park est un « environnement naturel modifié » activement géré qui comprend des parcs ouverts et la maison historique de Greycliffe (1852), juxtaposée à la seule population connue de *Allocasuarina portuensis* de Nielsen Park.

Bien que le but principal du plan de gestion soit la protection des valeurs naturelles et patrimoniales, il met également l'accent sur l'amélioration des visites, de l'accessibilité et du transport vers les îles et les promontoires du parc. Sans oublier le défi croissant de la gestion des événements et des sites, y compris les mariages, les tournages et les événements spectaculaires du Nouvel An sur le port, qui attirent des millions de visiteurs accueillis sur différents sites et par différentes autorités responsables.

L'équipe du parc est également responsable de la faune circulant dans la majorité de la partie centrale de Sydney. Son mandat s'étant à des problèmes de base liés à la faune indigène, à la gestion et à la surveillance des baleines, des dauphins et d'autres formes de vie marine dans le port et les eaux côtières. Les experts, les bénévoles et les médias aident tous à la mise en œuvre de stratégies de gestion, d'éducation et de communication adaptées et intégrées, essentielles à la bonne gestion du parc.

Les responsables du parc établissent des liens étroits avec le secteur privé afin d'améliorer son efficacité de gestion et son rendement financier, et afin d'atteindre ses principaux objectifs. Le but est de préserver les valeurs patrimoniales de centaines de sites et de bâtiments historiques, y compris via la réutilisation adaptative de nombreux biens patrimoniaux importants. Les bénévoles de la collectivité et du secteur privé consacrent des dizaines de milliers d'heures de leur temps à améliorer le parc chaque année, en plus de fournir un financement important par l'entremise de dons et de subventions. Ils sont principalement impliqués dans la régénération réussie des écosystèmes semi-naturels ou façonnés par l'homme, ce qui a permis à de nombreux animaux indigènes, dont plus de 150 espèces d'oiseaux recensés, de revenir dans cette « nouvelle nature ».

Le parc national du port de Sydney, dans son port emblématique et son cadre international, montre l'importance des parcs nationaux et des aires protégées de la Nouvelle-Galles du Sud à l'échelle nationale et internationale. Le parc offre une occasion unique au public se participer activement et l'incite à prendre en charge l'intendance de ses parcs, de ses réserves et de l'environnement en général. Il joue également un rôle essentiel dans l'intégration de la nouvelle génération à la nature, constituant une version en taille réduite des « grands » parcs, et protège notre plus ancien héritage européen en Australie ainsi que certains des plus anciens sites du patrimoine autochtone de Sydney.

— Michael Treanor, Area Manager, Sydney Harbour National Park, NPWS, Office of Environment and Heritage, New South Wales, Australia

d'histoire naturelle, les centres scientifiques, les zoos, les aquariums et les jardins botaniques à fournir des informations et des expositions sur les défis de la conservation de la nature dans leur région. Cela peut commencer par de la promotion croisée, avec, par exemple, un musée fournissant aux visiteurs des informations sur les lieux naturels à visiter à proximité et, en parallèle dans les aires protégées, des expositions dirigeant les visiteurs vers les musées.

Les incendies, la criminalité, le vandalisme, les inondations et la pollution de l'air et de l'eau sont d'autres problèmes particulièrement importants pour les aires protégées urbaines. On peut aussi citer, parmi les opportunités que ces dernières offrent : la formation des enseignants travaillant dans les villes, la possibilité de faire appel à des bénévoles urbains très motivés et bien formés, et la coopération avec les universités urbaines. Ces questions sont discutées plus en détail dans la publication de Trzyna (2014).

Comprendre les différences entre aires protégées urbaines et non urbaines

Les réserves naturelles et parcs nationaux urbains constituent presque toujours une minorité au sein des systèmes d'aires protégées. La culture organisationnelle de ces systèmes est généralement centrée sur les aires protégées plus éloignées et les employés qui sont amenés à travailler dans les aires protégées urbaines viennent souvent d'aires protégées non urbaines. Il est donc impératif que les membres du personnel ayant une expérience en gestion des aires protégées urbaines partagent leur savoir avec leurs collègues non urbains (étude de cas 8.2). Cela peut être fait lors de sessions de formation des organismes de gestion, lors de visites sur le terrain et lors d'échanges entre les membres du personnel.

Conclusion

La gestion est un concept intuitif et fait partie de notre vie quotidienne. Dans le cadre des initiatives de gestion officielles, nous devons généralement être plus organisés. Ce chapitre met l'accent sur l'importance d'un processus de gestion et de quatre fonctions sous-jacentes de la gestion : la planification, l'organisation, la mise en œuvre et l'évaluation. Ces fonctions sont communes à la plupart des cadres de gestion écrits ou non écrits et sont la base de nombreux outils de soutien à la gestion. La gestion stratégique et conforme aux principes établis des systèmes d'aires protégées et des aires protégées individuelles est la base d'une conservation efficace de la biodiversité et des autres patrimoines naturels et culturels. Ceci inclut des considérations au niveau global aussi bien que des conditions au niveau des sites. Les quatre types de gouvernance différents facilitent la mise en œuvre de la gestion, mais chacun a besoin d'un soutien de gestion différent. La gestion des aires protégées varie également selon les contextes physiques, sociaux et politiques et ce chapitre a examiné en détail le cas des aires protégées situées dans des zones urbaines.

Parc national du port de Sydney, The Spit to Manly à pied : brousse naturelle au cœur de la ville de Sydney, Nouvelle-Galles du Sud, Australie

Source : Hamilton Lund, DNSW

Références

Lectures recommandées

Amend, T., Brown, J., Kothari, A., Phillips, A. and Stolton, S. (eds) (2008) *Protected Landscapes and Agrobiodiversity Values*, Values of Protected Landscapes and Seascapes Vol. 1, IUCN WCPA Specialist Group on Protected Landscapes and GTZ on behalf of the Federal Ministry of Economic Cooperation and Development of Germany, Heidelberg.

Appleton, M. (2013) *Instruction for the Review of the First Working Draft of the Global Competence Standards for Protected Area Personnel*, Global Partnership for Professionalising Protected Area Management, IUCN Capacity Development Programme, IUCN, Gland.

Badenkov, Y., Yashina, T. and Worboys, G. L. (2012) 'Altai-Sayan, Eurasia', in J. A. Hilty, C. C. Chester and M. S. Cross (eds) *Climate and Conservation: Landscape and seascape science, planning and action*, Island Press, Washington, DC.

Brown, J., Mitchell, N. and Beresford, M. (eds) (2005) *The Protected Landscape Approach: Linking nature, culture and community*, IUCN WCPA, Gland.

Clarke, R. N. and Stankey, G. M. (1979) *The Recreation Opportunity Spectrum: A framework for planning, management and research*, General Technical Report PNW-98, US Forest Service, Department of Agriculture, Fort Collins, CO.

Commonwealth of Australia (CoA) (1999) *Environmental Protection and Biodiversity Conservation Act, 1999: Regulations*, Commonwealth of Australia, Canberra. <www.environment.gov.au/topics/about-us/legislation/environment-protection-and-biodiversity-conservation-act-1999>

Commonwealth of Australia CoA (2003) *Protecting Natural Heritage, Using the Australian Natural Heritage Charter*, 2nd edn, Commonwealth of Australia, Canberra.

Conservation Measures Partnership (CMP) (2013) *Open Standards for the Practice of Conservation. Edition 3*. <www.conservationmeasures.org/wp-content/uploads/2013/05/CMP-OS-V3-0-Final.pdf>

Convention on Biological Diversity (CBD) (1992) *Convention on Biological Diversity*, Secretariat of the Convention on Biological Diversity, Montreal.

Convention on Biological Diversity (CBD) (2004) *Programme of Work on Protected Areas*, Secretariat of the Convention on Biological Diversity, Montreal.

Convention on Biological Diversity (CBD) (2011) *Strategic Plan for Biodiversity 2011–2020 and the Aichi Targets*, Secretariat of the Convention on Biological Diversity, Montreal. <www.cbd.int/doc/strategic-plan/2011-2020/Aichi-Targets-EN.pdf>

Convention on the Conservation of Migratory Species of Wild Animals (CMS) (2013) *Introduction and Background*. <www.cms.int/about/intro.htm>

Convention on International Trade in Endangered Species of Wild Fauna and Flora (CITES) (2013) CITES Background and History. <www.cites.org/eng/disc/what.php>Corrigan, C. and Hay-Edie, T. (2013) *A Toolkit to Support Conservation by Indigenous Peoples and Local Communities*, UNEP-WCMC, Cambridge.

Davey, A. (1998) *National System Planning for Protected Areas*, IUCN Best Practice Series No. 1, IUCN, Gland.

Department of Conservation (DOC) (2013) *Vision Statement*, New Zealand Department of Conservation, Wellington. <www.doc.govt.nz/about-doc/role/vision-role-overview-and-statutory-mandate/vision-purpose-and-outcome/>

Department of Environment and Conservation (DEC) (2005) *State of the Parks 2004*, NSW Department of Environment and Conservation, Sydney.

Dudley, N. (2008) *Guidelines for Applying Protected Area Management Categories*, IUCN, Gland.

Dudley, N. and Stolton, S. (eds) (2012) *Protected Landscapes and Wild Biodiversity*, Values of Protected Landscapes and Seascapes Series Vol. 3, IUCN WCPA Specialist Group on Protected Landscapes, Gland.

Dunphy, D. and Stace, D. (1991) *Under New Management: Australian organisations in transition*, McGraw-Hill, Sydney.

du Toit, J. T., Rogers, K. H. and Biggs, H. C. (eds) (2003) *The Kruger Experience: Ecology and management of savanna heterogeneity*, Island Press, Washington, DC.

Earthcheck (2013) *Earthcheck Certified Organisation*, Earthcheck, Brisbane. <www.earthcheck.org/>

Environmental Protection Agency (EPA) (2013) *ISO 14001: Frequently asked questions*, US EPA, Washington, DC. <water.epa.gov/polwaste/wastewater/Environmental-Management-System-ISO-14001-Frequently-Asked-Questions.cfm>

Figgis, P., Humann, D. and Looker, M. (2005) 'Conservation on private land in Australia', *Parks* 15(2): 19–29.

Govan, H. and Meo, S. (2011) *Fiji Locally Managed Marine Area Operations Guide: The way we work together*, FLMMA, Fiji. <bit ly/m3WrkC>

Gupta, J., Termeer, K., Klostermann, J., Meijerink, S., van den Brink, M., Nooteboon, S. and Bergsma, E. (2010) 'The adaptive capacity wheel: a method to assess the inherent characteristics of institutions to enable the adaptive capacity of society', *Environmental Science and Policy* 13(6): 459–71.

Hitt, M. A., Black, S. and Porter, L. W. (2011) *Management*, 3rd edn, Pearson Education, Upper Saddle River, NJ.

Hockings, M. (2012) *IUCN Green List of Well-Managed Protected Areas*, IUCN, Gland. <www.iucn.org/about/work/programmes/gpap_home/gpap_quality/gpap_greenlist/>

Hockings, M., Adams, W. M., Brooks, T. M., Dudley, N., Jonas, H., Lotter, W., Mathur, V., Väisänen, R. and Woodley, S. (2013) 'A draft code of practice for research and monitoring in protected areas', *Parks* 19(2): 85–94.

Hockings, M., James, R., Stolton, S., Dudley, N., Mathur, V., Makombo, J., Corrau, J. and Parrish, J. (2008) *Enhancing Our Heritage Toolkit: Assessing management effectiveness of natural World Heritage sites*, UNESCO World Heritage Centre, Paris.

Hockings, M., Stolton, S. and Dudley, N. (2000) *Evaluating Effectiveness: A framework for assessing the management of protected areas*, IUCN, Gland.

Hockings, M., Stolton, S., Leverington, F., Dudley, N. and Corrau, J. (2006) Evaluating Effectiveness: A framework for assessing the management of protected areas, 2nd edn, IUCN, Gland.

Hornback, K. E. and Eagles, P. F. J. (1999) *Guidelines for Public Use Measurement and Reporting at Parks and Protected Areas*, IUCN, Gland.

International Union for Conservation of Nature (IUCN) and United Nations Environment Programme World Conservation Monitoring Centre (UNEP-WCMC) (2014) *Percentage Terrestrial Area of Nations Reserved as Protected Area, August 2014*, IUCN and UNEP-WCMC, Cambridge.

Kormos, C. (ed.) (2008) *A Handbook on International Wilderness Law and Policy*, Fulcrum Publishing, Golden, CO.

Kothari, A. (2006) 'Community conserved areas', [Editorial], *Parks* 16(1): 1.

Kothari, A., Corrigan, C., Jonas, H., Nuemann, A. and Shrumm, H. (eds) (2012) *Recognising and Supporting Territories and Areas Conserved by Indigenous Peoples and Local Communities*, CBD Technical Series No. 64, Secretariat of the Convention on Biological Diversity, ICCA Consortium, Kalpavriksh and Natural Justice, Montreal.

Lockwood, M. (2006) 'Management planning', in M. Lockwood, G. L. Worboys and A. Kothari (eds) *Managing Protected Areas: A global guide*, pp. 292–327, Earthscan, London.

Mallarach, J.-M. (ed.) (2008) *Protected Landscapes and Cultural and Spiritual Values*, Values of Protected Landscapes and Seascapes Series Vol. 2, IUCN WCPA Specialist Group on Protected Landscapes, GTZ and Obra Social de Caixa Catalunya, Kasparek-Verlag, Heidelberg.

Marquis-Kyle, P. and Walker, M. (1992) *The Illustrated Burra Charter: Making good decisions about the care of important places*, Australia ICOMOS, Sydney.

Mitchell, B. (2005) 'Private protected areas', [Editorial], *Parks* 15(2): 1.

Mitchell, B. (2013) *Private Protected Areas*, IUCN, Gland. <www.iucn.org/about/work/programmes/gpap_home/gpap_people/gpap_tilcepa/gpap_privatepas/>

Parks Canada (PC) (2007) *Monitoring and Reporting Ecological Integrity in Canada's National Parks. Volume 2: A park level guide to establishing EI monitoring*, Parks Canada, Ottawa.

Phillips, A. (2002) *Management Guidelines for Category V Protected Areas: Protected landscapes/seascapes (No. 9)*, IUCN WCPA, Gland.

Poll, M. (2006) 'Reserves standards framework: a levels-of-service approach, Tasmania, Australia', in M. Lockwood, G. L. Worboys and A. Kothari (eds) *Managing Protected Areas: A global guide* pp. 514–16, Earthscan, London.

Rai, N., Madegowda, C. and Setty, S. (2007) '*Taragu Benki*: fire use by Soliga Adivasis in Biligiri Rangaswamy Temple Wildlife Sanctuary, Karnataka', in R. Pai, A.

Hiremath and Umakant (eds) *Rethinking Forest Fires: Proceedings of the National Workshop on Forest Fires*, pp. 87–9, Ministry of Environment and Forests, New Delhi.

Robbins, S., Bergman, R., Coulter, M. and Stagg, I. (2012) 'Strategic management', in S. Robbins, R. Bergman, I. Stagg and M. Coulter *Management*, pp. 321–54, 6th edn, Pearson Australia, Sydney.

Rose, B. (2012) 'Indigenous protected areas—innovation beyond the boundaries', in P. Figgis, J. Fitzsimons and J. Irving (eds) *Innovation for 21st Century Conservation*, pp. 50–5, Australia Committee for IUCN, Sydney.

Sawarkar, V. B. (2002) *A Guide for Planning Wildlife Management in Protected Areas and Managed Landscapes*, Wildlife Institute of India, Dehradun.

Stankey, G. H., Clark, R. N. and Bormann, B. T. (2005) *Adaptive management of natural resources: theory, concepts and management institutions*, General Technical Report PNW-GTR-654, US Department of Agriculture, Washington, DC.

Stankey, G. H., Cole, D. N., Lucas, R. C., Petersen, M. E. and Frissell, S. S. (1985) *The limits of acceptable change (L.A.C.) system for wilderness planning*, General Technical Report INT-176, US Forest Service, Department of Agriculture, Fort Collins, CO. Stolton, S., Ervin, J. and Dudley, N. (2008) 'Editorial', Parks 17(1): 1–3.

Sundaram B. and Hiremath, A. J. (2011) 'Lantana camara invasion in a heterogeneous landscape: patterns of spread and correlation with changes in native vegetation', *Biological Invasions* 14(6): 1127–41.

Tasmania Parks and Wildlife Service (TPWS) (2014) *Macquarie Island Pest Eradication Project*, Tasmania Parks and Wildlife Service, Hobart. <www.parks.tas.gov.au/index.aspx ?base=12982>

The Nature Conservancy (TNC) (2007) *Conservation Action Planning Handbook: Developing strategies, taking action and measuring success at any scale,* The Nature Conservancy, Arlington, VA.

The Ramsar Convention on Wetlands (Ramsar) (2013) *Introduction to Ramsar*, Ramsar Secretariat, Gland. <www.ramsar.org/cda/en/ramsar-home/main/ramsar/1_4000_0>

Thin Green Line Foundation (TGL) (2014) *Information on Rangers Killed on Duty*, Thin Green Line Foundation, Melbourne. <thingreenline.org.au/>

Thomas, I. (2001) *Environmental Impact Assessment in Australia: Theory and practice*, The Federation Press, Sydney.

Trzyna, T. (2014) *Urban Protected Areas: Profiles and best practice guidelines*, IUCN WCPA Best Practice Guideline No. 22, IUCN, Gland.

United Nations (UN) (2013) *United Nations Convention on the Law of the Sea of 10 December 1982*, United Nations, New York. <www.un.org/depts/los/convention_agreements/convention_overview_convention.htm>

United Nations (UN) (2014a) *International Convention for the Regulation of Whaling*, United Nations, New York. <treaties.un.org/pages/showDetails.aspx ?objid=0800000280150135>

United Nations (UN) (2014b) *International Convention on the Law of the Sea: Overview*, United Nations, New York. <www.un.org/depts/los/convention_agreements/convention_overview_convention.htm>

United Nations Educational, Scientific and Cultural Organisation (UNESCO) (2008) *Business Planning for Natural World Heritage Sites: A toolkit*, Shell Foundation, UNESCO, Paris. <whc.unesco.org/en/businessplanningtoolkit/>

United Nations Educational, Scientific and Cultural Organisation (UNESCO) (2013) *World Heritage History*, UNESCO, Paris. <whc.unesco.org/en/convention/>

United Nations Environment Programme World Conservation Monitoring Centre (UNEP-WCMC) (2013) *A Toolkit to Support Conservation by Indigenous Peoples and Local Communities*, UNEP-WCMC, Cambridge.

United Nations Environment Programme World Conservation Monitoring Centre (UNEP-WCMC) (2014) *Global Statistics from the World Database on Protected Areas, August 2014*, UNEP-WCMC, Cambridge.

United Nations Framework Convention on Climate Change (UNFCCC) (2014) *Background about the Convention*, Climate Change Secretariat, Bonn. <unfccc.int/essential_background/convention/items/2627.php>

Watson, J., Hamilton-Smith, E., Gillieson, D. and Kiernan, K. (1997) *Guidelines for Caves and Karst Protection*, IUCN WCPA, Gland.

Williams, B. K., Szaro, R. C. and Shapiro, C. D. (2009) *Adaptive Management: The U.S. Department of the Interior technical guide*, Adaptive Management Working Group, US Department of the Interior, Washington, DC.

Wittenberg, R. and Cock, M. J. W. (2001) *Invasive Alien Species: A toolkit of best prevention and management practices*, Global Invasive Species Programme, CAB International, Wallingford, UK. <www.issg.org/pdf/publications/GISP/Guidelines_Toolkits_BestPractice/Wittenberg&Cock_2001_EN.pdf>

Worboys, G. L. (2007) Evaluation subjects and methods required for managing protected areas, PhD thesis, Griffith University, Gold Coast, Queensland.

Worboys, G. L. and Winkler, C. (2006a) 'Process of management', in M. Lockwood, G. L. Worboys and A. Kothari (eds) *Managing Protected Areas: A global guide*, pp. 146–63, Earthscan, London.

Worboys, G. L. and Winkler, C. (2006b) 'Operations for management', in M. Lockwood, G. L. Worboys and A. Kothari (eds) *Managing Protected Areas: A global guide*, pp. 406–20, Earthscan, London.

Worboys, G. L. and Winkler, C. (2006c) 'Managing staff, finances and assets', in M. Lockwood, G. L. Worboys and A. Kothari (eds) *Managing Protected Areas: A global guide*, pp. 359–76, Earthscan, London.

Worboys, G. L., Francis, W. L. and Lockwood, M. (eds) (2010) *Connectivity Conservation Management: A global guide*, Earthscan, London.

CHAPITRE 9

DÉVELOPPEMENT DES CAPACITÉS

Auteurs principaux :
Eduard Müller, Michael R. Appleton et Glenn Ricci

Collaborateurs :
Allan Valverde et David W. Reynolds

CONTENU

UICN CMAP COMMISSION MONDIALE DES AIRES PROTÉGÉES Convention sur la diversité biologique

AUTEURS PRINCIPAUX

EDUARD MÜLLER est vice-président du groupe Éducation et apprentissage de la Commission mondiale des aires protégées de l'Union internationale pour la conservation de la nature, président de l'Université pour la coopération internationale basée au Costa Rica, chaire UNESCO pour les réserves de biosphère et les biens naturels et mixtes du patrimoine mondial, et coordinateur du Partenariat mondial de la CMAP pour la professionnalisation de la gestion des aires protégées.

MICHAEL R. APPLETON est un consultant indépendant basé au Royaume-Uni, spécialisé dans les aires protégées et le développement durable, et conseiller pour les projets financés par le Fonds pour l'environnement mondial.

GLENN RICCI est spécialiste de la gestion côtière au Coastal Resources Center de l'Université de Rhode Island, Narragansett, Rhode Island, États-Unis.

COLLABORATEURS

ALLAN VALVERDE est spécialiste en formation à l'Université pour la coopération internationale (UCI) au Costa Rica.

DAVID W. REYNOLDS est conseiller principal pour le développement des capacités du Programme mondial sur les aires protégées de l'UICN et est basé à Medford, dans le New Jersey, aux États-Unis.

REMERCIEMENTS

Les auteurs tiennent à remercier Theresa Sowry, James Barborak, Ryan Finchum, Wayne Lotter, Natalia Danilina, Vinod Mathur et Michael Lockwood pour leur travail sur l'annexe 9.1.

Citation

Müller, E., Appleton, M. R., Ricci, G., Valverde, A. et Reynolds, D. Développement des capacités. In Worboys, G. L., Lockwood, M., Kothari, A., Feary, S. et Pulsford, I. (éd). *Gouvernance et gestion des aires protégées.* Canberra : ANU Press, 2020. doi.org/10.22459/GGAP.09

PHOTO DE LA PAGE DE TITRE

Étudiants recevant leurs diplômes de licence en gestion des aires protégées, décembre 2007, Costa Rica
Source : Eduard Müller

Introduction

Les aires protégées sont des institutions de plus en plus complexes qui nécessitent des professionnels compétents, motivés, dotés de ressources suffisantes et ayant accès aux derniers travaux et aux meilleures pratiques développées au cours de décennies d'apprentissage. Cependant, de nombreux directeurs, gestionnaires et membres du personnel des aires protégées ne disposent pas des compétences nécessaires pour assurer une gestion efficace et équitable de ces domaines, et leurs capacités en matière de gestion organisationnelle durable et adaptative sont limitées. Bien qu'ils soient responsables de la gestion complexe d'une part importante du capital naturel mondial, leur travail n'est toujours pas reconnu, dans de nombreux pays, comme une profession distincte dotée de normes, de qualifications et d'une structure propre. Dans ce chapitre, nous discuterons de la nécessité de progresser vers la professionnalisation du personnel des aires protégées et de la manière dont différentes approches pour le développement des capacités peuvent conduire à des niveaux de compétences permettant une gestion efficace.

Nous entendons ici par « développement des capacités », le développement des connaissances, des compétences et des attitudes des individus, organisations, institutions et de la société, leur permettant de définir et d'atteindre leurs propres objectifs. Nous évoquerons dans ce chapitre la gestion des connaissances, du développement des compétences et le rôle de l'attitude. Puis, les évolutions récentes décrivant un changement de paradigme éducatif, où l'apprentissage basé sur les compétences et l'utilisation d'alternatives éducatives en ligne modifient rapidement la manière dont nous assurons le développement des capacités dans le monde entier.

Ce chapitre peut être utile à toute personne intéressée par le développement des capacités dans les aires protégées, bien qu'il soit principalement destiné aux professionnels chargés de développer les capacités (de la planification à la mise en œuvre, en passant par l'évaluation) dans les aires protégées et les systèmes d'aires protégées. Il peut être bénéfique de discuter des concepts et méthodes, et de leur pertinence, afin de choisir des programmes de développement de capacités spécifiques à une aire protégée ou à un système d'aires protégées. La participation d'institutions universitaires peut également être souhaitable et peut permettre d'intégrer de nouvelles approches en matière de formation ou d'éducation. L'encadré 9.1 présente un bref résumé de certains concepts et développements clés en matière de développement des capacités constituant un prélude à ce chapitre.

Développement des capacités dans les systèmes d'aires protégées

Les aires protégées sont le moyen le plus efficace de conserver la biodiversité, les écosystèmes et un ensemble de services assurant le maintien de la diversité de la vie sur Terre et le bien-être humain. Bien que de grands progrès aient été réalisés vers la création d'un réseau mondial d'aires protégées, il reste encore beaucoup à faire. L'établissement seul d'aires protégées et de systèmes d'aires protégées ne garantit pas que les objectifs de ces derniers seront atteints. L'analyse globale des évaluations de l'efficacité de la gestion révèle qu'une grande partie des aires protégées sont encore gérées de manière insatisfaisante (IUCN, 2014a). Afin de garantir la gestion efficace des aires protégées et des systèmes d'aires protégées, il est nécessaire de mettre en place des dispositions institutionnelles et de gouvernance appropriées et d'assurer la présence de professionnels compétents.

La nature a une valeur propre, comme le montrent les milliers d'années de dépendance que les humains ont développée envers elle pour leur subsistance. La conservation de la biodiversité est notre responsabilité, car c'est l'homme qui est la première source des pertes que nous observons. Dans le monde occidental, où la valeur monétaire a souvent plus d'importance que les valeurs sociales ou spirituelles, on peut affirmer que les aires protégées abritent souvent de plus grands atouts économiques que bon nombre des alternatives productives qui les affectent. La valeur des services écosystémiques et du capital naturel dans le monde a beaucoup gagné en reconnaissance depuis la publication du premier article sur le sujet, par Costanza et al. (1997), estimant la valeur des services écosystémiques à 33 000 milliards de dollars par an. En utilisant des données actualisées, des valeurs unitaires et des changements dans les biomes, le total des services écosystémiques mondiaux en 2011 s'élevait à 125 000 milliards de dollars par an, avec une perte annuelle de l'ordre de 20 000 milliards de dollars (Costanza et al., 2014).

La réalisation des objectifs de conservation et la fourniture future de ces services dépendent de la capacité des individus à prendre les bonnes décisions, mais aussi de la capacité institutionnelle et du contexte favorable à une action efficace. Les décisions prises par le personnel des aires protégées doivent être fondées sur les connaissances, l'expérience et les compétences. La manière dont les décisions sont mises en œuvre dépend de l'attitude du personnel à tous les niveaux. La capacité institutionnelle est composée de nombreux facteurs, notamment le

Encadré 9.1 Résumé des concepts clés du développement des capacités

Capacité

La capacité ne se limite pas aux connaissances et aux compétences des individus. Les organisations et les institutions possèdent également des capacités essentielles à la performance, bien que l'intervention d'individus soit toujours nécessaire. La capacité touche également à la motivation et au leadership des individus en lien avec l'organisation et les acteurs de la société. Pour que la gestion des aires protégées soit efficace, il faut que les individus et les organisations travaillent ensemble, ce qui passe généralement par la professionnalisation du travail sur le terrain.

Méthodes

Les méthodes de développement des capacités s'améliorent, mais l'évolution la plus critique reste la codification des compétences qui sous-tendent le développement des capacités individuelles et organisationnelles. Le développement de nouvelles technologies et la faible disponibilité des ressources financières participent à l'élargissement des méthodes de développement des capacités. On cherche de plus en plus à aller au-delà des formations à court terme et des diplômes, qui restent efficaces dans certains contextes. L'apprentissage en ligne, le mentorat et les apprentissages au sein des organisations peuvent être très efficaces. Les formations mettent aujourd'hui l'accent sur l'adaptation du processus aux besoins de chaque apprenant et adoptent une perspective holistique cherchant à résoudre les problèmes que les personnes formées rencontrent réellement dans leur travail. Toutes les méthodes, lorsqu'elles sont liées au sein d'un système de développement des capacités, sont pertinentes dans des situations données.

Développement des capacités individuelles

Le développement des capacités individuelles basé sur les fonctions des individus dans les aires protégées peut être divisé en trois niveaux : politique et planification, gestion de site et opérations sur le terrain. Les professionnels de tous niveaux ont besoin de compétences diverses, y compris dans les domaines traditionnels de la science de la conservation et de son application, mais aussi en matière d'élaboration de politiques, de stratégies de conformité, de communication, de gestion des services écosystémiques, de financement et définition des budgets, de recherche de consensus, de leadership et d'éthique.

Développement des capacités organisationnelles

La capacité des individus/du personnel a peu de valeur si l'organisation n'est pas structurée, réactive et ne travaille pas en partenariat avec les communautés et d'autres acteurs. La professionnalisation du domaine de la gestion des aires protégées influera également sur la capacité et la performance de l'organisation.

Professionnaliser la gouvernance et la gestion des aires protégées

Le concept de profession sert de cadre pour relier tous les éléments du développement des capacités : des individus aux organisations, en passant par les institutions d'acteurs interdépendants. La définition des professions se base sur les compétences requises pour respecter les normes minimales, pour créer une langue commune et des moyens formels et informels d'acquérir des compétences, et pour définir les principes d'éthique professionnelle. À l'heure actuelle, de nombreux programmes basés sur les compétences sont établis dans les systèmes d'aires protégées et certains programmes novateurs de certification complètent le système.

financement, le soutien juridique et politique, le nombre d'employés, la sensibilisation du public et bien d'autres. Mais cette capacité se résume surtout à la capacité des individus à construire et à gérer efficacement une institution. Le rôle du développement des capacités dans les aires protégées est de plus en plus reconnu à tous les niveaux, y compris à travers l'objectif 3.2 du Programme de travail sur les aires protégées de la Convention sur la diversité biologique (CBD, 2014a ; encadré 9.2). Les objectifs d'Aichi, en particulier l'objectif 11, ouvrent la voie à l'action jusqu'à fin 2020. Au sein de chaque objectif, nous pouvons identifier les capacités à développer aux niveaux individuel, institutionnel, national et mondial.

Les structures de travail au sein des systèmes d'aires protégées varient considérablement en fonction de nombreux facteurs tels que la disponibilité des ressources (en particulier le financement), le niveau de développement du pays, la date d'établissement des aires protégées, la reconnaissance sociale et politique, le type de gouvernance et de nombreux autres facteurs. Dans les systèmes bien dotés en personnel formé, les descriptions de poste peuvent être très spécifiques alors que dans certains pays le petit nombre d'agents affectés à une aire (dans certains cas, une seule personne) exige de chaque membre du personnel qu'il exécute un grand nombre d'activités. Nous pouvons cependant identifier au moins trois niveaux de base : la gestion du système (y compris la politique et la planification), la gestion du site et le niveau opérationnel ou de terrain (gardes, gardiens, etc.). Dans certains cas, on peut aussi identifier un niveau supplémentaire comprenant des travailleurs peu qualifiés. Les domaines de connaissances de ces niveaux peuvent être très similaires, mais les compétences qui s'y attachent sont très variables. Pour un gestionnaire travaillant au niveau du système d'aires protégées, la planification du site a une portée nationale et il cherchera à aborder les lacunes en matière de conservation et la planification à long terme de l'utilisation des terres. Le gestionnaire de site, quant à lui, s'intéressera davantage au zonage, aux zones tampons et à la connectivité, à l'analyse des menaces ou au développement communautaire. Enfin, le niveau opérationnel sera davantage concerné par l'application sur le terrain, la gestion des visiteurs et la protection. Ces différences appellent à des stratégies spécifiques de développement des capacités pour chaque niveau.

Concepts de base et approches de développement des capacités

Afin de concevoir et de mettre en œuvre des processus efficaces de développement des capacités, nous devons comprendre les différentes composantes liées à la maîtrise de cette tâche. Grâce à des processus d'auto-évaluation, il est possible pour une personne ou une organisation d'identifier ses lacunes et de chercher à y remédier. Il est possible de concevoir différentes stratégies de développement des capacités qui se concentrent sur des aspects divers. Les paragraphes suivants définissent certaines des composantes les plus pertinentes du développement des capacités.

Aptitude

« L'aptitude est généralement considérée comme un ensemble d'attributs innés qui déterminent notre potentiel pour une activité donnée. Un tel potentiel peut devenir une qualification grâce à la formation et la pratique » (Egate et Groome, 2005:100). En d'autres termes, l'aptitude n'est pas quelque chose qui peut facilement être enseigné ; elle est liée aux capacités génétiques et à l'environnement dans lequel la personne a grandi. On peut par exemple parler d'aptitude à danser la samba ou à apprendre différentes langues.

Qualification

Il existe de nombreuses définitions du terme « qualification » en fonction du domaine d'activité, comme le sport, les affaires, l'artisanat, etc. Dans ce chapitre, nous entendons par qualification, « la capacité de faire quelque chose qui découle de la formation, l'expérience ou la pratique » (Merriam-Webster Dictionary, 2012), ou comme « la capacité acquise d'atteindre des résultats prédéterminés avec un maximum de certitude, souvent avec un investissement minimal en temps, en énergie ou les deux » (Knapp, 1963:11). La qualification se décline selon quatre caractéristiques principales :

Encadré 9.2 Programme de travail sur les aires protégées de la Convention sur la diversité biologique : objectif 3.2

Cet objectif porte sur le renforcement des capacités en matière de planification, d'établissement et de gestion des aires protégées. L'objectif a été établi en 2004 à la suite du Congrès mondial des parcs de 2003 à Durban. En 2014, la mise en œuvre des objectifs avait enregistré des progrès réguliers mais ceux-ci doivent être poursuivis. Les objectifs initiaux sont repris ici, car ils définissent le contexte des travaux en cours sur le développement des capacités.

Objectif : Mettre en œuvre, d'ici 2010, des initiatives et des programmes globaux de renforcement des capacités afin de développer les connaissances et les compétences à l'échelle individuelle, communautaire et institutionnelle, et d'élever les normes professionnelles.

Les activités suggérées aux parties sont notamment :

- Réaliser, d'ici 2006, des évaluations nationales portant sur les besoins en matière de capacité des aires protégées puis élaborer des programmes de renforcement des capacités à partir de celles-ci, incluant la création de cursus d'enseignement, de ressources et de programmes pour l'organisation régulière de formations à la gestion des aires protégées.
- Mettre en place des mécanismes efficaces permettant de documenter le savoir et les expériences actuels en matière de gestion des aires protégées, notamment le savoir traditionnel conformément à l'article 8, paragraphe j et aux dispositions connexes, puis identifier les lacunes de connaissances et de compétences.
- Créer des mécanismes pour échanger, par le biais du Centre d'échange et d'autres moyens, les enseignements, les informations et les expériences de renforcement des capacités entre les pays et les organisations compétentes.
- Renforcer les capacités des institutions à mettre en place une collaboration intersectorielle pour la gestion des aires protégées au niveau local, national et régional.
- Consolider les capacités des institutions en charge des aires protégées à développer un financement durable par le biais d'incitations fiscales, de services environnementaux et d'autres instruments.

Source : CBD (2014a)

Chutes Virginia, parc national de Nahanni, Canada
Source : Alison Woodley

1. une capacité apprise ;
2. des résultats prédéterminés : un objectif spécifique est atteint ;
3. un maximum de certitude : résultats reproductibles à chaque fois ;
4. une efficacité maximale : plus faible effort et temps.

Cornford (1999:266) a défini les attributs suivants de qualification et de performance qualifiée :

1. Les qualifications sont apprises ou acquises et ne consistent pas en actions innées et instinctives ni en réflexes ou actions simples que chacun possède.
2. La qualification implique de la motivation, un but et des objectifs.
3. Un plan ou un schéma mental est requis avant de pouvoir utiliser une qualification ; cela doit inclure des composants, des processus, des séquences correctes de composants et des éléments temporels.
4. Les qualifications requièrent un contenu spécifique et une connaissance du contexte, ainsi que des stimuli spécifiques, qui indiquent le moment et les circonstances appropriés pour appliquer les connaissances.
5. Les qualifications impliquent la résolution de problèmes en rapport avec le contexte particulier.
6. Il existe des différences individuelles dans la performance qualifiée et le même niveau de performance ne peut pas toujours être obtenu avec des personnes différentes.
7. Des normes d'excellence sont requises pour juger de la performance.
8. La qualification implique une réplication ou une cohérence d'application comparable au fil du temps.
9. Il faut beaucoup de temps pour atteindre des niveaux élevés de qualification, en particulier lorsque des schémas de pensée et de comportement plus complexes sont impliqués.

Il existe des définitions plus détaillées de termes relatifs au développement des capacités en ce qui concerne les performances professionnelles.

Compétences spécialisées

Ce sont les compétences requises pour des professions spécifiques, généralement liées à des connaissances, des outils ou des techniques professionnelles qui permettent aux travailleurs d'exercer leur profession. Elles sont faciles à observer, à quantifier et à mesurer. Elles sont généralement faciles à enseigner aux nouveaux apprenants sans qu'aucun « désapprentissage » ne soit nécessaire.

Compétences générales

Aussi appelées « qualités relationnelles », elles désignent l'ensemble de nos comportements sociaux, de communication et d'autogestion et sont essentielles à l'analyse critique des informations par des professionnels. Ce sont les compétences qui nous permettent de travailler efficacement et de nous intégrer pleinement au travail. Les compétences générales sont souvent difficiles

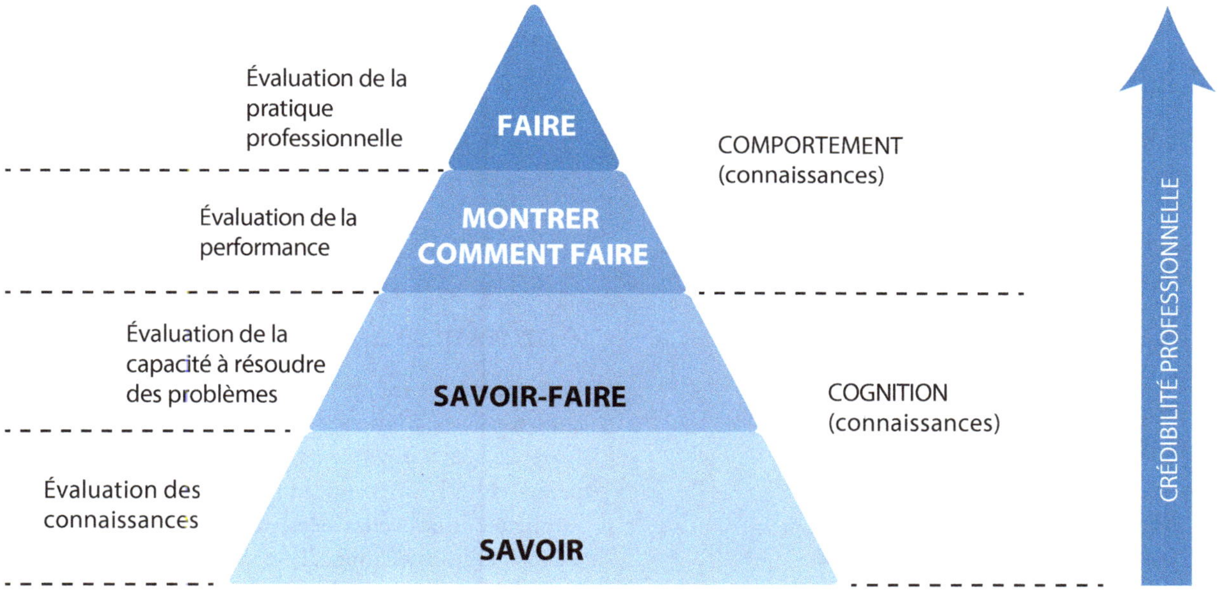

Figure 9.1 Cadre d'évaluation clinique

Source : Adapted from Miller (1990)

à observer, à quantifier ou à mesurer et sont utilisées à la fois pour la vie quotidienne et pour le travail. Il faut généralement déployer davantage d'efforts pour les modifier ou les développer, car elles font partie de notre comportement. Elles peuvent être influencées par un renforcement sur le long terme, de préférence avec un mentor compétent ou des collègues (Coates, 2006). La gestion du temps, la fiabilité, le travail en équipe, la communication interpersonnelle, la langue, le désir d'apprendre et d'être formé, un comportement intègre et éthique, une motivation et une attitude positive et l'analyse critique des informations sont des exemples de compétences générales (Phani, 2007).

Compétence

La compétence peut être définie comme « la capacité de l'individu au sein d'une profession à accomplir une tâche définie » (Appleton et al., 2003:2). Sanchez et Ruiz (2008:29) proposent une définition plus détaillée : « une bonne performance dans des contextes divers et authentiques basés sur l'intégration et l'activation des connaissances, règles et normes, techniques, procédures, aptitudes et compétences, attitudes et valeurs ». Le concept de compétence n'est pas nouveau. White (1959:297) a utilisé ce terme pour désigner « la capacité d'un organisme à interagir efficacement avec son environnement ». Miller (1990) a mis au point un cadre d'évaluation qui permet de comprendre simplement la transition entre une formation et une évaluation fondées sur la connaissance et une formation axée sur les compétences (figure 9.1). L'apprentissage basé sur les compétences repose sur l'existence de trois domaines d'apprentissage : cognitif (connaissances), psychomoteur (compétences) et affectif (attitudes).

L'apprentissage basé sur les compétences est une théorie de plus en plus populaire selon laquelle l'éducation ne doit pas être centrée sur ce que les universitaires pensent que les étudiants doivent savoir (approche centrée sur l'enseignant), mais plutôt sur ce que les élèves doivent savoir et être capables de faire dans des situations variées et complexes (approche axée sur l'emploi) (Coates, 2006). Les programmes axés sur les compétences ne se basent pas sur l'hypothèse selon laquelle le succès de l'apprentissage passe par la réussite en cours dans le cadre d'un plan d'étude. Ils sont plutôt centrés sur l'apprenant, et sont davantage axés sur l'utilisation de nombreuses possibilités et activités d'apprentissage qui permettent aux étudiants d'apprendre et de démontrer leurs capacités à leur propre rythme.

On compte, parmi les programmes axés sur les compétences de ces dernières années les réseaux sociaux d'échanges entre pairs, les ressources éducatives ouvertes, les systèmes de gestion de la formation et l'encadrement en ligne (Klein-Collins, 2013). L'apprentissage basé sur les compétences appelle à la définition des compétences nécessaires pour une profession ou un emploi. Les connaissances sont ensuite intégrées aux attitudes et aux valeurs de chaque élève en fonction de sa vie professionnelle ou personnelle. Il est important de noter que ce type d'apprentissage cherche à promouvoir la capacité des élèves à apprendre à apprendre (Sanchez et Ruiz, 2008).

Encadré 9.3 À propos du leadership

Actions

- Osez vous mouiller, sachez vous salir les mains.
- Initiative : dirigez par l'exemple.
- Ne demandez pas aux autres de faire ce que vous ne feriez pas (appréhendez).
- Ayez une longueur d'avance (restez informé-e).
- Prenez les décisions difficiles au bon moment.
- Assumez vos propres réussites, ne reniez pas vos échecs.
- Soyez cohérent-e.

Interactions avec le personnel

- Motivez les autres grâce au mentorat et au développement d'un esprit d'équipe.
- Sachez déléguer, évitez la microgestion.
- Faites confiance au personnel.
- Assumez la responsabilité des erreurs honnêtes du personnel avec peu d'expérience.
- Préparez-vous à maintenir vos positions.

Interactions avec les communautés

- Soyez respectueux.
- Écoutez d'abord.
- Intégrez-vous à la communauté (intégré, accessible, juste).
- Ne manquez pas de respect, mais faites votre travail.
- Cherchez à être respecté (par le personnel et les parties prenantes), pas à être aimé.

Source : Squillante et al. (2010)

Les compétences sont également utilisées dans le cadre de la formation et de l'apprentissage sur les aires protégées. Appleton et al. (2003) ont élaboré des normes de compétence pour les emplois dans les aires protégées en Asie du Sud-Est. Il s'agit de recommandations portant sur les compétences et les connaissances requises pour vingt-quatre emplois clés dans les aires protégées, répartis en dix-sept catégories et cinq niveaux. En 2013 et 2014, Appleton a lancé un nouveau projet dans le cadre du groupe de travail sur l'éducation et l'apprentissage de la Commission mondiale des aires protégées (CMAP) afin de définir les compétences liées aux emplois dans les aires protégées au niveau mondial. Parallèlement, en Afrique, une autre initiative a élaboré une liste des compétences adaptées aux aires marines protégées ainsi que des méthodes pour évaluer les performances menant à la certification (Squillante et al., 2010). Cette initiative est évoquée plus loin dans ce chapitre.

Le leadership est une compétence relationnelle essentielle dans la plupart des postes au sein des systèmes d'aires protégées en sous-effectif faisant face à des défis importants pour s'acquitter de leurs mandats. La manière dont le personnel des aires protégées intègre le concept de leadership est illustrée dans l'encadré 9.3 (Squillante et al., 2010). Le rôle du leadership dans les aires protégées est examiné plus en détail dans le chapitre 12.

Apprentissage

L'apprentissage est un processus continu de création de connaissances fondées sur l'expérience (Kolb, 1984). Il repose sur des connaissances ou des expériences préexistantes. Ainsi, un éducateur doit non seulement implanter de nouvelles idées, mais aussi aider à changer ou à éliminer les anciennes. Il est important de prendre cela en considération lors de la conception et de l'application d'un processus de formation. Plus un étudiant peut tirer parti de connaissances ou d'expériences existantes, plus il sera lui sera facile d'intégrer ce qui lui est enseigné. Si ses connaissances ou pratiques existantes sont incorrectes, le processus d'apprentissage requerra un effort plus important.

La motivation est fondamentale à l'apprentissage ; seule une personne qui veut apprendre peut le faire. Ainsi, la motivation est l'un des aspects les plus importants du développement des capacités et doit être intégrée à la phase de démarrage de toute formation ou événement éducatif. L'apprenant doit savoir quelle est la portée de l'événement de formation et quels résultats sont attendus de lui. Une personne apprend plus facilement si elle peut identifier clairement l'utilité de ce qui est appris pour son travail quotidien ou sa performance. Cela n'était souvent pas assez pris en compte dans les formations sur les aires protégées, en particulier lorsque les projets de coopération se basaient sur des formations conçues par un prestataire de services éducatifs faisant peu appel, ou pas du tout, à la participation du personnel des aires protégées.

Il est également important de relier les nouveaux domaines de connaissances ou compétences aux connaissances ou compétences existantes de l'individu. La construction de schémas ou de plans mentaux permet un meilleur apprentissage en reliant les connaissances acquises aux connaissances existantes dans la mémoire. Les stratégies d'apprentissage permettent à un élève de construire plus facilement des modèles et des schémas mentaux qui guideront la performance (Cornford, 1997). La construction des modèles mentaux exige de l'attention, de la rétention et de la motivation : « La plupart des comportements humains sont appris par la modélisation : en observant les autres, on se fait une idée de la façon dont les nouveaux comportements sont appliqués et cette information sert à guider l'action à d'autres occasions » (Bandura, 1977:22).

Apprentissage basé sur l'expérience ou apprentissage par la pratique

> Dis-moi et j'oublierai. Montre-moi et je m'en souviendrai peut-être. Implique-moi et je comprendrai.
>
> — Confucius, cité par Ostashewski et al. (2011)

L'apprentissage par l'expérience est « le processus lors duquel la connaissance est créée par la transformation de l'expérience » (Kolb, 1984:38), ou, en d'autres termes, « l'acquisition personnelle du savoir par la pratique » (University of Iowa, 2014). Alors que l'apprentissage traditionnel dans une salle de classe met l'accent sur la connaissance, l'apprentissage par l'expérience touche trois domaines : l'intellect, les sentiments et les sens (Andresen et al., 1999).

Étudiants de troisième cycle en gestion des aires protégées de l'Université de Tasmanie travaillant avec du personnel expérimenté en gestion des aires protégées à Cockle Creek, dans le parc national Southwest, Tasmanie

Source : Graeme L. Worboys

Kolb (1984) décrit l'apprentissage par l'expérience comme un cycle qui commence par une expérience concrète, et qui est suivi d'une réflexion personnelle sur cette expérience (figure 9.2). La personne applique ensuite à cette expérience des règles générales ou des théories connues, appelées conceptualisation abstraite (processus consistant à donner un sens à ce qui a été observé) (Kolb, 2014), pour construire des moyens de modifier éventuellement la prochaine occurrence de l'expérience. En d'autres termes, il s'agit de comprendre comment mettre cela en pratique (expérimentation active) pour finalement passer à l'expérience suivante. Un apprenant efficace doit ensuite percevoir les informations, réfléchir à leur impact sur sa vie, les comparer avec sa

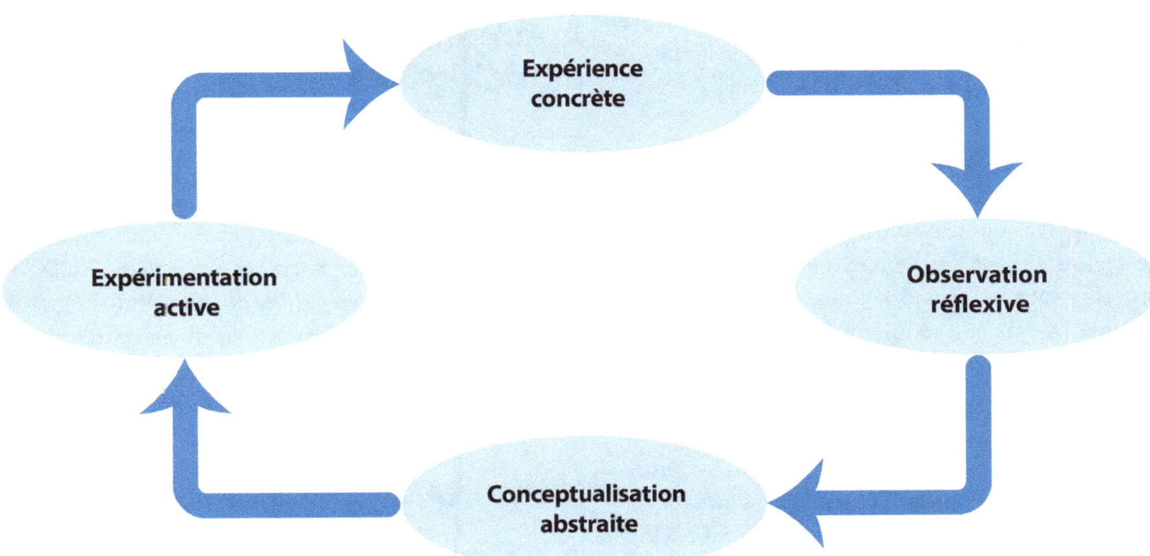

Figure 9.2 Cycle d'apprentissage par l'expérience de Kolb

Source : Adapté de Oxendine et al. (2004)

propre expérience, puis réfléchir à la manière dont il peut trouver de nouvelles façons d'agir (Conner, 2007). Cela peut se produire très rapidement ou sur une longue période. D'autres rapports permettent d'approfondir l'analyse et l'application de ce cycle (Atherton, 2013).

Pour assurer le succès de l'apprentissage basé sur l'expérience, il convient d'abord de définir clairement l'objectif et d'expliquer en quoi cet objectif est important pour l'individu. Il faut ensuite assurer un engagement personnel avec l'expérience, et lier l'expérience et les connaissances antérieures au processus d'apprentissage afin d'assurer la qualité du processus de réflexion et de conceptualisation (Andresen et al., 1999). L'apprentissage fondé sur l'expérience se prête parfaitement au développement des capacités institutionnelles internes, où le personnel expérimenté des aires protégées peut encadrer le personnel plus jeune ou avec moins d'expérience.

Formation ou apprentissage professionnel

La formation professionnelle permet l'amélioration ou la mise à jour des connaissances et des compétences, ou l'acquisition de nouvelles compétences requises pour une fonction professionnelle ou un métier spécifique. Elle est généralement plutôt technique et peut permettre aux apprenants d'améliorer leurs performances au travail en apprenant à utiliser de nouveaux instruments, méthodologies ou technologies. Dans les aires protégées, ce type de formation est souvent proposé au niveau opérationnel et aux gardes, notamment pour leur apprendre à utiliser de nouveaux outils ou techniques tels que le système mondial de géolocalisation (GPS), la construction de sentiers ou la surveillance de la faune.

Formation à l'entrée en fonction

La formation à l'entrée en fonction est destinée aux nouveaux employés ou aux employés arrivant dans une nouvelle région afin de faciliter leur adaptation face à leurs nouvelles tâches, leurs nouveaux collègues et leur environnement de travail, réduisant ainsi le temps dont ils ont besoin pour devenir productifs. Cette formation peut porter sur la mission et la vision de l'organisation, les objectifs, l'organigramme, les conditions générales, la culture de travail, les équipements, les systèmes d'information et de communication, la santé et la sécurité, ainsi que le suivi et l'évaluation. Elle diffère selon l'aire ou l'organisation et peut couvrir un large éventail de zones géographiques et topographies avec diverses répartitions de couverts végétaux, de points d'eau, de

Cours de troisième cycle sur la gestion des aires protégées dispensés par un garde expérimenté du Tasmania Parks and Wildlife Service, parc national Southwest, Tasmanie

Source : Graeme L. Worboys

grottes, comprenant des zones où évoluent des animaux sauvages, avec des climats extrêmes, des environnements sociaux et politiques particuliers, des zones de conflit et d'autres particularités environnementales et de gestion. Cette formation initiale ne porte pas sur les compétences, mais plutôt sur les tâches de routine de base à comprendre. Les systèmes d'aires protégées organisent souvent des formations internes pour accueillir le nouveau personnel ou pour informer le personnel existant des nouvelles procédures.

Apprentissage informel/ autodirigé

L'apprentissage autodirigé a vite gagné en importance avec les progrès de la communication. Les progrès en matière d'accès à internet, l'efficacité et la facilité d'utilisation des navigateurs, le développement des forums de discussion, des réseaux sociaux, des vidéos (TedX, par exemple), des cours en ligne (pour la plupart gratuits, comme Coursera), la diffusion en direct de réunions et de conférences, et beaucoup d'autres outils permettent un accès facile et rapide aux dernières informations.

Mentorat/apprentissage

Le mentorat et/ou l'apprentissage informel entre pairs peuvent être très efficaces et avoir un coût très faible, en particulier pour la formation du personnel entrant. Les organisations doivent développer la culture du mentorat, mais aussi éviter que les connaissances et les compétences ne soient utilisées dans un jeu de pouvoir. Faire interagir le personnel d'une aire protégée avec des mentors bien formés d'autres aires bien gérées peut également être très efficace. C'est aussi le cas des partenariats, y compris internationaux, qui permettent au personnel de différents pays d'effectuer des stages dans des aires protégées bien gérées.

Enseignement formel

L'enseignement formel est dispensé par des établissements agréés et repose sur un programme d'études menant à l'obtention d'un diplôme, souvent requis pour travailler dans un domaine donné. L'avantage de l'enseignement formel est qu'il permet de transformer en profondeur un individu et son état d'esprit. Il implique généralement une reconnaissance ou une accréditation formelle, que ce soit par le biais du ministère de l'Éducation, d'un conseil d'accréditation, entre autres. Dans de nombreux cas, la validité d'un diplôme obtenu dans un pays donné doit être soumise à une série de vérifications pour être reconnue dans un autre pays. Dans de nombreux systèmes d'aires protégées, l'obtention d'un diplôme officiel est une condition préalable à l'obtention de postes plus élevés au sein d'une institution et s'accompagne normalement de meilleurs salaires.

Il y a assez peu de formations formelles spécialement conçues pour les aires protégées dans le monde. Cela peut être dû en partie au manque de reconnaissance de la nécessité de professionnaliser la gestion des aires protégées. Mais d'autres contraintes peuvent également être identifiées. Les programmes universitaires portant sur les aires protégées sont difficiles à gérer, car il existe peu de nouvelles offres d'emploi dans ce secteur et la plupart des étudiants potentiels sont en fait des membres actuels du personnel des aires protégées qui ne peuvent pas s'éloigner des aires où ils travaillent pour assister aux cours. La durabilité à long terme n'est pas facile à assurer, en particulier dans les petits pays où le nombre total d'étudiants pouvant être formés est limité à quelques centaines, compte tenu du fait que tout le personnel ne souhaite ni ne peut suivre un programme menant à un diplôme (il n'est souvent pas requis du personnel des aires protégées d'avoir un diplôme de l'enseignement supérieur, voire, souvent, du secondaire).

Il est difficile de trouver des enseignants qui possèdent la formation universitaire adéquate sur les aires protégées, des compétences pédagogiques et une expérience concrète dans les aires protégées. L'École latino-américaine des aires protégées de l'Université pour la coopération internationale a tenté de surmonter certaines de ces limitations en proposant des alternatives d'apprentissage mixte et en ligne s'adressant au personnel des systèmes d'aires protégées de nombreux pays. L'enseignement en ligne (que nous évoquons plus loin dans ce chapitre) permet d'impliquer des étudiants et des enseignants de nombreux pays, mais elle ne résout pas le problème des fonds limités alloués à l'enseignement dans les systèmes d'aires protégées ni l'incapacité du personnel des aires protégées à payer leur formation en raison de leurs faibles revenus. Cette situation compromet la viabilité financière à long terme de l'initiative. De nombreuses initiatives de création d'écoles de gestion d'aires protégées ont avorté lorsque les subventions internationales qui les soutenaient ont pris fin.

Développement des capacités

Selon l'Organisation de coopération et de développement économiques (OECD, 2006), le développement des capacités est un des facteurs critiques du développement d'un pays. Si le renforcement durable des capacités n'est pas l'objet d'une plus grande attention, les efforts de développement n'aboutiront pas, même s'ils bénéficient de ressources financières sensiblement accrues. Au début du XXIe siècle, de nombreux efforts ont été déployés pour repenser le développement des capacités. Le développement des capacités doit aller au-delà du renforcement des compétences et des connaissances des individus et est étroitement lié à la qualité des organisations dans lesquelles ces individus travaillent. Pour être efficace, il est essentiel qu'une organisation évolue dans un contexte favorable. Ainsi, le développement des capacités doit s'opérer à trois niveaux, individuel, organisationnel et sociétal (Nuffic, 2014), comme l'illustre le modèle ci-dessous, qui est souvent cité pour traiter de la capacité dans des structures à plusieurs niveaux (figure 9.3).

On peut identifier de nombreuses initiatives de développement des capacités à différentes échelles dans les aires protégées utilisant ce modèle (tableau 9.1).

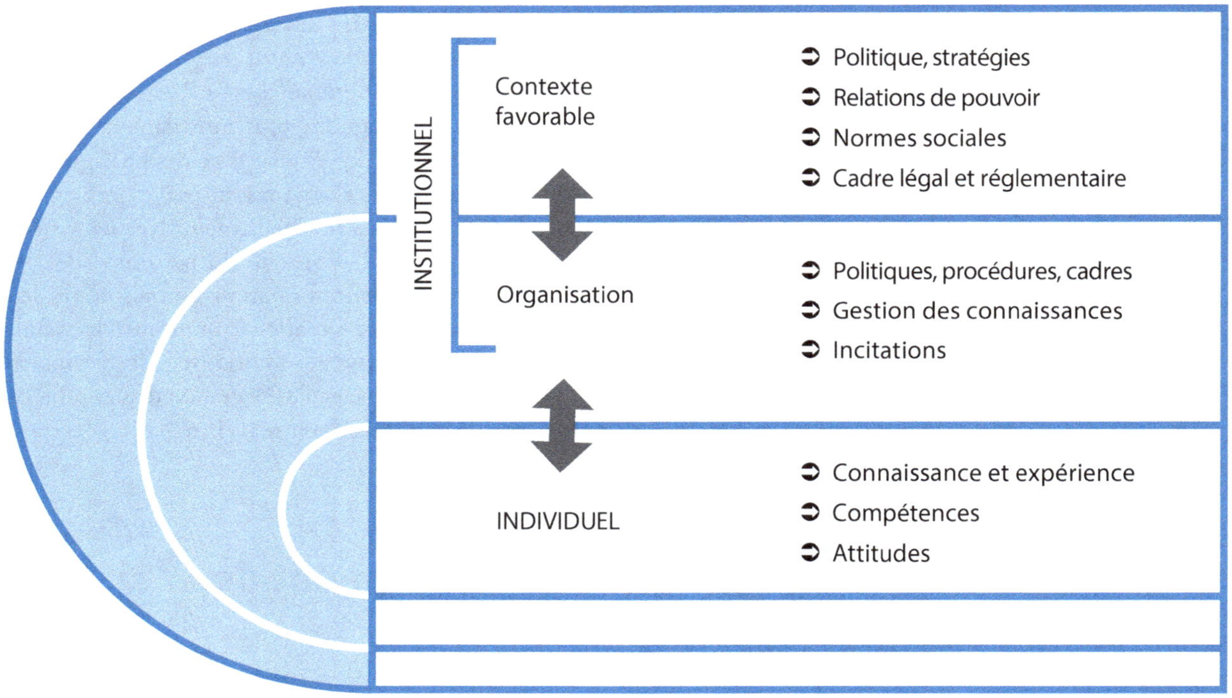

Figure 9.3 Une approche systémique du développement des capacités

Source : Adapté de UNDP (2009)

Tableau 9.1 Le développement des capacités à différentes échelles

Échelle du développement des capacités	Exemples
Contexte favorable (système) • Politique, stratégies • Relations de pouvoir • Normes sociales • Cadre légal et réglementaire	• Travail de l'UICN sur la législation • Travail de l'UICN sur la gouvernance • Travail de l'UICN (et d'autres) sur le financement • Commission de sauvegarde des espèces (Liste rouge, plans d'action par espèce) • Catégories d'aires protégées • Programme de travail sur les aires protégées • Objectifs d'Aichi de la Convention sur la diversité biologique
Organisation • Politiques, procédures, cadres • Gestion des connaissances • Incitations	• Orientations UICN/CMAP sur la planification des systèmes, la planification de la gestion, la gouvernance et le financement (voir chapitre 2). • Évaluation de l'efficacité de la gestion et de Liste verte • Programme de travail sur les aires protégées • Processus et procédures tels que les ressources humaines, la surveillance, le développement institutionnel et les cultures organisationnelles
Individuel • Connaissance et expérience • Compétences • Attitudes	• Compétence • Ressources d'apprentissage (corps de connaissances) • Programmes • Certification des individus • Soutien à l'apprentissage tel que la formation, les cours et le mentorat

Le modèle imbriqué décrit dans le tableau 9.1 est très simpliste, mais la figure 9.4 fournit une représentation plus pertinente reflétant la véritable dynamique existant entre les trois niveaux.

Dans le passé, le développement des capacités était considéré comme un processus technique de transfert de connaissances où des modèles organisationnels étaient transmis par des pays à indice de développement humain (IDH) élevé à des pays à IDH faible et où l'enseignement

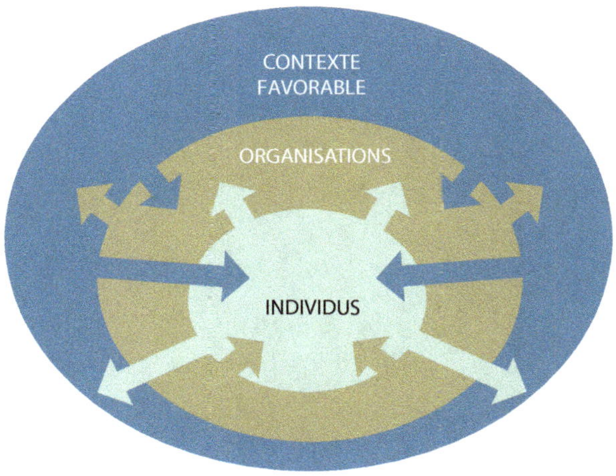

Figure 9.4 Modèle dynamique de développement des capacités

et la formation étaient destinés aux individus (OECD, 2006 ; Walters, 2007). Le mot « développement » suggère que la capacité n'existait pas avant.

Le contexte politique et social plus large dans lequel les efforts de développement des capacités ont été déployés n'était pas suffisamment pris en compte (OECD, 2006). L'attention centrée sur les réponses à fournir plutôt que sur la pertinence des questions posées a souvent conduit à la création d'initiatives de renforcement des capacités qui ne répondaient pas aux véritables besoins, en particulier dans les pays en développement. Cela a ensuite conduit à une méconnaissance de l'importance du développement des capacités et pourrait expliquer pourquoi il est très peu reconnu qu'un personnel bien formé et éduqué est essentiel à la gestion des aires protégées.

De nombreux projets de conservation et de développement se sont concentrés sur la fourniture de solutions techniques et de financements avec très peu d'efforts (et de financements) attribués au développement des capacités. Ces lacunes ont mené à un « recentrage sur les capacités humaines et organisationnelles sous-jacentes qu'il convient de renforcer, en collaborant plus étroitement avec les individus, les organisations et les sociétés qui étaient les bénéficiaires visés de l'aide au développement » (Capacity.org, 2013).

De nombreuses initiatives de développement des capacités actuelles et passées ont été mises en place dans le cadre de projets de coopération technique ou de formation à l'échelle mondiale. Cela a souvent mené à la création de projets de développement des capacités basés sur l'offre. Il est aujourd'hui évident que l'accent doit être mis sur la demande et sur les besoins liés aux résultats recherchés (figure 9.5), et les programmes de développement des capacités doivent d'adapter à ces besoins. Il est fondamental d'inclure les points de vue et les connaissances des populations locales, et le processus de développement des capacités doit être adapté aux personnes bénéficiant de l'enseignement pour être efficace et durable et afin de réellement contribuer au développement des capacités individuelles, institutionnelles et sociétales.

Le nouveau consensus, énoncé avec force dans la Déclaration de Paris sur l'efficacité de l'aide en 2005, considère le renforcement des capacités comme un processus nécessairement endogène, conduit vigoureusement par le pays concerné auquel les donneurs apportent un soutien (OECD, 2006:12).

L'importance du développement des capacités dans le développement des pays requiert une véritable reconnaissance politique.

Il existe de nombreuses définitions du développement des capacités et de sa portée. L'OCDE (2006:12) définit la « capacité » comme « l'aptitude des individus, des organisations et de la collectivité dans son ensemble à gérer leurs affaires avec succès » et le « renforcement des capacités » comme les processus par lesquels les individus, les organisations et la collectivité dans son ensemble libèrent, créent, renforcent, adaptent et préservent les capacités au fil des ans. Ubels et al. (2010:4) insistent sur le caractère dynamique intrinsèque de cette définition en définissant la capacité comme « la capacité d'un système humain à fonctionner, se maintenir et se renouveler ». Ils vont plus loin en affirmant qu'il ne s'agit pas d'un état statique, mais plutôt d'une modification de la capacité dans le temps. Il s'agit de créer de la valeur ajoutée pour les membres et le monde extérieur par le biais d'une action permanente, d'ajustements et de développements au fil du temps. La définir comme un système humain reflète le fait qu'il existe différents échelles ou niveaux d'organisation humaine, allant des individus aux équipes, en passant par les organisations et les réseaux.

Plus important encore, en particulier en période de changements rapides, la capacité évolue toujours en interaction avec l'environnement. Afin de développer ou de renforcer les capacités, nous devons faire des efforts pour « stimuler, guider, renforcer, libérer, nourrir et développer les capacités au-delà de leurs conditions actuelles » (Ubels et al., 2010:4). Ainsi, la capacité est la « l'aptitude des personnes concernées à atteindre (collectivement) des résultats dans un secteur donné, à soutenir les activités requises et à les adapter au fil du temps » (Ubels et al., 2010:5).

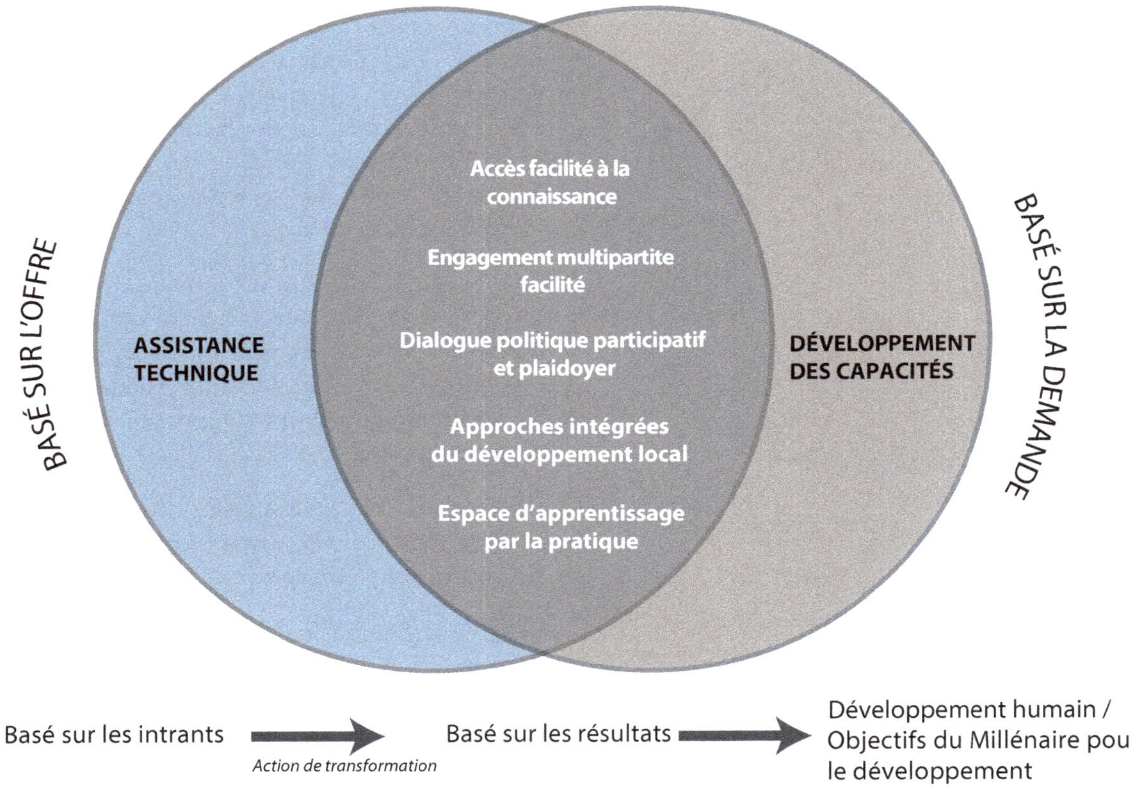

Figure 9.5 Le changement de paradigme de l'approche de développement des capacités
Source : Adapté de UNDP (2009)

D'après Ubels et al. (2010:ix), cela signifie que le développement des capacités nécessite de faire face à problèmes réels et de voir des résultats concrets ; il faut « que les capacités organisationnelles abstraites soient visibles pour être crédibles » et « la capacité se développe aussi bien à travers les relations entre les acteurs qu'au sein d'une organisation individuelle, impliquant donc une collaboration fructueuse ».

Enfin, les capacités sont alimentées par les ambitions et les ressources des acteurs locaux, qui ne peuvent être remplacées par des intrants et des financements externes.

Le développement des capacités au niveau des aires protégées peut être difficile, car la personne ou le groupe de personnes définissant un programme de développement des capacités doit être en mesure de définir clairement quelles capacités développer, à qui s'adresser et doit se concentrer sur des capacités spécifiques requises pour accomplir des objectifs définis dans les circonstances (techniques, environnementales, politiques et financières) dans lesquels ces objectifs doivent être atteints. Les changements rapides dus, par exemple, aux changements climatiques requièrent une analyse permanente des principaux facteurs de changement qui doivent être identifiés, quantifiés et contrôlés, ce qui nécessite un processus permanent de développement des capacités. Il faut non seulement identifier les capacités existantes, mais aussi déterminer si ces capacités permettent effectivement aux individus et à leurs organisations d'atteindre les objectifs qu'ils visent. Dans ce contexte, le développement des capacités consiste à combler le fossé entre la performance réelle et la performance souhaitée (Walters, 2007).

Au niveau des systèmes d'aires protégées, les personnes chargées de la planification et des décisions politiques doivent se baser sur des approches plus globales de la capacité. Dans un rapport d'étude de Baser et Morgan (2008) et dans Capacity Development in Practice (Ubels et al., 2010), le Centre européen de gestion des politiques de développement met en lumière cinq capacités essentielles pour assurer une bonne capacité organisationnelle (bien que cela s'applique également aux capacités individuelles). La figure 9.6 résume les résultats de ce rapport.

En reliant ces résultats aux systèmes d'aires protégées existants et à leur fonctionnement, il est possible d'identifier plus efficacement les domaines dans lesquels le développement des capacités doit être renforcé.

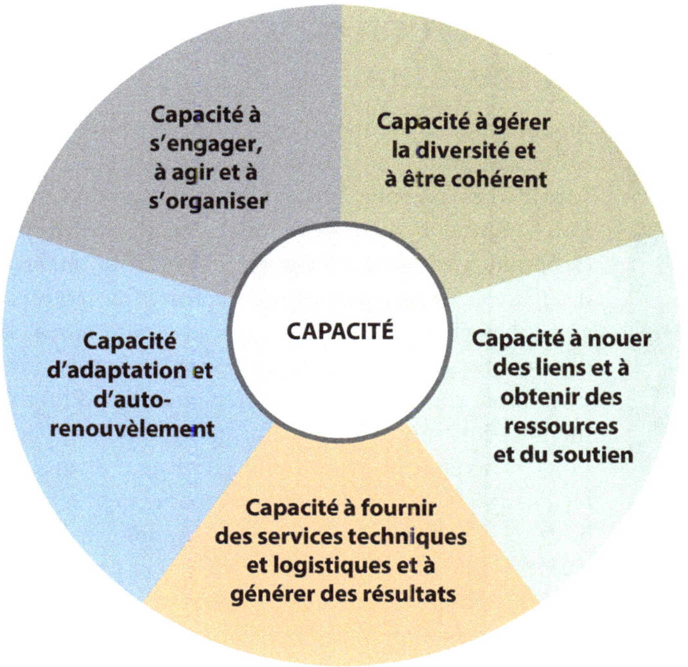

Figure 9.6 Cinq capacités essentielles à la capacité organisationnelle
Source : Adapté de Baser et Morgan (2008).

1) S'engager

La capacité à s'engager n'est souvent pas assez reconnue. Elle est liée à l'importance de l'appropriation et de la motivation, et permet aux organisations de se donner les moyens nécessaires et de disposer de capacités intrinsèques pour le développement de capacités à long terme. Cette capacité est très étroitement liée aux composantes essentielles des compétences, à savoir l'attitude et la perception de soi, dont le côté humain est souvent ce qui motive les gens, leur donne l'énergie nécessaire pour agir et atteindre leurs objectifs et leur permet d'avoir une meilleure estime d'eux-mêmes et d'améliorer leurs compétences en générales (Baser et Morgan, 2008).

2) Tâches techniques, de prestation de services et de logistique

Cette capacité est le plus souvent associée aux processus traditionnels de renforcement des capacités et est axée sur la performance et les résultats (Baser et Morgan, 2008). Dans le cadre des systèmes d'aires protégées, on recrute souvent des consultants ou des entreprises qui proposent des cours de courte durée axés sur l'offre.

3) Capacité d'établir des relations et d'attirer des ressources et du soutien

Cette capacité est liée aux réalisations réelles et démontrées résultant de l'établissement des relations clés nécessaires à la survie de l'organisation. Il s'agit de gagner la confiance des autres, y compris des relations internes et externes, par le biais de la crédibilité et de la légitimité (Baser et Morgan, 2008). Il s'agit d'une compétence essentielle, à la fois au niveau des aires protégées impliquant les communautés locales et autres parties prenantes et au niveau des systèmes d'aires protégées, où, par exemple, une bonne stratégie de communication avec le ministre des Finances peut compenser le manque de reconnaissance de la place des aires protégées dans la comptabilité nationale, et ainsi résoudre de nombreux problèmes liés au manque de financement ou de soutien politique. Une bonne capacité à ce niveau implique d'avoir l'attitude et les compétences nécessaires ainsi que l'expérience et les capacités personnelles.

4) S'adapter et s'autorenouveler

Cette capacité est essentielle à la durabilité à long terme, en particulier en période de changement rapide. Cela nécessite une prise de conscience collective de l'État, des capacités intrinsèques, un leadership, un besoin de prévoyance, des discussions et une réflexion continues, ainsi qu'une compréhension de l'importance de l'adaptation au changement (Baser et Morgan, 2008). Les systèmes d'aires protégées manquent souvent d'espaces d'interaction collective nécessaire à l'existence de ces éléments. Le principal défi consiste à surmonter la résistance au changement des individus et des structures organisationnelles, souvent liée aux problèmes de pouvoir.

Prévention de l'érosion des cours d'eau et conservation des sols, APAC de Baripada, près de Pune, en Inde : les enfants des villages apprennent par la pratique dès leur plus jeune âge

Source : Graeme L. Worboys

5) Équilibrer la diversité et la cohérence

Il s'agit de trouver un équilibre entre la diversité des pensées, des perspectives, des croyances et des façons de faire et d'assurer la cohérence nécessaire pour éviter la fragmentation et les pertes de concentration ou d'unité (Baser et Morgan, 2008). Cela peut être particulièrement difficile dans le cadre de la gestion des systèmes d'aires ou d'aires individuelles, en raison de la diversité et de la complexité des domaines et des contextes individuels qui doivent être intégrés

Il peut être difficile de définir les capacités de base pour les systèmes d'aires protégées, car il faut prendre en compte la structure institutionnelle, souvent complexe, qui se base sur des systèmes de prises de décision centralisées ou décentralisées, de domaines thématiques ou de programmes très divers, d'une répartition territoriale et de canaux de communication institutionnels efficaces. De nombreux systèmes d'aires protégées manquent de personnel ayant une formation de haut niveau en gestion, en administration ou en gestion de projet. Cela est souvent lié au fait que le personnel de terrain est promu et envoyé dans les bureaux centraux sur la base de leurs performances sur le terrain, ce qui ne témoigne pas toujours de compétences en gestion stratégique de niveau supérieur.

L'éducation dans un monde en mutation

Aujourd'hui, il est moins important de posséder des connaissances que de pouvoir trouver ces connaissances, faire le tri et les appliquer – et faire tout cela rapidement. Le changement, même environnemental, ne fait plus exception, c'est devenu la règle. Il est donc impératif de pouvoir rechercher en permanence de nouvelles approches et solutions face à la complexité croissante des évolutions en cours. Avec la gestion adaptative, nous prenons en compte le suivi des résultats et apportons les modifications nécessaires au fur et à mesure que nous progressons pour atteindre les objectifs fixés. Aujourd'hui, les changements rapides ne nous permettent plus de baser nos stratégies uniquement sur des expériences passées ; nous devons également examiner les scénarios futurs et préparer le terrain pour essayer d'atteindre les meilleurs scénarios. C'est la gestion créative.

La nécessité d'être en alerte permanente et de choisir différentes sources d'information a modifié la perception de ce qu'est un étudiant ou un professionnel qui réussit. Il y a quelques dizaines d'années, les élèves allaient à l'école avec une « valise vide », qui se remplissait lentement chaque semestre jusqu'à l'obtention du diplôme. Après plusieurs années à l'université, les étudiants pouvaient rentrer chez eux et ouvrir cette « valise » et commencer à mettre leurs connaissances en pratique pour acquérir les compétences requises par le marché du travail. Ils pouvaient ainsi utiliser les connaissances acquises pendant de nombreuses années de pratique professionnelle et mettre à jour leurs connaissances occasionnellement. Aujourd'hui, si un diplômé n'est pas en mesure de mettre à jour et de développer en permanence ses connaissances, ses compétences et même ses attitudes, il sera « dépassé » pour le marché du travail peu après l'obtention de son diplôme.

Ce changement dans le processus d'apprentissage ne s'est pas produit par hasard. L'accessibilité de l'information à l'ère d'internet et des technologies de l'information, alors que les téléphones mobiles remplacent désormais les ordinateurs avec une puissance et une transportabilité accrues et qu'une quantité considérable d'informations est disponible en un clic, permet aux près de deux milliards de personnes qui ont accès à internet de faire partie de l'ère de l'information. Les développements technologiques changent en permanence notre façon d'enseigner et d'apprendre. Il a fallu plusieurs décennies pour que l'enseignement à distance construise sa réputation ; quelques années seulement ont été nécessaires pour que les formations en ligne et virtuelles transforment le paradigme éducatif.

Étude de cas 9.1 Approche basée sur l'apprentissage : l'École latino-américaine des aires protégées, Costa Rica

S'éloigner de l'approche traditionnelle selon laquelle un élève doit d'abord « apprendre » toutes les matières avant de passer à la mise en œuvre et à l'intégration permet à l'apprenant de commencer par visualiser la situation de l'aire protégée dans laquelle il travaille et ses environs. Cela passe par l'utilisation de cartes ou de systèmes d'information géographique (SIG) pour identifier tous les problèmes qui affectent l'aire protégée. En travaillant sur les divers thèmes, l'apprenant doit consulter différentes sources et déterminer quels aspects sont les plus pertinents pour atteindre le résultat souhaité. N'importe quel domaine peut servir de point de départ ; par exemple, l'écologie et la biologie de la conservation, l'évaluation de la taille de l'aire et ses limites pour permettre d'atteindre les objectifs de conservation, l'étude de la connectivité et des zones tampons et leur capacité à protéger différentes espèces et à faire face aux changements climatiques. La présence de communautés peut être indiquée sur les cartes afin d'identifier les menaces et les opportunités qui les accompagnent, les enjeux de la gestion de conflit, ou les domaines d'enseignement, de participation et de développement communautaires dans lesquels un appui est nécessaire.

On peut aussi analyser la gestion des visiteurs, y compris dans le cadre de partenariats avec des prestataires locaux de services touristiques afin améliorer l'expérience des visiteurs et de créer des opportunités de cofinancement. Les besoins en matière de recherche peuvent être hiérarchisés et des liens avec des établissements universitaires créés. La dernière étape consiste à créer les liens nécessaires au sein de l'ensemble du système d'aires protégées en termes de budget, d'assistance technique, d'alignement sur les politiques nationales et mondiales, telles que le Programme de travail sur les aires protégées, et de sources de financement. L'apprenant peut utiliser différentes sources d'apprentissage, notamment les conseils d'un mentor ou de ses pairs, des recherches sur Internet, des rapports papier, des plans de gestion et des entretiens avec des collègues ou même des membres des communautés.

Il ou elle peut choisir une séquence en fonction des problèmes et lacunes ou de ses expériences passées. À la fin, la carte permet d'avoir une vue globale de l'aire protégée et de tous les processus requis pour atteindre les objectifs de conservation, et l'apprenant peut ainsi acquérir des connaissances et des compétences dans les nombreux domaines qui affectent une aire protégée.

La plupart des détracteurs de l'enseignement en ligne sont des personnes qui ne sont pas connectées. Il est vrai que beaucoup de choses ne peuvent pas ou ne devraient pas être enseignées sans échange en présentiel, mais la technologie constitue un support nécessaire à la plupart des processus d'apprentissage actuels.

Un autre changement important dans la gestion des connaissances provient de la prise de conscience que les approches scientifiques conventionnelles ne suffisent souvent pas pour élaborer des solutions aux problèmes actuels. L'utilisation de systèmes de connaissances alternatifs tels que les connaissances communautaires ou autochtones s'est révélée essentielle pour comprendre le fonctionnement des écosystèmes et l'utilisation des services écosystémiques par les communautés locales. La restauration de paysages fonctionnels doit incorporer les connaissances locales. De fait, la science moderne a prouvé aujourd'hui que des écosystèmes « naturels » tels que les forêts de la péninsule du Yucatan au Mexique (Levy-Tacher et al., 2002) ou du bassin amazonien (Coomes et al., 2009) ont été modifiés pendant des siècles pour faire correspondre leur productivité aux besoins des gens en matière de nourriture, fibres, carburant, médicaments, etc. Aujourd'hui, nous devons apprendre à reconnaître le savoir local comme un élément tout aussi important pour la prise de décision. Il est très important de présenter les avancées de la science aux populations locales pour leur permettre de comprendre des phénomènes tels que les changements climatiques, qui ne figurent pas dans les connaissances traditionnelles.

Apprendre versus enseigner

Le passage de l'enseignement à l'apprentissage est un changement important dans le développement des capacités. Les technologies de l'information et de la communication d'aujourd'hui permettent d'acquérir facilement des connaissances via la plupart des smartphones. Ainsi, un programme de développement des capacités réussi n'est pas celui qui partage le savoir, mais plutôt celui qui partage un processus d'apprentissage, permettant ainsi la construction collective du savoir par le biais de communautés d'apprentissage et de l'apprentissage par la pratique. La possibilité pour l'apprenant d'appliquer immédiatement les connaissances et compétences acquises le rendra plus confiant et lui donnera une attitude positive à l'égard de son environnement de travail. Pour l'éducateur, il n'est souvent pas facile de passer d'un rôle d'enseignant à un rôle de mentor ou de modérateur d'un processus d'apprentissage. Cela ne remet pas en question l'importance de l'expérience qu'un enseignant peut avoir acquise ou de son immense connaissance, souvent construite à partir de ses propres expériences. Le processus d'apprentissage doit être suivi par l'étudiant en fonction de ses capacités et lacunes existantes. Les étudiants apprennent grâce à l'auto-évaluation et à la pratique, davantage que par les évaluations ou les examens des enseignants. Comme dans d'autres disciplines, dans le cas des aires protégées les enseignants ont généralement une bonne connaissance de la matière, mais ils n'ont pas été formés et ne sont pas très actifs dans la pédagogie et son développement. L'expérience personnelle montre qu'il n'est pas facile pour les experts des aires protégées d'adopter un rôle de mentor pour faciliter le processus d'apprentissage, car la plupart d'entre eux souhaitent encore « enseigner » (étude de cas 9.1).

Approches réductionnistes versus approches holistiques

Au cours des dernières décennies, le cadre traditionnel réductionniste de l'éducation, selon lequel un ensemble complexe est divisé en « boîtes » étudiées dans différentes disciplines, a fait l'objet de critiques croissantes. Ce cadre se base sur l'hypothèse selon laquelle si nous comprenons les parties, nous pouvons comprendre le tout. En cas d'échec, de nombreuses interactions sont perdues, ce qui rend difficile la gestion de la complexité. Les changements climatiques en sont un bon exemple. La grande complexité des changements climatiques rend difficile la recherche de solutions efficaces par des institutions établies dans un cadre sectoriel donné et ne comprenant que des parties du problème, sans aucune institution pour superviser l'ensemble.

Dans le cadre réductionniste, le processus éducatif cherche à transférer ce que l'enseignant sait à l'élève. Ce cadre se base sur l'hypothèse selon laquelle la connaissance est isolée , identifiable, objective et impersonnelle, et que l'apprentissage est de nature statique et cumulative. Selon cette approche

> la connaissance est constituée d'unités élémentaires d'expérience qui sont regroupées, liées et généralisées, et...les parties d'une expérience d'apprentissage donnée sont égales à l'ensemble... Dans ce modèle, c'est l'enseignant ou le spécialiste du cursus qui détermine les unités à enseigner et l'ordre dans lequel elles seront présentées. (MacInnis, 1995:8)

Les enseignants suivant l'approche holistique se concentrent sur l'acquisition de connaissances, sur la transformation par l'apprenant de nouvelles expériences en connaissances par le biais d'association avec des connaissances déjà acquises et grâce à leur transformation en quelque chose de nouveau et de significatif. L'apprentissage va alors d'un ensemble à des parties et ensuite de nouveau à l'ensemble. L'apprentissage de l'alphabet est un bon exemple : il est nécessaire d'apprendre les lettres de l'alphabet avant de tenter d'écrire ou d'essayer de communiquer par écrit ; les lettres seront apprises au besoin (MacInnis, 1995). Pour accroître l'efficacité des objectifs de conservation et de développement, la complexité de la gestion des aires protégées bénéficierait du passage à des approches plus holistiques, tant en matière de gestion que de renforcement des capacités.

Mode d'enseignement : apprentissage en présentiel, en ligne ou mixte

Nous n'entrerons pas dans une discussion approfondie sur les différents modes d'enseignement, leurs avantages et inconvénients, car ce n'est pas l'objet de ce chapitre et que ces aspects sont généralement liés aux établissements d'enseignement ou de formation. Néanmoins, il est important que le personnel des aires protégées comprenne les principes de base de ces modes d'enseignement et le potentiel de chacun d'entre eux pour le développement des capacités des aires protégées. L'accès à internet se développe rapidement, notamment grâce aux smartphones, rendant les problèmes de connectivité de moins en moins pertinents.

La plupart des gens ont été formés grâce à l'apprentissage traditionnel en présentiel, que ce soit dans les salles de classe, à travers un système intergénérationnel (des aînés aux jeunes) ou dans le cadre du travail. Le principal inconvénient de ce système est que les étudiants doivent se rendre sur le site de formation et le nombre d'élèves pouvant assister à un cours avec des résultats satisfaisants est limité. Les coûts de certains de ces cours, en particulier en cas de transport aérien, peuvent devenir prohibitifs. L'enseignement en présentiel a de nombreux avantages, à commencer par l'interaction humaine qui est essentielle, par exemple, pour accroître les compétences de communication et de travail en équipe. Elle est pertinente pour les processus complexes sur le terrain où l'observation directe, puis la pratique avec la supervision d'un expert, peuvent permettre à un apprenant d'acquérir une maîtrise plus efficace de ces compétences. Les jeux de rôles et autres méthodes interactives sont d'excellentes méthodes de formation, en particulier lorsqu'elles sont utilisées par une organisation ou une équipe.

Avec l'apprentissage à distance les enseignants et les étudiants sont dans des lieux différents. À l'origine, les documents étaient envoyés par courrier, avec des modèles pédagogiques permettant à l'étudiant d'apprendre en étudiant le matériel à son propre rythme. On appelait généralement cela des cours par correspondance. L'apprentissage en ligne ou « e-learning », également appelé apprentissage virtuel, a énormément progressé au cours des deux dernières décennies, grâce aux progrès de la connectivité et de la vitesse d'internet et au développement de différentes plateformes, notamment

Moodle, l'interface la plus utilisée au début du XXIe siècle. La principale caractéristique de l'éducation en ligne est l'évolution rapide de la technologie. Il y a moins d'une décennie, personne n'aurait pensé qu'il serait possible de suivre des programmes universitaires via un téléphone portable. La transmission par internet était perçue comme un privilège réservé à quelques-uns et excluant de nombreuses personnes, en particulier dans les pays moins développés. En 2013, 39 % de la population mondiale utilisait internet, contre 16 % en 2005. Dans les pays en développement, 31 % de la population l'utilisait, contre 8 % en 2005, alors que 77 % des populations des pays développés utilisaient internet en 2013 (UIT, 2014).

Les enseignants en présentiel et même les autorités éducatives se sont souvent opposés aux cours en ligne. Il a longtemps été considéré que la qualité de ces cours était inférieure à celle des cours présentiels. Il est vrai que, dans les conditions actuelles, certaines disciplines ne peuvent pas être apprises exclusivement via internet. Néanmoins, la technologie progresse et il existe maintenant, par exemple, une formation en chirurgie par le biais de systèmes de communication de pointe, où des experts chirurgiens accompagnent des étudiants ou des professionnels moins expérimentés dans des régions éloignées en utilisant une communication vidéo, encadrant l'apprenti à chaque étape.

L'apprentissage mixte est un mélange de ces deux mondes et il a été montré qu'il améliorait le processus d'apprentissage lorsque des expériences pratiques étaient nécessaires. Les programmes en ligne encouragent désormais les rencontres entre étudiants en fonction de leur proximité géographique. Ces groupes de travail autogérés aident à l'apprentissage collectif, permettant le développement de compétences et d'attitudes. Les formations en ligne ouvertes à tous (Massive Open Online Courses – MOOC) ont gagné en popularité au cours des dernières années et vont probablement révolutionner le processus éducatif, même dans des universités de renommée mondiale, telles que le MIT (Massachusetts Institute of Technology) et l'Université de Stanford, qui ont beaucoup investi dans de développement de ces cours.

Planification et évaluation du développement des capacités

L'établissement d'un plan d'action pour le développement des capacités permet de mieux aligner et coordonner les efforts de développement des capacités avec les objectifs personnels, institutionnels et communautaires. La CDB a mis au point un processus à suivre pour l'établissement de plans d'action de développement des capacités pour les aires protégées (encadré 9.4).

Il existe de nombreuses méthodes pour évaluer les besoins en capacités. Celles-ci se basent généralement sur une comparaison entre la situation actuelle (capacité existante) et la situation souhaitée (évaluation de la capacité future) et établissent une feuille de route pour atteindre la situation souhaitée. Il existe plusieurs guides portant sur les méthodes d'évaluation des capacités (UNDP, 2007, 2008). Il existe également différents niveaux d'évaluation des capacités selon l'environnement, les organisations et les individus (Kay et al., 2008) et certains auteurs prennent même en considération le degré de développement du réseau des organisations où le développement des capacités cherche à améliorer les relations entre les différents acteurs et parties prenantes afin d'utiliser pleinement leurs diverses capacités (Nielsen, 2011).

Il existe de nombreuses évaluations des besoins en renforcement des capacités et de nombreuses approches différentes pour les systèmes d'aires protégées. Certaines évaluations sont basées sur l'opinion d'experts (don Carlos et al., 2013), d'autres sont basées sur des questionnaires adressés au personnel travaillant dans les aires protégées, les zones tampons et les bureaux centraux (Acevedo et al., 2006), et d'autres encore utilisent des échantillons plus larges, notamment grâce à des questionnaires réalisés dans les aires et des questionnaires détaillés d'auto-évaluation (Gombos et al., 2011). Il existe également des évaluations plus complexes utilisant une combinaison de méthodes participatives et itératives, y compris des groupes de discussion, des visites sur le terrain, des entretiens, une analyse de la documentation existante et des consultations des principales parties prenantes dans les communautés.

C'est le cas des évaluations des besoins en renforcement des capacités menées par le Centre pour l'Homme et les forêts (Centre for People and Forests – RECOFTC) pour le développement de la foresterie communautaire et des aires protégées communautaires au Cambodge (The Learning Institute et RECOFTC, 2011) et pour le développement de la foresterie communautaire en Indonésie (Siscawati et Zakaria, 2010). Les processus les plus complexes donnent généralement des résultats plus précis, mais nécessitent des investissements plus importants, en termes de temps et de financement.

La progression des évaluations de l'efficacité de la gestion (Hockings et al., 2006) reposant sur l'établissement de normes de gestion et l'évaluation de la performance par

Encadré 9.4 Qu'est-ce qu'un plan d'action de renforcement des capacités relatives aux aires protégées ?

Bien que la plupart des études sur l'efficacité de la gestion des aires protégées définissent et hiérarchisent les grandes menaces et les principales faiblesses des aires, elles n'indiquent souvent pas les capacités spécifiques ni les opportunités et stratégies correspondantes nécessaires pour y faire face. D'autre part, de nombreux plans d'action des capacités reposent sur une liste de contrôle générique des besoins potentiels en matière de capacités, plutôt que sur une évaluation systématique des faiblesses et des menaces actuelles en matière de gestion au sein du système d'aires protégées.

Idéalement, les personnes chargées de la planification devraient intégrer les résultats des études d'efficacité de la gestion dans le processus de planification des actions de renforcement des capacités, afin de garantir la pertinence de ces dernières et de faire face aux faiblesses et menaces les plus pressantes. Par ailleurs, de nombreuses évaluations des capacités se concentrent exclusivement sur les besoins en capacités individuelles et sur le développement des compétences, plutôt que sur des capacités institutionnelles et sociales plus larges. Or, les personnes chargées de la planification doivent prendre en compte l'ensemble des niveaux de capacité nécessaires pour garantir que le système d'aires protégées soit complet et bien géré.

Un plan d'action de renforcement des capacités relatives aux aires protégées est un ensemble de stratégies et d'actions visant à renforcer les capacités individuelles, institutionnelles et sociales nécessaires à la création d'un réseau représentatif et complet d'aires protégées, à la résolution des problèmes de gestion critiques, à la réduction des principales menaces et au maintien d'un contexte favorable au sein du système d'aires protégées.

Bien que le processus d'élaboration du plan d'action varie d'un pays à l'autre, les principes suivants sont applicables à tous les cas :

- S'appuyer sur les résultats des évaluations existantes de l'efficacité de la gestion des aires protégées.
- Se concentrer sur les capacités nécessaires pour traiter les principales faiblesses de la gestion et réduire les menaces critiques comme base du plan d'action.
- Examiner les capacités individuelles et institutionnelles et, en fonction de la portée de l'évaluation et des ressources disponibles, les capacités de la société.
- Faire participer les bonnes personnes au bon moment : les gardes des parcs et le personnel de terrain peuvent contribuer à un niveau du plan de renforcement des capacités et les personnes attachés aux ministères et les décideurs à d'autre niveaux. Plusieurs réunions seront souvent nécessaires pour intégrer les différents niveaux d'expertise.
- Inclure de multiples acteurs de différents secteurs, notamment les secteurs du tourisme, du développement économique, de l'aménagement du territoire, de la foresterie, de la pêche et de l'agriculture.
- Mettre l'accent sur une approche d'auto-évaluation, en donnant au personnel et aux administrateurs des aires protégées les moyens d'identifier leurs besoins en capacités et leurs contraintes.
- Assurer le soutien de la direction à la réalisation de l'évaluation de la capacité et du suivi des résultats.
- Veiller à ce que le plan d'action de renforcement des capacités soit intégré aux processus budgétaires nationaux afin d'accroître les chances de mise en œuvre du plan.

Source : CDB (2014b:4, 6)

rapport à ces normes, créant ainsi des repères pour la gestion des aires protégées utilisant un système de notation échelonné allant de « échec complet » à « conformité totale » peut faciliter l'identification des domaines qui bénéficieraient de programmes de développement des capacités et qui peuvent être ciblés par une formation spécifique. Selon l'étude mondiale de Leverington et al. (2010), l'efficacité globale de la gestion est étroitement liée à la pertinence des infrastructures, de l'équipement et des informations, à la qualité de l'administration et de la communication, au niveau d'information et de formation du personnel et à la bonne planification de la gestion ; autant d'éléments liés à la capacité.

Il convient toutefois de noter l'existence d'une lacune fondamentale dans l'évaluation des besoins en renforcement des capacités. Cette lacune se base sur le principe selon lequel on ne sait pas ce que l'on ne sait pas. En d'autres termes, les organisations et les individus ne sont souvent pas informés des tendances en matière de connaissances, de sciences et de développement et peuvent donc ne pas être conscients de la nécessité de développer des capacités dans l'un ou l'autre domaine. Cela est particulièrement vrai en cas de capacités plus faibles ou lorsque des barrières linguistiques ou technologiques n'ont pas permis l'intégration de nouvelles tendances ou besoins. Les changements climatiques en sont un bon exemple. Les termes « changements climatiques », « atténuation » et « adaptation » sont régulièrement utilisés dans les évaluations des besoins en renforcement

Forêt d'Araucaria : biodiversité exceptionnelle dans le parc national de Villarrica, Chili
Source : Eduard Müller

des capacités, mais une enquête plus poussée révèle souvent que la définition des besoins sous chacune de ces rubriques est souvent vague ou erronée.

Afin de surmonter ces contraintes, il est nécessaire de faire appel à des experts ou au moins d'établir des processus permettant de maintenir les systèmes à jour en matière de connaissances, de sciences et de technologies. Le leadership politique est fondamental pour que cela se produise, mais la reconnaissance à tous les niveaux est également nécessaire et cela, en soi, fait partie du développement des capacités. Impliquer des parties prenantes externes et des « utilisateurs » peut aider une organisation à évaluer sa capacité ou, plus important encore, sa performance, et à déterminer si ses lacunes sont causées par un problème de capacité.

Il est souvent difficile de mesurer l'impact des activités de développement des capacités, en particulier à court terme. Comme ce développement a lieu aux niveaux individuel, organisationnel et communautaire, l'évaluation doit également porter sur ces niveaux. Les résultats, toutefois, dépendent fortement de l'environnement, qui dépend de facteurs externes tels que le contexte politique, la capacité des hauts fonctionnaires nommés à des fonctions politiques, les syndicats de travailleurs, le financement et d'autres facteurs. La capacité est également affectée par les changements constants dans les organisations et par l'absence de réponse de l'organisation au changement, qui affecte même les niveaux de capacités les plus élevés avec le temps. Les niveaux les plus difficiles à évaluer sont la communauté et la société en raison de la grande complexité de leur contexte et parce qu'il est presque impossible d'identifier les résultats directs des processus de développement des capacités à ces niveaux. À long terme, le comportement d'une communauté ou d'une société peut permettre d'identifier ses capacités, mais il est toujours difficile de clairement attribuer ces dernières à des processus spécifiques de développement des capacités. Cela est particulièrement pertinent dans le cadre d'évaluations des programmes de sensibilisation des communautés d'aires protégées, en particulier pour les programmes financés par des donateurs exigeant des rapports sur leur efficacité.

L'évaluation développée par Kirkpatrick en 1959 et redéfinie par le même auteur en 1998 (Kirkpatrick, 1998) est une des évaluations les plus largement utilisées pour les programmes de formation. Le modèle d'évaluation est constitué de 4 étapes.

- Étape 1 : réaction - Dans quelle mesure les apprenants ont-ils apprécié le processus d'apprentissage ?
- Étape 2 : apprentissage - Qu'ont-ils appris (connaissances et compétences acquises par les apprenants) ?
- Étape 3 : comportement - Modifications du rendement au travail résultant du processus d'apprentissage (capacité d'exercer les compétences nouvellement acquises pendant le travail).
- Étape 4 : résultats - Résultats tangibles du processus d'apprentissage en termes de réduction des coûts,

d'amélioration de la qualité, d'augmentation de la production, d'efficacité, etc.

Le développement des capacités organisationnelles est essentiel à l'efficacité des systèmes d'aires protégées ; évaluer l'impact du développement des capacités à ce niveau peut s'avérer complexe et difficile. Hailey et al. (2005:12) identifient des défis méthodologiques et pratiques associés à l'évaluation de l'impact :

1. conception floue de programmes et de processus
2. pouvoir, contrôle et propriété : besoins et intentions des acteurs
3. mesurer le changement complexe et intangible
4. démontrer la causalité et l'attribution
5. réagir au contexte et à la culture
6. s'engager sur les coûts d'investissement.

Les mêmes auteurs ont développé des approches permettant de surmonter ces défis et de mettre en pratique l'évaluation des impacts :

1. participation et hiérarchisation des parties prenantes
2. auto-évaluation
3. triangulation
4. équilibre des différentes méthodes et outils
5. simple et systémique
6. accepter l'association plausible, pas l'attribution directe
7. reconnaître les niveaux d'investissement
8. apprentissage organisationnel : lier l'évaluation à l'action (Hailey et al., 2005:12-13).

L'évaluation de l'impact au niveau individuel est un exercice plus aisé, bien que cela varie en fonction de la portée du processus. Lorsque les activités de formation se concentrent sur des outils spécifiques tels que l'utilisation des SIG, la conception et la construction de sentiers, la lutte contre les incendies, les premiers secours ou autres activités similaires, cela devient plus simple. Des processus plus structurés et à plus long terme nécessitent quant à eux différentes approches d'évaluation. Il faut cependant reconnaître qu'il peut exister des limites institutionnelles empêchant le personnel qualifié de mettre en place ce qu'il a appris. Cela est particulièrement vrai lorsque les niveaux hiérarchiques supérieurs n'ont pas reçu de formation et se sentent menacés par des subordonnés plus compétents.

De plus en plus de cadres d'évaluation sont en cours d'élaboration pour faire face aux besoins croissants. Le Centre australien pour la recherche agricole internationale (Australian Centre for International Agricultural Research – ACIAR) a mis au point un bon cadre d'évaluation étape par étape (Gordon et Chadwick, 2007 ; Templeton, 2009), qui vise à représenter et à justifier les liens entre la formation fournie et les avantages escomptés ou réalisés, facilitant ainsi l'attribution d'avantages à des investissements donnés en faveur du renforcement des capacités. Ce cadre se base sur l'estimation de la valeur de l'impact résultant du changement de pratique et de comportement des organisations et sur l'estimation de la part de ces avantages attribuée au programme de renforcement des capacités (Gordon et Chadwick, 2007). Un projet similaire portant sur les aires protégées ou les projets de conservation en général pourrait faciliter l'évaluation d'impact.

Pourquoi avons-nous besoin de professionnels des aires protégées ?

Au début de l'histoire des aires protégées, le travail des gestionnaires portait principalement sur la préservation du paysage et la gestion des visites. Puis, l'importance de ces aires pour la conservation de la nature, et en particulier des espèces emblématiques, a été établie. Cette transition de la préservation vers la conservation et la définition de concepts tels que la biodiversité et les services écosystémiques ont changé le rôle des aires protégées et permis leur reconnaissance en tant que sources locales de moyens de subsistance. Des considérations sociales et économiques ont alors été intégrées à leur gestion, requérant de leur personnel des connaissances plus diverses. Aujourd'hui, les aires protégées sont considérées comme une des solutions naturelles les plus efficaces et les plus rentables pour lutter contre les changements climatiques. Mais en parallèle, les répercussions des changements climatiques – qui varient grandement selon les régions et les pays, qui nécessitent de gérer les incertitudes et les risques, de développer des stratégies de gestion intégrant des analyses de scénarios futurs et de rechercher des solutions créatives pour l'adaptation et l'atténuation – ont dépassé la capacité actuelle de nombreux membres du personnel impliqués dans la gestion des aires protégées.

Pour tenter de combler ces lacunes, des formations de courte durée sont souvent proposées au personnel et on trouve de plus en plus de CV dans lesquels sont énumérées les nombreuses formations suivies.

Contrairement à d'autres secteurs, il n'existait pas de vrai cursus professionnel ou universitaire en gestion des aires protégées avant les années 1980. Un premier cours en gestion des parcs a été créé par le Riverina College of Advanced Education en Australie en 1983 et a été suivi par une formation menant à un diplôme peu après. Il n'y a que quelques institutions universitaires dans le monde qui proposent vraiment des programmes de gestion des aires protégées, et ces programmes sont souvent orientés vers la biologie et l'écologie. Les aires protégées de nombreux pays en développement sont rarement gérées par des professionnels ou alors elles le sont par des personnes issues de domaines tels que la biologie, la géographie, la géologie, l'anthropologie, la foresterie, l'agronomie, l'architecture ou d'autres professionnels ayant changé de parcours. Dans les autres secteurs économiques, seuls des professionnels bien préparés et ayant au moins un MBA ou un diplôme pertinent pour leur secteur se voient offrir des postes de direction. On imagine difficilement dessiner une maison sans architecte et la construire sans ingénieur, ou encore embaucher une personne sans formation adéquate pour diriger une banque.

De nos jours, la complexité de la gestion des aires protégées exige l'intervention de professionnel possédant les compétences adéquates dans différents domaines, formés pour jouer un rôle de premier plan dans l'intégration des divers domaines de connaissances et possédant les compétences et l'attitude nécessaires pour réussir. Mais la professionnalisation de la gestion des aires protégées n'est souvent pas reconnue comme une nécessité, en particulier dans les pays en développement. Permettre au plus grand nombre possible de personnes d'accéder à des programmes de développement professionnel efficaces est crucial pour faire face aux problèmes actuels et pour se préparer aux nouveaux défis liés aux changements climatiques.

Pour assurer l'efficacité de son aire protégée, un gestionnaire doit avoir les bases nécessaires en écologie et biologie et posséder de vastes connaissances en suivi et biologie de la conservation, y compris en dynamique des populations, diversité génétique et chaînes trophiques. Il doit également maîtriser les questions de développement et de dynamiques sociales des communautés locales, d'application des lois et de maintien de l'ordre, de gouvernance, de socioéconomie, de médiation et de gestion des conflits pour assurer l'intégration des aires protégées dans les communautés environnantes. Des connaissances en administration générale, gestion de projet comptable, planification, budgets, gestion des ressources humaines, gestion des risques et des urgences, utilisation publique et tourisme, sensibilisation à la durabilité, maintien des infrastructures, collecte de fonds et de nombreux autres domaines sont également nécessaires. Enfin, le gestionnaire doit être capable de diriger, d'observer, d'analyser et de faire preuve de créativité afin d'assurer l'adaptabilité de la gestion.

Il doit également connaître la législation et le cadre institutionnel des aires protégées, avec leur rôle économique et la valorisation des services (en particulier des services écosystémiques) et avec la valeur de la biodiversité. Les valeurs spirituelles et immatérielles sont très importantes dans de nombreuses régions du monde. De plus, le gestionnaire doit être capable d'influencer les politiques et les décideurs. Comme évoqué plus haut, les changements climatiques créent de nouveaux enjeux, dont beaucoup n'ont pas encore été bien définis. Dans les aires marines et côtières en particulier, de grands défis, impliquant des processus très dynamiques et de nombreuses parties prenantes, apparaissent.

Les objectifs de la gestion des aires protégées peuvent être très variés et incluent entre autres la conservation et l'utilisation durable de la biodiversité et des services écosystémiques, la protection des moyens de subsistance des populations autochtones, le tourisme durable, les loisirs à usages multiples et la résilience aux changements climatiques. La complexité de la gestion moderne requiert du personnel des aires protégées qu'il ait des connaissances dans des domaines variés et que sa formation lui permette d'intégrer aisément diverses compétences. Il est essentiel de donner accès aux personnels, quel que soit leur niveau, à des programmes de perfectionnement professionnel avancés pour que les aires protégées puissent faire face aux menaces actuelles et soient prêtes à relever de nouveaux défis tels que les changements climatiques.

De nombreux systèmes nationaux d'aires protégées n'ont pas assez de personnel et/ou manque de personnel avec les compétences adaptées. Cette lacune crée une dépendance envers les organisations non gouvernementales (ONG) internationales et nationales, et des projets d'assistance technique bilatéraux qui ne durent souvent pas. Le nombre limité de programmes universitaires en gestion des aires protégées permet à un nombre très restreint d'employés de bénéficier d'une formation spécialisée intégrant les domaines susmentionnés de la gestion des aires protégées. Cela est particulièrement problématique pour les gouvernements dont les offres de formation sont peu nombreuses et dont les employés partent travailler pour des ONG ou dans le secteur du conseil.

L'urgence de la professionnalisation la gestion des aires protégées est évidente si on reconnaît la valeur du patrimoine national et des services écosystémiques en jeu. Il faut faire appel à des professionnels pour gérer non seulement les problèmes de chaque aire protégée sur le terrain et dans les bureaux, mais également l'administration de systèmes nationaux plus vastes, voire transfrontaliers et régionaux. Ces professionnels doivent avoir des compétences pointues en matière de politique, de planification stratégique, de concertation, de communication et de recherche de financements. Tous les niveaux du personnel doivent bénéficier d'une formation spécialisée et d'un large éventail d'opportunités. Les enseignements liés à la gestion des aires protégées doivent être accessibles dans le monde dans le cadre de nouveaux modèles éducatifs. Les gestionnaires d'aujourd'hui doivent être capables de maîtriser des disciplines transversales en utilisant des approches globales au quotidien. La complexité des problèmes auxquels fait face la conservation en général, et les aires protégées en particulier, appelle à la recherche de solutions innovantes. Il n'y a par exemple pas de solution unique d'adaptation aux changements climatiques et des sites voisins pourront faire appel à des stratégies d'adaptation très différentes selon qu'ils soient situés sur la partie basse ou haute d'un bassin hydrographique. Ainsi, la capacité d'un professionnel à rassembler toutes les informations nécessaires, notamment les modèles de prévision, l'élaboration de scénarios, les tendances en matière de politique et de développement, les tendances nationales et internationales en matière de commerce, les accords commerciaux et l'utilisation des ressources naturelles, le rendra plus compétent et donc plus performant.

Gestion des connaissances

Le succès de la gestion, y compris celle des aires protégées, passe par la bonne gestion des connaissances. On trouve généralement de nombreuses sources de connaissances au sein d'une organisation, que ce soit dans les documents, dans d'autres médias et dans les processus organisationnels, voire au sein de son personnel. Mais sans système de systématisation adapté, ces connaissances ne sont souvent pas utilisées, ou pas efficacement. Or, bien utilisées, ces connaissances permettent de mettre en évidence les meilleures pratiques et de tirer des enseignements. L'utilisation ponctuelle des connaissances peut aider à résoudre des problèmes ou à générer des stratégies. La complexité de la gestion des systèmes d'aires protégées et des aires protégées individuelles fait de la bonne gestion des connaissances un élément essentiel à la constitution de stratégies solides. Cela passe à la fois par la transformation d'expériences positives en meilleures pratiques et la capitalisation des enseignements tirés des expériences négatives. Mais les systèmes de gestion des connaissances permettant d'effectuer des recherches rapides pour appuyer la prise de décision et la gestion quotidienne des aires protégées sont rares. Les informations recherchées ne figurent souvent que sur un document imprimé en une seule copie et rangé sur un bureau ou une étagère, rendant ainsi leur accès difficile, voire même dissimulant leur existence. L'accès à des systèmes d'information modernes basés sur le Web et l'utilisation généralisée de ces systèmes permettrait de renforcer les capacités à tous les niveaux.

« Les connaissances sont des informations ou des données organisées de manière à être utiles à l'organisation » (Suryanarayana et Adapa, 2013:53). Il s'agit de transmettre les bonnes connaissances à la bonne personne au bon moment. Les connaissances sont nombreuses et facilement accessibles grâce à internet. Le défi consiste à rassembler, évaluer, classer, documenter et utiliser ces connaissances de manière constructive pour atteindre les objectifs organisationnels. Le capital intellectuel et les connaissances des institutions et organisations sont très importants et toutes les organisations devraient mettre en place des mécanismes pour assurer leur maintien. Les connaissances locales, communautaires ou autochtones sont également de plus en plus utilisées et pertinentes et sont pratiquement indispensables à la gestion et à la restauration des écosystèmes et à l'établissement de paysages fonctionnels (Levy-Tacher et al., 2002 ; Diemont et al., 2011 ; Aronson et al., 2007).

La gestion des connaissances peut être définie comme une approche multidisciplinaire permettant à une organisation d'atteindre ses objectifs en exploitant au mieux les connaissances. Cela inclut des processus tels que l'acquisition, l'organisation, le développement et le partage des connaissances, et les fondements culturels et techniques qui soutiennent et promeuvent leur utilisation (Kundu, 2013 ; voir aussi le chapitre 11). Il existe plusieurs manières d'aborder la gestion des connaissances :

- l'identification des besoins en connaissances et des ressources ;
- l'acquisition, la création, l'évaluation, la classification ou l'élimination de ressources, processus ou environnements liés aux connaissances ;
- les individus : comment augmenter la capacité d'une personne à influencer les autres grâce à ses connaissances ;
- la technologie en tant qu'outil plutôt que solution : elle doit être choisie en fonction des exigences d'une initiative de gestion des connaissances et non pas dicter la nature de cette initiative ;
- la culture axée sur le savoir au sein de l'organisation ; élément essentiel au succès de cette organisation ;

- la structure : cela fait référence aux processus opérationnels et aux structures organisationnelles qui facilitent le stockage, la récupération, l'application et le partage des connaissances (Balakumaran, 2013 ; University of North Carolina, 2014).

Les connaissances ne sont utiles que si elles sont utilisées. Il est donc important que les organisations élaborent des stratégies favorisant l'utilisation et l'échange des connaissances, définissant les bonnes pratiques et garantissant la création de nouvelles connaissances, en particulier si cela est fait collectivement (encadré 9.5).

Approches du développement des capacités basées sur les compétences

Comme précédemment évoqué, l'enseignement universitaire traditionnel repose principalement sur les connaissances et passe par le développement de compétences dans chaque domaine de connaissances. On assiste aujourd'hui à une transition vers un enseignement basé sur les compétences. Afin de mieux informer le personnel des aires protégées travaillant sur l'enseignement et la formation, nous décrivons ici une initiative de la CMAP cherchant à promouvoir l'éducation et la certification basées sur les compétences dans les aires protégées du monde entier.

Cette approche basée sur les compétences répond à la nécessité de développer et d'évaluer les capacités en se basant sur l'aptitude des individus à effectuer leur travail efficacement, plutôt que sur la liste des formations et qualifications acquises par ces individus. La compétence est la capacité prouvée de faire un travail et est souvent définie comme une combinaison de connaissances (savoir), de compétences (savoir-faire) et d'attitude (savoir-être) permettant aux individus de fonctionner dans le monde réel. Les connaissances permettent de comprendre le contexte technique et théorique de la tâche et d'apprécier l'objectif visé ; les compétences relèvent de la capacité à accomplir une tâche de manière fiable et cohérente ; et la bonne attitude d'un individu assure que son travail est fait de manière professionnelle, éthique et consciencieuse.

Le niveau de compétence requis pour effectuer une tâche ou un travail particulier est généralement appelé « norme de compétence » ou « norme professionnelle », et est « une définition (généralement développée et acceptée par l'industrie) des connaissances et des compétences nécessaires pour exercer les fonctions associées à une profession » (IUCN WCPA et al., 2003:207).

Encadré 9.5 Stratégies de gestion des connaissances

Les stratégies de gestion des connaissances sont composées des éléments suivants :

- récompenses (outil de motivation pour le partage des connaissances)
- narration (moyen de transférer des connaissances tacites)
- apprentissage par la réalisation d'échanges entre gestionnaires de projets
- analyses ex-post
- cartographie des connaissances (une carte, accessible à tous, représentant les dépositaires des connaissances au sein de l'organisation)
- communauté de pratique
- répertoires d'experts (pour permettre à ceux qui ont des questions de contacter les experts)
- échanges de meilleures pratiques
- événements de promotion du savoir
- gestion des compétences (évaluation et planification systématiques des compétences des membres de l'organisation)
- proximité et organisation (la situation géographique des employés peut être favorable ou défavorable au partage des connaissances)
- relations maître-apprenti
- technologies collaboratives telles que Groupware
- référentiels de connaissances (bases de données, outils de bookmarking, etc.)
- mesurer et signaler le capital intellectuel (moyen de rendre les connaissances explicites pour les entreprises)
- courtiers des connaissances (certains membres de l'organisation sont chargés d'un domaine spécifique et sont les personnes de référence à contacter par ceux qui ont des questions sur ce domaine)
- logiciels sociaux (wikis, social bookmarking, blogs, etc.)
- transfert de connaissances entre gestionnaires de projets.

Source : Suryanarayana et Adapa (2013:55–6)

Les normes de compétence sont élaborées avec le secteur concerné, par exemple une agence de protection des aires protégées avec l'appui d'équipes multidisciplinaires et d'enseignants (plutôt que par des institutions universitaires et de formation). Une norme de compétence complète pour un travail particulier définit généralement :

- ce qu'une personne devrait pouvoir faire,
- l'ensemble des conditions dans lesquelles la personne doit être capable de faire appel à ses compétences (parfois appelée « portée » de la compétence),
- les connaissances de base requises pour que la personne soit compétente,
- les moyens par lesquels la compétence peut être jugée objectivement.

L'approche basée sur les compétences diffère à bien des égards des approches conventionnelles en matière de formation, d'apprentissage et d'évaluation. Ces différences sont résumées dans le tableau 9.2.

Tableau 9.2 Comparaison entre approches de formation et d'apprentissage

Élément de formation, d'apprentissage et d'évaluation	Approche conventionnelle	Approche basée sur les compétences (en plus de l'approche conventionnelle)
Développement de programmes et d'objectifs d'apprentissage	Institutions de formation et d'enseignement Experts du sujet	Praticiens Représentants du secteur
Mise en œuvre du programme	Cours basés sur les connaissances avec une formation pratique pour l'acquisition des compétences Enseigné par un professeur	Approche holistique axée sur les problèmes, intégrant divers domaines de connaissances et compétences, appuyant le développement de comportements adéquats Basé sur les étudiants
Apprentissage	Apprentissage en classe Formation pratique	Approches multiples, avec un fort accent sur l'apprentissage pratique et autodirigé
Accès à la formation et à l'apprentissage	Personnes suffisamment qualifiées Participants à des programmes d'éducation et formations formelles	Toute personne motivée travaillant dans le secteur
Évaluation	Examens, tests et dissertations Participation à des formations	Évaluation et vérification des compétences professionnelles Démonstration de tous les aspects de la compétence sur le lieu de travail
Mode d'apprentissage	Cours à temps plein et à temps partiel	Des voies multiples d'apprentissage tout au long de la vie : formation professionnelle, mentorat, apprentissage par la pratique, apprentissage autodirigé
Prestation de la formation	Institutions de formation et d'enseignement Experts et formateurs	Organisations d'apprentissage Collègues, mentors, individus

L'apprentissage basé sur les compétences n'est pas nouveau : il est depuis longtemps utilisé dans de nombreux secteurs. La norme de compétence la plus connue est probablement l'examen du permis de conduire. On peut également attendre de professionnels tels que les médecins qu'ils soient compétents et qualifiés. L'Organisation internationale du travail (OIT) a publié des directives sur l'élaboration des normes de compétence (ILO, 2006).

Les 20 dernières années ont vu se développer un intérêt croissant pour l'adoption d'une approche fondée sur les compétences pour le personnel des aires protégées. Cette approche pourrait aider à répondre au besoin de développement des capacités de plusieurs manières. Les normes professionnelles peuvent aider à établir un profil professionnel pour la gestion des aires protégées, en encourageant la reconnaissance formelle des professions qui lui sont associées, en définissant des parcours professionnels clairs, en attirant davantage de nouvelles recrues, en encourageant les établissements d'enseignement à développer plus de cours et en attirant davantage de fonds. Nous décrirons ici certains domaines clés dans lesquels l'approche basée sur les compétences peut être appliquée.

Cours de formation sur les aires protégées, Paraguay
Source : Eduard Müller

Professionnaliser la gestion des aires protégées

Les normes professionnelles peuvent aider à établir un profil professionnel pour la gestion des aires protégées, en encourageant la reconnaissance formelle des professions qui lui sont associées, en définissant des parcours professionnels clairs, en attirant davantage de nouvelles recrues, en encourageant les établissements d'enseignement à développer plus de cours et en attirant davantage de fonds.

Élargir l'accès au développement des capacités et aux qualifications

L'adoption de normes de compétence peut permettre à un nombre accru de membres du personnel des aires protégées d'améliorer leurs compétences et d'acquérir des qualifications professionnelles.

Améliorer les structures organisationnelles et le recrutement

Les normes de compétence peuvent aider les autorités des aires protégées à élaborer des descriptions de poste et des structures organisationnelles détaillées, à juger de la pertinence des candidatures pour des postes allant du directeur général aux agents de terrain et à évaluer les performances.

Faciliter l'analyse des besoins

Les compétences fournissent un cadre complet pour évaluer et identifier les besoins de développement des capacités, permettant ainsi de cibler précisément et efficacement les ressources nécessaires.

Aider les formateurs

Les normes de compétence peuvent servir de base à l'élaboration et à la mise en œuvre de programmes d'éducation et de formation, garantissant le respect des normes communes par les formateurs et aidant les personnes formées à évaluer la portée des cours qui leur sont proposés.

Reconnaître différents modes d'apprentissage

L'adoption de normes de compétence peut encourager une reconnaissance renouvelée des compétences des personnes formées.

Assurer la transférabilité et la reconnaissance régionale des compétences et des cours

Les normes communes peuvent rendre les qualifications « transférables » et créer un langage commun pour les compétences de tout un secteur.

Les approches basées sur les compétences ont beaucoup évolué au cours des dernières décennies dans le milieu de la gestion des aires protégées et de la conservation. Le Royaume-Uni utilise, depuis 1985, des qualifications

Étude de cas 9.2 Le programme WIO-COMPAS

En 2004, les manuels et formations courtes disponibles ne permettaient pas aux aires marines protégées (AMP) de huit pays de l'océan Indien occidental (WIO) d'atteindre un niveau de performance suffisant. Afin d'améliorer l'efficacité de la gestion de ces aires, l'Association de la science marine de l'Océan Indien occidental, en partenariat avec le Centre des ressources côtières de l'Université de Rhode Island, a créé un programme de certification professionnelle volontaire adapté aux besoins des praticiens des AMP de la région et soutenu par les agences de gestion des AMP bénéficiant de l'intégration du programme dans leurs objectifs de gestion.

L'objectif général du programme de certification des professionnels de WIO-COMPAS est de créer un cadre de travail favorisant la compétence, le professionnalisme, le leadership, l'innovation et la conduite éthique dans la gestion des AMP ; un cadre où les connaissances et compétences des personnes travaillant dans ces aires sont reconnues et répondent à un standard professionnel clairement défini. Le programme cherche à approfondir les connaissances et les compétences des individus à travers les échanges et la mise en réseau avec d'autres professionnels, ce qui permet de partager de nouvelles idées et de promouvoir la réflexion sur la gestion des AMP et la gouvernance côtière. Le processus de certification n'est pas une formation, même s'il permet d'identifier certaines lacunes que les formateurs peuvent aider à combler pour aider les individus à gagner en compétence.

WIO-COMPAS est un programme de certification professionnelle qui :

- a établi des normes de compétences internationalement reconnues pour les professionnels des AMP à trois niveaux : politique et planification, gestion de site et opérations en mer ;
- évalue de manière rigoureuse la performance des professionnels dans ces domaines ;
- reconnaît et certifie officiellement les professionnels des AMP dont les performances correspondent aux normes ;
- encourage les agences de gestion des AMP à utiliser ces normes de compétence comme base de recrutement et de formation de leur personnel ;
- renforce la progression professionnelle des personnes travaillant dans des AMP ;
- forme un réseau régional de professionnels des AMP permettant le partage d'apprentissages et d'expériences entre AMP et entre pays ;
- stimule le développement du leadership et l'adhésion à un code d'éthique professionnel ;
- favorise le développement professionnel grâce aux échanges, aux formations courtes et au partage des dernières réflexions, recherches et tendances en matière de gestion des AMP.

More than 60 leading MPA professionals in the WIO Plus de 60 professionnels des AMP de la région WIO ont suivi le programme de certification et une évaluation du programme a révélé qu'« un grand nombre de professionnels ont considérablement changé leur approche de la gestion des AMP et abordent les problèmes de gestion avec plus de confiance, encouragent la collaboration des parties prenantes et des communautés, sont à même d'évaluer la performance de leur personnel et assurent une meilleure gestion des visiteurs du parc » (Sisitka et al., 2013:27).

WIO-COMPAS aide maintenant les agences de gestion d'AMP à renforcer leurs systèmes de développement des capacités et à formaliser leur relation avec WIO-COMPAS en tant que certificateur indépendant. À l'avenir, WIO-COMPAS pourrait également s'étendre et s'intéresser à la certification de sites pour améliorer les performances organisationnelles.

professionnelles nationales (*National vocational qualifications – NVQ*) basées sur les compétences pour presque toutes les professions, y compris la conservation de l'environnement (Lantra, 2014). En 1995, plus de 200 employés du Service des parcs nationaux des États-Unis ont contribué à l'élaboration de plus de 225 descriptions de compétences professionnelles et d'un ensemble de compétences universelles essentielles pour tous les employés du service (NPS, 1995). La Nouvelle-Zélande a également défini un ensemble de qualifications professionnelles basées sur les compétences (NZQA, 2014) et au Canada, la *Environmental Careers Organization* a établi des normes professionnelles nationales pour les emplois liés à l'environnement (ECO Canada, 2014). Enfin, dans la Caraïbe, l'*Association of National Training Agencies* a développé des compétences et une certification pour la maintenance des parcs et des aires protégées terrestres (niveau 2) (NTATT, 2014). Lors de son troisième congrès mondial, en 2000, la Fédération internationale des gardes forestiers a identifié trois niveaux de gardes forestiers et a défini une « compétence essentielle universelle » portant sur les connaissances et compétences/aptitudes pour les gardes du niveau intermédiaire. (IRF, 2000).

En 2002, le Centre régional pour la conservation de la biodiversité de l'Association des nations de l'Asie du Sud-Est (ASEAN) a élaboré un ensemble de normes de compétence pour le personnel des aires protégées d'Asie du Sud-Est afin d'offrir une plateforme commune, mais flexible, aux 10 pays de l'ASEAN et ainsi d'améliorer la gestion et la capacité des aires protégées (Appleton et al., 2009). Un processus participatif a permis d'identifier 250 compétences, 5 niveaux et 17 catégories. Les normes ont été publiées (NZQA, 2014), traduites dans les langues de la région et officiellement adoptées par l'ASEAN en 2009. Leur objectif est de servir d'outil et non de règle, et leur application et mise en œuvre dépendent de chaque pays et de chaque utilisateur. Depuis leur création elles sont largement utilisées dans la région et dans de nombreux autres pays.

Le programme de certification des professionnels des aires marines protégées de l'océan Indien occidental (WIO-COMPAS) fait le lien entre normes et qualifications grâce à un cadre favorisant la compétence, le professionnalisme, le leadership, l'innovation et la conduite éthique pour la gestion des aires marines protégées. Le programme :

- définit l'ensemble des compétences de base requises pour remplir une série de fonctions, à trois niveaux professionnels, associées à la gestion efficace des aires marines protégées ;
- établit des normes dans chaque domaine de compétence ;
- veille à ce que les employeurs/donateurs recrutent des personnes suffisamment qualifiées ;
- assure aux communautés que la personne recrutée s'engage à travailler de manière éthique, ce qui inclut la prise en compte des besoins des utilisateurs/parties prenantes.

À Madagascar, depuis 2014, le Réseau des éducateurs et professionnels de la conservation travaille sur le renforcement des capacités à long terme en développant et en améliorant les offres de formation en conservation de la biodiversité dans les universités et au sein des réseaux professionnels. Cette initiative a permis la révision et la validation des normes de compétences nationales en matière de gestion des aires protégées, définissant les compétences et les connaissances que devraient posséder les gestionnaires d'aires protégées et/ou de sites de conservation. Le réseau a également développé des programmes de formation et de certification dans 11 domaines thématiques.

Lors du cinquième Congrès mondial des parcs de l'UICN, qui a eu lieu à Durban en 2003, l'équipe travaillant sur le renforcement des capacités a recommandé à la CMAP d'adopter des normes de compétences communes :

- en convenant de normes de compétence mondiales adaptables aux niveaux local, régional et national pour le personnel des aires protégées ;
- en encourageant l'utilisation de normes et de méthodes d'auto-évaluation pour accroître l'efficacité du personnel des aires protégées et des formations.

La CMAP, consciente des enjeux de la professionnalisation, a créé le Partenariat mondial pour la professionnalisation de la gestion des aires protégées (*Global Partnership for Professionalising Protected Area Management – GPPPAM*) (encadré 9.6) qui travaille sur le développement de compétences au profit du personnel des aires protégées. Le GPPPAM accompagne le développement des professionnels des aires protégées tout au long de leur vie et innove en allant au-delà des programmes de formation pour inciter le personnel des aires protégées à saisir les nouvelles opportunités qui permettront de professionnaliser la gestion des aires protégées. De nombreux systèmes d'aires protégées ont déjà fait un premier pas dans cette direction ; c'est le cas au Costa Rica, au Chili, en Bolivie, en Afrique du Sud, en Russie, etc. Le travail du GPPPAM au niveau mondial permettra à de telles initiatives de se développer dans d'autres pays et la présence de professionnels en gestion des aires protégées permettra alors d'atteindre les objectifs fixés dans le cadre de la CDB.

Programmes d'évaluation des performances et de certification

L'identification des compétences de base et la création d'opportunités d'apprentissage sont les premières étapes du renforcement des capacités des individus et des organisations. Cependant, la mauvaise application de ces capacités peut créer un écart de performance. C'est pourquoi l'utilisation d'outils d'évaluation des performances est un élément important des programmes de renforcement des capacités (ou mieux, un système à boucles de rétroaction). Contrairement aux évaluations de fin de formation, ces outils servent à évaluer les performances au travail. La méthode la plus couramment utilisée est l'évaluation annuelle des performances du personnel, mais un autre outil a également prouvé sa valeur : la certification. L'utilisation complémentaire de ces deux outils peut accroître l'efficacité de la gestion d'un système de développement des capacités.

Une évaluation de performance est « un échange formel et structuré entre un subordonné et son superviseur, qui prend généralement la forme d'un entretien périodique (annuel ou semestriel), au cours duquel le travail du subordonné est examiné et discuté afin de définir ses forces et faiblesses et ainsi identifier des possibilités d'amélioration et de développement des compétences » (North, 2010). La valeur de ces évaluations dépend principalement de la qualité des analyses, des incitations liées aux résultats et des actions de suivi visant à améliorer les performances. Lorsqu'elles se basent sur des compétences transparentes, les évaluations des performances peuvent être un outil précieux et peuvent

Encadré 9.6 Partenariat mondial pour la professionnalisation de la gestion des aires protégées

Pour répondre au besoin mondial de professionnalisation de la gestion des aires protégées et de renforcement des capacités du personnel des aires protégées, la CMAP de l'UICN et le Programme mondial des aires protégées (Global Protected Areas Programme - GPAP) de l'UICN ont lancé une initiative intitulée Partenariat mondial pour la professionnalisation de la gestion des aires protégées (Global Partnership for Professionalising Protected Area Management - GPPPAM). Cette initiative mondiale a été lancée avec le soutien du Secrétariat de la CDB lors du Congrès mondial de la nature organisé par l'UICN à Jeju, en Corée du Sud, en 2012.

Le GPPPAM vise à soutenir le développement des organisations des aires protégées et des professionnels tout au long de leurs vies. Il va au-delà des programmes de formation autonomes fondés sur l'hypothèse que la connaissance, et non la compétence, est la base principale de la performance au travail. Le GPPPAM établit les bases de la profession et des éléments qui y sont associés, répondant aux besoins des professionnels des aires protégées de tout âge tout au long de leur carrière. Le but ultime de cette initiative est de formaliser et de soutenir les pratiques professionnelles au sein des aires protégées, de professionnaliser la gestion des organisations et d'améliorer l'efficacité de la gestion des aires. Les facteurs externes ne peuvent être contrôlés directement et il convient donc de commencer par les facteurs sur lesquels les aires protégées ont un impact : les processus internes et les compétences du personnel. Former en priorité le personnel des aires protégées peut alors promouvoir le transfert des connaissances et inciter les autres parties prenantes à participer pleinement. Les individus compétents seront à leur tour mieux équipés pour transformer leurs organisations et, finalement, les systèmes d'aires protégées. On peut identifier quatre composantes principales :

1. Normes de compétence essentielles

Le GPPPAM a identifié l'ensemble des compétences, connaissances et qualités personnelles qui peuvent être requises pour travailler dans les aires protégées de nos jours. Sur cette base, il a développé un ensemble complet de compétences pour quatre niveaux de personnel travaillant dans les aires protégées : travailleurs qualifiés, cadres intermédiaires, manager supérieur et cadre travaillant sur les systèmes d'aires protégées. Ces compétences peuvent être appliquées de différentes manières : pour planifier des structures organisationnelles, pour établir des descriptions de poste, pour mesurer et évaluer les compétences et les performances actuelles, et pour servir de base aux programmes de développement des capacités et qualifications.

2. Corps de connaissances

Une profession doit codifier ses meilleures pratiques pour atteindre les compétences requises. Une base de données « open source » gérée par des professionnels reconnus des aires protégées peut permettre d'énumérer les meilleures ressources existantes dans le domaine de la gestion des aires protégées et contribuer au développement du personnel et à la performance organisationnelle. Les ressources énumérées peuvent être des livres, diverses méthodologies, les lignes directrices de l'UICN sur les meilleures pratiques dans les aires protégées (chapitre 2), des rapports techniques, des ressources pour la formation et l'apprentissage, des présentations, des vidéos, des exercices, etc.

3. Programmes formels permettant d'obtenir des certificats et des diplômes

Des programmes détaillés peuvent être élaborés sur la base des compétences et du corps de connaissances définis au cours des étapes précédentes, puis mis à la disposition des personnes ou des organisations souhaitant les utiliser afin de mettre en place des normes communes dans le monde entier. Les retours de ces personnes et organisations peuvent faciliter le développement ou l'adaptation des programmes. Les cours sont proposés par un réseau d'institutions accréditées.

4. Évaluation et certification

Reconnaître les personnes compétentes permet de renforcer une profession. Cette reconnaissance peut passer par des évaluations de performance sur le lieu de travail et/ou des certifications indépendantes. Le GPPPAM a prévu de créer des lignes directrices et des critères pour développer ou reconnaître les programmes de certification nationaux et régionaux, en fonction des compétences, du corps de connaissances et des programmes. La certification répond à la demande des professionnels des aires protégées en matière de reconnaissance de leur travail, d'orientation et de développement de carrière et de mise en réseau. Ce système les incite à s'engager tout au long de leur carrière et à faire preuve de leadership et de capacité à innover.

Plusieurs partenaires collaborent actuellement dans le cadre de l'élaboration du GPPPAM, notamment des institutions universitaires, des ONG, des systèmes nationaux d'aires protégées et d'autres organisations.

accélérer le processus d'apprentissage du personnel des aires protégées. Les organisations peuvent également identifier leurs forces et faiblesses lors de l'analyse des compétences globales du personnel.

Plusieurs programmes d'aires protégées, notamment *Kenya Wildlife Service* et *Cape Nature* en Afrique du Sud, s'emploient à améliorer leurs programmes d'évaluation des performances en associant compétences individuelles et programme de certification (étude de cas 9.2). En utilisant des outils d'évaluation basés sur des éléments factuels, les responsables peuvent baser les évaluations de performance de leur personnel sur des critères très clairs et ainsi assurer leur objectivité. En rationalisant le système, les gestionnaires d'aires protégées peuvent lier leurs objectifs organisationnels aux plans d'action de développement des capacités et aux activités quotidiennes du personnel, ce qui peut alors accélérer les périodes d'apprentissage et d'évaluation de la performance. Il est dans l'intérêt de chacun de lier les actions et incitations aux évaluations de performance.

Toutes les organisations peuvent utiliser des processus d'évaluation des performances, mais certaines choisissent également de faire appel à des systèmes de certification. La certification est utilisée depuis de nombreuses années dans de nombreux métiers et domaines professionnels allant du milieu médical au développement de logiciels et à la gestion de projets. La plupart des processus de certification cherchent à déterminer si une personne est apte à effectuer des tâches spécifiques en se basant sur les connaissances de cette personne, mais également sur ses compétences : on s'intéresse à ses performances réelles sur le lieu de travail. On a vu se développer plus récemment des programmes de certification basés sur les compétences prenant également en compte une évaluation conjointe de l'attitude, souvent considérée comme une compétence générale. De nombreuses professions font appel à la méthodologie de la certification pour attester du niveau de compétence des professionnels dans leurs domaines. Cette méthode n'a pas pour objectif d'enseigner à un individu comment acquérir les caractéristiques propres à un certain type professionnel, mais plutôt à mesurer les connaissances et compétences de cet individu, ainsi que sa capacité à les appliquer dans des situations professionnelles réelles. Les différences entre une personne ayant obtenu un certificat et celle ayant obtenu une certification sont résumées dans le tableau 9.3. Dans le cadre de la certification, le fait qu'une personne ait reçu un certificat atteste qu'elle a des qualifications données, ce qui signifie qu'elle est compétente pour effectuer un travail. Un des objectifs de la certification est la normalisation des références en matière d'excellence dans une profession et la création d'une langue professionnelle commune permettant aux professionnels qui ont obtenu cette certification d'échanger sur des problèmes et concepts communs, bien que l'application de ces concepts puisse différer et doive être adaptée en fonction des contextes géopolitiques, sociaux et économiques.

Tableau 9.3 Différence entre certification et certificat

Certification	Certificat
Résultats d'un processus d'évaluation reconnaissant les connaissances, aptitudes et compétences d'une personne dans une spécialité donnée	Résultats d'un processus éducatif
Nécessite généralement une expérience professionnelle	Pour les personnes sans expérience et les professionnels expérimentés
Décerné par une organisation indépendante déterminant les normes	Décerné par des programmes ou des établissements d'enseignement
Mesure la maîtrise/compétence par rapport à un ensemble de normes - généralement par application, examen, démonstration, etc.	Indique la réussite d'un cours ou d'une série de cours avec un objectif spécifique (différent d'un programme menant à un diplôme)
Normes établies selon un processus défendable à l'échelle de l'industrie (analyse des postes/définition des rôles), donnant un aperçu des connaissances et des compétences requises	Contenu du cours déterminé par la personne ou l'institution qui le décerne ; pas forcément standardisé
Généralement, les qualifications sont répertoriées après les noms des personnes	Figure habituellement dans les CV détaillant la formation des personnes
Doit répondre à des exigences permanentes afin de rester valide ; le titulaire doit démontrer qu'il continue de satisfaire aux exigences	Démontre une connaissance du contenu du cours à la fin d'une période déterminée

Source : AALNC (2014)

Parc national d'Amboro, Bolivie
Source : Eduard Müller

Quels sont les avantages de la certification ?

La plupart des pays exigent qu'un programme de certification soit officiellement reconnu avant de pouvoir distribuer des récompenses salariales sur la base de la certification. En travaillant sur une base volontaire, les agences de gestion peuvent prendre en compte la certification lorsqu'elles accordent des promotions, des stages et des missions spéciales à court terme fondées sur le mérite. Les processus d'évaluation par des tiers peuvent aussi être importants pour ces agences, car ils limitent les conflits d'intérêts lorsqu'un superviseur doit décider du sort de son personnel, en particulier lorsqu'il y a des avantages à la clé.

Qui sont les organismes de certification ?

S'agit-il de programmes volontaires ou obligatoires ? Dans le cas de programmes volontaires, n'importe quelle organisation établie peut fournir la certification. La qualité et la rigueur de l'évaluation, estimée par les professionnels et les organisations des aires protégées, constituent la meilleure mesure de valeur.

Qu'est-ce qui est certifié ?

La certification peut porter sur des compétences restreintes (par exemple, manipuler une arme à feu) ou larges (telle que la gestion d'une aire protégée). Ce qui importe c'est qu'elle donne un sens à la personne ainsi qu'à l'organisation. Les certifications s'appliquent aussi aux individus et aux organisations. Nous ne recommandons pas la certification de compétences spécifiques telles que la manipulation d'armes à feu, le commandement d'un navire ou l'application de la loi. Il existe déjà des organismes nationaux qui certifient ces compétences particulières. La complexité de la gestion des aires protégées exige une certification couvrant un large éventail de compétences qui ne sont souvent pas évaluées dans les secteurs existants.

Quels sont les niveaux de certification ?

Une fois le type de certification défini, il convient de déterminer le nombre de niveaux ou de types de certification à offrir. La variété des besoins au sein d'une organisation d'aires protégées exige des compétences et des connaissances uniques liées aux divers postes. Parmi les fonctions importantes, on peut citer l'élaboration de politiques, la planification, la gestion de site et des opérations sur le terrain.

Quelles compétences particulières couvrir ?

Pour chaque niveau de certification, un ensemble de compétences et de normes doit servir de base à l'évaluation. Pour chaque compétence, il faut déterminer une norme et déterminer sa variation potentielle et son poids/sa pondération. Les compétences varient généralement selon la région ou le pays, mais un garde reste un garde, quel que soit le pays dans lequel il travaille et la plupart des compétences sont donc les mêmes sur le plan international. Il est également important de prendre en compte qu'ajouter des compétences permettrait certes de décrire le poste plus en détail, mais cela accroîtrait également la complexité de l'évaluation pour les candidats et les évaluateurs. Il faut trouver le juste milieu pour que la description d'un nombre minimum de compétences couvre les principaux aspects du travail fourni par le professionnel à ce niveau.

Quels instruments d'évaluation utiliser ?

Il existe diverses méthodes, appelées instruments d'évaluation, qui permettent d'évaluer avec précision la compétence d'une personne. Le choix de ces instruments doit se baser sur des critères clés de validité, de faisabilité et de pertinence pratique.

Comment noter des compétences ?

Le processus de notation des compétences peut s'avérer complexe. Certaines compétences peuvent être plus importantes que d'autres et nécessitent la mise en place d'un système de pondération. Quelle est la note minimale jugée acceptable ? Faut-il atteindre cette note minimale pour chacune des compétences ou bien juste la moyenne générale ?

Quelles exigences de renouvellement de la certification ?

Tous les professionnels doivent sans cesse chercher à progresser et à s'adapter aux avancées de leur profession. Il faut donc déterminer la durée de validité d'une certification et les exigences qu'une personne doit satisfaire pour la renouveler. Il est important de préciser que la certification est différente du certificat traditionnellement obtenu dans des établissements universitaires, tel qu'illustré dans le tableau 9.3 (Squillante et al., 2010).

Enseignements sur la certification

Bien qu'il s'agisse d'une nouvelle approche dans la communauté des aires protégées, les premiers résultats indiquent que les individus attachent une grande importance à la certification et à la professionnalisation globale de leur domaine en raison de leurs avantages en matière de développement professionnel, du maintien du personnel et de la motivation. Les organisations apprécient également l'intégration des systèmes de développement des capacités et des programmes professionnels permettant d'aligner objectifs organisationnels et développement du personnel tout en utilisant de nombreux systèmes de gestion existants. Mettre en place un programme de certification a un coût, mais certains modèles peuvent être rapidement adaptés et permettent d'offrir des certifications au même prix que des formations courtes traditionnelles, tout en ayant un impact significatif sur les individus et les organisations. Tous les concepts et innovations évoqués dans ce chapitre peuvent être agencés dans un système de développement des capacités plus large incluant des boucles de rétroaction. La certification n'est qu'un des éléments du programme de professionnalisation des aires protégées.

Formation, Réserve de la biosphère de Montes Azules, Sud-Est du Mexique

Source : Eduard Müller

Ressources d'apprentissage

Aujourd'hui, internet permet d'accéder à de très nombreuses informations sur les aires protégées, la conservation de la nature, la biodiversité, la conservation de la connectivité, etc. L'UICN est réputée pour ses lignes directrices pour de meilleures pratiques (voir chapitre 2 ; UICN, 2014b). Des ressources multimédias sont également disponibles (UICN, 2014c). Les publications de l'UICN couvrent de nombreux aspects, allant de la conservation de la nature au développement des capacités (le présent ouvrage), en passant par la qualité, le respect des personnes et la recherche de solutions. Ces publications incluent le journal électronique *Parks,* idéal pour échanger des expériences et encourager les scientifiques, mais également des praticiens du monde entier, à partager leurs expériences.

De nombreuses publications et ressources sont également mises à disposition par d'autres organisations (tableau 9.4). De nos jours, les ressources ne se limitent pas à des documents imprimés ou électroniques. Les ressources multimédias sont nombreuses et souvent disponibles dans diverses langues en plus de l'anglais. Des efforts importants ont été déployés pour créer des portails d'apprentissage, tels que *Conservation Training* (CT, 2014) ou les modules d'apprentissage en ligne de la CDB (CBD, 2014b). *Protected Planet* est un autre outil très utile offert par le Centre de surveillance de la conservation de la nature du Programme des Nations Unies pour l'environnement (PNUE-WCMC) et l'UICN (Protected Planet, 2014).

Tableau 9.4 Références et matériels de formation pour les aires protégées

African Wildlife Foundation	(AWF, 2014)
American Museum of Natural History Network of Conservation Educators and Practitioners	(AMNH, 2014)
Ashoka organisation	(Ashoka, 2014)
Audubon	(Audubon, 2014)
Australian Institute of Aboriginal and Torres Strait Islander Studies	(AIATSIS, 2014)
Banque mondiale	(World Bank, 2014)
Birdlife International	(Birdlife International, 2014)
Conservation Finance Alliance	(CFA, 2014)
Conservation International	(CI, 2014)
Conservation Measures Partnership	(CMP, 2014)
Conservation Training	(CT, 2014)
Conserve Online	(CO, 2010)
Convention Ramsar sur les zones humides	(Ramsar, 2014)
Convention sur la diversité biologique	(CBD, 2014c)
Cornell Center for Wildlife Conservation	(CCWC, 2014)
Equilibrium Research	(Equilibrium Research, 2014)
Fonds mondial pour la nature	(WWF, 2014)
Fonds pour l'environnement mondial	(GEF, 2014)
Global Transboundary Conservation Network	(GTCN, 2011)
International Centre for Environmental Management	(ICEM, 2014)
International Ranger Federation	(IRF, 2014)
Library of Congress	(LC, 2014)
National Aeronautics and Space Administration	(NASA, 2013)
Natural England	(Natural England, 2014)
Natural Justice	(Natural Justice, 2011)
Nature Conservation journal	(Pensoft Publishers, 2014)
Organisation des Nations Unies pour l'éducation, la science et la culture	(UNESCO, 2014)
Organisation mondiale du tourisme	(UNWTO, 2014)
Programme des Nations Unies pour l'environnement	(UNEP, 2014)
Routledge Environment and Sustainability/Earthscan	(Routledge, 2014)
Sierra Club, BC	(Sierra Club, 2014)
The Nature Conservancy	(TNC, 2014)
United States Fish and Wildlife Service	(USFWS, 2014)
United States Forest Service	(USFS, 2014)
Wetlands International	(WI, 2014)
Wild Foundation	(Wild Foundation, 2014)
Wildlife Conservation Society	(WCS, 2014)
YouTube	(YouTube, 2014)

Conclusion

Les aires protégées d'aujourd'hui doivent être gérées par du personnel compétent, motivé, doté de ressources suffisantes et ayant accès aux derniers concepts et meilleures pratiques tirés de décennies d'apprentissage à travers le monde. Les aires protégées sont des institutions complexes qui hébergent une grande partie du capital naturel restant : paysages, écosystèmes et biodiversité. Ce capital, dont la valeur est estimée à des milliards de dollars, constitue un élément essentiel des solutions naturelles aux changements climatiques. Les menaces liées au développement et aux changements climatiques pesant sur les aires protégées augmentent dans la plupart des régions du monde. Pour trouver des alternatives d'utilisation durable, il faut définir des stratégies claires intégrant pleinement les différentes parties prenantes et de véritables approches interdisciplinaires. La perte de biodiversité est critique et peut sérieusement entraver la capacité des écosystèmes à continuer à fournir des services écosystémiques essentiels à la vie. Les aires protégées constituent la réserve naturelle la plus importante de diversité biologique et génétique nécessaire à la restauration des écosystèmes et des terres dégradées. La sécurité alimentaire, la santé, l'économie et le bien-être général dépendent tous de paysages fonctionnels dépendant eux-mêmes de la conservation de la connectivité.

Bien que la complexité de la gestion des aires protégées et l'intégration de celles-ci dans les paysages terrestres et marins ne soient pas encore suffisamment prises en compte, il est nécessaire de modifier les modalités d'évolution professionnelle et de permettre au personnel de développer pleinement les compétences requises par leurs divers niveaux professionnels. Ils seront alors à même d'aborder les nombreux défis de gestion et de conservation à long terme. Les technologies actuelles d'information et de communication ainsi que les nouvelles méthodes d'apprentissage nous permettent de faire davantage qu'avec les méthodes traditionnelles de renforcement des capacités. Le nouveau paradigme d'apprentissage, qui consiste à remplacer l'enseignement en présentiel basé sur les connaissances par un apprentissage en ligne ou mixte basé sur les compétences, ainsi que la couverture internet plus étendue dans le monde, créent de nouveaux défis pour les personnes impliquées dans le développement des capacités. Mais, dans le même temps, ces changements ouvrent de nouvelles possibilités pouvant contribuer au développement des capacités, à la gestion des connaissances, à la construction collective de connaissances et à l'augmentation des capacités aux niveaux individuel, organisationnel, institutionnel et sociétal. La tendance consistant à remplacer les certificats par un système de certification professionnelle se développe aussi dans le milieu des aires protégées ; si elle suit la même évolution que dans d'autres domaines professionnels, on peut alors s'attendre à une augmentation de ces processus.

De nos jours, les offres de formation professionnelle en gestion des aires protégées sont limitées, et on pourrait penser que la professionnalisation de la gestion des aires protégées à travers le monde est un objectif impossible à atteindre. En créant le GPPPAM, la CMAP poursuit cet objectif et cherche à identifier les compétences globales qui sont utilisées dans le cadre du développement de programmes et de cours fondés sur les compétences. Ces derniers peuvent alors être utilisés par des établissements universitaires et instituts de formation dans le monde entier afin qu'ils développent leurs propres programmes basés sur des boucles de rétroaction permanentes, ce que les moyens de communication actuels rendent possible. Les efforts déployés depuis longtemps par l'UICN pour fournir du matériel de formation et des ressources éducatives seront renforcés grâce à cette capacité accrue. Ce livre s'inscrit dans cet effort et son approche globale jette des bases solides pour le développement futur. L'annexe 9.1 décrit certaines institutions offrant des opportunités de renforcement des capacités pour les aires protégées.

Références

Lectures recommandées

Acevedo, C., Vásquez, N. and Robles, G. (2006) *Capacitación para el manejo de áreas protegidas en América Latina; Una aproximación a la demanda de los actors*, Report from the Protected Area Alliance for Conservation Learning, CATIE, CCT, UPeace, OTS, ELAP-UCI and ICOMVIS, San Jose, Costa Rica.

African Wildlife Foundation (AWF) (2014) Website, African Wildlife Foundation, Washington, DC. <www.awf.org/>

American Association of Legal Nurse Consultants (AALNC) (2014) *Certification vs. Certificate*, AALNC, Chicago. <www.aalnc.org/?page=certificate>

American Museum of Natural History (AMNH) (2014) Website, American Museum of Natural History, New York. <ncep.amnh.org>

Andresen, L., Boud, D. and Cohen, R. (1999) 'Experience-based learning', in G. Foley (ed.) *Understanding Adult Education and Training*, 2nd edn, pp. 225–39, Allen & Unwin, Sydney. <complexworld.pbworks.com/f/Experience-based%20learning.pdf>

Appleton, M. R., Texon, G. I. and Uriarte, M. T. (2009) *ASEAN Guidelines on Competence Standards for Protected Area Jobs*, ASEAN Regional Centre for Biodiversity Conservation, Los Baños, Philippines.

Appleton, M. R., Texton, G. I. and Uriarte, M. T. (2003) *Competence Standards for Protected Area Jobs in South-East Asia*, ASEAN Regional Centre for Biodiversity Conservation, Los Baños, Philippines.

Appleton, M. R., Ioniță, A., Nițu, R. and Stanciu, E. (2014) *Assessment of Capacity Development Needs of Protected Area Staff in Eastern Europe*, PROPARK Foundation for Protected Areas, Brasov, Romania. <www.propark.ro/en/publicatii/assessment-of-capacity-development-needs-of-protected-area-staff-in-eastern-europe-187.html>

Aronson, J., Renison, D., Rangel-Ch., J. O., Levy-Tacher, S., Ovalle, D. and Del Pozo, A. (2007) 'Restauración del Capital Natural: sin reservas no hay bienes ni servicios', *Ecosistemas* 16(3): 15–24.

Ashoka (2014) Website, Ashoka, Arlington, VA. <www.ashoka.org/>

Atherton, J. S. (2013) *The Experiential Learning Cycle*. <www.learningandteaching.info/learning/experience.htm>

Audubon (2014) *Audubon Magazine*, New York. <mag.audubon.org/multimedia>

Australian Institute of Aboriginal and Torres Strait Islander Studies (AIATSIS) (2014) *AIATSIS Research Program: Peer-reviewed publications and other research resources*, AIATSIS, Canberra. <www.aiatsis.gov.au/research/publications.html>

Balakumaran, S. (2013) 'Enhancement of humans' potential through knowledge management', *Research Journal of Social Science & Management* 2(11): 137–41.

Bandura, A. (1977) *Social Learning Theory*, Prentice-Hall, Englewood Cliffs, NJ.

Baser, H. and Morgan, P. (2008) *Capacity, change and performance study report*, ECDPM Discussion Paper 59B, European Centre for Development Policy Management, Maastricht.

Birdlife International (2014) Website, Birdlife International, Cambridge, UK. <www.birdlife.org/>

Capacity.org (2013) *People Matter: Introduction to capacity development*. <capacity.org/capacity/opencms/en/topics/introduction-to-cd/index.html>

Coates, D. (2006) *People Skills Training: Are you getting a return on your investment?* <www.praxisconsulting.org/PeopleSkills.pdf>

Conner, M. L. (2007) 'Learning from experience', in *Ageless Learner, 1997–2007*. <agelesslearner.com/intros/experiential.html>

Conservation Finance Alliance (CFA) (2014) Library. <conservationfinance.org/library.php>

Conservation International (CI) (2014) Website, Conservation International, Arlington, VA. <www.conservation.org>

Conservation Measures Partnership (CMP) (2014) Website. <www.conservationmeasures.org/>

Conservation Training (CT) (2014) Website, Conservation Training, Arlington, VA. <www.conservationtraining.org/>

Conserve Online (CO) (2010) *Measures: Key reports, sites and materials from Conserve Online.* <www.conservationgateway.org/Pages/COL.aspx?Src=>

Convention on Biological Diversity (CBD) (2014a) *Programme of Work on Protected Areas: Goal 3.2*, Secretariat of the Convention on Biological Diversity, Montreal. <www.cbd.int/protected/pow/learnmore/intro/>

Convention on Biological Diversity (CBD) (2014b) *Capacity Action Planning for Protected Areas: A quick guide for protected area practitioners*, Secretariat of the Convention on Biological Diversity, Montreal. <www.cbd.int/doc/pa/tools/Capacity%20action%20planning%20for%20protected%20areas.pdf>

Convention on Biological Diversity (CBD) (2014c) Website, Secretariat of the Convention on Biological Diversity, Montreal. <www.cbd.int/>

Coomes, O. T., Abizaid, C. and Lapointe, M. (2009) 'Human modification of a large meandering Amazonian river: genesis, ecological and economic consequences of the Masisea cutoff on the central Ucayali, Peru', *Ambio* 38(3): 130–4.

Cornell Centre for Wildlife Conservation (CCWC) (2014) Website, Cornell University, Ithaca, NY. <www.ccwc.cornell.edu/>

Cornford, I. R. (1997) 'Competency-based training: an assessment of its strengths and weaknesses by New South Wales vocational teachers', *Australian and New Zealand Journal of Vocational Education Research* 5(1): 53–76.

Cornford, I. (1999) 'Skill learning and the development of expertise', in J. Athanasou (ed.) *Adult Educational Psychology*, p. 266, Social Science Press, Katoomba, NSW.

Costanza, R., d'Arge, R., de Groot, R., Farber, S., Grasso, M., Hannon, B., Limburg, K., Naeem, S., O'Neill, R. V., Paruelo, J. Raskin, R. G., Sutton, P. and van den Belt, M. (1997) 'The value of the world's ecosystem services and natural capital', *Nature* 387: 253–60.

Costanza, R., de Groot, R., Sutton, P., van der Ploeg, S., Anderson, S. J., Kubiszewski, I., Farber, S. and Turner, R. K. (2014) 'Changes in the global value of ecosystem services', *Global Environmental Change* 26(2014): 152–8.

Council on Education for Public Health (2006) *Competencies and Learning Objectives*, Council on Education for Public Health, Silver Spring, MD. <ceph.org/assets/Competencies_TA.pdf>

Coursera (2014) Coursera website, Stanford University, Stanford, Calif. <www.coursera.org/>

Diemont, S. A. W., Bohn, J., Rayome, D., Kelsen, S. and Cheng, K. (2011) 'Comparisons of Mayan forest management, restoration, and conservation', *Forest Ecology and Management* 261: 1696–705.

don Carlos, A. W., Teel, T., Manfredo, M. F. and Mathur, V. B. (2013) 'Building capacity to enhance protected area management effectiveness: a current needs assessment for the Asian context', *George Wright Forum* 30(2). <www.georgewright.org/302doncarlos.pdf>

Egate, A. and Groome, D. (2005) *An Introduction to Applied Cognitive Psychology*, Psychology Press, New York.

Environmental Careers Organization (ECO Canada) (2014) *Occupational Standards*, Environmental Careers Organization, Calgary, Alberta. <www.eco.ca/occupational-standards/>

Equilibrium Research (2014) Website, Equilibrium Research, Bristol, UK. <www.equilibriumresearch.com/>

Global Environment Facility (GEF) (2014) Protected area publications, Global Environment Facility, Washington, DC. <www.thegef.org/gef/taxonomy/term/251>

Global Transboundary Conservation Network (GTCN) (2011) Website. <www.tbpa.net/page.php?ndx=77>

Gombos, M., Arrivillage, A., Wusinich-Mendez, D., Glazer, B., Frew, S., Bustamante, G., Doyle, E., Vanzella-Khourie, A., Acosta, A. and Causey, B. (2011) *A Management Capacity Assessment of Selected Coral Reef Marine Protected Areas in the Caribbean*, Commissioned by NOAA, CRCP, GCFI and CaMPAM, Caribbean Challenge and Gulf and Caribbean Fisheries Institute, Fort Pierce, Fla. <campam.gcfi.org/CapAssess/CaMPAMCapacityAssessment2011.pdf>

Gordon, J. and Chadwick, K. (2007) *Impact assessment of capacity building and training: assessment framework and two case studies*, CGIAR Impact Assessment Series Report No. 44, Consultative Group on International Agricultural Research, Montpellier, France.

Hailey, J., James, R. and Wrigley, R. (2005) *Rising to the Challenges: Assessing the impacts of organisational capacity building*, The International NGO Training and Research Centre, Oxford.

Hockings, M., Stolton, S., Leverington, F., Dudley, N. and Courrau, J. (2006) *Evaluating Effectiveness: A framework for assessing management effectiveness of protected areas*, 2nd edn, IUCN, Gland.

International Centre for Environmental Management (ICEM) (2014) *Materials*, International Centre for Environmental Management, Hanoi. <www.icem.com.au/02_contents/06_materials/06-04-pad-reports.htm>

International Labour Organisation (ILO) (2006) *Guidelines for Development of Regional Model Competency Standards (RMCS)*, International Labour Organisation, Bangkok. <www.ilo.org/wcmsp5/groups/public/---asia/---ro-bangkok/documents/publication/wcms_bk_pb_234_en.pdf>

International Ranger Federation (IRF) (2000) *Resolution of the Third World Congress of the International Ranger Federation, Sept. 10–17, 2000, Kruger National Park, South Africa*, Association of National Park Rangers, Golden, CO. <www.internationalrangers.org/wp-content/uploads/2012/06/Kruger-Resolution_2000_english.pdf>

International Ranger Federation (IRF) (2014) Website, International Ranger Federation, Sydney. <internationalrangers.org/>

International Telecommunication Union (ITU) (2014) Website, International Telecommunication Union, Geneva. <www.itu.int/en/Pages/default.aspx>

International Union for Conservation of Nature (IUCN) (2014a) *Global Protected Areas Programme*, IUCN, Gland. <www.iucn.org/about/work/programmes/gpap_home/gpap_capacity2/>

International Union for Conservation of Nature (IUCN) (2014b) *Reports and Publications*, IUCN, Gland. <www.iucn.org/about/work/programmes/gpap_home/gpap_capacity2/gpap_bpg/>

International Union for Conservation of Nature (IUCN) (2014c) *Multimedia Reports*, IUCN, Gland. <www.iucn.org/knowledge/multimedia/>

International Union for Conservation of Nature World Commission on Protected Areas (IUCN WCPA), Southeast Asia Regional Forum, Association of South-East Asian Nations Regional Centre for Biodiversity Conservation, Ambassade and Philippines Department of Environment and Natural Resources (2003) *Building on Lessons from the Field: Protected area management experiences in Southeast Asia. Proceedings of the IUCN-World Commission on Protected Areas 3rd Southeast Asia Regional Meeting, April 1–5, 2003, Edsa Shangri-la, Mandaluyong City, Philippines*, IUCN, Gland.

Kay, M., Franks, T. and Tato, S. (2008) *Capacity Needs Assessment Methodology and Processes*, Food and Agriculture Organisation, Rome. <ftp.fao.org/docrep/fao/008/y5899e/y5899e01.pdf>

Kirkpatrick, D. (1998) *Evaluating Training Programs: The four levels*, Berrett-Koehler Publishers, San Francisco.

Klein-Collins, R. (2013) *Sharpening Our Focus on Learning: The rise of competency-based approaches to degree completion*, National Institute for Learning Outcomes Assessment, University of Illinois at Urbana-Champaign. <learningoutcomesassessment.org/documents/Occasional%20Paper%2020.pdf>

Knapp, B. (1963) Skill in Sport: The attainment of proficiency, Routledge & Kegan Paul, London.

Kolb, D. A. (1984) *Experiential Learning: Experience as the source of learning and development*, Prentice Hall, Englewood Cliffs, NJ.

Kopylova, S. L. and Danilina, N. R. (eds) (2011) *Protected Area Staff Training: Guidelines for planning and management*, IUCN Best Practice Guidelines, Gland.

Kundu, S. (2013) 'Knowledge management: value, technologies and its implications', International Journal of Computer Engineering & Technology 4(5): 182–8.

Lantra (2014) *Environmental Conservation: National occupational standards*, Lantra, Coventry, UK. <www.lantra.co.uk/NOS/atech>

Leverington, F., Costa, K. L., Pavese, H., Lisle, A. and Hockings, M. (2010) *Management Effectiveness Evaluation in Protected Areas: A global study*, 2nd edn, University of Queensland, Brisbane.

Levy-Tacher, S., Aguirre, J. R., Martínez, M. M. and Durán, A. (2002) 'Caracterización del uso tradicional de la flora espontánea en la comunidad Lacandona de Lacanhá, Chiapas-México', *Interciencia* 27(10): 512–20.

Library of Congress (LC) (2014) *Classroom Materials*, Library of Congress, Washington, DC. <www.loc.gov/teachers/classroommaterials/themes/nature/exhibitions.html>

MacInnis, C. (1995) 'Holistic and reductionist approaches in special education: conflicts and common ground', *McGill Journal of Education*, 30(1): 7–20.

Merriam-Webster Dictionary (2012) *Merriam-Webster Dictionary Online*. <www.merriam-webster.com/dictionary/skill>

Miller, G. E. (1990) 'The assessment of clinical skills/competence/performance', *Academic Medicine* 65(Supplement): S63–7.

Mobbs, R. (2014) *How to be an E-Tutor*, Graduate School, University of Leicester, UK. <www2.le.ac.uk/departments/gradschool/training/eresources/teaching/theories/kolb>

National Aeronautics and Space Administration (NASA) (2013) *Multimedia*, NASA, Washington, DC. <www.nasa.gov/multimedia/#.Uxdt4fl5Nio>

National Park Service (NPS) (1995) *Essential Competencies for National Park Service Employees*, National Park Service, US Department of the Interior, Washington, DC. <www.nps.gov/training/npsonly/npsescom.htm>

National Training Agency-Trinidad and Tobago (NTATT) (2014) *Maintenance of Parks and Protected Terrestrial Areas: Level 2*, National Training Agency-Trinidad and Tobago, Chaguanas. <ntatt.org/images/stories/PDF/ROS/Maintenance%20of%20Parks%20and%20Protected%20Terrestrial%20Areas%20Level%202.pdf>

Natural England (2014) Website, Natural England, Sheffield, UK. <www.naturalengland.org.uk/>

Natural Justice (2011) *Protected Areas*, Natural Justice, Cape Town. <naturaljustice.org/our-work/international-advocacy/biodiversity/protected-areas>

Network of Conservation Educators and Practitioners (NCEP) (2014) *Network of Conservation Educators and Practitioners Program*, American Museum of Natural History, New York. <ncep.amnh.org/index.php?lang=fr&globalnav=about&sectionnav=>

New Zealand Qualifications Authority (NZQA) (2014) *Qualifications and Standards*, NZQA, Government of New Zealand, Wellington. <www.nzqa.govt.nz>

Nielsen, G. (2011) Capacity development in protected area management, Diploma thesis, University of Greifswald Institute for Geography and Geology, Greifswald, Germany.

North, A. (2010) *Introduction to Performance Appraisal*, Archer North & Associates, Australia. <www.performance-appraisal.com/intro.htm>

Nuffic (2014) *The Five Capabilities Approach in Capacity Development of Organisations*, Netherlands Organisation for International Cooperation in Higher Education, The Hague. <www.nuffic.nl/en/library/the-five-capabilities-approach-in-capacity-building-of-organisations.pdf/view?searchterm=5%20capabilities>

Organisation for Economic Cooperation and Development (OECD) (2006) *The Challenge of Capacity Development: Working towards good practice*, OECD, Paris.

Ostashewski, N., Moisey, S. and Reid, D. (2011) 'Applying constructionist principles to online teacher professional development', *The International Review of Research in Open and Distance Learning* 12(6): 143–56. <www.irrodl.org/index.php/irrodl/article/view/976/1958>

Oxendine, C., Robinson, J. and Willson, G. (2004) 'Experiential learning', in M. Orey (ed.) *Emerging Perspectives on Learning, Teaching, and Technology*, Department of Educational Psychology and Instructional Technology, University of Georgia, Athens. <projects.coe.uga.edu/epltt/>

Pensoft Publishers (2014) *Nature Conservation*, Pensoft Publishers, Sofia. <www.pensoft.net/journals/natureconservation/>

Phani, C. R. (2007) 'The top 60 soft skills at work', *rediff News*, 8 January 2007. <www.rediff.com/getahead/2007/jan/08soft.htm>

Protected Planet (2014) Website. <www.protectedplanet.net/>

Ramsar Convention on Wetlands (Ramsar) (2014) Website. <www.ramsar.org>

Routledge (2014) Website, Routledge Environment and Sustainability, Abingdon, Oxon. <www.routledge.com/sustainability/>

Sanchez, V. A. and Ruiz, M. (eds) (2008) *Competence-Based Learning*, University of Deusto, Bilbao.

Sierra Club (2014) Parks and protected area publications, Sierra Club of BC Foundation, Victoria, British Columbia. <www.sierraclub.bc.ca/publications/parks-protected-areas-publications>

Siscawati, M. and Zakaria, R. Y. (2010) *Capacity building needs assessment for community forestry development in Indonesia*, Summary Report, ed. C. Veer, The Center for People and Forests, Bangkok. <www.recoftc.org/site/uploads/content/pdf/CBNA%20Indonesia%20Report%20Short%20Version_365.pdf>

Sisitka, L., Ricci, G. and Squillante, L. (2013) Certifying Marine Protected Area Professionals: Reflections on the first generation and setting a new course, WIO-COMPAS, Zanzibar, Tanzania.

Smith, L. (2012) '5 education providers offering MOOCs now or in the future', *Education DIVE*, 31 July. <www.educationdive.com/news/5-mooc-providers/44506/>

Squillante, L. J., Ricci, G., Francis, J. and Sisitka, L. (2010) 'Innovations in capacity building: certification of marine protected area professionals', *Coastal Management* 38(3): 272–90.

Suryanarayana, V. and Adapa, R. (2013) 'Role of knowledge management in business environment', *International journal of Innovative Research in Management* 2(2): 53–8.

Templeton, D. J. (2009) *A Framework for Assessing the Impact of Capacity Building*, Australian Centre for International Agricultural Research, Canberra.

The Learning Institute and The Center for People and Forests (RECOFTC) (2011) *Capacity development needs assessment for community forestry and community protected areas in Cambodia*, Summary Report, The Center for People and Forests, Bangkok. <www.recoftc.org/site/uploads/content/pdf/Cambodia_CBNA%20Report%20Summary_12282011_Final_Text_200.pdf>

The Nature Conservancy (TNC) (2014) Website, The Nature Conservancy, Arlington, VA. <www.nature.org/>

Ubels, J., Acquaye-Baddoo, N.-A. and Fowler, A. (2010) *Capacity Development in Practice*, Earthscan, London.

United Nations Development Group (UNDG) (2009) *Capacity Assessment Methodology*, UNDG, New York. <www.undg.org/docs/8948/Capacity-Development-UNDG-August-2009.pdf>

United Nations Development Programme (UNDP) (2007) *Capacity Assessment Methodology Users' Guide*, United Nations Development Programme, New York. <europeandcis.undp.org/uploads/public/File/Capacity_Development_Regional_Training/UNDP_Capacity_Assessment_Users_Guide_MAY_2007.pdf>

United Nations Development Programme (UNDP) (2008) *Capacity Assessment Practice Note*, UNDP, New York. <www.unpcdc.org/media/12068/undp_practice_note_on_ca_october-2008.pdf>

United Nations Development Programme (UNDP) (2009) *Capacity Assessment Methodology*, UNDP, New York. <www.undg.org/docs/8948/Capacity-Development-UNDG-August-2009.pdf>

United Nations Development Programme (UNDP) (2014) *A Training Guide to Capacity Assessment*, UNDP, New York. <regionalcentrebangkok.undp.or.th/practices/capacitydevelopment/documents/TRAININGGUIDETOCAPACITYASSESSMENT.pdf>

United Nations Educational, Scientific and Cultural Organisation (UNESCO) (2014) Online resources, UNESCO, Paris. <www.unesco.org/new/en/unesco/resources/>

United Nations Environment Programme (UNEP) (2014) *UNEP Knowledge Repository*, UNEP, Nairobi. <www.unep.org/publications/>

United Nations World Tourism Organisation (UNWTO) (2014) *Ecotourism and Protected Areas*, UNWTO, Madrid. <sdt.unwto.org/en/content/ecotourism-and-protected-areas>

United States Fish and Wildlife Service (USFWS) (2014) Website, Fish and Wildlife Service, Washington, DC. <https://www.fws.gov/>

United States Forest Service (USFS) (2014) Multimedia, Forest Service, US Department of Agriculture, Washington, DC. <www.fs.usda.gov/main/conservationeducation/programs/multimedia>

University of Iowa (2014) *Experience-Based Learning*, University of Iowa, Iowa City. <honors.uiowa.edu/academics/experience-based-learning>

University of North Carolina (2014) *Introduction to Knowledge Management*, University of North Carolina at Chapel Hill. <www.unc.edu/~sunnyliu/inls258/Introduction_to_Knowledge_Management.html>

Walters, H. (2007) Capacity development, institutional change and theory of change: what do we mean and where are the linkages, Manuscript.

Western Indian Ocean Certification of Marine Protected Area Professionals (WIO-COMPAS) (2014) Website. <www.wio-compas.org/>

Wetlands International (WI) (2014) Website. <www.wetlands.org/>

White, R. W. (1959) 'Motivation reconsidered: the concept of competence', *Psychological Review* 66(5): 297–333.

Wild Foundation (2014) Website. <www.wild.org/>

Wildlife Conservation Society (WCS) (2014) Website. <www.wcs.org/>

Wildlife Institute of India (2010) *Annual Report of the Wildlife Institute of India 2009–2010*, Wildlife Institute of India, Dehradun.

World Bank (2014) *Publications*, The World Bank, Washington, DC. <publications.worldbank.org/>

World Wide Fund for Nature (WWF) (2014) *Publication and Resources*, WWF, Washington, DC. <wwf.panda.org/about_our_earth/all_publications/>

YouTube (2014) Website. <www.youtube.com>

Appendix 9.1 : Exemple d'organisations de développement des capacités

Afrique : *Southern African Wildlife College*

Le *Southern African Wildlife College* a été créé en 1997 pour répondre aux besoins de formation des organisations de conservation. Il est devenu en 2007 un centre de spécialisation reconnu par la Communauté de Développement de l'Afrique australe pour son rôle dans le renforcement des capacités du personnel des zones de conservation de la région. Il s'agit également d'un centre d'excellence professionnelle reconnu et accrédité par les autorités de formation en Afrique du Sud.

Les programmes proposés par cette institution sont conçus pour répondre directement aux besoins de l'industrie de la conservation. Les programmes sont soumis à un suivi et à une évaluation à intervalles réguliers de quelques années afin de maintenir la pertinence de ses offres. La création de deux diplômes d'enseignement supérieur destinés à être reconnus auprès de la *South African Qualifications Authority* constitue une évolution primordiale. Une division spécialisée à destination des gardes d'aires protégées a aussi été récemment créée. Cette division englobe maintenant les services de formation des agents de terrain *African Field Ranger Training Services*, des prestataires reconnus et respectés qui proposent des formations spécialisées depuis 20 ans. Cette division permet de répondre rapidement aux besoins ayant émergé suite à la recrudescence du braconnage au début du XXIe siècle et offre des opportunités de formations, en plusieurs langues, spécialisées dans la lutte anti-braconnage et la professionnalisation des gardes travaillant sur le terrain.

Le *Southern African Wildlife College* a également ouvert une division « Innovation et développement », qui teste les meilleures pratiques et les nouveaux concepts afin de les mettre en œuvre dans la région. L'institut s'intéresse en particulier au rôle des communautés pour assurer l'utilisation durable des ressources naturelles et leur permettre de comprendre la valeur réelle de ces ressources et la gouvernance des bénéfices qui en sont tirés.

Australie - Océanie – Asie : Collaboration en matière d'apprentissage et de recherche dans les aires protégées

La CMAP a identifié un besoin de renforcement des capacités en Asie et en Océanie pour doter les praticiens des aires protégées des connaissances, aptitudes et compétences nécessaires à une gestion efficace des systèmes d'aires protégées terrestres et marines. Un consortium de praticiens des aires protégées issus d'universités, du gouvernement, d'aires protégées privées et d'organisations de protection de la nature a été mis en place pour répondre à ce besoin. Les partenaires fondateurs sont l'Université de Tasmanie, la *Tasmanian Land Conservancy*, le Service des parcs et de la faune de Tasmanie, l'Université Murdoch, l'Université Charles Darwin, l'Université James Cook, *Parks Australia*, *Parks Victoria*, le secrétariat du *Pacific Region Environment Program* et la CMAP. La collaboration continue de se développer avec la récente intégration de l'Université du Pacifique Sud, du *Wildlife Institute of India* et d'autres. Les objectifs de la collaboration sont, entre autres, de :

- fournir des programmes de formation agréés qui répondent aux besoins du secteur des aires protégées, en particulier dans les régions de l'Australasie, du Pacifique occidental et de l'Asie ;
- renforcer les capacités et la collaboration internationales en matière de gestion des aires protégées et de formation afin de soutenir l'apprentissage et le progrès continus ;
- encourager, coordonner et diffuser les travaux de recherche sur les aires protégées.

En 2015, la première année de sa création, le consortium proposera de courtes formations, des certificats d'études supérieures et des cours de Master dispensés par l'Université de Tasmanie, l'Université James Cook et l'Université de Murdoch. Ces cours, ainsi que les offres futures développées se baseront spécifiquement sur les normes de compétence identifiées par le GPPPAM (encadré 9.6).

Russie : *Environmental Education Centre for Zapovedniks*

Le *Environmental Education Centre for Zapovedniks* est une ONG russe créée en 1996 pour sensibiliser le public et soutenir les aires protégées. Sa mission est de réunir des professionnels de la conservation et d'autres personnes cherchant à renforcer le soutien du public aux réserves naturelles et parcs nationaux de la Russie.

Depuis 18 ans (en 2014), le centre organise des événements de renforcement des capacités pour les gestionnaires d'aires protégées, notamment des cours sur différents aspects de la gestion des aires protégées, des voyages d'études et des séminaires. La première réussite de ce centre a été le développement d'une nouvelle spécialisation sur les aires protégées en Russie, intitulée « Spécialistes en éducation relative à l'environnement sur les aires protégées ». Le gouvernement a reconnu cette nouvelle spécialité et, depuis 2005, le centre est le seul organisme de formation sur les aires protégées en Russie. Les programmes des cours sont ajustés chaque année en fonction des besoins du personnel des aires protégées, en accord avec le ministère des Ressources naturelles et de la Protection de l'environnement, qui gère le système fédéral d'aires protégées. Le centre a initié et promu la création de centres de formation pour le personnel des aires protégées en Ukraine, au Kazakhstan et en Biélorussie (dans le cadre d'un projet PNUE-Fonds pour l'environnement mondial en 2005-2008). Depuis 2000, tous les nouveaux directeurs de parcs nationaux et de réserves en Russie sont formés lors de séminaires au *Centre for Zapovedniks*. Les séminaires sont organisés à Moscou, où se trouve le centre, ainsi que dans des aires protégées à travers toute la Russie. Les autres domaines d'activité du centre comprennent la création de sentiers écologiques et de centres de visiteurs dans les parcs nationaux et autres aires protégées, la publication de guide sur les meilleures pratiques en matière d'éducation environnementale, de tourisme dans les aires protégées, d'utilisation durable, d'enseignement de l'écologie aux enfants et des camps de volontaires, ainsi que d'autres travaux.

Amérique latine et Caraïbes : École latino-américaine des aires protégées, Université pour la coopération internationale

L'Université pour la coopération internationale (UCI) a été créée au Costa Rica en 1994 afin de former des professionnels et leur permettre de mettre en place les changements nécessaires en matière de développement économique, environnemental, socioculturel et politique en Amérique latine et dans les Caraïbes. Ses étudiants viennent de près de 60 pays. L'UCI est réputée pour ses programmes novateurs ainsi que pour sa vaste expérience en matière d'éducation en ligne. En 1997, l'École latino-américaine des aires protégées (ELAP) de l'UCI a créé un des premiers programmes de licence professionnelle en gestion des aires protégées. Aujourd'hui, l'UCI propose des programmes d'études supérieures innovants dans de nombreux domaines liés aux aires protégées : gestion des océans et des côtes, conservation de la connectivité, droit de l'environnement, adaptation basée sur les écosystèmes, économie de l'écologie, adaptation aux changements climatiques, gestion des risques, gestion de projet, etc.

L'école renforce les capacités des responsables des aires protégées et de la conservation en Amérique latine, dans les Caraïbes et ailleurs à travers l'éducation, la formation et l'assistance technique. ELAP a mis au point des programmes sur mesure pour les aires protégées de plusieurs pays et collabore étroitement avec la CMAP dans le cadre de l'élaboration du GPPPAM et avec le secrétariat de la CDB pour appuyer le renforcement des capacités en vue de la mise en œuvre efficace du Programme de travail sur les aires protégées en Amérique latine. Enfin, elle abrite la chaire UNESCO pour les réserves de biosphère et les sites naturels et mixtes du patrimoine mondial. L'UCI se consacre à la mise en œuvre intégrale du GPPPAM et au développement de MOOC et d'autres méthodes en ligne visant à accroître massivement les capacités en matière de conservation, de développement durable et de gestion des aires protégées à l'échelle mondiale.

États-Unis : *Warner College of Natural Resources*

Souvent appelé la « fabrique à rangers » en raison de son rôle dans la formation de générations de professionnels des aires protégées, le *Warner College of Natural Resources* (université des ressources naturelles) de la *Colorado State University* compte parmi les facultés de ressources naturelles les plus anciennes et les plus importantes des États-Unis. L'institution s'appuie sur plus d'un siècle d'expérience dans l'enseignement, la recherche et la sensibilisation aux questions de conservation, travaillant avec les secteurs public et privé de la gestion des aires protégées aux niveaux local, régional, national et international. L'université se démarque par son approche consistant à présenter aux étudiants et diplômés des opportunités d'emploi, d'apprentissage et de réseautage tout au long de leur vie. Les étudiants apprennent le métier et lancent leurs carrières grâce à programmes leur donnant accès à des postes de volontaires et à des stages au sein d'entreprises, d'ONG et d'agences gouvernementales travaillant dans le domaine de la conservation. La constitution de réseaux de praticiens via des sites internet, des médias sociaux et des portails d'apprentissage est encouragée. On assiste également à un développement rapide d'approches mixtes et en ligne permettant de répondre aux besoins des défenseurs de l'environnement qui manquent de temps, de ressources ou d'accès pour suivre des formations traditionnelles. La *Colorado State University*, en partenariat avec le service des parcs nationaux américains et cinq autres universités, a créé un certificat de gestion des terres publiques élaboré selon une approche mixte et à destination des gestionnaires d'aires protégées. Le Centre de gestion des aires protégées de l'Université développe des projets d'enseignement, de recherche et de sensibilisation liés aux aires protégées du monde entier. L'équipe du centre s'associe à la communauté mondiale de la conservation pour déterminer les besoins, concevoir, mettre en œuvre et évaluer l'efficacité des programmes de renforcement des capacités. En liant les programmes de formation en conservation à destination des praticiens et les programmes délivrant des diplômes en ligne ou sur le campus, le centre permet aux diplômés qui ont suivi un ou plusieurs cours brefs, tels que le cours de gestion des aires protégées, de s'inscrire ultérieurement à des programmes de diplômes à la *Colorado State University*. Le centre travaille également en partenariat avec des universités et des instituts externes.

Inde : *Wildlife Institute of India*

Le *Wildlife Institute of India* est une institution indépendante du ministère de l'Environnement et des Forêts créée en 1986. Sa mission est de favoriser le développement des sciences portant sur la faune sauvage et de promouvoir leurs applications sur le terrain d'une manière qui soit compatible avec la situation économique et socioculturelle du pays (*Wildlife Institute of India*, 2010: 4).

Les objectifs de l'institut sont :

- développer les connaissances scientifiques sur les ressources en faune et flore
- former le personnel, de différents niveaux, travaillant sur la conservation et la gestion de la faune et de la flore
- mener des travaux recherches pertinents pour la gestion, y compris la mise au point de techniques adaptées au contexte de l'Inde
- fournir des informations et des conseils sur des problèmes spécifiques de gestion de la faune et de la flore
- collaborer avec des organisations internationales sur des projets de recherche, de gestion et de formation liés à la faune et à la flore
- devenir un centre régional d'importance internationale pour la conservation de la faune et de la flore et des ressources naturelles.

L'institut est devenu un centre régional reconnu pour ses universitaires, ses formations et travaux de recherche dans le domaine de la conservation de la faune et de la flore sauvages en Asie du Sud et du Sud-Est. C'est un lieu privilégié d'apprentissage pour les professionnels des aires protégées, pour les étudiants en troisième cycle, ainsi que pour les gestionnaires de ressources naturelles, les forestiers et les gestionnaires d'aires protégées à la recherche d'une formation spécialisée en gestion de la faune et de la flore. En 2014, l'institut a été reconnu comme le premier centre UNESCO de formation et de gestion du patrimoine naturel mondial pour la région Asie-Pacifique.

International : *International Ranger Federation*

L'*International Ranger Federation* une organisation à but non lucratif créée afin de sensibiliser le public au travail critique que les gardes du monde entier effectuent dans le domaine de la conservation de notre patrimoine naturel et culturel. Fondée en 1992, la fédération rassemble 60 associations de gardes originaires de 46 pays sur six continents. Le rôle de l'*International Ranger Federation* est de responsabiliser les gardes en les soutenant par le biais de leurs organisations nationales ou fédérales. La fédération a notamment pour but de promouvoir les normes professionnelles des gardes à travers le monde, de partager les connaissances et ressources et d'encourager les échanges professionnels entre gardes. Elle propose à ses membres des programmes de formation, de renforcement des capacités et d'échange afin de veiller à ce que les gardes des parcs soient bien formés et bien équipés pour gérer les régions sauvages les plus précieuses de la planète. Cela passe par l'intermédiaire des organisations membres de la fédération disposant de la capacité nécessaire (par exemple, la Fondation PAMS et la Protected Area Workers Association), et par le soutien du principal partenaire l'*International Ranger Federation*, la fondation *The Thin Green Line*.

CHAPTIRE 10

BÉNÉFICES D'UNE APPROCHE BASÉE SUR LA COMPLEXITÉ

Auteurs principaux :
Stephen F. McCool, Wayne A. Freimund et Charles Breen

Collaborateurs :
Julia Gorricho, Jon Kohl et Harry Biggs

CONTENU

UICN CMAP COMMISSION MONDIALE DES AIRES PROTÉGÉES Convention sur la diversité biologique

AUTEURS PRINCIPAUX

STEPHEN F. MCCOOL est professeur émérite au sein du Département de la société et de la conservation de l'Université du Montana.

WAYNE A. FREIMUND est professeur Arkwright d'Études sur les aires protégées et président du département de la société et de la conservation de l'Université du Montana.

CHARLES BREEN est membre associé et chercheur honoraire associé à l'Université de KwaZulu-Natal, en Afrique du Sud.

COLLABORATEURS

JULIA GORRICHO est doctorante à l'Institut des sciences sociales de l'environnement et de la géographie de l'Université Albert-Ludwig, à Fribourg.

JON KOHL est coordonnateur du PUP Global Heritage Consortium.

HARRY BIGGS était chargé de l'intégration du programme Adaptive Biodiversity Outcomes, Parcs nationaux d'Afrique du Sud (SANParks), jusqu'à son départ à la retraite en 2014.

REMERCIEMENTS

Les auteurs remercient leurs nombreux amis et collègues d'avoir été une source d'inspiration pendant de nombreuses années et pour leurs questions et observations concernant la complexité des systèmes socioécologiques et de leur gestion. Ils remercient également les réviseurs pour leurs observations et suggestions pertinentes afin de rendre le chapitre plus agréable à lire et convaincant.

Citation

McCool, S. F., Freimund, W. A. et Breen, C. Bénéfices d'une approche basée sur la complexité. In Worboys, G. L., Lockwood, M., Kothari, A., Feary, S. et Pulsford, I. (éd). *Gouvernance et gestion des aires protégées*. Canberra : ANU Press, 2020. doi.org/10.22459/GGAP.10

PHOTO DE LA PAGE DE TITRE

La complexité symbolique de l'entrelacement des troncs d'arbre d'une ancienne forêt pluviale, des racines émergentes et d'une liane voisine, au sein du corridor *Great Eastern Ranges*, dans le parc national de Mongo de Nouvelle-Galles-du-Sud, en Australie.
Source : Graeme L. Worboys

> Plus nous étudions les grands problèmes de notre temps, plus nous réalisons qu'ils ne peuvent être compris de façon isolée. Il s'agit de problèmes systémiques, ce qui signifie qu'ils sont interconnectés et interdépendants (Capra, 1996:4).

Introduction

À mesure que nos connaissances s'approfondissent, que la technologie se développe, que la population humaine s'accroît et que les demandes exercées sur les ressources naturelles s'intensifient et se diversifient, nous prenons conscience qu'il n'est désormais plus possible d'éviter ou d'ignorer la complexité de la gestion des aires protégées, sa gouvernance et son rôle au cœur du croisement des systèmes socioécologiques. Bien que nous soyons tous quotidiennement confrontés à la complexité à titre personnel, la plupart d'entre nous n'ont pas été formés à utiliser cette compétence à titre professionnel. Nous consacrons une grande partie de notre vie à simplifier la quantité écrasante d'informations et le caractère complexe des problèmes auxquels nous faisons face chaque jour. Les petites expériences que nous menons au quotidien (« essai-erreur ») façonnent subtilement nos comportements en faveur de résultats prévisibles. Nous simplifions notre environnement de multiples façons, et ces simplifications finissent par s'inscrire en nous sous la forme d'habitudes, capables d'inhiber en partie nos capacités à nous adapter, à apprendre et à assimiler de nouvelles informations et à être de bons gestionnaires d'aires protégées.

Dans ce chapitre, nous examinons la façon dont nos habitudes (qui sont le produit des modèles mentaux que nous aborderons plus loin) peuvent entraver notre capacité à percevoir les changements à l'œuvre autour de nous, afin d'essayer de les influencer à temps, de façon anticipée et constructive. Parfois ces changements surviennent suite à des transformations sociétales de grande ampleur affectant notre perception, et qui conduisent à de nouvelles pressions sur les systèmes de gouvernance. D'autres fois, ils sont plus subtils et influencent nos interactions avec nos partenaires, collègues, employés et les membres de notre communauté. Enfin, certains changements sont plus spectaculaires, visibles et immédiats. Ils surviennent en raison de la grande complexité de notre environnement, source d'incertitudes et de résultats surprenants auxquels nos habitudes nous ont mal préparés.

Dans les pages qui suivent, nous conceptualisons cette complexité comme une opportunité bénéfique, plutôt qu'une source de confusion. L'approche systémique sert d'outil pour définir la complexité et comprendre comment la simplifier lorsque nous y sommes confrontés. Elle consiste à concevoir un ensemble d'éléments interdépendants comme un « tout », plutôt que comme des composantes indépendantes. Elle démontre qu'en dépit de nos simplifications, il est possible de demeurer stratégique dans notre compréhension des changements et d'avoir une influence sur ceux-ci dans le cadre de la gouvernance et de la gestion. Dès lors que nous comprenons les caractéristiques essentielles du fonctionnement d'un système, nous pouvons utiliser son comportement à notre avantage et identifier des espaces au sein desquels les ressources dont nous disposons exerceront la plus grande influence. Nous tirons profit de cette manière de penser en renforçant la résilience des systèmes socioécologiques que nous administrons et gouvernons. Nous concluons ce chapitre en suggérant six pratiques pour embrasser la complexité et qui, utilisées de façon stratégique, permettront aux gestionnaires des aires protégées de tirer profit de cette complexité, plutôt que de subir son emprise. La figure 10.1 résume les concepts philosophiques clés du chapitre. Nous débutons ce cheminement en relatant deux histoires sur la gestion et gouvernance des ressources qui, selon nous, illustrent l'importance de comprendre les systèmes complexes.

Protection des terres de basse altitude en Afrique du Sud

Traditionnellement, les terres de basse altitude (*lowveld*) de la frontière orientale de l'Afrique du Sud sont inhospitalières. Paludisme, trypanosomiase, fièvre aphteuse, peste équine, peste porcine et maladie du charbon, entre autres, ont en grande partie protégé la région de l'influence humaine et, par la suite, de l'expansion agricole accompagnant l'installation des colons. Ces conditions ont permis de minimiser la controverse autour de la création du parc national Kruger (KNP). Ces particularités, associées aux préoccupations engendrées par la perte d'animaux s'aventurant à l'extérieur du parc à la recherche d'eau et de pâturage lors des vagues de sécheresse (Mabunda et al., 2003), ont justifié la construction de clôtures autour du parc afin de réduire le risque de transmission de maladies animales (Bengis et al., 2003). Cette politique allait avoir de nombreuses conséquences inattendues et de grande ampleur qui ont mis en lumière la complexité socioécologique intrinsèque du parc.

Clôture de bornage empêchant le passage des animaux entre le parc national Kruger (à gauche) et des terres agricoles
Source : Graeme L. Worboys

La construction de clôtures a empêché les animaux d'accéder aux points d'eau dans les zones plus humides à l'extérieur du parc, notamment pendant les sécheresses. L'expansion agricole a accru le captage de l'eau et réduit le débit des rivières au sein du parc. La solution semblait alors évidente et simple : obliger les animaux à dépendre moins de l'approvisionnement en eau à l'extérieur du parc en construisant des barrages et des pompes éoliennes pour subvenir à leurs besoins pendant les sécheresses. Les architectes de cette politique croyaient que cela assurerait « un environnement sain et productif, capable de s'adapter aux changements naturels à long terme, propice à une certaine stabilité et favorisant des fluctuations raisonnables de populations » (Pienaar 1983, cité dans Gaylard et al., 2003:29).

Les premières structures ont été érigées en 1933, suite à une vague de sécheresse et, en 1995, 365 forages et 50 barrages en terre avaient été construits (Gaylard et al., 2003). Ceux-ci ont modifié la dynamique spatiale de l'eau disponible pour la faune, et engendré une ramification complexe d'interactions imprévisibles, mais aux répercussions considérables pour le maintien de la diversité et de l'hétérogénéité des espèces au sein du parc. Des espèces, telles que les cobes, zèbres, gnous et impalas, habituellement présentes près des points d'eau pouvaient désormais vivre de façon permanente dans des zones autrefois utilisées seulement pendant les périodes humides.

Les populations d'herbivores ont augmenté, et les impacts du pâturage se sont homogénéisés dans le parc, réduisant la disponibilité de fourrage lors des sécheresses. En résumé, le système des terres de basse altitude s'est transformé : alors que les forces naturelles dominaient initialement, les influences humaines ont par la suite fait passer ce système d'une trajectoire de développement à une autre.

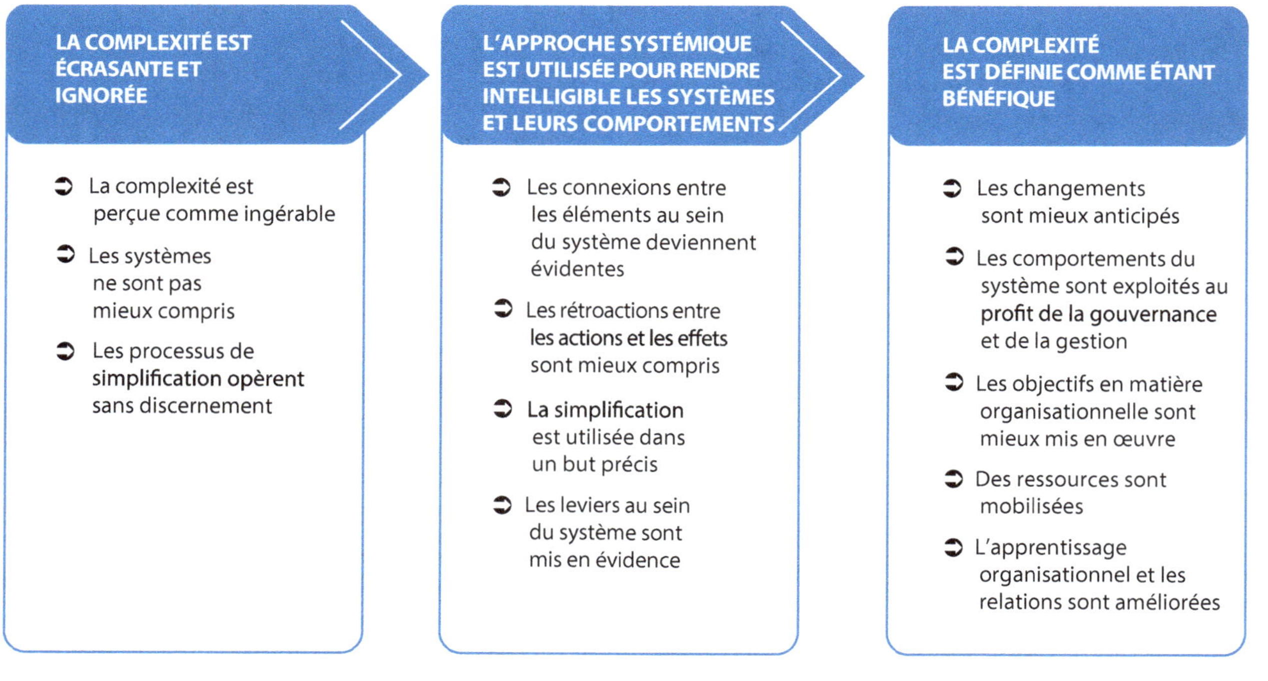

Figure 10.1 Points clés du chapitre

Rhinocéros blanc (*Ceratotherium simum*) et un barrage artificiel peu profond, parc national Kruger
Source : Graeme L. Worboys

Éléphant d'Afrique (*Loxodonta africana*), parc national Kruger
Source : Graeme L. Worboys

Dès lors, un certain nombre d'inquiétudes et d'impacts imprévisibles ont vu le jour. Les attroupements autour des points d'eau ont augmenté les risques de propagation des parasites et des maladies contagieuses entre herbivores et carnivores (et parmi les herbivores) (Bengis et al., 2003). Les conséquences sont apparues clairement en 1982-1983, lorsque la sécheresse a entraîné une mortalité de 20 à 30 % des herbivores au sein du parc. Dans la réserve naturelle privée de Klaserie, voisine du parc, et qui possédait une plus grande densité de points d'eau aménagés par l'homme, la mortalité a été estimée entre 70 et 90 % (Bengis et al., 2003).

Les craintes liées à la mortalité en période de sécheresse et l'impact de plus en plus évident sur la végétation autour des points d'eau ont motivé une énième réponse de gestion : l'abattage d'animaux en saison humide (Freitag-Ronaldson et Foxcroft, 2003), notamment des éléphants. Entre 1966 et 2002, 16 666 éléphants ont ainsi été « soustraits de cette population » (Whyte et al., 2003:339), contribuant à l'émergence d'une forte opposition politique à l'abattage. En 1994, la pression des groupes militant en faveur des animaux a conduit à un moratoire sur les futurs abattages. En 2006, une évaluation scientifique concluait, entre autres, qu'« abattre uniquement des éléphants pourrait avoir de multiples conséquences » et que les « questions sociopolitiques semblent une préoccupation plus immédiate que les questions écologiques, du moins au sein du KNP » (Owen-Smith et al., 2006:393).

En cherchant à simplifier et contrôler le système, les gestionnaires ont en réalité accru sa vulnérabilité face aux pressions et aux forces externes et réduit sa résilience. En 1997, la politique de distribution de l'eau a été inversée (Pienaar et al., 1997) : les barrages ont été ouverts et les points d'eau fermés. Pourtant, l'héritage perdure compte tenu de la composante socioécologique des aires protégées, de leur interconnexion intrinsèque, de la complexité et des interactions à différents niveaux, ainsi que de la nécessité d'une approche adaptative de la gestion et de la gouvernance.

Incendies dans l'Ouest américain

En 1973, lors d'un tumultueux après-midi d'été, un orage engendré par un front froid progressant à travers les montagnes reculées du centre-nord de l'Idaho, aux États-Unis, a provoqué une série de coups de foudre. L'un d'eux a frappé un conifère dans les étages supérieurs du *White Cap Creek Drainage*, à *Fitz Creek*, causant un incendie forestier qui a brûlé environ 550 hectares au sein de la zone de nature sauvage *Selway-Bitterroot*. À rebours d'une politique en place depuis le « Grand incendie » (‘*Big Burn*’) de 1910, aucun pompier n’est intervenu, aucune pelle n’a jeté de terre sur les flammes et aucun avion anti-incendie n’a reçu l’ordre d’en limiter la progression.

Le *Big Burn* d’août 1910 a duré deux jours. Il a ravagé 1.4 million d’hectares de forêt dans le nord de l’Idaho et l’ouest du Montana, rasant villages et petites villes, brûlant la terre avec des températures dépassant les 1 000 °C et tuant au moins 85 personnes. Suite à cet événement, le Service forestier des États-Unis avait adopté une politique d’extinction immédiate, exigeant que tous les incendies forestiers soient maîtrisés à 10 heures du matin, le lendemain du départ de feu. Il a connu un vif succès dans la mise en œuvre de cette politique, plus de 98 % des incendies forestiers ayant été éteints presque immédiatement (Tidwell, 2013). La nouvelle politique autorisait le Service forestier à surveiller les incendies forestiers, leur permettant, sous certaines conditions, de circuler sans interférence dans les zones de nature sauvage.

Si les objectifs du Service forestier en matière de lutte contre les incendies forestiers et de prévention des dégâts ont été couronnés de succès, comment expliquer le remaniement de cette politique au début des années 1970 ? Modifier la « politique de 10 heures du matin » n’a pas été chose facile : de nombreux acteurs (pompiers, scientifiques, gestionnaires au sein du Service et à l’extérieur) ont combattu cette nouvelle politique, dont les risques leur semblaient immenses et largement méconnus. Par ailleurs, pourquoi le Service forestier a-t-il permis à certains feux de forêt de se développer ? Était-ce lié à des changements dans l’environnement naturel ? Ou l’évolution des connaissances, des institutions et des préférences publiques en a-t-elle été le moteur ?

La politique de gestion des incendies forestiers du Service forestier et les tentatives de gestion de la faune sauvage en Afrique du Sud illustrent l’essence de ce chapitre. Les institutions, les valeurs publiques et les systèmes biophysiques sont en constante évolution ; l’incertitude est un défi quotidien pour les gestionnaires des aires protégées ; des surprises apparaissent ; les connaissances fluctuent ; la complexité dynamique imprègne l’environnement social et biophysique au sein duquel opèrent les gestionnaires ; les valeurs et acceptations publiques comptent ; et des conflits surgissent à chaque tournant. Chacun des choix auquel réfléchit un gestionnaire comporte de multiples risques, certains connus, d’autres non. Leur mise en œuvre génère des conséquences à la fois voulues et fortuites, qui ne seront peut-être pas perçues avant longtemps. Par exemple, six décennies d’extinction des incendies forestiers ont entraîné l’accumulation de combustibles là où le feu était un processus naturel, une situation que la science a fini par reconnaître. Une fois enflammés, les combustibles accumulés provoquent des incendies forestiers d’une plus grande intensité, augmentant les dommages et exacerbant les coûts d’extinction (aux États-Unis, ces coûts d’extinction des incendies forestiers avoisinent désormais les deux milliards de dollars américains par an). En résumé, la politique d’extinction des incendies forestiers a engendré des feux plus violents et dont le contrôle est plus onéreux.

Ailleurs, des années en faveur du développement de points d’eau ont entraîné l’augmentation et la redistribution imprévues des troupeaux. Les tentatives de simplification et de contrôle du système qui en ont résulté ont engendré à leur tour d’autres actions de contrôle, telles que l’abattage d’éléphants qui a provoqué un tollé international et entraîné des pressions sur le gouvernement sud-africain afin qu’il modifie sa politique. Des effets de deuxième et troisième ordres à plusieurs échelles ont surpris les gestionnaires, illustrant la nouvelle complexité du système.

Dans ce chapitre, nous affirmons que s’approprier cette complexité en s’appuyant sur une approche systémique permet aux gestionnaires de développer des connaissances utiles et novatrices au sujet des systèmes qu’ils administrent. Ancrer la réflexion et l’action dans la complexité rend possible des stratégies sophistiquées et résilientes, au lieu de tentatives reposant sur la simplification et le contrôle.

Résumé

Les deux exemples montrent que les systèmes socioécologiques sont intrinsèquement complexes. Décider de mettre en œuvre des mesures de gouvernance ou de gestion sans comprendre cette complexité, génère fréquemment des surprises et des conséquences inattendues. Les réponses peu éclairées apportées à ces événements fortuits engendrent inévitablement plus de problèmes, une moindre résilience et des trajectoires de développement plus difficiles à gérer. Ce chapitre suggère que comprendre et s’approprier cette complexité permet de devenir plus conscients de l’efficacité de nos interventions et politiques, de développer une meilleure compréhension du système socioécologique particulier dans lequel nous évoluons au quotidien et d’utiliser ces éclairages pour améliorer nos choix (encadré 10.1). Nous mesurons également mieux les risques associés à ces choix.

Nous bénéficions d’une approche basée sur la complexité (l’application de l’approche systémique aux systèmes complexes) en façonnant des systèmes plus résilients, en comprenant les conséquences des alternatives en matière d'équité et en conservant le plus d'options pour le futur. Définir une aire protégée comme un élément d'un système socioécologique aide à gérer les nombreuses incertitudes d'origines diverses auxquelles sont confrontés les gestionnaires : « L'incertitude est le produit de notre compréhension limitée des processus humains et écologiques, de l'indéterminisme inhérent aux systèmes dynamiques complexes (impliquant des composantes naturelles, façonnées par l'homme et humaines) et d'une myriade de choix et objectifs humains » (Gallopin et al., 2001:222).

Définir la complexité

> La recherche de solutions simples (pour ne pas dire simplistes) aux problèmes complexes découle de notre incapacité à gérer efficacement la complexité (Ackoff, 1999a:252).

Si le monde est si complexe, incertain et controversé, comment expliquer que nous soyons toujours là ? Puisque nous avons survécu si longtemps, comment une approche basée sur la complexité pourrait-elle nous être bénéfique aux niveaux personnel et professionnel ? Le fait est que, au niveau personnel, nous gérons la complexité de façon presque inconsciente (et, le plus souvent, de façon suffisamment efficace pour nous en sortir), en utilisant des modèles et des simplifications qui s'avèrent efficaces dans la plupart des situations ; des défis surviennent toutefois à des échelles spatiale et sociale plus larges. Comme l'a suggéré Capra au début de ce chapitre, nous commençons à prendre conscience que les problèmes sociaux et politiques contemporains sont liés et que nous ne pouvons les résoudre séparément.

Pour travailler dans un monde complexe, il faut d'abord s'efforcer de le comprendre. Comprendre cette complexité permet de développer des approches et des méthodes pour la simplifier, et d'utiliser notre compréhension à des fins de gouvernance et de gestion. Cette compréhension repose sur la description, qui constitue l'aspect central de cette section. Nous nous attachons à décrire le monde dans lequel nous travaillons et vivons, en nous appuyant sur les concepts, la terminologie et les idées de l'approche systémique. Nous débutons en relatant notre expérience personnelle en matière de gestion de la complexité, avant d'élargir la discussion.

Bien que notre vie quotidienne comporte des routines, nous ignorons le plus souvent la multitude d'événements spécifiques à laquelle nous serons confrontés chaque jour. Au quotidien, la plupart d'entre nous s'appuient sur leur routine pour faire face aux événements imprévus. Les modèles comportementaux associés à la routine nous fournissent la simplification nécessaire pour prendre des décisions, répartir notre temps, organiser nos activités par ordre de priorité et faire face aux événements inattendus que nous rencontrons inévitablement.

Pressés par le travail, nous ne prenons pas nécessairement le temps de réfléchir à ce qui a été nécessaire pour créer nos routines. Peut-être considérons-nous que ce sont notre bon jugement, notre expérience, notre intuition et notre intelligence qui guident nos actions. Toutes ces caractéristiques de notre personnalité sont importantes, mais, en réalité, nous œuvrons surtout à simplifier un ensemble très complexe de stimulus en une série d'éléments pertinents et concrets. L'une des stratégies de simplification que nous utilisons à titre personnel consiste à stéréotyper (faire d'un aspect spécifique une généralité) les gens, les situations et les événements, de façon à refléter et renforcer nos expériences et croyances antérieures. Nous filtrons les nouvelles informations au travers de ces croyances, et décidons d'accepter ou de rejeter leurs significations. Une autre stratégie consiste à s'en remettre au jugement d'une personne qui fait autorité sur le sujet. Par exemple, nous recrutons des gestionnaires forestiers ou d'aires protégées expérimentés pour administrer certains endroits particuliers et complexes.

De plus, nous développons des structures institutionnelles, telles que les organes de gestion des aires protégées, pour organiser le réseau des aires protégées en un ensemble plus large et facilement lisible de zones, toutes soumises à des règles et des processus visant à rendre les choses plus simples et prévisibles. Ces institutions réglementent nos comportements au sein des aires protégées, afin que nous puissions gérer confortablement notre immersion dans la nature.

Il est important de décrire un système d'aires protégées qui promeuve notre compréhension de telle sorte que, lorsque nous simplifions les choses, nous le fassions en étant conscients des conséquences associées à cette simplification. Le langage de l'approche systémique nous aide à décrire la complexité, à chasser les mythes et à formuler des modèles qui simplifient la complexité de façon à promouvoir l'apprentissage. Ceci est important dans un contexte où les hypothèses concernant le monde sont en perpétuelle mutation (encadré 10.1).

Encadré 10.1 Évolution des hypothèses concernant les caractéristiques des systèmes socioécologiques

Depuis l'école primaire, la plupart des gestionnaires de parc ont intégré certaines idées à propos du monde, bien avant qu'ils ne réalisent qu'il existe d'autres façons de comprendre le changement. La manière dont ils gèrent ce dernier au sein des aires protégées continue d'être façonnée par une vision conventionnelle. Toutefois, face à la complexité croissante et l'accélération des changements de civilisation, cette ancienne approche n'est plus pertinente. Nous pourrions définir cette opposition entre ancienne et nouvelle perspectives comme une opposition entre les visions du monde dites « PLUS » et « DICE ». L'acronyme PLUS, en référence à l'opération mathématique, vaut (en anglais) pour « prédictibilité, linéarité, intelligibilité et stabilité », et imprègne presque tous les outils et processus utilisés aujourd'hui au sein des aires protégées. Notre civilisation vieille de 10 000 ans a pris son essor au cours d'une période climatique relativement calme, marquée par de faibles changements dans les domaines culturel, social et environnemental. Aussi, la société moderne croit fermement en sa capacité à prédire ou anticiper le futur. En effet, dans l'histoire anthropologique récente, le futur ressemble beaucoup au passé. Partant du principe que le futur est prévisible, les gestionnaires élaborent des plans de gestion s'étalant sur cinq ou dix ans. Ces plans prévoient les conditions et offrent des solutions aux défis posés par la gestion sur de nombreuses années. Comme l'a démontré Isaac Newton, si nous disposons de suffisamment d'informations concernant la vitesse, l'angle d'approche, la composition, etc., d'une balle rebondissante, nous pouvons calculer l'endroit exact où elle rebondira. De la même manière, les planificateurs partent du principe que s'ils génèrent suffisamment d'informations, ils seront eux aussi en mesure de calculer la probabilité future des événements.

We are also taught very early about linearity, which On nous enseigne également très tôt la notion de linéarité. Cette notion suppose que l'effet est proportionnel à la cause, et que les événements sont étroitement liés dans le temps et dans l'espace. Par exemple, beaucoup de gens partent du principe qu'une quantité x d'émissions de gaz à effet de serre produira un niveau de réchauffement, et lorsque l'on constatera véritablement ce réchauffement, on pourra réduire nos émissions et proportionnellement refroidir la planète. De plus, face à l'augmentation du braconnage, les gestionnaires doivent accroître graduellement les mesures anti-braconnage pour réduire la menace. Le concept de capacité de charge reprend parfaitement cette idée de linéarité. D'après ce concept, chaque personne supplémentaire engendre des impacts additionnels : deux personnes causent deux fois plus de dommages qu'une seule. Par ailleurs, les gestionnaires ont besoin que le monde soit compréhensible. Comprendre la nature d'un problème de gestion (protéger une espèce en danger d'un nouveau virus) leur permet de concevoir des solutions quantitatives et rationnelles. Toute limite à notre compréhension, pense-t-on, doit être imputée à un manque d'argent, de temps, de personnel ou d'informations.

La prédictibilité repose sur la stabilité. Autrefois, les parents s'attendaient souvent à ce que leurs enfants connaissent des conditions relativement identiques aux leurs. Comme le montrent les changements climatiques, la croissance démographique, la société de consommation, l'évolution des consciences et le Printemps arabe, les forces de changement continuent de s'accélérer. Alors que les plans de gestion extrapolent systématiquement les conditions futures à partir des circonstances présentes, l'hypothèse de la stabilité devient de plus en plus risquée dans un monde marqué par toujours plus de surprises. Très souvent, l'adhésion aux hypothèses PLUS est à l'origine de plans inappliqués, de problèmes rigides ou qui resurgissent après avoir été « résolus ». Aussi, de nouvelles théories ont été encouragées dans plusieurs domaines : la cogestion adaptative, la réflexion systémique, la réflexion sur la résilience, l'apprentissage organisationnel, l'organisation basée sur la forte résilience, les limites acceptables de changement, le leadership situationnel, le dialogue, la planification globale, la stratégie des gains mutuels, la théorie intégrale, la théorie du chaos, la théorie basée sur la complexité et l'éveil évolutionniste. On peut résumer ces théories avec l'acronyme DICE (« dé », en anglais), qui fait référence au lancer semi-aléatoire du dé. Cette vision du monde, à l'inverse du PLUS, est dynamique, complexe, en constante évolution ou transformation et impossible à comprendre de façon exhaustive.

Le terme « dynamique » fait référence à un changement, une activité ou un progrès ininterrompu. Un monde dynamique fragilise les tentatives simplistes de prédiction du futur, telles que l'estimation des arrivées touristiques, les courbes de croissance démographique et la rentabilité économique des investissements. Bien sûr, plus nous nous projetons loin dans le futur, plus les risques d'erreur sont grands. Les mondes dynamiques ne sont pas linéaires et évoluent au gré de points de bascule, de seuils et de changements systémiques majeurs.

Dans la vision DICE, qu'importe la somme d'informations disponibles, nous ne pouvons connaître complètement le futur, ni même comprendre un problème de façon exhaustive. S'il est possible de simplifier les problèmes sociaux et écologiques complexes, cela ne les rend pas simples pour autant. Les changements sont trop rapides et les relations trop nombreuses pour être compris correctement. DICE implique donc que les décisions soient prises avec humilité et non arrogance. La notion de « complexité » renvoie à l'enchevêtrement d'éléments, d'unités, etc., exhibant des comportements qui ne peuvent être prévus en étudiant uniquement leurs composantes individuelles. Descartes a démontré le pouvoir du réductionnisme dans le cas des problèmes les plus simples. Mais, dans le cas des systèmes composés de multiples éléments fonctionnant à différents moments, échelles et endroits, et poursuivant des objectifs variés, le résultat devrait privilégier l'émerveillement à la certitude. Enfin, l'approche DICE est en perpétuelle transformation, évoluant vers des niveaux d'organisation, d'interconnectivité et de conscience plus sophistiqués. Vivre dans un monde DICE implique que les gestionnaires soient conscients des changements, prennent des décisions dans un contexte d'incertitude stressante et apprennent rapidement dans un monde qui n'est pas figé.

— Jon Kohl

Le mythe de la stabilité

Une aire protégée (y compris les liens qu'elle entretient avec d'autres éléments, avec les personnes et les organisations qui l'administrent et interagissent avec elle) peut être conceptualisée comme une balle dans un bassin, une métaphore utilisée par Walker et Salt (2006). Les forces et les attractions existant à l'intérieur et à l'extérieur d'un système définissent sa forme et sa profondeur. Le bassin représente l'ensemble des états possibles que peut prendre un système socioécologique, tout en conservant sa structure et sa fonction. À tout instant, le système présentera un état particulier (voir la figure 10.2 pour une description du bassin), représenté par la position de la balle dans le bassin. La forme et la profondeur du bassin indiquent l'intervalle de variabilité qui existe habituellement et, tant que la balle demeure dans le bassin, toute condition potentielle peut être décrite comme « normale ». Par conséquent, les écosystèmes ne sont pas statiques, mais changeants.

Dans un bassin (dans lequel le système possède fondamentalement les mêmes structure et fonction, et les mêmes types de rétroaction), la balle a tendance à rouler vers le fond. En termes systémiques, elle tend vers un état d'équilibre. En réalité, cet équilibre change constamment en raison de la fluctuation des conditions externes ; cependant, la balle roulera toujours vers cet équilibre. Il en résulte qu'un système n'est jamais en équilibre, c'est-à-dire, exhibant la balle au fond du bassin. La forme du bassin et la position de la balle changent constamment, à mesure que les conditions externes évoluent. Ainsi, le système suit constamment une cible en mouvement, et est dévié de sa course dans le même temps. La question qui se pose, du point de vue de la résilience, est de savoir quel degré de changement peuvent subir un bassin et la trajectoire d'un système, sans que le système ne quitte le bassin.

Au-delà d'une certaine limite (le bord du bassin) s'opère un changement dans les rétroactions qui sous-tendent les dynamiques du système ; le système tend alors vers un équilibre différent. Dans ce nouveau bassin, le système possède une structure et une fonction différentes. On dit que le système a franchi un seuil vers un nouveau bassin d'attraction (un nouveau régime). Ces différences

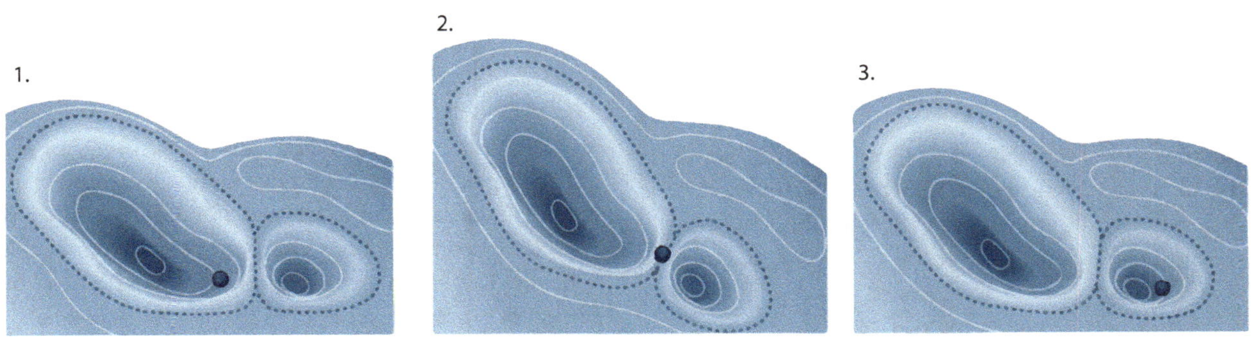

1.

La balle représente l'état du système socioécologique. Le bassin au sein duquel cette balle se déplace représente l'ensemble des états possédant les mêmes types de fonctions et de rétroactions. La ligne pointillée est un seuil séparant un autre bassin. Dans l'autre bassin, le système se comporte différemment (il possède des fonctions et des rétroactions différentes).

2.

Une perturbation a poussé la balle au-delà du seuil.

3.

Ci-dessus l'état du système a été déplacé dans un autre bassin, parfois appelé « changement de régime ».

Figure 10.2 Un système peut être conceptualisé comme un bassin

Centre de gestion et de recherche de Skukuza, parc national Kruger, Afrique du Sud
Source : Graeme L. Worboys

peuvent avoir des conséquences importantes pour la société. Aussi, certains bassins d'attraction sont perçus comme « désirables », d'autres non.

L'état du système (la position de la balle) par rapport au seuil n'est pas le seul élément important. Si, en raison des conditions, le bassin rétrécit, la résilience diminue et la probabilité augmente que le système change de bassin d'attraction. Graduellement, des perturbations de plus en plus petites finissent par pousser le système au-delà du seuil.

Revenons à l'exemple des incendies. La politique d'extinction des incendies a entraîné des interventions de gestion qui ont modifié la position de la balle (l'état du système) dans le bassin. À mesure que le système s'est adapté à l'absence d'incendie, il s'est déplacé progressivement vers le seuil du bassin et, si cette pratique avait perduré suffisamment longtemps, la balle aurait peut-être atteint le seuil et serait passée par-dessus, dans un bassin caractérisé par l'absence d'incendie. Si cela s'était produit, la balle présenterait des propriétés différentes de celles qu'elle affichait dans le bassin précédent. Cependant, les incendies naturels (qui dépassaient les capacités de contrôle) ont renvoyé la balle à un état plus conforme à la variabilité environnementale à laquelle elle était adaptée. Ce processus a été complété par un ensemble de décisions de gouvernance concernant l'évolution des conditions inacceptables. Ces dernières ont conduit à relever les niveaux de risque liés aux incendies pour les humains et leur environnement naturel. Si on ne peut qualifier ces actions de véritable gouvernance adaptative, elles ont toutefois le mérite d'avoir reconnu qu'en l'absence de changements de politique, les seuils pouvaient être franchis, que la simplification des environnements menaçait les systèmes socioécologiques et que la politique d'extinction des incendies suscitait des doutes. Suite à la révision des politiques et pratiques de gestion, la balle n'est plus poussée vers le bord du bassin. La capacité d'un système à conserver son intégrité (définie par Walker et Salt (2006) comme la capacité propre des systèmes à se structurer) après une perturbation (un régime imposé de gestion des incendies), est un indicateur de résilience.

Il se peut qu'à titre personnel et plus largement, nous désirions ou recherchions la stabilité dans un contexte de complexité dynamique. Toutefois, les systèmes complexes évoluent constamment, puisque la modification d'un élément de ce système affecte les autres éléments. Cela est particulièrement évident dans le cas de l'Afrique du Sud, où la création de forages et de barrages a modifié la répartition des animaux, affectant la végétation et augmentant la vulnérabilité de la faune face à la sécheresse. Ces systèmes socioécologiques sont des systèmes *adaptatifs* complexes, c'est-à-dire qu'ils répondent aux changements et les ajustent en suivant un cycle de renouveau et d'adaptation. Ces systèmes démontrent, dans une certaine mesure, la propriété de la résilience. La notion de résilience renvoie à la capacité d'un système à conserver son intégrité et à retrouver sa trajectoire de développement après avoir subi des perturbations (voir l'encadré 10.2 pour des définitions supplémentaires).

Par conséquent, si la stabilité est un objectif impossible à atteindre, la résilience, elle, est souhaitable. Le changement est partout, et y répondre, comme le montre la figure 10.2, requiert différentes stratégies, en fonction de l'ampleur du changement. Un processus d'adaptation s'opère lorsque le système est sujet à des perturbations, mais demeure dans le domaine de la variation naturelle (le bassin de la figure 10.2). Toutefois, à certaines époques et à certains endroits, les changements ont été tels que les seuils ont été dépassés, rendant les conditions intenables. Dans ces cas-là, la transformation vers un autre système ou un système antérieur est requise. Dans les exemples cités précédemment, des changements ont été nécessaires pour ramener les conditions à une situation plus gérable. Dans les deux exemples, les systèmes de gouvernance ont dû agir. En Afrique du Sud, le gouvernement a dû prendre en main la gestion des éléphants, leur abattage ayant grandement compliqué les relations à l'échelle internationale. Aux États-Unis, le Congrès a légiféré et a mobilisé des fonds pour gérer (grâce au feu et à l'abattage) les combustibles dangereux à proximité des communautés. Il a ainsi réduit le risque de perte, et l'intensité des incendies.

Partager le pouvoir et structurer les processus de décision sont des questions de gouvernance clés dans la construction de la résilience, comme l'est la gestion. La gouvernance adaptative requiert la décentralisation, au niveau local, d'une partie du pouvoir décisionnel relatif à la gestion, la participation de multiples parties et le partage du pouvoir entre les échelons politiques (voir Folke et al., 2005). L'engagement des parties concernées, la répartition du pouvoir et la structure des processus décisionnels figurent également parmi les caractéristiques importantes d'un système complexe. Leur modification ou leur pérennité influence les relations entre les éléments du système (voir chapitre 7 pour une discussion sur la façon dont la gouvernance facilite la résilience).

La direction et l'intensité d'un changement sont dictées par la nature des relations entre les différents composants d'un système, et sont sujettes à des retards de durée variable. Aussi, dans notre quotidien, nous interagissons au travail avec d'autres personnes, et ces interactions sont encadrées par des règles et des normes organisationnelles pour produire des plans et les mettre en œuvre. Dans un système, on ne peut comprendre la fonction des différentes composantes, sans comprendre les relations entre elles. Si l'un de nos collègues est malade et manque une réunion ou une tâche, les effets sur l'ensemble de l'équipe dépendront du rôle et des responsabilités de ce collègue au sein de l'organisation, et de la nature des tâches données.

Encadré 10.2 Qu'est-ce que la résilience ?

L'un des objectifs souvent avancé au sein de la gestion des systèmes socioécologiques complexes est le maintien de leur résilience. Mais qu'est-ce que la résilience ? Walker et al. (2006:14) utilisent la définition suivante : « la résilience est la capacité d'un système à subir des chocs, tout en conservant fondamentalement les mêmes fonction, structure et rétroactions et, par conséquent, la même identité ». Folke et al. (2010:20) définissent la résilience comme étant « la capacité d'un système à absorber les perturbations et à se réorganiser tout en subissant des changements, de façon à conserver les mêmes fonction, structure, rétroactions et identité ; en d'autres termes, la capacité à changer afin de conserver la même identité ».

En termes simples, cela signifie la capacité d'un système socioécologique à revenir à sa trajectoire de développement antérieure, après avoir subi une perturbation. Par exemple, un typhon peut frapper un pays insulaire du Pacifique Sud, détruire le système de transport et d'autres infrastructures, isoler le pays pendant un certain temps, et entraver les efforts de réduction de la pauvreté. Un pays résilient serait alors capable de revenir à sa trajectoire de développement antérieure, sans séquelle irréversible au niveau de ses structures, fonctions et rétroactions antérieures. La résilience ne signifie pas nécessairement le retour à un état préexistant. Les systèmes sont en perpétuelle mutation, s'adaptant et changeant en réponse aux perturbations et processus en cours. Conserver la capacité du système à s'adapter représente par conséquent un objectif majeur de la gestion des aires protégées.

Qu'est-ce qui rend un système complexe ?

Un système renvoie à un « tout ». À ce titre, le système possède des propriétés qui existent comme un tout. Pour reprendre les mots de Jackson (2003:3) « [e]xprimé simplement, un système est un ensemble complexe, dont le fonctionnement repose sur ses différentes composantes et des interactions entre celles-ci ». Ainsi, une voiture peut être définie comme un système, tandis que le moteur, la porte avant, les pièces électriques et les pièces de transmission constituent quelques-unes de ses composantes. Chaque composante possède une fonction qui ne peut être définie qu'en rapport avec les autres composantes, et les propriétés de l'ensemble du système (la voiture) ne découlent pas des propriétés de ses composantes. Par exemple, on ne peut pas décrire la fonction d'une voiture si l'on ne possède qu'un pare-chocs arrière, et lorsqu'on change une composante, on modifie l'ensemble du système. Les propriétés de l'ensemble sont appelées propriétés émergentes. Aussi, si l'un d'entre nous s'abstient de venir travailler une journée (disons qu'il est malade), le produit final sera différent.

Certains systèmes sont complexes, car les relations, ou liens de cause à effet, entre certaines de leurs composantes sont dynamiques et non linéaires, c'est-à-dire qu'un changement mineur affectant l'une des composantes peut induire un changement plus important d'une autre composante (ou vice-versa), ou du système tout entier. Par exemple, une conversation informelle à propos d'une cascade le long de la rivière Carabinani dans le parc national Jau, au Brésil, pourrait entraîner une augmentation très importante du nombre de visiteurs, particulièrement des kayakistes souhaitant descendre le cours de la rivière pour la première fois. Cette augmentation engendrerait à son tour d'autres retombées, telles qu'une plus grande visibilité des impacts biophysiques causés par les visiteurs, une augmentation des dépenses réalisées par les visiteurs, à l'origine de la création d'emplois plus nombreux pour les résidents, et plus d'incertitude quant aux conséquences sociales et politiques à long terme résultant de la fréquentation touristique. Aussi, alors que nous apprécions les jours où, occasionnellement, tout se passe comme prévu, nous sommes clairement dépassés par les multiples façons dont l'incertitude peut se glisser au sein des systèmes qui nous entourent.

Nos schémas mentaux et comportementaux peuvent devenir résistants au changement, et sont basés sur l'hypothèse erronée que le passé peut prédire le futur. Dissiper ce mythe est véritablement notre seul espoir de construire une résilience personnelle face au changement perpétuel. Ne pas se de contenter d'accepter l'importance et l'inévitabilité de l'imprévu, mais véritablement l'adopter, permet d'améliorer l'apprentissage, la réflexion et l'efficacité professionnels. Développer une meilleure compréhension du système socioécologique particulier auquel nous appartenons permet de mieux saisir la façon dont ces connaissances nous aident à faire des choix plus pertinents. Les structures, politiques et bureaucraties relatives à la gouvernance qui sont rigides ne fonctionnent donc pas correctement dans un monde en mutation. Les politiques nationales peuvent provoquer des problèmes d'équité déstabilisants au niveau local, ou affecter la résilience, menaçant la biodiversité et les communautés humaines vulnérables.

Les composantes d'un système peuvent être assemblées solidement ou de façon plus lâche. Dans les systèmes assemblés solidement, les changements touchant une composante affectent les composantes situées immédiatement en aval : les relations de cause à effet sont plus ou moins déterministes et les effets surviennent après un délai court. Par exemple, dans la mesure où l'accès à une aire protégée est souvent étroitement lié aux financements et politiques du gouvernement, des changements à ces niveaux pourraient entraîner des pertes financières catastrophiques pour les entreprises locales dépendantes du tourisme, comme cela a été le cas en octobre 2013, lors d'un désaccord financier entre différentes branches du gouvernement américain et qui a entraîné la fermeture des parcs nationaux..

Les systèmes assemblés de façon plus lâche se caractérisent par des délais plus longs entre les causes et leurs effets, le fait que des causes différentes conduisent aux mêmes effets, des temps de rétroaction lents, la multiplicité des liens entre causes et conséquences, des discontinuités spatiales entre les causes et leurs effets, etc. (Weick, 1976). Par exemple, les changements climatiques créent de l'incertitude concernant la répartition de la végétation dans certaines aires protégées, telles que la réserve de biosphère du papillon monarque, au Mexique, ce qui représente une menace potentielle pour l'habitat hivernal, rare et vulnérable de ce papillon. Les systèmes socioécologiques possèdent des connexions à la fois étroites et lâches. Pourtant, les discours de planification continuent de véhiculer une vision étriquée de ces systèmes comme étant caractérisés par des relations étroitement imbriquées. Cela découle de notre obsession à vouloir réduire la complexité à quelque chose d'(illusoirement) gérable. Par conséquent, de nombreuses tentatives de « réparation » (actions de gestion) échouent souvent, ou aggravent la situation.

Un sous-système individuel suit sa propre trajectoire d'adaptation et de renouveau, en réponse aux influences soi-disant extérieures (Walker et al., 2004 ; Walker et Salt, 2006). Ces trajectoires peuvent être modifiées de façon substantielle en réponse à des perturbations d'origine humaine ou naturelle, telles que le prélèvement d'eau au sein d'une rivière pour l'irrigation, le développement de nouvelles installations touristiques,

Encadré 10.3 Découvrir la complexité à l'intérieur et autour du parc national Kruger

Réfléchir à la complexité

La collaboration entre la science et la gestion a permis au parc national Kruger (KNP), en Afrique du Sud, d'être un modèle des apports bénéfiques d'une approche basée sur la complexité. Une longue tradition de décisions basées sur la science, couplée à la démocratisation du pays en 1994 et aux enseignements tirés d'un programme spécial développé à l'intérieur et autour du parc durant les années 1990 et caractérisé par une attention adaptative à la gestion des cours d'eau, ont permis par la suite de voir le parc comme faisant partie intégrante d'un système socioécologique complexe (Berkes et al., 2000). Une multitude d'autres facteurs, tels que la prise de conscience des bénéfices de la réflexion (Biggs et al., 2011), les interactions à long terme avec des spécialistes de la résilience et de la complexité (Walker et Salt 2012 ; Cilliers et al., 2013), la collaboration et les essais autour de la gestion adaptative au sein des bassins hydrographiques alimentant le parc en eau (Pollard et al., 2014), ainsi que l'inclusion du parc dans une aire protégée transfrontalière plus vaste (Cumming, 2004), ont renforcé cette tendance. Par conséquent, les décisions ont été plus fondées et éclairées, comme l'illustre, par exemple, le débat sur la gestion des éléphants (Scholes et Mennell, 2008).

Gestion adaptative stratégique

Les scientifiques et gestionnaires du parc ont répondu à cette nouvelle conceptualisation du parc comme partie intégrante d'un système socioécologique en développant une approche de gestion adaptative stratégique (« strategic adaptive management » – SAM) aux décisions. La SAM implique une variété d'innovations en matière de gestion, y compris un large balayage contextuel (s'attachant à mettre en lumière les croyances sous-jacentes et profondément ancrées), la co-construction d'une version simple des forces motrices clés influençant le système (Stirzaker et al., 2010), et la mise au point d'objectifs spécifiques quantifiables, de seuils de changement déclenchant des actions de gestion et les rétroactions qui permettent l'adaptation, l'apprentissage et la réflexion continus à plusieurs niveaux combinés.

Profitant de l'élan impulsé par le KNP, la SAM a été étendue à d'autres parcs nationaux d'Afrique du Sud (Roux et Foxcroft, 2011) et, ce faisant, a attiré l'attention sur le rôle de a culture organisationnelle (Stirzaker et al., 2011) pour susciter intérêt et soutien. La mise en œuvre de la SAM a également influencé d'autres aspects de la gestion des ressources, tels que la loi nationale post-apartheid sur l'eau, qui s'intéresse, entre autres, à la gestion des bassins hydrographiques alimentant le KNP. L'approche systémique socioécologique et/ou le processus de planification adaptative de la SAM sont utilisés comme points de départ pour ces stratégies, et d'autres, telles que l'initiative Animal Health for the Environment and Development (AHEAD) (Cumming, 2004), élaborée en réponse au Congrès mondial sur les parcs et plusieurs autres initiatives de recherche œuvrant dans la région (Coetzee et al., 2012). Plusieurs de ces initiatives ont incorporé des aspects importants du dialogue sur la complexité qui fournissent le fondement conceptuel pour des interventions dans des domaines tels que le développement économique durable et la réduction de la pauvreté.

Quelles ont été les réalisations ?

La mise en œuvre d'une approche basée sur la complexité a permis de constater deux choses essentielles : premièrement, il n'y a pas de panacée pour résoudre les problèmes émergeant au sein des systèmes complexes et, deuxièmement, il faut du temps pour observer les impacts d'une telle approche de la gestion. Les scientifiques, gestionnaires, consultants, bailleurs de fonds, administrateurs et citoyens doivent donc être à l'aise avec des variations dans le temps, l'espace et la culture opérationnelle, et doivent s'appuyer sur des interventions plus réfléchies et interdisciplinaires comme plateformes d'apprentissage. Quelques acteurs clés ont démontré qu'une conception systémique commence à être plus largement partagée, et plusieurs individus ou groupes s'identifient comme faisant partie d'un ensemble interconnecté. Ces comportements, ainsi que les valeurs explicitement cultivées au sein de la SAM, pourraient favoriser un futur plus durable, au sein duquel la science jouerait un rôle important, mais contextuel, sans chercher à diriger seule.

Où nous dirigeons-nous ?

Parmi les progrès les plus intéressants inspirés de l'approche basée sur la complexité, on peut noter : l'utilisation de l'apprentissage social interdisciplinaire pour les communautés au sein du bassin de la rivière Olifants, et l'adaptation des dispositifs institutionnels pour faciliter l'intégration partielle de plusieurs projets de développement similaires au sein de la réserve de biosphère Kruger to Canyons (Coetzee et al., 2012). Nous espérons que les amateurs pragmatiques de la région continueront à apprendre conjointement avec certaines initiatives mentionnées plus haut et d'autres initiatives émergentes utilisant des cadres similaires. Cela les aiderait à piloter et gérer le système socioécologique complexe au sein duquel le KNP joue un rôle critique. Les apports bénéfiques d'une approche plus systémique et basée sur la complexité commencent à être perceptibles, non pas au détriment des approches alternatives (parfois plus conventionnelles), mais en y apportant des fondements plus justifiables et collectifs pour la prise de décision et la gestion. L'approche systémique étant souvent novatrice, et parfois perçue comme menaçante par certains participants, elle requiert une médiation adéquate, et une position prédominante au sein de l'approche plus globale. Notre expérience en la matière nous rend modestes, mais optimistes.

— Harry C. Biggs

l'introduction d'une nouvelle espèce animale ou végétale, un événement météorologique ou une modification du régime climatique. Ces événements ne sont pas considérés comme des variables exogènes du système de l'aire protégée, mais comme des variables endogènes qui sont donc sujettes à certaines influences ou réponses de gestion.

Complexité et leadership

À l'opposé de la quête pour le contrôle, la stabilité et la prédictibilité, pensez à quelqu'un que vous considérez comme un bon dirigeant ou gestionnaire d'aire protégée. Il est probable que cette personne possédera un éventail adéquat de compétences techniques, mais qu'elle se démarque grâce à sa capacité à anticiper et comprendre les conditions sociales et écologiques changeantes. Il y a de fortes chances qu'elle possède des compétences sociales efficaces, y compris la capacité à respecter, à écouter, à apprendre et à accepter la valeur d'un panel d'opinions et de savoirs. Elle anticipe les nouveaux défis ou menaces, et encourage les autres à se rassembler autour d'une vision commune pour relever ces défis. Elle pose des questions pertinentes et a construit un large réseau de conseillers qui bénéficient également de ses éclairages. Elle est de bons conseils pour décider où et quand agir, et ses conseils ont souvent des répercussions visibles importantes. En d'autres mots, elle utilise certaines de ses compétences pour profiter de la complexité qui l'entoure et contribuer plus efficacement à la gestion. Elle est consciente de sa place au sein du système et de son contexte. Elle ne simplifie pas les problèmes. Elle accorde une attention particulière aux interventions et suggère des actions qui généreront des rendements élevés par rapport aux investissements en termes de personnel et d'autres ressources. Elle accepte et apprend de ses échecs. Elle s'appuie et prend part à de larges réseaux de connaissances souvent exigeants. Elle investit dans les relations, donne souvent plus qu'elle ne semble recevoir et, par-dessus tout, privilégie l'apprentissage continu au sein de sa routine. Consciemment ou inconsciemment, elle tire profit de la complexité.

Pour comprendre la complexité, il faut accepter la connectivité intrinsèque des systèmes auxquels nous appartenons. Cela requiert également des compétences en matière d'expérimentation, de réflexion constructive, d'intuition, d'apprentissage et d'adaptation, ainsi que savoir reproduire les bonnes pratiques, répondre à l'incertitude, communiquer, construire des systèmes de soutien et imaginer des futurs possibles. Ces compétences optimisent notre capacité à gérer les relations sociales et matérielles et à enrichir le sens de nos vies. Bien que nous utilisions ces compétences fréquemment, nous le faisons souvent de façon inconsciente, sans chercher à les améliorer ou à profiter davantage des environnements apparemment chaotiques.

Lorsque nous échouons à utiliser ces compétences, nous risquons de développer ce que Peter Senge (1990) appelle des troubles d'apprentissage organisationnel : par exemple, se laisser définir par sa fonction, blâmer les conséquences négatives d'un changement sur un « ennemi », se leurrer sur le degré de contrôle que nous exerçons sur une situation ou être incapable de percevoir les changements plus larges à l'œuvre parce que nous faisons une fixation sur les événements. Il se peut que l'utilisation de panacées soit également encouragée lorsque la gouvernance ne remplit pas son rôle.

Quelques outils pour définir la complexité

Notre capacité à définir les systèmes complexes et à répondre aux perturbations est directement influencée par les outils dont nous disposons. Plusieurs outils existent pour comprendre les composantes et les relations au sein des systèmes complexes, ainsi que pour identifier les politiques potentiellement sûres face à des changements incertains. Premièrement, la *Resilience Alliance* (2010) a créé un cahier d'activités utile pour identifier et évaluer les différentes composantes d'un système socioécologique pouvant subir un stress. Le cahier aborde les dynamiques de système, les interactions et la gouvernance à différentes échelles, et guide l'usager au travers d'un processus pour identifier les actions.

Deuxièmement, on peut utiliser la création de scénarios comme méthode pour identifier les conditions à venir possibles, puis tester les politiques capables de perdurer face à celles-ci (Peterson et al., 2003). La création de scénarios pour la conservation est utile dans les situations comportant un haut degré d'incertitude et difficilement « contrôlables ». Développer et analyser des scénarios avec la participation des parties intéressées leur offre l'occasion de discuter, de s'impliquer et d'apprendre comment différentes politiques pourraient fonctionner au sein de diverses conditions possibles à venir.

Remarquez que nous employons ici le terme de « parties intéressées » plutôt que celui, plus fréquent, de « partie prenante » pour désigner ceux qui ont un intérêt dans une aire protégée. Une partie intéressée désigne ceux qui sont servis par une organisation ou qui profitent d'une aire protégée. Les parties prenantes, elles, possèdent des investissements ou détiennent des actions dans quelque chose. Le terme « partie intéressée » est préférable à celui de « partie prenante », car il concerne un éventail plus large d'individus et de valeurs affectés par une aire protégée. Nous sommes convaincus que ce terme est non seulement plus inclusif, mais également plus pertinent dans le cadre d'une approche systémique.

Un troisième outil potentiellement utile est la cartographie mentale. Celle-ci permet de découvrir la façon dont les individus perçoivent les connexions et les variables impliquées dans un problème particulier, et dévoile les schémas mentaux sous-jacents (voir la section suivante) qui influencent la gouvernance, la politique et la gestion. Mosimane et al. (2013) ont utilisé la cartographie mentale pour identifier les facteurs clés affectant les conflits entre les humains et la faune en Namibie, et ont montré que certains ministères en apparence peu concernés ont une grande influence sur ces conflits.

Résumé de cette section

Reconnaître la nature de la complexité constitue le premier pas pour en tirer profit. À ce stade du chapitre, nous avons illustré les points suivants.

- Nous gérons et gouvernons les aires protégées dans un contexte dynamique, complexe, en perpétuelle mutation et qui échappe à une compréhension exhaustive : la vision DICE. Par conséquent, les gestionnaires, conscients des changements, prennent des décisions dans un contexte d'incertitude stressante, et apprennent rapidement face à un monde fluctuant.
- Nous devons nous efforcer de comprendre ce monde complexe et la façon dont nous collaborons avec celui-ci. Ces connaissances mettront en évidence les modalités que nous utilisons pour simplifier la complexité aux niveaux personnel, professionnel et sociétal. La simplification, bien qu'importante, doit être stratégique si nous voulons profiter consciemment de la complexité.
- L'approche systémique nous libère du mythe de la stabilité, et nous offre les outils pour comprendre comment les systèmes sont organisés et en perpétuelle mutation. Les connaissances acquises en analysant les changements permettent de mieux comprendre les causes qui les sous-tendent et de mieux anticiper les conditions émergentes à venir.
- Les concepts, tels que la résilience, nous aident à prendre part à la complexité du système dans lequel nous sommes investis.
- Certains systèmes sont complexes, car les relations, ou liens de cause à effet, ne sont pas linéaires : la modification minime d'une composante peut entraîner des changements plus importants d'une autre composante (ou vice versa), ou dans l'ensemble du système. De plus, le décalage entre la cause et l'effet peut être long et dissimuler les relations clés influençant le changement.
- Dans un contexte complexe, la fonction de commandement suppose d'accepter la connectivité inhérente des systèmes auxquels nous appartenons. Elle requiert également des compétences en matière d'expérimentation, de réflexion constructive, d'intuition, d'apprentissage et d'adaptation, ainsi que de savoir reproduire les bonnes pratiques, répondre à l'incertitude, communiquer, construire des systèmes de soutien et imaginer des futurs possibles. Les dirigeants efficaces sont souvent ceux qui savent profiter de la complexité qui les entoure.

Simplifier la complexité

> La simplicité ne précède pas la complexité, elle lui fait suite (Perlis, 1982:8).

Si les systèmes sont si complexes (et compliqués), comment simplifier nos vies tout en tirant profit des apports d'une approche basée sur la complexité ? Face à un système reconnu comme complexe, comment fonctionner sans être submergé ? En résumé, nous simplifions. Mais cette simplification s'appuie sur la compréhension que nous avons des systèmes complexes au sein desquels nous sommes investis. C'est ce que nous entendons par aller au-delà de la complexité. Se confronter à cette complexité suppose de se concentrer sur quelques variables, processus et relations clés, grâce à la mise en œuvre d'une approche systémique. Gharajedaghi (2011:335) affirme que « l'approche systémique est l'art de simplifier la complexité. Il s'agit de voir à travers le chaos. Le monde nous semble de plus en plus complexe et chaotique, car les concepts que nous utilisons pour l'analyser sont inadaptés. Comprendre quelque chose permet de ne plus le percevoir comme chaotique ou complexe ».

Nous simplifions la complexité inhérente d'un système afin de mieux conceptualiser, communiquer, comprendre et répondre à une décision future. Après réflexion, nous déléguons en réalité une grande partie de nos prises de décision à des experts, au clergé, à des célébrités, aux institutions, à notre famille, à nos amis ou dirigeants communautaires, à des scientifiques, biologistes, planificateurs, et autres. Simplifier la complexité de notre environnement est un processus remarquablement efficace. Souvent, cela renforce de façon positive nos décisions (par exemple, les recommandations du médecin ont marché). Comme discuté au sujet du mythe de la stabilité, notre quête d'une vie simplifiée, prévisible et stable comporte un inconvénient. Si simplifier est nécessaire pour fonctionner efficacement, le risque est de prendre pour acquis une certaine prédictibilité qui n'a pas lieu d'être. Lorsque c'est le cas, nous sommes souvent surpris par des événements que nous n'avions pas anticipés. Les stéréotypes (tels que le racisme et le sexisme) peuvent être contre-productifs. Il importe donc de s'habituer à embrasser la complexité dans notre quotidien, pour mieux anticiper le changement et faire face de façon stratégique aux événements pouvant perturber nos routines.

Les modèles comme méthodes de simplification

La mise en œuvre d'une approche systémique repose sur la modélisation de notre environnement. Un modèle est une représentation simplifiée du monde réel et du système dans lequel nous opérons, qu'il s'agisse de notre foyer, de notre communauté, d'infrastructures de transport, d'un système biophysique ou d'une vaste aire protégée. Il existe de nombreux types de modèles : des idées connectant deux composantes d'un système grâce à un type de relation ; des équations prédisant un résultat à partir d'une ou plusieurs variables ou composantes d'un système ; des chiffres représentant les composantes d'un système connectées par des relations et des boucles de rétroaction. Le modèle choisi pour représenter un système est influencé par des connaissances et besoins, l'importance d'un système en particulier, les ressources et compétences disponibles, et les risques et conséquences encourus en faisant le choix d'approches alternatives.

Le processus de modélisation conduit souvent à s'interroger sur les éléments à inclure dans le modèle qui soient représentatifs d'un système. Donella Meadows (2008:97) affirme que « la façon dont est délimité un système dépend des questions que l'on souhaite poser ». Dans la mesure où une aire protégée peut appartenir à plusieurs systèmes, il n'y a pas une seule façon « correcte » ou « juste » de décrire la gouvernance et la gestion du système d'une aire protégée. Il existe donc, pour un même système, de nombreux schémas mentaux cherchant à répondre à des questions différentes et reflétant les perspectives variées des parties intéressées impliquées dans les aires protégées.

L'un des objectifs fondamentaux de la modélisation est de générer des connaissances afin de développer une capacité d'apprécier la situation. Endsley (2000:4) définit la capacité d'apprécier la situation comme « le fait de savoir ce qui se passe autour de vous ». Une variété de facteurs affecte la capacité d'apprécier la situation : l'expérience, le contexte, la formation, les schémas mentaux personnels et organisationnels, et le contexte au sein duquel le planificateur, le gestionnaire ou la partie intéressée opère. Chacun de ces facteurs influence les signaux perçus, la façon dont ils sont interprétés et la signification qui leur est donnée. Par exemple, la gestion des éléphants au sein du parc national Kruger en Afrique du Sud est désormais déterminée autant par des croyances concernant les droits des animaux que par l'écologie et la reproduction des populations d'éléphants. Une gestion saine de l'aire du patrimoine mondial de la Grande Barrière en Australie nécessite une bonne compréhension autant des utilisations, des valeurs et des préférences humaines que des relations entre les récifs, les rivières et les courants.

La façon dont un gestionnaire ou une partie intéressée décrit une situation particulière (par exemple, les variables contextuelles qui sont opérationnelles, les facteurs juridiques, réglementaires et politiques qui sont importants) influence la définition d'un problème et la prise de décisions (Endsley, 1995). La description d'une situation, développée grâce au discernement et à la sensibilisation, est conditionnée par les schémas mentaux. Ces derniers sont les « représentations internes de la réalité externe que les gens utilisent pour interagir avec leur environnement » (Jones et al., 2011:1). Ces schémas mentaux simplifient nos perceptions concernant le fonctionnement du monde réel (Nkhata et McCool, 2012) et influencent fortement ce à quoi nous prêtons attention. Ces modèles simplifiés sont nécessaires pour que les humains fonctionnent efficacement dans un monde complexe, et nombre d'entre eux ont été développés à partir d'expériences passées réussies.

Un modèle est jugé approprié lorsqu'il a démontré sa capacité à avoir du sens, développer la capacité d'apprécier la situation, promouvoir l'apprentissage et choisir parmi des alternatives. Dans le cas des aires protégées, les modèles devront refléter la complexité, les troubles et la controverse dynamiques des systèmes auxquels elles appartiennent, afin que les gestionnaires travaillent de manière efficace. Bien que tous les modèles seront toujours erronés (Sterman, 2002), puisqu'ils constituent des représentations simplifiées de la réalité, ils sont plus ou moins utiles en fonction de l'apprentissage qu'ils permettent (Box et Draper, 1987). Par conséquent, l'acceptabilité d'un modèle dépendra de sa capacité à faire avancer la connaissance.

La construction et l'adaptation de nos modèles constituent des processus inhérents à la vie humaine quotidienne, processus menés de façon appropriée dans bien des cas, mais pouvant conduire à des difficultés imprévues dans d'autres. Cependant, à mesure que l'échelle d'un système augmente, la modélisation devient plus difficile et doit être plus explicite, même mentalement. Les avantages associés au fait de modéliser un système explicitement ne résident pas tant dans les résultats découlant de son utilisation, mais plutôt dans le fait qu'il encourage et accélère les connaissances au sujet du système modélisé (Sterman, 2002).

Les aires protégées : une composante d'un modèle socioécologique complexe

La reconnaissance croissante des aires protégées en tant que composantes de systèmes socioécologiques complexes rend nécessaire l'élaboration de modèles plus explicites pour accroître l'efficacité de la gestion et de la gouvernance. Nous affirmons cela en raison de la multiplication des conflits, la diversité croissante des attentes, la dépendance accrue envers les aires protégées pour préserver le patrimoine naturel, et l'espoir grandissant que ces modèles deviendront des outils clés pour augmenter les revenus et réduire la pauvreté dans les communautés avoisinantes. Les parties intéressées peuvent avoir chacune leurs propres schémas mentaux, lesquels peuvent sembler présenter peu de points communs les uns avec les autres.

Les aires protégées constituent l'une des composantes d'un système socioécologique, lui-même niché au sein d'un système socioécologique plus large formé par la société civile et ses interactions avec l'environnement biophysique. Par exemple, la gestion des éléphants au sein du KNP s'inscrit désormais dans un débat plus large concernant les droits des animaux, les dynamiques de la végétation et les conflits entre les humains et la faune. La gestion des éléphants est influencée par la façon dont la société perçoit les éléphants et l'importance qu'elle leur accorde, peut-être plus que par les descriptions scientifiques de leur écologie. Les aires protégées (y compris leur gouvernance et leur gestion) sont donc nichées au sein du « nuage » plus large que forme la société. La signification et la gestion des aires protégées évoluent de pair avec les changements de valeurs, de préférences et des besoins au sein de ce nuage.

Concevoir une aire protégée comme une composante d'un système socioécologique complexe est très différent de la concevoir, comme c'est communément le cas, comme une aire géographique délimitée par une frontière politique et visible, bien que perméable, et a priori relativement indépendante des activités et des processus survenant à l'extérieur de ses frontières. Les aires protégées étant créées par la société, elles constituent des systèmes nichés dans des systèmes plus larges qui les influencent et les affectent. Par ailleurs, les systèmes existant au sein de l'aire protégée ont souvent eux aussi des impacts sur les systèmes à l'extérieur de celle-ci.

Il existe plusieurs façons de modéliser et de caractériser graphiquement un système socioécologique. Nous avons choisi d'utiliser un modèle élaboré par Anderies et al. (2004), car il correspond à notre schéma mental de ces systèmes et probablement à celui de nombreux gestionnaires d'aires protégées également. Dans les paragraphes suivants, nous examinons ce modèle, et discutons et illustrons son acceptabilité pour les aires protégées.

Le terme « système socioécologique » désigne un sous-système social, au sein duquel les interactions humaines sont arbitrées grâce à des connexions (solidement ou lâchement assemblées) avec le sous-système écologique. Alors que le sous-système écologique renvoie à un système interdépendant d'organismes et d'unités biophysiques (à différentes échelles spatiales), le sous-système social correspond aux relations humaines interdépendantes qui se développent à différentes échelles temporelles, spatiales et socio-organisationnelles. Le système socioécologique comprend plusieurs sous-systèmes intégrés dans de multiples systèmes plus larges. Bien que les deux systèmes, social et écologique, comprennent des sous-systèmes apparemment indépendants les uns des autres, chacun affecte et est affecté par les autres systèmes par l'intermédiaire d'un assemblage de relations.

Le système décrit dans la figure 10.3 comprend : a) la ressource (dans le cas présent, une aire protégée, la valeur qu'elle renferme ainsi que le stock et les flux de matériaux et de processus biophysiques) et la signification que lui attribuent différents acteurs ; b) les utilisateurs de la ressource (parties intéressées telles que les visiteurs, les prestataires de services touristiques, les entreprises qui exploitent des produits et matériaux, les résidents qui cueillent des plantes médicinales ou pêchent dans la zone, les communautés qui utilisent l'eau à l'extérieur de l'aire protégée, les groupes qui attachent de la valeur à divers aspects de l'environnement – faune –, etc.) qui ont des attentes et formulent des demandes concernant les valeurs qui doivent être protégées et les décisions concernant la gestion des ressources ; c) les fournisseurs d'infrastructures (la direction de l'aire protégée et son personnel et, dans bien des cas, d'autres agences de réglementation ou de gestion foncière, organisations non gouvernementales, lois et politiques publiques relatives à l'environnement, à la prise de décision et à

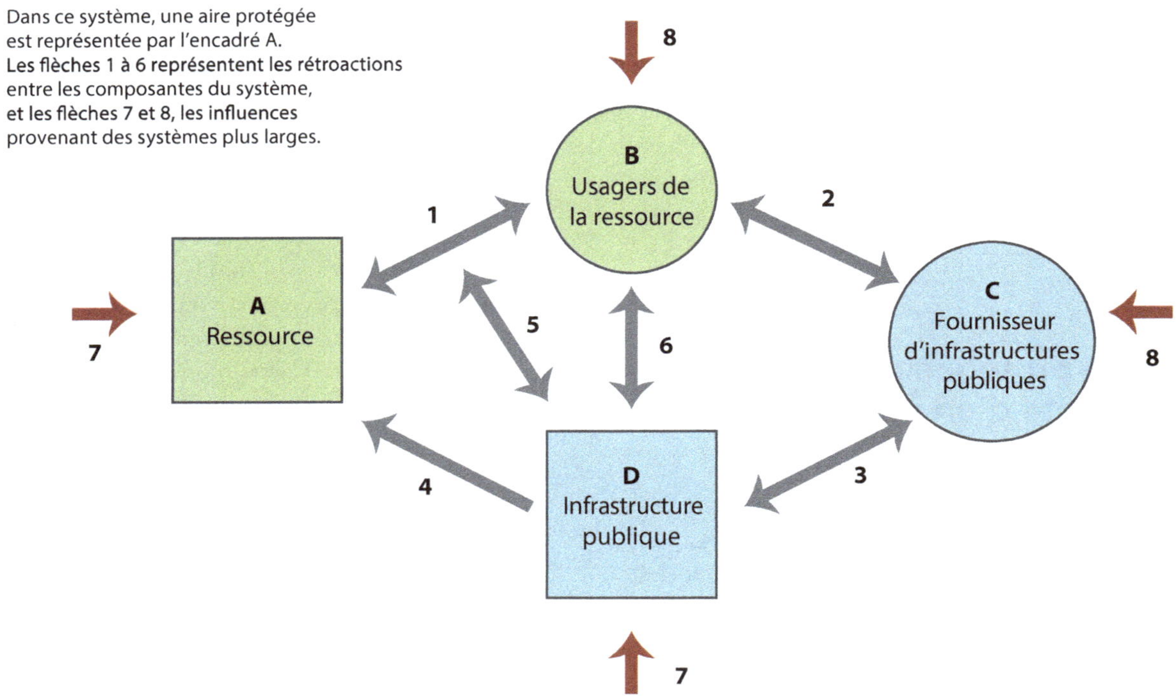

Figure 10.3 Une représentation simplifiée d'un système socioécologique complexe

Source : Adapté de Anderies et al. (2004:18)

la gouvernance) ; et d) les infrastructures publiques (équipements, routes et politiques qui guident les processus de gestion, d'accès et de prise de décision).

Les composantes du système sont assemblées et existent à différentes échelles temporelles et organisationnelles. La politique de gestion des incendies forestiers du Service forestier des États-Unis (fournisseur d'infrastructures publiques) a évolué sur une très longue échelle de temps (plus d'un demi-siècle), en réponse à de meilleures connaissances concernant les effets de l'extinction des feux sur l'accumulation des combustibles, particulièrement dans les forêts sèches de basse altitude. Avant la politique agressive d'extinction des incendies, ces forêts sèches brûlaient de façon relativement fréquente à une intensité peu élevée. Puisqu'un système correspond, en soi, à un assemblage de composantes, tout changement affectant une de ses composantes (par exemple, la politique relative aux fournisseurs d'infrastructures instaurée par des mécanismes de gouvernance) affectera les autres composantes de ce système. Toutefois, il est possible qu'interviennent des délais temporels importants, ou que cela ait des impacts dans d'autres zones. Par exemple, la mise en œuvre réussie de la politique de gestion des incendies forestiers à White Cap Creek a favorisé, dans de nombreux autres endroits, des centaines de décisions concernant le fait de laisser brûler sans interférence les incendies forestiers d'origine naturelle au sein des zones de nature sauvage. Au Brésil, la décision du gouvernement central d'interdire la pêche au sein des parcs nationaux a affecté un groupe particulier d'utilisateurs des ressources : les personnes résidant le long de la rivière.

D'un autre côté, des forages ont été creusés au sein du KNP en s'appuyant sur des principes de contrôle et de simplification qui se sont avérés erronés à long terme. Lorsque les répercussions de cette politique sont devenues évidentes, au moment où s'opérait également une modification de la structure de gouvernance à l'échelle nationale, les objectifs en matière de gestion ont été modifiés afin d'encourager la résilience plutôt que de chercher à contrôler au profit de la stabilité.

Dans la mesure où le système est une hiérarchie imbriquée, les changements survenant au sein du système socioécologique plus large affectent les processus et les conditions existant aux échelles plus petites, et vice versa. Par exemple, de meilleures connaissances scientifiques concernant le rôle du feu au sein des écosystèmes forestiers de l'ouest de l'Amérique du Nord, ainsi que l'adoption du *Wilderness Act* en 1964 (lequel stipule qu'une zone de nature sauvage doit demeurer « sans entraves », c'est-à-dire que l'on ne doit pas interférer avec le caractère sauvage des processus naturels), ont modifié de manière significative les comportements du public (les utilisateurs de la ressource) et des agences (fournisseurs d'infrastructures) envers la nature et les processus naturels. Les changements au sein de ces deux composantes ont interagi et créé de nouvelles demandes, schémas mentaux, politiques et mesures de gestion.

Les rétroactions positives et négatives (flèches 1 à 6 de la figure 10.3) au sein des sous-systèmes façonnent la structure et la fonction du système socioécologique. La force, l'assemblage et la nature de ces boucles de rétroaction sont les éléments qui font en sorte que les quatre composantes forment un système. Tout changement affectant une composante (par exemple, la politique de gestion des incendies forestiers) conduit inévitablement à des changements au niveau des trois autres composantes, souvent à travers une variété de mécanismes de rétroaction avec des délais variables. Comme nous l'avons observé précédemment, le délai entre la politique agressive d'extinction des incendies forestiers mise en place après le *Big Burn* et l'accumulation de combustibles au sein des forêts sèches s'est étalé sur plusieurs décennies. Le délai a été long entre le constat de l'accumulation de combustibles, l'élaboration d'une réflexion, le développement d'une politique pour y répondre et la mise en œuvre de cette dernière. Ces délais reflètent les différences de connaissances entre utilisateurs de la ressource et fournisseurs d'infrastructures, les retards dans le transfert des connaissances d'un groupe à l'autre, la résistance à conceptualiser le feu dans les zones de nature sauvage comme un processus bénéfique, et les processus bureaucratiques évaluant les conséquences engendrées par une nouvelle conceptualisation du feu.

Le sous-système écologique interagit avec le sous-système social à travers ces flux d'informations, d'énergie et de matière. Les sens que les différents groupes d'utilisateurs (parties intéressées) attachent à ces derniers forment une composante importante du processus. Par exemple, le débat sur l'abattage des éléphants en Afrique du Sud a été en grande partie influencé par les changements de valeurs et de croyances à propos des éléphants parmi les parties intéressées résidant en dehors de la région. Au cours des années 1990, les opposants à l'exploitation forestière dans le nord-ouest des États-Unis désignaient généralement les forêts mâtures sous le terme de « forêts anciennes » pour mobiliser des soutiens contre leur exploitation.

Le système socioécologique représenté dans la figure 10.3 est susceptible de recevoir divers apports, comme nous y avons fait allusion précédemment : biophysique (flèche 7) et concernant les infrastructures publiques et les conditions socioéconomiques (flèche 8). Cependant, ces apports peuvent être perçus comme des perturbations ou des forces exogènes lorsque notre schéma mental appartient à un des plus petits systèmes. Lorsque l'on inclut le « nuage » (la société en général, par exemple), ces apports ne sont plus perçus comme des perturbations, mais comme de simples processus existant à des échelles plus larges. Ce point est illustré de façon explicite dans l'encadré 10.4, qui utilise les éclairages de l'approche basée sur la complexité pour décrire la situation en apparence chaotique du parc national de la Macarena en Colombie.

Les usagers de la ressource ou parties intéressées ont des valeurs et des perspectives différentes. Celles-ci sont influencées par des processus et des forces survenant dans le cadre du système socioécologique, tels que la demande de cocaïne en provenance d'Amérique du Nord dans l'étude de cas sur le parc national de la Macarena, les changements d'attitude envers les animaux en Europe et ailleurs dans le cas de la gestion des éléphants en Afrique du Sud, ou l'aspiration croissante des peuples autochtones de l'Amazonie brésilienne à obtenir plus d'autonomie pour gérer la conservation.

Pour comprendre ces demandes, les parties intéressées qui les expriment et leur évolution dans le temps, des mécanismes de « mesure » sont nécessaires pour suivre les évolutions au sein des contextes social et politique. Cela signifie que les gestionnaires entretiennent des interactions régulières, conscientes et inconscientes, avec les parties intéressées (Pimbert et Pretty, 1995). Il s'est avéré difficile par le passé de percevoir les changements dans les préférences et les valeurs des parties intéressées, dans la mesure où certaines d'entre elles (telles que les peuples autochtones, les minorités et les femmes) avaient peu d'opportunités pour s'exprimer ou pour être entendues dans certaines sociétés. De plus, les modèles conventionnels de planification et de prise de décision privilégient la connaissance scientifique et technique aux sources empiriques (voir, par exemple, Yankelovich (1991) et sa discussion sur la « culture du contrôle technique »). Les nouveaux modèles de gouvernance (qui se développent au sein du système socioécologique plus large) requièrent que les organisations promeuvent et administrent des réseaux pour gérer les relations, qu'elles écoutent et répondent à une plus grande variété de voix et que, parfois, elles deviennent plus que de simples agences de conservation de la biodiversité.

Les parties intéressées agissent en vue du maintien ou de la modification des politiques élaborées et mises en œuvre par les fournisseurs d'infrastructures. Dans le parc national Kruger, par exemple, les parties en faveur de la défense des droits des animaux ont exercé leur influence non seulement sur l'organisation SANParks, afin de modifier la politique d'abattage des éléphants, mais aussi plus largement sur le gouvernement sud-africain. Les

Encadré 10.4 Complexité et conflit au sein du parc national de la Macarena en Colombie

Le parc national de la Sierra Macarena couvre 6 200 km^2 de territoire écologique unique où se rencontrent la faune et la flore de l'Amazonie, de l'Orénoque et des Andes. Situé dans le centre-sud de la Colombie, il présente une grande diversité d'écosystèmes et d'importantes ressources environnementales cruciales pour la séquestration du carbone et l'approvisionnement en eau douce des énormes bassins sous-continentaux, tels que l'Amazone. En raison de sa localisation géographique stratégique, la chaîne de montagnes de la Macarena a été au cœur du conflit armé colombien et de l'économie illégale de la drogue.

Dans les années 1980, la sécurité en Colombie s'est fortement dégradée avec l'émergence de la production et du trafic illicites de la cocaïne à grande échelle, lesquels étaient influencés en grande partie par la demande de drogues émanant d'autres régions du monde. De puissantes organisations de trafic de drogues et des groupes paramilitaires d'extrême droite ont vu le jour, conduisant à une situation de violence et de guerre avec le gouvernement officiel. Avec le temps, tous les groupes armés non étatiques de la Colombie sont devenus profondément impliqués dans le trafic de drogues (Pécaut, 2001 ; ICG, 2002, 2008). Les ressources monétaires issues de cette économie illégale ont attiré un grand nombre de colons sans terre dans la région.

Historiquement, la présence de l'État colombien dans la région n'était que minime, voire inexistante. Les Forces armées révolutionnaires de la Colombie (FARC : Fuerzas Armadas Revolucionarias de Colombia) ont exploité cette faiblesse institutionnelle en construisant « un état virtuel au sein de l'État » (de Shazo et al., 2009), contrôlant la région et fournissant de nouvelles infrastructures physiques (routes, écoles et centres de santé) et sociales (telles que des règles pour la gestion et la conservation des ressources naturelles), lesquelles étaient incompatibles avec la mission du parc national. Cette situation mettait en lumière l'existence d'intérêts divergents aux différentes échelles de gouvernance. La construction anarchique de routes de fortune, en particulier, a fragmenté et affecté des écosystèmes uniques. Les routes contrôlées par les FARC encourageant toujours plus la colonisation autour et au sein de la Macarena, il était pratiquement impossible pour les gardes forestiers de faire respecter les lois. La pêche dans les rivières autour du parc et la chasse de la faune sauvage étaient réglementées par les FARC grâce à la méthode de « conservation sous la menace » (Álvarez, 2003), laquelle s'appuyait sur le recours aux mines antipersonnelles interdites et au couvre-feu. Le parc est donc aujourd'hui une des aires protégées de Colombie possédant le plus grand nombre de mines terrestres.

Le Système national d'aires protégées de la Colombie a été confronté à la tâche monumentale de développer des stratégies de gestion efficaces pour cette aire protégée. Comment cela a-t-il été accompli ? Il a fallu, tout d'abord, comprendre les différentes composantes et relations de ce système socioécologique particulier. Cet exercice, réalisé lors d'une évaluation conduite en 2002, a montré que de nombreux défis et menaces pesant sur la Macarena découlaient de la situation de conflit et du contexte politique plus large.

Il est devenu évident qu'une série de problématiques complexes, en lien avec la sécurité nationale et le trafic de drogues transnational, affectait les dynamiques des ressources naturelles de la Macarena, leurs utilisateurs et les différentes parties prenantes fournissant les infrastructures. Cette situation rendait nécessaire un nouveau modèle d'intervention, différent du type de gestion pratiqué jusqu'alors au sein des parcs nationaux colombiens (c'est-à-dire, des unités indépendantes et isolées). Il fallait, au contraire, que le Système national d'aires protégées de la Colombie exploite le pouvoir des réseaux et aille à la rencontre des autres secteurs du gouvernement et de la société civile afin de trouver des solutions communes. Cela a été facilité par la création d'un dispositif de gouvernance rassemblant les différentes institutions gouvernementales et les organisations de la société civile.

Le rôle joué par le Système national d'aires protégées de la Colombie à cette fin a été déterminant. Premièrement, étant l'une des rares institutions du gouvernement à avoir été présente de façon continue dans la région, son travail était perçu par les gens de la Macarena, y compris les FARC, comme neutre et digne de confiance. Cet avantage était essentiel pour donner les moyens d'agir aux organisations locales de colons. Leur participation active a été encouragée, ce qui était important en soi dans un contexte caractérisé par la violence et le conflit armé.

Deuxièmement, le Système national d'aires protégées de la Colombie a insisté sur l'importance de la gestion environnementale du territoire, prônant, par exemple, une approche globale pour la relocalisation des colons en dehors du parc. Un axe important a été d'identifier les zones où la relocalisation de ces familles n'aurait pas un impact écologique négatif. Des interventions ont également été nécessaires pour fournir aux populations des infrastructures nécessaires, telles que l'accès légal à la terre et à des activités productives. Cela a nécessité de coordonner différentes institutions gouvernementales centrales, régionales et locales, y compris le ministère de l'Agriculture, l'Agence du développement rural, le ministère de la Défense et les municipalités locales.

Les défis à relever ont été nombreux. Fondamentalement, le Système national d'aires protégées de la Colombie a été débordé par l'élargissement de sa mission première de conservation. Bien que la sécurisation de l'accès à la terre, au logement et à des moyens d'existence alternatifs ne relevait pas de sa mission, son leadership a été crucial pour la bonne coordination avec les autres agences. Toutefois, cette action n'a pas reçu de financement approprié et a été critiquée comme témoignant d'une volonté de diriger sans endommager sa bonne réputation auprès des communautés locales.

Ces interventions ont envoyé un message fort concernant le fait que la colonisation des terres au sein du parc ne serait pas tolérée. Au niveau national, le Système national d'aires protégées de la Colombie a pris l'initiative d'appliquer une démarche de planification à la gestion des aires protégées qui implique un éventail d'entités gouvernementales centrales et régionales, attirant ainsi l'attention sur la nécessité d'une définition plus large de la conservation que la simple gestion de la biodiversité dans un système socioécologique complexe caractérisé par des institutions faibles.

— Julia Gorricho

parties intéressées ont également fait du lobbying auprès des parlementaires pour financer des programmes en leur faveur.

Nous cherchons toujours à simplifier les choses, mais expliciter nos simplifications permet de se demander si nous comprenons réellement la nature du système et les raisons pour lesquelles il fonctionne ainsi (Ackoff, 1999b). Pour être en mesure de produire des éclairages utiles, il faut construire des modèles qui s'appuient sur des connaissances détaillant leur fonctionnement (les caractéristiques d'un système complexe). Connaître et comprendre sont des éléments clés pour embrasser la complexité que nous rencontrons au quotidien.

Peu importe les efforts que nous faisons pour simplifier « notre » système, nous sommes constamment connectés à d'autres personnes et chacune d'entre elles développe ses propres simplifications pour rendre son environnement intelligible. Chacune de ces personnes interagit différemment avec son environnement et applique ses propres simplifications pour le comprendre. Les stéréotypes qui leur sont propres permettront de filtrer les nouvelles informations. Par conséquent, chaque situation voit coexister plusieurs significations, et il y a de grandes chances que les informations qui défient une croyance particulière plutôt qu'elles ne la renforcent soient contestées lorsqu'elles entrent en conflit pour résoudre des demandes concurrentes.

Nous recherchons des figures qui font autorité, telles que des scientifiques, des dirigeants spirituels et des personnes expérimentées, pour simplifier les situations à notre place et construire une gouvernance qui reflète notre compréhension quant à la façon dont le système est structuré et fonctionne. Il se peut que l'on cherche à copier les approches que d'autres professionnels ont utilisées ou proposent comme meilleures pratiques de gestion. Dans ce cadre contesté, certaines voix seront plus fortes que d'autres, et certaines auront plus de pouvoir, par exemple les voix émanant du monde politique et financier. On peut retomber dans nos modes habituels de compréhension et d'apprentissage et ne pas entendre les voix importantes, car nous n'apprécions pas la légitimité de leur autorité. On peut aussi échouer à anticiper le changement, à voir l'évolution des choses ou à comprendre l'assemblage lâche des causes et des conséquences. Inversement, la conviction de maîtriser le changement peut faire en sorte que l'on prenne trop de temps pour s'ajuster. En résumé, il est fort probable qu'en essayant de résoudre des problèmes dans un environnement complexe et qui prête à discussion, on en crée de nouveaux, sans qu'ils soient au départ explicites. En d'autres termes, on peut bien faire son travail, sans pour autant posséder le leadership que requiert une tâche aussi complexe que la gestion et la gouvernance d'aires protégées.

Résumé de la section

Une fois que l'on a reconnu la nature et la complexité d'un système, on peut rapidement déterminer comment simplifier cette complexité en une série de significations et de pratiques gérables. Certaines des méthodes utilisées pour rendre le monde intelligible peuvent conduire à une simplification excessive ou être conditionnées par l'intensité des problématiques ou des voix qui émanent d'une petite partie du système. Dans cette section, nous avons examiné les pratiques couramment utilisées pour simplifier de façon constructive les systèmes. Les éclairages qui en découlent sont les suivants :

- Comprendre quelque chose permet de ne plus la percevoir de façon aussi complexe.
- Simplifier la complexité inhérente d'un système permet de mieux conceptualiser, communiquer, comprendre et répondre à une décision future.
- Si simplifier est nécessaire pour fonctionner efficacement, le risque est de prendre pour acquis une certaine prédictibilité qui n'a pas lieu d'être. Lorsque l'on privilégie la prédiction à la compréhension, on est souvent surpris par des événements qui n'avaient pas été anticipés.
- La mise en œuvre d'une approche systémique repose sur la modélisation de notre environnement basée sur notre compréhension des liens, des composantes

et des influences liés au contexte. Un modèle est une représentation simplifiée du monde réel et du système dans lequel nous opérons.

- Les modèles connectent une composante du système à une autre grâce à un type de relation. Le modèle choisi pour représenter un système en particulier est conditionné par nos connaissances et nos besoins propres, l'importance de ce système, les ressources et les compétences disponibles, ainsi que les risques et les conséquences encourus en faisant le choix d'approches alternatives.
- Un modèle doit aider à décrire et délimiter un système, et permettre d'identifier des points de levier parmi les relations au sein de celui-ci. Les points de levier correspondent à ces zones au sein du système où un petit changement peut initier des changements plus larges dans d'autres parties du système.
- La modélisation permet de développer des perspectives afin de créer une capacité d'apprécier la situation, ce qui constitue une pratique clé pour tirer profit de la complexité. Lorsque l'on sait où et comment regarder, il est plus aisé de savoir ce qui se passe autour de nous.
- Nos schémas mentaux nous permettent de rendre intelligible la réalité extérieure avec laquelle nous interagissons. Ces schémas mentaux simplifient nos perceptions du monde réel et influencent profondément les choses auxquelles nous prêtons attention et dont nous sommes conscients.
- De nombreux modèles sont disponibles pour nous aider à comprendre les propriétés du système et les relations inhérentes à la gestion et à la gouvernance des aires protégées. Ces modèles nous aident à avoir une vue d'ensemble du système socioécologique complexe au sein duquel nous opérons. Comprendre comment le système fonctionne permet d'examiner nos propres schémas et processus mentaux de simplification au regard d'un contexte plus large. Cet examen permet un équilibre dans la prise de décision, et garantit le fait que nous n'avons pas simplifié une situation de façon excessive ou seulement pris en compte les voix émanant d'une partie du système.

Embrasser la complexité

> Les êtres humains, en tant que systèmes comportementaux, sont relativement simples. La complexité apparente de nos comportements dans le temps reflète en grande partie la complexité de l'environnement au sein duquel nous nous trouvons (Simon, 1996:110).

Comment éviter les dangers de la simplification et embrasser efficacement la complexité ? Sterman (2002:504) nous met en garde : pour administrer et gérer des aires protégées avec succès, il faut fuir la « vision du monde réductrice, axée sur les événements et étroite à laquelle adhèrent la plupart des gens ». En d'autres termes, il faut simplifier pour comprendre, mais ne pas simplifier de manière excessive, ce qui conduirait à reproduire les anciennes approches inefficaces face aux problèmes complexes.

Agir au sein du monde complexe de la gouvernance et de la gestion des aires protégées nécessite d'embrasser la complexité que nous avons définie et modélisée. Cela requiert de la sagesse, laquelle se construit grâce aux connaissances et à la compréhension élaborées à mesure que l'on définit et simplifie la complexité. La sagesse, selon Ackoff (1999b:16), est la « capacité à percevoir et à évaluer les conséquences à long terme d'un comportement ». Dans cette section, nous examinons six « pratiques basées sur la complexité » qui, selon nous, encouragent la sagesse tout en promouvant la gouvernance et la gestion lorsqu'elles sont examinées sous l'angle de l'approche systémique et de l'approche basée sur la complexité. Ces pratiques ne se limitent pas aux fournisseurs de ressources. Nous conseillons à toutes les parties intéressées de les utiliser.

1. Développer des connaissances situationnelles

Être un observateur averti de la situation

Les gestionnaires œuvrent dans une époque de changement, d'incertitude et de surprise. Notre stratégie pour fonctionner dans ce contexte est d'accroître nos connaissances, afin d'anticiper l'imprévu et de se préparer à gérer de façon à préserver la résilience (Weick et Sutcliffe, 2001). En d'autres termes, les gestionnaires qui possèdent une bonne capacité d'apprécier la situation procèdent à des ajustements continus, ce qui leur permet de prévenir l'accumulation et l'aggravation des erreurs (Weick et Sutcliffe, 2001).

Pas besoin de séjourner bien longtemps parmi les animaux dans la nature pour comprendre la signification évolutive de la capacité d'apprécier la situation, tant pour les animaux que pour les humains. Il se peut que ce qui sépare les humains de la plupart des animaux soit la capacité à réfléchir et à créer consciemment de la capacité d'apprécier la situation. Nous sommes capables de définir des règles qui régissent les comportements, ce qui nous aide à interpréter ce que nous observons et à y répondre, afin de mieux embrasser la complexité inhérente de nos vies. Par exemple, la conduite en ville est plus prévisible depuis l'élaboration et la mise en place de règles qui régissent nos comportements. Les usagers de la route apprennent ce à quoi ils doivent s'attendre, les signaux auxquels ils doivent faire attention et la façon d'y répondre, transformant ainsi des situations potentiellement chaotiques en situations ordonnées, cohérentes, plus prévisibles et moins déroutantes. Les règles « simplifient » la complexité et réduisent l'incertitude ; elles permettent de développer une capacité d'apprécier la situation appropriée au contexte. Au travail, même lorsque le contexte change, d'autres règles et signaux nous guident. Par exemple, lors d'une réunion, nous sommes attentifs au langage corporel ou au ton de la voix, afin de prévoir la façon et le moment de répondre aux questions qui seront posées. Nous réfléchissons à nos expériences antérieures avec les participants afin d'interpréter leurs réponses et d'orienter notre comportement. Lorsque l'on entreprend de créer consciemment la capacité d'apprécier la situation, il est préférable de s'appuyer sur ses expériences passées, de formuler sa réponse en fonction du présent et de planifier pour l'avenir.

Comment développer des compétences relatives à la capacité d'apprécier la situation ?

Il faut tout d'abord comprendre le rôle déterminant de la capacité d'apprécier la situation dans nos activités quotidiennes. Dans un monde en mutation, la connaissance découle en grande partie de la façon dont nous collectons les informations, réfléchissons et apprenons. Puisque la complexité peut être aisément simplifiée grâce aux « règles du jeu » que nous adoptons au cours de la vie, cela fait courir le risque de devenir insensible, voire résistant, aux signes et aux informations qui ne concordent pas avec nos préférences et notre compréhension actuelles. Lorsque c'est le cas, les surprises deviennent plus fréquentes et peuvent atteindre des niveaux critiques avant que nous ne soyons prêts à les reconnaître. Il faut donc changer ses habitudes, construire et cultiver consciemment des relations propices à l'apprentissage, définir le système, le modéliser et s'efforcer d'accepter la complexité. Au lieu de se sentir menacés par les différentes interprétations qui peuvent exister concernant la structure, la fonction et les changements d'un système, nous devrions les considérer comme des opportunités d'apprentissage. Les systèmes complexes et en mutation étant une source d'incertitude, il ne faut pas s'attendre à ce que les perspectives à leur sujet ou les interprétations qui en sont faites soient exprimées de façon claire. Il faut être patient, curieux et encourageant, afin que de nouvelles perspectives partagées puissent émerger et servir de point de départ à la collaboration et à une action collective appropriées aux conditions émergentes.

L'histoire des aires protégées trouve ses origines dans la ferme conviction qu'il est nécessaire de protéger l'héritage naturel. Il n'est pas étonnant qu'initialement les modes de gouvernance de nombreux parcs nationaux aient encouragé une culture caractérisée par la protection, l'exclusion et le contrôle, et ce avec une certaine passion, polarisant citoyens et dirigeants. Cette culture a servi de cadre à l'exercice de la gouvernance, ordonnançant les rôles et les routines qui simplifiaient la complexité et filtraient les informations. Les informations jugées conformes étaient acceptées, celles qui ne l'étaient pas étaient rejetées, de sorte que le système, et plus encore les individus au sein de celui-ci, devinrent résistants au changement et évoluaient lentement. Paul Cilliers (2008) a attiré l'attention sur l'importance de « structures pérennes », afin qu'un système complexe puisse conserver son identité. Il a aussi insisté sur le fait que si les systèmes doivent changer pour durer, ils doivent aussi résister à certains changements pour conserver une identité reconnaissable. Développer la capacité d'apprécier la situation permet de se préparer et de gérer la tension entre, d'une part, le besoin de stabilité et d'identité au sein de la conservation et, d'autre part, l'impératif de changement.

Certaines des actions spécifiques permettant de créer la capacité d'apprécier la situation incluent : faire participer les autres au dialogue ; encourager les personnes sceptiques et écouter attentivement afin que les échanges deviennent des opportunités propices à l'apprentissage ; puisque nous percevons le monde différemment, rechercher et être ouvert aux cadres de référence alternatifs ; s'intéresser aux compétences relationnelles afin que les autres se sentent en confiance pour signaler les problèmes et suggérer de nouvelles idées ; accueillir les autres dans notre processus de réflexion en pensant à voix haute. Les interactions avec la famille, les amis et les collègues permettent un apprentissage social bénéfique ; il importe donc de développer et de cultiver des relations personnelles.

2. Investir dans les relations personnelles

La section précédente de ce chapitre a mis en évidence les nombreux acteurs participant au système de gouvernance et de gestion des aires protégées. Les différents acteurs au sein de ce système incluent les utilisateurs de la ressource, les fournisseurs d'infrastructures publiques et de nombreux autres acteurs indirectement liés à ces deux fonctions. Par conséquent, la façon dont on construit, nourrit, encourage et cultive les relations entre ces acteurs est fondamentale pour gérer avec succès des aires protégées.

Les éléments importants à considérer incluent, entre autres, la nature de la relation entre les acteurs au sein du système, et les structures qui sous-tendent ces relations (contrôle, gouvernance, mécanismes de coordination, normes, contrats, routines de suivi, etc.). Ces structures entre organisations et entre individus rendent les relations plus cohérentes et prévisibles. Au fil du temps, ces structures encouragent également un environnement propice à l'apprentissage, à la créativité, à la confiance et au respect. Les relations interpersonnelles favorisent le capital relationnel et la cohésion sociale, lesquels peuvent s'adapter et demeurer solides face aux défis et au changement. Considérer la gestion des relations comme une composante de son travail (McCool et al., 2013) permet de développer des formes de gouvernance collaboratives plus à même d'être couronnées de succès à long terme au sein d'une hiérarchie d'échelles socio-organisationnelles imbriquées. De ce point de vue, on peut concevoir la collaboration comme une approche comportementale de la gouvernance, guidée par la conviction que la collaboration de divers éléments apportera des bénéfices supérieurs à ceux générés par des décisions unilatérales. Travailler ensemble, particulièrement sur une longue période, réduit les coûts transactionnels, accroît la performance et renforce la résilience socioécologique.

Comment l'approche systémique encourage-t-elle des relations bénéfiques ?

En raison de la complexité des systèmes de gouvernance, nous savons également que ces relations existent à différentes échelles. La « panarchie » renvoie souvent à une structure au sein de laquelle les éléments du système sont non seulement interconnectés à différentes échelles, mais s'adaptent également les uns aux autres au sein d'un système non hiérarchisé. On peut imaginer ces échelles comme imbriquées l'une à l'intérieur de l'autre, mais dont la valeur et l'importance varient selon le comportement du système. On peut également les imaginer comme existant à des périodes différentes. Par conséquent, un gestionnaire doit réfléchir de façon quadri-dimensionnelle aux relations qu'il se doit de cultiver au sein d'un système. Certaines relations évidentes sont nécessaires au sein de la même échelle : collègues, partenaires, etc. Le gestionnaire se doit également de réfléchir aux relations opérant à des échelons plus importants du gouvernement que celui où il travaille, ainsi qu'aux relations à cultiver avec les personnes affectées par les décisions prises.

De plus, les gestionnaires doivent être conscients que certains des problèmes qu'ils doivent gérer aujourd'hui sont hérités du passé. De même, les décisions prises aujourd'hui ne porteront leurs fruits qu'après un certain temps. S'il est aisé d'identifier les relations officielles à cultiver entre les organisations et les institutions, il faut également tenir compte des relations interpersonnelles avec les individus qui font fonctionner ces organisations et institutions (Nkhata et al., 2008).

De quelle façon la gestion des relations aide-t-elle à embrasser la complexité ? Premièrement, une bonne analyse du système décrit dans la section « Définir la complexité » de ce chapitre permet d'identifier les acteurs impliqués dans celui-ci et de constater que les relations actuelles sont le fruit d'interactions passées ou d'un déficit d'interaction. Deuxièmement, être conscient du système au sein duquel nous œuvrons permet de mieux saisir les besoins relationnels en apparence paradoxaux. Par exemple, il se peut que les gestionnaires trouvent avantageux, pour l'héritage naturel des aires protégées, de développer des relations fonctionnelles avec les principaux cadres des entreprises extractives en lien avec l'aire protégée qu'ils administrent. Si les objectifs des deux parties peuvent sembler divergents à certains moments, il arrive aussi qu'ils se complètent dans d'autres situations.

Les relations, comme d'autres composantes des systèmes complexes, sont en constante mutation. Or, ces changements sont peu susceptibles de connaître un développement ou une trajectoire linéaires. Il ne faut donc pas s'attendre à ce qu'un nombre accru d'interactions améliore automatiquement les relations avec nos collègues. Comme pour les liens familiaux, c'est souvent plutôt l'adversité et la mise à l'épreuve qui renforcent les relations. Nkhata et al. (2008) ont récemment utilisé le cycle adaptatif d'Holling pour illustrer comment anticiper les changements au sein des relations, et comment ces changements testent la résilience de ces dernières. D'après ces auteurs, la collaboration est optimale en présence d'une connexion relationnelle solide et d'un fort potentiel de capital relationnel. Autrement dit, si deux parties sont contraintes d'interagir et jouissent de solides relations, les chances d'une collaboration créative sont élevées. Par contre, si leur degré de connexion est élevé, mais qu'elles n'entretiennent pas de relations constructives, il est très probable qu'elles interagissent de façon antagoniste. Il n'est pas rare qu'une relation au départ collaborative perde rapidement ce capital relationnel, et devienne antagoniste. Bien que les raisons à l'origine de ce type de changement soient souvent variées et échappent au contrôle des gestionnaires, ces derniers disposent d'une grande liberté au niveau interpersonnel pour favoriser un environnement propice aux relations collaboratives.

Comment développer et cultiver des relations positives ?

Les recommandations pour cultiver des relations saines sont nombreuses. Bien que le succès ou l'échec de nombreuses stratégies dépende du contexte de l'interaction, certaines stratégies élémentaires transcendent l'humanité. Par exemple, dans son livre *Blink (2005)* [paru en français sous le titre de *La force de l'intuition (2006)*], Malcolm Gladwell décrit le travail du psychologue John Gottman, qui a consacré sa carrière à étudier les succès et les échecs au sein des relations interpersonnelles et a, ainsi, développé plusieurs indicateurs universels de succès. Parmi les indicateurs les plus significatifs figure le fait de nourrir sincèrement cinq interactions positives pour chaque interaction négative au sein d'une relation, ce qui laisse entendre que les humains réagissent plus fortement aux rencontres négatives qu'à celles qui sont positives. Par ailleurs, certaines rencontres négatives sont pires que d'autres. Par exemple, les signes de mépris ou de supériorité envers un tiers sont de mauvais augure pour l'avenir. Malheureusement, ce type d'interactions n'est pas rare dans le monde de la gestion des aires protégées. Ceux qui pensent différemment, disposent d'une autorité moins importante ou expriment des valeurs qui ne sont pas partagées par l'autre partie sont souvent traités avec mépris. En tant que gestionnaires d'aires protégées, il est de notre devoir de nous élever au-dessus de ce type d'interactions.

L'approche systémique montre que la perte de capital relationnel peut avoir des effets dévastateurs sur une gestion efficace des aires protégées. Renoncer aux interactions antagonistes requiert une réorganisation des relations au sein du système et, souvent, le développement d'une nouvelle vision pour aller de l'avant. Aussi, les gestionnaires devraient réfléchir sérieusement au degré de changement qu'une zone est en mesure d'absorber, avant d'écarter les craintes de ceux qui ne partagent pas leur avis.

3. Comprendre le pouvoir des réseaux

Qu'est-ce qu'un réseau ?

Les systèmes complexes auxquels appartiennent les aires protégées sont composés de nombreuses entités séparées, mais connectées à différentes échelles, ce qui crée un système dont la finalité est supérieure à la somme de ses parties. Les réseaux maintiennent l'unité des systèmes. Ils fournissent des mécanismes et des voies pour la communication, les échanges entre les acteurs et le développement de visions communes ou différentes. L'utilisation de réseaux d'individus permet d'intégrer les différentes perspectives requises pour définir et simplifier la complexité. Ormerod (2012) décrit trois types de réseau. Dans les « réseaux invariant d'échelle », la plupart des individus ne sont pas connectés entre eux ; toutefois, une petite partie du système est étroitement connectée à de nombreux individus. Ce type de réseaux peut être aisément compris grâce à certaines théories telles que celle des « six degrés de séparation ». Cette théorie énonce que la plupart des gens au sein d'un système sont connectés à une personne qu'ils connaissent, et moins de six personnes les séparent. Par conséquent, bien qu'originaires du monde entier, les lecteurs de ce livre devraient pouvoir trouver des gens qui les unissent. Souvent, moins de six personnes sont nécessaires pour établir la connexion. Si vous travaillez dans le domaine des aires protégées, qu'importe votre pays, vous connaissez probablement quelqu'un qui connaît quelqu'un qui connaît les autres lecteurs de ce livre.

Le deuxième type de réseau est connu sous le nom de « réseau petit monde ». Ici, au lieu d'un petit nombre d'individus étroitement connectés à un grand nombre d'individus, on observe le chevauchement de réseaux de connaissances et d'amis. Si les leviers d'influence sont moins visibles dans ce type de réseaux, le potentiel pour l'adoption d'idées demeure élevé. En effet, dans les « réseaux petit monde », il est moins difficile de trouver les individus qui forment les connexions et qui sont déterminants au sein des « réseaux invariant d'échelle ». Ce concept de « réseau petit monde » pourrait s'appliquer à la plupart des médias sociaux qui conditionnent la façon dont nous communiquons à l'heure actuelle. Cela explique comment des vidéos, des photos, des incidents ou des histoires deviennent souvent viraux et sont consommés à l'échelle mondiale. Dans les « réseaux petit monde », l'attraction envers les éléments populaires a un effet disproportionné sur les choix des individus. Par exemple, si une vidéo d'un garde pourchassant un éléphant est postée sur YouTube et devient « populaire » ou « tendance », beaucoup de gens ne la verront que parce qu'elle est populaire. Plus un élément est nouveau, provocateur ou intéressant, plus la probabilité est forte qu'il poursuive sa progression grâce aux réseaux d'amis, jusqu'à s'étendre au sein d'un système mondial.

Le troisième type de réseau est le « réseau aléatoire ». Dans ce cas-ci, les comportements se diffusent au sein du système par conductivité aléatoire. On peut comparer ce système à la transmission d'un virus. Par exemple, vous pourriez avoir la malchance d'être assis dans le train à côté de quelqu'un qui est enrhumé et attraper son rhume. Au fil de la journée, vous transmettez le virus à d'autres personnes, tout aussi malchanceuses d'entrer en contact avec vous. Dès lors qu'un nombre suffisant d'individus entrent en contact les uns avec les autres, ce rhume peut infecter tout un système. Ou vous pourriez être assis dans l'avion à côté de quelqu'un qui partage votre intérêt pour les aires protégées, et qui est également un acteur important dans ce domaine. Ce « réseau aléatoire » pourrait alors se transformer en « réseau petit monde ».

Pourquoi l'utilisation de réseaux est-elle importante pour embrasser la complexité ?

Selon Ormerod (2012:153) :

> Le défi majeur pour les décideurs est de comprendre et de prendre en compte l'importance croissante des réseaux au sein du monde social et économique. La révolution Internet dans les technologies de communication est de toute évidence un facteur clé. Mais la seconde moitié du 20e siècle a aussi vu l'essor massif de la mondialisation, la multiplication des voyages et l'explosion de la population urbaine, exposant les gens à un nombre bien plus grand d'autres individus et de réseaux que s'ils étaient restés au fin fond de leur village. .

Aussi, dans la mesure où les systèmes que nous côtoyons se déploient à l'échelle mondiale, les comportements et les pressions au sein de ceux-ci peuvent prendre des formes difficiles à anticiper et provenir d'endroits où les mentalités diffèrent fortement des nôtres. Par exemple, nous avons mentionné précédemment que les groupes internationaux de défense des droits des animaux peuvent désormais influencer la politique de gestion de n'importe quel pays. En fonction du type de réseaux à l'œuvre, ces réactions internationales à une problématique peuvent être presque instantanées et massives. Par conséquent, il faut tenir compte de la façon dont les réseaux influencent non seulement le comportement des individus, mais aussi les forces qui affectent les systèmes socioécologiques au sein desquels nous sommes engagés.

L'une des options possibles lorsque, confronté à la complexité, on souhaite la simplifier consiste à copier les actions des autres (Ormerod, 2012). En agissant de la sorte, on présuppose que les autres sont mieux informés sur un sujet particulier. Participer à des réseaux offre l'immense avantage d'avoir accès à des modèles ou à des outils pour copier les autres. Ainsi, il existe de multiples opportunités pour se former, s'inscrire dans l'enseignement supérieur, bénéficier de mentorat et valider diverses certifications afin d'approfondir ses connaissances et sa compréhension des outils et des concepts. Les réseaux, combinés à des relations personnelles positives (telles que décrites dans la section précédente), peuvent contribuer à accroître nos capacités (intellectuelles, financières ou de travail) et à faire face à la complexité.

Toutefois, les réseaux peuvent générer leurs propres comportements. C'est le cas, par exemple, lorsque de nombreux individus commencent à se copier les uns les autres (chacun présupposant que l'autre est mieux informé), ce qui alimente une mentalité grégaire. La dissémination peut se faire de façon presque instantanée, occasionnant des changements rapides aux conséquences imprévisibles. Ce type de comportement est par exemple visible sur les marchés financiers, et lors des récentes protestations et manifestations politiques soutenues par des plateformes de réseaux sociaux.

Exploiter les réseaux

Dans le cas des aires protégées, les réseaux peuvent se former de plusieurs façons. Prenons l'exemple du parc national de Yellowstone, qui accueille plus de trois millions de visiteurs par an, et jusqu'à 30 000 visiteurs par jour durant la saison estivale. Chaque visiteur a l'occasion d'interagir avec les autres visiteurs, et ce type d'interactions est d'autant plus probable que les visiteurs partagent probablement des intérêts similaires. Grâce à ces interactions, les visiteurs s'informent les uns les autres des endroits propices pour observer la faune, des bons sites de camping et des bons endroits pour se restaurer au sein du parc. Ormerod qualifierait cela de liens positifs, au sein desquels le réseau génère son propre rôle et produit des résultats mutuellement bénéfiques pour les individus connectés au sein de ce dernier. La facilité d'accès aux technologies numériques de communication permet également à ces 30 000 personnes d'interagir avec un plus grand nombre d'individus à l'extérieur du parc de Yellowstone, grâce à des « réseaux petit monde ». En actualisant leurs pages Facebook et leurs comptes

YouTube ou Twitter, ces individus créent un réseau beaucoup plus vaste axé sur le parc. Si un incident devait survenir, par exemple une interaction tragique entre un être humain et un animal sauvage, il est fort probable que celui-ci atteindrait des milliers d'individus, et serait relayé à des milliers d'autres personnes, avant que les gestionnaires du parc n'aient l'occasion de rédiger un communiqué à destination des visiteurs ou de la société dans son ensemble. Cet exemple illustre la façon dont les « réseaux petit monde » transforment les relations entre la société et l'administration des aires protégées, ainsi que le contrôle limité qu'exercent les gestionnaires sur ces événements.

Quelles en sont les implications pour la gouvernance et la gestion ? Premièrement, il faut reconnaître l'importance des réseaux au sein des systèmes auxquels nous appartenons. Bien souvent, les individus au sein de ces réseaux exercent sur le système une influence supérieure à celle des politiques qui peuvent être proposées. Dans tous les types de réseaux, la prise de décision repose souvent sur une compréhension relativement superficielle, et sur le fait de copier aveuglément les autres. Par conséquent, la popularité influence de façon disproportionnée la dissémination des idées, des comportements et la défense ou le rejet d'une politique. Pour prévenir cela, il faut participer aux réseaux, au lieu de les ignorer ou de les éviter. Les auteurs ont souvent entendu, au sein de la gestion des aires protégées, des discours rejetant l'essor ou l'importance des technologies de l'information et les systèmes de réseautage social. Aussi, les applications mobiles, les pages Facebook ou les sites Internet interactifs sont souvent perçus comme sans intérêt, inauthentiques ou inappropriés dans le cas des aires protégées. Cette attitude est dangereuse. La société progresse dans cette direction et l'incapacité à participer aux réseaux sociaux de façon constructive fait courir le risque de renoncer au peu d'influence que nous avons sur la façon dont ces réseaux sont connectés avec nos aires protégées.

Deuxièmement, adhérer aux réseaux, particulièrement aux « réseaux invariant d'échelle », peut permettre de développer une influence considérable en élargissant les ressources, en pesant sur l'opinion publique ou en élaborant et mettant en œuvre des politiques. Prendre le temps de comprendre les connexions entre individus au sein d'un réseau donné et cultiver des relations avec ces individus peut être riche d'enseignements sur les personnes qu'ils côtoient et leur façon de penser, et permettre d'influencer le système.

Troisièmement, analyser un réseau, particulièrement un « réseau invariant d'échelle », permet d'identifier les individus les plus connectés, et donc les plus à même de constituer de bons partenaires ou informateurs. Par exemple, lorsque l'on travaille au sein d'une communauté, plusieurs personnes connaissent généralement tout le monde et possèdent également une grande influence. Leurs points de vue sur les objectifs, les idées et les interventions peuvent donc avoir un effet disproportionné sur une grande partie de la communauté. Le Séminaire international sur la gestion des aires protégées illustre bien l'importance des réseaux (encadré 10.5).

4. Identifier et utiliser des leviers

Les enfants qui font de la balançoire dans un parc apprennent rapidement la relation entre action et réaction, entre cause et effet, ainsi qu'entre élément déclencheur et résultat, même s'ils ont une compréhension limitée de la physique des leviers. Ils savent à quel endroit et de quelle façon agir pour provoquer (tirer profit d') un changement et obtenir le résultat souhaité. Lorsqu'il existe une relation linéaire étroite entre cause et effet, il est relativement aisé d'identifier des points de levier. Cela est beaucoup plus difficile au sein des systèmes complexes en raison des modes de propagation des effets à travers les réseaux : ces derniers peuvent en effet s'affaiblir ou se renforcer, survenir de façon inattendue et parfois se produire après de longs délais. Toutefois, dans la mesure où la société dépend de certains services écosystémiques bénéfiques et privilégiés, la gestion s'attache à identifier les leviers permettant de conserver ou d'exploiter ces services bénéfiques.

Un levier est une composante du système sur laquelle les gestionnaires peuvent intervenir pour modifier les conditions ou les trajectoires de développement du système. Souvent, on cherche des leviers lorsque l'on identifie une incapacité à atteindre un objectif ou face à l'émergence d'un problème devenu un défi majeur.

Prenons l'exemple d'un gestionnaire confronté à l'augmentation du nombre de visiteurs dans une zone populaire, mais sensible, d'un parc national tel que celui des Chutes Victoria, classé patrimoine mondial de l'UNESCO, et situé le long de la rivière Zambèze, à cheval sur le Zimbabwe et la Zambie. Ne rien faire mettrait en danger les valeurs fondatrices du parc ; une myriade de choix s'offre donc à ce gestionnaire dans différents domaines : définir des objectifs spécifiques pour la gestion du tourisme et des visiteurs, élaborer des actions de gestion alternatives, déployer du personnel, obtenir des financements pour la mise en œuvre des actions, choisir des indicateurs pour surveiller la mise en œuvre et les résultats, mesurer leurs impacts sur les entreprises locales, définir le seuil à partir duquel les

Encadré 10.5 Le Séminaire international sur la gestion des aires protégées : une opportunité pour la création de réseaux

Le Séminaire international sur la gestion des aires protégées, un programme de formation qui se tient chaque année depuis l'an 2000, illustre bien le pouvoir des réseaux en tant que vecteur de changement. Au cours des 15 dernières années, plus de 400 gestionnaires ont assisté à ce programme intensif d'une durée de trois semaines. Pendant cette période, les auteurs de ce chapitre, également impliqués dans la direction du séminaire, ont pu observer comment il a fait évoluer le paradigme « commander et contrôler » (l'un des paradigmes traditionnels sur lequel se fonde la planification des aires protégées) vers un paradigme basé sur une plus grande inclusion. Dans le cadre de ce paradigme traditionnel, protéger le plus possible la nature des interventions humaines était considéré comme le principal moyen d'en conserver la biodiversité.

Au cours des dix dernières années du séminaire, nous avons observé l'abandon progressif de ces approches traditionnelles, au profit d'un enthousiasme croissant pour l'adoption de paradigmes encourageant une gestion communautaire soucieuse de partager les bénéfices de la conservation avec les populations locales et de valoriser les connexions entre leurs vies et la conservation. Les personnes assistant au séminaire prennent souvent part à des échanges remettant en cause ces paradigmes traditionnels, tout en recherchant des approches de la conservation impliquant les communautés et considérées comme plus efficaces.

Cependant, il est évident, pour nous instructeurs, que la compréhension générale de ce que recouvre la notion de « participation des communautés » reste très superficielle. Tous les participants au séminaire sont prompts à déclarer qu'impliquer les communautés est essentiel pour la conservation. Mais dès lors qu'on les questionne sur les modalités de cette participation, ou l'identification de ces communautés, leurs réponses sont disparates et limitées. Ainsi, dans le cas présent, la perception de ce qu'est la gestion d'une aire protégée a évolué, non pas sous l'impulsion de gestionnaires profondément pétris de théorie, d'analyse ou d'expérience, mais parce que le discours sur la gestion des aires protégées a rapidement intégré la nécessité d'inclure les communautés. Ainsi, les personnes travaillant dans la gestion tendent à adopter ce langage, mais avec une compréhension limitée de ce qu'il signifie.

Cet exemple montre que des réseaux présents à différentes échelles peuvent fonctionner différemment, et avec des conséquences très variables. Ainsi, un réseau mondial de gestionnaires d'aires protégées peut attirer l'attention sur des approches, des opportunités et des défis novateurs ; toutefois, les réseaux situés à une plus petite échelle sont certainement plus adaptés pour développer des compétences et promouvoir la confiance. L'adoption de ce nouveau paradigme relatif à la gestion est un exemple de ce que Ormerod (2012:127) décrit comme « un monde caractérisé par la psychologie de la société des individus, lesquels essaient de se copier les uns les autres. Il s'agit d'un monde au sein duquel la décision optimale ne peut jamais être connue...et dans lequel l'imprévu se produit tout le temps ». Bien sûr, en fonction de notre vision du monde, laquelle sert de filtre aux nouvelles informations, ce changement en faveur de la conservation communautaire sera perçu comme étant positif ou négatif. Toutefois, ce qui importe, c'est que ceux qui se sont opposés pendant la plus grande partie de leur carrière à une plus grande inclusion des communautés locales ont changé d'avis et se sont ralliés à cette idée de plus en plus populaire.

impacts sont considérés inacceptables, comprendre comment incorporer et exploiter différentes formes de connaissances dans les décisions à prendre, convaincre les hommes politiques de soutenir des actions pouvant affecter de façon négative l'économie locale à court terme, et identifier les opportunités existantes (et parmi celles-ci, celles qui sont pertinentes) pour les expériences des visiteurs. Quelle action pèse le plus pour faire face aux impacts ?

Non seulement les gestionnaires doivent choisir entre plusieurs interventions possibles, mais ils travaillent aussi communément dans des cadres au sein desquels les informations disponibles sont inadéquates, la compréhension superficielle, les niveaux d'incertitude élevés et les interprétations fournies par la recherche ambiguës, voire contradictoires. Si une intervention semble nécessaire, se concentrer sur l'identification des leviers permet non seulement de décider du mode et du lieu d'intervention, mais permet aussi d'enregistrer la logique sous-tendant la prise de décision. Réexaminer cette logique est un élément clé de la gestion adaptative et permet d'apprendre de nos expériences.

Pourquoi se concentrer sur les leviers ?

Les systèmes, les conditions et les processus évoluent grâce à des interventions. Se concentrer sur les leviers permet aux interventions d'être à la fois efficaces et productives. On vise le maximum de changement avec le minimum d'effort. On se met souvent à rechercher des leviers lorsque l'on s'interroge sur la façon d'atteindre des objectifs ou de changer un système, autrement dit lorsque l'on cherche le « remède miracle », le « nombre magique » ou à « en avoir le plus possible pour son argent ».

Il se peut que les zones où intervenir au sein d'un système, les modalités d'intervention et les retombées positives et négatives associées à ces interventions ne soient pas claires et intuitives. La situation peut être ambiguë, dans la mesure où les objectifs des aires protégées sont souvent vagues et, au moins en partie, concurrents. Les systèmes d'aires protégées présentent des boucles de rétroaction à la fois positives et négatives ; les interventions peuvent donc avoir des conséquences inattendues, voire engendrer des effets complètement contraires à ceux recherchés.

Donella Meadows (1999) a identifié un certain nombre de zones d'intervention possibles au sein d'un système. Elles sont présentées dans le tableau 10.1. Le tableau montre clairement que les gestionnaires doivent comprendre la nature du système au sein duquel ils travaillent, afin de choisir des interventions efficaces qui ont un effet de levier sur des conditions changeantes.

Tableau 10.1 Zones d'intervention possibles, et classées par ordre de levier croissant, au sein d'un système

Zones où intervenir au sein d'un système	Exemples d'utilisation de ces zones pour gérer des niveaux élevés de visiteurs
Constantes, paramètres, nombres	Modifier la durée du séjour
Tailles des tampons et autres stocks de stabilisation par rapport à leurs flux	Réduire la taille des parcs de stationnement
Structure des stocks et flux matériels (tels que les réseaux de transport, la structure de la population par âge)	Créer des sentiers additionnels pour disperser les visiteurs
Longueur des retards par rapport à la vitesse de changement d'un système	Surveiller plus fréquemment l'utilisation et les impacts
Solidité des boucles de rétroaction négatives, par rapport aux impacts qu'elles essaient de corriger	Rendre l'accès plus difficile, par exemple en faisant payer des frais basés sur la taille du groupe de visiteurs
Gains associés aux boucles de rétroaction positives	Renforcer l'éducation des visiteurs concernant l'importance de la valeur du patrimoine naturel
Structure des flux d'information (qui a ou n'a pas accès à quels types d'informations)	Fournir des informations opportunes aux visiteurs concernant les caractéristiques des visites sur le plan temporel
Règles du système (ex. incitations, punitions, contraintes)	Faire payer des droits d'accès aux visiteurs en fonction du temps passé
Le pouvoir d'accroître, de changer, de développer ou d'auto-organiser la structure du système	Revoir le plan de gestion pour gérer les impacts sociaux et biophysiques causés par les visiteurs
Objectifs du système	Modifier les objectifs par rapport aux expériences des visiteurs
État d'esprit ou paradigme sur lesquels repose le système	Redéfinir l'objectif de l'aire protégée
Pouvoir de transcender les paradigmes	Envisager des façons alternatives d'administrer l'aire protégée (exemple, avoir recours à de la sous-traitance, autoriser une administration privée, interdire les visiteurs)

Source : Meadows (1999)

Améliorer l'utilisation des leviers

Il existe plusieurs façons d'utiliser et d'améliorer un levier. L'identification et la mise en œuvre de leviers ne sont pas nécessairement évidentes ou faciles. Plus on s'achemine vers le bas du tableau 10.1, plus les interventions sont coûteuses, mais plus la probabilité de changements est grande, et plus il y a de chances que nos actions provoquent des changements profonds plutôt que symptomatiques. La figure 10.4 présente une démarche pour aider à identifier les leviers. Celle-ci débute par l'analyse des causes profondes, afin de discerner les raisons à l'origine du problème.

Pour cela, il suffit parfois de poser simplement la question « pourquoi ? » cinq fois. À chaque réponse, la question « pourquoi ? » est de nouveau posée. Par exemple, si le nombre élevé de visiteurs engendre des impacts importants, on se demande « pourquoi ? ». Si la réponse est « car le nombre de visiteurs est trop élevé », il faut à nouveau poser la question « pourquoi ? ». On réitère ainsi la question jusqu'à ce que l'on identifie une ou plusieurs causes profondes. Arriver aux causes profondes permet d'identifier les leviers les plus susceptibles de provoquer des changements favorables à la concrétisation de la situation recherchée.

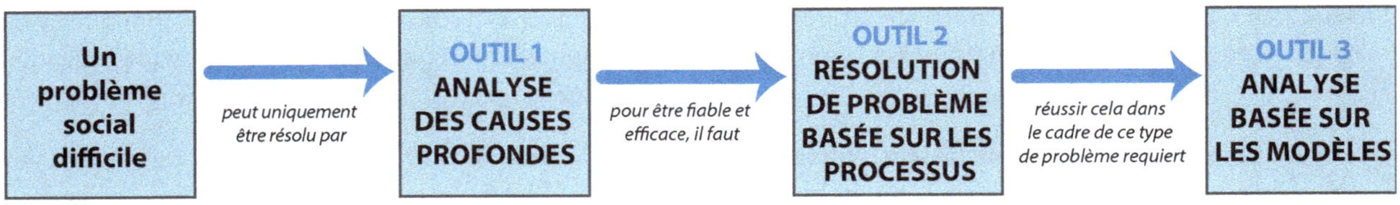

Figure 10.4 Utilisation de l'analyse des causes profondes
Source : Adapted from Thwink (2014)

Mais attention, les systèmes d'aires protégées étant construits en réseaux, les assemblages peuvent être lâches, si bien qu'un résultat peut se produire via des voies alternatives et tarder à se manifester, ou plus serrés, de telle sorte que les effets se produiront immédiatement après la mise en œuvre de l'intervention. Les changements observés peuvent résulter d'une série de décisions de gestion, chacune pouvant paraître en elle-même anodine. Aussi, il peut être difficile, voire impossible dans certaines situations, d'identifier une « cause profonde » qui constituerait un levier. Il est également possible que, désireux de faire preuve d'esprit de décision, nous acceptions volontiers la simplification. Ce faisant, le risque s'accroît de privilégier des leviers et des décisions qui aggravent les problèmes et rendent difficile la recherche d'une meilleure approche. La situation n'est pas sans espoir. Contrairement aux systèmes mécaniques, les systèmes socioécologiques sont assemblés de façon lâche, ce qui signifie qu'il existe toujours un peu de « marge » au sein du système pour la réflexion. Et, en faisant preuve d'une bonne capacité d'apprécier la situation, de sorte que nous devenons plus conscients des petits changements et des signaux d'alerte précoces, nous pouvons alors expérimenter le changement et apprendre de celui-ci.

On peut également mener à bien un processus de résolution de problème. Par exemple, Mosimane et al. (2013) se sont interrogés sur les causes à l'origine de l'augmentation des conflits entre les hommes et les animaux sauvages en Namibie, en dépit d'investissements significatifs et croissants pour prévenir ces derniers. Ils ont montré que le ministère de l'Agriculture et des Terres participait aux schémas mentaux sous-tendant le conflit, dans la mesure où ce dernier identifiait des terres aptes à l'agriculture abritant souvent des habitats de faune sauvage. Ainsi, collaborer avec ce ministère constituerait un levier essentiel afin de réduire les conflits.

5. Utiliser différentes formes de connaissance

Qu'entendons-nous par connaissance ?

La connaissance est, comme l'affirme Russell Ackoff (1999b), le savoir-faire, ou les données relatives au fonctionnement d'un système. Dans le cadre des interventions de planification, de mise en œuvre et de suivi, savoir comment faire les choses est essentiel, non seulement pour conserver ou restaurer la structure, les fonctions et les caractéristiques d'un système, mais aussi pour évaluer si un système se rapproche d'un seuil important ou pour identifier des leviers. Dans la société occidentale moderne, nous pensons systématiquement que la connaissance découle de la science. Les gestionnaires affirment souvent qu'il n'existe pas suffisamment de données pour les aider à choisir entre plusieurs alternatives, évaluer les conséquences ou déterminer les espèces pouvant être affectées par une intervention spécifique et la façon dont elles pourraient l'être. Toutefois, la connaissance en tant que savoir-faire ne se limite pas aux connaissances développées par les scientifiques. Elle s'accumule grâce à l'expérience, acquise de façon formelle grâce à des expérimentations et recherches scientifiques, ou construite à partir d'autres types de pratiques. L'expérience peut être directe, ou l'on peut apprendre directement ou indirectement des autres ; c'est le but de l'éducation officielle. Nous accumulons également des connaissances d'autres façons : par exemple, grâce aux interactions informelles avec amis et collègues, et au travers des rituels, normes et comportements issus de notre culture ou d'autres. Dans le cas des systèmes complexes auxquels appartiennent les aires protégées, une grande partie de la connaissance provient des autres. Les responsables des incendies du Service forestier des États-Unis avaient peu d'expérience concernant, par exemple, l'accumulation des biocombustibles ; toutefois, ils se sont appuyés sur les données de cette accumulation collectées par d'autres, et sur les théories relatives à la succession végétale formulées par d'autres.

En plus des connaissances scientifiques et techniques, on observe un intérêt croissant pour le savoir autochtone, considéré comme un élément important pour gérer les systèmes socioécologiques complexes. Berkes et al. (2000:1252) définissent ce type de connaissance comme « un corps cumulatif de connaissances, de pratiques et de croyances sur la relation entre les êtres vivants (y compris les humains) et avec leur environnement, évoluant grâce à des processus adaptatifs, et transférés de génération en génération grâce à la transmission culturelle ». Ce savoir autochtone peut jouer un rôle important lors des prises de décision concernant les interventions, particulièrement lorsque les autres formes de connaissance s'avèrent déficientes.

Pourquoi utiliser différentes formes de connaissance ?

Pour survivre dans un monde de défis en constante évolution, les individus s'appuient sur des schémas mentaux et des modèles de connaissance des systèmes au sein desquels ils vivent. Nous avons noté combien ces schémas mentaux sont influencés par notre expérience, notre environnement et d'autres facteurs. Les schémas mentaux ne sont ni vrais ni faux, mais sont plus ou moins utiles. Pendant longtemps, la gestion des aires protégées a été dominée par sa dépendance aux systèmes formels de connaissance, que nous associons généralement aux sciences ou à la technique. Cette dépendance a été influencée par un schéma mental de planification reposant sur l'apparente efficacité de l'expertise dans la résolution de problèmes. Il en découle une approche souvent appelée « planification rationnelle globale », laquelle requiert des quantités très importantes (et très onéreuses) de données pour permettre la prise de décision.

Pourtant, un examen approfondi des présupposés sur lesquels repose la planification rationnelle globale révèle des limites importantes. Par exemple, cette approche suppose un unique objectif faisant consensus. De plus, elle suppose la recherche exhaustive d'alternatives, ce qui nécessite une quantité importante d'informations pour permettre l'évaluation ; or, dans les faits, le budget, le temps ou la volonté politique existe rarement pour concrétiser cela. Plus important encore, cette approche traite implicitement les problèmes comme étant techniques et neutres (et donc comme pouvant être analysés et résolus de façon purement technique et rationnelle), alors que le caractère politique et subjectif de ce type de problèmes est de plus en plus reconnu comme étant un moteur essentiel : ces opinions reposent sur les présupposés d'un monde « PLUS ». Le type de connaissances dont nous avons besoin découle des réponses formulées aux questions « pourquoi » mentionnées précédemment. Par exemple, au cours de la décennie de controverse portant sur la gestion des motoneiges au sein du parc national de Yellowstone, les connaissances que recherchent les gestionnaires pour résoudre ce conflit mettent désormais plus l'accent sur les croyances et les valeurs sous-jacentes relatives à l'objectif du parc et le rôle de l'accès des motoneiges par rapport à cet objectif.

D'autres formes de connaissance, telles que celles basées sur l'expérience personnelle et les valeurs culturelles, sont souvent aussi utiles que les connaissances scientifiques pour prendre des décisions. Elles comprennent la description et l'utilisation de plantes, d'animaux et de minéraux, la distribution spatiale et temporelle de la disponibilité de ces ressources, et un cadre social de référence concernant la façon dont les gens utilisent, allouent et gèrent ces ressources dans le contexte de leurs expériences et de leurs normes culturelles (Johannes, 1993).

En combinant différentes formes de connaissance, nos schémas mentaux sont plus à même d'éclairer le fonctionnement des choses, et de développer de la sagesse, notre compréhension d'un système complexe, particulièrement ses objectifs, et la façon dont il est connecté à d'autres systèmes. Grâce à cette compréhension, les inquiétudes relatives aux interventions ne se concentrent plus tant sur leur rendement que sur leur efficacité et équité.

6. Continuer à apprendre

Pourquoi est-il nécessaire d'apprendre ?

De toute évidence, on doit baser l'administration et la gestion des aires protégées sur une gamme de connaissances diversifiée, tout en étant conscients que ces connaissances sont provisoires, que la science et les autres formes de connaissance évoluent et donnent lieu à de nouvelles découvertes, idées et compréhensions, et que l'apprentissage est une stratégie essentielle pour les gestionnaires et les parties intéressées impliqués dans les systèmes socioécologiques des aires protégées. En raison de la complexité dynamique de ces systèmes, des surprises et des conséquences imprévues peuvent se produire et générer des impacts plus ou moins anticipés. À mesure que de nouvelles connaissances sont appliquées, le risque que se produisent de tels résultats diminue. En s'appuyant sur différentes sources de connaissances, la compréhension qu'ont les gestionnaires d'aires protégées des systèmes et des structures sous-tendant cette complexité s'améliore, et la capacité des organisations et des parties intéressées à anticiper, absorber et répondre aux processus lents et rapides affectant l'aire protégée s'accroît.

Interaction entre humains et animaux sauvages dans le parc national de Yellowstone, aux États-Unis
Source : Graeme L. Worboys

Qu'est-ce que l'apprentissage ?

Construire la résilience systémique requiert de nouvelles façons de penser l'apprentissage, la gouvernance, la gestion et la planification (Garmestani et Benson, 2013). Définir des objectifs dans le cadre de l'élaboration d'une résilience systémique permet l'émergence de nouvelles questions pertinentes quant à la façon dont nous apprenons, les raisons pour lesquelles nous le faisons, l'objectif de l'apprentissage et le rôle que jouent les gestionnaires d'aires protégées, les scientifiques et autres parties intéressées dans l'amélioration de celui-ci. Réfléchir à la notion de système permet de s'interroger sur les délais et les leviers (deux caractéristiques importantes des systèmes d'aires protégées) (Meadows, 1999).

On peut définir l'apprentissage comme étant la détection d'erreurs et leur correction (Argyris et Schon, 1978), ou l'acquisition d'informations, de connaissances ou de bon sens (Ackoff, 1999b). On apprend en faisant des erreurs, en réfléchissant à celles-ci, en comprenant leurs causes et en les corrigeant par des actions. On apprend en étant confronté à des perspectives et des points de vue différents, en les analysant et en évaluant leur pertinence et leur validité dans le cadre du système discuté. On apprend au travers des conflits et des disputes, et en essayant de résoudre des demandes concurrentes. On apprend lorsque l'on prend des mesures, que l'on examine les résultats et que l'on modifie l'action pour la rendre plus efficace, productive et juste.

Apprendre requiert la capacité à percevoir un certain nombre d'aspects de l'environnement, à comprendre, analyser et évaluer les changements en cours, puis à agir de façon appropriée. On parle alors d'« apprentissage simple boucle », lequel consiste à détecter les erreurs et à les corriger. Il s'agit de la forme d'apprentissage avec laquelle nous sommes le plus à l'aise, et que l'on nous a généralement enseignée. La boucle de rétroaction est courte, puisque la surveillance d'une action de gestion et l'analyse de ses résultats peuvent fournir des informations relativement immédiates..

Cependant, dans le monde complexe des aires protégées, plusieurs variables de « gouvernance » (telles que la structure d'un organisme de conservation, ses normes culturelles et le modèle mental qui sous-tend sa mission) sont à l'œuvre et rendent l'apprentissage plus difficile. Tenir compte des relations et des conditions existant aux échelons supérieurs (et qui sous-tendent les actions de gestion survenant aux échelons inférieurs) permet d'en apprendre davantage sur les facteurs pouvant remettre en cause la pertinence d'une norme ou d'un standard. Selon Argyris et Schon (1978), on parle alors d'« apprentissage double boucle ». Ce dernier est particulièrement important lors des périodes de changement, d'incertitude et de complexité, lorsque les causes systémiques des erreurs sont difficiles à identifier.

Par exemple, l'évolution des préférences et des valeurs de la société au sein du « nuage » peut remettre en cause la mission d'une aire protégée axée uniquement sur la conservation de la biodiversité. Il y a de fortes chances qu'une telle mission interdise l'exploitation de ressources ayant pourtant eu cours dans le passé. On pourrait tester l'interdiction d'extraire les ressources (prenons l'exemple du chaume), afin d'en évaluer l'efficacité. Il se peut que la mise en œuvre de cette action de gestion adaptative se traduise par la violation de cette interdiction par les populations locales. Recadrer la mission de l'organisme de conservation, en associant l'amélioration de la vie des populations locales à la conservation de la biodiversité, permettrait de renforcer cette dernière. En effet, responsabiliser les résidents quant à la gestion du chaume permettrait de réduire les impacts sur la biodiversité de façon plus notable qu'en interdisant complètement cette activité.

Encourager l'apprentissage

Il existe plusieurs façons de promouvoir l'apprentissage auprès des gestionnaires. Nous présentons ici brièvement trois d'entre elles.

Surveiller la mise en œuvre des actions de gestion

La surveillance pourrait se définir comme le fait de mesurer périodiquement et systématiquement des variables clés reflétant les résultats d'une action de gestion spécifique. Elle fournit à la gestion les moyens de détecter les erreurs, de les corriger et d'en contrôler la correction. Toutefois, la surveillance est trop souvent perçue comme une action extérieure à la gestion réelle, et de nombreuses administrations d'aires protégées déclarent ne pas disposer des financements nécessaires pour mener à bien cette surveillance.

Réflexion et évaluation

Apprendre requiert de détecter les erreurs, les fautes et les conséquences inattendues. Aussi, il faut surveiller de façon explicite les résultats d'une action de gestion, réfléchir à ces derniers et les évaluer à la lumière de l'objectif de l'action (par exemple, réduire les impacts de la collecte de chaume). On réfléchit aux données produites grâce à la surveillance. Si les résultats ne sont pas conformes à ceux qui étaient attendus, il faut prendre le temps de réfléchir, et réaliser une évaluation permettant d'identifier les causes à l'origine de l'erreur et des modalités efficaces, productives et justes pour la corriger.

Se concentrer sur le fait de développer, d'adapter et de corriger les modèles

Sterman (2002:521) a observé que le principal avantage d'expliquer les modèles tient au fait que se concentrer sur « la modélisation plutôt que sur les résultats d'un modèle quel qu'il soit, accélère l'apprentissage, génère de meilleurs modèles et politiques, et accroît les chances de mise en œuvre et d'amélioration du système ». Cet apprentissage est fondamental pour l'adaptation. Sans apprentissage, notre adaptation relève simplement de l'essai-erreur.

Résumé de la section

Pour administrer et gérer avec succès une aire protégée, il faut simplifier le système auquel nous appartenons pour le comprendre, sans pour autant simplifier à outrance. Nous suggérons six pratiques qui, intégrées à nos routines, permettent un juste équilibre entre la nécessité de simplifier et celle de progresser au sein d'un environnement complexe. En adoptant ces pratiques, les gouvernements et les gestionnaires seront mieux préparés pour tirer profit de la complexité.

- La capacité d'apprécier la situation nous permet de mieux percevoir et comprendre le système auquel nous appartenons. Connaître notre rôle au sein de celui-ci nous aide à mieux saisir les effets de nos décisions et anticiper le changement.
- Les leviers sont des zones au sein du système où nous pouvons avoir le plus d'effet. Trouver ces leviers et mettre l'accent sur ces derniers mobiliseront la plus grande partie des ressources dont nous disposons pour concentrer notre énergie sur ces zones où nous pouvons, de façon réaliste, avoir le plus d'impacts.
- L'approche systémique illustre le rôle essentiel des relations au sein d'un système. Privilégier ces relations aide à mobiliser les ressources et à percevoir le changement, les problèmes, les demandes et les inquiétudes émergentes au sein du système social environnant. De même, cultiver de façon proactive les relations avec les individus, les agences et les organismes qui sont au cœur de notre mission permet de développer du capital relationnel pendant les périodes faciles en prévision des temps difficiles.
- Les systèmes sociaux sont largement caractérisés par les réseaux. Comprendre le fonctionnement des réseaux et la façon dont l'information est utilisée au

sein de différents types de réseaux est une compétence récente indispensable à une gestion efficace. Seule une bonne compréhension des effets des réseaux permettra aux gestionnaires d'aires protégées, ou aux personnes chargées d'administrer les aires protégées, de participer de façon proactive aux réseaux pour cultiver des relations et développer la capacité d'apprécier la situation.

- Modéliser la complexité du système permet de mettre rapidement en évidence la diversité des relations existant entre les aires protégées et leur environnement social. Bien que différentes, chacune de ces relations est une opportunité d'acquérir connaissances et discernement à propos du système. Ainsi, on ne peut plus s'appuyer sur le pouvoir de la science, de la formation académique et des politiques pour bien comprendre la nature du système. Il faut utiliser et exploiter plusieurs types de connaissance pour bénéficier réellement de la complexité des systèmes auxquels nous participons.
- Au regard du rythme rapide des changements actuels, les connaissances actuelles sont clairement provisoires ; ce que nous avons appris hier n'est pas nécessairement ce dont nous aurons besoin demain. Il importe donc, plus que jamais, de cultiver l'apprentissage dans notre quotidien.

Conclusion : pour une gestion et une gouvernance adaptatives

Au sein des systèmes complexes dont relèvent l'administration et la gestion des aires protégées, l'incertitude règne, les connaissances sont au mieux provisoires et très probablement incomplètes, et les conséquences systématiquement éparses d'un point de vue temporel et spatial. La seule alternative est d'administrer les aires protégées de façon adaptative, ce qui signifie cultiver la réflexion, l'apprentissage et l'adaptation au sein de l'organisme de conservation. Les erreurs et les problèmes sont inévitables, mais, comme l'avance le mathématicien quantique David Deutsch (2011), ils sont résolubles. Nous gérons donc de manière adaptative, aussi bien au niveau personnel que sur le plan organisationnel. Faire autrement précipiterait notre chute. Ainsi, le Service forestier des États-Unis ayant constaté que la suppression complète des incendies ne réduisait pas le nombre ou l'intensité des incendies forestiers, elle ne pouvait pas conserver la même politique à la lumière de ces nouvelles connaissances.

La gouvernance façonne l'environnement au sein duquel l'administration peut être adaptative ; mais pour cela elle doit faire preuve de la même capacité d'adaptation qui est attendue de l'administration. Les processus de gouvernance adaptative sont élaborés pour permettre le dialogue et des négociations stratégiques concernant les croyances et valeurs sociétales incarnées par différentes parties intéressées. Celles-ci sont ensuite exprimées formellement à travers des mandats, des politiques et des institutions à différents échelons. Quand la gouvernance rend possible ce type d'environnement, on peut profiter de la variété des perspectives exprimées et débattues, créant ainsi l'espace nécessaire pour adresser la question de la résilience.

Administrer de façon adaptative implique de décider, surveiller, réfléchir, apprendre et décider à nouveau. Encore et encore. Administrer de façon adaptative implique l'acquisition d'une meilleure compréhension et d'une plus grande sagesse (deux types d'apprentissage tournés vers le futur et non vers le passé). Administrer de façon adaptative signifie que, bien souvent, les cultures organisationnelles et les institutions se voient contraintes de changer : il s'agit de privilégier une vision de la conservation comme étant un processus continuellement en mutation et non pas figé et routinier. Parvenir à ce type de conclusion peut parfois prendre du temps, comme dans le cas du Service forestier des États-Unis et de sa politique de gestion des incendies forestiers.

Les organismes de conservation devront faire preuve d'agilité s'ils souhaitent administrer de façon adaptative. Ils devront également être compétents d'un point de vue fonctionnel (c'est-à-dire, posséder les compétences nécessaires pour administrer de façon adaptative, employer des individus capables de penser de façon critique et encourager les dirigeants qui promeuvent une culture de réflexion et d'apprentissage fondamentale pour administrer de façon adaptative).

Le monde est complexe, rempli d'incertitude et presque toujours sujet à la controverse. Telle est la situation. Aussi, la principale question qui se pose dans le cas des aires protégées est la suivante : comment fonctionner de façon plus efficace dans un tel monde ? Pour cela, on peut tout d'abord définir la complexité que nous rencontrons, puis la simplifier en connaissance de cause, et enfin l'embrasser. Ainsi, on tend vers plus de résilience et on en tire profit. La clé pour comprendre et fonctionner de façon efficace est d'accepter la nécessité de simplifier les choses, tout en conservant une réticence saine envers ce mécanisme de simplification. Lorsque l'on prend des décisions, on prend en compte ces deux paramètres, sachant qu'ils représentent une façon de tester notre interprétation simplifiée, d'expérimenter, d'apprendre et de nous adapter. Dans ce contexte, nous privilégions les décisions mineures, moins incertaines et causant moins de perturbation au détriment des décisions de plus grande envergure, potentiellement très perturbatrices et plus incertaines.

Définir la complexité nécessite des connaissances, c'est-à-dire de comprendre comment les choses fonctionnent. Simplifier la complexité suppose de comprendre les raisons sous-tendant leur fonctionnement. Et embrasser cette complexité requiert une certaine sagesse, à savoir la capacité d'anticiper les conséquences à long terme. Réfléchir en termes de complexité permet de profiter de cette dernière.

Nous avons montré la façon dont la complexité enrichit nos vies, et comment nous apprenons à la gérer. Il en va de même avec la gouvernance et la gestion des aires protégées. Elles sont imbriquées dans des systèmes socioécologiques complexes. Lorsque l'on accepte cette complexité, que l'on simplifie après avoir créé de la connaissance et que l'on acquiert la capacité d'apprécier la situation, on améliore notre capacité à cultiver des relations qui élargissent nos cercles d'apprentissage, ce qui nous aide à identifier et comprendre les signes d'alerte précoces laissant présager une perte de résilience. On est mieux préparés face aux surprises, moins réactifs, plus réfléchis, et plus enclins à accepter l'erreur humaine. Ainsi, la trajectoire de changement peut façonner notre approche de la gestion, de sorte que le système conserve son identité tout en se transformant. Notre façon de gérer permet alors d'encourager la résilience.

Le kangourou géant (*Macropus giganteus*) est présent en liberté dans l'est de l'Australie et dans de nombreuses aires protégées. Il jouit d'un environnement sans prédateur, et de nombreuses populations ont dépassé les capacités de leurs réserves à subvenir à leurs besoins. Dans les zones urbaines et périurbaines en particulier, la question des gestionnaires pratiquant de possibles abattages de kangourous (dans l'intérêt de la survie des autres espèces au sein des réserves) est souvent très tendue et complexe, et a suscité des interventions politiques au plus haut niveau

349

Le mont Painter, dans la réserve naturelle d'Arkaroola, en Australie-Méridionale : le sommet de cette montagne présente une ancienne vallée du Permien avec des indices géologiques d'activités géothermiques similaires aux geysers modernes et bassins d'eau chaude du parc national de Yellowstone. Les roches environnantes contiennent de nombreux minéraux rares et remarquables, des structures et caractéristiques pétrologiques, y compris des indices de minéralisation d'uranium. Il s'agit d'une zone géologique prioritaire extrêmement précieuse pour la formation de terrain des géologues et, en dépit de la complexité des baux miniers et processus politiques antérieurs, cette zone privée est protégée de façon permanente par le gouvernement de l'Australie-Méridionale

Source : Graeme L. Worboys

Références

📖 Lectures recommandées

Ackoff, R. L. (1999a) *Re-Creating the Corporation: A design of organizations for the 21st century*, Oxford University Press, New York.

Ackoff, R. L. (1999b) 'On learning and the systems that facilitate it', *Reflections: The SoL Journal* 1(1): 14–24.

Álvarez, M. D. (2003) 'Forests in the time of violence', *Journal of Sustainable Forestry* 16(3–4): 47–68. <doi: 10.1300/J091v16n03_03>

📖 Anderies, J. M., Janssen, M. A. and Ostrom, E. (2004) 'A framework to analyze the robustness of social-ecological systems from an institutional perspective', *Ecology and Society* 9(1): 18. <www.ecologyandsociety.org/vol9/iss1/art18/>

Argyris, C. and Schon, D. (1978) *Organizational Learning: A theory of action approach*, Addison-Wesley, Reading.

Bengis, R., Grant, R. and de Vos, V. (2003) 'Wildlife diseases and veterinary controls: a savannah ecosystem perspective', in J. T. du Toit, K. H. Rogers and H. C. Biggs (eds) *The Kruger Experience: Ecology and management of savanna heterogeneity*, pp. vi–vii, Island Press, Washington, DC.

Berkes, F., Colding, J. and Folke, C. (2000) 'Rediscovery of traditional ecological knowledge as adaptive management', *Ecological Applications* 10(5): 1251–62.

📖 Biggs, H. C., Breen, C., Slotow, R., Freitag, S. and Hockings, M. (2011) 'How assessment and reflection relate to more effective learning in adaptive management', *Koedoe* 53(2): 1001. <doi:10.4102/koedoe.v53i2.1001>

Box, G. E. P. and Draper, N. R. (1987) *Empirical Model-Building and Response Surfaces*, Wiley, Hoboken, NJ.

Bourque, J., Inglis, J. T. and LeBlanc, P. (1993) 'Preface', in J. Inglis (ed.) *Traditional Ecological Knowledge: Concepts and cases*, pp. 349–69, International Development Research Center, Ottawa.

Capra, F. (1996) *The Web of Life: A new scientific understanding of living systems*, Random House, New York.

Christensen, N. L., Agee, J. K., Brussard, P. F., Hughes, J., Knight, D. H., Minshall, G. W., Peek, J. M., Pyne, S. J., Swanson, F. J., Thomas, J. W., Wells, S., Williams, S. E. and Wright, H. A. (1989) 'Interpreting the Yellowstone fires of 1988', *Bioscience* 39(10): 678–85.

Cilliers, P. (1998) *Complexity and Postmodernism: Understanding complex systems*, Routledge, London.

Cilliers, P. (2008) 'On the importance of a certain slowness', *ECO* 8(3): 106–13.

Cilliers, P., Biggs, H. C., Blignaut, S., Choles, A. G., Hofmeyr, J. S., Jewitt, G. P. W. and Roux, D. J. (2013) 'Complexity, modeling, and natural resource management', *Ecology and Society* 18(3): 1. <doi org/10.5751/ES-05382-180301>

Coetzee, M., Biggs, H. C. and Malan, S. (2012) *Sharing the benefits of biodiversity: a regional action plan to nurture and sustain the contribution of biodiversity and ecosystem services to livelihoods and resilient economic development within the Kruger to Canyons Biosphere*, Report first officially presented 16 November 2012, Nelspruit, South Africa. <www.kruger2canyons.org/consolidatedtechnicalreportvfin.pdf>

Cumming, D. H. M. (2004) *Sustaining animal health and ecosystem services in large landscapes—2nd draft*, Concept for a program to address wildlife, livestock and related human and ecosystem health issues in the Greater Limpopo Transfrontier Conservation Area. <www.wcs-ahead.org/documents/gltfca_cumming.pdf>

Department of Water Affairs and Forestry (DWAF) (2007) *Guidelines for the Development of Catchment Management Strategies: Towards equity, efficiency and sustainability in water resources management*, Department of Water Affairs and Forestry, Pretoria.

de Shazo, P., McLean, P. and Mendelson, J. (2009) *Colombia's Plan de Consolidacion Integral de la Macarena: An assessment*, CSIS Americas Program, Washington, DC.

Deutsch, D. (2011) *The Beginning of Infinity: Explanations that transform the world*, Penguin Press, New York.

du Toit, J. T., Rogers, K. H. and Biggs, H. C. (eds) (2003), *The Kruger Experience: Ecology and management of savanna heterogeneity*, Island Press, Washington, DC.

Endsley, M. R. (1995) 'Toward a theory of situation awareness in dynamic systems', *Human Factors* 37(1): 32–64.

Endsley, M. R. (2000) 'Theoretical underpinnings of situation awareness', in M. R. Endsley and D. J. Garland (eds) *A Critical Review in Situation Awareness Analysis and Measurement*, pp. 3–28, Lawrence Erlbaum Associates, Mahwah, NJ.

Folke, C., Carpenter, S. R., Walker, B., Scheffer, M., Chapin, T. and Rockström, J. (2010) 'Resilience thinking: integrating resilience, adaptability and transformability', *Ecology and Society* 15(4): 20. <www.ecologyandsociety.org/vol15/iss4/art20/>

Folke, C., Hahn, T., Olsson, P. and Norberg, J. (2005) 'Adaptive governance of social-ecological systems', *Annual Review of Environmental Resources* 30: 441–73.

Freitag-Ronaldson, S. and Foxcroft, L. C. (2003) 'Anthropogenic influences at the ecosystem level', in J. T. du Toit, K. H. Rogers and H. C. Biggs (eds) *The Kruger Experience: Ecology and management of savanna heterogeneity*, pp. 391–421, Island Press, Washington, DC.

Gallopín, G. C., Funtowicz, S., O'Connor, M. and Ravetz, J. (2001) 'Science for the 21st century: from social contract to the scientific core', *International Social Science Journal* (168): 219–29.

Garmestani, A. S. and Benson, M. H. (2013) 'A framework for resilience-based governance of social-ecological systems', *Ecology and Society* 18(1): 9. <doi.org/10.5751/ES-05180-1801099>

Gaylard, A., Owen-Smith, N. and Redfern, J. (2003) 'Surface water availability: implications for heterogeneity and ecosystem processes', in J. T. du Toit, K. H. Rogers and H. C. Biggs (eds) *The Kruger Experience: Ecology and management of savanna heterogeneity*, pp. 171–88, Island Press, Washington, DC.

Gharajedaghi, J. (2011) *Systems Thinking: Managing chaos and complexity. A platform for designing business architecture*, Butterworth-Heinemann, Boston.

Gladwell, M. (2005) *Blink: The power of thinking without thinking*, Little, Brown & Co., New York.

Hanson, T., Brooks, T. M., da Fonseca, G. A., Hoffmann, M., Lamoreux, J. F., Machlis, G. and Pilgrim, J. D. (2009) 'Warfare in biodiversity hotspots', *Conservation Biology: The Journal of the Society for Conservation Biology* 23(3): 578–87.

International Crisis Group (ICG) (2002) *Colombia's Elusive Quest for Peace*, International Crisis Group, Bogotá and Brussels.

International Crisis Group (ICG) (2008) *Latin American Drugs I: Losing the fight*, International Crisis Group, Bogotá and Brussels.

Jackson, M. C. (2003) *Systems Thinking: Creative holism for managers*, John Wiley & Sons, Chichester, UK.

Johannes, R. E. (1993) 'Integrating traditional ecological knowledge and management with environmental impact assessment', in J. Inglis (ed.) *Traditional Ecological Knowledge: Concepts and cases*, pp. 33–40, International Development Research Center, Ottawa.

Jones, N. A., Ross, H., Lynam, T., Perez, P. and Leitch, A. (2011) 'Mental models: an interdisciplinary synthesis of theory and methods', *Ecology and Society* 16(1): 46. <www.ecologyandsociety.org/vol16/iss1/art46/>

Mabunda, D., Pienaar, D. J. and Verhoef, J. (2003) 'The Kruger National Park: a century of management research', in J. T. du Toit, K. H. Rogers and H. C. Biggs (eds) *The Kruger Experience: Ecology and management of savanna heterogeneity*, pp. 3–21, Island Press, Washington, DC.

McCool, S. F., Nkhata, B., Breen, C. and Freimund, W. (2013) 'A heuristic framework for reflecting on protected areas and their stewardship in the 21st century', *Journal of Outdoor Recreation and Tourism* 1(1–2): 9–17.

Meadows, D. (1999) *Leverage Points: Places to intervene in a system*, The Sustainability Institute, Hartland, VT.

Meadows, D. (2008) *Thinking in Systems*, D. Wright (ed.), Chelsea Green, White River Junction, VT.

Mosimane, A. W., McCool, S., Brown, P. and Ingrebretson, J. (2013) 'Using mental models in the analysis of human–wildlife conflict from the perspective of a social-ecological system in Namibia', *Oryx* 48(1): 64–70. <doi:10.1017/S0030605312000555>

Nkhata, A. B. and Breen, C. M. (2010) 'A framework for exploring integrated learning systems for the governance and management of public protected areas', *Environmental Management* 45(2): 403–13.

Nkhata, A. B. and McCool, S. F. (2012) 'Coupling protected area governance and management through planning', *Journal of Environmental Policy and Planning* 14(4): 394–410.

Nkhata, A. B., Breen, C. M. and Freimund, W. A. (2008) 'Resilient social relationships and collaboration in the management of social-ecological systems', *Ecology and Society* 13(1): 2. <www.ecologyandsociety.org/vol13/iss1/art2>

Ormerod, P. (2012) *Positive Linking: How networks can revolutionize the world*, Faber & Faber, London.

Owen-Smith, N., Kerley, G. I. H., Page, B., Slotow, R. and van Aarde, R. J. (2006) 'A scientific perspective on the management of elephants in the Kruger National Park and elsewhere', *South African Journal of Science* 102: 389–94.

Pécaut, D. (2001) *Guerra contra la sociedad*, Espasa, Bogotá.

Perlis, A. J. (1982) 'Epigrams on programming', *ACM SIGPLAN* 17(9): 7–13.

Peterson, G. D., Cummings, G. S. and Carpenter, S. R. (2003) 'Scenario planning: a tool for conservation in an uncertain world', *Conservation Biology* 17: 358–66.

Pienaar, D., Biggs, H., Deacon, A., Gertenbach, W., Joubert, S., Nel, F., van Rooyen, L. and Venter, F. (1997) *A Revised Water-Distribution Policy for Biodiversity Maintenance in the KNP Kruger Park Management Plan. Volume 8*, South African National Parks, Skukuza, South Africa.

Pienaar, U. de V. (1970) 'Water resources of the Kruger Park', *African Wildlife* 24: 180–91.

Pimbert, M. P. and Pretty, J. N. (1995) *Parks, People and Professionals: Putting 'participation' into protected area management*, Discussion Paper No. 57, United Nations Research Institute, Geneva.

Pollard, S. P., Biggs, H. C. and du Toit, D. (2014) 'A systemic framework for context-based decision making in natural resource management: reflections on an integrative assessment of water and livelihood security outcomes following policy reform in South Africa', *Ecology and Society* 19(2): 63. <www.ecologyandsociety.org/vol19/iss2/art63/>

Resilience Alliance (2010) *Assessing Resilience in Social-Ecological Systems: Workbook for practitioners*, Version 2: 54. <www.resilience.org>

Roux, D. J. and Foxcroft, L. C. (2011) 'The development and application of strategic adaptive management within South African national parks', *Koedoe* 53(2): 1049. <doi:10.4102/koedoe.v53i2.1049>

Scholes, R. J. and Mennell, K. G. (eds) (2008) *Elephant Management: A scientific assessment for South Africa*, Wits University Press, Johannesburg.

Senge, P. (1990) *The Fifth Discipline: The art and practice of the learning organization*, Double Day, New York.

Simon, H. A. (1996) *The Sciences of the Artificial*, 3rd edn, MIT Press, Cambridge, MA.

Sterman, J. D. (2002) 'All models are wrong: reflections on becoming a systems scientist', *System Dynamics Review* 18(4): 501–31.

Stirzaker, R. J., Biggs, H. C., Roux, D. J. and Cilliers, P. (2010) 'Requisite simplicities to help negotiate complex problems', *Ambio* 39: 600–7. <doi:10.1007/s13280-0100075-7>, PMid:21141779.

Stirzaker, R. J., Roux, D. J. and Biggs, H. C. (2011) 'Learning to bridge the gap between adaptive management and organisational culture', *Koedoe* 53(2): 1007. <doi:10.4102/koedoe.v53i2.1007>

Thwink (2014) Process Driven Problem Solving. <www.thwink.org/sustain/glossary/ProcessDrivenProblemSolving.htm>

Tidwell, T. (2013) Wildland fire management, Statement of Tom Tidwell, Chief, USDA Forest Service, before the Committee on Energy and Natural Resources, US Senate, Washington, DC.

Turner, M. G., Romme, W. H. and Tinker, D. B. (2003) 'Surprises and lessons from the 1988 Yellowstone fires', *Frontiers in Ecology and the Environment* 1(7): 351–8.

United States Agency for International Development (USAID) (2013) *Resilience in the Limpopo Basin Program (RESILM): Olifants catchment*, USAID, Washington, DC. <www.usaid.gov/sites/default/files/documents/1860/RESILIM%20O%20Fact%20Sheet.pdf>

Walker, B. and Salt, D. (2006) *Resilience Thinking: Sustaining ecosystems and people in a changing world*, Island Press, Washington, DC.

Walker, B. and Salt, D. (2012) *Resilience Practice: Building capacity to absorb disturbance and maintain function*, Island Press, Covelo, CA.

Walker, B. H., Gunderson, L. H., Kinzig, A. P., Folke, C., Carpenter, S. R. and Schultz, L. (2006) 'A handful of heuristics and some propositions for understanding resilience in social-ecological systems', *Ecology and Society* 11(1): 13. <www.ecologyandsociety.org/vol11/iss1/art13/>

Walker, B., Holling, C. S., Carpenter, S. R. and Kinzig, A. (2004) 'Resilience, adaptability and transformability in social–ecological systems', *Ecology and Society* 9(2): 5. <www.ecologyandsociety.org/vol9/iss2/art5/>

Weick, K. (1976) 'Educational organizations as loosely coupled systems', *Administrative Science Quarterly* 21: 1–9.

Weick, K. E. and Sutcliffe, K. M. (2001) *Managing the Unexpected*, Jossey-Bass, San Francisco.

Whyte, I. J., van Aarde, R. and Pimm, S. L. (2003) 'Kruger's elephant population: its size and consequences for ecosystem heterogeneity', in J. T. du Toit, K. H. Rogers and H. C. Biggs (eds) *The Kruger Experience: Ecology and management of savanna heterogeneity*, pp. 332–48, Island Press, Washington, DC.

Yankelovich, D. (1991) *Coming to Public Judgment: Making democracy work in a complex world*, Syracuse University Press, Syracuse, NY.

CHAPITRE 11

GÉNÉRATION, ACQUISITION ET GESTION DES CONNAISSANCES

Auteurs principaux :
Naomi Kingston, Brian MacSharry, Marcelo Gonçalves de Lima, Elise M. S. Belle et Neil D. Burgess

CONTENU

AUTEURS PRINCIPAUX

NAOMI KINGSTON est directrice du Programme aires protégées du Centre mondial de surveillance continue de la conservation de la nature du Programme des Nations Unies pour l'Environnement (PNUE-WCMC), Cambridge, Royaume-Uni.

BRIAN MACSHARRY est chargé de programme au Programme aires protégées du PNUE-WCMC où il est responsable de Base de données mondiale sur les aires protégées, Cambridge, Royaume-Uni.

MARCELO GONÇALVES DE LIMA est chargé de programme au Programme aires protégées du PNUE-WCMC et travaille sur l'efficacité des aires protégées et la conservation de la connectivité, Cambridge, Royaume-Uni.

ELISE BELLE est chargée de programme au Programme aires protégées du PNUE-WCMC, Cambridge, Royaume-Uni.

NEIL D. BURGESS est directeur du département des sciences du PNUE-WCMC et professeur à temps partiel de sciences de la conservation à l'Université de Copenhague, Danemark.

REMERCIEMENTS

Les auteurs tiennent à remercier les personnes qui ont contribué au développement de ce chapitre : Charles Besançon du Secrétariat de la CDB, Christian Elloran du Centre pour la biodiversité de l'Association des Nations de l'Asie du Sud-Est (ASEAN), Diego Juffe-Bignoli, Kelly Malsch et Alison Rosser du PNUE-WCMC, Noelle Krumpel et Olivia Needham de ZSL, Jane Smart et Thomas Brooks de l'Union internationale pour la conservation de la nature (UICN) et Yichuan Shi de l'UICN et PNUE-WCMC.

Citation

Kingston, N., MacSharry, B., de Lima, M. G., Belle, E. M. S. et Burgess, N. D. Génération, acquisition et gestion des connaissances. In Worboys, G. L., Lockwood, M., Kothari, A., Feary, S. et Pulsford, I. (éd). *Gouvernance et gestion des aires protégées*. Canberra : ANU Press, 2020. doi.org/10.22459/GGAP.11

PHOTO DE LA PAGE DE TITRE

La collecte de données primaires est un élément essentiel de la production, de l'acquisition et de la gestion des connaissances. Ici, dans la grotte de Hang Moi, bien du patrimoine mondial de Trang An, au Vietnam, des archéologues montrent une excavation à un groupe d'inspection du patrimoine mondial et présentent les strates de sédiments que les fouilles archéologiques ont révélées ainsi que l'analyse des matériaux des différentes couches et leur datation. Parmi les informations récoltées se trouvent des preuves d'occupation humaine de la grotte entre 10 000 et 5 500 AP faisant partie des valeurs culturelles importantes de ce bien du patrimoine mondial.
Source : Graeme L. Worboys

Introduction

Chaque jour, des décisions de gestion des aires protégées sont prises. Elles peuvent l'être à différentes échelles : locale, nationale ou mondiale, et par divers acteurs, tels que les gestionnaires de site, les planificateurs ou les décideurs, les responsables politiques, les chefs d'entreprise ou les organismes de financement. Pour prendre de bonnes décisions, tous ces acteurs doivent avoir accès à des données et des informations de qualité afin de comprendre les menaces et pressions pesant sur les aires protégées et d'y répondre et de comprendre également l'implication de ces menaces pour la biodiversité, les services écosystémiques et les communautés humaines qui bénéficient de ces derniers. Ce chapitre porte sur la création, l'acquisition et la gestion de connaissances, en particulier celles portant sur les aires protégées. Très souvent, les termes « données », « informations » et « connaissances » sont utilisés de manière interchangeable, mais il existe des distinctions importantes entre ces termes qu'il est essentiel de comprendre dans le contexte de ce chapitre.

Qu'est-ce que la connaissance ?

Les données sont des valeurs brutes associées à des mesures ou à des observations, parfois en lien avec un processus écologique ou une espèce ; la nature des données, leur collecte, leur analyse, leur gestion et leur communication peuvent être représentées sous forme de cycle.

L'information est obtenue lorsque les données sont organisées ou analysées pour un contexte particulier, et la connaissance repose sur la compréhension de la signification de ces informations. Cleveland (1982) décrit la compréhension comme un continuum : les données sont considérées comme une vision du passé, la connaissance comme le présent et il va plus loin encore en décrivant la « sagesse » comme un résultat futur (figure 11.1). Dans le cas des aires protégées, les connaissances seraient liées à la manière dont les informations basées sur les données sont ensuite utilisées pour prendre des décisions qui éclairent les politiques ou affectent les actions de gestion.

Le manque de ressources implique que l'efficacité de la collecte de données, de la génération d'informations et de la gestion des connaissances doit être optimisée. Les technologies modernes permettent de rationaliser les flux de données, de la collecte de données sur le terrain à leur

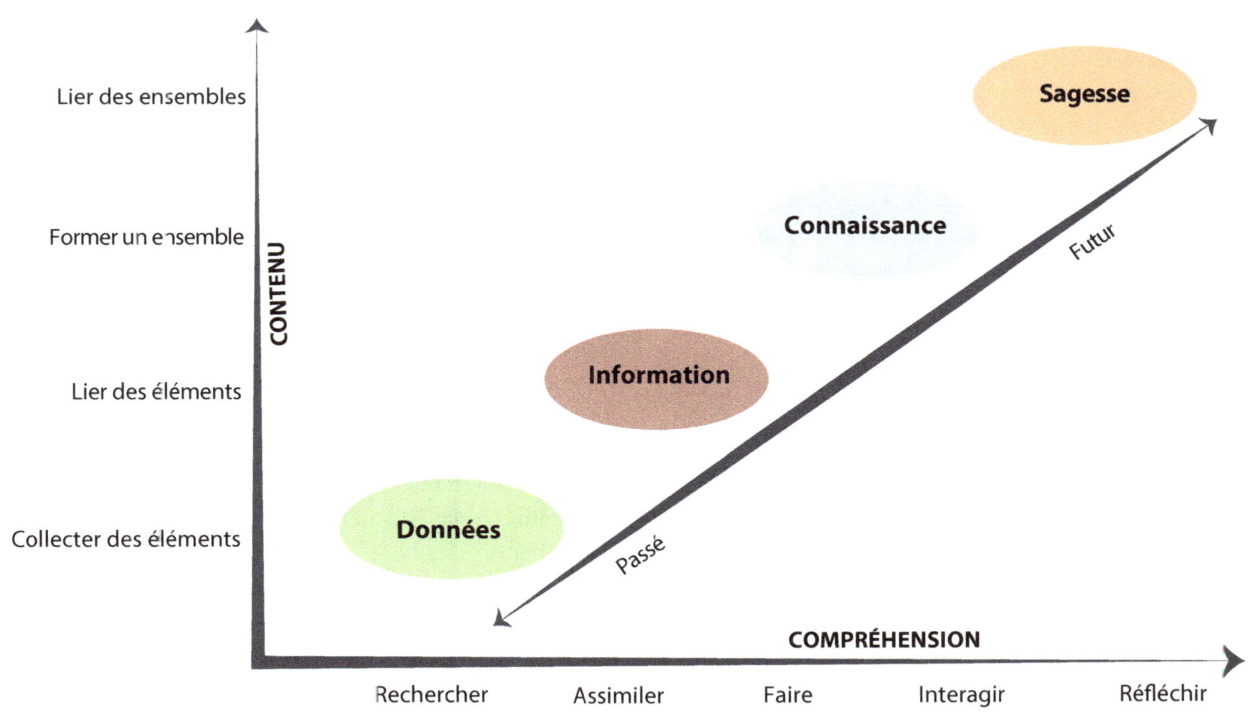

Figure 11.1 Le continuum de la compréhension : de la collecte de données à la présentation de l'information, la génération de connaissance et l'acquisition de sagesse

Source : d'après Cleveland (1982)

Le garde Mike Smithson et l'officier de gestion des incendies Paul Black du Parks and Wildlife Service de Tasmanie, en Australie, mesurent les niveaux d'humidité du combustible dans le cadre de la planification de la réduction des incendies
Source : Graeme L. Worboys

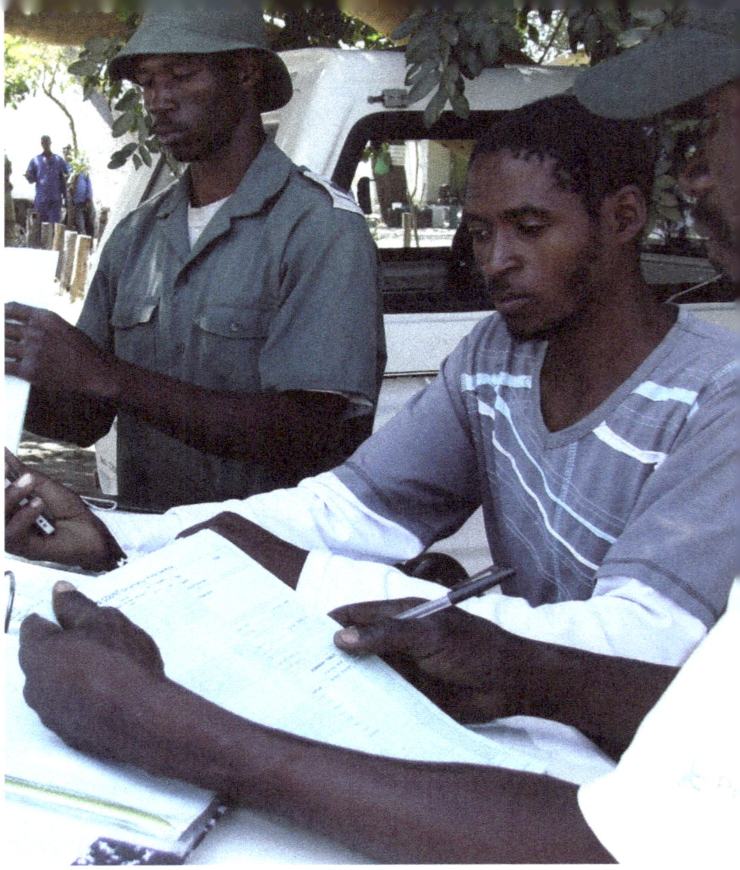

Collecte de données sur le terrain par des gardes communautaires, Namibie
Source : Olga Jones

analyse en ligne, produisant des informations sous une forme interprétable. Au cours des dernières années, la rationalisation, l'interopérabilité (la capacité des systèmes à s'interconnecter et à travailler ensemble de manière transparente) et le partage de données sur Internet ont mené à un changement de paradigme dans la gestion des connaissances. Par exemple, alors que par le passé les données sur la biodiversité étaient collectées au niveau des sites, conservées dans des musées et publiées dans des revues scientifiques, désormais les initiatives mondiales de partage de données, les portails où les données sont partagées au niveau national et les publications en ligne de données et d'articles scientifiques facilitent la diffusion rapide ou immédiate et à grande échelle des données et des informations. On peut citer, par exemple, la Base de données mondiale sur les aires protégées (WDPA), le Système mondial d'information sur la biodiversité (GBIF), NatureServe et l'Union internationale pour la conservation de la nature (UICN).

Dans ce chapitre, nous évoquerons les moteurs de la génération de connaissances sur les aires protégées, l'importance de la normalisation et de l'interopérabilité entre les systèmes, ainsi que les considérations relatives à la gestion, à l'utilisation et à l'allocation de ressources pour les systèmes actuels et futurs. La gestion des connaissances est un domaine immense et divers. Par conséquent, plutôt que d'essayer de créer un manuel complet à l'intention des praticiens des aires protégées, nous présentons ici des problèmes génériques, des exemples de réponses à ces problèmes et des liens vers des ressources clés permettant d'obtenir des informations plus détaillées.

Moteurs de la génération de connaissances

La collecte de données et d'informations sur les aires protégées est importante pour un certain nombre d'objectifs fondamentaux. Les connaissances et la compréhension approfondie nous permettent de nous assurer que les nouvelles aires protégées sont créées à des endroits stratégiques, qu'elles sont gérées avec succès pour atteindre leurs objectifs de conservation, que leurs valeurs et leur importance pour la biodiversité et la société sont reconnues, que leur gestion est juste d'un point de vue social et qu'elles bénéficient des ressources dont elles ont besoin. Les données nous permettent également de cibler les régions pour lesquelles nous en savons trop peu sur les aires protégées (Pino-Del-Carpio et al., 2014), où les réseaux d'aires protégées ne sont pas représentatifs (Bertzky et al., 2013) et où leur gestion est insuffisante (Leverington et al., 2010).

Gestion d'aires protégées individuelles

L'un des principaux objectifs de la collecte de données est l'amélioration de la gestion des aires protégées, ce qui fait appel à un large éventail d'informations. La gestion d'un site est multidimensionnelle, et une grande quantité de données, d'informations et de connaissances est nécessaire pour atteindre les objectifs de conservation d'une aire protégée. Ces informations peuvent être très diverses : données portant sur les limites de l'aire, le régime foncier, les tendances écologiques, les sources d'eau, l'application de la loi et l'octroi de permis, ou encore les listes de contacts des gardes, des communautés autochtones et des propriétaires fonciers, le nombre de visiteurs, les données financières, les régimes de gestion et les impacts sociaux. Les informations requises et l'échelle de la collecte dépendent de l'utilisation de ces informations, et les responsables doivent donc tenir compte de cet aspect lors de la conception du projet.

Il existe un certain nombre d'outils facilitant la collecte d'informations. Cependant, quel que soit l'outil utilisé, il est essentiel d'adopter une approche stratégique permettant de collecter des données pertinentes pour l'objectif visé. Les aires protégées sont souvent gérées de manière adaptative et éclairée grâce aux informations recueillies dans le cadre des programmes de suivi. Lorsqu'elles sont ouvertes au public, leurs gestionnaires peuvent choisir de collecter des informations sur le nombre de visiteurs et les activités de ces derniers afin de gérer les installations et infrastructures, réduire les impacts et les menaces tant pour les visiteurs que pour la biodiversité et cibler les activités d'éducation et de loisirs. La planification systématique de la conservation est une approche ciblée visant à créer des réseaux d'aires protégées et d'autres paysages de conservation terrestres et marins. Il vise à fournir des informations transparentes et basées sur la science pouvant être utilisées pour guider les décideurs et les planificateurs (Margules et Pressey, 2000). Il existe de nombreux outils aidant à la planification de la conservation systématique basés sur différents niveaux de complexité et de données (traités en détail dans Bowles-Newark et al., 2014).

Le logiciel Miradi, développé par le Partenariat pour les mesures de conservation (CMP), utilise les Normes ouvertes pour la pratique de la conservation, fondées sur les expériences de plusieurs organisations de conservation en matière de planification de la conservation (encadré 11.1). Ces normes se basent sur les cycles de projet ou la gestion adaptative pour atteindre les objectifs de conservation.

Le chercheur Roger Good prend note des données sur les conditions et changements de conditions fournies par les gardes d'Alpine National Park, Victoria, Australie

Source : Graeme L. Worboys

Afin de déterminer dans quelle mesure les aires protégées sont bien gérées et si elles atteignent leurs objectifs de conservation, un certain nombre de systèmes ont été mis au point et sont utilisés dans le monde entier. Dans certains cas, ces mécanismes d'évaluation portent sur les activités de gestion, dans d'autres, sur les tendances en matière de suivi des interventions relatives à la biodiversité. Les évaluations de l'efficacité de la gestion des aires protégées (PAME) peuvent utiliser des formats d'acquisition de données adaptés au besoin d'une organisation d'être informée de l'utilisation efficace des ressources et de planifier sa gestion ultérieure. Plus de 40 outils PAME ont été développés ces dernières années et les résultats de ces évaluations sont résumés par Coad et al. (2013). Hockings et al. (2009) et Leverington et al. (2010) proposent également une revue des bonnes méthodologies d'évaluation de la gestion des aires protégées (voir aussi le chapitre 28).

Les infractions contre la faune sauvage, notamment le braconnage, comptent parmi les principales menaces auxquelles fait face la biodiversité et nécessitent une

Encadré 11.1 Miradi : logiciel de planification de projets de conservation

Le Partenariat pour les mesures de conservation (CMP) a développé un logiciel appelé « Miradi » (ce qui en swahili signifie « projet » ou « objectif ») qui permet aux acteurs de la conservation tels que les gestionnaires de parcs de concevoir, gérer et suivre des projets et, surtout, de recevoir des retours sur ces projets et d'adapter leur gestion pour augmenter leurs chances de succès. Cela se traduit, dans les aires protégées, par une meilleure efficacité de gestion encourageant la conservation de la biodiversité. Miradi peut être utilisé pour la planification de projets particuliers portant sur la conservation d'une espèce ou d'un ensemble d'espèces, d'un paysage ou d'un écosystème entier, ou encore pour élaborer des plans de gestion ou autre sur la base des normes ouvertes pour gestion adaptative illustrées par la figure 11.2 (voir aussi le chapitre 13).

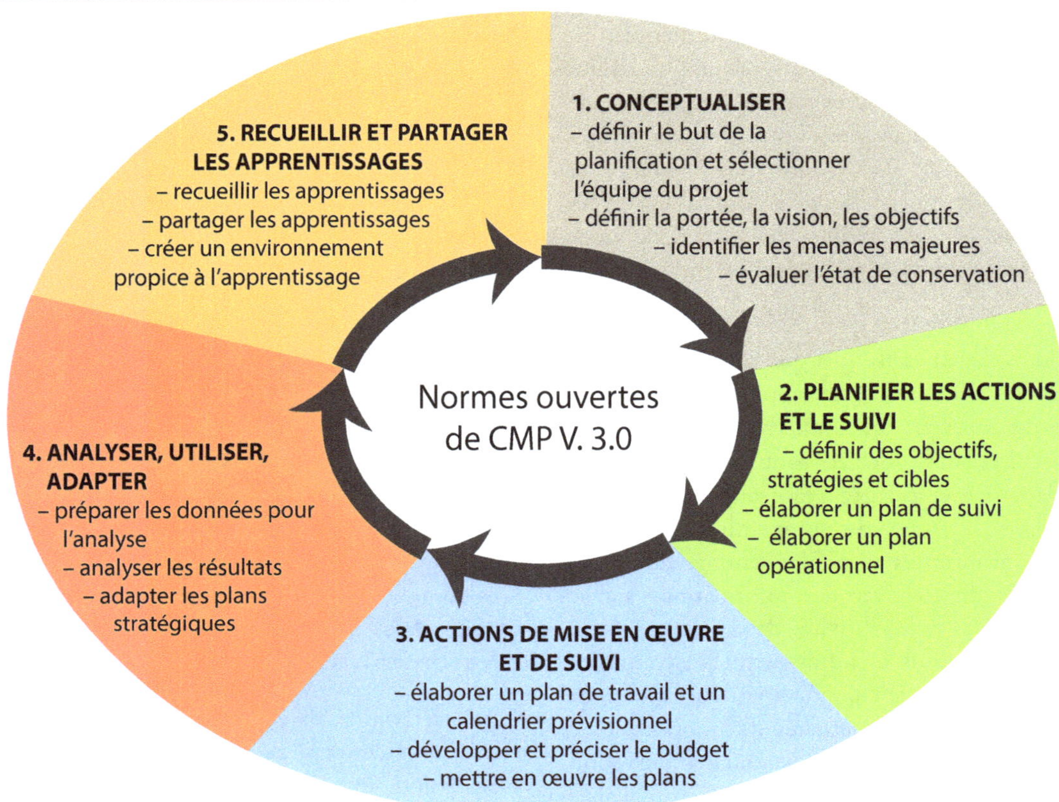

Figure 11.2 Cycle de planification de projets de gestion adaptative du Partenariat pour les mesures de conservation

Source : d'après CMP (2013)

approche particulière de la collecte de données, de leur suivi et de l'application de la loi. Des initiatives mondiales, telles que le Consortium international de lutte contre la criminalité liée aux espèces sauvages (ICCWC), ont été créées pour répondre à ce problème. Le consortium a développé une boîte à outils d'analyse de la criminalité liée aux espèces sauvages et aux forêts qui fournit des conseils sur la collecte et l'analyse de données (ICCWC, 2012). La collecte de données via des outils dédiés tels que SMART (*Spatial Monitoring and Reporting Tool*) (encadré 11.2) garantit que les informations collectées au cours des activités quotidiennes de contrôle sont normalisées et adaptées à leur objectif.

Rapport national et suivi du changement global

Divers accords régionaux et internationaux portant sur les aires protégées ont été signés, tels que les rapports nationaux de la Convention sur la diversité biologique, les objectifs d'Aichi et les stratégies et plans d'action nationaux pour la diversité biologique, la Convention

Encadré 11.2 SMART

L'outil de suivi spatial et de communication des données (Spatial Monitoring and Reporting Tool - SMART) est conçu pour améliorer les efforts anti-braconnages et l'efficacité globale de la mise en application de la loi dans les aires de conservation et les zones de gestion établies. SMART rend possible la collecte, le stockage, la communication et l'évaluation des données sur les efforts de patrouille (par ex. le temps passé en patrouille, les zones visitées, et les distances couvertes), les résultats de patrouille (par ex. les pièges détruits, les arrestations effectuées) et les niveaux de menace. Quand elle est utilisée efficacement pour créer et entretenir un flot d'information entre les équipes d'écogardes, les analystes et les gestionnaires de la conservation, l'approche SMART peut aider à améliorer considérablement la protection de la faune sauvage et de ses habitats.

L'approche SMART peut être introduite dans n'importe quelle aire de conservation qui s'appuie sur des équipes de patrouille pour protéger la faune et les écosystèmes naturels. Dans de multiples sites à travers le monde, cette approche a déjà démontré son efficacité dans l'amélioration de l'effort de la mise en application de la loi, dans l'amélioration du moral des équipes de terrain et dans la réduction des menaces sur la faune et les autres ressources naturelles. Actuellement, SMART est utilisé dans plus de 120 aires de conservation dispersées dans 27 pays du monde et est rapidement en train de devenir un standard international pour le suivi et la gestion de la mise en application de la loi. L'avantage d'utiliser un système tel que SMART est qu'il :

- utilise le pouvoir de l'information et de la responsabilité pour aider à diriger les ressources vers les endroits où elles sont le plus nécessaires ;
- donne aux gestionnaires des informations pertinentes et précises sur la nature des menaces, leur localisation et l'intervention des équipes chargées de l'application de la loi ;
- aide les gestionnaires à utiliser les informations de manière stratégique pour mieux planifier et gérer les opérations de patrouille ;
- assure la responsabilisation et la bonne gouvernance en fournissant des mesures claires et normalisées de la performance de l'application de la loi au personnel, à la direction et à l'administration, ainsi que des rapports sur cette application ;
- est abordable, le téléchargement et l'utilisation de SMART étant gratuits.

SMART a été officiellement lancé début 2011 par les six membres fondateurs du partenariat SMART : la Convention sur le commerce international des espèces de faune et de flore sauvages menacées d'extinction (CITES-MIKE), la Frankfurt Zoological Society, le North Carolina Zoo, la Wildlife Conservation Society, le World Wide Fund for Nature (WWF) et la Zoological Society de Londres.

— Olivia Needham, Zoological Society of London, pour le partenariat SMART

relative aux zones humides d'importance internationale particulièrement comme habitats des oiseaux d'eau (Convention Ramsar), la Convention du patrimoine mondial, ainsi que les rapports nationaux et le système de permis de la Convention sur le commerce international des espèces de faune et de flore sauvages menacées d'extinction (CITES). Ces accords prévoient différents niveaux de suivi des aires protégées pour les pays (pour un exemple de rapport rédigé dans le cadre des Directives européennes sur la nature, voir l'encadré 11.3). Dans certains cas, des informations détaillées sur le site doivent être partagées, alors que dans d'autres, les informations générales de niveau national sont suffisantes. Dans tous les cas, il est important de baser les rapports sur des informations pertinentes et de bonne qualité. La présentation des rapports de suivi nationaux dans le cadre des nombreux accords signés par les pays est complexe et exigeante, et certains pays à faible capacité de traitement de données n'ont pas pu fournir les informations demandées. C'est pourquoi des efforts sont actuellement déployés pour rationaliser et harmoniser les exigences en matière de rapport dans tous les accords environnementaux multilatéraux. Le développement de systèmes de rapport en ligne – encore à ses débuts pour les aires protégées – vise à réduire le fardeau en matière de rapports et d'accès aux données (par exemple pour la CITES, voir l'encadré 11.4).

En 2010, les parties à la CDB ont convenu d'un nouveau plan stratégique (CBD, 2011) comprenant un ensemble d'objectifs (objectifs d'Aichi). Ce plan fournit un cadre global pour la biodiversité, non seulement pour les conventions relatives à la biodiversité, mais également pour l'ensemble du système des Nations Unies et tous les autres partenaires engagés dans la gestion de la biodiversité et l'élaboration de politiques. Les aires protégées sont importantes pour plusieurs objectifs, mais en particulier pour l'objectif 11, qui stipule :

> D'ici à 2020, au moins 17 % des zones terrestres et d'eaux intérieures et 10 % des zones marines et côtières, y compris les zones qui sont particulièrement importantes pour la diversité biologique et les services fournis par les écosystèmes, sont conservées au moyen de réseaux écologiquement représentatifs et bien

Encadré 11.3 Obligations nationales de déclaration en vertu des directives européennes sur la nature

Au sein de l'Union européenne, deux directives sont axées sur la conservation de la nature : la directive Oiseaux (79/409/CEE ; 2009/147/CE) et la directive Habitats (92/43/CEE), collectivement appelées directives Nature. Ces directives couvrent de nombreuses questions relatives à la biodiversité, mais deux sont particulièrement pertinentes en termes de collecte de données. Premièrement, les directives exigent des pays qu'ils désignent et collectent des informations sur une série d'aires protégées afin de protéger un ensemble prescrit de types d'habitats et d'espèces. En février 2014, il y avait 27 221 sites couvrant une superficie de plus d'un million de kilomètres carrés, ce qui équivaut à environ 18 % de la superficie terrestre et 4 % de la superficie marine de l'Union européenne. Deuxièmement, les directives obligent les pays à collecter des données sur la biodiversité d'habitats et espèces donnés. Ces données portent sur la répartition, la superficie, la population, les tendances et l'état de conservation général des espèces et des types d'habitats listés dans ces directives. Les données collectées dans le cadre de ce processus constituent un élément central de la stratégie globale de biodiversité de l'Union européenne et sont accessibles au public sur le site de l'Agence européenne pour l'environnement.

Encadré 11.4 Species+

Species +, développé par le Secrétariat CITES et le Centre mondial de surveillance de la conservation de la nature du Programme des Nations Unies pour l'environnement (PNUE-WCMC), est un site web conçu pour aider les parties à mettre en œuvre la CITES, la Convention sur la conservation des espèces migratrices (CMS) et d'autres accords environnementaux multilatéraux. Il fournit un portail centralisé pour accéder aux informations clés sur les espèces d'intérêt mondial. Species + contient notamment des informations sur toutes les espèces répertoriées dans les annexes de la CITES et de la CMS, ainsi que d'autres listes de la CMS et d'espèces incluses dans les annexes des règlementations de l'UE sur le commerce des espèces sauvages.

— Kelly Malsch et Alison Rosser (PNUE-WCMC, 2014)

reliés d'aires protégées gérées efficacement et équitablement et d'autres mesures de conservation effectives par zone, et intégrées dans l'ensemble du paysage terrestre et marin.

Encadré 11.5 Qu'est-ce qu'un bon indicateur ?

Selon le Biodiversity Indicator Partnership (2011), un bon indicateur doit être :

- scientifiquement valable : a) il existe une théorie acceptée sur la relation entre l'indicateur et son objectif, il est reconnu qu'un changement de l'indicateur indique un changement de l'élément étudié ; et b) les données utilisées sont fiables et vérifiables ;
- basé sur des données disponibles : pour que l'indicateur puisse être suivi dans le temps ;
- sensible aux changements de l'élément étudié ;
- facilement compréhensible : a) conceptuellement, dans la manière dont la mesure est liée à l'objectif ; b) dans sa présentation et c) dans l'interprétation des données ;
- adapté aux besoins de l'utilisateur ;
- utilisé : pour mesurer les progrès, alerter face à des problèmes, comprendre un problème, le rapporter, sensibiliser, etc.

Afin de suivre les progrès accomplis vers l'objectif 11, les pays, avec le soutien d'initiatives mondiales, doivent mobiliser et interpréter un volume considérable de données portant sur tous les aspects de la situation, de la couverture, de la désignation, de la gestion et de la gouvernance des aires protégées. Des indicateurs sont utilisés pour suivre les progrès effectués (encadré 11.5). Une autre initiative mondiale a été lancée en 2012, la Plateforme intergouvernementale sur la biodiversité et les services écosystémiques (IPBES), organe intergouvernemental indépendant axé sur le renforcement de l'interface science-politique, de manière à ce que :

- les informations scientifiques soient pertinentes pour les politiques à mettre en place et formulées pour être accessibles aux décideurs ;
- les décideurs tiennent compte des informations scientifiques disponibles dans leurs délibérations, et formulent leurs demandes ou leurs questions afin que les scientifiques puissent leur présenter des informations pertinentes.

Un géologue du service des parcs américains expose à des experts des aires protégées les méthodes de mesure, surveillance et cartographie de l'expansion de la croûte géothermique dans les environs de Old Faithful Geyser, Parc national de Yellowstone, États-Unis

Source : Graeme L. Worboys

Parcelle de recherche écologique à long terme établie dans le parc national de Kosciuszko dans les années 1960 après la suppression des pâturages alpins du parc afin de suivre le rétablissement de l'environnement alpins australiens et mesurer l'érosion active continue des cours d'eau

Source : Dane Wimbush

Apports pour la génération de connaissances

Outre la multitude de facteurs et de motivations, on peut également évoquer les nombreux outils et méthodes de collecte des données et informations. Ces méthodes doivent être prises en compte et développées dans le contexte du projet ou de l'objectif pour lequel les données sont collectées. À ce titre, il convient de considérer cinq catégories de connaissances principales lorsque l'on examine les types de données : 1) les connaissances scientifiques collectées dans le cadre d'enquêtes sur le terrain, 2) les connaissances scientifiques issues de la télédétection, 3) les connaissances de « valeurs » telles que les valeurs économiques ou bénéfices pour les populations, 4) les connaissances créées par la science citoyenne et 5) l'énorme ensemble des connaissances traditionnelles.

Dans toutes ces catégories, compte tenu des ressources importantes nécessaires à la collecte et à l'analyse des données pour générer des informations, il est important que le principe de « collecte unique, utilisation fréquente » soit utilisé dans la mesure du possible. Les responsables doivent considérer la durée de vie des données collectées au-delà de la portée du projet qu'ils lancent à ce moment-là. L'ajout d'un ou deux paramètres peut souvent accroître les possibilités d'exploitations des données et donc leur valeur au-delà d'un seul projet. Des normes et mécanismes internationaux de partage des données peuvent également garantir que les données peuvent être intégrées et réutilisées ultérieurement par d'autres acteurs ou projet.

« Collecte unique, utilisation fréquente » est l'un des principes fondamentaux de nombreux systèmes de collecte de données en ligne. Afin d'éviter les doubles emplois, les différents systèmes de collecte

Encadré 11.6 PROBUC : Programme de surveillance de la biodiversité et de l'utilisation des ressources naturelles dans les aires protégées étatiques amazoniennes

Ce programme a été mis en place par le gouvernement de l'État d'Amazonas au Brésil en 2006 afin de collecter des informations sur la présence et l'utilisation de la biodiversité dans les aires protégées étatiques où l'utilisation durable des ressources est permise. Ces aires protégées sont définies au Brésil comme des zones naturelles qui abritent des populations traditionnelles dont l'existence dépend de systèmes basés sur l'utilisation durable des ressources naturelles. Ces systèmes ont été adaptés à travers les âges à l'écologie locale et ont un rôle important dans la protection de la nature et le maintien de la biodiversité. Ces zones répondent aux critères de la catégorie VI des aires protégées de l'UICN. Le programme vise à former et à utiliser les connaissances locales pour acquérir des informations sur l'utilisation de la faune et de la flore à des fins de subsistance (telles que la chasse et la pêche, et la récolte de noix du Brésil) ainsi que sur les menaces (telles que le braconnage, la déforestation illégale et l'extraction de l'or) pour aider à suivre les tendances et menaces des espèces et planifier les mesures de gestion nécessaires.

Les habitants des villages locaux sont formés pour remplir des questionnaires et effectuer un suivi des transects fauniques en mettant l'accent sur les espèces chassées pour se nourrir. Ils acquièrent également des informations sur les populations de tortues (la libération annuelle des bébés tortues est encouragée par les résidents locaux) et le trafic maritime à l'intérieur de l'aire protégée. Les informations acquises sont transmises à l'agence nationale de l'environnement pour être analysées afin de trouver des informations de gestion pertinentes et stockées dans des bases de données accessibles aux chercheurs et autres institutions. Les communautés locales bénéficient également de ces données lorsque les résultats sont présentés et expliqués de manière globale lors des réunions communautaires, y compris lors des réunions du conseil communautaire des aires protégées. Les formations sont constamment évaluées pour augmenter la précision et la fiabilité des données.

Sources : Fonseca et al. (2011) ; de Lima et al. (2012)

nationaux, régionaux et internationaux doivent pouvoir communiquer les uns avec les autres pour que les pays puissent établir leurs rapports et que les données puissent être utilisées par d'autres systèmes. Des initiatives telles que le Système mondial d'information sur la biodiversité (Global Biodiversity Information Facility – GBIF) peuvent rassembler des données collectées à des fins multiples et les rendre librement accessibles à d'autres chercheurs du monde entier (voir l'encadré 11.16). Le lien entre données et métadonnées associées, souvent appelées « données sur les données », est un élément clé de l'idéal « Collecte unique, utilisation fréquente » . Les métadonnées permettent aux futurs utilisateurs de données et d'informations de comprendre comment ces données ont été collectées, dans quel but, à quelle échelle et à quel degré de précision, et quelles sont les conditions d'utilisation de ces données. En outre, les métadonnées peuvent inclure des informations sur les utilisations judicieuses d'un ensemble de données ou d'un produit d'information, réduisant ainsi le nombre de résultats erronés ou trompeurs obtenus au cours d'analyses futures. Des détails supplémentaires sur certaines des normes de données communes utilisées à la fois pour la biodiversité et les aires protégées sont présentés plus loin dans ce chapitre.

Connaissances scientifiques

Une grande partie des données portant sur les aires protégées est collectée dans le cadre d'enquêtes scientifiques, et de programmes de surveillance et de suivi. Ces programmes couvrent toutes les facettes de la biodiversité, de l'environnement, de la gestion et des processus socio-économiques. Ils s'appuient sur une méthodologie scientifique et des expériences pour rendre les résultats plus robustes et comparables entre les sites et dans le temps. La collecte de données peut être effectuée par des chercheurs sur le terrain ou des personnes formées aux techniques d'échantillonnage et de gestion des données, par exemple, l'utilisation de feuilles de calcul et de techniques d'analyse simples.

Au niveau le plus élémentaire de la collecte de données, on peut citer les enquêtes qui génèrent des listes ou des inventaires, la cartographie géologique et/ou les indicateurs socio-économiques qui peuvent servir de référence pour d'autres études et suivis. Ces données sont souvent utilisées pour suggérer la création de nouvelles aires protégées ou de nouveaux plans de gestion. Certaines données scientifiques, cependant, proviennent de projets à long terme, notamment en recherche écologique. L'accès à ces données peut être plus limité, bien que certains projets à long terme aient des politiques qui favorisent le partage des données et utilisent un protocole d'évaluation rapide modifié afin de standardiser les méthodes utilisées pour les rendre plus comparables entre les sites et faire baisser leur coût (par exemple, PPBio).

Le suivi fait référence à l'observation ou la mesure répétée afin de déterminer l'état et la tendance, évaluées comme un changement par rapport à une mesure de référence généralement appelée indicateur. Dans le cadre d'enquêtes, en revanche, des mesures sont généralement prises à un moment donné (par exemple, pour déterminer la répartition d'une espèce). Gardner (2010) propose un classement du suivi de la biodiversité en trois grands types basés sur différents objectifs.

- Suivi de la mise en œuvre : vérifie si les processus de gestion et les recommandations sont mis en œuvre.
- Suivi de l'efficacité : utilisée pour recueillir des informations sur l'état (état et tendance) d'un résultat mesuré. En d'autres termes, si un objectif de gestion de la conservation a été atteint ou non. Ne porte pas sur les raisons du succès ou de l'échec.
- Suivi de la validation : collecte des informations en vue de la validation des interventions de gestion, en analysant si elles ont réussi et pourquoi. Il s'agit d'un élément central de la gestion adaptative (voir l'encadré 11.1).

De nombreux accords internationaux exigent qu'un suivi de la biodiversité soit effectué. C'est le cas par exemple du plan stratégique de la CDB (2011) qui décrit les objectifs d'Aichi pour la biodiversité. Le paragraphe 25 de la convention demande également aux pays de mettre en place des mécanismes de soutien pour « surveiller l'état et les tendances de la diversité biologique, maintenir et partager des données » .

Les indicateurs sont souvent utilisés dans les projets de suivi afin de collecter des informations précises et pertinentes avec un échantillon suffisamment grand pour produire des analyses robustes et des résultats fiables. Ils peuvent permettre de réduire le nombre de paramètres complexes qui doivent être mesurés, ce qui est particulièrement important lorsque le personnel, le temps et les ressources financières sont limités. Les indicateurs sont idéalement quantitatifs (facilement mesurables, tels que la population d'une espèce ou le niveau d'azote dans le sol), mais peuvent également être qualitatifs (tels que la présence d'une espèce indicatrice ou l'état perçu d'un habitat) et sont souvent hiérarchiques et basés sur des évaluations à diverses échelles allant d'un site au niveau national (encadré 11.5).

Connaissances des citoyens

Traditionnellement, les enquêtes et le suivi sont menés par des chercheurs qualifiés, mais de plus en plus d'approches de « science citoyenne » sont utilisées pour impliquer et éduquer les communautés et le grand public (encadré 11.6). S'ils sont bien exécutés, ces projets ont l'avantage supplémentaire d'accélérer le processus de collecte de données et d'augmenter la taille et la couverture de l'échantillon. Des recherches récentes (Bird et al., 2014) mettent en évidence la valeur des données de la science citoyenne lorsque des contraintes concernant la collecte, la gestion, l'analyse et les biais sont mises en place. De même, la recherche a montré la valeur et les avantages potentiels de l'implication des communautés locales dans le suivi des ressources naturelles des forêts tropicales (Danielsen et al., 2014a) et des indicateurs de biodiversité (Danielsen et al., 2013). Grâce à une conception minutieuse des protocoles, en particulier pour les modèles de saisie de données, permettant de limiter la quantité de données inexactes entrant dans le système, les projets de science citoyenne peuvent améliorer nos connaissances et accroître l'engagement du public. Les technologies telles que les *smartphones* et les tablettes permettant la géolocalisation font de la science citoyenne une approche attrayante. Cependant, des considérations telles que la qualité, la quantité et la complexité des données doivent être prises en compte lors de la conception du projet, étape à laquelle il faut également se demander si la science citoyenne est le mécanisme le plus approprié pour impliquer la communauté ou collecter des données sur un sujet particulier. Des projets tels que *Nature's Notebook* (Rosemartin et al., 2014) et *Instant Wild* (encadré 11.7) sont d'excellents exemples de la science citoyenne en action.

Encadré 11.7 *Instant Wild*

L'application pour iPhone *Instant Wild* de la Zoological Society of London est un outil unique de science citoyenne qui permet au public d'identifier et de discuter des images qui ont été instantanément transmises à partir de pièges photographiques installés dans le monde entier. Au cours des 24 premiers mois suivant son lancement, il a enregistré plus de 100 000 téléchargements et les participants ont permis plus d'un million d'identifications d'images, avec un taux de réussite de l'identification de plus de 90%. L'application permet au grand public de s'impliquer dans des projets de conservation sur le terrain et améliore la sensibilisation et la connaissance des espèces des zones où sont installés les pièges photographiques. Cela permet également à la ZSL de savoir instantanément si une espèce rare et menacée a été repérée - par exemple, la panthère de Java (Panthera pardus melas) en danger critique d'extinction a été prise en photo par un de ces appareils en Indonésie en 2013, et le très rare chevrotain indien (Moschiola meminna) a été pris en photo au Sri Lanka. Des photos de pièges posés au Kenya, en Namibie et aux États-Unis sont envoyées. Ajouter des pièges photographiques au réseau fait économiser aux écologistes des milliers d'heures de travail, car les membres du public aident à trier les images par groupe d'espèces, ce qui permet une analyse plus rapide des données.

— The Zoological Society of London, Conservation Technology Unit, Londres, 2014

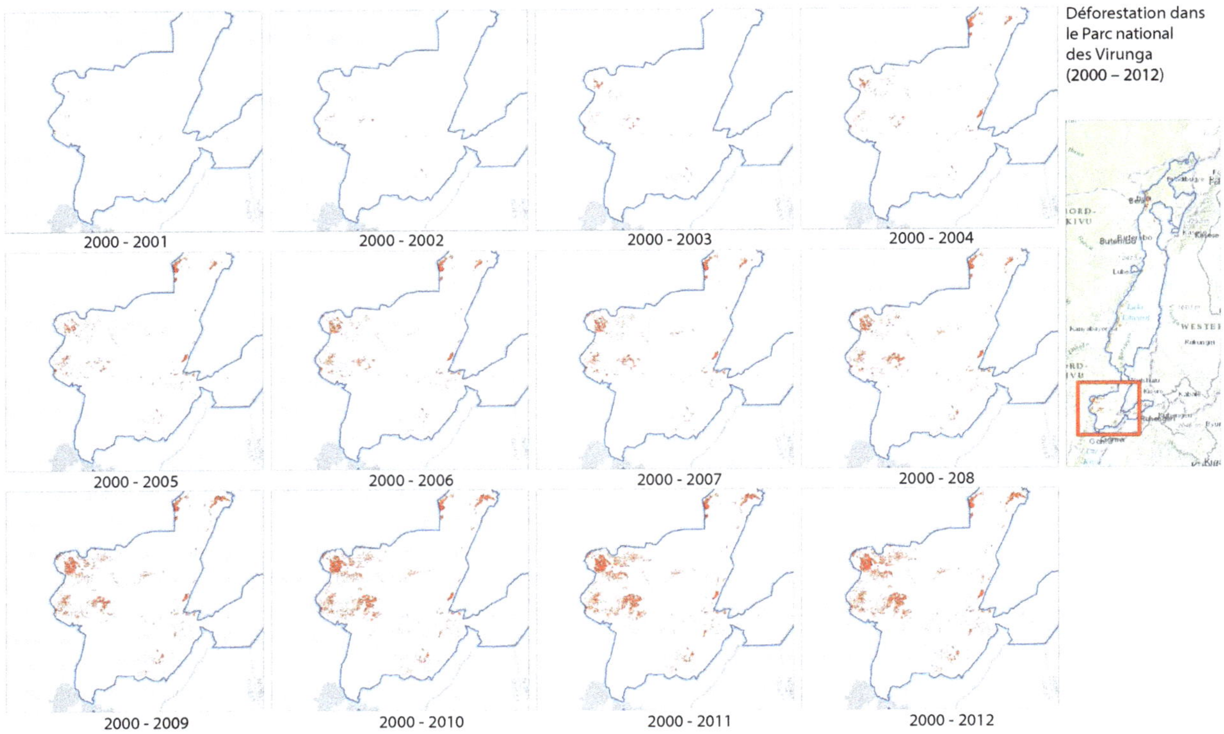

Figure 11.3 Déforestation (zones rouges) entre 2000 et 2012 dans le parc national des Virunga (délimité en bleu), République démocratique du Congo

Source : d'après Hansen et al. (2013)

Connaissances basées sur la télédétection

En plus des enquêtes de terrain, la télédétection permet de collecter des données allant des images satellite aux images et données créées par balayage laser à partir de plateformes aéroportées conventionnelles et de véhicules aériens téléguidés. La dernière décennie a été le témoin d'une évolution rapide, avec une qualité croissante, des coûts réduits et une plus grande disponibilité des données de télédétection. Ces changements ont grandement facilité l'utilisation de données de télédétection dans l'analyse des changements d'habitats dans les aires protégées au fil du temps, et ont permis, entre autres, d'effectuer des comparaisons sophistiquées avec des zones comparables à l'extérieur des aires protégées. À mesure que ces ensembles de données deviennent de plus en plus détaillés, ils deviennent également beaucoup plus volumineux, créant de nouveaux défis liés au téléchargement, au traitement et à l'analyse.

L'énorme potentiel de ces données a été récemment démontré par Hansen et al. (2013), qui ont utilisé des données satellites d'une résolution de 30 mètres provenant des archives « Landsat » disponibles gratuitement pour montrer l'ampleur du changement de la couverture forestière dans le monde. Cet exemple illustre la valeur potentielle de la télédétection pour le suivi des aires protégées, à des échelles et à des niveaux de précision qui ne pourraient pas être étudiés avec des enquêtes de terrain ou des études d'indicateurs nationaux. Par exemple, les données analysées par Hansen et al. montrent l'ampleur de la déforestation dans le parc national des Virunga en Afrique centrale de 2000 à 2012 (2013 ; figure 11.3).

La détection des changements pour d'autres types d'habitats ou écosystèmes peut être beaucoup plus difficile car les variations de la « signature » des pixels peuvent être plus difficiles à détecter, et il est donc facile de confondre les habitats. Par exemple, une prairie naturelle peut être confondue avec une zone cultivée (Mello et al., 2012).

Connaissance de la « valeur »

De plus en plus, les arguments scientifiques et économiques en faveur de la conservation de la biodiversité passent par la promotion de la valeur des « services écosystémiques » et du « capital naturel » pour le bien-être humain et l'économie mondiale. Afin de développer des approches scientifiques rigoureuses pour cette évaluation et la prise de décision ultérieure, des données sur les services écosystémiques sont collectées et intégrées dans les processus de planification puis utilisées pour développer de nouveaux cadres politiques et

Encadré 11.8 le *Toolkit for Ecosystem Service Site-based Assessment* (Boîte à outils pour l'évaluation sur site des services écosystémiques)

La *Toolkit for Ecosystem Service Site-based Assessment* (TESSA) propose aux non-spécialistes locaux une sélection de méthodes relativement accessibles pour déterminer les services écosystémiques importants d'un site et pour évaluer l'ampleur des avantages que les populations en tirent actuellement par rapport à ceux attendus dans le cadre d'utilisations alternatives des terres. La boîte à outils recommande l'utilisation des données existantes le cas échéant et met l'accent sur la possibilité pour les utilisateurs de collecter de nouvelles données de terrain à un coût relativement faible et à moindre effort. En utilisant la TESSA, les utilisateurs pourraient également obtenir des informations précieuses sur les utilisations alternatives des terres, et les données collectées sur le terrain pourraient être intégrées dans des programmes de suivi régulier.

Source : Peh et al. (2013)

mécanismes de financement. Des initiatives comme celle de *The Economics of Ecosystems and Biodiversity* (Kumar, 2010) ont élargi, affiné et amélioré les méthodologies utilisées dans ces évaluations. Un guide détaillé de l'évaluation, y compris sur les informations requises et les avantages sociaux et économiques des aires protégées, est proposé par Kettunen et ten Brink (2013). Plusieurs outils ont également été développés pour permettre aux non-spécialistes d'évaluer les services écosystémiques importants d'un site, tels que la boîte à outils TESSA pour l'évaluation des services écosystémiques à l'échelle d'un site (encadré 11.8).

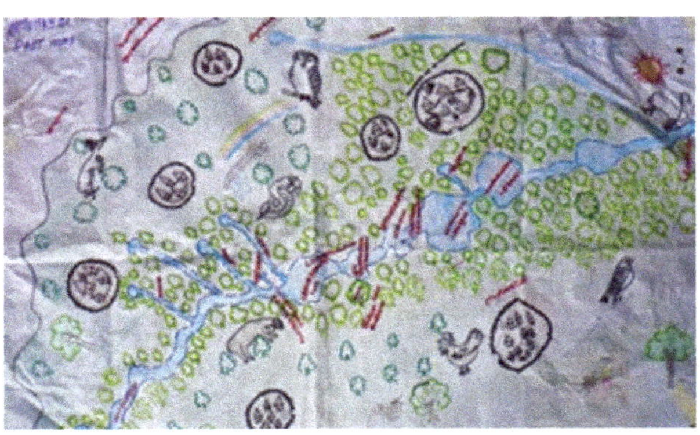

Carte ancestrale montrant l'ordre écologique du territoire à Venda, Afrique du Sud

Source : Dzomo la Mupo, Fondation Mupo, Fondation Gaia

Connaissances traditionnelles

Les informations et les connaissances, y compris les techniques et les meilleures pratiques, accumulées au fil du temps par les communautés et transmises de génération en génération, souvent appelées connaissances traditionnelles ou connaissances autochtones, peuvent être difficiles à mesurer et à comprendre, mais ne sont pas pour autant moins importantes pour les aires protégées. Ces informations sont souvent ignorées dans la planification et la gestion des aires protégées, ce qui peut avoir des conséquences négatives. Les données sur la saisonnalité, la résilience, les propriétés médicinales, les pratiques de gestion traditionnelles et leur valeur pour la conservation et la restauration peuvent toutes être collectées auprès des communautés, tout comme les informations relatives au régime foncier, aux droits de propriété et aux impacts sur les aires protégées. Les connaissances traditionnelles peuvent également aider à surveiller l'abondance et les changements des espèces et des habitats clés dans l'aire protégée, et les tendances établies par ces méthodes peuvent être aussi fiables que les enquêtes de terrain effectuées par des scientifiques (Danielsen et al., 2014a). Les connaissances traditionnelles peuvent aussi permettre de formuler des hypothèses dans le cadre de recherches scientifiques plus approfondies.

Étant donné que de nombreux systèmes écologiques et paysages ont été modifiés au fil du temps par les communautés humaines qui les habitent, il est essentiel de comprendre les pratiques de gestion traditionnelles et les systèmes de gestion communautaire des ressources pour acquérir une bonne compréhension de la gestion des aires protégées (encadré 11.9). Cela est particulièrement important pour les aires protégées où résident des populations ou dans lesquelles une certaine forme d'exploitation des ressources naturelles est autorisée. L'un des défis ici est de traduire ces connaissances traditionnelles, souvent basées sur des métaphores, en informations pouvant être utilisées pour la planification de la conservation et le suivi des tendances des espèces ou des habitats clés. Oba et al. (2008), par exemple, décrit comment les connaissances traditionnelles des éleveurs du centre de l'Ouganda peuvent aider à identifier les meilleures pratiques pour la conservation des paysages et de la faune et de la flore associées. Dans une autre étude, Constantino et al. (2008) montrent comment les connaissances traditionnelles sur la chasse de l'ethnie Kaxinawá, au Brésil, peuvent aider au suivi de la biodiversité en améliorant la connaissance des espèces de faune. Au Nicaragua, Danielsen et al. (2014b), ont montré que le fait de compléter les résultats de la recherche par des connaissances autochtones et locales pourrait augmenter la quantité et la portée géographique des informations disponibles pour les évaluations. Parmi les

Encadré 11.9 Connaissances traditionnelles des communautés Kogi, Colombie

Les peuples autochtones et les communautés locales qui ont occupé et utilisé des territoires terrestres et marins se sont adaptés au cours du temps à la complexité écologique et à la nature non linéaire et imprévisible des écosystèmes. Par exemple, les communautés traditionnelles Kogi de la Sierra Nevada de Santa Marta en Colombie vivent en contact étroit avec l'environnement naturel (Rodriguez-Navarro, à paraître). Au fil des générations et de voyages constants à travers leur territoire et leurs sites sacrés, ils ont acquis des connaissances exceptionnelles sur la façon de protéger et d'utiliser durablement les ressources biologiques, même dans des situations imprévisibles. Leurs systèmes culturels sont complexes et dépendent des décisions des *Mamas* (ou des prêtres) et du mode de vie communautaire, dont la « loi de la mère » fait partie intégrante. La loi de la mère est un code complexe de règles qui régit le comportement humain en harmonie avec les cycles végétaux et animaux, les mouvements astraux, les phénomènes climatiques et la transhumance dans la géographie sacrée du territoire. La culture désigne les coutumes, les traditions et les codes : cela a à voir avec la façon dont ces communautés autochtones vivent collectivement. L'humanité et sa diversité culturelle interagissent avec les éléments vivants et non vivants de la planète et en dépendent, et c'est ce que les *Mamas* prennent toujours en compte dans leurs efforts pour maintenir l'équilibre. Les rituels liés à ces rites sacrés constituent un mécanisme innovant de suivi.

— Ashish Kothari

Encadré 11.10 Registre des aires du patrimoine autochtone et communautaire

Le Registre des APAC a été créé pour construire une base de connaissances qui accroît la quantité d'informations sur ces domaines spécifiques, documente leurs valeurs, améliore la compréhension et la reconnaissance de leurs buts et impacts, et augmente l'engagement des communautés locales et traditionnelles dans les sphères de la conservation de la biodiversité et de l'action publique. Les deux principaux types d'informations stockées comprennent : 1) des informations descriptives, telles que les principaux habitats au sein de l'APAC et les noms de la communauté ou des communautés vivant à l'intérieur ou à proximité de l'APAC ; et 2) des informations spatiales, telles que la taille, l'emplacement et les limites de la zone. Des détails supplémentaires sont inclus lorsqu'ils sont disponibles, tels que des informations sur l'histoire, la gouvernance, les lois coutumières et la gestion d'une zone, des détails sur les processus décisionnels communautaires et les facteurs socio-économiques. Des données multimédias, telles que des photos et des vidéos, sont incorporées dans les études de cas pour élargir les caractéristiques visuelles des communautés et la richesse de leurs connaissances et de leurs efforts de conservation. Le Registre des APAC adhère au principe du « consentement préalable, libre et informé » (CPLI), afin que toutes les communautés acceptant que les informations soient incluses dans la base de données APAC puissent en outre spécifier si ces informations doivent rester confidentielles et ne doivent pas être divulguées. Le Registre des APAC est tenu par le Consortium APAC et le PNUE-WCMC.

bases de données qui visent à intégrer des informations sur les savoirs traditionnels on peut citer le Registre mondial des Aires du patrimoine autochtone et communautaire (APAC) (encadré 11.10), ainsi que plusieurs bases de données nationales existantes ou en cours de création (Kothari et al., 2012).

Importance des normes

Un élément essentiel de tout processus de collecte, de gestion ou d'analyse de données, pour les aires protégées ou autre, est la nécessité de disposer de normes pour la représentation et la mise en forme uniforme des données. À leur niveau le plus fondamental, ces normes permettent de contrôler la collecte des données et donc d'augmenter la qualité et la fiabilité des données utilisées. Il est particulièrement important d'établir des normes de données claires pour chaque ensemble de données lorsqu'un système utilise un grand nombre d'ensembles de données. Cela souligne l'importance de veiller à ce qu'au début du processus de collecte de données il existe des normes de données claires qui permettent de collecter des informations scientifiques pertinentes et de gérer efficacement les données.

L'importance de ces normes augmente à mesure que l'accès aux informations géographiques ou aux données géospatiales se développe sur internet. L'Organisation internationale de normalisation (ISO) et l'Open Geospatial Consortium ont élaboré un ensemble de normes portant sur ces données géographiques. L'ISO a créé toute une série de normes pour ces données (série ISO 19100).

La communauté *Biodiversity Information Standards* (Normes d'information sur la biodiversité), également connue sous le nom de Groupe de travail sur les bases de données taxonomiques, a élaboré un ensemble de normes pour l'échange de données sur la biodiversité. Celles-ci sont illustrées par le « Darwin Core », qui

Encadré 11.11 Norme de données de la Base de données mondiale sur les aires protégées

La Base de données mondiale sur les aires protégées (WDPA) est un projet conjoint du Programme des Nations Unies pour l'environnement (PNUE) et l'Union internationale pour la conservation de la nature (UICN) géré par le Centre mondial de surveillance de la conservation du PNUE (PNUE-WCMC) basé à Cambridge, au Royaume-Uni. La Liste des Nations Unies des aires protégées, produite sous mandat de l'Assemblée générale des Nations Unies depuis 1962, s'est transformée en une base de données cartographiques sur les aires protégées dans le monde. Elle comprend des informations sur les aires protégées de toutes les catégories et types de gouvernance de l'UICN. La WDPA, alimentée en collaboration avec les gouvernements, les organisations non gouvernementales (ONG), les universités et l'industrie, est la base de données mondiale la plus complète des aires protégées marines et terrestres, comprenant à la fois des données spatiales (c'est-à-dire des limites) et des données d'attributs associés (c'est-à-dire, informations tabulaires). Elle est disponible en ligne sur le site web de Protected Planet (<www. Protectedplanet.net>), où les données peuvent être consultées en ligne ou téléchargées.

Les normes des données de la WDPA ont été élaborées en 2009 afin de clarifier les exigences relatives à l'inclusion de données dans la base pour tous les fournisseurs de données et afin de garantir l'interopérabilité de l'ensemble des données. Ces normes ont été élargies en 2014 afin de permettre à la WDPA de mieux intégrer les exigences de l'objectif d'Aichi 11 qui souligne l'importance des « autres mesures de conservation efficaces par zone ».

Comme indiqué dans les nouvelles normes de données, la WDPA répertorie toujours les sites qui correspondent aux définitions de l'UICN et de la CDB d'une aire protégée, mais également les sites qui ne correspondent pas à ces définitions, mais participent néanmoins à la conservation de la nature. Cette distinction est clairement établie dans les données d'attribut, offrant aux utilisateurs de la base de données la possibilité de différencier facilement les sites qui correspondent à la définition et ceux qui n'y correspondent pas.

Les données soumises doivent répondre aux cinq exigences suivantes pour être incluses dans la WDPA.

Parc naturel de la saline de Sečovlje, Slovénie, une aire protégée de catégorie IV et de catégorie V comprenant une zone humide importante pour les oiseaux et une industrie de production de sel active et durable basée sur des méthodes utilisées sur le site depuis des centaines d'années

Source : Andrej Sovinj

1. Le site doit correspondre à la définition UICN/CDB d'une aire protégée ou avoir une valeur importante et un engagement à long terme pour la conservation.
2. Les limites spatiales des aires protégées devraient être fournies sous forme de fichiers de formes avec des polygones en plusieurs parties, si possible. Lorsque les données sur les limites ne sont pas disponibles, l'emplacement du point géographique central (latitude et longitude) doit être indiqué comme point de référence pour l'aire protégée. Par conséquent, chaque aire protégée est représentée sous la forme d'un polygone représentant ses limites ou, si ces informations ne sont pas disponibles, par un point en marquant l'emplacement. Les données spatiales doivent être fournies de préférence au format shapefile. Un maximum de deux classes de caractéristiques devrait être transmis - l'une contenant les données de polygone et l'autre les données ponctuelles pour toutes les aires protégées dont on ignore les limites. Le WDPA est basé sur les coordonnées géographiques du Système géodésique mondial (WGS), donc toutes les données devraient idéalement être soumises dans ce système de référence. Il est préférable que les données SIG soient au format shapefile, mais d'autres formats tels que .gdb et .kml sont également acceptés.
3. L'enregistrement exact des informations relatives à la source dans la WDPA est important pour garantir que la propriété des données soit maintenue et traçable. Le tableau des sources de la WDPA répond aux normes des services et informations géographiques minimums pour les métadonnées telles qu'elles sont décrites par l'Organisation internationale de normalisation (ISO/TC 211). Des données ne peuvent être acceptées que si les informations minimales sur la source sont fournies. Selon la nouvelle norme de données WDPA, les données seront enregistrées à la fois dans le tableau des sources de la WDPA et par l'organisme responsable de la vérification des données, le cas échéant.
4. Les attributs représentent des informations essentielles sur les données spatiales qui facilitent l'analyse, la communication et le suivi des tendances de la croissance et de la couverture des aires protégées dans le monde. Il existe 25 attributs associés à chaque aire protégée dans la WDPA et ces attributs peuvent être qualifiés de « minimum », « de base » ou « complet » . L'exigence minimale pour que des données soient acceptées dans la WDPA est que les informations d'attribut minimales soient fournies.
5. Les données doivent être fournies ou vérifiées par un gouvernement national ou une autre source faisant autorité. Les contributeurs de données qui fournissent des données à inclure dans la WDPA doivent signer un accord de contributeur de données à la WDPA. Ceci garantit qu'il existe une trace écrite de l'acceptation des fournisseurs de données à ce que leur propriété intellectuelle soit incluse dans la WDPA. L'accord présente précisément comment les données seront utilisées et sujettes aux conditions d'utilisation de la WDPA. Une soumission de données ne sera acceptée qu'une fois que l'accord de contributeur de données est signé.

Source : PNUE-WCMC (2014)

comprend un ensemble de termes relatifs aux taxons et à leur occurrence dans la nature, ainsi qu'un ensemble de pratiques portant sur l'utilisation de ces termes dans la publication de données et d'informations sur la biodiversité (GBIF, 2010). Le Darwin Core est utilisé par le GBIF et de nombreux organismes nationaux traitant des données sur la biodiversité.

Pour les aires protégées, la WDPA, qui liste un ensemble d'attributs essentiels que toute aire doit remplir pour être répertoriée, sert de norme mondiale (encadré 11.11). Les normes assurent également la mobilisation des informations sur la biodiversité. La *Biodiversity Heritage Library* est une de ces ressources collaboratives permettant d'accéder librement aux principales collections de littérature d'histoire naturelle rassemblées par des organisations du monde entier.

Au sein de toute base de données, chaque objet ou mesure (par exemple, chaque aire protégée) doit avoir un identifiant unique. Les identifiants uniques doivent au minimum satisfaire deux critères de base. Ils doivent être :

1. unique : c'est-à-dire que l'identifiant doit être unique dans toute l'organisation ;
2. constant : l'identifiant doit rester inchangé pendant toute la durée de vie de cet objet.

La généralisation de l'utilisation d'outils utilisant le système de positionnement mondial (GPS) et la disponibilité croissante des ensembles de données en ligne facilitent grandement la collecte de données spatiales très précises sur la biodiversité. À titre d'exemple, dans le cas de la numérisation des limites des aires protégées, l'échelle exacte dépend des ressources disponibles. L'arpentage détaillé des limites de l'aire permettra de tracer ses limites avec précision, mais aura un coût élevé, tandis que la numérisation des limites à partir de cartes cadastrales numériques (si l'échelle est suffisante) peut fournir des données relativement précises à un coût inférieur.

Éléphants traversant une route de la réserve de Samburu, une aire protégée de catégorie II, Kenya
Source : Geoffroy Mauvais

Partage des connaissances

Le partage de données signifie la divulgation de données (dans le cas qui nous concerne, les données sur la biodiversité) d'une partie à une tierce partie au sein d'une organisation ou entre organisations. Le partage des données peut être influencé par un certain nombre de facteurs, positifs et négatifs, notamment : la présence ou l'absence de documents sur les meilleures pratiques concernant le partage des données, la propriété des données, le droit d'auteur des données ou bien les fonds de carte utilisés, divers défis techniques, les lois nationales relatives à l'utilisation et au téléchargement des données et les restrictions sur la diffusion des données à des tiers. La propriété des données peut être liée aux règles institutionnelles, aux questions de droit d'auteur et aux sensibilités commerciales, et la question de la diffusion en ligne n'est pas toujours couverte par les lois nationales. Parfois les lois ne couvrent pas non plus l'utilisation des données numériques en ligne et le téléchargement ultérieur de ces données. Il peut y avoir des restrictions sur l'autorisation de tiers à diffuser les données. Parmi les points positifs, on peut citer un certain nombre d'accords nationaux et régionaux sur l'utilisation et la diffusion de données publiques, tels que Conservation Commons (2006), qui encourage la publication de données sur la biodiversité afin d'encourager la conservation.

Les entraves au partage des données sont un problème critique pour l'évaluation de la biodiversité mondiale car des données incomplètes ne peuvent mener qu'à un état des lieux incomplet. Il faut régler les problèmes de partage des données, soit en adoptant les meilleures pratiques d'autres pays ou organisations, soit en ayant des accords clairs de partage des données. Dans le cas des APAC et des connaissances traditionnelles et autochtones, les restrictions de partage de données peuvent dépendre des lois nationales, des sensibilités culturelles ou des questions de propriété. Tous les sites intégrés au Registre des APAC (encadré 11.10) passent par un processus FPIC permettant aux communautés concernées de choisir de rendre leurs données publiques ou non.

Gestion des connaissances

Ces dernières années, et à mesure que l'importance de la gestion des connaissances gagne en reconnaissance, les gouvernements nationaux et les organismes de recherche de nombreux pays ont mis en place des centres d'information et de données sur la biodiversité. Ces installations utilisent diverses approches et modèles en fonction des données et des informations collectées, de la base d'utilisateurs du système, de l'accessibilité des informations et des ressources disponibles.

En revanche, la gestion des connaissances au niveau communautaire peut adopter une approche très différente. Corrigan et Hay-Edie (2013) donnent un aperçu du partage des connaissances dans les APAC et autres aires de conservation communautaires, y compris en ce qui concerne la documentation et la cartographie, la planification de la gestion locale, le suivi, l'apprentissage

Encadré 11.12 Centre de l'ANASE pour la biodiversité

Le Centre de l'ANASE pour la biodiversité est un centre régional intergouvernemental qui facilite la coopération et la coordination entre les 10 États membres de l'ANASE sur la conservation et l'utilisation durable de la diversité biologique, et le partage juste et équitable des avantages découlant de l'utilisation de la nature. Pour aider à l'organisation des informations sur la biodiversité qui constituent la base des évaluations, des décisions et des politiques, le centre a adopté le « Darwin Core » et la WDPA comme structure standard pour partager et publier des données sur la diversité biologique. En utilisant cette norme, le centre espérait permettre aux États membres de renforcer leurs mécanismes de compensation en faveur de la biodiversité et donc d'être en mesure de fournir et de traiter les données nécessaires à la conservation de la biodiversité.

Des systèmes d'encodage en ligne et hors ligne ont été développés sur la base de ce format normalisé pour améliorer l'interopérabilité et faciliter la numérisation des informations sur les espèces et les aires protégées dans la région de l'ANASE. Le principal objectif du Darwin Core et de la WDPA était de créer une structure commune de partage de données harmonisées sur la diversité biologique et de réutiliser les normes de métadonnées d'autres domaines et ensembles de données. Tous les points focaux du Centre ont été informés de ces développements et ont été encouragés à s'engager dans un dispositif de formation à frais partagés afin d'améliorer les capacités de leur personnel et de leurs partenaires en matière de gestion des données. L'Unité de gestion des informations sur la biodiversité a développé un centre d'échange régional pour organiser les informations sur la biodiversité au niveau régional et présenter des tendances et des cartes interactives d'analyse. Les outils d'encodage en ligne et hors ligne ont été rendus accessibles sur le site web du Centre d'échange régional pour aider les États membres à numériser leurs données sur la biodiversité.

— Christian Elloran, ASEAN Centre for Biodiversity

Encadré 11.13 Système de partage d'informations sur l'environnement

Le système de partage d'informations sur l'environnement (SEIS) a été créé afin d'améliorer la collecte, l'échange et l'utilisation des données et informations environnementales dans toute l'Europe. Le SEIS vise à mettre en place un système d'informations environnementales en ligne intégré au niveau de l'UE en simplifiant et en modernisant les systèmes et processus d'information existants.

Le système de partage d'informations sur l'environnement (SEIS) a pour but de créer un système amélioré d'informations environnementales au bénéfice de l'Europe. Cet objectif est soutenu par un réseau de fournisseurs d'informations publics qui partagent leurs données et informations en matière d'environnement. Le SEIS les aide à simplifier, à rationaliser et à moderniser leurs systèmes et processus et à les rendre accessibles en ligne. Il constitue un système décentralisé, mais intégré qui améliore la qualité, la disponibilité, l'accessibilité et la compréhension des informations sur l'environnement.

Le SEIS représente aussi un changement d'approche : les pays ou régions individuels qui communiquaient leurs données à des organisations internationales spécifiques créeront des systèmes en ligne dotés de services qui rendent les informations accessibles à différents utilisateurs, tant personnes que machines.

Le SEIS repose sur sept « principes » . L'information doit être :

- gérée aussi près que possible de sa source ;
- recueillie une seule fois et partagée ensuite entre les différents intéressés à des fins multiples ;
- facilement accessible pour permettre de remplir aisément les obligations de rapportage ;
- facilement accessible à tous les utilisateurs ;
- accessible pour permettre de réaliser des comparaisons à l'échelle géographique appropriée et permettre la participation des citoyens ;
- totalement disponible pour le grand public et ce, dans les langues adaptées au niveau national ;
- prise en charge par des normes logicielles communes et libres/à code source ouvert.

Source : European Commission (2008:111–12)

adaptatif, la communication et le financement durable. Les structures régionales jouent également un rôle ici, en particulier dans les régions en développement et souvent dans des zones à la biodiversité très riche, car elles encouragent les bonnes pratiques en matière de gestion de l'information et de prise de décisions tout en réduisant la charge de gestion et les ressources nécessaires. Le Centre pour la biodiversité de l'Association des nations de l'Asie du Sud-Est (ASEAN) (encadré 11.12) et le Système de partage d'informations sur l'environnement (SEIS) (encadré 11.13) illustrent bien ces pratiques.

Encadré 11.14 Outils de connaissances offerts par l'UICN

En tant qu'organisation à vocation scientifique, l'UICN fournit un large éventail de connaissances pour éclairer les décisions de la société sur la valorisation et la conservation équitable de la nature. C'est par le biais de cette union, sous le mandat du programme UICN 2013-16, que des outils de connaissances sont développés, maintenus, mis à jour et diffusés.

L'UICN dispose de six outils de connaissances à différents stades de développement (figure 11.4). Ces outils combinent normes, données, processus, outils et produits développés et maintenus par l'UICN en tant que biens publics mondiaux destinés à la conservation et à l'utilisation durable de la biodiversité mondiale.

Les caractéristiques suivantes sont communes à tous les ensembles de données.

- Ils sont basés sur la science, transparents et reproductibles. Tous sont développés et maintenus par des scientifiques (des six commissions de l'UICN, des membres, du Secrétariat et au-delà).
- Ils sont structurés pour assurer une gouvernance indépendante et éviter les manipulations politiques. En particulier, les processus visant à maintenir les normes de ces ensembles dépendent des présidents des commissions de l'UICN concernées.
- Ils sont inclusifs : leurs normes et données sont élaborées par le biais de processus internationaux et participatifs (par exemple, des « ateliers de cadrage ») avec toutes les parties prenantes concernées et intéressées. Il est fondamental d'atteindre un consensus entre ces parties prenantes afin de rendre le produit ainsi créé beaucoup plus robuste qu'il ne le serait autrement.
- Ils sont soutenus par le Secrétariat de l'UICN, souvent en collaboration avec de nombreuses autres institutions partenaires.
- Ils doivent être examinés par des experts avant d'être acceptés et publiés.
- Ils ne sont pas ciblés sur des applications spécifiques et limitées, mais sont plutôt applicables, souvent en combinaison avec d'autres informations, pour accroître la sensibilisation à la biodiversité et pour éclairer la prise de décision dans les politiques et les pratiques – non seulement dans le secteur de la conservation, mais aussi dans la société dans son ensemble.
- Ils sont (ou seront) maintenus au fil du temps et, grâce à ces séries chronologiques, informent les indicateurs de suivi.
- Ils sont fournis par l'UICN (commissions, membres et secrétariat) et ses partenaires : ils sont gratuitement disponibles pour des applications non commerciales dans la recherche scientifique, la conservation de la biodiversité et l'utilisation durable des ressources.
- Les applications commerciales peuvent, par le biais de politiques convenues et, le cas échéant, contribuer à maintenir la qualité et l'actualité des données sous-jacentes.

L'UICN gère de nombreuses autres bases de données et systèmes d'information, tels que la base de données mondiale sur les espèces envahissantes (GISD) et quatre catalogues de bibliothèques, dont ECOLEX, qui offre le catalogue le plus complet sur le droit de l'environnement et qui fait autorité en la matière. Chacun de ces outils de connaissances est fondamental en soi. Toutefois, utilisés ensemble, ils ont potentiellvement encore plus à offrir qu'utiliser individuellement.

— Jane Smart, Thomas Brooks et Diego Juffe-Bignoli*, UICN (*désormais chez PNUE-WCMC)

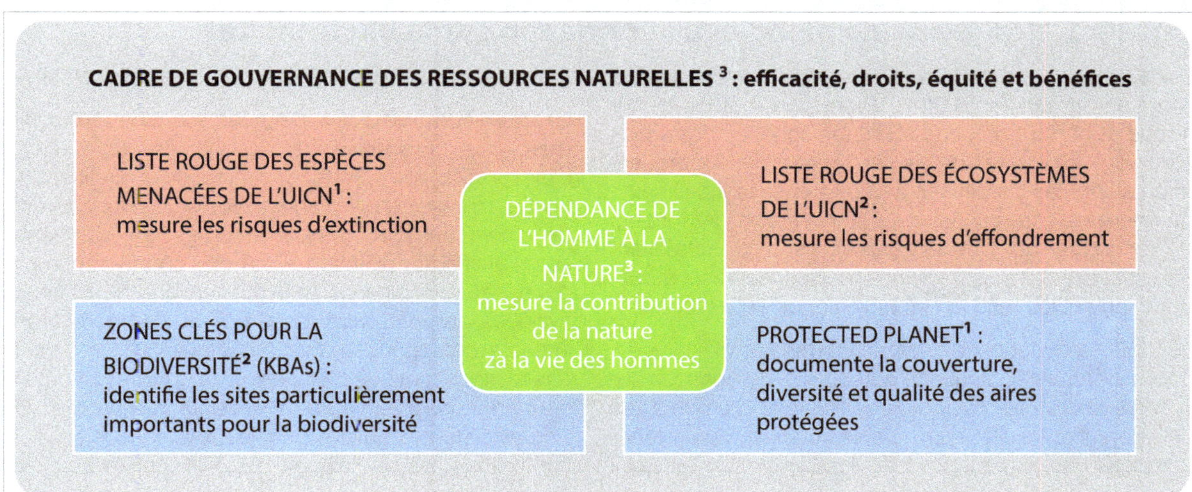

Figure 11.4 Les six outils de connaissances offerts par l'UICN

1) Ensembles de données détaillés, largement publiés et approuvés et disponibles à l'échelle mondiale

2) En cours de consolidation et de révision actives. Ensembles de données mondiaux disponibles pour les zones clés pour la biodiversité

3) En phase de démarrage ou aux premiers stades de développement

La CDB appelle les parties à la convention à mettre en œuvre et à étendre les mécanismes d'échange d'information au niveau national (article 18.3). Un centre d'échange vise à fournir un portail d'information en ligne et des services de recherches pour faciliter la mise en œuvre des stratégies et plans d'action nationaux pour la diversité biologique. De tels mécanismes ont également été mis en œuvre aux niveaux régional et mondial.

Les initiatives mondiales jouent un rôle important dans la gestion et la mobilisation des données. Les travaux de l'UICN mettent à disposition des connaissances liées à la conservation (encadré 11.14). Dans d'autres cas, les initiatives mondiales d'information permettent de suivre la réalisation des objectifs mondiaux. C'est le cas par exemple du Partenariat concernant les indicateurs de biodiversité et la WDPA, toutes deux gérées par l'UNEP-WCMC (encadré 11.15).

Les réseaux thématiques, tels que BirdLife International, Système d'informations biogéographiques relatives aux océans ou la base de données mondiale sur les espèces envahissantes (GISD), jouent un rôle important en centrant leurs recherches sur des sujets, biomes ou groupes taxonomiques précis. L'utilisation de normes mondiales de gestion des données garantit toutefois que les données thématiques peuvent être échangées de manière transparente avec des systèmes régionaux ou d'autres

Encadré 11.15 Centre mondial de surveillance continue de la conservation de la nature du PNUE

Basé à Cambridge, au Royaume-Uni, et grâce à sa collaboration avec des partenaires du monde entier, le PNUE-WCMC est le bras spécialisé du PNUE en matière d'évaluation de la biodiversité. Il fournit des produits et services objectifs et scientifiquement rigoureux pour aider les décideurs à se renseigner sur la valeur de la biodiversité et à appliquer ces connaissances. Le WCMC rassemble et vérifie les données sur la biodiversité et les services écosystémiques, analyse et interprète ces données, et donne également accès aux résultats sous des formes accessibles.

L'objectif du WCMC est de voir les décideurs de tous les secteurs et à tous les niveaux reconnaître et prendre pleinement en compte les valeurs de la biodiversité en tant que fondement d'une économie verte mondiale et du bien-être humain. Sa mission est de fournir des informations faisant autorité sur la biodiversité et les services écosystémiques d'une manière qui soit utile aux décideurs responsables des politiques environnementales et de développement. En partenariat avec le PNUE et l'UICN, le PNUE-WCMC gère la base de données mondiale sur les aires protégées (WDPA) (voir encadré 11.11).

Encadré 11.16 Système mondial d'information sur la biodiversité

Le GBIF est une infrastructure de recherche internationale financée par différents États, ayant pour but de fournir à tous et partout un accès libre, en ligne, aux données sur toutes les formes de vie sur Terre. En encourageant et en aidant les institutions à publier des données selon des normes communes, le GBIF permet à des projets de recherche qui n'étaient pas réalisables auparavant d'exister, et éclaire les décisions pour conserver et utiliser durablement les ressources biologiques de la planète.

Le GBIF fonctionne à travers un réseau de nœuds, coordonnant les institutions détentrices de données sur la biodiversité des pays et organisations membres qui collaborent entre elles et avec le secrétariat pour partager compétences, expériences et capacités techniques. Il fournit un point d'accès unique (via son portail et ses services web) à plus de 400 millions d'enregistrements d'espèces, partagés gratuitement par des centaines d'institutions à travers le monde, ce qui en fait la plus grande base de données en ligne sur la biodiversité.

Le GBIF comprend des données sur plus d'un million d'espèces, recueillies au cours de trois siècles d'exploration de l'histoire naturelle et incluant les observations récentes d'adeptes de la science citoyenne, de chercheurs et de programmes de surveillance automatisés. Le système a été cité comme source de données dans plus de 900 publications de recherche évaluées par des pairs, dans des études couvrant les impacts des changements climatiques, la propagation des ravageurs et des maladies, les domaines prioritaires pour la conservation et la sécurité alimentaire. Une vingtaine de ces articles sont publiés chaque mois. De nombreux pays participants au GBIF ont mis en place des portails nationaux à l'aide d'outils, de codes et de données disponibles gratuitement via le GBIF pour mieux informer leurs citoyens et les décideurs sur la biodiversité de leurs régions.

Source : GBIF (2012)

Encadré 11.17 Utilisation d'analyses comparatives pour l'évaluation des propositions d'inscription au Patrimoine mondial sur la base des critères de biodiversité

En vertu de la Convention du Patrimoine mondial de l'Organisation des Nations Unies pour l'éducation, la science et la culture (UNESCO), les États parties soumettent des propositions d'inscription au Comité du patrimoine mondial, qui détermine, sur la base des recommandations de ses organes consultatifs, si la proposition d'inscription remplit au moins un des critères justifiant l'inscription du site sur la liste du patrimoine mondial. Un des rôles de l'UICN au titre de la Convention du patrimoine mondial est de fournir des conseils techniques au Comité du patrimoine mondial sur les propositions d'inscription de sites naturels. Pour les sites proposés sur la base de leur biodiversité, les critères (ix) et (x), le PNUE-WCMC fournit des analyses comparatives pour éclairer les recommandations de l'UICN à l'UNESCO.

Les analyses spatiales utilisent des ensembles de données mondiaux afin de répondre à un certain nombre de questions pour éclairer l'évaluation de la valeur universelle exceptionnelle du site.

Pour le critère (ix) :

- *Le bien proposé pour inscription représente-t-il des écosystèmes/communautés actuellement sous-représentés ou non représentés sur la Liste du patrimoine mondial ?*

  Des analyses spatiales sont effectuées pour trouver le nombre de sites du patrimoine mondial et de sites de la liste indicative appartenant aux mêmes unités biogéographiques que le bien proposé telles que les provinces d'Udvardy, les domaines, biomes ou écorégions terrestres et les provinces ou écorégions marines.

- *Ces écosystèmes/communautés ont-ils une importance mondiale, et le bien proposé pour inscription est-il le meilleur exemple, ou l'un des meilleurs exemples, de ces écosystèmes / communautés ?*

  Des analyses spatiales sont effectuées sur la base d'ensembles de données mondiaux pour déterminer si le site proposé appartient à l'une des zones prioritaires de conservation à grande échelle suivantes : *Hotspots* de biodiversité terrestre, espaces sauvages à forte biodiversité, écorégions (terrestres, d'eau douce et marines) globales prioritaires, zones d'endémismes des oiseaux et centres de diversité des plantes.

Pour le critère (x) :

- *Le bien proposé pour inscription est-il le plus diversifié et/ou représentatif, ou l'un des plus diversifiés et/ou représentatifs de son genre ?*
- *Le bien proposé pour inscription a-t-il été identifié comme une priorité de conservation mondiale – par exemple, pour les espèces menacées à l'échelle mondiale ou à aire de répartition restreinte ?*

  Si le dossier de proposition d'inscription fournit une liste des espèces menacées, il est comparé aux données mondiales de la Liste rouge des espèces menacées de l'UICN. En s'appuyant sur les aires de répartition géographique d'espèces évaluées à l'échelle mondiale pour la Liste rouge, l'UICN examine également le nombre d'espèces menacées qui peuvent se trouver au sein du site proposé. Des analyses spatiales sont entreprises pour évaluer si le site proposé pour inscription appartient à l'une des zones mondiales prioritaires de conservation suivantes : sites de l'Alliance pour l'extinction zéro (AZE) et zones clés pour la biodiversité autres que les sites AZE (par exemple, les zones importantes pour les oiseaux). Les résultats de ces analyses spatiales mondiales sont utilisés pour éclairer les évaluations du Panel du patrimoine mondial de l'UICN, qui considère toutes les propositions d'inscription de biens naturels et mixtes sur la Liste du patrimoine mondial. Suite à la réunion du Panel du patrimoine mondial de l'UICN, des recommandations sur la position de l'UICN par rapport à chaque nouvelle proposition d'inscription sont partagées avec l'UNESCO.

réseaux. Dans certains cas, ils permettent de renvoyer des données d'une région à une autre – par exemple, de musées de pays développés à des gestionnaires d'aires protégées dans les pays en développement où les spécimens ont été collectés via le GBIF (encadré 11.16).

Utilisation des connaissances

L'accès à des données de qualité est une condition essentielle du succès des initiatives de conservation de la biodiversité (encadré 11.17). En disposant de plusieurs ensembles de données détenus par différents organismes, les acteurs de terrain de la conservation, qui vont des chercheurs aux décideurs, sont en mesure de prendre des décisions sur la base des meilleures données disponibles. La disponibilité de ces données permet également de créer de nouvelles analyses et de nouveaux produits, de la même manière qu'avec les « mashups » sur Internet. Ces « mashups » se basent sur l'utilisation des données provenant de sources multiples pour présenter les données d'une manière nouvelle ou pour créer de nouveaux produits (comme IBAT ; encadré 11.18). Cela sert également à mettre en évidence les principales

Encadré 11.18 Outil intégré d'évaluation de la biodiversité

L'Outil intégré d'évaluation de la biodiversité (Integrated Biodiversity Assessment Tool - IBAT) est un système en ligne innovant conçu pour faciliter l'accès à des informations précises et à jour sur la biodiversité pour soutenir la prise de décisions critiques. Cet outil est le résultat d'un partenariat révolutionnaire entre BirdLife International, Conservation International, l'UICN et le PNUE-WCMC. Grâce à un système de cartographie en ligne à la pointe de la technologie, les utilisateurs peuvent visualiser, superposer et consulter des ensembles de données sur la biodiversité mondiale, notamment la WDPA, les zones clés pour la biodiversité, les sites AZE, la Liste rouge de l'UICN, les *Hotspots* de biodiversité, les zones d'endémismes des oiseaux et les espaces sauvages à forte biodiversité.

exigences et les défis à surmonter pour étendre et améliorer l'utilisation des données existantes et nous rappelle qu'il est important d'investir dans la collecte, l'agrégation, la gestion et la diffusion des données. Sans investissement, les données ne peuvent être exactes et à jour, et la pertinence et la qualité du « mashup » diminuent.

Les principaux défis rencontrés ont été examinés dans les sections précédentes, mais il convient de les rappeler ici en raison de leurs liens (encadrés 11.19 et 11.20). Les données sur la biodiversité sont souvent très hétérogènes et non centralisées, car elles proviennent généralement de plusieurs organisations, à la fois au niveau national et international. Comme souligné dans la section sur l'importance des normes, il n'existe pas de normes et de procédures mondiales concernant le contrôle de la qualité des données, et même la collecte de données peut varier considérablement en fonction des objectifs d'un projet et des organisations. Il est souvent impossible de fusionner plusieurs ensembles de données ou de travailler avec plusieurs ensembles. Il faut à la fois des compétences en gestion de l'information, technologie et biologie pour garantir que les données collectées sont scientifiquement solides et stockées, gérées et diffusées de manière à pouvoir être utilisées par l'ensemble de la communauté.

Pour générer des connaissances de qualité, il faut que les données utilisées soient partagées et accessibles, qu'elles soient basées sur des normes internationales afin que les différents ensembles de données puissent être compris et que les données soient crédibles (qualité contrôlée, bases scientifiques solides). Remplir ces conditions améliore considérablement le potentiel d'analyse et

Encadré 11.19 Utilisation des connaissances au Mexique

La Commission mexicaine pour la connaissance et l'utilisation de la biodiversité (CONABIO) est une commission interministérielle dédiée, entre autres activités, au développement, au maintien et à la mise à jour du Système national d'information sur la biodiversité, au soutien de projets et d'études axés sur la connaissance et l'utilisation de la biodiversité, au conseil des institutions gouvernementales et des autres secteurs, au lancement de projets et de programmes spéciaux de partage des connaissances sur la diversité biologique, au suivi des accords internationaux sur des sujets liés à la diversité biologique et à la fourniture de services au public. Sa mission est de promouvoir, coordonner, soutenir et mener des activités visant à améliorer notre compréhension de la diversité biologique, ainsi que sa conservation et son utilisation durable au profit de la société mexicaine.

La CONABIO incite les responsables des politiques et les décideurs à conserver la biodiveristé et à l'utiliser de manière durable en fournissant des données, des informations et des connaissances. C'est un organisme qui a un rôle pilote et une force d'initiative dans le domaine de l'informatique de la biodiversité et des processus efficaces, et qui conserve des produits et services de haute qualité. Parmi les activités et réalisations du CONABIO on peut citer :

- la création du Réseau mondial d'information sur la biodiversité (REMIB) et d'un système automatisé d'alerte précoce de détection des incendies de forêt pour le Mexique et l'Amérique centrale ;
- le programme mexicain des régions prioritaires pour la conservation de la biodiversité ;
- le développement du gestionnaire d'information sur la conservation BIOTICA ;
- la publication de plus de 350 articles de recherche.

La Commission agit également en tant qu'autorité scientifique de la CITES et en tant que point focal du centre d'échange de l'Organe subsidiaire de conseil scientifique, technique et technologique (SBSTTA) de l'Initiative taxonomique mondiale et de la Stratégie mondiale pour la conservation des plantes de la CDB. Au niveau national, la CONABIO coordonne également la mise en œuvre du corridor biologique méso-américain au Mexique et l'élaboration de la deuxième étude nationale sur la biodiversité de la stratégie nationale sur la biodiversité ainsi que des processus similaires pour chaque État/province du Mexique. Elle fournit des données, des informations et des conseils à divers utilisateurs et œuvre à la création de réseaux nationaux et mondiaux d'information sur la biodiversité, conformément aux engagements internationaux pris par le Mexique, et mène des actions orientées vers la conservation et l'utilisation durable de la biodiversité au Mexique.

Source : CDB (2014)

Encadré 11.20 Des aires protégées résilientes face aux changements climatiques en Afrique de l'Ouest

Le projet PARCC (Protected Areas Resilient to Climate Change), mis en œuvre par le PNUE-WCMC, vise à évaluer la vulnérabilité des réseaux d'aires protégées en Afrique de l'Ouest aux impacts des changements climatiques, à renforcer leur résilience en améliorant l'efficacité de leur gestion, et à renforcer les capacités dans la région pour s'assurer que les nouveaux outils et stratégies peuvent être utilisés efficacement une fois le projet clos.

Pour atteindre ces objectifs, le projet s'appuie sur un partage efficace des données entre tous les partenaires du projet, y compris le Programme de l'UICN sur les aires protégées d'Afrique de l'Ouest et centrale, les gouvernementd des cinq pays du projet (Tchad, Gambie, Mali, Sierra Leone et Togo) et plusieurs institutions scientifiques mondiales impliquées dans le développement de nouvelles méthodologies fondées sur la science (figure 11.5). La production et le partage efficaces des données mondiales et régionales ont été mis en place.

- Les agents de liaison, les consultants nationaux et les États nationaux participent à la collecte de données au niveau national (par exemple, sur le climat, la répartition des espèces et les politiques).
- Le Centre Hadley du bureau météorologique britannique fournit des données climatiques de haute résolution et de futurs scénarios régionaux de changements climatiques pour alimenter les évaluations de la vulnérabilité.
- BirdLife International fournit des données sur l'avifaune d'Afrique de l'Ouest et ces données sont intégrées dans les évaluations de la vulnérabilité des espèces.

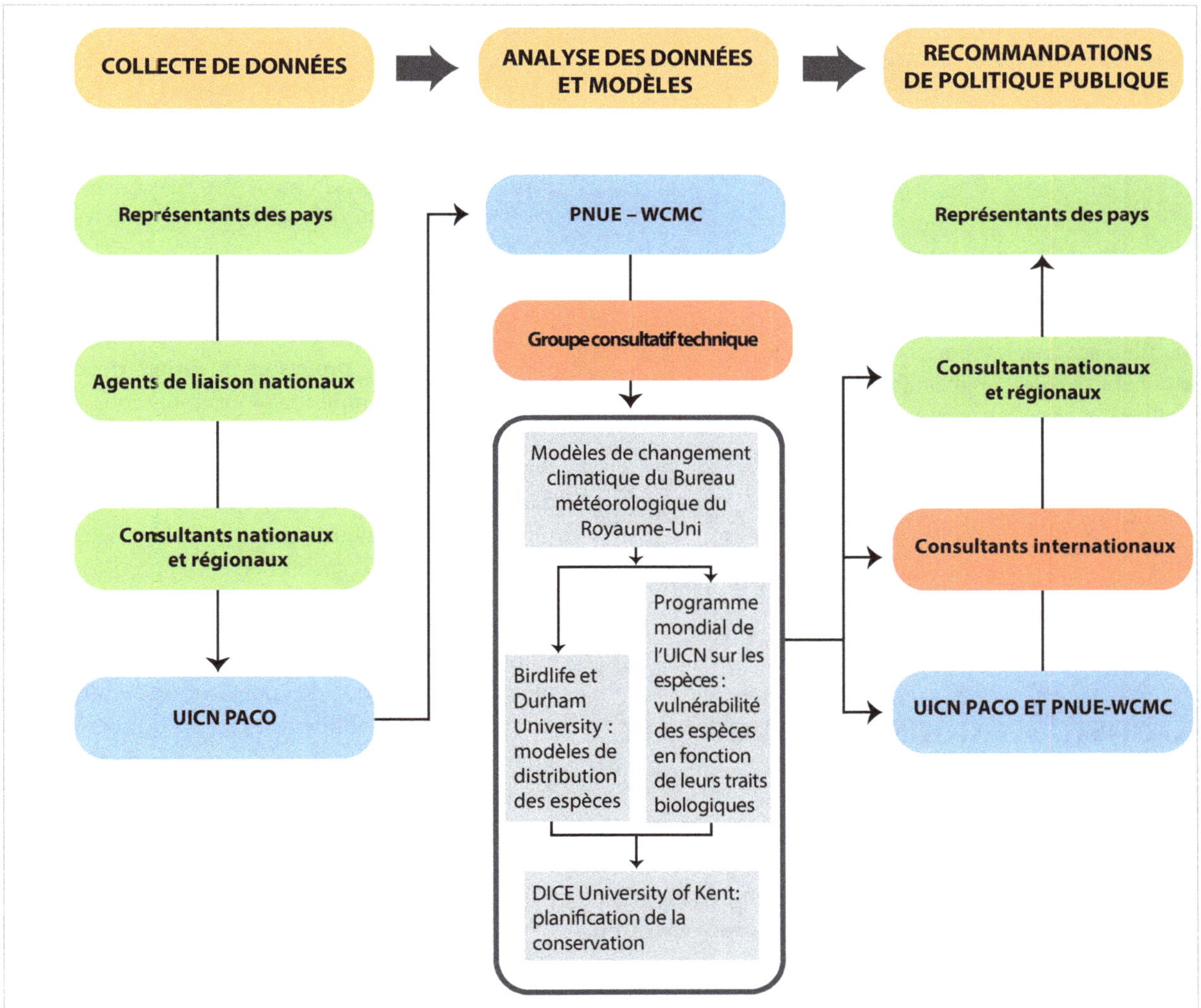

Figure 11.5 Processus du projet PARCC pour la production et le partage de données mondiales, régionales et nationales

- Durham University développe des modèles de répartition des espèces en Afrique de l'Ouest et les applique aux futurs scénarios climatiques pour le réseau d'aires protégées.
- Le programme espèces de l'UICN fournit des données sur le risque d'extinction des espèces et leur vulnérabilité aux changements climatiques en fonction de leurs caractéristiques biologiques spécifiques.
- L'institut Durrell de conservation et d'écologie de Kent University élabore, sur la base de toutes les données fournies par les autres partenaires sur les changements climatiques et la vulnérabilité des espèces, des systèmes de planification de conservation systématique pour l'Afrique de l'Ouest.

Ces systèmes de planification sont ensuite utilisés pour informer l'élaboration de stratégies de changements climatiques et de recommandations politiques pour les pays d'Afrique de l'Ouest. Pour que les informations scientifiques fournies soient exactes et donc la méthodologie pertinente et le projet réussi, toutes les données échangées entre les différents partenaires doivent être interopérables, suivre les normes de données et passer par un contrôle rigoureux de qualité.

Les riverains reçoivent une formation à l'interprétation des images satellites pour le suivi des ressources de la biodiversité du fleuve Unini, en Amazonie centrale. Photo prise à l'occasion d'une formation dirigée par l'ONG brésilienne Fundação Vitória Amazônica, à destination des responsables du suivi des ressources en biodiversité de la rivière Unini, en Amazonie centrale

Source : Fundação Vitória Amazônica

d'interprétation des données sur la biodiversité. Il y a cependant des problèmes de sensibilité et de risque à prendre en compte, et les utilisateurs doivent toujours se familiariser avec les termes et conditions d'utilisation des données, et revoir les métadonnées pour s'assurer que leur utilisation est adaptée et ne risque pas de créer de fausses interprétations. En outre, lorsqu'il existe une possibilité que des communautés ou des groupes spécifiques (tels que les femmes, les propriétaires fonciers ou les pasteurs) soient affectés par l'utilisation des données ou les décisions qui en découlent, il convient de prendre en considération les résultats potentiels.

Considérations relatives aux ressources

La collecte de données, d'informations et de connaissances est souvent considérée comme une fin en soi, sans tenir compte de la valeur à long terme de la gestion des connaissances en tant que ressource. Trop souvent, les projets et leurs sites web ou les processus de gestion des données associés prennent fin une fois le projet clos et les financements terminés. Cela signifie qu'une grande quantité d'informations de valeur est perdue pour les gestionnaires locaux, les communautés, les scientifiques et politiques et les personnes de terrain. Dès le départ, les projets et initiatives doivent prévoir le cycle de vie complet et la gestion à long terme de la collecte d'informations. Cela implique d'allouer des ressources suffisantes pour la préparation et la gestion des données à long terme, y compris la soumission à des référentiels mondiaux, des publications scientifiques et une organisation et un classement appropriés.

Les gouvernements nationaux tiennent de plus en plus compte de la valeur de la gestion des connaissances et mettent en place des cadres politiques et des infrastructures techniques qui mobilisent les connaissances à l'usage du public et veillent à ce qu'elles soient disponibles pour suivre les tendances à long terme. Il convient de prévoir un financement pour ces activités et de l'incorporer dans le budget du gouvernement. La pérennité des activités peut ainsi être garantie grâce à une viabilité financière à long terme ainsi qu'une législation appropriée sur la collecte, le partage et le stockage des données, ce qui peut non seulement prendre du temps, mais aussi être coûteux si ce n'est pas fait correctement. Costello et al. (2014) recommandent que les bases de données inscrites dans le long terme soient intégrées dans des projets collaboratifs plus vastes et gérées par une organisation ou une institution dotée d'un mandat approprié. Dans le cas des aires protégées, cela inclurait des organisations telles que l'UICN, l'UNEP-WCMC et le GBIF.

Pour ce qui est de l'acquisition des données, les agences devraient tenir compte des coûts des déplacements sur le terrain, de la formation continue et du renforcement des capacités des collecteurs de données et des analystes. Sur le terrain, les données peuvent être collectées par des chercheurs ou des communautés locales. Dans les deux cas, la méthode la plus rentable consiste à créer des parcelles et des transects permanents qui peuvent être étudiés par différentes équipes thématiques sur plusieurs années. Ces zones d'échantillonnage doivent également être maintenues et les protocoles doivent être normalisés. Pour éviter les biais et les interprétations erronées des données et pour affiner la saisie des données (par exemple, le nom de l'espèce, les positions d'observation le long des transects), les équipes doivent être formées et échanger régulièrement, cela ayant des implications financières.

Pour l'analyse et le stockage des données, les agences devraient idéalement maintenir une équipe permanente pour travailler sur les données dans le cadre de la gestion générale des aires protégées. Si cela n'est pas possible, des normes, des protocoles et des métadonnées devraient être définis pour permettre au nouveau personnel de maintenir la qualité du travail fourni. Des initiatives importantes sur la gestion des aires protégées ont échoué en raison du renouvellement trop élevé du personnel lié aux changements de sources de financement et à l'absence de protocoles standard pour la collecte, l'analyse et le stockage des données.

Chishui National Nature Reserve, Guizhou Province, China, a World Heritage property protecting outstanding Danxia landscapes

Source : Graeme L. Worboys

Conclusion

Il y a un certain nombre de principes de base à prendre en compte aux différents stades du cycle d'acquisition et de génération de données, de l'analyse pour fournir des informations pertinentes à la compréhension et au partage des connaissances qui en résultent.

- Les raisons justifiant la collecte des données sont nombreuses, et les données requises et l'ampleur de la collecte dépendront de l'utilisation de ces informations, de sorte que les responsables de la collecte d'informations doivent déterminer si les données qu'ils collectent sont adaptées à la question posée lors de la conception du projet.
- Il convient de tenir compte de la durée de vie des données collectées au-delà de la portée du projet, et éventuellement de modifier le protocole de collecte de données pour augmenter l'applicabilité des ensembles de données et leur valeur au-delà d'un seul projet.
- L'utilisation de normes de données mondiales et de mécanismes de partage rend possible l'intégration et la réutilisation des données par d'autres organismes ou projets à une date ultérieure, et permet de combiner plusieurs ensembles de données similaires.
- Les métadonnées garantissent que les futurs utilisateurs comprennent comment et pourquoi les données ont été collectées, et comment utiliser et interpréter au mieux les informations.
- Les organisations, les individus ou les projets générant des données devraient s'efforcer de garantir leur mise à disposition via un des dispositifs mondiaux prévus à cet effet, ou au moins les rendre disponibles en ligne, si possible.
- Pour cela, la publication des données par les canaux officiels devrait être encouragée.
- Les conditions d'utilisation des données et des informations doivent être respectées, en particulier s'il existe un risque pour des espèces, habitats, groupes communautaires ou sites sensibles.
- Il est important de prévoir des ressources dès la conception du projet pour assurer le maintien et l'accès des données à long terme.

Références

Lectures recommandées

Bertzky, B., Shi, Y., Hughes, A., Engels, B., Ali, M. K. and Badman, T. (2013) *Terrestrial Biodiversity and the World Heritage List: Identifying broad gaps and potential candidate sites for inclusion in the natural World Heritage network*, IUCN, Gland, and UNEP-WCMC, Cambridge.

Biodiversity Indicators Partnership (2011) *Guidance for National Biodiversity Indicator Development and Use*, UNEP-WCMC, Cambridge.

Bird, T. J., Bates, A. E., Lefcheck, J. S., Hill, N. A., Thomson, R. J., Edgar, G. J., Stuart-Smith, R. D., Wotherspoon, S., Krkosek, M., Stuart-Smith, J. F., Pecl, G. T., Barrett, N. and Frusher, S. (2014) 'Statistical solutions for error and bias in global citizen science datasets', *Biological Conservation* 173: 144–54.

Bowles-Newark, N. J., Arnell, A. P., Butchart, S., Chenery, A., Brown, C. and Burgess, N. D. (2014) *Incorporating and Utilising Spatial Data and Mapping for NBSAPs: Guidance to support NBSAP practitioners*, UNEP-WCMC, Cambridge.

Cleveland, H. (1982) 'Information as resource', *The Futurist* (December): 34–9.

Conservation Measures Partnership (CMP) (2013) *Open Standards for the Practice of Conservation.* Version 3.0. <www.conservationmeasures.org.

Coad, L., Leverington, F., Burgess, N. D., Cuadros, I. C., Geldmann, J., Marthews, T. R., Mee, J., Nolte, C., Stoll-Kleemann, S., Vansteelant, N., Zamora, C., Zimsky, M. and Hockings, M. (2013) 'Progress towards the CBD protected area management effectiveness targets', *Parks* 19(1): 13–24.

Conservation Commons (2006) Joint statement to the parties to the Convention on Biological Diversity on open access to biodiversity data and information. <conservationcommons.org/media/document/docuwdsvdq.pdf>

Conservation Measures Partnership (CMP) (2013) *Open Standards for the Practice of Conservation. Version 3.0.* <www.conservationmeasures.org>

Constantino, P. A. L., Fortini, L. B., Kaxinawa, F. R. S., Kaxinawa, A. M., Kaxinawa, E. S., Kaxinawa, A. P., Kaxinawa, L. S., Kaxinawa, J. M. and Kaxinawa, J. P. (2008) 'Indigenous collaborative research for wildlife management in Amazonia: the case of the Kaxinawá, Acre, Brazil', *Biological Conservation* 141: 2718–29.

Convention on Biological Diversity (CBD) (2011) *Strategic Plan for Biodiversity 2011–2020 and the Aichi Targets*, Secretariat of the Convention on Biological Diversity, Montreal. <www.cbd.int/decision/cop/?id=12268>

Convention on Biological Diversity (CBD) (2014) The Mexican Commission for the Knowledge and Use of Biodiversity. <www.cbd.int/cooperation/conabio.shtml>

Corrigan, C. and Hay-Edie, T. (2013) *A Toolkit to Support Conservation by Indigenous Peoples and Local Communities: Building capacity and sharing knowledge for Indigenous Peoples' and Community Conserved Territories and Areas (ICCAs)*, UNEP-WCMC, Cambridge.

Costello, M. J., Appeltans, W., Bailly, N., Berendsohn, W. G., de Jong, Y., Edwards, M., Froese, R., Huettmann, F., Los, W., Mees, J., Segers, H. and Bisby, F. (2014) 'Strategies for the sustainability of online open-access biodiversity databases', *Biological Conservation* 173: 155–65.

Danielsen, F., Jensen, P. M., Burgess, N. D., Altamirano, R., Alviola, P. A., Andrianandrasana, H., Brashares, J. S., Burton, A. C., Coronado, I., Corpuz, N., Enghoff, M., Fjeldså, J., Funder, M., Holt, S., Hübertz, H., Jensen, A. E., Lewis, R., Massao, J., Mendoza, M. M., Ngaga, Y., Pipper, C. B., Poulsen, M. K., Rueda, R. M., Sam, M. K., Skielboe, T., Sørensen, M. and Young, R. (2014a) 'A multicountry assessment of tropical resource monitoring by local communities', *BioScience* 64: 236–51.

Danielsen, F., Jensen, P. M., Burgess, N. D., Coronado, I., Holt, S., Poulsen, M. K., Rueda, R. M., Skielboe, T., Enghoff, M., Hemmingsen, L. H., Sørensen, M. and Pirhofer-Walzl, K. (2014b) 'Testing focus groups as a tool for connecting indigenous and local knowledge on abundance of natural resources with science-based land management systems', *Conservation Letters* 7: 12–24.

Danielsen, F., Pirhofer-Walzl, K., Adrian, T. P., Kapijimpanga, D. P., Burgess, N. D., Jensen, P. M., Bonney, R., Funder, M., Landa, A., Levermann, N. and Madsen, J. (2013) 'Linking public participation in scientific research to the indicators and needs of international environmental agreements', *Conservation Letters* 7: 12–24.

de Lima, M. G., Cooper, A. H., Boubli, J. P. and Lemos, P. (2012) *Wildlife Conservation Society Workshop on Participatory Biodiversity Monitoring in Amazonas State*, WCS Brazil, Manaus.

Dudley, N. (ed.) (2008) *Guidelines for Applying Protected Area Management Categories*, IUCN, Gland.

European Commission (2008) *Communication from the Commission to the Council, the European Parliament, the European Economic and Social Committee and the Committee of the Regions: Towards a Shared Environmental Information System (SEIS)*, European Commission, Brussels. <eur-lex.europa.eu/legal-content/EN/TXT/PDF/?uri=CELEX:52008DC0046&from=EN>

Fonseca, S. F. Jr, Marinelli, C. E., Carlos, H. H. S., Weigand, R. Jr, Fernandes, R. B., Campos e Silva, J. V., Lemos, P. F. and Calandino, D. (2011) *Programa de monitoramento da biodiversidade e do uso de recursos naturais-ProBUC: a experiência das unidades de conservação estaduais do Amazonas [Biodiversity and Natural Resource Monitoring Program—ProBUC: The experience in state protected areas in Amazonas]*, State Centre for Protected Areas, Manaus.

Gardner, T. (2010) *Monitoring Forest Biodiversity: Improving conservation through ecologically-responsible management*, Earthscan, London.

Global Biodiversity Information Facility (GBIF) (2012) *Darwin Core Quick Reference Guide. Version 1.3*, contributed by J. Wieczorek, R. de Giovanni, D. Vieglais, D. P. Remsen, M. Döring and T. Robertson, Global Biodiversity Information Facility, Copenhagen.

Hansen, M. C., Potapov, P. V., Moore, R., Hancher, M., Turubanova, S. A., Tyukavina, A., Thau, D., Stehman, S. V., Goetz, S. J., Loveland, T. R., Kommareddy, A., Egorov, A., Chini, L., Justice, C. O. and Townshend, J. R. G. (2013) 'High-resolution global maps of 21st-century forest cover change', *Science* 342(6160): 850–3.

Hockings, M., Stolton, S., Dudley, N. and James, R. (2009) 'Data credibility: what are the "right" data for evaluating management effectiveness of protected areas?', *New Directions for Evaluation* 122: 53–63.

International Consortium on Combating Wildlife Crime (ICCWC) (2012) *Wildlife and Forest Crime Analytic Toolkit*, United Nations, New York.

Kettunen, M. and ten Brink, P. (eds) (2013) *Social and Economic Benefits of Protected Areas: An assessment guide*, Earthscan, London.

Kothari, A., Corrigan, C., Jonas, H., Neumann, A. and Shrumm, H. (eds) (2012) *Recognising and Supporting Territories and Areas Conserved by Indigenous Peoples and Local Communities: Global overview and national case studies*, Secretariat of the Convention on Biological Diversity, ICCA Consortium, Kalpavriksh and Natural Justice, Montreal.

Kumar, P. (ed.) (2010) *The Economics of Ecosystems and Biodiversity: Ecological and economic foundations*, Earthscan, London.

Leverington, F., Lemos Costa, K., Courrau, J., Pavese, H., Nolte, C., Marr, M., Coad, L., Burgess, N., Bomhard, B. and Hockings, M. (2010) *Management Effectiveness Evaluation in Protected Areas: A global study*, 2nd edn, University of Queensland, Brisbane.

Margules, C. R. and Pressey, R. L. (2000) 'Systematic conservation planning', *Nature* 405: 243–53.

Mello, A. Y. I., Alves, D. S., Linhares, C. A. and de Lima, F. B. (2012) 'Classification techniques for Landsat TM imagery under different landscape patterns in Rondônia', *Revista Árvore* 36: 537–47.

Oba, G., Byakagaba, P. and Angassa, A. (2008) 'Participatory monitoring of biodiversity in East African grazing lands', *Land Degradation & Development* 19: 636–48.

Peh, K. S.-H., Balmford, A., Bradbury, R. B., Brown, C., Butchart, S. H. M., Hughes, F. M. R., Stattersfield, A., Thomas, D. H. L, Walpole, M., Bayliss, J., Gowing, D., Jones, J. P. G., Lewis, S. L., Mulligan, M., Pandeya, B., Stratford, C., Thompson, J. R., Turner, K., Vira, B., Willcock, S. and Birch, J. C. (2013) 'TESSA: a toolkit for rapid assessment of ecosystem services at sites of biodiversity conservation importance', *Ecosystem Services* 5: 51–7.

Pino-Del-Carpio, A., Ariño, A. H., Villarroya, A., Puig, J. and Miranda, R. (2014) 'The biodiversity data knowledge gap: assessing information loss in the management of biosphere reserves', *Biological Conservation* 173: 74–9.

Rodriguez-Navarro, G. (forthcoming) 'Traditional knowledge: an innovative contribution to landscape management', in K. Taylor, A. St Clair Harvey and N. Mitchell (eds) *Conserving Cultural Landscapes: Challenges and new directions*, Routledge, Abingdon, UK.

Rosemartin, A. H., Crimmins, T. M., Enquist, C. A. F., Gerst, K. L., Kellerman, J. L., Posthumus, E. E., Denny, E. G., Cuertin, P., Marsh, L. and Weltzin, J. F. (2014) 'Organizing phenological data resources to inform natural resource conservation', *Biological Conservation* 173: 90–7.

UN Environment Programme World Conservation Monitoring Centre (UNEP-WCMC) (2014) *Data Standards for the World Database on Protected Areas*, UNEP-WCMC, Cambridge.

CHAPITRE 12

DIRIGER ET GÉRER DES AIRES PROTÉGÉES

Auteurs principaux :
Julia Miranda Londoño, Jon Jarvis, Nik Lopoukhine et Moses Wafula Mapesa

CONTENU

UICN CMAP Commission mondiale des aires protégées

Convention sur la diversité biologique

AUTEURS PRINCIPAUX

JULIA MIRANDA LONDOÑO est directrice générale de Parcs nationaux de la Colombie et vice-présidente régionale pour l'Amérique du Sud de la Commission mondiale des aires protégées de l'Union internationale pour la conservation de la nature (CMAP-UICN).

JONATHAN JARVIS est directeur du Service des parcs nationaux des États-Unis.

NIKITA LOPOUKHINE est ancien président de la CMAP-UICN et a récemment reçu le prix J. B. Harkin pour son engagement de toute une vie en faveur de la conservation au Canada.

MOSES WAFULA MAPESA est ancien directeur général de l'Uganda Wildlife Authority, et est actuellement vice-président régional de la CMAP-UICN de l'Afrique orientale et australe, ainsi que membre du conseil de Leadership for Conservation in Africa.

ACKNOWLEDGMENT

Nous exprimons notre reconnaissance à Andre Sovinj pour sa contribution à ce chapitre.

CITATION

Londoño, J. M., Jarvis, J., Lopoukhine, N. et Mapesa, M. W. Diriger et gérer des aires protégées. In Worboys, G. L., Lockwood, M., Kothari, A., Feary, S. et Pulsford, I. (éd). *Gouvernance et gestion des aires protégées*. Canberra : ANU Press, 2020. doi.org/10.22459/GGAP.12

PHOTO DE LA PAGE DE TITRE

Mont Everest, 8 848 mètres, parc national de Sagarmatha, Népal : sommet le plus élevé de la surface de la Terre et propriété du patrimoine mondial
Source : Ian Pulsford

Introduction

Julia Miranda Londoño

Le présent chapitre traite un sujet qui, au premier abord, semble n'avoir aucun lien direct avec les aires protégées, car son champ se rapporte habituellement à la gestion d'entreprises privées ou aux affaires publiques. Toutefois, il est clair qu'aujourd'hui plus que jamais, une direction (ou *leadership*) ferme et vigoureuse est essentielle pour conserver les aires protégées de manière efficace dans le monde. Elle est nécessaire afin d'orienter l'évolution de l'institution chargée de la gestion des aires protégées, de planifier, de guider, d'aiguiller et de motiver le personnel de ces aires protégées, ainsi que de définir et de promouvoir la conservation. Elle est également indispensable pour que les populations comprennent pourquoi les aires protégées sont essentielles au développement des pays, au bien-être de leurs habitants et à la santé de la planète. La direction est également utile lorsqu'il s'agit de collaborer avec d'autres secteurs de l'économie, les autorités locales et nationales, ou encore les médias, afin que ceux-ci comprennent le rôle de la conservation et puissent ainsi la soutenir grâce à leurs propres compétences et responsabilités.

Notre planète change rapidement. Pour ceux et celles chargés d'assumer la direction dans le secteur de la protection de l'environnement et de la biodiversité, il est donc nécessaire d'abandonner les anciens critères et de faire preuve de créativité et de volonté afin de prendre des risques à l'heure d'élaborer des stratégies exerçant une influence sur le public et de rapprocher celui-ci de la nature. Cela nous permet de fournir une réponse efficace pour sa protection et sa conservation. Une autorité mondiale de la direction, Ronald Heifetz, directeur du *Leadership Education Project* à la John F. Kennedy School of Government de l'université Harvard, affirme que le nouveau rôle du dirigeant évolue positivement. Celui-ci consiste à « aider les individus à faire face à la réalité et à les mobiliser pour qu'ils effectuent des changements » (Taylor, 1999). Taylor (1999) note qu'en faisant des changements – encore une fois il cite Heifetz – « les individus ont peur de perdre quelque chose de précieux. Ils ont peur d'avoir à renoncer à un environnement dans lequel ils se sentent bien. »

Heifetz reconnaît les difficultés de la direction en plus de celles du changement, mais affirme que cela :

> ne devrait diminuer l'enthousiasme de quiconque à récolter les fruits de la création de valeur et de sens dans la vie des autres. La création de valeur provoque un fort enthousiasme – et bien sûr la génération de revenus et d'un statut – et ces bénéfices valent certainement le mal qu'il faut se donner pour les obtenir. Beaucoup de choses dans la vie valent la peine. La direction en fait partie.
>
> ... Le véritable héroïsme de la direction consiste à avoir le courage de faire face à la réalité – et d'aider les personnes autour de soi à y faire face (Taylor, 1999).

Il développe de nombreuses idées intéressantes applicables à la gestion des aires protégées. Heifetz indique :

> Diriger signifie influencer l'organisation pour affronter ses problèmes et saisir les opportunités ... mobiliser les individus pour relever des défis difficiles ... est ce qui est maintenant demandé au dirigeant... Au plus haut niveau, la tâche d'un dirigeant est d'orienter les échanges sur ce qui est essentiel et ce qui ne l'est pas (Taylor, 1999).

Ces questions liées à la direction sont abordées dans ce chapitre. Trois directeurs généraux d'organismes chargés des aires protégées de différentes régions du monde font part de leurs réflexions et des enseignements tirés dans des récits très personnels. Chacun d'eux a joué un rôle essentiel dans l'histoire des aires protégées de son pays d'origine et de la conservation des aires protégées dans le monde au 21e siècle. Nous avons donc le privilège de bénéficier de leur éclairage. L'approche proposée ici est différente de celle que vous trouverez dans les manuels traditionnels sur la direction. Dans la présentation de leur partie, vous « entendrez avec les mots » des directeurs généraux l'expérience personnelle qu'ils ont vécue, chacun ayant habité et travaillé dans les aires protégées toute leur carrière, et chacun ayant été heureux de raconter son histoire et de partager les enseignements qu'il en a tirés.

En 2014, au moment où ce chapitre est rédigé, Jon Jarvis est directeur du Service des parcs nationaux des États-Unis (NPS), Nikita Lopoukhine est ancien directeur général de Parcs Canada, et Moses Mapesa est ancien directeur général de l'Uganda Wildlife Authority (UWA). Nous présentons leurs témoignages de la direction et de la gestion de leur organisation dans les trois parties qui composent ce chapitre et qui couvrent deux domaines opérationnels. Ils mettent en lumière les enseignements importants tirés dans le cadre de leurs fonctions dans leur organisme chargé des aires protégées. Une brève présentation du contexte des organisations pour lesquelles ils travaillent ou

Une partie du personnel de Parcs nationaux de la Colombie

Source : Parcs nationaux de la Colombie

Encadré 12.1 Parcs nationaux de la Colombie

Parcs nationaux de la Colombie est un organisme d'État, autonome d'un point de vue administratif et financier, placé sous la tutelle du ministère de l'Environnement et du Développement durable. L'organisme en tant que tel a été créé par une loi de 1993 (le premier parc national colombien a été déclaré en 1960) comme unité administrative du Système environnemental national (loi 99 de 1993), visant à gérer les aires du système national de parcs nationaux et à coordonner le système national d'aires protégées, afin de conserver *in situ* la diversité biologique et écosystémique du pays, de fournir et de préserver les biens et services environnementaux, de protéger le patrimoine culturel et les habitats naturels des cultures traditionnelles et de contribuer au développement humain durable. Parcs nationaux est directement responsable de la gestion de 59 aires protégées et coordonne les critères de gestion de base de 440 aires protégées aux niveaux local et régional, y compris des aires privées et des réserves forestières. Avec un budget global de 33,3 millions de dollars et 1 250 employés à plein temps, Parcs nationaux protège 14 269 644 hectares qui représentent 9,98 % de la surface terrestre de la Colombie et 1,48 % du territoire marin.

ont travaillé figure également dans chaque partie (encadrés 12.2, 12.3 et 12.4). Le cadre général de mon organisation est également présenté dans l'encadré 12.1.

Nous avons divisé ce chapitre en trois grandes parties qui traitent de deux thèmes concernant les aires protégées : la direction et la gestion. La raison de cette division, selon Jon Jarvis, est que « d'après mon expérience, il y a une différence entre direction et gestion. La direction est liée à l'inspiration, la vision et la prise de décision stratégique. La gestion consiste à travailler sur les budgets, avec le personnel et les équipes, et sur les activités courantes de l'aire protégée. » Afin d'apporter de meilleurs éclairages à notre communauté des aires protégées, le présent chapitre abordera ces deux thèmes, mais de manière séparée, afin que le lecteur comprenne que l'on peut être un excellent gestionnaire, mais un mauvais dirigeant, ou un excellent dirigeant, mais un mauvais gestionnaire. Une progression de carrière dans les aires protégées commence souvent par la gestion et évolue vers la direction. Dans les petites aires protégées, la même personne peut remplir les deux fonctions, mais dans les grandes aires ou au niveau des directeurs généraux, ces fonctions sont souvent divisées (comme il convient de le faire). Le directeur général doit partager son temps de façon appropriée entre la direction et la gestion, ou déléguer le rôle de la gestion à un adjoint ou à une équipe d'assistants.

Dans la première partie du chapitre, Jon Jarvis décrit la direction du Service des parcs nationaux des États-Unis, l'une des plus grandes et des plus anciennes organisations publiques chargées des aires protégées. Dans la deuxième partie, sur le thème de la gestion, Nik Lopoukhine fait part de ses réflexions et expériences en matière de fonctionnement au plus haut niveau de la gestion de Parcs Canada et autres organismes ; et dans la troisième partie, Moses Mapesa présente son travail avec les parties prenantes en se fondant sur son expérience en tant que directeur général de l'Uganda Wildlife Authority. Le récit de Moses fait également partie du thème de la gestion. Son expérience enrichissante et tumultueuse en tant que directeur général est percutante, et constitue un enseignement important pour tous qui montre comment l'intégrité et le courage personnels ont vaincu le comportement corrompu d'autres acteurs.

Chacun des trois récits est différent, conjoncturel et personnalisé, mais certains messages cruciaux émanant des directeurs généraux à propos de la direction dans le cadre des aires protégées sont récurrents, et nous avons inclus une partie finale dans laquelle nous réfléchissons un peu à ces questions en donnant des orientations pour l'avenir. Ce qui est particulièrement important dans le contexte de la gestion des aires protégées qui évolue rapidement est que ce chapitre porte sur la direction des aires protégées, concerne les aires protégées et est rédigé par des directeurs généraux d'aires protégées expérimentés.

Diriger

**Jon Jarvis, directeur,
Service des parcs nationaux des États-Unis**

Conception

Nous, les dirigeants et dirigeantes des aires protégées du monde, travaillons dans le domaine de la perpétuité. Il existe beaucoup de travaux sur la direction dans le secteur privé, mais beaucoup moins sur cette notion dans le secteur public, et encore moins sur la direction dans les aires protégées. Contrairement aux dirigeants du secteur privé qui fournissent des produits et des services au grand public sur une période donnée, notre hypothèse de travail est que la société aura toujours besoin des aires protégées et que nos décisions doivent tenir compte de la conservation et de la protection de la ressource à long terme et de ses avantages pour le grand public. Notre gestion est menée à bien au nom de la confiance que nous accorde la population, qui mérite donc d'avoir les meilleurs dirigeants et gestionnaires. Ce chapitre aborde tout particulièrement les qualités et les attributs de dirigeants renommés d'aires protégées.

Attributs d'un dirigeant

La direction d'aires protégées est d'abord et avant tout basée sur les valeurs fondamentales de la conservation et de la protection. Si le dirigeant n'a pas la conviction profonde et permanente que la conservation et la préservation sont essentielles à notre survie, toutes les décisions seront considérées comme superficielles et motivées par des facteurs externes. Le dirigeant doit également être d'avis que les choses peuvent s'améliorer et s'amélioreront grâce à son action. Il est essentiel d'être optimiste pour être efficace, notamment parce que nous savons que les aires protégées ne disposeront que rarement du niveau de financement et du personnel que nous pensons qu'elles méritent. Il est également important d'être persévérant et de s'intéresser à chaque menace ou opportunité avec patience et avec une grande détermination. Malheureusement, aucun dirigeant d'aire protégée n'est armé de la connaissance exhaustive, de l'expérience passée relative à toutes les questions à traiter ou de la sagesse pour connaître d'avance les résultats de ses interventions. Au contraire, le dirigeant doit pouvoir faire face à l'ambiguïté. Un bon dirigeant est un excellent communicant de ses idées, de sa vision, de son engagement et de son optimisme. Il encourage les autres à agir au sein de l'organisation et en dehors. Il utilise toutes les pièces du puzzle et les assemble pour établir un plan stratégique destiné à améliorer de manière notable l'efficacité de la protection de ces terres patrimoniales. Il encourage l'innovation et la créativité. Il est capable de naviguer dans les eaux troubles de la politique, en sachant quand céder et quand réagir. Enfin, diriger une aire protégée est une tâche solitaire, et bien qu'un réseau de pairs soit important, il faut développer la confiance en soi pour défendre les aires protégées lorsque l'on se retrouve en infériorité numérique et submergé.

Encadré 12.2 Service des parcs nationaux des États-Unis

Le Service des parcs nationaux (NPS) est un bureau du Gouvernement des États-Unis au sein du ministère de l'Intérieur. Avec 25 000 employés permanents, environ 10 000 employés temporaires et des centaines de milliers de volontaires, le NPS gère plus de 32 millions d'hectares dans 401 parcs nationaux, monuments, sites historiques et aires récréatives dans chaque État et Territoire des États-Unis. Il accueille 280 millions de visiteurs par an dans ces parcs, et dispose d'un budget de fonctionnement de 2,8 milliards de dollars. Il est chargé de gérer d'autres programmes et subventions au titre de la conservation du patrimoine et des loisirs dans certaines collectivités du pays. Le NPS aura 100 ans en 2016 et se prépare pour son second siècle de gestion et d'engagement public.

Il n'y a pas de plus grande vocation que d'être un bon dirigeant d'aire protégée, car celui-ci permet de donner voix au chapitre à ceux qui ne peuvent pas le faire, de faire entendre ceux qui nous ont transmis cette responsabilité, le règne animal et végétal avec qui nous partageons la Terre et les générations futures qui comptent sur nous pour leur laisser un monde dans lequel elles seront heureuses de vivre.

Direction et valeurs éthiques

La direction en matière de conservation des aires protégées est un mandat public exécuté au profit de tous, et pas seulement de certains. Par conséquent, le comportement éthique du dirigeant est un facteur essentiel de réussite. En outre, contrairement à de nombreux emplois, les valeurs éthiques des responsables de la conservation sont prônées 24 heures par jour, 7 jours par semaine et 365 jours par an, pendant et après les heures de travail. Tout dirigeant qui travaille dans le domaine de la conservation et de la préservation peut s'attendre à ce que ceux qui s'opposent aux efforts mis en œuvre s'attaquent, à un moment donné, à son intégrité personnelle. Si ces opposants ne peuvent pas détruire votre politique, ils essaieront de détruire votre réputation et, ce faisant, de miner votre initiative et votre efficacité. S'ils constatent un écart par rapport aux normes les plus élevées, même en dehors du cadre professionnel, il sera utilisé contre vous. Au terme de votre poste de dirigeant d'une aire protégée, même si vous perdez certaines batailles, vous ne devez jamais perdre votre intégrité. Le dirigeant donne le ton de la conduite éthique à tous les employés. S'il adopte une conduite contraire à l'éthique, il sera impossible d'attendre des subordonnés qu'ils respectent des normes plus élevées.

La capacité de susciter l'enthousiasme

Auteur américain et célèbre acteur de la conservation, Aldo Leopold affirme qu'avoir une conscience écologique équivaut à avancer dans un « monde de blessures » (Leopold, 1993:165). Au cours d'une réunion de biologistes et d'historiens, et d'un échange sur les impacts des changements climatiques sur les ressources naturelles et culturelles, un biologiste a fait remarquer qu'au moins, les professionnels de la culture disposaient d'une méthode pour rassembler des données sur une ressource condamnée et pour lui dire adieu. Il n'y a toutefois aucun processus équivalent dans le domaine des ressources naturelles. Il n'est pas rare que les personnes travaillant dans le domaine de la conservation souffrent de dépression et d'un moral bas. Il est donc essentiel que le dirigeant transmette un sentiment d'optimisme et d'enthousiasme. Il peut le faire en montrant un véritable intérêt pour le travail appliqué des employés et en saluant les réussites, aussi petites soient-elles. Passer du temps avec chacun des employés, quel que soit leur rang au sein de l'organisation, peut leur donner le sentiment d'être valorisés. Il importe également que le dirigeant se concentre sur les réussites plutôt que sur les échecs. L'un des domaines dans lesquels l'impact est positif est celui de la restauration de l'habitat des espèces disparues localement. De tels efforts de restauration d'une ressource naturelle peuvent également rétablir l'enthousiasme et le moral. Les enfants sont les utilisateurs les plus enthousiastes du plein air, et leur sens de l'émerveillement peut être contagieux. S'agissant du parc national Olympique, situé dans l'État de Washington, à l'ouest des États-Unis, et couvrant une superficie de 373 383 hectares, lorsque le personnel a été prêt à remettre en liberté une population de « pékans » afin de les réintroduire dans cette forêt du Nord-Ouest, l'équipe du NPS a autorisé des collégiens à effectuer la remise en liberté et à communiquer leur enthousiasme.

Excellence en matière de communication

Un bon dirigeant est également un bon communicant. Le dirigeant n'a pas besoin de tout connaître sur la région, la problématique ou le thème, mais il doit être capable de communiquer les principaux éléments à plusieurs types de public. Le style, la profondeur, la façon de transmettre le message et le ton du dirigeant doivent être adaptés aux différents publics. S'adresser à un représentant élu est très différent de s'adresser à un dirigeant autochtone. La clé pour devenir un grand communicateur est d'abord d'observer, d'imiter ceux qui le font bien, puis de pratiquer encore et encore. Prenez l'exemple des bons comédiens : ils répètent leurs numéros sans arrêt devant le public jusqu'à le faire bien. En tant que responsable de terrain, notamment dans les communautés rurales, je me suis toujours assuré d'aller à la rencontre des dirigeants communautaires bien avant qu'éclate une crise qui m'oblige à le faire. La mise en place précoce d'une communication ouverte permettra d'établir de bien meilleurs rapports lorsqu'il faudra faire face à des difficultés. En situation de crise, les échanges doivent être plus fréquents qu'à l'habitude.

Travail en équipe

L'époque de la direction hiérarchique est révolue depuis longtemps, tout comme celle du chef héroïque. Les meilleurs résultats sont issus d'un travail en équipe efficace. Il existe de nombreux ouvrages sur la construction d'équipes, leur fonctionnement et leur gestion efficace, et je recommanderais à tout dirigeant travaillant en équipe de se documenter sur la dynamique d'équipe. Vous trouverez ci-après des éléments intéressants ou des enseignements tirés que j'ai glanés et appliqués avec succès.

- Constituez une équipe de personnes qui souhaitent travailler ensemble et qui ont des compétences complémentaires.
- Visez la diversité et une partie représentative et transversale de la structure de l'organisation chargée de l'aire protégée.
- Donnez à l'équipe une mission utile et des objectifs clairs, mais faites attention à ne pas leur imposer la méthode de travail. Leur dire ce qu'il faut faire, mais également comment le faire ne fera qu'inhiber la créativité et le fonctionnement de l'équipe.
- Assurez-vous qu'elle reste de petite taille. Les équipes devant prendre des décisions doivent être composées de 6 à 10 membres. Lorsqu'elles sont

Choix de direction : aire protégée, Taïwan. Le plus souvent, la prise de décision stratégique n'est pas simple et nécessite de faire intervenir les trois composantes d'une bonne prise de décision décrites plus haut

Source : Graeme L. Worboys

plus importantes, elles ont du mal à parvenir à un consensus.

- Observez les échanges entre les membres de l'équipe et évitez qu'un membre ne domine. Créez un espace pour les membres minoritaires de l'équipe afin que tout le monde soit entendu.
- Soyez attentif aux premières victoires de l'équipe et récompensez les réussites ; puis augmentez le niveau des défis qu'elle a à relever.
- Tenez compte de ses conseils et utilisez-les. Si vous ne le faites pas, vous leur faites perdre leur temps et vous gâchez leurs talents.
- Si les questions soulevées concernent le terrain, déplacez-vous sur le lieu avec l'équipe et abordez les sujets concernés sur le terrain.

Prise de décision stratégique

Le rôle ultime d'un dirigeant est de prendre la décision finale. Les trois composantes les plus importantes d'une bonne prise de décision sont les suivantes :

1. Utiliser les meilleurs travaux scientifiques disponibles, ainsi que d'autres informations scientifiques. Notez qu'il s'agit des « meilleurs disponibles », ce qui signifie que les connaissances scientifiques pourraient être incomplètes, mais qu'elles restent bien documentées et pertinentes. De même, « travaux scientifiques » signifie qu'il s'agit d'informations bien étayées ou publiées, et soumises à examen par les pairs.

2. Respecter fidèlement la loi. Nous agissons dans le cadre d'un ensemble de lois et de politiques, et un bon dirigeant doit comprendre les fondements juridiques de ces lois, ainsi que les grands principes du droit. S'écarter de ces lois compromet la décision et les ressources.

3. Agir dans l'intérêt général à long terme. Étant donné que nous travaillons dans un secteur d'activités lié à la « pérennité » et aux aires protégées, les décisions doivent être fondées sur la vision à long terme de ce qui est le plus profitable à l'intérêt général et ne doivent pas être prises pour satisfaire des intérêts politiques à court terme.

Ces principes constituent le fondement de la prise de décision. Le dirigeant doit également adopter une stratégie de prise de décision face aux nombreux tests auxquels sa décision sera soumise. Rappelez-vous que la « transparence est un bon remède », en d'autres mots, la décision doit résister à l'examen du public et doit donc être prise au grand jour, et non à huis clos. Elle doit également être cohérente avec l'action publique, les pratiques passées et les autres décisions prises dans des circonstances similaires. Si le dirigeant déroge de manière significative à ces principes, il doit pouvoir expliquer clairement la raison qui justifie son choix.

Faire face au changement

Comme on dit, la seule constante est le changement. Tout le reste évolue : l'opinion publique, la démographie, l'économie, les financements, les politiques publiques et le climat. Le dirigeant doit être capable d'assurer un suivi de ces variables et de se tenir informé, ainsi que de communiquer efficacement avec les groupes concernés, notamment les employés et les partenaires. Les bons dirigeants peuvent utiliser le changement à leur avantage pour effectuer des modifications positives et stratégiques de l'organisation, sa politique ou même sa structure. À titre d'exemple, un environnement économique de plus en plus défavorable donne l'occasion d'accroître la collaboration et l'innovation au sein de l'organisation. L'un des enjeux majeurs de la direction dans le milieu de la conservation est que le changement climatique a des effets sur nos aires protégées que nous ne comprenons pas complètement. Il est donc essentiel que nous commencions à planifier ce changement et à prévoir toutes les options d'avenir, tout en renforçant autant que possible la résilience du système.

Des solutions créatives en faveur du changement

En tant que dirigeants, nous savons que le changement est inévitable, et nous devons donc l'accepter. Les bons dirigeants définissent un projet d'avenir et s'appuient sur le changement pour réaliser ce projet. Prenons l'exemple de l'élévation du niveau de la mer qui touche les aires côtières protégées. Une question simple serait de connaître la prochaine zone humide côtière créée par le nouveau niveau de la mer, veiller à ce que cette zone soit, si possible, inclue dans les limites de l'aire protégée au moyen d'une acquisition. Ainsi, on pourrait s'assurer que les zones côtières sont suffisamment résilientes pour résister à l'élévation du niveau de la mer. De même, cette élévation du niveau de la mer, conjuguée à l'accroissement de la puissance des tempêtes, commencent à montrer que « les infrastructures vertes » telles que les mangroves peuvent être beaucoup plus résistantes et durable que les « infrastructures grises » traditionnelles comme les digues. Ce constat peut déboucher sur des investissements majeurs de la part des communautés côtières dans des espaces ouverts, des parcs de loisirs et des aires protégées au titre de la protection de leur communauté. Lorsque ces investissements sont liés géographiquement, le rôle des écosystèmes peut être rétabli et les espèces indigènes peuvent se développer.

Persévérance

Dans les hauteurs, sur les crêtes balayées par le vent du parc national du Grand Bassin, dans le Nevada, à l'ouest des États-Unis, s'étendent les troncs noueux des pins de Balfour (*Pinus* spp.). Certains individus sont âgés de 5 000 ans et poussaient à cet endroit avant que le premier pharaon ne gouverne l'Égypte 3 000 ans av. J.-C. Nous pouvons puiser l'inspiration de notre persévérance dans ces grands arbres séculaires. La nature persévère malgré les efforts déployés par les êtres humains pour la dominer. En outre, ce qu'il y a de merveilleux avec la nature, c'est que, si on lui en donne la possibilité, elle peut également récupérer. Les bons dirigeants ont la capacité de préserver en dépit d'importants échecs, parce qu'ils œuvrent dans ce secteur sur le long terme.

Restauration du fleuve Elwha

Il est également utile de réfléchir à la nécessité de persévérer en tant que dirigeant. Certains projets nécessitent des décennies de direction pour aboutir. L'un de ces projets, auquel je participe depuis plus de 20 ans, est le démantèlement de deux barrages sur le fleuve Elwha. Ce fleuve draine 181 kilomètres carrés d'habitat vierge au sein du parc national Olympique, puis atteint deux barrages hydroélectriques avant de se jeter dans l'océan Pacifique. Il y a plus de 100 ans, le fleuve était vital pour des centaines de milliers de saumons, mais également pour la tribu Klallam du basin inférieur de l'Elwha. Grâce à un travail d'équipe pendant plus de 20 ans, les barrages sont maintenant en train d'être démantelés, ce qui a permis de rouvrir entièrement le parc, au terme de 100 ans, pour y faire revenir plusieurs espèces de saumons et de truite arc-en-ciel (*Oncorhynchus mykiss irideus*), autre espèce de poisson. La ténacité, la patience, les partenariats, la constance et la continuité ont permis de réaliser ce que beaucoup pensaient impossible. Mon implication personnelle a été intermittente pendant toute cette période, avec un rôle fondamental de dirigeant pendant 10 ans en tant que directeur régional de la région qui supervise le parc national Olympique, et directeur de l'ensemble du NPS. Pour ce faire, j'ai dû obtenir près de 350 millions de dollars de financement pour le projet, surmonter des oppositions périodiques, consolider des partenariats fragiles, travailler avec des politiciens, sélectionner des entrepreneurs, célébrer les réussites et embaucher de nouvelles personnes pour diriger le parc, tout en gardant un œil sur l'objectif du démantèlement des barrages. Ce fut un travail d'équipe extraordinaire.

Constituer des réseaux d'appui

La gestion des aires protégées par l'intermédiaire de réseaux est un domaine émergent, qui peut s'appliquer aux terres, mais aussi à l'organisation. À l'échelle du paysage, les réseaux d'aires protégées interconnectés peuvent créer des corridors pour la faune et renforcer la résilience de l'écosystème à long terme. Tout comme un écosystème structuré, les bons dirigeants construisent un réseau d'appui et de conseil au fil du temps sur lequel ils peuvent s'appuyer en cas de grosses difficultés. Ils peuvent ne pas pouvoir trouver la réponse, mais savent qui appeler. Ils peuvent également rendre la pareille si l'occasion se présente. Les réseaux d'aires protégées comprennent également des partenaires, d'autres organismes, des communautés locales, des bénévoles, des militants et des visiteurs, qui contribuent tous à la vision à long terme. Les bons dirigeants se construisent des réseaux et les alimentent.

Gérer le changement organisationnel

Le changement organisationnel est difficile à mener à bien et le dirigeant doit déployer un effort personnel conséquent pour réaliser des changements positifs notables. Avant d'envisager un changement organisationnel majeur, un dirigeant doit autoévaluer son propre engagement et sa capacité à le mener à bien. En premier lieu, il doit communiquer aux employés les raisons du changement, les personnes concernées et le moment auquel il se produira. Pour atteindre les objectifs, les meilleurs dirigeants prennent en compte les retours d'information et recueillent les contributions sur les alternatives. Une fois que l'orientation est donnée, le dirigeant doit rester engagé et se tenir au courant des réactions. Il est essentiel de communiquer fréquemment. Une évaluation des résultats doit être réalisée, et un engagement à examiner les erreurs et à les corriger doit être pris en toute bonne foi.

Innovation

L'innovation est essentielle dans toute organisation chargée de gérer les aires protégées, car de nouvelles idées sont constamment nécessaires pour relever les défis. Margaret Wheatley, auteure respectée et consultante dans le domaine des organisations, conclut que l'innovation et la créativité existent déjà dans toute organisation et qu'il appartient au dirigeant de les trouver, de les mettre en avant, de les alimenter et de les développer (2006). Les bons dirigeants adoptent cette orientation relative à l'innovation et créent un espace dans lequel cultiver l'innovation et la créativité. Ils choisissent ensuite l'innovation à cultiver et, de ce fait, la direction du changement organisationnel qu'entraîne cette innovation.

Investir dans de nouvelles idées et de nouveaux systèmes

Les nouvelles idées sont un excellent moyen d'adapter l'organisation au changement et les nouveaux systèmes sont des compléments importants pour y arriver. Cela dit, toutes les nouvelles idées doivent être éprouvées et les nouveaux systèmes peuvent être coûteux et chronophages, et détourner l'attention du travail de base. Les bons dirigeants encouragent les nouvelles idées, mais doivent les tester sur le terrain avant de les imposer à l'ensemble de l'organisation.

Communication et défense des aires protégées

Les aires protégées ont besoin de défenseurs, et les bons dirigeants savent comment encourager les défenseurs clés et les organisations de défense de cause, et communiquer avec eux. De nature, les dirigeants sont également des défenseurs des aires protégées, des ressources qu'elles contiennent, et de leur personnel et partenaires. Toutefois, la défense d'une cause est un talent bien affûté. Dans certains pays, les organisations de « défense de cause » disposent d'un statut juridique particulier et peuvent être parties à un litige. Les bons dirigeants apprennent à trouver un équilibre entre leur propre défense et celle du défenseur extérieur. Lorsqu'il communique avec des organisations de défense d'une cause, le dirigeant doit montrer à la fois enthousiasme et retenue.

Messages relatifs aux aires protégées au service de la vie

Des questions aussi importantes que la conservation et la gestion des aires protégées ne devraient jamais être réduites à une petite phrase toute faite. Néanmoins, le public aime les phrases accrocheuses qui peuvent susciter leur motivation. Les dirigeants des aires protégées qui utilisent ce type de messages doivent être capables d'approfondir le sens qui se cache derrière ces phrases ou leur sens perdront de leur attrait.

Faire face aux manifestations communautaires contre les grandes décisions en matière de conservation

Il n'est pas rare qu'une décision concernant une aire protégée, prise pour le bien public, restreigne dans un même temps une activité menée par la communauté locale. Cela est particulièrement problématique lorsqu'est restreinte une activité traditionnelle qui peut avoir été pratiquée depuis des générations, mais qui est désormais reconnue comme ayant des effets notables sur les objectifs et les valeurs de l'aire protégée. Le bon dirigeant doit avant tout faire tout ce qui est en son pouvoir pour engager un dialogue avec la communauté avant que celle-ci n'ait recours aux manifestations publiques. Ne laissez surtout pas la protestation porter sur un manque d'engagement avec la communauté, mais plutôt sur la décision elle-même. L'une de mes citations favorites vient d'un de mes mentors qui disait « un idiot peut dire non ; il est beaucoup plus difficile d'obtenir un oui ». Tout dirigeant d'aire protégée est capable de prévoir quand une question produira une réaction négative de

Les chercheurs du NPS des États-Unis présentent aux encadrants de la gestion des aires protégées de différents pays les résultats de leurs travaux de recherche et leurs conseils en matière de gestion liée aux poissons introduits, lac de Yellowstone, parc national de Yellowstone, États-Unis

Source : Graeme L. Worboys

la communauté ; avec cette connaissance, il doit engager un dialogue avec elle pour trouver un terrain d'entente. À titre d'exemple, un bon dirigeant doit pouvoir expliquer les motifs d'une décision qui restreindra l'activité d'une communauté, mais qui fournira d'autres avantages en contrepartie tels qu'une augmentation des retombées économiques générales pour la communauté, car le changement attirera plus de visiteurs ou parce que l'environnement ou les services écosystémiques seront restaurés en faveur d'un environnement plus sain.

Définir une problématique

L'un de mes anciens mentors disait toujours « ta manière de voir les choses dépend de l'endroit où tu te situes ». L'une des principales responsabilités des dirigeants est de pouvoir définir l'ensemble des éléments pertinents d'une problématique – les connaissances scientifiques, les politiques, la commodité de mise en œuvre, l'histoire, l'opinion publique, le risque et les conséquences juridiques – et les remettre en contexte. Ce processus se mène en rassemblant les experts de cette question autour d'une table et en donnant à chacun la possibilité de s'exprimer ouvertement et franchement. Les questions qui ne sont pas claires doivent être confiées à quelqu'un qui mènera une analyse plus approfondie et en fera un compte rendu au groupe. Sur toutes les questions, les opinions divergent souvent fortement. C'est la responsabilité du dirigeant de s'assurer que tout le monde a voix au chapitre. Prenez du temps pour analyser ce que vous savez et ce que vous ne savez pas. Les bons dirigeants vont vers ceux qui ont des opinions divergentes sur une question et écoutent leurs points de vue, même en cas de désaccord.

Définir les conséquences de la non-action

Ne prendre aucune mesure ni aucune décision « est une décision », car les ressources que nous gérons ne sont pas statiques, elles ne sont pas figées dans le temps, et la procrastination ou le retard permet seulement de maintenir la situation en cours, souvent avec des conséquences imprévues. En outre, plus une activité incompatible avec les objectifs d'une aire protégée est autorisée à se poursuivre, plus il sera difficile de l'éliminer ou de la restreindre. La « non-action » sur une longue période permet aux activités incompatibles de devenir des pratiques courantes et acceptables, et presque impossibles à modifier. Parfois, il convient de ne prendre aucune mesure, mais cette décision doit toujours être prise au même titre qu'une décision, au lieu d'être uniquement de la procrastination ou une incapacité à se décider.

Décrire clairement les mesures à prendre

Le rôle d'un bon dirigeant est souvent d'apporter de la clarté à une question afin que les mesures à prendre soient évidentes pour tous. Il importe d'écouter attentivement et d'articuler l'essence de ce que vous avez entendu. Le dirigeant doit ensuite rassembler toutes les contributions pour aboutir à une vision claire de l'orientation à prendre pour résoudre la question. Très peu de dirigeants sont capables d'y arriver sans avoir une grande pratique et expérience en matière de questions complexes. Avec la pratique, les dirigeants peuvent devenir très bons à effectuer cette tâche essentielle. Si la décision ou la mesure à prendre est complexe, le dirigeant doit être très précis quant à la prochaine étape à mener, les personnes qui en sont chargées et le moment auquel elle doit être franchie. L'orchestration de l'intervention peut être aussi importante que la décision elle-même.

Encadré 12.3 Parcs Canada

Parcs Canada est une agence gouvernementale du Canada, placée sous la responsabilité du ministre de l'Environnement et ayant pour mandat de « protéger et mettre en valeur des exemples représentatifs du patrimoine naturel et culturel du Canada, en favoriser chez le public la connaissance, l'appréciation et la jouissance, de manière à en assurer l'intégrité écologique et commémorative pour les générations d'aujourd'hui et de demain » (Parcs Canada, 2012). Elle gère 44 parcs nationaux (dont 7 réserves de parc national), 4 aires marines nationales de conservation, 1 site d'intérêt national et 167 lieux historiques nationaux. Le budget annuel de Parcs Canada est d'environ 450 millions de dollars américains et l'agence emploie 4 000 personnes, dont un grand nombre sont saisonniers.

S'assurer du soutien des politiciens

La politique est une réalité dont tout chargé d'aire protégée doit apprendre à s'accommoder, à s'approprier et à utiliser efficacement. Certains politiciens opèrent selon le principe que « la vertu et le service public sont leur seule récompense » et sont ceux avec lesquels il est le plus facile de travailler en raison de la valeur intrinsèque des aires protégées. Cela dit, tous les politiciens sont animés par plusieurs facteurs : le désir d'être réélus par leurs électeurs, de s'attribuer le mérite des réalisations et d'attirer l'attention des médias de manière positive. Les aires protégées peuvent répondre à ces trois attentes. La première étape consiste à établir une relation de travail avec des politiciens afin de pouvoir les contacter directement lorsqu'une occasion se présente pour eux d'être vus par leurs électeurs en train de réaliser une action positive, lorsqu'une annonce est à faire dont ils peuvent s'attribuer le mérite, ou lorsqu'ils peuvent faire bonne impression face aux médias à l'occasion d'une manifestation ou d'une action dans l'aire protégée à laquelle ils peuvent participer. Offrir ces possibilités permettra de bâtir le soutien nécessaire lorsqu'il y aura des questions politiques difficiles à résoudre et que vous aurez besoin qu'ils prennent la défense des aires protégées. Aucune place ne doit être laissée à la corruption, aux ententes secrètes ou aux considérations particulières pour les politiciens, leurs amis ou leurs collègues. Le dirigeant ne doit jamais envisager de compromettre son intégrité ou celle de l'aire protégée au bénéfice d'un politicien, quelle que soit son influence.

Anticiper et planifier l'intérêt des médias

Tout comme la politique, les médias font partie intégrante de nos vies. Toutes les aires protégées doivent avoir au moins une personne formée à travailler avec les médias, à rédiger des communiqués de presse et à se montrer face aux journalistes et aux caméras. Les médias sont intéressés par les bonnes et les mauvaises nouvelles, les sujets intéressants, les histoires effrayantes et les faits divers, et en particulier par les personnages intéressants. Les aires protégées peuvent produire tous ces types de sujets. Les médias voudront toujours parler au « dirigeant » de l'aire protégée et les bons dirigeants sont toujours prêts à parler aux médias. Il s'agit d'un domaine dans lequel la pratique mène à la perfection. N'ayez pas peur de vous montrer face aux caméras. Critiquez votre prestation de manière impitoyable. Examinez tous les points, des vêtements que vous portez à la façon dont vous regardez le journaliste, en passant par le degré de confiance avec lequel vous répondez aux questions. Si le sujet intéresse les médias traditionnels, comme les journaux, la radio et la télévision, une relation peut être construite afin que les « scoops » soient accordés à des médias spécifiques. Tissez une relation avec le journaliste qui couvre habituellement les activités menées dans l'aire protégée. Invitez-le à des moments calmes afin qu'il se fasse une idée du fonctionnement de l'aire protégée et de sa complexité. Mettez en avant les sujets que vous pensez qu'il pourrait aimer. Organisez des conférences de presse lorsque les questions sont complexes et controversées et répondez honnêtement aux questions. N'attaquez jamais les médias directement, car c'est une position de perdant.

S'assurer que des mesures sont prises pour atteindre les résultats en matière de conservation

Il s'agit là de l'essence même de la question. En tant que dirigeants, nous devons avoir une stratégie pour atteindre nos objectifs en matière de conservation. La nature a besoin de nous, car il y a beaucoup de forces, qui vont des changements climatiques aux industries extractives, qui, sans notre engagement actif, pourraient avoir des conséquences négatives sur les aires protégées que nous gérons. Un bon dirigeant combine tous les éléments des connaissances scientifiques, des médias, de la politique, des efforts du personnel, du soutien de la communauté et de l'engagement public dans un ensemble de mesures stratégiques qui aboutissent à un résultat positif pour les aires protégées et pour la vision à long terme de l'intérêt public. Il existe peu de vocations aussi ardentes.

Gestion

Nikita Lopoukhine

Conception

Les organismes chargés des aires protégées sont dotés d'un siège, généralement situé près des bureaux centraux du gouvernement, et d'un système d'aires protégées géographiquement dispersées. Au 21e siècle, la communication est instantanée, ce qui permet de facilement résoudre les problèmes de manière collective. Chaque secteur de l'organisme doit faire face à des situations bien particulières et conjuguer avec différentes parties prenantes. Les gestionnaires doivent être prêts à traiter les questions qui surgissent au niveau local, mais doivent également être au fait des intérêts régionaux, nationaux et internationaux. C'est la réalité de tout gestionnaire d'organisme chargé d'une aire protégée, du directeur général au responsable de la police de l'environnement. Pour réussir, les gestionnaires des aires protégées doivent être dotés de capacités personnelles et interpersonnelles, et notamment être capables de communiquer clairement. Avec de telles capacités, un gestionnaire a tous les moyens nécessaires pour élaborer et mettre en œuvre des stratégies de court et de long terme.

Qualités d'un gestionnaire

Leadership mobilisateur

Jon Jarvis a décrit les qualités de direction d'un directeur général plus haut dans ce chapitre. C'est une qualité que possède tout gestionnaire et, bien qu'elle soit facile à analyser, elle est davantage acquise qu'enseignée. Un dirigeant qui donne la preuve de sa capacité à diriger permet de mobiliser son équipe. La détermination, l'équité et la direction stratégique inspirent la confiance à ceux qui œuvrent aux côtés des dirigeants et leur rendent compte. Il est certain que les responsabilités d'un gestionnaire peuvent être difficiles, car il doit souvent prendre des décisions qui, dans des circonstances extrêmes, peuvent affecter la vie des individus. Le cas échéant, le gestionnaire doit être ouvert au point de vue des autres et tenir compte des préoccupations et intérêts de ceux qui sont touchés. Toutefois, la décision finale lui appartient.

Communiquer avec le personnel et le public

Les aires protégées, qu'elles soient privées ou publiques, sont gérées par des personnes, dépendent d'elles et, en tant que construction sociale, existent pour elles. Si l'un des principaux objectifs d'une aire protégée est de conserver la biodiversité, le succès dépend de la capacité à gérer les personnes. Gérer des personnes se fait en communiquant des idées, des plans et par l'intermédiaire du cadre réglementaire. La communication interne d'un organisme de gestion des aires protégées est aussi importante que la communication externe. Un gestionnaire performant consacre du temps et des efforts à la communication avec les employés. Cela est essentiel pour garantir que les employés des organismes soient informés des objectifs, des buts et des intentions de celui-ci. Pour sa part, le personnel situé en première ligne peut faire comprendre aux parties prenantes les valeurs et les plans des aires protégées. Il est donc essentiel d'investir dans le développement des compétences de communication du gestionnaire et du personnel situé en première ligne.

Écouter

La communication est une compétence double. Utiliser les médias pour promouvoir ses idées n'est pas un moyen de communication valable. Si un effort équivalent n'est pas consacré à écouter, la communication échouera inévitablement à produire les résultats escomptés. Écouter signifie donner la possibilité d'offrir des informations en retour et apporter une réponse à ces informations. En effet, le fait de répondre indique à l'autre qu'il a été entendu.

Techniques de négociation

Pour prendre des décisions, les gestionnaires négocient en s'appuyant sur des points de vue différents et parfois contradictoires. La décision doit tenir compte des acteurs émettant les opinions tout en maintenant l'orientation stratégique générale et les plans qui y sont liés. Les intérêts politiques et les points de vue des syndicats sont peut-être ce qu'il y a de plus difficile à négocier. Les dirigeants politiques sont parfois indifférents à la réalité des politiques, de la législation et des plans à long

Écureuil roux (*Tamiasciurus hudsonicus*), Parc national de Banff, Canada, un mammifère relativement commun que l'on trouve dans la région boréale du Canada et dans des zones allant jusqu'à 800 mètres d'altitude, et qui constitue une part importante de la biodiversité de ce bien exceptionnel du patrimoine mondial

Source : Graeme L. Worboys

terme approuvés. De même, les syndicats peuvent avoir un programme plus vaste que les avantages immédiats dont bénéficient les employés des aires protégées. Enfin, un chef d'entreprise dont l'activité pourrait être compromise par un nouveau projet d'aire protégée est tout aussi difficile à convaincre de l'avantage à tirer d'un tel projet. Pour surmonter de telles situations et parvenir à une décision favorable à l'orientation stratégique globale de l'organisme, utilisez vos compétences de communication, définissez des objectifs clairs et soyez ouverts aux solutions qui contribuent à apaiser le syndicat, le politicien ou le chef d'entreprise avec lequel vous négociez.

Résolution de conflits

Les négociations mènent à des solutions, mais des conflits peuvent survenir en cours de route. Ceux-ci peuvent se produire lorsque les différences perçues par l'une des parties ou les deux sont considérées comme une menace pour leurs intérêts. Les nouvelles idées, les différentes approches et méthodes, et le changement dans les responsabilités peuvent tous entraîner des conflits. Il existe de nombreux écrits sur la manière de résoudre les conflits et deux approches fondamentales ont été identifiées : travailler sur la compréhension des différents points de vue des protagonistes et développer la confiance. Pour un gestionnaire chargé de gérer les conflits, il est essentiel de comprendre le fondement des divergences et de gagner la confiance des deux parties. Éviter les partis pris est une étape essentielle dans la résolution d'un conflit. Bien qu'il soit important d'être juste, il importe également que le conflit ou un point de vue spécifique ne conduise pas à détourner les plans organisationnels ou orientations fixés par un gestionnaire.

Délégation

La délégation consiste à autoriser un subordonné à prendre des décisions pour lesquelles le gestionnaire prend la responsabilité. Au moyen de la délégation (qui est l'opposé de la gestion centralisée dans les moindres détails), le gestionnaire partage les responsabilités, et, plus important encore, contribue au renforcement des capacités des personnels de l'organisation, de la confiance qui leur est accordée et de leur efficacité. Une délégation efficace exige des instructions claires qui définissent les résultats escomptés et qui permettent un retour d'informations sur ceux-ci. La délégation est largement reconnue comme l'une des pratiques de gestion les plus importantes. Elle nécessite également que le gestionnaire sache précisément les décisions et les tâches à déléguer, quand les déléguer et, ce qui importe le plus, à qui les déléguer.

Prise de décision stratégique

Traiter les décisions relatives à la conservation des espèces

L'Union internationale pour la conservation de la nature (UICN) précise que l'objectif premier d'une aire protégée est la conservation de la nature. En effet, la nature prend le dessus sur les autres valeurs, qui sont pourtant nombreuses. Aussi précieuses que soient les autres valeurs, telles que le tourisme ou autres avantages socio-économiques, elles ne peuvent compromettre la nature. De ce fait, lorsque les décisions peuvent affecter des espèces indigènes ou la fonction d'un écosystème, un gestionnaire doit tenir compte de cet objectif fondamental d'une aire protégée. Dans tous les cas, la législation applicable fournit une orientation générale au processus décisionnel.

Au-delà du processus décisionnel fondé sur l'expérience

Si le bénéfice de l'expérience est inestimable, un gestionnaire ne peut pas toujours reporter la prise de décision jusqu'à ce que les informations tirées de l'expérience opérationnelle soient disponibles. En effet, les gestionnaires doivent faire face à une multitude de décisions qui ont des conséquences humaines, budgétaires et, bien évidemment, écologiques. La direction doit prendre des décisions. Ne pas prendre de décision a des répercussions tout aussi importantes qu'en prendre. Dans les deux cas, il y a des retombées. Les décisions prises grâce aux contributions des collègues, des travaux scientifiques et des considérations socioéconomiques comblent le manque d'expérience.

Faciliter l'analyse optimale des données

Les données de qualité sont le meilleur allié d'un gestionnaire. Il est plus facile de prendre de bonnes décisions lorsqu'il existe des informations obtenues à partir de données fondées sur des éléments factuels. Toutefois, les données de qualité nécessitent une planification en amont ainsi qu'un engagement à collecter des données sur le long terme. Les problèmes spécifiques nécessitent des données spécifiques.

Par exemple, on ne peut pas résoudre le problème budgétaire d'un parc en s'appuyant sur des données sur la situation des carnivores. Les données sur les revenus et les dépenses sont utiles pour apporter des réponses aux problèmes budgétaires et les données sur les carnivores pour gérer les espèces sauvages. Un gestionnaire doit investir dans la collecte de données de ce type pour le moyen terme et, plus important encore, pour l'avenir.

Le parc national Banff, bien du patrimoine mondial, Canada, constitué d'importantes séquences rocheuses plissées des montagnes Rocheuses : Parcs Canada définit les objectifs de gestion de cette célèbre aire protégée
Source : Graeme L. Worboys

Les coûts de cette collecte peuvent paraître exorbitants, mais si elle est standardisée (champs de données cohérents) et orientée pour répondre aux objectifs principaux, les avantages pour la gestion des aires protégées sont énormes. Sans standardisation, le risque est d'adopter des méthodes et d'utiliser un échantillon de données qui ne soient pas compatibles d'une année à l'autre ; les données sont ainsi tout à fait inutiles à des fins de suivi à long terme et sont un gaspillage de ressources. Il est indispensable d'investir dans la conception initiale d'une collecte de données reproductible. Ainsi, on s'assurera que l'analyse de données est optimale et que les décisions sont prises sur la base d'informations fondées sur des éléments factuels et non sur des perceptions. L'ordre de priorité de la collecte de données dépendra toujours de l'objectif principal de l'analyse devant être menée et des principales questions concernant le parc.

Évaluer le risque

L'évaluation du risque fait appel au jugement du gestionnaire sur un danger perçu, son statut de menace imminente et l'ampleur de la menace. Les réponses à cette menace sont fondées sur une évaluation des risques et des vulnérabilités. À titre d'exemple, la trajectoire prévue d'un feu de forêt par rapport aux infrastructures d'un parc national oriente la décision sur la manière de minimiser les risques, qui pourrait consister à évacuer les personnes ou à changer les tactiques de lutte contre les incendies. Une fois évalué, le facteur de risque est géré. Bien que cet exemple soit illustré par la lutte contre les incendies, l'évaluation du risque est un aspect important dans toutes les décisions relatives à l'aire protégée. Un grand projet d'infrastructure comporte des risques de dépassement de coûts, ce qui aurait des incidences sur le budget du parc. En outre, les conséquences liées à la non-réalisation du projet doivent également faire l'objet d'une évaluation des risques. Favoriser un employé par rapport à un autre a des implications en matière de risques liés aux ressources humaines. Les répercussions négatives sont parfois inévitables et ne doivent pas être un motif d'inaction. On évalue une décision comme étant bonne ou mauvaise après qu'elle soit prise.

Le jugement dans la prise de décision

Le jugement est peut-être l'aspect de la gestion le plus difficile à quantifier. Pourtant, le jugement, c'est-à-dire la capacité à mettre en évidence la sagesse dans les décisions et à l'appliquer, est souvent ce qui définit un bon gestionnaire. Il est inévitable lorsque la décision comporte des incertitudes. Les technologies du 21e siècle permettent d'accéder à l'information à des niveaux sans précédent. Toutefois, les informations, les outils, les processus ou les techniques n'apporteront pas de réponse aux problèmes de gestion. Toutefois, ces outils contribuent à prendre une décision informée en l'associant à un bon jugement.

Encadré 12.4 Uganda Wildlife Authority

L'Uganda Wildlife Authority (autorité ougandaise de la faune sauvage) est un organe paragouvernemental. Il est semi-autonome avec un conseil d'administration et un directeur général. Cet organe a été créé en 1996 suite à la fusion entre l'ancien Uganda National Parks (parcs nationaux ougandais), établi en 1952, et le Game Department (département du gibier), établi en 1896. Avant les années 1960, les principales fonctions du Game Department étaient le contrôle de la faune sauvage et de la chasse, tandis que l'Uganda National Parks était chargé de la préservation de la faune et de son habitat. Ce n'est que dans les années 1960, 1990 et 2000, que les travaux scientifiques, la collaboration avec les communautés et la gestion des ressources humaines respectivement sont devenus des composantes de la gestion des aires protégées. Des réformes politiques majeures ont été entamées en 1994 et ont abouti à la création de l'UWA qui, à ce jour, a mis en œuvre tous les changements, faisant de cet organe de gestion des aires protégées l'un des plus importants en Afrique. L'organe emploie 1 500 agents permanents et plus de 500 temporaires. Il est chargé de la gestion de l'ensemble des ressources fauniques de l'Ouganda, dont 10 parcs nationaux, 12 réserves fauniques et 14 sanctuaires de la faune. Son budget annuel est d'environ 120 millions de dollars. Le conseil rend compte au ministre chargé du tourisme et de la faune.

Structure organisationnelle, buts et objectifs

Les nombreux modèles d'organisations chargées des aires protégées et autres structures de gouvernance visant à gérer les aires protégées montrent qu'aucune approche organisationnelle n'est meilleure que l'autre. Chaque modèle a ses propres attributs qui permettent aux organes directeurs d'atteindre leurs buts et objectifs.

Définir les buts de la gestion d'une aire protégée

Les buts sont définis par les personnes concernées par les aires protégées. Celles-ci pourraient être des peuples autochtones intéressés par leurs terres traditionnelles, des politiciens, des citoyens et même des touristes étrangers. Dans tous les cas, le cadre législatif régissant l'utilisation et l'occupation des terres, ainsi que l'autorité foncière, permet aux organismes de gestion des aires protégées de fixer les objectifs, tant au niveau national que régional ou communautaire. Dans le contexte d'une communauté autochtone ou locale, un cadre législatif pourrait se fonder sur les pratiques ou croyances traditionnelles afin de donner des indications sur les lieux et les sites à protéger. Aux niveaux national et régional, les objectifs peuvent être axés sur la représentation écologique du pays, ou sur la prise en compte des aspects esthétiques ou uniques du pays.

Toutefois, dans tous les cas, pour les aires protégées, l'objectif principal est la préservation de la nature. D'autres objectifs, tels que l'offre d'expériences aux visiteurs, la collaboration avec les communautés voisines et la participation des communautés autochtones et locales à la gestion, sont également importants et peuvent être fixés comme objectifs supplémentaires.

La meilleure façon de définir des objectifs en matière d'organisation est de mener un processus consultatif impliquant le personnel et les parties prenantes. Grâce à un processus ouvert et consultatif, il est possible d'atteindre un ensemble d'objectifs qui résisteront à l'examen du public et au temps. Pour être clair, un tel processus nécessite de déployer des efforts, entraîne des dépenses et nécessite l'engagement des défenseurs d'intérêts politiques et des gestionnaires.

Gérer des budgets

L'approche de la budgétisation la plus simple et souvent la plus commune est de reprendre les dotations de l'année précédente. Bien que simpliste, cette mesure n'est pas progressive et met totalement de côté l'établissement des priorités. Les budgets doivent refléter les décisions stratégiques d'un organisme de gestion des aires protégées, et non l'inverse. Pour atteindre les buts et objectifs d'une organisation, un gestionnaire doit disposer d'un budget et d'une capacité en ressources humaines suffisants.

Les circonstances sont souvent telles que les budgets doivent être revus. Les retards provoqués par une multitude de causes ou parfois même l'achèvement d'un projet à l'avance entraînent la réaffectation des fonds. En fonction de la structure de gestion financière, certains fonds pourraient être reportés sur l'année suivante, avancés à un autre projet ou simplement restitués pour être utilisés ailleurs par l'organisme. Les dotations doivent être réexaminées durant l'année et elles doivent l'être de plus en plus à l'approche de la clôture de l'année. Les rapports sur les écarts sont un moyen essentiel pour déterminer les engagements budgétaires. Les audits et autres mécanismes tels que les contrôles sont importants et garantissent que les financements sont utilisés conformément à ce qui a été approuvé. Lorsque les budgets dépendent de sources de financement externes ou du financement du projet, un effort particulier doit être fait pour axer une partie du projet sur les moyens de financer le projet au-delà de la dotation.

Mesurer les réalisations et les réussites des plans

Robert Burns, dans son poème *To a Mouse*, écrit que « les plans les mieux conçus des souris et des hommes avortent bien souvent » (Burns, 2004). Les plans organisationnels exposent les orientations que devrait prendre l'organisme chargé des aires protégées, et définissent les objectifs et les moyens de les atteindre. Il faut s'attendre à des changements, car le contexte de chaque organisation évolue et des facteurs imprévus entrent en jeu. Ces changements ne doivent pas empêcher de consacrer des efforts considérables à la consultation de la communauté, ainsi qu'au réexamen et à la mise à jour de ces plans. En outre, ignorer ce que les parties prenantes et la communauté ont à apporter peut mener à la confrontation.

Les plans stratégiques de l'organisation doivent être examinés périodiquement et les responsables doivent s'engager à faire un retour sur les résultats obtenus. C'est particulièrement le cas lorsque les aires protégées

Des gardes de l'Uganda Wildlife Authority dans une zone de haute altitude du parc national du Mont Elgon, en Ouganda, parc national transfrontalier avec le Kenya, situé sur un volcan-bouclier éteint

Source : Stuart Cohen

sont des terres publiques. Les citoyens demandent un rapport périodique sur les résultats escomptés et sur l'obtention de ceux-ci. De nombreux organismes produisent un « rapport sur l'état du parc », ce qui constitue une excellente façon de communiquer avec les parties prenantes. Cela permet également de présenter de manière claire les défis auxquels est confronté un gestionnaire d'aire protégée. Les défis écologiques, budgétaires et humains doivent également figurer dans un tel rapport. L'examen des plans organisationnels est particulièrement utile pour les plans suivants, les enseignements tirés pouvant ainsi être utilisés pour leur élaboration et de nouvelles directives pouvant être formulées sur la base de l'expérience acquise.

Efficience et efficacité

L'efficacité concerne l'utilité, tandis que l'efficience consiste à mesurer la façon dont on fait les choses. Si ces deux éléments sont reflétés dans l'élaboration du plan de gestion de l'aire protégée et mis en œuvre en conséquence, l'aire protégée concernée sera très bien gérée. Pour être efficace, il faut réfléchir à ce qui doit être fait pour atteindre un objectif. L'efficacité est assurée en suivant toutes les étapes et en évitant la méthode du tâtonnement. Par exemple, conduire une formation de manière rapide et optimale est efficient, mais si le changement souhaité au sein de l'organisation n'est pas (ensuite) apporté par cette formation, celle-ci n'est pas efficace. Une autre façon d'expliquer la différence entre ces deux concepts est que l'efficacité est axée sur la réalisation des objectifs alors que l'efficience est le processus qui consiste à atteindre les objectifs avec le moins de ressources possible.

Il peut être tout aussi efficace qu'un seul garde, plutôt que deux, fasse une patrouille dans une aire protégée, ce qui permet de conclure que cette patrouille est clairement plus efficace, si on l'évalue en fonction du salaire versé et du temps passé. Toutefois, pour des raisons de sécurité, une patrouille à deux gardes peut être plus efficace si ceux-ci rencontrent des difficultés ou des risques pour leur vie.

Gérer en travaillant avec les parties prenantes

Moses Wafula Mapesa

Cette partie met en avant le fait que les gestionnaires de réserves de faune sauvage (gestionnaires dirigeants) travaillent avec des parties prenantes. On a toujours supposé à tort que les gestionnaires de réserves de faune sauvage travaillaient avec des animaux, et qu'ils se souciaient davantage des animaux que des êtres humains. Parfois, il arrive que les actions et même les comportements de certains gestionnaires de la faune sauvage confirment cette idée. L'idéal est qu'il existe un équilibre, et que les gestionnaires s'efforcent de montrer qu'ils s'intéressent autant aux individus qu'aux animaux et aux plantes. Ces individus comprennent leurs propres personnels, les communautés vivant au sein ou à proximité des aires protégées qu'ils gèrent, les personnes prenant part à l'activité touristique, les politiciens, les dirigeants traditionnels et les autres fonctionnaires. Tous ces groupes de personnes jouent un rôle dans le respect de la gestion des aires protégées, l'interaction entre eux devrait donc susciter le soutien et davantage d'efforts, tout en endiguant les conflits. Bien que des politiques et des lois en matière de gestion des aires protégées existent, elles doivent être vues comme de grands principes pouvant changer en fonction de l'évolution du contexte politique et juridique, et des contributions des parties concernées, ce qui fait qu'il est encore plus important d'œuvrer avec tous ces groupes de personnes.

Travailler avec des parties prenantes au sein de l'organisme de gestion des aires protégées

Un organisme de gestion des aires protégées comprend des aires protégées, les infrastructures et équipements déjà en place, ainsi que les personnels et leurs familles et personnes à charge. D'autres personnes peuvent également habiter légalement dans les aires protégées ou y venir régulièrement pour fournir des services d'appui au personnel et aux touristes.

Les gestionnaires des aires protégées doivent donc, par nécessité, établir une relation de travail avec ces personnes dans le cadre des lignes et des principes directeurs. Des dispositifs permettant d'avoir accès au transport, à l'enseignement, aux soins médicaux, aux activités récréatives, à l'électricité, à l'eau et à l'assainissement, à l'élimination des déchets et aux commerces doivent être mis en place. Il est essentiel de limiter le nombre de personnes qui vivent dans les aires protégées ou qui y pénètrent, cela ayant une incidence directe sur les coûts de gestion et sur l'environnement général des aires protégées. Les restrictions et la surveillance pourraient ne pas être suffisantes pour limiter le nombre de personnes et leurs activités, car ils peuvent être des membres de la famille ou des amis des personnels, ou fournir des services nécessaires tels que la santé, l'éducation, le transport, l'alimentation et autres services essentiels. Les gestionnaires devraient collaborer avec ces personnes, évaluer leur rôle d'appui aux personnels de l'aire protégée, puis envisager avec elles la meilleure manière de fournir des services et d'interagir avec les personnels sans qu'elles ne deviennent trop nombreuses dans l'aire protégée. Certains des principes directeurs pourraient comprendre la création d'infrastructures pour le personnel au sein de l'aire protégée, à sa périphérie ou juste en dehors de celle-ci, et la mise en place de dispositifs apportant une réponse aux problèmes sociaux au fur et à mesure qu'ils se présentent. Toutes ces possibilités auront un coût, ainsi que des conséquences écologiques et sociales, qui doivent être évaluées conformément aux objectifs des catégories de gestion des aires protégées de l'UICN (chapitre 2). Dans de nombreux cas, il sera prudent d'installer les infrastructures destinées au personnel en périphérie ou en dehors des aires protégées pour leur permettre d'accéder aux équipements sociaux existants et aux fournisseurs de services déjà installés en dehors des aires protégées ou à l'endroit où l'administration locale a prévu de les installer. Toutefois, lorsque ces possibilités n'existent pas, des mécanismes bien pensés permettant de travailler avec les personnes au sein des aires protégées doivent être élaborés par l'organisme de gestion sous la forme de politiques d'orientation, puis mis en œuvre.

Pour une vie harmonieuse et pour traiter les problèmes sociaux tels que l'alcoolisme, les épidémies et le développement personnel, les gestionnaires d'aires protégées doivent mettre en œuvre des programmes qui apportent une réponse à ces problèmes, en particulier lorsque les établissements destinés au personnel sont situés à l'intérieur des aires protégées. De tels programmes doivent être réguliers et supervisés de manière efficace, et ne pas faire l'objet de visites occasionnelles des travailleurs sociaux lorsque les problèmes sont déjà bien installés et ont de lourdes conséquences sur les activités du personnel (voir également la sous-section « Relations entre les membres des personnels et bien-être » plus bas).

Les personnes œuvrant au sein de l'organisme de gestion des aires protégées sont très importantes, car leur présence, ainsi que leurs besoins en matière sociale et d'infrastructures, et les services qu'ils utilisent dans l'aire protégée, entraînent des coûts de gestion directs, ce qui a des impacts environnementaux sur le long terme.

Pour illustrer la question du travail avec une équipe dans une aire protégée, je voudrais vous faire part une expérience partagée par des collègues travaillant dans l'aire protégée du parc national des Virunga, en République démocratique du Congo. Dans les années 1920, le siège du parc a été établi à Rumangabo, à la périphérie du parc national. Il abritait les infrastructures administratives et les logements du personnel. Les effectifs se sont accrus, à l'instar des autres personnes logées au siège, et les infrastructures se sont étendues. Les gestionnaires du parc ont traversé de nombreux cycles de bouleversements avec les différentes forces politiques en jeu. Ceux-ci ont entraîné des conditions de travail plutôt difficiles qui ont obligé les gestionnaires à réfléchir de manière critique au sort des personnes autres que le personnel, en particulier les membres de leur famille et leurs personnes à charge.

Entre 2000 et 2012, le parc a dû héberger 200 veuves et membres de la famille d'anciens gardes tués dans l'exercice de leurs fonctions. De nombreux autres gardes continuent de mourir, laissant derrière eux des veuves, des orphelins et des personnes à charge. Après un incident en 2013, un garde a déclaré, à propos d'un collègue tombé : « un garde des Virunga, Paluku Matembela, tué dans l'attaque d'aujourd'hui, laisse derrière lui un fils de six mois dont la mère est morte à l'accouchement, et leur fille de 14 ans » (parc national des Virunga, 2014). Le chef des gardes, de Merode, a lui déclaré cela :

> Par le passé, dans des moments comme celui-ci, la grande famille des Virunga a adopté les proches des victimes et j'espère sincèrement que nous pourrons tous nous rassembler pour soutenir ceux qui ont payé le prix fort en défendant le parc national des Virunga. Même en temps de paix, la vie dans l'est du Congo est extrêmement dure, il est donc difficile de mettre des mots sur ce que la famille d'un garde vit lorsqu'elle perd un chef de famille, un mari, un père, et souvent le seul revenu de la famille (parc national des Virunga, 2014).

Il a ajouté : « Nous souhaiterions pouvoir récolter suffisamment de fonds pour les cinq prochaines années dans le cadre du Fonds pour les gardes disparus afin de soutenir les familles de nos personnels tués dans l'exercice de leurs fonctions » (parc national des Virunga, 2014). Le parc national des Virunga a mis en place le Fonds pour les gardes disparus pour aider les veuves et orphelins des gardes tués durant l'exercice de leurs fonctions avec un fonds de départ financé par des donateurs, des fondations privées et des privés.

L'empathie dont a fait preuve le chef des gardes envers les familles des gardes disparus a fortement regonflé le moral du reste de l'équipe du parc et a développé un sentiment de gratitude de la communauté vivant autour du parc (d'où proviennent ces personnes) envers les gestionnaires du parc. Évidemment, la décision du chef représente des coûts administratifs énormes ; les gardes disparus doivent être remplacés, et les familles des nouveaux gardes nécessitent un soutien tout aussi important. C'est un doublement du coût ; mais en ayant fait preuve de créativité, avec le Fonds pour les gardes disparus, les coûts et les contraintes administratives ne pèsent plus sur le parc, et les veuves et familles peuvent être déplacées à l'extérieur du parc national des Virunga avec un capital de départ. C'est une victoire sur trois fronts.

Travailler avec les habitants de la communauté avoisinante

Les communautés avoisinantes sont constituées d'une catégorie importante de personnes avec qui travailler et interagir dans le cadre de la gestion des aires protégées. Ce sont avant tout des riverains, et dans certains cas, ce sont les propriétaires des terres où est située l'aire protégée ou ils en ont été les propriétaires par le passé et la revendiquent encore. Ils ont acquis une grande richesse de connaissances sur l'écologie et les interactions sociales. Dans de nombreux cas, eux et leurs ancêtres ont vécu dans les écosystèmes de l'aire protégée durant des centaines d'années avant qu'ils ne soient protégés.

Ils ont cohabité avec les systèmes écologiques bien longtemps avant que les systèmes de gestion contemporains ne soient conçus. Ce sont ces systèmes de gestion et normes communautaires éprouvés, ainsi que ces connaissances traditionnelles, dont le gestionnaire de l'aire protégée doit tirer parti. Souvent, il n'existe pas de document rassemblant ces informations et, même s'il existait, celles-ci ne seraient pas les mêmes d'un endroit à l'autre. La communauté possède une mine de renseignements sur les membres de leur communauté qui ont l'habitude de braconner, d'empiéter sur le territoire du parc ou de se livrer à des activités destructrices, mais elle ne réagira pas vis-à-vis de ces personnes ou les protègera si sa relation de travail avec les gestionnaires de l'aire protégée n'est pas mutuellement productive et respectueuse, ou si elle se sent dépossédée des ressources de l'aire protégée.

La relation de travail du gestionnaire avec la communauté doit donc être guidée et éclairée par la reconnaissance du lien fort existant entre les communautés voisines et les aires protégées. Les communautés tirent souvent leurs moyens d'existence des aires protégées, notamment par le prélèvement direct de produits tels que la nourriture, les médicaments et les matériaux de construction, mais il existe des restrictions.

La relation entre les organismes de gestion des aires protégées et les communautés ne doit pas être confiée aux seuls services chargés de la conservation. Le gestionnaire de l'aire protégée doit régulièrement échanger avec les communautés sur des questions particulières telles que l'extraction et l'utilisation des ressources, les zones de gestion, le développement des infrastructures, la fourniture de services, le suivi, l'application de la loi et le développement touristique, par un dialogue qui permettra d'alimenter la planification. Si les rapports du personnel et des experts peuvent être utiles, une interaction régulière sur le terrain apporte une valeur ajoutée énorme, et les gestionnaires doivent trouver le temps de faire participer les communautés directement. L'implication directe des gestionnaires d'aires protégées à haut niveau renforcera le soutien fourni par la communauté, ainsi que la mise en œuvre et le suivi conjoints des programmes de conservation et de développement. Ces échanges réguliers éviteront les conflits et contribueront à un dialogue et des négociations constructifs, même dans les situations les plus difficiles telles que la perte de biens ou de vies humaines à cause d'animaux occasionnant des dégâts.

Travailler avec les chefs traditionnels

Un grand nombre de communautés conservent des systèmes d'autorité traditionnelle ancrés dans leur société. Dans ces sociétés, les chefs traditionnels exercent une autorité et une influence fortes sur la communauté. Même lorsque les valeurs traditionnelles ont été fortement érodées par les systèmes contemporains, le vestige de l'autorité culturelle perdure en la personne du chef traditionnel, cette autorité étant bénéfique pour la conservation et la gestion de l'aire protégée. Cela s'ajoute à la richesse des connaissances en matière de normes traditionnelles qui peuvent être relancées telles que les sociétés ou les clans qui s'identifient à certains animaux, plantes ou localités qu'ils considèrent comme sacrés et qu'ils protègent.

Bien que certains chefs traditionnels puissent être très revendicatifs, ils ne doivent pas être ignorés ; au contraire, les gestionnaires doivent les impliquer afin de mobiliser leurs connaissances, gagner leur soutien et collaborer avec eux pour exercer une influence sur l'ensemble de la communauté. Cela tient compte, en particulier, des aspects culturels qui sont compatibles avec les efforts de conservation actuels. Les chefs et les guérisseurs traditionnels peuvent également être d'importants agents de changement pour ce qui est des normes sociétales destructrices, telles que les rituels d'initiation nécessitant des parties de plantes et d'animaux rares, et peuvent aider à trouver des substituts ou à abandonner ou modérer ces pratiques.

Travailler avec les dirigeants politiques

Aujourd'hui, les dirigeants politiques jouent le rôle de défenseurs de la population. Dans bien des cas, ils se présentent non seulement comme les représentants de la population, mais également comme les personnes pouvant apporter des solutions à tous les problèmes de cette population. Pour gagner une élection, ils peuvent même promettre de changer les lois régissant les aires protégées ou de déclasser l'ensemble ou des parties des aires protégées au profit de la population. En effet, de nombreuses modifications des limites des aires protégées ont eu lieu et, dans certains cas, le statut d'une aire protégée a changé à la demande de politiciens.

Dans de nombreux pays, les agents publics n'ont pas le droit de participer « activement » à la politique et, de ce fait, lorsque des politiciens font campagne, les gestionnaires des aires protégées peuvent difficilement fournir des informations véridiques à un public inquiet. Parfois, le public est en conflit avec les gestionnaires sur l'existence même de l'aire protégée ou l'utilisation des ressources qui s'y trouvent. Ces cas exigent une réflexion et une planification stratégiques de la part des gestionnaires des aires protégées bien à l'avance et à intervalles réguliers, le cycle électoral étant généralement prévisible. Ils doivent eux-mêmes être anticipés longtemps avant, et les principaux acteurs et dirigeants politiques à différents niveaux doivent s'engager activement et de manière impartiale.

Le partage efficace des informations concernant les objectifs et les programmes de gestion des aires protégées doit être permanent à tous les niveaux politiques et de direction par l'intermédiaire de documents et de rapports, des médias et de réunions formelles. Les engagements individuels ont prouvé leur efficacité pour établir des relations de travail harmonieuses et productives. Les politiciens exercent une influence sur les populations, et même lorsqu'ils sont impopulaires, ils continuent à exercer une influence ou à prendre des décisions, les gestionnaires des aires protégées ne peuvent donc pas les ignorer ou éviter de les impliquer.

L'engagement des dirigeants politiques peut prendre du temps, car ceux-ci peuvent simplement chercher à apaiser l'électorat, et les dirigeants individuels changent. C'est à ce moment que les compétences de négociation, la communication efficace, la connaissance du sujet et la compréhension de la dynamique sociale doivent être mises à profit, soit directement par le gestionnaire, soit par un travail d'équipe et éventuellement un appui technique externe. En travaillant ainsi, le cycle électoral perturbe moins la gestion des aires protégées tout en permettant de traiter systématiquement, par le dialogue, les questions qui se posent de manière récurrente.

Travailler avec le secteur du tourisme

Lorsqu'il s'agit de justifier l'existence d'une aire protégée en terme économique, les gestionnaires d'aires protégées ont souvent recours à l'argument du tourisme. Pour de nombreux pays, les aires protégées présentent de nombreuses attractions touristiques, notamment des reliefs uniques et spectaculaires, des plantes et des communautés végétales rares et une diversité d'espèces sauvages. La grande majorité des aires protégées sont promues comme attractions touristiques. Il est donc inévitable que des infrastructures touristiques soient développées dans les aires protégées et à proximité de ces dernières. Un aspect essentiel de cette démarche consiste à trouver l'équilibre optimal entre le niveau de développement des activités touristiques et les objectifs de conservation. Même si les revenus étrangers sont profitables pour les économies nationales et que le tourisme stimule le développement, ils ont aussi une face cachée néfaste pour la conservation et les normes sociales que les gestionnaires des aires protégées doivent prendre au sérieux.

Dans la pratique, les acteurs du secteur du tourisme cherchent à avoir accès aux meilleurs sites au sein des aires protégées afin d'obtenir la rentabilité maximale. Les gestionnaires des aires protégées doivent garder en tête que la conservation est leur responsabilité centrale et première, et que le développement touristique est secondaire. La sélection d'un site pour le développement d'infrastructures touristiques doit être fortement mise en balance avec les considérations écologiques et esthétiques, et ne doit pas seulement se plier aux souhaits ou aux pressions d'acteurs souvent puissants du secteur du tourisme. Les sites attrayants ne doivent pas être exclusifs, mais doivent plutôt être accessibles à tous. Les aires protégées étant de plus en plus soumises à la pression du développement, il est préférable de prévoir le moins possible d'aménagements et d'infrastructures touristiques en leur sein. Comme dans l'exemple de la gestion des infrastructures du personnel, les aménagements touristiques périphériques permettent de réduire les impacts écologiques et l'exclusion sociale des travailleurs tout en permettant au personnel et à leurs familles d'accéder à d'autres équipements sociaux. Les gestionnaires des aires protégées doivent avoir la capacité d'articuler des objectifs de gestion clairs pour chaque écosystème, et de faire émerger les capacités optimales des aménagements touristiques afin d'améliorer à la fois la génération de revenus et les objectifs de conservation. Les possibilités d'activités touristiques à faible impact doivent être évaluées, en tenant compte de la capacité d'accueil touristique et des effets cumulatifs au fil du temps. Ce n'est que lorsqu'ils disposent de ces informations que les gestionnaires des aires protégées peuvent négocier professionnellement des concessions touristiques et en assurer le suivi. Les aménagements touristiques sont installés sur les sites, c'est pourquoi il est essentiel que les gestionnaires des aires protégées demandent aux acteurs du secteur du tourisme un engagement direct et ferme.

Compte tenu des retombées économiques élevées et des investissements potentiels, les acteurs du secteur du tourisme ont accès à des décideurs de haut niveau qui peuvent être influencés par les arguments économiques au mépris total de toute considération environnementale. Ainsi, les gestionnaires d'aires protégées ne devraient pas s'appuyer uniquement sur des arguments écologiques lorsqu'ils prennent des décisions ou font des recommandations en matière d'investissements, mais devraient plutôt adopter une approche globale pour évaluer les différentes options à partager avec les acteurs potentiels du secteur du tourisme de manière transparente, en fournissant les informations nécessaires aux décideurs de haut niveau. Les limites de l'utilisation acceptable doivent être négociées en se fondant sur une approche scientifique accompagnée des mesures de contrôle correspondantes. Outre l'expertise sociale et écologique, l'interaction avec le secteur du tourisme doit être éclairée par des compétences en matière de commerce ou des conseils professionnels avisés.

Travailler avec d'autres organismes publics

Les aires protégées sont situées dans des paysages variés où d'autres activités de gestion sont en cours, ce qui signifie que, dans la pratique, des liens existent entre d'autres ministères et organismes aux niveaux local et national. Ces aires occupent des terres qui peuvent souvent être destinées à d'autres utilisations telles que l'agriculture, le pâturage, la foresterie ou l'extraction de ressources comme les minéraux ou l'eau. Dans de nombreux cas, les politiques et le cadre légal relatifs aux aires protégées excluent toute autre activité ou accès aux ressources. Parfois, ces derniers sont autorisés, mais requièrent de collaborer avec d'autres acteurs. En réalité, il existe toujours un débat et un souhait d'envisager des utilisations alternatives des terres, ou des chevauchements entre les attributions des organismes en fonction de s'il s'agit de ressources souterraines ou de celles situées en surface dans une zone donnée.

Les gestionnaires d'aires protégées ont tendance à être « protecteurs » de leurs domaines de compétence en invoquant les politiques et les lois. En général, l'éloignement des aires protégées limite également les échanges réguliers des gestionnaires avec leurs collègues des autres organismes, sauf dans les situations de crise. L'expérience a prouvé que la tendance à protéger ces domaines de compétence suscite ressentiment et conflits de la part des autres organismes publics. En outre, les politiques et les lois sont susceptibles de changer et, effectivement, des changements ont eu lieu pour permettre l'accès aux ressources et le travail en collaboration en fonction de la catégorie de l'aire protégée.

Dans des cas extrêmes, des conflits relatifs aux ressources des aires protégées ont éclaté avec les pouvoirs publics locaux, et les organismes de gestion des aires protégées ont été blâmés lors de sécheresse qui a conduit à la mort d'êtres humains et de bétail à cause de pénuries d'aliments ou de fourrage, ou en raison du pillage des cultures et du bétail par les animaux sauvages. Parfois, les difficultés concernent l'accès à l'eau, les possibilités de développement de la production hydroélectrique ou encore l'accès aux ressources en bois. D'autres fois, le problème est la lutte contre les maladies ou les ravageurs. Dans ces situations, les organismes de gestion des aires protégées ont été rendus responsables de trop

Le feu de camp d'une patrouille de gardes : le point de départ d'un bon repas, de boissons chaudes ou rafraîchissantes et d'échanges de qualité aux quatre coins du monde. Ce feu de camp a été fait en République de l'Altaï, en Russie, près des Montagnes dorées, bien du patrimoine mondial, et du mont Béloukha

Source : Graeme L. Worboys

mettre l'accent sur la conservation et la protection des aires, et d'être insensibles aux besoins des populations et peu coopératifs avec leurs organismes apparentés. Ces situations peuvent être évitées en travaillant en amont avec les organismes concernés afin de trouver des moyens de collaborer et de traiter de façon créative les difficultés sans compromettre les valeurs de la conservation des aires protégées. Les gestionnaires des aires protégées n'ont pas besoin d'autorisation ou d'instructions particulières pour échanger avec leurs homologues des autres organismes, mais ils doivent évidemment consulter leurs supérieurs et leur rendre compte. S'ils sont ignorés, ils ne doivent pas désespérer, mais doivent continuer à résister et à se montrer convaincants. Les types de collaboration peuvent être très variés et concerner de nombreux organismes chargés de la santé (dans les cas de flambées épidémiques ou de risques d'apparition de foyers) et des avancées industrielles (en matière de pollution). Ainsi, dans la pratique, il peut être difficile de fixer des limites à la collaboration, mais c'est là qu'entrent en jeu l'évaluation des risques et des menaces ainsi que la définition des priorités sur la base d'évaluations et d'études d'impact environnemental complètes, tant au niveau stratégique qu'au niveau des sites. Certaines questions sont ponctuelles ou temporaires, ou encore cycliques, comme les flambées épidémiques, les inondations ou les sécheresses, et peuvent être prévisibles, ce qui permet de disposer d'un délai raisonnable pour se consulter, partager et planifier bien à l'avance.

Les gestionnaires des aires protégées doivent composer avec le fait qu'en cas de pénurie de ressources comme l'eau, le pâturage, l'énergie, les aliments et autres produits de première nécessité qui peuvent être facilement obtenus dans les aires protégées, et compte tenu de la population humaine croissante, les organismes publics et les populations continueront à leur en demander l'accès. De ce fait, la collaboration, la coopération et une forte volonté d'effort collectif sous la forme de la planification participative de l'utilisation du paysage avec d'autres organismes publics, en particulier au niveau de l'administration locale, sont plus importantes que le simple fait de recourir à la loi et de la faire appliquer. Encore une fois, les informations scientifiques et culturelles sur une aire protégée donnée deviennent cruciales pour toutes les parties concernées afin d'éclairer le processus décisionnel relatif à l'utilisation des terres et l'accès aux ressources. Bien que des compromis puissent être négociés, cela ne peut se faire que dans la mesure où la finalité et les objectifs de l'aire protégée ne sont pas mis à mal.

Direction : une expérience personnelle

J'aimerais partager une expérience que j'ai vécu qui pourrait être source d'inspiration pour les gestionnaires. En 2009, un an environ avant la fin de mon contrat de cinq ans en tant que directeur général de l'UWA, le mandat du conseil d'administration de l'Autorité devait expirer. J'ai alerté (par écrit) le ministre concerné trois mois avant l'expiration du mandat du conseil, en soulignant les dispositions légales des critères de nomination des nouveaux membres. Nous étions également en période d'élections générales nationales. Malgré plusieurs rappels officiels, le terme du conseil a expiré sans qu'aucun nouveau membre ne soit nommé. J'ai travaillé sans conseil pendant neuf mois. C'est à cette période que mon contrat prenait fin et j'ai donc également attiré l'attention du ministre sur ce point. Il a immédiatement répondu en me proposant de renouveler mon contrat. J'ai protesté humblement en lui conseillant de commencer par nommer un conseil d'administration, qui gèrerait le processus de recrutement d'un nouveau directeur général ou qui recommanderait de me renouveler après avoir évalué mes résultats. Le ministre m'a répondu par écrit en renouvelant officiellement mon contrat pour une durée de cinq ans. Puis, il a proposé des noms pour les nominations du conseil et m'a demandé de rassembler leur curriculum vitae pour les soumettre au cabinet. Après avoir examiné les CV, j'ai remarqué que sept des neuf candidats proposés ne remplissaient pas les conditions légales préalables pour être nommés au conseil d'administration. Encore une fois, j'en ai poliment informé le ministre. Il a ignoré mon conseil et a soumis les noms au cabinet. Au cabinet, des questions ont été posées, mais le ministre a eu suffisamment d'influence pour l'emporter sur ses collègues. Lorsque les membres du conseil ont été annoncés, les parties prenantes ont fait part de leurs préoccupations. Une fois le nouveau conseil installé, il était clair que leur unique intérêt était d'accéder aux fonds tirés des recettes internes. Ces fonds ont été épargnés et investis pendant sept ans lorsque nous recevions le soutien financier de la Banque mondiale. Les membres du conseil voulaient avoir accès à ces fonds, car la plupart d'entre eux participaient activement aux campagnes électorales en cours.

Je devais donc faire des choix difficiles. Premièrement, mon contrat avait été renouvelé sans suivre le processus légal. Deuxièmement, le conseil avait été nommé sans respecter les critères légaux définis dans la loi sur la faune sauvage. Troisièmement, le conseil et le ministre étaient décidés à accéder de manière frauduleuse à des millions de dollars de fonds de l'UWA épargnés durant sept ans. Il était évident pour moi que mon renouvellement frauduleux était destiné à affaiblir ma position. Je pouvais démissionner ou succomber aux pressions et faire ce qu'on me demandait. J'ai choisi de mettre fin au pillage et de rétablir l'ordre. Il s'agissait d'un défi de taille qui m'a presque coûté la vie ou la prison à vie, car le ministre m'a accusé de trahison, entre autres accusations. Après avoir proposé une solution en interne en impliquant le ministre et le Premier ministre, et avoir échoué, j'ai porté l'affaire devant les tribunaux et j'ai gagné. Le ministre a reçu l'ordre de dissoudre le conseil et a ensuite été transféré. Un nouveau conseil a été nommé conformément à la loi et un nouveau directeur exécutif recruté selon la procédure. Les fonds ont été sauvés. Le plus important, c'est que les programmes de l'UWA relatifs à l'aire protégée n'ont pas été sensiblement perturbés et, au contraire, l'UWA a continué à enregistrer une croissance. Bien que les répercussions aient fait tomber les deux premières couches de gestionnaires (le directeur général et les directeurs), la troisième couche a été suffisamment forte pour, ensemble, « garder la boutique » de l'UWA. Cette force institutionnelle était due à un effort délibéré de renforcement des capacités que j'avais contribué à mettre en place pendant mon mandat. Pour ce qui est de moi, mon contrat était dans tous les cas arrivé à son terme et j'ai poursuivi ma route. Malgré le moment difficile que j'ai vécu, je repense avec satisfaction à cet épisode qui a permis de faire respecter des principes de direction acceptables.

Gestion du personnel

Alors que je participais à une formation courte sur la gouvernance et l'encadrement à Montréal en 2007, le modérateur nous a déclaré : « Les gens ne veulent pas être gérés. Ils veulent être guidés. » Et il a poursuivi en nous disant « avez-vous déjà entendu parler d'un gestionnaire du monde ? » Puis a répondu lui-même à sa question : « un dirigeant mondial, oui, un dirigeant pédagogique, un dirigeant politique, un dirigeant religieux, un chef scout, un dirigeant communautaire, un dirigeant syndical, un dirigeant d'entreprise, oui à tous ces rôles », et il a ajouté « ils dirigent ; ils ne gèrent pas ». On peut gérer une banque, un musée, une aire protégée et même un foyer, mais quand il s'agit de personnes, et pour ce qui concerne le personnel, ce dont ils ont besoin est un dirigeant, une direction à suivre, car la gestion, elle, est une question d'affectation et de contrôle des ressources.

Qu'entendons-nous donc par « gestion du personnel » ? Il s'agit de diriger les personnels, de leur fournir un encadrement efficace afin qu'ils puissent être productifs dans les différentes fonctions qui leur sont attribuées. Il existe bien sûr un certain niveau de contrôle pour faciliter leur travail, au moyen de lignes directrices et d'affectation de ressources. Alors, qu'est-ce que cela implique de diriger du personnel et qu'est-ce que la direction ? En explorant la littérature existante, on y trouve plusieurs définitions de la direction, dont la suivante : « La capacité à obtenir des résultats prioritaires grâce aux personnes ; la capacité d'agir et de faire agir les autres pour être celui ou celle que l'on veut être ; se poser les bonnes questions et inciter les autres à travailler en utilisant des actions individuelles et collectives plutôt que de leur donner des instructions sur ce qu'ils doivent faire » (D'Souza, 1994).

Le titre de cette section aurait pu être « diriger le personnel », mais dans le respect de l'usage conventionnel, c'est l'expression « gestion du personnel » qui a été employée. Jon Jarvis a décrit la direction de manière détaillée. Ici, je souhaite me centrer sur la direction du personnel. Cette direction du personnel (ou sa gestion) concerne la consolidation d'équipes, le bien-être social du personnel et les relations que les membres de ce dernier entretiennent, le renforcement des capacités, le développement professionnel, l'encadrement par un tuteur, la compréhension de différents types de personnes et de cultures, et les relations entre employeur et employé.

Des gardes de l'Uganda Wildlife Authority patrouillent dans une zone forestière des pentes inférieures du parc national du Mont Elgon, en Ouganda

Source : Stuart Cohen

Travail en équipe

Le travail en équipe consiste d'ordinaire en un groupe de personnes qui s'accordent sur ce qu'elles souhaitent atteindre et, pour ce faire, elles ont ou adoptent une vision et une mission, puis elles définissent les objectifs et les résultats escomptés. Puis, elles décident de la manière dont elles veulent atteindre les résultats escomptés. Chaque équipe doit avoir un dirigeant et adopter des lignes directrices. Les ressources doivent être disponibles, les rôles clairement définis et les mécanismes de transparence effectifs. Après chaque action entreprise, il y aura des conséquences positives et négatives, en fonction du niveau de réalisation des résultats escomptés. Le dirigeant doit rapidement identifier les membres de l'équipe qui éprouvent des difficultés, et soit les aider à surmonter ces difficultés ou les remplacer.

Les équipes sont construites, et il faut du temps et une sélection minutieuse pour constituer des équipes gagnantes. Les caractéristiques des équipes sont les suivantes :

- Un groupe de personnes de haut niveau. Elles doivent être qualifiées et avoir des compétences dans des domaines différents, mais complémentaires, être intelligentes, fiables, avoir différentes perspectives et de l'expérience dans certains domaines. Dans la pratique, il y a toujours plusieurs équipes qui se regroupent pour former une seule grande équipe. Les gestionnaires d'aires protégées auront, par exemple, des équipes chargées de la conservation au sein de la communauté, des financements, de l'application de la loi, du tourisme, de l'ingénierie, etc. ; toutes ces équipes travaillant en collaboration pour former une seule grande équipe chargée de l'aire protégée. L'équipe de chaque aire protégée se rassemble ensuite pour former une équipe encore plus grande au service de l'organisme chargé de l'aire protégée.

- Des lignes directrices doivent être mises en place, mais doivent également permettre une certaine flexibilité. Il est inutile d'engager des personnes intelligentes uniquement pour leur enlever la possibilité d'être créatives et de prendre des initiatives.
- Chaque équipe doit avoir un dirigeant qui lui-même doit avoir une vision ou s'être engagé à accomplir une vision, partagée par les membres de l'équipe. Le dirigeant doit permettre la créativité, mais doit également protéger l'équipe dans le cas où certaines idées novatrices ne produisent pas les effets escomptés.
- Les équipes gagnantes croient en ce qu'elles font. Elles savent qu'elles ont une mission à accomplir et elles s'engagent à apporter leur contribution de manière collective. La plupart des organismes de gestion des aires protégées ont un énoncé formel de mission que chaque membre de l'équipe doit connaître. Il appartient au dirigeant de l'équipe de donner aux membres le sentiment d'avoir une mission.
- Les équipes ont tendance à créer leurs propre culture, style vestimentaire, langue, habitudes de travail, valeurs et comportements, qui les différencient des autres. La culture ne doit toutefois pas être statique, et doit s'adapter aux changements. En revanche, l'identité est assez importante et doit rendre les membres fiers. Les organismes de gestion des aires protégées utilisent des uniformes, des drapeaux, etc.
- Les équipes doivent être optimistes, mais pas nécessairement réalistes. Elles travaillent au maximum de leurs capacités, car elles pensent que les choses sont réalisables parce qu'elles croient en elles. Si elles analysaient vraiment leurs « possibilités » (la réalité), elles capituleraient tout de suite, elles abandonneraient, mais c'est leur « héritage », elles travaillent ; elles croient en leurs capacités et celles de leurs collègues, et elles y arriveront. Examinez les « possibilités » de parvenir à un but par rapport au braconnage d'éléphants, de rhinocéros et de tigres, par exemple, ou encore au commerce d'ivoire, à l'empiétement agricole, aux industries extractives comme le pétrole et le gaz dans les aires protégées. Les équipes gagnantes iront au maximum de leurs capacités et travailleront envers et contre tout pour parvenir à un résultat favorable à tous.
- La communication ouverte et les échanges entre l'équipe doivent être facilités par des moyens formels et informels, par des réunions en ligne et en personne. Dans une équipe, il n'est pas acceptable de faire de la rétention de connaissances ou d'informations. Chaque personne occupe son poste pour ses compétences particulières. Chacun apporte quelque chose d'unique et de précieux à l'équipe, et chacun a confiance en les capacités des autres membres.

La liste pourrait être plus longue, et d'autres éléments pourraient s'y ajouter grâce aux équipes gagnantes qui travaillent réellement ensemble.

Relations entre les membres des personnels et bien-être

Un environnement de travail créatif et libre est ce qu'il y a de mieux pour tout membre d'une équipe. Il favorise la créativité et l'initiative. Le personnel des aires protégées fait souvent face à des choix très difficiles sur le terrain et doit agir rapidement. La communication peut être difficile, le recrutement de personnel supplémentaire peut ne pas être pratique et il pourrait y avoir des vies à sauver. Le personnel a besoin de se sentir en confiance pour prendre des décisions rapides, agir et rendre compte à ses supérieurs hiérarchiques par la suite. Les réussites doivent être reconnues et récompensées, tandis que les échecs doivent permettre de tirer des enseignements.

Au début de ma carrière, lors d'un de mes séjours avec des gardes dans un camp de nuit, un soir, au cours d'une conversation, un des gardes s'est demandé à voix haute pourquoi on faisait l'éloge des médecins lors des funérailles de leurs patients. Cela a suscité un débat sur s'il convenait de faire l'éloge des médecins lorsqu'ils avaient échoué à sauver la vie de leurs patients. Nous sommes arrivés à la conclusion que ce sont les efforts déployés par l'équipe médicale qui étaient salués, même si elle n'avait pas pu sauver le patient. En outre, l'enterrement est aussi une célébration de la vie de la personne décédée et offre aux vivants l'occasion de réfléchir sur leur vie. Nous avons ensuite examiné plusieurs situations de missions difficiles ou échouées sur plusieurs années pour en tirer des enseignements.

Cela s'est ensuite produit régulièrement tout au long de ma carrière avec toutes les catégories de personnel, et c'est toujours la pratique dans tout l'organisme, utilisée pour la planification annuelle des opérations, la planification et l'examen de la gestion et l'analyse des politiques.

Flore de haute altitude, parc national du Mont Elgon, Ouganda
Source : Stuart Cohen

En échangeant librement avec les personnels à différents niveaux, et en leur donnant la possibilité de dire ce qu'ils pensent et de partager leurs expériences, on peut en apprendre beaucoup et convenir de nouvelles approches pour aborder les problèmes. Il s'agit d'un modèle d'apprentissage expérimental tripartite entre superviseur et subordonnés, et entre pairs. De même, la libre interaction permet à un gestionnaire d'aire protégée de connaître et vérifier les besoins en matière de santé tels que le matériel médical, les rations alimentaires, le matériel de camping, les uniformes et le transport. S'appuyer sur des rapports écrits et des principes directeurs n'est pas suffisant, et il est utile de vérifier régulièrement que la pratique est en accord avec les principes et de vérifier la bonne mise en œuvre des plans de gestion. Les échanges permettent également d'avoir des retours d'information qui éclairent la planification de la gestion et l'examen des politiques.

Il y aura bien sûr des cas de négligence, d'oublis et d'erreurs de la part du personnel – certains suffisamment graves pour être de nature criminelle – mais la gestion de ces cas doit être conforme aux principes directeurs, aux manuels opérationnels, et au droit du travail et autres lois. La malveillance, les coups de poignard dans le dos, le favoritisme, le népotisme et autres vices sont inévitables, mais un gestionnaire doit toujours vérifier les faits, écouter la victime et offrir la possibilité de changer les choses.

Les dispositifs, les dispositions et les plans en matière de protection sociale sont essentiels pour fidéliser le personnel et favoriser leur productivité. Ces modalités devraient, dans la mesure du possible, couvrir les membres de la famille immédiate, en particulier dans les pays où les services sociaux publics sont défaillants. De tels dispositifs peuvent comprendre l'assurance maladie, l'éducation, le transport et le logement. Ces dispositifs, ainsi que des salaires compétitifs, atténuent la corruption, les détournements de fonds et la fraude, ainsi que l'utilisation abusive des équipements. Ils améliorent également les relations avec les communautés avoisinantes de l'aire protégée, car certains accèderont aux services directement ou indirectement, et certains membres du personnel proviendront de ces communautés ou y prendront leur retraite. Ils pourraient réduire les conflits et les activités illégales, ou améliorer la collaboration visant à traiter ces questions.

Un autre aspect du bien-être social du personnel concerne la motivation. Disposer d'un environnement de travail créatif et libre est un facteur de motivation, tout comme les dispositifs de protection sociale attrayants pour le personnel. Toutefois, les performances individuelles des membres du personnel doivent être reconnues et cela peut être fait de plusieurs façons. Le travail de l'équipe peut également être reconnu, mais même dans ces cas, chaque individu doit recevoir une distinction personnelle. La distinction peut prendre la forme d'une lettre de recommandation, d'un certificat, d'un prix, d'une offre de vacances, d'un cadeau, d'un bonus, de possibilités de formation, d'une augmentation de salaire et d'une promotion – cohérents, bien sûr, avec les principes directeurs de l'organisme.

Apprendre de l'échec : l'expérience d'un garde d'une aire protégée

En 1993, en tant que nouveau garde chargé de l'application de la loi dans le parc national de Kidepo, en Ouganda, j'ai été confronté à une difficulté : un grand nombre d'orpailleurs artisanaux entraient dans le parc avec du bétail. Ils se livraient également au braconnage. J'ai mis en place trois patrouilles de gardes pour traiter le problème, elles ont toutes échoué. J'ai moi-même dirigé la troisième patrouille, et un soir, un garde âgé m'a demandé ce que je comptais faire si l'opération en cours échouait comme les deux premières. J'ai instinctivement répondu que nous célébrerions cet échec et continuerions à réfléchir, en d'autres mots, nous essaierions de tirer des leçons des trois échecs et planifierions une nouvelle fois, ceci afin que la patrouille garde le moral. En réalité, j'envisageais des mesures disciplinaires contre les chefs de patrouille. Comme le craignait le garde, nous avons trouvé de nombreuses personnes, principalement des femmes et des enfants, qui participaient à l'orpaillage artisanal, beaucoup de bétail surveillé par quelques jeunes hommes et des carcasses de koudous et d'autruches qui venaient d'être braconnées. Nous avons « arrêté » plus de 150 personnes, dont les trois quarts étaient des jeunes et des femmes. Comme lors des deux opérations précédentes, nous leur avons toutes donné un avertissement et les avons libérées, car nous n'avions pas la capacité de les conduire même jusqu'au siège du parc (à 90 kilomètres de là) ou au poste de police le plus proche (à 150 kilomètres). Les répercussions de ces trois opérations ratées ont été des accusations de la police, des dirigeants locaux et de la communauté selon lesquelles la direction du parc harcelait les locaux innocents qui extrayaient de l'or pour survivre et que nous avions illégalement confisqué de grandes quantités d'or. J'avais presque cru à ces allégations à l'encontre des gardes et j'avais envisagé des mesures disciplinaires avant de faire le choix de diriger la troisième opération moi-même. Pendant ce temps, les communautés se sont mobilisées en nombre encore plus important pour pénétrer dans le parc, et se sont armées de fusils automatiques puisqu'elles avaient été encouragées par leurs dirigeants. C'est le moment que nous avons choisi pour analyser nos échecs, c'est là que nous avons décidé de ne prendre aucune mesure disciplinaire, et dans le cadre d'une célébration (des boissons et des plats locaux ont été servis et un spectacle musical local organisé), que nous avons invité tous les gardes à apporter leurs idées sur la manière de résoudre le problème.

En résumé, nous sommes tombés d'accord sur le fait que l'invasion du parc était due à une saison sèche prolongée (il manquait donc de la nourriture), à une entreprise possédant une concession à l'extérieur du parc qui incitait à extraire de l'or, mais surtout, aux erreurs opérationnelles qui ont consisté à relâcher les personnes arrêtées sans impliquer les dirigeants locaux et la police, tout en confisquant tous leurs outils. Ainsi, lors de la quatrième opération, l'ensemble des chefs de police et des dirigeants locaux ont été invités sur le site, et plutôt que de confronter les communautés à la loi, nous avons entamé un dialogue pour comprendre pourquoi elles avaient envahi massivement le parc et avons cherché des solutions ensemble. Après quatre jours d'échanges, il a été convenu que l'extraction artisanale d'or devait cesser dans le parc, ainsi que le braconnage et le pâturage du bétail, mais que la direction du parc aiderait les communautés à accéder à de la nourriture via le Programme alimentaire mondial qui, dans tous les cas, distribuait des aliments dans la région. Les récidivistes seraient arrêtés et inculpés par la police, ce qui serait porté à la connaissance des dirigeants locaux.

Renforcement des capacités

Le renforcement des capacités est un processus continu tout au long d'une carrière, car nous vivons et travaillons dans un environnement en mutation sur le plan écologique, économique, social et technologique. Le personnel doit être sur un pied d'égalité pour ce qui concerne les programmes de renforcement des capacités proposés en interne ou en externe. Ces programmes doivent viser à améliorer les compétences et les aptitudes afin d'améliorer les résultats, et non pas d'obtenir des promotions. Dans de nombreux pays, après avoir suivi des programmes de renforcement des capacités, certains membres du personnel demandent à tort des promotions ou des missions plus importantes, pour lesquelles ils ne sont peut-être pas encore prêts ou qui ne sont peut-être même pas disponibles dans l'organisme. Cela conduit à ce que le personnel fasse le choix de quitter l'organisation au détriment de l'effort de renforcement des capacités. Des dispositifs de fidélisation du personnel doivent donc être mis en place et l'accent doit être placé sur l'amélioration des résultats des postes existants.

Programmes de formation et développement professionnel

Le personnel a un désir inhérent de développement professionnel et académique à différents niveaux. Cette aspiration devrait être encouragée et soutenue. Les membres du personnel qui manifestent ce souhait sont relativement faciles à gérer, car ils ont vraisemblablement un intérêt à s'améliorer. Toutefois, ils auront besoin d'être conseillés afin que le souhait d'amélioration ne soit pas éclipsé par l'ambition d'atteindre le sommet trop rapidement. Ces personnes peuvent être de bons candidats pour participer aux programmes de recherche de long terme qui créent des connaissances. Celles qui ne manifestent pas le souhait de s'améliorer peuvent être encouragées à suivre des formations professionnelles plus courtes axées sur certaines compétences. Pour de meilleurs résultats, le personnel suivant des programmes de formation de développement professionnel devrait se voir accorder un délai suffisant pour se former sur leur temps de travail dans l'aire protégée. Les besoins immédiats en personnel perturbent parfois ces programmes de développement professionnel. Les organismes pourraient engager du personnel temporaire pour répondre aux besoins ponctuels et urgents de main-d'œuvre plutôt que de perturber les programmes de développement professionnel en cours. Ces programmes devraient viser à combler les lacunes critiques de l'organisme afin de répondre à des exigences de gestion spécifiques, telles que la réponse aux problématiques liées au changement climatique, dans la mesure où elles peuvent avoir un impact sur la gestion des aires protégées et la réduction des risques de catastrophe.

Encadrement par un tuteur et intérim

Dans toute situation de gestion d'une aire protégée, les membres du personnel seront sans cesse éloignés de leur poste pour différentes raisons, et les postes les plus importants deviendront vacants et pourraient ne pas être pourvus immédiatement. Lorsque la direction est exercée de façon avisée, de telles situations sont anticipées et des mécanismes mis en place pour y remédier. Des efforts délibérés doivent être déployés pour former et encadrer le personnel par un tuteur afin qu'il puisse agir en l'absence des gestionnaires pendant de courtes périodes ou, en dernier ressort, pour couvrir ces postes lorsque le besoin s'en fait sentir au sein de l'organisme ou ailleurs.

Il faut veiller à ce que les missions de tutorat et d'intérim ne surchargent pas de travail ceux qui en sont chargés. S'agissant du tutorat, l'approche de la délégation est efficace. Dans ce type de relation, chacun doit comprendre clairement le but à atteindre et la direction à prendre, et le superviseur/tuteur est celui qui doit donner les conseils. La confiance et l'engagement sont essentiels, et l'optimisme et une attitude gagnante sont importants pour ceux qui doivent assumer cette mission. Dans une large mesure, le tutorat améliore l'efficacité du superviseur, accroît la productivité de l'unité et renforce la capacité professionnelle du personnel. Le tutorat est mis en place en attribuant les tâches à chacune des personnes concernées. Une fois ces tâches attribuées, le tuteur transmet la tâche avec des objectifs et des exigences très clairs, transfère l'autorité nécessaire à l'accomplissement de la tâche, permet la flexibilité, et lorsque la tâche est accomplie, reconnaît le travail effectué et accorde le mérite de la réussite. Cela donne l'occasion de former le personnel. Toutefois, le tuteur doit garder le contrôle, prendre la responsabilité, tout en bénéficiant du soutien des tutorés.

Dans les systèmes d'aires protégées, les aires sont réparties géographiquement et s'étalent parfois sur un large territoire, ce qui fait que dans la pratique le pouvoir exécutif doit être délégué aux gestionnaires de sites ou de sections. Cela signifie qu'un processus de tutorat est toujours en cours. Cependant, les superviseurs du gestionnaire doivent être attentifs à cela et plutôt que d'essayer de maintenir l'autorité depuis le siège de l'aire protégée, ils devraient plutôt la déléguer aux sites et leur fournir des conseils. La réussite d'un processus de tutorat devrait idéalement découler d'un modèle de direction à trois niveaux et de la pratique dans l'ensemble de l'organisme. Ce modèle assure une hiérarchie claire des rôles de direction comportant un pouvoir de décision. Par conséquent, il y aura toujours un agent remplaçant pour assurer l'intérim dans le cas où les agents des deux premiers niveaux sont absents pour quelque raison que ce soit.

Comprendre la culture et les différents types d'individus

La pratique culturelle forme une identité pour différents types d'individus. On peut se documenter sur différentes cultures et différents individus, et acquérir des connaissances très utiles. Un des aspects essentiels de cette diversité de cultures et d'individus est de réaliser que des différences existent et les accepter. Il importe d'adopter une attitude positive et de comprendre plutôt que d'influencer les différentes cultures et les différents individus, d'imposer sa propre culture et d'outrager ces cultures et ces individus. La règle est simple : « aucune culture n'est supérieure à une autre et aucune culture n'est meilleure qu'une autre ». La culture et les individus sont dans un continuum de changement et il est préférable d'apprécier la spontanéité du changement même lorsqu'il faut exercer une influence.

Un moyen simple, pratique et puissant de comprendre les cultures et les individus est d'engager un dialogue avec les individus et d'interagir avec eux de manière informelle. Assister à des manifestations informelles (et formelles) dans une localité donnée et surtout honorer des invitations personnelles, même pour le déjeuner, le thé ou un verre en soirée, offre une très bonne occasion de comprendre la culture et les individus.

Les personnes âgées avec lesquelles j'ai discuté ont fait valoir qu'à notre époque, où les problèmes sont de plus en plus complexes et où il n'y a pas de simple lien de cause à effet, on ne peut pas imaginer à quel point il est stressant d'être un dirigeant et de prétendre avoir toutes les réponses. Un dirigeant confirmé est celui qui sait s'appuyer sur l'art de la conversation pratiqué dans toutes les communautés et l'utiliser. Ces dirigeants agissent en tant qu'hôtes et intendants de la créativité et de l'intelligence d'autres personnes. Ce type de dirigeants ne nous donne pas les réponses, mais nous rassemble afin qu'ensemble nous trouvions les réponses.

En respectant les différentes cultures et les individus qui la composent, on est capable de désamorcer les conflits, de gagner des soutiens et d'en apprendre davantage sur de nombreux aspects de la conservation de la nature dans toutes les régions du monde, car la culture et la conservation ont toujours été liées et ont continué à évoluer en toutes circonstances. Tous les peuples ont une culture riche qui lorsqu'elle est comprise et respectée (vous ne devez pas forcément y croire) comprend des mécanismes de conservation inhérents et efficaces. C'est la raison pour laquelle on entend autant parler, en ce début de 21e siècle, des connaissances des peuples autochtones et de la collaboration avec les communautés ; c'est également la raison pour laquelle l'organisation des Nations unies pour l'éducation, la science et la culture (UNESCO) reconnaît le lien entre culture et nature, et pourquoi de nombreux biens du patrimoine mondial sont désignés comme des biens mixtes qui intègrent des valeurs universelles exceptionnelles à la fois culturelles et naturelles.

Relations entre employeur et employé

Les relations employeur-employé correspondent au lien existant entre les employeurs (propriétaires de sociétés ou d'entreprises) et les employés. Dans de nombreux cas, ces relations se traduisent par un accord avec un tiers qui sert d'intermédiaire entre les employés et les employeurs afin de favoriser le développement du personnel et de garantir des conditions de travail favorables. Dans la pratique, il arrive que les employeurs n'apprécient pas l'accord passé avec des tiers dans le cadre des syndicats, mais dans les accords de gouvernance des aires protégées, les employés sont généralement au service des administrations publiques et il existe des conseils, des groupes ou des commissions désignés au service des employeurs. Toutefois, il existe aujourd'hui des aires protégées privées et des aires de conservation communautaires qui pourraient devenir plus nombreuses à l'avenir. De ce fait, il existe également des dispositions légales qui proposent des lignes directrices concernant les relations employeur-employé.

Ce qui importe dans le cadre des relations employeur-employé, c'est de reconnaître que les accords avec des tiers donnent voix au chapitre aux employés, et constituent un outil pratique et utile pour les contrôles garantissant le respect des dispositions légales. Ils permettent également de faire preuve de créativité pour améliorer la productivité et le bien-être du personnel. Ces dispositifs de soutien au personnel peuvent inclure l'accès à des prêts personnels pour le développement individuel des membres du personnel, des conseils en matière de santé et de bonne hygiène de vie (VIH, alcool, toxicomanie), l'orientation professionnelle, la retraite et les associations de responsabilité sociale. Fait intéressant, on peut citer de nombreux exemples de cadres supérieurs d'organismes de gestion des aires protégées qui fuient les accords de relations employeurs-employés ou même étouffent leur existence ou leurs actions pour ensuite se rabattre sur ces systèmes de soutien au personnel en cas de problème personnel.

Conclusion

Julia Miranda Londoño

Quel avenir sera réservé aux dirigeants des aires protégées ? Ils devront probablement faire face à une instabilité accrue. On peut s'attendre à ce que les changements des contextes opérationnels des organismes de gestion des aires protégées soient rapides et brutaux. Le climat n'est que l'un des facteurs prévus de ces changements. Les avancées biotechnologiques telles que la manipulation génétique sont prêtes à remettre en question la définition et l'authenticité des milieux naturels qui sont la *raison d'être* des aires protégées. La portée mondiale de la communication par internet peut instantanément asseoir ou détruire la réputation des organismes de gestion des aires protégées, ce qui peut avoir des répercussions notables sur les revenus et les décisions des pouvoirs publics. La démographie est un autre facteur de changement, bien qu'elle agisse à un rythme un peu plus lent ; dans certains pays, l'âge moyen augmente alors que dans d'autres, il diminue. Dans le monde, les niveaux inégalés d'urbanisation et, en parallèle, un nombre croissant de personnes n'ayant aucun contact avec la nature, posent un dilemme croissant aux futurs gestionnaires, et le posent déjà aux actuels. Pour survivre dans l'avenir, les organisations et leurs dirigeants doivent apprendre à s'adapter continuellement à ce qui sera un environnement de plus en plus instable.

Gérer dans le contexte de la complexité de l'avenir est le défi des dirigeants. L'avenir exigera, plus que jamais, un travail d'équipe qui favorise les approches ascendantes plutôt que les approches descendantes hiérarchiques. Pour assurer la direction dans ce milieu, il faut davantage écouter, intégrer, orienter et conseiller, que diriger, qui est souvent la norme. Le dirigeant doit éviter de régler les problèmes en adoptant l'approche « je suis le chef et c'est moi qui ai les réponses », mais plutôt en faisant preuve d'écoute et en prenant les décisions qui en découlent. Il est certain qu'à l'avenir les dirigeants devront continuer à faire preuve de détermination. Toutefois, il est plus facile de prendre une décision lorsque le dirigeant inculque une culture qui donne aux individus les moyens d'agir et encourage ainsi la créativité. Il est nécessaire d'adopter un style de direction ouvert avec des valeurs éthiques claires. Les bureaucraties dominantes et les organisations paramilitaires du passé ne seront pas assez agiles pour survivre aux changements rapides qui devraient façonner notre avenir.

Une réflexion majeure que l'on peut tirer de ce qui précède est que la direction d'un organisme chargé des aires protégées est l'une des vocations les plus nobles et les plus satisfaisantes qu'il soit. Parmi les innombrables avantages qui découlent de cette fonction, on peut citer ceux qui consistent à protéger la nature pour les générations futures et à aider les individus à se découvrir par le contact avec la nature. Les dirigeants des aires protégées doivent donner voix au chapitre à ceux qui ne peuvent pas faire entendre leur voix : ceux qui étaient là avant et qui ont transmis la responsabilité aux dirigeants d'aujourd'hui en leur laissant l'héritage de la conservation ; ceux qui seront là à l'avenir qui s'attendent à ce qu'on leur lègue une nature dans laquelle ils voudront vivre ; et la nature elle-même, qui ne peut s'exprimer lorsque des décisions sont prises pour son avenir. S'inspirer de ces responsabilités ne peut que contribuer à assurer une direction responsable qui évite la corruption, les abus d'autorité, la myopie et l'ignorance, qui pourraient miner les dirigeants et l'organisation même qu'on leur demande de diriger.

Avant de conclure ce chapitre, j'aimerais présenter les études de cas de l'action menée par deux dirigeants d'aires protégées exceptionnels avec qui j'ai eu le plaisir de travailler. La première présente le remarquable travail de Fabio Villamizar Durán, de mon pays d'origine, la Colombie (étude de cas 12.1), et le second concerne l'excellent travail de mon collègue de la Commission mondiale des aires protégées de l'UICN, Andrej Sovinc, en Slovénie. Andrej est directeur du parc naturel Sečovlje Salina, en Slovénie, et directeur adjoint de Soline Salt Making Limited. Il est le protagoniste de l'histoire qu'il raconte (étude de cas 12.2). Ces deux études de cas contribuent à montrer l'importance de la direction dans la gestion des aires protégées et ce que l'on peut faire lorsque la direction, le but et l'initiative sont clairement énoncés et combinés à la persévérance, au tact et à la volonté de protéger la nature et la culture de la planète.

Étude de cas 12.1 Diriger en Colombie

Fabio Villamizar Durán dirige la Division régionale des Andes du Nord-Est des Parcs nationaux de la Colombie, où sont situés huit parcs nationaux, depuis neuf ans. En 2014, il était âgé de 53 ans. C'est un économiste spécialisé dans la finance et la gestion et réglementation des télécommunications. Il parvient à exercer ses fonctions tant à l'intérieur qu'à l'extérieur de l'organisme, avec une capacité exemplaire et innée à diriger.

Au sein de Parcs nationaux, il travaille directement avec les gestionnaires du parc et leurs équipes, connaît parfaitement leurs tâches et maîtrise la réalité de terrain des aires protégées. Il donne confiance à ses collaborateurs, s'intéresse à leur situation personnelle et les soutient, tout en étant rigoureux et exigeant. Ensemble, ils planifient, définissent les lignes stratégiques et établissent des plans opérationnels pour traiter des questions importantes telles que le régime foncier et le contrôle par l'État, la restauration, l'application des lois environnementales, la recherche, le suivi et le contrôle et la surveillance, avec une approche qui favorise la participation communautaire, qu'il a développée grâce à une relation étroite avec les familles paysannes et les communautés autochtones. Il organise constamment des réunions de suivi et d'évaluation pour mesurer les progrès accomplis. Sa priorité « est les aires protégées qui sont la raison d'être de l'institution ; nous leurs sommes dévoués et elles ont besoin de tout notre soutien ». « Il n'y a pas de place pour le doute ou l'apathie », ajoute-t-il.

Fabio a mis en place des initiatives innovantes et très concluantes pour lever des fonds pour la réalisation d'étude, l'achat de propriétés au sein des parcs qui appartiennent à des propriétaires privés et la restauration des terres qui s'en suivra – l'un des problèmes les plus complexes auxquels font face les parcs en Colombie. Pour ce faire, il a élaboré des projets avec la coopération internationale, les administrations locales et régionales, ainsi qu'avec des entreprises privées atteignant des montants supérieurs à 50 millions de dollars.

Fabio a acquis le respect et la reconnaissance dans d'autres institutions publiques, dans sa région et au niveau national, grâce à son travail hautement qualifié, technique et sérieux. Il participe activement aux processus de planification régionale de l'utilisation des terres avec d'autres organismes publics et des entités privées en offrant un point de vue commun et articulé, en les faisant participer et en les convaincant de l'importance de la conservation.Il a participé à des stratégies de conservation des paysages de páramo, en incitant à la création d'aires protégées, en participant aux échanges sur le changement climatique, en planifiant l'utilisation des terres, et en promouvant la reconnaissance des droits des communautés autochtones. Sa stratégie a consisté à générer une confiance basée sur une grande connaissance de sa région, en utilisant toujours des arguments solides, des capacités de persuasion et de négociation pour interagir avec les bailleurs de fonds potentiels. La principale préoccupation de Fabio est de satisfaire les besoins des aires protégées plutôt que les souhaits du bailleur de fonds. Les résultats de son travail sont cruciaux et indéniables pour l'ensemble du pays.

Fabio Villamizar Durán (à droite), Division régionale des Andes du Nord-Est des Parcs nationaux de la Colombie, et des membres du personnel se reposent après une inspection sur le terrain dans une aire protégée

Source : National Parks Service of Colombia

Étude de cas 12.2 Diriger et gérer en Slovénie

Le parc naturel de Sečovlje Salina est situé sur la côte Adriatique, dans la partie septentrionale de la mer Méditerranée. Il couvre plus de 6,5 kilomètres carrés et est considéré comme l'un des plus importants sites du patrimoine naturel et culturel de la Slovénie. Il est classé parc naturel de catégorie V de l'UICN, site Ramsar, site Natura 2000 et monument culturel d'importance nationale. L'aire est reconnue comme l'un des principaux points chauds de la biodiversité du pays. Le parc naturel abrite quelque 300 espèces d'oiseaux, plusieurs types de plantes halophiles et d'habitats menacés, qui dépendent du milieu fortement salin.

Sečovlje Salina est l'un des derniers marais salants traditionnels de la mer Adriatique. Lorsque le marché européen du sel a rencontré des difficultés à l'arrivée du sel produit principalement en Afrique du Nord, où les coûts de production étaient plus bas, la majorité des salines traditionnelles du nord de la Méditerranée ont été abandonnées, soit après la Seconde Guerre mondiale, et transformées en destinations de tourisme de masse ou en zones urbaines, ou encore utilisées pour l'aquaculture. Cette situation a failli se produire à Sečovlje— les procédés traditionnels de fabrication du sel ont été presque arrêtés à la fin du 20e siècle.

Mais en 2002, un changement majeur est intervenu : Soline, qui détenait la licence de production de sel, a été rachetée par une entreprise de téléphone mobile. Soline a un statut particulier en matière de gestion du parc naturel étatique Sečovlje Salina. Elle a obtenu une concession du Gouvernement de la Slovénie, par laquelle elle est responsable de la gestion du parc naturel et de l'utilisation de ses ressources naturelles. Les terres et les propriétés situées dans le parc restent la propriété de l'État.

Le nouveau propriétaire de l'entreprise a scindé ses activités en activités commerciales (production traditionnelle de sel et tourisme) et la mise en œuvre du service public de la conservation de la nature (gestion du parc, notamment la gestion des visiteurs). De nouveaux produits, à base de sel artisanal naturel, riche en minéraux, ont été développés et de nouveaux groupes d'acheteurs ciblés. Plus de 25 bassins de production traditionnelle de sel ont été restaurés, à l'instar d'infrastructures de base pour les visiteurs. Le sel est de nouveau produit avec les méthodes datant de 700 ans et désormais vendu dans plusieurs pays, du Japon aux États-Unis en passant par différents pays européens. Les compétences en marketing de l'entreprise de téléphone mobile ont été utilisées pour développer, promouvoir et vendre la production de sel.

Une gestion et une promotion active du parc ont multiplié par plus de six le nombre de visiteurs au cours des dix dernières années. Sečovlje Salina apporte désormais une valeur ajoutée au développement écotouristique de Piran, la communauté touristique la plus développée du pays. Certaines salines sont des aires strictement protégées, et sont destinés à maintenir des conditions écologiques favorables pour plusieurs habitats et espèces menacés. Aucune activité commerciale n'est permise dans ces zones et même les visites sont limitées et rigoureusement contrôlées. Ces dernières années, les tendances en matière de population des principales espèces indicatrices de la biodiversité sont stables, voire en augmentation. Le soutien à la conservation de la biodiversité dans le parc est essentiellement recherché dans les programmes de financement de l'UE, en particulier les projets LIFE.

Le nombre d'employés de Soline s'est accru, passant de 16 en 2002 à plus de 90 en 2013. Trente emplois saisonniers supplémentaires sont disponibles durant l'été. Le partenariat public-privé présente des avantages directs et indirects. L'entreprise de téléphone mobile a décidé d'investir dans la protection de la nature et du patrimoine culturel à Sečovlje afin de tirer des bénéfices directs de la vente de sel et de la collecte de droits d'entrée auprès des visiteurs du parc et de ceux qui participent à des programmes spécifiques pour les visiteurs du parc (par exemple, le programme « Devenez paludier d'un jour »). L'entreprise prévoit d'investir dans le développement d'infrastructures touristiques importantes en dehors du parc.

Toutefois, pour cette entreprise, ce partenariat permet de tirer des bénéfices indirects encore plus importants pour la société. Sa réputation s'est améliorée : plusieurs clients ont exprimé leur appréciation de sa responsabilité environnementale en investissant dans la protection du patrimoine naturel et culturel, et sont ainsi devenus clients de l'entreprise.

Il ne faut pas oublier que ce modèle de gestion déléguée par l'État ne serait pas possible sans l'engagement des gestionnaires de haut niveau de Soline qui sont très sensibles à la conservation à titre personnel et qui sont conscients de l'importance de la préservation du patrimoine culturel et de la tradition.

L'expérience de la création et de la gestion du parc naturel de Sečovlje Salina a montré que l'activité commerciale (production traditionnelle de sel et tourisme) peut coexister avec les exigences liées à la protection de la nature, au patrimoine culturel et à la tradition dans le parc naturel. Les efforts de conservation sont également considérés comme une valeur ajoutée à la fois pour le développement de pratiques d'utilisation durable des terres et pour la fourniture d'avantages à la communauté locale.

— Andre Sovinj

Récolte traditionnelle du sel, parc naturel de Sečovlje Salina Nature Park, Slovénie

Source : Andre Sovinj

Références

Lectures recommandées

Abrashoff, D. M. (2001) 'Retention through redemption', *Harvard Business Review* 79(2): 136–41.

Bartol, K., Martin, D., Tein, M. and Mathews, G. (1998) *Management: A Pacific Rim focus*, McGraw-Hill, Sydney.

Bazerman, M. (1998) *Judgement in Managerial Decision Making*, 4th edn, John Wiley, New York.

Burns, R. (2014 [1786]) 'The best-laid plans of mice and men often go awry', *The American Heritage New Dictionary of Cultural Literacy*, 3rd edn, [Online]. <dictionary.reference.com/browse/thebest-laidplansofmiceandmenoftengoawry>

D'Souza, A. (1994) *Leadership: Trilogy on leadership and effective management*, Kolbe Press, Limuru, Kenya.

Heifetz, R. A. and Laurie, D. L. (2001) 'The work of leadership', *Harvard Business Review* 79(11): 131–41.

Heifetz, R. A. and Linsky, M. (2002) 'A survival guide for leaders', *Harvard Business Review* 80(6): 65–74.

Heifetz, R. A., Grashow, A. and Linsky, M. (2009) 'Leadership in a (permanent) crisis', *Harvard Business Review* 87(7–8): 62–9.

Leopold, L. B. (ed.) (1993) *Round River: From the journals of Aldo Leopold*, Oxford University Press, New York.

Parks Canada (2012) *Corporate Plan 2012–2013/2016–2017*, Parks Canada, Gatineau, Quebec.

Robbins, S. P. and Coulter, M. (2005) *Management*, 8th edn, Prentice Hall, Englewood Cliffs, NJ.

Robbins, S. P., Bergman, R., Stagg, I. and Coulter, M. (2003) *Foundations of Management*, Prentice Hall, Sydney.

Stayer, R. (1990) 'How I learned to let my workers lead', *Harvard Business Review* 68(6): 66–83.

Taylor, W. C. (1999) *The Leader of the Future: Harvard's Ronald Heifetz offers a short course on the future of leadership*, Fast Company & Inc. <www.fastcompany.com/37229/leader-future>

Virunga National Park (2014) *Rebels Attack Ranger Patrol, Killing Three*, Virunga National Park Archives, Democratic Republic of the Congo. <virunga.org/archives/rebels-attack-ranger-patrol-killing-three/>

Wheatley, M. J. (2006) *Leadership and the New Science: Discovering order in a chaotic world*, Berrett-Koehler Publishers, San Francisco.

CHAPITRE 13

PLANIFICATION

Auteur principal :
Penny Spoelder

Collaborateurs :
Michael Lockwood, Stuart Cowell, Patrick Gregerson et Alistair Henchman

TABLE DES MATIÈRES

UICN CMAP COMMISSION MONDIALE DES AIRES PROTÉGÉES Convention sur la diversité biologique

AUTEUR PRINCIPAL

PENNY SPOELDER est consultante senior chez TRC Tourisme.

COLLABORATEURS

MICHAEL LOCKWOOD est professeur agrégé de géographie et sciences spatiales à l'École des terres et de l'alimentation, Université de Tasmanie, Australie.

STUART COWELL est directeur de Conservation Management, Hobart.

PATRICK GREGERSON est responsable de la planification des parcs et des études spéciales, Service des parcs nationaux des États Unis.

ALISTAIR HENCHMAN est directeur de Saje Consulting, Australie.

CITATION

Spoelder, P., Lockwood, M., Cowell, S., Gregerson, P. et Henchman, A. Planification. In Worboys, G. L., Lockwood, M., Kothari, A., Feary, S. et Pulsford, I. (éd.) *Gouvernance et gestion des aires protégées*. Canberra : ANU Press, 2020. doi.org/10.22459/GGAP.13

PHOTO DE LA PAGE DE TITRE

Île de Tasman, dans le parc national Tasman, Tasmanie, Australie.
Source : Graeme L. Worboys

Le parc national Tasman est administré par le Service des parcs et de la faune sauvage de Tasmanie et géré conformément à son plan de gestion de 2011. Dans les années 2010, l'Île de Tasman a été infestée par des chats sauvages, qui ont affecté les populations d'oiseaux marins nicheurs. Le plan de gestion conseillait l'éradication, et un plan d'éradication du chat sauvage soigneusement étudié, planifié et exécuté a été mis en œuvre avec succès. Son exécution sur le terrain a été possible grâce à des subventions philanthropiques de la Fondation Pennicott, et environ 50 000 oiseaux marins ont pu être sauvés, chaque année, grâce à ce travail.

Introduction

La planification implique de décider d'un état futur souhaitable et d'une série d'actions permettant d'y parvenir. Dans sa forme la plus simple, le but de la planification est d'établir comment passer d'une situation dans laquelle nous nous trouvons aujourd'hui (ici) à une situation dans laquelle nous voulons être demain (là). Pour ce faire, nous aurons besoin de préciser la situation dans laquelle nous nous trouvons, la situation à laquelle nous souhaitons arriver et les actions que nous projetons pour y parvenir. Il s'agit là d'une chose que la plupart d'entre nous faisons tous les jours, et d'une fonction clé de la gestion.

Des concepts tels que les services écosystémiques, la résilience et la conservation de la connectivité apportent des approches nouvelles et innovantes à la planification. Autrefois limitée à des processus gouvernementaux, la planification des aires protégées est aujourd'hui, le plus souvent, le résultat d'efforts de collaboration entre scientifiques, professionnels, communautés, peuples autochtones, organisations non gouvernementales (ONG), propriétaires fonciers individuels, grandes entreprises et organismes internationaux. Les approches de planification sont repensées pour tenir compte des intérêts de ces groupes, ainsi que des nouveaux mécanismes de gouvernance.

Un professionnel efficace des aires protégées doit comprendre ce qu'est la planification, pourquoi elle est essentielle et le rôle important qu'elle joue dans la gouvernance et la gestion des aires protégées. Il devra également comprendre les différentes approches de la planification, leurs limites et leur application pratique, afin de bâtir et de renforcer des réseaux d'aires protégées capables de faire face, d'atténuer et de s'adapter aux changements socioéconomiques et biophysiques mondiaux.

La planification présente de nombreux avantages pour les aires protégées, ainsi que pour les organisations et personnes responsables de leur gouvernance et de leur gestion. En particulier, une planification efficace peut renforcer la capacité des professionnels des aires protégées à :

- répondre aux responsabilités mondiales en vertu d'accords tels que la Convention sur la diversité biologique (CDB) d'établir un réseau complet d'aires protégées ;
- respecter les obligations légales dans le cadre desquelles ils opèrent ;
- accroître l'efficacité en orientant la gestion vers l'atteinte d'objectifs ;
- prévoir les risques et prendre les précautions nécessaires pour les éviter ;
- optimiser l'utilisation de toutes les ressources disponibles pour atteindre les objectifs ;
- réduire le gaspillage de ressources importantes et augmenter l'efficacité globale ;
- coordonner les plans à court, moyen et long terme dans une variété de domaines géographiques et fonctionnels ;
- assurer la responsabilisation et la continuité de la gestion ;
- contrôler et surveiller l'efficacité et s'adapter au changement ;
- collaborer avec les parties prenantes communautaires, les impliquer et les associer à la prise de décisions ;
- renforcer les capacités des professionnels et des communautés (Thomas et Middleton, 2003 ; Lockwood, 2006).

L'un des problèmes d'une grande partie de la littérature relative à la planification, et de nombreux plans eux-mêmes, est un manque de clarté concernant la terminologie basique de planification. Dans ce chapitre :

- les *buts* sont des énoncés de résultats souhaités non mesurables, mais définissant une orientation générale pour l'établissement ou la gestion des aires protégées ;
- les *objectifs* désignent des résultats mesurables, difficiles à obtenir, mais réalisables, que la gestion cherche à atteindre ;
- les *politiques* précisent les instruments et les types d'activités constituant les moyens par lesquels les buts seront abordés ;
- les *actions* sont des énoncés d'activités spécifiques visant à atteindre un objectif ;
- les *stratégies* sont un type de plan disposant d'une combinaison de buts et de politiques.

Nous décrirons tout d'abord les types de plans généralement associés aux aires protégées, l'évolution des approches de planification des aires protégées et leur application pratique à l'établissement et à la gestion des réseaux de réserves. Nous donnerons également des exemples de la façon dont diverses approches de planification ont été appliquées avec succès aux aires protégées dans le monde entier.

Types de plans relatifs aux aires protégées

La planification des aires protégées implique de nombreux types de planification, à différentes échelles géographiques et organisationnelles. La figure 13.1 présente une hiérarchie typique de planification associée à la gestion des aires protégées.

Figure 13.1 Hiérarchie de planification

Source : Adapté de Thomas et Middleton (2003:12)

Plans généraux

Les plans généraux, au plus haut niveau, énoncent généralement les objectifs stratégiques d'une organisation, et incluent généralement une déclaration sur la façon dont cette organisation envisage l'avenir (une déclaration de vision). Habituellement, un plan général aura une durée de vie de cinq à 10 ans, et des révisions seront prévues chaque année ou après quelques années. Un plan général robuste constitue un outil de gestion puissant permettant de guider les activités d'une organisation. En règle générale, les recommandations de ces plans contribuent au processus de planification opérationnelle. Les agences gouvernementales, les ONG et certaines aires protégées privées disposent souvent de plans généraux pour guider leurs activités. Ces plans sont moins pertinents pour les aires protégées gérées par les communautés, ou pour celles appartenant à des propriétaires fonciers individuels.

Plans d'utilisation des terres et de la mer

La planification de l'utilisation des terres et de la mer est un processus visant à déterminer à quelles fins les terres et milieux marins seront utilisés. De nombreuses juridictions ont adopté des processus législatifs encadrant les établissements humains et la planification des ressources naturelles et de la conservation, et définissant les zones destinées au développement résidentiel, commercial et industriel, à l'exploitation forestière, à la pêche, à la conservation et autres types d'utilisations. Dans le présent chapitre, l'accent sera mis sur les processus permettant de déterminer quels sites devraient être ou seront désignés en tant qu'aires protégées, et comment ils devraient être gérés.

Plans de gestion des zones ou des réserves

La planification de la gestion par zones désigne la façon de gérer une superficie de terres conformément à sa mise en réserve dans le cadre du plan d'aménagement du territoire. Les plans de gestion sont des plans propres à une réserve ou à un site, définissant les valeurs d'une zone, les problèmes et les menaces susceptibles de l'affecter, ainsi que les mesures requises pour gérer au mieux cet endroit afin de maintenir ou d'améliorer sa conservation, entre autres valeurs.

Les plans de gestion de zone pour les réserves sont également étroitement liés aux plans fonctionnels ou subsidiaires, tels que les plans de gestion de la conservation, les plans généraux, les plans de gestion des incendies, les plans de gestion des visiteurs et les plans de gestion d'espèces nuisibles, qui contribuent au plan de gestion de zone ou en découlent.

Les mesures spécifiques des plans de gestion sont incluses dans les plans opérationnels, afin de s'assurer que des ressources soient disponibles pour leur mise en œuvre. Des recommandations politiques et des menaces importantes peuvent également être prises en compte dans les plans stratégiques et généraux de l'organisme responsable du site.

Zones humides du parc national des Everglades, Floride, États-Unis, une aire protégée intensivement planifiée et gérée

Source : Ashish Kothari

L'importance de la planification pour le Service des parcs nationaux des États-Unis, et la façon dont celui-ci utilise la planification pour intégrer une logique, l'analyse, la participation du public et la responsabilisation dans le processus de prise de décisions pour des sites particuliers sont discutées dans l'étude de cas 13.1. Celle-ci illustre également les interrelations entre les différents niveaux et types de plans, l'importance accordée aux valeurs du parc et l'approche réactive et flexible adoptée pour protéger ces valeurs. Elle aide les gestionnaires à déterminer la meilleure façon de se conformer à la législation et aux politiques, et la manière la plus adéquate d'aborder les nombreux intérêts concurrents dans les parcs, non directement couverts par la législation ou les politiques. La planification et la prise de décisions concernant le parc se font suivant un cycle continu et dynamique. Chaque parc est en mesure de démontrer aux décideurs, au personnel et au public comment les décisions se rapportent les unes aux autres en termes d'approche globale et logique.

La planification de la gestion des aires protégées est analysée, plus en détail, plus loin dans ce chapitre.

Plans subsidiaires

Les plans subsidiaires sont axés sur des informations politiques plus précises, et se basent sur un calendrier plus court que les plans de gestion des réserves. Thomas et Middleton (2003) fournissent une liste de plans subsidiaires potentiels, souvent liés aux plans de gestion des réserves, tels que les plans d'aménagement, les plans de conservation et les plans de gestion de site.

Plans opérationnels

Les plans opérationnels de niveau inférieur sont utilisés pour indiquer comment les objectifs de haut niveau du plan général seront mis en œuvre. Là où les plans généraux peuvent contenir des objectifs visant à réaliser des actions provisoirement non financées, les plans opérationnels ne devraient inclure que des activités réalisables à partir des ressources existantes, humaines ou autres. Généralement, un plan opérationnel est élaboré pour chaque partie de l'organisation responsable d'un domaine fonctionnel (par exemple, la conservation de la faune ou la gestion des actifs) et pour chaque zone géographique (gestion régionale ou locale). Les plans opérationnels sont généralement annuels, et sont également pertinents pour les aires protégées gérées par les communautés, car ils peuvent servir à guider des décisions d'affectation des ressources reflétant l'intention des plans de niveau supérieur. Ces plans sont moins pertinents pour les réserves de conservation appartenant à des propriétaires fonciers individuels.

Approches de la planification

Avant d'aborder les particularités de la sélection et de la planification de la gestion des réserves, il est utile d'analyser comment un problème de planification pourrait, en théorie,

Étude de cas 13.1 Cadre de planification du Service des parcs nationaux des États-Unis

Le Service des parcs nationaux des États-Unis planifie pour une seule raison : s'assurer que les décisions prises pour chaque parc permettent d'atteindre le but de ce parc de manière aussi rentable et uniforme que possible. Le but de chaque parc est défini, en partie, par le but fondamental du Service des parcs nationaux (SPN), qui est de conserver les ressources et les valeurs des parcs et d'en assurer la jouissance d'une manière qui préserve leur intégrité, et en partie par une orientation plus spécifique définie dans la législation de création ou la proclamation présidentielle de chaque parc. Étant donné que chaque parc a un but particulier, les politiques de gestion du SPN laissent beaucoup de latitude aux gestionnaires pour déterminer la meilleure façon de gérer chaque parc en fonction de son but et de son importance, des interrelations existant entre les ressources et les valeurs du parc, de l'éventail d'intérêts des parties prenantes, de l'existence de pratiques exemplaires, ainsi que d'autres facteurs.

Le cadre de planification du SPN repose sur les principes suivants :

- améliorer la capacité de planification à l'échelle du service en intégrant les autres besoins de planification des programmes du SPN aux programmes de planification régionaux et nationaux ;
- confirmer le document fondateur du parc (décrit ci-après) comme base de référence pour la planification et la prise de décisions futures dans le parc ;
- introduire le concept du « portefeuille de planification » afin de mettre en œuvre une approche réactive et flexible pour répondre aux besoins de planification du parc.

Le principe d'intégration du programme est mis en œuvre en fonction des opportunités. L'idée est d'accroître le vaste potentiel pour un large éventail de programmes de contribuer plus efficacement à la planification du parc. Le cadre reconnaît le profil de la planification au sein du SPN et s'appuie sur les capacités existantes pour améliorer l'efficacité de la planification du parc.

Le « document fondateur » du parc

Chaque unité du réseau de parcs nationaux doit disposer d'un énoncé officiel de sa mission principale, fournissant une directive de base pour toutes les décisions de planification et de gestion, autrement dit, une base pour la planification et la gestion. Le document fondateur du parc peut être utile dans tous les aspects de la gestion de celui-ci, afin de s'assurer que les principaux objectifs de gestion sont atteints avant d'aborder d'autres facteurs également importants, mais non directement essentiels à la réalisation de l'objet du parc et au maintien de son importance. Il fournit l'information nécessaire à une gestion efficace du parc à long terme, ainsi qu'à la protection des ressources et valeurs du parc qui font partie intégrante de l'objet et de l'identité de cette unité de parc.

Le principal avantage de l'élaboration et de l'adoption d'un document fondateur est la possibilité d'intégrer et de coordonner tous les types et niveaux de planification et de prise de décisions à partir d'une compréhension commune et unique des aspects les plus importants du parc. Le document fondateur résulte d'un effort de collaboration entre le personnel et les spécialistes du parc dans divers domaines de programme. L'approche multidisciplinaire offre la possibilité de compiler et d'intégrer diverses sources et hiérarchies d'information disponibles sur une unité de parc. L'information est ensuite affinée et concentrée pour déterminer les attributs les plus importants du parc.

Les éléments d'un document fondateur sont les suivants :

- *L'énoncé de l'objet du parc* définit la ou les raisons précises de l'établissement d'un parc particulier, ainsi que les aspects les plus importants de ce parc. Il est élaboré à partir d'une analyse de la législation habilitante ayant permis d'établir le parc, et de l'histoire législative ayant influencé son développement.
- Des *déclarations d'importance* expliquent pourquoi les ressources et valeurs d'un parc sont suffisamment importantes pour que celui-ci mérite d'être désigné comme unité du réseau de parcs nationaux. Elles décrivent la nature particulière du parc et expliquent pourquoi une zone est importante dans les contextes mondiaux, nationaux, régionaux et à l'échelle du réseau.
- Les *ressources et valeurs fondamentales* sont celles qui méritent d'être prises en considération lors des processus de planification et de gestion, car elles sont essentielles à la réalisation de l'objet du parc et au maintien de son importance.
- Les *autres ressources ou valeurs importantes* sont celles faisant partie intégrante de la planification et de la gestion du parc, même si elles ne sont pas liées à l'objet de celui-ci. Elles méritent une attention particulière dans les processus de planification. Par exemple, les thèmes d'interprétation regroupent les histoires ou concepts clés que les visiteurs devraient avoir intégrés après avoir visité un parc. Ils définissent les idées ou concepts les plus importants à communiquer aux visiteurs à propos d'une unité de parc.
- De nombreuses décisions de gestion pour une unité de parc sont définies ou influencées par *des mandats spéciaux et des engagements administratifs* avec d'autres organismes fédéraux, les gouvernements locaux et des États, les entreprises de services publics, les organisations partenaires et autres entités. Certaines exigences législatives ou judiciaires propres au parc, ainsi que certains engagements administratifs, peuvent mériter d'être discutés et recevoir une attention particulière si : 1) ils sont inhabituels (par exemple, une disposition spéciale de la législation d'un parc autorisant le pâturage), 2) ils ajoutent une nouvelle dimension à l'objet et à l'importance d'un site (par exemple, la désignation d'une zone dans le parc comme faisant partie du système national de préservation de la nature sauvage, l'inclusion d'une rivière dans le réseau national des rivières sauvages et remarquables, la désignation d'un point d'intérêt historique national sur une partie d'un parc ou la désignation d'un parc comme site du Patrimoine mondial ou Réserve de la biosphère), ou 3) ils engagent les gestionnaires du parc à prendre des mesures précises (par exemple, une mesure requise par une ordonnance judiciaire).

L'évaluation des besoins en matière de planification et de données définit les questions de planification, les projets de planification qui permettront de répondre à ces questions et les besoins d'information connexes à la planification, tels que les inventaires de ressources et la collecte de données, y compris les données de systèmes d'information géographique (SIG). L'évaluation comprend : 1) une analyse des ressources et valeurs fondamentales et autres ressources et valeurs importantes, 2) l'identification des questions clés et des besoins connexes en matière de planification et de données, et 3) l'identification des besoins en matière de planification et de données (y compris les activités de cartographie ou les cartes SIG).

L'atlas du parc est une composante du document fondateur du parc. Il s'agit d'un outil de soutien à la planification basé sur un SIG, qui présente des éléments de données géographiques importants pour la gestion du parc, tels que les ressources naturelles et culturelles, les habitudes d'utilisation des visiteurs, les installations ou le cadre régional de l'unité de parc. Il sert de référence pour les projets du parc et facilite les décisions de planification.

Le Programme de planification des parc du SPN est le fer de lance des efforts visant à disposer d'un document fondateur pour chacune des 401 unités de parc d'ici 2016. Les gestionnaires de parc ont réagi avec enthousiasme à cette initiative, et les administrateurs régionaux, ayant compris l'avantage d'une compréhension commune autour d'un parc, préconisent la préparation de documents fondateurs pour les parcs nouvellement établis.

Portefeuille de planification d'un parc

Les documents fondateurs sont au cœur du « portefeuille de planification » de chaque parc, c'est à dire, l'ensemble des plans individuels pour une unité de parc. Le concept repose sur l'hypothèse que les besoins de planification d'un parc sont satisfaits grâce à la totalité des documents de planification actuellement utilisés dans le parc, mis à jour, au besoin, pour fournir des conseils en temps opportun. Il s'agit d'une approche différente du modèle de plan global précédemment en place pour la planification des parcs, dans lequel un seul document de plan pour chaque parc ouvrait la voie aux efforts de planification ultérieurs. Pendant longtemps, l'organisation a tenté de faire face aux longs délais et aux coûts élevés associés aux plans complets à grande échelle, en soutenant une façon plus agile et plus adaptée de développer les outils de planification des parcs. La structure du portefeuille offre une plus grande souplesse aux gestionnaires de parc, soutenant les efforts de planification officielle pour certaines questions, tout en reconnaissant que les plans et directives existants sont plus adéquats pour d'autres questions.

Le portefeuille peut être considéré comme un classeur à feuilles mobiles dans lequel des éléments de planification particuliers peuvent être retirés et mis à jour, et de nouveaux éléments peuvent être ajoutés, sans devoir actualiser l'ensemble du classeur. Dans certains parcs, le portefeuille peut se présenter sous la forme physique d'une étagère ou d'une bibliothèque remplie de plans. Dans d'autres, il peut exister de façon électronique, sous forme d'une compilation virtuelle de documents à références croisées. Quel que soit son format, le portefeuille représente une série d'éléments destinés à guider les actions futures de gestion du parc et son personnel, certains éléments individuels pouvant être mis à jour, au besoin.

– Patrick Gregerson, responsable de la planification des parcs et des études spéciales, Service des parcs nationaux des États-Unis.

Spécialiste des ressources du Service des parcs nationaux des États-Unis, zone géothermique du Old Faithful, parc national du Yellowstone

Source : Graeme L. Worboys

être abordé. Selon Alexander (1992), la théorie est un moyen de comprendre le monde, un cadre pour organiser les faits et l'expérience, et les interpréter de manière systématique. La théorie de la planification guide la pratique et sert à orienter et à établir diverses approches de planification des aires protégées. La pratique a besoin de théorie non seulement pour structurer le monde et l'environnement, c'est à dire l'objet des actions, mais aussi pour expliquer les actions aux acteurs eux-mêmes (Alexander, 1992). La théorie nous permet également de voir les hypothèses et les jugements de valeur qui sous-tendent la pratique de la planification, et fournit un moyen de comprendre les processus de planification externes à notre propre expérience, intuition ou bon sens (Lockwood, 2006).

La planification des aires protégées est continuellement redéfinie par de nouvelles approches. Au fil des ans, notre compréhension scientifique de la biologie de la conservation a évolué, tout comme notre compréhension du rôle et de l'importance de la planification, ainsi que des avantages et inconvénients des différentes approches. Au fil du temps, les idées initialement issues de la recherche en écologie et autres disciplines telles que les sciences sociales et économiques ont été intégrées avec succès à ce que nous connaissons aujourd'hui comme la planification des aires protégées.

Parallèlement, la planification est devenue plus complexe, plutôt que moins complexe (Alexander, 1992), et les défis pour les planificateurs d'aires protégées se sont multipliés.

La complexité et l'incertitude associées à la gestion des systèmes naturels ont un impact continu sur la façon dont nous planifions l'avenir. Barber et al. (2004) suggèrent que la complexité, l'incertitude, le changement et les conflits sont les principales forces influençant notre approche de la planification de la conservation. Ces forces sont décrites comme suit :

Complexité

L'interdépendance des systèmes naturels et les conséquences des interactions des activités humaines sur l'environnement naturel sont complexes. Notre compréhension des différentes composantes, processus et de leurs interactions s'est développée au fil du temps (Alexander, 1992 ; Barber et al., 2004 ; Figgis et al., 2012). En réponse à cette complexité, les approches de planification ont changé d'orientation, passant d'une conservation de la biodiversité axée sur les espèces menacées et la gestion des habitats à des fonctions écosystémiques à l'échelle de paysages « perméables », à grande échelle, et à des approches de planification de la conservation basées sur la résilience (Pirot et al., 2000 ; Figgis et al., 2012 ; Wardrop et Zammit, 2012).

Incertitude

En raison de la complexité des systèmes socioéconomiques et écologiques, il est peu probable que nous disposions d'une information complète sur tous les facteurs ayant une influence sur nos décisions de planification (Alexander, 1992). Néanmoins, des décisions doivent être prises à propos du site sur lequel ces décisions sont susceptibles d'avoir des conséquences, malgré le manque d'informations disponibles. Les approches de planification reconnaissent aujourd'hui cette incertitude, et nous permettent d'adapter nos actions en fonction de notre apprentissage.

Changement

Les systèmes environnementaux et socioéconomiques sont en constante évolution, et beaucoup de ces changements sont provoqués par les activités humaines. Les approches de planification des aires protégées ont été développées, au fil du temps, pour tenir compte des possibles changements, et sont aujourd'hui conçues de façon suffisamment souple pour permettre plus de réactivité (Wardrop et Zammit, 2012).

Conflit

Des valeurs et points de vue différents, et souvent contradictoires, interviennent généralement dans les décisions d'affectation et d'utilisation des ressources. Lorsque nous envisageons des approches à grande échelle, au niveau des paysages, pour atteindre les objectifs de conservation, la nécessité de s'engager, de motiver et de prendre en compte les droits et points de vue d'autres propriétaires fonciers et gestionnaires est également devenue un facteur important dans la planification des aires protégées (Figgis et al., 2012). Au fil du temps, les approches d'engagement communautaire ont reconnu les besoins et aspirations des communautés locales, et ont évolué vers des modèles de prise de décision plus partagés (Barber et al., 2004 ; Wardrop et Zammit, 2012 ; Davies et al., 2013).

Barber et al. (2004) et Wardrop et Zammit (2012), entre autres, décrivent comment la complexité, l'incertitude, le changement et les conflits ont influencé notre approche de la planification des aires protégées au cours des dernières décennies, comme le résume le tableau 13.1. L'optique de résilience est devenue particulièrement influente. Le renforcement ou le maintien de la résilience au sein du réseau d'aires protégées sont de plus en plus cités comme un moyen d'atteindre les objectifs de conservation à long terme face aux changements climatiques et autres impacts humains (Figgis et al., 2012). La planification de la résilience est une application de la planification adaptative, et les professionnels des aires protégées ont tendance à utiliser ce type de planification pour élaborer des stratégies visant à faire face à l'incertitude et au changement (voir le chapitre 10).

La planification de la résilience consiste à identifier un état souhaité, et à élaborer des stratégies pour réduire les vulnérabilités, augmenter la capacité d'adaptation et réaliser un suivi des rétroactions du système. L'approche consiste à construire un modèle conceptuel d'un système, incluant les ressources, les parties prenantes et les institutions, et identifiant les seuils potentiels entre les différents états du système, afin de fournir un aperçu des facteurs renforçant ou affaiblissant sa résilience. Des approches de planification de la résilience sont de plus en plus appliquées aux réseaux d'aires marines protégées, aux bassins versants et aux écosystèmes arctiques (Resilience Alliance, 2014), ainsi qu'à certaines communautés locales au Chili, au Népal, en Chine et en Thaïlande (UICN, 2014).

Là où une approche de planification traditionnelle peut se concentrer sur le maintien de conditions actuelles (par exemple, la composition et l'abondance des espèces autochtones) ou la promotion de l'efficacité du système (par exemple, le rendement maximal durable), une approche basée sur la résilience se concentre davantage sur le régime souhaité du système et le maintien de la diversité fonctionnelle et des réponses.

Des théoriciens de la planification tels que Friedmann (1987), Briassoulis (1989) et Allmendinger (2009) offrent également diverses façons de classer les approches de planification. Les quatre approches les plus pertinentes pour les planificateurs d'aires protégées sont les approches rationnelle-globale, adaptative, participative et de plaidoyer. S'agissant d'approches de type général, elles sont rarement utilisées dans leur forme pure, et la plupart des projets de planification peuvent être décrits selon un mélange de ces approches (Lockwood, 2006).

Planification rationnelle-globale

L'approche rationnelle-globale (également connue sous le nom de planification synoptique) représente la tradition dominante et le point de départ de la plupart des autres approches de planification, qui constituent des modifications ou des réactions à son encontre (Alexander, 1992). L'approche rationnelle-globale de planification consiste à atteindre un état futur souhaité en définissant des buts et objectifs, et en articulant les mesures spécifiques

Tableau 13.1 Changements dans l'approche de planification de la conservation

Objectif	Approches antérieures de planification de la conservation	Approches actuelles et futures de planification de la conservation
Conservation de la biodiversité	Espèces et habitats menacés ; Aires protégées considérées ; comme prioritaires ; Focus terrestre ; Participation limitée des terres privées ; Processus dirigés par les gouvernements.	Planification systématique de la conservation reflétant les fonctions des écosystèmes ; Multiples parties prenantes impliquées dans l'évaluation ; Droits de propriété divers ; Approches de planification de la conservation fondées sur les paysages et la résilience ; Espèces critiques identifiées ; Répartition des espèces et gestion de l'abondance dans l'ensemble du paysage (indépendamment des droits de propriété) ; Cadre de résilience pour les stratégies et la planification régionale ; Paysages terrestres et marins identifiés.
Contribution scientifique	Structures écosystémiques statiques ; Modèles de changement prévisible ; Outils économiques et d'optimisation utilisés pour aider à la prise de décision.	Dynamique non linéaire et systèmes complexes ; Chocs, rétroactions et seuils ; Interactions à toutes les échelles ; Interactions sociales et écologiques complexes ; Concepts liés au marché pour l'évaluation.
Objectifs	Approches mixtes ; Objectifs à court terme ; Objectifs fixes ; Méthodes mixtes pour mesurer l'efficacité.	Nouvelle combinaison d'approches ; Objectifs à long terme ; Objectifs flexibles/adaptables ; Apprentissage intégré dans la planification et le renforcement des capacités.
Modèles de gestion	Structures institutionnelles rigides ; Coordination pangouvernementale ; Gestion linéaire.	Intégration entre institutions et communautés ; Planification intégrée à de multiples échelles ; Participation et appropriation autochtones ; Gouvernance et structures adaptatives ; Partage et prise de décisions décentralisés s'appuyant sur un éventail de connaissances, y compris des communautés autochtones ; Partenariats fondés sur les écosystèmes.
Engagement des communautés	Consultation dirigée par le gouvernement ; Intégration limitée des sciences et des communautés ; Diffusion de l'information pour améliorer la compréhension.	Engagement et partage des décisions ; Gamme d'outils disponibles (numériques) ; Consultation communautaire ; Reconnaissance des connaissances, de la participation et de l'appropriation autochtones ; L'apprentissage et le renforcement des capacités font partie du processus de consultation ; Partage des connaissances.

requises pour les atteindre. Elle implique un certain nombre d'étapes reliant les pensées à l'action, et aboutissant à des décisions basées sur la raison/logique. En règle générale, les étapes d'une approche de planification rationnelle-globale impliquent :

- documentation complète du système étudié ;
- énonciation des buts et des objectifs ;
- identification des ressources et des contraintes ;
- conception de solutions ou de plans d'action alternatifs ;
- projection du résultat probable de ces solutions alternatives ;
- évaluation de ces solutions à la lumière de critères objectifs ;
- sélection d'une ou plusieurs mesures suggérées par l'analyse pour permettre de mieux atteindre les objectifs (Alexander, 1992 ; Worboys et al., 2005).

La planification rationnelle produit souvent des décisions pouvant être clairement expliquées et justifiées. Elle examine généralement les problèmes d'un point de vue systémique, en utilisant des modèles conceptuels ou mathématiques reliant les fins (objectifs) aux moyens (actions). Le débat sur les problèmes a tendance à se concentrer sur des questions techniques telles que la fiabilité des données. Les hypothèses centrales qui sous-tendent l'approche rationnelle-globale de planification peuvent être résumées comme suit :

- il est possible de trouver la meilleure solution à tous les problèmes de planification ;
- l'environnement est contrôlable en utilisant les connaissances scientifiques et les technologies modernes ;
- les solutions proviennent de la collecte et de l'analyse des données ;
- il existe un intérêt public commun à résoudre le problème ou à trouver une solution ;
- l'évaluation de solutions alternatives et la création de systèmes de mise en œuvre sont nécessaires ;
- le changement doit être conçu par le haut (Alexander, 1992 ; Allmendinger, 2009).

La formalité et la rigueur de l'approche rationnelle-globale sont à la fois une force et une faiblesse. La planification rationnelle-globale est censée produire des décisions pouvant être clairement expliquées et justifiées (Lockwood, 2006), et ceci constitue sa force. Cela est particulièrement évident lorsqu'elle est appliquée à des processus complexes, à grande échelle ou à long terme, tels que la planification de la conservation lorsque le lien entre l'intention et le résultat a un caractère plus contingent (Madanipour, 2010). Le débat autour des décisions a tendance à se concentrer sur des questions techniques telles que la fiabilité des données ou la validité des modèles utilisés pour traiter ces données.

Cependant, il est peu probable qu'un planificateur dispose de suffisamment d'informations de qualité pour adopter cette approche pour tous les aspects d'un projet de planification. L'approche rationnelle-globale a également tendance à être rigide, et ignore souvent les facteurs sociaux et politiques. L'incertitude et le risque sont très difficiles à prendre en compte. Les résultats d'un processus rationnel-global peuvent donc ne pas refléter les valeurs ou aspirations communautaires, et ignorer les limites politiques et institutionnelles. Par conséquent, les plans élaborés à l'aide de cette approche peuvent ne pas fournir d'orientation réaliste aux gestionnaires et devenir rapidement obsolètes. Il existe un risque réel que de tels plans « restent en suspens », ne puissent pas servir de guide pratique pour la gestion continue, et ne soient donc pas mis en œuvre (Lockwood, 2006).

Planification adaptative

Une approche cherchant à surmonter les défis de l'incertitude et du changement est une gestion adaptative. Cette approche analyse systématiquement les problèmes, intègre continuellement de nouvelles informations et idées d'apprentissage, et ajuste la réponse de gestion en conséquence (Braus, 2011). Plutôt que de chercher à être globales, les approches adaptatives utilisent la compréhension systémique pour identifier les aspects clés du système comme points d'intervention principaux de la planification et de la gestion.

La planification et la mise en œuvre sont abordées comme un processus itératif d'analyse et de révision, et non comme une série de prescriptions fixes (comme dans l'approche rationnelle-globale). Les interventions sont considérées comme une série d'adaptations successives et continues à des conditions variables. L'approche met l'accent sur la flexibilité, exige la volonté d'apprendre par l'expérience, et peut nécessiter de sacrifier les gains actuels ou à court terme pour des objectifs à plus long terme (Briassoulis, 1989). L'accent est mis sur l'apprentissage du fonctionnement du système grâce à des interventions de gestion à la fois axées sur les enjeux et expérimentales. Trois des éléments clés de la planification adaptative sont :

- tester les hypothèses : essayer systématiquement différentes interventions pour atteindre un résultat souhaité ;
- adaptation : utiliser systématiquement les informations obtenues grâce au suivi pour prendre des mesures améliorant l'efficience et l'efficacité de la gestion ;

Étude de cas 13.2 Planification adaptative à l'aide de systèmes socio-écologiques : le parc national du Kruger

Le réseau de Parcs nationaux d'Afrique du Sud (SANParks) compte 19 aires protégées, traverse d'importants gradients environnementaux et de biodiversité, et subi une évolution constante et une intensification de la pression démographique globale. En réponse à cela, SANParks a adopté une approche de gestion adaptative de la conservation de la biodiversité. Les seuils de préoccupation potentiels de SANParks font partie intégrante du cadre de gestion adaptative stratégique. Le cadre comprend un système simplifié de collecte de données, d'analyse, de présentation des résultats et de rétroaction des connaissances. Les données sont recueillies pour réaliser un suivi des conditions environnementales. Pour garantir la préservation de l'exactitude des données et la standardisation du processus de collecte, une application informatique portative (CyberTracker) est personnalisée pour chaque programme de suivi. Ce système, basé sur des icônes, permet au personnel de terrain d'enregistrer des observations, accompagnées de coordonnées géographiques, à l'aide d'un assistant numérique personnel doté d'un système de positionnement global intégré. De cette façon, les données recueillies sur le terrain sont simultanément compilées électroniquement à l'aide de listes de contrôle graphiques, améliorant ainsi la précision des données. Le processus de collecte de données peut permettre aux gardes de contribuer directement à la gestion et à la recherche dans chaque parc, en recueillant simplement des données environnementales de base au cours de leurs patrouilles quotidiennes régulières (par exemple, répartition d'espèces rares et menacées, disponibilité en eaux de surface ou épidémies).

Les informations recueillies au cours des patrouilles des gardes sont utilisées par la direction de SANParks pour :

- planifier des patrouilles ciblées pour cartographier l'intégralité de la zone ;
- disposer d'un système d'alerte précoce pour les épidémies ;
- identifier les tendances dans les points de sortie et d'entrée illégaux ;
- activer la détection et le contrôle des espèces exotiques envahissantes ;
- signaler les ruptures de clôture au Département vétérinaire de l'État à des fins de santé animale.

Les données stockées dans la base de données de SANParks sont utilisées dans des analyses de routine standardisées, afin d'évaluer si les seuils de variables écologiques spécifiques ont été dépassés. Cette approche permet d'introduire un certain degré de changement dans les écosystèmes, du fait de l'utilisation des ressources, à condition que celui-ci reste dans des limites naturelles de variation. Par conséquent, ces seuils créent une boucle de rétroaction entre le suivi et la gestion, agissant comme un système de détection précoce de changements indésirables dans les écosystèmes, et incitant à des interventions de gestion éclairées afin de promouvoir l'apprentissage cyclique. Il existe également une composante socioéconomique à l'utilisation durable des ressources, le processus d'élaboration d'indicateurs et de seuils de suivi étant chronophage et gourmand en ressources. Ce processus implique la participation active et le soutien de toutes les parties prenantes afin d'assurer un suivi efficace de l'utilisation durable des ressources et le respect des règles. La participation des parties prenantes à la gestion de l'utilisation des ressources est encouragée, y compris par l'intégration des connaissances locales dans les systèmes de suivi et d'évaluation. Les rôles et responsabilités des parties prenantes varient selon le contexte local et l'objectif d'utilisation des ressources.

Source : Adapté de Kruger et MacFadyen (2011)

- *apprentissage* : documenter systématiquement les actions, les processus et les résultats afin que les acquis puissent être intégrés dans la prise de décision, et partagés avec les professionnels et les chercheurs.

Dans le contexte des aires protégées, cela signifie que les planificateurs peuvent étudier la relation changeante entre les écosystèmes, les systèmes sociaux et l'utilisation des terres et des ressources naturelles, et utiliser cette information pour élaborer de nouvelles stratégies et actions visant à atteindre les objectifs (Barber et al., 2004). Les défenseurs de cette approche (Madanipour, 2010 ; Barber et al., 2004 ; Wardrop et Zammit, 2012) suggèrent que l'adaptation est une exigence clé des projets de conservation car, dans de nombreux cas, les connaissances sont insuffisantes pour identifier la « meilleure » réponse possible à un problème de conservation, et que les actions doivent donc commencer sur la base des meilleures informations disponibles, et être adaptées à mesure que le projet évolue. Ils suggèrent également que le temps nécessaire pour améliorer la biodiversité peut être de plusieurs décennies. Par conséquent, les projets doivent définir les activités et les résultats escomptés, puis mesurer les résultats à court terme de manière à renforcer la confiance dans l'obtention de résultats à long terme.

Il s'agit d'un processus itératif aboutissant à des stratégies et à des actions plus solides, basées sur les résultats mesurés lors des itérations antérieures.

La planification adaptative reconnaît également les changements se produisant au sein d'une équipe, dans la mesure où elle tient compte et élabore des réponses à son contexte de planification. En termes simples, les aspects qu'une équipe de planification et ses intervenants et partenaires apprennent au cours du développement d'un plan changent la façon dont ceux-ci envisagent le contexte et les réponses à ce contexte. Le premier plan qu'une équipe élabore et met en œuvre n'est qu'un « pas » vers une autre étape, et ainsi de suite.

Tel que mentionné précédemment, la compréhension des systèmes dans la planification adaptative repose de plus en plus sur une optique de résilience, et sur les analyses connexes des systèmes socio-écologiques (voir le chapitre 10 pour plus de détails sur cette optique). Dans le contexte des

Planification de la gestion de la réserve de biosphère de Bosawas, Nicaragua

Source : Eduard Müller

aires protégées, la planification de la gestion du parc national du Kruger, en Afrique du Sud, est un exemple de premier plan (étude de cas 13.2). Les principaux enseignements tirés de l'expérience du Kruger pour les planificateurs d'aires protégées incluent :

- des données de suivi à long terme et des indicateurs de changement écologiques et socioéconomiques appropriés sont nécessaires pour que la gestion adaptative soit efficace ;
- une structure de soutien efficace pour la collecte des données, la réflexion et la diffusion des connaissances est essentielle, afin de faciliter les décisions de gestion en temps opportun et les mesures connexes ;
- la participation des utilisateurs locaux des ressources et autres parties prenantes peut faciliter la collecte de données, permettre d'intégrer les connaissances locales et donner une plus grande légitimité aux décisions de gestion concernant l'utilisation durable des ressources.

Pour que la planification adaptative soit efficace, une capacité institutionnelle, une gouvernance et des systèmes solides permettant de consigner et de tirer parti de la mémoire et de l'apprentissage de l'organisation sont essentiels. Il s'agit là de bien plus qu'une simple base de données, souvent suggérée comme une possible solution par certains organismes. Il s'agit plutôt de fournir un cadre de soutien permettant d'appliquer les points principaux d'apprentissage. La mise en œuvre de l'approche de planification adaptative est toutefois un défi permanent. Dans la plupart des cas, les personnes sont les principaux moteurs du changement ou de l'adoption de nouvelles technologies au sein d'une organisation. Si un ou plusieurs de ces moteurs, ou agents de changement, disparaissent du système, les programmes auparavant sous leur supervision risquent de disparaître si les structures appropriées ne sont pas en place pour absorber l'impact (Kruger et MacFadyen, 2011). Le temps écoulé entre l'évaluation (une évaluation immédiate de l'importance ou du rendement) et la réflexion (un examen long et approfondi) est un élément important de la gestion adaptative menant à l'apprentissage (Biggs et al., 2011). Les gestionnaires sont souvent confrontés à des problèmes liés au : 1) maintien de l'engagement et du soutien continus des parties prenantes sur une longue période, 2) obtention d'un soutien politique et financier pour l'approche expérimentale, 3) test des innovations comportant un certain degré de risque, et 4) maintien des efforts de leadership et de l'attention à la fois à l'évaluation et à la réflexion pour améliorer l'apprentissage et les décisions de gestion. Ces difficultés sont particulièrement importantes pour les organismes gouvernementaux chargés des aires protégées. Les aires communautaires et privées ou dirigées par des ONG peuvent être moins concernées, car elles disposent souvent de plus d'agilité et de souplesse pour répondre aux nouvelles informations et tirer parti de nouvelles opportunités, et sont moins contraintes par les besoins et les programmes politiques.

Planification participative

Parallèlement à la planification adaptative, il est de plus en plus reconnu que des méthodes participatives de planification sont essentielles à la gestion des aires protégées. La participation est devenue un principe de base de la planification des aires protégées, depuis qu'il a été reconnu que sans la participation des bénéficiaires du plan, la mise en œuvre et les résultats seront souvent voués à l'échec. Elle suppose l'importance de reconnaître les nombreuses voix, intérêts et objectifs concurrents, ainsi que les changements d'intérêts et d'alliances dans le processus de planification (Dawkins et Searle, 2003).

Le terme « engagement communautaire » désigne de façon générale les processus publics dans lesquels le grand public et autres parties intéressées, telles que les groupes d'intérêt, les décideurs politiques et les organisations locales sont invités à participer et à contribuer à l'élaboration de plans, ou à commenter des propositions particulières ou des changements de politique. Les types de personnes pouvant être impliquées dans l'élaboration d'un plan incluent les individus et organisations susceptibles d'avoir un fort intérêt ou une bonne connaissance de la question ou de la zone géographique, y compris les peuples autochtones, les représentants gouvernementaux, les groupes d'utilisateurs de loisirs, les chercheurs, les groupes de conservation, les organisations touristiques et les entreprises.

L'établissement et la gestion d'une aire protégée peuvent entraîner des coûts et des bénéfices pour diverses parties prenantes. La planification peut comporter une certaine concurrence et confrontation, car elle influe sur la valeur des terres et la qualité de vie, et se positionne souvent à l'intersection entre les intérêts du secteur public et ceux du secteur privé. Face à cette diversité de points de vue et d'intérêts, il est difficile de parvenir à un consensus universel. Cependant, il est largement reconnu que la participation précoce des communautés à l'élaboration et à la mise en œuvre des plans présente des avantages considérables pour toutes les parties concernées. Elle peut aider à améliorer les résultats de planification en tenant compte d'un large éventail de points de vue, augmentant ainsi l'intégrité et la qualité des décisions.

Au fil des décennies, notre connaissance des impératifs de conservation s'est développée, de même que notre compréhension de la façon dont les aires protégées devraient être planifiées et gérées. Pour les autorités gouvernementales chargées des aires protégées, l'engagement communautaire est passé d'une simple mise à disposition d'informations ou collecte d'opinions et d'attitudes des individus et organisations intéressés, à un échange plus actif d'informations et de points de vue entre l'organisation responsable, les parties prenantes et la communauté en général, aboutissant, dans certains cas, à une prise de décision partagée. En ce qui concerne les aires protégées gérées par les communautés, une plus grande sensibilisation de la communauté, le partage des connaissances, le renforcement des capacités et une prise de décisions collaborative renforcent « l'appropriation » de l'aire protégée et la gestion des questions connexes.

Pour les aires protégées privées ou gérées par des ONG, la collaboration peut faciliter les projets créant des liens physiques à travers les paysages, et offrent des options souvent trop difficiles à réaliser pour les gouvernements.

En plus de produire un plan plus efficace, la participation d'organisations et d'individus externes à la planification des aires protégées présente les avantages suivants :

- elle met en valeur le rôle de diverses organisations et communautés dans la conservation ;
- elle fournit un mécanisme permettant aux organisations et aux communautés d'apporter des contributions positives et significatives aux processus de prise de décision et de renforcement des capacités ;
- elle génère des idées et des réflexions externes pouvant faciliter l'innovation ;
- elle favorise la compréhension des valeurs et des enjeux d'un parc, ainsi que l'élaboration et l'acceptation des solutions de gestion énoncées dans un plan ;
- elle établit une relation plus forte et plus saine entre l'aire protégée et les communautés ;
- elle favorise de vastes partenariats et alliances intersectoriels susceptibles d'accroître l'accès aux ressources financières et autres (Lockwood, 2006 ; Figgis et al., 2012).

Les objectifs de toute planification participative doivent être explicites dès le départ, et compris à la fois par la personne coordonnant le processus de participation et par les autres personnes impliquées. Par exemple, en plus de décider de la raison d'impliquer d'autres parties, il est important de déterminer :

- comment les individus devront s'organiser pour faciliter le processus de planification ;
- qui sont les parties intéressées et/ou les personnes concernées ;
- qui aura le pouvoir de prendre des décisions ;
- quelle est la meilleure façon d'assurer une participation effective des différents groupes ;
- quelles méthodes ou procédures de planification seront utilisées ;
- qui décidera des objectifs de planification ;
- quels critères seront utilisés pour choisir les meilleurs plans d'action, et qui décidera (Lockwood, 2006).

Sur la base des questions précédentes, une décision peut être prise quant aux moyens de participation les plus appropriés, qui peuvent prendre différentes formes et différents degrés. Il existe de nombreux exemples excellents de planification participative dans les aires protégées à travers le monde, et certains sont présentés dans les études de cas 13.4 et 13.7. Les principaux enseignements tirés de ces études de cas incluent :

- la participation devrait être un processus ouvert, collaboratif et interactif, établi pour permettre d'identifier et d'intégrer les valeurs, les aspirations et les besoins des communautés au processus de planification ;
- les stratégies de participation et d'engagement devraient être conçues de manière à impliquer efficacement les individus et les groupes ayant un intérêt pour le plan et ses résultats ;
- la participation devrait être considérée comme un processus continu dans la gestion des aires protégées, et s'étendre au-delà de la planification, jusqu'à la mise en œuvre, l'évaluation et l'amélioration continue ;
- l'élaboration de stratégies de participation avec les personnes devant participer à la planification avant que celle-ci ne commence offre plus d'efficacité et de pertinence à long terme ;
- les planificateurs doivent être clairs quant au but de la participation, aux diverses stratégies disponibles et aux ressources financières et humaines nécessaires pour rendre la participation efficace et significative ;
- le but de la participation et ses contraintes doivent être expliqués de manière honnête et claire, afin que les communautés comprennent le processus et le but de la participation, bien qu'elles puissent être en désaccord avec le contenu du plan.

La prémisse de la planification participative est qu'il est possible de parvenir à un consensus entre les participants sur les objectifs et les mesures à prendre. Il peut être difficile de parvenir à un tel consensus parce que les participants ont souvent des intérêts et des objectifs différents, et parfois contradictoires. À bien des égards, les processus participatifs sont des processus de négociation visant à résoudre et à gérer les conflits existants et potentiels (entre et parmi les utilisateurs des ressources, entre les utilisations des ressources ou entre les objectifs et stratégies de gestion des ressources).

Lorsqu'ils sont abordés de manière appropriée, les conflits identifiés lors de la planification participative offrent des possibilités d'analyse et d'évaluation, et peuvent catalyser le changement. Dans le contexte de la planification participative, les conflits peuvent aider à résoudre les problèmes susceptibles d'entraver la gestion à un stade ultérieur du processus. Toutefois, s'ils ne sont pas gérés correctement, les conflits peuvent être contre-productifs, et nuire à la gestion des aires protégées.

La gestion des conflits est l'une des responsabilités inévitables des gestionnaires d'aires protégées, qui sont souvent tenus de jouer un éventail de rôles différents dans le processus de planification, de facilitateur à négociateur en passant par décideur. Dans les cas où l'organisme de gestion est également l'une des parties en conflit, il incombe au gestionnaire de déterminer une méthode de règlement des différends et de gestion des conflits appropriée et acceptable pour toutes les parties concernées. Une communication efficace est un outil essentiel de la gestion des conflits, et des techniques telles que l'auto-négociation, la facilitation, la médiation et l'arbitrage devraient être envisagées en fonction de la nature du conflit.

Planification de plaidoyer

Le concept de planification de plaidoyer est apparu dans les années 1960, en partie en réponse à l'échec des approches de planification rationnelle-globale et adaptative de faire face à la pauvreté et à l'exclusion. La participation publique est un principe central de ce modèle, qui vise à assurer une représentation égale de tous dans le processus de planification, en défendant les intérêts des défavorisés et en recherchant le changement social. Une pluralité d'intérêts publics est assumée, et le rôle du planificateur est essentiellement celui d'un facilitateur plaidant pour des programmes de réforme ou de transformation sociale (Friedmann, 1987).

Dans le contexte des aires protégées, les planificateurs peuvent être des défenseurs de la conservation de la nature et/ou du patrimoine culturel, des défenseurs d'une prise de décision de planification équitable et inclusive, ainsi que des défenseurs de formes particulières d'interactions entre l'homme et la nature. L'initiative de conservation « Du Yellowstone au Yukon » (Y2Y) est un exemple bien connu de planification de plaidoyer.

Issue d'une alliance entre scientifiques et militants, Y2Y est une ONG environnementale apparue au début des années 1990, et axée sur la défense des intérêts et la connectivité des habitats du grizzli (*Ursus arctos horribilis*) depuis le parc national de Yellowstone jusqu'au Yukon. Y2Y travaille avec les communautés locales par le biais de programmes d'éducation et d'intendance, afin d'encourager la conservation de la région. Y2Y couvre cinq États américains, deux provinces canadiennes, deux territoires canadiens et les territoires traditionnels de 31 groupes de Premières nations (Y2Y, 2014).

Planification de réseaux d'aires protégées

Historiquement, les aires protégées ont été établies pour diverses raisons, de la conservation de sites d'une beauté particulière à la protection d'habitats d'espèces médiatisées. Leur mise place était principalement progressive ou *ad-hoc*, et souvent fondée sur des facteurs tels que l'opportunité (le site n'est pas considéré comme ayant une valeur commerciale, par exemple pour l'agriculture), le paysage, le potentiel touristique ou de loisirs, ou la protection d'activités associées à la chasse ou à l'approvisionnement en eau (Langhammer et al., 2007). Au fil du temps, les objectifs de planification de la conservation et autres stratégies connexes ont évolué, et les notions de planification des aires protégées ont changé en conséquence (Barber et al., 2004).

La planification de réseaux d'aires protégées, c'est à dire les décisions concernant quelles zones terrestres ou marines devraient être considérées pour une désignation comme aires protégées, est une entreprise d'échelle mondiale, nationale et infranationale. Cette section abordera d'abord les principaux cadres de planification aux deux premières échelles, puis examinera la méthode associée de « planification systématique de la conservation ».

Planification du réseau d'aires protégées à l'échelle mondiale

Au cours des 25 dernières années, la planification de la conservation à l'échelle mondiale a été établie principalement par le biais de conventions internationales. Ces conventions établissent des priorités mondiales pour la conservation de la biodiversité, et aident les pays à planifier cette conservation par la création de réserves et la protection et gestion des sites et des espèces. Elles établissent les principaux objectifs et cibles de conservation auxquels les nations devraient aspirer, et constituent le fondement du cadre de planification de la conservation.

Lors du Sommet de la Terre de 1992, à Rio de Janeiro, les dirigeants du monde entier se sont mis d'accord sur une stratégie globale de développement durable. L'un des principaux accords adoptés fut la Convention sur la diversité biologique (CDB). Cet accord entre la plupart des gouvernements mondiaux énonce des engagements pour le maintien des valeurs écologiques mondiales, en parallèle aux efforts mis en œuvre par les pays pour développer leurs économies. La CDB établit trois objectifs principaux : 1) la conservation de la diversité biologique, 2) l'utilisation durable de ses composantes, et 3) le partage juste et équitable des avantages issus de l'utilisation des ressources génétiques (CDB, 2013). La CDB reconnaît que les aires protégées jouent un rôle essentiel dans la réalisation de ces objectifs.

L'un des principes centraux de la CDB est une « approche écosystémique » de planification de la conservation (expliquée plus loin dans ce chapitre), qui met l'accent sur l'échelle plus vaste des paysages terrestres et marins. Cela a impliqué le développement de méthodologies permettant de diviser la Terre en unités spatiales différentiées, possédant des caractéristiques biologiques et écologiques distinctes, ainsi qu'une évaluation stratégique des zones nécessitant une protection (CDB, 2013).

En 2004, les Parties à la CDB ont pris un engagement global et spécifique en matière d'aires protégées en adoptant le Programme de travail sur les aires protégées (PoWPA). Le PoWPA définit le développement de systèmes nationaux et régionaux d'aires protégées participatifs, écologiquement représentatifs et gérés efficacement, s'étendant, le cas échéant, au-delà des frontières nationales. Le PoWPA est considéré comme le cadre déterminant pour la planification des aires protégées pour les décennies à venir (CDB, 2013). Il s'agit d'un cadre de coopération entre les gouvernements, les donateurs, les ONG et les communautés locales visant à planifier et à établir un réseau d'aires protégées à travers le monde (Barber et al., 2004).

En 2010, comme indiqué au chapitre 2, les Parties à la CDB ont adopté le *Plan stratégique pour la biodiversité 2011-2020* et les *Objectifs d'Aichi* (CDB, 2011). Ce plan représente le cadre global pour la biodiversité, pour l'ensemble du système des Nations unies, et est utilisé pour guider les stratégies et plans d'action pour la biodiversité de chaque pays. L'Objectif 11 du plan stratégique reconnaît que la mise en place de réseaux d'aires protégées complets, écologiquement représentatifs, gérés efficacement et financièrement durables est une stratégie essentielle non seulement pour la conservation de la biodiversité, mais aussi pour la sécurisation des biens et services écosystémiques et le soutien à l'adaptation aux changements climatiques et à l'atténuation de ceux-ci.

Cet objectif de planification vise à assurer la protection des écosystèmes, des espèces et de la diversité génétique dans les paysages terrestres et marins, la protection des habitats clés, ainsi que la migration et le déplacement des espèces. L'Objectif reconnaît les aires protégées comme la pierre angulaire des actions de conservation et, à ce titre, comme l'un des principaux outils dont dispose un pays pour réduire la perte de ses habitats.

Plusieurs méthodes sont également utilisées par les ONG pour aider à déterminer les priorités mondiales de conservation, mettant l'accent sur l'irremplaçabilité, et ciblant les zones caractérisées par une forte diversité ou un fort endémisme de taxons de plantes, d'oiseaux ou de vertébrés terrestres. Certaines de ces approches d'établissement de priorités sont considérées comme proactives, se concentrant sur les sites présentant une faible menace mais une irremplaçabilité élevée, alors que d'autres sont plutôt réactives, priorisant à la fois la menace et l'irremplaçabilité (Brooks et al., 2006).

La méthode la plus connue pour établir les priorités de conservation géographique au niveau mondial est peut-être l'approche des « hotspots » (zones prioritaires), largement adoptée, ces dernières années, par la communauté de la conservation. En termes simples, il s'agit de zones importantes aux niveaux local, national et mondial pour la manifestation de biodiversité qu'elles représentent (au niveau génétique, des espèces et des écosystèmes). Ces zones couvrent différents taxons. Par exemple, l'approche des Zones clés de biodiversité (KBA) utilise quatre critères pour établir des priorités basées sur l'irremplaçabilité et la vulnérabilité. Les KBA sont cartographiés par les organisations nationales de conservation à partir de critères globaux cohérents de vulnérabilité et d'irremplaçabilité. L'identification des KBA concerne les environnements terrestres, d'eau douce et marins relevant de juridictions nationales. Il s'agit d'une approche importante pour l'analyse des lacunes nationales et l'établissement de priorités afin d'accroître l'efficacité et la création d'aires protégées. La campagne LifeWeb Zero Extinction représente un autre exemple d'établissement de priorités en matière de biodiversité à l'échelle mondiale. La campagne cherche à promouvoir l'Objectif d'Aichi nº12 pour la biodiversité, visant à prévenir l'extinction d'espèces menacées connues. Elle propose deux approches principales pour faire face à la menace d'extinction : 1) protection des principaux sites non protégés, et 2) protection accrue des sites actuellement protégés. Un exemple d'approche réactive à la planification de la conservation de la biodiversité est l'initiative *Last of the Wild* (Derniers espaces sauvages) de la Wildlife Conservation Society (WCS) (Sanderson et al., 2002). Les derniers espaces sauvages sont identifiés à l'aide d'indices de biodiversité combinés à des indicateurs de menace, tels que la densité de population humaine, l'accessibilité des sites au développement humain et la transformation des terres (Sanderson et al., 2002 ; Naro-Maciel et Sterling, 2008).

Planification du réseau d'aires protégées à l'échelle nationale

L'intégrité et la gestion efficace des aires protégées au niveau national demeure généralement parmi les priorités les plus élevées. Un plan de réseau est la conception d'un réseau de réserves couvrant l'ensemble des écosystèmes et des communautés d'un pays donné (Davey, 2008).

Ce plan devrait représenter un moyen d'établir les priorités pour un système national d'aires protégées dans la pratique, et devrait aborder les points suivants :

- définir la priorité des aires protégées en tant que préoccupation nationale utile et d'importance stratégique ;
- définir les relations entre : a) les différentes unités et catégories d'aires protégées, et b) les aires protégées et autres catégories de terres ;
- définir les rôles des acteurs clés en ce qui concerne les aires protégées et les relations entre ces acteurs, comme la création d'un mouvement de soutien ou d'un groupe de constituants ;
- identifier les lacunes dans la couverture des aires protégées (y compris les opportunités et les besoins de connectivité), ainsi que dans leur gestion ;
- déterminer les impacts actuels et potentiels, aussi bien ceux affectant les aires protégées à partir des terres environnantes que ceux émanant des aires protégées et affectant les terres environnantes (Davey, 2008).

L'Australie est un bon exemple d'approche de planification et d'établissement de priorités de conservation à l'échelle nationale (étude de cas 13.3). Une décision pangouvernementale prise par le Conseil des gouvernements australiens en 1992 a approuvé un cadre stratégique pour la mise en place d'un réseau complet, adéquat et représentatif d'aires protégées dans toute l'Australie (Government of Australia, 2010). Vingt ans plus tard, cette décision constitue toujours l'une des principales politiques de conservation du pays, reprise plus récemment dans la *Stratégie australienne pour un système de réserves nationales 2009-2030*. Cet engagement a été suivi, quelques années plus tard, par une décision du Conseil environnemental et de conservation d'Australie et Nouvelle Zélande de travailler à un réseau national représentatif d'aires marines protégées (Government of Australia, 2014).

La base scientifique soutenant et guidant la stratégie a représenté plus de 25 ans de collaboration significative entre tous les gouvernements et de nombreux organismes scientifiques, afin d'établir à la fois la Régionalisation biogéographique intérimaire de l'Australie (IBRA) et la Régionalisation biogéographique maritime et côtière intérimaire de l'Australie. Les deux ont été affinées au fur et à mesure que de nouvelles informations et données étaient disponibles.

Cette solide approche de planification de la conservation a permis aux gouvernements et aux ONG d'élaborer des stratégies pour de nouvelles déclarations et achats de terres. Elle a également joué un rôle de catalyseur important dans l'établissement de partenariats entre le gouvernement, les ONG et les communautés. Par exemple, le secteur des fiducies foncières privées a pu tirer parti de la formule de financement « deux pour un » du gouvernement australien visant à attirer les principaux donateurs. De nouveaux modèles de gestion de la conservation ont été développés et, par conséquent, quatre types d'aires protégées sont maintenant reconnus dans le Système de réserves nationales (SRN) :

- réserves publiques (ou appartenant à l'État) ;
- aires protégées autochtones (IPA) ;
- aires protégées privées ;
- réserves à gestion partagée.

Malgré la force de l'approche de planification et la croissance constante du réseau d'aires protégées en Australie, des défis demeurent. L'Australie ne parvient pas à endiguer la perte d'espèces et d'écosystèmes, et il devient de plus en plus évident que les aires protégées ne peuvent être gérées indépendamment d'autres questions liées à la gestion des terres, telles que la fragmentation accrue, la gestion inappropriée des incendies, l'utilisation des ressources et les espèces envahissantes non contrôlées, qui affaiblissent à la fois les espèces et les écosystèmes à l'échelle nationale. Le leadership du gouvernement et la capacité de financement du SRN ayant diminué ces dernières années, le leadership des donateurs privés, des ONG et des organisations communautaires sera vital pour la mise en œuvre continue de la stratégie.

Au cours de la dernière décennie, la gouvernance des terres, de l'eau et des ressources naturelles ainsi que leur propriété et/ou gestion ont été transférées aux ONG, aux communautés, aux peuples autochtones et à des parties privées, seules ou en partenariat. Ce passage d'un établissement d'aires protégées gérées par le gouvernement à de nouveaux modèles de gouvernance a également donné lieu à de nouvelles approches de planification. Ceci est illustré par le modèle d'aires protégées autochtones (IPA), un modèle de contrat entièrement volontaire entre les propriétaires traditionnels et le gouvernement australien pour gérer les terres en fonction de priorités de conservation convenues (étude de cas 13.4). Ce concept a été couronné de succès avec 55 IPA déclarées en 2014, couvrant 43 millions d'hectares, soit 5,6% du pays, et beaucoup d'autres communautés ayant exprimé leur intérêt pour le développement d'une IPA (UICN, 2014). Il s'agit là d'une contribution importante à l'exhaustivité, la pertinence et la représentativité du réseau d'aires protégées dans les 20% du continent sous propriété autochtone. Ce modèle apporte également des avantages sociaux importants aux communautés autochtones, et aide à maintenir et à renforcer l'attachement à la terre.

Bien que les IPA soient intrinsèquement différentes des aires protégées publiques en termes de sécurité formelle de leur mandat de conservation et de leurs institutions gouvernantes, des modalités de gestion visant à garantir la conservation de la biodiversité sont prises par d'autres moyens efficaces tels que des plans de gestion tenant spécifiquement compte des questions culturelles autochtones.

Ces approches ont élargi les types de partenariats contribuant au SRN, ainsi que les modalités de planification, de gestion et de gouvernance. Ces dernières informeront et, espérons-le, encourageront d'autres approches visant à étendre le SRN de l'Australie et, peut-être, des régions plus éloignées.

Planification systématique de la conservation

Au fur et à mesure que nous acquérons une bien meilleure idée globale des priorités les plus élevées en matière de conservation, des progrès sont également réalisés dans la mise au point d'outils pour une planification systématique de la conservation à plus grande échelle de réseaux d'aires protégées basée sur des critères explicites et quantifiables de conservation de la biodiversité à l'échelle régionale. Ceux-ci incluent la taille, la forme, la réplication, la complémentarité et la connectivité des aires protégées. La planification de la conservation aux niveaux régional et local aborde non seulement le contenu et l'emplacement des aires protégées individuelles et des ensembles d'aires protégées, mais aussi leur conception, y compris des variables telles que la taille, la connectivité et l'alignement des limites pour une efficacité maximale.

Selon Margules et Pressey (2000), la science est un élément fondamental soutenant la planification systématique de la conservation, et son efficacité provient de sa capacité à utiliser des ressources limitées pour atteindre les objectifs de conservation, de sa capacité de défense et de sa souplesse face à des utilisations concurrentes des terres, et de sa capacité à permettre une évaluation critique des décisions.

Margules et Pressey (2000) décrivent la planification systématique de la conservation comme un processus en six étapes, comportant de nombreuses boucles de rétroaction. Le cadre s'applique également à de nombreux problèmes de conservation « hors réserves », y compris la restauration des habitats. Ils suggèrent que la planification systématique de la conservation aux niveaux national et régional exige :

- des décisions sur les caractéristiques à utiliser comme cibles de conservation de la biodiversité globale dans le processus de planification (espèces, communautés ou habitats, ou caractéristiques environnementales liées à la couverture végétale et aux caractéristiques géographiques) ;

Étude de cas 13.3 Système de réserves nationales de l'Australie

L'Australie présente un Système de réserves nationales (SRN) évolutif, de parcs et de réserves terrestres destinés à conserver l'exemplarité de ses paysages naturels et de ses écosystèmes. Elle dispose également d'un vaste réseau d'aires marines protégées comprenant le parc marin de la Grande Barrière de corail, ainsi que des réserves d'habitats piscicoles, des sanctuaires de poissons, des réserves aquatiques, des aires de conservation, des parcs marins et des parcs marins et côtiers.

Aires protégées terrestres et d'eaux douces continentales

Le SRN de l'Australie est un réseau national d'aires protégées publiques, autochtones et privées couvrant les écosystèmes terrestres et d'eaux douces intérieures. L'objectif du SRN est de développer et de gérer efficacement un réseau national complet, adéquat et représentatif d'aires protégées, en tant que principal moyen d'assurer la protection à long terme de la biodiversité terrestre de l'Australie.

L'exhaustivité se réfère à l'objectif d'inclure des échantillons représentatifs de l'ensemble des écosystèmes régionaux reconnaissables à une échelle appropriée dans et à travers chaque biorégion de l'IBRA.

L'adéquation se rapporte à la quantité de chaque écosystème devant être échantillonnée pour assurer la viabilité écologique et l'intégrité des populations, des espèces et des communautés écologiques à l'échelle biorégionale. Le concept d'adéquation intègre la viabilité écologique et la résilience des écosystèmes pour les aires protégées individuelles et pour le réseau d'aires protégées dans son ensemble.

La *représentativité* est l'exhaustivité considérée à une échelle plus fine, et reconnaît que la variabilité régionale au sein des écosystèmes est échantillonnée dans le système des réserves.

Le SRN complète d'autres efforts de conservation de la biodiversité dans les écosystèmes terrestres, d'eaux douces et marins (en particulier les actions visant à améliorer la végétation, les habitats et la qualité de l'eau), ainsi que de respect des obligations internationales de l'Australie en matière de protection des espèces et habitats autochtones.

La stratégie SRN 2009-2030 (Government of Australia, 2010) fournit des lignes directrices visant à améliorer la coordination, et soutient l'action concertée des gestionnaires d'aires protégées et des principales parties prenantes. La stratégie identifie les actions prioritaires destinées à offrir une approche coordonnée à l'échelle nationale, sous chaque thème, y compris les objectifs nationaux suivants pour un SRN :

- représentativité d'au moins 80% de l'ensemble des écosystèmes régionaux dans chaque biorégion d'ici à 2015 ;
- représentativité d'au moins 80% de l'ensemble des écosystèmes régionaux dans chaque sous-région d'ici 2025 ;
- définition de zones centrales pour la survie à long terme des écosystèmes menacés et des habitats d'espèces menacées dans chacune des biorégions australiennes d'ici 2030 ;
- définition de zones critiques pour la résilience aux changements climatiques, telles que les refuges, destinées à agir comme des zones centrales d'approches plus larges à l'échelle de l'ensemble du paysage pour la conservation de la biodiversité d'ici 2030.

Les mesures visant à atteindre les objectifs nationaux sont soutenues par :

- une identification claire et une protection adéquate des actifs de biodiversité de chaque biorégion par une gestion collaborative et intégrée avec d'autres propriétaires fonciers et gestionnaires, grâce à une approche globale, à l'échelle des paysages, afin de répondre aux priorités de conservation ;
- une science rigoureuse et un suivi robuste ;
- des régimes de gestion efficaces et adaptatifs ;
- des approches cohérentes fondées sur l'élaboration de cadres nationaux pour une gestion efficace et l'établissement d'aires protégées sur des terres privées ;
- des partenariats solides entre les gouvernements, les propriétaires fonciers privés, les peuples autochtones, l'industrie, les communautés locales et les ONG ;
- des rapports réguliers à une communauté australienne bien informée et solidaire.

Chaque État et territoire australien est tenu d'élaborer un plan quinquennal pour mettre en œuvre la stratégie. Ces plans soutiennent la stratégie et reflètent les différences régionales en matière de conservation de la biodiversité à travers les paysages, ainsi que les défis de conservation qu'elles présentent.

Le SRN des écosystèmes terrestres représente la pierre angulaire de la conservation de la biodiversité en Australie, et est accessible à partir d'une base de données nationale, la Base de données collaborative australienne des aires protégées (CAPAD), où est également consignée la classification de chaque réserve selon les catégories d'aires protégées de l'UICN (chapitre 2). La CAPAD est mise à jour tous les deux ans, et fournit le bilan officiel des progrès accomplis quant à de nombreuses obligations nationales et internationales, faisant de celle-ci un produit quantifiable et accessible à l'analyse et à la responsabilisation du public (Government of Australia, 2014).

Système national représentatif d'aires marines protégées

La création et la gestion de réserves marines constituent une stratégie importante pour la conservation et l'utilisation durable du milieu marin. Lorsqu'elles sont bien conçues et gérées efficacement, les réserves marines contribuent grandement au maintien de la santé globale et de la résilience des océans du monde (chapitre 20).

Ceci est reconnu par l'objectif principal du Système national représentatif australien des aires marines protégées (NRSMPA), qui est d'établir et de gérer un système complet, adéquat et représentatif d'aires marines protégées afin de contribuer à la viabilité écologique à long terme des systèmes marins et estuariens, de maintenir les processus et les systèmes écologiques, et de protéger la diversité biologique de l'Australie à tous les niveaux (Government of Australia, 2014). Les objectifs du NRSMPA permettent un large éventail d'activités, y compris les loisirs, le tourisme, le transport maritime et l'utilisation ou l'extraction de ressources naturelles et biologiques, lorsque celles-ci sont compatibles avec l'objectif principal (Government of Australia, 2014).

La création du NRSMPA est en cours depuis 1998, suite à un accord entre le gouvernement australien, les États et le Territoire du Nord. Les États et le Territoire du Nord établissent des zones marines protégées dans leurs eaux côtières, tandis que le gouvernement australien établit des zones marines protégées dans les eaux du Commonwealth situées autour de l'Australie. Une fois terminé, le NRSMPA respectera les engagements internationaux de l'Australie, en tant que signataire de la CDB, d'établir un réseau représentatif d'aires marines protégées dans la Zone économique exclusive du pays (Government of Australia, 2014).

Les principes utilisés dans le choix des sites susceptibles d'être inclus dans le NRSMPA sont les suivants :

- capacité d'une réserve marine d'atténuer les menaces identifiées aux valeurs de conservation ;
- présence d'habitats spatialement définis et/ou de regroupements d'espèces menacées et/ou migratrices ;
- présence de caractéristiques pélagiques écologiquement importantes présentant une distribution spatiale cohérente et définissable ;
- présence d'écosystèmes connus à petite échelle, associés à l'environnement benthique/démersal ;
- disponibilité d'informations pertinentes sur la distribution à petite échelle de types et tailles de sédiments et autres variables géo-océanographiques ;
- présence de sites patrimoniaux inscrits (lorsque leur inclusion dans le réseau de réserves marines est susceptible d'améliorer l'administration des régimes de protection) ;
- coûts socio-économiques.

Les Buts et principes pour l'établissement du NRSMPA dans les eaux du Commonwealth (Government of Australia, 2014) guident l'identification des sites représentatifs des divers écosystèmes et habitats dans les eaux du Commonwealth. Ils fournissent des lignes directrices sur la façon de concevoir des réseaux régionaux de réserves marines répondant aux principes « d'exhaustivité », « d'adéquation » et de « représentativité ». La planification de l'utilisation et de la gestion des réserves marines utilise actuellement les données suivantes :

- informations scientifiques pour chaque biorégion ;
- données sur la localisation et la répartition des activités humaines dans une région marine ;
- points de vue des utilisateurs de l'océan et des parties prenantes dans chaque région marine ;
- analyse de la contribution que les mesures de gestion spatiale existantes peuvent apporter au NRMSPA ;
- analyse de l'efficacité de gestion potentielle, par exemple, faisabilité de l'application de la reglementation (Government of Australia, 2014).

- des buts clairs, traduits en objectifs opérationnels quantitatifs ;
- une reconnaissance de la mesure dans laquelle les buts de conservation ont déjà été atteints dans les réserves existantes ;
- des méthodes simples permettant de localiser et de concevoir de nouvelles réserves en complément des réserves existantes ;
- l'application de critères de mise en œuvre, en particulier en ce qui concerne les mesures échelonnées lorsqu'il est peu probable que toutes les mesures puissent être mises en place simultanément ;
- des objectifs et mécanismes de maintien des conditions nécessaires dans les réserves pour soutenir les principales caractéristiques naturelles, le suivi et la gestion adaptative.

Margules et Pressey (2000) décrivent les étapes de la planification systématique de la conservation comme suit. Un exemple d'application de ces étapes est détaillé dans l'étude de cas 13.5.

1. Compiler des données sur la biodiversité de la région de planification

- Analyser les données existantes et décider quels ensembles de données sont suffisamment cohérents pour refléter la biodiversité dans la région de planification.
- Si le temps le permet, collecter de nouvelles données pour compléter ou remplacer certains ensembles de données existants.
- Recueillir des informations sur les localités d'espèces considérées comme rares et/ou menacées dans la région (celles-ci sont susceptibles d'être absentes ou sous-représentées dans les aires de conservation sélectionnées uniquement sur la base de caractéristiques terrestres telles que les types de végétation).

2. Identifier les objectifs de conservation pour la région de planification

- Fixer des objectifs quantitatifs de conservation pour les espèces, les types de végétation ou autres caractéristiques (par exemple, au moins trois occurrences de chaque espèce, 1 500 hectares de chaque type de végétation ou des objectifs spécifiques adaptés aux besoins de conservation de caractéristiques individuelles). Malgré la subjectivité inévitable dans leur formulation, la valeur de tels objectifs est leur explicitation.
- Fixer des objectifs quantitatifs pour la taille minimale, la connectivité ou autres critères de conception.

Étude de cas 13.4 Planification de la gestion des aires protégées autochtones

Les aires protégées autochtones (IPA) sont des sites terrestres et/ou marins pour lesquels les propriétaires ou gardiens traditionnels autochtones ont conclu un accord volontaire avec le gouvernement australien afin de promouvoir la biodiversité et la conservation des ressources culturelles (Davies et al., 2013).

Les plans de gestion des IPA reposent sur l'établissement de liens entre les peuples autochtones, le pays, la législation traditionnelle, les coutumes et la culture avec les systèmes australiens et internationaux de gestion des aires protégées. Les plans de gestion des IPA sont plus efficaces s'ils permettent aux peuples autochtones d'agir et de déterminer comment les exigences en matière de gestion des aires protégées seront respectées.

Les plans de gestion des IPA fournissent une base pour la reconnaissance formelle des terres aborigènes par le gouvernement dans le cadre du Système national australien d'aires protégées. Ils sont également perçus par le gouvernement australien comme un mécanisme important permettant de soutenir et de dynamiser l'utilisation des connaissances écologiques autochtones dans la conservation de la biodiversité. Le développement d'un plan de gestion a été partie intégrante des déclarations faites par 50 groupes aborigènes australiens de leur intention de gérer tout ou partie de leurs territoires traditionnels à des fins de conservation, à perpétuité, au moyen d'une IPA.

La plupart des premiers plans d'IPA ont adopté une distinction conventionnelle entre les valeurs naturelles et culturelles, reflétant un principe fondamental de la pensée occidentale moderniste, susceptible de rendre plus difficile la communication interculturelle profonde (Davies et al. 2013). Ces préoccupations ont conduit les gestionnaires de programmes d'IPA à commencer à élaborer des lignes directrices à l'intention des propriétaires traditionnels et des planificateurs d'IPA afin de s'assurer que les plans de gestion reflètent les caractéristiques distinctives des IPA. De récentes innovations dans l'élaboration de plans de gestion adaptés aux Aires du patrimoine autochtone et communautaire décrites par Davies et al. (2013) permettent aux gestionnaires d'aires protégées de mieux comprendre les milieux communautaires et de s'y adapter lors de l'élaboration des plans.

Les nouvelles approches, présentes dans certains plans de gestion récents d'IPA documentés par Davies et al. (2013), comprennent :

- la reconnaissance manifeste de la primauté de la gouvernance coutumière ;
- des formats de planification stratégique reflétant les liens entre les personnes, les sites, les plantes et les animaux ;
- des cadres de planification englobant les territoires coutumiers, identifiant les problèmes transversaux et remettant en question les relations de pouvoir ancrées dans les modèles coloniaux ;
- une série de documents de planification destinés à différents publics et objectifs, mettant l'accent sur les modes de communication visuelle et spatiale dans le plan principal, afin de faciliter l'accessibilité aux propriétaires traditionnels.

Ces innovations ne sont pas très fréquentes dans les plans de gestion existants d'IPA, mais leur inclusion dans les lignes directrices des plans de gestion encouragera leur adoption plus large et l'innovation continue, et favorisera, sans aucun doute, la confiance des propriétaires traditionnels quant au maintien de leur contrôle sur la gouvernance, la gestion et les connaissances de l'IPA.

- Identifier des cibles ou des préférences qualitatives (par exemple, dans la mesure du possible, les nouvelles aires de conservation devraient avoir subi des perturbations antérieures minimes du fait du pâturage ou de l'exploitation forestière).

3. Évaluer les aires de conservation existantes

- Évaluer la mesure dans laquelle les objectifs quantitatifs de représentation et de conception ont été atteints par les aires de conservation existantes. Une « analyse générale des lacunes » (étude de cas 13.6) peut également être réalisée.
- Déterminer l'imminence d'une menace pour les éléments sous-représentés, comme des espèces ou des types de végétation, et les menaces affectant les zones importantes pour atteindre des objectifs de conception satisfaisants.

4. Sélectionner d'autres aires de conservation

- Considérer les aires de conservation existantes comme des « contraintes » ou des points de référence pour la conception d'un réseau élargi.
- Déterminer les ensembles préliminaires de nouvelles aires de conservation à considérer comme des ajouts aux aires existantes. Les options pour cela incluent les algorithmes de sélection de réserves ou les logiciels d'aide à la prise de décision permettant aux parties prenantes de concevoir des réseaux élargis pour atteindre les objectifs régionaux de conservation sous réserve de contraintes telles que les réserves existantes, les budgets d'acquisition ou les limites des coûts d'opportunité réalisables pour d'autres utilisations des terres.

5. Mettre en œuvre des actions de conservation

- Décider de la forme de gestion la plus appropriée ou réalisable à appliquer à différents sites (certaines

Étude de cas 13.5 Utilisation de la planification systématique de la conservation au Mozambique et en Afrique du Sud

Le Centre d'endémisme du Maputaland, qui fait partie du *hotspot* Maputaland-Pondoland-Albany, est une zone d'environ 17 000 kilomètres carrés, à cheval entre le Mozambique, l'Afrique du Sud et le Swaziland (Steenkamp et al., 2004). Un peu plus de la moitié de la zone se trouve en Afrique du Sud, dont 28% dans des réserves. Cette zone est appelée Maputaland. Le Maputaland est au centre d'un certain nombre d'initiatives de conservation, ayant abouti à la nécessité d'un exercice de planification systématique de la conservation, afin de guider le Gestionnaire des terres, Ezemvelo KwaZulu-Natal Wildlife (EKZNW), et autres parties prenantes dans la sélection d'emplacements préférables pour de nouveaux projets compatibles avec la conservation en dehors des réserves gérées par l'État.

Dès sa création, il a été déterminé que le processus devrait être soutenu par des données sur la biodiversité à une échelle spatiale fine. Cependant, ces données étaient limitées. En conséquence, une analyse préliminaire à la planification a été entreprise sur la répartition des types de couverture terrestre de la région, ceux-ci pouvant être cartographiés à un coût relativement faible à partir d'images satellitaires.

Production des données SIG

Une carte de la couverture terrestre a été produite à partir d'images Landsat. La classification de la couverture terrestre se basait sur un système existant, élaboré pour le nord du Maputaland, et modifié pour tenir compte de travaux plus récents sur les communautés végétales de la région. Cinq zones écologiques ont été identifiées, abritant 29 types d'habitats naturels et cinq types d'habitats transformés par l'agriculture ou l'urbanisation. Son exactitude a été mesurée en vérifiant les types de couverture terrestre réels et prévus sur 723 points dans toute la zone d'étude.

Définition des objectifs de biodiversité

Les objectifs de biodiversité ont été élaborés par le personnel de l'EKZNW possédant une expérience de planification de la conservation et de l'écologie du Maputaland. Le personnel a décidé que les objectifs devraient être basés sur l'étendue initiale de la couverture terrestre, afin d'éviter une sous-représentation des habitats fortement transformés. Des opinions d'experts et des données sur les niveaux de transformation actuels de chacune des zones écologiques ont guidé le processus. Il a également été décidé que les types de couverture terrestre endémiques du Centre d'endémisme du Maputaland, ou ceux perçus comme présentant un plus grand risque de transformation, devraient constituer des objectifs de conservation prioritaires. Les objectifs ont donc été fixés à 20% de l'étendue initiale pour la plupart des types de couverture terrestre, et à 40% de l'étendue initiale pour les types de couverture terrestre endémiques et menacés.

Identifier les zones à haute valeur de conservation

Les données ont été analysées à l'aide de MARXAN, un programme de planification de la conservation utilisant des techniques de recuit simulé pour identifier un grand nombre d'ensembles quasi optimaux d'unités de planification (où chaque ensemble est appelé « portefeuille »), sur la base d'une méthode d'amélioration itérative qui incorpore occasionnellement des retour en arrière. MARXAN mesure l'efficacité d'un portefeuille d'unités de planification en calculant son coût de portefeuille qui, dans ce cas, était basé sur trois éléments. Le premier élément était le coût unitaire de planification combiné, défini comme la superficie combinée des unités de planification, mesurée en hectares. Le deuxième élément était le coût de pénalité cible combiné, défini comme la somme des coûts liés à l'échec à atteindre des objectifs de représentation individuels. Idéalement, ces valeurs de pénalité devraient avoir une pertinence pratique, permettant à MARXAN de trouver des compromis entre les coûts d'inclusion de plus d'unités de planification dans un portefeuille et le coût d'échec à atteindre un objectif. Le troisième élément était la longueur totale du périmètre du portefeuille d'unités de planification ou « longueur limite », multipliée par un modificateur de longueur limite. MARXAN minimise ce coût de longueur limite en choisissant des parcelles d'unités de planification, plutôt qu'une série d'unités isolées.

Le processus de recuit simulé impliquait que le logiciel soit exécuté plusieurs fois, étant donné que celui-ci est basé sur un processus de sélection itératif qui identifie généralement différents portefeuilles à la fin de chaque exécution. MARXAN identifie ensuite les meilleurs portefeuilles produits, c'est-à-dire les portefeuilles présentant un coût total minimum à partir de la somme des coûts unitaire de planification, de pénalité cible et de longueur limite. En outre, il produit également une solution résumée, qui calcule le nombre de fois que chaque unité de planification est apparue dans les différents portefeuilles produits lors des différentes séries. L'augmentation du nombre d'itérations et du nombre d'exécutions augmente la probabilité d'identifier les portefeuilles à faible coût, mais cela augmente également le temps de traitement informatique.

Le processus a analysé 37 943 unités de planification, chacune d'une superficie de 25 hectares. Les unités de planification situées dans des réserves existantes à plus de 50% de leur superficie ont été définies comme étant déjà conservées. En outre, les unités de planification étaient exclues de tout portefeuille de conservation possible si plus de 25% de leur superficie était occupée par une agriculture commerciale, ou si plus de 80% de leur superficie était occupée par une agriculture de subsistance. Ces unités ont été exclues parce que MARXAN peut sélectionner des zones en fonction de leur seule valeur de connectivité, et il a été estimé que ces unités hautement transformées ne seraient pas adaptées à un tel rôle, l'agriculture commerciale hautement transformée étant moins appropriée que l'agriculture de subsistance.

Résultats

La protection actuelle accordée aux types d'occupation des terres par l'ensemble des réserves existantes variait de 8,8% pour les prairies de Lebombo à 100% pour les broussailles dunaires. La carte résumée des solutions produite par MARXAN a permis d'identifier 316 unités de planification (0,8% de la région de planification) apparaissant dans chacun des portefeuilles de planification identifiés par les 200 itérations. Toutes ces unités irremplaçables se situaient en bordure de réserves existantes, et abritaient 20 types de couverture naturelle différents, les forêts de *Terminalia* et les prairies inondables étant les types les mieux représentés. 3 244 unités supplémentaires (8,6% de la région de planification) ont été identifiées comme faisant partie de la moitié ou plus des différents portefeuilles de conservation. La plupart de ces unités ayant obtenu des scores élevés se trouvaient dans des zones adjacentes aux réserves existantes. Cependant, d'importantes parcelles de végétation de plaine côtière ont également été identifiées.

L'analyse a montré que la plupart des types de couverture terrestre sont bien représentés, bien que bon nombre de ces réserves soient écologiquement isolées. En outre, cet exercice a fourni des données précieuses sur l'emplacement d'importantes aires de conservation dans la région, et ces informations ont déjà aidé à guider les décisions locales en matière d'utilisation des terres. En particulier, EKZNW a utilisé la carte résumée des solutions pour identifier les sites où de nouvelles plantations d'eucalyptus ne devraient pas être situées, illustrant le rôle des évaluations de conservation dans la réduction du risque de perte de biodiversité importante.

Source : Adapté de Smith et al. (2006)

Étude de cas 13.6 Utilisation de l'analyse des lacunes en Afrique du Sud

Le ministère sud-africain des Affaires de l'eau et des Forêts (2005) a utilisé une analyse des lacunes pour déterminer les priorités de planification de la conservation du biome forestier de l'Afrique du Sud. La taille du pays et le grand nombre de frontières administratives concernées rendent difficile la mise en œuvre d'une planification de la conservation des forêts en Afrique du Sud. Une planification nationale est essentielle pour fournir un cadre à une planification à plus petite échelle, nécessaire aux niveaux provincial et local. Il est également nécessaire de faciliter l'intégration de la planification nationale aux nombreux cadres de développement biorégional et spatial.

Le biome forestier dépend d'un certain nombre de programmes de planification de la conservation biorégionaux, dont certains ont été identifiés par Conservation International comme des *hotspots* mondiaux de biodiversité. La superficie totale de la forêt en Afrique du Sud est estimée à 4 867 kilomètres carrés. Dans le cadre du processus d'évaluation, 16 185 parcelles forestières ont été évaluées, dont seulement 5 856 supérieures à 10 hectares, et un peu plus de 800 supérieures à 100 hectares. Du fait de sa très grande fragmentation, le biome forestier est particulièrement vulnérable et de plus en plus menacé par le développement urbain, l'exploitation de subsistance non durable, l'agriculture, l'exploitation minière, les espèces exotiques envahissantes et les incendies. De nombreuses forêts à haute valeur de conservation, considérées comme menacées, sont également importantes pour les moyens de subsistance de communautés rurales pauvres. Ce projet a permis d'identifier des groupes forestiers potentiellement plus résilients aux changements climatiques, à partir de l'identification d'importants groupes forestiers situés le long des grands corridors fluviaux. Des indicateurs ont été calculés pour chaque parcelle forestière (et groupe forestier) et utilisés pour l'établissement de priorités. Ceux-ci incluaient notamment l'irremplaçabilité, le degré de menace et de valeur pour les moyens de subsistance, la vulnérabilité aux effets de lisière, la pauvreté, la densité de population, l'accessibilité et la transformation des habitats des zones forestières tampons environnantes.

L'analyse des lacunes visait à fournir des réponses à quatre grandes questions :

1. Quelle proportion de chaque type de forêt est protégée sous une forme ou une autre ?
2. Quelle proportion de forêts est strictement protégée et quel pourcentage de chaque type de forêt est encore nécessaire pour atteindre les objectifs ?
3. Pour chaque type de forêt, quel pourcentage des 100% de forêts irremplaçables se trouvent dans des aires protégées de Type 1 ?
4. Quelle est la contribution provinciale aux objectifs pour chaque type de forêt ?

L'étude a permis d'identifier les zones forestières prioritaires qu'il est urgent d'inclure dans un réseau d'aires forestières protégées. L'analyse des lacunes a fourni un tableau de bord détaillé pouvant être utilisé pour mesurer les progrès en matière de conservation et les objectifs atteints/déficitaires pour chaque type de forêt. L'étude a révélé que le réseau actuel d'aires protégées strictes en Afrique du Sud est significativement non représentatif de la biodiversité forestière. Dans l'ensemble, 44% de la superficie totale des forêts autochtones sont protégées sous une forme ou une autre (y compris les aires protégées de Type 1 et de Type 2, ainsi que les forêts publiques). Pour la plupart des types de forêts, bon nombre des forêts de grande valeur (irremplaçables à 100%) n'étaient pas strictement protégées. Dans l'ensemble, seulement 32,6% de la superficie couverte par 100% de forêts irremplaçables relèvent d'aires protégées strictes (Type 1). L'analyse des lacunes a également pris en compte les « objectifs déficitaires », c'est à dire le pourcentage des objectifs de types forestiers encore en suspens. Seuls deux types de forêts étaient raisonnablement proches d'atteindre leurs objectifs de conservation.

Source : Adapté de Department of Water Affairs and Forestry (2005)

Exercice de planification de la conservation par une communauté locale, Unité de gestion de la plage de Wasini, Kenya

Source : Lorna Slade

approches de gestion seront un second choix par rapport à l'option privilégiée).

- Si un ou plusieurs sites sélectionnés se révèlent exceptionnellement dégradés ou difficiles à protéger, revenir à la quatrième étape et cherchez des solutions alternatives telles que la restauration.
- Décider d'un calendrier relatif de gestion de la conservation lorsque les ressources sont insuffisantes pour mettre en œuvre l'ensemble du réseau à court terme (habituellement).

6. Maintenir les valeurs requises des aires de conservation

- Définir des objectifs de conservation au niveau des aires de conservation individuelles (par exemple, maintenir plusieurs habitats pour une ou plusieurs espèces pour lesquelles le site est important). Idéalement, ces objectifs tiendront compte des valeurs particulières du site dans le contexte de l'ensemble du réseau.
- Mettre en œuvre des mesures de gestion et, si possible, un zonage dans et autour de chaque site pour atteindre les objectifs.
- Réaliser un suivi d'indicateurs clés qui refléteront le succès des mesures de gestion ou du zonage pour atteindre les objectifs.
- Modifier la gestion, au besoin.

Analyse des lacunes

Bien que la croissance du nombre et de la superficie des aires protégées mondiales ait été spectaculaire au cours des dernières décennies, elle est encore loin d'atteindre les objectifs du PoWPA ou les besoins des espèces et des écosystèmes, étant donné qu'un grand nombre d'espèces, d'écosystèmes et de processus écologiques ne sont pas suffisamment couverts dans les aires protégées existantes (CBD, 2013). Une évolution importante au cours de la dernière décennie a été l'utilisation de l'analyse des lacunes écologiques pour évaluer dans quelle mesure les aires protégées conservent la biodiversité, et où l'expansion et le renforcement des aires protégées devrait être une priorité maximale (Langhammer et al., 2007 ; Dudley, 2010 ; Figgis et al., 2012).

Les deux principaux critères permettant de déterminer les objectifs et les priorités de conservation sont l'irremplaçabilité et la vulnérabilité (CDB, 2013). Ces critères peuvent être appliqués à toutes les régions biogéographiques et tous les groupes taxonomiques, et sont conçus pour être appliqués au moyen d'un processus itératif ascendant, à l'échelle nationale ou régionale, et impliquant les parties prenantes (Langhammer et al., 2007).

L'évaluation des lacunes écologiques analyse la mesure dans laquelle les éléments clés de la biodiversité (espèces, communautés naturelles, systèmes écologiques et processus écologiques qui les soutiennent) sont suffisamment représentés au sein d'un réseau d'aires protégées. L'objectif est d'identifier les caractéristiques clés de la biodiversité qui ne sont pas suffisamment représentées. La représentation écologique fournit une méthodologie unificatrice pour combler les lacunes d'un réseau d'aires protégées à l'échelle nationale.

Planification de la gestion des aires protégées

Les plans de gestion sont des plans propres à une réserve ou à un site, qui analysent les valeurs de ce site, les enjeux et les menaces susceptibles de l'affecter, ainsi que les stratégies et les mesures requises pour gérer au mieux le site afin de maintenir ou d'améliorer sa conservation et autres valeurs.

Les objectifs des plans de gestion sont généralement les suivants :

- veiller à ce que les réserves soient gérées de manière à atteindre les objectifs de la législation, les attentes des parties prenantes (y compris les communautés autochtones locales), les buts corporatifs et les objectifs de gestion de la conservation : assurance de la qualité, cohérence et prévention de la dégradation progressive grâce à une prise de décisions *ad hoc ;*
- obtenir une participation du public à la gestion de la réserve : donner aux communautés un moyen d'avoir son mot à dire sur la gestion ;

- développer une compréhension commune et une vision pour une réserve : déterminer l'importance d'un site, regrouper les questions législatives et politiques, intégrer divers éléments de gestion et faire connaître au public et au personnel de gestion la façon dont la réserve sera protégée et les visiteurs gérés ;
- rendre compte au public : une « déclaration d'intention » à l'attention des communautés, ce que nous voulons réaliser et comment, et les critères selon lesquels le rendement de la gestion sera évalué en vertu du plan.

Comme l'indique Lockwood (2006), dans les années 1970 et 1980, les plans de gestion avaient tendance à inclure beaucoup d'information sur les ressources, qui n'étaient pas directement pertinentes aux stratégies de gestion. En outre, le processus de planification était souvent long, et impliquait des planificateurs spécialisés ou des équipes de planification. Plus récemment, la tendance a été de produire des plans de gestion plus simples et plus stratégiques. L'accent étant mis sur la définition et la réalisation d'objectifs pour la préparation de plans pour certaines catégories de réserves, et la participation des gestionnaires du parc et des communautés à la préparation des plans de gestion est maintenant plus directe. Les délais de préparation des plans ont été condensés et l'utilisation de manuels de planification et de modèles de plans standards incluant certaines sections génériques, telles que le zonage, a contribué à cette tendance.

Certains plans pour de grands parcs ont adopté une approche axée sur la performance, qui précise les résultats recherchés pour chacun des principaux éléments de planification (par exemple, la protection des ressources, l'accès, les loisirs et le tourisme), ainsi que des stratégies comportant des mesures et des indicateurs de performance. Les approches axées sur la performance comprennent deux composantes : premièrement, des critères décrivant le résultat final souhaité, et deuxièmement, des méthodes définissant les normes utilisées pour mesurer les limites acceptables des impacts afin d'assurer le résultat final souhaité (comme les impacts récréatifs). Ce type de plan garanti un certain degré de certitude grâce à un état final souhaité clairement articulé. L'approche permet une certaine souplesse dans l'approche à adopter pour atteindre le résultat final.

Le contenu, le soutien et la mise en œuvre efficace des plans de gestion sont influencés par les parties prenantes et les communautés impliquées dans les approches de planification participative. L'étude de cas 13.7 présente un exemple d'approche de planification participative pour l'une des aires protégées les plus complexes d'Australie. Cette étude de cas illustre que les avantages à long terme de la participation d'une grande variété de communautés et de groupes à l'élaboration d'un plan impliquent un soutien et une défense continus de la mise en œuvre de ce plan.

L'importance accrue de la gouvernance communautaire des aires protégées commence à générer de nouvelles approches de planification de la gestion, comme présenté dans l'étude de cas 13.4. Cette étude de cas illustre certaines des caractéristiques que les plans de gestion devraient inclure afin d'être adaptés aux Aires du patrimoine autochtone et communautaire (APAC) dans lesquelles les communautés, plutôt que le gouvernement, sont les principaux décideurs (Figgis et al., 2012). L'encadré 13.1 fournit des exemples

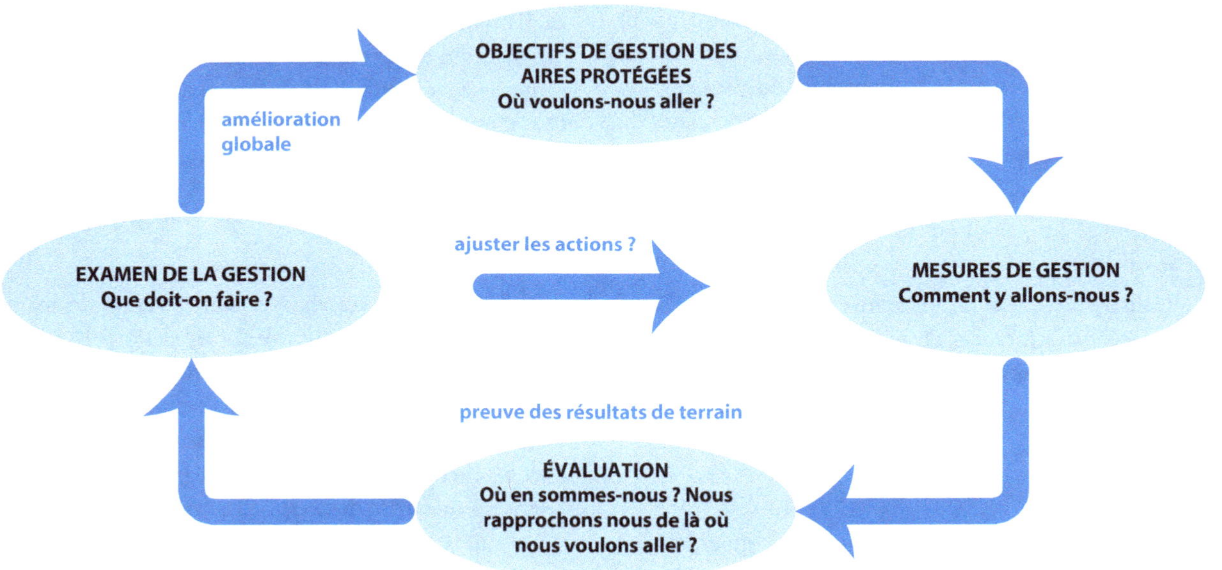

Figure 13.2 Processus de planification rationnelle, adaptative et participative

Source : Adapté de Lockwood (2006)

Encadré 13.1 Exemples de planification de la gestion des APAC

Les peuples autochtones et communautés locales gouvernant les APAC (voir chapitre 7) planifient la gestion de leurs territoires et régions depuis des siècles. Cependant, cette planification n'est pas une activité distincte, mais fait partie intégrante de leur vie et de leurs coutumes, en réponse à des défis extérieurs ou comme moyen de garantir l'avenir. La plupart des APAC continuent d'appliquer cette planification informelle. Certaines, cependant, ont commencé à faire de la planification une activité distincte et officielle, en particulier comme moyen de rechercher ou de répondre à leur reconnaissance par le gouvernement.

En Iran, les normes et coutumes des peuples autochtones et communautés locales ont soutenu divers modes de vie et formes de gestion des ressources naturelles pendant des milliers d'années. Dans le cas des populations mobiles ou nomades, cela s'applique en particulier à la planification de la migration, au partage des avantages de la gestion des ressources naturelles, à la restauration (*qoroqs*) des zones dégradées, à la gestion coutumière des pâturages et des forêts, à la collecte et à la dispersion des semences, à l'utilisation durable des plantes et des animaux et à la résolution des conflits. Les connaissances et pratiques incarnées dans ces activités constituent la base d'initiatives récentes visant à assurer la conservation de leurs territoires, y compris l'utilisation durable et l'amélioration des moyens de subsistance. Cela implique une série d'exercices de planification et de vision, facilités par le groupe de la société civile Cenesta. Une proposition de Programme de gestion territoriale des pâturages vise à améliorer leur gestion et conservation en reconnaissant l'importance des connaissances traditionnelles dans la gestion de la complexité écologique (y compris les écosystèmes non équilibrés), ainsi que la cartographie et le suivi communautaires.

Au Kenya, les Unités de gestion des plages (BMU) sont des associations de pêcheurs, de commerçants et autres utilisateurs et parties prenantes de la pêche basées autour des sites de débarquement côtiers. Ces BMU sont en mesure d'élaborer et d'appliquer des règles régissant la pêche, y compris la délimitation des zones de pêche et l'exclusion des non-membres provenant de l'extérieur de la zone, avec l'appui et la sanction du ministère de la Pêche. Pour cela, elles peuvent créer leurs propres plans de gestion. Parmi les exemples de règlements élaborés dans le cadre de ces unités, mentionnons la désignation de certains sites comme zones d'interdiction de pêche ou zones autrement réglementées pour des utilisations particulières, la perception de droits ou de taxes sur les débarquements de poisson ou autres activités telles que le tourisme, la réglementation des types d'engins de pêche autorisés ou la restriction de l'utilisation de la pêche aux pêcheurs et aux bateaux dûment enregistrés. Les BMU représentent donc un cadre de gouvernance clair, permettant aux utilisateurs locaux de la pêche de circonscrire et de réglementer leurs activités. Cela fait passer la pêche d'un contexte général de gouvernance en libre accès à un contexte fondé sur l'établissement et l'application de droits territoriaux et d'accès locaux aux ressources marines. Le ministère de la Pêche joue un rôle clé dans l'enregistrement des BMU, et facilite l'élaboration et l'approbation éventuelle des plans de gestion locaux, assure la surveillance générale des BMU, et s'assure que les règles locales soient respectées.

Aux Philippines, les peuples autochtones obtenant un titre de propriété sur leurs territoires traditionnels en vertu de la *Loi sur les droits des peuples autochtones* peuvent élaborer des Plans de développement et de protection durables des domaines ancestraux (ADSDPP). Des groupes tels que KASAPI (l'association nationale des peuples autochtones) et l'ONG PAFID aident à leur préparation. La Commission nationale des peuples autochtones apporte une aide financière aux ADSDPP. Cependant, de nombreux peuples autochtones critiquent le format uniforme prescrit pour la formulation des ADSDPP, faisant valoir que celui-ci viole leur droit à l'auto-détermination et à la gouvernance. Cela illustre les inconvénients d'une formalisation descendante des APAC et de leurs processus de planification.

Source : Naghizadeh (2012) ; Nelson (2012) ; Pedragosa (2012)

de la façon dont les gouverneurs d'APAC abordent la planification de la gestion de leurs territoires.

Processus de préparation des plans de gestion

Bien qu'il n'existe pas de formules prescrites pour la préparation d'un plan de gestion, certaines étapes sont communes à l'élaboration de la plupart de ces plans. Les lignes directrices de l'UICN sur la planification de la gestion des aires protégées (Thomas et Middleton, 2003) décrivent les éléments de bonne pratique pour la planification de la gestion, reconnaissant que celles-ci se sont principalement appuyée sur l'expérience des aires terrestres protégées gérées par le gouvernement.

En résumé, les plans de gestion les plus efficaces sont des documents succincts, qui identifient les principales caractéristiques ou valeurs de l'aire protégée, établissent clairement les objectifs de gestion à atteindre et indiquent les mesures à mettre en œuvre. Ils sont assez flexibles pour répondre aux événements imprévus susceptibles de survenir pendant la durée du plan. Le processus d'élaboration d'un plan de gestion peut être plus ou moins complexe selon les objectifs de l'aire protégée, les risques ou les menaces pour ces objectifs, le nombre d'intérêts concurrents, le niveau

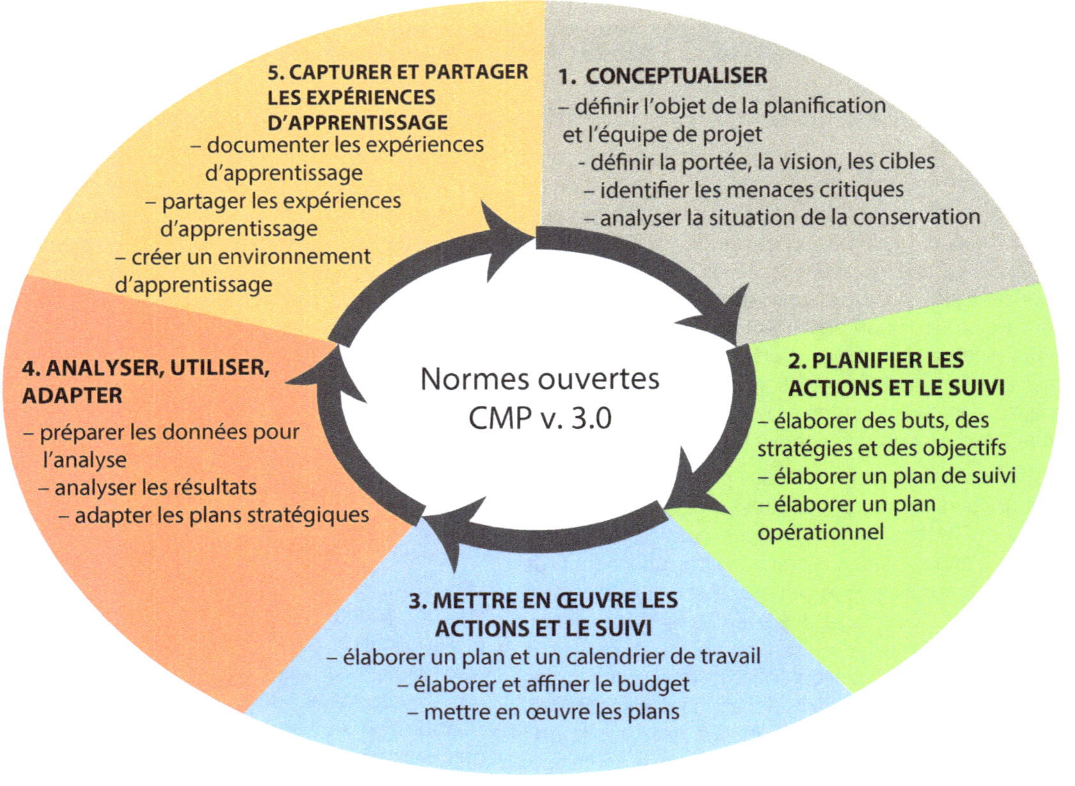

Figure 13.3 Normes ouvertes pour la pratique de la conservation

Source : Adapté de CMP (2013)

de participation des parties prenantes et les problèmes provenant de l'extérieur de l'aire protégée.

Que le plan soit simple ou complexe, des principes de planification solides devraient être appliqués pour guider le processus de planification et aider à assurer la mise en œuvre du plan de gestion, une fois terminé. Les facteurs déterminant pour évaluer cela sont décrits par Thomas et Middleton (2003) et peuvent être résumés comme :

- le processus utilisé lors de la préparation du plan ;
- la présentation, le style et le contenu du plan résultant ;
- le contexte dans lequel le plan doit opérer ;
- les ressources, l'engagement et la capacité de mise en œuvre du plan.

Dans cette section, deux processus de planification sont résumés et leurs contributions aux bonnes pratiques analysées : un processus mixte rationnel, adaptatif et participatif (étude de cas 13.7), et un processus adaptatif appelé « Normes ouvertes » (étude de cas 13.8). L'étude de cas 13.7 démontre la valeur de la participation à la conception et à l'exécution du processus de planification, ainsi que les ressources, l'engagement et la capacité nécessaires à la mise en œuvre du plan. L'étude de cas 13.8 démontre l'importance de concevoir un processus pratique pour la préparation du plan, qui reconnaisse les besoins et les valeurs des communautés, ainsi que le contexte dans lequel le plan doit opérer.

Processus mixte rationnel, adaptatif et participatif

Ce modèle montre comment une combinaison particulière d'approches guidant le processus de planification influencera exactement la façon dont chaque étape est réalisée, son importance relative et ses relation avec les autres étapes. Un exemple de processus de planification de la gestion intégrant des éléments rationnels, adaptatifs et participatifs est présenté à la figure 13.2 et décrit dans l'étude de cas 13.7.

Processus de planification adaptative : les Normes ouvertes

Certaines des plus grandes organisations de conservation du monde ont collaboré pour mettre en commun leurs expériences et développer un processus de « meilleures pratiques » pour développer, gérer et améliorer les projets de conservation grâce à une planification adaptative. Élaborées à partir d'une réunion de professionnels de la conservation en 2002 (Schwartz, 2012), les Normes ouvertes « rassemblent des concepts, des approches et une terminologie communs pour la conception, la gestion et le suivi de projets de conservation, afin d'aider les professionnels à améliorer la

Étude de cas 13.7 Plan de gestion du parc national de Kosciuszko

Le parc national de Kosciuszko est le plus grand parc national de Nouvelle-Galles du Sud, et l'une des plus grandes et des plus importantes réserves de conservation d'Australie. Le parc abrite des reliefs glaciaires et possède une diversité de communautés végétales alpines et d'espèces fournissant un habitat à un certain nombre d'espèces animales rares et inhabituelles. Ailleurs, le parc contient des systèmes karstiques importants, des vallées fluviales profondes et des creux de gel, ainsi que des communautés végétales allant de forêts de gommiers des neiges et prairies subalpines à de vastes forêts d'eucalyptus, des poches de forêt pluviale tempérée fraîche et des peuplements de cyprès autochtones. Les rivières alimentées par la fonte des neiges, dans les montagnes, alimentent quelques-uns des bassins hydrographiques les plus importants d'Australie. Le parc présente des intérêts commerciaux majeurs, notamment des stations de sports d'hiver et le Système hydroélectrique des Snowy Mountains, qui contribuent de manière significative aux économies étatique et régionale. Le parc est également riche en preuves et éléments associés à la culture aborigène et aux étapes de l'utilisation historique des terres, des efforts scientifiques, de loisirs et de conservation de nombreuses générations.

L'évaluation du plan de gestion du parc national de Kosciuszko a débuté en janvier 2002 et a donné lieu à de vastes consultations publiques. La planification impliquait la communauté dans son ensemble, ainsi que les utilisateurs du parc, les riverains, les scientifiques et les groupes d'intérêt. Cette approche a été considérée comme la pierre angulaire ayant permis de sensibiliser le public, d'assurer une prise de décision judicieuse et d'accroître la probabilité que le plan soit soutenu par tous les groupes. Le version finale du plan a permis de mieux reconnaître les valeurs sociales et culturelles du parc, et l'importance de la participation des communautés à la gestion de celui-ci et de la gérance de l'environnement par toutes les agences et organismes opérant dans le parc. Certains représentants des communautés ayant participé au processus de planification sont devenus, par la suite, des représentants au sein du Comité consultatif du parc, ce qui laisse entendre que le processus de planification a également permis de renforcer les capacités et l'intendance continue. Les détails du processus de consultation sont largement accessibles dans la littérature (Worboys et al., 2005) et cette étude de cas se concentrera sur les résultats du processus de planification et sur un aperçu de la mise en œuvre du plan.

Le nouveau plan reconnaît l'importance des valeurs culturelles et sociales du parc, et la nécessité de protéger ces valeurs contre les principales menaces, telles que des régimes d'incendie inappropriés, les changements climatiques, l'introduction de plantes et d'animaux, le développement inapproprié et l'augmentation non gérée du nombre de visiteurs. L'état de ces valeurs dans le parc est évalué chaque année, à la fois comme mesure importante de l'efficacité de la gestion et comme outil d'information sur la gestion adaptative. Pour ce faire, les conditions de chaque valeur et la tendance de ces conditions sont suivies grâce à un programme intégré de suivi et évaluation, en utilisant les résultats des programmes de suivi, des informations scientifiques indépendantes et autres données recueillies par le personnel ou dans les rapports officiels.

Le plan exige qu'un rapport public soit préparé chaque année, décrivant les progrès réalisés dans la mise en œuvre. Six rapports annuels ont aujourd'hui été préparés, et chacun résume les principales réalisations en matière de gestion, de programmes de recherche et de suivi, d'évaluation annuelle des conditions des valeurs du parc, ainsi qu'une évaluation du plan lui-même (cinq ans après son adoption). Au cours de la période de rapport 2011-2012, sur les 17 valeurs évaluées, neuf ont été jugées acceptables dans le cadre du régime de gestion actuel. Les huit autres valeurs sont actuellement préoccupantes et des mesures de gestion adaptative sont nécessaires.

Depuis l'achèvement du plan, le gestionnaire des terres, le Service des parcs nationaux et de la faune sauvage de Nouvelle-Galles du Sud, s'est engagé à affecter les revenus provenant des droits d'entrée au parc à des mesures d'adaptation nécessaires pour maintenir ou améliorer les valeurs du parc sur une base annuelle.

Fleurs sauvages en été, zone alpine, parc national de Kosciuszko

Source : Graeme L. Worboys

Étude de cas 13.8 Processus de planification « Wunambal Gaambera - Pays sain »

L'application des Normes ouvertes à un contexte interculturel a d'abord été envisagée en Australie dans le cadre du processus de planification « Wunambal Gaambera - Pays sain », et a par la suite donné lieu à un nombre important de projets de planification dans le cadre de l'approche générale de planification de « pays sains ». Le pays de Wunambal Gaambera (patrie) couvre 2,5 millions d'hectares, au Nord-Ouest de l'Australie. La région est riche en patrimoine culturel et biophysique, y compris un certain nombre de zones humides et de rivières d'importance nationale, ainsi qu'un nombre important de plantes et d'animaux d'importance pour la conservation.

En 2007, le peuple Wunambal Gaambera a demandé le soutien et l'assistance d'un certain nombre d'organisations pour développer un cadre de « Pays sain », visant à guider leurs aspirations à prendre soin du développement économique du pays. Au début de la planification, il est rapidement devenu évident que l'approche utilisée ne convenait pas au contexte en termes de langage et de concepts de base, et que les cibles devaient inclure le bien-être et le patrimoine culturel (figure 13.4). L'approche a donc été adaptée pour permettre à la gouvernance locale de mieux guider le processus et le contenu. Deuxièmement, les concepts de base ont été modifiés pour mieux intégrer la vision du monde des Wunambal Gaambera. Les deux adaptations forment maintenant le noyau de la formation régulière dans le nord de l'Australie.

Wunambal Gaambera a aujourd'hui créé un comité permanent d'évaluation, composé de membres autochtones et non-autochtones, pour réviser régulièrement le plan. Pour une discussion détaillée du projet Wunambal Gaambera, voir Moorcroft et al. (2012).

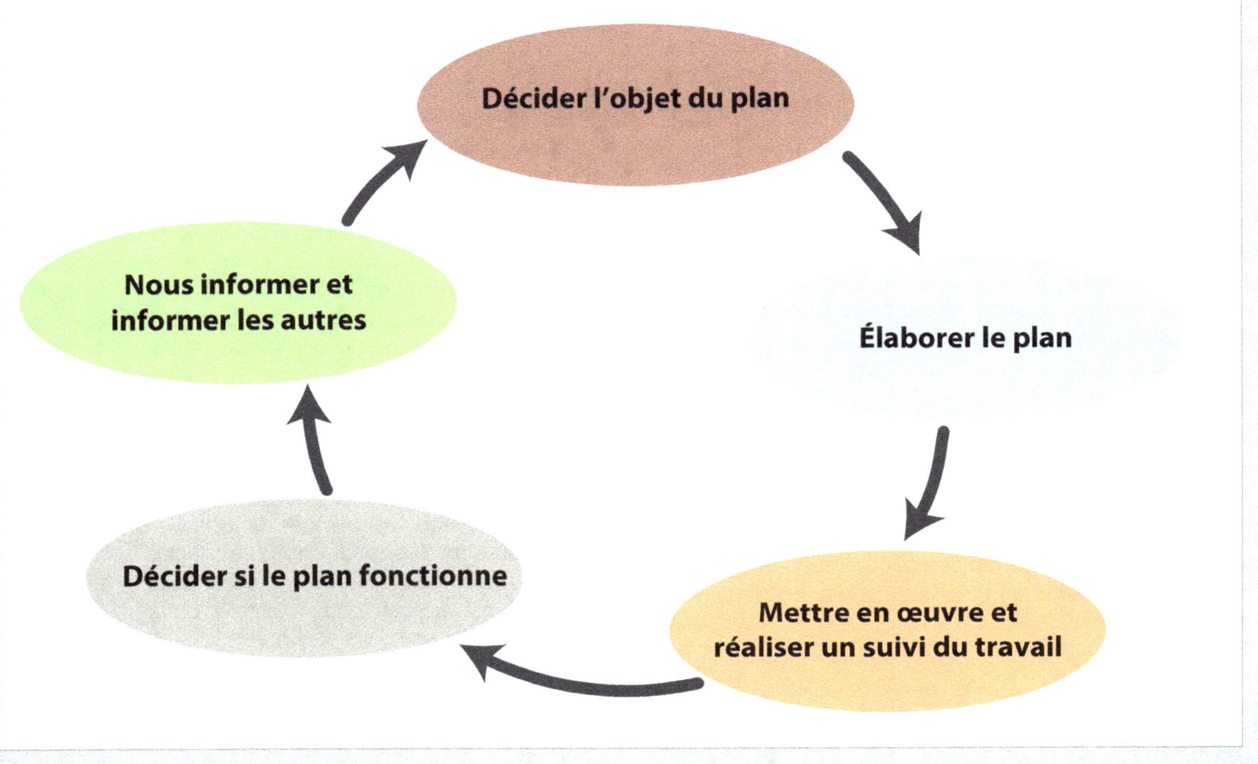

Figure 13.4 Approche révisée des Normes ouvertes pour la planification de « pays sains », utilisant un langage plus approprié et des concepts simplifiés

Source : Adapté de CMP (2013)

pratique de la conservation » (CMP 2013:1). Ce processus est appelé « Normes ouvertes pour la pratique de la conservation » (Normes ouvertes). Les Normes ouvertes définissent le processus étape par étape pour la définition, la planification, la mise en œuvre et l'analyse de projets de conservation. En particulier, les Normes ouvertes englobent :

- la gestion adaptative : dans laquelle les projets sont adaptés à mesure qu'ils progressent, en fonction des résultats obtenus ;
- la gestion axée sur les résultats : une approche qui intègre la conception, la gestion et le suivi des projets pour fournir un cadre permettant de tester systématiquement les hypothèses, de promouvoir l'apprentissage et de fournir des informations opportunes pour les décisions de gestion.

L'accent est mis sur les performances et l'obtention de produits, de résultats et d'impacts sur la biodiversité.

Les Normes ouvertes s'inspirent et combinent une approche intellectuelle riche de la planification à une approche pragmatique fondée sur l'action. Leur principaux précurseurs sont :

- le Cadre d'évaluation de la CMAP (par exemple, Hockings, 2000) ;
- une logique de programme (par exemple, Tucker, 2005) ;
- une pratique fondée sur des données probantes (par exemple, CEBC, 2008) ;
- le suivi, l'évaluation, l'établissement de rapports et l'amélioration (par exemple, ANAO, 2004).

Les Normes ouvertes visent à améliorer la qualité des plans, à guider leur mise en œuvre et à analyser les résultats obtenus afin que ceux-ci puissent être adaptés au fur et à mesure de leur mise en œuvre. Les Normes ouvertes établissent un langage commun et un ensemble standard d'étapes (figure 13.3). L'utilisation de termes cohérents à une certaine échelle permet d'améliorer l'agrégation pour comprendre les impacts cumulatifs de l'action, mais aussi pour voir comment la conservation à plus petite échelle peut contribuer à une échelle plus grande. Les Normes ouvertes utilisent une « taxonomie commune » pour les menaces et les actions de gestion.

Les étapes ci-dessus sont combinées dans un processus identifiant les cibles clés (ou « objets », selon Ungar et Strand, 2012, ou éléments), identifiant et classifiant les menaces (problèmes), évaluant les facteurs contribuant à ces menaces, et identifiant les stratégies et actions prioritaires qui atténueront les menaces ou rétabliront les cibles. Dans leur définition de l'approche, les Normes ouvertes proposent que les équipes spécifient leurs hypothèses sur le fonctionnement de leurs cibles, comment celles-ci sont affectées, et l'impact qu'elles attendent des interventions, favorisant ainsi la transparence (Schwartz et al., 2012).

Les Normes ouvertes exigent que les professionnels soient aussi clairs et précis que possible dans l'énoncé des buts et objectifs qui seront, autant que possible, « SMART » : spécifiques, mesurables, exploitables, réalistes et limités dans le temps. Les Normes ouvertes se concentrent ensuite sur « l'évaluation et la hiérarchisation répétées sur la base des résultats mesurés, essentiels au maintien d'un plan de projet cohérent » (Schwartz et al., 2012:171). Les Normes ouvertes sont donc, de par leur nature, une approche adaptative. Cependant, bien que les Normes ouvertes fournissent un « cadre » basique de gestion adaptative, leur mise en œuvre nécessite la capacité et la volonté d'adapter ce cadre, et de l'utiliser dans un contexte de projet spécifique. Un exemple d'application des Normes ouvertes est donné dans l'étude de cas 13.8.

Dans leur analyse de l'utilisation des Normes ouvertes, Schwartz et al., (2012) ont suggéré cinq domaines devant être pris en compte dans leur utilisation et leur applicabilité. Ceux-ci correspondent à un certain nombre de questions identifiées dans l'étude de cas de Wunambal Gaambera, ainsi qu'à partir de la propre expérience des professionnels. Ils soulignent la nécessité de considérer les Normes ouvertes tant en termes de théorie de la gestion adaptative que dans l'application pratique de l'approche.

Structure versus flexibilité

Comme mentionné précédemment, les lignes directrices structurées des Normes ouvertes fournissent un cadre dans lequel établir une approche raisonnable pour définir des mesures de conservation. Elles ne constituent pas un outil prescriptif et nécessitent de la souplesse et de l'adaptabilité dans leur application à des situations réelles.

Intégration de perspectives multiples

Comme l'affirment Ungar et Strand (2012) à propos de l'impact de différentes perspectives culturelles sur la définition des objectifs du plan (actifs/éléments de base), ceux-ci doivent inclure des éléments culturels et relatifs aux moyens de subsistance, et non pas simplement des éléments biophysiques. L'utilisation d'une approche fondée sur les services écosystémiques (telle qu'elle est actuellement décrite dans les Normes ouvertes) est insuffisante pour intégrer des différences culturelles significatives. En outre, il peut arriver que la menace d'une personne soit le moyen de subsistance d'une autre, et ceci doit être identifié et pris en compte avec soin et sensibilité.

Utilisation de nombreux outils

Les Normes ouvertes ne prescrivent pas d'outils spécifiques à utiliser à chaque étape, mais proposent plutôt des contributions et des résultats. Il existe de nombreux outils de planification spécifiques pouvant être appliqués à chaque étape du processus, en fonction des besoins spécifiques du projet particulier et de la capacité de l'équipe, et en particulier lorsqu'un haut niveau de compétences techniques est requis (voir chapitre 8).

Science et méthode scientifique

Un point connexe est que les Normes ouvertes constituent « un ensemble d'outils visant à aider les professionnels à planifier et à mettre en œuvre la gestion de la conservation. Rien de plus » (Schwartz et al., 2012:175). Autrement dit, elles ne sont pas en elles-mêmes responsables de la science de la conservation, particulièrement en ce qui concerne la détermination de la contribution et de l'attribution des mesures mises en œuvre dans le cadre d'un plan aux changements observés dans les cibles ou les menaces

Érosion par les ondes de tempête à Bar-mouth Beach, parc national de Ben Boyd, côte méridionale de Nouvelle-Galles du Sud, Australie. À mesure que le niveau de la mer augmente sous l'influence des changements climatiques (voir le chapitre 17), les planificateurs devront faire face aux conséquences d'une érosion marine plus agressive des zones côtières, y compris en tenant compte des conséquences environnementales, sociales et politiques connexes

Source : Graeme L. Worboys

abordées. Cela nécessite des programmes de recherche bien conçus et des ressources connexes (temps, capacités, fonds). Game et al. (2012) soulignent également ce point.

Coût/bénéfice

Les Normes ouvertes peuvent être appliquées à de nombreuses échelles spatiales, de temps et d'attentes, et l'utilisation des outils doit être ajustée en conséquence. Un processus tel que le projet Wunambal Gaambera, établissant un plan stratégique décennal pour 2,5 millions d'hectares incluant une vaste communauté, nécessitera clairement un investissement plus important qu'un petit projet à court terme. Il est important que les professionnels soient clairs quant à l'ampleur de l'investissement en fonction du contexte, et qu'ils adaptent l'utilisation des outils en conséquence.

Conclusion

Les processus de planification des aires protégées ont évolué pour inclure une articulation claire des impératifs de conservation généraux définis par des priorités mondiales et des liens avec les stratégies à plus grande échelle, fournissant ainsi une orientation stratégique à l'échelle des paysages. Une planification réussie implique l'intégration de diverses disciplines, ainsi que des processus inclusifs et accessibles, des systèmes sophistiqués et accessibles de recherche, de suivi et de communication, et des personnes expérimentées pour guider les processus et mettre en œuvre les plans.

L'importance et le caractère central des valeurs (à la fois les valeurs de l'organisation et les valeurs environnementales), une compréhension claire des questions qui les affectent (comme l'illustre l'étude de cas 13.1), des liens clairs et mesurables entre les objectifs et les actions, des régimes de gestion efficaces et adaptatifs, des décisions transparentes et des rapports de routine (illustrés par l'étude de cas 13.7), ainsi que des cadres institutionnels soutenant la mise en œuvre et l'adaptation du plan sont tous des éléments importants d'une planification solide.

L'un des thèmes clés qui ressort de ce chapitre est le caractère central de la participation et de la collaboration dans les processus de planification et dans l'amélioration de la gestion des aires protégées. Le passage à une planification adaptative et participative est, en partie, une reconnaissance du fait qu'une communauté qui apprécie l'importance de la biodiversité et des écosystèmes sains est un ingrédient essentiel pour maintenir l'élan d'une conservation inclusive et novatrice de ce site à l'avenir.

Références

Lectures recommandées

Alexander, E. R. (1992) *Approaches to Planning: Introducing current planning theories, concepts and issues*, Gordon & Breach Science Publishers, Luxembourg.

Allmendinger, P. (2009) *Planning Theory*, 2e éd., Palgrave, New York.

Australian National Audit Office (ANAO) (2004) *Better Practice Guide: Better practice in annual performance reporting*, Commonwealth of Australia, Canberra.

Barber, C. V., Miller, K. R. et Boness, M. (eds) (2004) *Securing Protected Areas in the Face of Global Change: Issues and strategies*, UICN, Gland.

Biggs, H., Breen, C., Slotow, R., Freitag, S. et Hockings, M. (2011) 'How assessment and reflection relate to more effective learning in adaptive management', *Koedoe* 53(2): 1001. <doi:10.4102/koedoe.v53i2.1001>

Braus, J. (2011) *Tools of Engagement: A toolkit for engaging people in conservation*, National Audubon Society, New York.

Bridges, A. (2013) 'Territory eco-link: large framework, small budget', in P. Figgis, J. Fitzsimons et

J. Irving (eds) *Innovation for 21st Century Conservation*, pp. 72–7, UICN, Gland.

Brooks, T. M., Mittermeier, R. A., da Fonseca, G. A. B., Gerlach, J., Hoffmann, M., Lamoreux, J. F., Mittermeier, C. G., Pilgrim, J. D. et Rodrigues, S. L. (2006) 'Global biodiversity conservation priorities', *Science* 313: 58–61.

Centre for Evidence Based Conservation (CEBC) (2008) *Guidelines for Systematic Review in Conservation and Environmental Management. Version 3*, School of The Environment and Natural Resources, University of Birmingham, Birmingham.

Conservation Measures Partnership (CMP) (2013) *Open Standards for the Practice of Conservation.* Version 3.0. <www. conservationmeasures.org>

Convention on Biological Diversity (CBD) (2011) *Strategic Plan for Biodiversity 2011–2020 and the Aichi Targets*, Secretariat of the Convention on Biological Diversity, Montréal. <www.cbd.int/doc/strategic-plan/2011-2020/Aichi-Targets-EN.pdf>

Convention on Biological Diversity (CBD) (2013) *Convention on Biological Diversity*. <www.cbd.int/doc/strategic-plan/2011-2020/Aichi-Targets-EN.pdf>

Davey, A. G. (1998) *National System Planning for Protected Areas*, UICN, Gland.

Davies, J., Hill, R., Walsh, F. J., Sandford, M., Smyth, D. et Holmes M. C. (2013) 'Innovation in management plans for community conserved areas: experiences from Australian indigenous protected areas', *Ecology and Society* 18(2): 14. <dx.doi.org/10.5751/ES-05404-180214>

Dawkins, J. et Searle, G. (2003) Direct application of theory to practice: collaborative place management of Sydney Harbour 1998–2002, Paper presented at Australia and New Zealand Association of Planning Schools Conference, Université d'Auckland, Auckland.

Department of Water Affairs and Forestry (2005) *Systematic Conservation Planning for the Forest Biome of South Africa*, Department of Water Affairs and Forestry, Republic of South Africa, Pretoria.

Dudley, N. (2010) 'Nature conservation: leaving space for biodiversity', in N. Dudley and S. Stolton (eds) *Arguments for Protected Areas: Multiple benefits for conservation and use*, pp. 239–52, Earthscan, Londres.

Fazey, I., Salisbury, J. G., Lindenmayer, D. B., Maindonald, J. et Douglas, R. (2004) 'Can methods applied in medicine be used to summarize and disseminate conservation research?', *Environmental Conservation* 31(3): 190–8.

Figgis, P., Fitzsimons, J. et Irving, J. (eds) (2012) *Innovation for 21st Century Conservation*, Comité australien de l'UICN, Sydney.

Friedmann, J. (1987) *Planning in the Public Domain: From knowledge to action*, Princeton University Press, Princeton, NJ.

Game, E. T., Karieva, P. et Possingham, H. P. (2012) 'Six common mistakes in conservation priority setting', *Conservation Biology* 27(3): 480–5.

Government of Australia (2010) *Australia's Strategy for the National Reserve System 2009–2030*, Australian Government, Canberra.

Government of Australia (2013) *Land.* <www. environment.gov.au/topics/land>

Government of Australia (2014) *Marine Reserves.* <www. environment.gov.au/topics/marine/marine- reserves/ marine-reserves-review>

Hockings, M. (2000) *Evaluating Protected Area Management: A review of systems for assessing management effectiveness of protected areas*, Université du Queensland, Brisbane.

International Union for Conservation of Nature (IUCN) (2014) *Key Biodiversity Areas*, UICN, Gland. <www. biodiversitya-z.org/areas/22>

International Union for Conservation of Nature, Parks Australia et NSW National Parks and Wildlife Service (2014) *Australia's Indigenous Protected Areas.* <worldparkscongress.org/drupal/node/34>

Kramar, R. M. S. R. (1997) *Human Resource Management in Australia*, Addison Wesley Longman, Melbourne.

Kruger, J. M. et MacFadyen, S. (2011) 'Science support within the South African National Parks adaptive management framework', *Koedoe* 53(2): 1010.

Langhammer, P., Sechrest, W. et Tordoff, A. W. (2007) *Identification and Gap Analysis of Key Biodiversity Areas: Targets for comprehensive protected area systems*, UICN, Gland.

Lockwood, M. (2006) 'Management planning', in M. Lockwood, G. Worboys et A. Kothari (eds) *Managing Protected Areas: A global guide*, pp. 292–327, Earthscan, Londres.

Mackey, B., Sobey, E., Letcher, R. A. et Cuddy, S. M. (2007) *InCReMent Phase 1: Design & feasibility*, Université nationale australienne, Canberra.

Madanipour, A. (2010) 'Connectivity and contingency', *Planning Theory* 9(4): 351–68.

Margules, C. R. et Pressey, R. L. (2000) 'Systematic conservation planning', *Nature* 405: 243–53.

Melick, D. R., Kinch, J. P. et Gowan, H. (2012) 'How global biodiversity targets risk becoming counterproductive: the case of Papua New Guinea', *Conservation and Society* 10(4): 344–53.

Moorcroft, H., Ignjic, E., Cowell, S. Goonack, J., Mangolomara, S., Oobagooma, J., Karadada, R., Williams, D. et Waina, N. (2012) 'Conservation planning in a cross cultural context: the Wunambal Gaambera Healthy Country project in the Kimberley, Western Australia', *Ecological Management & Restoration* 13(1): 16–25.

Naghizadeh, N., Abbas, D. et Farvar, T. (2012) 'Recognition and Support of ICCAs in Iran', in A. Kothari, C. Corrigan, H. Jonas, A. Neumann et H. Shrumm (eds) *Recognising and Supporting Territories and Areas Conserved By Indigenous Peoples and Local Communities: Global overview and national case studies*, Secrétariat de la Convention sur la diversité biologique, Consortium APAC, Kalpavriksh, et Natural Justice, Montréal, Canada, p. 132.

Naro-Maciel, E. et Sterling, E. (2008) *Protected Areas and Biodiversity Conservation I: Reserve planning and design synthesis*, American Museum of Natural History, New York. <ncep.amnh.org/linc>

Nelson, F. (2012) 'Recognition and Support of ICCAs in Kenya', in A. Kothari, C. Corrigan, H. Jonas, A. Neumann et H. Shrumm (eds) *Recognising and Supporting Territories and Areas Conserved by Indigenous Peoples and Local Communities: Global overview and national case studies*, Secrétariat de la Convention sur la diversité biologique, Consortium APAC, Kalpavriksh, et Natural Justice, Montréal, Canada, p. 119.

Pedragosa, S. (2012) 'Recognition and Support of ICCAs in the Philippines', in A. Kothari, C. Corrigan, H. Jonas, A. Neumann et H. Shrumm (eds) *Recognising and Supporting Territories and Areas Conserved By Indigenous Peoples and Local Communities: Global overview and national case studies*, Secrétariat de la Convention sur la diversité biologique, Consortium APAC, Kalpavriksh, et Natural Justice, Montréal, Canada, p. 134.

Pirot, J. Y., Meynell, P. J. et Elder, D. (2000) *Ecosystem Management: Lessons from around the world*, UICN, Gland.

Pullin, A. S. et Knight, T. M. (2001) 'Effectiveness in conservation practice: pointers from medicine and public health', *Conservation Biology* 15(1): 50–4.

Resilience Alliance (2014) *Resilience Assessment*. <www.resalliance.org/index.php/resilience_assessment>

Salafsky, N., Salzer, D., Stattersfield, A., Hilton-Taylor, C., Neugarten, R., Butchart, S., Collen, B., Cox, N., Master, L., O'Connor, S. et Wilkie, D. (2008) 'A standard lexicon for biodiversity conservation: unified classifications of threats and actions', *Conservation Biology* 22(4): 897–911.

Sanderson, E. W., Jaiteh, M., Levy, M. A., Redford, K. H., Wannebo, A. V. et Woolmer, G. (2002) 'The human footprint and the Last of the Wild', *BioScience* 52(10): 891–904.

Schwartz, M. W., Deiner, K., Forrester, T., Grof-Tisza, P., Muir, M. J., Santos, M. J., Souza, L. E., Wilkerson, M. L. et Zylberberg, M. (2012) 'Perspectives on the Open Standards for the practice of conservation', *Biological Conservation* 155: 169–77.

Smith, R., Goodman, S. et Matthews, W. (2006) 'Systematic conservation planning: a review of perceived limitations and an illustration of the benefits, using a case study from Maputaland, South Africa', *Oryx* 40(4): 400–10.

Steenkamp, Y., van Wyk, B., Victor, J., Hoare, D., Smith, G., Dold, T. et Cowling, R. (2004) 'Maputaland-Pondoland-Albany', in R. A. Mittermeier, P. Robles Gil, M. Hoffmann, J. D. Pilgrim, T. M. Brooks, C. G. Mittermeier et G. A. B. da Fonseca (eds) *Hotspots Revisited: Earth's biologically richest and most endangered ecoregions*, pp. 219–28, CEMEX, Monterrey, Mexique.

Thomas, L. et Middleton, J. (2003) *Guidelines for Management Planning of Protected Areas*, UICN, Gland.

Tucker, G. (2005) *A Review of Biodiversity Conservation Performance Measures*, Earthwatch Institute, Oxford.

Ungar, P. et Strand, R. (2012) 'Inclusive protected area management in the Amazon: the importance of social networks over ecological knowledge', *Sustainability* 4(12): 3260–78.

Wardrop, M. et Zammit, C. (2012) 'Innovation in public policy for conservation of biodiversity', in P. Figgis (ed.) *Innovation for 21st Century Conservation*, pp. 56–65, Commité australien de l'UICN, Sydney.

Worboys, G. L., Lockwood, M. et de Lacy, T. (2005) *Protected Area Management*, 2nd edn, Oxford University Press, Melbourne.

Yellowstone to Yukon Conservation Initiative (Y2Y) (2014) *Yellowstone to Yukon Conservation Initiative*. <www.y2y.net>

CHAPITRE 14

ENGAGEMENT ET PARTICIPATION À LA GESTION DES AIRES PROTÉGÉES : QUI, POURQUOI, COMMENT ET QUAND ?

Auteurs principaux :
Stephen Dovers, Sue Feary, Amanda Martin, Linda McMillan, Debra Morgan et Michael Tollefson

TABLE DES MATIÈRES

UICN CMAP Commission mondiale des aires protégées

Convention sur la diversité biologique

AUTEURS PRINCIPAUX

STEPHEN DOVERS est professeur et directeur de la Fenner School for Environment and Society de l'Université nationale australienne de Canberra.

SUE FEARY est archéologue et gestionnaire de parcs nationaux. Elle travaille depuis 25 ans sur la gestion du patrimoine naturel et culturel et les relations avec les aborigènes australiens.

AMANDA MARTIN est directrice exécutive de l'Australian Environmental Grantmakers Network, Melbourne.

LINDA MCMILLAN est vice-présidente adjointe pour les communications de la Fédération internationale d'alpinisme et d'escalade (UIAA), présidente de la Commission de protection des montagnes, et membre de la Commission mondiale des aires protégées de l'Union internationale pour la conservation de la nature (CMAP-UICN).

DEBRA MORGAN est gestionnaire de philanthropie de l'Australian Environmental Grantmakers Network, Melbourne.

MICHAEL TOLLEFSON est président du Yosemite Conservancy, États-Unis.

CITATION

Dovers, S., Feary, S., Martin, A., McMillan, L., Morgan, D. et Tollefson, M. Engagement and participation in protected area management: who, why, how and when?'. In Worboys, G. L., Lockwood, M., Kothari, A., Feary, S. et Pulsford, I. (éd.) *Gouvernance et gestion des aires protégées*. Canberra : ANU Press, 2020. doi.org/10.22459/GGAP.14

PHOTO DE LA PAGE DE TITRE

Manuel Castellanos, un indien Lacandon, discutant de la restauration des écosystèmes avec les visiteurs de la réserve de biosphère de Montes Azules, dans l'État du Chiapas, au sud-est du Mexique
Source : Eduard Müller

Introduction

Ce chapitre explore les exigences et possibilités offertes aux gestionnaires d'aires protégées lors de leur engagement avec des individus, des communautés et des organisations dont les intérêts se recoupent avec la gestion des aires protégées. La première section fait état de l'émergence d'accords de collaboration en matière de gestion des ressources et de l'environnement, et de leur application à la gestion des aires protégées. Elle présente les principes généraux s'appliquant à l'engagement et la participation du public. Les quatre dernières sections exploreront quatre questions : avec *qui* les gestionnaires d'aires protégées s'engagent, *pourquoi* ces individus et ces groupes s'engagent dans la gestion des aires protégées, ainsi que leurs valeurs et motivations, *comment*, ou les formes et stratégies d'engagement et de participation, et *quand* l'engagement devrait avoir lieu.

L'engagement avec d'autres personnes, organisations et communautés implique des valeurs et aspirations très différentes. En effet, celles-ci peuvent être considérées comme des fournisseurs, des clients ou des collaborateurs. L'engagement est donc complexe, et se produit dans une diversité de contextes géographiques, sociaux et politiques. Les détails d'un engagement réussi dépendront du contexte spécifique. Ce chapitre ne prescrira donc pas quoi faire dans une situation spécifique, mais présentera plutôt des concepts et des principes permettant aux gestionnaires de reconnaître cette diversité et d'adopter des approches adaptées à leur situation, en choisissant parmi un éventail d'outils et de stratégies disponibles. Pour illustrer ce plus grand niveau de détail, le chapitre se termine par cinq études de cas démontrant comment les thèmes du chapitre s'appliqueront à différents contextes, et les différentes parties prenantes avec lesquelles le personnel et les gestionnaires des aires protégées travailleront.

1. Les études de cas 14.1 et 14.2 traitent de l'engagement avec les *peuples autochtones*, soulignant comment les parties prenantes présenteront divers intérêts et motivations, comment différentes stratégies seront nécessaires en fonction du contexte culturel, et comment il est essentiel de comprendre le concept de « communauté » et qui parle en son nom.

2. Les études de cas 14.3 et 14.4 explorent l'*engagement philanthropique* dans la gestion des aires protégées, soulignant la nécessité d'une compréhension claire des attentes des gestionnaires et des parties prenantes, ainsi que l'importance de la transparence et d'un bon processus.

3. L'étude de cas 14.5 explore l'engagement avec les *utilisateurs de loisirs*, illustrant un thème central du chapitre : la variété des motivations des personnes interagissant avec les aires protégées. Elle souligne également l'importance de processus prudents et respectueux, nécessaires pour satisfaire les différents besoins d'une manière mutuellement bénéfique.

La réussite de l'engagement communautaire exige des compétences et de l'attention, appliquées de manière sensible à chaque situation spécifique. De plus amples détails sont disponibles dans les documents mentionnés ci-après et dans la littérature traitant de la participation à la gestion des ressources naturelles et de l'environnement (par exemple, Beierle et Cayford, 2002 ; Creighton, 2005 ; Evans-Cowley et Hollander, 2010 ; O'Faircheallaigh, 2010). Ce chapitre se situe à l'intersection des questions de gouvernance, de gestion et de leadership abordées dans les chapitres 7, 8, 12, 16 et 27 de ce livre.

L'émergence d'accords de collaboration

Les aires protégées ne sont qu'un des secteurs et professions ayant connu, ces dernières années, une exigence croissante de collaboration avec une diversité de parties prenantes. La gestion de l'environnement et des ressources naturelles est passée d'un style de réglementation descendant à un style de partenariat et collaboration étroits et diversifiés entre les organismes de gestion et les communautés locales, les utilisateurs des ressources, les autres organismes de gestion, les organisations non gouvernementales (ONG) et le secteur privé. Cela est conforme aux arguments plus généraux concernant le rôle des citoyens, le partage du pouvoir et la participation aux décisions politiques et stratégiques, ainsi qu'au passage d'une direction *gouvernementale* à une *gouvernance* plus inclusive impliquant de multiples parties (voir par exemple, Rhodes, 1997 et le chapitre 7). Ce débat et cette tendance se sont particulièrement centrés sur la gestion de l'environnement et des ressources naturelles, la plupart de la littérature provenant de démocraties industrialisées (par exemple, Healey, 1997 ; Dobson, 2003 ; Paehklke, 2003 ; Dryzek et Niemeyer, 2010 ; Holley et al., 2012).

Dans certains cas, l'engagement communautaire et la gestion collaborative sont requis, dans une certaine mesure, par les processus politiques et de planification officiels. Dans d'autres cas, ils ont été recherchés par les communautés et les organismes, non comme une exigence obligatoire, mais plus volontairement, pour atteindre les résultats de gestion et les aspirations de la communauté. Dans le secteur de la gestion des aires protégées, l'engagement avec les parties prenantes peut faire partie intégrante des processus de planification et de gestion, comme dans la création de plans de gestion, et dans certains cas, il fait partie intégrante d'accords internationaux, comme dans le cas des sites du Patrimoine mondial.

Les premiers travaux sur la participation publique ont porté sur la nécessité d'une plus grande participation et sur le degré de cette participation. Arnstein (1969) présentait une définition influente de « l'échelle » de l'engagement citoyen, où le haut de l'échelle indique un plus grand niveau de pouvoir citoyen ou public. Les échelons de l'échelle, de haut en bas, sont :

- le contrôle citoyen ;
- la délégation de pouvoir ;
- les partenariats ;
- l'apaisement ;
- la consultation ;
- l'information ;
- la thérapie ;
- la manipulation.

Ces degrés d'engagement sont tous présents dans la gestion des aires protégées. Vers le haut de l'échelle d'Arnstein, on trouve les modalités de gestion fortement collaboratives tels que la cogestion des réserves, où les représentants des communautés occupent des postes officiels au sein d'un conseil de gestion et disposent d'un pouvoir de décision partagé ou délégué. Une telle participation peut impliquer un rôle important dans l'établissement d'orientations stratégiques, si elle s'applique à la gouvernance d'une ou de plusieurs aires protégées. Au milieu de l'échelle, on trouve le comité consultatif d'un parc national, autorisé à faire des commentaires, mais ne disposant pas de pouvoir officiel. Finalement, au bas l'échelle, on trouve les visiteurs, assujettis à des contrôles réglementaires sur l'utilisation du parc et engagés par des documents faisant connaître ces règlements. Un niveau d'engagement n'est pas forcément meilleur que les autres. Tout dépend du contexte. Par exemple, un contrôle strict du comportement et de l'utilisation des visiteurs, voire leur exclusion totale, est approprié pour les zones très sensibles, et la plupart des visiteurs acceptent et comprennent que les valeurs spéciales dont ils viennent profiter n'existent que grâce à de tels contrôles.

L'échelle d'Arnstein partage quelques similitudes avec d'autres catégorisations du degré et du but de l'engagement. Dans le contexte de l'engagement communautaire dans la gestion du patrimoine, Hall et McArthur (1998) classent les objectifs de l'engagement en dons d'information, réception d'information, partage d'information et prise de décision participative, et cartographient les techniques par rapport à ces objectifs (voir la Section « Comment : formes d'engagement et de participation », ci-après).

Les travaux les plus récents, cités ci-dessus, portent sur de multiples stratégies d'engagement et de collaboration, ainsi que sur la qualité et la longévité des relations de collaboration. De nombreux termes et concepts sont utilisés dans la littérature sur la gestion de l'environnement et des ressources naturelles et, dans la pratique, pour désigner ce style de gouvernance évolutif et plus engagé : gouvernance multicentrique ou polycentrique, gestion adaptative, gouvernance adaptative, gestion collaborative, partenariats multipartites et gouvernance participative des ressources.

Ces multiples termes et concepts peuvent être source de confusion. L'encadré 14.1 résume les tendances pertinentes de la gestion contemporaine des ressources naturelles.

Les modalités de gouvernance collaborative et la gestion adaptative entreprise dans le cadre de ces modalités élargissent le contexte de la gestion des ressources naturelles en termes d'éventail d'organisations et de groupes de personnes impliqués, exigeant une bonne compréhension des contextes politiques et organisationnels (tableau 14.1). Toute gestion des ressources naturelles fonctionne dans un cadre institutionnel et organisationnel sur la base de certains éléments, présentés dans la figure 14.1 (adaptée de Dovers et Hussey, 2013 ; voir également Howlett et al., 2009). Les détails de ces modalités varieront selon les juridictions et les contextes politiques, mais deux principes généraux s'appliquent. Premièrement, les taux de changement à travers les trois niveaux varient considérablement, d'un changement institutionnel lent à un changement plus rapide dans les mesures de gestion. Deuxièmement, les possibilités de participation à l'évolution des modalités varient d'un niveau à l'autre. Les sections suivantes de ce chapitre développeront ces deux points.

Collaboration dans la gestion des aires protégées

Les mouvements croissants vers une gestion de la biodiversité et des ressources naturelles à l'échelle des paysages ou incluant diverses régimes de propriété, comme la gestion intégrée des bassins versants et la conservation de la connectivité (Fitzsimons et al., 2013 ; Worboys et al., 2013 ; chapitre 27), replacent les aires protégées dans un système plus général de ressources, valeurs, organisations et acteurs (Fitzsimons et Wescott, 2008 ; Lockwood, 2010a ; Wyborn, 2013). Même lorsque les aires protégées ne font pas partie d'une initiative plus large de conservation de la connectivité, les gestionnaires établiront, et devront établir, des relations avec les propriétaires fonciers voisins, d'autres organismes gouvernementaux, les visiteurs et les ONG. Cela ajoute des *considérations sociales* à la combinaison de considérations naturelles, juridiques, financières et institutionnelles à prendre en compte et à gérer (Anderson et James, 2001 ; Lockwood, 2010b ; McCool et al., 2013 ; McNeely, 2006). Un certain engagement communautaire est nécessaire, par exemple, dans l'élaboration des plans de gestion. Cependant, il existe généralement une exigence pratique pour des formes

Encadré 14.1 Gestion et gouvernance adaptatives

La gestion contemporaine des ressources naturelles, y compris des aires protégées, est de plus en plus influencée par des idées telles que la gouvernance collaborative ou adaptative, suivant la théorie et la pratique développées au cours des dernières décennies. Face à l'incertitude quant au fonctionnement des écosystèmes et aux stratégies de gestion optimales, aux multiples intervenants et aux valeurs diverses, le concept de gestion adaptative encourage les interventions de gestion comme des « expériences » intentionnelles visant à l'amélioration continue de la compréhension et de la gestion. Le passage d'une « gestion » par le gouvernement à la « gouvernance » par de multiples parties prenantes reconnaît l'importance des structures et des relations sociales, ainsi que des institutions formelles et informelles (chapitre 7). La gouvernance définit les politiques et les stratégies, et donc, les orientations de la gestion opérationnelle (voir plus loin et Nkhata et McCool, 2012 ; Plummer et al., 2013). La gouvernance adaptative reconnaît la participation de diverses parties prenantes comme une alternative aux arrangements bureaucratiques rigides de gestion reposant uniquement sur des opinions et connaissances « d'experts ». Quatre concepts clés la définissent :

1. une collaboration impliquant le partage des droits et des responsabilités entre les parties prenantes, et la résolution des aspirations diverses ;
2. un apprentissage social impliquant des partenariats visant à soutenir les activités collectives, la production mutuelle et l'appropriation des connaissances continues ;
3. une souplesse, au sens institutionnel, permettant d'adapter les politiques et la gestion au fil du temps, à mesure que les connaissances ou les circonstances changent ;
4. un polycentrisme (ou multi-centrisme), où la gestion n'est plus assurée par une seule autorité, mais où il existe de multiples points d'autorité et de prise de décision semi-autonomes mais interconnectés, y compris de multiples acteurs étatiques et non-étatiques (Holling, 1978 ; Ostrom, 1990 ; Lee, 1993 ; Folke et al., 2005 ; Keen et al., 2005 ; Armitage et al., 2009 ; Bäckstrand et al., 2010 ; Lockwood, 2010a ; Cundill et Rodela, 2012 ; McCool et al., 2013 ; Ojha et al., 2013).

La gestion adaptative peut être entièrement contrôlée par un organisme gouvernemental ou une autre organisation singulière avec peu de participation. Cependant, la littérature et la pratique récentes indiquent que la flexibilité et l'apprentissage sont difficiles sans un engagement plus large des parties prenantes. La gouvernance adaptative inclut explicitement de multiples parties prenantes et admet leur rôle dans l'établissement des objectifs et des orientations stratégiques, et pas seulement dans la mise en œuvre de ces objectifs.

L'évolution de la gestion des ressources naturelles vers une gouvernance adaptative et une gestion participative des aires protégées est un processus de changement continu et difficile dans la gestion, les organisations et les professions. L'objectif est à la fois de créer des processus inclusifs impliquant les acteurs nécessaires, et d'obtenir des résultats tangibles. Les dispositions législatives et administratives traditionnelles dans lesquelles opèrent les organismes gouvernementaux ne facilitent pas toujours une gestion partagée à long terme, expérimentale et flexible (Wyborn et Dovers, 2014).

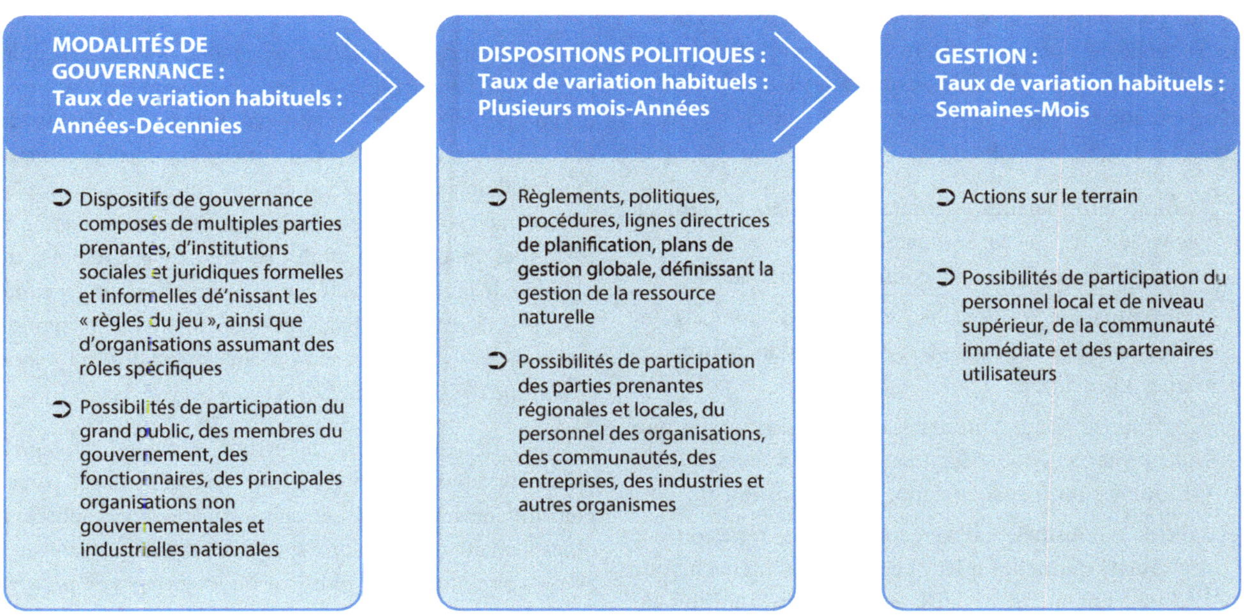

Figure 14.1 Hiérarchie de la gouvernance et de la participation

plus nombreuses et différentes que celles stipulées dans les processus législatifs ou de planification : la gestion des aires protégées s'inscrit dans une matrice complexe d'intérêts et de groupes. Ces considérations sociales incluent les questions relatives aux différents groupes culturels utilisant les aires protégées ou ayant un intérêt dans leur gestion, et donc les questions de compréhension et de communication interculturelles.

La gestion des aires protégées s'inscrit dans un contexte politique qui varie d'un pays à l'autre et d'une localité à l'autre, où des valeurs et des attentes différentes concernant les sites naturels et leur utilisation par l'homme influencent la gestion. Dans certaines juridictions, les agences de parcs et organisations similaires ont un statut, une autorité et des ressources considérables. Dans d'autres, ce n'est peut-être pas le cas. Par conséquent, les relations entre ces organisations et autres organismes, ONG et communautés varieront, et les styles d'engagement devront être définis en fonction du contexte politique. L'un des facteurs influençant le contexte politique est le degré de liberté des médias, l'intérêt des médias pour la conservation, et l'attitude et l'intérêt des médias les plus puissants. Ce qui fonctionne dans un endroit peut ne pas fonctionner dans un autre, en fonction des règles et structures politiques et juridiques, de la force des différentes valeurs sociales et du pouvoir des différents groupes.

La collaboration avec de multiples parties prenantes impose des exigences différentes aux gestionnaires et aux organismes responsables (par exemple, un service des parcs nationaux), et des exigences différentes quant au temps et aux compétences du personnel de gestion à tous les niveaux et dans tous les rôles. L'engagement communautaire, la liaison avec les parties prenantes, la gestion des partenariats public-privé et les collaborations inter-institutions font désormais partie de l'énoncé du rôle des organismes et du personnel chargés des aires protégées. Considérons la gamme d'individus et d'organisations ayant un rôle ou un intérêt clair dans la gestion des aires protégées :

- voisins, propriétaires et locataires fonciers du secteur privé ou de la communauté, que ce soit à titre résidentiel, agricole ou de conservation privée ;
- communautés locales des environs, y compris les communautés autochtones et les résidents urbains situés à proximité ;
- communautés autochtones et locales résidant dans une aire protégée et/ou dépendant des ressources qui s'y trouvent pour leur subsistance (voir chapitre 25) ;
- autres organismes publics de gestion des terres ou des ressources naturelles et leur personnel, au même niveau de gouvernement, organismes forestiers, autorités de protection de l'environnement, autorités de gestion des bassins versants ou commissions de l'eau, ou organismes maritimes et de pêche dans le cas des réserves côtières et marines ;
- autres organismes publics, au même niveau de gouvernement, pouvant nécessiter un accès ou une collaboration avec les aires protégées, gestion des situations d'urgence, armée, police ou gestionnaires d'infrastructures et des transports ;
- organismes des niveaux administratifs autres que ceux responsables de l'aire protégée, à l'échelle locale, régionale, provinciale / étatique, nationale et internationale, par exemple, l'Union Européenne ou les Nations unies ;
- politiciens et partis ou mouvements politiques influençant (positivement ou négativement) les politiques et la gestion relatives aux aires protégées ;
- ONG de conservation de la nature, y compris les groupes de plaidoyer, ceux qui s'occupent de gestion collaborative, et organisations philanthropiques contribuant à l'acquisition ou à la gestion des réserves ;
- touristes et utilisateurs de loisirs, locaux ou étrangers, réguliers ou occasionnels, particuliers ou organisés en groupes d'intérêt ;
- intérêts (commerciaux) locaux ou régionaux du secteur privé, tels que les entreprises de guides touristiques et les exploitants d'hébergement, généralement de petite taille, mais pouvant être liés à des entreprises ou à des réseaux plus importants ;
- intérêts commerciaux plus importants (avec ou sans présence locale permanente), jusqu'à l'échelle de puissantes sociétés transnationales ;
- organismes de recherche dont les activités reposent sur l'accès aux aires protégées ou en informent la gestion.

Cette liste indique un vaste éventail d'intérêts probables partout où il existe une aire protégée importante. Dans tous ces groupes, on trouve des partenaires actuels ou potentiels, des individus intéressés ou désintéressés, des opposants, des collaborateurs ayant un intérêt commun, et ceux se concentrant sur les opportunités commerciales. Certaines personnes joueront de multiples rôles. Par exemple, un membre de la communauté locale peut visiter l'aire protégée à des fins récréatives et participer également à la promotion du tourisme en tant que membre élu du gouvernement local et homme d'affaires local.

Au sein des organismes de gestion des aires protégées, différents employés collaboreront avec différentes parties pour différentes raisons. Les cadres supérieurs collaboreront officiellement avec les cadres supérieurs d'autres organismes, avec les organismes de l'industrie ou les groupes de pression des utilisateurs récréatifs et avec les médias, tandis que le personnel technique interagira quotidiennement avec

Tableau 14.1 Communautés et parties prenantes dans la gestion de l'environnement et des ressources naturelles, et exemples relatifs à la gestion des aires protégées

Type de communauté	Base de l'intérêt commun
Géographique (spécifique à un lieu donné)	Déterminée par l'affinité ou un intérêt pour les conditions d'un système naturel ou humain spatialement défini (localité, district, région, juridiction). Les communautés locales auront un intérêt pour les aires protégées situées à proximité, en termes d'opportunités de loisirs, d'équipements scéniques, d'emploi, de perspectives commerciales telles que le tourisme, de gestion des incendies, de santé des bassins versants, etc.
Communautés implantées dans les aires protégées	Catégorie particulière de communautés géographiques ou spécifiques à un lieu donnée (ci-dessus), vivant à l'intérieur ou à proximité d'une aire protégée, et directement tributaires de ressources situées à l'intérieur de celle-ci pour des raisons culturelles ou liées à ses moyens de subsistance. Les groupes autochtones sont particulièrement importants pour certaines aires protégées.
Politique / électorale	Également définie géographiquement, mais dans ce cas, comme citoyens de la juridiction dans laquelle une fonction publique particulière est située et gérée, et donc susceptible de chercher à influencer la gestion par le vote ou des contacts avec des représentants élus. Par exemple, un État/province où le gouvernement de la juridiction concernée est responsable des aires protégées, ou une zone sous administration locale où les réserves sont gérées au niveau municipal.
Familiale	Membres d'une famille localisée ou élargie ou d'un réseau familial. Une variable structurante primaire de toutes les sociétés, et plus susceptible d'être une considération secondaire mais éventuellement pertinente pour les gestionnaires d'aires protégées dans l'engagement avec les communautés.
Culturelle	Communautés éventuellement définies géographiquement, mais pas souvent, liées par la culture, l'ethnicité, les croyances religieuses, l'idéologie sociale, etc. Comme la communauté familiale, probablement une variable secondaire, mais influente pour la gestion des aires protégées, définissant des possibilités de stratégies d'information communautaire par le biais des réseaux sociaux ou, par exemple, d'attitudes communautaires variées à l'égard de questions telles que l'utilisation de la faune.
Professionnelle/économique	Groupes de personnes identifiables, souvent dispersés géographiquement, liés par une profession ou un emploi dans un type de carrière ou d'entreprise particulier. Intérêts individuels ou membres d'un groupe plus vaste, par exemple, opérateurs d'écotourisme, guides de chasse, chaînes d'hébergement, photographes professionnels de nature, etc., qui s'intéressent à la viabilité ou à l'accès aux aires protégées.
Définie par un incident ou un événement	Souvent organisationnelle ou professionnelle, mais dont l'intérêt est défini par un événement spécifique, où qu'il se produise, tel que l'impact de militaires sur les aires protégées en période de conflit, des services d'urgence et de secours lors de catastrophes ou d'accidents, ou des services de santé lors d'épidémies.
De connaissances / épistémique	Communautés définies par un système de connaissances, par exemple, une discipline universitaire ou un groupe d'intérêt particulier, tel que la biologie de la conservation, les études touristiques ou une société du patrimoine géologique.
Liée à un problème	Groupes ayant une identité et un but en raison de leur intérêt ou de leur engagement envers une question de fond, comme les services sociaux, l'accès des personnes handicapées aux bâtiments, une question de santé spécifique, etc. Par exemple, les sociétés de conservation de la faune sauvage, les ONG environnementales, les organisations internationales de conservation, les groupes de défense des droits des animaux, etc.
Loisirs organisés	Groupes liés par la participation ou la promotion d'activités récréatives (groupes sportifs, clubs de service, etc.), groupes de chasse, clubs de randonnée, alpinistes, etc.
Industrie du tourisme et touristes	Fournisseurs et consommateurs de services de visites organisées et services aux utilisateurs. Bien qu'il s'agisse d'une combinaison des catégories économique et récréative ci-dessus, elle est suffisamment importante pour justifier une catégorie distincte dans le contexte des aires protégées
Personnes ou communautés illégitimes ou illégales	Individus ou réseaux d'individus se livrant à des activités illégales ou inacceptables dans le contexte pertinent. Par exemple, braconniers, chasseurs illégaux, producteurs de drogues, colons informels (squatters), utilisateurs de loisirs défiant les règlements, etc.

Source : Adapté et étendu de Dovers et Hussey (2013)

le personnel des organismes locaux, les communautés et les entreprises locales, les politiciens locaux, les voisins immédiats et les visiteurs. De même, l'engagement variera selon le type et l'emplacement d'une aire protégée, selon si celle-ci est proche ou plus éloignée d'une ville. La définition d'une aire protégée par l'Union internationale pour la conservation de la nature (UICN) est celle « d'un espace géographique clairement défini, reconnu, dédié et géré, par des moyens légaux ou autres moyens efficaces, pour assurer la conservation à long terme de la nature et des services écosystémiques et valeurs culturelles associés » (Dudley, 2008:8).

Il existe clairement une grande diversité de « parties prenantes » : individus et groupes s'intéressant à la gestion des aires protégées, qu'il s'agisse d'un site unique ou d'un réseau d'aires protégées. Ceci fait écho à la diversité des aires protégées et des objectifs de ces sites. L'UICN définit six catégories d'aires protégées, selon que ces sites soient principalement gérés pour (voir chapitre 8) :

I. une protection stricte : Ia, réserve naturelle intégrale ; Ib, zone de nature sauvage ;
II. conservation et protection des écosystèmes (parc national)
III. conservation d'éléments naturels (monument naturel)
IV. conservation par une gestion active (aire de gestion des habitats/des espèces)
V. conservation et loisirs dans les paysages terrestres/marins (paysage terrestre/marin protégé)
VI. utilisation durable des ressources naturelles (aire protégée avec utilisation durable des ressources naturelles).

Ces catégories définissent différents objectifs principaux, et donc, différentes relations que les groupes d'une société auront avec la gestion et le personnel des aires protégées. Elles indiquent également un degré plus ou moins élevé de contrôle sur l'utilisation ou la visite d'une aire protégée, souvent défini dans la législation et autres politiques officielles. Par exemple, une réserve naturelle stricte (catégorie Ia) ou un monument naturel (catégorie III) peuvent disposer de contrôles réglementaires stricts pour la plupart des utilisations, tandis que les aires des catégories V et VI peuvent permettre les exploitations de loisirs, de tourisme, de pêche, de mines ou la récolte d'aliments de subsistance de façon plus ou moins contrôlée. Les catégories V et VI sont gérées comme des paysages culturels où la conservation de la nature coexiste avec les moyens de subsistance et les pratiques sociales des communautés résidentes. L'engagement entre les communautés et les gestionnaires n'est pas facultatif dans ces situations, mais est essentiel à l'objectif principal de la gestion des terres.

Ces objectifs correspondent cependant à ce pourquoi le site est principalement géré, et le plus souvent, il existe une variété d'utilisations et d'utilisateurs, et donc de relations avec les individus, les groupes sociaux et les organisations. Cette combinaison d'utilisateurs comprend les fournisseurs, les clients et les collaborateurs de la gestion des aires protégées, ceux dont les services sont recherchés et utilisés par les gestionnaires, ceux qui utilisent ou achètent les services fournis par les aires protégées, et ceux qui travaillent avec les gestionnaires d'aires protégées vers un but commun. Il s'agit là de relations fondamentalement différentes, basées sur des valeurs et des objectifs communs, des obligations commerciales, des attentes en matière de prestation de services ou des exigences réglementaires ou stratégiques à respecter.

De façon simpliste, les relations et interactions entre les gestionnaires d'aires protégées et les « autres » sont considérées comme impliquant principalement les utilisateurs de loisirs et les touristes qui utilisent le site afin de profiter de ses commodités naturelles, pouvant s'étendre aux visiteurs illégaux ou indésirables, aux opérateurs commerciaux à l'intérieur ou à proximité du parc national et aux propriétaires fonciers adjacents au parc. Les gestionnaires d'aires protégées savent qu'il en existe beaucoup plus : ONG environnementales, gardes volontaires, entreprises d'extraction des ressources, communautés locales tributaires de l'aire protégée d'une manière ou d'une autre, divers autres organismes gouvernementaux, etc. La liste des personnes avec lesquelles un gestionnaire d'aire protégée « s'engage » peut être très longue, et à mesure que le mouvement vers une conservation et une gestion des terres à l'échelle des paysages se poursuit, cette liste et sa variété augmenteront inévitablement.

La gestion des aires protégées n'est pas la seule à évoluer vers des partenariats et une gouvernance collaborative, et ceux-ci sont également devenus plus importants dans la gestion de l'eau et des bassins versants, la foresterie, la pêche, l'urbanisme, les politiques d'adaptation au climat, entre autres domaines, et des perspectives intéressantes ont émergé de ce paysage plus vaste (par exemple, Borrini-Feyerabend et al., 2007 ; Lockwood et al., 2010). Les gestionnaires d'aires protégées peuvent donc s'adresser à leurs pairs, dans d'autres organismes et secteurs relevant de leur compétence, pour obtenir des renseignements sur d'autres processus participatifs.

Le reste de ce chapitre place la gestion des aires protégées dans un cadre plus général de participation du public et d'engagement communautaire, en s'appuyant sur quatre questions : *qui* est susceptible de participer à la gestion des aires protégées, *pourquoi* ces personnes souhaiteraient être invitées à le faire, *comment* cet engagement pourrait être mise en œuvre, et *quand* et à quelle fréquence devrait-

Engagement et renforcement des capacités avec des dirigeants autochtones d'Amérique centrale, Costa Rica
Source : Eduard Müller

il avoir lieu. De cette façon, le chapitre encourage une attention particulière à la nature des sous-ensembles de ce qui est trop souvent vaguement appelé « la communauté », leurs impératifs et motivations, et les moyens par lesquels l'engagement se produit. La nomenclature et les arguments généraux sont tirés de Dovers et Hussey (2013) et de l'ensemble de la littérature sur la gestion environnementale participative.

Principes généraux d'engagement

Les principes suivants reflètent plus largement les enjeux généraux de la gestion concertée des ressources et de la participation du public. Ces principes sont généraux, ils se chevauchent dans une certaine mesure (par exemple, reconnaître les motivations, la réciprocité et la clarté) et peuvent être délicats (par exemple, la persistance et les limites du volontariat).

1. **Reconnaissance des différentes motivations :** bien que les gestionnaires d'aires protégées s'engagent avec d'autres parties autour de la préoccupation commune de la gestion d'une ou de plusieurs aires protégées, ou des implications de cette gestion pour d'autres sites et intérêts, les motivations seront rarement les mêmes. Le gestionnaire sera concerné par l'aire protégée avant tout, tandis que l'autre partie pourra être concernée par la conservation plus générale de la biodiversité, la gestion des incendies à l'échelle régionale, les moyens de subsistance et le développement économique locaux, la sauvegarde des sites culturels, ou l'accès au tourisme et aux loisirs. Même au sein d'un même groupe d'utilisateurs, des motivations différentes pourront exister, comme dans le cas des utilisateurs de loisirs d'une aire protégée (voir l'étude de cas 14.5 pour un exemple). À l'extrême, il y aura ceux s'opposant aux aires protégées comme un moyen de conserver la nature, ou ceux qui plaideront ardemment pour des mesures de conservation plus strictes que les gestionnaires ne pourront accepter. Ces motivations variées peuvent coïncider, constituer la base possible d'un compromis ou créer des conflits. Il peut, en fait, être difficile de discerner la motivation première d'une partie prenante, par exemple lorsque le profit individuel peut être confondu avec le développement économique communautaire, ou lorsque l'attachement culturel profond peut être confondu avec la conservation de la nature. Les différentes motivations doivent être clairement identifiées et discutées ouvertement, afin d'éviter les « agendas cachés » ou que des tensions restent méconnues et donc mal abordées.

2. **Réciprocité :** conformément à différentes motivations, le but de l'engagement et de la participation est, pour un gestionnaire d'aire protégée, l'intégrité et la protection du site en question, alors que pour un fournisseur, un client ou un collaborateur, ce n'est peut-être pas le cas. En d'autres termes, les gens voudront obtenir quelque chose de la relation, que ce soit la protection d'une espèce, des opportunités de loisirs, des perspectives commerciales, la protection d'un site culturellement important, de l'eau potable en aval, ou un accès à des sources de nourriture ou à l'information.

Les études de cas 14.3 et 14.4 illustrent cela du point de vue des partenaires philanthropiques. Les stratégies d'engagement, ainsi que l'attitude et l'approche des gestionnaires d'aires protégées à l'égard de l'engagement, doivent reconnaître ces désirs et considérer l'engagement comme un arrangement réciproque visant à satisfaire, si possible, ces différents désirs. Dans le pire des cas, il sera toujours possible de comprendre, de manière transparente, pourquoi certains besoins et demandes ne pourrons pas être satisfaits.

3. **Clarté et transparence :** l'ouverture et l'honnêteté sont la base des relations et de la collaboration, ou du moins, du compromis et de la tolérance, et même un conflit non résolu peut néanmoins déboucher sur un respect mutuel de chaque partie. L'engagement et la participation à la gestion des aires protégées devraient être fondés sur la clarté du but de l'engagement, de ce qui est à l'ordre du jour, et de qui prendra les décisions. Les intérêts communautaires ou commerciaux accepteront un engagement limité, mais pas de fausses attentes quant à leur influence. Par exemple, si la participation continue d'une communauté à la gestion d'une aire protégée donnée n'est que consultative, cela devra être clair dans le titre et le mandat qui lui est donné, sans impliquer autre chose ou entretenir d'ambiguïté quant à son niveau d'influence. La transparence du processus est également importante, de la durée du processus et du mandat et calendrier des réunions jusqu'à la circulation de l'information et la rétroaction. Une attention particulière doit être accordée aux personnes et aux groupes pour lesquels la participation à des consultations officielles est une expérience peu familière.

4. **Persistance :** l'engagement prend du temps et demande des efforts, et il existe une tendance compréhensible à terminer un processus d'engagement ou un partenariat dès qu'un besoin immédiat a été satisfait. Les groupes d'intérêt et les communautés locales voient d'un mauvais œil les consultations « intermittentes », et deviennent des partenaires négatifs plutôt que positifs s'ils estiment qu'ils sont utilisés uniquement pour servir les objectifs à court terme des gestionnaires et des gouvernements. Les relations ne se construisent pas rapidement, mais peuvent être rapidement détruites, et la persistance et l'engagement à long terme sont susceptibles d'être nécessaires dans de nombreuses situations.

5. **Limites du bénévolat et capacité de s'engager :** l'engagement prend du temps et demande des efforts de la part du personnel des aires protégées, mais cela fait partie de leur travail (ou devrait en faire partie). Les compétences du personnel, cependant, varieront quant à leur capacité à s'engager et à communiquer avec des parties externes, de sorte qu'une formation et un renforcement des capacités pourront être nécessaires. Pour beaucoup d'autres, en particulier les communautés locales ou les ONG, la contribution à la gestion des aires protégées est volontaire, que l'organisme de gestion concerné les ait ou non invités à contribuer. Ceci doit être pris en compte et les limites du volontariat doivent être respectées, en évitant de placer des attentes ou des exigences trop lourdes sur les individus, et en respectant leur capacité d'engagement (temps, frais de déplacement, soutien technologique, etc.). Certains membres de la communauté peuvent avoir besoin d'une assistance financière ou technique pour permettre leur participation. Ce principe est exploré et illustré dans l'étude de cas 14.1 dans le cas des peuples autochtones.

6. **Exclusion et inclusion peuvent interagir :** lorsqu'un processus participatif est établi, certaines personnes et intérêts peuvent être, intentionnellement ou non, exclus par la façon dont le processus est structuré. Comme le politologue Schattschneider (1983:102) l'a dit : « celui qui décide des règles du jeu décide également de qui peut jouer ». Les gestionnaires et les gouvernements prennent des décisions concernant l'échelle géographique d'une consultation (et donc, qui est inclus), les sujets pertinents (et donc, qui sera intéressé) et le moment et le lieu des réunions ou l'accessibilité des documents web ou écrits (et donc, qui peut accéder au processus). De telles décisions peuvent rendre l'engagement facile et évident pour certains groupes et individus, ou difficile ou impossible pour d'autres.

7. **Représentativité :** les stratégies d'engagement supposent de décider qui sera invité à participer (voir la section « S'engager avec qui ? », ci-dessous), et cela implique souvent de définir quelles personnes ou organisations spécifiques sont plus susceptibles de représenter au mieux les intérêts concernés. Pour ce faire, les gestionnaires d'aires protégées doivent connaître les intérêts et les groupes pertinents, et s'assurer que le processus est suffisamment représentatif pour être juste et défendable, et produire des résultats qui seront acceptés, ou du moins compris, par les parties intéressées. Par exemple, une chambre de commerce locale pourra, ou non, représenter au mieux les entreprises les plus concernées par l'aire protégée, et un groupe de résidents ou un groupe communautaire pourra, ou non, représenter au mieux les personnes vivant à proximité ou les plus touchées par un plan de gestion. Une personne pourra avoir des difficultés à représenter une « communauté » qu'elle ne considère pas homogène. Il est particulièrement important d'être conscient de ces difficultés d'engagement, et d'augmenter la

représentation des groupes marginalisés dans la société, tels que les plus pauvres, les personnes marginalisées, les jeunes et les femmes. La représentation peut être une question très différente pour de nombreuses communautés locales, autochtones ou tribales (étude de cas 14.1), en comparaison à des groupes d'affaires ou de conservation organisés, et des stratégies telles qu'une série de réunions communautaires peuvent être nécessaires pour identifier des représentants. Demander à une personne de « représenter » un groupe particulier peut limiter sa contribution et réduire son rôle à défendre ou à promouvoir uniquement cet ensemble d'intérêts. Dans certaines situations, il peut être souhaitable d'impliquer des personnes sur la base de leurs connaissances et de leur expertise, leur permettant ainsi de contribuer de façon plus générale. Un mélange de représentants et d'experts dans un groupe consultatif peut être une solution efficace.

8. **Compétences et ressources pour la collaboration :** l'engagement prend du temps, nécessite des ressources et exige des compétences appropriées. Les processus d'engagement précipités, mal conçus ou mal mis en œuvre peuvent créer des tensions et s'avérer nuisibles à de précieuses relations. L'engagement et la participation exigent des compétences qui devraient être développées et valorisées, de la conception d'une enquête d'opinion à l'organisation de réunions communautaires, en passant par la communication écrite. L'engagement peut également prendre beaucoup de temps, et les processus de gestion (comme la révision d'un plan de gestion) devraient identifier et prendre cela en compte. L'engagement exige également des ressources telles qu'un financement adéquat, une affectation de personnel et de l'information.

Il s'agit là de principes directeurs et non de règles ou d'une recette, mais ils reflètent les leçons tirées de processus participatifs de gestion des ressources naturelles et de l'environnement au cours de nombreuses décennies. Si l'on en tient compte soigneusement et tôt dans le processus, l'application de ces principes augmentera la probabilité d'un engagement positif.

Les quatre sections suivantes présentent les quatre variables centrales de l'engagement et de la participation (qui, pourquoi, comment et quand) afin que, dans une situation particulière, les gestionnaires d'aires protégées se posent et répondent à ces quatre questions dans le cadre de la conception, puis de la mise en œuvre, de stratégies d'engagement et de participation (figure 14.2).

1. Qui s'intéresse à la gestion des aires protégées dans cette situation particulière et, par conséquent, quelles personnes et quels groupes devraient être impliqués ?
2. Pourquoi ces groupes sont-ils intéressés et quelles sont leurs valeurs ? Ou, quel est le but de faire participer ces autres parties à la gestion de l'aire protégée dans cette situation particulière ?
3. Quelle(s) est/sont la/les forme(s) appropriée(s) de participation et d'engagement à la gestion des aires protégées pour ces groupes et ces objectifs, dans cette situation particulière ?
4. Quand l'engagement est-il requis ou quel est le meilleur moment, et à quels intervalles ?

L'analyse de chacun de ces principes, ainsi que les cadres et listes de contrôle présentés dans les quatre sections suivantes, augmentera la probabilité de choisir une approche appropriée dans une situation particulière.

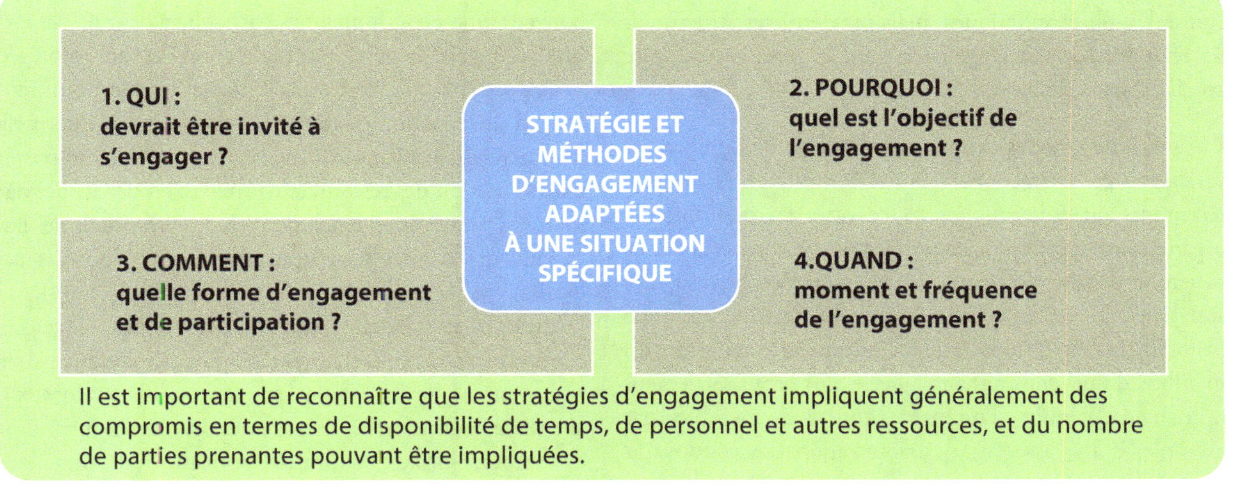

Figure 14.2 Cadre général de conception d'une stratégie d'engagement

Il est important de reconnaître que les stratégies d'engagement impliquent généralement des compromis en termes de temps disponible, de personnel et autres ressources, ainsi que dans le nombre de parties prenantes pouvant être impliquées dans les discussions, et dans la mesure dans laquelle toutes les valeurs et attentes pourront être abordées. Des arbitrages devront être faits par les gestionnaires d'aires protégées et autres groupes, et le principe de transparence indique que ces limitations doivent, au moins, être clairement exprimées, afin que toutes les parties concernées aient une compréhension commune du processus dans lequel elles sont engagées.

S'engager avec qui ?

« Engagement » et « participation » sont des mots-clés de la politique moderne, de la politique publique et de la gestion, incitant les décideurs et le personnel des organisations à interagir avec le « public », les « communautés » et les « parties prenantes ». Les raisons d'un tel engagement sont souvent claires (voir ci-dessus, et la Section « Pourquoi : le but de l'engagement », ci-dessous), mais qui exactement doit être invité à s'engager, qui constitue le public ou la communauté, et qui a un intérêt ou un enjeu, peut ne pas être aussi clair. Comme indiqué précédemment, différents individus et groupes auront des raisons distinctes de participer à la gestion des aires protégées, qu'ils y soient invités par la direction du parc ou qu'ils souhaitent ou exigent de le faire. Il n'existe pas de « communauté » unique ou homogène, les gens formant des communautés autour de nombreux intérêts communs et variés. Le tableau 14.1 définit les principales communautés pertinentes pour la participation du public et l'engagement communautaire, et indique leur pertinence pour la gestion des aires protégées. La pertinence de certaines d'entre elles pour les aires protégées est évidente, comme dans le cas des communautés locales (géographiques) ou de loisirs. Pour d'autres ce sera moins le cas, comme pour les communautés culturelles ou économiques, mais ces dernières structurent les relations sociales et peuvent s'avérer pertinentes, voire cruciales, dans certaines situations.

Il s'agit là de grandes catégories présentant de nombreuses variations, par exemple au sein des communautés illégales, récréatives ou épistémiques. À ce titre, les personnes et organisations spécifiques, les problèmes et les préoccupations varieront considérablement en fonction des lieux et des situations. Il est important de noter qu'une personne peut appartenir à plus d'une communauté, comme un membre d'une communauté locale qui serait également utilisateur de loisirs d'un parc national et membre, par exemple, d'une association d'observation des oiseaux ou d'une alliance industrielle. Les aires protégées renferment des valeurs multiples et affectent encore plus de valeurs à l'extérieur de leurs frontières, et celles-ci résonnent avec des croyances profondément ancrées dans la société. Les valeurs sont fondamentales pour les gens et doivent être prises au sérieux. Des communautés ou des réseaux de personnes se forment autour de valeurs et de préoccupations communes, et agissent pour poursuivre ou protéger ces valeurs, qu'elles soient récréatives, commerciales, criminelles, culturelles ou environnementales. La catégorisation ci-dessus est un dispositif visant à encourager la prise en compte de valeurs multiples, et donc, de communautés multiples.

Gérer des segments très différents de la « communauté » ou du « public » impliquera donc de choisir soigneusement le style et les moyens de communication. Certains intervenants et partenaires s'attendront à une communication formelle, tandis que d'autres seront peut-être plus à l'aise avec des discussions et des contacts informels. La communication, y compris le format des réunions, devrait toujours être définie pour répondre aux attentes des autres, y compris en étant sensible aux normes culturelles. Par exemple, les procédures officielles de réunion impliquant un président, un ordre du jour et des procédures de prise de parole peuvent être inappropriées dans certains contextes sociaux et culturels. Les représentants locaux sont très utiles pour donner des conseils sur les styles appropriés d'engagement et de communication.

Différents groupes au sein d'une société ou d'une communauté disposeront de différents degrés de pouvoir et de ressources, et de différents niveaux d'accès à l'information, et donc, d'un accès inégal aux possibilités de participation. De plus, certains groupes ayant des intérêts particuliers peuvent dominer les discussions publiques ou les processus d'engagement au détriment d'autres groupes. La connaissance d'une communauté locale et du contexte politique de la gestion des aires protégées peut guider les stratégies visant à faire en sorte que tous les groupes concernés aient la possibilité d'être entendus.

Souvent, une « communauté » particulière peut ne pas avoir une pertinence évidente pour la gestion des aires protégées, mais peut être utile en tant que moyen de communication avec d'autres communautés. Les institutions informelles (distinctes des institutions formelles) jouent un rôle important dans la gestion des ressources naturelles, en particulier dans les zones rurales et régionales, car elles représentent des liens sociaux, des normes de comportement et des connaissances locales (par exemple, Connor et Dovers, 2004). Les institutions et réseaux informels offrent des moyens de communication et d'engagement. La connaissance d'une communauté locale détenue par des travailleurs locaux de la réserve peut informer les gestionnaires sur les institutions et réseaux sociaux informels pouvant être difficiles à identifier de l'extérieur. Cependant, même si les travailleurs locaux peuvent disposer de meilleures connaissances sur les conditions et individus locaux, ils peuvent ne pas toujours avoir la latitude nécessaire pour traiter avec les personnes avec lesquelles ils interagissent. En effet, ils peuvent être tenus de respecter les politiques et pratiques de leur organisation, telles qu'établies par leurs supérieurs.

Il est important de noter que la description générale de ces « communautés » pourrait s'appliquer à une grande variété de secteurs et de questions, comme la santé, l'équité ou l'emploi, ainsi qu'à la gestion des aires protégées. Cela mérite d'être souligné, car cela nous rappelle que l'engagement et la participation sont des préoccupations majeures dans de nombreux autres domaines. Deux considérations se posent alors : premièrement, les idées et méthodes d'engagement peuvent se retrouver dans d'autres domaines, et deuxièmement, il existera toujours des requêtes concurrentes en ce qui concerne le temps et l'attention des citoyens, des groupes communautaires et des organisations des secteurs privé et public. Sur ce dernier point, et en rappelant le principe général du respect des limites du bénévolat et des capacités communautaires, la question du « surmenage » s'est posée dans la gestion des ressources naturelles (Byron et Curtis, 2001).

Souvent, l'identification des « communautés » ou des parties prenantes relève d'une connaissance locale ou professionnelle de la part des gestionnaires, et parfois, elle est définie dans un plan de gestion, un processus réglementaire ou par des décideurs de haut niveau. Il existe cependant des méthodes plus formelles et plus détaillées pour identifier les parties prenantes, pouvant être utilisées dans les cas où les gestionnaires ne connaitraient pas bien les communautés affectées, ou lorsque l'importance de la question à trancher justifie un effort accru. L'analyse des parties prenantes et celle des réseaux sociaux sont les principales méthodes employées, et ont été utilisées dans des contextes d'aires protégées (par exemple, Eadens et al., 2009 ; Prell et al., 2009). Des enquêtes auprès des visiteurs et des communautés, ainsi que des sondages d'opinion publique, peuvent servir à identifier ceux qui s'intéressent à la gestion des aires protégées, ou leurs attitudes à l'égard de la conservation de la nature et de la gestion des parcs.

Une dernière considération concerne l'appartenance des gestionnaires et du personnel des aires protégées, eux-mêmes, aux différentes communautés, ainsi que celle du personnel local d'autres organismes gouvernementaux étroitement associés à la gestion des aires protégées. Selon le tableau 14.1, ces personnes appartiennent à la communauté professionnelle et à la communauté des connaissances en tant qu'employés d'aires protégées, ou employés d'un organisme forestier ou similaire. Toutefois, elles seront également membres de communautés familiales ou locales, en tant qu'habitants des villages voisins, et étroitement liés aux membres de familles, à des voisins ou à des

Un exemple d'engagement réussi. Célébration près de Bega, en 2006, de la « restitution » du parc national de Biamanga par l'ancien ministre des Affaires autochtones du gouvernement de Nouvelle-Galles du Sud, Hon. Milton Orkopoulos, et par le ministre de l'Environnement, Hon. Bob Debus AM (à droite), aux Anciens représentant la nation Yuin, en vue d'une future gestion conjointe avec le Service des parcs nationaux et de la faune sauvage de Nouvelle-Galles du Sud, Australie

Source : Ian Pulsford

membres de groupes sociaux aux valeurs très différentes. Dans de nombreuses régions éloignées, ces membres du personnel peuvent faire partie du petit sous-ensemble de la communauté possédant des qualifications professionnelles ou tertiaires, et souvent, ils seront les seuls à posséder des qualifications formelles dans des domaines spécifiques tels que l'écologie ou la gestion des terres. Deux questions importantes se posent alors. Premièrement, la détermination de conflit d'intérêts devrait faire partie de la conception de tout exercice d'engagement dans lequel les membres du personnel de gestion pourraient représenter, ou ont été désignés pour représenter, des intérêts potentiellement en conflit avec ceux de la direction. Deuxièmement, il peut être nécessaire de concevoir une stratégie d'engagement de façon empathique, afin d'éviter que les membres du personnel ne se retrouvent dans des situations difficiles ou dangereuses, au sein de leur propre communauté, pour avoir à défendre des positions jugées contraires aux intérêts de cette communauté.

Le message principal de cette section est que les aires protégées possèdent de nombreuses valeurs, et intéressent donc de nombreuses personnes, communautés et organisations pouvant se situer à proximité ou à plus grande distance. Les gestionnaires d'aires protégées doivent reconnaître ces intérêts multiples, et être attentifs à identifier et à impliquer tous ceux ayant un intérêt dans l'aire protégée en question, quel que soit cet intérêt. Cette section a fourni des conseils généraux sur la réponse à la question importante : qui a un intérêt dans la gestion des aires protégées dans cette situation particulière ?

Pourquoi : les objectifs de l'engagement

Dans la section ci-dessus, nous avons évoqué un large éventail d'individus et de groupes ayant des intérêts dans les aires protégées. Il en résulte que leurs intérêts et leurs valeurs (pourquoi ils sont intéressés) varient également. Les stratégies d'engagement doivent donc permettre d'identifier ces différentes valeurs et de les aborder dans le cadre d'une consultation ou d'un processus similaire. Il est possible qu'un gouvernement ou un organisme de gestion des aires protégées décide que certains intérêts (qui et pourquoi) ne seront pas pris en compte, ou de la proportion de partage de pouvoir ou de prise de décision dont d'autres bénéficieront, c'est-à-dire le niveau sur l'échelle d'Arnstein (voir ci-dessus). Ces décisions peuvent être rationnelles et défendables, mais elles devraient toujours être fondées sur une analyse transparente des nombreuses finalités possibles, de sorte que les finalités non incluses le soient pour une raison, et ne soient pas simplement négligées ou oubliées. Le tableau 14.2 décrit les grandes catégories d'objectifs ainsi que des exemples relatifs aux aires protégées.

L'identification de la/des finalité(s) et des parties prenantes orientera la conception d'un exercice d'engagement. Il est important que toutes les personnes concernées possèdent une compréhension similaire de l'objectif d'un exercice d'engagement et, tout aussi important, de *ce qui n'est pas* l'objectif d'un tel exercice. Si une consultation sur la gestion des aires protégées ne veut pas envisager de modifier certaines règles de gestion, cela devra être clair. Si un changement à une politique d'accès plus générale dépasse la portée d'une révision de plan de gestion, cela devra être clairement compris pour éviter les malentendus ou les attentes irréalistes.

Le message de base de cette section est que l'engagement avec les communautés et autres organisations n'est pas unique dans son but, mais est entrepris pour permettre la réalisation de différents objectifs détenus par différents individus et groupes. Les gestionnaires d'aires protégées doivent être clairs quant aux objectifs à atteindre par le biais de l'engagement, c'est à dire sur leurs propres motivations, mais aussi sur celles des partenaires, afin que ces objectifs aient une plus grande probabilité d'être atteints. Cette section a fourni des conseils généraux pour répondre à la question importante : quel est le but de faire participer d'autres parties à la gestion des aires protégées dans cette situation particulière ?

Comment : formes d'engagement et de participation

Un large éventail de cadres et de méthodes d'engagement et de participation forment la « boîte à outils » à partir de laquelle des stratégies peuvent être construites (par exemple, Hall et McArthur, 1998 ; Beierle et Cayford, 2002 ; Creighton, 2005 ; Evans-Cowley et Hollander, 2010 ; O'Faircheallaigh, 2010). La portée du « qui et pourquoi », ci-dessus, peut guider le choix de l'approche, plutôt que de choisir les moyens avant les fins, c'est à dire, choisir la méthode sans une prise en compte suffisante de l'intention et du contexte.

L'encadré 14.2 présente une catégorisation des formes de participation pertinentes à la gestion des aires protégées (pour une autre version, voir Hall et McArthur, 1998:75). Dans chacun de ces cas, les gestionnaires disposeront de méthodes et processus plus spécifiques.

Il existe de multiples formes d'engagement et de participation du public. Au sein de chacune, des choix d'outils et de méthodes précis se présenteront. Par exemple, la consultation du public sur des propositions politiques ou de gestion pourra se faire par le biais de publications et de présentations en ligne, de sondages par courrier auprès de personnes sélectionnées, de réunions communautaires locales, de liens avec les organismes pertinents, ou d'une combinaison de ces activités. De même, il existe divers degrés de formalité pour les possibles dispositions concernant les gardes volontaires ou les activités des groupes de « soutien » ou « d'amis » des parcs. Les capacités de l'organisation de gestion et de son personnel, les ressources disponibles, les technologies de communication à disposition de la communauté locale, et les cadres réglementaires et politiques régissant la gestion des aires protégées influeront sur les méthodes spécifiques les plus appropriées.

La pertinence de différents médias pour la communication entre les gestionnaires d'aires protégées et les autres parties prenantes est une considération importante dans le choix d'une forme d'engagement (chapitre 15). La capacité des communautés et autres organisations est l'un des déterminants des moyens de communication les plus appropriés : adéquation d'internet/e-mail, niveaux d'alphabétisation dans certains groupes communautaires, utilisation de visuels tels que des cartes ou des programmes interactifs, et disponibilité des médias. L'évolution rapide des technologies de l'information et des communications, y compris les réseaux sociaux, ainsi que des formes plus traditionnelles de communication, a élargi la gamme des options disponibles. Il est peu probable, cependant, que tous les membres, par exemple, d'une communauté

Tableau 14.2 Objectifs de la participation, y compris des exemples relatifs à la gestion des aires protégées

Objectif	Signification	Exemples relatifs à la gestion des aires protégées
Débat social	Permettre un débat autour de valeurs et objectifs sociaux plus vastes	Débats publics et politiques sur la conservation de la nature, l'accès, les conflits d'utilisation des terres, le développement du tourisme, les conflits entre groupes d'utilisateurs, les développements majeurs, etc.
Formulation de politiques	Définir des problèmes politiques, formuler des politiques ou élaborer des principes politiques	Contribution aux processus politiques concernant l'établissement, la gestion et l'utilisation des aires protégées, par le biais d'enquêtes, de contacts interministériels ou de contributions, des médias, de sondages d'opinion publique, etc.
Responsabilité statutaire ou de gestion	S'acquitter de responsabilités professionnelles ou réglementaires, y compris le respect des lois	Autres organismes de gestion des terres, etc., engagés dans des interactions politiques et de gestion avec les gestionnaires et organismes chargés des aires protégées.
Réponse à des événements ou des menaces	Répondre en tant que membre professionnel ou communautaire à un événement spécifique	Pour diverses raisons, y compris la sécurité communautaire (par exemple, incendie, inondation, conflit social, guerre), des raisons éthiques ou culturelles (par exemple, menaces contre les sites culturels, bien-être des animaux) ou des raisons économiques ou liées aux moyens de subsistance (par exemple, récolte illégale de ressources alimentaires locales importantes).
Informations et compétences	Faire appel à une expertise ou à des informations particulières	Conseils consultatifs d'experts ou avis scientifiques individuels, groupes de référence communautaires, etc.
Mise en œuvre des politiques et exécution des programmes	Mettre en œuvre ou soutenir la mise en œuvre des politiques	Diffusion de l'information relative aux aires protégées, aide au suivi ou à l'application de la réglementation, etc.
Gestion	S'engager dans la gestion ou le travail de terrain	Conseils ou comités consultatifs d'aires protégées, groupes de soutien ou d'amis du parc, rangers bénévoles, programmes de lutte contre les mauvaises herbes faisant appel à des bénévoles, etc.
Recherche	Utiliser les aires protégées comme sites de recherche	Écologie de la faune, science du feu, recherche touristique, etc., souvent en lien avec le suivi.
Suivi environnemental	Réaliser un suivi des conditions environnementales	Suivi de la qualité de l'eau, comptages d'oiseaux, relevés de mauvaises herbes, etc., entrepris par des bénévoles ou des groupes communautaires.
Maintien des moyens de subsistance ou des gains commerciaux	Subsistance, revenus, entretien des biens et valeurs culturels	Prestataires commerciaux dans les aires protégées ou à proximité, utilisateurs des ressources naturelles, communautés locales et autochtones.

Sources : Adapté de Dovers et Hussey (2013)

locale, disposent d'un même accès à différents mécanismes de communication, et il faudra veiller à ce que certaines personnes ne soient pas exclues des opportunités d'engagement par inadvertance.

Le message principal de cette section est qu'il existe une gamme de stratégies et de méthodes participatives, ainsi que de moyens de communication, adaptés à différents objectifs et personnes. Comme toute personne utilisant une boîte à outils, les gestionnaires d'aires protégées devront analyser qui et pourquoi, puis choisir la forme de participation (« comment ») adaptée à leur situation. Cette section a fourni des conseils généraux pour répondre à la question importante : quelle est la forme appropriée de participation et d'engagement dans la gestion des aires protégées dans cette situation particulière ?

Quand l'engagement devrait-il se produire ?

Le moment approprié pour un exercice d'engagement variera selon le contexte, en fonction du besoin d'engagement et

Encadré 14.2 Formes de participation à la gestion de l'environnement et des ressources naturelles, y compris des commentaires relatifs aux aires protégées

Notes : Tout individu ou groupe peut participer à plus d'une forme de participation, en même temps ou sur une période donnée.

- **En tant qu'électeurs** à différents niveaux de gouvernement (national, État/province, local) dans les systèmes démocratiques, et **en tant qu'individus** au moyen de courriers aux représentants politiques ou aux médias, de participation aux consultations publiques du gouvernement (aujourd'hui souvent en ligne), en donnant leur opinions à la radio, etc. Les gestionnaires des aires protégées n'auront que peu d'engagement avec cette forme de participation du public, bien que les hauts fonctionnaires puissent être tenus de conseiller ou de répondre publiquement au nom de leur gouvernement si les réserves ou les stratégies de conservation deviennent politisées. En tant que visage des aires protégées, cependant, le personnel de terrain aura une influence sur la façon dont le public perçoit les aires protégées et leur valeur.
- En tant que membres de **groupes d'intérêt et pression**, tels que les ONG environnementales, les groupes d'agriculteurs, les partis politiques ou les associations de consommateurs. Les gestionnaires d'aires protégées, aux niveaux opérationnel et supérieur, entretiennent souvent des relations étroites et continues avec ces groupes, à l'échelle d'une seule aire protégée ou à l'échelle d'un organisme ou d'une juridiction. Les intérêts et objectifs de ces groupes peuvent être similaires ou s'opposer fortement à ceux de la gestion des aires protégées.
- **En tant que détenteurs de droits** spécifiés dans la législation, les plans de gestion ou les contrats définissant l'utilisation et l'allocation des ressources. Populations locales résidant dans les aires protégées ou dépendant des ressources qui s'y trouvent et détenant des droits sur ces ressources (en particulier les peuples autochtones), ou entités commerciales possédant des droits d'accès garantis par un accord formel.
- **En tant que consommateurs**, en définissant des choix de consommation et d'achat pour soutenir ou éviter des biens, des services ou des problèmes particuliers. À mesure que certains systèmes de réserves adoptent des coûts plus complets pour les utilisateurs (par exemple, des frais d'entrée) et/ou intègrent des activités commerciales, les visiteurs et utilisateurs se convertissent autant en consommateurs (payant pour une expérience souhaitée) qu'en citoyens (profitant d'une opportunité récréative fournie par l'État). Ce changement est susceptible de modifier les attentes des visiteurs et leur relation avec les gestionnaires et travailleurs des aires protégées. Par exemple, les attentes des utilisateurs à l'égard d'installations gratuites seront probablement plus faibles ou plus indulgentes que celles des utilisateurs ayant payé pour l'utilisation d'installations.
- **En tant qu'employés et travailleurs** de nombreuses industries, secteurs et professions mettant en œuvre de nouvelles pratiques environnementales et s'engageant avec d'autres entreprises ou organismes publics. Les employés d'entreprises ou d'organismes fournissant des services à des organismes chargés des aires protégées ou des parcs (entreprises de clôtures, voyagistes, nettoyeurs d'hébergements, entreprises d'entretien de véhicules, etc.) entretiennent souvent des relations étroites et durables avec les organismes chargés des aires protégées et leur personnel, seront tenus de se conformer aux règlements et aux attentes, et transmettront aux autres leurs perceptions concernant la valeur des aires protégées ou la qualité de la gestion.
- **En tant que destinataires de l'information**, y compris de l'information scientifique sur les changements environnementaux ou de messages sur les choix, les changements ou la mise en œuvre des politiques. Les visiteurs des réserves sont souvent ciblés par des messages spécifiques et généraux concernant la protection de l'environnement, la conservation de la biodiversité, le patrimoine et autres questions.
- **En tant que fournisseurs passifs d'information**, et en qualité de cibles des chercheurs, des analystes politiques ou des entreprises de sondages d'opinion qui guideront les choix et la conception des politiques, ou **en tant que participants actifs à des projets de recherche et de suivi** de la gestion des ressources et de l'environnement qui guideront les politiques. Les visiteurs et utilisateurs des aires protégées sont souvent interrogés ou surveillés (passivement), ou engagés plus activement dans la collecte, ou même l'analyse, de données. Cela inclut le suivi des conditions environnementales (comptages d'oiseaux, relevés de mauvaises herbes), ainsi que le succès des interventions de gestion. Les utilisateurs peuvent également être utilisés plus intensément dans la recherche par leur participation à des processus délibératifs tels que les « charrettes » participatives utilisées dans la planification, les jurys citoyens ou les conférences de consensus, dont les résultats peuvent influencer la gestion.
- **Par le biais de droits statutaires généraux** en matière de planification de l'environnement et des ressources naturelles, y compris les lois sur la liberté

d'information, le droit de s'opposer ou de commenter les propositions de développement, le droit d'accès aux tribunaux, ou par le biais de processus d'évaluation de l'impact environnemental ou social. L'établissement des réserves, les propositions de changement de gestion ou les aménagements physiques dans ou à proximité des aires protégées peuvent comporter des processus d'approbation et de commentaires du public en vertu de régimes réglementaires de l'administration.

- **Par le biais de processus de médiation ou de résolution de conflits** permettant de débattre et de résoudre des problèmes spécifiques. Les gouvernements ont souvent reccurs à des processus de médiation pour résoudre les différends sur des questions spécifiques, et de tels processus peuvent être utilisés dans le cadre des aires protégées et de leur déclaration ou gestion, permettant aux gestionnaires de s'engager étroitement avec un éventail de groupes communautaires et de parties prenantes.
- **En contribuant à des propositions de politiques** ou à des processus d'approbation de développements tels que les livres verts ou blancs du gouvernement, les tribunaux ou groupes de planification, les commissions d'enquête, les enquêtes parlementaires, les forums de discussion ou les groupes de travail politiques, etc. Les questions relatives aux aires protégées peuvent faire l'objet de tels processus ou faire partie de l'ordre du jour de ces processus (par exemple, autour de la biodiversité ou du tourisme en général), obligeant les gestionnaires à s'engager dans les processus politiques et stratégiques, à fournir des informations ou à comparaître devant des forums de ce type.
- **Par le biais de contributions aux plans de gestion** élaborés dans le cadre de processus politiques plus généraux. Dans de nombreuses juridictions, le développement ou la révision de plans de gestion représente une occasion importante de participation des parties prenantes à la gestion des aires protégées.
- **Par la représentation au sein de conseils consultatifs, de comités**, etc., chargés de conseiller le gouvernement sur les politiques ou la gestion dans un domaine particulier (par exemple, la conservation de la biodiversité, la gestion des forêts), ou de façon plus générale (par exemple, un Conseil national du développement durable).
- **Par la participation à des conseils d'administration ou comités statutaires** possédant un mandat juridique et administratif, ainsi qu'une fonction de gestion réelle (par opposition aux fonctions purement consultatives). De nombreux réseaux d'aires protégées et de réserves au sein des administrations possèdent des conseils consultatifs ou des comités représentatifs des communautés et organismes similaires, fournissant des commentaires, des avis ou une collaboration en matière de gestion. Leur degré d'engagement et leur influence réelle sur la gestion varient considérablement.
- **En participant à des groupes et programmes de suivi communautaires**, qu'ils soient dirigés par les communautés ou parrainés par le gouvernement ou une combinaison des deux, ciblant un problème précis dans une localité donnée, comme les mauvaises herbes ou la qualité de l'eau, et **en tant que membres de groupes de gestion communautaires** engagés dans la gestion des ressources et de l'environnement et ciblant un problème précis dans une localité donnée. Il existe un large éventail de groupes bénévoles et communautaires actifs dans la gestion des aires protégées, tels que les groupes de soutien aux parcs, les clubs ornithologiques, les associations de chasse, etc., qui travaillent souvent en étroite collaboration avec les organismes et les gestionnaires, et fournissent des données, des activités physiques ou autres services qui complètent le travail des organismes.
- **Par le biais de modalités de gestion communautaire ou coopérative** (cogestion), où les responsabilités de gestion réelles sont définies et déléguées, et où un fort degré d'autonomie locale existe. Ces dispositions peuvent se limiter à la gestion dans le cadre d'un plan de gestion établi ou s'étendre à l'établissement d'objectifs et à la gouvernance plus générale de l'aire protégée. Les aires protégées à usages multiples, aussi bien terrestres que marines, les aires de gestion de la conservation de la pêche et les zones tampons fonctionnent, à certains endroits, grâce à des modèles de gouvernance collaborative où les communautés locales et/ou les utilisateurs des ressources participent à des modalités officielles de gestion. De nombreux systèmes d'aires protégées font appel à des membres de la communauté locale comme rangers volontaires, avec au moins un statut semi-officiel au sein de l'organisation et du régime de gestion.

Source : Adapté de Dovers et Hussey (2013)

Tableau 14.3 Calendrier de l'engagement, y compris des exemples génériques relatifs à la gestion des aires protégées

Calendrier et régularité	Justification	Exemples
Ponctuel ou ad hoc	À des fins précises survenant à intervalles irréguliers ou imprévisibles (note : le processus de gestion de ces circonstances peut être guidé par des plans de gestion ou autres documents réglementaires ou stratégiques)	Consultation sur le tourisme, des propositions de développement dans ou à proximité de l'aire protégée, etc. ; Programmes non planifiés de lutte contre une épidémie ou de contrôle d'une espèce nuisible.
Régulier mais occasionnel	Un problème qui n'est pas constamment à l'ordre du jour, mais se pose avec une certaine régularité prévisible	Réduction saisonnière des combustibles forestiers pour la protection contre les incendies ; Révision des plans de gestion à intervalles réguliers.
Continu	Questions constamment à l'ordre du jour et qui doivent donc être prises en compte par des dispositions d'engagement continu	Sondages sur l'expérience des visiteurs ou opportunité de commentaires ; Réunions de comités de gestion ou de comités consultatifs impliquant des parties externes ; Planification conjointe ou rétroaction des soutien du parc, groupes d'amis ou bénévoles de suivi.

des groupes engagés. Le tableau 14.3 présente une typologie simple à trois entrées de la fréquence à laquelle l'engagement peut être nécessaire, et peut permettre d'éclairer une meilleure organisation et planification d'une stratégie globale d'engagement. En règle générale, un principe clé s'applique, même si des questions urgentes se posent parfois : mieux vaut tôt que tard. Une communication trop tardive ou trop ciblée aliénera les partenaires et un niveau de communication insuffisant frustrera ou apparaîtra symbolique (voir chapitre 15).

L'avantage d'une évaluation de l'engagement basée sur un calendrier et une fréquence appropriés est que la mise à jour et la préparation d'éléments comme les stratégies d'information et de communication, les listes de contacts et les ressources en personnel seront intégrées aux programmes de travail, et ne seront donc pas oubliées ou seulement prises en charge à la dernière minute. Les gestionnaires des aires protégées seront, non seulement, bien préparés à un engagement efficace, mais d'autres personnes et groupes pourront également être avertis et préparés.

Le message principal de cette section est que l'engagement avec les communautés et autres organisations varie en terme de calendrier, d'exigences de préparation et de régularité des contacts et des communications. Le calendrier variera selon les objectifs et les formes d'engagement. Cette section a fourni des conseils généraux sur la réponse à la question importante : quand une stratégie ou un processus d'engagement doit-il avoir lieu, à quels intervalles et comment la gestion des aires protégées peut-elle être préparée ?

Conclusion

La gestion des aires protégées implique une négociation, une consultation, des partenariats et parfois des conflits avec les voisins, les fournisseurs, les clients et les collaborateurs. Ces relations intègrent les aires protégées dans des paysages sociaux, économiques et institutionnels complexes, loin de l'idée que les réserves sont gérées de façon isolée, comme des « îles » dans le paysage. Pour les gestionnaires, cela représente un défi quant à la meilleure façon de s'engager avec différents groupes et individus, et aux possibilités d'obtenir les meilleurs résultats que ces relations ont à offrir. L'engagement et la collaboration sont devenus, et constitueront de plus en plus, des compétences de base pour les gestionnaires d'aires protégées, exigeant du temps, des ressources et des compétences. De plus, la gestion adaptative est plus susceptible de réussir si les connaissances et compétences des communautés peuvent être mises à profit, et si ces communautés soutiennent les initiatives de gestion.

Étude de cas 14.1 Engagement des populations autochtones

Les populations autochtones sont les premiers gardiens de l'environnement et, au XXIe siècle, elles restent les gardiens de certaines des régions les plus biologiquement diverses du monde. Certaines de ces zones sont détenues et gérées par des peuples autochtones. Dans d'autres, les droits d'utilisation et d'engagement sont reconnus dans la gestion, et ailleurs, ces droits et utilisations restent méconnus. La reconnaissance formelle de l'importance des aires protégées pour les peuples autochtones est récente. Depuis 1945, les Nations unies et autres organisations telles que l'Organisation internationale du travail (OIT) ont remédié aux séquelles historiques de la dépossession et des injustices subies par les communautés autochtones, y compris la confiscation des terres désignées comme aires protégées. Une consultation avec les communautés autochtones contemporaines ne portera donc jamais uniquement sur la conservation, mais inclura toujours des questions relatives aux droits, à la justice sociale et à la réconciliation.

Qui sont les peuples autochtones ?

L'organisation des Nations unies et autres organismes internationaux ont choisi de ne pas avoir une définition formelle, s'appuyant plutôt sur un processus d'auto-identification, et une définition de travail :

Les communautés, peuples et nations autochtones présentent une continuité historique avec les sociétés précédant la conquête et la colonisation de leurs territoires, et se considèrent comme distincts des autres secteurs de la société dominant aujourd'hui ces territoires ou qui en sont partie. Ils constituent, aujourd'hui, des secteurs non dominants de la société et sont déterminés à préserver, développer et transmettre aux générations futures leurs territoires ancestraux et leur identité ethnique, sur la base de leur existence continue en tant que peuple, en accord avec leurs propres systèmes culturels, leurs systèmes légaux et leurs institutions sociales (Nations unies, 2004:2)

Cette définition n'inclut pas les peuples autochtones constituant la population majoritaire d'une nation et/ou détenant un pouvoir gouvernemental, comme par exemple, dans la plupart des pays insulaires du Pacifique.

Selon cette définition, les peuples autochtones représentent environ 5% de la population humaine de la Terre, dans quelque 90 pays (Nations unies, 2009). Les variations géopolitiques sont considérables, des Maoris néo-zélandais largement intégrés, et qui représentent 15% de la population nationale, aux minuscules populations marginalisées des Aïnous au Japon et des Dyaks à Bornéo, en passant par les habitants des forêts tropicales d'Afrique centrale et les éleveurs de rennes Samis d'Asie du Nord et d'Europe Scandinave. Ils représentent 15% des populations pauvres du monde, et beaucoup vivent de la terre comme agriculteurs de subsistance, éleveurs ou chasseurs-cueilleurs.

En raison de leur position d'intendants originaux, de leurs liens spirituels continus avec la nature et de leur position souvent marginalisée dans la société, la relation des peuples autochtones avec les aires protégées (et leurs gestionnaires) est unique. Une consultation significative avec les peuples autochtones exige une attention particulière de la part des gestionnaires des aires protégées, notamment parce que ceux-ci ne se considèrent pas comme une simple partie prenante à consulter, comme le montre cette citation d'un aborigène australien :

Cependant, ce n'est pas vraiment un terme approprié pour parler des communautés autochtones. Nous avons une très longue relation avec la terre, incluant des connexions spirituelles profondes. Cela signifie que nous nous considérons comme propriétaires de la terre d'une manière très réelle et unique. Ces liens que nous avons avec la terre sont mal retranscrits par le terme « partie prenante ». (ANUTECH Development International, 1998:8)

À partir des années 1980, une série de conventions, de politiques et de lois nationales et internationales annonçaient un « nouveau paradigme » dans le discours sur la conservation de la nature, reconnaissant la nécessité d'harmoniser les objectifs de conservation avec les besoins sociaux et économiques, et avec des déclarations explicites sur l'amélioration de la façon dont les organisations chargées des aires protégées allaient s'engager avec les peuples autochtones (Alcorn, 2010) En 2008, les Nations unies réaffirmaient les droits des peuples autochtones et élaboraient des objectifs mettant l'accent sur leur participation, y compris quelques critères qualitatifs (Larson, 2006). Le Congrès mondial des parcs (WPC) de 2003 a connu un haut niveau de représentation des peuples autochtones, très actifs tout au long du Congrès pour faire entendre leur voix en tant que « détenteurs de droits » (DeRose, 2004). Le WPC a joué un rôle crucial dans la progression de la participation des autochtones à la gestion des aires protégées.

Engagement autochtone dans la gestion des aires protégées

Toutes les catégories d'aires protégées invitent les peuples autochtones à participer, dans une certaine mesure, dans le cadre de leur engagement plus vaste avec la société civile. Cependant, le niveau de cette participation varie considérablement, tout comme la satisfaction des peuples autochtones à l'égard des résultats. Dans les aires protégées où les peuples autochtones sont officiellement propriétaires, ils sont gestionnaires et non simples participants. Les « règles d'engagement » élaborées sur la scène internationale encouragent un processus allant au-delà de la consultation destiné à faire plus qu'informer les populations autochtones sur les actions proposées dans l'aire protégée, ou demander des commentaires sur un projet de plan de gestion. Les catégories V et VI d'aires protégées offrent les meilleures opportunités de collaboration avec les communautés autochtones et locales, en encourageant des partenariats égaux et la recherche d'objectifs communs.

Des partenariats fructueux ont été établis dans le contexte d'autres catégories, le plus connu étant la gestion conjointe des parcs nationaux, en particulier en Nouvelle-Zélande, en Australie et en Amérique du Nord. Dans ce modèle, les terres appartiennent à un groupe/organisation autochtone, et sont louées au gouvernement en tant que parc national, géré par un conseil de gestion composé d'une majorité de propriétaires traditionnels autochtones (Smyth, 2001). Ce modèle accorde un pouvoir de décision presque égal au groupe autochtone et à l'autre partenaire, généralement gouvernemental. L'Australie dispose également d'un système d'aires protégées autochtones (IPA), reposant sur une planification concertée avec les propriétaires fonciers autochtones (Hill et al., 2011).

La région éloignée de Kimberley, en Australie Occidentale, en est un exemple, le peuple Uunguu ayant élaboré un plan de « pays sain » pour l'IPA de Wunamabal Gaambera, en collaboration avec une ONG, Bush Heritage Australia (WGAC, 2010). Bien que la planification d'action de conservation (PAC) basée sur la science occidentale (chapitre 13) ait fourni le cadre d'une planification participative, il a été reconnu que le processus devait grandement être adapté afin de respecter et de soutenir les priorités, les structures de gouvernance, les connaissances, les capacités et les objectifs à l'échelle locale. Premièrement, pour soutenir les contributions significatives des participants à la planification, le processus, au lieu d'être piloté par des planificateurs et facilitateurs de la conservation, a intégré les structures de gouvernance autochtones, les protocoles et les priorités locaux, y compris la tenue de réunions dans les pays et l'adoption de délais flexibles. Deuxièmement, les concepts de base de la PAC, fondés sur les processus et systèmes écologiques, ont été modifiés pour intégrer les catégories définies par les propriétaires traditionnels du Wunambal Gaambera et les connaissances culturelles autochtones (Moorcroft et al., 2012).

Le plan « pays sain » qui en a résulté est un succès dans la planification interculturelle de la conservation, en ce sens qu'il s'inspire des approches occidentales de planification de la conservation, tout en respectant et en complétant les connaissances et les approches autochtones de la gestion des terres et de l'eau. Cela démontre que les aspirations des propriétaires traditionnels à diriger le programme de planification de la conservation de leurs domaines ancestraux peuvent être un succès (Moorcroft et al., 2012).

Groupe de femmes de Wunambal Gaambera discutant des objectifs de leur plan « pays sain » avec Heather Moorcroft de Bush Heritage Australia
Source : H. Moorcroft

En dehors des aires protégées officielles, l'UICN reconnaît les Aires du patrimoine autochtone et communautaire (APAC) comme des zones de grande valeur de conservation où la gouvernance collaborative avec les populations locales et autochtones constitue la base de la gestion. Il existe de solides défenseurs d'une plus grande participation autochtone à toutes les formes de gestion des ressources naturelles, afin d'améliorer les résultats de conservation et de maintenir des moyens de subsistance durables (Ross et al., 2011).

Deux points importants se dégagent. Premièrement, une consultation adéquate est un élément fondamental d'un partenariat efficace entre les aires protégées et les populations autochtones. De mauvais systèmes de communication aboutiront à un échec des partenariats. Deuxièmement, en règle générale, les peuples autochtones considèrent la consultation comme un moyen de parvenir à une fin, qui généralement ne se limite pas à une plus grande participation à la prise de décisions concernant les aires protégées, mais qui comprend l'obtention d'une justice sociale, d'emplois, d'autonomisation, d'égalité et de réconciliation, et, plus important encore, du droit à prendre soin des paysages culturels.

Une vaste littérature est disponible, dans le domaine des sciences sociales, sur la façon de consulter les peuples autochtones. Pendant des décennies, des ONG mondiales telles que Forest Peoples Programme et l'Institut international pour l'environnement et le développement ont été témoins de graves cas de suppression d'opportunités et de déni de droits par des sociétés multinationales souhaitant exploiter les ressources des pays pauvres. Une grande partie de l'iniquité est due à une consultation inadéquate, conduisant à des malentendus et à un consentement loin d'être pleinement éclairé. En réponse, ces organismes ont élaboré des processus et des politiques visant à s'assurer que la consultation et le dialogue mènent à des partenariats équitables (Mayers et Vermeulen, 2002). Cette base de connaissances, associée à un cadre international solide, constitue un environnement favorable dans lequel le personnel des aires protégées peut s'engager auprès des communautés autochtones.

Bien que chaque lieu et chaque groupe de personnes soit différent et que les gestionnaires des aires protégées doivent comprendre et respecter ces différences, il existe un ensemble de considérations fondamentales quant à la raison pour laquelle les peuples autochtones devraient être consultés, et de facteurs à prendre en compte pour ce faire.

Pourquoi consulter les peuples autochtones ?

La consultation des populations autochtones est essentielle pour les raisons suivantes :

1. Ils sont les propriétaires originels, qui peuvent avoir été dépossédés de leurs terres ou vivent encore dans une aire protégée. Ils ont des droits fondamentaux, en tant que propriétaires originels, de participer à la prise de décision concernant l'aire protégée.
2. Les peuples autochtones possèdent des connaissances écologiques traditionnelles applicables dans un contexte de gestion contemporain.
3. Les peuples autochtones ont un intérêt majeur dans les aires protégées, car celles-ci représentent quelques-uns des rares endroits sur Terre où leurs paysages culturels traditionnels demeurent relativement intacts, un aspect important pour l'identité culturelle et comme base pour les dispositions de partage du pouvoir.
4. Il a été démontré que les aires protégées ne fonctionnent pas si elles ne bénéficient pas du soutien des populations autochtones locales.

Quels sont les facteurs importants à considérer ?

1. La participation autochtone à la gestion des aires protégées est invariablement fondée sur les droits. Ainsi, plusieurs agendas coexistent, inévitablement. Un aspect apparemment « hors sujet » pourrait être au centre des intérêts communautaires.
2. Si vous représentez un organisme gouvernemental, la communauté pourrait ne pas vous faire confiance en raison de legs historiques. Le renforcement de la confiance au niveau individuel est essentiel.
3. Les peuples autochtones sont souvent défavorisés, ce qui entraîne de graves inégalités de pouvoir, et rend difficile une négociation équitable. Les sentiments d'impuissance tendent à ne pas aboutir à des résultats de négociation équitables. Les communautés autochtones peuvent ne pas avoir les compétences ou les capacités requises pour négocier efficacement ou, dans certains cas, pour comprendre pleinement ce qui est négocié ou discuté.

Il se peut qu'elles ne disposent pas des systèmes de gouvernance nécessaires pour répondre aux demandes d'information ou pour organiser la participation aux réunions.

4. La représentation dans les communautés autochtones est différente de la plupart des autres sociétés. L'échelle de consensus dans les communautés autochtones se situe normalement à un petit groupe d'aînés dans un clan ou autre groupe social. Une aire protégée peut impliquer beaucoup de ces groupes, qui ne disposent pas de systèmes traditionnels de consensus entre eux. Vous pourriez vous retrouver à négocier avec la mauvaise personne ou le mauvais groupe, ou arriver à un certain niveau de frustration parce que personne n'est disposé à parler au nom de quelqu'un d'autre.
5. Bien que subtiles, les différences culturelles dans les communications interpersonnelles peuvent être la cause de l'échec d'une consultation. Par exemple, il est inapproprié d'envoyer un membre junior du personnel négocier avec un détenteur de connaissances senior de la communauté (il existe beaucoup d'autres exemples ; voir Annandale et Feary, 2009).
6. Chacun arrive à la table des négociations avec un agenda et des attentes différents. Ceux des peuples autochtones seront différents de ceux d'un gestionnaire d'aire protégée, et il est donc essentiel d'organiser suffisamment de réunions et de discussions pour que tout soit bien clair.
7. En conclusion, les peuples autochtones sont des « parties prenantes » particulières qui exigent une attention et un respect particuliers. C'est par le biais de mécanismes de participation effectifs que les peuples autochtones peuvent maintenir ou renouveler leurs liens avec la terre et l'eau, apportant ainsi une série d'avantages, notamment la justice sociale et une meilleure protection de la nature grâce à l'utilisation des connaissances traditionnelles.

Étude de cas 14.2 Région autochtone de Cullunghutti : un partenariat pour la protection d'une montagne

Les projets de patrimoine culturel dans lesquels les peuples autochtones partagent leurs connaissances culturelles avec le personnel des aires protégées peuvent mener à des partenariats à long terme pour la protection des lieux d'importance culturelle. Ce fut le cas lors de la reconnaissance officielle d'une montagne sacrée près de Nowra, dans le sud-est de l'Australie. Bien que l'importance culturelle de la montagne Coolangatta (ou Cullunghutti) pour les communautés aborigènes locales soit connue depuis longtemps par le Bureau de l'environnement et du patrimoine de Nouvelle-Galles du Sud (OEH), il n'y avait, jusque-là, pas d'information suffisante pour appuyer sa protection juridique. En 2004, le Service des parcs nationaux et de la faune sauvage de Nouvelle-Galles du Sud (NPWS, une division de l'OEH) a entrepris une étude sur le patrimoine culturel aborigène, visant à informer la gestion de plusieurs nouvelles réserves naturelles dans la région. Au cours de cette étude, qui comprenait des recherches approfondies sur l'histoire orale, l'importance de la montagne est devenue évidente (Waters et Moon, 2005).

Quelques années plus tard, un membre du personnel du NPWS a remarqué une annonce pour la vente de 67 hectares de terrains privés sur les pentes de la montagne Coolangatta et a alerté la section concernée de l'OEH. Le personnel du Département a rencontré les populations aborigènes locales afin de discuter de l'achat proposé des terrains, car leur soutien était fondamental pour que l'achat aille de l'avant. Il reçurent un soutien majoritaire et les terrains furent achetés en 2008. En 2011, ils ont été déclarés Aire aborigène en vertu de la *Loi de Nouvelle-Galles du Sud sur les parcs nationaux et la faune sauvage*. Cette catégorie, rarement utilisée, protège les lieux et caractéristiques d'une valeur culturelle exceptionnelle pour les aborigènes.

À la suite de ces premières réunions, un comité informel autochtone représentant des organisations, des groupes communautaires et des familles s'est formé et réuni régulièrement avec le personnel de l'aire protégée pour discuter de la gestion de cette petite parcelle de terre. La création de l'Aire aborigène a permis une discussion (et quelques désaccords) sur les questions de propriété foncière, d'autonomisation, de droit de parler au nom du « pays » et de meilleure façon de protéger les terres possédant des valeurs culturelles. Ainsi, bien que la route ait été et demeure difficile, l'achat et la désignation de l'aire aborigène de Cullunghutti ont abouti a de nombreux résultats très positifs.

Bien que l'aire aborigène de Cullunghutti soit petite, son existence signifie que la valeur de toute la montagne est appréciée et mieux comprise par la communauté non-aborigène. Cette compréhension a été renforcée par une étude détaillée de « L'histoire vivante de Cullunghutti », qui a documenté les valeurs, les histoires et les relations auprès des personnes du district (Waters Consultancy Pty Ltd, 2013). En octobre 2013, une journée de célébration joyeuse et émouvante a été organisée pour souligner l'établissement de l'aire aborigène. Ce fut la première fois que les communautés autochtones locales purent publiquement raconter l'histoire de la montagne et sa signification culturelle.

Célébrer Cullunghutti : Rod Wellington (Ancien de Jerrinja et fonctionnaire du Bureau de l'environnement et du patrimoine culturel) prononce un discours lors d'un rassemblement pour célébrer la déclaration de la région aborigène de Cullunghutti, Nouvelle-Galles du Sud, Australie, octobre 2013

Source : S. Feary

Étude de cas 14.3 Engagement philanthropique : l'expérience du Yosemite

« Les donateurs résoudront tous nos problèmes financiers ». Bien que cela puisse être vrai, le succès d'un programme philanthropique nécessite un engagement important en termes de temps et de ressources de la part du personnel de l'organisation, de son conseil d'administration et de l'organisme chargé des aires protégées. Les aires protégées sont plus effectives lorsque le gouvernement et les intendants citoyens engagés en faveur du site travaillent ensemble pour cet objectif commun. Lorsque les citoyens se sentent suffisamment concernés, ils se sentent également suffisamment engagés pour donner de leur temps personnel et de leurs ressources financières. La philanthropie est le résultat naturel de ce sentiment.

Les groupes philanthropiques, cependant, fournissent de nombreuses fonctions importantes, autres que la collecte de fonds, pour les aires protégées. Beaucoup de ces groupes considèrent les aires protégées comme des temples ou des lieux spéciaux pour la restauration spirituelle. Grâce à leurs communications passionnées, de nouveaux intendants sont identifiés et encouragés à rejoindre le mouvement. Grâce à ces groupes, des individus aux points de vues et aux motivations différents peuvent partager leur amour d'un même site.

Les partenariats public-privé réunissent le meilleur des deux mondes. Ces partenariats offrent une marge d'excellence pour la protection des ressources et l'amélioration de l'expérience des visiteurs, bien au-delà de ce qu'un budget gouvernemental pourrait accomplir. Les particuliers et les organisations peuvent ajouter une valeur supplémentaire au financement public des aires protégées qui constitue le fondement nécessaire de la conservation.

Depuis les débuts du Service des parcs nationaux (NPS) des États-Unis, la philanthropie personnelle a joué un rôle essentiel dans la construction du réseau de parcs. Dans certaines régions, des portions de terres ont été achetées par des particuliers et données au NPS. Des écoliers ont fait don de quelques centimes pendant les années 1920 et 1930 pour aider à acheter le terrain occupé aujourd'hui par le parc national des Great Smoky Mountains. Dans le parc national du Yosemite, le premier musée construit sur un terrain du NPS a été possible grâce à un don généreux. À la suite de cela, la première ONG a été créée pour gérer le musée, en 1923. Quatre-vingt-onze ans plus tard, le Yosemite Conservancy perpétue cette tradition. Ces types de partenaires philanthropiques étaient et sont essentiels à la durabilité de nos aires protégées.

Mouflon d'Amérique (*Ovis canadensis*), parc national de Banff, Canada

Source : Graeme L. Worboys

Comme le montre clairement ce chapitre, il existe de nombreuses motivations différentes pour que les individus et les organisations s'engagent en faveur des aires protégées. Cela s'applique également à la philanthropie. Cependant, l'accent sera mis ici sur un aspect principal : l'intendance. En plus de recueillir des fonds pour soutenir les divers besoins d'une aire protégée, la philanthropie peut inspirer les personnes à s'engager pour protéger un site. Cette connexion à un lieu contribue à renforcer le désir de préserver et de soutenir une aire protégée. L'intendance se définit par un engagement de temps et de ressources financières.

Les donateurs du Yosemite Conservancy permettent de fournir des subventions au parc national du Yosemite, afin d'aider à préserver et protéger le Yosemite aujourd'hui, et pour les générations futures. Le Conservancy est dédié à l'amélioration de l'expérience des visiteurs, afin que chacun puisse profiter au maximum de son séjour au Yosemite. Ses membres sont les intendants du Yosemite. Le Conservancy offre à plus de 43 000 personnes la possibilité d'exprimer combien ils apprécient le Yosemite par leur engagement de soutien. Une partie de la mission du Conservancy est d'enrichir l'expérience des visiteurs, contribuant ainsi à créer de nouveaux intendants potentiels pour le Yosemite. Un élément clé du développement de nouveaux intendants est de concentrer un important domaine de subvention sur les jeunes générations. Yosemite Conservancy aide environ 27 000 jeunes à apprécier le parc chaque année.

Bien entendu, les projets de gestion de la faune et des ressources constituent également un aspect important du programme de subventions du Yosemite. Yosemite Conservancy a accordé des subventions ayant permis de réintroduire le mouflon d'Amérique (*Ovis canadensis sierra*), aider à protéger le faucon pèlerin (*Falco peregrinus*) et étudier et réintroduire la grenouille à pattes jaunes (*Rana sierra*), pour ne citer que quelques exemples. La restauration des habitats est un autre élément important du programme de subventions du Conservancy. La restauration des séquoias géants (*Sequoiadendron giganteum*) de Mariposa Grove sera le prochain effort de subvention majeur du Conservancy, qui commémorera le 150e anniversaire du Yosemite en tant qu'aire protégée.

Enseignements importants

La philanthropie est un partenariat qui doit être entretenu. Le rôle de l'organisation est de gérer l'aire protégée. Celui du groupe philanthropique est de fournir un soutien sous forme de subventions, de projets et de programmes. Les deux entités doivent respecter leurs rôles et responsabilités respectifs, une tâche difficile qui exige de la vigilance. Une entité qui tenterait de dominer l'autre ne conduirait qu'à l'échec du partenariat. La clé pour éviter cet échec est un accord global signé, définissant le cadre de la relation entre les deux organisations.

Un groupe philanthropique ne devrait pas se concentrer sur le plaidoyer. Son objectif principal est de répondre aux besoins de l'organisation chargée de la gestion de l'aire protégée par des subventions obtenues de ses donateurs.

Comment maintenir l'engagement et l'intérêt des donateurs ? Ils doivent être tenus informés des activités aussi bien de l'organisation à but non lucratif comme de l'aire protégée. Les donateurs veulent que leurs ressources soient utilisées efficacement. Ils veulent être sûrs que leurs dons ne remplaceront pas le budget de l'organisme gouvernemental, mais qu'ils s'ajouteront aux fonds gouvernementaux. Les subventions doivent être utilisées dans les délais et dans les limites du budget, tout en atteignant les objectifs du projet. La transparence et les rapports aux donateurs sont essentiels. Le succès du Yosemite Conservancy sur plus de 450 projets, et avec plus de 80 millions de dollars américains au cours des dernières années, repose sur un partenariat avec le NPS générant des subventions et aboutissant à des projets que les donateurs peuvent voir, et dont ils peuvent être fiers.

Chaque année, le NPS fournit au Yosemite Conservancy une liste de demandes de subvention. Le conseil d'administration du Conservancy sélectionne les projets qui, selon lui, intéresseront le plus les donateurs et fourniront cette marge d'excellence au-delà du budget du gouvernement. Ce processus fonctionne bien pour le Conservancy. Espérons que vous aussi trouverez la formule parfaite pour votre partenariat réussi.

Étude de cas 14.4 Engagement philanthropique : une perspective australienne et un exemple néo-zélandais

Les organisations philanthropiques et les philanthropes ont été des catalyseurs importants de la croissance et du développement des aires protégées publiques et privées en Australie, et sont susceptibles de jouer un rôle croissant dans la conservation de l'environnement. Avec des niveaux globaux de dons en pourcentage du produit intérieur brut (PIB) légèrement inférieurs en Australie qu'au Royaume-Uni et au Canada, et beaucoup plus faibles qu'aux États-Unis, et des contributions de personnes fortunées plus faibles, la philanthropie en Australie a un fort potentiel de croissance.

Le paysage des dons

Les initiatives gouvernementales sont essentielles au renforcement du secteur. Selon Philanthropy Australia (2014), premier organisme de philanthropie en Australie, la mise en œuvre d'incitations fiscales, la croissance des programmes de dons sur les lieux de travail et une sensibilisation accrue du public aux avantages de la philanthropie conduisent à une augmentation des dons.

Philanthropy Australia (2014) estime qu'environ 5 000 fondations en Australie donnent annuellement entre 500 millions de dollars australiens (466 millions de dollars américains) et 1 milliard de dollars australiens (932 millions de dollars américains). En outre, les contribuables individuels ont réclamé plus de 2,2 milliards de dollars australiens (2,05 milliards de dollars américains) en dons déductibles en 2010-2011, ce qui représente un investissement substantiel dans la philanthropie. Selon un rapport du Credit Suisse (Sydney Morning Herald, 2013), cependant, et selon certains indicateurs, les australiens sont les personnes les plus riches du monde, et les 10% d'australiens les plus riches ont connu la plus forte croissance de revenus au cours des trois dernières décennies, une croissance encore inégalée au niveau des dons.

Les australiens consacrent environ 7% de leurs dons philanthropiques aux questions environnementales. Bien que ceci ne soit pas négligeable, et que des progrès aient été réalisés dans le domaine de la conservation de l'environnement, les menaces croissantes sont telles que plus de donateurs et des dons plus généreux sont nécessaires. L'Australian Environmental Grantmakers Network, une organisation soutenant les donateurs environnementaux, compte plus de 80 membres, y compris des philanthropes individuels, des fiducies et des fondations.

En 2011-2012, le gouvernement australien a annoncé des dons publics d'environ 130 millions de dollars australiens (121 millions de dollars américains) « pour aider à la protection et à l'amélioration de l'environnement naturel » (SEWPAC, 2013:193). Les recherches menées par le réseau suggèrent que la majorité de ces dons sont destinés au financement de la biodiversité, environ 65% des membres du réseau soutenant la biodiversité. Le soutien à la protection de la biodiversité comprend des subventions à des groupes communautaires pour l'acquisition et la gestion d'aires protégées privées, et pour un plaidoyer en faveur d'aires protégées publiques plus nombreuses et mieux gérées.

Alors que les tranches de financement les plus notables sont destinées à l'acquisition de terres et à de grands projets, les dons plus modestes contribuent collectivement à la protection de la biodiversité. De nombreux donateurs soutiennent également des projets plus petits, avec des objectifs plus tangibles, tels que la lutte contre les espèces envahissantes, la plantation d'arbres et le suivi d'espèces. Des donateurs individuels soutiennent également les groupes communautaires de défense de l'environnement avec des montants plus faibles. En effet, un grand nombre de petits dons ont contribué à la réalisation du premier réseau complet de parcs nationaux marins le long de la côte de l'État du Victoria en 2002, et une collaboration de fondations et de particuliers a financé la défense d'un nouveau réseau national de parcs marins en 2013, le plus grand du monde.

Catalyseurs et dirigeants

Au cours des dernières décennies, un certain nombre d'individus et d'organisations ont joué un rôle de catalyseur dans la croissance des aires protégées australiennes.

Au début des années 1990, un philanthrope individuel, Martin Copley, a financé l'achat de cinq propriétés en Australie occidentale, couvrant 450 000 hectares dans le Kimberley, le sud-ouest de l'Australie et la baie de Shark, un site du Patrimoine mondial. Sa passion pour la terre et les animaux autochtones l'a amené à créer l'Australian Wildlife Conservancy, qui, avec le soutien d'un groupe diversifié d'australiens, possède et gère aujourd'hui plus de 3 millions d'hectares à travers le pays.

Un autre philanthrope, David Thomas, de la Fondation Thomas, a récolté 12,6 millions de dollars australiens (11,7 millions de dollars américains) de fonds privés et 6,2 millions de dollars australiens (5,8 millions de dollars américains) de fonds publics, en plus de l'engagement de sa propre fondation de 10 millions de dollars australiens (9,3 millions de dollars américains), pour contribuer à divers projets, dont « Gondwana Link », dans le sud-ouest de l'Australie, un *hotspot* de biodiversité. Travaillant à grande échelle dans les paysages, Gondwana Link représente une nouvelle façon d'intégrer les terres publiques, privées et autochtones pour assurer la protection de la biodiversité. Un soutien philanthropique tel que celui de Thomas a permis de réaliser cette grande vision, et constitue une source d'inspiration pour de nombreux projets similaires. Des organisations, ainsi que des particuliers, ont été pionniers de l'implication privée et philanthropique dans des initiatives de conservation de la nature et d'aires protégées. Le Fonds mondial pour la Nature (WWF) et Earthwatch en sont deux exemples en Australie et dans d'autres pays.

Considérations relatives à l'engagement

Une gamme complexe de facteurs doit être prise en compte dans l'engagement philanthropique en vue d'obtenir un soutien pour des projets futurs.

Les aires protégées privées sont largement soutenues par un financement philanthropique et gérées par des organisations telles que l'Australian Wildlife Conservancy et Bush Heritage Australia. Le soutien philanthropique est souvent constitué de contributions importantes et catalytiques (souvent pour l'acquisition de terres ou un projet clé) provenant d'un individu ou d'une fondation (souvent doublées par le gouvernement), qui sont ensuite soutenues par de nombreux petits dons de particuliers. Le soutien aux aires protégées et à la biodiversité en général est une proposition attrayante pour ceux qui cherchent à faire des dons, en raison des liens personnels des individus avec des paysages particuliers, de l'attrait des sites présentant une grande beauté naturelle, et des avantages à long terme de l'investissement dans l'acquisition et la gestion

Doug Humann, ancien Directeur de Bush Heritage Australia (une ONG de conservation), s'adressant à des représentants communautaires, dont des donateurs, lors de la présentation de la réserve de conservation de Scottsdale, dans le sud de Nouvelle-Galles du Sud. Ces terres ont pu être achetées grâce au financement de donateurs philanthropiques et au Programme du système national de réserve du gouvernement australien en mars 2007, pour la protection des forêts herbeuses de gommiers des Tablelands du Sud, en voie de disparition, grâce à un accord de conservation à perpétuité

Source : Ian Pulsford

de terres. De telles considérations sur ce qui motive et inspire les philanthropes doivent être prises en compte, et sont également pertinentes compte tenu des possibilités actuelles de participation aux projets d'aires protégées.

Les possibilités de participation philanthropique à la gestion des aires protégées se sont accrues en réponse à l'expansion des aires protégées sous gestion autochtone, sans but lucratif ou conjointe. Actuellement, les peuples autochtones gouvernent un peu plus de 30 % du système de réserves naturelles de l'Australie (SEWPAC, 2012). De nouveaux défis apparaissent quant à l'engagement des donateurs, du fait de ces opportunités. De plus en plus de fonds philanthropiques sont affectés à des projets dont l'approche est multidimensionnelle et aborde non seulement les questions environnementales, mais également de santé, de justice sociale et d'éducation. Les Aires protégées autochtones (IPA) et les programmes de gestion autochtone des terres et de la mer sont des projets de cette nature.

En plus de ces considérations, malgré la popularité des aires protégées pour les philanthropes environnementaux, la plupart des ONG environnementales conviennent que l'accès au financement philanthropique est difficile. En dehors des campagnes de collecte de fonds régulières (généralement à la recherche de petites sommes d'argent auprès de sympathisants et de membres), la grande majorité des fonds philanthropiques, et en particulier les dons importants, proviennent de sources non annoncées, et le plus souvent à l'instigation du philanthrope, et non de l'organisation recherchant les fonds.

Pour les philanthropes et les demandeurs de subventions, certaines questions juridiques et fiscales sont à considérer. Selon la voie de financement, la plupart des philanthropes et entités philanthropiques exigent que leurs bénéficiaires disposent d'un statut de bénéficiaire de don déductible (DGR). L'obtention du statut de DGR est souvent un processus complexe et fastidieux, prohibitif pour les petits groupes dirigés par des bénévoles.

En outre, malgré le grand nombre de fondations en Australie, la grande majorité n'ont qu'une portée relativement faible et peu ou pas de personnel. En effet, de nombreuses fiducies et fondations n'ont qu'une capacité limitée pour accepter des demandes et entreprendre des recherches, ou ne disposent pas de processus ouvert d'attribution de subventions, et il n'existe que peu d'information publique disponible sur les fiducies individuelles. Le secteur philanthropique n'est soumis qu'à peu d'exigences de reddition publique de compte quant à ses activités.

Dans le contexte de l'obtention de fonds, il convient de rappeler que, dans la plupart des cas, les philanthropes ne sont pas obligés de donner. Ils le font en raison de leur passion, de leur générosité et de leur désir de laisser un héritage positif. Une bonne communication, l'honnêteté et le respect sont essentiels pour favoriser et maintenir de solides relations philanthropiques.

Projet Janszoon : un exemple en Nouvelle-Zélande

Le Project Janszoon (2014) est une fiducie privée, travaillant en partenariat avec le Abel Tasman Birdsong Trust, le Département de la conservation de Nouvelle-Zélande (DOC) et la communauté, afin de s'assurer que les valeurs de la biodiversité soient restaurées et améliorées dans le parc national d'Abel Tasman. Ce parc national emblématique est situé à la pointe de l'Île Sud et, bien qu'il soit le plus petit de Nouvelle-Zélande, avec seulement 23 500 hectares, il attire chaque année 150 000 visiteurs, qui apprécient sa grande beauté et sa faune ornithologique, à pied ou en kayak. Comme la plupart des parcs nationaux, cependant, Abel Tasman reçoit sa juste part de mauvaises herbes et animaux sauvages, et le DOC reconnaît le rôle critique de la philanthropie dans la résolution de ces problèmes.

La réintroduction réussie d'espèces d'oiseaux, de plantes et d'animaux clés dans le parc national d'Abel Tasman est une grande priorité pour le projet Janszoon, qui vise actuellement l'élimination des mauvaises herbes exotiques, des rats et des fouines. Ces dernières ont été introduites à la fin des années 1880 pour lutter contre les lapins et les lièvres, eux aussi introduits, et constituent aujourd'hui une menace majeure pour les oiseaux et animaux autochtones. Depuis 2012, le projet Janszoon, en collaboration avec le DOC et avec l'aide des écoles secondaires locales, a aménagé plus de 2 000 pièges à fouines à travers le parc. Le nombre de fouines est aujourd'hui suffisamment faible pour permettre la première réintroduction continentale d'une espèce en danger critique d'extinction. Début 2014, 12 kakariki ou perruches à front jaune (*Cyanoramphus auriceps*), élevées pour l'occasion, ont été relâchées pour rejoindre les quelques individus qui survivent encore dans les coins les plus reculés du parc.

Janszoon est le deuxième prénom d'Abel Tasman, un explorateur néerlandais qui a découvert la Nouvelle-Zélande en 1642. Le Project Janszoon Trust a été créé par une famille philanthropique de l'Île Nord et fonctionne depuis 2012. Fort du soutien de la communauté et d'une relation très positive avec le DOC, le projet Janszoon a pu se fixer comme objectif de transformer l'écologie du parc au cours des trois prochaines décennies, jusqu'à la célébration, en décembre 2042, du 400e anniversaire de la visite d'Abel Janszoon Tasman sur ces terres, et le centenaire de la formation du parc national d'Abel Tasman.

Étude de cas 14.5 Collaboration avec les parties prenantes des loisirs : expérience de la Fédération internationale d'alpinisme et d'escalade

Dans la première décennie du XXe siècle, une relation collaborative et productive entre le président américain Theodore Roosevelt et un groupe varié d'utilisateurs de loisirs tels que des pêcheurs, des cavaliers, des chasseurs, des randonneurs et des alpinistes a conduit à la création de 17 millions d'hectares (170 000 kilomètres carrés) de forêts nationales, 53 refuges nationaux de faune sauvage et 18 sites « d'intérêt particulier », comme le parc national du Grand Canyon. Aujourd'hui, ces aires protégées continuent d'attirer chaque année des millions d'amateurs d'activités de plein air et autres visiteurs du monde entier, désireux de profiter de leurs ressources naturelles, récréatives et culturelles spectaculaires.

En établissant un style de travail respectueux, mutuellement bénéfique et collaboratif, et une vision commune pour la conservation de ces endroits spéciaux que tous chérissaient, Roosevelt et ces diverses parties prenantes des aires protégées ont également créé un changement radical dans le concept et l'échelle de gestion des terres dans le monde.

Le « bloc » (ou « bouldering ») récréatif est une activité populaire pour développer ses compétences d'escalade dans le parc national de Joshua Tree en Californie, aux États-Unis

Source : Clancy Pamment

Le résultat a été la création d'un réseau continental de parcs nationaux, de forêts nationales, de rivages nationaux, de refuges et réserves nationaux de faune sauvage, ouvert à tous les visiteurs à peu ou pas de frais. Ce système demeure un modèle mondial pour la création et le maintien de parcs et autres types d'aires protégées.

Dès le début de sa présidence, en 1901, Roosevelt a compris qu'il ne réussirait pas à imposer sa vision de conservation à grande échelle pour l'Amérique sans l'aide des puissants acteurs récréatifs de cette époque, qui voulaient tous un accès continu aux aires protégées pour poursuivre leurs activités. Il a alors insisté sur la création d'une « voie d'intendance » viable, trouvant des moyens de réunir les parties prenantes de manière positive et constructive pour discuter de leurs objectifs, intérêts, idées et préoccupations communs et concurrents. Il a ensuite souligné les avantages à long terme pour tous s'ils adoptaient et soutenaient sa grande vision de la conservation, qui offrait un sentiment partagé prestigieux d'intendance et de fierté.

Aujourd'hui, les amateurs de loisirs sont toujours très préoccupés par les questions d'accès leur permettant de poursuivre leurs activités dans les aires protégées. Leur pouvoir et leur influence sont considérables. En 2012, l'industrie américaine des loisirs de plein air a estimé qu'elle avait généré environ 646 milliards de dollars américains d'activité économique et 6,1 millions d'emplois directs, soit trois fois plus que l'industrie pétrolière et gazière (OIA, 2012). Ces chiffres incluent les autres secteurs sur lesquels repose l'industrie des loisirs de plein air, tels que l'industrie, la vente en gros et au détail, le transport et l'entreposage, ainsi que l'hébergement et les services à proximité des sites de loisirs de plein air.

Le processus collaboratif de la « voie d'intendance » utilisé par Roosevelt est tout aussi utile aujourd'hui pour aider les parties prenantes du milieu récréatif à soutenir les aires protégées. Il peut également représenter un outil important pour les amateurs de loisirs et autres parties prenantes des aires protégées, afin de trouver des idées innovantes et des moyens efficaces de minimiser leurs impacts sur les aires protégées. Voici deux exemples.

Promouvoir l'intendance

En 2012, la Fédération internationale d'alpinisme et d'escalade (Union internationale des Associations d'alpinisme : UIAA) cherchait un moyen de promouvoir l'intendance de la montagne et de minimiser les impacts des déplacements en montagne, de l'alpinisme et de l'escalade dans le monde entier. Sa première idée fut simplement de rechercher et financer un certain nombre de projets susceptibles de contribuer à la protection des montagnes. Bien que cela semblait simple, le processus s'est avéré long, limité géographiquement et difficile quant à la comparaison équitable de la valeur des différents projets.

L'UIAA a réalisé qu'elle aurait plus de succès dans la recherche de projets importants si elle collaborait plutôt en tant que « pont entre les parties prenantes », entre les mondes beaucoup plus vastes du tourisme de montagne et de la protection des montagnes. Ainsi, en 2013, l'UIAA a lancé avec succès son

Alpinisme sur la Dent du Géant, Massif du Mont Blanc, France

Source : Clancy Pamment

Prix de l'intendance pour la protection des montagnes (UIAA 2013a). Ce prix annuel offre une généreuse récompense monétaire à un service de guide, à une communauté, à une association ou à une agence de voyage dont le travail dans une région montagneuse du monde contribue efficacement à résoudre au moins l'un des problèmes d'intendance à long terme suivants :

- conservation de la biodiversité ;
- énergie durable et gestion des ressources ;
- gestion et élimination des déchets ;
- adaptation aux effets des changements climatiques ou atténuation de ces effets ;
- préservation des cultures locales et autochtones et promotion de l'éducation pour tous.

Avec ce système, l'UIAA peut présenter et promouvoir un certain nombre de projets ou de programmes d'intendance des montagnes bien conçus, dans le monde entier, sur son site web chaque année, puis récompenser l'un d'entre eux avec une attention médiatique mondiale ciblée et une récompense monétaire importante destinée à aider son promoteur à poursuivre ses programmes et ses réalisations. Cette approche, par opposition à l'investissement dans un petit nombre de projets distincts, permet d'avoir un impact plus important par la reconnaissance et la communication de bonnes pratiques, touchant ainsi la communauté plus vaste des acteurs récréatifs et autres parties prenantes engagées dans la gestion des aires protégées.

Du conflit à la coopération

Depuis le milieu du XXe siècle, l'accès spontané à des opportunités de loisirs exceptionnelles et diverses a considérablement accru l'intérêt du public pour les aires protégées dans le monde entier. À mesure que l'urbanisation continue de s'étendre et que les sociétés adoptent des technologies de communication modernes, de plus en plus de personnes choisissent de s'installer dans des régions situées à l'intérieur ou à proximité d'aires protégées. Aujourd'hui, les aires protégées ne sont pas seulement perçues comme des lieux naturels à apprécier en contraste avec la « civilisation », mais offrent toute une gamme d'opportunités de loisirs également perçues comme des équipements régionaux de grande valeur, à faible coût, et contribuant à améliorer la santé.

Bien que la popularité accrue des aires protégées puisse accroître les pressions et les impacts des visites sur celles-ci, elle peut également susciter un engagement plus fort du public et un soutien politique en faveur d'une protection continue. Les gestionnaires d'aires protégées qui interagissent de façon proactive, régulière et productive avec les utilisateurs récréatifs découvrent souvent que ceux-ci peuvent être des partenaires d'intendance motivés et compétents.

Lorsqu'ils interagissent avec divers utilisateurs récréatifs, la gouvernance collaborative et la gestion adaptative (explorées dans ce chapitre) offrent aux gestionnaires d'aires protégées un cadre pour créer un rôle précieux pour chaque type d'utilisateurs récréatifs (randonneurs, alpinistes, cavaliers, pêcheurs, etc.). En s'engageant activement et en rencontrant périodiquement des groupes d'utilisateurs récréatifs, les gestionnaires peuvent mieux comprendre leurs valeurs, leurs intérêts, leurs motivations et leurs préoccupations particuliers, et comment ceux-ci se connectent, physiquement et mentalement, aux aires protégées.

Les gestionnaires doivent reconnaître que chaque type de loisirs possède son propre ensemble de valeurs communes, son histoire et son style de communication. Un moyen efficace de s'engager avec divers segments d'utilisateurs récréatifs est de les jumeler avec des membres du personnel ou de la communauté locale qui soient également amateurs de ces loisirs. Ces individus servent ensuite de contacts clés pour l'aire protégée, un lien de confiance entre les gestionnaires de l'aire protégée et les utilisateurs récréatifs. Cette étape simple peut représenter un grand bond en avant dans la construction d'une relation avec les usagers récréatifs.

Par exemple, les alpinistes et grimpeurs du monde entier possèdent une longue histoire de leadership dans la création et la promotion des aires protégées, en particulier dans les régions de montagne. Cependant, leurs cultures sportives non conventionnelles et individualistes peuvent parfois conduire à des conflits avec la gestion. En 1997, l'UIAA, représentant 4,5 millions de membres de la communauté mondiale de l'escalade (UIAA, 2013b), a aidé le Club alpin américain (AAC) à collaborer avec le Service des parcs nationaux des États-Unis (NPS) pour représenter les intérêts des grimpeurs du monde entier, en tant qu'acteurs historiques et traditionnels du parc national du Yosemite, un site du Patrimoine mondial de l'UNESCO.

Après qu'une crue éclair catastrophique sur la rivière Merced ait affecté la vallée du Yosemite en 1997, une partie des plans de récupération initiaux du NPS prévoyait la reconstruction de chambres d'hôtel loin de la rivière, les plaçant à côté du Camp

4, le terrain de camping rustique et traditionnel des grimpeurs, situé sur un terrain plus élevé. Alertés par l'AAC et l'UIAA, les grimpeurs du monde entier ont exprimé leur forte opposition à ce plan, qui, selon eux, dégraderait l'expérience de camping naturel au Camp 4. Les discussions initiales entre le NPS et l'AAC n'ont pas réussi à résoudre le problème, et une action en justice a été intentée pour arrêter le processus de planification.

La situation s'est toutefois grandement améliorée lorsque le NPS a envoyé l'un de ses employés de planification, un grimpeur bien connu et respecté du Yosemite, rencontrer les représentants de l'AAC, de l'UIAA et des dirigeants de la communauté locale de l'escalade. Celui-ci s'est avéré très efficace pour communiquer les énormes défis auxquels les planificateurs du NPS devaient faire face dans l'élaboration d'un plan de récupération réaliste, équilibrant les intérêts de toutes les parties prenantes du Yosemite, dans le cadre des efforts de récupération post-inondations. Les grimpeurs l'ont considéré comme un messager de confiance, capable de communiquer efficacement leurs besoins, leurs préoccupations et leurs idées au NPS.

Ce « collègue » a comblé le fossé entre les parties prenantes et a permis les premières interactions provisoires qui ont finalement abouti à une relation de collaboration entre « les grimpeurs et les rangers ». Un hommage durable à cette collaboration réussie est arrivé en 2003, lorsque le Camp 4 a été officiellement inscrit sur le Registre national des lieux historiques par le Département de l'intérieur des États Unis. Une plaque de bronze officielle, placée près d'un rocher d'escalade populaire dans le Camp 4, rappelle aujourd'hui aux campeurs et aux visiteurs cette désignation spéciale.

Le résultat le plus précieux de cette déclaration, cependant, a été la relation étroite, respectueuse et collaborative entre les parties prenantes, qui s'est encore renforcée depuis. En utilisant « l'étincelle » de cet émissaire de confiance, qui partageait les valeurs des deux groupes, les grimpeurs et les responsables du NPS sont parvenus à un dialogue chaleureux et mutuellement bénéfique, qui a conduit à un terrain d'entente sur cette question dans le parc national du Yosemite.

Des progrès impressionnants peuvent être réalisés dans la gestion des aires protégées lorsque les utilisateurs récréatifs ne sont pas considérés comme « faisant partie du problème », mais sont plutôt impliqués de manière productive en tant que partenaires respectés qui peuvent « faire partie de la solution ». En développant un style de travail mutuellement bénéfique et collaboratif, basé sur le respect mutuel et une vision partagée pour ces sites, les parties prenantes des aires protégées peuvent optimiser le concept et l'échelle de la gestion des terres.

Références

Lectures recommandées

Alcorn, J. (2010) *Indigenous Peoples and Conservation*, Conservation White Paper Series, MacArthur Foundation, Chicago.

Anderson, T. L. et James, A. (eds) (2001) *The Politics and Economics of Park Management*, Rowman & Littlefield, Lanham, MD.

Annandale, M. et Feary, S. (2009) *Consulting with Aboriginal and Torres Strait Islander communities: agroforestry in north Queensland*, RIRDC Report No. 08/168, Rural Industries Research and Development Corporation, Canberra.

ANUTECH Development International (1998) *Ecological Sustainable Forest Management and Native Title*, ANUTECH Proprietary Limited, Canberra.

Armitage, D. R., Plummer, R., Berkes, F., Arthur, R. I., Charles, A. T., Davidson-Hunt, I. J., Diduck, A. P., Doubleday, N. C., Johnson, D. S., Marschke, M., McConney P., Pinkerton, E. W. et Wollenberg, E. K. (2009) 'Adaptive co-management for social- ecological complexity', *Frontiers in Ecology and the Environment* 7: 95–102.

Arnstein, S. (1969) 'A ladder of citizen participation', *Journal of the American Institute of Planners* 35: 216–24.

Bäckstrand, K., Khan, J., Kronsell, A. et Lövbrand, E. (eds) (2010) *Environmental Politics and Deliberative Democracy: Examining the promise of new modes of governance*, Edward Elgar, Cheltenham, Royaume-Uni

Beierle, T. C. et Cayford, J. (2002) *Democracy in Practice: Public participation in environmental decisions*, RFF Press, Washington, DC.

Borrini-Feyerabend, G., Pimbert, M., Farver, M. T., Kothari, A. et Renard, Y. (2007) *Sharing Power: A global guide to collaborative management of natural resources*, Earthscan, Sterling, VA.

Byron, I. et Curtis, A. (2001) 'Landcare in Australia: burned out and browned off ', *Local Environment* 6(3): 311–26.

Connor, R. et Dovers, S. (2004) *Institutional Change for Sustainable Development*, Edward Elgar, Cheltenham, Royaume-Uni.

Creighton, J. L. (2005) *The Public Participation Handbook: Making better decisions through citizen involvement*, Jossey-Bass, San Francisco.

Cundill, G. et Rodela, R. (2012) 'A review of assertions about the processes and outcomes of social learning in natural resource management', *Journal of Environmental Management* 113: 7–14.

DeRose, A. (2004) 'Overview of community participation at the Vth IUCN World Parks Congress', *Parks* 14(2): 18–29.

Dobson, A. (2003) *Citizenship and the Environment*, Oxford University Press, Oxford.

Dovers, S. et Hussey, K. (2013) *Environment and Sustainability: A policy handbook*, 2nd edn, The Federation Press, Sydney.

Dryzek, J. S. et Niemeyer, S. (2010) *Foundations and Frontiers of Deliberative Governance*, Oxford University Press, Oxford.

Dudley, N. (2008) *Guidelines for Applying Protected Area Management Categories*, UICN, Gland.

Eadens, L. M., Jacobson, S. K., Stein, T. V., Confer, J. J., Gape, L. et Sweeting, M. (2009) 'Stakeholder mapping for recreational planning of a Bahamian National Park', *Society and Natural Resources* 22: 111–27.

Evans-Cowley, J. et Hollander, J. (2010) 'The new generation of public participation: internet-based participation tools', *Planning, Practice and Research* 25: 397–408.

Fitzsimons, J. A. et Wescott, G. (2008) 'Evolving governance arrangements in multi-tenure reserve networks', *Environmental Conservation* 35: 3–7.

Fitzsimons, J., Pulsford, I. et Wescott, G. (eds) (2013) *Linking Australia's Landscapes: Lessons and opportunities from large-scale conservation networks*, CSIRO Publishing, Melbourne.

Folke, C., Hahn, T., Olsson, P. et Norberg, J. (2005) 'Adaptive governance of social-ecological systems', *Annual Review of Environment and Resources* 30: 441–73.

Hall, M. C. et McArthur, S. (1998) *Integrated Heritage Management: Principles and practice*, Stationery Office, Londres.

Healey, P. (1997) *Collaborative Planning: Shaping places in fragmented societies*, Macmillan, Londres.

Hill, R., Walsh, F., Davies, J. et Sandford, M. (2011) *Our Country Our Way: Guidelines for Australian Indigenous protected area management plans*, CSIRO and Australian Government, Cairns, Queensland.

Holley, C., Gunninham, N. et Shearing, C. (2012) *The New Environmental Governance*, Routledge/ Earthscan, New York.

Holling, C. S. (ed.) (1978) *Adaptive Environmental Management and Assessment*, Wiley, Chichester, Royaume-Uni.

Howlett, M., Ramesh, M. et Perl, A. (2009) *Studying Public Policy: Policy cycles and policy subsystems*, 3rd edn, Oxford University Press, Don Mills, Ontario.

International Union for Conservation of Nature (IUCN) (2014) *Hope for a Protected Planet with Protected Areas,* UICN, Gland. <www.iucn.org/ about/work/ programmes/gpap_home/pas_gpap/>

Keen, M., Brown, V. et Dyball, R. (eds) (2005) *Social Learning in Environmental Management: Towards a sustainable future*, Earthscan, Londres.

Larson, P. (2006) *Reconciling indigenous peoples and protected areas: rights, governance and equitable cost and benefit sharing*, Document de discussion, UICN, Gland.

Lee, K. N. (1993) *Compass and Gyroscope: Integrating science and politics for the environment*, Island Press, Washington, DC.

Lockwood, M. (2010a) 'Good governance for terrestrial protected areas: a framework, principles and performance outcomes', *Journal of Environmental Management* 91: 754–66.

Lockwood, M. (2010b) 'Scoping the territory: considerations for connectivity conservation managers', in G. L. Worboys, W. L. Francis et

M. Lockwood (eds) *Connectivity Conservation Management: A global guide*, pp. 34–51, Earthscan, Londres.

Lockwood, M., Davidson, J., Curtis, A., Stratford, E. et Griffith, R. (2010) 'Governance principles for natural resource management', *Society and Natural Resources* 23

McCool, S., Nkhata, B., Breen, C. et Freimund, W. A. (2013) 'A heuristic framework for reflecting on protected areas and their stewardship in the 21st century', *Journal of Outdoor Recreation and Tourism* 1–2: 9–17.

McNeely, J. (ed) 2006. *Friends for Life: New partners in support of protected areas*, UICN, Gland.

Mayers, J. et Vermeulen, S. (2002) *Company– Community Forestry Partnerships: From raw deals to mutual gains*, IIED, Londres.

Moorcroft, H., Ignjic, E., Cowell, S., Goonack, J., Mangolomara, S., Oobagooma, J. et Waina, N. (2012) 'Conservation planning in a cross-cultural context: the Wunambal Gaambera Healthy Country Project in the Kimberley, Western Australia', *Ecological Management and Restoration* 13(1): 16–25.

Nkhata, B. A. et McCool, S. (2012) 'Coupling protected area governance and management through planning', *Journal of Environmental Policy and Planning* 14: 394–410.

O'Faircheallaigh, C. (2010) 'Public participation and environmental impact assessment: purposes, implications, and lessons for public policy making', *Environmental Impact Assessment Review* 30: 19–27.

Ojha, H., Hall, A. et Sulaiman, R. (eds) (2013) *Adaptive Collaborative Approaches in Natural Resource Governance: Rethinking participation, learning and innovation*, Routledge/Earthscan, New York.

Ostrom, E. (1990) *Governing the Commons: The evolution of institutions for collective action*, Cambridge University Press, Cambridge.

Outdoor Industry Association (OIA) (2012) *Ensuring the Growth and Success of the Industry*, Annual Report, Outdoor Industry Association, Boulder, CO. <outdoorindustry.org/PDF/2012-OIA- Annual-Report-med-res.pdf>

Paehlke, R. C. (2003) *Democracy's Dilemma: Environment, social equity and the global economy*, MIT Press, Cambridge, MA.

Philanthropy Australia (2014) *Frequently Asked Questions*, <www.philanthropy.org.au/tools-resources/frequently-asked-questions-faq/>

Plummer, R., Armitage, D. R. et de Loë, R. C. (2013) 'Adaptive co-management and its relationship to environmental governance', *Ecology & Society* 18: 1–15.

Prell, C., Hubacek, K. et Reed, M. (2009) 'Stakeholder mapping and social network analysis in natural resource management', *Society and Natural Resources* 22: 501–18.

Project Janszoon (2014) *Together Restoring the Abel Tasman*, Project Janszoon, Nelson, Nouvelle-Zélande. <www.janszoon.org/>

Rhodes, R. A. W. (1997) *Understanding Governance*, Open University Press, Maidenhead, Royaume-Uni.

Ross, A., Sherman, K., Snodgrass, J., Delcore, H. et Sherman, R. (2011) *Indigenous Peoples and the Collaborative Stewardship of Nature*, Left Coast Press, Walnut Creek, CA.

SEWPAC [Department of Sustainability, Environment, Water, Population and Communities] (2012) *CAPAD National Summary*. <www.environment. gov. au/noide/34737>

SEWPAC [Department of Sustainability, Environment, Water, Population and Communities] (2013) *Annual Report 2012–13*. Commonwealth of Australia, Canberra.

Schattschneider, E. E. (1983 [1975]) *The Semisovereign People: A realist's view of democracy in America*, Holt, Rinehart & Winston, Fort Worth, TX.

Smyth, D. (2001) 'Joint management of national parks', in R. Baker, J. Davies et E. Young (eds) *Working on Country*, pp. 60–74, Oxford University Press, Melbourne.

Sydney Morning Herald (2013) *Aussies the world's richest people: Credit Suisse*. <www.smh.com.au/ business/the-economy/aussies-the-worlds-richest- people-credit-suisse-20131009-2v7qy.html>

UIAA (International Climbing and Mountain Federation) (2013a) *UIAA Mountain Protection Award*, UIAA, Berne. <www.mountainprotection. theuiaa.org>

UIAA (International Climbing and Mountain Federation) (2013b) Website. <www.theuiaa.org>

United Nations (2004) *The Concept of Indigenous Peoples*, UN, New York.

United Nations (2009) *State of the World's Indigenous Peoples*, UN, New York.

Waters Consultancy Proprietary Limited (2013) *Cullunghutti: The mountain and its people*, Office of Environment and Heritage, Nowra, NSW.

Waters, K. et Moon, C. (2005) *Lower Shoalhaven River Valley Aboriginal cultural mapping places project*, Community report, NSW National Parks and Wildlife Service, Nowra, NSW.

Worboys, G. L., Francis, W. L. et Lockwood, M. (eds) (2013) *Connectivity Conservation Management: A global guide*, Earthscan, Londres.

Wunambal Gaambera Aboriginal Corporation (WGAC) (2010) *Wunambal Gaambera Healthy Country Plan—Looking after Wunambal Gaambera country 2010–2020*, WGAC, Garmbemirri, WA.

Wyborn, C. (2013) 'Collaboration across scales: the governance challenges of linking landscapes', in J. Fitzsimons, I. Pulsford et G. Wescott (eds) *Linking Australia's Landscapes: Lessons and opportunities from large-scale conservation networks*, pp. 267–76, CSIRO Publishing, Melbourne.

Wyborn, C. et Dovers, S. (2014) 'Prescribing adaptiveness in agencies of the state', *Global Environmental Change* 24: 5–7.

CHAPITRE 15

LES MÉDIAS ET LES AIRES PROTÉGÉES

Auteur principal :
Stuart Cohen

Collaborateurs :
John Dengate, Lucy Morrell et Kimberley Lee

TABLE DES MATIÈRES

UICN CMAP Commission mondiale des aires protégées Convention sur la diversité biologique

AUTEUR PRINCIPAL

STUART COHEN est agent principal des affaires publiques du Bureau de l'environnement et du patrimoine de Nouvelle-Galles du Sud, Australie.

COLLABORATEURS

JOHN DENGATE est naturaliste dans les médias et auteur, et fut précédemment directeur des affaires publiques de l'Autorité de protection de l'environnement et du Service des parcs nationaux et de la faune sauvage de Nouvelle-Galles du Sud, Australie.

LUCY MORRELL travaille dans les relations publiques et avec les médias pour le gouvernement de Nouvelle-Galles du Sud, Australie.

KIMBERLEY LEE est une consultante indépendante en médias numériques et réseaux sociaux, basée en Nouvelle-Galles du Sud, Australie.

CITATION

Cohen, S., Dengate, J., Morrell, L. et Lee, K. The media and protected areas. In Worboys, G. L., Lockwood, M., Kothari, A., Feary, S. et Pulsford, I. (éd.) *Gouvernance et gestion des aires protégées*. Canberra : ANU Press, 2020. doi.org/10.22459/GGAP.15

PHOTO DE LA PAGE DE TITRE

Geoff Ross, spécialiste marin du Service des parcs nationaux et de la faune sauvage de Nouvelle-Galles du Sud, informe les médias sur un incident impliquant des mammifères marins à Newport Beach, Sydney, Australie
Source : Stuart Cohen

Introduction

N'importe où dans le monde, les médias joueront toujours un rôle essentiel dans la gestion à long terme des aires protégées, de sorte qu'il sera toujours utile de savoir comment ils fonctionnent et comment une gestion efficace des médias vous aidera à atteindre vos objectifs de conservation.

Avant de commencer à réfléchir à la façon de gérer les médias dans le cadre de votre objectif de communication de messages importants à un large public, il est important de prendre en compte une mise en garde très importante. Si vous pensez que les médias sont seulement un outil de communication séparé des autres canaux autour de vous, détrompez-vous ! Ils sont complémentaires, et l'ère numérique a révolutionné les moyens dont vous disposez pour communiquer avec votre public.

Certes, les médias d'information conventionnels seront essentiels pour atteindre un public plus vaste, mais il y aura souvent beaucoup plus à faire pour communiquer avec le public et les principales parties prenantes, bien avant de fournir de l'information aux médias.

Dans la gestion de la communication, il est utile d'adopter comme mantra l'idée que les personnes ou groupes se sentant directement affectés par tout ce que vous faites ou dites ont le droit, et en fait une attente justifiable et raisonnable, d'être informés en premier. En d'autres termes, si ce que vous faites en tant que gestionnaire d'aires protégées est vraiment important pour vos parties prenantes, ou aura un impact sur elles, elles ne devraient pas le découvrir dans un journal, sans en avoir été informées au préalable. Cela nécessite un plan de communication plus général, qui identifie les objectifs et les actions de communication, et dans lequel les médias ne sont qu'un élément du processus de communication, et non le premier, et certainement pas le seul.

En tant que gestionnaires d'aires protégées, nous utilisons les médias pour faire parvenir à un large public des messages et des informations qui soutiennent les objectifs de gestion, soit pour sensibiliser et faire comprendre la raison d'être de nos actions, soit pour obtenir l'aval et la coopération du public, parce que celui-ci comprendra et soutiendra nos objectifs. Les médias de masse seront très importants pour la façon dont vos messages de conservation et la réputation de votre organisme seront gérés et reçus dans le monde entier.

La définition que nous avons aujourd'hui des « médias » est très différente de celle que nous aurions pu fournir au cours des derniers 100 ans. L'avènement des réseaux sociaux a changé à jamais nos concepts traditionnels de ce que nous avons toujours considéré comme médias. La capacité et la facilité pour toute personne ou organisation de créer et de gérer simplement et à moindre coût son propre « canal de diffusion » en utilisant n'importe quelle plateforme de réseaux sociaux ont donné lieu à une dilution significative de l'influence et la puissance des médias traditionnels, et ont permis à ceux ayant des ressources limitées de diffuser partout dans le monde. La démocratisation de l'information signifie que toute personne disposant d'un ordinateur et d'une connexion à internet a le potentiel de diffuser de l'information.

Tournage de documentaire, grotte de Jillabenan, grottes de Yarrangobilly, parc national de Kosciuszko, une aire protégée classée au Patrimoine national Australien
Source : Graeme L. Worboys

Un changement fondamental s'est également produit dans la façon dont les personnes reçoivent l'information sur laquelle elles baseront leurs décisions importantes. Internet a également créé une plateforme pour les « journalistes citoyens », et beaucoup exercent quotidiennement une influence sur les opinions et les idées de leur communauté, ce qui étaient autrefois le domaine réservé des médias traditionnels.

Pour les gestionnaires d'aires protégées, cela présente des avantages majeurs ainsi que de nouveaux défis. Nous ne concentrons plus notre attention uniquement sur les médias traditionnels pour la diffusion de messages clés. Aujourd'hui, nous devons prendre en considération des éléments comme les plateformes de réseaux sociaux et leur public, les blogueurs et leur influence, ainsi qu'une armée d'individus dotés d'un talent créatif, afin de diffuser et d'impliquer un public ciblé et influent.

Vous devrez donc élaborer vos messages et votre approche d'une manière beaucoup plus complexe, qui tienne compte des différents modes de diffusion, des journaux et de la télévision au courrier électronique, en passant par Facebook, Twitter, etc.

Types de médias

Médias de masse traditionnels

Tout au long du XXe siècle, la définition des médias regroupait les trois principaux moyens de communication : radio, télévision et presse écrite. Les technologies numériques et internet ont considérablement changé l'éventail et les types de médias aujourd'hui utilisés, en particulier au cours de la dernière décennie. Les médias traditionnels et les nouveaux réseaux sociaux ont fusionné pour devenir des plateformes de communication à multiples facettes. Peu de médias traditionnels, par exemple, fonctionnent aujourd'hui sans un site web offrant toute une gamme d'autres médias. Un journal traditionnel, tout en continuant à exister sur papier, fonctionne également sous forme numérique, accessible depuis tous les appareils mobiles. Ce système offre un accès à la vidéo et la photographie, à l'infographie et aux podcasts, ainsi que la possibilité pour le lecteur d'interagir et de répondre de manière instantanée et constante. Un nombre croissant de journaux n'existent plus en version papier, mais uniquement en ligne. En outre, l'arrivée des réseaux sociaux et l'éventail largement accru d'options à disposition du public pour obtenir ses informations quotidiennes ont entraîné une baisse constante et marquée de l'audience des médias traditionnels, ainsi qu'une baisse parallèle de leurs profits, avec un impact significatif sur la capacité des médias à rapporter les informations comme il l'ont fait jusque-là. Cela a eu un grand impact sur la façon dont les informations sont recueillies et par qui, avec pour résultat que les médias, auparavant assez sélectifs sur ce qu'il publiaient, sont aujourd'hui beaucoup plus susceptibles de diffuser votre histoire, si elle est bien présentée.

Tout ceci signifie que les médias traditionnels existent toujours, mais qu'ils coexistent aujourd'hui avec de nouveaux médias numériques offrant autant de canaux de communication indépendants et complémentaires. En effet, certaines personnes, en particulier les générations plus âgées, continueront d'accéder aux informations de façon traditionnelle. Mais toute une cohorte plus jeune a clairement commencé à s'en éloigner, adoptant des formats d'informations numériques plus rapides, plus instantanés et interactifs, accessibles depuis toute une gamme croissante d'appareils mobiles, tels que les téléphones intelligents ou les tablettes.

Il est très important de se rendre compte qu'au sein des médias traditionnels, différentes nuances, couleurs et attitudes dénotent des agendas sociopolitiques différents. En dépit d'une philosophie sous-jacente de maintien de l'objectivité dans le processus de collecte et de traitement des informations, les diffuseurs et journaux commerciaux et publics abordent souvent les questions liées à la gestion des aires protégées avec des attitudes très différentes. Même les notions d'objectivité et d'équilibre ne peuvent plus être considérées comme acquises lorsque la démocratisation de l'information à l'ère d'internet a brouillé les lignes entre le reportage traditionnel et les commentaires. En tant que gestionnaire d'aire protégée, vous devrez être conscient de ces attitudes, car elles définiront la perspective qu'un journaliste donnera à une histoire particulière.

Gardez à l'esprit qu'en dehors des médias publics, les médias en général sont là pour faire des bénéfices, principalement grâce à la publicité, et pour ce faire, les journaux doivent être vendus et il doit y avoir une audience pour la radio et la télévision. Par conséquent, le contenu fourni par les médias doit attirer, impliquer et retenir un lectorat ou une audience, ce qui détermine l'approche adoptée dans la couverture des informations. Les chaînes de télévision commerciales seront plus susceptibles de suivre une ligne beaucoup plus dure ou plus émotive dans le rapport des conflits que ne le ferait une chaîne publique. Certains journaux (et journalistes) seront plus empathiques envers l'environnement que d'autres. Il sera toujours utile de savoir exactement le niveau d'empathie d'un journaliste avant de lancer ou d'expliquer une histoire potentielle.

Réseaux sociaux

L'avènement et la manifestation rapide des réseaux sociaux et des communications internet ont révolutionné la diffusion de l'information et la capacité des individus à correspondre et à se connecter. Les communications personnelles, multidestinataires et collectives n'ont jamais été aussi faciles, que ce soit à l'échelle hyper locale ou mondiale. Le public ne dépend plus de la réception d'informations provenant de sources médiatiques traditionnelles.

La possibilité de partager instantanément des événements et des informations à l'aide d'appareils mobiles a donné un élan au phénomène des « journalistes citoyens » et des « influenceurs en ligne », capables d'établir leurs propres canaux de diffusion à partir des milliers de plateformes de réseaux sociaux disponibles. Beaucoup d'entre elles disposent d'une fonction intégrée permettant de publier sur cette plateforme et de transmettre le contenu à de nombreuses autres en même temps.

Le paysage spectaculaire du parc national de Waterton, un parc international de la paix, Canada
Source : Charles Besançon

Ce qui était autrefois le domaine exclusif des grandes entreprises de médias, disposant du capital nécessaire pour s'offrir des infrastructures coûteuses, est aujourd'hui à la portée du grand public. En 1990, la production d'informations télévisées, par exemple, et la possibilité de diffusion, n'étaient possibles qu'avec des ressources financières et techniques bien au-delà de la capacité individuelle moyenne. Aujourd'hui, une même personne peut filmer, éditer et produire une émission d'information multimédia de haute qualité depuis sa chambre à coucher, à l'aide d'un simple téléphone intelligent ou d'une tablette.

La facilité de création de contenu a, cependant, entraîné une surcharge d'informations disponibles, et ce volume massif de bruit en ligne rend plus difficile la capacité de filtrer des informations précises. Cela signifie que les organismes gouvernementaux et autres organismes possédant un rôle et des responsabilités de gouvernement reconnus, doivent renforcer leur voix en tant que source officielle d'information.

Les réseaux sociaux permettent de partager des informations directement avec les parties prenantes et les communautés plus facilement et efficacement. Il est possible de publier autant d'informations que nécessaire, aussi souvent que nécessaire, sans compter sur les médias traditionnels pour leur diffusion.

Les réseaux sociaux ont une soif inextinguible d'images étonnantes sous forme de photos et de contenu vidéo. Pour les gestionnaires d'aires protégées du monde entier, cela est donc incroyablement bénéfique pour promouvoir les valeurs de conservation, le sujet des aires protégées étant hautement photogénique, qu'il s'agisse d'un paysage panoramique ou d'une espèce d'insecte nouvellement découverte.

Diffuser sur les réseaux sociaux

Une diffusion typique sur les réseaux sociaux pourrait ressembler à ceci : une information est publiée sur le blog de l'organisation, qui peut être jumelé à son site web ou séparé. Si le billet de blog contient des images, une vidéo ou un fichier audio, ce contenu pourra être hébergé sur une plateforme spécifique telle que Flickr, YouTube, Vimeo ou SoundCloud, et intégré dans le billet de blog. Un lien vers le billet est alors partagé, accompagné d'un titre et autres descripteurs appropriés, sur un certain nombre de plateformes de réseaux sociaux, chacune avec son objectif et son public spécifiques, telles que Facebook, Twitter, Instagram ou Vine.

Les réseaux sociaux ont permis le développement d'un service de presse en constante évolution, fournissant des informations pertinentes et intéressantes à un public ayant choisi de recevoir ce contenu. Des « notifications push »,

Brûlage dirigé visant à réduire la charge de combustible et le risque d'incendie. Parc national Alpin, Victoria, Australie

Source : Graeme L. Worboys

disponibles sur certains réseaux sociaux tels que Twitter, peuvent même alerter le public de nouvelles informations en temps réel. Ce public peut évoluer vers une communauté en ligne robuste, dont les membres partagent, commentent et dialoguent entre eux et avec l'organisation ou l'organisme.

La différence fondamentale entre les médias d'information traditionnels et les plateformes de réseaux sociaux est la facilité d'interaction avec et entre toute personne utilisant également ce réseau social, d'une manière que les médias d'information traditionnels n'offrait pas, par le passé. Il est important, cependant, de noter l'intégration des réseaux sociaux et des informations traditionnelles, et la façon dont les médias utilisent les réseaux sociaux pour rester pertinents et connectés avec leur public. Les médias traditionnels se tournent également vers les réseaux sociaux pour trouver des informations, des sources et du contenu. La relation entre les canaux d'information traditionnels et les réseaux sociaux évolue à un rythme rapide, et il est donc important de se maintenir informé de la façon dont ils sont utilisés de façon conjointe.

Même s'il faut du temps pour construire une audience, il est possible de développer une communauté en ligne présentant une plus grande portée que celle des canaux des médias traditionnels. Même si, dans certains cas, votre public sera réduit, l'une de ses qualités les plus précieuses est que ce sera lui qui sera venu vers vous volontairement et avec un intérêt direct pour les informations que vous partagerez. La mise en place de votre chaîne de diffusion sur les réseaux sociaux est de plus en plus importante pour la gestion des aires protégées à travers le monde, afin de diffuser des messages qui aideront à atteindre vos objectifs de gestion.

Le partage d'information et de contenu peut aider une organisation à orienter l'agenda de discussion. Inversement, suivre des conversations en ligne à propos de votre organisation et de thèmes et sujets pertinents peut vous aider à mieux comprendre les sentiments et les besoins des parties prenantes, et aider à résoudre les problèmes et à gérer les crises.

L'opportunité est réelle, et vous serez parfois surpris, lorsque le contenu que vous publierez touchera la corde sensible du public, deviendra soudainement viral, et sera vu, du jour au lendemain, par des milliers de personnes ou, si vous avez vraiment frappé fort, par des millions.

Utilisation stratégique des médias

Quelle que soit sa taille, tout organisme de conservation ou organisation non gouvernementale (ONG) gérant des aires protégées doit envisager la gestion des médias de manière stratégique. Ne pas le faire peut avoir de lourdes conséquences. De nombreux aspects de la gestion des médias doivent faire l'objet d'une attention particulière. La stratégie médiatique de votre organisation doit tenir compte des éléments suivants :

- Objectifs : qu'essayez-vous, exactement, d'obtenir pour la gestion des aires protégées au moyen du processus d'engagement des médias ?
- Messages : quels sont les messages clés que l'organisation veut promouvoir ?
- Ressources : quel équipement sera nécessaire pour mettre en œuvre une gestion efficace des médias (par exemple un bureau, des ordinateurs, des enregistreurs audio ou des caméras) ?
- Ressources humaines : combien de personnes seront nécessaires, et de quelles compétences auront-elles besoin ?
- Porte-parole : qui sera choisi comme porte-parole principal de l'organisation, et cette personne projette-t-elle une bonne image ? Quelles personnes seront les plus à même de représenter l'organisation sur des sujets précis ?

Politique et protocoles relatifs aux médias : à qui allez-vous déléguer la responsabilité de parler aux médias ? Quelles

Un opossum nain des montagnes *(Burramys parvus)* rare et en voie de disparition, présent près des sommets des plus hautes montagnes d'Australie et menacé par les changements climatiques. Parc national de Kosciuszko, Nouvelle-Galles du Sud, Australie

Source : Luciana Porfirio

étapes les membres du personnel devront-ils suivre lorsqu'ils seront contactés par un journaliste ? Quand un aspect relatif aux médias doit-il être transmis aux autorités supérieures ?

Utiliser les médias pour appuyer votre cause

Les médias joueront un rôle important pour soutenir votre cause ou vos arguments sur un sujet d'importance pour la gestion des aires protégées. Que ce soit la lutte contre les incendies, le contrôle des ravageurs ou les questions liées à l'accès des visiteurs, un plan médias soigneusement étudié peut s'avérer très utile pour faire pencher l'opinion publique de votre côté. L'objectif est de trouver des situations et des circonstances directement liées à la question, et de les promouvoir dans les médias sur une période prolongée, d'une manière qui valide et renforce continuellement votre argument.

Prenons l'exemple de la gestion des combustibles forestiers dans les parcs nationaux, un sujet controversé dans de nombreux pays où les incendies de forêt et leur impact sur les vies et les biens sont un problème majeur. Si vous souhaitez souligner et promouvoir l'engagement de l'organisation en faveur d'une gestion efficace des combustibles forestiers, vous devrez préparer des messages clés, et chercher à promouvoir chaque exemple de gestion de ces combustibles entrepris par l'organisation avec des faits et des chiffres actualisés, des vidéos, des photos et une présence solide sur les réseaux sociaux, dans la mesure du possible. Il s'agit en fait d'une campagne continue pouvant être appliquée à des questions ponctuelles ou à des objectifs de gestion continus.

Comment les médias fonctionnent-ils ?

Le terme « médias » regroupe un large éventail de canaux de communication dédiés à la diffusion d'informations à de multiples publics. De nos jours, cela comprend à la fois les médias d'information traditionnels et les réseaux sociaux, diffusés à un public sous forme de supports électroniques, imprimés et internet. Les médias traditionnels mettent principalement l'accent sur la diffusion d'informations pertinentes, intéressantes et fondamentalement « dignes d'intérêt », et même si cela s'applique également, dans une large mesure, au monde des réseaux sociaux, c'est aussi une lapalissade de dire que le contenu des réseaux sociaux peut être, et est souvent, hors de propos et trivial, créant du « bruit » dans un espace où votre message peut avoir des difficultés à être entendu.

Qu'entend-on, donc, par « information » ? Qu'est-ce qui fait que qu'un événement soit une information, ou qu'il ne le soit pas ? Les « informations » correspondent à certaines valeurs qui les rendent utile à lire, écouter ou regarder, et ces valeurs sont généralement évidentes. Les critères permettant de déterminer ce qui constitue une information sont sans fin, mais les valeurs ci-après, individuellement ou collectivement, offrent quelques exemples de ce qui fait qu'une histoire sera publié en raison de sa valeur d'information.

- Ponctualité : une information se produit « maintenant », pas hier. Si c'est arrivé il y a une semaine, ça n'a pas sa place dans un bulletin d'information. Si l'information vient juste d'être révélée, elle peut encore être publiée, mais elle sera plus intéressante si elle vient de se produire.
- Importance : ce que dit le Président des États-Unis revêt de l'importance, et est donc plus digne d'intérêt que les points de vue et pensées générales d'un citoyen américain ordinaire.
- Impact : à l'échelle internationale, une catastrophe naturelle responsable de pertes importantes de biens et de vies humaines aura un impact et recevra une couverture médiatique à grande échelle, mais une catastrophe mineure, à l'échelle locale, peut être tout aussi importante et donc pertinente pour un journal local.
- Conflit : une grande partie de nos informations quotidiennes concerne des conflits, qu'il s'agisse de guerres lointaines ou de disputes entre partis politiques. Le conflit est un ingrédient principal de ce qui constitue une information.
- Proximité : l'emplacement d'une histoire et sa proximité avec un public donné, combinés à d'autres valeurs d'information, peuvent faire que cette histoire soit une information. En d'autres termes, si l'événement, l'incident ou le conflit est survenu dans la zone de diffusion d'une station de radio, la proximité assurera sa présence dans le bulletin d'information.
- Ampleur : lorsque quelque chose est grand sur une échelle de ce qui est remarquable pour le public, cette grandeur fera que cette histoire sera une information.
- Bizarrerie : lorsque une chose étrange ou sortant largement de l'ordinaire se produit, elle peut être digne d'intérêt (par exemple, la découverte d'une créature inhabituelle, des événements ou des comportements étranges, etc.). Quelqu'un a dit un jour que si « un chien mord un homme », ce n'est pas une information. Par contre, si c'est « l'homme qui mord le chien », alors c'est une information.
- Négativité : tout le monde sait que les mauvaises nouvelles font mieux vendre un journal que les bonnes. Quand quelque chose va mal ou quand quelqu'un fait quelque chose de mal, il est beaucoup plus probable que cela apparaisse dans les médias que lorsque le contraire arrive.

Le ministre australien de l'Environnement, M. Greg Hunt, ouvre officiellement le début des préparations du Congrès mondial des parcs de l'UICN à Sydney en novembre 2014. Port de Sydney, Australie

Source : Graeme L. Worboys

- Célébrité : quelqu'un de célèbre, localement ou internationalement, est également assuré d'avoir un espace dans un bulletin d'information, et souvent, sans avoir besoin de faire quoi que ce soit d'importance particulière, autre que d'être connu.
- Le facteur « plus » : si vous décrivez l'ampleur ou l'échelle de quelque chose en des termes qui utilisent le mot « plus », vous pouvez être plus ou moins sûr que votre histoire sera reprise comme information. En d'autres termes, s'il s'agit du plus grand, du plus large, du plus long, du plus rapide ou du plus mauvais de quelque chose, ce sera très probablement repris par les médias.

En fin de compte, le facteur le plus important est la pertinence pour le public. Les rédacteurs se demanderont : « à quel point cet événement affecte-t-il mon public ? » Si la réponse est « beaucoup », alors l'événement a valeur d'information.

Conférence de presse avec le Premier ministre de Nouvelle-Galles du Sud. Centre des opérations de l'État, Sydney

Source : Stuart Cohen

Processus de collecte d'informations

Le processus de collecte d'informations est sans fin et sans relâche. A peine une histoire a été utilisée qu'une autre doit la remplacer dans un processus continu, 24 heures sur 24. Pour recueillir des informations, les journalistes doivent rechercher des histoires auprès d'une grande variété de sources, les analyser rapidement et décider si elles présentent suffisamment de « valeurs d'information » pour justifier leur publication ou leur diffusion. Ces informations arrivent au journaliste depuis une grande variété de sources, à la fois formelles et informelles. La forme la plus commune est sans doute le « communiqué de presse », aussi appelé « note de presse » ou, mieux encore, « communiqué aux médias ». Ces documents sont généralement envoyés aux journalistes par des individus ou des organisations cherchant à présenter des idées d'histoire pour promouvoir leurs agendas, leurs messages ou leurs besoins particuliers.

Les journalistes reçoivent également des informations directement par téléphone, par e-mail ou en suivant d'autres organes de presse. Il est important de noter que les « contacts personnels » sont un pilier du processus de collecte d'informations. Les journalistes garderont et entretiendront un bon contact, si celui-ci représente une bonne source d'information. Cette relation est généralement bénéfique pour le journaliste et pour le contact. Les réseaux sociaux sont devenus un autre outil important dans le processus de collecte d'informations. Une enquête récente menée auprès de plus de 400 journalistes australiens a révélé que 40 % trouvaient quotidiennement des histoires sur les réseaux sociaux, les deux tiers affirmant que les réseaux sociaux facilitaient leur recherche de contenu, et 89 % affirmant que les réseaux sociaux leur permettaient de diffuser plus rapidement des histoires pour augmenter leur audience (Newsmaker, 2013).

Il existe également des agences de presse appelées « services de presse », telles que Reuters et Associated Press, qui ne diffusent pas directement au public mais produisent des informations, 24 heures sur 24, pour d'autres médias, qui paient pour ce service.

Planification des médias

Préparation d'un plan médias

Inévitablement, la planification de la participation des médias sur un sujet particulier fait généralement partie d'un plan plus vaste visant à communiquer des messages ciblés à un public spécifique. Les plans médias sont rarement compliqués, mais doivent tenir compte de certains objectifs stratégiques. Ces considérations clés incluent :

- objectif ;
- messages clés ;
- audience ;
- médias ciblés ;
- porte-parole(s) ;
- si un communiqué de presse est nécessaire ;
- si d'autres documents de support sont nécessaires ;
- fournir des vidéos et/ou des photos ;
- transports ;
- emplacements ;
- conférence de presse ;
- suivi.

Types d'événements médiatiques

Inaugurations et lancements

Il faudra une bonne raison d'entreprendre une inauguration ou un lancement de tout type, car ceux-ci nécessitent souvent beaucoup de ressources et de personnel. Il y a deux raisons pour organiser une inauguration ou un lancement. La première est une bonne gestion des partie prenantes,

Chital (*Axis axis*). Parc national de Bandhavgarh, Inde

Source : Ashish Kothari

c'est à dire une occasion de célébrer une réalisation pour laquelle la communauté et les parties prenantes peuvent être félicitées, et où la couverture médiatique est de moindre importance. La deuxième raison est si la couverture médiatique potentielle est susceptible d'en valoir la peine et sera, le plus probablement, positive.

Un événement de cette nature peut impliquer :

- une approbation de la direction ;
- des invités d'honneur et des VIP ;
- des listes d'invitations soigneusement étudiées (n'invitez pas de personnes susceptibles d'être critiques à un événement si cela peut être évité) ;
- listes d'invitations : vous devez vous assurer que vous avez invité les personnes les plus appropriées, en tenant dûment compte de ceux qui pourraient être offensés s'ils ne sont pas sur la liste ;
- information : rapports, fiches d'information et dossier de presse contenant des informations complémentaires ;
- lieu et organisation du lieu : le lieu est-il approprié et facile d'accès pour les médias et les invités ?
- prise en compte du calendrier afin que l'événement ou le lancement ne soit pas en conflit avec d'autres événements, vacances ou grands événements sportifs ou culturels ;
- transport, en particulier pour les groupes ou individus potentiellement défavorisés financièrement ou socialement ;
- notes de discours et séance d'information à l'intention des principaux intervenants et invités ;
- photographes (assurez-vous que vous avez un photographe ou vidéaste à portée de main, si possible, et profiter de l'occasion pour tweeter des images et des vidéos, ou même poster sur Facebook ou YouTube pour promouvoir l'événement).

Conférences de presse

Comme pour tout événement majeur, il est important de bien réfléchir à la raison pour laquelle vous souhaitez organiser une conférence de presse. Vous déciderez d'organiser une conférence de presse pour deux raisons. La première, parce que l'annonce que vous devez faire est d'une telle importance que vous êtes susceptible de recevoir tant de demandes d'interviews avec les médias que la meilleure façon de gérer ces demandes est d'organiser une conférence de presse unique, où tous les médias peuvent être présents à la fois. L'autre raison est que vous souhaitez donner à l'annonce un plus grand impact. Disposer d'un grand groupe de journalistes réunis dans un même lieu pour écouter les détails de votre annonce fournit un impact supplémentaire, donnant à celle-ci un sentiment de gravité qui ne serait autrement pas obtenu par des interviews individuelles.

Il est bon de rappeler que votre annonce doit être importante, au sens strict du terme. Il peut être embarrassant d'organiser une conférence de presse à laquelle peu ou pas de médias assisteront. Si vous avez de mauvaises nouvelles à transmettre, vous devrez réfléchir très attentivement à si une conférence de presse est le meilleur moyen de le faire. Rassembler un grand nombre de médias pour annoncer quelque chose susceptible d'être accueilli négativement ou avec suspicion peut générer une atmosphère tendue, lorsque les médias commenceront à questionner agressivement les porte-paroles présents à la conférence.

Type de médias ciblé

Au moment de décider de la meilleure façon de présenter le problème ou l'histoire que vous souhaitez promouvoir dans les médias, vous devrez réfléchir au type de média qui convient le mieux. Souvent, l'histoire que vous voulez promouvoir dans les médias fonctionnera pour tous les supports, mais ce ne sera pas toujours le cas. Une histoire convenant à la radio peut ne pas convenir à la télévision, et une histoire de télévision peut ne pas fonctionner dans un journal.

Télévision

Il s'agit d'un support hautement visuel. L'absence de photos peut souvent signifier qu'il n'y aura pas d'histoire. La

Photographe média. Parc national de Langshan, Chine
Source : Graeme L. Worboys

« vision », c'est à dire l'imagerie visuelle, sera essentielle pour illustrer le récit de l'histoire.

Heureusement, la plupart des histoires concernant les aires protégées se prêtent bien à la télévision, en raison de la nature même du sujet et de l'imagerie correspondante. Souvent, cependant, parce que les aires protégées peuvent être éloignées des grandes chaînes de télévision, il peut être utile de fournir une vidéo que vous aurez préparée séparément à l'avance.

Presse écrite

Les journaux et magazines ne sont pas si différents de la télévision en ce qui concerne leur désir d'impact visuel, bien que les photos ne soient pas toujours essentielles dans ce cas. La promesse d'une grande photo, cependant, fournit souvent une motivation supplémentaire pour qu'un journaliste vienne chercher une histoire qu'il ou elle n'écrirait peut-être pas autrement. Une bonne photo peut augmenter, et augmentera souvent la proéminence de votre histoire, des dernières pages d'un magazine ou d'un journal vers les premières pages d'information. Une photo spectaculaire peut faire qu'une histoire relativement moyenne se retrouve en première page. Dans le cas de petits journaux régionaux, dont les ressources sont largement inférieures à celles des grands quotidiens métropolitains, il est toujours utile de fournir des photos de bonne qualité avec votre communiqué de presse.

Radio

L'attribut principal de la radio, du point de vue des informations, est son immédiateté. La radio a la capacité de diffuser les événements au moment où ils se produisent, en temps réel. Les radios généralistes émettront généralement des bulletins d'information toutes les demi-heures ou toutes les heures, et des émissions de débat et de contenu d'actualité entre ces bulletins, avec la capacité supplémentaire d'interrompre la programmation régulière pour informer d'événements importants qui viendraient de se produire. Bien que, dans de nombreuses occasions, les histoires ne conviennent pas à la télévision ou aux médias papier s'il n'est pas possible d'obtenir des visuels ou des photos, la radio peut généralement être intéressée par la plupart des problèmes.

Réseaux sociaux

Il existe des centaines de plateformes de réseaux sociaux, qui sont autant d'outils précieux pour promouvoir les aires protégées et leur gestion. Une approche intégrée des réseaux sociaux et de la gestion des médias traditionnels fournira une communication et un engagement plus solides avec vos parties prenantes. Les outils des réseaux sociaux évoluent rapidement. Bien que de nombreux organismes gouvernementaux à travers le monde semblent réticents à adopter les nombreux canaux de réseaux sociaux comme moyen de communication, en comparaison avec le secteur privé, le rythme de croissance dans ce domaine prend de l'ampleur.

Les blogs sont l'une des plus anciennes pratiques des réseaux sociaux, en tant que canaux de publication, mais pas nécessairement la plus largement utilisée. L'un des avantages d'un blog est la fonctionnalité de hub qu'il fournit pour loger tout le contenu, et le contrôle que vous aurez en tant que propriétaire de votre contenu et de l'espace qu'il occupe. Lorsque vous publiez du contenu sur les réseaux sociaux, celui-ci est généralement détenu par la plateforme sur laquelle vous le postez. Par exemple, si Facebook décidait de fermer et devenir inaccessible, vous perdriez tout votre contenu. Le maintien d'un blog, cependant, peut exiger un plus grand dévouement, engagement et diligence, par rapport à de nombreux autres nouveaux réseaux sociaux, qui offrent plus de messagerie instantanée et autres fonctionnalités et fonctions novatrices.

Le réseau social d'hébergement de vidéos, YouTube, a également eu un impact significatif sur la création de contenu, positionnant ce réseau social comme l'un des moteurs de recherche en ligne les plus populaires. Facebook a également attiré une attention et un investissement de temps et d'émotions massifs dans le partage de mises à jour, de « J'aime », de « Pokes » et autres photos par les utilisateurs, bien que les changements récents dans le modèle d'affaires de la plateforme entraînent également des changements dans l'utilisation et les sentiments envers ce réseau social.

De plus en plus d'organisations créent des pages Facebook, cette plateforme étant l'un des réseaux sociaux les plus utilisés et l'un des premiers à avoir gagner en popularité. Il peut être utile, cependant, d'évaluer s'il s'agit de la plateforme la plus appropriée pour répondre à vos objectifs, car la façon d'utiliser Facebook et les sentiments des utilisateurs à l'égard des marques présentes sur Facebook évoluent, et, à mesure que le géant mondial se dirige vers une exigence de dépenses monétaires pour les marques, la portée et le succès du contenu de Facebook s'en verra probablement affecté.

Voici quelques-uns des réseaux sociaux disponibles les plus largement utilisés. Nous vous conseillons, cependant, d'étudier l'ensemble des réseaux sociaux disponibles afin d'identifier ceux qui répondent le mieux à vos objectifs.

Facebook

Il est important de considérer que les gens utilisent Facebook pour le partage social et le stockage des moments importants de leur vie. À ce jour, ce réseau social a donné la possibilité aux organismes chargés des aires protégées de se convertir en diffuseurs directs d'information vers les parties prenantes choisissant de recevoir leurs messages, sans passer par les médias traditionnels. En tant que marque sur Facebook, vous devrez étudier les lignes directrices et les études de cas sur les meilleures pratiques pour gérer votre réputation et ouvrir une ligne de communication directe avec votre audience, dans un domaine très public. Réfléchissez à pourquoi vous souhaitez utiliser Facebook, ce que vous voulez obtenir, les risques associés, les ressources nécessaires, les attentes en matière de succès et la façon dont votre public souhaite que votre marque se comporte sur Facebook.

YouTube

Il n'y a pas si longtemps, les chaînes de télévision représentaient la seule façon de diffuser des informations au format vidéo. Aujourd'hui, on peut poster une vidéo sur YouTube de façon instantanée, et depuis n'importe quel téléphone intelligent connecté à internet. Le coût d'un équipement et d'outils d'édition plus sophistiqués est également devenu abordable, au point que tout le monde peut filmer, éditer et diffuser des informations et des actualités. Les organismes chargés des aires protégées du monde entier commencent à adopter YouTube avec d'excellents résultats. YouTube peut être intégré à votre site web et partagé via d'autres réseaux sociaux, et l'utilisation de tags (mots clés), titres et descriptions permet aux utilisateurs de découvrir le contenu plus facilement. C'est également l'un des moteurs de recherche les plus utilisés après Google.

Vimeo

Vimeo a des fonctionnalités similaires à YouTube, mais permet au diffuseur de maintenir la propriété des droits d'auteur. Certaines organisations utilisent aujourd'hui Vimeo comme un plateforme de stockage en ligne, pour conserver et partager des séquences vidéo de qualité suffisante pour une utilisation professionnelle, qui peuvent ensuite être facilement et directement envoyées sous forme de lien aux chaînes de télévision. L'utilisation de ces images par les chaînes de télévision est extrêmement bénéfique, car les contraintes financières croissantes limitent la capacité de justifier des déplacements vers des sites éloignées pour couvrir des histoires. Une organisation chargée d'une aire protégée possédant un personnel qualifié pour filmer des vidéos de qualité raisonnable peut stocker et envoyer les images brutes à une chaîne de télévision, qui pourra ensuite les éditer en une information ou une histoire d'actualité et, parce que vous aurez fourni la vision initiale, vous disposerez d'un plus grand contrôle sur ce qui est finalement diffusé. Une vision de qualité peut également générer une couverture médiatique que vous n'auriez autrement pas obtenue. Vous pouvez même fournir des entretiens contenant précisément les messages que vous souhaitez passer.

Twitter

Twitter est un réseau social en ligne et un service de micro-blogging qui permet aux utilisateurs d'envoyer et de recevoir publiquement des « tweets », c'est à dire des messages de texte limités à 140 caractères. Des images peuvent être ajoutées directement aux tweets, et des liens vers des sites comme YouTube peuvent également être ajoutés à un tweet, au prix d'une partie des 140 caractères. Il s'agit d'un moyen simple et rapide de communiquer avec un large public. Les tweets peuvent être partagés en « re-tweetant », ce qui contribue à obtenir une plus grande exposition aux audiences d'autres utilisateurs, et peut également contribuer à augmenter vos « Abonnés » sur Twitter. Plus vous vous impliquez dans des conversations avec d'autres utilisateurs, plus vite votre communauté Twitter se développera, mais n'oubliez pas de revenir régulièrement à votre stratégie de réseaux sociaux, afin que les tweets et la promotion croisée avec d'autres utilisateurs de Twitter restent pertinents. Répondre aux tweets devrait également être opportun, car l'attente d'immédiateté est plus grande sur Twitter que sur de nombreux autres réseaux sociaux. Twitter est populaire parmi certaines personnes influentes telles que des politiciens et des célébrités, et l'utilisateur moyen de Twitter a plus de trente ans.

Flickr

En plus d'être une bibliothèque d'images bon marché et fiable, Flickr est peut-être le site le plus utile pour partager des photos de haute qualité avec un large public, en particulier les médias d'information. L'époque des petits groupes de photos envoyés par courrier électronique aux médias est révolue ! Il est aujourd'hui possible de publier une grande quantité de photos sur votre compte Flickr sous forme d'un « Groupe », puis d'envoyer directement un e-mail ou un Tweet aux médias, avec un simple lien grâce auquel ils pourront facilement et rapidement télécharger les photos. Votre organisation garde le contrôle des droits d'auteur, et la plateforme fournit également un très utile stockage en ligne.

Instagram

La nature visuelle de ce réseau social de partage de photos et de vidéos a attiré un large public. Sa popularité augmente parmi ceux qui disposant d'un contenu visuellement intéressant à partager, et la plateforme est utilisée par des célébrités, des influenceurs et des marques pour offrir une perspective différente des informations partagées publiquement. L'utilisation de hashtags (mots clés) et la republication peuvent aider à la découverte de contenu, ce qui contribue à développer vos abonnés.

Baladodiffusion (Podcast)

Raconter des histoires est au cœur des réseaux sociaux et la baladodiffusion fournit un moyen efficace de partager des entretiens, des discussions, des lectures, de la musique et des sons, mieux transmis sous forme d'enregistrements directs. Par exemple, les bruits nocturnes dans une aire protégée pourront être superposées à une voix off racontant l'histoire de cette activité nocturne. Vous pouvez également partager des déclarations enregistrées avec des médias traditionnels lorsqu'un support audio est nécessaire, ou lorsque cela ajoute une valeur multimédia à votre discours.

Communiqués de presse et entretiens avec les médias

Rédaction d'un communiqué de presse

Les journalistes décident en quelques secondes de la valeur d'un communiqué de presse. Cela peut se faire juste après avoir lu le titre de votre message dans leur boîte e-mail. Si vous passez cette première étape, ils ouvriront l'e-mail et prendront 10 à 20 secondes supplémentaires pour analyser les premiers paragraphes. Si un journaliste prend du temps pour lire votre communiqué de presse pour arriver à la conclusion qu'il n'est pas intéressant, vous risquez alors d'être à jamais ignoré, et cette personne ne prendra plus la peine d'ouvrir un e-mail de votre part à l'avenir. Si vous réussissez et qu'il aime le contenu de votre communiqué, vous êtes sur la bonne voie pour établir une relation productive et fructueuse avec ce journaliste.

Le communiqué de presse résume le message ou l'histoire que vous souhaitez présenter, et il est envoyé explicitement pour obtenir une réponse des médias. En d'autres termes, lorsque vous publiez un communiqué de presse aux médias, vous les invitez à vous contacter pour obtenir de plus amples renseignements et probablement une interview. Par conséquent, vous *devrez* vous mettre à disposition du média auquel vous enverrez le communiqué. Souvent, et c'est particulièrement le cas pour les petits médias régionaux, le communiqué de presse sera reproduit tel quel, sans vous rappeler pour un entretien.

Les avantages de la publication d'un communiqué de presse sont nombreux et variés. Le communiqué de presse doit toujours être un document bien conçu et considéré, écrit dans une optique d'information, ce qui permet à tout journaliste de gagner du temps pour comprendre le problème, et de s'assurer que le journaliste qui le reçoit dispose des faits et des chiffres clés corrects.

Un communiqué de presse écrit correctement devrait aller directement au cœur du problème en question. Il comprendra généralement des citations directes ne pouvant pas être utilisées hors contexte, et qui seront souvent utilisées mot pour mot. Il vous permet d'obtenir l'aval de votre direction quant à la publication de l'information concernée, et vous permet d'exposer votre argumentaire d'une manière logique, bien articulée et facilement digestible, contenant les messages clés que vous répéterez, si une entretien est nécessaire.

Aujourd'hui, les médias veulent surtout recevoir des communiqués par courrier électronique, contenant des liens vers des images, des vidéos et des fichiers audio, le cas échéant. Un e-mail direct est préférable, parce que le destinataire pourra y répondre. Cependant, les services de distribution payants sont une option utile si vous manquez de contacts médias dans une région, ou pour un sujet particulier.

Soyez stratégique dans l'élaboration et la distribution de vos communiqués de presse. Quelle que soit la valeur de votre projet d'histoire, vous demandez essentiellement de la publicité gratuite, et votre contenu devra donc être jugé instantanément comme de haute qualité.

Un communiqué de presse bien écrit pourra être utilisé exactement tel que vous l'avez envoyé, et cela est particulièrement vrai pour les journaux régionaux et locaux, pauvres en ressources. Il sera donc utile de vous assurer que votre communiqué de presse est bien conçu, et écrit dans le style des bulletins utilisées par les canaux d'information. Traditionnellement, les communiqués de presse sont écrits dans un style journalistique, plutôt que comme une

La magnifique émeraude du Panama (*Chlorostilbon assimilis*), une espèce endémique du Costa Rica et de l'ouest du Panama. Aire protégée, Costa Rica

Source : Charles Besançon

information de radio ou de télévision. Lors de la rédaction d'un communiqué de presse, assurez-vous que :

- le titre « Communiqué de presse » est visible, en gros caractères, en haut de la page ;
- la marque ou le logo de votre organisme, ainsi que son nom, sont bien en évidence à côté du titre « Communiqué de presse » ;
- votre communiqué est clairement daté en haut de la page, et si vous envoyez plus d'un communiqué sur le même sujet au cours d'une même journée, comme lors d'incidents comme un feu de brousse, assurez-vous d'indiquer également l'heure de publication ;
- un titre percutant résume l'histoire en quelques mots ;
- la toute première phrase résume exactement le sujet du communiqué ou de l'histoire. Elle doit contenir « l'accroche » ou « l'angle » de votre information. C'est la partie la plus critique du communiqué, car c'est elle qui dira au journaliste si celui-ci est digne d'intérêt ;
- votre communiqué contient les éléments « qui », « comment », « quoi », « quand », « où » et « pourquoi », bien que pas nécessairement dans cet ordre ;
- votre communiqué répond aux points clés de valeur d'information ;
- votre communiqué raconte une histoire ;
- votre communiqué inclut les faits et chiffres critiques ;
- votre communiqué contient des citations directes ;
- votre communiqué évite l'utilisation de jargon, terminologie interne et acronymes ;
- le nom de votre organisation est écrit dans son intégralité lors de sa première utilisation, puis son acronyme est utilisé par la suite ;
- un nom et autres coordonnées de contact, telles que des numéros de téléphone et des adresses e-mail, sont indiqués en bas de page, afin que les médias puissent vous contacter à tout moment ;
- tous les faits et chiffres ont été revérifiés ;
- le communiqué utilise un langage simple, actif, vivant et engageant ;

Geoff Ross, spécialiste marin du Service des parcs nationaux et de la faune sauvage de Nouvelle-Galles du Sud, interviewé en direct par des médias à propos d'un problème relatifs à des mammifères marins. Newport Beach, Sydney, Australie

Source : Stuart Cohen

- le communiqué de presse tient sur une page, et est écrit dans une police de caractères lisible, avec des marges normales ;
- le communiqué contient des liens pertinents vers des sites internet utiles tels que Flickr ou Vimeo, où des photos ou des séquences vidéo pourront être téléchargées par le journaliste.

À qui envoyer votre communiqué de presse ?

Il est fondamental pour la gestion des médias que vous disposiez d'une liste complète de contacts médias. En construire une est essentiel, et cette liste changera constamment, au fur et à mesure que les journalistes changeront.

La façon dont vous décidez de structurer votre liste est également importante. La plupart des gestionnaires d'aires protégées auront besoin de développer des listes contenant les médias régionaux ayant un intérêt direct dans ce qu'ils

font en tant qu'organisation. Dans le cas de grandes aires protégées, vous pouvez envisager de diviser cette liste en régions plus petites. Un journal à l'extrême nord de votre région n'aura peut-être aucun intérêt pour les aires protégées situées au sud. Vous éviterez donc d'envoyer toutes vos publications à une grande liste, de peur de faire perdre leur temps aux journalistes.

Une région peut avoir trois ou quatre journaux, une station de radio et une chaîne de télévision formant un groupe de contacts médias. Vous pourriez avoir une demi-douzaine de groupes différents comme celui-ci et, à l'occasion, lorsque vous aurez besoin de communiquer un message pertinent pour l'ensemble des médias du site que vous gérez, vous enverrez simplement votre communiqué à tous les groupes. Vous pourrez également établir un ou plusieurs groupes de contact de médias métropolitains, pour les problèmes d'intérêt pour un public beaucoup plus général, comme dans le cas d'incidents majeurs.

Vous devriez également envisager d'établir une liste de contacts en fonction d'intérêts particuliers, comme des groupes de style de vie et de loisirs, qui contiendront des magazines et programmes portant sur des intérêts récréatifs qui se rapportent aux aires protégées que vous gérez. Ils peut s'agir, par exemple, des médias spécialisés dans la pêche et la navigation de plaisance, le camping ou la randonnée. Un autre groupe, basé sur les incidents majeurs et les situations d'urgence, est aussi à considérer sérieusement. Disposer d'une liste électronique à laquelle envoyer des informations importantes en cas d'urgence sera très utile, et mieux vaut ne pas laisser le développement de cette liste à la dernière minute, lorsqu'un incident se produira (voir le chapitre 26).

Fiches d'information

Les faits et chiffres fascinent les médias. Ils constituent des ajouts importants à votre paquet d'informations, qui illustrent au mieux ce que vous essayez de dire. Un communiqué de presse, bien qu'il contienne de nombreux faits, ne peut pas toujours les contenir tous, de sorte qu'une fiche d'information peut être un ajout utile à envoyer avec un communiqué de presse. Il est toujours judicieux de créer une série de fiches d'information sur une variété de questions, de la lutte antiparasitaire à la gestion des incendies en passant par le tourisme, etc.

Vidéos, photos et autres outils sont également utiles

La capacité et la facilité à fournir des vidéos et des photos illustrant au mieux votre histoire aux médias n'ont jamais été aussi importantes qu'elles le sont aujourd'hui, afin d'assurer une bonne couverture médiatique des aires protégées. Les médias apprécieront généralement un accès à de bonnes séquences vidéo ou à des photos, en particulier dans des endroits trop éloignés pour y avoir accès. Parfois, la qualité n'est même pas si importante. La télévision et les sites web des journaux et des stations de radio diffusent des images vidéo tournées sur des téléphones intelligents et des tablettes par des journalistes ou par des membres du public.

Il est très facile, aujourd'hui, d'utiliser les téléphones intelligents et les tablettes pour obtenir des visuels et des photos de qualité raisonnable qui pourront instantanément être éditées, puis « partagées » directement avec les médias, et cela est particulièrement vrai lors d'incidents comme les feux de brousse, où les pompiers, eux-mêmes, enregistrent des images et des vidéos, et les publient depuis la ligne de feu vers une plateforme de réseaux sociaux vidéo ou photo.

Il existe également un avantage réel à disposer d'une bibliothèque vidéo et photo de qualité, car ces images de beaux paysages et de plantes et animaux étonnants offrent une justification constante pour le maintien des aires protégées. Il s'agit d'une méthode discrète, mais qui fonctionne. Les infographies, cartes et diagrammes pouvant être réimprimés et diffusés peuvent également s'avérer être des outils très utiles.

Porte-parole

Lors de la publication d'un communiqué de presse, il est toujours essentiel de considérer bien à l'avance qui représentera l'organisation ou la question, une fois que les appels des médias commenceront à arriver pour demander un entretien. En général, ce sera la personne citée comme porte-parole dans le communiqué de presse, mais ce n'est pas forcément le cas. En raison des contraintes de temps et de disponibilité, il est utile d'envisager des options alternatives, et de choisir une deuxième personne à interviewer dans certaines circonstances.

Sur les questions politisées et les annonces majeures, il est d'usage, dans de nombreuses organisations, que la direction générale ou un membre de l'équipe de direction agisse comme porte-parole. L'idée est d'éviter qu'un membre du personnel moins expérimenté aborde des questions qui dépassent sa capacité professionnelle de réponse.

Le porte-parole devrait, de préférence, être une personne intéressante et capable d'expliquer des questions opérationnelles ou scientifiques complexes d'une façon simple, que le public sera plus à même de comprendre. Certaines organisations de conservation disposent de porte-paroles spécialisés dans les interviews, qui deviennent vite les « visages » de l'organisation. Les médias, cependant, préféreront presque toujours interviewer une personne « réelle », c'est-à-dire la personne la plus directement liée au sujet ou à la question, plutôt qu'un porte-parole médias généraliste.

Calendrier du communiqué de presse

Le moment précis où vous envoyez votre communiqué de presse est une question importante à considérer, afin de vous donner la meilleure exposition médiatique possible. Vous devrez d'abord et avant tout pensez au « cycle de l'information », c'est-à-dire quand, dans le cycle de l'information quotidienne, les journalistes recherchent-ils des informations pour remplir les journaux ou les bulletins d'information radio ou télévision ?

Les informations radio dans un contexte métropolitain sont un processus continu, car la plupart des stations généralistes diffuseront des bulletins horaires, et beaucoup diffuseront un bulletin toutes les demi-heures, dès le début de la matinée. La consommation quotidienne d'informations radio atteint généralement un pic le matin. Il est donc évident que la publication d'un communiqué de presse vers six heures du matin est préférable. Vers neuf heures du matin, le pic est terminé.

Les informations télévisées, quant à elles, se concentrent sur le bulletin du soir, et les journalistes, dans ce domaine, commencent leur processus de collecte d'informations vers 9 heures du matin, lorsque le rédacteur en chef de toute salle de presse de télévision métropolitaine s'adressera à eux pour définir les histoires à couvrir au cours de la journée, pour le bulletin du soir. Les journaux quotidiens suivent un horaire similaire à celui de la télévision. Ils ont la possibilité d'inclure des histoires tardives, mais le quotidien est souvent « sous presse » vers 20h. Tout cela signifie qu'il est préférable d'envoyer un communiqué de presse aux médias métropolitains le matin, à moins, bien sûr, que celui-ci ne soit lié à un incident ou une urgence, auquel cas le communiqué est émis dès que possible. Les journaux quotidiens dirigent le cycle des informations quotidiennes. Les radios matinales tirent leur contenu des premières pages des journaux, et si vous êtes en vedette dans un journal, la radio et la télévision auront un grand intérêt pour votre histoire.

Les médias régionaux peuvent être très différent, car ils fonctionnent selon un cycle d'information quelque peu distinct. Beaucoup de journaux régionaux et de petites villes, par exemple, peuvent être hebdomadaires, bihebdomadaires ou même trihebdomadaires, de sorte que les échéances seront différentes. Vous devrez connaître le calendrier de chacun. Dans certaines circonstances, vous publierez un communiqué de presse dans une région où plusieurs petits journaux fonctionnent avec des échéances quelque peu différentes. Réfléchissez à celui qui est le plus important pour

Équipe de tournage documentaire incluant un caméraman, un ingénieur du son, une journaliste et une photographe. Parc National de Kosciuszko, Nouvelle-Galles du Sud, Australie

Source : Graeme L. Worboys

vous, en termes d'audience et d'impact, et efforcez-vous de respecter le calendrier de ce journal plutôt que d'essayer de tous les satisfaire.

Si vous avez développé de bonnes relations de travail avec vos contacts médias, il est souvent tout à fait correct de discuter de l'histoire à l'avance avec un journaliste, en ce qui concerne le moment du communiqué et comment celui-ci pourrait cadrer avec les autres histoires prévues pour le même journal. Le journaliste pourrait même vous suggérer d'avancer l'annonce ou de la garder pour une édition ultérieure, afin d'obtenir une meilleure couverture médiatique.

Interview

Vous avez maintenant publié votre communiqué de presse au bon moment et le journaliste a répondu par téléphone en demandant un entretien. Vous savez qui sera le porte-parole, et vous êtes impatient de vous assurer d'obtenir le meilleur résultat possible. La façon dont vous abordez une interview dépendra beaucoup du média avec lequel vous traitez, de la nature de la demande (c'est à dire négative ou positive), et de la question de savoir s'il s'agira d'une interview destinée à un bulletin d'information, un reportage de fond dans un média papier ou une émission de télévision ou de radio.

Ne jamais commencer une interview sans un plan, que ce soit pour une information positive ou négative. Un « message clé » sera un élément critique pour votre interview, et la meilleure façon de penser à ce message est de vous demander : « Quelle est le point le plus important que je voudrais que quelqu'un qui écoute mon interview retienne et fasse sien ? » Pensez-y attentivement, formulez-le soigneusement et assurez-vous qu'il s'agisse du même message qui apparaît dans le communiqué de presse, dans les messages postés sur les réseaux sociaux, dans votre interview et dans toute autre forme de communication que vous aurez avec le monde extérieur sur cette même question. Prenez toujours le temps de prédire quelles seront les questions probables, et de réfléchir, sinon d'écrire, les possibles réponses.

S'il s'agit d'une interview destinée à un bulletin d'information, où le journaliste recherchera des extraits, profitez de chaque occasion pour répéter votre message, pour augmenter ainsi la probabilité que ce soit celui que le journaliste utilisera comme citation dans le bulletin d'information ou le journal. Nous appellerons ceci votre point « A ».

Vos points « B » seront une série de faits ou de déclarations secondaires, mais néanmoins importants, que vous pourrez également utiliser pour illustrer vos propos, si l'occasion se présente.

Il est également utile d'être conscient des aspects désagréables sur lesquels vous pourriez être interrogé, et de comment vous y répondrez. Enfin, l'interview n'est pas terminée tant

Réunion entre les représentants communautaires et les responsables des aires protégées. Parc national de Taining, Chine
Source : Graeme L. Worboy

que vous ou le journaliste n'avez pas quitté les lieux. Plus d'une personne a été surprise, après avoir continué de parler en pensant que l'entretien était terminé, de constater que la réponse plus détendue et parfois moins contrainte est finalement celle qui a été publiée ou diffusée.

Avant de commencer une interview avec les médias, considérez les questions suivantes, le cas échéant :

- Ai-je informé mon superviseur et les professionnels des médias au sein de l'organisation ?
- À quel public l'interview est-elle destinée ?
- Est-ce que l'heure et les modalités de l'interview me conviennent ?
- Ai-je demandé à l'intervieweur quels points sont susceptibles d'être abordés et les aspects généraux que l'entretien pourrait couvrir ?
- Ai-je évité les acronymes et le jargon ?
- Me suis-je assuré de faire référence à mon organisme par son nom complet, et non pas seulement par son acronyme ?
- Ai-je réfléchi aux questions qui pourraient m'être posées ?
- Quels sont les principaux points que je veux faire passer dans mon interview (points A) ?
- Quelles autres informations puis-je transmettre (points B) ?
- Puis-je être interrogé sur quelque chose de négatif ?
- Puis-je fournir du matériel complémentaire qui pourrait être utile au journaliste, comme des photos, des vidéos ou des cartes ?
- Ai-je fait une interview « factice » avec quelqu'un, pour répéter l'interview réelle ?

Radio

Il y a généralement deux types d'interviews à la radio. La première est une interview d'information, souvent faite par téléphone. Il s'agira d'une série de questions assez évidentes, habituellement autour de « qui », « quoi », « quand », « où », « pourquoi » et « comment ». L'interview sera enregistrée, puis une ou deux courtes sections (appelées « extraits » ou « clip sonores »), généralement pas plus de 15 secondes, en seront extraites et seront insérées dans un bulletin d'information, après une introduction lue par un présentateur.

Parce que l'interview d'information est éditée, il est généralement tout à fait acceptable d'arrêter l'entretien à mi-parcours et de demander de recommencer une partie, si vous n'êtes pas satisfait de la façon dont vous avez formulé votre réponse. Rappelez-vous que les journalistes qui vous interviewent veulent une histoire claire et cohérente. C'est donc dans leur intérêt de vous donner une autre chance d'être clair et de raconter l'histoire du mieux que vous pouvez.

Étant donné que vous aurez une idée plus ou moins claire des questions qui vous seront probablement posées, il est utile de penser à l'avance à ce que pourrait être votre ou vos « extraits » : comment l'exprimerez-vous ? quels mots pourriez-vous utiliser ? quel ton pourriez-vous appliquer ? Il y aura toujours un message que vous voudrez transmettre, et le point important est de s'en tenir à ce message.

L'entretien prolongé pour un programme durera généralement environ cinq minutes, pas beaucoup plus, à moins qu'il ne s'agisse d'un sujet très controversé. Ces entretiens sont généralement diffusés dans leur intégralité, de sorte qu'il n'offrent pas la même flexibilité pour arrêter et recommencer. Il s'agit de préférence d'entretiens « en direct », c'est à dire diffusés en temps réel, bien qu'ils puissent également être préenregistrés pour cause de disponibilité de temps d'antenne. Ces entretiens sont, par nature, vastes et exploratoires.

Vous utiliserez cela comme une occasion de raconter une histoire qui couvre les bases de la question. Pour les gestionnaires d'aires protégées, ces entretiens représentent une opportunité de vraiment vendre vos messages clés, et de promouvoir la valeur des aires protégées que vous gérez à un public plus général. Profitez-en ! Ne commencez pas un tel entretien sans avoir d'abord pensé, au moins, à un plan basique. Si vous vous attendez à des questions difficiles, vous devez penser et planifier avant d'entrer dans une telle situation.

Télévision

La télévision est une créature quelque peu différente de la radio, en ce sens que la logistique de l'interview et sa mise en place sont plus compliquées, nécessitant la coopération de plus de personnes, plus de distance à parcourir et plus de matériel. Dans la majorité des cas, l'interview télévisée se fait en face à face, soit sur place, soit en studio, et implique généralement au moins un journaliste et un caméraman et, à l'occasion, un ingénieur du son. De plus en plus, cependant, vous serez reçu et interviewé par un seul journaliste maniant également la caméra.

Les interviews télévisées sont similaires à celles diffusées à la radio. Une série de questions vous seront posées, seront éditées dans un scénario écrit, lu par le journaliste, mais les informations télévisées sont aujourd'hui souvent beaucoup plus courtes que celles de la radio, et peuvent même ne durer que quelques secondes. Comme à la radio, il est souvent acceptable de demander d'arrêter et de reformuler vos réponses, à moins qu'il ne s'agisse d'une situation de confrontation, auquel cas il est préférable de continuer.

Dans certaines occasions, votre organisme ou organisation pourrait être invité à fournir un porte-parole pour des entretiens prolongés destinés à un programme d'actualités. Préparez toujours correctement ces entretiens, et assurez-vous que le porte-parole soit bien informé et dispose d'un plan pour gérer l'entretien.

Journaux

Il existe des similitudes évidentes avec la radio et la télévision, mais parce que l'interview à un journal n'est pas destinée au public en tant qu'information enregistrée, elle offre amplement l'occasion de « discuter » des questions avec le journaliste, plutôt que d'aborder les choses comme s'il s'agissait d'une interview enregistrée. Vous pourrez vous arrêter et recommencer pour reformuler votre réponse, mais rappelez-vous que vous pouvez toujours être cité, à tout moment, presque comme si vous étiez enregistré. Si vous trébuchez sur une réponse, il est tout à fait possible que ce soient ces mots qui apparaissent dans la presse. Plus votre relation avec le journaliste sera bonne, moins cela risquera de se produire. Le plus souvent, vous connaîtrez déjà le journaliste, et vous aurez la possibilité de vous assurer que vos citations soient correctement formulées, de la façon que souhaitez. Dans de rares occasions, un journaliste pourra vous présenter l'histoire qu'il a écrite avant de la publier, afin de s'assurer de son exactitude, mais ce ne sera généralement pas le cas.

Compétences en gestion des médias

Les compétences en gestion des médias dans le but de promouvoir vos aires protégées et la marque de votre organisation s'acquièrent au fil du temps. La plupart des gens ont une connaissance générale des médias parce qu'ils regardent la télévision, écoutent la radio et lisent les journaux, mais la façon dont ces contenus sont développés est le plus souvent un peu mystérieuse pour beaucoup, à moins qu'ils n'aient suivi une formation ou acquis une certaine expérience. Bien que la plupart des organismes et organisations de conservation emploient des professionnels de la communication, la responsabilité de la gestion des médias et de la mise en œuvre des stratégies de médias et de communication doit être partagée. En conséquence, le personnel et la direction devraient suivre les enseignements et développer leur capacités sous la tutelle de ceux possédant cet ensemble de compétences spécifiques. Bien qu'il puisse y avoir une équipe médias pour guider la gestion de ceux-ci, la diffusion fréquente de messages et d'information fera partie des nombreuses responsabilités des gestionnaires d'aires protégées, et cela nécessite une formation.

Dans le domaine de la gestion des aires protégées, il existe de nombreuses raisons pour lesquelles une collaboration étroite avec les médias aidera votre organisation à atteindre ses objectifs de gestion. Vous avez quelque chose à dire à une communauté ou vous souhaitez influencer un débat public sur un aspect particulier de la conservation. Il pourrait s'agir simplement de messages à propos de ce que vous voulez voir se produire en relation avec une aire protégée, ou de ce que vous ne souhaitez pas voir se produire. Il arrive souvent que vous souhaitiez que la communauté comprenne, accepte et reconnaisse les valeurs des aires protégées, et pourquoi et comment elles sont gérées comme elles le sont.

Dans la gestion des aires protégées, vous aurez besoin d'une communauté de soutien, et une façon de l'obtenir, en plus d'une gestion stratégique et réfléchie des parties prenantes, est d'aider les gens à comprendre comment la réalisation de vos objectifs profitera à la fois à l'aire protégée que vous gérez et à la communauté dans son ensemble. Les médias possèdent en général les plateformes et les structures par lesquelles de grandes quantités d'informations peuvent être transmises à la communauté, de sorte que travailler avec eux d'une manière positive et collaborative est un aspect essentiel.

La couverture médiatique des aires protégées à travers le monde est un mélange constant de positif et de négatif. C'est un processus sans fin de rejet et d'attraction entre groupes disparates, aux points de vue contradictoires sur la façon dont les aires protégées devraient être gérées. De nombreuses opportunités permettent, cependant, de se concentrer sur les attributs et points de vue positifs de la communauté, et d'entretenir une relation positive et productive avec les médias, qui vous permettra de présenter vos arguments en faveur d'une gestion efficace du patrimoine culturel et naturel de votre aire protégée.

Soutien des médias

Les aires protégées sont souvent bien soutenues par des communautés qui comprennent leur importance pour la santé en général et le bien-être des personnes et de la planète. Ce point de vue est largement partagé par de nombreux journalistes, et il est utile d'entretenir et de favoriser ces relations à plus long terme. Il existe de nombreuses façons d'y parvenir.

« Accroche » ou « angle »

Il faut avant tout être en mesure d'identifier les histoires et questions possédant de vraies valeurs d'information, qui les rendent utiles à un public plus large. Cela revient à trouver « l'angle » ou « l'accroche » d'une histoire qui plaira le plus à un journaliste. Une fois que cela sera fait, vous devrez tenir compte des besoins du journaliste qui rapporte l'histoire. Quelles opportunités photographiques ou vidéo peuvent être exploitées pour illustrer au mieux votre message ? Quels faits, chiffres ou anecdotes peuvent rendre l'histoire plus intéressante et la différencier des autres histoires de la journée ? Avez-vous identifié un porte-parole capable de bien raconter l'histoire, intéressant, divertissant, crédible et faisant autorité ? Pouvez-vous fournir un transport ou même un hébergement ? Pouvez-vous offrir un exclusivité pour une période donnée ?

Histoires exclusives

« L'exclusivité » peut être un moyen important d'obtenir une couverture médiatique de grande envergure grâce à une relation avec un journaliste particulier sur une histoire qui n'obtiendrait normalement pas de couverture médiatique si vous deviez publier un communiqué de presse général. Cela signifie offrir de donner l'histoire à un seul journaliste, afin qu'il ou elle soit le premier à en parler. Pour le rédacteur en chef, il s'agit d'une option beaucoup plus attrayante qu'une histoire qui sera publiée dans tous les médias. Souvent, une exclusivité obtiendra une bonne couverture avec les médias ou journalistes avec lesquels vous avez travaillé, et ceux-ci investiront, à leur tour, plus d'efforts et, le plus souvent, enverront un photographe ou une équipe de tournage pour la couvrir. L'exclusivité peut également assurer une plus grande proéminence, en propulsant votre histoire vers les premières pages d'un journal, par exemple, alors qu'elle aurait normalement été enfouie dans les dernières pages.

Développer de bonnes relations avec les médias

Pour les gestionnaires d'aires protégées, il est très important de maintenir de bonnes relations avec les médias locaux ou régionaux, qui couvrent généralement les histoires que vous souhaitez diffuser au jour le jour, alors que les médias métropolitains ne le feront pas, parce que les histoires les plus petites n'ont généralement pas les valeurs d'information que les médias urbains recherchent. Il peut être très décourageant pour un rédacteur de journal régional, par exemple, de découvrir que vous avez donné une exclusivité à un média métropolitain sans d'abord soutenir les médias régionaux, qui couvrent les histoires les moins importantes pour vous sur une base régulière. Il est donc toujours utile de prendre soin de vos médias locaux dans cette équation, en vous assurant qu'ils soient informés de votre histoire à haute valeur médiatique d'une manière qui leur permette de couvrir cette histoire à peu près au même moment les médias métropolitains. Bien que cela puisse souvent être un peu difficile à réaliser, ne pas le faire peut nuire à votre relation avec les médias locaux, et ceci est très dommageable.

Calendrier d'une histoire

Le « calendrier » de diffusion d'une information ou d'un communiqué de presse sur une histoire très médiatique est essentiel. Essayez toujours de vous assurer que la diffusion d'informations aux médias locaux coïncide aussi étroitement que possible avec la publication de la même histoire exclusive par le journaliste métropolitain avec lequel vous avez travaillé.

Déclarations officielles et « hors micro »

Ce que vous dites ou écrivez à un journaliste est, dans la pratique, toujours officiel, et peut être cité ou paraphrasé. Votre nom peut être cité, même si vous aviez demandé qu'il ne le soit pas. Beaucoup de communicateurs professionnels applique l'adage selon lequel « le hors micro n'existe pas », et c'est certainement la position la plus sûre, mais il est également possible de fournir des informations ou des antécédents qui aideront un journaliste à mieux comprendre un problème. Cependant, il y a quelques réserves à cette approche.

Parler « hors micro » donne au journaliste (et généralement à sa direction) le mérite d'avoir respecté son code d'éthique. Malheureusement, ce crédit n'est pas toujours dû. Comme pour toutes les communications, vos propos « hors micro » doivent être honnêtes et précis.

Fournir des commentaires « hors micro » peut présenter des avantages importants. Cela peut permettre de renforcer votre relation avec un journaliste, d'éviter une couverture médiatique négative, ou de fournir un contexte précieux pour guider un journaliste vers une histoire plus équilibrée.

Parler « hors micro » n'est généralement *pas* quelque chose à faire avec un journaliste que vous rencontrez pour la première fois. Il s'agit d'une option que vous ne devriez envisager qu'avec quelqu'un que vous connaissez déjà bien, et avec qui vous avez des contacts réguliers.

Si un journaliste vous demande des commentaires « hors micro », la même règle s'applique. Soyez stratégique et faites des commentaires « hors micro » seulement si vous connaissez le journaliste, et que vous avez travaillé avec lui longuement auparavant. Les commentaires « hors micro » présentent un avantage mutuel, et beaucoup de journalistes respecteront cela, mais rappelez-vous qu'il y a toujours un risque.

Ne sous estimez pas les cadets

Même si un journaliste connu pour être agressif peut vous rendre la vie difficile, certains des journalistes les plus dangereux sont en fait de nouvelles recrues ou même des étudiants. Ils sont peu susceptibles d'apprécier la valeur d'une relation avec vous, et tenteront d'impressionner leurs patrons ou leurs enseignants. Lorsque le temps et les circonstances le permettent, aidez ces personnes, mais prudemment. Traitez-les avec une grande prudence jusqu'à ce que vous ayez établi une relation de confiance et de respect mutuels.

L'autre façon de voir les choses est de reconnaître que les étudiants en journalisme, les cadets et les nouvelles recrues développent leurs normes professionnelles et leurs méthodes de travail, et que vous avez une certaine responsabilité envers eux. Vous n'avez rien à gagner à convertir un étudiant susceptible de devenir un journaliste influent en ennemi. Vos collègues du monde entier ne vous remercieront pas d'avoir écarté un journaliste des questions de conservation, ou pire encore, de l'avoir intéressé à ces question, mais de façon antagoniste.

Gestion des réseaux sociaux

Une stratégie de réseaux sociaux élaborée pour atteindre des objectifs généraux et des objectifs de communication maintiendra votre contenu et votre activité sur la voie de l'intérêt. Elle devrait s'appliquer à l'ensemble de l'organisation ou de l'organisme, et les plans de réseaux sociaux élaborés spécifiquement pour tout programme, campagne ou initiative devraient être conformes à cette stratégie.

Équipe des réseaux sociaux

Vous pourriez avoir besoin d'un membre du personnel ou d'une équipe dédiée à la gestion de toutes vos activités sur les réseaux sociaux, afin de vous assurer que vos objectifs sont atteints, ainsi que pour tenir l'organisation à jour et informée des activités pertinentes en ligne.

Planifiez soigneusement

Ayez un plan. Parallèlement à votre stratégie, développez un plan de gestion des risques qui inclue des protocoles et des processus pour gérer les conflits survenant sur vos canaux de réseaux sociaux. Définissez comment vous répondrez aux critiques les plus virulentes qui attaqueront votre marque sur vos canaux sociaux : comment surveillerez-vous vos réseaux sociaux ? Combien de temps vous faudra-t-il pour répondre ? Quel processus sera mis en place pour transférer les questions ou commentaires pour lesquels vous devrez consulter d'autres personnes ?

Les meilleures pratiques pour la gestion de la réputation en ligne indiquent que vous devez surveiller les conversations des réseaux sociaux à propos de votre organisation. Comment allez-vous trouver ces conversation en ligne ? Comment allez-vous répondre d'une manière appropriée sur un réseau social particulier, et à une communauté particulière ?

Un plan de gestion de contenu vous aidera à organiser la création et la diffusion de votre contenu afin de vous assurer que votre activité sur les réseaux sociaux est stratégique et répond aux objectifs. Vous trouverez ci-dessous quelques suggestions à inclure à votre plan :

- Idée : quel est le concept global ou l'idée que vous voulez apporter à la vie via les réseaux sociaux ?
- Justification : pourquoi faire cela ? Que va-t-il arriver ? En quoi cela répond aux objectifs de l'entreprise ?
- Plateformes sociales : quelles plateformes de réseaux sociaux utiliserez-vous ? Par exemple, une vidéo hébergée sur YouTube intégrée dans un billet de blog partagé via Facebook et Twitter.
- Mise en œuvre : logistique opérationnelle de ce qui doit être fait, comment ce sera fait, qui le fera et quand ce sera fait.
- Rapports : comment le succès sera-t-il mesuré ?
- Budget : de quelles ressources aurez-vous besoin, et combien coûte-t-elles ?

Soyez transparent

Soyez honnête avec votre public et fournissez des informations utiles, qui positionneront votre organisation comme accessible et ouverte. La transparence est primordiale et a un impact énorme sur le succès de votre activité sur les réseaux sociaux. Si votre marque est considérée comme opaque, réticente à partager des informations, peu disponible pour répondre aux questions, ou si vous ignorez les conversations en ligne, vous susciterez un sentiment négatif et une méfiance, qui nuiront à votre réputation.

Soyez intéressant

Votre présence sur les réseaux sociaux devrait être engageante, divertissante, utile et intéressante, afin de générer une conversation et être partagée par d'autres. Racontez des histoires et partagez des informations opportunes, des faits intéressants et des idées qui aident à établir une relation avec votre public, afin de construire une communauté loyale et engagée qui soutiendra et amplifiera les efforts de votre organisation. Emmenez les gens dans les coulisses et expliquez leur les dessous de votre marque. Prenez les choses à cœur et construisez une relation humaine.

Soyez agile

Les conversations des réseaux sociaux se produisent en temps réel. Vous devrez construire une présence cohérente et constante sur les réseaux sociaux dans le cadre de votre stratégie de communication plus générale sur la gestion des aires protégées. L'engagement avec votre communauté devra se faire le plus rapidement possible, mais vous pourrez gérer les attentes quant à votre disponibilité en ligne en incluant des détails à ce sujet dans les profils de vos réseaux sociaux et via des messages en temps réel à votre communauté.

Une réponse immédiate peut être difficile pour les aires protégées gérées par des bureaucraties, car les réponses peuvent devoir être transmises à d'autres avant d'être publiées. Il est donc important de communiquer les attentes et le processus pour les personnes concernées, avant de s'engager en ligne. Une déclaration provisoire devrait être élaborée comme réponse immédiate en ligne jusqu'à ce que de plus amples informations soient fournies.

Ton de voix

Réfléchissez au style du contenu que vous développerez, au ton de voix et au style linguistique utilisés dans vos messages et réponses. Généralement, la communication sera conversationnelle, familière, vernaculaire et engageante, afin que la communauté se sente à l'aise pour poser des questions et partager ses opinions et ses histoires.

Écoutez et répondez

Les réseaux sociaux sont un outil puissant pour construire votre communauté et communiquer avec votre public, mais ils peuvent également perturber et nuire à votre cause s'ils ne sont pas planifiés attentivement, dès le début. Faites vos devoirs et écoutez ce qui est dit à propos de votre organisation et de toute personne, organisation ou sujet pertinent avant de vous engager en ligne.

Comprenez les nuances des différents réseaux sociaux, et qui sont les voix dominantes de ces communautés. Lorsque vous interagissez en ligne, soyez utile, accessible, amical et inclusif, et sachez quand basculer des conversations hors ligne, si celles-ci sont trop virulentes ou non pertinentes pour le public en général.

Établissez un dialogue avec vos pairs et avec les influenceurs

Identifier les utilisateurs de réseaux sociaux complémentaires et invitez-les à vos conversations ou à contribuer à votre contenu. Il peut s'agir de bénévoles de la conservation, d'organismes similaires, de célébrités affines à votre travail ou de journalistes. Partagez leur contenu et faites la promotion de leurs publications pertinentes via vos réseaux sociaux. Inversement, si vous êtes invité à participer en ligne de cette façon, acceptez, à moins que vous ayez de bonnes raisons de ne pas le faire, car cela aidera également à construire votre réseau et à renforcer votre relation avec les influenceurs.

Geoff Ross, spécialiste marin du Service des parcs nationaux et de la faune sauvage de Nouvelle-Galles du Sud, répond par téléphone au sujet d'un incident concernant un mammifère marin

Source : Lucy Morrell

Ressources

Les réseaux sociaux demandent un investissement considérable de temps, et des outils commerciaux sont disponibles pour vous aider à gérer votre communauté, votre marketing ou vos statistiques de façon plus efficace et professionnelle que ne le font les outils gratuits. Évaluer le besoin d'utiliser des plateformes ou services payants, et les coûts associés à ceux-ci, ainsi que les ressources humaines nécessaires à la gestion de vos réseaux sociaux. Vous devrez peut-être également consulter des spécialistes pour une formation sur les réseaux sociaux, l'élaboration de stratégies ou la gestion des communautés, ce qui devra également être considéré comme un coût.

Les coût de contenus payants sont une autre allocation budgétaire à prendre en compte. Au cours des dernières années, de plus en plus d'influenceurs en ligne et de personnalités ont commencé à facturer des frais de collaboration pour travailler avec des marques et sensibiliser leurs fans via les réseaux sociaux. Certains blogueurs professionnels, utilisateurs de YouTube et Instagrammeurs, par exemple, peuvent même être gérés par un agent qui négociera des frais pour toute activité de leur part. La publicité ciblée sur les blogs et les réseaux sociaux peut également être un moyen efficace d'atteindre un large public, et doit être envisagée lors de la planification d'activités sur les réseaux sociaux.

Médias accusatoires

Les règles de gestion des approches accusatoires sont très différentes des relations normales avec les médias. Les aires protégées du monde entier sont fréquemment soumises à des pressions de la part de certains milieux pour assouplir leurs règles et règlements. Certains secteurs de la communauté veulent exploiter les ressources naturelles ou obtenir un accès récréatif d'une manière qui pourrait nuire aux valeurs pour lesquelles le site a été mis sous protection. Lorsque des organismes de conservation assument la responsabilité d'un site, ils ferment parfois l'accès à des zones très importantes pour les membres de la communauté, que ce soit pour les loisirs, la récolte de bois de chauffage, l'apiculture ou autres activités.

En conséquence, les personnes disposées à critiquer la gestion ne sont pas rares. Compte tenu de la forte attraction médiatique pour la valeur d'information du « conflit », beaucoup de médias et de journalistes voudront rendre compte de ce conflit et, dans certains cas, fourniront une plateforme pour attaquer les raisons fondamentales de la conservation des aires protégées. En conséquence, de nombreux gestionnaires d'aires protégées se retrouvent engagés dans des débats publics de longue date dans les médias, plaidant une cause au nom de leur aire protégée.

Il s'agit d'une position très difficile. Vous devrez souvent décider si vous engager dans un débat est une initiative avisée ou pas. Dans de nombreuses situations conflictuelles, la bonne chose à faire sera d'argumenter en faveur de votre cause, mais dans d'autres circonstances, vous pourriez, ce faisant, fournir de l'oxygène à un débat qui, sans votre participation, s'étoufferait, alors que votre engagement le ravive. Cette décision est plus facile avec l'expérience. Le plus souvent, cependant, les relations avec les médias, négatives ou positives, sont l'occasion d'exposer vos arguments.

Lorsque votre gestion ou la justification de la conservation des aires protégées est attaquée, c'est l'occasion de réaffirmer votre cause. Le fait de ne pas répondre ou de ne pas s'engager signifie souvent que les critiques resteront sans réponse, laissant le public avec une vision incomplète du débat. C'est une réaction commune que d'essayer d'apaiser et d'éviter les conflits, et tout aussi commune est la peur qu'une forte réponse à la critique ne fasse qu'exacerber les conflits, et cela peut parfois être le cas. Dans la majorité des cas, cependant, le débat se base sur des hypothèses égoïstes de personnes critiques, qui doivent être immédiatement gérées.

Il arrivera souvent que vos arguments pour la défense de la façon dont vous gérez votre aire protégée soient mieux étayés par le bon sens et la science que ceux de vos détracteurs. La conservation de notre patrimoine culturel, naturel et historique est souvent une entreprise désintéressée. Cela implique souvent de la retenue de la part des communautés et, à l'occasion, des individus, de sorte qu'en tant que gestionnaire d'aires protégées, vous bénéficierez d'un fort capital moral. Utilisez-le et répondez.

Dans le domaine des réseaux sociaux, cependant, il est sage de faire preuve d'une grande prudence, la capacité des personnes critiques à mener des campagnes anonymement pouvant entraîner un nombre considérable de commentaires hostiles aux gestionnaires. Votre réponse dans les médias traditionnels peut finalement faire l'objet d'une condamnation virale sur les réseaux sociaux. Au moment de décider de répondre ou non, vous devrez donc envisager que le débat puisse se reporter sur les plateformes de réseaux sociaux.

Il est généralement assez évident, dès le premier contact par e-mail ou par téléphone, que vous avez affaire à un journaliste accusatoire. Vous le noterez généralement dans le ton et le type des questions posées. Dès que vous pensez qu'il est possible qu'un journaliste adopte une position critique à l'égard de votre gestion, commencez à réfléchir à la façon d'obtenir les meilleurs résultats de cette situation difficile.

Ne faites jamais de commentaire instantané. Gagnez du temps : « J'aurai juste besoin de vérifier les dernières informations à ce sujet », ou « J'aurai besoin de parler à certains de nos employés/scientifiques sur le terrain pour obtenir les détails dont vous avez besoin. Je veux m'assurer de vous fournir des informations précises ».

Soyez aussi méthodique que la situation l'exige, et tenez compte des « règles générales » suivantes :

1. Obtenez une liste complète des points que le journaliste veut aborder.
2. Contactez les professionnels des médias de votre organisation. Ils auront vécu cela avant vous et sauront mieux comment agir. Travaillez avec eux pour élaborer la réponse de l'organisation.
3. Réfléchissez bien à la ligne de questionnement. Quels points seront les plus difficiles à répondre ? Quelle direction le journaliste pourrait-il prendre, et comment pourriez-vous défendre au mieux votre position ? Notez les questions probables et celles que vous aimeriez le moins que l'on vous pose, et préparez des réponses ou des « points de discussion » qui présenteront au mieux vos arguments.
4. Les points de discussion couvriront le contenu de l'entretien, mais ce n'est que la moitié du problème. L'autre moitié concerne votre image. Un porte-parole peut fournir un contenu de façon parfaite, mais aura toujours un effet désastreux si son image est négative. Par exemple, une personne défendant fermement le bilan de sécurité de son organisation peut paraître extrêmement insensible après un événement tragique.
5. Envisagez l'imagerie visuelle qui pourrait être utilisée intentionnellement par les médias pour vous exposer à la critique. Réfléchissez à l'endroit où vous préférez être interviewé. Si vous êtes dans un bureau, avec un costume, vous risquez de paraître détaché du monde réel. Pensez à comment vos opposants seront habillés (vous les connaissez probablement assez bien). Assurez-vous de correspondre à leur image.

Si, par exemple, vous défendez la gestion de la qualité de l'eau de baignade par votre organisation, envisagez de le faire à la plage, en combinaison de plongée. Si le porte-parole de l'organisation est prêt à entrer dans l'eau, l'image visuelle qu'il envoie aux téléspectateurs vaut plus que tous les mots. Allez-vous porter un uniforme ? Apparaîtrez-vous dans un véhicule portant la marque ou le logo de l'organisation ?

À la fin de ce processus, vous aurez travaillé sur deux choses : le message clé que vous souhaitez présenter, et la façon dont vous voulez le présenter. La façon dont votre porte-parole mènera l'entretien accusatoire est absolument critique. Le journaliste cherchera à présenter l'organisation d'une manière particulière et négative. Afin de s'assurer que le public entend le vérité, le porte-parole doit s'en tenir au message clé.

Le porte-parole doit répondre à chaque question de façon à présenter le message clé de l'organisation et l'image appropriée. Le message est le contenu des réponses, mais tout aussi important est la façon dont les réponses seront présentées.

Il n'est pas facile de donner la même réponse à une douzaine ou plus de questions, mais c'est ce qui doit être fait. Si vous ne voulez pas que quelque chose soit repris au journal du soir, ne le dites pas. Il ne s'agit pas d'une conversation mais d'une opération commerciale.

Répondre à la question, puis à passer à votre message clé peut s'avérer une approche utile. Par exemple :

- « C'est une question importante, mais ma préoccupation ici, aujourd'hui, est… »
- « Je peux comprendre pourquoi les gens se posent cette question, mais mon message d'aujourd'hui est… »
- « Oui, cela fait partie du contexte, mais je suggère que le point clé est plutôt… »
- « Ce serait fantastique si les choses étaient aussi simples, mais c'est en fait beaucoup plus compliqué… ».

Théâtre de rue avec un message de conservation des aires protégées dans une communauté adjacente au parc national du Grand Himalaya, en Inde
Source : Graeme L. Worboys

Bien que l'approche décrite ci-dessus puisse aider l'organisation à faire face à des médias accusatoires centrés sur des méfaits, il est très important de reconnaître quand vous ou votre organisation avez commis une erreur. Bien qu'il soit souvent difficile d'admettre ses erreurs, la tentation de nier ou d'être évasif doit être évitée. Cela aggravera souvent la situation en ce qui concerne la couverture médiatique. Le plus souvent cela renforcera le discours public sur les lacunes de votre organisation, et se traduira par une analyse plus approfondie de la faute, et en embarras supplémentaire pour avoir tenté d'éviter d'accepter la responsabilité de votre erreur.

Si vous êtes contacté par les médias dans une situation où votre organisme ou organisation a commis une faute, il est préférable de concéder que des erreurs ont été commises, et ce, aussi rapidement que possible. Il est alors essentiel de fournir une déclaration tournée vers l'avenir, en soulignant ce que fait l'organisation pour s'assurer que l'erreur ne se répète pas et, idéalement, en terminant par un appel à l'action de la communauté. Les dommages à la réputation peuvent ainsi être contrôlés, et le débat clos, bien que des groupes accusatoires tenteront fréquemment de maintenir ce débat en vie. Il est alors souvent sage d'éviter de nouvelles provocations.

Lorsque votre organisme ou organisation est en vedette dans une histoire de contenu négatif, l'intérêt des radios sera très élevé, le lendemain. Vous pourrez alors utiliser cela à votre avantage en demandant à votre porte-parole de contacter toutes les salles de rédaction des radios locales, tôt le lendemain matin, afin de leur fournir les faits réels.

Les études de cas 15.1 et 15.2 illustrent comment réagir à deux autres situations médiatiques difficiles.

Planification de la communication

Bien que les médias jouent un rôle très important dans la communication des messages clés sur les aires protégées, comme cela a été dit au début de ce chapitre, ils font en fait partie d'un processus de communication plus général, impliquant une planification réfléchie. Le plus souvent, l'engagement des médias sera une étape finale, quoique critique, du processus de communication avec les parties prenantes. En effet, il y a toujours beaucoup à faire pour communiquer les messages les plus importants aux personnes les plus influentes, avant que les médias n'en informent le monde entier. Agir autrement est irrespectueux envers vos parties prenantes et risque de nuire à votre relation avec elles.

La meilleure communication est une communication crédible et fiable. Les méthodes de communication directe telles qu'un appel téléphonique, ou même une lettre personnelle ou des réunions en face-à-face, aident à

Étude de cas 15.1 Le pire cauchemar d'un parent

Un enfant de dix ans est tragiquement décédé après avoir chuté d'un belvédère dans un parc national géré par une organisation. Bien que la zone ait été clôturée, peu de belvédères de l'organisation ne disposaient d'une clôture à l'épreuve des enfants. L'enfant a réussi à passer à travers la clôture et a perdu pied.

Cet après-midi, alors que l'émotion était à son maximum dans la communauté et l'organisation, plusieurs chaînes de télévision ont demandé des interviews sur le sujet. L'organisation soupçonne qu'elles ont l'intention d'insinuer que la clôture était inadéquate, et faire apparaître l'organisation comme insensible.

Le porte-parole de l'organisation était tenté de défendre vigoureusement l'adéquation de la clôture, en soulignant que plus d'un million de personnes visitent le site chaque année, et qu'il n'y avait jamais eu d'incidents comme celui-ci auparavant.

Le danger de cette approche est que l'organisation pourrait être tellement occupée à défendre son bilan de sécurité qu'elle pourrait paraître insensible et irrespectueuse. Il a été convenu que le message clé serait :

- il s'agit d'un accident horrible et tragique ;
- nos pensées vont aux parents ;
- une enquête complète sera entreprise.

Il était également vital que le porte-parole soit empathique et respectueux dans cette situation terrible.

Les interview se sont avérées accusatoires, y compris avec des allégations selon lesquelles la clôture était inadéquate et le site mal géré. Le porte-parole a maintenu un comportement approprié tout au long des interviews, respectueux de la perte choquante des parents.

Bien que l'histoire ait été mentionnée aux informations ce soir-là, aucun des médias n'a présenté l'organisation négativement, et aucun n'a utilisé d'images du porte-parole de l'organisation, un résultat raisonnable dans une situation pénible pour les parents, le personnel de l'organisation et le porte-parole.

Étude de cas 15.2 Certaines décisions ne valent pas les dommages médiatiques qu'elles entraînent

Imaginez cette situation. Un responsable des médias d'une organisation de conservation reçoit un appel d'un ranger au sujet d'un projet d'abattage de cerfs sauvages : « Nous allons administrer un sédatif aux cerfs, mélangé à de la nourriture », explique le ranger. « Quand ils se seront endormis, nous les abattrons, et nous jetterons les carcasses à la poubelle. »

Le responsable des médias demande si le parcours des rangers passera par des villages. « Ah, oui », dit le ranger, « nous devrons traverser Springfield » (une ville de 5 000 habitants).

« Écoutez, je dois juste vérifier ça avec le directeur régional », dit le responsable des médias. « Je vous recontacte ce matin et je vous remercie de nous avoir informés ».

Le responsable des médias court dans le bureau du directeur régional, s'excuse d'interrompre une réunion importante et décrit la vision d'un camion plein de cerfs sauvages morts traversant la rue principale de Springfield. Le gestionnaire téléphone au superviseur de la zone et explique gentiment que l'indignation du public à l'égard du programme d'abattage l'emportera probablement sur les bénéfices de conservation. Il souligne à quel point la frénésie médiatique qui pourrait accompagner l'opération aura probablement un impact sur la popularité de leur ministre, et que le budget de l'organisation, tout comme leurs emplois, pourraient être affectés si les opérations de terrain génèrent des problèmes pour le ministre.

L'abattage a été grandement repensé afin de s'assurer que la communauté locale en soit informée et que des images inappropriées ne soient pas diffusées. Le point important de cette histoire est que le travail des équipes de communication, dans une organisation, fonctionne à double sens. Les professionnels des médias ont pour rôle d'aider à maximiser le soutien du public aux actions de l'organisation, mais ils aident également les gestionnaires de l'organisation à se rendre compte de quand un plan d'action proposé constitue un suicide corporatif, et quand les coûts communautaires ou politiques l'emportent, de loin, sur les gains de conservation.

Les professionnels des médias peuvent exercer une influence significative sur d'autres organisations par le biais de leurs contacts professionnels avec leurs collègues au sein de celles-ci. Un autre ministère peut prendre des décisions préjudiciables à la conservation, et donc impopulaires au sein de la communauté en général. Le simple fait de prévenir les professionnels des médias dans ce ministère peut suffire à les faire utiliser leur influence pour empêcher ce résultat négatif.

En fin de compte, le processus politique, dans une démocratie, implique qu'un organisme ou une organisation ne prospère que lorsqu'elle bénéficie d'un soutien public.

Prendre des décisions qui vont à l'encontre des attentes de la communauté est un risque important pour un tel soutien. Les organismes de conservation devront toujours prendre des décisions impopulaires, mais ils doivent gérer cela. Des décisions impopulaires, mal gérées, qui affaiblissent les bénéfices de conservation sont la dernière chose dont ils ont besoin.

renforcer la confiance et la crédibilité d'une manière que le reportage médiatique ne pourra jamais égaler. Mais ce processus nécessite une planification minutieuse.

Il existe de nombreuses façons de communiquer plus directement avec le public, et d'une manière qui renforce la confiance et la crédibilité, et vous n'êtes limité que par votre imagination dans la façon dont vous le faites. Il est certainement préférable d'adopter la devise « tout ce qui peut fonctionner » comme leitmotiv. En d'autres termes, pensez au message que vous voulez transmettre et utilisez tous les outils à votre disposition, même les plus extravagants, si vous pensez qu'ils peuvent vous aider à atteindre votre but ultime : faire passer les messages clés et l'information qui vous aideront à atteindre les objectifs de gestion de la conservation de votre aire protégée. De la mise en scène au théâtre de rue à la production vidéo, aux promenades guidées en passant par les réunions en face-à-face plus conventionnelles, si vous pensez que c'est le meilleur moyen de communiquer et de renforcer la confiance et la crédibilité, alors c'est probablement le cas, et vous vous devez d'essayer. Rappelez-vous : « tout ce qui peut fonctionner ». Sortez des sentiers battus !

Rédiger un plan de communication

Il n'y a pas de modèle standard (et il ne devrait pas y en avoir) pour un meilleur plan de communication que celui que dicte le bon sens. Nous sommes, par nature, une espèce très sophistiquée et communicative. Nous sommes capables des formes de communication les plus extraordinaires et les plus complexes, les réseaux sociaux étant juste le dernier exemple de la façon dont nous sommes devenus exceptionnels dans nos communication, les uns avec les autres.

Nous sommes doués pour la « communication », et lorsqu'on nous demande d'écrire et de planifier nos communications, que ce soit avec une audience petite ou grande, nous disposons d'une infinité de méthodes. Pourtant, le plan est beaucoup moins compliqué qu'on ne le pense. Dans le monde des relations publiques et des communications médiatiques, l'idée de développer un « plan ou une stratégie de communication » pourrait, à première vue, sembler intimidante pour les personnes inexpérimentées, mais c'est quelque chose que nous faisons tous les jours, que nous apprenons à faire dès notre plus jeune âge et que nous affinons tout au long de notre existence. Cela implique les principes du bon sens et du « tout ce qui peut fonctionner ».

Une stratégie de communication peut être un document de 100 pages contenant des détails incroyables, ou une seule feuille de papier. Elle peut même être uniquement dans votre tête. Juste un mot sur le langage : comme pour tous les aspects de communication de messages, plus les choses seront compliquées, longues et pleines de jargon et de termes bureaucratiques, plus les gens auront de difficultés à comprendre le message. Utilisez un langage simple et amène. Un plan compliqué est toujours un défi. Ne rendez pas les choses plus difficiles qu'elles ne doivent l'être.

Le modèle simple, ci-après, suggère les éléments les plus importants à considérer dans la préparation d'un plan de communication pour la gestion d'un problème ou d'un événement. Vous pouvez également appeler cela un plan de gestion de crise, et cette structure peut tout aussi facilement être appliquée à la plupart des questions de communication, en peaufinant un peu. Ne considérez pas cela comme une formule précise. Certains éléments pourraient ne pas être pertinents à votre cas.

Définition de la question

Quel est le problème exactement ? Parfois, cela peut être plus complexe que vous ne le pensez, mais il est utile de faire une pause pour réfléchir à cela, et commencer par une question comme : « Quel est le problème ? » Essayez de définir le problème en une seule phrase. Assurez-vous que vous abordez réellement la bonne question.

Propriété du problème

En fin de compte, qui, au sein de votre organisation, est responsable de ce plan ? Qui est responsable de sa mise en œuvre correcte ? Il peut s'agir de quelques personnes, ou d'une seule. Qui verra sa réputation professionnelle menacée si tout va mal ? Il est important de réfléchir à cela afin de s'assurer que les responsables de la tâche à accomplir soient dûment mentionnés dans le plan et les résultats.

Contexte

Que se passe-t-il ? Quels sont les antécédents de ce problème ou de cet événement ? Qu'est-ce qui est si important, et pourquoi, pour que vous ayez besoin d'un « plan » pour communiquer ? Dans ce contexte, vous réfléchirez aux « mauvaises choses » à l'origine du plan que vous êtes en train de rédiger, mais aussi aux avantages de ce qui est proposé.

Position de l'organisation (facultatif)

Où, dans les objectifs de l'organisation, se situe ce qui est proposé ? Ceci peut généralement être résumé en une phrase ou deux. Il s'agit d'une déclaration de l'organisation. Elle exprime un point de vue sur pourquoi cela est important et pourquoi cela devrait être fait. Nul besoin qu'elle soit très longue, mais elle aidera à construire une déclaration claire sur la position de l'organisation à propos du « problème ».

Équipe d'action

N'essayez jamais de mettre en œuvre l'un de ces grands plans à vous seul. La responsabilité du plan doit être partagée. Vous aurez également besoin de l'imprimatur de la direction, de sorte qu'il sera toujours utile qu'elle soit derrière vous, dès le début, pour aider à développer le plan. Parfois, une équipe spécifique sera impliquée, et elle devra être identifiée et approuver le plan convenu, afin que les choses soient claires et que personne ne puisse échapper à ses responsabilité après la première réunion. Partager le travail et la responsabilité est vraiment très utile. Ajouter des noms à une liste intitulée « équipe d'action », dès le début, implique que ces personnes seront sous les feux de la rampe, et qu'on attendra d'elles qu'elles « produisent » des résultats. Vous ne serez pas seul.

Parties prenantes

Avec qui devrez-vous interagir ? Faites une liste et, éventuellement, regroupez.

Analyse des parties prenantes

D'où viennent les parties prenantes ? Qui sont les « faiseurs » et les « destructeurs », et pourquoi ? Nous entendons par là, qui sont les personnes ayant une plus grande capacité d'influence positive ou négative sur le problème ou l'événement ? Que disent-elles au sujet de votre organisation ? Il sera utile d'examiner de près les motivations de chacune des parties prenantes impliquées. Cette analyse peut être aussi détaillée que nécessaire, et parfois, elle vous aidera à affiner la façon dont vous communiquerez des messages légèrement différents.

Objectifs

C'est sans doute l'un des éléments les plus importants d'un plan de communication. Vos objectifs doivent être clairement réfléchis et soupesés. Qu'essayez-vous d'obtenir avec ce plan ? Dans les plans plus complexes, vous devrez vous référer à ces objectifs maintes et maintes fois, afin de vous assurer que vos actions aideront réellement à atteindre les objectifs. Ce sera par rapport à ces objectifs que vous mesurerez finalement le succès de votre plan, après sa mise en œuvre. Souvent, vous aurez environ trois objectifs, peut-être quatre ou cinq, mais parfois vous pourriez n'en avoir qu'un seul.

Messages clés

Compte tenu de vos objectifs, quel est votre message ? Les messages clés sont le « mantra » qui apparaîtra fondamentalement dans tout ce que vous ferez. C'est le même message ou déclaration « simple » et bien conçu qui sera répété dans les communiqués de presse, les lettres, les messages sur les réseaux sociaux et dans les informations. Pour des plans plus détaillés, vous pourriez même tester les messages clés au sein d'un groupe pilote, afin de voir s'ils « inspirent » réellement ce que vous essayez de dire. Le message clé est au cœur de ce que vous essayez de transmettre, de sorte qu'il doit être très clair et facile à comprendre.

Actions

Dans le contexte de vos objectifs, quelles mesures allez-vous prendre pour vous aider à atteindre ces objectifs ? C'est la partie active du plan, qui définit les grandes lignes de la façon dont chaque action s'inscrit dans un ensemble cohérent. En fonction de la complexité de votre plan, cette section pourra comporter plusieurs parties.

Calendrier

Le calendrier est absolument essentiel au succès du plan. Vos actions devront se produire à des moments spécifiques, et ces moments doivent être clairement identifiés, dès le début. Chacun des dominos du plan doit tomber précisément au bon moment et dans le bon ordre, et ceci est peut-être l'aspect le plus important du plan. Il pourrait donc être utile que votre plan soit plutôt explicite quant à son calendrier et au fait que tout le monde devra être synchrone. Habituellement (mais pas toujours), les calendriers seront explicitement indiqués dans la feuille de calcul des tâches mentionnée ci-dessous, mais vous voudrez peut-être faire également une référence spéciale aux « calendriers » dans le plan, si cela est utile et nécessaire.

Terminologies

Assurez-vous que tout le monde utilise les mêmes terminologies, et qu'il n'y a pas deux façons de dire une même chose, car cela pourrait complètement anéantir même le plan le mieux préparé. Mettez-vous d'accord sur la description des noms de choses et de lieux. Limitez le jargon à un niveau acceptable pour tout le monde. Trop souvent, les gens perdent beaucoup de temps sur ce point alors qu'il s'agit de quelque chose de très simple. Dans certains cas, il pourrait même s'agir d'un glossaire en annexe.

Liste des tâches

Il s'agit généralement d'une feuille de calcul identifiant qui fait quoi, quand et comment, et qui inclut, éventuellement, une estimation des coûts.

Matériel de support

De quoi aurez-vous besoin : cartes, brochures, page Facebook, scripts, photos, vidéos, sites web, outils de réseaux sociaux et lettres, présentation PowerPoint ? Quels supports utiliserez-vous pour atteindre vos objectifs ?

Suivi

Cet aspect peut être plus difficile, mais il est important de rester attentif, pour savoir si vos messages clés résonnent avec les gens d'une manière qui vous permettra d'atteindre vos objectifs de communication. Avez-vous réussi, grâce à vos actions et à vos messages clés, à obtenir le changement de comportement ou d'attitude que vous aviez défini dans vos objectifs ? Si ce n'est pas le cas, quels changements ou modifications pourriez-vous introduire pour atteindre vos objectifs ? Le suivi est également quelque chose d'utile pour pouvoir éventuellement ajuster certains messages clés. Un certain nombre d'outils commerciaux des réseaux sociaux, ainsi que des outils comme Google Analytics et Facebook Statistics, peuvent vous aider à mesurer vos progrès.

Évaluation

Il s'agit d'un aspect souvent sous-estimé mais important, en particulier pour les grands projets. Il peut s'agir d'une séance de débriefing ou d'un échange d'e-mails, ou même d'une courte pause pour réfléchir à si le plan a fonctionné ou non. En d'autres termes, le plan a t il permis d'atteindre les objectifs ? Reprenez vos objectifs comme point de départ de votre évaluation. Dans les plans de communication par étapes, ce sera une bonne occasion de se regrouper et de discuter des modifications nécessaires pour la prochaine étape. Il s'agit de la dernière étape de ce qu'on appelle la « gestion adaptative » : planifier, mettre en œuvre, réaliser un suivi, évaluer, ajuster puis répéter le cycle (voir chapitres 8 et 13).

L'étude de cas 15.3. offre un exemple de plan de communication efficace.

Gestion des médias lors d'incidents majeurs

Les aires protégées du monde entier englobent une vaste gamme de paysages terrestres et marins, couvrant souvent de grandes étendues au sein desquelles des incidents, naturels ou d'origine humaine, peuvent se produire et se produisent, générant des défis majeurs pour les gestionnaires d'aires protégées, à tous les niveaux, pour gérer les impacts sur les personnes ainsi que sur l'environnement naturel. Les inondations, les tempêtes, les feux de brousse, les tremblements de terre, les tornades, les cyclones et les déversements de produits chimiques ne sont que quelques exemples des nombreuses catastrophes susceptibles de se produire, entraînant une destruction et une dévastation capable d'anéantir ou d'altérer considérablement l'environnement naturel et de mettre d'innombrables personnes en danger. Dans le cas d'événements majeurs, la réponse impliquera, très vraisemblablement, la coopération de plusieurs organismes, alors que dans le cas d'incidents à plus petite échelle, les gestionnaires d'aires protégées peuvent devoir faire face seuls aux défis complexes et difficiles de tels événements (voir le chapitre 26).

Dans chaque cas, la gestion des médias peut jouer un rôle essentiel dans l'atténuation et la prévision des dangers pour les personnes et des impacts sur l'environnement. Dans un premier temps, la protection des vies humaines et des biens est, et devrait toujours être, la priorité numéro un. À cette fin, une bonne gestion des médias jouera un rôle vital, car les médias, tant traditionnels que sociaux, sont essentiels pour fournir des informations rapidement et en temps réel. Les feux de forêt, par exemple, sont toujours des événements effrayants, mais dans des conditions extrêmes, ils peuvent être tout à fait terrifiants, même pour les pompiers vétérans. Dans un tel contexte, la gestion de l'information publique consiste à fournir des informations concises, honnêtes, exactes et opportunes, susceptibles d'aider les individus et les communautés à surmonter leurs peurs, et leur permettre de prendre de bonnes décisions au milieu du chaos. L'information publique en cas d'urgence doit éviter les mouvements de panique et la complaisance. Elle devrait permettre d'atteindre un équilibre incitant à la vigilance et obligeant les individus à se préparer. Des informations honnêtes sont critiques aux situations d'urgence, et si certains détails et faits clés sont encore inconnus, il est important de dire : « voici ce que nous savons avec certitude pour le moment », plutôt que de faire semblant de savoir ou d'omettre des informations.

Au milieu du chaos, les gens auront besoin d'informations détaillées en temps réel, pas de résumés décrivant vaguement ce qui pourrait se passer. Le choix du mode de diffusion de l'information s'avérera également essentiel, et si les médias jouent un rôle majeur, il ne sont certainement pas le seul moyen à utiliser en cas de crise. Dans le monde numérique d'aujourd'hui, les réseaux sociaux se révèlent plus importants et plus efficaces que jamais pour aider les gens à prendre ces décisions qui pourront sauver leur vie dans une situation d'urgence rapide et changeante.

En règle générale, une petite équipe ou un individu gérera l'information publique et les médias pendant une crise régionale, mais dans des conditions catastrophiques où des dommages considérables se sont produits sur une vaste zone, le nombre d'équipes pourrait augmenter, car de plus en plus de personnes seront nécessaires pour répondre à la demande croissante d'information. On ne saurait trop insister sur la nécessité d'affecter des ressources suffisantes à l'information publique. Un manque de ressources peut s'avérer désastreux en cas de crise.

Les défis auxquels une unité d'information publique devra faire face seront nombreux et variés. On ne peut pas toujours compter sur la couverture médiatique pour fournir en temps opportun des informations exactes, de sorte que les imprévus devront être planifiés. De plus en plus, dans les pays développés, de nouvelles plateformes de réseaux sociaux comme Facebook et Twitter sont utilisées pour fournir rapidement des informations, directement des organismes de gestion des crises au public affecté.

Il est important de souligner que le public veut des informations détaillées et honnêtes, liées à sa situation spécifique, et qu'il les veut en temps réel. Par exemple, dans une situation de feu de forêt, le public ne voudra pas savoir dans quelles zones le feu est déjà passé. Il voudra savoir où il va, à quelle vitesse et à quel moment il pourrait arriver à sa porte, afin qu'il soit en mesure de prendre la décision de partir ou de rester bien à l'avance, et ainsi, sauver des vies. Tous les canaux de communication devront être utilisés simultanément pour s'assurer que chaque occasion de communiquer des messages critiques est utilisée. Cela signifie également utiliser les médias traditionnels et, dans cette situation, la radio sera le moyen le plus important, car elle permettra une diffusion instantanée. De même, les plateformes de réseaux sociaux Twitter et Facebook sont très utiles, même si de plus en plus d'organismes de gestion des crises développent de nouvelles applications pouvant être installées sur les téléphones intelligents et tablettes, et fournissant à l'utilisateur un accès à des informations détaillées en temps réel. Le Service des incendies forestiers de Nouvelle-Galles du Sud (RFS) en Australie, par exemple, a développé une application appelée « Fires Near Me » (les incendies près de moi), qui fournit des informations utiles aux individus se trouvant dans les zones touchées par le feu.

Lorsque la poussière est retombée et l'urgence est passée, il est essentiel d'entreprendre une évaluation détaillée de l'effort d'information publique, afin de déterminer ce qui a fonctionné et ce qui n'a pas fonctionné, permettant ainsi d'améliorer la diffusion de l'information lors de la prochaine crise.

Un exemple de communication efficace et de gestion des médias lors d'un incident majeur est donné dans l'étude de cas 15.4.

Conclusion

Pour tout gestionnaire d'aires protégées, la collaboration avec les médias devraient faire partie d'une stratégie plus vaste de gestion intégrée. Vous aurez besoin d'une communauté qui comprenne pourquoi les aires protégées sont importantes, et que vos objectifs de gestion sont finalement bénéfiques pour l'environnement et, par conséquent, pour l'ensemble de la communauté. L'engagement des médias ne permettra pas de réaliser tout cela, mais il jouera un rôle essentiel, et ne peut être ignoré.

Les contacts avec les médias ne peuvent pas être provisoires ou partiels. Vous devez vous engager avec confiance, et avec des objectifs clairs à l'esprit. Il est également fortement recommandé de toujours réfléchir à quels autres moyens de communication pourraient vous permettre d'atteindre vos objectifs de gestion avant de contacter les médias, car une fois que vous aurez commencé à leur parler d'un sujet donné, vous ne pourrez plus revenir en arrière.

L'engagement des médias devrait faire partie d'une stratégie de communication plus générale, qui analyse les moyens de diffuser de l'information directement aux personnes et aux communautés les plus touchées par votre organisme. Beaucoup de travail doit être fait pour communiquer avec les personnes avant de commencer à communiquer avec les médias, ces derniers étant souvent la dernière étape d'un plan de communication.

Les réseaux sociaux doivent faire partie de votre stratégie de communication, et doivent être considérés différemment de la compréhension traditionnelle des « médias », afin de pouvoir utiliser une approche intégrée et complémentaire des médias et des réseaux sociaux. Les réseaux sociaux représentent une révolution de l'information qui vient tout juste de commencer. Ils évoluent très rapidement et dans toutes les directions. Il est donc utile de développer une stratégie, des systèmes et des processus solides pour les réseaux sociaux, qui sous-tendent une exécution agile et réactive des tactiques.

À bien des égards, les réseaux sociaux occupent l'espace et la fonction des médias traditionnels, consommant ce que nous décrivons aujourd'hui comme presse écrite, radio et télévision pour former une forme de communication unique, connue sous le nom de « contenu », pouvant être écrit, sonore ou visuel. Utilisez pleinement les avantages des réseaux sociaux en tant que moyen abordable de communiquer avec le monde, interagir directement avec les parties prenantes, et créer une audience d'une façon que les médias traditionnels, seuls, ne permettent pas.

Pour ceux qui gèrent nos aires protégées, se lancer dans les relations avec les médias et dans une communication plus large peut sembler une tâche ardue, et sans doute une tâche qu'ils ne pensaient pas avoir à faire lorsqu'ils ont choisi leur profession. Lorsque les ressources le permettent, il est préférable de recruter un professionnel ou d'investir dans la formation d'un membre passionné de votre équipe, afin que les médias et la communication soient un plaisir et un défi, plutôt qu'une cause de panique ou une nuisance. Une fois que vous aurez une personne qualifiée capable d'interagir avec un journaliste ou de lancer une campagne sur les réseaux sociaux, celle-ci prendra de plus en plus d'importance dans votre équipe, s'y sentira à l'aise, et comprendra l'intérêt de raconter vos histoires.

En tant que gestionnaires d'aires protégées, vous parlez au nom de la flore, de la faune et de caractéristiques géomorphologiques qui ne peuvent pas le faire par elles-mêmes. Racontez bien leurs histoires et vous augmenterez leur valeur auprès de votre communauté et de vos dirigeants.

Étude de cas 15.3 Plan de communication pour une évaluation de nature sauvage

En 1999, le Service des parcs nationaux et de la faune sauvage de Nouvelle-Galles du Sud (NPWS) fut confronté à un dilemme de communication difficile et complexe, après qu'une organisation de conservation de premier plan ait utilisé la législation étatique sur la nature sauvage pour sélectionner 17 grands sites de terres privées et publiques pour une « évaluation de nature sauvage » dans le sud-est de l'État. Les sites proposés étaient principalement des parcs nationaux, mais comprenaient également des zones de terres privées et de forêts publiques gérées principalement pour la production de bois. Un site évalué comme présentant des valeurs de nature sauvage telles que décrites dans la Loi sur la nature sauvage (*Wilderness Act*) est susceptible d'être déclaré comme Aire de nature sauvage et géré en conséquence.

Seules les activités récréatives autonomes sont autorisées dans les Aires de nature sauvage. En d'autres termes, seule la randonnée est légalement autorisée. Toutes les autres formes de loisirs sont interdites : les véhicules, l'équitation, et même le vélo (à l'époque) étaient des activités interdites dans les Aires de nature sauvage. La principale difficulté qui se présentait au NPWS du fait de cette sélection était que plusieurs centaines de propriétaires fonciers privés voyaient une partie de leurs terres « candidatées » pour une évaluation visant à déterminer si ces sites répondaient aux critères de nature sauvage, tels que définis par la loi. Fait important, bien que des terres privées puissent être candidates, elles ne peuvent pas être déclarées Aires de nature sauvage sans le consentement écrit de leur propriétaire. La principale préoccupation était que les critiques traditionnels du NPWS tenteraient probablement d'effrayer les propriétaires fonciers privés dont les terres avaient été proposées pour l'évaluation, en prétendant que le processus était une tentative du gouvernement de confisquer leurs terres une fois que celles-ci auraient été évaluées comme ayant ces valeurs de nature sauvage, même si cela était impossible sans le consentement de ces mêmes propriétaires.

Pour limiter la possibilité que cela se produise, le NPWS a élaboré un plan de communication détaillé et complet, visant principalement à apaiser les préoccupations des propriétaires fonciers privés avant que la nouvelle du processus d'évaluation de nature sauvage ne soit annoncée au grand public. Cela signifiait fournir aux propriétaires fonciers des informations détaillées expliquant clairement le processus, en soulignant que même si leurs terres étaient considérées comme présentant des valeurs de nature sauvage, elles ne pourraient pas être déclarées comme Aires de nature sauvage sans leur consentement, et qu'ils pouvaient, en fait, ignorer complètement le processus s'ils le souhaitaient. La première étape du processus d'élaboration du plan de communication autour de l'évaluation de nature sauvage fut de décider de communiquer, d'abord et avant tout, avec les personnes les plus affectées par ce qui avait été proposé : les propriétaires fonciers eux-mêmes. Une petite « équipe d'action » fut mise sur pied pour discuter et analyser les options de communication, et un plan de communication détaillé fut élaboré en étroite consultation avec les gestionnaires de terrain du NPWS, qui seraient en grande partie responsables de la mise en œuvre de ce plan. Des objectifs clairs furent définis, des messages clés furent élaborés, de même qu'une stratégie médiatique, des points de discussion pour les interviews, des cartes, des fiches d'information, des lettres aux propriétaires fonciers, des présentations PowerPoint, et une liste de tâches détaillée identifiant qui ferait quoi et quand.

La pierre angulaire du plan fut de décider que les gestionnaires de terrain du NPWS contacteraient chaque propriétaire foncier privé affecté par téléphone, au cours des quelques jours suivants, afin de leur expliquer exactement ce qui se passait, leur dire qu'ils n'avaient rien à craindre, que leurs propriétés ne pouvaient pas être déclarées Aire de nature sauvage sans leur consentement, et leur proposer des séances d'information en personne, sur le terrain, s'ils le désiraient. Pour que le plan réussisse, il était essentiel de transmettre un message clair à tous les propriétaires fonciers avant que d'autres personnes ayant un intérêt à faire échouer l'évaluation de nature sauvage aient le temps de lancer une campagne médiatique susceptible de miner sérieusement l'évaluation et d'endommager les relations entre le NPWS et les propriétés affectés. Environ 350 propriétaires fonciers furent contactés sur une période de quelques jours. Une équipe d'environ 30 agents du NPWS fut pleinement formée et reçut un script à suivre lors des appels aux propriétaires fonciers, afin de s'assurer de la cohérence du message. Une fois les propriétaires fonciers pleinement informés, une autre liste de parties prenantes importantes, grandement intéressées par l'évaluation de nature sauvage et ayant la capacité d'influencer significativement, positivement ou négativement, le débat public fut développée, bien à l'avance, et ces personnes furent également informées, mais seulement après la campagne d'information auprès des propriétaires fonciers. Une fois toutes les séances d'information terminées, en une semaine, un communiqué de presse fut finalement publié afin d'expliquer le processus d'évaluation de nature sauvage.

Lorsque l'information de l'évaluation fut finalement communiquée aux médias, tous ceux qui s'intéressaient ou pourraient être affectés d'une manière ou d'une autre par le processus étaient déjà bien informés, et surtout, les propriétaires fonciers dont les terres faisaient partie de la proposition comprenaient clairement que leurs propriétés ne pouvaient pas être déclarées Aire de nature sauvage sans leur consentement. Tout au long du processus d'évaluation, qui a duré plusieurs mois, aucun article de presse critique du NPWS ou du processus ne fut diffusé ou publié, et ce, parce que les messages clés furent transmis clairement aux personnes qui comptaient le plus : les propriétaires fonciers. La principale raison pour laquelle ce plan de communication connut un tel succès est que les personnes les plus touchées par le processus d'évaluation de nature sauvage, les propriétaires fonciers, avaient été informées directement, avant quiconque, de ce qui se passait et de la façon dont cela les affecterait ou ne les affecterait pas. Ceux-ci ne se sont pas réveillés, un matin, en lisant une histoire légèrement biaisée ou potentiellement critique dans un journal.

Une réunion d'évaluation de l'ensemble du processus fut organisée, à laquelle participèrent tous les membres du personnel, et il fut universellement admis que l'approche directe, bien que novatrice à l'époque, fut essentielle au succès du plan. Fait intéressant, tous les employés ayant participé au processus d'information téléphonique indiquèrent que la réponse des propriétaires fonciers contactés avait était parfois teintée de surprise, mais aussi très reconnaissante de l'attention et de l'information reçues.

Étude de cas 15.4 Information publique et gestion des médias lors d'un incendie majeur

En janvier 2003, dans des conditions météorologiques épouvantables, la foudre a déclenché 45 feux de forêt distincts dans le parc national de Kosciuszko, une zone de 675 000 hectares dans le sud de Nouvelle-Galles du Sud, en Australie, ainsi que des centaines d'autres incendies en Nouvelle-Galles du Sud et dans l'État du Victoria, au sud. Les autorités de lutte contre les incendies furent confrontées à une demande sans précédent d'information de la part d'une multitude de petites communautés, de cantons et de propriétaires fonciers autour du parc.

Une unité d'information publique (UIP) fut rapidement créée, dans le cadre de la structure principale de l'équipe de gestion de crise mise en place pour gérer l'incident. À son apogée, l'équipe comptait jusqu'à 16 employés. L'objectif principal de l'UIP était de veiller à ce que les communautés locales soient dûment préparées et tiennent compte de toutes les éventualités au cas où elles seraient touchées par un feu de forêt.

Les défis auxquels fut confrontée l'UIP furent nombreux et variés. L'attention des médias nationaux ne se concentra pas sur les incendies du parc national de Kosciuszko, mais plutôt sur les incendies plus proches des grands centres urbains, où un nombre beaucoup plus important de personnes et d'habitations étaient menacées, de sorte que les communautés adjacentes au parc national de Kosciuszko ne prirent pas pleinement conscience de la gravité de la situation, et ne comprirent donc pas pleinement la nécessité de se préparer à la menace d'un incendie.

Bien que les médias restent l'outil traditionnel pour diffuser rapidement des informations critiques, ils présentent également des limites évidentes. Les histoires sont souvent réécrites, réinterprétées et homogénéisées afin de rationaliser le produit. Le contrôle des heures et de la fréquence de diffusion est également limité. En réponse, l'UIP adopta des moyens supplémentaires pour s'assurer que tous les membres de la communauté aient accès à des informations détaillées.

La pierre angulaire de la campagne d'information de l'UIP fut le *Résumé des faits sur les incendies*, un document contenant des faits sur les incendies, leur état, les stratégies de lutte utilisées, les prévisions météorologiques, la fermeture de routes, les dernières informations des services d'urgence, des informations sur la gestion du bétail, des avertissements sanitaires, ainsi que tout autre détail susceptible d'aider les communautés locales. Une carte, mise à jour quotidiennement pour fournir une aide visuelle à la compréhension de l'évolution des incendies, accompagnait tout cela. Il est important de noter que ces documents était transmis par fax et par e-mail à une liste de parties prenantes en constante évolution. Aujourd'hui, bien sûr, une grande partie de tout cela serait diffusé via toute une gamme de réseaux sociaux, directement sur des téléphones intelligents et tablettes, mais le principe, en ce qui concerne la qualité et la nature de l'information ainsi que le public cible, reste le même.

Le résumé et la carte, mis à jour deux fois par jour pendant la période de pointe de l'urgence, furent publiés sur un certain nombre de sites web. Les e-mails permirent de diriger l'information spécifiquement vers un public très large mais ciblé. Ils contenaient des détails que les médias ne pouvaient pas diffuser avec la même fréquence ou à un public aussi spécifique, et ils pouvaient facilement être renvoyés à d'autres personnes. Cela permit de diffuser une information actualisée, de façon pratiquement instantanée, à un grand nombre de personnes ayant un intérêt particulier pour la crise en cours. Selon les estimations, entre 10 000 et 40 000 personnes recevaient ces information chaque jour, mais ce chiffre a pu être facilement sous-estimé.

Chaque jour, des copies papier du *Résumé des faits sur les incendies* et de la carte étaient agrandies et affichées dans 75 endroits bien visibles, dans toute la région, comme les bureaux de poste, les magasins généraux et les pubs. L'UIP diffusa également un total de 21 000 bulletins aux communautés périphériques, et organisa 18 réunions publiques pour 3 000 personnes, ainsi que des séances d'information régulières avec les principales parties prenantes locales, et assura un flux constant d'annonces de service communautaire sur les radios locales. Les interviews avec les médias furent constantes, tout au long de la journée et de la nuit.

Un service téléphonique d'information publique, 24 heures sur 24, et largement mis en avant, fut un autre moyen efficace de fournir des informations au public. Ses opérateurs travaillaient à partir du *Résumé des faits sur les incendies* et de la carte, et étaient informés au fur et à mesure de l'évolution de la situation. Le service reçut plus de 20 000 appels au plus fort de la crise.

Des agents de liaison de terrain de l'UIP furent envoyés dans des zones périphériques menacées, tandis que d'autres membres du personnel de l'unité téléphonaient à plusieurs centaines de propriétaires fonciers sur des propriétés adjacentes au parc, afin de vérifier la vulnérabilité et la capacité de chacun à défendre sa propriété. Dans de nombreux cas, l'UIP pu apaiser les craintes immédiates, offrir des conseils et évaluer le risque relatif pour différentes personnes.

Après les feux de forêt de Kosciuszko, une analyse détaillée de la performance et des résultats de l'UIP révéla que la communauté était extrêmement satisfaite de la façon dont l'information publique avait été fournie pendant les incendies. Le *Résumé des faits sur les incendies* s'avéra être l'outil d'information le plus populaire, tandis que les e-mails, les sites web, la ligne d'information publique ouverte 24 heures sur 24 et la radio furent considérés comme des moyens utiles d'accéder à l'information.

L'UIP avait permis à la communauté d'être bien informée sur la façon de se préparer à la menace des incendies, et cela fut possible grâce à une approche multiforme de la gestion de l'information, qui permit de tirer le meilleur parti de la technologie internet à l'époque.

Cet événement a eu lieu à une époque antérieure aux applications mobiles et à la nature très avancée de l'internet d'aujourd'hui. Si cela devait se produire à nouveau, toute une gamme d'outils de réseaux sociaux supplémentaires seraient déployés, mais ce cas illustre la nécessité de trouver un large éventail de canaux de communication, afin de s'assurer que le plus grand nombre possible de personnes puissent être contactées rapidement, et que l'équipe de gestion de l'information publique dispose de toutes les ressources possibles pour accomplir la tâche qui lui est confiée.

Incendies dans les Alpes australiennes en 2003. Parc national de Kosciuszko

Source : Michelle Watson

Médias lors de la cérémonie d'ouverture du Congrès mondial de la nature de l'UICN 2008 à Barcelone, Espagne. Les retransmissions en direct de ces événements d'importance mondiale garantissent que les messages du Congrès de l'UICN soient transmis instantanément aux publics du monde entier, touchant ainsi beaucoup plus de personnes que celles présentes sur place

Source : Graeme L. Worboys

Utilisation des médias pour communiquer un message de manière spectaculaire lors du Congrès mondial des parcs de l'UICN de Sydney 2014, où la directrice générale de l'UICN, Julia Marton-Lefèvre, et le président de la CMAP-UICN, Ernesto Enkerlin, discutent en direct avec un plongeur, sous l'eau, à l'exposition Aquarium de coraux vivants, au siège de l'Autorité de gestion du parc marin de la Grande Barrière de corail, à Townsville, Queensland. La conversation a permis de renforcer les messages clés sur l'importance du parc marin de la Grande Barrière de corail, un site du Patrimoine mondial, et la nécessité de le protéger de toute menace

Source : Graeme L. Worboys

Références

Lectures recommandées

Farmery, A. (2014) *The Engaging Brand Podcasts*. <www.blubrry.com/engaging/>

Jackobson, S. K. (2009) *Communication Skills for Conservation Professionals*, 2e Ed., Island Press, Washington, DC.

Newsmaker (2013) *Newsmaker Australian Media Survey 2013*. <www.newsmaker.com.au>

Pearson, M. et Polden, M. (2011) *The Journalist's Guide to Media Law*, 4e Ed., Allen & Unwin, Sydney.

Scott, D. M. (2014) *Web Ink Now Blog*. <www.webinknow.com/>

Tymson, C., Lazar, P. et Lazar, R. (2006) *The New Australian and New Zealand Public Relations Manual*, Tymson Communications, Sydney.

CHAPITRE 16

GESTION DES MENACES

Auteurs principaux :
V. B. Mathur, Malvika Onial et Geoffroy Mauvais

TABLE DES MATIÈRES

UICN CMAP COMMISSION MONDIALE DES AIRES PROTÉGÉES Convention sur la diversité biologique

AUTEURS PRINCIPAUX

VINOD MATHUR est directeur du Wildlife Institute of India, Dehradun, vice-président régional de la Commission mondiale des aires protégées de l'Union internationale pour la conservation de la nature (CMAP-UICN), et membre du groupe d'experts multidisciplinaire du Groupe intergouvernemental sur la biodiversité et les services écosystémiques des Nations unies.

MALVIKA ONIAL est consultante au Wildlife Institute of India, Dehradun, où elle analyse et rend compte des engagements de l'Inde dans le cadre de la Convention sur la diversité biologique.

GEOFFROY MAUVAIS est vétérinaire, basé à Nairobi, et a rejoint l'UICN en 2006, où il dirige le Programme sur les aires protégées africaines et la conservation.

REMERCIEMENTS

Les auteurs souhaitent remercier les personnes et organisations suivantes, qui ont contribué à l'élaboration de ce chapitre et de ses études de cas : Ashish Kothari (CMAP-UICN), Ninad Sastry Mungi, Qamar Qureshi et Asha Rajvanshi (Wildlife Institute of India), et Graeme Worboys (CMAP-UICN).

CITATION

Mathur, V. B., Onial, M. et Mauvais, G. Managing threats. In Worboys, G. L., Lockwood, M., Kothari, A., Feary, S. et Pulsford, I. (éd.) *Gouvernance et gestion des aires protégées*. Canberra : ANU Press, 2020. doi.org/10.22459/GGAP.16

PHOTO DE LA PAGE DE TITRE

Visiteurs à Ta Prohm près d'Angkor Wat, au Cambodge, un site du Patrimoine mondial : le nombre de personnes et la fréquence des visites dans les destinations culturelles (et naturelles) peuvent constituer une menace pour les valeurs de ces destinations, et ces aspects doivent faire l'objet d'une gestion active
Source : Graeme L. Worboys

Introduction

Les aires protégées visent *notamment* à assurer la persistance de la biodiversité et la conservation du patrimoine naturel et culturel. Bien que la définition des aires protégées (voir chapitre 2) puisse être interprétée de plusieurs façons, le concept d'aires protégées a été adopté par les pays du monde entier, et adapté en fonction de leurs contextes nationaux ou locaux spécifiques. Les aires protégées remplissent d'importantes fonctions de conservation et protègent la biodiversité, en particulier contre les destructions aveugles. Cependant, même lorsque les aires protégées semblent maintenir leurs valeurs, elles peuvent subir des changements et des déclins imperceptibles, conduisant à des « forêts à moitié vides » et à une perte de biodiversité (Peres et Palacios, 2007). Partout dans le monde, les aires protégées sont en proie à une foule de menaces qui affaiblissent les objectifs de conservation. La gestion des aires protégées doit développer les capacités et appliquer des approches novatrices et adaptatives pour gérer toute une gamme de menaces complexes et souvent interdépendantes, qui non seulement découlent de questions propres à une aire protégée individuelle, mais sont également motivées par des facteurs bien au-delà des limites et du contrôle des aires protégées.

Le présent chapitre fournira d'abord une description des menaces qui pèsent sur les aires protégées, et proposera une classification de la nature et des caractéristiques de ces menaces, à partir de la classification des menaces des aires protégées donnée par Worboys et al. (2006). Il discutera ensuite des approches génériques permettant de répondre aux menaces telles que les empiètements sur les aires protégées, la consommation par l'homme des actifs écologiques, le braconnage de la faune, l'utilisation d'engrais (dépôts d'azote), la surexploitation des stocks de pêche et les changements climatiques. À titre d'exemple concret, il se concentrera sur le processus de gestion des menaces liées aux espèces envahissantes, à partir d'expériences en Afrique et en Asie, cette menace pour la biodiversité ayant été identifiée comme l'une des principales pressions mondiales (Butchart et al., 2010). Les conflits homme–faune seront également utilisés comme un exemple de la façon d'aborder une menace. Enfin, le chapitre abordera l'importance et l'application des principes de bonne gouvernance à la gestion des menaces.

Classification des menaces

La Convention sur la diversité biologique (CDB) définit une menace à une aire protégée comme « toute activité humaine ou tout processus connexe ayant un impact négatif sur les caractéristiques clés de la biodiversité, les processus écologiques ou les biens culturels au sein [de cette] aire protégée » (CDB, 2014a). Les menaces qui pèsent sur les aires protégées peuvent également découler de causes et d'événements naturels tels que les incendies naturels, les tremblements de terre, les inondations, etc. Les menaces mettent en péril les valeurs de l'aire protégée (voir chapitre 6) et y sont étroitement liées. Ainsi, elles sont de nature très diverse, et ce qui peut constituer une menace à un endroit peut ne pas être considéré comme tel dans une autre aire protégée, ou peut évoluer au fil du temps et devenir une menace. Il est difficile d'établir une liste globale complète des menaces pesant sur les aires protégées, bien que divers cadres d'évaluation des menaces tentent de classer et d'évaluer les menaces à la biodiversité, aux écosystèmes et aux aires protégées.

Différentes perspectives ont été utilisées pour cela (Carey et al., 2000 ; MEA, 2005 ; Salafsky et al., 2008 ; WWF, 2012). Le Partenariat pour les mesures de conservation (CMP) de l'Union internationale pour la conservation de la nature (UICN), par exemple, a élaboré une classification des menaces à la biodiversité, afin de fournir un système unifié de classification de ces menaces à l'échelle mondiale (Salafsky et al., 2008). Cette classification unifiée des menaces et actions est construite de manière échelonnée, les menaces directes étant classées en trois niveaux (analogues aux familles, genres et espèces dans le système linnéen de classification biologique). Cela signifie qu'une menace pour la biodiversité identifiée au premier niveau est subdivisée en plusieurs entrées de deuxième niveau, qui sont à leur tour subdivisées au troisième niveau (figure 16.1).

En ce qui concerne spécifiquement les aires protégées, Worboys et al. (2006) ont élaboré une classification des menaces et des causes sous-jacentes à ces menaces, directes et indirectes, pesant sur les aires protégées. Cette classification, bien qu'elle ne soit pas organisée de manière hiérarchique ou par niveaux, comme la classification de Salafsky et al. (2008), partage une approche conceptuelle similaire pour analyser les menaces directes et indirectes pesant sur les aires protégées, identifier les causes sous-jacentes et gérer les aires protégées par des actions de conservation visant à faire face à ces menaces. Worboys et al. (2006), en particulier, distinguent les menaces directes et indirectes par leurs caractéristiques spatiales, comme expliqué dans la section suivante.

Envisager les menaces grâce à un tel cadre peut permettre aux gestionnaires d'aires protégées et au personnel de terrain d'identifier les menaces dans leurs aires protégées, d'en savoir plus sur d'autres aires protégées et sur les types de menaces auxquelles celles-ci sont confrontées, ainsi que sur la façon d'y faire face. Les menaces ont également été classées en menaces externes et internes dans le contexte des Aires du patrimoine autochtone et communautaire (APAC), souvent

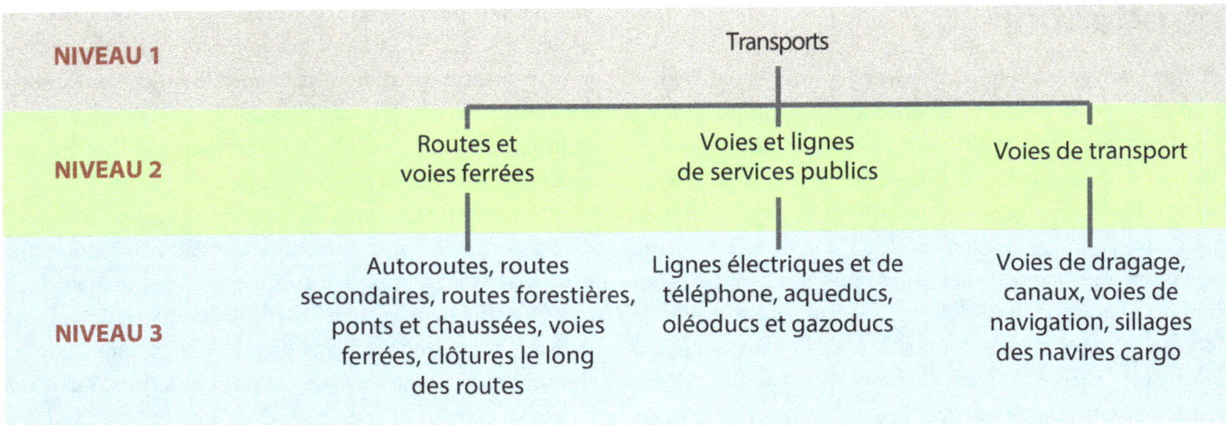

Figure 16.1 Exemple de classification des menaces à trois niveaux

Source : Adapté de Salafsky et al. (2008)

Malgré tous les efforts des gestionnaires d'aires protégées, les déchets (comme dans cette aire protégée en Asie) sont une source constante de frustration et représentent un coût réel pour la gestion active des aires protégées

Source : Graeme L. Worboys

différemment vulnérables aux impacts négatifs des menaces que les autres types d'aires protégées (encadré 16.1).

Menaces directes

Les menaces directes résultent d'activités ou de processus humains immédiats (en général, à l'intérieur de l'aire protégée) causant la dégradation des valeurs de l'aire protégée et entravant les progrès vers ses objectifs de conservation. Les menaces directes peuvent souvent être, mais pas toujours, causées par des activités humaines susceptibles d'être résolues par des interventions de gestion appropriées. Les menaces directes résultent également d'événements naturels tels que les incendies, les tsunamis, ou autres événements naturels extrêmes ou catastrophes. Les menaces directes vont de la pollution d'un site, du pompage de l'eau et du développement d'infrastructures touristiques dans une aire protégée, aux activités illégales et espèces envahissantes, en passant par les guerres et autres conflits civils.

Le tableau 16.1 fournit une description des menaces directes et de leurs conséquences pour les aires protégées, et l'étude de cas 16.1 illustre le cas d'une menace directe (le braconnage) dans le réseau national d'aires protégées du Ghana.

Menaces indirectes

Les menaces indirectes sont celles qui proviennent de l'extérieur des aires protégées, mais qui affectent les valeurs situées à l'intérieur des aires protégées et compromettent leurs objectifs de conservation (tableau 16.2). Les menaces indirectes incluent les changements climatiques (voir le chapitre 17) et les activités hors site telles que la pollution, l'endiguement des cours d'eau, le détournement de l'eau, l'utilisation de pesticides dans les cultures ou les changements d'utilisation des terres autour de l'aire protégée. Elles sont

Tableau 16.1 Menaces pesant sur les aires protégées : exemples de menaces directes

Menace directe	Conséquences potentielles	Chapitre(s) correspondant(s) dans ce livre
Pollution des sites, impacts de produits chimiques	Dommages aux écosystèmes naturels et aux espèces, aux valeurs du tourisme et des loisirs, à la santé humaine	19, 20, 23, 24
Barrages / détournements de cours d'eau et de rivières, pompage d'eaux souterraines	Dommages aux écosystèmes naturels et aux espèces, blocage des voies de migration	19
Surpâturage	Dommages aux écosystèmes naturels et aux espèces, aux valeurs du tourisme et des loisirs	25
Exploitation minière	Dommages aux écosystèmes naturels et aux espèces, aux valeurs du tourisme et des loisirs, au patrimoine culturel	25
Infrastructures et développement industriel à l'intérieur de l'aire protégée	Dommages aux écosystèmes naturels et aux espèces, au patrimoine culturel	24
Tourisme non durable	Dommages aux écosystèmes naturels et aux espèces, au patrimoine social et culturel	23
Extraction excessive de ressources, surexploitation, y compris le braconnage, la chasse, la pêche, l'extraction de fourrage et de bois de chauffage, l'exploitation forestière (légale et illégale)	Dommages aux écosystèmes naturels et aux espèces, au patrimoine culturel, au tourisme et aux valeurs récréatives	25
Guerre et troubles civils	Dommages aux écosystèmes naturels et aux espèces, au patrimoine social et culturel, aux infrastructures, à la vie humaine	26
Mesures, processus et ressources techniques et de gestion des aires protégées inadéquats ou incompétents	Dommages aux écosystèmes naturels et aux espèces, au patrimoine social et culturel, aux infrastructures, à la vie humaine	8, 12, 13, 24
Espèces envahissantes de plantes et d'animaux	Dommages aux écosystèmes naturels et aux espèces	21
Événements naturels catastrophiques sur site (incendie, inondation, tremblements de terre, activité volcanique)	Dommages aux écosystèmes naturels et aux espèces, aux infrastructures, aux biens et à la vie humaine	24, 26

Source : Adapté de Worboys et al. (2006)

incompatibles avec les aires protégées et réduisent également la connectivité du paysage.

Causes sous-jacentes

Les causes sous-jacentes sont les facteurs à l'origine des menaces pesant sur les aires protégées. Il s'agit généralement de facteurs économiques, sociaux, politiques, institutionnels ou culturels qui contribuent de manière interdépendante à créer une ou plusieurs menaces directes ou indirectes. Parmi les nombreuses causes sous-jacentes des menaces figurent la croissance démographique, l'augmentation de la consommation, les aspirations et activités de développement économique, la faiblesse ou l'inadéquation des systèmes juridiques, la puissance des intérêts particuliers, les déséquilibres de pouvoir, les mauvaises prise de décisions, le manque de volonté politique, l'absence ou la faiblesse des régimes juridiques et fonciers, l'échec des politiques et les valeurs contradictoires ou opposées. L'étude de cas 16.2 fournit un exemple d'opposition entre conservation et industries extractives en Guinée. Le manque d'information, de sensibilisation et d'éducation, ainsi qu'un financement inadéquat de la conservation sont également des problèmes (tableau 16.3).

Étude de cas 16.1 Évaluation des menaces pesant sur les aires protégées au Ghana : le cas du braconnage

Les trois principales menaces identifiées dans le réseaux d'aires protégées du Ghana par la méthode d'Évaluation rapide et définition de priorités pour la gestion des aires protégées (Rapid Assessment and prioritization of Protected Area Management - RAPPAM), menée en décembre 2009, sont le braconnage, les feux de brousse et la conversion des terres principalement due à l'agriculture autour des aires protégées (figure 16.2). Les autres menaces identifiées incluent la pêche illégale, les espèces envahissantes (plantes) et la pollution, mais celles-ci affectent les aires protégées de façon moins importante. Le braconnage est la menace la plus largement distribuée, et son intensité varie d'un parc à l'autre.

En effet, le braconnage est présent, à différents degrés, dans toutes les aires protégées du Ghana (figure 16.3). Il est particulièrement élevé dans le parc national de Kakum, malgré la bonne stratégie d'application de la loi en place, et également présent dans les parcs nationaux d'Ankasa, de Shai Hills et de Mole. La demande de viande de brousse est très forte, dans tout le pays. Le rotin est braconné pour l'artisanat, l'éléphant est braconné pour ses défenses et le léopard pour sa peau. À Bia, l'abattage d'animaux provient principalement de conflits homme-faune. À Kyabobo, cette pression est très faible, malgré la forte demande de viande de brousse. Cela est dû au renforcement des mesures d'application de la loi, ayant entraîné une réduction importante des activités de braconnage. De plus, le parc a encouragé la création de comités communautaires de gestion des ressources, qui réglementent la récolte des produits forestiers non ligneux, contribuant ainsi à réduire les effets du braconnage. Dans le cas de Bia, de petits marchés locaux, près des frontières internationales, sont grandement impliqués dans le commerce de viande de brousse. Les populations d'animaux sauvages en dehors des limites des parcs étant limitées, les aires protégées représentent la principale source de viande de brousse, principalement destinée à répondre aux besoins en protéines de la population locale.

Source : UICN PAPACO (2010)

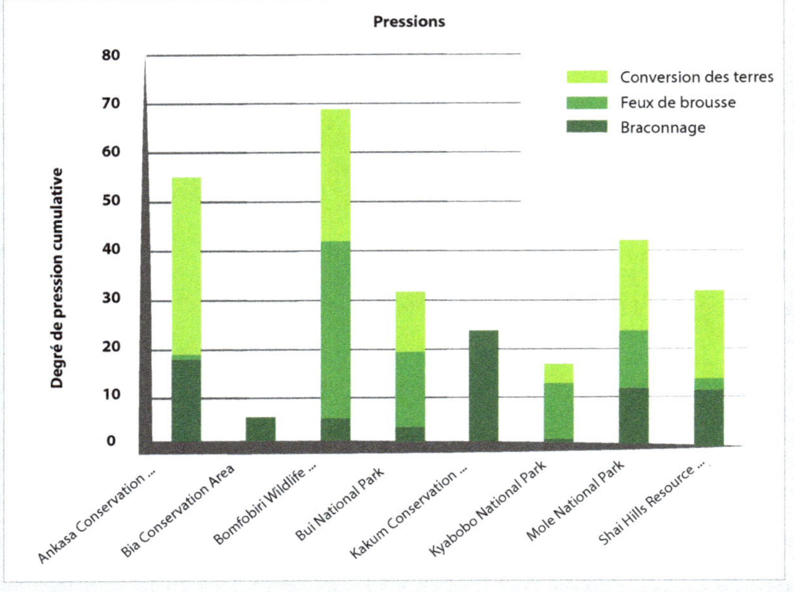

Figure 16.2 Principales menaces pesant sur le réseau d'aires protégées du Ghana

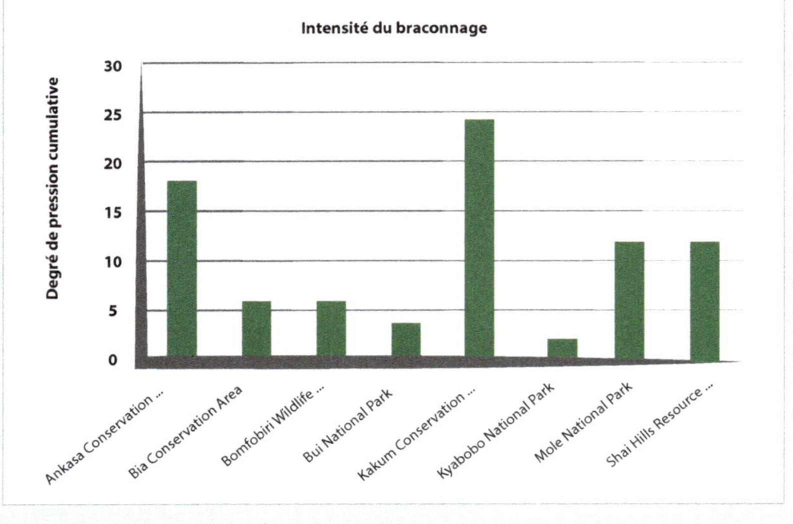

Figure 16.3 Intensité du braconnage dans les aires protégées du Ghana

Tableau 16.2 Menaces pesant sur les aires protégées : exemples de menaces indirectes

Menace indirecte	Conséquences potentielles	Chapitre(s) correspondant(s) dans ce livre
Pollution hors site	Eaux polluées affectant les écosystèmes marins ou terrestres et les espèces dans les aires protégées, air pollué affectant les écosystèmes et les espèces	19, 20, 24
Barrages hors site sur les fleuves et les rivières, détournement d'eau, pompage d'eaux souterraines	Insuffisance des ressources en eau ou perturbation des régimes hydrologiques et des sols, et des dépôts de nutriments pour la faune sauvage dans les aires protégées, blocage des voies de migration, dommages aux écosystèmes naturels	19
Utilisation inappropriée des terres et de la mer	Changement d'affectation des terres, perte et fragmentation des habitats dues aux établissements humains, développement urbain, agriculture, extraction de ressources	27
Changements climatiques	Changements dans les habitats et la répartition et l'abondance des espèces, risque accru d'extinction des espèces Changements dans les régimes de précipitations, le débit des cours d'eau, les schémas d'inondation, la répartition des glaces, la fréquence et la gravité des tempêtes/autres phénomènes météorologiques extrêmes, la fréquence et gravité des incendies Inondation des zones de faible altitude par l'élévation du niveau de la mer Impact sur les coraux, blanchiment des coraux	17

Source : Adapté de Worboys et al. (2006)

Une voiture, détruite et pillée, abandonnée dans une zone de bush protégée dans le sud de Nouvelle-Galles du Sud, Australie : l'interface zone urbaine/aire protégée est particulièrement victime de ces actes illégaux, et les rangers doivent constamment recueillir ces déchets

Source : Graeme L. Worboys

Tableau 16.3 Menaces pesant sur les aires protégées : exemples de causes sous-jacentes

Cause sous-jacente	Conséquences potentielles	Chapitre(s) correspondant(s) dans ce livre
Croissance démographique	Consommation non durable des ressources naturelles, production de déchets	5
Augmentation de la consommation, aspirations matérielles	Consommation non durable des ressources naturelles, production de déchets	5
Systèmes économiques inadéquats, croissance économique inéquitable, mécanismes socioéconomiques, politiques et de gouvernance inappropriés	Absence de prise en compte intégrale des coûts et avantages environnementaux Pauvreté et absence de choix, manque d'options pour adopter des pratiques durables Possibilité pour les plus riches d'extraire des ressources sans contrainte Subventions préjudiciables, absence d'incitations pour des activités respectueuses de l'environnement Manque de ressources pour la gestion et la conservation des aires protégées Gestion, propriété et partage des coûts et des avantages inéquitables Les profits sont la première priorité	5
Systèmes juridiques et politiques inadéquats	Politiques ne permettant pas d'assurer la protection de l'environnement Absence de volonté et d'engagement politiques Prévalence de la corruption conduisant à l'échec de l'application de la loi, de la gestion et de la gouvernance Régimes juridiques et fonciers faibles, inexistants ou inappropriés sur les terres et les ressources Absence de reconnaissance ou reconnaissance faible ou inappropriée des pratiques de conservation des acteurs non gouvernementaux, y compris les peuples autochtones et les communautés locales Contrôle excessivement centralisé, manque de participation publique à la gouvernance	5
Rupture ou dysfonctionnement des relations sociales, culturelles ou politiques	Guerre, conflits et troubles civils entravant la gestion des aires protégées ou détruisant les aires protégées	5
Valeurs et attitudes incompatibles avec les objectifs de conservation	Atteinte à la gestion des aires protégées, échec de la conservation	5
Gouvernance et gestion inappropriées	Politiques et actions de gestion préjudiciables, mauvaise planification, mauvaise mise en œuvre, exécution incompétente, gouvernance inique ou mauvaise	7, 8, 12, 13
Manque d'information, de connaissances et d'éducation, reconnaissance insuffisante des systèmes de connaissances pertinents	Manque de sensibilisation aux menaces qui pèsent sur les valeurs et avantages des aires protégées	5, 6, 11
Manque de capacités techniques et humaines, faibles niveaux de ressources humaines pour la gestion des aires protégées	Identification inadéquate ou incorrecte des problèmes et solutions aux défis environnementaux, réponse de gestion inadéquate, incapacité de mise en œuvre	8, 9, 10, 12, 13

Source : Adapté de Worboys et al. (2006)

Étude de cas 16.2 Le Mont Nimba : un site du Patrimoine mondial sous forte pression

La réserve naturelle intégrale du Mont Nimba a été classée comme réserve de biosphère et site du Patrimoine mondial de l'Organisation des Nations unies pour l'éducation, la science et la culture (UNESCO) en 1981. Elle se situe entre la Côte d'Ivoire, la Guinée et le Liberia. Le Mont Nimba est à la fois un écosystème très riche et spécifique, et une très grande réserve de minerai de fer. En théorie, le Mont Nimba est totalement protégé, mais des gisements de fer sont exploités à la fois au Liberia, avec une voie ferrée reliant le Mont Nimba au port minier de Buchanan, et en Guinée, où une zone à forte minéralisation a été déclassée du Patrimoine mondial pour permettre sa prospection. Compte tenu de l'instabilité économique et politique du Libéria, la Guinée prévoit de construire plus de 1 000 kilomètres de voie ferrée entre le Mont Nimba et le port minier de Kamsar. La ligne prévue passerait le long de la limite de la réserve naturelle intégrale de la chaîne de montagnes de Ziama.

En Guinée, et depuis plus de 20 ans, l'extraction du minerai de fer du Mont Nimba est un sujet de discorde entre militants écologistes et partisans de l'exploitation minière. D'un côté, on trouve un écosystème montagneux unique abritant des espèces endémiques, et en particulier le crapaud du Nimba (*Nimbaphrynoides occidentalis*) et le micropotamogale de Lamotte (*Micropotamogale lamottei*). L'altitude du Mont Nimba influence le climat de la région. De l'autre, on trouve un projet d'une valeur de plusieurs milliards de dollars (la voie ferrée et le port en eau profonde de Conakry ont été estimés à 4 milliards de dollars américains en 2008, auxquels s'ajoutent plusieurs centaines de millions de dollars pour développer la mine elle-même), avec des dizaines de milliers d'emplois et de bénéfices garantis sur environ 20 ans.

À ce jour, le projet est freiné par son coût d'investissement élevé. Si, toutefois, le cours actuel des métaux se maintient, le projet pourrait bientôt commencer. Du côté ivoirien, des prospections préliminaires ont également été signalées.

Source : UICN PAPACO (2014)

Bien que les menaces identifiées dans les tableaux 16.1, 16.2 et 16.3 aient été présentées comme des problèmes individuels, pour les gestionnaires, elles sont souvent interdépendantes et intimement liées. Par exemple, les menaces pour les aires protégées associées aux loisirs et au tourisme peuvent inclure le développement d'infrastructures, une fragmentation due aux routes et aux lignes électriques, une pollution, un risque accru d'incendie de forêt, la chasse et la pêche, et l'augmentation des populations humaines dans les zones adjacentes.

L'évaluation et la planification d'une gestion améliorée doivent tenir compte des interrelations entre les menaces et identifier leurs causes profondes, si l'on veut concevoir et mettre en œuvre des solutions de gestion efficaces et durables. De plus, de nombreuses menaces sont liées à l'interface entre conservation et bien-être humain, et sont donc très difficiles à résoudre. Cela est encore plus vrai dans les régions où la population augmente rapidement et dans les économies en développement. De nombreuses autres menaces sont liées à des schémas de développement et de consommation profondément ancrés et difficiles à modifier, ce qui est particulièrement le cas dans les pays industrialisés et parmi les populations riches de tous les pays. Certaines des menaces auxquelles sont confrontées les APAC sont décrites dans l'encadré 16.1.

Évaluation et gestion des menaces

Selon le Programme de travail sur les aires protégées (PoWPA) de la CDB, une évaluation des menaces pesant sur une aire protégée devrait inclure une analyse du type, de l'étendue et de l'impact d'une série de menaces sur la santé et l'intégrité de la biodiversité à l'intérieur de l'aire protégée (CBD, 2014a). Les étapes typiques de l'évaluation des menaces à la biodiversité des aires protégées sont décrites à la figure 16.4.

Un certain nombre d'outils de gestion ont été développés pour évaluer ces menaces, et certains d'entre eux sont disponibles sur le site web de la CDB (CBD, 2014b), y compris un cours en ligne sur la gestion des menaces. D'autres outils sont inclus dans les évaluations de l'efficacité de la gestion des aires protégées (voir chapitre 28), tels que l'Outil de suivi de l'efficacité de la gestion et la méthodologie d'Évaluation rapide et de définition de priorités pour la gestion des aires protégées (RAPPAM). Dans ces outils, les menaces sont généralement liées aux valeurs que l'aire protégée tente de conserver, comme en témoigne le parc national de Kakum, au Ghana (étude de cas 16.3).

Planifier des mesures de conservation pour faire face aux menaces

Les mesures générales de gestion incluent l'établissement de priorités, l'élaboration d'une analyse de situation, la conception et la mise en œuvre d'un plan stratégique, l'élaboration et la mise en œuvre d'un plan de suivi et l'analyse et la communication des résultats (CMP, 2013). Elles incluent également la collecte de fonds, la production de rapports, le travail administratif, et le développement et la gestion des institutions associées à une aire protégée. La création ou le renforcement de structures institutionnelles peuvent parfois être nécessaires à cette fin. Les actions de conservation spécifiques, en revanche, sont des interventions caractéristiques pour contrer des menaces définies à la

Encadré 16.1 Menaces pesant sur les Aires du patrimoine autochtone et communautaire

L'UICN définit les APAC comme « des écosystèmes naturels ou modifiés abritant une biodiversité importante, des valeurs écologiques et culturelles connexes, volontairement conservées par les peuples autochtones et les communautés locales par le biais de lois coutumières ou autres moyens efficaces » (Kothari et al., 2012:16). Elles sont de plus en plus reconnues comme des zones de grande diversité biologique et culturelle, ayant non seulement besoin d'une reconnaissance appropriée, mais également d'un soutien afin de lutter contre les menaces à leur existence. Les principales menaces qui pèsent sur les APAC ont été classées en deux catégories : les menaces indirectes (ou externes, c'est à dire les menaces provenant d'acteurs ou de phénomènes extérieurs), et les menaces directes (ou internes, c'est à dire provenant de la communauté ou des personnes).

Menaces directes

- **Inégalités entre les classes économiques et sociales et entre les hommes et les femmes** au sein de la communauté, conduisant à des conflits sur la gestion des ressources naturelles et les avantages découlant de leur utilisation.
- **Évolution des valeurs**, intégration dans la société et l'économie dominantes, perte d'intérêt pour les connaissances et les pratiques traditionnelles, et perte de la langue d'origine du groupe, en particulier chez les jeunes.
- **Croissance démographique** ou, inversement, dépeuplement entraînant une pression accrue sur les ressources naturelles des APAC ou la perte de connaissances traditionnelles et des dispositions institutionnelles, respectivement.

Menaces indirectes

- **Absence de reconnaissance ou reconnaissance inappropriée** de l'APAC par l'État ou la société civile, la rendant vulnérable à d'autres menaces telles que celles liées aux changements d'affectation des terres. Par exemple, en Iran, il n'existe pratiquement aucune reconnaissance officielle des APAC, et le contrôle de la gestion des ressources naturelles demeure l'exclusivité de l'État, en dépit de peuples nomades ayant conservé les terres de pâturage pendant de longues périodes.
- **Régimes juridiques ou fonciers faibles ou inadéquats** concernant les APAC et leurs ressources. Par exemple, en Afrique subsaharienne, les droits fonciers coutumiers et les régimes de gouvernance de propriété commune des ressources naturelles demeurent largement non-reconnus, et les communautés sont, en pratique, locataires de l'État.
- **Processus de développement et d'exploitation des ressources,** tels que l'exploitation minière et l'extraction de combustibles fossiles, l'exploitation forestière, la pêche industrielle, le dragage, la conversion en monocultures (y compris les cultures d'agro-combustibles), les barrages, l'urbanisation, les routes, les ports, les aéroports et le tourisme). Par exemple, dans de nombreux pays, les barrages ont entraîné une perte de biodiversité, le déplacement de communautés locales ou de peuples autochtones et une perte de patrimoine culturel.
- **Pression croissante sur les ressources** en raison des exigences plus générales de l'économie de marché externe. Par exemple, en Australie, les emplois et autres avantages offerts par les sociétés minières gagnent souvent la résistance des propriétaires fonciers traditionnels, malgré leur droit de veto contre l'exploitation minière sur leurs terres.
- **Empiétements sur l'APAC** par des politiques soutenues par l'état ou par des intérêts non autorisés mais plus puissants.
- **Formes inappropriées de reconnaissance** créant un conflit entre les systèmes de gouvernance traditionnels des APAC et les systèmes imposés par des dispositions ou des lois descendantes. Par exemple, en Angleterre, les systèmes traditionnels de gouvernance des biens communs peuvent entrer en conflit avec les systèmes imposés par la législation pertinente ou concernant les aires protégées.
- **Acculturation inappropriée et active des communautés**, par exemple, à travers de programmes d'éducation ne respectant pas les cultures, les moyens de subsistance et les valeurs locales, ou des programmes d'évangélisation de différentes confessions.

Source : Adapté de Kothari et al. (2012)

biodiversité ou restaurer des cibles de biodiversité dégradées. Les stratégies et plans d'action pour la gestion des menaces doivent être guidés par les résultats de conservation souhaités, qui devront être identifiés aussi clairement que possible, dès le début de la planification de la gestion.

Toute entité (gouvernementale, non gouvernementale, communautaire ou de cogestion) responsable de la gestion d'une aire protégée devrait idéalement disposer d'un plan de gestion (formel ou informel), conçu pour tenir compte des menaces réelles et potentielles pesant sur l'aire protégée, des conséquences de ces menaces et des moyens de les éviter ou de les atténuer (voir le chapitre 13). Bien que la gestion des menaces pesant sur les aires protégées repose sur le principe de précaution, en particulier pour les menaces ayant des conséquences graves et potentiellement irréversibles, les réponses de gestion peuvent souvent être dictées par des facteurs situationnels, propres à l'histoire locale et à la prévalence des climats économiques et politiques. L'importance d'appliquer une gestion adaptative basée sur

Feu de forêt dans l'est de l'Australie : de fréquents feux de forêt non planifiés peuvent avoir un impact sur les valeurs du patrimoine naturel des aires protégées
Source : Graeme L. Worboys

Eau de mine acide provenant d'une mine abandonnée : les eaux polluées, telles que celle-ci, se déversant dans n'importe quel bassin versant, et en particulier dans les bassins versants des aires protégées, doivent être traitées de manière profonde et adéquate
Source : Graeme L. Worboys

l'évaluation des résultats et des leçons apprises, afin que celle-ci puisse évoluer en fonction des exigences dynamiques de la conservation des aires protégées, est également bien reconnue (CMP, 2013). De même, il est important de mettre l'accent sur des activités de conservation spécifiques, destinées à aborder les menaces, et la gestion et le suivi de ces actions sont également importants (encadré 16.2).

Zonage de gestion et limites d'utilisation durable

La planification de la gestion des aires protégées utilise généralement des outils de planification, des schémas de gestion par zones, des modèles et des techniques répondant aux menaces et cherchant à minimiser leurs effets négatifs. Quelques aires protégées sont spatialement divisées en zones aux objectifs de gestion spécifiques, qui permettront de répondre aux menaces potentielles, comme par exemple :

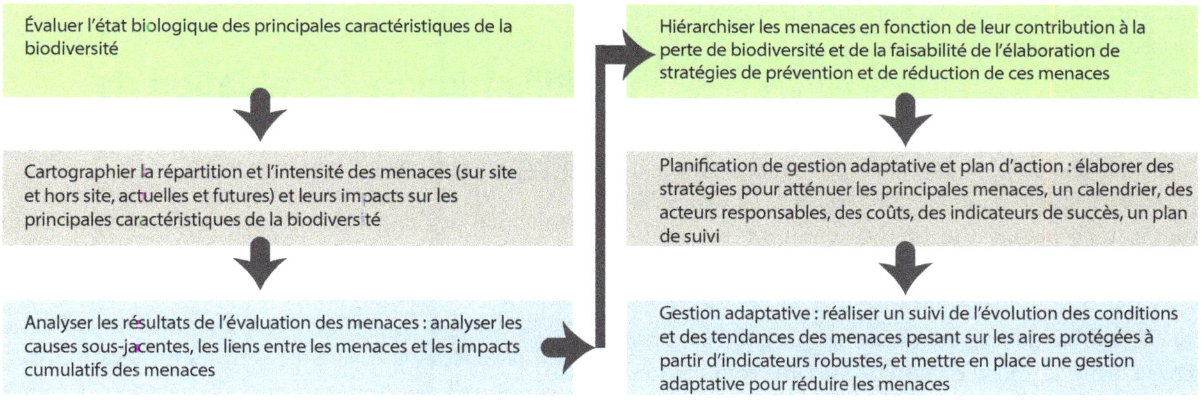

Figure 16.4 Étapes clés de l'évaluation des menaces à la biodiversité dans les aires protégées
Source : Adapté de CBD (2014a)

Étude de cas 16.3 Le parc national de Kakum, Ghana

Les menaces peuvent être assez facilement identifiées grâce à une évaluation consultative rapide de l'efficacité de la gestion. Le parc national de Kakum (catégorie II de l'UICN) couvre 36 000 hectares dans le sud du Ghana, et a été évalué à l'aide de l'Outil de suivi de l'efficacité de gestion en 2011, afin de guider la révision de son plan de gestion et d'élaborer une réponse de gestion adaptative permettant de protéger ses principales valeurs.

Les valeurs naturelles, culturelles et sociales identifiées pour le parc national de Kakum incluaient notamment :

- un réseau de cours d'eau ;
- des paysages montagneux, marécageux et boueux ;
- un échantillon d'écosystème de forêt tropicale vierge ;
- un modèle typique de reboisement de la forêt tropicale supérieure Guinéenne ;
- des espèces menacées comme le bongo (*Tragelaphus euryceros*), l'éléphant des forêts (*Loxodonta cyclotis*), les colobus noir et blanc (*Colobus* sp.), le céphalophe (*Cephalophus silviculter*) et le cercopithèque diane (*Cercopithecus diana*) ;
- des espèces charismatiques telles que le léopard (*Panthera pardus*), le pangolin géant (*Manis pangolin*) et divers oiseaux et papillons ;
- des valeurs culturelles, dont des sites sacrés et des rites traditionnels étroitement liés à la forêt tropicale, tels que l'utilisation de tambours ;
- des valeurs économiques, y compris l'atténuation et le contrôle des changements climatiques aux niveaux local, régional et mondial, la protection des sources des principaux cours d'eau fournissant de l'eau aux populations environnantes, la conservation de plantes présentant une valeur économique, et le tourisme.

Les principales menaces liées à ces valeurs ont été identifiées comme suit :

- braconnage ;
- surexploitation par les touristes dans certaines régions ;
- espèces envahissantes (plantes) ;
- pollution des cours d'eau par des produits chimiques utilisés dans la pêche ou provenant des terres cultivées environnantes ;

récolte de produits végétaux (tels que le raphia pour les toitures, les plantes médicinales et le bois de chauffage).

Source : UICN-PAPACO (2011a)

- une zone centrale où les activités humaines sont interdites, à l'exception de la gestion nécessaire ou d'utilisations socioculturelles occasionnelles ;
- une zone tampon, destinée à servir d'amortisseur pour l'aire protégée à l'échelle plus générale du paysage. Une zone tampon est souvent une zone à usages multiples, où la gestion permet différents niveaux d'utilisation et d'extraction des ressources pouvant être réalisées sur la base d'approches fondées sur les droits pour les communautés locales ou d'une génération de revenus publics ;
- une zone de loisirs ou de tourisme, où la gestion des visiteurs est essentielle.

La gestion des aires protégées permet d'appliquer des limites sur l'utilisation des ressources ou le nombre de visiteurs, afin d'assurer une utilisation durable, comme par exemple, la quantité de petit bois pouvant être ramassée par les communautés tributaires des forêts, le nombre de permis de pâturage pour le bétail ou le nombre de touristes autorisés à visiter une aire protégée chaque jour. La définition de limites à l'utilisation des ressources est de plus en plus entreprise dans le cadre d'un processus de consultation mené par ou avec les communautés, les chercheurs et les gestionnaires d'aires protégées, au moyen d'une approche fondée sur les droits qui respecte les droits traditionnels et coutumiers (chapitre 25).

Des prescriptions relatives aux limites d'utilisation par les visiteurs doivent être clairement établies si l'on veut éviter les menaces contre les valeurs du patrimoine naturel et culturel des aires protégées causées par un nombre excessif de touristes ou un tourisme inapproprié. Des cadres de planification récréative, tels que le Spectre des options de loisirs (SOL) et autres systèmes de gestion des opportunités récréatives, ainsi que des cadres de gestion de l'impact des visiteurs peuvent aider à identifier les menaces et à minimiser les impacts sociaux et environnementaux (voir le chapitre 23). En outre, le tourisme communautaire ou géré par les communautés offre des possibilités de gestion équitable des aires protégées, et favorise le partage des revenus touristiques et autres avantages avec les communautés locales.

Utilisation de l'évaluation de l'impact environnemental pour faire face aux menaces

L'évaluation de l'impact environnemental est un processus que de nombreux pays du monde entier ont adopté dans le but d'harmoniser les propositions de développement avec les besoins de conservation (Byron, 2000 ; PNUE, 2002). Toutefois, la nature des activités de développement est parfois telle que la lutte contre les menaces dépasse le cadre d'un processus conventionnel d'évaluation de l'impact environnemental.

Cela est particulièrement vrai pour les industries minières et autres industries extractives, et chaque secteur possède ses propres règles et processus (étude de cas 16.4). Un autre exemple, celui des projets hydroélectriques, peut impliquer la construction d'une série de barrages (grands, moyens et petits), dont l'impact potentiel ne pourra être mesuré que par une approche au cas par cas, telle qu'elle est pratiquée dans l'évaluation de l'impact environnemental. L'atténuation des menaces dans de telles situations peut être mieux prise en compte par une évaluation des impacts environnementaux cumulatifs (Rajvanshi et al., 2012) ou une évaluation environnementale stratégique. L'expérience mondiale montre que les processus d'évaluation de l'impact environnemental et des impacts environnementaux cumulatifs peuvent s'avérer utiles pour répondre aux menaces découlant de processus de développement spécifiques. Pour relever le défi plus général consistant à aborder efficacement les impacts en amont et en aval des projets de développement d'une manière globale, il est toutefois nécessaire de mener des évaluations environnementales à un niveau stratégique.

L'évaluation environnementale stratégique (ou sectorielle) est une approche participative visant à faire progresser les questions environnementales et sociales afin d'influencer les processus de planification, de prise de décision et de mise en œuvre du développement au niveau stratégique (Mercier, 2004). Il s'agit d'un processus systématique d'évaluation

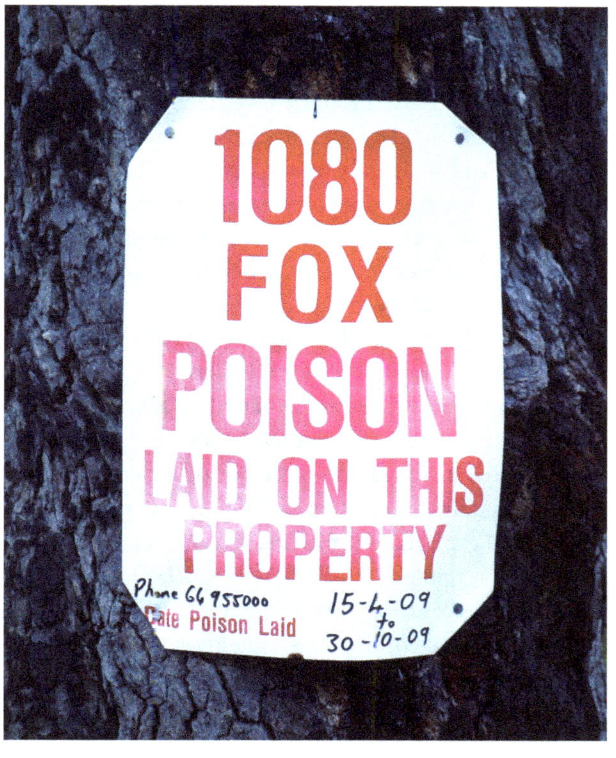

En Australie, le renard roux (*Vulpes vulpes*), une espèce introduite, représente une menace importante pour les petits mammifères et les oiseaux, et des programmes de lutte active sont planifiés et mis en œuvre dans les aires protégées, y compris l'utilisation d'appâts empoisonnés soigneusement conçus et distribués pour ne cibler que les renards

Source : Graeme L. Worboys

Encadré 16.2 Système d'information sur le suivi : logiciel de suivi de l'application de la loi et de lutte contre le braconnage dans les aires protégées

La lutte contre le braconnage, l'une des principales menaces pesant sur les aires protégées africaines, implique l'application de la législation en vigueur. Cela exige non seulement une connaissance initiale du droit, mais également la capacité ultérieure d'utiliser efficacement des ressources humaines et matérielles limitées. Pour ce faire, un accès à des données spatio-temporelles pertinentes, régulières et opportunes concernant les menaces pesant sur l'aire protégée est essentiel pour permettre aux gestionnaires d'aires protégées de prendre des décisions éclairées en matière de contrôle (planification, patrouilles et évaluation des activités). Ces données ne peuvent être recueillies que par les rangers. Le « suivi par les rangers » est un système permettant d'organiser la collecte de données par les rangers, de manière à ce que ces données puissent être utilisées à la fois pour des besoins de gestion et pour des besoins stratégiques. Les données fournies par les rangers servent à réaliser un suivi des efforts de conservation, à décourager les activités illégales, à identifier les zones les plus menacées et à évaluer les menaces futures ou potentielles.

Le logiciel MIST (Monitoring Information System Tool - Système d'information sur le suivi) s'est avéré être une application efficace pour le suivi par les rangers. Il facilite la planification et le suivi, tout en évitant les problèmes rencontrés avec les logiciels de systèmes d'information géographique (SIG), qui nécessitent trop d'expertise et d'équipement spécialisés. MIST fonctionne sur des ordinateurs normaux et, une fois installé, peut être géré par un non-spécialiste. Les informations générées peuvent facilement et rapidement être partagées ou sauvegardées entre les sites, par e-mail. En plus de sa convivialité, MIST peut être utilisé pour produire rapidement des cartes de patrouille, et effectuer une analyse simple ou plus sophistiquée des données agrégées.

Enfin, MIST permet de stocker des données de suivi juridique lorsque des infractions sont enregistrées. Par exemple, le réseau des parcs nationaux du Gabon utilise MIST depuis 2011. Les informations recueillies par les rangers au cours de leurs patrouilles sont résumées dans des rapports mensuels, trimestriels et annuels. Cette information est utilisée par les gestionnaires des parcs dans leurs décisions concernant les stratégies de contrôle, et permet de visualiser les efforts déployés pour surveiller les parcs nationaux, ainsi que leurs résultats. La nouvelle version de MIST, baptisée SMART, a été testée, en 2014, dans cinq pays africains (dont le Gabon) et dans cinq pays asiatiques.

Source : UICN PAPACO (2011c)

Étude de cas 16.4 Évaluation de l'impact de l'industrie pétrolière et gazière sur l'environnement en Afrique de l'Ouest

Pour toute aire protégée, l'exploration et/ou l'extraction de pétrole et de gaz constituent une menace sérieuse. Il en est de même pour le développement de mines. En général, cependant, les lois pétrolières diffèrent considérablement des lois minières. Une enquête menée en Afrique de l'Ouest a montré que les blocs d'exploration pétrolière sont délimités par le gouvernement, et accordés dans le cadre d'appels d'offres ou de négociations directes avec les compagnies pétrolières. Les licences d'exploration et de production pétrolières sont entièrement couvertes par des accords ou des contrats pétroliers régissant les droits et obligations des ayant-droits de façon plus spécifique que ne le font les lois minières. Bien que les accords pétroliers types appartiennent au domaine public, ce n'est pas le cas des accords eux-mêmes, et il est impossible de connaître leur contenu spécifique.

Par exemple, l'accord pétrolier type de Guinée-Bissau contient les clauses suivantes :

- La société (pétrolière) reconnaît et accepte que les opérations pétrolières peuvent causer des dommages à l'environnement. Par conséquent, lors de l'exécution du présent contrat, elle veillera à la conservation de l'environnement et des ressources naturelles. À cette fin, l'entreprise devra :
  a. utiliser des techniques conformes aux bonnes pratiques de l'industrie pétrolière pour prévenir les dommages ; et
  b. lorsque des dommages environnementaux sont inévitables, limiter leurs effets sur les personnes et les biens, conformément à la législation et aux bonnes pratiques de l'industrie pétrolière.

Une évaluation de l'impact environnemental est obligatoire, mais la relation entre les licences d'exploitation minière et les aires protégées est rarement précisée, et bon nombre de blocs d'exploration pétrolière incluent des aires protégées (par exemple, en Mauritanie, au Sénégal, au Mali et en Guinée-Bissau), y compris des parcs nationaux et des sites inscrits ou proposés comme biens du Patrimoine mondial, tels que le Banc d'Arguin (Mauritanie), l'archipel des Bijagos (Guinée-Bissau), le parc national du Djoudj (Sénégal) ou le delta du Saloum (Sénégal).

Source : UICN PAPACO (2011b)

des impacts environnementaux d'une politique, d'un plan ou d'un programme proposé (ou d'un secteur), afin de s'assurer que les conséquences environnementales de ce développement soient prises en compte dès le stade approprié de la prise de décisions (Sadler et Verheem, 1996). Bien que très peu de pays aient adopté l'évaluation environnementale stratégique comme un instrument juridique, il est urgent d'intégrer cette évaluation à la planification de l'environnement par le biais d'autres mécanismes habilitants des processus de gouvernance, d'initiatives politiques et de pratiques volontaires. Des lignes directrices pour l'évaluation environnementale stratégique ont été développées (Slootweg et al., 2006 ; Partidário, 2012). Cette approche est également pertinente dans le contexte des aires protégées intégrées à des aires de conservation de la connectivité, et dans un cadre plus vaste de paysages terrestres et marins (chapitre 27 ; Ervin et al., 2010).

Gestion des menaces directes

La plupart des évaluations de l'efficacité de gestion des aires protégées évaluent, dans une certaine mesure, les types et le niveau des menaces à la valeur et à la gestion des aires protégées. Dans une étude approfondie de l'évaluation de l'efficacité de gestion dans les aires protégées, Leverington et al. (2010) ont fourni un aperçu global des menaces sur la base de 227 rapports sur l'efficacité de gestion des aires protégées, couvrant 125 pays et 6 125 évaluations individuelles d'aires protégées. En adaptant la classification des menaces élaborée par l'UICN et la CMP (UICN-CMP, 2006 ; Salafsky et al., 2008 ; Leverington et al., 2010), l'étude a identifié les menaces les plus courantes. Dans la plupart des régions, les menaces les plus fréquemment signalées étaient la chasse, l'abattage et le prélèvement d'animaux, l'exploitation forestière et le ramassage de bois, la cueillette de produits forestiers non ligneux, les activités récréatives, les espèces exotiques envahissantes et la gestion des terres adjacentes. Dans certaines régions, comme l'Australie, les espèces envahissantes et la gestion des incendies ont été signalées plus fréquemment, tandis que le développement résidentiel ou commercial est apparu comme la menace la plus fréquente en Amérique latine. L'utilisation globale des ressources biologiques, y compris l'extraction illicite des ressources, la chasse et le braconnage, étaient les menaces les plus fréquentes. Les délits liés aux espèces sauvages posent également de sérieux défis aux aires protégées (Dudley et al., 2013). Parmi les autres menaces fréquemment mentionnées figuraient l'exploitation minière, les carrières et les forages pétroliers, les pollutions de tous types, la fragmentation causée par les routes et autres voies de services publics, les phénomènes météorologiques violents et les changements climatiques.

Espèces exotiques envahissantes

Bien que les espèces exotiques envahissantes ne soient pas la seule menace pour les aires protégées, elles constituent une grave menace actuelle et émergente, souvent peu reconnue en raison de lacunes dans les informations disponibles sur ces espèces. Bien que la menace potentielle des espèces

Panneau de sécurité à propos des bisons (*Bison bison*) à l'attention des visiteurs. Les bisons sont des animaux sauvages en liberté dans le parc national du Yellowstone, États-Unis

Source : Graeme L. Worboys

Comportement enthousiaste mais potentiellement dangereux des visiteurs près de bisons sauvages. Parc national du Yellowstone, États-Unis

Source : Graeme L. Worboys

exotiques envahissantes soit avérée, « l'état des connaissances et le niveau de gestion des plantes exotiques envahissantes dans les aires protégées diffèrent considérablement d'un bout à l'autre de la planète » (Foxcroft et al., 2014:621). De plus « de nombreuses plantes envahissantes sont susceptibles de réduire, ou ont déjà réduit considérablement, le potentiel des aires protégées de jouer le rôle pour lequel elles ont été créées : fournir un refuge pour les espèces, les habitats et les services écosystémiques qu'elles abritent » (Foxcroft et al., 2014:621-2).

Les espèces envahissantes constituent également une menace de plus en plus importante pour la biodiversité des écosystèmes marins, même si ces aspects demeurent mal compris (Molnar et al., 2008 ; IPBES, 2013). Les menaces que représentent ces espèces doivent être remédiées afin de préserver les valeurs et fonctions des aires protégées, et le soutien qu'elles apportent aux moyens de subsistance de millions de personnes. Les pertes économiques causées par les espèces envahissantes sont très élevées, et il a été estimé que, dans le monde entier, le coût des dommages causés par les espèces exotiques envahissantes dépasse 1,4 billions de dollars américains, soit 5 % de l'économie mondiale (IPBES, 2013).

Le guide de la CDB sur l'évaluation et la gestion des espèces envahissantes dans les aires protégées (Tu, 2009) fournit un aperçu complet des stratégies, méthodes et techniques, ainsi que de l'élaboration de plans de gestion à l'intention des professionnels des aires protégées. Afin de faire face à la menace des espèces envahissantes, le guide décrit la prévention, la détection précoce et l'intervention rapide, la gestion, le contrôle et la restauration comme des étapes clés. Ces mesures pourraient être adaptées pour faire face à la plupart des menaces concernant les aires protégées (figure 16.5). Les études de cas 16.5 et 16.6 fournissent des exemples d'évaluation et de gestion des menaces que représentent les espèces envahissantes dans les aires protégées.

Gardes forestiers à la station d'entrée du parc national du Grand Himalaya, Inde : afin de protéger le parc contre une utilisation illégale telle que l'extraction d'herbes autochtones, le personnel du parc a favorisé la culture d'herbes dans la zone tampon adjacente comme source alternative.

Source : Graeme L. Worboys

Cohabitation homme-faune

Les conflits entre l'homme et la faune sont un défi majeur dans de nombreuses aires protégées. Cela est particulièrement vrai dans les paysages dominés par l'homme. Avec une population croissante dans la plupart des pays et une perte d'espace et de connectivité pour la faune, les conflits entre les humains ou les activités humaines et la « nature » deviennent de plus en plus fréquents, et de moins en moins acceptables pour les populations. Il s'agit là d'un problème croissant pour lequel de nouvelles réponses doivent être identifiées (étude de cas 16.7). Bien que les conflits homme-faune soient souvent assez difficiles à gérer, ils sont parfois la source du développement d'une collaboration entre les populations (communautés) et les aires protégées, qui peut non seulement résoudre le problème, mais aussi améliorer la conservation sur le terrain (étude de cas 16.8).

Gestion des menaces indirectes

La plupart des menaces indirectes aux aires protégées proviennent de l'extérieur de la réserve et sont difficilement gérables entièrement par les gestionnaires. Ces menaces sont parfois semblables à des menaces directes (comme les espèces envahissantes, car elles n'apparaissent que rarement à l'intérieur de l'aire protégée, ou comme les conflits homme-faune, car ils se produisent le plus souvent à la limite de

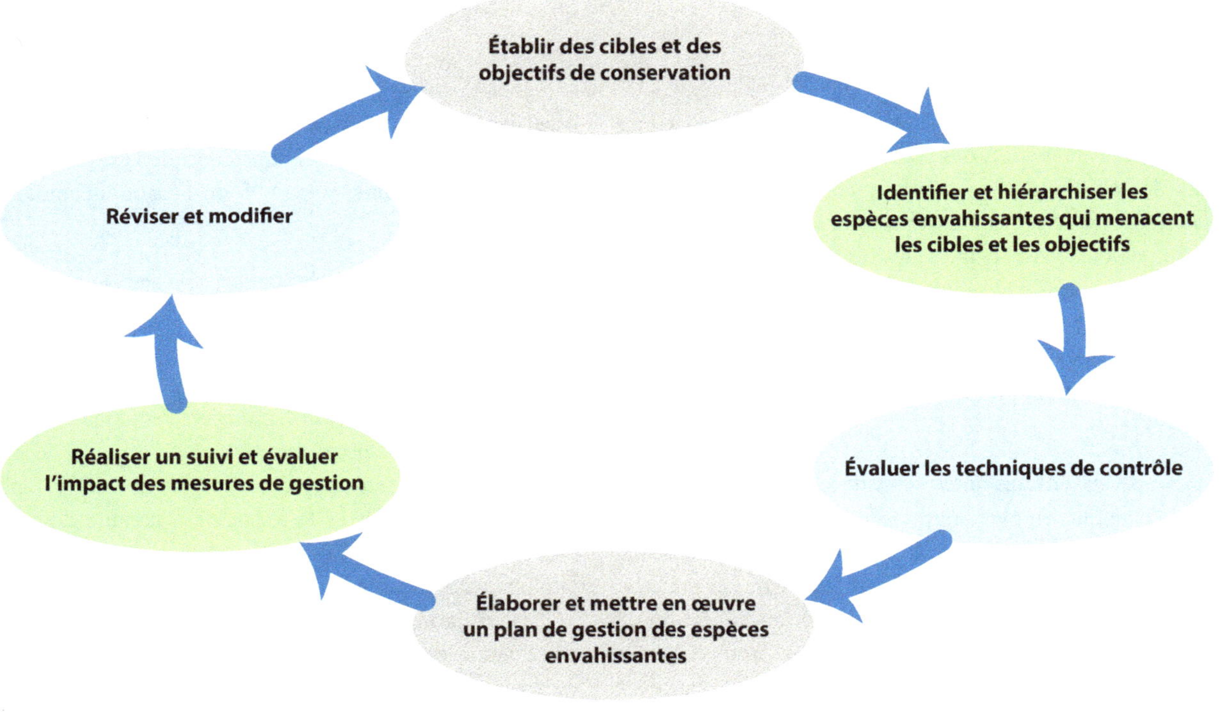

Figure 16.5 Approche de gestion adaptative des espèces envahissantes

Source : Adapté de Tu (2009)

Panneau d'avertissement pour les visiteurs sur la présence de léopards (*Panthera pardus*) sauvages. Parc national de Sanjay Gandhi, Mumbai, Inde

Source : Graeme L. Worboys

Un tigre (*Panthera tigris tigris*) au repos dans le parc national de Bandhavagarh, en Inde

Source : Ashish Kothari

l'aire protégée), et se produisent à l'intérieur et autour de l'aire protégée. Elles sont cependant souvent de nature plus mondiale, tels que les changements climatiques, l'instabilité politique, les questions de sécurité, les plans défaillants d'aménagement du territoire autour de l'aire protégée, la croissance démographique, le développement d'infrastructures, les activités minières ou extractives à proximité d'une aires protégée (encadré 16.3), le détournement d'eau et la pollution hors site. À cet égard, elles dépassent généralement la responsabilité et le contrôle d'un gestionnaire d'aire protégée (voir, par exemple, le chapitre 17 sur les changements climatiques). Si elles sont liées à des catastrophes naturelles, un système de gestion des crises peut être mis en place (voir chapitre 26).

Dimensions de gouvernance dans la lutte contre les menaces

La gestion des menaces ne consiste pas seulement à savoir ce qu'il faut faire pour y faire face, mais aussi à savoir qui en assume la responsabilité. Il s'agit invariablement de prendre des décisions ayant des conséquences profondes, non seulement sur les caractéristiques biophysiques de l'aire protégée, mais également sur la vie des personnes associées à l'aire protégée, en particulier les communautés locales et les peuples autochtones. Il est donc essentiel d'analyser les questions de gouvernance de la gestion des menaces. Ces questions peuvent commencer très tôt, de la reconnaissance de la création d'une aire protégée (qui la planifie et la reconnaît, une autorité nationale ou des autorités communautaires locales ou tout autre organisme ?), à la gestion active d'une aire protégée (comment et par qui le plan de gestion, les règles d'utilisation des ressources et

Mauvaise herbe envahissante en Australie : un séneçon grimpant (*Delairea odorata*) envahissant et écrasant la flore autochtone. Réserve côtière de la Côte Sud, Nouvelle-Galles du Sud

Source : Graeme L. Worboys

Étude de cas 16.5 Évaluation de la présence et de la répartition des espèces de plantes envahissantes en Inde

L'identification, le suivi et la gestion des espèces exotiques envahissantes constituent un défi mondial majeur. L'Inde a commencé à identifier et à évaluer l'étendue de la couverture de ses espèces végétales envahissantes dans le cadre d'une étude nationale sur le « Statut du tigre, de ses co-prédateurs et de ses proies, 2010 », menée par l'Office national de conservation du tigre et le Wildlife Institute of India. Un protocole a été élaboré pour l'évaluation des habitats, comprenant la collecte de données sur les plantes envahissantes de 17 États de l'aire de répartition du tigre en Inde en 2009–2010. Bien que l'exercice d'évaluation se soit concentré sur le tigre, ses co-prédateurs et ses proies, à partir d'un effort sans précédent d'environ 477 000 jours-personnes par le personnel forestier et 37 000 jours-personnes par des biologistes professionnels, des ensembles de données précieux ont été créés sur divers paramètres d'habitat dans un domaine spatial. L'analyse des données a révélé la présence de 15 espèces envahissantes dans les États étudiés, dont les cartes, pour quatre espèces représentatives, sont présentées à la figure 16.6. Des travaux sont en cours pour planifier et mettre en œuvre des mesures de gestion appropriées pour faire face à ces quatre espèces, afin d'atténuer les menaces pesant sur les aires protégées dans les 17 États, et de manière prioritaire.

Source : Mungi et al. (2013)

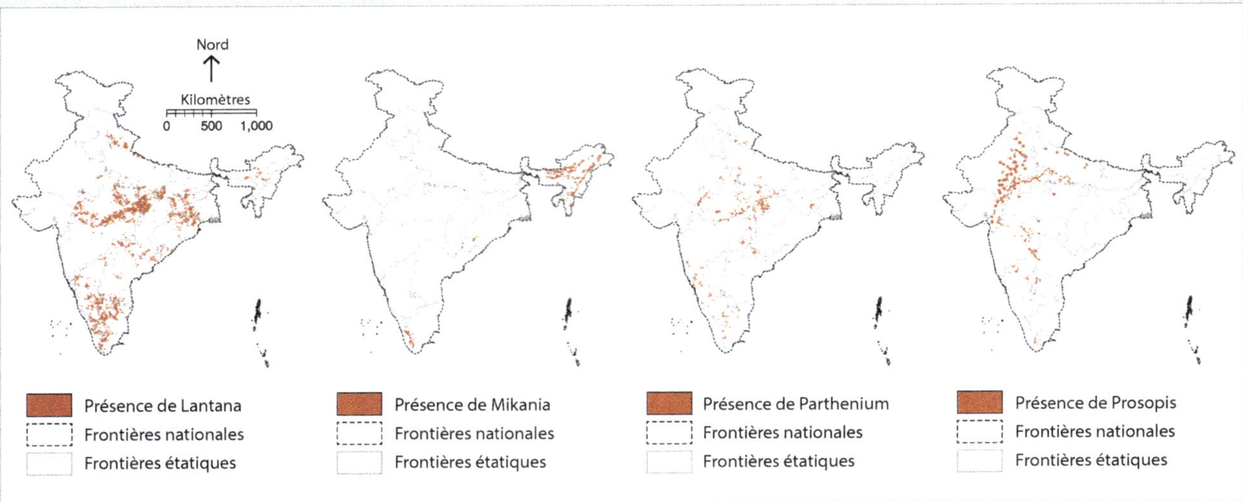

Figure 16.6 : Répartition de quatre espèces envahissantes représentatives en Inde

Étude de cas 16.6 Gestion des espèces végétales envahissantes en Zambie, Afrique

Le projet d'Élimination des obstacles à la gestion des plantes envahissantes en Afrique a été mis en œuvre dans quatre pays africains (Éthiopie, Ghana, Ouganda et Zambie) entre 2005 et 2010. En Zambie, dans le cadre de ce projet, 800 hectares de plaines inondables du parc national de Lochinvar ont été débarrassés de la sensitive géante (*Mimosa pigra*). L'opération de nettoyage, réalisée avec l'assistance du gouvernement de la Zambie, a permis de réduire l'ampleur de l'infestation de sensitive de près de 30 % dans le secteur du lac Chunga, à l'intérieur du parc. Après le nettoyage réalisé dans le cadre du projet, des hausses du nombre d'oiseaux et autres animaux ont été enregistrées, ainsi qu'une augmentation du nombre d'espèces. Les espèces à nouveau observées dans la zone après le nettoyage incluaient la grue caronculée d'Afrique (*Grus carunculatus*), en voie de disparition, et plusieurs autres espèces d'oiseaux, principalement des échassiers.

Dans le parc national de Mosi-oa-Tunya, en Zambie, le projet a joué un rôle clé dans l'élimination du lantanier (*Lantana camara*) sur une superficie d'environ 30 hectares, soit plus de 6 % de la superficie totale affectée, d'environ 524 hectares.

À l'aide d'une combinaison de déracinement, de coupe et d'application d'herbicides systémiques, des fourrés entiers de lantanier ont été retirés de tronçons de berges. Dans les zones défrichées, des semis d'une variété d'arbres et d'arbustes autochtones, cultivés dans des pépinières installées dans les complexes hôteliers et établissements touristiques locaux, ont été plantés pour compléter la régénération naturelle des semis en germination dans le sol. Toutes les zones réhabilitées ont été étroitement suivies pour évaluer le rétablissement de l'écosystème. Des agents de lutte biologique, importés d'Afrique du Sud en vertu de la Loi zambienne sur la quarantaine et les mesures phytosanitaires, ont également été utilisés. Le chrysomèle (*Uroplata girardi*) a été utilisé comme agent de bio-contrôle. Celui-ci se nourrit des feuilles de *Lantana camara* et retarde sa croissance, ralentissant ainsi sa propagation.

Source : Adapté de Roy et Witt (2013)

Étude de cas 16.7 Gestion des menaces liées aux conflits homme-faune dans les paysages à prédominance humaine

Des aires protégées, dans de nombreuses régions du monde, se trouvent aujourd'hui dans des paysages dominés par l'homme. Les menaces provenant d'animaux sauvages (tels que les tigres, les léopards ou les éléphants) à la vie et aux biens humains, et les menaces contre ces animaux sous forme d'abattage de représailles, sont devenues fréquentes (Lénine, 2010). Dans les deux cas, la cause de la conservation en souffre. En 2014, l'Autorité nationale de conservation du tigre (NTCA), en Inde, a développé une procédure opérationnelle standard pour faire face aux situations d'urgence créés par des tigres errant dans des paysages dominés par l'homme (NTCA, 2014). Le but de ce document est de veiller à ce que les tigres errants soient gérés de la manière la plus appropriée, afin d'éviter la mort/blessure de personnes, du tigre et du bétail, et la perte de biens.

La procédure comprend également :

- un protocole sur l'immobilisation et la contention des tigres ;
- des lignes directrices pour la déclaration de grands félins comme « mangeurs d'hommes » ;
- des mesures préventives / proactives à suivre en cas d'incidents impliquant des tigres errants ;
- un suivi des tigres dans le paysage.

Des procédures similaires seraient utiles pour d'autres animaux sauvages, afin de réduire ou de minimiser ces menaces dans et autour des aires protégées.

Source : Mungi et al. (2013)

Étude de cas 16.8 Du braconnage à la protection dans la réserve de tigres de Periyar, Kerala, Inde

Pendant des années, la réserve de tigres de Periyar, en Inde, a dû lutter contre le problème de la collecte illicite d'écorce de vayana (*Cinnamomum* sp.), mais ce n'est plus le cas. Ce revirement est survenu il y a plus de 15 ans, lorsque les gestionnaires de la réserve ont commencé à travailler avec des individus auparavant engagés dans la récolte illégale d'écorce de vayana. Aujourd'hui, les braconniers sont devenus des protecteurs de la forêt. Tout cela a commencé lorsqu'une organisation non gouvernementale (ONG) locale a aidé à mettre en place un comité d'écodéveloppement avec d'anciens ramasseurs d'écorce, dans le cadre d'un programme participatif impliquant des ONG locales, des hôteliers, des membres du personnel de Periyar et des voyagistes (Alers et al., 2007). Fort de sa connaissance approfondie des forêts, le Comité d'écodéveloppement a mis en place un modèle d'écotourisme qui encourage la protection. Dans le cadre du programme, de petits groupes de touristes sont emmenés camper dans les zones touristiques de la forêt, des zones où, auparavant, les ramasseurs d'écorce « braconnaient ». Leur présence est dissuasive pour les braconniers et les contrebandiers, qui restent loin des camps de touristes.

Plus des deux tiers des revenus sont versés au compte du Comité d'écodéveloppement pour être répartis également entre ses membres, tandis que le reste de l'argent est utilisé à parts égales pour les recettes du gouvernement et les honoraires du personnel forestier de terrain, les dépenses alimentaires et un fonds de bien-être communautaire. Bien que les membres du Comité aient pu gagner plus d'argent auparavant, avec la vente d'écorce de vayana, ils récoltent aujourd'hui d'autres bénéfices. Par exemple, auparavant, ils devaient donner une grande partie de leurs gains en amendes, en pots-de-vin et en paiements aux intermédiaires. Aujourd'hui, ils sont libres de ces impositions. En outre, leur statut social s'est amélioré et leur relation avec la communauté en a grandement bénéficié. La forêt, elle aussi, s'est améliorée dans le cadre de ce programme. Un suivi écologique a montré une réduction des dommages causés par l'écorçage et une amélioration de la régénération du vayana. Les patrouilles se sont multipliées dans ces zones et les membres du Comité d'écodéveloppement ont arrêté les délinquants et intenté des poursuites à leur encontre. Tout cela a entraîné une augmentation des observations d'animaux dans la zone touristique. Cette initiative a, d'une part, fourni un soutien aux moyens de subsistance, et d'autre part, amélioré l'expérience de nature sauvage pour les touristes.

Sources : Uniyal et Zacharias (2001) ; Alers et al. (2007) ; Gubbi et al. (2009)

Encadré 16.3 Industries extractives autour des aires protégées en Afrique de l'Ouest : gestion de la phase d'exploration

Une étude menée en 2011 au Burkina Faso, au Mali, au Niger, en Guinée et au Sénégal a identifié les principales menaces minières susceptibles d'avoir un impact sur une aire protégée pendant la phase d'exploration (une phase qui dure de un à cinq ans et parfois légèrement plus). Cette phase doit être gérée en étroite collaboration avec le concepteur du projet afin d'aborder les questions clés suivantes :

- Échantillonnage du sol : dans les zones boisées, cette étape peut nécessiter l'ouverture de chemins d'accès existants pour permettre le passage des prospecteurs. L'impact est minime et n'implique généralement pas l'abattage d'arbres. Aucune gestion spécifique n'est nécessaire, à l'exception d'une surveillance des travailleurs sur site, afin d'éviter des effets indirects comme l'achat de viande de brousse et l'augmentation du braconnage.
- Prospection géophysique : si des méthodes électriques sont utilisées, des voies devront être dégagées dans les zones boisées pour poser les câbles. Des transects sont créés pour permettre aux personnes de traverser à pied. Une supervision des travailleurs peut être nécessaire.
- Méthodes sismiques (uniquement pour l'exploration pétrolière) : dans cette situation, des pistes à espacement standard doivent être ouvertes pour permettre le passage de camions, ce qui provoque une déforestation plus importante. Les mesures sismiques peuvent, par ailleurs, provoquer des vibrations perturbatrices. Une bonne gestion de la récupération des écosystèmes doit être assurée car ces pistes peuvent ouvrir l'accès à l'aire protégée et accroître le braconnage, le pâturage et l'exploitation du bois.
- Creusement de tranchées : pour cela, il faut ouvrir des pistes pour laisser passer les machines (bulldozers et pelleteuses), abattre des arbres et défricher de petites zones (en moyenne, les tranchées font environ 1 000 à 5 000 mètres de long sur 1 mètre de large, donc un maximum 5 000 mètres carrés seront défrichés). Les guides de bonnes pratiques recommandent de garder la terre des tranchés à côté de celles-ci, afin qu'elles puissent être comblées dès que les échantillons auront été prélevés, et limiter ainsi les dangers potentiels dans le temps (risque de chute d'animaux dans les tranchées, par exemple). Une campagne d'échantillonnage en tranchée prend plusieurs semaines, au cours desquelles le bruit et les activités peuvent déranger les animaux. La restauration de la zone doit être surveillée par le gestionnaire de l'aire protégée pour éviter la colonisation (car les gens pourront accéder plus facilement au site) ainsi que tout nouvel impact.
- Échantillonnage par forage : comme pour les tranchées, des pistes d'accès devront être créées pour les perforatrices, et des plateformes de forage devront être construites (d'une superficie d'environ 200 mètres carrés). Une campagne de forage peut durer de quelques semaines à quelques mois. Les principaux impacts sont le bruit, qui peut déranger les animaux, et toutes les autres activités illégales potentiellement liées à la présence humaine. Dans ce cas également, une surveillance étroite des activités et de la restauration devrait être assurée par les gestionnaires de l'aire protégée afin de réduire les impacts à court terme et les effets à long terme.

Source : UICN PAPACO (2011b)

Déminage d'une zone sur un célèbre site protégé du patrimoine culturel près d'Angkor Wat, au Cambodge. Les gestionnaires d'aires protégées doivent aussi s'occuper de questions comme celle-ci dans les zones de conflit, passé ou présent

Source : Graeme L. Worboys

autres permis sont-ils élaborés et approuvés? Comment et par qui les gestionnaires sont-ils nommés ? Qui détient l'autorité, la responsabilité, le pouvoir et la reddition de comptes dans l'exécution des plans et l'application des règles ?). Dans tous les cas, lorsqu'il s'agit de menaces et de gestion des menaces, il faudra déterminer qui ou ce qui est touché par ces menaces, et qui est en mesure de les gérer. La qualité de la gouvernance de l'aire protégée (ou du réseau d'aires protégées) est donc cruciale pour s'assurer que toutes les parties prenantes seront effectivement impliquées et capables d'apporter leur contribution (étude de cas 16.9).

L'importance des concepts clés de gouvernance des aires protégées a été soulignée par les Parties à la CDB dans leur décision d'établir le PoWPA. Ces concepts (encadré 16.4) s'appliquent bien à la gestion des menaces pesant sur les aires protégées (voir aussi le chapitres 8 et les chapitres 20, 21, 25 et 27 dans le contexte des aires marines protégées, de la gestion de la biodiversité, de l'utilisation des ressources et de la gestion des menaces pesant sur les corridors de conservation de la connectivité, respectivement).

Étude de cas 16.9 Planification participative à l'intérieur et au-delà des aires protégées au Bhoutan

Le Bhoutan a développé un système organisé de gouvernement loca. Selon Alers et al. (2007), ce système a largement contribué à l'autonomisation et au développement des communautés locales, et à la résolution locale des menaces identifiées. Au Bhoutan, chaque district (*dzongkhag*) est divisé en un certain nombre de sous-districts appelés geog. Chaque geog possède son propre comité de développement. Les dzongkhag, tout comme les geog, travaillent au développement socioéconomique des communautés locales. Chaque geog prépare un plan quinquennal et un plan annuel en fonction des besoins et des exigences de la communauté identifiés par ses membres. Par conséquent, ces plans reflètent les préoccupations et les priorités des communautés, et couvrent généralement des sujets tels que la fourniture d'installations sanitaires, l'éducation, la supplémentation en fourrage et l'amélioration du bétail, ainsi que la création d'un soutien aux moyens de subsistance et des options alternatives de revenus.

Ceci est possible grâce à des plans de conservation et de développement bien intégrés, de sorte qu'il n'y a pas beaucoup de différence entre l'administration du gouvernement local à l'intérieur et à l'extérieur des aires protégées. Le personnel des aires protégées est représenté au sein des comités de développement du geog et du dzonkhag et participe directement aux processus de planification locale, afin de pouvoir faire face efficacement aux menaces éventuelles. Ainsi, la planification de la gestion ne se limite pas uniquement à une aire protégée, mais implique une interaction et une participation aux décisions affectant l'aire protégée et son paysage environnant. Cela permet d'identifier et de gérer les menaces existantes et potentielles découlant de décisions et de processus au-delà des limites des aires protégées.

Source : Adapté de Alers et al. (2007)

Encadré 16.4 Gouvernance des aires protégées : concepts clés pour la gestion des menaces

Participation : une planification de la gestion et une prise de décisions basées sur les sites doivent garantir la participation pleine et effective des ayant-droits et des parties prenantes concernées, y compris les communautés locales et les peuples autochtones, en tenant dûment compte des droits coutumiers, des considérations d'égalités hommes-femmes et de l'équité sociale.

Innovation : les aires protégées et autres mesures de conservation par zone doivent être gérées efficacement grâce à des approches de gouvernance nouvelles et novatrices. Celles-ci incluent les aires protégées gérées et régies par des organismes gouvernementaux, les aires conservées par les communautés, les territoires conservés par les peuples autochtones, les aires protégées privées et les aires de gouvernance partagée.

Respect : les besoins en matière de moyens de subsistance, les droits, les contributions, et les connaissances, pratiques et institutions locales/ traditionnelles doivent être respectés.

Partage des avantages : les avantages doivent être partagés équitablement avec les communautés locales, en tenant compte du poids disproportionné des coûts découlant de la création et de la gestion des aires protégées que celles-ci peuvent devoir supporter.

Consentement libre, préalable et éclairé : les décisions concernant les limites ou les changements dans l'accès aux ressources des aires protégées, ou la relocalisation et la réinstallation de communautés locales et autochtones nécessitent leur consentement préalable, libre et éclairé.

Bonne gouvernance : la prise de décisions pour la gestion doit suivre les principes généraux de bonne gouvernance incluant l'accès équitable à l'information et la promotion d'un dialogue constructif, la responsabilité dans la prise de décisions, le respect des droits et la primauté du droit, et le règlement des différends par des procédures institutionnelles justes et équitables.

Source : Adapté de Borrini-Feyerabend et al. (2013)

Conclusion

Les causes sous-jacentes des menaces sont nombreuses et la plupart d'entre elles sont liées à la croissance rapide de la population humaine sur Terre. La nature des menaces directes et indirectes est très diverse, et des réponses et approches planifiées visant à hiérarchiser les réponses aux menaces sont nécessaires. Des cadres et outils de gestion permettant d'évaluer la portée des menaces, comme le RAPAM, sont disponibles pour aider les réseaux d'aires protégées à réagir aux menaces. De même, une planification des projets et des réponses de gestion adaptative à des menaces spécifiques peuvent être entreprises à l'aide d'outils tels que le processus de planification de la CMP. Une gouvernance efficace et habilitante est également essentielle à la gestion des menaces. Dans ce chapitre, des études de cas axées sur la gestion des menaces en Asie et en Afrique ont été présentées. Elles fournissent des références croisées importantes aux chapitres de ce livre sur les changements climatiques, l'eau douce, les océans, les opérations, la gestion et la gouvernance, afin d'encourager les lecteurs à se pencher plus attentivement sur ces aspects.

Enfin, il ressort clairement de l'étendue et de la nature dynamique des menaces pesant sur les aires protégées dont il est question dans ce chapitre que la création d'une réserve n'est que le début de son investissement dans la conservation. La gestion active et continue des aires protégées est un principe fondamental pour tous les gestionnaires d'aires protégées du XXIe siècle. Comme la gestion d'une ferme, la gestion d'une aire protégée se fait sept jours sur sept, 24 heures sur 24, afin de constamment pouvoir répondre à toute une gamme de problèmes et de menaces, beaucoup anciens et récurrents, et beaucoup nouveaux et potentiellement insidieux. Ce chapitre a fourni des directives pour répondre à cette redoutable responsabilité.

Promenade surélevée du mont Kosciuszko : la promenade vers le sommet de la plus haute montagne du continent australien, le mont Kosciuszko (2 228 mètres), est très populaire, environ 120 000 visiteurs ayant emprunté la route pendant les mois sans neige, en 2014. L'itinéraire de la promenade a été soigneusement planifié afin de minimiser les nombreuses menaces potentielles pour la flore alpine sensible, les zones humides menacées et les paysages alpins. La structure de la passerelle a également été soigneusement conçue. Elle est légèrement surélevée (encourageant ainsi les visiteurs à rester sur la promenade), faite d'un treillis de fer noir placé sur un cadre en fer noir et soutenues par des pylônes en acier (le zinc était toxique pour les plantes alpines de par sa galvanisation, et la rouille est inhibée par les basses températures alpines), et le treillis a été conçu pour laisser passer la lumière. Cela a permis aux plantes alpines autochtones de pousser à travers le maillage et de l'intégrer ainsi (visuellement) au paysage. La structure est solide, durable, ne nécessite que peu d'entretien, et est sûre et confortable pour la marche

Source : Graeme L. Worboys

Références

Lectures recommandées

Alers, M., Bovarnick, A., Boyle, T., Mackinnon, K. et Sobrevila, C. (2007) *Reducing Threats to Protected Areas: Lessons from the field*, UNDP et The World Bank, New York.

Borrini-Feyerabend, G., Dudley, N., Jaeger, T., Lassen, B., Pathak Broome, N., Phillips, A. et Sandwith, T. (2013) *Governance of Protected Areas: From understanding to action*, IUCN Best Practice Protected Area Guidelines Series No. 20, UICN, Gland.

Butchart, S. H. et 44 others (2010) 'Global biodiversity: indicators of recent declines', *Science* 328: 1164–8.

Byron, H. (2000) *Biodiversity and Environmental Impact Assessment: A good practice guide for road schemes*, The RSPB, WWF-UK, English Nature and the Wildlife Trusts, Sandy, Royaume-Uni.

Carey, C., Dudley, N. et Stolton, S. (2000) *Squandering Paradise? The importance and vulnerability of the world's protected areas*, WWF, Gland.

Conservation Measures Partnership (CMP) (2013) *Open Standards for the Practice of Conservation. Version 3.0 Avril 2013*, The Conservation Measures Partnership. <www.conservationmeasures.org/wp-content/ uploads/2013/05/CMP-OS-V3-0-Final.pdf>

Convention on Biological Diversity (CBD) (2014a) *Programme of Work on Protected Areas*, Secretariat of the Convention on Biological Diversity, Montréal. <www.cbd.int/protected/pow>

Convention on Biological Diversity (CBD) (2014b) *Tools for Managing Threats*, Secretariat of the Convention on Biological Diversity, Montréal. <www.cbd.int/protected/tools/>

Dudley, N., Stolton, S. et Elliott, W. (2013) 'Wildlife crime poses unique challenges to protected areas', *PARKS* 19(1): 7–12.

Ervin, J., Mulongoy, K., Lawrence, K., Game, E., Sheppard, D., Bridgewater, P., Bennett, G., Gidda, S. et Bos, P. (2010) *Making Protected Areas Relevant: A guide to integrating protected areas into wider landscapes, seascapes and sectoral plans and strategies*, CBD Technical Series No. 44, Secretariat of the Convention on Biological Diversity, Montréal. <www.cbd.int/doc/publications/cbd-ts- 44-en.pdf>

Foxcroft, L. C., Richardson, D. M., Pyšek, P. et Genovesi, P. (2014) 'Invasive alien plants in protected areas: threats, opportunities, and the way forward', in L. C. Foxcroft, P. Pyšek, D. M. Richardson et P. Genovesi (eds) *Plant Invasions in Protected Areas: Patterns, problems and challenges*, pp. 621–39, Springer, Dordrecht.

Gubbi, S., Linkie, M. et Leader-Williams, N. (2009) 'Evaluating the legacy of an integrated conservation and development project around a tiger reserve in India', *Environmental Conservation* 35(4): 331–9.

Intergovernmental Science-Policy Platform on Biodiversity and Ecosystem Services (IPBES) (2013) *Initial Scoping for the Thematic Assessment of Invasive Alien Species and their Control*, IPBES/2/16/Add.3, Intergovernmental Science-Policy Platform on Biodiversity and Ecosystem Services, Panama City. <www.ipbes.net/images/K135340-en.docx>

International Union for Conservation of Nature Programme on African Protected Areas and Conservation (IUCN PAPACO) (2010) *Assessment of Protected Area Management Effectiveness in Ghana*, UICN, Gland. <www.papaco.org>

International Union for Conservation of Nature Programme on African Protected Areas and Conservation (IUCN PAPACO) (2011a) *Assessment of Five Protected Areas in Ghana*, UICN, Gland. <www.papaco.org>

International Union for Conservation of Nature Programme on African Protected Areas and Conservation (IUCN PAPACO) (2011b) *Mining Sector Development in West Africa and its Impact on Conservation*, UICN, Gland. <www.papaco.org>

International Union for Conservation of Nature Programme on African Protected Areas and Conservation (IUCN PAPACO) (2011c) *Report of the Weotenga Meeting*, 2011, UICN, Gland [adapté de R. Starkey et R. Calaque, WCS Gabon]. <www.papaco.org>

International Union for Conservation of Nature Programme on African Protected Areas and Conservation (IUCN PAPACO) (2014) *Evaluation of the Impact of World Heritage Classification on West African Protected Areas*, UICN, Gland. <www.papaco.org>

International Union for Conservation of Nature et Conservation Measures Partnership (IUCN-CMP) (2006) *Unified Classification of Threats and Conservation Actions. Version 1: Juin 2006*, IUCN et The Conservation Measures Partnership, Gland. <www.iucn.org/themes/ssc/sis/classification.htm>

Kothari, A., Corrigan, C., Jonas, H., Neumann, A. et Shrumm, H. (eds) (2012) *Recognising and Supporting Territories and Areas Conserved by Indigenous Peoples and Local Communities: Global overview and national case studies*, CBD Technical Series No. 64, ICCA Consortium, Kalpavriksh and Natural Justice, Montréal.

Lenin, J. (2010) 'Sugarcane leopards', *Current Conservation* 4(4): 22–7.

Leverington, F., Costa, K., Courrau, J., Pavese, H., Nolte, C., Marr, M., Coad, L., Burgess, N., Bomhard, B. et Hockings, M. (2010) *Management Effectiveness Evaluation in Protected Areas: A global study*, 2nd edn, University of Queensland, Brisbane.

Mercier, J. (2004) *Strategic Environmental Assessment: The structured learning program at the World Bank*, Environment Department, The World Bank, Washington, DC.

Millennium Ecosystem Assessment (MEA) (2005) *Ecosystems and Human Well-Being: Synthesis*, Island Press, Washington, DC.

Molnar, J. L., Gamboa, R. L., Revenga, C. et Spalding, M. D. (2008) 'Assessing the global threat of invasive species to marine biodiversity', *Frontiers in Ecology and the Environment* 6. <doi:10.1890/070064>

Mungi, N., Qureshi, Q. et Jhala, Y. V. (2013) *Species Distribution Modelling of Select Invasive Plants in India*, Wildlife Institute of India, Dehradun.

National Tiger Conservation Authority (NTCA) (2014) *Standard Operating Procedures to Deal with Emergencies arising due to Straying of Tigers in Human Dominated Landscapes*, NTCA, New Delhi. <www.projecttiger.nic.in>

Partidário, M. R. (2012) *Strategic Environmental Assessment Better Practice Guide: Methodological guidance for strategic thinking in SEA*, Portuguese Environment Agency and Redes Energéticas Nacionais, Amadora, Portugal. <www.iaia.org/publicdocuments/special-publications/SEA %20 Guidance %20Portugal.pdf>

Peres, C. et Palacios, E. (2007) 'Basin-wide effects of game harvest on vertebrate population densities in Amazonian forests: implications for animal-mediated seed dispersal', *Biotropica* 39: 304–15.

Rajvanshi, A., Arora, R., Mathur, V. B., Sivakumar, K., Sathyakumar, S., Rawat, G. S., Johnson, J. A., Ramesh, K., Dimri, N. K. et Maletha, A. (2012) *Assessment of cumulative impacts of hydroelectric projects on aquatic and terrestrial biodiversity in Alaknanda and Bhagirathi basins, Uttarakhand*, Technical Report, Wildlife Institute of India, Dehradun.

Roy, G. et Witt, A. (2013) *Invasive Alien Plants and their Management in Africa*, UNEP/GEF Removing Barriers to Invasive Plant Management Project International Coordination Unit, UNEP, Nairobi.

Sadler, B. et Verheem, R. (1996) *SEA: status, challenges and future directions*, Report 53, Spatial Planning and the Environment, Netherlands Ministry of Housing, La Haye.

Salafsky, N., Salzer, D., Stattersfield, A. J., Hilton-Taylor, C., Neugarten, R., Butchart, S., Collen, B., Cox, N., Master, L. L., O'Connor, S. et Wilkie, D. (2008) 'A standard lexicon for biodiversity conservation: unified classifications of threats and actions', *Conservation Biology* 22(4): 897–911.

Slootweg, R., Kolhoff, A., Verheem, R. et Höft, R. (eds) (2006) *Biodiversity in EIA and SEA: voluntary guidelines on biodiversity—inclusive impact assessment*, Background Document to CBD Decision VIII/28, Secretariat of the Convention on Biological Diversity, Montréal. <www.cbd.int/doc/ publications/imp-bio-eia-and-sea.pdf>

Tu, M. (2009) *Assessing and Managing Invasive Species within Protected Areas*, Protected Area Quick Guide Series, ed. J. Ervin, The Nature Conservancy, Arlington, VA.

United Nations Environment Programme (UNEP) (2002) *Environmental Impact Assessment Training Resource Manual*, 2nd edn, UNEP, Nairobi. <www. unep.ch/etu/publications/EIAman_2edition_toc. htm>

Uniyal, V. et Zacharias, J. (2001) 'Periyar Tiger Reserve: building bridges with local communities for biodiversity conservation', *PARKS* 11(2): 14–23.

Worboys, G. L., Winkler, C. et Lockwood, M. (2006) 'Threats to protected areas', in M. Lockwood, G. L. Worboys et A. Kothari (eds) *Protected Area Management: A global guide*, pp. 223–61, Earthscan, Londres.

World Wide Fund for Nature (WWF) (2012) *Living Planet Report 2012*, WWF International, Gland.

CHAPITRE 17

CHANGEMENTS CLIMATIQUES ET AIRES PROTÉGÉES

Auteurs principaux :
Angas Hopkins, Richard McKellar, Graeme L. Worboys et Roger Good

TABLE DES MATIÈRES

UICN CMAP COMMISSION MONDIALE DES AIRES PROTÉGÉES Convention sur la diversité biologique

AUTEURS PRINCIPAUX

ANGAS HOPKINS est consultant environnemental en Australie et dans les pays d'Amérique du Sud.

RICHARD MCKELLAR est chercheur à l'Institut des politiques de durabilité de l'Université Curtin, en Australie.

GRAEME L. WORBOYS est co-vice-président pour la conservation de la connectivité et les montagnes de la Commission mondiale sur les aires protégées de l'Union internationale pour la conservation de la nature, et chercheur associé à la Fenner School de l'Université nationale australienne.

ROGER GOOD est chercheur invité à la Fenner School for Environment and Society de l'Université nationale australienne, et chercheur associé des Jardins botaniques nationaux australiens de Canberra.

REMERCIEMENTS

Nos remerciements à Adrienne Nicotra pour avoir préparé la section technique sur la priorisation des réponses de gestion pour les espèces dans un contexte de changements climatiques. Nous remercions également Michael Dunlop pour avoir relu certaines parties de ce manuscrit.

CITATION

Hopkins, A., McKellar, R., Worboys, G. L., et Good, R. Climate change and protected areas. In Worboys, G. L., Lockwood, M., Kothari, A., Feary, S. et Pulsford, I. (éd.) *Gouvernance et gestion des aires protégées*. Canberra : ANU Press, 2020. doi.org/10.22459/GGAP.17

PHOTO DE LA PAGE DE TITRE

Le glacier Athabasca et le champ de glace de Columbia en arrière-plan, dans le parc national de Banff, au Canada : la balise 1890 indique l'emplacement historique de la langue glacière et permet d'apprécier l'étendue de son recul au cours des 120 dernières années et plus. De façon générale, les glaciers reculent presque partout dans le monde à mesure que les températures mondiales moyennes augmentent.
Source : Graeme L. Worboys

Introduction

En ce début de XXIe siècle, les preuves du réchauffement global du système climatique de la Terre en raison de la pollution de l'atmosphère par les gaz à effet de serre générés par l'homme sont sans équivoque. Le principal organisme international d'évaluation scientifique des changements climatiques, le Groupe d'experts intergouvernemental sur l'évolution du climat (GIEC), a indiqué que « les changements climatiques ont des impacts sur les systèmes naturels et humains sur tous les continents et à travers les océans » (IPCC, 2014a:6). La moyenne des températures de surface mondiales, terrestres et marines, a augmenté de 0,85°C entre 1880 et 2012, et la température moyenne de surface mondiale a augmenté de 0,12°C par décennie entre 1951 et 2012 (IPCC, 2013a). Le niveau des mers augmente également. « Le taux d'élévation de eaux marines depuis le milieu du XIXe siècle a été plus élevé que le taux moyen des deux millénaires précédents » (IPCC, 2013a:11).

Les conclusions du GIEC présentent un tableau sombre. Malheureusement, les émissions de gaz à effet de serre ont continué d'augmenter en 2014. Après avoir analysé un large éventail de scénarios de développement futur et d'émissions de gaz à effet de serre, le GIEC a indiqué que, en 2100, les températures de surface mondiales devraient être supérieures de plus de 1,5°C aux températures de surface moyennes pour la période 1850-1900. Certains scénarios de développement et d'émissions sont toutefois pires. Les températures de surface mondiales moyennes en 2100 devraient augmenter de plus de 2°C par rapport à 1850-1900, et pourraient dépasser 4°C de réchauffement de surface dans le scénario décrit comme « statu quo, sans mesure d'atténuation » (business as usual with no mitigation action) (IPCC, 2013a).

Des températures extrêmes plus fréquentes sont pratiquement certaines dans la plupart des régions, tant à l'échelle quotidienne que saisonnière. Les températures des océans augmenteront à toutes les profondeurs et affecteront la circulation océanique. Le volume glaciaire continuera de diminuer, et le niveau de la mer continuera d'augmenter. Le GIEC prévoit que les changements dans les précipitations ne seront pas uniformes. « Le contraste entre les régions humides et sèches et entre les saisons humides et sèches augmentera, bien que des exceptions régionales puissent se produire » (IPCC, 2013a:20). Les écosystèmes sont déjà touchés par les changements climatiques : « De nombreuses espèces terrestres, d'eau douce et marines ont modifié leur aire de répartition géographique, leurs activités saisonnières, leurs modes de migration, leur abondance et leurs interactions avec d'autres espèces en réponse aux changements climatiques en cours » (IPCC, 2014a:4).

Il est clair que ces effets seront importants pour les aires protégées. Les changements climatiques représentent l'une des plus grandes menaces pour les espèces et les écosystèmes auxquels les peuples de la Terre sont confrontés, et cela inclut les organisations chargées des aires protégées et les communautés responsables d'aires protégées. Dans ce chapitre, nous nous concentrerons sur les changements climatiques dans le contexte de la gouvernance et la gestion des aires protégées. En guise d'introduction, nous présenterons les principaux résultats de la recherche sur les changements climatiques concernant les tendances actuelles et les changements prévus, et nous décrirons leurs implications. Nous présenterons une approche de « solutions fondées sur la nature », ainsi que des réponses possibles d'atténuation aux changements climatiques et d'adaptation à ceux-ci, en mettant l'accent sur les réponses adaptées aux changements climatiques par les gestionnaires d'aires protégées. Le chapitre se concentrera ensuite sur le fait d'être « adapté aux changements climatiques », et nous fournirons une explication de ce concept important, ainsi qu'une gamme de considérations de gouvernance et de gestion potentiellement importantes pour les gestionnaires.

Résultats de la recherche sur les changements climatiques

En 2013, le cinquième Rapport d'évaluation du groupe de travail I du GIEC a synthétisé les recherches récentes sur les bases scientifiques physiques des changements climatiques (IPCC, 2013a). Cela comprenait à la fois la situation en 2013 et des projections de conditions climatiques futures possibles. Nous résumerons ici les principales conclusions.

Résultats sur les changements climatiques

Le système climatique

« Le réchauffement du système climatique est sans équivoque, et depuis les années 1950, de nombreux changements observés sont sans précédent à l'échelle de décennies ou même, de millénaires. L'atmosphère et les océans se sont réchauffés, les quantités de neige et de glace ont diminué, le niveau des mers a augmenté, ainsi que les concentrations de gaz à effet de serre » (IPCC, 2013a:4).

Influence humaine

« L'influence humaine sur le système climatique est évidente. Cela ressort clairement de l'augmentation des concentrations de gaz à effet de serre dans l'atmosphère, du forçage radiatif positif, du réchauffement observé et de la compréhension du système climatique » (GIEC, 2013a:15).

Pins à croissance chaotique dans les Montagnes dorées de l'Altaï, un site du Patrimoine mondial, République de l'Altaï, Russie : des températures plus chaudes ont fait fondre le permafrost qui fournissait auparavant un soutien à ces arbres normalement droits

Source : Graeme L. Worboys

Atmosphère

« Chacune des trois dernières décennies a été successivement plus chaude, au niveau de la surface terrestre, que n'importe quelle décennie précédente depuis 1850… Dans l'hémisphère nord, 1983-2012 a probablement été la période de 30 ans la plus chaude des 1 400 dernières années (niveau de confiance moyen) » (IPCC, 2013a:5).

Océans

« Le réchauffement des océans domine l'augmentation de l'énergie stockée dans le système climatique, représentant plus de 90 % de l'énergie accumulée entre 1971 et 2010 (niveau de confiance élevé). Il est pratiquement certain que l'océan supérieur (0-700 m) ait connu un réchauffement, de 1971 à 2010… et il s'est probablement réchauffé entre les années 1870 et 1971 » (IPCC, 2013a:6).

Paysages enneigés et glaciaires

« Au cours des deux dernières décennies, les calottes glaciaires du Groenland et de l'Antarctique ont perdu de leur masse, les glaciers ont continué de reculer presque partout dans le monde, et l'océan glaciaire arctique et la couverture de neige printanière de l'hémisphère nord ont continué de diminuer » (IPCC, 2013a:9).

Élévation moyenne du niveau de la mer

« Le taux d'élévation du niveau de la mer depuis le milieu du XIXe siècle a été plus élevé que le taux moyen des deux millénaires précédents (niveau de confiance élevé). Entre 1901 et 2010, le niveau moyen mondial de la mer s'est élevé de 0,19 mètres [0,17 à 0,21] » (IPCC, 2013a:11).

Cycle du carbone et autres cycles biogéochimiques

Les concentrations atmosphériques de dioxyde de carbone (CO_2), de méthane et d'oxyde nitreux ont atteint des niveaux sans précédent au cours des 800 000 dernières années, au moins. Les concentrations de CO_2 ont augmenté de 40 % depuis l'époque préindustrielle, principalement en raison des émissions de combustibles fossiles et, secondairement, des émissions nettes découlant de changements d'affectation des terres. L'océan a absorbé environ 30 % du CO_2 anthropique émis, ce qui a provoqué son acidification. (IPCC, 2013a:11)

En 2014, les effets des changements climatiques et du réchauffement sont facilement observables dans les aires protégées et ailleurs dans le monde, y compris par la fonte des glaciers, des calottes glaciaires et du permafrost, l'augmentation de la force et du comportement des tempêtes, des conditions d'incendie catastrophiques (chapitre 26), des vagues de chaleur estivales record, le changement de comportement de la faune et la flore sauvages, l'élévation du niveau des mers, ou l'augmentation de l'acidité des océans. Compte tenu de ces tendances défavorables, le GIEC a clairement recommandé de limiter les effets des changements climatiques en déclarant : « Les émissions continues de gaz à effet de serre entraîneront un réchauffement et des changements supplémentaires dans toutes les composantes du système climatique. Pour limiter les changements climatiques, il sera essentiel de réduire substantiellement et durablement les émissions de gaz à effet de serre » (IPCC, 2013a:19).

Projections climatiques : température

Bien que les impacts des changements climatiques soient omniprésents, la nature et l'ampleur de ces impacts peuvent varier considérablement d'une région à l'autre, voire à l'intérieur d'une même région. Il est important pour les gestionnaires d'aires protégées de se faire une idée des conditions climatiques futures susceptibles d'affecter leurs aires. Plus précisément, pour les futurs changements de température prévus, le GIEC a fondé ses projections sur quatre « voies de concentration représentatives » (RCP) et a déclaré :

> La variation de la température de surface globale à la fin du XXIe siècle devrait dépasser 1,5°C par rapport à 1850-1900 dans tous les scénarios de RCP, à l'exception de la RCP2.6. Elle est susceptible de dépasser 2°C pour la RCP6.0 et la RCP8.5, et il est plus probable qu'improbable qu'elle dépasse 2°C pour la RCP4.5. Le réchauffement se poursuivra au-delà de 2100 dans tous les scénarios de RCP, à l'exception de la RCP2.6. Le réchauffement continuera de présenter une variabilité d'interannuelle à décennale et ne sera pas uniforme à l'échelle régionale. (IPCC, 2013a:20)

Le langage du GIEC est riche en acronymes. Pour aider le lecteur, nous avons préparé un glossaire de certaines de leurs abréviations (encadré 17.1), particulièrement utile pour interpréter les informations des deux des figures du GIEC présentées dans ce chapitre (figures 17.1 et 17.2).

Deux projections de températures établies par le GIEC sont illustrées à la figure 17.1. La RCP2.6 identifie des réductions des concentrations de dioxyde de carbone autour de 2100 (encadré 17.1). Les deux scénarios montrent un réchauffement progressif, le réchauffement le plus élevé de la courbe se rapprochant d'un scénario futur intitulé « statu quo sans mesure d'atténuation » (business as usual with no mitigation action) (RCP8.5) (figure 17.1). Des niveaux de réchauffement plus élevés sont prévus pour l'hémisphère nord que pour l'hémisphère sud, les masses terrestres se réchauffant plus rapidement que les océans.

Autres projections climatiques

Le cinquième rapport d'évaluation du GIEC a également fourni des projections de 2081 à 2100 pour des phénomènes autres que la température. Celles-ci sont résumées dans l'encadré 17.2.

Phénomènes extrêmes

L'évolution de l'occurrence et de la nature de phénomènes extrêmes constitue le plus grand défi lié aux changements climatiques. En effet, la relation entre la moyenne climatique et les phénomènes extrêmes n'est pas linéaire (IPCC, 2013b), comme représenté schématiquement sur la figure 17.2. À mesure que la température moyenne de surface augmentera, la proportion de journées se situant au-dessus d'un seuil de température défini augmentera de façon exponentielle, et une augmentation marquée du nombre de périodes de chaleur extrême (jours ou plusieurs jours) se produira. Ces périodes de chaleur extrême, par exemple, entraîneront certains des changements les plus importants dans les systèmes biologiques, et auront un impact sur les aires protégées et leur gestion. La fréquence, l'intensité, l'étendue spatiale, la durée et le calendrier des phénomènes climatiques extrêmes pourraient changer. Des années prolongées de sécheresse, des vagues de chaleur plus fortes ou plus longues, des inondations plus importantes ou des tempêtes plus extrêmes sont quelques-unes des conséquences potentielles. Les graphiques de la figure 17.2 illustrent comment de petits changements moyens de

Encadré 17.1 Glossaire de certains acronymes utilisés par le Groupe d'experts intergouvernemental sur l'évolution du climat

AR5

Le cinquième Rapport d'évaluation du GIEC.

CMIP5

Couple modèle d'inter-comparaison de la phase 5 du projet de Programme mondial de recherche sur le climat. Il s'agit d'un contexte multi-modèles permettant une meilleure évaluation des modèles climatiques, y compris la rétroaction mal comprise entre le cycle du carbone et les nuages, une étude de la prévisibilité climatique et l'analyse des différents modèles.

RCP

Voies de concentration représentatives. Il s'agit de quatre trajectoires de concentration de gaz à effet de serre (et non d'émissions) adoptées par le GIEC pour son cinquième rapport d'évaluation. Elles décrivent quatre scénarios climatiques possibles, et sont décrites comme RCP2.6, RCP4.6, RCP6 et RCP8.5.

RCP2.6

Cette RCP envisage de faibles émissions nettes constantes après 2100, et implique des émissions nettes de dioxyde de carbone négatives après environ 2070 et au-delà. Les concentrations de dioxyde de carbone diminuent lentement vers 360 parties par million en volume (ppmv), en 2300.

RCP8.5

Cette RCP suppose une stabilisation avec des émissions élevées entre 2100 et 2150, puis une diminution linéaire jusqu'à 2250. La RCP8.5 stabilise les concentrations seulement en 2250, avec des concentrations de dioxyde de carbone d'environ 2000 ppmv, soit près de sept fois le niveau préindustriel.

SPM

Résumé à l'attention des décideurs.

Sources : IPCC (2012, 2013a, 2013b)

Encadré 17.2 Projections concernant les phénomènes liés aux changements climatiques autres que la température

Certains grands changements prévus ont été illustrés par deux scénarios climatiques (figure 17.1).

Cycle de l'eau

« Les changements dans le cycle mondial de l'eau en réponse au réchauffement, au cours du XXIe siècle, ne seront pas uniformes. Le contraste des précipitations entre les régions humides et sèches et entre les saisons humides et sèches augmentera, bien que des exceptions régionales puissent apparaître » (IPCC, 2013a:20).

Océans

Reflétant une tendance globale au réchauffement, le GIEC a déclaré, en référence aux océans, que « l'océan mondial continuera de se réchauffer au cours du XXIe siècle. La chaleur pénétrera de la surface vers les profondeurs de l'océan et affectera la circulation océanique » (IPCC, 2013a:24).

Cryosphère (endroits de la Terre où l'eau se présente sous forme solide, sous forme de neige ou de glace)

« Il est très probable que la couverture de glace de l'océan Arctique continue de se rétrécir et de s'amincir, et que la couverture de neige printanière de l'hémisphère nord diminue au cours du XXIe siècle, à mesure que la température moyenne de surface mondiale augmentera. Le volume mondial des glaciers continuera de diminuer » (IPCC, 2013a:24).

Niveau de la mer

« Le niveau moyen mondial de la mer continuera d'augmenter au cours du XXIe siècle... Dans tous les scénarios de RCP, le taux d'élévation du niveau de la mer dépassera très probablement celui observé de 1971 à 2010, en raison du réchauffement accru des océans et de la perte de masse accrue des glaciers et des calottes glaciaires » (IPCC, 2013a:25).

Carbone et autres procédés biogéochimiques

« Les changements climatiques affecteront les processus du cycle du carbone d'une manière qui exacerbera l'augmentation de CO2 dans l'atmosphère (niveau de confiance élevé). L'absorption continue de carbone par les océans augmentera leur acidification » (IPCC, 2013a:26).

Stabilisation du climat

« Les émissions cumulatives de CO2 déterminent en grande partie le réchauffement de surface moyen mondial d'ici la fin du XXIe siècle et au-delà... La plupart des aspects des changements climatiques persisteront pendant de nombreux siècles, même si les émissions de CO2 sont stoppées. Cela représente un héritage climatique substantiel de plusieurs siècles, créé par les émissions passées, présentes et futures de CO2 » (IPCC, 2013a:27).

température entre les climats actuels et futurs pourraient affecter la potentialité de phénomènes extrêmes.

Solutions fondées sur la nature

Toutes les nations de la Terre doivent réduire les émissions anthropogéniques de gaz à effet de serre et utiliser tous les avantages possibles pour réduire les concentrations atmosphériques de dioxyde de carbone et autres gaz à effet de serre. Les milieux naturels terrestres et marins de la Terre jouent un rôle important dans l'atténuation des effets des changements climatiques et dans l'aide aux mesures d'adaptation (encadré 17.3). Les aires protégées sont un élément clé de ce monde naturel, et une partie substantielle de la surface de la Terre, dont 15,4 % de la surface terrestre et 3,4 % de ses océans, était déjà protégée en 2014 (IUCN et UNEP-WCMC, 2014). La végétation d'une aire protégée peut aider à séquestrer le carbone de l'atmosphère par photosynthèse, et ce carbone sera stocké dans l'écosystème sous forme de biomasse, vivante et morte, et de sol. Ces rôles importants ont été reconnus comme une « solution fondée sur la nature » aux changements climatiques.

Les avantages des aires protégées en tant que solution fondée sur la nature ont été mis en évidence en 2010 par la publication de *Solutions naturelles* (Natural Solutions), préparée par un consortium d'organisations incluant l'Union internationale pour la conservation de la nature (UICN), The Nature Conservancy (TNC), le Programme des Nations unies pour le développement (PNUD), la Wildlife Conservation Society, la Banque mondiale et le Fonds mondial pour la nature (WWF) (Dudley et al., 2010). *Solutions naturelles* présentait des options d'intervention rentables susceptibles de contribuer à l'atténuation des changements climatiques et à l'adaptation à ces changements (encadré 17.3).

Atténuation

Presque tous les écosystèmes naturels et semi-naturels, y compris les sites désignés comme aires protégées, capturent et stockent du carbone en séquestrant le dioxyde de carbone de l'atmosphère par photosynthèse (Dudley et al., 2010). Le Centre mondial de suivi de la conservation du Programme des Nations unies pour l'environnement (PNUE-WCMC) a estimé que 312 gigatonnes de carbone sont stockées dans le réseau mondial d'aires protégées, soit 15 % du stock

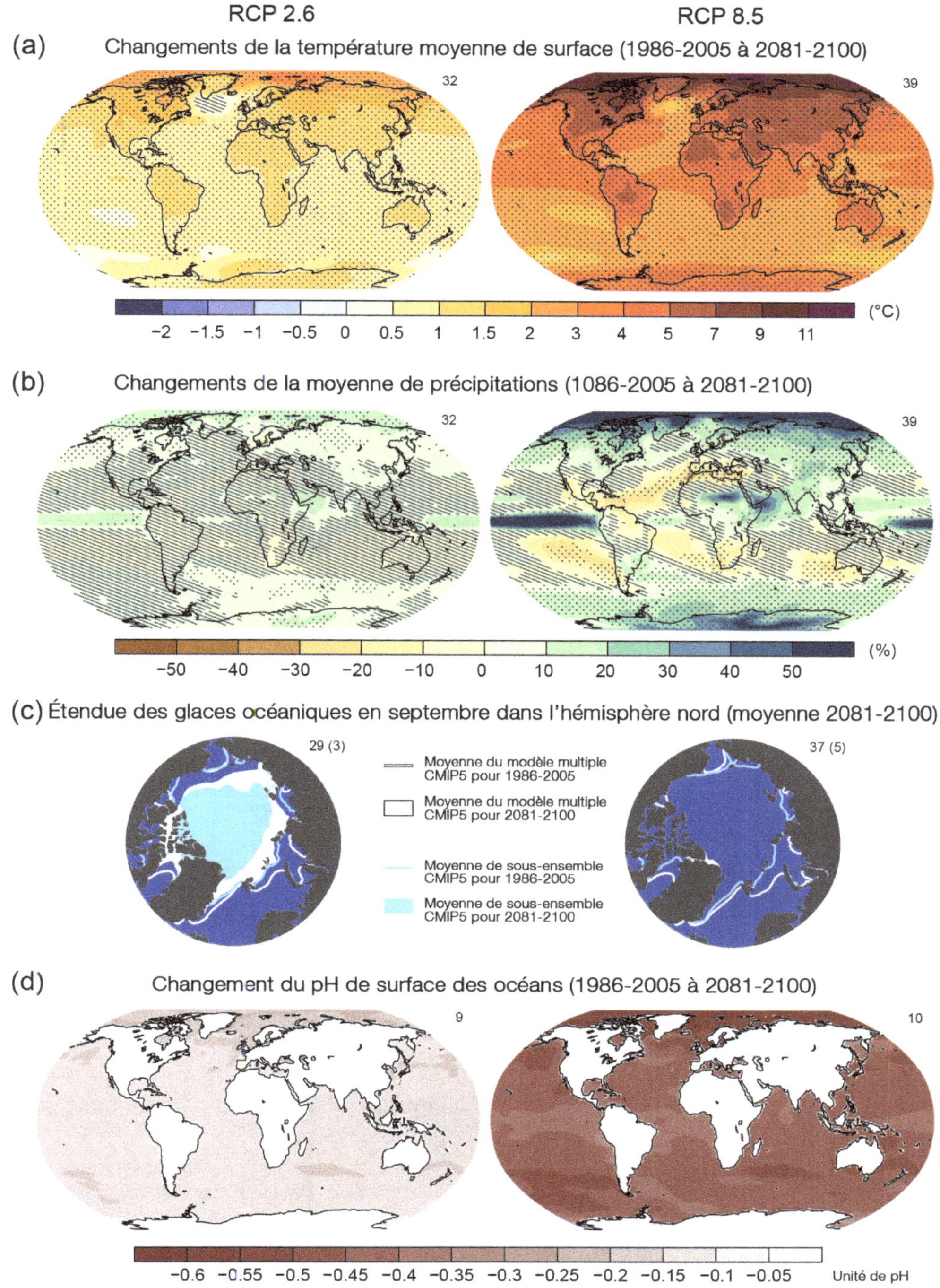

Figure 17.1 Projections du GIEC sur les changements climatiques pour deux niveaux de concentration de dioxyde de carbone pour la température, les précipitations, l'étendue de la glace océanique et le pH de surface des océans

Notes : Cartes des résultats moyens des modèles multiples CMIP5 pour les scénarios RCP2.6 et RCP8.5 en 2081-2100 pour: a) changement annuel moyen de la température de surface, b) pourcentage de changement moyen des précipitations moyennes annuelles, c) étendue des glaces océaniques en septembre dans l'hémisphère nord, et d) changement du pH de surface des océans. Les variations des sections a), b) et d) sont indiquées par rapport à 1986-2005. Le nombre de modèles CMIP5 utilisés pour calculer le modèle multiple moyen est indiqué dans le coin supérieur droit de chaque section. Pour les sections (a) et (b), les hachures indiquent les régions où la moyenne des modèles multiples est faible par rapport à la variabilité interne naturelle, c'est à dire moins d'un écart-type de variabilité interne naturelle dans les moyennes sur 20 ans. Les pointillés indiquent les régions où la moyenne des modèles multiples est élevée par rapport à la variabilité interne naturelle (c'est-à-dire supérieure à deux écarts-types de variabilité interne naturelle dans les moyennes sur 20 ans), et où au moins 90 % des modèles coïncident sur la tendance du changement. Dans la section (c), les lignes représentent les moyennes modélisées pour 1986-2005, et les zones pleines correspondent à la fin du siècle. La moyenne des modèles multiples CMIP5 est indiquée en blanc, l'étendue moyenne projetée des glaces océaniques d'un sous-ensemble de modèles (nombre de modèles entre parenthèses) reproduisant le plus fidèlement les conditions climatologiques moyennes et la tendance 1979-2012 de l'étendue de glaces océaniques arctiques est indiquée en bleu clair.

Sources : IPCC (2013a:10), reproduit avec l'autorisation du GIEC ; voir IPCC (2013a:10) pour la légende complète de la figure

Touristes se rafraîchissant dans un parc central de Moscou, le 21 juillet 2010, lors de la grande canicule russe record de 2010, qui compta 28 jours consécutifs de températures supérieures à 35°C à partir du 14 juillet. La chaleur extrême était sans précédent et provoqua des incendies de forêt et de tourbe, des morts et des noyades liées à la chaleur

Source : Graeme L. Worboys

mondial de carbone terrestre (Dudley et al., 2010). Leur statut de protection réduit la probabilité de perte de carbone déjà présent dans la végétation et les sols, et certaines aires protégées peuvent être gérées activement pour maintenir ou augmenter leur potentiel de séquestration. Les aires protégées gérées activement favorisent l'atténuation :

- en évitant la conversion vers d'autres utilisations des terres, et en évitant la destruction des habitats et la perte de carbone ;
- en offrant des opportunités de restauration écologique et de protection des sites dégradés et riches en carbone, tels que les tourbières et les repousses de forêts dégradées ;
- en fournissant des opportunités de séquestration du carbone, par exemple dans les eaux intérieures, les estuaires et les tourbières (Dudley et al., 2010).

Adaptation

Les aires protégées réduisent l'impact des changements climatiques sur les communautés locales et fournissent des services de soutien aux écosystèmes. De par la protection, cette adaptation fondée sur les écosystèmes aide à maintenir l'intégrité de l'écosystème, à amortir le climat local et à réduire les risques et les impacts de phénomènes extrêmes tels que les tempêtes, les inondations, les sécheresses et l'élévation

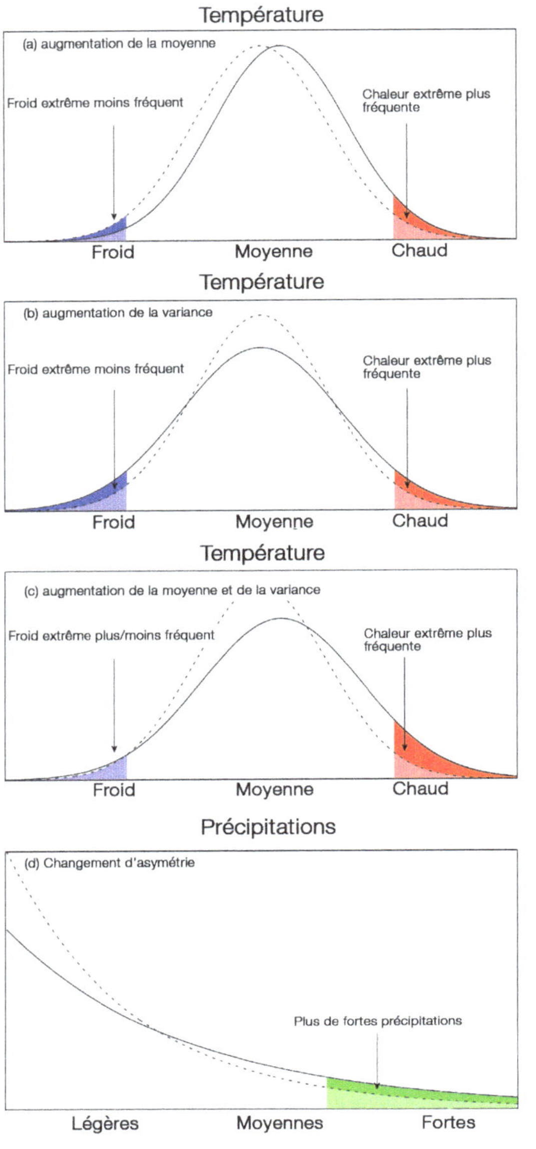

Figure 17.2 Extrêmes climatiques : schémas de probabilité

Notes : représentations schématiques de la fonction de densité de probabilité de la température quotidienne, qui tend à être approximativement gaussienne, et de la précipitation quotidienne, qui présente une distribution asymétrique. Les lignes pointillées représentent une distribution antérieure et les lignes pleines une distribution modifiée. La probabilité d'occurrence, ou fréquence, des extrêmes est indiquée par les zones hachurées. Dans le cas de la température, les changements de fréquence des extrêmes sont influencés par les changements: a) de la moyenne, b) de la variance ou de la forme, et c) de la moyenne et la variance. d) Dans une distribution asymétrique telle que celle des précipitations, un changement de la moyenne de distribution affecte généralement sa variabilité ou sa propagation, et donc une augmentation des précipitations moyennes impliquerait également une augmentation de fortes précipitations extrêmes, et vice versa. En outre, la forme de la fin de courbe, à droite, pourrait également changer, affectant les extrêmes. De plus, les changements climatiques peuvent modifier la fréquence des précipitations et la durée des périodes de sécheresse entre les précipitations. (Parties a)-c) modifiées de Folland et al., 2001, et d) modifié de Peterson et al., 2008, selon Zhang et Zwiers, 2012.)

Source : IPCC (2013b:134), reproduit avec l'autorisation du GIEC ; voir IPCC (2013b:134) pour la légende complète de la figure

Environnement récifal sain dans le parc marin de la Grande Barrière de corail, Queensland, Australie : les systèmes de récifs coralliens du monde entier (y compris la Grande Barrière de corail) sont touchés par le blanchiment des coraux provoqué par des températures et des niveaux d'acidité plus élevés

Source : © Autorite du parc marin de la Grande Barrière de corail

du niveau de la mer (d'après Dudley et al., 2010). Les aires protégées aident directement à :

- gérer les eaux de crue en offrant un espace pour la dispersion de l'eau, et par les effets naturels d'absorption de la végétation ;
- minimiser les glissements de terrain grâce à une végétation naturelle stabilisant les sols et la neige pour éviter les glissement, et absorbant les impacts en cas de glissement ;
- minimiser les impacts des ondes de tempête côtières grâce à la présence de mangroves, de récifs coralliens, d'îles barrières, de dunes et de marais ;
- réduire la pression de pâturage et, par conséquent, à améliorer la protection des bassins versants, la rétention d'eau dans les sols, et à minimiser les effets de la sécheresse et de la désertification ;
- gérer activement les incendies, grâce à des programmes de réduction des combustibles forestiers et de capacité initiale d'intervention (Dudley et al., 2010).

Le maintien de services écosystémiques essentiels dans les aires protégées aide les populations humaines à faire face aux altérations causées par les changements climatiques en ce qui concerne l'approvisionnement en eau, la pêche, l'incidence

Encadré 17.3 Définitions : atténuation des changements climatiques et adaptation à ces changements

Il existe deux grandes réponses aux changements climatiques. L'atténuation consiste à éviter ou à réduire les émissions de gaz à effet de serre, ainsi qu'à augmenter leur séquestration, et l'adaptation consiste à se préparer aux changements climatiques et à y faire face. Le GIEC a défini ces deux termes.

Définition de l'atténuation

« L'atténuation est une intervention anthropique visant à réduire le forçage anthropique du système climatique : elle inclut des stratégies visant à réduire les sources et les émissions de gaz à effet de serre et à améliorer les puits de gaz à effet de serre » (IPCC, 2007:878). Cela peut être défini plus simplement comme une intervention humaine visant à réduire les sources ou à améliorer les puits de gaz à effet de serre (IPCC, 2014b).

Les aires protégées peuvent aider à atténuer les changements climatiques en stockant le carbone (en évitant la perte de carbone qui se trouve déjà dans la végétation et les sols) et en capturant le carbone en séquestrant le dioxyde de carbone de l'atmosphère dans les écosystèmes naturels.

Définition de l'adaptation

L'adaptation est :

le processus d'ajustement au climat réel ou prévu et à ses effets. Dans les systèmes humains, l'adaptation cherche à modérer les dommages ou à exploiter les opportunités bénéfiques. Dans les systèmes naturels, une intervention humaine peut faciliter l'adaptation au climat attendu et à ses effets. L'adaptation peut être progressive (lorsque l'objectif principal est de maintenir l'essence et l'intégrité d'un système ou d'un processus à une échelle donnée) ou transformationnelle (une adaptation qui modifie les attributs fondamentaux d'un système en réponse au climat et à ses effets). (IPCC, 2014c:1)

Les aires protégées peuvent s'adapter aux changements climatiques en protégeant ou en maintenant l'intégrité des écosystèmes, en créant un effet tampon pour le climat local et en réduisant les risques et les impacts de phénomènes extrêmes. Les aires protégées peuvent également fournir des services écosystémiques essentiels qui aideront les populations humaines à faire face aux changements.

Sources : IPCC (2007) ; Dudley et al. (2010)

de maladies ou la productivité agricole (Dudley et al., 2010). Une gestion active des aires protégées contribue à accroître la résilience des ressources naturelles et des services essentiels, et contribue à réduire la vulnérabilité des moyens de subsistance notamment :

- pour l'eau, en aidant à conserver la qualité de l'eau, les régimes d'écoulement et les rendements grâce à des bassins versants bien gérés et stables ;
- pour les ressources halieutiques marines et d'eau douce, en aidant à conserver et à reconstituer les stocks de poissons ;
- pour les ressources alimentaires, en aidant à conserver les espèces sauvages apparentées aux cultures afin de faciliter les services de sélection et de pollinisation des cultures, contribuant ainsi à fournir des aliments durables aux communautés ;
- pour la santé, en aidant à ralentir l'expansion de maladies à transmission vectorielle qui prospèrent dans les écosystèmes dégradés, et en maintenant un accès aux médicaments traditionnels (Dudley et al., 2010).

Les aires protégées contribuent également à améliorer la résilience des écosystèmes aux changements climatiques.

Des investissements qui répondent aux changements climatiques

Considérées dans leur ensemble, les aires protégées ont été établies sur une grande partie de la planète et, par conséquent, la façon dont elles sont gérées pour faire face aux changements climatiques est importante. Les approches de solutions fondées sur la nature font partie intégrante d'une réponse internationale visant à faire face aux menaces des changements climatiques. Compte tenu de ce contexte plus général, le présent chapitre développera plus avant les possibilités offertes pour réagir (atténuation) et prendre en compte (adaptation) les effets des changements climatiques, et comment entreprendre de telles actions. Les scientifiques nous préviennent que le monde de demain sera différent, très différent, et que les aires protégées changeront. Nous évaluerons les implications des changements climatiques pour les gestionnaires d'aires protégées dans les sections suivantes.

Implications pour la biodiversité

Les changements de température ambiante, de concentration de dioxyde de carbone, de disponibilité en eau (pour les organismes terrestres) et la nature des phénomènes extrêmes sont des impacts significatifs des changements climatiques sur les systèmes naturels. Ces changements affecteront directement et indirectement les aires protégées, et les réponses aux changements de paramètres ou d'événements climatiques varieront d'une espèce à l'autre et d'un écosystème à l'autre. Certains impacts sur la biodiversité sont décrits dans le tableau 17.1.

Forte tempête océanique se dirigeant vers le continent, au sud de la Nouvelle-Galles du Sud, Australie
Source : Graeme L. Worboys

Tableau 17.1 Exemples d'impacts des changements climatiques et des paramètres atmosphériques sur la biodiversité

Paramètre	Impacts et réponses
Température et rayonnement solaire	« L'augmentation des températures affectera le stress hydrique, tant pour les plantes que pour les animaux, ainsi que le calendriers des événements importants du cycle de vie, tels que la reproduction et la diapause (période de repos pendant un cycle de vie). Des phénomènes printaniers plus précoces et des phénomènes automnaux plus tardifs sont probables pour de nombreuses espèces » (Steffen et al., 2009:73) La température au cours du développement des organismes affecte les ratios sexuels de nombreuses espèces de reptiles, tandis que des températures extrêmes auront une influence sur les aires de répartition géographique fondamentales de nombreuses espèces végétales et animales, certaines cherchant refuge à des altitudes plus élevées et plus fraîches et/ou des caractéristiques environnementales plus abritées ou plus froides. L'augmentation des températures ambiantes contribuera à augmenter le risque de phénomènes météorologiques extrêmes, tels que les tempêtes ou la foudre, conduisant à des impacts plus importants du feu ou des inondations sur les espèces et les communautés. Dans les zones de haute montagne, la réduction de la couverture nuageuse contribuera à une exposition prolongée du biote, en particulier des plantes, à la lumière ultraviolette, entraînant des impacts sur la floraison, la formation des graines et le pourcentage de germination. Cela sera particulièrement le cas pour les espèces actuellement protégées par une couverture de neige semi-permanente.
Concentrations de dioxyde de carbone	L'augmentation des niveaux de dioxyde de carbone dans l'atmosphère et/ou dans l'eau entraînera des taux photosynthétiques plus élevés, jusqu'à ce que les concentrations de dioxyde de carbone ou un autre facteur (comme la lumière ou les nutriments) deviennent limitants. Des niveaux plus élevés de dioxyde de carbone augmenteront également l'efficacité de l'utilisation de l'eau en réduisant la conductance stomatique. Les changements de productivité induits par le dioxyde de carbone s'accompagnent généralement de changements dans la composition chimique et la structure des plantes. L'augmentation de la croissance des plantes, par exemple, contribuera à une augmentation des accumulations de combustible dans de nombreuses prairies et forêts. Les océans et les plans d'eau douce deviendront plus acides à mesure qu'ils absorberont plus de dioxyde de carbone. Cela augmentera la solubilité du carbonate de calcium, un composant principal du matériel squelettique des organismes aquatiques.
Rendements et approvisionnements en eau	« L'eau est essentielle pour tous les organismes terrestres, et l'eau, ainsi que les températures ambiantes, définissent, en fin de compte, la limite fondamentale de distribution de toutes les espèces » (Steffen et al., 2009:73). Le stress hydrique dû à des sécheresses prolongées et à des inondations, ainsi qu'aux régimes pluviométriques saisonniers, pourrait augmenter. Cependant, l'augmentation du dioxyde de carbone atmosphérique pourrait également atténuer le stress hydrique de certaines plantes. La réduction de la présence et de l'étendue de la neige pourrait avoir un impact considérable sur les rendements en eau des bassins versants et les régimes fluviaux dans les principaux systèmes hydrologiques. La réduction de la durée de la couverture neigeuse pourrait avoir un impact sur de nombreuses espèces végétales et animales qui survivent au froid extrême grâce à la protection isolante de cette couverture neigeuse.
Phénomènes extrêmes (tempêtes, inondations, feux de forêt et sécheresses)	« Les phénomènes météorologiques extrêmes tels que les inondations, les sécheresses, les tempêtes et les incendies peuvent affecter la dynamique des populations, les limites, la morphologie, la reproduction et le comportement des espèces, ainsi que la structure et la composition des communautés et les processus écosystémiques. Des changements dans la fréquence, l'intensité et la saisonnalité [« dérive saisonnière »] des phénomènes extrêmes sont susceptibles d'avoir des impacts plus importants sur de nombreuses espèces, communautés et écosystèmes que les changements individuels et directionnels de la température ou les changements des régimes pluviométriques » (Steffen et al., 2009:73). Les phénomènes extrêmes peuvent fournir un avantage écologique pour de nombreuses espèces envahissantes, menaçant (par conséquent) la survie de certaines espèces autochtones. Dans les milieux marins, les ondes de tempête et l'élévation du niveau de la mer menaceront l'existence continue de communautés et d'écosystèmes naturels qui forment actuellement des barrières naturelles aux dommages causés par les tempêtes côtières (récifs coralliens, mangroves et herbiers marins, communautés dunaires et zones humides côtières). La perte de communautés telles que les mangroves et les zones humides entraînera un rejet de dioxyde de carbone, augmentant encore les niveaux de gaz à effet de serre dans l'atmosphère.

Source : Modifié de Steffen et al. (2009)

Certains grands groupes taxonomiques de plantes et d'animaux pourraient être particulièrement vulnérables ou plus adaptables que d'autres aux effets des changements climatiques. En prenant comme exemple la situation australienne, certaines de ces vulnérabilités sont décrites dans le tableau 17.2. Les effets identifiés sont révélateurs des effets susceptibles d'affecter ces groupes taxonomiques ailleurs dans le monde.

Tableau 17.2 Facteurs de vulnérabilité accrue des groupes taxonomiques australiens aux changements climatiques

Groupe taxonomique	Vulnérabilité potentielle
Mammifères	Généralement, les mammifères sont mobiles et capables de se disperser. Certaines « espèces endémiques à faibles déplacements, en particulier dans les régions montagneuses ou alpines, sensibles à des changements climatiques rapides in situ » seront vulnérables (Steffen et al., 2009:93). « Des changements pourraient se produire dans la compétition entre les macropodes herbivores (mammifères marsupiaux australiens mangeurs de plantes, dont les kangourous et les wallabies) dans les savanes tropicales, du fait de changements dans les régimes de feu et la disponibilité en eau. Les herbivores pourraient être affectés par une diminution de la qualité nutritionnelle du feuillage due à la fertilisation par le CO2 » (Steffen, et al., 2009:93).
Oiseaux	Généralement, les oiseaux sont très mobiles et capables de se disperser. Des changements phénologiques pourraient survenir, y compris dans la migration et la ponte. Possible concurrence accrue pour les aires de reproduction. Les sites de reproduction des oiseaux d'eau et des espèces côtières pourraient souffrir d'une réduction des débits d'eau douce dans les zones humides, de l'élévation du niveau de la mer et des ondes de tempête, ainsi que de l'intrusion d'eau salée. Les grands prédateurs seront vulnérables aux changements dans l'approvisionnement alimentaire et aux migrations précoces ou tardives en réponse à la dérive saisonnière.
Reptiles	Les reptiles présentent toute une gamme de mobilité, mais généralement une faible capacité de dispersion. Le réchauffement des températures pourrait modifier les ratio sexuels. Certaines espèces pourraient être en mesure de modifier leur utilisation des micro-habitats. Les espèces nichant près des rivages seront vulnérables à l'élévation du niveau de la mer et aux ondes de tempête.
Amphibiens	Les amphibiens présentent une spécificité d'habitat élevée et toute une gamme de caractéristiques de mobilité et de dispersion. Les grenouilles pourraient être les taxons terrestres les plus menacés. Les effets du champignon pathogène chytride (*Batrachochytrium dendrobatidis*) pourraient changer avec des variations de sensibilité de l'hôte et de l'activité pathogène. L'assèchement et la combustion des tourbières et des sols tourbeux affecteront les sites de reproduction de certaines espèces.
Poissons	La capacité de migration des espèces de poissons d'eau douce est limitée. Les espèces d'eau douce seront vulnérables à la réduction des débits et de la qualité de l'eau (y compris l'acidité), à l'augmentation de la température de l'eau et à la réduction de l'ombrage offert par la végétation riveraine. Toutes les espèces seront sensibles aux effets du réchauffement sur la base phyto-planctonique des réseaux trophiques. Les espèces marines sont généralement mobiles, mais les espèces confinées, rocheuses ou coralliennes, pourraient être moins mobiles et, par conséquent, plus vulnérables à la perte de leur habitat. Les espèces marines sont vulnérables aux changements dans les courants océaniques qui leur fournissent des nutriments et dispersent les alevins. Il existe des seuils de température de l'eau de mer pour la reproduction, et la plupart des espèces sont sensibles aux effets de l'augmentation de l'acidité sur le développement des structures osseuses.

Invertébrés terrestres	Les invertébrés « devraient être moins sensibles que les vertébrés en raison de leurs temps de génération plus courts, de leurs taux de reproduction élevés et de leur faible sensibilité aux variables climatiques... Les insectes volants, tels que les papillons, pourraient être capables de s'adapter en déplaçant leurs aires de répartition, s'ils ne sont pas limités par la distribution de leur plante hôte. Les espèces non volantes dont l'aire de répartition est plus limitée seront plus sensibles à des changements rapides *in situ* » (Steffen et al., 2009:93). Les invertébrés limités aux forêts humides et aux milieux montagnards pourraient être menacés par la disparition de ces habitats. Des changements génétiques ont déjà été observés chez certaines espèces répandues, telles que *Drosophila* spp., et les invertébrés herbivores pourraient également être touchés par une moindre qualité foliaire sous des concentrations élevées de dioxyde de carbone (Steffen et al., 2009:93). Les invertébrés aquatiques seront affectés par les variations de débits, de qualité de l'eau et de températures. Il est probable que les eaux de surface deviennent plus acides, provoquant l'érosion des exosquelettes. Toutes les espèces marines dont les coquilles, les plaques, les spicules et les tubes contiennent du carbonate de calcium seront affectées par l'augmentation de l'acidité de l'océan. Ceci affectera plus notablement le groupe des coraux, mais les impacts de l'acidification seront omniprésents. Les coraux seront également victimes de blanchiement, du fait de la hausse des températures.
Plantes	Les plantes à plus longue durée de vie, comme les arbres, pourraient être très vulnérables si les changements climatiques affectent les possibilités de recrutement et d'établissement. Les plantes endémiques, à répartition limitée, seront vulnérables si les conditions dont elles ont besoin pour vivre se font plus rares. Une teneur élevée en dioxyde de carbone augmentera les taux de photosynthèse, à condition que d'autres facteurs, tels que l'eau et les nutriments, ne soient pas limitants. La productivité pourrait augmenter dans certaines régions, du fait d'une combinaison d'augmentation du dioxyde de carbone et de saisons de croissance plus longues. Des niveaux plus élevés de dioxyde de carbone augmenteront l'efficacité de l'utilisation de l'eau, mais l'utilisation totale de l'eau pourrait ne pas diminuer en raison de la diminution de la surface foliaire et d'une évaporation accrue des sols. La compétition entre les plantes C3 et C4 (C3 et C4 se réfèrent à des traits évolutifs de la façon dont les plantes capturent le dioxyde de carbone, les plantes C3 étant plus primitives) pourrait être affectée par une teneur élevée en dioxyde de carbone, mais l'humidité des sols pourrait avoir une influence plus forte que les voies photosynthétiques. Les changements des régimes d'incendie auront des répercussions importantes sur la végétation. Des changements dans la phénologie des plantes et les cycles de vie des insectes affecteront la pollinisation et certaines formes de dispersion. L'hybridation et la spéciation pourraient augmenter à mesure que les plantes subissent une pression et un stress accrus. Les plantes aquatiques et marines pourraient être affectées par l'augmentation de l'acidité. Les algues possédant une croûte, une écorce, des lames ou des coquilles à base de carbonate de calcium seront particulièrement vulnérables.

Source : Modifié de Steffen et al. (2009)

Changements dans la répartition des plantes et des animaux

Les distributions actuelles de la plupart des organismes vivants (à l'exception notable d'*Homo sapiens*) sont définies par des paramètres climatiques, des conditions qui définissent leur niche (aux côtés d'autres caractéristiques). Au fur et à mesure que ces paramètres changent localement, la dynamique des populations d'espèces fait son œuvre, la combinaison de dispersion et de colonisation de nouveaux habitats et les extinctions locales donnant l'impression que les espèces et les communautés se déplacent à travers le paysage, bien que ce « mouvement » apparent des espèces résulte de processus dynamiques complexes. En règle générale, les espèces auront tendance à se déplacer le long de gradients thermiques qui vont de l'équateur vers les pôles, et des altitudes les plus basses vers les plus élevées. Par exemple, une méta-analyse des données de plus de 1 700 espèces (Parmesan et Yohe, 2003) a révélé un déplacement moyen de 6,1 kilomètres par décennie en direction des pôles, mais une augmentation de seulement quelques mètres par décennie de l'élévation, les principaux phénomènes printaniers progressant en moyenne de 2,3 jours par décennie.

Cette règle générale est toutefois compliquée par la capacité de dispersion (les espèces et groupes taxonomiques diffèrent par leur capacité à se disperser en réponse à des stimuli), les exigences obligatoires (certaines espèces ont des exigences étroites pour un type de sol, des pollinisateurs, des sources de nourriture ou des conditions climatiques saisonnières) et les types d'habitats (ceux-ci pouvant ne pas être continus et ne pas favoriser la dispersion, même pour les espèces les plus mobiles, d'où la nécessité d'une plus grande connectivité ; voir chapitre 27). Les gestionnaires d'aires protégées peuvent utiliser les modèles bioclimatiques pour mieux comprendre comment les espèces et les assemblages pourraient se

L'opossum nain des montagnes (*Burramys parvus*) des Alpes australiennes : ce marsupial en voie de disparition vit dans les zones enneigées, dans les parties les plus élevées des Alpes australiennes. C'est un hibernant véritable, très susceptible à la hausse des températures et à un futur environnement sans neige dans les Alpes

Source : Bureau de l'environnement et du patrimoine de Nouvelle-Galles du Sud, reproduit avec autorisation

redistribuer, mais ces analyses sont limitées par l'incertitude concernant les conditions climatiques futures (Yates et al., 2010). En outre, les espèces sont le plus souvent sensibles à des combinaisons de facteurs climatiques, et les informations sur des facteurs climatiques critiques tels que les sécheresses, les vagues de chaleur ou les incendies ne sont pas prises en compte dans la plupart des modèles bioclimatiques actuels. Même si de très bonnes projections climatiques étaient disponibles, les connaissances sur l'interaction entre les principaux facteurs liés au climat et les relations importantes avec les espèces et entre les espèces sont limitées.

La prédiction des effets des changements climatiques sur les écosystèmes est encore plus compliquée, du fait que chaque espèce constituant un assemblage identifié (une communauté écologique) ou contribuant au caractère et à la fonction d'un écosystème réagira différemment aux changements des conditions climatiques. À condition qu'il existe une source de nouvelles espèces présentant des fonctionnalités équivalentes à celles qui sont expulsées ou s'éloignent d'un assemblage ou d'un écosystème, celui-ci peut maintenir sa fonction globale. Ce processus peut entraîner de nouveaux assemblages et écosystèmes, avec des combinaisons d'espèces qui n'existaient pas auparavant. La figure 17.3, par exemple, illustre le degré potentiel de changement dans les assemblages d'espèces de plantes vasculaires auquel on pourrait s'attendre en Australie, d'ici 2030, en cas de changements climatiques sévères. Les différences les plus faibles dans la composition sont indiquées en vert, et les différences les plus importantes, en rouge. Un point clé, dans tout ceci, est que le changement est prévu, et qu'il doit être anticipé.

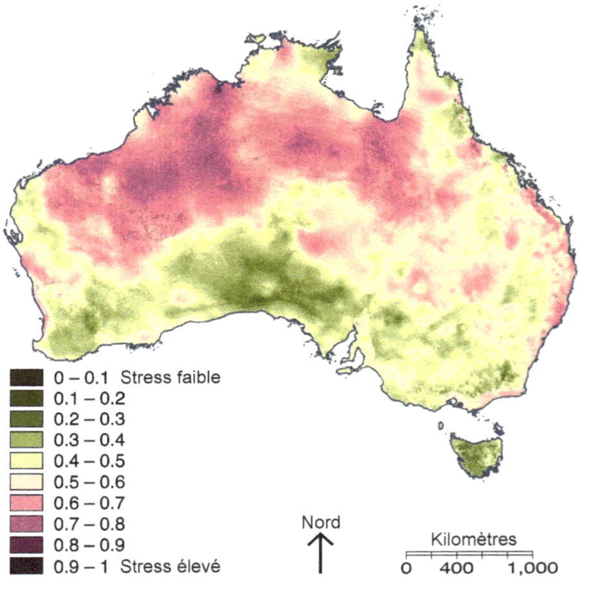

Figure 17.3 Modélisation des impacts des changements climatiques sur les plantes vasculaires en Australie. En rouge, les changements les plus importants, et en vert, les moins importants

Note : Variation prévue dans la composition d'une maille de 1 kilomètre entre 2010 et 2030 selon le scénario climatique du « statu quo » (A1FI) du GIEC.

Source : Adapté de Ferrier et al. (2010)

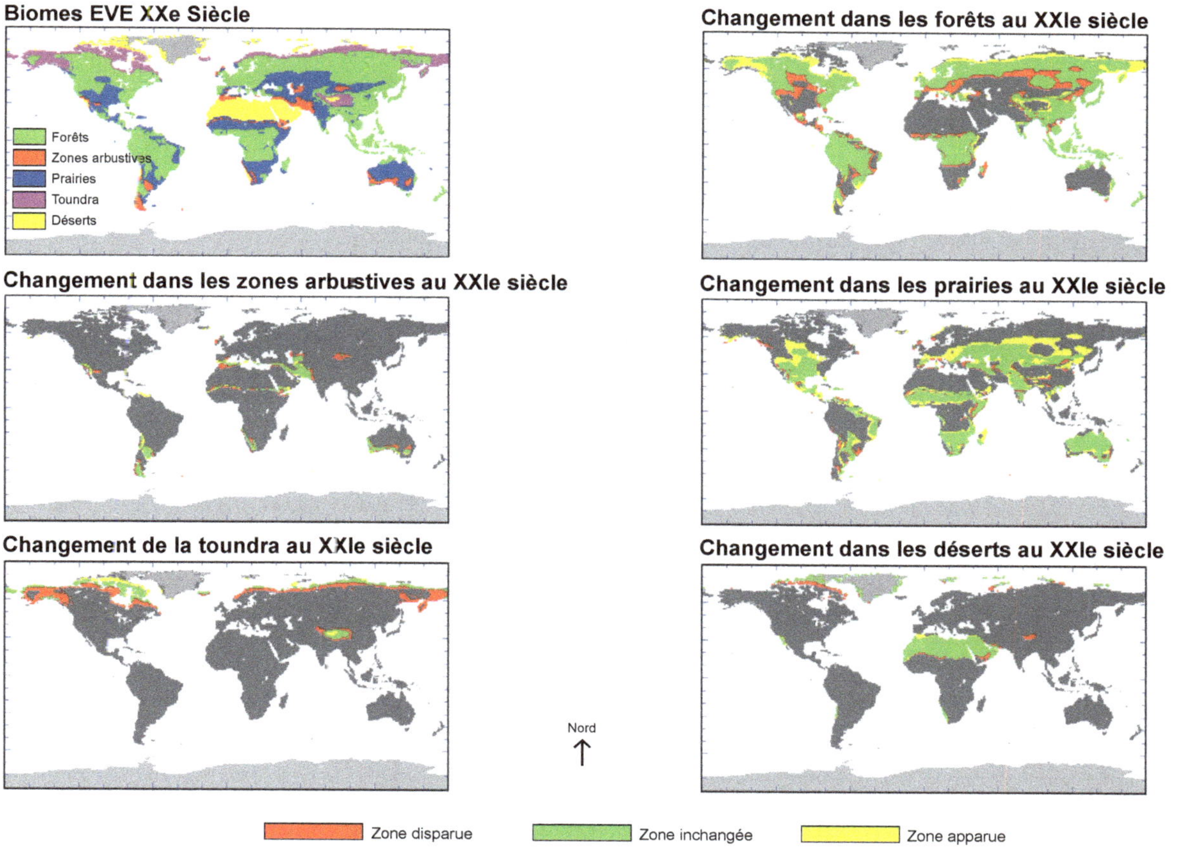

Figure 17.4 Changements prévus dans la distribution de cinq grands biomes d'ici la fin du XXIe siècle

Note : Dérivé des 110 cartes de couverture fractionnaire des formes de vie du modèle EVE (Equilibrium Vegetation Ecology), à partir des variables EVE pour le scénario « quasi-statu quo » du GIEC, sur une grille de 1° × 1°

Source : Adapté de Bergengren et al. (2011)

Changements à l'échelle des biomes

Lorsque la modélisation à l'échelle d'un biome indique la probabilité de transition d'un biome à un autre, un seuil physiologique majeur peut généralement être identifié. La perte de toundra due à l'augmentation des températures de surface et l'allongement de la saison de croissance, par exemple, entraîneront l'invasion de la forêt boréale par des espèces d'arbres à croissance plus lente. Pour cette raison, il est très important d'identifier les seuils physiologiques par la recherche ou le suivi en laboratoire. Bien que la recherche sur d'autres biomes puisse fournir des indications, il est difficile d'appliquer les résultats de la recherche d'écosystèmes relativement moins complexes à des écosystèmes relativement plus complexes (McKellar et al., 2010). Les changements prévus, par exemple, pour cinq grands biomes (forêts, arbustes, prairies, toundra et désert) sont illustrés à la figure 17.4.

Implications pour les valeurs que les personnes et les communautés obtiennent des aires protégées

> Les effets des extrêmes climatiques récents, tels que les vagues de chaleur, les sécheresses, les inondations, les cyclones et les incendies de forêt, révèlent une vulnérabilité et une exposition importantes de certains écosystèmes et de nombreux systèmes humains à la variabilité climatique actuelle …
>
> Les impacts de ces extrêmes climatiques comprennent l'altération des écosystèmes, la perturbation de la production alimentaire et de l'approvisionnement en eau, les dommages aux infrastructures et aux établissements humains, la morbidité et la mortalité, ainsi que des conséquences pour la santé mentale et le bien-être humains. Pour les pays, à tous les niveaux de développement, ces impacts sont conséquents avec un manque important de préparation à la variabilité climatique actuelle dans certains secteurs. (IPCC, 2014a:6)

Les changements climatiques auront une incidence sur les valeurs que les personnes et les communautés obtiennent des aires protégées. La valeur globale du monde naturel pour les humains se compose de valeurs économiques et culturelles, ainsi que d'autres valeurs non économiques plus générales, et peut être illustrée par la typologie présentée au chapitre 6, et par la série de valeurs culturelles décrite au chapitre 4. Les impacts indicatifs des changements climatiques sur ces valeurs sont décrites dans le tableau 17.3.

Tableau 17.3 Exemples d'impacts des changements climatiques sur les valeurs perçues par l'homme en relation avec les éléments naturels et culturels

Valeurs naturelles des aires protégées (Chapitre 6)	Description	Exemple d'impacts des changements climatiques
Valeurs d'utilisation directe	Ces valeurs font référence à l'utilisation directe que nous faisons des valeurs naturelles et des services écosystémiques, comme la récolte de certaines ressources ou la pêche.	La fonction de l'écosystème pourrait rester intacte grâce à une gestion active, mais les espèces traditionnellement utilisées pourraient ne plus être disponibles dans la nature du fait des changements climatiques.
Valeurs d'utilisation indirecte	Ces valeurs ont tendance à se présenter sous une forme plus diffuse, comme l'eau propre des bassins versants, les forêts de protection contre les avalanches ou la végétation empêchant l'érosion des sols sur les pentes raides.	Les phénomènes météorologiques extrêmes, les sécheresses et les incendies de grande magnitude pourraient avoir un impact sur les forêts et les bassins versants, et affecter ainsi les valeurs indirectes. Une gestion de la restauration peut être mise en œuvre.
Valeurs de non-utilisation (valeurs d'utilisation future)	Ces valeurs peuvent être considérées comme des valeurs d'option, liées au fait de conserver une zone en l'état au cas où les ressources qu'elle abrite seraient nécessaires à l'avenir. Par exemple, les valeurs de legs liées au fait garder les choses en l'état pour les générations futures, ou les valeurs d'existence de choses que nous considérons importantes même si nous n'en bénéficions pas.	Les valeurs spécifiques d'un site pourraient changer avec le temps, bien que la valeur naturelle globale puisse être conservée grâce à une gestion active visant à minimiser les menaces non naturelles.
Valeurs culturelles des aires protégées (Chapitre 4)		
Valeur esthétique	Ces valeurs regroupent les perceptions sensorielles telles que la forme, l'échelle, la couleur, la texture et la matière, ou les odeurs et les sons associés à un site et à son utilisation.	Le paysage culturel pourrait changer, et cela pourrait avoir un impact sur l'esthétique.
Valeur historique	Le site a influencé, ou a été influencé, par un personnage, un événement, une phase ou une activité historique. Le site a été témoin d'un événement important.	Le contexte et le cadre d'un événement ou d'un site historique pourraient changer.
Valeur scientifique / de recherche	Importance des données, rareté, représentativité, mesure dans laquelle le site peut apporter d'autres informations substantielles.	Un site de référence scientifique pourrait devenir plus important pour son rôle de référence pour la mesure du changement.
Valeur sociale	Qualités pour lesquelles un site est devenu une référence pour un sentiment spirituel, politique, national ou autre sentiment culturel pour un groupe majoritaire ou minoritaire.	Les changements climatiques pourraient changer les caractéristiques du site, par exemple, une plage côtière transformée en zone humide. Les valeurs sociales du site pourraient changer.
Valeur spirituelle	Utilisée pour capturer l'attachement entre les humains et l'environnement ou le site naturel de façon plus spécifique que les valeurs sociales ou esthétiques.	Les valeurs spirituelles d'un site pourraient être diminuées, comme par l'assèchement permanent d'un point d'eau.

Production d'électricité renouvelable : une partie d'un parc éolien en exploitation à South Gippsland Hills, près de Toora, Victoria, Australie
Source : Graeme L. Worboys

L'un des véhicules hybrides de la flotte de Parcs Canada (avec sa technologie de réduction des émissions de gaz à effet de serre). Parc national de Banff, Canada
Source : Graeme L. Worboys

Ces changements dans les valeurs naturelles et culturelles humaines pourraient signifier qu'à l'avenir, dans certaines circonstances, des défis environnementaux importants pourraient survenir, accompagnés de pressions sociales et politiques pour des réponses. Pour illustrer cela, nous avons décrit certains impacts des changements climatiques qui affecteront les personnes et les communautés à l'avenir, ainsi que les types d'interventions auxquelles les gestionnaires d'aires protégées pourraient être associés dans le tableau 17.4. Le message sous-jacent à tout ceci est très clair. Il sera, plus que jamais, nécessaire de travailler avec les populations locales, et en tant que membre d'une communauté locale, car cela aidera les communautés à valoriser et à soutenir pleinement les qualités spéciales et les avantages intergénérationnels des aires protégées.

La plupart des gestionnaires d'aires protégées sont pleinement conscients de la nécessité de travailler avec les communautés (chapitre 12). En outre, l'expertise des gestionnaires d'aires protégées en matière de gestion des ressources naturelles peut être particulièrement précieuse pour les communautés locales, en particulier dans les régions rurales et éloignées : « les organismes de gestion des aires protégées ont le potentiel d'être des facilitateurs majeurs de la gestion des ressources naturelles à l'échelle plus générale des paysages, contribuant ainsi à l'adaptation sectorielle et communautaire » (Dudley et al., 2010:93).

Atténuation des changements climatiques

Compte tenu des conséquences si profondes des changements climatiques, si insidieuses pour la vie sur Terre et si menaçantes pour la prospérité et le bien-être des populations humaines, ce livre formule l'hypothèse optimiste que les intérêts du bien commun pour les générations présentes et futures prévaudront, et que les nations de la Terre réduiront leurs émissions de gaz à effet de serre bien en dessous des niveaux dangereux actuels. Tout le monde devra contribuer à cet effort. Les gestionnaires d'aires protégées sont des gestionnaires de l'environnement et devraient, en pratique, montrer l'exemple. Ceci est particulièrement important dans le cadre des changements climatiques. En premier lieu, ils devraient, chaque fois que possible, réduire au minimum la quantité de gaz à effet de serre qu'ils génèrent.

Réduction des émissions de gaz à effet de serre

Un rôle proactif dans des opérations de gestion des aires protégées à faibles émissions inclut la réduction des utilisations directes et indirectes de l'énergie dérivée des combustibles fossiles. Cette approche doit être élaborée au moyen d'un plan d'action comprenant autant des points suivants que possible :

Tableau 17.4 Exemples d'impacts des changements climatiques et de travail avec les communautés

Impact climatique	Impact potentiel sur la région et les communautés	Travail avec les communautés pour la gestion des aires protégées
Inondation marine	Les communautés, les industries et les infrastructures côtières sont progressivement déplacées, à mesure que le niveau de la mer augmente et que les effets des ondes de tempête se font sentir à l'intérieur des terres.	Il est nécessaire de continuer à collaborer avec les communautés pour maintenir le soutien à la conservation des aires protégées résiduelles locales (non inondées). Les gestionnaires des aires protégées travailleront avec les communautés pour aider au rétablissement fonctionnel des établissements humains, des industries et des infrastructures.
Sécheresse extrême et prolongée	Les sources et systèmes d'approvisionnement en eau et en nourriture existants sont perturbés, et des arrangements alternatifs à court terme peuvent être nécessaires.	Les gestionnaires devront travailler avec les communautés locales pour répondre aux besoins de soutien. Des programmes d'éducation et d'information efficaces et à long terme seront nécessaires pour aider les communautés locales à comprendre et à respecter le fait que les aires protégées touchées par la sécheresse, ainsi que leur faune, ont également besoin d'une protection spéciale en période de sécheresse.
Migration depuis d'autres régions	Les personnes déplacées entraîneront une augmentation de la population locale, qui pourrait se traduire par une utilisation illégale accrue des ressources naturelles provenant des aires protégées.	Les gestionnaires devront travailler en étroite collaboration avec l'État, les organisations humanitaires nationales et internationales, et les fonctionnaires locaux, afin d'aider aux besoins de bien-être des personnes déplacées, ainsi qu'aux besoins de protection spéciale des réserves. Des partenariats pourraient être établis avec les militaires pour répondre à des besoins de protection à court terme, jusqu'à ce que l'ordre soit rétabli.
Réduction ou disparition de la couverture glacière ou neigeuse pérenne	Les réserves d'eau pérennes à éphémères des rivières pourraient être perdues ou réduites, affectant ainsi la sécurité des réserves en eau régionales, y compris l'eau nécessaire à l'irrigation.	Les gestionnaires devront travailler avec les autorités locales pour aider à la gestion de l'eau disponible de l'aire protégée d'une manière qui aide les communautés locales et qui soit compatible avec les besoins de conservation de l'aire protégée.
Phénomènes extrêmes : tempêtes, vents	Les écosystèmes terrestres et aquatiques à l'intérieur et à l'extérieur des aires protégées peuvent être endommagés en raison de la nature extrême de tempêtes et autres phénomènes météorologiques.	Les gestionnaires devront faire partie intégrante de la réponse de la communauté en cas de crise, et contribuer au rétablissement (chapitre 26).

- établir et mettre en œuvre des objectifs de réduction des émissions à l'échelle de l'organisation ;
- utiliser les mécanismes officiels de compensation du carbone, tels que les plantations de restauration à base d'essences diverses à l'intérieur du réseau d'aires protégées, afin de compenser la consommation inévitable d'énergie, comme l'utilisation d'avions lors d'incidents ou de voyages officiels ;
- mettre en œuvre des politiques d'achat telles que l'achat d'électricité verte, la conversion du parc de véhicules (le cas échéant) en véhicules électriques, hybrides ou économes en carburant, et l'évaluation du cycle de vie complet (consommation d'énergie) des produits avant l'achat ;
- entreprendre des évaluations de la consommation d'énergie dans le cadre de la planification opérationnelle en vue de réduire au minimum les émissions (chapitre 24), y compris :
  - la mise en œuvre de politiques de conception incluant les bâtiments à rendement énergétique élevé et les bâtiments à faible consommation d'énergie pour le chauffage et la climatisation ;
  - l'utilisation de sources d'énergie alternatives telles que l'énergie solaire et éolienne ;
  - la mise en place, le cas échéant, d'un transport officiel basé sur des véhicules à faible consommation d'énergie pour les déplacements du personnel vers leur lieu de travail ;
  - la mise en œuvre d'une campagne interne de sensibilisation à la réduction de l'énergie auprès du personnel de l'organisation, et l'encouragement de plans d'action personnels de réduction de l'énergie par les employés ;

- la réduction des déchets par des politiques d'achat, de réutilisation et de recyclage, et par conséquent, la réduction de la consommation d'énergie pour l'élimination des déchets ;
- la réduction de l'utilisation de l'eau et, par conséquent, de l'énergie utilisée pour l'approvisionnement en eau ;
- la mise en œuvre de mesure de réduction des risques d'incendies par la gestion des combustibles forestiers, après avoir estimé les émissions qui en découlent, et planifié et envisagé d'autres approches possibles.

Gestion pour l'atténuation dans les aires protégées

La gestion adaptée aux changements climatiques des aires protégées peut contribuer aux efforts mondiaux d'atténuation des effets de serre en capturant et en stockant le carbone dans les forêts, les zones humides, les eaux intérieures et marines, les prairies et les systèmes agricoles. Tous sont d'importants réservoirs de carbone, mais ils peuvent facilement perdre leur carbone stocké en raison de changements dans l'utilisation des terres et de l'eau. Une gestion efficace des aires protégées peut aider à garantir que celles-ci continuent d'agir comme absorbeurs nets de carbone (« puits de carbone »), plutôt que comme sources d'émissions de carbone. Ces actions peuvent inclure :

- restauration des tourbières et zones humides dégradées ;
- acquisition d'une compréhension claire de la dynamique du carbone dans les communautés végétales, et gestion responsable du feu pour protéger les stocks de carbone ;
- mise en œuvre de brûlages dirigés pour réduire les combustibles forestiers (comme dans le nord de l'Australie), afin d'éviter des incendies plus importants dans des conditions météorologiques plus défavorables (qui entraînent des émissions de dioxyde de carbone plus importantes) ;
- gestion des communautés d'herbiers marins afin qu'elles ne soient pas touchées par les perturbations ou la pollution ;
- gestion des forêts anciennes pour leur fournir une protection supplémentaire contre les perturbations.

Une meilleure compréhension des processus et des cycles du carbone dans tous ces systèmes est nécessaire, et cela devrait être une priorité de recherche et de gestion pour de nombreuses aires protégées.

Zone humide fortement perturbée. Pilot Wilderness, parc national de Kosciuszko, Nouvelle-Galles du Sud, Australie. Intactes, ces tourbières riches en matières organiques retiennent le carbone dans leur environnement d'aire protégée de montagne, et aident à conserver les captages d'eau. Malgré certaines mesures de contrôle, le nombre de chevaux illégaux a augmenté dans les années 2010 et a fortement perturbé cette zone humide, ainsi que d'autres, dans les environnements subalpins de Kosciuszko

Source : Graeme L. Worboys

Gestion pour l'adaptation

Gérer pour l'adaptation aux changements climatiques signifie penser un peu différemment à la façon dont nous envisageons la gestion des aires protégées, les pratiques de mise en œuvre étant introduites dans un contexte dynamique de changements climatiques. Les pratiques d'adaptation sont définies par le GIEC comme « un ajustement des systèmes naturels ou humains en réponse à des stimuli climatiques réels ou attendus, ou à leurs effets, visant à modérer les dommages ou à exploiter les opportunités bénéfiques » (IPCC, 2007:720). Des aires protégées bien gérées présentent toutefois un avantage, car « un bon réseau d'aires protégées, exemptes d'autres contraintes, est l'une des meilleures adaptations de la société et de la nature aux changements climatiques » (Welch, 2005:90).

Deux approches d'adaptation importantes ont été développées à l'échelle internationale : les réponses

Encadré 17.4 Adaptation basée sur les écosystèmes

L'adaptation basée sur les écosystèmes intègre l'utilisation de la biodiversité et des services écosystémiques dans une stratégie globale permettant aux personnes de s'adapter aux effets négatifs des changements climatiques. Elle vise à réduire la vulnérabilité et à accroître la résilience aux effets des changements climatiques. Il s'agit d'une approche d'adaptation directement comparable à des initiatives d'adaptation ayant mis l'accent sur l'utilisation de technologies et d'infrastructures résilientes au climat. En tant que tampons naturels, les écosystèmes sont souvent moins chers à entretenir, et souvent plus efficaces que les structures d'ingénierie physiques telles que les digues ou les murs de béton. Ils sont facilement accessibles aux plus pauvres, dans les zones rurales, et peuvent être facilement intégrés à l'adaptation communautaire. Ce travail d'adaptation peut inclure :

- une gestion de l'utilisation durable ;
- la conservation des écosystèmes ;
- la restauration des écosystèmes.

Source : Colls et al. (2009)

Encadré 17.5 Adaptation communautaire

L'adaptation communautaire consiste à aider les gens. Elle adopte une perspective locale et se concentre sur les communautés particulièrement vulnérables aux changements climatiques, sur la base de prévisions de la façon dont ceux-ci affecteront l'environnement local et les actifs et capacités d'une communauté. L'objectif est de permettre à la communauté de comprendre et d'intégrer le concept de risque climatique dans ses activités de subsistance, afin d'accroître sa résilience à la variabilité climatique immédiate et aux changements climatiques à long terme. La différence entre un projet d'adaptation communautaire et un projet de développement standard ne réside pas dans l'intervention, mais dans la façon dont l'intervention est développée, pourquoi elle est développée et avec quelles connaissances. L'objectif principal est d'améliorer la capacité des communautés locales à s'adapter aux changements climatiques.

Source : Enser et Berger (2009)

d'adaptation basées sur les écosystèmes (encadré 17.4) et les approches d'adaptation basées sur les communautés (encadré 17.5). Les deux sont potentiellement pertinentes pour les aires protégées. Ces deux approches se complètent, et une approche intégrée incluant des éléments essentiels de chacune peut donc être privilégiée.

Les stratégies d'adaptation doivent être intégrées à des cadres de planification locaux, régionaux et nationaux (et internationaux), afin de s'assurer de leur durabilité et de favoriser leur appropriation par les communautés locales. Pour les aires protégées, les pratiques d'adaptation feraient normalement partie intégrante de la gestion, mais avec une intention très claire et bien informée. Il est important d'être clair sur les objectifs recherchés pour les pratiques d'adaptation aux changements climatiques.

Objectifs adaptés aux changements climatiques

Dunlop et al. (2013) fournissent des lignes directrices importantes pour l'établissement d'objectifs « adaptés aux changements climatiques » pour la gestion de l'adaptation. Leur approche aide les professionnels des aires protégées à conceptualiser les enjeux des changements climatiques, et à encadrer les types de réponses d'adaptation en fonction de la gouvernance et de la gestion nécessaires. La préparation à l'adaptation aux changements climatiques est une tâche majeure. L'évolution des conditions signifie que les caractéristiques des aires protégées et les besoins de gestion d'un pays seront très différents à l'avenir. Il est essentiel d'évaluer les objectifs stratégiques adaptés aux changements climatiques, et il s'agit pour cela, en partie, d'identifier ce qui est réellement possible et pratique dans un monde en évolution rapide. Les résultats de biodiversité pouvant être atteints de manière réaliste, c'est à dire les buts de la gestion de la conservation, sont fondamentalement limités par les changements climatiques :

> L'adaptation doit inclure la réévaluation des résultats ou des objectifs de conservation de la biodiversité énoncés dans les documents stratégiques de conservation. Par objectifs, nous entendons des énoncés de résultats pour la biodiversité souhaités par la société, et vers lesquels la gestion devrait tendre en priorité. Ces objectifs sont intégrés à plusieurs étapes du processus politique, de planification et de mise en œuvre de la conservation. Dans une approche adaptée aux changements climatiques, la question cruciale devient : les objectifs de biodiversité d'une stratégie de conservation sont-ils écologiquement réalisables compte tenu de l'impact potentiel des changements climatiques ? Et, sinon, comment peut-on élaborer des objectifs adaptés aux changements climatiques ? (Dunlop et al., 2013:18–19)

Dunlop et al. (2013), dans leur travail sur les objectifs de conservation adaptés aux changements climatiques, ont envisagé un paysage caractérisé par toute une gamme de régimes fonciers. Pour les aires protégées, l'accent serait mis plus spécifiquement sur la gestion des processus écologiques naturels. Cependant, et de façon plus importante, ce qui est illustré ici est un processus permettant de repenser et d'affiner les objectifs de gestion afin qu'ils soient adaptés aux changements climatiques. Un tel processus est très important pour les aires protégées.

Nous avons utilisé ce concept d'établissement d'objectifs adaptés aux changements climatiques dans ce livre afin de guider la spécification de mesures potentielles de gestion des aires protégées adaptées aux changements climatiques. Par conséquent, nous avons fourni plus de détails sur ce concept, y compris certains des termes utilisés (encadré 17.6) ainsi que le « cycle politique de la conservation » (figure 17.5).

Trois exemples d'objectifs de conservation adaptés aux changements climatiques

Dunlop et al. (2013) ont développé trois prototypes d'objectifs « adaptés aux changements climatiques » pour la conservation de la biodiversité, afin d'illustrer des éléments de l'approche adaptée aux changements climatiques pour les paysages. Des objectifs « espèce » (encadré 17.7), « écosystème » (encadré 17.8) et « paysage » (encadré 17.9) ont été préparés. Les exemples « espèce », « écosystème » et « paysage » d'objectifs de conservation adaptés aux changements climatiques sont utiles pour affiner une approche de réflexion adaptée aux changements climatiques que les gestionnaires pourront adopter dans le choix de mesures appropriées pour la gestion adaptative des aires protégées. Chaque objectif, pour les trois exemples, se compose de trois éléments principaux :

1. une action (réduire ou maintenir un résultat de biodiversité) ;
2. un résultat de biodiversité au centre de l'objectif (ce qu'il tente de conserver) ;
3. un résultat de biodiversité considéré comme transitoire, c'est à dire que le changement est jugé acceptable, en vertu de son inévitabilité dans un contexte de changements climatiques (Dunlop et al., 2013).

La prise en compte d'objectifs communautaires et sociaux est une caractéristique clé de cette approche. L'importance de conserver et de gérer les processus écologiques naturels dans les aires protégées serait renforcée en tant qu'objectif social clé.

Dans la gestion des espèces dans un environnement adapté aux changements climatiques, des décisions de gestion difficiles peuvent être nécessaires. Dans l'encadré 17.10, Adrienne Nicotra et Roger Good présentent une approche

Encadré 17.6 Objectifs de conservation adaptés aux changements climatiques pour un paysage

[Texte fourni pour stimuler l'intérêt et la discussion sur le concept d'objectifs adaptés aux changements climatiques et leur utilisation potentielle pour les aires protégées.]

Afin d'analyser et interpréter les objectifs de conservation adaptés aux changements climatiques et le cycle politique (figure 17.5) pour les paysages à régime fonciers multiples, les points abrégés suivants de Dunlop et al. (2013) sont importants. Ils renforcent le fait que l'établissement d'objectifs adaptés aux changements climatiques consiste à repenser l'avenir et à ajuster la gestion pour faire face à ces nouveaux futurs.

- Les mesures de gestion sont les moyens par lesquels les objectifs de biodiversité sont atteints, et les objectifs de conservation sont des énoncés des objectifs souhaités.
- Les objectifs sont des outils aidant à diagnostiquer la mesure dans laquelle les politiques et la planification sont adaptés aux changements climatiques, et à définir la nature de la tâche consistant à intégrer les propositions relatives aux changements climatiques dans divers processus de prise de décision, y compris leurs multiples apports et contraintes.
- Le processus de révision des politiques et de planification sera beaucoup plus complexe que la simple mise à jour des objectifs : il pourrait potentiellement s'agir d'un processus décennal, qui dépendra du contexte spécifique des différentes institutions. Une réflexion sur la nécessité de re-calibrer les objectifs et les facteurs qui les rendent adaptés aux changements climatiques aidera à développer la capacité des décideurs, des parties prenantes et des chercheurs pour commencer à s'attaquer au problème.
- Les objectifs adaptés aux changements climatiques peuvent être sensiblement différents des objectifs actuels.
- Les objectifs politiques devraient refléter les objectifs sociaux, les aspirations et les préférences des communautés, en particulier lors de la planification de politiques d'adaptation. Cette étape du cycle politique est appelée « valeurs communautaires de la biodiversité » (figure 17.5).
- Dans cette approche, les valeurs ne correspondent pas à des actifs de biodiversité (qui pourraient être précieux) ou des valeurs monétaires (marchandes ou non marchandes). Elles se réfèrent aux préférences et aux aspirations qui constituent le produit de la relation entre l'homme et la nature.
- On peut s'attendre à ce que ces valeurs changent en raison de la compréhension que les individus auront de l'évolution de la nature, y compris la compréhension

de l'inévitabilité de divers changements concernant les espèces, les écosystèmes et les paysages.

- Les valeurs communautaires de la biodiversité sont des facteurs déterminants de la conservation. Les objectifs de conservation adaptés aux changements climatiques sont des produits de recalibrage des résultats actuels de conservation, afin que ceux-ci reflètent des résultats de biodiversité qui soient à la fois techniquement réalisables et socialement souhaitables dans le cadre des changements climatiques futurs. Pour les aires protégées, cela pourrait inclure une société désireuse de gérer la conservation des processus écosystémiques naturels et de la biodiversité qui y est associée.
- Les actions de gestion adaptées aux changements climatiques sont l'ensemble des activités nécessaires à la mise en œuvre des nouveaux objectifs. Il s'agit probablement de types d'actions similaires, mais éventuellement mises en œuvre de manières différentes et à différents endroits, à des fins différentes. Les résultats futurs de biodiversité sont le résultat d'une nouvelle gestion, de l'évolution des menaces, des impacts des changements climatiques et autres facteurs.
- « Des critères préliminaires pour évaluer dans quelle mesure les objectifs de conservation de la biodiversité peuvent être adaptés aux changements climatiques ont été élaborés et s'appliquent à tous les objectifs (prospectifs) visant à conserver la biodiversité face à toute menace, et pas seulement à ceux portant spécifiquement sur les changements climatiques. De cette façon, la lutte contre les changements climatiques devient intégrée à la conservation dans son ensemble. Ces critères préliminaires d'évaluation de l'état d'adaptation aux changements climatiques des objectifs de conservation sont les suivants :
  - L'objectif tient compte de grandes quantités de changements écologiques et de la probabilité d'une perte importante de biodiversité induite par les changements climatiques.
  - L'objectif reste pertinent et réalisable dans la gamme possible des trajectoires futures de changement écologique.
  - Les objectifs (dans leur ensemble) visent à préserver les multiples dimensions différentes de la biodiversité ressenties et valorisées par la société.
- Les objectifs doivent être suffisamment détaillés pour répondre explicitement aux critères, et ne pas se limiter à être simplement compatibles avec eux.

Source : Adapté de Dunlop et al. (2013:19–20)

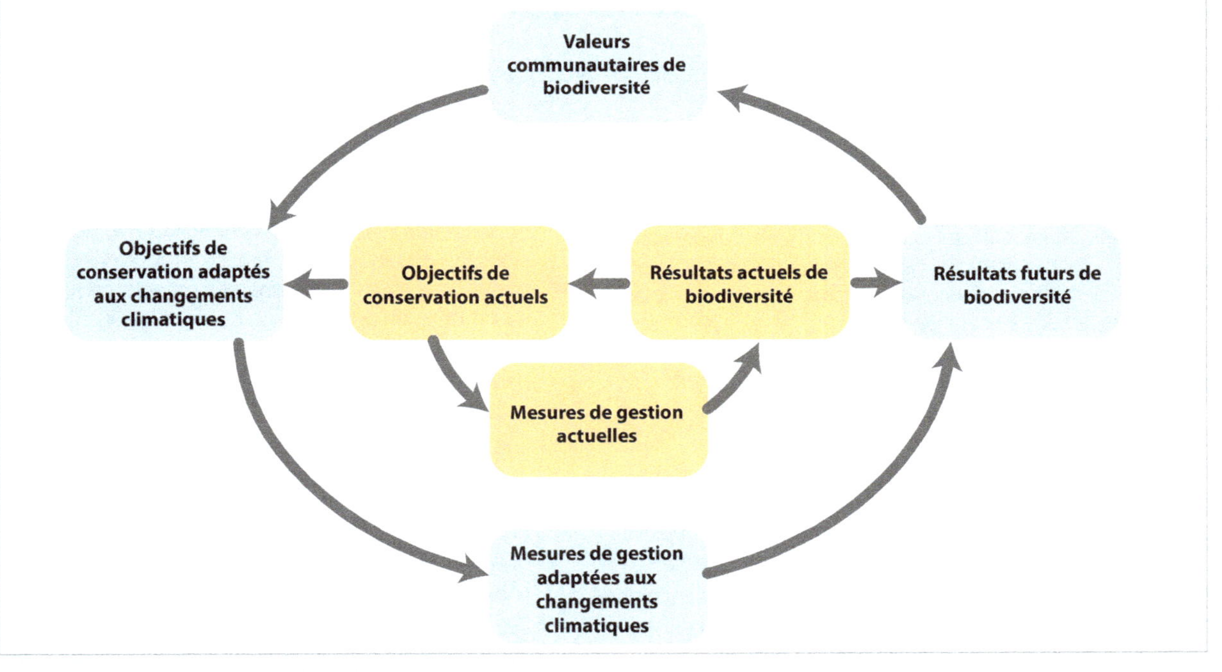

Figure 17.5 Cycle politique de la conservation

Note : Le cycle intègre des objectifs re-calibrés qui décrivent les résultats souhaités réalisables en matière de biodiversité et aboutissent à une gestion actualisée et à des résultats révisés.

Source : Dunlop et al. (2013:20)

Encadré 17.7 Objectif de conservation « espèce » adapté aux changements climatiques pour un paysage

[[Texte fourni pour stimuler l'intérêt et la discussion sur le concept d'objectifs adaptés aux changements climatiques et leur utilisation potentielle pour les aires protégées.]

Objectif

Réduire les extinctions d'espèces à mesure que l'abondance et la répartition changent.

Signification

L'objectif reconnaît explicitement que les populations d'espèces peuvent varier considérablement au fil du temps, et que lorsque ces changements se produisent, il peut être possible de réduire le risque d'extinction des espèces, mais qu'il est également impossible de prévenir toutes les extinctions dues aux changements climatiques (et autres menaces).

Questions conceptuelles

- Quel degré de réduction de l'extinction est recherchée ?
- Hybridation : mécanisme potentiel de survie des gènes, mais actuellement reconnu comme une menace.
- La répartition évolue vers différentes communautés écologiques : bon pour les espèces en mouvement, mais menace potentielle pour la communauté existante.
- Quels niveaux de richesse spécifique et de rotation entre les sites sont souhaitables ?
- Dans quelle mesure la société valorise-t-elle d'autres types de diversité (niveaux taxonomiques plus élevés, fonctionnels, etc.) ?
- La présence de n'importe quelle espèce est-elle acceptable dans n'importe quel endroit, à n'importe quelle abondance ?

Pertes résiduelles

Des pertes se produiront en raison des changements dans l'abondance et la répartition des espèces, ainsi qu'à conséquence de la disparition d'espèces, étant donné qu'un certain niveau d'extinction est inévitable.

Gestion des espèces adaptée aux changements climatiques

- Conserver les habitats dans une grande variété de types d'environnement (afin que les espèces puissent trouver un habitat convenable quelque part dans le paysage lorsqu'elles se déplaceront en réponse aux changements climatiques).
- Minimiser l'impact des autres menaces (ravageurs, mauvaises herbes, perte et dégradation des habitats, extraction de l'eau) afin que les espèces doivent faire face à moins de concurrence pour établir des populations dans de nouvelles zones (et puissent persister dans leur répartition actuelle).
- Maintenir et améliorer la connectivité de la végétation et des cours d'eau afin de faciliter le déplacement des espèces vers des zones où elles pourraient mieux survivre.
- Protéger les refuges afin d'aider les espèces à survivre à une variabilité et à des extrêmes climatiques et environnementaux plus importants.
- Protéger les populations actuellement éloignées en tant que sources potentielles de populations dans de nouvelles zones.

Considérations sociales

Les espèces et les lieux sont étroitement liés, ce qui pourrait constituer un obstacle à l'adoption de l'objectif adapté aux changements climatiques. Si un certain degré d'extinction est inévitable, comment choisir quelles espèces sont préservées ? Comment la communauté peut-elle évaluer le succès si une certaine proportion (incertaine) de perte est inévitable ?

Considérations institutionnelles

Il sera nécessaire de développer des méthodes spatiales ou plus dynamiques pour caractériser les espèces et leurs besoins futurs en matière de conservation. De nombreux travaux existent sur la caractérisation des modèles de diversité, mais traduire cela en formes pouvant être incorporées dans les objectifs ou les priorités est plus complexe.

Source : Abrégé de Dunlop et al. (2013)

Encadré 17.8 Objectif de conservation « écosystème » adapté aux changements climatiques pour un paysage

[Texte fourni pour stimuler l'intérêt et la discussion sur le concept d'objectifs adaptés aux changements climatiques et leur utilisation potentielle pour les aires protégées.]

Objectif

Maintenir la santé de l'écosystème à mesure que son type, sa composition, sa structure et sa fonction changent.

Signification

L'objectif se concentre sur la qualité ou la santé d'un écosystème donné à un endroit particulier, le type spécifique d'écosystème à cet endroit étant considéré comme transitoire. Il reconnaît explicitement que les changements dans l'abondance et la répartition des espèces et les changements dans les régimes de perturbation affecteront la composition, la structure et la fonction des écosystèmes, c'est à dire leurs caractéristiques déterminantes. Il existe cependant un concept intuitif selon lequel tout type d'écosystème pourrait se trouver dans un état plus sain ou plus dégradé, et à mesure que le type change, il serait souhaitable pour un site de passer d'un écosystème sain du type actuel à un écosystème sain d'un type nouveau, plutôt qu'à une version dégradée du type original (ou du type futur). La santé des écosystèmes pourrait être considérée comme le potentiel d'un écosystème à fournir des services écosystémiques.

Le terme « écosystème », dans cet objectif, signifie le système des processus écologiques et organismes individuels en interaction. En tant que tel, un écosystème peut être petit (une parcelle de végétation) ou très grand. Cet objectif se concentre sur la biodiversité d'un lieu au fur et à mesure de son évolution, et non sur le sort des espèces individuelles ou des types d'écosystèmes présents sur ce lieu.

Questions conceptuelles

- L'objectif porte sur les propriétés des écosystèmes que les personnes ressentent et valorisent directement, et non sur la gestion des écosystèmes pour la conservation des espèces en soi.
- Comment définir la santé des écosystèmes ? Quels paramètres devraient être inclus ?
- Un certain degré de perte de santé pourrait être inévitable pendant la transition (continue), selon le taux de changement.
- Si le changement de type est jugé acceptable, parce qu'il est inévitable du fait des changements climatiques, dans quelle mesure un changement de type dû aux activités humaines est-il également acceptable ?
- Comment établir des bases de référence de santé pour les écosystèmes nouveaux ou en transition ?
- Bien que la santé des écosystèmes s'applique à tous les écosystèmes, quels endroits pourraient faire l'objet d'une priorité plus élevée ? Devrions-nous chercher partout des exemples de très bonne santé des écosystèmes ou de santé acceptable ?

Pertes résiduelles

Les pertes résiduelles dans cet objectif découlent de changements dans les types d'écosystèmes se produisant à des endroits précis, et peut-être aussi de la mesure dans laquelle certains types d'écosystèmes diminueront ou disparaîtront complètement. Une certaine perte de valeur associée à certaines réductions de la santé des écosystèmes peut également se produire lors du passage à une phase de transition continue en réponse aux changements climatiques continuels, de sorte ces écosystèmes seront essentiellement toujours en déséquilibre avec le climat du moment.

Gestion des écosystèmes adaptée aux changements climatiques

- Gérer les perturbations pour éviter toute érosion des paramètres clés (comme les sols, les structures trophiques, la productivité primaire).
- Limiter la « dominance excessive » d'espèces clés (monocultures, prédation excessive).
- Gérer les pressions extractives (comme le pâturage, les récoltes).
- Gérer la diversité des types fonctionnels et la redondance écologique.
- Gérer en vue de renforcer la résilience des processus clés.

Considérations écologiques

- Une définition convenue de la santé des écosystèmes. De nombreux aspects susceptibles de s'aligner intuitivement sur la santé sont bien définis écologiquement (tels que la richesse en espèces, la diversité fonctionnelle, la productivité primaire, la réponse aux perturbations).
- Une gamme de mesures liées à la santé de l'écosystème (comme son état), découplées du type de l'écosystème.
- Définir des base de référence appropriées dans le contexte des changements climatiques. Certaines pourraient être prévisibles à partir de la théorie actuelle, des modèles mécanistes et de l'analyse statistique des modèles, tels que la productivité primaire potentielle ou la richesse en espèces. Cependant, il est possible que ces prédictions ou extrapolations à partir de climats contemporains similaires ne soient pas suffisamment précises ou réellement appropriées.

Considérations sociales

Dans quelle mesure la valeur de l'écosystème d'un lieu est-elle associée au type d'écosystème et à sa santé ? Dans quelle mesure le taux de changement du type importe-t-il socialement ? Dans quelle mesure la connaissance de l'écosystème actuel affecte-t-elle les perceptions de changement de type et de santé ?

Considérations institutionnelles

Il existe de nombreuses mesures différentes possibles concernant la santé des écosystèmes, mais peu sont suffisamment bien caractérisées pour fournir des outils simples, à intégrer efficacement dans les institutions.

Source : Abrégé de Dunlop et al. (2013)

Encadré 17.9 Objectif de conservation « paysage » adapté aux changements climatiques

[Texte fourni pour stimuler l'intérêt et la discussion sur le concept d'objectifs adaptés aux changements climatiques et leur utilisation potentielle pour les aires protégées.]

Objectif

Maintenir un équilibre entre la domination humaine et naturelle des processus écologiques, à mesure que les écosystèmes et les utilisations des terres et de l'eau changent.

Signification

Le but de cet objectif est de se concentrer sur la quantité de nature dans un paysage, les écosystèmes autochtones et les utilisations humaines spécifiques dans le paysage étant considérés comme transitoires. Il reconnaît les paysages comme des lieux mêlant influences naturelles et humaines, et met l'accent sur l'équilibre entre ces influences. Comme l'objectif « écosystème », il est basé sur un lieu, mais ici, ce lieu est reconnu comme possédant plusieurs types d'écosystèmes (y compris naturels et humains), et l'accent est mis sur la « quantité de nature » à travers ces différents écosystèmes, ou la quantité de ressources disponibles pour la nature, et non pas sur la qualité. Alors que l'objectif « écosystème » était lié à la capacité d'un lieu de fournir des services écosystémiques, cet objectif se rapporte davantage à la quantité de services écosystémiques fournis par le paysage. L'objectif peut s'appliquer à n'importe quelle échelle, par exemple, un continent ou un parc urbain.

Questions conceptuelles

L'objectif porte sur les propriétés des paysages que les personnes ressentent et valorisent directement, pas sur la gestion des paysages pour la conservation des espèces *en soi*.

- Quel « équilibre » entre domination humaine et domination naturelle est correct ? Bien qu'il s'agisse clairement d'une question importante de société, cet objectif se concentre sur l'impact des altérations dans l'équilibre dues aux changements climatiques. Lorsque l'équilibre (pas seulement les types) affecte la façon dont les personnes ressentent et valorisent un paysage, il peut être souhaitable que tout changement dans l'équilibre soit géré (arrêté, ralenti, ou peut-être encouragé) plutôt que de simplement le laisser se produire.
- Les changements climatiques pourraient conduire l'équilibre vers une domination plus ou moins naturelle. Les deux options pourraient être également souhaitables.
- Le modèle des activités naturelles et humaines, et la façon dont celles-ci se répartissent dans le paysage, sont-ils importants, ainsi que leurs quantités relatives ?
- Quels aspects des écosystèmes, des processus écologiques et des impacts humains devraient être utilisés pour juger dans quelle mesure ceux-ci sont naturellement dominés ? Comment devrait-on tenir compte de l'impact humain sur la variation (par exemple, les régimes d'écoulement) ? Comment les impacts sur les paysages visuels et sonores pourraient-ils être pris en compte ?

Pertes résiduelles

Les pertes résiduelles de cet objectif découlent des changements dans les types d'écosystèmes et les utilisations des terres et de l'eau se produisant dans le paysage. De toute évidence, des types spécifiques d'écosystèmes et d'utilisations humaines sont valorisés dans de nombreux paysages, et leur modification entraînera certaines pertes.

Gestion des paysages adaptée aux changements climatiques

- Comprendre les facteurs institutionnels et physiques des équilibres particuliers dans les paysages et leur sensibilité aux changements climatiques, tant directement que par l'utilisation modifiée des terres et de l'eau.
- Assurer (réserver) les ressources terrestres et en eau pour la biodiversité.
- Inclure le caractère de naturalité des écosystèmes et des cours d'eau semi-naturels dans la quantification de l'équilibre du paysage (par opposition à la simple superficie de l'habitat autochtone par rapport à la superficie défrichée).
- Maintenir les influences naturelles sur la variabilité des systèmes hydrologiques et des régimes de perturbation.
- Ajuster les prélèvements (bois, pêche, pâturage) en fonction de l'évolution de la productivité.

Considérations sociales

La notion d'appartenance à un lieu est un concept puissant dans la culture. Quelle proportion de cette notion est liée à la connaissance de types d'écosystèmes, par opposition à un équilibre ? Si les types changent, quel degré d'appartenance subsiste ? Ce degré vaut-il la peine d'être conservé si les types changent ?

Considérations institutionnelles

Il existe peu d'outils facilement disponibles pour caractériser efficacement le degré d'influence humaine et naturelle le long d'une échelle d'équilibre dans un paysage.

Source : Abrégé de Dunlop et al. (2013)

Encadré 17.10 Identification d'espèces, d'assemblages et d'écosystèmes prioritaires pour la recherche sur l'adaptation et la gestion de la conservation

[« Première étape » potentielle d'un cadre adapté aux changements climatiques pour la gestion des espèces.]

Des recherches considérables sur l'écologie et la restauration spécifiques aux aires protégées seront nécessaires pour gérer avec succès les défis d'adaptation. Les exigences en matière de recherche pour de nombreuses aires protégées seront difficiles à déterminer et à énoncer clairement et, une fois identifiées, il sera difficile d'y répondre à court terme. En termes de biodiversité, l'identification d'espèces, d'assemblages et d'écosystèmes prioritaires pour la recherche et la conservation peut être facilitée par une approche systémique experte, comme décrit ci-après. Il convient de noter que cette « première étape » d'une approche réfléchie de la gestion des espèces n'inclut pas de considérations sociales ou politiques, et que celles-ci constitueraient une contribution essentielle à toute décision finale concernant les mesures de gestion.

Affectation des espèces à un espace d'adaptation, de gestion et d'intervention

Ce cadre conceptuel (figure 17.6) constitue un point de départ utile pour hiérarchiser les actions, mais il faut reconnaître que l'affectation d'espèces à ces catégories n'est pas simple. La résilience ou la capacité d'adaptation dépend de trois facteurs interconnectés : les caractéristiques écologiques innées (telles que les traits du cycle biologique), la variation génétique (qui définit le potentiel d'une réponse évolutive adaptative), et la plasticité (qui peut permettre d'atténuer l'impact des changements climatiques, élargir la tolérance environnementale et/ou fournir le temps nécessaire à l'évolution adaptative et aux changements de distribution). L'affectation des taxons au cadre devrait donc constituer un processus itératif, tenant compte de l'opinion d'experts et des données historiques disponibles, puis les confirmant à partir des données de la recherche dans les domaines ci-dessus pour les espèces considérées comme les plus importantes dans le système.

Cadre

À l'aide d'une combinaison d'avis d'experts, de données historiques comparées à des données contemporaines et de recherches sur les caractéristiques écologiques et la capacité d'adaptation, il est possible d'affecter des espèces à un espace « d'adaptation », dont les axes représenteraient l'importance fonctionnelle et la résilience (mais voir la mise en garde ci-dessous).

Axe x

L'axe x représente la contribution fonctionnelle du taxon à l'écosystème. Les taxons auront une grande importance fonctionnelle s'ils s'agit d'espèces clés ou très abondantes, et contribuant grandement au fonctionnement de l'écosystème.

Axe y

L'axe y représente la résilience (ou capacité d'adaptation) d'un taxon. Les taxons montrant déjà des signes de déclin de l'abondance, de ralentissement de la croissance ou de la reproduction, ou de sensibilité accrue aux ravageurs et aux maladies obtiendront un faible score. De plus, les taxons connus pour avoir des limites environnementales strictes ou une faible variation génétique seront susceptibles de se situer vers le bas de cet axe. Les taxons ne montrant pas d'impacts actuels des changements climatiques ou

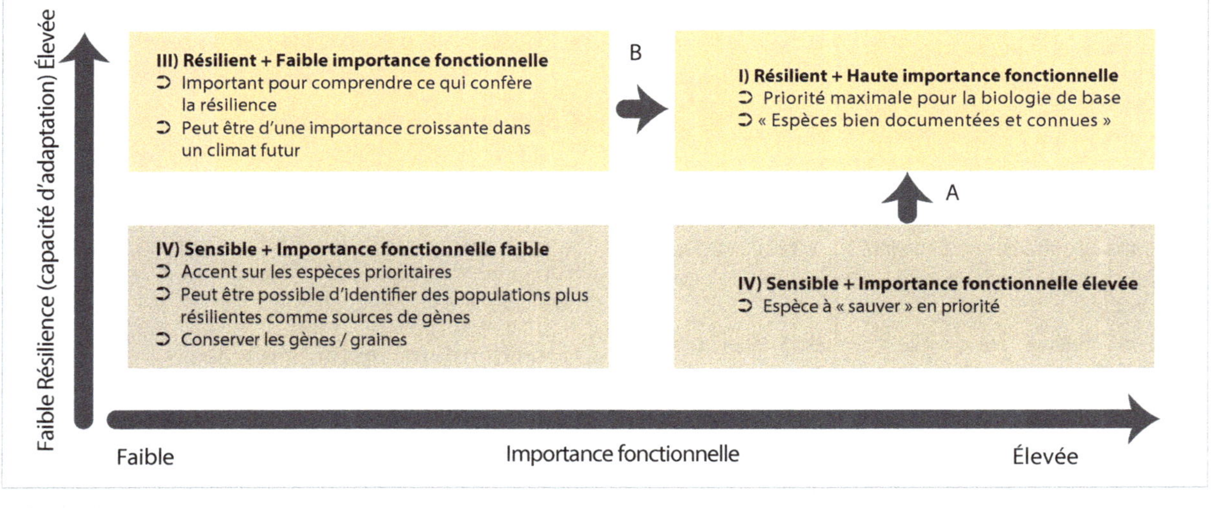

Figure 17.6 Affectation des espèces à un « espace de réponse de gestion de l'adaptation »

Note : Cette approche utilise une combinaison d'avis d'experts, de données historiques comparées à des données contemporaines et de recherches sur les caractéristiques écologiques et la capacité d'adaptation.

Source : Nicotra et al. (2014)

en augmentation dans la communauté seront considérés comme hautement résilients. Du point de vue de la gestion, l'identification de ces catégories constitue un point de départ pour l'attribution des mesures de conservation et de gestion.

Quadrant I

Les taxons situés dans le Quadrant I sont à la fois importants sur le plan fonctionnel et du point de vue de la résilience. Ils constituent les espèces « fondamentales » des efforts de restauration. Bien que les mesures de conservation et de protection négligent souvent les taxons communs, ce sont des espèces importantes pour la conservation *ex situ*, et pour l'obtention d'informations biologiques de base, car ils peuvent jouer un rôle clé dans la réponse aux perturbations résultant des changements climatiques. L'information biologique de base peut inclure une meilleure compréhension des tolérances environnementales de l'espèce et des modèles de variation génétique au sein de l'espèce.

Quadrant II

Les taxons du Quadrant II ont actuellement une grande importance fonctionnelle, mais montrent des signes d'impacts négatifs des changements climatiques. Ils devraient être considérés comme des espèces pour lesquelles un « sauvetage génétique » pourrait être envisagé. Par ailleurs, il s'agit d'espèces susceptibles d'être remplacées dans la communauté, et une préparation à ce changement devrait être envisagée. Pour certaines, des variations génétiques peuvent exister au sein de l'espèce, ce qui permettra une plus grande résilience et, dans la mesure du possible, de telles variantes devraient être favorisées pour la conservation et la restauration (flèche A).

Quadrant III

Les taxons situés dans le Quadrant III sont apparemment très résilients, mais jouent actuellement un rôle fonctionnel mineur dans le système. Les changements climatiques, indirectement ou directement par le biais de la gestion, peuvent contribuer à accroître le rôle de ces taxons dans la communauté (flèche B). Les taxons du Quadrant III peuvent également être intéressants pour leur contribution à notre compréhension de ce qui rend un taxon résilient.

Quadrant IV

Les taxons situés dans le Quadrant IV montrent à la fois des signes de faible résilience et jouent actuellement un rôle fonctionnel mineur dans la communauté. Cette catégorie regroupe les taxons rares ou à la limite de leur aire de distribution. Les taxons du Quadrant IV devraient être conservés *ex situ*, en tant que ressources génétiques potentielles, et pourraient présenter un intérêt du point de vue de leur contribution génétique future. Ces taxons pourraient cependant inclure ceux qui sont les moins susceptibles de persister dans les communautés futures, et devraient donc représenter une moindre priorité pour les efforts de gestion.

- Adrienne Nicotra et Roger Good

conceptuelle susceptible de faciliter la prise de décisions. Des objectifs de gestion clairs et adaptés aux changements climatiques sont essentiels, car leur établissement sera à la base de mesures de gestion bien réfléchies. L'opérationnalisation de ces objectifs en tant qu'actions inclurait la *planification*, une *organisation* assurerait la *mise en œuvre*, et une *évaluation* de suivi serait réalisée. Nous avons utilisé ces quatre fonctions de gestion (chapitre 8) en tant que cadre pour présenter une gamme de considérations adaptées aux changements climatiques pour les professionnels des aires protégées. Idéalement, toute réponse situationnelle identifiée serait préparée sous la forme d'un plan d'intervention adapté aux changements climatiques pour une aire protégée.

Planification adaptée aux changements climatiques

De nombreuses considérations relatives à la planification des aires protégées sont décrites ci-dessous, et pourrait faciliter la réalisation d'objectifs adaptés aux changements climatiques. Pour chacun des sujets adaptés aux changements climatiques identifiés, l'analyse de la planification est présentée comme une question, plutôt que comme une mesure de gestion spécifique. Cette approche met l'accent sur la poursuite du développement conceptuel et la définition des réponse adaptées aux changements climatiques qui seront nécessaires, plutôt que de présenter les actions comme une liste de tâches. La façon dont chaque action de planification de l'adaptation est réellement élaborée variera également en fonction des besoins en matière de politique de gestion (encadré 17.11).

Les considérations de « planification » susceptibles de constituer des mesures d'intervention permettant d'atteindre les objectifs climatiques incluent : la gestion des risques, les considérations relatives aux réseaux d'aires protégées, la planification de l'atténuation, les considérations relatives au processus de planification, la gestion des actifs et la planification des activités. Ces considérations sont issues d'un certain nombre de références directrices, y compris Welch (2005), Jarvis (2007), Mackey et al. (2008), Laffoley et Grimsditch (2009), OEH (2011) et IPCC (2014c).

Encadré 17.11 Approche des mesures de gestion anticipées

Les mesures d'adaptation anticipées sont considérées comme un investissement judicieux, et leur planification est la première étape essentielle. Dans un contexte d'incertitude en matière de planification, les considérations de planification clairement identifiées peuvent inclurent :

- **Mesures « sans regrets » :** mesures produisant des avantages même en l'absence de changements climatiques et dont les coûts sont minimes.
- **Mesures « gagnant–gagnant » :** mesures produisant le résultat souhaité en termes de minimisation des risques climatiques ou d'exploitation des opportunités potentielles, mais qui ont également d'autres avantages sociaux, environnementaux ou économiques.
- **Réversible et flexible :** mesures qui permettent d'être modifiées.
- **Étendues :** mesures pour lesquelles des marges de sécurité ont été prévues afin d'en assurer la dépendance à l'égard de toute une gamme d'effets des changements climatiques.
- **Retardées :** mesures anticipées qui ne procurent aucun avantage lorsqu'elles sont prises immédiatement.

Source : ECAP (2014)

Planification de la gestion des risques

Quels sont les principaux impacts des changements climatiques susceptibles d'affecter une aire protégée ? La compréhension de la vulnérabilité et des risques pesant sur une aire protégée ou un réseau d'aires protégées fournit un contexte de planification des réponses de gestion. Le GIEC (IPCC, 2014d) identifie certains critères pouvant être utilisés pour identifier les principales vulnérabilités aux changements climatiques :

- ampleur de l'impact ;
- calendrier des impacts ;
- persistance et réversibilité des impacts ;
- probabilité (estimations de l'incertitude) des impacts et des vulnérabilités, et niveau de confiance dans ces estimations ;
- potentiel d'adaptation ;
- aspects liés à la répartition des impacts et des vulnérabilités ;
- importance du ou des système(s) à risque.

Quels sont les risques associés aux changements climatiques pour les communautés locales et riveraines, et pour les valeurs du patrimoine culturel ? La réalisation d'évaluations de risques adaptées aux changements climatiques permettra aux gestionnaires d'aires protégées et aux communautés locales d'évaluer les risques probables, et de hiérarchiser toute planification et préparation par rapport à la probabilité et aux conséquences d'un incident (chapitre 26). Les risques accrus par les changements climatiques incluent les inondations et crues, des températures extrêmes plus fréquentes, les sécheresses, les feux de forêt, des précipitations plus intenses, des tempêtes de neige sévères, des conditions météorologiques extrêmes, l'érosion côtière, et bien d'autres (chapitre 16). L'élévation du niveau de la mer et les ondes de tempête, par exemple, peuvent inonder les ressources patrimoniales côtières d'importance culturelle (comme un site d'occupation autochtone), et il peut être nécessaire de consulter les communautés et, éventuellement, de prendre des mesures de rétablissement associées à ces biens.

D'un point de vue adapté aux changements climatiques, quels risques susceptibles d'affecter les valeurs naturelles existent pour les aires protégées individuelles et pour les réseaux d'aires protégées ? Une telle évaluation des risques aidera à déterminer les types de changements pouvant être envisagés pour les valeurs culturelles d'une nation, ainsi que pour ses aires protégées. Elle établit un contexte pour des réponses, telles que l'analyse de la pertinence du réseau d'aires protégées, l'anticipation des sites susceptibles d'être être inondés ou perdus, l'identification des sites qui seront modifiés et la gestion spéciale des zones de refuge et aires potentielles de conservation de la connectivité.

Quels sont les risques pour la sécurité du personnel, des visiteurs et des communautés locales ? Les considérations de sécurité pour le personnel et les visiteurs dans les aires protégées, dans une perspective adaptée aux changements climatiques, peuvent inclure des aspects tels que les changements de comportement du feu, la gestion des canicules, les pentes instables en montagne en raison de la fonte des sols gelés, la fonte des glaciers faisant que des eaux temporairement endiguées soient soudainement relâchées, l'élévation du niveau de la mer, ou les mers déchaînées le long des côtes par temps violent, entre autres considérations. Ces risques pour la sécurité du personnel devront être évalués et gérés.

Planification des réseaux d'aires protégées

Le réseau des aires protégées est-il adéquat ? Sur la base d'une modélisation des changements climatiques à l'échelle régionale et d'une prévision des déplacements biomiques, identifier les biomes à risque et entreprendre une planification pratique des interventions. Il s'agira notamment d'évaluer les limites de certaines aires protégées et de déterminer si elles peuvent être améliorées pour aider à la conservation de la biodiversité (chapitre 13).

« Les réseaux d'aires protégées devront être ajustés et souvent élargis pour remplir leurs fonctions potentielles dans l'atténuation des changements climatiques et l'adaptation à ces changements, avec des implications pour la planification, l'évaluation, les politiques et la formation. Les aires protégées individuelles auront besoin d'une gestion adaptative pour répondre aux conditions changeantes » (Dudley et al., 2010:93).

Dans la mesure du possible, sélectionner et désigner de nouvelles aires protégées susceptibles de contribuer à maintenir une diversité d'espèces et d'écosystèmes en fonction des changements prévus. Les défis spécifiques imposés par les changements climatiques pourraient inclure :

- une gestion de la conservation de valeurs spécifiques, telles que la création « d'aires protégées mobiles » dans le milieu marin, afin de s'assurer que des valeurs spécifiques soient protégées même si leur emplacement change ;
- la gestion des routes de migration des espèces terrestres, lorsque ces routes changent avec le temps, et la protection spéciale que cela peut exiger, quel que soit les régimes fonciers.

Les aires protégées sont-elles suffisamment protégées dans un monde de changements climatiques ? La gouvernance des aires protégées sera soumise à une énorme pression lorsque les effets des changements climatiques se feront plus importants. Des efforts spéciaux de leadership, de soutien communautaire et de soutien politique seront nécessaires pour maintenir la « protection » des aires protégées, étant donné les pressions « régressives » causées par les problèmes de changements climatiques (chapitre 5). Ces pressions pourront, par exemple, provenir de :

- propositions relatives aux barrages et à l'inondation des aires naturelles ;
- propositions relatives à l'énergie hydroélectrique et à l'obstruction des cours d'eau naturels ;
- propositions concernant l'utilisation d'espaces ouverts pour la production d'électricité à partir d'installations solaires, éoliennes ou marémotrices ;
- pâturage du bétail dans les aires naturelles touchées par la sécheresse en réponse à cette même sécheresse ;
- recherche de ressources naturelles qui n'existent plus ailleurs.

Le réseau d'aires protégées préserve-t-il adéquatement les refuges ? Les espèces peuvent persister en réduisant leur aire de répartition à des micro-habitats conservant les besoins de niche et d'habitat nécessaires, appelés refuges. Des sites peuvent faire fonction de refuge en raison des réponses des espèces à des changements environnementaux à long ou à court terme. Des parcelles de forêts naturelles dans un paysage fragmenté peuvent également fournir d'importants refuges pour les espèces.

Les aires protégées font-elles partie intégrante des aires de conservation de la connectivité ? Lorsque cela est possible et bénéfique, les aires protégées devraient être intégrées à des réseaux à grande échelle d'aires de conservation de la connectivité. Des mesures devraient être prises pour réduire au minimum les obstacles à la circulation des espèces sauvages à travers ces zones (chapitre 27). Les aires protégées constitueraient alors des sites de base pour ces aires de conservation de la connectivité, qui pourraient également être très grandes, voire même à l'échelle continentale. La destruction et la fragmentation des habitats devraient être minimisées.

Planification de l'atténuation

Les aires protégées ont-elles été suffisamment prises en compte pour leur rôle dans la restauration pour la séquestration du carbone et l'atténuation des effets des changements climatiques ? Par exemple, la restauration des communautés de marais salés cotidaux et de mangroves est un excellent moyen de renforcer les puits de carbone naturels. La gestion des herbiers marins et des forêts de varech peut également être envisagée. Dans les environnements terrestres, la restauration des zones humides et des forêts, par exemple, peut jouer un rôle important dans la séquestration du carbone et l'amélioration de l'habitat des espèces.

Processus de planification

Les aires protégées disposent-elles d'objectifs climatiques clairement définis et mis en œuvre ? Consacrer du temps et des ressources pour préparer des objectifs stratégiques clairs, adaptés aux changements climatiques, aux niveau tactique et opérationnel de la gestion des aires protégées est un investissement essentiel.

Plans de gestion des réserves individuelles

Les plans de gestion des aires protégées incluent-ils des objectifs et des mesures adaptés aux changements climatiques ? Les objectifs adaptés aux changements climatiques pour les aires protégées individuelles seront géographiquement plus spécifiques, mais se concentreront généralement sur le maintien des processus écosystémiques et de la biodiversité, plutôt que sur des espèces ou des biomes spécifiques. Les plans pourraient inclure une meilleure collecte d'information grâce au suivi, et fournir un soutien supplémentaire à la recherche sur les conditions actuelles et les tendances de ces conditions. Les prévisions climatiques pourraient guider les futurs investissements dans la restauration.

Planification de l'impact environnemental

L'évaluation de l'impact environnemental d'une proposition de développement ou d'une proposition de bail ou d'octroi de licences a-t-elle suffisamment tenu compte des considérations d'adaptation aux changements climatiques ? Ces évaluations sont très importantes, et doivent envisager attentivement les conséquences des changements climatiques. Le succès commercial des propositions de bail ou de licence, par exemple, peut nécessiter l'accès à des ressources telles que la neige ou à des sites dans des zones sujettes aux feux de forêt, cet accès étant garanti pour toute la durée du bail. Le déclin ou l'absence de neige pendant la durée d'un bail, ou la fermeture de destinations touristiques en raison d'incendies plus fréquents, pourraient avoir des implications juridiques pour le bailleur, si cela n'est pas dûment pris en compte.

Conditions actuelles et évolution des conditions des aires protégées

Les gestionnaires ont-ils décrit les conditions actuelles et l'évolution des conditions de leurs aires protégées ? Utilisent-ils ces informations comme base pour suivre les tendances à long terme de leur aire protégée ? Les changements climatiques signifient que, plus que jamais, il est nécessaire de comprendre les conditions actuelles des aires protégées gérées et la tendance de ces conditions. Cela constitue un programme à long terme qui devrait être institutionnalisé. Il sera essentiel pour aider à définir les priorités de gestion. L'information pourrait être liée, par exemple, aux données obtenues à partir de la recherche sur la modélisation permettant de prévoir un avenir adapté aux changements climatiques. Il pourrait s'agir d'une nouvelle capacité pour les organisations chargées des aires protégées et pourrait inclure :

- des évaluations de l'intégrité écologique prescrites par la loi (chapitre 21) ;
- de nouveaux partenariats avec des organismes de recherche ;
- un recours réguliers à des spécialistes de la gestion des écosystèmes suffisamment qualifiés, sur le terrain, comme du personnel postdoctoral ;
- des approches nouvelles et améliorées pour communiquer efficacement au public les conditions actuelles et l'évolution des conditions de leur aire protégée locale ou de leur réseau d'aires protégées.

Les investissements dans la prévision de l'avenir climatique sont-ils suffisants pour aider à la planification et à la gestion des aires protégées ? Les gestionnaires seront confrontés à des environnements en évolution rapide. Plus ils auront d'informations sur les futurs potentiels, meilleure sera leur réponse à ces changements prévus. La planification et la mise en œuvre d'investissements de recherche incluant la modélisation et les prévisions fourniront de meilleures informations, qui pourront être utilisées pour la gestion des aires protégées et des réseaux d'aires protégées.

Planification des actifs

Une planification et des prévisions adaptées aux changements climatiques sont-elles utilisées dans la préparation de plans opérationnels de gestion des actifs à long terme ? Les jetées, les quais, les rampes de mise à l'eau, les ponts et autres infrastructures côtières des aires protégées devront être réaménagées à mesure que le niveau de la mer augmentera. Des bâtiments historiques pourraient nécessiter une attention particulière à mesure que des tempêtes plus intenses se produisent, et les routes et chemins de randonnée en terrain montagneux ou à haute latitude pourraient être touchés par la fonte du permafrost. Les systèmes de gestion des actifs devront reconnaître ces changements dans le cadre de leur planification (chapitre 24). Le rôle du système de gestion des actifs dans la réduction de la production de gaz à effet de serre est une autre considération importante.

Planification des activités

Des prévisions de planification adaptées aux changements climatiques sont-elles prises en compte lors de la conclusion de nouveaux accords juridiques (bail ou licence) ? Il s'agit d'une question fondamentale, car les baux et permis à long terme sont des documents juridiques, et si l'état des ressources naturelles change au cours de la période de bail ou de licence en raison des influences des changements climatiques (telles que la submersion des plages, l'assèchement des aquifères ou l'absence de neige), le bailleur sera-t-il responsable de quelque façon ?

Des prévisions de planification adaptées aux changements climatiques guident-elles la gestion des contrats de bail et de licence existants à long terme ? Les changements climatiques signifient que les conditions des destinations dans les aires protégées pourraient changer. Cela pourrait signifier des changements dans la façon dont les animaux sauvages se comportent (comme les grandes migrations de la faune africaine), comment les dispositions de sécurité pour les visiteurs évoluent (comme pour des conditions de feu de forêt plus extrêmes), ainsi que des changements dans la nature des attractions (comme les champs de neige et la diminution des ressources en neige). Les gestionnaires devront aider les bailleurs à gérer cette dynamique. Une menace potentielle, cependant, est que les bailleurs obtiennent, par le biais de lobbying, un ajustement supplémentaire des possibilités de bail existantes pour établir des développements commerciaux incompatibles avec les objectifs de l'aire protégée (tels que les développements d'infrastructures urbaines). Ce scénario potentiel devra être envisagé (chapitre 23).

Quelles sont les prévisions de gestion des revenus adaptée aux changements climatiques ? La planification des revenus pour les organisations devra tenir compte des changements dans les habitudes d'utilisation des visiteurs résultant des changements climatiques.

Organisation adaptée aux changements climatiques

Les considérations organisationnelles, en particulier la gouvernance, constitueront un élément essentiel d'une approche adaptée aux changements climatiques. La législation et les cadres politiques en vertu desquels les aires protégées peuvent être établies et gérées, par exemple, doivent soutenir une gestion efficace, adaptée aux changements climatiques. Trois critères pourraient être utilisés pour évaluer la pertinence de la législation, des politiques et des stratégies de conservation de la biodiversité existantes ou futures, dans un contexte de changements climatiques. Celles-ci devraient :

- permettre le changement ;
- être pertinentes et réalistes dans une gamme de trajectoires possibles de changements climatiques ;
- renforcer le soutien d'un large échantillon de la communauté (Dunlop et al., 2013).

La plupart des instruments de conservation de la biodiversité existants visent à maintenir le statu quo de la conservation des espèces, des communautés, des habitats, des écosystèmes et des processus écosystémiques comme et où ils existent depuis des millénaires. Toutefois, les changements climatiques modifieront la répartition des espèces, la composition des assemblages d'espèces (communautés), ainsi que la nature et le fonctionnement des écosystèmes. L'orientation actuelle de la législation et des politiques sur l'identification et la gestion des espèces, des communautés et des écosystèmes menacés devra être reconsidérée.

D'autres considérations « organisationnelles » pouvant être mises en œuvre en réponse aux objectifs d'adaptation aux changements climatiques ont été décrites ici, et incluent les aspects de gouvernance et administration, de développement de politiques et de systèmes, de développement des capacités, et de travail avec les communautés. Ces considérations ont été guidées par des références préparées par Welch (2005) et Dunlop et al. (2013). Pour chacun des sujets adaptés aux changements climatiques identifiés, la considération organisationnelle est présentée comme une question, plutôt que comme une mesure spécifique de gestion, afin de mettre l'accent sur le développement conceptuel et la définition des réponses pratiques nécessaires, adaptées aux changements climatiques.

Développement de politiques et de systèmes

Les systèmes et politiques d'organisation des aires protégées sont-ils adaptés aux changements climatiques ? Cela inclurait à la fois la suppression des politiques et pratiques inadaptées par les organisations, et la mise en place de politiques et de modalités de gouvernance adaptées aux changements climatiques. L'augmentation des aspects délégués aux gestionnaires de terrain pourrait être une amélioration importante.

Renforcement des capacités

Le personnel des aires protégées travaillant aux niveaux stratégique, tactique et opérationnel possède-t-il des compétences en gestion adaptée aux changements climatiques ? Les organisations pourraient avoir besoin de mettre en œuvre une série de programmes de sensibilisation adaptés aux changements climatiques, et une formation spécifique au développement de ces compétences pour leur personnel. Cela pourrait inclure une formation de haut niveau pour faire face à des incendies catastrophiques dans des conditions extrêmes, une formation spécialisée pour le suivi et une formation professionnelle pour la gestion de la restauration. Une formation spéciale et le développement des compétences de travail avec les communautés locales seront également nécessaires.

Travailler avec les communautés

Quelles modalités spéciales de gouvernance seront nécessaires pour aider à établir les décisions politiques difficiles et adaptées aux changements climatiques qui devront être prises ? Des valeurs revêtant une importance particulière pour les communautés seront touchées par les changements climatiques. En Australie, par exemple, de nombreux gisements de tertres côtiers aborigènes élaborés sur des milliers d'années seront touchés par l'élévation du niveau de la mer. Il sera essentiel que les communautés aborigènes participent aux décisions concernant la façon dont l'élévation du niveau de la mer affectant les tertres sera gérée, ainsi qu'au dispositions spéciales de gouvernance qui seront établies en ce sens.

Gouvernance environnementale adaptative

Quelles informations sont mises à disposition des gestionnaires d'aires protégées pour faciliter la capacité d'adaptation des communautés aux changements climatiques ? Les communautés locales mettent de plus en plus en œuvre une utilisation durable des écosystèmes et des paysages, et doivent concilier toute une gamme de valeurs individuelles et collectives. Les processus de collaboration, les modalités de gouvernance et les réponses de mise en œuvre peuvent être largement facilités par l'information disponible, comme les conditions actuelles et les tendances des conditions des aires protégées adjacentes. La façon dont les dispositions institutionnelles peuvent évoluer pour satisfaire les besoins et les désirs des communautés dans un environnement en évolution (gouvernance adaptative) peut être influencée par cette information.

Mise en œuvre adaptée aux changements climatiques

Il existe toute une gamme de considérations de mise en œuvre adaptée aux changements climatiques susceptibles de répondre aux objectifs d'adaptation aux changements climatiques, notamment : la gestion adaptative, la gestion de l'information, l'intégrité des écosystèmes, la gestion de la résilience, la gestion de la préservation, la gestion à l'échelle des paysages, la gestion de la transition, et le travail avec la communauté. Ces considérations ont été guidées par des références préparées par Welch (2005), Jarvis (2007), Taylor et Figgis (2007), Dunlop et Brown (2008), Dudley (2008), The Australian National University (2009) et Mantyka-Pringle et al. (2012). Comme pour la « planification » et « l'organisation », les considérations de mise en œuvre ont été présentées comme des questions.

Gestion adaptative

Les aires protégées sont-elles suffisamment préparées à introduire une gestion adaptative ? La gestion adaptative est particulièrement adaptée à la restauration des écosystèmes et à la gestion des espèces dans un environnement dynamique de changements climatiques. Toutefois, le système a besoin de ressources suffisantes, d'un soutien des plus hauts niveaux de la direction et de l'appui des communautés et des politiciens pour sa mise en œuvre complète (chapitre 8).

Utilisation de l'information

L'information nécessaire pour gérer une situation adaptée aux changements climatiques est-elle facilement disponible pour les gestionnaires opérationnels, et l'information disponible est-elle utilisée efficacement ? Les organisations devront analyser attentivement comment les informations disponibles sont fournies aux gestionnaires d'aires protégées. Dans la mesure du possible, l'information devrait être pré-analysée et automatisée, de manière à faire partie d'une évaluation de routine, mensuelle ou trimestrielle, des conditions actuelles des aires protégées, de l'évolution de ces conditions et des processus de réponse opérationnelle. L'information doit être facilement accessible.

Gestion de l'intégrité des écosystèmes

Les gestionnaires ont-ils communiqué efficacement aux communautés le rôle des aires protégées dans la réduction des risques et des impacts des phénomènes climatiques extrêmes ? Les aires protégées peuvent aider à réduire les impacts de toutes les catastrophes naturelles, même les pires, y compris les inondations, les glissements de terrain, les ondes de tempête, les sécheresses et la désertification. Ces avantages devront être communiqués.

Les aires protégées sont-elles suffisamment adaptées aux changements climatiques pour réagir aux pires crises pouvant les affecter ? De telles crises pourraient inclure des incendies catastrophiques, des cyclones, des tornades, des tempêtes de neige importantes et autres phénomènes extrêmes causés par les niveaux d'énergie atmosphérique influencés par les changements climatiques. De tels événements nécessiteront des réponses de gestion des crises (chapitre 26) et des niveaux très élevés de formation et de compétence du personnel, y compris la gestion de la modélisation sophistiquée des incidents et la planification grâce à des logiciels informatiques. La réponse fera partie d'une réponse communautaire plus générale.

Maintenir les services écosystémiques essentiels

Les gestionnaires ont-ils communiqué efficacement le rôle vital que jouent les aires protégées dans le maintien des ressources naturelles et des services essentiels ? Les aires protégées sont essentielles pour aider à fournir de l'eau, des ressources halieutiques et de la nourriture, ainsi que pour la santé. Ce message important doit être constamment répété.

Gestion de la résilience

Les capacités sont-elle suffisantes pour réagir rapidement à des événements perturbateurs et entreprendre des travaux de restauration ? Une planification adaptée aux changements climatiques anticipera l'inévitabilité d'incidents graves, et les aires protégées et leur personnel devront être formés, équipés et organisés pour réagir. La mise en œuvre de la restauration des zones gravement brûlées afin de minimiser les effets de l'érosion suite à des épisodes de fortes pluies après un incendie en est un exemple.

Quelles menaces pèsent sur les processus naturels des écosystèmes, et les mesures de gestion sont-elles adéquates ? Réduire au minimum les menaces pesant sur les processus naturels pourrait comporter le contrôle d'animaux introduits (non autochtones), l'arrachage de plantes introduites lorsque cela est possible, une gestion de la fréquence des incendies, et une meilleure protection contre les menaces telles que la chasse, la pêche et le braconnage (chapitre 16). Les mauvaises herbes, par exemple, peuvent voir leur vigueur renforcée dans un contexte de changements climatiques, et pourraient exiger des réponses plus importantes.

Des refuges contre les changements climatiques ont-il été identifiés et sont-ils suffisamment protégés ? Les refuges sont des endroits où des habitats favorables persistent ou se développent à mesure que le climat change. De nombreuses aires protégées constitueront des refuges climatiques pour certaines espèces, et une gestion active pourrait aider à conserver ces qualités particulières.

Les puits naturels de carbone ont-ils été identifiés et sont-ils protégés de manière adéquate ? Certaines caractéristiques des aires protégées ont une grande valeur pour le stockage du carbone, y compris les forêts anciennes et la tourbe. Ces sites doivent être protégés afin que ce carbone supplémentaire ne soit pas relâché dans l'atmosphère.

Des politiques de restauration adaptées aux changements climatiques ont-elles été préparées pour guider les gestionnaires dans la gestion de la restauration ? De telles politiques devront guider les gestionnaires sur la nature des travaux de restauration, et pour savoir si la sélection des espèces à utiliser inclut des espèces adaptées aux changements climatiques ou des espèces présentes naturellement sur le site. Quel que soit l'approche, les professionnels des aires protégées auront une responsabilité particulière pour documenter ce travail.

Serait-il approprié, pour certaines espèces, d'aménager des habitats latitudinalement (vers les pôles) ou altitudinalement (en haute montagne) ? Cette question devra peut-être être examinée avec soin pour certaines espèces et dans certains endroits, à l'avenir, car les habitats d'origine seront perdus. Il est évident que les communautés devront participer à de telles décisions, et que celles-ci seront liées au concept de translocation d'espèces.

Gestion de la préservation

Des interventions spéciales sont-elles nécessaires pour préserver les stocks de semences génétiques de certaines espèces de la flore ? Dans le cadre de l'adaptation aux changements climatiques, il pourrait être nécessaire de conserver des stocks de semences de la flore sauvage (telles que les variétés sauvages d'aliments de base) dans des banques de semences *ex situ* spécifiques. Cela constituerait une police d'assurance contribuant à protéger l'avenir des approvisionnements alimentaires. La collecte de semences peut être entreprise pour d'autres espèces florales significatives, susceptibles de disparaître dans un monde futur touché par les changements climatiques.

Visiteurs devant un *Eucalyptus fastigata* à Brown Mountain. Parc national de South-East Forests, Nouvelle-Galles du Sud, Australie. Les vieilles forêts de ce type aident à retenir le carbone dans le paysage plutôt que dans l'atmosphère

Source : Graeme L. Worboys

La communauté souhaite-t-elle conserver des populations captives d'espèces sauvages qui s'éteindront autrement en raison des changements climatiques ? En raison d'une demande communautaire, de nombreuses espèces pourraient être conservées en tant que populations captives dans les zoos locaux ou des zoos urbains plus importants, longtemps après la disparition des habitats naturels et des écosystèmes qui les abritaient. Les gestionnaires d'aires protégées pourraient avoir un rôle particulier à jouer dans la protection de ces espèces, ou ils pourraient développer un partenariat spécial avec les zoos pour aider à gérer ces espèces.

Est-il approprié de transférer des espèces en réponse aux changements climatiques ? La translocation d'espèces d'habitats modifiés et hostiles du fait des changements climatiques vers des habitats plus accueillants peut être une réponse de gestion lorsque l'espèce est autrement incapable de migrer naturellement.

Gestion à l'échelle des paysages

Quels partenariats et accords de collaboration sont mis en œuvre pour répondre aux processus à l'échelle du paysage afin d'être adaptés aux changements climatiques ? Contribuer en tant que partenaire aux réponses multi-agences aux incendies de forêt dans un paysage local (chapitre 26) est un bon exemple de ce type de travail.

Comment les aires protégées intégrées dans les grandes aires de conservation de la connectivité peuvent-elles mieux faciliter l'adaptation de la zone aux changements climatiques ? La gestion efficace des aires protégées sera de plus en plus liée et intégrée à la gestion et à la durabilité des régions plus vastes dans lesquelles elles sont situées, ainsi qu'au bien-être des résidents et des communautés de ces régions. La planification des changements climatiques doit tenir compte de la dépendance mutuelle entre les aires protégées et leurs régions d'accueil, et intégrer de nombreux partenariats de coopération, y compris au sein des aires de conservation de la connectivité (chapitre 27). Les aires protégées constituent des sites essentiels pour la conservation de la connectivité. Elles pourraient être en mesure de fournir des informations critiques sur leur conditions actuelles et les tendances de ces conditions, au bénéfice des zones de corridor environnantes, et elles constituent un centre à partir duquel les travaux de lutte contre les animaux ou plantes introduits seront amorcés. L'aire protégée peut jouer un rôle spécial d'accueil et de facilitation dans le cadre de partenariats avec les initiatives environnantes d'aires de connectivité.

Gestion de la transition

Comment les prévisions d'inondation côtière à long terme influencent-elles la gestion des aires protégées côtières ? La gestion des installations des aires protégées côtières et leur remplacement dans le cadre des systèmes de gestion d'actifs tels que les quais, les ponts et autres installations publiques, peuvent être influencés par des prévisions à long terme sur les ondes de tempête et le niveau de la mer, et des approches de gestion de transition peuvent être adoptées.

Travailler avec les communautés

L'aire protégée communique-t-elle des messages d'adaptation aux changements climatiques de manière adéquate et efficace ? La communication et la transmission de message efficaces sont un art, en particulier sur le thème de l'adaptation aux changements climatiques. Les communautés doivent être bien informées, et les organisations et communautés des aires protégées peuvent avoir besoin d'un renforcement des capacités de leur personnel, et peuvent également faire appel à des experts en communication pour aider à diffuser ces messages (chapitre 15).

Des messages d'adaptation aux changements climatiques sont-ils inclus dans les programmes d'interprétation et d'éducation des aires protégées ? Les paysages et environnements des aires protégées pourraient être très différents à l'avenir, et il est nécessaire de communiquer cela, et de préparer les gens au changement. Des réseaux d'aires protégées décentralisés et dispersés peuvent jouer un rôle essentiel dans la communication des message relatifs aux changements climatiques, et dans la préparation des visiteurs, des riverains, des communautés locales et des personnes concernées à travers la nation aux changements climatiques.

Dans quelle mesure la communauté locale, y compris les riverains et les parties prenantes, sont-ils adaptés aux changements climatiques ? Les aires protégées font partie d'une communauté locale. Les organisations chargées des aires protégées ont donc une certaine responsabilité de travailler en collaboration, et peut-être par le biais d'une série de partenariats, pour contribuer à s'assurer que les communautés soient aussi adaptées que possible aux changements climatiques. Cela peut inclure le travail et la formation avec les services d'urgence pour anticiper les incidents, les travaux de lutte contre les animaux nuisibles à l'échelle du paysage, ou l'aide aux animaux sauvages se déplaçant dans des zones au-delà des limites des aires protégées.

La communauté a-t-elle facilement accès à des informations locales sur l'adaptation aux changements climatiques ? Les aires protégées peuvent être à l'origine de recherches sur les conditions et l'évolution des conditions, et sur les prévisions de changements climatiques, et elles peuvent également recueillir des données sur les conditions ambiantes. Ces informations pourraient éventuellement être partagées avec les communautés locales, et certaines pourraient être mises à disposition en ligne et en temps réel. Pendant les incidents, l'information de crise pourrait également être publiée en temps réel, à titre de service communautaire.

Les politiciens locaux sont-ils suffisamment informés sur la « préparation aux changements climatiques » ? Informer régulièrement les politiciens au niveau local, de L'État ou du territoire, ou au niveau national sur les actions de préparation aux changements climatiques, et sur les conditions actuelles, l'évolution de ces conditions et les conditions prévues est un investissement essentiel. Idéalement, les réponses aux changements climatiques et à la gestion sont une question politique bipartite et les séances d'information contribuent à améliorer l'avenir.

Évaluation adaptée aux changements climatiques

Il existe toute une gamme de considérations « d'évaluation » adaptée aux changements climatiques susceptibles de répondre aux objectifs d'adaptation aux changements climatiques. L'évaluation de l'état de préparation d'une aire protégée et de ses réponses adaptatives aux changements climatiques est une tâche continue essentielle. Ce travail d'évaluation, appuyé par le suivi, est l'occasion de suivre l'évolution des conditions des aires protégées au fil du temps. Ces considérations ont été guidées par des références préparées par Welch (2005), Dunlop et Brown (2008) et Dunlop et al. (2013). Comme pour la planification, l'organisation et la mise en œuvre, les considérations d'évaluation sont présentées sous forme de questions.

Suivi

Un suivi à long terme a-t-il été établi pour les aires protégées et ces investissements sont-ils suffisamment protégés ? Certaines aires protégées possèdent déjà des sites ou des parcelles de suivi à long terme dont la valeur devient de plus en plus importante, à mesure que les effets des changements climatiques se font sentir. Ces endroits ont besoin de protection spéciale et leur suivi doit être permanent.

Conditions actuelles et tendance des conditions

L'aire protégée est-elle adaptée aux changements climatiques en ce qui concerne le suivi des tendance de ses conditions à partir d'une base de référence établie ? Être en mesure de suivre les changements dans les conditions d'une aire protégée à partir d'une ligne de base connue sera une contribution fondamentale à une gestion adaptée aux changements climatiques futurs. Cette information est également essentielle pour les communautés locales et doit faire partie de l'information partagée localement.

Évaluation et rapports sur l'état de préparation aux changements climatiques

Existe-t-il un système permettant d'évaluer et de rendre compte régulièrement de l'état de préparation aux changements climatiques pour tous les aspects de la gestion des aires protégées ? Une évaluation régulière de l'état de préparation aux changements climatiques de tous les aspects de la gestion d'une ou plusieurs aires protégées est un aspect essentiel.

Conclusion

Les changements climatiques anthropiques modifient la nature du climat terrestre tel qu'on le connaît pour la « période géologique récente », y compris ses systèmes

Plaque d'information présente à l'emplacement de la langue du glacier Athabasca dans les années 2010. Parc national de Banff, Canada

Source : Graeme L. Worboys

météorologiques, sa cryosphère, ses biomes, ses océans et sa faune, et influence des phénomène plus extrêmes tels que des sécheresses, des températures records, des incendies catastrophiques et des tempêtes violentes. Outre les mesures essentielles que tous les gouvernements de la planète devront prendre pour réduire la production de gaz à effet de serre, les aires protégées constituent une importante solution fondée sur la nature pour atténuer les menaces liées aux changements climatiques et s'y adapter. En facilitant une gestion efficace des aires protégées, la protection des processus écosystémiques, d'une gamme d'espèces et des caractéristiques naturelles d'un environnement dynamique permet d'améliorer la conservation de la biodiversité et la santé des populations humaines.

Avec l'aggravation des effets des changements climatiques, la gestion des aires protégées devra être différente, et des objectifs soigneusement élaborés et adaptés aux changements climatiques devront guider les améliorations à la planification, à la gouvernance et à la mise en œuvre de la gestion des aires protégées. L'information, sous une forme facilement utilisable et incluant les conditions actuelles, les tendances de ces conditions et les données de prévision de la recherche sur les changements climatiques, sera de plus en plus essentielle pour les gestionnaires, et cette même information devra être mise à disposition des communautés, contribuant ainsi à leur compréhension des effets des changements climatiques. Les aires protégées seront différentes, à l'avenir, mais non moins précieuses, et plus que jamais, les gestionnaires travailleront constamment avec les communautés locales pour renforcer l'importance et les avantages intergénérationnels des aires protégées en tant que partie essentielle du paysage local et de la société.

Spectaculaire tempête de mousson et zones humides d'eau douce dans le parc national de Kakadu, un site du Patrimoine mondial, Territoire du Nord, Australie. Les prévisions de changements climatiques indiquent que les zones humides des basses terres de Kakadu seront vulnérables à la salinité en raison de l'élévation du niveau de la mer et de l'intrusion de sel dans les eaux souterraines, qui convertiront les zones humides d'eau douce en vasières salines

Source : Graeme L. Worboys

Dense canopée de forêt tropicale dans la réserve forestière tropicale de Monteverde, Costa Rica. Les prévisions de changements climatiques suggèrent que la couverture nuageuse de faible altitude sera réduite, entraînant des conditions plus chaudes et potentiellement un assèchement et un changement des forêts et de leurs écosystèmes

Source : Graeme L. Worboys

Références

Lectures recommandées

Bergengren, J. C., Waliser, D. E. et Yung, Y. L. (2011) 'Ecological sensitivity: a biospheric view of climate change', *Climatic Change* 107: 433–57.

Colls, A., Ash, N. et Ikkala, N. (2009) *Ecosystem- Based Adaptation: A natural response to climate change*, UICN, Gland.

Dudley, N. (ed.) (2008) *Guidelines for Applying Protected Area Management Categories*, UICN, Gland.

Dudley, N., Stolton, S., Belokurov, A., Krueger, L., Lopoukhine, N., MacKinnon, K., Sandwith, T. et Sekhran, N. (eds) (2010) *Natural Solutions: Protected areas helping people cope with climate change*, IUCN WCPA, TNC, UNDP, WCS, The World Bank and WWF, Gland, Washington, DC, et New York.

Dunlop, M. et Brown, P. R. (2008) *Implications of Climate Change for Australia's National Reserve System: A preliminary assessment*, March, Report to the Department of Climate Change, Canberra.

Dunlop, M., Parris, H., Ryan, P. et Kroon, F. (2013) *Climate-Ready Conservation Objectives: A scoping study*, National Climate Change Adaptation Research Facility, Gold Coast, Queensland.

Enser, J. et Berger, R. (2009) 'Community-based adaptation and culture in theory and practice', in W. N. Adger, I. Lorenzoni et K. O'Brien (eds) *Adapting to Climate Change: Thresholds, values, governance*, Cambridge University Press, Cambridge.

European Climate Adaptation Platform (ECAP) (2014) *How to Factor Uncertainty into Adaptation Decision Making*, European Climate Adaptation Platform. <climate-adapt.eea.europa.eu/>

Ferrier, S., Harwood, T. et Williams, K. (2010) *Using generalised dissimilarity modelling to assess potential impacts of climate change on biodiversity composition in Australia, and on the representativeness of the national reserve system*, Report to the Department of Sustainability, the Environment, Water, Population and Communities by CSIRO Ecosystem Sciences for the Impacts of Climate Change for the National Reserve System Project, Canberra.

Folland, C. K., Karl, T. R., Christy, J. R., Clarke, R. A., Gruza, G. V., Jouzel, J., Mann, M. E., Oerlemans, J., Salinger, M. J. et Wang, S.-W. (2001) 'Observed climate variability and change', in T. Houghton, Y. Ding, D. J. Griggs, M. Noquer, P. J. van der Linden, X. Dai, K. Maskell et C. A. Johnson (eds) *Climate Change 2001: The scientific basis. Contribution of Working Group I to the Third Assessment Report of the Intergovernmental Panel on Climate Change*, pp. 101–81, Cambridge University Press, Cambridge.

Holling, C. S. (1978) *Adaptive Environmental Assessment and Management*, John Wiley & Sons, Londres.

Intergovernmental Panel on Climate Change (IPCC) (2007) *Climate Change 2007: Working Group II. Impacts, adaptation and vulnerability: Glossary*, Intergovernmental Panel on Climate Change. <www.ipcc.ch/publications_and_data/ar4/wg2/en/annexessglossary-a-d.html>

Intergovernmental Panel on Climate Change (IPCC) (2012) 'Glossary of terms', in C. B. Field, V. Barros, T. F. Stocker, D. Qin, D. J. Dokken, K. L. Ebi, M. D. Mastrandrea, K. J. Mach, G.-K. Plattner, S. K. Allen, M. Tignor te P. M. Midgley (eds) *Managing the Risks of Extreme Events and Disasters to Advance Climate Change Adaptation. A special report of Working Groups I and II of the Intergovernmental Panel on Climate Change (IPCC)*, pp. 555–64, Cambridge University Press, Cambridge.

Intergovernmental Panel on Climate Change (IPCC) (2013a) 'Summary for policymakers', in T. F. Stocker, D. Qin, G. K. Plattner, M. Tignor, S. K. Allen, J. Boschung, A. Nauels, Y. Xia, V. Bex et P. M. Midgley (eds) *Climate Change 2013: The physical science basis. Contribution of Working Group I to the Fifth Assessment Report of the Intergovernmental Panel on Climate Change*, pp. 3–29, Cambridge University Press, Cambridge.

Intergovernmental Panel on Climate Change (IPCC) (2013b) 'Introduction', in T. F. Stocker, D. Qin, G. K. Plattner, M. Tignor, S. K. Allen, J. Boschung, A. Nauels, Y. Xia, V. Bex et P. M. Midgley (eds) *Climate Change 2013: The physical science basis. Contribution of Working Group I to the Fifth Assessment Report of the Intergovernmental Panel on Climate Change*, pp. 111–58, Cambridge University Press, Cambridge.

Intergovernmental Panel on Climate Change (IPCC) (2014a) 'Final draft: summary for policymakers', in *Report of Working Group II to the Fifth Assessment Report of the Intergovernmental Panel on Climate Change*, Cambridge University Press, Cambridge.

Intergovernmental Panel on Climate Change (IPCC) (2014b) *Criteria for Assessing Key Vulnerabilities*, Intergovernmental Panel on Climate Change. <www.ipcc.ch/publications_and_data/ar4/wg2/en/ch19s19-2.html>

Intergovernmental Panel on Climate Change (IPCC) (2014c) *IPCC WGII AR5 Glossary*, Report of the Intergovernmental Panel on Climate Change, pp. 1–30, Cambridge University Press, Cambridge. <ipcc-wg2.gov/AR5/images/uploads/WGIIAR5-Glossary_FGD.pdf>

Intergovernmental Panel on Climate Change (IPCC) (2014d) 'Final draft: Chapter 19 Emergent risks and key vulnerabilities', in *Report of Working Group II to the Fifth Assessment Report of the Intergovernmental Panel on Climate Change*, Cambridge University Press, Cambridge.

International Union for Conservation of Nature (IUCN) and United Nations Environment Programme World Conservation Monitoring Centre (UNEP-WCMC) (2014) *World Database on Protected Areas Statistics*, August 2014, World Conservation Monitoring Centre, Cambridge.

Jarvis, J. (2007) 'An inarticulate truth: communicating the science of global climate change', *The George Wright Forum* 24(1): 82–90.

Laffoley, D. et Grimsditch, G. (eds) (2009) *The Management of Natural Coastal Carbon Sinks*, UICN, Gland.

Mackey, B., Watson, J., Hope, G. et Gilmour, S. (2008) 'Climate change, biodiversity conservation and the role of protected areas: an Australian perspective', *Biodiversity* 9(3–4). <www.uq.edu.au/spatialecology/docs/Publications/2008_Mackey_EtAl_ClimateChangeBiodiversity.pdf>

Mantyka-Pringle, C. S., Martin, T. G. et Rhodes, J. R. (2012) 'Interactions between climate and habitat loss effects on biodiversity: a systematic review and meta-analysis', *Global Change Biology* 18: 1239–52.

McKellar, R., Midgley, G. F., Yates, C. J., Abbott, I., Gioia, P. et Le Maitre, D. (2010) 'The need to develop a coherent research approach for climate change vulnerability impact assessment and adaptation in high biodiversity terrestrial ecosystems', *Austral Ecology* 35(4): 371–3.

Nicotra, A. B., Hoffmann, A. A., Morgan, J. W. et Millar, A. D. (2014) Adaptive restoration and management in the Australian Alps catchment, Presentation at Alpine Ecology Symposium, Australian National Botanic Gardens, Canberra.

Office of Environment and Heritage (OEH) (2011) *Guide to Climate Change Risk Assessment for Local Government*, NSW Office of Environment and Heritage, Sydney. <www.environment.nsw.gov.au/resources/climatechange/20110593riskassesslg.pdf>

Parmesan, C. et Yohe, G. (2003) 'A globally coherent fingerprint of climate change impacts across natural systems', *Nature* 421: 37–42.

Peterson, T. C., Anderson, D. M., Cohen, S. J., Cortez-Vázquez, M., Murnane, R. J., Parmesan, C., Phillips, D., Pulwarty, R. S. et Stone, J. M. (2008) 'Why weather and climate extremes matter', in T. R. Karl, G. A. Meehl, C. D. Miller, J. Hassol, A. M. Waple et W. L. Murray (eds) *Weather and Climate Extremes in a Changing Climate. Regions of Focus: North America, Hawaii, Caribbean, and U.S. Pacific Islands*, pp. 11–33, A report by the US Climate Change Science Program and the Subcommittee on Global Change Research, Washington, DC.

Steffen, W., Burbidge, A. A., Hughes, L., Kitching, R., Lindenmayer, D., Musgrave, W., Stafford Smith, M. et Werner, P. A. (2009) *Australia's Biodiversity and Climate Change: A strategic assessment of the vulnerability of Australia's biodiversity to climate change*, CSIRO Publishing, Melbourne.

Taylor, M. et Figgis, P. (eds) (2007) *Protected Areas: Buffering nature against climate change, Proceedings of a WWF and IUCN World Commission on Protected Areas Symposium*, 18–19 June 2007, Canberra, WWF-Australia, Sydney.

The Australian National University (2009) *Implications of climate change for Australia's World Heritage properties: a preliminary assessment*, A report to the Department of Climate Change and the Department of the Environment, Water, Heritage and the Arts by the Fenner School of Environment and Society, The Australian National University, Canberra.

Welch, D. (2005) 'What should protected areas managers do in the face of climate change?', *The George Wright Forum* 22(1): 75–93.

Yates, C. J., Elith, J., Latimer, A. M., Le Maitre, D., Midgley, G. F., Schurr, F. M. et West, A. G. (2010) 'Projecting climate change impacts on species distributions in megadiverse South African cape and southwest Australian floristic regions: opportunities and challenges', *Austral Ecology* 35: 374–91.

Zhang, X. et Zwiers, F. (2012) 'Statistical indices for diagnosing and detecting changes in extremes', in A. Agha Kouchak, D. Easterling, K. Hsu, S. Schubert et S. Sorooshian (eds) *Extremes in a Changing Climate: Detection, analysis and uncertainty*, pp. 1–14, Springer Science+Business Media, Heidelberg et New York.

CHAPITRE 18

GÉOCONSERVATION DANS LES AIRES PROTÉGÉES

Auteurs principaux :
Roger Crofts et John E. Gordon

Collaborateur :
Vincent L. Santucci

TABLE DES MATIÈRES

UICN CMAP COMMISSION MONDIALE DES AIRES PROTÉGÉES

Convention sur la diversité biologique

AUTEURS PRINCIPAUX

ROGER CROFTS est membre émérite de la Commission mondiale des aires protégées (CMAP) de l'Union internationale pour la conservation de la nature (UICN). Il a été directeur général fondateur du Scottish Natural Heritage (1992-2002), vice-président régional de la CMAP pour l'Europe (2000-2008) et président de la Royal Scottish Geographical Society.

JOHN E. GORDON est vice-président du Groupe de spécialistes du patrimoine géologique de la CMAP et professeur honoraire à l'École de géographie et de géosciences de l'Université de St. Andrews, Écosse, Royaume-Uni.

COLLABORATEUR

VINCENT SANTUCCI est géologue et paléontologue principal du Service des parcs nationaux des États-Unis.

REMERCIEMENTS

Nous sommes reconnaissants pour les commentaires utiles fournis sur l'avant-projet de ce texte à : Jay Anderson, Australie ; Tim Badman, UICN, Suisse ; José Brilha, Université du Minho, Portugal ; Margaret Brocx, Geological Society of Australia, Australie ; Enrique Díaz-Martínez, Patrimonio Geológico y Minero (IGME), Espagne ; Neil Ellis, Joint Nature Conservation Committee (JNCC), Royaume-Uni ; Lars Erikstad, Norwegian Institute for Nature Research (NINA), Norvège ; Murray Gray, Université Queen Mary de Londres, Royaume-Uni ; Bernie Joyce, Université de Melbourne, Australie ; Ashish Kothari, Kalpavriksh, Inde ; Jonathan Larwood, Natural England, Royaume-Uni ; Estelle Levin, Estelle Levin Ltd., Royaume-Uni ; Sven Lundqvist, Geological Survey of Sweden, Suède ; Colin MacFadyen, Scottish Natural Heritage, Royaume-Uni ; Colin Prosser, Natural England, Royaume-Uni ; Chris Sharples, Université de Tasmanie, Australie ; Kyung Sik Woo, Université nationale de Kangwon, Corée et Graeme Worboys, Université nationale australienne, Australie.

CITATION

Crofts, R. et Gordon, J. E. Geoconservation in protected areas. In Worboys, G. L., Lockwood, M., Kothari, A., Feary, S. et Pulsford, I. (éd.) *Gouvernance et gestion des aires protégées*. Canberra : ANU Press, 2020. doi.org/10.22459/GGAP.18

PHOTO DE LA PAGE DE TITRE

Geyser et zone géothermique du Old Faithful, l'un des sites exceptionnels du patrimoine géologique mondial du parc national et site du Patrimoine mondial du Yellowstone, États-Unis

Source : Graeme L. Worboys

Introduction

La Terre est une planète dynamique présentant une diversité géologique remarquable. Les masses continentales et océaniques à la surface terrestre ont connu des changements continus pendant une grande partie des temps géologiques. Les océans se sont ouverts et fermés, et les continents se sont fragmentés et sont entrés en collision, provoquant une activité ignée plutonique, un volcanisme et une déformation crustale à grande échelle. Les processus abiotiques de la Terre se sont produit à la fois continuellement et épisodiquement, sur des échelles de temps très différentes allant de centaines de millions d'années à quelques minutes, et sur des échelles spatiales allant de plaques continentales entières jusqu'à l'échelle microscopique. Des chaînes de montagnes se sont formées et ont été érodées, et les débris rocheux ont formé des dépôts et ont été recyclés. Au fur et à mesure que les continents ont changé et migré sur toute la surface du globe et à travers différentes zones climatiques, des roches se sont formées dans de nombreux environnements différents. L'histoire de la vie sur Terre est conservée dans les archives fossiles contenues dans ces roches. Les changements climatiques mondiaux à long terme ont influencé les processus de surface, conduisant à des périodes glacières ou, à l'inverse, plus chaudes. Tous ces processus et événements ont laissé un héritage dans les registres rocheux, et ont créé la diversité des paysages et des reliefs que nous observons aujourd'hui dans le monde entier. Notre patrimoine géologique reflète l'histoire de la Terre : l'histoire de temps préservés dans ses roches, ses reliefs, ses fossiles, ses minéraux et ses sols, fournissant un solide argument pour la géoconservation.

La diversité géologique de la Terre contribue fondamentalement à la plupart des services écosystémiques reconnus dans l'Évaluation des écosystèmes pour le millénaire (MEA, 2005). Elle constitue le substrat sur lequel les plantes, les animaux et les humains peuvent se développer, et un lien vital entre les personnes, la nature, les paysages et le patrimoine culturel. Elle contribue au développement durable et profite à la santé publique en fournissant des actifs pour les loisirs et la jouissance du monde naturel. La connaissance et la compréhension du fonctionnement de la Terre sont également essentielles pour guider la gestion des terres, des cours d'eau et des côtes, à une époque de grande incertitude quant aux effets des changements climatiques et de l'élévation du niveau de la mer. Il est donc essentiel que la diversité et le patrimoine géologiques soient pleinement intégrés à la gestion des aires protégées, et qu'un degré d'importance équivalent à celui de la biodiversité leur soit accordé dans le cadre d'une approche écosystémique reconnaissant la valeur et l'intégrité des processus abiotiques et biotiques dans la conservation de la nature.

Siccar Point, un site d'intérêt scientifique particulier en Écosse, Royaume-Uni, qui conserve le site historique où James Hutton, le fondateur de la géologie moderne, a observé un énorme écart de temps dans les roches (une discordance)

Source : Lorne Gill/Scottish Natural Heritage

Ce raisonnement a été reconnu par l'Union internationale pour la conservation de la nature (UICN) par l'adoption des Résolutions 4.040 à Barcelone (UICN, 2008) et 5.048 à Jeju, en Corée (UICN, 2012), qui stipulent, toutes deux clairement, que la diversité géologique fait partie de la nature et que le patrimoine géologique fait partie du patrimoine naturel.

Un certain nombre de définitions importantes ont été développées au cours des dernières années, à mesure que la pratique de la géoconservation a évolué. Les définitions suivantes reflètent les éléments clés. Pour une définition en espagnol de tous les termes clés, voir Carcavilla et al. (2012).

Diversité géologique

La diversité géologique est « l'éventail naturel (diversité) des caractéristiques géologiques (roches, minéraux, fossiles), géomorphologiques (reliefs, topographie, processus physiques), pédologiques (des sols) et hydrologiques. Elle comprend leurs assemblages, leurs structures, leurs systèmes et leurs contributions aux paysages » (Gray, 2013:12).

L'estuaire du Tay en Ecosse, Royaume-Uni, un site d'intérêt scientifique spécial et un site Ramsar. Le fleuve fournit des sédiments qui maintiennent les roselières qui, à leur tour, sont d'une grande importance pour la biodiversité et illustrent les liens entre la diversité géologique et la biodiversité
Source : Roger Crofts

Site du Patrimoine mondial de Kvarken, à l'ouest de la Finlande, où de nouvelles terres émergent de la mer à conséquence du rebond (soulèvement glacio-isostatique) faisant suite à la fonte de la calotte glaciaire scandinave, dont le poids avait enfoncé la surface terrestre
Source : UNESCO

« La diversité géologique est la variété des roches, des minéraux, des fossiles, des reliefs, des sédiments et des sols, ainsi que des processus naturels qui les forment et les modifient » (Dudley, 2008:66).

Le terme « diversité géologique » est relativement récent. Il fut utilisé pour la première fois, en anglais, en Tasmanie, Australie (Sharples, 1993 ; Gray, 2008). Malgré une certaine résistance initiale et des préoccupations quant à la validité des parallèles implicites avec la diversité biologique, le terme est aujourd'hui largement accepté (Gray, 2013). La diversité géologique est l'équivalent abiotique de la biodiversité et constitue donc un complément naturel à celle-ci, plutôt qu'un sujet distinct et non associé. Elle englobe les processus terrestres passés et présents, les caractéristiques statiques de toutes les époques reflétant la variété des processus au cours de l'histoire de la Terre, et inclut les processus modernes influençant la biodiversité de manière significative. La relation entre la diversité géologique et le patrimoine géologique est discutée par Durán et al. (1998), Nieto (2001) et Carcavilla et al. (2008).

Patrimoine géologique

Le patrimoine géologique regroupe les éléments de la diversité géologique de la Terre considérés comme ayant une valeur scientifique, éducative, culturelle ou esthétique significative (Díaz-Martínez, 2011 ; GSA, 2012). Ces éléments comprennent des lieux et des objets spéciaux (spécimens *in situ* et dans des musées), jouant un rôle clé dans notre compréhension de l'évolution abiotique et biotique de la Terre (ProGEO, 2011). Un site ou une zone d'importance pour son patrimoine géologique élevé peut abriter une seule caractéristique de valeur, et n'a pas besoin de présenter une diversité de caractéristiques.

Géoconservation

La géoconservation a été définie comme « la conservation de la diversité géologique pour ses valeurs intrinsèques, écologiques et (géo)patrimoniales » (Sharples, 2002:6).

Une définition plus générale pourrait être : « les mesures prises dans le but de conserver et d'améliorer les caractéristiques et processus géologiques, géomorphologiques et pédologiques, les sites et les spécimens, y compris les activités de promotion et de sensibilisation associées, et la prise en compte et le sauvetage de données ou de spécimens provenant de caractéristiques et de sites menacés de perte ou de dommage » (Prosser, 2013:568).

Dans certaines traditions, la géologie et la géomorphologie sont considérées comme des disciplines distinctes mais liées. Dans d'autres, la géomorphologie fait partie de la géologie. Quelle que soit l'approche suivie, il est important de souligner que la géologie et la géomorphologie sont explicitement incluses dans la diversité géologique, le patrimoine géologique et la géoconservation, tels que définis ci-dessus, et que le terme « géosites » peut englober à la fois des caractéristiques géologiques et géomorphologiques.

Parfois, les termes « diversité géologique », « patrimoine géologique » et « géoconservation » sont utilisés pour inclure à la fois les intérêts géologiques et géomorphologiques. Ainsi, pour éviter toute confusion, nous recommandons fortement l'utilisation des termes « diversité géologique », « patrimoine géologique » et « géoconservation » tels que définis ci-dessus, c'est à dire, englobant à la fois les caractéristiques géologiques et géomorphologiques.

Ce chapitre fournit aux gestionnaires et au personnel des aires protégées des informations pratiques et des conseils généraux sur le rôle de la géoconservation dans les aires protégées. L'accent est mis, à la fois, sur l'importance de protéger le patrimoine géologique en tant que tel, et sur l'importance de comprendre l'influence formatrice de la diversité géologique sur la flore et la faune à l'échelle d'un site, d'un habitat, d'un paysage, d'un écosystème et d'un biome.

Ce chapitre se compose de deux sections. La première exposera les arguments en faveur de la géoconservation dans les aires protégées, et la deuxième fournira des conseils sur les principes directeurs de l'évaluation et de la conservation des sites. Des directives plus détaillées sont en cours de préparation sous la forme de « Lignes directrices sur les meilleures pratiques en matière de conservation et de gestion des sites du patrimoine géologique » par la Commission mondiale des aires protégées (CMAP) de l'UICN.

Le besoin de géoconservation dans les aires protégées

Valeurs du patrimoine géologique

De nombreux gestionnaires et employés d'aires protégées, ainsi que leurs conseillers, connaissent l'importance fondamentale de la conservation de la biodiversité. Ce sujet étant à la base de la Convention sur la diversité biologique (CDB) de 1992 et comportant un programme de travail connexe sur les aires protégées, la conservation de la biodiversité est considérée par beaucoup comme la *raison d'être* des aires protégées et de leur gestion. Cependant, les roches, sédiments et sols sous-jacents, leur évolution et les processus terrestres récents et actuels auxquels ils sont soumis, sont également vitaux. Pourquoi ?

Gray (2004) a résumé les valeurs clés de la conservation comme : intrinsèque, culturelle, esthétique, économique, fonctionnelle, et de recherche et éducation. En général, l'accent a été mis sur la valeur du patrimoine géologique pour la recherche scientifique et l'éducation, mais nous disposons aujourd'hui d'une plus grande conscience de l'importance plus générale de la géoconservation, en particulier dans le contexte des écosystèmes (Gray, 2013).

De nombreuses aires protégées sont établies en raison de leurs valeurs pour le patrimoine géologique, y compris l'un des premiers parcs nationaux au monde : le Yellowstone, aux États Unis. Certaines sont des sites d'importance mondiale ou régionale pour des étapes critiques de l'histoire de la Terre et pour les horizons inscrits dans les roches, représentant les limites entre les différentes périodes géologiques. D'autres sont des exemples de processus géologiques passés, représentant des événements majeurs dans l'évolution des continents et des océans, tels que la collision entre les plaques tectoniques indiennes et eurasiennes à l'origine de la création de l'Himalaya et du plateau tibétain. D'autres encore sont établies pour leur importance de recherche, tels que les séquences de roches inversées résultant de collisions de plaques tectoniques et la poussée de strates plus anciennes au-dessus de strates plus jeunes, visibles, par exemple, autour de Moine Thrust, en Écosse. Beaucoup sont importantes parce que les fossiles qu'elles renferment représentent des étapes clés dans l'évolution de la vie sur Terre, comme le schiste de Burgess dans les parcs nationaux de Yoho et de Kootenay, en Colombie-Britannique, Canada.

Art rupestre dans le parc national Royal Natal, KwaZulu-Natal, Afrique du Sud, illustrant des associations culturelles avec des grottes naturelles

Source : Roger Crofts

D'autres sont significatives pour le type de minéraux qu'on y trouve, reflétant une évolution géochimique complexe. Enfin, certaines sont importantes pour leurs processus géologiques actuels, tels que la séparation des plaques tectoniques en Islande, ou le développement des reliefs glaciaires sur la péninsule antarctique.

En outre, de nombreuses aires protégées sont établies parce que leurs caractéristiques géologiques et géomorphologiques sont visuellement et scéniquement dominantes dans le paysage, et ont souvent une signification emblématique dans l'histoire culturelle de la région et de la nation. Les montagnes dorées de l'Altaï, en Fédération de Russie, les montagnes de Bogd Khan, en Mongolie, ou le parc national de Triglav, en Slovénie, en sont quelques exemples. De nombreuses composantes de la diversité géologique possèdent également une signification culturelle directe, telles que les grottes préservant des peintures ou des inscriptions, ou autres valeurs sacrées de périodes passées de l'occupation humaine.

Le patrimoine géologique dans les aires protégées peut exister à plusieurs échelles, de petits éléments individuels, tels que des pierres sculptées par le vent (ventifacts) dans les environnements désertiques ou des roches (erratiques) transportées sur de longues distances par les glaciers, jusqu'à des chaînes de montagnes entières et de grands bassins fluviaux. Toutes les échelles sont importantes, et la géoconservation doit tenir compte des caractéristiques et des processus dans tout le continuum, de l'échelle du site à celle du paysage. Cependant, les sites n'ont pas besoin de présenter une diversité géologique élevée pour être admissibles au statut d'aire protégée. Par exemple, une séquence épaisse de calcaires d'eau profonde peut représenter une partie importante de l'histoire d'un bassin, et montrer l'évolution de la vie. Une faible diversité géologique apparente dans les roches peut cacher une riche biodiversité, pas si évidente à l'œil nu, mais cruciale en tant que section type ou localité de référence pour une phase ou un changement évolutif particulier.

Tableau 18.1 Principales menaces anthropiques pour le patrimoine géologique dans les aires protégées

Menaces et pressions	Exemples d'impacts sur le patrimoine géologique dans les aires protégées
Urbanisation, construction (y compris les développements commerciaux et industriels à l'intérieur des terres et sur les côtes), infrastructures, parcs éoliens terrestres et activités connexes.	Destruction des reliefs et exposition des sédiments et des roches. Fragmentation de l'intégrité du site et perte des relations entre les éléments. Perturbation des processus géomorphologiques. Modification des régimes des sols et de l'eau, destruction des sols et de leur structure.
Extraction minière et minérale (y compris l'extraction à partir de mines à ciel ouvert, de puits, de carrières, dans les dunes et les plages, dans le lit des rivières, l'extraction de granulats marins et l'exploitation minière en haute mer).	Destruction des reliefs et exposition des sédiments et des roches. Fragmentation de l'intégrité du site et perte des relations entre les éléments. Perturbation des processus géomorphologiques. Destruction des sols et de leur structure. Modification des régimes des sols et de l'eau.
Changements dans l'utilisation et la gestion des terres (y compris l'agriculture, la foresterie).	Dommages causés par les labours, le nivellement des sols et le drainage. Perte de visibilité des reliefs et des affleurements et accès aux expositions. Stabilisation des reliefs dynamiques (par exemple, dunes de sable). Érosion des sols. Changements dans la chimie et les régimes d'eau du sol. Compactage du sol, perte de matière organique.
Protection des côtes, et gestion et ingénierie fluviales (y compris les barrages et les prélèvements d'eau).	Dommages aux reliefs et aux expositions de sédiments et de roches. Perte d'accès aux expositions. Perturbation des processus géomorphologiques. Inhibition de l'érosion entraînant la dégradation des expositions.
Activités en mer (dragage, chalutage, développement d'énergies renouvelables, exploitation d'hydrocarbures et élimination des déchets).	Dommages physiques aux reliefs et aux sédiments. Perturbation des processus géomorphologiques. Affouillement/pénétration des fonds et du sous-sol marins.
Loisirs et géo-tourisme.	Dommages physiques aux reliefs, aux affleurements rocheux, aux processus et aux sols (compactage) par la pression des visiteurs. Fragmentation de l'intégrité du site. Érosion des sentiers et autres érosions localisées du sol et perte de matière organique du sol.
Changement climatique.	Changements dans les processus du système actif. Changements dans l'état du système (réactivation ou stabilisation). Perte de caractéristiques clés, telles que les calottes glaciaires et les glaciers, les lacs glaciaires et les débits hydriques.

Élévation du niveau de la mer (causes anthropiques).	Perte de visibilité et d'accès aux expositions et affleurements côtiers du fait de leur submersion. Perte d'expositions du fait d'une érosion accrue. Modification des expositions et des reliefs côtiers. Perte de la totalité ou d'une partie substantielle des aires protégées. Apparition de nouveaux éléments à partir, par exemple, des ondes de tempête.
Restauration des puits et des carrières (y compris les décharges).	Perte d'expositions et de relief naturel.
Stabilisation des parois rocheuses (par exemple, remblais de route) avec des filets ou du béton.	Perte d'expositions.
Collecte irresponsable de fossiles et de minéraux, et carottage.	Dommages physiques aux expositions des roches et perte de données fossiles.

Sources : Adapté de Gordon et Barron (2011) ; Brooks (2013) ; Gris (2013)

Menaces pesant sur le patrimoine géologique

On fait souvent valoir que le patrimoine géologique n'a pas besoin d'être conservé dans les aires protégées, parce qu'il est immuable et qu'aucune menace évidente provenant des activités humaines ne peut nuire à l'état ou à la valeur de ses éléments d'intérêt. Il s'agit là d'une affirmation incorrecte, et de nombreux conflits de conservation ont trait à des menaces à la diversité géologique, comme par exemple, le différend sur le développement hydroélectrique du lac Pedder, en Tasmanie (Houshold et Sharples, 2008). En fait, les pressions et menaces auxquelles le patrimoine géologique est confronté sont nombreuses et variées (tableau 18.1), et peuvent découler des moteurs économiques du développement ou de changements dans les politiques agricoles et forestières influençant les décisions relatives à l'aménagement du territoire. Ces caractéristiques et formes statiques et apparemment robustes peuvent facilement être endommagées ou détruites par des développements urbains, industriels, commerciaux et d'infrastructures, des industries extractives, des protections côtières, des changements dans l'utilisation des terres, des activités scientifiques négligentes, des collecteurs de roches, de minéraux et de fossiles, ou la pression des visiteurs. Des dommages importants et des pertes de sites clés ont eu lieu, par le passé, et se poursuivent encore aujourd'hui (Gray, 2013). De nombreux éléments sont reliques ou inactifs, et donc non renouvelables, et une fois endommagés ou détruits, ils ne peuvent pas être remplacés. D'autres caractéristiques sont très dynamiques, et le maintien de l'intérêt et de la contribution qu'elles apportent à la conservation dans son ensemble est vital, comme dans le cas de l'approvisionnement en sédiments permettant de maintenir les vasières et marais salants pour

Site d'intérêt scientifique spécial des méandres de la rivière Clyde, Écosse, Royaume-Uni. Permettre aux rivières de suivre leur cours naturel conserve les processus des plaines inondables et aide à atténuer les impacts des inondations en aval

Source : Patricia et Angus Macdonald/Scottish Natural Heritage

Parc national de Vadehavet, Jutland, Danemark. L'accès des véhicules aux dunes de sable peut entraîner une instabilité et une perte d'intérêt du patrimoine géologique

Source : Roger Crofts

Aberdeen, Écosse, Royaume-Uni : exemples d'épis et de digues en béton interrompant les processus naturels et causant des problèmes de dégradation

Source : Roger Crofts

les populations d'oiseaux hivernants. On ne saurait trop insister sur le besoin d'aires protégées pour le patrimoine géologique, ainsi que sur leur gestion efficace, face à ces menaces d'origine humaine.

Les éléments d'intérêt du patrimoine géologique dans les aires protégées se manifestent généralement par des expositions naturelles et anthropiques, des reliefs et des systèmes de processus géomorphologiques actifs. Certains sont donc créés et entretenus par des processus naturels, alors que d'autres le seront par des activités humaines telles que l'exploitation de carrières. Prosser et al. (2006) envisagent les menaces potentielles pour différents types d'aires protégées. Les principaux impacts sont les dommages physiques, la destruction ou la suppression de l'intérêt, la perte de visibilité ou d'accès aux expositions par enfouissement ou dissimulation par la végétation, les dommages à l'intégrité du site par la fragmentation de l'intérêt et la perte de relations entre les caractéristiques, et la perturbation des processus ou des conditions naturels. Par exemple, des expositions situées dans des carrières désaffectées peuvent être perdues par une mise en décharge, les principaux reliefs glaciaires peuvent être détruits par l'extraction de sable et de gravier, et des expositions clés peuvent être perdues et les processus naturels perturbés par des mesures de protection des côtes et des berges, et des défenses contre les inondations. L'extraction minérale peut avoir des impacts positifs ou négatifs. Les carrières et gravières constituent une ressource géologique importante, en particulier dans les zones où les expositions naturelles sont faibles ou rares. L'exploitation de carrières peut révéler de nouvelles sections de valeur, et de nombreux sites importants se trouvent dans d'anciennes carrières où l'intérêt géologique n'aurait, autrement, pas été exposé. Les carrières peuvent aussi constituer une menace directe pour des reliefs particuliers. Par exemple, l'extraction de calcaire peut détruire des parties de systèmes de grottes et de lapiaz. Bien que toute nouvelle exploitation de carrière dans les aires protégées soit, à priori, improbable, afin de ne pas endommager les reliefs intacts, dans d'autres cas, la valeur potentielle de nouvelles sections, par exemple, révélant l'architecture sédimentaire tridimensionnelle d'un système d'esker, pourrait devoir être soupesée, face à une perte supplémentaire de l'intégrité des reliefs. Dans de tels cas, une décision attentive devra être prise pour s'assurer que les raisons de l'exposition soient entièrement compatibles avec les objectifs de conservation particuliers des caractéristiques concernées. Diverses activités agricoles peuvent avoir un impact sur les sites géologiques et les reliefs. Ces derniers peuvent être endommagés par un labourage profond ou le nivellement des terres, dissimulés sous un boisement commercial ou endommagés par les routes d'extraction.

Les plantes thermophiles illustrent une dépendance biotique au cocktail chimique chaud de la vallée volcanique de Waimangu, Rotorua, Nouvelle-Zélande

Source : Roger Crofts

Les sols sont soumis à la pression de la contamination, de pratiques d'utilisation, de l'intensification de l'agriculture, du boisement, de l'élimination des déchets, des dépôts acides et de l'expansion urbaine.

Les approches conventionnelles de protection des côtes et des cours d'eau contre l'érosion et les inondations impliquent généralement une ingénierie « dure », à grande échelle, qui isole des expositions clés derrière des digues en béton, des murs de roches ou des gabions. Les processus naturels d'approvisionnement et de déplacement des sédiments sont perturbés, déplaçant généralement le problème ailleurs. Par conséquent, des impacts hors site plus importants peuvent également se produire, par exemple, une érosion en aval des défenses côtières. D'autres menaces peuvent découler des effets des changements climatiques et de l'élévation du niveau de la mer, et en particulier des réponses humaines à ces phénomènes (par exemple, sous forme de protection « dure » contre les inondations et de défenses côtières), notamment dans le cas des systèmes dynamiques. Ceux-ci présentent des défis de gestion particuliers, qui exigeront une collaboration entre les gouvernements, les planificateurs, les décideurs et les communautés locales, afin d'assurer une gestion durable de la diversité géologique dans le cadre de stratégies d'adaptation plus générales et à long terme, et permettre la protection des services écosystémiques (Prosser et al., 2010).

Les pressions et menaces sur le milieu marin incluent la pêche de fond, l'extraction de granulats, les installations pétrolières et gazières, les installations d'énergie renouvelable, les câbles et pipelines, le dragage de navigation, l'élimination des déchets et les activités militaires. Elles peuvent avoir un impact sur les caractéristiques géomorphologiques et géologiques des fonds marins (DEFRA, 2010 ; Brooks, 2013). Compte tenu de la nature dynamique du milieu marin, toutes ces activités sont susceptibles d'avoir des impacts plus importants par l'interruption des voies de transport de sédiments existantes et la modification des schémas de sédimentation et des processus hydrodynamiques.

Les changements climatiques ont récemment été reconnus comme un problème émergeant pour la géoconservation (Prosser et al., 2010 ; Sharples, 2011). En particulier, il est probable que les systèmes géomorphologiques, hydrologiques et pédologiques actifs subissent des transformations majeures en réponse aux changements climatiques, y compris l'érosion ou l'enfouissement potentiels de certains éléments plus anciens du patrimoine géologique. Bien qu'il soit possible d'empêcher la perte de certains sites spécifiques du patrimoine géologique, à l'échelle plus générale des paysages, il est peu probable qu'il soit possible d'empêcher des changements de processus généralisés. L'ampleur des interventions requises pour cela compromettrait, par ailleurs, de nombreuses autres valeurs naturelles. L'action la plus appropriée (et la plus rentable) à l'échelle des paysages pourrait être de permettre aux processus abiotiques actifs de s'adapter naturellement aux conditions climatiques changeantes.

Liens avec la biodiversité, les fonctions et les services écosystémiques

La géoconservation dans les aires protégées apporte de nombreuses contributions importantes à la nature biotique et à la société. Elle soutient la conservation des paysages et de la biodiversité, le développement économique, l'adaptation aux changements climatiques, la gestion durable des terres, de l'eau, et du patrimoine historique et culturel, ainsi que la santé et le bien-être des populations (par exemple, Johansson, 2000 ; Brilha, 2002 ; Stace et Larwood, 2006 ; Gordon et al., 2012 ; Gray et al., 2013). Plus important encore, la diversité géologique sous-tend ou fournit la plupart des services écosystémiques identifiés dans l'Évaluation des écosystèmes pour le millénaire (MEA, 2005). Elle constitue un élément clé des services de soutien, et contribue grandement aux services d'approvisionnement et de régulation, ainsi qu'aux services culturels (figure 18.1). Sans la contribution de la diversité géologique, de nombreux services écosystémiques essentiels à la vie sur Terre n'existeraient tout simplement pas, ou nécessiteraient des solutions technologiques beaucoup plus coûteuses, comme par exemple, l'approvisionnement en eau douce, la régulation de la qualité de l'eau et de l'air, la formation des sols ou le cycle des nutriments pour la production alimentaire. La diversité géologique fournit également des biens et des services supplémentaires indispensables (par exemple, minéraux, agrégats et combustibles fossiles), qui constituent autant d'actifs non renouvelables, ainsi que des avantages substantiels en termes de « connaissances » (par exemple, les registres des changements climatiques passés, la compréhension du fonctionnement des systèmes planétaires et les tendances des services écosystémiques).

Dans sa forme la plus simple, la diversité géologique constitue le fondement de la vie et de la diversité des espèces, des habitats, des écosystèmes et des paysages de la Terre. La plupart des espèces dépendent du « substrat » abiotique sur lequel elles existent (Anderson et Ferree, 2010), et pas seulement les espèces rares ou spécialisées, comme par exemple, celles associées aux sols calcaires ou métallogènes. Ainsi, il existe un lien étroit entre la flore et la faune, le sol et les roches sous-jacentes, et la topographie, l'eau et autres éléments nutritifs dont elles dépendent pour leur croissance et leur survie (par exemple, Semeniuk et al., 2011). À l'heure où nous nous concentrons beaucoup plus sur la santé écologique continue des écosystèmes et de leur composantes, il est essentiel de comprendre les liens entre les processus abiotiques naturels de la Terre et la contribution qu'ils apportent à la conservation de la biodiversité.

La nature et les variations des écosystèmes forestiers sont déterminées aussi bien par les types de substrats rocheux et de sols, l'exposition climatique et la topographie des reliefs, qui déterminent les variations locales de disponibilité en eau et les flux de nutriments, que par la diversité de leur flore et de leur faune. Les aires protégées côtières reflètent l'interaction des types de substratum rocheux et de sédiments avec les processus fluviaux et marins dans leur évolution et leur état actuel, même quand leur raison première était sans doute la protection des oiseaux migrateurs ou de la flore littorale. Les aires protégées de latitudes ou altitudes élevées, importantes pour la mégafaune et la flore arctiques ou alpines, sont caractérisées par un gel et un dégel des sols, et des apports saisonniers en nutriments. La liste des relations entre les principaux biomes et leurs processus terrestres passés et actuels est sans fin et, par conséquent, fondamentale pour l'identification, la désignation et la gestion de nombreuses aires protégées. En termes simples, sans une compréhension des processus terrestres ayant conduit à leur formation et de ceux qu'ils subissent actuellement, la gestion des aspects biologiques des aires protégées ne sera pas aussi efficace qu'elle devrait l'être (Santucci, 2005). Ceci est souligné par l'intérêt actuel pour une approche de « conservation scénique », dans laquelle la flore et la faune sont considérées comme des acteurs et la diversité géologique, comme la scène sur laquelle ils se produisent. Dans cette optique, la conservation scénique est considérée comme la meilleure façon de conserver la biodiversité, en particulier dans un contexte de changements climatiques, où l'existence d'une gamme d'habitats dans lesquels les plantes et animaux pourront se déplacer pourrait être cruciale pour leur survie (Anderson et Ferree, 2010).

La protection des sites révélant des registres paléo-environnementaux est essentielle. L'analyse des changements dans les fossiles, le pollen et les spores fongiques, par exemple, ainsi que des facteurs de changement affectant la biodiversité (par exemple, les changements climatiques, le volcanisme, l'érosion et la sédimentation) dans les aires protégées, peut permettre de mieux comprendre la

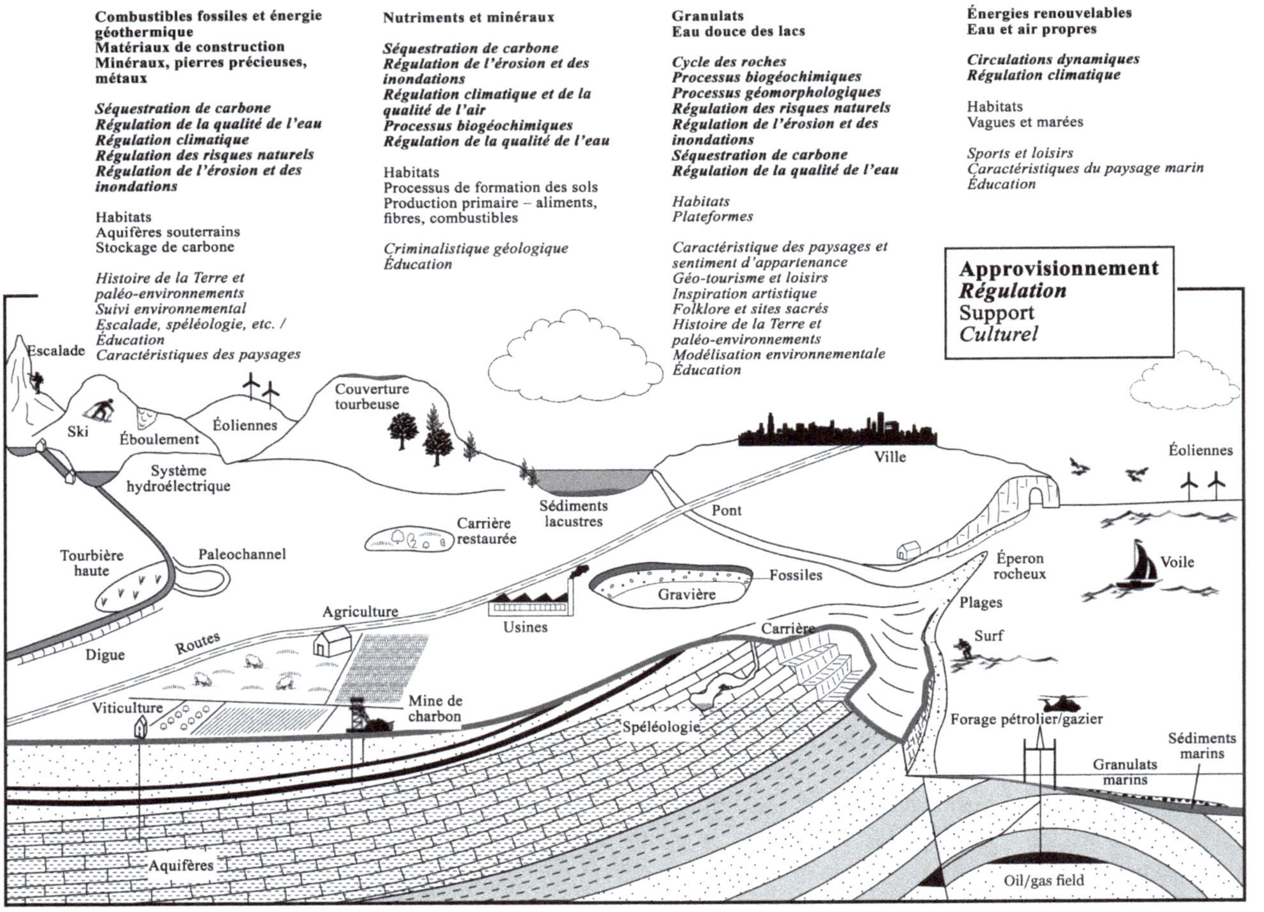

Figure 18.1 Illustration schématique des biens et services dérivés de la diversité géologique : la couche grise au-dessus du substratum rocheux représente le sol

Source : Réimprimé de Gray et al. (2013), reproduit avec la permission d'Elsevier

San Cristóbal, parc national des Galápagos, Équateur, où les rebords érodés entre les couches de lave offrent des perchoirs parfaits pour le héron bihoreau violacé (*Nyticorax violaceus*)

Source : Roger Crofts

Site du Patrimoine mondial d'Alvar Öland, Suède, où la flore dépendante du calcaire pousse sur un substrat calcaire

Source : Roger Crofts

dynamique de la biodiversité. Bien qu'il soit peu probable que le passé fournisse des analogies exactes pour l'écologie de la restauration, les registres paléo-environnementaux ont un rôle important à jouer dans la biologie de la conservation, en permettant de comprendre les processus écologiques et évolutifs, la dynamique des écosystèmes et les registres passés de variabilité naturelle (Gillson et Marchant, 2014). En outre, les perspectives à long terme fournies par les registres paléo-environnementaux pourraient améliorer la sensibilisation aux tendances des services écosystémiques, et aider à valider les décisions de gestion en matière de conservation et à hiérarchiser les ressources limitées disponibles pour les interventions de gestion.

L'écologie de la restauration est un élément important dans la gestion des aires protégées, par exemple après une dégradation ou une perte de fonctionnalité. La contribution des processus abiotiques naturels devraient être dûment prise en compte dans l'élaboration de plans de restauration, afin d'augmenter le potentiel de réussite, et s'assurer que la diversité géologique ne sera pas affectée négativement.

Par conséquent, la géoconservation est cruciale pour la conservation des espèces vivantes et des habitats, afin de maintenir à la fois le contexte, ou « scène » abiotique, et les processus naturels (par exemple, inondations, érosion et dépôts) nécessaires à la diversité des habitats et aux fonctions écologiques. Il existe de solides arguments en faveur d'approches plus intégrées de la gestion des aires protégées qui profiteraient à la fois à la biodiversité et à la géoconservation (Hopkins et al., 2007 ; IUCN, 2012 ; Matthews, 2014).

Pertinence de la définition de l'UICN pour la géoconservation dans les aires protégées

La définition révisée de l'UICN d'une aire protégée fait, pour la première fois, référence à la nature abiotique en remplaçant le terme étroit de « biodiversité » par celui, plus générique, de « nature » : « un espace géographique clairement défini, reconnu, consacré et géré, par des moyens juridiques et autres moyens efficaces, pour parvenir à la conservation à long terme de la nature et des services écosystémiques et valeurs culturelles associés ».

L'utilisation du mot « nature » est tout à fait délibérée pour un certain nombre de raisons. Elle permet une reconnaissance spécifique des éléments abiotiques dans les aires protégées, qui étaient exclus de la définition précédente se référant uniquement à la biodiversité, elle reconnaît que de nombreuses aires protégées existent pour conserver la nature abiotique sous une forme ou une autre, et elle reconnaît également que la nature abiotique est importante en soi, car elle constitue un élément intrinsèque de toute définition de la nature.

Dans l'élaboration des lignes directrices, la « nature » est définie comme faisant toujours référence à la « biodiversité, au niveau génétique, des espèces et des écosystèmes, et

Encadré 18.1 Catégories de sites de l'Évaluation de la conservation géologique en Grande-Bretagne

1. Sites d'importance internationale : stratotypes d'intervalles ou de limites, localités types pour les biozones basées sur des fossiles et les périodes géologiques basées sur des strates rocheuses particulières, localités clés pour des types de roches, des minéraux ou des fossiles particuliers ou des formes de relief particuliers, sites historiquement importants où des découvertes majeures ont été faites, de nouvelles connaissances significatives ont été obtenues, ou des éléments ou phénomènes ont été découverts et décrits pour la première fois.
2. Sites scientifiquement importants parce qu'ils renferment des caractéristiques exceptionnelles, extrêmement rares dans leur formation ou leur existence.
3. Sites d'importance nationale parce qu'ils sont représentatifs d'une caractéristique, d'un événement ou d'un processus du patrimoine géologique fondamental pour l'histoire de la Terre en Grande-Bretagne.

Parc national du Cotopaxi, Équateur, où la chronologie de l'activité volcanique peut être reconstruite à partir de couches successives de cendres volcaniques (tephra)

Source : Roger Crofts

souvent également à la diversité géologique, aux formes de relief et aux valeurs naturelles plus générales » (Dudley, 2008:tableau 1, p. 9).

L'utilisation du terme « nature » est également justifiée dans la Résolution 5.048 de l'UICN (UICN 2012:66), « afin que, lorsqu'il est fait référence à la nature en général dans le *Programme de l'UICN 2013-2016*, la préférence soit donnée à des termes inclusifs tels que « nature », « diversité naturelle » ou « patrimoine naturel », afin que la diversité géologique et le patrimoine géologique ne soient pas exclus ».

L'exemple mentionné dans les lignes directrices de 2008 est la réserve naturelle nationale de Rum, en Écosse, créée pour protéger des caractéristiques géologiques uniques, en particulier la séparation et la stratification des roches de chambre magmatique pendant l'activité ignée du Paléogène. Le site présente également une importance régionale européenne pour les espèces d'oiseaux qu'il accueille.

Une approche systématique pour identifier les intérêts de géoconservation

Un cadre méthodologique clair, logique et objectif est essentiel pour l'identification des caractéristiques et des sites présentant un intérêt pour le patrimoine géologique (Sharples, 2002 ; ProGEO, 2011). Cela s'applique à tous les niveaux, des évaluations internationales aux inventaires locaux. Sans une telle approche, il n'y aura aucun moyen de juger si tous les aspects du patrimoine géologique sont inclus, dans quelle mesure les sites sélectionnés sont représentatifs, rares ou uniques, et comment le réseau peut être étendu à mesure que les connaissances s'améliorent et que l'intérêt pour le patrimoine géologique est mieux reconnu.

Dans le texte qui suit, nous donnons des exemples de méthodologies pouvant être appliquées à diverses échelles, des évaluations internationales aux inventaires locaux des intérêts géo-patrimoniaux, pouvant être élaborées et appliquées par les gestionnaires d'aires protégées individuelles.

Il est conseillé aux nations et organisations désireuses de se lancer dans le développement d'aires protégées pour le patrimoine géologique d'envisager sérieusement d'utiliser les systèmes et classifications déjà existants, car ceux-ci portent une attention particulière à l'ensemble des questions. Il est clair que des modifications et des ajouts devraient être apportés en fonction des circonstances nationales, mais ceci devrait se faire dans le cadre d'un réseaux international éprouvé.

L'Évaluation de la conservation géologique (Geological Conservation Review - GCR) en Grande-Bretagne (Angleterre, Écosse et Pays de Galles), élaborée et mise en œuvre au cours des trois dernières décennies, est une approche systématique pertinente, de façon générale, pour d'autres pays (Ellis, 2011). Trois catégories distinctes, mais

Tableau 18.2 Éléments clés d'un réseau d'aires protégées pour le patrimoine géologique

Éléments clés	Géosites montrant :
Étapes clés de l'histoire de la Terre	Stratotypes d'intervalle ou de limite, localités types pour les biozones basées sur des fossiles et localités types pour les périodes géologiques basées sur des strates rocheuses particulières.
Principales caractéristiques structurelles	Événements tectoniques / épisodes associés aux mouvements des plaques. Les exemples incluent des caractéristiques associées à des collisions de plaques aboutissant, par exemple, à la formation de chaînes de montagnes, accompagnée de poussée, de pliage et de compression de strates. D'autres exemples associés à la convergence des plaques incluent la formation d'arcs insulaires, de volcans centraux et de vastes coulées de lave.
Formation de minéraux	Gisements minéraux rares et représentatifs et types d'emplacements minéraux.
Évolution de la vie	Fossiles et assemblages fossiles représentant des étapes de l'évolution de la vie, et gradations et interruptions dans les séquences de vie dans les registres fossiles reflétant des tendances évolutives et des événements catastrophiques, tels que les chutes de météorites et les éruptions de super-volcans.
Processus terrestres modernes	Caractéristiques représentatives des processus actifs, en particulier ceux associés aux plaques tectoniques, tels que différents types de volcans et autres formes éruptives, et ceux associés à l'interface terre-mer le long des côtes et des estuaires, des systèmes fluviaux et des environnements glaciaires et périglaciaires.
Caractéristiques représentatives de la surface et du sous-sol	Caractéristiques représentatives de périodes particulières de l'histoire de la Terre, ou formations rocheuses ou processus terrestres particuliers, ou inhabituels ou distinctifs, par exemple, systèmes de grottes, cheminées de fées, formations rocheuses en forme de dôme et autres formations rocheuses dressées.
Registres des conditions environnementales passées	Conditions environnementales passées, telles que les phases glaciaires, périglaciaires et interglaciaires de la période Quaternaire, y compris les reliefs, sédiments et séquences rocheuses de toutes les périodes de l'histoire de la Terre.

complémentaires, de sites sont intégrées dans ce système géo-scientifique (encadré 18.1).

Les sites ont été évalués selon sept grands groupes : stratigraphie, paléontologie, géologie quaternaire, géomorphologie, pétrologie ignée, géologie structurale et métamorphique, et minéralogie. Pour des raisons pratiques, ces groupes ont été, à leur tour, subdivisés en « blocs » thématiques selon l'âge stratigraphique, le type de formation, la zone géographique ou différents processus géologiques et géomorphologiques. De toute évidence, d'autres pays et régions pourraient choisir des groupements différents en fonction de leur géologie et géomorphologie spécifiques. De même, en fonction du but de l'inventaire, les critères peuvent, outre la valeur scientifique, inclure des valeurs esthétiques, culturelles, éducatives, historiques, économiques et écologiques, ainsi que le potentiel d'utilisation et la vulnérabilité (voir ci-dessous).

Sept éléments clés peuvent fournir la base d'un réseau complet d'aires protégées pour le patrimoine géologique pour n'importe quelle région ou pays (tableau 18.2).

Un gestion de la conservation par le biais de réseaux dédiés de sites protégés constitue l'une des nombreuses stratégies possibles pour assurer la protection du patrimoine géologique. Dans la mesure du possible, la géoconservation devrait être intégrée à la gestion de la conservation de toutes les catégories d'aires protégées. Pour ce faire, il est nécessaire d'établir des liens beaucoup plus explicites entre la diversité géologique et la biodiversité dans la planification de la conservation et la sélection des aires protégées et, en ce qui concerne la biodiversité, d'optimiser les synergies avec les services écosystémiques dans la planification de la conservation.

Boîte à outils du patrimoine géologique pour les aires protégées

De nombreux systèmes d'évaluation des aires protégées sont en place aux niveaux international, national et local. À tous les niveaux, un inventaire géo-patrimonial et une compréhension complète des sites clés devant être protégés est une exigence fondamentale (Sharples, 2002 ; ProGEO, 2011). La Boîte à outils du patrimoine géologique, développée en Australie occidentale pour identifier et évaluer les aires protégées d'importance, du point de vue du patrimoine géologique, pour la science et l'éducation, illustre les principales étapes (figure 18.2) (Brocx et Semeniuk, 2011). Le Boîte à outils du patrimoine géologique est une méthodologie par catégorie dans laquelle des régions distinctes sont d'abord identifiées, puis un inventaire des principales caractéristiques géologiques et géomorphologiques est entrepris à toutes les échelles (de l'échelle des montagnes à l'échelle micro), les caractéristiques sont attribuées à une catégorie de patrimoine géologique, et leur importance est évaluée à l'aide de l'évaluation semi-quantitative de Brocx et Semeniuk (2007).

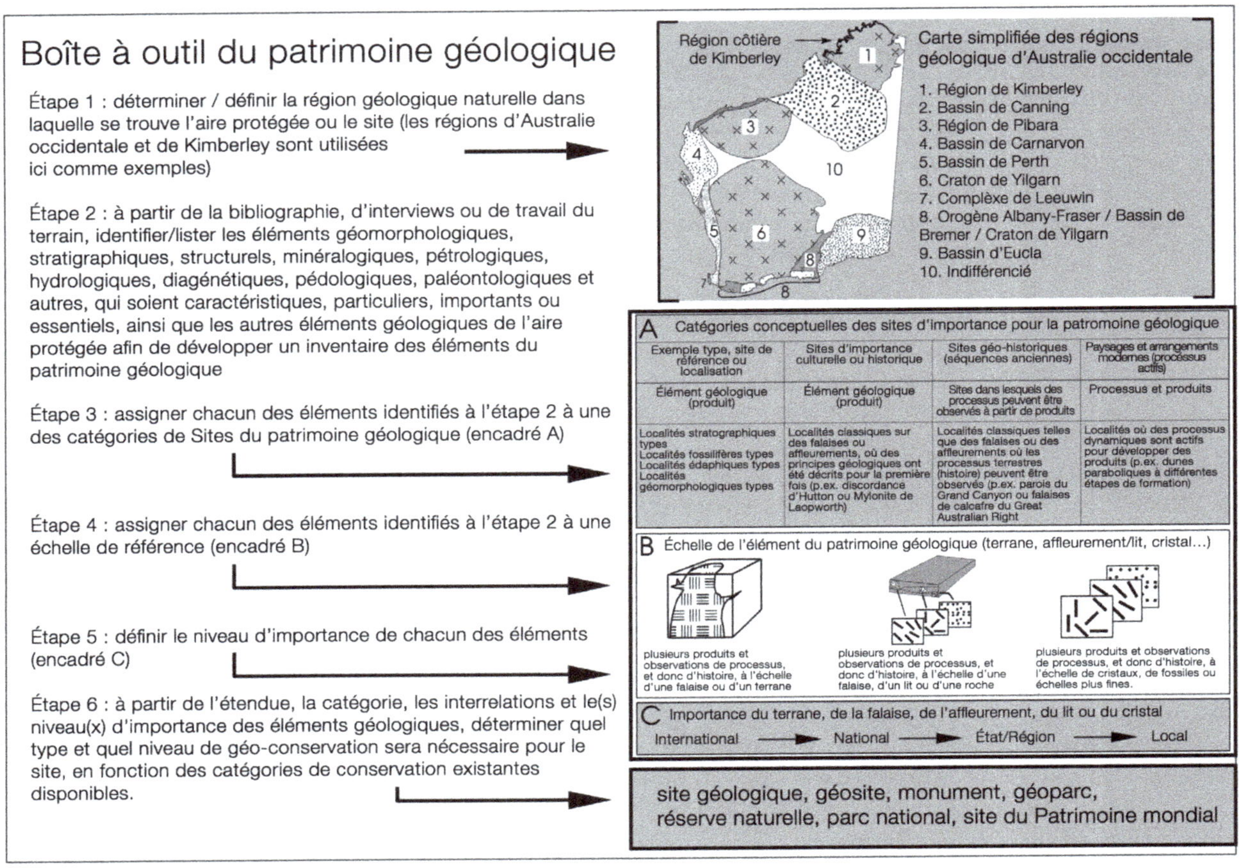

Figure 18.2 Étapes de l'utilisation de la Boîte à outils du patrimoine géologique pour identifier et évaluer les sites d'importance pour le patrimoine géologique

Source : Brocx et Semeniuk (2011). Illustration reproduite avec l'autorisation des auteurs et de la Royal Society of Western Australia.

Géoconservation et établissement d'aires protégées

Il existe de nombreux types de réseaux d'aires protégées du patrimoine géologique, certains internationaux, d'autres nationaux et d'autres encore locaux. Les principaux types sont décrits ici.

Échelle internationale

Patrimoine mondial

La Convention du patrimoine mondial reconnaît les valeurs du patrimoine géologique à la fois directement, par l'inscription de biens sur la liste du Patrimoine mondial de l'Organisation des Nations unies pour l'éducation, la science et la culture (UNESCO) en vertu du Critère (viii), soit seul, soit en combinaison avec d'autres critères naturels ou culturels, et indirectement, en reconnaissant le rôle de soutien des valeurs du patrimoine géologique pour la diversité biologique, culturelle et paysagère (Dingwall et al., 2005). Pour être ajoutés à la liste du Patrimoine mondial, les sites doivent présenter une *valeur universelle exceptionnelle* et répondre à au moins un des 10 critères de sélection. Sur les 981 sites inscrits en 2013 sur la liste du Patrimoine mondial, 759 étaient culturels, 193 naturels et 29 mixtes. Environ 80 sites étaient inscrits principalement en raison de leur intérêt géo-patrimonial au titre du critère (viii) comme « exemples exceptionnels représentant des étapes majeures de l'histoire de la Terre, y compris le registre de la vie, des processus géologiques importants dans le développement des reliefs, ou des caractéristiques géomorphologiques ou physiographiques importantes ». Certains sites peuvent également être admissibles en vertu du critère (vii) : « abriter des phénomènes naturels superlatifs ou des zones d'une beauté naturelle et d'une importance esthétique exceptionnelles ». Dingwall et al. (2005) ont proposé 13 thèmes géologiques et géomorphologiques comme base d'évaluation du potentiel d'un site candidat au Patrimoine mondial.

Géoparcs

Les géoparcs sont des sites au patrimoine géologique exceptionnel, établis principalement pour promouvoir le géo-tourisme et soutenir le développement économique local. Il ne s'agit pas d'aires protégées *en soi*, mais ils peuvent coïncider partiellement ou entièrement avec des aires protégées. Ils ne sont pas systématiquement identifiés et classés comme un réseau mondial complet. Beaucoup sont basés sur des initiatives communautaires et volontaires, et d'autres sur une désignation descendante. Néanmoins, le Réseau mondial des géoparcs nationaux, ou Réseau mondial des géoparcs (GGN), soutenu par l'UNESCO (figure 18.3), fournit un cadre international pour conserver et valoriser le patrimoine de la Terre, ses paysages et ses formations géologiques. La création de géoparcs fournira probablement *de facto* un certain degré de coordination dans la conservation à l'échelle des paysages, une utilisation durable et un développement social et économique complémentaires, même si pas toujours en accord avec les définitions strictes des catégories de l'UICN. En 2014, le réseau regroupait 111 géoparcs nationaux dans le monde (UNESCO, 2014a).

Les géoparcs combinent la conservation du patrimoine géologique avec l'encouragement de sa jouissance, compréhension et éducation, ainsi que le soutien au développement socioéconomique et culturel durable grâce au géo-tourisme (McKeever et al., 2010). Le GGN fonctionne en étroite synergie avec la Convention du patrimoine mondial, le Réseau mondial des réserves de biosphère du Programme l'Homme et la biosphère (MAB), ainsi qu'avec des organisations non gouvernementales (ONG) nationales et internationales et des programmes de conservation du patrimoine géologique. Les sites du GGN doivent répondre à des critères relatifs à leur taille et caractéristiques, à la gestion et à la participation locale, au développement économique, à l'éducation, et à la protection et à la conservation (UNESCO, 2010). Les géoparcs ne sont pas nécessairement des sites spécifiquement protégés, et font l'objet d'évaluations quadriennales de leur performance et de leur gestion. Si un géoparc ne répond plus aux critères, et que les problèmes identifiés ne sont pas résolus dans les deux années qui suivent, il sera retiré de la liste du GGN.

Figure 18.3 Logo du Réseau mondial des géoparcs soutenu par l'UNESCO
Source : UNESCO

Dingwall et al. (2005) ont recommandé que le GGN soit considéré comme une approche complémentaire de l'inscription au Patrimoine mondial. Cependant, il convient de reconnaître que la nature première du GGN n'est pas une liste de sites importants, mais de sites sélectionnés à des fins de tourisme et de promotion. Il reste nécessaire d'établir une liste internationale de géosites importants, aux côtés des sites du Patrimoine mondial et des géoparcs, car chacun a un rôle différent à jouer dans la géoconservation internationale.

Géosites d'importance internationale

Afin de contribuer au programme d'inventaire des geosites mondiaux (Wimbledon et al., 2000), certains pays, comme l'Espagne (García-Cortés et al., 2001, 2009) et le Portugal (Brilha et al., 2005), ont entrepris des inventaires de sites d'importance internationale. Les géosites identifiés dans le cadre de ce programme sont intégrés aux réseaux nationaux d'aires protégées, afin d'assurer leur bonne gestion. Initialement adopté par l'Union internationale des sciences géologiques, puis abandonné en raison de problèmes financiers, le programme de geosites mondiaux est actuellement en cours de développement dans de nombreux autres pays européens (Wimbledon et Smith-Meyer, 2012), et ses principes restent valables pour l'identification et la comparaison globale des cadres géologiques et des sites du patrimoine géologique d'intérêt international.

Le réseau de plus de 100 Sections et points stratotypiques mondiaux (GSSP) établi par la Commission internationale de stratigraphie, une commission de l'Union internationale des sciences géologiques (Gray, 2011), représente une lacune importante dans le réseau international de sites protégés du patrimoine géologique. Ce réseau comprend tous les sites clés pour l'étape, le système et les limites de la série de la colonne géologique, qui forment les éléments fondamentaux de la stratigraphie.

Échelle nationale

De nombreux pays ont adopté des systèmes d'évaluation de sites, en fonction de caractéristiques géologiques et géomorphologiques, à partir de toute une gamme de critères (Wimbledon et Smith-Meyer, 2012). La majorité d'entre eux sont basés sur des critères incluant la valeur scientifique, la représentativité, la rareté, la diversité des caractéristiques et l'intégrité (Lima et al., 2010), ainsi que sur une évaluation comparative et des informations publiées fournies par des experts à propos du site, travaillant à un cadre géologique défini (Erikstad et al., 2008 ; ProGEO, 2011). Les évaluations sont généralement basées sur une approche fondée sur le jugement d'experts, mais dans certains cas, des approches paramétriques numériques ont été adoptées ou proposées (par exemple, Lima et al., 2010 ; Bruschi et al., 2011). Ces dernières sont probablement plus utiles lorsqu'un éventail plus large de critères est appliqué (par exemple, l'utilisation pour l'éducation ou le tourisme, la vulnérabilité), et que des

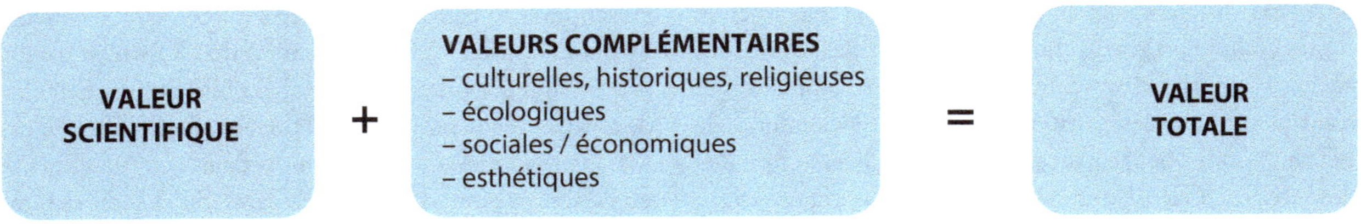

Figure 18.4 Valeurs fondamentales et complémentaires du patrimoine géologique

Source : Adapté de Reynard (2009b)

pondérations différentes peuvent être attribuées à différents critères. Lorsque l'accent est mis spécifiquement sur la valeur scientifique, les approches de notation paramétrique risquent de perdre de vue le raisonnement scientifique fondamental. Par conséquent, il est essentiel de fournir une justification scientifique complète, comme dans le cas de l'Évaluation de la conservation géologique (GCR) en Grande-Bretagne.

La GCR, et l'Évaluation analogue de la conservation des sciences de la Terre en Irlande du Nord (National Museums Northern Ireland, 2003), sont de bons exemples d'évaluations nationales systématiques (voir ci-dessus). La justification sous-jacente est que les sites sont sélectionnés uniquement pour leur intérêt scientifique, par un processus d'évaluation par des experts, et doivent apporter une contribution spéciale à la compréhension et à l'appréciation du patrimoine géologique britannique. Plus de 3 000 sites ont été sélectionnés, et la plupart ont été désignés comme Sites d'intérêt scientifique spécial (SSSI), et bénéficient d'une protection légale. En Écosse, ce type d'approche a été étendu au milieu marin, afin d'identifier les zones clés de diversité géologique des fonds marins, de la côte jusqu'au bord du plateau continental (Brooks et al., 2013). Compte tenu des contraintes de ressources et des difficultés de gestion et de suivi des zones sous-marines, une approche pragmatique pourrait consister à prioriser l'action en fonction de la sensibilité et de la vulnérabilité des intérêts du patrimoine géologique, et à aligner autant que possible la géoconservation marine sur la conservation de la biodiversité grâce à une approche intégrée (Gordon et al., 2013). Par exemple, en Norvège, l'application de la cartographie des « zones naturelles » au milieu marin vise à fournir une base pour une conservation intégrée, reflétant les liens étroits entre la diversité géologique et la biodiversité marines (Dolan et al., 2009 ; Thorsnes et al., 2009).

En dehors de l'Europe, aucune évaluation nationale systématique de sites n'a généralement été entreprise, ce qui est considéré comme une lacune majeure. En Australie, cependant, des efforts conséquents ont été entrepris sur tout le continent, la Société géologique australienne jouant un rôle majeur, aux côtés des organismes publics (Sharples, 2002 ; Brocx, 2008 ; Joyce, 2010 ; Worboys, 2013). La *Base de données de géoconservation de Tasmanie (TGD)* (DPIPWE, 2014) fournit un bon modèle. La TGD est un vaste inventaire de sites importants pour la géoconservation, et a été initialement compilée à partir d'une série d'inventaires *ad hoc*. Au cours des 15 dernières années, elle a été activement gérée par un groupe de référence spécialisé, nommé par l'organisme gouvernemental compétent (ministère des Industries primaires, des Parcs, de l'Eau et de l'Environnement : DPIPWE) et, par conséquent, se développe progressivement en un inventaire du patrimoine géologique plus systématique et plus complet. Bien qu'elle ne dispose d'aucun pouvoir statutaire, elle est devenue un outil clé dans la gestion des terres en Tasmanie (DPIPWE, 2014).

Outre la valeur scientifique, d'autres approches ont reconnu les valeurs esthétiques, culturelles/historiques, économiques et écologiques des aires protégées pour la géoconservation (Kiernan, 1996 ; Panizza, 2001 ; Coratza et Panizza, 2009 ; Reynard, 2009a). Reynard (2009b) a proposé que la valeur géologique soit le valeur de base, et les autres, des valeurs complémentaires (figure 18.4).

Certaines approches ont également appliqué des méthodes quantitatives à l'évaluation des sites, intégrant à la fois des valeurs scientifiques et des valeurs plus générales, comme par exemple, en Suisse (Reynard et al., 2007), en Espagne (Bruschi et al., 2011 ; Pellitero et al., 2011), au Portugal (Pereira et al., 2007) et en Grèce (Fassoulas et al., 2011). Rovere et al. (2011) ont étendu cette approche pour évaluer le patrimoine géologique dans deux zones sous-marines au large des côtes grecques et italiennes. Certaines approches ont porté sur des sous-ensembles de géosites. Par exemple, l'Association internationale des géomorphologues s'est penchée sur l'évaluation et la conservation des sites géomorphologiques (Reynard et al., 2009).

La valeur des sols a tendance à être négligée dans les évaluations de géoconservation, bien qu'elle soit prise en compte dans les évaluations des services écosystémiques (par exemple, Haygarth et Ritz, 2009 ; Dobbie et al., 2011). Pour les sols d'Écosse, cependant, Towers et al. (2005) ont développé une méthodologie visant à définir un indice de conservation des sols basé sur l'évaluation de leur rareté, de leur représentativité et de leur diversité, à l'aide de caractéristiques pédologiques.

Échelle locale

Il existe de nombreuses approches différentes de la géoconservation locale dans le monde entier. En Grande-Bretagne, par exemple, des réseaux de sites d'importance régionale ou locale ont été identifiés. Il s'agit des Sites locaux ou Sites géologiques locaux (Angleterre), des Sites locaux de diversité géologique (Écosse) ou des Sites de diversité géologique d'importance régionale (Pays de Galles) (DEFRA, 2006 ; Scottish Natural Heritage, 2006). Tous disposent de directives de protection discrétionnaires concernant le traitement des demandes de développement, et leur valeur réside dans le fait qu'ils peuvent être désignés pour un éventail beaucoup plus vaste de critères que les SSSI, y compris l'importance éducative, esthétique et historique (Burek 2012). D'autres pays ont également identifié des réseaux régionaux de géosites, comme l'Espagne (voir, par exemple, Fuertes-Gutiérrez et Fernández-Martínez, 2010). À des fins de planification locale, y compris la gestion de grandes aires protégées telles que les parcs nationaux, la reconnaissance des valeurs du patrimoine géologique sera importante, même si celles-ci ne figurent pas sur les listes nationales ou ne répondent pas aux critères normaux applicables aux aires protégées individuelles (Erikstad 2012).

Principes de géoconservation

Cette section énonce les principes généraux de la géoconservation dans les aires protégées.

Rôle des catégories de gestion de l'UICN pour la géoconservation

La géoconservation dans les aires protégées s'applique à toutes les catégories de gestion des aires protégées de l'UICN, et plus spécifiquement à la catégorie III. Les lignes directrices de 2008 (Dudley, 2008) décrivent la situation dans les deux cas, et sont citées ci-dessous.

Pertinence de toutes les catégories

Les catégories de gestion des aires protégées de l'UICN (chapitre 2) s'appliquent largement à la gestion du patrimoine géologique. Cela reflète les liens entre la conservation abiotique et biotique, ainsi qu'avec les valeurs culturelles. Par conséquent, la géoconservation peut s'appliquer à la gestion des aires protégées affectées à l'une des six catégories de gestion, ainsi qu'à celles affectées à la catégorie III.

Des exemples sont donnés dans le tableau 18.3. Les valeurs du patrimoine géologique peuvent également s'appliquer à toutes les autres catégories. Les lignes directrices de 2008 fournissent les exemples indiqués dans le tableau 18.4.

Aires protégées de catégorie III de l'UICN

Traditionnellement, la catégorie III a été considérée comme la seule possible pour la conservation de caractéristiques et de processus spécifiques du patrimoine géologique. Ce n'est pas tout à fait le cas, comme nous le verrons ci-dessous. La définition détaillée de cette catégorie est la suivante :

Les aires protégées de la catégorie III sont mises en réserve pour protéger un monument naturel spécifique, qui peut être un élément topographique, une montagne ou une caverne sous-marine, une caractéristique géologique telle qu'une grotte, ou même un élément vivant, comme un îlot boisé ancien. Elles sont généralement assez petites et ont souvent beaucoup d'importance pour les visiteurs. (Dudley, 2008:17)

Tel que défini dans les lignes directrices, l'objectif principal de la catégorie III est de « protéger des éléments naturels exceptionnels spécifiques, ainsi que la biodiversité et les habitats associés » (Dudley, 2008:17). D'autres objectifs peuvent également s'appliquer, tels que :

- assurer la protection de la biodiversité dans des paysages terrestres ou marins ayant, par ailleurs, subi des changements majeurs ;
- protéger des sites naturels spécifiques possédant une valeur spirituelle et/ou culturelle, lorsqu'ils sont également importants pour la biodiversité ;
- préserver les valeurs spirituelles et culturelles traditionnelles du site (Dudley, 2008:17).

Une aire protégée de catégorie III pourrait inclure certains des éléments suivants :

1. Des éléments naturels, géologiques et géomorphologiques : tels que chutes d'eau, falaises, cratères, grottes, gisements de fossiles, dunes de sable, formations rocheuses, stratotypes et sections stratigraphiques, vallées et éléments marins tels que montagnes sous-marines ou formations coralliennes.
2. Des éléments naturels influencés par la culture : comme des installations troglodytiques ou d'anciennes pistes.
3. Des sites naturels culturels : comme les nombreuses formes de sites naturels sacrés (îlots forestiers, sources, montagnes ou criques sacrés, etc.) importants pour un ou plusieurs groupes religieux.
4. Des sites culturels et leur écologie associée : là où la protection d'un site culturel protège également une biodiversité significative et importante, tels les sites archéologiques/historiques inextricablement liés à une aire naturelle.

Tableau 18.3 Exemples d'aires protégées du patrimoine géologique dans les catégories de gestion de l'UICN

Catégorie	Exemples nationaux et justification	Exemples de biens du Patrimoine mondial
Ia. Réserve naturelle intégrale	Calotte glaciaire du Groenland, Groenland : calotte glaciaire et nunataks. Vallée de Geysir, Zapovednik Kronotsky, Russie : caractéristiques volcaniques.	Réserve naturelle de l'Île Macquarie, Australie : roches du manteau terrestre. Surtsey, Islande : processus biotiques et abiotiques sur la nouvelle île formée en 1963-1967.
Ib. Zone de nature sauvage	Réserve naturelle spéciale des Dunes de Maspalomas, Espagne : marais salants dans des dunes du Pléistocène. Noatak Wilderness, Alaska, États-Unis : bassin fluvial.	Plateau de Putorana, Russie : plateau de basalte.
II. Parc national	Parc national du Grand Canyon, États-Unis : registre stratigraphique et érosion des terres arides.	Parc national Dolomiti Bellunesi, Italie : karst, glaciokarst et récifs.
III. Monument ou élément naturel	Réserve de conservation karstique de Jenolan, Australie : système karstique. Bosques Petrificados, Argentine : forêt pétrifiée.	Parc national de Boodjamulla (Lawn Hill), Australie : fossiles de vertébrés terrestres. Parc national des dinosaures, Canada : fossiles de dinosaures.
IV. Aire de gestion des habitats ou des espèces	Réserve naturelle partielle des montagnes de Montserrat, Espagne : roches sédimentaires, grottes et formes d'érosion des montagnes. Parc main de l'île de Lord Howe, Australie : monts volcaniques sous-marins.	Parc national des Galápagos, Équateur : processus géologiques modernes.
V. Paysage terrestre ou marin protégé	Parc national de Cairngorms, Royaume-Uni : histoire de la Terre et processus géomorphologiques modernes. Parc naturel de Cabo de Gata-Níjar, Espagne : histoire volcanique et Quaternaire. Aire protégée du paysage de Lyngsalpan, Norvège : montagnes alpines avec glaciers, moraines, protection de la diversité géologique.	Réserve régionale des Grottes de Škocjan, Slovénie : gouffres, grottes et rivières souterraines.
VI. Aire protégée avec utilisation durable des ressources naturelles	Parc rural de Nublo, Espagne : vulcanologie, géomorphologie. Parc naturel de Sečovlje Salina, Slovénie : extraction de sel.	Parc marin de la Grande Barrière de corail, Australie : évolution du système de récifs coralliens.

Sources : Lockwood et al. (2006) ; Dudley (2008) ; UNESCO (2014b) ; pour les exemples espagnols, E. Díaz-Martínez, communication personnelle ; pour les exemples norvégiens, L. Erikstad, communication personnelle

Tableau 18.4 Patrimoine géologique et catégorie de gestion appropriée de l'UICN

Aspect du patrimoine géologique	Catégorie UICN appropriée
La protection vise principalement une caractéristique individuelle d'intérêt (monument naturel comme une cascade ou une grotte) ou un site de valeur nationale ou internationale pour comprendre l'histoire de la Terre (par exemple, un stratotype).	Catégorie III principalement
Assemblage de formes de relief (par exemple, système de vallée glaciaire, cordillère) et/ou de processus, ou de caractéristiques géologiques.	Catégories Ia, Ib, II et V principalement
Les caractéristiques ont un potentiel d'interprétation et de stimulation du géo-tourisme.	Catégories II et III principalement
L'intérêt du patrimoine géologique est, lui-même, une base pour les habitats et les espèces (par exemple, plantes affines au calcium ou espèces adaptées aux dunes de sable dynamiques).	Catégories Ia, Ib, II, IV, V et VI principalement

Le patrimoine géologique présente des liens importants avec les paysages culturels (par exemple, grottes utilisées comme habitations troglodytes ou reliefs adaptés à l'agriculture en terrasses).	Catégorie V principalement, ainsi que catégories II et III
Le patrimoine géologique est la base d'une gestion durable (activités associées à des processus naturels, tels que le tourisme volcanique, ou l'utilisation des plaines inondables comme zones rizicoles traditionnelles).	Principalement compatible avec les catégories V et VI
Protection comprenant des caractéristiques géologiques associées à des valeurs spirituelles ou religieuses particulières pour un groupe de parties prenantes.	Catégories Ia et III principalement

Source : Dudley (2008)

Les composantes de biodiversité des aires protégées de catégorie III sont de deux types principaux :

1. la biodiversité liée uniquement aux conditions écologiques associées à l'élément naturel, comme les zones humides côtières tributaires des marées, les endroits vaporisés par une chute d'eau, les conditions écologiques prévalant dans les grottes, les espèces végétales confinées à des falaises, ou les prairies confinées à des plaines calcaires basses ou à des alvars ;
2. la biodiversité survivant parce que la présence des valeurs spirituelles ou culturelles du site a préservé un habitat naturel ou semi-naturel dans ce qui serait, sans cela, un écosystème modifié, comme certains sites naturels ou historiques sacrés associés à des aires naturelles. Dans ce cas, les critères clés pour leur admission comme aire protégée seront : 1) la valeur du site en tant que contribution à la conservation à grande échelle, et 2) la priorité accordée à la conservation de la biodiversité dans les plans de gestion, la catégorie III a été suggérée, car elle recourt à une approche naturelle de la gestion, pour de nombreux sites naturels sacrés, tels que les îlots forestiers sacrés. Même si l'on trouve des sites naturels sacrés dans toutes les catégories et que ceux-ci peuvent bénéficier d'un large éventail d'approches de gestion, ils peuvent être particulièrement bien adaptés à une gestion en tant que monuments naturels.

Site du Patrimoine mondial de Surtsey, Islande : une nouvelle île s'est formée, entre 1963 et 1967, sur la zone de séparation des plaques géologiques, le long de la dorsale médio-Atlantique

Source : Roger Crofts

La catégorie III est réellement destinée à protéger ce qui est inhabituel, plutôt qu'à fournir des composants logiques dans une approche à grande échelle de la conservation, de sorte que le rôle de ces éléments dans les stratégies à l'échelle des paysages ou écorégionales peut parfois être plus opportuniste que réellement planifié. Dans d'autres cas, par exemple les réseaux de grottes, ces sites peuvent jouer un rôle écologique clé identifié dans les plans de conservation plus généraux. Les monuments naturels importants peuvent parfois servir d'*incitation* pour la protection, et d'opportunité pour l'éducation environnementale et culturelle, même dans des aires où d'autres formes de protection se voient repoussées par la pression de la population ou du développement, comme c'est le cas de sites sacrés ou culturels importants. Dans ces cas-là, la catégorie III peut préserver des échantillons d'habitats naturels dans des paysages par ailleurs culturels ou fragmentés.

La catégorie III se distingue des autres catégories, car la gestion y est généralement axée sur la protection et le maintien de caractéristiques naturelles particulières et des processus assurant leur maintien (tableau 18.5).

Le fait qu'un site abrite un monument naturel important ne signifie pas qu'il sera inévitablement géré en tant qu'aire de catégorie III. Par exemple, le Grand Canyon, en Arizona, est géré en tant que Catégorie II, bien que ce soit l'un des monuments naturels les plus célèbres au monde, car

Tableau 18.5 Aires protégées de catégorie III par rapport aux autres catégories

Catégories Ia et Ib	La catégorie III ne se limite pas aux paysages naturels et vierges, mais pourrait également s'appliquer à des zones de paysages culturels ou fragmentés. Les visites et les loisirs sont souvent encouragés et la recherche et le suivi se limitent à la compréhension et au maintien d'un élément naturel particulier.
Catégorie II	La gestion de la catégorie III ne met pas l'accent sur la protection de l'ensemble de l'écosystème, mais sur des caractéristiques naturelles particulières. À part cette différence, la catégorie III est similaire à la catégorie II, et gérée de la même manière, mais à une échelle plus petite, tant en termes de taille que de complexité de la gestion.
Catégorie IV	La gestion de la catégorie III ne met pas l'accent sur la protection d'espèces ou d'habitats clés, mais sur la protection de caractéristiques et de processus naturels particuliers.
Catégorie V	La catégorie III ne se limite pas aux paysages culturels, et les pratiques de gestion seront probablement davantage axées sur une protection plus stricte de la caractéristique et des processus particuliers que dans le cas de la catégorie V.
Catégorie VI	La catégorie III ne vise pas l'utilisation durable des ressources.

c'est aussi une zone vaste et diversifiée, avec des activités récréatives associées, ce qui la rend mieux adaptée à un modèle de catégorie II. La catégorie III est plus appropriée lorsque la protection de la caractéristique est l'objectif unique ou dominant.

Création de nouvelles aires protégées du patrimoine géologique

Dans le contexte des cadres systématiques d'identification des aires protégées pour la géoconservation (voir ci-dessus), il sera possible de désigner de nouveaux sites. Ceux-ci résulteront d'un certain nombre de circonstances, telles que de nouvelles connaissances et une meilleure compréhension des caractéristiques et des processus, de nouvelles expositions résultant de l'érosion naturelle ou de l'exploitation de carrières, de nouvelles études de sites dans des zones précédemment négligées, ou la formation de nouveaux territoires et de gisements minéraux associés, sur terre et sous la mer, en raison de l'activité tectonique et volcanique. Pour déterminer s'il y a lieu de créer de nouvelles aires protégées, il faudra tenir compte de l'adéquation du cadre systématique existant, ainsi que de tout ajustement apporté au réseau de sites pour tenir compte des nouvelles connaissances ou interprétations.

Au niveau local ou régional, des plans d'action locaux pour la diversité géologique (LGAP) seront nécessaires pour évaluer les utilisations potentielles des aires protégées, cibler et hiérarchiser les ressources, et viser une gestion et une interprétation appropriées des aires protégées (English Nature, 2004 ; Burek et Potter, 2006). Il existe aujourd'hui de nombreux exemples de LGAP au Royaume-Uni (par exemple, Lawrence et al., 2007). Dans certains cas, ils sont intégrés aux plans d'action locaux pour la biodiversité. En Italie, le programme de gestion proactive du patrimoine géologique du Piémont (PROGEO-Piemonte) vise à développer une planification d'action pour la gestion du patrimoine géologique avec la participation de partenaires locaux, et à répondre aux besoins des communautés locales en matière de tourisme, de développement durable et de sensibilisation aux risques géologiques (Ferrero et al., 2012). Ces plans peuvent également servir de modèle pour développer la protection du patrimoine géologique et son intégration dans la gestion de la conservation des différentes catégories d'aires protégées.

Lignes directrices des cadres stratégiques de géoconservation

Une hiérarchie des lignes directrices pour la géoconservation peut constituer un élément précieux de la boîte à outils pour la gestion des aires protégées. Le passage d'un cadre national de diversité géologique, par le biais de plans d'action régionaux et locaux de diversité géologique, à des plans de gestion des aires protégées de géoconservation, permet de placer la gestion de l'aire protégée dans un contexte plus général, et d'établir des liens qui renforceront la gestion, et imposeront aux autres parties des responsabilités d'agir de manière complémentaire. Les applications spécifiques doivent correspondre aux conditions locales, à la législation et aux systèmes de gestion.

Au niveau national, un cadre de diversité géologique peut être particulièrement utile pour élaborer une approche stratégique de la géoconservation, établir des objectifs de haut niveau pouvant être utilisés pour mesurer et rendre compte des progrès, aider à recruter des partenaires et coordonner les activités, et promouvoir la géoconservation (par exemple, Gordon et Barron, 2011). Des stratégies et plans d'action de géoconservation sont en cours d'élaboration dans de nombreux pays européens (Wimbledon et Smith-Meyer, 2012). Parmi les exemples de cadres nationaux, on peut citer

Encadré 18.2 Cadres stratégiques pour la géoconservation : l'expérience britannique

Le Plan d'action pour la diversité géologique du Royaume Uni (UKGAP, 2014) fournit un cadre stratégique pour l'action en faveur de la diversité géologique au Royaume-Uni, unifiant les activités nationales, régionales et locales. Approuvé par les organisations, les groupes et les individus actuellement impliqués dans des activités de diversité géologique, il fournit un mécanisme pour encourager les partenariats, influencer les décideurs, les responsables politiques et les organismes de financement, et promouvoir les bonnes pratiques. Le UKGAP comprend six thèmes :

1. favoriser la compréhension de la diversité géologique ;
2. influencer les politiques, la législation et la conception du développement ;
3. collecter et gérer l'information ;
4. conserver et gérer la diversité géologique ;
5. inspirer les gens à valoriser et à prendre soin de la diversité géologique ;
6. garantir des ressources (humaines et financières) pour la diversité géologique.

Chaque thème comporte un ensemble d'objectifs et de cibles (domaines de travail contribuant à la réalisation des objectifs).

Le Scottish Geodiversity Forum promeut la diversité géologique écossaise, et cherche à élargir le profil de la diversité géologique et à influencer les politiques nationales et locales dans les domaines de l'éducation, de la participation communautaire et de la santé, du développement du tourisme et de l'économie au sens large. Ses membres incluent des groupes locaux de géoconservation, des géoparcs, les secteurs de l'industrie, de l'éducation et des universités, le gouvernement et les ONG affines, ainsi que toute personne intéressée. La Charte écossaise de la diversité géologique, produite par le forum, définit une approche stratégique de la géoconservation axée sur une approche écosystémique, y compris une vision selon laquelle la diversité géologique écossaise est reconnue comme une partie intégrante et vitale de l'environnement, de l'économie, du patrimoine et du développement durable futur, à sauvegarder et à gérer de manière appropriée pour les générations présentes et futures (Scottish Geodiversity Forum, 2013). Les signataires (actuellement 51) s'engagent à contribuer aux activités du forum et à réaliser les objectifs de la Charte dans quatre grands domaines d'activité :

1. sensibiliser à l'importance de la diversité géologique et à ses liens plus généraux avec les paysages, la culture et le sentiment d'appartenance à un lieu, et encourager un sentiment de fierté par l'éducation (à tous les niveaux, y compris les écoles, les universités et l'apprentissage tout au long de la vie), la promotion, la sensibilisation et l'interprétation publique ;
2. intégrer la diversité géologique dans les politiques pertinentes, afin d'assurer une gestion durable du patrimoine naturel, des terres et de l'eau à l'échelle des paysages et des écosystèmes ;
3. conserver et mettre en valeur le patrimoine géologique et son caractère spécial, dans les sites et aires désignés existants, par l'établissement de nouveaux sites d'importance nationale et locale, et dans les environnements ruraux, urbains et marins plus généraux ;
4. promouvoir la recherche visant à améliorer la compréhension du rôle de la diversité géologique dans la fourniture d'avantages aux écosystèmes et aux populations, et à combler les lacunes de connaissances clés telles que les liens fonctionnels entre la diversité géologique et la biodiversité dans les environnements terrestres, d'eau douce et marins.

le Plan d'action pour la diversité géologique du Royaume Uni (UKGAP) et la Charte écossaise pour la diversité géologique (encadré 18.2).

L'élément fondamental des plans d'action locaux est un inventaire ou un audit des sites et des ressources de diversité géologique dans une zone, tel qu'il a été développé, par exemple, au Royaume-Uni (par exemple, Lawrence et al., 2004) et en Tasmanie (par exemple, DPIPWE, 2014).

Principes directeurs pour la géoconservation dans les aires protégées

Le développement d'approches plus intégrées de la gestion des systèmes naturels dépend, en partie, de l'application efficace des principes de géoconservation. Ceux-ci peuvent s'appliquer de façon générale, et s'appliquent aussi spécifiquement à la gestion des aires protégées (encadré 18.3). Ces principes sont plus faciles à énumérer qu'à mettre en pratique, car il y aura inévitablement une résistance à l'acceptation du changement et à l'adaptation aux nouvelles approches. Il faudra du temps et de la patience pour réunir tous les intérêts et penser de manière créative. Le personnel clé des aires protégées aura besoin d'expertise en négociation et en résolution de conflits.

Bon nombre de ces principes sont aujourd'hui appliqués à la gestion des aires protégées. Cela est illustré dans les plans de gestion côtière et la gestion intégrée des bassins hydrographiques. Ils sont également reconnus dans les cadres de planification écosystémiques complets élaborés, par exemple, dans le Plan de conservation de la Moraine d'Oak Ridges, Ontario (Ontario Ministry of Municipal Affairs and Housing, 2012). L'approche écosystémique, en

Encadré 18.3 Principes directeurs pour la géoconservation dans les aires protégées

1. L'inévitabilité du changement naturel doit être reconnue : aucun système ou élément d'un système n'est à jamais statique, et le changement se produira, en particulier dans un contexte mondial de changements climatiques. L'approche traditionnelle consistant à maintenir les conditions actuelles de conservation des caractéristiques devrait être reconsidérée dans les cas où la préservation n'est pas l'objectif de gestion (voir également le chapitre 10 pour plus d'explications).
2. Les changements résultant des changements climatiques mondiaux, quelle que soit l'ampleur attribuée à des facteurs naturels ou anthropiques, remettront inévitablement en question les objectifs de gestion. Une attention particulière sera nécessaire lorsque, par exemple, les caractéristiques seront perdues et/ou les processus seront atténués ou intensifiés, ce qui modifiera la base de la protection. Cela pourrait signifier que le statut de protection n'est plus justifiable.
3. Les systèmes et processus naturels devraient être gérés de manière à maintenir le rythme et l'ampleur naturels du changement, ainsi que leur capacité d'évoluer grâce à l'action des processus naturels.
4. Les systèmes et processus naturels devraient être gérés de manière intégrée dans l'espace, par exemple pour atteindre des objectifs complémentaires, tels que la diversité géologique, la biodiversité et la conservation de la diversité des paysages.
5. Toute gestion et intervention devrait fonctionner avec, plutôt que contre, les processus naturels : imiter la nature et les processus naturels est plus efficace que d'essayer d'imposer des solutions humaines cherchant à les contrôler ou les arrêter.
6. Les systèmes naturels devraient être gérés dans les limites de leur capacité à absorber les changements : certains systèmes seront plus en mesure que d'autres d'absorber le changement et d'autres seront très fragiles, avec une tolérance très faible au changement.
7. La sensibilité des systèmes naturels doit être reconnue, y compris la possibilité de changements irréversibles si des seuils limites sont franchis. Il est rare que les systèmes abiotiques soient suffisamment robustes pour pouvoir absorber tout changement qui leur est imposé. Si certains types ou niveaux de changement sont apportés, l'effort de conservation sera annulé, car les caractéristiques et processus d'origine auront été modifiés de façon irréversible.
8. La gestion de la conservation des systèmes actifs devrait être fondée sur une bonne compréhension des processus physiques sous-jacents, par exemple la mise en place de cellules côtières dans la préparation des plans de gestion des côtes, l'intégration des processus liés aux cours d'eau, aux sols et aux pentes dans les plans de gestion des bassins versants, ou le suivi des processus actifs.
9. Les solutions d'ingénierie basées sur des structures « dures », telles que le béton, doivent être évitées, car elles peuvent détruire les caractéristiques et les processus de l'aire protégée. Au lieu de cela, des approches plus « douces » de la gestion devraient être adoptées, en utilisant des matériaux naturels, imitant la nature autant que possible. Par exemple, l'élimination des mangroves offrant une protection naturelle des lignes côtières et protégées pour leur intérêt biologique, et leur remplacement par des structures solides telles que des murs en béton devraient être évités.

Note : Ces principes ont été développés dans Crofts et Gordon (2014).

particulier, a été adoptée comme cadre principal d'action dans le contexte de la CDB, et fournit un moyen d'intégrer plus étroitement la diversité géologique et la biodiversité à plus grande échelle.

Lignes directrices de planification de sites

Certains sites ne seront pas établis et gérés uniquement à des fins de géoconservation. Les intérêts de géoconservation seront inclus dans des sites gérés pour divers aspects de la conservation de la biodiversité ou pour des services écosystémiques ou des raisons culturelles, conformément à la définition de l'UICN. Dans tous les cas, quel que soit l'équilibre de l'importance entre les différentes raisons d'établissement d'une aire protégée, une approche globale de la gestion de tous les intérêts valorisés sera nécessaire.

Dans toutes ces situations, il est essentiel que la composante de géoconservation soit inclue dans toute la documentation et les spécifications de gestion du site, ainsi que dans les plans de travail et les activités de tout le personnel. Ce matériel devrait faire partie intégrante du plan de gestion de l'aire protégée décrit au chapitre 13. Le matériel de documentation du site en matière de géoconservation, afin que celle-ci soit intégrée au plan de gestion de l'aire protégée, devra inclure :

- les raisons de la conservation de l'intérêt géo-patrimonial (par exemple, scientifique, éducatif), y compris le type d'intérêt et le niveau ou l'échelle de pertinence (locale, régionale, nationale ou internationale) ;

- la spécification des éléments particuliers (par exemple, matériaux, structures, reliefs), des systèmes et des processus à conserver, y compris leur classification (par exemple, stratigraphique, tectonique, géomorphologique, paléontologique, minéralogique, hydrogéologique, pétrologique) et leur localisation précise à l'intérieur du site (établie par cartographie et photographie) ;
- la spécification de la fragilité, des risques de dommages et des dangers potentiels et autres causes susceptibles de provoquer la perte de l'intérêt des caractéristiques et des processus ;
- les liens avec les autres aspects de la nature et de la culture que le site protège ;
- les conflits potentiels avec la gestion des intérêts non abiotiques, en particulier les intérêts biotiques et culturels, et comment ceux-ci peuvent être résolus ;
- les exigences de gestion pour maintenir ou renforcer les intérêts, selon les raisons de la désignation, et la nécessité de minimiser les conflits avec d'autres raisons de la désignation ;
- les modalités de gestion à l'intérieur de l'aire, y compris la définition des limites, des zones centrales et des zones tampons, et l'affectation aux catégories de gestion et aux types de gouvernance appropriés de l'UICN ;
- un protocole de suivi et d'évaluation de l'état de conservation de l'intérêt pour le patrimoine géologique.

Wimbledon et al. (2004) fournissent une étude de cas exemplaire de l'application d'une telle méthodologie à la gestion des géosites au Pays de Galles.

Utilisation des zones centrales et tampons

L'identification de zones centrales et tampons environnantes devrait être un élément important des modalités de gestion de la géoconservation. Les deux concepts sont étroitement liés et les zones tampons sont un complément nécessaire à la zone centrale, car sans elles, il sera beaucoup plus difficile de protéger les caractéristiques et l'intégrité de cette zone centrale. L'approche du Programme l'Homme et la biosphère de l'UNESCO fournit une base pratique pour identifier ces deux types de zones. Pour les réserves de biosphère, elles sont définies comme suit.

- *Zone(s) centrale(s) :* zones hautement protégées pour conserver la diversité biologique, réaliser un suivi d'écosystèmes peu perturbés et entreprendre des recherches non destructives et autres utilisations à faible impact (comme l'éducation). En plus de sa fonction de conservation, la zone centrale contribue à conserver toute une gamme de services écosystémiques qui, en termes de fonctions de développement, peuvent être évalués en termes économiques (par exemple, séquestration du carbone, stabilisation des sols, approvisionnement en eau et en air propres, etc.). Les opportunités d'emploi peuvent également compléter les objectifs de conservation (par exemple, l'éducation environnementale, la recherche, les mesures de réhabilitation et de conservation de l'environnement, les loisirs ou l'écotourisme).
- *Zone tampon :* elle entoure ou jouxte habituellement les zones centrales et est utilisée pour des activités de coopération compatibles avec des pratiques écologiques saines, y compris l'éducation environnementale, les loisirs, l'écotourisme et la recherche appliquée et fondamentale. En plus de leur fonction d'amortisseur d'impacts pour les zones centrales, les zones tampons peuvent avoir leurs propres fonctions intrinsèques, « autonomes », visant à maintenir la diversité anthropique, biologique et culturelle. Elles peuvent également avoir une fonction de connectivité importante dans un contexte spatial plus général, car elles relient les composantes de la biodiversité situées dans les zones centrales à celles des zones de transition (UNESCO, 2014c).

Bien que cela ait été défini d'un point de vue de conservation de la diversité biologique, dans notre cas, l'expression « abiotique ou géoconservation » peut parfaitement être ajoutée ou se substituer à la terminologie originelle.

Une seule zone centrale entourée par une zone tampon ne sera pas toujours la bonne approche. Dans certaines situations, un certain nombre d'éléments importants du patrimoine géologique auront besoin d'être conservés au sein d'une même aire protégée, et plusieurs zones centrales et tampons offriront une approche plus appropriée.

Dans la pratique, l'identification et la gestion des zones centrales et tampons pour les aires protégées de géoconservation dépendent du motif spécifique de la désignation et donc du type d'aire protégée. Il y aura probablement une différence substantielle entre la définition des zones centrales et tampons pour de petites aires distinctes, par exemple, pour protéger un élément particulier du patrimoine géologique, comme un monument national, et pour de grands sites géo-patrimoniaux combinant de nombreuses caractéristiques, et où le maintien du fonctionnement efficace des processus terrestres est essentiel.

Approche pour les aires de catégorie III

Si le/les élément(s) protégé(s) sont relativement statiques, inactifs ou reliques, la zone centrale peut généralement être dessinée assez étroitement autour de l'étendue de ces éléments. La définition de la limite dépendra de la nécessité de contrôler les activités externes ayant un effet néfaste sur le site, comme un nombre excessif de visiteurs, des études géologiques pour la recherche ou l'éducation nécessitant le prélèvement de gros échantillons, ou une croissance végétale qui obstruerait l'intérêt. En outre, les activités nuisibles aux intérêts protégés principaux devraient être interdites dans la zone centrale, et de façon similaire, des restrictions devraient être imposées dans la zone tampon, des dispositions spécifiques devant être prises dans le plan de gestion et sur le site lui-même pour indiquer les restrictions et les raisons pour lesquelles celles-ci sont en place. Une limite plus grande peut également être nécessaire lorsque des sites doivent être excavés périodiquement pour maintenir une exposition claire, ou pour permettre l'évolution des expositions, là où elles s'érodent naturellement (par exemple, sur les côtes).

Approche pour les aires protégées du patrimoine géologique à plus grande échelle

De nombreuses aires protégées du patrimoine géologique présenteront une superficie considérable, et une approche différente sera nécessaire pour assurer la protection des principales caractéristiques et processus qui s'y trouvent. Cet aspect est comparable à la façon de penser aux exigences applicables à la protection d'un site de biodiversité désigné comme zone de nidification et de repos pour les oiseaux. Sans protection des zones d'approvisionnement alimentaire par des mesures appropriées, telles que des zones tampons ou l'extension de la zone centrale, le site de nidification et de repos deviendra redondant si les oiseaux n'ont pas accès à la nourriture.

De même, pour les aires protégées du patrimoine géologique, la zone tampon devrait être définie comme la zone nécessitant une gestion de conservation pour protéger les caractéristiques et les formes, ainsi que les systèmes et processus à l'origine de la protection. Par exemple, un réseau fluvial à lit de gravier sur une plaine alluviale moderne ou de sandur ne conservera son intérêt dynamique que si les variations d'approvisionnement en eau du glacier ou de la calotte glaciaire sont maintenues. Par conséquent, le sandur devra être désigné comme zone de protection centrale et les sources d'eau devront être protégées (par exemple, contre les barrages et les prélèvements à des fins hydroélectriques) par la désignation de zones tampons. De même, les systèmes de grottes sont sensibles aux activités d'utilisation des terres dans leurs bassins hydrologiques plus généraux, qui affectent les rejets d'eau et de sédiments dans les passages de la grotte et nécessitent donc des zones tampons appropriées. Des zones tampons peuvent également être nécessaires pour les caractéristiques de processus dynamiques, comme par exemple, dans les milieux fluviaux et côtiers, afin de s'assurer que les processus naturels peuvent continuer à fonctionner sur toute leur gamme de variabilité naturelle (par exemple, la migration d'une zone de méandres à travers une plaine inondable).

Gestion de la géoconservation dans les aires protégées

La conservation exige l'élaboration d'objectifs de gestion clairs et un suivi périodique. Au Royaume-Uni, les principes de la gestion générique de la conservation ont été élaborés pour différentes catégories d'aires protégées de géoconservation, avec une distinction importante entre « exposition », « intégrité » et « finitude » des sites (tableau 18.6). Ces principes sont expliqués ci-après, car ils peuvent également s'appliquer à d'autres parties du monde. Des exemples d'application de ce système en Angleterre sont disponibles dans Natural England (2014).

Site d'expositions

Les aires protégées abritant des expositions contiennent des éléments géologiques (unités rocheuses ou sédiments) spatialement étendus sous le niveau du sol, de sorte que si un site ou une exposition est perdu, un autre pourrait être excavé à proximité. Ceci inclut les expositions dans des carrières actives et désaffectées, les falaises côtières et fluviales et les expositions sur les estrans, les tronçons routiers et ferroviaires, et les affleurements rocheux naturels à l'intérieur des terres. Le principe de conservation de base est que l'enlèvement de matière n'endommage pas nécessairement la ressource, car de nouvelles expositions du même type seront fraîchement exposées. Le principal objectif de gestion de ces sites est d'atteindre et de maintenir un niveau acceptable d'exposition des éléments d'intérêt, mais l'emplacement précis de l'exposition peut ne pas être crucial. Les sites d'exposition ne sont généralement pas endommagés par l'exploitation de carrières ou l'érosion, mais les expositions peuvent être cachées par une mise en décharge et le déversement de déchets. La perte d'expositions peut toutefois être compensée par l'excavation mécanique de nouvelles expositions de conservation à d'autres endroits appropriés.

Tableau 18.6 Classification des types de géosites pour la gestion de la conservation au Royaume-Uni

Catégorie	Type de site
Exposition ou étendue	Carrières et puits actifs.
	Carrières et puits désaffectés.
	Falaises côtières et estrans.
	Sections de rivière et de cours d'eau.
	Affleurements intérieurs.
	Expositions dans des mines et tunnels souterrains.
	Vaste intérêt enfoui.
	Tronçons de routes, de voies ferrées et de canaux.
Intégrité	Processus géomorphologique actif.
	Processus géomorphologique statique.
	Grottes.
	Karst.
Finitude	Minéral, fossile ou autre élément géologique fini.
	Terrils.
	Mines et tunnels souterrains finis.
	Intérêt fini enfoui.

Source : Prosser et al. (2006)

Sites d'intégrité

Les sites d'intégrité sont des sites géomorphologiques comprenant à la fois des éléments statiques (inactifs) (par exemple, des reliefs glaciaires du Pléistocène) et des éléments actifs, tels que ceux formés par des processus fluviaux, côtiers, karstiques et glaciaires contemporains. Ces sites peuvent être de grande taille et inclure des assemblages d'éléments statiques et actifs. Les dommages causés à une partie d'un site d'intégrité sont susceptibles d'avoir une incidence sur la valeur de l'ensemble du site. L'objectif principal de la gestion des entités statiques est de protéger l'intégrité de la ressource : si celles-ci sont endommagées ou détruites, elles ne peuvent pas être rétablies ou remplacées parce qu'elles sont uniques, ou parce que les processus qui les ont créées ne sont plus actifs. Elles sont également sensibles à des dommages partiels et à la fragmentation de l'intérêt, de sorte que l'intégrité des relations spatiales importantes entre les reliefs individuels peut être perdue. Il existe généralement peu d'options pour concilier la conservation et le développement par la gestion ou la compensation. Les mesures d'atténuation dépendront des circonstances locales, et peuvent inclure le déplacement de certaines parties du projet de développement afin d'éviter les reliefs clés. Parfois, la reconstruction ou la réplication du relief peut être possible à des fins esthétiques ou éducatives, bien que l'intégrité soit perdue.

Le principal objectif de gestion de la conservation des sites géomorphologiques actifs est de maintenir la capacité des processus actifs à évoluer naturellement, leur permettant de fonctionner sur la majeure partie ou la totalité de leur gamme naturelle de variabilité et, par conséquent, de maintenir les vitesses et les amplitudes naturelles de changement et la connectivité entre les différents éléments (par exemple, entre les rivières et leurs plaines inondables). Une conséquence de cela est que les reliefs qu'ils produisent peuvent changer au fil du temps et certains peuvent être transitoires. Par exemple, les barres de gravier dans le lit d'une rivière peuvent être détruites lors d'une inondation importante, mais peuvent se reformer à mesure que le débit et le transport des sédiments se réajustent aux conditions d'écoulement « normales ». Ils peuvent également se reformer à des endroits différents. Les sites de processus actifs sont également sensibles aux changements à l'extérieur des limites du site de conservation, comme par exemple, des changements en amont affectant le débit d'une rivière et les apports de sédiments. Cela est plus susceptible de se produire sur les sites abritant des processus fluviaux, côtiers, de grottes ou de talus (mouvement de masse) et leurs caractéristiques connexes. Certains sites géomorphologiques actifs peuvent également contenir des reliefs inactifs intégrés à l'ensemble des reliefs.

Sites finis

Les sites finis comprennent des caractéristiques de portée limitée, qui seront épuisées et endommagées si l'une des ressources est supprimée ou perdue. Les exemples incluent les sites de type géologique, les occurrences de dépôts interglaciaires quaternaires et les horizons fossilifères. Ils peuvent se trouver dans divers endroits, y compris des carrières actives et désaffectées, ou des sections côtières et fluviales. Dans certains cas, l'intérêt peut être enterré intentionnellement ou en raison de difficultés pratiques à maintenir les expositions dans des sédiments mous, ou comme mesure de conservation pratique pour protéger un intérêt particulièrement vulnérable (par exemple, Bridgland, 2013). Les sites finis nécessitent un contrôle étroit sur l'enlèvement ou la perte de matériel, et incluent de nombreux gisements minéraux et fossiles, des décharges minières, des mines souterraines et des intérêts enfouis (où l'intérêt est connu pour se produire sous terre et ne peut être exposé que par excavation). En général, des mesures d'atténuation ou de compensation seront rarement possibles. Selon le type et le niveau d'utilisation principale d'un site (par exemple, interprétation publique ou recherche), il peut ne pas être pratique ou nécessaire de maintenir une exposition. Dans de tels cas, un accès devra être maintenu pour l'excavation, le cas échéant (par exemple, pour la recherche scientifique).

En général, les aménagements à l'intérieur des aires protégées, susceptibles d'endommager le site et d'affaiblir les raisons de sa protection, devraient être découragés. Lorsqu'un aménagement est susceptible de causer des dommages importants à une aire protégée du patrimoine géologique, impossibles à éviter ou à atténuer de manière adéquate, il sera nécessaire de rechercher des sites de remplacement appropriés pour cet aménagement. En l'absence de telles solutions alternatives, l'aménagement nuisible au site ne devrait être autorisé que si des raisons impérieuses de durabilité ou d'importance nationale le justifient. Dans ce cas, des mesures d'indemnisation devront être demandées, y compris la création d'une exposition ou l'amélioration du site, ailleurs, si possible, pour maintenir, restaurer et, dans la mesure du possible, améliorer la valeur géo-patrimoniale du site ou de l'aire.

Gestion des risques

Robustesse et sensibilité

Comme indiqué précédemment, les géosites et les caractéristiques géologiques montrent des degrés variables de sensibilité à différents types d'activité humaine. Certaines caractéristiques peuvent être relativement robustes (la mesure dans laquelle elles peuvent résister à des perturbations) et nécessitent donc relativement peu d'intervention de gestion. D'autres, cependant, sont très sensibles (aux dommages ou à la dégradation causés par les activités humaines). La plupart, cependant, à l'exception de certaines caractéristiques de processus actifs à petite échelle (par exemple, un sol à motifs périglaciaires ou des barres de gravier dans une rivière), ont une résilience limitée (la capacité de se reformer si endommagées ou détruites). Il s'agit là de considérations importantes pour prioriser la gestion des sites et des caractéristiques des aires protégées. S'appuyant sur des études antérieures, Kirkbride et Gordon (2010) ont compilé une évaluation de la sensibilité des reliefs reliques et des sites de processus géomorphologiques actifs en fonction d'une série d'activités humaines dans la partie centrale du parc national de Cairngorms, en Écosse. L'évaluation de la sensibilité des reliefs reliques est relativement facile, fondée sur une simple évaluation de l'ampleur probable de l'impact et de la perte de l'intérêt. Pour les systèmes géomorphologiques actifs, cependant, il pourrait être utile de considérer également d'autres facteurs, comme la résilience du système et sa réponse dynamique potentielle, y compris un réajustement prolongé (susceptible ou non de conduire à la récupération) ou un changement d'état (par exemple, d'une rivière anastomosée à une zone de méandres).

Évaluation des risques

Une variété de processus naturels opérant au-delà de l'aire protégée affecteront cette aire protégée et les caractéristiques, formes et processus à l'origine de sa désignation. La détermination de l'impact probable et des options d'intervention est donc un élément important de la gestion. Des évaluations des risques et une hiérarchisation des mesures de gestion devront être entreprises quant à la probabilité et aux effets potentiels, en particulier :

- l'activité tectonique des plaques, telles que les tremblements de terre et autres activités sismiques, les éruptions volcaniques et les coulées de lave, les tsunamis, les glissements de terrain et les coulées de boue ;
- les changements climatiques mondiaux, y compris les phénomènes extrêmes, en particulier dans les zones de montagne, le long des rivières et sur les côtes, les changements dans les régimes de précipitations, l'augmentation de l'imprévisibilité météorologique, l'élévation du niveau de la mer, la fonte des glaciers et le débordement de lacs glaciaires, et la fonte du permafrost.

Il est important d'être réaliste, car dans toutes ces circonstances, certains éléments seront plus vulnérables, et seront perdus ou endommagés, et d'autres changeront radicalement. Il faudra toutefois faire preuve d'un jugement attentif pour s'assurer que la réponse de gestion n'ait pas un effet plus dommageable que le phénomène naturel. Une évaluation systématique des impacts sur le patrimoine géologique, telle qu'entreprise pour le site du Patrimoine mondial de nature sauvage de Tasmanie (Sharples, 2011), permettra de définir des priorités d'action en fonction du risque. Dans le cas des éléments de roche dure, on peut se demander si une intervention de gestion efficace sera bénéfique ou même faisable. Conformément au principe de conservation de l'espace nécessaire aux processus naturels, la réponse préférée, dans le cas des systèmes géomorphologiques, sera de permettre aux processus naturels d'évoluer sans perturbation, et de gérer les conséquences du changement (par exemple, adapter les limites des sites), plutôt que de tenter de « réparer et contrôler ». Lorsque d'autres intérêts sont menacés, les formes douces d'intervention, ayant un impact minimal sur les caractéristiques des aires protégées, constitueront l'option à privilégier (pour des exemples de gestion fluviale et côtière, respectivement, voir The RRC 2013 ; Scottish Natural Heritage, 2000). Lorsque cela n'est pas possible, la réponse la plus réaliste sera de consigner ou d'archiver des échantillons *ex situ*. Dans le cas de sites géomorphologiques dynamiques, où l'intérêt provient de processus actifs, ou quand l'atténuation des risques pour les visiteurs est impossible, une évaluation plus profonde des risques sera essentielle, de même que la mise en œuvre de mesures appropriées, y compris l'exclusion ou le réacheminement de l'accès des visiteurs et la gestion de leurs attentes.

Gestion des menaces spécifiques au patrimoine géologique dans les aires protégées

Inévitablement, des interactions et des conflits potentiels entre la géoconservation et la conservation culturelle et de la biodiversité se produiront, dans les aires protégées, ainsi que des conflits provenant d'autres activités, en particulier celles cherchant à exploiter, légitimement ou non, les ressources naturelles à des fins humaines (voir tableau 18.1). Certaines des principales menaces seront abordées à tour de rôle, et s'appuieront sur les directives générales fournies ci-dessus.

Exploitation minière

Les interactions avec l'exploitation minière et l'extraction minière de surface et sous la surface sont un problème de longue date. Des dialogues entre la CMAP-UICN et l'industrie minière, représentée par le Conseil international des mines et minéraux (ICMM), ont abouti à un protocole du secteur (ICMM, 2003) et à une déclaration de position de l'UICN pour les sites du Patrimoine mondial (UICN, 2013).

Certains intérêts miniers et certains membres de la CMAP sont toujours d'avis que l'exploitation minière devrait être interdite dans les aires protégées des catégories I à IV de l'UICN, mais pourrait être autorisée dans les aires protégées des catégories V et VI. Cette position a créé des problèmes dans de nombreuses aires de protection paysagères de catégorie V en Europe. Par exemple, l'extraction d'or dans le parc national du Loch Lomond et des Trossachs, en Écosse, est autorisée, ainsi que l'extraction de pierre dans le parc national de Peak District, en Angleterre. En revanche, une résolution conjointe des peuples autochtones et de la Commission des politiques environnementales, économiques et sociales de l'UICN stipule que l'exploitation minière ne devrait pas être autorisée dans les aires protégées, les sites du Patrimoine mondial, les territoires autochtones et les sites naturels sacrés (voir chapitre 5). Il s'agit d'une question malheureusement non résolue, qui nécessite une attention urgente au sein de l'UICN dans son ensemble. En attendant, une approche prudente est recommandée, afin de s'assurer que les activités minières en cours n'entraînent pas de perte ou de dommages aux intérêts du patrimoine géologique. Pour les nouvelles propositions minières, il est essentiel qu'une évaluation appropriée des risques soit réalisée avant que toute décision ne soit prise. Dans tous les cas, les communautés locales, dont les vies et les moyens de subsistance peuvent être concernés, doivent être pleinement consultées avant toute prise de décision.

Il convient de reconnaître que toutes les activités extractives n'ont pas d'impact négatif sur les intérêts du patrimoine géologique, car de nouvelles expositions offrent la possibilité d'étudier et d'apporter une nouvelle compréhension de l'évolution de la Terre, que ce soit à l'échelle du site ou de façon plus générale. Il faut toutefois veiller à ce que de nouvelles expositions ou des spécimens de valeur ne soient pas perdus du fait de l'impératif commercial d'enlever autant de matériaux que possible, dès que possible. Si l'extraction est autorisée pour un site, des accords juridiquement contraignants devraient être conclus entre les autorités de gestion et les propriétaires des ressources, y compris la mise en place d'obligations financières pour la restauration du site ou le maintien de certaines expositions pour la recherche et l'enseignement dans le cadre d'un plan de restauration. Il sera également utile de définir la quantité de ressource qu'il sera permis d'extraire. Souvent, il sera utile, du point de vue de la diversité géologique, de laisser une partie de la ressource dans le sol, afin de permettre des recherches futures, ainsi qu'à des fins d'enseignement et de démonstration.

Lorsque des demandes d'exploitation minière dans le sous-sol d'une aire protégée sont faites, telles que l'extraction de charbon, de pétrole ou de gaz, y compris la fracturation hydraulique, des évaluations détaillées des effets potentiels de ces exploitations sur les intérêts du patrimoine géologique, c'est à dire les caractéristiques et les formes présentes sur le site, et surtout, les processus qui y sont exploités, devront être entreprises.

L'exploitation minière légale dans les aires protégées reste une question épineuse. Le prélèvement d'une ressource non renouvelable n'est pas durable, peut causer l'effondrement de la surface et peut avoir des impacts plus généraux. Si une

Le parc national du Loch Lomond et des Trossachs en Ecosse, Royaume-Uni (une aire protégée de catégorie V de l'UICN), où les déblais provenant de la mine d'or de Cononish génère des problème visuels et de qualité de l'eau, mais fournit également des échantillons pour la recherche

Source : Roger Crofts

approbation est donnée, elle devrait être accompagnée de règlements, y compris d'accords juridiques solides, incluant un suivi de la conformité et de l'application des accords.

L'exploitation minière artisanale, à petite échelle, peut avoir des effets profonds sur les aires protégées, et il faudra prendre soin d'en évaluer les effets potentiels et de définir des solutions. Une méthodologie a été conçue et testée en Afrique, et fournit une boîte à outils de six éléments axés sur l'évaluation de l'ampleur du problème et la collaboration avec les parties prenantes concernées pour identifier des solutions et des approches alternatives (ASM-PACE, 2013).

Une fois une extraction terminée, ou dans des carrières désaffectées depuis longtemps, il est souvent demandé d'utiliser ces sites pour le dépôt de déchets provenant de sources industrielles, résidentielles ou autres. Ce sera particulièrement le cas lorsqu'il existe peu d'alternatives pour le stockage des déchets. Il est alors essentiel que l'importance locale, nationale et internationale des expositions, ainsi que leur valeur à des fins d'enseignement et de recherche, soient évaluées avant de prendre toute décision.

Développement et planification du développement

Le développement d'infrastructures de tous types (transports, commerce, résidentielles, etc.) aura un impact sur la conservation du patrimoine géologique dans les aires protégées.

Les cas les plus sensibles se situeront dans ou à la périphérie des aires protégées existantes, d'où les effets pourront traverser les limites de l'aire protégée. Les principales questions à aborder avant de prendre toute décision sur le développement lui-même, ou avant que les propositions de développement ne soient intégrées dans les plans, consistent à tenir compte de la perte potentielle de caractéristiques et de processus naturels assurant leur conservation.

Les grands développements commerciaux, industriels et résidentiels affecteront les processus naturels et peuvent entraîner la perte permanente d'aires protégées. Des efforts devraient être entrepris pour conserver ces sites au sein des projets de développement, et s'assurer qu'une zone tampon adéquate est définie pour sauvegarder leur intégrité.

Le cuvelage et la canalisation des cours d'eau, ainsi que les travaux de prévention des inondations le long des berges sont, par exemple, trop dommageables pour être autorisés lorsque des processus naturels d'écoulement de l'eau et les caractéristiques et formes qui en résultent constituent la raison de la protection. De même, ces travaux masqueront également les principales expositions protégées le long des rivières et ne devraient pas être autorisés à moins que des expositions de valeur égale puissent être préservées à proximité.

Protection des littoraux

L'exposition de sections le long des côtes peut révéler de nouvelles sources d'information sur l'évolution de la vie sur Terre et sur les processus passés. Les tentatives visant à enrayer l'érosion côtière par la construction de barrières masqueront automatiquement ces intérêts, et la justification du statut d'aire protégée sera perdue.

De nombreux systèmes côtiers naturels sont présents à grande échelle et sont très dynamiques, et leur protection perpétuelle est justifiée. Les projets de prélèvement de matériaux, en particulier de sable, graviers et cailloux à des fins de construction, et l'installation de barrières en bois ou en pierre sur les plages, afin d'enrayer l'écoulement naturel des sédiments, affaibliront inévitablement la justification de protection et devraient être évités.

L'élévation du niveau de la mer et l'augmentation des tempêtes dans certaines régions du monde font qu'une plus grande protection des côtes développées soit demandée, entraînant la construction de structures d'ingénierie dures, telles que des digues. Celles-ci endommageront irrémédiablement l'intérêt des aires protégées adjacentes. De nouvelles solutions devront être envisagées, telles que permettre au littoral de se retirer naturellement vers l'intérieur des terres et, parallèlement, déplacer les activités de bord de mer vers des sites situés plus à l'intérieur des terres, afin qu'elles soient moins touchées. Lorsque cela n'est

Le réalignement planifié de la côte entre les promontoires rocheux artificiels de Montrose a aidé à maintenir l'approvisionnement en sédiments du site adjacent de St Cyrus et Kinnaber Links, respectivement réserve naturelle nationale et site d'intérêt scientifique spécial, en Écosse, Royaume-Uni

Source : Roger Crofts

pas possible, une alternative peut consister à utiliser des « infrastructures vertes » (par exemple, en stabilisant des îles-barrières existantes en plantant de la végétation naturelle), ou à développer des barres artificielles au niveau ou à proximité du littoral. Il s'agit là de questions difficiles, la protection contre les risques potentiels de perte de propriétés étant susceptible d'être considérée comme plus importante que la perte d'aires protégés. Dans une affaire judiciaire historique en Angleterre, cependant, les principes fondamentaux de la désignation du site et de la géoconservation, y compris permettre aux processus naturels de suivre leur cours, ont été confirmés par les tribunaux sur une côte érodée où des propriétés étaient menacées (Prosser, 2011).

Conservation de la biodiversité

Les interactions entre le patrimoine géologique et la conservation de la biodiversité peuvent être à la fois positives et négatives. Les éléments positifs ont été décrits précédemment dans ce chapitre. Les éléments négatifs doivent être reconnus, et des solutions doivent être identifiées par les gestionnaires d'aires protégées. L'essence de la résolution de ces conflits doit être la reconnaissance des interconnexions entre les éléments biotiques et abiotiques, les processus à l'origine de leur existence et ceux qui les maintiennent. Il est peu probable que l'adoption d'une approche unidimensionnelle favorisant la conservation du patrimoine géologique ou de la biodiversité aboutisse à une résolution bénéfique à la conservation dans son ensemble. Les questions qui devront être abordées sont, par exemple, les suivantes :

- Quelle est la base du conflit entre les intérêts biotiques et abiotiques dans et autour de l'aire protégée ?
- Le conflit peut-il être résolu sans porter atteinte aux deux intérêts, ou s'agit-il d'une question plus fondamentale ?
- Dans ce dernier cas, l'un des intérêts est-il plus important que l'autre, à long terme, pour la conservation de la nature nationale et internationale, et doit-il être sauvegardé et l'autre sacrifié ?

Des questions pratiques devront également être aborder, telles que :

- La croissance de la végétation nuit-elle ou masque-t-elle l'intérêt du patrimoine géologique, et son élimination ou sa limitation nuirait-elle à l'intérêt de la biodiversité ? Sinon, l'intérêt géo-patrimonial devrait-il être retiré hors du site ou devrait-on laisser la végétation le masquer à condition que, si un réexamen à la lumière de nouvelles connaissances est justifié, il puisse être périodiquement exposé à nouveau ?
- Les processus terrestres actuels (par exemple, fonte des glaciers ou érosion des rivières) importants pour maintenir l'intérêt du patrimoine géologique ont-ils un effet néfaste sur l'intérêt de la biodiversité ? Dans l'affirmative, une manipulation des processus à effet minime sur leur structure naturelle peut-elle être entreprise pour obtenir des avantages en matière de conservation de la biodiversité ?

Parfois, il ne sera pas possible de parvenir à une solution au niveau de l'aire protégée, et le contexte plus général de l'habitat, de l'écosystème ou du biome devra être pris en considération pour déterminer les mérites relatifs de la conservation d'un élément dans un endroit, et de l'autre dans un autre, au sein de l'unité biogéographique.

Enfin, il est important de décourager les tentatives visant à maximiser la diversité des habitats et des espèces par des modifications du paysage entraînant la création de reliefs et de paysages incongrus, par exemple, en élevant la surface du sol par remplissage dans les zones à topographie plate, ou en créant des étangs aux formes atypiques par rapport aux caractéristiques naturelles locales (Gray, 2013).

Éducation et interprétation du patrimoine géologique

Parallèlement à la protection et à la gestion des sites, la sensibilisation et la participation au moyen de l'éducation et l'interprétation sont un élément clé de la géoconservation. Le but devrait être d'informer et de divertir, ainsi que d'éduquer, comme reconnu dans l'aspiration clairvoyante de James Hutton (1785) que l'étude de la Terre « peut permettre, à la fois, à l'esprit humain de s'informer et de se divertir ». L'éducation couvre un large éventail de méthodes, de l'apprentissage à l'éducation didactique formelle, en passant par des méthodes informelles, telles que l'expérience fournie par l'interprétation. Elle touche également un large éventail de publics, de ceux souhaitant simplement « être là », à ceux ayant un objectif principal de recherche active d'éducation.

Une grande partie de l'interprétation classique du patrimoine géologique vise un large secteur se situant au centre de tout cela. Une géoconservation efficace dépendra, en fin de compte, d'une meilleure sensibilisation, compréhension et soutien du public.

L'interprétation de la diversité géologique et le tourisme basé sur la géologie (géo-tourisme) ne sont pas nouveaux, comme en témoigne l'attrait et l'intérêt culturel de longue date pour les grottes, les glaciers, les montagnes sacrées et autres merveilles naturelles. Aux XVIIIe et XIXe siècles, les gens se sont liés au paysage physique de manière expérientielle, et les caractéristiques naturelles, les lieux et les événements passés ont inspiré un sentiment d'émerveillement à travers des liens avec le paysage dans la littérature, la poésie, l'art et le tourisme. L'interprétation géologique traditionnelle, cependant, s'est basée sur une approche didactique fournissant de l'information plutôt que de l'interprétation, les géologues utilisant des tableaux explicatifs et des dépliants. Le problème fut que ceux-ci n'étaient pas adaptés aux besoins des visiteurs, étaient trop détaillés et utilisaient un langage beaucoup trop technique, de sorte que l'utilisateur général ne pouvait pas les comprendre. Malheureusement, on ne connaît que trop d'exemples de cette approche. Des leçons pourraient être tirées des approches adoptées par les peuples autochtones et les communautés locales traditionnelles, qui ont vécu et interprété les paysages ou les éléments de paysage (terrestres ou marins) de différentes manières. Ils les ont intégrés à leur vie quotidienne, leur accordant souvent une signification spirituelle, culturelle et autre, et les utilisant souvent pour des fonctions vitales et écologiques (par exemple, Cruikshank, 2005).

Des développements récents ont misé sur une approche plus expérientielle de la géo-interprétation, englobant la dimension culturelle de la diversité géologique, et aboutissant à une communication plus efficace, grâce à des partenariats (encadré 18.4) et à la production de matériaux plus appropriés, présentés de manière stimulante à partir de toute une gamme de médias, et basés sur les meilleures pratiques d'interprétation et des principes éducatifs solides (par exemple, Tilden, 1977 ; Ham 1992, 2007 ; Veverka, 1994 ; Brown, 2004 ; Scottish Natural Heritage, 2011). Les gestionnaires d'aires protégées peuvent tirer des enseignements de ces meilleures pratiques en matière d'interprétation et de promotion du patrimoine géologique de manière durable. Ces approches novatrices incluent une interprétation plus intégrée, reliant, par exemple, la géologie, le paysage, le patrimoine culturel et l'archéologie industrielle. L'initiative Géoparcs, soutenue par l'UNESCO, s'est imposée comme un moteur important d'innovation en matière de géo-interprétation, y compris grâce à un programme visant à mobiliser un public large et varié par la promotion du géotourisme et de ses activités connexes (encadré 18.5).

Encadré 18.4 Journée nationale des fossiles, États-Unis

En 2010, la Journée nationale des fossiles a été créée, aux États-Unis, comme un partenariat éducatif visant à promouvoir les valeurs scientifiques et éducatives des fossiles. Près de 300 partenaires, dont des musées, des organisations professionnelles de scientifiques et d'enseignants, des groupes d'amateurs de paléontologie, des sites fossiles, des universités, des bibliothèques et autres, répartis sur la totalité des 50 États, proposent des activités éducatives et de sensibilisation sur les fossiles aux enfants et aux familles, à l'échelle locale. La Journée nationale des fossiles est devenue une fête nationale aux États-Unis, et se déroule la deuxième semaine d'octobre, pendant la Semaine des sciences de la Terre.

Source : National Park Service (2014a)

Suivi et évaluation

La mesure et le suivi des conditions des aires protégées du patrimoine géologique sont essentiels pour définir leurs conditions actuelles et l'évolution de ces conditions. Le Service des parcs nationaux des États-Unis a établi des lignes directrices pour le suivi des ressources géologiques et paléontologiques (Santucci et Koch, 2003 ; Santucci et al., 2009). De même, la Commission géologique espagnole développe actuellement un système d'indicateurs visant à évaluer et suivre l'état de conservation du patrimoine géologique (García-Cortés et al., 2012).

En Grande-Bretagne, des protocoles sont en place pour le suivi du SSSI, le système national de base d'aires protégées pour les intérêts abiotiques et biotiques (Ellis, 2004). La composante géomorphologique se base en partie sur les travaux de Werritty et al. (1998), qui fournissent un cadre conceptuel et méthodologique pour le suivi des caractéristiques et des systèmes géomorphologiques. Les principaux attributs mesurés, et les cibles basées sur la classification du tableau 18.6, sont les suivants :

1. attributs de l'aire protégée sur lesquels porte le suivi :
   - « visibilité » : les facteurs suivis seront l'absence de dissimulation par la végétation, dans le sol, par l'accumulation de talus ou par des constructions d'ingénierie ;
   - qualité de l'apparence ou absence de perturbation de la structure interne des éléments : état physique de la roche, des sédiments, du relief, du terril (par exemple, absence de perturbation visible des sédiments dans un relief), absence de fragmentation de l'exposition, aucun dommage physique à des parties importantes de parois rocheuses, piles et reliefs de sédiments, etc. Qualité et visibilité sont intimement liées ;
   - étendue des caractéristiques : par exemple, quantité de matériaux géologiques, tels que le volume de matériaux de déblais importants dans un décharge minière, ou surface de paroi rocheuse dans un site d'exposition où il est avantageux d'avoir une plus grande quantité d'exposition rocheuse à étudier ;
   - dynamique du processus : possibilité, pour les processus géomorphologiques, d'évoluer naturellement et sans entrave.

Le mont Baker, dans le parc national de North Cascades, État de Washington, États-Unis : panneau facilement compréhensible permettant d'interpréter l'évolution géologique du paysage

Source : Roger Crofts

Encadré 18.5 Géoparcs et géo-tourisme

La raison d'être des géoparcs est de promouvoir la conservation du patrimoine géologique, ainsi qu'un développement économique et social durable, grâce à la compréhension et à l'expérience des liens entre la géologie, le patrimoine naturel et le patrimoine culturel. La plupart des géoparcs mettent l'accent sur les liens entre l'évolution géologique du paysage, la biodiversité, les modes de vie et traditions culturelles des populations, et la protection et utilisation des ressources géologiques, grâce au développement du tourisme durable et en lien avec l'éducation, l'apprentissage tout au long de la vie, des services de guides, et des initiatives plus générales de protection de l'environnement, comme par exemple à Jeju en Corée, dans les géoparcs des Îles Oki et San'in Kaigan au Japon, ou dans les géoparcs de Stone Forest (Shilin) et Sanqingshan en Chine. Beaucoup ont développé une interprétation innovante reliant ces différents thèmes à travers le fil conducteur de la géologie. Par exemple, le géoparc de Katla, dans le sud de l'Islande, a développé une interprétation innovante, intégrant les histoires géologiques et culturelles de la région à partir de sentiers et de panneaux sur site, d'outils numériques, et d'expositions et installations novatrices conçues pour stimuler l'intérêt des personnes plutôt que de simplement présenter des informations, et impliquant également les écoles locales de façon créative (Katla Geopark, 2014). Le parc national de North Cascades, dans l'État de Washington, aux États-Unis, quant à lui, dispose de panneaux d'interprétation informatifs sur les sentiers à propos des zones de subduction, ainsi que d'autres, plus évocateurs, reproduisant la prose poétique de John Muir, par exemple (National Park Service, 2014b). Une telle exploration du patrimoine géologique peut permettre aux gestionnaires d'aires protégées de :

1. aider les populations locales et les visiteurs à (re) découvrir un sentiment d'émerveillement face au patrimoine géologique et ses liens avec les racines culturelles et le sentiment d'appartenance à un lieu ;
2. offrir des possibilités pour les personnes de s'impliquer de façon créative, et d'apprécier le patrimoine géologique à travers différentes expériences culturelles ;
3. promouvoir une compréhension plus holistique du monde naturel.

Pour plus d'informations et des études de cas sur le géo-tourisme, voir Dowling et Newsome (2010) et Newsome et Dowling (2010).

Zone de services du Old Faithful, dans le parc national du Yellowstone, États-Unis, incluant des installations destinées aux visiteurs compatibles avec la conservation des sources chaudes géothermiques

Source : Roger Crofts

2. indicateurs clés de conditions de conservation favorables :
   - les éléments de relief demeurent non dissimulés ;
   - la composition physique, la morphologie et la structure interne des principaux reliefs et sédiments restent intactes et non perturbées par des interventions anthropiques ;
   - l'étendue des principales caractéristiques géomorphologiques n'est pas diminuée par des dommages physiques ou une fragmentation ;
   - les processus géomorphologiques naturels sont sans entrave : les niveaux d'activité des processus géomorphologiques et leurs caractéristiques spatiales conservent la capacité de fonctionner sur toute leur gamme de variabilité naturelle ;
   - l'exposition géologique reste non dissimulée, intacte et non modifiée par l'intervention anthropique ;
   - l'étendue des principales caractéristiques géologiques n'a pas diminué : l'étendue verticale et latérale des caractéristiques est constante ou croissante (Ellis, 2004).

Le gouvernement de Tasmanie a élaboré une approche largement similaire, basée sur trois grandes catégories d'indicateurs de géoconservation :

- des indicateurs de couverture des données reflètent l'état des connaissances sur la diversité géologique, qui régit notre capacité à assurer sa conservation ;
- des indicateurs d'intégrité des sites s'appliquent aux sites présentant une importance particulière pour la géoconservation, et pour lesquels le degré d'intégrité physique (ou de dégradation) des sites et des caractéristiques a été identifié (par exemple, dans la *Base de données de géoconservation de Tasmanie*)
- des indicateurs d'intégrité des processus mesurent le degré d'intégrité ou de dégradation des processus géomorphologiques et de formation des sols : ces processus régissent l'intégrité à long terme des sites, des caractéristiques et des systèmes importants pour la géoconservation, et l'intégrité des processus écosystémiques en général. Les indicateurs d'intégrité des processus fourniront une mesure de la durabilité des processus naturels de formation du relief et des sols (RPDC, 2013).

Expertise nécessaire en géoconservation et opportunités pour la gestion des aires protégées

La variété des aires protégées du patrimoine géologique et la quantité et variété des connaissances requises pour les identifier et les gérer efficacement impliquent un grand besoin d'expertise spécialisée en géoconservation. Des connaissances scientifiques en géologie et géomorphologie seront essentielles pour que les aires protégées soient clairement identifiées et placées dans des systèmes plus généraux de patrimoine terrestre, et pour que les réseaux de sites restent pertinents en fonction des nouvelles connaissances et interprétations. La sécurité des travailleurs et des visiteurs est une préoccupation primordiale dans les aires protégées de géoconservation, de sorte qu'une expertise en matière d'évaluation des risques et de prescriptions de gestion est essentielle. Prévoir les effets des inondations, des tsunamis, des tremblements de terre, des éruptions volcaniques et des sites géothermiques actifs, des ruptures de pente, de l'instabilité des falaises, de la fonte des glaciers et du permafrost, et y faire face sont autant d'exemples de ce besoin de connaissances techniques. Il devrait être possible d'employer des experts locaux pour ces emplois spécialisés, et de veiller à ce que les connaissances locales et traditionnelles soient exploitées au mieux.

La gestion de certains types d'aires protégées du patrimoine géologique, telles que les sites à patrimoine meuble (fossiles, minéraux) ou à processus actifs (zones côtières, rivières, etc.), est nécessaire pour garantir le maintien des valeurs clés, et s'assurer que des actions ou des changements externes n'affectent pas négativement les caractéristiques et les processus clés. La capacité de communiquer l'importance des caractéristiques et des processus des aires protégées d'une manière motivantes et que le public puisse comprendre est également une exigence importante du personnel spécialisé.

Les équipes de gestion des aires protégées devraient progressivement intégrer une expertise en sciences de la Terre, afin de parvenir à une approche intégrée de la conservation de la nature. Le regroupement en équipes de spécialistes du patrimoine géologique, biologique et culturel contribuera à assurer la pleine compréhension et la conservation des ressources naturelles (Díaz-Martínez et Díez-Herrero, 2011).

Conclusion

La diversité géologique de la Terre est une considération essentielle à la gestion des aires protégées, en particulier dans le contexte de la gestion de la nature, à la fois abiotique et biotique. Le patrimoine géologique est constitué par des éléments de la diversité géologique présentant des valeurs scientifiques, éducatives, culturelles ou esthétiques significatives. Ce patrimoine géologique spécial peut être systématiquement classé selon les étapes clés de l'histoire de la Terre, ses caractéristiques structurelles, la formation de minéraux, l'évolution de la vie, les processus terrestres, les caractéristiques de surface et de sous-sols et les registres de conditions environnementales passées (tableau 18.2). Les exemples clés de phénomènes du patrimoine géologique doivent être protégés, comme dans les géoparcs, en tant qu'aires protégées de catégorie III, ou autres catégories d'aires protégées de l'UICN. Une fois établies, les gestionnaires de ces aires protégées devront intervenir activement pour faire face à des menaces telles que l'exploitation minière et le développement d'infrastructures. Les réponses à ces menaces incluent la planification et les interventions de terrain, tandis qu'une série de principes directeurs de gestion (encadré 18.3) définiront le cadre de telles actions. Comme pour d'autres phénomènes naturels, le suivi des conditions et les tendances de ces conditions font partie intégrante de la gestion active.

Un spectaculaire gisement massif de fossiles d'*ammonites* du Jurassique (souvent appelé cimetière d'*ammonites*) est exposé sur un rebord côtier résistant à l'érosion près de Lyme Regis, Jurassic Coast, Dorset et East Devon, en Angleterre. Ce site est un Site d'intérêt scientifique particulier. Les Ammonites fossiles circulaires peuvent être observées, tout comme leur emplacement sur la plateforme, identifié par les multiples flaques d'eau circulaires qui montrent les fossiles sélectivement érodés

Source : Graeme L. Worboys

Références

📖 Lectures recommandées

Anderson, M. G. et Ferree, C. E. (2010) 'Conserving the stage: climate change and the geophysical underpinnings of species diversity', *PLoS ONE* 5(7): e11554.

ASM-PACE (2013) *Projects*. <www.asm-pace.org/ projects.html>

📖 Barettino, D., Wimbledon, W. A. P. et Gallego, E. (eds) (2000) *Geological Heritage: Its conservation and management*, Instituto Technológico Geominero de España, Madrid. <www.igme.es/patrimonio/ publicaciones/congresos/Barettino%20et%20al%20 2000%20-%20ProGEO%20Symposium%20 Madrid%201999%20EN.pdf> [anglais] et <www. igme.es/patrimonio/publicaciones/ congresos/ Barettino%20et%20al%202000%20-%20 ProGEO%20Symposium%20Madrid%20 1999%20 ES.pdf> [espagnol].

Bridgland, D. R. (2013) 'Geoconservation of Quaternary sites and interests', *Proceedings of the Geologists' Association* 124: 612–24.

Brilha, J. (2002) 'Geoconservation and protected areas', *Environmental Conservation* 29(3): 273–6.

📖 Brilha, J. (2005) *Património Geológico e Geoconservação [Geoheritage and Geoconservation]*, [en portugais], Palimage, Braga. <geoduma.files. wordpress.com/2010/02/jb_livro.pdf>

Brilha, J., Andrade, C., Azerêdo, A., Barriga, F. J. A. S., Cachão, M., Couto, H., Cunha, P. P., Crispim, J. A., Dantas, P., Duarte, L. V., Freitas, M. C., Granja, M. H., Henriques, M. H., Henriques, P., Lopes, L., Madeira, J., Matos, J. M. X., Noronha, F., Pais, J., Piçarra, J., Ramalho, M. M., Relvas, J. M. R. S., Ribeiro, A., Santos, A., Santos, V. et Terrinha, P. (2005) 'Definition of the Portuguese frameworks with international relevance as an input for the European geological heritage characterisation', *Episodes* 28: 177–86.

📖 Brocx, M. (2008) *Geoheritage: From global perspectives to local principles for conservation and planning*, Western Australian Museum, Perth.

Brocx, M. et Semeniuk, V. (2007) 'Geoheritage and geoconservation—history, definition, scope and scale', *Journal of the Royal Society of Western Australia* 90: 53–87.

Brocx, M. et Semeniuk, V. (2011) 'The global geoheritage significance of the Kimberley coast, Western Australia', *Journal of the Royal Society of Western Australia* 94: 57–88.

Brooks, A. J. (2013) *Assessing the sensitivity of geodiversity features in Scotland's seas to pressures associated with human activities*, Scottish Natural Heritage Commissioned Report No. 590, Inverness, Écosse. <www.snh.gov.uk/publications-data-and-research/ publications/search-the-catalogue/ publication-detail/?id=2036>

Brooks, A. J., Kenyon, N. H., Leslie, A., Long, D. et Gordon, J. E. (2013) *Characterising Scotland's* marine environment to define search locations for new marine protected areas. Part 2: The identification *of key geodiversity areas in Scottish waters,* Scottish Natural Heritage Commissioned Report No. 432, Inverness, Écosse. <www.snh.gov.uk/publications-data-and-research/publications/search-the- catalogue/ publication-detail/?id=2037>

Brown, E. J. (2004) *Development of a framework for interpreting ice age landscapes in the Loch Lomond and The Trossachs National Park*, Scottish Natural Heritage Commissioned Report No. 036, Inverness, Écosse. <www.snh.org.uk/pdfs/publications/ commissioned_reports/f98ac106a.pdf>

Bruschi, V. M., Cendrero, A. et Cuesta Albertos, J. A. (2011) 'A statistical approach to the validation and optimisation of geoheritage assessment procedures', *Geoheritage* 3: 131–49.

Burek, C. V. (2012) 'The role of LGAPs (Local Geodiversity Action Plans) and Welsh RIGS as local drivers for geoconservation within geotourism in Wales', *Geoheritage* 4: 45–63.

Burek, C. et Potter, J. (2006) *Local Geodiversity Action Plans—setting the context for geological conservation*, Natural England Report No. 560, Natural England, Sheffield. <publications.naturalengland.org.uk/publi cation/137007?category=30050>

Carcavilla, L., Delvene, G., Díaz-Martínez, E., García-Cortés, A., Lozano, G., Rábano, I., Sánchez, A. et Vegas, J. (2012) *Geodiversidad y Patrimonio Geológico [Geodiversity and Geological Heritage]*, [in Spanish], 2nd edn, Instituto Geológico y Minero de España, Madrid. <www.igme.es/patrimonio/ novedades/ Folleto_Patrimonio2edicion.pdf>

Carcavilla, L., Durán, J. J. et López-Martínez, J. (2008) 'Geodiversidad: concepto y relación con el patrimonio geológico [Geodiversity: concept and relationship with geological heritage]', [en espagnol], *Geo-Temas* 10: 1299–303. <www.igme.es/patrimonio/descargas/concepto_Geodiversidad.pdf>

Carcavilla, L., López-Martínez, J. et Durán, J. J. (2007) *Patrimonio geológico y geodiversidad: investigación, conservación, gestión y relación con los espacios naturales protegidos [Geoheritage and Geodiversity: Assessment, conservation, management and relationship with protected areas]*, [en espagnol], Cuadernos del Museo Geominero Volume 7, Instituto Geológico y Minero de España, Madrid.

Coratza, P. et Panizza, M. (eds) (2009) 'Geomorphology and cultural heritage', *Memorie Descrittive della Carta Geologica d'Italia* 87.

Crofts, R. et Gordon, J.E. (2014) 'Geoheritage conservation in protected areas', *Parks* 20(2): 61–76.

Cruikshank, J. (2005) *Do Glaciers Listen? Local knowledge, colonial encounters, and social imagination*, University of British Columbia Press, Vancouver, et University of Washington Press, Seattle.

Department for Environment, Food and Rural Affairs (DEFRA) (2006) *Local Sites: Guidance on their identification, selection and management*, Department for Environment, Food and Rural Affairs, Londres. <archive.defra.gov.uk/rural/documents/protected/localsites.pdf>

Department for Environment, Food and Rural Affairs (DEFRA) (2010) *Charting Progress 2. The state of UK seas*, Department for Environment, Food and Rural Affairs, Londres. <chartingprogress.defra.gov.uk>

Department of Primary Industries, Parks, Water and Environment (DPIPWE) (2014) *Tasmanian Geoconservation Database*, Tasmanian Department of Primary Industries, Parks, Water and Environment, Hobart. <dpipwe.tas.gov. au/conservation/geoconservation/tasmanian- geoconservation-database>

Díaz-Martínez, E. (2011) Typology of heritage: where does geoheritage fit in?, Forum GeoReg, Villeneuve d'Ascq, France, 23–27 October 2011, 'Résumés/Abstracts': 102. <www. igme.es/patrimonio/publicaciones/congresos/D%C3%ADaz-Mart%C3%ADnez%202011%20-%20Typology%20of%20geoheritage%20-%20GeoReg%20&%20SW-ProGEO%20Meeting.pdf>

Díaz-Martínez, E. et Díez-Herrero, A. (2011) 'Los elementos biológicos y culturales de interés geológico: un patrimonio a conservar [Biological and cultural elements with geological interest: ‚a heritage for conservation]', [en espagnol], in E. Fernández-Martínez and R. Castaño de Luis (eds) *Avances y Retos en la Conservación del Patrimonio Geológico en España [Advances and Challenges in the Conservation of Geoheritage in Spain]*, pp. 85–90, Université de León, León. <www. igme.es/patrimonio/publicaciones/congresos/ Díaz-Martínez%20y%20Díez-Herrero%202011%20-%20Elementos%20biológicos%20y%20 culturales%20de%20interés%20geológico.pdf>

Dingwall, P., Weighell, T. et Badman, T. (2005) Geological World Heritage: A global framework. *A contribution to the Global Theme Study of World Heritage Natural Sites*, UICN, Gland.

Dobbie, K. E., Bruneau, P. M. C. et Towers, W. (eds) (2011) *The State of Scotland's Soil*, Natural Scotland, Edinburgh. <www.sepa.org.uk/land/ land_publications.aspx>

Dolan, M. F. J., Buhl-Mortensen, P., Thorsnes, T., Buhl-Mortensen, L., Bellec, V. et Bøe, R. (2009) 'Developing seabed nature-type maps offshore Norway: initial results from the MAREANO programme', *Norwegian Journal of Geology* 89: 17–28.

Dowling, R. K. et Newsome, D. (eds) (2010) *Global Geotourism Perspectives*, Goodfellow Publishers, Oxford.

Dudley, N. (ed.) (2008) *Guidelines for Applying Protected Area Management Categories*, UICN, Gland.

Durán, J. J., Brusi, D., Pallí, L., López-Martínez, J., Palacio, J. et Vallejo, E. (1998) 'Geología ecológica, geodiversidad, geoconservación y patrimonio geológico: la Declaración de Girona [Ecological geology, geodiversity, geoconservation and geological heritage: the Declaration of Girona]', [en espagnol], in J. J. Durán and M. Vallejo (eds) *Comunicaciones de la IV Reunión Nacional de Patrimonio Geológico [Proceedings of the 4th National Meeting on Geoheritage]*, pp. 69–72, Geological Society of Spain, Miraflores de la Sierra.

Ellis, N. (2004) *Common Standards Monitoring Guidance for Earth Science Sites*. Joint Nature Conservation Committee, Peterborough, Royaume-Uni. <jncc.defra.gov.uk/pdf/CSM_earth_science.pdf>

Ellis, N. (2011) 'The Geological Conservation Review (GCR) in Great Britain: rationale and methods', *Proceedings of the Geologists' Association* 122: 353–62.

English Nature (2004) *Local Geodiversity Action Plans. Sharing good practice*, Natural England, Peterborough, Royaume Uni. <publications.naturalengland. org.uk/publication/76016?category=30050>

Erikstad, L. (2012) 'Geoheritage and geodiversity management—the questions for tomorrow', *Proceedings of the Geologists' Association* 122: 713–19.

Erikstad, L., Lindblom, I., Jerpåsen, G., Hanssen, M. A., Bekkby, T., Stabbetorp, O. et Bakkestuen, V. (2008) 'Environmental value assessment in a multidisciplinary EIA setting', *Environment Impact Assessment Review* 28: 131–43.

Fassoulas, C., Mouriki, D., Dimitriou-Nikolakis, P. et Iliopoulos, G. (2011) 'Quantitative assessment of geotopes as an effective tool for geoheritage management', *Geoheritage* 4: 177–93.

Ferrero, E., Giardino, M., Lozar, F., Giordano, E., Belluso, E. et Perotti, L. (2012) 'Geodiversity action plans for the enhancement of geoheritage in the Piemonte region (north-western Italy)', *Annals of Geophysics* 55: 487–95.

Fuertes-Gutiérrez, I. et Fernández-Martinez, E. (2010) 'Geosites inventory in the Leon Province (northwestern Spain): a tool to introduce geoheritage into regional environmental management', *Geoheritage* 2: 57–75.

García-Cortés, A., Águeda Villar, J., Palacio Suárez-Valgrande, J. et Salvador González, C. I. (eds) (2009) *Spanish Geological Frameworks and Geosites. An approach to Spanish geological heritage of international relevance*, Instituto Geológico y Minero de España, Madrid. <www.igme.es/ patrimonio/GEOSITES/publication.htm>

García-Cortés, A., Rábano, I., Locutura, J., Bellido, F., Fernández-Gianotti, J., Martín-Serrano, A., Quesada, C., Barnolas, A. et Durán, J. J. (2001) 'First Spanish contribution to the Geosites Project: list of the geological frameworks established by consensus', *Episodes* 24: 79–92.

García-Cortés, A., Vegas, J., Carcavilla, L. et Díaz-Martínez, E. (2012) 'Un sistema de indicadores para la evaluación y seguimiento del estado de conservación del patrimonio geológico [An indicator system to assess and follow up the state of conservation of geological heritage]', *Geo-Temas* 13: 1272–5. <www.igme.es/patrimonio/publicaciones/congresos/García%20Cortés%20et%20al%20 2012%20-%20Sistema%20de%20indicadores%20 para%20estado%20conservación%20PG.pdf>

Geological Society of America (GSA) (2012) *GSA Position Statement: Geoheritage*, Boulder, CO. <www.geosociety.org/positions/pos20_Geoheritage. pdf>

Gillson, L. et Marchant, R. (2014) 'From myopia to clarity: sharpening the focus of ecosystem management through the lens of palaeoecology', *Trends in Ecology and Evolution* 29: 317–25.

Gordon, J. E. et Barron, H. F. (2011) *Scotland's geodiversity: development of the basis for a national framework*, Scottish Natural Heritage Commissioned Report No. 417, Inverness, Écosse. <www.snh.org.uk/pdfs/publications/ commissioned_reports/417.pdf>

Gordon, J. E., Barron, H. F., Hansom, J. D. et Thomas, M. F. (2012) 'Engaging with geodiversity—why it matters', *Proceedings of the Geologists' Association* 123: 1–6.

Gordon, J. E., Brooks, A. J., Rennie, A. G., James, B. D., Chaniotis, P. D., Kenyon, N. H., Leslie, A. B. et Long, D. (2013) *The selection of Nature Conservation Marine Protected Areas (MPAs)— assessment of geodiversity interests*, Scottish Natural Heritage Commissioned Report No. 633, Inverness, Écosse. <www.snh.org.uk/pdfs/publications/ commissioned_reports/633.pdf>

Gray, M. (2004) *Geodiversity: Valuing and conserving abiotic nature*, Wiley, Chichester, Royaume-Uni. <geoduma. files.wordpress.com/2010/02/geodiversity.pdf>

Gray, M. (2008) 'Geodiversity: the origin and evolution of a paradigm', in C. V. Burek et C. D. Prosser (eds) *The History of Geoconservation*, Special Publications 300, pp. 31–6, The Geological Society, Londres.

Gray, M. (2011) 'GSSPs: the case for a third, internationally recognised, geoconservation network', *Geoheritage* 3: 83–8.

Gray, M. (2013) *Geodiversity: Valuing and conserving abiotic nature*, 2nd edn, Wiley-Blackwell, Chichester, Royaume-Uni.

Gray, M., Gordon, J. E. et Brown, E. J. (2013) 'Geodiversity and the ecosystem approach—the contribution of geoscience in delivering integrated environmental management', *Proceedings of the Geologists' Association* 124: 659–73.

Ham, S. (1992) *Environmental Interpretation: A practical guide for people with big ideas and small budgets*, North America Press, Golden, CO.

Ham, S. (2007) 'From interpretation to protection', *Interpretation Journal* 12(3): 20–3. <www.ahi.org.uk/include/pdf/TVSpapers/AHI_journal_The_Vital_Spark.pdf>

Haygarth, P. M. et Ritz, K. (2009) 'The future of soils and land use in the UK: soil systems for the provision of land-based ecosystem services', *Land Use Policy* 26S: S187–97.

Hopkins, J. J., Allison, H. M., Walmsley, C. A., Gaywood, M. et Thurgate, G. (2007) *Conserving Biodiversity in a Changing Climate: Guidance on building capacity to adapt*, Department for Environment, Food and Rural Affairs, Londres. <webarchive.nationalarchives.gov.uk/20110303145213/http:/ukbap.org.uk/Library/BRIG/CBCCGuidance.pdf>

Houshold, I. et Sharples, C. (2008) 'Geodiversity in the wilderness: a brief history of geoconservation in Tasmania', in C. V. Burek et C. D. Prosser (eds) *The History of Geoconservation*, Special Publications 300, pp. 257–72. The Geological Society, Londres.

Hutton, J. (1785) *Abstract of a Dissertation Read in the Royal Society of Edinburgh, upon the Seventh of March, and Fourth of April, MDCCLXXXV, Concerning the System of the Earth, its Duration, and Stability*, Edinburgh. <facstaff.gpc.edu/~janderso/ historic/hutton.htm>

International Council on Mining and Minerals (ICMM) (2003) *Mining and Protected Areas: Position statement*, London. <www.icmm.com/ document/43>

International Union for Conservation of Nature (IUCN) (2008) *Resolutions and Recommendations adopted at the 4th IUCN World Conservation Congress. Resolution 4 040: Conservation of geodiversity and geological heritage*, UICN, Gland. <https://portals.iucn.org/library/node/44190>

International Union for Conservation of Nature (IUCN) (2012) *Resolutions and Recommendations, World Conservation Congress, Jeju, Republic of Korea, 6–15 September 2012, WCC-2012-Res-048-EN Valuing and conserving geoheritage within the IUCN Programme 2013–2016*, UICN, Gland, pp. 5–6. <https://portals.iucn.org/library/node/44015>

International Union for Conservation of Nature (IUCN) (2013) *IUCN World Heritage Advice Note: Mining and oil/gas projects*, UICN, Gland. <cmsdata.iucn.org/downloads/iucn_advice_note_ on_mining_in_wh_sites_final_060512_ _.pdf>

Johansson, C. E. (ed.) (2000) *Geodiversitet i Nordisk Naturvård [Geodiversity in Nordic Nature Management; in Swedish]*, Nordic Council of Ministers, Copenhague.

Joyce, E. B. (2010) 'Australia's geoheritage: history of study, a new inventory of geosites and applications to geotourism and geoparks', *Geoheritage* 2: 39–56.

Katla Geopark (2014) *Katla Geopark*. <www.katlageopark.is/>

Kiernan, K. (1996) *Conserving Geodiversity and Geoheritage: The conservation of glacial landforms*, Forest Practices Unit, Hobart.

Kirkbride, V. et Gordon, J. E. (2010) *The geomorphological heritage of the Cairngorm Mountains*, Scottish Natural Heritage Commissioned Report No. 348, Inverness, Écosse. <www.snh.org.uk/pdfs/publications/ commissioned_reports/348.pdf>

Lawrence, D. J. D., Arkley, S. L. B, Everest, J. D., Clarke, S. M., Millward, D., Hyslop, E. K., Thompson, G. L. et Young B. (2007) *Northumberland National Park Geodiversity Audit and Action Plan*, British Geological Survey Commissioned Report No. CR/07/037N, Hexham, UK. <www.northumberlandnationalpark.org.uk/data/assets/pdf_file/0005/147524/geodiversity_audit_hi.pdf>

Lawrence, D. J. D., Vye, C. L. et Young, B. (2004) *Durham Geodiversity Audit*, Durham County Council, Durham, Royaume-Uni. <content.durham.gov.uk/ PDFRepository/County_Durham_Geodiversity_ Audit.pdf>

Lima, F., Brilha, J. et Salamuni, E. (2010) 'Inventorying geological heritage in large territories: a methodological proposal applied to Brazil', *Geoheritage* 2: 91–9.

Lockwood, M., Worboys, G. L. et Kothari, A. (eds) (2006) *Managing Protected Areas: A global guide*, Earthscan, Londres.

McKeever, P. J., Zouros, N. et Patzak, M. (2010) 'The UNESCO Global Geoparks Network', *European Geoparks Magazine* 7: 10–13. <www. scribd.com/doc/80356479/EGN-Magazine-Issue-7>

Matthews, T. J. (2014) 'Integrating geoconservation and biodiversity conservation: theoretical foundations and conservation recommendations in a European Union context', *Geoheritage* 6: 57–70.

Millennium Ecosystem Assessment (MEA) (2005) *Ecosystems and Human Well-Being: Synthesis,* Island Press, Washington, DC.

National Museums Northern Ireland (2003) *Geological Sites in Northern Ireland: Earth science conservation review*, Holywood. <www.habitas.org.uk/escr/index.html>

National Park Service (NPS) (2014a) *National Fossil Day*, National Park Service, Washington, DC. <nature.nps.gov/geology/nationalfossilday/>

National Park Service (NPS) (2014b) *North Cascades*, National Park Service, Washington, DC. <www.nps.gov/noca/index.htm>

Natural England (2014) *Geology and Geodiversity*, Natural England, Peterborough, Royaume-Uni. <http://publications.naturalengland.org.uk/category/30050>

Newsome, D. et Dowling, R. K. (eds) (2010) *Geotourism: The tourism of geology and landscape*, Goodfellow Publishers, Oxford.

Nieto, L. M. (2001) 'Geodiversidad: propuesta de una definición integradora [Geodiversity: proposal of an integrative definition]', [en espagnol], *Boletín Geológico y Minero* 112(2): 3–12.

Ontario Ministry of Municipal Affairs and Housing (2012) *Land Use Planning: The Oak Ridges Moraine.* <www.mah.gov.on.ca/Page322.aspx>

Panizza, M. (2001) 'Geomorphosites: concepts, methods and example of geomorphological survey', *Chinese Science Bulletin* 46: 4–6.

Pellitero, R., González-Amuchastegui, M. J., Ruiz-Flaño, P. et Serrano, E. (2011) 'Geodiversity and geomorphosite assessment applied to a natural protected area: the Ebro and Rudron Gorges Natural Park (Spain)', *Geoheritage* 3: 163–74.

Pereira, P., Pereira, D. et Caetano Alves, M. I. (2007) 'Geomorphosite assessment in Montesinho Natural Park', *Geographica Helvetica* 62: 159–68. Supplement.

ProGEO (2011) *Conserving Our Shared Geoheritage: A protocol on geoconservation principles, sustainable site use, management, fieldwork, fossil and mineral collecting*, European Association for the Conservation of the Geological Heritage, Uppsala, Suède. <www.progeo.se/progeo-protocol- definitions-20110915.pdf>

Prosser, C. D. (2011) 'Principles and practice of geoconservation: lessons and case law arising from a legal challenge to site-based conservation on an eroding coast in eastern England, UK', *Geoheritage* 3: 277–87.

Prosser, C. D. (2013) 'Our rich and varied geoconservation portfolio: The foundation for the future', *Proceedings of the Geologists' Association* 124: 568–80.

Prosser, C. D., Burek, C. V., Evans, D. H., Gordon, J. E., Kirkbride, V. B., Rennie, A. F. et Walmsley, C. A. (2010) 'Conserving geodiversity sites in a changing climate: management challenges and responses', *Geoheritage* 2: 123–36.

Prosser, C., Murphy, M. et Larwood, J. (2006) *Geological Conservation: A guide to good practice*, Natural England, Peterborough, Royaume-Uni. <publications. naturalengland.org.uk/publication/83048>

Resource Planning and Development Commission (RPDC) (2013) 'Land, geodiversity and geoconservation', in *State of the Environment Report: Tasmania*, Hobart. <soer.justice.tas.gov.au/2003/lan/2/issue/77/index.php#zmanagement>

Reynard, E. (2009a) 'The assessment of geomorphosites', in E. Reynard, P. Coratza et G. Regolini-Bissig (eds) *Geomorphosites*, pp. 63–71, Verlag Dr. Friedrich Pfeil, Munich.

Reynard, E. (2009b) 'Geomorphosites: definitions and characteristics', in E. Reynard, P. Coratza et G. Regolini-Bissig (eds) *Geomorphosites*, pp. 9–20, Verlag Dr. Friedrich Pfeil, Munich.

Reynard, E., Coratza, P. et Regolini-Bissig, G. (eds) (2009) *Geomorphosites*, Verlag Dr. Friedrich Pfeil, Munich.

Reynard, E., Fontana, G., Kozlik, L. et Scapozza, C. (2007) 'A method for assessing "scientific" and "additional values" of geomorphosites', *Geographica Helvetica* 62: 148–58.

Rovere, A., Vacchi, M., Parravicini, V., Bianchi, C. N., Zouros, N. et Firpo, M. (2011) 'Bringing geoheritage underwater: definitions, methods, and application in two Mediterranean marine areas', *Environmental Earth Sciences* 64: 133–42.

Santucci, V. L. (2005) 'Historical perspectives on biodiversity and geodiversity', *George Wright Forum* 22(3): 29–34.

Santucci, V. L. et Koch, A. L. (2003) 'Paleontological resource monitoring strategies for the National Park Service', *Park Science* 22(1): 22–5.

Santucci, V. L., Kenworthy, J. P. et Mims, A. L. (2009) 'Monitoring in situ paleontological resources', in R. Young et L. Norby (eds) *Geological Monitoring*, pp. 189–204, Geological Society of America, Boulder, CO.

Scottish Geodiversity Forum (2013) *Scotland's Geodiversity Charter*. <scottishgeodiversityforum. org/charter/>

Scottish Natural Heritage (2000) *A Guide to Managing Coastal Erosion in Beach/Dune Systems*, Scottish Natural Heritage, Battleby, Écosse. <www.snh. gov.uk/publications-data-and-research/publications/search-the-catalogue/publication-detail/?id=112>

Scottish Natural Heritage (2006) *Guidance on Establishing and Managing Local Nature Conservation Site Systems in Scotland*, Scottish Natural Heritage, Battleby, Écosse. <www.snh. gov.uk/publications-data-and-research/publications/ search-the-catalogue/publication-detail/?id=562>

Scottish Natural Heritage (2011) *Interpretive Planning*, Scottish Natural Heritage, Battleby, Écosse. <www.snh.gov.uk/policy-and-guidance/heritage-interpretation/interpretive-planning/>

Semeniuk, V., Semeniuk, C. A., Tauss, C., Unno, J. et Brocx, M. (2011) *Walpole and Nornalup Inlets: Landforms, stratigraphy, evolution, hydrology, water quality, biota, and geoheritage*, Wetlands Research Association, Western Australian Museum, Perth.

Sharples, C. (1993) *A Methodology for the Identification of Significant Landforms and Geological Sites for Geoconservation Purposes*, Technical Report, Forestry Commission Tasmania, Hobart.

Sharples, C. (2002) *Concepts and Principles of Geoconservation*, Tasmanian Parks and Wildlife Service, Hobart. <www.dpiw.tas.gov.au/inter.nsf/Attachments/SJON-57W3YM/$FILE/geoconservation.pdf>

Sharples, C. (2011) *Potential Climate Change Impacts on Geodiversity in the Tasmanian Wilderness World Heritage Area: a management response position paper*, Nature Conservation Report Series 11/04, Resource Management and Conservation Division, Department of Primary Industries, Parks, Water and Environment, Hobart. <www.dpiw.tas.gov.au/inter.nsf/Attachments/LJEM-8P983Y?open>

Stace, H. et Larwood, J. G. (2006) *Natural Foundations: Geodiversity for people, places and nature*, Natural England, Peterborough, Royaume-Uni. <publications.naturalengland.org.uk/publication/60005>

The River Restoration Centre (RRC) (2013) *Manual of River Restoration Techniques*, The River Restoration Centre, Cranfield, Royaume-Uni. <www.therrc.co.uk/rrc_ manual.php>

Thorsnes, T., Erikstad, L., Dolan, M. F. J. et Bellec, V. (2009) 'Submarine landscapes along the Lofoten-Vesterålen-Senja margin, northern Norway', *Norwegian Journal of Geology* 89: 5–16.

Tilden, F. (1977) *Interpreting Our Heritage*, 3rd edn, University of North Carolina Press, Chapel Hill.

Towers, W., Malcolm, A. et Bruneau, P. (2005) *Assessing the nature conservation value of soil and its relation with designated features,* Scottish Natural Heritage Commissioned Report No. 111, Inverness, Écosse. <www.snh.org.uk/pdfs/publications/ commissioned_reports/F03AC104.pdf>

UK Geodiversity Action Plan (UKGAP) (2014) *UK Geodiversity Action Plan*. <www.ukgap.org.uk/>

United Nations Educational, Scientific and Cultural Organisation (UNESCO) (2010) *Guidelines and Criteria for National Geoparks Seeking UNESCO's Assistance to Join the Global Geoparks Network (GGN)*, UNESCO, Paris. <www.globalgeopark.org/UploadFiles/2012_9_6/GGN2010.pdf>

United Nations Educational, Scientific and Cultural Organisation (UNESCO) (2014a) *Earth Sciences: Global Geoparks*, UNESCO, Paris. <www.unesco.org/new/en/natural-sciences/environment/earth-sciences/global-geoparks/>

United Nations Educational, Scientific and Cultural Organisation (UNESCO) (2014b) *World Heritage List*, UNESCO, Paris. <whc.unesco.org/en/list>

United Nations Educational, Scientific and Cultural Organisation (UNESCO) (2014c) *Main Characteristics of Biosphere Reserves*, UNESCO, Paris. <www.unesco.org/new/en/natural-sciences/environment/ecological-sciences/biosphere-reserves/main-characteristics>

Veverka, J. A. (1994) *Interpretive Master Planning*, Falcon Press, Helena, MT.

Werritty, A., Duck, R. W. et Kirkbride, M. P. (1998) *Development of a conceptual and methodological framework for monitoring site condition in geomorphological systems*, Scottish Natural Heritage Research, Survey and Monitoring Report No. 105, Inverness, Écosse. <www.snh.org.uk/pdfs/publications/research/105.pdf>

Wimbledon, W. A. P. et Smith-Meyer, S. (eds) (2012) *Geoheritage in Europe and its Conservation*, ProGEO, Oslo.

Wimbledon, W. A. P., Barnard A. F. et Peterken A. G. (2004) 'Geosite management: a widely applicable, practical approach', in M. A. Parkes (ed.) *Natural and Cultural Landscapes: The geological foundation*, pp. 187–92, Royal Irish Academy, Dublin.

Wimbledon, W. A. P., Ishchenko, A. A., Gerasimenko, N. P., Karis, L. O., Suominen, V., Johansson, C. E. et Freden, C. (2000) 'Geosites: an IUGS initiative—science supported by conservation', in D. Barettino, W. A. P. Wimbledon and E. Gallego (eds) *Geological Heritage: Its conservation and management*, pp. 69–94, Instituto Technológico Geominero de España, Madrid. <www.igme.es/patrimonio/ publicaciones/Wimbledon_et_al_2000_english. PDF>

Worboys, G. L. (2013) *Conserving Australia's Geoheritage*, Department of the Environment, Canberra. <www.environment.gov.au/system/files/ pages/f4d5ba7d-e4eb-4ced-9c0e-104471634fbb/ files/essay-conserving-worboys.pdf>

CHAPITRE 19

GESTION DES AIRES PROTÉGÉES D'EAU DOUCE, DE RIVIÈRES, DE ZONES HUMIDES ET D'ESTUAIRES

Auteur principal :
Jamie Pittock

Collaborateurs :
Max Finlayson, Angela H. Arthington, Dirk Roux, John H. Matthews, Harry Biggs, Esther Blom, Rebecca Flitcroft, Ray Froend, Ian Harrison, Virgilio Hermoso, Wolfgang Junk, Ritesh Kumar, Simon Linke, Jeanne Nel, Catia Nunes da Cunha, Ajit Pattnaik, Sharon Pollard, Walter Rast, Michele Thieme, Eren Turak, Jane Turpie, Lara van Niekerk, Daphne Willems et Joshua Viers

TABLE DES MATIÈRES

UICN CMAP COMMISSION MONDIALE DES AIRES PROTÉGÉES Convention sur la diversité biologique

AUTEUR PRINCIPAL

JAMIE PITTOCK est professeur associé à la Fenner School of Environment and Society de l'Université nationale australienne de Canberra.

COLLABORATEURS

MAX FINLAYSON est directeur de l'Institut pour les terres, l'eau et la société et professeur d'écologie et de biodiversité à l'Université Charles Sturt, en Australie.

ANGELA H. ARTHINGTON est professeure émérite à la Faculté des sciences de l'environnement de l'Université de Griffith, Brisbane, Australie.

JOHN H. MATTHEWS est co-président de Alliance for Global Water Adaptation (AGWA) et directeur, eau douce et changements climatiques de Conservation International, États-Unis.

DIRK ROUX est chercheur en conservation des eaux douces pour Parcs nationaux d'Afrique du Sud, et à l'Unité de recherche sur la durabilité de l'Université métropolitaine Nelson Mandela, Afrique du Sud.

HARRY BIGGS travaille pour Parcs nationaux d'Afrique du Sud.

ESTHER BLOM est responsable du programme eau douce du Fonds mondial pour la Nature (WWF), Pays-Bas.

REBECCA FLITCROFT est chercheuse ichtyologue au Service des forêts des États-Unis, basée à la Station de recherches Pacific Northwest, Oregon, États-Unis.

RAY FROEND est professeur en gestion de l'environnement et directeur du Centre de gestion des écosystèmes de l'Université Edith Cowan, Australie.

IAN HARRISON est directeur principal du Centre pour l'environnement et la paix, Conservation International, États-Unis.

VIRGILIO HERMOSO est un chercheur à l'Institut australien des cours d'eau de l'Université de Griffith, Australie.

WOLFGANG JUNK est affilié au Groupe de travail sur l'écologie tropicale de l'Institut Max Planck de Limnologie, Allemagne, et à l'Institut national des sciences et technologies dans les zones humides (INCT-INAU) de l'Université Fédérale du Mato Grosso, Brésil.

RITESH KUMAR est gestionnaire du Programme de conservation de Wetlands International South Asia, Inde.

SIMON LINKE est chercheuse principale à l'Institut australien des cours d'eau de l'Université de Griffith, Australie.

JEANNE NEL est chercheuse principale au Conseil pour la recherche scientifique et industrielle en Afrique du Sud.

CATIA NUNES DA CUNHA est professeure à l'Institut des biosciences de l'Université fédérale du Mato Grosso à Cuiabá, Brésil.

AJIT PATTNAIK est directeur général de l'Autorité de développement de Chilika, Inde.

SHARON POLLARD est directrice de l'Association pour l'eau et le développement rural, Afrique du Sud.

WALTER RAST est directeur des études internationales sur les bassins versants, Centre Meadows pour l'eau et l'environnement, Université d'État du Texas, États-Unis.

MICHELE THIEME est scientifique principale pour la conservation de l'eau douce du WWF, États-Unis.

EREN TURAK est chef d'équipe principal et chercheur au Bureau de l'environnement et du patrimoine de Nouvelle-Galles du Sud, Australie.

JANE TURPIE est directrice de Anchor Environmental Consultants et directrice adjointe de l'Unité de recherche sur l'économie de l'environnement à l'Université du Cap, Afrique du Sud.

LARA VAN NIEKERK est scientifique principale au Conseil pour la recherche scientifique et industrielle en Afrique du Sud.

DAPHNE WILLEMS est écologiste senior des cours d'eau et travaille dans le domaine du développement intégral de la nature pour Stroming BV/Daphnia-Vision on Rivers, Pays-Bas.

JOSHUA VIERS est professeur agrégé à l'École d'ingénierie de l'Université de Californie à Merced, États-Unis.

REMERCIEMENTS

Nous remercions Heidi Congdon pour son aide dans la production de ce chapitre, ainsi que les photographes qui nous ont cédé leurs images. Graeme Worboys et Ian Pulsford ont étaient parmi les rédacteurs en chef les plus patients. Lori Simmons (US NPS) et Clive Hilliker (ANU) ont fait un excellent travail de rédaction et d'harmonisation des figures. Nous remercions également les relecteurs anonymes et le personnel de publication qui ont amélioré ce texte, ainsi que nos organismes de soutien respectifs.

Citation

Pittock, J., Finlayson, M., Arthington, A. H., Roux, D., Matthews, J. H., Biggs, H., Harrison, I., Blom, E., Flitcroft, R., Froend, R., Hermoso, V., Junk, W., Kumar, R., Linke, S., Nel, J., Nunes da Cunha, C., Pattnaik, A., Pollard, S., Rast, W., Thieme, M., Turak, E., Turpie, J., van Niekerk, L., Willems, D. et Viers, J. Managing freshwater, river, wetland and estuarine protected areas. In Worboys, G. L., Lockwood, M., Kothari, A., Feary, S. et Pulsford, I. (éd.) *Gouvernance et gestion des aires protégées*. Canberra : ANU Press, 2020. doi.org/10.22459/GGAP.19

PHOTO DE LA PAGE DE TITRE

Zone humide Ramsar et inscrite au Patrimoine mondial dans le parc national de Kakadu, Australie
Source : Graeme L. Worboys

Introduction

Les meilleures pratiques de gestion des écosystèmes aquatiques intérieurs dans les aires protégées, dont les cours d'eau, les autres écosystèmes d'eau douce et saumâtres, et les estuaires côtiers, sont au centre du présent chapitre. La plupart des aires protégées naturelles sont désignées comme « terrestres » ou « marines », et la question évidente, pour la plupart des gestionnaires, est : « pourquoi devrais-je m'inquiéter de la (habituellement) petite partie de mon aire protégée impliquant des habitats d'eau douce ».

Au contraire, dans ce chapitre, nous soutenons que les habitats d'eau douce et estuariens sont importants pour la conservation de la biodiversité dans la plupart des aires protégées terrestres, et que les gestionnaires doivent appliquer les outils de conservation spécifiques à l'eau douce décrits ici pour faire un bon travail. Les écosystèmes d'eau douce présentent la plus grande diversité d'espèces par unité de surface, une plus grande proportion d'espèces d'eau douce et estuariennes sont menacées, et les services écosystémiques de ces biomes sont utilisés de façon non durable dans une plus grande mesure que tout autre biome (MEA, 2005 ; Dudgeon et al., 2006). De nombreuses espèces terrestres dépendent des écosystèmes d'eau douce. Plus qu'une partie marginale de la gestion, la conservation de l'eau douce est essentielle au maintien des aires protégées et de leur biodiversité.

Nous commencerons par définir les écosystèmes aquatiques continentaux, puis nous examinerons les principes et processus essentiels à la conservation des écosystèmes d'eau douce et des espèces aquatiques. Nous présenterons brièvement les menaces qui pèsent sur les écosystèmes d'eau douce et leurs répercussions sur la conception des aires protégées, et un certain nombre d'implications contre-intuitives et de conflits entre la conception et la gestion des aires protégées terrestres et d'eau douce seront ensuite abordés. Des études de cas seront utilisées pour illustrer les principes et pratiques appliqués dans le monde entier.

La section suivante du chapitre examinera les besoins spécifiques de gestion des cours d'eau et des marécages, lacs, tourbières, écosystèmes tributaires des eaux souterraines et estuaires. Nous résumerons les méthodes et options permettant de maintenir des débits environnementaux pour conserver la biodiversité et les services écosystémiques, et nous passerons ensuite à la gestion de l'eau douce dans les aires protégées, dans le contexte plus général des paysages, montrant comment les processus de gouvernance des ressources naturelles peuvent être exploités pour mieux gérer la biodiversité des écosystèmes d'eau douce dans les aires protégées. La dernière section sera vitale pour toutes les aires protégées abritant des composantes d'eau douce, et traitera de la façon dont nous pouvons nous adapter aux changements climatiques.

Les écosystèmes d'eau douce

Définition des écosystèmes d'eau douce

Les termes zones humides (non marines) et écosystèmes d'eau douce sont utilisés de façon interchangeable dans le présent chapitre. Dans le jargon de la Convention sur la diversité biologique (CDB, 2010), les écosystèmes d'eau douce sont appelés « eaux intérieures ». Les zones humides sont des endroits où l'eau est le principal facteur de contrôle de la vie végétale et animale, ainsi que de l'environnement en général, où la nappe phréatique se trouve à la surface du sol ou à proximité de celle-ci, et où l'eau recouvre le sol. La Convention de Ramsar relative aux zones humides les définit comme des « des étendues de marais, de fagnes, de tourbières ou d'eaux naturelles ou artificielles, permanentes ou temporaires, où l'eau est stagnante ou courante, douce, saumâtre ou salée, y compris les étendues d'eau marine dont la profondeur à marée basse n'excède pas six mètres » (Ramsar, 2009a:Art 1, Clause 1).

Par conséquent, les milieux humides salins sont inclus dans ce chapitre. Les zones humides marines sont abordées au chapitre 20. Les zones humides riveraines et « marécageuses », situées le long des cours d'eau, sont au centre de la section sur les débits environnementaux et les régimes hydriques dans les zones humides. Les tourbières, les écosystèmes tributaires des eaux souterraines, les lacs et les zones humides estuariennes sont abordés dans des sections distinctes. Nous décrirons à présent plus en détail la diversité et la répartition des écosystèmes d'eau douce.

Diversité et répartition des écosystèmes d'eau douce

Il existe une grande diversité d'écosystèmes d'eau douce, et de nombreuses approches pour les classer à différentes échelles (Finlayson et van der Valk 1995 ; Higgins et al., 2005). À l'échelle mondiale, les écosystèmes d'eau douce ont été regroupés en 426 écorégions, suivant en grande partie les divisions des bassins hydrographiques, et reflétant la distribution des poissons d'eau douce et des modèles écologiques et évolutifs (Abell et al., 2008). Lehner et Döll (2004) ont utilisé la télédétection pour cartographier l'occurrence des zones humides afin de présenter une carte globale de leur répartition (figure 19.1). À un niveau plus granulaire, de nombreux gouvernements ont cartographié

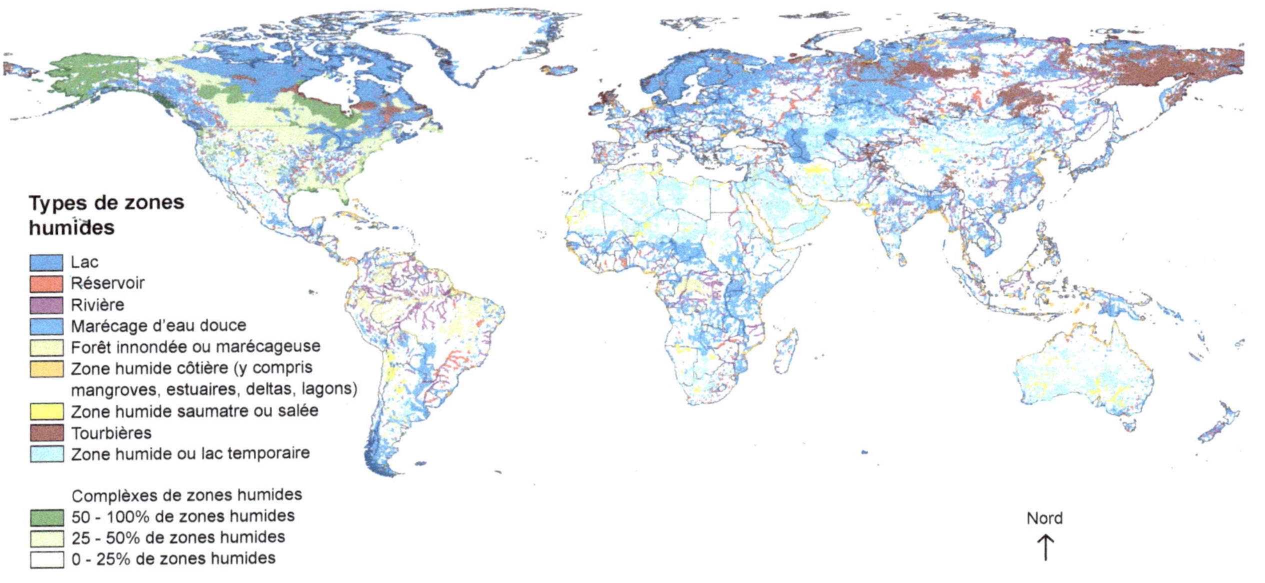

Figure 19.1 Répartition mondiale des zones humides

Source : Modifié de Lehner et Döll (2004)

les systèmes de zones humides à l'intérieur de leurs frontières, comme par exemple, l'État du Queensland en Australie (Queensland Government, 2014). Malgré ces efforts, les données sur la répartition et l'étendue des zones humides varient considérablement (tableau 19.1), en raison de différences dans les définitions et les approches utilisées pour la cartographie (Finlayson et al., 1999).

Le pourcentage estimé de zones humides inclues dans les aires protégées est relativement élevé par rapport à de nombreux écosystèmes terrestres, avec environ 30 % en Europe et en Amérique du Nord et du Sud (Chape et al., 2008). Cependant ces zones n'ont pas été réservées systématiquement et sont rarement prioritaires en matière de gestion.

Principes écologiques des écosystèmes d'eau douce

Les écosystèmes d'eau douce sont l'expression de l'histoire géophysique et écologique de paysages dans lesquels l'eau s'écoule. L'eau, présente dans tout écosystème d'eau douce, fait partie du cycle global de l'eau, c'est-à-dire son mouvement à travers la Terre et son système atmosphérique (Shiklomanov, 1993). Les écosystèmes d'eau douce et terrestres sont intimement liés par l'eau qui les traverse. Par conséquent, chaque décision d'utilisation des terres est, en pratique, une décision d'utilisation de l'eau (Bossio et al., 2010).

L'effet d'une réduction des débits d'eau sur les habitats et communautés terrestres a été démontré très clairement dans de nombreuses régions du monde. Par exemple, le détournement excessif des cours d'eau qui s'y jettent pour

Tableau 19.1 Estimations de la superficie des zones humides intérieures (millions d'hectares)

Région	Finlayson et al. (1999)	Lehner et Döll (2004)
Afrique	121-4	136
Asie	204	286
Europe	258	26
Néotropiques	415	159
Amérique du Nord	242	287
Océanie	36	28
Total	12,76-21,29	917

Note : les grandes différences de chiffres pour les zones humides européennes et néotropicales n'ont pas été analysées dans la littérature.

Un ours noir (*Ursus americanus*) dans une rivière au Canada
Source : Rod Mast

l'agriculture irriguée, à partir des années 1960, a réduit la mer d'Aral à 10 % de son ancienne superficie en 2007, recouvrant les terres environnantes d'une poussière saline et polluée (Micklin et Aladin, 2008). L'importance du couvert terrestre, en particulier forestier, pour les débits hydriques est complexe (Bruijnzeel, 2004).

Les effets en amont des différents bassins versants sont aggravés à mesure que l'eau se déplace en aval. Cela peut représenter un défi lorsque de multiples effets négatifs sont aggravés, ou peut fournir des solutions lorsque les effets négatifs d'un bassin versant sont réduits par l'écoulement de l'eau d'un bassin non affecté (par exemple, les rivières Olifants et Blyde, en Afrique du Sud ; Kotze, 2013). Les flux d'eau douce transportent du carbone, de l'azote, de l'oxygène et autres substances essentielles au fonctionnement des écosystèmes en aval, soutenant une riche variété de vie. Ces flux transportent également des sédiments, provenant des habitats terrestres en amont et de l'érosion des berges. La connectivité entre les rivières et leurs affluents et zones humides associés favorise la diversité des espèces présentes, fournissant un accès à des habitats pour l'alimentation et la reproduction, et favorisant la croissance des populations, la diversité et la productivité des communautés (Bunn et Arthington, 2002 ; Campbell-Grant et al., 2007).

Dans certains cas, les liens avec les milieux marins sont vitaux, par exemple lorsque des poissons anadromes retournent dans leur rivière natale pour frayer et, à leur mort, déposent de nombreuses substances d'origine océanique dans les systèmes d'eau douce. Dans la région nord-ouest pacifique de l'Amérique du Nord, par exemple, on trouve des forêts dont une grande partie de l'azote du sol provient de sources marines via la migration des saumons (Helfield et Naiman, 2006) (voir photo ci-dessus).

Les écosystèmes d'eau douce dépendent de la quantité, du calendrier et de la qualité de l'eau qui les traverse. De nombreux changements dans le régime d'écoulement naturel peuvent compromettre la survie d'espèces adaptées à un régime historique (Laizé et al., 2014). De nombreux oiseaux et espèces terrestres des zones humides entreprennent de longues migrations en raison de changements saisonniers dans la disponibilité en eau, en habitats et en nourriture dans les cours d'eau et les zones humides. La perturbation du régime d'écoulement dans les écosystèmes d'eau douce peut également favoriser l'invasion d'espèces introduites et exotiques, plus tolérantes à des conditions d'écoulement modifiées (Bunn et Arthington, 2002). La définition de « débits environnementaux », détaillée dans une section ultérieure, constitue une application importante du concept de régime d'écoulement naturel.

Gestion des menaces pesant sur les systèmes d'eau douce

Les écosystèmes d'eau douce et estuariens sont parmi les plus menacés au monde, l'Évaluation des écosystèmes pour le millénaire (MEA, 2005) les décrivant comme surexploités, sous-représentés au sein des aires protégées et présentant la plus forte proportion d'espèces menacées d'extinction. Les populations humaines sont inextricablement liées aux écosystèmes d'eau douce, et les personnes, tout comme la nature, sont bénéficiaires d'une gestion des risques concernant la santé de ces habitats (Dudgeon et al., 2006 ; Vörösmarty et al., 2010). Les principaux facteurs directs de dégradation et de perte de zones humides fluviales, et autres, incluent le développement d'infrastructures, la conversion des terres, les prélèvements d'eau, la pollution, la surexploitation des espèces d'eau douce, l'introduction d'espèces exotiques envahissantes et les changements climatiques mondiaux (MEA, 2005 ; Dudgeon et al., 2006). La Commission mondiale des aires protégées (CMAP) souligne combien la biodiversité des écosystèmes d'eaux douces est particulièrement menacée, du fait que sa conservation dépende du maintien des débits profonds, comme des débits de surface, de la gestion des activités dans le bassin versant et de la coordination des activités de plusieurs autorités de gestion (Dudley, 2013).

Les sections suivantes fournissent des conseils sur la gestion des menaces à l'échelle des paysages, tandis que la gestion des menaces pour les écosystèmes d'eau douce dans les aires protégées sera brièvement résumée ici (voir également les chapitres 16 et 17).

Infrastructures hydrauliques et dérivations

Les détournements d'eau et les infrastructures hydrauliques modifient les débits essentiels au maintien de la biodiversité d'eau douce. Dans la mesure du possible, les retenues d'eau redondantes dans les aires protégées devraient être éliminées. Un certain nombre de manuels sont disponibles sur comment supprimer les barrages (Bowman et al., 2002 ; Lindloff, 2000). Par exemple, aux États-Unis, deux grands barrages sont en train d'être éliminés sur la rivière Elwha, afin de permettre aux saumons migrateurs de recoloniser leur habitat dans le parc national Olympique de l'État de Washington (Howard, 2012) (voir le chapitre 12).

Lorsque l'infrastructure est conservée, il existe quatre mesures clés permettant de réduire son impact sur les écosystèmes d'eau douce, sans toutefois le compenser entièrement (Davies, 2010 ; Pittock et Hartmann, 2011) : la restauration des passages à poissons autour des barrages, des dispositions visant à garantir des débits environnementaux (voir la section ci-dessous), la construction de structures de sortie de barrage éliminant la pollution thermique, et la conservation du couloir fluvial en aval du barrage, par exemple, en rétablissant la végétation riveraine. La protection des entrées de dérivations d'eau, afin de prévenir la perte de poissons et autres espèces aquatiques, peut également être utile (Baumgartner et al., 2009).

Espèces envahissantes

Les espèces animales et végétales exotiques, une fois introduites dans les plans d'eau, sont particulièrement difficiles à éliminer ou à contrôler. Afin de prévenir les introductions et contrôler celles qui se produisent, il faudra :

- identifier les vecteurs d'introduction d'espèces (par exemple, les fermes aquacoles, les jardins d'ornement), et rechercher des mesures volontaires ou réglementaires pour prévenir les rejets de ravageurs ;
- surveiller les écosystèmes d'eau douce afin d'identifier de nouvelles espèces problématiques, en s'appuyant sur des informations sur les espèces nuisibles dans chaque pays ou région ;
- éliminer les populations nouvellement observées d'espèces constituant une menace (gestion des incursions) ;
- prévenir la propagation d'espèces nuisibles (dans ce cas, un barrage sur un cours d'eau peut être utilisé pour protéger les populations d'espèces autochtones en amont contre la propagation d'espèces exotiques en aval) ;
- mettre en place des mesures de contrôle, lorsque cela est possible (Chatterjee et al., 2008).

Utilisation récréative des plans d'eau

Les écosystèmes d'eau douce sont au cœur des activités des visiteurs dans la plupart des aires protégées, ce qui implique des compromis entre l'utilisation par les visiteurs et la conservation de la biodiversité (Hadwen et al., 2012) (voir également le chapitre 23). Les zones riveraines fournissent souvent des couloir de biodiversité de végétation recherchant l'humidité au milieu de régions plus sèches, et créant ainsi des microclimats humides et un habitat pour de nombreuses espèces. La fragmentation et le piétinement de cette végétation peuvent avoir un impact significatif sur l'écosystème d'eau douce. Le ruissellement des routes et des pistes, chargé de sédiments, dans les plans d'eau peut nuire gravement au biote aquatique, réduisant l'alimentation par filtration et la visibilité des proies, et étouffant les substrats rocheux utilisés pour le frai des poissons et le développement des insectes. Le plus petit « saut » jusqu'à, ou au-dessus, d'une chaussée ou d'un caniveau sur un plan d'eau peut constituer un obstacle à la migration d'espèces aquatiques comme les poissons et les invertébrés.

Les principales mesures de gestion incluent : le zonage de l'accès aux terres, la construction d'installations pour les visiteurs loin des plans d'eau, la clôture des zones riveraines à l'accès des visiteurs, la création de promenades de bois et de points d'accès à l'eau, et la réglementation de l'utilisation des véhicules motorisés (Mosisch et Arthington, 1998 ; Chatterjee et al., 2008). Les routes et pistes devront être situées de manière à drainer les eaux de ruissellement loin des plans d'eau et à les déverser dans les sols. Les points de passages devront être constitués de ponts ou de larges caniveaux dans le lit du cours d'eau afin de maintenir un passage pour la faune aquatique. La réglementation des activités de pêche est essentielle pour conserver la biodiversité (Ramsar, 2005). Éviter les rejets contaminés et traiter les eaux usées sont des aspects particulièrement importants pour prévenir la pollution des plans d'eau. Les toilettes doivent être situées loin des plans d'eau.

Déversements

La gestion des aires protégées exige l'utilisation de produits chimiques tels que des carburants et herbicides susceptibles d'avoir des effets négatifs en cas de rejet dans les plans d'eau. Les déversements devront être évités, autant que possible, grâce à de bonnes pratiques de santé et de sécurité sur les lieux de travail, y compris l'entreposage des produits chimiques loin des plans d'eau, et la sécurisation et étiquetage des produits chimiques entreposés. Les polluants potentiels devront être entreposés et utilisés sur des surfaces dures et drainantes pouvant contenir les déversements accidentels. Des matériaux permettant d'absorber les déversements, tels que du foin, de la sciure de bois ou de la litière pour chat, devront être disponibles sur place, ainsi que des outils et des sacs pour les éliminer, une fois utilisés. Les déversements dans les cours d'eau impliqueront des alertes urgentes aux autorités en aval, afin de fermer les dérivations d'eau et empêcher l'utilisation d'eau polluée par les personnes, la faune et le bétail, dans la mesure du possible (voir également le chapitre 26).

Inondations, sécheresses et incendies

Les inondations, les sécheresses et les incendies sont des processus naturels dans de nombreux écosystèmes, et les plantes et animaux peuvent normalement les tolérer ou s'en remettre. En particulier, de nombreuses espèces et écosystèmes d'eau douce sont adaptés à une variabilité des volumes et des débits hydriques, et ont même besoin de cette variabilité pour prospérer, de sorte que les plans d'eau réglementés ne devraient pas être gérés selon des débits non naturels, permanents ou stables (Postel et Richter, 2003). Certains écosystèmes d'eau douce sont adaptés au feu, tels que les forêts de plaines inondables dans le sud de l'Australie, tandis que d'autres seront détruits et devront être protégés contre le feu, comme par exemple, les forêts tourbeuses de Bornéo. Les forêts riveraines sont souvent naturellement résistantes au feu, même lorsqu'elles se trouvent parmi d'autres types de végétation inflammables. Les pratiques traditionnelles des peuples locaux et autochtones consistant à brûler des parcelles autour de ces écosystèmes peuvent les protéger de feux de forêt plus chauds.

Bien que cette brève section sur les menaces ne puisse pas détailler toutes les mesures d'atténuation, *Planification de la gestion des zones humides : un guide pour les gestionnaires de site* (Chatterjee et al., 2008) est une source d'information particulièrement concise pour la gestion des zones humides dans les aires protégées, afin d'éviter ou d'atténuer ces menaces. Les résolutions et lignes directrices de la Convention de Ramsar et les *Manuels Ramsar pour l'utilisation rationnelle des zones humides* (Ramsar, 2011) fournissent d'excellents conseils sur les bonnes pratiques internationales concernant presque tous les défis en matière de gestion des zones humides. Une approche de gestion adaptative est importante pour faciliter l'engagement et l'autonomisation des parties prenantes et des ayant-droits, l'apprentissage inclusif et itératif et l'action ciblée dans un contexte de complexité inhérente (Kingsford et al., 2011). Nous passerons maintenant à la conservation des espèces d'eau douce et aux options de conception d'aires protégées impliquant d'atténuer les menaces et de maximiser la protection de la biodiversité.

Conservation des espèces d'eau douce

Les espèces d'eau douce incluent les « espèces aquatiques réelles », qui accomplissent tout ou partie de leur cycle de vie dans ou sur l'eau, et les espèces « tributaires de l'eau » (paraquatiques), qui montrent une dépendance étroite et spécifique à l'égard des habitats aquatiques (par exemple, pour la nourriture ou l'habitat). La première évaluation mondiale de la diversité des animaux d'eau douce (Balian et al., 2008) a révélé qu'il existait 126 000 espèces animales d'eau douce, ce qui représente environ 9,5 % de toutes les espèces connues.

Pour investir efficacement les ressources dans la protection des espèces d'eau douce présentes dans les aires protégées, il faudra trouver un juste équilibre entre les actions ciblées au niveau des écosystèmes et des paysages et celles qui ciblent les espèces individuelles. Les mesures prises à l'échelle des paysages pour faire face aux principales menaces pesant sur les écosystèmes d'eau douce peuvent être efficaces pour protéger une grande proportion d'espèces d'eau douce (par exemple, le contrôle de l'érosion). De nombreuses menaces importantes pour les populations d'espèces d'eau douce ne sont toutefois pas reflétées dans les conditions des eaux de surface des bassins versants, par exemple, les barrières artificielles en aval. Par conséquent, il sera souvent nécessaire de prendre des mesures soigneusement planifiées pour protéger les populations de ces espèces. Ceci est particulièrement important lorsque les changements climatiques sont susceptibles d'entraîner une expansion rapide des espèces d'eau douce envahissantes, entraînant un déclin des populations d'espèces autochtones (Rahel et al., 2008).

L'une des premières étapes de l'élaboration de plans d'action pour la gestion des espèces d'eau douce dans les aires protégées consiste à accéder aux données pertinentes, qui sont souvent dispersées entre différents dépositaires (par exemple, organismes de gestion de la pêche et chercheurs universitaires). Les portails de données du Global Biodiversity Information Facility (GBIF, 2014) et de BioFresh (BioFresh, 2013) sont deux sources importantes de données sur les espèces d'eau douce. Les observations d'espèces effectuées par des volontaires (scientifiques citoyens) et téléchargées dans des bases de données à l'aide d'applications de téléphonie mobile, telles que BioBlitz Global Freshwater Fish (FFSG, 2013), sont de plus en plus importantes. Il existe également un grand nombre d'évaluations nationales, régionales et continentales, comme par exemple, pour l'Afrique (Darwall et al., 2011).

Une priorisation des espèces et des interventions est ensuite nécessaire. Les facteurs importants à considérer dans ce processus incluent : la Liste rouge de l'Union internationale pour la conservation de la nature (UICN) (UICN, 2003), la législation locale sur les espèces menacées, les intérêts communautaires, les espèces utilisées dans l'établissement d'objectifs régionaux de conservation de l'eau douce (par exemple, Khoury et al., 2011), et les espèces essentielles comme sources de nourriture ou d'habitat pour les espèces menacées. Lorsque les données sur l'occurrence d'une espèce d'intérêt sont limitées, des modèles de répartition des espèces peuvent être utilisés (Pearson, 2007). Ces modèles peuvent également permettre d'évaluer la répartition des espèces envahissantes. Ces résultats peuvent également servir à l'élaboration de plans régionaux de conservation de l'eau douce (par exemple, Esselman et Allan, 2011). Une bonne conception des aires protégées est essentielle à la conservation des espèces menacées et de la biodiversité.

Conception des aires protégées d'eau douce

La planification de la conservation de l'eau douce a traditionnellement pris du retard par rapport à la planification systématique et quantitative pour les domaines terrestres et marins, principalement en raison de la complexité spatiale et temporelle caractéristique des systèmes d'eau douce. Heureusement, des études de conservation récentes ont fourni des méthodes permettant de mieux planifier les systèmes d'eau douce (Collier, 2011).

Pour être efficaces, les aires protégées doivent prendre en compte certaines particularités des écosystèmes d'eau douce. La connectivité spatio-temporelle joue un rôle clé dans le maintien d'importants processus écologiques (Ward, 1989), comme la dispersion, les flux génétiques ou le transport d'énergie et de matière, essentiels à la persistance des populations et des espèces. Des exemples sont disponibles de la façon d'intégrer efficacement la connectivité dans toutes ses dimensions : longitudinale (Hermoso et al., 2011), latérale (Hermoso et al., 2012a), verticale (Nel et al., 2011) et temporelle (Hermoso et al., 2012b), dans des cadres de planification systématique de la conservation, qui aideront à concevoir des aires protégées écologiquement fonctionnelles du point de vue de l'eau douce. Des progrès ont également été réalisés dans l'intégration des menaces et des processus de dégradation dans la planification de la conservation, afin d'éviter les efforts de conservation dans des zones où l'existence de menaces ou leur propagation pourrait compromettre la persistance de la biodiversité (par exemple, Moilanen et al., 2011 ; Linke et al., 2012).

La planification de la persistance de la biodiversité par le maintien de la résilience écologique exige la prise en compte des facteurs politiques et socio-économiques influençant les systèmes aquatiques. Les aspects sociaux (Chevalier et al., 2011) et politiques (Faleiro et Loyola, 2013) de la conservation jouent un rôle important dans le succès ou l'échec d'un plan. Ce phénomène est largement documenté et abordé dans des initiatives intergouvernementales à l'échelle nationale (Pittock et Finlayson, 2011) et internationale (Haefner, 2013) en science des cours d'eau.

Le dernier élément clé pour une conservation efficace des écosystèmes d'eau douce est l'intégration des systèmes de protection dans un contexte environnemental plus général, idéalement à l'échelle de l'ensemble du bassin versant. Cette question a été identifiée comme un point critique pour le succès de la conservation des écosystèmes d'eau douce par Abell et al. (2007), qui appelaient à plusieurs niveaux de protection de l'eau douce, d'aires protégées intégrales à des zones de gestion des bassins versants. La mise en réserve inégale des zones humides du Pantanal, en Amérique du Sud (étude de cas 19.1), met en évidence ces problèmes.

Considérations spécifiques

Différences avec les systèmes terrestres

Une question évidente pour les gestionnaires d'aires protégées terrestres est « pourquoi devrais-je faire quelque chose de différent pour conserver la biodiversité des écosystèmes d'eau douce ». Les différences sont bien détaillées dans les

Étude de cas 19.1 : Pantanal, Amérique du Sud

Le Pantanal est un grand delta interne et l'une des plus grandes zones humides du monde, avec ses 160 000 kilomètres carrés. Il est réparti entre le Brésil, la Bolivie et le Paraguay (figure 19.2). Un cycle annuel d'inondation y a créé une mosaïque dynamique, d'habitats intégralement terrestres à des habitats aquatiques permanents (Nunes da Cunha et Junk, 2011). Le Pantanal soutient une industrie pastorale traditionnelle et peut être considéré comme un paysage culturel géré, présentant une grande valeur esthétique et une grande diversité d'espèces et d'habitats (Junk et al., 2006). Seuls 5 % du Pantanal brésilien sont entièrement protégés au sein de sites Ramsar ou autres types d'aires protégées.

Des centrales hydroélectriques ont commencé à modifier le cycle des inondations. L'occupation du bassin par des agro-industries à grande échelle a entraîné une érosion accrue des sols et des charges sédimentaires. Les développements agricoles empiètent sur le Pantanal et ont conduit à une résurrection du projet de canalisation « hidrovia » du fleuve Paraguay. L'étude de cas du Pantanal souligne la nécessité de : mieux définir les frontières de la zone humide et protéger ses habitats clés, collaborer avec les communautés locales pour des moyens de subsistance respectueux des zones humides, et maintenir des cycles d'inondation quasi naturels en contrôlant les rejets d'eau provenant des barrages (Junk et Nunes da Cunha, 2012).

Figure 19.2 Zones humides du Pantanal, Amérique du Sud

Source : Service des parcs nationaux des États Unis

Lignes directrices pour l'application des catégories de gestion des aires protégées (Dudley, 2013) et peuvent être résumées comme suit :

- Régimes d'écoulement : l'eau est essentielle au maintien de la biodiversité des écosystèmes d'eau douce, y compris son volume, ses variations et la qualité des flux d'eau de surface ainsi que la dynamique eaux de surface/eaux souterraines.
- Connectivité longitudinale et latérale : il est essentiel de protéger les débits hydriques le long des rivières et des canaux vers les plaines inondables. Il s'agit de prévenir ou d'éliminer les barrières physiques et chimiques artificielles et de fournir des installations de contournement pour la faune aquatique.
- Interactions eaux souterraines-eaux de surface : la protection des eaux souterraines est indispensable, car la plupart des eaux de surface dépendent, dans une certaine mesure ou à certains moments, des aquifères (la nappe phréatique).
- Relation avec le paysage plus général : les systèmes de zones humides dans une aire protégée ne peuvent généralement pas être « clôturés » pour les protéger des impacts survenant dans le paysage terrestre plus général, et nécessiteront normalement une gestion intégrée des menaces à l'échelle du bassin versant.
- Autorités de gestion multiples : différents organismes gouvernementaux ont généralement des responsabilités se chevauchant, et souvent contradictoires, en ce qui concerne la gestion de l'eau douce. La conservation est compliquée par la nécessité de coordonner les activités de gestion entre des organismes gouvernementaux aux mandats divers.

Les sections ci-après suggèrent quelques façons de gérer ces différences. La typologie unique des aires protégées d'eau douce sera maintenant décrite, ainsi que les conflits entre la conservation terrestre et la conservation de l'eau douce, avant de nous intéresser à la conservation de types spécifiques d'écosystèmes de zones humides.

Types d'aires protégées d'eau douce

Les caractéristiques uniques des écosystèmes d'eau douce font qu'il y ait parfois confusion quant à ce qui constitue une aire protégée d'eau douce, et que l'on ne reconnaisse pas suffisamment certains types uniques d'aires protégées. L'UICN indique qu'une « aire protégée est un espace géographique clairement défini, reconnu, dédié et géré, par des moyens légaux ou autres moyens efficaces, pour assurer la conservation à long terme de la nature ainsi que des services écosystémiques et des valeurs culturelles associés » (Dudley, 2013:8).

Les sites gérés pour la conservation de la biodiversité d'eau douce sont des aires protégées, même s'ils regroupent une variété de concessions foncières, ou sont gérés sans législation spécifique ou par des gestionnaires non

Conserver les cours d'eau des basses terres ainsi que les cours d'eau nourriciers : le parc national de Richtersveld, Afrique Du Sud

Source : Conservation International/Haroldo Castro

gouvernementaux, à condition qu'ils soient « efficaces ». Dans ce contexte, les sites désignés au titre de la Convention de Ramsar sont des aires protégées, même s'ils ne sont pas reconnus par la législation nationale (voir la section ci-dessous sur la Convention de Ramsar). De même, les « Rivières du patrimoine », au Canada, sont des aires protégées. Les aires d'eau douce conservées par les lois traditionnelles des peuples autochtones et les parties de zones humides des aires protégées autochones (IPAs), non reconnue légalement en Australie, sont des aires protégées. Les réserves établies en vertu de la législation sur la pêche en sont un autre exemple. La réserve de la rivière Cosumnes aux États-Unis (étude de cas 19.2) est un exemple d'aire protégée d'eau douce impliquant une gestion coordonnée par différentes organisations et régimes fonciers. Nous ne saurions que conseiller de consulter les *Lignes directrices pour l'application des catégories de gestion des aires protégées*, afin d'aider les gestionnaires à situer les sites d'eau douce dans les différentes catégories, lors des inventaires d'aires protégées (Dudley, 2013).

Conflits entre conservation terrestre et conservation de l'eau douce

Malheureusement, de nombreuses aires protégées terrestres sont créées pour compenser les dommages causés aux écosystèmes d'eau douce, et de nombreuses mesures de conservation positives ont des effets pervers sur le biote et les écosystèmes aquatiques. La création d'aires protégées est souvent liée à l'aménagement de barrages hydroélectriques ou d'approvisionnement en eau. Par exemple, la création du parc national de Kosciuszko, en Australie, visait à réduire l'érosion des bassins versants créée par le projet hydroélectrique Snowy Mountains, construit dans le parc de 1949 à 1974. Ce n'est qu'en 2002 qu'un accord a été conclu pour rétablir un débit environnemental minimal dans ces rivières dégradées (Miller, 2005). Plus récemment, des aires protégées ont été créées dans les bassins versants de montagne de pays en développement pour compenser les effets du développement hydroélectrique. Le projet hydroélectrique Nam Theun II, au Laos, est un exemple d'amélioration de la gestion d'aires forestières protégées acceptée comme compensation pour la dégradation d'écosystèmes fluviaux d'importance internationale (Porter et Shivakumar, 2010).

Dans de nombreux endroits, les producteurs d'énergie hydroélectrique ou les consommateurs d'eau paient des frais pour la conservation des bassins versants liés aux barrages, y compris par des aires protégées (Postel et Thompson, 2005). Bien que le paiement des services fournis par le bassin versant puisse bénéficier à la conservation terrestre et à la conservation des cours d'eau nourriciers, les importants dommages environnementaux causés par les barrages générant les revenus sont rarement reconnus. La richesse et l'abondance des espèces aquatiques sont souvent plus faibles dans les aires protégées en amont (Chessman, 2013). Dans les écosystèmes d'eau douce, les grands cours d'eau de moyenne pente et de plaine sont généralement ceux présentant la plus grande diversité d'espèces aquatiques, et fournissant des couloirs vitaux pour les animaux migrateurs. Habituellement, ce sont les parties des cours d'eau ciblées pour le développement d'infrastructures hydrauliques (Sheldon, 1988 ; Tockner et al., 2008).

Dans ces circonstances, les gestionnaires ont l'obligation de s'assurer que toutes les ressources fournies par les promoteurs d'infrastructures hydrauliques contribuent à la conservation de la biodiversité d'eau douce, aussi bien en aval qu'en amont des barrages. Quatre interventions clés peuvent être citées, à savoir : la restauration des passages à poissons autour des barrages, les dispositions visant à garantir les débits environnementaux, la construction de structures de sortie de barrage capables d'éliminer la pollution thermique en aval, et la conservation du couloir fluvial en aval du barrage, par exemple, en rétablissant la végétation riveraine (Davies, 2010 ; Pittock et Hartmann, 2011). Ces mesures permettront de réduire, sans toutefois le compenser entièrement, l'impact des infrastructures hydrauliques sur les écosystèmes d'eau douce. Par conséquent, les gestionnaires devraient s'opposer à la construction d'infrastructures hydrauliques ayant un impact sur les aires protégées. À une époque de pénurie croissante d'eau, il est probable que de plus en plus de propositions visant à exploiter les ressources en eau dans les réserves naturelles soient rejetées. Si elles sont

Étude de cas 19.2 Réserve de la rivière Cosumnes, États-Unis

Le « pré-mouillage » du lit de la rivière facilite la conservation des poissons dans la réserve de la rivière Cosumnes, aux États-Unis

Source : Carson Jeffres

Les ressources en eau de la vallée centrale de Californie ont été dirigées vers l'eau potable et l'agriculture irriguée. Le développement agricole a vu les zones humides réduites à moins de 6 % de leurs 1,8 millions d'hectares initiaux (Whipple, 2012). La réserve de la rivière Cosumnes conserve des vestiges clés sur 20 000 hectares d'écosystèmes fluviaux et de plaines inondables aménagés, répartis sur 150 kilomètres carrés et gérés via un partenariat officiel (figure 19.3 ; Kleinschmidt Associates, 2008). The Nature Conservancy et le Bureau fédéral de gestion des terres sont les principaux propriétaires fonciers, en plus des contributions de six agences gouvernementales à l'échelle fédérale, de l'État et locale, une organisation non-gouvernementale (ONG) et des servitudes de conservation sur ces terres privées. Les accords entre ces entités encouragent à la fois la protection de la nature et l'utilisation durable de certaines terres, en particulier parce que certaines pratiques, telles que la production de fourrage et de riz, créent un habitat saisonnier pour des espèces d'oiseaux cibles (Kleinschmidt Associates, 2008). Cette forme de gestion s'apparente à la catégorie VI de l'UICN. Cet exemple illustre comment une aire protégée d'eau douce peut inclure de nombreux régimes fonciers, propriétaires et accords juridiques différents.

Le principal défi de gestion est de contrer le captage des eaux souterraines pour répondre aux demandes municipales et agricoles, car la rivière Cosumnes et sa mosaïque de zones humides adjacentes (écosystèmes dépendants des eaux souterraines de Type II ; voir les sections ci-dessous) sont maintenant déconnectées de la nappe phréatique et asséchées à certaines saisons. Le « pré-mouillage » du lit de la rivière grâce à de l'eau stockée avant les précipitations hivernales pourrait maximiser les bénéfices des apports naturels en termes de biodiversité (Fleckenstein et al., 2004). Parmi les autres formes de gestion adaptative, mentionnons l'élimination des digues et des levées afin de reconnecter les anciennes terres agricoles aux eaux de crue, et favoriser l'élevage de poissons juvéniles comme le saumon quinnat (*Oncorhynchus tshawytscha*) (Jeffres et al., 2008).

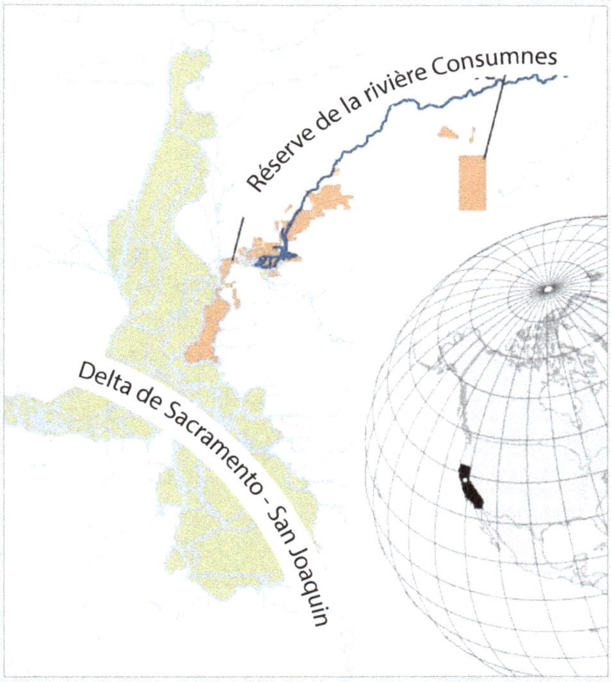

Figure 19.3 Réserve de la Rivière Cosumnes, États-Unis d'Amérique

Source : Modifié de Josh Viers

L'élimination du barrage a permis de rétablir la connectivité de la rivière et le passage des poissons. Barrage de Veazie, rivière Penobscot, États-Unis

Source : Joshua Royte, The Nature Conservancy

imposées, cependant, les mesures d'atténuation décrites ci-dessus devraient être obligatoires.

De nombreux gestionnaires d'aires protégées ont installé des barrages, soit pour approvisionner le personnel et les visiteurs, soit pour améliorer l'observation de la faune. L'établissement de points d'abreuvement pour la faune est une notion erronée qui ne devrait être envisagée que dans des circonstances exceptionnelles, comme dans le cadre d'un plan de rétablissement ciblé d'espèces menacées. L'eau devrait être captée à partir des eaux souterraines, de réservoirs de stockage non liés aux cours d'eau, ou de petits barrages, afin de réduire les impacts écologiques des infrastructures d'approvisionnement en eau. Même les petits barrages traversant les cours d'eau peuvent bloquer le passage de la faune aquatique. Le pâturage intensif par les herbivores a des effets négatifs sur les écosystèmes terrestres et riverains. En général, les barrages pour la faune et autres réserves d'eau redondantes dans les aires protégées devraient être éliminés, comme c'est le cas dans le Parc national du Kruger (Brits et al., 2002).

De nouveaux types d'impacts pervers émergent, souvent associés à des mesures d'atténuation des changements climatiques consommant beaucoup d'eau (Pittock et al., 2013). La plantation d'arbres pour séquestrer le carbone, une approche soutenue par de nombreux gestionnaires de l'environnement comme moyen de financer la restauration de la biodiversité, en est un exemple. Cependant, la plantation de forêts augmente inévitablement l'évapotranspiration et réduit les apports d'eau douce dans les écosystèmes (Jackson et al., 2005 ; van Dijk et Keenan, 2007). Selon une projection pour la rivière Macquarie, surexploitée, en Australie, le reboisement de 10 % du bassin supérieur réduirait de 17 % le débit de la rivière dans la réserve naturelle et site Ramsar de Macquarie Marshes (Herron et al., 2002). Il existe des moyens de concilier ces conflits, par exemple, en exigeant l'acquisition de droits sur l'eau pour l'environnement afin de compenser l'évapotranspiration accrue des arbres, ou en rétablissant la végétation dans les zones fournissant moins d'eau aux rivières (Pittock et al., 2013). Des compromis acceptables peuvent être trouvés. Par exemple, la restauration des forêts riveraines présente de nombreux avantages pour la conservation des écosystèmes d'eau douce pouvant compenser la consommation d'eau.

Frontières douteuses : gestion des systèmes d'eau douce partagés

Un grand nombre d'aires protégées terrestres du monde possèdent des frontières définies, en partie, par des cours d'eau. De toute évidence, les menaces à la biodiversité d'eau douce sont plus importantes lorsqu'une partie du bassin se trouve en dehors des limites d'une aire protégée. Parmi les menaces probables figurent les polluants diffus et les sédiments érodés se déversant dans les plans d'eau, les rejets de sources ponctuelles de pollution, l'extraction d'eau, l'introduction d'espèces exotiques, l'extraction de plantes et d'animaux aquatiques, l'exploitation minière des berges et des lits des cours d'eau et le déboisement des forêts riveraines. Dans un sens, le fait que la limite d'une aire protégée soit un cours d'eau n'est qu'une manifestation du fait que le bassin hydrographique entier n'a pas été inclus dans l'aire protégée. Cependant, lorsqu'une rivière sinueuse sert de limite, celle-ci est généralement plus longue, exposant les écosystèmes d'eau douce à des menaces de conservation disperses et rendant les interventions de gestion plus difficiles.

Étude de cas 19.3 Les cours d'eau du parc national du Kruger, Afrique du Sud

Cinq grands cours d'eau traversant l'étendue du parc national du Kruger (PNK) (catégorie II de l'UICN) sont essentiels à la conservation de sa biodiversité (figure 19.4). La plupart de ces cours d'eau proviennent ou traversent des zones fortement développées, urbanisées, industrialisées, minières ou agricoles, rendant le parc particulièrement vulnérable aux impacts en amont. Parcs nationaux d'Afrique du Sud (SANParks) a lancé un programme multi-institutionnel de recherche sur les cours d'eau du KNP (voir Biggs et Rogers, 2003), en réponse à la détérioration de la quantité et de la qualité de plusieurs de ces cours d'eau. SANParks considère que le PNK est intégré dans un système socio-écologique plus général (le bassin versant), qui doit être géré de manière adaptative et en collaboration avec les communautés environnantes. Cette approche a été renforcée par un certain nombre d'initiatives, en particulier le travail de l'Association pour l'eau et le développement rural, une ONG de recherche, et de l'Agence de gestion du bassin versant d'Inkomati (Pollard et du Toit, 2011).

La pression exercée par le développement entraîne une dégradation des conditions de tous les cours d'eau du PNK, sauf un, y compris le non-respect des débits environnementaux définis par la loi pour la qualité et la quantité de l'eau. Cependant, grâce au plaidoyer de réseaux d'acteurs compétents, ainsi qu'à un suivi continu et à des réponses adaptatives, les cours d'eau sont probablement en meilleure santé qu'ils ne le seraient autrement (Pollard et du Toit, 2011). De plus, la mobilisation croissante de l'opinion, des efforts et une action concertée des agences de gestion des bassins versants sont autant de signes porteurs d'espoir. Les travaux de SANParks soulignent le rôle important des gestionnaires de parc dans le contexte de la gouvernance multi-échelle des bassins versants et de l'eau (Pollard et du Toit, 2011).

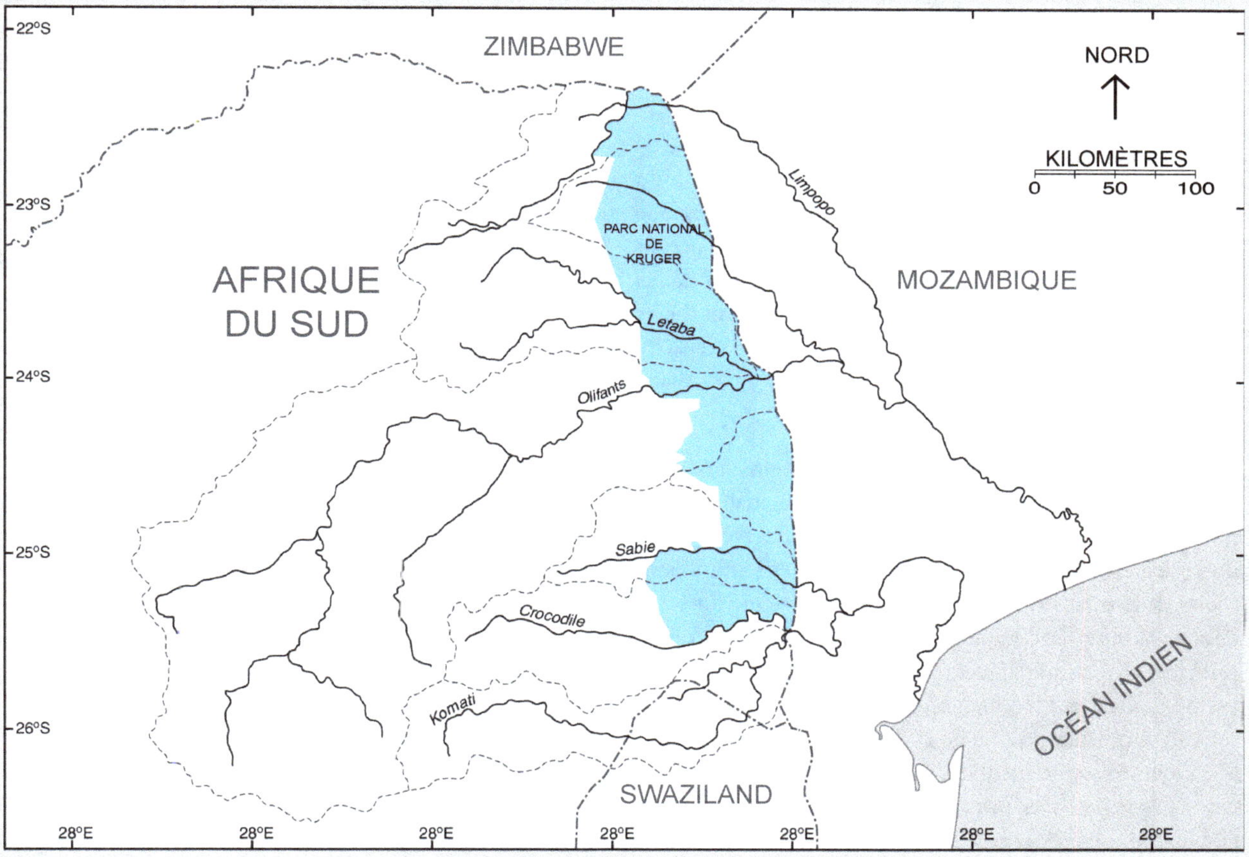

Figure 19.4 Parc national de Kruger, Afrique du Sud

Source : © Clive Hiliker, Université nationale australienne

Comment les gestionnaires d'aires protégées devraient-ils alors améliorer la conservation, dans des circonstances où un cours d'eau sert de limite ? L'une des principales approches consiste à faire participer les parties prenantes et les ayant-droits en dehors de l'aire protégée à des modalités de gestion coopérative. Un certain nombre de ces possibilités sont décrites dans la section ci-dessous sur la gestion des paysages.

Les gestionnaires du parc national du Kruger, en Afrique du Sud, ont appliqué ces approches (étude de cas 19.3).

Gestion d'écosystèmes d'eau douce spécifiques

Dans la présente section, nous analyserons les exigences de gestion particulières de certains écosystèmes d'eau douce avant d'envisager les options de gestion à l'échelle des paysages.

Débits environnementaux et régimes hydriques des zones humides

Débits environnementaux

Afin de maintenir la biodiversité d'eau douce et les services écologiques à l'intérieur des aires protégées, les gestionnaires des réserves de conservation doivent veiller à ce que les régimes d'eau naturels des lacs, des zones humides et des rivières soient protégés contre la surutilisation, le détournement et les retenues. La gestion de l'eau douce a été intégrée au concept plus général de durabilité écologique par la fourniture de débits environnementaux, définis comme « la quantité, le calendrier et la qualité des débits d'eau nécessaires pour soutenir les écosystèmes d'eau douce et estuariens, et les moyens de subsistance et le bien-être humains qui dépendent de ces écosystèmes » (Brisbane Declaration, 2007).

Il est aujourd'hui largement reconnu qu'un régime hydrique dynamique et variable est nécessaire pour maintenir la phénologie des espèces (calendrier saisonnier des événements du cycle de vie), la biodiversité autochtone et les processus écologiques caractéristiques de chaque écosystème fluvial et de zone humide. Le régime d'écoulement naturel et les divers principes éco-hydrologiques (Bunn et Arthington, 2002, par exemple) illustrent l'influence du volume d'écoulement, de son calendrier saisonnier et de sa variabilité sur la biodiversité aquatique, le recrutement des populations et la productivité des écosystèmes. Ces principes éco-hydrologiques guident l'évaluation des exigences environnementales en matière d'écoulement pour les plantes et animaux aquatiques.

Le principal défi pour les gestionnaires dont les aires protégées reçoivent de l'eau provenant de bassins versants non protégés, en amont, est d'amener les gestionnaires et utilisateurs de l'eau à s'entendre sur un processus d'évaluation et de décision concernant les débits environnementaux. Plus de 250 méthodes, modèles et cadres pratiques sont disponibles pour relier les volumes d'eau et les schémas d'écoulement à la biodiversité et aux processus écologiques (Dyson et al., 2003 ; Tharme, 2003). Bien que l'évaluation des débits environnementaux puisse sembler complexe, voire intimidante, un guide simple sur les options techniques disponibles pour les gestionnaires d'aires protégées pour évaluer les besoins est disponible dans le tableau 19.2. Ces méthodes se concentrent, en grande partie, sur les cours d'eau, mais elles sont également applicables, dans le concept comme dans la pratique, à des plan d'eau presque immobiles, mais connaissant néanmoins des modèles spatiaux et saisonniers naturels de fluctuation du niveau de l'eau, des périodes humides et sèches, et des liens avec les eaux souterraines. Les estuaires ont également besoin d'apports d'eau douce (voir la section ci-après). Les méthodes et applications pour tous les types d'écosystèmes aquatiques sont disponibles dans Arthington (2012).

Fixer des limites à l'altération hydrologique

Malgré d'énormes progrès dans les méthodes, fixer une limite à l'altération hydrologique reste l'aspect le plus difficile de la science des débit environnementaux et de la gestion durable de l'eau. Des méthodes simples établissent cette limite en pourcentage du débit naturel, ou définissent le débit du cours d'eau permettant de maintenir l'habitat des poissons et la connectivité sur l'ensemble du réseau de canaux. Dans les cadres holistiques « Réponse en aval aux transformations d'écoulement imposées » (DRIFT) et « Limites écologiques de l'altération hydrologique » (ELOHA) (tableau 19.2), ainsi que dans plusieurs protocoles de restauration (par exemple, Richter et al., 2006), les scientifiques, les parties prenantes, les ayant-droits et les gestionnaires analysent une série de relations « altérations du débit/réaction écologique » pour chaque système à l'étude. L'idée d'un seuil au-delà duquel des changements écologiques inacceptables sont susceptibles de se produire est un concept important. Lorsque des réponses de seuil claires existent (par exemple, les débits de débordement nécessaires pour soutenir la végétation riveraine ou fournir un accès aux habitats de bras-morts et de plaines inondables aux poissons), un débit environnemental « à faible risque » serait un débit ne dépassant pas le seuil d'altération hydrologique pour les débits de débordement. Pour une réponse linéaire où aucun seuil clair n'est disponible, séparant un risque faible d'un risque élevé, un processus consensuel des parties prenantes sera nécessaire pour déterminer le « risque acceptable » pour un bien écologique évalué, comme une pêche estuarienne dépendante d'apports d'eau douce (Loneragan et Bunn, 1999). Il est important de différencier l'évaluation scientifique des limites écologiques de l'altération hydrologique du processus social de décision finale sur le débit recommandé (Arthington, 2012).

Tableau 19.2 Méthodes de calcul des débits environnementaux : comparaison des quatre principaux types de méthodes utilisées à l'échelle mondiale pour estimer les débits environnementaux = allocations d'eau pour l'environnement (EWA)

Type	Composantes de l'écosystème fluvial	Besoins en données et intensité des ressources (temps, coût et capacité technique)	Résolution des résultats (EWA)	Niveaux appropriés d'application
Hydrologique	Écosystème dans son ensemble, non spécifique, ou éléments de l'écosystème tels que les poissons (Tennant, 1976).	Faible. Principalement théorique. Utilise des séries historiques de débit vierges/naturalisées. Certaines utilisent des données écologiques historiques.	Faible. Exprimés en pourcentage du débit mensuel ou annuel (médian ou moyen), ou en limite de variation de paramètres vitaux du débit, par exemple, approche de plage de variabilité (Richter et al., 1996, 2006).	Niveau de reconnaissance de l'évolution des ressources en eau, ou en tant qu'outil de simulation d'habitat ou de méthodologies holistiques (écosystémiques). Largement utilisé.
Estimation hydrauliques	Habitat aquatique des biotes cibles.	Faible-moyen. Théorique, peu de données de terrain. Séries de débits historiques. Débit lié à des variables hydrauliques, typiquement la section transversale d'un seul cours d'eau.	Faible–moyen. Variables hydrauliques (par exemple, périmètre humide) utilisées comme substituts pour les besoins d'écoulement de l'habitat d'espèces ou d'assemblages cibles.	Projets hydrauliques avec peu de négociations, ou comme outil dans les méthodologies de simulation d'habitat ou d'écosystème. Largement utilisé.
Simulation de l'habitat	Principalement habitat aquatique pour le biote cible. Certaines tiennent compte de la forme des canaux, du transport des sédiments, de la qualité de l'eau, de la végétation riveraine, de la faune, des loisirs et de l'esthétique, par exemple, le Physical Habitat Simulation Computer Modelling System (PHABSIM) développé par le US Fish and Wildlife Service (Bovee 1982).	Moyen-élevé. Théorique et pratique. Séries de débits historiques. De nombreuses variables hydrauliques sont modélisées pour une gamme de rejets à plusieurs sections transversales du cours d'eau. Données sur l'adéquation de l'habitat ou les préférences physiques nécessaires pour les espèces cibles.	Moyen-élevé. Résultat sous forme de superficie pondérée d'habitat utilisable pour les espèces cibles (poissons, invertébrés, plantes). Peut impliquer des séries chronologiques de disponibilité de l'habitat.	Projets hydrauliques, souvent à grande échelle, impliquant des cours d'eau de grande importance stratégique, souvent avec des compromis complexes et négociés entre les utilisateurs, ou comme méthode dans le cadre d'approches holistiques (écosystémiques). Principalement utilisé dans les pays développés.
Cadres holistiques (écosystémiques)	Écosystème entier, tous ou plusieurs composants écologiques. La plupart considèrent les composantes aquatiques et riveraines des cours d'eau, d'autres considèrent également les eaux souterraines, les zones humides, les plaines inondables, et les eaux estuariennes et côtières. Peut évaluer la dépendance sociale et économique à l'égard des espèces/écosystèmes (par exemple, Réponse en aval à des transformations imposées des débits (DRIFT) ; King et al., 2003).	Moyen-élevé Théorique et pratique. Utilise des séries de débit historiques vierges/naturalisées ou des donnés de précipitations par rapport aux enregistrements actuels. Nombreuses variables hydrauliques, plusieurs sections transversales. Données biologiques sur les débits et les besoins liés à l'habitat du biote et de certaines/toutes les composantes écologiques.	Moyen-élevé Les méthodes avancées pour les poissons utilisent des données sur le mouvement et la migration, le frai, les exigences relatives aux larves et aux juvéniles, les tolérances relatives à la qualité de l'eau, y compris les espèces exotiques (par exemple, Réponse en aval aux transformations imposées des débits (DRIFT) ; Arthington et al., 2003). Les Limites écologiques de l'altération hydrologique (ELOHA) quantifient les « règles » de débits écologiques pour les cours d'eau de type hydrologique contrasté à l'échelle régionale définies par l'utilisateur (Poff et al., 2010).	Projets hydrauliques, généralement à grande échelle, impliquant des cours d'eau à haute importance stratégique/de conservation, et/ou avec des compromis complexes entre les utilisateurs. Approches plus simples (par exemple, groupes d'experts) souvent utilisées lorsque les connaissances sur les débits écologiques sont limitées, ou lorsqu'il n'existe que peu de compromis entre les utilisateurs et/ou des contraintes de temps. Utilisé dans les pays en développement et développés.

Source : Adapté de Tharme (2003) ; pour des exemples, voir Arthington (2012)

Adaptation aux changements climatiques

Les régimes environnementaux naturels régissant les écosystèmes aquatiques, en particulier les régimes hydriques, ont été remplacés par des régimes modifiés, dans de nombreuses régions du monde, sous la pression humaine croissante pour l'eau douce et en réponse aux changements climatiques. La combinaison des changements climatiques et de la régulation des débits est aujourd'hui à l'origine d'écosystèmes structurellement nouveaux, qui pourraient nécessiter de nouveaux concepts et une gamme d'approches de gestion de l'eau pour faire face à un avenir de plus en plus incertain (Palmer et al., 2008). La recherche identifiant les caractéristiques du régime hydrique et les réactions écologiques associées à sa variabilité est l'une des meilleures options pour la préparation. L'étude des réponses écologiques le long des gradients contemporains de variabilité des débits (tropiques humides à secs, zones côtières à zones arides) pourrait fournir des analogies aux changements climatiques futurs (Arthington et al., 2006). Pourtant, le moyen le plus sûr de faire progresser la compréhension des rôles écologiques de l'écoulement et d'améliorer l'utilisation de l'eau au profit des écosystèmes et de l'homme consiste à réaliser un suivi complet des résultats écologiques au fil du temps (Arthington et al., 2010 ; Davies et al., 2014).

Les gestionnaires de la conservation peuvent prendre l'initiative d'appliquer des concepts et méthodes de débits environnementaux aux diverses aires protégées qu'ils gèrent. Les principales étapes communes des différentes méthodes de calcul des débits environnementaux décrites ci-dessus incluent :

- consulter les parties prenantes et les ayant-droits afin d'identifier les différents éléments valorisés de l'environnement, tels que les migrations de poissons ;
- déterminer les seuils de qualité et de volume d'eau, ainsi que le calendrier des débits nécessaires pour maintenir ces valeurs, par exemple, l'eau nécessaire pour que les oiseaux d'eau puissent se reproduire avec succès dans une zone humide ;
- prendre en compte la variabilité naturelle du débit des rivières et des zones humides en question, et chercher à en imiter autant que possible les caractéristiques importantes, par exemple, par des rejets d'eau des barrages ;
- négocier des accords avec les agences de l'eau et autres parties prenantes et ayant-droits, y compris les départements de l'eau et des services publics, afin d'assurer les débits environnementaux ;
- réaliser un suivi de l'impact, évaluer et ajuster les débits environnementaux, afin d'atteindre les objectifs environnementaux et sociaux souhaités.

Les débits environnementaux doivent être appliqués à la conservation des lacs et des estuaires, comme décrit dans les sous-sections suivantes.

Lacs

À l'échelle mondiale, on estime à 27 millions le nombre de lacs naturels, et à un demi-million le nombre de lacs artificiels (réservoirs) d'une superficie supérieure à un hectare. Le terme « lac » est ci-après utilisé pour désigner à la fois les lacs naturels et les réservoirs artificiels, en notant toutefois que les valeurs de biodiversité de ces derniers sont généralement beaucoup plus faibles que celles des lacs naturels. Collectivement, les lacs contiennent plus de 90 % de l'eau douce liquide disponible sur notre planète et, en plus de fournir un habitat aux espèces aquatiques, ils fournissent de nombreux services à l'humanité. Les lacs et réservoirs sont facilement pollués et dégradés (Illueca et Rast, 1996).

La gestion de ces masses d'eau en vue de leur conservation est une entreprise complexe, qui comporte toute une gamme d'éléments scientifiques, socioéconomiques et de gouvernance. Les lacs sont hydrologiquement liés à des rivières ou affluents en amont, à des systèmes aquatiques en aval dans lesquels ils se déversent, et parfois aussi à des aquifères souterrains (figure 19.5). Les besoins en eau en aval peuvent parfois dicter de manière significative les exigences de gestion des lacs en amont, qui leur fournissent de l'eau, comme par exemple le complexe du Lac Biwa–Yodo au Japon (Nakamura et al., 2012).

La conservation des lacs se traduit par la gestion des lacs, de leurs bassins et de leurs ressources pour des services écosystémiques durables (MEA, 2005). Les considérations scientifiques incluent la quantité et la qualité des sources de surface et des eaux souterraines, les caractéristiques des bassins versants, la flore et la faune, les sols, la topographie, l'utilisation des terres et le climat, qui définissent collectivement la présence physique et les conditions des eaux des lacs. Les aspects institutionnels incluent le cadre juridique et institutionnel d'un bassin versant lacustre, les considérations économiques, la démographie, les coutumes culturelles et sociales, les possibilités de participation des parties prenantes et les réalités politiques. Ces dernières représentent sans doute l'élément le plus important, en ce sens qu'elles définissent les facteurs contrôlant la façon dont les humains utilisent leurs ressources en eau (GWP, 2000).

La gestion efficace des lacs pour la conservation et la durabilité exige également la reconnaissance de trois caractéristiques uniques : 1) une nature intégratrice, 2) un long temps de rétention d'eau, et 3) une dynamique de réponse complexe (ILEC, 2005). En raison de leur emplacement, au centre d'un bassin hydrographique, les lacs sont les intégrateurs

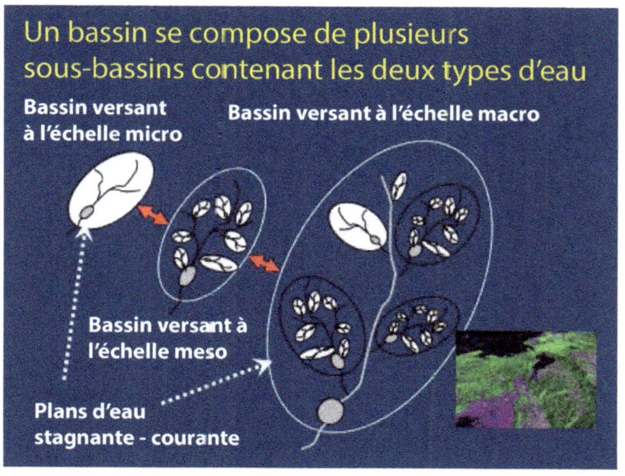

Figure 19.5 Liens entre les bassins hydrographiques à différentes échelles et de différents types

Source : Nakamura et Rast (2011)

du régime d'écoulement dans l'ensemble du complexe du bassin lac–rivière. La nature intégratrice d'un lac se réfère à sa fonction essentielle de « pot de mélange » de tout ce qui y pénètre depuis son bassin hydrographique environnant, et parfois même au-delà, via le transport à longue distance de polluants atmosphériques. Le long temps de rétention d'eau se réfère au temps moyen que l'eau passe dans un lac. Les problèmes des lacs se développent souvent graduellement et peuvent ne pas devenir évidents tant qu'ils ne sont pas devenus de graves problèmes à l'échelle du lac, pouvant avoir des répercussions importantes sur l'utilisation de l'eau par les humains et l'intégrité de l'écosystème. Ce même caractère tampon peut également produire un phénomène de « décalage » en réponse à des programmes correctifs mis en œuvre pour les restaurer. Tous les problèmes de lac sont essentiellement des problèmes à l'échelle de l'ensemble du lac, celui-ci subissant une grave dégradation, y compris pour les communautés aquatiques pour lesquelles il fournit des habitats, et ne retournant généralement pas aux conditions qu'il présentait avant la dégradation (Nakamura et Rast, 2011).

La cause sous-jacente de la dégradation ou de la surexploitation de presque tous les lacs et autres écosystèmes aquatiques est une gouvernance inadéquate. Sur la base d'une analyse des expériences de gestion de lacs dans le monde, le Comité international sur l'environnement des lacs (ILEC, 2005) a identifié six grands piliers de gouvernance des lacs devant être reconnus et pris en considération :

1. les politiques, qui représentent essentiellement les « règles du jeu » ;
2. les organisations, qui représentent les entités chargées d'appliquer les règles du jeu ;
3. la participation des parties prenantes, participation significative de toutes les parties prenantes et ayant-droits concernés à la mise en œuvre de plans de gestion efficaces ;
4. la technologie, impliquant la sélection d'approches de gestion dures (constructions) ou douces (changement de comportement) ;
5. les connaissances et informations, pouvant inclure à la fois des études scientifiques et des connaissances autochtones ;
6. le financement, y compris l'identification et la garantie de sources durables d'un soutien financier adéquat.

Ces six piliers constituent les éléments essentiels de la gouvernance, qui forment collectivement le régime de gestion d'une approche intégrée de la gestion des lacs et de leurs bassins, tel que discuté en détail par Nakamura et Rast (2011). Une approche pratique de gestion des lacs tenant compte à la fois des éléments scientifiques et des éléments de gouvernance est inclue dans le concept de « Gestion intégrée des bassins lacustres » (ILBM), comme en témoigne le processus de plateforme ILBM élaboré par le Comité international sur l'environnement des lacs (ILEC, 2005 ; figure 19.6).

Tourbières

Les tourbières couvrent environ 4 millions de kilomètres carrés à l'échelle mondiale, bien qu'il existe une certaine incertitude quant à leur étendue exacte (Joosten, 2009 ; figure 19.7). Il existe plusieurs définitions des tourbières, mais elles sont généralement considérées comme des zones de terre possédant une couche de tourbe naturellement accumulée, formée à partir de matières végétales mortes et en décomposition, riches en carbone, dans des conditions gorgées d'eau, et comprenant au moins 30 % de masse sèche de matières organiques mortes de plus de 30 centimètres de profondeur. Elles peuvent se développer sous toute une gamme de végétation, y compris les marais de basses et hautes terres, les roselières, les forêts humides et les mangroves.

Les tourbières sont présentes dans de nombreux pays et pourraient représenter plus d'un tiers des zones humides mondiales. Les plus grandes étendues se trouvent dans l'hémisphère nord, en particulier dans la zone boréale, dont 1 375 690 kilomètres carrés en Russie, et 1 133 926 kilomètres carrés au Canada (Joosten, 2009). Les estimations de tourbières provenant de sources antérieures à 1990, dans les régions tropicales, varient de 275 424 à 570 609 kilomètres carrés, bien que des destructions importantes aient eu lieu au cours des dernières années (Hooijer et al., 2010).

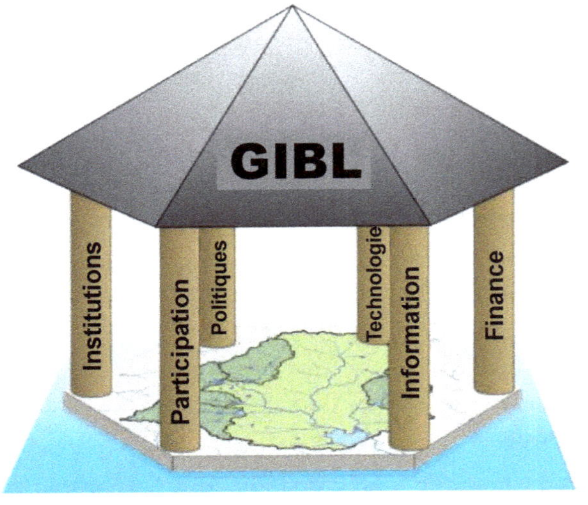

Figure 19.6 Gestion intégrée des bassins lacustres
Source : Adapté de Nakamura et Rast (2012)

Les tourbières contiennent 10 % du volume mondial d'eau douce et sont importantes pour le maintien de la qualité de l'eau et l'intégrité hydrologique de nombreux cours d'eau. Elles jouent un rôle important dans le maintien du permafrost et la prévention de la désertification. Ces dernières années, leur rôle en tant que réserves et puits de carbone mondiaux a pris de l'importance (Joosten, 2009 ; Hooijer et al., 2010 ; Joosten et al., 2012). Elles abritent une importante diversité biologique et sont des refuges pour certaines des espèces les plus rares et les plus inhabituelles de flore et de faune tributaires des zones humides (Joosten et Clarke, 2002). Dans des conditions gorgées d'eau, elles conservent un registre paléo-écologique unique, y compris des vestiges archéologiques précieux, et des registres de contamination de l'environnement. Elles répondent aux besoins humains en nourriture, en eau douce, en logement, en chauffage et en emplois (Joosten et Clarke, 2002).

Les pressions humaines sur les tourbières sont à la fois directes, par le drainage, la conversion des terres (par exemple, pour les palmiers à huile et les sables bitumineux), l'excavation et l'inondation, et indirectes, en raison de la pollution de l'air, de la contamination et de l'extraction de l'eau et du développement d'infrastructures. Quand elles sont détruites, elles libèrent de grandes quantités de carbone et sont très difficiles à restaurer. En réponse à la dégradation des tourbières, la Convention de Ramsar a adopté des *Lignes directrices détaillées pour une action mondiale en faveur des tourbières* (Ramsar, 2002), notamment : la création d'une base de données mondiale sur les tourbières et la détection des changements, l'élaboration et la promotion de la sensibilisation, de l'éducation et de la formation, l'analyse des réseaux nationaux d'aires protégées de tourbières et la mise en œuvre de lignes directrices sur la gestion des tourbières, et la stimulation de la coopération internationale en matière de recherche et de transfert de technologie.

Plus récemment, des directives ont été fournies pour limiter la perte de carbone des tourbières et encourager leur conservation et leur restauration dans le cadre des mesures d'atténuation des changements climatiques (Joosten et al., 2012). Ceci est particulièrement important, compte tenu de la perte passée de tourbières à l'échelle mondiale et de la dégradation plus récente des tourbières tropicales (Joosten et al., 2012).

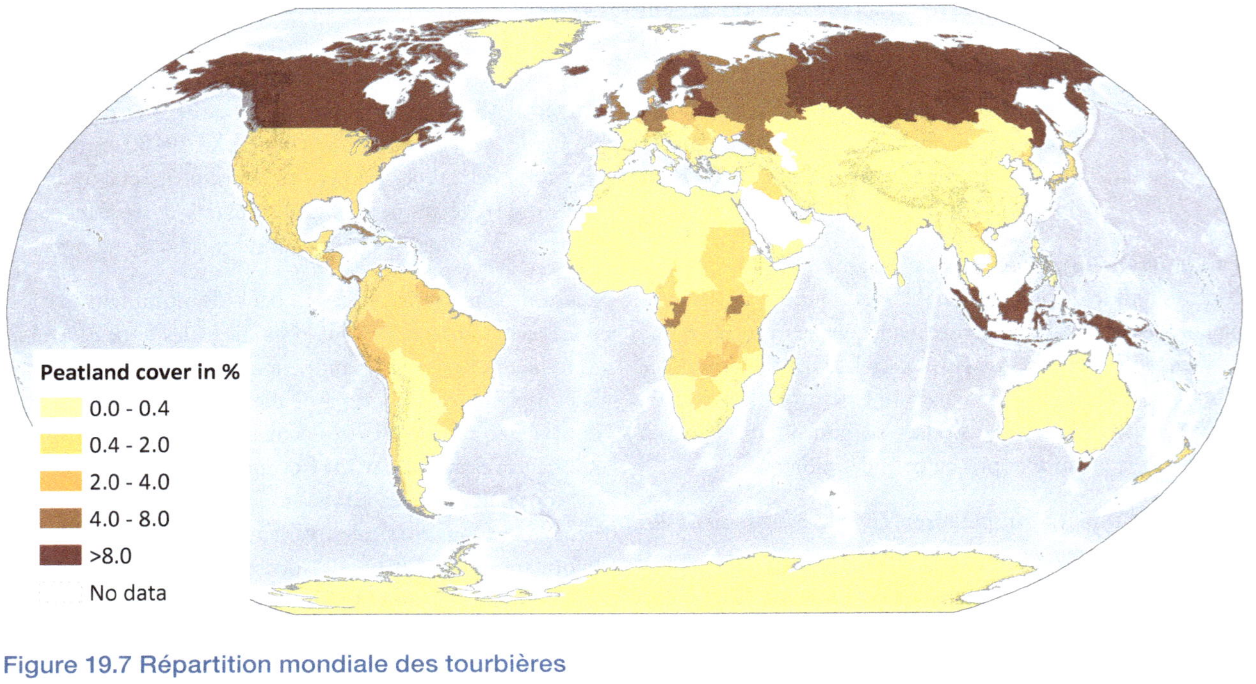

Figure 19.7 Répartition mondiale des tourbières
Source : Adapté de IMCG Global Peatland Database 2014

Écosystèmes tributaires des eaux souterraines

Les eaux souterraines sont souvent essentielles au maintien du régime hydrologique soutenant les écosystèmes : ceux-ci sont connus sous le nom d'écosystèmes tributaires des eaux souterraines (GDE). La superficie de ces écosystèmes est souvent mal définie.

Un changement dans la quantité ou la qualité des eaux souterraines, souvent associé à l'activité humaine, aura une incidence sur les conditions et l'état des GDE (Eamus et Froend, 2006).

Richardson et al. (2011a) définissent trois types de GDE :

1. les écosystèmes aquifères et grottes fournissant des habitats uniques pour les organismes (par exemple, la stygofaune et la troglofaune, les animaux qui vivent sous terre), y compris les systèmes aquifères karstiques, les roches fracturées et les sédiments saturés ;
2. les écosystèmes entièrement ou partiellement tributaires de l'expression superficielle des eaux souterraines, y compris les zones humides, les lacs, les suintements, les sources, le débit de base des cours d'eau et certains écosystèmes estuariens et marins ;
3. les écosystèmes tributaires de la présence d'eau souterraine (via la frange capillaire), y compris la végétation terrestre dépendant entièrement ou de façon irrégulière des eaux souterraines.

Le degré de dépendance à l'égard des eaux souterraines par rapport aux autres sources d'eau est important pour différencier ces écosystèmes et leur réaction aux changements dans la disponibilité des eaux souterraines (Eamus et al., 2006). Les variations spatiales et temporelles des nappes phréatiques et la nature du rejet des eaux souterraines dans les plans d'eau stagnants ou en cours d'écoulement revêtent une importance particulière. Selon ces interactions, différentes propriétés physico-chimiques et assemblages d'espèces se développeront (Horwitz et al., 2008).

L'intérêt pour les GDE s'est largement développé à partir du besoin de comprendre les conséquences de l'utilisation directe ou de la pollution des aquifères. La quantité et la qualité des eaux souterraines sont importantes, de même que leur variabilité spatiale et temporaire. Ces relations peuvent être perturbées par des changements dans les eaux souterraines par le captage, la pollution et la réduction de la recharge par les précipitations. La gestion efficace des GDE exige l'intégration des ressources de surface et souterraines associées, et nécessite une compréhension des origines, des voies de circulation et du stockage de l'eau. Par exemple, certains GDE sont entièrement alimentés par des rejets continus d'eaux souterraines, tandis que d'autres sont alimentés par des apports mineurs, mais critiques, d'eaux souterraines limités à des saisons particulières ou à des épisodes interannuels.

Le *Scaturiginichthys vermeilipinnis*, espèce en voie de disparition, vit uniquement dans les sources artésiennes de la réserve d'Edgbaston, en Australie

Source : Adam Kerezsy

En général, les processus menaçant les GDE ne sont pas différents de ceux qui menacent d'autres écosystèmes. Les changements dans les eaux souterraines peuvent résulter d'une réduction de la recharge par les précipitations, du défrichement, de l'exploitation forestière et de l'agriculture, de l'urbanisation et de l'extraction directe d'eaux souterraines pour l'approvisionnement en eau. Les changements écologiques induits par ces activités varieront selon les types de GDE, en fonction de leurs besoins hydrologiques (Hatton et Evans, 1998 ; Richardson et al., 2011a).

La détermination de l'importance des eaux souterraines dans les écosystèmes avant la mise en place de développements affectant les ressources en eaux souterraines (ou autres activités dans un bassin versant) guidera la planification des ressources et les compromis possibles. Richardson et al. (2011b) résument l'éventail des approches actuelles pour déterminer les besoins en eau souterraine des GDE, de la mesure de la transpiration en eaux souterraines par des arbres individuels aux bilans hydrologiques, en passant par la télédétection à l'échelle des paysages. Dans la plupart des cas, une intégration de différentes approches, disciplines et connaissances associées sera nécessaire.

La gestion des GDE peut également être guidée par la compréhension du potentiel des écosystèmes à s'adapter aux changements dans la disponibilité en eaux souterraines. Par exemple, certains GDE de la plaine côtière du Cygne, en

La restauration du site Ramsar du lac Chilika, en Inde, soutient les moyens de subsistance des pêcheurs
Source : Ritesh Kumar

Australie occidentale, peuvent avoir changé d'état (défini par le biote et les processus écologiques) en fonction de changements dans le régime des eaux souterraines (Froend et Sommer, 2010 ; Sommer et Froend, 2014). Le potentiel d'adaptation des GDE peut toutefois être limité par des changements catastrophiques (et largement irréversibles) de la disponibilité en eaux souterraines, tels que la mortalité généralisée de la végétation tributaire des eaux souterraines (phréatophytes) par captage de ces eaux en période de sécheresse (Sommer et Froend, 2011). En réponse à cela, les organismes de gestion ont évalué les menaces pesant sur la végétation phréatophyte (Barron et al., 2013), et restreint le pompage des eaux souterraines près d'écosystèmes de zones humides vulnérables (McFarlane et al., 2012). Afin d'éviter de tels scénarios, il est nécessaire d'intégrer la gestion des bassins versants et d'équilibrer la demande en eau avec la conservation.

Estuaires

La position des estuaires à l'interface des environnements terrestres et marins les rend vulnérables aux impacts de presque toutes les activités humaines, terrestres ou marines, y compris les impacts des changements climatiques. Les estuaires constituent également un pôle d'attraction pour les activités humaines. Ainsi, la gestion des estuaires en tant qu'aires protégées peut s'avérer particulièrement difficile, et son efficacité dépend souvent de la gestion d'influences extérieures, encore plus que de la gestion des activités *in situ*. Le succès de la gestion des aires protégées estuariennes repose sur une gouvernance coopérative entre un certain nombre de parties prenantes communautaires et gouvernementales.

Le fonctionnement des estuaires dépend principalement de la quantité et de la qualité des apports d'eau douce et de leur distribution temporelle, ainsi que des apports du milieu marin (Borja et al., 2011 ; Whitfield et al., 2012). Grâce aux apports d'eau douce et aux marées, les eaux douces et salées se mélangent dans un environnement riche en nutriments, soutenant une diversité d'espèces aquatiques. Les prélèvements d'eau douce diminuent la quantité globale d'eau douce entrant dans les estuaires. D'autre part, les systèmes de transfert entre bassins, les travaux de traitement des eaux usées et l'augmentation du ruissellement des bassins « durcis » (par exemple, les réseaux routiers) augmentent les apports d'eau douce (Nirupama et Simonovic, 2007).

Idéalement, le débit d'eau douce dans un estuaire devrait être maintenu dans toute sa variabilité pour soutenir la structure et la dynamique globales de son habitat (van Niekerk et Turpie). Les débits de base sont généralement responsables du maintien du régime de salinité et, dans le cas de systèmes temporairement ouverts, de leur connectivité à la mer (état de l'embouchure). En revanche, les inondations façonnent les aspects géomorphologiques tels que la taille et la forme d'un estuaire et sa structure sédimentaire caractéristique. Ces processus aident à maintenir les liens entre les estuaires et les systèmes terrestres, dulçaquicoles et marins environnants. Les stratégies de cycle biologique de nombreuses espèces dépendent d'un mouvement entre ces systèmes, et le maintien de conditions d'embouchure ouverte au bon moment de l'année est essentiel à cela. Cela inclut de nombreuses espèces marines importantes commercialement et pour la conservation. Ainsi, les estuaires ne devraient pas être gérés comme des systèmes isolés (van Niekerk et Turpie, 2012).

En plus de la quantité d'eau qui pénètre dans les estuaires, les activités de captage et les infrastructures affectent également la qualité de cette eau, en termes de charges de sédiments, de nutriments et autres polluants (Turner et al., 2004). Cela peut conduire à l'étouffement des habitats, à une turbidité accrue et à une eutrophisation, pouvant entraîner des changements importants dans les communautés biotiques, et des extinctions locales. Si une partie de la pollution pénétrant dans les estuaires provient d'utilisateurs et établissements adjacents, il s'agit, en grande partie, de problèmes découlant de l'ensemble du bassin versant, et exigeant que les gestionnaires des aires protégées collaborent avec les parties prenantes concernées.

La protection d'un estuaire implique donc de veiller à ce que la quantité et la qualité des apports d'eau douce soient maintenues aussi proches que possible du niveau naturel, afin de maintenir le fonctionnement écologique et la biodiversité dans des conditions relativement naturelles. En réalité, les gestionnaires de l'estuaire doivent faire face à de nombreux changements difficiles, voire impossible, à inverser. Si tel est le cas, la protection des estuaires peut impliquer l'imposition de mesures artificielles telles que le rejet de débits de crues par les barrages et la rupture artificielle de l'estuaire. Ces interventions sont beaucoup plus complexes que le maintien des processus naturels, et nécessitent des investissements considérables dans la recherche et le suivi, afin de concevoir des stratégies permettant d'atteindre les objectifs de conservation. La lagune de Chilika (étude de cas 19.4) en est un exemple.

Les principales pressions devant être gérées dans les systèmes estuariens sont les développements empiétant sur les habitats de l'estuaire, la récolte de ressources telles que les poissons et les mangroves, l'aquaculture, et l'éradication ou le contrôle des espèces exotiques envahissantes (Perissinotto et al., 2013). La gestion de l'utilisation d'un estuaire implique de trouver des compromis entre les différents types de valeurs que celui-ci peut générer (Turpie et al., 2007). Par exemple, autoriser la pêche de subsistance aura un impact sur la fourniture de services écosystémiques tels que le fonctionnement en tant que zone d'alevinage pour soutenir la pêche marine, et autoriser un développement et un accès excessifs aura un impact sur la biodiversité du système et sa valeur en tant que destination écotouristique.

Pour que la protection des estuaires soit réussie, toutes les interventions suivantes aux échelles locale et nationale sont nécessaires :

- une planification intégrée de la conservation tenant compte des processus à l'échelle des paysages et des compromis socioéconomiques (Turpie et Clark, 2007) ;
- la gestion des bassins versants et l'établissement d'exigences de débit environnemental, afin d'assurer la fourniture d'une quantité et d'une qualité adéquates d'apports permettant de maintenir les estuaires protégés dans les conditions souhaitées (Adams, 2013) ;
- des plans de gestion permettant de contrôler les utilisations concurrentes dans les estuaires ;
- la restriction de l'utilisation de consommation, afin de donner la priorité à la conservation de la biodiversité et à la fourniture de services de régulation tels que les zones d'alevinage pour les crustacés et les poissons, la séquestration du carbone et la protection des côtes ;
- la délimitation de lignes de recul de développement, afin de protéger la valeur du paysage et permettre la migration de l'embouchure de l'estuaire, ainsi que des niveaux d'eau associés aux changements dans l'état de l'embouchure et à l'élévation du niveau de la mer.

EPA (2012) fournit des informations supplémentaires pour une bonne gestion estuarienne.

Gestion des aires protégées d'eau douce dans le paysage

Convention de Ramsar sur les zones humides

La Convention relative aux zones humides d'importance internationale est née des préoccupations des gouvernements et des ONG de conserver les zones humides en déclin. Il s'agissait du premier traité environnemental moderne, conclu dans la ville iranienne de Ramsar, en 1971. La Convention de Ramsar met également en œuvre le programme de travail sur les eaux intérieures au nom de la Convention sur la diversité biologique (CDB), et complète les activités de la Convention sur les espèces migratrices (et traités connexes). Là où d'autres traités couvrent également des sites ou des valeurs spécifiques, la Convention de Ramsar est analysée ici en profondeur, en raison de sa spécificité pour les zones humides.

Les Parties contractantes (pays) à Ramsar doivent inscrire au moins une zone humide sur la liste des zones humides d'importance internationale, connue sous le nom de liste Ramsar (Ramsar, 2008). Ces sites sont des aires protégées et sont sélectionnés en vue de leur désignation, en fonction de neuf critères (tableau 19.3).

Étude de cas 19.4 Restauration du lac Chilika, Inde

Chilika est une lagune estuarienne de l'État d'Odisha, qui couvre une superficie saisonnière de 906 à 1 165 kilomètres carrés, et s'accompagne d'une plaine inondable éphémère de 400 kilomètres carrés (figure 19.8). Chilika comprend des écosystèmes marins, saumâtres et d'eau douce peu profonds à très peu profonds, présentant des caractéristiques estuariennes. Il s'agit d'un *hotspot* de biodiversité, avec plus d'un million d'oiseaux migrateurs hivernants (Kumar et Pattnaik, 2012). Chilika a été désignée site Ramsar en 1981 (Catégorie VI de l'UICN).

Les moyens de subsistance de quelque 200 000 pêcheurs et 400 000 agriculteurs dépendent de la lagune, mais ont été menacés lorsque l'augmentation des sédiments provenant d'un bassin versant dégradé a réduit la connectivité de la lagune à la mer, entraînant un déclin rapide de la pêche (Mohapatra et al. 2007). L'introduction de la culture de crevettes, ainsi que le déclin de la pêche, ont suscité un ressentiment entre les pêcheurs traditionnels et les immigrants (Dujovny, 2009). Pour restaurer le lac, en 1991, le gouvernement d'Odisha a créé l'Autorité de développement de Chilika, présidée par le ministre principal et composée de hauts représentants de tous les ministères concernés, ainsi que des représentants des communautés de pêcheurs. Celle-ci a lancé des programmes de restauration des bassins versants, de suivi hydrobiologique, de développement durable de la pêche, de conservation de la faune sauvage, de participation communautaire et de développement et renforcement des capacités.

En 2000, un canal créé pour reconnecter la lagune à la mer et rétablir les régimes hydrologiques et de salinité (Ghosh et al., 2006) a permis le rétablissement de la pêche et de la biodiversité. Un processus de planification de la gestion intégrée impliquant les principaux intervenants et ayant-droits a été lancé en 2008 pour guider la conservation continue de Chilika. Un cadre de planification de la gestion a été élaboré (Kumar et Pattnaik, 2012), et un plan a été publié en 2012.

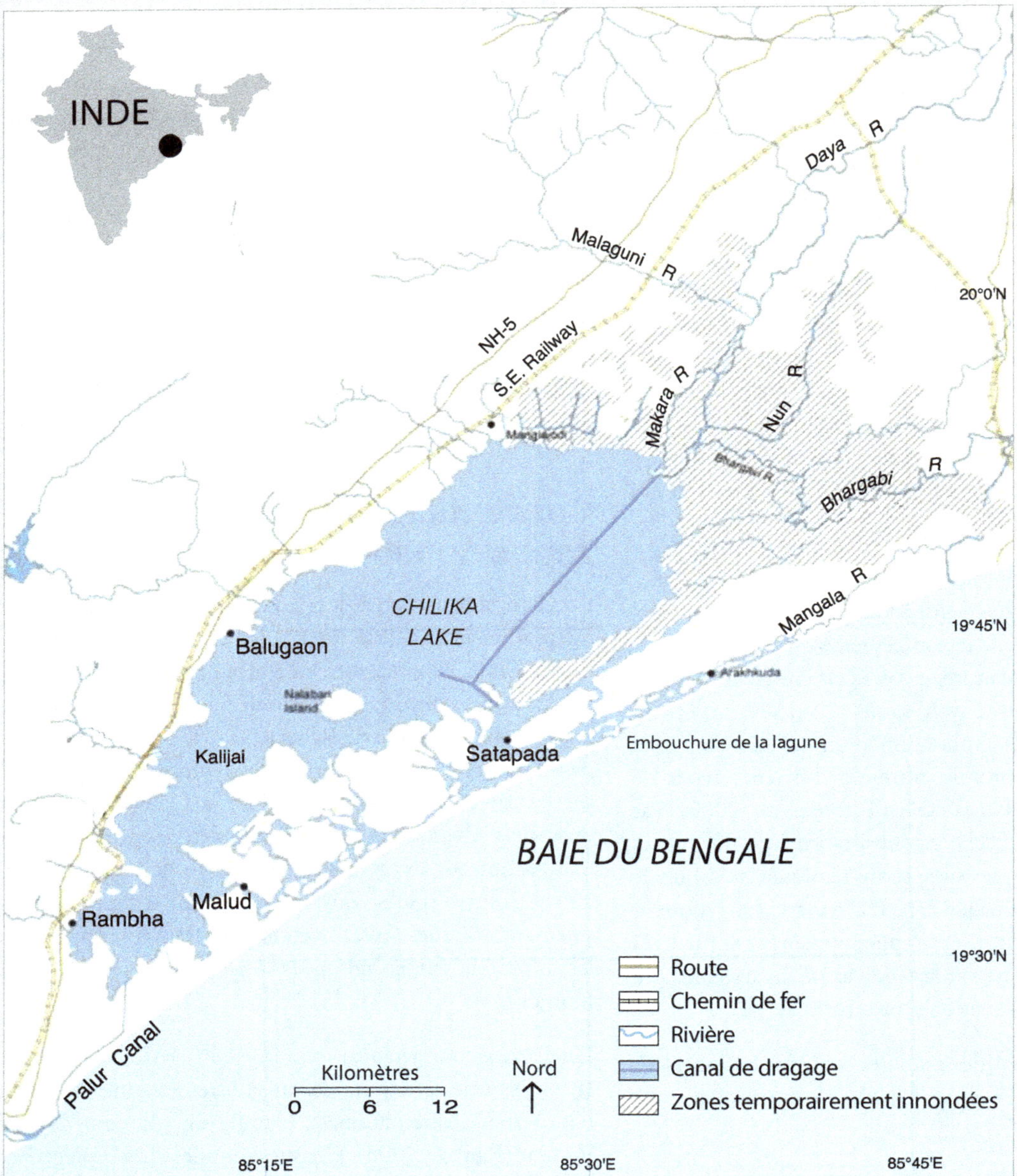

Figure 19.8 Lagune de Chilika, Inde

Source : Modifié de Chilika Development Authority et Wetlands International

La convention possède une définition plutôt générale des zones humides, qui inclut les écosystèmes côtiers, marins, artificiels et intérieurs. Une description de chaque zone humide désignée est fournie au moyen d'une fiche d'information Ramsar, comprenant des données sur les paramètres scientifiques, de conservation et de gestion, ainsi qu'une carte délimitant les limites du site (Ramsar, 2009b). Les pays sont encouragés à établir des inventaires nationaux des zones humides, afin de promouvoir la désignation du plus grand nombre possible de sites appropriés pour les zones humides. En 2012, seuls 43 % des pays disposaient d'un tel inventaire. Un cadre stratégique définit la vision de la liste, comme : « développer et maintenir un réseau international de zones humides importantes pour la conservation de la diversité biologique mondiale et pour soutenir la vie humaine par le maintien de leurs composantes, processus et avantages/services écosystémiques » (Ramsar, 2008:Clause 6).

Le cadre stratégique a pour objectifs de :

- établir des réseaux nationaux de sites Ramsar pleinement représentatifs de la diversité des zones humides et de leurs principales fonctions écologiques et hydrologiques ;
- contribuer au maintien de la diversité biologique mondiale par la désignation et la gestion de sites appropriés de zones humides ;
- favoriser la coopération dans la sélection, la désignation et la gestion des sites ;
- utiliser le réseau de sites comme un outil de promotion de la coopération nationale, supranationale, régionale et internationale sur des traités environnementaux complémentaires (Ramsar, 2008).

La liste contenait 2 177 sites en 2014, couvrant 2,08 millions de kilomètres carrés, soit 16 % des quelque 12,8 millions de

Tableau 19.3 Critères d'inscription des zones humides d'importance internationale et objectifs à long terme de la liste de Ramsar

Critère spécifique	Objectif à long terme
Contient un exemple représentatif, rare ou unique d'un type de zone humide naturel ou quasi naturel présent dans la région biogéographique appropriée.	Inclure au moins un représentant approprié de chaque type de zone humide, selon le système de classification Ramsar, dans chaque région biogéographique.
Abrite des espèces vulnérables, en voie de disparition ou en danger critique d'extinction, ou des communautés écologiques menacées.	Inclure les zones humides considérées comme importantes pour la survie d'espèces vulnérables, en voie de disparition ou en danger critique d'extinction ou de communautés écologiques menacées.
Abrite des populations d'espèces végétales et/ou animales importantes pour le maintien de la diversité biologique d'une région biogéographique particulière.	Inclure les zones humides considérées comme importantes pour le maintien de la diversité biologique dans chaque région biogéographique.
Abrite des espèces végétales et/ou animales à un stade critique de leur cycle de vie, ou fournit un refuge dans des conditions défavorables.	Inclure les zones humides les plus importants pour fournir un habitat aux espèces végétales ou animales pendant les étapes critiques de leur cycle de vie et/ou lorsque des conditions défavorables prévalent.
Abrite régulièrement 20 000 oiseaux d'eau ou plus.	Inclure toutes les zones humides qui abritent régulièrement 20 000 oiseaux d'eau ou plus.
Abrite régulièrement 1 % des individus d'une population d'une espèce ou sous-espèce d'oiseau d'eau.	Inclure toutes les zones humides abritant régulièrement 1 % ou plus de la population biogéographique d'une espèce ou sous-espèce migratrice.
Abrite une proportion importante de sous-espèces, d'espèces ou de familles de poissons autochtones, d'étapes du cycle biologique, d'interactions entre les espèces et/ou populations représentatives des avantages et/ou des valeurs des zones humides, contribuant ainsi à la diversité biologique mondiale.	Inclure les zones humides abritant une proportion importante de sous-espèces, d'espèces ou de familles et de populations de poissons autochtones.
Source importante de nourriture pour les poissons, frayère, aire d'alevinage et/ou voie de migration dont dépendent les stocks de poissons, dans la zone humide ou ailleurs.	Inclure les zones humides fournissant des sources de nourriture importantes pour les poissons, ou constituant des frayères, des aires d'alevinage et/ou situées sur leur voie de migration.
Abrite régulièrement 1 % des individus d'une population d'une espèce ou d'une sous-espèce animale non-aviaire tributaire des zones humides.	Inclure toutes les zones humides abritant régulièrement 1 % ou plus d'une population biogéographique d'une espèce ou sous-espèce animale non-aviaire.

Source : Ramsar (2008)

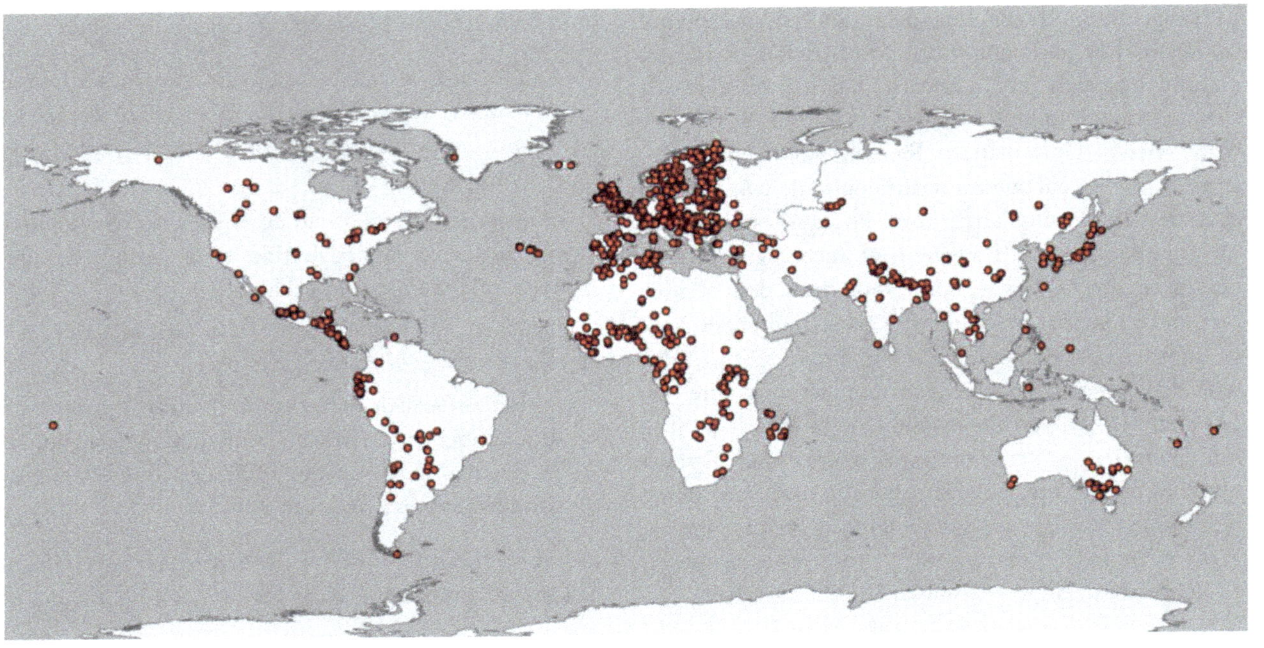

Figure 19.9 Répartition des sites Ramsar d'eau douce intérieure

Source : Adapté du Service d'information sur les sites Ramsar

kilomètres carrés de zones humides mondiales (Finlayson et al., 1999). La liste Ramsar compte 795 zones humides d'eau douce intérieures, couvrant une superficie totale de 104,7 millions de kilomètres carrés (figure 19.9 ; tableau 19.4).

Une autre exigence pour les pays en vertu de la Convention est d'élaborer et de mettre en œuvre des plans de gestion appropriés pour les zones humides inscrites. Le tableau 19.4 montre l'étendue régionale des instruments de planification de la gestion pour les zones humides d'eau douce. L'information fournie n'indique pas si les plans de gestion sont entièrement en place, régulièrement mis à jour ou efficaces pour atteindre l'objectif énoncé.

Les pays s'engagent à adopter une utilisation rationnelle de toutes les zones humides, et à préserver leurs caractéristiques écologiques, c'est-à-dire la combinaison des composantes, des processus et des avantages/services écosystémiques qui caractérisent la zone humide. La convention possède également un registre de rapports de changements défavorables dans les caractéristiques écologiques des sites Ramsar (Finlayson et al., 2011). Ces engagements sont étayés par une vaste série de directives à l'intention des gestionnaires (Ramsar, 2011). Les évaluations de mise en œuvre de la convention donnent à penser que les sites Ramsar ont un statut juridique plus solide et sont mieux conservés que les aires protégées non-Ramsar (Bowman, 2002). Le parc national de Kakadu, en Australie, est un exemple de site Ramsar important (étude de cas 19.5).

Tableau 19.4 Nombre de zones humides d'eau douce intérieures inscrites sur la liste Ramsar en février 2014

Région	Nombre de zones humides	Superficie des zones humides (millions de kilomètres carrés)	Nombre de zones humides possédant un plan de gestion
Afrique	149 (19 %)	71,2 (68 %)	87 (58 %)
Asie	105 (13 %)	4,9 (5 %)	74 (70 %)
Europe	412 (52 %)	5,5 (5 %)	362 (85 %)
Néotropiques	55 (7 %)	16,8 (16 %)	44 (80 %)
Amérique du Nord	51 (6 %)	3,7 (4 %)	47 (92 %)
Océanie	23 (3 %)	2,6 (2 %)	23 (100 %)
Total	795	104,7	637 (80 %)

Source : Service d'information sur les sites Ramsar

Étude de cas 19.5 Zones humides du parc national de Kakadu, Australie

Le parc national de Kakadu (catégorie II de l'UICN) est situé à l'est de Darwin, dans le nord de l'Australie (figure 19.10) et couvre environ 20 000 kilomètres carrés, y compris la majeure partie du bassin versant de la rivière South Alligator. Ses zones humides incluent des mangroves, des plaines salées, des plaines inondables d'eau douce, de petits lacs (billabongs), ainsi que des sources et des piscines (Finlayson et Woodroffe, 1996). L'importance de ces zones humides a été reconnue par la Convention de Ramsar et la Convention du patrimoine mondial.

Le parc est un paysage culturel vivant et géré conjointement par les propriétaires fonciers autochtones traditionnels et le gouvernement fédéral. Le plan de gestion soutient une gestion conjointe, et vise à maintenir « un partenariat solide et fructueux entre les propriétaires traditionnels, les gouvernements, l'industrie du tourisme et les groupes d'utilisateurs du parc, fournissant les meilleures pratiques mondiales en matière de protection du tourisme national et durable » (Kakadu Board of Management, 2007:8).

Le plan de gestion et la description Ramsar des caractéristiques écologiques décrivent les principaux problèmes de gestion (BMT WBM, 2010). Le parc dispose d'équipes actives de rangers contrôlant les incursions des principales mauvaises herbes et animaux introduits. Les changements climatiques et l'élévation du niveau de la mer constituent une menace croissante, provoquant une intrusion accrue d'eau salée dans les zones humides d'eau douce et un retrait des mangroves. L'extraction et le traitement de minerai d'uranium dans une enclave entourée par le parc constituent une menace constante pour les zones humides.

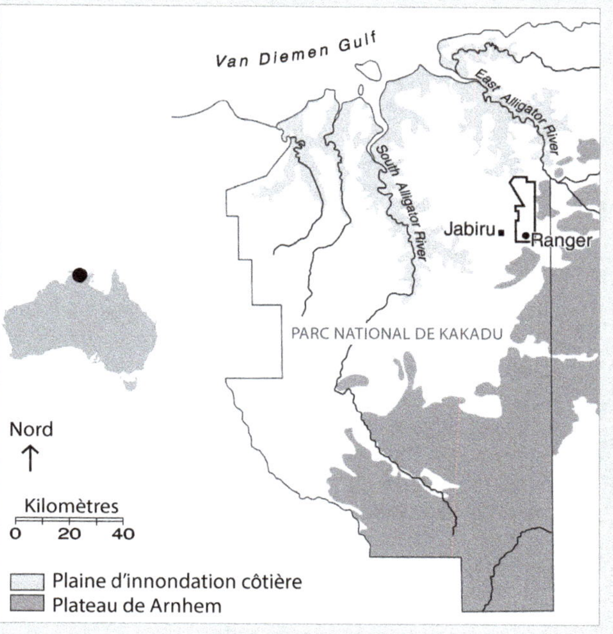

Figure 19.10 parc national de Kakadu

Source : US NPS adapté de © Clive Hilliker, Université nationale australienne

Couloirs d'eau douce

Les cours d'eau sont des couloirs naturels de la nature. L'écoulement de l'eau, des éléments nutritifs et des sédiments, ainsi que le mouvement des espèces le long des cours d'eau, génèrent un habitat uniforme dans les couloirs riverains, à travers les paysages terrestres. Ces couloirs riverains et de plaines inondables sont particulièrement riches en biodiversité, et constituent souvent un habitat clé pour les animaux dans le paysage terrestre (Naiman et al., 1993). Tockner et al. (2008:51) concluent que « dans la plupart des régions du monde, beaucoup plus d'espèces végétales et animales sont présentes dans les plaines inondables que dans toute autre unité paysagère ».

Par conséquent, l'entretien et la restauration des couloirs riverains sont des priorités de conservation pour les écosystèmes terrestres et d'eau douce.

La restauration des forêts riveraines présente des avantages considérables (Lukasiewicz et al., 2013). Les forêts riveraines jouent un rôle clé en fournissant de la matière organique, base de la chaîne alimentaire aquatique, en formant un habitat physique, en filtrant les polluants et en maintenant l'eau à des températures appropriées. En raison de leur évolution géomorphologique, les cours d'eau fournissent les gradients d'altitude les plus doux dans le paysage, et donc, des couloirs idéaux pour les changements de distribution de nombreuses espèces face aux changements climatiques.

Une question clé pour les gestionnaires restaurant les couloirs riverains dans les zones où l'utilisation des terres est contestée est « quelle est la largeur suffisante ». La réponse simple est « aussi large que possible », mais une évaluation spécifique est nécessaire dans chaque cas (Spackman et Hughes, 1995). La réponse minimale pourrait être « assez large pour permettre le plein développement de la canopée végétale afin de maximiser l'ombre sur l'ensemble du plan d'eau concerné et de former un microclimat mésique adéquat (moite, humide) ». La végétation riveraine est souvent épaisse, forme une ombre étendue et réduit le mouvement de l'air, créant un microclimat mésique abritant des espèces particulières et résistant au feu. Une réponse plus idéale est que toute la largeur des terres riveraines régulièrement inondées devrait être restaurée, c'est à dire la plaine inondable, par opposition à la végétation et aux sols des zones humides (DWAF, 2008 ; Kotze et al., 1996).

Ces dernières années, des projets de liaison à l'échelle des paysages (voir le chapitre 27) ont été entrepris dans de nombreuses régions du monde, notamment en Australie, aux États-Unis et en Europe (Wyborn, 2011 ; Fitzsimons

Étude de cas 19.6 Millingerwaard, Pays-Bas

Le Millingerwaard est une zone d'anciennes terres agricoles sur une plaine inondable située le long du Rhin (figure 19.11). Ses forêts alluviales, marais, prairies naturelles, eaux de surface et dunes de rivière ont été restaurés pendant deux décennies dans un objectif de conservation de la nature, de loisirs et de gestion des inondations (Bekhuis et al., 2005). Les 800 hectares constituent un site Natura 2000 et une aire de catégorie II de l'UICN, gérée par la Commission nationale des forêts.

Un accord avec des sociétés commerciales d'extraction d'argile et de sable a permis l'extraction de gisements argileux historiques suivant le relief géographique sous-jacent, afin de découvrir la structure naturelle du paysage fluvial (Bekhuis et al., 2005). De cette façon, la sûreté de la rivière est améliorée, en lui permettant de gérer les pics d'inondation. Des espèces comme le castor (*Castor fiber*), le blaireau (*Meles meles*), la cigogne noire (*Ciconia nigra*) et le pygargue à queue blanche (*Haliaeetus albicilla*) sont revenues dans les plaines inondables. D'anciennes races de bovins et de chevaux, imitant des herbivores disparus, occupent la région et, avec les castors, les cerfs et les oies, contrôlent la végétation, afin d'améliorer la variété spatiale et créer des habitats pour d'autres espèces. Millingerwaard est un site de démonstration de la vision de « rivières vivantes » développée par le Fonds mondial pour la nature (WWF) aux Pays-Bas, dans les années 1990 (Helmer et al., 1992). Cette approche a été reproduite le long d'autres parties du Rhin, afin d'aider à réduire les risques d'inondation, et promouvoir les loisirs et la conservation de la biodiversité.

Le Millingerwaard restauré est devenu une zone de loisirs très populaire, et on estime qu'elle génère jusqu'à 6 millions d'euros par an pour l'économie régionale (Bekhuis et al., 2005). Les facteurs de réussite incluent une coopération entre les entreprises et les organismes de gestion de la nature et de l'eau, et des avantages économiques générés par les loisirs. Les défis incluent le maintien de valeurs naturelles élevées et la sécurité contre les inondations. Par exemple, les refuges pour les herbivores sauvages, en cas d'inondations, peuvent obstruer le débit des rivières.

Restauration de la plaine inondable du Rhin, à Millingerwaard, Pays-Bas

Source : Dirk Oomen, Stroming Ltd.

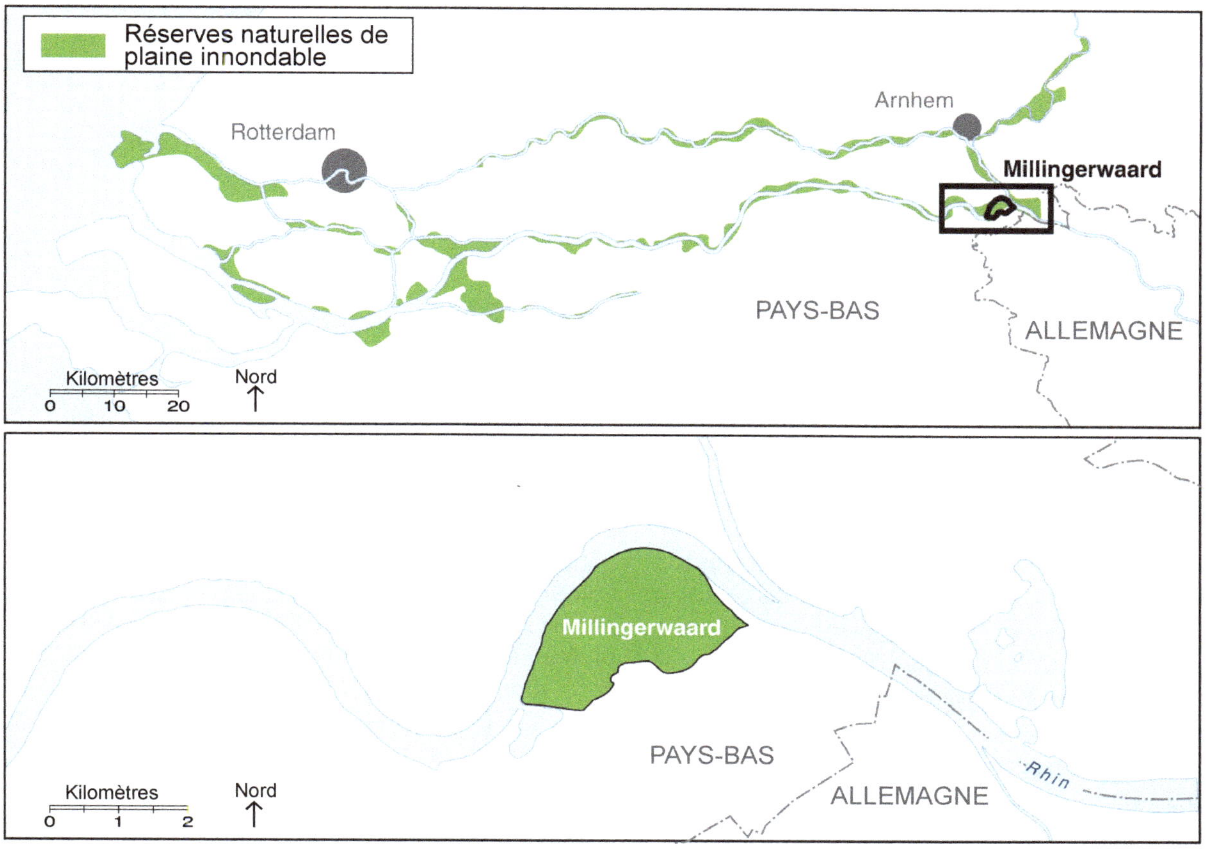

Figure 19.11 Millingerwaard, Pays-Bas, montrant les réserves naturelles développées le long du Rhin

Source : © Clive Hilliker, Université nationale australienne

et al., 2013). Étonnamment, très peu de ces initiatives se concentrent sur les couloirs fluviaux, contrairement à de nombreux projets de connectivité remplis de barrières biophysiques. Les programmes de restauration des plaines inondables le long de grands cours d'eau, comme ceux longeant le Danube (Ebert et al., 2009) et le Rhin (étude de cas 19.6) font exception. Ceux-ci combinent la restauration des habitats, l'établissement de corridors et l'adaptation écosystémique aux changements climatiques, ainsi que la réduction des risques d'inondation.

Planification des bassins versants et de l'eau

L'utilisation anthropique des terres est un facteur critique des conditions terrestres affectant directement la structure, la fonction et la résilience des écosystèmes aquatiques (Dudgeon et al., 2006), y compris dans les aires protégées. Différents endroits dans un bassin hydrographique soutiendront des voies de déplacement variées pour les éléments biotiques et abiotiques, qui, à leur tour, favoriseront différents processus aquatiques (figure 19.12). Les bassins hydrographiques ne coïncident généralement pas avec les lignes de propriété humaine, y compris les limites des aires protégées (figure 19.13), obligeant les gestionnaires à s'engager dans une planification de l'utilisation des terres et de l'eau à l'échelle du bassin versant, en dehors des aires protégées. Ces processus peuvent inclure une vision du bassin versant, des scénarios et des compromis concernant l'utilisation et l'allocation de l'eau, et l'octroi de permis d'utilisation de l'eau pour de nouveaux développements en dehors de l'aire protégée.

Malheureusement, la gestion de la conservation a traditionnellement été séparée de la gestion des ressources en eau (Gilman et al., 2004). Toutefois, les autorités chargées des aires protégées ont pour mandat de s'engager dans la planification de la conservation de l'eau douce. En l'absence de planification régionale proactive du développement, les autorités chargées des aires protégées devraient catalyser ces processus. De telles approches de planification proactives aideront à garantir que l'allocation et la qualité de l'eau nécessaires à la conservation de l'eau douce soient respectées dans les aires protégées situées en aval (étude de cas 19.7). Si l'aire protégée se trouve dans un bassin versant supérieur, les autorités chargées de l'aire protégée peuvent également souhaiter rechercher des possibilités de partage des avantages concernant l'eau fournie aux communautés en aval. Les autorités chargées des aires protégées agissent donc en tant que parties prenantes et négociatrices puissantes pour la conservation de l'eau douce dans le cadre des processus de gestion intégrée des ressources en eau. Lorsque l'exploitation de l'eau en amont d'une aire protégée est nécessaire (par exemple, la construction de barrages et autres systèmes d'approvisionnement en eau), les gestionnaires devront insister sur l'établissement et l'application d'exigences de débits environnementaux afin de soutenir les écosystèmes (tableau 19.2 ; Hirji et Davis, 2009).

Les plans de gestion des bassins versants sont un moyen d'intégrer les divers usages et propriétaires des terres et de l'eau, qui, combinés, peuvent influencer directement ou indirectement la qualité d'un réseau fluvial partagé (Abell et al., 2007 ; Russi et al., 2013). Ils constituent des occasions pour les gestionnaires d'aires protégées d'influencer favorablement les parties prenantes, les ayant-droits et les utilisateurs des terres avoisinantes (étude de cas 19.3). Des exemples réussis de gestion et de planification de bassins versants impliquent généralement une collaboration entre les parties prenantes communautaires, gouvernementales et non gouvernementales, et les ayant-droits. Des exemples ont été documentés aux États-Unis (Flitcroft et al., 2009), en Australie (Curtis et Lockwood, 2000), en Afrique du Sud (King et Brown, 2010) et en Europe (Warner et al., 2013). De plus en plus d'autres exemples de ce qui fonctionne et ne fonctionne pas sont disponibles (Sadoff et al., 2008).

Une terminologie variée est utilisée à l'échelle mondiale pour désigner la gestion des bassins versants. Le secteur de l'eau utilise souvent le terme de « gestion intégrée des ressources en eau » pour désigner la gestion entre secteurs consommateurs d'eau et parties prenantes/ayant-droits (GWP, 2000). Pour se concentrer sur les unités écologiques, de nombreuses organisations parlent de « gestion intégrée des bassins fluviaux » (WWF, 2003) ou de « gestion intégrée des bassins lacustres » (comme indiqué précédemment). En Amérique du Nord, le terme « bassins hydrographiques » s'applique souvent aux bassins versants. Le concept est également appliqué à la gestion des bassins d'eaux souterraines. Quel que soit le jargon, une bonne gestion des bassins versants implique de multiples parties prenantes et ayant-droits dans la mise en œuvre d'une vision commune pour la gestion durable d'un bassin partagé. La définition et la gestion de niveaux durables de prélèvement et de qualité de l'eau sont des éléments communs qui renforceront les efforts de conservation dans les aires protégées.

Les forums d'apprentissage aident à établir une compréhension, une vision et une politique communes concernant l'utilisation et la protection de l'eau, essentielles

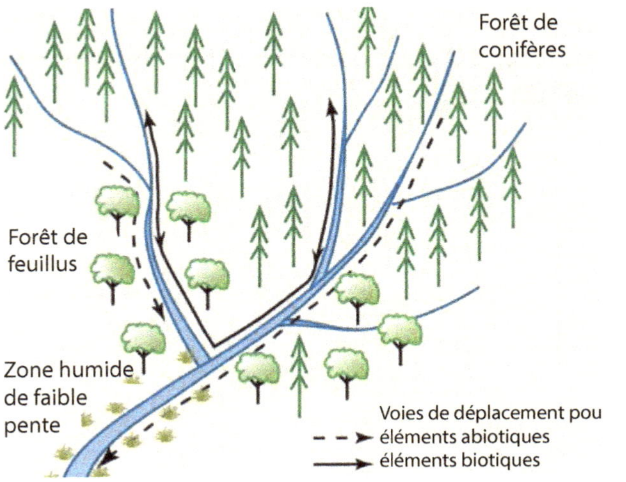

Figure 19.12 Voies de déplacement écologiques : les voies de déplacement des éléments biotiques diffèrent de celles des éléments abiotiques dans un système de cours d'eau. Les éléments abiotiques sont obligés de déplacer dans le sens de l'écoulement de l'eau, alors que les éléments biotiques peuvent également se déplacer à contrecourant

Source : Département de l'Agriculture des États-Unis

pour stimuler la coopération nécessaire pour soutenir la durabilité des ressources en eau (Ison et Watson, 2007). À cette fin, les gestionnaires d'aires protégées devraient organiser des forums d'apprentissage intersectoriels pour une gestion intégrée efficace des ressources en eau, ou y participer. Au niveau local, le personnel des aires protégées peut se concentrer principalement sur l'établissement de relations de confiance avec les autres parties prenantes et ayant-droits locaux dans les bassins versants, cherchant un accord commun sur la façon de répondre collectivement aux besoins de chacun (Etienne et al., 2011). Au niveau de la direction, la participation des décideurs en matière de ressources en eau est nécessaire pour s'assurer que leurs processus politiques soient alignés sur les besoins de l'aire protégée (Collins et al., 2009). Au niveau des systèmes d'aires protégées, ces forums devraient rechercher une vision commune et une coopération intersectorielle entre les ministères (Roux et al., 2008).

Changements climatiques

Le climat exerce des influences primaires, directes et indirectes sur l'emplacement, la phénologie et l'expression phénotypique d'un plan d'eau, ainsi que sur les interactions au sein des populations et entre les espèces (Parmesan, 2006). Les débits d'eau, et le biote qui en dépend, sont intimement liés au climat (Poff et Matthews, 2013). Les changements climatiques entraîneront l'extension de l'aire de répartition de « nouvelles » espèces autochtones dans les aires protégées, ce qui pourrait indiquer une adaptation autonome efficace,

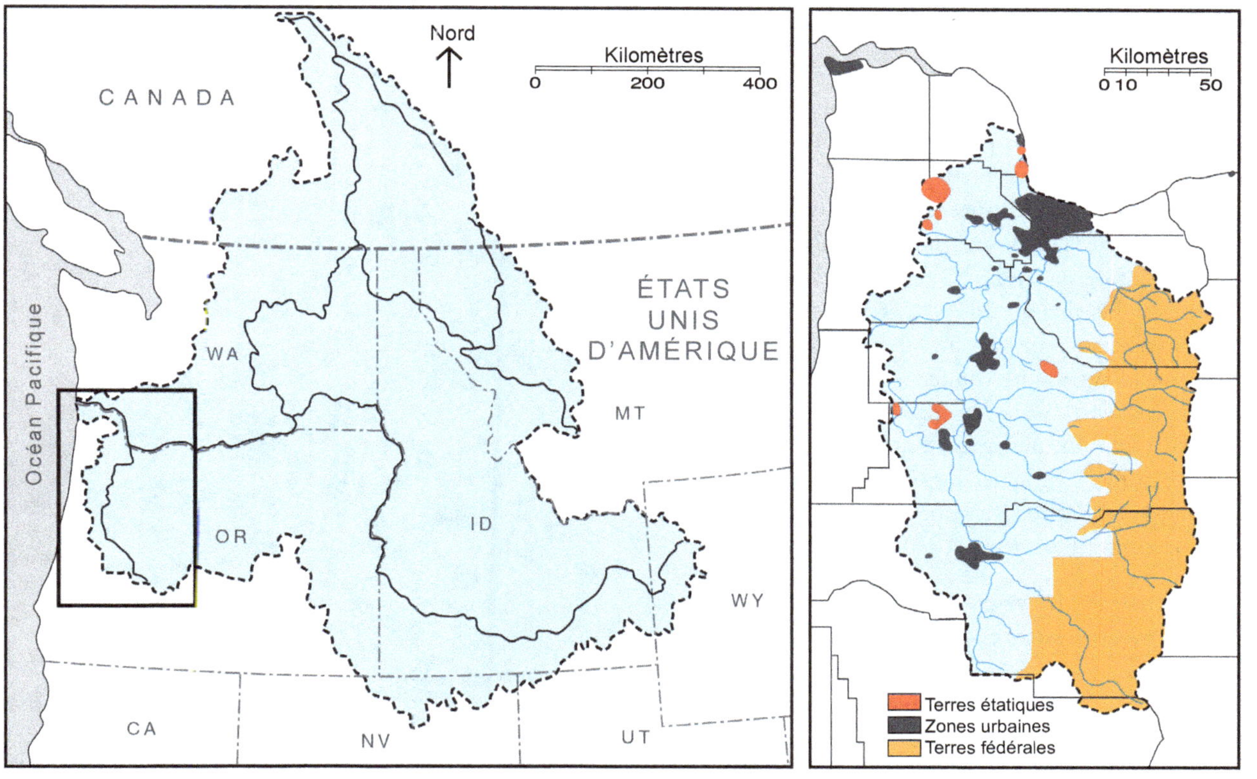

Figure 19.13 Bassins versants et limites juridictionnelles : le bassin versant du fleuve Columbia traverse des frontières internationales et des frontières d'États et de provinces. Le bassin versant de la rivière Willamette, plus petit, traverse plusieurs frontières administratives locales et régimes fonciers répartis entre le gouvernement fédéral des États-Unis, l'État de l'Oregon et des exploitations privées

Source : © Clive Hilliker, Université nationale australienne

plutôt qu'une invasion d'espèces à laquelle il faudrait résister. De même, une diminution de l'abondance peut être la preuve d'une plage de décalage. Les espèces devront être suivies et gérées à l'échelle régionale (Poff et al., 2010). Des espèces plus sessiles ou isolées pourraient avoir besoin d'aide pour se disperser et s'établir dans de nouveaux habitats (Hannah, 2010). De plus, une gestion selon une définition de communauté écologique fixe peut être contre-productive pour une gestion efficace adaptée aux changements climatiques (Matthews et al., 2011 ; Catford et al., 2012).

Une série d'interventions d'adaptation aux changements climatiques a été proposée pour mieux conserver la biodiversité d'eau douce dans les zones humides protégées et les systèmes fluviaux, y compris un ensemble d'options détaillées en Australie (Arthington, 2012 ; Lukasiewicz et al., 2013). Il s'agit d'identifier et de prioriser la conservation de parties du paysage d'eau douce susceptibles d'être plus résilientes aux changements climatiques, et de fournir des refuges, tels que des tronçons fluviaux ombragés par des montagnes, ou ceux formant des couloirs pouvant permettre aux espèces de se déplacer vers des habitats plus favorables. Une autre option consiste à gérer les débits environnementaux pour contrer les impacts des changements climatiques (Olden et Naiman, 2010 ; Poff et Matthews, 2013). En général, ces mesures de débit ne sont possibles que sur les cours d'eau possédant des barrages exploitables (Pittock et Hartmann, 2011). Ces approches exigent que les institutions de gestion maintiennent les infrastructures et prennent des décisions opportunes, par exemple, pour libérer l'eau des barrages. En revanche, les cours d'eau à écoulement libre n'ont besoin d'aucune gestion quotidienne pour fournir les débits nécessaires à la conservation des espèces aquatiques, mais peuvent être menacés par les changements climatiques ne pouvant pas être contrés sans infrastructures (Pittock et Finlayson, 2011).

De nombreuses mesures d'adaptation sont dites « sans regrets », offrant des avantages pour l'environnement et les personnes indépendamment des changements climatiques. La restauration des forêts riveraines pour ombrager les écosystèmes d'eau douce adjacents et offrir d'autres avantages en matière de conservation en est un exemple (Davies, 2010). À Millingerwaard (étude de cas 19.6), la restauration de la plaine inondable du Rhin, en tant que mesure d'adaptation aux changements climatiques, réduit les risques d'inondations et préserve la biodiversité. Les co-avantages pour différents groupes de personnes associés à ces mesures d'adaptation sans regrets offrent la possibilité de renforcer le soutien des parties prenantes et des ayant-droits à la conservation.

L'amélioration des normes de sécurité d'infrastructures hydrauliques existantes pour lutter contre les changements climatiques offre aux gestionnaires d'aires protégées la possibilité d'obtenir d'autres changements, visant à faciliter l'adaptation de la biodiversité, par exemple en installant des passages à poissons sur les barrages (Matthews et al., 2011 ; Pittock et Hartmann, 2011). Les projets d'interventions d'ingénierie utilisant moins d'eau pour conserver la biodiversité aquatique, connus sous le nom de « gestion environnementale de la demande en eau » ou de « travaux et mesures environnementaux », sont politiquement attrayants, mais risquent d'entraîner des impacts environnementaux imprévus et des échecs de gestion, et doivent être considérés avec prudence (Pittock et al., 2012 ; étude de cas 19.7).

Les infrastructures regroupent à la fois les éléments éco-hydrologiques construits et « naturels » du paysage. De nombreuses institutions encouragent une plus grande conservation de l'environnement, afin d'accroître la résilience aux impacts des changements climatiques, et contribuer ainsi à l'adaptation. Le jargon utilisé pour décrire cette approche inclut les termes d'« infrastructure verte », « capital naturel », « gestion des écosystèmes », « adaptation basée sur les écosystèmes » et « services écosystémiques » (IEMP, 2011). Ces approches favorisent souvent la conservation des écosystèmes d'eau douce.

Trop souvent, les décideurs concentrent leur attention sur une seule intervention, alors que chaque option d'adaptation comporte des risques et des coûts, ainsi que des avantages devant être identifiés. L'adoption d'une série d'interventions différentes, mais complémentaires, peut répartir les risques, maximiser les avantages et éviter des résultats pervers. L'utilisation des débits environnementaux sur des cours d'eau réglementés, liée à la protection des cours d'eau à écoulement libre, en est un exemple. Dans cet esprit, Lukasiewicz et al. (2013) ont élaboré un cadre à l'échelle des bassins, permettant de travailler avec les parties prenantes et les ayant-droits afin d'évaluer les risques, les coûts et les avantages des options d'adaptation aux changements climatiques. Étant donné que les changements climatiques auront des répercussions sur la plupart, sinon toutes les aires protégées, ces mesures peuvent aider les gestionnaires à évaluer les priorités et à obtenir les meilleurs résultats possibles (voir le chapitre 17).

La rivière Ovens est protégée en tant « rivière du patrimoine », libre de tout barrage, en Australie

Source : Jamie Pittock

Étude de cas 19.7 Zones humides Ramsar du bassin Murray–Darling, Australie

Le bassin Murray–Darling couvre environ 1 million de kilomètres carrés, soit un septième de l'Australie (figure 19.14). Ses grandes forêts de plaines inondables et autres zones humides couvrent plus de 5,7 millions d'hectares (5,6 % du bassin), dont 636 300 hectares désignés comme 16 sites Ramsar (Pittock et al., 2010). Les régimes fonciers de ce site incluent des réserves naturelles (catégorie II de l'UICN) gérées par les gouvernements des États et des ONG, des réserves forestières et de chasse (catégorie VI de l'UICN) gérées par les gouvernements des États, et de petites zones de terres pastorales gérées par des particuliers (catégorie VI de l'UICN). Les eaux du bassin sont tellement exploitées que le débit médian annuel en fin de cours d'eau est tombé à 29 % des niveaux pré-développement. De vastes zones humides ont souffert de changements dans les débits hydriques, de dessiccation, de salinité et de la production de sulfate acide (Pittock et Finlayson, 2011).

En 2007-2008, la *Loi nationale sur l'eau* a été adoptée, sur la base des obligations de l'Australie dans le cadre de la Convention sur la diversité biologique et la Convention de Ramsar, et exige la conservation des principaux actifs environnementaux, ainsi que des fonctions et services écosystémiques (Pittock et al., 2010).

En 2012, un plan de bassin a été adopté, susceptible d'aboutir à jusqu'à 3 200 giga-litres par an (29 % de l'eau prélevée pour la consommation) restitués à l'environnement d'ici 2024. Les droits acquis sur l'eau sont détenus et gérés de manière indépendante à des fins de conservation par le Federal Government's Commonwealth Environmental Water Holder (Connell, 2011).

Des interventions d'ingénierie connues sous le nom de « travaux et mesures environnementaux » sont déployées pour tenter de conserver la biodiversité des zones humides avec moins d'eau. Ceux-ci risquent de perturber la connectivité des habitats et d'augmenter la concentration de sel dans les zones humides, et dépendent des opérations et de l'entretien opportuns du gouvernement de l'État (Pittock et al., 2012). Bien qu'il soit important de rétablir des débits adéquats, d'autres mesures importantes ont été négligées, notamment la restauration des forêts riveraines, la protection des deniers cours d'eau libres de barrages, la restructuration des barrages pour éliminer la pollution par des eaux froides et la restauration des passages à poissons (Pittock et Finlayson, 2011). Étant donné que le plan de bassin doit être révisé au moins tous les 10 ans, un potentiel existe pour une meilleure gestion adaptative des allocations d'eau et autres mesures.

Figure 19.14 Bassin Murray-Darling, indiquant l'emplacement de 16 zones humides Ramsar désignées

Source : © Clive Hilliker, Université nationale australienne

Un grand besoin d'eau : la plaine inondable desséchée, acidifiée et salinisée de la Murray River, Australie

Source : Jamie Pittock

Planification de la conservation de l'eau douce par les agences nationales et provinciales en Afrique du Sud

Source : Dirk Roux

Conclusion

Bien que la superficie terrestre occupée par les écosystèmes d'eau douce et estuariens soit relativement petite, la biodiversité de ces systèmes est particulièrement menacée à l'échelle mondiale. Nous avons décrit dans ce chapitre les caractéristiques de divers types d'écosystèmes et la façon dont leur conservation est essentielle à une mission fondamentale des gestionnaires d'aires protégées dans la conservation de la biodiversité.

Les écosystèmes d'eau douce sont difficiles à conserver parce que les processus écologiques qui les structurent, en particulier les débits hydriques, sont facilement perturbés par les demandes des populations en énergie, en nourriture et en eau. Les populations vivent et changent irrévocablement les systèmes d'eau douce, créant des défis, mais aussi des occasions pour les gestionnaires d'aires protégées de gagner de nouveaux publics et adeptes.

Deux règles d'or s'appliquent pour maintenir ou restaurer la biodiversité d'eau douce. Tout d'abord, conserver la qualité, le calendrier et le volume des débits hydriques. Deuxièmement, s'assurer que la connectivité est maintenue le long des rivières, entre les plans d'eau et leurs plaines inondables, ainsi que verticalement, par la variabilité naturelle de profondeur des plans d'eau et la connectivité avec les eaux souterraines. Ce chapitre a expliqué comment les gestionnaires d'aires protégées peuvent impliquer d'autres parties prenantes et ayant-droits dans la gestion de l'eau à l'échelle des paysages, et pourquoi cela est essentiel. Nous exhortons les gestionnaires à mettre au défi les promoteurs et exploitants de projets de développement de veiller à ce que les infrastructures hydrauliques existantes et nouvelles soient essentielles et, dans l'affirmative, à ce que ces structures et leurs régimes de gestion intègrent des mesures d'atténuation, comme les débits environnementaux et les installations de passages à poisson. Dans les aires protégées, les activités liées à la faune et aux visiteurs sont généralement axées sur les plans d'eau, ce qui en fait à la fois une priorité et un défi pour les gestionnaires.

De nombreuses aires protégées terrestres impliquent des compromis et des interventions dégradant involontairement les habitats d'eau douce. Les aménagements hydroélectriques et d'approvisionnement en eau créant ou finançant des aires protégées dans les bassins versants peuvent le faire au détriment de la biodiversité d'eau douce. Dans ces circonstances, les gestionnaires ont l'obligation de veiller à ce que la biodiversité d'eau douce soit conservée aussi efficacement que possible, sur toute l'étendue des cours d'eau.

La réalité des changements climatiques exacerbera la concurrence pour l'eau douce entre les populations et les écosystèmes dans de nombreuses régions du monde. Des conflits et des synergies positives existent entre les différentes mesures d'atténuation et d'adaptation aux changements climatiques, en ce qui concerne l'eau, et il incombera aux gestionnaires d'aires protégées de les mettre en place. Par exemple, planter des arbres pour séquestrer du carbone diminuera généralement le débit des cours d'eau, tandis que le renforcement des barrages pour répondre à de plus grands extrêmes climatiques offre des possibilités d'atténuer les impacts écologiques, par exemple en ajoutant des installations pour le passage des poissons et en garantissant des débits environnementaux. En outre, les cours d'eau sont des couloirs naturels présentant des gradients, des débits hydriques, des nutriments et des espèces variés permettant de relier les aires protégées, y compris dans le cadre de l'adaptation aux changements climatiques.

La conservation des écosystèmes d'eau douce implique également des opportunités pour l'avenir des aires protégées. L'intérêt des populations humaines pour une eau propre et sûre, et pour les écosystèmes d'eau douce, est une occasion de faire participer les populations riveraines et le grand public à des activités de vision et de gestion concertées.

Bien sûr, la conservation de chaque écosystème est liée aux résultats recherchés pour d'autres, et c'est également le cas dans les aires protégées d'eau douce et marines. Les cours d'eau, et de nombreux aquifères, se déversent dans la mer, apportant ainsi des nutriments favorisant les communautés marines, ou des polluants et du limon étouffant ces communautés. Les cours d'eau et les estuaires sont des aires de reproduction essentielles pour de nombreuses espèces, principalement marines, qui nécessitent une gestion intégrée.

Yellowstone Falls et le Grand Canyon du Yellowstone, dans le parc national du Yellowstone, États-Unis, un site du Patrimoine mondial. Cette rivière exceptionnelle est un affluent non perturbé de la rivière Missouri, qui s'écoule ensuite vers le fleuve Mississippi avant que ses eaux n'atteignent le golfe du Mexique

Source : Graeme L. Worboys

Références

Lectures recommandées

Abell, R., Allan, J. D. et Lehner, B. (2007) 'Unlocking the potential of protected areas for freshwaters', *Biological Conservation* 134: 48–63.

Abell, R., Thieme, M., Revenga, C., Bryer, M., Kottelat, M., Bogutskaya, N., Coad, B., Mandrak, N., Contreras-Balderas, S., Bussing, W., Stiassny, M. L. J., Skelton, P., Allen, G. R., Unmack, P., Naseka, A., Ng, R., Sindorf, N., Robertson, J., Armijo, E., Higgins, J., Heibel, T. J., Wikramanayake, E., Olson, D., Lopez, H. L., Reis, R. E., Lundberg, J. G., Sabaj Perez, M. H. et Petry, P. (2008) 'Freshwater ecoregions of the world: a new map of biogeographic units for freshwater biodiversity conservation', *Bioscience* 58: 403–14.

Adams, J. B. (2013) 'A review of methods and frameworks used to determine the environmental water requirements of estuaries', *Hydrological Sciences Journal* 59: 451–65.

Arthington, A. H. (2012) *Environmental Flows: Saving rivers in the third millennium*, University of California Press, Berkeley.

Arthington, A. H., Bunn, S. E., Poff, N. L. et Naiman, R. J. (2006) 'The challenge of providing environmental flow rules to sustain river ecosystems', *Ecological Applications* 16: 1311–18.

Arthington, A. H., Naiman, R. J., McClain, M. E. et Nilsson, C. (2010) 'Preserving the biodiversity and ecological services of rivers: new challenges and research opportunities', *Freshwater Biology* 55: 1–16.

Arthington, A. H., Rall, J. L., Kennard, M. J. et Pusey, B. J. (2003) 'Environmental flow requirements of fish in Lesotho rivers using the DRIFT methodology', *River Research and Applications* 19: 641–66.

Balian, E. V., Segers, H., Martens, K. et Lévéque, C. (2008) 'The freshwater animal diversity assessment: an overview of the results', in E. V. Balian, C. Lévêque, H. Segers te K. Martens (eds) *Freshwater Animal Diversity Assessment. Volume 198*, Springer, Pays-Bas.

Barron, O., Froend, R. H., Hodgson, G., Ali, R., Dawes, W., Davies, P. et McFarlane, D. (2013) 'Projected risks to groundwater-dependent terrestrial vegetation caused by changing climate and groundwater abstraction in the Central Perth Basin, Western Australia', *Hydrological Processes*, [online]. <doi:10.1002/hyp.10014>

Baumgartner, L. J., Reynoldson, N. K., Cameron, L. et Stanger, J. G. (2009) 'Effects of irrigation pumps on riverine fish', *Fisheries Management and Ecology* 16: 429–37.

Bekhuis, J., Litjens, G. et Braakhekke, W. (2005) *A Policy Field Guide to the Gelderse Poort: A new, sustainable economy under construction*, WWF-Netherlands, Zeist.

Biggs, H. et Rogers, K. H. (2003) 'An adaptive system to link science, monitoring and management in practice', in J. T. du Toit, K. H. Rogers et H. C. Biggs (eds) *The Kruger Experience: Ecology and management of savanna heterogeneity*, pp. 59–80, Island Press, Washington, DC.

BioFresh (2013) BioFresh data portal, BioFresh Project, Berlin. <data.freshwaterbiodiversity.eu/>

BMT WBM (2010) *Ecological Character Description for Kakadu National Park Ramsar Site*, Department of Sustainability, Environment, Water, Population and Communities, Canberra.

Borja, A., Basset, A., Bricker, S., Dauvin, J.-C., Elliott, M., Harrison, T. D., Marques, J.-C., Weisberg, S. B. et West, R. (2011) 'Classifying ecological quality and integrity of estuaries', in E. Wolanski et D. McLusky (eds) *Treatise on Estuarine and Coastal Science*, pp. 125–62, Academic Press, Waltham, MA.

Bossio, D., Geheb, K. et Critchley, W. (2010) 'Managing water by managing land: addressing land degradation to improve water productivity and rural livelihoods', *Agricultural Water Management* 97: 536–42.

Bovee, K. D. (1982) *A guide to stream habitat analysis using the IFIM*, US Fish and Wildlife Service Report FWS/OBS-82/26, Fort Collins, CO.

Bowman, M. (2002) 'The Ramsar Convention on Wetlands: has it made a difference?', in O. S. Stokke et Ø. B. Thommessen (eds) *Yearbook of International Co-operation on Environment and Development 2002/2003*, pp. 61–8, Earthscan, Londres.

Bowman, B., Higgs, S., Maclin, E., McClain, S., Sicchio, M., Amy Souers, A., Johnson, S. et Brian Graber, B. (2002) *Exploring Dam Removal: A decision-making guide*, American Rivers and Trout Unlimited, Washington, DC, and Madison, WI.

Brisbane Declaration (2007) *The Brisbane Declaration*. <www.eflownet.org/>

Brits, J., van Rooyen, M. W. et van Rooyen, N. (2002) 'Ecological impact of large herbivores on the woody vegetation at selected watering points on the eastern basaltic soils in the Kruger National Park', *African Journal of Ecology* 40: 53–60.

Bruijnzeel, L. A. (2004) 'Hydrological functions of tropical forests: not seeing the soil for the trees?', *Agriculture, Ecosystems & Environment* 104: 185–228.

Bunn, S. E. et Arthington, A. H. (2002) 'Basic principles and ecological consequences of altered flow regimes for aquatic biodiversity', *Environmental Management* 30: 492–507.

Campbell-Grant, E. H., Lowe, W. H. et Fagan, W. F. (2007) 'Living in the branches: population dynamics and ecological processes in dendritic networks', *Ecology Letters* 10: 165–75.

Catford, J., Naiman, R., Chambers, L., Roberts, J., Douglas, M. et Davies, P. (2012) 'Predicting novel riparian ecosystems in a changing climate', *Ecosystems* 16: 382–400.

Chape, S., Spalding, M. et Jenkins, M. D. (2008) *The World's Protected Areas*, Prepared by the UNEP-WCMC, University of California Press, Berkeley.

Chatterjee, A., Phillips, B. et Stroud, D. A. (2008) *Wetland Management Planning: A guide for site managers*, WWF, Wetlands International, IUCN et Ramsar Convention Secretariat, Gland.

Chessman, B. C. (2013) 'Do protected areas benefit freshwater species? A broad-scale assessment for fish in Australia's Murray–Darling Basin', *Journal of Applied Ecology* 50: 969–76.

Collier, K. J. (2011) 'The rapid rise of streams and rivers in conservation assessment', *Aquatic Conservation—Marine and Freshwater Ecosystems* 21: 397–400.

Collins, K., Colvin, J. et Ison, R. (2009) 'Building "learning catchments" for integrated catchment managing: designing learning systems based on experiences in the UK and South Africa', *Water Science and Technology* 59: 687–93.

Commonwealth of Australia (2012) *Basin Plan*, Commonwealth of Australia, Canberra.

Connell, D. (2011) 'The role of the Commonwealth Environmental Water Holder', in D. Connell and R. Q. Grafton (eds) *Basin Futures: Water reform in the Murray–Darling Basin*, pp. 327–38, ANU E Press, Canberra.

Convention on Biological Diversity (CBD) (2010) *X/28. Inland waters biodiversity*, UNEP/CBD/COP/DEC/X/28, Secretariat of the Convention on Biological Diversity, Montréal.

Curtis, A. et Lockwood, M. (2000) 'Landcare and catchment management in Australia: lessons for state-sponsored community participation', *Society and Natural Resources: An International Journal* 13: 61–73.

Darwall, W. R. T., Smith, K. G., Allen, D. J., Holland, R. A., Harrison, I. J. et Brooks, E. D. E. (2011) *The Diversity of Life in African Freshwaters: Underwater, under threat. An analysis of the distribution of freshwater species throughout mainland Africa*, Cambridge Publishers, Cambridge et Gland.

Davies, P. M. (2010) 'Climate change implications for river restoration in global biodiversity hotspots', *Restoration Ecology* 18: 261–8.

Davies, P. M., Naiman, R. J., Warfe, D. M., Pettit, N. E., Arthington, A. H. et Bunn, S. E. (2014) 'Flow–ecology relationships: closing the loop on effective environmental flows', *Marine and Freshwater Research* 65: 133–41.

Dudgeon, D., Arthington, A. H., Gessner, M. O., Kawabata, Z. I., Knowler, D. J., Lévêque, C., Naiman, R. J., Prieur-Richard, A. H., Soto, D. et Stiassny, M. L. (2006) 'Freshwater biodiversity: importance, threats, status and conservation challenges', *Biological Reviews* 81: 163–82.

Dudley, N. (ed.) (2013) *Guidelines for Applying Protected Area Management Categories*, UICN, Gland.

Dujovny, E. (2009) 'The deepest cut: political ecology in the dredging of a new sea mouth in Chilika Lake, Orissa, India', *Conservation & Society* 7: 192–204.

Department of Water Affairs and Forestry (DWAF) (2008) *Updated Manual for the Identification and Delineation of Wetlands and Riparian Areas*,

Department of Water Affairs and Forestry, Pretoria.

Dyson, M., Bergkamp, G. et Scanlon, J. (eds) (2003) *Flow: The essentials of environmental flows*, UICN, Gland.

Eamus, D. et Froend, R. (2006) 'Groundwater-dependent ecosystems: the where, what and why of GDEs', *Australian Journal of Botany* 54: 91–6.

Eamus, D., Froend, R., Loomes, R., Hose, G. et Murray, B. (2006) 'A functional methodology for determining the groundwater regime needed to maintain the health of groundwater-dependent vegetation', *Australian Journal of Botany* 54: 97–114.

Ebert, S., Hulea, O. et Strobel, D. (2009) 'Floodplain restoration along the Lower Danube: a climate change adaptation case study', *Climate and Development* 1: 212–19.

Environmental Protection Agency (EPA) (2012) *Estuaries and Coastal Watersheds*, United States Environmental Protection Agency, Washington, DC. <water.epa.gov/type/oceb/nep/index.cfm>

Esselman, P. et Allan, J. D. (2011) 'Application of species distribution models and conservation planning software to the design of a reserve network for the riverine fishes of northeastern Mesoamerica', *Freshwater Biology* 56: 71–88.

Etienne, M., du Toit, D. R. et Pollard, S. (2011) 'ARDI: a co-construction method for participatory modeling in natural resources management', *Ecology and Society* 16: 44.

Faleiro, F. V. et Loyola, R. D. (2013) 'Socioeconomic and political trade-offs in biodiversity conservation: a case study of the Cerrado Biodiversity Hotspot, Brazil', *Diversity and Distributions* 19: 977–87.

Finlayson, C. M. et van der Valk, A. G. (1995) 'Wetland classification and inventory: a summary', *Vegetation* 118: 185–92.

Finlayson, C. M. et Woodroffe, C. D. (1996) 'Wetland vegetation', in C. M. Finlayson et I. von Oertzen (eds) *Landscape and Vegetation Ecology of the Kakadu Region, Northern Australia*, pp. 81–112, Kluwer Academic Publishers, Dordrecht.

Finlayson, C. M., Davidson, N., Pritchard, D., Milton, G. R. et MacKay, H. (2011) 'The Ramsar Convention and ecosystem-based approaches to the wise use and sustainable development of wetlands', *Journal of International Wildlife Law & Policy* 14: 176–98.

Finlayson, C. M., Davidson, N. C., Spiers, A. G. et Stevenson, N. J. (1999) 'Global wetland inventory—current status and future priorities', *Marine and Freshwater Research* 50: 717–27.

Fitzsimons, J., Pulsford, I. et Wescott, G. (2013) 'Lessons from large-scale conservation networks in Australia', *Parks* 19: 115–25.

Fleckenstein, J., Anderson, M., Fogg, G. et Mount, J. (2004) 'Managing surface water–groundwater to restore fall flows in the Cosumnes River', *Journal of Water Resources Planning and Management* 130: 301–10.

Flitcroft, R. L., Dedrick, D. C., Smith, C. L., Thieman, C. A. et Bolte, J. P. (2009) 'Social infrastructure to integrate science and practice: the experience of the Long Tom Watershed Council', *Ecology and Society* 14(36). <www.ecologyandsociety.org/vol14/iss2/art36/>

Freshwater Fish Specialist Group (FFSG) (2013) *Global Freshwater Fish Bioblitz*, IUCN Freshwater Fish Specialist Group, Chester, Royaume Uni.

Froend, R. et Sommer, B. (2010) 'Phreatophytic vegetation response to climatic and abstraction-induced groundwater drawdown: examples of long-term spatial and temporal variability in community response', *Ecological Engineering* 36: 1191–200.

Ghosh, A. K., Pattnaik, A. K. et Ballatore, T. J. (2006) 'Chilika Lagoon: restoring ecological balance and livelihoods through re-salinization', *Lakes & Reservoirs: Research & Management* 11: 239–55.

Gilman, R. T., Abell, R. A. et Williams, C. E. (2004) 'How can conservation biology inform the practice of integrated river basin management?', *International Journal of River Basin Management* 2: 135–48.

Global Biodiversity Information Facility (GBIF) (2014) Global Biodiversity Information Facility, GBIF Secretariat, Copenhague. <www.gbif.org/>

Global Water Partnership (GWP) (2000) *Integrated Water Resources Management*, Global Water Partnership, Stockholm.

Government of Queensland (2014) 'WetlandInfo', *Queensland Wetlands Program*, Government of Queensland, Brisbane. <wetlandinfo.ehp.qld.gov.au/wetlands/>

Hadwen, W. L., Boon, P. J. et Arthington, A. H. (2012) 'Aquatic ecosystems in inland Australia: tourism and recreational significance, ecological impacts and imperatives for management', *Marine and Freshwater Research* 63: 325–40.

Herron, N., Davis, R. et Jones, R. (2002) 'The effects of large-scale afforestation and climate change on water allocation in the Macquarie River catchment, NSW, Australia', *Journal of Environmental Management* 65: 369–81.

Higgins, J. V., Bryer, M. T., Khoury, M. L. et FitzHugh, T. W. (2005) 'A freshwater classification approach for biodiversity conservation planning', *Conservation Biology* 19: 432–45.

Hirji, R. et Davis, R. (2009) *Environmental Flows in Water Resources Policies, Plans, and Projects. Findings and recommendations*, The International Bank for Reconstruction and Development and The World Bank, Washington, DC.

Hooijer, A., Page, S., Canadell, J. G., Silvius, M., Kwadijk, J., Wösten, H. et Jauhiainen, J. (2010)

Haefner, A. (2013) 'Regional environmental security: cooperation and challenges in the Mekong 'Current and future CO_2 emissions from drained subregion', *Global Change, Peace and Security* 25: 27–41.

Hannah, L. (2010) 'A global conservation system for climate-change adaptation', *Conservation Biology* 24(1): 70–7.

Hatton, T. et Evans, R. (1998) *Dependence of Ecosystems on Groundwater and its Significance to Australia*, Land and Water Research and Development Corporation, Canberra.

Helfield, J. M. et Naiman, R. J. (2006) 'Keystone interactions: salmon and bear in riparian forests of Alaska', *Ecosystems* 9: 167–80.

Helmer, W., Litjens, G., Overmars, W., Barneveld, H., Kink, A., Sterenburg, H. et Janssen, B. (1992) *Living Rivers*, WWF-Netherlands, Zeist.

Hermoso, V., Kennard, M. J. et Linke, S. (2012a) 'Integrating multidirectional connectivity requirements in systematic conservation planning for freshwater systems', *Diversity and Distributions* 18: 448–58.

Hermoso, V., Linke, S., Prenda, J. et Possingham, H. P. (2011) 'Addressing longitudinal connectivity in the systematic conservation planning of fresh waters', *Freshwater Biology* 56: 57–70.

Hermoso, V., Ward, D. P. et Kennard, M. J. (2012b) 'Using water residency time to enhance spatio-temporal connectivity for conservation planning in seasonally dynamic freshwater ecosystems', *Journal of Applied Ecology* 49: 1028–35. peatlands in Southeast Asia', *Biogeosciences* 7(5): 1505–14.

Horwitz, P., Bradshaw, D., Hopper, S., Davies, P., Froend, R. et Bradshaw, F. (2008) 'Hydrological change escalates risk of ecosystem stress in Australia's threatened biodiversity hotspot', *Journal of the Royal Society of Western Australia* 91: 1–12.

Howard, B. C. (2012) 'Salmon re-enter Olympic National Park river thanks to Elwha Dam removal', *National Geographic NewsWatch*, 21 août 2012. <newswatch.nationalgeographic.com/2012/08/21/salmon-enter-olympic-national-park-for-the-first-time-thanks-to-elwha-dam-removal/>

Illueca, J. et Rast, W. (1996) 'Precious, finite and irreplaceable', *Our Planet* 8. <www.ourplanet.com/imgversn/83/rast.html>

Intergovernmental Panel on Climate Change (IPCC) (2007) *Impacts, Adaptation and Vulnerability. Intergovernmental Panel on Climate Change. Climate Change 2007: Working Group II. Contribution to the Intergovernmental Panel on Climate Change Fourth Assessment Report*, Intergovernmental Panel on Climate Change, Genève.

International Ecosystem Management Partnership (IEMP) (2011) *Restoring the natural foundation to sustain a green economy*, UNEP Policy Series on Ecosystem Management No. 6, International Ecosystem Management Partnership, United Nations Environment Programme, Nairobi.

International Lake Environment Committee Foundation (ILEC) (2005) *Managing Lakes and their Basins for Sustainable Use: A report for lake basin managers and stakeholders*, International Lake Environment Committee Foundation, Kusatsu, Japon. <www.ilec.or.jp/en/pubs/p2/lbmi>

International Union for Conservation of Nature (IUCN) (2003) *Guidelines for Application of IUCN Red List Criteria at Regional Levels: Version 3.0*, IUCN Species Survival Commission, Gland et Cambridge.

Ison, R. and Watson, D. (2007) 'Illuminating the possibilities for social learning in the management of Scotland's water', *Ecology and Society* 12: 21. <www.ecologyandsociety.org/vol12/iss1/art21/>

Jackson, R. B., Jobbágy, E. G., Avissar, R., Roy, S. B., Barrett, D. J., Cook, C. W., Farley, K. A., le Maitre, D. C., McCarl, B. A. et Murray, B. C. (2005) 'Trading water for carbon with biological carbon sequestration', *Science* 310: 1944–7.

Jeffres, C. A., Opperman, J. J. et Moyle, P. B. (2008) 'Ephemeral floodplain habitats provide best growth conditions for juvenile Chinook salmon in a California river', *Environmental Biology of Fishes* 83: 449–58.

Joosten, H. (2009) *The Global Peatland CO_2 Picture: Peatland status and drainage related emissions in all countries of the world*, Greifswald University and Wetlands International, Waganingen, Netherlands.

Joosten, H. et Clarke, D. (2002) *Wise Use of Mires and Peatlands: Background and principles including a framework for decision-making*, International Mire Conservation Group and International Peat Society, Saarijärvi, Finlande.

Joosten, H., Tapio-Biström, M. L. et Tol, S. (eds) (2012) *Peatlands: Guidance for climate change mitigation through conservation, rehabilitation and sustainable use*, FAO and Wetlands International, Rome et Ede, Pays-Bas.

Junk, W. J. et Nunes da Cunha, C. (2012) 'Wetland management challenges in the South-American Pantanal and the international experience', in A. A. R. Loris (ed.) *Tropical Wetland Management: The South-American Pantanal and the international experience*, pp. 315–32, Ashgate, Farnham, Royaume Uni.

Junk, W. J., Nunes da Cunha, C., Wantzen, K. M., Petermann, P., Strüssmann, C., Marques, M. I. et Adis, J. (2006) 'Biodiversity and its conservation in the Pantanal of Mato Grosso, Brazil', *Aquatic Sciences* 68: 278–309.

Kakadu Board of Management (2007) *Kakadu National Park Management Plan 2007–2014*, Government of Australia, Canberra.

Khoury, M., Higgins, J. et Weitzell, R. (2011) 'A freshwater conservation assessment of the Upper Mississippi River basin using a coarse- and fine-filter approach', *Freshwater Biology* 56: 162–79.

King, J. et Brown, C. (2010) 'Integrated basin flow assessments: concepts and method development in Africa and South-East Asia', *Freshwater Biology* 55: 127–46.

King, J., Brown, C. et Sabet, H. (2003) 'A scenario-based holistic approach to environmental flow assessments for rivers', *River Research and Applications* 19(5–6): 619–39.

Kingsford, R. T., Biggs, H. C. et Pollard, S. R. (2011) 'Strategic adaptive management in freshwater protected areas and their rivers', *Biological Conservation* 144: 1194–203.

Kleinschmidt Associates (2008) *Cosumnes River Preserve Management Plan*, Cosumnes River Preserve, Galt, CA.

Knight, A. T., Grantham, H. S., Smith, R. J., McGregor, G. K., Possingham, H. P. et Cowling, R. M. (2011) 'Land managers' willingness-to-sell defines conservation opportunity for protected area expansion', *Biological Conservation* 144: 2623–30.

Kotze, D. C., Klug, J. R., Hughes, J. C. et Breen, C. M. (1996) 'Improved criteria for classifying hydric soils in South Africa', *South African Journal of Plant and Soil* 13(3): 67–73.

Kumar, R. et Pattnaik, A. K. (2012) *Chilika: An integrated management planning framework for conservation and wise use*, Wetlands International-South Asia et Chilika Development Authority, New Delhi et Bhubaneswar, Inde.

Laizé, C. L. R., Acreman, M. C., Schneider, C., Dunbar, M. J., Houghton-Carr, H. A., Flörke, M. et Hannah, D. M. (2014) 'Projected flow alteration and ecological risk for pan-European rivers', *River Research and Applications* 30: 299–314.

Lehner, B. et Döll, P. (2004) 'Development and validation of a global database of lakes, reservoirs and wetlands', *Journal of Hydrology* 296: 1–22.

Lindloff, S. (2000) *Dam Removal: A citizen's guide to restoring rivers*, River Alliance of Wisconsin et Trout Unlimited, Madison, WI, et Arlington, VA.

Linke, S., Kennard, M. J., Hermoso, V., Olden, J. D., Stein, J. et Pusey, B. J. (2012) 'Merging connectivity rules and large-scale condition assessment improves conservation adequacy in river systems', *Journal of Applied Ecology* 49: 1036–45.

Loneragan, N. R. et Bunn, S. E. (1999) 'River flows and estuarine ecosystems: implications for coastal fisheries from a review and a case study of the Logan River, southeast Queensland', *Australian Journal of Ecology* 24: 431–40.

Lukasiewicz, A., Finlayson, C. M. et Pittock, J. (2013) *Incorporating Climate Change Adaptation into Catchment Management: A user guide*, Charles Sturt University, Albury, NSW.

McFarlane, D., Strawbridge, M., Stone, R. et Paton, A. (2012) 'Managing groundwater levels in the face of uncertainty and change: a case study from Gnangara', *Water Science and Technology: Water Supply* 12: 321–8.

Matthews, J. H., Wickel, B. A. et Freeman, S. (2011) 'Converging currents in climate-relevant conservation: water, infrastructure, and institutions', *PLoS Biology* 9: 1 001 159.

Micklin, P. et Aladin, N. V. (2008) 'Reclaiming the Aral Sea', *Scientific American* 298: 64–71.

Millennium Ecosystem Assessment (MEA) (2005) *Ecosystems and Human Well-Being: Wetlands and water synthesis*, World Resources Institute, Washington, DC.

Miller, C. (2005) *The Snowy River Story: The grassroots campaign to save a national icon*, ABC Books, Sydney.

Mohapatra, A., Mohanty, R. K., Mohanty, S. K., Bhatta, K. S. et Das, N. R. (2007) 'Fisheries enhancement and biodiversity assessment of fish, prawn and mud crab in Chilika lagoon through hydrological intervention', *Wetlands Ecology and Management* 15: 229–51.

Moilanen, A., Leathwick, J. R. et Quinn, J. M. (2011) 'Spatial prioritization of conservation management', *Conservation Letters* 4: 383–93.

Mosisch, T. D. et Arthington, A. H. (1998) 'A review of literature examining the effects of water-based, powered recreational activities on lakes and rivers', *Lakes and Reservoirs: Research and Management* 3: 1–17.

Naiman, R. J., Decamps, H. et Pollock, M. (1993) 'The role of riparian corridors in maintaining regional biodiversity', *Ecological Applications* 3: 209–12.

Nakamura, M. et Rast, W. (2011) *Development of ILBM Platform Process: Evolving guidelines through participatory improvement*, ILEC, Kusatsu, Japan.

Nakamura, M. et Rast, W. (2012) *Primer: Development of ILBM Platform Process – Evolving guidelines through participatory improvement*, International Lake Environment Committee, Kusatsu and Research Centre for Sustainability and Environment, Shiga University.

Nakamura, M., Yoshihiko, O., Michio, A. et Moriyasu, K. (2012) 'Evolving history of Lake Biwa and Yodo River basin management', in H. Kawanabi, M. Nishino et M. Maehata (eds) *Lake Biwa: Interactions between Nature et People*, pp. 371–417, Springer, Dordrecht.

Nel, J. L., Reyers, B., Roux, D. J., Impson, N. D. et Cowling, R. M. (2011) 'Designing a conservation area network that supports the representation and persistence of freshwater biodiversity', *Freshwater Biology* 56: 106–24.

Nirupama, N. et Simonovic, S. P. (2007) 'Increase of flood risk due to urbanisation: a Canadian example', *Natural Hazards* 40: 25–41.

Nunes da Cunha, C. et Junk, W. J. (2011) 'A preliminary classification of habitats of the Pantanal of Mato Grosso and Mato Grosso do Sul, and its relation to national and international classification systems', in W. J. Junk, C. J. da Silva, C. Nunes da Cunha et K.

M. Wantzen (eds) *The Pantanal: Ecology, biodiversity and sustainable management of a large neotropical seasonal wetland*, pp. 127–41, Pensoft, Sofia.

Olden, J. D. et Naiman, R. J. (2009) 'Incorporating thermal regimes into environmental flows assessments: modifying dam operations to restore freshwater ecosystem integrity', *Freshwater Biology* 55: 86–107.

Olden, J. D. et Naiman, R. J. (2010) 'Incorporating thermal regimes into environmental flows assessments: modifying dam operations to restore freshwater ecosystem integrity', *Freshwater Biology* 55(1): 86–107.

Palmer, M. A., Reidy Liermann, C. A., Nilsson, C., Flörke, M., Alcamo, J., Lake, P. S. et Bond, N. (2008) 'Climate change and the world's river basins: anticipating management options', *Frontiers in Ecology and the Environment* 6: 81–9.

Parmesan, C. (2006) 'Ecological and evolutionary responses to recent climate change', *Annual Review of Ecology, Evolution, and Systematics*: 637–69.

Parmesan, C., Duarte, C., Poloczanska, E., Richardson, A. J. et Singer, M. C. (2011) 'Overstretching attribution', *Nature Climate Change* 1: 2–4.

Pearson, R. G. (2007) *Species Distribution Modelling for Conservation Educators and Practitioners: Synthesis*, American Museum of Natural History, New York. <ncep.amnh.org>

Perissinotto, R., Stretch, D. D. et Taylor, R. H. (eds) (2013) *Ecology and Conservation of Estuarine Ecosystems: Lake St Lucia as a global model*, Cambridge University Press, New York.

Pittock, J. et Finlayson, C. M. (2011) 'Australia's Murray–Darling Basin: freshwater ecosystem conservation options in an era of climate change', *Marine and Freshwater Research* 62: 232–43.

Pittock, J., Finlayson, C. M. et Howitt, J. A. (2012) 'Beguiling and risky: "environmental works and measures" for wetlands conservation under a changing climate', *Hydrobiologia* 708: 111–31.

Pittock, J., Finlayson, C. M., Gardner, A. et McKay, C. (2010) 'Changing character: the Ramsar Convention on Wetlands and climate change in the Murray Basin', *Environmental and Planning Law Journal* 27: 401–25.

Pittock, J. et Hartmann, J. (2011) 'Taking a second look: climate change, periodic re-licensing and better management of old dams', *Marine and Freshwater Research* 62: 312–20.

Pittock, J., Hussey, K. et McGlennon, S. (2013) 'Australian climate, energy and water policies: conflicts and synergies', *Australian Geographer* 44: 3–22.

Poff, N. L. et Matthews, J. H. (2013) 'Environmental flows in the Anthropocence: past progress and future prospects', *Current Opinion in Environmental Sustainability* 5: 667–75.

Poff, N. L., Richter, B. D., Arthington, A. H., Bunn, S. E., Naiman, R. J., Kendy, E., Acreman, M., Apse, C., Bledsoe, B. P., Freeman, M. C., Henriksen, J., Jacobson, R. B., Kennen, J. G., Merritt, D. M., O'Keeffe, J. H., Olden, J. D., Rogers, K., Tharme, R. E. et Warner, A. (2010) 'The ecological limits of hydrologic alteration (ELOHA): a new framework for developing regional environmental flow standards', *Freshwater Biology* 55: 147–70.

Pollard, S. et du Toit, D. (2011) 'Towards adaptive integrated water resources management in southern Africa: the role of self-organisation and multi-scale feedbacks for learning and responsiveness in the Letaba and Crocodile catchments', *Water Resources Management* 25: 4019–35.

Porter, I. C. et Shivakumar, J. (2010) *Doing a Dam Better: The Lao People's Democratic Republic and the story of Nam Theun 2 (NT2)*, The World Bank, Washington, DC.

Postel, S. et Richter, B. (2003) *Rivers for Life: Managing water for people and nature*, Island Press, Washington, DC.

Postel, S. L. et Thompson, B. H. (2005) 'Watershed protection: capturing the benefits of nature's water supply services', *Natural Resources Forum* 29: 98–108.

Rahel, F. J., Bierwagen, B. et Taniguchi, Y. (2008) 'Managing aquatic species of conservation concern in the face of climate change and invasive species', *Conservation Biology* 22: 551–61.

Ramsar (2002) *Guidelines for Global Action on Peatlands (GAP)*, Ramsar Convention Secretariat, Gland.

Ramsar (2005) *Resolution IX.4: The Ramsar Convention and conservation, production and sustainable use of fisheries resources*, Ramsar Convention Secretariat, Gland.

Ramsar (2008) *Strategic Framework and Guidelines for the Future Development of the List of Wetlands of International Importance of the Convention on Wetlands*, Ramsar Convention Secretariat, Gland.

Ramsar (2009a) *Convention on Wetlands of International Importance Especially as Waterfowl Habitat. Ramsar (Iran), 2 February 1971. UN Treaty Series No. 14583. As amended by the Paris Protocol, 3 December 1982, and Regina Amendments, 28 May 1987*, Ramsar Convention Secretariat, Gland.

Ramsar (2009b) *Information sheet on Ramsar wetlands (RIS)*, Ramsar Convention Secretariat, Gland.

Ramsar (2011) *The Ramsar Handbooks for the Wise Use of Wetlands*, 4th edn, Ramsar Convention Secretariat, Gland.

Richardson, S., Irvine, E., Froend, R., Boon, P., Barber, S. et Bonneville, B. (2011a) *Australian groundwater-dependent ecosystems toolbox part 1: assessment framework*, Waterlines Report Series 69, National Water Commission, Canberra.

Richardson, S., Irvine, E., Froend, R., Boon, P., Barber, S. et Bonneville, B. (2011b) *Australian groundwater-dependent ecosystems toolbox part 2: assessment tools*, Waterlines Report Series 70, National Water Commission, Canberra.

Richter, B. D., Baumgartner, J. V., Powell, J. et Braun, D. P. (1996) 'A method for assessing hydrologic alteration within ecosystems', *Conservation Biology* 10: 1163–74.

Richter, B. D., Warner, A. T., Meyer, J. L. et Lutz, K. (2006) 'A collaborative and adaptive process for developing environmental flow recommendations', *River Research and Applications* 22: 297–318.

Roux, D. J., Ashton, P. J., Nel, J. L. et MacKay, H. M. (2008) 'Improving cross-sector policy integration and cooperation in support of freshwater conservation', *Conservation Biology* 22: 1382–7.

Russi, D., Ten Brink, P., Farmer, A., Badura, T., Coates, D., Förster, J., Kumar, R. et Davidson, N. (2013) *The Economics of Ecosystems and Biodiversity for Water and Wetlands*, IEEP, Londres et Bruxelles.

Sadoff, C., Greiber, T., Smith, M. et Bergkamp, G. (2008) *Share: Managing water across boundaries*, UICN, Gland.

Sheldon, A. L. (1988) 'Conservation of stream fishes: patterns of diversity, rarity, and risk', *Conservation Biology* 2: 149–56.

Shiklomanov, I. A. (1993) 'World fresh water resources', in P. H. Gleick (ed.) *Water in Crisis*, pp. 13–24, Oxford University Press, Oxford.

Sommer, B. et Froend, R. (2011) 'Resilience of phreatophytic vegetation to groundwater drawdown: is recovery possible under a drying climate?', *Ecohydrology* 4: 67–82.

Sommer, B. et Froend R. H. (2014) 'Alternative states of phreatophytic vegetation in a drying Mediterranean-type landscape', *Journal of Vegetation Science* 25: 1045–55.

Spackman, S. C. et Hughes, J. W. (1995) 'Assessment of minimum stream corridor width for biological conservation: species richness and distribution along mid-order streams in Vermont, USA', *Biological Conservation* 71: 325–32.

Tennant, D. L. (1976) 'Instream flow regimens for fish, wildlife, recreation and related environmental resources', *Fisheries* 1: 6–10.

Tharme, R. E. (2003) 'A global perspective on environmental flow assessment: emerging trends in the development and application of environmental flow methodologies for rivers', *River Research and Applications* 19: 397–441.

Tockner, K., Bunn, S. E., Gordon, C., Naiman, R. J., Quinn, G. P., Standord, J. et Polunin, N. (2008) 'Flood plains: critically threatened ecosystems', in N. Polunin (ed.) *Aquatic Ecosystems: Trends and global prospects*, pp. 45–61, Cambridge University Press, Cambridge.

Turner, L., Tracey, D., Tilden, J. et Dennison, W. C. (2004) *Where River Meets Sea: Exploring Australia's estuaries*, Cooperative Research Centre for Coastal Zone, Estuary and Waterway Management, Brisbane.

Turpie, J. K. et Clark, B. M. (2007) *The Health Status, Conservation Importance, and Economic Value of Temperate South African Estuaries and Development of a Regional Conservation Plan*, AEC/07/01, Anchor Environmental Consultants, Le Cap.

Turpie, J. K., Sihlope, N., Carter, A., Maswime, T. et Hosking, S. (2007) 'Maximising the socio- economic benefits of estuaries through integrated planning and management: a rationale and protocol for incorporating and enhancing estuary values in planning and management', in *Profiling estuary management in integrated development planning in South Africa with particular reference to the Eastern Cape Province*, Appendix 1, Water Research Commission Publication 1485/1/07, Water Research Commission, Pretoria.

van Dijk, A. I. J. M. et Keenan, R. J. (2007) 'Planted forests and water in perspective', *Forest Ecology and Management* 251: 1–9.

van Niekerk, L. et Turpie, J. K. (eds) (2012) *South African National Biodiversity Assessment 2011: Technical report. Volume 3: Estuary component*, Council for Scientific and Industrial Research, Stellenbosch, South Africa.

Vörösmarty, C. J., McIntyre, P. B., Gessner, M. O., Dudgeon, D., Prusevich, A., Green, P., Glidden, S., Bunn, S. E., Sullivan, C. A., Liermann, C. R. et Davies, P. M. (2010) 'Global threats to human water security and river biodiversity', *Nature* 467: 555–61.

Ward, J. V. (1989) 'The four-dimensional nature of lotic ecosystems', *Journal of the North American Benthological Society* 8: 2–8.

Warner, J. F., van Buuren, A. et Edelenbos, J. (eds) (2013) *Making Space for the River: Governance experiences with multifunctional river flood management in the US and Europe*, IWA Publishing, Londres.

Whipple, A. (2012) *Sacramento–San Joaquin Delta Historical Ecology Investigation: Exploring pattern and process*, San Francisco Estuary Institute, Richmond, CA.

Whitfield, A. K., Bate, G. C., Adams, J. B., Cowley, P. D., Froneman, P. W., Gama, P. T., Strydom, N. A., Taljaard, S., Theron, A. K., Turpie, J. K., van Niekerk, L. et Wooldridge, T. H. (2012) 'A review of the ecology and management of temporarily open/closed estuaries in South Africa, with particular emphasis on river flow and mouth state as primary drivers of these systems', *African Journal of Marine Science* 34: 163–80.

World Wide Fund for Nature (WWF) (2003) *Managing Rivers Wisely: Lessons from WWF's work for integrated river basin management*, WWF, Gland.

Wyborn, C. (2011) 'Landscape scale ecological connectivity: Australian survey and rehearsals', *Pacific Conservation Biology* 17: 121–31.

CHAPITRE 20

GESTION DES AIRES MARINES PROTÉGÉES

Auteurs principaux :
Jon C. Day, Dan Laffoley et Katherine Zischka

Collaborateurs :
Paul Gilliland, Kristina Gjerde, Peter J. S. Jones, John Knott, Laurence McCook, Amy Milam, Peter J. Mumby et Aulani Wilhelm

TABLE DES MATIÈRES

UICN CMAP COMMISSION MONDIALE DES AIRES PROTÉGÉES Convention sur la diversité biologique

AUTEURS PRINCIPAUX

JON DAY a été directeur de la conservation du patrimoine de l'Autorité du parc marin de la Grande Barrière de corail, et est aujourd'hui étudiant en doctorat à l'Australian Research Council Centre of Excellence for Coral Reef Studies de l'Université James Cook, Australie.

DAN LAFFOLEY est conseiller principal en sciences et conservation marines du Programme mondial marin et polaire de l'Union internationale pour la conservation de la nature (UICN) et vice-président pour les questions marines de la Commission mondiale des aires protégées (CMAP) de l'UICN, Royaume-Uni.

KATHERINE ZISCHKA est consultante en recherche marine, membre de la CMAP-UICN et a travaillé dans les domaines de la recherche, de la conservation, de la promotion et de la gestion marines.

COLLABORATEURS

PAUL GILLILAND est responsable de la planification marine à l'Organisation de gestion marine, Cambridge, Royaume-Uni.

KRISTINA GJERDE est conseillère principale en haute mer du Programme mondial marin et polaire de l'UICN, États-Unis.

PETER J. S. JONES est maître de conférences au Département de géographie de l'University College de Londres, Royaume-Uni.

JOHN KNOTT est directeur de Knott and Associates, Hall, ACT, Australie.

LAURENCE MCCOOK est responsable de la conservation et de la résilience des écosystèmes de l'Autorité du parc marin de la Grande Barrière de corail, Australie.

AMY MILAM est chargée de programme pour les aires protégées au Centre mondial de suivi de la conservation du Programme des Nations unies pour l'environnement (PNUE-WCMC) à Cambridge, Royaume-Uni.

PETER J. MUMBY est professeur au laboratoire d'écologie spatiale marine de l'Université du Queensland, Australie.

AULANI WILHELM est surintendante du monument national marin Papahānaumokuākea, National Oceans Atmospheric Administration, États-Unis.

REMERCIEMENTS

Nos remerciements vont à tous les collaborateurs cités ci-dessus et aux auteurs des études de cas et encadrés (Michael Coyle, Fanny Douvere, Charles Ehler, Erich Hoyt, Paul Marshall, Giuseppe Notarbartolo di Sciara, David Obura, John Roff et Rod Salm) pour leur aide, ainsi qu'à John Baxter et Graeme Worboys pour leurs commentaires sur les premières ébauches de ce manuscrit.

CITATION

Day, J. C., Laffoley, D. et Zischka, K. Marine protected area management. In Worboys, G. L., Lockwood, M., Kothari, A., Feary, S. et Pulsford, I. (éd.) *Gouvernance et gestion des aires protégées*. Canberra : ANU Press, 2020. doi.org/10.22459/GGAP.20

PHOTO DE LA PAGE DE TITRE

Vue aérienne du parc marin de la Grande Barrière de corail, Australie

Source : © Autorité du parc marin de la Grande Barrière de corail

Introduction

À l'échelle mondiale, la protection des aires marines est une initiative relativement récente par rapport à l'utilisation des aires protégées pour la conservation terrestre et la gestion des ressources. Les océans couvrent 70 % de la surface et contiennent 97 % de l'eau de la Terre. Ils définissent le climat et la météo, régulent la température, génèrent une grande partie de l'oxygène présent dans l'atmosphère, absorbent une grande partie du dioxyde de carbone et restituent l'eau douce aux zones terrestres et marines par la formation des nuages. Les océans constituent plus de 90 % de l'habitat biologiquement utile de la planète, et contiennent la plus grande proportion de vie sur Terre, y compris presque tous les principaux groupes d'animaux, de plantes et de microbes. Ce système vivant aqueux est essentiel au fonctionnement de notre monde. Les océans fournissent de la nourriture, offrent des possibilités de loisirs et génèrent des milliards de dollars pour les économies nationales.

Au cours des dernières décennies, des efforts considérables ont été déployés, dans le monde entier, pour créer des aires marines protégées (AMP). Il est de plus en plus évident qu'il reste beaucoup à faire pour gérer adéquatement notre utilisation des côtes, des mers et des océans afin d'en assurer la durabilité environnementale et économique. Tout semble indiquer qu'une protection marine efficace exige que nous identifiions et protégions des exemples représentatifs d'habitats marins, plutôt que d'essayer de protéger des espèces menacées spécifiques ou des zones spéciales ou pittoresques (Day et Roff, 2000). Pour être efficace dans la protection de la biodiversité marine, cette approche doit être appliquée aux eaux profondes et à la haute mer, ainsi qu'aux zones côtières et littorales.

Dans le présent chapitre, nous décrirons les progrès réalisés dans la création d'aires marines protégées dans l'ensemble des océans du monde, nous examinerons les différents types d'aires marines protégées et leurs avantages, et nous décrirons les principaux aspects de leur gouvernance et de leur gestion.

Progrès accomplis dans la création d'aires marines protégées

Peu de progrès en matière de protection des océans ont été réalisés jusqu'à il y a un peu plus de 100 ans, lorsque les premières AMP du monde ont été déclarées en Australie. La plus ancienne d'entre elles, le Royal National Park, dont une partie comprend un grand bras de mer, est situé à la périphérie sud de Sydney et a été désignée en 1879. La plupart de ces premières AMP se sont concentrées sur la

Récif corallien dans l'aire de conservation à utilisations multiples de Ha'apai, Royaume des Tong

Source : Katherine Zischka

protection d'espèces emblématiques ou d'habitats spéciaux, plutôt que d'adopter une approche écosystémique. Ce que certains appellent la première AMP « appropriée » au monde pour les écosystèmes fut le Fort Jefferson National Monument, en Floride, États-Unis, un site marin côtier désigné en 1935.

L'élan principal des AMP, cependant, est venu beaucoup plus tard, avec le Congrès mondial des parcs de 1962, et une réunion de suivi en 1982 appelant à l'incorporation des sites marins, côtiers et d'eau douce dans le réseau mondial des aires protégées. Le mouvement pour les AMP s'est renforcé à partir de ce moment, reconnaissant que la demande dépassait l'offre de biens et services océaniques pour alimenter une population mondiale en constante augmentation. La Convention des Nations unies sur le droit de la mer (UNCLOS) de 1982, cadre fondamental de la gouvernance maritime mondiale, obligeait, en outre, tous les États à protéger et à préserver le milieu marin.

En 1995, une série de quatre volumes recommandait la création d'un réseau d'AMP représentatif à l'échelle mondiale (GBRMPA et al., 1995), et l'attention mondiale se portait véritablement, pour la première fois, sur la protection du milieu marin par le biais des AMP. Elle fut suivie d'un guide à l'intention des planificateurs et des gestionnaires d'AMP, en 2000 (Salm et al., 2000). Le Sommet mondial pour le développement durable (SMDD) de 2002 a appelé à la création de réseaux d'AMP d'ici 2012 (ONU, 2002). Quatre ans plus tard, la Convention des Nations unies sur la diversité biologique (CDB) renforçait

Figure 20.1 Étendue mondiale des aires marines protégées (AMP). Les AMP couvrent environ 3,4 % des océans de la Terre, 8,4 % des eaux territoriales (0-12 milles marins), et 8,0 % des Zones économiques exclusives (12-200 milles marins) (UNEP-WCMC 2014)

Source : IUCN et UNEP-WCMC (2014)

la décision du SMDD en fixant un objectif mondial pour qu'au moins 10 % de chacune des régions écologiques marines du monde soit conservée efficacement d'ici 2012 (CDB, 2004). En 2003, les recommandations du cinquième Congrès mondial des parcs de l'Union internationale pour la conservation de la nature (UICN) ont étendu ces initiatives pour « établir, d'ici 2012, un réseau mondial représentatif et efficacement géré d'aires marines et côtières protégées » (IUCN WCPA, 2003b:191), inscrit dans le plan stratégique de la CDB, 2011-2020 (CDB, 2011).

Bien que les échelles de temps aient peut-être changé plus récemment, ces chiffres constituent les principaux objectifs mondiaux pour les AMP. Après avoir fixé l'objectif global initial de conserver efficacement au moins 10 % de chacune des régions écologiques marines du monde d'ici à 2012, le monde a reconnu, une décennie plus tard, que l'objectif de 10 % n'allait pas être atteint, et l'échéance a été reportée à 2020, avec un texte révisé :

> D'ici à 2020, au moins 17 % des zones terrestres et eaux intérieures et 10 % des zones marines et côtières, y compris les zones particulièrement importantes pour la diversité biologique et les services fournis par les écosystèmes, sont conservées au moyen de réseaux écologiquement représentatifs et bien reliés d'aires protégées et autres mesures de conservation efficaces par zone, gérées efficacement et équitablement, et intégrées dans l'ensemble du paysage terrestre et marin (CBD, 2011).

En incluant les services écosystémiques, et en déclarant que la protection par zone doit être gérée efficacement et équitablement, et être écologiquement représentative, l'Objectif 11 d'Aichi est devenu beaucoup plus significatif pour la planète (figure 20.1). L'objectif est non seulement plus significatif pour l'océan, mais également plus réaliste. Il implique un effort scientifique, culturellement inclusif et bien équilibré de la part des pays. Cependant, aucune directive ne permet encore aux pays de veiller à ce que leurs efforts de conservation contribuent à la réalisation des objectifs révisés, qui couvrent aujourd'hui 10 % des zones marines. Ce manque de clarté laisse, dans la pratique, à chaque pays membre le soin de déchiffrer ce que l'objectif signifie dans son propre contexte politique.

Malgré la croissance évidente du réseau d'AMP, nous sommes encore bien en deçà de l'objectif de 10 %, à l'échelle de l'océan mondial. La raison en est que la protection marine s'est accrue principalement dans les zones côtières littorales (Spalding et al., 2014). Sur les 3,4 % de l'océan mondial actuellement protégé, la plus grande proportion est encore concentrée dans les eaux territoriales (à moins de 12 milles marins de la côte). Au-delà de cette limite, la protection diminue fortement dans les zones économiques exclusives (ZEE) (jusqu'à 200 milles marins), et encore plus en haute mer, au-delà des juridictions nationales (Toropova et al., 2010). Sur la base de ces statistiques, il est estimé que, pour atteindre les 10 % de l'objectif de protection marine à partir des seules zones sous juridiction nationale (0-200 milles nautiques), un total de 6,5 millions de kilomètres carrés de zones marines et côtières devront être protégées d'ici à 2020.

Malgré les préoccupations persistantes sur comment et quand l'objectif d'Aichi pour les AMP sera atteint, le monde continue de progresser, de façon importante, vers des niveaux de protection marine de plus en plus élevés. Toropova et al. (2010) ont montré que le réseau d'AMP a augmenté de 150 % en sept ans. En termes de représentativité écologique, des estimations récentes indiquent que 59 % des 232 écorégions marines ont encore moins de 1 % de leur superficie protégée (Bomhard et al., 2012).

Des signes indiquent que le niveau asymétrique actuel de protection marine pourrait commencer à s'équilibrer, le nombre et l'étendue des AMP, y compris les très grandes AMP offshore et les AMP soutenues par les communautés, ayant rapidement augmenté au cours des dernières années, et 3,6 millions de kilomètres carrés supplémentaires de réserves marines devant être créées au cours des prochaines années (Pala, 2013).

Types d'aires marines protégées

Catégories de l'UICN et aires marines protégées

En résumé, qu'est-ce qui constitue une AMP ? Comme indiqué plus haut dans ce livre, une aire protégée telle que définie par l'UICN doit avoir pour objectif principal la conservation de la nature. Cette définition constitue la base de la définition des AMP, tout comme elle le fait pour les aires protégées terrestres. D'autres valeurs existantes peuvent avoir une importance similaire, mais en cas de conflit entre les valeurs, la conservation de la nature doit être considérée comme la plus importante. Par conséquent, un site peut être considéré comme une AMP à condition que : 1) il possède des limites définie pouvant être cartographiées, 2) il soit reconnu par des moyens légaux ou autres moyens efficaces, et 3) il possède des objectifs de gestion distincts et sans ambiguïté pouvant être attribués à une catégorie d'aire protégée particulière. Les six catégories de gestion et les quatre types de gouvernance sont décrits dans Dudley (2008) (voir les chapitres 2 et 7).

En mer comme sur terre, il existe de nombreuses aires gérées, préservant indirectement, incidemment ou fortuitement la biodiversité. Un principe de l'approche écosystémique de la CDB indique, en effet, que toute gestion des terres et de l'eau devrait contribuer à la conservation, et par conséquent, la distinction entre ce qui est et n'est pas une aire protégée est parfois floue. Cependant, ces sites ne répondent pas nécessairement à la définition de l'UICN de ce qu'est une aire protégée.

Ceci est particulièrement vrai dans le milieu marin, où la planification spatiale et la gestion des activités n'ont souvent pas d'objectif déclaré ou d'intérêt dans la conservation de la nature, mais offrent simplement un lien accessoire. Bien que certains sites puissent être relativement faciles à classer, d'autres peuvent être plus difficiles, et les types de mesures par zone suivants ne sont pas nécessairement des AMP :

- zones de gestion de la pêche (temporaires ou permanentes), sans objectifs plus généraux de conservation ;
- zones communautaires gérées principalement pour l'extraction durable de produits marins (tels que le corail, le poisson et les coquillages) ;
- systèmes de gestion marine et côtière gérés principalement pour le tourisme, incluant également des zones d'intérêt pour la conservation ;
- parcs éoliens et plateformes pétrolières qui, incidemment, aident à renforcer la biodiversité autour des structures sous-marines et en excluant la pêche et la présence d'autres navires.

Compte tenu des difficultés d'interprétation de Dudley (2008) pour les AMP, des lignes directrices supplémentaires ont été publiées en 2012, afin de s'assurer que les catégories de l'UICN puissent être appliquées efficacement à tous les types d'AMP, ainsi qu'à toutes les composantes marines des aires protégées terrestres adjacentes (Day et al., 2012). Les lignes directrices s'adressent principalement aux décideurs, mais elles sont également utiles pour aider les gestionnaires d'AMP à comprendre les objectifs de gestion de la catégorie à laquelle une AMP a été assignée, et ainsi guider la planification et la mise en œuvre.

Territoires et zones marines conservés par les peuples autochtones et les communautés

Les aires du patrimoine autochtone et communautaire (APAC) sont définies par l'UICN comme des « écosystèmes naturels et/ou modifiés contenant des valeurs significatives de biodiversité, des fonctions et des avantages écologiques, et des valeurs culturelles volontairement conservées par les peuples autochtones et les communautés locales, sédentaires et mobiles, par le droit coutumier ou autres moyens efficaces » (Corrigan et Granziera, 2010:1).

Comme pour les autres types de gouvernance, les aires communautaires gérées principalement pour l'extraction durable des produits marins ne seraient pas considérées comme des AMP selon la définition de l'UICN, à moins que la conservation de la nature ne soit l'objectif principal déclaré du régime de gestion.

Encadré 20.1 Exemples d'aires marines conservées par les communautés

Dans de nombreuses régions du monde, les peuples autochtones et les communautés locales gèrent des zones marines et côtières de manière à en assurer la conservation. Ces APAC incluent :

- aux Fidji, 149 aires marines gérées localement (LMMA) régies par des communautés et reconnues par la loi, constituant l'ensemble des AMP des Fidji, et couvrant 1,77 million d'hectares (soit plus de 50 % de la zone marine côtière du pays) ;
- A Madagascar, 16 LMMA de taille variable couvrant 394 000 hectares ;
- au Kenya, plusieurs zones de récifs côtiers sont gérées par des communautés de pêcheurs en vertu de la *Loi sur la pêche*, qui permet la création d'Unités de gestion des plages pour élaborer et appliquer des règles régissant la pêche, y compris la démarcation des limites et l'exclusion des non-membres provenant de l'extérieur de la zone ;
- au Japon, plus de 1 000 aires marines protégées ou conservées par les communautés ont été documentées, dont 387 AMP possédant une auto-imposition de non pêche par les communautés elles-mêmes ;
- au Costa Rica, il existe un nombre croissant « d'aires marines de pêche responsable », dans lesquelles les communautés de pêcheurs sont autorisées à élaborer des règles locales et à les appliquer ;
- en Espagne, les APAC marines sont gouvernées par environ 230 *Cofradías*, anciens organes de gouvernance locale qui gèrent l'utilisation commune de toutes les pêches professionnelles côtières du pays ;
- en Australie, au Canada, aux Philippines et dans d'autres pays, plusieurs territoires autochtones reconnus ou en voie de reconnaissance couvrent des zones marines cruciales pour la conservation de la biodiversité ;
- des communautés protègent les sites de nidification des tortues marines au Chili, au Costa Rica, au Suriname et dans plusieurs pays d'Asie du Sud. Au Suriname, plusieurs autres espèces marines, dont le lamantin des Caraïbes (*Trichechus manatus*), bénéficient également d'une telle protection.

Source : Kothari et al. (2012)

Aire marine gérée localement au village de Laitoko, Îles Salomon

Source : Hugh Govan

De nombreuses APAC ont été établies par des communautés côtières dans des écosystèmes marins (encadré 20.1). Le Registre des APAC est un portail d'information en ligne et une base de données sécurisée développée par le Centre mondial de suivi de la Conservation du Programme des Nations unies pour l'environnement (PNUE-WCMC) avec le soutien du Programme de petites subventions du Fonds pour l'environnement mondial du Programme des Nations unies pour le développement, qui documente les aires du patrimoine autochtone et communautaire, y compris dans les milieux marins (Day et al., 2012a). Le Registre des APAC vise à accroître la sensibilisation aux valeurs de biodiversité des aires gérées par les communautés, et fournit un large éventail d'informations. Il est à espérer que d'autres lignes directrices sur la mise en œuvre des catégories de l'UICN dans les APAC marines soient élaborées. Des informations supplémentaires sont disponibles par l'intermédiaire du Consortium APAC, et Dudley (2008) fournit une référence importante en la matière (voir le chapitre 8).

Aires marines protégées privées

En plus des types traditionnels d'AMP, il existe un nombre petit mais croissant d'AMP privées qui, comme d'autres aires protégées, doivent encore répondre aux critères établis de l'UICN pour être considérées comme des AMP. Chumbe Island Coral Park Limited (CHICOP) en est un bon exemple. Il s'agit d'une réserve naturelle privée primée, développée pour la première fois en 1991 pour

Vie dans les coraux et les récifs, parc marin de la Grande Barrière de corail, Australie

Source : © Autorité du parc marin de la Grande Barrière de corail

la conservation et la gestion durable de l'île inhabitée de Chumbe, au large de Zanzibar, l'une des dernières îles coralliennes vierges de la région. Les objectifs de la société propriétaire de l'île sont non commerciaux, tandis que ses opérations suivent des principes commerciaux. L'objectif global de la CHICOP est de créer un modèle de gestion du parc financièrement et écologiquement durable, où l'écotourisme soutient la conservation, la recherche et des programmes complets d'éducation environnementale pour les écoles locales, ainsi que d'autres avantages pour les populations locales (Kloiber, 2013).

Haute mer

Jusqu'à récemment, l'attention s'est concentrée sur les zones côtières, dans les 200 milles marins de la ZEE nationale et les 12 milles marins des eaux territoriales, où les pays ont établi des cadres politiques et juridiques prévoyant des mesures de conservation par zone telles que les AMP. Toutefois, depuis un certain temps, une attention particulière est accordée aux eaux de l'Antarctique (océan Austral) et à d'autres zones situées au-delà des ZEE, où les pays concernés ont convenus d'actions de coopération (par exemple, en mer Méditerranée et dans l'Atlantique du Nord-Est ; voir ci-dessous).

Sites Ramsar

Certaines AMP côtières et estuariennes ont également été reconnues comme des zones humides d'importance internationale (c'est-à-dire des sites Ramsar ; voir les chapitres 2 et 19), notamment la baie de Shoalwater et la baie de Moreton (Australie), l'estuaire de la baie du Delaware et la baie de San Francisco (États-Unis) ou l'archipel de Røstøyan (Norvège).

Patrimoine mondial

En 2014, 46 AMP ont été inscrites sur la liste du Patrimoine mondial, dont trois des 10 plus grandes AMP du monde. L'une des plus connues est la Grande Barrière de corail (Australie), mais on peut également citer les îles Galápagos (Équateur), Tubbataha (Philippines) et les fjords de Norvège occidentale.

Évolution récente vers des aires marines protégées à grande échelle

La dernière décennie a connu une tendance mondiale vers la création d'AMP à grande (ou très grande) échelle. La création de la réserve de l'écosystème des récifs coralliens des îles hawaïennes du nord-ouest (aujourd'hui monument national marin de Papahānaumokuākea), en 2000, a été suivie par un certain nombre d'autres pays déclarant de grandes AMP au sein de leurs juridictions nationales. Entre 2000 et 2012, cinq sites de taille similaire ont été établis, tous sauf un dans l'océan Pacifique (tableau 20.1). Plusieurs autres aires océaniques importantes ont été ou sont en voie d'être établies, de nouvelles aires étant proposées par les gouvernements et les organisations non gouvernementales (ONG) (Wood et al., 2008 ; Leenhardt et al., 2013). Elles sont, en grande partie, situées dans des régions éloignées, où le nombre d'humains est faible ou nul, et où les impacts anthropiques ont été moins importants. Ces aires renferment certains des écosystèmes les plus intacts et les moins touchés de la planète (Halpern et al., 2008).

Les moteurs de la protection de ces aires océaniques, récemment désignées, sont variés. Certaines ont été désignées pour leur valeur naturelle ou culturelle intrinsèque, d'autres pour faire progresser les Objectifs mondiaux visant à augmenter la proportion de l'océan réservé pour la protection (Toonen et al., 2013), tandis que d'autres doivent encore trouver un équilibre entre la croissance économique et la conservation de la biodiversité. Cette variété d'objectifs entraîne des variations dans les approches de gestion. Certains sites sont des zones de non pêche strictes, tandis que d'autres permettent la pêche commerciale et autres utilisations humaines dans des zones définies, souvent par nécessité. Selon une estimation de 2013, les sites pionniers à grande échelle (tableau 20.1) représentaient 80 % de la superficie de toutes les AMP dans le monde (Toonen et al., 2013), faisant ainsi évoluer la définition et l'idée de la conception et de la gestion des AMP.

Les AMP à grande échelle ne sont toutefois pas une panacée. Elles sont l'un des nombreux outils contribuant à la conservation des océans. La critique la plus répandue des

Tableau 20.1 Aires marines protégées pionnières à grande échelle

Nom	Pays	Année de création	Taille (km^2)	Proportion de site sans pêche (%)	Observations
Parc marin de la Grande Barrière de corail	Australie	1975	344 000	33	Site du Patrimoine mondial de l'UNESCO depuis 1981.
Monument national marin de Papahānaumokuākea	États-Unis d'Amérique	2000	362 074	100	Créé en tant que Réserve de l'écosystème des îles hawaïennes du nord-ouest en 2000, et devenu Monument national marin en 2006. Site du Patrimoine mondial de l'UNESCO depuis 2010.
Aire protégée des îles Phoenix	République de Kiribati	2008	408 250	4	Déclarée en 2006 et créée en 2008. Site du Patrimoine mondial de l'UNESCO depuis 2010.
Monument national marin de la Fosse des Mariannes	Commonwealth des Îles Mariannes du Nord, États-Unis	2009	246 609	~ 95	Seule fosse sous-marine protégée dans le monde, mais les eaux de surface restent ouvertes à la pêche.
Aire marine protégée des Territoires britanniques de l'océan Indien	Territoire d'outre-mer du Royaume-Uni	2010	640 000	100	Les territoires britanniques de l'océan Indien se compose entièrement de l'Archipel des Chagos et des eaux environnantes, à l'exception des 3 mn autour de l'Atoll de Diego Garcia.
Parc Marin Motu Motiro Hiva	Chili	2010	150 000 (expansion prévue à 411 000)	100	Récifs isolés au nord-est de Rapa Nui (île de Pâques), explicitement créée pour protéger l'un des derniers écosystèmes vierges de l'océan Pacifique et faire progresser l'objectif de 10 % des Objectifs d'Aichi pour la biodiversité.
Parc marin des Îles Cook	Îles Cook	2012	1 065 000	TBD	Atolls reculés et hautes îles volcaniques entourées de récifs frangeants et d'une faune originelle associée à des monts sous-marins. Le processus de planification de la gestion est toujours en cours, et contiendra probablement une variété de zones sous différents niveaux de protection.

Source : Adapté de Toonen et al. (2013)

AMP à grande échelle est qu'elles sont difficiles à appliquer. Compte tenu de leurs taux élevés de biomasse, ces zones peuvent être attrayantes pour la pêche illicite, non déclarée et non réglementée, rendant plus nécessaire une surveillance et une application des lois efficaces. L'application de la loi est un défi évident et coûteux qui nécessite une surveillance à distance et autres capacités technologiques permettant de surveiller efficacement de vastes zones. Heureusement, des progrès juridiques et technologiques pourraient bientôt permettre que cette surveillance et cette application des lois devienne beaucoup plus rentables et réaliste.

Avantages des aires marines protégées

Les AMP procurent une gamme d'avantages aux écosystèmes naturels et aux communautés humaines vivant dans les zones marines et côtières. Il s'agit notamment d'avantages écologiques tels que le maintien et l'augmentation de la diversité biologique et l'amélioration des stocks de poissons, d'avantages sociaux dérivés de l'appréciation et de l'engagement envers la nature, et d'avantages économiques de facilitation d'une pêche et d'une tourisme durable, ainsi que de l'utilisation récréative du milieu marin. L'importance de la santé des océans par rapport au climat mondial est fondamentale, car ceux-ci absorbent le dioxyde de carbone et génèrent la plus grande partie de l'oxygène mondial.

Les AMP offrent de nombreux avantages lorsqu'elles sont mises en œuvre selon une approche scientifique rigoureuse, mais ne doivent pas être considérées comme la seule approche de gestion disponible pour conserver l'ensemble de la biodiversité marine. Des AMP correctement établies sont le meilleur outil pour protéger la biodiversité des océans, mais elles ne peuvent pas, à leur tour, se protéger elles-mêmes contre les facteurs de stress externes tels que la pollution, le ruissellement terrestre et les changements climatiques. Par conséquent, les AMP devraient être envisagées en conjonction avec d'autres approches plus générales de gestion écosystémique.

Les avantages liés à la biodiversité des AMP incluent :

- maintenir ou restaurer la structure, la fonction et l'intégrité des écosystèmes :
  1. en protégeant les habitats contre les dommages physiques causés par la pêche et autres activités humaines ;
  2. en évitant la perte de biodiversité et de productivité en maintenant l'intégrité génétique et en rétablissant la taille et la structure d'âge des populations, ainsi que la composition des communautés ;

Anse Mais, atoll d'Aldabra, un site du Patrimoine mondial, Seychelles

Source : Carl Gustaf Lundin, UICN

  3. en protégeant les fonctions et processus écologiques clés, forces motrices de nombreux systèmes marins, comme par exemple, la préservation des réseaux et de la structure trophiques, y compris en évitant les effets de cascade et de seuil trophiques, et l'abondance des espèces clés importantes ;
  4. en contribuant à une gestion écosystémique holistique et en améliorant la résilience aux pressions des écosystèmes à grande échelle.
- fournir une « assurance » pour atténuer les effets néfastes, en particulier dans les zones adjacentes (par exemple, de la surpêche) ;
- protéger les zones pouvant fournir des « banques de graines » reproductrices à partir desquelles les œufs et les larves d'espèces marines peuvent être distribués à d'autres zones (Day, 2006).

Connectivité des écosystèmes

Une étude de 2014 sur les priorités mondiales pour la conservation de la biodiversité marine a souligné que « la protection de la biodiversité et des services écosystémiques essentiels qu'elle soutient est devenue une priorité pour la communauté scientifique, les gestionnaires des ressources et les accords politiques nationaux et internationaux » (Selig et al., 2014).

Les espèces marines individuelles font partie de réseaux d'écosystèmes plus vastes, reliés et interdépendants tels que les récifs coralliens, les habitats côtiers de mangroves

Encadré 20.2 Connectivité des écosystèmes : habitats utilisés au cours du cycle de vie du vivaneau bourgeois

La connectivité entre les plateaux d'un système récifal est essentielle au maintien des habitats des poissons de récif d'importance récréative et commerciale, tels que le vivaneau bourgeois (Lutjanus sebae) dans la Grande Barrière de corail d'Australie. Le vivaneau bourgeois utilise une gamme beaucoup plus vaste d'habitats interconnectés, à divers stades de son cycle biologique, que ce que l'on croyait initialement, des estuaires côtiers aux communautés de coraux et d'herbiers marins en eau profonde (figure 20.2).

Figure 20.2 : Connectivité des écosystèmes

Source : Basé sur un concept développé par Russell Kelley et illustré par Gavin Ryan ; © Cappo et Kelley (2001); reproduit avec autorisation

ou les communautés d'évents hydrothermaux des grands fonds marins. La connectivité de ces écosystèmes fournit aux organismes marins des services écologiques importants tels que la fourniture d'aires d'alimentation, de reproduction et d'alevinage, ou des abris contre les prédateurs pendant les stades de développement planctonique vulnérables. L'importance de la connectivité marine est illustrée par des exemples de connectivité entre les plateaux continentaux (encadré 20.2), où la dispersion larvaire peut se produire sur des milliers de kilomètres.

L'inter-connectivité des systèmes marins exige une gestion vaste et écosystémique. Les réseaux d'AMP constituent un outil clé pour protéger la biodiversité marine à une échelle plus générale, intégrée et interconnectée, où le maintien d'écosystèmes holistiques génère des avantages écologiques, économiques et sociaux globaux plus importants. Le succès d'un zonage efficace des APM et la façon dont celui-ci contribue à protéger la biodiversité marine au sens large sont décrits plus loin dans ce chapitre.

Fonctions des écosystèmes

Lorsque les AMP entraîne de forts effets bénéfiques sur les « ingénieurs » des écosystèmes, tels que les coraux ou les varechs (Ling et Johnson, 2012), les avantages peuvent s'étendre à d'importantes fonctions et services écosystémiques. Par exemple, des services tels que la pêche productive, l'attrait touristique et la protection côtière contre les tempêtes sont tous fondés sur l'existence d'un récif sain, à structure complexe (Done et al., 1996). Les processus tuant les coraux et accélérant l'érosion des structures de récifs pourraient, cependant, faire basculer les récifs vers un bilan carbonaté négatif, ce qui signifie que ceux-ci s'éroderont progressivement, avec le temps. Les récifs subissant une érosion nette perdront de leur complexité, biodiversité et fonctions. En 2013, un modèle a été développé pour tenir compte des impacts des changements mondiaux sur les récifs coralliens, y compris la hausse des températures et l'acidification des océans (Kennedy et al., 2013). Ce modèle a permis de constater que des bilans carbone positifs étaient encore possibles vers la fin du siècle, mais qu'une protection locale du bassin versant et de la pêche au niveau des APM, ainsi que des mesures énergiques pour réduire les émissions de gaz à effet de serre étaient nécessaires pour cela.

Renforcement des stocks de poissons à l'intérieur et en dehors des aires marines protégées

En plus de maintenir la biodiversité, les AMP peuvent jouer un rôle important dans l'amélioration de la productivité biologique, en particulier des stocks de poissons, à l'intérieur et à l'extérieur des AMP. L'établissement d'AMP offre un refuge protecteur aux poissons pendant les étapes critiques de leur cycle de vie telles que le frai ou la croissance juvénile. En protégeant les habitats de frai et d'alevinage, tels que les mangroves, les prairies d'herbiers marins et les systèmes de récifs, les AMP offrent un refuge sûr aux poissons juvéniles, à mesure qu'ils se développent et atteignent l'âge adulte, tout en protégeant les poissons reproducteurs comme dans les bancs de reproduction.

Les refuges sont particulièrement importants en tant que zones de rétablissement pour les espèces soumises à des pressions de pêche intenses. Les AMP sans pêche ou les zones sans pêche situées dans les grandes AMP offrent des zones sûres où les stocks de poissons peuvent augmenter, se reconstituer et se développer en l'absence de pression de pêche. À mesure que les stocks de poissons augmentent dans les AMP, un effet d'écoulement positif se créé vers les zones adjacentes, l'excès de poisson provenant de stocks sains et florissants à l'intérieur des AMP se propageant dans les zones non protégées adjacentes. Appelé « effet de débordement », ce phénomène conduit à une augmentation globale de l'abondance des poissons dans les zones adjacentes où la pêche est autorisée, aboutissant finalement à des changements positifs à grande échelle pour diverses pêches commerciales, récréatives ou autochtones.

L'impact positif des AMP sur les stocks de poissons a été largement documenté (encadré 20.3). Des études démontrent que les poissons des zones d'interdiction de pêche et autres zones protégées produisent plus de descendants (c'est-à-dire ont une fécondité plus élevée) et

Encadré 20.3 Effet de débordement : des exemples à travers le monde

L'un des avantages les plus étudiés des réserves, le débordement des adultes dans les zones de pêche voisines (Kellner et al., 2007), a été vérifié au sein de communautés de pêcheurs des Philippines. Les captures au piège et au filet maillant près de la réserve de l'Île de Sumilon ont augmenté de 27 % au cours des six années suivant la création de la réserve, et une augmentation de 41 % des captures a été observée près de la réserve de l'Île d'Apo, après 20 ans (Alcala et al., 2005).

L'un des principaux résultats de l'interdiction de pêche est l'augmentation de la taille et de l'abondance des poissons dans une aire protégée (Halpern, 2003). Dans une comparaison de l'abondance des poissons dans les parcs marins kényans de différents âges, McClanahan et al. (2007) ont constaté que certains groupes de poissons de récif, tels que le poisson perroquet, se rétablissaient en moins de 10 ans de protection, tandis que d'autres, tels que les grands acanthuridés (poissons chirurgiens et poissons licornes), ne montraient toujours aucun signe de stabilisation après 30 ans. Les données des Philippines révèlent que la biomasse des poissons augmente considérablement dans les cinq ans suivant la création d'une réserve, mais que la biomasse des grands prédateurs continue d'augmenter après 19 ans, durée maximale de protection au moment du recensement (Russ et al., 2005). Une augmentation rapide des mérous (*Plectropomus* spp.), cependant, entraînant une augmentation de la densité de poissons d'environ 65 %, a été observée dans les deux ans suivant la création de nouvelles zones d'interdiction de pêche dans le parc marin de la Grande Barrière de corail, en 2004 (Russ et al., 2008). L'abondance des requins de récif était également beaucoup plus élevée dans les zones d'interdiction de pêche de la Grande Barrière de corail, mais encore plus élevée dans les zones d'interdiction d'accès à long terme (McCook et al., 2010).

Un rétablissement rapide des populations de poissons est possible, en partie parce que la dispersion des larves de poissons de récif semble être assez locale. À titre d'extrême, les deux tiers des poissons clowns (*Amphiprion polymnus*), vivant dans les anémones de mer, se sont établis à moins de 100 mètres de leurs parents, même s'ils ont passé jusqu'à 12 jours dans le plancton (Jones et al., 2005). La dispersion est plus importante chez les poissons de récif plus gros, comme le mérou corallien à queue carrée (*Plectropomus areolatus*), mais même dans ce cas, les données indiquent qu'environ 50 % des juvéniles restent à moins de 14 kilomètres d'un site de frai adulte, et que 95 % restent à moins de 33 kilomètres du site de frai (Almany et al., 2013). De nouvelles études génétiques ont, en effet, aujourd'hui confirmé que l'exportation larvaire de poissons de récif commercialement importants depuis les réserves est significativement plus importante que celle des zones de pêche, et peut aider à reconstituer les stocks de poissons exploités et à former des réseaux de larves entre les réserves. Dans ce cas, les réserves doivent se trouver à moins de 20 kilomètres les unes des autres (Harrison et al., 2012).

- Peter J. Mumby

Récifs coralliens, Grande lagune sud, une partie du site du Patrimoine mondial marin, Nouvelle-Calédonie
Source : Dan Laffoley

sont plus grands en taille et en abondance que les poissons à l'extérieur de ces zones. Halpern (2003) a signalé que la biomasse moyenne de poissons dans 89 réserves marines était presque trois fois plus importante que celle des poissons dans les zones non protégées, avec une augmentation de 20 à 30 % de la taille moyenne. En 2009, une analyse mondiale de près de 150 études scientifiques portant sur des réserves marines entièrement protégées et sans prélèvement, dans 29 pays, a fait état d'une augmentation globale de la taille et de la biomasse des poissons dans les réserves (Lester et al., 2009).

Avantages indirects plus généraux des aires marines protégées

Dans de nombreuses régions tropicales, les réserves sans prélèvement sont devenues le moyen *de facto* de répondre à de multiples objectifs de gestion. Un intérêt croissant est apparu pour utiliser les zones sans prélèvement pour améliorer la santé des récifs, en particulier face à la marée montante des menaces pour les coraux, y compris le blanchiment et les maladies (Weil et Rogers, 2011). L'idée est simple : si les réseaux trophiques peuvent être quelque peu restaurés en empêchant la pêche, un effet de cascade pourrait-il se produire sur les interactions trophiques et bénéficier aux coraux ?

En effet, les impacts positifs des réserves peuvent également être observés sur la santé des communautés de récifs coralliens de manière plus générale. Depuis qu'une maladie a causé la mort de l'oursin-diadème des Antilles (*Diadema antillarum*) dans l'ensemble des Caraïbes, en 1983-1984, le rétablissement a été limité. L'oursin-diadème était un herbivore important des récifs des Caraïbes, et sa perte a entraîné des changements de phase vers une biomasse d'algues plus élevée (Steneck et Dethier, 1994). Une étude du parc terrestre et marin d'Exuma Cays, dans le centre des Bahamas, a constaté que les populations d'oursin-diadème demeuraient pratiquement inexistantes dans la réserve, mais se situaient à des niveaux mesurables dans les zones de pêche voisines (Harborne et al., 2009). Les densités plus élevées de prédateurs d'oursins dans la réserve expliquent probablement l'échec du rétablissement des populations. Heureusement, les densités de poissons perroquets herbivores ont doublé à l'intérieur du parc terrestre et marin d'Exuma Cays, en réponse à l'arrêt de la pêche. Ceci semble avoir provoqué un important effet de cascade trophique, qui a commencé par provoquer une réduction par quatre de la couverture d'algues (Mumby et al., 2006), ce qui profite aux coraux.

La capacité des réserves à créer de telles cascades trophiques variera selon la force de leur impact, c'est à dire la différence de biomasse des espèces récoltées au-delà des limites de la réserve et, par conséquent, l'efficacité de la gestion, et le degré d'influence des espèces récoltées sur les autres espèces. Dans le cas des récifs des Caraïbes, où la croissance des algues est rapide (Roff et Mumby, 2012), il existe un lien trophique fort entre la biomasse des poissons herbivores et la couverture d'algues (Williams et Polunin, 2000).

Avantages sociaux des aires marines protégées

Les AMP apportent également d'importants avantages sociaux aux communautés locales et aux visiteurs, y compris la jouissance récréative et l'appréciation de l'environnement, ainsi que la connectivité culturelle aux zones océaniques.

Les réseaux d'AMP peuvent démontrer des avantages sociaux importants lorsqu'ils sont établis avec une participation communautaire, une gestion collaborative et l'intégration de la culture dans les stratégies de gestion des AMP. L'aire marine de conservation des Arnavons des Îles Salomon est cogérée par les gouvernements national et provincial, une ONG et trois communautés locales. Cette approche de cogestion a permis de renforcer la cohésion sociale et la sécurité entre les communautés isolées, et de faciliter la

Mérou noir (*Mycteroperca bonaci*), Bahamas
Source : Craig Dahlgran

communication entre les différents groupes culturels. Dans les Îles d'Apo des Philippines, et dans l'APM de Bunaken en Indonésie, des modalités de gestion collaborative ont été mis en place, impliquant des représentants des communautés locales dans la gestion, la participation de l'ensemble de la communauté à la gestion des APM et le respect des droits d'utilisation et d'accès traditionnels. Cela a entraîné une augmentation des emplois, une plus grande autonomisation des femmes, et une amélioration de la santé et de l'assainissement public (Mulongoy et Gidda, 2008).

Un avantage social important des AMP gérées efficacement est le maintien de la culture humaine locale. Cela est particulièrement important dans toutes les régions des îles du Pacifique telles que Fidji, les îles Salomon et Hawaï, ou dans les communautés autochtones d'Amérique du Nord ou d'Australie, où la culture locale est étroitement liée au milieu marin. Par exemple, le Monument national marin de Papahānaumokuākea (couvrant les îles hawaïennes du nord-ouest) a une signification traditionnelle profonde pour la culture hawaïenne indigène vivante, en tant qu'environnement ancestral, en tant qu'incarnation du concept hawaïen de parenté entre les personnes et le monde naturel, et en tant que lieu où, selon la croyance, la vie prend sa source et les esprits retournent, après la mort. Des vestiges archéologiques relatifs à la colonisation et à une utilisation pré-européenne sont présents sur deux des îles.

Avantages économiques des aires marines protégées

Les ressources écologiques des océans du monde procurent aux humains une variété d'avantages économiques. Depuis 2007, l'initiative « The Economics of Ecosystems and Biodiversity » (TEEB / Économie des écosystèmes et de la biodiversité) attire l'attention sur les avantages économiques de la biodiversité et le coût croissant de la perte de biodiversité

Requin et autres poissons, parc marin de la Grande Barrière de corail, Australie
Source : © Autorité du parc marin de la Grande Barrière de corail

et de la dégradation des écosystèmes, et fournit des outils pour aider à une prise de décision efficace. Bien qu'il soit difficile de quantifier la valeur des nombreux services, en particulier non monétaires, que fournissent les écosystèmes, les avantages économiques résultant directement d'un environnement marin sain sont mesurables dans des domaines tels que le tourisme maritime durable et la pêche. En 2004, par exemple, les 166 000 hectares de récifs au large des principales îles hawaïennes ont été estimés à 360 millions de dollars par an (TEEB, 2010). Dans la Grande Barrière de corail d'Australie, la contribution économique totale combinée du tourisme, des loisirs, de la pêche commerciale et de la recherche scientifique provenant du bassin versant de la Grande Barrière de corail et du site du Patrimoine mondial à l'économie australienne, en 2012, a été estimée à 5,7 milliards de dollars (Deloitte Access Economics, 2013), dépassant largement le montant consacré à sa protection (McCook et al., 2010).

Tourisme durable

À l'échelle mondiale, l'appréciation des milieux marins par le biais d'activités touristiques commerciales telles que la plongée sous-marine, la plongée avec tuba ou l'observation des baleines est bien établie. En 2012, dans la Grande Barrière de corail et le bassin versant adjacent, le tourisme a généré un bénéfice d'environ 4,9 milliards de dollars (soit 90 % de la contribution économique totale du parc marin à l'économie nationale), et a fourni l'équivalent de 64 000 emplois à plein temps. Le tourisme contribue également à la gestion des récifs à hauteur de 6,5 millions de dollars par an (voir la sous-section « Droits et redevances » ci-dessous).

L'écotourisme spécifique à la mégafaune marine protégée par les AMP (par exemple, les baleines et les requins) crée des avantages économiques durables à long terme pour

Ranger autochtone à Mapoon, Queensland, Australie aidant une tortue marine

Source : Craig Wheeler

les communautés locales. Selon une étude de 2008 sur l'observation des baleines, l'industrie mondiale a généré plus de 2,1 milliards de dollars américains (O'Connor et al., 2009), et les estimations de 2013 pour l'industrie mondiale de la plongée avec les requins étaient de 314 millions de dollars américains annuels (Cisneros-Montemayor et al., 2013). L'écotourisme autour du requin-baleine est bien établi en Australie Occidentale (récif de Ningaloo), au Mexique, aux Seychelles et aux Philippines, et se développe dans le monde entier. On estime que l'industrie génère plus de 47,5 millions de dollars américains dans le monde (Graham, 2004). Le tourisme de plongée sous-marine dans le sanctuaire de requins récemment établi aux Palaos a été estimé à 200 millions de dollars américains sur la durée de vie d'un requin, sur la base de la valeur à long terme de 100 requins (Vianna et al., 2012).

Loisirs durables

Les avantages économiques des AMP incluent également l'utilisation récréative durable (c'est-à-dire non commerciale) des aires protégées, telles que le surf, la plongée avec tuba, la pêche ou la navigation de plaisance. En 2008, on estimait que plus de 14 millions de visiteurs récréatifs visitaient le parc marin de la Grande Barrière de corail depuis les régions avoisinantes chaque année. Les activités récréatives se classaient alors au deuxième rang des utilisations directes de la Grande Barrière de corail en 2012, générant 310 millions de dollars américains et l'équivalent de 2 724 emplois à temps plein (GBRMPA, 2013).

Pêche durable

La pêche fournit un soutien économique important aux communautés côtières (en particulier aux communautés de subsistance), les AMP y contribuant de façon positive, y compris par l'augmentation de l'abondance et de la taille du poisson, des habitats protecteurs pour la croissance et la reproduction du poisson, et des sanctuaires pour le rétablissement après une surexploitation. De nombreux stocks de poissons de valeur commerciale sont surexploités en raison de pressions accrues de flottes de pêche industrielle fortement subventionnées, d'une mauvaise réglementation et d'une faible application des règles (Banque Mondiale et FAO, 2009). Dans les 53 pays contribuant à 95 % des captures mondiales, il a été estimé que les AMP contribuent à l'équivalent de 870 millions de dollars américains de subventions de pêche (Cullis-Suzuki et Pauly, 2008).

Gouvernance des aires marines protégées

> Les avantages écologiques, économiques et sociaux des aires protégées ne peuvent être renforcés et soutenus que lorsqu'ils sont gérés efficacement par une bonne gouvernance. (Mulongoy et Gidda, 2008:28)

La gouvernance peut être définie comme « l'implication d'un large éventail d'institutions et d'acteurs dans la production de résultats politiques... impliquant une coordination par le biais de réseaux et de partenariats » (Johnston et al., 2000:317). Historiquement, la gouvernance marine a été développée sporadiquement, et de manière fragmentée, pour répondre aux besoins de gestion individuels, là où ils sont apparus, et moins d'une manière holistique, à long terme et basée sur l'écosystème.

La gouvernance des réseaux d'aires protégées peut être encadrée par diverses modalités, y compris les conventions internationales sur l'environnement au niveau mondial, la coordination entre pays voisins au niveau régional, la législation gouvernementale au niveau national, et la gouvernance communautaire et non gouvernementale au niveau local. Les différents types de gouvernance et la façon dont ils contribuent à une gestion efficace des AMP sont décrits plus en détail ci-après (voir également le chapitre 7).

Contexte international

La majorité des pays côtiers (et de nombreux pays non côtiers) du monde entier sont signataires d'accords ou de conventions maritimes internationaux. Ceux-ci fournissent des cadres juridiques pour établir des mécanismes de gouvernance et de gestion des aires marines relevant de leur juridiction nationale, ou plus simplement, dans leurs eaux nationales. Des lois environnementales internationales ont été établies pour aborder un large éventail de questions marines, de la désignation basique des frontières maritimes nationales à la navigation, la gestion de la pêche, le commerce international d'espèces menacées, la conservation de la biodiversité et la création d'AMP. Ces lois internationales peuvent comprendre à la fois des lois dures (juridiquement contraignantes) et des lois souples (non contraignantes).

La Convention des Nations unies sur le droit de la mer (UNCLOS) est largement reconnue comme le cadre général de gouvernance maritime. En vigueur depuis 1994, elle donne aux nations la capacité juridique de délimiter des frontières maritimes nationales (telles que la ZEE), de réglementer les activités extractives telles que la pêche à l'intérieur de ces frontières, et de créer des aires protégées à l'intérieur des 200 milles marins de la ZEE et des 12 milles marins des eaux territoriales d'un littoral national, conformément au droit international de la navigation. Cette convention est largement soutenue, avec plus de 160 pays signataires dans le monde, en 2014 (UN, 2014).

Là où la Convention des UN sur le droit de la mer fournit aux États un cadre juridique général pour la protection du milieu marin, la CDB fournit des objectifs et des plans d'action pour la mise en œuvre, en particulier pour la conservation de la diversité biologique, y compris le mécanisme de gouvernance juridiquement contraignant encadrant les Objectifs d'Aichi discutés précédemment. D'autres conventions telles que la Convention internationale sur la chasse à la baleine, la Convention sur le commerce international des espèces de faune et de flore sauvages menacées d'extinction et la Convention sur la conservation des espèces migratrices appartenant à la faune sauvage facilitent également, indirectement, la création d'AMP, par exemple, en facilitant la création de sanctuaires de baleines pour la protection d'espèces individuelles (voir le chapitre 8).

Contexte régional

Des approches régionales, telles que le Programme pour les mers régionales du PNUE, ont été mises en place dans le monde entier pour améliorer la gestion du milieu marin, ainsi que l'information et le partage des avantages, au niveau régional. Créé en 1974, ce programme comprend 18 régions à travers le monde, pour lesquelles des programmes régionaux ont été établis séparément. Quatorze d'entre eux ont maintenant adopté des conventions juridiquement contraignantes fournissant une base pour des programmes de gestion mis en œuvre par l'action.

Contexte national

La majorité des AMP mondiales sont régies par des lois et mécanismes réglementaires établis au niveau national ou infranational. Dans la plupart des pays côtiers, le milieu marin n'est pas régi par une loi unique, mais par un ensemble, souvent fragmenté, de lois et mécanismes mis en place pour gérer différents aspects du milieu marin, tels que la conservation, le tourisme, la pollution ou la pêche. Par conséquent, il est courant que les lois soient administrées par des juridictions distinctes, et gérées par diverses parties prenantes, y compris des organismes gouvernementaux nationaux, régionaux, provinciaux, étatiques, territoriaux ou locaux, des conseils, des ONG ou des communautés locales. Le chevauchement des compétences, les lacunes et le manque d'intégration entre plusieurs organisations peuvent souvent conduire à une gouvernance difficile pour les AMP. Des systèmes de gouvernance fonctionnels, holistiques et intergouvernementaux pour les AMP sont essentiels.

Contexte local

Le contexte local devient de plus en plus important dans la gouvernance et la gestion des AMP. La gouvernance locale, dans laquelle les communautés côtières sont responsables de la gouvernance et de la gestion de leurs propres ressources marines locales, est souvent appelée « régime coutumier marin ». Elle est courante dans des régions comme le Pacifique, où elle a conduit à la création de LMMA dans plusieurs pays, y compris les Fidji, la Papouasie-Nouvelle-Guinée et les Îles Salomon. Les LMMA prennent de plus en plus d'importance en tant qu'approche de gouvernance marine (encadré 20.1).

En Papouasie-Nouvelle-Guinée et dans les Îles Salomon, les écosystèmes marins côtiers sont la propriété non pas du gouvernement national, mais de clans ou de tribus qui en revendiquent la propriété coutumière, lorsque cette propriété est plus ou moins reconnue en vertu de la législation nationale. La région de la baie de Kimbe, en Papouasie-Nouvelle-Guinée, abrite un réseau d'AMP comprenant neuf sites, et représente une étude de cas intéressante sur la gouvernance locale par les communautés côtières (White et al., 2014 ; étude de cas 20.1).

Que les AMP soient régies par des systèmes nationaux, régionaux ou gérés localement, et afin que les régimes de gouvernance soient pleinement efficaces, des obligations réglementaires internationales, régionales, nationales et/ou locales claires, nécessitant une gestion efficace et une application de la loi, doivent être établies (Jones, 2014). Le parc marin de la Grande Barrière de corail, en Australie, est un modèle de gestion bien intégré et complet, largement considéré comme efficace par les gestionnaires marins et côtiers du monde entier. Il s'agit d'une collaboration intégrée et globale entre les autorités de gestion nationales et étatiques, et pour celles-ci, à leur tour, avec les propriétaires traditionnels, les conseils et les communautés locales, l'industrie et les groupes de recherche scientifique, afin d'offrir une approche efficace de la gestion marine fondée sur les écosystèmes.

Types de gouvernance marine

Les systèmes de gouvernance peuvent être largement divisés en trois approches générales : descendante, ascendante et fondée sur les incitations du marché. L'approche descendante met l'accent sur une gouvernance dirigée par le gouvernement « d'en haut », à travers l'établissement de lois et autres mécanismes réglementaires destinés à faire respecter la conservation de la biodiversité. L'approche ascendante met l'accent sur la décentralisation des processus de prise de décision à partir des gouvernements nationaux, afin d'intégrer des approches communautaires locales, souvent grâce à l'exploitation des bases de connaissances locales ou traditionnelles. Une intégration de gouvernance descendante et ascendante s'est avéré être le système le plus efficace. Une approche basée sur les incitations du marché se concentre sur des incitations économiques ou monétaires découlant de la valorisation de la nature et des services fournis par les écosystèmes, comme un soutien au moyens de subsistance alternatifs pour les communautés passant d'une utilisation de ressources extractives non renouvelables à l'écotourisme renouvelable (Jones, 2014).

L'analyse de la gouvernance des AMP, réalisée par Jones (2014) à l'aide du « Cadre de gouvernance des AMP », a permis d'identifier cinq grandes approches de gouvernance, chacune contenant des degrés divers de participation du gouvernement, des communautés et du secteur privé (tableau 20.2). Il est largement admis qu'aucune approche ne peut fournir un système de gouvernance parfait, et qu'une approche de cogestion collaborative peut maximiser la gouvernance efficace des AMP. Cela a été souligné dans l'Accord de Durban du cinquième Congrès mondial des parcs de l'UICN, en 2003.

Tableau 20.2 Cinq approches et exemples de gouvernance des aires marines protégées

Approche de gouvernance	Détails de l'approche	Exemples d'AMP dans lesquelles l'approche est appliquée
Dirigée par le gouvernement	Gestion principalement par le gouvernement dans un cadre juridique clair.	Parc marin de la Grande Barrière de corail (Australie) Darwin Mounds, candidat à Zone spéciale de conservation (Royaume-Uni) Site européen marin du North East Kent (Royaume-Uni) Site européen marin de la côte de Wash et de North Norfolk (Royaume-Uni) Loi de protection de la vie marine de Californie (États-Unis) Système de Sanctuaires marins nationaux des États-Unis (États-Unis)
Décentralisée	Gestion selon une approche partagée par le gouvernement avec une décentralisation importante et/ou des influences du secteur privé.	Réserve naturelle marine nationale du récif corallien de Sanya (Chine) AMP de Seaflower (Colombie) Réserve marine des Galápagos (Équateur) Parc national marin de Karimunjawa (Indonésie) Parc national de Wakatobi (Indonésie) Parc naturel des récifs de Tubbataha (Philippines) Site du patrimoine mondial naturel de la baie d'Ha Long (Vietnam)
Pilotée par les communautés	Gestion principalement par les communautés locales dans le cadre de modalités de gestion collective.	Isla Natividad (Mexique) Réserve marine d'intérêt pour la pêche d'Os Miñarzos (Espagne)
Pilotée par le secteur privé	Gestion principalement par le secteur privé et/ou des ONG bénéficiant de droits de propriété/gestion.	Parc corallien de l'île de Chumbe (Tanzanie) Aire de conservation marine de Great South Bay (États-Unis)
Sans cadre évident de gouvernance	Aucun cadre de gouvernance clair ou efficace en place.	Aire protégée environnementale de Baleia Franca (Brésil) Réserve extractive marine de Pirajubaé (Brésil) Réserve marine spéciale de Cres-Lošinj (Croatie)

Source : Jones (2014)

Étude de cas 20.1 Aires marines gérées localement dans la baie de Kimbe, Papouasie-Nouvelle-Guinée

La baie de Kimbe se trouve en Papouasie-Nouvelle-Guinée, dans la zone marine du monde la plus riche en biodiversité : le triangle de corail (Weeks et al. 2014 ; figure 20.3). Environ 100 000 personnes vivent dans les communautés côtières de la baie, dépendant à la fois de ressources terrestres et marines pour leur subsistance. La baie abrite une grande diversité d'habitats marins peu profonds et en eau profonde, de grande valeur pour la conservation. La propriété des terres et de la mer est basée sur des clans et des communautés à l'origine des décisions concernant la conservation locale et la gestion des ressources (Green et al., 2009).

En 2006, The Nature Conservancy a dirigé la conception d'un réseau d'AMP résilient et scientifique pour la baie de Kimbe, le premier du genre dans le triangle de corail, en évaluant la biodiversité et les valeurs socio-économiques pour identifier 14 « zones d'intérêt » (AOI) (Green et al., 2009). Depuis, The Nature Conservancy et ses partenaires ont soutenu un processus de planification communautaire, qui a mené 14 communautés à établir neuf LMMA dans sept des AOI, y compris par des ententes de cogestion entre certaines communautés (Weeks et al. 2014). Le processus de conception des LMMA a impliqué : 1) un engagement communautaire ; 2) une vision communautaire ; 3) une planification participative de la conservation ; 4) l'élaboration communautaire d'un plan de LMMA ; 5) la préparation d'un projet de plan et d'accord ; et 6) la consultation des parties prenantes et la finalisation du plan et de l'accord par la communauté (Green et al., 2009).

Des progrès substantiels ont également été réalisés en vue d'établir un cadre de gouvernance et de gestion pour la baie de Kimbe : des lois de gestion et de protection marines (créées pour les trois administrations locales possédant des aires marines) fournissant une base juridique pour les plans de gestion des LMMA élaborés par les communautés. Mentionnons d'autres progrès en matière de gouvernance, tels que la création du « Réseau d'apprentissage et de formation de PNG », visant à identifier et à partager des outils et méthodes de bonnes pratiques pour la conservation communautaire et la gestion des ressources, un protocole d'entente entre The Nature Conservancy et le gouvernement provincial visant à développer un système de gouvernance pour la zone de gestion marine de la baie de Kimbe et incluant la création d'un secrétariat directeur, et un comité directeur composé de membres d'ONG, du gouvernement et du secteur privé, ayant aujourd'hui repris à son compte le processus de mise en œuvre (Weeks et al., 2014).

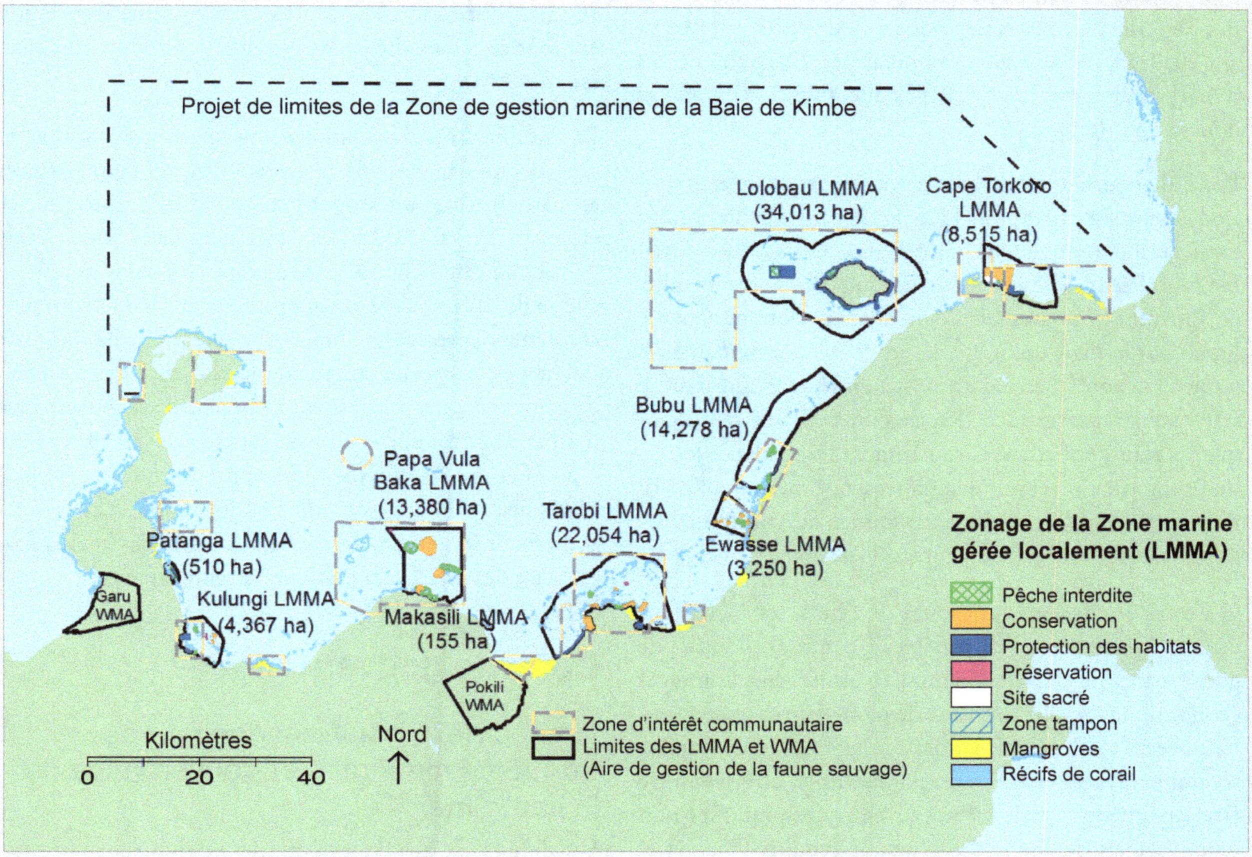

Figure 20.3 Zone de gestion marine de la baie de Kimbe, y compris les zones marines gérées localement (LMMA) établies dans les zones d'intérêt

Source : Modifié de Weeks et al. (2014)

Tableau 20.3 Cinq catégories d'incitations

Catégorie d'incitation	Définition (nombre d'incitations de cette catégorie utilisées dans des cadres de gouvernance d'AMP)
Économique	Utiliser les approches relatives aux droits économiques et aux droits de propriété pour promouvoir la réalisation des objectifs des AMP. (10)
Interprétative	Promouvoir la sensibilisation aux caractéristiques de conservation des AMP, aux objectifs connexes de leur conservation et aux approches utilisées pour atteindre ces objectifs, et promouvoir le soutien aux mesures connexes. (3)
Connaissances	Respecter et promouvoir l'utilisation des différentes sources de connaissances (locales-traditionnelles et expertes-scientifiques) pour mieux guider les décisions relatives aux AMP. (3)
Juridique	Établissement et application des lois, règlements pertinents, etc., en tant que source de « pilotage par l'État » pour promouvoir le respect des décisions et, ainsi, la réalisation des obligations en matière d'AMP. (10)
Participative	Permettre aux utilisateurs, aux communautés et autres groupes d'intérêt de participer et d'influencer la prise de décisions concernant les AMP susceptibles de les affecter, afin de promouvoir leur « appropriation » de l'AMP et, ainsi, leur capacité à coopérer à la mise en œuvre des décisions. (10)

Source : Jones (2014)

Mesures incitatives en matière de gouvernance des aires marines protégées

Des résultats positifs en matière de gouvernance peuvent être favorisés par l'utilisation de mesures d'incitations « prévoyant certains résultats stratégiques, en particulier des objectifs de conservation de la biodiversité » (Jones et al., 2011:13). Une analyse mondiale de 20 études de cas d'AMP réalisée par Jones (2014) a identifié cinq catégories d'incitations (tableau 20.3).

Les cadres juridiques et incitations mis en œuvre par un leadership descendant des États jouent un rôle important dans l'élaboration d'une gouvernance efficace des AMP. Ils fournissent le cadre d'application de la conformité, et peuvent promouvoir l'intendance communautaire locale par le biais de droits de propriété communautaires légalement appliqués, aidant ainsi à protéger les sites contre une exploitation externe des ressources. Il est important que les états permettent et soutiennent l'intendance locale, ou l'appropriation communautaire, si une initiative d'AMP tente de mobiliser ou d'obtenir le soutien des communautés locales dans le cadre de son approche de gouvernance.

Outre les incitations juridiques de l'État, les incitations économiques sont considérées comme l'outil de gouvernance le plus fréquemment utilisé. Les avantages économiques de l'écotourisme de plongée avec les requins, renouvelable à long terme, dans le sanctuaire de requins récemment établi aux Palaos, par exemple, ont démontré être largement supérieurs aux revenus des pratiques non renouvelables de pêche d'ailerons de requins (Vianna et al., 2012).

En outre, les rôles ascendants des connaissances et de la participation traditionnelles et locales, ainsi que des conseils d'experts d'individus ou d'organisations tels que les ONG environnementales, sont importants pour conduire et mettre en œuvre la gouvernance des AMP. Il est essentiel de parvenir à un équilibre équitable entre une communauté locale saine et prospère, bénéficiant d'un accès contrôlé aux ressources locales, et l'assurance d'une protection appropriée pour éviter la surexploitation des ressources au sein des AMP.

La combinaison d'incitations juridiques et économiques avec d'autres incitations interprétatives, de connaissances et participatives est importante pour une gouvernance efficace. Vingt études de cas mondiales ont révélé qu'aucune approche de gouvernance n'est susceptible, à elle seule, d'être la mieux appropriée, et qu'une approche combinée, présentant une diversité d'incitations de différentes catégories, augmente la résilience des systèmes de gouvernance et maximisent l'efficacité de la gouvernance marine. Tout comme la diversité est la clé de la résilience des espèces et des écosystèmes, une approche de gouvernance diversifiée comprenant de multiples incitations et combinant le rôle des personnes, des marchés et de l'État est la clé des meilleures pratiques de gouvernance.

Défis de gouvernance

Limites de la gouvernance marine : frontières maritimes et gouvernance de la haute mer

Les différences juridiques entre les écosystèmes terrestres et marins figurent parmi les principaux défis de la gouvernance marine. Soixante-quatre pour cent de l'océan mondial, et près de la moitié de la surface de la Terre, se trouve en dehors des pouvoirs juridiques des systèmes de gouvernance nationaux traditionnels. En dépit de leur immensité, les écosystèmes marins et les espèces marines, en haute mer et dans les aires internationales des fonds marins situées au-delà des juridictions nationales, sont menacés sur de multiples fronts. Des efforts visant à aborder les zones situées à l'intérieur, comme au-delà, des juridictions nationales sont donc indispensables à la réalisation des objectifs internationaux de conservation du milieu marin.

Il est essentiel d'établir une gouvernance de l'ensemble de l'océan. Les systèmes situés près des côtes et au large sont liés de plusieurs façons : les courants océaniques déplacent les masses d'eau, la pollution et les débris marins, les animaux marins tels que les cétacés, les tortues de mer, les oiseaux de mer et les thons effectuent d'importantes migrations, et de nombreuses espèces marines côtières sont présentes en haute mer durant une grande partie de leur vie (Ban et al., 2014). Les stocks de poissons et les éléments du fond marin tels que les monts sous-marins, les cheminées hydrothermales et les récifs coralliens d'eau froide peuvent chevaucher les frontières nationales et internationales. Les frayères, les aires de reproduction et autres habitats essentiels pour des étapes critiques du cycle de vie d'espèces rares, menacées ou en voie de disparition, ainsi que d'espèces commercialement importantes, peuvent se trouver de part et d'autre de limites légales (Ban et al., 2014).

Une grande partie du milieu marin mondial doit donc faire face à un déficit critique de gouvernance. La Convention des Nations unies sur le droit de la mer définit un cadre général de coopération pour la protection et la préservation du milieu marin, y compris dans les zones situées au-delà des juridictions nationales, en vertu duquel tous les pays ont le devoir de protéger et de préserver le milieu marin, y compris les écosystèmes rares ou délicats et les habitats des espèces en régression, menacées ou en voie de disparition (art. 194.5), et de conserver les ressources biologiques en haute mer (art. 117). Il n'existe toutefois pas de cadre juridique spécifique pour la gestion intégrée et écosystémique, ni de mandat spécifique pour l'établissement d'AMP par les organismes ayant le pouvoir de réglementer des activités humaines spécifiques. Les progrès réalisés dans l'établissement de réseaux représentatifs d'AMP en haute mer jusqu'en 2014 ont donc été très lents (Gjerde et Rulska-Domino, 2012).

Malgré cela, des AMP ont été établies en haute mer. La première AMP en haute mer a été désignée en Méditerranée en 1999, en partie en haute mer. La première AMP au monde située entièrement en haute mer, l'AMP des îles Orcades du Sud–Plateau méridional, a été créée dans l'océan Austral en 2010. La même année, un réseau d'AMP en haute mer a commencé à être établi dans l'océan Atlantique du Nord-Est, dans le cadre de la Convention pour la Protection du milieu marin de l'Atlantique du Nord-Est (OSPAR).

En décembre 2012, sept zones de l'Atlantique du Nord-Est avaient été désignées APM dans des zones situées au-delà des juridictions nationales et en haute mer. Environ 40 % de la zone maritime OSPAR ne relève pas de la juridiction nationale des États côtiers (Commission OSPAR, 2013 ; figure 20.4). Les États de l'océan Austral se sont engagés à suivre cette voie en développant un réseau complet d'AMP dans cette région (Gjerde et Rulska-Domino, 2012). La création de réseaux d'AMP en haute mer représente un progrès rapide dans la gouvernance des AMP en haute mer, mais souligne le fait que les progrès restent lents.

Parallèlement à ces actions spécifiques, les organisations relatives à des activités peuvent également appliquer des outils de gestion par zone pouvant présenter des avantages en matière de conservation. Les organisations régionales de gestion de la pêche peuvent adopter des zones d'interdiction spatiale ou temporelle ou des modifications des engins de pêche. L'Organisation maritime internationale a développé des critères et des lignes directrices pour la désignation de « zones marines particulièrement sensibles », fournissant un cadre pour l'adoption de mesure de routage, de rapports, de décharge ou autres mesures de protection relevant de sa compétence. En ce qui concerne l'exploitation minière des fonds marins, l'Autorité internationale des fonds marins a adopté un système représentatif de « zones présentant un intérêt environnemental particulier » dans la Région de Clarion-Clipperton, dans l'océan Pacifique, qui pourrait être reproduit dans d'autres régions où une exploitation minière des fonds marins pourrait se produire. À ce jour, toutefois, ces mesures ne sont pas appliquées dans le cadre d'une approche systématique pour développer un réseau représentatif d'AMP.

Comme indiqué plus haut, certaines régions océaniques bénéficient de conventions préexistantes sur les mers régionales, offrant un cadre de coopération pour, entre autres, identifier et désigner des AMP, et gérer des activités spécifiques. Il est également possible de stimuler la coopération sans cadre spécifique pour une mer régionale. La Mer des Sargasses, dans l'Atlantique central, en est un excellent exemple (Freestone et al., 2014). Toutefois, pour stimuler la coopération et la coordination mondiales, les États membres de l'ONU ont discuté d'un éventuel nouvel accord de mise en œuvre au titre de la Convention des Nations unies sur le droit de la mer pour la conservation et l'utilisation durable de la biodiversité marine au-delà des juridictions nationales. Un tel accord pourrait fournir un cadre juridique pour la création d'AMP en haute mer, établir des normes pour l'évaluation de l'impact environnemental, et accélérer les progrès vers une gestion et une gouvernance intégrées basées sur les écosystèmes (Gjerde et Rulska-

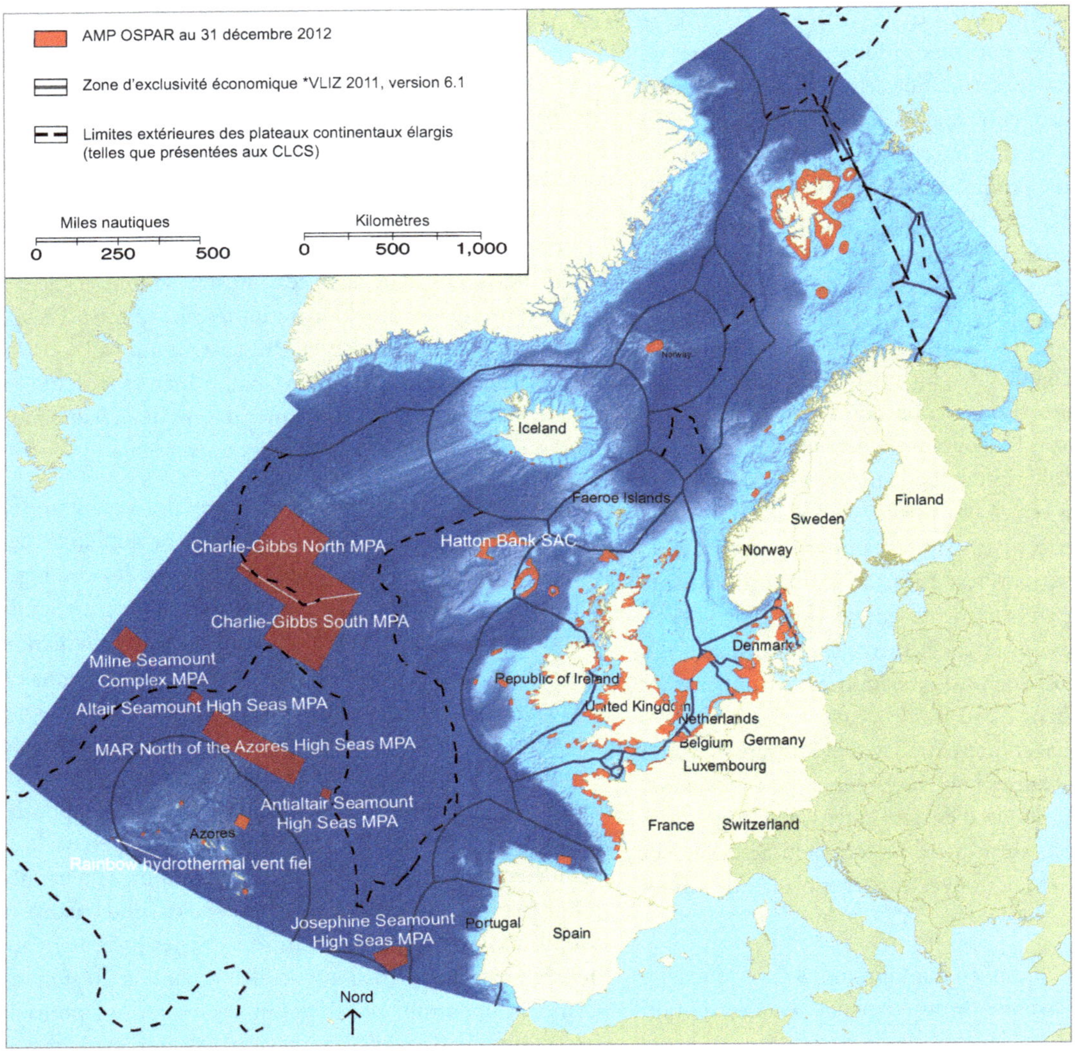

Figure 20.4 Réseau d'AMP de la Convention pour la protection du milieu marin de l'Atlantique du Nord-Est (OSPAR), en décembre 2012

Source : Modifié de OSPAR Commission (2013), reproduit avec l'autorisation de la Commission OSPAR, Londres

Domino, 2012). Afin de construire une base scientifique de soutien aux nations et aux organisations internationales, en 2008, la CDB a adopté les critères de « zones d'importance écologique et biologique » (CDB, 2008), et en 2010, a commencé une série d'ateliers pour faciliter leur description dans tous les bassins océaniques (Dunn et al., 2014). Les trois quarts de la superficie totale estimée de l'océan, soit 265,7 millions de kilomètres carrés, ont depuis été étudiés (CBD SBSTTA, 2014).

Utilisation traditionnelle des aires marines protégées : cogestion en matière de gouvernance

L'importance d'une approche diversifiée de cogestion en matière de gouvernance a été soulignée lors du cinquième Congrès mondial des parcs de l'UICN, en 2003, où l'Accord de Durban a exhorté à un « engagement en faveur de l'innovation dans la gestion des aires protégées, y compris les stratégies adaptatives, collaboratives et de cogestion » (UICN WCPA, 2003a:223).

La cogestion a le potentiel d'intégrer un large éventail de parties prenantes et de connaissances dans les processus décisionnels, afin d'améliorer la gouvernance efficace des AMP :

> La diversité des approches de cogestion les rend adaptables à différents contextes. Si elle est bien comprise et adoptée, la cogestion peut conduire à un partage plus efficace et transparent des pouvoirs de décision, à un rôle plus actif, plus favorable à la conservation et plus central pour les communautés autochtones, mobiles et locales dans la gestion des aires protégées, et à une meilleure synergie des capacités de conservation des différentes parties prenantes. (IUCN WCPA, 2003b:201)

Une gouvernance efficace des AMP exige une approche équilibrée, préservant et intégrant les valeurs culturelles, les coutumes et les connaissances des communautés traditionnelles vivant à l'intérieur et à proximité des aires marines. Partout dans le monde, des mécanismes de gouvernance ont été mis en place pour intégrer les communautés traditionnelles à la gouvernance nationale grâce à des modalités de cogestion. Les dispositions d'utilisation traditionnelle et de cogestion en Australie et au Canada sont analysées dans les études de cas 20.2 et 20.3.

Gestion des aires marines protégées

Les gestionnaires d'AMP gèrent rarement des systèmes naturels ou des espèces marines spécifiques *en soi*. Ce qu'ils font généralement, c'est gérer les impacts humains à l'intérieur ou sur leur AMP (Day, 2006). La gestion des AMP repose généralement sur l'utilisation d'une combinaison d'outils de gestion (y compris des outils spatiaux comme les plans de zonage ou les plans de gestion, des outils temporels comme les interdictions saisonnières pour les oiseaux nicheurs ou les périodes clés de frai, des outils législatifs comme les règlements, et/ou des permis), ainsi que de diverses approches de gestion (comme l'éducation, l'évaluation d'impact, le suivi, les partenariat, et l'application de la loi). De telles approches sont utilisées pour réglementer l'accès et pour contrôler et/ou atténuer les impacts associés aux activités (telles que les loisirs, le tourisme, la pêche ou la navigation), ou pour faire face à des pressions (telles qu'une baisse de qualité de l'eau ou les changements climatiques). Bon nombre de ces outils et approches de gestion clés sont discutés plus en détail ci-après.

La gestion est généralement considérée comme un processus continu, interactif, adaptatif et participatif, comprenant un ensemble de tâches connexes, qui doivent toutes être entreprises pour atteindre un ensemble souhaité de buts et d'objectifs. Il est important que ces buts et objectifs soient clairement établis, dès le début de la durée de vie d'une AMP, qu'ils soient largement connus et qu'ils puissent servir de point de référence pour évaluer l'efficacité de la gestion.

Les modes d'utilisation et les approches technologiques sont en constante évolution, de sorte que la gestion des AMP doit également être flexible, adaptative et réactive. Le milieu marin, lui-même, est tout aussi dynamique, et soumis à la fois à des changements naturels et à des modes d'utilisation différents. Par conséquent, une approche de gestion adaptative (chapitre 8) est essentielle à une gestion efficace des AMP. En particulier dans les grandes AMP, la meilleure façon d'y parvenir est une interaction régulière entre les organismes, à tous les niveaux de gouvernement et avec les communautés locales et groupes d'intérêt.

Planification et gestion de l'espace marin

La planification d'une AMP nécessite souvent l'analyse de toute une gamme de lois nationales et/ou étatiques ou provinciales, en particulier pour s'assurer que la planification est conforme au(x) mandat(s) légal(ux) de la zone. La planification peut également être guidée par des obligations spécifiques en vertu des conventions internationales pertinentes, et pour les APAC, des exigences communautaires peuvent également exister.

La planification dans le milieu marin comporte de nombreux défis, dont beaucoup ne s'appliquent pas à la planification des aires protégées terrestres, par exemple :

- l'interdépendance des communautés écologiques voisines et des milieux côtiers et marins ;
- les impacts des zones terrestres ou marines adjacentes susceptibles de menacer l'intégrité, même de l'AMP la mieux gérée ;
- les aspects tridimensionnels (colonne d'eau) d'une zone nécessitant une gestion (peu d'AMP sont bien connues, facilement visibles ou facilement « délimitées » à des fins de gestion) ;
- le fait que la plupart des parties du milieu marin ne sont pas faciles à voir ou à comprendre (« loin des yeux, loin du cœur ») ;
- les questions de propriété. Pour la plupart des aires marines dans le monde, les ressources en libre accès sont mal ou insuffisamment réglementées (Day, 2006), et la juridiction à l'interface côtière terre-mer peut ne pas être claire.

Une planification spatiale marine efficace devrait être à la fois stratégique et intégrée (voir encadré 20.4). L'étude de cas 20.4 discute de la façon dont un processus de planification systématique peut être appliqué grâce au concept d'« écorégions ». La gestion intégrée d'une vaste zone, comportant un zonage à l'intérieur d'une grande AMP, est considérée comme plus efficace qu'une série de petites zones isolées, hautement protégées, dans une aire plus vaste non gérée , car :

- *écologiquement : elle intègre les échelles temporelles/spatiales auxquelles les systèmes écologiques fonctionnent et garantit que l'*ensemble de l'AMP reste viable en tant qu'écosystème fonctionnel ;
- *d'un point de vue pratique : elle est plus facile à gérer, elle amortit et dilue les impacts des activités dans les zones adjacentes aux zones* « centrales », hautement protégées ;

Étude de cas 20.2 Gouvernance autochtone du pays de la mer en Australie : accords d'utilisation traditionnelle des ressources marines

Dans la Grande Barrière de corail, les aborigènes locaux et les insulaires du détroit de Torres entretiennent des liens avec le « pays de la mer » depuis des dizaines de milliers d'années. Aujourd'hui, environ 70 groupes de clans sont reconnus comme ayant des liens avec les zones situées à l'intérieur du parc marin. L'Autorité du parc marin de la Grande Barrière de corail (GBRMPA) reconnaît les connexions sociales, culturelles, économiques et spirituelles des Propriétaires traditionnels de la région, et a établi des structures de gouvernance dans le but d'assurer des partenariats efficaces, y compris des accords d'utilisation autochtone des terres et des accords d'utilisation traditionnelle des ressources marines (figure 20.5). Ces accords définissent une relation de travail collaborative entre les gouvernements australien (fédéral) et du Queensland (État) et les groupes d'utilisateurs traditionnels locaux.

En 2005, les propriétaires traditionnels Girringun, qui regroupent neuf groupes tribaux du pays de la mer, ont été les premiers propriétaires traditionnels de la Grande Barrière de corail à établir un accord sur l'utilisation traditionnelle des ressources marines, portant sur la gestion des captures traditionnelles de tortues et de dugong.

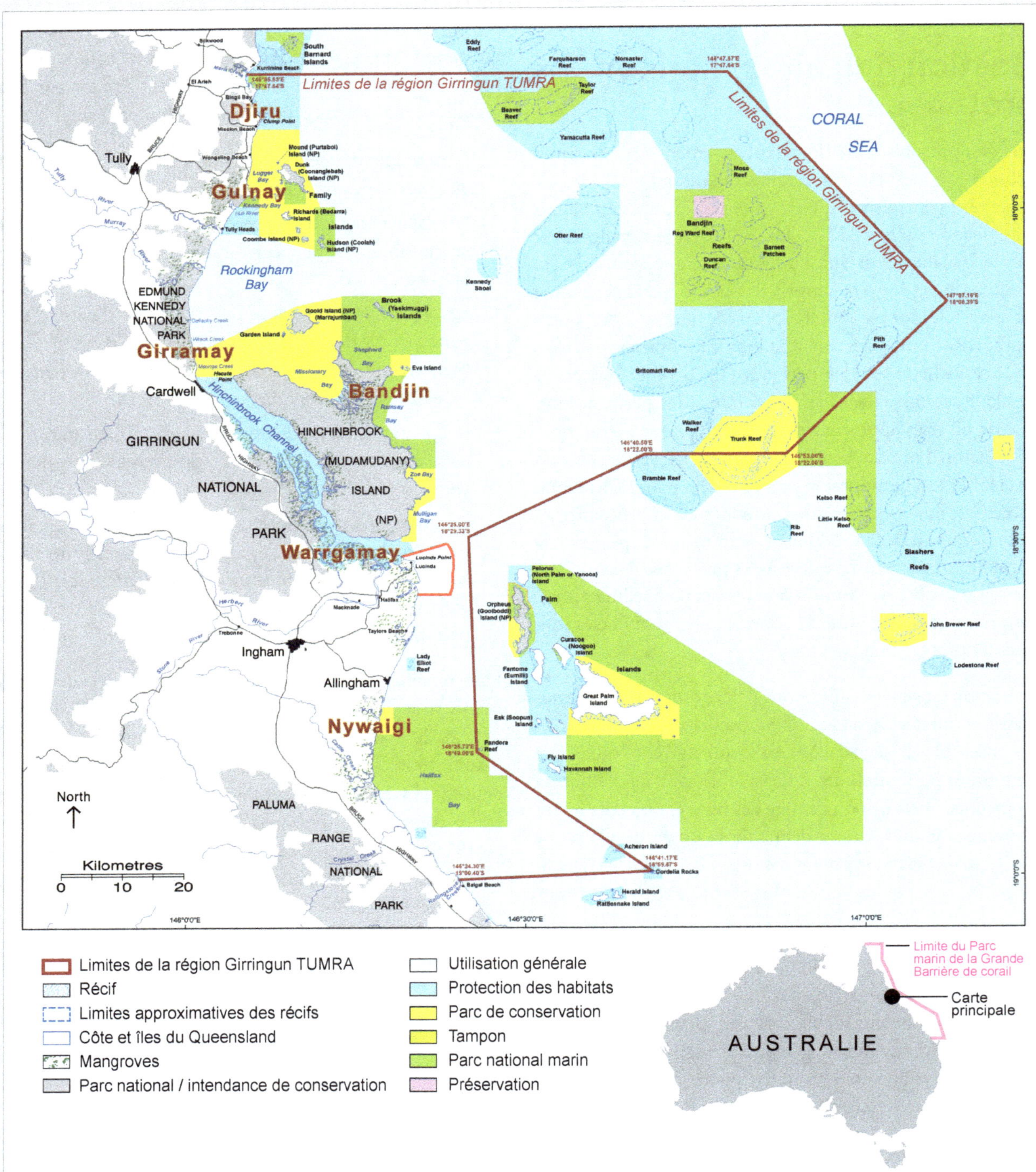

Figure 20.5 Zone d'utilisation traditionnelle des ressources marines (TUMRA)

Source : Modifié de Great Barrier Reef Marine Park Authority (2014)

Étude de cas 20.3 Gouvernance des AMP Inuits au Canada: réserves nationales de faune de Ninginganiq, Akpait et Qaqulluit

Dans la région du Nunavut, dans l'extrême nord-est du Canada, une relation de collaboration entre gouvernement et propriétaires traditionnels a été établie entre le Gouvernement du Canada et les Inuits du Nunavut, dans le cadre de l'Accord sur les impacts et avantages pour les Inuits. Aux termes de cet accord, les trois réserves nationales de faune de Ninginganiq, Akpait et Qaqulluit, qui couvrent 4 534 kilomètres carrés de la côte nord-est de l'île de Baffin, sont gérées conjointement par la communauté Inuit locale et le Service canadien de la faune. Cette cogestion « garantit que les connaissances traditionnelles et l'expertise des Inuits et les meilleures données scientifiques soient combinées efficacement dans tous les processus décisionnels » (Department of Oceans and Fisheries Canada, 2014).

Encadré 20.4 Aménagement du territoire marin et AMP : de la théorie à la mise en œuvre

L'aménagement du territoire marin est :

> [un] processus public d'analyse et d'allocation de la distribution spatiale et temporelle des activités humaines dans les zones marines, afin d'atteindre des objectifs écologiques, économiques et sociaux habituellement déterminés par un processus politique. (Ehler et douvere, 2009:18)

L'aménagement du territoire marin fournit un processus pour une approche stratégique et intégrée de la gestion marine fondée sur des plans permettant d'envisager une « vue d'ensemble », et d'identifier et de gérer les utilisations conflictuelles actuelles et potentielles, ainsi que les effets cumulatifs des activités humaines. Il fournit des informations contextuelles pour la planification et la gestion des AMP. Les processus deviennent plus transparents et offrent une plus grande certitude quant à la délivrance de permis et autres processus de planification et d'attribution pour les promoteurs et gestionnaires de l'environnement. Il est idéalement entrepris comme un processus continu, itératif et adaptatif, et se compose d'au moins trois phases :

1. **Planification et analyse :** élaborer et adopter un ou plusieurs plans spatiaux intégrés et complets pour la protection, la mise en valeur et l'utilisation et le développement durables de la mer et de ses ressources. La phase de planification et d'analyse sera fondée sur un ensemble d'initiatives de recherche (y compris la cartographie) portant à la fois sur les processus environnementaux et humains.
2. **Mise en œuvre :** mettre en œuvre le plan par l'exécution de programmes de travail ou d'investissements permettant le changement et encourageant l'amélioration, et par la réglementation et les incitations, et l'application des changements proposés et des activités en cours dans, sur, au-dessus et sous la mer, conformément aux plans.
3. **Suivi et évaluation :** évaluer l'efficacité des plans, leurs échelles de temps et les mécanismes de mise en œuvre, en tenant compte des possibles améliorations et en définissant des procédures de révision et d'adaptation. Les résultats de l'évaluation sont intégrés à l'élément de planification et d'analyse de la gestion, et le processus recommence.

La décision finale sur quel espace sera alloué à quel usage (ou non-usage) est une question de choix sociétal et politique. Les personnes jouent un rôle central dans le processus de prise de décisions et les parties prenantes concernées, y compris le grand public, doivent participer efficacement, tout au long du processus de planification stratégique marine. Toutes les étapes de ce processus nécessitent un financement continu pour atteindre les buts et objectifs de gestion.

- Charles Ehler et Fanny Douvere

- *socialement : elle peut aider à résoudre et à séparer les utilisations conflictuelles, et garantir que toutes les utilisations raisonnables puissent coexister avec un minimum de conflit,* et minimiser la confusion par une seule agence de gestion ayant des responsabilités, plutôt qu'une multitude d'agences différentes ;
- *sur le plan économique : l*'intégration dans une zone plus vaste entraînera généralement des coûts de gestion par zone spatiale inférieurs à ceux d'une série de petites AMP gérées séparément (Day, 2002).

Une idée fausse, très courante dans la planification des AMP, est que l'on s'attend à ce que toutes les activités et tous les impacts puissent être abordés efficacement par une seule approche de planification bidimensionnelle comme le zonage. Dans le parc marin de la Grande Barrière de corail, par exemple, le zonage n'est qu'un des nombreux outils de gestion utilisés, et de nombreux autres outils ou stratégies de gestion spatiale et temporelle sont appliqués, en plus du zonage sous-jacent. Ceux-ci incluent :

- des permis (souvent liés à des zones spécifiques ou à des zones plus petites à l'intérieur des sites, et fournissant un niveau détaillé de dispositions de gestion impossible à obtenir par le seul zonage) ;
- des plans de gestion pour les domaines nécessitant des dispositions de gestion réglementaires plus spécifiques, tels que la limitation des effectifs ou l'application de politiques approuvées ;

Étude de cas 20.4 Planification et gestion systématiques des AMP : application du concept d'écorégions dans la pratique

Les objectifs généraux de la conservation marine devraient être de protéger autant de composantes de la biodiversité marine que possible, tout en permettant une utilisation durable, telle que la pêche. Pour atteindre cet objectif, les zones choisies pour la conservation, en tant qu'AMP, devraient inclure à la fois des zones « représentatives » et des zones « distinctives ». Les écorégions fournissent un cadre naturel pour la mise en œuvre d'une telle approche. Pour une conservation marine efficace, la désignation d'AMP au sein d'une écorégion devrait être fondée sur les meilleures informations biogéographiques et écologiques disponibles, rassemblées dans un cadre cohérent.

Un objectif global de conservation d'au moins 10 % des écorégions marines (CDB, 2011) reste encore assez arbitraire. Bien que cet objectif soit provisoirement accepté dans cet exemple, certains auteurs, tels que Roff et Zacharias (2011), ont suggéré des méthodes pour définir un cadre pour les AMP régionales, qui ne soit pas arbitraire quant à la proportion totale de la zone à protéger. Le processus de sélection des AMP basé sur un objectif de conservation de toutes les composantes reconnues de la biodiversité est un processus complexe, mieux accompli par l'analyse informatique d'une gamme d'options.

À l'aide d'une analyse informatique, des ensembles de possibles AMP peuvent être sélectionnés et présentés aux décideurs, d'autres facteurs politiques et socio-économiques pouvant ensuite être intégrés dans les processus de prise de décision. Au même stade du processus de planification, une évaluation devrait être entreprise pour déterminer si un ensemble cohérent de possibles AMP pourrait également former un véritable réseau d'AMP.

La planification d'un véritable réseau d'AMP implique la connaissance de plusieurs facteurs supplémentaires, dont : les schémas de circulation océanographique et atmosphérique locaux et régionaux (marées, courants, tension du vent, etc.), et les temps de développement des formes larvaires des vertébrés et invertébrés (et/ou autres types de propagules). Avec de telles informations, les modèles de connectivité entre les possibles AMP d'une région peuvent être modélisés ou calculés, sur la base d'estimations de la durée larvaire d'espèces importantes ou représentatives (généralement des larves de poissons), et les distances appropriées entre les AMP peuvent être décidées.

– John Roff

- des plans de site et des zones de gestion spéciales pour des zones spécifiques à forte utilisation ou pour lesquelles des dispositions locales spéciales pourraient être appliquées ;
- d'autres restrictions spatiales (telles que les zones d'entraînement militaire, les zones de navigation et les accords avec les propriétaires traditionnels).

Le zonage n'est pas toujours le moyen le plus efficace de gérer toutes les activités ou les impacts affectant une AMP, et de nombreux défis de gestion, tels que la pollution des sols, l'accroissement du développement côtier, voire certains impacts à l'intérieur de l'AMP, peuvent être mieux gérés à l'aide d'autres outils de gestion spatiale et temporelle.

Une approche entièrement intégrée de la planification est le seul moyen d'assurer une conservation marine efficace, ainsi qu'une durabilité sociale et économique à long terme pour les communautés et les industries tributaires du milieu marin. Pour être efficace, la planification intégrée doit tenir compte et, dans la mesure du possible, impliquer :

- tous les niveaux de gouvernement pertinents (national, provincial et/ou local) jouant un rôle dans l'AMP ou tout autre rôle lié à des utilisations/activités ayant une incidence sur l'AMP ;
- tous les groupes sectoriels/d'utilisateurs/industriels concernés ;
- les aspects sociaux, économiques et culturels pertinents, ainsi que les aspects écologiques les plus évidents ;
- la nécessité de « penser au-delà de l'AMP » (en particulier sur l'ensemble de l'interface côtière-marine, car l'intégration de l'ensemble de cette limite terre-eau est essentielle pour une gestion efficace de l'AMP) ;
- la prise en compte de « niveaux environnementaux de référence changeants » (générations successives comparant les changements à des niveaux de référence déjà modifiés).

Connectivité marine dans la planification de la conservation

Compte tenu des niveaux élevés de connectivité à l'intérieur et entre les écosystèmes marins, la planification des AMP devrait envisager la connectivité de la manière suivante :

- viser explicitement à protéger des exemples représentatifs de tous les types d'habitats et de communautés (tels que les récifs, les macroalgues de type Halimeda et les herbiers marins), et types d'environnement physique (tels que les cayes, les chenaux, les différents niveaux d'exposition aux facteurs de stress environnementaux tels que le rayonnement ultraviolet, le vent, les vagues, etc.), en utilisant la planification bio-régionale et l'application des principes clés de planification biophysique (Fernandes et al., 2005) ;
- veiller délibérément à ce que le réseau d'AMP inclue des plages transversales, des plages de profondeur et une diversité latitudinale, afin d'englober les connexions potentielles au sein des réseaux ;

- viser à ce que les réseaux de réserve intègrent une gamme de distances de dispersion, mais surtout des distances de moins de 30 kilomètres ;
- concevoir spécifiquement l'AMP de manière à maximiser autant que possible les processus écologiques et les schémas de connectivité connus (spatiaux et/ou temporels), tels que les remontées océaniques (upwellings), les sites de nidification des tortues et des oiseaux de mer, les zones de frai des poissons, et les récifs connus comme « puits » ou comme « source » ;
- viser la réplication des zones d'interdiction en protégeant plusieurs exemples dans chaque biorégion, si possible, afin de répartir le risque d'impacts probables (McCook et al., 2009).

Une approche bien structurée et systématique de la conception et de la mise en œuvre des réseaux d'AMP peut avoir des avantages généraux, et parfois imprévus. Par exemple, McCook et al. (2010) discutent des avantages attendus et inattendus d'une approche de conception systématique pour le parc marin de la Grande Barrière de corail.

Modalités de gestion des sites

Les modalités de gestion des sites sont des plans locaux définissant l'utilisation d'un site particulier. Ils identifient les valeurs importantes du site concerné, et décrivent les modalites de gestion actuelles, en se concentrant sur les questions d'utilisation spécifiques et les impacts cumulatifs sur le site. Par exemple, le plan de gestion de Whitsundays, dans la Grande Barrière de corail, classe la plupart des récifs, baies et zones côtières dans un « cadre », allant de l'utilisation intensive (Cadre 1) à la protection (Cadre 5), et prescrit les limites maximales pour chaque cadre (tableau 20.4).

Les utilisateurs récréatifs peuvent accéder à tous les cadres, à condition qu'ils respectent les limites établies, alors que seul un nombre limité d'opérateurs touristiques disposant des approbations de permis pertinentes peuvent accéder aux zones du Cadre 5.

Gestion des risques et résilience marines

Un risque est l'effet de l'incertitude sur les résultats recherchés, en ce qui concerne : a) les conséquences du risque, pouvant être bénéfiques ou préjudiciables ; et b) la probabilité que le risque se produise (Standards Australia, 2013). L'« effet » est un écart par rapport aux conditions attendues (positif et/ou négatif), et l'« incertitude » est le degré de certitude concernant l'information relative à la compréhension ou à la connaissance d'un événement, de ses conséquences ou de sa probabilité.

La gestion des risques consiste à entreprendre une évaluation des risques de la probabilité et des conséquences d'impacts, tels que la pollution d'origine humaine, sur les espèces ou habitats clés et/ou les sites telles que les baies, les îles ou les récifs. Une évaluation efficace des risques aide à prendre une décision de gestion éclairée, et devrait également tenir compte des risques sociaux, culturels, économiques et de réputation pour l'AMP.

La résilience des écosystèmes se réfère à la capacité d'un écosystème marin de résister à des perturbations naturelles telles que des cyclones ou des maladies, ou à des impacts liés à l'homme, ou de s'en rétablir et de maintenir des fonctions clés sans s'effondrer ou changer d'état. Les écosystèmes résilients sont capables de résister à des impacts qui, autrement, endommageraient des composantes du système, ou de se récupérer s'ils continuaient à se produire pendant une période suffisante.

Parallèlement à la croissance exponentielle de l'étude de la résilience écologique (et sociale) dans les écosystèmes marins peu profonds, la dernière décennie a vu une expansion rapide et une innovation dans l'utilisation des concepts de résilience dans la gestion des AMP (voir chapitre 10). Une gestion efficace aide à renforcer la résilience des récifs (comme indiqué dans l'encadré 20.5), et a été facilitée, ces dernières années, par l'élaboration d'une pratique « Boîte à outils pour la résilience des récifs » à l'intention des professionnels des AMP (encadré 20.6). L'étude de cas 20.5 illustre comment les aires protégées destinées aux mammifères marins assurent la connectivité et augmentent la résilience.

Tableau 20.4 Limites des paramètres de planification

Cadre	Longueur des navires	Taille des groupes
1. Développé	Max. 70 mètres	aucune limite
2. Utilisation élevée	Max. 35 mètres	aucune limite
3. Utilisation modérée	Max. 35 mètres	Max. 40 personnes
4. Naturel	Max. 35 mètres	Max. 15 personnes
5. Protégé	Max. 20 mètres	Max. 15 personnes

Encadré 20.5 Renforcer la résilience par une gestion efficace

L'opérationnalisation des concepts de résilience dans la gestion a fait l'objet d'un certain nombre de programmes clés, nécessitant des actions et des politiques, depuis le niveau des agents locaux/de terrain jusqu'à celui des gestionnaires d'aires protégées et décideurs de l'organisation. Les principaux aspects d'une gestion axée sur la résilience sont les suivants.

- Questions relatives à la conception et à la sélection des sites, y compris les décisions concernant l'emplacement des zones centrales des AMP, leur taille et leur nombre, ainsi que la représentation et la reproduction des habitats clés à travers le paysage marin (Grimsditch et Salm, 2006 ; Salm et al., 2006 ; McLeod et al., 2009). Une question importante pour laquelle il n'existe encore aucune réponse concluante est de savoir s'il est plus efficace d'établir un plus petit nombre d'APM de grande taille, de multiples AMP de petite taille de superficie équivalente, ou des AMP encore plus grandes, à usage multiple, comprenant de petites zones sans prélèvement. Une caractéristique souhaitable est la capacité d'ajuster le zonage des AMP en réponse aux menaces futures et aux conditions des systèmes protégés. La sélection des zones critiques dans un paysage marin est un élément essentiel du maintien de la résilience, car certains sites clés (comme les bancs de reproduction ou les zones sources pour le réensemencement des zones touchées) ont une importance unique dans le maintien de la résilience sur de plus grandes zones géographiques.
- La réduction des menaces affaiblissant les écosystèmes sains est la première ligne de défense contre toute perturbation, qu'elle soit mineure ou catastrophique, temporaire ou à long terme. Les coraux exposés à des facteurs de stress, tels que la pollution, l'envasement, les activités dommageables ou la surpêche, par exemple, présentent un risque plus élevé de succomber à un stress supplémentaire causé par les tempêtes, des températures élevées de l'eau de mer et l'acidification des océans. Par conséquent, les gestionnaires d'AMP doivent donner la priorité à la réduction des contraintes gérables, dans la mesure du possible.
- La connectivité dans les écosystèmes marins est un élément déterminant clé de la reconstitution larvaire, et ceci est important pour la résilience après toute perturbation majeure, tout comme le maintien des processus écologiques tels que la productivité et les cycles de vie de nombreux organismes marins. Comme indiqué précédemment, la connectivité est aujourd'hui mieux prise en compte dans la planification et la gestion des AMP, des recherches récentes démontrant un plus grand degré de reconstitution qu'on ne le pensait auparavant (Harrison et al., 2012). Le maintien d'un réseau connecté de sites sains à l'intérieur et à l'extérieur des AMP deviendra un objectif de gestion de plus en plus important dans les prochaines décennies, soutenu par des améliorations de la science de la connectivité.

Alors que les facteurs ci-dessus se concentrent sur les éléments biologiques de la résilience, l'efficacité de la gestion (Salm et al., 2006 ; chapitre 28) demeure un facteur déterminant du succès de l'utilisation des concepts de résilience, de leur application aux aspects de conception, de réduction des menaces et de gestion du comportement des personnes. Dans de nombreuses régions du monde, l'efficacité des programmes de gestion dépend de la volonté des communautés adjacentes, en particulier des exploitants de ressources, de se conformer aux règlements et de soutenir les efforts de gestion. Pour parvenir à une telle collaboration, les gestionnaires auront besoin de documents et de mesures de communication clairs, et de favoriser l'engagement des communautés dans la planification et les mesures de gestion. La cogestion des ressources marines est de plus en plus utilisée au niveau local, par exemple, dans la gestion de la pêche.

À l'avenir, les structures de gouvernance de la gestion devront rendre les pratiques et institutions de gestion plus adaptatives, en reflétant les concepts de résilience écologique et sociale (dans la promotion de la capacité d'adaptation). À l'heure actuelle, la plupart des programmes de gestion et structures de gouvernance des AMP sont trop rigides pour faire face au changement. Idéalement, une partie du processus d'évaluation et de révision des plans et politiques de gestion devrait inclure l'ajustement des zones et des limites des AMP, afin de faire face aux menaces ou aux possibilités émergentes. La gestion écosystémique, la gestion intégrée des zones côtières, l'aménagement de l'espace marin et autres approches de gestion par zone peuvent être utilisées pour améliorer l'application et l'adaptabilité des approches de gestion fondées sur la résilience. Un exemple convaincant est le travail de Harrison et al. (2012), démontrant que des réseaux de réserves marines bien planifiés et adéquatement protégés peuvent apporter une contribution significative au réapprovisionnement des populations de poissons dans les zones sans prélèvement, tout comme dans les zones de pêche situées à moins de 30 kilomètres de l'aire protégée.

— David Obura et Rod Salm

Encadré 20.6 Boîte à outils pour la résilience des récifs

La Boîte à outils pour la résilience des récifs a été développée dans le cadre du Programme de résilience des récifs, un partenariat dirigé par The Nature Conservancy, visant à renforcer la capacité des gestionnaires de récifs et des professionnels du monde entier à mieux gérer les impacts locaux des changements climatiques et autres facteurs de stress sur les récifs coralliens. Grâce à des ressources telles que la mise en réseau, des séminaires de formation en ligne et la promotion de la science de la résilience, la boîte à outils fournit des mesures de gestion utiles pour améliorer les perspectives de survie des communautés de récifs coralliens. Celles-ci incluent :

- protéger plusieurs échantillons d'une gamme complète de types de récifs, représentant la complémentarité probable de la biodiversité, afin de répartir le risque d'une perte provoquée par un stress tels que la chaleur, liée au blanchiment, entre tous ces échantillons ;
- identifier et protéger pleinement les communautés de coraux peu susceptibles de succomber à des événements tels que le stress thermique et le blanchiment des coraux, car ce sont celles qui survivront pour se reproduire et ensemencer les zones sensibles, facilitant ainsi leur rétablissement (West et Salm, 2003) ;
- protéger pleinement d'autres habitats essentiels tels que les bancs de reproduction et les sites d'alevinage, et viser à inclure l'ensemble des habitats essentiels au cycle de vie dans les zones sans prélèvement ;
- restaurer la fonctionnalité des habitats dégradés, par exemple après des événements de blanchiment, et gérer et surveiller les zones résilientes, afin de permettre leur rétablissement, en tant que base pour la reproduction et le réensemencement efficace des sites moins résilients ;
- gérer les sites sensibles pour faciliter le rétablissement, y compris, par exemple : éliminer les prédateurs des coraux, interdire ou réduire la pêche des herbivores, éviter les pratiques de pêche destructrices, contrôler les impacts du tourisme et fermer temporairement la pêche de récifs sur et autour des récifs blanchis ou endommagés ;
- intégrer les AMP dans des cadres de gestion plus généraux comme les grandes réserves à usages multiples, les régimes de gestion côtière intégrée, ou les deux, afin de permettre un contrôle efficace des menaces provenant des zones environnantes ou situées en amont, et de maintenir une qualité élevée de l'eau (Salm et al., 2006) ;
- réaliser un suivi des AMP par rapport à des données de base, et les comparer avec des récifs témoins, en dehors des AMP, afin de déterminer l'efficacité des stratégies de gestion ;
- réglementer les aménagements en amont ou dans les zones adjacentes, susceptibles de compromettre la santé des communautés coralliennes, tels que les aménagements en bord de mer susceptibles de provoquer le ruissellement ou le rejet de sédiments, d'eau douce ou de polluants ;
- faciliter et encourager les études scientifiques et la recherche sur les sites grâce à des partenariats avec des universités locales et des chercheurs pouvant fournir des données scientifiques et des conseils externes, et renforcer la crédibilité de l'organisation et le soutien politique pour les mesures de gestion visant à renforcer la résilience ;
- obtenir et partager des informations grâce à la recherche, aux réseaux d'apprentissage, à l'éducation, aux programmes d'interprétation et aux programmes de bénévolat tels que « bleach watch » (surveillance du blanchiment) ;
- mettre en œuvre un système d'évaluation de l'efficacité de gestion de l'AMP, permettant d'améliorer la gestion des récifs, de les maintenir aussi sains que possible, et donc mieux en mesure de survivre ou de se récupérer plus rapidement d'un événement de stress.

— Rod Salm, Paul Marshall et David Obura

Effets cumulatifs

Un aspect clé de la résilience est l'interaction cumulative entre les impacts : différents impacts peuvent se combiner ou s'exacerber, de sorte que les impacts cumulatifs peuvent être beaucoup plus importants que n'importe quel impact individuel. Ceux-ci peuvent interagir simplement (par exemple, des impacts additifs, comme dans « 1 + 1 = 2 ») ou de manière plus complexe (par exemple, des impacts synergiques, comme dans « 1 + 1 = 3 ... ou 4 »).

Cela a des conséquences importantes pour la gestion des AMP, y compris la nécessité de gérer autant d'impacts que possible afin de réduire les effets cumulatifs, et la reconnaissance que la réduction d'un impact peut réduire les effets d'autres impacts, augmentant ainsi la « résilience » de l'écosystème pour faire face à d'autres impacts moins gérables, tels que ceux causés par les changements climatiques. Bien que la nécessité de gérer les effets cumulatifs soit largement reconnue, et qu'il existe un certain nombre de documents d'orientation en ce qui concerne les approches et les méthodologies, il s'avère difficile de faire des progrès pratiques, même dans des AMP bien établies et bien documentées.

Il est important de tenir compte de l'ampleur des effets cumulatifs. Halpern et al. (2008) ont examiné les effets cumulatifs à l'échelle mondiale, mais, selon la taille d'un

Étude de cas 20.5 Exemples d'aires protégées destinées aux mammifères marins renforçant la connectivité et la résilience

Pour les mammifères marins, la résilience est en partie créée par la réplication d'AMP gérées efficacement. Si les animaux d'un site diminuent en nombre ou disparaissent, d'autres sites pourront aider à protéger cette espèce. Les mammifères marins présentant une longue durée de vie, il faudra peut-être plusieurs décennies avant que les avantages d'une résilience accrue se traduisent par de meilleurs résultats en matière de conservation. Bien qu'il soit difficile d'isoler les conditions responsables de la réussite, beaucoup d'autres avantages y contribuent, comme une plus grande participation du public et l'appréciation de ces animaux de grande envergure. Les exemples suivants montrent des cas de réussite.

- Le parc marin de la Grande Barrière de corail, en Australie, a permis d'améliorer la protection des dugongs, réduisant les prises accessoires et autres pressions grâce à un re-zonage et à des niveaux de protection plus élevés (Grech et Marsh, 2008).
- Neuf sanctuaires de mammifères marins dans l'océan Pacifique, couvrant les ZEE des pays insulaires du Pacifique, ont été en mesure d'offrir une meilleure protection et une plus grande résilience potentielle aux dugongs, en répliquant des habitats adéquats protégés. La connectivité à cette échelle est en partie assurée par l'approche partagée de conservation des mammifères marins par l'intermédiaire du Secrétariat du Programme régional pour l'environnement du Pacifique.
- Les phoques moines méditerranéens (*Monachus monachus*), en danger critique d'extinction à Madère, sont efficacement protégés sur les îles Desertas. Ces animaux ont prospéré et ont maintenant commencé à se déplacer vers l'île principale de Madère (Pires et al. 2008).
- Sanctuaires frères de l'océan Atlantique : le premier sanctuaire frère a été établi entre le Sanctuaire marin national de Stellwagen Bank, dans le golfe du Maine, États-Unis, et le Sanctuaire de mammifères marins, en République Dominicaine, en reconnaissance des deux zones saisonnières clés pour les baleines à bosse (*Megaptera novaeangliae*) dans l'océan Atlantique Nord, le site nord pour l'alimentation et le site des Caraïbes pour la reproduction. En 2009, les deux sites se sont associés au Sanctuaire Agoa, nouvellement créé en Martinique, Guadeloupe, St-Martin et St-Barthélemy dans les Caraïbes orientales, pour coopérer aux efforts de conservation des baleines à bosse et autres mammifères marins (Hoyt, 2012).
- Pacifique du Nord-Est : l'ancienne zone intensive de chasse à la baleine grise de la lagune de Scammon (Laguna Ojo de Liebre), en Basse-Californie, est devenue la première aire protégée pour les cétacés, en 1972. Plus tard, le Mexique a protégé une deuxième lagune, à San Ignacio, suivie de la baie de Magdalena, puis d'une réserve de biosphère générale appelée El Vizcaíno. Grâce à ces actions, les aires de reproduction de cette espèce ont été efficacement protégées, une résilience accrue ayant été offerte par la réplication de la protection dans différents lagons et par différents niveaux de gestion pouvant offrir la possibilité de comparer les résultats (Hoyt, 2011). La baleine grise (*Eschrichtius robustus*) est considérée comme un succès en matière de conservation, et a été la première (et jusqu'à présent la seule) baleine à revenir aux effectifs estimés avant la chasse à la baleine.

— Erich Hoyt et Giuseppe Notarbartolo di Sciara

site ou la source d'une pression, les effets peuvent être plus facilement abordés à l'échelle d'une AMP individuelle. Peu de cas semblent exister, cependant, d'une preuve spécifique établie concernant l'évaluation de l'efficacité de la gestion des effets cumulatifs. C'est probablement parce qu'il est trop tôt pour tirer des conclusions des exemples où une telle intervention a eu lieu.

Les effets cumulatifs peuvent résulter de pressions multiples, comme dans le cas d'une baie recevant un enrichissement en éléments nutritifs à la fois par des rejets directs de sources ponctuelles (par exemple, des eaux usées) et par des écoulements agricoles diffus. Alternativement, la même pression peut affecter une caractéristique à plusieurs reprises au fil du temps, comme dans le cas des caractéristiques des fonds marins exposées à une pêche épisodique (comme le chalutage avec des engins de fond), ou différentes pressions découlant d'un même développement peuvent agir de manière cumulative sur une caractéristiques, comme par exemple, le développement d'infrastructures sur les vasières intertidales entraînant la perte d'habitats (empreinte) et une perturbation (du fait d'une plus grande utilisation par les navires).

Idéalement, l'évaluation des effets cumulatifs permettra d'envisager le degré de pression ou d'impact durable, qui permettra d'atteindre les objectifs de conservation d'une AMP. Bien des cas existent où des seuils quantitatifs sont largement utilisés (par exemple, les normes de qualité de l'eau), lorsqu'il est difficile d'établir des seuils écologiques, et que les techniques d'évaluation impliquent souvent une forme de modélisation prédictive, ou un jugement d'expert. Des conseils pratiques sur l'évaluation et la gestion des impacts cumulatifs sur les AMP sont fournis dans l'encadré 20.7.

Engagement des communautés

Il est rare qu'un seul organisme ou une seule communauté possède un contrôle juridictionnel sur toutes les activités se déroulant dans une AMP, de sorte qu'il est généralement nécessaire d'intégrer une gestion efficace de l'AMP à un éventail d'organismes, d'industries et de parties prenantes. Depuis les débuts des AMP, l'importance d'engager les communautés locales pour aider à protéger les valeurs naturelles et culturelles a été largement reconnue. En ce

Encadré 20.7 Conseils pratiques sur l'évaluation et la gestion des impacts cumulatifs sur les AMP

Un certain nombre de questions pratiques sont à prendre en considération dans l'utilisation de l'évaluation des effets cumulatifs comme procédure systématique pour déterminer et évaluer l'importance des effets résultant de pressions ou d'activités multiples.

1. Soyez clairs quant à ce que vous essayez d'atteindre. La portée de l'évaluation ou des décisions relatives aux travaux sur les effets cumulatifs sont-elles définies dans la loi ou précisées dans les objectifs, par exemple pour la gestion d'une APM particulière ? Bien que de nombreuses évaluations se concentrent sur des activités ou des projets du même type, comme l'exploitation pétrolière, celles portant sur les AMP se concentreront sur le ou les récepteurs, tels que l'habitat ou l'espèce pour lesquels une AMP est désignée, et pourraient donc englober toute la gamme d'activités/projets interagissant avec ces récepteurs.
2. Les effets cumulatifs peuvent se produire au fil du temps, ce qui exige de la prudence dans la visualisation d'un instantané des activités en cours. Il est plus que probable que des effets cumulatifs se soient déjà produits lorsqu'une base de référence a été établie, c'est-à-dire lorsque l'AMP a été désignée. Bien qu'il puisse être souhaitable de « faire une rétrospective » pour décrire ou quantifier un état antérieur non affecté, il peut être préférable de concentrer les ressources, lorsqu'elles sont limitées, sur la prévention d'un nouveau déclin et la promotion d'une quelconque récupération.
3. Compte tenu de la complexité du sujet, on obtiendra davantage de résultats en réduisant la portée des travaux sur les effets cumulatifs au plus petit nombre possible de récepteurs. La probabilité sera alors plus grande d'acquérir une compréhension suffisamment profonde des enjeux pour justifier une intervention de la direction. Dans les AMP, cela peut être facilement réalisé lorsque certains habitats ou certaines espèces constituent la principale raison de la désignation.
4. Souvent, une image complexe de pressions multiples peut être simplifiée en identifiant les quelques pressions « dominantes ». Par exemple, pour l'évaluation initiale de la Directive-cadre sur la Stratégie européenne pour le milieu marin, il a été considéré que pour de nombreuses caractéristiques de l'écosystème, les effets cumulatifs des pressions humaines sont dominés par une ou un petit nombre de pressions. Par conséquent, les pressions dominantes devraient être identifiées pour rendre les évaluations efficaces et ciblées.
5. Afin d'établir des priorités plus précises, il peut être nécessaire d'identifier les *hotspots* présentant à la fois une grande diversité d'intérêt pour la conservation et des effets cumulatifs élevés (voir Halpern et al., 2008).
6. Les interventions de gestion visant à éviter ou à réduire les effets cumulatifs identifiés seront plus faciles à réaliser s'il existe un mandat clair, tel que prévu par la législation et les objectifs sous-tendant l'AMP. Même dans ce cas, l'action peut nécessiter une coordination entre plusieurs agences ou organismes si plusieurs activités ou plusieurs juridictions (telles que les autorités nationales et étatiques ou locales) sont impliquées. En cas de doute, essayez de maintenir l'approche à son niveau le plus simple possible. Il est déjà suffisamment difficile de simplement cartographier puis gérer l'impact de seulement trois activités exerçant une pression sur un habitat ou une espèce.

— Paul Gilliland et Michael Coyle

début de XXIe siècle, cet engagement à maintenir des partenariats efficaces et significatifs avec les populations autochtones, les communautés locales et les utilisateurs est encore plus fort, afin de conserver les valeurs d'une AMP et améliorer la résilience du milieu marin pour faire face aux pressions inévitables. L'engagement communautaire est habituellement une exigence permanente pour la mise en œuvre efficace d'une AMP, et peut se produire de plusieurs façons :

- **Création de comités consultatifs marins locaux :** ces comités communautaires volontaires peuvent fournir des conseils sur les questions de gestion au niveau local. Leurs membres peuvent être indépendants ou représenter une communauté ou un groupe industriel à partir duquel ils coordonnent la rétroaction. L'objectif est d'obtenir une représentation équilibrée des populations locales impliquées dans la gestion ou l'utilisation de l'AMP. Les principaux avantages de ces comités incluent la possibilité d'une circulation réciproque de l'information entre la communauté locale et les organismes de gestion.
- **Création de comités consultatifs fondés sur l'expertise :** ceux-ci peuvent être établis pour fournir des conseils aux organismes de gestion sur des questions spécifiques, par exemple, un comité consultatif sur le tourisme ou les questions autochtones. Bien qu'ils comprennent habituellement des experts nommés, ces comités peuvent également inclure d'autres membres de la communauté, afin de s'assurer que les conseils soient équilibrés.
- **Entreprendre une communication régulière :** la communication avec les communautés se fait par divers moyens, notamment par e-mail, par publication sur Facebook ou par bulletin électronique (voir le chapitre 15).

Encadré 20.8 Enseignements sur la participation efficace du public au cours du programme de planification d'une AMP

- **Il n'existe pas de moyen simple de créer un mécanisme consultatif sans conflit pour de nombreuses AMP :** bien que de nombreux décideurs aimeraient obtenir une prise de décision fondée sur le consensus, « le consensus n'est pas un objectif réalisable pour les processus de parties prenantes abordant des questions de cette ampleur » (Day et al., 2004:258 citant Helms, 2002).
- **Les gens doivent comprendre qu'il y a un problème avant d'accepter qu'une solution est nécessaire :** il est généralement nécessaire d'informer les parties prenantes qu'une AMP est sous pression et que le niveau de protection de la biodiversité est insuffisant, avant que les parties prenantes ne soient disposées à accepter qu'une nouvelle approche de gestion fasse partie de la solution.
- **De nombreuses parties prenantes comprennent mal les enjeux clés :** beaucoup de personnes ne connaissent pas la signification du terme « biodiversité » et ne comprennent pas son importance pour l'avenir des eaux marines. Il est donc nécessaire d'utiliser un langage simple pour communiquer en termes simples avec la majorité des parties prenantes.
- **Différents messages pour différents publics cibles :** différents groupes de parties prenantes auront des intérêts dans différents aspects de la planification marine, de sorte que la communication doit être adaptée de manière appropriée.
- **Certains éléments de l'engagement communautaire sont plus efficaces que d'autres :** les séances d'information communautaires dans les centres régionaux et locaux se sont avérées beaucoup plus productives que les réunions publiques, dans le cas de la Grande Barrière de corail. Bien que ces sessions aient exigé une organisation considérable et un engagement important en termes de ressources et de personnel, les résultats en valaient la peine.
- **Il y aura toujours ceux qui soutiennent l'augmentation proposée du niveau de protection mais qui ne se prononceront pas ouvertement :** la majorité silencieuse peut souvent être « étouffée » par un minorité vocale, très motivée pour exprimer ses préoccupations. Il est nécessaire d'encourager les soutiens à faire l'effort d'exprimer leur approbation pour une protection accrue.

Source : Adapté de Day et al. (2004)

- **Mise en œuvre de programmes « Amis de l'AMP XXX » :** ces programmes incorporent souvent des bénévoles en tant qu'élément clé du programme. Les programmes d'Écoles de gardiens des récifs et de Conseils de gardiens des récifs, tels que mis en place dans la Grande Barrière de corail, sont de bons exemples d'engagement communautaire et de partenariats, 10 % de la population totale adjacente au récif participant aujourd'hui à ces programmes.

Les activités participatives pendant le changement de zonage majeur du parc marin de la Grande Barrière de corail, à la fin des années 1990 (encadré 20.8) fournissent un exemple de cas où des ressources supplémentaires ont été canalisées dans des périodes spécifiques et intenses d'engagement communautaire, afin d'obtenir des résultats importants et spécifiques (voir Day et al., 2012b).

L'établissement de partenariats efficaces et significatifs avec les peuples autochtones, les communautés locales, le secteur privé et les utilisateurs est essentiel pour protéger les valeurs culturelles et patrimoniales, et conserver la biodiversité dans une AMP. Les partenariats se distinguent des autres types de participation communautaire par le partage du pouvoir et de la responsabilité de l'utilisation entre les participants. Une participation réussie dépend de la volonté des partenaires à s'engager sur des questions importantes pour eux, et sur le niveau d'engagement des gestionnaires pour obtenir un engagent significatif. Des partenaires informés et impliqués sont essentiels si une AMP doit être utilisée et gérée d'une manière qui reconnaisse la relation étroite entre des moyens de subsistance communautaires durables, la reconnaissance des valeurs et des traditions communautaires, et la protection et la gestion efficaces de l'AMP. Voici quelques principes sous-tendant des partenariats efficaces :

- partage du pouvoir et de la responsabilité entre les participants sans qu'aucun partenaire ne soit responsable des décisions ou des actions des autres ;
- attentes réalistes, intention partagée et valeurs relationnelles ;
- des coordonnateurs de partenariat disposant d'un mandat approprié pour établir des relations personnelles à long terme avec et entre les participants (Oliver, 2004).

Gestion de la conformité

La gestion de la conformité est une approche planifiée visant à s'assurer que les personnes et les entités interagissant avec l'AMP dans le but d'en tirer une valeur, le font conformément aux lois, aux règlements, aux conditions de permis ou aux instructions légales. La gestion de la conformité implique cependant une considération beaucoup plus vaste que la simple application de la loi. Les activités humaines peuvent inclure les loisirs, le tourisme, la pêche commerciale, les processus d'extraction et/ou le transport maritime. Les AMP côtières peuvent, en outre, être affectées par des activités terrestres ayant un impact sur la qualité de l'eau, telles que les pratiques agricoles, l'expansion communautaire ou le développement côtier.

Une gestion efficace de la conformité est donc essentielle pour atteindre l'objectif stratégique de gestion des AMP d'équilibrer la protection et l'utilisation durable. Idéalement, la conformité sera incluse comme indicateur de performance clé, et comme élément clé de toute évaluation externe de l'AMP et de sa certification. Lorsqu'elle est bien intégrée au cycle de gestion de l'AMP, la gestion de la conformité favorise l'atteinte de résultats, notamment la conservation, la gestion de l'utilisation, la durabilité, la participation de l'industrie, des entreprises et du public et l'engagement autochtone.

En mettant l'accent sur le suivi, la mesure et l'évaluation, une approche efficace de gestion de la conformité indiquera également les tendances qui pourraient nécessiter des ajustements au plan de gestion de l'AMP et à l'utilisation autorisée.

La gestion de la conformité repose sur un certain nombre de disciplines, notamment le droit, l'application de la loi, le comportement humain, la gestion des risques, la gestion des données, la gestion des parties prenantes, la mesure et l'évaluation, l'analyse du renseignement et les relations publiques. Une approche structurée commence par une analyse démographique détaillée de la communauté réglementée, l'analyse et la catégorisation des comportements, l'évaluation des impacts de ces comportements, l'identification et l'évaluation des menaces et des risques, et la détermination des mesures appropriées pour atténuer les risques. L'application de la loi et les poursuites peuvent être des mesures de dernier recours, et d'autres mesures peuvent s'avérer plus appropriées compte tenu de la menace, du comportement humain et de l'impact sur l'environnement. Celles-ci comprennent l'information, l'éducation, la surveillance et le suivi, l'audit, la mise en garde, les lettres d'avertissement ou les avis d'infraction. L'objectif est de parvenir à une autorégulation éclairée avec la majorité des utilisateurs, en concentrant des ressources limitées sur les comportements non conformes à fort impact.

La gestion de la conformité peut impliquer un large éventail d'intérêts et d'autres organismes de réglementation et d'application de la loi, dont la responsabilité principale peut être le transport maritime, la pêche, le tourisme ou la communication, et qui peuvent être assistés par l'équipe de conformité de l'AMP pour obtenir des résultats de conformité pertinents à leurs domaines de travail.

Cela nécessite une approche efficace de la gestion de la conformité, en commençant par un plan stratégique incluant généralement une perspective de trois ans. La première année de mise en œuvre du plan triennal, contenant plus de détail, identifie les opérations et les besoins en ressources pour les 12 mois suivants. Cela facilite une approche approfondie du ciblage des ressources et de la prestation et de la communication des résultats de conformité. Le fait de ne pas prêter attention à l'éventail de sensibilités entourant la gestion de la conformité pourrait compromettre les objectifs clés de l'AMP.

Afin de prendre des décisions sur les menaces, les risques et l'application de stratégies de gestion de la conformité, il est nécessaire de recueillir, gérer et analyser régulièrement des données. En plus de rendre compte de l'efficacité de l'effort de gestion de la conformité, l'analyse des données indiquera des tendances qui permettront de mieux cibler les efforts de gestion. L'exigence de justifier les ressources en démontrant l'impact positif sur le comportement des utilisateurs et les résultats écosystémiques nécessite la participation de spécialistes du milieu marin. Une telle collaboration aide à se concentrer sur la planification et la mise en œuvre de stratégies de protection et d'utilisation durable. Les rapports sont réguliers et complets, afin de diffuser les résultats dans l'ensemble de l'organisation et de renforcer la responsabilisation à tous les niveaux.

Le développement d'une capacité de gestion de la conformité exige une bonne planification, des ressources adéquates et le soutien des niveaux hiérarchiques supérieurs de l'organisation. La capacité évoluera au fil du temps, à mesure que l'expérience, les leçons apprises et les compétences du personnel se renforceront, et que la valeur des données saisies augmentera. La structure organisationnelle d'une unité de conformité devra viser à fournir toutes les fonctions clés, y compris le renseignement, la planification, les opérations, la gestion des parties prenantes, la mesure et l'évaluation, les enquêtes et la surveillance. Des conseillers juridiques au sein de l'unité constituent un avantage indéniable. L'expertise en audit peut être externe. Compte tenu de la diversité des fonctions, de l'éventail des parties prenantes et de l'importance de la gestion de la conformité pour la réalisation des objectifs stratégiques de l'AMP, un leadership fort et une stratégie visant à promouvoir ses services et à les transmettre à d'autres sont importants.

Des systèmes seront nécessaires pour soutenir la surveillance, le suivi, l'analyse des données et la gestion de l'information, idéalement situés dans une salle à accès restreint, où l'équipement de gestion des données et de suivi électronique pourra être conservé confidentiellement.

Corail (*Echinopora lamellosa*) avec des algues corallines à croûte rose et des poissons (probablement des vivaneaux, Lutjanus Kasmira), dans les îles extérieures des Seychelles, République des Seychelles

Source : James Tamelander

Le personnel doit être qualifié, à un niveau approprié dans la gestion de la conformité, par rapport à des normes de compétence définies. Il existe un éventail et une diversité d'activités suffisants, dans une unité de gestion de la conformité, pour offrir au personnel une carrière à long terme. À l'heure actuelle, il existe peu de gestionnaires de la conformité professionnels, de sorte qu'il serait nécessaire de soutenir un programme de formation complet, visant à fournir des qualifications spécialisées. L'autorité du parc marin de la Grande Barrière de corail a élaboré un tel cadre.

Questions relatives à la gestion marine

Changements climatiques

De tous les problèmes émergents auxquels sont confrontés les AMP et les environnements marins dans le monde entier, les changements climatiques restent l'un des plus difficiles. L'acidification des océans, le réchauffement de la température de l'eau de mer, la modification des modes de circulation et de la pluviométrie, ainsi que l'augmentation du niveau de la mer constituent des menaces réelles, graves et à long terme pour les écosystèmes marins et les communautés de la zone côtière.

Le dernier rapport du Groupe d'experts intergouvernemental sur l'évolution du climat (IPCC, 2013) montre qu'un certain nombre de variables liées aux changements climatiques sont déjà en train d'évoluer et, sur la base d'une combinaison de projections climatiques et d'observations mondiales et de modèles régionaux, il est probable qu'elles changeront beaucoup plus au cours des 50 prochaines années (voir le chapitre 17). Par exemple, les scientifiques des récifs coralliens craignent que le blanchiment des coraux ne devienne plus fréquent et plus sévère, même dans les scénarios climatiques optimistes produits par le GIEC.

Les activités de gestion dans les AMP ont un rôle essentiel à jouer pour influencer la gravité de ces conséquences, mais en fin de compte, le rythme et l'ampleur des changements dans le système climatique mondial détermineront le devenir à long terme des écosystèmes marins sensibles. Les AMP peuvent fournir un tampon contre les effets des changements climatiques et contribuer à la résilience naturelle des écosystèmes marins.

Pollution

Une pollution marine peut se produire lorsque des effets nocifs, ou potentiellement nocifs, résultent de l'entrée dans l'océan de produits chimiques, de particules, de déchets industriels, agricoles et résidentiels, du bruit ou de la propagation d'organismes envahissants. Une mauvaise qualité de l'eau et des sédiments sont les problèmes de pollution connus les plus graves affectant les environnements côtiers et marins de nombreux pays. La pollution d'origine terrestre représente jusqu'à 80 % de toute la pollution marine (NOAA National Ocean Service, 2014), et constitue une menace majeure pour la santé à long terme des systèmes marins littoraux, affectant les processus écologiques, la santé publique et les utilisations sociales et commerciales des ressources marines.

La pollution provient souvent de sources non ponctuelles telles que le ruissellement agricole, les débris et la poussière soufflés par le vent. Les apports excessifs de nutriments (habituellement de l'azote ou du phosphore) sont la principale cause d'eutrophisation des eaux de surface, stimulant la croissance des algues. Lorsque des pesticides sont incorporés à l'écosystème marin, ils sont rapidement absorbés dans les réseaux trophiques. Une fois dans le réseau alimentaire, les pesticides peuvent causer des mutations et des maladies, potentiellement nocives pour les humains ainsi que pour l'ensemble du réseau trophique.

Les sources ponctuelles de polluants incluent le ruissellement urbain, le rejet d'eaux usées, la pollution industrielle et les aménagements côtiers non réglementés. Des métaux toxiques peuvent également être introduits dans les réseaux trophiques marins. Ceux-ci peuvent entraîner un changement de la matière tissulaire, de la biochimie, du comportement et de la reproduction, et inhiber la croissance de la vie marine. Les toxines marines peuvent être transférées aux animaux terrestres via la farine de poisson constituant les suppléments alimentaires, et peuvent apparaître plus tard dans la viande et les produits laitiers.

Une barge à charbon échouée sur la Grande Barrière de corail, Australie

Source : © Autorité du parc marin de la Grande Barrière de corail

Dragage et développements portuaires

Le dragage et le déversement subséquent de déblais de dragage en mer peuvent avoir des répercussions importantes, en particulier par la modification des conditions hydrographiques d'une AMP ou des zones adjacentes à une AMP. L'ampleur des effets dépend d'un large éventail de facteurs, y compris l'emplacement de la zone draguée et de la zone d'immersion, la méthode et le taux d'extraction, et le type de machines utilisées, ainsi que de la nature de la surface du fond marin, des sédiments, des processus côtiers et de la sensibilité des habitats et des espèces.

À moins que des contrôles appropriés ne soient imposés, les impacts du dragage ou de la construction d'installations portuaires peuvent causer des perturbations des fonds marins, le transport ou la remise en suspension de contaminants, l'altération du mouvement des sédiments et des changements dans les processus côtiers. Ces impacts peuvent être importants, et à moins que des mesures de précaution et de prévention ne soient prises pendant les phases de construction et d'exploitation, un port peut avoir des impacts négatifs importants à court et à long terme sur les communautés locales (écologiques et sociales) dans les zones adjacentes.

Extraction de minéraux et de sable

Le sable et le gravier marins, ainsi que les minéraux d'intérêt présents sur ou dans les fonds marins, sont des ressources non renouvelables. Les quantités de sable et de gravier actuellement exploitées sont très importantes. Par exemple, dans le seul Atlantique du Nord-Est, l'extraction de sable et de gravier a été estimée à une moyenne de 40 millions de mètres cubes par an au cours des années 1990. Par conséquent, des pressions peuvent s'exercer pour permettre leur extraction dans les AMP, et les impacts possibles sont similaires à ceux décrits pour le dragage (voir ci-dessus).

Pétrole et gaz

Les opérations pétrolières et gazières au large des côtes ont augmenté de façon spectaculaire, passant des eaux côtières peu profondes aux zones plus profondes au large des côtes. Certaines activités associées aux activités pétrolières et gazières, y compris les activités d'exploration, de forage et de production, peuvent, si elles sont adjacentes aux AMP, avoir des répercussions sur celles-ci de diverses façons. La marée noire de Deepwater Horizon, dans le golfe du Mexique en 2010, a été la plus importante marée noire marine accidentelle dans l'histoire de l'industrie pétrolière, et a eu un effet dévastateur sur la vie marine du golfe.

Impacts du transport maritime

Le transport maritime peut endommager une AMP par des collisions, des échouements, l'introduction de parasites marins envahissants, des déversements d'hydrocarbures et de produits chimiques, l'introduction de peintures antifouling, l'élimination de déchets et les dommages causés par les ancres. Même un déversement de pétrole mineur peut avoir des répercussions locales sur les espèces côtières, y compris les mangroves, les crabes et les espèces vivant dans les sédiments. La possibilité que les activités de transport maritime introduisent des espèces non autochtones dans les écosystèmes marins est toujours présente, et les eaux de ballast sont une source importante d'introduction d'organismes marins nuisibles.

Pêche non durable

La pêche, qu'elle soit commerciale ou récréative, peut affecter des espèces cibles, des espèces non ciblées et leurs habitats et, par conséquent, entraîner des effets écologiques, aussi bien dans les zones de pêche que dans le milieu marin dans son ensemble. Les effets sur les écosystèmes et les impacts cumulatifs de la pêche sont mal compris. Des études scientifiques ont montré qu'en plus d'affecter l'abondance et les caractéristiques des espèces ciblées dans les zones de pêche, la pêche peut également affecter les espèces proies et les réseaux trophiques de manière plus générale. Il est donc important d'élaborer une approche stratégique de la gestion de la pêche commerciale, récréative et autochtone afin d'assurer la durabilité écologique.

De nombreuses techniques de pêche (par exemple, à la ligne, au filet et au casier) n'auront que peu d'impact sur les habitats. Le chalutage, en revanche, peut causer des dommages aux habitats, s'il n'est pas géré de façon appropriée. Certains outils de gestion de la pêche, tels que les quotas de captures et les limites de taille, peuvent aider à protéger la durabilité d'une pêche, mais ne tiennent pas pleinement compte de l'impact des activités extractives sur l'écosystème, y compris sur d'autres espèces non ciblées. Pears et al. (2012) donnent un bon exemple d'évaluation complète des risques écologiques d'une pêche commerciale sur les espèces cibles, mais également sur les espèces non ciblées (prises accessoires), les habitats et les processus écologiques.

Tourisme non durable

S'il n'est pas réglementé ou limité, en particulier dans les zones à forte utilisation, le tourisme peut avoir des répercussions sur le milieu marin et les îles adjacentes. Par exemple, l'ancrage répété de bateaux de tourisme dans une même localité risque d'endommager les habitats de coraux et d'herbiers marins. Une série de dispositions obligatoires et volontaires peuvent être utilisées pour minimiser l'impact des opérations touristiques.

Les dommages causés par les ancres peuvent être réduits par l'installation de mouillages publics et privés dans les zones à forte utilisation, de zones d'ancrage désignées et de zones sans ancrage, de marqueurs de protection des récifs, et l'introduction de lignes directrices sur les meilleures pratiques. Le rejet d'eaux usées par tous les utilisateurs, y compris les activités touristiques, peut être nécessaire si les installations terrestres sont insuffisantes pour répondre aux besoins de pompage de la zone. La planification du tourisme devrait envisager des prévisions de croissance du nombre de touristes ainsi que d'augmentation des incidences de l'utilisation.

Mariculture

À moins d'une gestion appropriée, la mariculture peut modifier, dégrader ou détruire les habitats marins, perturber les systèmes trophiques, épuiser les stocks naturels de semences, transmettre des maladies et réduire la variabilité génétique. L'expansion de la mariculture dans les zones côtières peut non seulement conduire à une altération physique importante des environnements côtiers, mais peut également réduire la protection côtière et autres fonctions de l'écosystème. D'autres impacts incluent la pollution par les nutriments, les antibiotiques et les agents anti-fouling.

Personnel, actifs, droits et permis

La prestation de gestion des AMP repose sur les compétences et l'engagement d'un personnel (personnel de terrain et de bureau) et sur le soutien que celui-ci recevra dans l'exercice de ses fonctions (voir chapitre 8). Les gestionnaires doivent s'assurer d'un accès à :

- une main-d'œuvre qualifiée et en quantité suffisante ;
- des infrastructures de gestion opérationnelles et bien situées ;
- une flotte de navires adaptés à la(aux) tâche(s), bien entretenue et opérationnelle ;
- des systèmes et technologies capables d'aider à l'exécution des tâches d'une manière éclairée, contemporaine et opportune.

L'exécution efficace et efficiente de la gestion des AMP exige une main-d'œuvre qualifiée et en quantité suffisante, dotée des compétences et des ressources nécessaires pour remplir les rôles qui lui ont été attribués (voir le chapitre 9). Pour déterminer les niveaux de dotation et les compétences appropriés, il est utile de s'attacher à obtenir du personnel possédant des compétences ne pouvant pas être facilement acquises ailleurs (par exemple, auprès d'autres organismes gouvernementaux, de l'industrie ou des communautés). L'engagement du personnel et un leadership efficace sont deux des éléments les plus importants pour le succès d'une organisation chargée des AMP (voir chapitre 12).

La formation, les besoins en équipement et la capacité opérationnelle doivent être réévalués périodiquement, et devraient constituer des éléments importants du plan d'activités annuel d'un organisme. La sécurité et le bien-être de ceux qui effectuent des opérations de gestion sur le terrain, dans une AMP et/ou un environnement insulaire, sont essentiels, en particulier si les tâches de terrain sont entreprises dans des localités éloignées. Cela exige que des lieux de travail, du matériel et une formation sûrs soient fournis, et que le personnel soit formé pour s'assurer que toutes les tâches nécessaires soient exécutées en toute sécurité.

Gestion des actifs

La gestion des actifs physiques des AMP (comme les navires ou une base opérationnelle) devra avoir pour objectif de fournir le niveau de services requis de la manière la plus rentable possible. La gestion des actifs devra tenir compte du « cycle de vie complet » d'un bien, y compris la conception,

Sécurité pendant les opérations maritimes sur le navire Shearwater II du Service des parcs nationaux et de la faune sauvage, côte sud de la Nouvelle-Galles du Sud, Australie

Source : Graeme L. Worboys

Navire de gestion, parc marin de la Grande Barrière de corail, Australie

Source : © Autorité du parc marin de la Grande Barrière de corail

la construction, la mise en service, l'exploitation, l'entretien, la réparation, la modification, le remplacement et la mise hors service ou l'élimination (voir le chapitre 24).

Une préférence évidente est de disposer d'un/de navires fiable(s), sûr(s) et adapté(s), bien entretenu(s) et opérationnel(s), bien que parfois, les navires de patrouille puissent être partagés pour certaines tâches (avec d'autres agences gouvernementales ou le secteur privé). Si les navires appartiennent à l'organisme chargé de l'AMP, un calendrier de remplacement prioritaire des navires devra faire partie d'une stratégie commerciale régulièrement réévaluée (par exemple, remplacement des moteurs hors-bord tous les quatre à cinq ans, ou remplacement des plus grands navires tous les 10-15 ans).

Au-delà d'une présence physique sur l'eau, les gestionnaires d'AMP devront chercher à accroître leur capacité sur le terrain en adoptant des technologies et des systèmes de pointe (comme le suivi par satellite), en particulier lorsque ceux-ci aident à obtenir et à consigner les observations, à accroître la collecte de renseignements et à faciliter le déploiement efficace des ressources matérielles de l'AMP. Cette technologie est susceptible d'être la mieux appropriée pour améliorer les capacités de conformité et de suivi des ressources d'une manière éclairée, contemporaine et opportune dans les endroits à la fois éloignés et à haut risque.

Frais et charges

Bien que de nombreuses aires protégées, comme les parcs nationaux et les lieux historiques, aient mis en place avec succès des droits d'entrée pour les visiteurs (voir le chapitre 23), cette option est rarement aussi facile dans une AMP, surtout s'il existe une multitude de points d'accès ou aucun moyen efficace de percevoir les droits. Lorsqu'une AMP attire un grand nombre de touristes et qu'une taxe ou une redevance peut être effectivement perçue, des revenus importants peuvent être générés. Cette option peut, cependant, également présenter des inconvénients.

L'un des principaux obstacles auxquels sont confrontées les administrations publiques dans la mise en œuvre de mécanismes générateurs de revenus comme les frais d'utilisation, les dons publics ou la vente dans les boutiques de souvenirs, est qu'il est généralement difficile de séparer ces recettes de l'APM, lorsque les recettes publiques doivent être versées à un fonds consolidé et réparties en fonction des priorités nationales (Geoghegan, 1998). Il se peut que les ONG ne disposent pas de systèmes adéquats de responsabilité financière, et que leur autorité soit remise en question par les utilisateurs ou les partenaires de gestion. De plus, le processus de perception des droits peut être si complexe ou irréalisable qu'il peut coûter plus cher à mettre en place ou à faire respecter que les fonds générés.

Il existe cependant de bons exemples dans le monde entier, comme la « Taxe de gestion environnementale » dans la Grande Barrière de corail, qui génère plus de 6,5 millions de dollars américains par an (la plupart provenant du tourisme). Ces fonds sont utilisés pour la gestion et la recherche dans la Grande Barrière de corail. Cependant, d'autres crédits de financement gouvernementaux pour la Grande Barrière de corail sont influencés par le montant généré par la taxe de gestion environnementale.

Il existe également de bons exemples de processus de tarification réussis dans des AMP beaucoup plus petites, dans les Caraïbes : à Bonaire (Saba) et dans les Îles Vierges Britanniques, des frais sont perçues sur les utilisateurs des ressources marines, y compris les plongeurs, et dans les Îles Vierges Britanniques sur les affréteurs de yachts. Les systèmes de frais d'utilisation sont mis en œuvre en étroite collaboration avec les exploitants de bateaux commerciaux de plongée et d'affrètement, qui perçoivent les frais auprès des clients, tiennent des registres d'utilisation et exécutent des fonctions d'information interprétative et de surveillance de base pour le compte des aires protégées (Geoghegan 1998). Dans certaines AMP, les droits de visite sont complétés par d'autres sources de financement telles que la vente dans des boutiques de souvenirs ou de cadeaux, ou les dons des visiteurs (comme ceux générés par les « Amis du parc marin de Saba »).

Lors de l'élaboration de stratégies de génération de revenus pour une AMP, Geoghegan (1998) recommande de commencer par élaborer un budget souhaité pour l'AMP, créer une stratégie de collecte de fonds par une approche consultative avec toutes les principales parties prenantes, s'assurer que la résilience est atteinte grâce à une base de financement diversifiée et une réduction progressive de la dépendance à l'égard du soutien direct du gouvernement, et optimiser les partenariats et accords de cogestion afin d'accroître l'efficacité de la gestion et réduire les coûts.

Licences et permis

Dans certaines AMP certaines activités nécessitent un permis. Par exemple, les activités suivantes nécessitent un permis des Parcs marins pour opérer dans la Grande Barrière de corail :

- la plupart des activités commerciales, y compris pratiquement toutes les opérations touristiques ;
- l'installation et exploitation de structures telles que jetées, marinas, pontons et installations aquacoles ;
- tous les travaux tels que la réparation de structures, le dragage et le déversement de déblais, ou l'installation et l'exploitation d'amarrages ;
- l'ancrage ou l'amarrage pour une période prolongée ;
- la décharge de déchets depuis une structure fixe ;
- la recherche (sauf pour la recherche à impact limité).

Des dispositions complémentaires prévues dans la législation nationale et la législation étatique sur les AMP établissent qu'un seul permis est requis dans la Grande Barrière de corail, et qu'aucun permis n'est requis pour les activités récréatives. Les renseignements nécessaires pour demander un permis et le processus d'évaluation sont tous deux énoncés dans la loi, et l'expérience de plusieurs décennies a montré la nécessité d'un processus de permis clair, y compris des définitions sans ambiguïté, de critères d'évaluation clairs, ainsi que les avantages d'un système de permis mis en œuvre efficacement. Si une proposition vise à restreindre l'utilisation raisonnable d'une partie du parc marin par le public, l'une des exigences avant délivrance d'un permis est d'informer publiquement de la proposition et de solliciter des commentaires.

Efficacité de la gestion

L'évaluation de l'efficacité de la gestion d'une AMP est un défi auquel sont confrontés les gestionnaires de la plupart des AMP dans le monde.

On attends, de plus en plus, de la gestion qu'elle puisse démontrer qu'elle atteint ses buts et objectifs, mais aussi qu'elle soit rentable, efficiente et proactive. Par conséquent, l'efficacité de la gestion doit être évaluée et démontrée d'une manière systématique, qui permettra des comparaisons utiles au fil du temps (Day et al., 2002). Le cadre d'évaluation de l'efficacité de la gestion de la Commission mondiale des aires protégées (CMAP) de l'UICN (Hockings et al., 2006) suggère qu'une évaluation complète de l'efficacité de la gestion devrait évaluer six éléments de gestion (voir le chapitre 28) :

1. une compréhension du « contexte » de l'AMP, y compris ses valeurs, les menaces auxquelles elle est confrontée et les opportunités disponibles, ses parties prenantes, ainsi que les contextes politique et de gestion ;
2. une « planification » établissant la vision, les buts, les objectifs et les stratégies visant à conserver les valeurs et réduire les menaces ;
3. les « apports » (ressources) de personnel, financiers et d'équipement nécessaires pour atteindre les objectifs ;
4. la mise en œuvre des actions de gestion selon les « processus » accordés ;
5. l'obtention de « produits » (biens et/ou services, généralement décrits dans les plans de gestion et de travail) ;
6. de nombreux produits et mesures entraînant des impacts, ou des « résultats » permettant d'atteindre les buts et objectifs définis.

Scientifique assurant des travaux de suivi, parc marin de la Grande Barrière de corail, Australie

Source : © Autorité du parc marin de la Grande Barrière de corail

Visiteurs du récif, parc marin de la Grande Barrière de corail, Australie

Source : © Autorité du parc marin de la Grande Barrière de corail

Une évaluation complète de la gestion des AMP doit évaluer ces six éléments. Une telle évaluation peut avoir de nombreux avantages notamment :

- améliorer la prise de décisions et la gestion continue dans un environnement en constante évolution ;
- évaluer les politiques et les programmes des AMP ;
- fournir un retour sur la gestion aux décideurs et aux groupes d'intérêt ;
- aider à rendre compte des dépenses de gestion existantes ;
- justifier le besoin de ressources supplémentaires.

Suivi

Le suivi est un outil de gestion fondamental pour fournir des informations pour les analyses et documenter les impacts environnementaux, tant naturels qu'anthropiques, ainsi que pour évaluer l'efficacité des mesures de gestion marine. Le suivi des performances de la gestion est une tâche importante pour savoir si une AMP est efficiente et efficace (Day et al., 2002), lorsque les changements dans le milieu marin au fil du temps sont comparés à des conditions de référence.

Le suivi des milieux marins a évolué à mesure que les exigences de gestion ont changé. La plupart des programmes de suivi se sont concentré sur les aspects biologiques, biophysiques ou sociaux, et ont généralement été entrepris comme des tâches de suivi ou de recherche « autonomes ». Certains de ces programmes évaluent l'efficacité de mesures de gestion particulières, mais peu fournissent une évaluation intégrée de l'efficacité globale de la gestion d'une zone marine, ou réalisent un suivi spécifique par rapport aux objectifs pour lesquels cette zone a été initialement déclarée. Un certain nombre de leçons tirées de la mise en œuvre de programmes de suivi marin incluent de commencer par un programme de suivi modeste, de comprendre que la combinaison de diverses méthodes de suivi peut fournir une évaluation plus fiable qu'une seule méthode, et d'explorer les possibilités d'encourager la participation ou la contribution locale des parties prenantes au processus de suivi dans son ensemble (Day et al., 2002). N'attendez pas toutes les réponses ou les données scientifiques parfaites pour prendre les mesures de gestion adaptative appropriées découlant de l'information de suivi.

Conclusion

L'océan représente 70 % de notre planète et près de 98 % de son espace favorable à la vie. Bien que l'océan soit le moteur écologique alimentant notre survie, des pressions multiples, y compris une pêche non durable, les changements climatiques mondiaux, la destruction des habitats, les espèces envahissantes et la pollution, ont conduit à un déclin de sa santé.

Avec un nombre croissant d'AMP, nous sommes aujourd'hui plus susceptibles d'atteindre 10 % de protection d'ici 2020 qu'il y a quelques années. La question de savoir si 10 % seront suffisants continue, cependant, de susciter des préoccupations, certaines estimations de la protection adéquate des océans se situant dans la gamme de 20 à

30 % (voire plus) afin d'assurer durablement la santé des océans (IUCN, 2003). D'autres débats se profilent au sein des parties prenantes de la communauté de la conservation marine sur le type de stratégies de conservation à prendre en compte pour l'Objectif 11 d'Aichi, ainsi que sur la façon de mesurer l'efficacité des AMP.

L'expansion rapide de la protection marine, en particulier la création de méga-AMP, s'accompagne également d'un défi de mise en œuvre d'une gestion efficace. En outre, pour atteindre l'objectif avec succès, le réseau d'AMP devra être représentatif sur le plan écologique, géré de manière équitable et efficace, et d'une importance particulière pour les services écosystémiques, comme mentionné dans le texte de l'Objectif 11 d'Aichi. Sans orientation claire, cependant, il restera un objectif élevé, et le monde aura du mal à maintenir un rythme constant à l'échelle globale. En conclusion, la réalisation d'un objectif quantitatif de 10 % sera une première étape importante, mais seulement une première étape.

Si l'exploit même de la désignation des AMP ne suffisait pas, deux questions majeures continuent de peser sur le système : l'une est une question de longue date, la notion de « parcs de papier », et l'autre est une création plus récente, la notion de « régression » en cours. Les parcs de papier sont des aires officiellement désignées mais non protégées par des mesures de gestion. Une étape clé dans l'avancement du programme d'AMP consistera à répondre à la préoccupation généralisée que beaucoup d'AMP dans le monde soient, pour la plupart, des exercices législatifs, ne fournissant pas les niveaux de protection nécessaires (World Bank, 2006).

À l'échelle mondiale, il existe peu de données concrètes permettant de quantifier et de catégoriser véritablement le niveau d'efficacité de la gestion à l'échelle locale ou à plus grande échelle. La plupart des évaluations de l'efficacité de la gestion ont eu lieu dans des aires protégées terrestres, mais la nécessité d'évaluer et de comprendre dans quelle mesure les efforts de gestion des AMP sont efficaces et atteignent leurs objectifs, ainsi que la meilleure façon d'améliorer leur efficacité, est de plus en plus reconnue à l'échelle internationale (Hockings et al., 2000, 2006 ; Toropova et al., 2010).

La régression, ou « rétrogradation », est l'inversion des progrès et des actions des gouvernements concernant les engagements envers les AMP. Souvent imputée au ralentissement financier mondial de 2008, cette situation a maintenant été utilisée par les gouvernements comme une occasion de réduire leurs engagements en matière de protection des océans et, dans le pire des cas, de défaire les désignations et accords de conservation existants. De nombreux pays, dont le Royaume-Uni et l'Australie, ont été accusés par certains d'avoir considérablement réduit leurs projets d'AMP, en plus de réduire ou de supprimer des sites des plans de réseau contenant des niveaux élevés de protection pour les espèces et les écosystèmes marins. Un tel recul est mis en évidence par le programme Déclassement, réduction et désinscription des aires naturelles protégées, du Fonds mondial pour la nature (Protected Area Downgrading, Downsizing, and Degazettement - PADDD) (WWF, 2014).

Une planification et une gestion efficaces des AMP aideront à relever bon nombre des défis auxquels sont confrontés nos océans, mais les AMP ne sont pas, à elles seules, la seule réponse à des défis aussi complexes que les changements climatiques. Une gestion plus efficace de tous nos océans et bassins versants est également nécessaire. Nous ne pouvons pas attendre, cependant, d'avoir toutes les réponses ou toutes les informations. Nous devons agir dès maintenant, et être prêts à gérer de manière adaptative lorsque nous en saurons plus.

Références

Lectures recommandées

Alcala, A. C., Russ, G. R., Maypa, A. P. et Calumpong, H. P. (2005) 'A long-term, spatially replicated experimental test of the effect of marine reserves on local fish yields', *Canadian Journal of Fisheries and Aquatic Sciences* 62: 98–108.

Almany, G. R., Hamilton, R. J., Bode, M., Matawai, M., Potuku, T., Saenz-Agudelo, P., Planes, S., Berumen, M. L., Rhodes, K. L., Thorrold, S. R., Russ, G. R. et Jones, G. P. (2013) 'Dispersal of grouper larvae drives local resource sharing in a coral reef fishery', *Current Biology* 23(7): 626–30.

Ban, N. C., Bax, N. J., Gjerde, K. M., Devillers, R., Dunn, D. C., Dunstan, P. K., Hobday, A. J., Maxwell, S. M., Kaplan, D. M., Pressey, R. L., Ardron, J. A., Game, E. T. et Halpin, P. N. (2014) 'Systematic conservation planning: a better recipe for managing the high seas for biodiversity conservation and sustainable use', *Conservation Letters* 7: 41–54. <doi:10.1111/conl.12010>

Bertzky, B., Corrigan, C., Kemsey, J., Kenney, S., Ravilious, C., Besançon, C. et Burgess, N. D. (2012) *Protected Planet Report: Tracking progress towards global targets for protected areas*, UICN et UNEP-WCMC, Gland et Cambridge.

Cappo, M. et Kelley, R. A. (2001) 'Connectivity in the Great Barrier Reef World Heritage Area—an overview of pathways and processes', in E. Wolanski (ed.) *Oceanographic Processes of Coral Reefs: Physical and biological links in the Great Barrier Reef*,pp. 161–87, CRC Press, Boca Raton, FL.

Cisneros-Montemayor, A. M., Barnes, M., Al-Abdulrazzak, D., Navarro-Holm, E. et Sumaila, U. R. (2013) 'Global economic value of shark ecotourism: implications for conservation', *Oryx* 47(3): 381–8.

Convention on Biological Diversity (CBD) (2004) COP 7 Decision VII/28, Seventh Meeting of the Conference of the Parties to the Convention on Biological Diversity, Kuala Lumpur, Malaysia, 9–20 February.

Convention on Biological Diversity (CBD) (2008) COP IX Decision VIII/20, Eighth Meeting of the Conference of the Parties to the Convention on Biological Diversity, Bonn, Germany, 19–30 May.

Convention on Biological Diversity (CBD) (2011) *Strategic Plan for Biodiversity 2011–2020 and the Aichi Targets*, Secretariat of the Convention on Biological Diversity, Montréal. <www.cbd.int/doc/ strategic-plan/2011-2020/Aichi-Targets-EN.pdf>

Convention on Biological Diversity Subsidiary Body on Scientific, Technical and Technological Advice (CBD SBSTTA) (2014) *Progress report on describing areas meeting the criteria for ecologically and biologically significant marine areas*, Submitted to the 18th meeting of the Subsidiary Body on Scientific, Technical and Technological Advice, Montréal, 23–28 June.

Corrigan, C. et Granziera, A. (2010) *A Handbook for the Indigenous and Community Conserved Areas Registry*, UNEP-WCMC, Cambridge.

Cullis-Suzuki, S. et Pauly, D. (2008) 'MPA costs as "beneficial" fisheries subsidies: a global evaluation', *Coastal Management* 38: 113–21.

Day, J. C. (2002) 'Zoning—lessons from the Great Barrier Reef Marine Park', *Ocean & Coastal Management* 45: 139–56.

Day, J. C. (2006) 'Marine protected areas', in M. Lockwood, G. L. Worboys et A. Kothari (eds) *Managing Protected Areas: A global guide*,pp. 497–527, Earthscan, Londres.

Day, J. C. et Roff, J. C. (2000) *Planning for Representative Marine Protected Areas: A framework for Canada's oceans*, WWF Canada, Toronto.

Day, J. C., Dudley, N., Hockings, M., Holmes, G., Laffoley, D., Stolton, S. et Wells, S. (2012) *Guidelines for Applying the IUCN Protected Area Management Categories to MPAs*, UICN, Gland.

Day, J. C., Fernandes, L., Lewis, A. et Innes, J. (2004) 'RAP—an ecosystem level approach to biodiversity protection planning', in *Proceedings of the Second International Tropical Marine Ecosystems Management Symposium*, pp. 251–65, ICRI, Manille.

Day, J. C., Hockings, M. et Jones, G. (2002) 'Measuring effectiveness in marine protected areas—principles and practice', in *Proceedings World Congress on Aquatic Protected Areas*, Cairns, Queensland. <www.researchgate.net/ publication/43465429>

Day, J. C., Wren, E. et Vohland, K. (2012b) 'Community engagement in safeguarding the world's largest reef: Great Barrier Reef, Australia', in A. Galla (ed.) *World Heritage: Benefits beyond borders*, pp. 18–29, UNESCO, Paris, and Cambridge University Press, Cambridge.

Deloitte Access Economics (2013) *Economic Contribution of the Great Barrier Reef 2011–2012*, Great Barrier Reef Marine Park Authority, Townsville, Queensland.

Department of Oceans and Fisheries Canada (2014) *Spotlight on Marine Protected Areas in Canada*, Department of Oceans and Fisheries Canada, Ottawa. <www.dfo-mpo.gc.ca/oceans/marineareas-zonesmarines/mpa-zpm/spotlight-pleinsfeux/index-eng.htm>

Done, T. J., Ogden, J. C., Wiebe, W. J. et Rosen, B. R. (1996) 'Biodiversity and ecosystem function of coral reefs', in H. A. Mooney, J. H. Cushman, E. Medina, O. E. Sala et E. D. Schulze (eds) *Functional Roles of Biodiversity: A global perspective*, pp. 393–429, Wiley, Chichester, Royaume-Uni.

Dudley, N. (ed.) (2008) *Guidelines for Applying Protected Area Management Categories*, UICN, Gland.

Dunn, D. C., Ardron, J., Bax, N., Bernal, P., Cleary, J., Cresswell, I., Donnelly, B., Dunstan, P., Gjerde, K., Johnson, D., Kaschner, K., Lascelles, B., Rice, J., von Nordheim, H., Wood, L. et Halpin, P. N. (2014) 'The Convention on Biological Diversity's ecologically or biologically significant areas: origins, development, and current status', *Marine Policy* 49: 137–45.

Ehler, C. et Douvere, F. (2007) *Visions for a sea change. Report of the First International Workshop on Marine Spatial Planning*, IOC Manual and Guides No. 48, IOCAM Dossier No. 4, Intergovernmental Oceanographic Commission and Man and the Biosphere Programme, UNESCO, Paris.

Ehler, C. et Douvere, F. (2009) *Marine spatial planning: a step-by-step approach toward ecosystem- based management*, IOC Manual and Guides No. 53, ICAM Dossier No. 6, Intergovernmental Oceanographic Commission and Man and the Biosphere Programme, UNESCO, Paris.

Fernandes, L., Day, J. C., Lewis, A., Slegers, S., Kerrigan, B., Breen, D., Cameron, D., Jago, B., Hall, J., Lowe, D., Innes, J., Tanzer, J., Chadwick, V., Thompson, L., Gorman, K., Simmons, M., Barnett, B., Sampson, K., De'ath, G., Mapstone, B., Marsh, M., Possingham, H., Ball, I., Ward, T., Dobbs, K., Aumend, J., Slater, D. et Stapleton, K. (2005) 'Establishing representative no-take areas in the Great Barrier Reef: large-scale implementation of theory on marine protected areas', *Conservation Biology* 19(6): 1733–44.

Freestone, D., Johnson, D., Ardron, J., Killerlain Morrison, K. et Unger, S. (2014) 'Can existing institutions protect biodiversity in areas beyond national jurisdiction? Experiences from two on- going processes', *Marine Policy* 49: 167–75.

Geoghegan, T. (1998) *Financing Protected Area Management: Experiences from the Caribbean*, Caribbean Natural Resources Institute, Port of Spain, Trinidad. <www.canari.org/finance.pdf>

Gjerde, K .M. et Rulska-Domino, A. (2012) 'MPAs beyond national jurisdiction: some practical perspectives for moving ahead', *International Journal of Marine and Coastal Law* 27: 351–73.

Graham, R. T. (2004) 'Global whale shark tourism: a "golden goose" of sustainable and lucrative income', *Shark News* 16: 8–9.

Great Barrier Reef Marine Park Authority (GBRMPA) (2013) *Great Barrier Reef Region Strategic Assessment: Strategic assessment report—Draft for public comment*, Great Barrier Reef Marine Park Authority, Commonwealth of Australia, Canberra.

Great Barrier Reef Marine Park Authority (GBRMPA) (2014) *Traditional Use of Marine Resources Agreements*, Great Barrier Reef Marine Park Authority, Townsville, Queensland. <www.gbrmpa. gov.au/our-partners/traditional-owners/traditional- use-of-marine-resources-agreements>

Great Barrier Reef Marine Park Authority (GBRMPA), World Bank and International Union for Conservation of Nature (IUCN) (1995) *A Global Representative System of Marine Protected Areas. Volumes I–IV*, eds G. Kelleher, C. Bleakley et S. Wells, The World Bank, Washington, DC.

Grech, A. et Marsh, H. (2008) 'Rapid assessment of risks to a mobile marine mammal in an ecosystem- scale marine protected area', *Conservation Biology* 22(3): 711–20.

Green, A., Smith, S. E., Lipsett-Moore, G., Groves, C., Peterson, N., Sheppard, S., Lokani, P., Hamilton, R., Almany, J., Aitsi, J. et Bualia, L. (2009) 'Designing a resilient network of MPAs for Kimbe Bay, Papua New Guinea', *Oryx* 43(04): 488–98.

Grimsditch, G. D. and Salm, R. V. (2006) *Coral Reef Resilience and Resistance to Bleaching*, UICN, Gland.

Halpern, B. S. (2003) 'The impact of marine reserves: do reserves work and does reserve size matter?', *Ecological Applications* 13: 117–37.

Halpern, B. S., Walbridge, S., Selkoe, K. A., Kappel, C. V., Micheli, F., D'Agrosa, C., Bruno, J. F., Casey, K. S., Ebert, C., Fox, H. E., Fujita, R.,

Heinemann, D., Lenihan, H. S., Madin, E. M. P., Perry, M. T., Selig, E. R., Spalding, M., Steneck, R. et Watson, R. (2008) 'A global map of human impact on marine ecosystems', *Science* 319(5865): 948–52.

Harborne, A. R., Renaud, P. G., Tyler, E. H. M. et Mumby, P. J. (2009) 'Reduced density of the herbivorous urchin *Diadema antillarum* inside a Caribbean marine reserve linked to increased predation pressure by fishes', *Coral Reefs* 28(3): 783–91.

Harrison, H. B., Williamson, D. H., Evans, R. D., Almany, G. R., Thorrold, S. R., Russ, G. R., Feldheim, K. A., van Herwerden, L., Planes, S., Srinivasan, M., Berumen, M. L. et Jones, G. P. (2012) 'Larval export from marine reserves and the recruitment benefit for fish and fisheries', *Current Biology* 22(11): 1023–8.

Helms, G. (2002) Quoted in an article titled 'Balancing ecology and economics: lessons learned from the planning of a marine reserve network in the Channel Islands (US)', *MPA News* 4(6), décembre 2002. <depts..washington.edu/mpanews/MPA37.htm>.

Hockings, M., Stolton, S. et Dudley, N. (2000) *Evaluating Effectiveness: A framework for assessing the management of protected areas*, CMAP-UICN, Gland.

Hockings, M., Stolton, S., Leverington, F., Dudley, N. et Courrau, J. (2006) *Evaluating Effectiveness: A framework for assessing management effectiveness of protected areas*, 2nd edn, UICN, Gland.

Hoyt, E. (2011) *Marine Protected Areas for Whales, Dolphins and Porpoises. A world handbook for cetacean habitat conservation and planning*, 2nd edn, Earthscan, Londres et New York.

Hoyt, E. (ed.) (2012) *Proceedings of the Second International Conference on Marine Mammal Protected Areas (ICMMPA 2)*, Fort-de-France, Martinique, 7–11 novembre 2011.

Intergovernmental Panel on Climate Change (IPCC) (2013) 'Summary for policymakers', in T. F. Stocker, D. Qin, G.-K. Plattner, M. Tignor, S. K. Allen, J. Boschung, A. Nauels, Y. Xia, V. Bex et P. M. Midgley (eds) *Climate Change 2013: The physical science basis. Contribution of Working Group I to the Fifth Assessment Report of the Intergovernmental Panel on Climate Change*, pp. 1–35, Cambridge University Press, Cambridge.

International Union for Conservation of Nature World Commission on Protected Areas (IUCN WCPA) (2003) *The Durban Accord*, Fifth IUCN World Parks Congress, Durban.

International Union for Conservation of Nature World Commission on Protected Areas (IUCN WCPA) (2003b) *Fifth IUCN World Parks Congress Recommendations*, CMAP-UICN, Gland.

International Union for Conservation of Nature (IUCN) and United Nations Environment Programme World Conservation Monitoring Centre (UNEP-WCMC) (2014) *Global Statistics from The World Database on Protected Areas: août 2014*, UNEP-WCMC, Cambridge.

Johnston, R. J., Gregory, D., Pratt, G. et Watts, M. (2000) *The Dictionary of Human Geography*, 4th edn, Wiley-Blackwell, Oxford.

Jones, G. P., Planes, S. et Thorrold, S. R. (2005) 'Coral reef fish larvae settle close to home', *Current Biology* 15(14): 1314–18.

Jones, P. J. S. (2014) *Governing Marine Protected Areas: Resilience through diversity*, Earthscan, Londres.

Jones, P. J. S., Qiu, W. et de Santo, E. M. (2011) *Governing marine protected areas: getting the balance right*, Technical Report, United Nations Environment Programme, Nairobi.

Kellner, J. B., Tetreault, I., Gaines, S. D. et Nisbet, R. M. (2007) 'Fishing the line near marine reserves in single and multispecies fisheries', *Ecological Applications* 17(4): 1039–54.

Kennedy, E. V., Perry, C. T., Halloran, P. R., Iglesias-Prieto, R., Schönberg, C. H. L., Wisshak, M., Form, A. U., Carricart-Ganivet, J. P., Fine, M., Eakin, C. M. et Mumby, P. J. (2013) 'Avoiding coral reef functional collapse requires local and global action', *Current Biology* 23(10): 912–18.

Kloiber, U. (2013) *Chumbe Island Coral Park—Conservation and education, status report 2013*, Zanzibar, Tanzanie.

Kothari, A., Corrigan, C., Jonas, H., Neumann, A. et Shrumm, H. (eds) (2012) *Recognising and Supporting Territories and Areas Conserved by Indigenous Peoples and Local Communities: Global overview and national case studies*, Technical Series No. 64, Secretariat of the Convention on Biological Diversity, ICCA Consortium, Kalpavriksh and Natural Justice, Montréal.

Leenhardt, P., Cazalet, B., Salvat, B., Claudet, J. et Feral, F. (2013) 'The rise of large-scale marine protected areas: conservation or geopolitics?', *Ocean & Coastal Management* 85(Part A): 112–18.

Lester, S. E., Halpern, B. S., Grorud-Colvert, K., Lubchenco, J., Ruttenberg, B. I., Gaines, S. D., Airamé, S. et Warner, R. R. (2009) 'Biological effects within no-take marine reserves: a global synthesis', *Marine Ecology Progress Series* 384: 33–46.

Ling, S. D. et Johnson, C. R. (2012) 'Marine reserves reduce risk of climate-driven phase shift by reinstating size- and habitat-specific trophic interactions', *Ecological Applications* 22(4): 1232–45.

McClanahan, T. R., Graham, N. A. J., Calnan, J. M. et MacNeil, M. A. (2007) 'Toward pristine biomass: reef fish recovery in coral reef marine protected areas in Kenya', *Ecological Applications* 17: 1055–67.

McCook, L. J., Almany, G. R., Berumen, M. L., Day, J. C., Green, A. L., Jones, G. P., Leis, J. M., Planes, P., Russ, G. R., Sale, P. F. et Thorrold, S. R. (2009) 'Management under uncertainty: guidelines for incorporating connectivity into the protection of coral reefs', *Coral Reefs* 28: 353–66.

McCook, L. J., Ayling, T., Cappo, M., Choat, J. H., Evans, R. D., de Freitas, D. M., Heupel, M., Hughes, T. P., Jones, G. P., Mapstone, B., Marsh, H., Mills, M., Molloy, F. J., Pitcher, C. R., Pressey, R. L., Russ, G. R., Sutton, S., Sweatman, H., Tobin, R., Wachenfeld, D. R. et Williamson, D. H. (2010) 'Adaptive management of the Great Barrier Reef: a globally significant demonstration of the benefits of networks of marine reserves', *Proceedings of the National Academy of Sciences* 107(43): 18 278–85.

McLeod, E., Salm, R., Green, A. et Almany, J. (2009) 'Designing marine protected area networks to address the impacts of climate change', *Frontiers in Ecology and the Environment* 7: 362–70.

Mulongoy, K. J. et Gidda, S. B. (2008) *The Value of Nature: Ecological, economic, cultural and social benefits of protected areas*, Secretariat of the Convention on Biological Diversity, Montréal.

Mumby, P. J., Dahlgren, C. P., Harborne, A. R., Kappel, C. V., Micheli, F., Brumbaugh, D. R., Holmes, K. E., Mendes, J. M., Broad, K., Sanchirico, J. N., Buch, K., Box, S., Stoffle, R. W. et Gill, A. B. (2006) 'Fishing, trophic cascades, and the process of grazing on coral reefs', *Science* 311: 98–101.

National Oceanic and Atmospheric Administration (NOAA) National Ocean Service (2014) *What is the Biggest Source of Pollution in the Ocean?*, National Oceanic and Atmospheric Administration National Ocean Service, Silver Spring, MD. <oceanservice.noaa.gov/facts/pollution.html>

O'Connor, S., Campbell, R., Cortez, H. et Knowles, T. (2009) *Whale Watching Worldwide: Tourism numbers, expenditures and expanding economic benefits, a special report from the International Fund for Animal Welfare*, International Fund for Animal Welfare, Yarmouth Port, MA.

Oliver, P. (2004) 'Developing effective partnerships in natural resource management', in C. Richards et L. Aitken (eds) *Social Innovations in Natural Resource Management: A handbook of social research in natural resource management in Queensland*, pp. 58–60, Department of Natural Resources and Mines, Brisbane.

OSPAR Commission (2013) *2012 Status Report on the OSPAR Network of MPAs*, OSPAR Commission, Londres.

Pala, C. (2013) 'Giant marine reserves pose vast challenges', *Science* 339: 640–1.

Pears, R. J., Morison, A. K., Jebreen, E. J., Dunning, M. C., Pitcher, C. R., Courtney, A. J., Houlden, B. et Jacobsen, I. P. (2012) *Ecological Risk Assessment of the East Coast Otter Trawl Fishery in the Great Barrier Reef Marine Park: Summary report*, Great Barrier Reef Marine Park Authority, Townsville, Queensland.

Pires, R., Costa Neves, H. et Karamanlidis, A. A. (2008) 'The critically endangered Mediterranean monk seal *Monachus monachus* in the archipelago of Madeira: priorities for conservation', *Oryx* 42(2): 278–85.

Roff, G. et Mumby, P. J. (2012) 'Global disparity in the resilience of coral reefs', *Trends in Ecology and Evolution* 27(7): 404–13.

Roff, J. C. et Zacharias, M. A. (2011) *Marine Conservation Ecology*, Earthscan, Londres.

Russ, G. R., Cheal, A. J., Dolman, A. M., Emslie, M. J., Evans, R. D., Miller, I., Sweatman, H. et Williamson, D. H. (2008) 'Rapid increase in fish numbers follows creation of world's largest marine reserve network', *Current Biology* 18: 514–15.

Russ, G. R., Stockwell, B. et Alcala, A. C. (2005) 'Inferring versus measuring rates of recovery in no-take marine reserves', *Marine Ecology Progress Series* 292: 1–12.

Salm, R. V., Clark, J. et Siirila, E. (2000) *Marine and Coastal Protected Areas. A guide for planners and managers*, 3e éd., UICN, Gland.

Salm, R. V., Done, T. et McLeod, E. (2006) 'Marine protected area planning in a changing climate', in *Coral Reefs and Climate Change: Science and management*, pp. 207–21, American Geophysical Union, Washington, DC.

Selig, E. R., Turner, W. R., Tröeng, S., Wallace, B. P., Halpern, B. S., Kaschner, K., Lascelles, B. G., Carpenter, K. E. et Mittermeier R. A. (2014) 'Global priorities for marine biodiversity conservation', *PLoS ONE* 9(1).

Spalding, M. D., McIvor, A. L., Beck, M. W., Koch, E. W., Möller, I., Reed, D. J., Rubinoff, P., Spencer, T., Tolhurst, T. J., Wamsley, T. V., van Wesenbeeck, B. K., Wolanski, E. et Woodroffe, C. D. (2014) 'Coastal ecosystems: a critical element of risk reduction', *Conservation Letters* 7(3): 293–301.

Standards Australia (2013) *Risk Management Guidelines—Companion to AS/NZS ISO 31000:2009*, Standards Australia, Sydney.

Steneck, R. S. et Dethier, M. N. (1994) 'A functional group approach to the structure of algal-dominated communities', *Oikos* 69: 476–98.

The Economics of Ecosystems and Biodiversity (TEEB) (2010) *The Economics of Ecosystems and Biodiversity: Mainstreaming the economics of nature—A synthesis of the approach, conclusions and recommendations of TEEB*, TEEB, Nairobi.

Toonen, R. J., Wilhelm, T. A., Maxwell, S. M., Wagner, D., Bowen, B. W., Sheppard, C. R., Taei, S. M., Teroroko, T., Moffitt, R., Gaymer, C. F., Morgan, L., Lewis, N., Sheppard, A. L. S., Parks, J. et Friedlander, A. M. (2013) 'One size does not fit all: the emerging frontier in large-scale marine conservation', *Marine Pollution Bulletin* 77(1): 7–10.

Toropova, C., Meliane, I., Laffoley, D., Matthews, E. et Spalding, M. (eds) (2010) *Global Ocean Protection: Present status and future possibilities*, Agence des aires marines protégées, Brest, France; CMAP-UICN, Gland; UNEP-WCMC, Cambridge; The Nature Conservancy, Arlington, VA; et UNU, Tokyo.

United Nations (UN) (2002) *Plan of Implementation of the World Summit on Sustainable Development, A/CONF.199/20, Chapter 1, Resolution 2*, September, Johannesburg.

United Nations (UN) (2014) *Chronological Lists of Ratifications of, Accessions and Successions to the Convention and the Related Agreements as at 29 October 2013*, Division for Ocean Affairs and the Law of the Sea, Office of Legal Affairs, United Nations, New York. <www.un.org/depts/los/ reference_files/chronological_lists_of_ratifications. htm>

Vianna, G. M. S., Meekan, M. G., Pannell, D. J., Marsh, S. P. et Meeuwig, J. J. (2012) 'Socio- economic value and community benefits from shark-diving tourism in Palau: a sustainable use of reef shark populations', *Biological Conservation* 145: 267–77.

Weeks, R., Aliño, P. M., Atkinson, S., Beldia, P., Binson, A., Campos, W. L., Djohani, R., Green, A. L., Hamilton, R., Horigue, V., Jumin, R., Kalim, K., Kasasiah, A., Kereseka, J., Klein, C., Laroya, L., Magupin, S., Masike, B., Mohan, C., da Silva Pinto, R. M., Vave-Karamui, A., Villanoy, C., Welly, M. et White, A. T. (2014) 'Developing marine protected area networks in the Coral Triangle: good practices for expanding the Coral Triangle Marine Protected Area System', *Coastal Management* 42(2): 183–205.

Weil, E. et Rogers, C. S. (2011) 'Coral reef diseases in the Atlantic–Caribbean', in *Coral Reefs: An ecosystem in transition*, pp. 465–91, Springer, Pays-Bas.

West, J. M. et Salm, R. V. (2003) 'Resistance and resilience to coral bleaching: implications for coral reef conservation and management', *Conservation Biology* 17(4): 956–67.

White, A. T., Aliño, P. M., Cros, A., Fatan, N. A., Green, A. L., Teoh, S. J., Laroya, L., Peterson, N., Tan, S., Tighe, S., Li, R. V., Walton, A. et Wen, W. (2014) 'MPAs in the Coral Triangle: progress, issues, and options', *Coastal Management* 42(2): 87–106.

Williams, I. D. et Polunin, N. V. C. (2000) 'Differences between protected and unprotected reefs of the western Caribbean in attributes preferred by dive tourists', *Environmental Conservation* 4: 382–91.

Wood, L. J., Fish, L., Laughren, J. et Pauly, D. (2008) 'Assessing progress towards global marine protection targets: shortfalls in information and action', *Oryx* 42(3): 340–51.

World Bank (2006) *Scaling up marine management: the role of marine protected areas*, Report No. 36635, The World Bank, Washington, DC. <siteresources.worldbank.org/ENVIRONMENT/Resources/Scaling_Up_MPA_ESW-May2011.pdf>

World Bank and Food and Agriculture Organisation (FAO) (2009) *The Sunken Billions: The economic justification for fisheries reform*, The International Bank for Reconstruction and Development and The World Bank, Washington, DC, et FAO, Rome.

World Wide Fund for Nature (WWF) (2014) *PADDDtracker: Tracking protected area downgrading, downsizing, and degazettement*, [Beta version]. <www.PADDDtracker.org>

CHAPITRE 21

GESTION DES AIRES PROTÉGÉES POUR LA DIVERSITÉ BIOLOGIQUE ET LES FONCTIONS ÉCOSYSTÉMIQUES

Auteurs principaux :
Stephen Woodley, Kathy MacKinnon, Stephen McCanny, Richard Pither, Kent Prior, Nick Salafsky et David Lindenmayer

TABLE DES MATIÈRES

UICN CMAP COMMISSION MONDIALE DES AIRES PROTÉGÉES Convention sur la diversité biologique

AUTEURS PRINCIPAUX

STEPHEN WOODLEY est écologiste et travaille pour la Commission mondiale des aires protégées (CMAP) de l'Union internationale pour la conservation de la nature (UICN), Canada.

KATHY MACKINNON est vice-présidente de la CMAP-UICN, Royaume-Uni.

STEPHEN MCCANNY dirige le groupe de suivi et d'information écologique de Parcs Canada.

RICHARD PITHER est spécialiste de la conservation des espèces à Parcs Canada.

KENT PRIOR est responsable national de la gestion active et de la restauration écologique de Parcs Canada.

NICK SALAFSKY est co-directeur de Foundations of Success, États-Unis.

DAVID LINDENMAYER est professeur d'écologie et lauréat du Conseil de recherche australien à la Fenner School of Environment and Society de l'Université nationale australienne.

REMERCIEMENTS

Nous remercions Ian Pulsford et trois relecteurs anonymes pour leurs commentaires utiles sur le manuscrit. Nous remercions James MacKinnon pour sa contribution.

CITATION

Woodley, S., MacKinnon, K., McCanny, S., Pither, R., Prior, K. Salafsky, N. et Lindenmayer, D. Managing protected areas for biological diversity and ecosystem functions. In Worboys, G. L., Lockwood, M., Kothari, A., Feary, S. et Pulsford, I. (éd.) *Gouvernance et gestion des aires protégées*. Canberra : ANU Press, 2020. doi.org/10.22459/GGAP.21

PHOTO DE LA PAGE DE TITRE

Le plateau de Nahanni Ram, dans le parc national Nahanni, Territoires du Nord-Ouest, Canada
Source : Alison Woodley

Introduction

Les aires protégées sont la pierre angulaire des efforts mondiaux de conservation de la biodiversité. La diversité biologique (biodiversité) et les fonctions écosystémiques sont les composantes fondamentales de tout écosystème (encadré 21.1) que les gestionnaires d'aires protégées doivent prendre en compte pour atteindre leur but. Ce chapitre examine la relation entre diversité biologique et fonctions écologiques, les menaces qui pèsent sur chacune d'elles et la façon d'évaluer et de réaliser un suivi des écosystèmes.

De plus en plus, les aires protégées représentent les derniers endroits disponibles pour une grande partie de la biodiversité de la planète. La Liste rouge de l'Union internationale pour la conservation de la nature (UICN) des espèces menacées, présentant un risque élevé d'extinction mondiale, révèle que beaucoup de ces espèces ne sont présentes aujourd'hui que dans des aires protégées (le Saout et al., 2013). Par exemple, le rhinocéros de Java (*Rhinocéros sondaicus*) n'est plus présent que dans le parc national d'Ujung Kulon, en Indonésie. De même, le grand rhinocéros indien (*Rhinoceros unicornis*), autrefois répandu dans toute l'Asie, est aujourd'hui limité aux aires protégées, dont le parc national de Kaziranga, en Inde, et le parc national Royal Chitwan, au Népal. Conserver la biodiversité dans les aires protégées signifie conserver à la fois les espèces et les fonctions écologiques dont dépendent ces espèces.

Encadré 21.1 Définitions clés

La *diversité biologique*, ou *biodiversité* pour faire court, désigne la variabilité entre les organismes vivants de toutes origines, y compris les écosystèmes terrestres, marins et autres écosystèmes aquatiques, et les complexes écologiques dont ils font partie. Cela inclut la diversité au sein des espèces, entre les espèces et la diversité des écosystèmes. La biodiversité est mesurée à trois niveaux hiérarchiques principaux :

- La *diversité génétique* comprend les différents gènes contenus dans toute plante, animal, champignon ou micro-organisme individuel. La *diversité des espèces* est une mesure du nombre d'espèces et de la régularité de leur répartition au sein d'une communauté écologique. La *diversité des écosystèmes* comprend les différents habitats, communautés biologiques et processus écologiques, ainsi que les variations au sein des écosystèmes individuels.
- Les *fonctions écosystémiques* sont les processus physiques, chimiques et biologiques qui contribuent au fonctionnement d'un écosystème. Certaines définitions de la biodiversité incluent les fonctions écosystémiques. La productivité primaire (conversion de la lumière du soleil en énergie), le cycle des nutriments et le cycle de l'eau sont des exemples de fonctions écosystémiques.
- Les *services écosystémiques* sont les avantages que les écosystèmes apportent à l'humanité, y compris des produits tels que les aliments et l'eau potable, et des processus tels que la pollinisation, la décomposition des déchets ou la régulation des inondations. Les services écosystémiques forment un sous-ensemble de la diversité biologique et des fonctions écosystémiques, d'un point de vue humain (Daily, 1997).

Relation entre biodiversité et fonction écologique

La nécessité de gérer la diversité biologique, y compris les fonctions écologiques, est inhérente à la définition de l'UICN d'une aire protégée. Une aire protégée est « un espace géographique clairement défini, reconnu, consacré et géré, par des moyens juridiques et autres moyens efficaces, pour parvenir à la conservation à long terme de la nature et des services écosystémiques et valeurs culturelles associés » (Dudley, 2008:8).

Du point de vue de la conservation, un rôle clé des aires protégées est de maintenir les structures écologiques (gènes, espèces et écosystèmes) et les fonctions écologiques qui les soutiennent. Outre la protection de la biodiversité, les aires protégées jouent également un rôle clé dans la protection des services écosystémiques, qui sous-tendent le bien-être humain (voir chapitre 6). Les aires protégées conservent également les éléments non vivants ou abiotiques des écosystèmes. Par exemple, les aires protégées préservent la diversité géologique, ainsi que la biodiversité associée à certaines caractéristiques géologiques (chapitre 18).

L'interaction de la structure écologique, principalement les espèces, avec les fonctions écologiques est complexe et demeure mal comprise. Des questions clés demeurent, telles que, certaines espèces sont-elles redondantes ? Si une espèce disparaît d'un écosystème (ou d'une aire protégée), cela affectera-t-il les fonctions écologiques à cet endroit ? La compréhension de cette relation devient de plus en plus critique avec le rythme accru auquel les espèces sont éliminées des écosystèmes par des extirpations locales (disparition des espèces d'une zone donnée), voire des extinctions (disparition complète des espèces) (voir Butchart et al., 2010).

Les préoccupations concernant la relation entre structure et fonction écologiques ont donné lieu à une série d'études scientifiques, telles que l'Évaluation des écosystèmes pour le millénaire, commandée par des organismes internationaux (Schulze et Mooney, 1993 ; Heywood, 1995), ou les travaux

Encadré 21.2 Six déclarations de consensus sur la relation entre structure (espèces) et fonction écologiques

1. Il existe aujourd'hui des preuves sans équivoque que la perte de biodiversité réduit l'efficacité avec laquelle les communautés écologiques fonctionnent, y compris la production de biomasse, et la décomposition et le recyclage de nutriments biologiquement essentiels (figure 21.1).
2. De plus en plus de preuves indiquent que la biodiversité augmente la stabilité des fonctions écosystémiques au fil du temps.
3. L'impact de la biodiversité sur un processus écosystémique donné n'est pas linéaire. La plupart des études expérimentales indiquent que les pertes initiales de biodiversité dans divers écosystèmes ont des impacts relativement faibles sur les fonctions écosystémiques, mais que des pertes croissantes entraînent une accélération des taux de changement (figure 21.1).
4. Les communautés biologiquement diverses sont plus productives parce qu'elles contiennent des espèces clés ayant une grande influence sur la productivité. Les différences de caractères fonctionnels entre les organismes augmentent la capture totale des ressources. Les fonctions écosystémiques sont donc contrôlées à la fois par l'identité et la diversité des organismes.
5. Une perte de diversité à tous les niveaux trophiques a le potentiel d'influencer les fonctions écosystémiques encore plus fortement qu'une perte de diversité à l'intérieur des niveaux trophiques. Les interactions à l'intérieur des réseaux trophiques sont des médiateurs clés du fonctionnement des écosystèmes. La perte de consommateurs de rang supérieur peut produire un effet de cascade sur l'ensemble d'un réseau trophique, entraînant des altérations de la structure de la végétation, de la fréquence des incendies et même des épidémies dans divers écosystèmes.
6. Les caractéristiques fonctionnelles des organismes ont des impacts importants sur l'ampleur des fonctions écosystémiques, de sorte que la perte d'une espèce spécifique peut avoir des impacts très variables sur la fonction de l'écosystème. La mesure dans laquelle les fonctions écologiques changeront après l'extinction d'une espèce particulière dépendra grandement des traits biologiques ayant disparu.

Source : Adapté de Cardinale et al. (2012)

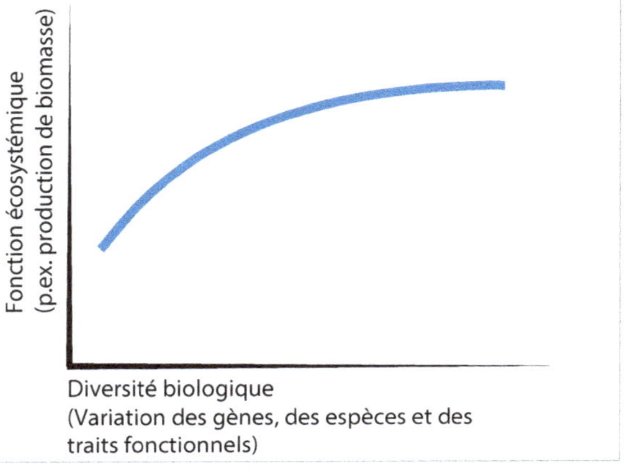

Figure 21.1 Relation entre les fonctions écologiques et la biodiversité

Source : Cardinale et al. (2012)

Le rhinocéros blanc (*Ceratotherium simum*) et autres grands herbivores jouent un rôle important dans le fonctionnement des écosystèmes en Afrique, et nécessitent de vastes zones d'habitats sécurisées, Réserve de faune sauvage de Mkhuze, Afrique du Sud

Source : Ian Pulsford

du World Resources Institute (2005). Un important document de synthèse publié dans *Nature* (Cardinale et al., 2012) a résumé la littérature mondiale disponible sur la relation entre structure et fonction écologiques au moyen de six déclarations de consensus (encadré 21.2).

Les leçons à tirer de ces considérations pour les gestionnaires d'aires protégées incluent :

- Les aires protégées devraient être gérées, dans la mesure du possible, de manière à conserver toutes les espèces autochtones, afin de maintenir leur fonction écologique et, en fin de compte, leur intégrité écologique. La meilleure politique est de supposer que toutes les espèces sont importantes.
- La gestion des aires protégées devrait se concentrer sur l'identification et le maintien des processus écologiques reconnus comme importants pour

Le parc national de Nahanni, au Canada, contient certaines des rivières sauvages les plus spectaculaires d'Amérique du Nord, avec des canyons profonds, d'énormes cascades et des terrains karstiques spectaculaires, des systèmes de grottes et des sources chaudes
Source : Alison Woodley

l'écosystème en question. Cela inclut les processus perturbateurs tels que le feu (pour les écosystèmes adaptés au feu) et les inondations.

- Les gestionnaires devraient accorder une attention particulière au maintien des rôles fonctionnels des espèces à différents niveaux trophiques (niveaux dans un réseau alimentaire). Par exemple, il est bien entendu que les grands prédateurs assurent une régulation descendante des écosystèmes et sont essentiels au maintien de l'intégrité écologique (étude de cas 21.6).

Schémas de la biodiversité mondiale

La diversité de la vie dans une aire protégée est déterminée par les mêmes facteurs qui déterminent les schémas de la vie sur Terre. D'une manière générale, ces schémas sont clairs et faciles à décrire. Lorsqu'il s'agit de la biodiversité d'une aire protégée individuelle, cependant, les schémas mondiaux à grande échelle sont fortement influencés par des facteurs locaux. Pour une analyse détaillée des schémas de la diversité mondiale, on pourra se reporter à Gaston (2000) (voir aussi le chapitre 3). La plupart des analyses de variation spatiale concernent la biodiversité telle que mesurée par le nombre d'espèces observées ou estimées dans une zone (richesse spécifique). Une plus grande attention a été accordée à la variation latitudinale de la richesse spécifique, et on en sait relativement peu sur la variation de la diversité des gènes, des individus ou des populations le long de gradients latitudinaux.

Les schémas généraux de la biodiversité sont les suivants :

- En général, la majorité des espèces terrestres et d'eau douce se trouvent sous les tropiques, la richesse spécifique diminuant progressivement des tropiques vers les pôles. Ce schéma général est également valable pour les océans.
- En général, on trouve des niveaux plus élevés de biodiversité à basse altitude, dans les zones où les précipitations annuelles sont plus élevées, et dans les zones où les températures estivales sont plus chaudes.
- En général, différents taxons (catégories d'espèces, comme les reptiles) présentent le même type de variation régionale. Par exemple, à l'échelle mondiale, des zones de grande diversité d'oiseaux présenteront également une grande diversité de plantes ou d'amphibiens (voir la figure 21.2). Cependant, ce schéma général présente d'énormes variations. Au niveau régional, il est impossible de prédire raisonnablement la diversité d'un taxon uniquement à partir de la diversité d'un autre taxon.
- Ces schémas généraux sont importants à grande échelle, mais n'expliquent pas toujours les conditions locales dans les aires protégées. La biodiversité peut être fortement modifiée par le terrain, la pente, l'eau, le substrat rocheux, le type et le développement du sol, ou l'histoire de la colonisation écologique et des perturbations.

Il est important de prendre en compte à la fois la biogéographie régional et locale dans la gestion d'une aire protégée (encadré 21.3). De nombreux efforts ont été déployés pour décrire systématiquement les schémas globaux d'organisation biologique (Klijn et de Haes, 1994). De nombreuses listes et schémas de classification écologique des terres ont été élaborés à partir des exemples suivants :

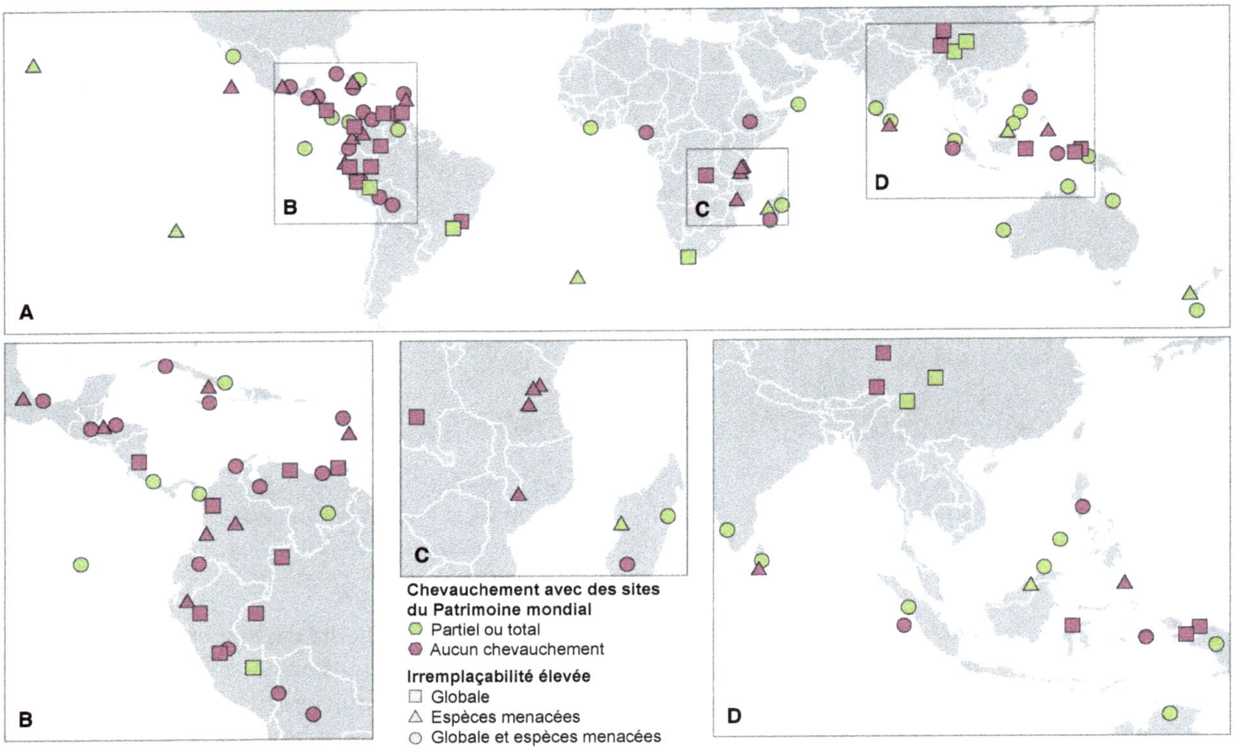

Figure 21.2 Certaines des aires protégées les plus importantes au monde pour la conservation des espèces d'amphibiens, d'oiseaux et de mammifères : (A) répartition mondiale, (B) Amérique centrale et Amérique du Sud, (C) Afrique de l'Est, (D) Asie du Sud et du Sud-Est

Source : Adapté de Le Saout et al. (2013)

Encadré 21.3 Un système imbriqué simple de classification des écosystèmes et de leurs utilisations pour la gestion des aires protégées

Biome : une grande communauté naturelle de flore et faune occupant un habitat majeur, par exemple, la forêt ou le désert.

Écorégion : un modèle d'écosystèmes associés à des combinaisons caractéristiques de sol, à des formes de relief et à une végétation à l'échelle régionale, qui caractérisent cette région, par exemple, les forêts d'acacia-Miombo.

Écodistrict : subdivision d'une écorégion dont les sols, la topographie et la végétation sont plus uniformes, par exemple, les collines boisées d'acacia exposées au sud.

Source : Klijn (1994)

- Biogéographie : la classification écologique des terres est un ensemble d'approches organisant les types d'écosystèmes mondiaux en fonction du climat, de la topographie et de la végétation. Certaines approches, comme les « provinces biogéographiques », tiennent compte à la fois de la flore et de la faune.
- Botanique : les botanistes ont identifié des « provinces floristiques » basées sur des communautés florales.
- Zoologie : les zoologistes ont identifié des « provinces zoogéographiques » basées sur des communautés fauniques, et ont même identifié des systèmes basés sur des groupes, tels que les « provinces de mammifères ».
- Géologie et pédologie (étude des sols) : la matière physique et l'énergie qui constituent la Terre.

Le plus utile pour la gestion des aires protégées est peut-être le « système de classification écologique des terres et des mers », qui intègre une gamme de facteurs écologiques, plutôt que de se concentrer sur un seul élément. Les unités écologiques peuvent être utilement décrites sur la base du substrat rocheux, du climat, de la physiographie et de la végétation correspondante, créant ainsi un système de classification écologique des terres.

Les références classiques sont la carte et le document de l'UICN préparé par Udvardy (1975) et intitulée : *Une classification des provinces biogéographiques du monde*. Du point de vue des aires protégées, le Fonds mondial pour la nature (WWF) a dirigé le développement de systèmes mondiaux de classification écologique, comprenant des cartes et des descriptions en ligne. Les lecteurs sont également invités à consulter les descriptions globales des écorégions terrestres élaborées par Olson et al. (2001), pour la meilleure description actuelle des écorégions terrestres. Pour les régions marines côtières, les lecteurs sont invités à se référer à Spalding et al. (2007).

Ces systèmes de classification sont essentiels pour de nombreux aspects de la gestion des aires protégées tels que :

- planification régionale de la conservation visant à évaluer les lacunes du système d'aires protégées ;
- fixer des objectifs pour la représentation des aires protégées et la planification de la conservation ;
- déterminer le niveau d'importance régionale ou mondiale d'une aire protégée ;
- évaluer les conditions de caractéristiques écologiques (par exemple, cartographie des types d'écosystèmes, bassin versant intact) ;
- rapport sur les conditions des aires protégées ;
- étudier les régimes de perturbation naturelle dans un contexte plus vaste qu'une aire protégée ;
- définir des zones semencières pour les projets de restauration.

La répartition spatiale des espèces menacées peut être obtenue en examinant où le système actuel d'aires protégées contient des espèces figurant sur la Liste rouge de l'UICN (figure 21.2).

Il est important de penser aux aires protégées et aux réseaux d'aires protégées dans le contexte des modèles mondiaux de biodiversité. Cependant, ce n'est pas parce qu'une aire protégée n'est pas située dans une zone à forte biodiversité que sa valeur pour la conservation de la nature sera moindre. Une conservation efficace exige une représentation adéquate de toutes les espèces et de tous les écosystèmes dans les aires protégées (Woodley et al., 2012). En outre, certaines espèces importantes, préoccupantes pour la conservation, se trouvent dans des endroits pauvres en espèces, comme les plantes vivant dans des environnements très riches en minéraux.

Évaluation des conditions des aires protégées : intégrité écologique

Par définition, les aires protégées sont établies pour préserver la nature, et l'écosystème doit être en bon état pour conserver sa biodiversité à long terme. La gestion d'une aire protégée dépend de la connaissance des conditions écologiques de cette aire protégée en tant qu'élément fondamental de la gestion. Sur la base de cette information, entre autres, des décisions peuvent être prises concernant la gestion et la restauration. Les tâches clés de la gestion des aires protégées sont : 1) comprendre le fonctionnement de l'écosystème, 2) définir des indicateurs appropriés pour évaluer les conditions écologiques, 3) réaliser un suivi de ces indicateurs et déterminer les conditions écologiques, et 4) mettre en œuvre des mesures de gestion lorsque ces indicateurs dépassent une fourchette acceptable. Le suivi des informations sur les conditions écologiques et les résultats des mesures de gestion est au cœur du processus de gestion (figure 21.3).

Gestion de l'intégrité écologique

Historiquement, les aires protégées ont été gérées avec des objectifs imprécis, comme la conservation des zones « naturelles » ou « sauvages ». Dans la pratique, de nombreuses aires protégées ont été gérées avec des objectifs spécifiques de conservation des espèces à l'esprit, comme le maintien de grands troupeaux de gibier dans les parcs

Cactus Opuntia (*Opuntia* sp.), parc national de Big Bend, Texas, États-Unis

Source : Stephen Woodley

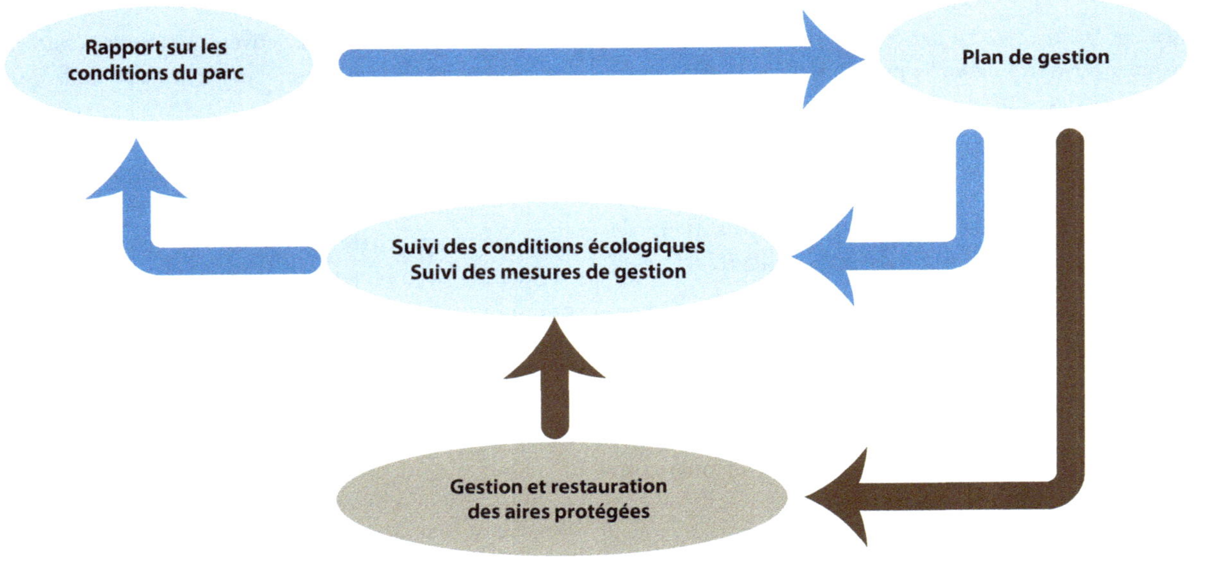

Figure 21.3 Boucle de gestion des aires protégées
Source : Stephen Woodley

Des oiseaux d'eau au repos sur le littoral national de l'île Padre, Texas, États-Unis, lors de leur migration annuelle
Source : Stephen Woodley

africains, ou d'espèces phares telles que les tigres et les éléphants dans les grands parcs indiens (MacKinnon et al., 1986). Les gestionnaires d'aires protégées adoptent de plus en plus les termes « intégrité écologique » et « santé des écosystèmes » pour décrire leurs objectifs en matière de gestion des écosystèmes. De nombreuses lois et déclarations politiques officielles articulent aujourd'hui le concept d'intégrité comme un objectif, y compris l'*Accord sur la qualité de l'eau dans les Grands Lacs* (International Joint Commission, 1978) et la Convention sur la diversité biologique (CBD, 2004). La notion d'intégrité écologique a été discutée sous plusieurs angles (Edwards et Regier, 1990 ; Woodley et al., 1993 ; Pimentel et al., 2000). En ce qui concerne une aire protégée, l'intégrité écologique désigne une condition caractéristique de sa région naturelle et susceptible de persister, y compris les composantes abiotiques et la composition et l'abondance des espèces et des communautés biologiques autochtones, les taux de changement et les processus de soutien. Notez que cette définition est basée sur une perspective écologique et qu'elle ne n'implique pas l'absence de personnes. En fait, l'intégrité écologique est un concept susceptible de s'appliquer aux écosystèmes où des personnes sont présentes ou non, et où ces personnes jouent un rôle écologique clé ou non.

Les leçons à tirer des meilleures pratiques visant à déterminer les conditions écologiques d'une aire protégée incluent :

- Toutes les aires protégées doivent disposer de buts et d'objectifs de gestion clairs en ce qui concerne la biodiversité et les processus écosystémiques. Dans le cas contraire, l'objectif de gestion est imprécis.
- Les objectifs écologiques devraient être inclus dans le plan de gestion de l'aire protégée.

- Envisager d'utiliser l'intégrité écologique comme objectif final de gestion. Elle a été adoptée par de nombreux organismes chargés des aires protégées et de nombreuses informations sont disponibles sur la façon de la mesurer.

Intégrité écologique et aires protégées

Comprendre l'intégrité écologique dans le contexte des aires protégées nécessite une réflexion approfondie sur la structure et le fonctionnement d'un écosystème. Grâce à la science de l'écologie, nous comprenons que les écosystèmes présentent un certain nombre de caractéristiques qu'il est important de mesurer (Woodley, 2010).

1. Les aires protégées devraient conserver toutes les espèces autochtones. Les écosystèmes perdent leur intégrité lorsqu'ils perdent des espèces. Parmi les principales causes de perte d'espèces se trouvent la perte et la fragmentation des habitats. De nombreuses aires protégées perdent des espèces parce qu'elles sont trop petites. Par exemple, les parcs de l'ouest de l'Amérique du Nord ont connu des taux d'extinction inversement liés à la taille du parc (Newmark, 1995). Parmi les autres exemples d'écosystèmes stressés, perdant des espèces, mentionnons les forêts boréales canadiennes, sujettes à de fortes émissions de dioxyde de soufre (Freedman et Hutchinson, 1980), les forêts décidues tempérées exposées à des radiations (Woodwell, 1970), et les communautés estuariennes de diatomées sujettes à la pollution par les métaux lourds (Patrick, 1967).
2. Les populations d'espèces dans les aires protégées doivent être viables. Pour des raisons pratiques, il sera possible, pour les gestionnaires d'aires protégées, de vérifier seulement la viabilité de quelques espèces, appelées espèces indicatrices. Il existe de nombreux ouvrages sur la sélection des espèces indicatrices (voir Simberloff, 1998 ; Lindenmayer et Lichens, 2010). La situation des espèces indicatrices est habituellement déterminée en analysant les taux de vitalité des populations (par exemple, les naissances, les décès, l'immigration et l'émigration), et en utilisant ces paramètres pour déterminer la probabilité de survie (ou inversement la probabilité d'extinction), généralement sur 100 ou 1 000 ans (Soulé et Simberloff, 1986).
3. Les niveaux trophiques des écosystèmes dans les aires protégées devraient être intacts. Les écosystèmes possèdent des niveaux et des interactions caractéristiques de producteurs primaires, d'herbivores et de carnivores, souvent décrits comme des réseaux trophiques. Les écosystèmes fortement touchés ont tendance à présenter des réseaux trophiques plus simples que les écosystèmes non modifiés. Par exemple, la perte des carnivores supérieurs peut entraîner une hyper-abondance des populations d'ongulés, entraînant des effets néfastes en cascade sur les communautés végétales (Estes et al., 2011 ; voir également études de cas 21.5 et 21.6).
4. Les régimes de perturbation dans les aires protégées devraient être conservés afin de maintenir un mélange de classes d'âge dans les communautés biologiques. Les écosystèmes sont intrinsèquement dynamiques, définis par le feu, le climat, la météo et les herbivores. Après une perturbation, les écosystèmes passent par des stades de succession parfois prévisibles. Les perturbations répétées créent une mosaïque de communautés biologiques dans le temps et dans l'espace. La configuration résultante de types de communautés de taille et d'âge différents détermine la survie des espèces individuelles. Étant donné que certaines perturbations (par exemple, les incendies et les herbivores) peuvent être influencées par les gestionnaires d'aires protégées, cet aspect de l'intégrité écologique devrait, au moins, faire l'objet d'un contrôle de gestion partiel (étude de cas 21.1).
5. La productivité et la décomposition dans les aires protégées devraient être conservées dans les limites de la persistance du système. La plupart des écosystèmes dépendent de la productivité primaire, c'est-à-dire de la quantité de matière organique produite par l'activité biologique par unité de surface au cours d'une période donnée (Hooper et al., 2012). L'apparition de problèmes écosystémiques se fait sentir lorsque des changements subtils de productivité se produisent, et des problèmes majeurs sont signalés lorsque l'énergie de l'écosystème est perdue de manière incontrôlée. Par exemple, dans les systèmes soumis à des contraintes, comme les forêts fortement exploitées, les taux de décomposition augmentent considérablement. La productivité et la décomposition se maintiennent à l'intérieur d'une fourchette pour des écosystèmes spécifiques. Lorsque ces processus vitaux sortent de cette fourchette, l'écosystème est fondamentalement affecté et perd son intégrité. Les changements de productivité peuvent être mesurés à l'aide d'un indice satellite facilement accessible, appelé « indice de végétation par différence normalisée » (NDVI) (Tucker et al., 2005).
6. Le cycle des éléments nutritifs dans les aires protégées devrait se situer dans les limites de la persistance du système. Dans pratiquement tous les écosystèmes, la disponibilité des éléments nutritifs est un facteur limitant, et les taux de cycle des éléments nutritifs sont essentiels au fonctionnement de l'écosystème (Hooper et al., 2012). Les écosystèmes recyclent et

Étude de cas 21.1 Planification des aires protégées à l'aide d'informations sur les régimes de perturbation, Australie

De nombreux facteurs sous-tendent la conception des aires protégées, y compris les espèces, les communautés, les écosystèmes ou les processus écologiques ciblés par la conservation. La prise en compte des impacts des perturbations naturelles majeures sur la biodiversité et les principaux processus écologiques est une question importante dans la conception des aires ou des réseaux d'aires protégés. Dans les écosystèmes où les perturbations sont récurrentes et de grande magnitude, ces processus sont essentiels pour des valeurs écologiques importantes, ainsi que pour les populations d'espèces préoccupantes en matière de conservation (Lindenmayer et Franklin, 2002).

Les forêts d'*Eucalyptus regnans* des hautes terres centrales de l'État du Victoria, dans le Sud-Est de l'Australie, fournissent une illustration précieuse des interrelations entre la conception des aires protégées et les perturbations naturelles. Ces forêts abritent certaines des plantes à fleurs les plus hautes du monde, certains arbres les plus anciens atteignant des hauteurs de 100 mètres. Les forêts d'*Eucalyptus regnans* offrent un habitat à de nombreuses espèces, y compris le phalanger de Leadbeater (*Gymnobelideus leadbeateri*), une espèce en voie de disparition à l'échelle mondiale, et centrale de cet écosystème (Lindenmayer, 2009).

Le feu est la principale forme de perturbation naturelle dans les forêts d'*Eucalyptus regnans*. Avant la colonisation européenne, le régime du feu était peu fréquent, des feux de forêt se produisant en fin d'été (Ashton, 1981) et à une intensité qui permettait à certains arbres de survivre. Les forêts d'*Eucalyptus regnans* ont été altérées par plus d'un siècle d'exploitation forestière intensive, une augmentation des feux de forêt et la combinaison de ces deux facteurs (Lindenmayer et al. 2011). Environ 20 % de la forêt d'*Eucalyptus regnans* des hautes terres centrales du Victoria sont actuellement protégés. Cependant, la taille globale du réseau d'aires protégées est trop petite pour maintenir les forêts et les populations viables d'espèces telles que le phalanger de Leadbeater. Une plus grande superficie de forêt protégée est nécessaire, en particulier si d'autres incendies se produisent au cours des 50 à 100 prochaines années. Tout système de réserve élargi devra être suffisamment grand pour que, même en cas de feu de forêt, il reste suffisamment d'habitat forestier pour soutenir des populations viables d'espèces marsupiales rares (Baker, 1995).

Plusieurs facteurs peuvent être utilisés pour déterminer où une zone étendue de forêt réservée pourrait être mieux située. L'expansion devrait inclure des endroits reliant à la fois des zones clés de l'habitat d'espèces cibles, telles que le phalanger de Leadbeater, et les réserves existantes. Une connectivité écologique accrue permettra la dispersion des espèces dans les paysages forestiers, y compris ceux en phase de régénération après un feu de forêt. Deuxièmement, une zone élargie de forêt réservée devra englober des zones de forêt ancienne, ainsi que des zones susceptibles de fournir un habitat convenable pour les espèces cibles, comme le phalanger de Leadbeater (Lindenmayer et al., 1999).

Cette étude de cas souligne l'importance d'intégrer les effets des perturbations dans la conception et l'établissement d'aires protégées efficaces.

Phalanger de Leadbeater (*Gymnobelideus leadbeateri*), en voie de disparition, Victoria, Australie

Source : David Lindenmayer

conservent les nutriments à des taux caractéristiques. Au fur et à mesure que le niveau de stress des écosystèmes augmente et que ceux-ci perdent leur intégrité, ils perdent leur capacité à retenir les éléments nutritifs et présentent des changements dans les taux de cycle des éléments nutritifs et dans l'abondance relative des sources de nutriments (Likens et al., 1978). Les gammes de cycles des éléments nutritifs peuvent être déterminées à partir des valeurs de la littérature scientifique, et par comparaison avec des écosystèmes de référence sains.

Plus important encore, le concept d'intégrité écologique fournit une base mesurable et claire pour la gestion des aires protégées. Si les buts et objectifs des aires protégées ne sont pas mesurables, il n'y a aucun moyen de savoir si la gestion est efficace ou non (Lindenmayer et Lichens, 2010). Ceci est particulièrement important lorsque une gestion et des interventions actives se produisent dans les processus écosystémiques. L'intégrité écologique fournit un cadre permettant de traduire des objectifs généraux de protection de la nature, souvent vagues, en des objectifs plus précis et mesurables, fondés sur des conditions écologiques souhaitables, pouvant être suivies.

Gestion des aires protégées pour la biodiversité

Pour bien gérer les aires protégées, il faut les considérer comme un système intégré ayant un objectif à l'échelle du système, comme l'intégrité écologique. La gestion pratique de l'intégrité écologique passe souvent par la gestion de la diversité biologique (le plus souvent des espèces) et des fonctions écologiques. À l'échelle mondiale, les aires protégées constituent un outil essentiel pour maintenir la biodiversité. Cette section couvre les principes de gestion pour la conservation de la biodiversité dans les aires protégées aux trois niveaux : génétique, espèces et écosystèmes. Des exemple d'études de cas sont donnés pour chaque niveau de la biodiversité. De nombreuses autres études de cas sont disponibles en ligne ou en contactant des spécialistes des aires protégées de votre région.

Gestion des aires protégées pour la diversité génétique

Les aires protégées sont souvent établies pour conserver des caractéristiques uniques ou pour conserver des écosystèmes et des espèces représentatifs. Elles sont rarement établies ou conçues en ayant explicitement des aspects génétiques à l'esprit, même si la diversité génétique représente l'élément constitutif de l'évolution et de l'adaptation (Hughes et al., 2008). Une réduction de la diversité génétique limite le potentiel d'adaptation d'une population, et est souvent liée à une réduction de la condition physique (Frankham, 2005 ; Mattila et Seeley, 2007). Une réduction de la condition écologique au niveau individuel ajoute aux défis déjà rencontrés par les populations petites et isolées, contribuant à ce que l'on appelle le « vortex d'extinction » (Gilpin et Soulé, 1986 ; Caughley, 1994 ; Fagan et Holmes, 2006). Il a même été démontré que la diversité génétique a des effets importants sur les processus écologiques, tels que la productivité primaire (Hughes et al., 2008).

Meilleures pratiques de gestion de la diversité génétique

Maintenir la diversité génétique et éviter le vortex d'extinction sont des défis majeurs pour de nombreuses petites aires protégées isolées. Les solutions possibles incluent :

- Augmenter la taille effective de l'habitat de l'aire protégée afin qu'elle puisse contenir plus d'individus d'une espèce donnée. Cela peut se faire par l'acquisition de terres ou la restauration écologique (étude de cas 21.2).
- Les petites populations peuvent être augmentées par la translocation d'individus provenant de populations plus grandes et plus saines, afin d'augmenter la taille et la diversité génétique de la population locale (Bouzat et al., 2009). Il s'agit d'un principe bien établi, avec de nombreux exemples à travers le monde, comme la réintroduction de tigres (*Panthera tigris tigris*) dans le parc national de Sariska, en Inde, de tamarins-lions dorés (*Leontopithecus rosalia*) dans les forêts atlantiques du Brésil, ou de tétras des prairies (*Tympanuchus cupido pinnatus*) aux États-Unis (étude de cas 21.3).
- Travailler à l'échelle des paysages et à l'échelle régionale pour assurer la connectivité écologique entre des aires protégées distinctes, et assurer l'intégration des populations utilisant les paysages de travail autour des aires protégées. La connectivité augmente la taille effective de la population et permet le flux génétique entre les aires protégées et naturelles (di Minin et al., 2013 ; Sawaya et al., 2013 ; étude de cas 21.4).

Gestion des aires protégées pour la diversité des espèces autochtones

De nombreuses aires protégées sont actuellement gérées pour conserver des espèces ou des groupements d'espèces rares et endémiques. La gestion des aires protégées pour la diversité des espèces autochtones peut être très difficile, du fait que différentes espèces nécessitent souvent des mesures de gestion très différentes. Lorsque les ressources financières et humaines sont limitées, le défi consiste à décider des actions à cibler. Voici un bref aperçu de plusieurs options, telles qu'une gestion mettant l'accent sur des espèces clés, les niveaux trophiques, les pollinisateurs, et des espèces ou populations rares.

Espèces clés

L'influence des espèces sur les écosystèmes varie (Simberloff, 1998). Quelques espèces ont des effets disproportionnés par rapport à leur taille et à leur abondance sur la structure et les processus de l'écosystème et, par conséquent, sur la composition des espèces (Mills et al., 1993). Ces espèces sont décrites comme des « espèces clés ». Ce terme a été inventé en 1969 par Robert T. Paine, dont les recherches ont montré que l'élimination d'une seule espèce d'étoiles de mer avait un effet significatif sur un écosystème de bancs de sable dans l'État de Washington, aux États-Unis. Une fois l'étoile de mer disparue, la zone de marée a connu une domination par les moules, habituellement proies de l'étoile de mer, qui, à leur tour, ont déplacé d'autres espèces et réduit la diversité spécifique de l'écosystème (Paine, 1969).

Étude de cas 21.2 Augmenter la taille des aires protégées pour la diversité génétique

En général, plus une aire protégée est petite, plus elle aura besoin d'une gestion active pour maintenir des composantes importantes de la biodiversité. Le parc Whiteman, dans la banlieue de Perth, en Australie, comprend la réserve Woodland, de 50 hectares, une installation électrifiée à l'épreuve des prédateurs, conçue pour la reproduction et pour fournir un habitat à des espèces rares et menacées, comme le bettongie à queue touffue (*Bettongia pencillata*) en danger critique d'extinction (Pacioni et al., 2011). Les gestionnaires s'inquiétaient de la viabilité à long terme des petites populations isolées d'espèces rares dans la réserve, et ont demandé à un généticien d'aider à élaborer un plan de gestion pour le bettongie à queue touffue. Le plan prévoyait une augmentation de la taille de la réserve de 50 à 200 hectares, ce qui, selon l'analyse, doublerait la durée pendant laquelle la colonie maintiendrait un niveau acceptable d'hétérozygotie (une mesure de la diversité génétique), une mesure clé de la santé génétique (Rafferty et Pacioni, 2012). Le plan recommandait également un programme régulier de supplémentation avec l'introduction de bettongie à queue touffue d'autres sites, afin de maintenir la diversité génétique au sein de la colonie.

Étude de cas 21.3 Translocations pour le maintien de la diversité génétique

Dans le Sud-Est de l'Illinois, aux États-Unis, où presque toutes les prairies autochtones ont disparu, les gestionnaires ont essayé de maintenir le tétra des prairies (*Tympanuchus cupido pinnatus*), une espèce emblématique de ces régions, notamment dans deux petites aires protégées (Westemeier et al. 1998). Les efforts antérieurs comprenaient la restauration des prairies et l'augmentation de l'habitat de l'espèce, mais se sont révélés insuffisants pour rétablir la population (figure 21.4). Un suivi sur 35 ans a révélé que la taille de la population continuait de diminuer, de même que la fertilité, le succès de nidification et la diversité génétique (Bouzat et al., 1998). Préoccupés par le fait que la faible diversité génétique contribue à une réduction de l'aptitude évolutive de l'espèce, et exacerbe ainsi les effets négatifs de la petite taille de la population, les gestionnaires ont mis en place un programme de translocation, à partir d'oiseaux de populations plus grandes et plus saines, situées plus à l'Ouest (Westemeier et al. 1998). Les translocations se sont avérées fructueuses en ce sens qu'elles ont restauré la diversité génétique, contré les effets de la dépression de consanguinité, et conduit à une augmentation de l'adaptabilité évolutive (viabilité des œufs et succès de nidification) et, finalement, à une augmentation de la viabilité à long terme de la population (Bouzat et al., 2009). Cela illustre l'importance de gérer spécifiquement la diversité génétique afin de maintenir la biodiversité dans les aires protégées.

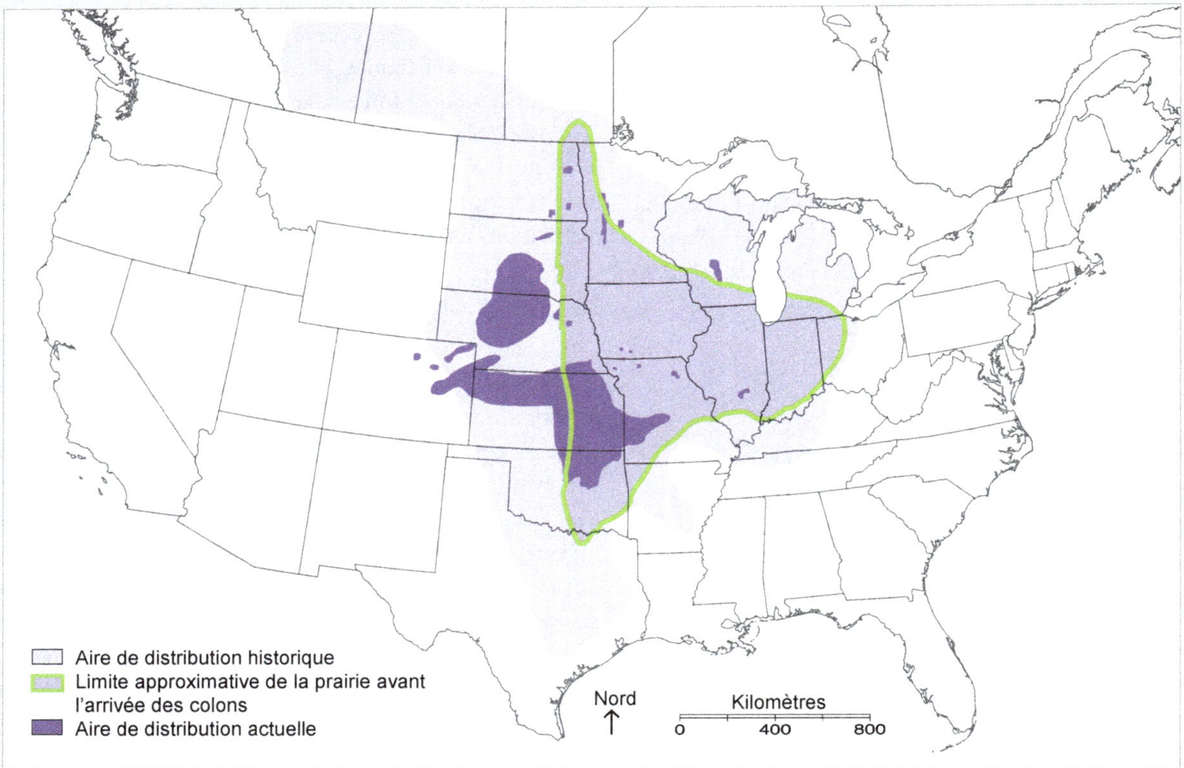

Figure 21.4 Répartition actuelle et historique du tétras des prairies (*Tympanuchus cupido pinnatus*) aux États-Unis

Source : Modifié de W. Daniel Svedarsky, Northern Prarie Wildlife Research Centre, Jamestown, ND, États-Unis

Étude de cas 21.4 Rétablir la connectivité dans le parc national de Banff pour maintenir la diversité génétique

Le parc national de Banff abrite les paysages spectaculaires et la mégafaune des montagnes Rocheuses, attirant plus de visiteurs que tout autre parc national au Canada. Il est coupé en deux par la route Transcanadienne et la ligne principale du chemin de fer Canadien Pacifique, deux voies de transport extrêmement fréquentées, qui fragmentent les habitats naturels du parc et entraînent une mortalité faunique importante (Clevenger et Sawaya, 2010). Afin de rétablir la connectivité et le flux génétique à travers les corridors de transport, Parcs Canada a construit 38 passages souterrains et six passages surélevés pour la faune, et installé des clôtures le long de la route (Clevenger et al., 2009). Environ 30 ans de suivi ont permis d'enregistrer plus de 120 000 traversées, y compris de la plupart des grands mammifères : loups gris (*Canis lupus*), coyotes (*Canis latrans*), couguars (*Puma concolor*), cerfs (*Odocoileus virginianus*), wapitis (*Cervus canadensis*), orignaux (*Alces alces*), grizzlis (*Ursus arctos horribilis*) et ours noirs (*Ursus americanus*). Au cours des dernières années, des chercheurs ont testé des techniques non invasives de prélèvement d'ADN afin d'évaluer les effets génétiques et démographiques des passages fauniques dans le parc national de Banff (Sawaya et al., 2013). Bien qu'il n'existe actuellement aucune preuve empirique indiquant un flux génétique important à travers les passages surélevés, les passages souterrains ou le long des corridors (Corlatti et al., 2009), il semble probable que la lutte contre les effets de la fragmentation puisse contribuer à améliorer la diversité génétique, la viabilité des populations et, en fin de compte, la biodiversité dans les aires protégées (van der Ree et al., 2009).

Passage faunique sur la route Transcanadienne dans le parc national de Banff, Canada

Source : Parcs Canada

De même, le pic de Magellan (*Campephilus magellanicus*) est considéré comme une espèce clé, parce qu'il aide à créer des structures d'habitat utilisées par huit autres espèces d'oiseaux et un mammifère, dans le parc national Nahuel Huapi, en Argentine (Ojeda, 2007). L'exploitation des forêts méridionales de hêtres, en Argentine et au Chili, a entraîné une diminution de l'abondance du pic, ainsi que des impacts négatifs pour les espèces associées. Une leçon clé de ces études est que les gestionnaires doivent comprendre les rôles des espèces individuelles afin de gérer, comprendre et restaurer les assemblages écologiques.

Niveaux trophiques et cascades trophiques

Un niveau trophique fait référence à la position qu'occupe une espèce dans la chaîne alimentaire. Dans sa forme la plus simple, la chaîne alimentaire comprend les producteurs (par exemple, les plantes ou les algues), les consommateurs (par exemple, les herbivores et les carnivores) et les décomposeurs (par exemple, les bactéries et les champignons), l'énergie étant transférée le long de la chaîne (Pimm, 1982). Les écosystèmes réels, bien sûr, sont beaucoup plus complexes, présentant souvent plusieurs niveaux trophiques dans plusieurs réseaux trophiques (Estes et al., 2011). La gestion des aires protégées exige une compréhension des niveaux trophiques inhérents, les flux d'énergie se produisant principalement entre les niveaux, et non à l'intérieur de ceux-ci, et la perturbation de ces flux pouvant conduire à des changements majeurs dans les écosystèmes. En règle générale, ces changements résultent de l'élimination ou de la (ré)introduction de prédateurs, libérant ou contrôlant (respectivement) des herbivores, entraînant souvent des changements spectaculaires dans la structure de l'écosystème et le cycle des nutriments (études de cas 21.5 et 21.6).

Pollinisateurs

Les grands carnivores ne sont pas les seuls taxons affectant les écosystèmes. Les pollinisateurs jouent également un rôle clé. Il existe environ 350 000 espèces de plantes à fleurs (WCSP, 2008), et bien que certaines dépendent du vent pour leur pollinisation, la grande majorité (plus de 85 %) dépend de la pollinisation par des animaux, ce qui souligne l'importance des pollinisateurs dans le maintien de la biodiversité (Ollerton et al., 2011). Les pollinisateurs comprennent environ 20 000 espèces d'abeilles, ainsi que des mites, des papillons, des guêpes, des coléoptères, des mouches, des chauves-souris, des écureuils, des singes, des oiseaux, et bien d'autres.

Étude de cas 21.5 La loutre de mer et son impact sur les écosystèmes côtiers

L'une des espèces clés les plus connues est sans doute la loutre de mer (*Enhydra lutris*), qui se nourrit d'une grande variété de proies. Plus important encore, elle consomme des oursins, qui se nourrissent de varech. Sans contrôle, les oursins peuvent décimer les paysages marins de varech, conduisant à des cascades trophiques. En aidant à contrôler l'abondance des oursins, les loutres de mer contribuent indirectement au maintien des écosystèmes de varech, qui fournissent nourriture et abri à de nombreuses autres espèces (Duggins, 1980). Malheureusement, les prélèvements de loutres de mer pour leur fourrure précieuse a entraîné la disparition de l'espèce de nombreuses parties de son aire de répartition, et son inscription comme espèce en voie de disparition aux États-Unis (Benz, 1996). Afin de restaurer cette importante espèce clé, de nombreuses tentatives de réintroduction ont été faites (Raesly, 2001). Plusieurs décennies après un effort de réintroduction dans la baie de Checleset, en Colombie-Britannique, les loutres de mer sont de nouveau abondantes, et la baie abrite un écosystème de varech sain. Une réserve écologique a été créée spécifiquement pour protéger les loutres de mer et, par conséquent, l'écosystème de varech autochtone.

Oursin violet (*Strongylocentrotus purpuratus*)

Source : © Jeff Rotman

Les aires protégées abritant des processus naturels limités et/ou isolées d'autres aires naturelles doivent souvent développer des techniques de gestion pratiques afin de maintenir la biodiversité autochtone. Par exemple, la réserve naturelle provinciale de Fish Point, située sur une île très développée du lac Ontario, est l'un des points les plus au sud du Canada et abrite plusieurs plantes rares.

Reconnaissant la réalité de la réduction de la diversité et de l'abondance des pollinisateurs régionaux, le plan de gestion du parc de, 2005 prévoyait la pollinisation manuelle, la collecte de graines et la multiplication assistée comme outils nécessaires pour aider à maintenir la diversité végétale du parc. Une étude menée en Afrique du Sud a révélé que, même dans des endroits riches en aires protégées et en biodiversité, les services de pollinisation diminuaient avec la distance par rapport aux aires naturelles. Ainsi, la biodiversité d'une aire protégée bénéficiera non seulement de la gestion des pollinisateurs, mais aussi des fermes voisines (Janzen, 1999 ; Carvalheiro et al., 2010 ; Chan et al., 2006).

Le maintien des pollinisateurs dans les aires protégées peut bénéficier à la biodiversité sur des distances considérables. Par exemple, le parc de conservation de l'île d'Indooroopilly, en Australie, offre une zone de repos importante pour trois espèces de roussettes. Les chauves-souris peuvent voler jusqu'à 100 kilomètres chaque nuit pour se nourrir, représentant des vecteurs importants pour le pollen, sur de longues distances. Par conséquent, les efforts de gestion du parc visant à conserver l'habitat des roussettes contribueront également au maintien de la diversité génétique et biologique dans l'ensemble de l'écosystème (Martin, 1990).

Espèces rares

La gestion des aires protégées donne souvent la priorité aux actions visant à maintenir l'intégrité écologique et profitant aux espèces communes, mais pas nécessairement aux espèces rares (Simberloff, 1998 ; Niemi et McDonald, 2004). Même si de nombreuses espèces sont rares, rares sont les espèces rares contribuant le plus à la biodiversité d'une région, comme l'avait déjà noté Charles Darwin. Par exemple, une analyse des espèces d'arbres dans les basses terres amazoniennes a révélé que la moitié des arbres appartenaient à 227 espèces « hyper-dominantes », tandis que les autres étaient représentées par 11 000 espèces (Steege et al., 2013). En d'autres termes, la grande majorité des espèces (plus de 98 %) étaient rares, du moins en termes d'abondance. Cependant, bon nombre des espèces représentées par proportionnellement peu d'arbres étaient répandues dans les basses terres et présentaient un nombre total élevé de troncs.

Cela soulève la question : que signifie rare et comment le mesurer ? Une espèce peut sembler rare dans un pays et être abondante dans un autre. Rabinowitz (1981) a suggéré que les espèces pourraient être considérées comme rares si elles

Étude de cas 21.6 Effet de cascade trophique à partir d'un prédateur supérieur

Un exemple bien connu d'effet de cascade trophique a résulté de la réintroduction du loup gris dans le parc national du Yellowstone, aux États-Unis (Fortin et al., 2005). Le loup gris (46 individus) a été réintroduit dans le parc national du Yellowstone à partir de 1995, après avoir disparu en 1926. L'effet de cascade écologique résultant du rétablissement d'un prédateur supérieur est bien documentée, et illustre le rôle écologique critique joué par les prédateurs supérieurs (Ripple et al., 2001). En l'absence de loups et de chasse autochtone, la population de cerfs élaphe (Cervus elaphus) avait atteint des niveaux extrêmes, éliminant les populations de peupliers et réduisant la couverture latérale des saules. La réduction spectaculaire des peupliers et des saules avait entraîné l'élimination du castor (*Castor canadensis*), qui construisait des barrages dans une grande partie du parc, ce qui avait affecté le débit et provoqué l'érosion des cours d'eau. La réintroduction des loups a considérablement réduit le nombre de cerfs élaphe, les peupliers et les saules se sont rétablis, et le castor est réapparu dans certaines zones du parc. L'ensemble du processus de récupération prendra des décennies. Cet exemple illustre non seulement le rôle des grands prédateurs dans la régulation descendante des écosystèmes, mais aussi le rôle des aires protégées en tant que sites de recherche à long terme pour la compréhension écologique. Les stratégies d'aires protégées mettant l'accent sur le rôle clé que jouent les carnivores autochtones contribueront grandement au maintien de l'intégrité des écosystèmes et de la biodiversité.

Cerf élaphe mâle (*Cervus elaphus*) à Mammoth, dans le parc national du Yellowstone, États-Unis d'Amérique

Source : Graeme L. Worboys

présentaient une petite taille de population régionale, une distribution géographique restreinte ou une distribution d'habitat restreinte (spécificité élevée de l'habitat).

Les gestionnaires doivent également considérer à quel point une espèce est menacée, c'est à dire, son état de conservation. La Liste rouge de l'UICN des espèces menacées est basée sur une série de critères et de seuils précis, y compris la taille et la tendance de la population, l'aire de répartition géographique (mesurée par la zone d'occurrence et la zone d'occupation) ou la probabilité d'extinction, si suffisamment de données sont disponibles pour effectuer une analyse (IUCN, 2001). À partir d'une combinaison de critères, les espèces sont classées comme :

1. en danger critique d'extinction (CR) : risque extrêmement élevé d'extinction à l'état sauvage ;
2. en danger (EN) : risque élevé d'extinction dans la nature ;
3. vulnérable (VU) : risque élevé de mise en danger dans la nature ;
4. quasi menacée (NT) : susceptible de devenir en danger dans un proche avenir ;
5. préoccupation mineure (LC) : risque le plus faible, lorsque l'espèce ne correspond à aucune catégorie de risque plus élevée.

En 2012, la Liste rouge de l'UICN incluait près de 4 000 espèces classées en danger critique d'extinction, 5 766 en danger d'extinction, et plus de 10 000 espèces vulnérables, bien que la plupart des groupes non vertébrés n'aient pas encore été évalués. Étant donné que de nombreuses espèces sont rares localement mais encore répandues, les gestionnaires doivent parfois utiliser des réseaux d'aires protégées pour maintenir les populations. Souvent, les aires protégées sont trop petites pour conserver un nombre viable d'individus de l'espèce, et un réseau d'aires protégées est nécessaire. Les gestionnaires d'aires protégées individuelles devront être conscients de ce que font leurs pairs dans d'autres aires protégées d'une même écorégion (Noss, 1983). Cela a été reconnu en Afrique du Sud, par exemple, où l'objectif d'une approche en réseau a été consacrée dans la législation, « dans le but d'assurer la création, le développement et la gestion efficace d'un réseau d'aires formellement protégées afin de conserver la biodiversité autochtone, des échantillons représentatifs d'écosystèmes naturels et des habitats d'espèces d'importance critique ou menacées » (*North West Parks And Tourism Board Act 1997*).

Gestion des populations

De nombreuses aires protégées ne sont pas assez grandes pour maintenir des populations viables de toutes les espèces. Dans ce cas, les gestionnaires doivent faire plus que protéger un site, et s'appuyer sur des processus naturels pour maintenir les espèces (Gurd et al., 2001 ; Landry et al., 2001 ; Deguise et Kerr, 2006). Par conséquent, une gestion active est souvent nécessaire. En règle générale, plus la réserve est petite, plus une gestion active sera nécessaire (MacKinnon et al., 1986). Cela inclut parfois la nécessité de prendre des mesures de gestion des populations, afin de faire face aux fluctuations de ces populations, des métapopulations et/ou d'assurer la viabilité des populations.

Dans une certaine mesure, l'abondance de toutes les populations sauvages fluctue en fonction des taux de natalité et de mortalité, des changements dans les ressources, de la température et des précipitations, de la prédation, des maladies et d'événements stochastiques (Boyce et Daley, 1980). En général, il existe quatre types de fluctuations de population :

1. Stable : lorsque les populations fluctuent légèrement au-dessus ou au-dessous de la capacité de charge.
2. Éruptive : lorsqu'une population normalement stable connaît une forte augmentation d'abondance en raison d'une augmentation temporaire de la capacité de charge.
3. Irrégulière : lorsqu'une population fluctue pour une raison non identifiée.
4. Cyclique : lorsqu'une population fluctue avec une fréquence régulière. Cela inclut les espèces suivant des cycles prédateur-proie.

Outre les fluctuations dans le temps, les populations peuvent varier d'un espace à l'autre, en particulier dans les paysages hétérogènes (Tilman et Kareiva, 1997). Il est donc difficile d'établir une population de référence pour une espèce spécifique, en l'absence de données à long terme et réparties dans l'espace. De plus, il est souvent difficile de distinguer les effets des activités humaines sur les populations d'espèces des fluctuations naturelles (Pechmann et al., 1991).

En l'absence de processus naturels et/ou de prédateurs, la taille de la population d'une espèce peut croître de façon incontrôlée, potentiellement jusqu'à ce qu'elle atteigne la capacité de charge du site, définie comme le nombre d'individus qu'une zone peut supporter, compte tenu des ressources disponibles (Stokes, 2012). Des populations anormalement abondantes peuvent finir par épuiser les ressources locales, entraînant un crash de population, comme dans le cas des éléphants dans certaines aires protégées africaines (Whyte, 2007), ou des conflits avec les voisins humains. Par exemple, un grand nombre de wapitis ont trouvé refuge contre les loups gris du parc national dans la ville de Banff, au Canada. Bien qu'il s'agisse d'animaux majestueux, ils peuvent également être très dangereux pour les humains, en particulier pendant la saison du rut. Suite à une série d'incidents de conflit homme-faune, Parcs Canada a mis sur pied un comité consultatif communautaire sur les wapitis, afin d'élaborer des propositions visant à régler le problème. Les mesures de gestion ont débuté en 1999 dans le but de restaurer les processus écologiques naturels sur les terres adjacentes à la ville, et de réduire les conflits entre les wapitis et les humains. Les mesures mise en place incluaient le piégeage de plus de 200 wapitis habitués et leur réinstallation dans une autre vallée de montagne, un programme de conditionnement aversif continu pour encourager les wapitis à éviter la ville, et la restauration de corridors fauniques pour augmenter la prédation des wapitis près de la ville. Les résultats ont été encourageants, avec moins de conflits entre les wapitis et les humains et une amélioration des conditions de l'écosystème adjacent à la ville, comme une réduction du broutage (White et al., 2007).

Gorille de montagne (*Gorilla beringei beringei*), une espèce en danger, dans l'impénétrable parc national de Bwindi, Ouganda

Source : Stuart Cohen

Le Service des parcs nationaux des États-Unis (NPS, 2006) a élaboré une politique pour gérer les fluctuations des populations, clarifiant le désir de s'appuyer sur les processus naturels, mais stipulant les conditions dans lesquelles une intervention est justifiée, y compris lorsque :

1. l'intervention n'aura pas d'effets inacceptables sur les populations de l'espèce ou sur d'autres composantes et processus des écosystèmes qui les soutiennent ; et
2. la gestion de la population est nécessaire :

- parce que la fluctuation est le résultat d'influences humaines ;
- pour protéger les espèces rares ;
- pour protéger les humains et les biens.

Métapopulations

Lors de la gestion des aires protégées pour la biodiversité, il est important de reconnaître que certaines espèces peuvent exister en tant que métapopulations. Une métapopulation comprend généralement des sous-populations distinctes, chaque sous-population ayant sa propre dynamique (taux de natalité, de mortalité, d'immigration et d'émigration) (Hanski et Simberloff, 1997). Les métapopulations ne doivent pas être confondues avec une seule population dont la distribution est simplement inégale, mais présentant la même dynamique. Il est important que les gestionnaires comprennent s'ils gèrent une seule population ou une métapopulation d'une espèce donnée (Chapman et al., 2003). L'implication pour la gestion des aires protégées est qu'il est nécessaire de permettre la connectivité entre les sous-populations, ainsi que des mesures de gestion spécifiques pour une sous-population.

Viabilité des populations

L'objectif le plus souvent cité lors de la gestion des populations dans les aires protégées est sans doute celui d'une population « viable ». La viabilité est mieux comprise comme la probabilité qu'une espèce donnée persiste sur une période définie. La première analyse de viabilité des populations (AVP) est attribuée à Mark Shaffer, dans son calcul de la probabilité d'extinction des grizzlis (*Ursus arctos horribilis*) dans le parc national du Yellowstone (Shaffer, 1978) en 1978. Depuis, les AVP sont devenues plus sophistiquées et complexes, incorporant de nombreuses variables susceptibles d'affecter la viabilité d'une espèce (Gilpin et Soulé, 1986 ; Traill et al., 2010), et culminant dans des logiciels qui ont installé l'AVP sur les ordinateurs de nombreux biologistes de parcs (par exemple, RAMAS, VORTEX). L'utilisation des AVP pour les décisions de gestion des aires protégées n'est toutefois pas sans controverses (Flather et al., 2011). De grandes quantités de données sont nécessaires pour effectuer des AVP robustes, et en particulier des données de terrain intensives et spécifiques aux espèces (Beissinger et McCullough, 2002). En outre, les résultats des AVP ont généralement de larges intervalles de confiance, et sont donc sujets à d'importantes erreurs (Flather et al., 2011). Néanmoins, les AVP peuvent fournir un aperçu des décisions de gestion, à condition qu'elles soient utilisées avec prudence, et sont utiles pour déterminer quelles variables ont la plus grande influence sur la viabilité des espèces (Akçakaya et Sjögren-Gulve, 2000). Par exemple, une étude sur une population de zèbre de montagne dans la réserve naturelle du mont Gamka, en Afrique du Sud, a permis de déterminer que le brûlage dirigé fréquent de l'habitat préféré de l'espèce était l'une des mesures de gestion les plus importantes, susceptible d'améliorer la viabilité de cette espèce en voie de disparition (Watson et al., 2005).

Gestion des menaces pesant sur les aires protégées

À l'échelle mondiale, les principales causes de perte de biodiversité et d'extinction des espèces sont la perte et la fragmentation des habitats, les autres menaces majeures incluant la dégradation et la pollution des habitats, la surexploitation, l'impact des espèces exotiques envahissantes et, de plus en plus, les changements climatiques. Bien qu'il soit prouvé que le statut d'aire protégée puisse conférer une protection supplémentaire aux habitats naturels (Geldmann et al., 2013), de nombreuses aires protégées sont encore menacées par la perte et la dégradation de leurs habitats (étude de cas 21.7).

Au cours des deux dernières décennies, le Partenariat pour les mesures de conservation a élaboré un cadre commun pour identifier les menaces à la diversité biologique et aux processus écosystémiques (Margoluis et Salafsky, 1998 ; TNC, 2000, 2007 ; Salafsky et al., 2003, 2008 ; CMP, 2013). Ce cadre peut être appliqué à la gestion des aires protégées (encadré 21.4 et tableau 21.1). Dans le cas des aires protégées, il est important de distinguer les contraintes (qui sont souvent internes à l'aire protégée et peuvent nécessiter des travaux de restauration), des menaces directes (qui proviennent généralement de l'extérieur de l'aire protégée). Souvent, à l'échelle d'un site individuel, ou même d'un système, les gestionnaires d'aires protégées ne peuvent aborder que les menaces directes, plutôt que les causes profondes sous-jacentes. Cela est particulièrement vrai lorsque les menaces pesant sur les aires protégées sont

Rangers armés de l'Uganda Wildlife Authority, en patrouille dans le secteur du parc national du mont Elgon, pour protéger le parc contre le braconnage des espèces rares et menacées, et l'empiétement par les communautés voisines

Source : Stuart Cohen

Étude de cas 21.7 Aires protégées et pertes forestières

Malgré le statut juridique des aires protégées, leur désignation ne garantit pas, en soi, la protection des écosystèmes. Bien que les aires protégées réduisent généralement la déforestation par rapport aux zones non protégées, des changements dans l'utilisation des terres peuvent encore y avoir lieu (Clark et al., 2008).

Une analyse de la déforestation dans les régions tropicales humides (Hansen et al., 2008) a montré qu'entre 2000 et 2005, environ 21 millions d'hectares de forêts tropicales humides ont été perdus dans le monde, soit une réduction de 2 % du couvert forestier. Au cours de cette période, plus de 1,7 millions d'hectares ont été défrichés dans les aires protégées des régions tropicales humides (soit 0,81 % de la forêt qu'elles abritaient). À l'échelle mondiale, les aires plus strictement protégées (catégories I à II de l'UICN) présentaient des taux de perte de forêts tropicales humides plus faibles (0,53 %) que le réseau d'aires protégées dans son ensemble. Ceci a des implications pour la biodiversité et les changements climatiques. Sur la base des estimations de la déforestation, le Centre mondial de suivi de la conservation du Programme des Nations unies pour l'environnement (PNUE-WCMC) a calculé que la perte de forêts dans les aires protégées a contribué à hauteur de 990 mégatonnes d'équivalent carbone aux émissions mondiales de dioxyde de carbone entre 2000 et 2005, soit environ 3 % des émissions totales de la déforestation tropicale (Campbell et al., 2008).

Dans une analyse systématique de l'efficacité des aires protégées pour réduire la perte de forêts et le déclin des populations d'espèces, Geldmann et al. (2013) ont conclu qu'il existe de bonnes preuves que les aires protégées ont conservé l'habitat forestier. Néanmoins, les données ne permettent pas de déterminer si les aires protégées ont été efficaces pour maintenir les populations d'espèces, bien que plus de résultats positifs que négatifs soient rapportés dans la littérature. Les liens de causalité entre apports de gestion et résultats de conservation dans les aires protégées sont rarement évalués dans la littérature. Dans l'ensemble, les données disponibles suggèrent que les aires protégées produisent des résultats positifs pour la biodiversité, mais peu de preuves empiriques sont disponibles concernant les conditions dans lesquelles les aires protégées réussissent ou ne parviennent pas à produire des résultats de conservation.

Les aires protégées visent, en fin de compte, à gérer des éléments clés (espèces, écosystèmes, possibilités récréatives et valeurs patrimoniales) et à les protéger des menaces. Dans un monde où les ressources humaines et financières sont limitées, les gestionnaires d'aires protégées ne peuvent pas nécessairement prendre en charge toutes les questions et tous les problèmes auxquels ces caractéristiques sont confrontées. Au lieu de cela, ils doivent être en mesure de concentrer leurs actions et leurs efforts de suivi sur les défis les plus importants. À cette fin, il est essentiel de pouvoir identifier et concevoir des stratégies réalistes pour contrer les menaces à des caractéristiques spécifiques dans les aires protégées individuelles.

motivées par des politiques nationales ou locales et des facteurs sociaux et économiques sur lesquels un gestionnaire d'aires protégées peut avoir peu ou pas d'influence, par exemple, les politiques gouvernementales sur l'agriculture et les réseaux de transport (MacKinnon, 2005). D'autre part, les menaces directes à l'intérieur et à proximité immédiate des aires protégées peuvent être abordées par des mesures de gestion, par exemple, la lutte contre les espèces envahissantes, les conflits homme-faune et la gestion des visiteurs.

La conservation se fait finalement par le biais de « projets » de conservation (Salafsky et al., 2008), qui vont des efforts déployés par une petite communauté pour gérer ses zones de pêche traditionnelles à un programme de financement mondial pour protéger l'ensemble des océans de la planète. S'appuyant sur une analyse des termes utilisés par différents professionnels de la conservation, Salafsky et al. (2008) et le Partenariat pour les mesures de Conservation (CMP, 2013) ont proposé des définitions pour décrire les composantes générales d'un projet de conservation donné (encadré 21.4). Pour les gestionnaires d'aires protégées, la portée du projet est généralement définie par les limites de l'aire protégée et des zones tampons environnantes (voir le chapitre 13).

Classification des menaces

Le tableau 21.1 illustre la classification des menaces selon le Partenariat pour les mesures de conservation - UICN. La classification est construite de manière hiérarchique, en trois niveaux différents, analogues aux familles, genres et espèces du système linnéen. Le premier niveau est indiqué par des nombres entiers et un texte en gras, par exemple, « **1. Développement résidentiel et commercial** ». Le deuxième niveau est indiqué par des nombres décimaux et du texte normal, par exemple, « 1.2. Zones commerciales et industrielles ». Le troisième niveau est indiqué en italique, par exemple, « *Usines de fabrication* ». La classification est conçue pour être complète, cohérente et exclusive pour les premier et deuxième niveaux, ce qui signifie que toutes les menaces possibles pour la biodiversité devraient pouvoir s'intégrer dans le système, chaque menace étant assignée à une seule catégorie.

Évaluation de l'ampleur des menaces pour la gestion des aires protégées

La dernière étape de l'élaboration d'une approche systématique des menaces consiste à élaborer une méthode normalisée de mesure et de comparaison de l'ampleur des menaces. Si l'on souhaite simplement évaluer une menace spécifique pour une cible/caractéristique de conservation particulière ou une aire protégée au fil du temps, la mesure évidente consiste à évaluer directement et à réaliser un suivi de la magnitude de la menace en utilisant le meilleur indicateur quantitatif disponible, par exemple, le nombre d'incidents de braconnage d'éléphants, ou le pourcentage de forêt de la zone tampon perdu au profit du déplacement d'une frontière agricole. Toutefois, si l'on souhaite comparer les niveaux de menace combinés entre différentes cibles/caractéristiques ou entre différentes aires protégées dans le temps et dans l'espace, une méthodologie plus complexe s'impose.

Les évaluations de l'ampleur des menaces sont importantes pour un certain nombre de tâches clés entreprises par les gestionnaires d'aires protégées. En particulier, sans mesures communes des menaces, il est difficile pour les gestionnaires d'aires protégées de :

- établir des priorités : comparer les aires protégées au sein d'un réseau global, établir des priorités pour l'investissement de ressources et planifier les sites prioritaires devant être gérés immédiatement et ceux pouvant être reportés à plus tard ;
- élaborer des stratégies efficaces : choisir les menaces à aborder dans une aire protégée donnée, comparer l'effet de levier potentiel obtenu en utilisant différentes stratégies et décider desquelles utiliser ;
- mesurer les conditions et l'efficacité de la conservation : déterminer et comparer les changements dans les conditions des menaces à un endroit, au fil du temps, et déterminer l'efficacité relative des différentes mesures de conservation par rapport aux objectifs relatifs aux menaces ;
- apprendre de l'expérience : comparer les expériences d'un gestionnaire avec celles des autres, ce qui constitue le fondement de tout type d'apprentissage systématique sur la façon de contrer efficacement, et à moindre coût, chaque type de menace.

À la fin des années 1990 et au début des années 2000, un certain nombre d'organisations de conservation ont commencé à mettre au point des méthodes systématiques pour évaluer l'ampleur des menaces de manière plus

Encadré 21.4 Définitions clés pour comprendre les menaces aux écosystèmes

- *Cibles de biodiversité* : entités biologiques (espèces, communautés ou écosystèmes) qu'un projet tente de conserver (par exemple, une population d'une espèce spécifique de poisson ou un écosystème forestier). Certains professionnels incluent également des phénomènes et des processus écologiques et évolutifs en tant que cibles (par exemple, régime de feu, migration saisonnière, flux génétique).
- *Objectifs de bien-être humain* : composantes du bien-être humain affectées par les conditions des cibles de conservation de la biodiversité. Il peut s'agir, par exemple, de moyens de subsistance humains issus de l'utilisation de ressources biologiques ou de valeurs spirituelles issues de systèmes naturels.
- *Stress* : attributs de l'écologie d'une cible de conservation altérés directement ou indirectement par les activités humaines (par exemple, réduction de la taille d'une population ou fragmentation des habitats forestiers). Le stress n'est pas une menace en soi, mais plutôt un état dégradé ou un « symptôme » de la cible résultant d'une menace directe.
- *Menaces directes* : activités ou processus humains immédiats ayant causé, causant ou susceptibles de causer la destruction, la dégradation et/ou la détérioration des cibles de biodiversité (par exemple, la pêche ou l'exploitation forestière non durable). Les menaces peuvent être passées (historiques), en cours et/ou susceptibles de se produire à l'avenir. Les phénomènes naturels peuvent également être considérées comme des menaces directes dans certaines situations.
- *Facteurs sous-jacents* : facteurs ultimes, généralement socioéconomiques, politiques, institutionnels ou culturels, qui permettent ou renforcent l'apparition ou la persistance de menaces directes immédiates (par exemple, les politiques agricoles gouvernementales ou les forces du marché qui augmentent l'expansion des terres agricoles ou la surexploitation des ressources telles que la pêche).
- *Actions de conservation* : interventions entreprises par le personnel du projet ou les partenaires, visant à atteindre les objectifs du projet et les buts ultimes de conservation (par exemple, réintroduction d'une espèce en voie de disparition ou création d'une aire protégée). Les actions peuvent être appliquées aux facteurs sous-jacents, aux menaces directes, ou directement aux cibles elles-mêmes.
- Équipes de projet : groupes de personnes impliquées dans la conception, la mise en œuvre, la gestion et le suivi des projets (par exemple, un partenariat entre une organisation non gouvernementale locale ou une communauté et le personnel d'un parc national).

normalisée (par exemple, Salafsky et Margoluis, 1999 ; TNC, 2000 ; Ervin, 2002 ; WCS, 2002). Au milieu des années 2000, un groupe de travail du CMP a analysé ces différents systèmes, et les a utilisés pour créer une méthodologie standard d'évaluation des menaces, devenue depuis la base de la méthodologie « Évaluation simple des menaces » du logiciel Miradi (Miradi, 2007).

Tableau 21.1 Catégories de menaces, et quelques exemples de la classification actuelle des menaces du Partenariat pour les mesures de conservation-UICN

Menaces par niveau de classification	Définition
1. Développement résidentiel et commercial	Établissements humains ou autres utilisations des terres non agricoles ayant une empreinte importante.
1.1. Logements et zones urbaines Zones urbaines, banlieues, villages, maisons de vacances, zones commerçantes, bureaux, écoles, etc.	Villes, villages et établissements humains, y compris les infrastructures non destinées au logement mais généralement intégrées à un logement.
2. Agriculture et aquaculture	Menaces provenant de l'agriculture et de l'élevage, en raison de l'expansion et de l'intensification de l'agriculture, y compris la sylviculture, la mariculture et l'aquaculture.
2.4. Aquaculture marine et d'eau douce Aquaculture de crevettes ou de poissons à nageoires, étangs piscicoles dans les fermes, élevages de saumons, bancs de mollusques ensemencés, herbiers marins artificiels.	Animaux aquatiques élevés en un seul endroit sur des ressources d'élevage ou non locales, et élevage piscicoles ouverts.
3. Production d'énergie et exploitation minière	Menaces liées à la production de ressources non biologiques.
3.1. Forage pétrolier et gazier Puits de pétrole, forage de gaz naturel en haute mer.	Exploration, développement et production de pétrole et autres hydrocarbures liquides.
4. Corridors de transport et de service	Menaces provenant de longs corridors de transport étroits et des véhicules qui les utilisent, y compris la mortalité faunique associée.
4.1. Routes et voies ferrées Routes, routes secondaires, routes forestières, ponts et chaussées, mortalité animale due aux véhicules, clôtures associées aux routes, voies ferrées.	Transport de surface sur routes et voies réservées.
5. Utilisation des ressources biologiques	Menaces provenant de l'utilisation de ressources biologiques « sauvages », y compris les effets délibérés et non intentionnels de la récolte, ainsi que la persécution ou le contrôle d'espèces spécifiques.
5.1. Chasse et collecte d'animaux terrestres Chasse à la viande de brousse, chasse aux trophées, piégeage de fourrures, collecte d'insectes, récolte de miel ou de nids d'oiseaux, lutte contre les prédateurs, lutte antiparasitaire, persécution.	Tuer ou piéger des animaux sauvages terrestres ou récolter des produits animaux à des fins commerciales, récréatives, de subsistance, de recherche ou culturelles, ou pour des raisons de contrôle ou de persécution, y compris la mortalité accidentelle et les prises accessoires.
6. **Intrusions et perturbations humaines**	Menaces découlant d'activités humaines modifiant, détruisant ou perturbant les habitats et les espèces associés aux utilisations non consommatrices des ressources biologiques.
6.1. Activités de loisirs Véhicules tout-terrains, bateaux à moteur, jet skis, motoneiges, avions ultralégers, bateaux de plongée, observation des baleines, VTT, randonneurs, ornithologues, skieurs, etc.	Personnes passant du temps dans la nature ou voyageant dans des véhicules en dehors des corridors de transport établis, généralement pour des raisons récréatives.
7. Modifications du système naturel	Menaces provenant d'actions transformant ou dégradant les habitats au service de la « gestion » des systèmes naturels ou semi-naturels, souvent pour améliorer le bien-être humain.

7.1. Feu et lutte contre le feu Suppression des feux de forêt pour protéger les habitations, gestion inappropriée des feux de forêt, incendies agricoles non contrôlés, incendies criminels, feux de camp, feux de chasse.	Suppression ou augmentation de la fréquence et/ou de l'intensité du feu au-delà de sa gamme naturelle de variation.
8. Espèces envahissantes et autres espèces et gènes problématiques	Menaces provenant de plantes, d'animaux, d'agents pathogènes/microbes ou de matériel génétique non autochtone et autochtone ayant ou susceptibles d'avoir des effets nocifs sur la biodiversité, suite à leur introduction, propagation et/ou augmentation d'abondance.
8.1. Espèces exotiques/non autochtones envahissantes Bétail sauvage, animaux domestiques, moules zébrées, maladie hollandaise de l'orme ou mildiou du châtaignier, Miconia, introduction d'espèces pour la lutte biologique, champignon Chytride affectant les amphibiens en dehors de l'Afrique.	Plantes, animaux, agents pathogènes et autres microbes nuisibles ne se trouvant pas, à l'origine, dans le ou les écosystèmes en question, et directement ou indirectement introduits et propagés par les activités humaines.
8.2. Espèces autochtones problématiques Cerfs autochtones surabondants, algues surabondantes dues à la perte de poissons brouteurs autochtones, plantes autochtones s'hybridant avec d'autres plantes, peste affectant les rongeurs.	Plantes, animaux ou agents pathogènes nuisibles et autres microbes se trouvant, à l'origine, dans le ou les écosystèmes en question, mais qui ont connu un « déséquilibre » ou ont été « libérés » directement ou indirectement en raison d'activités humaines.
9. Pollution	Menaces liées à l'introduction de matières ou d'énergie exotiques et/ou excédentaires provenant de sources ponctuelles et non ponctuelles.
9.2. Effluents industriels et militaires Produits chimiques toxiques provenant d'usines, déversement illégal de produits chimiques, résidus miniers, arsenic provenant de mines d'or, fuites dans des réservoirs de carburant, PCB dans les sédiments fluviaux.	Polluants d'origine hydrique provenant de sources industrielles et militaires, y compris l'exploitation minière, la production d'énergie et autres industries d'extraction de ressources, y compris les nutriments, les produits chimiques toxiques et/ou les sédiments.
10. Phénomènes géologiques	Menaces découlant de phénomènes géologiques catastrophiques.
10.2. Tremblements de terre/tsunamis	Tremblements de terre et événements associés.
11. Changements climatiques et phénomènes météorologiques extrêmes	Changements climatiques à long terme pouvant être liés au réchauffement de la planète et autres phénomènes climatiques ou météorologiques extrêmes, au-delà de la plage de variation naturelle, susceptibles d'anéantir une espèce ou un habitat vulnérable.
11.1. Déplacement et altération des habitats Élévation du niveau de la mer, désertification, dégel de la toundra, blanchiment des coraux.	Changements majeurs dans la composition et l'emplacement des habitats.
11.2. Sécheresse Déficit grave de pluie, perte de sources d'eau de surface.	Périodes où les précipitations tombent en dessous de la plage normale de variation.

Source : Classification des menaces directes pour la biodiversté de l'UICN-CMP (Version 1.1) (CMP, 2013)

Méthode d'évaluation simple des menace de Miradi

Le *logiciel de gestion adaptative Miradi* (Miradi, 2007) est conçu pour être utilisé pour évaluer l'impact d'une menace spécifique sur une cible de conservation donnée, à partir d'une combinaison de *portée* (étendue) et de *gravité* (intensité) qui, lorsque combinées, fournissent une indication de *l'ampleur* de la menace. Miradi utilise des échelles d'évaluation spécifiques à quatre niveaux pour chaque critère (très élevé, élevé, moyen et faible) liées, dans la mesure du possible, à des pourcentages spécifiques. Les seuils entre les critères sont conçus pour représenter à la fois des points de rupture significatifs sur le plan écologique et pratique entre les catégories. Le système d'évaluation des menaces de Miradi devrait généralement s'appliquer aux aires protégées de tous types et de toutes tailles. Cependant, il pourrait être nécessaire d'adapter le système pour gérer les évaluations de caractéristiques non liées à la conservation,

GRAVITÉ \ DOMAINE D'APPLICATION	Très élevé	Élevée	Moyen	Faible
Élevée	Élevée	Élevée	Moyenne	Faible
Moyenne	Moyenne	Moyenne	Moyenne	Faible
Faible	Faible	Faible	Faible	Faible

Figure 21.5 Évaluations combinées de la menace et de la gravité pour déterminer l'ampleur d'une menace
Source : Miradi (2007)

AMPLEUR \ IRRÉVERSIBILITÉ	Très élevée	Élevée	Moyenne	Faible
Très élevée	Très élevée	Très élevée	Très élevée	Élevée
Élevée	Très élevée	Élevée	Élevée	Moyenne
Moyenne	Élevée	Moyenne	Moyenne	Faible
Faible	Moyenne	Faible	Faible	Faible

Figure 21.6 Évaluations combinées de l'irréversibilité et de l'ampleur de la menace visant à hiérarchiser les actions de gestion
Source : Miradi (2007)

Menaces / valeurs	Éléphant d'Asie	Écosystème forestier	Corridor fonctionnel	Prairies du Teraï	Rhinocéros indien	Tigre	Évaluation résumée de la menace
Pâturage du bétail		Élevée	Faible	Élevée			Élevée
Empiètement		Très élevée	Très élevée	Élevée			Très élevée
Collecte de bois de chauffage		Élevée	Moyenne				Moyenne
Braconnage					Très élevée	Très élevée	Très élevée
Exploitation forestière		Faible	Faible				Faible
Surexploitation de produits non		Faible	Faible	Faible			Faible
Résumé de l'évaluation de la cible	Aucune	Élevée	Élevée	Élevée	Élevée	Élevée	Très élevée

Figure 21.7 Évaluation résumée de la menace pour un exemple d'écosystème
Source : Miradi (2007)

ainsi que les contraintes posées par des menaces telles que les changements climatiques. La combinaison des évaluations de portée et de gravité produit une évaluation globale de l'ampleur de la menace (figure 21.5). Il est également utile de considérer l'irréversibilité (la mesure dans *laquelle les effets d'une menace* peuvent être inversés) en combinaison avec l'ampleur, afin de comparer ou de hiérarchiser les menaces dans le cadre des mesures de gestion (figure 21.6). Les effets d'une menace sur plusieurs cibles, ou de menaces multiples sur une seule cible, peuvent être combinés ou regroupés à l'aide de divers systèmes basés sur des règles (pour plus de détails, voir Miradi, 2007). On obtient ainsi un tableau récapitulatif final des menaces (figure 21.7).

La communauté de conservation de la biodiversité a fait de grands progrès, au cours des dernières années, dans le développement de méthodes standardisées permettant de définir et de mesurer les menaces pour les espèces et les écosystèmes. Le potentiel d'utilisation de ces outils dans la gestion des aires protégées est important, mais des modifications seront nécessaires pour optimiser ces méthodes en fonction des besoins spécifiques des gestionnaires d'aires protégées.

Suivi et évaluation des conditions écologiques des aires protégées

Dans la présente section, nous considérons le suivi comme englobant à la fois l'inventaire et le suivi. L'inventaire est la première étape essentielle, et le suivi consiste généralement en une série de mesures répétées du premier inventaire ou de certaines parties de celui-ci. Très peu d'aires protégées font un bon travail de suivi écologique, même si celui-ci est essentiel pour comprendre si l'aire protégée réussit à conserver la nature et à atteindre ses objectifs de conservation déclarés. De plus, un investissement dans le suivi évite les surprises et problèmes futurs insolubles. L'intégration du suivi à la gestion du parc devrait être considérée comme un élément fondamental de la gestion de celui-ci. À long terme, il peut permettre de faire des économies en évitant des projets de restauration coûteux (voir également le chapitre 28).

Même si aucun système de suivi n'y est actuellement en place, la plupart des aires protégées peuvent trouver des données utiles pour évaluer leurs conditions écologiques. Les visiteurs, le personnel, les scientifiques et les peuples autochtones et locaux font régulièrement des observations sur les terres et les eaux des aires protégées. Les systèmes de capteurs mondiaux, y compris les satellites et les stations météorologiques, effectuent continuellement des observations et, de plus en plus, des informations satellitaires gratuites sont disponibles (étude de cas 21.8). La première étape du développement d'un système de suivi de la diversité biologique et des processus écosystémiques consiste à cataloguer et à organiser ces données existantes, afin de fournir les meilleures preuves disponibles pour prendre des décisions de gestion.

Deux questions de suivi sont clés pour les aires protégées. Cette section vous aidera à comprendre et à élaborer des réponses à ces questions.

1. Quel sont les conditions écologiques : devons-nous prendre des mesures de gestion ?
2. Les mesures de gestion ont-elles été efficaces ?

Les gestionnaires veulent disposer de la meilleure information possible pour répondre à ces questions. Dans la pratique, cela constitue un défi, car ces deux questions sont complexes. Au départ, ne vous préoccupez pas trop du montant d'argent et de l'expertise disponibles pour l'observation de l'aire protégée. Quelques informations valent mieux qu'aucune, bien que les décisions de gestion doivent se fonder sur ce qui est connu et inconnu. Même des informations simples et bien organisées sont plus convaincantes que des informations déconnectées et mal documentées. La meilleure pratique consiste à travailler avec ce qui est disponible, et à établir des partenariats pour le suivi à long terme afin de compléter le suivi effectué par le personnel des aires protégées.

Le présent chapitre ne fournit pas de guide complet pour tous les éléments de conception d'un programme de suivi, ni pour la collecte et l'analyse des données. Les lecteurs sont invités à consulter des guides sur le sujet, tels que Lindenmeyer et Likens (2010) et Gitzen (2013). En outre, de nombreux sites web d'organismes chargés des aires protégées contiennent des détails sur leur suivi et protocoles de suivi, tels que le Programme d'inventaire et de suivi du Service des parcs nationaux des États-Unis (NPS, 2014). Enfin, un grand nombre de guides spécifiques aux taxons et aux écosystèmes sont disponibles en ligne. Cette section traite des considérations fondamentales pour une réflexion sur la conception et la mise en œuvre d'un programme de suivi de la biodiversité et des fonctions écosystémiques pour les aires protégées.

Quoi observer ?

Suivi des conditions

Pour répondre à la question « Quelles sont les conditions écologiques : devons-nous prendre des mesures de gestion ? » la première exigence est de savoir ce qui devrait

Étude de cas 21.8 Suivi mondial des feux de forêt

Les feux de forêt et les incendies dû à l'agriculture sur brûlis sont deux des causes les plus importantes de déforestation à Madagascar. L'utilisation de la télédétection par satellite pour détecter les incendies peut permettre aux gestionnaires d'aires protégées et autres forêts de réagir plus rapidement aux incendies illégaux. L'instrument MODIS (Moderate-Resolution Imaging Spectroradiometer / Spectroradiomètre à résolution moyenne) de la NASA, embarqué sur les satellites *Aqua* et *Terra*, fournit des données thermiques et infrarouges moyens quatre fois par jour, permettant la détection des incendies. Les données, cependant, doivent être interprétées et analysées, ce qui rend leur utilisation par les gestionnaires de terrain difficile. Afin de développer un produit plus convivial, Conservation International, l'Université du Maryland et le Département des forêts de Madagascar ont mis au point un système d'alerte incendie fournissant quotidiennement des alertes aux utilisateurs, par e-mail, en fonction de leur zone géographique d'intérêt.

À Madagascar, les alertes incendie fournissent au personnel des aires protégées et des forêts des informations précises et actualisées sur les incendies illégaux et les activités d'empiétement. Cela permet aux gestionnaires de terrain de réagir rapidement à l'empiètement, mais le système fournit également des statistiques de suivi précieuses pour surveiller la menace d'incendie sur différents sites. Les données d'incendies peuvent également être utilisées pour améliorer la compréhension des modèles de menaces pour les forêts à l'échelle nationale, et ont été utilisées pour guider l'élaboration de la stratégie nationale pour l'atténuation des changements climatiques par la Réduction des émissions issues de la déforestation et de la dégradation des Forêts (REDD).

Initialement, en 2002, le système d'alerte incendie envoyait aux utilisateurs enregistrés une simple liste des incendies détectés avec leur position exacte. Un système plus avancé, en 2007, permet maintenant aux utilisateurs de définir la fréquence des alertes et de recevoir des cartes adaptées à leurs domaines d'intérêt spécifiques, par exemple, des régions administratives, des parcs nationaux individuels ou les incendies affectant les forêts naturelles. Le système, connu sous le nom de Firecast, a depuis été étendu à la Bolivie, au Pérou et à l'Indonésie, et inclut désormais des alertes de prévision des risques d'incendie. Firecast est gratuit et accessible (Firecast, 2014).

- James Mackinnon

Incendies près du parc autochtone de Xingu, Brésil

Source : Jacques Descloitres, équipe d'intervention rapide MODIS, NASA-Goddard Space Flight Center, <rapidfire.sci.gsfc.nasa.gov>

être mesuré pour évaluer les conditions écologiques. Il est logique de commencer par évaluer les espèces et les processus mentionnés dans le document d'établissement ou les plans de gestion de l'aire protégée. Les espèces immédiatement identifiées avec le site et les processus écologiques, et maintenant son aspect caractéristique (par exemple, le feu sur la savane), sont susceptibles d'être le point de départ le plus important (voir la section « Évaluation des conditions de l'aire protégée : intégrité écologique » (ci-dessus). Les politiques et la législation de l'organisme chargé des aires protégées peuvent également fournir des conseils sur la sélection d'espèces et de processus spécifiques à surveiller, par exemple, les espèces rares et les principaux objectifs de conservation. Il est important de maintenir une approche systématique et impartiale du suivi afin d'éviter les préjugés des chercheurs. Les gestionnaires des aires protégées devront utiliser un cadre structuré pour sélectionner les indicateurs. Dans la plupart des cas, un ensemble d'indicateurs devra être choisi pour chacun des principaux écosystèmes d'une aire protégée, c'est-à-dire les forêts, les zones humides, les prairies, etc. Un exemple de modèle de suivi écologique utilisé par Parcs Canada, et incluant la biodiversité, les fonctions écosystémiques et les facteurs de stress connus comme éléments du cadre de suivi, est illustré dans le tableau 21.2.

Après avoir sélectionné une liste d'espèces, de fonctions et de menaces, les gestionnaires devront tenir compte du coût, en temps et en argent, de la mesure de ces différents aspects. Il existe souvent des façons de faire les choses à moindre coût pour obtenir des résultats utiles. Par exemple, les dénombrements précis de populations pourront être remplacés par un indice d'abondance plus simple, à partir de dénombrements de crottes. Des caméras animalières fixes peuvent fournir des informations utiles sur la présence et la répartition des espèces (O'Brien, 2014). Un manuel en ligne est disponible pour le *Suivi de la faune à l'aide de pièges photographiques* (Ancrenaz et al., 2012). L'étendue spatiale d'une perturbation peut être estimée à l'aide d'un système de positionnement global (GPS) au sol, plutôt qu'à partir d'un avion.

Tableau 21.2 Exemple de modèle de sélection des mesures de suivi de l'intégrité écologique

Biodiversité	Fonctions écosystémiques	Facteurs de stress
Listes d'espèces • variation de la richesse spécifique ; • nombre et étendue des espèces exotiques. **Dynamique des populations** • taux de mortalité/natalité des espèces indicatrices ; • taux d'immigration/ émigration des espèces indicatrices ; • viabilité des populations des espèces indicatrices. **Structure trophique** • répartition des classes de taille de la faune : • niveaux de prédation.	**Succession/rétrogression** • fréquence et ampleur des perturbations (feu, insectes, inondation) ; • répartition des classes d'âge de la végétation. **Productivité** • à distance ou par site. **Décomposition** • par site. **Rétention des nutriments** • calcium et azote par site ou bassin versant.	**Schémas d'aménagement du territoire** • cartes d'utilisation des terres, densités routières, densités de population. **Fragmentation des habitats** • taille de la parcelle, distance entre parcelles, intérieur de la forêt. **Polluants** • eaux usées, produits pétrochimiques, etc. ; • transport à longue distance de toxines. **Climat** • données météorologiques ; • fréquence des phénomènes extrêmes. **Autres** • questions propres au parc.

Source : Woodley (1993)

Suivi de l'efficacité

Pour les aires protégées disposant de programmes actifs de gestion et de restauration, il est important de vérifier si les objectifs écologiques des mesures de gestion ont été atteints. Il est généralement facile de choisir ce qu'il faut mesurer, car les efforts sont généralement axés sur certaines espèces ou certains types d'habitats, et sur les tendances souhaitées, par exemple, des espèces autochtones plus abondantes, des espèces envahissantes moins abondantes, ou un niveau de perturbations semblable à celui de zones à faible densité humaine.

Qui peut observer ?

Qui peut réellement faire un suivi écologique n'est pas une question facile. Fondamentalement, le suivi écologique est une activité scientifique. Les programmes de suivi devraient idéalement être conçus par des personnes possédant une formation scientifique, correctement testés sur le terrain et évalués par des pairs. Une fois qu'une méthode claire ou un protocole de suivi est conçu, cependant, beaucoup de personnes peuvent être formées pour recueillir des informations de suivi. Par exemple, les rangers et gardes forestiers sont des candidats idéaux, parce qu'ils patrouillent et observent régulièrement une grande partie des aires protégées. De plus en plus, des scientifiques citoyens sont formés pour fournir des données de suivi, y compris en utilisant des appareils tels que les téléphones intelligents.

La possibilité d'inclure les visiteurs et les populations autochtones et locales dans le suivi des aires protégées devrait être sérieusement envisagée. Faire participer ces personnes, et respecter leurs idées sera plus utile à une aire protégée que la simple préparation d'informations standard pour les visiteurs. Souvent, ce sont les mêmes personnes qui devront être convaincues de la nécessité d'une action dans l'aire protégée. L'inclusion des personnes tôt dans le processus renforce la confiance et la compréhension. Les sentiments et la signification spirituelle attachés aux observations par les visiteurs et les populations autochtones et locales sont essentiels, bien qu'il puisse être difficile d'inclure ces observations dans un cadre commun avec ceux du personnel et des scientifiques invités (étude de cas 21.9).

Un programme de suivi doit être conçu en fonction des besoins et de la situation particulière de chaque aire protégée. Dans de nombreux cas, des scientifiques seront à proximité, dans des universités, des agences gouvernementales ou des organisations non gouvernementales (ONG), et pourront être intéressés à mener des études de suivi à long terme. Dans d'autres cas, une aire protégée disposera d'un personnel formé. Dans de nombreuses situations, cependant, et en particulier lorsque les aires protégées manquent de personnel de recherche, les citoyens locaux et gestionnaires traditionnels des terres peuvent fournir une compréhension supplémentaire utile des écosystèmes. Peut-être la meilleure façon de penser à qui devrait participer au suivi est d'envisager le programme comme un partenariat, susceptible d'évoluer au fil du temps. Le défi, pour un gestionnaire d'aire protégée, est de s'assurer que suffisamment de personnes, disposant de suffisamment de formation, seront en mesure de rendre compte des conditions écologiques.

Étude de cas 21.9 Suivi utilisant les citoyens et les connaissances traditionnelles

Project Noah (2014) est un site web innovant, qui enregistre l'emplacement et la date des photographies de faune prises par des scientifiques citoyens. Les photographies sont prises par des personnes intéressées et un ensemble d'instructions permet de télécharger les images d'un certain type. Par exemple, la section Oiseaux d'Afrique Sub-Saharienne compte 101 participants et plus de 1 500 observations d'oiseaux. Il est facile de devenir membre et de télécharger des images à partir d'un téléphone intelligent. Les photos peuvent se limiter à un weekend de bioblitz dans une aire protégée, ou être axées sur des sujets tels que la pollinisation, la phénologie ou les espèces envahissantes.

Qaujimajatuqangit Inuit, Canada

Le Qaujimajatuqangit Inuit, ou QI, représente la sagesse durement gagnée des peuples autochtones du territoire du Nunavut, au Canada, survivants dans les rudes paysages nordiques. Cette connaissance écologique locale est un élément clé de la gouvernance locale, en particulier dans la gestion des ressources naturelles. Gilchrist et al. (2005) ont analysé l'efficacité du QI, en particulier en ce qui concerne les tendances récentes en matière de population et de répartition de quatre espèces d'oiseaux migrateurs. Pour deux des espèces évaluées, les connaissances locales ont identifié des changements de population auparavant inconnus de la science occidentale. En général, le degré de contact avec l'espèce a été un facteur important dans la détermination de la qualité des observations. Dans un cas, la répartition de l'espèce était mal comprise par les chasseurs locaux malgré les captures saisonnières. Ainsi, comme pour toute source d'information, une évaluation de la fiabilité est nécessaire.

Protocoles de suivi

Le suivi de toute entité écologique nécessite l'élaboration d'un protocole de suivi, c'est à dire un ensemble de conditions écrites spécifiant le comment, le quoi, le quand, le où et le pourquoi du suivi. Il comprend les éléments suivants :

1. Quelle est la question de suivi posée ? Par exemple, quelle est la population de grues dans l'aire protégée et cette population change-t-elle ?
2. Quelle est la variable écologique à mesurer et quel est son rapport avec la question de suivi ? Par exemple, une façon utile de compter les grues pourrait être d'effectuer des comptages de printemps, lorsque les oiseaux arrivent pour la reproduction, car ils sont plus faciles à observer et à compter.
3. Quelle certitude sera nécessaire pour détecter un changement ? Il s'agit à la fois d'une question de gestion et d'une question statistique. Par exemple, si les grues sont comptées pendant deux jours, chaque printemps, il sera seulement possible de connaître la population avec une variation de plus ou moins 20 %. Par conséquent, avec cette fréquence d'échantillonnage, le gestionnaire ne sera pas en mesure de détecter les changements d'une année à l'autre, à moins que ceux-ci ne dépassent 20 %. Toutefois, si la grue est une espèce menacée, le gestionnaire voudra peut-être savoir si la population change avec une certitude supérieure à 20 %. Cette analyse de la capacité à détecter le changement est appelé « analyse de puissance ». Des guides sont disponibles à ce sujet dans la plupart des textes statistiques en ligne (par exemple, Ellis, 2010), ou auprès d'un statisticien. Il y aura presque toujours un compromis entre le niveau de certitude dans la détection des changements et le coût d'un programme de suivi.

Méthodologies de terrain

Un ensemble clair de méthodologies permettant de détecter les changements devra être décrit. Suivant l'exemple de la grue, les méthodologies devront spécifier tous les détails requis pour un comptage printanier, y compris où aller, quand compter, s'il faut compter les juvéniles séparément des adultes, etc. Cette section devra être très spécifique, afin que les méthodologies puissent être facilement répétées par différents observateurs.

Collecte et stockage des données

Cette partie d'un protocole se réfère à comment les données seront collectées, comment les données seront stockées et quels contrôles de qualité sont nécessaires. Par exemple, une feuille de données de terrain pour le comptage des grues peut être préparée, incluant toutes les métadonnées (nom de l'observateur, date, lieu, etc.), ainsi que les données de comptage réelles. La feuille de données ira ensuite dans un fichier de stockage (qui pourra être dupliqué à des fins de sauvegarde), et ses données pourront être saisies dans une feuille de calcul informatique ou une base de données. Un bon protocole devra inclure des règles de contrôle de qualité, afin de s'assurer que les observations soient transférées correctement de la feuille de travail de terrain à l'ordinateur. Le contrôle de la qualité peut également inclure une personne indépendante vérifiant les chiffres.

Analyse des données

Un protocole devra préciser comment un ensemble de mesures sera analysé, y compris les méthodes statistiques et les moyens de déterminer l'importance d'une observation. Pour l'exemple des grues, si les données sur 10 ans montraient, à un niveau de confiance de 95 %, que les populations de grues subissent une baisse de 2 % par an, cela entraînerait-il une mesure de gestion ?

Autres exigences

Les derniers éléments d'un protocole devront permettre de s'assurer que tous les autres facteurs de réussite sont dûment pris en compte. Cela comprend la formation, l'équipement spécialisé, les permis de recherche et les communications. Par exemple, tout le personnel de terrain engagé dans un comptage de grues pourrait avoir besoin d'une formation pour différencier avec succès les mâles des femelles, ou les juvéniles des adultes.

La grue blanche (*Grus americana*) est une espèce en danger dont il reste seulement une petite population dans la nature, États-Unis

Source : Alison Woodley

Interprétation des résultats de suivi : quelques considérations générales

L'analyse et l'interprétation des données recueillies dans le cadre d'un programme de suivi sont peut-être les aspects les plus difficiles du suivi de la biodiversité et des processus écosystémiques. Elles sont devenues encore plus difficiles dans le contexte actuel des changements climatiques et de l'exposition généralisée aux espèces envahissantes.

Il est rare que l'on dispose d'une clarté parfaite quant au niveau de mesure choisie dans un écosystème sain. Néanmoins, les étapes suivantes aideront à donner un sens aux observations :

- posez des questions de suivi claires ;
- assurez-vous que la conception du suivi peut répondre à ces questions ;
- choisissez des indicateurs simples, reproductibles et qui seront interprétés de la même façon par différents observateurs ;
- résumez les réponses à ces questions de suivi et recommandez des mesures à prendre.

Quelques questions fondamentales peuvent être envisagées au sujet des résultats de suivi d'une caractéristique d'une espèce ou d'un processus écologique :

1. Ce résultat est-il élevé ou faible dans la plage de valeurs possibles ?
2. Le résultat indique-t-il un changement ? Et si oui, s'agit-il d'un changement dans la direction souhaitée (par exemple, une augmentation de l'abondance des espèces cibles ou une réduction des espèces envahissantes) ? Souvent, le suivi se concentrera sur les tendances plutôt que sur les chiffres absolus.
3. Les résultats sont-ils affectés par des menaces de conservation connues ? (tableau 21.1)

Tableau 21.3 Lignes directrices générales sur le nombre d'observations requises pour détecter les tendances

Que voulez-vous détecter ?	Analyse et taille effective	Nombre d'échantillons
Une année inhabituelle	Un échantillon test-t ; une différence d'écart type entre l'année inhabituelle et la moyenne précédente.	7 observations annuelles.
Une tendance dans le temps	Un échantillon test-z ; un fort coefficient de corrélation > 0,7.	9 observations indépendantes sur une période.
Un changement de la valeur moyenne	Test-t apparié ; une différence moyenne entre les mesures répétées sur les mêmes sites ou individus représentant la moitié de l'écart-type dans les données.	19 observations répétées au cours de deux années.
Une différence entre deux interventions	Deux échantillons tests-t ; une différence de la moitié de l'écart-type dans les données entre les valeurs moyennes des deux interventions.	37 observations dans chaque interventions.

Source : Stephen McCanny

Les gestionnaires de parc ont souvent recours à des enclos de suivi à long terme pour déterminer les répercussions de l'introduction d'espèces telles que les chevaux sauvages dans le parc national alpin du Victoria, Alpes australiennes

Source : Ian Pulsford

4. Le résultat est-il affecté par des interactions avec d'autres espèces ou processus ?

Pour répondre à ces questions, les gestionnaires ont besoin d'une conception du suivi. Tout programme de suivi partira d'un certain nombre d'hypothèses au sujet de la zone de réserve affectée, des changements susceptibles d'être détectés et des niveaux de certitude. Un statisticien ou scientifique peut aider à définir ces hypothèses et à renforcer la conception. Le tableau 21.3 fournit des indications sur le nombre minimal d'observations nécessaires pour répondre à certaines questions.

Le suivi n'est utile que si les résultats sont analysés et évalués, et intégrés dans des mesures de gestion du suivi. Le tableau 21.3 recommande la taille minimale des échantillons pour détecter des différences assez évidentes dans un écosystème. Chaque exemple dans le tableau suppose une probabilité de 20 % de résultats faux-positifs et une probabilité de 20 % de résultats faux-négatifs.

L'analyse des données pour répondre à la question « les mesures de gestion ont-elles été efficaces ? » est généralement plus facile à aborder que le suivi des conditions. Au lieu de se demander ce qu'un écosystème « devrait » faire, le gestionnaire se demande s'il a fait ce qui était prévu, suite à une intervention de gestion spécifique. Il est souvent important de limiter la question de l'efficacité au calendrier de la gestion pratique, indépendamment de la durée de vie des espèces concernées ou de la rapidité des processus, car le financement de projets de gestion des aires protégées se fait généralement à court terme, et nécessite donc des mesures de résussite à court terme. Étant donné que les écosystèmes présenteront des retards de réponse, le suivi de l'efficacité devra toutefois comporter des mesures à plus long terme, liées au programme de suivi des conditions de l'aire protégée.

Les cibles utilisées pour le suivi de l'efficacité peuvent inclure des attentes claires quant aux impacts, comme le pourcentage de superficie traitée avec succès ou la taille de population d'une espèce obtenue grâce à la gestion. Ces objectifs devront représenter une réponse de la part de l'écosystème, plutôt qu'une mesure de l'effort appliqué. L'atteinte de ces objectifs exige généralement moins d'attention aux hypothèses statistiques, si importantes dans le suivi des conditions.

Registre à long terme des observations de suivi

L'information de suivi devra être stockée dans un endroit facilement accessible, sûr à long terme, et bien documentée. La plupart des organisations d'aires protégées pourraient améliorer la gestion de leurs données. De nombreuses observations sont perdues, à long terme, ou ne disposent pas de métadonnées adéquates. Des normes formelles de métadonnées sont disponibles, décrivant l'information devant accompagner les données collectées, y compris la façon dont elles ont été collectées, qui les a collecté, les méthodes exactes utilisées, les emplacements, etc. Les métadonnées sont aussi importantes que la donnée elle-même. Pour les données sur la biodiversité, le « Darwin Core », disponible en ligne, constitue une norme commune de métadonnées (Wieczorek et al., 2012). Le Darwin Core définit simplement une liste d'informations devant être inclues dans les métadonnées, telles que la date, le nom de l'espèce ou les coordonnées géographiques. Beaucoup trop de données sont inexploitables, simplement parce qu'elles manquent des métadonnées.

Les observations répétées des gestionnaires d'aires protégées et des peuples autochtones peuvent se traduire par des normes de gestion des données renforçant la compréhension de l'aire protégée au fil du temps. Les clés du suivi incluent : 1) des protocoles de suivi clairs, conservant une même technique de mesure cohérente dans le temps, et entre les sites et les observateurs ; et 2) un stockage de données accessible offrant des observations de domaine public. Il est important de trouver un référentiel approprié (encadré 21.5).

La publication des données de suivi et de leur protocole n'est que le début de la conservation des données à long terme. Afin d'assurer l'accessibilité à long terme (50-100 ans) des données de suivi, il faudra être conscient des changements affectant les médias électroniques. L'information électronique, comme les fichiers papier, doit être organisée. Elle doit faire face au risque supplémentaire d'être éliminée par des procédures de sauvegarde défectueuses. La meilleure garantie que les données de suivi survivent est de s'assurer qu'elles soient régulièrement utilisées et mises à jour par les organisations de conservation.

Encadré 21.5 Trouver un référentiel pour stocker les informations de suivi

De nombreux gouvernements ou ONG disposent peut-être déjà d'un catalogue de données ouvert, où les données peuvent être publiées (par exemple, <datacatalogs.org>). Un site web interne peut également permettre de publier des informations à l'intention du personnel.

Un certain nombre de référentiels spécifiques sont également disponibles pour les aires protégées et la conservation. Le Global Biodiversity Information Facility (GBIF / Système mondial d'information sur la biodiversité) est une infrastructure internationale de données ouvertes pour les informations sur la biodiversité. Il permet à n'importe qui, n'importe où, d'accéder à des données sur tous les types de vie sur Terre, partagées au-delà des frontières nationales via internet.

Protected Planet (Planète protégée) est un site web dynamique (<www.protectedplanet.net>) hébergé par le PNUE-WCMC, et cherchant à décrire les aires protégées du monde. L'Open Parks Network (Réseau ouvert des parcs) est un pipeline de connaissances pour les professionnels des parcs, hébergeant des archives numérisées et des informations difficiles à trouver (OPM, 2014).

Conclusion

La gestion des aires protégées est un travail de plus en plus complexe, qui exige une bonne compréhension de l'écologie du site, ainsi que de quelques éléments fondamentaux sur le fonctionnement des écosystèmes. Vous trouverez ci-dessous un résumé des messages clés de ce chapitre à l'intention des gestionnaires d'aires protégées.

1. Les aires protégées, en tant qu'écosystèmes, se caractérisent à la fois par une biodiversité et des fonctions écosystémiques de soutien. Les deux sont connectées et s'influencent mutuellement. Il n'est pas possible de mettre en place une gestion uniquement pour une espèce ou un type d'écosystème, sans également tenir compte des processus écologiques qui les soutiennent.
2. Le suivi des conditions des écosystèmes et des mesures de gestion est un élément fondamental de la gestion des aires protégées. Les systèmes de suivi doivent faire partie du cadre global de gestion d'une aire protégée. Un système de suivi doit reposer sur une compréhension fondamentale de la structure et de la fonction des écosystèmes.
3. La science appliquée de la biologie de la conservation fournit une gamme d'outils et d'approches bien développés pour la gestion de la biodiversité à toutes les échelles, du niveau génétique à la communauté écologique. Les approches de gestion des populations sont les mieux développées, et incluent des considérations détaillées pour la gestion de la diversité génétique, des métapopulations et de la viabilité.
4. Une gestion des fonctions écologiques est possible, et nécessaire, dans de nombreuses aires protégées. L'utilisation du feu, dans des incendie adaptés aux écosystèmes, en est un bon exemple.
5. Une grande partie de la gestion des aires protégées se concentre sur la gestion des risques écologiques. Ce chapitre présente une approche formelle et structurée pour définir, évaluer et classer les menaces écologiques dans les aires protégées.

La science soutenant l'application de la gestion à la biodiversité et à la fonction des écosystèmes est vaste et croissante. Ce chapitre vise à donner un aperçu des principes et perspectives clés, mais ne peut pas couvrir tous les domaines. Les gestionnaires d'aires protégées pourront tirer parti de l'expertise bénévole au sein des Commissions de l'UICN, y compris la Commission mondiale des aires protégées, pour les aider à résoudre les problèmes de gestion des aires protégées.

Références

Lectures recommandées

Akçakaya, H. R. et Sjögren-Gulve, P. (2000) 'Population viability analyses in conservation planning: an overview', *Ecological Bulletins* 9: 9–21.

Ancrenaz, M., Hearn, A. J., Ross, J., Sollmann, R. et Wilting, A. (2012) *Handbook for Wildlife Monitoring Using Camera Traps,* BBEC II Secretariat, Natural Resources Office, Chief Minister's Department, Sabah, Malaisie.

Ashton, D. H. (1981) 'Fire in tall open forests (wet sclerophyll forests)', in A. M. Gill, R. H. Groves and I. R. Noble (eds) *Fire and the Australian Biota,* pp. 339–66, Australian Academy of Science, Canberra.

Baker, W. l. (1995) 'Long-term response of disturbance landscapes to human intervention and global change', *Landscape Ecology* 10: 143–59.

Balmford, A., Carey, P., Kapos, V., Manica, A., Rodrigues, A. S. L., Scharlemann, J. P. W. et Green, R. E. (2009) 'Capturing the many dimensions of threat', *Conservation Biology* 23: 482–7.

Beissinger, S. R. (2002) 'Population viability analysis: past, present, future', in S. R. Beissinger and D. R. McCullough (eds) *Population Viability Analysis*, pp. 5–17, University of Chicago Press, Chicago.

Beissinger, S. R. et McCullough, D. R. (eds) (2002) *Population Viability Analysis,* University of Chicago Press, Chicago.

Benz, C. (1996) 'Evaluating attempts to reintroduce sea otters along the California coastline', *Endangered Species Update* 13: 31–5.

Bouzat, J. L., Cheng, H. H., Lewin, H. A., Westemeier, L., Brawn, J. D. et Paige, K. N. (1998) 'Genetic evaluation of a demographic bottleneck in the greater prairie chicken', *Conservation Biology* 12: 836–43.

Bouzat, J. L., Johnson, J. A., Toepfer, J. E., Simpson,A., Esker, T. L. et Westemeier, R. L. (2009) 'Beyond the beneficial effects of translocations as an effective tool for the genetic restoration of isolated populations', *Conservation Genetics* 10: 191–201.

Boyce, M. S. et Daley, D. J. (1980) 'Population tracking of fluctuating environments and natural selection for tracking ability', *American Naturalist* 115(4): 480–91.

Bruner, A. G., Gullison, R. E., Rice, R. E. et Fonseca, G. A. B. (2001) 'Effectiveness of parks in protecting tropical biodiversity', *Science* 291: 25–128.

Burns, C. E., Johnston, K. M. et Schmitz, O. J. (2003) 'Global climate change and mammalian species diversity in US national parks', *Proceedings of the National Academy of Sciences* 100: 11474–7.

Butchart, S. H. M. et 44 others (2010) 'Global biodiversity: indicators of recent declines', *Science* 328: 1164–8.

Cairns, J. (1977) 'Quantification of biological integrity', in R. K. Ballentine and L. J. Guarraia (eds) *The Integrity of Water*, US EPA Office of Water and Hazardous Materials, US Government Printing Office, Washington, DC.

Campbell, A., Kapos, V., Lysenko, I., Scharlemann, J. P. W., Dickson, B., Gibbs, H. K., Hansen, M. et Miles, L. (2008) *Carbon Emissions from Forest Loss in Protected Areas*, UNEP-WCMC, Cambridge.

Cardinale, B. J., Duffy, J. E., Gonzalez, A., Hooper, D. U., Perrings, C., Venail, P., Narwani, A., Mace, G. M., Tilman, D., Wardle, D. A., Kinzig, A. P., Daily, G. C., Loreau, M., Grace, J. B., Larigauderie, A., Srivastava, D. S. et Naeem, S. (2012) 'Biodiversity loss and its impact on humanity', *Nature* 486: 59–67.

Carvalheiro, L. G., Seymour, C. L., Veldtman, R. et Nicolson, S. W. (2010) 'Pollination services decline with distance from natural habitat even in biodiversity-rich areas', *Journal of Applied Ecology* 47: 810–20.

Caughley, G. (1994) 'Directions in conservation biology', *Journal of Animal Ecology* 63: 215–44.

Chan, K. M., Shaw, M. R., Cameron, D. R., Underwood, E. C. et Daily, G. C. (2006) 'Conservation planning for ecosystem services', *PLoS Biology* 4(11): e379.

Chapman, C. A., Lawes, M. J., Naughton-Treves, L. et Gillespie, T. (2003) 'Primate survival in community-owned forest fragments: are metapopulation models useful amidst intensive use?', in L. K. Marsh (ed.) *Primates in Fragments: Ecology and conservation*, pp. 63–78, Kluwer Academic/Plenum Publishers, New York.

Clark, S., Bolt, K. et Campbell, A. (2008) *Protected areas: an effective tool to reduce emissions from deforestation and forest degradation in developing countries,* Working Paper, UNEP-WCMC, Cambridge.

Clevenger, A. P. et Sawaya, M. A. (2010) 'Piloting a non-invasive genetic sampling method for evaluating population-level benefits of wildlife crossing structures', *Ecology and Society* 15: 7.

Clevenger, A. P., Ford, A. T. et Sawaya, M. A. (2009) *Banff wildlife crossings project: integrating science and education in restoring population connectivity across transportation corridors*, Final report to Parks Canada Agency, Radium Hot Springs, Colombie-Britannique.

Conservation Measures Partnership (CMP) (2005) *Taxonomies of Direct Threats and Conservation Actions*, Conservation Measures Partnership, Washington, DC.

Conservation Measures Partnership (CMP) (2013) *The Open Standards for the Practice of Conservation*, Conservation Measures Partnership, Washington, DC. <www.conservationmeasures.org>

Convention on Biological Diversity (CBD) (2004) *Programme of Work on Protected Areas*, Secretariat of the Convention on Biological Diversity, Montréal. <www.cbd.int/programmes/pa/pow-goals-alone. pdf>

Corlatti, L., Hacklaender, K. et Frey-Roos, F. (2009) 'Ability of wildlife overpasses to provide connectivity and prevent genetic isolation', *Conservation Biology* 23: 548–56.

Daily, C. (ed.) (1997) *Nature's Services: Societal dependence on natural ecosystems*, Island Press, Washington, DC.

Deguise, I. E. et Kerr, J. (2006) 'Protected areas and prospects for endangered species conservation in Canada', *Conservation Biology* 20(1): 48–55.

di Minin, E., Hunter, L. T., Balme, G. A., Smith, R. J., Goodman, P. S. et Slotow, R. (2013) 'Creating larger and better connected protected areas enhances the persistence of big game species in the Maputaland-Pondoland-Albany biodiversity hotspot', *PloS ONE* 8: e71788.

Dudley, N. (ed.) (2008) *Guidelines for Applying Protected Area Management Categories*, CMAP-UICN, Gland.

Dufrene, M. et Legendre, P. (1977) 'Species assemblages and indicator species: the need for a flexible asymmetrical approach', *Ecological Monographs* 67: 345–66.

Duggins, D. O. (1980) 'Kelp beds and sea otters: an experimental approach', *Ecology* 61: 447–53.

Edwards, C. J. et Regier, H. A. (eds) (1990) *An Ecosystem Approach to the Integrity of the Great Lakes in Turbulent Times*, Special Publication 90-4, Great Lakes Fishery Commission, Ann Arbor, MI.

Ellis, P. D. (2010) *The Essential Guide to Effect Sizes: An introduction to statistical power, meta-analysis and the interpretation of research results*, Cambridge University Press, Cambridge.

Ervin, J. (2002) *WWF Rapid Assessment and Prioritization of Protected Area Management (RAPPAM) Methodology*, WWF, Gland.

Estes, J. A., Terborgh, J., Brashares, J. S., Power, M. E., Berger, J., Bond, W. J. et Wardle, D. A. (2011) 'Trophic downgrading of planet Earth', *Science* 333(6040): 301–6.

Fagan, W. F. et Holmes, E. E. (2006) 'Quantifying the extinction vortex', *Ecology Letters* 9(1): 51–60.

Ferraro, K. P. J., Pfaff, A., Sanchez-Azofeifa, A. et Robalino, J. (2008) 'Measuring the effectiveness of protected area networks in reducing deforestation', *Proceedings of the National Academy of Science* 105(41).

Firecast (2014) *Firecast Forest and Fire Monitoring and Alert System for the Tropics*. <firealerts.conservation. org>

Flather, C. H., Hayward, G. D., Beissinger, S. R. et Stephens, P. A. (2011) 'Minimum viable populations: is there a "magic number" for conservation practitioners?', *Trends in Ecology and Evolution* 26(6): 307–16.

Fortin, D., Beyer, H. L., Boyce, M. S., Smith, D. W., Duchesne, T. et Mao, J. S. (2005) 'Wolves influence elk movements: behavior shapes a trophic cascade in Yellowstone National Park', *Ecology* 86: 1320–30.

Foundations of Success (FOS) (2014) *Foundations of Success*. <www.fosonline.org/>

Frankham, R. (2005) 'Genetics and extinction', *Biological Conservation* 126: 131–40.

Freedman, B. et Hutchinson, T. C. (1980) 'Long term effects of smelter pollution at Sudbury, Ontario, on surrounding forest communities', *Canadian Journal of Botany* 58: 2123–40.

Gaston, K. J. (2000) 'Global patterns in biodiversity', *Nature* 405: 220–7.

Geldmann, J., Barnes, M., Coad, L., Craigie, I. D., Hockings, M. et Burgess, N. D. (2013) 'Effectiveness of terrestrial protected areas in reducing habitat loss and population declines', *Biological Conservation* 161: 230–8.

Gilchrist, G., Mallory, M. et Merkel, F. (2005) 'Can local ecological knowledge contribute to wildlife management? Case studies of migratory birds', *Ecology and Society* 10: 20.

Gilpin, M. E. et Soulé, M. E. (1986) *Conservation Biology: The science of scarcity and diversity*, Sinauer Associates, Sunderland, MA.

Gitzen, R. A., Millspaugh, J. J., Cooper, A. B. et Licht, D. S. (eds) (2012) *Design and Analysis of Long-Term Ecological Monitoring Studies*, Cambridge University Press, New York.

Gurd, D. B., Nudds, T. D. et Rivard, D. H. (2001) 'Conservation of mammals in eastern North American wildlife reserves: how small is too small?', *Conservation Biology* 15: 1355–63.

Hall, J. A. et Fleischman, E. (2010) 'Demonstration as a means to translate conservation science into practice', *Conservation Biology* 24: 120–7.

Hansen, M. C., Stehman, S. V., Potapov, P. V., Loveland, T. R., Townshend, J. R. G., de Fries, R. S., Pittman, K. W., Arunarwati, B., Stolle, F., Steininger, M. K., Carroll, M. et di Miceli, C. (2008) 'Humid tropical forest clearing from 2000 to 2005 quantified by using multitemporal and multiresolution remotely sensed data', *Proceedings of the National Academy of Sciences*. <doi:10.1073/ pnas.0804042105>

Hanski, I. et Simberloff, D. (1997) 'The metapopulation approach, its history, conceptual domain, and application to conservation', in I. Hanski et M. E. Gilpin (eds) *Metapopulation Biology: Ecology, genetics, and evolution*, pp. 5–26, Academic Press, San Diego.

Hebblewhite, M., White, C. A., Nietvelt, C. G., McKenzie, J., Hurd, T. E., Fryxell, J. M., Bayley, S. E. et Paquet, P. (2005) 'Human activity mediates a trophic cascade caused by wolves', *Ecology* 86: 2135–44.

Heywood, V. H. (ed.) (1995) *Global Biodiversity Assessment*, Cambridge University Press, Cambridge.

Hooper, D. U., Adair, E. C., Cardinale, B. J., Byrnes, J. E. K., Hungate, B. A., Matulich, K. L., Gonzalez, A., Duffy, J. E., Gamfeldt, L. et O'Connor, M. I. (2012) 'A global synthesis reveals biodiversity loss as a major driver of ecosystem change', *Nature* 486: 105–8.

Hughes, A. R., Inouye, B. D., Johnson, M. T., Underwood, N. et Vellend, M. (2008) 'Ecological consequences of genetic diversity', *Ecology Letters* 11: 609–23.

International Joint Commission (1978) *Revised Great Lakes Water Quality Agreement of 1978*, International Joint Commission, États-Unis d'Amérique et Canada.

International Union for Conservation of Nature (IUCN) (2001) *IUCN Red List Categories and Criteria. Version 3.1*, Species Survival Commission, UICN, Gland.

International Union for Conservation of Nature (IUCN) (2005a) *Conservation Actions Authority File. Version 1.0*, IUCN Species Survival Commission, Cambridge. <iucn.org/webfiles/doc/SSC/RedList/ AuthorityF/ consactions.rtf>

International Union for Conservation of Nature (IUCN) (2005b) *Threats Authority File. Version 2.1*, IUCN Species Survival Commission, Cambridge. <iucn.org/ webfiles/doc/SSC/RedList/AuthorityF/ threats.rtf>

International Union for Conservation of Nature (IUCN) (2006) *Habitats Authority File. Version 1.0*, IUCN Species Survival Commission, Cambridge. <iucn.org/ webfiles/doc/SSC/RedList/AuthorityF/ habitats.rtf>

Janzen, D. (1999) 'Gardenification of tropical conserved wildlands: multitasking, multicropping and multiusers', *Proceedings of the National Academy of Sciences* 96: 5987–94.

Klijn, F. (1994) 'Ecosystem classification for environmental management', *Ecology and Environment* 2: 85–116.

Klijn, F. et de Haes, H. A. U. (1994) A *Hierarchical Approach to Ecosystems and its Implications for Ecological Land Classification,* Springer, Berlin.

Landres, P. B., Verner, J. et Thomas, J. W. (1988) 'Ecological uses of vertebrate indicator species', *Conservation Biology* 2: 316–28.

Landry, M., Thomas, V. G. et Nudds, T. D. (2001) 'Sizes of Canadian national parks and the viability of large mammal populations: policy implications', *George Wright Forum* 18(1): 13–23.

Le Saout, S., Hoffmann, M., Shi, Y., Hughes, A., Bernard, C., Brooks, T. M., Bertzky, B., Butchart, S. H. M., Stuart, S. N., Badman, T. et Rodrigues, A. S. L. (2013) 'Protected areas and effective biodiversity conservation', *Science* 15: 803–5.

Levins, R. (1970) 'Extinction', *Lectures on Mathematics in the Life Sciences* 2: 75–107.

Likens, G. E., Bormann, F. H., Pierce, R. S. et Reiners, W. A. (1978) 'Recovery of a deforested ecosystem', *Science* 199: 492–6.

Lindenmayer, D. B. (2009) *Forest Pattern and Ecological Process: A synthesis of 25 years of research*, CSIRO Publishing, Melbourne.

Lindenmayer, D. B. et Franklin, J. F. (2002) *Conserving Forest Biodiversity: A comprehensive multiscaled approach*, Island Press, Washington, DC.

Lindenmayer, D. B. et Lichens, G. F. (2010) *Effective Ecological Monitoring*, CSIRO Publishing, Melbourne.

Lindenmayer, D. B., Hobbs, R. J., Likens, G. E., Krebs, C. et Banks, S. C. (2011) 'Newly discovered landscape traps produce regime shifts in wet forests', *Proceedings of the National Academy of Sciences* 108: 15 887–91.

Lindenmayer, D. B., Mackey, B. G., Mullen, I. C., McCarthy, M. A., Gill, A. M., Cunningham, R. B. et Donnelly, C. F. (1999) 'Factors affecting stand structure in forests—are there climatic and topographic determinants?', *Forest Ecology and Management* 123: 55–63.

McCullough, D. R. (ed.) (1996) *Metapopulations and Wildlife Conservation*, Island Press, Washington, DC. MacKinnon, J., MacKinnon, K., Child, G. et Thorsell, J. (1986) Managing Protected Areas in the Tropics, UICN et PNUE, Cambridge.

MacKinnon, K. (2005) 'Parks, peoples and policies: conflicting agendas for forests in Southeast Asia', in E. Bermingham, C. W. Dick et C. Moritz (eds) *Tropical Rainforests: Past, present and future*, pp. 558–82, University of Chicago Press, Chicago.

MacKinnon, K., Hatta, G., Halim, H. et Mangalik, A. (1996) *The Ecology of Kalimantan: Indonesian Borneo*, Periplus, Singapour.

MacKinnon, J., MacKinnon, K., Child, G. et Thorsell, J. (1986) *Managing Protected Areas in the Tropics*, UICN, Gland.

Margoluis, R. et Salafsky, N. (1998) *Measures of Success: Designing, managing, and monitoring conservation and development projects*, Island Press, Washington, DC.

Margules, C. R. et Pressey, R. L. (2000) 'Systematic conservation planning', *Nature* 405: 243–53.

Martin, L. (1990) 'Flying foxes of the Brisbane River', in P. Davie, E. Stock et D. Low Choy (eds) *The Brisbane River: A source-book for the future*, Australian Littoral Society in association with the Queensland Museum, Brisbane.

Mattila, H. R. et Seeley, T. D. (2007) 'Genetic diversity in honey bee colonies enhances productivity and fitness', Science 317(5836): 362–4. Mills, L. S., Soulé, M. E. et Doak, D. F. (1993) 'The keystone-species concept in ecology and conservation', *BioScience* 43(4): 219–24.

Miradi (2007) *Miradi Adaptive Management Software for Conservation Projects.* <www.miradi.org>

Murphy, C. et Robertson, A. W. (2000) *Preliminary Study of the Effects of Honey Bees (Apis mellifera) in Tongariro National Park,* New Zealand Department of Conservation, Wellington.

National Parks Service (NPS) (2006) *US National Parks Service Management Policies: The guide to managing the national park system*, US National Parks Service, Washington, DC. <www.nps.gov/policy/mp/chapter4.htm>

National Parks Service (NPS) (2014) *US National Parks Service Inventory and Monitoring Program,* US National Parks Service, Washington, DC. <science. nature.nps.gov/im/>

Nel, P. (1997) *Conservation and Management of Biodiversity in Protected Areas in the North West Province*, Conservation Management Division, North West Parks and Tourism Board, Mafikeng, Afrique du Sud. <www.cbd.int/doc/meetings/nbsap/ nbsapcbw-seafr-01/other/nbsapcbw-seafr-01-nwptb- pa-en.pdf>

Newmark, W. D. (1995) 'Extinction of mammal populations in western North American national parks', *Conservation Biology* 9: 512–26.

Niemi, G. J. et McDonald, M. E. (2004) 'Application of ecological indicators', *Annual Review of Ecology, Evolution and Systematics* 35: 89–111.

Noss, R. F. (1983) 'A regional landscape approach to maintain diversity', *BioScience* 33(11): 700–6.

Noss, R. F. (1990) 'Indicators for monitoring biodiversity: a hierarchical approach', *Conservation Biology* 4: 355–64.

Oakley, K. L., Thomas, L. P. et Fancy, S. G. (2003) 'Guidelines for long-term monitoring protocols', *Wildlife Society Bulletin* 31: 1000–3.

O'Brien, T. (2014) *Camera Traps for Conservation: Monitoring protected area investment*, Zoological Society of London, Londres.

Ojeda, V. S., Suarez, M. L. et Kitzberger, T. (2007) 'Crown dieback events as key processes creating cavity habitat for magellanic woodpeckers', *Austral Ecology* 32(4): 436–45.

Ollerton, J., Winfree, R. et Tarrant, S. (2011) 'How many flowering plants are pollinated by animals?', *Oikos* 120: 321–6.

Olson, D., Dinerstein, E., Wikramanayake, E. D., Burgess, N. D., Powell, G. V. N., Underwood, E. C., d'Amico, J. A., Itoua, I., Strand, H., Morrison, J. C., Loucks, C. J., Allnutt, T., Ricketts, T. H., Kura, Y., Lamoreux, J. F., Wettengel, W. W., Hedao, P. et Kassem, K. R. (2001) 'Terrestrial ecoregions of the world: a new map of life on earth', *BioScience* 51: 933–8.

Open Parks Network (OPM) (2014) Open Parks Network. <openparksnetwork.org/>

Pacioni, C., Wayne, A. D. et Spencer, P. B. S. (2011) 'Effects of habitat fragmentation on population structure and long-distance gene flow in an endangered marsupial: the woylie', *Journal of Zoology* 283: 98–107.

Paine, R. T. (1969) 'A note on trophic complexity and community stability', *American Naturalist* 103: 91–3.

Patrick, R. (1967) 'Diatom communities in estuaries', *American Association for the Advancement of Science* (83): 311–15.

Pechmann, H. K., Scott, D. E., Semlitsch, R. D., Caldwell, I. P., Vitt, L. et Gibbons, J. W. (1991) 'Declining amphibian populations: the problem of separating human impacts from natural fluctuations', *Science* 253: 892–5.

Pimentel, D., Westra, L. et Noss, R. (eds) (2000) *Ecological Integrity: Integrating environment, conservation, and health*, Island Press, Washington, DC.

Pimm, S. L. (1982) *Food Webs*, Chapman & Hall, Londres.

Project Noah (2014) *A Tool to Explore and Document Wildlife and a Platform to Harness the Power of Citizen Scientists Everywhere*, Project Noah. <www.projectnoah.org>

Rabinowitz, D. (1981) 'Seven forms of rarity', in H. Synge (ed.) *The Biological Aspects of Rare Plant Conservation*, pp. 205–17, John Wiley & Sons, Hoboken, NJ.

Raesly, E. J. (2001) 'Progress and status of river otter reintroduction projects in the United States', *Wildlife Society Bulletin* 29: 856–62.

Rafferty, C. et Pacioni, C. (2012) Woodland reserve, Whiteman Park: a case study in the conservation value of post-care animals, Australian Wildlife Rehabilitation Conference, Townsville, Queensland. <www.awrc.org.au/uploads/5/8/6/6/5866843/ rafferty_pacioni_value_post_care_2012.pdf>

Ripple, W. J., Larsen, E. J., Renkin, R. A. et Smith, D. W. (2001) 'Trophic cascades among wolves, elk, and aspen on Yellowstone National Park's northern range', *Biological Conservation* 102: 227–34.

Rivard, D. H., Poitevin, J., Plasse, D., Carleton, M. et Currie, D. J. (2000) 'Changing species richness and composition in Canadian national parks', *Conservation Biology* 14: 1099–109.

Salafsky, N. et Margoluis, R. (1999) 'Threat reduction assessment: a practical and cost- effective approach to evaluating conservation and development projects', *Conservation Biology* 13: 830–41.

Salafsky, N., Butchart, S. H. M., Salzer, D., Stattersfield, A. J., Neugarten, J., Hilton-Taylor, C., Collen, B., Master, L., O'Connor, S. et Wilkie, D. (2009) 'Pragmatism and practice in classifying threats: reply to Balmford et al.', *Conservation Biology* 23: 488–93.

Salafsky, N., Salzer, D., Ervin, J., Boucher, T. et Ostlie, W. (2003) *Conventions for Defining, Naming, Measuring, Combining, and Mapping Threats in Conservation: An initial proposal for a standard system*, Conservation Measures Partnership. <www.conservationmeasures.org>

Salafsky, N., Salzer, D., Stattersfield, A. J., Hilton-Taylor, C., Neugarten, R., Butchart, S. H. M., Collen, B., Cox, N., Master, L. L., O'Connor, S. et Wilkie, D. (2008) 'A standard lexicon for biodiversity conservation: unified classifications of threats and actions', Conservation Biology 22: 897–911.

Sawaya, M. A., Clevenger, A. P. and Kalinowski, S. T. (2013) 'Demographic connectivity for ursid populations at wildlife crossing structures in Banff National Park', *Conservation Biology* 27: 721–30.

Schulze, E. D. et Mooney, H. A. (1993) *Biodiversity and Ecosystem Function,* Springer Verlag, New York.

Shaffer, M. (1978) Determining minimum viable population sizes: a case study of the grizzly bear (*Ursus arctos* L.), PhD dissertation, Duke University, Durham, NC.

Simberloff, D. (1998) 'Flagships, umbrellas, and keystones: is single-species management passé in the landscape era?', *Biological Conservation* 83: 247–57.

Soulé, M. E. et Simberloff, D. (1986) 'What do genetics and ecology tell us about the design of nature reserves', *Biological Conservation* 35: 19–40.

Spalding, M. D., Fox, H. E., Allen, G. R., Davidson, N., Ferdaña, Z. A., Finlayson, M., Halpern, B. S., Jorge, M. A., Lombana, A., Lourie, S. A., Martin, K. D., McManus, E., Molnar, J., Recchia, C. A. et Robertson, J. (2007) 'Marine ecoregions of the world: a bioregionalization of coastal and shelf areas', *Bioscience* 57: 573–83.

Steege, H. et 119 others (2013) 'Hyperdominance in the Amazonian tree flora', *Science* 342: 1 243 092.

Stokes, M. (2012) 'Population ecology at work: managing game populations', *Nature Education Knowledge* 3(10): 5.

The Nature Conservancy (TNC) (2000) *The Five-S Framework for Site Conservation: A practitioner's handbook for site conservation planning and measuring conservation success. Volume I,* 2nd edn, The Nature Conservancy, Arlington, VA.

The Nature Conservancy (TNC) (2007) *Conservation Action Planning: Developing strategies, taking action and measuring success at any scale,* The Nature Conservancy, Arlington, VA.

Tilman, D. et Kareiva, P. M. (eds) (1997) *Spatial Ecology: The role of space in population dynamics and interspecific interactions. Volume 30,* Princeton University Press, Princeton, NJ.

Tingley, M. W., Estes, L. D. et Wilcove, D. S. (2013) 'Climate change must not blow conservation off course', *Nature* 500: 271–2.

Traill, L. W., Brook, B. W., Frankham, R. R. et Bradshaw, C. J. (2010) 'Pragmatic population viability targets in a rapidly changing world', *Biological Conservation* 143: 28–34.

Tucker, C. J., Pinzon, J. E., Brown, M. E., Slayback, D. A., Pak, E. W., Mahoney, R., Vermote, E. F. et El Saleous, N. (2005) 'An extended AVHRR 8-km NDVI dataset compatible with MODIS and SPOT vegetation NDVI data', *International Journal of Remote Sensing* 26: 4485–98.

Udvardy, M. D. F. (1975) *A classification of the biogeographical provinces of the world,* IUCN Occasional Paper No. 18, UICN, Gland.

Underwood, A. J. (1994) 'On beyond BACI: sampling designs that might reliably detect environmental disturbances', *Ecological Applications* 4: 3–15. van der Ree, R., Heinze, D., McCarthy, M. et Mansergh, I. (2009) 'Wildlife tunnel enhances population viability', *Ecology and Society* 14(2). <www.ecologyandsociety.org/vol14/iss2/art7/>

Watson, L. H., Odendaal, H. E., Barry, T. J. et Pietersen, J. (2005) 'Population viability of Cape mountain zebra in Gamka Mountain Nature Reserve, South Africa: the influence of habitat and fire', *Biological Conservation* 122: 173–80.

Westemeier, R. L., Brawn, J. D., Simpson, S. A., Esker, T. L., Jansen, R. W., Walk, J. W., Kershner, E. L., Bouzat, J. L. et Paige, K. N. (1998) 'Tracking the long-term decline and recovery of an isolated population', *Science* 282: 1695–8.

Westman, W. E. (1990) 'Managing for biodiversity', *Bioscience* 40: 26–33.

White, C. A. et Fisher, W. (2007) 'Ecological restoration in the Canadian Rocky Mountains: developing and implementing the 1997 Banff National Park Management Plan', in M. Price (ed.) *Mountain Area Research and Management*, pp. 217– 42, Earthscan, Londres.

White, C. A., Hurd, T. E., Hebblewhite, M. et Pengelly, I. R. (2007) Mitigating fire suppression, highway and habitat fragmentation effects in the Bow Valley ecosystem, Banff National Park: preliminary evaluation with a before-after-control- impact (BACI) design with path analysis, Paper presented at Monitoring the Effectiveness of Biological Conservation Conference, Richmond, Colombie-Britannique, 2–4 novembre 2004. <www.forrex.org/events/mebc/papers.html>

White, C. A., Olmsted, C. E. et Kay, C. E. (1998) 'Aspen, elk, and fire in the Rocky Mountain national parks of North America', *Wildlife Society Bulletin* 26: 449–62.

Whyte, I. J. (2001) *'Headaches and heartaches—the elephant management dilemma', in D. Schmidtz et E. Willot (eds) Environmental Ethics: Introductory readings,* pp. 293–305, Oxford University Press, New York.

Wieczorek, J., Bloom, D., Guralnick, R., Blum, S., Döring, M., de Giovanni, R., Robertson, T. et Vieglais, D. (2012) 'Darwin Core: an evolving community-developed biodiversity data standard', *PLoS ONE* 7(1): e29715. <doi:10.1371/journal.pone.0029715>

Wildlife Conservation Society (WCS) (2002) 'Using conceptual models to set conservation priorities', *Living Landscapes Bulletin* 5: 1–4.

Williams, W. T. (1980) 'Air pollution disease in the Californian forests: a base line for smog disease on ponderosa and Jeffery pines in the Sequoia and Los Padres National Forests, California', *Environmental Science & Technology* 14: 179–82.

Woodley, S. (1993) 'Monitoring and measuring ecosystem integrity in Canadian national parks', in S. J. Woodley, G. Francis et J. Kay (eds) *Ecosystem Integrity and the Management of Ecosystems*, pp. 155–76, St Lucie Press, Delray Beach, FL.

Woodley, S. (2010) 'Ecological integrity: a framework for ecosystem-based management', in D. N. Cole et L. Yung (eds) *Beyond Naturalness: Rethinking park and wilderness stewardship in an era of rapid change*, pp. 106–25, Island Press, Washington, DC.

Woodley, S., Bertzky, B., Crawhall, N., Dudley, N., Londoño, J. M., MacKinnon, K., Redford, K. et Sandwith, T. (2012) 'Meeting Aichi Target 11: what does success look like for protected area systems?', *PARKS* 18(1): 23–36.

Woodley, S., Francis, G. et Kay, J. (eds) (1993) *Ecosystem Integrity and the Management of Ecosystems*, St Lucie Press, Boca Raton, FL.

Woodwell, G. E. (1970) 'Effects of pollution on the structure and physiology of ecosystems', *Ambio* 11: 143–8.

World Checklist of Selected Plant Families (WCSP) (2008) *World Checklist of Selected Plant Families*, The Board of Trustees of the Royal Botanic Gardens, Kew, Royaume-Uni. <www.kew.org/wcsp>

World Resources Institute (2005) *Ecosystems and Human Well-Being: Biodiversity synthesis*, World Resources Institute, Washington, DC.

CHAPITRE 22

GESTION DES USAGES ET CARACTÉRISTIQUES CULTURELLES

Auteurs principaux :
Fausto Sarmiento et Edwin Bernbaum

Collaborateurs :
Jessica Brown, Jane Lennon et Sue Feary

UICN CMAP COMMISSION MONDIALE DES AIRES PROTÉGÉES Convention sur la diversité biologique

TABLE DES MATIÈRES

AUTEURS PRINCIPAUX

FAUSTO SARMIENTO est professeur de géographie et directeur du Neotropical Montology Collaboratory de l'Université de Géorgie, Athens, États-Unis.

EDWIN BERNBAUM est co-président du groupe de spécialistes des valeurs culturelles et spirituelles des aires protégées de l'Union internationale pour la conservation de la nature (UICN) et collaborateur émérite du Mountain Institute, Berkeley, Californie.

COLLABORATEURS

JESSICA BROWN est directrice exécutive de la Fondation New England Biolabs et préside le groupe de spécialistes des paysages terrestres et marins protégés de la Commission mondiale des aires protégées de l'UICN (CMAP-UICN).

JANE LENNON est géographe historienne avec plus de 30 ans d'expérience dans la gestion du patrimoine naturel et culturel, et professeure honoraire en patrimoine paysager à l'Université de Melbourne, Australie.

SUE FEARY est archéologue et gestionnaire de parcs nationaux. Elle travaille depuis 25 ans sur la gestion du patrimoine naturel et culturel et les relations avec les aborigènes australiens.

REMERCIEMENTS

Les auteurs tiennent à remercier Josep-María Mallarach, Thymio Papayannis, Mark Infield, Arthur Mugisha, Shalini Dhyani et Deepak Dhyani pour leurs contributions aux études de cas. Merci également à Alejandro Argumedo pour l'exemple du parc de la pomme de terre, et à Randall Borman pour l'exemple de la réserve écologique Cofán Bermejo. Merci à Sharon Sullivan pour sa relecture critique et très utile de la première ébauche de ce chapitre.

CITATION

Sarmiento, F., Bernbaum, E., Brown, J., Lennon, J. et Feary, S. Managing cultural features and uses. In Worboys, G. L., Lockwood, M., Kothari, A., Feary, S. et Pulsford, I. (éd.) *Gouvernance et gestion des aires protégées*. Canberra : ANU Press, 2020. doi.org/10.22459/GGAP.22

PHOTO DE LA PAGE DE TITRE

Parc national de Göreme et les sites rocheux de la Cappadoce, un site du Patrimoine mondial, Turquie : les roches volcaniques molles ont été érodées en des piliers spectaculaires aux formes de minarets. Le site a été occupé depuis l'époque romaine et comprend de nombreux sanctuaires creusés dans la roche
Source : Ingrid Iversen

Introduction

Dans ce chapitre, nous explorerons l'administration des utilisations et la gestion des caractéristiques culturelles au sein des aires protégées. Notre analyse mettra l'accent sur certains des changements émergents dans la réflexion sur le patrimoine culturel, tels que l'intégration de la protection des objectifs naturels et culturels, les nouveaux paradigmes de conservation des paysages culturels et de la diversité bioculturelle, et l'attention croissante accordée au rôle des peuples autochtones et communautés locales dans la gestion des aires protégées. Nous discuterons également des principes et pratiques applicables à la gestion des éléments culturels, y compris le patrimoine bâti et les sites d'importance religieuse.

Les humains utilisent le système moderne d'aires protégées de différentes façons, et dans un sens, toute utilisation humaine est culturelle. Ces utilisations peuvent être motivées par le statut d'aire protégée lui-même, pouvant offrir, par exemple, des possibilités uniques de loisirs, d'éducation ou de tourisme commercial. Elles peuvent également inclure des pratiques religieuses ou des activités ayant façonné l'environnement, bien avant la création de l'aire protégée.

Le fait de reconnaître que les diversités biologique et culturelle ont coexisté, et que la conservation de la diversité biologique est souvent liée aux modes de vie traditionnels des communautés autochtones et locales, a entraîné d'importants changements dans la conception des aires protégées. L'utilisation de termes tels que « diversité bioculturelle » et « patrimoine bioculturel » reflète un changement de paradigme, qui envisage désormais l'activité humaine comme faisant partie des processus écosystémiques. L'utilisation culturelle englobe toutes les activités humaines dans une aire protégée, et la gestion de cette utilisation comporte de nombreuses dimensions différentes. Cela peut inclure, par exemple, l'application de la loi contre les activités illégales, par le biais d'une délégation de pouvoirs aux communautés locales, leur permettant de gérer leur utilisation des ressources dans une aire protégée. Dans ce chapitre, nous nous concentrerons sur des approches intégrées visant à gérer l'utilisation contemporaine des aires protégées par les communautés autochtones et locales. Nous présenterons également des informations sur la complexité de la gestion de l'utilisation des sites sacrés par différents groupes religieux et le public.

En plus du patrimoine immatériel, la plupart des aires protégées contiennent des preuves tangibles d'une utilisation humaine passée, pouvant s'étendre sur plusieurs milliers d'années. Ce patrimoine peut être précieux, rare ou irremplaçable. Ces caractéristiques culturelles peuvent inclure des sites archéologiques anciens, des paysages culturels, des bâtiments, des monuments ou des sentiers, ou des complexes de caractéristiques. Beaucoup continuent d'avoir une grande signification pour les personnes auxquelles elles sont associées. La gestion de ces éléments culturels ne consiste donc pas seulement à gérer ou à préserver des preuves historiques (parfois appelées « tissu »), mais peut également consister à s'engager avec une communauté locale, une famille ou groupe autochtone dont les ancêtres ont construit le bâtiment ou créé le paysage culturel en question. Nous appliquerons les principes et pratiques de gestion du patrimoine culturel à la conservation de ces éléments culturels.

Grottes bouddhistes à Kanheri, parc national de Sanjay Gandhi, Inde : les grottes sculptées dans la brèche volcanique illustrent l'influence bouddhiste sur l'art et la culture de l'Inde

Source : Graeme L. Worboys

Gestion des pratiques culturelles contemporaines

Le système de classification de l'Union internationale pour la conservation de la nature (UICN), de la catégorie I à la catégorie VI, correspond à un degré décroissant de naturalité et un degré croissant de « culturalité » (Dudley, 2008 ; voir chapitre 2, figure 2.1). Il offre des directives aux personnes chargées de désigner ou de gérer des aires protégées au niveau d'un site ou d'un réseau. Au XXIe siècle, la majorité des aires protégées à travers le monde connaissent un certain degré d'utilisation humaine, pouvant varier de « laisser seulement quelques empreintes » à une utilisation des ressources de subsistance par les peuples autochtones et les communautés vivant dans ou à proximité des aires protégées.

Les objectifs des différentes catégories de l'UICN aident à prescrire le type et l'étendue de l'utilisation culturelle. Ainsi, les aires protégées de catégorie I (réserves intégrales et de nature sauvage) encourageront la randonnée à faible impact et la jouissance passive. Les aires protégées de catégorie II (parc national) font souvent l'objet d'une promotion en raison de leurs valeurs récréatives et touristiques, et certaines d'entre elles sont très fréquentées par les visiteurs dans la poursuite de ces valeurs (voir le chapitre 23). La recherche et l'éducation, en particulier aux niveaux primaire et secondaire, sont également parmi les caractéristiques d'un parc national. La catégorie III (monument ou élément naturel) concerne les caractéristiques naturelles, mais celles-ci peuvent être très importantes en tant que sites sacrés et recevoir ainsi un nombre élevé de visites de la part de pèlerins ainsi que du grand public. La catégorie IV (habitat/zone de gestion des espèces) se caractérise souvent par une moindre utilisation culturelle, à moins que l'habitat d'une espèce donnée ne soit déterminé culturellement, comme par exemple, dans la réserve de faune du Chimborazo, en Équateur. Cette réserve a été créée à la fin des années 1970 pour permettre la réintroduction de camélidés andins dont les populations avaient presque disparu dans la région. Le gouvernement équatorien a réintroduit la vigogne (*Vicugna vicugna*) dans la zone entourant le volcan Chimborazo, et a également introduit des lamas (*Lama glama*), afin que les communautés autochtones locales puissent les élever et les gérer.

Les aires de catégorie V (paysage terrestre/marin protégé) sont des lieux visiblement façonnés par les interactions de l'homme avec l'environnement naturel. Il s'agit de paysages bioculturels ou culturels. Leur existence repose sur des processus soutenant cette relation, obtenus grâce au rôle d'intendance des communautés locales et autochtones (Brown et al., 2005). L'utilisation culturelle continue des paysages protégés est essentielle à leur existence. Les aires de catégorie VI combinent la conservation des écosystèmes avec les systèmes traditionnels de gestion de l'utilisation des ressources naturelles. La majeure partie de l'aire est conservée dans un état naturel, mais une certaine proportion est sujette à une faible utilisation non industrielle des ressources naturelles. Bien que les connaissances écologiques traditionnelles soient applicables et combinables à la science occidentale dans toutes les catégories, elles s'expriment généralement plus fortement dans les catégories V et VI.

La matrice créée en combinant les catégories de gestion (axe vertical) et les styles de gouvernance (axe horizontal) est un outil utile pour les gestionnaires d'aires protégées et les professionnels de la conservation (voir les chapitres 7 et 8). Ce cadre matriciel reconnaît que les aires protégées sont créées et entretenues par un large éventail d'intendants. Cet outil, entre autres événements, a renforcé une importante évolution de la pensée, d'un point de vue conventionnel selon lequel les aires protégées sont créées et gérées uniquement par les gouvernements, à un point de vue reconnaissant qu'il s'agit également de lieux créés et gérés par des communautés, des organisations privées ou des individus selon diverses modalités. Toutes les aires protégées, d'une réserve naturelle intégrale à une réserve extractive, peuvent être gérées par n'importe quel régime de gouvernance. Les pays sont aujourd'hui encouragés par l'UICN à élargir leurs réseaux nationaux d'aires protégées en y intégrant toute la gamme des types de gouvernance (Kothari et al., 2013). La matrice des aires protégées peut potentiellement faciliter l'inclusion du paradigme du patrimoine bioculturel (appréciation de la coévolution de la nature et de la culture) dans toutes les catégories de gestion et options de gouvernance (Dudley, 2008 ; Borrini-Feyerabend et al., 2013).

Le cinquième Congrès mondial des parcs, en 2003, a abouti à l'Accord de Durban, qui consacre les droits et responsabilités des communautés autochtones et locales, et rehausse le profil des divers régimes de gouvernance, et en particulier ceux impliquant une gouvernance collaborative et communautaire (Brown et Kothari, 2011). Lors du congrès, le rôle des communautés dans la création et la gestion des aires protégées a été, pour la première fois, un élément central du débat, initiant un travail important sur le thème de la gouvernance. Le thème de la protection des paysages bioculturels et culturels terrestres et marins a également été abordé dans un atelier ayant permis de faire ressortir l'expérience d'études de cas de diverses régions, et ayant débouché sur un livre sur une nouvelle approche de collaboration avec les communautés locales pour atteindre

Session plénière du Congrès mondial des parcs de Durban 2003, Afrique du Sud

Source : Graeme L. Worboys

Étude de cas 22.1 Formation de rangers du peuple Cofán

Le peuple Cofán (ou A'I) a réussi à obtenir une meilleure protection pour son territoire, au sein de la vaste réserve écologique Cofán-Bermejo, en Équateur, Amérique du Sud. Pour cela, un groupe restreint de rangers et de guides touristiques autochtones a été formé et chargé de patrouiller les limites de la réserve, et d'informer les visiteurs des principaux mécanismes en place pour protéger la biodiversité. Sous la direction de Randall Borman, un chaman multilingue de la nation Cofán, ils ont pu négocier la réhabilitation environnementale des écosystèmes fluviaux pollués par le pétrole des sources nourricières du bassin versant du Napo, y compris les Coca Falls (anciennement San Rafael), l'une des cascades les plus photographiées dans l'une des écorégions les plus riches en biodiversité de la planète (Cepek ,2012).

des objectifs de conservation intégrant la nature et la culture (Brown et al., 2005).

Parallèlement à l'Accord de Durban, le congrès a produit un « Message à la Convention sur la diversité biologique », contenant des recommandations spécifiques liées à la participation des communautés autochtones et locales et aux approches de conservation fondées sur les droits. Il est important de noter que ces points ont ensuite été repris dans le Programme de travail sur les aires protégées de la Convention sur la diversité biologique (CDB), contribuant ainsi à façonner les politiques des pays signataires de la convention (Kothari et al., 2013).

Apprécier et travailler avec une diversité de cultures fait aujourd'hui partie des principes directeurs de l'administration et de la gestion des aires protégées, de par la prise de conscience que la protection du monde naturel et culturel peut dépendre du soutien et des connaissances des personnes vivant dans ou à proximité des aires protégées. Les communautés locales et autochtones, autrefois exclues, ont aujourd'hui un rôle central à jouer en tant que gardiennes du paysage (Brown et Hay-Edie, 2013). Cela reflète la reconnaissance du fait que l'intendance pratiquée par les communautés locales et autochtones depuis l'antiquité a été importante pour conserver les valeurs mêmes qui confèrent à un site son statut de protection (Rössler, 2003). Cette tendance à la gestion autochtone est illustrée par un exemple en Amérique latine dans l'Étude de cas 22.1. Cet exemple met en évidence l'influence croissante des initiatives communautaires pour une conservation « par le bas ». Ces initiatives s'opposent aux approches descendantes, qui caractérisaient la déclaration des aires protégées au cours des décennies précédentes. L'exemple montre également le renouveau culturel autochtone (Sarmiento et Hitchner sous presse), ainsi qu'une participation plus affirmée des groupes culturels locaux, principalement des nations autochtones, au niveau de la gouvernance politique nationale et du leadership intellectuel international, et en particulier dans le programme du Patrimoine mondial (Te Heuheu et al., 2012). La prise en compte des utilisations et valeurs culturelles est aujourd'hui une étape nécessaire dans la planification de la conservation, et son importance se reflète dans les programmes de formation et d'apprentissage bidirectionnel (étude de cas 22.2).

Gérer l'utilisation culturelle avec des approches intégratives

Historiquement, la conservation de la nature par la désignation officielle d'aires protégées était dirigée, guidée et parfois contrôlée par les idéaux du monde occidental (voir les chapitres 4, 5 et 7). Il est aujourd'hui reconnu que la prise en compte des besoins de subsistance et la reconnaissance des connaissances écologiques locales et traditionnelles construites au fil des siècles pour gérer les paysages culturellement modifiés sont potentiellement des moyens d'améliorer les pratiques de conservation dans les aires protégées de toute nature. Les aires protégées sont des éléments clés de toute stratégie de conservation et de maintien de la biodiversité dans les paysages terrestres et marins, et combler le fossé entre la nature et la culture peut être un aspect important pour faire en sorte que les aires protégées répondent aux besoins humains et aux défis futurs en matière de conservation de la nature. Nous risquons d'ignorer la valeur entière des aires protégées (Harmon et Putney, 2003) à moins d'adopter un éventail diversifié de valeurs, naturelles et culturelles matérielles et immatérielles, dans la planification, la désignation et la gestion des aires protégées (Phillips, 2003).

Trois tendances importantes dans cette direction incluent : la création d'aires protégées sur la base de la catégorie V, les progrès continus réalisés dans la désignation de paysages culturels du Patrimoine mondial dans diverses régions géographiques, en particulier dans les nominations dirigées par les communautés autochtones et locales, et l'émergence du concept de patrimoine bioculturel.

Aires protégées de catégorie V de l'UICN

Les aires protégées de catégorie V de l'UICN, longtemps associées aux aires protégées européennes, ont été de plus en plus reprises et appliquées dans diverses régions du monde, dans des endroits comme la région andine d'Amérique du Sud, l'Afrique de l'Est ou l'Océanie (Brown et al., 2005 ; Dudley et Stolton, 2012), y compris les régions associées à la protection de l'agro-biodiversité et de la sécurité

Étude de cas 22.2 :Intégration des valeurs culturelles locales dans la gestion du parc national des Monts Rwenzori, Ouganda

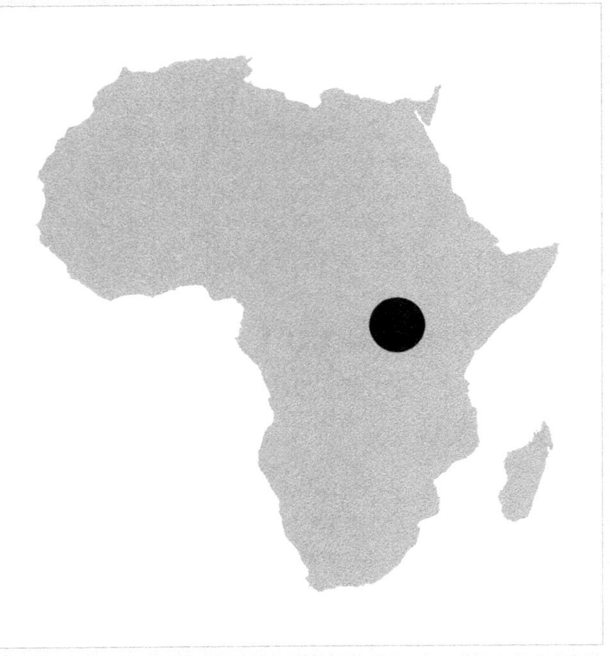

Figure 22.1 Emplacement indicatif du parc national des Monts Rwenzori, Ouganda, sur le continent africain

Source : US NPS

En 2006, Fauna and Flora International et l'Uganda Wildlife Authority (UWA) ont démarré un partenariat visant à intégrer les valeurs culturelles locales dans la conservation et la gestion du parc national des monts Rwenzori. Cependant, les objectifs de conservation n'ont pas été atteints, faute de soutien local et politique, et les relations entre la population et les gestionnaires du parc sont restées difficiles et distantes. Le projet Culture, Valeurs et Conservation a cherché à améliorer cette situation en reconnaissant l'importance des valeurs et intérêts locaux pour obtenir des résultats en matière de conservation.

Le principe sous-jacent au projet était que la participation des communautés, en étudiant leurs valeurs culturelles et en travaillant à les intégrer à la gestion du parc, serait plus efficace pour créer un soutien local et un engagement actif que de décrire l'importance du parc en termes de science et d'économie, et d'expliquer la nécessité de le protéger en utilisant les valeurs occidentales.

Les Banyarwenzururu, ou peuple des montagnes, ont vécu pendant des siècles dans les montagnes, cultivant les contreforts, récoltant des ressources dans les forêts et chassant dans les landes des hautes terres et les plaines des basses terres. Leur organisation sociale et politique est basée sur les crêtes montagneuses qui descendent des sommets aux plaines. Chaque crête est « desservie » par un site sacré. Le pouvoir spirituel provient de Kithasamba, qui habite les sommets enneigés des montagnes, et les aires protégées appartiennent au roi (*Omusinga*). Du Roi, le pouvoir passe aux chefs de clan (*Ise' malhambo*), puis aux chefs de crête (*Bakulu B'bulhambo*), responsables des cérémonies destinées à purifier les crêtes, protéger et apporter la bonne fortune à la communauté. Les chefs de crête sont également chargés d'assurer un comportement approprié et respectueux des personnes récoltant ou chassant dans les montagnes, et partageant ainsi l'espace avec les dieux.

Bien qu'elles ne soient pas considérées comme des mesures de conservation au sens occidental moderne, ces institutions et normes culturelles ont contribué à maintenir l'ordre naturel et social. Les Chefs de crête gèrent efficacement l'utilisation des ressources par la communauté, dans les forêts situées au-dessus de leur crête. La direction du parc n'a pas compris l'efficacité de cette gouvernance traditionnelle fonctionnant par crêtes, et a empêché l'accès aux sites sacrés, affaiblissant le lien culturel entre les populations et la montagne.

Pour intégrer la culture Banyarwenzururu dans le parc, le projet a :

- formé des gardiens et des rangers aux idées de base de l'approche, et aidé à renforcer les capacités et l'intérêt pour une approche fondée sur les valeurs culturelles ;
- fait participé l'équipe de planification des aires protégées de l'UWA à l'intégration de l'évaluation des valeurs culturelles dans les processus officiels de planification du parc ;
- contacté des groupes et des institutions communautaires afin de les encourager à travailler avec le parc, et les a aidés à évaluer les valeurs des montagnes Rwenzori importantes pour eux ;
- facilité des négociations pour aider les communautés et les gestionnaires du parc à s'entendre sur les valeurs clés du parc susceptibles de soutenir les intérêts et les objectifs communs de la communauté et du parc ;
- soutenu des champions locaux des valeurs et pratiques liant les populations locales au parc, et les a aidés à collaborer avec le personnel du parc pour intégrer les valeurs locales à la gestion quotidienne du parc ;
- aidé l'UWA à revoir ses politiques, pratiques et programmes du point de vue des valeurs culturelles à partir des résultats, des problèmes rencontrés et des leçons apprises ;
- encouragé les institutions culturelles et les autorités du parc à négocier des mécanismes de collaboration visant à harmoniser les intérêts traditionnels et officiels ;
- aidé à rédiger des protocoles d'entente et à réviser les plans de gestion du parc, en tenant compte explicitement des accords sur les valeurs culturelles.

L'adoption d'une approche fondée sur les valeurs culturelles ne résoudra pas tous les défis auxquels est confrontée la conservation, mais elle promet de démontrer des incitations mutuellement bénéfiques pour la gestion des aires protégées, des paysages environnants et des ressources naturelles, et de créer un groupe de soutien plus large pour la conservation, qui protégera la biodiversité de manière plus durable, plus efficace et plus équitable (Infield et Mugisha, 2013).

— Mark Infield et Arthur Mughisa, Fauna and Flora International alimentaire (Amend et al., 2008). Ces désignations de paysages terrestres et marins protégés, relativement récentes, s'inspirent généralement de la définition de la catégorie V, telle que présentée dans les lignes directrices de l'UICN et adaptée à un contexte national ou provincial spécifique. Suite à la réévaluation de 2008 des catégories de gestion des aires protégées de l'UICN, la définition actualisée suivante des aires protégées de catégorie V est inclue dans la version actuelle du guide de l'UICN :

> Une aire protégée où l'interaction des hommes et de la nature a produit, au fil du temps, une aire possédant un caractère distinct, avec des valeurs écologiques, biologiques, culturelles et panoramiques considérables, et où la sauvegarde de l'intégrité de cette interaction est vitale pour protéger et maintenir l'aire, la conservation de la nature associée, ainsi que d'autres valeurs. (Dudley, 2008:20)

Des exemples récents de diverses régions sont illustratifs. La Province du Québec, au Canada, a créé une désignation appelée *paysage humanisé* (ou « paysage vivant ») en accord avec la catégorie V, et inspirée des parcs naturels régionaux de France et de Belgique. La Province a introduit cette désignation comme un moyen d'accroître la conservation de la biodiversité, en particulier sur les terres privées, tout en encourageant un développement rural durable (Blattel et al., 2008). Le système brésilien d'aires protégées comprend les *Area de Proteçao Ambiental* (ou « zone de protection de l'environnement »), une désignation similaire à la catégorie V (Lino et Britto de Moraes, 2005). En Équateur, avec l'introduction d'une nouvelle Loi des Cultures en 2014, la création potentielle d'une désignation de Paysage culturel du patrimoine équatorien est en cours d'étude. Une telle désignation serait fondée sur les valeurs de l'identité équatorienne, le maintien de la diversité biologique et culturelle, et la déclaration du patrimoine au sens andin d'« héritage » à protéger (Sarmiento et Viteri sous presse).

Récemment, l'aire protégée autochtone élargie de Dhimurru, en Australie, a été officiellement reconnue par les gouvernements australien et du Territoire du Nord comme une aire protégée de catégorie V. L'Aire protégée autochtone (IPA) s'étend aujourd'hui sur quelque 550 000 hectares, comprenant de vastes étendues de terre et de mer, conformément à la vision holistique des peuples autochtones côtiers, qui considèrent la terre et la mer comme des composantes indivisibles de leur pays traditionnel (Gilligan, 2006). Le plan de gestion de l'IPA de Dhimurru indique précisément sa correspondance avec la définition et les lignes directrices de la catégorie V.

L'établissement de *Resguardos Indígenas* (ou réserves indiennes) a eu lieu pendant la colonisation espagnole de la Colombie. Aujourd'hui, 15 réserves sont la propriété communale de groupes ethniques locaux des hauts plateaux du Massif Colombien. Elles couvrent 27 % du pays et comprennent 43 % de ses zones forestières naturelles (SIAC, 2014). En reconnaissance de leurs valeurs de biodiversité, certaines des réserves sont classées comme *Reservas Naturales de la Sociedad Civil* (ou réserves naturelles de la société civile). Ces réserves naturelles sont reconnues comme faisant partie du réseau national d'aires protégées (SINAPS), une fois qu'elles sont légalement enregistrées (SINAPS, 2014).

Les objectifs de la gestion de ces écosystèmes culturellement définis incluent le maintien de systèmes de gestion culturels, lorsque ceux-ci sont associés à une biodiversité unique. Une intervention continue est nécessaire, l'écosystème ayant été créé ou, du moins, considérablement modifié par la gestion.

Paysages culturels

Un changement majeur ayant facilité l'intégration des thèmes culturels dans la conservation de la nature s'est produit aux États-Unis en 1981, lorsque le Service des parcs nationaux (NPS) des États-Unis a reconnu les paysages culturels comme un type spécifique de patrimoine culturel, avec la publication de *Paysages culturels : les districts historiques ruraux du réseau des parcs nationaux* (Melnick, 1984), qui établissait les critères d'identification et de définition des paysages culturels. Depuis lors, le NPS a assuré un leadership intellectuel et de terrain grâce à ses bulletins de registre, ses publications, ses propres recherches, son interprétation, son traitement et sa gestion des paysages culturels au sein du réseau d'aires protégées (Conservation Studies Institute, 2005). Le NPS (2014) définit un paysage culturel comme « une zone géographique (comprenant à la fois des ressources culturelles et naturelles, et la faune ou les animaux domestiques qui s'y trouvent) associée à un événement historique, une activité ou une personne, ou présentant d'autres valeurs culturelles ou esthétiques ».

Lorsque la catégorie des « paysages culturels » a été inclue dans le cadre de la Convention du patrimoine mondial, en 1992, une nouvelle opportunité a été créée pour inscrire des sites incarnant des exemples exceptionnels des interactions entre l'homme et la nature, et abritant diverses valeurs tangibles et intangibles (Rössler, 2005 ; Finke, 2013). Des études récentes ont documenté le chevauchement considérable entre les aires protégées de catégorie V et les paysages culturels du Patrimoine mondial (Phillips, 2003 ; Rössler, 2005 ; Finke, 2012). Les trois catégories adoptées par l'Organisation des Nations unies pour l'éducation, la science et la culture (UNESCO) (paysage clairement défini, paysage organiquement évolué et paysage associatif, voir chapitre 4) ont établi des principes que les gestionnaires d'aires protégées peuvent adapter et utiliser (UNESCO, 2009).

La catégorie de paysage culturel associatif met en avant les valeurs culturelles, spirituelles et esthétiques des sites naturels et des paysages dans les aires protégées. Les deux premiers sites du Patrimoine mondial à recevoir la désignation de paysages culturels associatifs ont été le parc national de Tongariro, en Nouvelle-Zélande, et le parc national d'Uluru-Kata Tjuta, en Australie, deux sites naturels sacrés majeurs pour les peuples autochtones. Le concept s'applique également aux aires protégées appréciées par le public pour des raisons autres que des raisons sacrées, telles que leur valeur en tant que lieux de renouveau spirituel et d'inspiration artistique, ou en tant qu'icônes de l'identité nationale et locale. Pour le peuple britannique, par exemple, le parc national de Lake District, au Royaume-Uni, consacre la poésie et l'art du mouvement romantique anglais, avec sa célébration de la nature et de l'esprit humain, comme en témoignent les œuvres de poètes et d'artistes tels que William Wordsworth et John Constable (Mallarach, 2008). Les Chinois chérissent les pics spectaculaires et les pins tordus du parc national de Huangshan en tant que sujets sublimes de la poésie, de l'art et de la photographie (il existe même une importante école de peinture de paysage portant le nom de Huangshan) (Pungetti et al., 2012), et les Japonais considèrent le mont Fuji comme un symbole national (Bernbaum, 2006).

L'UNESCO a publié un manuel pour la conservation et la gestion des paysages culturels du Patrimoine mondial, organisé autour de six principes directeurs pouvant être adaptés pour être appliqués à la tâche plus vaste de gestion des utilisations culturelles dans les aires protégées (Mitchell et al., 2009).

1. Les personnes appréciant le paysage culturel, à quelque distance qu'elles se trouvent de celui-ci, sont des parties prenantes importantes.
2. Une gestion réussie est inclusive et transparente, et la gouvernance est façonnée par le dialogue et l'accord entre les principales parties prenantes.
3. Les valeurs du paysage culturel sont fondées sur la relation entre les personnes et l'environnement.
4. L'objectif de la gestion est de conserver les valeurs du paysage culturel, tant naturelles que culturelles.
5. La gestion des paysages culturels est intégrée dans un contexte plus général d'écosystèmes plus vastes et de liens culturels.
6. Une gestion réussie contribue à des moyens durables de soutien aux communautés locales protégeant le paysage et ses valeurs.

Les recommandations visant à favoriser l'intendance sont présentées dans l'encadré 22.1.

Parc national d'Uluru-Kata Tjuta, Territoire du Nord, Australie

Source : Graeme L. Worboys

Diversité bioculturelle

La diversité bioculturelle est un terme inclusif désignant la diversité de la vie dans toutes ses manifestations (biologiques, culturelles et linguistiques) interdépendantes, au sein d'un système d'adaptation socio-écologique complexe (Apgar et al., 2011). Ce paradigme, davantage axé sur l'être humain, est de plus en plus accepté par l'ensemble du spectre de la conservation, mais est encore plus répandu dans les situations où l'utilisation culturelle est une caractéristique déterminante de l'aire protégée, comme les Aires du patrimoine autochtone et communautaire (APAC), les aires protégées de catégorie V et VI, et lorsqu'une gestion concertée fait intervenir un groupe ethnique local, comme par exemple, dans les IPA, en Australie.

Il existe de fortes synergies entre les paysages culturels et bioculturels (également appelés « diversité bioculturelle » ou « patrimoine bioculturel »), et leur distinction n'est sans doute pas très utile du point de vue de la gestion. Le premier terme, cependant, est considéré par beaucoup comme privilégiant la pensée des aires protégées occidentales, et ne reflète pas adéquatement l'interaction de la nature et de la culture. Le terme alternatif de patrimoine bioculturel reconnaît explicitement le contexte social et culturel dans lequel les sociétés ethniques, à travers le monde, ont

Encadré 22.1 Recommandations visant à favoriser l'intendance communautaire des paysages culturels

Les paysages culturels, résultats d'une longue et complexe relation entre les personnes et la nature, sont présents aujourd'hui grâce à l'intendance passée et actuelle des communautés vivant à l'intérieur et à proximité de ces sites. Pour maintenir cette relation au XXIe siècle, des approches de conservation englobant un large éventail d'options de gouvernance et de gestion, et s'appuyant sur l'impulsion humaine en faveur de l'intendance, devront être adoptées. Une session sur l'intendance communautaire lors d'une conférence de 2012 à l'Université Rutgers, sur le thème « Paysages culturels : défis de la préservation au XXIe siècle », a envisagé ces questions à travers des études de cas provenant de diverses régions. Des exposés et des discussions ont permis de formuler un certain nombre de recommandations. Soutenir les communautés autochtones et locales dans la gestion des paysages culturels exigera de nouveaux partenariats tenant compte de la nécessité de :

- maintenir les valeurs fondamentales sous-jacentes à l'intendance, comme la tradition, la langue, le respect et l'amour, en veillant à ce qu'elles soient reflétées dans l'éducation de la prochaine génération et traduites dans les politiques affectant les communautés ;
- renforcer le rôle central des communautés, non seulement dans la gestion, mais également dans la gouvernance, que ce soit par la gouvernance communautaire ou par des relations de collaboration, et gérer de manière adaptative ;
- honorer l'importance des relations spirituelles distinctes avec la terre (consacrée comme un droit de l'Homme par les Nations unies), et les pratiques traditionnelles associées, ainsi que les lieux sacrés préservés pour les vivants, les morts et les enfants à naître ;
- reconnaître les connaissances traditionnelles aux côtés des systèmes scientifiques occidentaux, veiller à ce qu'elles éclairent les politiques de gestion, et aider les communautés à transmettre ces connaissances et les pratiques associées (telles que les langues autochtones, les modes d'alimentation, les systèmes de gestion de l'eau et l'artisanat) à travers les générations, de manière à favoriser l'identité et la fierté ;
- soutenir et développer les possibilités de subsistance, en reconnaissant le caractère dynamique de ce défi dans le contexte de la mondialisation, afin que les jeunes aient la possibilité de vivre dans les communautés d'où ils viennent (Brown sous presse [a]).

transformé la frontière nature/culture grâce à leur gestion à long terme. Dans les paradigmes d'intégration de la nature et de la culture, le patrimoine bioculturel est synonyme de patrimoine culturel.

Le concept de patrimoine bioculturel vise à intégrer les connaissances acquises collectivement par les communautés autochtones et locales aux approches scientifiques de gestion de la conservation de la nature. Ces connaissances traditionnelles englobent un vaste éventail d'informations sur, par exemple, les variétés de cultures et de bétail, les plantes médicinales, les aliments sauvages et les espèces sauvages apparentées à des plantes cultivées. L'application de connaissances traditionnelles à l'utilisation et à la gestion des ressources naturelles a créé un système symbiotique complexe, qui a perduré pendant des siècles, voire des millénaires (Berkes et Folke, 1998). Le développement des approches de patrimoine bioculturel en Russie, par exemple, est décrit dans l'Étude de cas 22.3.

Une part considérable de la diversité bioculturelle se trouve aujourd'hui là où les peuples autochtones continuent de vivre sur des territoires ancestraux (Loh et Harmon, 2005). Par conséquent, il est important de comprendre les processus communautaires sous-jacents alimentant cette diversité bioculturelle, qui sont enracinés dans les interactions historiques des personnes et de la nature, et dont les objectifs sont l'autodétermination et le bien-être des communautés dans l'environnement dans lequel elles vivent. Comprendre et soutenir l'autodétermination des peuples autochtones

Zapovednik Katunsky, République de l'Altaï, Sibérie méridionale, Russie

Source : Graeme L. Worboys

Étude de cas 22.3 Le chemin de la Russie vers la reconnaissance du patrimoine bioculturel

L'histoire de la conservation de la nature en Russie est étroitement alignée sur les changements dramatiques du climat politique. Le système moderne d'aires protégées, les *Zapovedniks* (signifiant interdit ou protégé), a commencé en 1916, sous le régime tsariste, et visait à préserver des modèles de nature intacte (principalement en excluant les personnes) et à encourager la recherche sur la nature. Les bolcheviks ont pris le pouvoir après la Révolution russe, et en 1922, l'Union des républiques socialistes soviétiques (URSS) était créée. Sous Lénine, les *Zapovedniks* bénéficièrent du soutien du gouvernement et des communautés locales. Bien que la population, en général, ne considéraient pas les aires protégées comme faisant partie de leur vie quotidienne, les scientifiques travaillaient souvent avec les communautés locales, qui appréciaient leurs efforts.

Cela a radicalement changé quand Staline est arrivé au pouvoir. Il voyait les *Zapovedniks* comme des ennemis du socialisme, et les a ouvertes à l'exploitation des ressources à grande échelle. Au cours des années 1970 et 1980, le réseau d'aires protégées s'est élargi, mais le soutien communautaire a diminué. Après le démantèlement de l'URSS, le financement de la conservation de la nature a pratiquement disparu, et les aires protégées se sont tournées vers les communautés locales et les gouvernements régionaux pour un soutien financier. Obtenir ce soutien signifiait un changement d'approche.

L'exclusion historique des personnes a provoqué des conflits avec les communautés locales, en colère parce qu'elles ne pouvaient plus entrer dans les parcs et utiliser leurs ressources. Une fois que cela ait été partiellement surmonté, grâce à des programmes efficaces d'éducation environnementale auprès des écoliers, le développement de partenariats de collaboration avec les communautés locales s'est avéré plus fructueux.

Les dernières décennies ont vu une plus grande intégration des *Zapovedniks* dans la structure socioéconomique locale, soutenant l'agriculture rurale et reconnaissant la valeur des connaissances traditionnelles dans la gestion de la nature.

Un exemple de ceci est l'emploi des « apiculteurs rangers », qui ont la tâche de gérer les populations d'abeilles sauvages dans la Zapovednik Shulgan Task, dans les montagnes de l'Oural. Les connaissances sur l'apiculture sauvage remontent à environ 1 000 ans et sont transmises par les hommes de la famille. Leurs connaissances sont utilisées pour maintenir les populations sauvages dans des ruches artificielles, et sont précieuses pour maintenir la population d'abeilles sauvages, ainsi que les connaissances traditionnelles associées.

Source : Williams (2003)

sont donc des stratégies importantes pour veiller à ce que la diversité bioculturelle continue d'être alimentée (Apgar et al., 2011). L'Étude de cas 22.4 donne un exemple d'aire désignée pour la préservation de la diversité bioculturelle, en favorisant à la fois l'environnement et les populations.

Ces développements, ainsi que d'autres, au cours de la dernière décennie démontrent la valeur de l'approche paysagère dans les politiques et pratiques de conservation, allant au-delà des limites existantes des aires protégées de façon à englober divers régimes de gouvernance et engager les communautés dans l'intendance de la nature (Brown sous presse [B]). Ils jettent les bases de stratégies rapprochant plus étroitement les « politiques de conservation de la nature » des « politiques d'aménagement du territoire », affectant non seulement le cadre plus général du paysage, mais également l'affirmation de l'identité nationale affectant les populations autochtones locales. Comprendre l'ensemble complexe des liens entre les deux et, selon la définition de la catégorie V de l'UICN, sauvegarder l'intégrité de cette interaction en reconnaissant que les paysages protégés impliquent un processus, ainsi qu'un lieu, et que le maintien d'une relation entre les personnes et la Terre est fondamental pour leur avenir, est encore un défi majeur. Un exemple de cette intégration importante est présenté dans l'Étude de cas 22.5.

Panthère des neiges (*Panthera unicia*)

Source : Graeme L. Worboys

Étude de cas 22.4 Parc de la pomme de terre (parque de la papa)

Le parc de la pomme de terre (Parque de la Papa), dans les hautes terres du Pérou, est un exemple d'aire du patrimoine bioculturel autochtone, où l'autonomisation locale de quelque 6 000 personnes de cinq communautés Quechuas autour de la ville de Pisac, dans la vallée sacrée de l'Inka, a transformé la région de Sacaca, Chawaytire, Pampallaqta, Paru Paru et Amaru en une entreprise communautaire cohérente. Avant le *Parque de la papa*, ils y avait cinq groupes, mais maintenant avec le *parque*, il n'y en plus qu'un. Tous les projets sont gérés collectivement par les communautés, afin d'assurer une participation efficace et un partage des avantages.

Légalement, les communautés font partie de l'Association des communautés du parc de la pomme de terre, l'organe administratif communal du parc. Cette association ANDES, administrant les règles et règlements concernant l'exploitation des ressources naturelles au sein de l'aire du patrimoine bioculturel, devient *de facto* planificateur, gestionnaire et garde de la réserve. Il s'agit donc d'un véritable intendant. Ses membres appliquent les principes andins de dualité, de réciprocité et d'équilibre. Afin de protéger leurs droits et leur rôle en tant que centre d'origine et de diversité de la pomme de terre, les communautés du parc favorisent une conservation de la nature axée sur l'environnement.

Au sein des communautés andines, le droit coutumier a toujours joué un rôle important dans l'administration de la biodiversité (y compris les ressources génétiques, les espèces et les écosystèmes), et surtout dans la création d'équité, l'équilibre du pouvoir et le maintien du libre accès aux ressources de la *Pacha Mama* (Terre Mère), ainsi que dans la résolution des conflits. Les principes fondamentaux composant la vision cosmologique andine sont à la base des modèles de comportement et des lois coutumières. Dans le cas du parc de la pomme de terre, les ponts épistémologiques prescrits par l'approche de l'aire du patrimoine bioculturel relient les conceptions traditionnelles et scientifiques des multiples fonctions de la biodiversité agricole, y compris l'interaction étroite entre la diversité végétale et animale sauvage et domestique, et la façon dont celles-ci soutiennent les moyens de subsistance locaux (Argumedo, 2008).

Étude de cas 22.5 Conservation du patrimoine autochtone par et avec les peuples autochtones et les habitants de la réserve de biosphère de Nanda Devi et du sanctuaire faunique de Kedarnath, en Inde

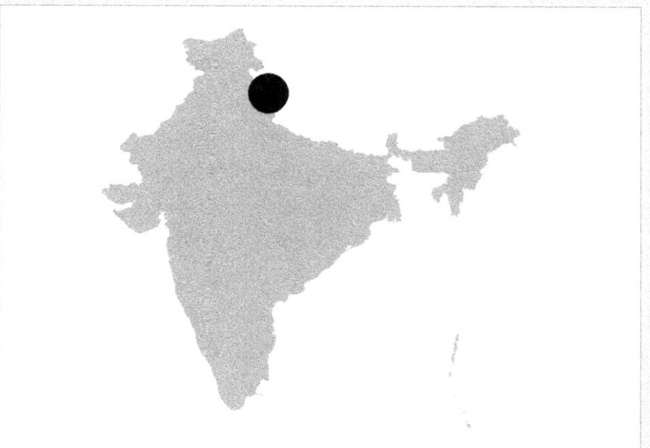

Figure 22.2 Emplacement indicatif de réserve de biosphère de Nanda Devi, en Inde, dans le sous-continent indien

Source : US NPS

La réserve de biosphère de Nanda Devi, site du patrimoine mondial et deuxième réserve de biosphère déclarée en Inde, occupe une place particulière dans la région himalayenne supérieure du pays. Les communautés Tolchha et Marchha, du groupe ethnique Bhotiya, sont les principaux habitants des vallées de Niti et Mana, dans la région Chamoli de Garhwal, qui constituent la zone tampon de la réserve. Ces deux communautés pratiquent la transhumance et disposent de deux établissements, l'un à haute altitude et l'autre à une altitude plus basse. Les communautés Tolcha et Marchha ont été les principaux gardiens de ce paysage culturel et spirituel, bien avant que la zone ne soit déclarée réserve de biosphère.

Toute la réserve est considérée comme un paysage culturel. Le plus haut sommet de la région est le Nanda Devi, reconnu comme une déesse hindoue de premier plan. Des petits temples à Nanda Devi sont présents dans tous les villages de la réserve. Les populations locales adorent la déesse de la montagne et protègent les forêts de la région. L'élevage était leur principale option de subsistance, mais au cours des dernières années, les habitants se sont tournés vers la culture de plantes médicinales et aromatiques, l'écotourisme et les alternatives de séjour chez l'habitant, afin de garantir des dommages minimums à leur environnement fragile. Seule l'utilisation durable des ressources forestières (bois, fourrage, plantes médicinales et aromatiques) est autorisée par les habitants. Les femmes des villages pratiquent une récolte par rotation des ressources de différentes forêts, afin d'assurer la régénération appropriée des espèces et la conservation des habitats de nombreuses espèces sauvages de faune et de flore, dont la panthère des neiges (*Panthera unicia*), le lophophore resplendissant (*Lophophorus impejanus*) ou le porte-musc alpin (*Mochus chyrsogaster*). L'urbanisation n'a pas encore affecté la vie des habitants de ces villages, qui suivent toujours un mode de vie de subsistance.

Le sanctuaire de faune de Kedarnath est situé dans le district de Rudraprayag, dans l'État d'Uttarakhand, et est délimité, au nord, par une série d'anciens sanctuaires hindous. Il s'agit d'une réserve naturelle gérée, incluant cinq sanctuaires populaires dédiés à Shiva, appelés localement les *Panch Kedars* : Kedarnath, Rudranath, Tungnath, Gopinath et Madhamaheshwar. Ces sanctuaires sont visités chaque année par un grand nombre de pèlerins hindous et étrangers.

– Shalini Dhyani et Deepak Dhyani, scientifiques de projet, Uttarakhand, Inde

Feuille de route d'un gestionnaire pour l'intégration de la culture et de la nature

L'efficacité d'un programme de conservation mettant l'accent sur l'intégration de la nature et de la culture dépend d'une stratégie de communication claire. Un tel programme devra s'attaquer au changement de paradigme des paysages culturels et du patrimoine bioculturel, et dynamiser l'émergence de nouveaux paradigmes d'un monde de plus en plus urbain. Pour de nombreux gestionnaires de la conservation, la culture et la nature ne constituent plus une dichotomie dans le processus de prise de décision pour administrer un site. Les principes suivants de pratique de gestion d'un site sont recommandés, afin d'assurer une approche intégrée (Taylor et Lennon, 2012) :

- **Reconnaissance de l'interface entre culture et nature :** une nouvelle compréhension émerge du lien entre la nature et la culture, dans laquelle des paysages sains ont été façonnés par l'interaction humaine et la diversité biologique, coïncidant souvent avec la diversité culturelle.
- **Expressions de la diversité culturelle et de l'identité des personnes en réponse au paysage :** une nouvelle prise en compte des valeurs intangibles, de l'inclusion sociale, de la consultation communautaire et du patrimoine en tant que points d'ancrage majeurs de l'identité culturelle placée au cœur du développement communautaire apparaît.
- **Contribution à la biodiversité par des pratiques traditionnelles dans le paysage :** les communautés dans lesquelles l'intégrité et la diversité des langues, des institutions sociales, des traditions culturelles et des pratiques d'utilisation des terres sont maintenues contribuent également à la diversité et à la résilience des écosystèmes environnants.
- **Objectifs de durabilité de l'utilisation des terres, amélioration du climat et protection des moyens de subsistance :** ces paysages vivants jouent un rôle vital dans le maintien de l'agro-diversité, ainsi que des valeurs inhérentes de la biodiversité sauvage, assurant le fonctionnement des écosystèmes et soutenant les moyens de subsistance et la sécurité alimentaire avec une empreinte carbone beaucoup plus réduite.
- **Systèmes traditionnels de connaissances écologiques :** la rétention des connaissances autochtones dépend de leur utilisation, car elles ne sont pas seulement intégrées dans l'esprit des gens, mais aussi dans l'environnement avec lequel ils interagissent.
- **Patrimoine immatériel exprimé à travers les rituels et les modes de vie :** la plupart des écosystèmes et des paysages doivent être considérés comme des systèmes socio-écologiques associés, dont la résilience dépend également de ces pratiques.
- **Répartition claire des tâches et respect de la matrice de conservation des sites par des régimes de gouvernance différentiels :** le repositionnement du patrimoine dans le cadre du développement communautaire a apporté des changements, même dans le monde occidental. Les valeurs du patrimoine ne résident plus exclusivement dans son tissu physique et sa forme, mais dans des concepts intangibles qui, de par leur nature même, sont en constante évolution et devraient faire partie de chaque catégorie de conservation et de chaque type de gouvernance.

Gestion des valeur culturelles spirituelles

Les valeurs culturelles et spirituelles des individus mènent à des sentiments forts pouvant être mis à profit pour générer un soutien en faveur des aires protégées grâce à l'engagement communautaire et à des processus participatifs mettant davantage l'accent sur ces valeurs. Une question importante qui revient souvent est la gestion des aires de nature sauvage. En plus de sa valeur scientifique pour la préservation et l'étude des écosystèmes et de la biodiversité, la nature sauvage a aujourd'hui une grande valeur culturelle et spirituelle dans de nombreuses sociétés. Pour beaucoup de personnes, les espaces sauvages représentent des lieux de renouveau spirituel, où ils peuvent retourner à la source de leur être et retrouver la fraîcheur d'un nouveau départ (voir chapitre 4). Dans les sociétés occidentales, l'idée de nature sauvage comme exemple de nature intacte évoque des visions du jardin d'Eden et symbolise pour beaucoup l'état naturel de liberté de l'humanité. Dans les cultures d'Asie de l'Est, telles qu'en Chine, au Japon ou en Corée, les peintures de paysages de montagnes et de rivières évoquent le *Dao*, l'essence spirituelle de la réalité qui traverse la nature (Bernbaum, 1997). Les recours à ce genre de valeurs culturelles et spirituelles comptent parmi les sources de soutien les plus importantes sur lesquelles les gestionnaires peuvent s'appuyer pour faire participer le grand public à l'élaboration et à la mise en œuvre de mesures visant à établir et à préserver des aires de nature sauvage.

Inversement, les peuples autochtones considèrent les espaces sauvages non pas comme des espaces vierges, mais comme des lieux où ils ont vécu et qu'ils ont utilisé pendant des siècles ou des millénaires, modifiant subtilement ou autrement l'apparence de l'environnement naturel. Ils apprécient ces lieux pour des raisons qui doivent être identifiées et intégrées à la gestion des aires protégées, afin de répondre à leurs préoccupations et aspirations.

Une autre façon connexe de faire participer le public est de travailler avec des organisations non gouvernementales (ONG) s'intéressant à une aire protégée particulière ou à la gestion des aires protégées en général. Les recours aux valeurs culturelles et spirituelles peuvent être particulièrement efficaces pour galvaniser l'action et le soutien publics aux besoins et préoccupations majeurs. Un exemple frappant de cela s'est produit dans les années 1960, lorsque le Congrès américain était prêt à accorder un permis de barrage sur le fleuve Colorado, dans le parc national du Grand Canyon. L'accord était presque conclu lorsque le Sierra Club, une organisation environnementale importante aux États-Unis, a publié des publicités dans les journaux du pays se demandant : « devrions-nous aussi inonder la Chapelle Sixtine pour que les touristes puissent se rapprocher du plafond ? » La comparaison implicite avec la profanation d'un célèbre site sacré de grande valeur esthétique et religieuse suscita l'indignation générale. Les membres du Congrès furent inondés de lettres de protestation du public, les forçant à revenir sur leur décision et à annuler la construction du barrage (Nash, 2001).

Les valeurs culturelles et spirituelles peuvent également rendre les progrès plus difficiles. Les gestionnaires devront faire face aux conflits entre les intérêts de leurs aires protégées et ceux de divers secteurs du grand public, ainsi qu'aux conflits entre différents groupes valorisant les aires protégées pour des raisons différentes. Par exemple, le parc national de Rocky Mountain, aux États-Unis, voulait mettre en place une série de panneaux de signalisation soulignant l'importance culturelle et spirituelle des montagnes à travers le monde. Un petit secteur du public s'y est opposé avec véhémence, exigeant une attention exclusive pour les montagnes du parc qu'ils appréciaient avant tout comme *leurs* montagnes, et a réussi à tuer le projet. Un rôle majeur des gestionnaires d'aires protégées est de maintenir le soutien et l'intérêt du public, même lorsque les décisions vont à l'encontre des intérêts de certaines parties prenantes.

Monastère de Taktsang (Nid du tigre), l'un des sites bouddhistes les plus sacrés et les plus connus du Bhoutan

Source : Sue Feary

Disaster Bay et la zone proclamée de nature sauvage de Nadgee, au fond, sur la gauche (une partie de la réserve naturelle de Nadgee). La photo a été prise depuis le parc national de Ben Boyd, dans le sud de Nouvelle-Galles du Sud, en Australie. La région est très importante pour les communautés aborigènes locales, et fréquentée par les aborigènes depuis des milliers d'années

Source : Graeme L. Worboys

Des associations culturelles doivent être entretenues pour maintenir les valeurs associatives vivantes. Cela nécessite une coopération et une collaboration entre les chefs de groupes communautaires, les détenteurs de connaissances et les gestionnaires d'aires protégées. Il peut s'agir de programmes éducatifs, d'activités saisonnières, de réunions intergénérationnelles ou de camps culturels où le savoir est transmis aux jeunes générations, ou encore de festivals permettant de transmettre des rituels ou des métiers, y compris l'enseignement et l'utilisation des langues/dialectes locaux. Ceux-ci donnent un sentiment de fierté envers les coutumes et la culture locales, et aident à maintenir les comportements rituels et religieux.

Dans la gestion du patrimoine culturel dans les aires protégées, les gestionnaires devront déterminer quelles sont les valeurs culturelles présentes dans leurs paysages, et veiller à ce que les régimes de gestion protègent et améliorent à la fois l'expression intangible de ces valeurs et leurs preuves matérielles. Mais comme la culture, les valeurs sont dynamiques : elles évoluent et changent au fil du temps en raison d'influences externes. Les stratégies de gestion doivent donc tenir compte de l'évolution des valeurs dans les communautés locales. Par exemple, jusqu'aux années 1970, en Australie, les aborigènes étaient tellement démunis qu'ils parlaient rarement des impacts des développements sur leurs sites sacrés. Aujourd'hui, les jeunes aborigènes sont beaucoup plus vocaux et influents sur ce qui se passe dans les aires protégées du pays.

La formation du personnel à la gestion des conflits autour des valeurs culturelles et spirituelles est essentielle. Comme pour toute résolution de conflit, cela exige du respect, une capacité d'écoute, et une capacité à créer une situation dans laquelle différentes parties peuvent trouver, elles-mêmes, une solution (voir chapitre 14). Les groupes suivants peuvent fournir des ressources et une aide utiles pour des programmes de formation et autres questions touchant aux valeurs culturelles et spirituelles des sites naturels sacrés et des paysages culturels :

- Groupe de spécialistes des valeurs culturelles et spirituelles des aires protégées de la Commission mondiale des aires protégées (CMAP) de l'UICN ;
- Initiative des sites naturels sacrés ;
- Initiative Delos sur les sites naturels sacrés et paysages culturels dans les sociétés technologiquement développées ;
- Réseau Ramsar sur la culture ;
- Centre du Patrimoine mondial ;
- Alliance des religions et de la conservation ;
- Forum sur la religion et l'écologie ;
- Centre for Landscape and People, centre de recherche sur les valeurs culturelles et spirituelles des paysages et de la nature ;
- Projet de film Terre sacrée ;
- Fondation WILD ;
- Programme de conservation par la gestion communautaire des aires protégées (COMPACT).

Gestion de l'utilisation culturelle des sites sacrés

Les sites sacrés sont considérés et vénérés de multiples façons, par exemple, comme des centres de cosmologie, des lieux de pouvoir, des demeures de divinités, d'ancêtres et d'esprits, des sources d'eau, de vie et autres bénédictions, des symboles d'identité, ou des lieux de révélation, de contemplation et d'inspiration. À travers les points de vue qu'ils ont sur les sites sacrés et les croyances et pratiques qui leur sont associées, les gens de cultures et de traditions différentes, modernes et traditionnelles, croient vivre une réalité plus profonde qui donne un sens et une vitalité à leur vie, les reliant à quelque chose de plus grand que leur soi individuel (Verschuuren et al., 2010).

Les sites sacrés peuvent être des lieux créés par les humains, tels que le Macchu Pichu, les statues de Rapa Nui (Île de Pâques) ou les églises et monastères de différentes religions. Ces lieux sont souvent situés dans des environnements naturels spectaculaires, et les sites sacrés combinent souvent des éléments naturels et culturels.

Des caractéristiques de l'environnement naturel, telles que des montagnes, des trous d'eau ou des bosquets d'arbres, peuvent également être sacrées pour les cultures autochtones et tribales dont le lien avec l'environnement naturel est fondamental pour l'identité culturelle. Le caractère sacré d'un lieu a, dans certains cas, entraîné la protection de sa biodiversité, et les liens entre les pratiques culturelles autochtones/tribales et la conservation de la biodiversité sont de plus en plus reconnus. Les sites naturels sacrés sont cependant vulnérables à la profanation par ignorance, législation inadéquate et injustice. Il n'est pas surprenant que la reconnaissance et la protection des sites naturels sacrés aient été une priorité importante des organismes internationaux tels que l'UICN et l'UNESCO, les conduisant à élargir les définitions du patrimoine culturel pour y inclure le patrimoine immatériel (voir chapitre 4).

De nombreuses aires protégées réservées pour des raisons biologiques et scientifiques incluent des éléments naturels possédant une importance culturelle et spirituelle particulière pour les communautés locales et les traditions autochtones, ainsi que pour les adeptes des religions dominantes, qui les vénèrent comme des lieux de pèlerinage et de contemplation. Dans certains cas, l'ensemble de l'aire protégée est un site naturel sacré, comme c'est le cas du parc national de Tongariro, en Nouvelle-Zélande, ou du mont Taishan, en Chine. En outre, certaines aires protégées sont incluses dans des sites naturels sacrés plus vastes, comme par exemple, des parcs et réserves de biosphère dans l'Himalaya indien, où toute la chaîne de montagnes est considérée comme sacrée dans la tradition hindoue.

Les sites naturels sacrés se distinguent des autres éléments de l'environnement en raison de leur association avec des valeurs intangibles : des réseaux anciens de mythes, de croyances et de pratiques qui les entourent et relient les communautés locales, les traditions autochtones ou les religions dominantes. Les Hopis, par exemple, considèrent les sommets de San Francisco, au sud-ouest des États-Unis, comme la demeure des *katsinas* (ou *Kachina*), des esprits ancestraux qu'ils invoquent et invitent à apporter une pluie vivifiante à travers de danses cérémonielles qu'ils exécutent dans leurs villages, sur les mesas avec vue sur le site sacré. Les hindous de toute l'Inde croient que Shiva, l'une des trois formes de la divinité suprême, habite sur le sommet du mont Kailas, au Tibet, et beaucoup d'entre eux aspirent à s'y rendre en pèlerinage, pour faire une circumambulation rituelle de la montagne sacrée.

L'UICN a publié des lignes directrices pour la protection des sites naturels sacrés dans les aires protégées. Elles définissent six principes généraux :

- reconnaître les sites naturels sacrés situés dans des aires protégées ;
- intégrer les sites naturels sacrés dans les processus de planification et les programmes de gestion ;
- promouvoir le consentement, la participation, l'inclusion et la collaboration des parties prenantes ;
- encourager une meilleure connaissance et compréhension des sites naturels sacrés ;
- protéger les sites naturels sacrés, tout en assurant une gestion, un accès et une utilisation appropriés ;
- respecter les droits des gardiens de sites naturels sacrés dans un cadre approprié de politique nationale (Wild et McLeod, 2008:21).

Un autre ensemble de lignes directrices figure dans le rapport d'une conférence de l'UNESCO organisée à Tokyo en 2006, qui met en évidence certains principes supplémentaires à prendre en compte pour les gestionnaires d'aires protégées, lors de la gestion de sites naturels sacrés :

- la nécessité d'une participation volontaire des populations locales dans la conservation des sites naturels sacrés ;
- l'importance de ne pas faire pression sur les communautés locales pour compromettre le secret de leurs sites naturels ;
- l'autorisation de la récolte d'espèces végétales et animales, à des fins rituelles ;
- l'utilisation à la fois de la science moderne et des connaissances traditionnelles pour la conservation et la gestion des sites naturels sacrés ;
- la définition de zones tampons autour des sites et monuments naturels sacrés, afin de les protéger et de permettre les activités traditionnelles ;
- le besoin de formation et de programmes de renforcement des capacités dans la gestion des sites naturels sacrés, et de développement des compétences sociales et de sensibilité culturelle dans les interactions avec les communautés locales (Schaaf et Lee, 2006).

Ces principes se concentrent sur les sites naturels sacrés ayant une importance particulière pour les communautés locales et les traditions autochtones. La plupart des sites naturels sacrés pour les communautés autochtones et locales ont une signification locale, mais un sens pour moins de personnes par rapport aux religions traditionnelles. En outre, l'emplacement de ces lieux sacrés et les connaissances qui leur sont associées sont souvent tenus secrets, et peuvent n'être connus que d'une seule personne, comme dans le cas la société aborigène australienne.

Les gardiens des traditions autochtones et des communautés locales viennent généralement du voisinage immédiat d'un site particulier. L'emplacement du site est souvent transmis au sein d'une famille, qui peut avoir des intérêts économiques ainsi que spirituels et culturels dans ce site, le considérant comme sa possession personnelle et le valorisant comme sa source de subsistance.

De nombreuses caractéristiques naturelles et aires protégées majeures ont également une grande importance culturelle et spirituelle pour les religions dominantes et le grand public, comme par exemple, le mont Fuji pour le bouddhisme et le shintoïsme, ainsi que pour le peuple japonais, ou la péninsule du mont Athos pour le christianisme orthodoxe oriental et une grande partie du public grec. Ces sites présentent des caractéristiques et des exigences importantes qui diffèrent des sites naturels sacrés associés aux religions autochtones et tribales (étude de cas 22.6). Dans les sections suivantes, nous examinerons les façons dont les gestionnaires d'aires protégées peuvent travailler avec les religions dominantes pour gérer les sites sacrés, qu'il s'agisse de sites naturels ou construits.

Gérer les sites sacrés en faisant participer les grandes religions et le grand public

Comme on l'a vu précédemment, les pratiques et croyances (patrimoine immatériel) associées aux sites sacrés des religions dominantes peuvent différer de celles associées aux sites sacrés pour les communautés autochtones et locales, avec des implications majeures pour la gestion des aires protégées. La différence la plus évidente est le nombre de personnes pour lesquelles un site est sacré. Les sites naturels sacrés des religions dominantes, tels que le mont Sinaï dans le protectorat de Sainte-Catherine (un parc national égyptien), ou le Djebel Musa dans le site du Patrimoine mondial de la région de Sainte-Catherine, au Maroc, peuvent avoir de l'importance pour des millions de croyants, et attirer des visiteurs du monde entier, en grand nombre, supposant à la fois des défis pour la gestion des aires protégées et l'opportunité de diffuser des messages de conservation de l'environnement basés sur des idées religieuses. De nombreux sites naturels sacrés des religions dominantes sont des lieux de pèlerinage vénérés, attirant un grand nombre de pèlerins venant de très loin, et donc, ayant peu de liens ou de connaissances sur les communautés locales et les questions

Étude de cas 22.6 Une approche intégrée de la gestion du mont Athos

Figure 22.3 Emplacement indicatif du mont Athos, Grèce, en Europe

Source : US NPS

Dans le nord de la Grèce, la troisième péninsule de Halkidiki est dominée par le cône du mont Athos, s'élevant abruptement à 2 033 mètres. La péninsule Athonite, densément recouverte de forêts méditerranéennes et abritant une biodiversité élevée, accueille 20 monastères orthodoxes orientaux historiques et leurs dépendances avec une tradition vivante millénaire, culturelle et spirituelle. C'est pourquoi le site a été désigné, en 1988, comme site du Patrimoine mondial pour la nature et la culture, et plus récemment, comme aire protégée Natura 2000 dans son intégralité. Jusqu'à présent, le mont Athos a été géré par ses monastères et leurs Fraternités monastiques dynamiques de manière essentiellement autonome, avec des interventions limitées de l'État grec en ce qui concerne les services publics.

En 1994, lorsque le Prince Philip, alors président du Fonds mondial pour la nature (WWF) International, a visité le mont Athos, il a essayé de convaincre la sainte communauté de la nécessité d'une approche intégrée de gestion de la péninsule, afin de sauvegarder son riche patrimoine naturel et culturel. Bien plus tard, une mission de l'UNESCO au mont Athos, en 2006, a identifié le même besoin et le Comité du patrimoine mondial est intervenu fortement pour promouvoir le concept. En 2010, l'approche intégrée a été acceptée par la sainte communauté représentant les 20 monastères souverains, et en décembre 2012, celle-ci a approuvé une étude préliminaire sur le « cadre stratégique pour la conservation et la gestion du patrimoine culturel et naturel du mont Athos », préparé par un groupe de scientifiques et de moines, coordonné par Thymio Papayannis. Ce document préliminaire analyse la situation du mont Athos, ainsi que les défis et menaces qu'elle présente. Il formule un ensemble de principes sur lesquels devrait reposer toute l'initiative de gestion, et identifie les domaines prioritaires devant être abordés par l'étude principale.

En 2013, la préparation de l'étude de gestion finale a été lancée dans un climat positif de coopération. Bien que la sainte communauté maintienne l'initiative de l'approche intégrée de gestion de la péninsule Athonite, les ministères grecs de la culture et de l'environnement, ainsi que le centre du Patrimoine mondial, travaillent en étroite collaboration avec les autorités monastiques pour assurer une gestion judicieuse et une conservation efficace de ce site unique, sur la base d'une science saine et du respect des traditions spirituelles du mont Athos. Un élément essentiel de l'exercice sera l'élaboration d'un plan d'action qui assurera la mise en œuvre efficace des recommandations et des propositions de l'étude de gestion. Dans cet esprit, à la fin du mois d'août 2013, un atelier international et multidisciplinaire s'est tenu à Thessalonique, avec la participation des trois parties (UNESCO, ministères grecs et sainte communauté), afin de débattre des principes de base et du contenu de l'étude de gestion intégrée et d'évaluer ses spécifications.

Thymio Papayannis

environnementales. Des millions de chrétiens, par exemple, viennent obtenir des bénédictions d'une image de la Vierge Noire cachée parmi les flèches rocheuses de Montserrat, dans le parc naturel de Montserrat en Catalogne, Espagne (Mallarach et Papayannis, 2007). Les pèlerins bouddhistes et taoïstes escaladent le mont Taishan, la montagne sacrée la plus importante de Chine, pour prier dans divers sanctuaires et, dans le cas des femmes âgées, pour prier pour leurs petits-enfants (Bernbaum, 1997). Tous ces pèlerins ne seront pas préoccupés par leurs impacts potentiels sur les cultures locales ou l'environnement.

Le monachisme est une autre caractéristique distinctive des religions dominantes. Les traditions religieuses, du christianisme au bouddhisme, ont choisi des lieux ayant une signification sacrée dans des milieux naturels reculés, tels que les forêts, les déserts et les montagnes, pour établir des monastères, où les moines et les nonnes peuvent pratiquer la contemplation dans la solitude, loin des distractions de la civilisation. Au Japon, par exemple, la plupart des monastères Zen sont appelés « montagnes », en reconnaissance du fait que les cultures d'Asie de l'Est ont longtemps considéré les montagnes comme des lieux idéaux pour méditer et atteindre l'illumination (Bernbaum, 2007). Reconnaissant l'importance de protéger les milieux naturels propices au développement spirituel, les monastères situés dans des endroits tels que la péninsule du mont Athos, en Grèce, ont traditionnellement géré les terres autour d'eux de manière à préserver la biodiversité, autrement perdue dans les zones environnantes.

De nombreux sites naturels sont vénérés parce qu'un ermite bien connu, comme le prophète biblique Élie dans le judaïsme et le christianisme, ou le yogi Milarepa dans le bouddhisme tibétain, y a vécu et pratiqué, imprégnant le site d'une aura de sainteté. Les adeptes des religions traditionnelles viennent à ces sites pour recevoir les bénédictions qu'ils croient que le pouvoir spirituel de ces ermites a laissé. Les monastères des religions dominantes ont souvent un lien étroit avec les lieux d'ermitage, s'étant développés près d'un endroit où un ermite inscrit dans leur tradition a vécu et médité, et attirant des adeptes qui ont finalement développé une communauté monastique. Étant donné que les milieux naturels ont souvent joué un rôle important dans la vie et les pratiques des ermites, comme en témoigne, par exemple, l'importance des animaux, des plantes et autres caractéristiques de la nature pour Saint François d'Assise, il existera une tendance naturelle à protéger l'environnement associé à ces lieux. Les gestionnaires peuvent tirer parti de ces tendances pour renforcer les mesures qu'ils mettent en œuvre en collaboration avec les parties intéressées des religions dominantes (Papayannis et Mallarach, 2009).

Les sites naturels sacrés des religions traditionnelles sont associés à des mythes et croyances partagées par un grand nombre de personnes. Des centaines de millions d'hindous, de bouddhistes et de jaïns vénèrent le mont Kailas, au Tibet, en tant que centre de l'univers et demeure de divinités et êtres éclairés majeurs dans leurs traditions respectives. L'histoire biblique de la rencontre de Moïse avec Dieu sur le mont Sinaï, et la révélation et l'alliance qui s'y seraient produits, ont eu une profonde influence non seulement sur le judaïsme, le christianisme et l'islam, mais également sur le cours de la civilisation occidentale.

Selon le mythe, le peuple coréen dans son ensemble, au nord et au sud, est le descendant de Paekdu, ou Changbai Shan, un volcan à la frontière Nord-Coréenne avec la Mandchourie (Price et al., 2013). Les religions monothéistes du judaïsme, du christianisme et de l'islam vénèrent les sites naturels sacrés non comme des divinités, mais plutôt comme des lieux de culte, comme les églises et les synagogues, ou comme des lieux issus de la création divine de Dieu, dignes d'amour et de respect. De telles croyances, à la fois monothéistes et non monothéistes, ont une influence puissante pouvant être mobilisée pour motiver des millions de personnes à soutenir les aires protégées en particulier, et la conservation de l'environnement en général.

Les points suivants sont proposés à titre d'orientation pour les gestionnaires d'aires protégées travaillant avec les religions dominantes.

1. Les gestionnaires des aires protégées doivent travailler avec les autorités religieuses et les associations de pèlerinage pour gérer le flux des pèlerins, leur fournir des installations et des services, et les sensibiliser à la nécessité de protéger l'environnement naturel et de respecter la culture locale. La situation est généralement assez complexe, impliquant potentiellement de nombreuses parties.
2. Les gestionnaires d'aires protégées incluant des monastères peuvent travailler avec les dirigeants des communautés monastiques pour les inclure dans leurs plans de gestion, et intégrer leurs pratiques dans leurs systèmes de gestion (Papayannis et Mallarach, 2009). Les abbés des monastères bouddhistes tibétains du parc national de Sagarmatha, au Népal, par exemple, contrôlent les bosquets sacrés autour de leurs monastères, et ont le pouvoir de désigner les « forêts des lamas » comme des lieux que les communautés Sherpa locales seront grandement motivées à conserver, plus encore que les zones officiellement protégées par le parc lui-même (Mallarach, 2008).
3. Parce qu'ils attirent un grand nombre de pèlerins et sont des lieux de communautés monastiques, de nombreux sites naturels sacrés dans les religions dominantes abritent de nombreuses structures bâties. Un sanctuaire de pèlerinage majeur comme Badrinath, dans l'Himalaya indien, doit fournir des installations et des temples pour loger et répondre aux besoins religieux des 400 000 pèlerins visitant le site chaque été. De grands monastères, incluant des églises et des quartiers d'habitation pour les moines, sont perchés sur des rochers et cachés dans les forêts des aires protégées d'une grande partie de l'Europe, en particulier dans les Balkans, ainsi que dans les forêts de cèdres du Liban, au Moyen-Orient.
4. Les gestionnaires doivent accorder une attention particulière aux défis associés au maintien des structures créées par l'homme et des traditions qui y sont liées, tout en préservant l'environnement naturel qui les entoure et leur donne leur signification particulière. Cela nécessite de travailler en étroite collaboration avec les chefs religieux et les autorités monastiques, en plus des communautés locales. Un autre point à considérer est que de nombreux monastères, en Europe et en Asie, possèdent de vastes propriétés foncières incluant de grandes étendues de nature relativement intacte, et susceptibles d'être déjà associées à des aires protégées existantes, ou d'être candidates à devenir de nouveaux sites de protection (Papayannis et Mallarach, 2009).
5. Les sites naturels sacrés des religions dominantes peuvent être beaucoup plus grands que les sites des traditions autochtones et des communautés locales, bien que les traces ancestrales des « Rêves » des êtres de la création puissent relier les caractéristiques naturelles à travers de vastes distances dans la cosmologie des aborigènes australiens. Les hindous, en Inde, par exemple, considèrent le Gange, dans toute sa longueur, ainsi que toute la chaîne de montagnes de l'Himalaya comme sacrés. Ces grands éléments et paysages naturels

peuvent traverser de multiples aires protégées, dont les plans et systèmes de gestion pourraient être renforcés en intégrant les valeurs culturelles et spirituelles qui les relient, non seulement pour les personnes qui vivent près d'eux, mais aussi pour les adeptes plus éloignés des religions qui les vénèrent. En un sens, ils forment des corridors culturels semblables, à certains égards, aux corridors fauniques.

6. Certains sites naturels sont sacrés pour plus d'une religion dominante ou peuvent également être sacrés pour les traditions autochtones. Le lac Manasarovar, site Ramsar du Tibet, est considéré comme le lac le plus sacré au monde par les hindous, mais également par de nombreux bouddhistes tibétains, et il possède également une signification particulière pour la tradition autochtone tibétaine. Adam's Peak, dans la zone de Peak Wilderness, au Sri Lanka, est un lieu de pèlerinage majeur pour les hindous, les bouddhistes, les chrétiens et les musulmans, qui doivent tous être pris en compte dans la gestion de la région (Bernbaum, 1997). Les sites naturels sacrés pour plus d'une tradition religieuse ou autochtone posent le défi de résoudre les conflits pouvant surgir entre ces traditions. Les gestionnaires peuvent avoir à se demander quelle tradition, le cas échéant, aura la primauté sur un site particulier, bien qu'il soit préférable de laisser aux parties, elles-mêmes, le soin de trouver un accord (voir la discussion plus haut dans ce chapitre).
7. De nombreuses traditions autochtones craignent aujourd'hui l'empiètement des religions dominantes sur leurs sites sacrés, une crainte à laquelle les gestionnaires doivent faire face pour s'assurer que les points de vue et intérêts de toutes les parties prenantes soient représentés dans les plans et systèmes de gestion. En outre, des conflits peuvent également surgir entre différentes traditions autochtones et communautés locales revendiquant un même site, comme par exemple, les différends entre les Hopis et les Navajos au sujet de lieux sacrés dans le sud-ouest américain, dont beaucoup dans des aires protégées.
8. Les gardiens de sites des religions dominantes viennent généralement d'endroits éloignés et sont assignés par les dirigeants d'institutions religieuses ayant leur siège ailleurs. Le chef du monastère Sainte-Catherine, en charge du mont Sinaï ou du Djebel Musa, par exemple, vient de Grèce et reçoit sa nomination de la hiérarchie de l'Église orthodoxe orientale (Mallarach, 2008). Une illustration de l'influence monastique dans l'efficacité de la conservation est présenté dans l'Étude de cas 22.7.
9. Les sites sacrés pour de multiples traditions religieuses et autochtones peuvent avoir un certain nombre de gardiens, à des fins potentiellement contradictoires, et les gestionnaires doivent reconnaître la nature et les intérêts divers de ces gardiens. Dans le christianisme, l'accent est mis sur la notion d'intendance, plutôt que sur la tutelle *en soi*, détournant l'accent de la propriété et du contrôle vers l'obligation et la responsabilité. Les hindous peuvent considérer que le véritable gardien d'un site sacré est la divinité qui y habite et qui détient le pouvoir sur ce lieu, comme la déesse Nanda Devi dans la réserve de biosphère de Nanda Devi. Pour certains sites sacrés, il peut ne pas y avoir de personne(s) désignée(s) comme gardien(s) (ou les connaissances ont pu être fragmentées ou perdues à cause de la colonisation). Au lieu de cela, diverses parties prenantes et organisations religieuses et de pèlerinage peuvent se charger de prendre soin du site, et dans certains cas, une personne peut être chargée de protéger le lieu.
10. Les sites sacrés attirant de nombreux pèlerins et autres visiteurs offrent la possibilité de diffuser des idées religieuses de conservation pour le site particulier et pour l'environnement en général. Les sites naturels sacrés situés dans les aires protégées peuvent attirer l'attention et mettre en évidence de manière concrète les messages de grandes figures des religions dominantes sur la nécessité urgente de respecter et de prendre soin de la nature. Par exemple, un projet dans lequel des chefs religieux et des scientifiques travaillaient ensemble pour rétablir une forêt sacrée à Badrinath, une ville sainte en Inde, a institué des cérémonies de plantation d'arbres ayant attiré beaucoup d'attention et répandu l'idée de planter et de prendre soin des arbres, ailleurs en Inde, pour des raisons découlant des croyances et des pratiques hindoues traditionnelles (Pungetti et al., 2012). Le défunt pape Jean-Paul II et le Patriarche Bartholomée Ier de Constantinople ont utilisé leur autorité religieuse pour encourager les adeptes de leurs traditions à respecter et à prendre soin de l'environnement naturel (Dudley et al., 2005).

Gestion des touristes sur les sites sacrés

De nombreux sites sacrés connus sont des attractions touristiques majeures pour le public laïque, national et international, en raison de leur beauté naturelle et de leur intérêt culturel. Un grand nombre de touristes viennent les voir, avec des impacts potentiellement négatifs sur les valeurs naturelles et culturelles de ces sites. Parallèlement, ces visiteurs apportent des revenus pouvant aider à soutenir les aires protégées et les communautés locales. En outre, les principaux sites naturels sacrés, tels que le mont Sinaï et le mont Fuji, sont bien connus de la majorité du public, qui n'a pas l'occasion de les visiter mais aimerait savoir qu'ils sont préservés pour la postérité.

Étude de cas 22.7 Le rôle de la religion, de la culture et de la spiritualité dans la montagne sacrée de Montserrat, Catalogne, Espagne

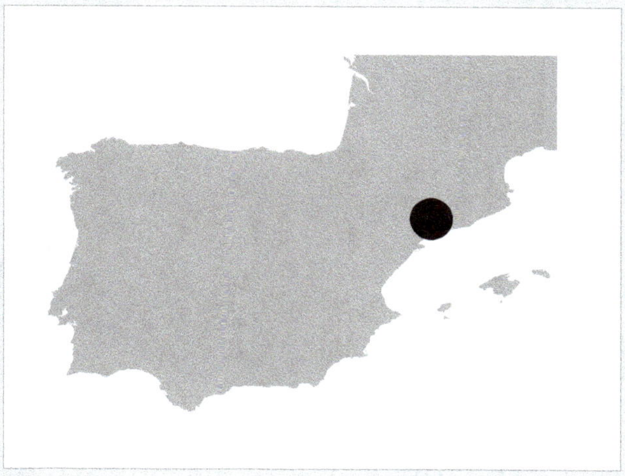

Figure 22.4 : Emplacement indicatif de Montserrat, Catalogne, Espagne, dans la péninsule ibérique

Source : US NPS

Montserrat est située à environ 50 kilomètres au nord de Barcelone. Malgré son altitude modeste (1 120 mètres) et sa taille relativement petite, son relief singulier, caractérisé par des milliers d'étonnants pinacles pierreux, en fait une montagne unique, magique et majestueuse. Montserrat abrite des sites exceptionnels du patrimoine géologique d'importance nationale, plus de 1 200 espèces de plantes vasculaires méditerranéennes, dont 40 considérées comme rares ou menacées, et 29 espèces animales considérées comme rares, menacées ou vulnérables.

Niché dans la montagne, au-dessus des falaises, se trouve le célèbre monastère bénédictin de Santa Maria, où une icône noire de la Sainte Vierge est vénérée. Pendant de nombreux siècles, le sanctuaire de la patronne de la Catalogne, un chef-d'œuvre de l'art sacré du XIIe siècle, a été l'un des plus importants sanctuaires dédiés à la Vierge dans le monde catholique. En outre, la partie supérieure de Montserrat compte 12 ermitages, la plupart accrochés à des pinacles rocheux, où des ermites ont vécu depuis des millénaires. Deux ermitages sont encore utilisés par la communauté monastique pour des retraites, tandis que deux autres sont utilisés comme abris par les grimpeurs. En 1954, sur une crête à une altitude plus basse, le monastère des religieuses de Sant Benet a été construit. La tradition du pèlerinage à pied pour vénérer la sainte icône de la Vierge date de l'époque médiévale. Aujourd'hui, bien que la majorité des gens utilisent des moyens mécaniques, des groupes de pèlerins grimpent encore à pied, suivant des sentiers de pèlerinage historiques.

Pour toutes ces raisons, et bien d'autres raisons historiques, politiques et sociologiques, Montserrat est largement considérée comme l'identité et le cœur spirituel de la Catalogne. En 1989, Montserrat a été déclarée parc naturel (catégorie V de l'UICN) incluant une réserve naturelle (catégorie III de l'UICN) par un décret du gouvernement de Catalogne. L'aire protégée couvre environ 9 400 hectares, dont près de 2 000 hectares forment la réserve naturelle. L'ensemble du massif a été inclus dans le réseau européen Natura 2000. Le Conseil d'administration de Montserrat est codirigé par le Président de la Catalogne et l'abbé du monastère de Santa Maria.

La communauté bénédictine est le principal gardien de Montserrat depuis près de 10 siècles. L'influence culturelle et l'importance de la communauté monastique peuvent être évaluées par les faits suivants :

1. Au cours des quatre derniers siècles, elle a accueilli une importante école de musique liturgique.
2. C'est l'une des plus anciennes maisons d'édition d'Europe.
3. Sa bibliothèque compte plus de 300 000 volumes, dont des manuscrits uniques.
4. Le musée possède l'une des meilleures collections de peintures de paysages de Catalogne.
5. Le travail culturel des moines comprend des études bibliques, la liturgie, la théologie, l'histoire monastique, la musicologie, ainsi que des thèmes spirituels et pastoraux, et produit ou traduit de nombreuses œuvres chaque année.
6. Les moines organisent de nombreuses activités culturelles.

En outre, les zones entourant le monastère de Santa Maria sont un musée en plein air, y compris un certain nombre de groupes sculpturaux du XIXe siècle qui se fondent dans les murs rocheux, le long des sentiers.

Josep-Maria Mallarach, Association Silene

Éducation et interprétation

Les gestionnaires peuvent faire participer le public à la gestion des sites sacrés au moyen de programmes d'éducation et d'interprétation encourageant les visiteurs à respecter les valeurs traditionnelles et à préserver l'environnement naturel, et expliquant le rôle des aires protégées dans la protection des sites naturels sacrés. Ces programmes devront expliquer les valeurs que les sites présentent pour les traditions autochtones, les communautés locales et/ou les religions dominantes, et relier ces valeurs à celles détenues par les visiteurs, afin qu'ils puissent plus facilement comprendre, apprécier et soutenir la conservation environnementale et culturelle des aires protégées. L'accent devra être mis sur le développement du respect mutuel et de l'inclusion, afin que toutes les parties se sentent motivées à travailler ensemble pour le bien commun des sites et des personnes. Par exemple, Sir Tumu Te Heuheu Tukino VIII, chef suprême de la tribu Ngati Tuwharetoa et ancien président du Comité du patrimoine mondial de l'UNESCO, a écrit sur le parc national de Tongariro, en Nouvelle-Zélande, un site sacré maori majeur :

> Dans l'exercice de tous les paramètres du kaitiakitanga, ou de tutelle, nous sommes également très conscients de la nécessité d'équilibrer l'intérêt mondial pour le paysage

Parc naturel et Monastère de Monserrat, Catalogne, Espagne
Source : Graeme L. Worboys

> avec les intérêts tribaux et le maintien de la véracité culturelle. Le défi n'est pas tant de reconnaître la relation entre le parc national et la tribu, ceci étant maintenant confirmé par les dispositions du Patrimoine mondial. Le défi est d'embrasser et de gérer l'enthousiasme mondial avec l'intégrité tribale, afin que les deux puissent être compris, appréciés et partagés par ceux qui nous suivront dans les années à venir. (Schaaf et Lee, 2006:226)

En 1985, reconnaissant l'importance culturelle et spirituelle d'Uluru, un monolithe rocheux sacré pour le peuple Anangu, le gouvernement australien lui a restitué le parc national d'Uluru-Kata Tjuta en tant que propriétaires traditionnels, et les Anangu, à leur tour, l'ont cédé au gouvernement dans un accord de gestion conjointe. Ces dernières années, les programmes éducatifs et documents d'interprétation développés et mis en œuvre par les Anangu et le parc national, demandant aux visiteurs de ne pas escalader Uluru par respect pour la culture et les traditions Anangu, ont réussi à réduire considérablement le nombre de touristes escaladant le site sacré (Verschuuren et al., 2010). Cet exemple montre l'importance de disposer de personnes pour qui un site est sacré, jouant un rôle de premier plan dans les programmes de gestion, d'éducation et d'interprétation. Il souligne également la façon dont ces programmes peuvent toucher les membres du grand public et modifier leur comportement en cultivant le respect et la compréhension, plutôt qu'en imposant des règles et des sanctions susceptibles d'engendrer un ressentiment et une non-conformité (Taylor et Lennon, 2012).

Gestion de l'utilisation récréative

Les utilisations récréatives, en particulier, telles que l'escalade et le ski, peuvent menacer le caractère spirituel des sites sacrés aux yeux de ceux qui les vénèrent. Les Lakotas et autres tribus du Wyoming, par exemple, considèrent l'ascension de Devil's Tower (ou Mato Tipila), dans le monument national de Devil's Tower, comme un acte de profanation, en particulier pendant leur saison cérémonielle, en juin. Les gestionnaires du parc ont essayé d'interdire l'escalade pendant cette période, mais un petit groupe d'alpinistes a contesté cela devant les tribunaux, affirmant que cela violait leurs droits, et a gagné. La direction demande maintenant aux gens de s'abstenir volontairement d'escalader la tour volcanique en juin, par respect pour les traditions amérindiennes, et l'écrasante majorité des grimpeurs accepte de le faire (Wild et McLeod, 2008).

L'expansion de l'Arizona Ski Bowl et l'utilisation d'eaux usées pour produire de la neige artificielle sur les montagnes sacrées des San Francisco Peaks ont opposé des tribus telles que les Hopi et les Navajos au domaine skiable et aux membres du public adeptes du ski. Les amérindiens ont obtenu le soutien d'organisations environnementales telles que le Sierra Club, mais jusqu'à présent, n'ont pas réussi à stopper l'utilisation d'eaux usées et autres aspects du ski récréatif, qu'ils considèrent comme des profanations de la montagne sacrée (Papayannis et Mallarach, 2009).

Un autre exemple important de la gestion des sites naturels sacrés vient du peuple Dai, vivant à la confluence du nord-ouest du Vietnam, de l'est du Myanmar, du Haut-Laos, du

Panneau situé au point de départ de l'ascension d'Uluru, parc national d'Uluru-Kata Tjuta, Territoire du Nord, Australie

Source : Graeme L. Worboys

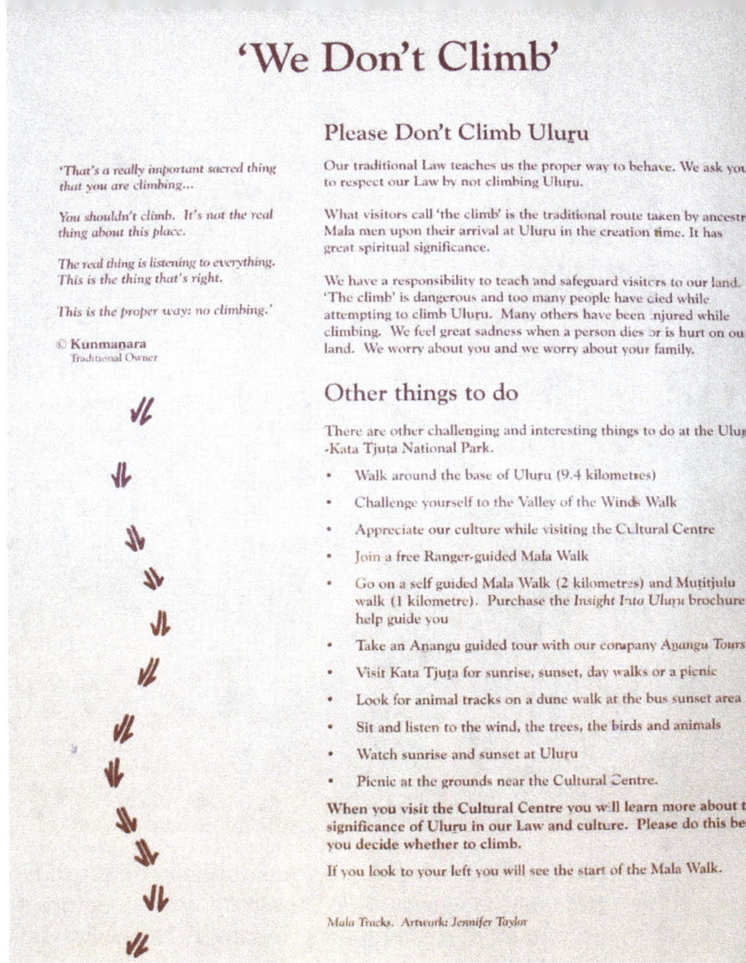

Détail du panneau situé au point de sortie de l'ascension d'Uluru, parc national d'Uluru-Kata Tjuta, Territoire du Nord, Australie

Source : Graeme L. Worboys

nord de la Thaïlande et de la région du Yunnan du sud-ouest de la Chine. Avant l'introduction du bouddhisme hinayana, avec la dynastie Tang, les Dai étaient animistes, reliant les forces de la nature au royaume spirituel grâce à l'idée de *Shu*, l'esprit de la montagne. Les Dai ont maintenu et augmenté le potentiel de biodiversité et l'abondance de la flore et de la faune autochtones sur leurs collines sacrées (ou *Nongs*) en maintenant des rituels pour contrôler l'esprit maléfique de *Shu*, et soumettant l'utilisation du bois et autres ressources, comme la médecine ou la nourriture, uniquement à un consentement religieux et de la communauté. La collecte de bois d'espèces telles que *Paramichelia baillonii*, *Cinnamomum comphora*, *C. glanduliferum* et *Gmelina arborea* nécessite le consentement d'un comité de village, ce qui a permis de conserver des collines boisées dans un paysage agricole autrement transformé en rizières, jardins familiaux et champs cultivés, satisfaisant ainsi l'esprit bienveillant de *Shu*. Les âmes respectées des chefs des Dai résident dans les collines boisées du *Nong Man* local ou du *Nong Meng* plus vaste, et contribueraient à la préservation des paysages locaux et régionaux (Xu et al., 2006).

Gestion des caractéristiques culturelles (patrimoine culturel matériel)

La plupart des aires protégées abritent un patrimoine culturel tangible considérable, mais celui-ci est souvent de nature fragmentaire et subtile, archéologique plutôt que monumental. Il n'est généralement pas constitué de bâtiments importants ou de sites d'art rupestre bien connus. La gestion de ces sites patrimoniaux plus subtils, et souvent plus fragiles, nécessite une gamme de techniques sophistiquées, souvent dans un environnement de ressources limitées. Le gestionnaire de l'aire protégée, comme cela a été mentionné précédemment dans ce chapitre et dans le chapitre 4, manque souvent d'expérience en matière de gestion du patrimoine culturel, et peut ne pas reconnaître les nombreuses valeurs du patrimoine culturel d'une aire protégée sans l'aide de spécialistes du patrimoine culturel et/ou de la communauté locale. La localisation, l'identification, l'inventaire et l'évaluation de ces sites et paysages sont des conditions préalables à la formulation de stratégies de gestion. Les méthodes de gestion doivent commencer par une discussion de ces questions et des stratégies suggérées pour leur réalisation. Après cela, la meilleure stratégie consiste souvent à rédiger un plan de gestion pour la conservation du

Bâtiment de ferme historique dans le complexe Homestead Cooleman, parc national de Kosciuszko, Nouvelle-Galles du Sud, Australie, une structure activement conservée par le Service des parcs nationaux et de la faune sauvage de Nouvelle-Galles du Sud, comme indiqué dans la Charte Burra de l'ICOMOS

Source : Graeme L. Worboys

patrimoine culturel en général, plutôt que de se concentrer initialement sur des sites spécifiques.

Il est important de noter ici que nous ne suggérons pas que des preuves tangibles, telles que l'environnement bâti, soient distinctes du paysage environnant. Elles font toutes partie d'un système holistique intégré impliquant l'évolution conjointe de la nature et la culture (diversité bioculturelle). Cependant, la gestion et la protection des preuves tangibles nécessitent généralement une expertise technique et des pratiques de gestion spécifiques, et notre discussion porte principalement sur ces exigences particulières.

Le document de politique internationale le plus important pour la conservation du patrimoine culturel tangible, en particulier du patrimoine bâti, est la Charte internationale pour la conservation et la restauration des monuments et des sites, connue sous le nom de Charte de Venise, qui résulte des délibérations de professionnels sur la restauration des bâtiments endommagés par les inondations à Venise, en 1964, et qui a donné naissance au Conseil international des monuments et des sites (ICOMOS) (Lennon, 2006). Parmi les autres agences mondiales liées à l'ICOMOS dans le domaine de la gestion et de la protection du patrimoine culturel figurent l'UNESCO, le Centre international pour l'étude de la préservation et de la restauration des biens culturels, le Conseil international des musées (ICOM), la Convention du patrimoine mondial et l'UICN. Plusieurs pays ont adapté les principes directeurs de l'ICOMOS à leur situation particulière, tels que la Charte Burra de l'Australie, établie en 1979, les Principes de Chine (2004), une Charte de préservation des villes et régions historiques des États-Unis d'Amérique (US ICOMOS, 1992), et la Charte pour la préservation du patrimoine du Québec (ICOMOS Canada) (Lennon, 2006). Les protocoles de Hoi An de l'UNESCO (UNESCO, 2009) fournissent des lignes directrices professionnelles pour la préservation de l'authenticité des sites du patrimoine dans le contexte des identités culturelles diverses et durables de l'Asie. Malgré ces lignes directrices universelles, les meilleures pratiques de gestion varient d'un continent à l'autre, et même d'un pays à l'autre, pour diverses raisons, notamment les fonds disponibles pour gérer les bâtiments historiques et les paysages, ainsi que le niveau de fréquentation.

Des bâtiments historiques sont présents dans les aires protégées à travers le monde, et peuvent parfois même constituer la raison d'être de l'aire protégée, ou être accessoires à la raison principale, comme par exemple, les huttes de bergers et de mineurs dans le parc national de Kosciuszko, en Australie (voir chapitre 4). L'importance d'un élément construit n'est souvent pas immédiatement apparente au premier venu, et encore moins à un gestionnaire d'aire protégée. Par exemple, ce n'est peut-être pas le tissu ou la preuve physique qui est significatif, mais les événements historiques associés au lieu. Généralement, la manière dont une fonction est gérée dépend de ses valeurs et du niveau de signification de ces valeurs. Le processus d'attribution des valeurs puis d'évaluation de l'importance marque le début du processus de planification de la conservation, discuté ci-après.

Étape 1 : Recueillir et analyser des données probantes, décrire les valeurs patrimoniales

Étape 1 : Identifier le site / lieu / paysage et ses associations
Étape 2 : Identifier/contacter des personnes ou des groupes ayant un intérêt pour le site
Étape 3 : Recueillir et consigner suffisamment d'informations sur le site pour en comprendre l'importance (documentaires historiques, orales, physiques)
Étape 4 : Fournir une description des valeurs patrimoniales en tant qu'énoncé d'importance

↓

Étape 2 : Élaborer des politiques

Étape 5 : Identifier les obligations découlant des valeurs identifiées et patrimoniales
Étape 6 : Recueillir des informations sur d'autres facteurs influant sur l'avenir du site (besoins et ressources du propriétaire/gestionnaire, facteurs externes, conditions physiques, contraintes)
Étape 7 : Élaborer une politique

↓

Étape 3 : Mettre en œuvre la politique et entreprendre une gestion continue

Étape 8 : Préparer un plan de gestion pour la mise en œuvre des politiques
Étape 9 : Gérer le site conformément au plan de gestion
Étape 10 : Réaliser un suivi et évaluer

Figure 22.5 Étapes du processus de planification de la conservation
Source : Adapté de ICOMOS Australia (2013)

Processus de planification de la conservation

Comme abordé au chapitre 4, la gestion et la conservation des éléments culturels, y compris les paysages culturels et la diversité bioculturelle, devraient idéalement être guidées par une planification minutieuse et rigoureuse de la conservation, souvent par des experts du patrimoine. Cela implique un processus d'évaluation, suivi d'une série d'étapes bien définies, en passant par des rapports et un suivi des conditions des valeurs identifiées (figure 22.5). Ces étapes sont souvent articulées au moyen d'un plan de gestion de la conservation, en particulier lorsque la caractéristique est importante ou très importance. Un tel plan devra être conforme à tout autre plan relatif à l'aire protégée.

Une recherche approfondie, utilisant toutes les sources disponibles, permet de comprendre le lieu et d'évaluer ses valeurs. Les valeurs patrimoniales peuvent résider dans la forme, les matériaux, l'artisanat et le cadre du lieu, ainsi que dans les associations et les souvenirs que les gens ont avec ce lieu. Les valeurs patrimoniales diffèrent d'une culture à l'autre et pour différentes périodes de l'histoire sociale. Elles sont étroitement liées à l'authenticité du tissu et des preuves documentaires associées. Lennon (2006) partage des informations utiles sur les valeurs, l'authenticité et la signification. ICOMOS Australie identifie cinq valeurs, indiquées dans le Tableau 22.1 (voir également le chapitre 4).

Une fois que les valeurs ont été identifiées et qu'un consensus a été trouvé parmi les parties prenantes (ce qui n'est pas toujours facile), une évaluation de l'importance culturelle démontre dans quelle mesure les éléments patrimoniaux possèdent les valeurs définies. Un énoncé clair et concis de l'importance culturelle est préparé pour une caractéristique dans son ensemble, ou des énoncés distincts pour des éléments distincts constituant une caractéristique grande ou complexe.

Alors que la première étape porte sur le site lui-même, la deuxième étape porte sur l'élaboration de politiques, en soupesant les obligations découlant de l'évaluation de l'importance avec les facteurs externes susceptibles d'influencer la gestion future du site. Par exemple, il ne serait pas utile de développer une politique de restauration totale d'un bâtiment si aucun financement n'est disponible.

La deuxième étape impliquera probablement de longues discussions entre le spécialiste du patrimoine, les gestionnaires du parc et les parties prenantes. Une fois que les politiques auront été élaborées, un plan de gestion pourra être préparé pour opérationnaliser les politiques en objectifs et actions prioritaires et financés. Un processus efficace de suivi et d'évaluation devra être inclus dans le plan de gestion. Un

La populaire promenade Mala, guidée par des rangers, à la base d'Uluru et vers les gorges de Kantju, parc national d'Uluru-Kata Tjuta, Territoire du Nord, Australie. Cette promenade présente des surplombs et des grottes spectaculaires, des peintures autochtones et des sites d'importance spéciale pour la communauté autochtone. La protection de ces caractéristiques est assurée par la conception de plateformes d'observation surélevées et le tracé de la promenade

Source : Graeme L. Worboys

plan de gestion de la conservation devra indiquer clairement ce qui est acceptable et ce qui ne l'est pas, en ce qui concerne l'élément patrimonial, par exemple si un bâtiment peut être déplacé, si le patrimoine meuble peut être transféré dans un musée, la quantité de tissu nouveau pouvant être introduit, le type approprié de mobilier à utiliser et le montant du financement à allouer à l'entretien d'un bâtiment ancien ou abandonné. Les facteurs suivants peuvent être importants à considérer lors de l'élaboration d'un plan de gestion de conservation :

- **Utilisation par les visiteurs :** la durabilité des niveaux de visites doit être évaluée, afin de déterminer si ceux-ci sont compatibles avec le maintien de l'importance culturelle de l'aire protégée.
- **Interprétation :** les méthodes permettant de révéler au public les valeurs importantes du site devront être décrites, si un usage public est prévu. Cela peut impliquer un traitement du tissu afin de montrer des significations historiques, l'utilisation du site d'une manière compatible avec son utilisation originale, l'utilisation de matériel interprétatif introduit ou l'utilisation de guides issus de la population locale.
- **Contraintes de l'enquête :** des raisons culturelles, sociales, éthiques ou religieuses peuvent empêcher ou limiter les recherches sur un paysage culturel ou l'accès aux sites historiques par les chercheurs, les travailleurs ou le public.
- **Développements futurs susceptibles de se produire :** le plan de conservation doit envisager les développements futurs possibles et leur impact sur les valeurs patrimoniales. Les développements de toute ampleur devront également être évalués au moyen de procédures d'évaluation de l'impact environnemental et de stratégies d'atténuation appropriées.

L'objectif est un plan de conservation réalisable, pouvant être adapté aux conditions changeantes tout en conservant l'importance des valeurs patrimoniales exprimées sur le site.

Tableau 22.1 Valeurs du patrimoine culturel

Type de valeur culturelle	Description
Valeur esthétique	Perceptions sensorielles telles que la forme, l'échelle, la couleur, la texture et la matière, ou les odeurs et les sons associés à un lieu et à son utilisation.
Valeur historique	Un lieu ayant influencé, ou ayant été influencé par une figure historique, un événement, une phase ou une activité, ou site d'un événement important.
Valeur scientifique / de recherche	Importance des données, rareté, représentativité, mesure dans laquelle le lieu peut apporter d'autres informations substantielles.
Valeur sociale	Qualités pour lesquelles un lieu est devenu une référence pour un sentiment spirituel, politique, national ou autre sentiment culturel pour un groupe majoritaire ou minoritaire.
Valeur spirituelle	Utilisée pour capturer l'attachement entre les humains et l'environnement naturel/le lieu, de façon plus spécifique que les valeurs sociales ou esthétiques.

Source : ICOMOS Australia (2013)

Le plan de gestion peut inclure des conditions pour d'autres scénarios, permettant au gestionnaire de réagir aux changements dans l'utilisation ou l'état physique du site. Les actions de traitement peuvent aller de l'entretien et de la restauration cycliques à la continuité de modes de vie traditionnels ou à la réutilisation adaptative. La pertinence de certains traitements doit être soigneusement évaluée avant le début des travaux. La pertinence des traitements variera également selon le type d'aire protégée et l'ampleur de l'impact. Par exemple, dans les paysages artificiels, une reconstruction d'éléments manquants peut avoir lieu, comme dans le paysage culturel Lednice-Valtice, classé au Patrimoine mondial, en République tchèque, l'un des plus grands paysages artificiels d'Europe, ou la réhabilitation et restauration des jardins du Palais de Hampton Court, au Royaume-Uni, suite à des dommages, ou encore la reconstruction par la replantation de 50 000 arbres à Versailles, suite aux violentes tempêtes ayant dévasté les jardins à la française de Louis XIV, en 1999.

Les principes de gestion des sites inscrits au Registre national du patrimoine australien sont également utiles :

- Les objectifs de gestion des paysages patrimoniaux sont d'identifier, de protéger, de conserver, de présenter et de transmettre, à toutes les générations, leurs valeurs patrimoniales.
- La gestion des sites patrimoniaux devrait utiliser les meilleures connaissances, compétences et normes disponibles pour ces sites, et inclure une contribution technique et communautaire continue aux décisions et aux mesures susceptibles d'avoir une incidence importante sur leurs valeurs patrimoniales.
- La gestion des paysages patrimoniaux doit respecter toutes les valeurs du site.
- La gestion des sites patrimoniaux devrait veiller à ce que leur utilisation, leur présentation et leur interprétation aux visiteurs soient compatibles avec la conservation de leurs valeurs patrimoniales.
- La gestion des sites patrimoniaux devrait prévoir, en temps opportun et de façon appropriée, la participation de la communauté, en particulier des personnes s'intéressant particulièrement au lieu ou y étant associées et pouvant être affectées par la gestion du site.
- Les peuples autochtones sont la principale source d'information sur la valeur de leur patrimoine, et leur participation active à l'identification, à l'évaluation et à la gestion fait partie intégrante de la protection efficace des valeurs patrimoniales autochtones.
- La gestion des paysages patrimoniaux devrait prévoir un suivi, une évaluation et des rapports réguliers sur

Autel incrusté de nacre, Église du Sacré-Cœur, mission aborigène de Old Beagle Bay, péninsule de Dampier, Territoire du Nord, Australie. L'église a été construite en 1890 par des moines trappistes français et génère des revenus importants pour la communauté autochtone locale grâce aux dons

Source : Sue Feary

Panneaux réglementaires internationaux à Angkor Wat, au Cambodge, utilisés pour protéger le site des déchets (restes de nourriture, mégots de cigarettes et ordures) et de la pollution sonore, et pour exiger une tenue vestimentaire culturellement acceptable. Les marches en bois aident à protéger la porte en pierre de l'important trafic piétonnier

Source : Graeme L. Worboys

la conservation des valeurs patrimoniales des sites (Department of the Environment, 2014).

Les associations culturelles doivent être préservées pour maintenir vivantes les valeurs associatives telles que décrites dans l'évaluation de l'importance effectuée dans le cadre du processus de planification de la conservation. Cela nécessite une coopération et une collaboration entre les chefs de groupes communautaires, les détenteurs de connaissances et les gestionnaires d'aires protégées. Celle-ci peut inclure des programmes d'éducation, des activités saisonnières, des réunions intergénérationnelles et des festivals visant à transmettre les rituels et l'artisanat, la langue et la fierté des coutumes locales. Les valeurs peuvent cependant être dynamiques : elles évoluent et changent. L'évaluation des conditions et la connaissance de ces valeurs doivent être mises à jour et, par conséquent, les stratégies de gestion doivent pouvoir changer pour protéger les valeurs exprimées par les aires protégées.

Des archéologues informent des experts en visite à Hang Trong Cave, complexe paysager de Trang An, un site du patrimoine mondial, Vietnam, sur l'excavation d'un gisement d'occupation humaine âgé de 24 438 ans. Les restrictions d'utilisation des visiteurs dans cette zone aident à protéger le site d'excavation

Source : Graeme L. Worboys

Gestion des visiteurs dans les lieux historiques

De nombreux bâtiments historiques sont ouverts au public, parfois dans le but de lever des fonds pour aider à leur entretien. Le plan de conservation des bâtiments historiques devrait identifier le type de circulation des visiteurs et leur fréquence le long de couloirs, corridors ou escaliers spécifiques. Par exemple, lors de la visite du Palais Royal de Londres, les visiteurs peuvent admirer des statues emblématiques ou des peintures murales de premier ordre, indicatrices du type de collections qui seront exposées. Lors de la visite de bâtiments historiques sensibles, le respect de la lecture silencieuse ou l'utilisation de visites autoguidées audiovisuelles peuvent être demandés, et les heures de visite limitées. Lors de la visite des temples historiques de Kyoto, au Japon, les visiteurs peuvent accéder à certaines pièces de l'étage principal, à condition qu'ils enlèvent leurs chaussures ou utilisent les couvre-chaussures jetables fournis par la direction. Les bâtiments historiques qui présentent des collections bibliographiques fournissent aux visiteurs autorisés des filtres pour le nez et la bouche et des gants en coton.

L'accumulation de suie et de poussière sur les surfaces exposées, et la contamination visuelle et sonore dans les zones urbaines peuvent constituer d'autres impacts sur les bâtiments et monuments historiques. Les sites patrimoniaux devraient disposer d'un espace tampon, comme par exemple, un jardin. Ce tampon pourrait améliorer ces problèmes et fournir une enceinte de protection au site.

Un nombre élevé de visiteurs peut avoir un impact sur le patrimoine bâti, pouvant être réduit de plusieurs façons. Une limite du nombre de visiteurs peut être instaurée de façon permanente, certaines zones du bâtiment ouvertes au public peuvent être restreintes, ou le site peut être fermé à certains moments de l'année. Le soutien du public peut toutefois diminuer, à moins qu'il n'existe de bons programmes éducatifs pour expliquer pourquoi de telles mesures sont nécessaires. Les recettes peuvent également diminuer, ce qui pourrait avoir des conséquences négatives pour l'autorité de gestion et les communautés locales.

Alternativement, les sites peuvent être « renforcés ». Sur le site historique de Throsby Park, une grande ferme en grès géorgien en Nouvelle-Galles du Sud, Australie, des tapis fragiles ont été recouverts de plastique épais pour permettre aux visiteurs de traverser le bâtiment sans causer de dommages. Des passerelles surélevées peuvent être construites autour de sites archéologiques, tels que Çatal Hüyük, un site de plus de 8 000 ans classé au Patrimoine mondial de l'humanité , en Turquie (voir chapitre 4), ou dans les abris rocheux contenant des peintures anciennes. Le suivi des impacts des visiteurs est crucial afin de s'assurer que les services ne sont pas surchargés, et que le tissu important n'est pas endommagé, ainsi que pour déterminer quand des travaux seront nécessaires pour conserver l'importance du site.

Le cas échéant, une signalisation multilingue devra être disponible. Des brochures devront être mises à disposition des visiteurs du site, à condition qu'elles n'entraînent pas de problème de déchets. Un centre de ressources pourra également être créé sur le site, où les visiteurs pourront avoir accès à des renseignements pertinents sur l'histoire et l'importance culturelle du site. Des liens vers les sites de réseaux sociaux doivent être clairement mis en évidence pour les personnes désireuses de créer un lien avec les autres ou de partager leurs expériences.

Plus important encore, les architectes, archéologues, rangers, communicateurs, écologistes, sociologues et autres professionnels impliqués dans les sites patrimoniaux devront recevoir une instruction et une formation sur le site, les initiant à la philosophie et aux techniques de conservation, de restauration et d'exploitation du site, telles qu'elles s'appliquent à l'emplacement spécifique.

Dans certains cas, les touristes peuvent découvrir le patrimoine culturel sans le voir directement. Par exemple, certaines œuvres d'art sur les murs des grottes peuvent être trop fragiles pour être soumises aux touristes et à leur respiration, riche en dioxyde de carbone. Les visiteurs ne peuvent pas entrer dans de telles grottes. Ils reçoivent plutôt leur instruction visuelle dans des centres d'interprétation conçus pour accueillir un grand nombre de personnes visitant le site, comme dans les grottes d'Altamira, près d'Antillana del Mar, Cantabrie, dans le nord de l'Espagne.

Si l'accès au site est nécessaire, des chemins spéciaux peuvent être marqués, y compris un sens de circulation strict et des signes clairs visant à rendre l'expérience explicite. Dans la mesure du possible, des chemins d'interprétation équipés d'une signalisation illustrative permettant l'accès des personnes handicapées sont souhaitables. Des avis d'interdiction de photographie au flash ou autres pratiques d'observation invasives peuvent également être appropriés.

Gérer les éléments patrimoniaux dans un monde en mutation

Les sites patrimoniaux importants peuvent être touchés par de nombreux événements, tant naturels qu'humains. Par exemple, les processus de changements climatiques, tels que la fonte des glaciers, peuvent menacer les sanctuaires situés dans des zones montagneuses. Un exemple de cas extrême d'intervention humaine est l'enlèvement du complexe du Grand Temple d'Abou Simbel pour permettre la construction du barrage d'Assouan, en Égypte. La structure a été entièrement reconstruite à un autre endroit, en utilisant les mêmes matériaux et la même conception que la structure originale. La pièce d'origine a été découpée en blocs et les pièces ont été réassemblées sur leur nouvel emplacement (Fitzgerald, 2008).

L'aspect positif est que les structures anciennes ayant été inondées pour des raisons naturelles ou sociopolitiques peuvent servir d'expositions subaquatiques *in situ* que les touristes peuvent voir en plongeant (voir le chapitre 4 sur le patrimoine sous-marin). La plongée autour de structures submergées est une forme relativement nouvelle de tourisme, de plus en plus populaire dans les villages engloutis de Ngibtal et Babeldaob, aux Palaos, Micronésie, dans la péninsule du Yucatán, dans les Caraïbes, et autour de certains navires engloutis le long de la route commerciale romaine, en Méditerranée. La durabilité de cette activité reste à déterminer, car le pillage est un danger toujours présent (Guérin et al., 2010).

Gestion de la recherche sur les sites archéologiques

Bien que la plupart des pays et leurs établissements d'enseignement disposent de principes et de politiques bien établis pour guider la recherche sur les sites patrimoniaux, chaque site possède ses propres caractéristiques particulières, avec lesquelles les professionnels doivent se familiariser. Par exemple, lorsqu'une fouille archéologique dans une aire protégée est nécessaire pour obtenir des données utiles à la compréhension ou à la gestion du site, les meilleures pratiques archéologiques doivent prévaloir, non seulement en ce qui concerne les méthodes d'excavation, mais également pour assurer l'enlèvement et le dépôt sécurisés des sédiments excavés, le maintien de l'intégrité paysagère de l'aire protégée ou des biens culturels et, le cas échéant, la tranquillité et le rythme de vie des communautés de la région.

En règle générale, les engins lourds d'excavation ne devraient pas être autorisés dans les fouilles archéologiques situées dans une aires protégée, bien que cela soit défini par les plans de gestion et stratégies de conservation pertinents. Dans la mesure du possible, les membres de la communauté locale devraient être employés pour aider à la recherche archéologique. Cela crée non seulement des emplois locaux, mais permet également aux personnes de se connecter avec leur patrimoine en participant directement à la recherche et à la gestion, comme dans le cas de la participation des cherokees de la bande orientale au fonctionnement d'un musée et d'un centre communautaire, en Caroline du Nord. La participation des aborigènes australiens à la recherche archéologique est une exigence des autorités réglementaires nationales et étatiques, ainsi que des comités d'éthique de la plupart des universités australiennes.

Gestion et conservation des documents

Bien que les gestionnaires d'aires protégées du monde occidental travaillent avec la technologie informatique depuis de nombreuses décennies, des pays subsistent où le matériel et les logiciels informatiques ne sont pas facilement disponibles. Idéalement, les fichiers, dossiers, documents d'archives, y compris les cartes, dessins et photographies, devraient être numérisés et protégés dans un système électronique incluant au moins trois sauvegardes conservées à différents endroits. Le Comité international pour la documentation du patrimoine culturel (CIPA), une des branches techniques de l'ICOMOS, peut fournir des conseils sur l'acquisition de données et d'informations dans le but de documenter le patrimoine culturel, gérer l'information, et fournir une éducation et une formation à différents niveaux. La bonne tenue de dossiers historiques, qui sont en soi un patrimoine, est un élément essentiel de la gestion du patrimoine culturel. L'UNESCO a établi des lignes directrices pour le traitement des documents historiquement pertinents (CIPA, 2007).

De nombreux pays possèdent des installations et services informatiques, d'archivage et de catalogage limités, inexistants ou encore à leurs débuts. C'est le cas, par exemple, des Îles Salomon, dont les archives, situées dans la capitale nationale, Honiara, contiennent de nombreux documents écrits, y compris ceux de la colonisation britannique, et l'histoire des activités des églises et des missionnaires sur de nombreuses décennies. Un approvisionnement électrique peu fiable, les catastrophes naturelles, le manque d'équipement et la faible formation de la population locale mettent ces précieux dossiers en danger. Le gouvernement des Îles Salomon a résolu le problème en utilisant l'aide internationale australienne et un partenariat avec l'Université nationale australienne pour numériser un grand nombre de ses dossiers. Il a également appelé des volontaires dans le cadre du programme Australian Volunteers Abroad, à rédiger des manuels et à former le personnel à la gestion des dossiers. Des fonds ont également été recherchés pour acheter un générateur, afin de lutter contre les inévitables pannes d'électricité quotidiennes.

Conclusion

Dans ce chapitre, nous avons vu comment les philosophies des aires protégées ont réagi et changé pour prendre en compte de nouveaux concepts tels que les paysages culturels et le patrimoine bioculturel. Ces concepts reconnaissent l'utilisation humaine passée et continue des environnements des aires protégées, et nous montrent une voie à suivre dans la gestion des aires protégées et de leurs précieuses valeurs naturelles et culturelles. Dans de nombreuses régions du monde, un moyen efficace de préserver les valeurs du patrimoine culturel des aires protégées est de continuer à les utiliser pour des pratiques spirituelles et culturelles, ou pour des raisons de subsistance. Cette utilisation continue maintient la valeur patrimoniale mise en évidence et, dans certains cas, pourrait impliquer une meilleure protection des valeurs culturelles et naturelles.

Ce chapitre a défendu l'importance d'adopter une approche intégrée de la gestion de la culture et de la nature, et a fourni des conseils sur la façon d'y parvenir, au moyen d'études de cas et d'exemples. Nous avons examiné l'importance du processus de planification de la conservation dans la gestion du patrimoine culturel, et la façon dont les valeurs sous-tendent l'évaluation de l'importance culturelle, qui fournit à son tour une base pour les politiques et les objectifs, de manière rationnelle et transparente.

La gestion de certains aspects du patrimoine culturel tangible a été explorée, en particulier l'ouverture de bâtiments patrimoniaux et de sites religieux sacrés au tourisme de masse. Une grande partie du chapitre a été consacrée à la discussion sur la gestion des sites sacrés, à la fois naturels et construits, des religions dominantes. Beaucoup de ces sites possèdent une valeur universelle reconnue, sont célèbres et reçoivent des niveaux très élevés de visites par les pèlerins et les touristes, impliquant la nécessité d'une gestion active en conséquence.

Références

Lectures recommandées

Amend, T., Brown, J., Kothari, A., Phillips, A. et Stolton, S. (eds) (2008) *Protected Landscapes and Agro-Biodiversity Values*, Values of Protected Landscapes and Seascapes Series Vol. 1, UICN et GTZ, Kasparek-Verlag, Heidelberg.

Apgar, J., Ataria, J. et Allen, W. (2011) 'Managing beyond designations: supporting endogenous processes for nurturing biocultural development', *International Journal of Heritage Studies* 17(6): 555–70.

Argumedo, A. (2008) 'The Potato Park, Peru: conserving agrobiodiversity in an Andean indigenous biocultural heritage area', in T. Amend, J. Brown, A. Kothari, A. Phillips et S. Stolton (eds) *Protected Landscapes and Agrobiodiversity Values*, pp. 45–58, Protected Landscapes and Seascapes Series Vol. 1, UICN et GTZ, Kasparek- Verlag, Heidelberg.

Australia International Council on Monuments and Sites (Australia ICOMOS) (2013) *The Burra Charter: The Australia ICOMOS charter for places of cultural significance*, Australia ICOMOS Secretariat, Melbourne.

Berkes, F. et Folke, C. (1998) *Linking Social and Ecological Systems: Management practices and social mechanisms for building resistance*, Cambridge University Press, Cambridge.

Bernbaum, E. (1997) *Sacred Mountains of the World*, University of California Press, Berkeley.

Bernbaum, E. (2006) 'Sacred mountains: themes and teachings', *Mountain Research and Development* 26: 304–9.

Bernbaum, E. (2007) 'Great Smoky Mountains (shagonage) and Qualla boundary: Tennessee and North Carolina, southern Appalachian Mountains, United States of America', in J.-M. Mallarach et T. Papayannis (eds) Nature and Spirituality in Protected Areas: Proceedings of the *first* workshop of the Delos Initiative, pp. 201–18, IUCN and Publicacions de l'Abadia de Montserrat, Gland et Barcelone.

Blattel, A., Gagnon, G., Côté, J. et Brown, J. (2008) 'Conserving agro-biodiversity on the Gaspé Peninsula of Québec, Canada. A potential role for *paysage humanisé* designation', in T. Amend, J. Brown, A. Kothari, A. Phillips et S. Stolton (eds) *Protected Landscapes and Agrobiodiversity Values*, pp. 96–104, Protected Landscapes and Seascapes Series Vol. 1, UICN et GTZ, Kasparek-Verlag, Heidelberg.

Borrini-Feyerabend, G. (2002) 'Interview on local communities and protected areas', *Parks* 12(2): 2–5.

Borrini-Feyerabend, G., Dudley, N., Jaeger, T., Lassen, B., Pathak, N., Phillips, A. et Sandwith, T. (2013) *Governance of Protected Areas: From understanding to action*, Best Practice Protected Area Guidelines Series No. 20, UICN, Gland.

Brown, J. (sous presse [a]) 'Stewardship of protected landscapes by communities: diverse landscapes, diverse governance models', in K. Taylor, A. St Clair et N. Mitchell (eds) *Cultural Landscapes: Preservation challenges in the 21st century*, Routledge, New York.

Brown, J. (sous presse [b]) 'Bringing together nature and culture: integrating a landscape approach in protected areas policy and practice', in R. Gambino et A. Peano (eds) *Nature Policies and Landscape Policies: Towards an alliance*, European Documentation Centre on Nature Park Planning and Springer Verlag, Turin.

Brown, J. et Hay-Edie, T. (2013) COMPACT: *Engaging communities in the stewardship of world heritage*, UNDP, New York.

Brown, J. et Kothari, A. (2011) 'Traditional agricultural landscapes and community conserved areas: an overview', *Management of Environmental Quality* 22(2): 139–53.

Brown, J., Mitchell, B. et Beresford, M. (eds) (2005) *The Protected Landscape Approach: Linking nature, culture and community*, UICN, Gland.

Cepek, M. (2012) *A Future for Amazonia: Randall Borman and Cofán environmental politics*, University of Texas Press, Austin.

Conservation Studies Institute (2005) *A Handbook for Managers of Cultural Landscapes with Natural Resource Values*, US National Park Service, Woodstock, VT. <www.nps.gov/csi>

Department of the Environment (2014) *Managing National Heritage Places*, Government of Australia, Canberra. <www.environment.gov.au/topics/ heritage/about-australias-heritage/national-heritage>

Dudley, N. (ed.) (2008) *Guidelines for Applying Protected Area Management Categories*, UICN, Gland.

Dudley, N. et Stolton, S. (eds) (2012) *Protected Landscapes and Wild Biodiversity*, Values of Protected Landscapes and Seascapes Series Vol. 3, UICN, Gland.

Dudley, N., Higgins-Zogib, L. et Mansourian, S. (2005) *Beyond Belief: Linking faiths and protected areas to support biodiversity conservation*, WWF, Equilibrium and the Alliance of Religions and Conservation (ARC), Manchester et Gland.

Environmental Information System of Colombia (SIAC) (2014) *Indian Reservation*. <www.siac. gov.co/Estado_ Ecosistemas_Bosque/Resguardos_ indigenas1.aspx>

Finke, G. (2012) *Landscape Interfaces: World heritage cultural landscapes and IUCN protected areas*, Thematic study published by the IUCN World Heritage Programme, UICN, Gland.

Finke, G. (2013) *Linking Landscapes: Exploring the relationships between World Heritage cultural landscapes and IUCN protected areas*, UICN, Gland.

Fitzgerald, S. (2008) *Ramses II: Egyptian pharaoh, warrior and builder*, Compass Point Books, New York.

Gilligan, B. (2006) *The National Reserve System Programme Evaluation: Indigenous Protected Area programme*, Australian Department of Environment and Heritage, Canberra.

Guérin, U., Egger, B. et Penalva, V. (eds) (2010) *Underwater Cultural Heritage in Oceania*, The Society for International Cultural Exchange, UNESCO, Paris.

Harmon, D. et Putney, A. D. (2003) *Full Value of Parks: From the economics to the intangible*, Rowman & Littlefield, Lanham, MD.

Hay-Edie, T., Howard, P., Martin, G. et McCandless, S. (2011) 'The roles of local, national and international designations in conserving biocultural diversity on a landscape scale', *International Journal of Heritage Studies* 17(6): 527–36.

Infield, M. et Mugisha, M. (2013) *Culture, Values and Conservation: A review of perspectives, policies and practices*, Fauna and Flora International, Cambridge.

International Committee for Documentation of Cultural Heritage (CIPA) (2007) *Recording, Documentation and Information Management for the Conservation of Heritage Places: Guiding principles*, CIPA, ICOMOS and UNESCO, The Getty Conservation Institute, Los Angeles.

International Council on Monuments and Sites (ICOMOS) (1987) *The Dresden Declaration on Colonial Buildings*, UNESCO-ICOMOS, Paris.

Kothari, A., Camill, P. et Brown, J. (2013) 'Conservation as if people also mattered: policy and practice of community-based conservation', *Conservation and Society* 11(1): 1–15.

Lennon, J. (2006) 'Cultural heritage management', in M. Lockwood, G. L. Worboys et A. Kothari (eds) *Managing Protected Areas: A global guide*, pp. 448–73, Earthscan, Londres.

Lino, C. F. et Britto de Moraes, M. (2005) 'Protecting landscapes and seascapes: experience from coastal regions of Brazil', in N. Mitchell et M. Beresford (eds) *The Protected Landscape Approach: Linking nature, culture and community*, pp. 163–78, UICN, Gland.

Loh, J. et Harmon, D. (2005) 'A global index of biocultural diversity', *Ecological Indicators* 5: 231–41.

Mallarach, J.-M. (ed.) (2008) *Protected Landscapes and Cultural and Spiritual Values*, UICN, GTZ et Obra Social de Caixa Catalunya, Heidelberg.

Mallarach, J.-M. (ed.) (2012) *Spiritual Values of Protected Areas of Europe: Workshop proceedings*, BfN Bundesamt für Naturschutz, Bonn.

Mallarach, J.-M. et Papayannis, T. (eds) (2007) *Protected Areas and Spirituality: The proceedings of the first workshop of the Delos Initiative*, UICN et Publicacions de l'Abadia de Montserrat, Gland et Barcelone.

Mallarach, J.-M., Comas, E. et de Armas, A. (2012) *El patrimonio inmaterial: valores culturales y espirituales—manual para su incorporación en las* áreas *protegidas* [*Intangible Heritage: Cultural and spiritual values—A handbook for inclusion in protected areas*], Ed. Fundación Fernando González Bernáldez, Madrid.

Melnick, R. (1984) *Cultural Landscapes: Rural historic districts in the national parks system*, US National Park Service, Washington, DC.

Mitchell, N., Rössler, M. et Tricaud, P.-M. (2009) *World Heritage Cultural Landscapes: A handbook for conservation and management*, UNESCO World Heritage Centre, Paris.

Nash, R. (2001) *Wilderness and the American mind*, 4th edn, Yale University Press, New Haven, Conn.

National System of Protected Areas (SINAP) (2014) National System of Protected Areas (Sistema Nacional de Áreas Protegidas), Colombia. <runap.parquesnacionales.gov.co/index/contenido/seccion/acercaderunap>

Papayannis, T. et Mallarach, J.-M. (eds) (2009) *The Sacred Dimension of Protected Areas: Proceedings of the second workshop of the Delos Initiative*, UICN et Med-INA, Gland et Athènes.

Parque de la Papa (2013) *The Potato Park as an Indigenous Biocultural Heritage Area (IBCHA)*, Parque de la Papa, Pérou. <www.parquedelapapa.org/ eng/03parke_01.html>

Phillips, A. (2003) 'Cultural landscapes: IUCN's changing vision of protected areas', in M. Rössler (ed.) *Cultural Landscapes: The challenges of conservation*, World Heritage Papers No. 7, UNESCO World Heritage Centre, Paris.

Posey, D. (ed.) (1999) *Cultural and Spiritual Values of Biodiversity*, UNEP, Nairobi.

Price, M., Byers A., Friend, D., Kohler, T. et Price, L. (eds) (2013) *Mountain Geography: Physical and human dimensions*, University of California Press, Berkeley.

Pungettti, G., Oviedo, G. et Hooke, D. (eds) (2012) *Sacred Species and Sites: Advances in biocultural conservation*, Cambridge University Press, New York.

Rodwell, D. (2007) *Conservation and Sustainability in Historic Cities*, Blackwell, Oxford.

Rössler, M. (2003) 'Linking nature and culture: world heritage cultural landscapes', in M. Rössler (ed.) *Cultural Landscapes: The challenges of conservation*, World Heritage Papers No. 7, UNESCO World Heritage Centre, Paris.

Rössler, M. (2005) 'World heritage cultural landscapes: a global perspective', in J. Brown, N. Mitchell et M. Beresford (eds) *The Protected Landscape Approach: Linking nature, culture and community*, pp. 37–46, UICN, Gland.

Russiaenhoven, F. J. W., Mijatovic, D. et Eyzaguirre, P. B. (2011) 'Social-ecological indicators of resilience in agrarian and natural landscapes', *Management of Environmental Quality* 22(2): 154–73.

Sarmiento, F. O. et Hitchner, S. (eds) (in press) *Indigenous Revival and Sacred Sites Conservation in the Americas*, Environmental Anthropology and Ethnobiology Series, Berghahn Books, New York.

Sarmiento, F. O. et X. Viteri O. (in press) 'Discursive heritage: sustaining Andean cultural landscapes amidst environmental change', in A. St Clair, K. Taylor et N. Mitchell (eds) Cultural Landscapes: Preservation challenges in the 21st century, Routledge, New York.

Schaaf, T. et Lee, C. (eds) (2006) *Conserving Cultural and Biological Diversity: The role of sacred natural sites and cultural landscapes. International Symposium, Tokyo*, UNESCO, Paris.

Sierra Nevada de Santa Marta (2014) Website. <www.sacredland.org/sierra-nevada-de-santa-marta/>

Taylor, K. et Lennon, J. (2011) 'Cultural landscapes: a bridge between culture and nature', *International Journal of Heritage Studies* 17: 6.

Taylor, K. et Lennon, J. (eds) (2012) *Managing Cultural Landscapes*, Routledge, New York.

Te Heuheu, T., Kawharu, M. et Tuheiva, R. (2012) 'World heritage and indigeneity', *World Heritage* 62(1): 8–17.

United Nations Educational, Scientific and Cultural Organisation (UNESCO) (2001) *Thematic Experts Meeting on Asia-Pacific Sacred Mountains, Final Report*, UNESCO, Agency for Cultural Affairs of Japan and Wakayama Prefectural Government, Paris et Tokyo.

United Nations Educational, Scientific and Cultural Organisation (UNESCO) (2009) *Hoi An Protocols for Best Conservation Practice in Asia*, UNESCO, Bangkok.

United States National Park Service (NPS) (2014) *Guidelines for the Treatment of Cultural Landscapes: Defining landscape terminology*, US National Park Service, Washington, DC. <www.nps.gov/tps/standards/four-treatments/landscape-guidelines/terminology.htm>

Verschuuren, B., Wild, R., McNeely, A. et Oviedo, G. (eds) (2010) *Sacred Natural Sites: Conserving nature and culture*, Earthscan, Londres.

Wild, R. et McLeod, C. (eds) (2008) *Sacred Natural Sites: Guidelines for protected area managers*, UICN, Gland.

Williams, L. (2003) 'Keeping a sweet tradition alive', *Russian Conservation News* 32: 2–4. <www.wild- russia.org>

Xu, J., Ma, E. T., Tashi, D., Fu, Y., Lu, Z. et Melick, D. (2006) 'Integrating sacred knowledge for conservation: cultures and landscapes in southeast China', *Ecology and Society* 10(2): 7. <www. ecologyandsociety.org/vol10/iss2/art7/>

CHAPITRE 23

GESTION DES VISITEURS

Auteurs principaux :
Anna Spenceley, Jon Kohl, Simon McArthur, Peter Myles, Marcello Notarianni, Dan Paleczny, Catherine Pickering et Graeme L. Worboys

TABLE DES MATIÈRES

UICN CMAP Commission mondiale des aires protégées

Convention sur la diversité biologique

AUTEURS PRINCIPAUX

ANNA SPENCELEY est consultante, basée en Afrique du Sud, présidente du groupe de spécialistes du tourisme et des aires protégées de la Commission mondiale des aires protégées (CMAP) de l'Union internationale pour la conservation de la nature (UICN) et membre du groupe d'experts du Partenariat mondial pour le tourisme durable.

JON KOHL, basé au Costa Rica, est coordinateur facilitateur du Public Use Planning Global Heritage Consortium et spécialiste de l'interprétation du patrimoine et de la conception de l'expérience des visiteurs.

SIMON MCARTHUR est consultant, basé en Australie, et travaille sur la planification, la faisabilité et le développement du tourisme d'intérêt spécial. Il a développé des modèles de tourisme durable en Chine, aux Bahamas, en Australie et au Canada.

PETER MYLES est basé en Afrique du Sud, enregistré auprès de l'Organisation mondiale du tourisme des Nations unies (OMT) en tant que collaborateur touristique, et membre du comité directeur ayant fondé l'International Coastal and Marine Tourism Society.

MARCELLO NOTARIANNI est consultant, basé en Italie, avec plus de 16 ans d'expérience dans le développement durable du tourisme. Il est expert auprès de l'OMT, de la CMAP-UICN et de l'Organisation internationale du travail (OIT).

DAN PALECZNY est directeur des politiques, de la planification et des relations autochtones au Ministère de l'environnement du Yukon, Canada, et membre du groupe de spécialistes du tourisme et des aires protégées de la CMAP.

CATHERINE PICKERING est professeure au Environnemental Future Research Institute de l'Université de Griffith, Australie.

GRAEME L. WORBOYS est co-vice-président pour la conservation de la connectivité et les montagnes de l'UICN-CMAP, et chercheur associé à la Fenner School de l'Université nationale australienne.

REMERCIEMENTS

Pema Bhutia et Katherine Turner ont préparé les études de cas de ce chapitre. Nous sommes reconnaissants pour l'utilisation d'extraits d'études de recherche sur la faune et les aires protégées publiées par le Sustainable Tourism Cooperative Research Centre, Australie.

CITATION

Spenceley, A., Kohl, J., McArthur, S., Myles, P., Notarianni, M., Paleczny, D., Pickering, C. et Worboys, G. L. Visitor management. In Worboys, G. L., Lockwood, M., Kothari, A., Feary, S. et Pulsford, I. (éd.) *Gouvernance et gestion des aires protégées*. Canberra : ANU Press, 2020. doi.org/10.22459/GGAP.23

PHOTO DE LA PAGE DE TITRE

Visiteurs aux chutes du Yosemite, parc national du Yosemite, États-Unis
Source : Graeme L. Worboys

Introduction

Il existe de nombreux types de visiteurs dans les aires protégées. Il peut s'agir, par exemple, d'invités officiels dans un parc national, de chercheurs travaillant dans une réserve naturelle intégrale, de bénévoles participant à un programme de travail dans un parc national, de groupes éducatifs se renseignant sur le patrimoine naturel ou culturel spécial, ou de personnes pratiquant leurs activités dans une aire protégée, y compris des entrepreneurs et des propriétaires de boutiques. Il est important de noter que les visiteurs incluent également des touristes et des amateurs de loisirs en plein air. Dans ce chapitre, nous examinerons brièvement les types de visiteurs que les gestionnaires d'aires protégées peuvent avoir à gérer et les considérations de gestion associées à cette utilisation par les visiteurs. Cependant, ce chapitre mettra l'accent sur le tourisme et sa gestion. En fonction des différentes catégories d'aires protégées de l'Union internationale pour la conservation de la nature (UICN), le tourisme et les loisirs peuvent constituer des utilisations courantes de la plupart des aires protégées par les visiteurs, et contribuent de manière importante aux économies locales et nationales. Dans le cadre de la gestion des aires protégées pour les touristes, nous décrirons un cadre de gestion permettant d'offrir toute une gamme d'options de loisirs dans les réserves, la prestation de services et d'installations destinés aux visiteurs et les réponses de gestion aux impacts des visiteurs.

L'impératif de conservation

L'Union internationale pour la conservation de la nature (UICN) a facilité l'élaboration d'une définition internationalement acceptée des aires protégées. Cette définition stipule qu'une aire protégée est « un espace géographique clairement défini, reconnu, dédié et géré, par des moyens légaux ou autres moyens efficaces, pour assurer la conservation à long terme de la nature ainsi que des services écosystémiques et valeurs culturelles associés » (Dudley, 2008:8).

Chaque mot de cette définition est important (voir chapitre 2) et fournit des orientations solides pour la gestion du tourisme dans les aires protégées. Plus précisément, le terme « dédié » fait référence à un engagement contraignant en faveur de la conservation de la nature à long terme pour l'aire protégée, et « géré » signifie que des mesures actives sont prises pour conserver les valeurs naturelles (et éventuellement d'autres valeurs) pour lesquelles l'aire protégée a été créée. En outre, le terme « long terme » reconnaît que les aires protégées doivent être gérées à perpétuité, et non comme une stratégie de gestion à court terme ou temporaire, et le terme « nature » fait toujours référence à la biodiversité, à l'échelle génétique, des espèces et des écosystèmes, et inclut souvent la géodiversité, c'est à dire les formes de relief et les valeurs naturelles plus générales (Dudley, 2008). Les « valeurs culturelles » incluent toute celles n'interférant pas avec les principaux résultats en matière de conservation de la biodiversité (Dudley, 2008).

Cette définition guide la gestion des visiteurs et du tourisme dans les aires protégées et, s'inspirant de Dudley (2008), les principes suivants s'appliquent :

- la conservation de la biodiversité et autres aspects de la nature a primauté dans toutes les décisions ;
- toute pratique d'exploitation ou de gestion qui nuirait aux objectifs de la désignation doit être évitée ou éliminée, si nécessaire ;
- la gestion des visiteurs et du tourisme doit être guidée par un plan de gestion et un programme de suivi et d'évaluation qui soutienne la gestion adaptative.

L'utilisation des aires protégées par les visiteurs fait partie intégrante de leur fonctionnement quotidien (tableaux 23.1 et 23.2). L'utilisation par les visiteurs offre des possibilités d'éducation, procure des avantages récréatifs, favorise le soutien du public à la protection et peut offrir des avantages aux résidents et aux communautés locales, conformément aux autres objectifs de gestion (Dudley, 2008). Cette utilisation peut prendre la forme d'activités de recherche scientifique à faible impact ou de suivi écologique, liées et compatibles avec les valeurs de l'aire protégée, dans toutes les catégories d'aires protégées de l'UICN (Dudley, 2008). Pour certaines catégories d'aires protégées, le tourisme procure des avantages économiques essentiels. Les aires protégées de catégorie II de l'UICN, en particulier, offrent des possibilités d'utilisation pour les visiteurs et le tourisme. L'UICN

Les questions de sécurité des visiteurs sont essentielles. Observation d'un tigre sauvage du Bengale (*Panthera tigris*) depuis un éléphant (*Elephas maximus*), parc national de Bandhavgarh, Inde

Source : Ashish Kothari

Visiteurs, parc national de Banff, Canada
Source : Graeme L. Worboys

Étudiants en géologie visitant et effectuant des recherches dans le site du Patrimoine mondial de la Côte jurassique et ses séquences géologiques du Trias, du Jurassique et du Crétacé, Dorset et East Devon Coast, Royaume-Uni
Source : Graeme L. Worboys

fournit des lignes directrices solides pour l'utilisation des aires protégées de catégorie II par les visiteurs, et les objectifs supplémentaires de la gestion de cette catégorie incluent de « gérer la fréquentation de visiteurs à des fins spirituelles, éducatives, culturelles et récréatives de façon à ce qu'elle ne cause aucune dégradation biologique ou écologique significative des ressources naturelles », et de « contribuer à l'économie locale par le tourisme » (Dudley, 2008:16).

La gestion de ces deux objectifs pour les aires de catégorie II et autres catégories d'aires protégées crée régulièrement des tensions pour les gestionnaires d'aires protégées et les organismes chargés des aires protégées. Il peut être très difficile de trouver un juste équilibre, surtout dans le contexte d'une industrie touristique souvent exigeante, favorable au développement et bien connectée. Ces tensions peuvent inclure deux visions opposées du monde. L'une visant à conserver les conditions naturelles d'une destination pour les générations futures (soutenue par le but de l'établissement de l'aire protégée) et l'autre reflétant la perspective de l'industrie du tourisme, pour qui il est « évident » qu'un tel emplacement privilégié et spectaculaire doit être développé dans une optique de tourisme. Souvent, les compromis seront impossibles, si l'objectif est de conserver les conditions naturelles intergénérationnelles d'une destination.

Les lobbyistes favorables au développement, cherchant à accéder à des emplacements de choix, ont parfois décrit les aires protégées comme étant « verrouillées ». Cette affirmation est bien sûr contredite par les millions de visiteurs annuels dans les aires protégées, partout dans le monde, comme les îles Galápagos, le parc national du Yellowstone, les chutes Victoria, le parc national de Kruger ou la Grande Barrière de corail. L'Australie, par exemple, qui comptait 20,3 millions d'habitants en 2005, totalisait 108 millions de visites dans ses aires protégées (Worboys, 2007). « Verrouillées » peut également être un euphémisme faisant référence à l'interdiction de développements afin de favoriser la conservation des valeurs naturelles, ce qui, bien sûr, est le but même d'une aire protégée. En plus d'être spéciales parce qu'elles ne sont pas développées, les valeurs naturelles des aires protégées contribuent activement et positivement à la société de multiples façons, autres que le tourisme, chaque année (voir chapitre 6). Dans le cadre d'une gestion efficace (voir le chapitre 28) et d'une utilisation durable, ces avantages ne diminueront pas, et contribueront à perpétuité.

Gestion des visiteurs

Types de visiteurs

Les aires protégées ont été mises en place pour assurer la conservation à long terme de la nature, des services écosystémiques et des valeurs culturelles (chapitre 2). Les gestionnaires devront répondre et satisfaire les besoins des visiteurs officiels de l'aire protégée (tableau 23.1), car ceux-ci auront généralement des besoins spéciaux. Cela peut inclure des services de soutien spéciaux tels que l'accès, le transport, les services publics, la sécurité et des besoins administratifs spécifiques. En plus de cette « utilisation officielle » par les communautés autochtones et locales et les organismes chargés de la gestion des aires protégées (tableau 23.1), l'utilisation des aires protégées par les visiteurs, y compris pour le tourisme, aide les gestionnaires à protéger, conserver et apprécier les valeurs pour lesquelles une aire protégée a été établie (tableau 23.2). L'utilisation des aires protégées constitue une considération culturelle (voir les chapitres 4 et 22), et un certain nombre de types d'utilisation sont jugés appropriés. L'UICN reconnaît six catégories d'aires protégées dont les objectifs de gestion aident à définir le but de chaque réserve (voir les chapitres 2 et 8). Cela aide à déterminer les types d'utilisation des visiteurs convenant le mieux à une aire protégée donnée (tableau 23.2) (Dudley, 2008). Le tourisme, par exemple, est généralement une caractéristique particulière des aires protégées de catégorie II de l'UICN, bien qu'il soit subordonné aux principaux objectifs de conservation du patrimoine de ces sites. Le tourisme, lui-même, regroupe un large éventail d'utilisations (tableau 23.2).

Tableau 23.1 Types de visiteurs officiels dans les aires protégées (y compris les aires du patrimoine autochtone et communautaire et les aires protégées privées)

Visiteurs	But de la visite	Catégories d'aires protégées de l'UICN.					
		I	II	III	IV	V	VI
Membres de communautés responsables d'une aire protégée.	Tous les aspects de la gestion de la conservation d'une aire protégée communautaire et des terres autochtones.	✓	✓	✓	✓	✓	✓
Membres de communautés locales, peuples autochtones ou opérateurs privés impliqués dans une aire protégée.	Communauté ancestrale ou traditionnelle potentielle ou entreprise touristique privée avec utilisation durable officielle et approuvée des ressources naturelles provenant (respectivement) d'une aire autochtone ou conservée par la communauté, ou d'une aire protégée privée. Cela peut inclure l'élevage de rennes, la pêche et la chasse (avec des niveaux convenus de captures de poissons ou des quotas de chasse privée).	✓	✓	✓	✓	✓	✓
Gestionnaire de l'aire protégée.	Planification, suivi, recherche, réponse aux menaces, réponse aux incidents, application de la loi, gestion des visiteurs.	✓	✓	✓	✓	✓	✓
Travailleur de l'aire protégée.	Mise en œuvre de programmes de travail, tels que la lutte contre les animaux nuisibles, y compris la chasse, la lutte contre les mauvaises herbes, la lutte contre les incendies et la restauration de l'érosion des sols.	✓	✓	✓	✓	✓	✓
Prestataires de l'aire protégée.	Programme de travail délégué, mis en œuvre au nom d'une organisation chargée des aires protégées.	✓	✓	✓	✓	✓	✓
Personnel militaire.	Programme délégué pour protéger les ressources de conservation du patrimoine.	✓	✓	✓	✓	✓	✓
Personnel des services communautaires.	Personnel d'organisations telles que la police, les pompiers ou les ambulances, ayant un rôle officiel dans l'aire protégée.		✓	✓		✓	✓
Locataire.	Personne ou société détenant un droit légal d'entreprendre une certaine utilisation de l'aire protégée, telle que l'hébergement ou les services de guides.		✓	✓			
Détenteur de licence.	Personne ou entreprise détenant un droit légal de fournir des services dans une aire protégée, tels que le transport des visiteurs ou l'élimination des déchets.		✓	✓			
Personnes très importantes (VIP).	Invité(s) officiel(s) d'un gouvernement, de l'organisation chargée de l'aire protégée, ou de l'administration des aires protégées.	✓	✓	✓	✓	✓	✓

Source : Adapte de Dudley (2008)

Tableau 23.2 Utilisation indicative des aires protégées par les visiteurs

Type de visiteur	Type d'utilisation par les visiteurs	Catégories d'aires protégées de l'UICN.					
		i	ii	iii	iv	v	vi
Bénévoles (officiellement reconnus et soutenus)	Pompiers et personnel de recherche et de sauvetage.	✓	✓	✓	✓	✓	✓
	Entretien et restauration de sites historiques.		✓	✓	✓	✓	✓
	Entretien des chemins de randonnée.		✓	✓	✓	✓	✓
	Élimination de plantes introduites.	✓	✓	✓	✓	✓	✓
	Protection de la faune, comme la surveillance et la protection des sites de nidification des oiseaux saisonniers.	✓	✓	✓	✓		
	Soutien au services destinés aux visiteurs, comme les gardiens de camping bénévoles ou les guides.		✓	✓		✓	✓
	Chercheurs, comme ceux effectuant une évaluation de la biodiversité.	✓	✓	✓	✓	✓	✓
Chercheurs (officiellement autorisés)	Tous les aspects de la recherche sur le patrimoine naturel, y compris la mesure des conditions de référence, les tendances de ces conditions et des processus écosystémiques, et la recherche sur le patrimoine social et culturel.	✓	✓	✓	✓	✓	✓
Utilisateurs commerciaux (officiellement autorisés)	Cinéastes naturalistes.		✓			✓	✓
	Services d'accès destinés aux visiteurs, y compris animaux de bât, vélos, taxis, autobus, avions, embarcations à moteur, motoneiges, et autres.		✓			✓	✓
Touristes et amateurs de loisirs en plein air (utilisation durable)	Visiteurs intéressés par l'éducation.		✓	✓	✓	✓	✓
	Tourisme automobile, vélo, photographie, peinture.		✓	✓		✓	✓
	Pique-nique, marche, randonnée, camping.		✓	✓		✓	✓
	Étude de la nature et sensibilisation culturelle.		✓			✓	✓
	Courses d'orientation, cross-country.		✓			✓	✓
	Utilisation des itinéraires officiels d'équitation, VTT, 4x4 et moto.		✓			✓	✓
	Utilisation durable (comme la pêche ou la chasse autorisée dans le cadre de la gestion des aires protégées privées).						✓
	Vol non motorisé, deltaplane, parapente, montgolfière autorisés.		✓			✓	✓
	Activités nautiques, pêche, natation, bain de soleil, canoë, canotage, voile, rafting.		✓			✓	✓
	Skieurs, snowboardeurs et grimpeurs sur neige et sur glace.		✓			✓	✓
	Alpinisme et spéléologie.		✓	✓		✓	✓
Utilisations culturelles et spirituelles (officiellement approuvées et soutenues)	Accès formel aux aires protégées pour des raisons spirituelles, cérémonielles et culturelles, telles que les voies d'accès traditionnelles.	✓	✓	✓	✓	✓	✓
Utilisations commémoratives (officiellement approuvées et soutenues)	Accès aux aires protégées à des fins commémoratives, comme le retour de visiteurs sur des sites d'importance culturelle dans une aire protégée.		✓	✓		✓	✓

Source : Adapté de Dudley (2008)

Utilisateurs « clandestins »

Certaines personnes qui visitent les aires protégées ne sont pas autorisées à le faire et ne veulent pas être détectées lorsqu'elles y sont présentes, y compris celles se livrant à des activités illégales et criminelles. Ces activités incluent la récolte non autorisée de ressources naturelles des aires protégées (braconnage, récolte de bois, agriculture), la culture de drogues telles que la marijuana, et les personnes non autorisées utilisant l'aire protégée comme un endroit pour vivre.

Considérations de gestion

L'utilisation officielle et l'utilisation des aires protégées par les visiteurs varient considérablement. Cela implique immédiatement toute une gamme de considérations de gestion (tableau 23.3). L'identification de ces besoins de gestion de l'utilisation par les visiteurs met également en évidence un principe clé : les aires protégées devraient toujours être une destination naturelle protégée, lorsque cela est possible, incluant seulement une infrastructure limitée et discrète, destinée aux visiteurs ou autres utilisations. Les aires protégées de catégorie V sont bien entendu gérées différemment (voir chapitre 8). Des exceptions peuvent également se produire pour les aires protégées de catégorie I à IV pour des raisons de sécurité ou de logistique, telles que l'hébergement dans certaines des très grandes aires protégées de la faune africaine.

Tableau 23.3 Considérations relatives à la gestion des visiteurs pour les aires protégées

Considérations de gestion	Notes
Politiques et planification	
Utilisation appropriée	Il existe une norme minimale acceptable en ce qui concerne les visites respectueuses et l'utilisation officielle de chaque aire protégée conformément à ses valeurs, son but et ses objectifs. Cela doit être articulé et communiqué. Il s'agit d'un point particulièrement important lorsque l'aire protégée accueille des résidents officiels.
Diversité des options de loisirs	Idéalement, une vaste gamme d'options de loisirs sera disponible pour une aire protégée de catégorie II. Certaines d'entre elles incluront délibérément des destinations naturelles non développées.
Niveaux de service	Les organisations chargées des aires protégées doivent identifier le niveau de service qu'elles fourniront dans les différentes destinations des visiteurs. Cela sera généralement lié à une évaluation de la gestion des risques, les catégories de la gamme des options de loisirs et les limites du budget disponible.
Gestion des approvisionnements et de la demande	Les stratégies de marketing auprès des visiteurs et leur influence sur la demande doivent être directement liées à la capacité de fournir une destination fiable et de haute qualité.
Développement économique compatible	Les aires protégées jouent un rôle important dans l'économie locale. Le défi consiste à maintenir la qualité de la destination protégée afin que les aires locales bénéficient toujours de l'utilisation.
Aspects opérationnels	
Qualité du site	Des destinations propres, bien conçues, sans déchets, sans mauvaises herbes, bien entretenues, non vandalisées et sûres font partie intégrante des aires protégées accueillant des visiteurs. Cela nécessite un travail et des investissements constants de la part des organisations chargées des aires protégées.
Information pour les visiteurs	Les informations de base pour les visiteurs avant leur arrivée dans une aire protégée, les informations pendant leur visite et les informations après leur visite sont des investissements importants. Il peut s'agir de renseignements sur les hébergements pour les chercheurs invités, de cartes d'information pour les randonneurs, de renseignements sur les sites d'observation de la faune pour les amateurs de nature, de panneaux d'emplacement des coupe-feux pour les membres des brigades bénévoles, ou de toute une gamme d'autres informations. L'information peut être présentée sur toute forme de supports.
Informations sur les visiteurs	Les données de base sur l'utilisation faites par les visiteurs sont essentielles pour la gestion. Il peut s'agir de données de base sur la présence et l'absence de visiteurs, de contributions sur les heures de bénévolat, de commentaires sur le service à la clientèle, d'attitudes des visiteurs et autres données.

Exigences de quarantaine	Des exigences strictes en matière de quarantaine peuvent être requises pour de nombreuses aires protégées, en particulier celles de catégorie Ia. Cela aidera à éviter la propagation d'agents pathogènes, de mauvaises herbes et d'animaux nuisibles dans les aires protégées.
Accès	Toute une gamme d'accès peut être disponible dans les aires protégées. Typiquement, ceux-ci seront soigneusement planifiés. L'accès peut se faire à pied, avec des animaux de bât, par véhicule, par avion, par bateaux et véhicules submersibles, ainsi que par toute une gamme de structures telles que chemins, passerelles, routes, tunnels et ponts.
Installations	Toute une gamme d'installations récréatives appropriées pour une aire protégée, et guidées par un cadre de planification, peut être fournie. Typiquement, elles seront discrètes, et souvent, elles refléteront l'environnement culturel et social du site. De nombreuses aires protégées (ou zones à l'intérieur de celles-ci, comme les zones de nature sauvage) conserveront des espaces sans aucune installation comme base de diversification des options de loisirs.
Personnel de soutien	Des agents d'entrée, d'information, de terrain et des rangers bien informés, formés et en uniforme fourniront des conseils et des informations inestimables qui aideront les visiteurs à profiter de leur séjour dans une aire protégée. L'apprentissage des valeurs naturelles et culturelles d'un territoire est un élément clé de l'écotourisme, très apprécié par ces visiteurs.
Jouissance paisible	L'accent étant mis sur la conservation de la biodiversité et la nature, on s'attend à ce que les visiteurs des aires protégées puissent participer et profiter d'un environnement respectueux de la nature. Les gestionnaires doivent être sensibles aux impacts sur le plaisir des visiteurs, notamment la pollution de l'air et le bruit.
Sécurité	La sécurité des visiteurs est primordiale, et la vigilance obligatoire. On s'attend à ce que les aires protégées effectuent des évaluations de la gestion des risques, afin de s'assurer que leur personnel soit adéquatement formé pour faire face aux incidents de sécurité, et que l'équipement ou le soutien nécessaire soit disponible, entretenu et prêt à l'emploi.
Toilettes	Des toilettes sont généralement nécessaires dans les aires protégées. Celles-ci peuvent varier dans leur sophistication, mais elles doivent toujours être propres et bien entretenues.
Administration	
Gestion des revenus	La gestion des revenus, comme la perception de droits d'entrée ou de camping, nécessitera la gestion d'argent et autres moyens de paiement, et entraînera des exigences en matière de sécurité informatique et d'audit.
Gestion de l'hébergement	Un hébergement peut être prévu pour les touristes, les chercheurs invités et les travailleurs des aires protégées. La gestion de l'hébergement comporte des responsabilités en matière de réservation, de gestion des revenus, de nettoyage, de service, d'entretien et de sécurité.
Aliments et boissons	Des restaurants et des installations de pique-nique peuvent être fournis, soit par l'administration, soit par un concessionnaire ou un bailleur. Ces derniers peuvent générer un loyer pour les administrateurs d'aires protégées, et fournir des possibilités d'emplois locaux et d'approvisionnement.
Installations de vente au détail	Des boutiques vendant de l'artisanat, des cadeaux, des cartes, des guides, du matériel d'observation de la faune et des aliments peuvent être exploitées dans les aires protégées. Ces installations nécessiteront des services de soutien, notamment des services publics, ainsi que des inspections sanitaires et de sécurité.

Gestion du tourisme

La gestion active du tourisme dans les aires protégées est essentielle pour que les générations futures puissent profiter des ressources naturelles et culturelles qu'elles protègent. Il est important de connaître l'industrie du tourisme et les intérêts et comportements des visiteurs, afin de mieux planifier les installations et les activités au sein des aires protégées, et définir les bonnes stratégies de gestion. De même, il est essentiel de comprendre la portée, le type et l'intensité des impacts du tourisme, et les façons de les éviter, minimiser et atténuer.

La gestion du tourisme dans les aires protégées est cruciale, car le tourisme naturel ne peut être durable que si les biens naturels et culturels sont conservés. Il existe de nombreux exemples, à travers le monde, de la façon dont le tourisme peut être bénéfique en fournissant une motivation et un soutien pour la conservation de l'environnement. En effet, sans l'incitation financière à la conservation découlant du tourisme, de nombreux organismes du secteur public accorderaient probablement moins d'attention à la protection de l'environnement naturel (Swarbroke, 1988).

Le principal risque du tourisme naturel est qu'il menace également de détruire les ressources dont il dépend. Par conséquent, les impacts des visites sur ces ressources doivent être soigneusement gérés, dirigés et atténués, et la question clé est de déterminer quels impacts sont acceptables (Eagles et al., 2002 ; Newsome et al., 2002). Il est important de bien connaître l'industrie du tourisme et les intérêts et comportements de ces visiteurs, ainsi que d'autres visiteurs, afin de planifier le tourisme dans les aires protégées et identifier les bonnes stratégies de gestion.

Définition du tourisme

L'Organisation mondiale du tourisme des Nations unies (OMT, 2014a) fournit les définitions suivantes.

- Voyages/tourisme : les voyages font référence à l'activité des voyageurs. Un voyageur est une personne qui se déplace entre différents endroits géographiques, quel que soit la fin et la durée de ce déplacement. Le visiteur est un type particulier de voyageur et, par conséquent, le tourisme est un sous-ensemble des voyages.
- Touriste : un visiteur (domestique, entrant ou sortant) est classé comme touriste (ou visiteur restant au moins une nuit) si son voyage comprend une nuitée.
- Visiteur : un visiteur est un voyageur se rendant dans une destination principale en dehors de son environnement habituel, pour une durée inférieure à un an, à une fin principale (affaires, loisirs ou autre fin personnelle) autre que pour être employé par une entité résidente dans le pays ou le lieu visité. Un visiteur (domestique, entrant ou sortant) est classé comme touriste (ou visiteur restant au moins une nuit) si son voyage comprend une nuitée, ou comme visiteur d'un jour (ou excursionniste) si ce n'est pas le cas.

En ce qui concerne les aires protégées, dans ce chapitre, nous utilisons une définition plus précise dans laquelle un touriste fait référence à quelqu'un qui voyage depuis sa résidence habituelle et reste au moins une nuit à des fins de loisirs ou pour le plaisir et les activités connexes, et utilise les industries et services visant à satisfaire les besoins des touristes (Worboys et al., 2005).

Tourisme durable

L'un des résultats du Sommet de Rio de 1992 a été un plan d'action global appelé Agenda 21. En ce qui concerne le tourisme, l'Agenda 21 a encouragé la formulation de programmes de tourisme respectueux de l'environnement et tenant compte des cultures, en tant que stratégie de développement durable (Nations unies, 1992). Les Nations unies ont souligné la nécessité d'une approche équilibrée du développement durable, et ont suggéré que le développement économique, le développement social et la protection de l'environnement sont trois composantes du développement durable, interdépendantes et se renforçant mutuellement (ONU, 1997). Elkington (1997) a qualifié cette poursuite simultanée de la prospérité économique, de la qualité de l'environnement et de l'équité sociale de « triple résultat » du développement durable. En tant que tel, le tourisme durable est défini comme « un tourisme tenant pleinement compte de ses impacts économiques, sociaux et environnementaux actuels et futurs, en répondant aux besoins des visiteurs, de l'industrie, de l'environnement et des communautés d'accueil » (PNUE et OMT, 2005:11-12).

Tourisme socialement durable dans les aires protégées

Une utilisation socialement durable peut également être plus sensible dans les aires protégées, surtout lorsqu'il existe un risque d'impact sur les communautés à l'intérieur des aires protégées, ou lorsque la sur-fréquentation est susceptible d'entraîner une expérience moins satisfaisante pour les visiteurs. Une attention particulière doit être accordée aux communautés d'accueil, comme dans les sites du Patrimoine mondial, dans le but de conserver l'intégrité culturelle de ces communautés.

Tourisme financièrement durable dans les aires protégées

L'importance de maintenir les recettes touristiques pour une aire protégée individuelle et pour une organisation chargée des aires protégées aidera idéalement à soutenir un service à la clientèle de qualité et des destinations sûres et propres. Les gestionnaires d'aires protégées devront être sensibles aux besoins commerciaux. Par exemple, le calendrier d'opérations de gestion telles que le brûlage, la lutte contre les animaux nuisibles, la lutte contre les mauvaises herbes et les tâches d'entretien pourra être planifié de façon à éviter les expériences négatives pour les visiteurs.

Tourisme écologiquement durable dans les aires protégées

Certaines interprétations d'une « utilisation écologiquement durable » mettent l'accent sur des considérations telles que la qualité de l'air, la qualité de l'eau, l'élimination des déchets et la consommation d'énergie. Une « utilisation écologiquement durable » met l'accent sur les écosystèmes et la biodiversité (CoA, 1991). Le tourisme dans les aires protégées doit être géré pour des résultats durables d'un point de vue environnemental et écologique. La

Convention du patrimoine mondial et les *Directives opérationnelles* associées (UNESCO, 2011) prescrivent une utilisation écologiquement durable des sites naturels du Patrimoine mondial, afin de protéger les valeurs universelles exceptionnelles. La Directive opérationnelle 119 indique que les sites du Patrimoine mondial peuvent soutenir une utilisation écologiquement durable, à condition que cette utilisation n'ait pas d'impact négatif sur les valeurs universelles exceptionnelles (UNESCO, 2011). Beaucoup de ces sites du Patrimoine mondial sont des aires protégées.

La contribution de la gestion des aires protégées au tourisme écologiquement durable (ci-après dénommé tourisme durable) peut inclure :

- conseiller les visiteurs sur les soins durables spéciaux mis en œuvre dans l'aire protégée et les informer de comment ils contribuent à la gestion durable ;
- offrir aux visiteurs des options spéciales d'utilisation à faible impact, comme par exemple, aider les chercheurs à recueillir des données dans les aires protégées ;
- minimiser les impacts sur les destinations naturelles en planifiant les options de loisirs, en déterminant la nature des installations à fournir (comme l'absence d'installations à certains endroits), et en établissant des limites d'utilisation des sites par les visiteurs dans la planification ;
- intégrer toutes les installations aux contextes environnementaux et sociaux de l'aire protégée et, le cas échéant, maximiser l'efficacité énergétique et l'utilisation de sources d'énergie renouvelables grâce à une bonne conception et une planification efficace ;
- minimiser les impacts sur la flore et la faune autochtone par la recherche, le suivi et la gestion adaptative de l'utilisation par les visiteurs, ainsi que par des limites d'utilisation ;
- réduire au minimum la consommation d'énergie contribuant aux émissions de gaz à effet de serre ;
- minimiser, réutiliser et recycler les déchets solides et liquides ;
- minimiser la consommation de ressources en eau douce ;
- accorder une préférence aux opérateurs touristiques possédant des qualifications appropriées et reconnues de l'industrie du tourisme durable (telles qu'une éco-certification de l'industrie ou des récompenses pour l'excellence en matière de gestion environnementale) dans les appel d'offres pour les opportunités touristiques autorisées ;
- offrir des possibilités économiques aux communautés et aux entreprises locales, y compris en ce qui concerne la propriété des entreprises touristiques, la fourniture de produits et de services à l'aire protégée et à ses visiteurs, et les emplois dans l'aire protégée, conformément au plan de gestion de l'aire protégée ;
- pratiquer une commercialisation sensible des attractions culturelles, en particulier celles intéressant à la fois les touristes et les résidents.

Les aires protégées constituent des destinations privilégiées pour des millions de personnes dans le monde entier, et d'un grand intérêt pour l'industrie du tourisme. Pour de nombreux opérateurs touristiques, elles représentent des destinations de choix permettant d'assurer des revenus et de réaliser des bénéfices pour les actionnaires. Les bénéfices sont l'objectif principal, la destination étant normalement une source de revenu. En l'absence de lignes directrices claires en matière de gestion, l'accès légal à une aire protégée par le biais d'un bail ou d'une licence touristique peut, au fil du temps, entraîner des développements commerciaux progressifs. Des décisions commerciales conscientes, stratégiques et progressives peuvent transformer un ancien site naturel protégé en un site urbanisé (figure 23.1). Cette sur-commercialisation des terres et de l'eau dans les aires protégées de catégorie II, par exemple, crée des défis dans de nombreuses régions du monde (Dudley, 2008). La réponse de gestion consiste à s'assurer que les baux ou permis initiaux soient rigoureux et aident à protéger la destination naturelle à long terme.

Le modèle de Butler du cycle de vie des produits touristiques est une façon d'envisager les destinations que constituent les aires protégées au fil du temps (Butler, 1980). Butler a conceptualisé un cycle de vie des produits touristiques dans lequel les produits passent par diverses étapes au cours de leur évolution, y compris le développement, la consolidation, la stagnation et finalement un déclin (figure 23.2). La pertinence du cycle de vie des destinations pour les aires protégées réside dans le développement de destinations et de produits touristiques durables. Pour cela, un objectif doit être défini, ce qui consiste à éviter les phases potentielles de stagnation et de déclin du cycle de vie en mettant l'accent sur une utilisation stable du tourisme d'un point de vue économique, environnemental, social et culturel.

Types d'opérateurs touristiques

Travailler avec les opérateurs touristiques dans les aires protégées est un élément essentiel pour atteindre des résultats touristiques durables. Chaque exploitation touristique d'une aire protégée est différente, et bien que toutes les exploitations respectent généralement les exigences de leur bail ou de leur licence, l'expérience en matière de gestion des aires protégées a montré que les exploitants envisagent le statut de protection de la destination touristique de différentes façons. Trois paradigmes d'approches des opérateurs touristiques à

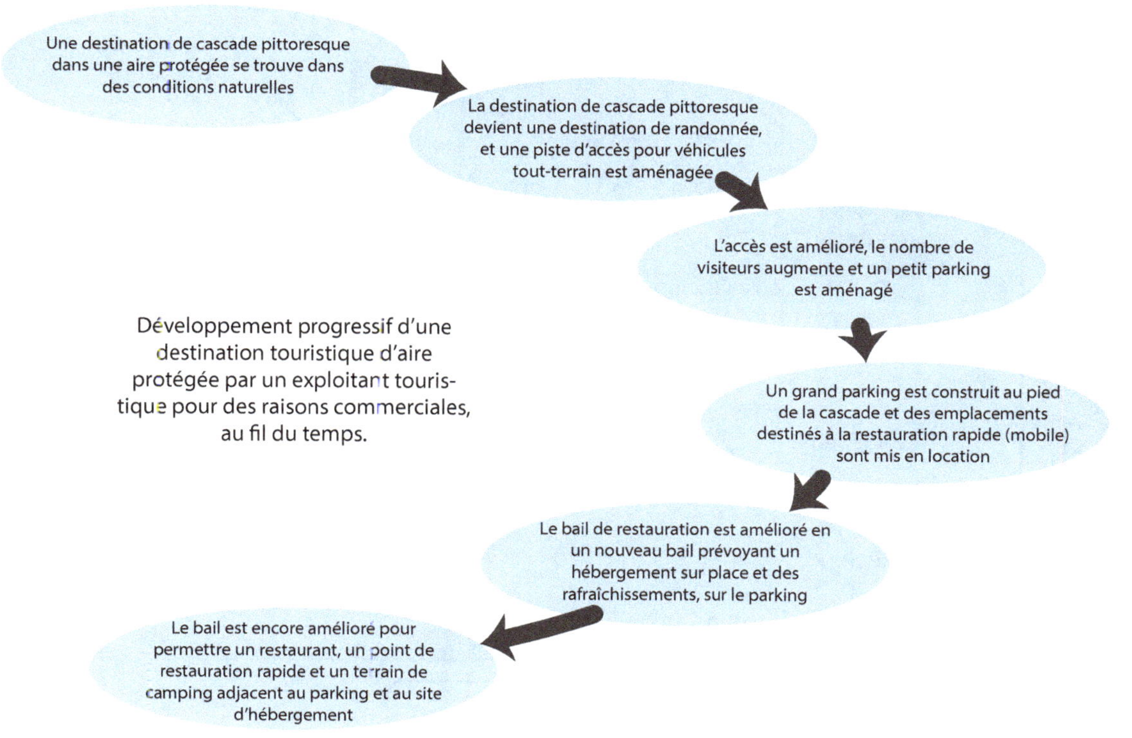

Figure 23.1 Illustration de développements progressifs, pilotés par les opérateurs touristiques dans les aires protégées, pour une attraction hypothétique d'une cascade

l'égard des aires protégées ont été reconnus et sont décrits ici (adapté de Worboys et al., 2005). La compréhension de ces différences est particulièrement importante pour les gestionnaires d'aires protégées susceptibles de négocier des accords juridiques avec les exploitants touristiques.

Opération d'écotourisme

Une opération d'écotourisme dans une aire protégée :

- dispose d'une autorisation d'exploitation ;
- fournit des services de base tels que l'hébergement, l'accès, le transport et la nourriture ;
- fonctionne sur une base commerciale, bien que certains bénéfices puissent être reversés aux aires protégées et communautés locales ;
- possède une politique d'entreprise affirmant un engagement pour l'environnement, la société, la culture et l'économie locale ;
- possède les qualifications appropriées d'industrie (ou autre) de tourisme durable ;
- possède une vision pro-environnement ;
- fournit une éducation environnementale de haute qualité aux visiteurs, ainsi qu'aux résidents locaux ;
- emploie la population locale et achète des produits et services locaux pour soutenir l'économie locale ;
- investit dans l'amélioration de la gestion environnementale ;
- travaille en étroite collaboration avec les gestionnaires pour aider à préserver l'aire protégée.

Activités touristiques courantes

Généralement, une opération touristique courante dans une aire protégée :

- dispose d'une autorisation d'exploitation ;
- fournit des services de base tels que l'hébergement, l'accès, le transport et la nourriture ;
- se comporte de façon professionnelle dans ses relations de travail avec l'organisation chargée des aires protégées ;
- entreprend une opération « à but lucratif » ;
- fournit des informations de base visant à soutenir les visiteurs ;
- n'est pas nécessairement pro-aire protégée ou pro-environnement ;
- peut apporter une contribution positive occasionnelle à l'aire protégée ;
- ne dispose pas de personnel permanent possédant des qualifications environnementales.

Exploitation touristique axée sur le développement

Une exploitation touristique axée sur le développement dans une aire protégée :

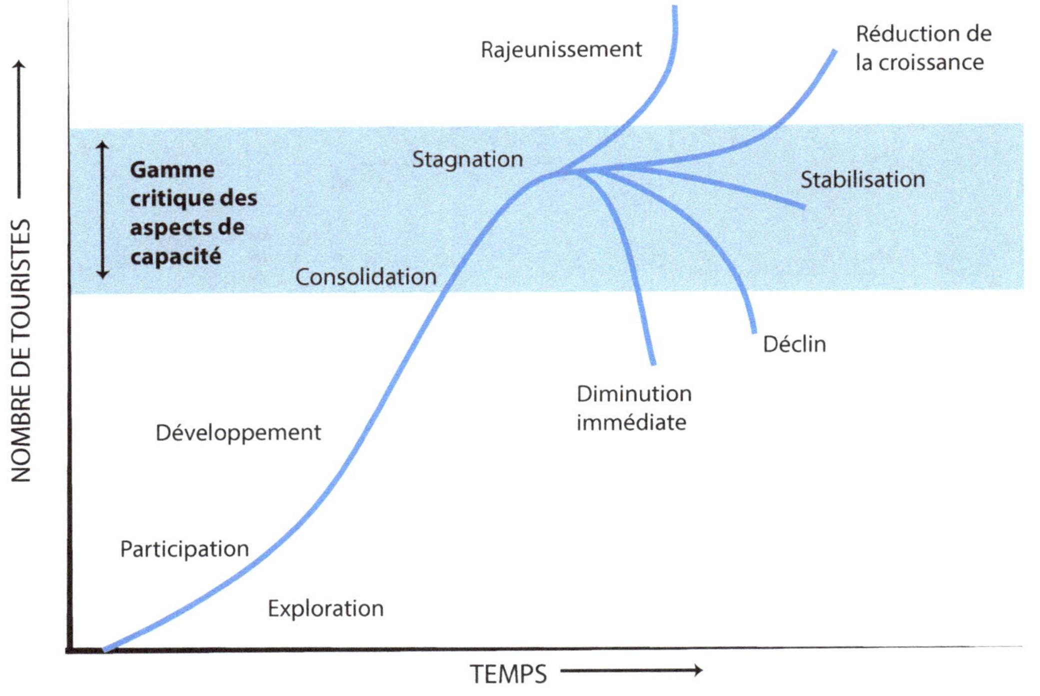

Figure 23.2 Cycle de vie des destinations touristiques de Butler

Source : Adapté de Butler (1980)

- dispose d'un bail ou d'une licence d'exploitation ;
- fournit des services de base tels que l'hébergement, l'accès, le transport et la nourriture ;
- possède une approche idéologique pro-commerciale et axée sur les profits ;
- fournit des paiements de location ou de licence et entreprend des travaux obligatoires (légaux) ;
- utilise des soutiens juridiques et politiques de haut niveau pour faciliter les décisions pro-commerciales dans une aire protégée ;
- considère les aires protégées comme une propriété de destination à des fins commerciales uniquement ;
- ne présente qu'une faible tolérance pour les considérations de gestion environnementale et les demandes de mesures de conservation ;
- offre des emplois liés au tourisme ;
- fournit un service efficace pour les visiteurs ;
- ne dispose pas de personnel permanent disposant d'une expertise en gestion de l'environnement.

Les opérations touristiques (prestations de service) dans les aires protégées sont généralement achetées et vendues au fil du temps. Lorsqu'ils négocient des baux à long terme pour des activités touristiques, les gestionnaires d'aires protégées devront toujours négocier les modalités comme s'ils avaient affaire à une exploitation touristique axée sur le développement.

Écotouristes et guides lors d'une visite guidée de la forêt tropicale, cours supérieur de l'Amazone, Équateur

Source : Graeme L. Worboys

Nombre et types de touristes

L'OMT prévoit une croissance annuelle des arrivées de touristes internationaux de 4 % par an entre 2013 et 2020. En 2013, il y a eu 1,087 milliard d'arrivées internationales (OMT, 2014b). Cette prévision de croissance aura des conséquences directes pour les gestionnaires d'aires protégées du monde entier, qui devront gérer activement le tourisme dans les aires protégées.

Il existe un large éventail de secteurs touristiques liés aux aires protégées, notamment le tourisme de masse, le tourisme de nature, le tourisme d'aventure, l'écotourisme, le tourisme de conservation, le tourisme culturel, le tourisme bénévole, le tourisme éducatif ou le tourisme religieux.

Le tourisme de masse est synonyme d'un grand nombre de visiteurs entreprenant des activités, avec une différenciation limitée et une immersion réduite dans l'authenticité. Les visiteurs « se déconnectent » généralement et deviennent ambivalents à leur environnement et à toutes les attentes de l'hôte. Par conséquent, le tourisme de masse est moins susceptible d'atteindre les objectifs de gestion des aires protégées que certains des secteurs touristiques de niche décrits ci-après.

Le tourisme de nature est décrit comme toute forme de tourisme « utilisant les ressources naturelles sous une forme sauvage ou non développée, y compris les espèces, les habitats, les paysages et les éléments d'eau douce et salée. Le tourisme de nature est un voyage dans le but de profiter de sites naturels non développés ou de la faune sauvage » (Goodwin, 1996:15).

Le tourisme d'aventure est une forme de tourisme de nature intégrant un élément de risque, des niveaux plus élevés d'effort physique, et souvent, un besoin de compétences spécialisées, comme par exemple, le rafting dans le parc national du Grand Canyon, aux États-Unis (Buckley, 2006).

L'écotourisme est un sous-ensemble du tourisme de nature avec une éthique plus forte. Il a été défini par la Société d'écotourisme comme un voyage responsable dans les sites naturels, qui préserve l'environnement et améliore le bien-être des populations locales (TIES, 1990), et par Frangialli (2001:4) comme « toute forme de tourisme dans laquelle la motivation principale des touristes est l'observation et l'appréciation de la nature, contribuant à la conservation de l'environnement naturel et du patrimoine culturel, et ne générant qu'un impact minimal ».

Le tourisme de conservation reprend une partie de l'éthique de l'écotourisme mais va encore plus loin. Il a été défini comme un tourisme fonctionnant comme un outil de conservation, apportant une contribution positive nette et significative sur le plan écologique à la conservation efficace de la diversité biologique (Buckley, 2010). Le tourisme

Visiteurs au temple de Ta Prohm, Angkor, Cambodge

Source : Graeme L. Worboys

de conservation implique le touriste dans une activité de conservation, ce qui constitue une partie ou la plupart de son expérience. Il peut être proposé par les voyagistes, les opérateurs d'hébergement et les opérateurs d'attraction. L'un des exemples les plus connus concerne les cas où des terres de grande importance pour la conservation et une utilisation historique comme le pâturage ou l'agriculture sont achetées, remises en état et gérées pour la conservation des aires protégées en tant que réserves de faune, en Afrique, ou de propriétés de l'Australian Wildlife Conservancy, en Australie.

Le tourisme culturel est un segment touristique qui se concentre sur la culture d'un pays, y compris l'histoire, l'art, l'architecture et la religion. Ses origines remontent, en partie, au « Grand tour » du continent européen de l'aristocratie aux XVIIe, XVIIIe et XIXe siècles (Chee et al., 1997). Il peut également inclure le tourisme dans les zones rurales et les aires protégées mettant en valeur le patrimoine culturel, tels que les sites d'art ancien, les bâtiments historiques et le patrimoine immatériel. Le patrimoine culturel immatériel regroupe « les pratiques, expressions, connaissances et compétences, ainsi que les objets et espaces culturels associés que les communautés et les individus reconnaissent comme faisant partie de leur patrimoine culturel » (OMT, 2012:2).

Tout type de vacances incluant un service volontaire à destination est considéré comme du tourisme bénévole. Le touriste ne reçoit aucun type de compensation financière pour les différents types de travaux qu'il entreprend, et dans de nombreux cas, doit même fournir une contribution financière. Les bénévoles de la réserve naturelle de Montague

Island, en Nouvelle-Galles du Sud, par exemple, paient des frais pour aider au travail bénévole sur l'île (Pacey, 2013).

Le tourisme éducatif comprend les voyages permettant de participer à des expériences éducatives locales et à l'étranger, mais pas l'inscription à un programme d'études à l'étranger pour l'obtention de crédits d'études. De nombreuses organisations bénévoles guidées par une mission offrent des voyages d'apprentissage pour les groupes scolaires (à tous les niveaux d'éducation, et dans certains cas, pour les adultes), dans lesquels ceux-ci acquièrent une expérience pratique dans certains domaines culturels, scientifiques ou de développement communautaire, y compris les aires protégées. La réserve privée de la forêt tropicale de Monteverde, au Costa Rica, par exemple, se caractérise par un objectif éducatif majeur (TSC, 2014), tout comme la plupart des aires protégées de catégorie II.

Le tourisme religieux, ou tourisme de la foi, regroupe les individus voyageant à des fins de pèlerinage, de mission ou de loisirs, comme l'accès à des sites importants dans le parc national du Grand Himalaya, en Inde, pour des cérémonies religieuses importantes (Weaver et Lawton, 2002).

D'autres types de tourisme sont susceptibles d'impliquer des aires protégées privées et des aires protégées de catégorie V et VI en particulier, comme le tourisme rural, l'agrotourisme et le tourisme de consommation (où la faune ou les plantes sont collectées, chassées ou pêchées selon une utilisation gérée et durable).

Les loisirs sont des activités volontairement entreprises principalement pour le plaisir et la satisfaction, pendant le temps libre, et sont une caractéristique habituelle des aires protégées (Worboys et al., 2005). Aux fins du présent chapitre, le terme tourisme désigne également les loisirs.

Touristes domestiques et étrangers

Selon l'OMT (2014a), le tourisme entrant comprend les activités d'un visiteur non-résident dans le pays de référence lors d'un voyage touristique entrant. Le tourisme intérieur comprend le tourisme domestique plus le tourisme entrant, englobant les activités des visiteurs résidents et non-résidents dans le pays de référence dans le cadre de voyages touristiques nationaux ou internationaux. Le tourisme sortant comprend les activités d'un visiteur résident à l'extérieur du pays de référence, que ce soit dans le cadre d'un voyage touristique sortant ou d'un voyage de tourisme. Enfin, le tourisme international comprend le tourisme entrant et le tourisme sortant, y compris les activités des visiteurs résidents à l'extérieur du pays de référence, dans le cadre de voyages touristiques nationaux ou sortants, et les activités des visiteurs non-résidents dans le pays de référence lors de voyages touristiques entrants.

Touristes d'un jour et de plus d'un jour

Les touristes de plus d'un jour et les visiteurs d'un jour participeront à différents types d'activités dans les aires protégées, en fonction de leur disponibilité en temps et des installations ou produits offerts par la destination. Il est important de connaître le nombre de visiteurs d'un jour et de plus d'un jour, afin d'aider à évaluer les types d'hébergement, d'infrastructures et de services devant être fournis à l'extérieur des aires protégées, et dans le cas des destinations d'un jour, dans les parcs.

Visites organisées et voyageurs indépendants

Les touristes peuvent faire partie de visites organisées ou voyager de façon indépendante. Les visiteurs potentiels d'une aire protégée pourront acheter un voyage organisé auprès d'un voyagiste local ou d'un agent de voyages, ou par l'intermédiaire de leur hôtel ou de leur centre de villégiature tout compris ou, de plus en plus, par internet. Les aires protégées offrent aux prestataires touristiques la possibilité d'ajouter de la valeur aux excursions qu'elles proposent, et pour de nombreux voyagistes spécialisés, les visites de sites de haute qualité reconnus à l'échelle mondiale peuvent représenter une proportion importante des ventes. Les visites de groupe organisés seront généralement dirigées par des voyagistes agréés, souvent responsables de transmettre clairement aux voyageurs des informations sur leurs droits et obligations lors de la visite d'une aire protégée.

Certains visiteurs peuvent voyager de façon libre et indépendante, après avoir pris leurs dispositions à partir du bouche à oreille, de recommandations des réseaux sociaux en ligne ou de suggestions d'un hôtel local, d'un guide, d'un bureau d'informations touristique et/ou de sites officiels. Dans certains cas, il peut être plus difficile de gérer les actions des touristes individuels que celles des visites organisées dans les aires protégées.

Travailler avec l'industrie du tourisme

Contexte

Le travail des gestionnaires d'aires protégées avec l'industrie touristique commence généralement par la compréhension des besoins, des attentes et des possibilités. Travailler ensemble exige une reconnaissance claire du fait que le tourisme dans les aires protégées doit être compatible avec les buts des aires protégées, y compris la primauté des objectifs de conservation et la reconnaissance des coûts et avantages associés au tourisme dans les aires protégées. Les coûts incluent la fourniture et l'entretien des infrastructures touristiques et les impacts environnementaux du tourisme (y compris les coûts de minimisation des impacts et de restauration des dommages une fois qu'ils se sont produits). Les avantages comprennent les résultats sociaux et économiques, par exemple, les emplois et l'approvisionnement locaux, et les bénéfices dérivés des services sociaux locaux.

Besoins des opérateurs touristiques de la part des gestionnaires d'aires protégées

L'industrie du tourisme a besoin de destinations touristiques sûres, fiables, propres, accessibles, bien gérées et conviviales pour ses clients. Elle a besoin que l'administration de ses baux et de ses permis soit ordonnée, et à long terme, afin que tout changement (par exemple, dans les frais) soit respecté. Les activités des aires protégées susceptibles d'avoir un impact sur le tourisme, comme les travaux routiers, les programmes de réduction des combustibles forestiers ou les programmes de lutte contre les animaux nuisibles et les mauvaises herbes, devront être entreprises, si possible, pendant les périodes de faible utilisation par les visiteurs. Ces courtoisies font partie d'un partenariat sain et positif avec les opérateurs touristiques. Au-delà de ces besoins clés, on trouve de nombreuses autres exigences connexes et de soutien, telles que la fourniture et le maintien d'infrastructures accessibles, des équipements de base pour que les visiteurs puissent profiter de l'aire protégée, telles que des abris et des commodités, et des informations et interprétations pertinentes et intéressantes sur l'aire protégée à l'intention des visiteurs.

Besoins des gestionnaires d'aires protégées de la part des opérateurs touristiques

Les gestionnaires d'aires protégées ont de multiples responsabilités et doivent se concentrer sur toute une gamme de questions. Ceci sera facilité si les opérateurs touristiques du parc peuvent aider à la gestion en :

- communiquant à leurs invités un message sur l'importance de l'aire protégée et le travail effectué dans les coulisses par les gestionnaires qui maintiennent le caractère spécial du site ;
- identifiant toute contribution spécifique des invités susceptible de protéger le site, par exemple, ne pas toucher les peintures rupestres ;
- identifiant comment leur entreprise contribue positivement à l'amélioration de la gestion de l'aire protégée ;
- respectant les demandes de protection de la réserve.

Avantages d'un tourisme bien géré pour les aires protégées

Un tourisme bien géré peut contribuer à la gestion des aires protégées par :

- l'amélioration du profil de l'aire protégée aux niveaux local, national et international ;
- le transport de visiteurs jusqu'à l'aire protégée, en particulier les personnes ayant besoin de services et d'installations pour faire ce voyage ;
- l'interprétation des valeurs et des enjeux de conservation et de gestion pour les visiteurs ;
- une justification économique pour la déclaration et la gestion de l'aire protégée (générer des dépenses de visiteurs, des emplois et des investissements dans l'aire protégée ou la communauté environnante) ;
- un soutien financier aux aires protégées par le paiement de redevances et de droits ;
- un soutien en ressources humaines par le biais d'activités de tourisme de conservation ;
- un soutien politique à la conservation de l'aire protégée, et les ressources nécessaires pour le faire efficacement.

Planification de la collaboration avec l'industrie du tourisme

Le large éventail d'entreprises de voyages et de tourisme, ainsi que de touristes, implique que les gestionnaires d'aires protégées devront envisager un éventail de stratégies pour collaborer avec l'industrie du tourisme. Il n'existe pas de modèle standard pour développer de telles relations, et chaque cas doit être considéré dans son contexte (UNEP, 2005). En raison de la manière dont l'industrie du tourisme est organisée, les voyagistes sortants (ou les entreprises touristiques internationales telles que les opérateurs de croisières) n'ont pas souvent de liens directs avec les aires protégées. Bien que les voyagistes entrants aient généralement quelques liens, les entreprises locales sont susceptibles de posséder les liens les plus étroits avec les aires protégées voisines (figure 23.3).

Les stratégies et activités de mise en relation des gestionnaires d'aires protégées avec l'industrie du tourisme seront également déterminées par la façon dont les visites d'une aire protégée spécifique seront organisées, et comment les touristes pourront connaître le site. Les trois scénarios suivants constituent un point de départ pour déterminer les stratégies les plus appropriées pour travailler avec l'industrie du tourisme (PNUE, 2005) :

1. Si les touristes viennent dans le cadre d'un forfait acheté à l'étranger, les connexions avec les voyagistes internationaux, d'abord en établissant des liens avec

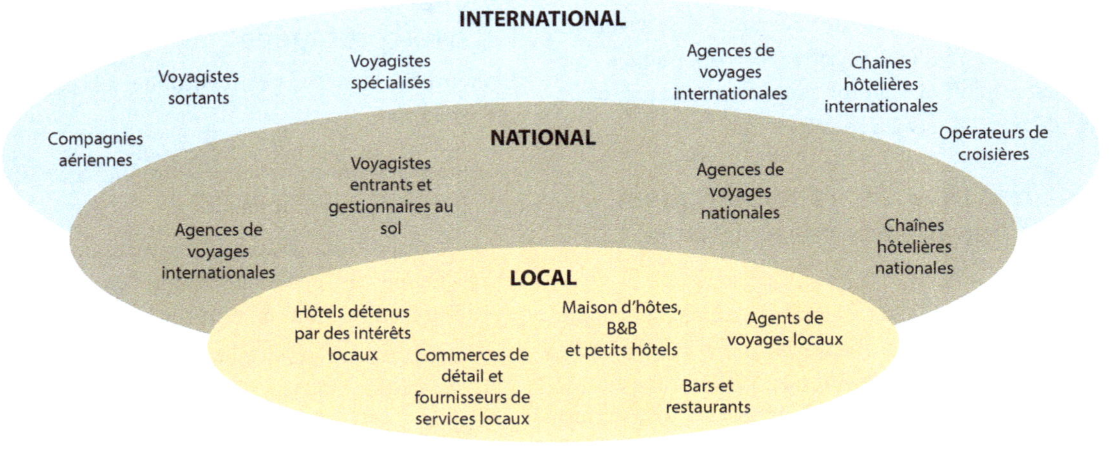

Figure 23.3 Échelles des entreprises touristiques
Source : Adapté de UNEP (2005)

les opérateurs locaux entrants que les entreprises internationales utilisent, sont susceptibles d'être importantes.

2. Si les voyageurs achètent leur voyage ou leurs visites sur place, les liens avec les voyagistes et les agents de voyages locaux seront plus appropriés.
3. Si les touristes organisent leur propre voyage, les liens avec les hôtels locaux, les bureaux d'information touristique, les centres d'accueil des visiteurs, les sites web, les réseaux sociaux et les forums web de voyageurs seront les plus importants.

Il est également important que les gestionnaires étudient s'ils souhaitent s'engager « activement » dans le tourisme, en créant et en gérant eux-mêmes des produits et services touristiques, ou s'impliquer plus « passivement » en accueillant des activités exploitées par d'autres (par exemple, en utilisant des concessions et en gérant des contrats d'externalisation).

Baux et licences

Un cadre structuré et clair pour le tourisme au sein d'une aire protégée aide à définir les attentes et crée un espace pour les opportunités. Au niveau le plus élémentaire, on trouve les outils contractuels juridiques qu'un gestionnaire utilisera pour approuver l'accès d'un opérateur touristique à l'aire protégée, par exemple, les concessions, permis, licences et baux. Ces contrats fixent les attentes pour l'exploitation et les frais requis. Ils ont une durée définie et peuvent être prolongés par simple paiement ou peuvent nécessiter des révisions et des mises à jour régulières.

Politiques et plans en matière de tourisme

À un niveau plus avancé, on trouve les politiques et plans touristiques pour les aires protégées. Ceux-ci font passer la gestion de réactive à proactive, en introduisant des approches stratégiques pour rendre le tourisme plus durable. Ils peuvent être intégrés dans les plans de gestion d'une aire protégée ou se présenter sous forme de documents autonomes.

Les politiques touristiques peuvent définir :

- la justification de l'autorisation du tourisme dans les aires protégées ;
- les types de tourisme et d'activités autorisés ;
- les éléments du tourisme durable, y compris la conservation et l'impact économique local ;
- les types de tourisme et d'activités préférés ;
- les exigences contractuelles ;
- la perception des droits.

Les plans touristiques peuvent définir :

- les visites actuelles et prévues ;
- les profils de visiteurs actuels et les marchés cibles souhaités ;
- les impacts actuels du tourisme et les moyens de les minimiser ;
- l'amélioration des infrastructures et des services touristiques ;
- l'amélioration de l'interprétation ;
- un zonage destiné à différentes formes et niveaux de développement touristique ;
- les emplacements de nouveaux investissements, installations ou activités touristiques ;
- des idées pour de nouvelles expériences touristiques.

Revenus du tourisme

De nombreux organismes de gestion des aires protégées n'ont pas les fonds nécessaires pour répondre adéquatement aux besoins et à la gestion du tourisme (Emerton et al., 2006a). Les fonds sont généralement plus importants dans les pays développés que dans les pays en développement, et souvent plus importants là où l'activité touristique et le développement sont concentrés. Le coût de la gestion de ces sites est cependant plus élevé, ce qui compense généralement les gains. En vertu du principe de l'utilisateur-payeur, les fonds nécessaires à la gestion du tourisme peuvent être recueillis auprès de sources directes et indirectes.

Droits d'entrée

Le revenu le plus commun du tourisme est un droit d'entrée direct permettant d'accéder à l'aire protégée (Font et al., 2004), bien que les frais liés aux activités permettent également de générer des revenus. Les aires protégées à forte concentration touristique peuvent générer entre 40 et 60 % de leurs revenus à partir de frais d'utilisation (OMT, 1995 ; Emerton et al., 2006b).

Un défi majeur consiste à s'assurer que les fonds sont réinvestis dans la gestion des aires protégées. De nombreux gouvernements transfèrent les fonds collectés dans leur gestion centralisée des revenus et n'assimilent pas les redistributions au revenu initial, de sorte qu'au mieux, une aire protégée paie pour une autre, et dans le pire des cas, les recettes des aires protégées contribuent à des services pangouvernementaux indépendants, tels que la défense. D'autres gouvernements utilisent les droits pour réduire leur allocation traditionnelle à l'aire protégée, de sorte que si les droits de visite diminuent, la gestion devient considérablement sous-financée. Les organismes de parcs autorisés à gérer leurs propres fonds sont généralement plus autonomes, plus entreprenants et plus efficaces (Phillips, 2000 ; Lockwood et al., 2006). Une organisation chargée des aires protégée, le Service des parcs nationaux et de la faune sauvage de Nouvelle-Galles du Sud, en Australie, par exemple, a négocié une formule avec le gouvernement de Nouvelle-Galles du Sud selon laquelle l'organisation conserve les revenus collectés et n'est pas ouvertement pénalisée par ses recettes entrantes.

Le deuxième défi majeur de la collecte de droits d'entrée est de s'assurer que le coût de la collecte est nettement inférieur aux revenus générés. Il est souvent peu rentable de percevoir des frais dans les aires isolées, tandis que dans les aires présentant des variations saisonnières de fréquentation, il est souvent plus économique de facturer pendant la période de pointe et non en basse saison. Si la marge bénéficiaire est faible, il est difficile de démontrer où les revenus ont été investis, ce qui réduit le soutien des parties prenantes à la taxe.

Le troisième défi consiste à fixer des frais reflétant correctement les niveaux d'utilisation et les coûts de gestion subséquents. Un droit d'entrée forfaitaire n'est souvent pas considéré comme équitable, car certains visiteurs utilisent le site plus que d'autres, créent des impacts négatifs plus importants ou plus de demande sur la gestion. Des solutions alternatives à un droit d'entrée standard sont proposées dans le tableau 23.4.

Bien que plus complexes à gérer, des frais d'utilisation sont plus efficaces qu'un droit d'entrée, le prix payé étant mieux adapté à l'utilisation et à la gestion ultérieure.

Frais des opérateurs

Les entreprises touristiques opèrent à l'intérieur des aires protégées et gagnent de l'argent en utilisant les aires protégées. Les gestionnaires d'aires protégées ont donc le droit légitime de facturer l'exploitant pour leur utilisation du site. Certaines des façons dont des revenus peuvent

Tableau 23.4 Méthodes alternatives aux droits d'entrée

Alternative	Signification	Exemple
Facturer le temps d'utilisation	Définir un tarif journalier, majoré en cas de séjour de plus d'un jour.	Un parking facturé en fonction du temps stationné.
Définir différents tarifs pour utiliser différentes zones	Tarif plus élevé pour les zones de gestion coûteuses et moins pour les zones à faible coût, ou plus pour visiter ou utiliser des zones hautement fréquentées.	Tarifs plus élevés pour le camping en bord de mer que le camping intérieur.
Frais d'utilisation	Tarif plus élevé pour les activités nécessitant plus d'infrastructures et de gestion.	Tarif plus élevé pour une entrée de ski que pour les visiteurs d'été.
Tarif plus élevé pour ceux qui ont les moyens de payer plus	Tarif plus élevé pour les visiteurs internationaux, tarif réduit pour les nationaux, entrée gratuite pour les locaux.	Tarif plus élevé pour les visiteurs internationaux que pour les visiteurs nationaux ou locaux.
Frais d'utilisation haute-saison et basse-saison	Droits d'entrée plus élevés pendant la période la plus populaire de l'année.	Tarifs plus élevés pendant les périodes de vacances, ou pour les skieurs, pendant les mois d'hiver.

Tableau 23.5 Méthodes de collecte de revenus de l'industrie touristique

Frais pour l'opérateur	Signification	Secteur touristique idéal
Frais de permis	Une petite redevance est prélevée chaque année ou selon les besoins.	Pour les opérations irrégulières, telles que les événements et les manifestations, et les très petites entreprises et activités saisonnières.
Concessions et droits de licence	Une redevance modeste est prélevée sur une base annuelle dans le cadre d'un permis qui documente la façon dont l'exploitation peut avoir lieu dans l'aire protégée. Souvent, cela peut être envisagé dans le cadre de dispositions d'exclusivité, offrant ainsi des possibilités de rendements plus élevés.	Pour les petites et moyennes opérations régulières, telles que les transports et les voyagistes.
Bail de location	Un montant fixe de loyer est facturé sur une base mensuelle ou trimestrielle, généralement augmenté avec l'inflation. Souvent, cela peut être envisagé dans le cadre de dispositions d'exclusivité, offrant ainsi des possibilités de locations plus élevées.	Pour les entreprises dont les opérations fixes génèrent des revenus importants et nécessitent un soutien de gestion important, tels que hébergement (hôtel, gîte, camp de tentes), restauration et boissons (restaurant, centre de réception, café), attraction (parc d'aventure, téléphérique) et transport fixe majeur (aéroport, port, marina et trains).
Frais de chiffre d'affaires / excédent	Lorsque le chiffre d'affaires est supérieur à un montant convenu, l'exploitant verse une partie du chiffre d'affaires supplémentaire au gestionnaire de l'aire protégée.	Pour les entreprises présentant un bon potentiel de croissance, en particulier par le biais de coopérations avec la gestion des aires protégées.
Accords de services partagés	L'exploitant accepte d'assumer des rôles qui seraient autrement assumés par le gestionnaire de l'aire protégée, en échange de frais financiers moins élevés.	Pour les entreprises susceptibles de fournir des services de manière plus rentable grâce à des rôles d'employés multitâches, le partage des infrastructures et des équipements, par exemple, l'entretien des routes et des sentiers, le nettoyage et l'entretien des équipements, la fourniture d'interprétation et les activités de conservation de base.

Exuma Cays, Bahamas, aire marine protégée pour la reconstitution des ressources : boîte de collecte des frais d'entrée

Source : Simon McArthur

être tirés des frais d'exploitation sont décrites dans le tableau 23.5.

De nombreux exploitants se feront un plaisir d'envisager des accords partagés afin de réduire les coûts qu'ils auraient autrement à payer au gestionnaire de l'aire protégée. Une plus grande utilisation de cette approche profiterait conjointement au tourisme et à la gestion des aires protégées. La plupart des entreprises touristiques acceptent d'être facturées, mais comme les visiteurs, elles s'attendent à voir les fonds réinvestis dans la gestion des aires protégées et les services où les revenus sont collectés. Lorsque l'organisation chargée de l'aire protégée augmente les frais d'exploitation avec un préavis de moins d'un an, des impacts importants sur les entreprises peuvent se produire, les opérateurs travaillant avec des réservations à long terme, et ayant donc souvent déjà fixé les prix et reçu le paiement des produits vendus, et toute augmentation des frais pouvant être impossible à répercuter.

Prestations commerciales des organismes chargés des aires protégées

Certains organismes de gestion des aires protégées choisissent de gérer leur propre activité touristique commerciale, et de percevoir des revenus grâce à des bénéfices commerciaux, comme SANParks en Afrique du Sud (SANParks, 2011). Les organismes chargés des aires protégées peuvent exploiter tout ce que fait l'industrie du tourisme, y compris la location d'équipement, la vente de nourriture, de boissons et de marchandises, et les services de guide. Habituellement, les organismes choisissent d'exploiter eux même leur activité touristique parce que :

- ils croient qu'ils peuvent générer plus de revenus que l'opérateur (en raison de l'avantage concurrentiel dont ils disposent) ;
- l'industrie touristique est peu intéressée ou ne dispose pas des capacités requises ;
- l'organisme veut maximiser le contrôle sur le produit ou le service.

Des politiques et procédures claires et une gestion solide sont nécessaires pour assurer un environnement opérationnel transparent, équitable et exempt de corruption (Font et al., 2004).

Marketing

La commercialisation des aires protégées doit être activement gérée par une organisation chargée des aires protégées. Grâce à cette gestion, la relation importante entre l'offre de destinations au sein d'un réseau d'aires protégées et la demande concernant leur utilisation peut être gérée de manière professionnelle. Il s'agit d'un moyen important par lequel les organisations chargées des aires protégées veillent à ce que les destinations ne soient pas envahies par un trop grand nombre de touristes, générant des impacts conséquents sur les valeurs de la biodiversité et la dégradation des sites. Cela peut également contribuer aux aspects sociaux et financiers à long terme d'une industrie touristique durable, en garantissant l'offre d'expériences de haute qualité aux visiteurs. Comment, quand et où les destinations des aires protégées sont commercialisées ne devrait pas être simplement délégué à l'industrie du tourisme. Un partenariat de travail positif et actif doit être établit entre les organisations de tourisme et les organisations chargées des aires protégées.

Le marketing est l'un des outils les plus puissants pour une gestion efficace des visiteurs et du tourisme. Le marketing consiste en beaucoup plus que la promotion et la vente. Il s'agit de créer, de promouvoir et de fournir des biens et des services aux consommateurs et aux entreprises (Kotler, 2003). Le marketing conventionnel est basé sur le principe des cinq « P » (Aaker, 1995).

1. Quels services et expériences offrir et à qui (produit) ?
2. Combien facturer, à qui et dans quelles conditions (prix) ?
3. Où proposer le produit (placement) ?
4. Qui livrera le produit et comment seront traités les clients (personnes) ?
5. Comment sensibiliser et créer un intérêt envers le produit (promotion) ?

Nous nous concentrerons ici sur les éléments stratégiques suivants pour un marketing efficace :

- Étude des visiteurs et du marché
- Segments de marché
- Positionnement et image de marque de la destination
- Promotion efficace.

Étude des visiteurs et du marché

Il n'existe pas deux visiteurs identiques en ce qui concerne qui ils sont, ce qu'ils veulent, ce qu'ils ont fait, ce qu'ils ont pensé de l'aire protégée et à qui ils en ont parlé. L'étude des visiteurs est conçue pour répondre à ces questions et, par la suite, permettre aux gestionnaires de savoir quoi offrir, à qui, et pourquoi. Sans cette connaissance, les gestionnaires d'aires protégées finissent par essayer d'être « tout pour tous », impressionner peu de gens et finir totalement frustrés, eux-mêmes. Certains des outils de recherche à disposition des gestionnaires d'aires protégées sont présentés dans le tableau 23.6. Le comptage des visites et les questionnaires simples sont généralement entrepris par le gestionnaire de l'aire protégée, mais les autres outils, plus sophistiqués, nécessiteront généralement l'intervention de consultants en tourisme et en études de marché. Dans leur choix d'un outil, les gestionnaires devront prendre en compte le compromis typique entre rentabilité et degré de perspicacité et de révélation susceptible d'être généré de manière fiable. Obtenir une expertise pour aider à déterminer cela est un investissement raisonnable, et souvent utile.

Les études de marché permettent d'échantillonner des non-visiteurs ou des visiteurs passés d'une aire protégée. Certaines de ces personnes pourraient être incitées à devenir des visiteurs, et certaines peuvent même mieux correspondre à l'aire protégée que certains visiteurs actuels. Les gestionnaires d'aires protégées utilisent des études de marché pour identifier les profils de ces non-visiteurs (en particulier leurs besoins et leurs désirs), puis déterminer quels profils pourraient être considérés comme des visiteurs potentiels pour qui concevoir des expériences, et à attirer vers l'aire protégée. Étant donné que les non-visiteurs sont plus

Tableau 23.6 Outils pour l'étude des visiteurs

Outil d'étude des visiteurs	Points forts	Limites
Comptage des visites	Le comptage du nombre de visiteurs donne des indications sur le niveau d'utilisation et, dans une certaine mesure, sur la nature de l'utilisation (calendrier, durée du séjour, taille des groupes). Le comptage des visites fournit des données de référence pour identifier les tendances historiques, les prévisions et la modélisation économique et financière.	Si il est utilisé seul, une trop grande importance accordée au nombre de visiteurs peut être dangereuse, car elle encourage à penser que tous les visiteurs sont identiques. Le comptage est rarement précis et a généré d'énormes perceptions erronées (par exemple, la fréquentation peut donner l'impression d'augmenter, alors qu'en fait, l'augmentation est due à un plus grand nombre de compteurs).
Observations comportementales	Très utile pour explorer ce qui est inconnu, en complément à un autre outil d'étude utilisé comme cadre de référence pour formuler sa structure. Généralement utilisées pour cartographier les déplacements des visiteurs, ce qu'ils font et pendant combien de temps. Les observations structurées anticipent le comportement et consignent les données dans des tableaux pouvant être analysés quantitativement. Les observations non structurées tiennent compte de tout ce qui se passe et peuvent permettre une analyse qualitative.	Généralement dépendantes de ressources humaines, ce qui les rend coûteuses, en particulier lorsqu'il y a peu de visiteurs et que l'observateur doit être rémunéré. Nécessitent une analyse minutieuse par la suite, et les compétences d'analyse qualitative sont plus difficiles d'accès.
Questionnaires	Des questions prédéfinies sont généralement gérées sur papier, en ligne ou en face-à-face, offrant un haut degré de contrôle sur les données et la capacité d'analyser et de comparer facilement les résultats, y compris par des tests statistiques.	Des questionnaires mal rédigés donnent des résultats médiocres et peu fiables. Les résultats peuvent être affectés par un ordre de questions incorrect, des réponses optionnelles non pertinentes et des questions mal formulées. Les résultats peuvent être manipulés ou mal interprétés en fonction des objectifs du chercheur.
Interviews face-à-face	Semblable à un questionnaire en personne, mais utilise généralement moins de questions. L'objectif est d'amener le répondant à parler plus librement, et donc, d'obtenir des informations plus approfondies, telles que la cause sous-jacente des problèmes ou la façon dont une solution pourrait être développée et mise en œuvre.	Généralement dépendantes de ressources humaines, ce qui les rend coûteuses, en particulier pour le temps passé à se déplacer vers chaque répondant pour une interview. Selon le processus de sélection, choisir les personnes interrogées les plus appropriées, qui ne sont pas toujours celles qui sont au pouvoir ou qui ont un profil élevé.
Groupes de discussion	S'appuyant sur l'interview face-à-face, un groupe de personnes peut générer une plus grande discussion et plus de révélations, chacun ajoutant de la valeur aux contributions des autres.	Beaucoup plus coûteux que les questionnaires, et nécessitent une préparation considérable pour structurer la discussion, une expertise considérable en matière de facilitation et un temps considérable, par la suite, pour analyser les résultats.
Réseaux sociaux	L'analyse des données des réseaux sociaux sur les destinations des aires protégées est une source d'information importante.	Les données et recommandations d'utilisateurs sont disponibles, par exemple, à partir d'applications logicielles telles que Yelp.

Sources : Adapté de Hall et McArthur (1998) ; Yeo (2005)

difficiles à trouver, et qu'il sera plus compliqué d'interagir avec eux, les études de marché utilisent généralement des questionnaires en ligne pour identifier les marchés potentiels, puis des groupes de discussion pour affiner les besoins de recherche et pour tester de nouvelles idées. Ce travail est parfois effectué par des consultants en tourisme et en études de marché, sous contrat avec le gestionnaire de l'aire protégée.

Segments de marché et marchés cibles

Le marketing de masse consiste en une production de masse, une distribution de masse et une promotion de masse d'un produit vers tout le monde (Tynan et Drayton, 1987). Le marketing de masse crée le plus grand marché potentiel, entraînant les coûts potentiels les plus bas, entraînant, à leur tour, des prix plus bas ou des marges plus élevées (Aaker, 1995 ; Dibb et Simkin, 2009). Le marketing de masse ne fonctionne pas pour les aires protégées parce que leur législation les empêche de pouvoir satisfaire tout le monde. Le marketing de masse peut amener certaines personnes à venir dans une aire protégée pour se livrer à des activités susceptibles de compromettre le site et les autres visiteurs.

L'alternative consiste à diviser le marché de masse en segments de marché, et à choisir les segments dont les besoins correspondent le mieux au produit, c'est à dire, les marchés cibles (Hunt et Arnett, 2004 ; Yeo, 2005). À partir de là, le gestionnaire peut concentrer le développement expérientiel, la promotion et la tarification sur les besoins du marché cible. Le suivi des visiteurs peut alors inclure des questions permettant d'identifier les répondants, afin de refléter les caractéristiques des marchés cibles, puis de traiter leurs réponses à d'autres questions avec une plus grande importance (comme la satisfaction et la probabilité de retour ou de recommandation).

Un segment de marché est un groupe de personnes présentant des caractéristiques similaires, et en particulier un ensemble analogue de besoins (Yankelovich et Meer, 2006). Les segments de marché sont généralement divisés en :

- géographique (résidence et lieu de travail par zone locale, région, État, pays ou continent) ;
- démographique (âge, sexe, taille de la famille, cycle de vie, revenus, profession, éducation, etc.) ;
- psychologique (attitudes, risque, motivation, etc.) ;
- caractéristiques psychographiques (mode de vie, activités, intérêts, opinions, besoins et valeurs) ;
- comportemental (fidélité à une marque, taux d'utilisation, avantages recherchés et utilisés).

L'industrie du tourisme utilise généralement une segmentation basée sur des caractéristiques géographiques et démographiques, car elles sont simples et peu coûteuses à utiliser. Cependant, ces caractéristiques ont une valeur limitée lors de l'élaboration de la marque, du positionnement, du produit ou de l'expérience d'une aire protégée, car elles sont trop génériques. La segmentation du marché offre un certain nombre d'utilisations pratiques pour le gestionnaire d'aires protégées, y compris la possibilité de :

- définir le marché du point de vue du consommateur ;
- rationaliser les politiques pour les marques et produits existants (afin d'améliorer la compétitivité et la part de marché) ;
- positionner une gamme de marques et de produits ;

Figure 23.5a Parc national et site du Patrimoine mondial d'Uluru-Kata Tjuta, Australie : image standard

Source : Melbourne Business Community (2013)

Figure 23.5b Parc national et site du Patrimoine mondial d'Uluru-Kata Tjuta, Australie : l'« Expérience Uluru »

Source : Simon McArthur (1999)

- identifier les lacunes du marché offrant de nouvelles possibilités (Lunn, 1978, cité dans Tynan et Drayton, 1987).

Il est possible d'élaborer un questionnaire afin de déterminer de quels segments de marché proviennent les visiteurs d'une aire protégée. Une autre façon pratique d'utiliser les segments de marché consiste à suivre la représentation des marchés cibles par rapport aux autres marchés parmi les visiteurs d'une aire protégée.

Positionnement et image de marque de la destination

Une marque est la source d'une promesse distinctive pour les clients d'un produit, d'un service ou d'un lieu (Baker, 2012). Déterminer une marque pour une aire protégée est plus complexe que la plupart des gestionnaires ne le prévoient, et il s'agit également d'une initiative dont la pertinence doit être soigneusement examinée. Fondamentalement, toute marque développée pour une aire protégée doit être compatible avec son statut d'aire protégée. Pour une destination spécifique dans une aire protégée, la marque comprend également la façon dont les gens interprètent la

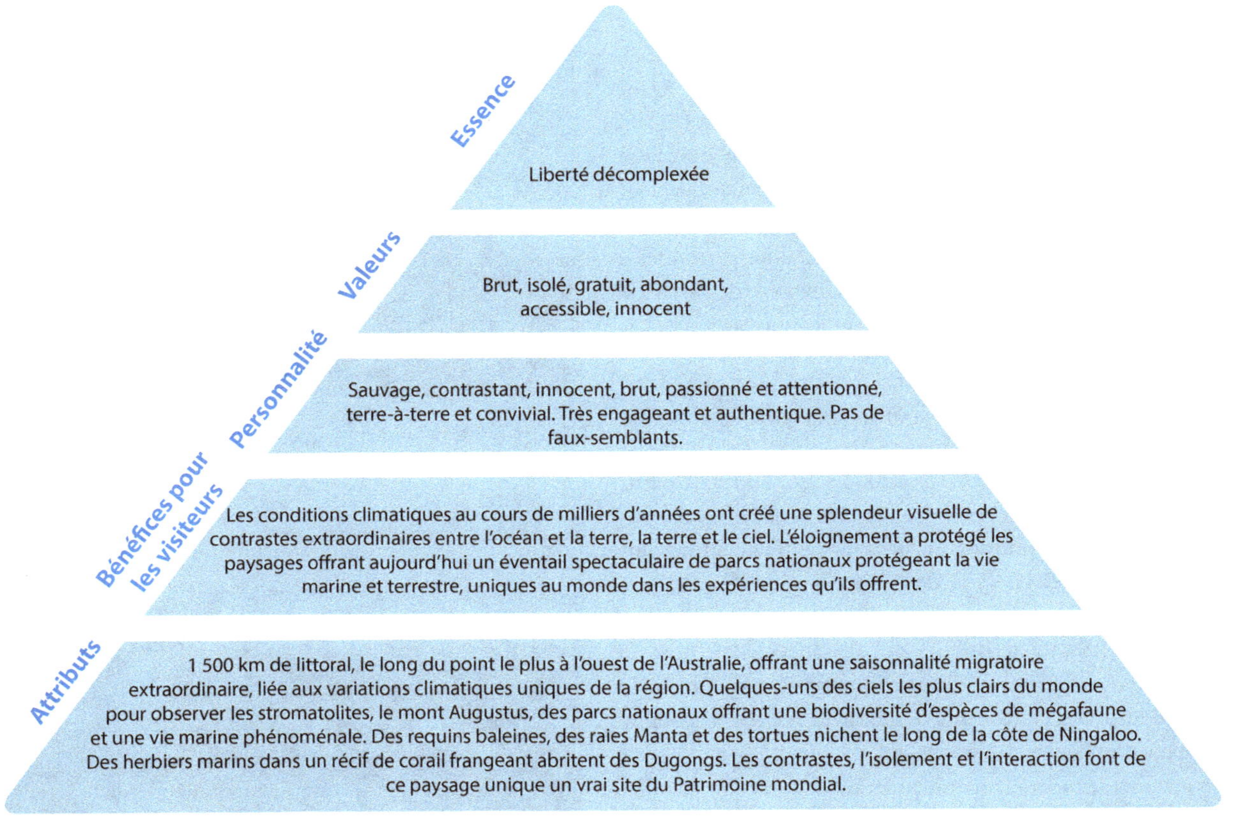

Figure 23.4 Pyramide de positionnement de la marque, Ningaloo-Shark Bay, Australie

Source : Adapté de Tourism Australia (2010)

destination pour eux-mêmes (Aaker, 1997), de sorte que des consultations et des études de marché considérables sont nécessaires pour comprendre comment les gens perçoivent un site et sa marque.

À partir de consultations et de la recherche, une pyramide de marque est alors créée (figure 23.4). Les deux derniers niveaux de la pyramide sont les principaux attributs de la destination et représentent les avantages pour le visiteur. La distillation commence alors, et une personnalité est créée pour la marque. De cette personnalité de marque émergent la valeur de la marque et, par la suite, l'essence de la marque. L'essence de la marque, est le cœur et l'âme de la marque, et se traduit souvent par une phrase concise ou slogan. Par exemple, l'essence de la marque de Parks Victoria (Australie) est « Healthy Parks, Healthy People » (« Des parcs sains, des hommes sains »). Les autres éléments incluent un logo, une image photographique, un style d'écriture, des polices de caractères et des couleurs.

Un ensemble unique de stimuli visuels, auditifs, et autres, aident à communiquer la marque et façonnent les perceptions du marché. Deux des éléments de communication les plus utiles pour une aire protégée sont le slogan et une photographie, qui doivent tous deux être utilisés sans relâche et de manière cohérente. Un logo n'est pas essentiel à la commercialisation d'une aire protégée (mais il est important pour l'image de marque de l'organisme). Tout ce qu'un gestionnaire d'aires protégées fait en collaboration avec ses partenaires et ses parties prenantes devrait être conçu pour offrir en permanence cette perception de marketing. Plus les gens seront conscients d'une marque, plus elle aura de valeur ou d'équité, et donc plus une organisation pourra l'utiliser pour guider ses propres objectifs. La marque peut également être très utile comme cadre de référence pour envisager le développement de nouvelles expériences pour les visiteurs à partir de la question : cette option reflète-t-elle ou dilue-t-elle notre marque ?

Une fois que le gestionnaire a développé la marque, il doit la positionner. Pour le gestionnaire d'aires protégées, le positionnement est l'art de développer et de communiquer les différences significatives entre les offres de son aire et celles de ses concurrents desservant des marchés similaires (Baker, 2012). D'autres façons de positionner une aire protégée sont décrites dans le tableau 23.7. La clé pour décider de la position est l'alignement entre opportunités touristiques durables des aires protégées et besoins du marché.

Promouvoir l'expérience des visiteurs

L'industrie du tourisme s'est toujours considérée comme un fournisseur de produits touristiques vendables, tels que des visites, des attractions, des hébergements ou des restaurants.

Tableau 23.7 Positionnement d'une aire protégée

Alternative de positionnement	Exemple pour une aire protégée
Attribut d'unicité	Un élément qui est le plus grand, le plus petit, le plus haut, le plus court, le plus ancien, le plus rapide, le plus prolifique, le plus dangereux, le plus venimeux ou un excellent représentant de sa catégorie, et ainsi de suite.
Rareté	Rare, vulnérable, en danger, sous pression, en voie de disparition.
Classe de produit	Importance locale, régionale ou nationale de la désignation. Utilise l'inscription au Patrimoine mondial.
Besoin ou avantage de l'utilisateur	Air pur ou eau pure, absence de foule, sentiment de liberté, lien avec le patrimoine familial.
Association avec le mode de vie	Aventurier, confiant, preneur de risques.
Association contemporaine célèbre avec le produit	Lieu d'un tournage ou d'un événement célèbre. Lieu où une personnalité célèbre a vécu ou a fait quelque chose d'important.
Rapport qualité prix	Comparer l'expérience interprétative au prix d'une entrée de cinéma ou de parc d'attractions.
Rétroaction positive	Utilisez un haut niveau de rétroaction positive pour suggérer que si l'expérience a si bien fonctionné pour les visiteurs précédents, elle devrait également fonctionner pour les futurs visiteurs.

Source : Hall et McArthur (1998)

La plupart des gestionnaires d'aires protégées considèrent traditionnellement leur rôle comme celui d'accepter certaines activités et de mettre à disposition des visiteurs des infrastructures et des installations. Au cours de la dernière décennie, les deux secteurs ont entrepris d'investir davantage dans la création, la commercialisation et la revitalisation occasionnelle d'expériences touristiques (Wearing et al., 2007).

Une expérience touristique est bien plus qu'une activité ou un produit. C'est la combinaison de l'activité, du cadre, de l'interaction sociale et du lien personnel qui en résulte (Tourism Australia, 2012). Une expérience engage les sens. Elle est physique, émotionnelle ou spirituelle (ou les trois). Une expérience offre découverte et apprentissage, et crée des souvenirs forts. Les expériences vont au-delà de beaux endroits et de bons points de vues. Au lieu de cela, elles connectent les visiteurs à un site, son environnement et sa culture (Tourism Australia, 2012). Une façon d'améliorer ces expériences est de créer un sentiment d'appartenance au lieu basé sur le « genius loci ». Les touristes et visiteurs apprendront et apprécieront davantage une aire protégée s'ils ressentent une connexion au site qu'ils visitent. Ceci correspond à « la création d'un sentiment d'appartenance », et se base sur les ressources naturelles et culturelles, et l'« esprit » du site. Le sentiment d'appartenance se base sur les personnes, les communautés locales vivant dans la région, leur savoir-faire et leurs traditions.

Pour qu'une aire protégée soit une destination touristique efficace, elle devra posséder :

- une/des expérience(s) principale(s), souvent désignée(s) dans le secteur du tourisme comme expérience épique ou emblématique, car elle se distingue par le fait qu'elle reflète totalement la marque et permet d'attirer l'intérêt des visiteurs et de les satisfaire ;
- des expériences complémentaires pour les visiteurs, reflétant idéalement une partie ou l'ensemble de la marque, et offrant des opportunités complémentaires à l'expérience principale ;
- des biens, services, produits et infrastructures annexes d'accès à l'aire protégée, tels que des aéroports et des routes d'accès, des stations-service, des parkings et des points d'information pour les visiteurs.

Si la commercialisation d'une aire protégée est efficace, elle peut surtout attirer des marchés cibles plutôt que des marchés de masse, et elle peut définir les attentes de ces personnes, avant leur arrivée (Hall et McArthur, 1998 ; Reid et al., 2008). Il est beaucoup plus facile et proactif de définir des attentes réalistes en matière de marketing que de réglementer inutilement, de durcir un site, ou d'essayer de changer le comportement des visiteurs, une fois sur le site.

La commercialisation d'une aire protégée à des fins touristiques devrait conduire le marché cible à participer à l'expérience principale, positionnée de façon compétitive et reflétant le slogan et la personnalité de la marque. De puissantes photographies doivent pouvoir démontrer ces éléments. Elles doivent refléter l'essence de l'expérience et de l'impact émotionnel qu'elle aura sur le marché cible.

Malheureusement, la plupart des images utilisées manquent de puissance, de sorte que la garantie promotionnelle est perdue parmi les concurrents ou les autres promotions. Les figures 23.5a et 23.5b comparent l'approche traditionnelle axée sur le paysage pour la commercialisation d'une aire protégée avec une approche contemporaine de marketing d'expériences fondé sur l'image. Idéalement, les gestionnaires d'aires protégées devraient engager un consultant en marketing touristique pour effectuer une séance photo qui capture tous les éléments. Après cela, l'image essentielle de l'expérience principale doit être servilement décrite et utilisée dans autant de campagnes de promotion que possible.

Gestion des options de loisirs

Un outil clé pour la planification et la gestion des options de loisirs est le « spectre des options de loisirs » (SOL). Le SOL se concentre sur le cadre des aires protégées dans lesquelles se déroulent des activités récréatives (Clark et Stankey, 1979). Un cadre est la combinaison de conditions physiques, biologiques, sociales et de gestion donnant de la valeur à un site. Ainsi, une option comprend les qualités fournies par la nature (végétation, paysage, topographie), les qualités fournies par le cadre socioculturel, les qualités associées à l'utilisation récréative (niveaux et types d'utilisation) et les conditions fournies par la gestion (aménagements, routes, règlements). De multiples possibilités impliquent un choix pour les amateurs de loisirs en plein air. Les gens doivent être conscients des options, et les options doivent inclurent les conditions souhaitées par les gens. Ainsi, les options sont une fonction de la préférence de l'utilisateur et un produit d'actions de gestion conçues pour fournir les paramètres souhaités et rendre les gens conscients de leur existence.

L'hypothèse sous-jacente au SOL est que la meilleure façon d'assurer la qualité des loisirs de plein air consiste à offrir un ensemble diversifié d'options (Clark et Stankey, 1979). Les visiteurs potentiels présenteront un large éventail de goûts et de préférences concernant les options de loisirs. Le fait de fournir des environnements divers, dont les niveaux de développement, d'accès, etc., varient, garantit qu'un plus large segment de visiteurs potentiels trouvera des expériences récréatives et touristiques de qualité. Il existe une énorme diversité en ce qui concerne les attentes des gens en matière d'activités récréatives, même pour des catégories spécifiques d'amateurs de loisirs en plein air. Tous les campeurs, randonneurs ou utilisateurs de la nature ne sont pas identiques. Les programmes de gestion des actifs axés sur des moyennes de goûts peuvent passer à côté de la cible, car ils ne tiennent pas suffisamment compte de la variation des goûts (Shafer, 1969).

La diversité assure la souplesse nécessaire pour atténuer les changements ou les perturbations dans le système de loisirs découlant de facteurs tels que le changement social (comme l'évolution de la structure d'âge d'une population) ou le changement technologique (comme l'augmentation de la disponibilité de véhicules récréatifs de plein air). Mais la diversité n'est qu'un moyen vers une fin. Des activités récréatives de qualité, produisant la satisfaction et les avantages souhaités pour les participants, sont l'objectif et la préoccupation des gestionnaires et des amateurs de loisirs.

Dans la gestion d'une diversité d'options de loisirs dans une aire protégée, la tâche de gestion à long terme la plus difficile pour les gestionnaires d'aires protégées est souvent de garder les milieux naturels dans leur état naturel. Le durcissement du site est souvent une réponse de gestion intuitive aux dommages causés à une destination touristique, mais c'est souvent justement la mauvaise réponse. Plus les milieux naturels seront endurcis, moins il y aura de sites naturels, et plus la diversité des sites de loisirs dans l'aire protégée diminuera. Au fur et à mesure que nous avançons dans le XXIe siècle, les sites de loisirs intacts deviendront de plus en plus rares et de plus en plus précieux. D'autres façons de gérer les impacts permettent de conserver les valeurs intactes des sites. Cela inclut le rejet professionnel des appels constants au développement. Les mesures pourront inclure l'établissement de limites au nombre de visiteurs et à la fréquence d'utilisation d'un site, une interdiction d'accès les jours de pluie, la rotation de l'utilisation des sites, etc. (encadré 23.1). Un danger de changement d'orientation

Encadré 23.1 Réduire les impacts sur les destinations touristiques

Il existe en général quatre approches stratégiques pouvant être utilisées pour réduire les impacts négatifs des visiteurs sur les aires protégées :

1. Gérer l'offre d'options touristiques ou de visiteurs, par exemple, en établissant des quotas, ou en utilisant efficacement l'espace ou le temps disponible pour accueillir une plus grande utilisation.
2. Gérer la demande de visites, par exemple, par des restrictions sur la durée du séjour, le nombre total ou le type d'utilisations.
3. Gérer les capacités en ressources pour gérer l'utilisation, par exemple, en durcissant le site ou des emplacements spécifiques, ou en développant des installations.
4. Gérer l'impact de l'utilisation, par exemple, en réduisant l'impact négatif de l'utilisation en modifiant le type de cette utilisation, en la dispersant ou en la concentrant.

La principale question est de déterminer quel degré d'impact est acceptable.

existe lorsqu'un gestionnaire d'aire protégée termine son mandat et qu'un nouveau gestionnaire le remplace. Ce danger peut être minimisé par une planification claire et précise du SOL pour toutes les destinations touristiques au sein d'un réseau d'aires protégées, ainsi que par une initiation et une information approfondies pour les nouveaux membres du personnel.

Services et installations destinés aux visiteurs

Avant de fournir des services et des installations aux visiteurs pour une aire protégée, les gestionnaires doivent savoir pourquoi ils le font. La fourniture de services et d'installations dépendra, dans une large mesure, des possibilités souhaitées d'expérience pour les visiteurs, qui découlent à leur tour des objectifs de gestion sous-jacents. Ces objectifs incluent la protection, la conservation, l'éducation, les relations publiques, la recherche, la collecte de fonds et les loisirs, entre autres.

Bien que la plupart des gestionnaires reconnaissent que les touristes ont besoin d'une gamme de services et d'installations pour faire l'expérience d'un site, d'autres types de visiteurs doivent également participer à des services et des installations pour faire l'expérience du même site. Les écoliers auront besoin de nourriture, de toilettes et d'un endroit pour manger, les scientifiques auront besoin de guides, d'installations de laboratoire, de nourriture, de sentiers, de bibliothèques et de connexions internet, les journalistes devront être accompagnés par le personnel compétent du parc, les politiciens seront traités comme des VIP et requérons l'attention de gestionnaires d'information hautement qualifiés.

Souvent, les contributions que les visiteurs apportent à l'appui des objectifs du parc dépendent de s'ils ont apprécié leur séjour ou non. Si leur expérience a été positive, leur disposition à participer augmente exponentiellement (Ham, 2013). Si leur expérience a été négative, non seulement tout sentiment de coopération pourrait chuter, mais leur tendance provoquée à diffuser des recommandations négatives pourrait également nuire aux relations publiques du parc (Priskin et McCool, 2006 ; Cole et Williams, 2012).

Les gestionnaires de loisirs réclament une plus grande diversité d'options de loisirs, depuis le milieu du XXe siècle (Driver et al., 1987), afin d'améliorer la qualité, répondre aux demandes d'un plus grand nombre de visiteurs, les satisfaire davantage, et inciter les visiteurs à soutenir davantage les objectifs de gestion (Manning, 1985 ; Kohl, 2007). Les gestionnaires, cependant, ne peuvent pas garantir des expériences personnelles, mais seulement des options pour

Graffiti réalisé avec des pierres dans un paysage de montagne parsemé de rochers naturels, site du Patrimoine mondial des Dolomites, Italie

Source : Graeme L. Worboys

les visiteurs de disposer d'expériences. Une expérience est une chose très personnelle, créé dans l'esprit du visiteur, et dépendante de nombreux facteurs. Pine et Gilmore (1999) définissent une expérience comme suit : (ÉVÉNEMENT [situation + activité + ressources] -> RÉACTION -> MÉMOIRE) = EXPÉRIENCE.

Les visiteurs ne recherchent pas seulement de plus en plus d'authenticité sur le marché (par exemple, une expérience plus primitive ou différente de leur mode de vie), mais le degré d'authenticité varie aussi considérablement, affectant la qualité de leur expérience. Pour cette raison, les gestionnaires doivent comprendre à la fois comment l'authenticité influence les expériences des visiteurs, et comment gérer pour améliorer ces opportunités.

L'expérience, et donc les services fournis (ou l'absence prévue de services fournis), est initiée bien avant l'arrivée du visiteur sur le site. Le visiteur façonne ses attentes à partir de l'information de sites web, de réseaux sociaux, de matériel promotionnel et du bouche-à-oreille. L'expérience se poursuit après le retour du visiteur à la maison, lorsqu'il se remémore ce qui lui est arrivé, et consulte tout matériel ou communication de suivi qu'il aura reçu de la part des prestataires de services ou des personnes qu'il aura rencontré en cours de route. Encore une fois, les gestionnaires d'aires protégées peuvent offrir des informations avant et après le voyage, afin de compléter l'expérience des visiteurs. D'autres prestataires de services courtisent également les voyageurs en offrant des services d'information, de transport, d'hébergement et autres services également susceptibles d'influer sur la qualité de l'expérience.

Bien que tous les visiteurs génèrent une expérience, ils ne les recherchent pas tous spécifiquement. Différents visiteurs peuvent être considérés comme des opportunités exigeantes à différents niveaux. Plus le niveau d'une « hiérarchie des demandes des visiteurs » est bas, plus la conscience de soi du visiteur sera grande (Driver et Brown, 1978). Ce modèle postule que les visiteurs exigent des activités (randonnée, canoë, observation d'oiseaux) dans certains contextes (aires naturelles non modifiées, sites partiellement ou totalement modifiés) pour réaliser certaines expériences (solitude, inspiration), pour finalement bénéficier de résultats sociopsychologiques spécifiques (améliorer les relations familiales, la forme physique, l'appréciation de la nature, la confiance en soi). À la lumière d'une telle diversité, il est impossible d'identifier un « visiteur moyen ». Au contraire, chaque visiteur recherche des configurations différentes de la demande (Cole et Williams, 2012).

Que l'on catégorise les opportunités d'expérience des visiteurs en utilisant le SOL, la segmentation du marché ou une autre classification, différents visiteurs rechercheront différents types d'expériences, et donc différentes combinaisons de services pour répondre à leurs besoins en matière de qualité, de confort, de sécurité, de paramètres environnementaux et de niveaux d'authenticité.

Types de services et d'installations

Services et installations de soutien

Ce sont les types de services et d'installations fournis pour aider à soutenir, maintenir et rétablir les besoins « fondamentaux » des visiteurs. Ce qui constitue un besoin « fondamental » dépend évidemment du contexte, les besoins « fondamentaux » de certains étant considérés comme un « luxe » par d'autres, ou dans d'autres contextes. Par conséquent, les services et installations de soutien basiques pourraient inclure des toilettes à fosse et le « luxe » pourrait être un accès à de l'eau potable. Les services de soutien et installations appropriées peuvent être complexes et englober une diversité de services et d'installations, comme on le voit dans certains centres d'accueil. Il est important que les gestionnaires déterminent avec quels types de besoins, de désirs et d'attentes les visiteurs peuvent arriver, et comment ils peuvent les adapter à la réalité des installations appropriées susceptibles d'être fournies. C'est pourquoi une planification et un zonage fondés sur le spectre des options récréatives sont si importants dans les aires protégées.

Services et installations d'orientation

Il est essentiel que les gestionnaires sachent de quels types de services et installations d'orientation les touristes peuvent avoir besoin. Ces types de services et d'installations pourraient inclure une signalisation directionnelle, des brochures d'information (tarifs, heures d'ouverture, procédures, billetterie, informations de contact, etc.), des rangers et des guides, des points de rencontre désignés, des sites web, des cartes, des lignes d'information téléphonique, des applications et autres techniques susceptibles d'aider à garder les visiteurs orientés dans le temps et dans l'espace.

Services et installations de sûreté et de sécurité

Cette catégorie d'équipements et de services permet aux personnes d'accéder à des endroits qu'ils auraient autrement évité en raison d'un danger physique ou d'obstacles sociaux. Souvent, ils passent inaperçus et sont sous-évalués par les visiteurs, comme la mise à disposition de gardes de parc et de contrôles de périmètre, mais ils doivent être intégrés dans les coûts globaux. Les exemples incluent les systèmes de sécurité électroniques tels que les caméras de surveillance, la signalisation expliquant les règles et recommandations en matière de sécurité et le matériel éducatif destiné aux visiteurs.

Services et installations d'interprétation

L'interprétation est une approche de communication qui relie les gens intellectuellement et émotionnellement avec les objets interprétés pour approfondir leur appréciation de ces objets. Dans le contexte des aires protégées, l'objet est le patrimoine d'un site. Une appréciation plus profonde contribue à une attention plus grande et une disposition à aider à la réalisation des objectifs de gestion. Les services et installations d'interprétation incluent tous les services et installations éducatifs et autres non déjà mentionnés, améliorant et soutenant l'expérience des visiteurs. Les exemples incluent les guides d'interprétation, la signalisation, les expositions, les vidéos, les documents éducatifs imprimés, les guides automatisés, les représentations théâtrales, les émissions de radio, les démonstrations d'histoire vivante ou l'interprétation itinérante. De nombreuses aires protégées sont fortement axées sur l'éducation, y compris par des programmes directement liés aux programmes scolaires.

Services et installations multiples

Souvent, les services et installations fournis se chevauchent et sont présents dans les mêmes médias et espaces. Par exemple, les centres d'accueil combinent souvent toutes les zones, en offrant des expositions d'interprétation (interprétation), des bureaux d'information (orientation), des toilettes et des services de vente de nourriture (restauration), des installations pour personnes handicapées (par exemple, des sentiers pour personnes aveugles ou en fauteuils roulants sortant souvent des centres d'accueil), des boutiques (interprétation et restauration) et un accès au personnel.

Gestion de l'impact des visiteurs

Le nombre croissant de problèmes d'impact des visiteurs auxquels sont confrontés, aujourd'hui, les gestionnaires d'aires protégées se caractérise par un éventail de complexités et d'incertitudes, et se produit dans un contexte de conditions environnementales changeantes et de capacités organisationnelles variables. Par conséquent, les gestionnaires d'aires protégées doivent comprendre la nature des problèmes et les possibles solutions. Dans cette section, nous examinerons une gamme d'impacts des visiteurs et explorerons la variété des cadres d'évaluation et de gestion de ces impacts. Les impacts sociaux et communautaires du tourisme sont une considération importante dans la planification et la réponse aux impacts des visiteurs sur les aires protégées.

Impact des visiteurs sur l'environnement

Les visiteurs, dans les aires protégées, peuvent avoir un large éventail d'impacts environnementaux, y compris sur les sols, les plantes, les animaux et les systèmes aquatiques (Liddle, 1997 ; Newsome et al., 2002). Pour les animaux, ces impacts peuvent inclure :

- modifications du comportement et de la physiologie des animaux, telles que le déclenchement des réactions d'envol chez les oiseaux ;
- changements dans les habitudes et le succès de reproduction, tels que les dommages causés aux oiseaux nichant au sol ;
- introduction d'animaux nouveaux (animaux sauvages ou domestiques, y compris les animaux de pâturage) ;
- dommages et élimination des habitats ;
- mortalité des animaux, délibérément (pêche, chasse) ou accidentellement (mortalité due aux véhicules).

Les impacts sur les plantes peuvent inclure :

- dommages directs causés par le piétinement ;
- élimination de végétation pour la construction d'infrastructures ;
- changements de composition suite à l'introduction de nouvelles espèces (mauvaises herbes, plantes de jardin) ;
- changements dans l'environnement abiotique affectant les plantes (sol, lumière, vent, nutriments, etc.) ;
- fragmentation des habitats par les sentiers et autres infrastructures ;
- incendies à l'échelle des paysages déclenchés délibérément (pyromanes) ou accidentellement (feux de camp) par les visiteurs.

Les impacts sur les systèmes aquatiques incluent les changements dans la teneur en oxygène, la turbidité, le débit, le ruissellement, la pollution et les prélèvements d'eau, ainsi que les changements dans les nutriments liés aux activités aquatiques (baignade, navigation de plaisance, etc.) et dans les zones entourant les rivières, les ruisseaux et les lacs (camping, piétinement, etc.). Les impacts sur les sols incluent le compactage, les changements dans les nutriments, y compris la nitrification, le ruissellement, l'érosion et la perte des sols, et jusqu'à des changements à grande échelle tels que les glissements de terrain.

Les types et le degré des impacts varie avec la nature des activités, l'utilisation saisonnière, l'intensité d'utilisation, le comportement des utilisateurs et la résilience des écosystèmes. Par exemple, il a été démontré que certains types d'activités, comme l'équitation, ont une plus grande portée et une plus grande intensité d'impact que d'autres, comme la randonnée. Les activités des visiteurs, à certaines périodes de l'année, ont plus d'impact qu'à d'autres. Par exemple, le bruit et la pollution lumineuse peuvent avoir un impact plus important sur le comportement des animaux pendant la saison de reproduction qu'à d'autres moments. De même, les dommages causés à la végétation par le piétinement peuvent être plus importants pendant la saison de floraison que lorsque les plantes sont en dormance.

Une plus grande utilisation tend à causer plus de dommages, mais la forme de cette relation peut varier (Monz et al., 2013). Par exemple, la relation peut être curviligne, la plupart des dommages se produisant avec la première utilisation, et après une certaine durée d'utilisation les dommages supplémentaires étant limités. Elle peut être linéaire, lorsque les dommages sont constamment liés à la quantité d'utilisation. Elle peut être sigmoïdale, lorsque des dommages limités à de faibles niveaux d'utilisation augmentent rapidement, puis se stabilisent à nouveau. La forme que prend cette relation est très importante pour les gestionnaires, car elle affecte les options de gestion les plus efficaces, telles que le choix entre une utilisation dispersée ou une utilisation concentrée (Monz et al., 2013). En raison de différences de comportement, certains visiteurs peuvent causer plus de dégâts que d'autres. Les visiteurs peuvent varier dans leur connaissance, leur capacité et leur volonté de se conformer aux pratiques d'impact minimum.

Étude de cas 23.1 Initiative zéro déchet sur le sentier de trekking de Sikkim Himalaya, Inde

Le gouvernement du Sikkim a créé le parc national de Khangchendzonga en 1977. Avec une superficie de 1 784 kilomètres carrés, et bordant le Népal et le Tibet, le parc présente une altitude allant de 1 829 à 8 586 mètres au-dessus du niveau de la mer, et comprend le mont Khangchendzonga, la troisième plus haute montagne du monde. Il s'agit d'un *hotspot* de biodiversité, qui abrite des espèces menacées, comme la panthère des neiges (*Uncia uncia*). C'est aussi un paysage sacré, les communautés locales le considérant comme une divinité protectrice. Tous les cours d'eau, les lacs, les collines et les grottes sont considérés comme sacrés, et selon la croyance, ils auraient été bénis par le guru bouddhiste Padma Sambhava. C'est pour cette raison que les communautés locales se sont constamment opposées aux propositions de construction de projets hydroélectriques dans la région.

Le parc a été ouvert aux touristes en 1982, afin de promouvoir le tourisme d'aventure et créer des emplois locaux. Au départ, seuls quelques groupes organisés visitaient le parc, car il était très difficile d'obtenir des permis. En 1992, le système de permis a été assoupli, entraînant une augmentation du nombre de visites. Au cours de cette période, cependant, certains touristes et exploitants se préoccupaient moins de la conservation. Cela a abouti à une série d'impacts, notamment l'accumulation de déchets, la déforestation pour le bois de cuisson, de chauffage et les feux de camp, le surpâturage par les animaux de bât, la bio-piraterie par les visiteurs collectant des plantes médicinales, des fleurs alpines, des graines et des insectes, le camping sauvage dans les prairies de haute altitude, le braconnage et la chasse d'animaux sauvages par le personnel de trekking, et la pollution des zones humides de haute altitude. La population locale s'est indignée de cette profanation du paysage sacré.

Pour s'attaquer à ces problèmes, une organisation non gouvernementale (ONG) communautaire, le Khangchendzonga Conservation Committee, a été créée en 1996, à Yuksam, la base de trekking du parc. Ce comité a mobilisé la communauté locale et les acteurs du tourisme pour entreprendre une série d'activités de conservation. Cela comprenait la promotion d'activités écotouristiques communautaires, telles que des campagnes de nettoyage des sentiers de trekking, l'éducation à la conservation, la formation des acteurs du tourisme, la gestion des déchets, le suivi de la bio-piraterie et l'interdiction de l'utilisation du bois de chauffage à l'intérieur du parc. Un code de conduite pour la conservation a été élaboré, des stratégies visant à minimiser les impacts du pâturage par les animaux de bât et des sites de camping appropriés ont été introduits. Des séjours chez l'habitant (parmi les premiers en Inde) ont également été développés comme un moyen pour les familles locales d'augmenter leurs revenus.

Pour résoudre le problème des déchets dans le parc, en 2007, une campagne de nettoyage a été organisée le long du populaire sentier de trekking et des campings. Le personnel touristique, y compris les porteurs, les opérateurs d'animaux de bât, les guides et les cuisiniers, ainsi que les membres de la communauté et les enseignants et étudiants, y ont participé. Par la suite, plusieurs campagnes de nettoyage des sentiers ont été organisées par le département du tourisme, les agents de voyages et certains particuliers.

Conscient, toutefois, que cette solution seule n'était pas une solution à long terme, le Comité a conceptualisé un nouveau système appelé « Zero Waste Trekking Trail » (Sentier de trekking zéro déchet). Dans le cadre de cette initiative, tous les visiteurs du parc doivent rapporter tous les déchets non biodégradables déclarés sur leur formulaire d'inscription. À Yuksam, où ils terminent le sentier de trekking, des fonctionnaires, après avoir vérifié que tous ces déchets ont effectivement été retirés du parc, les séparent en boîtes de conserve, batteries et déchets médicinaux, tissu, papier aluminium et paquets de nouilles, plastiques, papier et cartons.

Ces déchets sont ensuite transportés dans un « centre de récupération des ressources » voisin, où ils sont nettoyés et séparés. Tous les articles recyclables sont vendus, tandis que les articles tels que les paquets de biscuits et de chips, non recyclables, sont déchiquetés et utilisés pour fabriquer des coussins ou autres produits. Certains papiers recyclés sont fabriqués à partir de vieux papiers et cartons. Le centre est lui-même devenu une destination touristique populaire, fournissant un message fort que le trekking ne doit pas se faire au détriment de l'environnement et des communautés locales. Grâce à ces efforts, les sentiers du parc, utilisés par environ 6 500 visiteurs chaque année, sont pratiquement exempts de déchets.

Pema Gyaltshan Bhutia, Khangchendzonga Conservation Committee

Les infrastructures mises à la disposition des visiteurs ont également un large éventail d'impacts, y compris pendant la construction, l'entretien et l'utilisation. Ces impacts peuvent être à court terme et localisés, mais peuvent également être graves, à long terme et à grande échelle. Une sélection, une conception et une maintenance soigneuses des infrastructures peuvent réduire considérablement leur impact sur l'environnement. Une question clé pour les gestionnaires d'aires protégées est de savoir comment minimiser et améliorer ces impacts environnementaux des visiteurs (voir, par exemple, l'étude de cas 23.1).

Impacts sociaux et culturels des visiteurs

Les communautés locales sont souvent considérées comme les bénéficiaires du tourisme, en particulier en termes d'avantages économiques découlant d'emplois et de la fourniture de services et de produits aux visiteurs des aires protégées. Le tourisme dans les aires protégées, cependant, présente souvent des impacts sociaux négatifs, tels que des changements dans le statut économique et social, les routines quotidiennes, la qualité de vie, la circulation, le bruit, la sécurité et l'accès aux sites traditionnels. Travailler avec ou par l'intermédiaire des communautés locales pour identifier et gérer la nature des impacts du tourisme sur l'aire protégée peut être une entreprise complexe (voir l'étude de cas 23.2). Les évaluations d'impact social et environnemental sont des outils utiles pour aider à comprendre, prévoir et gérer les impacts potentiels du tourisme sur les aires protégées et les développements connexes. L'évaluation de l'impact social se concentre sur les impacts potentiels de différents scénarios sur les individus et les communautés (Brown et al., 2006). L'évaluation des impacts environnementaux est souvent effectuée dans un contexte plus général, afin d'inclure les effets négatifs et positifs potentiels des aménagements dans les aires protégées sur les composantes naturelles, culturelles, sociales et économiques (Parcs Ontario, 2005). Cette approche plus holistique reconnaît que toutes ces composantes sont interdépendantes, et doivent donc être considérées simultanément.

Les impacts sociaux ne se limitent pas aux communautés locales, mais se produisent également parmi les visiteurs. Les activités, le comportement et les infrastructures offerts à certains visiteurs peuvent avoir une incidence positive ou négative sur l'expérience d'autres visiteurs. Un défi majeur pour les gestionnaires est de gérer les conflits potentiels entre les différents types de visiteurs. Les conflits entre visiteurs portent souvent sur des questions telles que la pertinence d'une activité, ses impacts environnementaux, ses impacts sociaux et le danger qu'elle peut représenter pour les autres utilisateurs. Dans certains cas, le fait d'autoriser un type d'activité peut faire que certains visiteurs évitent l'aire protégée. L'observation des oiseaux et la chasse dans une aire protégée privée, par exemple, ne sont pas des activités hautement compatibles, et le fait de permettre la chasse peut entraîner le renoncement d'autres visiteurs.

Répondre à l'impact des visiteurs

L'éventail d'impacts environnementaux et sociaux potentiels découlant de l'utilisation faite par les visiteurs présente des défis nécessitant une attention de gestion. Ces impacts peuvent (Farrell et Marion, 2002) :

- compromettre la réalisation du mandat et des objectifs de l'aire protégée ;
- affecter négativement les valeurs naturelles et culturelles, plusieurs impacts pouvant combiner leurs effets ou être cumulatifs au fil du temps ;
- entraîner des conséquences inattendues, telles que la diminution des visites et des bénéfices économiques, cela pouvant, à son tour, affecter le bien-être des communautés locales.

Un certain nombre de mesures proactives peuvent être mises en place pour éviter les effets non intentionnels. Celles-ci s'articulent autour d'éléments de l'approche de gestion adaptative, c'est-à-dire : entreprendre une bonne planification, dès le départ, mettre en œuvre les mesures prescrites, réaliser un suivi des effets positifs et négatifs sur les valeurs, évaluer les résultats et en tirer des enseignements, et ajuster les mesures de gestion pour améliorer et affiner les interventions nécessaires (voir les chapitres 8 et 13).

La gestion active des impacts des visiteurs peut aider à minimiser leur effet (Farrell et Marion, 2002). Un certain nombre de cadres de gestion ont été mis en place pour aider les gestionnaires d'aires protégées à minimiser les impacts des visiteurs. Un cadre de gestion efficace est un processus par étapes permettant aux gestionnaires et aux planificateurs d'aires protégées d'interpréter et d'expliquer les enjeux (McCool et al., 2007). Un cadre aide les gestionnaires à :

- identifier les compromis entre l'offre d'options de loisirs et les impacts économiques locaux qui en résultent et la protection des valeurs de la biodiversité ;
- apprécier et prendre en compte la complexité ;
- accueillir l'éventail de parties prenantes possédant des intérêts dans le domaine ou la question.

Les décideurs doivent évaluer la pertinence des cadres pour chaque utilisation spécifique. Les chercheurs ont fourni cinq critères pour évaluer la pertinence d'un cadre pour résoudre les problèmes de gestion des visiteurs et décrire les conditions propices à la réussite de leur demande (McCool et al., 2007) :

1. *Spécifique :* tous les cadres n'ont pas été conçus pour aborder tous les problèmes. Ils devraient fournir un processus pour travailler sur les questions spécifiques à aborder.
2. *Conceptuellement solide :* basé sur la science et la théorie actuelles.
3. *Pratique :* dans le contexte de la capacité de l'organisation, le personnel a besoin d'un ensemble adéquat de compétences et de connaissances techniques pour utiliser et appliquer le cadre. Le personnel doit réfléchir à l'échelle des systèmes afin de tenir compte des conséquences ou des effets régionaux à différentes échelles de temps.
4. *Éthique :* les discussions devront permettre de comprendre qui bénéficie des décisions et qui peut en payer les coûts. Le processus doit être ouvert et délibératif pour permettre aux intervenants de participer aux discussions, dans un environnement sûr.
5. *Pragmatique :* permettre des résultats efficients et efficaces afin que des ressources humaines et financières puissent être allouées pour aborder les questions

Étude de cas 23.2 Principes de développement touristique d'un groupe autochtone : un exemple en Colombie-Britannique, Canada

La communauté des Premières Nations Gitga'at, de Hartley Bay, sur la côte nord de la Colombie-Britannique (Canada), et l'Institut des ressources naturelles de l'Université du Manitoba ont collaboré à des recherches portant sur les points de vue des communautés sur le développement touristique. Une proposition communautaire visant à aller de l'avant avec le développement du tourisme a fourni aux membres de la communauté une plateforme pour réfléchir à leurs expériences en relation avec les développements touristiques existants, et discuter et identifier un ensemble de principes visant à guider les développements futurs. Nous avons constaté que les membres de la communauté considèrent que les aménagements touristiques sont appropriés et souhaitables, mais seulement s'ils soutiennent et améliorent la santé de leurs terres, de leurs habitants et de leur mode de vie.

Les Gitga'at voient que leur bien-être dépend de la santé écologique de leurs terres et de leur eau, soutenue par leur gestion de la terre et de la mer. Pour que ces relations soient solides, des opportunités permettant aux travailleurs et à leurs familles de demeurer sur le territoire, plutôt que de déménager dans des centres urbains hors réserve, doivent être créées. Comme l'a exprimé un membre de la communauté, « un certain nombre de choses sont Gitga'at, précieuses pour les Gitga'at, et aucune d'entre elles ne peut être compromise ». Par conséquent, un juste équilibre doit être trouvé entre l'intégrité culturelle, communautaire et écologique au moment d'analyser les types d'activités de développement économique local souhaitables. Des principes de développement du tourisme ont été tirés de tout cela, tous gravitant autour d'un thème simple et puissant : « nous voulons vivre ici » :

- Intégrité culturelle : les chefs et clans traditionnels doivent participer à la prise de décisions, et l'utilisation commerciale des ressources est plus adaptée lorsqu'elle est liée aux pratiques et modes de vie traditionnels.
- Intégrité communautaire : les opportunités économiques à faible impact devraient être exploitées, mais la plupart des bénéfices du développement devraient revenir aux Gitga'at et devraient être répartis équitablement au sein de la communauté.
- Intégrité écologique : les autres espèces doivent être respectées et les impacts écologiques du développement doivent être minimisés.

Un certain nombre de mécanismes à l'appui de ces principes furent également identifiés :

- assurer le contrôle et la gestion locale de toute entreprise ;
- organiser le partage des avantages de manière équitable, raisonnable et transparente ;
- établir des protocoles et autres accords, en particulier avec des chercheurs invités, pour protéger les ressources et les connaissances Gitga'at ;
- entreprendre un suivi et une évaluation soigneux et réguliers des impacts sociaux et écologiques de toute activité touristique, parallèlement à un processus significatif et continu de consultation locale ;
- faciliter des relations interculturelles respectueuses entre les visiteurs et les membres de la communauté, grâce à l'interprétation et au soutien des visiteurs par les guides Gitga'at ;
- établir des zones « interdites » pour les visiteurs, afin de protéger la vie privée de la communauté et de mieux assurer la sécurité des ressources locales, y compris les connaissances (par exemple, les informations concernant les plantes médicinales) et les espaces physiques (par exemple, les lieux de récolte et les lieux spéciaux, tels que les sépultures).

Les chercheurs ont identifié ces mécanismes comme des moyens importants de protéger le bien-être des Gitga'at et de leur territoire, y compris le maintien du flux d'informations et du dialogue nécessaires pour adapter les services touristiques afin de mieux refléter les besoins et intérêts de la communauté. Lors de l'analyse de ces principes, de nombreuses personnes dans la communauté ont tiré parti de leur expérience avec les entreprises touristiques passées ou existantes dans la région, y compris l'observation de la faune, les visites culturelles du village de Hartley Bay, la pêche sportive et les éco-lodges. Un faible impact écologique, la participation et l'emploi des membres de la communauté, et des entreprises fonctionnant conformément aux protocoles culturels Gitga'at, y compris le respect de l'autorité décisionnelle des dirigeants traditionnels et locaux, ont été considérés comme des caractéristiques souhaitables de certains de ces exemples. La capacité de générer davantage de bénéfices culturels, économiques et écologiques pour les Gitga'at grâce à des contrôles locaux est toutefois apparue comme une priorité pour le tourisme futur.

Le projet a révélé que de nombreux Gitga'at considèrent ce tourisme fondé sur des principes comme un forum, associé à un nouveau type de motivation, dans lequel les jeunes et autres membres de la communauté apprennent à connaître la culture et les modes de vie Gitga'at, y compris la langue Sm'algyax, les compétences de récolte et de transformation des aliments, les connaissances écologiques traditionnelles, et autres compétences importantes sur le plan culturel. Comme un membre de la communauté l'a expliqué : « Nous avons besoin de quelqu'un pour pouvoir raconter l'histoire de notre peuple... et inversement, cette expertise qui pourrait être développée, pourrait être utilisée ici quand nous recevons des touristes ».

Katherine L. Turner

prioritaires, et surtout, pour que les impacts puissent effectivement être pris en compte.

Bien que l'accent soit mis sur ces cadres formels, il est reconnu que le personnel de terrain et les communautés locales appliquent souvent des cadres et des pratiques informels qui leur permettent de comprendre les relations dynamiques en jeu. Ceux-ci incluent notamment des observations quotidiennes, enregistrées ou rapportées de manière informelle, une rétroaction occasionnelle des/vers les communautés locales et le personnel, une réflexion et une discussion sur les approches alternatives à la réalisation de projets incluant l'analyse des avantages et des inconvénients, et autres pratiques. Dans ce chapitre, nous considérons sept cadres de gestion des visiteurs :

- la capacité de charge ;
- les limites de changement acceptable ;
- les processus de gestion des activités des visiteurs et d'évaluation des activités appropriées ;
- le modèle d'impact des visiteurs ;
- l'expérience des visiteurs et la protection des ressources ;
- le modèle de gestion de l'optimisation touristique ;
- le cadre valeurs-menaces.

Capacité de charge ;

Le concept de capacité de charge remonte aux années 1950 et 1960, lorsque les aires sauvages américaines ont connu une forte augmentation des loisirs de plein air, et qu'une inquiétude grandissait autour de la sur-fréquentation et de niveaux d'utilisation appropriés. La capacité de charge a été définie de différentes manières (tableau 23.8).

La capacité de charge est un concept central qui sous-tend de nombreux cadres d'impact des visiteurs. Il s'agit d'un concept facile à comprendre et qui peut s'avérer plus simple, moins coûteux et plus réalisable à mettre en œuvre que d'autres cadres (Farrell et Marion, 2002). Il continue aujourd'hui de recevoir une attention significative de la part des chercheurs universitaires et des organismes publics de gestion des terres. Cette approche présente toutefois de sérieuses limites. Il s'agit essentiellement d'un concept restrictif, fondé sur des limites et des contraintes. Bien que cela puisse convenir à des questions très spécifiques telles que la gestion des aires de reproduction de la faune, des grottes et autres sites sensibles, il peut également être considéré comme allant à l'encontre des objectifs des aires protégées, conçues pour encourager la jouissance et la valorisation appropriées des aires protégées par les visiteurs. Les chercheurs ont identifié des problèmes importants dans sa formulation, sa validité conceptuelle et son utilité pour la gestion :

- la capacité de charge exige des objectifs précis, mais les organismes sont souvent réticents à élaborer de tels objectifs ;
- parce que la capacité de charge est une fonction des objectifs, il existe beaucoup de capacités de charge pour un même site, et de ce fait, le concept perd de son utilité ;
- dans la plupart des situations de gestion des loisirs, les problèmes d'impact dépendent davantage du comportement des visiteurs ou de mesures de développement que de chiffres ;
- il existe souvent une confusion, dans la littérature, au sujet de la nomenclature : capacité de charge, politiques de limite d'utilisation et processus tels que les limites de changement acceptable ;
- les conditions nécessaires pour établir une capacité de charge ne sont souvent pas présentes sur un site de loisirs ;
- parce que la capacité de charge est une approche technique de problèmes fondamentalement chargés de valeur, elle ne laisse que peu de place à la participation du public (McCool et al., 2007:40-3).

De plus, une prémisse importante sous-jacente à la notion de capacité de charge est que le site naturel préoccupant est stable et immuable (McCool et al., 2007). Il est

Tableau 23.8 Définitions de la capacité de charge

Aspect	Définition
Loisirs	Le niveau d'utilisation au-delà duquel la ressource récréative ou l'expérience récréative se détériore.
Biophysique	Le nombre maximum de personnes pouvant utiliser un site donné pour une période spécifiée sans réduire la capacité de ce site à soutenir l'utilisation.
Social	Le nombre maximum de personnes pouvant utiliser un site donné pour une période spécifiée sans réduire le niveau de satisfaction reçu par chaque personnes sur le site.
Gestion	Le nombre maximal de personnes pouvant être hébergées sur un site donné pour une période déterminée : a) sans dégrader l'environnement au-delà d'un niveau d'acceptabilité donné, b) sans causer d'impacts socioculturels et économiques inacceptables sur la population locale, et c) en fournissant un niveau de satisfaction donné pour un pourcentage donné des utilisateurs, tels que définis par les objectifs de gestion des loisirs de ce site.

Source : British Columbia Ministry of Forests (1991)

toutefois reconnu que les systèmes biologiques et sociaux sont dynamiques, complexes et remplis d'incertitudes. Les changements induits par l'homme, raison d'être de la capacité de charge, peuvent être cachés par des variations naturelles telles que celles causées par le climat, les incendies et les inondations. Par conséquent, lorsque des capacités de charge fixes sont établies dans des conditions fluctuantes, leur validité est remise en question.

D'autres chercheurs concluent que la capacité de charge a été trop simplifiée dans la pratique, qu'elle met trop l'accent sur la limitation de l'utilisation par les visiteurs alors que d'autres paramètres pourraient être ajustés, qu'elle n'a pas réussi à minimiser les impacts des visiteurs dans certains cas, et qu'elle n'a pas intégré la participation du public ou les besoins locaux en ressources (Farrell et Marion, 2002).

Limites de changement acceptable

Le cadre des « limites de changement acceptable » (LCA) (Stankey et al., 1984) s'appuie sur le concept du SOL. Comme celui-ci, il identifie une variété d'expériences de loisirs dans différents contextes, mais contrairement au SOL, il est axé sur les problèmes (Haider et Payne, 2009). Il comprend la participation des parties prenantes à l'ensemble du processus, y compris l'établissement des normes relatives à la quantité et à l'étendue des changements induits par l'homme jugés acceptables pour un site. Le processus identifie également les remèdes que les gestionnaires devraient offrir. La sélection d'indicateurs et de normes mesurables, et leur suivi postérieur, est une étape clé, car elle fournit la base pour définir si une condition est acceptable ou non. Il s'agit toutefois de tâches difficiles, qui exigent des capacités techniques et du temps, et qui peuvent donc être coûteuses à mettre en œuvre (Brown et al., 2006 ; de Lacy et Whitmore, 2006). En fonction des objectifs de gestion, des indicateurs physiques, biologiques et sociaux peuvent être choisis.

Le cadre LCA a été appliqué partout dans le monde. Il est mieux adapté à l'échelle des paysages, et a été intégré au cadre « Expérience des visiteurs et protection des ressources » (EVPR) (Haider et Payne, 2009). Le cadre LCA comprend neuf étapes permettant de déterminer les ressources et conditions sociales les plus importantes et les plus acceptables :

1. Identifier les préoccupations et les enjeux du site.
2. Définir et décrire les classes d'opportunités (basées sur le concept du SOL).
3. Sélectionner des indicateurs de ressources et de conditions sociales.

Visiteurs contemplant la spectaculaire gorge de la rivière Liwu, parc national de Taroko, Taiwan. Ce site est également connu sous le nom de « Gorge de marbre » du fait de l'incision de la rivière dans la roche calcaire métamorphosée

Source : Graeme L. Worboys

4. Réaliser un inventaire des ressources et des conditions sociales existantes.
5. Préciser des normes pour les indicateurs sociaux et de ressources pour chaque classe d'opportunités.
6. Identifier les affectations de classes d'opportunités alternatives.
7. Identifier les mesures de gestion pour chaque solution alternative.
8. Évaluer et sélectionner les solutions alternatives les plus adaptées.
9. Mettre en œuvre les mesures et réaliser un suivi des conditions (Stankey et al., 1984).

Processus de gestion des activités des visiteurs et d'évaluation des activités appropriées

Le « processus de gestion des activités des visiteurs » (PGAV) a été élaboré par Parcs Canada à la fin des années 1980. Il combine les principes des sciences sociales à ceux du marketing pour se concentrer sur l'analyse des opportunités plutôt que sur l'impact des visiteurs. Il est particulièrement utile pour prendre des décisions stratégiques et opérationnelles au sujet des marchés cibles et de la position de marché, et pour déterminer les activités d'interprétation et de loisirs, ainsi que les installations de service appropriées (Brown et al., 2006). Les étapes du processus PGAV sont les suivantes :

1. Établir le mandat du projet.
2. Confirmer les énoncés actuels des buts et objectifs du parc.
3. Organiser une base de données décrivant les écosystèmes et les paramètres du parc, les options éducatives et récréatives potentielles pour les visiteurs, les activités et services existants pour les visiteurs et le contexte régional.
4. Analyser la situation actuelle afin de déterminer les thèmes patrimoniaux, la capacité et la pertinence des ressources, les activités appropriées pour les visiteurs, le rôle du parc dans la région et le rôle du secteur privé.
5. Produire des concepts d'activité des visiteurs alternatifs pour ces contextes, expériences à soutenir, segments de marché des visiteurs, niveaux de lignes directrices de service, et rôles de la région et du secteur privé.
6. Élaborer un plan de gestion du parc incluant le but et le rôle du parc, les objectifs et lignes directrices de gestion, les relations régionales et le rôle du secteur privé.
7. Établir des priorités pour la conservation du parc et la planification des services du parc, puis mettre en œuvre le plan (Brown et al., 2006).

Le PGAV a une capacité exceptionnelle, et a été utilisé pour comprendre et gérer l'utilisation par les humains, évaluer et gérer les risques et déterminer les activités appropriées dans les parcs nationaux du Canada (Haider et Payne, 2009). Le PGAV a évolué en une « Évaluation des activités appropriées » (EAA), qui reconnaît que tous les types d'activités ne sont pas appropriées dans les aires protégées. Selon les principes suivants de l'EAA, les activités récréatives dans les parcs nationaux, les lieux historiques nationaux et les aires marines nationales de conservation du Canada doivent :

- préserver ou améliorer le caractère du lieu ;
- respecter les ressources naturelles et culturelles ;
- faciliter les opportunités d'expériences exceptionnelles pour les visiteurs ;
- promouvoir la compréhension et l'appréciation du public ;
- valoriser et impliquer les communautés locales (Haider et Payne, 2009).

Le PGAV est basé sur le SOL et conçu pour la planification régionale. Il peut facilement intégrer les principes des cadres de LAC, GIV et EVPR.

Gestion de l'impact des visiteurs

Le cadre de « Gestion de l'impact des visiteurs » (GIV) a été développé par des chercheurs de la National Parks and Conservation Association, basée aux États-Unis. Il aborde trois questions liées à l'impact des visiteurs, à savoir : 1) conditions problématiques ; 2) facteurs de causalité potentiels ; 3) stratégies potentielles de gestion (Nilsen et Tayler, 1998). Le processus fait appel à la fois à la science et, surtout, au jugement professionnel, et met l'accent sur la nécessité de comprendre les facteurs de causalité lors de l'identification des stratégies de gestion. Pour aborder les impacts des visiteurs, le GIV est lié à la capacité de charge écologique et sociale. Comme le montrent les étapes ci-après, les gestionnaires doivent préciser les normes écologiques et de suivi des aires protégées (Haider et Payne, 2009). Le processus GIV comporte huit étapes clés :

1. Réaliser une analyse préalable des bases de données.
2. Évaluer les objectifs de gestion.
3. Sélectionner des indicateurs d'impact clés.
4. Sélectionner des normes pour les indicateurs d'impact clés.
5. Comparer les normes et les conditions existantes.
6. Identifier les causes probables des impacts.
7. Identifier les stratégies de gestion.
8. Mettre en œuvre la stratégie (Nilsen et Tayler, 1998).

Le GIV est une variante du LCA et a été incorporé dans le processus EVPR (Brown et al., 2006). Il est plus approprié dans les situations où moins de ressources sont disponibles pour le suivi.

Expérience des visiteurs et protection des ressources

Développée par le Service des parcs nationaux des États-Unis, la méthode « Expérience des visiteurs et protection des ressources » (EVPR) intègre les problèmes de capacité de charge sociale et écologique à des indicateurs et normes de qualité (Haider et Payne, 2009). Le processus met l'accent sur un zonage spatial visant à intégrer les ressources et les conditions sociales, ce qui peut constituer une entreprise difficile. L'EVRP s'appuie sur les cadres de LCA et de PGAV et comprend neuf étapes :

1. Constituer une équipe de projet interdisciplinaire.
2. Élaborer une stratégie de participation du public.
3. Élaborer des énoncés de l'objet, l'importance et les principaux thèmes d'interprétation du parc, et déterminer les mandats et contraintes en matière de planification.
4. Analyser les ressources du parc et l'utilisation actuelle des visiteurs.
5. Décrire une gamme potentielle d'expériences pour les visiteurs et de conditions de ressources (zones potentielles de prescription).
6. Attribuer les zones potentielles à des endroits précis dans le parc (zonage de gestion prescriptif).
7. Choisir des indicateurs et préciser des normes pour chaque zone, et élaborer un plan de suivi.
8. Réaliser un suivi des ressources et des indicateurs sociaux.
9. Prendre des mesures de gestion (Haider et Payne, 2009).

Modèle de gestion de l'optimisation touristique

Le « Modèle de gestion de l'optimisation touristique » (MGOT) a été développé en Australie dans les années 1990 pour la planification du tourisme régional, qui incluait les aires protégées (McArthur, 1999). Il vise à suivre et à quantifier les avantages et impacts des activités touristiques, et à évaluer les problèmes émergents et les solutions alternatives pour un tourisme futur durable (Brown et al., 2006). Bien que le modèle soit basé sur le processus de LCA, son nom prétend éviter la connotation négative des « limites ». Le MGOT étend le concept de LCA aux parcs et communautés riveraines en tenant compte des intérêts commerciaux et communautaires à toutes les étapes de la mise en œuvre et du suivi (Haider et Payne, 2009). Les points forts de ce modèle incluent son application au contexte des environnements économiques, politiques et sociaux dans lesquels le tourisme opère, ainsi que la participation des parties prenantes tout au long du processus. Compte tenu de sa couverture plus vaste, il nécessite beaucoup d'informations et donc, des ressources importantes pour la gestion des données et un engagement à long terme de la part d'un large éventail de parties prenantes. Le cadre MGOT comprend cinq dimensions :

- économique (contribution financière de l'activité touristique) ;
- opportunités de marché (caractéristiques clés du profil de marché et activité de marketing) ;
- expérientielle (la nature de l'expérience principale offerte aux visiteurs) ;
- communautaire (la qualité de vie des résidents locaux et des autochtones ayant un lien avec la région) ;
- environnementale (l'environnement biophysique, allant de la biodiversité et des conditions de la faune aux modes de consommation d'énergie) (McArthur, 1999).

Le MGOT comprend six étapes :

1. Planifier le processus et commencer la participation des parties prenantes en identifiant ces parties prenantes et en générant des scénarios touristiques.
2. Compiler et écrire une description de contexte décrivant la situation actuelle. Évaluer les documents de planification et de politique pour la région. Poursuivre la participation des parties prenantes et commencer l'engagement en organisant une séance d'information avec les parties prenantes.
3. Élaborer un programme de suivi qui identifie ce qu'il faut mesurer et comment le faire, et qui définisse les normes de déclaration. Rédiger un ensemble de conditions optimales et étudier les indicateurs associés.
4. Peaufiner la description du contexte et le programme de suivi à partir d'un atelier avec les parties prenantes. Réduire le nombre d'indicateurs, en déterminant la fourchette acceptable et le point de référence pour chacun.
5. Préparer l'ébauche et la version finale d'un plan de MGOT, et informer les parties prenantes.
6. Mettre en œuvre et affiner le modèle. Commencer le suivi. Après le premier cycle, identifier les indicateurs en dehors de la fourchette acceptable, et identifier les possibles relations de cause à effet pour élaborer des réponses de gestion. Le processus itératif se poursuit avec le perfectionnement continu des indicateurs, des conditions optimales et des fourchettes (McArthur, 1999).

Cadre valeurs-menaces

Une autre approche pour aborder les impacts des visiteurs est l'application d'approches valeurs-menaces, dans lesquelles les valeurs naturelles de l'aire protégée servent de base pour analyser les menaces à leur viabilité. Les Normes ouvertes pour la pratique de la conservation (CMP, 2013) fournissent un cadre robuste et général pour la planification, la gestion et le suivi axés sur les résultats, ancré dans les concepts de planification et de gestion adaptatives (voir le chapitre 13). Paleczny (2010) a adapté et appliqué ce cadre à un contexte plus général, en Égypte, pour aborder explicitement les valeurs non liées à la biodiversité, c'est à dire les valeurs culturelles, récréatives, touristiques et de bien-être des communautés locales. Le « Cadre de gestion des impacts des visiteurs des aires protégées » (Farrell et Marion, 2002) a utilisé des éléments du cadre des normes ouvertes en Amérique centrale et en Amérique du Sud.

Conclusion

L'utilisation par les visiteurs et l'utilisation officielle des aires protégées font partie intégrante de leur gestion. Les types communs d'utilisation par les visiteurs des six catégories différentes d'aires protégées de l'UICN ont été identifiés, ainsi que leurs implications pour la gestion de cette utilisation. Le tourisme est peut-être l'utilisation la plus importante des aires protégées, et les nombreux aspects de la gestion du tourisme dans ces sites spéciaux ont été décrits. Il est très important de travailler en partenariat avec l'industrie du tourisme. Une base de travail entre les gestionnaires d'aires protégées et l'industrie du tourisme, et les avantages potentiels qu'une telle collaboration représente ont été décrits. L'objectif principal de ce chapitre était de fournir une gamme d'outils et de conseils aux gestionnaires d'aires protégées pour les aider à préserver les conditions naturelles à long terme des destinations des visiteurs des aires protégées, comme base pour la conservation de la biodiversité et du patrimoine, et par conséquent, pour une utilisation véritablement durable par les visiteurs.

Références

Lectures recommandées

Aaker, D. A. (1995) *Strategic Market Management*, Wiley, New York.

Aaker, J. L. (1997) 'Dimension of brand personality', *Journal of Marketing Research* 34(1): 347–56.

Baker, B. (2012) *Destination Branding for Small Cities: The essentials for successful place branding*, 2nd edn, Creative Leap Books, Portland, OR.

British Columbia Ministry of Forests (1991) *Recreation Manual*, Ministry of Forests, British Columbia, Canada. <www.for.gov.bc.ca/hfp/ publications/00201/>

Brown, G., Koth, B., Kreag, G. et Weber, D. (2006) *Managing Australia's Protected Areas: A review of visitor management models, frameworks and processes*, Sustainable Tourism Cooperative Research Centre, Griffith University, Gold Coast, Queensland.

Buckley, R. (2006) *Adventure Tourism*, CAB International, Wallingford, Royaume-Uni.

Buckley, R. (2010) *Conservation Tourism*, CAB International, Wallingford, Royaume-Uni.

Buckley, R., Pickering, C. M. et Weaver, D. (eds) (2003) *Nature-Based Tourism, Environment and Land Management*, CAB International, Cambridge.

Butler, R. W. (1980) 'The concept of a tourism area life cycle of evolution: implications for management of resources', *The Canadian Geographer* 24(1): 5–12.

Chee, C. G., Makens, J. C. et Choy, D. J. L. (1997) *The Travel Industry*, 3rd edn, van Nostrand Reinhold, New York.

Clark, R. N. et Stankey, G. H. (1979) *The Recreation Opportunity Spectrum: A framework for planning, management, and research*, General Technical Report PNW-98, US Department of Agriculture Forest Service, Washington, DC.

Cole, D. N. et Williams, D. R. (2012) 'Wilderness visitor experiences: a review of 50 years of research', in D. N. Cole (ed.) *Wilderness Visitor Experiences: Progress in research and management, 2011 April 4–7; Missoula, Montana, Proceedings*, RMRS-P-66, pp. 3–20, US Department of Agriculture Forest Service, Rocky Mountain Research Station, Fort Collins, CO.

Commonwealth of Australia (CoA) (1991) *Ecologically Sustainable Working Groups: Final report*, Commonwealth of Australia, Canberra.

Conservation Measures Partnership (CMP) (2013) *The Open Standards for the Practice of Conservation*. <www.conservationmeasures.org/>

de Lacy, T. et Whitmore, M. (2006) 'Tourism and recreation', in M. Lockwood, G. L. Worboys et Kothari (eds) *Managing Protected Areas: A global guide*, pp. 497–527, Earthscan, Londres.

Dibb, S. et Simkin, L. (2009) 'Implementation rules to bridge the theory/practice divide in market segmentation', *Journal of Marketing Management* 25(3–4): 375–96.

Driver, B. L. et Brown, P. J. (1978) 'The opportunity spectrum concept and behaviour information in outdoor recreation resource supply inventories: a rationale', in H. G. Lund, V. J. LaBau, P. F. Folliott et D. W. Robinson (eds) *Integrated Inventories of Renewable Natural Resources: Proceedings of the workshop*, General Technical Report RM- 55, pp. 24–31, US Department of Agriculture.

Forest Service, Rocky Mountain Forest and Range Experimental Station, Fort Collins, CO.

Driver, B., Nash, R. et Haas, G. (1987) 'Wilderness benefits: a state-of-knowledge review', in R. C. Lucas (ed.) *Proceedings: National Wilderness Research Conference issues, state-of-knowledge, future directions*, General Technical Report INT-220, pp. 294–319, US Department of Agriculture Forest Service Intermountain Research Station, Ogden, UT.

Dudley, N. (2008) *Guidelines for Applying Protected Area Categories*, IUCN, Gland. <www.iucn.org/ pa_categories>

Eagles, P. F. J., McCool, S. F. et Haynes, C. D. A. (2002) *Sustainable Tourism in Protected Areas: Guidelines for planning and management*, UICN, Gland.

Eagles, P. et Legault, K. M. (2013) *Guidelines for the Planning and Management of Concessions, Leases, Licenses, and Permits in Parks and Protected Areas*, University of Waterloo, Ontario.

Elkington, J. (1997) *Cannibals with Forks: The triple bottom line of 21st century business*, Capstone, Oxford.

Emerton, L., Bishop, J. et Thomas, L. (2006a) *Best Practice Protected Area Guidelines Series*, No. 013, IUCN World Commission on Protected Areas, James Cook University, Queensland.

Emerton, L., Bishop, J. et Thomas, L. (2006b) *Sustainable Financing of Protected Areas: A global review of challenges and options*, UICN, Cambridge.

Farrell, M. et Marion, J. L. (2002) 'The protected area visitor impact management (PAVIM) framework: a simplified process for making management decisions', *Journal of Sustainable Tourism* 10: 31–51.

Font, X., Cochrane, J. et Tapper, R. (2004) *Tourism for Protected Area Financing: Understanding tourism revenues for effective management plans*, Leeds Metropolitan University, Leeds.

Frangialli, F. (2001) 'World Tourism organization perspectives on the International Year of Ecotourism', *Industry and Environment* 24(3–4) (July–December): 4. <www.uneptie.org/media/ review/vol24no3-4/ UNEP_p1_49.pdf>

Goodwin, H. (1996) 'In pursuit of ecotourism', *Biodiversity and Conservation* 5: 277–92.

Haider, W. et Payne, R. J. (2009) 'Visitor planning and management', in P. Dearden and R. Rollins (eds) *Parks and Protected Areas in Canada*, 3rd edn, Oxford University Press Canada, Don Mills, Ontario.

Hall, C. M. et McArthur, S. (1998) *Integrated Heritage Management: Principles and practice*, The Stationery Office, Londres.

Ham, S. (2013) *Interpretation: Making a difference on purpose*, Fulcrum Publishing, Golden, CO.

Higginbottom, K., Carter, R. W., Moore, S., Rodger, K. et Narayanan, Y. (2010) *Current Practices in Monitoring and Reporting on Sustainability of Visitor Use of Protected Areas*, Sustainable Tourism Cooperative Research Centre, Griffith University, Gold Coast, Queensland.

Hunt, S. D. et Arnett, D. B. (2004) 'Market segmentation strategy, competitive advantage, and public policy: grounding segmentation strategy in resource-advantage theory', *Australian Marketing Journal* 12(1): 7–25.

Kohl, J. (2007) 'Dodging cuts: surviving budget cuts for heritage interpretation means becoming relevant', *Parks and Recreation Magazine*, March. <www.jonkohl.com/ publications/a-m/avoid-cuts. htm>

Kotler, P. (2003) *Marketing Management*, 11th edn, Prentice Hall, Upper Saddle River, NJ.

Liddle, M. (1997) *Recreation Ecology*, Chapman & Hall, Londres.

Lockwood, M., Worboys, G. L. et Kothari, A. (2006) *Managing Protected Areas: A global guide*, 2nd edn, Earthscan, Londres.

McArthur, S. (1999) Visitor management in action: an analysis of the development and implementation of visitor management models at Jenolan Caves and Kangaroo Island, PhD thesis, University of Canberra, Canberra.

McCool, S. F., Clark, R. N. et Stankey, G. H. (2007) *An assessment of frameworks useful for public land recreation planning*, General Technical Report PNW-GTR-705, US Department of Agriculture Forest Service, Pacific Northwest Research Station, Portland, OR.

Manning, R. E. (1985) 'Diversity in a democracy: expanding the recreation opportunity spectrum', *Leisure Sciences* 7(4): 377–99.

Melbourne Business Community (2013) *News: Business events in Northern Territory*. <www. melbournebusinesscommunity.com.au/2013/07/ business-events-in-the-northern-territory>

Monz, C. A., Pickering, C. M. et Hadwen, W. L. (2013) 'Recent advances in recreation ecology and implications of different relationships between recreation use and ecological impacts', *Frontiers in Ecology and Environment* 11(8): 441–6.

Newsome, D., Moore, S. A. and Dowling, R. K. (2002) *Natural Area Tourism: Ecology, impacts and management*, Channel View, Clevedon, Royaume-Uni.

Nilsen, P. et Taylor, G. (1997) 'A comparative analysis of protected area planning and management frameworks', *Proceedings—Limits of Acceptable Change and Related Planning Processes: Progress and Future Directions*, pp. 49–57, General Technical Report INT-GTR-371, United States Department of Agriculture, Forest Service, Intermountain Research Station, Ogden, UT.

Ontario Parks (2005) *A Class Environmental Assessment for Provincial Parks and Conservation Reserves*, Ontario Ministry of Natural Resources, Peterborough.

Pacey, L. (2013) *The Lure of Montague*, 3rd edn, Laurelle Pacey, Narooma, NSW.

Paleczny, D. R. (2010) Protected area assessment and reporting: an examination of current approaches and evolving needs with application of an integrated model in Egypt, PhD dissertation, University of Greenwich and International Centre for Protected Landscapes, Royaume-Uni.

Phillips, A. (2000) *Financing Protected Areas: Guidelines for protected area managers*, UICN, Cambridge.

Pine, B. J. II et Gilmore, J. H. (1999) *The Experience Economy: Goods and services are no longer enough: Work is theatre and every business is a stage*, Harvard Business School Press, Cambridge, MA.

Priskin, J. et McCool, S. F. (2006) 'The visitor experience challenge', [Editorial], *Parks: The International Journal for Protected Areas Managers* 16(2): 65.

Reid, M., Wearing, S. et Croy, G. (2008) *Marketing of Protected Areas as a Tool to Influence Visitors' Pre- Visit Decisions*, Sustainable Tourism Cooperative Research Centre, Griffith University, Gold Coast, Queensland.

Shafer, E. L. (1969) *The average camper who doesn't exist*, US Department of Agriculture Forest Service Research Paper NE-142, Northeastern Forest Experiment Station, Upper Darby, PA.

South African National Parks (SANParks) (2011) 'Tourism sales and marketing report', in *2010–2011 Annual Report*, pp. 18–27, SANParks, Pretoria.

Stankey, G. H., McCool, S. F. et Stokes, G. L. (1984) 'Limits of acceptable change: a new framework for managing the Bob Marshall Wilderness complex', *Western Wildlands* 103(3): 33–7.

Swarbroke, J. (1988) *Sustainable Tourism Management*, CAB International, New York.

The International Ecotourism Society (TIES) (2014) *What is Ecotourism?* The International Ecotourism Website. <www.ecotourism.org/what-is-ecotourism>

Tourism Australia (2010) *Ningaloo–Shark Bay: A guide to making the most of your landscape positioning*, Australia's National Landscapes Program, Canberra.

Tourism Australia (2012) *Experience Development Strategies: Guidelines for Australia's National Landscape Steering Committee*, 2nd edn, Australian Government Director of National Parks, Canberra.

Tropical Science Centre (TSC) (2014) *Monteverde Cloud Forest Reserve Educational Programmes*, Tropical Science Centre, San José, Costa Rica. <www. reservamonteverde.com/programs.html#2>

Turner, K. L., Berkes, F. et Turner, N. J. (2012) 'Indigenous perspectives on ecotourism development: a British Columbia case study', *Journal of Enterprising Communities, Special Issue: Indigenous communities, the bioeconomy and natural resource development* 6(3): 213–29.

Tynan, C. et Drayton, J. (1987) 'Market segmentation', *Journal of Marketing Management* 2(3): 301–35.

United Nations (UN) (1992) Agenda 21, *Earth Summit*, United Nations, New York. <www. un.org/esa/sustdev/ documents/agenda21/english/ agenda21chapter1. htm12>

United Nations (UN) (1997) *Agenda for Development*, United Nations, New York.

United Nations Educational, Scientific and Cultural Organisation (UNESCO) (2011) *Operational Guidelines for the Implementation of the World Heritage Convention*, UNESCO, Paris.

United Nations Environment Programme (UNEP) (2005) *Forging Links between Protected Areas and Tourism Sector: How tourism can benefit conservation*, UNEP, Paris.

United Nations Environment Programme (UNEP) and United Nations World Tourism Organisation (UNWTO) (2005) *Making Tourism More Sustainable: A guide for policy makers*, UNWTO, Madrid.

United Nations World Tourism Organisation (UNWTO) (1995) *Technical Manual. Number 2: Collection of tourism expenditure statistics*, UNWTO, Madrid.

United Nations World Tourism Organisation (UNWTO) (2012) *Summary: Study on tourism and intangible cultural heritage*, UNWTO, Madrid. <dtxtq4w60xqpw. cloudfront.net/sites/all/files/ docpdf/summaryview.pdf>

United Nations World Tourism Organisation (UNWTO) (2014a) *Understanding Tourism: Basic glossary*, UNWTO, Madrid. <media.unwto.org/en/ content/ understanding-tourism-basic-glossary>

United Nations World Tourism Organisation (UNWTO) (2014b) *World Tourism Barometer*, UNWTO, Madrid. < dtxtq4w60xqpw.cloudfront. net/sites/all/files/pdf/ unwto_barom14_02_apr_ excerpt.pdf>

Wearing, S., Archer, D. et Beeton, S. (2007) *The Sustainable Marketing of Tourism in Protected Areas: Moving forward*, Sustainable Tourism Cooperative Research Centre, Griffith University, Gold Coast, Queensland.

Weaver, D. et Lawton, L. (2002) *Tourism Management*, 2nd edn, John Wiley & Sons, Brisbane.

Worboys, G. L. (2007) *Evaluation subjects and methods required for managing protected areas*, PhD thesis, Griffith University, Gold Coast Campus, Queensland.

Worboys, G. L., Lockwood, M. et de Lacy, T. (2005) *Protected Area Management: Principles and practice*, Oxford University Press, Melbourne.

Yankelovich, D. et Meer, D. (2006) 'Rediscovering market segmentation', *Harvard Business Review* 84(2): 112–31.

Yeo, G. (2005) 'Understanding users and use: a market segmentation approach', *Journal of the Society of Archivists* 26(1): 25–53.

CHAPITRE 24
GESTION DES OPÉRATIONS ET DES ACTIFS

Auteur principal :
Peter Jacobs

Collaborateurs :
Graeme L. Worboys, Steve Mossfield et Tony Varcoe

TABLE DES MATIÈRES

UICN CMAP COMMISSION MONDIALE DES AIRES PROTÉGÉES Convention sur la diversité biologique

AUTEUR PRINCIPAL

PETER JACOBS est garde forestier en chef retraité du parc national alpin de Parks Victoria, Australie, et aujourd'hui consultant pour « People in Nature ».

COLLABORATEURS

GRAEME L. WORBOYS est co-vice-président pour la conservation de connectivité et les montagnes de la Commission mondiale des aires protégées de l'Union internationale pour la conservation de la nature, et chercheur associé de l'École Fenner de l'Université nationale australienne.

STEVE MOSSFIELD travaille pour le Service des parcs nationaux et de la faune sauvage de Nouvelle-Galles du Sud, Australie, et a contribué de manière significative à la gestion des actifs et des opérations.

TONY VARCOE est responsable scientifique et de l'efficacité de la gestion à Parcs Victoria, Australie, et a grandement contribué aux outils d'aide à la décision.

REMERCIEMENTS

Nous exprimons notre reconnaissance à Patrizia Rossi, ancienne directrice du parc naturel Alpi Marittime, Italie, et à Peter Jenkins, coordonnateur des pratiques durables de Parks Victoria, Australie, qui ont tous deux contribué à ce chapitre.

CITATION

Jacobs, P. J., Worboys, G. L., Mossfield, S. et Varcoe, T. Managing operations and assets. In Worboys, G. L., Lockwood, M., Kothari, A., Feary, S. et Pulsford, I. (éd.) *Gouvernance et gestion des aires protégées*. Canberra : ANU Press, 2020. doi.org/10.22459/GGAP.24

PHOTO DE LA PAGE DE TITRE

Point de départ du sentier du patrimoine de la cabane Wallace, parc national alpin, Victoria, Australie
Source : Anthony Thomas

Introduction

Mettre des aires de conservation en réserve est un bon début pour la protection de la nature et de la culture et pour le plaisir des visiteurs, mais les terres ne se gèrent pas toutes seules. La plupart des aires protégées nécessitent une gestion active, car elles auront probablement subi une activité humaine ayant eu un impact sur les processus naturels. Elles auront pour but de permettre aux visiteurs de découvrir et d'apprendre l'environnement et impliqueront les communautés vivant dans ou autour de celles-ci. La gestion proactive et efficace des aires protégées implique d'être réceptif lors d'une gamme d'activités opérationnelles nécessaires pour atteindre les objectifs définis pour le site. La bonne intendance des aires protégées passe par l'identification, la planification et l'exécution de programmes et de projets définis. La mise en œuvre efficace d'un projet opérationnel implique la conversion des apports et des ressources de gestion en produits et résultats positifs pour les aires protégées sur le terrain. Il s'agit de la fonction opérationnelle de la gestion des aires protégées.

Il est important de noter que les opérations de terrain dans les aires protégées ne devraient être effectuées qu'après un processus de planification approfondi et logique, afin de s'assurer que les mesures proposées soient la bonne réponse à un problème, que les impacts soient dûment pris en compte et que les ressources soient utilisées judicieusement.

Ce chapitre présente l'éventail des opérations probables dans les aires protégées, ainsi que les quatre étapes clés du cheminement des opérations dans les aires protégées : programmation des opérations, et planification, exécution et évaluation de l'efficacité des projets (figure 24.1). Il décrit le processus d'établissement de priorités, les étapes détaillées de planification de projet permettant de se préparer à l'exécution, et les considérations relatives à la mise en œuvre opérationnelle et à l'évaluation. Le chapitre examine également l'importance des systèmes de gestion des actifs dans les aires protégées. Les stratégies de gestion décrites dans le présent chapitre ont été élaborées pendant de nombreuses années dans des économies et des cultures occidentales telles que l'Australie, la Nouvelle-Zélande, l'Amérique du Nord et l'Europe. Toutefois, ces approches sont susceptibles de fournir des conseils précieux aux gestionnaires partout dans le monde.

Opérations dans les aires protégées

Les opérations dans les aires protégées sont la mise en œuvre tactique de projets associés à des programmes stratégiques (voir le chapitre 8). On peut s'attendre à ce que ces projets soient principalement associés à des programmes conçus pour répondre aux exigences de la législation nationale et des États, ou aux exigences des plans de gestion des aires protégées (voir le chapitre 13). Globalement, les programmes peuvent inclure :

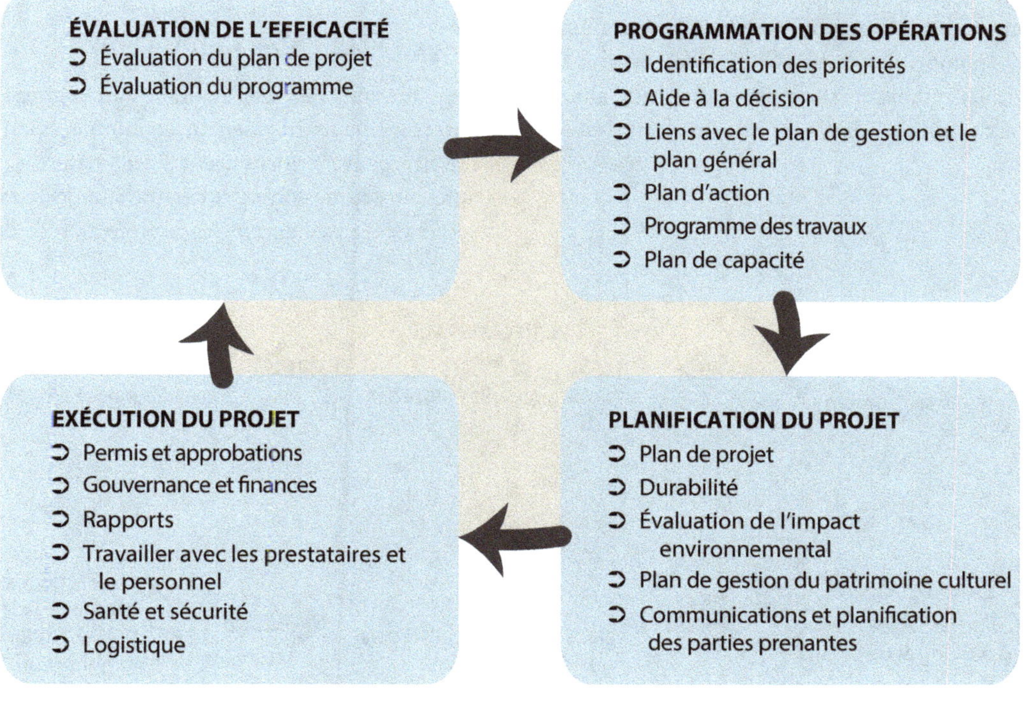

Figure 24.1 Le cycle des opérations

- la gestion des menaces pour les espèces, les habitats et autres valeurs environnementales et culturelles ;
- présenter aux visiteurs les valeurs et les attributs de l'aire protégée ;
- offrir aux visiteurs des expériences récréatives et touristiques ;
- collaborer avec la communauté, y compris les propriétaires traditionnels ;
- soutenir les moyens de subsistance durables qui dépendent légalement des aires protégées ;
- mettre en œuvre des partenariats économiques ;
- travailler avec les voisins.

Idéalement, les projets seront identifiés par un processus logique de réflexion et de planification réfléchie, et prendront clairement en compte les priorités stratégiques organisationnelles et de l'aire protégée (figure 24.2). Ils devront être bien planifiés sur le plan opérationnel pour une exécution efficace, et inclure une évaluation de l'efficacité. Des influences extérieures pourront cependant parfois modifier les priorités.

Typologie des opérations

Les opérations dans les aires protégées sont nombreuses et variées, et le personnel opérationnel de terrain sera confronté à une vaste gamme de projets à mettre en œuvre. Ceux-ci pourront être entrepris dans les zones terrestres, les milieux marins, au sommet des montagnes, dans les déserts ou en milieu urbain. Fondamentalement, lorsqu'ils sont bien planifiés et exécutés, les projets contribueront à la santé environnementale de l'aire protégée et de la communauté. Il existe de nombreux exemples d'activités et de projets opérationnels s'inscrivant dans les vastes domaines de programme des aires protégées, et certains d'entre eux sont présentés ici.

Programmes relatifs à l'environnement, aux terres et à l'eau

Menaces de plantes introduites

Des projets sont entrepris pour contenir ou réduire l'impact de plantes introduites sur les valeurs de la biodiversité, prévenir l'introduction de nouvelles plantes et, si possible, éradiquer les plantes introduites nouvelles et émergentes, là où elles menacent les résultats de conservation. Les plantes introduites sont souvent très communes et répandues, et le contrôle ou l'éradication ne sont pas toujours réalisables. Les ressources sont donc ciblées sur celles qui présentent le risque le plus élevé pour les valeurs les plus élevées (voir chapitre 16).

Menaces animales introduites

Des projets sont entrepris pour contrôler l'impact d'animaux introduits là où ils menacent les résultats de conservation. Cela inclut les prédateurs introduits menaçant la faune autochtone, ainsi que les grands animaux non autochtones à sabots durs ayant un impact sur les environnements sensibles.

Espèces et communautés menacées

Des projets de protection de la faune et de la flore rares et/ou menacées sont mis en œuvre. Ils visent souvent l'élimination de menaces telles que les impacts des visiteurs, le pâturage, les prédateurs ou les plantes introduites, et peuvent également inclure la réintroduction d'espèces autrefois présentes sur le site, ou des travaux facilitant les programmes de reproduction.

Restauration des habitats

Des travaux de restauration sont entrepris pour les environnements fragmentés, endommagés ou altérés. Ces travaux peuvent inclure d'aider la nature à se régénérer après un feu de forêt par des travaux de conservation des sols et de réensemencement, la protection de dunes côtières

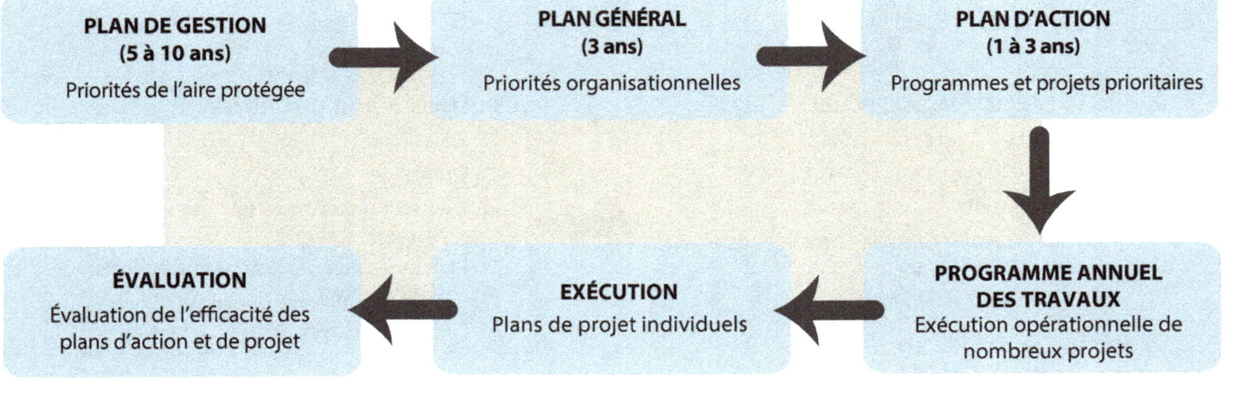

Figure 24.2 « Vision » corporative des opérations

Cette enceinte clôturée à l'épreuve des prédateurs, dans le sanctuaire forestier de Mulligans Flat, dans le territoire de la capitale australienne, Australie, permet aux gestionnaires de réintroduire des espèces menacées et disparues, telles que le kangourou-rat de Gaimard ou bettong (*Bettongia gaimardi*)

Source : Ian Pulsford

endommagées par les visiteurs, la réhabilitation de zones humides endommagées par le pâturage du bétail, ou la restauration de zones résiduelles de biodiversité (voir le chapitre 21).

Gestion des animaux autochtones

Les espèces animales autochtones surabondantes peuvent devoir être contrôlées par des actions telles que la translocation, le contrôle de la fertilité ou l'abattage. La surpopulation d'espèces autochtones peut se produire en raison de l'isolement d'une aire protégée clôturée, de la fragmentation et de la réduction des habitats et/ou de la perte de prédateurs naturels, pouvant entraîner des impacts élevés sur les plantes et les sols, et des effondrements de population.

Bassin versant et eau

Des travaux sont entrepris pour restaurer l'hydrologie altérée et gérer les conditions des sols et de la biodiversité dans un bassin versant, afin de contribuer à assurer sa santé et l'approvisionnement en eau au sein de celui-ci. Cela peut inclure la restauration des tourbières et des zones humides, et la restauration des perturbations mécaniques de suppression après un incendie. Des bassins versants d'aires protégées sains soutiennent de nombreux réservoirs d'hydroélectricité, d'approvisionnement en eau et d'irrigation dans le monde entier.

Feu écologique

Le brûlage dirigé est entrepris dans les zones nécessitant le feu pour soutenir les processus écologiques naturels, la régénération et la santé, et présentant une fréquence d'incendie artificiellement faible, en raison de la suppression du feu naturel par les autorités de lutte contre les incendies. Cela comprend le suivi post-incendie des conditions de la flore et de la faune. La réintroduction scientifique du feu maîtrisé devient de plus en plus courante dans les aires protégées ayant traditionnellement supprimé tous les incendies, comme en Australie et en Amérique du Nord.

Programmes d'expérience des visiteurs

Création, renouvellement et remplacement d'actifs

Projets d'amélioration des immobilisations et de renouvellement d'actifs importants associés aux structures des installations destinées aux visiteurs, aux nouvelles routes et aux sentiers pédestres, ainsi qu'aux logements, bureaux et dépôts du personnel. Ils peuvent inclure la préservation ou la réutilisation adaptative de bâtiments historiques. Ces projets exigent souvent des compétences spécialisées en bâtiment et en construction, et sont exécutés dans le cadre de grands programmes de travaux.

Entretien des actifs

Ces projets comprennent l'entretien et la réparation d'actifs existants, afin de répondre aux normes de conception et

La maintenance de sites historiques tels que Cascades Hut, dans le parc national de Kosciuszko, Nouvelle-Galles du Sud, Australie, nécessite un investissement continu et la participation de la communauté

Source : Ian Pulsford

aux exigences en matière de conditions de fonctionnement. Ils peuvent comprendre l'entretien des routes, des sentiers pédestres, des pistes cyclables, des aires de pique-nique, des campings, des panneaux d'information, des jetées, des bureaux et des dépôts du personnel.

Gestion des actifs

Les tâches régulières de nettoyage et d'entretien des parcs, la gestion de l'hygiène et l'entretien des équipements sont des tâches clés. Cela est souvent effectué par des prestataires, et peut inclure le nettoyage des installations, le fauchage d'herbe, le jardinage, la présentation générale du parc et de l'équipement, et l'enlèvement des déchets. Pour l'administration des aires protégées, cela comprend le nettoyage des bureaux et des dépôts, la sécurité et l'entretien des équipements opérationnels tels que les véhicules, les bateaux, les tronçonneuses et les outils de commerce.

Évaluation de l'état des actifs

L'administration d'un système de gestion des actifs visant à surveiller les risques et la conformité aux normes réglementaires et aux inspections régulières des biens constitue un projet de terrain et de routine majeur.

Sécurité des visiteurs

Des projets sont entrepris dans une aire protégée pour assurer, autant que possible, un environnement à faible risque pour les visiteurs. Ces activités incluent la gestion des risques de chute d'arbres autour des sites touristiques, la sécurité de l'eau et les risques liés aux falaises et aux avalanches, afin de s'assurer que les installations sont en bon état (par rapport aux normes de conception).

Opérations commerciales

Il existe plusieurs projets fournissant des services commerciaux dans les aires protégées, afin d'aider à atteindre les objectifs de revenus de l'organisation chargée de l'aire protégée, conformément aux plans d'affaires des sites commerciaux (voir la sous-section « Exécution des opérations » ci-dessous).

Tourisme, et engagement et gestion des visiteurs

Des projets visent à offrir un soutien aux visiteurs, tout au long de leur cycle de voyage, et ainsi, à obtenir des niveaux élevés de satisfaction. Il s'agit notamment du marketing motivationnel, de la fourniture de contenu sur le site web, de la fourniture d'informations avant la visite et dans le parc, de l'organisation du personnel du centre d'information et des programmes d'interprétation et d'éducation par les « rangers ». Cela peut également inclure la gestion directe des visiteurs pour des activités spécifiques, intenses ou à risque élevé, telles que le ski, le VTT, les jeux de neige, la navigation de plaisance, l'escalade et la descente en rappel, ou la gestion d'événements spéciaux. La réussite de ces programmes passe généralement par une étroite collaboration avec l'industrie du tourisme et les exploitants touristiques.

Nettoyage des sentiers coupe-feu pour enlever le bois mort, une opération de gestion essentielle pour maintenir l'accès des visiteurs, permettant des opérations de gestion des incendies et autres activités de gest on essentielles, parc national de Kosciuszko, Nouvelle-Galles du Sud, Australie

Source : Ian Pulsford

Bombardier d'eau réalisant un épandage de coupe-feu chimique (Phos-Chek) pour contrôler un incendie de forêt dans le parc national de Morton, Nouvelle-Galles du Sud, Australie

Source : Ross Constable

Programmes liés au patrimoine culturel

Gestion des sites des communautés autochtones et locales

Cela comprend les projets liés aux valeurs et aux liens culturels permanents des peuples autochtones ayant occupé antérieurement ou actuellement une aire protégée de leur pays. Cela peut inclure des travaux de conservation culturelle visant à atténuer les menaces pesant sur les sites et les paysages du patrimoine culturel autochtone et sur le patrimoine culturel immatériel, tels que la documentation et l'application de connaissances traditionnelles.

Gestion des lieux historiques

Des projets et des programmes de conservation du patrimoine sont entrepris pour gérer et atténuer les menaces pesant sur les lieux, les collections, les bâtiments et les paysages historiques hautement prioritaires.

Programmes de gestion des incendies et autres incidents

Préparation

De nombreux projets visent à assurer la formation et la préparation du personnel des aires protégées en cas d'incendie ou autres incidents. Cela comprend la mise en place de toute une gamme de plans de gestion des crises et leur protocoles de simulacres réguliers concernant les incendies, les tempêtes violentes, les tremblements de terre, les tsunamis, les avalanches, les opérations de recherche et de sauvetage, les pollutions, les échouages de cétacés et autres incidents liés à la faune (voir le chapitre 26).

Réduction des combustibles forestiers et éducation communautaire

La mise en œuvre de programmes de réduction des combustibles forestiers en fonction des risques à l'intérieur et à proximité des aires protégées, et la mise en œuvre de programmes d'éducation communautaire sur le risque d'incendie lorsque les conditions météorologiques sont propices sont des projets majeurs.

Interventions en cas de crise

La facilitation d'interventions efficaces en cas de crise est un projet majeur. Cela peut inclure l'évacuation des visiteurs blessés, la recherche et le sauvetage, les accidents de véhicules et d'aéronefs, les incendies, les inondations ou les avalanches, les échouages de cétacés et le nettoyage des déversements d'hydrocarbures (voir le chapitre 26).

Moyens de subsistance durables

De nombreuses aires protégées, telles que celles des catégories V et VI, soutiennent les moyens de subsistance durables des personnes vivant dans et autour du site, en assurant une utilisation traditionnelle continue des ressources par la communauté. Cela peut inclure une utilisation écologiquement durable comme le pâturage, la culture, l'approvisionnement en matériaux pour la construction et l'écotourisme communautaire. Les programmes opérationnels réglementent et soutiennent ces activités.

Efficacité organisationnelle

Connaissance et efficacité de la gestion

Il s'agit de l'adaptation des connaissances de la recherche en information à l'intention des gestionnaires d'aires protégées, y compris la détermination des conditions et de la santé des aires protégées et la mesure de l'efficacité des programmes.

Programmes communautaires

Il s'agit de projets favorisant, améliorant et gérant des programmes communautaires de bénévolat et de partenariat, y compris l'administration de subventions pour des projets (voir le chapitre 14).

Conformité

Les projets de conformité veillent à ce que les règlements établis pour la protection des aires protégées soient respectés, et qu'ils soient soutenus par des activités de patrouille et d'application de la loi, l'utilisation de technologies de surveillance et des programmes d'éducation. Il peut s'agir d'infractions mineures à la réglementation, ou d'opérations importantes et dangereuses d'application de la loi, comme le braconnage de l'ivoire en Afrique ou la pêche illégale à l'échelle commerciale en haute mer.

Normes de bien-être du public et des employés

Les organisations chargées des aires protégées sont responsables de la sécurité et du bien-être des employés, des prestataires et du public au sein des aires protégées. La non-conformité pourrait exposer le gestionnaire à des litiges. Cela peut inclure des règlements liés aux normes d'hébergement, des exigences en matière de détection et d'alerte en cas d'incendie, la signalisation des risques et la sécurité routière, l'approvisionnement en eau potable, des structures construites selon les normes de conception, ou la fourniture d'un lieu de travail sûr et conforme aux normes de santé et de sécurité au travail. Les programmes d'aide aux employés offrent des conseils et des services de conseil pour soutenir la santé et le bien-être du personnel.

Programmation des opérations

La programmation efficace des opérations est essentielle à l'obtention de bons résultats sur le terrain, à l'utilisation efficace des ressources, à l'optimisation des ressources et à une équipe de l'aire protégée engagée et solidaire. Le cycle des opérations (figure 24.1) décrit les composantes de la phase de programmation des opérations. Le processus de programmation implique :

- l'identification des tâches et des actions nécessaires pour atteindre les objectifs de gestion des aires protégées ;
- la hiérarchisation des actions en fonction des offres de financement ;
- l'intégration des mesures approuvées dans un plan d'action ratifié ;
- l'élaboration d'un programme de travail pour l'exécution du plan d'action dans les délais ;
- l'élaboration d'un plan de capacité afin d'identifier les ressources et compétences nécessaires ;
- l'évaluation de l'efficacité du projet et du programme, après l'exécution.

Les activités opérationnelles doivent être déterminées et programmées au moyen d'un cadre de planification et d'un processus d'aide à la décision complet et défendable qui, s'il est développé de manière efficace, aboutit à un projet cohérent.

Outils d'aide à la décision pour guider la planification opérationnelle et l'affectation des ressources

La plupart des systèmes naturels sont complexes, avec de nombreuses composantes interagissant et de nombreux résultats potentiels des mesures de gestion (White, 2012a). Ils interagissent avec des systèmes sociaux tout aussi complexes, y compris de nombreuses demandes et attentes du public à l'égard des aires protégées. Les gestionnaires de parc doivent relever le défi de respecter de nombreuses obligations et exigences environnementales et sociales concurrentes, généralement avec des ressources limitées. Au moment de décider comment et où entreprendre des programmes de gestion, les gestionnaires d'aires protégées doivent identifier :

- les valeurs et actifs les plus importants, leur emplacement et leurs conditions actuelles et souhaitées ;
- les principales menaces et niveaux de risque pour les valeurs et les actifs ;

Encadré 24.1 Exemples d'aide à la décision et d'outils multicritères d'analyse des décisions

Logique de programme

La logique de programme est un outil de planification, de communication et d'évaluation qui vise à définir ce qu'est le programme, ce qu'il prévoit de faire et comment la réussite sera mesurée. Les modèles de logique de programme fournissent un cadre construit autour d'une série d'étapes structurées, qui établissent un lien entre les résultats du programme (à court, à moyen et à long terme) et les produits et apports de ce programme. Les modèles de logique de programme sont particulièrement utiles pour clarifier les hypothèses et établir des liens entre les résultats souhaités, les actions, et les mesures de succès.

Modèles conceptuels

Des modèles conceptuels écologiques ou socio-écologiques sont utilisés pour évaluer, comparer et contraster des hypothèses pouvant expliquer les modèles observés d'influences humaines et non humaines dans les systèmes naturels (White, 2012b). Les modèles conceptuels visent à réunir les meilleures connaissances disponibles sur la façon dont un système complexe fonctionne selon différentes options de gestion. Pour la gestion des aires protégées, les modèles conceptuels peuvent identifier et intégrer les facteurs environnementaux et/ou sociaux importants, les attributs, les objectifs de gestion, les processus de menaces et les indicateurs d'efficacité de gestion, et permettre de tester des hypothèses sur des interventions alternatives de gestion. Une série de types de modèles conceptuels a été élaborée et appliquée à la gestion des parcs et de la conservation. Ceux-ci comprennent des cartes de causalité, des cartes cognitives floues, des modèles de transition d'état et des réseaux bayésiens (White, 2012a).

Normes ouvertes pour la pratique de la conservation

Les Normes ouvertes pour la pratique de la conservation sont un ensemble de lignes directrices pour la gestion adaptative, élaborées dans le cadre du Partenariat international pour les mesures de conservation. L'objectif de ce partenariat est de créer un « langage » commun et un processus structuré pour améliorer les normes de planification, de mise en œuvre et de rapport en matière de conservation, ainsi que de partager ces connaissances de manière générale. Les normes ouvertes (qui, dans certaines organisations, sont appelées plan d'action de conservation ou PAC) sont organisées en un cycle de gestion de projet en cinq étapes :

- conceptualiser la vision et le contexte du projet ;
- planifier les actions et le suivi ;
- mettre en œuvre les actions et le suivi ;
- analyser les données, utiliser les résultats et s'adapter ;
- collecter et partage les apprentissages.

Le processus de PAC est largement mis en œuvre dans les paysages du monde entier, à différentes échelles, de bassins versants nationaux et biorégionaux à des réserves individuelles (voir chapitre 13).

Les Normes ouvertes pour les pratiques de conservation ont également servi de cadre au développement du logiciel de gestion adaptative Miradi. Ce logiciel guide les professionnels au moyen d'un « assistant », travaillant à chaque étape du processus de PAC. Les utilisateurs construisent des modèles visuels et des zones de texte qui démontrent les interactions entre les actifs focaux, les menaces, l'évaluation de la viabilité, les objectifs, les facteurs aggravants et les stratégies de gestion. Des fonctionnalités de suivi des priorités, plans de travail et chaînes de résultats, ainsi que des tableaux de bord de rapports sont également intégrés au logiciel.

Prise de décision structurée

La prise de décision structurée (PDS) est un cadre établi pour une réflexion critique sur les décisions, fournissant une approche organisée et fondée sur des données probantes pour identifier et évaluer des alternatives créatives et faire des choix défendables dans des situations de décision difficiles (Gregory et al., 2012). Une PDS comporte six étapes :

Largage d'eau par hélicoptère sur un brûlage contrôlé dans le cadre d'un programme visant à restaurer l'habitat de reproduction du manchot pygmée (Eudyptula minor), en danger, dans la réserve naturelle de l'île Montague, Nouvelle-Galles du Sud, Australie

Source : Ross Constable

1. définir le cadre de décision ;
2. définir les objectifs ;
3. développer des alternatives ;
4. estimer les conséquences attendues ;
5. évaluer les compromis et choisir une alternative ;
6. mettre en œuvre et réaliser un suivi.

L'accent mis sur l'élaboration de possibles solutions alternatives est un élément clé qui distingue la PDS des autres méthodes d'évaluation décisionnelle. La PDS peut être utilisée pour intégrer les *jugements de cause à effet* concernant l'efficacité des solutions de gestion dans la conservation des valeurs identifiées du parc, et les *jugements de valeur* concernant les compromis entre la conservation des valeurs identifiées du parc, les coûts et autres considérations pertinentes. La PDS peut quantifier les compromis, calculer les scores globaux des décisions pour chaque alternative et intégrer des degrés d'incertitude. Elle fait généralement appel à des experts (consultants, personnel) pour effectuer ces tâches.

Analyse coûts-avantages

L'analyse coûts-avantages consiste à comparer les options en fonction de leur performance financière et à sélectionner la meilleure option en fonction des résultats financiers. Elle est souvent utilisée pour la gestion d'actifs.

Outils d'analyse décisionnelle multicritères

L'analyse décisionnelle multicritères tient compte d'un certain nombre de caractéristiques d'options concurrentes et fournit une décision fondée sur un total cumulatif de comparaisons de caractéristiques individuelles. Il existe de nombreux outils d'aide à la décision et d'analyse de décision multicritères disponibles, à la fois en accès libres et commerciaux. Bon nombre de ces outils incluent une fonction d'analyse spatiale. Un certain nombre d'outils d'analyse multicritères basés sur l'analyse spatiale sont disponibles. Ils incluent notamment l'Outil d'analyse multicritères pour l'aide à la décision spatiale (MCAS-S) (Lesslie et al., 2008), développé par le Bureau australien des sciences rurales.

Basé sur le risque

Un cadre basé sur le risque analyse les décisions de gestion des actifs à travers un prisme d'élimination ou de réduction des risques.

Applications

Des cadres de décision ont récemment été appliqués pour mieux guider les priorités de gestion et les décisions concernant les aires protégées de l'État du Victoria, en Australie. Une prise de décision structurée et des modèles bayésiens ont été utilisés pour classer une série de stratégies de gestion alternatives possibles pour atteindre des objectifs de conservation spécifiques dans les aires protégées du sud-ouest du Victoria. Une prise de décision structurée et une modélisation ont été appliquées pour guider les priorités spatiales de lutte contre les saules envahissants dans le parc national Alpin.

- les stratégies et actions susceptibles de fournir les meilleurs résultats en fonction des ressources disponibles ;
- l'efficacité des mesures de gestion pour atteindre les objectifs définis.

Un large éventail d'outils d'aide à la décision est disponible pour fournir une approche structurée pour déterminer les préférences entre les options, permettant ainsi une gestion adaptative plus transparente et fondée sur des données probantes (encadré 24.1). Ces outils peuvent aider les gestionnaires de parc à :

- documenter plus clairement la façon dont les priorités de gestion sont déterminées ;
- tester les hypothèses concernant le succès potentiel des interventions proposées ;
- évaluer les compromis et entreprendre une analyse coûts-avantages des interventions alternatives ;
- documenter le lien entre les mesures de gestion et les objectifs définis et mesurables des actifs de conservation prioritaires.

L'objectif de ces outils d'aide à la décision n'est pas de fournir une réponse, mais de permettre aux décideurs (des conseillers politiques aux gestionnaires locaux d'aires protégées) de systématiser et de structurer les processus de prise de décision et de définition des priorités en utilisant les meilleures connaissances disponibles. Les outils peuvent soutenir la programmation, la planification et l'exécution de projets opérationnels.

Les niveaux de protection et de service (et les variations de ces niveaux) sont des processus de programmation généralement utilisés par les organismes chargés des aires protégées, y compris Parks Victoria, en Australie, pour déterminer leurs priorités opérationnelles.

Programmes liés au patrimoine environnemental et culturel

La détermination et l'attribution de « niveaux de protection » sont des étapes du processus pouvant être utilisées pour élaborer et programmer des priorités opérationnelles pour les programmes environnementaux, terrestres et aquatiques et du patrimoine culturel, et peuvent intégrer certains éléments des outils de décision décrits dans l'encadré 24.1. Cela vise à identifier les valeurs environnementales et culturelles clés de l'aire protégée, et à hiérarchiser les menaces par rapport à ces valeurs, à déterminer la réponse la plus appropriée, et à utiliser au mieux les ressources disponibles.

Le processus repose quelque peu sur l'information disponible sur les valeurs et les menaces, et il peut être nécessaire de prendre des décisions à partir d'informations limitées. Dans le cas d'informations inadéquates, un jugement doit être rendu et le principe de précaution doit être utilisé jusqu'à ce que des données suffisantes soient collectées. La figure 24.3 illustre le processus d'application de l'étape des niveaux de protection pour déterminer les priorités opérationnelles des programmes environnementaux et culturels.

Programmes d'expérience des visiteurs

La détermination et l'attribution de « niveaux de service » sont des étapes du processus pouvant être utilisées pour l'élaboration et la programmation de priorités opérationnelles pour les programmes d'expérience des visiteurs, et peuvent intégrer certains éléments des outils de décision décrits dans l'encadré 24.1. Cela vise à offrir aux visiteurs les expériences les plus appropriées, au bon endroit, au bon moment, et en utilisant au mieux les ressources disponibles dans l'aire protégée. Cette étape guide également la planification visant à rationaliser et à répondre aux contraintes économiques, le cas échéant, et peut être entreprise en parallèle aux « niveaux de protection », afin d'assurer une bonne adéquation entre l'expérience des visiteurs et la protection de l'environnement.

Les niveaux de service sont envisagés pour l'ensemble d'un paysage, en tenant compte des expériences, des voyages et des destinations clés des visiteurs. L'importance et la valeur des sites ou des zones fréquentés par les visiteurs dans l'aire protégée sont ensuite évaluées en ce qui concerne leur contribution à l'expérience des visiteurs et le niveau de service requis pour maintenir cette valeur. Le niveau de service attribué variera considérablement, de sites très bien entretenus à des sites n'offrant qu'un niveau basique de services.

Cela guidera, ensuite, l'investissement dans la programmation et l'affectation des ressources opérationnelles pour :

- l'accès ;
- les aménagements ;
- l'information, l'interprétation et l'éducation ;
- les installations de loisirs ;
- les services de gestion.

Les services aux visiteurs peuvent être fournis en vertu d'un bail ou d'une licence à un exploitant privé (voir la section « Exécution des opérations » et la sous-section « Locataires, titulaires de licences et concessionnaires » ci-après). Le processus d'application de l'étape « Niveaux de service » pour déterminer les priorités opérationnelles des programmes d'expérience des visiteurs est illustré à la figure 24.4.

Réduire les services aux visiteurs pour harmoniser les priorités avec le financement disponible peut entraîner une réaction très négative de la communauté, pouvant avoir d'autres conséquences pour les organismes chargés des aires protégées. Une stratégie de communication sera un élément important dans cette situation (voir la sous-section « Communications et plan de gestion des parties prenantes » ci- après).

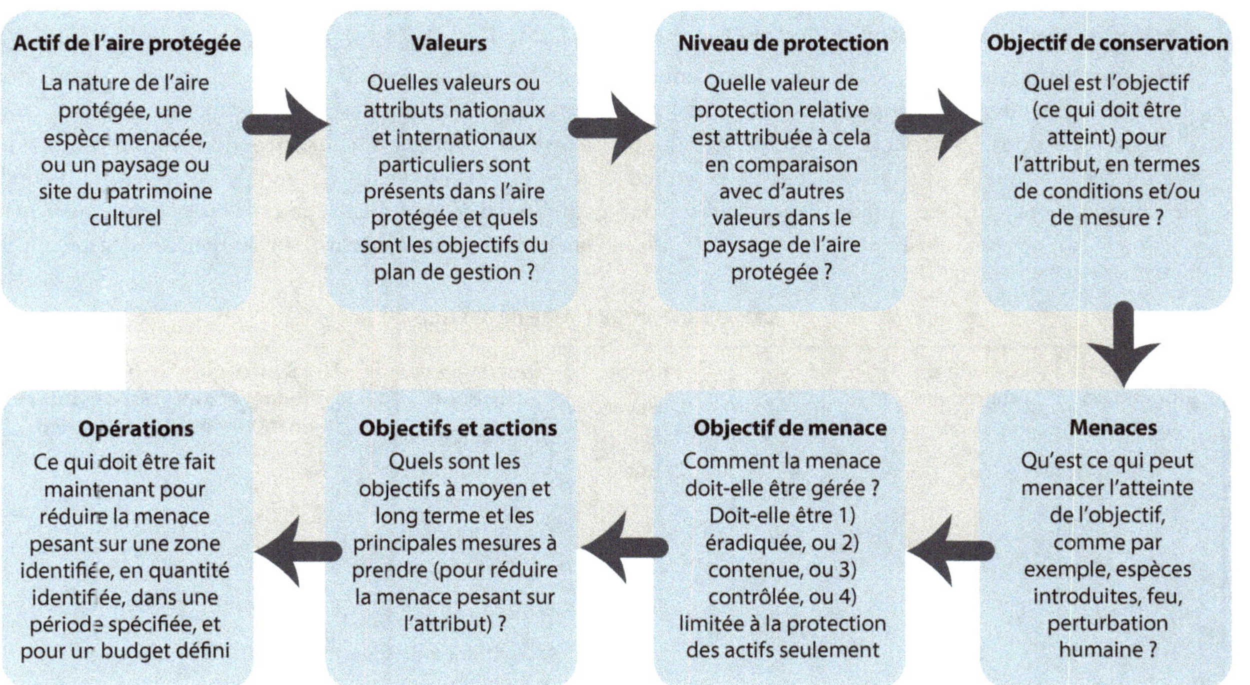

Figure 24.3 Étape « Niveaux de protection » du processus de définition des priorités opérationnelles des programmes environnementaux et culturels

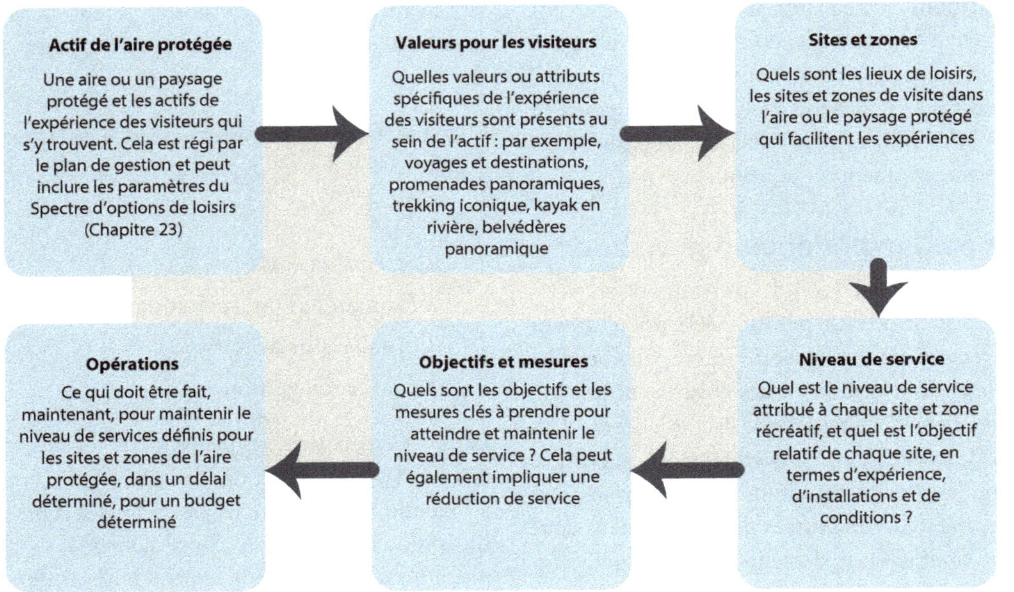

Figure 24.4 Étape « Niveaux de service » du processus de définition des priorités opérationnelles du programme d'expérience des visiteurs

Financement des projets

Tous les projets devront disposer d'un financement pour aller de l'avant. Ce financement peut entrer dans l'une des catégories suivantes :

- **Financement conditionnel :** il s'agit de subventions accordées par des gouvernements, des organisations non gouvernementales (ONG), des communautés, des sponsors ou des donateurs pour une initiative ou un résultat particulier, et qui seront accompagnées d'exigences spécifiques en matière de rapports.
- **Financement récurrent :** il s'agit d'un financement de base généralement disponible au sein des organisations pour les services récurrents, et alloué sur une base annuelle. Il s'agit souvent de la source de financement utilisée pour l'entretien et la maintenance des actifs, l'administration des aires protégées et les opérations commerciales.

Plan d'action

Un certain nombre de projets prioritaires peuvent être prévus pour une aire protégée, et ceux-ci peuvent être plus finement organisés. Certaines organisations utilisent le concept de « plan d'action » d'une aire protégée. Le processus du plan d'action évalue les mesures proposées en fonction des sources de financement disponibles (qui peuvent être rares) et des critères de priorité de l'organisation utilisés pour l'approbation. Un plan d'action répertorie tous les programmes approuvés de travaux qui seront effectués dans l'aire protégée sur une période donnée, et dirige les activités opérationnelles du groupe de travail. La période correspond généralement à un cycle budgétaire annuel, mais peut inclure des perspectives sur une période de trois ans ou

LAN D'ACTION DE L'AIRE PROTÉGÉE

Description du programme général	Objectifs du programme		Priorité	Évaluation des risques	Source du budget et des financements	Personne responsable et de soutien
			➲ Élevée ➲ Moyenne ➲ Faible	➲ Pertes potentielles ➲ Réputation ➲ Financiers ➲ Juridiques ➲ Blessure ➲ Interruptio des activités ➲ Environnementaux ➲ Culturels		

Figure 24.5 Éléments d'un plan d'action pour une aire protégée

Restauration des zones humides alpines de grande valeur après un incendie, parc national alpin, Victoria, Australie

Source : Iris Curran

plus. Le plan d'action identifie la « vision » du département de programmes corporatifs d'une organisation chargée des aires protégées, jusqu'à l'échelle des actions sur le terrain. Un plan d'action doit inclure, au moins, les éléments indiqués à la figure 24.5. Les opérations de terrain ne devraient commencer qu'une fois ce processus de planification et de programmation analysé et approuvé.

Programmation des travaux

Un centre ou un groupe de travail responsable des travaux dans une aire protégée devra faire face à une myriade de tâches opérationnelles, de planification et administratives au cours de l'année de mise en œuvre, incluant des éléments critiques de « temps et événement » pour l'exécution. L'organisation ordonnée de l'exécution des tâches opérationnelles identifiées dans un plan d'action, tout au long de l'année, se fait généralement dans le cadre d'un « programme de travail ». Une fois le plan d'action approuvé, un programme de travail est préparé pour l'exécution. Cela inclut une planification efficace des ressources, afin que l'exécution se fasse dans les délais, de façon organisée et répondant aux objectifs. Le programme de travail aide également le personnel à élaborer des « plans de travail » individuels afin que chacun comprenne ses responsabilités et les attentes en ce qui concerne la mise en œuvre du plan d'action. Le programme de travail doit tenir compte de l'ensemble du cycle d'exécution du projet, y compris la prise en compte adéquate de la Planification du projet (y compris les aspects de conception). Ne pas prendre suffisamment de temps pour la planification et la préparation des projets opérationnels est une cause fréquente d'échec, lors de l'exécution.

Planification des capacités

La planification des capacités correspond à la prise en compte de la disponibilité des ressources et des compétences dans le programme de travail, afin de déterminer si des lacunes en matière de ressources ou de compétences apparaissent. Un « plan de capacités » sera plus efficace s'il est appliqué de façon à faire correspondre les programmes de travail avec l'ensemble du groupe de travail, afin de partager les compétences et la disponibilité au sein de l'équipe. Lorsque les besoins en ressources dépassent la disponibilité, il faudra envisager d'autres options, plutôt que d'essayer de les adapter. Celles-ci incluent une recherche dans d'autres parties de l'organisation, l'achat de main-d'œuvre et de compétences auprès de prestataires, la recherche d'un soutien bénévole ou, si nécessaire, la révision des programmes de travail et la suppression des tâches moins prioritaires.

Journal annuel d'opérations

Le cycle opérationnel annuel des organisations chargées des aires protégées comportera généralement un certain nombre de rapports et d'étapes clés, qui devront être respectées, tout au long de l'année. Ces étapes sont essentielles au bon fonctionnement de l'environnement opérationnel. Le gestionnaire des opérations programmera les tâches d'étape corporatives dans la capacité de l'unité de travail, afin de s'assurer que celles-ci soient gérées sans heurts et efficacement. Une approche utile consiste à élaborer un calendrier annuel des opérations, indiquant les étapes opérationnelles connues tout au long de l'année, afin d'aider le personnel (tableau 24.1).

Grands travaux et spécialistes

Les tâches opérationnelles relèvent de deux grandes catégories : grands travaux et travaux mineurs. Les grands travaux sont des projets aux budgets importants, et impliquant une conception et des normes hautement techniques, et sont généralement complexes. Ces projets sont souvent associés à des bâtiments et des structures, des routes et des ponts, ainsi qu'à des infrastructures de services telles que l'eau, l'assainissement et l'électricité. Ces opérations nécessitent des spécialistes techniques et sont gérées le plus efficacement possible par les grandes divisions de travaux des organisations, ou sous-traitées à des chefs de projet. Les travaux mineurs sont des opérations plus régulières, pour lesquelles le personnel des aires protégées est qualifié et doté de ressources. Il s'agit notamment de la plupart des projets environnementaux, des incendies et des urgences, de la maintenance et de l'entretien des installations destinées aux visiteurs ou de l'aménagement d'installations moins complexes, comme des sentiers de randonnée mineurs. Il est important que le niveau de compétence technique requis soit bien évalué et doté des ressources nécessaires avant de se lancer dans des opérations plus complexes.

Tableau 24.1 Liste de contrôle indicative des étapes opérationnelles

Étape opérationnelle	Tâche de la liste de contrôle
Planification	Planification et programmation complètes de l'activité opérationnelle.
Plan d'action	Préparation et approbation du plan d'action.
Budgétisation	Définition du budget.
Personnel	Préparation et approbation des plans de travail individuels du personnel.
	Préparation des plans de capacité.
Plan de projet	Préparation et approbation du plan de projet.
Listes de personnel	Listes mensuelles soumises pour approbation.
Évaluation du projet	Rapports mensuels d'exécution.
	Évaluation et amélioration du plan de projet.
Préparation opérationnelle	Évaluation annuelle des plans de gestion des urgences.
Évaluation des actifs	Validation des conditions des actifs et rapports.
Évaluation des aspects de santé et sécurité au travail	Audits de sécurité des centres de travail.
Évaluation du personnel	Évaluation des plans de travail du personnel.

Planification des opérations

Une fois qu'un plan d'action est approuvé et que les programmes de travail et les plans de capacité sont en place, il est temps de commencer la planification et l'organisation du projet. Le cycle des opérations (figure 24.1) décrit les composantes de la phase de planification des opérations. Cela comprend la gouvernance du projet, les aspects de conception, les évaluations d'impact environnemental, les besoins de recherche, l'appel d'offres auprès des prestataires, la consultation des parties prenantes, le cas échéant, les accords de partenariat, la liaison avec les voisins, les exigences en matière de santé et de sécurité au travail, l'atteinte des objectifs du projet, l'obtention de permis et approbations, l'évaluation du succès et bien d'autres. Sans une bonne gestion d'un projet, beaucoup de choses peuvent mal se passer.

C'est ici que commence la gestion opérationnelle du projet, sur le terrain, et l'importance d'un plan de projet clair et approuvé est cruciale pour une exécution réussie. Prévoir suffisamment de temps pour la préparation et l'approbation d'un plan de projet est un élément clé de la programmation des travaux. La complexité du plan doit refléter la nature et la complexité du projet.

Plan de projet

Les organisations chargées des aires protégées ont élaboré des lignes directrices pour la gestion des projets, dont une synthèse est présentée dans le Tableau 24.2. Des cadres de planification de projets tels que le cadre du Partenariat pour les mesures de conservation et son logiciel Miradi, ou le cadre de la PAC (encadré 24.1 et chapitre 13) soutiennent également la planification des projets.

Ce schéma de planification de projet a été présenté sous sa forme la plus complète, et représente un guide des meilleures pratiques pour les grands projets gérés par des programmes dotés de ressources suffisantes, ainsi que par des organismes établis chargés des aires protégées. Certains projets peuvent

Sites de camping établis pour soutenir un programme d'écotourisme communautaire, sanctuaire faunique de Sakteng, Bhoutan

Source : Gillian Anderson

être plus petits et moins complexes, et certains aspects de ces lignes directrices ne seront pas pertinents, de sorte que le tableau devra être adapté aux circonstances locales. Les conseils de spécialistes, lignes directrices et manuels (étude de cas 24.1) sont des ressources essentielles à la planification des opérations.

Évaluation de l'impact environnemental

Il est de la responsabilité fondamentale des gestionnaires d'aires protégées de s'assurer qu'une évaluation complète de tout impact potentiel des opérations sur les valeurs naturelles et culturelles d'une aire protégée soit réalisée (chapitres 3 et 4). Le niveau de l'évaluation d'impact dépendra de la complexité, de la portée et de la nature des travaux d'exploitation. L'approche de l'évaluation de l'impact environnemental (EIE) variera, au niveau international, en fonction de la législation et des politiques, et les termes utilisés peuvent avoir des significations différentes. Cependant, les principes généraux sont partagés.

Une première étape d'évaluation des risques dans la planification du projet (tableau 24.2) aidera à déterminer le niveau d'évaluation d'impact requis. Le résultat de cette évaluation initiale peut être :

- une simple liste de mesures de gestion des risques dans le plan de projet approuvé ;
- un plan de gestion environnementale (PGE) à l'appui d'une opération approuvée, identifiant plus en détail les impacts et prescrivant des mesures d'atténuation qui devront être intégrées à l'exécution du projet pour éviter ou minimiser les effets ;
- une « évaluation interne des facteurs environnementaux », ou document équivalent, suivant attentivement les procédures d'évaluation approfondie de l'impact environnemental d'une organisation chargée des aires protégées impliquant de nombreux spécialistes, afin d'évaluer et approuver une opération proposée ;
- une étude d'impact environnemental (EIE) complète, qui ne s'appliquera que dans le cas d'un projet à impact ou à conséquences potentiellement élevés, pour lequel la législation peut exiger la préparation d'une EIE complète pour approbation par le niveau exécutif gouvernemental.

Ces documents reflètent une organisation chargée des aires protégées agissant de manière responsable (et cohérente), et peuvent également fournir un mécanisme de vérification interne évalué par des pairs, afin de s'assurer qu'une opération aura peu ou pas d'impact. Les EIE peuvent prendre beaucoup de temps et être coûteuses à préparer, à évaluer et à approuver, de sorte qu'il est essentiel de tenir suffisamment compte des délais de développement pour respecter les calendriers d'exécution des opérations.

Plan de gestion environnementale

Le but d'un PGE est de soutenir un projet plus complexe, tel que prescrit dans le plan de projet approuvé. Le PGE identifiera les impacts potentiels plus en détail que dans le plan de projet, et prescrira des mesures d'atténuation qui devront être intégrées à l'exécution du projet, afin d'éviter ou de minimiser ses impacts et, le cas échéant, guider la gestion continue. Le PGE devra :

- décrire la portée du projet ;
- identifier en détail les valeurs et attributs de l'environnement, de l'eau et des bassins versants, y compris la biodiversité et les sols ;
- identifier les contraintes juridiques, les exigences et approbations ;
- décrire une stratégie globale de gestion de l'environnement assortie d'objectifs et de mesures de la performance ;
- identifier les risques et les mesures de contrôle ;
- identifier les méthodes opérationnelles et les mesures d'atténuation les plus efficaces, qui minimisent les impacts sur l'environnement et maximisent la sécurité au travail ;
- déterminer les rôles et responsabilités des parties prenantes et la responsabilisation des rôles opérationnels, y compris les besoins en matière de communication ;
- identifier les compétences, la formation et l'initiation nécessaires pour mener à bien les travaux du projet ;
- décrire un processus de gestion des cas de non-conformité au plan ;
- identifier un programme de suivi et de rapport ;
- évaluer d'autres facteurs tels que l'impact sur les communautés et les visiteurs ;
- répondre aux exigences en matière de gestion et de réhabilitation du site ;
- identifier les mesures de suivi en cours et à long terme.

Énoncé des incidences environnementales

Il s'agit du niveau d'EIE le plus élevé, qui ne s'applique qu'aux projets potentiellement à fort impact et à fortes conséquences, conformément à la législation nationale ou de l'État en matière d'environnement. En ce qui concerne une activité dans une aire protégée, une EiE nécessitera généralement une évaluation complète des valeurs patrimoniales naturelles et culturelles de la zone affectée, et

Tableau 24.2 Composantes d'un plan de projet pour les opérations

Composante	Description
Nom du projet	Un nom qui identifie brièvement et clairement le titre et la nature du projet.
Renseignements généraux et administratifs	Identifier le lien avec les actions prioritaires de l'organisation, les numéros de dossier, les codes de projet, les budgets, la source de financement, le gestionnaire de projet, l'allocation de main-d'œuvre et les perspectives budgétaires pour les trois prochaines années, ainsi que le délais pour le début de la planification, la période de mise en œuvre et la date d'achèvement prévue.
Évaluation des risques corporatifs	Une évaluation du risque négatif du projet pour l'organisation, tenant compte de la probabilité et des conséquence d'un échec du projet. L'évaluation peut définir que : • le risque corporatif d'échec de l'exécution est inférieur à un seuil acceptable (ou faible) pour l'organisation et qu'un simple résumé du plan de projet est suffisant ; • le risque corporatif d'échec de l'exécution est supérieur à un seuil établi (ou élevé) et un processus de plan de projet plus détaillé sera nécessaire, y compris une évaluation complète des risques, une évaluation de l'impact environnemental et un plan de gestion des communications.
Description du projet	C'est là que les détails du projet sont décrits à des fins d'approbation. La description du projet décrit la vision, explique pourquoi le projet doit être entrepris, ce qu'il implique, comment il sera réalisé, quand il sera terminé et qui réalisera le travail. La description tiendra compte des compétences disponibles, des ressources et compétences nécessaires, des normes de conception ou de l'industrie susceptibles de s'appliquer et de la logistique du projet. La description fournira également un énoncé du contexte géographique du projet, y compris une très brève description de l'aire protégée, de son importance et de ses valeurs spéciales.
Objectifs	Liste des principaux objectifs que le projet vise à atteindre dans sa vision. S'assurer que les objectifs écrits sont clairs et présentés comme des énoncés « succincts, mesurables, réalisables, dotés de ressources et opportuns » (SMART).
Mesures de la performance	Chaque objectif doit comporter une mesure de performance connexe visant à déterminer comment la réussite dans l'atteinte des objectifs sera mesurée et rapportée.
Plan d'évaluation du projet	Préparer un plan d'évaluation du projet pour l'ensemble de celui-ci, incluant des mesures d'évaluation de la performance pour chaque étape clé.
Évaluation des risques opérationnels, environnementaux et culturels	Identification, évaluation et hiérarchisation des risques opérationnels probables associés à la réalisation du projet, et description des mesures de gestion connexes. Une cote de risque est une matrice rendant compte de la probabilité (la probabilité ou la fréquence de l'événement) et des conséquences (le degré de résultat ou impact de l'événement). Les risques opérationnels liés à l'exécution pour lesquels une gestion peut être nécessaire peuvent inclure : • la disponibilité des ressources, des services et des compétences en temps opportun ; • une météo favorable ; • des communications efficaces ; • la minimisation des perturbations pour la communauté et les visiteurs ; • les sensibilités politiques ; • la santé et la sécurité du personnel, des prestataires et du public. Les risques environnementaux et culturels doivent être pris en compte. La sous-section « Évaluation de l'impact environnemental », ci-après, contient des procédures d'orientation.
Portée du projet	La définition de la portée du projet décrit le moment où chaque tâche doit être accomplie, ainsi que le soutien et les ressources nécessaires. Pour les projets complexes, les tâches et étapes seront plus facilement visualisables au moyen d'un diagramme de Gantt.
Évaluation des considérations de durabilité	La portée du projet comprend la sélection des matériaux et la méthode de mise en œuvre (voir la sous-section « Durabilité des opérations et de la gestion des actifs » ci-après).
Échelonnement budgétaire	La ventilation du budget total en prévisions de dépenses mensuelles, financières et de ressources, fournit un « échelonnement mensuel » pouvant être utilisé pour les évaluation de contrôle budgétaire.
Approbations, permis et notifications	Les projets devront satisfaire aux approbations de planification internes et externes, et il sera nécessaire de tenir compte de tous les permis de planification possibles, ainsi que des exigences législatives, et autres. Il peut s'agir, par exemple, de plans de planification gouvernementaux, de règlements environnementaux, d'exigences en matière de conservation de la biodiversité, de permis de rejet, de règlements sur les pesticides, d'approbations du patrimoine culturel ou de règlements sur la santé et la sécurité au travail. Les permis ou conseils des autorités responsables des services essentiels peuvent également être pertinents.
Communication avec les parties prenantes, planification des communications	Pour les projets de grande envergure et complexes, il est courant de préparer un plan complet de communication avec les parties prenantes et les médias (voir la sous-section « Plan de communication avec les parties prenantes et gestion des médias » ci-après).

Composante	Description
Approbation du plan de projet	Un plan de projet est généralement préparé par le gestionnaire de projet (et le personnel clé) et approuvé par un responsable supérieur, possédant les délégations nécessaires d'autorité.
Évaluation du projet	L'évaluation de la performance du projet est réalisée (sur la base du plan d'évaluation) pendant le projet et au moment de son achèvement (voir la sous-section « Évaluation de l'efficacité des opérations » ci-après).

des impacts et menaces potentiels d'une opération sur ces valeurs. Dans l'ensemble, le but de l'EiE est de protéger l'environnement, d'améliorer la participation du public aux décisions gouvernementales, et de minimiser les coûts (le cas échéant) et maximiser les avantages des processus d'approbation (Thomas, 2001:11).

Les procédures des organisations chargées des aires protégées comportent généralement des procédures d'évaluation de l'impact environnemental, ainsi qu'un certain type de « déclencheur » du fait qu'une EiE soit requise. Le Service des parcs nationaux des États-Unis fournit quelques indications à ce sujet par le biais de son « Director's Order 12 » (NPS, 2013 ; encadré 24.2). Pour des conseils détaillés de contenu, de nombreux gouvernements et organisations du monde entier ont été assistés par la Loi sur la politique environnementale nationale (*National Environmental Policy Act*) des États-Unis et ses exigences en matière d'EIE. Cette loi décrit le contenu requis pour une EiE (DOE, 1998 ; Thomas, 2001).

Évaluation des facteurs environnementaux

Une évaluation des facteurs environnementaux (EFE) est un processus d'approbation interne de l'organisation déterminant si une activité peut aller de l'avant, en tenant compte, dans toute la mesure du possible, de toutes les questions affectant ou susceptibles d'affecter l'environnement. Elle contribue au développement des conditions appropriées d'approbation et peut prescrire la nécessité d'une PGE afin de guider l'activité. L'évaluation aide également à déterminer si l'activité est susceptible d'avoir un effet significatif sur l'environnement, auquel cas une EIE doit être préparée et prise en considération avant que l'approbation puisse être accordée. Une EFE peut inclure de nombreux éléments, souvent sous la forme d'une liste de contrôle, comme suit :

- climat ;
- géologie et géomorphologie ;
- sols ;
- plantes (espèces et communautés) ;
- animaux (espèces et habitats) ;
- bassin hydrographique et qualité de l'eau ;
- importance pour les communautés autochtones et locales ;
- sites historiques ;
- paramètres de loisirs et liés aux visiteurs ;
- valeurs paysagères ;
- usages traditionnels et existants ;
- qualité de l'air (Worboys et al., 2006:233).

Les impacts environnementaux susceptibles d'être préoccupants peuvent inclure :

- la pollution de l'air ;
- la pollution sonore ;
- la circulation de véhicules ;
- les mouvements d'aéronefs ;
- la perturbation des sites géo-historiques, y compris les sites karstiques ;
- la perturbation et l'érosion des sols ;

Encadré 24.2 Critères du service des parcs nationaux des États Unis pour déterminer si une EiE est appropriée

Voici un résumé de 10 critères du manuel *Director's Order 12* (NPS, 2013) permettant de déterminer si une EiE est appropriée :

1. Impacts susceptibles d'avoir des aspects à la fois bénéfiques et négatifs, mais pouvant toutefois avoir des impacts négatifs importants.
2. Degré d'affectation de la santé et la sécurité publiques.
3. Toute caractéristique unique du site.
4. Degré de controverse potentielle des impacts.
5. Degré de certitude des impacts potentiels.
6. Potentiel pour l'action de créer un précédent pour des actions futures ayant des effets significatifs.
7. L'action est liée à d'autres actions susceptibles d'avoir des impacts individuels insignifiants, mais des effets cumulés significatifs.
8. Degré de nuisance de l'action à des biens historiques ou à d'autres ressources scientifiques, archéologiques ou culturelles importantes.
9. Degré de nuisance de l'action à une espèce en voie de disparition ou menacée, ou à son habitat.
10. Potentiel pour l'action de constituer une violation de la loi fédérale, de l'État ou locale, ou des exigences imposées pour la protection de l'environnement.

Source : NPS (2013)

Étude de cas 24.1 Un manuel pour la gestion des sentiers pédestres dans l'aire protégée transfrontalière Alpi Marittime-Mercantour

Alpi Marittime et Mercantour sont deux aires protégées de montagne adjacentes, dans les Alpes du sud-ouest, en Italie et en France. En raison de la situation géographique et de l'histoire de la région, elles sont reliées par un dense réseau de pistes muletières et de sentiers pédestres, menant d'un pays à l'autre et traversant souvent les frontières nationales à très haute altitude (2 800-3 000 mètres). Dès le début, il était clair pour les gestionnaires qu'il était nécessaire que les deux pays coopèrent non seulement dans le domaine de la gestion de la faune, mais aussi pour l'entretien et la restauration des sentiers.

Tout d'abord, un accord fut signé sur la signalisation commune à placer sur les cols de montagne, à la frontière, puis il fut décidé d'étendre cette coopération à des sentiers entiers des deux côtés. Grâce à des subventions de l'Union européenne pour la coopération transfrontalière, les deux parcs ont produit un manuel, en français et en italien, destiné non seulement au personnel opérationnel des deux parcs, mais aussi aux services techniques des administrations locales françaises et italiennes.

Le texte est complété par plusieurs photos du travail réalisé sur les chemins, et, en particulier, par des dessins techniques pratiques. Les informations rassemblées sont en partie des connaissances traditionnelles locales sur la construction de sentiers, des deux côtés des montagnes, mais aussi des solutions techniques innovantes et de nouveaux matériaux testés par le personnel de terrain des deux parcs. Le manuel fournit des renseignements au personnel des opérations et aux communautés ayant un lien avec la région sur les sujets suivants :

- Histoire des sentiers : les origines de la région remontent à des temps immémoriaux, du Néolithique à l'Empire romain, du Moyen Age à la révolution industrielle, aux routes du sel dans les Alpes, aux grands changements du XIXe et XXe siècles, aux liens religieux, aux pistes de chasse royales, aux voies militaires et, après la Seconde Guerre mondiale, aux premiers touristes.
- Évaluation des sentiers et analyse des problèmes : conseils sur la façon de segmenter et d'évaluer un sentier, d'analyser et d'observer sa dégradation, de compiler une grille/liste de contrôle pour l'analyse des problèmes, de planifier les travaux et de fournir des questions et des réponses communes.
- Restauration et entretien des sentiers pédestres : informations techniques sur le revêtement des sentiers, le drainage, le pavage, la gestion des gradients, les murs en pierre sèche, la stabilisation des berges et des pentes et la définition des sentiers.
- Quelques exemples pratiques sur le terrain.
- Sentiers pédestres dans le contexte national/régional français/italien plus général.

Le manuel promeut les valeurs des sentiers pédestres.

- Les sentiers ont de multiples fonctions : ils avaient d'importantes utilisations commerciales, agricoles et pastorales (transhumance) dans le passé, et une fonction religieuse pour les pèlerinages. Au XXIe siècle, leur but est principalement récréatif pour les visiteurs. Pour cette raison, ils sont une ressource économique importante. En Europe, quelque 10 millions de personnes utilisent des sentiers.
- Ils sont un patrimoine culturel physique : ils constituent un élément important pour comprendre et découvrir l'histoire sociale, économique et culturelle de tout un territoire. Les sentiers sont, cependant, également un lieu pour l'esprit et l'auto-régénération, parce qu'ils nous mettent en contact avec la beauté de la nature et de ses paysages relaxants.
- Ils sont un outil de découverte et de communication dans le contexte des aires protégées. Un sentier bien géré donne une impression positive de la gestion générale de l'ensemble de l'aire protégée. Ils sont également un outil de gestion important pour orienter ou rediriger les flux de visiteurs, et pour réaliser un suivi de l'utilisation à travers les éco-compteurs. Cela fournit des informations importantes sur les habitudes et les besoins des visiteurs.

Les sentiers sont de plus en plus un outil de développement durable. Lors de la planification de travaux sur les sentiers, les principes suivants doivent être pris en compte :

- le projet devrait bénéficier du soutien des parties prenantes locales, qui devraient être consultées et leurs suggestions prises en compte ;
- le projet devrait générer des avantages pour les populations, y compris des retombées économiques durables ;
- les solutions techniques choisies doivent s'adapter à l'environnement, respecter le territoire et son histoire, et interpréter l'« esprit du lieu ». Le matériel utilisé doit refléter cela et, le cas échéant, être d'origine locale, selon la tradition locale ;
- tout impact négatif, direct ou indirect, doit être évité ;
- toute décision devrait tenir compte de perspectives à long terme, y compris des fonds disponibles pour l'entretien continu des chemins.

Sous nos pieds, des sentiers nous racontent des histoires uniques sur les temps passés. Ils constituent une mémoire collective, et un moyen par lequel nous pouvons approcher la nature. Nos sentiers sont précieux, et nous faisons de notre mieux pour les conserver.

Patrizia Rossi

Reconstruction d'un ancien sentier pédestre dans l'aire protégée transfrontalière Alpi Marittime-Mercantour, Italie

Source : PNAM

Plan de gestion environnementale en place pour enlever les arbres dangereux tués par le feu dans le parc national Alpin, Victoria, Australie

Source : VicRoads North Eastern region

- la perturbation des cours d'eau et la pollution de l'eau ;
- les impacts sur les espèces animales et les habitats autochtones ;
- les impacts sur les espèces végétales et les communautés autochtones ;
- l'impact d'espèces végétales introduites ;
- l'impact d'espèces animales introduites ;
- l'introduction d'incendies non planifiés ;
- la perturbation de sites du patrimoine culturel ou sacrés ;
- les impacts des perturbations (braconnage, vol, vandalisme, perturbation de la faune) sur les valeurs des aires protégées ;
- la perturbation par le projet des voisins, communautés locales et de l'industrie du tourisme (Worboys et al., 2006:233).

Des questions opérationnelles devront être, naturellement, prises en compte comme faisant partie de la minimisation de l'impact d'un projet à n'importe quel niveau. Celles-ci incluent :

- l'aménagement d'un chantier temporaire et son confinement ;
- le stockage sécurisé des produits chimiques et des combustibles ;
- le déplacement prévu et le stationnement/ emplacement des installations et des véhicules ;
- les régimes de nettoyage pour les véhicules et les machines, afin de prévenir l'introduction de plantes et d'agents pathogènes ;
- l'évitement et la minimisation des perturbations à la biodiversité et, si nécessaire, la compensation de ces impacts ;
- l'évitement et la minimisation des perturbations des sols, des sédiments et des mouvements de l'eau ;
- les précautions d'utilisation de produits chimiques, compte tenu de leur impact potentiel sur les valeurs non cibles ;
- l'introduction de mesures pour la poussière et le bruit ;
- l'organisation de l'enlèvement des déchets du projet hors site et de préférence hors zone protégée ;
- la mise en œuvre de mesures de prévention des incendies ;
- la préparation aux incidents liés au projet, comme la gestion des déversements et des urgences ;
- la conservation de « fonds de garantie » pour la restauration du site du projet et les éventuels travaux de suivi ;
- la mise en œuvre d'un suivi de la récupération de la biodiversité dans le cadre du « projet » élargi.

Patrimoine culturel

Un plan de projet devrait préciser le besoin de permis et/ ou de plans plus détaillés nécessaires pour la gestion du patrimoine environnemental, du patrimoine culturel et des valeurs historiques. Ce besoin, étayé par la législation ou la sagesse, constitue le fondement des plans de gestion du patrimoine culturel à préparer avant l'approbation du projet. Si l'on s'attend à ce que les opérations perturbent des paysages culturels sensibles ou des sites enregistrés, des permis et/ou un plan de gestion du patrimoine culturel seront requis. Leur préparation nécessite généralement des connaissances et des compétences détaillées, et implique habituellement de nombreux spécialistes différents, y compris les propriétaires traditionnels.

L'exigence d'un plan de gestion du patrimoine culturel peut être associée à la législation relative à la propriété traditionnelle autochtone, ou à l'association avec les terres ou les lieux historiques et les paysages classés (étude de cas 24.2). Les valeurs du patrimoine culturel peuvent être associées aux peuples autochtones et à la propriété traditionnelle, aux associations historiques de peuples autochtones et non autochtones, ou aux deux. Si la nature du projet est telle qu'un plan de gestion du patrimoine culturel n'est pas requis par la loi, le gestionnaire de projet peut néanmoins choisir d'inclure l'évaluation du patrimoine culturel dans le processus d'évaluation de l'impact environnemental. Le but d'un plan de gestion du patrimoine culturel est de :

- évaluer et documenter la présence du patrimoine culturel et ses valeurs associées ;
- étudier l'étendue et la nature des valeurs et leur statut juridique ;
- identifier les valeurs patrimoniales culturelles en péril ;
- identifier et travailler avec les propriétaires traditionnels autochtones, le cas échéant ;
- identifier et travailler avec les communautés et les peuples possédant des liens historiques, le cas échéant ;
- analyser si les dommages aux valeurs peuvent être évités et, dans le cas contraire, prescrire des stratégies pour minimiser ces dommages ;
- obtenir l'approbation de procéder selon le plan.

Dans de nombreux pays, une communication avec l'organe gouvernemental chargé de mettre en œuvre la législation relative au patrimoine culturel autochtone et historique sera nécessaire. Les principes et lignes directrices du Conseil international des monuments et des sites (ICOMOS) sous-tendent la planification du patrimoine culturel historique dans le monde (chapitres 4 et 22).

Durabilité des opérations et de la gestion des actifs

Même si les aires protégées jouent un rôle essentiel dans la préservation des biens du patrimoine naturel et culturel de notre planète, il est difficile de penser que ces sites ne subiront pas de pressions croissantes, à l'avenir, sans un engagement généralisé soutenant les principes et pratiques de durabilité environnementale. On pourrait dire que la manière dont les humains se comportent en dehors des limites des aires protégées pourrait être le facteur déterminant clé du destin de ces aires protégées. C'est pour cette raison que les gestionnaires d'aires protégées doivent saisir l'occasion de faire preuve de leadership dans le domaine de la durabilité environnementale.

Politique de durabilité

Les organisations d'aires protégées peuvent faire preuve de leadership en matière de durabilité en élaborant une politique de durabilité solide. La position de l'organisation est ensuite généralement assurée par un système ou un protocole de gestion de l'environnement (SGE) contenant des objectifs et des cibles environnementaux, et identifiant les mécanismes, ainsi que les rôles et responsabilités en matière d'évaluation. Cela renforcera la réflexion sur la durabilité au sein des organisations, en soutenant l'évaluation de l'impact environnemental et en guidant les opérations.

Analyse de rentabilité de la durabilité environnementale

Les politiques et procédures de durabilité devraient refléter une approche à triple résultat (TBL) (DEH, 2003), ce qui signifie que les avantages environnementaux, sociaux et économiques doivent tous être pris en compte. Le cadre TBL représente la meilleure option pour soutenir l'analyse de rentabilité nécessaire pour justifier les améliorations de la durabilité environnementale, car il aide à quantifier le retour sur investissement (RSI) en utilisant une compréhension plus holistique des avantages. Le RSI est un terme commercial courant pouvant aider à la communication des résultats recherchés à un public d'affaires conventionnel.

Les projets d'efficacité énergétique peuvent, dans certains cas, présenter un retour sur investissement relativement intéressant, car les économies associées aux améliorations de l'efficacité énergétique peuvent permettre de rembourser rapidement l'investissement. Une fois que le coût des travaux a été récupéré, les économies réalisées peuvent être utilisées pour mettre en œuvre d'autres travaux d'efficacité énergétique, ou peuvent être redirigées vers d'autres priorités opérationnelles. La réduction de la consommation d'énergie issue de combustibles fossiles contribue à réduire les émissions de gaz à effet de serre et autres impacts atmosphériques et terrestres. Cela peut, à son tour, générer des dividendes environnementaux, sociaux et économiques significatifs pour l'ensemble de la communauté.

Principes clés de durabilité pour les opérations dans les aires protégées

Quatre principes clés de durabilité devront être pris en compte par les gestionnaires de projet pour les opérations dans les aires protégées.

Leadership : faire preuve de leadership pour atteindre les principes et pratiques de durabilité lors de la réalisation des opérations et de la prise de décisions relatives à la conception des actifs et aux matériaux.

Triple résultat : les objectifs de durabilité environnementale, sociale (y compris culturelle) et économique guident la conception, la construction, l'entretien et l'élimination des actifs en fin de vie. Les décisions de conception contribuant à la durabilité environnementale sont un investissement, et non un simplement un coût financier. Voici quelques exemples de considérations pratiques en matière de leadership à triple résultat pour les opérations dans les aires protégées :

- entreprendre des évaluations d'impact environnemental, social et culturel appropriées (voir « Planification des opérations », ci-dessus), et mettre en œuvre les mesures nécessaires pour éviter ou minimiser les impacts ;
- collaborer avec les communautés locales et les propriétaires traditionnels pour être sensibles à leur besoins, encourager la participation et l'appropriation, et minimiser ou éviter l'impact sur les valeurs sociales et culturelles ;
- développer une analyse de rentabilité basée sur la TBL, afin d'identifier le retour sur investissement le plus approprié et promouvoir l'investissement dans une bonne conception ;
- s'assurer que le travail est effectué de manière sûre pour les travailleurs et la communauté ;
- donner la préférence à l'utilisation de matériaux non toxiques ou de matériaux à faible toxicité ;
- maximiser la valeur économique pour les communautés locales et utiliser des matériaux et services locaux, si possible ;
- utiliser des matériaux de construction durables, qui répondent à des normes de certification contemporaines et internationalement acceptées (comme les bois durables certifiés) ;
- tenir compte de l'empreinte carbone des travaux, et minimiser ou compenser cette pollution.

Prise en compte du cycle de vie complet des actifs : l'évaluation des coûts et avantages environnementaux et matériels d'un actif s'effectue de manière holistique en examinant toutes les étapes de la vie de ce bien, y compris la conception, la fabrication, la construction, l'entretien et l'élimination en fin de vie. Les considérations relatives à la prise en compte du cycle de vie complet des opérations incluent :

- des conceptions cherchant à optimiser la portée de techniques de fabrication, de construction et d'entretien respectueuses de l'environnement ;
- une réduction des coûts du cycle de vie au minimum, grâce à l'utilisation de matériaux et d'équipements nécessitant peu d'entretien, et offrant une durée de vie utile maximale.

Efficacité des ressources : compte tenu des budgets modestes et décroissants disponibles pour de nombreuses aires protégées, l'efficacité des ressources dans les opérations est critique et responsable à l'échelle mondiale. Les coûts peuvent être minimisés par une bonne conception, le type de matériaux utilisés et les exigences d'entretien. Les exemples de domaines où l'efficacité des ressources dans les opérations peut être optimisée incluent :

- concevoir des actifs proportionnels aux besoins, et réutiliser de manière adaptative les installations existantes lorsque cela est possible ;
- concevoir les actifs de façon à minimiser la consommation de ressources, l'énergie, l'eau et les déchets ;
- respecter des normes préétablies de quantité et de qualité pour la consommation d'énergie et la production et l'élimination des déchets ;
- utiliser des matériaux récupérés ou recyclés lorsque cela est pratique et sûr ; afin de maximiser la récupération des matériaux en fin de vie de l'actif ;
- intégrer des systèmes d'énergie renouvelable, le cas échéant, faisables et rentables ;
- minimiser l'utilisation de matériaux de construction à haute énergie ;
- concevoir un aménagement paysager utilisant des espèces locales de l'aire protégée, afin de faciliter la régulation sûre du climat intérieur des bâtiments, tout au long de l'année ;
- envisager un avenir à faible émission de carbone pour le projet achevé, qui pourrait inclure des compensations pour les gaz à effet de serre.

Les relations entre ces principes et avantages en matière de durabilité sont résumées à la figure 24.6.

Plan de gestion des parties prenantes, plan de communication et gestion des médias

Pendant l'exécution d'un projet, des problèmes positifs et négatifs impliquant la communauté et autres parties prenantes peuvent survenir. Ceux-ci peuvent aller de requêtes mineures de certains individus à l'indignation de toute une communauté. La façon la plus efficace de gérer cela est de planifier à l'avance et d'être proactif dans les communications. Au cours de la préparation du plan de projet, une évaluation de la complexité et des risques du projet déterminera si les questions de communication et de médias présentent un faible risque et peuvent simplement être abordées dans le plan de projet, ou si un plan de communication et de gestion des parties prenantes plus complet est requis (chapitre 15). Un plan complet pourrait faire gagner un temps précieux, par la suite, en évitant les problèmes résultant d'une mauvaise communication. Parmi les questions potentiellement controversées qui gagneraient à être abordées dans un plan de communication et de gestion des parties prenantes, mentionnons :

- impacts de la fumée provenant de la réduction planifiée des combustibles forestiers ;

Étude de cas 24.2 Planification du patrimoine culturel autochtone : le sentier de la plaine de Hotham-Dinner dans le parc national alpin, victoria, Australie

Le paysage aborigène des Alpes australiennes est interconnecté et entrelacé avec des lieux importants et sacrés, reliés par des routes de voyage et des sentiers, fréquentés par un riche éventail de groupes linguistiques et de clans aborigènes. Des traces d'occupation remontent à plus de 20 000 ans (Flood, 1996), avec une histoire riche en rassemblements et cérémonies inter-claniques. L'avènement de la colonisation européenne, à partir des années 1830, a décimé la population autochtone par des maladies, des massacres et des déplacements, causant de graves perturbations sociales.

Aujourd'hui, les Alpes australiennes sont une destination touristique populaire, toute l'année, desservie par des stations et villages alpins. Un nouveau sentier polyvalent de 13 kilomètres reliant les villages alpins de Dinner Plain et du mont Hotham a été créé dans le parc national alpin de l'État du Victoria, et dans la station alpine voisine du mont Hotham. Le thème de l'interprétation le long du sentier est « voyagez avec les propriétaires traditionnels le long d'un ancien sentier de montagne pour apprendre le passé, comprendre le présent et découvrir les aspirations futures des peuples autochtones des Alpes ». Le sentier peut être parcouru en marchant, en courant, à ski ou à vélo. La méthode de construction proposée consistait à enlever l'herbe et le sol, le long du sentier, sur une largeur de 2 mètres et une profondeur de 200 millimètres, afin d'y incruster du gravier.

Tout le parcours suit un ancien sentier que les autochtones empruntaient, à la recherche d'un itinéraire sûr et sécurisé des basses terres vers le haut pays, lors de rassemblements et de festins de papillons nocturnes, ou pour traverser les Alpes (Muhlen-Schulte, 2010). Pour les propriétaires traditionnels, les Gunaikurnai, les Dhudhurhoa et les Yaithmathang, cette route représente un attachement important au lieu, à la famille et au pays, et sa richesse et sa diversité complètent d'autres aspects de leur pays traditionnel. Le Victorian Aboriginal Heritage Regulations (Règlement de l'État du Victoria sur le patrimoine aborigène) de 2007 exigeait la préparation et l'approbation d'un plan de gestion du patrimoine culturel (CHMP), car les travaux constituaient une activité à fort impact. Dans ce cas, cela était justifié par la perturbation créée par les machines dans une zone sensible (un parc national). Le CHMP évalue et documente la présence, la nature et l'étendue du patrimoine culturel autochtone, et détermine si les dommages peuvent être évités et, sinon, minimisés. Le plan doit ensuite être approuvé par le parti autochtone enregistré ou, dans le cas où aucun parti autochtone n'est enregistré, par Heritage Victoria, l'autorité administrative responsable du patrimoine autochtone dans l'État du Victoria.

Le CHMP pour le sentier polyvalent Hotham-Dinner Plain (Muhlen-Schulte, 2010) a été préparé en collaboration avec des représentants des trois groupes de propriétaires traditionnels, qui participèrent également aux relevés du site. Il a permis d'identifier et de décrire 19 « sites autochtones ». Ces sites revêtent une importance culturelle pour les autochtones du Victoria et sont classés en vertu de la Loi de 2006 sur le patrimoine autochtone (*Aboriginal Heritage Act 2006*). Le plan concluait que l'activité proposée pouvait se dérouler dans les conditions suivantes (en résumé) :

- un superviseur dirigera les travaux et restera sur place pour s'assurer que la perturbation des sols est minimisée ;
- tous les prestataires et travailleurs devront recevoir une initiation à propos du site par les propriétaires

Passerelle surélevée construite pour protéger un site autochtone de grande valeur dans le parc national Alpin, Victoria, Australie

Source : Gillian Anderson

traditionnels et l'auteur du CHMP, avant le début des travaux, afin d'être sensibilisés au patrimoine culturel et s'assurer que les responsabilités légales sont claires ;

- toute la zone d'activité devra être marquée par un ruban adhésif, afin de s'assurer qu'aucune perturbation ne se produise à l'extérieur de la zone ;
- les étendues des 19 sites aborigènes devront être clairement marquées, afin de minimiser les dommages ;
- deux sites autochtones identifiés comme les plus importants ne devront pas être perturbés. Pour l'un, une passerelle surélevée sera installée, sans aucune machine, et un archéologue sera présent sur place, pendant la construction, pour consigner et restituer les artefacts. Pour l'autre, le gravier sera posé sur des géotextiles ;
- aucun repère de sentier ne sera utilisé sur les sites autochtones, et l'installation de panneaux d'interprétation sur les sites autochtones fera appel à un archéologue, afin de consigner et restituer les artefacts perturbés ;
- le sentier sera rebaptisé avec un nom autochtone par les propriétaires traditionnels ;
- tous les objets collectés devront être restitués en collaboration avec les propriétaires traditionnels.

Les valeurs clés et résultats que le CHMP a apportés à ce projet sont les suivants :

- une meilleure compréhension de l'importance scientifique et de la culture autochtone du site ;
- des possibilités pour les gestionnaires fonciers de travailler avec les propriétaires traditionnels grâce à leur reconnexion avec le pays ;
- l'occasion pour les visiteurs de profiter en toute sécurité et confortablement de la nature et de la culture des Alpes australiennes, tout en apprenant l'histoire autochtone, le lien des propriétaires traditionnels avec le pays et leurs aspirations futures ;
- l'évitement ou la minimisation de l'impact sur le patrimoine autochtone.

Les principales leçons apprises pour le gestionnaire opérationnel de l'aire protégée incluent :

- Évaluer rapidement (à travers le plan du projet) l'impact potentiel de l'activité et déterminer si un CHMP (ou similaire) est nécessaire. Il peut être possible d'éviter un CHMP en évaluant la portée et/ou la méthodologie du projet. Ceci est tout à fait légitime et encourage l'évitement d'impact.
- Prévoir un budget pour les coûts et le temps importants associés à la préparation du CHMP. Cela impliquera des honoraires de consultants et des travaux d'enquête et d'analyse avec les propriétaires traditionnels, qui, en tant que consultants et détenteurs de connaissances, exigent le paiement de leurs services.
- Des intérêts de propriétaires traditionnels peuvent être contestés, et la résolution de ces conflits peut prendre du temps.
- Tenir compte du coût de mise en œuvre des conditions pouvant découler du CHMP.
- Apprécier les informations et les relations précieuses qu'un CHMP révélera pour le site, ainsi que le développement professionnel qui accompagnera l'expérience.

- fermeture de routes, de sentiers de randonnée et d'installations pour des raisons de sécurité ou d'entretien ;
- élimination ou contrôle de plantes ou d'animaux introduits et abattage d'animaux autochtones ;
- retrait de structures, en particulier en ce qui concerne les structures historiques ;
- développement d'installations ;
- réduction des services aux visiteurs en raison des pressions budgétaires ;
- prestation d'un service ou exploitation d'une installation ne se déroulant pas au rythme prévu.

Le but d'un plan de communication et de gestion des parties prenantes est d'informer et d'engager la communauté et les parties prenantes, afin que celles-ci ne se sentent pas exclues de la prise de décision, et d'expliquer pourquoi des mesures opérationnelles sont prises et les avantages qui en découleront. Le niveau exécutif du gouvernement peut être une des parties prenantes clés identifiées par le plan, qui devra être élaboré avec l'équipe d'exécution du projet et comprendre neuf sections clés (figure 24.7).

Exécution des opérations

Une fois le processus consistant à déterminer les priorités opérationnelles, obtenir des financements, programmer le travail, déterminer les capacités, préparer un plan de projet et obtenir les approbations nécessaires terminé et approuvé, il est enfin temps de commencer les travaux et d'exécuter le projet. Voici quelques considérations clés, importantes pour mener à bien les opérations.

Leadership

La mise en œuvre des opérations exige un leadership efficace, faisant preuve de confiance et mettant l'accent sur une organisation et des processus efficaces, et des produits et résultats de qualité et obtenus dans les délais. Des défis surgissent constamment, nécessitant des mesures opportunes et des décisions efficaces pour maintenir le

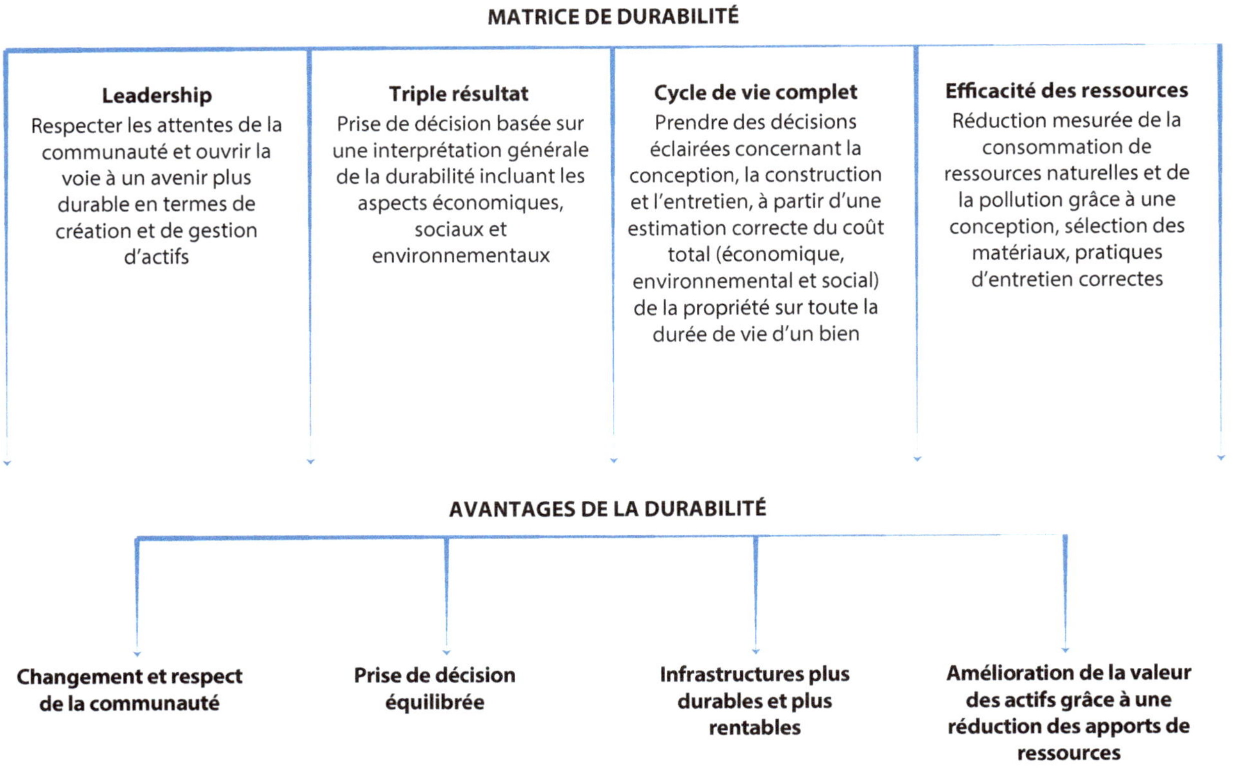

Figure 24.6 Principes et avantages de la durabilité

projet sur la bonne voie. Un bon chef des opérations gère et délègue efficacement, fournit une orientation cohérente et positive au personnel et aux prestataires, tient les parties prenantes bien informées, insiste sur des normes élevées de comportement, de pratiques de travail, de qualité et de gouvernance, garde le cap, fait attention aux détails et gère la charge de travail de l'unité efficacement afin de réduire le stress. Un tel leadership signifie également maintenir une communication efficace et informer des progrès dans toute la chaîne de gestion, et ne pas hésiter à demander des conseils spécialisés en cas de problèmes (voir chapitre 12). Avant tout, un leader veille à ce que le travail soit effectué dans un environnement de travail sûr, conforme aux réglementations en matière de santé et de sécurité au travail.

Travailler avec le personnel

L'exécution de projets repose, en grande partie, sur le personnel des aires protégées, que ce soit pour des actions directes, ou pour la gestion des prestataires. La participation du personnel à l'exécution des projets est généralement identifiée dans les plans de travail et de capacité individuels annuels, afin que les priorités annuelles de chacun et la relation entre les projets soient claires. Cela permet aux membres du personnel de discuter des détails du séquençage opérationnel et autres aspects pratiques avec leur responsable. Les points de départ importants avec le personnel sont l'engagement et l'autonomisation. La participation du personnel opérationnel à la phase de planification facilitera l'appropriation et, par conséquent, un plus grand désir d'obtenir de bons résultats. Le temps investi, au début d'un projet, à expliquer le plan de projet, les tâches à réaliser, et à décrire les rôles, responsabilités et attentes individuels proposés facilitera également l'engagement et l'enthousiasme dans le projet, et évitera tout problème inattendu ou tout décalage dans les qualifications et compétences du personnel. Déléguer autant que raisonnable et autant que possible permettra aux personnel de bien travailler et d'assumer un leadership personnel. Les membres du personnel doivent comprendre qu'une responsabilité accrue entraîne l'obligation de rendre des comptes et d'être responsable des actions et des décisions prises.

La confiance du personnel dans la direction du projet s'obtient également en décrivant les mesures adoptées pour assurer un lieu de travail sûr et des ressources suffisantes. La fatigue est un facteur négatif important pour l'exécution du projet et, si elle n'est pas gérée, elle entraînera de mauvaises performances.

Santé et sécurité au travail

Fournir un lieu de travail et un espace public sûrs est la responsabilité première d'un gestionnaire de projet et de toute son équipe, qu'il s'agisse de responsables, de superviseurs, de prestataires ou de travailleurs. Le chef de projet doit avoir une bonne connaissance pratique de toute législation en matière de santé et de sécurité au travail,

Portée du projet	Décrire le projet et les aspects potentiellement controversés, susceptibles d'avoir un impact sur les parties prenantes, ainsi que de toutes les possibilités de messages positifs.
Objectif de communication	Décrire ce qui doit être obtenu par la communication et les messages clés à faire passer.
Public et parties prenantes clés	Identifier à qui les messages de communication sont destinés. Énumérer les parties prenantes à l'intérieur et à l'extérieur de l'organisation et du gouvernement, leurs intérêts, leur attitude attendue à l'égard du projet et le message pertinent.
Identifier les opportunités de participation pour le public	Identifier les aspects du projet dans lesquels le public peut participer à la prise de décisions et fournir une rétroaction, et comment cela sera communiqué et géré.
Outils	Identifier les outils les plus efficaces pour chaque public et chaque partie prenante. Il peut s'agir d'information sur un site web, de reportages dans les médias, de bulletins, de réunions ciblées, de séances d'information et de communications personnelles, d'affichage, de programmes d'éducation et d'interprétation ou d'établissement d'un groupe de parties prenantes spécifiques.
Responsabilité et calendrier	Indiquer à quel moment, pendant la phase d'exécution, chaque outil sera utilisé et qui sera responsable.
Questions fréquentes	Préparer une liste des questions susceptibles d'être posées au sujet du projet, ainsi que les réponses à ces questions. Celles-ci peuvent être publiées au début du projet, ou utilisées comme outil interne, en cas de problème.
Porte-parole	Identifier le porte-parole du projet. Cette étape doit être strictement respectée afin que les messages soient cohérents et précis. La personne doit connaître les médias et être habituée à prendre la parole en public. Les médias, la communauté et les parties prenantes préfèrent avoir des contacts réguliers (voir le Chapitre 15).
Budget	Budgétiser et allouer un financement de projet adéquat pour la communication et la gestion des parties prenantes.
Mesures de la performance	Déterminer les mesures de performance clés pour évaluer le succès de la mise en œuvre du plan.

Figure 24.7 Sections clés d'un plan de communication et de gestion des parties prenantes

ainsi que des politiques et procédures relatives à la sécurité organisationnelle sur le lieu de travail. Le plan de projet aura, en théorie, tenu compte et évalué les risques au travail associés au projet. Cela doit ensuite être opérationnalisé par une analyse de la sécurité au travail, consistant en une évaluation spécifique des tâches opérationnelles, des risques potentiels et des mesures d'atténuation connexes. Celle-ci est développée avec la contribution de toute l'équipe de projet ou les prestataires, et est approuvée par le gestionnaire de projet. Il est prudent, pour le gestionnaire de projet, d'avoir des réunions quotidiennes de « boîte à outils » avec le personnel des opérations ou les prestataires, afin de discuter des activités de la journée et passer en revue l'analyse et les mesures de sécurité au travail. Les considérations relatives à la gestion des risques opérationnels en matière de sécurité au travail incluent :

- fournir des directives, des procédures et une formation sur l'utilisation d'outils, d'équipements, d'installations et de véhicules spécifiques, l'utilisation de produits chimiques, l'utilisation sécuritaire d'armes à feu, et les opérations de recherche et de sauvetage ;
- s'assurer que les accréditations et la formation spécifiques du personnel soient à jour ;
- fournir des directives pour travailler dans des conditions météorologiques extrêmes ;
- utiliser les équipements de protection individuelle ;
- fournir du matériel de premiers soins, une formation en premiers soins et des procédures d'évacuation d'urgence.

La sécurité publique ainsi que la sécurité des travailleurs doivent également être prises en compte. Cela peut impliquer :

Un garde armé assurant la sécurité des visiteurs est primordial lors de l'observation de gros animaux, comme dans la réserve de faune de Mkhuze, en Afrique du Sud

Source : Ian Pulsford

- la fermeture de routes, de chemins de randonnées ou de bâtiments ;
- la fermeture de zones constituant des zones de survol ou de dépôt ;
- la fermeture de grandes superficies pour les opérations d'abattage ;
- la fermeture des zones en phase de récupération après des événements à l'échelle des paysages, tels que les incendies et les inondations ;
- la présence de panneaux d'avertissement adaptés et appropriés sur les chantiers.

La fermeture d'aires protégées pour des raisons de sécurité peut nécessiter une approbation de haut niveau. Cela doit être planifié et réalisé bien avant les opérations du projet.

Mise en œuvre : le plan de projet

Le plan de projet et les documents connexes, tels que les plans de gestion de l'environnement, du patrimoine culturel, des risques et des communications, doivent fermement guider la mise en œuvre du projet, en accordant une attention particulière aux délais et aux phases critiques (voir Planification des opérations, ci-dessus). Des situations peuvent survenir dans lesquelles le plan initial de projet doit être revu. La souplesse et l'adaptation à des circonstances changeantes ou à de nouvelles informations sont, en fait, normales pour tous les projets. Tout changement, cependant, doit être officiellement modifié sur le plan de projet, et ré-approuvé.

Approbations, permis et notifications

Le plan du projet indique toutes les approbations, tous les permis et toutes les notifications nécessaires à la mise en œuvre des travaux. Certaines approbations peuvent nécessiter des rapports de suivi et une surveillance. La mise en œuvre du projet ne se poursuivra que lorsque tous les documents approuvés auront été reçus, et que toutes les conditions requises auront été soigneusement intégrées au plan de projet.

Soutien à la gestion de projets

Afin de garder les projets les plus complexes sur la bonne voie, la communication et la prise de décisions peuvent nécessiter la participation d'un groupe élargi de parties prenantes et de personnel. Selon la nature du projet, des groupes de gouvernance, de direction, de consultation et de référence technique peuvent être formés. Ceux-ci pourraient nécessiter un soutien administratif. Pour les projets complexes, il est souvent prudent d'établir un petit groupe de contrôle du projet, chargé de gouverner le projet. Il sera généralement dirigé par le promoteur du projet ou un cadre supérieur et autres décideurs clés. Le gestionnaire de projet est responsable devant le groupe de contrôle du projet, mais n'en fait pas partie, afin d'assurer son indépendance en matière de gouvernance. Le groupe de contrôle de petits projets n'est pas un groupe technique ou consultatif, mais son rôle clé est plutôt de diriger les procédures et la gouvernance du projet.

Un comité directeur de projet peut être établi pour les grands projets. Il rassemblera un éventail de personnel interne possédant diverses compétences et fonctions liées au projet, afin de le guider vers un résultat positif. Pour les projets impliquant de nombreuses parties prenantes, ou les projets d'intérêt communautaire, il est sage d'établir un groupe de référence des parties prenantes afin de s'assurer que les parties prenantes clés sont tenues informées tout au long du projet. Le groupe de référence des parties prenantes peut être un groupe plus important et fonctionner comme une table ronde collaborant au projet et fournissant des conseils, mais ce n'est pas un groupe décisionnel. Les projets de nature hautement technique bénéficieront de la création d'un groupe d'experts chargé de donner des conseils sur les questions techniques, à mesure qu'elles se posent, ainsi que sur les recherches pertinentes.

Rapports

Un gestionnaire de projet fournira régulièrement des rapports à l'organisation et aux parties prenantes sur l'état d'avancement de l'exécution du projet. Habituellement, les rapports sont établis mensuellement et rendent compte de l'avancement des quatre étapes clés d'un projet : planification, approvisionnement, exécution et évaluation. L'utilisation de rapports mensuels sous forme de « feux tricolores » offre un système de rapports simple. Le vert indique que le projet est sur la bonne voie, dans les limites de temps et de budget, le jaune indique un risque lié aux délais d'exécution, et le rouge indique un échec probable. Les indicateurs jaunes et rouges seront accompagnés de propositions de mesures correctives, dans le cadre du rapport. Si un groupe de référence des parties prenantes est formé, des rapports qualitatifs sur l'état d'avancement du projet devront généralement être fournis.

Imprévus

La planification de l'inattendu peut sembler une contradiction, mais elle est néanmoins essentielle. La planification de projets implique de tenir compte des éventualités, afin de faire face à l'imprévu, et d'anticiper la façon dont celles-ci pourraient être gérées. Voici quelques exemples :

- coûts de matériel et/ou d'un prestataire plus élevés que prévu ;
- incendies et autres incidents ayant une incidence sur la disponibilité du personnel et des prestataires ;
- aléas météorologiques affectant les délais d'exécution ;
- indisponibilité du personnel clé ;
- prestataires ne respectant pas les conditions du contrat ;
- indisponibilité de machines ou de matériel aux dates prévues.

Certaines de ces éventualités peuvent être gérées en prévoyant une partie du budget (souvent environ 10 %) pour gérer les aspects financiers. Il est également prudent de mettre en place des mécanismes de continuité des activités pour les périodes à risque élevé, comme les périodes d'incendie ou d'inondation. Il peut s'agir notamment de disposer de prestataires capables de travailler de façon indépendante, ou de superviseurs et spécialistes additionnels, recrutés en cas d'indisponibilité du personnel clé. Un bon gestionnaire de projet prévoit et prédit, en permanence, les interruptions potentielles du projet.

Locataires, titulaires de licences et de concessions

Les services des aires protégées peuvent être fournis en partenariat avec des entreprises externes au moyen d'accords officiels de licence ou de baux. Ceux-ci peuvent être associés à des services sur une vaste zone, comme un parc ou un groupe de parcs, un site particulier ou un service mobile. Ils peuvent inclure :

- les cafés et restaurants ;
- les centres d'accueil ;
- la perception de revenus ;
- les camping ;
- les hébergements couverts sous forme de tentes, cabanes, ou hôtels de type safari ;
- l'éducation et l'interprétation à l'intention des visiteurs ;
- les services de porteurs et de guides.

Le gestionnaire des opérations doit établir une relation et un partenariat solides avec l'entreprise, afin d'assurer une compréhension mutuelle de l'équilibre entre les valeurs et les objectifs de l'aire protégée et l'environnement commercial. Plus une entreprise est prospère dans une aire protégée, plus il est probable que les valeurs du site soient bien comprises et gérées par l'entreprise, et que la relation avec le gestionnaire de l'aire protégée soit saine.

Travailler avec des prestataires

Les prestataires peuvent être une ressource essentielle pour la réalisation des opérations dans les aires protégées. Ils fournissent des compétences et un travail spécialisés sur lequel on peut compter, de façon régulière. Le personnel travaillant avec des prestataires devrait avoir une formation appropriée à la gestion des contrats et procédures organisationnelles pertinentes. Certaines utilisations courantes de prestataires pour les opérations d'aires protégées incluent :

- construction et entretien de routes et de sentiers de randonnée ;

Prestataires spécialisés dans la lutte contre les mauvaises herbes, parc national Alpin, Victoria, Australie
Source : Rick Box

- construction, entretien et maintenance de bâtiments et d'installations ;
- travaux de contrôle de plantes et d'animaux introduits ;
- travaux de restauration de sites perturbés ;
- services de gestion de projet ;
- étude d'impact environnemental et sur le patrimoine culturel pour les travaux proposés ;
- travaux de protection et de suppression des incendies impliquant des machines ;
- pépinières pour la fourniture de plantules pour les travaux de restauration ;
- services de sécurité ;
- services de transport, y compris les hélicoptères ;
- recherche et suivi ;
- préparation des plans et stratégies de gestion ;
- services aux visiteurs.

Le maintien d'une bonne relation avec les prestataires spécialisés, et l'acquisition d'une compréhension approfondie des compétences et normes attendues, fournissent une base de ressources et une capacité efficientes et efficaces pour les gestionnaires d'aires protégées. Cela peut être plus efficace que le renforcement interne de ces compétences, de ces machines et de ces ressources dans la capacité de l'organisation. Le fait de disposer de ressources externes disponibles pour la prestation opérationnelle réduit également la probabilité d'échec lorsque les ressources organisationnelles sont redirigées vers d'autres demandes, telles que les incendies et les urgences. Il est important, cependant, de s'aligner sur l'intention des accords de relations professionnelles pertinents, en ce qui concerne l'utilisation appropriée du personnel et des prestataires, et d'être clair sur le rôle des prestataires dans la représentation publique de l'organisation.

On ne saurait trop insister sur l'importance de disposer d'une « offre de services » ou d'un « mémo » bien structuré, à l'intention des prestataires. De nombreuses organisations d'aires protégées disposent de documents juridiques standards pour les offres de services, les appels d'offres et les contrats. Le temps et les efforts investis dans le mémo peuvent éviter des problèmes, plus tard, avec des contrats mal définis. Sur la base du plan de projet, le dossier d'appel d'offres devrait indiquer clairement au soumissionnaire contractuel :

- le cadre des travaux requis et les éventuelles contraintes environnementales, culturelles ou communautaires, ou conditions climatiques particulières ;
- les arrangements commerciaux de l'organisation chargée de l'aire protégée à la recherche d'un prestataire ;
- la tâche et quels produits et résultats sont recherchés exactement, où, quand et pourquoi ;
- les principales étapes du projet ;
- les accréditations, assurances, politiques et procédures en matière de santé et de sécurité au travail et autres exigences commerciales envers le prestataire ;
- la méthode de paiement, le calendrier de paiement et le budget.

Les contrats de produits et de services sont généralement attribués en utilisant l'une des deux principales méthodes de paiement suivantes : « paiement forfaitaire » ou « barème de paiement ».

Les contrats forfaitaires exigent un seul devis final pour le coût total de la prestation. Deux approches peuvent être utilisées. Le budget disponible peut être divulgué pour guider le prestataire sur la portée du projet, auquel cas le prestataire retenu est choisi en fonction de la meilleure probabilité d'exécution de qualité. Alternativement, lorsque le prix est l'élément principal de décision, le budget n'est pas divulgué lors de la demande d'un devis forfaitaire. Les contrats forfaitaires sont mieux adaptés aux travaux pouvant être clairement spécifiés et articulés. L'avantage des devis forfaitaires est que le coût d'exécution du projet est connu avant de commencer. L'inconvénient est que les prestataires intégreront un risque important dans leurs devis, en particulier si les spécifications sont imprécises et que le projet risque de ne pas représenter le meilleur rapport qualité-prix.

Les contrats à barème de paiement sont des contrats où les devis sont demandés en fonction d'un taux horaire ou journalier pour des services, et sont mieux adaptés aux travaux difficiles à préciser ou à articuler entièrement, et pour lesquels une certaine souplesse est requise par le gestionnaire de projet pour s'adapter à l'évolution des circonstances. L'avantage est la flexibilité, et le fait que les prestataires seront plus compétitifs, étant donné qu'ils n'auront pas besoin d'intégrer de marge de risques, car ils seront simplement payés pour le temps travaillé. L'inconvénient est que le gestionnaire de projet doit gérer les budgets de façon plus précise, afin de s'assurer que le projet reste dans les limites du budget. Il n'y a donc aucune garantie que tous les résultats du projet soient réalisables avec le budget disponible.

Le mémo ou l'offre de services doit inclure une indication claire des critères de sélection utilisés pour sélectionner le prestataire retenu. Certains critères de sélection courants incluent :

- qualifications ou accréditation appropriées requises pour la tâche ;
- expérience démontrée dans le domaine de travail ;
- qualité du personnel et de l'équipement ;
- rapport qualité-prix ;
- disponibilité à des moments critiques ;
- bon dossier de sécurité et politique de santé et de sécurité au travail de l'entreprise ;
- capacité démontrée à accomplir la tâche.

Un comité d'appel d'offres est généralement constitué pour évaluer les offres et fournir une recommandation au gestionnaire des opérations. Pour éviter tout risque de corruption, les membres du Comité d'appel d'offres devront avoir déclaré tout lien avec l'un des soumissionnaires et la nature de ces liens. Dans certaines circonstances, ils ne pourront pas participer au comité d'appel d'offres. Une vérification des antécédents et des références permettra de confirmer le caractère et la qualité du travail du prestataire. Enfin, il est sage de vérifier qui sera effectivement sur place et qui effectuera les travaux. Vous pouvez penser que vous avez engagé un opérateur de qualité mais constater que le travail est effectivement réalisé par d'autres employés ou sous-traitants.

L'utilisation de « panels de fournisseurs privilégiés » est un moyen efficace d'engager des prestataires. Cela réduit la nécessité de demander des devis ou des appels d'offres pour chaque projet afin de répondre aux exigences de gouvernance. Des panels sont établis pour pré-approuver les prestataires pour différents groupes de fonctions opérationnelles, comme par exemple, un panel « contrôle des plantes et animaux introduits ». Le panel de fournisseurs privilégiés est mis en place en invitant les prestataires potentiels à soumettre des informations concernant les détails commerciaux pertinents, tels que les plans d'assurance et de santé et de sécurité au travail, les compétences et qualifications, le personnel employé, les équipements et les tarifs. Les fournisseurs considérés comme répondant aux normes appropriées sont ensuite approuvés comme membres du panel. Le gestionnaire de projet peut ensuite utiliser le panel pour inviter et sélectionner le prestataire le plus approprié en fonction des compétences, des ressources et des tarifs requis pour un travail.

Gestion des prestataires

Les prestataires devront être gérés selon les principes d'équité, de respect, de confiance et de bénéfice mutuel. Les gestionnaires doivent aussi comprendre et respecter les besoins des prestataires, y compris leur besoin de rentabilité. L'établissement d'une relation juste et saine avec des prestataires de qualité est un résultat important pour le gestionnaire de l'aire protégée.

Les prestataires doivent être gérés comme un employé, en s'assurant qu'ils répondent à toutes les normes organisationnelles et communautaires attendues. Certains des facteurs clés à considérer lors de la gestion des prestataires sont les suivants :

Séance d'information et d'initiation des prestataires

Le prestataire principal doit avoir une compréhension claire, avant le début des travaux, de l'accord contractuel, de la possibilité de recours à des sous-traitants, de la portée des travaux et des mesures de la performance, ainsi que des exigences de tous les plans pertinents. Une initiation complète au lieu de travail de l'aire protégée peut alors être réalisée avec les prestataires, leurs employés et sous-traitants avant de commencer à travailler. L'induction comprend généralement :

- information sur le contexte géographique du site de projet de l'aire protégée ;
- un code d'éthique et de comportement approprié ;
- sécurité au travail, sécurité publique, identification des risques et analyse de la sécurité au travail ;
- interventions d'urgence et procédures d'évacuation ;
- questions environnementales et culturelles ;
- personnel clé et leurs rôles ;
- principales parties prenantes ;
- outils et canaux de communication.

Il est prudent de fournir des notes d'introduction et de demander à tous les participants à l'induction de signer une déclaration indiquant qu'ils ont assisté à la session et comprennent tous les sujets abordés. Si de nouveaux sous-traitants ou employés sont engagés pour le travail, le prestataire devra s'assurer qu'ils sont dûment informés.

Supervision des prestataires

La clé du suivi efficace d'un contrat est une communication claire et décisive, garantissant l'existence de canaux de communication bidirectionnels entre le superviseur du projet et le prestataire. Le contrat doit être clair sur les aspects d'autorité, afin que les prestataires ne reçoivent pas d'instructions et de commentaires d'un éventail de membres du personnel. Cela peut conduire à une confusion de la part du prestataire au sujet de la direction du projet, conduisant à de mauvais résultats et à des réclamations de la part des prestataires pour les variations dues à la perte de temps.

Le superviseur de projet devra établir une bonne relation de travail professionnelle et de confiance avec le prestataire. Le meilleur moyen d'y parvenir est d'organiser des réunions régulières avec le prestataire, plutôt que de surveiller et d'interférer constamment avec le superviseur du projet. Ce dernier doit être à l'écoute du prestataire, lorsqu'il en fait la demande.

Rapports, conformité et cautionnement renouvelable

Des réunions régulières entre le prestataire et le superviseur fourniront des rapports d'étape et un suivi des étapes critiques, afin que les paiements intermédiaires puissent être autorisés. Dans le cas de travaux sur le terrain, il sera utile de rendre compte de l'état d'avancement de l'exécution des produits et des résultats. Pour les titulaires de permis ou de concessions, il s'agira d'une réunion planifiée, avec un ordre du jour standard des points liés à la relation aire protégée/domaine de permis et aux conditions du permis. Ce sera le moment de discuter de la conformité aux conditions du contrat ou du permis, et de soulever toute question devant être abordée. Si des questions sérieuses de conformité venaient à être identifiées, celles-ci devraient être adressées par écrit au prestataire ou au titulaire de permis, en vue d'obtenir une réponse officielle aux fins de rectification. Dans le cas où le respect des conditions ne serait pas adéquatement géré, dans un délai juste et raisonnable pour le faire, cela pourrait justifier le retrait du contrat ou de la licence, et éventuellement une demande d'indemnisation pour corriger la situation. Les contrats devraient inclure une clause de règlement des différends, par le biais d'un arbitre indépendant.

Dans certains cas, des contrats incluent des frais de cautionnement « renouvelables ». Le gestionnaire de contrat peut utiliser ces frais de cautionnement pour rétablir toute perturbation non autorisée de l'aire protégée. En vertu du contrat, le montant mis en caution est automatiquement et immédiatement réapprovisionné s'il est utilisé, et peut être utilisé à nouveau en cas de nouvelle infraction.

Les prestataires peuvent également être tenus de consigner et de signaler les emplacements de leur activité. Cela est courant, par exemple, pour les travaux de lutte contre les mauvaises herbes, où le prestataire est tenu non seulement de traiter les espèces de mauvaises herbes, mais également de consigner, à l'aide d'un GPS, l'emplacement, la date, l'herbicide utilisé et autres renseignements requis par le gestionnaire. Ces informations sont précieuses pour le gestionnaire de l'aire protégée, pour collecter des données de cartographie des mauvaises herbes et des activités de contrôle, afin d'aider à déterminer le rendement global des programmes et les besoins futurs. Dans ce cas, la compétence du prestataire pour fournir cette information correctement est aussi importante que l'application appropriée de l'herbicide.

Considérations relatives à la performance et au paiement

Les paiements contractuels seront assujettis à l'atteinte des résultats de performance définis dans le contrat. Plus la définition du produit attendu sera claire dans le contrat, plus il sera simple d'autoriser le paiement ou de justifier un non-paiement. Les contrats plus importants impliqueront des paiements partiels à des étapes définies. Le prestataire doit fournir un rapport écrit sur ces étapes pour réclamer le paiement. Le gestionnaire de contrat évaluera le rapport, analysera les résultats sur le terrain et déterminera si l'étape a été respectée de manière adéquate par rapport à la norme requise pour autoriser les paiements. Les prestataires peuvent demander un paiement anticipé à des fins de trésorerie. Bien que cela puisse être tentant pour maintenir des relations de travail, cela doit être évité, afin de prévenir toute expérience professionnelle embarrassante où un prestataire abandonne un projet après avoir reçu un paiement pour des travaux non terminés.

De temps à autre, les prestataires ne respecteront pas leurs obligations convenues. Il est important pour le superviseur du contrat d'être attentif aux signes de sous-performance potentielle, dès le début du projet, et de les aborder de manière décisive. Ces premiers signes peuvent inclure le glissement des délais d'exécution, rogner sur les dépenses, une présence peu fiable sur un chantier, des communications évasives ou des rapports médiocres. Un mauvais rendement est identifié et discuté lors des réunions régulières avec le prestataire, ou lors d'une réunion spéciale. Le superviseur de projet doit présenter officiellement les problèmes de sous-performance, demander réparation, les inscrire dans le procès-verbal de la réunion et faire un suivi par écrit avec le prestataire, qui sera évalué à la prochaine réunion. En cas de mauvaise performance, une lettre sera envoyée au prestataire pour l'avertir qu'une non amélioration de la performance pourrait entraîner la résiliation du contrat. La première étape de la gestion des performances consiste à préciser clairement les attentes en matière de performance dans le contrat. Il n'est ni acceptable ni défendable de rendre un prestataire responsable de mesures de performance non précisées.

Le superviseur de projet peut également ne pas respecter une norme prévue, par exemple, ne pas fournir de cartes importantes ou de notes d'information en temps opportun. Le prestataire devra disposer d'une possibilité de recours, si cela devient nécessaire.

Logistique

La planification de la logistique est une tâche fondamentale pour une exécution efficace des projets. Les compétences et le temps investis pour réunir les bons outils, véhicules, machines et équipements, matériaux, ressources humaines et services de soutien au bon moment ne sauraient être sous-estimés. Si le projet est exécuté par un prestataire, il est sage d'intégrer le plus possible le rôle de logistique aux responsabilités du prestataire, afin que tous les coûts de retards soient assumés par celui-ci. Les considérations logistiques typiques pour les projets incluent les aspects ci-après.

Transports

Un transport est nécessaire pour acheminer efficacement le personnel, les machines, l'équipement, les matériaux et les déchets sur et hors du site du projet. Le transport peut inclure des bicyclettes, des motocyclettes, des véhicules tout-terrain, des camions, des autobus, des bateaux, des aéroglisseurs, des avions, des hélicoptères et tout autre moyen de transport. Dans les zones montagneuses reculées, cela peut également inclure l'utilisation d'animaux comme les yacks, les lamas, les chevaux, les ânes et les mulets. Les gestionnaires de projet doivent soigneusement équilibrer les impacts, la logistique et l'efficacité associés aux options de transport afin de choisir les moyens les plus appropriés.

Considérations relatives à la quarantaine

Limiter la propagation de pathogènes particuliers ou d'espèces envahissantes est un objectif de nombreuses aires protégées. Certaines disposent de postes où les personnes doivent nettoyer leurs chaussures et leur équipement avant d'entrer, ou exigent que les embarcations soient nettoyées avant leur mise à l'eau. De nombreuses aires protégées sont d'importants sanctuaires de faune sauvage et appliquent des dispositions de quarantaine. Les stations de lavage des machines lourdes déplacées pendant les opérations d'incendie deviennent une pratique normale. Le nettoyage et la désinfection en profondeur de tout équipement entrant dans une aire protégée est considéré comme une pratique de base souhaitable pour toutes les aires protégées, en particulier dans les zones connues pour la présence de mauvaises herbes et/ou d'agents pathogènes.

Mules transportant des marchandises dans le sanctuaire de faune de Sakteng, Bhoutan

Source : Peter Jacobs

Hébergement et nourriture

Certains sites du projet peuvent disposer de logements à proximité, incluant de la nourriture, des abris et des toilettes, tandis que d'autres sont isolés, impliquant de longs temps de déplacement vers des camps de base éloignés. Dans tous les cas, la fourniture d'une nourriture saine et d'eau, de matériel de premiers soins, de chambres et de toilettes propres, et le respect de bonnes habitudes de sommeil et d'activités de loisirs après le travail sont essentiels. En ce qui concerne le travail dans les régions éloignées, des accords concernant le lieu de travail peuvent prévoir des horaires de travail sur place plus longs, en échange d'une semaine de travail plus courte et/ou de charges salariales spéciales.

Sites de projet

Les sites de projet doivent être soigneusement conçus, situés et limités, en séparant les zones destinées aux animaux, aux véhicules, à l'atterrissage d'avions, à l'équipement, aux matériaux et aux déchets des zones d'abri, de couchage, de cuisine et de toilettes.

Machines et équipements

Le gestionnaire de projet doit s'assurer que les machines du projet soient appropriées, certifiées, opérationnelles et disponibles, en vérifiant que des pièces de rechange, des outils d'entretien, des carburants et des huiles sont disponibles et que l'entretien de routine est effectué pendant le projet. Sécuriser l'accès aux aéronefs peut être difficile. Il est complexe d'acquérir les aéronefs adaptés, d'obtenir l'équipement et le personnel spécialisés nécessaires pour effectuer les opérations de vol, de préparer les plans d'exploitation et les approbations, et de sécuriser les aires d'atterrissage autorisées.

Matériaux

Le gestionnaire de projet doit s'assurer que les matériaux requis pour le travail soient achetés et entreposés en toute sécurité, sur place, bien avant qu'ils ne soient requis. Les considérations incluent :

- Le matériau est-il le mieux adapté ?
- Le matériau est-il compatible avec le site du projet ?
- Le matériau provient-il d'une source locale, durable et accréditée ?
- Existe-t-il des alternatives durables fabriquées en acier et en matériaux artificiels ?
- Le matériau est-il exempt de produits chimiques potentiellement nocifs ?
- Le matériau est-il exempt d'espèces végétales introduites et d'agents pathogènes ?

Équipement de protection individuelle

Les gestionnaires de projet devront veiller à ce que le personnel de chantier dispose d'équipements de protection individuelle appropriés pour le travail, tels que casques de sécurité, combinaisons, chaussures, protections auditives, masques faciaux et, lorsque des produits chimiques sont utilisés, combinaisons, gants spécialisés, masques faciaux, ainsi que des installations de lavage après le travail.

Sécurité

Les sites de projets situés dans des aires protégées sont vulnérables à l'accès non autorisé, au vandalisme, au vol et, dans certains cas, au terrorisme. Les gestionnaires de projet devront envisager de fournir un lieu de travail sûr, proportionné à la menace. Cela peut inclure des clôtures de sécurité et la présence d'un service de sécurité.

Gouvernance des opérations

La gouvernance fait référence aux processus par lesquels les organisations sont dirigées, contrôlées et tenues responsables (chapitre 7). La gouvernance est une fonction opérationnelle fondamentale pour les organisations chargées des aires protégées, et certains principes de « bonne gouvernance » pour les opérations sont décrits ici. Les gestionnaires d'opérations doivent s'assurer qu'ils soient bien informés des exigences en matière de gouvernance des projets qu'ils gèrent. Les questions à prendre en compte incluent :

- autorité d'approbation du projet ;
- autorité d'approbation financière ;
- plans d'affaires, plans d'action et plans de projet approuvés par l'organisation ;
- politiques et procédures organisationnelles, en particulier en ce qui concerne les achats de biens et de services ;
- législation pertinente ;
- contrats, consentements et documents approuvés par l'organisation.

Une bonne gouvernance exige que :

- les achats de biens et de services soient effectués de manière ouverte, équitable et transparente, sans discrimination ni avantage indu ;
- tous les projets et contrats soient gérés de manière à obtenir les meilleurs résultats possibles pour l'argent disponible ;
- tous les projets et contrats soient gérés conformément aux obligations légales, aux plans d'action, aux plans de projets et aux contrats approuvés, et que toute variation soit approuvée et consignée ;
- toutes les opérations d'achat, d'approvisionnement et autres, y compris les contrats et les décisions clés, soient consignées et classées dans le système de classement officiel de l'organisation et puissent être vérifiées à tout moment ;
- les documents standards officiels soient utilisés pour tous les accords et dispositions contractuels (sauf approbation contraire par un conseiller juridique) ;
- le personnel déclare tout conflit d'intérêts et se retire de la prise de décisions, le cas échéant ;
- le personnel s'assure que toutes les décisions et actions qu'il prenne relèvent de son autorité et soient mises en œuvre d'une manière conforme à la loi et aux politiques et procédures de son organisation ;
- toute recommandation soit faite après une analyse complète des risques par rapport aux résultats escomptés ;
- pour les projets complexes, il est plus prudent de recourir à des conseils juridiques pendant la phase de planification.

Gestion des actifs et opérations

Les opérations des aires protégées reposent sur une gamme d'actifs pour leur mise en œuvre efficace. Les actifs peuvent être transférables ou de nature capitalistique (immobilisations), être détenus ou loués. Les actifs transférables sont généralement des installations et des équipements, des outils manuels, tronçonneuses, véhicules tout-terrain, fusils, cages d'animaux, bateaux, tondeuses à gazon et débroussailleuses, sulfateuses, camions et tracteurs, etc. Les immobilisations comprennent généralement des ateliers, des bureaux, des centres d'accueil, des hangars d'entreposage, des installations destinées aux visiteurs et des infrastructures telles que des routes, des sentiers pédestres et des ponts. La gamme et la nature des actifs seront influencées par le type d'aire protégée (chapitre 2) et les ressources de l'organisation chargées des aires protégées. Cette section décrit comment les organisations chargées des aires protégées gèrent leurs actifs.

La définition d'un actif peut varier entre les industries (IPWEA, 2011 ; IASB, 1998). Dans le cas des aires protégées, cependant, ils sont définis ici comme des « objets physiques construits par des personnes pour fournir des services pour la jouissance ou la gestion d'une aire protégée ». Selon cette définition, les actifs sont des objets réels (et non des idées intangibles, telles que la propriété intellectuelle ou la bonne volonté). Ce ne sont pas des animaux sauvages, des paysages ou des personnes. De par leur nature « construite », ils cesseront de fonctionner efficacement à un moment ou à un autre. Les actifs :

- existent pour fournir des services, qui peuvent inclure une valeur inhérente, telle que l'importance pour la communauté ou le patrimoine ;
- ont une valeur financière qui évolue au cours de leur durée de vie ;
- ont une valeur fiscale, et cela signifie qu'ils doivent être comptabilisés, et sont officiellement suivis et gérés au sein des organisations à l'aide d'outils de suivi des actifs.

De nombreuses catégories et variétés d'actifs sont couramment utilisées, ou sont en place, pour appuyer la gestion des aires protégées. Ceux-ci peuvent être détenus, loués ou sous contrat avec l'organisation chargée des aires protégées. Les exemples incluent :

- clôtures, barrières et portails ;
- sentiers pédestres, routes, parkings, ponts et panneaux de signalisation ;
- installations destinées aux visiteurs ;
- bureaux et entrepôts ;
- coupe-feux, héliports et pistes d'atterrissage ;
- services publics, d'électricité, d'eau et d'égouts ;
- tours de communication, téléphones et radios ;
- véhicules et installations lourdes ;
- installations, équipements et outils à main mineurs ;
- ordinateurs et logiciels associés ;
- outils techniques tels que les appareils météorologiques, les systèmes de positionnement global et autres.

Le nombre, la valeur et le but des actifs dans une aire protégée varient en fonction des objectifs de gestion. Des aires protégées emblématiques comme le parc national du Yosemite, aux États-Unis, possèdent un grand nombre d'actifs de grande valeur financière. Inversement, les aires protégées de catégorie I de l'UICN ont généralement un nombre limité d'actifs, fournis uniquement à des fins de gestion. Les actifs sont importants pour :

- la protection du patrimoine naturel et culturel, en minimisant l'impact des visiteurs par la fourniture d'un accès et d'informations durables et en fournissant un accès pour les activités de gestion ;
- les expériences des visiteurs, en soutenant toute une gamme d'expériences sécuritaires pour les visiteurs, grâce à la fourniture d'infrastructures et d'installations ;
- les opérations, par la fourniture de bureaux, de locaux, d'ateliers, d'installations et d'équipements ;
- les économies locales, en fournissant des destinations de haute qualité pour les visiteurs, offrant des retombées économiques ;
- les communautés locales, les organisations chargées des aires protégées se comportant en bons voisins et mettant à contribution leurs installations et équipement lors d'opérations conjointes et de crises.

La gestion des actifs est un domaine de la gestion des aires protégées en plein développement, et les systèmes de gestion des actifs font partie intégrante d'une approche professionnelle et systématique de la façon dont ceux-ci sont organisés et entretenus. La plupart des aires protégées nécessitent des agents spécialisés, chargés de veiller à ce que les actifs soient convenablement entretenus, disposent de systèmes de soutien pour les gérer et de normes garantissant leur sécurité et leur conception appropriée.

Le *Manuel international de gestion des infrastructures* définit la gestion des actifs (construits) comme les « activités et pratiques systématiques et coordonnées d'une organisation pour atteindre ses objectifs de manière optimale et durable grâce à une gestion rentable du cycle de vie des actifs (de leur fabrication ou construction à leur retraite effective) » (IPWEA, 2011:xii).

La gestion des actifs est plus efficace lorsqu'elle est entreprise de manière stratégique et inclusive. Trois questions importantes doivent être abordées par une organisation chargée des aires protégées :

1. Quels services doivent être fournis par les actifs ?

Toilettes « fly-out waste » au design contemporain dans la zone de camping de Dibbin Hut, pour remplacer l'ancienne fosse à terre, parc national Alpin, Victoria, Australie

Source : Kevin Cosgriff

2. Quelles stratégies de cycle de vie des actifs leur permettent de fournir ces services ?
3. Que faut-il pour soutenir les processus de planification et de décision en matière de gestion des actifs ?

Systèmes de gestion des actifs

Les systèmes de gestion des actifs (SGA) (IPWEA, 2011) englobent tous les aspects de la gestion des actifs et incluent les apports, les processus et les produits fournissant des services de gestion des actifs appartenant à un groupe d'actifs. Ces systèmes peuvent être simples ou complexes. Le type de SGA utilisé devrait être guidé par la taille, l'exposition au risque, le portefeuille d'actifs et le budget d'une organisation chargée des aires protégées. Les composantes d'un SGA sont les suivantes.

Politiques et planification

L'établissement d'une politique de gestion d'actifs est la première étape dans la conception d'un SGA. Une politique telle que « la gestion des actifs aidera à protéger les valeurs pour lesquelles ce système d'aires protégées a été établi » capture rapidement l'essence de la gestion des actifs dans toute l'organisation. Un plan de gestion des actifs d'une aire protégée, d'une région ou d'une organisation reflète cette politique et fournit une orientation pour s'assurer que les services requis soient fournis et s'harmonisent avec d'autres priorités de planification corporative. Le plan mettra en évidence les stratégies et les lacunes relatives au cycle de vie, et indiquera les besoins en matière de planification pour les futures décisions relatives aux actifs.

Rôles et responsabilités

Les rôles et responsabilités en matière de gestion des actifs doivent être soigneusement définis et attribués à un personnel qualifié. L'équipe de gestion des actifs d'une organisation peut être structurée de plusieurs façons, y compris en séparant les rôles de propriétaire des actifs, de gestionnaire des actifs et de fournisseur de services.

Système d'information sur les actifs

Les organisations chargées des aires protégées doivent savoir ce qu'elles possèdent et dans quel état se trouvent ces actifs. Elles devront disposer, au minimum, d'un registre des actifs ou, sous une forme plus sophistiquée, d'un système d'information sur les actifs (SIA). Ce registre permet le stockage d'une gamme de données concernant les actifs. Les informations concernant les actifs incluent généralement l'identification et le type de l'actif, son emplacement, sa valeur et son coût de remplacement, son état, ses exigences d'entretien et sa durée de vie restante.

Le SIA permet d'analyser ces données afin de faciliter les décisions stratégiques en matière de gestion des actifs. Le SIA permet de prévoir les coûts futurs de remplacement des immobilisations, d'estimer les taux et les frais d'utilisation des actifs, de prévoir la détérioration de l'état des actifs (et les programmes d'entretien qui en découlent) et de modéliser des scénarios « et si » pour la gestion des actifs. L'établissement d'un SIA nécessite beaucoup de ressources et un soutien organisationnel pour une mise à jour régulière. Toutes les données ne sont pas toujours nécessaires, il faudra donc prendre soin de commencer par les actifs et les données les plus critiques. Si possible, le SIA devrait être intégré à d'autres systèmes opérationnels de gestion des aires protégées, ce qui peut aller de simples feuilles de calcul et de processus de soutien à des logiciels conçus pour l'ensemble d'une organisation.

État des actifs

L'état d'un actif sera enregistré dans le SIA et peut varier de très bon à inutilisable. L'évaluation de l'état d'un actif consiste à examiner son état physique et à déterminer si l'actif est capable de fournir le service pour lequel il a été conçu et pour combien de temps. L'évaluation de l'état des actifs évalue de manière critique les risques pour les utilisateurs et l'organisation, et sous-tend les programmes d'entretien et de remplacement des actifs. Elle devrait inclure des informations telles que la probabilité de défaillance des actifs, le traitement d'entretien approprié nécessaire, l'âge et la durée de vie restante. L'effort mis sur l'évaluation de l'état devrait être déterminé par le type, la taille et l'importance fonctionnelle de l'actif ou du groupe d'actifs. L'évaluation de l'état des actifs nécessite un niveau approprié de compétences et d'expertise du personnel, et doit être validée sur une base régulière (étude de cas 24.3). L'évaluation de l'état des bâtiments historiques est une compétence spécialisée particulière où la valeur intrinsèque des biens ne s'exprime pas simplement sous forme d'état.

Actifs critiques

Les actifs critiques sont identifiés comme une priorité dans le SIA. Ce sont des actifs de grande importance, qui présentent un risque d'échec plus élevé et sont susceptibles d'avoir un impact important sur la réalisation des objectifs d'une organisation. Ces actifs doivent être identifiés et les risques commerciaux évalués. Les évaluations des risques aident à identifier ces actifs critiques. Un processus d'évaluation de la gestion des risques inclut l'établissement du contexte de la gestion des risques, l'identification et l'évaluation des options de réponse, la mise en œuvre de réponses, et le suivi et l'évaluation. Les actifs critiques présentant un risque élevé de défaillance et de conséquences feront donc l'objet d'un entretien ou d'un remplacement prioritaire par rapport à d'autres actifs.

Niveaux de service

Les niveaux de service sont des produits qu'un client reçoit d'une organisation et sont déterminés par l'expérience des visiteurs ou tout autre service de gestion fourni (IPWEA, 2011). La notion qu'un actif soit en place pour fournir un niveau de service défini, plutôt que pour lui-même, est fondamentale pour les opérations et la gestion des actifs.

Prévision de la demande future

La capacité de prévoir la demande de services permet à un gestionnaire d'aire protégée de mieux planifier l'expansion, la contraction, l'adaptation ou le changement d'actifs individuels ou d'un groupe d'actifs, et de guider le plan de gestion des actifs. Cela peut toutefois être une tâche difficile, et la réduction du service peut entraîner une réaction hostile de la part des parties prenantes. Les gestionnaires doivent d'abord suivre la demande pour un service et analyser les questions qui mènent à cette demande. Pour les visiteurs, ce suivi et cette analyse pourraient inclure l'évaluation des changements de la taille et de la composition de la population d'un pays, de la croissance économique, des tendances en matière de loisirs, ou même, des influences des changements climatiques. Des mécanismes de sciences sociales bien établis permettent de suivre ces tendances. Il est possible d'élaborer des prévisions de la demande et de modéliser des scénarios. Il est également avantageux d'analyser ces scénarios sur différentes périodes et avec de nouvelles informations.

Stratégies de cycle de vie dans la gestion des actifs

L'utilisation et les coûts du cycle de vie des actifs doivent être pris en compte. Cela comprend la définition de l'objet et de l'utilisation, le financement, la création, l'exploitation, l'entretien, la réhabilitation, la modernisation, le renouvellement, la réévaluation, l'amortissement et l'élimination. Cela permet de réaliser des prévisions financières à long terme, ce qui garantit que les besoins futurs en services puissent être pris en compte par le financement. Cette information est compilée pour le SIA et le plan de gestion des actifs.

Plans d'actifs opérationnels

Les stratégies et plans opérationnels aident à déterminer comment un actif sera utilisé de façon efficiente et efficace. Cela aidera à obtenir une utilisation optimale d'équipements coûteux tels que les équipements de terrassement. Les considérations importantes de planification incluent :

- la nature et le mode d'utilisation ;
- la quantité d'utilisation programmée disponible par rapport à la demande ;
- la probabilité d'incidents non prévus ayant un impact sur l'utilisation programmée ;
- les programmes d'entretien programmé.

La mise en œuvre réussie de ces plans peut réduire le risque de défaillance des actifs, retarder leur remplacement ou leur mise à niveau, et offrir une meilleure prestation de services à partir de ces actifs. Elle constitue également la base des activités quotidiennes du personnel ou des prestataires des aires protégées, et présente donc un lien étroit avec les programmes de travaux. Idéalement, les organisations devraient s'assurer que toutes les tâches d'entretien constituent une activité planifiée.

Procédures d'investissement en immobilisations

Les investissements en immobilisations sont généralement des décisions financières importantes, à long terme, et doivent être soigneusement planifiés (voir la section « Programmation des opérations » ci-dessus). Le SIA comprendra une procédure structurée pour les décisions d'investissements. Ces décisions comparent la nécessité d'un nouvel actif avec le remplacement ou le renouvellement d'actifs existants ou la redéfinition du niveau de service et la nécessité de l'actif. Lorsque des investissements en immobilisations sont envisagés, il convient également de réfléchir au partage de la propriété avec d'autres organisations ayant des besoins similaires en matière de partage des coûts.

Étude de cas 24.3 Cave Creek : un cas tragique d'échec de gestion des actifs

Cave Creek se situe dans le parc national de Paparoa, sur l'Île Sud de la Nouvelle-Zélande. Le parc est connu pour son système karstique calcaire, et Cave Creek tisse son chemin, sous et à travers ce paysage. Les activités y sont diverses et de nombreux actifs ont été construits pour répondre à ces activités. En 1994, le ministère néo-zélandais de la Conservation (DOC) a érigé une plateforme d'observation au-dessus d'un gouffre de 30 mètres de profondeur, à Cave Creek. À cette époque, les procédures générales et le cadre de construction d'une telle structure ne furent pas guidés par des normes de conception ou de construction appropriées, ni par des protocoles de dotation de ressources ou de personnel.

Le 28 avril 1995, la plateforme d'observation s'est effondrée, causant la mort de 14 personnes. Le jour de la tragédie, un groupe d'étudiants visitait le parc avec deux responsables du DOC. Le groupe s'est scindé en deux, la plupart des étudiants et l'un des officiers du DOC atteignant la plateforme en premier. Au moment où il atteignaient l'avant de la plateforme, celle-ci a basculé dans le gouffre. Carolyn Smith, une survivante, a décrit la scène : « Soudain et sans préavis, à part des cris de surprise, la plateforme s'effondrait sous nos pieds. Elle a commencé à glisser vers le bas avec un angle d'environ 30 degrés, puis a basculé et est tombée verticalement, tout le monde tombant avec elle » (New Zealand Department of Internal Affairs, 1995:13). Sur les 17 étudiants tombés avec la plateforme, 13 ont été tués et quatre ont survécu avec des blessures graves. Le responsable du DOC qui les accompagnait a également été tué.

Une commission d'enquête a eu lieu pour déterminer la cause de l'effondrement. En résumé, l'enquête a révélé que :

- la plateforme n'avait pas été conçue et approuvée par un ingénieur qualifié ;
- la construction de la plateforme n'avait pas été gérée de manière appropriée ;
- les exigences réglementaires concernant les bâtiments, la santé et la sécurité n'avaient pas été respectées ;
- des inspections régulières n'avaient pas eu lieu et aucun régime d'inspection n'était en place ;
- aucun panneaux d'avertissement concernant les limites de charge n'était en place ;
- une défaillance des systèmes corporatifs était survenue, en particulier un manque de systèmes de gestion de projet.

La commission a également constaté que le DOC fonctionnait dans un environnement de ressources limitées et était souvent contraint d'accepter des normes de moindre qualité. Elle a reconnu que le DOC avait rapidement et de manière appropriée reconnu ses échecs et pris des mesures correctives.

Après l'effondrement, le DOC a mis en place un certain nombre de mesures pour améliorer ses opérations. Plus de 520 structures ont été inspectées dans les aires protégées de Nouvelle-Zélande, et 65 ont été fermées pour réparation. L'inspection a également abouti à la suppression d'un grand nombre de structures sur les terres publiques, et de nombreux avis de sécurité ont été affichés sur les autres, concernant les limites de charge. Quatre-vingts ingénieurs ont été embauchés pour rédiger des normes de sécurité et concevoir des structures nouvelles et modifiées. Des fonds supplémentaires ont été alloués pour poursuivre la mise à niveau des infrastructures destinées aux visiteurs. Le réseau de 13 000 kilomètres de sentiers, à travers la Nouvelle-Zélande, a été parcouru, et chaque bâtiment et structure, y compris les panneaux, a été documenté, photographié, numéroté et évalué quant à son entretien requis. Toutes ces informations ont été consignées dans un nouveau système central de gestion des actifs destinés aux visiteurs. L'utilisation d'un système de gestion des actifs destinés aux visiteurs a attiré l'attention sur certaines structures à haut risque, qui avaient été négligées jusque-là. Les ressources limitées permanentes impliquèrent souvent que si le DOC était incapable de maintenir une cabane, un pont ou une autre structure selon des normes jugées « sûres », cet élément serait supprimé. Dans certains cas, la suppression a été controversée et les organisations communautaires ont accepté de les maintenir volontairement selon une norme convenue. Le gouvernement a également commandé un évaluation complète du DOC, entraînant des changements dans les processus d'établissement de rapports et de responsabilisation. Fait important, le DOC a analysé bon nombre de ses systèmes corporatifs, y compris les systèmes de gestion de projet et de gestion des risques, et opère aujourd'hui dans un environnement soucieux de la gestion des actifs.

La tragédie de Cave Creek est un rappel brutal aux gestionnaires d'aires protégées sur l'importance de la gestion des actifs. Les principales leçons sont les suivantes :

- Une défaillance des actifs peut entraîner des pertes humaines. Un système de gestion des actifs répondant aux questions suivantes est essentiel :
  a. Planification. L'actif répond-il aux besoins souhaités et au cadre de planification de la législation pertinente ? Toutes les approbations ont-elle été obtenues ? La planification est-elle entreprise par des personnes qualifiées ?
  b. Normes. Des normes sont-elles en place, comprises, accessibles et utilisées ? La conception est-elle conforme aux normes appropriées ?
  c. Construction. La construction est-elle cohérente avec le plan et est-elle entreprise par des personnes qualifiées ?
  d. Utilisation. L'actif dispose-t-il des informations appropriées concernant son utilisation, et ces informations sont-elles à disposition du personnel et des utilisateurs ?
  e. Inspection. L'actif dispose-t-il d'un régime d'inspection adéquat, pendant et après la construction, et ce régime est-il respecté ?
  f. Entretien. Un régime d'entretien systématique a-t-il été établi et est-il respecté ?
  g. Renouvellement. L'actif fait-il l'objet d'un renouvellement opportun et approprié en fonction des besoins actuels et futurs ?
  h. Mise hors service. L'actif a-t-il été mis hors service en temps opportun et de manière appropriée ?
- L'évaluation continue des risques est une partie importante de la gestion des actifs.
- Les décisions concernant la gestion des actifs doivent être prises en pleine connaissance des aspects de financement et de limites des ressources.
- Des systèmes sont nécessaires pour consigner, maintenir, mettre à jour et communiquer l'information et les responsabilités désignées concernant les décisions de gestion des actifs. Cela doit être fait sur l'ensemble de l'organisation et de façon cohérente avec la politique organisationnelle.

– Steve Mossfield

Outils d'aide à la décision

Les outils d'aide à la décision sont décrits dans la section « Programmation des opérations » ci-dessus. Les méthodes et cadres de prise de décision concernant les actifs permettent à un gestionnaire d'évaluer diverses options de gestion des actifs. Les résultats seront améliorés lorsque des données de qualité seront disponibles, que les hypothèses et objectifs sous-jacents seront testés, que les sensibilités seront identifiées et que des options et estimations seront présentées. Un SIA devrait comporter un outil approprié d'aide à la décision.

Prestation et qualité des services

La gestion de la qualité, des niveaux élevés de service à la clientèle et l'amélioration continue sont des résultats auxquels un bon système de gestion des actifs peut contribuer, permettant d'atteindre les objectifs de l'aire protégée. Historiquement, les modèles de prestation de services impliquaient que les gestionnaires et le personnel des aires protégées faisaient tout le travail. De plus en plus, cependant, ce n'est plus le cas et d'autres modèles de prestation doivent être considérés. Un partenariat avec une partie prenante est une méthode de prestation de services. D'autres méthodes incluent les partenariats public-privé, les contrats ou les baux.

Évaluation de l'efficacité des opérations

L'évaluation de l'efficacité de la gestion dans une aire protégée comporte un large éventail de considérations et de processus (chapitre 28). L'évaluation de l'efficacité de la gestion d'une opération apporte une contribution importante à l'évaluation stratégique de l'ensemble des programmes, d'une aire protégée ou d'un système d'aires protégées. L'évaluation d'une opération peut être guidée par le cadre d'efficacité de la gestion de l'UICN (Hockings et al., 2006), et utilisera généralement un plan d'évaluation élaboré spécifiquement pour le projet, au début de l'étape de planification de celui-ci. La tâche d'évaluation de l'efficacité opérationnelle ne doit pas être reléguée à la fin du projet. Elle commence dès la phase de planification du projet, et est intégrée à la portée et aux tâches tout au long du plan du projet. Le cadre de l'UICN fournit des orientations sur les éléments à inclure dans le plan d'évaluation du projet :

- planification : le besoin constant d'affiner et d'ajuster le plan de projet au cours de celui-ci ;
- apport : comment et sous quels délais les ressources financières, les ressources humaines, les matériaux et équipements sont-ils garantis ;
- processus : vérifie si les procédures et les normes d'exécution et de protection de l'environnement sont correctement mises en œuvre ;
- produit : peut être lié aux principales étapes du projet, chaque produit pouvant être mesuré en fonction de sa contribution à l'objectif global du projet ;
- résultat : identifie comment les objectifs du projet ont été atteints.

Le plan de projet identifie les objectifs du projet et, surtout, définit des mesures quantitatives et/ou qualitatives de performance pour chaque objectif. Des mesures de performance bien réfléchies et planifiées, au début du projet, rendent le processus d'évaluation continue du projet plus significatif et plus efficace.

Le processus d'évaluation des mesures de performance, afin de déterminer si les objectifs du projet ont été atteints, devrait être effectué par le gestionnaire de projet et impliquer toute l'équipe du projet, les spécialistes et les prestataires et, dans certains cas, les parties prenantes externes. Si les mesures de performance n'ont pas été atteintes, la question « pourquoi pas ? » pourrait se poser, de même que « quelles leçons pouvons-nous en tirer, et que peut-on adapter ? ». Ce processus peut également révéler que les mesures de performance n'étaient pas alignées sur l'objectif. L'évaluation de l'efficacité du projet fait partie du processus de planification et est soumise à approbation. Le résultat de l'évaluation influencera alors :

- la planification et la programmation : informer le prochain cycle de planification et de programmation des activités, qui envisagera de poursuivre le projet dans les plans d'action futurs, de l'adapter pour remédier aux sous-performances, d'augmenter ou de diminuer les budgets ou de le stopper ;
- exécution opérationnelle : déterminer l'efficacité de la prestation opérationnelle et les enseignements, le personnel opérationnel pouvant envisager d'adapter les techniques de gestion de projet pour répondre à toute sous performance dans la phase d'exécution ;
- un plan de projet révisé : si le projet opérationnel est à nouveau approuvé dans le prochain plan d'action, le plan de projet révisé s'adaptera pour répondre aux problèmes de sous-performance soulevés dans l'évaluation.

Conclusion

Les principes clés de la gestion des opérations et des actifs sont les suivants :

1. Les aires protégées nécessitent une gestion active. La gestion proactive et efficace des aires protégées implique la réalisation de toute une gamme d'activités opérationnelles appropriées pour atteindre les objectifs établis pour le site. La bonne intendance des aires protégées passe par l'identification, la planification et l'exécution de programmes et de projets définis ;
2. Une programmation efficace des opérations est essentielle à l'obtention de bons résultats sur le terrain, à l'utilisation efficace des ressources, à l'optimisation des ressources et à l'engagement et au soutien de l'équipe et des parties prenantes envers les aires protégées. Les activités opérationnelles doivent être déterminées et programmées à l'aide d'un cadre de planification et d'un processus d'aide à la décision complet et défendable. Cela garantira que le projet constitue la réponse adéquate à un problème, une menace ou une initiative, et dispose du soutien organisationnel, du financement et de la capacité d'exécution nécessaires ;
3. Un plan de projet clair et complet est essentiel à la réussite de l'exécution opérationnelle, et aucun projet dans une aire protégée ne devrait être mené sans un tel plan. Prévoir suffisamment de temps pour la préparation et l'approbation d'un plan de projet est un élément clé de la programmation des travaux. La nature et la complexité du projet devra refléter la complexité du plan de projet et le niveau d'évaluation de l'impact environnemental requis ;
4. La durabilité dans les opérations signifie que les actifs devront intégrer des matériaux et des considérations de conception durables. Ils devront conserver une efficacité des ressources tout au long de leur vie, et leurs fonctions d'utilisation durable devront aider à éduquer la communauté. Les quatre principes clés de durabilité que sont le leadership, le triple résultat, la prise en compte du cycle de vie complet des actifs et l'efficacité des ressources, devront être appliqués par les gestionnaires des opérations et des projets ;
5. La mise en œuvre des opérations exige un leadership efficace, faisant preuve de confiance et mettant l'accent sur une organisation et des processus efficaces, et des produits et résultats de qualité et obtenus dans les délais. Un tel leadership signifie également l'excellence dans la gestion du personnel et des prestataires, le maintien d'une communication efficace, la communication des progrès à l'ensemble de la chaîne de gestion, et ne pas hésiter à demander des conseils spécialisés. Avant tout, un leader doit veiller à ce que le travail soit effectué dans un environnement sûr et conforme aux normes de santé et de sécurité sur le lieu de travail ;
6. La gouvernance est une fonction opérationnelle fondamentale pour les organisations chargées des aires protégées, et les responsables des opérations doivent s'assurer qu'ils soient bien informés des exigences, procédures et outils de gouvernance disponibles pour les projets qu'ils gèrent ;
7. La gestion et l'engagement des parties prenantes et une communication efficace avec la communauté, les médias, les parties prenantes clés et au sein des organisations sont essentiels pour obtenir une prestation opérationnelle efficace et un soutien des parties prenantes. Un plan de communication et de gestion des parties prenantes permettra d'économiser un temps précieux, plus tard, en évitant les problèmes susceptibles de surgir d'une mauvaise communication ;
8. Les actifs sont un élément fondamental des aires protégées. La gestion des actifs est plus efficace lorsqu'elle est entreprise de manière stratégique, en collaboration avec la communauté, lorsqu'elle dispose de systèmes de soutien pour la gestion et de normes garantissant la sécurité et la conception appropriée des actifs. Un SIA fournit un cadre efficace pour y parvenir ;
9. L'évaluation de l'efficacité de la gestion d'une opération est essentielle pour l'apprentissage et l'adaptation, et contribue à l'évaluation stratégique de l'ensemble des programmes, d'une aire protégée ou d'un système d'aires protégées. La tâche d'évaluation de l'efficacité opérationnelle ne doit pas être reléguée à la fin du projet. Elle commence dès la phase de planification du projet et est intégrée à la portée et aux tâches tout au long du plan du projet. Des mesures de performance bien réfléchies et planifiées, dès le début du projet, font que le processus d'évaluation continue du projet soit plus pertinent et efficace.

Les activités opérationnelles dans les aires protégées peuvent être complexes et variées, tant sur le plan technique que politique. Le cadre et les procédures décrits dans le présent chapitre aideront les gestionnaires à programmer, planifier et exécuter les opérations de façon efficiente et efficace, afin d'obtenir d'excellents résultats pour les aires protégées. Cependant, les influences externes sur la capacité et l'étendue du contrôle du gestionnaire opérationnel sont inévitables, en raison du degré élevé de sensibilité politique, du large éventail d'attitudes communautaires à l'égard des aires protégées et des opinions sur la façon dont elles

Tony Baxter, responsable de zone au Service des parcs nationaux et de la faune sauvage de Nouvelle-Galles du Sud, dans une ravine de forêt tropicale ancienne, dans le parc national de Monga, au sud de Nouvelle-Galles du Sud. Les responsabilités opérationnelles de Tony consistent notamment à aider à protéger ces habitats relativement rares et localisés, présents dans les ravines, le long de la crête des Great Eastern Ranges, dans un environnement forestier dominé par les *eucalyptus*, sensibles aux incendies forestiers réguliers

Source : Graeme L. Worboys

devraient être gérées. Cela est intrinsèque à une approche d'engagement communautaire pour la gestion des aires protégées, mais peut constituer une difficulté pour les gestionnaires tentant de mettre en œuvre des programmes et projets importants.

Face aux défis politiques et liés aux parties prenantes, les gestionnaires d'aires protégées devront continuer à travailler sur la base de principes solides et promouvoir une prise de décision approfondie, fondée sur des données probantes et sur de bonnes connaissances scientifiques. Si, toutefois, des influences politiques distraient les opérations, ce ne sera pas le reflet des capacités du gestionnaire opérationnel si un bon processus a été suivi.

Références

📖 Lectures recommandées

Department of Energy (DOE) (1998) *Environmental Impact Statement Summary*, US Department of Energy, Washington, DC.

Department of Environment and Heritage (DEH) (2003) 'Triple bottom line reporting in Australia', in *A Guide to Reporting against Environmental Indicators*, Australian Government, Canberra.

📖 Department of Environment, Climate Change and Water (2010) *National Parks and Wildlife Service, Park Facilities Manual 3: Principles for facility design*, NSW Department of Environment, Climate Change and Water, Sydney.

Flood, J. M. (1996) *Moth Hunters of the Australian Capital Territory: Aboriginal traditional life in the Canberra region*, J. M. Flood, Canberra.

Gregory, R., Failing, L., Harstone, M., Long, G., McDaniels, T. et Ohlson, D. (2012) *Structured Decision Making: A practical guide for environmental management*, Wiley Blackwell, Chichester, Royaume-Uni.

Hockings, M., Stolton, S., Leverington, F., Dudley, N. et Courrau, J. (2006) *Evaluating Effectiveness: A framework for assessing management effectiveness of protected areas,* 2nd edn (No. 14), IUCN World Commission on Protected Areas, Gland.

Institute of Public Works Engineering Australia (IPWEA) (2011) *International Infrastructure Management Manual*, international edn, Institute of Public Works Engineering, Sydney.

International Accounting Standards Board (IASB) (1998) *International Accounting Standard 38: Intangible assets*, International Accounting Standards Board, Londres.

Lesslie, R. G., Hill, M. J., Hill, P., Cresswell, H. P. et Dawson, S. (2008) 'The application of a simple spatial multi-criteria analysis shell to natural resource management decision making', in C. Pettit, W. Cartwright, I. Bishop, K. Lowell,

D. Pullar et D. Duncan (eds) *Landscape Analysis and Visualisation: Spatial models for natural resource management and planning*, pp. 73–96, Springer, Berlin.

Muhlen-Schulte, R. (2010) *Hotham–Dinner Plain Multi-Purpose Trail, Alpine National Park,* NE Victoria, Aboriginal Cultural Heritage Management Plan, Aboriginal Affairs Victoria Management Plan Project No. 10320, Aboriginal Affairs Victoria, Melbourne.

National Parks Service (NPS) (2013) *National Parks Service Director's Order 12: Conservation planning, environmental impact analysis and decision making*, US National Parks Service, Washington, DC.

New Zealand Department of Internal Affairs (1995) *Commission of Inquiry into the Collapse of a Viewing Platform at Cave Creek near Punakaiki on the West Coast. Part 1*, Department of Internal Affairs, Wellington.

Stasinopoulos, P., Smith, M. H., Hargroves, K. et Desha, C. (2009) *Whole System Design: An integrated approach to sustainable engineering*, Earthscan, Londres.

Thomas, I. (2001) *Environmental Impact Assessment in Australia: Theory and practice*, 3rd edn, Federation Press, Sydney.

White, A. L. (2012a) *Conceptual models for Victorian ecosystems. Pilot programs: grasslands*, Parks Victoria Technical Series No. 64, Parks Victoria, Melbourne.

White, A. L. (2012b) *Ecosystem conceptual models for Victorian ecosystems*, Parks Victoria Technical Series No. 65, Parks Victoria, Melbourne.

Worboys, G. L., Winkler, C. et Lockwood, M. (2006) 'Threats to protected areas', in M. Lockwood, G. L. Worboys et A. Kothari (eds) *Managing Protected Areas: A global guide,* pp. 223–61, Earthscan, Londres.

CHAPITRE 25

GESTION DE L'UTILISATION DES RESSOURCES ET DU DÉVELOPPEMENT

Auteurs principaux :
Ashish Kothari et Rosie Cooney

Collaborateurs :
Danny Hunter, Kathy MacKinnon, Eduard Müller, Fred Nelson, Krishna Oli, Sanjeeva Pandey, Tahir Rasheed et Lubomira Vavrova

TABLE DES MATIÈRES

UICN CMAP Commission mondiale des aires protégées
Convention sur la diversité biologique

AUTEURS PRINCIPAUX

ASHISH KOTHARI est membre fondateur du groupe environnemental indien Kalpavriksh. Il a enseigné à l'Institut indien d'administration publique, a coprésidé le Groupe thématique et orientation stratégique de l'Union internationale pour la conservation de la nature (UICN) sur la gouvernance, les moyens de subsistance et l'équité en relation avec les aires protégées (TILCEPA), et a contribué à la fondation du Consortium mondial pour les APAC.

ROSIE COONEY est présidente du Groupe de spécialistes de l'utilisation durable et des moyens de subsistance (SULi) de la Commission des politiques environnementales, économiques et sociales (CPEES) et de la Commission de survie des espèces (CSE) de l'UICN, et membre du Conseil consultatif scientifique des Nations unies. Elle est consultante en politiques relatives à la biodiversité auprès de gouvernements, d'organisations non gouvernementales et du secteur privé, et donne des conférences à l'Institut d'études environnementales de l'Université de Nouvelle-Galles du Sud.

COLLABORATEURS

DANNY HUNTER est scientifique principal à Bioversity International et membre de la CMAP-UICN.

KATHY MACKINNON est vice-présidente de la CMAP-UICN et a occupé le poste de spécialiste en chef de la biodiversité à la Banque mondiale, travaillant sur des projets en Afrique, en Amérique centrale et du Sud, en Asie du Sud, en Asie de l'Est, en Asie centrale et en Europe de l'Est.

EDUARD MÜLLER est vice-président pour l'éducation et l'apprentissage de la Commission mondiale des aires protégées de l'Union internationale pour la conservation de la nature, président de l'Université pour la coopération internationale du Costa Rica, Président des réserves de biosphère et biens naturels et mixtes du Patrimoine mondial de l'UNESCO, et coordinateur du Partenariat mondial de la CMAP pour la professionnalisation de la gestion des aires protégées.

FRED NELSON est directeur exécutif de Maliasili Initiatives, une organisation qui promeut la gestion et la conservation durables des ressources naturelles en Afrique. Il a contribué à la création du Forum des ressources naturelles de Tanzanie.

KRISHNA PRASAD OLI a travaillé avec le Centre international pour le développement intégré des montagnes (ICIMOD) jusqu'à sa retraite, et avant cela avec plusieurs autres agences, y compris l'UICN, au Népal.

SANJEEVA PANDEY est agent du Service forestier indien et travaille comme Conservateur en chef principal supplémentaire des forêts dans le département forestier de l'Himachal Pradesh, en Inde. Il a été directeur du parc national du Grand Himalaya (GHNP).

TAHIR RASHEED travaille actuellement à LEAD Pakistan en tant que directeur général, et a concentré ses efforts sur l'utilisation durable, la recherche sur l'adaptation au changement et les politiques, et la mise en œuvre de projets intégrés de conservation et de développement.

LUBOMIRA VAVROVA est consultante indépendante. Elle a travaillé à la conservation nationale de la nature de la République slovaque, à Banská Bystrica (2002-2006), et au Bureau de programme de l'UICN pour l'Europe du sud-est, à Belgrade (Serbie), en tant que Chargée de projet sur la biodiversité.

REMERCIEMENTS

Nous remercions Thora Amend, Richard B. Harris, Ernesto Noriega, Tatjana Puschkarsky, Mikko Rautiainen et Vivienne Solis pour leurs contributions à ce chapitre.

CITATION

Kothari, A., Cooney, R., Hunter, D., MacKinnon, K., Muller, E., Nelson, F., Oli, K. P., Pandey, S., Rasheed, T. et Vavrova, L. Managing resource use and development. In Worboys, G. L., Lockwood, M., Kothari, A., Feary, S. et Pulsford, I. (éd.) *Gouvernance et gestion des aires protégées*. Canberra : ANU Press, 2020. doi.org/10.22459/GGAP.25

PHOTO DE LA PAGE DE TITRE

Produits forestiers provenant de forêts conservées par la communauté, Chittagong hill tracts, Bangladesh
Source : Ashish Kothari

Introduction

L'utilisation des ressources et les activités de développement de toutes sortes sont monnaie courante dans et autour des aires protégées. Elles entraînent divers impacts sur les valeurs de conservation, sont liées de diverses manières à la vie et aux moyens de subsistance des populations locales et autres secteurs de la société, et sont abordées de différentes manières dans la gouvernance et la gestion des aires protégées. Le présent chapitre donnera un aperçu général des expériences en matière d'utilisation des ressources et de développement à l'intérieur et à proximité des aires protégées.

La première grande partie du chapitre abordera l'utilisation des ressources. Il est généralement admis que l'utilisation durable des écosystèmes et des ressources biologiques peut jouer un rôle important dans la gestion et la conservation des aires protégées. Il existe cependant des questions complexes concernant l'ampleur et le type d'utilisation, ainsi que les types et la fragilité des écosystèmes et des populations sauvages où une telle utilisation se déroule. Les approches classiques de séparation des personnes et des aires protégées, ou autres façons de restreindre l'utilisation des ressources, ont commencé à céder la place à des approches plus inclusives. Ce chapitre aidera à comprendre comment les modèles d'utilisation durable contiennent des éléments tels que des valeurs communes, des rôles, des droits et des responsabilités définis, des mécanismes de résolution des conflits et autres mesures essentielles à une gouvernance équitable et à une gestion efficace des aires protégées. L'approche générale est que la gestion des aires protégées est autant une question de gestion de l'utilisation humaine et de reconnaissance des liens des personnes avec le reste de la nature, qu'une question de caractéristiques intrinsèques des systèmes naturels. Un ensemble de processus reliant l'utilisation des ressources et le développement, les projets intégrés de conservation et de développement (PICD), sera également abordé.

La deuxième grande section abordera la question des projets et processus de développement et d'infrastructures dans et autour des aires protégées. Un aspect de cette situation, celui des projets réalisés par l'aire protégée elle-même, a été abordé au chapitre 24. Le deuxième aspect concerne les activités menées à d'autres fins, telles que la satisfaction des besoins et aspirations des populations dans et autour de l'aire protégée, ou des personnes plus éloignées, y compris les industries extractives et autres, les infrastructures, la production d'électricité, etc. Celles-ci peuvent souvent avoir des impacts négatifs sur les valeurs de conservation des aires protégées et doivent donc être abordées par des réponses juridiques, sociales et de gestion appropriées.

Utilisation des ressources dans et autour des aires protégées

À travers le monde, les aires protégées ont, pour la plupart, été traditionnellement habitées ou exploitées par l'homme. Les utilisations résidentes, mobiles ou saisonnières des terres, des eaux et des espèces sauvages dans ces aires sont à la fois anciennes et répandues. Il n'existe pas d'évaluation complète, à l'échelle mondiale, mais des extrapolations fondées sur des études indicatives provenant de diverses régions et pays cités ci-dessous donnent à penser qu'une très grande proportion, sinon la majorité, des aires protégées sont susceptibles d'être habitées et/ou utilisées par les populations.

Les chiffres disponibles dans quelques régions ou pays suggèrent que le nombre de personnes utilisant actuellement les ressources dans les aires protégées est d'au moins plusieurs dizaines de millions. Une analyse globale de la situation à la fin des années 1990 a révélé qu'environ 70 % des plus de 30 000 sites (alors) inscrits sur la liste des aires protégées des Nations unies autorisaient une utilisation locale des ressources naturelles (Pretty, 2002). En Inde, 69 % des quelque 250 aires protégées étudiées à la fin des années 1980 étaient habitées, et 64 % accordaient des droits communautaires, des baux ou des concessions à l'intérieur de leurs limites. Entre trois et quatre millions de personnes vivent dans des aires protégées, et plusieurs autres millions, dans les zones adjacentes, utilisent les ressources qu'elles abritent (Kothari at al., 1989). Il est peu probable que la situation ait sensiblement changé depuis. Au moins cinq aires protégées ont signalé une population de plus de 100 000 personnes à l'intérieur de leurs limites. Près de 90 % des parcs nationaux de 1984, déclarés jusqu'en 1991 en Amérique du Sud, étaient habités ou utilisés (Amend et Amend, 1995). Un nombre important d'aires protégées en Europe abritent également des populations humaines.

Si l'on inclut les « nouveaux » types de gouvernance des aires protégées (voir le chapitre 7) qui ne font pas nécessairement partie du système formel, comme les aires du patrimoine autochtone et communautaire (APAC) et les aires protégées privées (APP), le nombre d'aires habitées ou utilisées augmente encore, ainsi que le nombre de personnes impliquées. Toutefois, il n'existe pas de chiffres complets pour ces types d'aires protégées.

Types d'utilisation des ressources et leur importance pour les populations locales

L'occupation humaine des aires protégées et l'utilisation des ressources qui s'y trouvent vont d'établissements permanents

Les femmes sont particulièrement tributaires de l'utilisation des ressources liées aux aires protégées

Source : Ashish Kothari

à des établissements saisonniers, d'une agriculture sédentaire à des cultures itinérantes, et de pastoralisme résident à des établissements saisonniers et nomades. Les types d'utilisations vont de l'abattage de bois à la collecte de produits forestiers non ligneux (PFNL), de la pêche à la récolte d'une myriade de produits aquatiques et de la chasse occasionnelle à fréquente (voir l'étude de cas 25.1 et le chapitre 6). L'utilisation s'est faite et se fait encore à des fins domestiques ou localisées, pour les loisirs par les visiteurs de la région, pour l'éducation, la recherche et l'enseignement ou à des fins commerciales impliquant un commerce local ou lointain. Elle peut être basée sur des modes de vie et des occupations millénaires, comme chez les chasseurs-cueilleurs, ou très nouveaux, comme chez les colons et les touristes récents.

Partout dans le monde, les peuples autochtones ou les communautés locales utilisaient les terres, l'eau et les ressources bien avant que des aires protégées ne soient déclarées sur leurs territoires, et souvent avant la formation de l'état-nation (voir les chapitres 2 et 7). La compréhension et l'appréciation de ces utilisations antérieures (dont beaucoup survivent à l'époque actuelle) sont à la base des tendances récentes en matière de politiques de conservation plus inclusives. Cependant, il existe également de nombreux contextes dans lesquels l'occupation ou l'utilisation des ressources a été établie après la création de l'aire protégée, souvent par des contraintes économiques (comme les personnes sans terre défrichant des forêts pour les cultiver), ou dans le cadre de mouvements sociopolitiques visant à occuper un territoire.

L'utilisation des ressources dans les aires protégées peut être extrêmement importante pour maintenir les moyens de subsistance et les liens culturels avec la terre et la nature. L'utilisation de subsistance ou domestique est souvent complétée par diverses formes d'utilisation commerciale. Dans de nombreuses aires marines protégées (AMP), par exemple, les communautés de pêcheurs capturent des produits aquatiques à la fois pour l'autoconsommation et pour la vente, tandis que la vente de bois, de PFNL, de fourrage et autres produits est courante dans les écosystèmes terrestres. D'autres utilisations commerciales incluent le tourisme (voir le chapitre 23) et la chasse commerciale récréative. Outre les moyens de subsistance, ces utilisations peuvent être importantes pour l'économie locale ou régionale, pour générer des revenus pour l'aire protégée, ainsi qu'un soutien de la population locale. Les formes d'utilisation des ressources locales sont aussi, souvent, un élément essentiel du maintien de la diversité des espèces par diverses formes de perturbation écologique. Par exemple, il est largement documenté que certaines pratiques de pâturage, y compris l'utilisation traditionnelle du feu, améliorent la diversité des espèces dans de nombreux paysages d'Afrique de l'Est, ainsi que dans d'autres parties du monde (Western et Gichohi, 1993).

La *Déclaration politique de l'UICN sur l'utilisation durable des ressources biologiques sauvages* (IUCN 2000) reconnaît que l'utilisation est fondamentale pour les économies, les cultures et le bien-être des populations, et souligne que l'utilisation durable est un outil de conservation important car elle incite les populations à la conservation.

Utilisation des ressources et catégories d'aires protégées de l'UICN

Les types d'aires protégées varient considérablement quant au niveau d'utilisation des ressources sauvages qu'elles permettent, et bien que la catégorie Ia (Réserve naturelle intégrale) empêche généralement l'extraction et l'utilisation de ressources, une telle utilisation, à un certain degré, est probablement compatible avec toutes les autres catégories (Dudley, 2008). Par exemple, la catégorie Ib (Aire de nature sauvage) est définie comme incluant l'objectif de permettre aux peuples autochtones de suivre des modes de vie traditionnels, y compris l'utilisation des ressources d'une manière compatible avec les objectifs de conservation. Ces sites sont également valorisés pour leurs potentiels touristiques, en particulier pour l'écotourisme. De même, les aires protégées de catégorie II (Parc national) peuvent tenir compte des besoins des populations autochtones et locales

Étude de cas 25.1 Exemple d'utilisation des ressources dans les aires protégées au Pakistan

Au Pakistan, les aires protégées fournissent des biens et des services à un grand nombre de personnes (*Pakistan Forest Act, 1927 ; Pakistan Wildlife Act, 1974* ; Jan, 1992). Les aires protégées forestières (initialement déclarées pour la préservation des ressources forestières, mais plus récemment également axées sur la conservation de la faune et de la flore sauvages) sont divisées en catégories publiques et privées/communautaires : selon Jan (1992), 66 % sont des forêts publiques et 34 % sont privées ou appartiennent aux communautés locales. Certains droits et privilèges sont inclus dans les deux catégories. Les forêts protégées désignées (appartenant à l'État) autorisent certains droits et concessions, notamment le pâturage, la coupe d'herbe et la collecte de bois sec, à moins que ces activités ne soient interdites par le gouvernement.

Les forêts de *Guzara* (de subsistance) (propriété privée/communautaire) ont été mises en réserve pour répondre aux besoins authentiques des communautés locales, en particulier dans les régions de Malakand et Hazara au Pakistan. Dans ces forêts, les ayant-droits coutumiers ont droit à 60-80 % des produits de l'exploitation forestière (réalisée par le Département des forêts), ainsi qu'à la coupe d'arbres verts (au moyen de permis) et à la collecte de PFNL. Les ayant-droits coutumiers et autres résidents dans un rayon de 8 kilomètres sont autorisés à ramasser du bois sec et à faire paître leurs animaux. Pour la plupart des aires protégées, des zones tampons ont été créées, principalement pour fournir des produits d'usage ou de valeur (cultures commerciales) à la population locale.

en termes d'utilisation durable des ressources à des fins de subsistance. La catégorie IV (Aire de gestion des espèces ou des habitats) s'appuiera parfois sur les modes traditionnels d'utilisation des ressources (par exemple, le pâturage) pour maintenir les valeurs de conservation souhaitées, tandis que le maintien des modes d'interaction entre les humains et les paysages terrestres ou marins par le biais de pratiques traditionnelles est l'un des principaux objectifs de la catégorie V (Paysage terrestre ou marin protégé). Enfin, l'utilisation durable est au centre des aires protégées de catégorie VI (Aires protégées avec utilisation durable des ressources naturelles). Ces sites couvrent aujourd'hui 32 % de la superficie mondiale des aires protégées attribuées à une catégorie de l'UICN (la plus grande), et présentent des niveaux de naturalité ou d'influence humaine similaires à ceux des aires de catégorie II (Parc national) (Bertzky et al., 2012).

Attitudes à l'égard de l'utilisation des ressources dans les aires protégées

Une histoire d'exclusion : le modèle du Yellowstone

Dans de nombreuses régions du monde, la création d'aires protégées officielles a suivi le « modèle du Yellowstone », établi en 1872 avec la déclaration du parc national du Yellowstone aux États-Unis. Ce paradigme était généralement protectionniste et exclusif, avec les croyances sous-jacentes centrales que l'utilisation humaine est nécessairement ou intrinsèquement préjudiciable aux objectifs de conservation, et que l'appareil d'État est l'approche de gouvernance la plus efficace pour atteindre les objectifs de conservation (Neumann, 1988 ; Kothari et al., 1995 ; Adams, 2004). L'approche du Yellowstone, lui-même, ainsi que de nombreuses autres aires protégées, a depuis évolué. Pourtant, l'approche d'exclusion reste endémique dans de nombreuses régions du monde, et les initiatives visant à restituer les droits coutumiers, où ils étaient auparavant confisqués, sont rares.

Les aires protégées gérées par les gouvernements ont souvent été établies sans consultation avec les communautés qui y vivent ou utilisent les ressources qui s'y trouvent. La propriété de la faune et des ressources est généralement légalement dévolue à l'État, ce qui entraîne la détérioration des systèmes fonciers coutumiers, et même, l'expulsion des résidents locaux ou des communautés d'utilisateurs de leurs zones ancestrales : les amérindiens du Yosemite et autres parcs nationaux, les Masaï des réserves désormais emblématiques comme le Serengeti en Tanzanie, les Batwa (« Pygmées ») de Bwindi en Ouganda, les Karen des réserves de Thaïlande, plusieurs communautés forestières des réserves de tigres en Inde, les Basarwa (« Bushmen ») du Botswana de la réserve de faune du Kalahari Central (des zones qu'ils occupaient depuis 30 000 ans), et bien d'autres encore (Spence, 1999 ; West et al., 2006 ; Dowie, 2009 ; Lasgorceix et Kothari, 2009). Cela n'a fait qu'ajouter à la dépossession et à la marginalisation des communautés aux fins de la colonisation et de l'industrialisation.

Cependant, dans certaines régions, comme en Europe et dans certaines parties du bassin amazonien, l'utilisation des ressources existantes et les populations locales ont été intégrées, dès le début, dans la vision et la gestion des aires protégées, dont des exemples apparaissent plus loin dans ce chapitre.

Les premières lois sur la faune en Afrique du Sud et en Afrique de l'Est visaient en grande partie les colons, dont les actions entraînaient l'épuisement des grands mammifères (par exemple, par les marchands d'ivoire, les chasseurs sportifs et de trophées), ou le défrichement de zones fauniques pour les établissements agricoles (Anderson et Grove, 1987). Les premières aires protégées en Afrique de l'Est ont maintenu les droits fonciers coutumiers des communautés locales et l'utilisation des ressources (Nelson et al., 2007). Au cours de la première moitié du XXe siècle, les politiques en matière d'aires protégées ont évolué vers une position plus exclusive, décourageant la résidence des communautés locales et l'utilisation des ressources. D'importants débats ont eu lieu, avant et après l'indépendance en Afrique de l'Est, par exemple, autour de la présence d'éleveurs dans des réserves fauniques clés, telles que le parc national d'Amboseli au Kenya ou le parc national du Serengeti en Tanzanie (Neumann, 1998). Cette évolution vers l'exclusion était souvent davantage motivée par des notions externes, introduites, comme la nécessité d'une « nature sauvage vierge et inviolée », plutôt que par une analyse empirique des impacts positifs ou négatifs des communautés locales sur la conservation (Homewood et Rodgers, 1991 ; Neumann, 1998), bien que, comme on le verra plus loin, cela ne signifie pas que les communautés aient toujours vécu en harmonie avec leur environnement naturel.

Dans plusieurs pays, où des privilèges d'utilisation des ressources locales ont été maintenus par le gouvernement dans les aires protégées, il s'agit généralement plutôt d'exceptions à la règle, en particulier en ce qui concerne les sites relevant globalement des catégories I, II et IV de l'UICN. Là encore, l'histoire du Serengeti, en Tanzanie, est révélatrice. Lorsque les communautés Massaïs ont été expulsées et que le parc national du Serengeti a été déclaré aire protégée d'exclusion, en 1959, cela était basé sur un compromis avec ces communautés, excluant les hautes terres du Ngorongoro et la partie adjacente des plaines du Serengeti du parc, et les incluant dans la nouvelle aire de conservation polyvalente du Ngorongoro (NCA) (Homewood et Rodgers, 1991). La NCA a été explicitement, et de forme tout à fait unique en Afrique de l'Est, établie comme une aire de conservation gérée par l'État, avec pour mandat d'équilibrer la conservation de la faune et le développement économique local. Les droits coutumiers des Massaï à la résidence et à l'utilisation des ressources, principalement par le biais du pâturage traditionnel du bétail, sont explicitement intégrés dans la charte et les systèmes de gestion de la NCA.

En Afrique du Sud, la communauté Makuleke a obtenu environ 20 000 hectares de terres dans le parc national de Kruger en 1998, dans le cadre du processus de revendications territoriales postapartheid et des négociations connexes avec l'Autorité des parcs nationaux (Reid, 2001). Cette revendication n'a toutefois été reconnue que sur la base du fait que l'utilisation des terres de conservation ne serait pas autorisée à changer, et que les Makuleke cèderaient leurs terres à Parcs nationaux d'Afrique du Sud au moyen d'un contrat de parc national. Dans de nombreuses régions d'Afrique, les gestionnaires d'aires protégées restent généralement réticents à intégrer l'utilisation locale ou la cogestion dans les principales aires protégées, en particulier les parcs nationaux (Steenkamp et Uhr, 2000).

Dans le sous-continent indien, il existe une longue histoire de conservation et une grande diversité de modèles de protection, à la fois par les communautés et par les dirigeants. Dans les temps plus modernes, cependant, c'est le modèle du Yellowstone qui a été uniformément adopté pour la déclaration des aires protégées officielles (Saberwal et al., 2001). La biodiversité est souvent concentrée dans des régions où la pauvreté (au sens conventionnel du terme) tend à être omniprésente, et où la portée des programmes de développement gouvernementaux est souvent limitée (Pandey et Wells, 1997). La création d'une aire protégée dans de telles situations entraîne souvent une perturbation de l'utilisation des ressources par la communauté. Entre 100 000 et 600 000 personnes ont été expulsées physiquement en Inde, et des centaines de milliers d'autres ont été privées de leurs moyens de subsistance (Wani et Kothari, 2007 ; Lasgorceix et Kothari, 2009).

L'Amérique latine présente une histoire plus contrastée. Au Costa Rica, au Chili et en Argentine, des aires protégées ont été créées relativement tôt, principalement sous le concept de « parcs nationaux », dans lesquels les terres sont principalement la propriété de l'État (bien que dans certains cas, comme au Costa Rica, le gouvernement doive toujours aux propriétaires d'origine le paiement de l'expropriation d'un peu moins de la moitié des terres aujourd'hui incluses dans les aires protégées) (Programa Estado de la Nación, 2006). Au Mexique, seul un faible pourcentage des terres situées dans les aires protégées est la propriété du gouvernement fédéral, avec un pourcentage élevé sous régime communautaire ou privé, ce qui signifie que le système d'aires protégées doit négocier en permanence avec les propriétaires fonciers pour leur protection (Bezaury-Creel et Carbonell, 2009).

En finir avec l'approche d'exclusion

La fin du XXe siècle a été témoin d'une réévaluation de certaines de ces approches de conservation de la biodiversité. La planification de la conservation a souvent utilisé des approches « descendantes » et centralisées, qui accordent peu d'attention aux besoins ou aux aspirations des communautés locales (Hunter et Heywood, 2011). Ces stratégies de « commande et contrôle » perpétuaient souvent la pauvreté, les inégalités et les structures de pouvoir, entravant la réalisation des objectifs de conservation de la biodiversité et de bien-être durables. Les communautés locales et autochtones des pays riches en biodiversité sont étroitement liées à leur environnement naturel depuis des millénaires, et possèdent une connaissance intime des habitats et de leurs espèces végétales et animales sauvages, une relation qui a souvent été perturbée par les approches conventionnelles de conservation (UN, 2009). Par exemple, la zone maritime territoriale du Costa Rica a exclu les petits pêcheurs et les communautés côtières de l'accès aux terres et aux ressources dont ils dépendent (Fonseca, 2009). De plus en plus, il est reconnu qu'il n'est ni politiquement faisable, ni éthiquement justifiable, de refuser aux communautés locales l'utilisation des ressources naturelles sans leur fournir de moyens de subsistance alternatifs, ou de gérer des aires protégées sans leur autonomisation et leur soutien (McNeely et al., 1990 ; Wells et al., 1992 ; WRI et al., 1992). Dans certains cas, l'utilisation réglementée des ressources peut également fournir un flux de revenus pour la gestion des aires protégées.

De nombreuses bourses d'études sur les biens communs depuis la fin des années 1980, ainsi que des études récentes, ont mis en évidence la capacité des populations locales à gérer de manière durable et efficace les ressources naturelles et les écosystèmes (Berkes, 1989 ; Ostrom, 1990 ; Hayes, 2006 ; Porter-Bolland et al., 2011 ; Nelson et Chomitz, 2011). En aucun cas, ce phénomène n'est universel, et il existe également des preuves de non-durabilité dans plusieurs situations (Terborgh, 2004), y compris les extinctions causées par les peuples anciens, mais il s'agit d'un phénomène suffisamment répandu pour exiger une plus grande attention que celle accordée par les politiques de conservation conventionnelles. Un facteur particulièrement important est la capacité des communautés à établir et à appliquer des règles qui régissent l'utilisation des ressources, ce qui souligne la nécessité de déléguer des droits clairs aux utilisateurs locaux des ressources dans et autour des aires protégées (Chhatre et Agrawal, 2009). Ces résultats scientifiques ont progressivement renforcé la légitimité de formes plus communautaires de gouvernance et de gestion des aires protégées, et ont souligné que, dans de nombreuses situations, les aires protégées à usages multiples ou les terres autochtones peuvent être autant ou plus efficaces que des instruments de conservation plus stricts comme les catégories d'aires protégées I ou II, en particulier sous des pressions comparables (Nelson et Chomitz, 2011). Cela ne veut pas dire que les peuples autochtones et communautés locales sont, dans toutes les situations et dans tous les cas, axés sur la conservation. Beaucoup sont soumis à des influences externes et internes affectant leurs méthodes traditionnelles ou coutumières, et les jeunes générations sont également soumises à de fortes pressions d'attraction et répulsion pour adopter des modes de vie non durables. À toute chose égale, cependant, il semble que l'adoption progressive d'approches participatives fondées sur les droits soit nécessaire à une conservation plus efficace.

En raison de cette dynamique multiforme, l'exclusion stricte de l'utilisation des ressources, si nécessaire et bénéfique dans des situations où cette utilisation est intrinsèquement préjudiciable aux espèces ou aux écosystèmes locaux (de telles situations sont abordées plus loin dans le présent chapitre), peut aussi parfois avoir des effets pervers et préjudiciables. Ceux-ci incluent notamment d'aliéner les communautés locales des efforts de conservation, de supprimer toute incitation à coopérer avec les gestionnaires et la réglementation des aires protégées, de perdre les avantages des connaissances et pratiques de gestion des ressources traditionnelles en matière de conservation et de gestion, d'aggraver l'utilisation illégale, de déplacer l'utilisation des ressources vers d'autres zones, entraînant des impacts plus importants, d'accroître l'utilisation illégale par des « étrangers » en supprimant les droits et la présence des gardiens traditionnels, de bouleverser les réseaux trophiques complexes avec des conséquences imprévues sur les espèces de conservation cibles, et de perdre des options indispensables de financement durable des aires protégées. La suppression des moutons domestiques du projet de parc national de Patagonie est un facteur qui, par inadvertance, pourrait entraîner un déclin de l'espèce que cette initiative vise à protéger : l'huemul (*Hippocamelus bisulcus*) (Wittmer et al., 2013). L'interdiction du pâturage des buffles dans le parc national emblématique de Keolodeo (Bharatpur), en Inde, aurait entraîné des changements d'habitat préjudiciables à la conservation de la grue de Sibérie, en voie de disparition (Vijayan, 1991), et l'interdiction des incendies de forêt dans une réserve de tigres du sud de l'Inde est connue pour avoir entraîné des impacts écologiques négatifs que les peuples autochtones auraient pu éviter (voir l'étude de cas 8.1 sur le feu et la tribu Soliga).

Changer les paradigmes : une plus grande inclusion et de nouveaux modèles pour la gestion des aires protégées

Progressivement, la mission des aires protégées par les gouvernements est passée de la conservation de la biodiversité à l'intégration de considérations d'amélioration du bien-être humain. Le résultat est un changement en faveur d'aires protégées permettant une utilisation durable des ressources locales (Naughton-Treves et al., 2005), ou de formes de loisirs, de recherche, d'éducation ou commerciales d'utilisation des ressources profitant aux populations et aux communautés locales. Bien que les aires protégées soient désignées ou destinées principalement à la conservation de la biodiversité, de plus en plus, elles sont également considérées comme des moteurs et fournisseurs d'avantages sociaux et économiques (Brandon et al., 1998).

La participation communautaire est aujourd'hui généralement considérée comme essentielle à la réalisation des objectifs économiques, politiques, sociaux et environnementaux qui sous-tendent la conservation, tandis que la conservation exclusive est remise en question pour des raisons sociales, institutionnelles et de durabilité (Saberwal et al., 2001). Les droits et revendications des peuples autochtones et communautés locales sur leurs terres et ressources traditionnellement détenues sont de plus en plus reconnus, ainsi que les effets négatifs que la création d'aires protégées a souvent entraîné sur ces terres (West et al., 2006). Des évaluations mondiales et des analyses comparatives d'études de cas ont souligné que les professionnels et gestionnaires de la conservation considèrent aujourd'hui la participation comme l'un des facteurs de réussite les plus importants pour la gestion (Stoll-Kleemann et Welp, 2008), bien que la participation ne se traduise pas nécessairement toujours en avantages économiques pour les populations locales (Galvin et Haller, 2008).

D'autres considèrent ce changement comme l'abandon d'une approche de « préservation », visant à isoler et à maintenir la biodiversité dans les aires protégées en excluant les communautés autochtones et locales, en faveur d'une approche plus bioculturelle (les liens inextricables entre la nature et la culture), autorisant les activités humaines dans le cadre du processus, et augmentant ainsi le potentiel de réussite des stratégies de conservation (Hunter et Heywood, 2011) (voir également les chapitres 4 et 23). Maintenir ou permettre diverses formes d'utilisation des ressources dans les aires protégées fera souvent partie de ces approches. Par exemple, la réserve nationale de Niassa, dans le nord du Mozambique, est la plus grande (42 000 kilomètres carrés) du réseau national d'aires protégées pour la faune sauvage, et abrite environ 80 % des éléphants du pays. Elle intègre les aspects d'utilisation locale coutumière, de présence et de coexistence, avec une population résidente d'environ 35 000 personnes (Wikipedia, 2014 ; Niassa Carnivore Projet, 2013).

La gestion communautaire des ressources naturelles (GCRN), l'un des modèles inclusifs émergeants les plus courants, représente un passage d'une approche centralisée à une approche plus décentralisée. La GCRN est essentiellement un terme fourre-tout désignant un large éventail de pratiques par lesquelles des institutions collectives locales ou des groupes de personnes, organisés de manière formelle ou informelle, gèrent et utilisent leurs terres, leurs ressources et leurs biens communs. Cela peut ou non impliquer une aire protégée. Une évaluation récente de l'impact des approches de GCRN en Afrique a mis en évidence quelques résultats écologiques, économiques et institutionnels notables (Roe et al., 2009). Toutefois, comme de nombreuses évaluations effectuées au cours des deux dernières décennies l'ont noté, la GCRN dépend, en fin de compte, de la dévolution des pouvoirs et de la propriété sur les terres et les ressources au niveau local, souvent entravée par des obstacles politico-économiques (Gibson, 1999 ; Nelson, 2010 ; de Beer, 2013).

Les Projets de conservation et de développement intégré (PCDI) représentent un sous-ensemble de ces approches plus inclusives, reliant la conservation de la biodiversité, souvent dans ou autour des aires protégées, au développement social et économique local (Wells et al., 1999). Les PCDI ciblent généralement à la fois l'aire protégée (en renforçant sa gestion) et les communautés locales (en offrant des incitations, telles que des possibilités de développement rural, afin de réduire la pression d'activités préjudiciables sur les habitats et les ressources naturelles). Les PCDI ont souvent commencé comme de petites initiatives dirigées par des ONG, mais ont vraiment pris leur envol lorsque les donateurs internationaux ont adopté le concept de lier la conservation à la réduction de la pauvreté. Aujourd'hui, de nombreuses aires protégées utilisent des modèles de PCDI de taille et de portée variables, allant d'efforts axés sur des sites à de grands programmes visant à intégrer la conservation au développement régional (par exemple, voir Cadman et al., 2010). Ils offrent un cocktail presque irrésistible d'avantages perçus et de conservation de la biodiversité, participation accrue des communautés locales, partage plus équitable des avantages et développement économique pour les plus pauvres dans les zones rurales. Certains ont obtenu des succès remarquables et inspirants, mais de nombreux PCDI n'ont pas atteint leurs objectifs de conservation ou de développement (Brandon et al., 1998 ; Hackel, 1999 ; Oates, 1999 ; Wells et al., 1999 ; McShane et Wells, 2004 ; Alers et al., 2007).

Cette expérience mitigée avec les PCDI est illustrée dans le cas de l'Inde. Sur certains sites, les comités d'écodéveloppement ont donné aux villageois des moyens d'information et de participation, créé des groupes de jeunes et de femmes, permis aux villageois d'accéder à des moyens de subsistance et des ressources de développement supplémentaires par le biais de programmes d'administration locale (*panchayat*), libéré les communautés tribales et autres villageois pauvres des prêteurs sur gage, et renforcé considérablement la coopération entre les communautés et les agents forestiers. Dans la réserve de tigres de Periyar, les récoltants d'écorce de cannelle ont été encouragés à abandonner leurs activités de braconnage et à utiliser leurs connaissances forestières pour guider les touristes. Bien que leurs revenus du tourisme soient inférieurs à ceux des activités illicites, ils ne sont plus en conflit avec le Département des forêts, ni endettés auprès de prêteurs pour couvrir les amendes, et leur position sociale au sein de la communauté a été renforcée (Periyar Tiger Reserve, 2012). Sur de nombreux autres sites, cependant, ces gains ne se sont pas matérialisés. Au niveau national, le programme d'écodéveloppement en cours a été caractérisé par de graves faiblesses conceptuelles, un suivi inadéquat ou inexistant des

Étude de cas de 25.2 Écodéveloppement dans le parc national du Grand Himalaya, Inde

Dans les années 1990, des approches de PCDI ont été introduites à divers endroits, en Inde, y compris le parc national du Grand Himalaya (PNGH). Le programme a commencé en 1994 avec un projet d'enseignement et de vulgarisation de la recherche forestière (PEVRF) soutenu par la Banque mondiale, qui comprenait un sous-projet supplémentaire de Conservation de la biodiversité (Pandey et Wells, 1997). À la fin du projet, les gestionnaires du parc ont lancé des programmes axés sur les moyens de subsistance dans la zone tampon, visant à mettre en place des systèmes communautaires alternatifs de gestion des ressources naturelles, et à résoudre les conflits homme-faune grâce à un mode de gestion participatif (Tandon, 2002 ; Pandey, 2008).

Les femmes appartenant aux ménages les plus pauvres, les plus dépendantes des ressources du parc, ont été organisées dans le cadre de programmes de renforcement des capacités en Groupes d'épargne et de crédit pour les femmes (GECF) dans la zone tampon. Près de 1 000 femmes de 95 GECF ont bénéficié d'activités génératrices de revenus : lombricompostage, production d'huile d'abricot, produits du chanvre, écotourisme, théâtre de rue et travail salarié. Des mécanismes sont en cours d'élaboration pour que les GECF renforcent les Conseils de village (*panchayat*) et deviennent durables.

L'approche d'écodéveloppement du PNGH a également été critiquée par des chercheurs et des militants. Aucun processus démocratique n'avait été établi pour déterminer si un parc national, qui, par la loi, exige la suppression de toute utilisation humaine, était la catégorie de conservation appropriée à appliquer ici, aucune approche intégrée de conservation et de moyens de subsistance n'avait été considérée, et les compensation étaient insuffisantes par rapport à la perte de moyens de subsistance due à l'arrêt d'activités telles que la collecte d'herbes (Baviskar, 2003 ; Chhatre et Saberwal, 2006). En outre, alors que les utilisations traditionnelles des populations avaient été stoppées, le parc a connu à un développement hydroélectrique très dommageable. Le processus du PNGH reflète donc les contradictions de l'approche conventionnelle des aires protégées prévalant en Inde (Saberwal et al., 2001).

Village dans la zone tampon du parc national du Grand Himalaya, Inde

Source : Sanjeeva Pandey

impacts, aucune évaluation indépendante et aucun partage du pouvoir de décision avec les communautés locales (Das, 2007 ; Shahabuddin, 2010 ; voir également l'étude de cas 25.2). Même à Periyar, une étude indépendante suggère que les avantages pour les communautés locales pourraient être moindre qu'officiellement revendiqué (Gubbi et al., 2008).

Les principales faiblesses communes à de nombreuses interventions de PCDI sont les suivantes : objectifs irréalistes et souvent contradictoires, incapacité à identifier correctement la source des menaces et à cibler les interventions en conséquence, suivi insuffisant de sorte qu'il est difficile d'établir un lien efficace entre l'amélioration de la conservation et les activités du projet, et manque de soutien à long terme pour continuer à renforcer les capacités et à maintenir les gains au-delà de la durée de vie du projet (Alers et al., 2007). On peut citer également l'incapacité à identifier et à promouvoir les traditions, les connaissances, les pratiques et les visions du monde autochtones/locales favorisant la conservation, les populations locales étant considérées, la plupart du temps, comme des « pressions » sur l'écosystème et la faune, et l'incapacité à partager de manière significative le pouvoir décisionnel.

La promotion de nouvelles opportunités de subsistance n'est qu'une des façons de profiter aux communautés locales. D'autres stratégies peuvent être plus efficaces pour encourager un soutien à long terme à l'évolution des comportements, y compris des possibilités d'emplois par le biais d'entreprises touristiques (voir le chapitre 23) ou au sein de l'aire protégée, elle-même, en fournissant du travail ou en participant à l'élimination des espèces exotiques envahissantes. Ailleurs, les aires protégées ont tenté de résoudre les problèmes d'équité et de durabilité par le biais de mécanismes de micro-financements ou de financements à long terme, visant à fournir des ressources aux activités de développement, comme par exemple, dans un certain nombre d'aires protégées au Pérou (PROFONANPE, 2012).

Il est essentiel de réaliser un suivi de toutes les activités de PCDI par rapport aux objectifs de réduction des menaces et de conservation de la biodiversité. Dans certains endroits, un lien clair pourra être établi entre une protection renforcée et la conservation, comme par exemple, l'augmentation des stocks de poissons dans les aires marines protégées ou les activités de développement et la protection des habitats.

Peuples mobiles en migration à travers leur APAC, Iran

Source : CENESTA

Ailleurs, ces liens pourraient être moins évidents. Lorsque le suivi se concentre davantage sur le nombre de bénéficiaires que sur les résultats de biodiversité et la réduction des menaces, il est de plus en plus difficile de comprendre quand et où les interventions sont efficaces pour la conservation. À moins que les liens entre les activités du projet et les objectifs de conservation ne soient clairs et approuvés par les parties prenantes locales, il est peu probable que l'offre de nouvelles opportunités de subsistance entraîne des avantages en matière de conservation. Le suivi participatif par les membres de la communauté peut être un complément utile au suivi par le personnel gouvernemental des aires protégées et les instituts de recherche (Margoulis et Salafsky, 2001 ; Danielsen et al., 2005).

L'utilisation durable des ressources est souvent un objectif clé et un pilier des aires protégées et autres sites de conservation régis par des acteurs non gouvernementaux, y compris les APAC et les APP (voir le chapitre 7). Elle est à la base, par exemple, de milliers de forêts communautaires en Asie du Sud, de centaines d'aires marines gérées localement dans le Pacifique Sud, en Asie du Sud-Est et dans certains pays africains, de vastes territoires de peuples mobiles en Asie centrale et dans la Corne de l'Afrique, ainsi que de nombreuses autres APAC (Borrini-Feyerabend et al., 2010 ; Bassi et Tache, 2011 ; Kothari et al., 2012 ; Naqizadeh et al., 2012 ; voir aussi les chapitres 7, 20 et 21). C'est également une motivation clé pour les APP, tels que celles conservant les grands mammifères (et la faune associée) dans plusieurs pays africains (voir ailleurs dans ce chapitre).

Reconnaître le rôle de l'utilisation durable dans la conservation

Il est de plus en plus reconnu qu'une utilisation durable des ressources peut souvent être tout à fait compatible avec les objectifs de conservation, et y contribuer. Dans certains cas, les utilisations humaines traditionnelles ont contribué à façonner les paysages terrestres ou marins d'une manière que les défenseurs de l'environnement considèrent importante, ou peuvent fournir des incitations aux efforts de protection et de conservation, ou générer des revenus indispensables pour financer les aires protégées. Dans certains cas, les récoltes peuvent effectivement augmenter la densité des ressources. Par exemple, dans le désert d'Australie Occidentale, les varans sont plus abondants là où la chasse est plus intense, en raison des techniques de brûlis des parcelles utilisées par les chasseurs autochtones (Bird et al., 2013), bien que les impacts globaux de cette technique sur la biodiversité ne soient pas clairs.

Au Guatemala, la récolte et le commerce durables de petits palmiers (pour une utilisation floristique dans les pays développés) ont permis aux communautés locales de générer des revenus importants, tout en leur offrant des incitations pour maintenir la ressource, préservant ainsi la forêt. Dans la réserve de biosphère Maya, le plus important paysage protégé du Guatemala, les concessions d'utilisation durable sous-tendent un éventail de pratiques de gestion privées et communautaires, conduisant à une conservation plus efficace (Radachowsky et al., 2012). Dans la réserve nationale de faune sauvage d'Ostional, au Costa Rica, des dizaines de milliers de tortues luth arrivent presque simultanément pour nicher chaque année. Les communautés locales sont autorisées à récolter un pourcentage des œufs « précoces », dont beaucoup auraient été détruits par les arrivées ultérieures. Cette approche a suscité un énorme soutien de la communauté locale en faveur de la conservation, et a pratiquement éliminé le braconnage illégal local des œufs, tandis que la population de tortues continue d'augmenter (Campbell et al., 2007). Au Brésil, la récolte traditionnelle de noix du Brésil dans les forêts amazoniennes, à des fins de rentabilité économique, a entraîné une forte protection de ces forêts par les exploitants contre les bûcherons et les éleveurs (Amazon Conservation Association, 2013).

En Europe centrale, les plaines inondables de la rivière Morava sont des écosystèmes semi-naturels dépendant désormais entièrement de la gestion humaine. Une grande partie de ces plaines inondables (près de 5 000 hectares), en Slovaquie, a été inclue dans l'aire protégée du paysage de Záhorie. La forme de gestion la plus appropriée pour maintenir les valeurs de la biodiversité dans ces écosystèmes est la production de foin. Cela empêche les prairies d'être envahies par la végétation et la propagation d'espèces envahissantes, et permet de maintenir des biotopes appropriés pour la flore (par exemple, les orchidées) et la faune (par exemple, les papillons) en voie de disparition. Le suivi a confirmé que la biodiversité est significativement plus élevée dans les prairies régulièrement gérées, que dans celles qui ne le sont pas (Rybanič et al., 1999). Le maintien de cette utilisation profite donc à la fois à la conservation de la biodiversité et au développement socioéconomique local. Un autre exemple mettant en évidence la compatibilité de la conservation et de l'utilisation des ressources est le parc naturel de Lonjsko Polje, situé sur les plaines inondables de la Sava, en Croatie. Ce parc est un exemple unique d'un paysage organiquement évolué, conservant des utilisations traditionnelles des terres, avec un système médiéval préservé de pâturages sur ces terres communes, typique de toute l'Europe centrale jusqu'à la seconde moitié du XIXe siècle (Gugić, 2009). Ce système d'élevage traditionnel est géré avec des races indigènes de chevaux, de porcs, de bovins et d'oies.

En Irlande, la géologie et le climat locaux uniques du Burren (un paysage karstique dans le nord-ouest du comté de Clare, dont une grande partie est désignée comme Aire spéciale pour la conservation) ont non seulement donné naissance à des paysages uniques, mais ont également contribué au développement d'une forme distincte de transhumance appelée « hivernage », une pratique traditionnelle de pâturage qui a façonné le patrimoine culturel et naturel de la région (Parr et al., 2010). Au cours des 40 dernières années, des facteurs socioéconomiques ont contribué à des changements importants dans l'agriculture, avec des effets néfastes sur la biodiversité. Cette tendance a récemment été inversée par le concept « d'agriculture pour la conservation », qui a ravivé l'intérêt de l'agriculture pour les hivernages, jouant un rôle central dans la restauration du paysage et de sa biodiversité. BurrenLIFE est le premier grand projet « d'agriculture pour la conservation » en Irlande, et marque le premier partenariat de travail entre le Service des parcs nationaux et de la faune sauvage, l'Autorité de développement de l'agriculture et de l'alimentation, et la branche de Burren de l'Association des agriculteurs irlandais (BurrenLIFE, 2014).

En Afrique de l'Est et en Afrique australe, les aires protégées (et leurs populations d'espèces sauvages et conditions d'observation exceptionnelles) servent non seulement à des fins de conservation, mais génèrent également des revenus et des emplois grâce au tourisme. Ces revenus financent, à leur tour, les efforts de conservation, et créent des incitations locales et nationales pour les investissements dans la gestion de la faune (Spenceley, 2008 ; Child, 2004).

Les paysages terrestres et marins de Satoyama et Satoumi, au Japon, connus pour leur utilisation hautement productive des ressources, sont de plus en plus reconnus comme des exemples d'utilisation durable contribuant à la conservation (Bélair et al., 2010 ; UNU-IAS OUIK, 2011).

Principes généraux et approches de l'utilisation des ressources dans les aires protégées

Droits d'utilisation et gouvernance

Qui détient les droits d'accès et d'extraction des ressources d'une aire protégée (terrestre ou marine) et qui a le droit de participer à la gestion sont des questions importantes et parfois controversées (voir le chapitre 7). Les droits peuvent découler du régime et des pratiques autochtones, coutumières ou traditionnelles, ou peuvent être développés par le biais de politiques et de lois. Ils peuvent être détenus collectivement ou individuellement, et peuvent être cédés ou transférables de façon permanente par l'achat. Les droits de gestion précisent qui doit participer à la prise de décisions en matière de gestion des aires protégées : ils peuvent être détenus par les gouvernements, par les peuples autochtones et les communautés locales, ou par une combinaison des deux (cogestion). Les droits d'utilisation précisent qui peut avoir accès à une aire protégée ou à une ressource (droits d'accès) et quel degré d'activité (par exemple, le nombre de pêcheurs ou de jours de pêche) ou d'extraction (par exemple, le volume de bois de chauffage ou les tonnes de captures) est autorisé (droits de retrait) (Charles et Wilson, 2009). La reconnaissance appropriée et équitable de ces droits d'utilisation des ressources est de plus en plus considérée comme essentielle pour parvenir à une gestion efficace et durable de l'utilisation des ressources (Charles et Wilson, 2009 ; Charles, 2011).

La *Loi de 2006 sur les tribus répertoriées et autres habitants traditionnels des forêts (reconnaissance des droits forestiers)* de l'Inde est un exemple de processus en cours de restitution ou de reconnaissance de droits. En vertu de cette loi, les droits individuels et communautaires sur les terres et les ressources forestières qui existaient traditionnellement mais n'ont pas été reconnus depuis l'époque coloniale peuvent être reconnus et consignés. Cela inclut le droit et les pouvoirs de gouverner les forêts. Depuis, 2008, date de l'entrée en vigueur de la loi, ceux-ci ont été reconnus sur plus de 6 000 kilomètres carrés de terres forestières (y compris quelques aires protégées par le gouvernement) et, dans plusieurs cas, les communautés élaborent des plans pour les conserver et les utiliser de manière durable, et excluent ce qu'elles considèrent comme des activités destructrices de « développement » et d'exploitation forestière (Vasundhara et Kalpavriksh, 2012 ; Desor, 2013).

Étude de cas 25.3 Protéger les zones de pêche ancestrales Sangha-Sangha, République Centrafricaine

Les Sangha-Sangha sont une communauté de pêcheurs située dans la zone tampon du parc national de Dzanga-Ndoki, en République Centrafricaine. En raison de ses valeurs de biodiversité exceptionnelles, la région a été inscrite comme site du Patrimoine mondial tri-national de la Sangha, conjointement avec des parcs limitrophes au Cameroun et au Congo, en 2012. Avec les chasseurs-cueilleurs Baka, les Sangha-Sangha sont les premiers habitants de cette région. Au fil du temps, ils ont développé une relation intime et synergique avec leur territoire, qui a défini leurs valeurs, façonné leur organisation sociale et généré des connaissances environnementales et des systèmes de gestion sophistiqués. Le système interconnecté de canaux et de zones d'inondation que les ancêtres Sangha-Sangha ont créés le long de la rivière Sangha, et qui permet aux poissons de se réfugier et de se reproduire, est un exemple de ceci.

Depuis l'incursion des entreprises forestières dans les années 1980 et 1990, les nouveaux colons ont pratiqué des techniques de pêche non durables, y compris le poison. En réponse à cela, en 2008, les Sangha-Sangha ont créé l'Association pour le développement Sangha-Sangha (ADSS), dans le but de réinstaller la gouvernance locale et les pratiques coutumières. En 2012, l'ADSS a initié un dialogue avec la direction du parc national et autres autorités locales, et a obtenu un décret municipal interdisant l'utilisation de substances toxiques d'origine industrielle et d'équipements non conventionnels pour la pêche, attribuant des droits de pêche exclusifs aux familles ou clans spécifiques reconnus par les autorités traditionnelles, et déclarant que le non-respect de ces dispositions pouvait donner lieu à des poursuites pénales. Les intrusions dans les territoires ancestraux des Sangha-Sangha et les méthodes de pêche non viables ont été érigées en infractions pénales. Depuis, l'ADSS a entrepris des activités visant à promouvoir l'utilisation durable des ressources et à encourager la transmission des connaissances écologiques et des techniques culturelles, en particulier chez les jeunes.

– Ernesto Noriega et Tatjana Puschkarsky

Membres de la communauté Sangha-Sangha dans une zone humide

Source : José Martial Betoulet

Connaissances traditionnelles et autochtones

Une gestion efficace des ressources doit être fondée sur de bonnes informations, susceptibles d'être présentes dans les systèmes de connaissances et pratiques culturelles autochtones et traditionnelles, quand elles sont encore répandues, ou dérivées de méthodes scientifiques occidentales, et idéalement une combinaison de ces éléments (Posey, 1999 ; Failing et al., 2007 ; Fondation Tebtebba, 2008 ; Parrotta et Trosper, 2012). Les connaissances autochtones/traditionnelles et locales peuvent être d'une importance capitale, par exemple pour cartographier les aires d'utilisation des habitats et des ressources, établir des aires d'utilisation des ressources viables et socialement acceptables, élaborer des stratégies axées sur la restauration des paysages, accroître la résilience des écosystèmes et mieux s'adapter aux changements climatiques (voir l'étude de cas 25.3). Cela est particulièrement important dans les aires marines protégées, par exemple, où les utilisateurs locaux des ressources ont tendance à posséder une connaissance approfondie de la répartition, de l'abondance et des conditions environnementales des ressources, dans un contexte où ces ressources sont mobiles et où le suivi est difficile (Drew, 2005). À Eastport, sur l'Île de Terre-Neuve, au Canada, la connaissance des pêcheurs communautaires locaux de l'habitat potentiel d'élevage du homard juvénile a servi de base à la prise de décisions sur les zones d'interdiction de pêche au homard, afin d'améliorer la production d'œufs et d'accroître le recrutement (Charles et Wilson, 2009). Une telle approche est typique de nombreuses APAC, et fournit des leçons pour les aires protégées gérées par les gouvernements, privées ou formelles (voir le chapitre 7).

Utilisation durable et équitable

La gestion de l'utilisation dans un but de durabilité et d'équité est une priorité essentielle pour maintenir les valeurs de la biodiversité. La *Déclaration politique de l'UICN sur l'utilisation durable des ressources sauvages* (IUCN, 2000) reconnaît que l'utilisation durable est un outil de conservation important, car elle offre aux populations des incitations à la conservation sous forme d'avantages sociaux, culturels et économiques. Ces aspects sont hautement pertinents pour les aires protégées. Ils soulignent également l'importance de la gestion adaptative, les limites biologiques des espèces et des écosystèmes, les structures de gouvernance, le fait que les utilisateurs aient un intérêt formel ou informel dans les ressources qu'ils utilisent et l'élimination des incitations perverses. L'importance d'un régime foncier clair et sûr sur les terres et les ressources, comme base pour motiver les utilisateurs locaux à parvenir à une utilisation durable a également été clairement démontrée par un processus d'analyses régionales et d'études de cas mondiales dirigé par l'UICN (Oglethorpe, 1999).

Dans le cadre de la Convention sur la diversité biologique (CDB), les principes pour parvenir à une utilisation durable (l'un des trois principaux objectifs de la convention) ont été détaillés dans les Principes et lignes directrices d'Addis-Abeba (CDB, 2004). Ces principes et documents connexes fournissent un cadre important pour la gestion de l'utilisation des ressources dans les aires protégées.

Comme pour la durabilité, l'équité socioéconomique est un élément crucial de l'utilisation des ressources. Par exemple, l'intégration des aspects sexospécifiques dans la pensée, la stratégie et la gestion de toute forme d'aires protégées est essentielle, sans quoi l'accès et l'utilisation des ressources par les femmes risquent de subir une marginalisation (FAO, 2012 ; Harper et al., 2013). Dans le secteur de la pêche, l'importance des femmes, en particulier dans les secteurs pré et post-capture, doit être reconnue. Dans les communautés de pêcheurs, les femmes n'ont souvent pas accès au poisson, et peuvent se voir refuser un rôle dans la prise de décisions en raison des normes culturelles existantes, et devoir faire face à des problèmes plus généraux de manque de crédit et de services de transport et de sous-évaluation de leur travail. De même, les inégalités d'accès aux ressources, telles que celles existant entre différents groupes ethniques, classes, castes et autres divisions sociales, peuvent sérieusement entraver l'utilisation durable des ressources et doivent être abordées avec sensibilité.

Gestion de l'utilisation des ressources dans les aires protégées : approches et exemples

La gestion de l'utilisation des ressources dans les aires protégées doit être très sensible au contexte, et tenir compte de la forme d'utilisation en cause, des caractéristiques de la ressource et du contexte socioéconomique. Dans cette section, certains des principaux types d'utilisation seront discutés, en s'appuyant sur des exemples provenant d'une grande variété de régions.

Récolte de produits végétaux sauvages (utilisation locale et commerce)

Les forêts, zones humides, prairies et milieux marins protégés sont source d'une vaste gamme de produits forestiers non ligneux (PFNL), définis comme toute matière biologique, autre que le bois rond industriel et les produits qui en résultent, récoltés à l'intérieur et en lisières des forêts naturelles, modifiées ou perturbées (Chamberlain et al., 2004). Bien que le terme puisse inclure à la fois des produits végétaux et animaux, cette section se concentre principalement sur les produits végétaux, les produits animaux étant abordés dans la section suivante. Les PFNL ont une grande valeur économique et de subsistance. Par exemple, Schippmann et al. (2006) estiment que jusqu'à 70 000 espèces de plantes supérieures (environ 20 % de la flore mondiale estimée) sont utilisées comme médicaments dans le monde entier, dont environ 3 000 font l'objet d'un commerce international. En outre, on estime que pour 80 % de la population mondiale, les plantes constituent la principale forme de médicament disponible (Kamboj, 2000 ; Parrotta et Trosper, 2012). Rien qu'en Inde, environ 275 millions de personnes dépendent des PFNL, et utilisent plus de 10 000 espèces de plantes et d'animaux pour leur alimentation, combustibles, fourrage, médecine, logement, outils et utilisations culturelles (TPCG et Kalpavriksh, 2005). La valeur mondiale des PFNL en 2005 s'élevait à 16 839 milliards de dollars américains (FAO, 2010). Cela inclut une utilisation extensive et généralisée dans et autour des aires protégées.

Les récoltants de PFNL sont de plus en plus impliqués dans des entreprises commerciales motivées par la demande du marché national et mondial, les structures de gestion traditionnelles s'effondrant et menaçant, en conséquence, la durabilité de la base de ressources. Par exemple, l'industrie de la santé alternative en Europe, en Amérique du Nord, en Australie et en Nouvelle-Zélande utilise une grande variété de médicaments à base de plantes, et a adopté de nombreuses pratiques de médecines traditionnelles ayurvédiques, bouddhistes et chinoises, de sorte que le secteur est devenue une industrie de plusieurs milliards de dollars, et à croissance rapide. La récolte de plantes médicinales sauvages est ainsi devenue une entreprise commerciale organisée dans de nombreux endroits, où les acteurs du secteur emploient des populations locales pour effectuer la récolte (Battharai et al., 2003). Ceci constitue également une préoccupation pour d'autres produits sauvages, tels que l'ivoire, avec une augmentation récente significative du braconnage pour répondre à la demande de consommateurs nouvellement enrichis en Asie (CITES, 2013).

Les *hotspots* de biodiversité végétale se trouvent généralement dans les pays à faible indice de développement humain (IDH), sous les tropiques, où la pression pour augmenter le développement économique et humain peut être élevée. Dans de nombreuses aires protégées, les gestionnaires sont chargés de déterminer si la récolte, le pâturage ou autres utilisations à long terme des plantes auront des implications bénéfiques, préjudiciables ou neutres pour la réalisation des objectifs de gestion. Dans d'autres, il s'agit d'une responsabilité assumée par les communautés d'utilisateurs ou les organisations de la société civile. Dans certains cas, il existe des systèmes bien établis et scientifiquement rigoureux de mesure, de suivi, d'évaluation et d'établissement de rapports sur ces activités (voir le chapitre 28). Il est également nécessaire de déterminer quel niveau de l'activité est durable et établir des limites, ce qui est plus efficace avec la participation des communautés d'utilisateurs. Par exemple, la récolte d'herbe dans une zone humide peut être bénéfique pour l'habitat des oiseaux, mais l'augmentation ou la diminution de la récolte ou la modification de la façon dont celle-ci est effectuée peuvent nuire à l'activité. Dans la mesure du possible, un suivi continu des conditions environnementales et sociales visant à évaluer l'impact de ces activités est souhaitable. Un certain nombre d'aires protégées et d'APAC cogérées à travers le monde utilisent des méthodes de suivi allant d'indicateurs traditionnels et de points de référence souvent basés sur des siècles d'observation, à des indicateurs modernes, souvent mieux quantifiés (étude de cas 25.4).

Des mesures visant à éviter la surexploitation sont intégrées dans de nouveaux outils d'évaluation de la durabilité de la collecte des plantes médicinales et autres plantes récoltées à l'état sauvage, comme la norme FairWild, et autres méthodes visant à évaluer à la fois les aspects écologiques et sociaux (FairWild, 2009 ; Kathe et al., 2010 ; Kathe, 2011 ; Unnikrishnan et Suneetha, 2012). Les plans de gestion des espèces constituent également un mécanisme de suivi et de prévention de la surexploitation (études de cas 25.4 et 25.5). Les efforts de politique internationale autour de l'utilisation durable des ressources végétales incluent, entre autres, les *Lignes directrices sur la conservation des plantes médicinales* (en cours de révision) de l'Organisation mondiale de la santé (OMS), et la Stratégie mondiale pour la conservation des plantes dans le cadre de la CDB (Unnikrishnan et Suneetha, 2012). Il peut être nécessaire de négocier avec les communautés pour mettre fin aux pratiques nuisant à l'aire protégée dans le cas des aires protégées gérées par les gouvernements. Dans le cas des APAC, ces négociations sont généralement menées à l'interne, par les membres de la communauté, et peuvent impliquer de faire face à des pressions internes et externes (étude de cas 25.3). Les nouvelles approches de sauvegarde et de conservation des plantes médicinales incluent la création d'Aires de conservation des plantes médicinales (ACPM) et de Parcs de conservation des plantes médicinales (PCPM) en Inde (Unnikrishnan et Suneetha, 2012). En 2012, 112 ACPM avaient été établies dans 13 États indiens. D'autres stratégies incluent la limitation de l'extraction des ressources à certaines zones, l'autorisation à des personnes spécifiques de récolter la ressource, l'établissement de quotas basés sur un rendement durable et la plantation d'espèces convoitées en dehors de l'aire protégée.

Chasse et pêche

Un certain nombre de formes de chasse et de pêche ont lieu dans certaines aires protégées, légalement et illégalement, à des fins de subsistance et à des fins commerciales. Le gibier sauvage a longtemps été important pour les communautés rurales, et de nombreuses aires protégées autorisent une chasse et une pêche de subsistance limitées. La viande de brousse est un terme couramment utilisé pour décrire la viande issue de la chasse aux animaux sauvages, principalement dans les environnements forestiers, dans les pays où le bétail domestique n'est pas commun. C'est aujourd'hui une activité commerciale et de subsistance importante en Afrique et, dans une moindre mesure, en Amérique du Sud et en Asie. Dans certaines régions, elle assure la majorité des besoins humains en protéines et en graisses, comme dans le bassin du Congo. Impliquant un coût matériel peu élevé, les jeunes hommes des communautés pauvres peuvent facilement y prendre part, et le commerce décentralisé signifie qu'une grande partie de la valeur des biens revient au producteur primaire (le chasseur) (Nasi et al., 2008, 2011 ; van Vliet et al., 2012 ; Schulte-Herbrüggen et al., 2013).

Étude de cas 25.4 Aborder le problème de la surexploitation par la négociation et l'action communautaire en Ouganda et en Inde

Le parc national de Kibale, en Ouganda (catégorie UICN non définie) illustre le succès d'une approche de négociation. Le parc est entouré de 27 paroisses dans lesquelles vivent environ 120 000 personnes. Les communautés limitrophes extraient plus de 20 produits du parc, pour répondre à certains de leurs besoins de subsistance, commerciaux, culturels et médicinaux. Bien que l'interdiction ait été la première stratégie de gestion mise en place, il a été constaté que l'application de la loi devenait très longue et coûteuse pour les gestionnaires du parc. Il a été constaté que la plupart des activités illégales provenaient des communautés situées en lisière du parc. Avec l'aide du Projet de conservation et de développement de Kibale Semuliki, des accords de gestion des ressources ont été négociés avec les communautés locales adjacentes, fixant des limites convenues sur les personnes autorisées à prélever dans le parc, ainsi que les produits pouvant être prélevés. Il a fallu deux ans pour identifier, négocier et signer les premiers contrats, puis six mois, en moyenne, pour les accords suivants. Le succès des accords de collaboration fut plus important lorsque des aides étaient accordées pour l'élaboration de solutions alternatives à la récolte des ressources du parc. Les relations entre le parc et les communautés se sont améliorées, une baisse importante des activités illégales a été constatée, et les membres des communautés ont commencé à signaler les activités illégales (Chhetri et al., 2003).

Le village de Mendha-Lekha en Inde, et sa forêt conservée par la communauté de près de 2 000 hectares, a entrepris un certain nombre d'initiatives assertives pour recouvrer les droits forestiers de la communauté et empêcher une usine de papier d'épuiser les habitats locaux de bambou. Après l'obtention d'un titre légal en vertu de la Loi sur les droits forestiers de 2006, le village a renforcé et actualisé ses règles et règlements coutumiers, afin d'inclure l'exploitation durable de bambou (auparavant sous contrôle du Département des Forêts). Aujourd'hui, le village en tire des revenus substantiels et l'argent est déposé sur le compte du village, et est utilisé pour générer des moyens de subsistance pour celui-ci, grâce à des activités liées à la mise en valeur des forêts, à la désignation des habitats fauniques et autres activités. Le village est aujourd'hui en mesure de fournir des salaires équitables et des prêts en temps opportun, non seulement aux résidents, mais aussi aux autres villageois souhaitant travailler dans le village (à condition qu'ils respectent les règles locales) (Pathak Broome et Dash, 2012).

Étude de cas 25.5 Plan de gestion des espèces de *Cinnamomum capparu-coronde*

Cinnamomum capparu-coronde est une espèce médicinale endémique hautement menacée au Sri Lanka. La réserve de biosphère de Kanneliya-Dediyagala-Nakiyadeniya (KDN), dans le sud du Sri Lanka, accueille des populations importantes, connues localement sous le nom de « *Kapuru Kurundu* ». Il existe 78 villages autour de la réserve, et 50 % des ménages vivent en dessous du seuil de pauvreté et dépendent de la forêt pour le bois et les PFNL. *Cinnamomum capparu-coronde* est utilisée localement pour guérir la bronchite, les rhumatismes, les morsures de serpent, les fractures et les maux de dents, entre de nombreux autres maux. L'eugénol est un ingrédient chimique important extrait de la plante.

Dans le but d'empêcher la surexploitation de cette importante espèce endémique, la réserve forestière de KDN a été choisie pour élaborer et mettre en œuvre un plan de gestion des espèces. L'objectif est de maintenir la population de *Kapuru Kurundu* en réalisant un suivi des changements de densité de 2009 à 2019, dans deux macro-parcelles situées à l'intérieur la réserve de KDN. Le plan est mis en œuvre par le Département des forêts, avec l'aide des communautés locales et des chercheurs de l'Université de Ruhuna et autres organismes. Les besoins économiques et culturels plus généraux des communautés vivant à la périphérie de la réserve ont également été pris en compte par le Département des forêts dans le Plan de gestion de la réserve, auquel le plan de gestion des espèces est lié.

Sources : Sathurusinghe et al. (2010) ; Hunter et Heywood (2011)

En Afrique, 42 espèces de mammifères préoccupantes pour la conservation mondiale sont impliquées dans le commerce de viande de brousse, y compris les chimpanzés, les éléphants et les gorilles (CITES, 2000 ; Redmond et al., 2006). La faiblesse des structures de gouvernance au niveau local et les mauvaises pratiques industrielles rendent difficiles la réglementation et la gestion du commerce.

Les forces du marché peuvent créer une valeur pour la faune sauvage et fournir des incitations à la conservation privée ou communautaire, mais aussi conduire à la surexploitation des populations. Dans le parc national de Cuc Phuong, au Vietnam, la chasse illégale a réduit les populations de grands mammifères, et les conflits avec les populations humaines locales entravent une gestion efficace (Compton et Le, 1998 ; McNeely, 1998). De nombreuses aires protégées aquatiques sont confrontées à des problèmes de surpêche causés par des incursions de communautés voisines, ou par la présence illégale d'opérations à plus grande échelle. Sur la Grande Barrière de corail, en Australie, le chalutage de crevettes à grande échelle, à la fois autorisé et illégal, a

Étude de cas 25.6 Gestion de la chasse dans les aires protégées appartenant à l'État dans le nord de la Finlande

Dans le nord de la Finlande, y compris les régions de Laponie, de Kainuu et certaines parties de l'Ostrobotnie du Nord, la chasse est autorisée pour les résidents locaux dans la plupart des parcs nationaux et autres réserves naturelles protégées, si elle ne menace pas les objectifs de conservation ou de loisirs. Dans le nord de la Finlande, environ 50 000 personnes bénéficient de tels droits. La chasse est également autorisée pour les non-résidents, avec un permis, dans la plupart des autres réserves naturelles protégées. La chasse est interdite dans les réserves naturelles intégrales.

Les règlements de chasse sont décrits dans le décret ou la loi de chaque réserve naturelle. Des restrictions temporelles ou territoriales, et spécifiques à une espèce, peuvent s'appliquer. Les plans de gestion sont préparés avec la participation des parties prenantes locales. Des saisons de chasse nationales ou régionales sont établies pour toutes les espèces de gibier, en dehors des périodes de reproduction ou de vulnérabilité. Si une population est menacée, la saison de chasse est limitée par un décret du ministère de l'Agriculture et des Forêts.

Les principales parties prenantes disposant de droits d'utilisation traditionnels sont les éleveurs de rennes, représentés par les associations d'éleveurs et leur fédération nationale (leur territoire, dans l'extrême nord de la Finlande, couvre un tiers du pays), et les Sami, dont le territoire traditionnel se situe dans ces régions. Plus de 90 % de cette région est détenue par l'État et administrée par le Metsähallitus, l'Agence nationale finlandaise des aires protégées. Les Sami possèdent une longue tradition d'élevage de rennes et de piégeage du lagopède des saules (*Lagopus lagopus*). Les associations de gestion du gibier représentent les intérêts des chasseurs résidents.

Les résultats des recensements de la faune montrent des fluctuations naturelles et une stabilité à long terme des populations de gibier dans le nord de la Finlande. Sur cette base, le système de gestion de la chasse peut être considéré comme écologiquement durable. Les plus grands défis concernent la durabilité sociale, affectant le travail bénévole dont dépendent les recensements triangulaires de la faune et les mesures de contrôle des prédateurs envahissants, comme le chien viverrin (*Nyctereutes procyonoides*) et le vison d'Amérique (*Neovison vison*).

– Mikko Rautiainen

réduit de moitié les populations de certaines espèces. Pour chaque tonne de crevettes capturées, 6 à 10 tonnes d'autres espèces marines ont été tuées. L'organisme de recherche du gouvernement australien, la Commonwealth Scientific and Industrial Research Organisation (CSIRO), a identifié 50 opérateurs illégaux dans une zone de 362 400 kilomètres carrés (Australian Committee for IUCN, 1999 ; Zinn et Vidal, 1999).

Lorsque de telles activités ont été interdites ou réduites, une indemnisation a parfois été offerte pour le manque à gagner (en particulier si l'utilisation était légale). C'est le cas de la récolte de plantes médicinales dans l'Himalaya indien (voir l'étude de cas 25.2). C'est aussi souvent le cas dans les APAC, où une décision collective d'arrêter une activité d'utilisation des ressources, ou de changer l'utilisation des terres, est compensée par de nouveaux moyens de subsistance, tels que le tourisme communautaire ou la mise à disposition de terres dans une autre zone. Dans la zone humide protégée par la communauté de Mangalajodi, en Inde, une décision communautaire inspirée par une organisation de la société civile pour arrêter la chasse aux oiseaux d'eau a été suivie par une entreprise d'écotourisme, qui a employé certains des anciens chasseurs (Kothari, 2010). Dans de tels cas, cependant, les mesures compensatoires peuvent ne pas correspondre à l'ampleur de la perte.

Lorsqu'elle est bien gérée, la chasse peut être durable et contribuer à la gestion et à la conservation des aires protégées (étude de cas 25.6), et il est de plus en plus reconnu que pour faire face au problème de la viande de brousse, comme en Afrique, il est nécessaire d'établir une utilisation durable légalement réglementée des ressources en viande sauvage (Nasi et al., 2008). Dans certains cas, cela a été possible grâce à des accords avec les communautés locales et/ou en confiant la gestion de la faune à ces communautés. Dans bon nombre d'APAC relativement nouvelles, un mélange de restrictions traditionnelles et nouvelles peut être adopté (voir le chapitre 7). Dans l'État du Nagaland en Inde, par exemple, plusieurs dizaines de villages ont déclaré des interdictions saisonnières de chasse et/ou désigné des zones forestières où la chasse est totalement interdite (Kothari et Pathak, 2005). Par exemple, la réserve privée de chasse de Campbell, exploitée commercialement en Afrique du Sud, offre des expériences de chasse inspirées de celles des Bushmen du Kalahari, dans des limites durables (Campbell Private Game Reserve, 2004, cité dans Lockwood et al., 2006).

La chasse touristique ou « au trophée » aux tarifs substantiels, est entreprise dans de nombreuses formes d'aires protégées, dans toute l'Afrique subsaharienne, l'Afrique australe et la Tanzanie en particulier. La majeure partie de ces activités de chasse au trophée se déroulent sur des terres privées et sur certaines terres communales, voire, pour certaines, dans des aires protégées gérées par l'État. En Tanzanie, environ la moitié de toutes les concessions de chasse sont situées dans des aires protégées d'État, appelées réserves de gibier, où aucune personne ne réside, ainsi que dans des aires contrôlées pour le gibier (GCA), où la présence et l'utilisation humaines ont récemment été interdites en vertu de la *Loi de 2009 sur la conservation de la faune*. Cette disposition de la Loi de 2009 est extrêmement problématique, car les GCA n'étaient pas, avant 2009, des aires protégées exclusives, et abritent, à l'échelle nationale, entre 500 000 et un million de personnes. En 2013, un conflit majeur a éclaté au sujet de la GCA de Loliondo, suite à une proposition du gouvernement selon laquelle 1 500 kilomètres carrés d'anciennes terres communautaires deviendraient une GCA exclusive ou un « corridor faunique » (Ngoitiko et Nelson, 2013). Ces luttes autour de la conservation de la faune sauvage, des utilisations commerciales telles que la chasse, et des droits locaux de propriété de la terre et des ressources sont débattues, en Tanzanie, depuis 50 ans. La chasse dans les réserves de gibier est basée sur une division de ces aires protégées en « blocs » ou zones de concession, et un quota annuel pour chaque bloc est accordé par le ministère des Ressources naturelles et du Tourisme. La chasse fournit une justification économique importante pour conserver ces terres comme habitat faunique, bien que des faiblesses considérables en matière de gouvernance et de réglementation de la chasse, y compris la corruption, soient évidentes (Leader-Williams et al., 2009 ; Nelson et al., 2013).

En Namibie, selon le modèle de conservation communautaire, les communautés génèrent des revenus grâce au tourisme photographique et de chasse, à la vente de gibier vivant et à l'« élevage de gibier » pour la viande et les peaux. Cette approche a considérablement accru la valeur sociale et économique de la faune pour les populations, changeant les attitudes et conduisant à des changements à grande échelle dans l'utilisation des terres, convertissant des terres pastorales dégradées en zones de conservation de la faune, et entraînant un rebond des populations d'espèces telles que l'éléphant et les rhinocéros noir et blanc (Naidoo et al., 2011 ; Nelson et al., 2013).

La chasse au trophée du gros gibier au Pakistan est apparue comme une approche de conservation contribuant à améliorer les moyens de subsistance locaux (Frisina, 2000 ; Frisina et Tareen, 2009). Markhors, urials et bouquetins sont quelques-unes des grandes espèces sauvages présentes dans différentes parties du Pakistan, et disposant d'un marché international pour la chasse au trophée. Cependant, les populations de ces espèces, entre autres, sont en déclin depuis l'époque coloniale, en raison de la chasse à grande échelle et de la perte d'habitats. L'idée d'une chasse au trophée organisée et légale comme moyen d'inverser ce déclin a été développée pour la première fois par le Programme de soutien rural Agha Khan, le WWF-Pakistan et la Society for Torghar Conservation Protection. La chasse au markhor a commencé en 1997, lorsque la Convention sur le commerce international des espèces de faune et de flore sauvages menacées d'extinction (CITES) a approuvé un quota. Réglementée par les ministères nationaux et provinciaux de la faune en vertu de la loi, 80 % des recettes de la chasse au trophée sont reversées aux communautés locales. Les anciens de la communauté, par le biais d'une *jirga* traditionnelle (réunion des anciens), peuvent interdire

Markhor (*Capra falconeri*) dans l'aire de conservation communautaire de Torgarh, au Baloutchistan, Pakistan

Source : Tahir Rasheed

toute activité commerciale ou chasse illégale dans leur région, et établir des règles pour une répartition équitable des recettes. Avec des revenus substantiels pour des avantages collectifs, les attitudes locales sont progressivement devenues plus positives à l'égard de la conservation. Il y avait environ 200 urials (*Ovis arientalis*) et moins de 100 markhors (*Capra falconeri*) dans la région de Torghar, au Baloutchistan, lorsque la *jirga* a décidé d'essayer cette approche. En 2005, la population de markhors avait augmenté à 2 540 individus, et celle des urials à 3 145 (Arshad et Khalid, 2008).

Aux États-Unis, la gestion de la chasse, indépendamment de la catégorisation en tant que sport, loisir, trophée ou subsistance, est généralement du domaine de chaque État, tous disposant d'organismes financés par des fonds publics chargés de cette responsabilité (Bolen et Robinson, 2003 ; United States Fish & Wildlife Service, 2014). Les tribus amérindiennes reconnues au niveau fédéral gèrent la chasse séparément des gouvernements des États, et la plupart ont leurs propres agences de gestion.

Agriculture

L'agriculture de subsistance et l'agriculture de marché sont largement pratiquées dans certains types d'aires protégées, en particulier (mais pas seulement) la catégorie V de l'UICN (Amend et al., 2008). Les systèmes de culture et d'élevage sont souvent complétés par des ressources provenant d'écosystèmes naturels. Les forêts et zones humides environnantes sont utilisées à diverses fins, y compris la collecte de litière de feuilles, de produits antiparasitaires, de médicaments, de nourriture, de fourrage et de combustibles.

La culture itinérante, ou *swidden*, est largement pratiquée comme une forme d'agriculture de subsistance à travers

Étude de cas 25.7 Pâturage durable dans le parc national de Retezat, Roumanie

Le parc national de Retezat est le plus ancien parc national de Roumanie. Il protège un coin unique des Carpates, et contient un riche assemblage de plantes et des populations viables de divers grands mammifères. En 1979, le parc a été désigné comme réserve de biosphère.

Le pâturage traditionnel y est toujours pratiqué, et plus de 20 % des zones alpines sont des pâturages propriété des villageois locaux et utilisés par ceux-ci. Les droits des villageois sur ces pâturages remontent à un accord gouvernemental de 1922, mais au fil des ans, le contrôle local sur le pâturage dans cette zone a diminué, et la zone a été surpâturée, altérant la diversité naturelle et la richesse des alpages. Le défi pour l'autorité de gestion du parc a été d'encourager les populations à revenir à des niveaux durables de pâturage.

Le Projet roumain de gestion de la conservation de la biodiversité a financé des projets visant à favoriser un pâturage durable dans les alpages. Un comité de subventions a été créé, incluant des représentants de toutes les communautés possédant des droits de propriété ou autres enjeux dans le parc. Une formation est dispensée aux populations locales afin de renforcer leurs capacités en matière de rédaction de projets et d'activités de collecte de fonds.

Depuis 2001, les autorités locales ont aidé à l'élaboration de protocoles et de programmes conjoints établissant des règles pour les activités de pâturage, y compris à l'intérieur de la zone centrale du parc, et protégeant les droits de pâturage des propriétaires d'animaux locaux. En conséquence, le niveau des activités de pâturage dans les prairies alpines a diminué depuis 2002. Une évaluation réalisée en 2013 a apprécié ces efforts de gestion et recommandé la poursuite du Diplôme européen des aires protégées pour le parc.

Sources : Adapté de Wieting (2004) ; Galland (2013)

Le pâturage a été introduit en tant que mesure de gestion dans le parc national de Linnansaari, Finlande

Source : Ashish Kothari

le monde, en particulier dans certaines parties d'Asie, d'Afrique, des îles du Pacifique et d'Amérique centrale et du Sud (Heywood, 1999 ; Cairns, 2014). En règle générale, sous de faibles densités de population, et lorsque pratiquée par les agriculteurs traditionnels, la culture itinérante a un impact minimal à long terme sur une forêt tropicale. Un tel système est généralement considéré comme durable lorsque la période de jachère des terres se situe entre sept et 20 ans (Shriar, 1999). Plusieurs facteurs, y compris l'arrivée des forces du marché et l'augmentation de la population locale, ont réduit la durabilité de la culture itinérante dans de nombreux endroits.

Dans les aires protégées, le zonage permet de définir les zones où l'agriculture est autorisée. Dans le parc national des Samoa Américaines, le Service des parcs nationaux des États-Unis (NPS) loue les milieux terrestres et marins du parc pour une durée de 50 ans à plusieurs villages, désireux de protéger la forêt. Le NPS gère les terres et les récifs dans le parc, mais les villageois se réservent le droit à une utilisation traditionnelle, y compris l'agriculture de subsistance, tandis que le défrichage et la culture sont interdits dans les forêts primaires et secondaires matures (Graves, 2004 ; NPS, 2014). En Espagne, dans le parc naturel de la zone volcanique de la Garrotxa, en Catalogne, les autorités du parc encouragent la renaissance de pratiques horticoles traditionnelles liées à la conservation de nombreux éléments de la nature (Bassols Isamat et al., 2011).

Plusieurs APAC fournissent des cas exemplaires de telles interactions, façonnées par l'interaction dynamique des personnes et de la nature au fil du temps, et riches en biodiversité agricole, ainsi qu'en faune et en valeurs culturelles et spirituelles. Elles peuvent être considérées comme des systèmes bioculturels dont la résilience dépend de pratiques communautaires. Beaucoup représentent également d'importants réservoirs génétiques de parents sauvages des cultures et du bétail domestiqués (Brown et Kothari, 2011 ; van Oudenhoven et al., 2011). À Oaxaca, au Mexique, 126 sites de conservation communautaire répartis sur 375 500 hectares intègrent des systèmes agroforestiers et agro-écologiques, tels que les plantations de *milpas* et de café cultivé à l'ombre, faisant de ces sites d'importants réservoirs de faune et d'agro-biodiversité. Dans le Parque de la Papa (parc de la Pomme de terre) près de Pisac, au Pérou, six communautés autochtones Quechuas préservent leur paysage afin d'optimiser une agriculture et un pastoralisme écologiquement durables et biologiquement diversifiés (Argumedo, 2008).

Étude de cas 25.8 Aire de gestion marine de la Soufrière, Sainte-Lucie

L'aire de gestion marine de la Soufrière, à Sainte-Lucie, est une zone à usages multiples comprenant des réserves marines sans pêche, des zones de pêche prioritaires et autres zones d'utilisation. Avant sa création, en 1994, de nombreux conflits existaient entre les pêcheurs traditionnels locaux, les touristes, les visiteurs d'un jour et les propriétaires de yachts naviguant dans les Antilles. Des plongeurs en visite faisaient des trous dans les casiers de pêche pour libérer les poissons de récif, des plaisanciers ancraient leurs embarcations dans des baies sablonneuses, interférant avec la pêche locale de poissons pélagiques côtiers, et l'accès à la plage et à la mer était limité par des installations touristiques. Les populations de poissons de récif étaient menacées par la pêche au harpon et la pêche au casier illégales, et les ancres endommageaient le récif (Salm et al., 2000).

En 1992, le ministère de la Pêche et l'Institut des ressources naturelles des Caraïbes ont entamé des négociations, un processus de règlement des conflits et une planification participative. Une cartographie de toutes les utilisations a été entreprise et un accord préliminaire a été conclu pour le zonage de 11 kilomètres de littoral. Cependant, la mise en œuvre de ce programme n'a été couronnée de succès que pendant deux à trois ans, après quoi elle a été interrompue en raison de violations commises par certaines parties, l'accord n'ayant aucune base légale. Après une évaluation institutionnelle complète, un nouveau régime de gestion a été élaboré sur la base d'une mission clairement convenue, d'une structure de gestion transparente et d'une base juridique solide (Salm et al., 2000 ; Geoghegan et Renard, 2002).

En 2005, l'aire de gestion marine de la Soufrière a célébré son dixième anniversaire. Une étude antérieure a montré que la biomasse de poissons commerciaux dans la réserve marine avait quadruplé et que la zone de pêche avait triplé. Le site était devenu financièrement autonome, grâce aux revenus générés par la plongée et l'amarrage de yachts. La capacité institutionnelle a augmenté dans tous les groupes de parties prenantes, et le tourisme a été bénéfique pour la communauté locale (Gell et Roberts, 2002). Des défis continuent de se poser, mais toutes les parties prenantes se sont engagés à y faire face.

Pâturage et pastoralisme

Des études ont montré que certains niveaux de pâturage sont durables, et qu'ils peuvent également être essentiels au maintien de certaines prairies très diversifiées, la suppression des personnes et du bétail entraînant une diminution de la biodiversité dans l'aire protégée (Infield, 2003 ; Parr et al., 2010 ; Nelson, 2012). En Afrique et en Asie occidentale, les éleveurs nomades ont fait paître durablement leur bétail dans certaines régions pendant des siècles. Lorsque les cultures traditionnelles étaient basées sur l'élevage du bétail, les systèmes qu'elles ont établis sur de longues périodes ont souvent façonné le paysage, leur utilisation devenant partie intégrante du maintien des processus écologiques et de la biodiversité (Farvar, 2003 ; Borrini Feyerabend et al., 2004 ; voir également les références dans la section « Agriculture », ci-dessus). En Europe, une grande partie de la biodiversité dans les aires protégées s'est développée conjointement avec les pratiques traditionnelles d'élevage (étude de cas 25.7).

Même lorsque le pâturage ne fait pas partie d'un paysage bioculturel établi de longue date, il peut parfois être utile pour atteindre les objectifs de gestion des aires protégées. Par exemple, au Costa Rica, le pâturage a été utilisé dans la restauration de l'écosystème forestier tropical sec du parc national de Guanacaste, pour la dispersion des graines, le contrôle des graminées exotiques et l'obtention d'un soutien local (Evans, 1999). Dans le refuge de Palo Verde, également au Costa Rica, le pâturage du bétail a soutenu la conservation d'une zone humide particulière (Vaughan et al., 1996).

Toutefois, les décisions concernant le pâturage dans les aires protégées doivent être prises au cas par cas. En Australie, des recherches approfondies ont montré que le pâturage du

Aire marine de pêche responsable de Tárcoles, Costa Rica

Source : CoopeSolidar RL

Étude de cas 25.9 Lutte contre les menaces externes à l'Île de Coron, aux Philippines

Souvent, les luttes communautaires pour maintenir ou relancer l'utilisation durable ont été intégrées ou ont conduit à des luttes politiques plus générales pour les droits et le contrôle. C'est particulièrement le cas de nombreuses APAC. Les Tagbanwa des Philippines habitent la magnifique île calcaire de Coron, pour laquelle ils ont établi des règlements d'utilisation stricts (Ferrari et de Vera, 2003) (voir la photo de la page de titre, chapitre 8). Les ressources forestières doivent y être utilisées uniquement à des fins domestiques. Tous les lacs d'eau douce sont sacrés, sauf un. L'accès à ces lacs est strictement interdit à tous, sauf à des fins religieuses et culturelles. Le seul lac accessible pour le tourisme, hautement réglementé, est le lac Kayangan.

Jusqu'à récemment, les droits territoriaux des Tagbanwa n'étaient pas légalement reconnus, entraînant des empiétements de la part de pêcheurs migrants, d'opérateurs touristiques, de politiciens à la recherche de transactions foncières et d'agences gouvernementales. Cela a conduit à l'appauvrissement des écosystèmes marins et des ressources. Au milieu des années 1980, les insulaires se sont organisés en Fondation Tagbanwa de l'Île de Coron (TFCI), et ont commencé un plaidoyer pour récupérer le contrôle de la gestion de leurs ressources naturelles. Ils ont d'abord demandé un Accord d'intendance communautaire des forêts (CFSA), qui a été accordé en 1990 pour les 7 748 hectares de l'Île de Coron et d'une île voisine, Delian, mais pas pour les zones marines. Les Tagbanwa ont poursuivi leur lutte et, en 1998, ont obtenu un Certificat de revendication de domaine ancestral pour 22 284 hectares de terres et de zones marines. Enfin, en 2001, après avoir produit une carte de haute qualité et un Plan de gestion des terres ancestrales, ils ont réussi à obtenir un Certificat de titre de domaine ancestral (CADT), qui accorde des droits collectifs sur les terres.

bétail cause des dommages importants à la végétation, aux sols et aux cours d'eau autochtones alpins et subalpins dans le parc national de Kosciuszko et dans le parc national Alpin (Williams, 1990 ; Wahren et al., 1994). Dans certaines aires protégées, les pressions exercées pour augmenter la production agricole ont conduit au surpâturage, mais plutôt qu'une interdiction, des mesures participatives ont été développées pour minimiser les dommages (étude de cas 25.7). Dans de nombreuses APAC (voir le chapitre 7), comme par exemple les forêts communautaires d'Asie du Sud, les communautés réglementent volontairement le pâturage par un arrêt temporaire ou saisonnier de toute activité de pâturage, permettant ainsi la régénération des paysages dégradés.

Utilisation des ressources côtières et marines

Les écosystèmes côtiers des aires marines protégées (AMP) accueillent souvent une importante utilisation des ressources, à des fins de subsistance et commerciales (Spalding et al., 2013). Les récoltes incluent des ressources comestibles comme les poissons, les mollusques, les mammifères marins et les algues, des ressources de construction comme le bois de mangrove, les blocs de corail, le sable et la chaux, des ressources d'ornement comme les coquillages, les perles et les coraux, une utilisation scientifique incluant un large éventail d'espèces, un usage industriel, comme les palourdes géantes et les espèces produisant des produits pharmaceutiques, ainsi qu'une utilisation de mariculture comme les moules et les huîtres. De plus en plus, l'écotourisme et l'éducation sont des éléments importants de l'utilisation des environnements marins.

La préservation d'une pêche durable est, dans de nombreux cas, l'un des principaux objectifs de la désignation d'une AMP. L'AMP communautaire d'Eastport, sur l'Île de Terre-Neuve, au Canada, était motivée par la dépendance historique de la communauté locale à l'égard de la pêche, après l'effondrement des stocks de poisson de fond et le déclin des prises de homard, comme moyen de protéger les stocks de ces derniers (Charles et Wilson, 2009). De même, une partie de la motivation des communautés dans l'établissement et la gestion du vaste réseau d'aires marines gérées localement (LMMA) dans le Pacifique Sud-Est était d'assurer un flux durable des avantages de la pêche dans ces régions (Govan, 2009).

Comme dans le cas de l'utilisation des ressources terrestres, les sociétés autochtones et traditionnelles ont mis en place des règlements en vertu du droit coutumier pour protéger les ressources marines de la surexploitation. Par exemple, en Corée, la plongée est traditionnellement une activité de femmes. Celles-ci se sont auto-réglementées, en convenant qu'elles n'utiliseraient pas d'équipement de plongée, même si ceux-ci étaient disponibles, de sorte que tout ce qu'elles peuvent prélever se limite à ce qu'elles peuvent rassembler en retenant leur souffle et en plongeant de manière traditionnelle. Elles collectent des poulpes, des ormeaux, des oursins, des limaces de mer, des concombres de mer et des algues, et vendent leurs produits depuis les années 1970 (Onishi, 2005 ; Pfeiffer, 2009).

Au Costa Rica, deux ans après la reconnaissance de l'aire marine de pêche responsable de Tárcoles, et les études présentées par les pêcheurs aux institutions de l'État, un permis d'utilisation durable d'une durée de trois mois pour la récolte de crevettes a été accordé aux communautés de pêcheurs locales (Madrigal Cordero et Solís Rivera, 2012). Dans de tels endroits, les systèmes autorégulés fonctionnent encore efficacement, mais souvent, des changements dans l'utilisation des terres et les régimes fonciers ont perturbé les pratiques en place depuis des millénaires. Dans le parc marin de Nosy Atafana, au nord-est de Madagascar, inclus dans la

Rivière Skeena, Territoire Autochtone Gixtsan, Canada

Source : François Depey

Résistance contre le projet de pipeline traversant les territoires autochtones des Skeenas

Source : Leah Macknak

réserve de biosphère de Mananara-Nord de l'Organisation des Nations unies pour l'éducation, la science et la culture (UNESCO), un accord entre les autorités de la réserve et les communautés locales précise les activités autorisées et interdites en ce qui concerne le poulpe, le concombre de mer et autres espèces de faune (IUCN, 2004).

Dans de nombreuses régions du monde, cependant, les AMP continuent d'être gérées de manière exclusive, entraînant des interdictions ou des restrictions même pour les utilisations traditionnelles non préjudiciables à la biodiversité, et autres façons de déposséder les communautés locales. L'un des résultats de cela est une hostilité croissante envers les AMP. Lorsqu'un processus de consultation et de négociation est en mesure de démontrer que les zones de non-capture peuvent aider à augmenter les populations de poissons en dehors de ces zones, il y a plus de chances que les gens acceptent toute une gamme de stratégies, y compris l'exclusion stricte de certaines zones ou pour une certaine période, comme par exemple, dans la réserve de biosphère de Seaflower, en Colombie (Friedlander et al., 2003). Dans certains cas, les communautés locales se sont organisées pour récupérer les droits perdus, comme les Tárcoles du Costa Rica mentionnées précédemment, puis pour élaborer leurs propres stratégies d'utilisation durable.

Le cas de Sainte-Lucie (étude de cas 25.8) illustre le chemin souvent difficile vers un accord et une utilisation durable des ressources dans une aire déclarée par le gouvernement, tandis que celui de l'Île de Coron (étude de cas 25.9) montre comment les peuples autochtones peuvent s'organiser contre les utilisations externes non durables pour conserver leurs APAC.

Changements mondiaux et utilisation des ressources

Les impacts prévus des changements climatiques sur les aires protégées dans de nombreuses régions du monde obligeront à repenser leur rôle dans la conservation et l'utilisation durable de la biodiversité (Hunter et Heywood, 2011 ; voir aussi le chapitre 17). Les limites politiques des aires protégées sont fixes, mais le paysage biologique ne l'est pas. Il faudra repenser considérablement la conception de ces sites, ce qui aura des répercussions importantes sur la gestion des aires protégées (Schliep et al., 2008).

On s'attend à ce que le nombre de réfugiés environnementaux augmente d'environ 200 millions d'ici le milieu de ce siècle (Myers, 1997). Les impacts de cette situation sur la conservation et l'utilisation de la biodiversité pourraient être importants, dans la mesure où ces personnes migreront vers des territoires incapables de les soutenir ou de les nourrir sans perturbation à grande échelle. Cela entraînera également une augmentation des conflits entre les utilisateurs des ressources. De par leur nature même, les personnes déplacées seront fortement tributaires de leur environnement pour leur nourriture, leur bois de chauffage et autres besoins de subsistance, ce qui entraînera souvent une dégradation ou une perte des forêts et autres ressources (Hunter et Heywood, 2011).

La conservation et l'utilisation durable des ressources dans ces contextes nécessitera un changement de paradigme dans la façon dont nous abordons la gestion, la conception et la connectivité des aires protégées, et nécessitera des partenariats plus efficaces entre les administrations des aires protégées, les départements forestiers et agricoles travaillant dans les agro-écosystèmes traditionnels et les mouvements autochtones et sociaux (Perfecto et al., 2009 ; Padulosi et al., 2011).

Développement et aires protégées

Les projets de grande envergure inclus dans les stratégies nationales ou infranationales de croissance économique et de développement peuvent souvent se situer à l'intérieur ou à proximité d'une aire protégée. Ils comprennent l'exploitation minière et autres formes d'extraction, les projets d'hydroélectricité et d'irrigation, les routes et autoroutes, les ports, les installations sportives et touristiques, les lignes de communication et de transport d'électricité, l'expansion urbaine, etc. Bon nombre de ces projets constituent de graves menaces pour les écosystèmes et les espèces, ainsi que pour les populations humaines, dans les aires protégées.

Il existe peu d'évaluations nationales ou régionales du niveau et des types de menaces que le développement fait peser sur les aires protégées. L'évaluation nationale des aires protégées de l'Inde (Kothari et al., 1989) a révélé que 62 % des 293 aires protégées étudiées contenaient au moins un des éléments suivants : routes, voies ferrées, mines, barrages, canaux, industries ou lignes de transmission. Une étude récente de l'ONG indienne Kalpavriksh a révélé qu'entre 1998 et 2009, près de 300 projets nécessitant la reconversion de terres à l'intérieur d'aires protégées ont été soumis à l'approbation du Conseil national de la faune du gouvernement central. Bien que beaucoup soient encore dans l'attente d'une décision, parmi ceux ayant été traités, la plupart ont été acceptés et peu ont été rejetés (Menon et al., 2010). Fait intéressant, presque toutes les propositions minières ont été approuvées, ce qui est difficile à comprendre, étant donné que l'exploitation minière est extrêmement dommageable.

L'une des questions les plus discutées en ce qui concerne le développement d'infrastructures affectant les aires protégées en Europe centrale est la construction d'autoroutes et de voies rapides. Les autoroutes et voies rapides traversent très souvent des habitats ou des corridors de migration importants d'espèces protégées telles que l'ours brun (*Ursus arctos*), le lynx (*Lynx lynx*), le chat sauvage ou le loup (*Canis lupus*). Finďo et al. (2007) ont constaté que la majorité des collisions de véhicules avec des ours se sont produites pendant la période où les ours ont besoin de niveaux élevés d'aliments nutritifs, de la mi-juillet jusqu'à l'hibernation en novembre-décembre, lorsqu'ils se déplacent sur de grandes zones traversées par des routes. Il en résulte que de nombreuses collisions entre les ours et les véhicules se produisent à l'intérieur et à l'extérieur des aires protégées. Il s'agit d'un problème grave à l'échelle mondiale, bien que des progrès récents aient été réalisés dans la conception de passages surélevés et souterrains permettant un déplacement facilité de la faune d'un côté à l'autre (voir, par exemple, Locke, 2010).

En Amérique latine, pendant la majeure partie du siècle dernier, la déforestation était due à l'expansion de l'agriculture. Au cours des dernières années, cependant, la déforestation était, de plus en plus, le fait d'entités privées et de leurs activités. Avec l'augmentation de l'intensité des modes de consommation due à la mondialisation, la pression s'est accrue sur les aires protégées pour la production de biocarburants et de soja, d'énergie (géothermie et hydroélectricité), l'exploitation minière et le pétrole. De nombreux pays sont actuellement confrontés à d'énormes menaces de la part des gouvernements qui tentent de rétrograder, de réduire ou de déclasser des aires protégées (WWF, 2014). Par exemple, la production de soja en Argentine, au Paraguay et au Brésil, et plus récemment en Bolivie, a empiété sur plusieurs centaines de milliers d'hectares d'aires protégées. Les plantations d'huile de palme pour la production de biocarburants sont susceptibles d'être la principale cause de changements dans l'utilisation des terres en Asie tropicale, y compris dans les aires protégées par le gouvernement et sur de nombreuses terres autochtones et communautaires susceptibles de constituer des APAC (Campbell et al., 2008).

Les APAC et autres zones cruciales pour la conservation sont également menacées ailleurs. Au Chili, une bataille juridique, y compris au niveau de la Cour interaméricaine des droits de l'homme, a eu lieu entre le gouvernement et les groupes autochtones Mapuche-Pehuenche en raison de la construction de plusieurs barrages hydroélectriques sur la rivière BioBio (OLCA, 2014). Au Brésil, la construction du barrage de Belo Monte aura des conséquences dévastatrices sur une zone de plus de 1 500 kilomètres carrés de forêt tropicale, et entraînera le déplacement forcé de 20 000 à 40 000 personnes (Washington Post, 2013). La nécessité d'une « énergie propre » (un terme inapproprié, étant donné que les grands réservoirs ont de graves impacts écologiques et climatiques) a été placée bien au-dessus de la nécessité de conservation et des droits des communautés. Le bassin versant de la Skeena, en Colombie-Britannique, au Canada, qui abrite plusieurs groupes autochtones et une faune importante, est menacé par des projets d'oléoducs et de gazoducs, de mines, de pêche commerciale, d'exploitation forestière et de lignes électriques (Skeena Watershed Conservation Coalition, 2014 ; SkeenaWild Conservation Trust, 2014).

Dans l'écozone du parc national du Grand Himalaya, en Inde (voir l'étude de cas 25.2), des changements écologiques importants sont causés ou menacés par des mégaprojets hydroélectriques, tels que le projet Parvati Hydel (Chhatre et Saberwal, 2006). Plus de 1 000 hectares de terres forestières de choix dans l'aire protégée ont été reconverties pour le développement de l'hydroélectricité, et plusieurs autres grands et petits projets de ce type sur divers cours d'eau adjacents au parc restreignent encore les domaines vitaux de différentes espèces. Ceci est ironique, étant donné que les activités moins intrusives des villageois dans le PNGH adjacent ont été stoppées au nom de la conservation (voir l'étude de cas 25.2).

Les APAC, APP et autres initiatives de conservation sans statut officiel d'aire protégée ou reconnaissance officielle font face à des menaces encore plus grandes en raison des projets de développement et d'infrastructures (Borrini-Feyerabend et al., 2010 ; Kothari et al., 2012). Au moins, dans le cas des aires protégées officielles, la plupart des pays disposent de mécanismes juridiques ou politiques pouvant être utilisés pour réglementer ces développements, mais ce n'est pas le cas pour les sites et initiatives de conservation non reconnus.

En raison de la grande taille du réseau d'aires protégées d'Afrique de l'Est et d'Afrique australe, et de l'ampleur des besoins et des aspirations de développement économique de la région, la plupart des organismes de gestion des aires protégées disposent de cadres pour mettre en œuvre des plans de gestion généraux qui rationalisent le développement d'infrastructures telles que les routes, l'eau, les installations destinées au personnel, les installations et services touristiques, ainsi que la planification de la conservation et de la gestion des paysages. Ces cadres, souvent inscrits dans la législation nationale sur la faune sauvage ou les aires protégées, ont également tendance à définir des exigences en matière d'études d'impact environnemental et social (EIES), à réaliser lors de la planification du développement d'infrastructures dans les aires protégées. Les exigences et procédures d'EIES sont, à leur tour, un élément central des lois sur la gestion de l'environnement, qui, par exemple, ont été adoptées au Kenya, en Ouganda et en Tanzanie au cours des années 1990, et ont été progressivement mises en œuvre, à des degrés divers, dans toute la région (voir le chapitre 24).

La nature des processus et des résultats d'EIES, et la nature juridique de la législation environnementale en termes de responsabilisation des décideurs gouvernementaux en ce qui concerne les décisions et les impacts réglementaires sur l'environnement, jouent un rôle majeur dans les débats sur le développement d'infrastructures dans les principales aires protégées régionales. Le plus notable, ces dernières années, a été la proposition du gouvernement Tanzanien de construire une autoroute traversant la partie nord du parc national du Serengeti, afin de relier les différentes zones urbaines de cette partie du pays. Les biologistes craignent qu'une telle route ne conduise à une augmentation substantielle de la mortalité lors la migration annuelle nord-sud des gnous

Exploitation minière à l'intérieur de la réserve de tigres de Sariska, Inde

Source : Ashish Kothari

entre les plaines du Serengeti et la réserve nationale Masai Mara, au nord du Kenya (Dobson et al., 2010 ; Norwegian University of Science and Technology, 2013). Un certain nombre de projets de compromis pour une route reliant les grandes populations humaines du lac Victoria aux centres urbains de l'Est du pays ont été proposés, et d'autres études d'EIES ont été commandées, le projet final de cette route étant encore très flou en 2014. Un débat similaire, bien que plus limité dans l'espace, a eu lieu au Kenya en 2010, autour d'un nouveau périphérique à Nairobi, qui aurait empiété sur les limites du parc national de Nairobi, à proximité de la capitale kényane. Cette route a récemment été contestée avec succès devant les tribunaux, et sa conception et construction finales sont maintenant incertaines (Koross, 2013).

Dans le sud de la Tanzanie, une importante nouvelle mine d'uranium a été développée sur des terres récemment déclassées de la réserve de faune du Selous (Tairo, 2014). La réserve du Selous est un site du Patrimoine mondial, dans lequel l'exploitation minière n'est pas autorisée, de sorte que le reclassement a d'abord dû être approuvé par le Comité du patrimoine mondial de l'UNESCO. Cependant, de tels processus soulèvent le spectre du déclassement d'autres aires protégées, même celles dont le niveau de reconnaissance internationale est élevé, lorsque des intérêts concurrents, commerciaux ou en matière d'infrastructures, entrent en jeu (voir l'étude de cas 25.2).

Dans un contexte mondial, il existe peu d'équilibre entre développement et conservation. Plus généralement, le contexte mondial de la croissance économique, l'augmentation des niveaux de consommation, la mondialisation économique et financière, les changements climatiques et autres facteurs similaires ont un impact sérieux sur divers écosystèmes. L'Évaluation des écosystèmes pour le millénaire, se concentrant sur les changements dans les écosystèmes ayant eu lieu à l'échelle mondiale au cours des 50 dernières années, prédit que les conséquences néfastes de la dégradation affectant la planète pourraient empirer au cours des 50 prochaines années (MEA, 2005). De nombreuses éditions du *Global Biodiversity Outlook* (Aperçu mondial de la biodiversité) (CBD, 2010) lancent des avertissements similaires.

La viabilité à long terme des aires protégées et des efforts de conservation dépendra de la mise en place de mécanismes institutionnels et d'interventions efficaces pour mieux s'attaquer aux causes réelles de la perte de biodiversité. Les autorités chargées des aires protégées sont généralement seulement responsables de la gestion à l'intérieur des réserves, même si la plupart des menaces émanent de l'extérieur des limites des aires protégées. Les gestionnaires des aires protégées devront donc travailler avec d'autres organismes et le secteur privé pour veiller à ce que les considérations relatives à l'intégrité et à la conservation des parcs soient intégrées à la planification locale et régionale. Dans certains cas, une seule agence pourrait être responsable à la fois de la gestion des aires protégées et de la planification du développement sectoriel, comme c'est le cas à Madagascar, où l'Agence nationale de gestion des aires protégées (ANGAP) est à la fois responsable du tourisme et des aires protégées. Ceci est toutefois plus une exception, qu'une règle. Les gouvernements locaux peuvent être des partenaires précieux pour s'assurer que la planification du développement complète les objectifs des aires protégées. Assurer une telle coopération exige non seulement de bonnes relations personnelles, mais aussi un appui et une coordination solides au niveau des États/provinces et entre les ministères au niveau national. Les gouvernements locaux sont plus susceptibles de soutenir la conservation lorsqu'ils reconnaissent les avantages que les aires protégées apportent pour stimuler la croissance économique locale (par exemple, le tourisme dans de nombreux pays), ou pour maintenir des fonctions écosystémiques cruciales comme l'approvisionnement en eau (par exemple, le parc national de Chingaza, en Colombie, source d'eau pour la capitale, Bogota ; voir Natural National Parks of Colombia, 2008).

L'une des rares tentatives pour y faire face systématiquement et au niveau mondial est le plaidoyer de l'UICN en faveur de la sauvegarde de certaines catégories d'aires protégées. Par exemple, lors du deuxième Congrès mondial de la nature de l'UICN (à Amman, Jordanie, en 2000), les membres ont adopté la Recommandation 2.82 (protection et conservation de la diversité biologique des aires protégées contre les impacts négatifs de l'exploitation et de l'exploration minière), qui : 1) appelle les États membres de l'UICN à interdire l'exploration et l'extraction minières dans les aires protégées des catégories I à IV, 2) recommande des contrôles stricts de ces activités dans les aires protégées des catégories V et VI, 3) demande instamment des normes strictes régissant les modifications des limites des aires protégées afin de permettre des activités minières, et 4) recommande des évaluations d'impact environnemental, afin de s'assurer que les activités minières en dehors des aires protégées n'aient pas d'impact négatif sur celles-ci.

Bien que cela n'ait pas été largement accepté, l'UICN et l'UNESCO ont réussi à convaincre le Conseil international des mines et des métaux (ICMM) d'accepter un moratoire volontaire sur l'exploitation minière dans les sites du Patrimoine mondial en 2003 (ICMM, 2003). Mais cela laisse de côté de nombreuses aires protégées tout aussi importantes pour la conservation. Le moratoire n'est que volontaire et susceptible d'être violé dans plusieurs pays où la gouvernance environnementale est faible. L'ICMM n'inclue pas toutes les sociétés minières, et, peut-être le point plus important, les aires protégées non officiellement reconnues (comme la plupart des APAC et des APP, comme indiqué ci-dessus et au chapitre 7) ne bénéficient d'aucune protection. Les critiques de l'industrie minière affirment que l'accord n'est qu'un « éco-blanchissement », l'industrie ne devant assumer que peu ou pas de coûts mais gagnant en crédibilité. En outre, certains gouvernements sont souvent disposés à exciser des terres des limites des aires protégées pour permettre de telles activités (comme l'exemple du Selous mentionné précédemment). De nouveaux développements dans l'exploration pétrolière, y compris la fracturation hydraulique, menacent d'endommager encore plus les écosystèmes naturels dans de nombreuses parties du monde.

Conclusion

Quelques observations finales s'imposent pour les deux aspects abordés dans ce chapitre : l'utilisation des ressources et les projets de développement.

L'*utilisation des ressources* peut contribuer de plusieurs façons à la réalisation des objectifs de conservation, en termes écologiques (par exemple, lorsque les valeurs de la biodiversité sont maintenues par l'utilisation), économiques (par exemple, lorsque l'utilisation durable génère des revenus pour la gestion du parc) et sociaux (par exemple, lorsque l'utilisation durable locale renforce ou maintient le soutien local et l'assentiment pour la conservation). Les politiques et pratiques de conservation doivent être suffisamment souples pour tenir compte de l'utilisation des ressources par les communautés locales, en particulier lorsque celles-ci sont cruciales pour la survie et les moyens de subsistance, et sont ou peuvent être rendues compatibles avec les objectifs de conservation (en supposant que ces objectifs aient été définis de manière démocratique, en utilisant les meilleures connaissances disponibles et les principes et pratiques de « bonne gouvernance » décrits au chapitre 7). Cela a tendance à se produire souvent dans le cours naturel des événements, dans le cas des APAC, et dans une certaine mesure dans les aires protégées gérées conjointement, mais peut nécessiter une attention particulière dans de nombreuses aires protégées gérées par les gouvernements.

Lorsque cette utilisation des ressources ne peut en aucun cas être compatible avec les objectifs de conservation, des mesures ont été prises, dans de nombreux cas, pour imposer des restrictions et fournir ou faciliter simultanément des solutions alternatives (par exemple, dans le parc national de Kibale ; voir l'étude de cas 25.4). Cependant, ces solutions alternatives peuvent ne pas toujours compenser adéquatement les pertes (comme dans le cas du parc national du Grand Himalaya ; étude de cas 25.2), ou peuvent ne pas être culturellement appropriées et économiquement réalisables. Ces lacunes constituent une leçon clé des initiatives de PCDI dans diverses parties du monde (comme nous l'avons vu précédemment) et doivent être prises spécifiquement en compte dans la planification de la gestion des aires protégées.

Il est important de se rendre compte que chaque situation est unique. Ce qui fonctionne pour rendre l'utilisation durable des ressources dans un site peut ne pas fonctionner dans un autre. Certains points communs entre les sites et les situations peuvent être identifiés, et des enseignements peuvent être tirés entre les sites, mais pour chaque site et situation, une nouvelle évaluation, une étude et un suivi basés sur les connaissances locales et externes seront nécessaires. Les conflits inter et intra-communautaires, en particulier liés au régime foncier et à la rétention de terres, à l'accès aux ressources et à la répartition des avantages de ces utilisations, doivent être résolus pour que l'ensemble de la communauté participe effectivement à la conservation.

La sécurité foncière, les droits territoriaux, les droits sur les ressources, le droit de participer à la prise de décision et les responsabilités concomitantes à l'égard de la conservation et des autres peuples sont de plus en plus considérés comme essentiels pour la participation des populations locales à tous les types de gouvernance des aires protégées, ainsi que pour clarifier les rôles et responsabilités des organismes gouvernementaux dans le cas des aires protégées gérées par les gouvernements (voir le chapitre 7).

La gestion efficace des ressources doit reposer sur une bonne information, intégrée dans la science, les connaissances et les pratiques culturelles autochtones et traditionnelles, ou dérivée de méthodes scientifiques modernes. Les connaissances autochtones / traditionnelles et locales peuvent être d'une importance capitale pour cartographier les zones d'utilisation des habitats et des ressources, et établir des zones d'utilisation des ressources viables et socialement acceptables.

Il est important d'intégrer des stratégies pour faire face à divers types de manque de privilèges sociaux et économiques, y compris les inégalités entre hommes et femmes, les préjugés et inégalités ethniques, la capture des avantages par les élites et autres facteurs susceptibles de fausser la répartition équitable des pouvoirs et des capacités de prise de décision et des avantages en matière de conservation.

Des leçons peuvent être tirées des différents types de gouvernance. Par exemple, de nombreuses APAC ont élaboré des modes d'adaptation et des processus institutionnels pour déterminer les niveaux et types d'utilisation des ressources ne mettant pas en danger les écosystèmes et les espèces concernés, dont le gouvernement et autres pourraient tirer des enseignements. À l'inverse, de nombreuses aires protégées gérées par les gouvernements ont développé des systèmes robustes de planification de la gestion, dont les APAC pourraient tirer des enseignements. Aux niveaux national et infranational, des plateformes de partage et d'apprentissage doivent être créées.

Les facteurs mondiaux actuels et potentiels, tels que les changements climatiques, sont susceptibles de modifier la situation de l'utilisation des ressources à l'intérieur et autour des aires protégées. Une résilience et une flexibilité considérables, la connectivité entre les grands paysages terrestres et marins, et une collaboration entre les différents ayant-droits et parties prenantes seront nécessaires pour s'adapter à ces changements.

Les projets et processus de développement et d'infrastructures ayant un impact sur les aires protégées et autres sites de conservation doivent passer par des processus de sélection et de prise de décision démocratiques et fondés sur les connaissances, dans lesquels les autorités chargées des aires protégées et les populations locales devront avoir une voix centrale. Idéalement, les politiques nationales devront désigner les sites essentiels à des fins de conservation écologique et de la biodiversité comme des zones interdites aux activités à grande échelle ayant des impacts préjudiciables. Cela devrait également s'appliquer au « bassin versant » ou à la « zone d'impact » situés en dehors de l'aire protégée, où de telles activités pourraient avoir un impact sur l'aire protégée.

Si de telles mesures, ou des efforts plus globaux tels que le plaidoyer de l'UICN pour que certaines catégories d'aires protégées soient interdites à l'exploitation minière, sont des mesures visant à limiter les impacts négatifs du développement sur les aires protégées, l'accent est également de plus en plus mis sur la nécessité de réorienter le cadre de développement lui-même. Sans cela, les dommages écologiques généralisés, causés par l'industrie extractive, les infrastructures et autres processus de « développement » inhérents à un modèle qui place la croissance économique au-dessus de tout, continueront de saper à la fois la biodiversité et les communautés, en particulier celles qui dépendent le plus de l'environnement naturel. L'un des volets de cette réorientation est la voie du « développement durable », dans laquelle les impacts environnementaux sont intégrés de manière plus centralisée dans la planification du développement, et l'économie s'oriente vers des processus, des technologies, une comptabilité et autres mesures plus écologiques. Tel est le sens de la déclaration issue de la Conférence Rio+20 - Conférence sur le développement durable (CDD, 2012), et des négociations en cours pour un programme pour l'après-2015 en remplacement des Objectifs du millénaire pour le développement (Sustainable Development Knowledge Platform, 2014). Un autre volet estime que cela sera insuffisant, car le développement reste tributaire de la croissance économique, impossible à soutenir dans un monde où prévalent des limites écologiques. Il appelle donc à un changement fondamental de direction vers des stratégies et des indicateurs de bien-être humains non basés sur la croissance, en phase avec les limites de la nature, et plus adaptés à la réalisation directe de la sécurité des besoins fondamentaux pour tous (eau, nourriture, abri, assainissement, vêtements, apprentissage, santé, relations sociales, etc.) (Rijnhout et al., 2014). Ce chapitre n'est pas l'endroit idéal pour aborder ces questions en détail, mais les gestionnaires d'aires protégées, les ayant-droits, les parties prenantes et tous ceux qui s'intéressent à la conservation devront s'engager d'une manière ou d'une autre dans ce contexte plus général de voies de développement et de bien-être.

Références

Lectures recommandées

Adams, W. M. (2004) *Against Extinction: The story of conservation*, Earthscan, Londres.

Alers, M., Bovarnick, A., Boyle, T., Mackinnon, K. et Sobrevila, C. (2007) *Reducing Threats to Protected Areas: Lessons from the field*, The World Bank and United Nations Development Programme, New York.

Amazon Conservation Association (2013) Amazon Conservation Association. <www.amazonconservation.org/ourwork/livelihoods.html>

Amend, S. et Amend, T. (1995) *National Parks without People? The South American experience*, IUCN and Parques Nacionales y Conservacion Ambiental, Quito.

Amend, T., Brown, J., Kothari, A., Phillips, A. et Stolton, S. (eds) (2008) *Protected Landscapes and Agrobiodiversity Values*, Values of Protected Landscapes and Seascape Volume 1, UICN et GTZ, Kasparek Verlag, Heidelberg.

Anderson, D. et Grove, R. H. (eds) (1987) *Conservation in Africa: Peoples, policies and practice*, Cambridge University Press, Cambridge.

Argumedo, A. (2008) 'The Potato Park, Peru: conserving agrobiodiversity in an indigenous biocultural heritage area', in T. Amend, J. Brown, Kothari, A. Phillips et S. Stolton (eds) *Protected Landscapes and Agrobiodiversity Values*, Values of Protected Landscapes and Seascape Volume 1, pp. 45–58, UICN et GTZ, Kasparek Verlag, Heidelberg.

Arshad, M. et Khalid, U. (2008) Ungulate population estimate of Torghar, Pakistan, manuscrit non publié.

Australian Committee for IUCN (1999) *Great Barrier Reef World Heritage Area: Condition, management and threats*, Australian Committee for IUCN, Sydney.

Bassi, M. et Tache, B. (2011) 'The community conserved landscape of the Borana Oromo, Ethiopia: opportunities and problems', *Management of Environmental Quality: An International Journal* 22(2): 174–86.

Bassols Isamat, E., Perramon Ramos, B., Mallarach Carrera, J. M. et Falgarona Bosch, J. (2011) 'The conservation of the agrobiodiversity of La Garrotxa Volcanic Zone Natural Park', *Management of Environmental Quality: An International Journal* 22(2): 233–49. <www.emeraldinsight.com/journals.htm?issn=1477-7835&volume=22&issue=2&PHPSESSID=gnubmq2ks8b72aepclqldtg7v2>

Battharai, B., Ojha, H., Ram Banjade, M. et Luintel, H. (2003) *Effect of NTFP Market Expansion on Sustainable Local Livelihoods*, Forest Resource Action Team, Népal.

Baviskar, A. (2003) 'States, communities and conservation: the practice of ecodevelopment in the Great Himalayan National Park', in V. Saberwal et M. Rangarajan (eds) *Battles over Nature: Science and the politics of conservation*, Permanent Black, New Delhi.

Bélair, C., Ichikawa, K., Wong, B. Y. L. et Mulongoy, K. J. (eds) (2010) *Sustainable use of biological diversity in socio-ecological production landscapes. Background to the 'Satoyama Initiative for the benefit of biodiversity and human well- being'*, Technical Series No. 52, Secretariat of the Convention on Biological Diversity, Montréal.

Berkes, F. (1989) *Common Property Resources: Ecology and community-based sustainable development*, Belhaven Press, Londres.

Bertzky, B., Corrigan, C., Kemsey, J., Kenney, S., Ravilious, C., Besançon, C. et Burgess, N. (2012) *Protected Planet Report 2012: Tracking progress towards global targets for protected areas*, UICN, Gland, et UNEP-WCMC, Cambridge.

Bezaury-Creel, J. et Gutiérrez Carbonell, D. (2009) *Áreas naturales protegidas y desarrollo social en México, en Capital natural de México. Volume II: Estado de conservación y tendencias de cambio* [*Protected Areas and Social Development in Mexico: Natural capital of Mexico. Volume II: State of conservation and changing trends*], Conabio, Mexique.

Bird, R. B., Tayor, N., Codding, B. F. and Bird, D. W. (2013) 'Niche construction and Dreaming logic: Aboriginal patch mosaic burning and varanid lizards (*Varanus gouldii*) in Australia', *Proceedings of the Royal Society B: Biological Sciences* 280(1772): 20 132 297.

Bolen, E. G. et Robinson, W. L. (2003) *Wildlife Ecology and Management*, 5th edn, Pearson Benjamin Cummings, San Francisco.

Borrini-Feyerabend, G., Kothari, A. et Oviedo, G. (2004) *Indigenous and Local Communities and Protected Areas: Towards equity and enhanced conservation*, IUCN WCPA Best Practice Series No. 11, UICN, Cambridge.

Borrini-Feyerabend, G. (2010) *Strengthening what works: recognising and supporting the conservation achievements of indigenous peoples and local communities*, Briefing Note No. 10, IUCN WCPA- CEESP TILCEPA, ICCA Consortium, CEESP TGER, GEF SGP, WAMIP, Cenesta, et GTZ, Gland.

Brandon, K., Redford, K. H. et Sanderson, S. E. (eds) (1998) *Parks in Peril: People, politics and protected areas*, The Nature Conservancy and Island Press, Washington, DC.

Brown, J. et Kothari, A. (2011) 'Traditional and agricultural landscapes and community conserved areas: an overview', *Management of Environmental Quality: An International Journal* 22(2): 139–53.

BurrenLIFE (2014) *The BurrenLIFE Project*, Carron, Irlande. <www.burrenlife.com/>

Cadman, M., Petersen, C., Driver, A., Sekhran, N., Maze, K. et Munzhedzi, S. (2010) *Biodiversity for Development: South Africa's landscape approach to conserving biodiversity and promoting ecosystem resilience*, South African National Biodiversity Institute, Pretoria. <www.undp.org/content/ undp/en/home/librarypage/environment-energy/ ecosystems_and_biodiversity/biodiversity_ fordevelopment/>

Cairns, M. F. (2014) *Shifting Cultivation and Environmental Change: Indigenous people, agriculture and forest conservation*, Routledge, Oxford.

Campbell, A., Kapos, V., Lysenko, I., Scharlemann, J. P. W., Dickson B., Gibbs H. K., Hansen, M. et Miles, L. (2008) *Carbon Emissions from Forest Loss in Protected Areas*, UNEP World Conservation Monitoring Centre, Cambridge.

Campbell, L., Haalboom, B. et Trow, J. (2007) 'Sustainability of community-based conservation: sea turtle egg harvesting in Ostional (Costa Rica) ten years later', *Environmental Conservation* 34(2): 122–31.

Chamberlain, J. L., Cunningham, A. B. et Nasi, R. (2004) 'Diversity in forest management: non-timber forest products and bush meat', *Renewable Resources Journal* (Summer): 11–19.

Charles, A. (2011) 'Human rights and fishery rights in small-scale fisheries management', in R. S. Pomeroy and N. L. Andrew (eds) *Small-Scale Fisheries Management: Frameworks and approaches for the developing world*, pp. 59–74, CAB International, Wallingford, Royaume-Uni.

Charles, A. et Wilson, L. (2009) 'Human dimensions of marine protected areas', *ICES Journal of Marine Science* 66: 6–15.

Chhatre, A. et Agrawal, A. (2009) 'Trade-offs and synergies between carbon storage and livelihood benefits from forest commons', *Proceedings of the National Academy of Sciences* 106(42): 17 667–70. <doi:10.1073/pnas.0905308106>

Chhatre, A. et Saberwal, V. K. (2006) *Democratizing Nature: Politics, conservation and development in India*, Oxford University Press, New Delhi.

Chhetri, P., Mugisha, A. et White, S. (2003) 'Community resources use in Kibale and Mt Elgon National Parks, Uganda', *Parks* 13: 28–49.

Child, B. (ed.) (2004) *Parks in Transition: Biodiversity, rural development, and the bottom line*, Earthscan, Londres.

Compton, J. et Le, Q. H. (1998) *Borderline: An assessment of wildlife trade in Vietnam*, WWF Indochina Programme, Hanoi.

Convention on Biological Diversity (CBD) (2004) *Addis Ababa Principles and Guidelines*, Convention on Global Biodiversity Secretariat, Montréal. <www.cbd.int/sustainable/addis.shtml>

Convention on Global Biodiversity (CBD) (2010) *Global Biodiversity Outlook*, Convention on Global Biodiversity Secretariat, Montréal. <www.cbd.int/gbo/>

Convention on International Trade in Endangered Species of Wild Fauna and Flora (CITES) (2000) *Bushmeat as a trade and wildlife management issue*, CoP11 Doc. 11.44, Eleventh Meeting of the Conference of the Parties, 10–20 April, Gigiri Kenya. <www.cites.org/eng/cop/11/doc/44.pdf>

Convention on International Trade in Endangered Species of Wild Fauna and Flora (CITES) (2013) *Status of African elephant populations and levels of illegal killing and the illegal trade in ivory: a report to the African Elephant Summit, December 2013*, CITES Secretariat, IUCN/SSC African Elephant Specialist Group and TRAFFIC International, Genève.

Danielsen, F., Jensen, A. E., Alviola, P. A., Balete, D. S., Mendoza, M., Tagtag, A., Cistodio, C. et Enghoff, M. (2005) 'Does monitoring matter? A quantitative assessment of management decisions from locally-based monitoring of protected areas', *Biodiversity and Conservation* 14: 2633–52.

Das, P. (2007) 'The politics of participatory conservation—the case of Kailadevi Wildlife Sanctuary, Rajasthan', in G. Shahabuddin and M. Rangarajan (eds) *Making Conservation Work*, pp. 113–46, Permanent Black, New Delhi.

de Beer, F. (2013) 'Community-based natural resource management: living with Alice in Wonderland?', *Community Development Journal* 48(4 October): 555–70. <journals.ohiolink.edu/ejc/article.cgi?issn=00103802&issue=v48i0004&article=555_cnrmlwaiw>

Desor, S. (2013) *Citizens' report 2013 on community forest rights under Forest Rights Act*, Kalpavriksh, Pune, and Vasundhara, Bhubaneshwar, with Oxfam India, Delhi, on behalf of Community Forest Rights Learning and Advocacy Process.

Dobson, A. P., Borner, M., Sinclair, A. R. E., Hudson, P. J., Anderson, T. M., Bigurube, G. et Davenport, T. B. B. (2010) 'Road will ruin Serengeti', *Nature* 467(7313): 272–3.

Dowie, M. (2009) *Conservation Refugees: The hundred- year conflict between global conservation and native peoples*, MIT Press, Cambridge, MA.

Drew, J. A. (2005) 'Use of traditional ecological knowledge in marine conservation', *Conservation Biology* 19(4): 1286–93.

Dudley, N. (ed.) (2008) *Guidelines for Applying Protected Area Management Categories*, UICN, Gland.

Evans, S. (1999) *The Green Republic: A conservation history of Costa Rica*, University of Texas Press, Austin.

Failing, L., Gregory, R. et Harstone, M. (2007) 'Integrating science and local knowledge in environmental risk management: a decision-focused approach', *Ecological Economics* 64: 47–60.

FairWild (2009) FairWild Foundation, Cambridge et Zurich. <www.fairwild.org/>

Farvar, M. T. (2003) 'Myths, challenges and questions on mobile pastoralism in West Asia', *Policy Matters* 12: 31–41.

Ferrari, M. F. et de Vera, D. (2003) 'A "participatory" or a "rights-based" approach? Which is best for protected areas and indigenous peoples in the Philippines?', *Policy Matters* 12: 166–70.

Finďo, S., Skuban, M. et Koreň, M. (2007) *Brown Bear Corridors in Slovakia*, Carpathian Wildlife Society, Slovaquie.

Food and Agriculture Organisation (FAO) (2010) *Second Report on the State of the World's Plant Genetic Resources for Food and Agriculture*, Food and Agriculture Organisation, Rome.

Food and Agriculture Organisation (FAO) (2012) *The State of World Fisheries and Aquaculture*, Food and Agriculture Organisation, Rome.

Fonseca, A. (2009) *Decimosexto Informe Estado de la Nación en Desarrollo Sostenible. Informe Final. Estado de la Nación en la zona marino costera* [*Sixteenth State of the Nation in Sustainable Development. Final Report: State of the nation in coastal and marine areas*], Proyecto Estado de La Nación Costa Rica, San José.

Friedlander, A., Sladek Nowlis, J., Sanchez, J. A., Appeldoorn, R., Usseglio, P., McCormick, C., Bejarano, S. et Mitchell-Chui, A. (2003) 'Designing effective marine protected areas in Seaflower Biosphere Reserve, Colombia, based on biological and sociological information', *Conservation Biology* 17(6): 1769–84.

Frisina, M. R. (2000) Suleiman markhor (*Capra falconeri jerdoni*) and Afghan urial (*Ovis orientalis cycloceros*) population status in the Torghar Hills, Balochistan Province, Pakistan, Unpublished report to the Society for Torghar Environmental Protection and the United States Fish and Wildlife Service.

Frisina, M. R. et Tareen, S. N. A. (2009) 'Exploitation prevents extinction: case study of endangered Himalayan sheep and goats', in B. Dickson, J. Hutton and B. Adams (eds) *Recreational Hunting, Conservation and Rural Livelihoods: Science and practice*, pp. 141–56, Wiley-Blackwell, Oxford.

Galland, P. (2013) *Appraisal Report: Retezat National Park with extension to Piatra Craiului (Romania)*, Convention on the Conservation of European Wildlife and Natural Habitats, T-PVS/DE(2013)3, Council of Europe. <wcd.coe.int/ViewDoc.jsp?id=2042185&Site=>

Galvin, M. et Haller, T. (2008) *People, Protected Areas and Global Change: Participatory conservation in Latin America, Africa, Asia and Europe*, NCCR North-South, University of Bern, Berne.

Gell, F. R. et Roberts, C. M. (2002) *The Fishery Effects of Marine Reserves and Fishery Closures*, WWF, Washington, DC.

Geoghegan, T. et Renard, Y. (2002) 'Beyond community involvement: lessons from the insular Caribbean', *Parks* (Special Issue on Local Communities and Protected Areas) 12(2): 16–26.

Gibson, C. C. (1999) *Politicians and Poachers: The political economy of wildlife policy in Africa*, Cambridge University Press, Cambridge.

Govan, H. (ed.) (2009) *Status and Potential of Locally Managed Marine Areas in the South Pacific: Meeting nature conservation and sustainable livelihood targets through widespread implementation of LMMAs*, Initiative for the Protection and Management of Coral Reefs in the Pacific, SPREP/WWF/ WorldFish-Reefbase/CRISP, Nouméa.

Govan, H., Jupiter, S. et Comley, J. (2012) 'Recognition and support of ICCAs in Fiji', in A. Kothari, with C. Corrigan, H. Jonas, A. Neumann et H. Shrumm (eds) *Recognising and Supporting Territories and Areas Conserved by Indigenous Peoples and Local Communities: Global overview and national case studies*, pp. 138–9, CBD Technical Series No. 64, Secretariat of the Convention on Biological Diversity, ICCA Consortium, Kalpavriksh and Natural Justice, Montréal.

Graves, A. (2004) *Mapping Subsistence Agriculture in the National Park of American Samoa*, National Park Service, US Department of the Interior, Washington, DC. <www.nps.gov/gis/mapbook/ tech/30.html>

Gubbi, S., Linkie, M. et Leader-Williams, N. (2008) 'Evaluating the legacy of an integrated conservation and development project around a tiger reserve in India', *Environmental Conservation* 35: 331–9. <doi:10.1017/S0376892908005225>

Gugić, G. (2009) *Managing Sustainability in Conditions of Change and Unpredictability: The living landscape and floodplain ecosystem of the Central Sava River Basin*, Lonjsko Polje Nature Park Public Service, Krapje, Croatie.

Hackel, J. D. (1999) 'Community conservation and the future of Africa's wildlife', *Conservation Biology* 13: 726–34.

Harper, S., Zeller, D., Hauzer, M., Pauly, D. et Sumaila, R. U. (2013) 'Women and fisheries: contribution to food security and local economies', *Marine Policy* 39: 56–63. <doi:10.1016/j. marpol.2012.10.018>

Hayes, T. M. (2006) 'Parks, people, and forest protection: an institutional assessment of the effectiveness of protected areas', *World Development* 34(12): 2064–75.

Heywood, V. H. (1999) 'Trends in agricultural biodiversity', in J. Janick (ed.) *Perspectives on New Crops and New Uses*, pp. 2–14, ASHS Press, Alexandria, VA.

Homewood, K. M. et Rodgers, W. L. (1991) *Maasailand Ecology: Pastoralist development and wildlife conservation in Ngorongoro, Tanzania*, Cambridge University Press, Cambridge.

Hunter, D. et Heywood, V. H. (2011) *Crop Wild Relatives: A manual of in situ conservation*, Earthscan, Londres.

Infield, M. (2003) 'National parks as cultural entities', *Policy Matters* 13: 64–70.

International Council on Mining and Metals (ICMM) (2003) *ICMM Position Statement on Mining and Protected Areas*, International Council on Mining and Metals, London. <www.icmm.com/publications/497ICMMPositionStatementonMiningandProtectedAreas.pdf>

International Union for Conservation of Nature (IUCN) (2000) *IUCN Policy Statement on Sustainable Use of Wild Living Resources*, Resolution 2.29 of the first World Conservation Congress, UICN, Gland.

International Union for Conservation of Nature (IUCN) (2004) 'Themesheet I6: Octopus and sea cucumber fisheries', in *Managing Marine Protected Areas: A toolkit for the Western Indian Ocean*, IUCN Eastern African Regional Programme, Nairobi. <wiomsa.org/mpatoolkit/Themesheets/ I6_Octupus_and_sea_cucumber_fisheries.pdf>

International Union for Conservation of Nature (IUCN), United Nations Environment Programme (UNEP) et World Wildlife Fund (WWF) (1980) *World Conservation Strategy: Living resource conservation for sustainable development*, IUCN et WWF, Gland, et UNEP, Nairobi.

Jan, A. (1992) *Review and Analysis of Forest Polices of Pakistan*, Government of Pakistan, Islamabad.

Kamboj, V. P. (2000) 'Herbal medicine', *Current Science* 78(1): 35–9.

Kathe, W. (2011) 'The new FairWild standard—a tool to ensure sustainable wild-collection of plants', *Medicinal Plant Conservation* 14: 14–17.

Kathe, W., Pätzold, B., Leaman, D., Timoshyna, A., Newton, D., Khou, E., Kinhal, G., Sapkota, I. B., Pasha, M. K. S., Ndam, N., Melisch, R., Bundalo, S., Honnef, S., Osborn, T., Buitrón, X. et Liu, X. (2010) *Wild for a Cure: Ground-truthing a standard for sustainable management of wild plants in the field*, TRAFFIC International, Cambridge.

Koross, K. (2013) 'Bypass stopped from encroaching on Nairobi National Park', *The Star* [Nairobi], 31 mai. <www.the-star.co.ke/news/article-122527/bypass-stopped-encroaching-nairobi-national-park>

Kothari, A. (2010) 'The birds are back', *The Hindu Sunday Magazine*, 7 March. <hindu.com/thehindu/mag/2010/03/07/stories/2010030750400700.htm>

Kothari, A. et Pathak, N. (2005) 'Tragopans and tribals: a Naga transformation', *Sanctuary Asia* 25(5): 60–3.

Kothari, A., Corrigan, C., Jonas, H., Neumann, A. et Shrumm, H. (eds) (2012) *Recognising and Supporting Territories and Areas Conserved by Indigenous Peoples and Local Communities: Global overview and national case studies*, CBD Technical Series No. 64, Secretariat of the Convention on Biological Diversity, ICCA Consortium, Kalpavriksh and Natural Justice, Montréal.

Kothari, A., Pande, P., Singh, S. et Variava, D. (1989) *Management of National Parks and Sanctuaries in India: A status report*, Indian Institute of Public Administration, New Delhi.

Kothari, A., Singh, N. et Suri, S. (1995) 'Conservation in India: a new direction', *Economic and Political Weekly* 30(43) (28 octobre): 2755–66.

Lasgorceix, A. et Kothari, A. (2009) 'Displacement and relocation of local communities from protected areas in India: a synthesis and analysis of case studies', *Economic and Political Weekly* XLIV(49) (5 décembre): 37–47.

Leader-Williams, N., Baldus, R. D. et Smith, R. J. (2009) 'The influence of corruption on the conduct of recreational hunting', in B. Dickson, J. Hutton et B. Adams (eds) *Recreational Hunting, Conservation and Rural Livelihoods*, pp. 296–316, Wiley-Blackwell, Oxford.

Leida, R., de Zoysa, U., Kothari, A. et Healy, H. (2014) 'Towards a global agenda of sustainability and equity: civil society engagement for the future we want', *UNEP Perspectives* 12. <www. unep.org/ civil-society/Portals/24105/documents/ perspectives/ ENVIRONMENT_PAPERS_ DISCUSSION_12. pdf>

Locke, H. (2010) 'Yellowstone to Yukon Connectivity Conservation Initiative', in G. L. Worboys, W. Francis et M. Lockwood (eds) *Connectivity Conservation Management: A global guide*, Earthscan, Londres.

Lockwood, M., Worboys G. L. et Kothari, A. (2006) *Managing Protected Areas: A global guide*, Earthscan, Londres.

McNeely, J. A. (1998) *Mobilising Broader Support for Asia's Biodiversity: How civil society can contribute to protected area management*, Asian Development Bank, Manille.

McNeely, J. A., Miller, K. R., Reid, W. V., Mittermeier, R. A. et Werner, T. B. (1990) *Conserving the World's Biodiversity*, The World Bank, Washington, DC, et UICN, Gland.

McShane, T. O. et Wells, M. P. (2004) *Getting Biodiversity Projects to Work. Towards more effective conservation and development*, Columbia University Press, New York.

Madrigal Cordero, P. et Solís Rivera, V. (2012) 'Recognition and support of ICCAs in Costa Rica', in A. Kothari, with C. Corrigan, H. Jonas, A. Neumann et H. Shrumm (eds) *Recognising and Supporting Territories and Areas Conserved by Indigenous Peoples and Local Communities: Global overview and national case studies*, pp. 127–29, CBD Technical Series No. 64, Secretariat of the Convention on Biological Diversity, ICCA Consortium, Kalpavriksh and Natural Justice, Montréal.

Margolius, R. et Salafsky, N. (2001) *Is Our Project Succeeding? A guide to threat reduction assessment for conservation*, Biodiversity Support Programme, Washington, DC.

Martin, G., Camacho Benavides, C., del Campo Garcia, C., Fonseca, S. A., Chapela Mendoza, F. et Gonzalez Ortiz, M. A. (2011) 'Indigenous and community-conserved areas in Oaxaca,

Mexico', *Management of Environmental Quality: An International Journal* 22(2): 250–66.

Menon, M., Kohli, K. et Samdariya, V. (2010) 'Diversion of protected areas: role of the Wildlife Board', *Economic and Political Weekly* XLV(26–27): 18–21.

Millennium Ecosystem Assessment (MEA) (2005) *Millennium Ecosystem Assessment*, Island Press, Washington, DC. <www.maweb.org>

Myers, N. (1997) 'Environmental refugees', *Population and Environment* 19(2): 167–82.

Naqizadeh, N., Abbas, D. et Farvar, T. (2012) 'Recognition and support of ICCAs in Iran', in A. Kothari, with C. Corrigan, H. Jonas, A. Neumann et H. Shrumm (eds) *Recognising and Supporting Territories and Areas Conserved by Indigenous Peoples and Local Communities: Global overview and national case studies*, pp. 132–4, CBD Technical Series No. 64, Secretariat of the Convention on Biological Diversity, ICCA Consortium, Kalpavriksh et Natural Justice, Montréal.

Naidoo, R., Weaver, L. C., Stuart-Hill, G. et Tagg, J. (2011) 'Effect of biodiversity on economic benefits from communal lands in Namibia', *Journal of Applied Ecology* 48(2): 310–16. <doi:10.1111 /j.1365-2664.2010.01955.x>

Nasi, R., Brown, D., Wilkie, D., Bennett, E., Tutin, C., van Tol, G. et Christophersen, T. (2008) *Conservation and Use of Wildlife-Based Resources: The bushmeat crisis,* CBD Technical Series 33, Secretariat of the Convention on Biological Diversity, Montréal, and Center for International Forestry Research, Bogor.

Nasi, R., Taber, A. et van Vliet, N. (2011) 'Empty forests, empty stomachs? Bushmeat and livelihoods in the Congo and Amazon Basins', *International Forestry Review* 13(3): 355–68.

National Park Service (NPS) (2014) *National Park of American Samoa: Laws and Policies.* <www.nps.gov/npsa/parkmgmt/lawsandpolicies.htm>

Natural National Parks of Colombia (2008) *Parque Nacional Natural: Chingaza.* <www. parquesnacionales.gov.co/PNN/portel/libreria/ php/decide.php?patron=02.02021202&f_ patron=02.020212>

Naughton-Treves, L., Holland, M. B. et Brandon, K. (2005) 'The role of protected areas in conserving biodiversity and sustaining local livelihoods', *Annual Review of Environment and Resources* 30: 219–52. <doi:10.1146/annurev. energy.30.050504.164507>

Nelson, A. et Chomitz, K. M. (2011) 'Effectiveness of strict vs. multiple use protected areas in reducing tropical forest fires: a global analysis using matching methods', *PLoS One* 6(8): e22722. <doi:10.1371/journal.pone.0022722>

Nelson, F. (ed.) (2010) *Community Rights, Conservation and Contested Land: The politics of natural resource governance in Africa*, Earthscan, Londres.

Nelson, F. (2012) 'Natural conservationists? Evaluating the impact of pastoralist land use practices on Tanzania's wildlife economy', *Pastoralism* 2(1): 1–19.

Nelson, F., Lindsey, P. et Balme, G. (2013) 'Trophy hunting and lion conservation: a question of governance?', *Oryx* 47(4): 501–9.

Nelson, F., Nshala, R. et Rodgers, W. A. (2007) 'The evolution and reform of Tanzanian wildlife management', *Conservation and Society* 5(2): 232.

Neumann, R. P. (1998) *Imposing Wilderness: Struggles over livelihood and nature preservation in Africa. Volume 4*, University of California Press, Berkeley.

Ngoitiko, M. et Nelson, F. (2013) 'What Africa can learn from Tanzania's remarkable Masai lands rights victory', *The Guardian*, 8 octobre. <www. theguardian.com/global-development/poverty- matters/2013/oct/08/africa-tanzania-masai-land- rights-victory>

Niassa Carnivore Project (2013) Niassa Carnivore Project. <niassalion.org/index.php>

Norwegian University of Science and Technology (2013) 'Serengeti road divides biologists: will a road across the northern tier of Serengeti National Park ruin it?', *ScienceDaily*, 23 mai. <www.sciencedaily. com/releases/2013/05/130523082921.htm>

Oates, J. (1999) *Myth and Reality in the Rain Forest: How conservation strategies are failing in West Africa*, University of California Press, Berkeley.

Observatorio Latinoamericano de Conflictos Ambientales (OLCA) (2014) Center for Latin American Environmental Conflicts, Santiago. <olca.cl/oca/chile/region11/represas56.htm>

Oglethorpe, J. A. E. (ed.) (1999) *Tenure and Sustainable Use*, UICN, Gland.

Onishi, N. (2005) 'South Korea's "sea women" trap prey and turn tables', *The New York Times*, 15 février. <www.nytimes.com/2005/02/15/ international/asia/15udo.html?_r=0>

Ostrom, E. (1990) *Governing the Commons: The evolution of institutions for collective action*, Cambridge University Press, Cambridge.

Padulosi, S., Hunter, D., Jarvis, A. et Heywood, V. (2011) 'Underutilized crops and climate change— current status and outlook', in S. Yadav, B. Redden, J. L. Hatfield et H. Lotze-Campen (eds) *Crop Adaptation to Climate Change*, pp. 507–21, Wiley- Blackwell, Ames, IA.

Pandey, S. (2008) 'Linking ecodevelopment and biodiversity conservation at the Great Himalayan National Park, India: lessons learnt', *Biodiversity and Conservation* 17: 1543–71.

Pandey, S. et Wells, M. (1997) 'Ecodevelopment planning at India's Great Himalayan National Park for biodiversity conservation and participatory rural development', *Biodiversity and Conservation* 6(9): 1277–92.

Parr, S., Dunford, B., Moran, J., Williams, B. et Conchuir, R. (2010) 'BurrenLIFE—farming for conservation in the Burren', in C. Belair, K. Ichikawa, B. Y. L. Wong et K. J. Mulongoy (eds) *Sustainable Use of Biological Diversity in Socio- Ecological Production Landscapes: Background to the Satoyama Initiative for the Benefit of Biodiversity and Human Well-Being*, pp. 142–8, CBD Technical Series No. 52, Secretariat of the Convention on Biological Diversity, Montréal.

Parrotta, J. A. et Trosper, R. L. (eds) (2012) *Traditional Forest-Related Knowledge*, Springer, New York.

Pathak Broome, N. et Dash, T. (2012) 'Recognition and support of ICCAs in India', in A. Kothari, with C. Corrigan, H. Jonas, A. Neumann and H. Shrumm (eds) *Recognising and Supporting Territories and Areas Conserved by Indigenous Peoples and Local Communities: Global overview and national case studies*, pp. 130–2, CBD Technical Series No. 64, Secretariat of the Convention on Biological Diversity, ICCA Consortium, Kalpavriksh and Natural Justice, Montréal.

Perfecto, I., Vandermeer, J. et Wright, A. (2009) *Nature's Matrix: Linking agriculture, conservation and food sovereignty*, Earthscan, Londres.

Periyar Tiger Reserve (2012) *India Eco Development Project*, Periyar Tiger Reserve, Thekkadi, Kerala, Inde. <www.periyartigerreserve.org/indian.php>

Peruvian Trust Fund for National Parks and Protected Areas (PROFONANPE) (2012) Peruvian Trust Fund for National Parks and Protected Areas, Lima. <www.profonanpe.org.pe/index.php/en/projects>

Pfeiffer, C. (2009) 'Mermaids of the deep', *Sydney Morning Herald Traveller*, 7 février. <www. smh.com.au/travel/activity/surfing-and-diving/ mermaids-of-the-deep-20090204-7xbg.html>

Porter-Bolland, L., Ellis, E. A., Guariguata, M. R., Ruiz-Mallen, I., Negrete-Yankelevich, S. et Reyes-Garcia, V. (2012) 'Community managed forests and forest protected areas: an assessment of their conservation effectiveness across the tropics', *Forest Ecology and Management* 268 (mars): 6–17. <doi:10.1016/j.foreco.2011.05.034>

Posey, D. (ed.) (1999) *Cultural and Spiritual Values of Biodiversity*, United Nations Environment Programme, Nairobi, and Intermediate Technology Publications, Londres.

Pretty, J. (2002). 'People, livelihoods and collective action in biodiversity management', in T. O'Riordan et S. Stoll-Kleemann (eds) *Biodiversity, Sustainability, and Human Communities: Protecting beyond the protected*, pp. 61–86, Cambridge University Press, Cambridge.

Programa Estado de la Nación (2006) *Duodécimo informe Estado de la Nación en Desarrollo Humano Sostenible/Programa Estado de la Nación* [*Twelfth State of the Nation in Sustainable Development/ Human Development Program State of the Nation*], San José, Costa Rica. <www.estadonacion.or.cr/files/ biblioteca_virtual/006/info6cap4.pdf>

Radachowsky, J., Ramos, V. H., McNab, R., Baur, E. H. et Kazakov, N. (2012) 'Forest concessions in the Maya Biosphere Reserve, Guatemala: a decade later', *Forest Ecology and Management* 268: 18–28. <doi:10.1016/j.foreco.2011.08.043>

Redmond, I., Aldred, T., Jedamzik, K. et Westwood, M. (2006) *Recipes for Survival: Controlling the bushmeat trade*, World Society for the Protection of Animals, Londres.

Reid, H. (2001) 'Contractual national parks and the Makuleke community', *Human Ecology* 29(2): 135–55.

Rijnhout, L., de Zoysa, U., Kothari, A. et Healy, H. (2014) 'Towards a global agenda of sustainability and equity: civil society engagement for the future we want', *UNEP Perspectives* 12 (mars): 1–12. <www.unep.org/post2015/Publications/TowardsAGlobalAgendaOfSustainabilityAndEqui/tabid/133352/Default.aspx>

Roe, D., Nelson, F. et Sandbrook, C. (eds) (2009) *Community Management of Natural Resources in Africa: Impacts, experiences and future directions*, Natural Resource Issues No. 18, International Institute for Environment and Development, Londres.

Rybanič, R., Šeffer, J. et Čierna, M. (1999) 'Economic valuation of benefits from conservation and restoration of floodplain meadows', in J. Šeffer et V. Stanová (eds) *Morava River Floodplain Meadows—Importance, restoration and management*, pp. 147–60, DAPHNE–Institute of Applied Ecology, Bratislava.

Saberwal, V., Rangarajan, M. et Kothari, A. (2001) *People, Parks and Wildlife: Tracts for the times* 14, Orient Longman, New Delhi.

Salm, R. V., Clark, J. R. et Siirila, E. (2000) *Marine and Coastal Protected Areas: A guide for planners and managers*, UICN, Gland.

Sathurusinghe, A., Seneneyake, S. J. G. N., Wijesundara, D. S. A. et Wijesekara, G. A. W. (2010) 'Species management plan for *Cinnamomum capparu-coronde Blume*', in B. Marambe et A. Wijesekara (eds) *Conservation and Utilization of Crop Wild Relatives of Sri Lanka*, pp. 35–6, Department of Agriculture and Ministry of Environment and Natural Resources, Sri Lanka.

Schippmann, U., Leaman, D. et Cunningham, A. B. (2006) 'Cultivation and wild collection of medicinal and aromatic plants under sustainability aspects', in R. J. Bogers, L. E. Craker et D. Lange (eds) *Medicinal and Aromatic Plants: Agricultural, commercial, ecological, legal, pharmacological and social aspects*, Springer, Dordrecht.

Schliep, R., Bertzky, M., Hirschnitz, M. et Stoll-Kleemann, S. (2008) 'Changing climate in protected areas? Risk perception of climate change by biosphere reserve managers', *GAIA* 17(1): 116–24.

Schulte-Herbrüggen, B., Cowlishaw, G., Homewood, K. et Rowcliffe, J. M. (2013) 'The importance of bushmeat in the livelihoods of West African cash- crop farmers living in a faunally-depleted landscape', *PloS One* 8(8): e72807.

Shahabuddin, G. (2010) 'India ecodevelopment project: a fragmented legacy', in G. Shahabuddin *Conservation Crossroads: Science, society and the future of India's wildlife*, pp. 166–86, Permanent Black, Delhi.

Shriar, A. (1999) 'Resource conservation and rural neglect: an example from Petén, Guatemala', *Delaware Review of Latin American Studies* 1(1). <www.udel.edu/LASP/vol1Avrum.html>

Skeena Watershed Conservation Coalition (2014) Skeena Watershed Conservation Coalition, Old Hazelton, British Columbia. <skeenawatershed. com>

SkeenaWild Conservation Trust (2014) SkeenaWild Conservation Trust, Terrace, British Columbia. <skeenawild.org>

Spalding, M. D., Meliane, I., Milam, A., Fitzgerald, C. et Hale, L. Z. (2013) 'Protecting marine spaces: global targets and changing approaches', *Ocean Yearbook* 27: 213–48.

Spence, M. (1999) *Dispossessing the Wilderness: Indian removal and the making of the national parks*, Oxford University Press, New York.

Spenceley, A. (ed.) (2008) *Responsible Tourism: Critical issues for conservation and development*, Routledge, New York.

Steenkamp, C. et Uhr, J. (2000) *The Makuleke Land Claim: Power relations and community-based natural resource management*, International Institute for Environment and Development, Londres.

Stoll-Kleemann, S. et Welp, M. (2008) 'Participatory and integrated management of biosphere reserves', *GAIA* 17: 161–68.

Sustainable Development Knowledge Platform (2014) Sustainable Development Knowledge Platform. <sustainabledevelopment.un.org>

Tairo, A. (2014) 'Tanzania gives go ahead to uranium mining in Selous Game Reserve', *eTurboNews*, 13 mai. <www.eturbonews.com/45745/tanzania- gives-go-ahead-uranium-mining-selous-game- reserve>

Tandon, V. (2002) Getting women to choose: case study on sustainable livelihoods and poverty alleviation, Mountain Forum E-Consultation for the UNEP/Bishkek Global Mountain Summit, Bishkek, Kyrgyzstan, 29 October – 1 November.

Tebtebba Foundation (2008) *Indicators Relevant for Indigenous Peoples: A resource book*, Tebtebba Foundation, Baguio City, Philippines. <www.tebtebba.org/index.php/content/123-indicators- relevant-for-indigenous-peoples-a-resource- book%20%20>

Technical and Policy Core Group (TPCG) et Kalpavriksh (2005) *Securing India's future: final technical report of the National Biodiversity Strategy and Action Plan*, Technical and Policy Core Group and Kalpavriksh, Pune. <www.kalpavriksh. org/index.php/conservation-livelihoods1/72- biodiversity-and-wildlife/national-biodiversity- strategy-action-plan/224-nbsap-final-technical- report.html>

Terborgh, J. (2004) *Requiem for Nature*, Island Press, Washington, DC.

United Nations (UN) (2009) *State of the World's Indigenous Peoples*, United Nations, New York.

United Nations Conference on Sustainable Development (UNCSD) (2012) *The Future We Want*, A/Conf.216/L.1, United Nations, New York. <www.uncsd2012.org/content/documents/774futurewewant_english.pdf>

United Nations University Institute of Advanced Studies Operating Unit Ishikawa/Kanazawa (UNU- IAS OUIK) (2011) *Biological and Cultural Diversity in Coastal Communities: Exploring the potential of satoumi for implementing the ecosystem approach in the Japanese Archipelago*, Technical Series No. 61, Secretariat of the Convention on Biological Diversity, Montréal.

United States Fish & Wildlife Service (2014) *Refuge-Specific Hunting and Sport Fishing Regulations*, National Wildlife Refuge System. <www.fws.gov/ refuges/ hunting/huntfishregs.html>

Unnikrishnan, P. M. et Suneetha, M. S. (2012) *Biodiversity, traditional knowledge and community health: strengthening linkages*, UNU-IAS Policy Report, United Nations University Institute of Advanced Studies, Yokohama, Japon. <www. ias.unu.edu/resource_centre/ Biodiversity%20 Traditional%20Knowledge%20 and%20 Community%20Health_final.pdf>

van Oudenhoven, F., Mijatovic, D. et Eyzaguirre, P. (2011) 'Social-ecological indicators of resilience in agrarian and natural landscapes', *Management of Environmental Quality: An International Journal* 22(2): 154–73.

van Vliet, N., Nasi, R., Abernethy, K., Fargeot, C., Kumpel, N. F., Obiang, A. N. et Ringuet, S. (2012) 'The role of wildlife for food security in Central Africa: a threat to biodiversity?', in C. de Wasseige, P. de Marcken, N. Bayol, F. Hiol-Hiol, P. Mayaux, B. Desclee, R. Nasi, A. Billand, P. Defourny et R. Eba'a Atyi (2012) *The Forest of the Congo Basin: State of the forest 2010*, pp. 123– 35, Publications Office of the European Union, Luxembourg. <doi:10.2788/47210>

Vasundhara et Kalpavriksh (2012) *A National Report on Community Forest Rights under Forest Rights Act: Status and issues. An output of the Community Forest Rights Learning and Advocacy Process*, Vasundhara, Bhubaneshwar and Kalpavriksh, Delhi et Pune.

Vaughan, C., McCoy, M., Fallas, J., Cháves, H., Barboza, G., Wong, G., Rau, J., Carranza, M. et Carbonell, M. (1996) *Management and Development for Palo Verde National Park and Lomas Barbudal Biological Reserve*, National University of Costa Rica, Heredia.

Vijayan, V. S. (1991) *Keoladeo National Park Ecology Study: 1980–90. Final report*, Bombay Natural History Society, Bombay.

Wahren, C.-H., Papst, W. A. et Williams, R. J. (1994) 'Long-term vegetation change in relation to cattle grazing in subalpine grassland and heathland on the Bogong High Plains: an analysis of vegetation records from 1945 to 1994', *Australian Journal of Botany* 42: 607–39.

Wani, M. et Kothari, A. (2007) 'Protected areas and human rights in India—the impact of the official conservation model on local communities', *Policy Matters* 15: 100–14.

Washington Post (2013) 'In Brazil, Amazonian Indians protest hydroelectric dam', *Washington Post*, 27 mai. <www.washingtonpost.com/world/ in-brazil-amazonian-indians-protest-hydroelectric-dam/2013/06/10/f90539b6-cee5-11e2-8845-d970ccb04497_gallery.html#photo=1>

Wells, M., Brandon, K. et Hannah, L. (1992) *People and Parks: Linking protected area management with local communities*, The World Bank, WWF et US Agency for International Development, Washington, DC.

Wells, M., Guggenheim, S., Khan, A., Wardojo, W. et Jepson, P. (1999) *Investing in Biodiversity: A review of Indonesia's integrated conservation and development projects*, The World Bank, Washington, DC.

West, P., Igoe, J. et Brockington, D. (2006) 'Parks and peoples: the social impact of protected areas', *Annual Review of Anthropology* 35: 251–77.

Western, D. et Gichohi, H. (1993) 'Segregation effects and the impoverishment of savanna parks: the case for ecosystem viability analysis', *African Journal of Ecology* 31(4): 269–81.

Wieting, R. (2004) *Sustainable Land Use in European Protected Areas*, IUCN Regional Office for Europe, Bruxelles.

Wikipedia (2014) *Niassa Reserve*. <en.wikipedia.org/ wiki/ Niassa_Reserve>

Wildlife Institute of India (WII) (1999) *An Ecological Study of the Conservation of Biodiversity and Biotic Pressures in the Great Himalayan National Park Conservation Area: An ecodevelopment approach. Volumes 1–6*, Final Report, Forestry Research Education and Extension Project—Great Himalayan National Park, Wildlife Institute of India, Dehradun.

Williams, R. J. (1990) 'Cattle grazing within subalpine heathland and grassland communities on the Bogong High Plains: disturbance, regeneration and the shrub–grass balance', *Proceedings of the Ecological Society of Australia* 16: 255–65.

Wittmer, H. U., Mark Elbroch, L. et Marshall, A. J. (2013) 'Good intentions gone wrong: did conservation management threaten endangered huemul deer *Hippocamelus bisulcus* in the future Patagonia National Park?', *Oryx* 47(3): 393–402. <doi:10.1017/S0030605312000531>

World Resources Institute (WRI), International Union for Conservation of Nature (IUCN) et United Nations Environment Programme (UNEP) (1992) *Global Biodiversity Strategy: Guidelines for action to save, study, and use Earth's biotic wealth sustainably and equitably*, WRI, IUCN et UNEP, Gland.

World Wildlife Fund (WWF) (2014) *PADDDtracker: Tracking protected area downgrading, downsizing, and degazettement*. <www.PADDDtracker.org>

Zinn, C. et Vidal, J. (1999) 'How prawn cocktails and tourists are taking the life out of the Great Barrier Reef', *The Guardian*, 14 janvier. <www. theguardian.com/world/1999/jan/14/johnvidal>

CHAPITRE 26
GESTION DES INCIDENTS

Auteur principal :
Graeme L. Worboys

TABLE DES MATIÈRES

UICN CMAP Commission mondiale des aires protégées Convention sur la diversité biologique

AUTEUR PRINCIPAL

GRAEME L. WORBOYS est co-vice-président pour la conservation de la connectivité et les montagnes de la Commission mondiale des aires protégées de l'Union internationale pour la conservation de la nature, et chercheur associé de l'École Fenner de l'Université nationale australienne.

REMERCIEMENTS

Nous remercions le Dr Malcolm Gill de l'Université nationale australienne, Stuart Ellis de l'Australasian Fire and Emergency Services Authority Council et Gregor Manson du Gouvernement australien pour leurs relectures du manuscrit de ce chapitre, ainsi que le Dr Malcolm Gill pour la préparation des encadrés 26.5 et 26.6.

CITATION

Worboys, G. L. Managing incidents. In Worboys, G. L., Lockwood, M., Kothari, A., Feary, S. et Pulsford, I. (éd.) *Gouvernance et gestion des aires protégées*. Canberra : ANU Press, 2020. doi.org/10.22459/GGAP.26

PHOTO DE LA PAGE DE TITRE

Équipage d'une héli-base éloignée de lutte contre le feu au départ sur une mission, parc national du Yosemite, Californie, États-Unis
Source : Graeme L. Worboys

Introduction

Les incidents d'origine naturelle ou humaine sont malheureusement courants dans les aires protégées. Notre but dans ce chapitre est d'aider à préparer les professionnels des aires protégées à faire face à de tels incidents. Pour ce faire, nous décrirons les types d'incidents les plus courants, la façon dont les changements climatiques influencent la nature des incidents, la planification et la préparation pouvant être entreprises avant l'incident, la gestion réelle des incidents (en utilisant des systèmes mondialement acceptés de réponses multi-organisations) et une description des exigences de suivi post-incident.

Notre approche dans ce chapitre a été de décrire la gestion des incidents dans le contexte des réponses de pays à indice de développement humain (IDH) modéré à élevé aux incidents dans les aires protégées. Ces pays disposent souvent d'importantes ressources logistiques de soutien, comme dans le cas d'incendies de forêt (aussi appelés feux de brousse ou incendies non planifiés) avec des camions citernes, des bulldozers et des avions bombardiers d'eau, et peuvent également avoir accès à toute une gamme d'informations sur la gestion des incidents fournies par des sources telles que les satellites de télédétection, des observateurs aériens à bord d'aéronefs et des capacités de modélisation et de prévision informatisées. Il est entendu que de nombreux pays à faible IDH n'auront pas toujours accès à ces ressources et que les interventions en cas d'incident devront peut-être s'appuyer davantage sur des interventions moins centrées sur les machines. Néanmoins, les principes de gestion des incidents s'appliquent de la même façon. Ils s'appliquent également à tous les environnements de gouvernance des aires protégées, d'autant plus que la plupart des incidents à grande échelle impliqueront de nombreuses organisations et communautés, et que le système de gestion des incidents fournit un cadre très approprié pour cela. Il s'agirait, par exemple, d'un système de gouvernance très approprié pour un incident dans une aire protégée incluant le soutien de multiples organismes de secours internationaux.

Alors, qu'est-ce qu'un incident, exactement ? Nous introduisons ici deux définitions, la première étant plus générale (moins technique) : « un événement ou groupe d'événements pouvant être d'origine accidentelle, intentionnelle ou naturelle et nécessitant une intervention d'urgence ou d'application de la loi » (Worboys et Winkler, 2006:474). Une définition plus technique du point de vue du contrôle des incidents serait :

> Un événement, occurrence ou ensemble de circonstances d'une étendue spatiale et d'une durée définies, et nécessitant une intervention humaine, qui présente un ensemble de conditions finales pouvant être définies, et est ou sera sous le contrôle d'une personne ayant l'autorité pour prendre des décisions sur les moyens par lesquels arriver à une résolution. (AFAC, 2013:1)

Bien que ce chapitre se concentre sur les considérations opérationnelles, nous sommes conscients que la gestion des urgences et des incidents nécessite d'aborder des questions d'élaboration de politiques stratégiques et de procédure aux plus hauts niveaux des organisations et du gouvernement (Handmer et Dovers, 2013). Ces considérations de haut niveau font l'objet du chapitre 12.

Types d'incidents

Il existe de nombreux types différents d'incidents naturels susceptibles de se produire ou d'affecter les aires protégées et les personnes, et de nombreux autres incidents d'origine humaine impliquant ou affectant des personnes et les aires protégées (tableau 26.1). Les aires protégées sont généralement de grandes zones terrestres et marines naturelles dans un monde dynamique. Elles font face, dans un contexte d'opérations de gestion 24 heures sur 24, sept jours sur sept, au fait inévitable que des incidents se produiront, tôt ou tard. Anticiper cette inévitabilité et la gérer font partie intégrante de la gestion quotidienne. Il est important de comprendre quels types d'incidents peuvent se produire, quand et comment ils peuvent se produire, et cette approche est généralement liée aux évaluations de la gestion des risques par les organisations chargées des aires protégées (voir le chapitre 8).

Les types d'incidents d'origine naturelle ou humaine identifiés peuvent affecter tout ou partie d'une aire protégée. Ils peuvent se limiter à un seul site, ils peuvent avoir une influence locale, ou, pour les événements les plus graves, ils peuvent être d'échelle régionale. Cela signifie que les gestionnaires des aires protégées feront généralement partie, en cas d'incident, d'une intervention et d'une équipe coopérative multi-organisationnelle chargée de gérer cet incident. Gérer les incidents de façon isolée est une chose du passé. Il est en effet rare qu'un seul service d'urgence puisse gérer une situation d'urgence sans une forme quelconque de coopération ou d'aide de la part d'autres services d'urgence ou organismes de soutien (Yates, 1999). Cela signifie également que le processus d'identification du risque d'incidents particuliers est très critique, car il sous-tend le développement des capacités organisationnelles (voir le chapitre 9) et la préparation à travailler avec d'autres organisations.

Tableau 26.1 Incidents liés aux aires protégées

Incidents naturels susceptibles d'affecter les aires protégées	Incidents dans les aires protégées causés par ou impliquant des personnes
Cyclones, ouragans, typhons	Personnes perdues dans les milieux terrestres, marins et souterrains
Tornades	Personnes blessées ou malades, ou personnes nécessitant un sauvetage
Tempêtes, pouvant inclure vents forts, poussière, foudre sèche, grêle, froid intense ou chaleur intense	Effondrement d'infrastructures
Ondes de tempête	Accidents de véhicules, y compris les camions transportant des produits chimiques toxiques, des polluants ou autres matières dangereuses
Inondations	Accidents d'avions
Coulées de boue et glissements de terrain	Accidents de bateaux
Rupture de lacs glaciaires	Événements de pollution
Blizzards et avalanches de neige	Retombées radioactives
Sécheresse	Incidents homme-faune
Feux de forêt	Braconnage de la faune sauvage
Tremblements de terre	Trafic de faune
Tsunamis	Incendies accidentels
Éruptions volcaniques et événements associés, tels que les retombées de nuages de cendres, nuées ardentes et lahars	Incendies criminels et autres crimes, meurtres, agressions, agressions sexuelles et actes de terrorisme
Effondrements de structures géologiques	Vol de ressources
Impacts de météorites (un événement rare mais historique)	Troubles sociaux et manifestations
Invasions d'espèces nuisibles	Guerre et conflits
Maladies, y compris les épidémies humaines et fauniques	Réfugiés et personnes déplacées
Traumatisme de la faune / mortalités de masse	Drogue
Échouages de cétacés	

Un monde en mutation

Les événements historiques peuvent fournir un guide général sur les risques d'incidents auxquels une aire protégée particulière peut être confrontée, tout comme sur les conditions prévisibles. La réalité des changements climatiques et les tendances de pollution mondiale par le dioxyde de carbone à des niveaux de prévision parmi les plus élevés (voir le chapitre 17) au début du XXIe siècle entraînent une série de phénomènes météorologiques amplifiés et modifiés par l'énergie atmosphérique, que les gestionnaires d'aires protégées doivent anticiper et préparer. Cette situation est différente des problèmes rencontrés par les générations précédentes de gestionnaires d'aires protégées. Malgré des événements extrêmes, tels que les sécheresses, les grands feux de forêt, les cyclones, les tornades et autres incidents météorologiques, les anciens gestionnaires n'ont pas eu à faire face à une dynamique de changements rapides et à

Les humains et la faune partagent l'espace à Nazinga, Burkina Faso, Afrique de l'Ouest

Source : Geoffroy Mauvais

des conditions météorologiques extrêmes. Cette variation est directement liée à la pollution de l'atmosphère par le dioxyde de carbone par les humains et aux changements climatiques qui en découlent. Les gestionnaires d'incidents dans les aires protégées (et ailleurs) font face à un monde en mutation, et il est sage d'envisager certaines des implications des changements climatiques. Les chercheurs, grâce à des modèles climatiques sophistiqués, sont capables de nous donner un aperçu de l'avenir, et certaines de leurs prédictions sur les changements climatiques et leurs implications pour la gestion des incidents ont été identifiées ici (tableau 26.2).

Les feux de forêt catastrophiques de 2009, dans l'État du Victoria, en Australie, ayant ravagé divers types d'utilisation des terres, y compris des aires protégées, sont un exemple d'incident influencé par les effets de l'augmentation des températures dues aux changements climatiques (étude de cas 26.1).

Tableau 26.2 Prévisions de changements climatiques et conséquences pour la gestion des incidents

Phénomène	Prédiction	Implications de risques pour la gestion des incidents dans les aires protégées
Dioxyde de carbone	Des niveaux plus élevés de dioxyde de carbone ont un effet d'engrais sur la végétation de certaines zones (les concentrations atmosphériques de dioxyde de carbone, de méthane et d'oxyde nitreux avaient atteint, en 2013, des niveaux sans précédent au cours des 800 000 dernières années, au moins).	Incendies potentiellement plus graves du fait d'une croissance accrue de la végétation ligneuse et de niveaux plus élevés de combustibles forestiers.
Température	Températures moyennes plus élevées, de plus de 1,5°C en 2100 (chacune des trois dernières décennies jusqu'en 2013 ayant été successivement plus chaude que n'importe quelle décennie précédente jusqu'en 1850). En 2013, l'Australie a connu son année la plus chaude jamais enregistrée.	Incidents d'incendie plus fréquents en raison de périodes de conditions plus chaudes plus longues. Températures diurnes moyennes plus élevées affectant le comportement du feu. Températures nocturnes moyennes plus élevées pendant les incendies de forêt affectant le contrôle des incidents et la sécurité. Nouveaux incidents liés à la faune autochtone du fait du déplacement de celle-ci vers les pôles. Nouveaux incidents liés aux maladies du fait de l'expansion de la répartition de vecteurs de maladies tels que les moustiques. Plus d'incidents liés à l'eau du fait d'une utilisation plus importante des plages et des plans d'eau par les visiteurs.
Sécheresse	Augmentation de l'évaporation dans de nombreuses parties du monde, y compris une augmentation du nombre de sécheresses.	Incidents homme-faune résultant de conditions de sécheresse. Troubles sociaux et humains liés à la sécheresse. Incidents liés aux réfugiés de sécheresse.
Chaleur extrême	Augmentation de la fréquence des conditions de chaleur extrême (en Australie, en janvier 2014, un « dôme » d'air chaud s'est formé en Australie Occidentale et s'est déplacé dans le sens antihoraire autour de l'Australie, provoquant des températures extrêmes prolongées de 40°C et plus dans plusieurs États et territoires).	La chaleur extrême crée des conditions extrêmes de comportement du feu et des conditions de contrôle très dangereuses pour tout incident lié au feu. Les vagues de chaleur, leur impact sur les visiteurs des aires protégées et le risque d'incidents de premiers secours d'urgence augmenteront.
Feux de forêt	Augmentation du nombre d'incendies extrêmes en raison de températures plus élevées, de la réduction des précipitations, de l'augmentation des combustibles forestiers et des changements des conditions de vent (l'indice moyen de danger de feux de forêt [encadré 26.1] en Australie a augmenté de 10 à 40 % au cours de la période 2001–2007 par rapport à la période 1980–2000 dans de nombreux endroits).	Mise en œuvre de procédures plus importantes de sécurité en réponse au feu pour les incidents. Possibilité de phénomènes météorologiques générés par le feu, tels que les tornades de feu. Formation améliorée pour les contrôleurs et planificateurs d'incidents.

Conditions météorologiques extrêmes	Conditions plus chaudes et énergie plus élevée dans l'atmosphère conduisant à des tempêtes plus violentes.	Les incidents de tempête extrêmes incluent les effets des orages, des mini-tornades, des tornades, de la foudre, des vents forts et de la grêle. Les orages secs peuvent causer des départs d'incendie multiples dans un paysage. Les incidents liés aux cyclones (ouragans, typhons) seront plus puissants, avec des vents extrêmes, des ondes de tempête et de fortes pluies, et des inondations.
Froid extrême	Des phénomènes de froid extrême auront toujours lieu, même dans un contexte de réchauffement global lié aux changements climatiques.	Incidents liés aux tempêtes de neige et au blizzard, tels que la recherche et le sauvetage de personnel perdu dans les aires protégées éloignées.
Neige	Réduction ou augmentation des chutes de neige, en hiver, dans les milieux montagneux et les latitudes plus élevées, et plus grande variation des températures hivernales.	Incidents impliquant des avalanches déclenchées par des couches de neige plus humides pendant des conditions plus chaudes, conduisant à une accumulation de neige plus instable.
Glace	Fonte continue du permafrost, des glaciers et des calottes glaciaires dans le monde entier.	Incidents liés à l'effondrement de parois rocheuses géologiquement instables dans des environnements montagneux escarpés, suite à la fonte du permafrost. Incidents d'inondation, en aval, causés par la rupture de lacs de fonte glaciaire.
Précipitations : quantité et régime	Des températures plus chaudes peuvent entraîner une évaporation accrue et une augmentation des précipitations.	Incidents causés par l'inondation d'aires protégées, pouvant impliquer des sauvetage de faune.
Crues éclair	Tempêtes extrêmes et pluies torrentielles plus fréquentes provoquant des crues éclair et des inondations.	Incidents dans les aires protégées où des infrastructures peuvent être touchées et des personnes piégées par les eaux de crue.
Inondations	Inondations plus fréquentes dues à une plus grande humidité atmosphérique.	Incidents où des aires protégées sont inondées et où des personnes, des infrastructures ou la faune sont potentiellement touchées.
Niveau de la mer et ondes de tempête	Le niveau mondial de la mer augmente avec la fonte des calottes glaciaires et des glaciers (le niveau mondial de la mer a augmenté d'une moyenne de 0,19 mètres de 1901 à 2010). L'élévation du niveau de la mer et les tempêtes plus intenses augmentent les impacts côtiers des ondes de tempête.	Incidents affectant les aires protégées côtières, en particulier pendant les tempêtes, lorsque le littoral est frappé par des niveaux d'eau plus élevés et de grandes vagues.

Sources : ANU (2009) ; Williams et al. (2009) ; Climate Council (2013) ; Hannam (2013, 2014) ; IPCC (2013)

Vallée du Yosemite enfumée par des feux de forêt en juillet 2008, parc national du Yosemite, États-Unis

Source : Graeme L. Worboys

Étude de cas 26.1 Incendies catastrophiques dans l'État du Victoria en 2009

Le 7 février 2009, dans l'État du Victoria, en Australie, la capitale, Melbourne, a connu une température record de 46,4°C, et dans les pires journées de risque de feux de forêts, la vitesse des vents a été enregistrée à 90 km/h de moyenne, avec des rafales jusqu'à 115 km/h. L'humidité était de 6 % et l'Indice de risque de feux de forêt (FFDI) (encadré 26.1) a dépassé la mesure d'étalonnage « Extrême » la plus élevée (100), pour se situer à plus de 150. En 2009, les autorités de lutte contre les incendies du Victoria ont dû faire face à 316 incendies dans ces conditions (PoV 2010). Au-dessus des pires de ces incendies se trouvaient des remontées rapides et de puissantes colonnes convectives développant des nuages pyro-cumulus jusqu'à 8 500 mètres d'altitude. Ces phénomènes et une atmosphère instable ont renforcé les événements d'incendie en cours avec leurs propres vents forts et foudre (Tolhurst 2009). Des distances record de repérage de feu de jusqu'à 35 kilomètres ont été enregistrées, de même que des phénomènes de repérage de masse à courte distance (PoV 2010). Malheureusement, ces multiples incendies importants ont causé la mort de 173 personnes et, par conséquent, 15 d'entre eux ont fait l'objet d'une Commission royale (PoV, 2010). Dans les interviews post-incendie, des bénévoles très expérimentés et des pompiers professionnels ont indiqué, l'un après l'autre, qu'ils « n'avaient jamais rien vu de tel auparavant » (ABC, 2010). L'histoire montre que les incendies de 2009 dans le Victoria ont été l'une des pires catastrophes naturelles que l'Australie ait connu, et cela a conduit à la création d'une nouvelle catégorie de FFDI, au-delà du niveau « Extrême », appelée « Catastrophique » ou « Code rouge ». Le comportement extrême du feu observé a été un avertissement puissant pour l'avenir, puisque les scientifiques prédisent que des incendies catastrophiques comme ceux-ci seront plus fréquents, en particulier compte tenu des températures plus élevées et des conditions plus sèches. Pour les incendies du Victoria de 2009, l'organisation de recherche australienne, Commonwealth Scientific and Industrial Research Organisation (CSIRO), a indiqué que les températures extrêmement élevées des incendies faisaient partie d'une tendance au réchauffement climatique influencé par l'homme (CSIRO, 2009).

Encadré 26.1 Indice de risque de feux de forêt

Le McArthur Forest Fire Danger Index (FFDI - Indice de feux de forêt de McArthur) intègre la température, la vitesse du vent, l'humidité et une mesure de la sécheresse des combustibles forestiers. Il a été développé en Australie dans les années 1960, et calibré sur une échelle de zéro (aucun risque d'incendie) à 100 pour les forêts et les prairies, sur la base du pire événement d'incendie de l'histoire de l'Australie à cette époque, les incendies du « Black Friday » de 1939. Un FFDI supérieur à 50 indique qu'en raison des effets de couronnement et de taches de feu dans les forêts australiennes dominées par les eucalyptus, la météo devient l'indicateur dominant du comportement du feu, le feu devient très intense et il est difficile de combattre un front de feu en progression dans une forêt (Campbell, 2009).

Tableau 26.3 Gestion des risques liés à la gestion des incendies du Service des parcs nationaux et de la faune sauvage de Nouvelle-Galles du Sud

Risque	Mécanisme de contrôle et réduction des risques	Mesures de réduction des risques
Risques pour la santé et la sécurité du personnel et des visiteurs, y compris blessures et mort.	Documents de planification et procédures pour la préparation à la prévention et la réponse de récupération.	Utilisation d'équipement approuvé et évalué. Utilisation du système de gestion des incidents. Plans de brûlage individuels pour le brûlage dirigé. Plans d'action d'incident pour la suppression des feux de forêt. Formation et compétences appropriées pour tout le personnel. Compte-rendu post-incident. Soutien. Mesures visant à assurer la sécurité des visiteurs et des voisins.
Risques pour les valeurs du patrimoine naturel et culturel.	Domaines prioritaires pour des mesures spécifiques de gestion des incendies.	Les valeurs naturelles et culturelles sont reconnues dans les stratégies de gestion des incendies des aires protégées. La gestion des incendies minimise les événements de pollution.

Risques pour la communauté, y compris la perturbation des activités économiques et de la structure et du tissu sociaux, et perte de confiance dans le NPWS.	Participation du public et des parties prenantes à la gestion des incendies. Respect des règlements et exigences législatives.	La gestion des incendies du NPWS implique la coopération avec les voisins et la minimisation des impacts des feux de forêt sur les actifs publics et privés y compris les entreprises.
Risques pour l'administration et les finances, et en particulier un niveau excessif de dépenses dans les opérations de suppression.	Les opérations de lutte contre les incendies suivent les procédures établies dans le manuel financier.	Les contrôleurs d'incident ont la responsabilité financière des dépenses pendant les incendies.

Source : NPWS (2012)

Gestion d'un incident d'incendie (retour de feu lors d'un feu de forêt), Snowy Mountains Highway à Yarrangobilly Caves, parc national de Kosciuszko, Nouvelle-Galles du Sud, Australie

Source : Andy P. Spate

Planification et préparation avant incident

L'anticipation des incidents est un élément essentiel de la planification et de la préparation avant incident. Une fois que le potentiel a été identifié, une évaluation de la gestion des risques fournit un outil de planification important pour les organisations chargées des aires protégées pour répondre à ce potentiel. Des cadres de gestion des risques tels que la norme AS/NZ ISO 31000 peuvent être utilisés pour guider ce processus. Le Service des parcs nationaux et de la faune sauvage de Nouvelle-Galles du Sud (NPWS), en Australie, par exemple, et son système de 867 aires protégées couvrant plus de 7 millions d'hectares (8,8 % de l'État) (CAPAD, 2010), opère dans une partie très exposée aux incendies, dans l'est de l'Australie. Dans le cadre de son évaluation des risques d'incendie, le NPWS a identifié les principaux domaines de responsabilité de son approche de gestion axée sur les risques (NPWS, 2012) (tableau 26.3).

Sécurité et bien-être des personnes

La sécurité passe avant tout dans la gestion d'un incident. La sécurité et le bien-être de toutes les personnes, qu'elles soient membres du personnel, visiteurs, voisins ou autres, sont des priorités primordiales. Cela inclut des considérations telles que :

- le contexte de l'incident, notamment la nature de l'incident, sa dangerosité pour les personnes, et des prévisions continues qui aideront à évaluer le comportement futur de l'incident ;
- les aptitudes, compétences et niveau de condition physique du personnel et la pertinence de sa participation à un incident ;
- la qualité, l'état d'entretien et adéquation de l'équipement opérationnel à utiliser ;
- la disponibilité en panneaux de signalisation routière temporaire, tels que des barrières de fermeture de route ;
- l'efficacité des systèmes d'administration des incidents pour suivre les possibilités de déploiement et de repos, et de rotation et longévité du service, en cas d'incident (en particulier pour suivre les heures de pilotage et de travail lors d'un incident à long terme) ;
- la fourniture d'abris, de nourriture, de premiers secours, de soutien et la capacité d'évacuation médicale pour les personnes impliquées dans l'incident.

Planification

Les incidents ne sont certainement pas planifiés à l'avance et se produisent presque toujours à un moment inopportun, car les gestionnaires d'aires protégées ne sont jamais vraiment à court de travail. Certaines aires protégées connaissent des incidents récurrents, que ce soit en raison de phénomènes météorologiques, d'une vulnérabilité au feu, de problèmes liés à la faune, du grand nombre de visiteurs ou autres raisons. Il devient alors judicieux de préparer des plans visant à faire face à de tels types d'incidents récurrents. Ces plans seront évalués régulièrement et permettront de vérifier en permanence si la formation, l'équipement et autres dispositions de veille sont organisés ou non.

Différents types de plans de gestion d'incident ont été mis en place (tableau 26.4). Ces plans illustrent la diversité de la planification pré-incident susceptible d'être entreprise par les organisations chargées des aires protégées dans le monde entier. Un élément commun vital à tous ces plans est l'importance de reconnaître clairement les dispositions de gouvernance spécifiques pour des types d'incidents particuliers. Ces dispositions de gouvernance varieront d'un incident à l'autre, de même que la responsabilité et la responsabilisation des organisations chargées des aires protégées pour chaque type d'incident. Les plans de gestion d'incident identifieront ces exigences et ces rôles.

Tableau 26.4 Plans potentiels de gestion d'incidents liés aux aires protégées

Plan de gestion d'incident potentiel	Type d'incident	Quelques considérations de planification spécifiques
Faune		
Plan d'échouage de cétacés	Le plan envisage l'échouage de mammifères marins sur les côtes, pouvant inclure baleines et dauphins.	Le plan pourra inclure : Guide d'identification des espèces. Besoins d'intervention des sauveteurs pour chaque espèce. Considérations relatives à la sécurité des sauveteurs, en particulier en eaux froides. Exigences de gestion des spectateurs. Équipement de soutien pour sauvetage spécialisé. Participation d'experts des mammifères marins. Protocoles de gouvernance des incidents et listes de contrôle de liaison avec les parties prenantes.
Plan d'incident pour animaux errants	Le plan fournit des conseils pour répondre aux animaux errants tels que crocodiles, éléphants et tigres, ayant un impact sur les humains et leurs moyens de subsistance.	Le plan pourra inclure : Considérations politiques et de sécurité pour les personnes. Considérations de sécurité pour les gestionnaires de la faune. Matériel de capture et de transport spécialisé. Soutien vétérinaire. Procédures d'autorisation d'euthanasie. Protocoles de gouvernance des incidents.
Plan relatif aux incidents de pollution marine par des hydrocarbures	Le plan envisage les déversements d'hydrocarbures en milieu marin, ayant des répercussions sur les rivages des aires protégées et les espèces sauvages autochtones.	Ce document fera généralement partie d'un plan d'intervention en cas d'incident plus général, impliquant de nombreuses organisations et pourra inclure : Procédures de démazoutage des espèces sauvages touchées. Procédures de démazoutage des milieux côtiers. Protocoles de gouvernance des incidents et listes de contrôle de liaison avec les parties prenantes.
Visiteurs		
Plan de recherche et sauvetage	Le plan envisage la possibilité de visiteurs des aires protégées perdus ou ayant besoin d'aide lors d'événements extrêmes.	Le plan pourra inclure : Conseils de développement des capacités professionnelles, tels que le développement des compétences pour : secourisme dans les régions éloignées, navigation, observation aérienne, utilisation de véhicules, accès aquatique, accès sur neige, spéléologie et alpinisme. Directrices de gouvernance, identification des partenariats et listes de contrôle de liaison avec d'autres organisations, et en particulier la police, pouvant avoir une responsabilité générale.
Plan d'évacuation d'urgence des visiteurs	Ce plan sera plus couramment utilisé pour les urgences d'évacuation sanitaire, mais il aide à faire face aux évacuations de sécurité causées par des feux de forêt ou des tempêtes violentes ayant un impact sur les aires protégées.	Le plan fournira des directives sur : Les niveaux de compétence en formation de premiers soins requis par le personnel des aires protégées. Les aspects logistiques, tels que les méthodes à utiliser pour les évacuations sanitaires, les systèmes de communication radio, les opérations par hélicoptère et les considérations de sécurité. Protocoles de gouvernance des incidents.

Feux de forêt		
Plan de gestion d'incidents d'incendie de forêt	Ce plan abordera tous les aspects d'une intervention en cas d'incendie imprévu dans une aire protégée.	Le plan détaillera des aspects tels que : détection, attaque initiale, cartographie, prévision du comportement du feu et déclenchement des procédures du système de contrôle des incidents. Compétences requises du personnel, besoins en matière de formation, préparation du matériel, liste du personnel et dispositions relatives aux tours de gardes, et responsabilités en matière de détection. Évaluation préalable des combustibles forestiers, du risque d'incendie du terrain et de son potentiel d'incendie. Mécanismes de gouvernance des incidents d'incendie, mécanismes de déclaration et organisations clés avec lesquelles des partenariats de collaboration doivent être établis.
Événements de pollution terrestre		
Plan d'intervention en cas d'incident de pollution	Le plan fournira des directives pour réagir à une gamme d'événements de pollution, tels que la pollution de l'air (incendies), la pollution des cours d'eau ou des rivières (comme le rejet de produits pétroliers) et la pollution causée par un accident de véhicule (comme les produits chimiques toxiques).	Le plan pourra inclure : Compétences du personnel nécessaires à la sensibilisation et à la réponse aux incidents de polluants toxiques. Réponses pré-planifiées pour chaque type d'événement de pollution. Mécanismes de gouvernance des événements de pollution et protocoles d'intervention en cas d'incident. Listes de contacts consultatifs pour les incidents de pollution.
Incidents liés à des catastrophes naturelles		
Plan de gestion des incidents liés aux catastrophes naturelles	Le plan fournira des directives pour les aires protégées et réserves présentant une forte probabilité d'être touchées par des catastrophes naturelles telles qu'inondations, cyclones, tremblements de terre, tsunamis, éruptions volcaniques et lahars.	Le plan pourra inclure : Dispositions relatives à la gouvernance des incidents naturels. Rôle de l'organisation chargée des aires protégées dans le cadre d'une intervention plus générale en cas d'incident. Déploiement de matériel et de personnel pour aider aux interventions en cas de catastrophe. Identification de la formation professionnelle requise pour gérer de tels incidents.

Préparation

La planification et la préparation aux incidents sont entreprises aux niveaux stratégique, tactique et opérationnel au sein des organisations chargées des aires protégées.

Préparation stratégique

Des politiques et procédures organisationnelles visant à aborder chaque type d'incident individuel auront été établies et seront très claires. Pour le personnel, il pourrait s'agir de questions telles que les exigences en matière de santé et de sécurité au travail, les uniformes et vêtements de protection, les normes minimales de formation, les exigences en matière de compétences, l'assurance et la rémunération, et les dispositions relatives aux rotations du personnel. En ce qui concerne les installations et le matériel, les systèmes de gestion des actifs garantiront le remplacement systématique du matériel ancien par du matériel neuf (voir le chapitre 24), et des normes minimales de compétence seront définies pour le personnel chargé de faire fonctionner ce matériel. Pour ce qui est de la budgétisation organisationnelle, des crédits seront alloués à la formation professionnelle, afin de garantir la disponibilité d'un personnel suffisamment qualifié et compétent pour les opérations en cas d'incident. Pour les organisations chargées des aires protégées collaborant avec d'autres organisations à un niveau pangouvernemental, le message sur le statut, la fonction et le rôle spécial de conservation des aires protégées doit être intégré dans la psyché et le modus operandi des organisations telles que la défense, les forêts, les services d'urgence, les services d'incendie de forêt, les pompiers, la police et les services d'agriculture.

Préparation tactique

Le personnel de première ligne des organisations chargées des aires protégées et leurs systèmes nationaux ou infranationaux est généralement situé dans ou à proximité d'aires protégées individuelles et, par conséquent, dispersé au sein d'une zone nationale ou sous-nationale. Lorsqu'un incident a un impact sur une aire protégée individuelle, les efforts de coopération locale d'intervention en cas d'incident sont généralement déployés par de nombreuses organisations. Pour les gestionnaires d'aires protégées, les effectifs de leur personnel d'intervention en cas d'incident peuvent être renforcés par du personnel d'autres aires du réseau plus général (peut-être national) d'aires protégées. Cela est particulièrement important lorsqu'un incident est significatif et nécessite de nombreuses ressources en personnel et du matériel de soutien, ou se poursuit dans le temps et nécessite des équipes d'intervention de secours pour relayer les équipes opérationnelles, ou les deux. La préparation tactique garantira la disponibilité de plans et de procédures permettant de mobiliser et soutenir le transfert du personnel entre aires protégées lors d'incidents. La préparation tactique permettra de s'assurer que des dispositions de gestion coopérative des incidents sont en place dans une région plus générale, qui peut inclure de multiples aires protégées, et qu'il existe de bonnes relations de travail entre les organismes et les groupes de bénévoles. De nombreux incidents sont beaucoup plus importants que les aires protégées individuelles et peuvent nécessiter une planification et une préparation pré-incident à une échelle beaucoup plus grande. Les impacts d'un cyclone tropical (ouragan ou typhon) sont un exemple d'événement à plus grande échelle.

Surveillants de baignade et sécurité des nageurs (nager entre les drapeaux) dans le parc national de Wilson's Promontory, une destination populaire de camping et de plage de l'État du Victoria, en Australie

Source : Graeme L. Worboys

Préparation opérationnelle

Pour les aires protégées individuelles et leur personnel, toute une gamme de mesures de préparation est généralement mise en œuvre. Selon la nature de l'incident potentiel, des listes de personnel pourront être mises en place en prévision des incidents, et le personnel ayant reçu la formation appropriée pourra être mis en disponibilité. Les installations et équipements seront entretenus et fonctionnels, et certains pourront être maintenus en veille, dans certaines conditions météorologiques (comme une unité d'incendie dans des conditions d'incendie extrêmes). Certaines opérations spéciales de patrouille des rangers peuvent être mises en œuvre lorsque la probabilité d'incidents est élevée, et que des mesures de précaution peuvent être mises en œuvre, comme des interdictions de feu dans les aires protégées, des alertes météorologiques, des alertes de faune, ou même, des fermetures temporaires d'aires protégées. Pour les opérations d'incendie, des tours d'observation des incendies seront opérationnelles, des survols d'avions de détection des incendies seront entrepris après les orages, et des avions bombardiers d'eau seront organisés et en attente. Tous les plans de gestion d'incident seront à jour, ainsi qu'un document identifiant tous les contacts et autres informations logistiques nécessaires pendant un incident (le plan d'action d'incident).

Prévention

La nature garantira que des incidents se produisent, quoi que l'on fasse. Il y a cependant certains incidents qu'une évaluation des risques peut permettre d'éviter ou de réduire. Certaines de ces mesures de prévention ont été décrites dans le tableau 26.5.

Tableau 26.5 Mesures de prévention visant à minimiser les incidents

Incident potentiel	Mesures de prévention des aires protégées	Notes	Implications des mesures
Avalanche	Reboisement	La restauration des forêts perturbées contribue à stabiliser les couches de neige et à prévenir les avalanches.	Nombre d'avalanches réduit.
Crues éclair	Restauration du couvert végétal du bassin versant.	La restauration comprend le contrôle de l'érosion des sols et la replantation de la végétation.	La végétation ralentit le ruissellement et réduit les impacts en aval.
Glissements de terrain	Restauration du couvert végétal du bassin versant.	La restauration de la végétation stabilise les pentes abruptes des montagnes.	Risque d'instabilité des pentes et de glissements de terrain réduit.

Feux de forêt	Réduction des combustibles forestiers.	Réduction stratégique des combustibles forestiers, par exemple près d'une interface zone urbaine/aire protégée.	La réduction des combustibles forestiers augmente le potentiel d'extinction des incendies et de contrôle de tout départ de feu local.
Feux de forêt	Coupe de l'herbe et réduction de la végétation.	Fauchage des prairies et réduction de la végétation près des interfaces zone urbaine/aire protégée.	La réduction des combustibles forestiers augmente le potentiel d'extinction des incendies et de contrôle de tout départ de feu local.
Feux de forêt	Entretien des coupe-feux.	L'entretien constant des coupe-feux permet un accès officiel rapide lors de l'extinction des incendies.	L'attaque initiale rapide des incendies aide à mieux contrôler les feux de forêt.
Feux de forêt	Interdiction de feu dans une aire protégée.	Interdiction de tous les feux en plein air.	Les interdictions de feu réduisent les risques d'incendies accidentels.
Faune	Construction d'une barrière faunique.	Clôtures électriques et autres barrières effectives pour la faune.	Les barrières aident à minimiser les incidents homme-faune, y compris la destruction des cultures par de grands animaux tels que les éléphants.
Inondations	Interdiction de baignade dans une aire protégée.	Fermeture d'une zone de baignade populaire en rivière dans une aire protégée.	Les interdictions de baignade empêchent officiellement de se baigner dans les rivières dangereuses en période d'inondation.
Plages : fortes vagues ou forts courants	Nager entre les drapeaux ou fermeture de plage.	Des surveillants de baignade peuvent devoir être embauchés par l'organisation chargée de l'aire protégée.	Sécurité renforcée pour les visiteurs de l'aire protégée.
Conditions météorologiques extrêmes	Fermeture de l'aire protégée.	Fermeture d'une aire protégée en raison de conditions météorologiques extrêmes, telles que des vents cycloniques, une chaleur ou un froid extrêmes.	Les fermetures d'aires protégées minimisent ou empêchent les opérations de recherche et sauvetage, la menace de chute d'arbres et la menace d'exposition à la chaleur ou au froid.

Intervention en cas d'incident

Des systèmes de gestion des interventions en cas d'incident ont été mis au point pour aider les organisations à coordonner leurs interventions en cas d'urgence. Aux États-Unis, le National Interagency Incident Management System (NIIMS – Système national inter-agences de gestion des incidents), mis au point dans les années 1980, fournit un cadre d'intervention pour faire face à des événements représentant une menace potentielle ou réelle, comme les catastrophes naturelles, le terrorisme intérieur, les accidents d'avion et les activités d'application de la loi. Il est utilisé par toutes les agences fédérales américaines et les agences d'États et de comtés impliquées dans les incendies de forêt (Annelli, 2006). Le NIIMS est soutenu par le système de commandement des incidents (ICS), créé en 1970 à la suite d'incendies graves en Californie, et qui gère un incident grâce à des objectifs établis et à des directives fournies par des cadres et officiers de ligne (Annelli, 2006). Le NIIMS a connu un franc succès et a servi de base à l'élaboration du Système national de gestion des incidents (NIMS), en 2003, aux États-Unis (Annelli, 2006). Le NIIMS se concentrait sur les incendies de forêt, tandis que le NIMS s'étend aux défis liés à tous les risques ou événements terroristes, et met davantage l'accent sur la prévention et la préparation. Le NIMS est le cadre officiel d'intervention en cas d'incident utilisé par les États-Unis.

Système australasien interservices de gestion des incidents

Le Système australasien interservices de gestion des incidents (AIIMS) a été développé dans les années 1980 à partir du NIIMS, mais a été modifié pour s'adapter aux conditions australiennes. L'AIIMS répond à un besoin organisationnel clé : la gestion efficace des urgences nécessite des efforts coordonnés de multiples agences (AFAC, 2013:ii). Il fournit un système commun de gestion des incidents pour tous les organismes et le personnel intervenant dans les réponses, et

Surveillants de baignade et leur équipement de secours à Tidal River, Parc National de Wilson's Promontory, Victoria, Australie

Source : Graeme L. Worboys

a été appliqué à la gestion d'incendies et d'inondations, de tempêtes et de tsunamis, à la gestion d'invasions de criquets, d'échouages de baleines et à des événements non urgents tels que la réponse coordonnée lors d'une visite d'une « personne très importante ».

Étant donné l'applicabilité universelle des concepts de gestion des incidents, les aspects fondamentaux de l'approche AIIMS sont présentés ici pour les gestionnaires d'aires protégées du monde entier. Dans le texte suivant, nous nous appuyons fortement sur le manuel de l'AIIMS, publié par l'Australasian Fire and Emergency Service Authorities Council (AFAC, 2013) pour assurer l'exactitude de notre introduction à ce système de gestion des incidents. Cependant, nous recommandons fortement aux professionnels des aires protégées de se munir de leur propre exemplaire du manuel de l'AIIMS (AFAC, 2013) ou de son équivalent et, si possible, de suivre un ou plusieurs cours officiels sur la gestion des incidents. Ce chapitre ne cherche pas à se substituer à un tel développement des capacités professionnelles essentielles. Nous commencerons notre introduction à l'AIIMS en fournissant ses définitions de trois termes clés (encadré 26.2).

Principes de l'AIIMS

Le système australasien de gestion des incidents repose sur cinq principes fondamentaux, qui facilitent la compréhension et la mise en œuvre du système. L'AIIMS est adaptatif, situationnel, repose sur la clarté du but, est conçu pour ne pas être trop lourd, et très clair sur qui est responsable et quelles sont les principales tâches. C'est une raison clé pour laquelle le système peut essentiellement (et potentiellement) être appliqué avec succès, même dans les

Encadré 26.2 Définitions des termes clés

L'AIIMS utilise les définitions suivantes dans la gestion d'incidents par de multiples organismes, susceptibles d'impliquer le personnel de plusieurs États et même international.

Commandement

Le commandement est la direction interne des membres et des ressources d'une organisation dans l'exécution des rôles et des tâches de cette organisation, par accord et conformément à la législation pertinente.

Contrôle

Le contrôle désigne l'orientation générale des activités de gestion des urgences dans une situation d'urgence. L'autorité de contrôle est établie dans la législation ou dans un plan d'urgence. Le contrôle inclut la responsabilité d'impliquer d'autres organisations en fonction des besoins de la situation. Le contrôle se rapporte à une situation et fonctionne horizontalement, entre les organisations.

Coordination

La coordination est le regroupement d'organisations et autres ressources pour soutenir une intervention de gestion d'une situation d'urgence. Elle implique l'acquisition et l'utilisation systématiques de ressources (organisationnelles, humaines et matérielles) en cas d'urgence.

Source : AFAC (2013:18)

moments les plus chaotiques. Les cinq principes sont les suivants (AFAC, 2013:11-20) :

1. Flexibilité : la mise en œuvre de l'AIIMS adopte une approche flexible, étant donné que le système est utilisé dans de nombreux types d'incidents différents.
2. Gestion par objectifs : la gestion par objectifs est un processus de gestion (voir le chapitre 8) dans lequel des résultats souhaités pour l'incident sont établis, et ces objectifs d'incident sont communiqués à toutes les personnes concernées. Les objectifs sont réévalués régulièrement en fonction des progrès réalisés dans la résolution de l'incident.
3. Gestion fonctionnelle : la gestion fonctionnelle consiste à structurer une organisation de réponse aux incidents en sections et unités, en fonction du travail à effectuer. Huit fonctions sont généralement reconnues et peuvent être déléguées par un contrôleur d'incident comme responsabilité de gestion dans le cadre d'une intervention en cas d'incident. Ces fonctions sont décrites dans cette section.
4. Étendue du contrôle : l'étendue du contrôle se rapporte au nombre de groupes ou individus pouvant être supervisés avec succès par une seule personne. Le rapport idéal est de 1:5, mais cela peut varier.
5. Unité de commande : l'unité de commande renforce le fait qu'un ensemble d'objectifs pour un incident génère un seul plan pour tous les intervenants.

Niveaux d'incidents

La communication de la nature des incidents est routinière et importante, et un langage commun a été élaboré pour décrire l'ampleur et la complexité d'un incident. L'identification des « niveaux » d'un incident aide immédiatement les participants potentiels à déterminer le degré d'intervention pouvant être requis et qui est susceptible d'être impliqué. Pour cette raison, l'AIIMS reconnaît trois catégories d'incidents.

Les incidents de niveau un sont généralement locaux et peuvent habituellement être gérés par une équipe d'intervention initiale. Les incidents de niveau deux sont plus complexes et se caractérisent par le déploiement de ressources au-delà de la réponse initiale, ou par un incident ayant été divisé en secteurs de réponse ou sections fonctionnelles, ou une combinaison de ces réponses. Les incidents de niveau trois sont complexes et peuvent nécessiter l'établissement de divisions pour une gestion efficace et la délégation de toutes les fonctions à une équipe de gestion des incidents plus importante (AFAC, 2013:22). Certains incidents très importants, complexes et prolongés peuvent être divisés (géographiquement ou fonctionnellement) en deux équipes d'intervention ou plus, pour une gestion plus efficace (AFAC, 2013:25).

Gestion des incidents

Avant l'incident

L'AIIMS s'applique dans le contexte australien des responsabilités législatives et des dispositions en place au sein des organisations étatiques et territoriales (AFAC, 2013:28). Pour les organisations chargées des aires protégées, il est impératif que les gestionnaires de haut niveau et de niveau intermédiaire veillent à ce que les organisations de gestion des incidents, leurs cadres supérieurs et les contrôleurs d'incident potentiels soient bien informés et conscients des besoins particuliers des aires protégées. L'anticipation des incidents, la planification préalable des interventions et l'information approfondie des principales parties prenantes sur la protection de sites spéciaux, tels que les zones karstiques, feront partie de ce travail.

Répondre à un incident

Pour les incidents des niveaux deux et trois, le contrôleur d'incident établit généralement une équipe de gestion de l'incident, et pour les incidents plus importants et plus complexes, délègue la plupart des fonctions de gestion clés. Cette équipe de gestion de l'incident travaille au sein d'un réseau d'organismes de soutien, la chaîne de commandement de chaque organisation opérant au-delà de la structure de l'équipe (AFAC, 2013:31). Les tâches clés du contrôleur d'incident et de l'équipe de gestion de l'incident restent plus ou moins dans le domaine du bon sens, mais elles ne sont pas nécessairement séquentielles et peuvent évoluer au sein de l'environnement quelque peu « désorganisé mais de plus en plus organisé » de la réponse initiale (figure 26.1).

Le contrôleur d'incident et l'équipe de gestion de l'incident se réuniront régulièrement et évalueront l'état de l'incident, y compris la planification, les ressources, la mise en œuvre, la sécurité et le bien-être des personnes contrôlant l'incident, les impacts sur les infrastructures et l'environnement, et l'efficacité (et l'efficience) de l'opération de gestion de l'incident.

Relève de poste (changement de quart)

La relève de poste entre deux personnes est une étape critique des opérations de gestion d'un incident. Les relèves de poste seront fréquentes pendant une période de 24 heures, la fréquence réelle dépendant de la nature de l'incident. Pour les feux de forêt dans les aires protégées, une relève a lieu généralement toutes les 12 heures. Pour les incidents maritimes tels que les échouages de baleines, où les répondants sont souvent immergés dans l'eau pendant

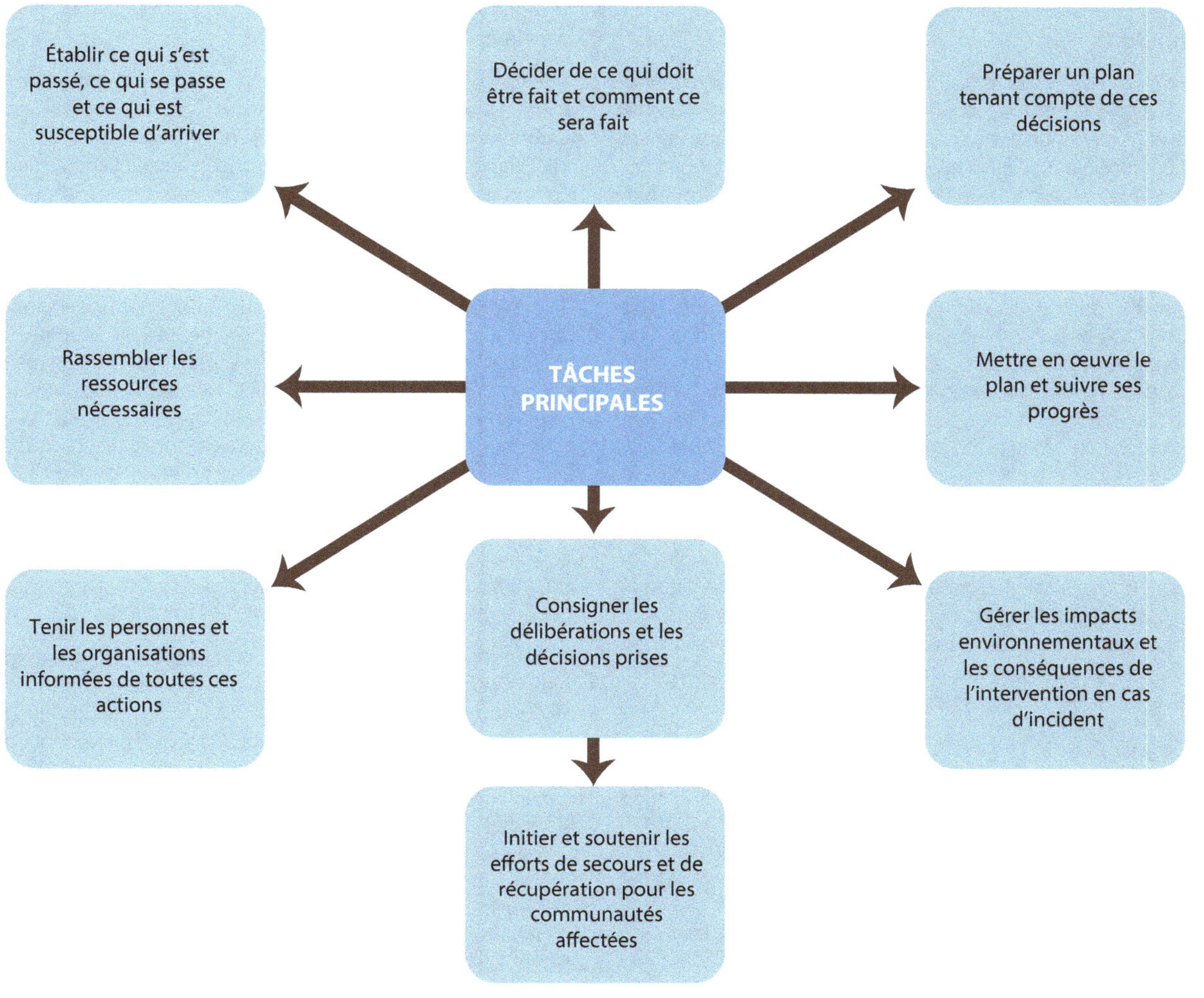

Figure 26.1 Tâches principale du contrôleur d'incident
Source : AFAC (2013:32)

de longues périodes, la fréquence de relève sera beaucoup plus élevée.

La relève inclut le transfert d'informations de l'équipe d'intervention opérationnelle à la nouvelle équipe. Pour un incident d'incendie, par exemple, le système bénéficie du fait que chaque nouvelle équipe d'incident possédera les connaissances et des compétences très similaires à celles de l'équipe d'incident qui la précède. S'assurer de l'harmonisation des compétences individuelles du personnel dans les deux relèves de 12 heures fait bien sûr partie des responsabilités des deux contrôleurs d'incident gérant leurs opérations combinées sur 24 heures. Si un tel incendie se prolonge pendant plusieurs semaines, les contrôleurs d'incident devront également envisager une stratégie efficace de remplacement / repos pour leurs équipes hautement qualifiées, car les personnes clés doivent prendre des jours de repos bien mérités. Lors d'une relève, une séance d'information typique du contrôleur d'incident pourra inclure les détails clés suivants :

- situation actuelle ;
- objectifs et stratégies de l'incident ;
- dangers particuliers ;
- principales expositions aux risques (politiques, économiques, sociales, de santé publique et environnementales) ;
- plan d'action actuel de l'incident ;
- plan d'intervention à l'intention de la nouvelle équipe ;
- contacts clés (tels que les contacts inter-organisationnels et communautaires) (AFAC, 2013:33).

L'étude de cas 26.2 illustre une séance d'information lors d'une relève : les circonstances et l'interaction entre deux contrôleurs d'incident lors d'un incendie majeur dans la vallée de Hunter, en Australie. Les relèves lors d'un incident important peuvent être complexes sur le plan logistique et difficiles à mettre en œuvre. En règle générale, elles prennent beaucoup plus de temps que prévu, et l'un des objectifs des

Étude de cas 26.2 Séance d'information lors de la relève de deux contrôleurs d'incident

L'incident

Le système de contrôle des incidents AIIMS est opérationnel en Australie depuis les années 1980, et les enseignements tirés et l'expérience acquise au cours de nombreuses années ont contribué à améliorer la pratique. L'une de ces leçons sur des relèves efficaces a été apprise au cours de l'été 1994. À cette époque, une sécheresse prolongée affectait de nombreuses régions de l'Est de l'Australie. Il faisait chaud et sec, et la foudre avait mis le feu à de grandes étendues de forêts dans les parcs nationaux situés à l'ouest de Sydney. Ceux-ci comprenaient les parcs nationaux des Blue Mountains et de Wollemi. Les incendies étaient importants, ils avaient déjà été combattus pendant de nombreuses semaines, et il était temps pour l'un des contrôleurs d'incident de prendre un repos bien mérité. Il était clair que, sans pluie, les incendies étaient très susceptibles de se poursuivre pendant de nombreuses semaines, et cette brève période de repos était nécessaire. Le contrôleur de relève est arrivé en avion depuis les Blue Mountains jusqu'à la vallée de Hunter, en suivant une ligne de feu nord–sud apparemment continue et une fumée abondante de plus de 30 kilomètres de longueur. À l'approche, il était clair que ce grand front de feu était en fait une série de fronts se déplaçant vigoureusement vers l'est, poussés par des vents forts.

Le contexte

La Valley de Hunter, en Nouvelle-Galles du Sud, se trouve au nord de Sydney et immédiatement à l'est du parc national de Wollemi, les grandes falaises et escarpements du parc offrant un cadre majestueux pour la vallée. Cette vallée est bien connue en Australie pour ses beaux haras de chevaux, ses vignobles pittoresques et ses vins fins, et est peut-être tristement célèbre pour ses vastes mines de charbon à ciel ouvert produisant un charbon noir, de haute qualité, pour l'industrie nationale et l'exportation. L'incendie Bulga de 1994 fut un grand incendie qui brûla l'escarpement est du parc, et c'était précisément là la destination du contrôleur d'incident de relève. Immédiatement à l'est de l'incendie Bulga se trouvait l'une des grandes mines de charbon de la vallée de Hunter et un stock nord-sud de charbon noir en forme de « V » inversé (prêt pour le transport) de plusieurs kilomètres de long. La réserve de charbon était à angle droit par rapport au front du feu, sous le vent et à quelques kilomètres de l'incendie, avec des prévisions de changements météorologiques violents.

La relève

Le briefing avant la relève, au crépuscule, fut mémorable. Il fut bref. Des vents violents capables d'étendre le feu au stock de charbon et même au-delà étaient prévus. Ce n'était pas tout. Entre le stock de charbon et l'incendie se trouvaient des hangars de stockage d'explosifs utilisés dans les mines, et au sud, une zone d'entraînement militaire de brousse contenant des munitions non explosées, une zone interdite pour tout personnel ou équipement de lutte contre l'incendie. La séance d'information incluait des détails sur le front météorologique, les prévisions météorologiques à 24 heures, la sécurité du personnel et une offre de grands véhicules (bulldozers) faite par les compagnies minières. Le plan de contrôle de l'incident donné à la nouvelle équipe chargée de l'incident était clair. Une ligne de contrôle de combustible gigantesque devait être rasée au bulldozer dans le sens nord-sud, le long du fond de la vallée de Hunter, afin d'aider à couper la route au feu qui se déplaçait rapidement vers l'est. Des camions citernes de Nouvelle-Galles du Sud et d'autres États étaient sur place pour aider à arrêter l'incendie au niveau de cet important coupe-feu.

Compte tenu des circonstances, la relève devait être rapide et le plan d'action de l'incident devait également être mis en œuvre immédiatement. Au cours de la nuit, avec l'aide de certains des plus grands bulldozers du monde provenant des parties les plus profondes de la mine de charbon voisine de Hunter Valley, une ligne de contrôle de plusieurs kilomètres de long et d'au moins 50 mètres de large a été construite et surveillée par plusieurs camions citernes. Le feu a été contrôlé sur son flanc est, puis arrêté, et les stocks de charbon ont pu être sauvés. La séance d'information de relève avait été claire, précise et réussie, et les objectifs du plan d'incendie avaient été mis en œuvre avec succès au cours de cette relève de 12 heures.

Préparation pour la prochaine relève

À la suite du drame et de la volatilité des événements de la nuit, l'édition suivante du plan d'action d'incident devait encore être élaborée, ainsi que la séance d'information pour la relève de la nouvelle équipe de contrôle de l'incident, car l'incendie avait été maîtrisé sur un seul flanc et brûlait toujours.

contrôleurs d'incident est toujours d'affiner les relèves afin qu'elles soient efficaces. Les relèves peuvent également être dangereuses, par exemple, si des retards se produisent dans le remplacement des équipes sur les principaux sites de lutte contre les incendies. Compte tenu de cette complexité, certains conseils pour la gestion des relèves sont fournis par l'AIIMS (encadré 26.3).

Plans d'action d'incident

Ces plans sont élaborés et continuellement affinés dans un environnement dynamique. Il peut s'agir de documents informels ou, à mesure que l'ampleur et la complexité d'un incident augmentent, de documents officiels. La planification comprend la collecte et l'analyse de l'information, une évaluation des risques pour les intervenants en cas d'incident et, pour les personnes directement touchées par l'incident, l'établissement d'objectifs et de stratégies d'incident et de mise en œuvre du plan. Le plan est élaboré avec l'apport de l'ensemble des dirigeants fonctionnels de l'équipe de gestion de l'incident et autres parties prenantes. Généralement, un plan ne décrit pas en détail les tactiques selon lesquelles une stratégie sera mise en œuvre.

Ce niveau de détail est plutôt défini par l'équipe chargée des opérations (figure 26.2). Le contenu possible d'un plan d'action d'incident a été décrit par l'AIIMS (encadré 26.4).

Encadré 26.3 Conseils pour les relèves

Les leçons apprises afin d'améliorer l'efficacité des relèves incluent :

- les relèves sont plus simples pendant les heures de jour ;
- elles doivent être planifiées et préparées ;
- la planification doit se faire à tous les niveaux opérationnels ;
- des séances d'information de relève spécifiques à chaque niveau opérationnel devraient être envisagées ;
- les équipes devraient effectuer les relèves dans une zone sécurisée et appropriée, à proximité de leur zone d'exploitation ;
- le personnel devrait être transporté en groupes, en fonction de sa destination ;
- l'équipe de relève doit être informée avant la relève, et l'équipe relevée doit être informée après la relève ;
- évitez les relèves à des moments essentiels à l'opération de gestion de l'incident (AFAC, 2013:34).

Pour les incidents d'incendie, les relèves se font généralement dans la fraîcheur de la soirée et tôt le matin, afin d'éviter les comportements de feu dangereux se produisant au plus chaud de la journée. Des changements climatiques majeurs influenceront bien sûr ce calendrier.

Encadré 26.4 Liste de contrôle du contenu du plan d'action d'incident

Les plans d'action d'incident sont constamment élaborés et affinés, et sous-tendent les actions d'un contrôleur d'incident. Pour les opérations d'incendie, avec leurs relèves de travail de 12 heures, deux plans sont élaborés toutes les 24 heures. Certaines organisations disposent de plans pro-forma, prêts à remplir, pour plus d'efficacité, étant donné que l'on ne dispose que de peu de temps pour mener à bien ce travail. Le contenu d'un plan d'action d'incident peut inclure :

- la situation actuelle ;
- les prédictions de l'évolution probable de l'incident et des risques ;
- les objectifs de réponse à l'incident ;
- les plans d'urgence et stratégies alternatives ;
- les risques et mesures d'atténuation ;
- la structure et le personnel de gestion de l'incident ;
- les dispositions de gestion (tels que la création de secteurs et de divisions, et leurs rôles) ;
- les ressources à allouer ;
- des cartes de l'incident et la géographie de la gouvernance de l'intervention (divisions, secteurs) ;
- un plan médical et les questions de santé et de sécurité au travail, telles que la gestion des produits chimiques dangereux, des animaux hostiles ou des équipements d'intervention potentiellement dangereux ;
- un plan de communication comprenant des informations sur tous les organismes ;
- les horaires des réunions et des relèves ;
- les dispositions relatives au logement et au bien-être ;
- les dispositions logistiques ;
- le plan de gestion du trafic pour l'incident ;
- un plan d'information pour la gestion des demandes de renseignements (APAC, 2013:49).

Contexte opérationnel commun

Le contexte opérationnel commun est un langage important de l'AIIMS pour la description convenue et partagée d'un incident (AFAC, 2013:65). Il décrit ce qui s'est passé, ce qui se passe actuellement et ce qui est prévu qu'il se passe, et fournit une compréhension commune de la situation de l'incident. Il fait partie du langage d'un incident, qui aide à faire fonctionner la gestion de cet incident. Étant donné que le contrôleur d'incident est responsable de tous les aspects d'un incident, il est également responsable d'assurer la clarté du contexte opérationnel commun, si nécessaire.

Séances d'information

Il est essentiel pour tout incident que les individus soient informés de tous les aspects de l'incident avant de quitter leur poste, avant d'être déployés, à intervalles réguliers pendant l'incident, et surtout pendant les relèves. Des séances d'information après chaque relève de travail et avant de quitter les lieux de l'incident sont critiques (APAC, 2013:68).

Équipe de gestion de l'incident

Une structure d'équipe de gestion d'un incident peut inclure le contrôleur d'incident et sept fonctions de soutien principales, ainsi que la liaison, la sécurité et un poste de contrôleur adjoint d'incident (figure 26.2).

Contrôleur d'incident

Le contrôleur d'incident assume la responsabilité de gérer toutes les activités liées à un incident. Il s'agit d'une tâche potentiellement énorme, et l'équipe désignée aura généralement une vaste expérience et une formation avancée. Des gestionnaires d'aires protégées expérimentés peuvent être nommés contrôleurs d'incident, en particulier lorsqu'un incident est confiné à une aire protégée. Les

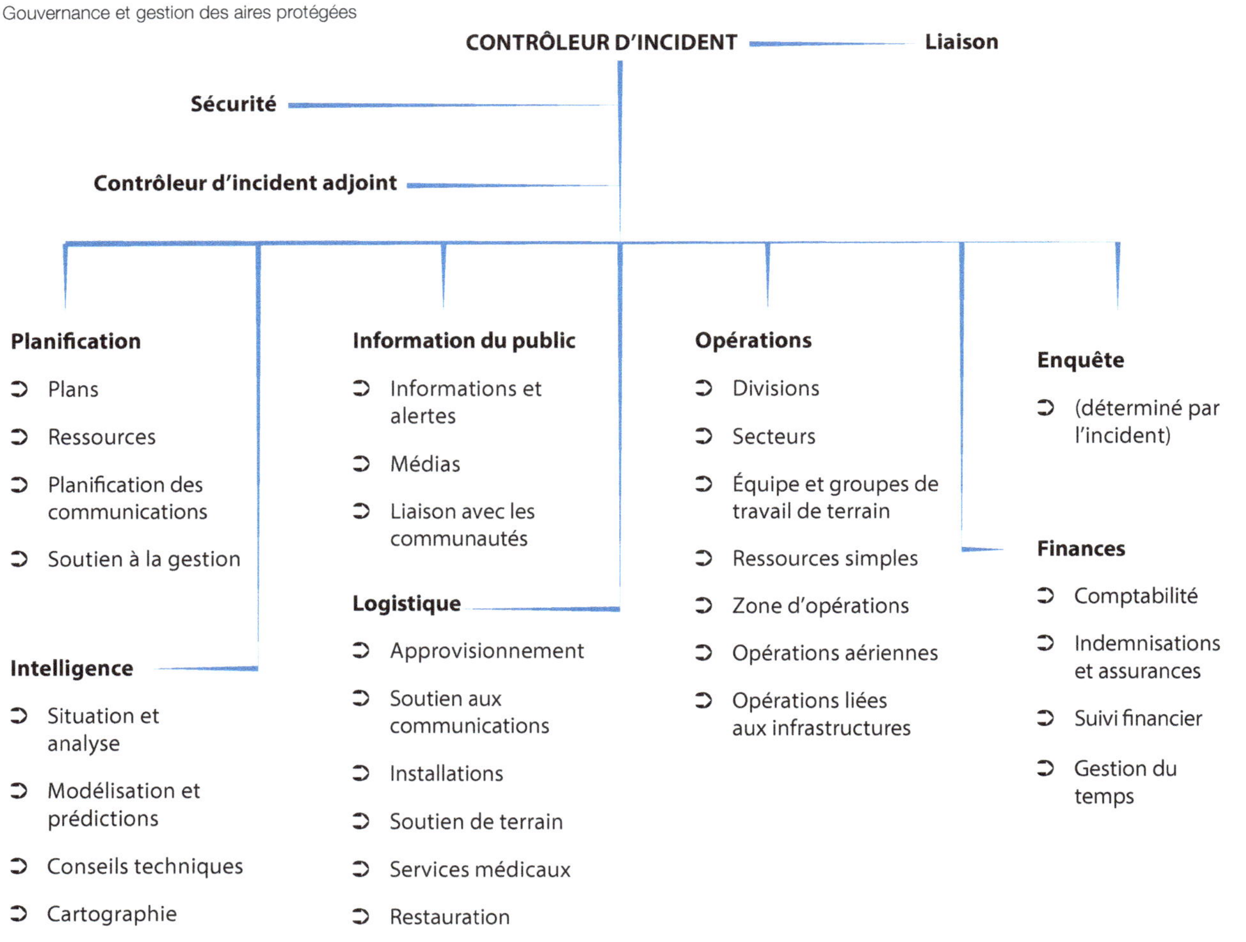

Figure 26.2 Structure de l'équipe de gestion d'un incident

Source : AFAC (2013:40)

responsabilités du contrôleur d'incident peuvent inclure la nécessité de :

- prendre en charge et exercer le leadership de l'intervention et de l'équipe d'intervention ;
- établir une structure de gestion ;
- définir des objectifs d'intervention (y compris la sécurité des communautés touchées) ;
- élaborer et approuver le plan d'action d'incident ;
- mettre en œuvre le plan d'action d'incident ;
- fournir des informations et des alertes aux autres ;
- établir une liaison et une coopération efficaces avec toutes les parties prenantes concernées ;
- obtenir et maintenir le soutien humain et autres ressources et services nécessaires ;
- appliquer une approche axée sur la gestion des risques et la sécurité ;
- s'assurer que les considérations de secours et de récupération sont prises en compte et que des services adéquats sont fournis aux personnes touchées ;
- assurer la collaboration entre les organismes d'intervention et de récupération (AFAC, 2013:80).

Planification

La planification est un rôle que le personnel de gestion des aires protégées doit généralement assumer dans le cadre d'une intervention multi-agences en cas d'incident. Cela reflète souvent leur connaissance de la zone locale de l'incident et leur formation approfondie en gestion des ressources naturelles. Les responsabilités de l'agent de planification peuvent inclure :

- analyse de l'information sur la situation actuelle et prévue de l'incident ;
- identification des risques nouveaux et émergents (politiques, économiques, sociaux, de sécurité publique ou environnementaux) ;
- élaboration d'objectifs et stratégies alternatives pour les décideurs en cas d'incident ;
- diffusion de l'information pertinente pour contrôler l'incident et les problèmes de sécurité potentiels (figure 26.2) ;
- documentation du plan d'action d'incident pour la période d'opérations suivante ;
- élaboration d'un plan de communication pour l'incident (basé sur le dernier plan d'action d'incident),

y compris des directives pour le contrôleur d'incident et l'équipe chargée de l'information publique ;

- planification de toute éventualité dans la mise en œuvre du plan d'action d'incident ;
- consignation de toutes les ressources demandées, en cours d'acheminement, allouées et libérées de l'incident ;
- prise en compte de la récupération et de la réhabilitation dans le plan d'action d'incident ;
- élaboration des plans de relève et de démobilisation ;
- collecte, classement et stockage des informations concernant l'incident (AFAC, 2013:92).

Intelligence

Cette responsabilité incombe généralement à l'équipe de planification, bien que pour les incidents importants et complexes, elle puisse être établie en tant que section à part entière. Elle peut être assistée par une unité de situation et d'analyse, une unité de modélisation et de prévision, une unité de conseil technique et une unité de cartographie. Elle sera normalement soutenue par des informations provenant de sources diverses, y compris des observateurs terrestres et aériens, des connaissances locales, des prévisions météorologiques, et autres. L'analyse du renseignement (intelligence) inclura l'évaluation d'un certain nombre de questions clés liées à l'incident (AFAC, 2013:103) :

- Que se passe-t-il ?
- Pourquoi est-ce que cela se passe ?
- Comment concilier les différents comptes rendus de ce qui se passe ?
- Qu'est-ce qui est susceptible de se passer ?
- Quels sont les risques / opportunités émergents à propos de l'incident ?
- Quel est le pire scénario ?

Information du public

Cette fonction essentielle permet de s'assurer que des informations exactes et opportunes sont mis à la disposition des parties prenantes et de l'ensemble de la communauté, autre que l'équipe de gestion, en cas d'incident. Ce travail inclut l'envoi d'alertes et d'informations, la gestion des médias et de tout problème lié aux médias, ainsi que la consultation et la liaison avec les communautés affectées (AFAC, 2013:111). Ce travail avec les médias peut comprendre des séances d'information, des conférences de presse, des communiqués de presse, des demandes et des inspections des médias dans la zone de l'incident. Travailler avec les communautés locales peut signifier organiser des réunions communautaires et préparer des mises à jour d'information communautaire. Ce travail comporte également un rôle dans la collecte d'informations des réseaux sociaux, et auprès du grand public et des médias d'information pour une rétroaction à l'unité chargée du renseignement.

Opérations

L'agent chargé des opérations a la responsabilité de mettre en œuvre des mesures pour aider à résoudre l'incident, et de s'occuper de toutes les personnes et de l'équipement affectés à la section des opérations. L'agent des opérations doit généralement gérer une situation en constante évolution et doit être capable de faire face à ce changement. L'évolution rapide des conditions d'incendie en fonction de la météo est un exemple d'une telle dynamique de l'environnement. Dans le cas d'un incident important, il pourra disposer, sous son commandement, de commandants de division, commandants de secteur, gestionnaires de zone d'opérations, gestionnaires des opérations aériennes et gestionnaires des installations (AFAC, 2013:123). Ses responsabilités peuvent inclure :

- assurer la sécurité et le bien-être du personnel des opérations ;
- aider à élaborer le plan d'action d'incident ;
- établir des processus pour informer adéquatement le personnel avant son déploiement ;
- s'assurer que le personnel est bien équipé ;
- maintenir le personnel informé de la situation relative à l'incident (en particulier les questions de sécurité) ;
- établir des processus de débriefing du personnel après les quarts ou les relèves de postes ;
- fournir régulièrement des rapports d'étape au contrôleur d'incident ;
- identifier les risques nouveaux et émergents liés à l'incident et s'assurer qu'ils soient gérés efficacement (AFAC, 2013:121).

Enquête

Les incidents complexes peuvent exiger qu'une unité d'enquêtes soit établie. Des enquêtes peuvent être nécessaires, par exemple, pour établir le point de départ d'un incendie, évaluer l'efficacité ou les brèches dans les digues pour les inondations, ou déterminer comment une maladie est entrée dans une région ou comment elle s'y est propagée pour une question de biosécurité (AFAC, 2013:133). Les responsabilités d'un agent d'enquêtes peuvent inclure :

- documentation du but et du résultat attendu de l'enquête dans le plan d'action d'incident ;
- développement d'un plan d'enquête ;
- communication avec d'autres secteurs fonctionnels de l'équipe de gestion de l'incident ;

- tenir le contrôleur d'incident informé de la nécessité d'assurer la liaison avec des organismes externes, tels que la police (AFAC, 2013:134).

Logistique

L'agent chargé de la logistique fournit un soutien pour le contrôle d'un incident, notamment en ce qui concerne les ressources humaines, les installations, les services et le matériel (AFAC, 2013:139). Cela peut être un rôle très difficile, en particulier lorsque le soutien logistique doit être assuré sur une très grande surface, comme un front de feu. Il suffit d'imaginer, pour un périmètre d'incendie instable, variable et isolé, comment les pompiers seront nourris, comment leurs véhicules seront alimentés en carburant et leur équipement entretenu, et comment les questions de sécurité et de santé seront prises en charge. Il faut ensuite multiplier ce défi par deux, puisque vous aurez à gérer deux relèves de travail par jour, et ajouter la complexité du fait que l'une des relève se fait de nuit.

Pour entreprendre de telles tâches, la logistique peut être soutenue par une unité chargée des approvisionnements (qui s'occupera d'acquérir et de distribuer l'équipement et le matériel), une unité de soutien aux communications (radio, communications et technologies de l'information), une unité chargée des installations (alimentation, assainissement, logement), une unité de soutien au sol (transport du personnel, alimentation et ressources), une unité des finances, une unité des services médicaux et une unité de restauration. Les responsabilités d'un agent de logistique peuvent inclure :

- fournir un environnement de travail sûr pour le personnel logistique ;
- élaborer la section logistique du plan d'action d'incident ;
- planifier le fonctionnement de la section logistique ;
- obtenir des ressources humaines, selon les besoins ;
- se procurer d'autres ressources physiques, installations, services et matériels ;
- établir une liaison efficace ;
- fournir des rapports d'avancement sur le soutien logistique ;
- estimer les besoins futurs en matière de services et de soutien ;
- faciliter la mise en place de zones d'opération pour soutenir la section des opérations (APAC, 2013:139).

Finances

À moins qu'un incident ne soit très important et prolongé, la logistique s'occupera généralement des finances de l'incident. L'agent chargé des finances peut être secondé par une unité de comptabilité, une unité de compensations et assurance, une unité de contrôle financier et une unité de gestion du temps. La complexité entre dans ce travail, par exemple, lorsque les compensations pour les travailleurs des organisations sont liées au nombre d'heures travaillées, ou lorsque des astreintes supplémentaires peuvent être nécessaires, si elles dépassent certaines heures travaillées. Lorsqu'une section des finances est établie, les responsabilités de l'agent des finances peuvent inclure la supervision de toute la gestion financière et la tenue des documents financiers, ainsi que la supervision de la gestion des demandes d'assurance et d'indemnisation découlant de l'incident (AFAC, 2013:148).

Incendie de très faible intensité géré comme un incident, zone urbaine protégée, Canberra, Australie

Source : Graeme L. Worboys

Gestion des incidents

Ce chapitre décrit les incidents d'origine naturelle et humaine susceptibles d'affecter les aires protégées. La planification préalable en prévision de tels incidents a été discutée, et l'approche de l'AIIMS a été introduite pour la coordination multi-organismes en cas d'incident, en particulier en ce qui concerne les aires protégées. Dans cette section, nous décrirons comment les organisations chargées des aires protégées peuvent faire face à certains incidents plus courants se produisant ou affectant les aires protégées.

Incident d'incendie de forêt

Les incendies de forêt peuvent être anticipés dans de nombreuses aires protégées du monde, et de nombreuses mesures avant-saison et après-saison d'incendies peuvent être prises. Bon nombre de ces mesures ont été décrites dans Worboys et Winkler (2006). Nous nous concentrerons ici davantage sur le contexte des changements climatiques du début du XXIe siècle, en discutant des considérations supplémentaires d'intervention en cas d'incendie dans les aires protégées.

Besoins d'informations

Il est prévu que de meilleures données et un accès amélioré à une information pré-analysée, en temps opportun, soient nécessaires pour soutenir la modélisation de plus en plus sophistiquée, utilisée pour la planification et la prévision du comportement des incendies. Cela pourrait inclure :

- une sophistication croissante dans la collecte et l'utilisation de données en temps réel sur les conditions ambiantes des aires protégées, telles que la température, l'humidité, la sécheresse du sol, les charges et la disponibilité des combustibles forestiers ;
- une sophistication croissante dans la collecte, le stockage, la récupération et l'utilisation d'informations sur les ressources naturelles et les terrains des aires protégées (une base de données) à l'aide d'un système d'information géographique ou système équivalent, servant de base à d'autres applications logicielles et à l'analyse des données ;
- une modélisation plus sophistiquée du comportement du feu pour tout l'éventail des communautés végétales autochtones des aires protégées, qui intègre une base de données établie sur les aires protégées, des données en temps réel sur les conditions ambiantes des aires protégées, et des informations météorologiques supplémentaires provenant d'organismes météorologiques, et incluant les conditions de surface et de haute atmosphère ;
- toute une gamme de sources de données actives sur les incidents d'incendie, telles que des informations et observations infrarouges sécurisées à partir d'une variété de sources, telles que satellites, drones et avions avec pilote.

Aptitudes et compétences

Un comportement de feu extrême signifie qu'il sera beaucoup plus précaire que la normale de déployer du personnel près d'incidents majeurs pendant les jours de grand vent. Les gestionnaires d'aires protégées impliqués dans des incidents d'incendie devront savoir bien apprécier le comportement du feu et son potentiel, et la formation professionnelle et la recherche bibliographique personnelle constitueront des éléments importants de leur développement (encadré 26.5). La formation professionnelle devra aussi s'assurer qu'il existe :

- un personnel disposant de compétences dans l'utilisation de logiciels informatiques de modélisation des incendies, et capable de générer des informations sur la propagation et le comportement du feu lors d'incidents d'incendie en temps réel, afin de répondre efficacement aux besoins de l'unité de renseignement et des planificateurs au sein d'une équipe de contrôle des incidents ;
- un personnel ayant reçu une formation avancée sur tous les aspects de la gestion des incidents, afin de s'assurer que l'organisation chargée des aires protégées contribue activement à la gouvernance des incidents d'incendie au plus haut niveau ;
- un personnel capable d'apprécier les effets des incidents d'incendie sur les valeurs de la biodiversité et leur protection, et capable de communiquer ces questions, afin qu'elles fassent partie des considérations de prise de décision pendant la gestion des incidents (encadré 26.6).

Incidents liés à la faune

La population humaine de la Terre devrait être d'environ neuf milliards d'ici 2050. Cette augmentation de deux milliards par rapport au début du XXIe siècle impliquera plus de pressions sur les habitats naturels et une augmentation des conflits homme-faune.

Les gestionnaires d'aires protégées devront faire face à ces incidents fauniques et quelques considérations incluent :

- encourager et faciliter la tolérance des communautés locales à l'égard des espèces sauvages autochtones ;
- gérer les incidents liés à la faune afin qu'ils soient traités par des professionnels de la gestion de la faune formés plutôt que par des « justiciers » ;
- former le personnel pour faire face aux incidents impliquant des animaux dangereux pour les humains, tels que les éléphants, les grands félins, les gorilles, les crocodiles et les serpents ;
- s'assurer que des partenariats appropriés soient établis avec les vétérinaires de faune autochtone comme base pour faire face aux problèmes imprévus et incidents impliquant des animaux, ainsi qu'aux épidémies de maladies de la faune ;
- s'assurer que le bon équipement soit disponible et, si nécessaire, soit utilisé pour déplacer les animaux problématiques loin des communautés ;

Encadré 26.5 Un grand éventail de phénomènes d'incendie

Certains « phénomènes de feu » peuvent être spectaculaires, comme les tornades de feu (McRae et al., 2013), les fronts de pseudo-flammes (Byram, 1959) et les nuages pyro-cumulonimbus (Fromm et al., 2010). Certains autres peuvent sembler banaux (départ de feu, propagation et forme du feu), mais sont importants pour comprendre les incendies, assurer la sécurité pendant les incendies et prédire le comportement du feu. Le « banal » peut devenir plus intéressant à mesure que l'enquête s'approfondit : ainsi, le « départ de feu » devient plus intéressant lorsque l'on envisage la combustion spontanée (Armstrong, 1973), l'incendie criminel (Willis, 2004) et les diverses formes de foudre (Fuquay et al., 1979). La liste ci-dessous présente quelques phénomènes, certains spectaculaires, d'autres banals.

La séquence habituelle pour un événement d'incendie est : départ de feu lorsque la sécheresse du combustible le permet, propagation du feu lorsque le combustible est continu, ou lorsque les discontinuités peuvent être surmontées en raison d'une propagation le long d'une pente ou grâce aux vents faisant pencher les flammes et reliant les parcelles, accélération jusqu'à ce qu'un taux de propagation en quasi-équilibre soit atteint (Cheney et Sullivan, 2008:32), période de propagation en quasi-équilibre, qui varie selon les conditions météorologiques, les combustibles et la topographie, arrêt de la propagation, et le moment où toutes les flammes et la combustion ont pris fin. Le taux maximal de propagation en quasi-équilibre dans les prairies australiennes est d'environ 6 mètres par seconde (Noble, 1991), alors que dans les forêts il est d'environ la moitié de ce taux (Gould et al., 2007:100).

Si les flammes sont assez grandes, le feu peut atteindre la canopée des arbustes et des arbres (« effet de torche ») ou même s'y propager (« feux de couronne ») (van Wagner, 1977). Si un substrat tourbeux est présent sous la surface du sol, le feu peut s'y propager en fumant, mais à une vitesse très lente de 3 à 12 centimètres par heure (Wein, 1983). Si un feu au-dessus de la surface d'un sol organique déclenche plusieurs incendies dans la surface tourbeuse, la surface couverte au cours d'une période donnée augmentera. Les feux de tourbe peuvent être une cause majeure de pollution par la fumée, causant des problèmes de santé et de grandes dépenses sur un certain nombre de mois, comme en Indonésie et dans plusieurs pays voisins en 1997-1998 (Cochrane, 2009a).

Le feu réchauffe l'air autour de lui, provoquant une expansion et une montée d'air chaud et de fumée qui aspire l'air depuis la base du feu vers des niveaux plus élevés dans la colonne de convection. Les flammes seront attirées loin du combustible non brûlé, à moins que le vent ambiant ou la pente ne puisse surmonter cet effet. Dans les grands incendies extrêmement intenses, le vent ambiant peut être capté par la colonne de convection, qui peut agir efficacement comme brise-vent (Raupach, 1990). Des tourbillons de feu (vortex) peuvent se développer autour des incendies et peuvent être grands ou petits, horizontaux ou verticaux (Forthofer et Goodrick, 2011). Le vortex le plus extrême est la tornade de feu (McRae et al., 2013).

Si les vents sont faibles, la fumée monte verticalement ou à un angle élevé, et peut produire un nuage pyro-cumulus à son apogée, en raison de la condensation de l'humidité dans la colonne de convection. Dans un grand feu intense, les nuages de fumée peuvent être couronnés d'un nuage pyro-cumulonimbus pouvant atteindre une quinzaine de kilomètres au-dessus du sol, et d'où peut émerger une grêle noire et des tornades (Fromm et al., 2006). La fumée peut être transportée à l'échelle internationale via la stratosphère (Fromm et al., 2010).

La forme elliptique classique du feu soufflé par le vent (brûlant avec, à angle droit et contre le vent) se rétrécit à mesure que la vitesse du vent augmente (Alexander, 1985). Les tragiques feux de forêt de 2009 dans le sud-est de l'Australie ont montré une forme presque rectangulaire juste avant qu'un fort changement de vent ne conduise à l'extinction du feu sur un flanc (Cruz et al., 2012: figure 7). Le périmètre de l'incendie n'est pas toujours régulier (voir, par exemple, Coen, 2011).

Sharples et al. (2012) ont détecté des rubans de feu se propageant rapidement, perpendiculairement à la direction du vent, le long d'une crête en terrain accidenté (« canalisation »). Albini (1993) a observé un ruban de feu émergeant d'un flanc de feu et se propageant parallèlement et plus rapidement que le front principal, tandis que Radke et al. (2000) ont observé des « doigts de la mort » et Coen et al. (2004) ont vu des « doigts enflammés » émerger des périmètres de feu. Un motif en doigts peut se développer sous le vent après un changement brusque de vent, la forme générale du périmètre changeant radicalement à mesure que le feu meurt (voir, par exemple, Cruz et al., 2012: figure 7).

Selon les tendances du vent ambiant et de la convection tout au long du profil du feu, des morceaux de matériau brûlant, des marques de feu, peuvent être soulevés et déposés à divers endroits en avant du front principal du feu, ce qui peut provoquer des « feux ponctuels » jusqu'à 33 kilomètres en avant du feu (Cruz et al., 2012). Près du front lui-même, les marques de feu peuvent être communes et causer des feux ponctuels. Dans les cas extrêmes, ceux-ci peuvent être si nombreux que le front du feu se compose de taches brûlantes plutôt que d'une ligne identifiable. Ce sont les fronts de pseudo-flammes que décrit Byram (1959).

Les incendies brûlent une vaste gamme de combustibles dans un large éventail de situations topographiques avec de grandes fluctuations météorologiques. Ils peuvent causer une obscurité prématurée ou éclairer un ciel nocturne. Ils peuvent ruisseler ou dévaler les pentes raides, ils peuvent craquer et exploser ou créer un rugissement si fort que quelqu'un criant à proximité ne serait pas entendu. Les feux de paysage présentent une gamme complexe et intrigante de phénomènes, qui remettent en question notre compréhension, mais qui sont importants pour la sécurité publique et la prévision des dommages et la récupération de nos actifs sociaux, économiques et environnementaux (Gill et al., 2013).

A. Malcolm Gill

Encadré 26.6 Régimes du feu et biodiversité

Les incendies extrêmes font les gros titres des journaux. En tant que tel, un incendie particulier, ou un épisode d'incendie, attire l'attention principalement en raison de ses conséquences désastreuses pour les vies humaines et les biens. Toutefois, dans le cas de la flore et de la faune, il peut être nécessaire de tenir compte de plus d'un cas d'incendie à un endroit donné si l'on veut comprendre les effets du feu (voir, par exemple, Bradstock et al., 2002, 2012). Cela revêt une importance particulière pour la conservation de la biodiversité, la gamme de plantes, d'animaux et autres organismes autochtones (« indigènes »).

Dans un grand incendie, un événement d'incendie, le feu brûle sur toute une gamme de types de végétation, de combustibles de composition et de quantités variables disposés de diverses manières, et avec des teneurs en humidité différentes. Le feu peut traverser des collines et des vallées, tout au long de la journée et de la nuit, et brûler sous diverses conditions météorologiques changeantes. En cours de route, il peut affecter divers actifs environnementaux, économiques et sociaux.

À mesure qu'il progresse, le feu affecte les populations d'animaux et de plantes, à des degrés divers, selon les variations de ses propriétés dans sa propagation. Certaines plantes sont facilement tuées lorsque toutes leurs feuilles et leurs bourgeons sont tués, mais cela ne se produit pas nécessairement partout à l'intérieur de l'incendie, pour toutes les populations d'une même espèce, en raison de la variation de l'intensité locale du feu, le taux de dégagement de chaleur par mètre de périmètre de feu (Byram, 1959). Les populations d'une espèce végétale différente peuvent être complètement défoliées par le feu, mais peuvent quand même se régénérer facilement. Certains animaux peuvent mourir, mais beaucoup survivent. Les oiseaux et les gros animaux morts peuvent être évidents après un incendie important et intense, mais ils peuvent ne constituer qu'une fraction de la population. L'étendue de la survie de la population pour différentes espèces doit être déterminée avant de porter un jugement sur les effets de l'incendie.

Les effets immédiats des incendies constituent leur « gravité » (voir, par exemple, Keeley, 2009 ; Medler, 2010). La « gravité » du feu, dans ses termes les plus simples, consiste à savoir si des plantes individuelles ou la végétation en général ont des pointes vertes, brunes (brûlées) ou noires (carbonisées) (Gill, 2009). Le fait que le feu brûle et enlève un substrat organique profond ou ne brûle qu'au-dessus du sol, le « type de feu » (Gill, 1975, 1981), peut être important pour la survie des plantes. Ainsi, l'enlèvement du substrat peut entraîner la mort d'arbres, même de grande taille, car de nombreuses racines sont détruites, et ils se renversent dans ce qui peut être un substrat encore brûlant. La « gravité » peut alors être mesurée comme l'étendue des dommages aux racines.

La récupération face à la gravité d'un incendie peut dépendre de facteurs tels que : l'approvisionnement en semences, les populations reproductrices locales, les quantités et types de précipitations à différents moments après l'incendie, les mélanges entre nourriture et abri pour les espèces brouteuses, la distance à la source de reproduction la plus proche, l'époque de floraison et de fructification ou de reproduction, et le niveau de prédation (pour les animaux) ou de pâturage (pour les plantes). Après trop longtemps, certaines plantes peuvent atteindre un âge avancé et mourir sans remplacement. D'autres peuvent se propager pendant la période entre deux feux. Certains animaux peuvent proliférer à mesure que leurs habitats s'améliorent, puis décliner à mesure qu'un autre habitat se développe au même endroit, tout comme les populations d'autres espèces animales augmentent.

Les facteurs associés à l'occurrence du feu (intensité, saison, type et intervalle) et les facteurs associés à l'environnement local (hauteurs des arbres, distances aux sources de reproduction, espèces présentes, etc.) peuvent être importants pour la persistance locale d'une espèce. Les facteurs d'occurrence du feu constituent, ensemble, les variables du régime de feu, « un concept clé dans de nombreux domaines scientifiques » (Krebs et al. 2010: 53), alors que les facteurs liés à l'environnement fournissent le contexte dans lequel les espèces opèrent et aident à déterminer leur succès ou non. Les « régimes de feu » représentent l'historique pertinent des incendies et leurs propriétés à un point du paysage en ce qui concerne l'application des effets du feu.

Chaque incendie étant centré dans un endroit différent et dans le temps, un modèle d'âges de combustibles se développe. L'empreinte de l'événement d'incendie initial considéré est progressivement couverte par l'empreinte d'autres incendies. L'étendue de la superposition varie considérablement non seulement en raison de la position de chaque feu, mais aussi en raison de la grande variation des zones de feu (Williams et Bradstock, 2008). À un moment donné dans le temps, une série d'intervalles, d'intensités et de types d'incendies variables peuvent se produire dans un paysage sujet au feu. En bref, les variables du régime d'incendie varient dans le temps, par rapport à une moyenne, ainsi que dans l'espace.

En essayant de comprendre et de prédire les effets des régimes de feu sur les espèces végétales et animales, on a accordé la plus grande attention à l'intervalle de feu, comme dans l'article classique de Noble et Slatyer (1980) dans lequel on a utilisé les réponses des plantes au feu, le moment de la régénération des plantules et les marqueurs du cycle biologique. De plus en plus, l'intensité et la saison entrent en considération. Le « type de feu » est rarement considéré jusqu'à présent, peut-être parce que les feux de tourbe peuvent ne pas se produire dans la zone d'intérêt ou ne sont que petits.

Les millions d'espèces d'organismes que les incendies rencontrent dans le monde, que ce soit dans les forêts tropicales (Cochrane, 2009b), dans les déserts (Brooks et Minnich, 2006) ou les nombreux environnements et écosystèmes entre les deux, se comportent de différentes façons en réponse aux régimes d'incendie actuels et passés. Il est maintenant essentiel de tenir compte de la nature des régimes et des environnements de feu futurs. Les régimes de feu changent en conséquence directe de l'augmentation des populations humaines et de leurs impacts (comme la suppression des incendies, le brûlage dirigé, les départs de feu accidentels, le changement des combustibles) ou indirectement (comme par le changement de l'atmosphère et du climat, une gestion plus intensive, plus de terres cultivées).

L'évolution de la composition de l'atmosphère modifie la vitesse de croissance des plantes et l'accumulation des combustibles. Les changements climatiques entraîneront probablement des températures plus extrêmes (plus chaudes), des changements de précipitations (plus élevées ou moins élevées), des changements de l'humidité relative, de la vitesse du vent et, éventuellement, des incendies causés par la foudre, tout ceci influant sur la nature des régimes du feu (Cary et al., 2012). Le défi consiste à envisager les effets de toutes les composantes du régime de feu sur tous les organismes sujets au feu (Gill et Stephens, 2009) dans un environnement en évolution, afin de prédire le succès ou non de nos efforts de conservation de la biodiversité.

A. Malcolm Gill

- partager les expériences et échanger les méthodes de gestion de la faune avec des collègues professionnels dans d'autres aires protégées ;
- travailler avec les communautés locales pour construire des barrières physiques (telles que des tranchées anti-éléphants) ou pour faire du bruit, faire peur ou planter des haies d'épines ;
- planter des cultures non comestibles telles que le thé ou les pâturages près de la limite de l'aire protégée ;
- travailler avec les communautés pour gérer les animaux problématiques tels que les cochons sauvages, les babouins ou les gorilles, les gorilles attaquant les cultures, par exemple, étant pris en charge par des gardes communautaires bénévoles ;
- travailler en partenariat avec des organisations non gouvernementales internationales (ONG) pouvant être en mesure de soutenir des mesures améliorées de gestion de la faune ;
- pour les incidents maritimes, tels que les échouages de cétacés, s'assurer que l'expertise faunique appropriée soit disponible pour guider l'intervention en cas d'incident par rapport aux besoins des animaux, et que les sauveteurs disposent du bon équipement pour répondre aux besoins de tels incidents ;
- pour les incidents de pollution marine à grande échelle par des hydrocarbures, travailler en étroite coopération avec de multiples organisations d'intervention pour gérer la faune impactée par les hydrocarbures et nettoyer les aires protégées polluées ;
- planifier une intervention en utilisant le système de gestion des incidents lorsque un braconnage criminel à grande échelle se produit (Worboys et Winkler, 2006).

Phénomènes naturels

Les phénomènes météorologiques extrêmes influencés par les changements climatiques devraient être plus fréquents au cours du XXIe siècle, y compris les tempêtes violentes avec de forts vents, les tempêtes de sable extrêmes, les pluies diluviennes, la neige abondante et les fortes tempêtes de grêle. On peut s'attendre à ce que les gestionnaires d'aires protégées soient de plus en plus impliqués dans les réponses multi-organisationnelles à de tels incidents. L'expertise particulière du personnel des aires protégées, en particulier sa connaissance de la géographie locale, peut être sollicitée pour aider, par exemple, à :

- mener des opérations de recherche et de sauvetage dans les aires protégées de montagne, associées à de fortes tempêtes de neige et à des avalanches potentielles ;
- gérer les zones karstiques et les grottes, où des spéléologues ou des touristes ont pu être piégés par une inondation, suite à de fortes tempêtes de pluie ;
- venir en aide aux populations ainsi qu'à la faune piégées par la montée des eaux de crue ;
- gérer les animaux dangereux pour les humains ayant été déplacés par les eaux de crue, tels que les serpents venimeux et les crocodiles ;
- aider à l'évacuation des touristes et des habitants lors d'éruptions volcaniques imprévues dans les aires protégées volcaniques.

Catastrophes humanitaires

Les catastrophes humanitaires d'origine naturelle et humaine continueront malheureusement de se produire au cours du XXIe siècle. Les aires protégées peuvent être directement touchées par ces événements, y compris lors du déplacement de personnes de leur domicile vers des centres d'hébergement d'urgence temporaires. Les gestionnaires d'aires protégées devront être empathiques et utiles, mais aussi vigilants. Si cela est possible et approprié, ils devront peut-être aider à la gestion des urgences des personnes dans le besoin, car le risque qu'une aire protégée soit immédiatement et gravement touchée, en réponse aux besoins de base tels que le bois de chauffage, les matériaux de construction d'abris, la nourriture et l'eau, sera élevé. Ces besoins devront être satisfaits et le défi sera d'y parvenir sans

Les rangers ont éloigné les visiteurs de ce dangereux cerf mâle (*Cervus elaphus*) pendant la saison du rut, Mammoth, parc national du Yellowstone, États-Unis

Source : Graeme L. Worboys

Crocodile de mer (*Crocodylus porosus*), parc national de Kakadu, Territoire du Nord, Australie : les rangers fournissent des avertissements et des panneaux de signalisation, et mènent une vaste campagne de sensibilisation sur cet animal très dangereux, afin d'aider à prévenir tout incident

Source : Graeme L. Worboys

détruire l'aire protégée. Les gestionnaires d'aires protégées, si possible, devraient aider à fournir des solutions et certaines considérations peuvent inclure :

- participer à l'organisation responsable de la gestion d'un centre d'évacuation (l'équivalent d'une équipe de gestion des incidents) et de la réponse à des besoins humanitaires ;
- travailler avec les dirigeants des groupes de personnes évacuées, au sein du centre d'évacuation, pour répondre aux besoins de base susceptibles, autrement, de menacer l'aire protégée, et obtenir de l'aide pour aider à préserver l'aire protégée ;
- établir des dispositifs de sécurité contribuant à préserver l'aire protégée.

En période de conflit humain à l'intérieur ou à proximité des aires protégées, la première priorité est de sauver des vies, et le personnel peut être retiré des aires protégées affectées. Pour tous les gestionnaires d'aires protégées qui décident de rester, le conseil est de maintenir neutralité et impartialité, et de renforcer la confiance (Worboys et Winkler, 2006), bien que la situation puisse clairement être difficile et dangereuse. La sécurité du personnel des aires protégées est toujours la première priorité dans de telles situations.

Récupération

Immédiatement après un incident, les gestionnaires d'aires protégées devraient participer ou organiser :

- des services de consultation confidentiels pour tout personnel pouvant avoir besoin d'un tel service dans le cadre d'un programme d'aide aux employés ;
- une séance de débriefing interne de l'organisation chargée des aires protégées ;
- un débriefing multi-organisationnel ;
- des réunions avec les organisations communautaires à propos de l'incident ;
- la restauration des sites du patrimoine culturel ayant été perturbés ;
- la restauration de toute perturbation à l'aire protégée ;
- les mesures de réponse à toute faune autochtone susceptible d'être affectée.

L'objectif est simplement de s'assurer que toutes les améliorations nécessaires à la gestion des incidents peuvent être apportées, que la communauté a eu l'occasion de contribuer à ces améliorations, et que toutes les améliorations inter-agences nécessaires ont été identifiées. Dans le cas d'incidents plus importants et plus complexes, ou lorsque des biens ou des vies ont été perdus, les gestionnaires d'aires protégées devront contribuer aux enquêtes officielles établies pour évaluer l'incident.

Les incidents feront (malheureusement) toujours partie intégrante de la gestion des aires protégées. L'anticipation de ces événements inévitables inclut l'identification des incidents potentiels (en fonction de l'histoire et de l'expérience), la planification et la préparation préalables à l'incident, y compris la formation du personnel, les disposition en matière de veille et les mesures de prévention. Être formé aux systèmes de gestion des incidents, tels que le système AIIMS, est également essentiel, car cela place les gestionnaires d'aires protégées dans une position de membre apprécié d'une équipe de gestion des incidents généralement plus grande et multi-organisations, en cas d'incident.

Conclusion

Les incidents feront (malheureusement) toujours partie intégrante de la gestion des aires protégées. L'anticipation de ces événements inévitables inclut la planification et la

La réserve naturelle de l'Île Montague est un important site de nidification d'oiseaux et de repos pour les phoques, situé à plusieurs kilomètres au large de Narooma, sur la côte sud de la Nouvelle-Galles du Sud, en Australie. L'accès en bateau se fait à partir de Narooma et par une entrée étroite, « Narooma Bar », tristement dangereuse, où les eaux estuariennes à fort courant se mêlent à une mer souvent chaotique. Le Service des parcs nationaux et de la faune sauvage de Nouvelle-Galles du Sud maintient une présence permanente de personnel sur l'île, et la planification des incidents a reconnu la possibilité d'urgences médicales (y compris l'incapacité d'évacuer le personnel en cas de mer agitée), les incendies provoqués par la foudre, les incendies de structures, les événements de pollution et les incidents maritimes tels que les accidents de navigation

Source : Graeme L. Worboys

Spencers Creek, parc national de Kosciuszko, est un cours d'eau alpin, affluent de la rivière Snowy, l'une des rivières emblématiques d'Australie. Le village de Charlotte Pass et ses installations de ski enneigées se trouvent à la source même de Spencers Creek. Sur la base des précédents historiques de pollution accidentelle de Spencers Creek par des hydrocarbures, d'incendies et de personnes perdues, la planification des incidents par les gestionnaires du parc a été essentielle pour minimiser les impacts potentiels

Source : Roger B. Good

préparation préalables à l'incident, y compris la formation du personnel et les mesures de prévention. Il est également essentiel de connaître les systèmes de gestion des incidents, tels que le système AIIMS, car cela place les gestionnaires d'aires protégées dans une capacité de contribuer activement à une équipe d'incident plus grande, lorsque ceux-ci se produisent.

Références

Lectures recommandées

Albini, F. A. (1993) 'Dynamics and modelling of vegetation fires: observations', in P. J. Crutzen et J. G. Goldammer (eds) *Fire in the Environment: The ecological, atmospheric, and climatic importance of vegetation fires. Proceedings of the Dahlem Conference 1992*, pp. 39–52, Wiley & Sons,New York.

Alexander, M. E. (1985) 'Estimating the length-to-breadth ratio of elliptical forest fire patterns', in L. R. Donoghue et R. E. Martin (eds) *Proceedings of the Eighth Conference on Fire and Forest Meteorology, Detroit, Michigan*, pp. 287–304, Society of American Foresters, Bethesda, MD.

Annelli, J. F. (2006) 'The National Incident Management System: a multi-agency approach to emergency response in the United States of America', *Revue scientifique et technique (International Office of Epizootics)* 25(1): 223–31.

Armstrong, J. (1973) *Spontaneous combustion of forest fuels: a review*, Information Report FF-X-42, Canadian Forestry Service, Forest Fire Research Institute, Ottawa.

Australian Broadcasting Corporation (ABC) (2010) *Inside the Firestorm: The story of Australia's worst peacetime disaster*, ABC DVD, Sydney.

Australian Fire and Emergency Service Authorities Council (AFAC) (2013) *The Australasian Inter-service Incident Management System: A management system for any emergency*, 4th edn, Australian Fire and Emergency Service Authorities Council Limited, Melbourne.

Australian National University (ANU) (2009) *Implications of Climate Change for Australia's World Heritage Properties: A preliminary assessment*, Report to the Department of Environment, Water, Heritage and the Arts by the Fenner School of Environment and Society, The Australian National University, Canberra.

Bradstock, R. A., Gill, A. M. et Williams, R. J. (eds) (2012) *Flammable Australia: Fire regimes, biodiversity and ecosystems in a changing world*, CSIRO Publishing, Melbourne.

Bradstock, R. A., Williams, J. E. et Gill, A. M. (eds) (2002) *Flammable Australia: The fire regimes and biodiversity of a continent*, Cambridge University Press, Cambridge.

Brooks, M. L. et Minnich, R. A. (2006) 'Southeastern deserts bioregion', in N. G. Sugihara, J. W. van Wagtendonk, K. E. Shaffer, J. Fites-Kaufman et A. E. Thode (eds) *Fire in California's Ecosystems*, pp. 391–414, University of California Press, Berkeley.

Bushfire Cooperative Research Centre (Bushfire CRC) (2009) *2009 Victoria Bushfire: Research response. Interim report*, 2009 Victorian Bushfires Royal Commission, State Government of Victoria, Melbourne. <www.royalcommission.vic.gov.au/ getdoc/237e7653-8d96-437f-8252-45c3a1170470/ CRC.300.001.0001_R.pdf>

Byram, G. M. (1959) 'Forest fire behaviour', in K. P. Davis (ed.) *Forest Fire Control and Use*, pp. 90–123, McGraw-Hill, New York.

Campbell, A. (2009) Thoughts on the Victorian bushfires, 10 February. <www.myenvironment. net.au/index.php/me/Work/Fire/Fire-Resources/ Thoughts-on-the-Victorian-Bushfires>

Cary, G. J., Bradstock, R. A., Gill, A. M. et Williams, R. J. (2012) 'Global change and fire regimes in Australia', in R. A. Bradstock, A. M. Gill et R. J. Williams (eds) (2012) *Flammable Australia: Fire regimes, biodiversity and ecosystems in a changing world*, CSIRO Publishing, Melbourne.

Cheney, P. et Sullivan, A. (2008) *Grassfires: Fuel, weather and fire behaviour*, 2nd edn, CSIRO Publishing, Melbourne.

Climate Council (2013) Off the Charts: 2013 was Australia's hottest year, Climate Council, Sydney. <www.climatecouncil.org.au>

Cochrane, M. A. (2009a) 'Fire in the tropics', in M. A. Cochrane (ed.) *Tropical Fire Ecology: Climate change, land use and ecosystem dynamics*, pp. 1–23, Springer, Berlin.

Cochrane, M. A. (ed.) (2009b) *Tropical Fire Ecology: Climate change, land use and ecosystem dynamics*, Springer, Berlin.

Coen, J. L. (2011) 'Some new basics of fire behaviour', *Fire Management Today* 71: 37–42.26. Gestion des incidents

Coen, J., Mahalingam, S. et Daily, J. (2004) 'Infrared imagery of crown-fire dynamics during FROSTFIRE', *Journal of Applied Meteorology* 43: 1241–59.

Collaborative Australian Protected Area Database (CAPAD) (2010) *Collaborative Australian Protected Area Database*, Department of Environment, Government of Australia, Canberra. <www.environment.gov.au/topics/land/nrs/science/capad/2010>

Commonwealth Scientific and Industrial Research Organisation (CSIRO) (2009) *Climate Change and the 2009 Bushfires*, Report prepared for the 2009 Victorian Bushfires Royal Commission, CSIRO, Canberra.

Cruz, M. G., Sullivan, A. L., Gould, J. S., Sims, N. C., Bannister, A. J., Hollis, J. J. et Hurley, R. J. (2012) 'Anatomy of a catastrophic wildfire: the Black Saturday Kilmore East fire in Victoria, Australia', *Forest Ecology and Management* 284: 269–85.

Forthofer, J. A. et Goodrick, S. L. (2011) 'Vortices and wildland fire', in P. A. Werth, B. E. Potter, C. B. Clements, M. A. Finney, S. L. Goodrick, M. E. Alexander, M. G. Cruz, J. A. Forthofer et S. S. McAllister (eds) *Synthesis of Knowledge of Extreme Fire Behavior. Volume 1 for Fire Managers*, pp. 89–105, PNW-GTR-854, US Department of Agriculture Forest Service, Portland, Ore.

Fromm, M., Lindsey, D. T., Servranckx, R., Yue, G., Trickl, T., Sica, R., Doucet, P. et Godin-Beekman, S. (2010) 'The untold story of pyrocumulonimbus', *American Meteorological Society* 91: 1193–209.

Fromm, M., Tupper, A., Rosenfeld, D., Servranckx, R. et McRae, R. (2006) 'Violent pyro-convective storm devastates Australia's capital and pollutes the stratosphere', *Geophysical Research Letters* 33(L05815). <doi:10.1029/2005GL025161>

Fuquay, D. M., Baugham, R. G. et Latham, D. J. (1979) *A model for predicting lightning ignition in wildland fuels*, Research Paper INT-217, US Department of Agriculture Forest Service, Ogden, UT.

Gill, A. M. (1975) 'Fire and the Australian flora: a review', *Australian Forestry* 38: 4–25.

Gill, A. M. (1981) 'Adaptive responses of Australian vascular plant species to fires', in A. M. Gill, R. H. Groves et I. R. Noble (eds) *Fire and the Australian Biota*, pp. 243–72, Australian Academy of Science, Canberra.

Gill, A. M. (2009) *Underpinnings of Fire Management for the Conservation of Biodiversity in Reserves*, rev. edn [online], Victorian Department of Sustainability and Environment, Melbourne. <www.dse.vic.gov.au/fire-and-other-emergencies/ publications-and-research/fire-research-reports/ research-report-73>

Gill, A. M. et Stephens, S. L. (2009) 'Scientific and social challenges for the management of fire-prone wildland–urban interfaces', *Environmental Research Letters* 4: 1–10.

Gill, A. M., Stephens, S. L. et Cary, G. J. (2013) 'The worldwide "wildfire" problem', *Ecological Applications* 23(2): 438–54.

Gould, J. S., McCaw, W. L., Cheney, N. P., Ellis, P. F., Knight, I. K. et Sullivan, A. L. (2007) *Project Vesta, Fire in Dry Eucalypt Forest: Fuel structure, fuel dynamics and fire behaviour*, Ensis-CSIRO Canberra and Department of Environment and Conservation, Perth.

Handmer, J. et Dovers, S. (2013) *Handbook of Disaster Policies and Institutions*, Routledge, Londres.

Hannam, P. (2013) 'Typhoon Haiyan influenced by climate change scientists say', *Sydney Morning Herald*, 11 novembre. <www.smh.com.au/ environment/climate-change/typhoon-haiyan- influenced-by-climate-change-scientists-say- 20131111-2xb35.html>

Hannam, P. (2014) 'Heatwave one of the most significant on record says Bureau of Meteorology', *Sydney Morning Herald*, 20 January. <www.smh. com.au/environment/weather/heatwave-one-of- the-most-significant-on-record-says-bureau-of- meteorology-20140120-314od.html>

Intergovernmental Panel on Climate Change (IPCC) (2013) 'Summary for policymakers', in *Climate Change 2013: The physical science basis*, pp. 1–35, IPCC, Genève. <www.climatechange2013.org/ images/uploads/WGI_AR5_SPM_brochure.pdf>

Keeley, J. E. (2009) 'Fire intensity, fire severity and burn severity: a brief review and suggested usage', *International Journal of Wildland Fire* 18: 116–26.

Krebs, P., Pezzati, G. B., Mazzoleni, S., Talbot, L. M. et Conedera, M. (2010) 'Fire regime: history and definition of a key concept in disturbance ecology', *Theory in Biosciences* 129: 53–69.

Lauder, S. (2013) 'Climate Council links NSW bushfires to climate change', *The World Today*, 25 octobre. <www.abc.net.au/news/2013-10- 25/climate-council-links-bushfires-to-climate- change/5046164>

McRae, R. H. D., Sharples, J. J., Wilkes, S. R. et Walker, A. (2013) 'An Australian pyro-tornado genesis event', *Natural Hazards* 65: 1801–11.

Medler, M. J. (2010) 'Pyrogeography: mapping and understanding the spatial patterns of wildfire', in N. Hoalst-Pullen et M. W. Patterson (eds) *Geospatial Technologies in Environmental Management. Geotechnologies and the Environment. Volume 3*, pp. 29–47, Springer, New York. <doi:10.1007/978- 90-481-9525-1_3>

New South Wales National Parks and Wildlife Service (NPWS) (2012) *Fire Management Manual*, 2012–2013, Office of Environment and Heritage, Sydney.

Noble, I. R. et Slatyer, R. O. (1980) 'The use of vital attributes to predict successional changes in plant communities subject to recurrent disturbances', *Vegetatio* 43: 5–21.

Noble, J. C. (1991) 'Behaviour of a very fast grassland wildfire on the Riverine Plain of southeastern Australia', *International Journal of Wildland Fire* 1(3): 189–96. Parliament of Victoria (PoV) (2010) *Final Report. Volume 1: 2009 Victorian Bushfires Royal Commission*, Government Printer, Melbourne.

Radke, L. F., Clark, T. L., Coen, J. L., Walther, C. A., Lockwood, R. N., Riggan, P. J., Brass, J. A. et Higgins, R. G. (2000) 'The Wildfire Experiment (WiFE): observations with airborne remote sensors', *Canadian Journal of Remote Sensing* 26(5): 406–17.

Raupach, M. R. (1990) 'Similarity analysis of the interaction of bushfire plumes with ambient winds', *Mathematical and Computer Modelling* 13(12): 113–21.

Sharples, J. J., McRae, R. H. D. et Wilkes, S. R. (2012) 'Wind–terrain effects on the propagation of wildfires in rugged terrain: fire channelling', *International Journal of Wildland Fire* 21: 282–96.

Tolhurst, K. (2009) *Report on the Physical Nature of the Victorian Fires occurring 7th February 2009*, 2009 Victorian Bushfires Royal Commission, State Government of Victoria, Melbourne.

van Wagner, C. E. (1977) 'Conditions for the start and spread of crown fire', *Canadian Journal of Forestry Research* 7: 23–4.

Wein, R. W. (1983) 'Fire behaviour and ecological effects in organic terrain', in R. W. Wein et D. A. MacLean (eds) *The Role of Fire in Northern Circumpolar Ecosystems*, pp. 81–95, John Wiley & Sons, Toronto.

Williams, R. J. et Bradstock, R. A. (eds) (2008) 'Large fires and their ecological consequences', *International Journal of Wildland Fire Special Issue* 16(6).

Williams, R. J., Bradstock, R. A., Gary, G. J., Enright, N. J., Gill, A. M., Liedloff, A. C., Lucas, C., Whelan, R. J., Anderson, A. N., Bowman, D. J. M. S., Clarke, P. J., Cook, G. D., Hennessy, K. J. et York, A. (2009) *Interactions between Climate Change, Fire Regimes and Biodiversity in Australia: A preliminary assessment*, Department of Climate Change, Department of the Environment, Water, Heritage and the Arts, Canberra.

Willis, M. (2004) *Bushfire Arson: A review of the literature*, Australian Institute of Criminology, Canberra.

Worboys, G. L. et Winkler, C. (2006) 'Incident management', in M. Lockwood, G. L. Worboys et A. Kothari (eds) *Managing Protected Areas: A global guide*, pp. 474–96, Earthscan, Londres.

Yates, J. (1999) 'Improving the management of emergencies: enhancing the ICS', *Australian Journal of Emergency Management* 14(2) (Winter): 22–8.

CHAPITRE 27

GESTION DE LA CONSERVATION DE LA CONNECTIVITÉ

Auteurs principaux :
Ian Pulsford, David Lindenmayer, Carina Wyborn, Barbara Lausche, Maja Vasi ijević et Graeme L. Worboys

Collaborateur :
Ted Lefroy

TABLE DES MATIÈRES

UICN CMAP COMMISSION MONDIALE DES AIRES PROTÉGÉES Convention sur la diversité biologique

AUTEURS PRINCIPAUX

IAN PULSFORD est consultant indépendant et membre du thème sur la connectivité, la conservation et les montagnes de la Commission mondiale des aires protégées (CMAP) de l'Union internationale pour la conservation de la nature (UICN), Australie.

DAVID LINDENMAYER est professeur d'écologie et lauréat du Conseil de recherche australien à la Fenner School of Environment and Society de l'Université nationale australienne, membre de l'Académie australienne des sciences et de l'Académie des sciences de New York, Australie.

CARINA WYBORN est sociologue à l'Université du Montana, États-Unis, et membre de la section Océanie, du réseau des jeunes professionnels et du thème sur la montagne et la connectivité de la CMAP-UICN.

BARBARA LAUSCHE est directrice de l'Institut des politiques marines du Laboratoire marin Mote et membre de la Commission mondiale du droit de l'environnement de l'UICN (CMDE) et de la CMAP, Floride, États-Unis.

MAJA VASILIJEVIĆ est directrice d'Eco Horizon et présidente du Groupe de spécialistes de la conservation transfrontalière de la CMAP, Croatie.

GRAEME L. WORBOYS est co-vice-président pour la conservation de la connectivité et les montagnes de l'UICN-CMAP, et chercheur associé à la Fenner School de l'Université nationale australienne.

COLLABORATEUR

TED LEFROY est professeur en environnement et directeur du Centre pour l'environnement de l'Université de Tasmanie, Australie.

REMERCIEMENTS

Nous tenons à souligner l'énorme contribution, au cours des dernières décennies, d'un grand nombre de propriétaires fonciers, de groupes communautaires (y compris des groupes autochtones), d'organismes gouvernementaux, d'administrations locales, d'entreprises et de chercheurs à la restauration des liens dans les paysages, à l'amélioration de la conservation de la biodiversité et à une gestion plus durable des terres. Nous tenons également à remercier les rédacteurs et relecteurs indépendants pour leurs conseils.

CITATION

Pulsford, I., Lindenmayer, D., Wyborn, C., Lausche, B., Worboys, G. L., Vasilijević, M. et Lefroy, T. Connectivity conservation management. In Worboys, G. L., Lockwood, M., Kothari, A., Feary, S. et Pulsford, I. (éd.) *Gouvernance et gestion des aires protégées*. Canberra : ANU Press, 2020. doi.org/10.22459/GGAP.27

PHOTO DE LA PAGE DE TITRE

Protection des terres à Holbrook : les propriétaires fonciers (y compris les professionnels des aires protégées) travaillent ensemble pour rétablir les liens entre les forêts, les bosquets, les zones riveraines et humides sur des terres privées et dans le parc national de Woomargama, dans la section Slopes to Summit du corridor Great Eastern Ranges, Nouvelle-Galles du Sud, Australie Source : Ian Pulsford

Introduction

Au fur et à mesure que la population humaine mondiale augmente au-delà de la barre des sept milliards, la surexploitation de notre planète se poursuit sans relâche, à tel point qu'il existe aujourd'hui des preuves sans équivoque que la Terre connaît la sixième grande extinction massive d'espèces de son histoire évolutive (Wilson, 1992, 2002), que le réchauffement du système climatique mondial est en cours, et que cela est presque certainement attribuable aux activités humaines (GIEC, 2013). La destruction et la fragmentation mondiales des habitats, entraînant la fragmentation des paysages, ont été causées par la croissance de la population humaine et les activités de développement. Cela a entraîné la sixième extinction massive de biodiversité de l'histoire évolutive de la Terre, et la première depuis 65 millions d'années (Wilson, 2002). Les problèmes de cette ampleur nécessitent de grandes solutions.

En réponse à cela, nous assistons à une révolution sociale et politique en ce qui concerne les soins et la gestion de la biodiversité mondiale (Worboys et Mackey 2013). Au cours des dernières décennies, des propriétaires fonciers, des organisations locales et des gouvernements ont pris des mesures pour lutter contre la destruction massive des habitats. La mise en place de systèmes d'aires protégées sur tous les continents, visant à conserver les plus importants bastions restants de la biodiversité et du patrimoine, a été une réponse critique de ce mouvement mondial, bien que des concepts plus stratégiques tels que l'exhaustivité, l'adéquation et la représentativité aient certainement motivé cette création, au cours de la dernière décennie. Malheureusement, cette action est largement reconnue comme étant insuffisante pour prévenir la perte d'espèces (CDB, 2011). Ceci est dû, en partie, au fait que les systèmes de réserves ne seront jamais assez grands pour protéger toutes les espèces et tous les écosystèmes. Les aires protégées restent souvent des « îles » au milieu d'utilisations non durables des terres et de l'eau. De nombreuses espèces doivent se déplacer entre les aires protégées et le paysage environnant, soit de façon saisonnière, soit à mesure que les écosystèmes changent.

La conservation de la connectivité est apparue comme une réponse de grande envergure à une gamme de menaces à la biodiversité, telles que la dégradation et la destruction des habitats, la fragmentation, l'évolution des régimes de feu, la propagation d'espèces introduites et les changements climatiques. La gestion de la conservation de la connectivité est une approche stratégique qui aide à relier les habitats entre eux, au sein de paysages entiers, afin de permettre aux espèces et à leurs écosystèmes de se déplacer ou de s'adapter au fur et à mesure que les conditions changent. La conservation de la connectivité est un moyen de maintenir des connexions pour la nature, avec la participation des populations.

L'exploitation industrielle *d'Eucalyptus regnans*, la plus haute plante à fleurs du monde, est une menace importante pour le phalanger de Leadbeater (*Gymnobelideus leadbeateri*), en voie de disparition, dans la haute vallée du Yarra, État du Victoria, Australie

Source : Ian Pulsford

Quelle est, donc, la base scientifique de la conservation de la connectivité, comment peut-elle être mise en pratique et quels sont ses avantages ? Dans ce chapitre, nous visons à répondre à ces questions en réunissant toute une gamme d'experts ayant intensément travaillé dans le domaine de la science de la conservation de la connectivité, ainsi que d'autres connaissances sur la gouvernance et la gestion. Le présent chapitre porte sur la gestion des corridors ou zones de conservation de la connectivité.

La science de la gestion de la conservation de la connectivité

Le terme « connectivité » est largement utilisé dans la littérature sur le changement des paysages et les pratiques de conservation, et se réfère généralement à la facilité avec laquelle les organismes peuvent se déplacer entre des éléments particuliers du paysage, le nombre de connexions entre les parcelles d'habitats par rapport au nombre maximum de connexions potentielles, ou les liens entre les processus clés au sein des écosystèmes et entre eux (Lindenmayer et Fischer, 2007). D'autres formes de connaissances, tout aussi importantes, peuvent être incluses, comme les systèmes de connaissances des peuples autochtones et autres communautés locales, mais celles-ci ne sont pas au centre de la présente section. Le concept scientifique de connectivité intègre les relations entre les principaux processus écologiques, et le modèle spatial et l'échelle de la couverture végétale, non seulement dans les paysages naturels, mais aussi dans les paysages semi-naturels et même fortement modifiés (Forman, 1995). Le concept de connectivité est devenu de plus en plus important au cours des trois dernières décennies, en raison de la modification des écosystèmes et du déclin subséquent de la biodiversité résultant d'une gamme d'influences humaines directes et/ou indirectes, y compris le défrichement de la végétation (et la perte d'habitats qui en résulte), la modification des régimes de feu, les invasions d'espèces exotiques et les changements climatiques (Crooks et Sanjayan, 2006 ; Fitzsimons et al., 2013a).

Compte tenu de la signification multiple et multiforme de la connectivité, il n'est pas surprenant que, même si le concept est universellement reconnu comme important, il soit souvent envisagé de façon très générale, ce qui le rend difficile à utiliser, dans la pratique, et suscite beaucoup de débats académiques (par exemple, sur la valeur écologique des corridors fauniques ; voir Simberloff et al., 1992 ; Beier et Noss, 1998 ; Lindenmayer et Fischer, 2007).

Connectivité des paysages et autres concepts de connectivité

Pour clarifier au mieux les différents aspects associés à la connectivité, il est utile de faire une distinction explicite entre quatre types de connectivité (Lindenmayer et Fischer, 2007). Premièrement, la *connectivité des habitats* peut être définie comme la connectivité entre les parcelles d'habitats convenables pour une espèce donnée. C'est le contraire de l'isolement des habitats (dans lequel les zones d'habitats convenant à une espèce donnée sont subdivisées et réduites). Deuxièmement, la *connectivité des paysages* peut être définie, d'un point de vue humain, comme la connectivité des modèles de couverture végétale dans un paysage donné. Cela implique généralement une connexion physique de la végétation naturelle entre deux parcelles de végétation naturelle autrement isolées physiquement. Troisièmement, la *connectivité des processus écologiques* peut être définie comme la connectivité des processus écologiques à plusieurs échelles, y compris les processus liés aux espèces hautement dispersives, aux espèces hautement interactives, aux régimes de perturbation et aux flux hydro-écologiques (Lindenmayer et Fischer, 2006 ; Soulé et al., 2006 ; Mackey, 2007 ; Mackey et al., 2013). Quatrièmement, la *connectivité des processus évolutifs* fait référence aux processus naturels spatiaux ayant trait à la fois à la macroévolution (menant à la spéciation) et la microévolution, y compris les interactions de coévolution et les adaptations locales d'une population aux conditions environnementales. La dimension spatiale des processus évolutifs se réfère aux échanges de matériel génétique entre les populations, à la mesure dans laquelle les populations sont ouvertes ou fermées aux entrées et aux sorties de gènes, à la mesure dans laquelle les changements climatiques entraîneront des mouvements forcés, et aux impacts d'autres processus de menace. Pour de nombreux grands animaux et espèces dispersives, les processus évolutifs impliquent le déplacement de ces espèces sur de longues distances (Soulé et al., 2006 ; Worboys et Mackey, 2013).

Bien que ces concepts de connectivité soient interdépendants, ils ne sont pas synonymes les uns des autres. La connectivité des paysages peut accroître la connectivité des habitats pour certaines espèces, mais pas pour d'autres (Driscoll et al., 2014). De même, une faible connectivité des habitats pour les espèces fonctionnellement redondantes (*sensu* Walker, 1992) pourrait avoir relativement peu d'impact sur la connectivité globale des processus écologiques. Pour d'autres espèces remplissant des fonctions écologiques irremplaçables, cependant, la perte de connectivité des habitats est susceptible d'avoir des impacts majeurs sur la connectivité écologique. Par exemple, certaines espèces de chauves-souris et d'oiseaux, en Amérique centrale, contribuent à disperser les graines des plantes de la forêt tropicale dans les zones agricoles (Galindo-González et al., 2000), contribuant ainsi à la viabilité génétique des populations végétales (Castante et al., 2002). La perte de connectivité des habitats de ces espèces de vertébrés aurait de graves répercussions sur la connectivité écologique, car le processus écologique clé de la dispersion des graines serait perdu, avec des conséquences négatives probables pour de nombreuses espèces végétales et animales qui en dépendent.

La section suivante du présent chapitre porte principalement sur une perspective humaine des écosystèmes et, par conséquent, se concentre principalement sur les paysages (encadré 27.1). D'autres formes de connectivité sont abordés plus loin dans le chapitre. Les liens entre connectivité des habitats, connectivité des paysages, connectivité des processus écologiques et connectivité des processus évolutifs sont identifiés, le cas échéant.

Effets négatifs de la réduction de la connectivité des paysages

Les paysages conservant plus de connexions entre des parcelles de végétation autrement isolées, et présentant donc des niveaux plus élevés de connectivité des paysages, sont supposés être plus susceptibles de maintenir des populations des diverses espèces qui habitaient le paysage originel

(Brown et Kodric-Brown, 1977 ; Haddad et Baum, 1999). Inversement, un manque de connectivité des paysages peut avoir toute une gamme d'impacts négatifs sur les assemblages. Il se peut que des parcelles de végétation restent inoccupées par des groupes d'espèces (Robinson, 1999 ; Driscoll et al., 2014), ce qui signifie que la distribution spatiale de ces taxons peut ne pas correspondre directement à la distribution spatiale de leurs habitats disponibles (Stenseth et Lidicker, 1992 ; Wiens et al., 1997 ; Driscoll et al., 2014). Cela est illustré par certains taxons d'oiseaux forestiers, incapables de traverser des lacunes dans la végétation et évitant les zones ouvertes (Desrochers et Hannon, 1997).

De même, les ensembles d'espèces dans les parcelles de végétation résiduelles où la matrice environnante est impropre à la recherche de nourriture sont plus susceptibles de disparaître que les assemblages présents là où la matrice fournit une connectivité des paysages (Laurance, 1991 ; Driscoll et al., 2013).

Un cas particulier de connectivité réduite du paysage est la dissection (*sensu* Forman, 1995) de végétation, autrefois continue, par les routes. Les routes peuvent avoir une influence négative sur un large éventail d'espèces, en modifiant non seulement fondamentalement les paysages, mais également en réduisant la connectivité des habitats pour de nombreuses espèces individuelles et en modifiant les processus écologiques (c'est-à-dire en altérant la connectivité écologique). À titre d'exemple, les routes ont des impacts négatifs importants sur la migration des populations de wapitis (*Cervus canadensis*), ainsi que sur les mouvements de prédateurs comme le loup (*Canis lupus*) et le grizzli (*Ursus arctos horribilis*) en Amérique du Nord (Foreman, 2004 ; Canadian Parks and Wilderness Society, 2013).

Les espèces dont l'habitat principal ne correspond pas aux parcelles de végétation définies par l'homme peuvent également être affectées négativement par une connectivité réduite des paysages, en raison de processus écologiques altérés. Par exemple, Gray et al. (2004) ont examiné l'effet de la structure des paysages sur deux espèces d'amphibiens dans les playas des zones humides des Hautes plaines méridionales du centre des États-Unis : le crapaud du Nouveau-Mexique (*Spea multiplicata*) et le crapaud des plaines (*S. bombifrons*). Ils ont constaté que le développement agricole accru a augmenté les niveaux de sédimentation et diminué la durée pendant laquelle ces zones contenaient de l'eau. Cela a réduit la connectivité des paysages pour les deux espèces d'amphibiens.

Enfin, une connectivité réduite des paysages peut altérer la connectivité écologique, entraînant ainsi une série d'effets en cascade. Par exemple, la perte de connectivité des paysages peut modifier la structure des réseaux trophiques (Holyoak, 2000 ; Galetti et al., 2013) et perturber les processus

Encadré 27.1 Connectivité des paysages versus connectivité des habitats

La connectivité des paysages reflète les perceptions humaines de la connectivité des modèles de végétation d'un paysage. Un modèle de paysage donné peut correspondre à une faible connectivité des habitats pour certaines espèces, mais à une connectivité élevée des habitats pour d'autres, y compris au sein d'un même assemblage.

Dans le cadre de l'Expérience de fragmentation de Tumut, menée dans le sud-est de la Nouvelle-Galles du Sud, en Australie (analysée dans Lindenmayer, 2009), des espèces telles que le méliphage barbe-rouge (*Anthochaera carunculata*) et le siffleur doré (*Pachycephala pectoralis*) comptaient parmi les taxons nettement moins abondants dans les zones où la connectivité des paysages était faible et où de nombreuses parcelles de végétation résiduelle étaient déconnectées spatialement, en comparaison avec les zones où les parcelles restantes de forêt d'eucalyptus autochtones avaient été consolidées en un petit nombre de peuplements contigus (Lindenmayer et al., 2002).

En revanche, l'opossum à queue annelée (*Pseudocheirus peregrinus*) et la perruche de Pennant (*Platycercus elegans*) montraient une réponse inverse, probablement parce qu'il s'agit d'espèces de lisière (Youngentob et al., 2013) et que les limites plus longues créées dans des paysages caractérisés par de nombreuses parcelles séparées dans l'espace ont rendu ces zones plus appropriées pour elles (Lindenmayer, 2009). Cela souligne le fait que des niveaux plus élevés de connectivité des paysages, tels que perçus par les humains, ne correspondent pas toujours directement à des niveaux plus élevés de connectivité des habitats pour une espèce donnée, ou vice versa. Cela renforce également la justification d'une distinction clé entre la connectivité des habitats pour les espèces individuelles et la connectivité des paysages en tant que connectivité définie par l'homme de la couverture végétale d'un paysage.

Îlot vestige de forêt d'eucalyptus conservée dans des forêts de pins récemment plantées près de Tumut, Nouvelle-Galles du Sud, Australie

Source : David Lindenmayer

Encadré 27.2 Corridors fauniques : connectivité du paysage, connectivité des habitats et connectivité écologique

Levey et al. (2005) ont étudié la dispersion des graines par les oiseaux en relation avec les corridors fauniques dans un écosystème forestier en Caroline du Sud, États-Unis. Ils ont mis en place huit paysages expérimentaux, chacun contenant un mélange de parcelles forestières reliées par des corridors fauniques et des parcelles non reliées. L'étude a porté sur l'arbre à suif (*Myrica cerifera*) et sur l'un de ses principaux disperseurs de graines, le merle-bleu de l'Est (*Sialia sialis*). Les observations du comportement du merle-bleu de l'Est suggéraient que l'espèce est plus susceptible de se déplacer le long de corridors fauniques que de traverser une matrice non forestière. Ce mode d'utilisation des corridors a inspiré l'hypothèse de la « dérive de clôture », selon laquelle les corridors de végétation interceptent et dirigent le mouvement des espèces qui pourraient autrement se déplacer dans la matrice (Levey et al., 2005). De plus, Levey et al. (2005) se sont intéressés à l'endroit où les graines de l'arbre à suif étaient dispersées dans le paysage. Une question particulière était de savoir si les graines étaient plus susceptibles d'être dispersées entre des parcelles reliées par des corridors fauniques qu'entre des parcelles non reliées. Pour répondre à cette question, Levey et al. (2005) ont pulvérisé les fruits de l'arbre à suif de certaines parcelles avec une solution diluée de poudre fluorescente. L'utilisation de cette méthode a permis d'identifier les graines de l'arbre à suif déféquées dans les parcelles forestières ailleurs dans le paysage. Les résultats ont montré qu'en moyenne, les graines étaient 37 % plus susceptibles d'être dispersées dans des parcelles connectées que dans des parcelles non connectées. Cette étude a démontré que les corridors fauniques peuvent parfois fournir une connectivité des habitats pour le merle-bleu de l'Est et l'arbre à suif. Enfin, en maintenant un processus écologique important, c'est-à-dire la dispersion des graines dans l'ensemble du paysage, l'étude a également démontré que les corridors fauniques ont le potentiel d'améliorer la connectivité écologique.

Corridor forestier d'eucalyptus restant dans une matrice de paysage fragmenté de plantations de pins à Tumut, Nouvelle-Galles du Sud, Australie

Source : David Lindenmayer

écologiques tels que la décomposition des déchets (Klein, 1989), la dispersion des graines (Cordeiro et Howe, 2003) ou la pollinisation (Paton, 2000 ; Tscharntke et al., 2012).

Caractéristiques contribuant à la connectivité des paysage et corridors fauniques

L'un des objectifs principaux de la gestion des paysages est d'augmenter leur connectivité. Trois grands types de fonctionnalités peuvent contribuer à la connectivité des paysages : 1) les corridors fauniques, 2) les tremplins, et 3) une matrice « douce ». Différentes caractéristiques entraîneront une augmentation de la connectivité des habitats pour différentes espèces, et maintiendra différents aspects de la connectivité écologique. Le reste de la présente section portera sur les corridors fauniques.

Les corridors fauniques sont des liens physiques entre des parcelles de végétation autochtone (par exemple, Bennett, 1998), y compris à l'intérieur et entre les principales aires protégées. Les corridors fauniques contribuent à la connectivité des paysages et peuvent faciliter une connectivité accrue des habitats pour certaines espèces (par exemple, Bennett, 1990 ; Beier et Noss, 1998). De nombreuses études ont tenté d'évaluer la contribution que les corridors fauniques peuvent apporter à la connectivité des paysages. Un ensemble détaillé d'études par Haddad (1999a, 1999b) et autres collègues (par exemple, Tewksbury et al., 2002 ; Haddad et Tewksbury, 2005 ; Levey et al., 2005) a exploré les réactions d'une gamme de biotes à l'établissement de corridors fauniques dans un écosystème forestier de plantations en Caroline du Sud, États-Unis. De nombreux résultats intéressants ont été générés à partir de ce travail pionnier. Par exemple, les corridors fauniques dirigeaient le mouvement de diverses espèces animales, bien que certains taxons se déplaçaient également dans la matrice (Haddad et al., 2003). Les densités de population de plusieurs groupes d'espèces étaient significativement plus élevées dans les parcelles reliées que dans les parcelles isolées (Haddad et Baum, 1999). Peut-être plus important encore, les travaux ont démontré que la connectivité des paysages fournie par les corridors peut améliorer à la fois la connectivité des habitats de certaines espèces et la connectivité écologique de certains processus écosystémiques clés (encadré 27.2).

Certaines espèces peuvent bénéficier de corridors fauniques reliant des habitats convenables (Gilbert et al., 1998 ; Haddad et al., 2003), y compris celles qui n'utilisent pas les zones à l'extérieur des corridors, comme les zones ouvertes (Berggren et al., 2002), ainsi que celles qui ne se dispersent que dans un habitat convenable (par exemple, Nelson, 1993 ; Driscoll et al., 2014).

Le parc national de la rivière Fitzgerald fait partie d'un hotspot de biodiversité reconnu internationalement dans le corridor de liaison du Gondwana, en Australie Occidentale

Source : Graeme L. Worboys

Toutes les espèces n'utilisent pas de corridors (Lindenmayer et al., 1993), et leur utilisation peut dépendre de l'écologie des espèces en question, par exemple, de l'ampleur de leurs déplacements (Amarasekare, 1994), de leur comportement (Lidicker, 1999) ou de leur structure sociale (Horskins, 2004). De même, les caractéristiques des corridors, telles que leur largeur et leur longueur, la pertinence de l'habitat pour une espèce particulière, l'emplacement dans le paysage et toute une gamme d'autres facteurs, peuvent influencer l'utilisation des corridors par la faune.

Aires protégées et connectivité

Les grandes réserves écologiques et les réseaux d'aires protégées offrent une connectivité importante sur de vastes zones et dans le temps (Soulé et al., 2004 ; Worboys et al., 2010). Par exemple, des travaux récents en Afrique australe ont montré que les réseaux d'aires protégées ont contribué à faciliter les déplacements de distribution de toute une gamme d'espèces d'oiseaux en réponse aux changements climatiques (Beale et al., 2013). Des réseaux d'aires connectées ont servi de base à l'établissement de très grands corridors s'étendant à l'échelle régionale, voire continentale, par exemple, du Yellowstone au Yukon, les Great Eastern Ranges, l'Arc Terai ou le Corridor biologique mésoaméricain (Bennett, 1998 ; Foreman, 2004 ; Fitzsimons et al., 2013a).

Maintien de la connectivité comme un principe clé pour la conservation de la biodiversité

En résumé, l'importance écologique des quatre grandes formes de connectivité décrites ci-dessus signifie que le maintien de la connectivité est l'un des principes clés de la conservation de la biodiversité et des fonctions écosystémiques et, par conséquent, un principe clé de la gestion éclairée des paysages (Lindenmayer et al., 2008 ; Worboys et al., 2010). La meilleure façon de maintenir la connectivité variera selon l'écosystème en question, les modèles d'hétérogénéité des paysages, les espèces et les processus ciblés pour la conservation et les processus menaçant un site donné. Les approches pour maintenir et / ou améliorer la connectivité peuvent varier, de la création de grandes réserves écologiques (Beale et al., 2013), la protection de réserves plus petites (échelle moyenne), telles que les zones tampons riveraines ou le long des cours d'eau, et la planification de routes et autres infrastructures humaines afin de réduire la subdivision des sites (Foreman, 2004), à « l'adoucissement » de la matrice par la conservation ou la replantation d'arbres et autres végétaux à l'extérieur des réserves (Franklin, 1993 ; Gustafsson et al., 2012). Dans de nombreux cas, une combinaison de ces approches, à différentes échelles, permettra de mieux répondre aux exigences d'un ensemble diversifié d'espèces et de processus écosystémiques clés et, par conséquent, d'obtenir des résultats positifs pour le maintien de la connectivité des habitats, de la connectivité des paysages, de la connectivité écologique et de la connectivité des processus évolutifs.

Le réseau mondial de corridors de connectivité

Historiquement, les corridors fauniques sont un concept relativement récent, mis en œuvre initialement à petite échelle, généralement pour répondre aux notions d'agrément du paysage, et pour la rétention et le déplacement de la faune et les loisirs, y compris la chasse (Crooks et Sanjayan, 2006). Au cours des dernières phases du XXe siècle, le défrichement à l'échelle industrielle s'est accéléré à l'échelle mondiale, enlevant ou fragmentant presque toute la végétation autochtone dans de nombreux endroits. Cela s'est surtout produit dans les basses terres, les plus arables et les plus productives, de beaucoup de pays, perturbant considérablement le fonctionnement des écosystèmes et réduisant l'espace disponible pour les espèces sauvages. À mesure que la population mondiale augmentait, l'extinction massive des espèces sauvages s'accélérait (Crooks et Sanjayan, 2006 ; Hilty et al., 2006). Jusqu'aux années 1990, la plupart des efforts de conservation se concentraient sur l'établissement de réseaux d'aires protégées en réponse à l'assaut du défrichement. Des aires protégées ont été créées pour conserver des parties de paysages naturels, bien que beaucoup soient restées comme des « îles » dans une mer de terres agricoles défrichées. Les corridors de végétation autochtone étaient souvent accidentels, constitués de ce qui restait après le défrichement des terres les plus précieuses. La végétation conservée était souvent limitée à des bandes en bordure de routes, aux zones trop escarpées ou arides, ou le long des berges des ruisseaux et des rivières. Les communautés locales et les propriétaires fonciers éclairés ont souvent conservé d'autres parcelles forestières à diverses fins. Au cours des dernières décennies, des programmes impliquant des agriculteurs et autres propriétaires fonciers dans de nombreux pays ont établi de petits couloirs linéaires comme brise-vent et des bosquets d'arbres pour conserver la faune sauvage ou améliorer la productivité et corriger la dégradation des terres.

À partir des années 1990, l'action locale, alimentée par la science émergente de la biologie de la conservation, a également contribué à guider le programme de conservation à concevoir une nouvelle approche de conservation des paysages, beaucoup plus vaste et plus inclusive. Une nouvelle approche audacieuse de réflexion sur la conservation était nécessaire. Cette nouvelle approche allait bien au-delà des limites du lien entre les habitats ou les paysages d'une seule biorégion ou réserve de biosphère. Le premier des nombreux grands réseaux de corridors de conservation à l'échelle continentale a été l'Initiative de conservation « Du Yellowstone au Yukon » ou Y2Y. Le Y2Y a été conçu en 1993 (Chester, 2006). Il s'étend le long de plus de 5 150 kilomètres des montagnes Rocheuses, du parc national du Yellowstone, aux États-Unis, à la région du Yukon, dans le nord-ouest du Canada, et devrait finalement englober 1,2 million de kilomètres carrés et impliquer plus de 300 organismes de conservation (Chester, 2006). Depuis, de nombreux grands corridors continentaux, y compris des corridors transfrontières, ont été établis sur tous les continents, à l'exception de l'Antarctique, et dans tous les domaines biogéographiques terrestres du monde (Worboys et al., 2010) (figure 27.1).

Rivière Yellowstone, parc national du Yellowstone, États-Unis. Le corridor Yellowstone - Yukon s'étend le long des montagnes Rocheuses, du parc national du Yellowstone, aux États Unis, jusqu'à la région du Yukon, au Canada

Source : Graeme L. Worboys

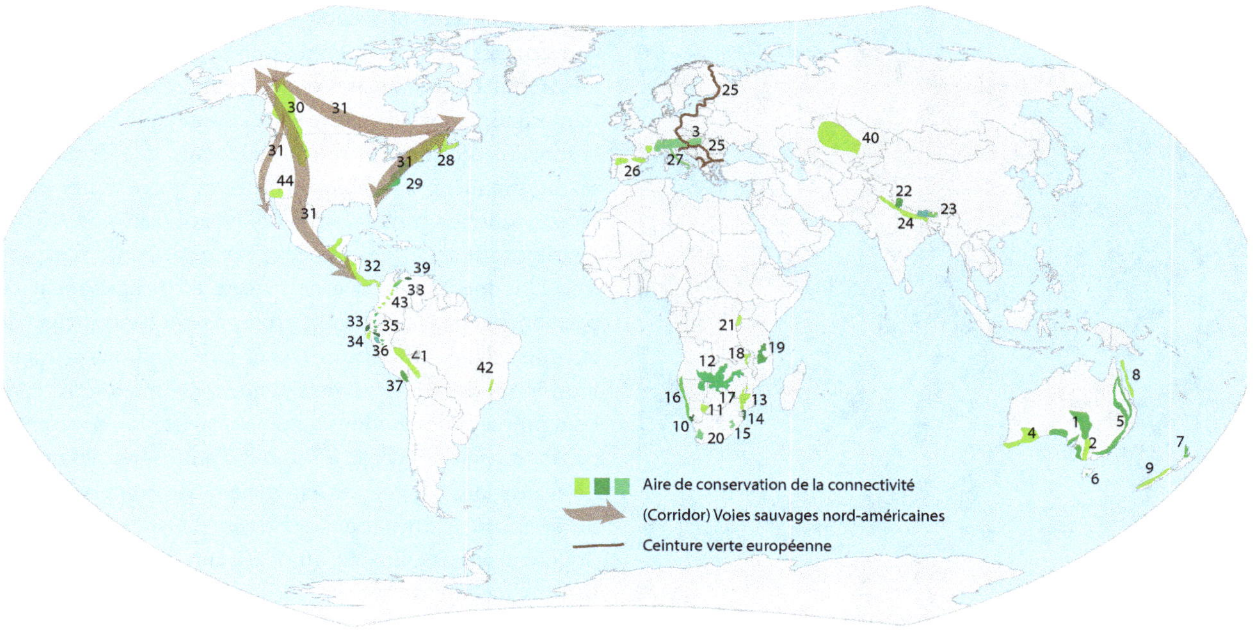

	ZONE DE CONSERVATION DE LA CONNECTIVITÉ (CORRIDOR)	PAYS
1	Liens de nature du sud de l'Australie	Australie
2	Habitat 141	Australie
3	ALPARC Réseau écologique et aires protégées alpins	France, Italie, Suisse, Allemagne, Autriche, Slovénie, Principautés du Liechstenstein et de Monaco
4	Lien Gondwana	Australie
5	Great Eastern Ranges	Australie
6	Midlandscapes	Australie
7	Reconnecting Natural Northland	Nouvelle-Zélande
8	Parc marin de la Grande Barrière de corail WHA	Australie
9	Te Wāhipounamu Site Du Patrimoine mondial du Sud Ouest de la Nouvelle Zélande	Nouvelle-Zélande
10	Ai / Ais - Parc transfrontalier de Richtersveld	Afrique du sud et Namibie
11	Parc transfrontalier de Kgalagadi	Botswana et Afrique du Sud
12	Aire de conservation transfrontalière de Kavango Zambezi (KAZA)	Angola, Botswana, Namibie, Zambie et Zimbabwe
13	Grand parc transfrontalier du Limpopo	Mozambique, Afrique du Sud et Zimbabwe
14	Zone transfrontalière de conservation et de ressources du Lubombo	Mozambique, Swaziland et Afrique du Sud
15	Zone transfrontalière de conservation et de développement de Maloti-Drakensberg	Lesotho et Afrique du Sud
16	Zone de conservation transfrontalière Iona - Côte des squelettes	Angola et Namibie
17	Zone de conservation transfrontalière du Grand Mapungubwe	Botswana, Afrique du Sud et Zimbabwe
18	Zone de conservation transfrontalière Malawi-Zambie	Malawi et Zambie
19	Corridor de protection de la faune sauvage de Selous et Niassa	Mozambique et Tanzanie
20	Corridor de biodiversité du Grand Cederberg	Afrique du Sud
21	Corridor de biodiversité des Grands Virungas	Ouganda, Rwanda
22	Paysage sacré du Kailash	Chine, Inde et Népal

	ZONE DE CONSERVATION DE LA CONNECTIVITÉ (CORRIDOR)	PAYS
23	Complexe de conservation biologique du Bhoutan	Bhoutan
24	Arc Terai	Inde et Népal
25	Ceinture verte européenne	*voir la liste ci-dessous
26	Grand corridor Montagnes Cantabriques-Pyrénées-Massif Central-Alpes occidentales	Espagne, France, Italie
27	Espace Mont Blanc	France, Italie, Suisse
28	Initiative de connectivité des Appalaches du Nord et de la Région acadienne	États-Unis / Canada
29	Écorégion des appalaches du Sud	Etats-Unis
30	Initiative de conservation Yellowstone - Yukon	États-Unis / Canada
31	Réseaux de routes sauvages d'Amérique du Nord	Mexique / États-Unis / Canada
32	Corridor biologique mésoaméricain	Mexique, Guatemala, Belize, Honduras, El Salvador, Nicaragua, Costa Rica, Panama
33	Amotape	Pérou
34	Bosque seco	Pérou
35	Amazonas	Pérou
36	San Martin	Pérou
37	Sur	Pérou
38	Corridor Sierra Nevada - Sierra de la Culata - Tapo Caparo	Venezuela
39	Corridor San Esteban - Henri Pittier - Codazzi - Macarao	Venezuela
40	Initiative de conservation Altyn Dala	Kazakhstan
41	Corridor de conservation Vilicambia - Amboro	Bolivie, Pérou
42	Réserve de biosphère de Serra do Espinhaço	Brésil
43	Corridor écologique Llanganates - Sangay	Équateur
44	Alliance international du Désert de Sonora	États-unis / Mexique

* PAYS DE LA CEINTURE VERTE EUROPÉENNE : Finlande, Russie, Norvège, Estonie, Lettonie, Lituanie, Pologne, Allemagne, République Tchèque, Autriche, Slovaquie, Hongrie, Croatie, Slovénie, Italie, Serbie, Roumanie, Bulgarie, Macédoine, Kosovo *(conformément à la résolution 1244 du Conseil de sécurité des Nations unies et à l'avis de la CIJ)*, Monténégro, Albanie, Grèce, Turquie

Figure 27.1 Carte indicative des aires de conservation de la connectivité à grande échelle (corridors) activement gérées sur Terre

Source : Ian Pulsford (2014). Compilé à partir de données agrégées par Rod Atkins et Ian Pulsford, Réseau de conservation internationale de la connectivité de la CMAP, Canberra, Australie.

Mur de manis bouddhistes près du point de vue du village de Khumjung sur l'Ama Dablam (pic) dans le parc national de Sagarmatha. Le parc et ses habitants forment un élément central du Corridor du paysage sacré de l'Himalaya

Source : Ian Pulsford

Gestion des corridors de conservation de la connectivité

Cette section décrit les principes de l'établissement et de la gestion des corridors de connectivité, fournit un résumé du Cadre de gestion de la conservation de la connectivité de l'Union internationale pour la conservation de la nature (UICN), et un cadre pour le suivi et l'évaluation de l'efficacité.

Établir une gestion des corridors

L'expérience acquise dans le cadre de nombreuses initiatives de connectivité a montré que l'établissement d'un grand corridor de conservation est une entreprise importante qui comporte de nombreux défis, y compris l'obtention de fonds et autres demandes (Fitzsimons et al., 2013b ; Pulsford et al., 2013). Pour réussir, une vision mutuellement convenue s'est avérée très importante. Un leadership inspirant et qualifié doit également intervenir, ainsi qu'une évaluation minutieuse des valeurs de la biodiversité, une compréhension claire des contextes sociaux et politiques, une planification stratégique globale du corridor et une hiérarchisation des investissements, et une mise en œuvre habile (voir la sous-section « Principes et exigences de gouvernance » ci-après). La réussite exige un engagement à long terme de nombreuses organisations, afin de mettre en œuvre une gestion adaptative et de s'assurer que les processus et fonctions écologiques soient maintenus, que les menaces soient atténuées, les habitats conservés ou restaurés et les espèces sauvages conservées (Worboys et Lockwood, 2010 ; Fitzsimons et al., 2013a, 2013b ; voir également le chapitre 21). Une mesure cruciale de réussite est l'engagement de personnes et de communautés comprenant les avantages de la connectivité. Cela inclut l'accès à des endroits sauvages fournissant des services écosystémiques essentiels tels que de l'eau propre et des produits durables. La décision de créer un corridor à grande échelle est souvent prise après des années de réalisations antérieures en matière de conservation et de décisions d'attribution des terres. De nombreux pays disposent aujourd'hui de 10 à 20 ans d'expérience dans la construction de grands corridors. Afin de guider les professionnels et les décideurs actuels et futurs souhaitant entreprendre un projet de corridor, l'UICN a développé un cadre de gestion de la conservation de la connectivité (Worboys et Lockwood, 2010), résumé ci-dessous.

Considérations relatives au cadre de gestion

Les corridors de connectivité comprennent de nombreux paysages, vastes et complexes, comportant de nombreux régimes et activités fonciers, et ils doivent être gérés activement au niveau du site, du paysage et de l'ensemble du corridor pour être efficaces. Cela nécessite une approche stratégique basée sur un cadre unifiant les éléments clés du concept de gestion de la conservation de la connectivité. Un cadre de gestion de la conservation de la connectivité a été élaboré par la Commission mondiale des aires protégées (CMAP) de l'UICN pour fournir une approche systématique de la gestion des aires de connectivité (Worboys et Lockwood, 2010 ; figures 27.2 et 27.3). Il prend en compte des corridors très grands, géographiquement divers, environnementalement variés, ainsi que de nombreuses personnes, une variété de régimes de propriété et de multiples secteurs de la société. Le cadre reconnaît une vision audacieuse et directrice fournissant une orientation et un « point commun » aux nombreuses initiatives individuelles contribuant à préserver la biodiversité au sein du corridor. Les aires de conservation de la connectivité sont en constante évolution, raison pour laquelle le cadre reconnaît la nécessité de suivre de près les contextes dynamiques de « nature », « personnes » et « gestion », ces informations étant constamment utilisées pour faciliter la mise en œuvre des quatre fonctions de gestion (figures 27.2 et 27.3).

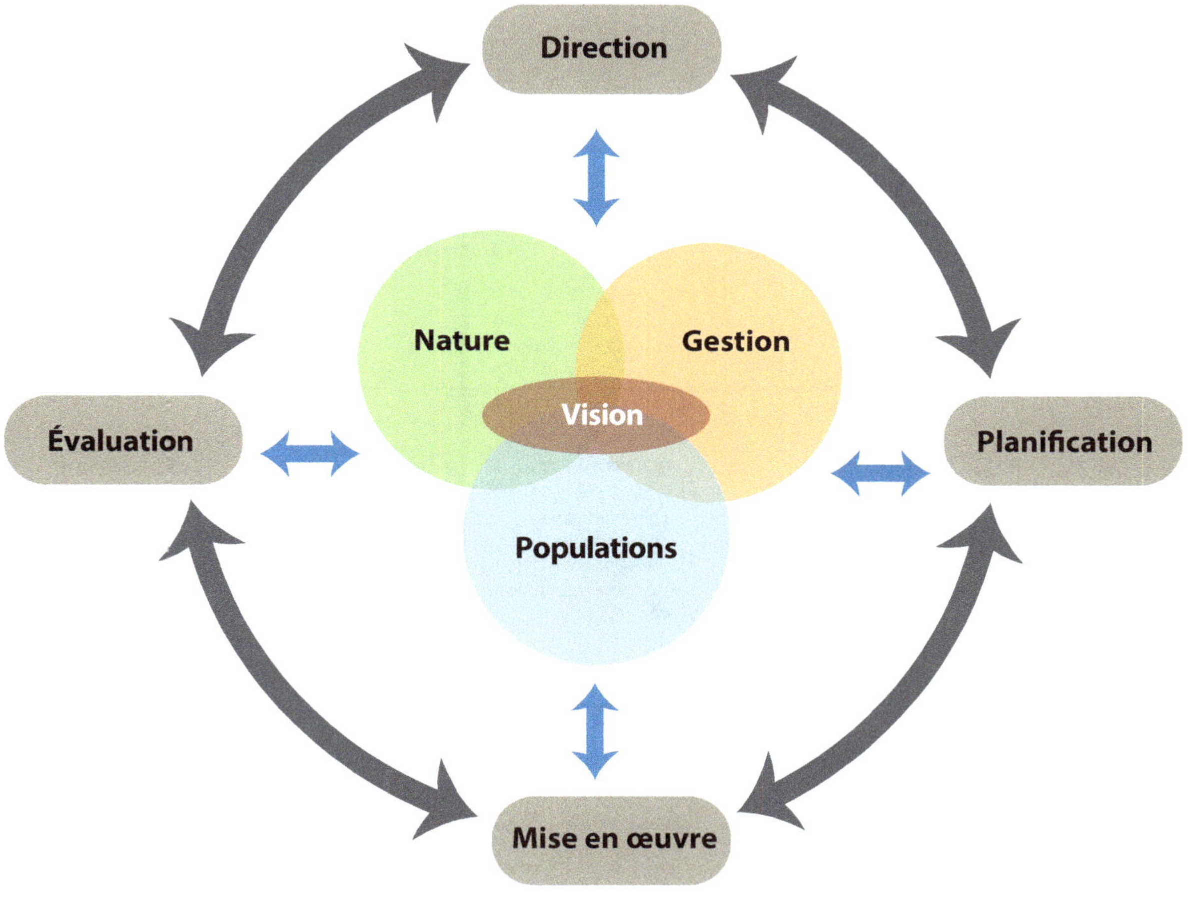

Figure 27.2 Cadre de gestion de la conservation de la connectivité de la CMAP-UICN
Source : Worboys et al. (2010)

Contexte

Comprendre le contexte d'une aire de conservation de la connectivité est une première étape cruciale. Le corridor est situé dans un paysage en constante évolution. De nombreuses décisions d'utilisation des terres ont été mises en œuvre sur de longues périodes, fournissant l'histoire, le contexte et le cadre des stratégies et des mesures de conservation de la connectivité. Toute proposition de corridor impliquera nécessairement les populations, et donc, il sera extrêmement important de comprendre les besoins, les aspirations et la volonté d'implication de ces populations. Il sera également nécessaire de tenir compte des politiques gouvernementales, de la législation et des besoins concurrents en matière de ressources financières et de compétences. Ces trois « contextes » sont décrits ci-après.

Contexte naturel

Le contexte naturel est le principal moteur et la raison de l'établissement d'une initiative de conservation de la connectivité. Il ne fonctionne pas de façon isolée des autres facteurs, en particulier des personnes, et interagit avec eux d'une manière dynamique nécessitant une évaluation et une adaptation constantes. Le contexte naturel se compose de quatre considérations d'interaction : la nécessité d'évaluer 1) la connectivité des paysages, 2) la connectivité écologique, 3) la connectivité des habitats, et 4) la connectivité des processus évolutifs, y compris le degré de fragmentation des habitats, la présence de tremplins d'habitats résiduels et les possibilités de rétablir les connexions dans le contexte des changements climatiques et autres menaces.

Contexte humain

Les personnes vivent et utilisent les ressources dans une aire de conservation de la connectivité. Le corridor est généralement constitué de plusieurs régimes fonciers, utilisés pour une variété d'autres activités soutenant les moyens de subsistance. Cette connaissance permet de s'assurer que les individus et les communautés soient bien informés et impliqués. Sans l'engagement et le soutien des personnes, il est peu probable que la vision et les objectifs soient atteints.

Contexte de gouvernance et de gestion

L'évaluation du contexte de gouvernance et de gestion implique :

- l'identification de la façon dont les terres sont juridiquement et institutionnellement

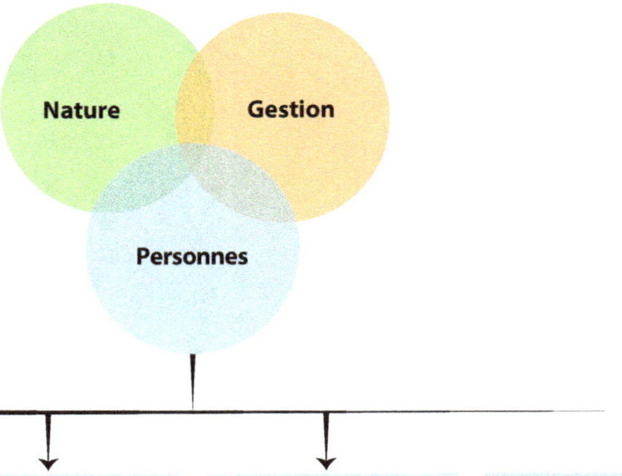

	DIRECTION	PLANIFICATION	MISE EN ŒUVRE	ÉVALUATION
1. Ensemble de l'aire de conservation de la connectivité	Établir et promouvoir la vision. Établir la capacité politique, sociale et financière de mettre en œuvre la vision. Intégrer la vision de connectivité dans le paysage régional.	Élaborer un plan stratégique pour l'ensemble de l'aire de conservation de la connectivité.	Atteindre une capacité à fonctionner. Répondre aux menaces critiques liées à la connectivité des aires de conservation.	Établir les besoins et les systèmes d'évaluation.
2. Échelle internationale transfrontalière	Faciliter un partenariat international coopératif pour le corridor de connectivité.	Établir un plan transfrontalier et un Protocole d'entente (PE).	Mettre en œuvre les tâches coopératives.	Identifier les besoins d'information de l'évaluation internationale et évaluer.
3. Échelle nationale ou étatique	Obtenir le soutien et l'approbation du gouvernement.	Intégrer la vision dans les stratégies nationales pour la biodiversité et le développement durable.	Mettre en place des réponses à des questions nationales telles que les changements climatiques.	Évaluer la performance des actions nationales de mise en œuvre.
4. Échelle des paysages	Obtenir un soutien communautaire.	Élaborer des plans de travail coopératif multiples.	Mettre en œuvre des tâches coopératives multiples.	Évaluer la performance des tâches coopératives.
5. Échelle des sites individuels	Encourager des « champions » individuels et leurs initiatives.	Faciliter les plans de projet individuels.	Soutenir et aider les projets individuels.	Évaluer la gestion de projets par rapport aux objectifs.

Figure 27.3 Application du cadre de gestion de la conservation de la connectivité de la CMAP-UICN à différentes échelles spatiales

Source : Worboys et al. (2010)

organisées, planifiées et gérées, y compris les exigences communautaires et les lois et politiques gouvernementales, le régime foncier des terres et la façon dont elles sont gérées, ainsi que leur statut de planification ;

- les lois ou autres instruments de réglementation susceptibles de faciliter ou d'encourager la participation des propriétaires fonciers ;
- l'identification des programmes et mesures incitatives pour mettre en œuvre des mesures de conservation sur le terrain, devant être adaptées aux besoins individuels des communautés.

La gestion des corridors doit tenir compte d'une longue histoire de décisions gouvernementales et communautaires antérieures. Il est également important de comprendre les capacités et les compétences des gestionnaires fonciers et des communautés locales.

Fonctions de gestion

La gestion active d'une zone de corridor tiendra compte du contexte, en constante évolution, et aura priorisé la gestion et les efforts en fonction, en partie, de ces informations. La mise en œuvre de la gestion dans un corridor tiendra compte de quatre fonctions de gestion importantes susceptibles de se produire à trois niveaux : l'ensemble du paysage, le paysage régional et le site ou le projet.

Leadership

Le leadership de toute initiative est la fonction la plus cruciale de toutes. Des leaders charismatiques et compétents peuvent inspirer et motiver la participation. Pour que le leadership soit couronné de succès, une véritable approche collaborative sera nécessaire et inspirera l'appropriation de l'initiative par de nombreuses personnes et organisations. Le meilleur leadership est celui qui garantit qu'une personne ou un organisme ne domine pas le travail d'organisation. En général, les leaders sont des personnes visionnaires, cohérentes, disposant d'une compréhension profonde de la conservation de la connectivité, courageuses, déterminées, flexibles et ayant la capacité de prendre des mesures qui changent le statu quo (UICN CMAP, 2006).

Planification

La planification est un processus visant à déterminer les objectifs d'un plan d'action futur requis pour atteindre un résultat souhaité. L'aménagement du territoire (du corridor) peut se faire à différentes échelles géographiques et organisationnelles. La planification peut être réalisée pour l'ensemble du corridor, et des plans distincts peuvent détailler les actions qui devront être entreprises dans les zones centrales de conservation, les zones tampons et les lacunes de connectivité. La planification peut identifier les domaines où une action critique devrait être entreprise, et identifier le calendrier permettant d'y parvenir, y compris la façon dont les communautés peuvent être impliquées. Généralement, des plans sont entrepris à trois niveaux de détail. L'objectif général du corridor, les objectifs et la direction organisationnels, ainsi que les moyens d'atteindre ces objectifs, sont définis dans un plan stratégique transmettant la hiérarchie à une série de plans régionaux ou tactiques et opérationnels. Une planification « ascendante » est également entreprise et influence ces trois types de planification.

Mise en œuvre

La mise en œuvre implique le processus de mise en pratique des mesures de gestion, généralement en conformité avec un plan de corridor et un plan de projet. Un éventail d'organisations ou d'individus travaillant séparément ou ensemble à de nombreuses échelles spatiales différentes peuvent mettre en œuvre des actions de gestion. La mise en œuvre exige une communication stratégique et la coordination des activités de partenariat et individuelles.

Participants à un atelier international de planification de la conservation de la connectivité de l'UICN en 2008 à Dhulikhel, Népal

Source : Graeme L. Worboys

Évaluation

Il est essentiel d'évaluer les progrès et la réussite de tout effort de conservation, de temps à autre, afin de déterminer si la vision et les objectifs souhaités sont atteints. Dans le cas contraire, une nouvelle ligne de conduite ou des mesures supplémentaires peuvent être nécessaires pour s'assurer que les espèces ou les écosystèmes ne déclinent pas davantage. Pour ce faire, un plan d'évaluation distinct est un investissement judicieux (Magoluis et Salafsky, 1998). Toute une gamme de techniques de suivi et d'évaluation sera nécessaire (voir la section « Suivi et évaluation de la performance du corridor » ci-après), y compris des techniques de suivi de l'ensemble du corridor à partir d'une base de référence établie, ainsi que des rapports sur l'état d'avancement des actions sur le terrain.

La mise en œuvre des quatre fonctions de gestion reconnaît la nécessité d'une approche ordonnée mais dynamique de la gestion, guidée par une compréhension de ce contexte changeant. Le leadership a la primauté sur le cadre, et est responsable de la conduite des quatre fonctions de gestion visant à réaliser la vision. Le cadre s'applique également à trois échelles d'aires de conservation de la connectivité.

Réserve de forêt tropicale de Monteverde au Costa Rica, une partie du Corridor biologique méso-américain, qui unit les objectifs de conservation aux initiatives de développement durable des populations locales dans neuf pays d'Amérique central

Source : Graeme L. Worboys

Celles-ci comprennent l'échelle nationale, ou l'ensemble d'un continent, qui inclut des considérations internationales, l'échelle des paysages (régionale) avec son potentiel de gestion transfrontalière des besoins, et l'échelle des sites, qui peut correspondre, par exemple, à des propriétés individuelles. Le cadre reconnaît que la gestion sera situationnelle. Les approches locales de la conservation de la biodiversité pour un site peuvent ne pas être appropriées pour d'autres parties du même corridor. La planification locale aide à résoudre ce problème, mais encore une fois, la vision fournit l'orientation générale et globale pour l'ensemble d'une aire de conservation de la connectivité. Le cadre identifie également 16 actions clés qui sous-tendent l'établissement, la mise en œuvre et les tâches transversales de gestion des aires de conservation de la connectivité.

Tâches de gestion

Le lancement et la mise en œuvre d'une initiative de conservation de la connectivité impliquent généralement 16 tâches génériques, divisées en « actions fondamentales », « tâches de mise en œuvre » et « tâches transversales ». Les projets de conservation de la connectivité à grande échelle sont principalement mis en œuvre dans des paysages semi-modifiés, qui constituent des systèmes complexes dans lesquels les activités humaines et l'utilisation des terres interagissent avec les espèces individuelles et les habitats naturels qui y subsistent (Lindenmayer et Fischer, 2007 ; Lambert, 2013). La gestion de ces interactions à plusieurs échelles est une considération clé des mesures de gestion de la conservation de la connectivité (Hilty et al., 2012 ; Pulsford et al., 2013). Les fonctions (leadership, planification, mise en œuvre et évaluation) et les tâches de conservation de la connectivité doivent être mises en œuvre à diverses échelles spatiales, telles que l'ensemble du corridor, des régions ou zones individuelles à l'intérieur du corridor, et au niveau des sites.

Actions fondamentales

1. **Faisabilité et portée :** une première étape pourrait inclure un processus visant à discuter et convenir de la nécessité d'établir la connectivité. Cela implique l'accès à de bonnes informations, qui peuvent être obtenues en entreprenant une certaine forme d'étude de portée. Une évaluation est nécessaire pour fournir une base solide pour l'élaboration d'une proposition de corridor comprenant des limites extérieures et intérieures. Une telle évaluation pourrait impliquer l'analyse des valeurs naturelles intrinsèques, y compris les considérations de connectivité, les valeurs sociales, spirituelles et culturelles, et les contextes politiques et de gestion. Les sujets d'analyse susceptibles d'être importants incluent l'emplacement et la distribution des communautés et des espèces, les lacunes dans la connectivité, la fragmentation des habitats, la conception des limites du corridor, ainsi que l'identification des principales menaces et influences dynamiques telles que les incendies, les inondations, les espèces nuisibles, la pollution, le développement et les facteurs sociaux. Dans une évaluation des valeurs sociales, il peut être important de déterminer si une initiative est souhaitable et viable avant de prendre la décision de poursuivre.
2. **Établir une vision communautaire partagée :** une vision audacieuse de la conservation de la connectivité est un élément essentiel fournissant une orientation pour les actions individuelles locales.
3. **Entreprendre une planification préalable (par exemple, cibler les terres stratégiquement les plus importantes) :** au cours de cette phase d'établissement et de gestion des corridors, il est hautement souhaitable d'entreprendre une planification systématique de la conservation, afin d'identifier les zones et les liens essentiels, ainsi que toute lacune dans la connectivité (Margules et Pressey, 2000 ; Bottrill et Pressey, 2009 ; Pressey et al., 2009 ; chapitre 13). La planification systématique de la conservation peut fournir une base scientifiquement défendable pour

Des propriétaires fonciers privés du plateau d'Atherton, Queensland, Australie, travaillent ensemble pour replanter et reconnecter les habitats restants de forêt pluviale pour plusieurs espèces d'opossums marsupiaux et de kangourous arboricoles, en voie de disparition, et sensibles au changements climatique
Source : Campbell Clarke

l'établissement d'un corridor. Elle peut également être utilisée pour identifier les lacunes de connectivité et les sites dégradés ou menacés, ou contenant des espèces ou des communautés restreintes ou en voie de disparition, qui nécessitent une plus grande attention. La planification de la conservation peut être utilisée pour guider l'élaboration d'un document de proposition de fondation, qui peut être développé en partenariat avec les groupes communautaires intéressés et guider la priorisation et le travail de recherche préliminaires.

4. **Établir la gouvernance et l'administration (pouvant inclure la gouvernance transfrontalière) :** la gouvernance est le mécanisme permettant d'identifier qui, dans une organisation, prend des décisions, et comment celles-ci sont prises (voir la section « Gouvernance de la conservation de la connectivité » ci-après). De nombreux corridor dépassent les frontières juridictionnelles. Ils peuvent être transfrontières (entre plusieurs juridictions à l'intérieur d'un pays) ou transfrontaliers (entre pays ; voir la section « Gouvernance des corridors transfrontaliers » ci-après).
5. **Établir les priorités et les exigences en matière de gestion stratégique :** la gestion stratégique aborde la question de la gestion du corridor au niveau global, et est guidée par la vision et les objectifs accordés. Le meilleur moyen d'y parvenir est d'élaborer un plan stratégique (qui peut comprendre un plan d'activités) pour l'ensemble du corridor, et un plan distinct pour chaque composante régionale. Les plans de conservation devront identifier les objectifs, les priorités, les investissements, les ressources, les partenaires et un calendrier pour les investissements sur le terrain. Afin d'assurer l'appropriation et l'engagement des communautés, la planification de la conservation doit être entreprise en consultation avec les partenaires de l'initiative et adaptée aux besoins des communautés locales.
6. **Suivi et évaluation :** un élément essentiel du cycle de gestion stratégique de tout projet est la mise en œuvre d'un processus régulier d'analyse et d'évaluation (voir la section « Suivi et évaluation de la performance des corridors » ci-après).

Tâches de mise en œuvre

Sept tâches clés de mise en œuvre ont été identifiées pour caractériser la phase de mise en œuvre d'une initiative de conservation de la connectivité.

1. **Gérer les finances, les ressources humaines et les actifs :** la gestion des financements, des personnes et des actifs est une tâche essentielle qui doit être entreprise avec compétence. C'est une exigence de base. Il existe un large éventail de responsabilités

juridiques permettant de gérer les finances et le personnel de manière sûre et efficace, qui varient selon les pays et les organisations.

2. **Déployer des instruments favorisant la conservation de la connectivité (tels que des incitations financières pour les propriétaires fonciers) dans les zones prioritaires pour la conservation de la biodiversité :** un objectif clé de la conservation de la connectivité est de coordonner les efforts de nombreuses organisations et individus pour atteindre une mise en œuvre intégrée des programmes de conservation. Un large éventail d'instruments peut être utilisé (voir la section « Considérations juridiques » ci-après et l'étude de cas 27.4). Ces instruments seront plus efficaces s'ils ciblent les propriétaires fonciers dont les propriétés sont situées dans des zones identifiées comme prioritaires pour la conservation de la connectivité.
3. **Gérer activement les menaces (facteurs de stress) (p.ex. réagir aux espèces introduites) :** la menace à l'intégrité des écosystèmes causée par les impacts d'espèces introduites, des régimes de feu modifiés, la pollution et autres perturbations est une menace majeure à la conservation de la connectivité et à la gestion des terres. Un investissement stratégique et opportun de gestion par tous les gestionnaires fonciers publics et privés dans un corridor est nécessaire. Les plans stratégiques des corridors peuvent identifier les secteurs nécessitant des investissements prioritaires pour lutter contre les mauvaises herbes et les animaux nuisibles, par exemple dans les zones de lacunes de connectivité, dans les zones tampons autour des aires protégées et tout au long de la matrice du corridor, y compris sur les terres publiques et privées. Si ceci est mis en œuvre efficacement, l'un des principaux avantages sera l'amélioration probable de la durabilité et de la productivité des exploitations agricoles, en particulier pour les propriétaires fonciers tributaires de leurs terres pour leur subsistance.
4. **Aider à la gestion des incidents :** la gestion des incidents par les principaux organismes ou autorités responsables de l'utilisation des terres dans le corridor comprend la gestion des incendies de forêt, des impacts des tempêtes telles que les inondations, les événements de pollution et autres activités nocives pour l'environnement, ou illégales telles que le braconnage d'animaux sauvages ou l'exploitation forestière non autorisée. La gestion efficace des incidents nécessite une intervention importante et généralement coordonnée par les organismes gouvernementaux. Les partenaires du corridor, les organisations de gestion des terres et les bénévoles communautaires contribueront généralement à la réponse.
5. **Lutter pour une utilisation durable des ressources :** un élément important de la gestion des corridors est l'utilisation durable et productive des ressources naturelles. L'utilisation durable permet de s'assurer que toutes les parties de la matrice du corridor contribuent à soutenir la faune et les personnes à long terme. L'utilisation durable des ressources peut inclure l'utilisation des aires protégées pour les loisirs et le tourisme, l'exploitation forestière publique, communautaire ou privée, l'approvisionnement en semences ou le pâturage, et veiller à ce que les ressources en eau, y compris les eaux souterraines, soient utilisées de manière à préserver la biodiversité, l'agriculture, les villes et l'industrie à long terme.
6. **Réhabiliter les zones dégradées (en utilisant des méthodes telles que la restauration écologique à grande échelle) :** la réhabilitation des zones dégradées et des lacunes dans les corridors de connectivité nécessite des investissements à long terme et bien planifiés, fondés sur les meilleures sciences et techniques disponibles. Le domaine de l'écologie de la restauration est étayé par un corpus important et croissant de connaissances scientifiques et pratiques, telles que les lignes directrices sur la restauration préparées par l'UICN (Keenleyside et al., 2012). Choisir soigneusement les domaines prioritaires pour cibler les activités de restauration peut fournir les résultats les plus rentables et les plus bénéfiques sur le plan biologique.
7. **Fournir et gérer des opportunités de recherche :** une compréhension de la biologie de la conservation apporte une contribution importante aux principes et mesures de gestion de la conservation de la connectivité. Une analyse spatiale des valeurs biologiques permet de prioriser l'investissement pour les activités de conservation sur le terrain, qui doivent être réalisées aux bons endroits de la manière la plus rentable possible. La recherche en conservation de la connectivité fournit une base pour comprendre les changements se produisant dans les paysages du corridor, pour évaluer les menaces et pour mesurer les conditions du corridor et l'efficacité des mesures de conservation, qui devront souvent être évaluées à plusieurs échelles.

Tâches transversales

1. **Travailler avec les partenaires :** la conservation de la connectivité fait la promotion de modèles novateurs de gouvernance collaborative visant à relier la science à l'échelle des paysages à l'action à l'échelle locale. Elle est fondée sur la prémisse que l'ensemble collaboratif

aura un impact de conservation plus important que la somme de ses parties. Établir des relations efficaces à long terme avec un large éventail de partenaires est une tâche complexe, cruciale et difficile. Pour réussir, il faut établir de bons liens institutionnels formels et informels entre ces niveaux de gouvernance.

2. **Travailler avec les parties prenantes, les communautés et les ayant-droits :** la conservation de la connectivité implique de travailler avec des centaines, voire des milliers de parties prenantes, situées dans les villes, villages et fermes tout au long du paysage du corridor. C'est en travaillant et en communiquant avec un grand nombre de parties prenantes, en les motivant et en les impliquant, que la conservation à l'échelle des paysages pourra être atteinte. Les propriétaires fonciers sont des parties prenantes clés, qui doivent être favorables à prendre des mesures pour aider à restaurer et à gérer les paysages. Sans leur soutien et leur coopération peu sera possible. Les principales organisations partenaires d'exécution peuvent offrir des programmes de conservation sur le terrain à l'aide d'une gamme d'instruments de conservation volontaires pouvant inclure des paiements incitatifs. Différents partenaires peuvent participer à différents niveaux. À l'échelle de l'ensemble du corridor, les initiatives relatives au corridor peuvent établir des partenariats pouvant inclure des organisations gouvernementales nationales afin d'aider à des tâches telles que la gestion des migrations d'espèces sauvages à grande échelle, la gestion transfrontalière et la gestion des données environnementales.
3. **Communiquer activement (y compris le marketing constant d'une vision inspirante) :** la conservation de la connectivité exige une communication et un marketing efficaces et fréquents d'une vision inspirante, ainsi que des commentaires sur les programmes, projets et contributions individuelles ayant été mis en œuvre pour aider à réaliser cette vision. Un plan de communication stratégique pour l'ensemble du corridor est important, tout comme, dans certains cas, un plan de communication pour certaines parties d'un corridor ou pour des projets spécifiques. Les produits comprennent des brochures d'information sur le corridor, des livres scientifiques sur le corridor, des vidéos et un site web géré activement à partir duquel des communiqués de presse, des technologies audio/radio, des rapports d'étape, des rapports scientifiques et techniques et autres documents téléchargeables pourront être mis à la disposition du plus large public possible (Pulsford et al., 2013). Dans la mesure du possible, cela devra se faire dans les langues utilisées localement. Des outils de communication basés sur les réseaux sociaux peuvent être utilisés, y compris des technologies telles que les téléphones intelligents et les applications spécialisées pour la collecte de données scientifiques citoyennes (telles que les observations de faune) et le signalement de menaces ou d'impacts sur le corridor (voir le chapitre 15).

Suivi et évaluation de la performance du corridor

Le suivi est le processus de consignation des conditions d'une fonction, afin de déterminer dans quelle mesure celles-ci correspondent à une norme ou un objectif prédéterminé. Le suivi fournit un cadre systématique pour répondre à des questions telles que « la connectivité pour quoi, où, quand, par qui et comment ». Trois types principaux de suivi peuvent être utilisés pour répondre à ces questions (tableau 27.1) :

1. Le suivi de la *conformité* consiste à déterminer si des mesures ont été prises conformément à un plan convenu. Bien que la conservation de la connectivité soit un moyen d'obtenir des résultats écologiques, il s'agit d'une activité complexe, menée par un mélange divers de groupes et d'individus, sur de grandes échelles spatiales et de longues périodes de temps, et qui repose donc sur un processus de suivi solide.
2. Le suivi de la *réponse* consiste à tester des hypothèses. Cela signifie tester, à l'aide de modèles robustes et statistiquement valides, à quel point les mesures de gestion atteignent leur résultat intermédiaire de maintenir ou d'améliorer la connectivité fonctionnelle dans un paysage, une région ou un corridor entier, et la mesure dans laquelle ils atteignent leur résultat final de maintenir ou d'améliorer la viabilité des populations, des communautés et des processus écosystémiques.
3. Le suivi de *l'efficacité* est spécialement conçu pour évaluer et rendre compte des résultats de haut niveau des programmes ou interventions de gestion. Bien que la tâche soit plus complexe pour le suivi de l'efficacité de la conservation de la connectivité dans des paysages à régimes fonciers mixtes, les approches d'efficacité de la gestion utilisées dans la gestion des aires protégées offrent des précédents utiles (voir le chapitre 28).

Le suivi exige la sélection d'une gamme d'indicateurs, de mesures et d'analyses spatiales appropriés, afin de déterminer si des objectifs clairs sont atteints, ou si des changements opportuns dans les priorités de l'action la plus appropriée peuvent être déterminés. La capacité de

Tableau 27.1 Types de suivi, leur but, leurs cibles et les risques associés

Type de suivi	Conformité	Réponse	Efficacité
Cible	*Mesures de gestion* Action 1 Action 2 Action 3, et ainsi de suite	*Réponse aux mesures de gestion* Produit 1 Produit 2 Produit 3, et ainsi de suite	*Résultats* Viabilité des espèces, des communautés et des processus écosystémiques.
Risque	*Procédural* Interne : non-exécution des actions convenues par manque de ressources, manque d'engagement ou manque de clarté de la responsabilité. Externe : changements de régime foncier, de zonage ou de planification rendant les actions impossibles ou non pertinentes.	*Scientifique* La relation entre l'action et le produit repose sur la compréhension des liens entre les interventions et l'amélioration de la connectivité fonctionnelle. Le risque principal est une compréhension insuffisante de ces liens, ce qui est très courant étant donné que les données disponibles sont souvent inappropriées ou insuffisantes dans le temps ou l'échelle spatiale pour détecter le changement.	*Délibératif* Manque de clarté des résultats, résultats irréalisables, échelle d'intervention inadéquate, temps écoulé insuffisant entre les interventions et les réponses, nouvelles menaces telles qu'espèces envahissantes ou maladies.

mesurer le changement dans un projet de conservation de la connectivité sera toujours difficile, car les mesures de gestion prennent généralement des décennies avant d'avoir un impact mesurable, étant donné que les interventions doivent se produire sur de vastes zones avant qu'un changement ne soit détectable, et que les résultats peuvent être influencés par de nombreux facteurs naturels et humains, autres que les interventions prévues.

Gouvernance de la conservation de la connectivité

La gouvernance désigne les structures et processus utilisés pour négocier et atteindre des objectifs collectifs (Lemos et Agrawal, 2006). La gouvernance s'applique aux mécanismes internes d'une seule entité, publique ou privée, mais peut également concerner les interactions, les partenariats, les collaborations ou les réseaux entre différents acteurs. La gouvernance comprend à la fois des règles formelles (lois, règlements, négociation, médiation, règlement des conflits, élections, consultations publiques et interactions informelles) et des normes et principes qui façonnent la prise de décision. Au-delà du partage du pouvoir et de la répartition équitable des ressources, la gouvernance devra engendrer un objectif commun, une confiance et une compréhension mutuelle (UICN, 2007).

La conservation de la connectivité inclut et favorise la reconnaissance et le soutien de divers types de gouvernance dans un paysage (voir le chapitre 7). Ceci nécessite une approche de la mosaïque de gouvernance qui respecte les mandats et les exigences légales des différents types de gouvernance des aires protégées en tant « qu'autres mesures de conservation efficaces par zone », afin de propager et de renforcer la gestion de la conservation de la connectivité à travers les paysages. Ces mesures incluent les aires du patrimoine autochtone et communautaire (APAC), un terme générique qui regroupe les noms spécifiques utilisés dans différents pays, tels que les aires conservées par les communautés (ACC), les aires protégées autochtones (APA), les sites du patrimoine bioculturel, les réserves communautaires, les zones marines gérées localement, etc. Les APAC sont potentiellement aussi répandues et couvrent autant de sites que les aires protégées par les gouvernements (sinon plus), et présentent des valeurs importantes en matière de conservation, de culture, de moyens de subsistance et autres (Couto et Gutiérrez, 2012 ; Kothari et al., 2012 ; voir également l'étude de cas 27.1 et le chapitre 7).

Régimes fonciers, utilisation des terres et droits de propriété

Les terres situées au-delà des limites des aires protégées sont gérées à des fins diverses : conservation, agriculture, exploitation forestière, loisirs, tourisme et exploitation minière. Ces utilisations des terres sont souvent corrélées à des régimes fonciers et à des exigences réglementaires différentes, ce qui complique la conservation coordonnée à l'échelle des paysages (Binning et Fieldman, 2000).

Les régimes fonciers englobent les droits de propriété légaux, l'utilisation implicite ou prescrite des terres et les règles d'accès, mais les droits de propriété peuvent également être culturels, reflétant des valeurs profondément ancrées de propriété, les motivations et les attentes des droits d'un individu à gérer ses terres.

La conservation de la connectivité fournit un cadre pour l'intégration d'une approche stratégique globale des paysages, afin de favoriser la conservation sur les terres ayant des utilisations, des régimes fonciers et des droits de propriétés diversifiés. Par conséquent, la conservation de la connectivité ne peut être adéquatement mise en œuvre sans une approche collaborative, multi-personnes et multi-organismes. Une planification efficace de la conservation exige que les gestionnaires des terres participent à la prise de décisions, et que la planification soit intégrée aux institutions responsables de l'exécution des programmes (Knight et al., 2006).

Considérations sociales et culturelles

La conservation de la connectivité est activement conçue comme une approche de la conservation de la biodiversité centrée sur l'être humain. Sans connectivité sociale et institutionnelle, il est peu probable que les objectifs écologiques de la conservation de la connectivité soient atteints. Tout comme la nécessité de travailler dans le cadre des exigences juridiques existantes du régime foncier, la gouvernance de la connectivité exige une sensibilité aux dynamiques sociales et culturelles locales. S'engager dans des activités de partenariat de conservation de la connectivité sur le terrain est généralement volontaire, ce qui crée un besoin pour ces initiatives d'inspirer plutôt que d'imposer la participation. L'appui des communautés locales est plus probable lorsqu'une initiative respecte les valeurs et les relations de la communauté avec les paysages. Lorsqu'une initiative de connectivité traverse de grandes régions et franchit les frontières politiques internationales ou nationales, il est important de reconnaître les diverses aspirations des communautés vivant dans une aire de connectivité.

Connectivité et développement

Les zones à faible développement socioéconomique, en particulier dans les pays à faible indice de développement humain (IDH), présentent des conditions différentes pour la gouvernance de la connectivité par rapport aux pays plus développés. Dans ce cas, les progrès de la conservation peuvent créer des menaces réelles ou perçues au développement économique (voir le chapitre 25). Grâce à une prise de décision décentralisée, la gouvernance de la connectivité a le potentiel de fournir une voix nécessaire aux acteurs locaux dans la conservation. Cependant, la décentralisation peut également renforcer les structures de pouvoir locales, affaiblissant les aspirations démocratiques à donner la parole aux communautés marginalisées (Ribot, 2008). Ces problèmes sont importants dans les régions où les communautés locales ne disposent pas du capital social, financier et humain nécessaire pour participer efficacement à la prise de décisions.

Considérations à toutes les échelles

Worboys et Lockwood (2010) identifient cinq échelles de fonctionnement pertinentes pour la conservation de la connectivité : site individuel, paysages, ensemble de l'aire de connectivité, nation ou état, et (le cas échéant) échelle transfrontalière internationale (figure 27.3). Les décisions prises à une échelle influenceront les résultats à une autre échelle, et la concentration des activités à l'une de ces échelles est insuffisante pour atteindre les résultats de conservation souhaités à l'échelle des paysages. Pour fonctionner efficacement à plusieurs échelles et entre elles, une gouvernance cohérente est nécessaire, afin que les règles appliquées à une échelle ne compromettent pas la capacité des participants à d'autres échelles d'atteindre leurs objectifs. Cependant, étant donné que ces acteurs sont souvent répartis sur de vastes distances, et qu'ils opèrent dans des contextes sociaux, écologiques et institutionnels différents, la gouvernance de la connectivité nécessite des mécanismes visant à soutenir la coordination et la communication à grande échelle.

Principes et exigences de gouvernance

Les principes de bonne gouvernance environnementale (voir le chapitre 7) s'appliquent facilement à la gouvernance de la connectivité. En résumé, il s'agit d'élaborer des processus visant à renforcer la confiance, l'intégrité, l'inclusion, la transparence, la responsabilisation, la flexibilité, la réciprocité et la communication en tant que fondements d'une bonne gouvernance et collaboration (Lockwood et al., 2010). La gouvernance devra faciliter le travail vers des valeurs et objectifs communs, tout en créant des mécanismes permettant de faire face à la diversité et aux conflits (Schliep et Stoll-Kleemann, 2010). La collaboration exige un leadership fort, en particulier dans les réseaux dispersés, compliqués par des échelles spatiales séparant les acteurs à travers un paysage (Folke et al., 2005). Toutefois, la collaboration ne doit pas reposer uniquement sur la force d'une ou de deux personnes clés. L'institutionnalisation de la gestion collaborative permettra de maintenir l'élan même si des personnes clés quittent le réseau, tout en renforçant les capacités individuelles et institutionnelles (Carr, 2002). Étant donné que de nombreux partenaires impliqués dans la conservation de la connectivité seront probablement répartis dans de vastes paysages, l'importance des mécanismes de communication (sites web, courriers électroniques, bulletins imprimés, messagers humains, téléphones, radio, télévision / câble et réunions en personne) ne sera jamais assez soulignée (voir le chapitre 15).

Étude de cas 27.1 Himalaya occidental, Inde : conservation des paysages à partir d'une mosaïque de modèles de gouvernance et de gestion

Les paysages montagneux qui s'étendent de la chaîne des Nanda Devi à la vallée d'Askot, dans l'État d'Uttarakhand, dans l'Himalaya occidental de l'Inde, abritent plusieurs espèces végétales et animales d'importance mondiale, des cultures humaines uniques et des fonctions écosystémiques critiques qui profitent à des millions de personnes. Actuellement, ce paysage est gouverné et géré de diverses manières, y compris par des aires protégées désignées par le gouvernement, comme le parc national de Nanda Devi et le sanctuaire d'Askot, des APAC, comme les *van panchayats* (forêts gérées officiellement par des comités de village), des sites naturels sacrés, des réserves et des forêts protégées gérées par le gouvernement, et autres terres gouvernementales, communautaires et privées. Une partie importante de l'ouest de cette région se trouve dans la réserve de biosphère de Nanda Devi, également désignée comme site du Patrimoine mondial. Plusieurs de ces désignations ou utilisations des terres se chevauchent. Par exemple, un tiers du sanctuaire d'Askot se trouve sous un régime de *van panchayats* ou autres biens communs des villages. De plus, lorsqu'on les voit sur une même carte, les différents types de gouvernance forment un ensemble des zones de contiguïté et de connectivité beaucoup plus grand que si l'on ne tenait compte que des aires protégées officiellement désignées (voir figure 27.4). L'un des plus grands paysages de conservation de l'Inde, réparti sur plus de 2 500 kilomètres carrés, peut être envisagé sous une telle approche.

Peu de tentatives ont cependant été faites, par le passé, pour envisager ce paysage en termes de connectivité. De plus, le manque de consultation et de participation dans la désignation et la gestion des aires protégées par le gouvernement a, par le passé, provoqué l'hostilité, l'aliénation et la perte de moyens de subsistance parmi les communautés locales. Enfin, le manque de coordination interministérielle au sein du gouvernement de l'État a permis la mise en place d'un certain nombre de centrales hydroélectriques et autres projets menaçant à la fois la biodiversité et les communautés locales.

En 2010, le Wildlife Institute of India et l'ONG Kalpavriksh ont lancé un processus de dialogue entre les responsables gouvernementaux, les membres des communautés locales, les organisations de la société civile et les chercheurs en matière de faune sauvage. Les objectifs étaient de discuter et de résoudre les questions de désaccord précédentes, et d'envisager collectivement la région comme un paysage dans lequel la conservation et les moyens de subsistance peuvent être intégrés par une approche en mosaïque. Un certain nombre de processus en cours pourraient constituer des opportunités pour une telle approche : la présence de la réserve de biosphère, dans laquelle une telle vision intégrée est déjà prévue (et prévoit certains projets d'écodéveloppement dans les villages), le projet du gouvernement indien sur la Conservation de la biodiversité et l'amélioration des moyens de subsistance ruraux (financé par la Banque mondiale, Askot étant l'un des principaux sites), la possibilité de reconnaître la conservation communautaire fondée sur les droits en vertu de la Loi de 2006 sur les droits forestiers, et la mobilisation des communautés pour assurer leurs moyens de subsistance, y compris par de nouvelles approches comme l'écotourisme dirigé par les communautés.

Quatre dialogues ont eu lieu, dont deux axés sur la participation d'un éventail d'ayant-droits et de parties prenantes dans les régions de Nanda Devi et Askot, et un dans la capitale de l'État, visant à impliquer de hauts fonctionnaires de la bureaucratie forestière et des scientifiques de la faune ayant travaillé dans ces régions. Ceux-ci ont été co-organisés avec le Département des forêts de l'État d'Uttarakhand et des ONG comme Alliance for Development et Himal Prakriti. Ils ont abouti à un certain nombre de recommandations sur la manière de regrouper les différents types de gouvernance et catégories de gestion, sur les types de moyens de subsistance pouvant être encouragés et améliorés, et sur la manière dont les principes de bonne gouvernance tels que la participation (voir le chapitre 7) peuvent être incorporés. Un document de travail sur une éventuelle disposition institutionnelle pour la gouvernance, la planification et la gestion intégrées de la région a été distribué. Tous ces éléments ont également été envoyés au gouvernement de l'État pour évaluation. Le processus a été lent, car l'approche suggérée est relativement nouvelle en Inde, et doit surmonter les défis institutionnels, informationnels et comportementaux, y compris la création de confiance entre les différentes parties concernées et une plus grande transparence dans le fonctionnement gouvernemental. La planification descendante continue des projets d'hydroélectricité est également un facteur contraignant. En 2014, les organisations initiatrices planifiaient la prochaine série de consultations et d'actions.

– Ashish Kothari, Kalpavriksh, Pune, Inde

Gouvernance à toutes les échelles

Une bonne gouvernance de la connectivité exige une attention à la façon dont une initiative fonctionne à plusieurs échelles. La gouvernance d'une collaboration à plus grande échelle implique souvent l'intégration de petites unités décisionnelles dans un cadre plus général (Ostrom, 2005). En Australie, de nombreuses initiatives de conservation de la connectivité de premier plan fonctionnent à trois échelles : la mise en œuvre à l'échelle du site, la planification à l'échelle régionale et la gouvernance sur l'ensemble de l'aire de connectivité. Tous les partenaires ne travaillent pas sur l'ensemble de la région, de sorte que des unités de planification plus petites fonctionnent à une échelle permettant d'adapter la planification et de la négocier dans un contexte spécifique. Cela nécessite une initiative visant à déterminer quelles tâches seront mieux exécutées à l'échelle locale, régionale ou de l'ensemble de l'initiative (Wyborn et Bixler, 2013).

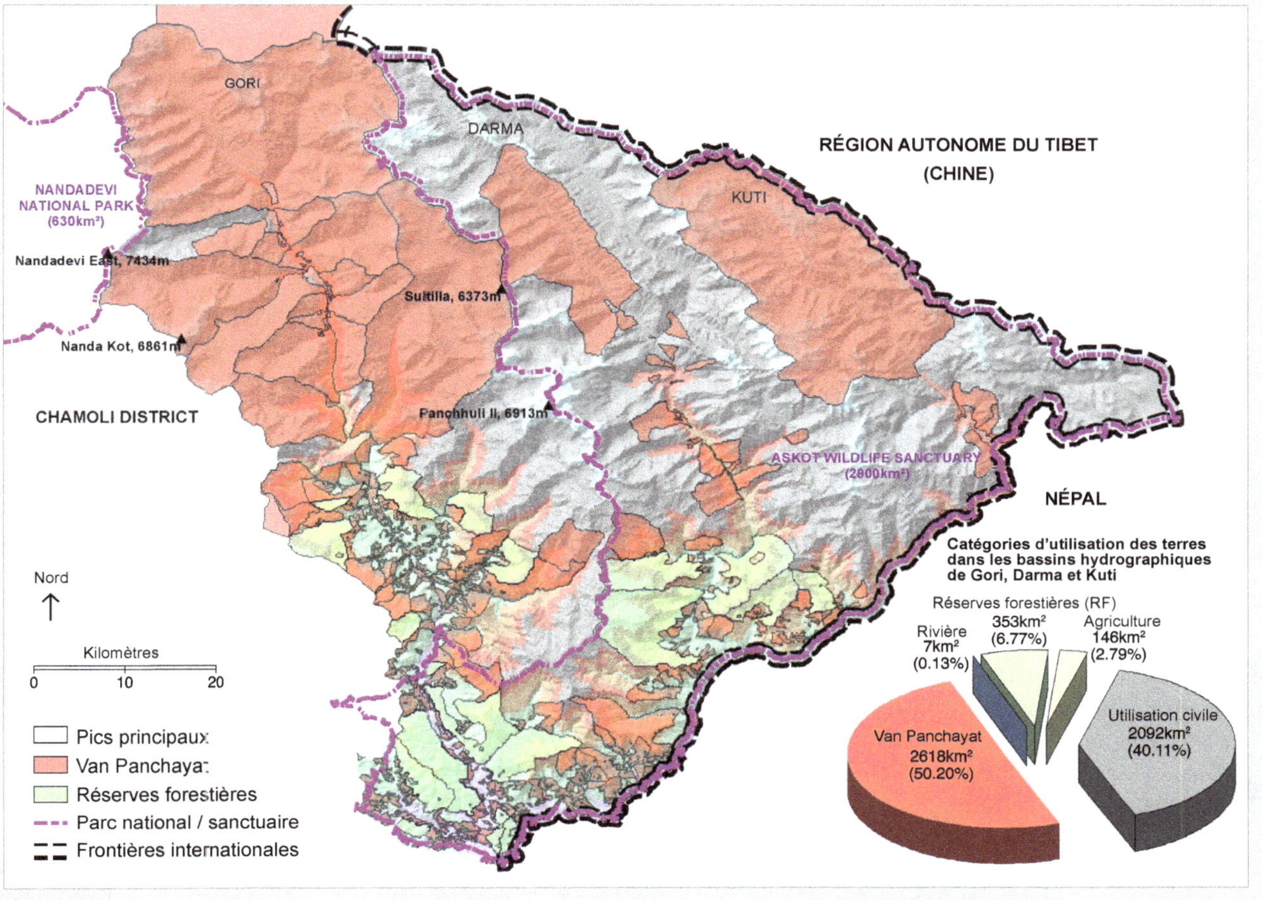

Figure 27.4 Aires protégées communautaires et étatiques des bassins fluviaux du Gori, Darma et Kuti dans l'Himalaya occidental

Source : Modifié de la Fondation pour la sécurité écologique

Collaboration

La collaboration implique généralement la participation de diverses parties prenantes, l'égalité des chances de participer à la prise de décision, des processus de prise de décision favorisant un consensus, et un engagement soutenu en faveur de la résolution collective des problèmes (Margerum, 2008). Dans la pratique, le terme est largement appliqué aux contextes de l'échange d'informations, la coordination des actions ou la prise de décision intégrée. Toutes ces approches sont appropriées pour la gouvernance de la connectivité. Cependant, les partenaires devront avoir défini des attentes communes à l'égard des processus de collaboration et des résultats. La collaboration avec une répartition équitable du pouvoir et une prise de décisions consensuelles exigent beaucoup de temps et de ressources. Si l'objectif est ce type de collaboration, il faudra trouver les ressources nécessaires pour y parvenir. Toutefois, si l'objectif est de s'assurer que les mesures de conservation régionales atteignent un résultat particulier, une interprétation plus modeste de la collaboration ou une approche différente de la gouvernance (réglementaire ou axée sur le marché) peuvent être plus efficientes ou efficaces (étude de cas 27.1).

Participation du public

La gouvernance de la connectivité inclut un engagement communautaire plus général. Les aires de conservation de la connectivité couvrent des régimes fonciers publics et privés, et cela crée l'impératif éthique et pratique pour une initiative de prendre en compte les perspectives des communautés locales et régionales. Une participation efficace peut améliorer la qualité, la légitimité et la capacité de la prise de décisions environnementales, tout en renforçant la confiance des communautés (Dietz et Stern, 2008). La contribution des communautés peut être obtenue grâce à divers mécanismes formels et informels. L'Association internationale pour la participation du public a élaboré une « boîte à outils » d'approches pouvant fournir des directives supplémentaires (IAP2, 2006).

Gouvernance flexible et adaptative

Une gouvernance efficace n'est pas statique. Des institutions efficaces évoluent plutôt en fonction de l'évolution des circonstances. Les systèmes sociaux, politiques et écologiques changent constamment, à des rythmes différents, en réponse à des facteurs de stress internes ou externes : les acteurs et les politiques changent avec les fluctuations des gouvernements, et la connaissance d'un système et de ses facteurs de stress change en réponse à une dynamique sociale, politique ou écologique plus générale. La gouvernance, elle-même, est un processus évolutif : il est peu probable qu'une disposition viable pour la phase de démarrage d'une initiative demeure éternellement viable, car les collaborations se renforcent et commencent à attirer de grosses sommes d'argent. Les initiatives de connectivité sont guidées par des visions à long terme (50 à 100 ans) du changement des paysages. Pour fonctionner à cette échelle de temps, il faut une gouvernance souple et adaptative et un leadership solide, afin de rester pertinent face au changement.

Tâches de gouvernance

Bien que les détails doivent être négociés pour chaque contexte, les tâches de gouvernance peuvent être regroupées en quatre domaines : 1) maintenir la communication interne et externe, 2) planification stratégique, 3) obtention de ressources financières, et 4) responsabilisation (Mitchell et Shortell, 2000). En plus de ces tâches génériques, la gouvernance de la connectivité exige la coordination et le soutien de la collaboration entre divers acteurs, ainsi que des mécanismes de dialogue et de règlement des différends. Les mécanismes de gouvernance de la connectivité devront soutenir l'alignement interne avec les caractéristiques des partenaires, et l'alignement externe avec le contexte et les besoins de paysages et de communautés spécifiques.

Un cadre pour la gouvernance de la connectivité

La gouvernance de la connectivité peut être considérée comme opérant à l'intersection de quatre domaines : le contexte, les connaissances, la vision et l'action collective (Wyborn, 2013). La gouvernance de la connectivité sera plus efficace lorsque les dispositions auront été adaptées à un paysage particulier, s'appuieront sur les meilleures connaissances locales, scientifiques et sociologiques disponibles, disposeront d'une vision clairement articulée, et fourniront un cadre cohérent pour aider les acteurs à travailler à la réalisation de cette vision. L'articulation et la négociation des éléments couverts par ces quatre domaines fournissent un cadre permettant aux professionnels de la connectivité d'adapter les dispositions de gouvernance à leur contexte.

Contexte

Le contexte tient compte des dimensions sociales, écologiques et institutionnelles d'une initiative. Cela implique d'identifier les acteurs clés du processus, le contexte paysager (principales utilisations des terres, menaces, actifs et cibles de conservation), l'économie de la région, les principaux moteurs du marché, les organisations impliquées ou affectées, ainsi que le contexte institutionnel et réglementaire global limitant ou favorisant l'action collective. Une compréhension approfondie des facteurs contextuels est souhaitable afin d'adapter le plus efficacement possible la gouvernance aux spécificités d'un site particulier.

Des représentants des quatre organisations non gouvernementales (ONG) partenaires principales (OzGreen, National Parks Association, Greening Australia et Nature Conservation Trust) et du Département de l'environnement, du changement climatique et de l'eau de Nouvelle-Galles du Sud assistent à la signature d'un protocole d'accord, en mai 2010, pour diriger l'Initiative Great Eastern Ranges

Source : Ian Pulsford

Il est essentiel d'identifier les ressources financières, car la disponibilité des ressources déterminera la nature de la gouvernance et de la mise en œuvre.

Connaissances

Les connaissances requises pour soutenir la conservation de la connectivité et la gouvernance de la connectivité sont diverses. Le contexte des connaissances d'une initiative déterminera comment les défis en matière de conservation, de gestion et de gouvernance seront envisagés, comment la gouvernance, la planification et l'intervention seront suivies et évaluées, comment l'apprentissage sera partagé et accumulé au fil du temps, et ce qui constituera des connaissances crédibles et pertinentes dans le contexte d'un problème particulier.

Vision

La vision d'une initiative exige que les professionnels imaginent l'avenir souhaité. Une vision audacieuse de la conservation de la connectivité est un élément essentiel fournissant le contexte des actions individuelles locales. La vision est un élément clé du cadre de gestion (figures 27.3 et 27.4) et fournit le « point commun » qui guidera les multiples parties prenantes mettant en œuvre des actions à plusieurs échelles, sur l'ensemble du paysage. Une vision doit être convaincante et motivante. Les parties prenantes doivent être convaincues que la vision est réalisable et que leurs propres actions peuvent faire une différence. Les énoncés de vision les plus efficaces sont ceux qui utilisent des images puissantes et sont faciles à saisir et à accepter (Robinns et al., 2003). L'énoncé de vision de l'Initiative Great Eastern Ranges en est un exemple :

> Conserver et gérer une « ligne de vie continentale » de 3 600 km d'habitats, de paysages et de personnes, qui soutiendra la survie continue des plantes et des animaux autochtones le long des Great Eastern Ranges, des Grampians du Victoria jusqu'à l'extrême nord du Queensland, et maintiendra les processus naturels dont ceux-ci dépendent. (OEH, 2012:2)

Action collective

Les dimensions d'action collective de la gouvernance de la connectivité concernent les dimensions sociales et institutionnelles du passage de la vision à l'action. Ces dimensions de la gouvernance tournent autour des processus de leadership, de l'établissement de confiance entre les participants, et de la création d'un environnement où les membres du groupe peuvent apprendre les uns des autres, et ensemble (apprentissage social), et construire le capital social nécessaire pour créer des relations de travail viables. La culture et les relations émergeant de ces interactions constituent les règles et normes informelles, souvent non écrites, de la gouvernance. Au-delà des règles informelles, on trouve les processus plus formels et les dimensions structurelles de la gouvernance. Cela implique des lignes de responsabilité claires, des processus de prise de décision transparents, une clarté autour des rôles et responsabilités respectifs des acteurs, et des processus de prise de décision inclusifs.

Avantages des corridors pour les communautés

Des corridors efficaces et leur gouvernance procurent de nombreux avantages pour la biodiversité, les personnes et les communautés. Par exemple, le maintien de paysages connectés augmente les opportunités de loisirs et de jouissance dans les paysages, peut aider à augmenter la productivité et la durabilité agricoles, peut maintenir ou accroître les liens entre la nature et les autres gestionnaires des terres, et assure le bien-être physique, spirituel et économique humain. En effet, les corridors incluent différents régimes fonciers, qui peuvent être utilisés à de nombreuses fins et peuvent inclure des aires protégées et des zones utilisées pour les établissements humains, l'exploitation forestière, l'agriculture, le pastoralisme, la pêche et même l'exploitation minière.

Types de modalités de gouvernance

La conservation de la connectivité s'efforce de fournir une gouvernance flexible, répondant au contexte local, tout en maintenant la cohérence et l'alignement entre les échelles verticales (juridictions) et horizontales (régimes fonciers). Cela est possible par différents moyens : des partenariats à plusieurs niveaux reliant les organisations locales et les gouvernements nationaux, des collaborations multisectorielles impliquant des acteurs publics, privés et de la société civile, ou des partenariats multi-organisationnels dans lesquels des groupes d'expertise commune ou d'un même secteur travaillent ensemble (encadré 27.3).

Partenariats

Quel que soit le modèle de gouvernance mis en place, les partenariats sont essentiels à la conservation de la connectivité. La nature des partenariats dépendra grandement des organisations et du niveau de diversité représentée par les partenaires. La complexité des partenariats augmente dans les collaborations plus hétérogènes, et ces partenariats peuvent prendre plus de temps pour parvenir à un accord ou à un consensus (Huxam, 2003). La composition du partenariat, ainsi que les attentes en matière de collaboration, influeront sur la nature et la formalité des modalités de gouvernance. Il est peu probable que des partenariats fondés sur le partage

Encadré 27.3 Six modèles de gouvernance potentiels pour la conservation de la connectivité

1. Organisation unique « descendante » : l'autorité est dévolue à une seule organisation dotée de pouvoirs et / ou de ressources étendus, et seule responsable d'une initiative. Ce modèle est susceptible d'être adopté par une agence gouvernementale ou une grande ONG ayant la capacité d'entreprendre les tâches de gouvernance et de coordination avec les acteurs locaux.
2. Organisation unique « ascendante » : une autre approche à organisation unique dans laquelle, cependant, une organisation communautaire ou un groupe autochtone local assume le rôle principal de gouvernance. Étant donné que de nombreuses initiatives à l'échelle locale n'ont qu'une portée limitée dans un vaste paysage, cette approche consiste souvent à relier un certain nombre d'initiatives locales sur l'ensemble d'un paysage.
3. Autorité décentralisée : la décentralisation est un processus par lequel une autorité centralisée (généralement un gouvernement) délègue la responsabilité de la prise de décision à des autorités régionales ou locales. Cela pourrait consister, par exemple, à déléguer certains aspects de la prise de décision à différentes organisations, ou en une agence gouvernementale déléguant l'autorité à une organisation locale. Des problèmes peuvent survenir lorsque la responsabilité de la prise de décisions est dévolue sans le pouvoir ou les ressources nécessaires pour agir.
4. Autorité représentative : la gouvernance représentative implique un processus électoral par lequel l'organe directeur est légitimé par un vote formel. Compte tenu de la diversité des intérêts présents dans une aire de connectivité, la question de savoir qui peut voter peut être difficile : le vote est-il limité aux résidents du paysage, aux organisations collaboratrices, ou à tous ceux qui s'intéressent à la région ?
5. Fédération représentative : la gouvernance par une fédération émerge lorsqu'un groupe d'organisations formalise leur collaboration ou partenariat. Bien que les règles et structures de gouvernance varient selon le contexte, les fédérations ont tendance à faire participer les partenaires à l'élaboration collective de l'orientation stratégique d'une initiative. Dans cette approche, la fédération est souvent considérée comme une entité distincte, représentant plus que la somme collective des partenaires.
6. Confédération informelle : dans une confédération informelle, les partenaires se concentrent sur une vision commune. Cependant, dans ce modèle, les partenaires individuels fonctionnent quelque peu indépendamment les uns des autres. Chaque partenaire est libre de mettre en œuvre des activités dans le cadre de la vision, sans avoir à consulter les autres partenaires. L'effort collectif est la somme des efforts des partenaires.

Source : Adapté de Worboys et Lockwood (2010)

d'informations entre des organisations de taille et d'origines similaires aient besoin de structures de gouvernance complexes. En revanche, les partenariats multipartites entre des organisations publiques, privées et de la société civile, cherchant à collecter et distribuer collectivement des fonds, exigeront probablement une gouvernance formalisée, décrivant les rôles et responsabilités des différents partenaires.

Secrétariat

Un certain nombre de tâches doivent être envisagées pour soutenir une initiative de connectivité, au-delà du cadre des partenariats axés sur la mise en œuvre sur le terrain. Celles-ci incluent : un leadership pour promouvoir la vision, l'élaboration d'une planification stratégique pour l'ensemble de l'initiative, un soutien à la capacité administrative et opérationnelle pour communiquer et coordonner entre les partenaires, le travail visant à intégrer la vision dans la planification de l'utilisation des terres, et l'établissement, le soutien et la compilation d'évaluations continues à toutes les échelles (Worboys et Lockwood, 2010). Dans les initiatives plus formelles, ce travail revient souvent à un « secrétariat », agissant en tant que visage public de l'initiative et exécutant bon nombre de ces tâches, en collaboration avec les partenaires. Par exemple, en 2014, le secrétariat de l'Initiative Great Eastern Ranges, en Australie, était composé d'un directeur, d'un gestionnaire de la conservation, d'un expert en communication et d'un concepteur de sites web.

Descendante ou ascendante ?

La question de savoir si la gouvernance est plus efficace lorsqu'elle est dirigée par une hiérarchie descendante ou des initiatives locales décentralisées est largement philosophique. Pour les défenseur de la hiérarchie, une gouvernance descendante apporte des lignes de responsabilité claires et une prise de décision efficace, car les directives émanent d'un directeur exécutif ou d'un conseil d'administration. La gouvernance descendante peut toutefois manquer de connexions locales, nécessaires pour réellement relier une initiative de connectivité à un site.

À l'opposé, la gouvernance locale est perçue comme fournissant de meilleures connexions à un site, aux connaissances locales, aux communautés et aux « bottes sur le terrain », chargées du travail de conservation. Sans coordination entre des efforts disparates, cependant, l'impact cumulatif à l'échelle du paysage peut être perdu.

Un « visage » centralisé ou un coordinateur peut rassembler et promouvoir ce qui serait autrement des efforts locaux disparates. Les impacts cumulatifs peuvent donner une plus grande voix à une région dans les débats sur les politiques ou l'aménagement du territoire responsables des changements dans le paysage. Cependant, la passion et le lien avec les sites fournissent la vision et la motivation pour la conservation de la connectivité.

Rôle des gestionnaires d'aires protégées dans les corridors

Les gestionnaires d'aires protégées communautaires, privées et publiques peuvent jouer un rôle essentiel dans le leadership et la gouvernance des partenariats de conservation de la connectivité (Worboys et al., 2010). En effet, ils gèrent des terres protégées en permanence, et ces sites sont souvent les habitats centraux les plus intacts et les plus importants au sein d'un corridor. Les aires protégées sont une pierre angulaire essentielle de la conservation de la connectivité. En outre, les gestionnaires d'aires protégées apportent des compétences spécialisées en gestion de la conservation, précieuses pour l'ensemble du corridor et sa gestion. Si les objectifs d'établissement de l'aire protégée doivent encore être atteints, les gestionnaires doivent gérer les écosystèmes à l'intérieur de la réserve. Souvent, cela ne sera possible que si les gestionnaires travaillent au-delà des limites des aires protégées, afin de veiller à ce que les aires protégées soient interconnectées au sein de paysages plus vastes. Ils y parviendront en travaillant en partenariat avec les propriétaires fonciers et de nombreuses organisations gouvernementales et non gouvernementales, opérant à différentes échelles. La création de nouvelles aires protégées peut jouer un rôle important en catalysant les initiatives de conservation de la connectivité. Par exemple, en Australie, l'achat d'importantes terres privées par des ONG pour y établir des aires protégées a souvent donné lieu à la création d'initiatives de connectivité dépassant les limites de ces sites (Fitzsimons et Wescott, 2005).

Gouvernance des corridors transfrontaliers

De nombreux corridors de conservation de la biodiversité inclus dans des aires de conservation de la connectivité traversent les frontières internationales. Ils sont importants pour la conservation des habitats qui permettent le déplacement et le maintien de populations d'espèces viables, tout en conservant les services écosystémiques qui améliorent le bien-être des communautés locales et des systèmes socioéconomiques plus lointains. La conservation transfrontalière peut permettre la libre circulation des espèces sauvages et la migration des espèces, en particulier des animaux nécessitant de grandes superficies (elle permet également la connectivité écologique, par exemple, la libre circulation des cours d'eau). Cette migration non perturbée des espèces facilite les échanges génétiques et réduit l'isolement, ce qui minimise le risque de perte de biodiversité. La conservation transfrontalière permet le maintien de populations d'espèces saines et viables grâce à des mesures de gestion coordonnées au-delà des frontières. Il peut s'agir d'une approche efficace pour la conservation de la biodiversité, dans la mesure où les menaces transfrontalières peuvent être abordées par une action coordonnée. Cependant, l'établissement d'une gouvernance partagée et d'une gestion coopérative, une nécessité dans les approches transfrontalières de conservation, est généralement un processus dynamique et complexe à long terme (étude de cas 27.2).

Évaluation des besoins de conservation transfrontalière

Les approches transfrontalières en matière de conservation offrent de nouvelles possibilités en ouvrant de nouveaux canaux de coopération, et peuvent entraîner de multiples avantages, si elles sont bien planifiées et gérées. Elles constituent probablement l'un des « types » de conservation les plus complexes, en raison de la variété d'éléments devant être négociés entre deux pays ou plus. C'est pourquoi une évaluation minutieuse des besoins et des possibilités et avantages potentiels doit être effectuée avant de s'engager dans une initiative transfrontalière. Vasilijević (2012) décrit un outil de diagnostic pratique pour les planificateurs de la conservation transfrontalière, qui permet une auto-évaluation au moyen d'un questionnaire, aidant à décider de s'engager ou non dans une initiative transfrontalière. L'outil est conçu de manière à aider les autorités chargées des aires protégées et autres organismes gouvernementaux, ONG, communautés locales et toute autre partie intéressée à évaluer leur volonté de s'engager dans un processus de conservation transfrontalière, sans négliger les raisons écologiques ou de biodiversité de la conservation transfrontalière, ainsi que les opportunités et risques potentiels qui l'accompagnent. L'outil de diagnostic, permettant la génération automatisée de rapports, est disponible auprès de l'UICN (Vasilijević, 2012).

Avantages des approches transfrontalières

Bien que la conservation de la biodiversité soit l'objectif principal des corridors migratoires transfrontaliers, la conservation transfrontalière peut avoir de nombreux autres avantages potentiels, et peut offrir d'importantes possibilités

Étude de cas 27.2 Ceinture verte européenne : un corridor de migration pour la faune à l'échelle d'un continent

Les corridors migratoires transfrontaliers peuvent aller d'une échelle très locale à une échelle continentale (Vasilijević et Pezold, 2011). La Ceinture verte européenne est un exemple frappant de corridor migratoire transfrontalier à l'échelle continentale. En plus de présenter des avantages pour la conservation de la biodiversité, la Ceinture verte européenne aborde le symbolisme spécifique du renouveau de la réconciliation et de la coopération après la longue période du « rideau de fer ». Cette initiative vise à consolider un réseau d'aires protégées situées dans des zones frontalières de pays souverains s'étendant d'une partie fennoscandienne de l'Europe du Nord à la mer Adriatique et la mer Noire, au sud. Bien que cet exemple soit pertinent pour la question de l'échelle, il fournit également un exemple des défis importants auxquels les protagonistes sont confrontés dans le développement d'initiatives transfrontalières, dans des dynamiques et des circonstances socioéconomiques et sociopolitiques très différentes.

– Maja Vasilijević, directrice d'Eco Horizon, Croatie

qui n'existaient pas avant la mise en place d'une initiative transfrontalière (études de cas 27.2 et 27.3). Elle permet une interaction régulière et un partage continu d'informations entre autorités chargées des aires protégées, elle soutient un processus d'apprentissage, elle établit des liens entre les cultures, permettant le développement de confiance et d'amitiés entre communautés locales, elle prévoit le développement économique de la zone concernée, et elle permet l'établissement ou le renforcement de relations diplomatiques bilatérales et multilatérales. Cette liste n'est en rien exhaustive et les avantages et répercussions positives potentiels de la conservation transfrontalière s'étendent potentiellement au-delà de ceux présentés ici. Le développement de la confiance entre les principales parties prenantes est, cependant, un aspect important. Sans confiance et compréhension mutuelles, les chances de parvenir à une bonne coopération seront limitées.

Des gestionnaires d'aires protégées renouvellent la signature d'un accord transfrontalier quinquennal de gestion coopérative entre le Zapovednik Katunsky (Russie) et le parc naturel national de l'État de Katon-Karagay (Kazakhstan), qui font partie du projet de corridor de conservation de méga-connectivité Altaï-Sayan

Source : Graeme L. Worboys

Considérations juridiques

La présente section donne un aperçu des principaux instruments juridiques internationaux et nationaux soutenant la gestion des corridors et la conservation de la connectivité, ainsi que les considérations de gouvernance associées. Il s'inspire de *Aspects juridiques de la conservation de la connectivité : un document conceptuel* (Lausche, 2013) et du document d'origine : *Lignes directrices pour la législation sur les aires protégées* (Lausche, 2011).

Cadres juridiques internationaux

Les principaux instruments juridiques internationaux ayant une portée mondiale ou régionale pour leur rôle dans la promotion directe ou indirecte de la conservation de la connectivité sont les suivants.

Instruments internationaux

- **Convention sur la diversité biologique (CDB).** Bien qu'elles ne soient pas explicites à ce sujet, plusieurs dispositions de la convention sont directement pertinentes, en particulier l'Article 8 sur la conservation *in situ*. Cet article appelle à la création de systèmes d'aires protégées et autres zones où des mesures spéciales doivent être prises pour conserver la biodiversité, de telles mesures incluant nécessairement la connectivité. Le Programme de travail de la CDB sur les aires protégées est clair sur la nécessité de réseaux écologiques, de corridors écologiques et de zones tampons dans le contexte des cadres d'aires protégées. Plusieurs objectifs d'Aichi pour la biodiversité (5, 11 et 14) renforcent également directement le besoin de connectivité, tout comme certaines décisions ultérieures des Parties. Par exemple, l'Objectif 11 appelle à des « systèmes bien connectés d'aires protégées et autres mesures efficaces de conservation par zone, intégrées dans les paysages terrestres et marins au sens large » (CDB, 2011:2). Pour d'autres exemples et discussions, voir Lausche et al. (2013).

Étude de cas 27.3 Parc transfrontalier de Kgalagadi

Dans l'extrême nord-ouest de l'Afrique du Sud, une petite portion de terre d'environ 235 km est coincée entre le Botswana à l'est et la Namibie à l'ouest. Ici, la rivière Nosob définit la frontière entre l'Afrique du Sud et le Botswana, tandis que celle entre l'Afrique du Sud et la Namibie est une ligne droite nord-sud. Bien que ces deux limites aient été établies par divers processus politiques, la première illustre clairement la nécessité d'une coopération transfrontalière pour atteindre des objectifs de conservation. Cela est particulièrement vrai si l'on considère que cette région se trouve dans le désert du Kalahari méridional, où la rareté de l'eau est un facteur clé de la fonctionnalité des écosystèmes, et où il serait donc logique que le Botswana et l'Afrique du Sud considèrent que leur frontière internationale doit être gérée en coopération.

L'Afrique du Sud a proclamé le parc national du Kalahari Gemsbok en 1931, et le Botswana a proclamé le parc national de Gemsbok en 1971. La gestion coopérative de ces aires adjacentes existe toutefois *de facto* depuis 1948, grâce à un accord verbal entre les deux pays. Depuis 1964, le directeur et certains des rangers du parc national du Kalahari Gemsbok ont été reconnus comme gardes honoraires ex-officio au Botswana. Le 7 avril 1999, le parc transfrontalier de Kgalagadi a été officiellement reconnu par la signature d'un accord bilatéral entre le Département de la faune et des parcs nationaux du Botswana et Parcs Nationaux d'Afrique du Sud (SANParks), créant ainsi le premier

parc transfrontalier formel d'Afrique. Le 12 mai 2000, le Président du Botswana, Festus Mogae, et le président sud-africain, Thabo Mbeki, ont officiellement inauguré le parc transfrontalier de Kgalagadi. Cela faisait suite la création d'un comité de gestion conjoint entre les organismes de conservation respectifs en juin 1992, et l'approbation du plan de gestion révisé en 1997.

La création de ce parc transfrontalier de 35 551 kilomètres carrés (figure 27.5) a non seulement permis de maintenir les processus écosystémiques et le mouvement ininterrompu des grands mammifères, mais également de rétablir des liens et des caractéristiques culturelles importants. Bien que la Namibie ne contribue pas au parc transfrontalier en termes de territoire terrestre, l'ouverture des installations touristiques Mata-Mata le 12 octobre 2007 a réuni les communautés locales autour d'un point d'accès historique entre la Namibie et l'Afrique du Sud. En outre, un accord de règlement des terres conclu avec succès entre les communautés ‡Khomani San et Mier, le gouvernement sud-africain et SANParks, a permis de transférer aux communautés une portion de 500 kilomètres carrés de terres dans le parc national de Kalahari Gemsbok.

– Kevan Zunckel, ZUNCKEL Ecological and Environmental

Les informations présentées dans cette étude de cas ont été en grande partie obtenues et résumées de la Peace Parks Foundation (2014), sauf indication contraire.

Des représentants des communautés ‡Khomani San et Mier à la recherche de traces au sein du parc du patrimoine !Ae!Hai Kalahari, avec le !Xaus Lodge au fond, Afrique du Sud

Source : !Xaus Lodge

Figure 27.5 : Emplacement du parc transfrontalier de Kgalagadi et de ses parcs nationaux constitutifs au Botswana et en Afrique du Sud

Source : Modifié de Peace Parks Foundation

- **Convention-cadre des Nations unies sur les changements climatiques.** Les mécanismes créés pour poursuivre la mise en œuvre de cette convention, en particulier la réduction des émissions résultant du déboisement et de la dégradation des forêts (REDD) et REDD+, peuvent générer des « co-avantages » pour la conservation de la connectivité en fournissant des incitations à la conservation des forêts naturelles et de leurs services écosystémiques. En effet, le passage de la REDD à la REDD+, en 2010, reflétait une perspective changeante et un objectif du mécanisme lui-même plus axé sur la conservation. REDD+ ne considère pas les forêts naturelles comme un stock de carbone, mais bien plus important encore, comme faisant partie de systèmes naturels soutenant la biodiversité et fournissant des services écosystémiques qui, à leur tour, aident à maintenir les paysages terrestres et marins stables, en conservant et en améliorant leur stockage de carbone. REDD+ fournit des incitations à prendre des mesures, y compris des mesures de conservation de la connectivité, aidant à atténuer les changements climatiques, tout en jouant un rôle important dans la conservation de la biodiversité et des écosystèmes.
- **Convention sur la conservation des espèces migratrices de faune sauvage (CMS).** Les Parties à la CMS ont reconnu que les objectifs de la convention ne peuvent pas être atteints sans assurer une conservation adéquate de la connectivité et la protection des réseaux écologiques (voir, par exemple, la Résolution 10.3, 2011). Pour les espèces menacées en annexe 1, l'Article III, paragraphe 4, invite les Parties à prévenir, éliminer, compenser ou minimiser les effets négatifs des activités ou des obstacles constituant une gêne sérieuse à la migration desdites espèces, et les accords conclus en vertu de la convention visent à conserver et, si nécessaire et possible, à restaurer les habitats importants pour maintenir des conditions de conservation favorables (Article IV[1][4]). Les instruments auxiliaires de la CMS (accords et protocoles d'entente) sont importants pour promouvoir la conservation de la connectivité pour des groupes spécifiques d'espèces.
- **Convention relative aux zones humides d'importance internationale particulièrement comme habitats des oiseaux d'eau (Convention de Ramsar).** Les Parties à la Convention de Ramsar sont tenues de formuler et mettre en œuvre des plans de conservation des zones humides inscrites, ainsi que des plans d'utilisation rationnelle de toutes les zones humides, dans la mesure du possible. Étant donné que les zones humides, telles que les cours d'eau, fournissent des fonctions de connectivité essentielles, et que l'utilisation « rationnelle » (interprétée comme utilisation « durable ») devrait également assurer des degrés de connectivité suffisants, les obligations découlant de la convention contribuent à la conservation de la connectivité.
- **Convention du patrimoine mondial (CPM).** Chaque Partie à la CPM doit intégrer, autant que possible, la protection de son patrimoine naturel dans des programmes de planification complets, et prendre les mesures appropriées (y compris des mesures juridiques) pour protéger, conserver et réhabiliter ce patrimoine (Article 5). Les lignes directrices opérationnelles demandent aux Parties de prévoir des mesures spécifiques de connectivité, telles que des zones tampons, pour ces sites patrimoniaux. Dans ce contexte, les obligations de la CPM peuvent s'étendre à la conservation de la connectivité.
- **Programme l'Homme et la biosphère de l'UNESCO (MAB).** En complément des instruments juridiquement contraignants, tels que ceux mentionnés précédemment, il existe d'autres accords mondiaux non juridiquement contraignants. Le programme l'Homme et la biosphère de l'Organisation des Nations unies pour l'éducation, la science et la culture (UNESCO) constitue une disposition notable, avec son concept de réserves de biosphère applicable aux zones terrestres, côtières, marines et insulaires. D'importantes fonctions de connectivité sont assurées par les réserves de biosphère, au-delà de leurs zones centrales (normalement une aire protégée formelle), car celles-ci nécessitent des extensions sous forme de zones tampons et zones de transition (qui peuvent ne pas constituer des aires protégées formelles) (UNESCO, 2013).

Instruments régionaux et supranationaux

- **Traités régionaux.** De nombreux instruments juridiques régionaux sont pertinents pour la conservation de la connectivité. Les exemples incluent : Convention africaine sur la Conservation de la nature et des ressources naturelles (1968, révisée en 2003, pas encore en vigueur), Convention sur la conservation de la faune et des habitats naturels en Europe (Convention de Berne, 1979), Convention sur la protection de la nature et la préservation de la vie sauvage dans l'hémisphère occidental (Convention de l'hémisphère occidental, 1940), Convention pour la conservation de la diversité biologique et la protection des zones sauvages en Amérique centrale (1992), Convention européenne du paysage (2000), Convention alpine (1991) et en particulier son Protocole sur la conservation de la nature et des paysages (1994), Convention des Carpates et son

Protocole sur la Conservation et l'utilisation durable de la diversité biologique et paysagère (2003), Protocole sur la protection de l'environnement du Traité sur l'Antarctique (1991), ainsi qu'une série d'instruments auxiliaires de la CMS.

- **Réseau Natura 2000 de l'Union Européenne (UE).** En tant qu'organe supranational, le législateur de l'UE a adopté deux instruments juridiques principaux soutenant la biodiversité et la connectivité. Il s'agit de la Directive Oiseaux (Directive 2009/147/CE) et de la Directive Habitats (Directive 92/43/CEE). Ces directives préconisent, entre autres, la mise en place d'un réseau écologique garantissant des conditions favorables de conservation des espèces cibles et des habitats naturels. Ensemble, ces directives ont facilité la création d'un réseau écologique européen cohérent à l'échelle du continent, appelé Natura 2000. Le cadre juridique de ce réseau comprend un ensemble de règles juridiquement contraignantes pour les 27 États membres de l'UE (Article 3, Directive Habitats).

Outils juridiques nationaux pour la conservation de la connectivité

La plupart des systèmes juridiques nationaux contiennent déjà un ensemble d'outils juridiques pouvant être utilisés pour promouvoir et gérer les corridors et autres mesures de conservation de la connectivité par zone. Après une brève note sur les considérations de gouvernance, le reste de cette section passe en revue les principaux instruments de droit national pouvant être utilisés pour soutenir les corridors et la connectivité.

Approches juridiques de gouvernance

Les approches de gouvernance pour la conservation de la connectivité en sont encore à leurs premiers stades de développement dans la plupart des systèmes juridiques. Les premières leçons tirées des études de cas et de la recherche suggèrent que l'approche conventionnelle de la gouvernance des aires protégées, des sites détenus ou contrôlés par l'État, n'est pas significative dans le contexte de la conservation de la connectivité. En effet, la plupart des sites importants pour la connectivité, en dehors d'un système d'aires protégées, sont détenus ou contrôlés par d'autres entités, à savoir des particuliers, des communautés locales ou des peuples autochtones, des ONG ou des entreprises.

Tout comme aucun modèle standard de gouvernance ne fonctionnera pour les systèmes d'aires protégées, aucune approche standard ne fonctionnera pour les aires de conservation de la connectivité. Diverses approches de gouvernance doivent être facilitées, de celles appropriées pour les sites de connectivité à petite échelle (par exemple, les haies, les parcelles de plantes, les bosquets, les parcs urbains) jusqu'à celles appropriées pour les sites à grande échelle (grands systèmes fluviaux, chaînes d'îles, zones côtières, mers et océans). Cela signifie que des lois et politiques adaptées doivent fournir des pouvoirs, des règles et des incitations pour soutenir cette diversité, ainsi qu'une flexibilité pour l'évolution des partenariats, des conditions biophysiques (y compris les changements climatiques) et des besoins de gestion (Worboys et Pulsford, 2011).

Lois relatives à la conservation et à l'utilisation durable pour soutenir les corridors et la connectivité

Pour atteindre leurs objectifs, la plupart des lois relatives à la conservation et à l'utilisation durable exigent ou sont liées à la connectivité naturelle d'une manière ou d'une autre.

- Législation spécifique sur la connectivité : bien que les recherches n'aient pas permis d'identifier de législation existante de nature générique, certaines lois spécifiques à certains sites existent, comme par exemple, la *Loi sud-coréenne sur la protection du système montagneux de Baekdu Daegan (BDMS) de 2003* (loi n°7038, telle que modifiée en 2009).
- Législation relative aux aires protégées : les cadres juridiques relatifs aux aires protégées sont un outil fondamental pour la conservation de la biodiversité. À ce titre, la conservation de la connectivité devrait être prise en compte dans toute cette législation, de la conception du système à la sélection des sites, en passant par la planification de la gestion, la coordination, la gouvernance et le suivi.
- Lois relatives à la biodiversité et à la conservation de la nature : certains pays ont adopté des lois nationales relatives à la biodiversité ou à la conservation de la nature en tant que lois cadres, comme par exemple, la *Loi australienne de 1999 sur la protection de l'environnement et la conservation de la biodiversité.* Celles-ci nécessitent la prise en compte de la conservation de la connectivité pour atteindre leurs objectifs en matière de biodiversité.
- Lois relatives à la conservation de la faune sauvage : la plupart des pays disposent d'une législation relative à la conservation de la faune sauvage, généralement au moyen d'un ou plusieurs instruments, et couvrant généralement les espèces menacées ou en danger, la conservation générale de la faune sauvage et la chasse. Ces lois supposent ou exigent généralement certaines normes de gestion et de protection des espèces faisant de la conservation de la connectivité une considération essentielle.
- Lois relatives à l'utilisation durable des ressources ou des écosystèmes : les lois visant à assurer une

utilisation durable des ressources naturelles (forêts, sols, tourbières, prairies, pêche, terres agricoles) et de types d'écosystèmes spécifiques (bassins versants, zones humides, zones côtières, débits hydrologiques) sont de plus en plus courantes dans le monde. L'objectif est de maintenir la connectivité des systèmes biologiques qui soutiennent la production de ressources et le bon fonctionnement des écosystèmes avec le temps, y compris face aux menaces continues et aux changements mondiaux tels que les changements climatiques.

Instruments de contrôle des terres et du développement

La législation relative à l'aménagement du territoire (parfois appelée « Loi sur l'utilisation des terres ») a un rôle important à jouer dans l'établissement de règles juridiques de base visant à soutenir la conservation de la connectivité. L'accent est mis sur les développements futurs et l'utilisation d'outils réglementaires tels que le zonage pour contrôler, développer et protéger les aires de conservation importantes, y compris pour la connectivité, contre un développement futur incompatible. Plusieurs points sont pertinents ici :

- L'aménagement du territoire repose sur une réglementation directe pour contrôler le développement futur proposé. Il ne repose pas sur la coopération volontaire des propriétaires fonciers ou des ayant-droits, bien qu'il définisse le cadre dans lequel les initiatives volontaires peuvent faire progresser des objectifs de conservation spécifiques sur les terres.
- Les plans d'aménagement modernes du territoire devraient intégrer des plans de conservation et être conformes aux dispositions de ces plans, en identifiant les zones importantes sur le plan écologique, ainsi que les valeurs de conservation spécifiques nécessitant une protection au sein de ces zones, y compris la conservation de la connectivité.
- La législation relative aux évaluations de l'impact environnemental joue un rôle crucial dans la mise en œuvre des plans d'aménagement du territoire et de contrôles d'aménagement compatibles avec les besoins et valeurs de conservation d'un paysage ou d'un site, ainsi que dans le respect d'autres lois environnementales (par exemple, sur la lutte contre la pollution).
- La réglementation du développement est essentielle non seulement pour maintenir la connectivité, mais aussi pour veiller à ce que les paysages fragmentés, en cours de restauration, continuent d'être protégés contre un développement incohérent.
- Les juridictions disposant de plans d'aménagement du territoire urbains et ruraux entièrement élaborés sont plus susceptibles d'assurer des contrôles complets sur le développement et de maintenir ou de restaurer des valeurs de connectivité importantes dans un paysage. En Europe et en Australie, en particulier, l'aménagement du territoire juridiquement contraignant est une tradition bien établie, aussi bien dans les zones urbaines que dans les zones rurales.

Outils économiques et fondés sur le marché

Contrairement à l'aménagement du territoire (qui met l'accent sur la réglementation des utilisations futures et non des utilisations existantes), les instruments économiques constituent un outil supplémentaire en ce qui concerne les utilisations existantes. Des instruments économiques peuvent être utilisés pour encourager et guider la gestion active des utilisations existantes, y compris pour mieux soutenir la conservation volontaire de la connectivité. Les instruments économiques introduisent le facteur de choix. Ils utilisent des incitations négatives (par exemple, des impôts ou des charges) et des incitations positives (par exemple, des paiements de gestion ou des crédits d'impôt) pour inciter les gens à changer leur comportement.

Dans la pratique, les outils économiques et de marché sont fréquemment utilisés en combinaison. Une réglementation directe peut être utilisée pour protéger les aires existantes contre des projets de développement incompatibles avec la conservation de la connectivité, et des incitations économiques peuvent être utilisées pour encourager les propriétaires fonciers et les ayant-droits à modifier volontairement les pratiques existantes pour favoriser la conservation de la connectivité (par exemple, pour mettre en œuvre des pratiques agricoles ou forestières traditionnelles et des projets de restauration).

L'outil économique appelé « paiement pour services écosystémiques » (PSE) est un exemple d'incitatif économique. Le PSE est un accord contractuel par lequel un propriétaire foncier accepte de fournir et de conserver certains services écosystémiques par des utilisations des terres compatibles avec la production de ces services (par exemple, la protection d'un bassin hydrographique pour ses ressources en eau) et, en retour, le bénéficiaire (par exemple, un service public ou privé) s'engage à payer un montant convenu pour ce service pendant une durée définie.

Les « banques de conservation » sont un autre exemple d'outil émergent axé sur le marché, reconnu dans certains systèmes juridiques, et actuellement testé principalement dans les pays occidentaux. Il s'agit d'un mécanisme permettant aux propriétaires fonciers privés de générer des crédits de conservation grâce à des actions actives de gestion de la conservation sur leurs terres visant à améliorer leurs valeurs de biodiversité, et établissant des dispositions pour garantir la sécurité à long terme de ces crédits.

Instruments juridiques spéciaux pour la conservation volontaire

Les dispositions volontaires de conservation doivent être reconnues par la loi pour être garanties pour toutes les parties, à long terme. Les outils les plus courants fournissant une base juridique à la conservation volontaire, y compris pour la conservation de la connectivité, sont les accords, les servitudes et les engagements de conservation.

Accords volontaires de conservation

De nombreux pays (par exemple, l'Australie, le Royaume-Uni, les États-Unis et plusieurs pays d'Amérique latine) prévoient l'utilisation d'accords de conservation pour officialiser les engagements et autres éléments relatifs aux aires de conservation volontaires. De tels engagements peuvent concerner des zones importantes pour la conservation de la connectivité, qui peuvent faire partie du système officiel d'aires protégées ou se trouver à l'extérieur de celui-ci, mais qui sont importantes pour répondre aux besoins de connectivité du système. L'extension de cet outil aux zones importantes pour la conservation de la connectivité est particulièrement intéressante, étant donnée la diversité des modalités de gouvernance, principalement dominées par des terres privées ou communautaires, susceptibles d'exister sur des terres ou des ressources à l'intérieur ou à l'extérieur du système officiel d'aires protégées, mais importantes pour sa durabilité. Un accord de conservation, appelé « accord volontaire de conservation » dans certaines juridictions ou simplement « accord », est un contrat juridiquement contraignant entre les parties, consignant des dispositions de conservation à long terme et autres dispositions volontaires et conditions connexes convenues mutuellement. Idéalement, ces accords devraient s'appliquer à perpétuité. Cependant, même un accord à durée déterminée peut constituer un premier pas pour obtenir un engagement permanent.

Dans les systèmes formels, les accords volontaires de conservation à long terme liés aux terres sont normalement enregistrés auprès du registre foncier, afin que le public et les futurs propriétaires ou ayant-droits soient informés que les mesures de conservation « sont liées aux terres », quel que soit leur propriétaire. Toute mesure incitative conditionnelle à une disposition permanente (par exemple, réduction d'impôts, avantages fiscaux, sécurité d'occupation) devra être clairement identifiée dans l'accord et devra également rester valide même si les propriétaires changent. Afin de lui donner plein effet juridique, l'accord est normalement approuvé ou endossé par un organisme gouvernemental chargé de superviser sa mise en œuvre.

L'accord de gouvernance applicable au site est un des éléments importants à inclure dans un accord de conservation volontaire. Cela inclut les institutions spécifiques chargées de la gouvernance et de la gestion, que ces fonctions soient réunies, distinctes ou combinées dans une institution ou une entité. Lorsqu'il est prévu que les modalités de gouvernance puisse changer avec le temps, il est conseillé que la loi permette de séparer les documents en un document-cadre et un plan de gestion, afin que des changements de gestion puissent être apportés sans modifier l'accord-cadre.

Servitudes et engagements

Les servitudes et engagements sont utilisés dans certains systèmes juridiques à des fins de conservation, et sont parfois appelées « servitudes de conservation ». Il existe d'importantes distinctions juridiques quant à la façon dont les différentes juridictions peuvent appliquer, utiliser ou reconnaître les termes « accord de conservation » et « engagement de conservation » (ou servitude). En effet, ceux-ci ont évolué dans des cadres juridiques différents. Une servitude de conservation est une forme particulière d'accord juridique officiel engageant un propriétaire foncier ou un ayant-droit à certaines obligations à l'égard des terres ou de la ressource. Elle peut limiter le type ou la quantité de développement sur la propriété (normalement, protéger les terres contre un développement indésirable), ce qui constitue légalement une servitude négative, ou elle peut obliger la partie à mener des actions spécifiques sur les terres ou à utiliser les terres d'une certaine manière, liée à la gestion active et à la conservation, ce qui est légalement entendu comme une servitude affirmative. Après la signature de la servitude, celle-ci est enregistrée auprès du registre foncier officiel approprié, responsable des titres fonciers, et tous les futurs propriétaires sont liés par cette même servitude. Ainsi, elle fonctionne essentiellement comme « un engagement avec les terres ».

Une servitude de conservation ou un engagement portant sur les terres peut constituer une option intéressante pour un gouvernement (ou un organisme de conservation pouvant acheter la servitude), parce qu'elle garantit un intérêt juridique partiel dans les terres pour la conservation, sans exiger que le gouvernement ou l'organisme de conservation achète ces terres. Elle présente un intérêt pour les propriétaires fonciers privés parce que ceux-ci conservent le titre et la propriété, ce qui permet une utilisation continue à perpétuité, tant que celle-ci est compatible avec les termes de l'engagement ou de la servitude, les successeurs du propriétaire y étant également liés.

Aux États-Unis, au Royaume-Uni, en Australie et dans certains pays d'Amérique latine, des incitations fiscales sont prévues pour conclure de telles servitudes, à condition que celles-ci soient perpétuelles et remplissent certaines

Étude de cas 27.4 Instruments juridiques : initiative Great Eastern Ranges

L'Initiative Great Eastern Ranges (GER) vise à établir un corridor de conservation à l'intérieur de la côte est de l'Australie, sur 3 600 kilomètres du nord au sud. Le corridor est principalement défini par le Great Dividing Range et le Great Escarpment de l'est de l'Australie (Mackey et al., 2010).

Aucune législation, en Australie, ne reconnaît spécifiquement la conservation de la connectivité, bien que les réserves de biosphère, qui incorporent intrinsèquement la conservation de la connectivité, soient reconnues en vertu de la *Loi fédérale de 1999 sur la protection de l'environnement et la conservation de la biodiversité* (EPBC Act). Un projet récent de plan national de corridors fauniques (National Wildlife Corridors Advisory Group, 2012) recommandait une loi nationale sur les corridors fauniques, mais cela n'aurait fourni qu'un processus juridique pour la désignation par les communautés et la déclaration par le gouvernement de corridors fauniques nationaux, et non les outils pour y parvenir. Le projet de loi a par la suite été abandonné au profit d'un processus non législatif (Government of Australia, 2012).

Dans la pratique, les États et territoires australiens ont traditionnellement assumé la responsabilité de la gestion de l'environnement, et l'un des défis juridiques est que le corridor traverse quatre juridictions, les États du Victoria, de Nouvelle-Galles du Sud et du Queensland, et le territoire de la capitale australienne, chacune avec sa propre législation environnementale. Le gouvernement fédéral peut toutefois adopter des lois relatives aux « affaires extérieures » (*Australian Constitution*, s. 51[xxix]), cela lui permettant de mettre en œuvre les obligations de l'Australie en vertu des conventions internationales sur la conservation de la nature (*Commonwealth v Tasmania* [1983] 158 CLR 1), y compris la CDB. La loi EPBC identifie un certain nombre de « questions environnementales d'importance nationale », y compris les espèces et communautés écologiques répertoriées comme menacées au niveau national. Toute activité susceptible d'avoir un impact significatif sur ces questions doit être évaluée et approuvée par le gouvernement fédéral, en plus d'obtenir les approbations requises en vertu de la loi de l'État (EPBC Act, Part 3, Division 1). Cela signifie que le gouvernement fédéral peut imposer des conditions strictes sur les développements approuvés au niveau d'un État, et même opposer son veto.

La variété de régimes fonciers pose un autre défi. En Nouvelle-Galles du Sud, bien que 59 % du corridor se situe sur des terres publiques, dont 39 % dans des aires protégées, 41 % sont privés. Dans le Queensland, le corridor inclut d'importantes zones de terres publiques et de terres privées louées par des particuliers (Pulsford et al., 2012). Les lacunes entre les aires protégées contrôlées par le secteur privé constituent un défi pour le développement du corridor. Ces zones ont constitué le principal intérêt de l'initiative, jusqu'à présent.

Les activités se concentrent dans l'État de Nouvelle-Galles du Sud, bien que de nouvelles alliances GER se soient formées récemment dans les autres juridictions. L'initiative est dirigée, en Nouvelle-Galles du Sud, par un groupe de partenaires principaux (trois ONG de conservation, un organisme statutaire semi-indépendant et l'agence environnementale du gouvernement de Nouvelle-Galles du Sud). Huit partenariats régionaux GER ont été mis en place, couvrant différentes sections du corridor. Ceux-ci réunissent entre 10 et 35 organisations, dont des ONG, des groupes industriels, des agences gouvernementales, des administrations locales, des groupes autochtones et des établissements universitaires. Chaque partenariat régional applique sa propre approche

Garth Dixon OAM, dans sa propriété « Warriwillah », près de Canberra, a signé un accord de conservation à perpétuité avec le Service des parcs nationaux et de la faune sauvage de Nouvelle-Galles du Sud dans la section « Kosciuszko à la côte » de l'Initiative Great Eastern Ranges

Source : Ian Pulsford

de planification et de mise en œuvre. Divers processus de planification stratégique sont utilisés, même s'ils n'ont pas été spécifiquement conçus pour la conservation de la connectivité. Par exemple, les priorités en matière d'investissement sur le terrain pour la conservation d'un site sont guidées par deux plans régionaux de récupération de multiples espèces / communautés écologiques énonçant les mesures nécessaires pour maximiser leur survie à long terme dans la nature. Les plans de récupération peuvent être mis à profit pour atteindre les objectifs de connectivité, car l'amélioration de la connectivité de l'habitat est une stratégie clé pour maintenir la capacité de dispersion et la viabilité des espèces dans le contexte des changements climatiques (DECCW, 2010:42). Dans une autre section du corridor, la planification stratégique de la conservation de la biodiversité s'articule autour d'une évaluation stratégique de projets de mines de charbon, susceptibles d'avoir un impact significatif sur des questions environnementales d'importance nationale, en vertu de la loi EPBC.

Afin de mettre en œuvre des actions de conservation de terrain sur des terres privées, les ONG doivent nécessairement compter sur le volontariat. Même lorsque le gouvernement joue un rôle, il met l'accent sur les instruments volontaires plutôt que sur les instruments réglementaires (OEH, 2013).

Les instruments volontaires utilisés incluent l'achat pur et simple de terres par des ONG de conservation et des accords de gestion avec les propriétaires fonciers. Les accords liant à perpétuité les propriétaires actuels et futurs des terres demeurent le Saint Graal de la conservation des terres privées. En Australie, cependant, contrairement aux États-Unis, les ONG ne peuvent généralement pas conclure de tels arrangements. Ceux-ci ne sont accessibles qu'aux organes statutaires, en vertu de la législation, bien que les ONG puissent conclure des accords de coopération. Ces organismes statutaires peuvent également utiliser des « fonds renouvelables », leur permettant d'acheter des terres et de les vendre sous réserve d'acceptation d'un engagement lors de la vente, leur permettant d'investir les revenus générés dans d'autres achats.

Les propriétaires fonciers concluant des engagement perpétuels ou achetant des terres déjà soumises à des engagements sont généralement motivés par une éthique environnementale plutôt que par des incitations spécifiques, bien qu'ils soient récompensés par des avantages fiscaux et, en Nouvelle-Galles du Sud, par un allégement des taxes gouvernementales locales. À l'autre extrême, des accords et systèmes d'enregistrement avant tout symboliques ne durent que tant que le propriétaire le souhaite. L'objectif est d'obtenir un engagement initial dans l'espoir d'en prolonger la durée et l'ampleur dans le temps.

Entre ces deux extrêmes, la pratique varie. L'objectif d'obtenir un engagement exécutoire assurant une sécurité à long terme doit être soupesé face à la réticence des propriétaires fonciers si les incitations ne sont pas substantielles, même dans un contexte où une action coercitive est peu probable. Une approche nécessite des accords d'au moins cinq ans, lorsque les interventions de gestion requises sont modestes (par exemple, la gestion du pâturage), mais d'au minimum 15 ans lorsque des mesures de restauration (re-végétalisation, clôture pour l'exclusion des animaux d'élevage et la gestion des mauvaises herbes) sont en jeu. Si le seul objectif est la lutte contre les animaux sauvages ou la suppression des mauvaises herbes par un propriétaire foncier après l'enlèvement des mauvaises herbes par l'autre partie à l'accord, peu de formalités et aucun engagement juridiquement contraignant sont sans doute suffisants.

Une approche volontaire plutôt que réglementaire est essentielle pour assurer la coopération des propriétaires fonciers privés dans la gestion active continue. Cependant, un contexte réglementaire contrôlant le projet de développement menaçant la connectivité existante est un précurseur essentiel. Dans le GER, cela est assuré par les contrôles de l'État sur le développement et l'enlèvement de la végétation autochtone et la réglementation du Commonwealth des propositions ayant un impact significatif sur les questions environnementales d'importance nationale. En outre, les plans de planification des autorités locales peuvent chercher à protéger les corridors par un zonage ou par des superpositions environnementales, qui devront être prises en compte dans la détermination des demandes de développement. L'existence d'une réglementation directe améliore fondamentalement la position de négociation de ceux qui cherchent à obtenir des accords de gestion avec les propriétaires fonciers. Ces processus réglementaires ont été établis bien avant l'émergence de la conservation de la connectivité, et mettent l'accent sur le volontarisme. La conservation de la connectivité n'est pas leur objectif, mais ils constituent des éléments importants dans sa réalisation.

– David Farrier, Faculté de Droit, Université de Wollongong, Australie

Passage faunique, parc national de Banff : la route Transcanadienne et autres routes traversent cet important corridor migratoire nord-sud pour la faune, qui fait partie du corridor Yellowstone-Yukon (Y2Y). En réponse à cette situation, quarante-quatre passages surélevés et souterrains ont été construits dans le parc, et de nombreux animaux les utilisent, y compris l'ours noir (*Ursus americanus*), le grizzli (*Ursus arctos*), le loup gris (*Canis lupus*), le couguar (*Felis concolor*) et le wapiti (*Cervus elaphus*). Ces structures aident à maintenir la connectivité pour la faune. Elles soutiennent l'efficacité du corridor Y2Y et ont réduit le nombre d'incidents entre véhicules et faune sur les routes du parc

Source : Graeme L. Worboys

Un *Eucalyptus pauciflora* à sa limite altitudinale à Charlotte Pass, parc national de Kosciuszko, Nouvelle-Galles du Sud. Le parc fait partie de l'Initiative Great Eastern Ranges, et cette zone de conservation de la connectivité s'étend sur 3 000 kilomètres au nord de l'État du Victoria, à travers les parcs nationaux alpins d'Australie et la Nouvelle-Galles du Sud, jusqu'au site du Patrimoine mondial des tropiques humides du Queensland, et au-delà

Source : Graeme L. Worboys

conditions. Pour bénéficier de ces incitatifs fiscaux, généralement sous forme de déductions fiscales, il faut normalement confirmer que le bien a une valeur de conservation importante (étude de cas 27.4).

Outils juridiques pour la planification stratégique

Dans certains pays, l'évaluation environnementale stratégique (EES) offre un outil juridique de planification stratégique plus général pour la conservation de la connectivité. Cet outil représente un moyen d'intégrer les considérations de conservation dans les processus nationaux de planification stratégique et d'aménagement du territoire. Dans une EES, l'impact d'un projet d'aménagement du territoire ou d'un plan de développement sur l'environnement doit être évalué. Les grands projets d'infrastructures et les grands développements spatiaux, tels que les nouvelles zones résidentielles, peuvent évidemment avoir un impact majeur sur la connectivité, car ils peuvent constituer des obstacles majeurs pour la faune. Il est important que les exigences de connectivité soient bien présentées et évaluées dans les EES, à partir des meilleures informations scientifiques disponibles, de sorte qu'elles soient prises en compte à ce niveau. Cet instrument est un outil nouveau et émergent, peu d'expériences de son application étant disponible à ce jour.

Conclusion

La conservation de la connectivité est une approche du XXIe siècle pour la gestion des paysages et des écosystèmes. Dans le monde d'aujourd'hui, en évolution rapide, et à l'avenir, les aires protégées ne permettront pas, à elles seules, de conserver adéquatement la biodiversité. Ce n'est qu'en travaillant à comprendre et à gérer efficacement les aires protégées dans le cadre des paysages environnants et interconnectés que nous veillerons à ce que le plus grand nombre possible d'espèces et d'écosystèmes puissent se déplacer et s'adapter à mesure que le climat et autres conditions changeront. La conservation de la connectivité présente de nombreux avantages pour les personnes et la nature, et fournit une solution naturelle pour aider à atténuer les effets des changements climatiques. La conservation de la connectivité repose sur une base scientifique solide. Le concept est aujourd'hui suffisamment mûr pour qu'un cadre mondial de gestion et de gouvernance ait été élaboré par l'UICN, afin de permettre aux populations de travailler ensemble à l'échelle de grandes régions. Ces approches sont mises en œuvre partout dans le monde, y compris dans de nombreuses initiatives dépassant les frontières juridictionnelles. Ce cadre commence à répondre à la nécessité pour la conservation de la connectivité d'être soutenue par de nombreux instruments et outils juridiques déjà existants dans la plupart des systèmes juridiques nationaux. Une approche en deux phases est nécessaire : mieux utiliser les instruments existants, et renforcer les cadres existants au moyen d'outils et de processus nouveaux et novateurs, dans la mesure du possible. Les lecteurs peuvent consulter deux principaux documents sources (Lausche, 2011, 2013) et leurs listes de références complètes d'articles, de rapports et de sites web pour des analyses plus détaillées de ces sujets et des lectures complémentaires sur le droit et la conservation de la connectivité.

Références

Lectures recommandées

Amarasekare, P. (1994) 'Spatial population structure in the banner-tailed kangaroo rat, *Dipodomys spectabilis*', *Oecologia* 100: 166–76.

Beale, C. M. Baker, N. E., Brewer, M. J. et Lennon, J. J. (2013) 'Protected area networks and savannah bird biodiversity in the face of climate change and land degradation', *Ecology Letters* 16: 1061–8.

Beier, P. et Noss, R. (1998) 'Do habitat corridors provide connectivity', *Conservation Biology* 12: 1241–52.

Bennett, A. F. (1990) *Habitat Corridors: Their role in wildlife management and conservation*, Department of Conservation and Environment, Melbourne.

Bennett, A. F. (1998) *Linkages in the Landscape: The role of corridors and connectivity in wildlife conservation*, UICN, Gland.

Berggren, A., Birath, B. et Kindvall, O. (2002) 'Effects of corridors and habitat edges on dispersal behaviour, movement rates and movement angles in Roesel's bush-cricket (*Metriopetra roeseli*)', *Conservation Biology* 16: 1562–9.

Binning, C. et Fieldman, P. (2000) *Landscape conservation and the non-government sector*, Research Report 3, National Research and Development Program on Rehabilitation, Management and Conservation of Remnant Vegetation, Environment Australia, Canberra.

Bottrill, M. et Pressey, R. L. (2009) *Designs for Nature: Regional conservation planning, implementation and management*, Best Practice Protected Areas Guidelines Series, UICN, Gland.

Brown, J. H. et Kodric-Brown, A. (1977) 'Turnover rates in insular biogeography: effect of immigration on extinction', *Ecology* 58: 445–9.

Canadian Parks and Wilderness Society (2013) *Yellowstone to Yukon*. <cpaws-southernalberta.org/ campaigns/ yellowstone-to-yukon>

Carr, A. (2002) *Grass Roots and Green Tape: Principles and practices of environmental stewardship*, Federation Press, Sydney.

Cascante, A., Quesada, M., Lobo, J. J. et Fuchs, E. A. (2002) 'Effects of dry tropical forest fragmentation on the reproductive success and genetic structure of the tree *Samanea saman*', *Conservation Biology* 16: 137–47.

Chester, C. (2006) *Conservation Across Borders*, Island Press, Washington, DC.

Convention on Biological Diversity (CBD) (2011) *Strategic Plan for Biodiversity 2011–2020 and the Aichi Targets*, Secretariat of the Convention on Biological Diversity, Montréal. <www.cbd.int/sp/ targets/default.shtml>

Cordeiro, N. J. et Howe, H. F. (2003) 'Forest fragmentation severs mutualism between seed dispersers and an endemic African tree', *Proceedings of the National Academy of Sciences of the United States of America* 100: 14 052–6.

Couto, S. et Eugenio Gutiérrez, J. (2012) 'Recognition and support of ICCAs in Spain', in A. Kothari, with C. Corrigan, H. Jonas, A. Neumann et H. Shrumm (eds) *Recognising and Supporting Territories and Areas Conserved by Indigenous Peoples and Local Communities: Global overview and national case studies*, pp. 143–5, Technical Series No. 64, Secretariat of the Convention on Biological Diversity, ICCA Consortium, Kalpavriksh and Natural Justice, Montréal.

Crooks, K. R. et Sanjayan, M. A. (eds) (2006) *Connectivity Conservation*, Conservation Biology 14, Cambridge University Press, Cambridge.

Department of Environment, Climate Change and Water (DECCW) (2010) *Border Ranges Rainforest Biodiversity Management Plan: NSW & Queensland*, NSW Department of Environment, Climate Change and Water, Sydney. <www.environment.gov. au/ biodiversity/threatened/publications/recovery/ border-ranges/>

Descheemaeker, J. (2013) *Auñamendi Encyclopedia 2013*, [in Spanish], Eusko Media Foundation, Facería, Spain. <www.euskomedia.org/ aunamendi/53956>

Desrochers, A. et Hannon, S. J. (1997) 'Gap crossing decisions by forest songbirds during the post- fledging period', *Conservation Biology* 11: 1204–10.

Dietz, T. et Stern, P. C. (eds) (2008) *Public Participation in Environmental Decision Making*, National Academies Press, Washington, DC. <www. nap.edu/catalog.php?record_id=12434>

Driscoll, D., Banks, S., Barton, P., Ikin, K., Lentini, P., Lindenmayer, D. B., Smith, A., Berry, L., Burns, E., Edworthy, A., Evans, M., Gibson, R., Howland, B., Kay, G., Munro, N., Scheele, B., Stirnemann, I., Stojanovic, D., Sweaney, N., Villaseñor, N. et Westgate, M. (2014) 'The trajectory of dispersal research in conservation biology', *PLoS ONE* 9(4): e95053. <doi:10.1371/journal.pone.0095053>

Driscoll, D. A. et Lindenmayer, D. B. (2009) 'Empirical test of metacommunity theory using an isolation gradient', *Ecological Monographs* 79: 485–501.

Driscoll, D. A., Banks, S. C., Barton, P. S., Lindenmayer, D. B. et Smith, A. L. (2013) 'Conceptual domain of the matrix in fragmented landscapes', *Trends in Ecology and Evolution* 28(10): 605–13.

Fitzsimons, J., Pulsford, I. et Wescott, G. (eds) (2013a) *Linking Australia's Landscapes: Lessons and opportunities from large-scale conservation networks*, CSIRO Publishing, Melbourne.

Fitzsimons, J., Pulsford, I. et Wescott, G. (2013b) 'Challenges and opportunities for linking Australia's landscapes: a synthesis', in J. Fitzsimons, I. Pulsford et G. Wescott (eds) *Linking Australia's Landscapes: Lessons and opportunities from large- scale conservation networks*, pp. 287–96, CSIRO Publishing, Melbourne.

Fitzsimons, J. A. et Wescott, G. (2005) 'History and attributes of selected Australian multi-tenure reserve networks', *Australian Geographer* 36: 75–93.

Folke, C., Hahn, T., Olsson, P. et Norberg, J. (2005) 'Adaptive governance of social-ecological systems', *Annual Review of Environment and Resources* 30: 441–73.

Foreman, D. (2004) *Rewilding North America: A vision for conservation in the 21st century*, Earthscan, Londres.

Forman, R. T. (1995) *Land Mosaics: The ecology of landscapes and regions*, Cambridge University Press, New York.

Franklin, J. F. (1993) 'Preserving biodiversity: species, ecosystems, or landscapes?', *Ecological Applications* 3: 202–5.

Galetti, M., Guevara, R., Cortes, M. C., Fadini, R., von Matter, S., Leite, A. B., Labecca, F., Ribeiro, T., Carvalho, C. S., Collevatti, R. G., Pires, M. M., Guimaraes, P. R., Brancalion, P. H., Ribeiro, M. et Jordano, P. (2013) 'Functional extinction of birds drives rapid evolutionary changes in seed size', *Science* 340: 1086–90.

Galindo-González, J., Guevara, S. et Sosa, V. J. (2000) 'Bat- and bird-generated seed rains at isolated trees in pastures in a tropical rainforest', *Conservation Biology* 14: 1693–703.

Gilbert, F., Gonzalex, A. et Evens-Freke, I. (1998) 'Corridors maintain species richness in the fragmented landscapes of a microsystem', *Proceedings of the Royal Society of London Series B* 265: 577–82.

Government of Australia (2012) *National Wildlife Corridors Plan: A framework for landscape scale conservation*, Department of Sustainability, Environment, Water, Population and Communities, Canberra. <www.environment.gov.au/biodiversity/wildlife-corridors/index.html>

Gray, M. J., Smith, L. M. et Leyva, R. I. (2004) 'Influence of agricultural landscape structure on a Southern High Plains, USA, amphibian assemblage', *Landscape Ecology* 19: 719–29.

Gustafsson, L., Baker, S. C., Bauhus, J., Beese, W. J., Brodie, A., Kouki, J., Lindenmayer, D. B., Lõhmus, A., Martínez Pastur, G., Messier, C., Neyland, M., Palik, B., Sverdrup-Thygeson, A., Volney, J. A., Wayne, J. et Franklin, J. F. (2012) 'Retention forestry to maintain multifunctional forests: a world perspective', *BioScience* 62: 633–45.

Haddad, N. M. (1999a) 'Corridor and distance effects on interpatch movements: a landscape experiment with butterflies', *Ecological Applications* 9: 612–22.

Haddad, N. M. (1999b) 'Corridor use predicted from behaviours at habitat boundaries', *The American Naturalist* 153: 215–27.

Haddad, N. M. et Baum, K. A. (1999) 'An experimental test of corridor effects on butterfly densities', *Ecological Applications* 9: 623–33.

Haddad, N. M. et Tewksbury, J. J. (2005) 'Low- quality habitat corridors as movement conduits for two butterfly species', *Ecological Applications* 15: 250–7.

Haddad, N. M., Bowne, D. R., Cunningham, A., Danielson, B. J., Levey, D. J., Sargent, S. et Spira, T. (2003) 'Corridor use by diverse taxa', *Ecology* 84: 609–15.

Hilty, J. A., Chester, C. C. et Cross, M. S. (eds) (2012) *Climate and Conservation: Landscape and seascape science, planning, and action*, Island Press, Washington, DC.

Hilty, J. A., Lidicker, W. Z. et Merenlender, M. A. (2006) *Corridor Ecology: The science and practice of linking landscapes for biodiversity conservation*, Island Press, Washington, DC.

Holyoak, M. (2000) 'Habitat subdivision causes changes in food web structure', *Ecology Letters* 3: 509–15.

Horskins, K. (2004) The effectiveness of wildlife corridors in facilitating connectivity: assessment of a model system from the Australian wet tropics, PhD thesis, Queensland University of Technology, Brisbane.

Huxham, C. (2003) 'Theorizing collaboration practice', *Public Management Review* 5(3): 401–23.

Intergovernmental Panel on Climate Change (IPCC) (2013) 'Summary for policymakers', in T. F. Stocker, D. Qin, G.-K. Plattner, M. Tignor, S. K. Allen, J. Boschung, A. Nauels, Y. Xia, V. Bex et P. M. Midgley (eds) *Climate Change 2013: The physical science basis. Contribution of Working Group I to the Fifth Assessment Report of the Intergovernmental Panel on Climate Change*, Cambridge University Press, Cambridge.

International Association for Public Participation (IAP2) (2006) *The IAP2's Public Participation Toolbox*, International Association for Public Participation. <c.ymcdn.com/sites/www.iap2.org/ resource/resmgr/imported/06Dec_Toolbox.pdf>

International Union for Conservation of Nature (IUCN) (2007) *Connectivity Conservation: International experience in planning, establishment and management of biodiversity corridors*, UICN, Gland.

International Union for Conservation of Nature World Commission on Protected Areas (IUCN WCPA) (2006) 'Attributes of a connectivity conservation leader', Minutes of the IUCN WCPA Papallacta meeting, Ecuador, Novembre 2006. <www. mountains-wcpa.org>

Keenleyside, K. A., Dudley, N., Cairns, S., Hall, C. M. et Stolton, S. (2012) *Ecological Restoration for Protected Areas: Principles, guidelines and best practices*, UICN, Gland.

Klein, B. C. (1989) 'Effects of forest fragmentation on dung and carrion beetle communities in central Amazonia', *Ecology* 70: 1715–25.

Knight, A. T., Cowling, R. M. et Campbell, B. M. (2006) 'An operational model for implementing conservation action', *Conservation Biology* 20: 408–19.

Kothari, A., with Corrigan, C., Jonas, H., Neumann, A. et Shrumm, H. (eds) (2012) *Recognising and Supporting Territories and Areas Conserved by Indigenous Peoples and Local Communities: Global overview and national case studies*, Technical Series No. 64, Secretariat of the Convention on Biological Diversity, ICCA Consortium, Kalpavriksh and Natural Justice, Montréal.

Lambert, J. (2013) 'Social aspects of linking the people and their landscapes', in J. Fitzsimons, I. Pulsford et G. Wescott (eds) *Linking Australia's Landscapes: Lessons and opportunities from large-scale conservation networks*, pp. 245–54, CSIRO Publishing, Melbourne.

Laurance, W. F. (1991) 'Ecological correlates of extinction proneness in Australian tropical rainforest mammals', *Conservation Biology* 5: 79–89.

Lausche, B. (2011) *Guidelines for Protected Areas Legislation*, UICN, Gland. <portals.iucn.org/library/efiles/documents/eplp-081.pdf>

Lausche, B., Farrier, D., Verschuuren, J., La Viña, A. G. M., Trouwborst, A., Born, C.-H. et Aug, L. (2013) *The Legal Aspects of Connectivity Conservation: A concept paper*, UICN, Gland. <data. iucn.org/dbtw-wpd/edocs/EPLP-085-001.pdf>

Lechner, A. et Lefroy, E. C. (2014) *GAP-CLoSR: A general approach to planning connectivity from local scales to regions*, Landscapes and Policy Hub, University of Tasmania, Hobart.

Lemos, M. C. et Agrawal, A. (2006) 'Environmental governance', *Annual Review of Environment and Resources* 31(1): 297–325.

Levey, D. J., Bolker, B. M., Tewksbury, J. J., Sargent, S. et Haddad, N. M. (2005) 'Effects of landscape corridors on seed dispersal by birds', *Science* 309: 146–8.

Lidicker, W. Z. (1999) 'Responses of mammals to habitat edges: an overview', *Landscape Ecology* 14: 333–43.

Lindenmayer, D. B. (2009) *Large-Scale Landscape Experiments: Lessons from Tumut*, Cambridge University Press, Cambridge.

Lindenmayer, D. B. et Fischer, J. (2006) *Habitat Fragmentation and Landscape Change: An ecological and conservation synthesis*, CSIRO Publishing, Melbourne.

Lindenmayer, D. B. et Fischer, J. (2007) 'Tackling the habitat fragmentation panchreston', *Trends in Ecology and Evolution* 22: 127–32.

Lindenmayer, D. B., Cunningham, R. B. et Donnelly, C. F. (1993) 'The conservation of arboreal marsupials in the montane ash forests of the Central Highlands of Victoria, south-east Australia. IV. The distribution and abundance of arboreal marsupials in retained linear strips (wildlife corridors) in timber production forests', *Biological Conservation* 66: 207–21.

Lindenmayer, D. B., Cunningham, R. B., Donnelly, C. F., Nix, H. A. et Lindenmayer, B. D. (2002) 'The distribution of birds in a novel landscape context', *Ecological Monographs* 72: 1–18.

Lindenmayer, D. B., Hobbs, R. J., Montague-Drake, R., Alexandra, J., Bennett, A., Burgman, M., Cale, P., Calhoun, A., Cramer, V., Cullen, P., Driscoll, D., Fahrig, L., Fischer, J., Franklin, J., Haila, Y., Hunter, M., Gibbons, P., Lake, S., Luck, G., MacGregor, C., McIntyre, S., MacNally, R., Manning, A., Miller, J., Mooney, H., Noss, R., Possingham, H., Saunders, D., Schmiegelow, F., Scott, M., Simberloff, D., Sisk, T., Tabor, G., Walker, B., Wiens, J., Woinarski, J. et Zavaleta, E. (2008) 'A checklist for ecological management of landscapes for conservation', *Ecology Letters* 11: 78–91.

Lockwood, M., Davidson, J., Curtis, A., Stradford, E. et Griffith, R. (2010) 'Governance principles for natural resource management', *Society & Natural Resources* 23(10): 986–1001.

Mackey, B. (2007) 'Climate change, connectivity and biodiversity conservation', in M. Taylor et P. Figgis (eds) *Protected Areas: Buffering nature against climate change*, pp. 90–6, Proceedings of a WWF and IUCN WCPA Symposium, Canberra, 18–19 June 2007, WWF-Australia, Sydney.

Mackey, B., Watson, J. et Worboys, G. L. (2010) *Connectivity conservation and the Great Eastern Ranges corridor*, Independent report to the Interstate Agency Working Group (Alps to Atherton Connectivity Conservation Working Group) convened under the Environment Heritage and Protection Council/ Natural Resource Management Ministerial Council. <www.environment.nsw.gov. au/resources/nature/ccandger.pdf>

Mackey, B. G., Possingham, H. P. et Ferrier, S. (2013) 'Connectivity conservation principles for Australia's national wildlife corridors', in J. Fitzsimons, I. Pulsford and G. Wescott (eds) *Linking Australia's Landscapes: Lessons and opportunities from large-scale conservation networks*, pp. 233–44, CSIRO Publishing, Melbourne.

Margerum, R. (2008) 'A typology of collaboration efforts in environmental management', *Environmental Management* 41: 487–500.

Margoluis, R. et Salafsky, N. (1998) *Measures of Success: Designing, managing and monitoring conservation and development projects*, Island Press, Washington, DC.

Margules, C. R. et Pressey, R. L. (2000) 'Systematic conservation planning', *Nature* 45: 243–53.

Mitchell, S. M. et Shortell, S. M. (2000) 'The governance and management of effective community health partnerships: a typology for research, policy, and practice', *Milbank Quarterly* 78(2): 241–89.

National Wildlife Corridors Advisory Group (2012) *Draft National Wildlife Corridors Plan*, National Wildlife Corridors Advisory Group, Canberra. <www.environment.gov.au/biodiversity/wildlife- corridors/publications/pubs/draft-wildlife-corridors- plan.pdf>

Nelson, M. E. (1993) 'Natal dispersal and gene flow in white-tailed deer in northeastern Minnesota', *Journal of Mammalogy* 74: 316–22.

Office of Environment and Heritage (OEH) (2012) *The Great Eastern Ranges Business Plan 2012–15*, NSW Office of Environment and Heritage, Sydney.

Office of Environment and Heritage (OEH) (2013) *Great Eastern Ranges*, NSW Office of Environment and Heritage, Sydney. <www.greateasternranges.org. au/office-of-environment-and-heritage-nsw>

Ostrom, E. (2005) *Understanding Institutional Diversity*, Princeton University Press, Princeton, NJ.

Paton, D. C. (2000) 'Disruption of bird–plant pollination systems in southern Australia', *Conservation Biology* 14: 1232–4.

Peace Parks Foundation (2014) *!Ae!Hai Kalahari Heritage Park in the Kgalagadi Transfrontier Park*, Peace Parks Foundation, Stellenbosch, Afrique du Sud. <www.peaceparks.org/programme. php?pid=25&mid=1112>

Pressey, R. L., Watts, M. E., Barrett, T. W. et Ridges, M. J. (2009) 'The C-plan conservation planning system: origins, applications and possible futures', in A. Moilanen, K. A. Wilson et H. Possingham (eds) *Spatial Conservation Prioritisation: Quantitative methods and computational tools*, pp. 211–34, Oxford University Press, Londres.

Pulsford, I. (2014) *Indicative map of actively managed large scale connectivity conservation corridors on Earth*, Compiled from data aggregated by Rod Atkins, WCPA International Connectivity Conservation Network, Canberra, Australia.

Pulsford, I., Howling, G., Dunn, R. et Crane, R. (2013) 'Great Eastern Ranges Initiative: a continental-scale lifeline connecting people and nature', in J. Fitzsimons, I. Pulsford et G. Wescott (eds) *Linking Australia's Landscapes: Lessons and opportunities from large-scale conservation networks*, pp. 123–34, CSIRO Publishing, Melbourne.

Pulsford, I., Worboys, G. L., Howling, G. et Barrett, T. (2012) 'Australia's Great Eastern Ranges corridor', in J. A. Hilty, C. C. Chester et M. S. Cross (eds) *Climate and Conservation: Landscape and seascape science, planning, and action*, pp. 202–16, Island Press, Washington, DC.

Ribot, J. (2008) *Building Local Democracy through Natural Resource Interventions: An environmentalist's responsibility*, World Resources Institute, Washington, DC.

Robbins, S. P., Bergman, R., Stagg, I. et Coulter, M. (2003) *Foundations of Management*, Pearson Education Australia, Sydney.

Robinson, W. D. (1999) 'Long-term changes in the avifauna of Barro Colorado Island, Panama, a tropical forest isolate', *Conservation Biology* 13: 85–97.

Rudnick, D. A., Ryan, S. J., Beier, P., Cushman, S. A., Dieffenbach, F., Epps, C. W., Sandwith, T., Shine, C., Hamilton, L. et Sheppard, D. (2001) *Transboundary Protected Areas for Peace and Co- Operation*, UICN, Gland.

Schliep, R. et Stoll-Kleemann, S. (2010) 'Assessing governance of biosphere reserves in Central Europe', *Land Use Policy* 27(3): 917–27.

Simberloff, D., Farr, J. A., Cox, J. et Mehlman, D. W. (1992) 'Movement corridors: conservation bargains or poor investments?', *Conservation Biology* 6: 493–504.

Soulé, M. E., Mackey, B. G., Recher, H. F., Williams, J. et Woinarski, J. C. (2006) 'The role of connectivity conservation in Australian conservation', in K. R. Crooks et M. A. Sanjayan (eds) *Connectivity Conservation*, pp. 649–75, Cambridge University Press, Cambridge.

Soulé, M. E., Mackey, B. G., Recher, H. F., Williams, J. E., Woinarski, J. C. Z., Driscoll, D., Dennison, W. C. et Jones, M. E. (2004) 'The role of connectivity in Australian conservation', *Pacific Conservation Biology* 10: 266–79.

Stenseth, N. et Lidicker, W. (eds) (1992) *Animal Dispersal*, Chapman & Hall, Londres.

Tewksbury, J. J., Levey, D. J., Haddad, N. M., Sargent, S., Orrock, J. L., Weldon, A., Danielson, B. J., Brinkerhoff, J., Damschen, E. I. et Townsend, P. (2002) 'Corridors affect plants, animals and their interaction in fragmented landscapes', *Proceedings of the National Academy of Science* 99: 12 923–6.

Tscharntke, T., Tylianakis, J. M., Rand, T. A., Didham, R. K., Fahrig, L., Batary, P., Bengtsson, J., Clough, Y., Crist, T. O., Dormann, C. F., Ewers, R. M., Frund, J., Holt R. D., Holzschuh, A., Klein, A. M., Kleijn, D., Kremen, C., Landis, D. A., Laurance, W., Lindenmayer, D. B., Scherber, C., Sodhi, N., Steffan-Dewenter, I., Thies, C., van der Putten, W. H. et Westphal, C. (2012) 'Landscape moderation of biodiversity patterns and processes—eight hypotheses', *Biological Reviews* 87: 661–85.

United Nations Educational, Scientific and Cultural Organisation (UNESCO) (2013) *The Man and Biosphere Programme: Ecological sciences for sustainable development*, UNESCO, Paris. <www. unesco.org/new/en/natural-sciences/environment/ ecological-sciences/man-and-biosphere- programme/>

van der Linde, H., Oglethorpe, J., Sandwith, T., Snelson, D. et Tessema, Y., with Tiéga, A. and Price, T. (2001) *Beyond Boundaries: Transboundary natural resource management in sub-Saharan Africa*, Biodiversity Support Program, Washington, DC.

Vasilijević, M. (2012) 'Diagnostic tool for transboundary conservation planners: suggested questions to determine feasibility for transboundary conservation', in B. Erg, M. Vasilijević et M. McKinney (eds) *Initiating Effective Transboundary Conservation: A practitioner's guideline based on the experience from the Dinaric Arc*, pp. 42–58, IUCN Programme Office for South-Eastern Europe, Gland et Belgrade. <www.tbpa.net/page.php?ndx=22>

Vasilijević, M. et Pezold, T. (eds) (2011), *Crossing Borders for Nature: European examples of transboundary conservation*, IUCN Programme Office for South-Eastern Europe, Gland et Belgrade.

Walker, B. H. (1992) 'Biodiversity and ecological redundancy', *Conservation Biology* 6: 18–23.

Wiens, J. A., Schooley, R. L. et Weekes, R. D. (1997) 'Patchy landscapes and animal movements: do beetles percolate?', *Oikos* 78: 257–64.

Wilson, E. O. (1992) *The Diversity of Life*, Belknap Press, Cambridge, Mass.

Wilson, E. O. (2002) *The Future of Life*, Alfred E. Knopf, New York.

Worboys, G. L., Francis, W. L et Lockwood, M. (eds) (2010) *Connectivity Conservation Management: A global guide*, Earthscan, Londres.

Worboys, G. L. et Lockwood, M. (2010) 'Connectivity conservation management framework and tasks', in G. L. Worboys, W. L. Francis et M. Lockwood (eds) *Connectivity Conservation Management: A global guide*, pp. 301–41, Earthscan, Londres.

Worboys, G. L. et Mackey, B. (2013) 'Connectivity conservation initiatives: a national and international perspective', in J. Fitzsimons, I. Pulsford et G. Wescott (eds) *Linking Australia's Landscapes: Lessons and opportunities from large-scale conservation networks*, pp. 7–22, CSIRO Publishing, Melbourne.

Worboys, G. L. et Pulsford, I. (2011) *Connectivity conservation in Australian landscapes*, Report prepared for the Australian Department of Sustainability, Environment, Water, Population and Communities on behalf of the State of the Environment 2011 Committee, DSEWPaC, Canberra.

Wyborn, C. (2013) Adaptive governance and connectivity conservation: examining the interplay between science, governance and scale, PhD thesis, The Australian National University, Canberra.

Wyborn, C. et Bixler, P. R. (2013) 'Collaboration and nested environmental governance: scale dependency, scale framing and cross-scale interactions in collaborative conservation', *Journal of Environmental Management* 123: 58–67.

Youngentob, K. N., Wood, J. T. et Lindenmayer, D. B. (2013) 'The response of arboreal marsupials to landscape context over time: a large-scale fragmentation study revisited', *Journal of Biogeography* 40(11): 2082–93.

CHAPITRE 28

EFFICACITÉ DE LA GESTION DES AIRES PROTÉGÉES

Auteurs principaux :
Marc Hockings,
Fiona Leverington
et Carly Cook

TABLE DES MATIÈRES

UICN CMAP COMMISSION MONDIALE DES AIRES PROTÉGÉES Convention sur la diversité biologique

AUTEURS PRINCIPAUX

MARC HOCKINGS est professeur et directeur de programme de gestion de l'environnement à l'École de géographie, planification et gestion environnementale de l'Université du Queensland, Brisbane, et Senior Fellow au Centre mondial de suivi de la conservation du PNUE.

FIONA LEVERINGTON est directrice du cabinet de conseil Protected Area Solutions, et chargée de recherche adjointe à l'École de géographie, planification et gestion environnementale de l'Université du Queensland, Brisbane.

CARLY COOK est maître de conférence en écologie à l'École des sciences biologiques de l'Université Monash, Melbourne.

REMERCIEMENTS

Nous remercions Diane Matar, Geoffroy Mauvais, Andrew Growcock, Tony Varcoe et Gail Cleaver-Christie pour leurs contributions aux études de cas.

CITATION

Hockings, M., Leverington, F. et Cook, C. Protected area management effectiveness. In Worboys, G. L., Lockwood, M., Kothari, A., Feary, S. et Pulsford, I. (éd.) *Gouvernance et gestion des aires protégées*. Canberra : ANU Press, 2020. doi.org/10.22459/GGAP.28

PHOTO DE LA PAGE DE TITRE

Une piste, un parking et des installations d'information pour les visiteurs soigneusement situés et développés en consultation avec les propriétaires autochtones traditionnels donnent accès à la spectaculaire chaîne des Bungle Bungle, dans le site du Patrimoine mondial et parc national de Purnululu, dans la région de Kimberley, en Australie Occidentale
Source : Ian Pulsford

Introduction

Dès 1746, l'homme d'état britannique Philip Stanhope donnait à son fils le conseil suivant : « tout ce qui vaut la peine d'être fait vaut la peine d'être bien fait » (Widger, 2012). C'est un conseil que nous pourrions suivre, aujourd'hui, dans la gestion du réseau croissant d'aires protégées à travers le monde. Plus tôt dans ce livre, l'évolution du paradigme des aires protégées et la croissance spectaculaire du nombre et de la couverture des aires protégées ont été documentées. Nous avons clairement décidé que les aires protégées « valent la peine » et nous disposons de nombreux conseils sur la façon de bien les gérer, comme cela a été mis en évidence dans les chapitres précédents de ce livre. Cependant, nous ne savons que peu de choses quant à si nous suivons correctement le conseil et restons fidèles à l'esprit de Stanhope pour bien les gérer.

L'intérêt croissant pour l'efficacité de la gestion des aires protégées peut être retracé par l'émergence du sujet lors des Congrès mondiaux des parcs, tous les dix ans (Hockings et al., 2004). Faisant son apparition dans les documents du troisième congrès (à Bali) en 1982, le concept a pris de l'ampleur lors du quatrième Congrès (à Caracas) 10 ans plus tard, puis était l'un des sujets prioritaires discutés lors du cinquième congrès, à Durban, en, 2003, après un effort important de l'Union internationale pour la conservation de la nature (UICN) et autres acteurs pour faire progresser les travaux sur cette question entre les deux congrès. L'efficacité de la gestion des aires protégées est désormais un élément clé d'une évaluation plus générale des progrès accomplis dans la réalisation du plan stratégique de la Convention sur la diversité biologique (CDB) et de ses objectifs d'Aichi, et en particulier l'Objectif 11, sur la contribution qu'un système d'aires protégées géré de manière efficace et équitable peut apporter à la réalisation des objectifs généraux de la convention :

> D'ici à 2020, au moins 17 % des zones terrestres et d'eaux intérieures et 10 % des zones marines et côtières, y compris les zones particulièrement importantes pour la diversité biologique et les services fournis par les écosystèmes, sont conservées au moyen de réseaux écologiquement représentatifs et bien reliés d'aires protégées *gérées efficacement et équitablement* et autres mesures de conservation efficaces par zone, et intégrées dans l'ensemble du paysage terrestre et marin. (CDB, 2011 ; italique ajouté)

Woodley et al. (2012) ont analysé cet objectif en détail, en établissant les liens entre l'efficacité de la gestion et autres questions clés pour le succès des aires protégées. Ils plaident pour une « interprétation holistique de l'Objectif 11 comme un moyen pour la communauté internationale d'utiliser les aires protégées pour changer les tendances inacceptables actuelles de perte de biodiversité mondiale » (Woodley et al., 2012:23).

Après le quatrième Congrès mondial des parcs à Caracas, en 1992, un certain nombre de méthodes d'évaluation de l'efficacité de la gestion des aires protégées ont été mises au point, principalement en Amérique centrale et en Amérique du Sud (Courrau, 1997 ; De Faria, 1993 ; Izurieta, 1997), ainsi qu'en Australie (Hockings, 1998). En 1996, la Commission mondiale des aires protégées (CMAP) de l'UICN a commencé à travailler sur un cadre et des lignes directrices pour l'évaluation de l'efficacité de la gestion des aires protégées, conduisant à la première édition des lignes directrices de l'UICN pour *L'évaluation de l'efficacité : un cadre d'évaluation de la gestion des aires protégées* (Hockings et al., 2000). Ce cadre, révisé en 2006 (Hockings et al., 2006), a constitué la base de la plupart des systèmes d'évaluation des aires protégées développés et appliqués dans le monde depuis lors. Il est largement mentionné dans ce chapitre comme le cadre de la CMAP-UICN.

L'expansion des évaluations de l'efficacité de la gestion des aires protégées est conforme à l'augmentation générale des analyses et évaluations de performance au sein des gouvernements et autres organismes publics à travers le monde. Dans le secteur de l'environnement, les donateurs, les gouvernements et autres organismes exigent de plus en plus des organes de gestion qu'ils démontrent que leur argent est dépensé à bon escient (Saterson et al., 2004 ; Keene et Pullin, 2011). L'importance de l'évaluation pour une gestion efficace et dans les cycles de projets a été progressivement reconnue dans de nombreux domaines d'activité, y compris la santé et le développement international, ainsi que la conservation, au cours des 15 à 20 dernières années. De nouvelles méthodologies et approches se sont développées dans un certain nombre de domaines, avec de nombreux problèmes communs et des échanges d'idées productifs entre secteurs (Foundations of Success et al., 2003). La gestion des aires protégées implique des facteurs biophysiques, culturels, socioéconomiques et de gestion, ainsi que de nombreuses parties prenantes, de sorte que le suivi et l'évaluation doivent s'appuyer sur des outils provenant d'un large éventail de disciplines. Des approches telles que l'évaluation rurale participative et la gestion du cycle de projet ont offert de nombreuses idées utiles.

Dans ce chapitre, nous décrirons les principales approches permettant d'évaluer l'efficacité de la gestion des aires protégées, l'objectif et le processus d'évaluation, et la façon dont des méthodes et processus d'évaluation peuvent être conçus pour produire des résultats pertinents et fiables. Le présent guide s'adresse aux professionnels responsables de la conception et de la mise en œuvre de systèmes d'évaluation, ainsi qu'aux cadres supérieurs responsables des politiques et programmes, qui figureront parmi les principaux utilisateurs

Tableau 28.1 Méthodes d'évaluation de l'efficacité des aires protégées

Approche		Questions clés sous-tendant l'approche
1	Évaluation de l'étendue et de l'emplacement des aires protégées, y compris la couverture de la diversité biologique et paysagère.	Combien y a-t-il d'aires protégées dans un pays ou une région et quelle est leur superficie totale ? Dans quelle mesure les aires protégées couvrent-elles efficacement les principales écorégions ou habitats ? Dans quelle mesure les aires protégées représentent-elles la diversité des écorégions et des habitats ? Dans quelle mesure les aires protégées représentent-elles efficacement d'autres caractéristiques tels que des éléments de paysage, des types de zones humides et des espèces ?
2	Évaluation de l'efficacité des aires protégées en tant que mécanisme de conservation à grande échelle, et de l'impact des aires protégées sur les personnes.	Les aires protégées ont-elles réduit la déforestation et autres pertes d'habitats ? Comment les aires protégées ont-elles affecté les communautés locales ? Ont-elles augmenté ou réduit la pauvreté ?
3	Évaluation de l'efficacité globale de la gestion des aires protégées (PAME).	Dans quelle mesure l'aire protégée et le système d'aires protégées sont-ils bien conçus ? La planification, les ressources et les processus sont-ils adéquats et appropriés pour permettre la gestion ? Les aires protégées atteignent-elles leurs objectifs et conservent-elles leurs valeurs ?
3A	Résultats des aires protégées en ce qui concerne la conservation de leurs valeurs de biodiversité (un sous-ensemble de l'approche 3 mais axé uniquement sur les résultats).	Les aires protégées protègent-elles les espèces et les habitats ? Les valeurs telles que les espèces menacées sont-elles conservées ou restaurées ? Quel est l'impact des aires protégées sur les communautés ?

des résultats de l'évaluation. Le chapitre se terminera par des conseils et des exemples sur la façon dont les évaluations de l'efficacité de la gestion peuvent être utilisées pour adapter et améliorer la gestion. Bien que de nombreux exemples utilisés dans ce chapitre se rapportent à des évaluations de l'efficacité de la gestion entreprises par des organismes de gestion des aires protégées ou des organisations non gouvernementales (ONG) sur un grand nombre de sites, les principes et approches sont applicables à toutes les aires et systèmes d'aires protégées, indépendamment de leur taille et de leur type de gouvernance.

Qu'est-ce que l'évaluation de l'efficacité de la gestion des aires protégées ?

Quatre approches complémentaires d'évaluation de l'efficacité de la gestion peuvent être adoptées pour évaluer l'impact des aires protégées et des systèmes d'aires protégées (Leverington et al., 2010a), comme le montre le tableau 28.1.

Première approche : étendue et emplacement des aires protégées

La première approche évalue l'étendue et l'emplacement des aires protégées, en particulier par rapport à l'éventail des valeurs de biodiversité que ces aires protégées visent à conserver. Le graphique bien connu montrant le nombre croissant et l'étendue mondiale des aires protégées (chapitre 2, figure 2.2) représente la mesure la plus simple de cet aspect, mais l'attention se porte de plus en plus sur l'emplacement des aires protégées par rapport à la répartition des espèces et des habitats. Les approches visant à identifier de tels sites incluent les Zones importantes pour la conservation des oiseaux (ZICO) et les sites de l'Alliance pour une extinction zéro (AZE) (Butchart et al., 2012), et sont plus généralement incluses dans les efforts actuels pour identifier les zones clés pour la biodiversité et les utiliser comme guide important pour la création de nouvelles aires protégées (Eken et al., 2004; voir aussi le chapitre 3). Les études de planification systématique de la conservation (Margules et Pressey, 2000) s'inscrivent également dans cette approche, mais se concentrent sur la représentation des écorégions et des habitats, plutôt que sur les espèces ou les collections d'espèces (voir le chapitre 13).

Des visiteurs contemplent les falaises de calcaire dans le parc national de Geikie Gorge, vestiges d'un ancien récif dévonien relevé qui traverse la région éloignée de Kimberley, Australie-Occidentale

Source : Ian Pulsford

Deuxième approche : évaluations à grande échelle

Une deuxième approche évalue la mesure dans laquelle il peut être démontré que les aires protégées réduisent les impacts à grande échelle, tels que le déboisement ou la dégradation des habitats, ou du moins, la mesure dans laquelle l'emplacement des aires protégées peut être corrélé avec des niveaux d'impact plus faibles. La plupart des études ont été menées dans des environnements forestiers tropicaux (Bruner et al., 2001; Scharlemann et al., 2010; Barber et al., 2012; Green et al., 2013), mais certaines ont également évalué des systèmes marins (Selig et Bruno, 2010). Bien que les résultats de ces études soient mitigés, la plupart ont démontré l'efficacité des aires protégées dans la réduction des taux de changement d'habitats (Geldmann et al., 2013). Les impacts économiques et environnementaux des aires protégées à l'échelle nationale peuvent être évalués à l'aide d'outils économiques et spatiaux (Sims, 2010, 2014).

Troisième approche : efficacité de la gestion des aires protégées

Les évaluations utilisant la troisième approche sont généralement appelées « évaluations de l'efficacité de la gestion des aires protégées » (PAME). Cette approche constitue l'objectif principal du présent chapitre. Depuis la fin des années 1990, des efforts importants ont été faits pour développer et appliquer des évaluations de PAME à des aires protégées individuelles, des groupes de sites et des systèmes d'aires protégées (Leverington et al., 2010a). L'évaluation de l'efficacité de la gestion est définie par l'UICN comme l'« évaluation de la façon dont l'aire protégée est gérée » (Hockings et al., 2006:1).

Approche trois (a): résultats des aires protégées

Une approche en développement de l'évaluation de l'efficacité de la gestion, constituant un sous-ensemble de la PAME, évalue les résultats de la gestion des aires protégées sur la base d'un suivi détaillé et de rapports sur les conditions et les tendances des valeurs des aires protégées, en particulier les valeurs de biodiversité (Geldmann et al., 2013). Des méthodes visant à diriger, entreprendre et rendre compte de ces études détaillées d'une manière systématique afin d'aider à une gestion adaptative ont été développées par des groupes tels que The Nature Conservancy (Parrish et al., 2003) et des organismes de gestion des parcs en Afrique du Sud, en Australie et au Canada (Growcock et al., 2009; Timko et Innes, 2009). Idéalement, de telles informations détaillées devraient sous-tendre les jugements sur les résultats pouvant

Encadré 28.1 Définitions de l'efficacité de la gestion

L'évaluation de l'*efficacité de la gestion* est généralement obtenue par l'évaluation d'une série de *critères* (représentés par des *indicateurs* bien sélectionnés) par rapport à des objectifs ou à des *normes*. Les définitions suivantes se réfèrent spécifiquement au contexte de l'efficacité de la gestion des aires protégées.

- Évaluation de l'efficacité de la gestion : définie comme l'évaluation de la façon dont l'aire protégée est gérée, principalement la mesure dans laquelle elle protège les valeurs et atteint ses buts et objectifs. Le terme efficacité de la gestion reflète trois aspects principaux :
  1. questions relatives à la conception des sites individuels et des systèmes d'aires protégées ;
  2. adéquation et pertinence des systèmes et des processus de gestion ;
  3. réalisation des objectifs des aires protégées, y compris la conservation des valeurs.
- Appréciation : mesure ou estimation d'un aspect de la gestion.
- Évaluation : jugement des conditions ou de la performance d'un aspect de la gestion par rapport à des critères prédéterminés (généralement un ensemble de normes ou d'objectifs) y compris, dans ce cas, les objectifs pour lesquels les aires protégées ont été établies.
- Cadre d'évaluation de l'efficacité de la gestion de la CMAP-UICN : système permettant de concevoir des évaluations de l'efficacité de la gestion des aires protégées à partir de six éléments : contexte, planification, apports, processus, produits et résultats. Il ne s'agit pas d'une méthodologie en soi, mais d'un guide pour l'élaboration de systèmes d'évaluation complets.
- Élément : composante importante du cadre d'évaluation définie par l'aspect de la gestion faisant l'objet de l'évaluation. Les éléments se rapportent aux étapes d'un cycle de planification et de gestion stratégiques. Les performances de chaque élément sont évaluées en fonction d'un certain nombre de critères définis.
- Système : processus spécifique de suivi et d'évaluation, généralement accompagné d'étapes ou de guides (équivalent à une approche *d'évaluation telle que* définie par Stem et al., 2005).
- Critère : catégorie majeure de conditions ou de processus, quantitatifs ou qualitatifs, qui aide à définir la chose mesurée. Un critère est caractérisé par un ensemble d'indicateurs connexes.
- Indicateurs : variables quantitatives ou qualitatives fournissant des informations utiles sur un critère, et pouvant être utilisées pour aider à dresser un tableau des conditions et des tendances de l'efficacité des aires protégées.
- Outil : instrument aidant à la réalisation effective de l'évaluation, par exemple, un questionnaire ou une carte de pointage (Stem et al. 2005).
- Suivi : recueillir des informations sur les indicateurs à plusieurs reprises au fil du temps, afin de découvrir les tendances dans les conditions de l'aire protégée et les activités et processus de gestion.

Source : Hockings et al. (2006:xiii)

être faits à partir des évaluations de PAME plus générales, et liés à d'autres éléments du cycle d'évaluation (encadré 28.1).

La suivi limité des populations d'espèces dans les aires protégées, cependant, signifie que la disponibilité de données détaillées provenant d'aires protégées tend à être l'exception plutôt que la règle. Lorsque des informations de suivi détaillées sont disponibles, les études de PAME (approche trois) peuvent jouer un rôle essentiel dans l'interprétation de l'information, et la rendre pertinente pour les gestionnaires, afin qu'elle soit réellement utilisée dans la prise de décisions. Par exemple, Growcock et al. (2009) indiquent que le système d'évaluation des conditions des parcs de Nouvelle-Galles du Sud (Australie) ne se substitue pas au suivi et à la recherche propres à une espèce, à un site ou à un enjeu particulier, mais qu'il a rendu les résultats de ces études plus accessibles à la prise de décisions, en les considérant dans un cadre d'évaluation de l'efficacité de la gestion.

Objectifs de l'évaluation de l'efficacité de la gestion des aires protégées

De plus en plus, les études sur l'efficacité de la gestion font partie intégrante du cycle de gestion dans les grandes organisations, mais dans quel but ? Un certain nombre de raisons font que les personnes et les organisations souhaitent évaluer l'efficacité de la gestion. Globalement, ces évaluations peuvent :

- permettre et soutenir une approche adaptative de la gestion, en fournissant aux gestionnaires de tous les niveaux des informations essentielles sur la mesure dans laquelle les interventions de gestion sont mises en œuvre et efficaces ;
- aider à l'affectation efficace des ressources, en indiquant les lacunes et les domaines dans lesquels les besoins et les chances de succès sont les plus élevés,

et dans certains cas, faciliter le « triage » lorsque les ressources sont rares ;

- promouvoir la responsabilisation et la transparence, en fournissant à la direction, aux organismes de financement, aux groupes de parties prenantes et au public des informations sur l'utilisation des ressources et la prise de décisions ;
- faire participer les communautés, constituer un groupe d'intérêt pour soutenir les aires protégées et promouvoir les valeurs des aires protégées sur un site particulier ou plus généralement, sur l'ensemble d'un réseau d'aires protégées.

Outre ces avantages substantiels, le processus d'évaluation de l'efficacité de la gestion peut, lui-même, offrir un certain nombre d'avantages procéduraux, tels que l'amélioration de la communication et de la coopération entre les gestionnaires et autres parties prenantes. Les gestionnaires bénéficient d'une occasion de réfléchir aux défis auxquels ils sont confrontés dans la gestion de leurs sites et de leurs systèmes d'un point de vue différent, loin des préoccupations quotidiennes de la direction. De nombreux gestionnaires ont indiqué qu'ils avaient obtenu plus d'avantages au cours du processus d'évaluation, que dans les rapports officiels produit à partir du processus de PAME. Growcock et al. (2009) indiquent que le processus d'évaluation de l'efficacité de la gestion en Nouvelle-Galles du Sud (Australie) vise à atteindre les quatre objectifs, et a facilité la gestion adaptative, soutenu la planification et la prise de décisions, et clarifié les priorités des gestionnaires. Lors d'une enquête portant sur 62 études sur l'efficacité de la gestion dans 19 pays, 97 % des répondants ont déclaré que le processus avait été utile au personnel (Paleczny, 2010).

En outre, l'évaluation présente des avantages en exposant les gestionnaires d'aires protégées et autres parties prenantes à la « culture de l'évaluation », une façon de penser qui, autrement, pourrait être assez étrangère et nouvelle pour de nombreux professionnels, mais qui les aide à mieux interagir avec les organismes de financement et la direction. Les avantages de ce processus d'apprentissage peuvent durer beaucoup plus longtemps que les conclusions de l'évaluation initiale (Patton, 1998). Birnbaum et Mickwitz (2009) soulignent que l'évaluation a été lente à se développer dans le domaine de l'environnement, en partie en raison de la complexité des problèmes environnementaux et des difficultés que cela entraîne pour l'évaluation.

Les exemples des valeurs de l'évaluation incluent : la clarté, la spécificité et la concentration, le fait d'être systématique et d'expliciter les hypothèses, l'opérationnalisation des concepts, des idées et des objectifs du programme, la distinction entre apports / processus et résultats, l'évaluation des données empiriques, et la séparation des énoncés de faits des interprétations et des jugements. Ces valeurs constituent des façons de penser non naturelles pour certaines personnes, et sont tout à fait étrangères à beaucoup d'autres. Lorsque nous guidons les individus vers un processus d'évaluation, ou au moins vers n'importe quel type de processus participatif ou d'implication des parties prenantes, ils apprennent, en fait, des aspects de la culture de l'évaluation et, souvent, comment penser de cette façon (Patton, 1998:226).

Participation communautaire : des écoliers font la danse de la grue à cou noir (*Grus nigricollis*) devant la communauté, lors du quinzième festival annuel de la grue à cou noir dans la vallée de Phobjikha, adjacente au parc national de Black Mountain, au Bhoutan, pour sensibiliser la communauté et accroître son soutien à la conservation de cette espèce migratrice en voie de disparition
Source : Ian Pulsford

Évaluation de l'efficacité de la gestion des aires protégées à l'échelle mondiale

La PAME est passée rapidement d'un concept nouveau et inédit, dans les années 1990, à une partie intégrante des programmes de conservation mondiaux et nationaux. Le Fonds pour l'environnement mondial (FEM) a adopté comme norme l'utilisation de l'Outil de suivi de l'efficacité de la gestion (METT), mis au point par la Banque mondiale et le Fonds mondial pour la Nature (WWF), afin de suivre les progrès accomplis par rapport à l'objectif de leur initiative forestière conjointe, consistant à améliorer la gestion de 70 millions d'hectares de zones forestières protégées. Le FEM a

Encadré 28.2 Programme de travail de la CDB sur les aires protégées

Le PoWPA aborde explicitement la question de l'efficacité de la gestion dans le cadre de son Objectif 4, portant sur les normes, l'évaluation et le suivi. Bien que la date butoir de 2010 pour le PoWPA soit passée, les objectifs restent pertinents pour les pays dans la période actuelle des objectifs d'Aichi de la CDB, jusqu'en 2020. La Cible 4.2.2 du PoWPA a été actualisée lors de la réunion de la Conférence des Parties à la CDB, en 2010, comme suit :

Objectif 4.2 : Évaluer et améliorer l'efficacité de la gestion des aires protégées

Cible : En 2010, des cadres de suivi, d'évaluation et de rapports de l'efficacité de la gestion des aires protégées à l'échelle des sites, des systèmes nationaux et régionaux et des aires protégées transfrontalières sont adoptés et mis en œuvre par les Parties.

Activités proposées des Parties

4.2.1 Élaborer et adopter, d'ici 2006, des méthodes, des normes, des critères et des indicateurs appropriés pour évaluer l'efficacité de la gestion et de la gouvernance des aires protégées, et mettre en place une base de données connexe, en tenant compte du cadre de la CMAP-UICN pour évaluer l'efficacité de la gestion, et autres méthodologies pertinentes, de façon adaptée aux conditions locales.

4.2.2 Mettre en œuvre des évaluations de l'efficacité de la gestion d'au moins 30 % des aires protégées de chaque Partie d'ici 2010, ainsi que des systèmes nationaux d'aires protégées et, le cas échéant, des réseaux écologiques (actualisé à 60 % de la superficie totale des aires protégées d'ici 2015).

4.2.3 Inclure les informations résultant de l'évaluation de l'efficacité de la gestion des aires protégées dans les rapports nationaux au titre de la Convention sur la diversité biologique.

4.2.4 Mettre en œuvre les principales recommandations découlant des évaluations de l'efficacité de la gestion au niveau des sites et des systèmes, en tant que partie intégrante des stratégies de gestion adaptative.

Activités de soutien suggérées par le Secrétaire exécutif

4.2.5 Compiler et diffuser des informations sur l'efficacité de la gestion par le biais du centre d'échange, créer une base de données d'experts en évaluation de l'efficacité de la gestion des aires protégées, et envisager la possibilité d'organiser un atelier international sur les méthodes, critères et indicateurs appropriés pour évaluer l'efficacité de la gestion des aires protégées.

4.2.5 En coopération avec la CMAP-UICN et autres organisations compétentes, compiler et diffuser des informations sur les meilleures pratiques en matière de conception, d'établissement et de gestion des aires protégées. (CBD, 2010b)

Source : CDB (2004)

requis l'utilisation du METT afin d'évaluer l'efficacité de la gestion lors de l'évaluation initiale, à mi-parcours et finale de tous les projets financés dans les aires protégées.

Suite aux recommandations du cinquième Congrès mondial des parcs de l'UICN, la CDB a élaboré son Programme de travail sur les aires protégées en, 2004 (CDB, 2004), avec un objectif et des cibles associées visant à promouvoir le développement et l'adoption de systèmes de PAME (encadré 28.2). Il s'agit, peut-être, du développement le plus important au niveau politique international pour promouvoir la nécessité d'une gestion efficace des aires protégées et les systèmes de suivi et de rapports nécessaires pour guider cette amélioration. Bien que l'objectif consistant à évaluer l'efficacité de la gestion de 30 % des aires protégées n'ait pas été atteint en 2010, les progrès ont été si encourageants que la Conférence des Parties à la CDB a décidé d'appeler les Parties à « élargir et institutionnaliser les évaluations de l'efficacité de la gestion afin d'évaluer 60 % de la superficie totale des aires protégées d'ici à 2015, en utilisant divers outils nationaux et régionaux, et de rendre compte des résultats dans la base de données mondiale sur l'efficacité de la gestion » (CDB, 2010a; soulignage ajouté).

Sentier de nature Serchu dans le parc botanique Royal, Népal

Source : Ian Pulsford

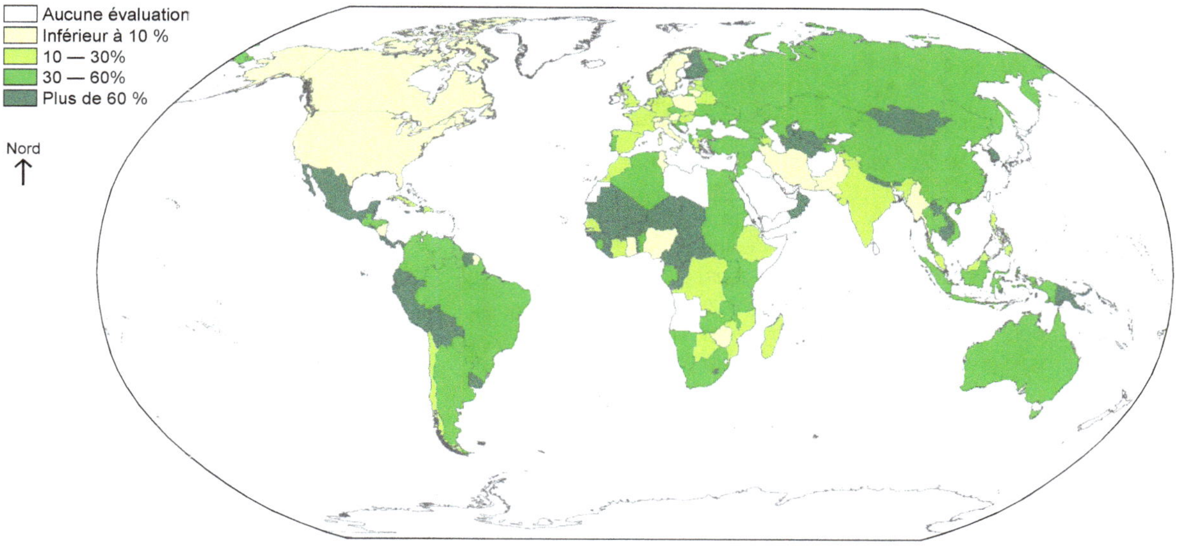

Figure 28.1 Progrès réalisés à l'échelle nationale vers les objectifs de 30 % et 60 % de la CDB concernant les évaluations de PAME

Note : les progrès sont mesurés par le pourcentage de la superficie totale du réseau national d'aires protégées évalué.

Source : Coad et al. (2013)

Des informations sur les évaluations de l'efficacité de la gestion dans le monde entier ont été compilées dans une base de données mondiale liée à la Base de données mondiale sur les aires protégées (WDPA) du Centre mondial de suivi de la conservation du Programme des Nations unies pour l'environnement (PNUE-WCMC). La base de données sur l'efficacité de la gestion consigne la date, le lieu et la méthodologie utilisée, ainsi que, dans la mesure du possible, les résultats de chaque évaluation, et comprend des rapports écrits, lorsque disponibles (Leverington et al., 2010a, 2010b; Nolte et al., 2010). Cette compilation a été possible grâce à une étude menée en collaboration par l'Université du Queensland, l'UICN, l'Université d'Oxford, le PNUE-WCMC, le Biodiversity Indicator Partnership et de grandes ONG telles que WWF et The Nature Conservancy, et a été soutenue par de nombreux partenaires, dans le désir de compiler des informations mondiales sur l'efficacité de la gestion des aires protégées.

Coad et al. (2013) ont utilisé cette information pour évaluer les progrès accomplis dans la réalisation de l'Objectif de PAME du PoWPA (figure 28.1). À la fin de 2012, au moins une évaluation de PAME avait été enregistrée pour 29 % de la superficie des aires protégées désignées au niveau national, les progrès les plus importants ayant été enregistrés en Afrique et en Amérique latine (Coad et al., 2013). Sur les 194 Parties à la convention, 90 pays avaient atteint l'objectif de 30 % des aires protégées évaluées en 2010, 45 pays ayant déjà atteint l'objectif de 60 % fixé pour 2015 (Coad et al., 2013).

Un biais existait cependant dans l'emplacement des évaluations, les plus grandes aires protégées et les sites de catégorie II de l'UICN étant plus susceptibles d'avoir été évalués. Un plus grand nombre d'évaluations avaient été réalisées dans les pays à faible indice de développement humain (IDH) (Coad et al., 2013), bien que ces pays aient également obtenu des scores globaux plus faibles (Leverington et al., 2010c). Cette association entre le degré de PAME et l'IDH est susceptible d'être le résultat à la fois du développement de projets du FEM dans les pays à faible IDH (et, en conséquence d'évaluations METT; voir chapitre 28.3) et d'une concentration d'évaluations parrainées par des ONG dans ces pays, à l'aide de diverses méthodes d'évaluation de PAME.

L'efficacité de la gestion des aires protégées a également été adoptée par la CDB comme l'un des indicateurs liés aux aires protégées utilisés pour évaluer les progrès vers la réalisation des objectifs de conservation de la biodiversité, et des informations sur la couverture et les résultats des évaluations sont recueillies pour suivre cet indicateur (Leverington et al., 2010a; Coad et al., 2013). Au niveau national, de nombreux pays ont adopté la PAME dans le cadre de leur politique nationale sur les aires protégées (comme en Australie où le Conseil ministériel de la gestion des ressources naturelles a inclus la PAME dans la politique relative au système national d'aires protégées (NRMMC, 2009)), ou ont mis en œuvre des systèmes d'évaluation complets de l'ensemble de leurs réseaux d'aires protégées (comme par exemple, en Colombie, en République de Corée et en Afrique du Sud). La plupart de ces évaluations ont été effectuées à l'aide de méthodologies d'évaluation élaborées à partir du cadre de la CMAP-UICN.

Encadré 28.3 Deux méthodologies largement utilisées pour l'évaluation de l'efficacité de la gestion : RAPPAM et METT

La méthode d'Évaluation rapide et priorisation de la gestion des aires protégées (RAPPAM) (Ervin, 2003) a été mise en œuvre dans plus de 50 pays et plus de 1 800 aires protégées en Europe, en Asie, en Afrique, en Amérique latine et dans les Caraïbes. La méthodologie est basée sur des questionnaires, et mise en œuvre dans le cadre d'un ou de plusieurs ateliers réunissant des gestionnaires d'aires protégées et autres intervenants et experts pour compiler et partager les connaissances. Elle est conçue à des fins de comparaisons générales entre de nombreuses aires protégées, formant, ensemble, un réseau ou un système d'aires protégées. Elle peut :

- identifier les forces, les contraintes et les faiblesses de la gestion ;
- analyser la portée, la gravité, la prévalence et la distribution d'une variété de menaces et de pressions ;
- identifier les zones de grande importance et vulnérabilité écologique et sociale ;
- indiquer l'urgence et les priorités de conservation d'aires protégées individuelles ;
- aider à développer et à hiérarchiser les interventions politiques et les mesures de suivi appropriées pour améliorer l'efficacité de la gestion des aires protégées.

Elle peut également répondre à un certain nombre de questions importantes :

- Quelles sont les principales menaces affectant le système d'aires protégées, et quelle est leur gravité ?
- Comment les aires protégées se comparent-elles les unes aux autres en termes d'infrastructures et de capacité de gestion ? Et comment se comparent-elles les unes aux autres quant à la production efficace de produits et résultats de conservation découlant de leur gestion ?
- Quelle est l'urgence de prendre des mesures dans chaque aire protégée ?
- Quelles sont les lacunes importantes en matière de gestion dans le système d'aires protégées ?
- Dans quelle mesure les politiques nationales et locales soutiennent-elles la gestion efficace des aires protégées ? Existe-t-il des lacunes dans la législation et quelles sont les améliorations à apporter à la gouvernance ?
- Quelles sont les interventions les plus stratégiques pour améliorer l'ensemble du système ?

L'Outil de suivi de l'efficacité de la gestion (METT) (Stolton et al., 2007) a été mis en œuvre dans plus de 100 pays et plus de 2 000 aires protégées, et est obligatoire pour les évaluations initiales, à mi-parcours et finales de tous les projets relatifs aux aires protégées financés par la Banque mondiale et le Fonds pour l'environnement mondial.

La méthodologie est une évaluation rapide basée sur un questionnaire de notation. Le questionnaire comprend les six éléments de gestion identifiés dans le cadre de la CMAP-UICN (contexte, planification, apports, processus, produits et résultats), mais met l'accent sur le contexte, la planification, les apports et les processus. Il est basique et simple à utiliser, et fournit un mécanisme de suivi des progrès vers une gestion plus efficace, au fil du temps. Il est utilisé pour permettre aux gestionnaires de parcs et aux donateurs d'identifier les besoins, les contraintes et les actions prioritaires pour améliorer l'efficacité de la gestion des aires protégées.

Il est conçu principalement pour suivre les progrès au fil du temps (plutôt que de comparer les sites) et peut révéler les tendances, les forces et les faiblesses dans les aires protégées individuelles ou les groupes d'aires protégées. Il est rapide à compléter, avec seulement 30 questions. Cependant, s'il est appliqué dans une situation d'atelier, il conduit à beaucoup de discussion et de réflexion. S'il est entièrement complété, y compris des commentaires et les « prochaines étapes », il peut être utile pour établir des lignes directrices et évaluer les progrès vers l'amélioration de la gestion des aires protégées.

Les besoins, objectifs et circonstances des évaluations des aires protégées sont divers. Comme nous l'avons vu plus haut, les études sur l'efficacité de la gestion peuvent servir un certain nombre d'objectifs, et la demande d'information provient de diverses sources. Les gestionnaires, les communautés locales et autres personnes directement impliquées dans la gestion d'un site ou d'un réseau d'aires protégées seront plus intéressés par l'information pouvant être utilisée pour soutenir la planification et la gestion adaptative (étude de cas 28.1). Les responsables de direction, donateurs et décideurs sont susceptibles de rechercher des informations pouvant être utilisées pour améliorer l'allocation des ressources, en plus d'être intéressés par la responsabilité et l'efficacité. Bien que l'information relative à la responsabilisation vise principalement à informer les publics externes, les gestionnaires seront également intéressés par cet aspect de l'évaluation. Certaines parties prenantes peuvent espérer que les évaluations révèlent des lacunes en matière de financement ou de politique, tandis que les scientifiques s'intéresseront à la question de savoir s'il est possible de démontrer que les aires protégées préservent efficacement des valeurs particulières.

Cette diversité signifie qu'un système unique d'évaluation de l'efficacité de la gestion ne pourra pas répondre à tous les besoins et à toutes les circonstances. Pour cette raison, la CMAP-UICN a proposé un *cadre* d'évaluation de l'efficacité de la gestion. Ce cadre a été utilisé pour élaborer

Étude de cas 28.1 Personnes résilientes, nature résiliente : PAME au Liban

Dans un contexte politique et socioéconomique frénétique, des groupes déterminés de personnes sont résilients dans leurs efforts pour conserver le patrimoine naturel et culturel des montagnes du Liban. Ce petit pays de Méditerranée orientale (10 452 kilomètres carrés) est connu pour son cèdre emblématique (*Cedrus libani*), figurant sur le drapeau national, ainsi que pour ses riches valeurs d'écosystèmes et de biodiversité. Le Liban est également un lieu de repos privilégié sur une voie de migration aviaire saisonnière. Les sites internationalement désignés incluent les réserves de biosphère du Shouf et de Jabal Moussa de l'Organisation des Nations unies pour l'éducation, la science et la culture (UNESCO). Ces sites, co-gouvernés par les autorités nationales et des ONG, montrent des cas intéressants d'initiatives de PAME à différents stades de planification et de mise en œuvre (Abu-Izzedin 2013).

Évaluation de l'efficacité de la gestion comme une partie intégrante de la planification de gestion : réserve de biosphère de Jabal Moussa (JMBR)

Jabal Moussa (qui signifie « Montagne de Moïse » en arabe) est une réserve de biosphère montagneuse située à 40 kilomètres de la capitale, Beyrouth. La réserve s'étend sur plus de 65 kilomètres carrés, et sa zone centrale constitue une forêt et un site naturel protégés au niveau national. La valeur de conservation de Jabal Moussa est d'importance nationale et internationale, car la réserve abrite plus de 720 espèces végétales, dont 26 endémiques au niveau national, et plus de 19 mammifères dont le loup gris (*Canis lupus*), la hyène rayée (*Hyaena hyaena*) et le daman du Cap (*Procavia capensis*). Plus de 137 espèces d'oiseaux ont été observées dans la réserve, dont certaines sont menacées à l'échelle mondiale, d'où sa désignation comme zone importante pour les oiseaux.

Bien que relativement nouvelle dans la région, la JMBR a été en mesure d'atteindre bon nombre de ses objectifs en peu de temps. Ceux-ci incluent, notamment, la mise en place d'une équipe qualifiée, principalement recrutée au sein de la communauté locale, la définition de sa vision et de ses objectifs à long terme et l'établissement de bonnes relations avec les partenaires nationaux et internationaux. Cela pourrait être attribué, en partie, à l'exploitation proactive des connaissances provenant de différentes sources internationales et locales et à l'apprentissage de réserves de biosphère établies depuis plus longtemps.

Le plan de gestion décennal est un projet essentiel répondant aux exigences du programme l'Homme et la biosphère (MAB) de l'UNESCO. Ce plan a été élaboré à l'aide d'une approche innovante, qui combine des lignes directrices et des concepts de planification reconnus provenant à la fois des aires protégées et des systèmes de réserves de biosphère (Jaradi et Matar, 2012).

Ses stratégies intégrées reposent sur un inventaire complet de la biodiversité et des valeurs culturelles, et sont centrées sur le schéma de zonage fonctionnel des réserves de biosphère, tout en soulignant l'importance d'établir des partenariats solides avec les communautés rurales.

Sur la base des directives de planification systématique de la conservation et des exigences de la CDB, le plan de gestion incluait le suivi et l'évaluation comme éléments essentiels de son plan d'action détaillé. Pour une mise en œuvre plus concrète, cet objectif a été détaillé en actions et indicateurs correspondants (biologique et de gestion), permettant un suivi. Pour cet objectif, comme pour d'autres, des ressources et des priorités ont été allouées. Dans cette perspective, le cas de la JMBR démontre qu'une PAME efficace commence au stade de la planification, bien que le succès réside, en fin de compte, dans la mise en œuvre et le suivi. De récentes observations de terrain effectuées par des scientifiques locaux, le personnel et les visiteurs ont montré que les populations de plantes à fleurs telles que le cyclamen du Liban (*Cyclamen libanoticum* ; endémique de la JMBR) et la pivoine *Paeonia kesrouanensis* (endémique de la région) ont vu leur nombre augmenter. De plus, les observations de mammifères comme le daman du Cap sont devenues plus fréquentes, indiquant une amélioration des conditions de l'habitat.

Famille de damans du Cap (*Procavia capensis*) dans la réserve de biosphère de Jabal Moussa, Liban

Source : Association pour la Protection de Jabal Moussa

Cèdre du Liban (*Cedrus libani*) dans la réserve de biosphère du Shouf, Liban

Source : Nizar Hani

Évaluation de l'efficacité de la gestion pour une gestion adaptative : réserve de biosphère du Shouf

La réserve de biosphère du Shouf (SBR) se compose d'une zone centrale (161 kilomètres carrés), d'une zone tampon (54 kilomètres carrés) et d'une zone de développement (233 kilomètres carrés). La zone centrale a été déclarée réserve naturelle en 1996. La réserve abrite trois magnifiques forêts de cèdres, dont les plus grands peuplements de cèdres du Liban (*Cedrus libani*), représentant 25 % des cèdres restants dans le pays. La réserve de biosphère abrite 32 espèces de mammifères sauvages, dont neuf sont d'importance internationale, en plus de 270 espèces d'oiseaux et 27 espèces de reptiles et d'amphibiens.

La SBR est l'une des réserves de biosphère les mieux gérées de la région. Elle est particulièrement réputée pour ses partenariats solides avec les communautés locales pour l'écotourisme et la production durable de produits ruraux, mettant l'accent sur l'autonomisation des femmes. En 2011, la réserve a été sélectionnée par le Comité consultatif international du MAB de l'UNESCO, parmi 106 candidats, comme l'un des rares lauréats du prix Michel Batisse, qui récompense les efforts de gestion répondant aux normes internationales.

En 2009, une évaluation des menaces aux valeurs de conservation a été réalisée pour la première fois dans la SBR, à l'aide de la version modifiée de l'Outil d'évaluation de la réduction des menaces (mTRA), lors d'un atelier participatif avec les membres du personnel (Matar et Anthony, 2010). Le TRA est une méthode créée par Salafsky et Margoluis (1999) et modifiée par Anthony (2008) pour tenir compte des tendances négatives des menaces. Il est utilisé pour évaluer quantitativement les tendances des menaces à la biodiversité et aux aires protégées sur une période définie, en tant que mesure indirecte de l'atteinte des objectifs de conservation.

L'équipe a estimé que l'outil mTRA était très utile pour analyser les tendances des menaces locales telles que le surpâturage par les chèvres, le feu d'origine humaine et la chasse récréative. L'indice mTRA a montré que l'équipe de gestion avait réussi à réduire les menaces globales de 51 % sur une période de trois ans, jusqu'en 2009. Les résultats de l'évaluation ont été intégrés dans le dernier plan de gestion de la SBR, mis à jour pour inclure des mesures appropriées de réduction des menaces (Abu-Izzedin, 2013). Le cas démontre une bonne utilisation des outils de PAME tels que le mTRA, dans le cadre d'une approche de gestion adaptative.

D'autres initiatives de PAME ont eu lieu au Liban, notamment l'évaluation réussie de deux aires marines protégées utilisant le METT dans le cadre d'un projet conjoint UICN-Ministère de l'environnement visant à développer et à renforcer le réseau national d'aires marines protégées. Les résultats de l'évaluation ont conduit à des recommandations utiles pour améliorer la gestion des aires marines protégées dans le pays (Allam Harash et El Shaer, 2011).

Les initiatives de PAME au Liban reflètent une prise de conscience récente de l'importance internationale du pays. Cependant, elles sont, jusqu'à présent, réalisées comme des évaluations « ponctuelles », dans le cadre de projets spécifiques, et ne donnent pas lieu à une mise en œuvre des recommandations qui en résultent. Les principaux facteurs déterminants d'une réussite future incluent de : 1) renforcer la capacité interne du personnel à effectuer des évaluations systématiques plutôt que de compter sur des ressources externes, 2) identifier des mécanismes de financement fiables pour prendre des mesures d'adaptation, et 3) intégrer la PAME dans les stratégies nationales d'aires protégées et le suivi de la mise en œuvre. Si ces défis sont surmontés, le respect des exigences de la CDB de mettre en œuvre et de rendre compte des résultats de PAME sera également amélioré.

Dans un contexte de conflits, de difficultés économiques et de ressources limitées, les progrès de gestion enregistrés à ce jour démontrent un grand niveau de persévérance et de passion pour la nature. Les aires protégées du Liban, comme dans de nombreux autres pays en conflit, sont porteuses d'un message d'espoir pour la réconciliation et la paix.

– Diane Matar, Sciences et politiques environnementales, Université d'Europe centrale, Budapest des méthodologies spécifiques d'évaluation correspondant à des objectifs, capacités et autres besoins particuliers, tout en conservant une logique et une approche sous-jacentes communes à l'évaluation, des critères similaires et, dans certains cas, des méthodes et outils d'évaluation communs (étude de cas 28.2). L'utilisation d'un cadre commun peut également conférer une certaine crédibilité au système d'évaluation et favoriser une plus grande acceptation de celui-ci, car les gens peuvent constater que l'approche et les critères d'évaluation sont conformes à une norme internationale.

Cadre d'efficacité de la gestion des aires protégées de l'UICN

Le cadre d'évaluation de l'efficacité de la gestion de l'UICN repose sur un cycle de gestion simple (figure 28.2) qui :

- commence par envisager le contexte de l'aire protégée, y compris ses valeurs, les menaces auxquelles elle est confrontée et les possibilités qui s'offrent à elle, ses parties prenantes, ainsi que le contexte politique et de gestion ;
- progresse dans la planification en établissant une vision, des buts, des objectifs et des stratégies pour conserver les valeurs et réduire les menaces ;
- alloue des apports (ressources) de personnel, d'argent et d'équipement pour travailler à la réalisation des objectifs ;
- met en œuvre les mesures de gestion selon les procédures acceptées ;
- génère éventuellement des produits (biens et services, généralement décrits dans les plans de gestion et de travail) ;
- aboutit à des impacts ou à des résultats, contribuant idéalement à atteindre les buts et objectifs définis.

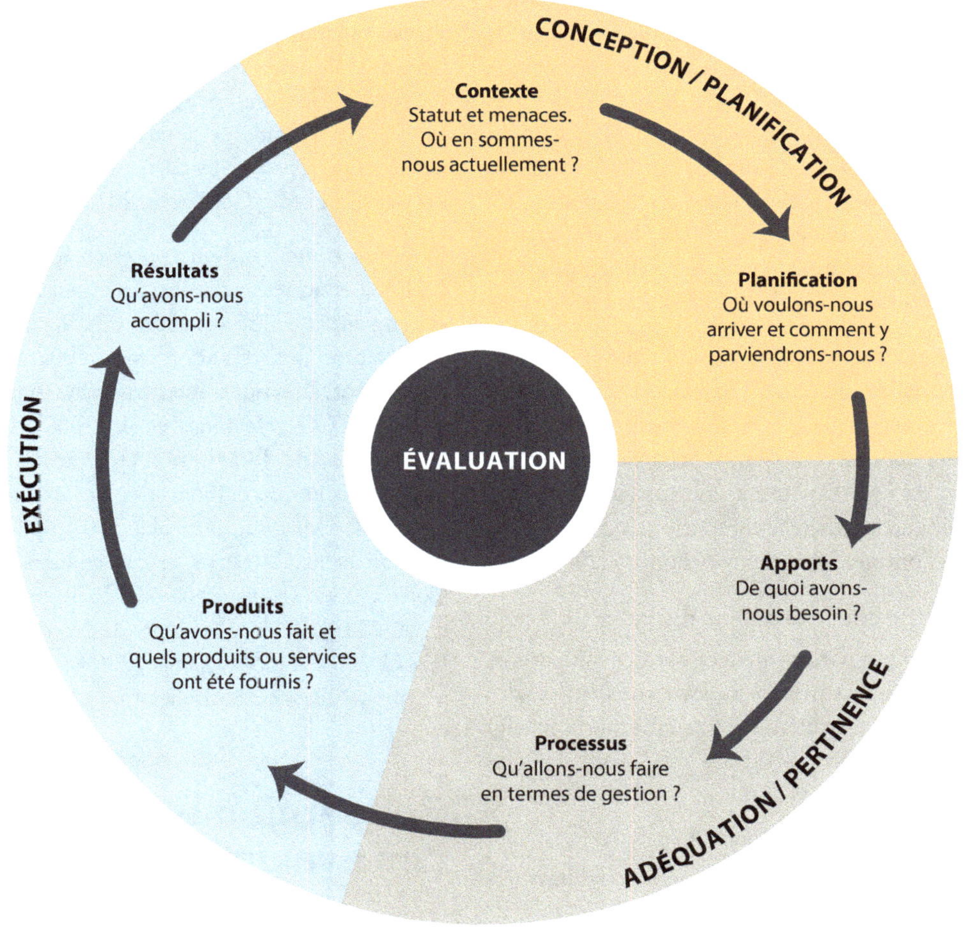

Figure 28.2 Cadre de l'UICN pour l'évaluation de l'efficacité de la gestion des aires protégées (PAME)

Source : Hockings et al. (2006)

Étude de cas 28.2 Évaluation de l'efficacité de la gestion en Afrique de l'Ouest et du Centre, 2008-2011

L'efficacité de la gestion des aires protégées devient une préoccupation croissante pour le monde de la conservation. Le Programme de l'UICN sur les aires protégées africaines et la conservation (UICN PAPACO) a entrepris un grand projet avec le soutien du Fonds français pour l'environnement mondial et l'Agence française de développement. Ce projet visait à améliorer la gestion des aires protégées en Afrique de l'Ouest et du Centre, et leurs capacités à remplir leurs missions et, par conséquent, produire leurs résultats. Il couvrait l'Afrique subsaharienne, de la Mauritanie (à l'ouest) au Burundi (à l'est), une région où la plupart des aires protégées n'atteignent pas encore leurs objectifs de conservation et/ou de développement.

Les évaluations à l'échelle du système ou des sites ont été basées sur la méthodologie mondiale développée par la CMAP-UICN. Le projet a adapté ce cadre au contexte régional, puis a formé une équipe d'évaluateurs africains et réalisé de multiples évaluations pilotes. Quatorze systèmes nationaux ont été évalués, ainsi que quatre réseaux de sites (aires marines protégées, sites Ramsar, aires forestières protégées d'Afrique centrale et sites du Patrimoine mondial) et sites individuels, incluant finalement environ 170 sites, à partir de méthodologies telles que RAPPAM, METT ou Enhancing our Heritage (EoH). Ces évaluations ont permis à l'UICN PAPACO d'élaborer une brève synthèse de toutes les évaluations et d'apporter un soutien technique à des sites sélectionnés, au moyen de cours de formation ciblés visant à répondre aux principaux problèmes identifiés (avec le soutien de l'Université Senghor d'Alexandrie, Égypte). Le projet a accordé une attention particulière à l'utilisation des résultats de l'évaluation dans l'élaboration de nouveaux projets, le renforcement des capacités et les initiatives connexes visant à améliorer la gestion et la conservation des sites.

Un comité scientifique et technique, composé de membres de la CMAP-UICN et autres experts compétents, a été créé au début du projet pour assurer la coordination des évaluations. Le projet a aidé à identifier les forces et les faiblesses de la gestion, ainsi que des exemples de meilleures pratiques de gestion sur le terrain. Les résultats ont été utilisés pour mener des études sur les aspects de la gestion des aires protégées, et pour commencer à travailler à une reconnaissance plus formelle des bonnes pratiques de gestion comme moyen d'améliorer cette gestion.

– Geoffroy Mauvais, UICN PAPACO, Nairobi

L'évaluation des résultats, y compris les résultats de biodiversité, sociaux, culturels et économiques de la gestion des aires protégées, est une composante essentielle de la PAME. Cependant, elle ne suffit pas pour comprendre les résultats, à elle seule. Si la PAME doit atteindre l'un des quatre objectifs de l'évaluation décrits ci-dessus, nous devrons également comprendre les cinq autres éléments du cycle d'évaluation et les relations entre ces éléments. Cela est particulièrement essentiel pour utiliser les résultats de l'évaluation dans la gestion adaptative, lorsqu'il est important de comprendre les facteurs facilitant ou limitant la réussite.

Les lignes directrices de la CMAP-UICN pour l'évaluation de l'efficacité de la gestion (Hockings et al., 2006) fournissent plus de détails sur les éléments du cycle et la façon dont celui-ci peut être appliqué. Selon la terminologie de l'évaluation, la PAME pourrait être considérée comme un système d'évaluation, car elle comporte les quatre critères requis, comme l'ont souligné Leeuw et Furubo (2008) :

1. une perspective et une discipline distinctes ;
2. des activités d'évaluation menées par des évaluateurs au sein des structures organisationnelles et des institutions, et pas seulement (ou en grande partie) par des évaluateurs individuels sans lien avec les organismes de gestion ;
3. une utilisation permanente ou à long terme ;
4. une perspective d'utilisation prévue des résultats des évaluations.

Le cadre de PAME de l'UICN a été utilisé pour concevoir un certain nombre de méthodologies d'évaluation, de diverses portées et échelles (Hockings, 2003 ; Leverington et al., 2008), allant d'évaluations relativement rapides, fondées sur des questionnaires, effectuées par quelques membres du personnel des aires protégées ou par le biais d'ateliers avec les parties prenantes, à des évaluations plus approfondies fondées sur un suivi de terrain, ainsi que sur des ateliers et des consultations avec les parties prenantes (Hockings et al., 2009a ; Carbutt et Goodman, 2013).

Outre les évaluations entreprises en réponse aux exigences du FEM et autres donateurs, les évaluations de PAME ont été largement utilisées par des ONG, telles que WWF et The Nature Conservancy (Ervin, 2002, 2003), ainsi que par des organisations internationales telles que l'UICN et l'UNESCO (Hockings et al., 2008). De plus en plus de systèmes de PAME ont été intégrés aux opérations des organismes de gestion, avec des exemples notables en Colombie (Mayorquin et al., 2010), en Afrique du Sud (Cowan et al., 2010 ; Carbutt et Goodman, 2013), en Corée du Sud (Korean National Parks Service, 2009 ; Heo et al., 2010), et dans les États de Nouvelle-Galles du Sud (DEC, 2005 ; Hockings et al., 2009a) et du Victoria (Parks Victoria, 2007), en Australie.

Conception et mise en œuvre des évaluations

Dans cette section, nous décrirons huit principes clés et quatre phases pour la conception et mise en œuvre d'un programme d'évaluation de l'efficacité de la gestion. Nous décrirons ensuite chacune de ces étapes plus en détail, et fournirons certains des concepts théoriques sous-jacents. Cette section compile certaines des conclusions des deux dernières décennies d'évaluations de l'efficacité de la gestion des aires protégées, telles que documentées dans les ateliers, les lignes directrices de la CMAP-UICN, les articles scientifiques et autres expériences. La vaste littérature disponible sur l'évaluation dans d'autres domaines, y compris la santé, le développement international, la foresterie et l'agriculture, a beaucoup contribué au développement de la PAME. Il existe d'excellentes associations, publications et sites web, à la fois efficaces et éthiques, pour aider et encourager les évaluations (CMP, 2004; Kusek et Rist, 2004; CAD, 2006; PNUD, 2009).

Les professionnels s'intéressant particulièrement à ce domaine sont encouragés à explorer ces ressources. Le concept et les pratiques d'évaluation « axée sur l'utilisation » (Patton, 1997) sont particulièrement appropriés, car ils se concentrent sur l'amélioration de la gestion et l'obtention de résultats, plutôt que sur des évaluations académiques.

Dans le contexte des aires protégées, un certain nombre d'auteurs ont énuméré les caractéristiques des « bonnes » évaluations de l'efficacité de la gestion. Les principes de base ont été définis par Courrau (1999) et recommandés dans le manuel du Programme environnemental régional pour l'Amérique centrale (Programa Ambiental Regional para Centroamérica : PROARCA) (Corrales, 2004a). Une excellente synthèse des lignes directrices a également été présentée dans le rapport sur le renforcement de la PAME dans la région des Andes (Cracco et al., 2006). Les lignes directrices de la CMAP-UICN sur l'efficacité de la gestion (Hockings et al., 2006) constituent une lecture fortement recommandée, et fournissent des conseils détaillés sur la façon dont les évaluations peuvent être planifiées et mises en œuvre. Une partie du matériel de ce chapitre est tirée de ces lignes directrices, tandis que les recommandations et résumés relatifs aux méthodologies peuvent être trouvés dans les documents produits par l'étude mondiale (Leverington et al., 2010b, 2008) et dans une étude de PAME en Europe (Leverington et al., 2010c; Nolte et al., 2010).

À partir de toutes ces sources, huit principes de PAME sont inclus dans cette section. En résumé, ces principes stipulent que les évaluations de l'efficacité de la gestion des aires protégées devraient être :

- inclues dans un cycle de gestion efficace, lié à des valeurs, des objectifs et des politiques définis, et dans la planification stratégique, la planification du parc et les cycles commerciaux et financiers ;
- pratiques à mettre en œuvre à partir des ressources disponibles, avec un bon équilibre entre la mesure, les rapports et la gestion ;
- utiles et pertinentes pour améliorer la gestion des aires protégées, pour fournir des explications et montrer des tendances, et pour améliorer la communication, les relations et la sensibilisation ;
- logiques et systématiques, travaillant dans un cadre logique et convenu, avec une approche équilibrée ;
- basées sur de bons indicateurs, holistiques, équilibrés et utiles ;
- précises, fournissant des informations vraies, objectives, cohérentes et à jour ;
- coopératives et participatives, avec une bonne communication, un bon travail d'équipe et une bonne participation des gestionnaires d'aires protégées et des parties prenantes à toutes les étapes du projet, dans la mesure du possible ;
- axées sur une communication positive et opportune et l'application des résultats.

Comme le montre la figure 28.3, le processus d'évaluation de la PAME peut être divisé en quatre grandes phases :

1. Définir exactement pourquoi une évaluation est entreprise et s'assurer qu'elle s'inscrit dans un cycle d'apprentissage de gestion.
2. Planifier l'évaluation et choisir ou élaborer une bonne méthodologie.
3. Mettre l'étude en œuvre, recueillir et analyser des données.
4. Établir des rapports, communiquer et mettre en œuvre les résultats.

Première étape : objectifs et attentes

Une évaluation de l'efficacité de la gestion peut être entreprise pour diverses raisons, qui influenceront grandement la façon dont elle sera planifiée et mise en œuvre. Un but, une portée et des objectifs clairs sont essentiels pour l'évaluation, afin d'éviter toute confusion ou différend ultérieurs, c'est à dire qu'il est important, au début d'un projet d'évaluation, de savoir ce que ce projet est censé atteindre et de comprendre les niveaux de ressources et de soutien sur lesquels on pourra compter. Tous les partenaires devraient s'entendre sur les objectifs et la portée de l'évaluation avant de choisir ou d'élaborer une méthodologie plus détaillée. Selon toute vraisemblance, cependant, il y aura quelques changements au cours du processus, et les attentes ne devraient pas être trop rigides. Dans la plupart des cas, une étude de PAME devrait faire partie intégrante du cycle de gestion de l'organisme de gestion ou autre organisation impliquée dans l'aire protégée. Ceci constitue le premier principe de l'efficacité de la gestion.

- Principe 1 : l'évaluation devrait faire partie d'un cycle de gestion efficace, lié à des valeurs, des objectifs et des politiques définis.

  Les évaluations intégrées à la culture et aux processus de gestion sont plus efficaces et utiles pour améliorer le rendement de la gestion à long terme. La PAME devrait faire partie du cycle opérationnel et des exigences de base de l'organisme en matière de rapports, étroitement liés aux programmes de planification, de suivi, de recherche et au programme de travail annuel des aires protégées.

Première étape

La première étape d'une évaluation de l'efficacité de la gestion consiste donc à définir les objectifs généraux de l'exercice, en tenant compte de son but et de sa portée (y compris l'échelle et la fréquence), à la lumière des ressources disponibles pour l'évaluation et du niveau conséquent de l'évaluation à réaliser. L'évaluation peut être réalisée à l'échelle de :

- une aire protégée individuelle (ou parfois une partie d'une grande aire protégée) ;

Volcan Puyehue dans le parc national Puyehue, Patagonie, Chili, avant les graves éruptions ayant commencé en 2011

Source : Eduard Müller

- un groupe d'aires protégées (regroupées géographiquement, par catégorie, par biome ou liées à des projets spécifiques) ;

Phase 1 - Démarrage : définir les objectifs et les attentes de l'évaluation	➲ Clarifier les objectifs de l'évaluation des aires protégées et sa place dans le cycle de gestion. ➲ Obtenir un soutien. ➲ Déterminer la portée de l'évaluation (c.-à-d. l'échelle et la fréquence). ➲ Convenir des capacités, des ressources et du niveau d'évaluation.
Phase 2 - Planification : choisir ou développer une méthodologie	➲ Choisir ou développer une méthodologie globale. ➲ Élaborer et documenter un plan pour le processus d'évaluation et pour l'analyse, la communication et la mise en œuvre des résultats. ➲ Décider de la façon de procéder à l'évaluation et qui impliquer, organiser l'externalisation ou la formation nécessaire. ➲ Obtenir l'approbation finale et le soutien nécessaires au plan d'évaluation.
Phase 3 - Exécution : mettre en œuvre l'évaluation et analyser les données	➲ Effectuer l'évaluation. ➲ Recueillir des informations. ➲ Réaliser des consultations. ➲ Analyser les données et formuler des recommandations.
Phase 4 - Rétroaction : communiquer et mettre en œuvre les résultats	➲ Rendre compte des résultats et les communiquer à toutes les parties concernées. ➲ Mettre en œuvre les recommandations pour améliorer la gestion.

Figure 28.3 Processus de conception et de mise en œuvre de la PAME

Encadré 28.4 Évaluations à l'échelle du système

En plus de compiler des informations sur les évaluations au niveau des sites, il peut être nécessaire d'évaluer dans quelle mesure ces systèmes entiers d aires protégées sont gérés. En vertu des exigences de la CDB, les pays se sont engagés à élaborer des cadres pour l'établissement de rapports sur l'efficacité de la gestion aux niveaux national et sous-national, ainsi qu'au niveau des sites.

Une gestion robuste et efficace est nécessaire au niveau des systèmes dans lesquels les dépenses et la gestion financière critiques, l'acquisition d'aires protégées, l'engagement communautaire à grande échelle et les initiatives globales de planification et de politique sont généralement mis en place. Pour les organismes nationaux ou régionaux, ces activités importantes sont souvent concentrées au niveau des bureaux centraux ou des sièges de district. Le soutien de ces centres à la gestion des sites est également essentiel. Les systèmes de PAME prenant ces indicateurs en compte, ainsi que ceux qui s'intéressent à la gestion individuelle des aires protégées, obtiendront une meilleure mesure des progrès dans la gestion des aires protégées à l'échelle nationale et à l'échelle du système.

Certaines méthodologies, notamment le RAPPAM (Ervin 2003), visent à évaluer les aires protégées sur l'ensemble d'un système, et incluent un certain nombre de questions liées à la conception et à la gestion du système dans son ensemble. De telles études ont été entreprises dans de nombreux pays, dont le Brésil, la Russie, la Papouasie-Nouvelle-Guinée, ainsi que dans des pays d'Europe de l'Est et d'Afrique de l'Ouest. Une étude précieuse, menée en Finlande (Gilligan et al. 2005; Heinonen 2006), visait l'échelle du système, et bien que les évaluateurs aient visité un certain nombre de parcs et analysé des informations relatives à des aires protégées individuelles, tous les indicateurs se situaient à l'échelle du système. D'autres évaluations des systèmes d'aires protégées incluent une étude similaire en Lituanie (Ahokumpu et al., 2006) et une évaluation approfondie et continue en Inde (Vinod Mathur, pers. comm.). Des évaluations à l'échelle du système ont également été menées en Corée, en Colombie et en Thaïlande (parcs marins) (Heo et al. 2010; Hockings et al., 2012).

Dans d'autres études, les données sont recueillies à l'échelle des aires protégées, mais les rapports mis à la disposition du public « regroupent » les données et présentent les résultats à l'échelle du système ou d'un groupe d'aires protégées. Ces études sont souvent menées comme l'élément central d'un système d'évaluation de l'« état des parcs », répété régulièrement, en général tous les trois ans. Les exemples incluent la Colombie, la Corée du Sud, l'Afrique du Sud et les États de Nouvelle-Galles du Sud et du Victoria, en Australie. De cette façon, l'évaluation est présentée comme une évaluation du système, dans son ensemble, plutôt que de différents sites. Parfois, les organismes hésitent à discuter publiquement des résultats de l'évaluation à l'échelle du site d'une aire protégée, et sont plus susceptibles de partager et de rendre compte de façon transparente des résultats à l'échelle du système.

- toutes les aires protégées gérées par un même organisme (y compris les communautés ou les organisations) ;
- toutes les aires protégées d'un pays (encadré 28.4).

Fréquence

Dans certains cas, une évaluation ponctuelle peut être effectuée dans un but particulier, mais en général, l'évaluation est plus utile en tant qu'outil visant à améliorer l'efficacité de la gestion si elle est répétée à intervalles réguliers, car cela donne de meilleures informations sur les tendances et montre également si les changements de gestion améliorent les conditions du site. Lorsque les aires protégées sont en phase d'établissement ou de renforcement, ou soumises à une menace particulière, des évaluations annuelles peuvent être nécessaires, mais généralement des intervalles de deux à cinq ans sont adéquats pour révéler les changements et guider la gestion.

Niveau d'évaluation

Le niveau de l'évaluation, c'est à dire s'il s'agit d'une évaluation relativement rapide fondée sur les données disponibles ou d'une évaluation plus approfondie, sera déterminé par l'objectif, les ressources disponibles et la capacité et la volonté organisationnelles d'entreprendre une évaluation.

Les évaluations les plus rapides et les moins coûteuses nécessitent peu ou pas de recherches supplémentaires sur le terrain, et utilisent des méthodes d'évaluation établies. Ce type d'évaluation reposera en grande partie sur une recherche bibliographique et les opinions éclairées des gestionnaires de sites ou de systèmes et / ou d'évaluateurs indépendants, évaluera le *contexte* du réseau d'aires protégées ou du site individuel ainsi que la pertinence de la *planification*, des *apports* et des *processus* de gestion, et ne fera qu'une évaluation limitée des *produits* et *résultats*. Une évaluation plus détaillée comprendra probablement un suivi supplémentaire, en particulier des *produits* et des *résultats* de la gestion et des méthodes. Les évaluations les plus détaillées et les plus approfondies mettront plus l'accent sur le suivi du degré d'atteinte des objectifs de gestion, en se concentrant sur les *produits* et *résultats*, ainsi que sur le *contexte*, la *planification*, les *apports* et les *processus*. Cela nous amène à la question des ressources. Le deuxième principe a trait à l'équilibre des ressources allouées à la PAME par rapport aux autres aspects de la gestion.

- Principe 2 : l'évaluation devrait être pratique et pas trop chère à mettre en œuvre, avec un bon équilibre entre la mesure, les rapports et la gestion.

  L'évaluation est importante, mais ne doit pas absorber trop de ressources nécessaires pour la gestion. Les méthodes trop coûteuses ou trop longues ne seront pas répétées et sont moins acceptables pour le personnel et les parties prenantes. La capacité de tirer le meilleur parti de l'information existante (à partir du suivi et des recherche préexistantes) est importante. Il est essentiel que tous les processus de suivi et d'évaluation dans un domaine particulier soient alignés, et que l'information soit partagée autant que possible, et que la répétition par différentes organisations et méthodes soit évitée.

Phase deux : planification de l'évaluation

Trouver une méthodologie

Une fois que les dirigeants et les professionnels auront clairement envisagé ce qu'ils souhaitent réaliser, la prochaine étape de la planification d'une évaluation consistera à choisir, adapter ou élaborer une méthodologie. Adopter ou adapter une méthodologie de PAME déjà largement utilisée et testée présente des avantages : outre les économies de temps et d'argent, l'expérience antérieure d'autres personnes peut être utilisée, et les évaluateurs seront en mesure de partager les données et les résultats au-delà des aires protégées et de leurs limites. En utilisant une approche par « modules », tout ou partie des méthodologies les plus courantes peuvent être utilisées et combinées pour développer une méthodologie qui conviendra à la situation.

Les méthodologies de PAME les plus couramment appliquées sont les suivantes :

- le RAPPAM (Ervin, 2003), qui mesure l'efficacité d'un groupe d'aires protégées dans une région ou un pays, a été utilisé dans plus de 57 pays à travers le monde ;
- le METT (Stolton et al., 2007) est une exigence pour tous les projets du FEM relatifs aux aires protégées et a été appliqué dans au moins 110 pays ;
- le Tableau de bord d'évaluation PROARCA/CAPAS (Corrales, 2004b) a été appliqué à plusieurs reprises dans six pays d'Amérique centrale ;
- le Tableau de bord consolidé *Parks in Peril* (The Nature Conservancy Parks in Peril Program, 2004) a été appliqué dans 15 pays d'Amérique latine, dans le cadre du programme d'aide *Parks in Peril* ;

Les promenades surélevées et les points d'observation offrent un accès restreint aux visiteurs de la dune « Walls of China », érodée, très sensible et importante culturellement, dans le parc national de Mungo, un site du Patrimoine mondial, Nouvelle-Galles du Sud, Australie. Mungo est l'un des endroits les plus importants en Australie pour étudier l'environnement passé et les gens qui y vivaient

Source : Ian Pulsford

- les Évaluations de l'état des parcs dans les États australiens de Nouvelle-Galles du Sud et du Victoria (par exemple, Growcock et al., 2009; et étude de cas 28.3) ont évalué plus de 1 200 aires protégées, au moins trois fois au cours de la dernière décennie. Le système d'évaluation, fondé sur une approche commune, a été adapté aux systèmes de gestion individuels de chacun des États, et a également servi de modèle pour l'élaboration de systèmes d'évaluation en Corée du Sud et en Thaïlande ;
- la méthodologie Améliorer notre patrimoine (Hockings et al., 2008), a été développée par l'UICN et l'UNESCO pour être appliquée aux sites naturels du Patrimoine mondial, mais a ensuite été adaptée et appliquée à d'autres aires protégées. Elle constitue l'un des systèmes les plus détaillés d'évaluation à l'échelle d'un site.

Les principes trois, quatre et cinq ont trait à la conception des méthodologies et peuvent être pris en compte par les professionnels au moment de choisir ce qui convient le mieux à leurs besoins.

- Principe 3 : la méthodologie est utile et pertinente pour améliorer la gestion des aires protégées, fournir des explications et montrer les tendances, et améliorer la communication, les relations et la sensibilisation.

  Toutes les évaluations de la gestion des aires protégées devraient, d'une manière ou d'une autre, améliorer la gestion des aires protégées, soit directement par une gestion adaptative sur le terrain, soit indirectement par l'amélioration des approches et des financements nationaux ou internationaux pour la conservation. Les avantages du processus devraient également être clairs et durables. Les indicateurs utilisés doivent être clairement adaptés aux aires protégées et aux besoins en matière de gestion, et doivent aider à comprendre si la gestion des aires protégées atteint ses objectifs ou progresse. L'étape initiale du contexte, dans le cadre de la CMAP-UICN, spécifie la définition ou la clarification des valeurs des aires protégées comme base du processus d'évaluation. Cela peut être utile, en soi, parce que de nombreuses aires protégées ne disposent pas de définition explicite de leurs valeurs. La méthodologie permettra des comparaisons utiles, dans le temps, pour montrer les progrès et, le cas échéant, permettra également la comparaison ou l'établissement de priorités entre les aires protégées. Même des analyses simples montreront des modèles et des tendances, et permettront des explications et des conclusions sur la gestion des aires protégées et sur la façon dont cette gestion pourrait être améliorée.

Mise à l'échelle des indicateurs

De nombreuses méthodologies utilisent une structure hiérarchique contenant différents niveaux d'indicateurs ou de questions évaluant un élément ou une dimension particulière. Les niveaux de questions devront présenter un déroulement logique et relier le niveau très général (par exemple, la biodiversité ou les relations communautaires) à un niveau plus spécifique et mesurable (par exemple, la population d'une espèce animale évaluée à un moment donné en un endroit donné, ou les opinions des parties prenantes sur une question particulière). Cette structure hiérarchique et imbriquée signifie que l'information peut être « regroupée » ou désagrégée facilement pour répondre à différents besoins et exigences en matière de rapports.

- Principe 4 : la méthodologie est logique et systématique, fonctionnant dans un cadre logique et convenu, avec une approche équilibrée.

  Un système d'évaluation cohérent et convenu tel que le cadre de la CMAP-UICN fournit une base théorique et pratique solide pour l'évaluation, et renforce la capacité d'harmoniser les informations entre différentes évaluations. Il est préférable qu'une méthodologie soit publiée, ou du moins clairement documentée et disponible, de sorte que les résultats soient défendables et clairement liés à une approche saine.

Bien que certaines méthodologies puissent se concentrer sur des aspects particuliers de la gestion, il est souhaitable de mesurer les six éléments du cadre de PAME de l'UICN, en équilibrant la nécessité d'évaluer le contexte, les apports, la planification, le processus, les produits et les résultats de la gestion. Un équilibre devra également être trouvé entre les différents thèmes ou dimensions de la gestion, par exemple, la gouvernance et l'administration, l'intégrité naturelle / écologique, l'intégrité culturelle et les aspects sociaux, politiques et économiques.

Lorsque les évaluations sont étroitement liées à la planification de la gestion ou à la planification de projets, la méthodologie systématique peut également s'appuyer sur des idées telles que la logique de programme, lorsque les chaînes causales et les hypothèses entre les stratégies et les résultats souhaités sont clairement identifiées.

Thèmes et indicateurs : qu'évaluons-nous ?

Les thèmes et indicateurs de la PAME représentent les aspects de la gestion considérés comme essentiels pour qu'une aire protégée soit considérée comme « efficace ». L'élaboration ou l'adoption d'indicateurs fiables est une étape clé de l'évaluation de l'efficacité de la gestion. Le cinquième principe de la PAME met l'accent sur la nécessité d'un équilibre ainsi que sur l'utilité d'informer l'équipe de direction.

- Principe 5 : la méthodologie est basée sur de bons indicateurs, holistiques, équilibrés et utiles. Les indicateurs et les systèmes de notation sont conçus pour permettre une analyse pertinente.

  Les indicateurs choisis ont un certain pouvoir explicatif, ou peuvent être liés à d'autres indicateurs pour expliquer les causes et les effets.

La sélection des thèmes et des indicateurs d'évaluation tend à refléter les intérêts et les points de vue des personnes responsables de la conception ou de l'exécution de l'évaluation. Par conséquent, pour des évaluations équilibrées, il faudra veiller à éviter ces biais. Par exemple, les universitaires et scientifiques peuvent considérer que seuls les résultats de la gestion sont importants, alors que l'équipe de direction aura tendance à s'intéresser à l'efficacité et à l'optimisation des ressources. Les indicateurs choisis par les propriétaires traditionnels autochtones pour évaluer les aires protégées en Australie se sont principalement concentrés sur les processus, en particulier liés à la gouvernance et aux relations sociales (Stacey et al., 2013). Dans l'évaluation de l'étude mondiale (Leverington et al., 2010a), l'absence d'indicateurs relatifs aux aspects culturels et sociaux de la gestion était notable.

La plupart des méthodologies de PAME utilisent une approche hiérarchique incluant entre deux et cinq niveaux d'organisation. Les noms de ces niveaux sont variables, et nous nous y référerons donc ici comme « sujets et indicateurs ». Au premier niveau, on trouve un petit nombre de sujets généraux, souvent une combinaison des éléments suivants : administration, questions sociales et politiques, gestion des ressources naturelles et culturelles, participation communautaire et aspects juridiques. D'autres méthodologies utilisent spécifiquement les éléments du cadre de la CMAP-UICN comme premier niveau d'organisation.

Les caractéristiques importantes pour une bonne gestion au niveau suivant, plus précis, sont ensuite répertoriées, et les normes et attentes établies. Les facteurs communs identifiés à ce niveau incluent : de bons systèmes d'administration financière, une dotation et un financement adéquats, la communication avec les parties prenantes, des programmes d'éducation environnementale, la planification de la gestion, l'application de la loi et le marquage des limites. Au dernier niveau de l'organisation, des indicateurs spécifiques pour chacun de ces aspects seront choisis et décrits.

Lorsque les méthodologies utilisent spécifiquement le cadre de la CMAP-UICN, le cycle de gestion peut servir de base principale pour organiser les indicateurs. En travaillant avec les *éléments* du cadre, les méthodes accordent une attention systématique à toutes les parties du cycle de gestion, y compris les questions de contexte (valeurs, menaces et influences externes sur la gestion), les produits (réalisation des programmes de travail, des produits et des services) et les résultats (réalisation des objectifs, changements dans les valeurs et effets sur les communautés). Certains de ces éléments peuvent être sous-représentés dans les méthodes d'évaluation rapide axées sur les indicateurs « apports » et « processus ». Lorsque des méthodologies ont été conçues en utilisant différentes façons d'organiser les indicateurs, le cadre de la CMAP-UICN peut encore être appliqué, en codant ou en étiquetant les questions ou les indicateurs de manière appropriée. L'approche la plus utile est peut-être celle qui organise ou analyse les indicateurs en fonction, à la fois, des éléments du cadre et des domaines de gestion les plus fréquemment désignés.

Une matrice représente un moyen pratique de visualiser l'ensemble complexe d'indicateurs potentiels et existants. Comme nous l'avons vu plus haut, les éléments du cycle de gestion constituent la base du cadre de la CMAP-UICN et fournissent aux évaluations des outils puissants pour comprendre et améliorer la gestion. Un certain nombre de *critères* correspondent à chaque élément (tableau 28.2).

Les méthodologies organisent souvent les indicateurs en fonction de ce que les aires protégées gèrent, reflétant la structure de l'organisme de gestion et les besoins en matière de rapports. Par exemple, les rubriques se référeront à la conservation de la biodiversité, la gestion des mauvaises herbes ou la gestion des loisirs, ou à une question de capacité comme la dotation, le contexte et la planification. Nous nous référerons à celles-ci sous le terme de *Dimensions* (et sous ces dimensions, nous trouverons les *Domaines*) de la gestion.

Une matrice permet de mieux comprendre la diversité et les similitudes des indicateurs, en comparant les éléments et les critères du cadre de la CMAP-UICN aux dimensions de la gestion des parcs. La plupart des problèmes, questions et indicateurs de gestion peuvent être assez facilement cartographiés dans une case de la matrice, bien que parfois une question puisse couvrir deux cases ou plus. Dans de nombreux cas, plusieurs questions seront posées à propos d'une même case, par exemple, la case « Valeur de la biodiversité ».

Cette matrice peut être utilisée pour cartographier ou générer des indicateurs pour des études à n'importe quelle échelle, de très générale à très détaillée. Au cours du processus de l'étude mondiale, plus de 2 000 indicateurs ont été cartographiés dans une matrice basée sur celle présentée dans le tableau 28.3, afin de comprendre les questions les plus fréquemment posées dans les évaluations. Cette analyse a ensuite été utilisée pour aider à générer un « format de rapport commun », ayant permis d'analyser les études de PAME à l'aide d'un large éventail de méthodologies.

Bien qu'il existe un large éventail d'indicateurs potentiels et de questions d'intérêt, il est important de limiter le nombre d'indicateurs à un niveau raisonnable. Une façon d'y parvenir est de se concentrer sur les aspects les plus importants de la gestion affectant les aires protégées. Bien que cela puisse varier d'une région à l'autre, ou être affecté par d'autres circonstances autour d'un système d'aires protégées, certains sujets sont généralement considérés comme important dans de nombreuses parties du monde.

Échelles et notation

Les méthodologies de PAME utilisent toute une gamme de systèmes de classification et de notation différents. Une fois les thèmes et indicateurs d'évaluation définis, la plupart des méthodes suivent un processus en quatre étapes :

1. **Définition de la situation idéale** pour chaque indicateur, ou dans certaines méthodologies, définition de l'objectif comme un niveau réalisable sur un laps de temps choisi.
2. **Définition d'un système de classification et de notation**. Habituellement, le score le plus bas correspond à aucun progrès, un progrès négligeable ou une situation très mauvaise, et le plus élevé représente la situation actuelle. Certaines méthodologies, y compris la plupart de celles adoptées dans les pays d'Amérique latine, utilisent une échelle à cinq points,

Tableau 28.2 Critères pour chaque élément du cadre de la CMAP-UICN

Contexte	Planification	Apports	Processus	Produits	Résultats
➲ Valeurs et importance ➲ Menaces ➲ Attitudes et relations des parties prenantes ➲ Influence de l'environnement externe	➲ Statut juridique/ de publication au Journal officiel ➲ Problèmes liés aux régimes fonciers ➲ Adéquation de la législation ➲ Conception du système ➲ Conception du site ➲ Planification de la gestion	➲ Personnel ➲ Finances ➲ Équipement et installations ➲ Informations	➲ Gouvernance et leadership ➲ Élaboration de politiques ➲ Administration, programmation du travail et organisation interne ➲ Évaluation ➲ Entretien des infrastructures, installations, équipements ➲ Formation du personnel ➲ Gestion des ressources humaines ➲ Application de la loi ➲ Participation des communautés ➲ Communication, éducation et interprétation ➲ Aide au développement communautaire ➲ Utilisation durable des ressources - gestion et audit ➲ Gestion des visiteurs, restauration et réhabilitation ➲ Protection des ressources et réduction des menaces ➲ Recherche et suivi	➲ Atteinte des résultats/produits du programme de travail	➲ Atteinte des objectifs ➲ Conditions des valeurs définies ➲ Tendance des valeurs définies ➲ Effet de l'aire protégée sur la communauté

comme proposé par Cifuentes et al. (2000). La plupart d'entre elles mesurent ou estiment alors l'état actuel en pourcentage d'un état optimum ou réalisable défini. D'autres méthodologies, y compris le METT et le RAPPAM utilisent une échelle à quatre points, afin d'éviter la tendance de réponses concentrées sur un point médian. L'échelle à quatre points correspond également bien au travail d'évaluation écologique entrepris par The Nature Conservancy (TNC), qui avance qu'une échelle incluant les options « faible », « moyen », « bon » et « très bon » a un mérite scientifique (Parrish et al., 2003), comme le montre le tableau 28.4. La signification de ces quatre catégories a été clairement définie et, selon notre expérience, le système est bien accepté par les gestionnaires d'aires protégées. Cette échelle à quatre points utilisant des couleurs de rouge à vert a également bien été acceptée par les propriétaires traditionnels en Australie, la présentation visuelle de l'information étant considérée comme très efficace (Stacey et al., 2013).

3. **Définition de la signification des niveaux ou des scores**, qui représentent les degrés de progrès vers l'atteinte de l'état optimal. La plupart des méthodologies définissent soigneusement ce que représentent chacun de ces niveaux (c'est-à-dire définissent des critères précis pour chaque niveau de score) ou établissent des lignes directrices pour chaque parc ou réseau afin de définir ces normes. Dans certains cas, des instructions assez détaillées

Tableau 28.3 Rubriques de la matrice des indicateurs

Dimensions de la gestion	Intégrité naturelle				Culturelle et spirituelle				Socio-économique, engagement communautaire et loisirs					
Domaines / Éléments	Biodiversité	Fonction des écosystèmes	Paysages et géologie	Résilience aux changements climatiques	Culture matérielle	Culturel (autre)	Spirituel	Esthétique / Pittoresque	Recreation	Utilisation durable des ressources	Économie	Utilisation pédagogique et scientifique	Communautés	Santé et bien-être humains
Contexte														
Planification														
Apports														
Processus														
Produits														
Résultats														

Note : Seuls les éléments de gestion sont indiqués dans les rubriques de ligne, mais une matrice complète comprendrait également les critères plus détaillés indiqués dans le tableau 28.2

ou des sous-indicateurs sont inclus, afin de s'assurer qu'une méthode objective et quantitative soit utilisée pour calculer les scores liés aux ressources humaines, financières ou aux équipements. Plus les catégories seront clairement définies en fonction des circonstances locales, plus les réponses seront précises et cohérentes. Parfois, des termes subjectifs, tels que « adéquat », « suffisant » ou « approprié », sont délibérément utilisés pour garantir que les catégories d'évaluation puissent être appliquées à toute une gamme d'aires protégées présentant un éventail de contextes différents. Par exemple, le niveau de fréquentation approprié à une réserve naturelle protégée spécifiquement pour des caractéristiques biologiques importantes sera très différent de celui des réserves protégées comme espaces de loisirs. Dans ce cas, il est important de s'assurer que les définitions de ce qui est approprié soient claires pour tous les évaluateurs, afin d'éviter les erreurs découlant de l'utilisation d'un langage mal défini (Regan et al., 2002).

4. **Envisager des pondérations** pour les indicateurs, de sorte que les notes des indicateurs individuels puissent être combinés ou « regroupés » au(x) niveau(x) supérieur(s). Les indicateurs de chaque niveau peuvent être pondérés pour refléter l'importance relative et la contribution au domaine. La pondération doit être

Tableau 28.4 Exemple d'échelle à quatre points mesurant les aspects de l'intégrité écologique

RÉSUMÉ DE LA VIABILITÉ GLOBALE - EAST MOLOKAI - HAWAII

	OBJECTIFS DE CONSERVATION	Contexte du paysage	Conditions	Taille	Niveau de viabilité
1	Forêts et falaises de la côte nord	Moyen	Bon	Moyen	Moyen
2	Forêt humide montagnarde	Moyen	Très bon	Moyen	Bon
3	Forêt mésique et arbustes de versants sud	Faible	Bon	Faible	Moyen
	NIVEAU GLOBAL DE SANTÉ DE LA BIODIVERSITÉ				Moyen

Source : TNC (2000)

soigneusement développée et expliquée, y compris par un énoncé des hypothèses, sans quoi la validité de l'évaluation pourrait être réduite.

Assurer la précision des évaluations

Les évaluations de PAME connaissent un niveau croissant de vérification, et des questions de crédibilité et de précision sont soulevées dans la littérature (par exemple, Carbutt et Goodman, 2013). Les professionnels se concentrent actuellement sur la recherche de moyens d'accroître et de démontrer clairement la fiabilité des résultats, comme discuté dans le sixième principe.

- Principe 6 : la méthodologie est précise et fournit des renseignements exacts, objectifs, cohérents et actualisés.

  Les résultats des évaluations peuvent avoir des implications profondes et doivent être authentiques et pouvoir résister à un scrutin attentif. Les données recueillies doivent être aussi précises et objectives que possible pour assurer leur crédibilité. Dans la plupart des aires protégées, la qualité de certains types d'informations se heurte à des contraintes importantes, en particulier les informations utiles pour mesurer les résultats et les conditions des valeurs du parc. Souvent, l'évaluation doit tirer le meilleur parti de l'information disponible. Cependant, l'évaluation de l'efficacité de la gestion sera d'autant plus robuste qu'elle sera étayée par des informations obtenues à partir d'un suivi solide et à long terme des conditions des valeurs clés et des tendances d'indicateurs, tels que l'utilisation des ressources naturelles et les habitudes des visiteurs. Il est important d'établir des liens avec une planification claire, et de clarifier les hypothèses afin que toute inférence découlant des évaluations puisse être étayée.

Formulation prudente

La plupart des évaluations de l'efficacité de la gestion sont basées sur des « opinions d'experts » au moyen d'ateliers, d'entretiens ou de questionnaires, visant à capturer les connaissances des évaluateurs. À ce titre, elles sont sujettes à des erreurs et à des biais cognitifs (Burgman, 2001; Martin et al., 2010; Speirs-Pont et al., 2010). En particulier, les outils d'évaluation qualitative peuvent être sujets à ce que l'on appelle des effets de cadrage, lorsque les individus ont des interprétations variables de ce qu'on leur demande d'évaluer (Fischhoff, 1995). Des questions d'évaluation mal définies peuvent conduire à une mauvaise interprétation de plusieurs aspects de la façon dont une question est formulée (le cadre d'évaluation), en particulier la portée (quels aspects de la gestion sont pris en compte), l'échelle spatiale (quelles parties de l'aire protégée sont prises en compte) ou l'échelle de temps (la période pendant laquelle les résultats sont pris en compte) (Cook et al., 2014a). Ces types d'erreur sont appelés effets de cadrage, et signifient que les évaluateurs tiennent compte d'aspects différents dans leur jugement, de sorte que les évaluations ne peuvent pas être comparées avec confiance entre différentes aires protégées. Par exemple, un évaluateur peut considérer les résultats dans l'ensemble de l'aire protégée, tandis qu'un autre n'évaluera que la zone de la réserve sous gestion active. Pour minimiser les effets de cadrage, il est important de s'assurer que ces aspects de l'évaluation soient clairement pris en compte dans la formulation des questions d'évaluation (Cook et al., 2014a). On ne peut pas supposer que les évaluateurs comprendront ce que l'on attend d'eux sans directives explicites.

Il peut être particulièrement difficile d'obtenir des réponses cohérentes à des questions évaluant plusieurs aspects différents simultanément, ou offrant des choix de réponse compliqués, comme par exemple, des questions mesurant à la fois le nombre et la capacité du personnel, ou évaluant l'existence et les conditions de mise en œuvre des plans de gestion. Ce type de questions devrait être évité. Pour permettre une plus grande cohérence entre les différentes méthodologies et études, certains aspects de l'efficacité de la gestion peuvent s'appuyer sur des classifications et lexiques types (CMP, 2013), comme la classification standard des menaces (Salafsky et al., 2008).

Mesurer les tendances

La façon dont les évaluations suivent les tendances de l'efficacité de la gestion au fil du temps est un autre aspect des évaluations devant être explicite. Les tendances peuvent être capturées de deux façons :

1. En utilisant des catégories d'évaluation qui reflètent la tendance actuelle dans un problème de gestion, par exemple, les impacts des plantes envahissantes augmentent, se stabilisent ou diminuent.
2. En utilisant des catégories d'évaluation qui rendent compte des conditions actuelles d'un problème de gestion (par exemple, les impacts des espèces envahissantes sont mineurs, modérés ou majeurs), puis en utilisant des évaluations consécutives pour dresser un tableau de l'évolution au fil du temps.

L'avantage des évaluations mesurant les tendances actuelles est que plusieurs années d'évaluation ne sont pas nécessaires pour déterminer si la trajectoire d'un problème de gestion est positive ou négative. Cela peut être particulièrement important s'il est peu probable que des évaluations soient menées régulièrement, sur une période prolongée. L'inconvénient de capturer les tendances dans les catégories d'évaluation, cependant, est que les évaluations ultérieures peuvent être difficiles à interpréter. Par exemple, si l'on évalue que les impacts actuels des espèces envahissantes augmentent, ces impacts pourraient être passés de 5 à 10 % ou de 90 à 95 %, deux situations très différentes. De même, une évaluation selon laquelle les impacts augmentent au cours d'une période d'évaluation, suivie d'une évaluation selon laquelle les impacts diminuent au cours d'une période d'évaluation subséquente, peut indiquer un changement très important ou très faible des impacts. Dans ce cas, il est plus utile de consigner la situation actuelle et de fournir ensuite une indication de la tendance des impacts de la période d'évaluation précédente (par exemple, augmentation, stabilité, diminution), parallèlement à la situation actuelle. Pour cela, il sera utile d'encourager les évaluateurs à fournir plus de détails sur les tendances dans un champ de texte explicatif.

Notes descriptives et quantitatives

Les notes d'évaluation peuvent être définies à l'aide d'énoncés qualitatifs, fournissant des descriptions générales du statut de la gestion, comme par exemple, des catégories descriptives de la mesure dans laquelle les valeurs naturelles de l'aire protégée sont intactes ou dégradées (Hockings et al., 2009a). Alternativement, les catégories d'évaluation peuvent être définies comme des seuils quantitatifs (Timko et Innes, 2009), comme la proportion de communautés végétales autochtones à l'intérieur du seuil de fréquence acceptable d'incendies, ou la proportion de limites de l'aire protégée adéquatement délimitées (Corrales, 2004a).

Le choix d'utiliser des catégories d'évaluation qualitatives ou quantitatives peut dépendre de la question de gestion à évaluer. Les catégories d'évaluation quantitatives sont généralement mieux adaptées aux aspects de la gestion pouvant être mesurés numériquement, comme les conditions des attributs biologiques (par exemple, l'état de la population ou l'état de la végétation) ou le nombre de visiteurs dans une aire protégée. Certains aspects de la gestion, cependant, sont moins adaptés aux mesures quantitatives, telles que le fait de savoir si les gestionnaires des aires protégées disposent de suffisamment d'information sur les valeurs de l'aire protégée pour prendre des décisions de gestion éclairées. Dans ce cas, des descriptions qualitatives seront nécessaires pour capturer les informations pertinentes.

Les évaluations de l'efficacité de la gestion sont généralement fondées sur un ensemble de quatre ou cinq catégories d'évaluation. Idéalement, ces catégories reflètent une échelle de notation uniforme des normes de gestion, de sorte que l'intervalle entre les normes de gestion faibles et moyennes est égal à l'intervalle entre les normes de gestion bonnes et très bonnes. L'avantage de l'utilisation de catégories d'évaluation quantitative est qu'elle limite la subjectivité du processus d'évaluation, de sorte qu'il n'y a aucune ambiguïté quant à la catégorie d'évaluation devant être choisie pour

Des espèces sauvages uniques telles que l'iguane terrestre des Galápagos (*Conolophus subcristatus*) dans le parc national des Galápagos, en Équateur, sont conservées parce que les impacts des visiteurs sont réduits par l'application stricte de limitations du nombre de visiteurs et des activités
Source : Ian Pulsford

une valeur particulière. Lorsque 50 % des communautés végétales se situent à l'intérieur des seuils de fréquence d'incendies, l'évaluation sera toujours « moyenne », et lorsque cette proportion sera de 60 %, l'évaluation sera toujours « bonne », indépendamment de l'évaluateur. Un autre avantage d'une échelle d'évaluation quantitative est que la raison d'une évaluation particulière pour une année donnée est également transparente et peut être vérifiée en consultant les données disponibles.

Inversement, l'utilisation d'énoncés qualitatifs pour les catégories d'évaluation ajoute de la subjectivité au processus d'évaluation, de sorte que les évaluations peuvent varier entre les évaluateurs et entre les différentes périodes d'évaluation, en raison de différences dans la façon dont les catégories seront interprétées et appliquées (Cook et al., 2014a). Plusieurs approches méthodologiques peuvent toutefois être utilisées pour limiter l'influence de la subjectivité dans les évaluations, comme le fait de fournir aux évaluateurs une formation en personne et des lignes directrices écrites décrivant comment les catégories d'évaluation qualitatives doivent être interprétées (Cook et Hockings, 2011). Certaines méthodologies réunissent également les gestionnaires d'aires protégées et les parties prenantes sur le terrain, pour effectuer des évaluations dans le cadre d'un atelier. Ces ateliers facilitent la discussion et peuvent standardiser la façon dont les catégories d'évaluation sont appliquées aux différentes aires protégées, et aider à minimiser l'influence d'un point de vue particulier (Cook et Hockings, 2011).

Processus d'évaluation qualitative ou quantitative

Que les catégories d'évaluation soient définies à l'aide d'énoncés qualitatifs ou de valeurs quantitatives, le choix du niveau ou du score approprié pour l'aire protégée évaluée devra être fondé sur les meilleures données probantes disponibles. Le type de données probantes le mieux adapté pour soutenir une évaluation dépendra du type de problème de gestion évalué (Hockings et al., 2009b). Les données empiriques (par exemple, les données de recherche et de suivi) conviendront mieux à l'évaluation des résultats de la gestion, comme les évaluations des conditions écologiques, tandis que les données qualitatives (par exemple, l'opinion ou l'expérience d'experts) seront mieux adaptées aux mesures des processus de gestion, comme la pertinence des orientations de gestion. Bien que les données empiriques puissent être mieux appropriées dans certaines circonstances, ces données ne sont souvent pas disponibles pour guider les évaluations, de sorte que les évaluateurs devront s'appuyer sur d'autres sources de données, telles que les données d'enquêtes qualitatives (par exemple, les enquêtes de satisfaction des visiteurs), l'opinion d'experts (par exemple, des scientifiques ou autres experts possédant une connaissance détaillée de l'aire protégée) ou les connaissances locales (par exemple, des propriétaires traditionnels et des gestionnaires d'aires protégées) (Cook et al., 2010).

L'avantage de l'utilisation de données empiriques est que celles-ci peuvent constituer des sources objectives de données probantes, réduisant ainsi la subjectivité, et fournissant un point de référence indépendant pour ceux qui souhaiteraient comprendre pourquoi une évaluation particulière a été établie. Inversement, les informations qualitatives peuvent être plus subjectives, ce qui signifie que la raison d'une évaluation particulière est moins transparente, et pourrait donc être moins reproductible au cours des années suivantes. Ce type de subjectivité peut également signifier que des informations similaires soient interprétées différemment par différents individus, entraînant des variations dans la façon dont les évaluations seront effectuées entre les différentes aires protégées. La distinction entre la fiabilité des données quantitatives et qualitatives peut constituer une fausse dichotomie, la qualité des données disponibles étant le facteur le plus important pour chaque type de données le plus robuste (Sechrest et Sidani, 1995). Des processus d'opinion d'experts peuvent être conçus, testés et étalonnés, de manière à fournir un degré élevé de rigueur, important lorsque des décisions seront prises en fonction des résultats de l'évaluation (Martin et al., 2012).

Il peut être utile que les évaluateurs consignent les éléments de données utilisés pour éclairer l'évaluation et la justification de leur jugement. Les sources de données utilisées pour guider l'évaluation peuvent être consignées en utilisant des catégories génériques, telles que « données de suivi », « plan de gestion » ou « connaissances locales » (Hockings et al., 2009a). Les sources de données peuvent également être documentées en détail. La justification d'une évaluation peut être consignée dans un champ de texte libre, replaçant ainsi l'évaluation dans son contexte (par exemple, un incendie récent dans l'aire protégée a détruit toute les infrastructures), et veillant à ce que le raisonnement soit transparent. La consignation de ces informations complémentaires peut constituer une source d'information précieuse pour les responsables d'évaluations futures.

Révision des évaluations

Il peut être important d'inclure des processus de révision dans les évaluations de l'efficacité de la gestion, par lesquels les évaluations seront vérifiées par les gestionnaires hiérarchiques, d'autres évaluateurs ou un comité directeur, afin d'assurer une cohérence entre les aires protégées. Il est toutefois important de veiller à ce que ce processus soit constructif. Lorsque l'évaluation initiale d'une aire protégée est modifiée en raison d'un processus de révision mettant en évidence une incohérence, l'évaluation d'un gestionnaire ne peut pas simplement être ignorée. Un processus de révision non consultatif peut donner aux évaluateurs l'impression que leur point de vue n'est pas valorisé. Une option pour éviter qu'un processus de révision ne soit une expérience négative est de s'assurer que celui-ci soit collaboratif, les évaluateurs discutant de leurs préoccupations au sujet des évaluations avec le réviseur de manière constructive, et toutes les parties convenant de la nécessité d'un changement.

Triangulation

La triangulation est un processus par lequel plusieurs éléments de données probantes différents sont recherchés pour vérifier ou réfuter une conclusion particulière. Il s'agit d'un processus recommandé depuis longtemps pour accroître la validité des données qualitatives (Patton, 1997). Une incertitude sera associée à tout élément de données probantes, en raison d'une erreur de mesure ou autres formes de biais (Regan et al., 2002), mais lorsque plusieurs sources de données différentes soutiennent un point de vue particulier, elles permettent de renforcer la conviction qu'une conclusion est correcte (Sechrest et Sidani, 1995). La triangulation peut être intégrée à un processus d'évaluation, en encourageant les évaluateurs à consulter toute une gamme de types de données différentes, permettant ainsi d'obtenir des évaluations plus fiables. Étant donné que les gestionnaires d'aires protégées recherchent de multiples sources de données pour soutenir leurs décisions de gestion

(Cook et al., 2012), un processus de triangulation peut également conduire à des évaluations plus complètes, capturant les perspectives écologiques, sociales, politiques et économiques pertinentes. Par exemple, la réponse d'un ranger à un questionnaire demandant le niveau de menace des espèces envahissantes pourrait être étayée par une cartographie spatiale et par un expert externe.

Pilotes

Il est peu probable que la phase initiale de conception aboutisse à un outil parfait d'évaluation de l'efficacité de la gestion. Concevoir un outil d'évaluation préliminaire, testé sur un échantillon représentatif d'évaluateurs, afin de s'assurer que les questions soient claires et que les évaluations représenteront l'ensemble des contextes de gestion considérés, peut présenter de grands avantages. Cette étape pilote sera susceptible de fournir une rétroaction précieuse, qui pourra être utilisée pour obtenir un outil d'évaluation plus efficace et plus représentatif. Cela peut également représenter une alternative moins coûteuse au fait de mener une enquête complète pour constater que l'outil d'évaluation doit être modifié.

Toute modification apportée à un outil d'évaluation signifie qu'au moins une partie des données recueillies ne pourra être comparée entre les périodes d'évaluation subséquentes. Le compromis entre le fait de s'assurer que le meilleur outil d'évaluation est développé et d'assurer la continuité entre les ensembles de données d'évaluation signifie qu'il est préférable d'investir dans la redéfinition de l'outil le plus tôt possible. Ceci peut se faire en effectuant une ou plusieurs séries de tests pilotes de l'outil sur une large proportion représentative d'aires protégées avant de mener l'enquête initiale sur l'ensemble du réseau. Tester l'outil de cette façon permettra également aux évaluateurs de se familiariser avec les questions d'évaluation.

Phase trois : mise en œuvre de l'évaluation et analyse de l'information

Communautés, partenaires et parties prenantes

La pratique de gestion des aires protégées a progressivement évolué vers la reconnaissance des droits des communautés locales, voisins et autres parties prenantes dans la planification et la prise de décision. Cette approche participative devra, dans la mesure du possible, s'appliquer également à l'évaluation de l'efficacité de la gestion. Comme le reconnaît le septième principe, une approche coopérative devrait être adoptée dès le début du processus d'évaluation, y compris lors de la phase de planification.

- Principe 7 : le processus d'évaluation est coopératif, et comprend une bonne communication, un travail d'équipe et la participation des gestionnaires d'aires protégées et des parties prenantes à toutes les étapes du projet, dans la mesure du possible.

  Obtenir l'approbation, la confiance et la coopération des parties prenantes, en particulier des gestionnaires des aires protégées à évaluer, est essentiel et doit être garanti tout au long de l'évaluation. Les systèmes d'évaluation devront être mis en place avec une attitude non menaçante, afin de surmonter la suspicion mutuelle. Dans la mesure du possible, les résultats de l'évaluation devront être positifs, identifiant les défis plutôt que les responsabilités. Si l'évaluation est perçue comme susceptible de « punir » les participants ou de réduire leurs ressources, il est peu probable qu'elle soit utile au processus.

Idéalement, l'évaluation devra impliquer un partenariat entre de nombreux acteurs, partageant le pouvoir, l'information et les avantages découlant d'un tel processus. Les membres de la communauté ont des points de vue différents et, souvent, des antécédents plus importants et une connaissance plus approfondie de certains aspects de la gestion que le personnel des aires protégées. Leur participation au processus d'évaluation est importante, à la fois parce qu'ils peuvent posséder des informations et des idées non partagées par les gestionnaires, et parce que leurs points de vue sur le site sont étroitement liés au succès global de la gestion. La participation des partenaires et des populations locales à l'évaluation peut également aider toutes les parties à envisager d'autres points de vue. Dans les aires protégées autochtones et communautaires, il est essentiel qu'une évaluation collaborative mesure la gestion conjointe ainsi que la performance des aires protégées, et qu'elle constitue un processus de négociation et de renforcement de la confiance (Stacey et al., 2013). L'approche participative améliore l'exactitude, l'exhaustivité, l'acceptation, l'utilisation de l'information, la transparence et la coopération. Bien qu'elle soit plus coûteuse et plus longue à mettre en œuvre, elle donne des résultats plus crédibles et durables que les processus purement internes (Paleczny et Russell, 2005; Paleczny, 2010).

Afin d'assurer une participation efficace à l'évaluation, les parties prenantes et les partenaires devront être régulièrement informés sur :

- le processus de planification du suivi et de l'évaluation et leur propre rôle dans ce processus, y compris, dans certains cas, les décisions concernant les indicateurs et les méthodologies ;
- les opportunités de participer à l'exercice d'évaluation ;

- les questions sur lesquelles leur avis sera demandé ;
- comment leurs opinions seront utilisées ;
- comment ils seront informés des progrès de l'évaluation et des résultats finaux ;
- comment les résultats seront utilisés.

Une fois tous les partenaires identifiés, il sera nécessaire de clarifier les attentes et les rôles, et en particulier d'éviter de donner aux participants une fausse impression de ce qu'offre l'évaluation. Pour que le processus d'évaluation soit rigoureux, en particulier s'il est fondé sur une approche d'auto-évaluation, il est conseillé de constituer une équipe de représentants des parties prenantes, qui travaillera avec les gestionnaires afin d'élaborer et de s'entendre sur le processus de suivi et d'évaluation. Cette équipe devra comprendre à la fois le personnel clé de l'aire protégée (par exemple, le gestionnaire du site) et un certain nombre d'autres personnes impliquées dans les questions de gestion. Le processus de réunions et d'entretiens devra être géré avec soin, et il est important de réfléchir à la façon de gérer les conflits pouvant découler de la discussion sur les performances de la gestion.

Évaluateurs internes ou externes ?

Une considération importante dans la planification d'une évaluation de l'efficacité de la gestion est de savoir qui dirigera ou mènera l'évaluation. Dans de nombreux cas, les évaluations sont effectuées par les gestionnaires d'aires protégées sur le terrain (auto-évaluation). Cela présente l'avantage de pouvoir utiliser leur connaissance approfondie des processus et des conditions de gestion au sein de l'aire protégée. Cela peut aussi constituer un moment précieux pour que les gestionnaires puissent se réunir et réfléchir aux résultats de la gestion, partager les informations et faciliter les activités de planification stratégique. Les auto-évaluations peuvent toutefois être inexactes, si les gestionnaires craignent que des évaluations négatives donnent une mauvaise image de leurs performances de travail, en particulier dans les cultures où l'autocritique et le fait de « perdre la face » sont à éviter. À l'inverse, le désir d'attirer des financements supplémentaires pour des mesures de gestion sur le terrain peut inciter les gestionnaires à fournir des évaluations trop pessimistes (Cook et al., 2010). En outre, les nouveaux membres du personnel peuvent ne pas avoir les connaissances nécessaires pour l'évaluation. Ces problèmes peuvent être résolus si les gestionnaires hiérarchiques révisent les évaluations, afin d'en vérifier l'exactitude et la cohérence, bien que ce processus puisse également donner lieu à de fausses déclarations.

Les quelques études ayant examiné l'exactitude des auto-évaluations de l'efficacité de la gestion n'ont trouvé aucune preuve suggérant que les gestionnaires effectuant des auto-évaluations déforment la réalité de la gestion de leur aire protégée (Cook et al., 2014b). Des tentatives préliminaires de validation d'auto-évaluations pour un réseau d'aires protégées en Australie suggèrent que 75 % des gestionnaires d'aires protégées fournissent des évaluations des conditions des aires protégées correspondant aux données quantitatives. Lorsque les gestionnaires ont fourni des évaluations ne correspondant pas aux évaluations mesurées, ils avaient tendance à être prudents dans leurs jugements sur les conditions, sous-estimant les résultats de la gestion par rapport aux évaluations mesurées (Cook et al., 2014b).

Des évaluateurs externes peuvent également effectuer des évaluations, soit de manière indépendante, soit pour le compte de l'organisme de gestion. Les évaluateurs externes peuvent être des consultants, des scientifiques ou des membres d'organisations civiles. L'un des avantages des évaluateurs externes est qu'ils sont indépendants du processus de gestion et, selon leur origine, susceptibles d'être plus impartiaux que les gestionnaires et les parties prenantes. Ils peuvent apporter une fraîcheur dans la vision et avoir une plus grande expertise dans les processus de facilitation et d'évaluation. Ils sont également susceptibles de soulever des questions ayant pu être oubliées. L'inconvénient des évaluateurs externes est que la connaissance détaillée des conditions actuelles et passées et de l'historique de gestion de l'aire protégée peut ne pas être totalement capturée. En outre, les gestionnaires peuvent être réticents à admettre des échecs et des problèmes en présence d'évaluateurs externes. Lorsque des intervenants externes terminent une évaluation, ils emportent également souvent avec eux une grande partie de l'information et des points de vue acquis, qui ne seront donc plus disponibles pour la direction. Malheureusement, les gestionnaires locaux et les communautés locales ont parfois été marginalisés dans l'évaluation de projets internationaux de conservation réalisés par des équipes d'experts qui ne peuvent visiter la zone que pour une courte période. Un code de déontologie, similaire à celui utilisé par les évaluateurs du PNUD (PNUD, 2009), pourrait être souhaitable.

Pour obtenir le meilleur des deux approches, des évaluateurs externes peuvent travailler en collaboration avec les gestionnaires d'aires protégées et autres partenaires et parties prenantes, afin de capturer les connaissances locales sur le terrain et les autres sources de données disponibles pour effectuer une évaluation objective.

Comment les informations devraient-elles être recueillies ?

Comme nous l'avons vu ci-dessus, une partie des informations utilisées dans les évaluations de PAME proviennent de données préexistantes, y compris de données de suivi, pouvant être compilées et interprétées à n'importe quelle étape de l'évaluation. Il est souvent utile que les évaluateurs disposent de ces informations, y compris de cartes ou de données spatiales actualisées, avant de se lancer dans des ateliers ou des questionnaires.

Selon les circonstances, des processus d'opinion d'experts peuvent être entrepris au moyen d'enquêtes en ligne ou écrites, d'entretiens individuels, de groupes de discussion ou d'ateliers avec le personnel des aires protégées, les gestionnaires, les partenaires et autres parties prenantes. Des directives permettant de mener ces processus de manière éthique et efficace sont disponibles dans certaines des méthodologies d'efficacité de la gestion, ainsi que dans d'autres manuels de vulgarisation et de travail de terrain en général. Des ateliers bien planifiés et organisés, avec une bonne facilitation et une bonne prise de notes, sont essentiels. Si les ateliers sont chaotiques ou ennuyeux, les gens ne voudront pas y participer la prochaine fois. Un large éventail de techniques est disponible pour impliquer tous les participants au processus. Par exemple, des exercices plus détaillés d'évaluation des aires protégées avec les communautés peuvent utiliser des outils tels que des aides visuelles, des histoires orales ou des scénarios, élaborés pour l'évaluation rurale participative, la gestion adaptative et méthodes connexes (Chambers, 1997 ; Salafsky et al., 2001 ; PNUD, 2009 ; Petheram et al., 2012).

Les « modèles conceptuels » représentant visuellement les valeurs, les menaces et les chaînes causales affectant la conservation (Margoluis et al., 2009) sont particulièrement utiles pour les ateliers discutant les résultats et les processus, et peuvent bien fonctionner avec les communautés autochtones, ainsi qu'avec le personnel et les experts des aires protégées (C. Mitchell, pers. comm.). Ils peuvent être intégrés à des programmes de planification et d'évaluation informatisés tels que Miradi, utilisé comme outil d'évaluation dans le cadre d'un processus intégré par un certain nombre d'ONG et de gestionnaires d'aires protégées (CMP, 2013 ; voir le chapitre 13). Lorsque les ressources le permettent, l'utilisation d'images satellites peut également être un outil puissant, afin que les menaces, les valeurs et autres éléments de la gestion des aires protégées puissent être cartographiés et consignés avec les participants, lors des ateliers. Ces cartes sont ensuite incluses dans les rapports d'évaluation et les présentations, et les données spatiales sont stockées avec les autres informations.

Des outils informatiques en ligne, visant à simplifier la collecte, le stockage, l'analyse et la présentation des données, ont été utilisés avec beaucoup de succès pour certaines méthodologies d'évaluation de l'efficacité de la gestion. Les outils en ligne peuvent désormais être utilisés via des téléphones intelligents, des tablettes ou autres appareils portables sur le terrain, ainsi que dans des ateliers ou via des ordinateurs. L'avantage de ces outils est que les données saisies au moyen de l'interface en ligne sont transférées automatiquement dans une base de données. Ces systèmes peuvent également permettre d'interroger l'ensemble des données à des fins différentes, et peuvent permettre aux évaluateurs de voir et d'afficher des informations pertinentes, y compris des détails provenant d'évaluations antérieures, tout en effectuant l'évaluation en cours. Toutefois, ces systèmes ne sont possibles qu'avec un accès aux compétences, au matériel et aux infrastructures informatiques nécessaires.

Les études évaluant les outils existants d'évaluation de l'efficacité de la gestion fournissent les recommandations suivantes sur la façon de rationaliser les évaluations et de les rendre plus faciles à compléter pour les évaluateurs (Hockings et al., 2009a ; Cook et al., 2014a) :

- Assurez-vous que le cadre d'évaluation soit clair et reste à l'esprit des évaluateurs lors de leur évaluation. Ceci est possible en explicitant les aspects importants de la façon dont les évaluateurs devront encadrer leurs évaluations dans le libellé des questions.
- Fournir des mécanismes permettant aux évaluateurs de résoudre les préoccupations concernant la façon d'interpréter les questions d'évaluation.
- Il existe de nombreuses options différentes pour minimiser le biais associé aux aspects des évaluations susceptibles d'être interprétés. Il s'agit notamment d'offrir des séances de formation, des ateliers facilités, des lignes directrices écrites et une ligne téléphonique que les évaluateurs peuvent appeler pour obtenir des conseils pendant la période d'évaluation. L'une ou l'autre de ces approches peut aider les évaluateurs à obtenir des éclaircissements sur ce qu'on leur demande d'évaluer (Cook et Hockings, 2011).
- Permettre aux évaluateurs d'indiquer lorsqu'ils estiment qu'il n'existe pas suffisamment d'information pour porter un jugement sûr sur une question de gestion particulière. Le fait de permettre aux évaluateurs de ne pas répondre aux questions les empêchera de se sentir obligés de deviner, ce qui entraînera des niveaux d'incertitude plus élevés dans certaines évaluations et pourrait aboutir à des évaluations inexactes. Disposer d'un registre des questions et des aires protégées manquant d'informations adéquates peut permettre aux organismes de gestion d'identifier les lacunes en matière de connaissances. La meilleure pratique pour obtenir l'opinion d'experts consiste à leur demander d'indiquer leur niveau de confiance dans le jugement qu'ils ont fourni (Speirs-Bridge et al., 2010).
- Encourager les évaluateurs à consigner le plus d'informations possible au cours de l'évaluation. Réaliser des évaluations complètes de l'efficacité de la gestion peut prendre du temps, et les gestionnaires des aires protégées peuvent être réticents à passer

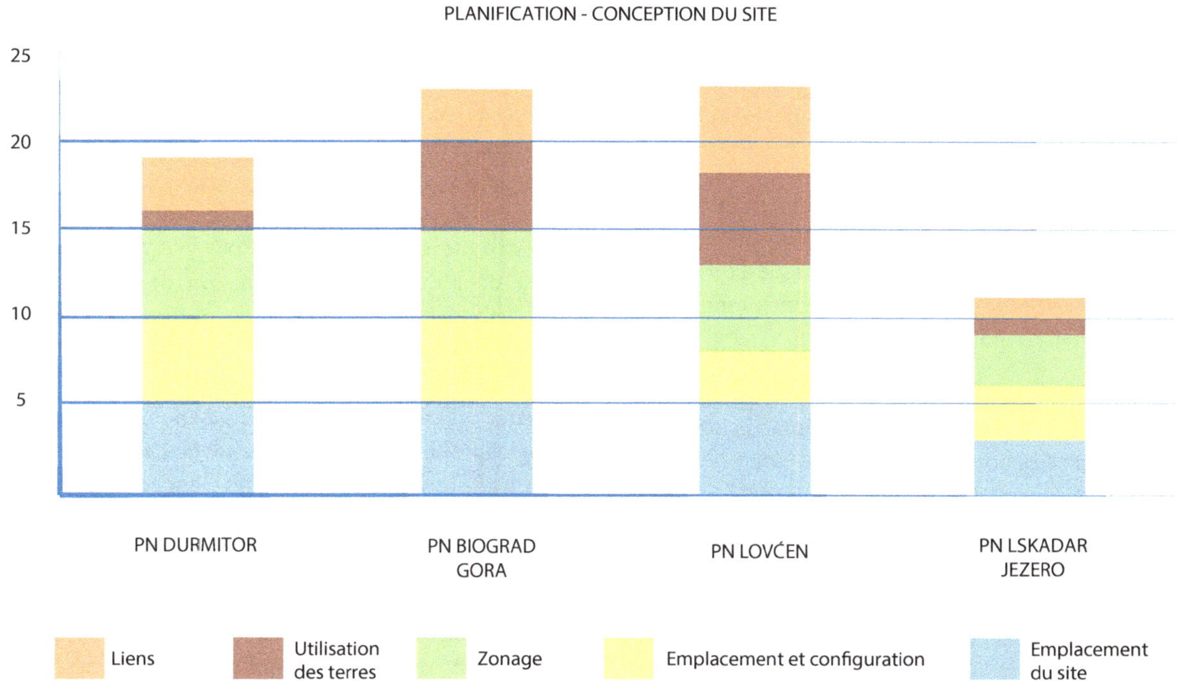

Figure 28.4 Exemple de rapport graphique simple, à partir d'un rapport RAPPAM

Note : l'échelle de l'axe y représente les scores cumulatifs des cinq indicateurs sur une échelle de un à cinq. Source : Stanišić (2009)

du temps à fournir des évaluations détaillées. Pourtant, encourager les évaluateurs à documenter les considérations qu'ils font, la justification de leur jugement, les données qu'ils ont utilisé et toutes les difficultés qu'ils ont rencontré lors de l'évaluation présente de nombreux avantages. Ces détails supplémentaires fournissent un contexte précieux pour la vérification de la cohérence, aident les évaluateurs à effectuer les évaluations futures et fournissent des informations importantes pour interpréter les résultats des évaluations actuelles. Ces informations peuvent constituer une ressource inestimable pour les nouveaux gestionnaires d'aires protégées, et servir de base pour une induction à l'aire protégée.

Stockage et analyse des données

Bien que le stockage et l'analyse des données fassent partie de cette troisième phase de l'évaluation, il est essentiel qu'ils soient soigneusement pris en compte dès le début du processus d'évaluation, afin d'économiser du temps et des ressources. Les systèmes de données permettant de collecter et de rassembler des informations et de générer des analyses et des rapports différents sans nécessité de saisir à nouveau les données permettront évidemment de gagner du temps et de minimiser les risques d'erreurs. En outre, une réflexion sur les analyses futures, dès le départ, influencera les données (y compris les métadonnées) collectées et leur organisation. Cela peut être avantageux à la fois pour l'analyse locale, et pour la compilation de données nationales et internationales. Par exemple, la consignation d'informations cohérentes sur l'aire protégée, telles que le code WDPA, la zone actuellement en réserve, le budget, le nombre de visiteurs ou le nombre de membres du personnel, permettra d'analyser les modèles de réussite de la gestion par rapport à de nombreuses autres aires protégées. Les ensembles de données d'évaluation de l'efficacité de la gestion pouvant être très volumineux, il est important de disposer de bons systèmes pour stocker et gérer ces données.

L'analyse des données peut être entreprise à plusieurs niveaux. Le premier niveau d'analyse consiste en une simple compilation des données recueillies, soit pour un site, soit pour l'ensemble des sites, généralement sous forme de tableaux et de graphiques (figure 28.4).

Résumé des résultats

De nombreuses méthodologies d'évaluation peuvent produire des résultats résumés, fournissant un aperçu de nombreuses données pour chaque aire protégée au moyen d'un score unique ou d'un petit nombre d'indicateurs principaux. Ces scores résumés fournissent un moyen rapide et facile pour une audience de déterminer les conditions comparatives. Bien que les gestionnaires d'aires protégées souhaiteront généralement des rapports plus détaillés, des données quantitatives et des analyses, les scores résumés sont attrayants pour les décideurs et les ONG, car ils donnent un aperçu instantané de la réussite relative et un moyen de comparer les aires protégées. Les rapports visuels dans lesquels des couleurs représentent les progrès sont particulièrement efficaces pour communiquer avec un éventail de publics, y compris les décideurs de haut niveau.

Les scores totaux ou moyens, cependant, risquent de simplifier à l'excès des problèmes complexes, de déformer les résultats et d'être mal interprétés. Lorsque l'on utilise des résumés ou une moyenne de scores pour produire un résultat global, deux hypothèses sont faites :

1. Les catégories d'évaluation sont supposées fournir une échelle linéaire, dans laquelle la différence entre une bonne et une très bonne performance est égale à celle entre une performance bonne et une performance moyenne. Cela peut être difficile à réaliser lors de la définition des catégories d'évaluation à l'aide d'énoncés qualitatifs.
2. Tous les indicateurs et sous-indicateurs sont supposés d'égale importance. Ceci est rarement vrai, et une attention particulière doit être portée à la façon dont les scores sont « cumulés » ou combinés. Des méthodes telles que le « processus de hiérarchie analytique » (Saaty, 1995) peuvent être utilisées dans un processus participatif, afin de s'assurer que la pondération reflète la perception de l'importance relative des indicateurs.

Analyse statistique

Il peut être possible d'effectuer des analyses statistiques plus avancées, en analysant les tendances des données et en essayant de dégager des tendances plus générales (Kelman, 2010). Cependant, la manipulation des résultats par la somme et la moyenne, ou l'attribution de poids à différents indicateurs, et par l'utilisation d'échelles et d'indices, peut donner des résultats trompeurs, en particulier si les données sont limitées en quantité ou en qualité. En particulier, toutes les données qualitatives converties en données quantitatives devront être traitées avec soin et leurs limites pleinement reconnues.

Des analyses multivariées peuvent permettre de déterminer si un investissement financier plus important dans la gestion mènera à de meilleurs résultats en matière de gestion, et si des facteurs, tels que la proximité de zones densément peuplées, peuvent poser des défis insolubles pour la gestion des aires protégées. L'utilisation éventuelle des données d'évaluation à l'une ou l'autre de ces fins devrait guider la conception de l'outil d'évaluation.

Des conseils statistiques pourraient être nécessaires si des analyses avancées sont envisagées. La plupart des données sur l'efficacité de la gestion peuvent être considérées comme « ordinales », c'est à dire que les scores suivent un ordre du moins au plus élevé. Les écarts entre les différents scores ne sont pas entièrement uniformes et cohérents, et sont parfois difficiles à quantifier. Un ensemble de données purement ordinal, cependant, ordonnerait simplement les réponses du meilleur au pire, alors que toutes les méthodologies de PAME ont tenté de développer des scores reflétant des étapes vers une gestion idéale aussi égaux que possible. Si l'on ne peut donc pas définitivement dire qu'un score de quatre et deux fois meilleur qu'un score de deux, cette affirmation est aussi proche de la vérité que possible (Leverington et al., 2010a). Ces scores sont, à bien des égards, analogues aux échelles de Likert, couramment utilisées dans de nombreuses études sociologiques (Likert, 1932), et il existe un débat important, dans la littérature, sur la nature des données tirées de ces questionnaires.

Analyse SWOT

Une analyse des « forces, faiblesses, opportunités et menaces » (SWOT) peut constituer un outil utile pour analyser plus avant l'information, généralement au cours d'un atelier avec le personnel de l'organisme et / ou autres parties prenantes. Une analyse SWOT implique la catégorisation des données et des évaluations initiales sous l'une ou l'autre de ces rubriques. Cette méthode peut fournir un résumé rapide de l'efficacité de la gestion, dans un format approprié pour la communication avec les gestionnaires et les politiciens de haut niveau, généralement très occupés, et constitue également un moyen précieux de déterminer les prochaines étapes de la gestion (voir le chapitre 8).

Modèles conceptuels

La gestion des aires protégées est un processus complexe, et il peut être très difficile d'attribuer des résultats à une seule cause. En général, il est important de comprendre aussi complètement que possible les raisons des résultats. Si nous ne pouvons pas comprendre les raisons du succès ou de l'échec de la gestion, les tentatives visant à améliorer les performances ou à imiter les programmes réussis peuvent s'avérer inefficaces. Une évaluation intégrant tous les éléments discutés ci-dessus, avec des questions clairement encadrées, des indicateurs soigneusement choisis, un bon suivi et une méthodologie saine, sera plus susceptible de révéler des liens et des explications utiles. Les modèles conceptuels visant à comprendre la dynamique de l'aire protégée et de sa gestion peuvent grandement faciliter l'interprétation des résultats (Margoluis et al., 2009).

Analyse comparative

L'analyse est souvent renforcée par l'évaluation des changements au fil du temps ou dans l'espace, par exemple, en comparant plusieurs aires protégées au sein d'un système, ou en mesurant comment l'efficacité d'une seule aire protégée change au fil du temps. La comparaison entre les aires protégées peut être utile, mais doit être abordée avec prudence, en particulier si différents évaluateurs, voire des systèmes d'évaluation différents, ont été impliqués. La méthodologie RAPPAM du WWF (voir précédemment) est conçue pour évaluer toutes les aires protégées dans un pays ou district, dans une situation d'atelier, où les gestionnaires participent à un certain degré d'évaluation par les pairs pour chaque site. Les comparaisons sont utiles pour identifier les tendances (y compris, par exemple, les menaces ou les faiblesses communes) susceptibles de devoir être abordées au niveau des systèmes, ainsi que pour identifier les aires protégées particulièrement plus fortes ou plus faibles que la moyenne. La comparaison entre pays fournit également des données intéressantes, mais les risques de distorsion sont ici comparativement plus élevés, et les résultats doivent toujours être abordés avec prudence.

La comparaison des aires protégées individuelles au fil du temps est probablement plus utile. Il est généralement utile de répéter les évaluations à intervalles réguliers pour vérifier les progrès et identifier les tendances. Sauf dans le cas d'évaluations uniques, à des fins spécifiques, la répétition des évaluations est presque toujours souhaitable, et il est important d'adopter un système d'évaluation aux coûts suffisamment faibles pour que cela soit possible. Des évaluations très simples pourraient être réalisées chaque année, alors que des exercices plus coûteux et plus longs ne sont probablement nécessaires qu'après quelques années. Cette approche est appliquée en Colombie, avec un système d'évaluation incluant des éléments annuels, à moyen terme et à long terme. L'évaluation n'a pas besoin de couvrir tous les aspects à chaque fois. Par exemple, la plupart des gestionnaires d'aires protégées voudront suivre la mise en œuvre des plans de gestion et des plans de travail assez régulièrement, et des évaluations sont souvent requises régulièrement pour des projets spécifiques dans les aires protégées.

Le désir de comparer les évaluations au fil du temps entre parfois en conflit avec la possibilité d'améliorer le système d'évaluation. L'évaluation est, elle-même, une expérience d'apprentissage, et de meilleurs indicateurs, l'évolution des circonstances et l'accès à une technologie améliorée auront tendance à façonner les projets d'évaluation au fil du temps. Les évaluations participatives, de par leur nature, doivent être souples et répondre aux besoins et aux perceptions des personnes. Toutefois, en changeant la méthodologie ou les indicateurs, il sera évidemment beaucoup plus difficile de comparer les résultats au fil du temps. En général, les modifications des instruments d'analyse devraient être réduites au minimum par rapport à celles vraiment importantes, et les ajustements statistiques et autres ajustements possibles devraient être apportés de façon à maintenir la comparabilité des résultats.

Phase quatre : communication et mise en œuvre des résultats

La meilleure étude de PAME sera inefficace ou aura des impacts négatifs si ses résultats ne sont pas suivis pour permettre d'améliorer la gestion, ou si le processus d'évaluation provoque de graves frictions et une perte de confiance entre les parties. Lorsque les évaluations montrent des tendances négatives, il est essentiel de gérer la situation avec sensibilité, afin d'encourager les améliorations. Les équipes d'évaluation devront discuter à l'avance de la façon de traiter les cas où les évaluations révèlent une incompétence réelle ou, dans le pire des cas, une mauvaise utilisation délibérée du pouvoir ou des ressources.

- Principe 8 : la communication des résultats est positive et opportune, et entreprise d'une manière utile aux participants. Les avantages à court terme de l'évaluation devront être clairement démontrés, dans la mesure du possible.

  Les résultats et recommandations de l'évaluation doivent être intégrés aux systèmes de gestion, afin d'influencer les plans futurs, l'affectation des ressources et les mesures de gestion.

Bien que l'accent soit mis sur les données des études sur l'efficacité de la gestion, les rapports fournissant un contexte, des explications et des recommandations d'amélioration sont probablement plus utiles pour améliorer la gestion. Les rapports d'évaluation devront être suffisamment clairs et précis pour améliorer les pratiques de conservation, et réalistes, abordant des sujets prioritaires et des solutions réalisables.

Tous les participants et parties prenantes devront recevoir une certaine forme de rétroaction, dès que possible, dans un format adapté au public visé. Les méthodes de présentation, le langage et la terminologie devront être compréhensibles au plus grand nombre, bien qu'un langage plus technique puisse être mieux adapté à certains publics. Des rapports très brefs et pointus avec des éléments visuels attrayants sont souvent nécessaires pour les équipes de direction et les politiciens.

Les moyens de communication possibles incluent les sites web interactifs, les rapports papier et disponibles sur internet, les publications et brochures attrayantes visant à accroître l'intérêt du public, les exposés à l'intention des gestionnaires, des décideurs, des groupes d'intérêt et autres parties prenantes, les journées de terrain et les manifestations spéciales, la couverture médiatique et les expositions.

Étude de cas 28.3 Outils d'évaluation de l'efficacité de la gestion « État des parcs »

L'« État des parcs » (EdP) est une approche à l'échelle du système pour évaluer l'efficacité de la gestion des aires protégées, axée sur l'évaluation de la totalité ou de la plupart des aires protégées d'un réseau (Hockings et al., 2009). L'approche utilise des indicateurs uniformes dans tous les sites, mais les indicateurs spécifiques utilisés sont adaptés à la juridiction, plutôt que d'utiliser une approche unique. L'objectif des évaluations EdP est d'améliorer la gestion en utilisant les meilleures connaissances disponibles sur les conditions des valeurs des parcs et leurs principales menaces, réalisations, lacunes et problèmes émergents, afin de guider les priorités futures. Cependant, elles sont souvent utilisées à de multiples fins, comme guider les décisions de planification stratégique ou accroître la responsabilisation grâce à des rapports publics sur l'état des aires protégées et les pressions exercées sur celles-ci (Leverington et al., 2008). L'approche EdP a été utilisée dans de nombreux pays, dont le Canada, les États-Unis, le Brésil, la Finlande et l'Australie (Hockings et al., 2009).

En Australie, l'approche EdP a été largement adoptée, et cette étude de cas se concentre sur l'approche développée par deux agences de gestion en particulier : le Bureau de l'Environnement et du Patrimoine de Nouvelle-Galles du Sud (NSW OEH) et Parks Victoria (PV). Au sein du NSW OEH, les évaluations EdP sont utilisées pour évaluer toutes les aires protégées gérées par l'organisme, alors que l'outil EdP développé par PV est utilisé pour évaluer les 300 aires protégées et autres parcs les plus importants relevant de la compétence de cet organisme (soit 10 % du nombre de parcs mais environ 90 % de la zone gérée). Dans les deux cas, les outils d'évaluation ont pour objectif principal d'informer et d'améliorer la prise de décisions par les équipes de direction. Bien que ces deux systèmes d'évaluation EdP aient été conçus dans le même but et partagent de nombreuses caractéristiques, il s'agit de deux outils d'évaluation distincts, conçus pour le contexte et les besoins particuliers de chaque organisme.

Les systèmes australiens de gestion des aires protégées sont chargés de préserver les biens naturels et culturels à l'intérieur des réserves, ainsi que de faciliter la jouissance publique de ces espaces. Les outils d'évaluation EdP offrent une vue d'ensemble de l'efficacité de la gestion pour ces différents aspects. Les outils EdP du NSW OEH et de PV ont été développés autour des différents aspects du cadre de l'UICN (figure 28.2), tous ces aspects étant évalués au sein de l'outil. Le contexte de chaque aire protégée est capturé en consignant les valeurs, les menaces et les parties prenantes les plus importantes de la réserve. Les plans importants relatifs à la réserve sont également pris en compte. Les apports, processus, produits et résultats de la gestion sont évalués au moyen d'une série de questions d'évaluation ciblées, portant sur un large éventail de différents aspects de la gestion, tels que la pertinence de l'information, la planification et l'établissement de lignes directrices, l'application de la loi, la gestion des actifs, ainsi que la gestion des visiteurs, du patrimoine autochtone et de la biodiversité. L'accent mis sur les produits et résultats de la gestion est assez rare dans les outils d'évaluation de l'efficacité de la gestion (Cook et Hockings, 2011), mais permet de mieux comprendre l'état des réserves individuelles et les pressions exercées sur celles-ci, ainsi que sur l'ensemble du réseau d'aires protégées.

Les questions d'évaluation des outils EdP s'articulent autour de quatre critères d'évaluation qualitative (voir Hockings et al., 2009) reflétant les normes de gestion, par exemple, en évaluant les conditions d'une valeur sur une échelle de faible à moyenne, bonne et très bonne, et sont évaluées par le gestionnaire principal de la réserve ou du groupe de gestion. Afin de s'assurer que les énoncés qualitatifs qui forment les critères d'évaluation soient applicables aux aires protégées dans un large éventail de contextes, ceux-ci sont construits

Un enclos à l'épreuve des herbivores situé dans les forêts montagneuses, à la source de la rivière Murray, dans le parc national Alpin, Victoria, Australie, fournit une preuve scientifique de l'impact du pâturage et du piétinement d'une population importantes de chevaux sauvages (brumbies) pour les rapports sur l'État des parcs

Source : Ian Pulsford

autour de termes subjectifs, comme « adéquat », « suffisant » et « approprié », interprétés selon les circonstances de la réserve et définis dans les directives. Par exemple, dans les deux juridictions, les réserves naturelles sont établies principalement pour la protection de la biodiversité, et les visites y sont déconseillées. Par conséquent, les installations appropriées pour les visiteurs dans les réserves naturelles sont très différentes de celles des réserves polyvalentes, comme les parcs nationaux.

Dans la mesure du possible, les évaluations qualitatives catégorisées se basent sur des informations mesurées (par exemple, les résultats du suivi de la biodiversité). Mais lorsque cela n'est pas possible, les évaluations se basent sur l'opinion de spécialistes et autres connaissances. Dans d'autres cas (par exemple, le degré de participation communautaire à la prise de décisions), les évaluations qualitatives sont la méthode la plus appropriée.

Ces évaluations qualitatives sont accompagnées d'une justification, détaillant le motif de l'évaluation, et fournissant un contexte vital pour l'interprétation des évaluations. La justification permet également aux gestionnaires de consigner des événements importants, tels que les incendies, ayant considérablement modifié l'état de la réserve entre deux périodes d'évaluation. Les gestionnaires sont également invités à consigner les données probantes disponibles à l'appui de leurs évaluations. Dans l'État du Victoria, cela se fait par le biais de catégories génériques, telles que « Suivi systématique » ou « Preuve anecdotique ». En Nouvelle-Galles du Sud, les catégories génériques sont accompagnées d'une possibilité de fournir des détails spécifiques, tels que le nom des plans de gestion, des documents de recherche ou des données de suivi sous-jacents.

Bien que les évaluations qualitatives puissent introduire des biais dans les évaluations, plusieurs caractéristiques des outils EdP tentent de minimiser cela. Chaque question d'évaluation permet aux gestionnaires de choisir de ne pas répondre, lorsque ceux-ci sont incertains que l'information disponible soit suffisante. Afin de maximiser la cohérence et de minimiser les biais, les deux agences ont mis en place des processus complets d'assurance de qualité. Bien que des rapports publics sur les résultats des EdP aient été entrepris, les deux organismes ont mis l'accent sur l'application de l'outil EdP pour la gestion adaptative et des connaissances, au moyen d'un vaste programme d'ateliers « boucler la boucle » avec le personnel des parcs. Dans les deux organismes, cela inclut la mise au point d'outils de rapport axés sur une utilisation internet, permettant à tout le personnel de l'organisme d'accéder aux résultats et de les partager.

L'une des caractéristiques les plus importantes du programme EdP des deux organismes est le suivi actif des résultats par le biais d'ateliers « boucler la boucle » avec le personnel des parcs. Ces ateliers transmettent les résultats aux gestionnaires, déterminent « pourquoi » un résultat d'évaluation particulier a été atteint, et cherchent à guider les réponses de la direction pour la prochaine période de planification.

Carly Cook, Université Monash ; Andrew Growcock, Bureau de l'environnement et du patrimoine de Nouvelle-Galles du Sud ; Tony Varcoe, Parks Victoria

Les limites et lacunes du processus, ainsi que les améliorations potentielles devront être identifiées dans le rapport d'évaluation. Les forces et faiblesses de la gestion devront être identifiées, et des recommandations claires devront être formulées pour améliorer la gestion. Les évaluations devront préciser la nécessité d'un changement planifié, ou encourager le renforcement des aspects positifs du site ou de l'organisation.

Faire une différence : vers une gestion plus efficace

Les évaluations de l'efficacité de la gestion sont utiles lorsqu'elles mènent à une gestion améliorée et à de meilleurs résultats, tant écologiques que sociaux (étude de cas 28.4). Cela peut résulter rapidement et directement du processus d'évaluation, conduisant à une meilleure coopération, à une compréhension plus claire et à un apprentissage entre tous les partenaires. Les gestionnaires d'aires protégées peuvent être exposés à de nouvelles sources d'information et à de nouveaux points de vue, tandis que d'autres parties prenantes pourraient mieux comprendre les défis auxquels sont confrontés les gestionnaires et les communautés. Dans certains cas, un atelier d'évaluation incite ou rappelle également aux gestionnaires de prendre des mesures immédiates pour remédier à une situation ou lancer une nouvelle initiative.

Le processus plus formel d'amélioration « substantielle » se produit lorsque les résultats sont analysés afin de remédier aux lacunes. Les cas dans lesquels des mesures ciblées sont prises pour augmenter les scores d'efficacité de la gestion semblent être très positifs, à condition que des ressources suffisantes soient disponibles. Par exemple, les aires protégées de la province du Cap oriental, en Afrique du Sud, ont amélioré leurs scores d'efficacité de la gestion de 33 % sur une période de trois ans, grâce à un effort concerté pour combler les lacunes de gestion et amener toutes les réserves à un niveau considéré comme « bien géré » (Jeckelman et al., 2012). Deux facteurs clés déterminent si les résultats de l'évaluation feront une différence pratique pour la direction :

- un haut niveau d'engagement des gestionnaires et propriétaires des aires protégées dans l'évaluation ;
- des mécanismes, capacités et ressources adéquats pour donner suite aux constatations et aux recommandations (Hockings et al., 2006).

Étude de cas 28.4 Utilité de l'évaluation de l'efficacité de la gestion des aires protégées : le Conseil de conservation de la nature du Cap Occidental, Afrique du Sud

En 2008, l'organisme gouvernemental national responsable de la conservation en Afrique du Sud, le ministère des Affaires environnementales (DEA), a développé l'Outil de suivi de l'efficacité de la gestion en Afrique du Sud (METT-SA) afin de fournir un outil d'évaluation uniforme de la performance pour évaluer l'efficacité de la gestion des aires protégées dans le pays. Le METT-SA a été appliqué dans toutes les aires protégées d'Afrique du Sud, et les résultats ont été publiés dans un rapport du DEA intitulé *Efficacité de la gestion des aires protégées d'Afrique du Sud* (Cowan et al., 2010). Le DEA, en accord avec le forum des dirigeants d'aires protégées, a fixé la norme nationale d'efficacité de la gestion des aires protégées en Afrique du Sud à un minimum de 68 %.

Après le rapport de Cowan et al. (2010), des actions ont été identifiées au niveau des aires protégées (site), au niveau organisationnel (provincial) et au niveau national (tableau 28.5). CapeNature a élaboré des plans d'action pour chaque réserve afin d'aborder au moins cinq questions relatives au METT-SA par an.

Tableau 28.5 Résumé des mesures prises pour améliorer l'efficacité de la gestion en Afrique du Sud, 2010-2014

Efficacité de la gestion	Échelle des aires protégées (site)	Échelle organisationnelle (provinciale)	Échelle nationale
Statut juridique et démarcation des limites	Vérification des titres de propriété et des diagrammes cadastraux généraux obtenus pour les terres.	Vérification des déclarations et des descriptions des limites des aires protégées. Détachement d'un membre du personnel pour évaluer les transferts de terres publiques du gouvernement national au gouvernement provincial, afin de sécuriser les terres en termes de *gestion environnementale nationale, selon la Loi sur les aires protégées (NEMPAA).*	Lignes directrices pour la déclaration des aires protégées. Développement d'une base de données géographique sur les aires protégées et de conservation d'Afrique du Sud (2013).
Expansion des aires protégées	Gestion de terres supplémentaires dans le cadre de l'aire protégée.	Plan d'expansion des aires protégées de CapeNature (Provincial) (Purnell et al. 2010). Expansion des aires protégées en partenariat avec WWF-SA et Leslie Hill Succulent Karoo Trust avec l'achat de plus de 100 000 ha.	Résultat 10 - Objectifs nationaux d'expansion des aires protégées. Stratégie nationale d'expansion des aires protégées (2008). Intervention auprès du ministère des Minéraux et de l'Énergie concernant son objection à la proclamation de la réserve naturelle de Knersvlakte.
Réglementation des aires protégées		Évaluation juridique visant à aligner l'ordonnance provinciale sur la nouvelle législation, y compris la *NEMPAA* (projet de loi sur la biodiversité).	Demande d'inscription de Brenton Blue Special Nature Reserve Cape Floral Kingdom comme site du Patrimoine mondial. Règlements de la *NEMPAA* 2003 pour une bonne administration des réserves naturelles (2012). Projet de normes et de règles pour la gestion des aires protégées (2013).
Plans stratégiques et cadres de développement de la conservation	Plans de gestion achevés pour 21 aires protégées.	Mise en place d'équipes multidisciplinaires de planification de la gestion, afin de guider l'élaboration de plans d'action et de processus visant à s'assurer que les résultats du suivi et de la recherche guident les décisions de gestion dans le cadre du processus de planification de la gestion. Mise en œuvre d'une planification de la gestion stratégique grâce à l'élaboration et à la mise en œuvre du Plan dit « à 71 étapes ». Priorisation des cadres de développement de la conservation pour les aires protégées à fort potentiel touristique, et processus de développement d'une zonation des aires protégées en fonction de la sensibilité.	Lignes directrices pour l'élaboration d'un plan de gestion d'une aire protégée dans le contexte de la *NEMPAA* (Cowan et Mpongoma, 2010).
Comité consultatif / de voisins / communautaire	Création de comités consultatifs sur les aires protégées, afin d'assurer la participation des communautés aux processus de planification et de mise en œuvre de la gestion des aires protégées.	Élaboration de lignes directrices pour l'établissement de comités consultatifs sur les aires protégées.	

CapeNature a réalisé des évaluations METT-SA en 2008, 2011, 2012 et 2013 pour les aires protégées, y compris les aires marines protégées, et les résultats sont résumés dans le tableau 28.6. Les scores METT ont augmenté de seulement cinq aires protégées satisfaisant à la norme nationale (5 %) en 2008 à 92 aires protégées (84 %) en 2013.

Au départ, les évaluations METT-SA ont rencontré une certaine réticence de la part du personnel, mais CapeNature ayant évolué et apporté son soutien aux gestionnaires d'aires protégées pour relever les défis les plus importants, leur adhésion à ce processus a été écrasante. Le rôle joué par les quatre écologistes régionaux pour assurer la cohérence dans l'interprétation des questions et la notation a été une leçon très précieuse. Cela a permis d'assurer l'uniformité dans l'ensemble de la province. L'augmentation des scores de 2008 à 2011 pourrait, en grande partie, être attribuée aux efforts déployés pour s'assurer que les écologistes régionaux s'entendent sur l'interprétation des questions. L'amélioration des notes METT a été liée à la gestion de la performance individuelle au sein de CapeNature, qui s'est assuré que le personnel soit récompensé pour son bon travail.

Des améliorations plus marquées de l'efficacité de la gestion ont été observées lorsque toute l'équipe de gestion des aires protégées, y compris tous les services de soutien, travaille ensemble efficacement. Les scores METT les plus bas ont été liés à un manque de ressources et de travail en équipe.

Le partenariat et l'engagement pris par tous les niveaux de gouvernement pour remédier aux lacunes ont considérablement amélioré l'efficacité de la gestion en Afrique du Sud et dans la Province du Cap-Occidental. Les efforts continus visant à améliorer l'efficacité de la gestion donnent de bons résultats.

Gail Cleaver-Christie, CapeNature, Direction de la gestion de la conservation, Stellenbosch, République d'Afrique du Sud

Tableau 28.6 Résultats du METT-SA de CapeNature

Année	N° d'aires protégées évaluées	Superficie évaluée (ha)	N° d'aires protégées ayant obtenu un score METT-SA > 67 %	Pourcentage de score METT-SA > 67 %	Superficie (ha) de score METT-SA > 67 %	Pourcentage de surface (ha) avec un score > 67 %
2008	93	789 923	5	5	32 192	4
2011	97	817 907	36	37	347 936	43
2012	100	822 535	54	54	538 020	84
2013	111	839 120	92	84	753 818	90

Atelier sur la gestion marine, Lamberts Bay, Afrique du Sud, septembre 2010

Source : Gail Cleaver-Christie, CapeNature

Éléphants de brousse africains (Loxodonta africana) dans le parc national du Kruger, Afrique du Sud. Le maintien de populations saines d'espèces emblématiques telles que les éléphants est une preuve puissante de l'efficacité de la gestion

Source : Ian Pulsford

Conclusion

Au cours des deux dernières décennies, l'évaluation de l'efficacité de la gestion est devenue partie intégrante d'une bonne gestion des aires protégées. De plus en plus, les décideurs, cadres supérieurs, donateurs, parties prenantes et gestionnaires d'aires protégées sur le terrain considèrent cette information comme un élément clé de leur arsenal de planification et de prise de décision. Plus important encore, le processus d'évaluation de l'efficacité de la gestion s'institutionnalise dans les systèmes de gestion. Cela permet de penser que l'évaluation de l'efficacité de la gestion ne sera pas une « mode passagère », mais plutôt un élément d'une approche contemporaine des meilleures pratiques de gestion. L'approche adaptative de la planification et de la gestion qu'une bonne PAME peut soutenir sera certainement nécessaire si l'on veut que les aires protégées remplissent leur rôle en tant qu'élément clé des efforts mondiaux de conservation de la nature. De nombreux défis restent à relever. L'amélioration de l'évaluation des aspects sociaux, économiques, communautaires et de gouvernance de la gestion des aires protégées en fait partie. Établir des normes plus explicites pour guider les gestionnaires des aires protégées et plaider en faveur d'un suivi plus approfondi des valeurs clés des aires protégées sont d'autres éléments sur lesquels l'UICN et sa CMAP continueront de travailler au cours des prochaines années.

Références

Lectures recommandées

Abu-Izzedin, F. (2013) *Shouf Biosphere Reserve Management Plan*, [Internal document], Shouf Biosphere Reserve, Liban.

Ahokumpu, A., Brueggemann, J., Gullbiinas, Z. et Kotiimäkii, T. (2006) 'Management effectiveness of Lithuanian protected areas', in *Institutional strengthening and modernization of state protected areas service administrations*, Report of Phare Project EuropeAid/114746/D/SV/LT, Savcor Indufor, Metsahallitus, COWI SA, Lithuanian University of Agriculture Consortium, Lituanie.

Allam Harash, K. et El Shaer, H. (2011) *Management effectiveness evaluation of two nature reserves in Lebanon (Tyre Coast Nature Reserve–Palm Islands Nature Reserve)*, Report prepared under IUCN project from the Lebanese Ministry of Environment, Beyrouth.

Anthony, B. (2008) 'Use of modified threat reduction assessments to estimate success of conservation measures within and adjacent to Kruger National Park, South Africa', *Conservation Biology* 22: 1497–505.

Barber, C. P., Cochrane, M. A., Souza, C. et Veríssimo, A. (2012) 'Dynamic performance assessment of protected areas', *Biological Conservation* 149: 6–14.

Birnbaum, M. et Mickwitz, P. (2009) 'Environmental program and policy evaluation: addressing mythological challenges', [Editor's notes], *New Directions for Evaluation* 122: 1–7.

Bruner, A. G., Gullison, R. E., Rice, R. E. et da Fonesca, G. A. B. (2001) 'Effectiveness of parks in protecting tropical biodiversity', *Science* 291: 125–8.

Burgman, M. A. (2001) 'Flaws in subjective assessments of ecological risks and means for correcting them', *Australian Journal of Environmental Management* 8: 219–26.

Butchart, S. H. M. et 42 autres (2012) 'Protecting important sites for biodiversity contributes to meeting global conservation targets', *PLoS ONE* 7: e32529.

Carbutt, C. et Goodman, P. S. (2013) 'How objective are protected area management effectiveness assessments? A case study from the iSimangaliso Wetland Park', *Koedoe* 55(1): 1–8.

Chambers, R. (1997) *Whose Reality Counts? Putting the first last*, Intermediate Technology Publications, Londres.

Cifuentes, M., Izurieta, A. and de Faria, H. (2000) *Measuring Protected Area Management Effectiveness*, WWF, GTZ et IUCN, Gland.

Coad, L., Leverington, F., Burgess, N. D., Cuadros, I. C., Geldmann, J., Marthews, T. R., Mee, J., Nolte, C., Stoll-Kleemann, S., Vansteelant, N., Zamora, C., Zimsky, M. et Hockings, M. (2013) 'Progress towards the CBD protected area management effectiveness targets', *Parks* 19: 13–24.

Conservation Measures Partnership (CMP) (2004) *Open Standards for the Practice of Conservation*, Conservation Measures Partnership. <www. conservationmeasures. org/CMP/Library/CMP_ Open_Standards_v1.0.pdf>

Conservation Measures Partnership (CMP) (2013) *Open Standards for the Practice of Conservation. Version 3.0*, Conservation Measures Partnership. <www. conservationmeasures.org>

Convention on Biological Diversity (CBD) (2004) *Programme of Work on Protected Areas*, Secretariat of the Convention on Biological Diversity, Montréal.

Convention on Biological Diversity (CBD) (2010a) *COP 10 Decision X/31, 19a*, Secretariat of the Convention on Biological Diversity, Montréal. <www.cbd.int/decision/cop/?id=12297>

Convention on Biological Diversity (CBD) (2010b) *COP 10 Decision VII/28*, Secretariat of the Convention on Biological Diversity, Montréal. <www.cbd.int/decision/cop/?id=7765>

Convention on Biological Diversity (CBD) (2011) *Strategic Plan for Biodiversity and the Aichi Targets*, Secretariat of the Convention on Biological Diversity, Montréal. <www.cbd.int/doc/strategic- plan/2011-2020/Aichi-Targets-EN.pdf>

Cook, C. N. et Hockings, M. (2011) 'Opportunities for improving the rigor of management effectiveness evaluations in protected areas', *Conservation Letters* 4: 372–82.

Cook, C. N., Carter, R. W. et Hockings, M. (2014a) 'Measuring the accuracy of management effectiveness evaluations of protected areas', *Journal of Environmental Management* 139: 164–71.

Cook, C. N., Carter, R. W., Fuller, R. A. et Hockings, M. (2012) 'Managers consider multiple lines of evidence important for biodiversity management decisions', *Journal of Environmental Management* 113: 341–6.

Cook, C. N., Hockings, M. et Carter, R. W. (2010) 'Conservation in the dark? The information used to support management decisions', *Frontiers in Ecology and the Environment* 8: 181–6.

Cook, C. N., Wardell-Johnson, G., Carter, R. W. et Hockings, M. (2014b) 'How accurate is the local ecological knowledge of protected area practitioners?', *Ecology and Society* 19(2): 32.

Corrales, L. (2004a) *Midiendo el éxito de las acciones en las áreas protegidas de Centroamérica: Medición de la Efectividad de Manejo [Measuring the Success of Actions in the Protected Areas of Central America: Measurement of management effectiveness]*, Tegucigalpa, PROARCA/APM, Guatemala de la Asunción, Guatemala.

Corrales, L. (2004b) *Manual for the Rapid Evaluation of Management Effectiveness in Marine Protected Areas of Mesoamerica*, PROARCA/APM, USAID et TNC, Guatemala City.

Courrau, J. (1997) *Estrategia de monitoreo de áreas protegidas de Centro América*, PROARCA/CAPAS, Resultados del Primer Taller de Monitoreo de Areas Protegidas de Centroamérica [*Monitoring Strategy for Protected Areas in Central America, PROARCA/ LAYERS: Results of the first workshop on monitoring of protected areas of Central America*], Tegucigalpa, Honduras.

Courrau, J. (1999) *Strategy for Monitoring the Management of Protected Areas in Central America*, PROARCA, CAPAS, CCAD et USAID.

Cowan, G. I. et Mpongoma, N. (2010) *Guidelines for the Development of a Management Plan for a Protected Area in terms of the National Environmental Management: Protected Areas Act, 2003*. Department of Environmental Affairs, Pretoria.

Cowan, G. I., Mpongoma, N. et Britton, P. (2010) *Management Effectiveness of South Africa's Protected Areas*, Department of Environmental Affairs, Pretoria.

Cracco, M., Calvopiña, J., Courrau, J., Medina, M. M., Novo, I., Oetting, I., Surkin, J., Ulloa, R. et Vásquez, P. (2006) *Fortalecimiento de la Efectividad de Manejo en los Ande*, Análisis comparativo de herramientas existentes, UICN, Quito, Équateur.

de Faria, H. H. (1993) A procedure to measure the effectiveness of protected wildlands management and its application in two protected areas of Costa Rica, MSc thesis, Tropical Agricultural Research and Higher Education Center, Costa Rica.

Department of Environment and Conservation (DEC) (2005) *State of the Parks 2004*, NSW Department of Environment and Conservation, Sydney.

Development Assistance Committee (DAC) (2006) *DAC Evaluation Quality Standards (for Test Phase Application)*, DAC Evaluation Network, OECD, Paris.

Eken, G., Bennun, L., Brooks, T. M., Darwall, W., Fishpool, L. D. C., Foster, M., Knox, D., Langhammer, P., Matiku, P., Radford, E., Salaman, P., Sechrest, W., Smith, M. L., Spector, S. et Tordoff, A. (2004) 'Key biodiversity areas as site conservation targets', *BioScience* 54: 1110–18.

Ervin, J. (2002) *WWF Rapid Assessment and Prioritization of Protected Area Management (RAPPAM) Methodology*, WWF, Gland.

Ervin, J. (2003) 'Rapid Assessment of Protected Area Management Effectiveness in four countries', *Bioscience* 53(9): 833–42.

Fischhoff, B. (1995) 'Risk perception and communication unplugged—20 years of process', *Risk Analysis* 15: 137–45.

Foundations of Success, Wildlife Conservation Society and Conservation International (2003) *Conservation synthesis for the measuring conservation impact study*, Draft.

Geldmann, J., Barnes, M., Coad, L., Craigie, I. D., Hockings, M. et Burgess, N. D. (2013) 'Effectiveness of terrestrial protected areas in reducing habitat loss and population declines', *Biological Conservation* 161: 230–8.

Gilligan, B., Dudley, N., Fernandez de Tejada, A. et Toivonen, H. (2005) *Management Effectiveness Evaluation of Finland's Protected Areas*, Nature Protection Publications of Metsähallitus, Series A 147, Finlande.

Green, J. M., Larrosa, C., Burgess, N. D., Balmford, A., Johnston, A., Mbilinyi, B. P., Platts, P. J. et Coad, L. (2013) 'Deforestation in an African biodiversity hotspot: extent, variation and the effectiveness of protected areas', *Biological Conservation* 164: 62–72.

Growcock, A., Sutherland, E. et Stathis, P. (2009) 'Challenges and experiences in implementing a management effectiveness evaluation program in a protected area system', *Australasian Journal of Environmental Management* 16(4): 218–26.

Heinonen, M. (2006) 'Case study V: "Management effectiveness evaluation of Finland's protected areas"', in M. Hockings, S. Stolton, N. Dudley, F. Leverington et J. Courrau (eds) *Evaluating Effectiveness: A framework for assessing the management of protected areas*, pp. 73–8, 2nd edn, IUCN Best Practice Protected Area Guidelines Series, UICN, Gland.

Heo, H. Y., Hockings, M., Shin, W. W., Chung, H. J., Dudley, N., Shadie, P., Vaisanen, R., Vincent, G., Kim, H., Park, S. Y. et Yang, S. W. (2010)

'Management effectiveness evaluation of Korea's protected area system', *Journal of National Park Research* 1: 169–79.

Hockings, M. (1998) 'Evaluating management of protected areas: integrating planning and evaluation', *Environmental Management* 22: 337–45.

Hockings, M. (2003) 'Systems for assessing the effectiveness of management in protected areas', *BioScience* 53: 810–23.

Hockings, M., Cook, C. N., Carter, R. W. et James, R. (2009a) 'Accountability, reporting, or management improvement? Development of a state of the parks assessment system in New South Wales, Australia', *Environmental Management* 43: 1013–25.

Hockings, M., Ervin, J. et Vincent, G. (2004) 'Assessing the management of protected areas: the work of the World Parks Congress before and after Durban', *Journal of International Wildlife Law and Policy* 7: 1–12.

Hockings, M., James, R., Stolton, S., Dudley, N., Mathur, V., Makombo, J., Courrau, J. et Parrish, J. (2008) *Enhancing our Heritage Toolkit: Assessing management effectiveness of natural World Heritage sites*, UNESCO, Paris.

Hockings, M., Shadie, P., Vincent, G. et Suksawang, S. (2012) *Evaluating the management effectiveness of Thailand's marine and coastal protected areas. Report for the Mangroves for the Future project*, IUCN Asia Office, Bangkok.

Hockings, M., Stolton, S. et Dudley, N. (2000) *Evaluating Effectiveness: A framework for assessing the management of protected areas*, UICN, Gland.

Hockings, M., Stolton, S., Dudley, N. et James, R. (2009b) 'Data credibility: what are the "right" data for evaluating management effectiveness of protected areas?', *New Directions for Evaluation* 122: 53–63.

Hockings, M., Stolton, S., Leverington, F., Dudley, N. et Courrau, J. (2006) *Evaluating Effectiveness: A framework for assessing management effectiveness of protected areas*, 2nd edn, IUCN Best Practice Protected Area Guidelines Series, UICN, Gland.

Izurieta, A. (1997) Evaluación de la eficiencia del manejo de áreas protegidas: validación de una metodología aplicada a un subsistema de áreas protegidas y sus zonas de influencia, en el Área de Conservación Osa, Costa Rica [Evaluation of the effectiveness of the management of protected areas: validation of a methodology applied to a subsystem of protected areas and their zones of influence in the Osa Conservation Area, Costa Rica], Thèse de maîtrise, Turrialba, CATIE, Costa Rica.

Jaradi, G. R. et Matar, D. (2012) *Jabal Moussa Biosphere Reserve Management Plan 2013–2023*, [Internal document], Association for the Protection of Jabal Moussa, Liban.

Jeckelman, J., Fielding, P. et Norval, M. (2012) *ECPTA Provincial Nature Reserves METT Assessment Report 2012*, Eastern Cape Parks and Tourism Agency, East London, Afrique du Sud.

Keene, M. et Pullin, A. S. (2011) 'Realizing an effectiveness revolution in environmental management', *Journal of Environmental Management* 92: 2130–5.

Kelman, J. (2010) *Analysis of Protected Area Management Effectiveness Evaluation Data and its Application for Increasing Understanding of Management*, University of Queensland, Brisbane.

Korean National Parks Service (2009) *Korea's Protected Areas: Evaluating the effectiveness of South Korea's protected areas system*, Korean National Parks Service, Séoul.

Kusek, J. Z. et Rist, R. C. (2004) *Ten Steps to a Results-Based Monitoring and Evaluation System: A handbook for development practitioners*, The World Bank, Washington, DC.

Leeuw, F. L. et Furubo, J. E. (2008) 'Evaluation systems: what are they and why study them?', *Evaluation* 14: 157–69.

Leverington, F., Costa, K., Pavese, H., Lisle, A. et Hockings, M. (2010a) 'A global analysis of protected area management effectiveness', *Environmental Management* 46: 685–98.

Leverington, F., Costa, K. L., Courrau, J., Pavese, H., Nolte, C., Marr, M., Coad, L., Burgess, N., Bomhard, B. et Hockings, M. (2010b) *Management Effectiveness Evaluation in Protected Areas: A global study*, 2nd edn, University of Queensland, IUCN WCPA, TNC et WWF, Brisbane.

Leverington, F., Hockings, M., Pavese, H., Costa, K. T. et Courrau, J. (2008) *Management effectiveness evaluation in protected areas—a global study. Supplementary report No. 1: Overview of approaches and methodologies*, University of Queensland, TNC, WWF et IUCN WCPA, Brisbane.

Leverington, F., Kettner, A., Nolte, C., Marr, M., Stolton, S., Pavese, H., Stoll-Kleeman, S. et Hockings, M. (2010c) 'Protected area management effectiveness assessments in Europe: overview of European methodologies', *BfN-Skripten* 271b, German Federal Agency for Nature Conservation, Vilm, Allemagne.

Likert, R. (1932) 'A technique for the measurement of attitudes', *Journal of Social Psychology* 5: 228–38.

Margoluis, R., Stem, C., Salafsky, N. et Brown, M. (2009) 'Using conceptual models as a planning and evaluation tool in conservation', *Evaluation and Program Planning* 32: 138–47.

Margules, C. R. et Pressey, R. L. (2000) 'Systematic conservation planning', *Nature* 405: 243–53.

Martin, T. G., Burgman, M. A., Fidler, F., Kuhnert, P. M., Low-Choy, S., McBride, M. et Mengersen, K. (2010) 'Eliciting expert knowledge in conservation biology', *Conservation Biology* 26: 29–38.

Matar, D. A. et Anthony, B. P. (2010) 'Application of modified threat reduction assessments in Lebanon', *Conservation Biology* 24: 1174–81.

Mayorquin, A., Valenzuela, S. et Rangel Ch, J. (2010) 'Evaluación de la efectividad de manejo en reservas naturales de la sociedad civil: una propuesta metodológica [Evaluation of the effectiveness of management in natural reserves of civil society: a methodological proposal]', *Caldasia* 32: 381–97.

National Reserve System Task Group, Natural Resource Management Ministerial Council (NRMMC) (2009) *Australia's Strategy for the National Reserve System 2009–2030*, National Reserve System Task Group, Natural Resource Management Ministerial Council, Canberra.

Nolte, C., Leverington, F., Kettner, A., Marr, M., Nielsen, G., Bomhard, B., Stolton, S., Stoll- Kleeman, S. et Hockings, M. (2010) 'Protected area management effectiveness assessments in Europe: a review of applications, methods and results', *BfN- Skripten* 271a, German Federal Agency for Nature Conservation, Vilm, Allemagne.

Paleczny, D. (2010) *Protected Area Assessment and Reporting: An examination of current approaches and evolving needs with application of an integrated model in Egypt*, University of Greenwich, Royaume-Uni.

Paleczny, D. R. et Russell, S. (2005) 'Participatory approaches in protected area assessment and reporting', in *Proceedings of the Parks Research Forum of Ontario*, pp. 87–95, University of Guelph, Ontario.

Parks Victoria (2007) *Victoria's State of the Parks Report*, Parks Victoria, Melbourne.

Parrish, J., Braun, D. P. et Unnasch, R. S. (2003) 'Are we conserving what we say we are: measuring ecological integrity within protected areas', *BioScience* 53: 851–60.

Patton, M. Q. (1997) *Utilization-Focused Evaluation: The new century text*, 3rd edn, Sage, Thousand Oaks, CA.

Patton, M. Q. (1998) 'Discovering process use', *Evaluation* 4: 225.

Petheram, L., Stacey, N., Campbell, B. M. et High, C. (2012) 'Using visual products derived from community research to inform natural resource management policy', *Land Use Policy* 29: 1–10.

Purnell, K. Kirkwood, D. et Maree, K. (2010) *CapeNature Protected Area Expansion Strategy and Implementation Plan 2010–2015*. CapeNature, Bridgetown, Afrique du Sud.

Regan, H. M., Colyvan, M. et Burgman, M. A. (2002) 'A taxonomy and treatment of uncertainty for ecology and conservation biology', *Ecological Applications* 12: 618–28.

Saaty, T. (1995) *Decision Making for Leaders: The analytical hierarchy process for decisions in a complex world*, RWS Publications, Pittsburgh.

Salafsky, N. et Margoluis, R. (1999) 'The threat reduction assessment (TRA) approach to measuring conservation success: a practical and cost-effective framework for evaluating project impact', *Conservation Biology* 13: 830–41.

Salafsky, N., Margoluis, R. et Redford, K. (2001) *Adaptive Management: A tool for conservation practitioners*, Biodiversity Support Program, Washington, DC.

Salafsky, N., Salzer, D., Stattersfield, A. J., Hilton- Taylor, C., Neugarten, R., Butchart, S. H. M., Collen, B., Cox, N., Master, L. L., O'Connor,

S. et Wilkie, D. (2008) 'A standard lexicon for biodiversity conservation: unified classifications of threats and actions', *Conservation Biology* 22: 897–911.

Saterson, K. A., Christensen, N. L., Jackson, R. B., Kramer, R. A., Pimm, S. L., Smith, M. D. et Wiener, J. B. (2004) 'Disconnects in evaluating the relative effectiveness of conservation strategies', *Conservation Biology* 18: 597–9.

Scharlemann, J. P., Kapos, V., Campbell, A., Lysenko, I., Burgess, N. D., Hansen, M. C., Gibbs, H. K., Dickson, B. et Miles, L. (2010) 'Securing tropical forest carbon: the contribution of protected areas to REDD', *Oryx* 44: 352–7.

Sechrest, L. et Sidani, S. (1995) 'Quantitative and qualitative methods: is there an alternative', *Evaluation and Program Planning* 18: 77–87.

Selig, E. R. et Bruno, J. F. (2010) 'A global analysis of the effectiveness of marine protected areas in preventing coral loss', *PLoS One*: 5(2). <doi:10.1371/journal.pone.0009278>

Sims, K. R. E. (2010) 'Conservation and development: evidence from Thai protected areas', *Journal of Environmental Economics and Management* 60: 94–114.

Sims, K. R. E. (2014) 'Do protected areas reduce forest fragmentation? A microlandscapes approach', *Environmental and Resource Economics* 58: 303–33.

Speirs-Bridge, A., Fidler, F., McBride, M., Flander, L., Cumming, G. et Burgman, M. (2010) 'Reducing overconfidence in the interval judgments of experts', *Risk Analysis* 30: 512–23.

Stacey, N., Izurieta, A. et Garnett, S. T. (2013) 'Collaborative measurement of performance of jointly managed protected areas in northern Australia', *Ecology and Society* 18(1): 19.

Stanišić, N. (2009) *Results of the Initial Evaluation of Protected Area Management in Montenegro using RAPPAM Methodology*, Ministry of Tourism and Environment of Montenegro and WWF Mediterranean Program, Podgorica.

Stem, C., Margoluis, R., Salafsky, N. et Brown, M. (2005) 'Monitoring and evaluation in conservation: a review of trends and approaches', *Conservation Biology* 19(2): 295–309.

Stolton, S., Hockings, M., Dudley, N., MacKinnon, K., Whitten, T. et Leverington, F. (2007) *Reporting Progress in Protected Areas: A site- level management effectiveness tracking tool*, 2nd edn, World Bank/WWF Forest Alliance, Gland.

The Nature Conservancy (TNC) (2000) *The Five-S Framework for Site Conservation: A practitioner's handbook for site conservation planning and measuring conservation success*, The Nature Conservancy, Arlington, VA.

The Nature Conservancy Parks in Peril Program (2004) *Measuring Success: The Parks in Peril site consolidation scorecard manual*, [Mis à jour le 10 mai], The Nature Conservancy, Arlington, VA.

Timko, J. and Innes, J. (2009) 'Evaluating ecological integrity in national parks: case studies from Canada and South Africa', *Biological Conservation* 142: 676–88.

United Nations Development Programme (UNDP) (2009) *Handbook on Planning, Monitoring and Evaluating for Development Results*, UNDP, New York.

Widger D. (ed.) (2012) 'Letter 1 Bath, October 9, 1746', in *The Project Gutenberg Edition of Chesterfield's Letters to His Son, by the Earl of Chesterfield*, Project Gutenberg. <snowy.arsc.alaska. edu/gutenberg/3/3/6/3361/3361-h/3361-h.htm>

Woodley, S., Bertzky, B., Crawhall, N., Dudley, N., Londoño, J. M., MacKinnon, K., Redford, K. et Sandwith, T. (2012) 'Meeting Aichi Target 11: what does success look like for protected area systems', *Parks* 18: 23–36.

CHAPITRE 29

CONCLUSION

Auteurs principaux :
Sue Feary, Ashish Kothari, Michael Lockwood, Ian Pulsford et Graeme L. Worboys

UICN CMAP COMMISSION MONDIALE DES AIRES PROTÉGÉES
Convention sur la diversité biologique

AUTEURS PRINCIPAUX

SUE FEARY est archéologue et gestionnaire de parcs nationaux. Elle travaille depuis 25 ans sur la gestion du patrimoine naturel et culturel et les relations avec les aborigènes australiens.

ASHISH KOTHARI est membre fondateur du groupe environnemental indien Kalpavriksh. Il a enseigné à l'Institut indien d'administration publique, a coprésidé le Groupe thématique et orientation stratégique de l'Union internationale pour la conservation de la nature (UICN) sur la gouvernance, les moyens de subsistance et l'équité en relation avec les aires protégées (TILCEPA), et a contribué à la fondation du Consortium mondial pour les APAC.

MICHAEL LOCKWOOD est professeur agrégé de géographie et sciences spatiales à l'École des terres et de l'alimentation, Université de Tasmanie, Australie.

IAN PULSFORD est consultant indépendant et membre du thème sur la connectivité, la conservation et les montagnes de la Commission mondiale des aires protégées (CMAP) de l'Union internationale pour la conservation de la nature (UICN), Australie.

GRAEME L. WORBOYS est co-vice-président pour la conservation de la connectivité et les montagnes de l'UICN-CMAP, et chercheur associé à la Fenner School de l'Université nationale australienne.

CITATION

Feary, S., Kothari, A., Lockwood, M., Pulsford, I. et Worboys, G.L. Conclusion. In Worboys, G. L., Lockwood, M., Kothari, A., Feary, S. et Pulsford, I. (éd.) *Gouvernance et gestion des aires protégées*. Canberra : ANU Press, 2020. doi.org/10.22459/GGAP.29

PHOTO DE LA PAGE DE TITRE

Cascades sur fond de remparts naturels de travertin, promenades et visiteurs associés, parc national et site du Patrimoine mondial des lacs de Plitvice, Croatie. Le parc est célèbre pour son gigantesque paysage karstique calcaire, ses 20 lacs, ses paysages de vallées bordées de falaises, ses cascades de travertin, et sa faune et flore associées. Il est bien géré et constitue une destination touristique populaire, avec environ 1,2 millions de visiteurs par an.
Source : Graeme L. Worboys

Ce livre a démontré que les aires protégées apportent une contribution significative à la conservation de la biodiversité, de la géodiversité et du patrimoine culturel de la Terre. Elles contribuent à maintenir les processus et fonctions écologiques essentiels à la santé et au bien-être des écosystèmes et des populations, et elles atténuent les impacts des changements climatiques. Elles représentent un investissement intergénérationnel. À une époque où les impacts humains sur la Terre augmentent rapidement, et où les pressions sur les espèces et les écosystèmes mondiaux s'intensifient, les aires protégées sont soumises à de plus en plus de menaces et de demandes d'utilisation non durable, et deviennent de plus en plus importantes.

Bien que des aires protégées soient aujourd'hui présentes dans presque toutes les régions du globe, plus de réserves sont encore nécessaires, en particulier dans les milieux marins, afin de préserver le patrimoine naturel et culturel de la Terre. En plus de leur étendue, l'efficacité des aires protégées dans la réalisation de leurs objectifs est un facteur clé. Il est clair que la désignation ne suffit pas, à elle seule, pour garantir leur efficacité dans la conservation des valeurs du patrimoine naturel et culturel. Même si la couverture des aires protégées a augmenté, la perte de biodiversité s'est poursuivie de façon constante, malgré le fait que les populations d'espèces sauvages dans les aires protégées se portent mieux que la moyenne mondiale. Ceci est un triste rappel que beaucoup doit encore être fait pour : (a) rendre les aires protégées plus efficaces, et (b) étendre les pratiques de conservation à divers autres types d'utilisations des terres et de l'eau, y compris la reconnaissance d'autres mesures de conservation efficaces par zone.

Les divers contextes sociaux, culturels, économiques, politiques et environnementaux dans lesquels les aires protégées sont intégrées exigent des choix complexes concernant les formes de gouvernance et les approches de gestion appropriées. L'intégrité éthique et l'efficacité dans l'atteinte de résultats sont deux guides essentiels pour de tels choix. Comme indiqué dans un certain nombre de chapitres de ce livre, la diversification du système d'aires protégées de chaque pays, pour y inclure les aires gérées par le gouvernement, les aires conservées par les populations autochtones et les communautés locales, les aires protégées par le secteur privé et les aires cogérées, offre un grand potentiel pour accroître la couverture de conservation et la rendre plus efficace. Il est nécessaire de veiller à ce que les aires protégées soient régies selon des principes de légitimité, d'équité, de participation, de transparence et de respect des droits locaux. Chaque aire protégée a également besoin de mécanismes de suivi et d'évaluation permettant de vérifier si les résultats sont conformes aux objectifs de gestion, et fournissant une base pour l'apprentissage et l'amélioration.

Il reste beaucoup à faire quant à la diversification des types de gouvernance et aux principes de bonne gouvernance, à l'utilisation synergique de diverses formes de connaissances, y compris locales / traditionnelles et scientifiques, à la reconnaissance de diverses visions du monde et formes de réaliser la conservation, et à l'expansion de ces aspects au-delà des aires protégées, à l'échelle plus générale des paysages terrestres et marins, de sorte que la conservation ne soit pas limitée à des îles, alors que le reste de la Terre se dirige vers un déclin écologique.

Les aires protégées sont très dynamiques et nécessitent une gestion sept jours sur sept, 24 heures sur 24, abordant un large éventail de menaces historiques, contemporaines et émergentes. Au niveau mondial, les changements climatiques sont sans doute la plus urgente et la plus répandue, et la gouvernance et la gestion doivent y répondre en soutenant la résilience socio–écologique ou en négociant la transformation du système de façon à limiter la perte de valeur. Le changement constant et la complexité sont la norme. Il n'existe pas de panacée, ni de solution unique. Encore une fois, diverses formes de gouvernance et approches de gestion, étayées par diverses formes de connaissances, doivent être déployées, testées et affinées, ou rejetées, par un apprentissage continu et l'adaptation ou la transformation.

Ce livre et ses prédécesseurs soulignent la reconnaissance mondiale croissante du besoin de professionnalisme dans la gouvernance et la gestion des aires protégées, et la promotion de professionnels communautaires de la conservation qualifiés, ces derniers s'appuyant généralement sur des modes de vie holistiques dans lesquels la conservation est une caractéristique inhérente. La Commission mondiale des aires protégées de l'Union internationale pour la conservation de la nature a été très consciente de la nécessité d'investir dans cette génération, et les suivantes, de dirigeants et gestionnaires d'aires protégées. Ce livre est une réponse à ce besoin. Les chapitres de ce livre ont fourni des informations qui contribueront à renforcer les capacités des personnes impliquées dans la gestion opérationnelle et de terrain, ainsi que de celles occupant des postes de direction, dans toutes les catégories d'aires protégées. Ces informations font partie d'un investissement à long terme de l'Union internationale pour la conservation de la nature en faveur de la gouvernance et la gestion éthiques et efficaces des aires protégées dans le monde entier.

Comme pour tout texte, ce livre capture des moments dans l'évolution continue de la gestion et de la gouvernance des aires protégées et des philosophies directrices associées. Il détaille une approche du XXIe siècle, mais a montré comment cette approche est encadrée et guidée par des changements temporels sur deux fronts. D'une part, les traditions, connaissances, pratiques et visions du monde bioculturelles des peuples autochtones et des communautés locales sont

Le mont Belukha (4 506 mètres) et le glacier des frères Tronov, dans le site du Patrimoine mondial des Montagnes dorées de l'Altaï, République de l'Altaï, Russie. La montagne et son glacier sont les sources de la rivière Katun, un affluent de la puissante rivière Ob, qui coule jusqu'à l'océan Arctique. Le mont Belukha est une aire protégée, il revêt une importance spirituelle et culturelle particulière pour de nombreux peuples, et représente une destination importante pour les visiteurs

Source : Graeme L. Worboys

à l'origine d'un changement social. Les thèmes clés de ce changement sont l'adoption de principes de développement écologiquement durable, le respect de la justice et des droits sociaux, la reconnaissance des connaissances et traditions bioculturelles et la réduction de la pauvreté. Ces thèmes ont été articulés avec éloquence lors du Congrès mondial des parcs de Durban, en 2003, et inclus dans le Programme de travail de la Convention sur la diversité biologique sur les aires protégées. D'autre part, de grands progrès scientifiques et technologiques permettent d'incorporer des systèmes de saisie de données sur l'environnement biophysique et de réaliser un suivi de l'environnement et des changements de comportement, qui, à leur tour contribuent à une meilleure gestion des réponses.

Aujourd'hui, les aires protégées sont plus nombreuses, existent sous des formes plus diverses et sont plus multifonctionnelles, par rapport à un livre similaire écrit, disons, il y a 25 ans. Elles sont également devenues de plus en plus importantes pour protéger les systèmes naturels et culturels face au développement cumulatif et à l'extraction de ressources à l'échelle industrielle. De plus en plus, elles sont considérées comme essentielles à un bien-être humain équitable. Elles existent dans une époque d'incertitudes géopolitiques et climatiques, et bénéficient d'un soutien citoyen imprévisible, tantôt croissant, tantôt en déclin. Ce livre a relevé ces défis et montré des façons d'y faire face.

Enfin, ce livre ne traite pas seulement de *comment gérer et gouverner les aires protégées par le renforcement des capacités humaines. Il contient également des arguments convaincants pour expliquer pourquoi* les aires protégées sont essentielles. Inévitablement, le *comment* changera au fil du temps, mais nous sommes optimistes quant au fait que les investissements dans le *pourquoi* seront des engagements durables de la part des peuples, des communautés et des nations de la Terre.

www.ingramcontent.com/pod-product-compliance
Lightning Source LLC
LaVergne TN
LVHW082308300926
849160LV00012B/981
* 9 7 8 1 7 6 0 4 6 1 0 9 6 *